プログレッシブ
ビジネス英語辞典

PROGRESSIVE
BUSINESS
ENGLISH DICTIONARY

編著者	渋谷彰久　堀内克明
	日向清人　Cuong Huynh

小学館

は　し　が　き

　この辞典はビジネスマンを対象とする実用的なビジネス英語辞典として企画された。企画の時点では予想できなかったことだが、サブプライムローンに端を発した金融危機が世界中で猛威を振るった。2008 年には、米国の金融システムは大恐慌以来の地殻変動を経験していた。ウォール街の著名な投資銀行が崩壊していく有様を、インターネットの速報を通じて、時々刻々と知ることができたのもこの年であった。予期せぬビジネス状況が次から次へと発生し、それに応じて、新しいビジネス用語が創り出されていった。これらの新語をリアルタイムで受け止めながら辞典を編集していくことは、研究者冥利に尽きる仕事であった。いくらか事態が落ち着いてきた 2009 年の夏に編集を終えることができた。

　この辞典は、先に作った『プロフェッショナル英和辞典（SPED VEGA）』(社会科学編) の専門性を底に敷いている。SPED VEGA をもとに、ビジネスでの実用性を勘案して、大幅な見出し項目の取捨選択・追加、解説の追加・書き換え、大量の用例の追加作成などを行った。全体として、見出し語約 30,000 項目、全文用例 15,000 例、の本格的ビジネス英語辞典になった。

　特徴として、ビジネス専門語の解説・用例の充実に加えて、一般語のビジネス的使用例も追求した。これにより、旧来のビジネス用語（名詞）のみのビジネス英和辞典に欠けていた、一般語を含む実際的なビジネス世界の英語を受信・発信することが可能になった。また、最先端の商取引から、人事・総務・会議などを含む社内ビジネス会話まで、広く語彙と用例を集めた。特に、ビジネスの世界を渉る上での基本項目については、丁寧な解説を加えた。用例は、コロケーションを意識しながら、よく使われるものを作成・収集し、より発信者としての便宜を図った。

　各編著者の担当範囲は、以下の通り。堀内は、一般語のビジネス的な用例作成、実用的な語法・語源の執筆、略式のビジネス口語の執筆を中心に全体的な校閲を行った。日向は、SPED VEGA の専門語の中からビジネス語の取捨選択、ビジネス語の新見出し語の訳語・解説の執筆、用例の提供・収集・作成、全体的な初校チェックを行った。Huynh は一般語のビジネス的用例の作成、用例全体の英語の校閲を精力的に行った。渋谷は、ビジネス語の基本となる重要項目の解説、一般語のビジネス的用例収集・作成・和訳校閲、ビジネス語の新語採集、全体的な監修を行った。

　ビジネスの世界は変転が激しく、特にサブプライムローン問題以降の動きは不確定要素に満ちている。できるだけフォローしたが、編集・印刷のスケジュールの関係上不十分でやむを得ないとした部分もある。その他、次の改版の折には補強しなければならない部分も多いことであろう。読者の実際的なご指摘によって、さらに内容が正確で新しい実用的ビジネス英和辞典を今後とも追求したい。

　最後に、次頁に『プロフェッショナル英和辞典（SPED VEGA）』の専門語執筆者一覧を掲げ、内容の流用をご快諾いただいたことに深謝申し上げる。

2009 年 7 月 1 日

編著者代表　　渋谷彰久

『プログレッシブ ビジネス英語辞典』関係者

【編集執筆者】

渋谷彰久〔代表〕(常葉学園大学元教授・兼松エアロスペース株式会社元代表取締役社長)・堀内克明(リセ・ケネディ辞書研究所教授)・日向清人(慶應義塾大学外国語教育研究センター所員・講師(ビジネス英語))・Cuong Huynh(ウィン・グン:学習院女子大学准教授)

【執筆者】

富澤敏勝(神戸学院大学法科大学院・教授)・塩澤恵理(明治大学大学院商学研究科教授)・永島橋本法律事務所(永島孝明・加藤浩史)・山崎美喜夫(リネオソリューションズ株式会社取締役)・狩野みき(慶應義塾大学他講師)・西山洋子(翻訳者)・Fay Aoyagi(在米・会議通訳者)・飯田博(有限会社七栗村代表取締役)

【編集協力者】

大木敦子・小森里美・小森政道・株式会社オラクル・株式会社ジャレックス

【本文デザイン】

株式会社ジャレックス

【装丁】

株式会社細山田デザイン事務所

〔制作企画〕速水健司 〔資材〕森雅彦 〔制作〕太田真由美 〔販売〕永井真士・前原富士夫 〔宣伝〕宮村政伸 〔編集〕佐怒賀正美

****

◆『プロフェッショナル英和辞典 (SPED VEGA)』専門語執筆者◆

【法律】高橋一修、金原恭子、山田敏雄、水野圭子 **【経営】**佐々木恒男、小沢勝之、小池英治、藤永弘、石坂信一郎、高木秀典、Simon A. Thollar **【経済】**黒坂佳央、吉田真理子、東郷賢、藤田康範、黒田晁生、藤岡明房、大崎貞和、新田功、矢口芳生、佐倉環、杉浦綾子、今村肇 **【政治・軍事】**佐藤幸男、柑本英雄、堀内賢志、野口剛嗣、五十嵐誠一、菰田康雄 **【社会】**橋本茂、高木英至、真屋尚生、服部孝章、清水真、浅岡隆裕、木下康仁、清水公一、安井至、大西隆 **【新語・固有名詞・発音】**池田善明、山崎美喜夫、Fay Aoyagi、東海林宏司

****

この辞典の使い方

1 見出し語
* 一般語・専門語にわたりビジネスによく用いられると思われる語を見出しに選んだ．
* ビジネス語として使用頻度の高いと思われる基本語については，見出し語を大きくして視覚的に強調した．
  (例) **account, acquisition**
* 前置詞・代名詞・助動詞をはじめ使用頻度が高く英文の基礎となるような語については，見出し語に網掛けをした．
  (例) **can, down**
* abc順に配列した．ただし，派生関係が容易に推測できる語では，abc順を無視して親見出し語に追い込むことがある．
* 同一綴りで語源が異なるものは，**bay¹, bay²**のように区別した．
* 同一綴りで大文字と小文字の区別があるものは，小文字を先に配列した．

2 発音 (→ 発音記号表p. *vi*)
* 単音節語ではストレスは示さない．
* 省略できる音は斜字体または( )で示す．
* 米音と英音は|で区切る．
* 米音と英音の対応が明確な場合は，原則として米音のみを示す．
  (例) **box** /bɑks/(英音の /bɔks/ は省略)
* できるだけ発音を示したが，綴り・発音が共通な見出し語が続く場合は，原則として最初の見出し語にのみ発音を示した．
* 複合語および2語以上からなる語においては，原則として発音記号を省略した．
  (例) **baby bond**
  back-to-school
  blueprint

3 品詞
* 略語，接辞，2語以上から成る複合語，および企業名・商標などを表す語では，原則として品詞表示を省略する．
* 複数の品詞をまとめて示すことがある．
  (例) **adult** *n, a* 成人(の)，大人(の)；成人向きの
  airmail *n, vt* 航空便(で送る)
* 品詞記号には次のものを用いた．

a = adjective 形容詞	*prep* = preposition 前置詞
ad = adverb 副詞	*pron* = pronoun 代名詞
aux v = auxiliary verb 助動詞	*rel pron* = relative pronoun 関係代名詞
conj = conjunction 接続詞	*v* = verb 動詞
int = interjection 間投詞	*vi* = intransitive verb 自動詞
n = noun 名詞	*vt* = transitive verb 他動詞
pl = plural 複数形	

4 変化形
(1) 名詞
* 不規則な複数形を示す．数通りの形がある場合は，で区切って示す．
  (例) **cargo** → *n* (~ (e)s)
  fish → *n* (~ es, 《集合的》~)
  bureau → *n* (~ s, ~ x/-z/)
* -manの形の語で複数形が-menとなるものは，変化形を省略する．
* その他，必要に応じて男性形・女性形・単数形を示す．
  (例) **data** → *n pl* (単数形 datum)

(2) 動詞
* 不規則変化，および語尾の子音を重ねるものを示す．
* 三人称単数現在形・過去形・過去分詞形の区別がある場合を；で示し，数通りの形がある場合は，で区切って示す．
  (例) **go** → *v* (went; gone) = 過去形 went　過去分詞形 gone
  spend → *v* (spent) = 過去形・過去分詞形 spent
  learn → *v* (~ ed, learnt) = 過去形・過去分詞形 learned, learnt
  sew → *v* (~ ed; sewn, ~ ed) = 過去形 sewed　過去分詞形 sewn, sewed

この辞典の使い方

stop → v (**-pp-**) = 過去形・過去分詞形 stopped　現在分詞形 stopping
have → v (**has; had**) = 三人称単数現在形 has　過去形・過去分詞形 had
panic → v (**-ck-**) = 過去形・過去分詞形 panicked　現在分詞形 panicking
die → v (**dying**) = 現在分詞形 dying

(3) 形容詞・副詞
* 不規則な比較級・最上級を；で区切って示す．
  (例) **good** → a (**better; best**) = 比較級 better　最上級 best

5 語義

* 原則としてビジネスで用いられる語義を中心に示した．
* 語義の小区分を，で，大区分を；で示す．
* ( ) は訳語の省略可能を示し，[ ] は直前の語との言い換え可能を示す．(解説の中でも同様に用いる．)
  (例) **deal flow** ディール・フロー，新規案件(数)
  declare v 宣言[公表，布告]する
* 他動詞では，原則として訳語に助詞「を」や「に」を省略する．
* 単数形や複数形で用いるものは《 》でその語形を示す．(～は原則として見出し語全体を，-はその一部を示す．)
  (例) **glass** → 《-es》眼鏡
  diet² → 《通例the D-》(デンマーク・スウェーデン・日本などの)議会，国会
* 併用される前置詞・副詞などは《 》で示す．
  (例) **busy** → 忙しい《at, with, doing》
  cancel → 相殺する《out》
* 同義語を (=)，反義語を (⇔)，関連語を (⇨) で示すことがある．
  (例) **buffer stock** 緩衝在庫 (=cushion stock, safety stock)
  bull market 強気市場，上げ相場，ブルーマーケット (⇔bear market)
  baby boom ベビーブーム (⇔baby bust)

6 専門語ラベル・スピーチラベル

* 専門語についてはビジネス語を選んだので，原則として専門語ラベルは外した．訳語と解説だけでは意味内容が把握しにくいもの，多義語で語義間の差異が分かりにくいものについては，専門分野を【法律】のように，訳語の直前に【 】で示した．いくつかの分野で用いられるものは，代表的なものを便宜的に示した．
  (例) **conspiracy** 共謀，陰謀；【法律】共同謀議
* スピーチラベルについては，おおよそのものを《 》で示した．分かるものについて便宜的に示したものである．下記のものについては略記した．

  《米》= 主に米国用法　　　　　　《英》= 主に英国用法　　　　　　《スコット》= スコットランド方言
  《アイル》= アイルランド方言　　　《インド》= インド用法　　　　　《豪》= オーストラリア用法
  《NZ》= ニュージーランド用法　　《南ア》= 南アフリカ用法　　　　《略式》= 略式用法
  《文》= 文語　　　　　　　　　　《古》= 古語　　　　　　　　　　《仏》= フランス語
  《独》= ドイツ語　　　　　　　　《西》= スペイン語　　　　　　　《伊》= イタリア語

7 解説

* 必要と思われる専門語義には簡潔な解説を与えるようにした．
* 解説は訳語の後に [➲] で示した．
  (例) **central bank** 中央銀行 [➲ 金融システムの安定を図るとともに，金融政策を通じて物価の安定を確保することが任務となっている国家機関．米国は Federal Reserve Board (連邦準備理事会) がこれにあたる]
* 特にビジネスの基本的な事項については **解説** の囲み欄を設け詳しく解説した．
  (例) **exchange-traded funds** の項目
* 注記事項は訳語などの後に (✚) の形で示した．

8 用例

* 必要に応じて用例を ▶ で示す．ビジネスレターに頻出する表現にはレターマーク (✉) を，契約書の文例などには文書マーク (🖋) のマークを付けて利用者の便宜を図った．
  (例) **debt load** 債務負担 [➲ 企業や個人が抱えている債務の総額] ▶ The debt load is weighing too heavily on profits. 過大な借金の負担で利益が食われている
* 用例の多い大項目の名詞では，検索しやすいように，用例中の見出し語部分の前後を適宜ボールド体(太字)にした．また，見出し語に網掛けを施した基礎語については，用例中の見出し語あるいは成句部分をゴチック体(太字)にして見やすくした．

9 連語・熟語

* 原則として品詞別に語義に続けて示す.
* 文脈によって変わる人称代名詞や再帰代名詞は, 主語の人称と一致するものはone, one's, oneself, 一致しないものはa person, a person'sで示す. また必要に応じてhisなども用いる.
    (例) **debt** → *in a person's debt* (人に)借金して
    declare → *declare oneself* 正体を現す; 所信を述べる
* 目的語をとる動詞句や, 前置詞・接続詞を伴う連語・熟語は, 原則として助詞から訳語を示す
    (例) **assure** → *be assured of* を確信する

10 語源

* 必要に応じて知識を深めるための語源を[<　]または[　]で示す.
    (例) **ad valorem** 価格に比例した, 従価の [<ラ]
* 特に話題性の強いものや記述の長いものについては 語源 などのマークを付して示した.
    (例) **blue chip** (株式の)優良銘柄; 優良企業 語源 高い点数用の青色のポーカーチップから
* 次のものは言語名を略記した.

伊＝イタリア語	ギ＝ギリシア語	西＝スペイン語
中＝中国語	独＝ドイツ語	日＝日本語
仏＝フランス語	ラ＝ラテン語	ロ＝ロシア語

11 派生語

* 原則として改行し◇の後に示す. 類推が容易なものは訳語を省略した.

12 その他

* 内容に応じて, 注意 語法 などのラベルを付して, 実用上有益と思われる語学的情報を記述した.
    (例) **absolutely** の項目
* コロケーション の欄では見出し語を核とした語の連結関係を分かりやすくひとまとめにした.
    (例) **deflation** の項目
* 見出し語を含んだ熟語(術語)については, ところどころ語義の最後にまとめて示した. テーマは■…■ではさんである.
    (例) **business** の項目　■ビジネス・業務■

発音記号表

母音

*	/ɑ | ɔ/	**hot** /hɑt | hɔt/
	/ɑ:/	**father** /fɑ́:ðər/
**	/ɑ:r/	**park** /pɑ:rk/
	/ɑ:r/	**starry** /stɑ́:ri/
	/æ/	**cat** /kæt/
*	/æ | ɑ:/	**ask** /æsk | ɑ:sk/
	/ai/	**bite** /bait/
**	/aiər/	**fire** /fáiər/
	/aiər/	**fiery** /fáiəri/
	/au/	**out** /aut/
**	/auər/	**tower** /táuər/
	/auər/	**floury** /fláuəri/
	/e/	**set** /set/
	/ei/	**cape** /keip/
**	/ɛər/	**chair** /tʃɛər/
	/ɛəri/	**airy** /ɛ́əri/
	/ə/	**sofa** /sóufə/
**	/ər/	**sister** /sístər/
**	/ə:r/	**bird** /bə:rd/
	/ə:r | ʌr/	**current** /kə́:rənt | kʌ́rənt/
	/i/	**give** /giv/
	/i:/	**seat** /si:t/
*	/i:ə | iə/	**real** /rí:əl | riəl/
**	/iər/	**ear** /iər/
	/iəri/	**cereal** /síəriəl/
	/ou/	**over** /óuvər/
*	/ɔ: | ɔ/	**dog** /dɔ:g | dɔg/
	/ɔ:/	**ball** /bɔ:l/
**	/ɔ:r/	**door** /dɔ:r/
	/ɔ:r/	**aural** /ɔ́:rəl/
	/ɔi/	**boy** /bɔi/
	/u/	**book** /buk/
	/u:/	**food** /fu:d/
	/ju:/	**few** /fju:/
**	/uər/	**tour** /tuər/
	/uərist/	**tourist** /túərist/
**	/juər/	**pure** /pjuər/
	/juəriəs/	**curious** /kjúəriəs/
	/ʌ/	**love** /lʌv/

子音

閉鎖音

/p/	**pace** /peis/
/b/	**base** /beis/
/t/	**time** /taim/
/d/	**dime** /daim/
/tʃ/	**choke** /tʃouk/
/dʒ/	**joke** /dʒouk/
/k/	**coat** /kout/
/g/	**goat** /gout/

摩擦音

/f/	**fan** /fæn/
/v/	**van** /væn/
/θ/	**breath** /breθ/
/ð/	**breathe** /bri:ð/
/s/	**peace** /pi:s/
/z/	**lose** /lu:z/
/ʃ/	**dish** /diʃ/
/ʒ/	**measure** /méʒər/
/h/	**hat** /hæt/
*** /h/	**where** /hwɛər/

鼻音

/m/	**sum** /sʌm/
/n/	**sun** /sʌn/
/ŋ/	**sung** /sʌŋ/

側音

/l/	**lake** /leik/
/r/	**rake** /reik/

半母音

/w/	**wood** /wud/
/j/	**yes** /jes/
*** /j/	**new** /nju:/

ストレス

/ˈ/	第1ストレス
/ˌ/	第2ストレス

[注]
(1) 縦線 / ｜ / の左側は米音, 右側は英音を表す.
　* の発音は, 本書では原則として英音を省略する.
(2) 斜字体, ( ) 中の長音 : は省略可能を表す.
　** /r/ を省略するのは英音　例: **sister** /sístər/ = /sístər ｜ sístə/
　*** /h/ を省略するのは英音　例: **where** /hwɛər/ = /hwɛər ｜ wɛə/
　　/j/ を省略するのは米音　例: **new** /nju:/ = /nu: ｜ nju:/

A, a

a /ə; 《強》ei/ (不定冠詞)
1つの; ある (=a certain); …につき (=per)
► twice **a** year = twice per year = twice yearly 年に2回
語法 an estimated (5,000 refugees) / a full (10 days) 「まる10日」のように「数詞+複数名詞」をひとくくりにまとめて単数のa(n)を付け, まとめ役として形容詞を必要とする

A (企業などの) 第3位の格付, 「シングル・エー」
AA (企業などの) 第2位の格付, 「ダブル・エー」; American Airline
AAA (企業などの) 最高の格付, 「トリプル・エー」; American Automobile Association (=Triple A); American Accounting Association アメリカ会計学会
AAdvantage 《商標》エー・アドバンテージ [⇒米国のアメリカン航空のマイレージ・プログラム. 飛行距離を利用した点数で無料チケット, ビジネスクラスへのアップグレードなどの特典が利用できる]
AAMCO アムコ [⇒米国の車輌整備, 修理のフランチャイズ. トランスミッションの専門家が修理, 整備を提供する. 2006年3月投資会社が買収し私企業となる]
A&P 《英》Great Atlantic and Pacific Tea Company [⇒米国のスーパーチェーン]
AAR against all risks すべての危険を担保にすることが条件の, オールリスク担保で
AARP 旧称American Association of Retired Persons アメリカ退職者連盟 [⇒1958年設立. 50歳以上の人々の権利擁護をうたう圧力団体. 会員数約4,000万人で, 政治やベビーブーマーの消費動向に影響力がある]
AB Aktiebolag 《スウェーデン語》会社
ABA, A.B.A. American Bar Association; American Bankers Association

abandon /əbǽndən/ vt
❶ 断念する, 見限る ► The company abandoned the merger plan because of financial trouble. 資金上の問題のため, 同社は合併計画を断念した / The staff had to abandon the original project due to a change in management. 経営陣に変更があったので, スタッフは当初のプロジェクトを断念せざるをえなかった / After the scandal, even our regular customers abandoned our company. スキャンダルが起こった後は, 常連の顧客でさえわが社を見限った / The $1 million development plan was quietly abandoned. その100万ドルの開発計画は立ち消えになった
❷ (物や権利を) 放棄する; (訴訟を) 取り下げる
❸ (海上保険で) 委付する [⇒保険金額の全部を請求するために, 全損(同等)の被保険物件のすべての権利を保険業者にゆだねる]

abandon ship 船を放棄する; 経営の見切りをつける; 見放す ► All the directors wanted to abandon ship. 取締役全員が会社に見切りをつけたいと思った

abandonment n ❶ (1) (権利や物の) 放棄 [⇒後になって取り戻そうという意思を持たず, また, だれに対して譲ろうという意思もないまま, 所有権を放棄すること] ► The abandonment of the plan was on the agenda. 計画放棄が議題になっていた (2) (訴訟の) 取り下げ ❷ 保険委付 [⇒被保険者が保険金と引き換えに, 保険の目的物を保険会社に委付すること]

abandonment cost 固定資産除却費
abate /əbéit/ vt 和らげる, 減少させる; 減ずる, 削減する; (訴訟を) 却下する; 中断させる ► abate taxes 減税する / abate half of the price 値段の5割引きにする
— vi 衰える, 和らぐ, 減る ► Japan's long recession seemed to have finally abated. 日本の長く続いた不況もやっと和らいだように見えた / The cost has shown no signs of abating this year. 今年は経費減少のきざしは見えなかった
abatement n ❶ 減少, 緩和; 減額; 廃止, 禁止, 除去; 訴訟の却下 ► We manufacture equipment for pollution abatement. 当社は汚染除去装置を製作する ❷ [会計] 減額, 取消 [⇒課税額の引下げまたは取消し]; 控除 [⇒税額控除]; 割戻, 軽減 ► tax abatement 減税
ABB Asea Brown Boveri (~ Ltd.) アセア・ブラウン・ボベリー [⇒スイスの重電の統合メーカー. 電力会社向け送配電システム, 変電所の提供などをはじめ, インフラ開発を国際的に展開する. 1988年にAseaとBBC合併により設立]
Abbey アビー [⇒英国の金融グループ. 銀行と生保などを運営する. 旧称はAbbey National plc]
Abbott Laboratories アボット・ラボラトリーズ [⇒米国の総合医療用品会社. 1888年設立. 2001年, ドイツのBASF AGより医薬品部門を買収した]
ABC American Broadcasting Companies ABC放送 [⇒米国の三大テレビネットワークの一つ]; activity-based costing
ABC analysis ABC分析 [⇒パレート分析 (Pareto analysis)の一種: 在庫管理において, 在庫をA在庫, B在庫, C在庫に3分類し, A在庫は厳重に管理するとともに, C在庫は簡略化した管理を行い, BはAとCの中間的管理を行う重点管理方式]
ABC inventory classification ABC在庫分類 ⇒ ABC analysis
ABCM activity-based cost management 活動基準原価管理
ABC method =ABC analysis
ABC 1 (マーケティングで) 経済・社会上の最上部3階層 ► ABC 1 females buy this product. 最上部3階層の女性がこの製品を買う
aberration /æbəréiʃən/ n 常軌を逸すること ► Most economists agree that last quarter's GDP growth of 4.5% was an aberration and expect it to go down to 3.5% by

the end of the year. ほとんどのエコノミストは、前四半期のGDP成長率4.5%は異常であるという点で意見が一致し、年末までに3.5%に下がると予想している

abet /əbét/ *vt* (**-tt-**) 扇動する; 幇助する ► aid and abet 現場幇助する

abhor /æbhɔ́:r/ *vt* (**-rr-**) ひどく嫌う; 恐れて避ける ► I abhor having to sit through a long meeting. 会議で長時間ずっと座っているのは大嫌いだ

ABI Association of British Insurers 英国保険業者協会

abide /əbáid/ (**abode, abided**) *vt* (命令・規則などを)遵守する

abide by (規則に)従う、を固守する ► We are required to abide by the new contract very closely. 今度の新しい契約については厳格に条件を守ることが求められている / Both sides decided to abide by the decision of the arbitrator. 双方とも仲裁人の決定に従うことにした / All employees must abide by company regulations. すべての従業員は会社の規則に従わなければならない

ability /əbíləti/ *n* (✚形容詞はable) 能力、実行力 *(to do)*; (**-ties**) 才能 ► ability to pay dividends 配当能力

have the [an] ability to do する能力がある ► Do you think he has the ability to be in charge of the project? 彼にそのプロジェクトを任せられると思いますか / Because of its high cost, many low-income Americans do not have the ability to buy health insurance. コストが高いので、低所得のアメリカ人の多くは医療保険を買うことができない

ability-based grade system 職能資格制度 [◯職能資格を等級づけて、それを社内の人事システムの中心に据えるアプローチ]

ability to pay, ability-to-pay 支払能力、債務の支払能力 [◯具体的には、期限の到来した債務を弁済できることを指す]; (組合の賃金要求に対する)経営者の支払能力; 租税の負担能力 ► provide primary health care services without regard to ability to pay 支払能力に関係なく基本的な医療サービスを提供する

ability-to-pay principle 応能負担の原則 [◯税の支払能力に応じて課税するという原則。所得水準や資産残高の多い人ほど支払能力が高いと判断される] ► The ability-to-pay principle in economics states that tax should be paid according to the amount of income earned. 経済学における応能負担の原則は、税金は稼得した所得に応じて支払われるべきだと説く

ab initio /æb iníʃióu/ 初めから、遡及的に (=from the beginning) ► void ab initio 初めから無効 [<ラ]

able /éibl/ *a* (✚名詞はability) **❶** …できる *(to do)*; 能力を持った、有能な ► The CEO is fully confident that the company will be able to ride out this economic downturn. 同社がこの景気後退を乗り切れることにCEOは絶大な自信を持っている

❷ 【法律】(…する)能力[権能、法的資格]がある[を与えられている] *(to do)* ► be able to vote 投票する資格がある

abled /éibld/ *a* 健常な

differently abled 異なった能力のある (✚disabled(身体障害者)の言換え)

ABM activity-based management

ABN Amro Holding (**~NV**) ABNアムロ・ホールディング [◯国際的規模のオランダの銀行グループ。53を超える国で、商業銀行業務と投資銀行業務を行う。2007年10月、Royal Bank of Scotlandを主体とするコンソーシアムに買収される]

abnormal /æbnɔ́:rməl/ *a* 異常な; 変則の ► The abnormal cold weather has caused severe damage to citrus growers. 異常な寒さで、柑橘類の栽培者はひどい打撃を受けた

abnormally *ad* 異常に ► The abnormally cold weather has pushed up the price of produce. 異常に寒い気候は青果物の価格を押し上げている

ABO accumulated benefit obligation 累積年金給付債務

abode /əbóud/ *n* 居所 [◯定住意思が伴わない点でdomicileと区別される] ► They have the right of abode in the UK. 彼らは英国に居住権を持つ

of [with] no fixed abode 住所不定の

abolish /əbɑ́liʃ/ *vt* 廃止する、撤廃する ► We must fight to abolish unfair taxes. 不当な税金を撤廃するために闘わなければならない

abolition /æbəlíʃən/ *n* 廃止; 廃棄; 撤廃 ► call for the abolition of nuclear tests 核実験の廃止を求める / We must fight for the abolition of unfair taxes. 不当な税金の撤廃のために闘わなければならない

abort /əbɔ́:rt/ *v* (処理を)打ち切る; (計画などを)中止する ► We had to abort the project due to unforeseen circumstances. 予期せぬ事情によりプロジェクトを中止せざるを得なかった
─ *n* (処理などの)打切り

abortion /əbɔ́:rʃən/ *n* (計画などの)中断、挫折
◇**abortive** *a* 不成功の

about /əbáut/ *prep, ad* …について; (…の)近くに; …に従事して; およそ、約

語法 approximately より大まかな意味で用いる

► have no money **about** me 所持金なし / How **about** knocking the price down a bit? 少し値下げをしてはどうでしょう

成句 *be about to do* まさに…しようとして *be (all) about ...* 目的[ねらい]は…である *How [What] about ... ?* はどうですか *That's about it.* まあそんなところだ *That's what it's all about.* 要するにそういうことだ *What is it all about?* それはなんのことだ

above /əbʌ́v/ *prep, ad* (…より)上に; …以上で; (能力の)及ばない

► Inflation will remain **above** 7% for the remainder of the year. インフレは今年いっぱい7%を超える水準が続くだろう / We pay our part-time workers far **above** the minimum wage. 当社はパートタイムの従業員に最低賃金よりはるかに高い賃金を支払っている / With visible signs of the economy slipping into recession, mortgage rates will not stay **above** 9% for long. 景気が後退局面に落ち込む明白な兆候が出てきたので, 住宅ローン金利が9%を超える状況は長くは続かないだろう

(成句) *above all* (*things*) / *above all else* とりわけ
over and above / *above and beyond* に加えて

— *a*, *n* (the ~) 上述の(こと)
▶ Refer to the **above**. 上記を参照せよ / See the **above** table. = See the table **above**. 上表を見よ (✤below は名詞の後にしか置けないが, above はどちらでもよい)

aboveboard, above board *ad*, *a* 《米》公明に[な] ▶ aboveboard negotiations 裏取引なしの交渉 / We doubt that all transactions are aboveboard. すべての取引が公明正大に行われているか疑わしい

above-captioned *a* 標記の[◯法律家がしばしば使う表現]

above-mentioned *a* 上述の (=aforesaid)

above-named *a* 上に名前をあげた (✤冗語として省いた方がよいとされる)

above-the-fold, above the fold *a* (ウェブサイト・新聞の)1面トップを飾るほど重要な, 一大ニュースの ▶ above-the-fold news トップニュース

— *ad* ウェブ上のトップ画面に ▶ The company's ads are famous for always being above the fold on the web. 同社の広告はいつもウェブサイトのトップ画面に載っていることで有名だ

above the line ❶ アバブ・ザ・ライン (⇔below the line) [◯国際金融で, 国際収支表における自律的取引の項目を指す. 財・サービス取引のみをアバブ・ザ・ラインとすると, 適切な収支は貿易・サービス収支となるような形で用いられる]

❷ 経常損益, 経常損益上の, 経常損益として [◯通常の営業活動上の損益に区分されるものを指す] ▶ above the line costs 経常損益上処理される コスト / above the line funds 経常損益上処理される資金 / In the U.K., exceptional items are shown above the line. イギリスでは, 臨時損益は経常損益として表示される

❸ マスメディア広告, マスコミ媒体を使った [◯ダイレクトメール, ちらし, 店内広告物などの SP 媒体 (SP=sales promotion)を用いる below the line と対比される] ▶ Direct marketing activities can often benefit from above the line support. 直販に関してもしばしばマスメディア広告が有用だ / We use above the line to maximize the effect on our advertising messages. 当社では広告メッセージを最大限有効に伝えるためにマスメディア広告を利用している

❹ クリエイティブスタッフ, ATL [◯映画や舞台において, 監督, 脚本, 作曲, 美術, 各種デザイナーなどを含むオリジナル・プロダクション・メンバーと出演俳優も加えたスタッフの全体]

above-the-line deduction 線より上の控除, 調整後総所得 (= adjusted gross income: AGI)より前で行える控除 [◯米国の所得税の用語で, 標準控除を選んだ場合でも控除できる支払経費. IRA 拠出, 学生ローン金利, 離婚後扶養料などがこれにあたる. 納税申告書の第1ページの最後の線のすぐ上の場所であることからこの俗称ができた]
⇨deduction

ABP American Business Press 米国ビジネス出版社協会; Associated Book Publishers 書籍出版社連合

abreast /əbrést/ *ad* 並んで ▶ in line abreast 横一列で
keep [*be*] *abreast of* [*with*] (時勢などに)遅れずについていく ▶ Please keep me abreast of any new developments. 何か新しい進展があれば知らせてください

abridge /əbrídʒ/ *vt* 要約する; 短縮する; 削減する; (権利などを)奪う; 制限する ▶ the abridged version of の縮約版

abridged accounts 略式財務諸表, 要約財務諸表 [◯英国の小会社と中会社が会社登記官に提出するとき使用する様式]

abridged life table 簡易生命表 [◯その年の死亡率などをもとに各年齢の平均余命などが示される表]

abroad /əbrɔ́ːd/ *ad* 海外に; 広まって ▶ from abroad 海外から / go abroad 外国へ行く / study abroad 留学する / These goods will be shipped abroad. これらの商品は海外に発送される予定だ / Have you ever been abroad? 海外に滞在したことがありますか / Americans working abroad are required to file tax returns annually. 国外で働いているアメリカ人は納税申告書を毎年提出する必要がある

abrogate /ǽbrəgèit/ *vt* 打ち切る, 廃止する ▶ They were accused of abrogating their contract. 彼らは契約廃棄[破棄]を非難された

abrupt /əbrʌ́pt/ *a* 突然の; ぶっきらぼうな; 急な, 険しい ▶ There has been an abrupt rise in oil prices. 石油価格が急上昇している
◊ **abruptly** *ad* 突然に ▶ Consumer spending has abruptly dropped, hurting retailers across the nation. 消費者支出は急に落ち込んで, 全国の小売業者に損害を与えている / The automaker abruptly scrapped its plans to build a new plant in the US. その自動車メーカーは米国で新工場を建設する計画を突然に取り止めた

ABS asset backed securities; American Bureau of Shipping

absence /ǽbsəns/ *n* 不在, 欠席 (*from*); 欠如 (*of*) ▶ absence without permission (理由を届け出さない)無断欠勤 / absence from work 欠勤 / In order to study abroad for a year, you must take a leave of absence. 海外で1年間勉強をするためには休職しなければならない
in [*with*] (*the*) *absence of* がないときに[ないの

で](=without) 🔖 Date of marine bill of lading shall be proof of the date of shipment, in the absence of evidence to the contrary. 海上船荷証券の日付は, 反証のない場合, 船積日の証拠となるものとする

in a person's absence 人のいないときに ► The assistant manager will take charge in the manager's absence. 課長が留守のときは課長補佐が指揮を執ることになっている

absence rate 欠勤率

absent /ǽbsənt/ *a* 不在の, 欠席して《*from*》; 欠けた《*of*》 ► I was absent from the meeting because of a business trip. 出張のために会議を欠席した

— *prep* …がないと[ので] 🔖 We do not have an obligation to exercise customer's voting rights, absent customer's specific written instruction. 顧客から具体的な書面による指図のない限り, 当社は顧客に属する議決権を行使する義務を負いません

— *vt* /æbsént/ (次の成句で):
absent oneself from を欠席する
◇ **absently** *ad* ぼんやりと

absentee /æbsəntí:/ *n* 欠席者; 不在投票者; 長期欠勤者 ► a frequent absentee 常習的な欠勤者

absenteeism *n* 欠勤 [●通常の欠勤ではなく, 企業が問題視するたぐいの欠勤を指す]; 無断欠勤; 計画的欠勤 ► absenteeism from work 労働戦術として計画的に仕事を休むこと / absenteeism in industrial employment 産業雇用での無断欠勤 / cause high absenteeism 高い欠勤率の原因となる / Many large firms offer incentives to employees in order to deal with absenteeism. 多くの大企業は無断欠勤に対処するためにインセンティブを与えている

absenteeism rate 欠勤率
absentee landlord 不在地主
absentee ownership 不在所有 [●何の役割も果たさないが利益を得る企業所有]

absolute /ǽbsəlù:t/ *a* 絶対的の; 完全な; 純粋な; 無条件の; 専制的な ► absolute ownership 全的所有権 / an absolute deed 無条件譲渡証券 / These items are absolute necessities. これらの品目は絶対必需品だ

in absolute terms 絶対的に

absolute advantage 絶対優位 [●ある財・サービスの単位時間当たりの生産量が他の人よりも高いこと] ► Ricardo's comparative advantage concept questioned the concept of absolute advantage. リカードの比較優位の概念は絶対優位の概念に疑義を唱えた

absolute auction 成行き方式の競売 [●最低競売価格を設定していない競売] ► The painting was sold at an absolute auction to the person who offered the most money. その絵は成行き方式の競売で最高価格を付けた人に売られた

absolute cost 絶対原価 [●企業の生産, 販売, 操業など特定の環境・条件のもとで決定・測定された原価]

absolute liability 無過失責任 ⇨ strict liability

absolutely *ad* 絶対に; 完全に; 断然; まったくその通り ► There's absolutely no reason to postpone the launch date. 発売日を遅らせる理由は全然ない / Absolutely not. とんでもない 【語法】同意を表す Absolutely.は Yes.を強めた言い方. 不同意のAbsolutely not.は No.の強い言い方. 強意の Your proposal is absolutely unacceptable.の absolutely は冗語とされ省くのがよい

absolute majority 絶対多数, 過半数 ► obtain an absolute majority 過半数を得る / The agenda was passed by an absolute majority. その議題は絶対多数によって承認された

absolute poverty 絶対的貧困 [●所得や富の水準それ自体が基本的ニーズを充足し得ない状態] ► The majority of the country's population live in absolute poverty. その国の人口の大多数は絶対的貧困のなかで生活している

absolute PPP 絶対的購買力平価 [●PPPは purchasing power parity の略. 共通通貨で表示された内外物価水準と等しくなること. 相対的 PPP と区別される]

absolute return 絶対リターン [●相場全体が上がっても下がってもプラスの投資収益を実現すること. ヘッジファンドが収益の目標とする概念] (⇔ relative return)

absolve /æbsɑ́lv, -s-/ *vt* (義務などから) 解放する 《*from*》; (罪を) 赦免する 《*of*》 ► Chapter 7 will absolve you of responsibility for the money you owe to creditors. 第7章(個人破産)は債権者に借りている金に対する(返済)責任を解除してくれる

absorb /æbsɔ́:rb, -z-/ *vt* 吸収[併合]する; 合併する ► The company was prepared to absorb initial losses in attempt to gain a foothold into the market. 市場に橋頭堡を築こうという意図で, 当初の損失は同社が吸収することを覚悟していた / As part of its reorganization, the company absorbed profitable subsidiaries and sold off unprofitable ones. 同社は, リストラの一環として, 黒字の子会社を吸収合併し赤字の子会社を売却した / We simply cannot absorb the price increase. わが社は到底, 価格の上昇を吸収できない

absorbed *a* (に) 熱中して 《*in*》 ► He was absorbed in his work. 彼は仕事に没頭していた

absorption /æbsɔ́:rpʃən, -z-/ *n* 吸収; 吸収合併; (間接費等の) 配賦

absorption approach アブソープション・アプローチ [●国際収支を分析する方法で, 経常収支の黒字は国内生産の一部が国内で需要されず海外需要に吸収される状況, 赤字は国内生産の一部の国内需要が存在し海外生産の一部が国内需要で吸収される状況と考えるアプローチ]

absorption costing 全部原価計算 (=full costing, total costing) [●原価計算方法の一つで, 直接材料費, 直接労務費, 製造間接費のすべてを製品の製造原価に含めて計算する方法] ► The company adopted the absorption costing method. 同社は全部原価計算法を採用した

absorption income 全部原価計算に基づく利益

absorption of uncertainty 不確実性の吸収 [⇨流動的な企業環境のリスクを減少させること]

absorption rate ❶ 配賦率 [⇨製造間接費を製品へ配賦した率. 製造間接費の発生額を直接労働時間や機械運転時間などで除して求める方法, 直接労務や直接材費などで除して求める方法などがある] ❷ 市場吸収率 [⇨たとえば, 市場に1,000戸の分譲住宅が供給されるケースで, 3か月の間に毎月100戸売却されたとすると, 1か月間の市場吸収率は10%である(100戸売却物件÷1,000戸棚卸資産)] ▶ the monthly absorption rate 1か月間の市場吸収率

abstain /æbstéin/ vi 慎む, やめる (*from*); 棄権する ▶ Because of a conflict in interest, the delegate abstained from voting. 利益相反のゆえに, 代表団は投票を棄権した

abstention /æbsténʃən/ n 棄権; 《米》(連邦裁判所の)裁判権不行使 [⇨州裁判所にまかせること] ▶ This proposal was approved by the Board of Directors by a vote of 15-0, with no abstentions. この提案は取締役会によって15対0(棄権なし)で承認された

abstention doctrine (州に対する)連邦裁判権不行使の法理

abstract a /æbstrǽkt, ´-´/ 抽象的な; 観念的な; 難解な ▶ Your ideas are too abstract for me to understand. ご意見は抽象的すぎてわかりません
— n /´-´/ ❶ 要約, 抜粋, 概要, 摘要, 綱領; 抽象(概念) ▶ He went through one thousand abstracts from economic journals. 経済専門誌から1000の記事要約を精査した ❷ =abstract of title ❸ 要約書 [⇨発明の概要を簡潔に記載したもの. 特許出願の情報検索を容易にする]
in the abstract 抽象的に, 理論上
— vt /-´-/ 抽出する; 抜粋する

abstraction /æbstrǽkʃən/ n 抽象(概念); 《婉曲》窃取; 放心 ▶ with an air of abstraction ぼうぜんと ❷ 不法取得

abstract of title 土地権原履歴書; 権原要約書 [⇨当該不動産の過去における譲渡経路, 抵当権設定の有無などが記されている] ▶ In land transactions, the abstract of title is needed to ensure the validity of ownership. 土地取引には所有者の正当性を示すために権原要約書が必要だ

absurd /æbsə́ːrd/ a 不条理な; ばかげた ▶ No one would agree to such an absurd proposal. そんな馬鹿げた提案に同意する人は一人もいないだろう
◇**absurdity** n
◇**absurdly** ad

ABTA /æbtə/ Association of British Travel Agents 英国旅行業協会

abundance /əbʌ́ndəns/ n 多量, 多数; 豊富; (*an ~*) 多量[多数](の…) (*of*); 豊作; 富裕 ▶ money in abundance 多額の金 / live in abundance 裕福に暮らす

abundant /əbʌ́ndənt/ a (✚動詞はabound) 豊富な, あり余るほどの ▶ The country is abundant in natural resources. その国は天然資源が豊富だ
◇**abundantly** ad

abuse vt /əbjúːz/ 悪用[濫用]する; 虐待する ▶ The company was accused of abusing employees' overtime. その会社は残業のさせすぎで非難された
— n /əbjúːs/ 悪用; 濫用; 虐待; 悪弊 ▶ abuse of discretion 裁量権の濫用 / elder abuse 高齢者虐待
◇**abuser** /əbjúːsər/ n

abuse of a dominant position 優越的地位の濫用

abuse of power 権力の濫用, 権限の濫用

abuse of process 濫訴 [⇨正当な事由がないのに訴えを起こすこと]

abuse of right 権利の濫用

abuse of trust 背信行為

abusive /əbjúːsiv/ a 口汚い; 乱用の; 虐待する ▶ Abusive product comparisons in TV advertising are rarely seen in Japan. テレビ広告における製品比較の濫用は日本ではほとんど見かけない
◇**abusively** ad

abyss /əbís/ n 深淵; 地獄 ▶ The government can't seem to get out of its abyss of debt. 政府は債務の泥沼から抜け出せそうにない
◇**abyssal** a 計り知れない

AC adaptive control 適応制御; alternating current; air-conditioning; autocorrelation 自己相関; average cost

a/c, A/C account 勘定; air-conditioned; air-conditioning 空調; air-conditioner

ACA Associate of the Institute of Chartered Accountants (in England and Wales [in Ireland]) 英国勅許会計士協会会員 [⇨正会員の略称はFCA (Fellow of the Institute of Chartered Accountants)]

academic /ækədémik/ a 大学の; 《米》人文系の, 一般教養の; 学究的な; 非現実的な; 学業の; 伝統的な ▶ an academic paper 学術論文 / an academic record 学業成績 / an academic year 学年度
— n 大学教授; 大学人; (~s) 学問
◇**academical** a =academic

ACAS /éikæs/ 《英》Advisory, Conciliation, and Arbitration Service

acc. acceptance 引受け, 受領

ACCA Associate of the Chartered Association of Certified Accountants 勅許会計士協会の準会員 [⇨正会員の略称はFCCA (Fellow of the Chartered Association of Certified Accountants)]

accede /æksíːd/ vi 同意する, 応じる, 従う (*to*); 就任する (*to*) ▶ If we accede to their terms, we will lose out on the deal. 彼らの条件に従えば, 私たちは取引で損をするだろう

accelerate /æksélərèit/ v 促進する; 加速する; くり上げる ► The lender accelerated his loan. 貸し手は彼のローン返済をくり上げた (✚返済遅延などの場合に. ⇨ acceleration clause) / The rise in oil prices is bound to accelerate inflation and drive up interest rates. 石油価格の上昇はインフレを加速し金利水準を押し上げる結果を招く / Technological change is accelerating after the government adopted a new subsidy policy. 政府が新しい補助金政策を採用した後に技術の変化は加速しつつある / As the credit crunch deepens, the pace of housing loan defaults is expected to accelerate. 信用逼迫が深刻になるにつれて, 住宅ローン債務不履行のペースは加速が予想される / We are seeing accelerating demand. 需要の継続的拡大が見られる

accelerated amortization 加速償却, 加速減価償却 [⇨営業権や特許権など無形固定資産の減価償却において, 初期の年度に多額の償却を行い, 後期には少額の償却を行う減価償却方法]

accelerated cost recovery system 加速償却制度, 加速原価回収制度 (ACRS) [⇨通常の耐用年数より短い耐用年数での償却を認める制度. 1986年以降は Modified Accelerated Cost Recovery System (MACRS)と称されている]

accelerated depreciation (method) 加速償却(法) [⇨有形固定資産について, 普通償却額より多額の償却を認める償却(法)] ► enjoy deferred taxation benefits using accelerated depreciation 加速償却を行うことで課税引き延ばしの利益を享受する / Accelerated depreciation is a form of tax reduction to help a business develop and grow faster. 加速償却は企業の発展と急成長を援助するための減税方法の一つである

accelerated method 加速償却法
accelerated procedure 略式手続

acceleration n ❶ 促進; 加速; 加速度 [⇨財への需要の増加が次々と波及して景気が加速的に上昇すること] ► economic acceleration 景気拡大 / The acceleration of economic growth in the country has given rise to a burgeoning upper class with deep pockets. 国内における経済成長の加速は富裕な上流階級の急成長をもたらした / With the lower interest rate, we can expect an acceleration of economic growth. 低金利のおかげで, 経済成長の促進が期待できる

❷ 期限の利益の喪失, 期限繰上 [⇨通常, 債務者は期限までは弁済を迫られないという利益を有するが, 債務者に責められるべき事情がある場合などにこの利益が失われる (即時弁済を要求される) こと] ► declare acceleration 期限の利益の喪失を宣告する / trigger acceleration 期限の利益の喪失を生じさせる

acceleration claim 工事促進クレーム [⇨発注者の事情で作業が遅れたのになおも期日までの竣工を求められた場合に, 工事業者が追加費用の補償を求める請求]

acceleration clause (貸付返済の) 期限繰上条項, 期限の利益喪失約款, 繰上弁済条項 [⇨債務者が契約不履行の場合, その他信用力悪化が生じた場合, 貸し手側は直ちに債務全額の返済を要求することができる旨を定めた条項]

acceleration coefficient 加速度係数 [⇨消費の変化に対する投資の変化の割合]

accelerator /æksérərèitər/ n 加速装置; 促進剤; 加速度係数 (=acceleration coefficient)

accent n /æksent/ 重点; 強調 《on》; 口調; 訛り ► His secretary has a pronounced Australian accent. 彼の秘書は強いオーストラリア訛りがある
— vt /æksent, -́/ 強調する
◇ **accentual** a

accentuate /ækséntʃuèit/ vt 強調する; 目立たせる

Accenture 《~ Ltd.》アクセンチュア [⇨米国の世界的なコンサルティング会社. マネージメントコンサルティングのほか, IT/システムのシステムのコンサルティングも行う. 1989年設立]

accept /æksépt/ vt ❶ 受け取る; 受け入れる; 認める; (責任を) 負う ► We accept pets. ペット可 / Major credit cards are accepted. 主要クレジットカードが使えます ⊠ Please accept my apology. どうぞお許しください 📄 In the event that any such claim is accepted by SELLER, SELLER shall refund the purchase price of the non-conforming Goods which SELLER has received. かかるすべてのクレームが「売主」により承認された場合,「売主」は, 同人が受領済みの当該不適合商品の代金を返還するものとする

❷ (申込を) 受諾する, 受ける [⇨売手の申込である offer または買手の申込である bid に応じて, 相手が受諾すること. それによって商談つまり契約が成立する]

❸ (手形などの) 支払を引き受ける [⇨証券の支払人とされた者が確定的に支払義務を引き受けること] ► accept a bill 手形を引き受ける

acceptable a 受け入れられる 《to》; 許容し得る ► He refused to sign the agreement because he did not think the sales terms were acceptable. 売却条件が気に入らなかったので, 契約書に署名することを拒否した / We hope to reach an agreement that is acceptable to both sides. 双方が受入可能な合意に達したいと願っています

acceptance /ækséptəns/ n ❶ 受け入れること; 容認, 受諾 ► The budget proposal gained wide acceptance among the board members. その予算案は役員たちに広く受け入れられた

❷ (消費者による) 受容, 支持, 賛同, (製品・サービスに対する) 人気度 ► consumer acceptance

消費者受け / market acceptance 市場に受け入れられること

❸ (申込などの) 承諾; (商品などの) 受領; (手形の) 引受

acceptance credit 引受条件付信用状 [⇨ 期限付き為替手形の信用状]

acceptance test 受入検査, 承認テスト [⇨ 発注者の注文どおりのものであるか, サービスであるかを確認するテスト]

accepted a 一般に認められた; (手形が) 引受済みの [⇨ 証書の表面に署名と共に Accepted と書かれる] ▶ an accepted draft 引受済みの手形

accepted pairing 容認対比広告 [⇨ 相手商品を評価した上で, さらに自社商品の優れていることを主張するもの]

accepting a 受け入れる (*of, about*)

accepting company 再保険会社, 再保険者 (=reinsurer)

accepting house 《英》手形引受会社 ▶ There is a tendency of decline for the use of accepting houses. 手形引受業者の利用は減少する傾向にある

acceptor /ækséptər/ n 手形引受人 ▶ refer to acceptor 引受人に回付を請う [⇨ 銀行で不渡り手形に R:A, あるいは R.A. と略記される]

access /ǽkses/ n ❶ 接近する方法 [機会]; 交通手段; 入り口, 通路; 利用 [通行] 権, アクセス権; 参入, 参加 ▶ access to transportation 交通の便 / with easy access to に至便 / widen the access to credit 信用供与の対象を拡大する [⇨ 公的融資など で, それまでの条件を緩和してより多くの人が借りられるようにすることを指す] / The U.S. government is demanding access to the Japanese market. 米国政府は日本市場への参入を要求している / We provide easy access to your cash through bank machines. 当行はATMによって現金が楽に利用できるようにしています

❷ (情報への) アクセス, 接続 [⇨ コンピュータなどに情報を出し入れすること] ▶ always-on Internet access 常時インターネット接続 / **Access to the data files** is restricted. It's password protected. データファイルへのアクセスは規制されている. つまり, パスワードで保護されている / Unless you sign a confidentiality agreement, we cannot provide **access to these files**. これらのファイルについては, 機密保持契約に署名しない限り, アクセスを認めることができない / We don't **have Internet access** in this room. この部屋からはネットに接続できない / We have taken all appropriate measures to **prevent unauthorized access**. 不正アクセスの防止に向け, しかるべき措置をすべて講じてある

block access to に近づけないようにする
gain [*get, obtain*] *access to* に接近 [出入り] する
grant [*give*] *a person access to* に接近 [出入り, 面会] を人に許す ▶ He was granted access to the Prime Minister. 総理大臣との面会が許された

have (easy) access to に (楽に) 接近 [出入り, 面会] できる ▶ have access to one's funds 自分の資金を引き出せる / I don't have access to the confidential personnel files. 機密事項である人事関連のファイルにはアクセス権がない / I'm afraid we don't have access to that information. 残念ながらその情報にはアクセスできない

━ vt 入手 [利用] する; 参入 [参加] する; …にアクセスする ▶ We can access data from other databases within the company. 社内の他のデータベースからデータにアクセスすることができる

access charge 接続料金 ▶ assess an access charge 課金する

access code 暗証番号 ▶ enter an access code 暗証番号を入れる

access fee 接続料金 ▶ charge an access fee 課金する

accessibility n (情報などへの) 接近しやすさ ▶ accessibility of media メディアへの接近しやすさ / accessibility of market segments マーケット・セグメントへの接近しやすさ / Accessibility to the Internet has increased the flow of information. インターネットにアクセスしやすくなって, 情報の流れが増大した

accessibility standards アクセス基準 [⇨ 身体障害者の公共施設などへのアクセスを確保するための基準]

accessible /æksésəbl/ a 近づきやすい; 手が届く, 手に入れやすい ▶ easily accessible by bus バスですぐ行ける / readily accessible 容易に手に入る

◇ **accessibly** ad

accession /ækséʃən/ n 附合 (ふごう) [⇨ 所有者を異にする2つの動産が結合した場合に, 主たる動産の所有者が新たに作り出された物の所有者とされる制度]

accessory /æksésəri/ n (通例-ies) 付属品, アクセサリー ▶ cooking items and kitchen accessories 調理用品その他台所用品 / folders, binders and other office accessories フォルダー, バインダー, その他オフィス関連用品

accessory contract (本契約の履行を担保するための) 付随的契約 [⇨ 具体的には担保権設定契約など]

access point アクセスポイント [⇨ ネットワークに接続するための入り口の電話番号]

access program 局外 [自主] 制作番組; 《米》 (ローカル局制作の) 自主番組

access right アクセス権

access television 《英》局外 [自主] 制作のテレビ番組

access time アクセスタイム [⇨ 情報を要求してから入手できるまでの時間]

access to counsel 弁護士依頼権

access to courts 裁判を受ける権利 (=right of access to courts)

accident /ǽksədənt/ n 偶然 (の出来事), 事故, 災難; 災害, 偶発事件

accidental

コロケーション

形容詞(句)+〜 fatal accident 致命的な事故 / slight accident 軽い事故 / unavoidable accident 避けられなかった事故 / unfortunate accident 不運な事故

〜+動詞(句) an accident **occurs** 事故が起きる / an accident **takes place** 事故が起きる

動詞(句)+〜 **be involved in** an accident 事故に遭う, 事故に巻き込まれる / **cause** an accident 事故を起こす, 事故原因となる / **have** an accident 事故に遭う / **meet with** an accident 事故に遭う / **prevent** accidents 事故を防止する

▶ an automobile accident 自動車事故 / an industrial accident 労災, 労働災害, 産業事故 / Several employees were injured in the accident. その事故で何人かの従業員が負傷した / It's no accident that men still fill most of the executive positions in Japan. 日本では現在でも経営幹部の地位はほとんど男性が占めているが、これは偶然ではない

accidental *a* 偶然の; 付属的な《to》
accidental cost 偶発経費
accidental damage 事故による損傷
accidental death benefit (保険の)災害死亡給付
accidentally /æksədéntəli/ *ad* 偶然に; 誤って ▶ I accidentally picked up the wrong file. 私は間違って別のファイルを出してしまった
accident at work 業務災害, 労働災害 (=work accident)
accident frequency rate 事故発生率 ▶ cut down the accident frequency rate 事故発生率を低下させる
accident fund 傷害手当資金
accident insurance 傷害保険; 災害保険 ▶ Jane received compensation because she was covered by accident insurance. 傷害保険に加入していたので、ジェーンは保証金を受け取った
accident report 事故報告
accident ticket policy (空港などで発売される)切符式旅行傷害保険 (=ticket insurance)
acclaim /əkléim/ *v* 歓呼して迎える, かっさいする

— *n* 歓呼, かっさい ▶ win [meet with, receive] acclaim 称賛される / The new product has received high acclaim from industry experts. 新製品は業界の専門家から高い評価を受けている

accommodate /əkάmədèit/ *vt* ❶ 宿泊させる; 収容する; 適応させる《to》; 調整する; (金・物を)用立てる《with》 ▶ The hotel is well accommodated. そのホテルは設備がよい ❷ (相手に)合わせる, (相手の)希望に沿う ▶ We never fail to accommodate the client. われわれは必ずお客さまのご要望に応えるようにしている / I don't know if we can accommodate such a request. そのような要求に応じられるかどうかわからない / I'm afraid this fax machine doesn't accommodate plain paper. 残念ながら, このファクスは普通紙は使えない

注意 英米人でもよく綴りを誤ってcやmを1つしか書かない人が少なくない。cc-mmと覚える

accommodating transaction 調整的取引 [○ 国際取引における自律的取引の結果から派生する取引。発電用に原油を輸入する取引の結果から生じた外国の銀行口座への代金の振込みのような取引]

accommodation /əkὰmədéiʃən/ *n* ❶ 便宜; 《通例 ~s》(宿泊などのための)施設, 宿泊施設; (収容するための)場所; (ホテル・貸室などの)部屋; 順応, 適応, 調整 ▶ The hotel offers excellent accommodations but at an outrageous price. そのホテルの宿泊設備は素晴らしいけれど、料金がとんでもなく高い ❷ 妥協案, 妥結策, 折合いがつくこと ▶ come to an accommodation 妥協案にたどり着く / reach an accommodation 妥協案に達する

accommodation address 便宜宛先, 郵送物受領用宛先
accommodation bill 融通手形, 融通為替手形; 融通約束手形, 金融手形 (=accommodation note, finance bill, non-value bill, accommodation paper) [○ 相手方が金銭の融通を得られるように、裏付けとなる商取引がないのに振り出される為替手形や約束手形。この手形の受取人は、これを割り引いてもらって現金を手に入れる]
accommodation draft 《米》融通為替手形 (=accommodation bill)
accommodation endorsement 融資目的の手形保証 [○ 他人の手形を保証し、手形の信用を強化すること]
accommodation maker 融通手形の振出人
accommodation note =accommodation bill
accommodation paper =accommodation bill
accommodation party 融通署名者, 融通手形の振出[引受, 裏書]人, 融通当事者
accommodation train 《米》普通列車
accommodative *a* 便宜を与える, 好都合の ▶ an accommodative monetary policy 金融緩和の通貨政策 / Our hotel offers accommodative facilities to suit all your conference needs, whether it be small meeting rooms for workshops or large halls for lectures. ワークショップ用の小会議室でも, 講演用の大ホールでも, 当ホテルは貴社のコンファレンスの全ニーズに対応できる設備を提供します
accommodator *n* 融通者, 調停人
accompany /əkΛmpəni/ *vt* 同行する; 伴う ▶ I will accompany my colleague on a business trip. 私は同僚の出張に同行する
◇**accompaniment** *n* 付属物
accompanying *a* 随伴する; 同封[添付]の
accomplice /əkάmpliʃ/ *n* 共犯者
accomplice witness 共犯者証人
accomplish /əkάmpliʃ/ *vt* 遂行[完成]する, 果たす ▶ The merger will allow us to ac-

complish many tasks more efficiently. その合併によって多くの課題がもっと効率的に達成できるだろう

accomplished /əkάmpliʃt/ a 完成した; 熟達した ▶ Our firm is seeking an accomplished attorney with experience in international patent laws. 当社は国際特許法に経験をもつ熟達した弁護士を探している

accomplished fact 既成事実

accomplishment n 完成, 成就, 遂行

accord /əkɔ́:rd/ vi 一致[調和]する, 合致する (with) ▶ These conditions accord with the terms of the contract. これらの条件は契約条項に合致している

— vt 与える; 許す

— n ❶ 一致, 調和; 和解; 同意, 合意; (国際的な) 協定 ▶ Plaza Accord (1985年の) プラザ合意 / Treasury-Federal Reserve Accord (国債価格に関する) 米国財務省と連邦準備制度の合意 / The two parties came to an accord after a week of negotiations. 両当事者は一週間の交渉の後に妥結に至った ❷《法律》代物弁済 (⇨accord and satisfaction)

be in [out of] accord with と一致する[しない]

of one's own accord 自発的に, ひとりでに ▶ He accepted the responsibility of his own accord. 彼は自発的に責任を引き受けた

Accord《商標》アコード [⇨米国で販売されているホンダの車. 中型車として人気が高い. 車関係の雑誌の評価も良い]

accordance n 一致

in accordance with に一致して 🗐 ABC Co. Ltd. is a corporation formed in accordance with the laws of Japan at 2-3-1 Hitotsubashi, Chiyoda-ku, Tokyo 101-8001 Japan. ABC 株式会社は, 日本国東京都千代田区一ツ橋2-3-1に所在する日本法に基づいて設立された法人である (語法) 通常の文体ではfollowing, under, byなどを用いる)

accord and satisfaction 代物弁済 [⇨100万円の貸し金を現金で返してもらう代わりに, 100万円相当の中古車をもらうという具合に, 本来の契約に代わる新たな契約を締結し, その実行により満足を受けること]

according a (次の成句で):

according as に従って ▶ According as the demand increases prices go up. 需要が増すにつれて物価は上がる

according to に従って; によれば ▶ According to a recent survey, many consumers are curtailing holiday travel as a result of the recession. 最近の調査によれば, 多くの消費者は景気後退の結果として休暇旅行を短縮している / According to our records, you are behind in your payments. 記録によればあなたの支払は遅れています / According to our manager, our company will introduce a new line of cosmetics next spring. 課長の話では, 当社は来春に化粧品の新しいラインを導入する予定だ

accordion theory アコーディオン理論 [⇨小売業は広く浅い品ぞろえのスタイルと狭く深い品ぞろえのスタイルとの間を往き来しながら発展すると見る理論]

account /əkáunt/ n ❶ 話, 記事, 報告; 弁明, 説明; 理由, 根拠; 考慮; 価値; 評価; 利益; アカウント [⇨(ネットワークで)情報サービスを利用できる資格] ▶ As a reporter, she kept detailed accounts of the scandal. 記者として, そのスキャンダルの詳細な報告書を記した / The company gave an account of its safety procedures. 同社は安全手順の説明をした

❷ (1) 勘定 (A/C) [⇨経済活動を資産・負債・資本・収益・費用の増減として記録・計算するための最小の単位] ▶ a cash account 現金勘定 / a current account 当座勘定 / a profit and loss account 損益勘定 (略P&L) / credit [debit] one's account …の勘定の貸方[借方]に記入する

(2)《~s》計算書類, 会計諸記録 ▶ keep accounts 帳簿をつける, 計算する / approved accounts 取締役会承認済決算書 / audited accounts 監査済財務諸表

(3) (金銭の) 貸借勘定; 《通例 ~s》計算; (一定期間の) 収支計算, 決算

コロケーション

(動詞(句)+~) **adjust** an account 精算する / **ask** an account 勘定を請求する / **clear** one's account 完済する, 未払金を全額払う / **do** the accounts 決算をする / **falsify** accounts 不正経理を行なう / **manipulate** accounts 経理操作をする, 帳簿を改ざんする / **pay** an account 勘定を払う / **settle** an account 持ち分を, 勘定を決済する

▶ annual accounts 年次決算 / consolidated accounts 連結決算 / final accounts 年次決算 / group accounts 連結決算 / accounts for the full year ending March (3月期) 本決算, 通期決算 / accounts for the half year ending September (9月期) 中間決算 / Fair value accounting is supposed to reduce the scope of companies to manipulate their accounts. 時価会計は, 企業が経理操作をする余地を少なくするとされている

❸ 口座

コロケーション

(動詞(句)+~) **close** an account 口座を解約する / **credit to** an account 口座に入金する / **debit from** an account 口座から引き落とす / **have** an account 口座を持つ / **hold** an account 口座を持つ / **open** an account 口座をひらく / **remit funds to** an account 口座に送金する / **wire funds to** an account 口座に振り込む / **withdraw from** an account 口座から引き落とす

▶ deposit $100 into an account 100ドルを口座に預け入れる / She **opened a checking account with** National Bank in order to pay her monthly utility bills by writing out checks. 小切手で月々の光熱費を支払うためにナショナル銀行で当座預金口座を開設した / You cannot **close an account** if there is any money owed to the bank. 銀行に対して未済

残高がある場合は、口座を解約できない / **Do you have an account with** a foreign bank? 外国の銀行に口座を持っていますか / **My card payments are debited from my account on the 10th of every month.** カードの支払額は毎月10日に口座から引き落とされている / **The refund was credited to my account within three days.** 返金分は3日以内に口座に入金された / **You need to enter a PIN to make a withdrawal from an account.** 口座から引き出すためには暗証番号を入力することが必要だ

━━口座━━
bank account 銀行口座 / business account 法人口座 / cash account 当座預金口座、現金勘定、証券取引口座 / cash management account 《米》資金管理口座 / charge account 《米》与信取引勘定 / checking account 当座預金口座 / club account 《英》非営利法人口座 / credit account 《英》与信取引勘定 / current account 当座預金口座 / custodial account 《米》保護預かり口座 / dormant account 休眠口座 / escrow account エスクロー勘定 / foreign currency account 外貨預金、外貨勘定 / inactive account 休眠口座 / joint account 共同名義の口座 / numbered account 番号口座 / open account 与信取引勘定、与信取引先 / postal account 郵便取引専用口座 / savings account 貯蓄口座、普通預金口座 / time deposit account 定期預金口座

❹ (1) 信用取引、取引 [➡ 掛け勘定を開いている商業関係] ▶ **open [close] an account with** と取引を始める[やめる] / **have an account with** と取引している / **establish an account with** と取引を開始する / **stop an account** (代金未払などで) 取引を停止する
(2) (特に信用に基づいた) 顧客、得意先 ▶ **service an account** 顧客の世話をする / **secure an account** 新規の顧客[注文]を取ってくる
(3) (広告代理業者への) 委託業務;（広告代理店に委託した）広告主 ▶ **The ad agency team worked very hard to create the ad campaign for the California wine account.** 広告代理店のチームはカリフォルニアワインの広告主のために広告キャンペーンを創出しようと一所懸命に働いた

for account of の支払いで
of great [no] account 重大な[取るに足りない]
on account 分割払いで ▶ **purchase merchandise on account** 商品を掛で仕入れる
on account of / on a person's account のために[理由で] ▶ **On account of safety concerns, the flight was delayed.** 安全上の理由で飛行機は遅れた
take account of / take ... into account を考慮する ▶ **Please take into account of our cost restraints.** 私たちのコスト上の制約を考慮してください
turn [put] ... to (good) account を利用する
━ *v* 説明する; 占める
account for (1) を説明する; の責任を負う;（割合を）占める ▶ **We need to account for the loss to our shareholders.** わが社は株主に損失について説明する必要がある / **Asian airlines account for nearly half of the total revenue for the airline industry.** アジアの航空会社はエアライン業界の全収入のほとんど半分を占めている / **Many Japanese exporters have revised their sales projections to account for the recent appreciation of the yen.** 日本の輸出業者の多くは最近の円高を考慮して売上高の予測を改訂している (2) 会計上の処理をする ▶ **be accounted for as revenue in the current year** 本年度の収入として処理する

accountability *n* (説明する) 責任、説明責任; 会計責任; 説明義務、アカウンタビリティ [➡ 企業経営者や行政担当者が利害関係人や一般社会に対して事務遂行の内容や会計上の真実を説明する義務] ▶ **lack of accountability within Japanese society** 日本社会におけるアカウンタビリティの欠如 / **We told our clients that we would assume accountability for the outcomes.** 弊社は結果に関する説明責任を負うと顧客に言った

accountable /əkáuntəbl/ *a* 責任がある; 説明できる (*to, for*)
hold a person [a person is held] accountable for の責任を人に取らせる ▶ **The CEO was held accountable for the failure of the company's business diversification.** そのCEOは同社の事業多角化の失敗について責任を取らされた

account aggregation アカウント・アグリゲーション [➡ 消費者が持つ複数の金融取引口座の情報をインターネットを通じて一画面上で一覧表示するサービス]

accountancy /əkáuntənsi/ *n* 《英》会計、会計学、会計士業、会計職、会計プロフェッション
accountancy profession 会計士 [➡ 専門職域としての会計士の総称]

accountant /əkáuntənt/ *n* 会計専門家、会計士、公認会計士、会計担当者 ▶ **a certified public accountant** 《米》公認会計士 (CPA) / **a chartered accountant** 《英》勅許会計士 / **We've hired an accountant to deal with the tax administration of the new subsidiary.** 当社は新しい子会社の税務処理を担当する会計士を雇った

accountant's certificate 監査報告書、監査証明
accountant's fee 会計士報酬
accountant's legal liability 会計士の法的責任 (=accountant's responsibility)
accountant's opinion 会計士の意見、監査意見
accountant's report 監査報告書、会計士報告書
account books 会計簿、出納簿、会計記録 (=accounting books)

account code number 勘定科目コード番号

account day 受渡日, 会計日; 《英》(証券取引所での)受渡日 [⇨つまり, 証券が引き渡される代わりに対価が支払われる決済日]

account day settlement 《英》一括決済

account debtor 第三債務者 [⇨自分が債権を有している相手[債務者]に債務を負っている第三者を言う]

account department 会計部門, 経理部門

account due (~s ~) 未収金 [⇨通常の商取引以外の取引から生じた未収額]

accountee /əkáuntənti/ n 振込口座名義, 受取人口座名義

account executive ❶ AE, (広告会社などの)営業責任者, 営業[渉外]部長 ► She has been an account executive for Paramount Advertizing, Inc. for one year. パラマウント広告社のアカウント・エグゼクティブに就任して一年になる ❷ 口座担当者 [⇨銀行や証券会社で顧客への情報提供や顧客などの注文受付を担当する社員. 特に証券会社の登録外務員(registered representative)を指す場合もある]

account form 勘定式, 勘定形式, 勘定様式 (=report form)

account form balance sheet 勘定式貸借対照表 [⇨わが国で多く見られる, 左に資産, 右に負債と資本を掲げる形式のもの]

account heading 勘定科目

account in arrears 未払金のある勘定, 履行遅滞に陥っている口座

accounting /əkáuntiŋ/ n 会計 [⇨企業の取引を帳簿上記録し, 報告する手続]; 企業会計, 会計学 (=accountancy, accounting discipline) ► be involved in accounting 会計の仕事をしている / meet the accounting requirements of SEC 米国証券取引委員会の会計基準を満たす / He majored in accounting. 彼は会計学を専攻した / I'm in sales but she's works in accounting. 私は営業部門だが, 彼女は経理部門で働いている

═══**会計**═══
accrual accounting 発生主義会計 / cash accounting 現金主義会計 / creative accounting 経理操作 / equity accounting 持分法 / fair value accounting 時価主義会計 / financial accounting 財務会計 / historical cost accounting 取得原価主義会計 / management accounting 管理会計 / market value accounting 時価主義会計

accounting assumptions 会計の前提条件 (=accounting postulates, fundamental accounting assumptions)

accounting audit 会計監査 [⇨個人, 団体, 官庁, 企業などの会計行為, 記録および報告に対して行われる監査. わが国の場合, 証券取引法の公認会計士による財務諸表監査, 商法の監査役による取締役の会計業務の監査および計算書類監査などがある]

accounting auditor 会計監査人

accounting books 会計帳簿, 会計記録 (=account books, books of account, financial books) [⇨企業が営業上の財産および損益の状況を明らかにするために, 日常の取引を記入しておく帳簿の総称]

コロケーション

(形容詞(句)+~) **accurate** accounting books 正確な帳簿 / **false** accounting books 偽帳簿 / **manual** accounting books 手書帳簿

(名詞(句)+~) **examination of** accounting books 帳簿検査 / **second set of** accounting books 裏帳簿

(動詞(句)+~) **close** the accounting books 帳簿を締める / **falsify** accounting books ニセ帳簿を用意する / **keep** accounting books 帳簿をつける / **prepare** accounting books 帳簿を調える, 帳簿を作成する / **verify** accounting books (照合して) 帳簿を確認する

► Businesses close their accounting books at year-end to prepare financial statements. 企業は決算報告書の作成に向け, 決算期(=年度末)に帳簿を締めるものだ / They keep two sets of accounting books. 彼らは二重帳簿をつけている

accounting change 会計上の変更, 会計方針の変更 [⇨重要な会計方針(会計理論および報告基準)の変更で, この変更は財務諸表に注記される] ► The accounting change under the new tax regulations makes filing tax returns much simpler. 新しい税規則による会計処理変更の結果, 納税申告書の提出は今までよりずっと簡単になる

accounting choice 会計選択 [⇨会計設定主体での選択および個々の企業での選択]

accounting concept 会計上の諸概念, 会計上の基礎概念 (=accounting postulates, accounting principle, basic assumption, fundamental accounting concept)

accounting control 会計的統制, 会計的管理 [⇨資産の保全, 経営管理のための会計情報の利用で, 会計による統制, 会計による経営管理を言う]

accounting convention 会計慣行, 会計慣習, 会計上の通念, 会計公準 (=accounting postulates) [⇨会計理論や会計実務の基礎的前提]

accounting cost 会計上の費用 [⇨実際に支出された費用]

accounting criteria 会計規準

accounting cycle 会計処理手続の一巡 (=bookkeeping cycle)

accounting data 会計資料

accounting date 《英》決算日 (=closing date, balance sheet date)

accounting deficiency 会計処理および会計開示の不適正

accounting department 会計部門, 経理部 (=accounting division, accounting section) ► He worked in the accounting department before transferring to the finance department. 財務部に移る前は，彼は経理部で働いていた

accounting discipline 会計学 (=accountancy, accounting)

accounting disclosure 会計開示，経理公開［●企業の財務内容の財務諸表による開示で，わが国の場合，証券取引法による開示と商法による開示がある．前者は投資者の投資判断に役立つ情報開示で，後者は株主，債権者に対する受託責任とその解除にかかわる情報開示である］

accounting division 会計課，経理課

accounting earnings 会計的利益 (=earnings)

accounting entity 会計実体 (=accounting unit)［●企業という経済主体が，出資者から独立して存在することを前提とする公準で，企業会計が行われる範囲(=会計単位)を示すもの］

accounting equation 会計等式 (=accounting formula)［●企業における資産，負債，資本，費用，収益の相互関係を示す等式で，「資産=負債+資本」の貸借対照表等式と「収益-費用=利益」の損益計算書等式より成り立つ］

accounting error 会計上の処理ミス，会計上の誤謬

accounting estimate 会計上の見積り［●企業の将来の経営活動に対する会計数値による見積り・予測を言う］

accounting event 会計事象［●会計の処理および報告の対象となる事象］

accounting evidence 会計証拠［●会計記録および計算を裏づける証拠で，監査人の監査意見表明の基礎ともなる］

accounting firm 会計事務所

> 解説 監査証明と財務に関する助言，指導を業務とする公認会計士事務所や税理士事務所．米国の会計監査事務所は，1980年代には8つの大手が存在し Big Eight と呼ばれたが，合併などを経て，1990年代には Big Five となり，さらに2002年にエンロン事件に連座して Arthur Andersen が消滅，現在は Ernst & Young, KPMG, Price Waterhouse Coopers, Deloitte Touche Tohmatsu の Big Four (4大会計事務所)に集約されている

▶ He accepted a position with an accounting firm. 彼は会計事務所に勤めることを承諾した / Our financial statements are audited by a reputable accounting firm. 当社の決算書は名の通った会計事務所によって監査されている

accounting for business combination 企業結合会計［●子会社の取得および合併の会計］

accounting for changes in price level 物価水準変動会計

accounting for changes in the purchasing power of money 貨幣購買力変動会計 (=constant purchasing power accounting)

accounting for changes in the value of money 貨幣価値変動会計 (=constant purchasing power accounting)

accounting for changing prices 物価変動会計 (=accounting for inflation, inflation accounting)

accounting for contingency 偶発事象の会計［●偶発資産，偶発債務等の偶発事象を扱う会計］

accounting for control 統制会計［●経営計画数値に向けて統制するのに有用な情報を提供するのを目的とする会計］

accounting for corporate social responsibility 社会責任会計［●企業が社会に与えるマイナスの影響を回避する責任を測定し報告する会計］

accounting for decision making 意思決定会計 (=decision accounting)［●情報利用者の意思決定に対して役立つかを重視した会計．管理会計では業績管理会計と対比される会計領域］

accounting for equities 持分会計［●企業の負債と資本を一括して持分としてとらえて行う会計．貸借対照表の借方の保有財産は貸方の各種の持分の金額に等しい，という関係を用いて，資産を債権者持分と株主持分に分けて持分関係を説明する］

accounting for external reporting 外部報告会計 (=financial accounting)［●株主，債権者，税務署などの企業外部の利害関係者に対して，企業の経営成績および財政状態などを報告するための会計］

accounting for human assets 人間資産会計，人的資産会計 (=human resources accounting)［●企業経営の構成要素である人的資源の価値を，貨幣尺度により測定し，情報として伝達する会計領域］

accounting for income taxes 税金配分会計［●会計原則と税法での税金の取扱いの相違から，会計上税金を税法とは異なる期間に配分して費用化する会計］

accounting for inflation インフレーション会計，物価変動会計 (=accounting for changing prices, inflation accounting)

accounting for internal reporting 内部報告会計 (=management accounting, managerial accounting)［●企業の内部者である経営者・経営管理者に役立つ情報を提供することを目的とする会計］

accounting for inventory 棚卸資産会計

accounting for lease リース会計［●リース取引の会計処理に関する会計］

accounting for management 管理会計，経営管理のための会計

accounting formula 会計等式 (=accounting equation)

accounting for not-for-profit [nonprofit] organization 非営利事業体会計，非営利法人会計

accounting for ownership equity 資本会計［●企業における資本の調達源泉を対

象とする会計領域で，主として自己資本の増減を認識・測定する会計領域を言う

accounting for pension plan 年金会計 [⇨退職従業員の年金支払の方法に関する会計]

accounting for performance evaluation 業績評価会計 (=performance accounting)

accounting for planning 計画会計，計画のための会計

accounting for reorganization 組織再編会計，組織変更会計 [⇨企業の組織再編や組織変更に関する会計．具体的には，合併会計，結合会計，再生会計などがある]

accounting fraud 不正会計 ► The government has enacted a new legislation aimed at combating accounting fraud. 政府は不正な会計処理と闘うことを目的に新しい法律を制定した

accounting function 会計職能

accounting identity 会計恒等式；会計等式

accounting income 会計上の利益

accounting information 会計情報 [⇨特定の経済主体が営む経済活動および経済事象を，貨幣額で測定・表示した情報]

accounting information standard 会計情報基準 [⇨あるデータを会計情報の中に含めるべきか，会計情報から排除すべきかの基準．アメリカ会計学会は，『基礎的会計理論』の中で，目的適合性，検証可能性，不偏性および計量可能性をあげている]

accounting information system 会計情報システム (AIS)

accounting irregularity 不正経理 ► The auditing firm failed to detect the accounting irregularities committed by the CFO. 監査法人は，最高財務責任者による不正経理を見抜けなかった

accounting loss 会計上の損失

accounting manual 会計規程(集)，会計手引(書)，会計便覧

accounting measurement 会計測定 [⇨経済活動の貨幣単位に基づく会計上の測定]

accounting method 会計方法，会計処理方法 [⇨会計原則および会計基準に基づく会計処理方法] ► use the cash accounting method instead of the accrual method for tax purposes 税務会計上は，発生主義会計の代わりに，現金主義会計による

accounting model 会計モデル [⇨資産，負債，資本および費用，収益などの要素を会計記号を用いて現実を要約したモデル]

accounting officer 会計担当者，会計担当役員，会計担当責任者，歳出監視官吏

accounting operation 会計業務

accounting period 計算期間，営業年度，事業年度 (=accounting year, financial year, fiscal year)

accounting period assumption 会計期間の公準 [⇨継続企業の会計が一定の会計期間を前提に行われていること]

accounting policy 会計方針 [⇨企業が損益計算書および貸借対照表の作成にあたって，その経営成績および財政状態を正しく表示するために採用した会計処理および手続ならびに表示方法を言う]

accounting postulates 会計公準 (=accounting convention) [⇨会計理論や企業会計原則を存立させる基盤ないし基礎となるもので，一般には，企業実体の公準，会計期間の公準，貨幣的評価の公準があげられている]

accounting practice 会計実務，会計業務 ► adhere to high standards of accounting practice 会計実務の高度の水準を厳守する / Several of the nation's top companies have been indicted for questionable accounting practices. わが国のトップ企業の数社が疑わしい会計処理で告発されている

accounting principles 会計原則 [⇨企業が会計処理および報告において従うべき原則] ► under the generally accepted accounting principles 一般に認められた会計原則に合致して

accounting procedures 会計手続 [⇨会計行為の具体的な方法，技術および手続]

accounting process 会計過程，会計プロセス [⇨会計行為の手順]

accounting profession 会計専門家，職業会計人 [⇨公認会計士および税理士等の会計専門家の総称]

accounting profit 会計上の利益，会計利益 [⇨一般に公正妥当と認められた会計原則に従い測定・計算された利益]

accounting rate of return 会計的投資利益率 (ARR)

accounting rate of return method 会計的投資利益率法 [⇨会計的利益率により投資の適否を判断する方法]

accounting ratio =financial ratio

accounting records 会計記録 ► The Lessee must make accounting records available for audit. 賃借人は，監査のため会計記録を閲覧できるようにすることを要する

accounting reference date 《英》会計基準日，決算日

accounting reference period 《英》営業年度，事業年度

accounting reform 会計制度改革

accounting regulations 会計法規，会計規定，会計法令

accounting reorganization 会計上の再編

accounting reports 会計報告書，決算報告書

Accounting Research Bulletins 会計調査広報 (ARBs) [⇨実務上推奨される手続を周知させるために発行されている広報資料]

accounting responsibility 会計責任

accounting rule 会計規定，会計通則

accounting scandal (米国の) 会計スキャ

accounting section 経理部, 会計部 (=accounting department, accounting division)
accounting services 会計業務
accounting software 会計ソフト
accounting standard 会計(諸)基準 [⦿会計人が会計処理および報告において準拠しなければならない基準] ▶ calculate earnings per share in accordance with the new accounting standard 新会計基準に準拠して一株あたりの利益を計算する
Accounting Standards Board 会計基準審議会 (ASB) [⦿イギリスでの会計基準を定めている組織. アメリカの財務会計基準審議会(Financial Accounting Standards Board=FASB)に相当する]
accounting system 会計制度, 会計システム, 会計組織
accounting transaction 会計上の取引 [⦿資産, 負債および資本に変動を与える事象]
accounting treatment 会計処理 ▶ Our company uses the equity method for the accounting treatment of our investments. 当社は投資の会計処理に持分法を使用している
accounting unit 会計単位 [⦿会計が対象とする経済活動の範囲]
accounting valuation 会計評価 [⦿資産, 負債, 費用の貨幣額による測定]
accounting year 会計年度 (=accounting period) [⦿企業活動に関しては, fiscal year (営業年度, 事業年度)と言う方が一般的]
account in transit 未達勘定 [⦿本支店間の取引が決算時点で相手方に未達の時に, 手許の商品や現金と区別するため一時的に用いる勘定]
account number 口座番号; 勘定科目番号 ▶ You need to enter your account number and PIN. 口座番号と暗証番号を入力する必要があります
account number plan 勘定科目番号表法
account of business 営業報告書 [⦿営業の状況を報告する文書]
account of purchase 仕入勘定
account of sales 仕切精算書; 売上計算書
account payable (~s ~) 買掛金 《to》 (A/P) (⇔account receivable) [⦿仕入先に対する仕入債務. モノを買い受け, またはサービスの提供を受けた結果, 相手に負っている金銭債務. バランスシート上, 負債の部に計上される] ▶ beginning accounts payable balance 期初買掛金残高 / ending accounts payable balance 期末買掛金残高 / pay an account payable within 30 days of the due date 期日から30日以内に買掛金を支払う / reduce accounts payable 買掛金を圧縮する / We generally settle our accounts payable within 60 days. 通常, 買掛金は60日以内に支払っている
account payable-other (~s ~) 未払金
account payable to affiliated companies (~s ~) 関係会社買掛金, 関係会社未払金
account payable to subsidiary companies (~s ~) 子会社買掛金, 子会社未払金
account payable-trade (~s ~) 買掛金 (⇔account receivable-trade)
account receivable (~s ~) 売掛金, 売上債権 (A/R, a/cs rec., A/cs rec.) (⇔account payable) [⦿企業の通常の商取引から生じた債権. モノを売り渡し, またはサービスを提供した結果, 相手から支払ってもらうことになっている金銭債権. バランスシート上, 資産の部に計上される] ▶ beginning accounts receivable balance 期初売掛金残高 / delinquent accounts receivable 未回収売掛金 / ending accounts receivable balance 期末売掛金残高 / outstanding accounts receivable 未回収売掛金残高 / convert accounts receivable into cash 売掛金を現金化する / collect accounts receivable from customers 顧客から売掛金を回収する / We need to collect immediately the accounts receivable owed by the company. 同社に対する売掛金を至急回収する必要がある / It takes about 46 days to collect our accounts receivable. 売掛金の回収にはおよそ46日かかっている
account receivable discounted (~s ~) 割引受取勘定, 割引売上債権
account receivable due from affiliated companies 関係会社売掛金, 関係会社未収金
account receivable due from subsidiary companies 子会社売掛金, 子会社未収金
accounts receivable ledger 売掛元帳
account receivable-other (~s ~) 未収入金
account receivable-trade (~s ~) 売掛金 (⇔account payable-trade)
account rendered 確定勘定; 請求明細書
account sale 掛売り (A/S)
accounts and payrolls payable 未払債務
accounts and records 会計帳簿, 会計記録
accounts book 会計帳簿 (=book of accounts, financial book)
accounts closing procedure 決算手続
accounts department 経理部
account settlement 決算
accounts payable ledger 買掛金元帳, 仕入先元帳 (⇔account receivable ledger) [⦿掛仕入先別の取引明細を記録する補助元帳]
accounts payable register 買掛金台帳 (⇔account receivable register)
accounts receivable aging method 売上債権年齢調べ調査法 [⦿売掛金のうち貸倒損失となる割合を推計する方法]
accounts receivable assigned 譲渡

売掛金

accounts receivable collection period 売上債権[売掛金]回収期間[◎売上高と売掛債権の関係を示す指標で、売掛金の回収期間を示す]

accounts receivable management 売掛金管理[◎得意先に対する売掛債権の限度額の決定および売掛金の回収に関する管理]

accounts receivable register 得意先元帳, 売掛金元帳, 売上先勘定記入帳(⇔account payable register)[◎売掛金勘定の記録を、それぞれの得意先ごとに細分化するために使用される補助元帳]

accounts receivable turnover (ratio) 売掛金回転率[◎売掛金が1年間に何回転したかを示す比率で、この比率が高いほど回収状況がよく、売掛金を売掛金平均在高で除して求める]

accounts system 勘定組織, 勘定科目体系

account stated 確定請求書[◎account renderedを債務者が確認したもの]

account statement 口座残高報告書[◎欧米では日本のような預金通帳は一般的ではなく、証券会社のみならず、銀行でも口座残高報告書を顧客へ定期的に送付する場合が多い] ▶ Disappointment awaits mutual fund investors when they receive their quarterly account statements. ミューチュアルファンドに投資した人には、四半期の勘定明細を受け取るときに、失望が待ち受けている

account system 勘定科目体系, 勘定組織

account title 勘定科目

account transfer 振替勘定, 口座振替

accredit /əkrédit/ vt (人の)功績とする, (に)帰する(to); 信用する, 信任する, 信用状を発行する, 信任状を付して派遣する

accreditation /əkrèditéiʃən/ n 認可, 認定[◎公的資格の付与を指す言葉] ▶ European accountants are denied accreditation in Japan. ヨーロッパの会計士は日本では資格が認められていない

accredited /əkréditid/ a 公認の[◎「しかるべき資格を備えた」「正式に認定された」という意で使われる]

accredited investor 適格投資家, 認定投資家[◎米国証券法上の概念で、機関投資家や一定以上の資産と投資経験を有する投資家を指す。認定の要件は少なくとも100万ドルの純資産または年20万ドルの年間所得があること。適格投資家は私募の投資ファンドへの参加が認められる]

accredited law school 《米》(施設・教員数など一定の要件を満たした)認定法科大学院

accredited legal document specialist 司法書士[◎日本語の「司法書士」の英訳としては、一般には judicial scrivener が使用されているが、この見出語のような表現のほうが通りがよい]

accretion /əkríːʃən/ n 増価, 自然増価[◎資産としての樹木などの成長によるその資産価値増加分]; アクリーション[◎償還期日までに金融商品の元本に増額分が生じること]

accrual /əkrúːəl/ n 利子(が付くこと); (会計上の発生主義に基づく、収益・利子・権利などの)発生; 発生主義[◎正しい期間損益計算のために未払利息、未収収益などを認識・測定すること]

accrual basis accounting 発生主義会計

accrual bond ゼロ・クーポン債, 割引債[◎クーポン(利札)がなく、額面金額を下回って割引発行される債券。発行者の会計処理上、金利支払いにあたる部分が順次累積されるので、このように呼ばれる]

accrual method =accrual(s) basis

accrual(s) accounting 発生主義会計(=accrual basis accounting)[◎企業の費用および収益を、企業の財貨および役務の経済価値の増加減少という事実に基づいて認識計上する会計。すなわち、実際の現金の収支と切り離して、商取引があった時点で収益や費用が発生したとして処理する会計の方式] ▶ report a taxable profit under accrual accounting 発生主義会計で課税利益を計上する

accrual(s) basis 発生主義[◎企業の財貨・役務の経済的価値の増加減少の事実を対象として、収益および費用を認識し計上する基準] ▶ prepare financial statements on the accrual basis of accounting 発生主義会計に基づいて財務諸表を作成する

accrue /əkrúː/ vi (利子・利益が)生じる; 累積する; (権利が)発生する ▶ accrued benefit 支払義務の生じている給付 / Interest accrues monthly and is compounded semiannually. 毎月利子がつき半年ごとに複利計算される / Interest will accrue from the first day of the immediately following month. 翌月の初日から利息がつく / We need to consult a tax expert to make the most of the tax benefits that have accrued to us. 利用できるようになっている租税上の優遇措置を十分生かすために、税務の専門家に相談する必要がある / Many advantages accrued to the company. その会社に多くの利点が生じた / Little benefit will accrue to our department from the proposed reorganization plan. 提案されている事業再構築計画から、われわれの部門が得るものはあまりない

accrued account 見越(繰上)勘定, 見越計上勘定

accrued and deferred accounts 見越及び繰延勘定

accrued assets 見越資産, 見越計上資産[◎未収利息、未収家賃などのように、収益として会計上の認識はされているが、まだ受取っていないものを指す。accrued revenueと同じ]

accrued benefit cost method 発生給付原価方式[◎当該年度に発生した将来の給付義務額の現在価値に見合う掛金を会社が拠出する方式]

accrued bonus 賞与引当金[◎将来支給される賞与の額として負債の部に計上される]

accrued charges 未払費用(=accrued expenses) [○すでに役務の提供を受けているが, 決算日にいまだ支払いがなされていない費用で, 当期の費用として計上されるもの]

accrued commission receivable 未収手数料

accrued debit account 未収金勘定

accrued depreciation 減価償却累計額 [○建物, 機械などの減価償却対象資産に対する減価償却費の累計額で, 直接に当該減価償却資産から控除せずに, 間接的に控除する方法により設定される評価勘定]

accrued dividend 未払配当金

accrued expense 未払費用 [○支払手形上の未払利息のような, 支払義務は発生しているがまだ支払われていない費用]

accrued income (receivable) 未収収益 (=accrued revenue) [○提供済みのサービスに対して, 会計上収益として認識はされているがまだ受領していない対価のこと]

accrued income tax 未払法人税, 未払所得税 [○当該年度の課税所得に課せられた税金であるが, まだ納付期限が到来していないために未払となっている税金]

accrued interest (売買で受渡日までの) 経過利息, 経過利子 [○債券売買時に, 次回利払日の利息を債券の売手と買手の間で調整するための利息相当額] ► Accrued interest on a loan is added to the principal balance. ローンの経過利息は元本の残高に加算される / The face value plus accrued interest is payable to you at maturity. 満期になれば額面価格に経過利息を加えた金額があなたに支払われます

accrued interest payable 未払利息 (⇔accrued interest receivable)

accrued interest receivable 未収利息 (⇔accrued interest payable)

accrued item 見越項目, 経過項目 [○期末に適正な損益計算を行うために生じる未払・前払費用項目および未収・前受収益項目]

accrued liability 見越負債, 未払債務, 未払負債 [○すでに費用として認識し, 見越計上した未払費用]

accrued payroll 未払賃金 (=accrued wages)

accrued pension expense 未払年金費用

accrued premium 未収保険料, 未払込保険料 (=premium due and unpaid)

accrued receivable 未収買掛金

accrued rent 未払賃借料

accrued rent payable 未払賃借料

accrued rent receivable 未収賃借料

accrued revenue 未収収益 (=accrued income) [○すでに当期の収益として認識し, 稼得しているが, まだ受取っていない収益]

accrued tax 未払税金

accrued wages 未払賃金 (=accrued payroll)

accrued wages payable 未払賃金

acct. account

accumulate /əkjúːmjulèit/ v 蓄積する; ためる; 積もる ► accumulate a large fortune 蓄財する / The company accumulated huge debts over the years. 長年の間に, 同社の債務は巨額に膨らんだ

accumulated benefit obligation 累積給付債務 [○将来の昇給分を見込まずに算定した年金給付予想額]

accumulated capital 累積資本金

accumulated debt 累積債務 [○返済能力を大幅に超える額まで累積した途上国の対外公的債務]

accumulated deficit 累積欠損金, 累積損失

accumulated depletion 減耗償却累計額 [○天然資源の年々の価値費消分累計]

accumulated depreciation = accrued depreciation

accumulated dividend 累積配当, 累積未払配当 [○配当累積型優先株(cumulative preferred stock)の発行企業が, 業績悪化により約束した配当を支払うことができない場合, 将来支払われるべきものとして累積していく配当]

accumulated earnings 留保所得, 内部留保 [○利益処分の結果, 特定および不特定の目的をもって社内に留保されている利益額や積立額]; 利益剰余金

accumulated earnings tax 留保利益課税 [○法人が個人への課税回避のために, 利益を分配せずに留保した利益に対する課税]

accumulated fund 積立基金, 基本金, 資本基金 (=capital fund)

accumulated income 利益剰余金, 留保所得

accumulated income tax prepayment 長期前払税金

accumulated loss 累積損失

accumulated net profits 累積純益

accumulated plan benefits 年金給付累計額

accumulated post-retirement benefit obligation 累積退職給付債務

accumulated profit 留保所得, 内部留保, 利益剰余金 [○社内に留保されている利益] ► The company often carries forward the current profit to the next year's accounts as an accumulated profit. 同社では今期の利益を翌年の勘定に利益余剰金として繰り越す場合が多い

accumulated stock 余剰在庫, 余剰品, 滞貨

accumulated surplus 利益剰余金

accumulated tax allocation 繰延税金累計額

accumulation /əkjùːmjuléiʃən/ n ❶ 蓄積, 集積 ((of)) ► The bank is inundated with a massive accumulation of bad debts. その銀行は不良債権の膨大な累積にどっぷりと漬かり込んでいる / Economic growth is driven by the

accumulation of knowledge. 経済成長は知識の蓄積によって推進される ❷【会計】集計, 合計; 累積, アキュムレーション [➪ 利益剰余金の累計. 定期的な投資とその投資の運用収益・売買益の総額] ❸【証券】アキュムレーション, 償還差益の償却計上 [➪ 公社債の取得価格が額面を下回る場合に, 償還差益を取得日から償還日までの各期間における簿価の増額として会計処理する方法]

accumulation factor 基準資産 [➪ 複利で運用した結果である元利合計額]

accumulation scheme 《英》年金財政方式, 年金積立方式 (=funding method, pension fund method)

accumulative /əkjúːmjulèitiv, -lət-/ a 累加する, 累積的な

accuracy /ǽkjurəsi/ n 正確(さ), 精度; 正確度 ▶ The company called in an external auditor to check the accuracy of its books. 同社は帳簿の正確さをチェックするために外部の監査人を招請した / The accuracy of this report is questionable. このレポートが正確かどうかは疑わしい

with accuracy 正確に

accurate /ǽkjurət/ a 精密な, 正確な 《in》 ▶ Our accounting firm helps clients prepare timely and accurate tax returns. 当会計事務所は顧客がタイムリーに正確な納税申告書を作成するのを援助します / He gave an accurate account of the incident. 彼は出来事を正確に説明した

accurately /ǽkjurətli/ ad 正確に, 精密に ▶ The financial report did not accurately represent changes due to the sale of the subsidiary. その財務報告書は子会社の売却による変化を正確に反映していない

accusation /ǽkjuzéiʃən/ n 告発; 罪; 非難 《that》 ▶ He adamantly denied all accusations of bid rigging. 彼は入札の談合についての非難をすべて断固として否定した

make an accusation 非難[告発]する 《against》

accuse /əkjúːz/ vt 非難する 《of, with》 ▶ Federal prosecutors have accused the company of violating anti-trust laws. 独占禁止法に違反したとして連邦検察官は同社を告発した

accused /əkjúːzd/ n (刑事事件での) 被告人 (✚ 定冠詞を付けて the accused という形で使う. 民事の場合は the defendant と言う)

ace /eis/ n 《米略式》名人, 第一人者; 《米略式》1ドル紙幣

an ace in the hole 《略式》奥の手; 万一の蓄え

have [keep] an ace up one's sleeve 取って置きの切り札[策]がある

within an ace of 危うく…するところで

— vt 《米略式》でA 《優》の評点をもらう ▶ He aced his job interview. 彼は就職の面接をうまくやってのけた

ace out 《米略式》(人を) 負かす; うまくいく

— a 《米略式》優秀な, 上質の, 最高の

◇**aced** a 出し抜かれた, 負かされた

Ace bandage 《商標》エース印包帯 [➪ 手首, ひざなどの捻挫・脱臼用の伸縮自在バンド]

Acela /ɑːséla/ Amtrak の高速列車

Acer (~ Inc.) エイサー [➪ 台湾のパソコンメーカー. 2007年米国のパソコンなどのメーカー Gateway を買収. 世界的なパソコンメーカーとなった]

acerbic /əsə́ːrbik/ a (気性・表現などが) 激しい, 辛らつな ▶ He made an acerbic criticism of the red tape involved in doing business in that country. その国でビジネスをするのに必要な, 煩瑣な役所の手続を彼は痛烈に批判した

◇**acerbity** n

achieve /ətʃíːv/ vt 達成する, 成し遂げる; (栄誉などを) 獲得する ▶ Our department has achieved the annual sales target. 当部は年間売上高の目標を達成した / We achieved high sales in the first quarter. 第1四半期において高水準の売上を達成した

achievement n 業績, 偉業; 達成, 成就; 学業成績 ▶ This achievement was the result of everyone's hard work. 全員が一生懸命に働いたので, この業績を達成できた

achievement motivation 達成動機(づけ) ▶ She has very high achievement motivation to become the head of the company. 会社のトップになりたいというきわめて高度な達成動機をもっている

achievement motive 達成動機 [➪ 高い基準を設定して達成しようとする動機] ▶ Employees with a high achievement motive tend to climb the career ladder. 達成動機の高い従業員は出世コースを歩む傾向がある

ACI Association Cambiste Internationale 国際フォレックス・クラブ [➪ 各国にある外国為替業者の団体であるフォレックス・クラブの上部団体で, パリに本部がある]

acid /ǽsid/ n 酸

— a 酸(性)の; 辛らつな

acid free paper 非酸性紙

acid rain 酸性雨 [➪ 大気中に排出された硫黄酸化物や窒素酸化物によって造られた酸性度が高い雨]

acid-test ratio 当座比率, 酸性試験比率 [➪ 企業の短期支払能力を測定・判定するための比率で, 当座資産を流動負債で除して求める. 一般的には100%以上が望ましいとされている] ▶ calculate the acid-test ratio as of the balance sheet date 貸借対照表日の酸性試験比率を計算する

acknowledge /æknɑ́lidʒ/ vt 認める; (手紙などの) 受領を確認する ▶ He acknowledged that the costs for the construction of the new plant were higher than expected. 新工場の建設費用が予想より高くついたことを彼は認めた / I would be grateful if you could acknowledge receipt of this message. このメッセージの受領を確認してくだされば幸いです

acknowledgement n 《英》=acknowledgment

acknowledgment n ❶ 感謝, 謝辞; 礼状 ▶ Acknowledgments are due to Mr. Smith for his assistance. スミス氏のご協力に感謝します ❷ 証明書, 承諾書, 領収書; 受取通知, 受領書 ❸ 承認; (債務の)承認; (証書作成の)確認; (責任の)引受け

acknowledgment of outside assistance 外部補助を使用することについての認知 [⇨ 一般には, 不動産鑑定評価人が自己以外の外部の専門家およびアシスタントを利用すること, たとえば不動産鑑定士が建築の設計を建築士に委託する場合には, 依頼者および利害関係者に了承を得なければならないことになっている]

acquaint /əkwéint/ vt 熟知させる, 知らせる 《with》 ► You need to acquaint yourself with the production process. あなたは製造工程に習熟する必要があります
be acquainted with を知っている

acquaintance /əkwéintəns/ n 知人; 面識, なじみ; 知識 《with》 ► close acquaintances 親密な知人
have an acquaintance with を知っている
make [seek] a person's acquaintance / make [seek] the acquaintance of a person 人と知り合いになる[なろうとする] ► It's a pleasure to make your acquaintance. お目にかかれて光栄です

acquiesce /ækwiés/ vi 黙認[黙従]する 《to, in》 ► We cannot simply acquiesce to their request. とても彼らの要求に従うことはできない

acquire /əkwáiər/ vt (✤ 名詞は acquisition) 得る; 獲得する; 習得する; 取得する, 買収する ► acquire capital in に資本参加する / acquire stakes in the company. 同社の株を取得する / make an offer to acquire the company for $15.00 per share 同社を1株あたり15ドルで買収することを申し入れる / Where did you acquire that piece of information? どこでその情報を手に入れたのですか

acquired company 被買収会社
acquired distinctiveness 使用に基づく識別性 [⇨ 一般的な類型的には識別性を有しないマークは原則として商標登録を受けられないが, 永年使用されることにより識別性を取得したときは商標登録が認められる] ⇨ secondary meaning
acquired surplus 引継剰余金 [⇨ 被合併会社から引継いだ利益剰余金]
acquiring company [enterprise] 買収会社

acquisition /ækwəzíʃən/ n (✤ 動詞は acquire) ❶ 取得(物), 獲得(物) ► the acquisition of land 土地の取得 / The acquisition of new equipment will speed up the work process. 新しい設備が手に入れば, 作業工程のスピードが上がるでしょう
❷ 権利の取得; (企業が他の企業の支配権を得るための)買収, 企業買収

[解説] 通常は株式買取りによる会社全体の買収を言うが, 会社の一部は asset acquisition(資産買収)の形で買収することもある. ⇨ merger, consolidation

┏━コロケーション━┓
(動詞(句)+〜) **abort** an acquisition 買収を中止する / **carry out** an acquisition 買収を行う / **fund** an acquisition 買収のための資金を調達する / **make** an acquisition 買収をする
► mergers and acquisitions 企業の合併・買収, M&A / The company has **made several acquisitions** of regional banks in an effort to expand its banking network. 同社は銀行業務ネットワークを拡大する努力の一環として数社の地方銀行を買収した / The group is planning to **make an acquisition** in Europe or buy a major stake in a company in the sector. 同グループはヨーロッパで買収を行うか, 同一業界の企業における経営支配権を取得しようとしている / The company intends to **fund the acquisition** through internal resources and bank financing. 同社は内部資金と銀行借入金で買収の資金を調達するつもりだ

═══買収═══
all-share acquisition 全額株式交換買収 / bolt-on acquisition 製品ライン拡充目的の買収 / cash acquisition 現金交付買収 / cash-and-stock acquisition 現金交付・株式交換併用買収 / cross-border acquisition 他国企業の買収 / friendly acquisition 友好的企業買収 / highly-leveraged acquisition 多額の借入を伴う買収 / hostile acquisition 敵対的買収 / strategic acquisition 戦略的企業買収

— vt 取得する, 入手する
acquisition cost ❶ 【会計】取得原価 (=historical cost, acquisition value, acquisition price) [⇨ 財貨, サービスの取得に要した金額] ❷ 【経営】取得原価, 買収コスト [⇨ たとえば, 不動産価格 95,000ドルとクロージング費用 (closing costs)5,000ドルとで, ある不動産物件を取得した場合, 取得原価は100,000ドル]
acquisition date 取得日 [⇨ 資産を取得した日]
acquisition price 取得価格, 取得価額
acquisition value 取得価値, 取得価額 [⇨ 財貨またはサービスの取得に要した支出額]
acquisitive /əkwízitiv/ a 得ようとする《of》; 欲深い; 企業買収に積極的な
acquit /əkwít/ vt (-tt-) ❶ 放免する; 免除する 《of》; 遂行[履行]する; 返済する ❷ 犯罪不成立と認定される, 無罪と判断する ► He was acquitted of insider trading charges. インサイダー取引の嫌疑については彼は無罪となった
acre /éikər/ n エーカー [⇨ 約4,047m^2]; (~s)地所; (~s) (略式)大量, 多量 ► Thousands of acres of crops were damaged due to the drought. 数千エーカーの収穫物が旱魃によって被害を受けた
◇**acreage** n エーカー数 ► Nearly ten percent of the world's farm acreage is used for growing genetically modified crops. 世

界の農地面積のほとんど10%は遺伝子組換作物の栽培に使われている

Acrilan 《商標》アクリラン [⇨柔らかくて丈夫でしわがつきにくいアクリル繊維]

acrobat /ǽkrəbæt/ *n* 軽業師; 豹変者
◇**acrobatic** *a*

Acrobat 《商標》アクロバット [⇨アドビ社が開発した電子文書作成方式。一般に pdf として知られている]

acronym /ǽkrənìm/ *n* 頭字語

across /əkrɔ́:s/ *prep, ad* (…を)渡って, 横切って; (…の)向こう側に; (…と)交差して; 差し渡しで

► **Across** the country, consumers are tightening their spending. 全国いたるところで,消費者は財布の紐を締めている / The store is just **across from** the bank. その店は銀行の真向かい[真ん前]にある

【成句】*across from* 《米略式》の真向かいに (=opposite) *all across* …中の *from across* の向こうから, …中(じゅう)に

across-the-board *a* 一律の; (放送で)帯番組の ► an across-the-board tax cut 全面的減税
― *n* 帯番組

ACRS accelerated cost recovery system

act /ǽkt/ *n* 行為; 決議; 法令, 法律, 法 [⇨議会の制定した個々の法律。米国では法案(bill)が議会を通過し大統領が署名すれば法(act)となる。正式にはTelecom Act of 1996のように制定年を付記した名称で呼ばれる]

clean up one's act 行いを改める ► After the scandal, the company took serious measures to clean up its act. スキャンダルの後, 同社は真剣な改善策を取った

get one's act together てきぱきと[きちんと]やる ► You should get your act together before the presentation. プレゼンテーションの前にきちんと準備すべきです

put on an act 《略式》芝居を打つ; 仮病を使う ► Don't believe him. He is just putting on an act. 彼を信じてはいけません。見せかけだけですよ

― *vi* 行動する, 振る舞う (*like*) ► act in bad faith 不誠実な行為をする / act in good faith 誠意をもって行為する / act in the capacity of としての資格において行為する / Companies must act in a socially responsible manner. 会社は社会的に責任を持つように行動しなければならない

― *vt* 務める, 演じる ► act the part of の役を務める

act for の代理をする

act on [*upon*] に従って行動する ► We need to act on the market data. 私たちは市場データに従って行動する必要がある

act out 言葉通りに動く ► The company acted out its promise to its shareholders. 同社は株主への約束を実行した

act up (機械などが)調子が狂う; 勝手に振る舞う ► Please go call the technician. The printer has been acting up. 技術者を呼んできてください。プリンターの調子がおかしいです

ACT advance corporation tax

Actifed 《商標》アクティフェド [⇨鼻づまり, アレルギーなどに効く抗ヒスタミン剤]

acting /ǽktiŋ/ *a* 代理の; 臨時代行の (✚肩書きの前に付ける); 活動中の

acting director 職務代行取締役, 取締役代行

acting manager 支配人代理

action /ǽkʃən/ *n* ❶ 活動, 行動; 行為; 働き, 作用; 機能; 機構; 動作 ► We need to take action now if we want to prevent our competitors from entering the market. 競合他社の市場参入を阻止したいのであれば, 当社は今すぐ行動を起こす必要がある / Many lobbyists are demanding more action by the government to deal with global warming. 多くのロビイストは, 地球温暖化に対処するために, 政府によるさらなる行動を要求している

❷ 訴え; 訴訟

【解説】 個々の訴訟を言う。英国ではコモンローによる訴訟は action, エクイティによる訴訟は suit と呼ばれたが, 両法の区別がなくなった米国では action は suit と同じ意味で使われている。「訴訟」の意味を明確にするには legal action を使う。⇨ suit, litigation

【コロケーション】
(動詞(句)+~) **win** [**lose**] an action 訴訟で勝つ[負ける] / **bring** an action 訴訟を起こす / **dismiss** an action 訴えを却下する / **institute** an action 訴えを起こす / **raise** an action 訴訟を起こす

► Civil and criminal **actions have been brought** relating to this issue. この問題に関しては, 民事と刑事の裁判が提起されている / The defendant chose to **settle the action** for $80,000. 被告は, 8万ドル払って, 訴訟を和解で決着させる途を選んだ / They **lost the action** at the lower court levels but won it eventually. 下級審段階では敗訴したが, 彼らは最終的には勝訴した / We **brought an action** for copyright infringement against the publisher. 版元を相手取って著作権侵害を理由とする訴訟を起こした / The collection agency notified us of plans to **bring legal action** against us. 取立て業者は当社に訴訟を起こすという計画を通知してきた

====訴訟・裁判====
civil action 民事裁判 / class action クラスアクション, 集団訴訟 / criminal action 刑事裁判 / derivative action 代表訴訟 / legal action 訴訟 / libel action 名誉毀損訴訟

Actions speak louder than words. 《諺》行いは言葉より雄弁

put ... in [*into*] *action* を実行に移す ► These steps should help us put our plan into action. こうした措置は計画を実行に移すのに役立つはずだ

ACTION アクション [◎ 米国政府のボランティア機関. VISTA, Peace Corps などの統轄機関. 1971年創設]

actionability n 訴訟提起の可能性

actionable a (計画などが) 実行可能な; 行動できる; 訴えうる; 訴訟を基礎づけるに足る, 訴訟要件を満たす; (特に) 名誉毀損となりうる

actionable per se /pə:r séi, síː/ a 他の要件なしに訴えうる

action for ejectment (不動産の) 明渡請求訴訟

action in personam /in pərsóunæm/ 対人訴訟

action in rem /in rém/ 対物訴訟

action or failure to act 作為・不作為 [◎「不作為」は単に何もしないことではなく, 本来, 一定の行為を行う義務があるのにそれを怠ること. そこから法的責任が追及されることにもなる]

action plan 事業実施計画, 行動計画 ► develop an emergency action plan to deal with unforeseeable event 不測の事態に対処するために緊急行動計画を策定する

action program 行動計画

activate /ǽktəvèit/ vt 始動[起動]させる; 活性化する

activation /ӕktəvéiʃən/ n 始動, 起動; 活性化; ライセンス認証 ► You will be charged a one-time fee for the activation of cell phone service. 携帯電話サービスを作動させるための一回限りの手数料を請求されるだろう

active /ǽktiv/ a (口座などが) 出入りのある [多い], 取引がある ► The account is still active. その口座は現在も使用中だ
— n 活動家

active account 取引のある口座 [◎ 企業経営活動の帳簿記録において頻繁に記帳される勘定・利用度の多い勘定を言う]

active asset allocation アクティブ運用に基づく資産配分 ⇨ active management

actively /ǽktivli/ ad 活発に, 活動して ► He participated actively in the discussion. 彼は議論に積極的に参加した

actively managed (ファンドが) アクティブ運用の ► actively managed share funds アクティブ運用型株式ファンド / Several of the actively managed mutual funds failed to yield dividends. いくつかのアクティブ運用のミューチュアルファンドは配当を稼ぎ出すことができなかった

active management (ポートフォリオの) アクティブ運用 [◎ 市場指数 (たとえば S&P 500) を上回る投資成果を目指す運用の手法] (⇔ passive management)

active market 取引の活発な市場 ► an active market in wheat 活発な小麦市場

active return アクティブ・リターン [◎ 対ベンチマークでの超過リターン. 資産運用の担当者に対して委託者が運用成績評価の基準として示すベンチマークをどの程度上回っているかを言う]

active risk アクティブ・リスク [◎ 資産運用の成否を判定する基準となるベンチマークに対して実際の運用成績がどの程度ぶれ得るかを示すもの] ► control [keep] the active risk within 4% アクティブ・リスクを4%以内に抑える

active stock 大商(おおあきない)株 [◎ 売買が活発だった銘柄]

active trading 大商(おおあきない) [◎ 株式などの相場商品の売買が活発に行われる状況を指す言い方]

activism /ǽktəvìzm/ n ❶ 行動主義; 政治活動 ❷ 積極主義, 行動主義, アクティビズム [◎ 大量の株を所有している立場を利用して会社に経営方針の変更を強要する姿勢や言動. 株主積極主義 (shareholder activism) やヘッジファンド積極主義 (hedge fund activism) の関連で用いられる]
◇ **activist** n 積極主義者, 行動主義者, アクティビスト [◎ 大量の株を所有している立場を利用して会社に経営方針の変更を強要する株主やヘッジファンド. activist shareholder (積極主義株主) や activist hedge fund (積極主義ヘッジファンド) の関連で用いられる]

activity /æktívəti/ n 活動; 活気, 活躍; 業務; 事業 ► The financial crisis has severely crippled the nation's economic activity. 金融危機はわが国の経済活動を極度に麻痺させている

activity-based budgeting 活動基準予算管理 (ABB) [◎ 生産, 販売活動に焦点を当てて予算編成を行う方法]

activity-based cost 活動基準原価

activity-based costing 活動基準原価計算 (ABC) [◎ 原価計算において活動に焦点を当てて原価計算を行う方法]

activity-based cost management 活動基準原価管理 (ABCM)

activity-based cost system 活動基準原価計算制度

activity-based depreciation 生産高比例法, 生産高基準法 [◎ 生産高または利用高に比例して固定資産の減価償却を行う方法]

activity-based management 活動基準管理, ABCによる在庫管理 (ABM) [◎ 事業活動の単位ごとにコストを割り出し, それをもとに注力すべきか否かを考える経営手法]

activity costs 活動原価 [◎ 生産活動のために費された原価で, 変動費の特質を有している]

Act of Congress 《米》連邦議会制定法 [◎ 米連邦議会で可決, 成立した法律を指す言い方]

act of God 不可抗力 [◎ 大地震, 洪水など, 契約の履行を不可能にするような天変地異を指す]; 自然災害 ► Deliveries may be suspended in case of act of God or any cause beyond the control of the seller. 不可抗力または売主の制御不能な事由がある場合には引渡は一時中止されることがある

Act of Parliament 《英》議会制定法 [◎ イギ

リスの議会で可決, 成立した法律を指す言い方]
actor /ǽktər/ n ❶ 関与者 ▶ a bad actor 悪者 ❷ (1)行為者;加害者 (2)代理人;訴訟代理人
acts and omissions 作為・不作為 ⇨action or failure to act
actual /ǽktʃuəl/ a 現実の, 実際の; 現在の ▶ The actual price was higher than expected. 実際の価格は予想していたよりも高かった
in actual fact 実際に
— n (~s)(推定値に対する)実績;(先物に対する)現物 [◎「現物」の意味でactualsを使うのは商品先物に対して. 金融先物に対しての現物は cash または underlying assets と言う]
actual cost 実際原価, 取得原価 (=acquisition cost, historical cost)
actual cost accounting 実際原価計算
actual cost accounting system 実際原価計算制度
actual costing 実際原価計算 [◎実際に発生した原価に基づく原価計算]
actual damages 現実の損害に対する賠償(金)
actual delivery 現物受渡
actual demand 実需 [◎使用を前提に商品を購入する需要. 将来の値上がりなどを予想して商品を購入する speculative demand(投機的需要)に対する言葉]
actually /ǽktʃuəli/ ad 現実に, 実際に; 実は;(まさかと思うが)本当に; なんと; ところで ▶ This export document verifies that the shipment bound for Shanghai actually left Yokohama port on October 15. この輸出書類は上海向けの積荷が実際に10月15日に横浜港を出たことを実証している / Are you actually certain of your information? あなたは本当にご自分の情報が確かだと信じていますか / The housing downturn has actually led to numerous foreclosures. 住宅業界の不況は実際に数多くの差押えをもたらしている / Actually, the production line won't be up and running for another few hours. 実際には, その生産ラインはあと数時間は動かないないだろう
actually contributed capital 払込済資本, 履行済出資額 [◎授権資本(authorized capital)のうち, すでにどれだけが株式として発行され, そのうちどれだけが実際に払い込まれているかを示すもの]
actual manufacturing cost 実際製造原価 [◎製品の製造において実際に発生した原価で, 財貨の実際価格と実際消費量で計算された原価]
actual material cost 原材料の実費
actual overhead rate 製造間接費実際配賦率
actual results 実績 [◎業績予想(expected results)との対比で言う]
actual sales 販売実績
actual total loss 現実全損 [◎保険のかかっている物の完全な滅失または喪失を言う]
actual working hours 実働時間 [◎勤務時間内で実際に仕事に携わっている時間]
actuarial /æktʃuériəl/ a 保険統計の, 保険数理の ▶ compute the actuarial yield 保険数理利回りを計算する / apply an actuarial method 保険数理法を適用する
actuarial table 平均余命表
actuary /ǽktʃuèri/ n アクチュアリー, 保険数理士, 保険数理専門家, 保険計理人, 保険[年金]数理人 [◎死亡率や金利情勢などの前提を置きながら保険や年金の掛け金を算定する保険数理や年金数理の専門家] ▶ A licensed actuary reassesses the value of the pension fund once every three years. 資格を持った保険経理人が年金基金の価値を3年ごとに査定し直す
ACU Asian Currency Unit
acumen /əkjúːmən/ n 明敏, 洞察力 ▶ business [financial] acumen ビジネス的[財政的]洞察力
acute /əkjúːt/ a 鋭利な; 激しい ▶ an acute problem 重大な問題 / an acute critic 鋭い批評家 / people of acute judgment 鋭い判断力をもった人たち
◇**acutely** ad
ACUVUE 《商標》アキュビュー [◎米国の使い捨てコンタクトレンズのブランド]
acyclical /əsáiklikəl/ a 《経済》非循環的な [◎循環的でないこと. 循環的とは景気循環のように上下に変動するものを言う]

ad /æd/ n ❶ (広告活動としての)広告 [◎advertising の短縮語. 不可算名詞]
❷ (広告物としての)広告 [◎advertisement の短縮語. 可算名詞] ▶ TV ads テレビ広告 / carry an ad 広告を載せる / place [run] an ad 広告を出す / blow in an ad 綴込広告を入れる / put an ad in the paper 新聞広告を出す / Online ads, including banners on search engines, generate billions of dollars each year. 検索エンジンのバナー広告を含むオンライン広告は毎年数十億ドルを稼ぎ出す
(語法) 《英》では advert と短縮. ad とともに改まらない略式の文章や話し言葉で用いる. 正式には advertising, advertisement を用る
ad agency =advertising agency
adamant /ǽdəmənt/ a, n 非常に堅い(もの);(人が)断固たる, 強く主張する 《that》 ▶ The CEO was adamant about not giving up control of the company. その会社の支配を諦めることに, CEOは頑として反対した
◇**adamantine** /-mǽntiːn/ -tain/ a 堅固な;確固とした

adapt /ədǽpt/ vt 適応[順応]させる 《to》; 改作する ▶ He adapted quickly to his new work environment. 彼は新しい職場環境にすぐに馴染んだ

adaptability n 適応[順応]性 ▶ enhance corporate adaptability 企業の適応性を高める / lack adaptability to changing circumstances 変化する環境への適応性に欠ける

adaptable *a* 適応性のある《*to*》 ► Our products are adaptable to the needs of our customers. 弊社の商品はお客様のニーズに適応することができます

adaptable housing アダプタブル住宅［◯米国規格協会の基準にしたがったバリアフリー住宅］

ad awareness 広告についての(顧客の)意識

ADB Asian Development Bank

add /æd/ *v* 加える；付け足す《*that*》；足し算する

add to を増す ► The increase of the consumption tax will add to the government's budget. 消費税の引上げは政府の予算を増大させる結果となるだろう

add up 合計する；《略式》つじつまが合う

add up to 合計…になる；《略式》結局…になる，を意味する ► Lower consumer spending and a stagnant housing market add up to a deteriorating economy. 消費支出の減少と住宅市場の不振は景気の悪化をもたらす結果となる

to add to に加えて

— *n* 【ｺﾝﾋﾟｭｰﾀ】アッド，加算

added value 付加価値 (=value added)［◯企業が外部から受け入れた価値物に自らの労働力・資本等を使用して新たに生産・付加した価値金額］ ► generate added value for customers 顧客のために付加価値を創り出す / The efficiency of our delivery system is a source of added value. 配送システムの効率性が付加価値を生む / develop high added value products 高付加価値製品を開発する

added value analysis 付加価値分析［◯付加価値分配率などを用いて企業の経営活動の評価を行う方法］

added value per employee 従業員一名当り付加価値額

addendum /ədéndəm/ *n* (**-da**) 補遺，付録，追補；付属資料［＜ラ］

addict *n* /ǽdikt/ (麻薬)常用者，中毒者；熱狂的愛好者

— *vt* /ədíkt/ ふけらせる《*to*》

be addicted to にふけって[中毒して]いる ► He is addicted to the Internet. 彼はインターネット中毒だ

adding machine (卓上型)計算機

addition /ədíʃən/ *n* 付加(物)；増加；加算；加算(額)；増築部分；増設(物)；追加条項

in addition その上，(に)加えて《*to*》

additional /ədíʃənəl/ *a* 追加の ► See the attachment for additional information. 追加情報については添付書類をご覧ください

additional benefit ❶ 付加給付［◯社会保険などで法定給付に上乗せされる給付］ **❷** 追加保険金［◯生命保険などの特約として上乗せされる給付］

additional capital 増加資本，資本の増加分 ► the manner of providing additional capital 増資の方法

additional charge 追加料金

additional collateral 追加担保

additional cost of material 材料副費［◯材料の購入に伴う付随費用］

additional equity capital 追加株式資本

additional financing 設立後の資金調達 ► The company is seeking additional financing from the government to avoid bankruptcy. 同社は破産を避けるために政府からの追加融資を求めている

additional insured 追加被保険者，無記名被保険者

additional margin (信用取引等における)追加証拠金，追い証

additional paid-in capital 付加的の払込資本，払込剰余金；資本準備金［◯日本の商法が設けている「法定準備金」(statutory reserve)という制度の一部．具体的には株主出資額のうち資本に組み入れられなかった額を指す］

additive /ǽdətiv/ *a* 付加的な

— *n* 添加物；(食品)添加物 ► contain an additive 添加物が入っている / Our products are all natural and contain no additives or preservatives. 弊社の商品は全て天然素材で，添加物や防腐剤は含んでおりません

add-on *n* アドオン方式［◯利息を加算した元利合計額を均等分割返済する方式］ ► a 12-month installment loan with 9 percent add-on interest 9パーセントのアドオン金利付き1年月賦の融資

add-on clause 元利均等払条項；アド・オン条項

address *n* /ədrés, ǽdres/ 居所，住所 ► my home address 自宅住所 / your registered address 登記上の住所

— *vt* /ədrés/ 話しかける；に演説する；(手紙などの)あて名を書く，あてる《*to*》；(データに)アドレス指定する；(問題などに)取り組む，処処する，扱う ► Parliamentary rules require you to address your remarks to the chair. 議事規則により，発言は議長に向かってなされなければならないとされている / How should the letter be addressed? あて名はどのようにしたらよろしいでしょうか / Address me above. 上記のあて名で出してください / As the letter was addressed incorrectly, it was returned to us the following week. あて名が間違っていたので，その手紙は翌週差し戻されてきた / At the G-20 summit meeting, heads of states addressed the issue of the global financial crisis. G20のサミット会談で，各国首脳はグローバルな金融危機の問題に取り組んだ

addressee /ædresí:/ *n* 受信人，名あて人，(書信や荷物の)受取人

Adecco (~ SA) アデコ［◯スイスを拠点とする国際的人材派遣・紹介会社．1996年 Adia 社と Ecco 社との合併で設立］

ADELA Atlantic Community Development Group for Latin 大西洋共同体中南米開発グループ

ademption /ədémpʃən/ *n* 遺贈撤回［◯遺言

adept /ədépt | ǽdept/ *a* 熟練した, 精通した《*in, at*》► The lawyer is very adept at handling class action suits. その弁護士は集団訴訟事件の取扱いに精通している / He is very adept at managing his staff. 彼は部下を管理するのが大変巧みだ

adequate /ǽdikwət/ *a* ❶ 適当な, 十分な《*to*》; 相当な ► adequate compensation 妥当な報酬 / You don't have adequate support for your arguments. あなたの主張は十分な根拠がありません ❷ (法的に) 理由のある, 十分な, 相当な ► adequate grounds (訴訟を起こすのに) 十分な根拠

adequately /ǽdikwətli/ *ad* 十分に, 満足に ► Before you buy life insurance, make sure you are adequately covered under the plan. 生命保険に加入する前に, そのプランが危険を適切にカバーしていることを確認しなさい

adequate profit 適正利潤 [⇨ 獲得された適正なレベルの利益]

ADF African Development Fund アフリカ開発資金

adhere /ædhíər/ *vi* 付着する《*to*》; (規則などを) 遵守する《*to*》► We agreed to adhere to the guidelines set out in the agreement. 私たちは, 契約で定められたガイドラインに従うことに同意した

adhesion /ædhíːʒən/ *n* 接着
◇**adhesive** *a, n* 接着性の; 接着剤 ► adhesive tape 接着テープ; 絆創膏(ばんそうこう)

adhesion contract 附従契約; 附合契約 [⇨ 契約内容を一方当事者が決め, 相手方はそれを認めるか否かの選択しかない契約]

ad hoc /æd hák/ *ad, a* 特別に[な], 臨時の; 特別の目的の; その場限りの ► an ad hoc committee 特別委員会 / We need to take ad hoc steps to deal with the crisis. 危機に対処するため, 臨機応変に対策を取る必要がある [<ラ]

ADI allowable daily intake

Adidas 《商標》アディダス [⇨ ドイツのスポーツ用品製造会社およびその製品. ドイツ人創業者 Adi (< Adolf) Dassler(-1978)から]

adjacent /ədʒéisnt/ *a* 近くの; 近隣の; 隣接する《*to*》► Please use the parking lot adjacent to our office. オフィスの隣の駐車場をお使いください

adjourn /ədʒə́ːrn/ *vt* ❶ 延期する; 休会とする; (会議を) 一時休憩とする, 散会とする ► The chairperson adjourned the meeting until 4 p.m. 議長は会議を4時まで休憩とした / As we are out of time, let's adjourn today's meeting. 時間がなくなりましたので, 今日の会議はこれで終わりにしましょう / As there was no further business to come before the Board, the chair adjourned the meeting and thanked everybody for his or her interest and participation. 取締役会としての審議事項が尽きたので, 議長は, 会議の終了を宣すると共に, 参加者各位に関心をもって出席したことへの謝意を述べた

❷ 【法律】 (裁判・会議を) 延期する; 一時休廷[休会]にする

— *vi* 席を移す《*to*》; (会議が) 閉会する; 一時休憩する (✚「次に会議が開かれるまで, ひとまず会期を終了する」意と, 「一時的に休憩する」の意の両方に用いる) ► The meeting adjourned at noon. 会議は正午に閉会となった / The board meeting adjourned for lunch. 取締役会は昼食のための休憩に入った

adjourned meeting 継続株主総会

adjournment *n* ❶ (会議などの) 休憩, 休会, 散会 ► call an adjournment 閉会を宣する ❷ 【法律】 (1) 延期; 延会 (2) (一時) 休廷; 休会; 停会

adjudge /ədʒʌ́dʒ/ *vt* 宣告[判決]する《*that*》; 裁く; (賞罰などを) 授与する《*to*》; 見なす 〚 If BUYER is adjudged a bankrupt, SELLER may forthwith declare all the unpaid balance of the purchase price immediately due and payable. 「買主」が破産宣告を受けた場合, 「売主」は購入代金の未払残高全額について, 履行期の到来したことをただちに宣言することができる

◇**adjudg(e)ment** *n*

adjudicate /ədʒúːdikèit/ *v* 司法的判断を下す; 裁判する; 裁決する [⇨ 通常, 法的権限を有する者による判断について言う] ► She was adjudicated bankrupt in 1990. 彼女は1990年に破産宣告を受けた / I doubt that the management committee has the power to adjudicate on the issue. 経営委員会がその問題について裁定を下す権限を有しているか疑問だ

adjudication /ədʒùːdikéiʃən/ *n* 司法的判断; 裁判; 判決, 決定; 裁決

adjudication order 《英》破産宣告

adjudicative fact 行政機関による裁定手続上の事実 (⇔legislative fact) [⇨ 行政機関が法を適用する前提となる事実で, 証拠にもとづき認定される当該事件に固有の事実]

adjunct /ǽdʒʌŋkt/ *n* 付加物; 助手
— *a* 付属する, 兼任の

adjust /ədʒʌ́st/ *vt* ❶ 合わせる《*to*》; 調節[調整]する; 調停する, 和解させる ► The real interest rate is calculated by adjusting the nominal interest rate for inflation. 実質金利は名目金利をインフレで調整して計算される / We adjusted the figures to reflect the market changes. 市場の変化を反映するため, 私たちは数字を調整した / You can adjust the temperature by using the remote control. リモコンを使うことによって温度の調節ができる

❷ 【会計】調整する, 修正する, 整理する ► Supposing you had a raise in April, your monthly salary will be adjusted in July. 4月に昇給したとすれば, 7月に月給が調整されることになる

❸ (保険金請求・損害の)支払額を決定する ► adjust an average 海損を精算する / The claim has not been adjusted yet. 保険金の支払はまだ行われてない

adjustable *a* 調整できる; 変動の; 調節可能な

adjustable rate 変動金利 (⇔fixed rate) ► Brokers charge an adjustable interest rate, with higher rates charged on smaller loans. ブローカー[証券会社]は変動金利によっており, 貸付額が小口であるほど金利も高い / We opted for an adjustable rate when we took out our mortgage. 抵当権の設定時に私たちは変動金利を選択した

adjustable rate loan 変動金利ローン ► Should I choose a fixed rate or adjustable rate loan? 固定金利ローンと変動金利ローンのどちらを選べばよいのか

adjustable rate mortgage 変動金利型不動産担保ローン (ARM) [⇒金利を一定期間ごとに事前に取り決めた方式で改訂する不動産担保ローン. 借手は金利上昇リスクを負う] (⇔fixed rate mortgage) ► To finance their new home they bought an adjustable rate mortgage. 新しい家の購入資金を調達するために変動金利型不動産担保ローンを組んだ

adjustable rate preferred stock 《米》配当変動型優先株 (ARPS) [⇒普通株よりも高い配当支払いが約束される反面, 議決権を有しない株式である優先株の一種で, 配当率が財務省証券などの市場金利に連動して調整されるもの]

adjusted /ədʒʌ́stɪd/ *a* 順応した, 調節された

adjusted basis 調整基礎価格, 修正後基礎価額 [⇒税務会計上, 資産売却益を算出する際の原価格として用いられるものを言う] ► on an adjusted basis 修正後基礎価額で

adjusted book balance 修正後帳簿残高

adjusted cost basis 修正原価主義, 修正原価基準 [⇒貨幣購買力を考慮して取得原価による計上額を評価しなおす会計評価基準]

adjusted current earnings 修正後当期利益, 調整後当期利益 (ACE)

adjusted gross income 修正後総所得 (AGI) [⇒総所得から所得控除項目を控除した後の所得]

adjusted sale price 比準された取引価格 [⇒取引事例の不動産と評価対象の不動産を比較し, 評価対象不動産の条件に合致するよう取引価格を補正することを, 「比準を行う」と言う]

adjusted trial balance 修正後試算表, 整理後試算表 [⇒決算整理仕訳後に勘定記入の正確性を確認するために作成される試算表]

adjuster *n* 損害査定人 (=loss adjuster)

adjusting entry 修正記入, 調整記入, 修正仕訳 (=reversing entry) [⇒期間損益計算を正しく行うために決算日に整理するための仕訳]

adjusting journal entry 修正仕訳 (AJE) ► record some adjusting journal entries いくつかの修正仕訳を記入する

adjustment /ədʒʌ́stmənt/ *n* ❶ 調整 ► make adjustments 調整する

❷ 【会計】清算, 修正, 調整, 期末整理, 決算整理 (=adjusting entry) ► billing adjustment 請求書の訂正 / a [the] cost of living adjustment 物価スライド制による調整 (COLA) / adjustment of debts 債務整理 / Expatriate workers receive a cost of living adjustment. 国外在住の労働者は生活費調整を受ける

❸ 支払い保険金額の決定, 損害査定; 共同海損精算(書)

adjustment account 照合勘定 [⇒総勘定元帳と補助元帳との記帳を照合するために設けられた勘定]

adjustment bond アジャストメント・ボンド [⇒経営破綻した企業が, いわゆる DIP ファイナンスの手段として, 既存の債券と交換するために発行する債券]

adjustment costs 調整費用

adjustment data (期末)修正資料, (期末)整理資料

adjustment item (期末)修正項目, (期末)調整項目

adjustment to surplus 剰余金修正

ADM Archer-Daniels-Midland

adman /ǽdmæn/ *n* (略式) 広告業者 [マン]

admass /ǽdmæs/ *n* 《英》マスメディアの強い影響下にある大衆; 大量広告

admin /ǽdmɪn/ *n* ❶ (略式) =administration ❷ 《英略式》アドミ [⇒総務畑の人]

administer /ədmínɪstər/ *vt* 管理する, 運営する, 処理する; 執行する; 施行する; 運用する

administration /ædmìnəstréɪʃən/ *n* 管理, 経営, 運営; 行政, 統治; 行政機関, 行政部; 《the A-》《米》政府, 政権; 執行(部); 事務局, 本部; 管理者側, 経営者側; 管理運営機構; 管理運営責任者(団); 会社再建手続 ► the administration building 本部, 本館, 管理棟 / go into administration 会社再建手続が適用される / Successive administrations after the Reagan Administration have failed to solve the country's social problems. レーガン政権に続く諸政権はこの国の社会問題の解決に失敗してきた / The company is currently in administration. 同社は目下, 会社再建手続の下にある / The new administration has embarked on health care reforms. 新政権は医療改革に乗り出した / The company developed under his wise administration. 会社は彼の運営よろしきを得て発展した

administration cost 一般管理費 [⇒一般管理業務に関して発生した費用]

administration cost variance 一般管理費差異

administration of estate 財産管理(手続), 財産保全手続

administration office (工場などの)事務

室
administration order 《英》(債務者の)財産保全命令

administrative /ædmínəstrèitiv/ a
管理[経営, 行政]上の; (管理)事務の ► administrative authority 行政権

administrative accounting 管理会計[◆経営管理目的のための会計]
administrative agency 行政機関
administrative assistant アドミニストラティブ・アシスタント[◆営業関連の数字の集計といった実務面での補佐を担当するアシスタント]
administrative budget 管理予算
administrative department 管理部門, 総務部, 庶務部
administrative expenses 一般管理費, 管理費[◆一般管理業務に関する費用]
administrative guidance 行政指導[◆行政機関がその行政目的を達成するために, 直接の法的強制力によらず, 助言・指導・勧告という形で働きかけること]
administrative hearing 行政聴聞; 行政審査会
administrative law 行政法
administrative law judge 《米》行政法審判官
administrative leave 休職 ► After the accident, he was placed on administrative leave with pay. 事故を起こした後, 有給で休職扱いとなった
administrative operating expenses 管理費[◆ミューチュアルファンド(mutual fund)の口座管理費のこと]
administrative summons 行政庁による召喚
administrative support personnel 総務担当者, 総務畑の要員

administrator /ædmínəstrèitər/
n ❶ 管理者; 運営者; 経営者 ► He works as a network administrator. 彼はネットワーク管理者として働いている
❷ (企業倒産の手続きにおいて裁判所が任命する)保全管理人, 管財人, (破産手続きにおける)破産管財人 ► be put into the hands of an administrator 保全管理人の手に委ねられる

admirable /ædmərəbl/ a 賞賛すべき, 立派な; 素晴らしい, みごとな ► Your positive attitude is quite admirable. あなたの積極的な態度はとても素晴らしい
◇**admirably** ad

admiration /ædməréiʃən/ n 賞賛, 感嘆《for》; 賛美の的 ► Their product has won the admiration of consumers. 彼らの商品は消費者の賞賛を得た

admire /ædmáiər/ v 感嘆する; 賞賛する; (略式)(お世辞に)褒める; 見とれる; 《米方》…したがる《to do》 ► I admire your honesty. あなたの正直さには感心しています / We admire Henry for his punctuality. ヘンリーが時間を守るのには感心している
◇**admirer** n 賛美者, 崇拝者
◇**admiring** a
◇**admiringly** ad 感嘆して

admissibility /ædmisəbíləti/ n 容認[許容]できること; (証拠の)許容性; 証拠能力 ► admissibility in evidence of に対する証拠能力の付与

admissible /ædmísəbl/ a 容認される; 入ることができる; (争点・証拠として)許容され得る, 適格な ► Legally obtained evidence is admissible. 適法に入手した証拠は認められる
◇**admissibly** ad

admissible evidence 許容性のある証拠; 証拠能力のある証拠

admission /ædmíʃən/ n ❶ 入場, 入会(許可), 入学(許可)《to, into》; 加盟; 入場料; 承認; 認める[白状する]こと《of, that》 ► admission of liability 責任を認めること / Admission is by ticket only. 《掲示》入場券持参者に限り入場を許す / No admission after 9 p.m. 《掲示》9時以降入場できません / Admission is free on presentation of this card. 本券持参の方, 入場無料 / He received admission to the MBA program. 彼はMBA課程への入学を許可された ❷ (弁護士の)資格付与 ► admission to the bar 弁護士資格付与

Admission free. 《掲示》入場無料

by [*on*] *one's own admission* 自分で認めているように

admission card 入場券
admission charge 入場料金
admission fee 入場料
admission money 入場料
admission tax 入場税
admission ticket 入場券

admit /ædmít/ (**-tt-**) vt 入れること[入学, 入会]を許す; 入場させる《in, into》; 許容する, 許可する; 認める《that》 ► This rule admits no exceptions. この規則は例外を許さない / He eventually admitted that he had embezzled money from the company. 彼は会社の金を横領したことを最後には認めた / I hate to admit it, but it's true. 認めたくはないが, それは本当だ / He was admitted to law school immediately upon finishing his undergraduate studies. 彼は学部の研究を終えるとただちに法科大学院に入学を認められた
— vi ❶ 認める《to》; (の)余地がある《of》 ❷ (1)自白する (2)資格を付与する; …を承認する (3)(証拠として)許容する

admittance /ædmítns/ n ❶ 入場[入会](許可) ► gain [grant] admittance to に入会を認められる[認める] ❷ (新権利者の)承認

No admittance (*except on business*). (関係者以外)立入禁止 ► No admittance is allowed without proper ID. しかるべき身分証明書がなければ立ち入り禁止です

admittedly ad 一般の認めるところでは, 明

admonish

らかに ► Admittedly, this machine is more expensive, but its cost performance is much higher. 衆目が認めるように, この機械はきわめて高価だが, コストパフォーマンスは抜群に高い

admonish /ædmɑ́niʃ/ vt 諭す, 訓戒する; 勧告 [忠告]する《to do, that》; 気づかせる, 警告する《of, that》
◇**admonishment** n

admonition /ædmənɪ́ʃən/ n 忠告, 訓戒;(法廷内の者への裁判官の)注意;警告;譴責処分
◇**admonitory** a 忠告の

adopt /ədɑ́pt/ vt 採用する; 採択する; 受け容れる;(有効なものとして)認める ► The new tax bill passed through the Lower House and will likely be adopted by the Upper House next week. 新しい税法案は下院を通過したが, 来週には上院で採択されることになりそうだ / More than 500 U.S. companies have adopted our security system. 500社を超える米企業が私どもの警備システムを採用しております / The committee voted to adopt the plan. 委員会はその計画を採用することを投票で決めた

adopter /ədɑ́ptər/ n 採用[採択]者

adoption /ədɑ́pʃən | ədɔ́p-/ n ❶ 採用; ある製品[サービス]の常時利用者になること; 管理(引)受け) ❷ (外国法人の)内国法人化;(州外法人の)州内法人化;(国際法・外国法の)内国法化; 受容; 摂取

adore /ədɔ́ːr/ vt 崇拝する; 敬慕する;《略式》大好きである ► My children just adore your products. 私の子供たちは御社の製品に夢中です

ADP automatic data processing

ADR ❶ American Depositary [Depository] Receipt 米国預託証券 ► While overseas shares were down, ADRs benefited from strong profits last quarter. 外国株は値下りしたが, ADRは前四半期の好調な利益を反映して値上りした ❷ alternative dispute resolution

ad registry (特にネットの)広告登録(サービス)

Adrenalin 《商標》アドレナリン(剤)[◇強心剤]

adrenaline /ədrénəlin/ n アドレナリン(語法 副腎ホルモン。興奮・恐怖・不安・恐慌・怒りなどで分泌されるので, それらの感情も表す) ► His adrenaline was pumping. 彼は興奮していた / The stock price got the adrenaline going [flowing]. その株価で興奮が起きた

adrenaline-pumping a 興奮させる

adrift /ədrɪ́ft/ a, ad 漂流して; さまよって;《略式》ぐらぐらして, 途方に暮れて ► The country appears to be adrift in its economy policy. その国は経済政策がぐらついているようだ

come adrift ばらばら[ばらばら]になる, 緩む

turn [cast] a person adrift 人を路頭に迷わせる; 解雇する

ADS American Depositary Share

ad seller 広告スペースの売り主

ADSL asymmetric digital subscriber line 非対称デジタル加入者線 [◇従来の電話線を利用して高速インターネット通信を行う技術]

ad space (メディア上の)広告スペース; 広告販売サイト [◇Ad Space LocatorとAd Space Registryはネット上のサイト]

adult /ədʌ́lt, ǽdʌlt/ n, a 成人(の), 大人(の); 成人向きの ► adult movies 成人向き映画 / Adults Only 《掲示》未成年者入場お断り / Unemployment among the adult population reached an all-time high of 7.6%. 成人人口に占める失業率は史上最高の7.6%に達した
◇**adulthood** n 大人(の状態); 成人期

adulterate /ədʌ́ltəreit/ vt 混ぜ物をする, 品質を落とす
◇**adulterant** n, a 混ぜ物(の)

adulteration /ədʌ̀ltəréiʃən/ n 混ぜ物をする [がされている]こと; 粗悪化; 有害化; 不純物混和; 粗悪品; 不純品

ad valorem /ǽd vəlɔ́ːrəm/ 価格に比例した, 従価の [<ラ]

ad valorem duty 従価税 [◇課税の計算において, 価額を課税標準として計算された税金]

ad valorem goods 従価税品 [◇価額を課税所得として税金が算定される課税品]

ad valorem tariff 従価関税率 [◇価額を課税標準として課税した場合の税率]

ad valorem tax 従価税 [◇資産価額または取引額を課税価額とした場合の税金] ► levy and collect ad valorem taxes on all taxable property 課税可能なすべての資産について従価税を賦課し徴収する / An ad valorem tax is adopted by most European countries. 従価税は欧州のほとんどの国で採用されている

advance /ædvǽns/ vt 進める, 前進させる;(意見などを)提示する; 提出する; 昇進させる, 進級させる;(期日を)早める, 繰り上げる; 前払い[前貸し, 前納, 前渡し]する
— vi 前進する, 進歩する; 昇進する; はかどる;(値が)上がる ► Prices have advanced. 物価が上がった

— n ❶ 前進; 昇進; 進歩; 値上がり;《通例 ~s》(交渉ての)歩み寄り ► an advance in prices 物価の値上がり / be on the advance 値上がりしている / Advances in biotechnology have led to the development of new strains of insect resistant crops. 生命工学の進歩は害虫に抵抗力をもつ新種作物の開発をもたらした / With an increase of 6%, sales of electronic goods showed considerable advances last month. 6%の増加で, 電子製品の売上高は先月は相当な伸びを示した

❷ 前渡し, 前払い; 前渡金, 前貸金, 立替金, 手付金 ► an advance on royalties 印税[特許使用料などの]前払い金 / advances by customers 前受金 / an advance against a security 担保と引換えの前貸し / receive advances to cover expenses 経費をまかなうために前渡金を受け取る / have an advance of 前借りする / We had to make an advance of ¥10 million to one of the suppliers. 納入業者の1社に対して1000万円の前貸しをせざるを得なかった / I reluctantly agreed to pay my assistant an advance against next month's salary. わたしは渋々, 自分のアシスタントに対して翌月の給料と引換えに前貸しすることを了承した

in advance 先頭に立って; 前もって; 前金で ► To make reservations, you must make payment in advance by credit card. 予約するには, クレジットカードで前払をしなければならない / We accept reservations in advance. 前もっての予約が可能です 𝕊 SUPPLIER shall notify DISTRIBUTOR in advance any planned or proposed modification in the design or specifications or any withdrawal of any Products. 「供給者」は, 本製品のすべてに関して, デザインもしくは仕様の変更の計画もしくは企画または生産中止について, 事前に「販売店」に通知するものとする

make advances 立て替える

― *a* 先発の; 事前の, あらかじめの ► an advance party 先発隊 / an advance notice 事前通告

advance booking 予約
advance briefing 事前説明会
advance copy 新刊見本; 抜き刷り
advance corporation tax 《英》前払法人税, 予納法人税 (ACT)
advanced /ædvǽnst/ *a* 進歩した, 進んだ; 高等の ► an advanced country [nation] 先進国 / advanced training 上級レベルのトレーニング
advanced accounting 上級会計学
advanced development 先端技術開発, 先行開発 (AD)
advance-decline line 騰落線 [⊃値上がり株と値下がり株の差を示す]
advance/decline ratio 騰落レシオ [⊃一定の期間(通常は1日)の値上がり銘柄数を値下がり銘柄数で割ったもの. テクニカル分析の手法で, 相場の強弱を見るのに用いる]
Advanced Micro Devices 《~, Inc.》アドバンスト・マイクロ・デバイセズ(社) (AMD) [⊃米国の半導体製品のメーカー. 1969年創立. プロセッサーのほか富士通と提携してフラッシュメモリーを製造]
advanced report =advance estimate
advanced talks 予備折衝 ► They are holding advanced talks to buy the company in a deal valuing the firm at $6 billion. 彼らは同社を60億ドルで買収すべく予備折衝を進めている
advanced technology 先端技術
advance estimate (GDPの)速報推定値, 速報値

> **解説** 米国のGDPは四半期ごとに商務省経済分析局によって速報推定値, 予備推定値(preliminary estimate), 最終推定値(final estimate)の3段階で発表される. 速報推定値は四半期終了の約1か月後に発表される. 不十分なデータに依拠し次回発表での改訂を前提とする数字だが, 速報性のゆえに市場に大きな影響を及ぼす. ⇨ gross domestic product

advance freight 前払運賃
advance from customers 得意先前受金
advance in demand 需要拡大 (⇔drop in demand)
advance investment 先行投資
advance land acquisition (土地などの)先行取得, 土地先買い
advancement *n* 前進; 昇進; 進歩 《*in*》; 前払い; 先渡し ► You need the right skills to have the opportunity for advancement. その仕事に適した技能を持っていないと昇進の見込みはない / There are many opportunities for job advancement in the company. その会社には昇進の機会がたくさんある
advance on costs (費用の)予納金
advance on subscription 申込証拠金
advance payment 前払い; 前渡金, 前払金 (=advance, payment in advance) [⊃商品や用役の提供を受ける前に, その代金の一部あるいは全部を支払った場合の一時的な債権] ► receive a full advance payment 前払いで全額を受け取る / Reservations during peak season require advance payment in full. ピークシーズンの予約には全額の前払いが必要です / We offer a five percent discount for advance payments. 前払には5%の割引を適用させていただいております
advance premium 前納保険料
advancer *n* 値上がり銘柄 [⊃一定の期間(通常は1日)に値上がりした銘柄] (⇔decliner)
advancer/decliner ratio =advance/decline ratio
advance receipt 前受金 [⊃商品や用役の引渡しに先立って, その代金の一部あるいは全部を受け取った場合の一時的な債務]
advance received 前受金
advance received account 前受金勘定
advance refunding 借換債 [⊃金利低下局面で, 利払負担の大きい既存債権を期限前に返済し, かつ, より低利の資金を得るために発行する債券]
advance to employees 従業員前渡金, 従業員立替金
advance to subcontractors 下請業者前渡金
advance to vendors 売主前渡金
advancing issue =advancer

advantage /ædvǽntidʒ/ *n* (✤同源のvantageを参照のこと) 有利な点 [立場]; 優越; 利益; メリット ► comparative advantage 比較優位 / competitive advantage 競争優位, 競争相手に対する優位 / an advantage of being located near an expressway 高速道路の近くに位置しているという利点 / We need to weigh carefully the advantages and disadvantages of withdrawing the product from the market. 製品を市場から撤退させることの利点と欠点を慎重

に比較検討する必要がある

have the advantage of ... over に対して…という利点を持つ ► John has the advantage of product knowledge over Tim. 商品知識の面でティムよりもジョンの方が一枚上手だ

take advantage of （機会などを）利用する, に乗ずる, つけ込む, 人の足元を見る; だます ► You should take advantage of the low interest rate. あなたは低金利を利用すべきです / We want to take full advantage of the best financial opportunities. われわれは最高の財政上の機会を全面的に活用したいと思っている

advantageous /ædvəntéidʒəs/ a 有利な ► The board decided it was advantageous to acquire the company. 取締役会はその会社を買収することが有益だと決断した

adventure /ædvéntʃər/ n ❶ 冒険; 珍しい出来事; 投機; 投機的事業, 冒険事業 ► Where's your sense of adventure? あなたの冒険心は何処へ行ったのですか ❷ （海上保険で）危険

adversary /ædvərsèri -sə-/ n 敵; 相手 ー a 敵の; （原告・被告など）当事者の ► The two restaurant chains are long-time adversaries in the fast food industry. 2つのレストラン・チェーンは, ファストフード業界で, 長期間にわたって犬猿の仲だ

◇**adversarial** /-séəriəl/ a （英）敵対する
◇**adversative** a 反意の

adverse /ædvə́ːrs, -/ a 反対の, 逆の; 敵意を持つ; 不利な ► adverse winds 逆風 / be affected by adverse economic conditions 経済情勢悪化の影響を受ける / The product recall had an adverse effect on its brand image. 製品回収でブランドイメージに傷がついた

語法 adverse と averse は共に「反対」の意を持つ. adverse は通例, 事柄について用いる:an adverse review 酷評. averse は人について用いる:risk averse investors リスク回避型の投資家

have an adverse impact on ... に不利な影響を及ぼす, に打撃を与える

adverse balance 赤字 [❍ 収支尻がマイナスであることを指す言い方] (⇔favorable balance) ► adverse balance of trade 貿易赤字, 輸入超過 (⇔favorable balance of trade)

adverse claim 対立的権利主張 [❍ 自己の権利と相いれず, 不利益をもたらす主張]

adverse factor 悪材料, 売材料, 不安材料 [❍ 相場を安くする原因や事情. 悲観材料, 懸念材料とも言う] (⇔favorable factor)

adversely ad 逆に, 不利に ► His mistake adversely affected his chances for promotion. 彼の誤りは昇進のチャンスの妨げになった

adverse market conditions 不利な市場環境

adverse opinion 不適正意見 [❍ 企業の会計処理が一般に公正妥当と認められた企業会計原則に準拠していない, または財務諸表が不適正である旨を表明した監査人に関する意見]

adverse opinion report 不適正意見報告書 [❍ 財務諸表が被監査会社の財政状態および経営成績を適正に表示していないとする監査人の監査報告書]

adverse possession 悪意の占有 [❍ 他に権利者がいるといった事情を知りながらの占有]

adverse selection 逆選択 [❍ 情報の不完全性のため, 品質の悪い財がより多く出回り, 品質のよい財の取引を疎外すること. 保険の分野では保険事故の発生可能性が高い者ほど積極的に保険契約をするという傾向を指す. 労働の分野では企業側は有能な労働者を雇用したいと思うが, 労働者側では悪い情報は隠そうとするのでかえって有能ではない労働者が雇用されることを指す] ► the presence of adverse selection in health insurance plan markets 健康保険市場におけるアドバースセレクションの存在 / deal with the adverse selection problems resulting from asymmetries of information 情報の非対称性から生じる逆選択の問題に対処する

adverse title 悪意の占有に由来する権原 [❍ 不動産所有権]

adverse trade balance 貿易赤字, 輸入超過 (=adverse balance of trade)

adversity n 逆境, 不幸 ► She overcame many adversities in a male-dominated business world. 彼女は男性優位のビジネスの世界で多くの逆境を克服した

advert n （英）=advertisement

advertise /ǽdvərtàiz/ v 広告[宣伝]する ► advertise a vacancy 求人広告を出す [❍ 空きポストを埋めるための広告を出す, という意味] / advertise for a secretary 秘書を募集する / Airlines are advertising lower fares to entice customers to travel. 航空会社は顧客を旅行に誘致するために格安運賃を宣伝している / Our products are advertised as being more cost-efficient. 当社製品の広告は費用効果比が高いことを前面に出している / We also advertise our products on the Internet. 当社ではインターネットでも商品を宣伝しています

advertisement /ædvərtáizmənt, ædvə́ːrtɪs-/ n 広告(物); 公示, 告示, 通告; 入札実施通知書 (語法 advertisement は広告物を意味する可算名詞. 広告活動としての広告を言う場合は不可算名詞の advertising を用いる. 略式では ad または (英)advert を用いる)

コロケーション

(動詞(句)+～) **create** an advertisement 広告を制作する / **insert** an advertisement 広告を挿入する / **place** an advertisement 広告を出す / **publish** an advertisement 広告を出す / **put** an advertisement 広告を出す / **run** an advertisement 広告を出す

► a newspaper advertisement 新聞広告 / an advertisement for bids 入札公告 / The company decided to place an advertisement in the newspaper to sell the product. 同社ではその製品を売るために新聞広告を出すことを決めた

advertiser /ǽdvərtàizər/ n 広告者, 広告主 [○広告の送り手. 広告の受け手であるオーディエンス(audience)の対語] ► Advertisers study audiences. 広告主は広告読者を研究する

advertising /ǽdvərtàiziŋ/ n 広告, 広告業 (=propaganda) [○テレビや雑誌などの多様なメディアを利用して, 消費者の購買欲を高める行為] (語法 advertisingは広告活動を意味する不可算語. 広告物としての広告を言う場合は可算語のadvertisementを用いる) ► deceptive advertising 虚偽広告 / get more customers by advertising 広告して客を増やす / use advertising 広告を流す / We think it's worth it to **spend money on advertising**. 広告にはお金を使う価値があると思う / She **was in advertising** before returning to school. 彼女は大学に戻って勉強する前は広告関係の仕事をしていた / We **do a lot of advertising** on TV shopping channels. 当社はテレビ通販番組でかなり広告を出している

=== 広告 ===
comparative advertising 比較広告 / corporate advertising 企業広告 / image advertising イメージ広告 / institutional advertising 企業広告 / Internet advertising ネット広告 / newspaper [press] advertising 新聞広告 / product advertising 商品広告 / transit advetising 交通広告, 車内広告

Advertising Age (商標)米国の月刊誌
advertising agency 広告代理店(業), 広告会社 (ad agency)

(解説) 広告取次業は媒体会社の代理店として発生した経緯から agency と呼ばれる. 日本では広告代理店に代わって「広告会社」が一般的になりつつあり, 業務の法的性格も請負契約とする説が有力だが, 米国では現在でも advertising agency を使用する

► We intend to hire an advertising agency to develop and implement promotional programs. 販売促進プログラムを開発し実行するために広告代理店に依頼するつもりだ
advertising allowance 広告料割引
advertising budget 広告予算
advertising campaign 広告キャンペーン [○期間とテーマを持った広告戦略] ► The government has launched a nation-wide advertising campaign against air pollution. 政府は大気汚染対策の広告キャンペーンの全国展開に乗り出した / We are launching an advertising campaign to promote our new website. 新たなウェブサイトを宣伝するため, 広告キャンペーンを打ち出すところだ
advertising contribution 広告貢献度
advertising copy 広告コピー, 広告文
► Those who write advertising copies focus on the benefits rather than the features. 広告のコピーを書く側は, 製品の特徴よりはメリットを強調するものだ
advertising cost 広告費, 広告宣伝費 (=advertising expenses)
Advertising Council 公共広告機構
advertising coverage 広告到達率 [○受け手の何パーセントに広告が到達したかという数字. また, 広告が届くエリア]
advertising effectiveness 広告効果
advertising elasticity of demand 需要の広告弾力性 [○広告を1単位増やしたときの需要の増加率]
advertising expense budget 広告宣伝費予算
advertising expenses 広告費, 広告宣伝費 (=advertising cost)
advertising exposure 広告露出, 媒体露出 [○新聞・雑誌の部数, TVの視聴率が目安となる]
advertising jingle コマーシャル・ソング [○節回しだけのものも含めて言う]
advertising management 広告管理
advertising manager 広告宣伝の責任者
advertising materials 広告用制作物
advertising media 広告媒体 [○広告活動に利用される手段] ► I doubt that this kind of advertising medium is appropriate for our new product's target market. 新製品のターゲット・マーケットにこの種の広告媒体が適しているのか疑問に思う
advertising money 広告費
advertising objective 広告目標
advertising perception 広告知覚 [○広告に触れた人の記憶に残っていること. 純粋想起と(ヒントを与えて答えてもらう)助成想起がある]
advertising planning 広告計画
advertising policy 広告政策
advertising rate 広告料
advertising regulation 広告規制
advertising research firm 広告調査会社
advertising revenue 広告料収入
advertising schedule 出稿計画 [○広告投入パターン]
advertising specialties 広告付きの消費者向け無料提供品
advertising spending 広告支出
advertising strategy 広告戦略
advertising tactics 広告戦術
advertising target 広告の標的 [○広告で狙う細分化市場]
advertising tax 広告税
advertising unit 広告単位 [○一定サイズの一広告]

advertorial /ædvərtɔ́:riəl/ n 《主に米》記事体裁の広告 [○PRページ]

advice /ædváis/ n (✛動詞は advise)
❶ 助言, 忠告; 勧告 (on) ► As part of our trust banking business, we offer advice

on financial issues, ranging from pension funds to inheritance tax. 信託銀行事業の一環として, 当社は年金基金から相続税にいたるまで財務問題について助言を提供します / Get unbiased advice on what kind of insurance you need. どんな保険を必要とするかについて偏見のない助言を受けてください

❷ (取引上の) 通知, 案内 ▶ a remittance advice 送金通知 / an advice of payment 支払通知 (書) / an advice of delivery 引き渡し案内, 発送通知 (書) / (米) 配達証明 (=(米)delivery confirmation) / an advice slip 通知伝票 / a shipping [shipment] advice 船積み通知, 出荷案内 / an overdue advice 延着通知

[語法] 「助言」「忠告」の意味の advice は不可算名詞なので, an advice とか advices とは言わない. 数えるには a piece [bit, word] of advice (1つの助言) を用いる. 「2つの助言」は two pieces of advice となる.「通知」の意味の advice は可算名詞であり, an advice あるいは advices と言える

[注意] 日本語の借用語としてかつては「アドバイス」であったが, 近年「アドバイス」と語頭を強く発音することが多くなっている. 英語では, /ædváɪs/ または /ədváɪs/ と発音する

give ... a piece [bit, word] of advice 一言忠告する ▶ Let me give you a piece of advice. 一言忠告させてください

seek legal advice 法律相談をする *(on)* ▶ Perhaps we should seek legal advice on compliance matters. コンプライアンスに関する事項は法的助言を求めるべきでしょう

take [follow] a person's advice 忠告を受け入れる ▶ I'm glad I took your advice. ご忠告に従ってよかったです

advice form 通知様式
advice note 発送通知書, 送り状 (=dispatch note)
Advil 《商標》アドビル [⇨ 米国の鎮痛剤. アスピリンよりも軽いイブプロフェンの製品名. 頭痛や歯痛, 筋肉痛などに効く]
advisable /ædváɪzəbl/ *a* 勧めてよい, 得策の; 賢明な
◇**advisability** *n* 得策; 適否

advise /ædváɪz/ *vt* (✢名詞は advice) ❶ 忠告 [助言] する *(on)* ▶ advise people as to legal and regulatory issues 人々に対して法律上, 監督行政上の助言を行う / My broker advised me to sell my stocks. 株を売るようブローカーに勧められた / We advise our clients to diversify their investment portfolios, so that they can spread their risks. 投資ポートフォリオを多角化してリスクを分散するよう当社は顧客に勧めています

❷ 知らせる, 通知する; (取引上の) 通知 [連絡] をする ▶ The investors were advised of the risk. 投資家たちは危険を知らされた / They advised him that this was their final notice. 彼にこれが最後通告だと知らせた

— *vi* 相談する *(with)*; 忠告する ▶ advise against ...しないように忠告する

adviser, advisor /ædváɪzər/ *n* 相談役, 顧問; 投資顧問 [⇨ 資金運用に関する助言を与える個人および企業]

advising bank 通知銀行
advisory /ædváɪzəri/ *a* 忠告 [助言] の; 顧問の ▶ an advisory body 諮問機関
advisory board =advisory committee
advisory committee 審議会, 諮問委員会, 顧問会議 ▶ The government has set up an advisory committee to deal with banking fraud issues. 不正な銀行業務の問題に対処するために政府は諮問委員会を設置した
Advisory, Conciliation and Arbitration Service 《英》労働関係調整委員会 (ACAS) [⇨ 1975年の法律で創設され, 助言・調停・仲裁により労働関係の調整をはかる機関]
advisory council =advisory committee
advisory fee 投資顧問料, コンサルタント料
advisory opinion 勧告的意見, 法律意見 [⇨ 立法府または行政府からの要請により, 裁判所または裁判官が法律上の問題点について下す決定]
advocacy /ædvəkəsi/ *n* ❶ 弁護; 擁護; 唱道 ▶ Many consumer advocacy groups object to the use of genetically altered food. 多くの消費者擁護団体は遺伝子組換食品の使用に反対している ❷ 《法律》(1) 弁論 (2) 訴答を行うこと ❸ 《政治》アドボカシー [⇨ 一般に主張, 唱道, 擁護などを意味するが, 特定の問題についての政治的, 政策的提言の意味もある]
advocacy advertising 主張広告
advocate *vt* /ædvəkèɪt/ 弁護 [擁護] する; 主張する, 唱道する ▶ I strongly advocate withdrawing from the market while we still have a chance. まだチャンスがあるうちに市場から撤退することを, 強く主張します
— *n* /-kɪt/ ❶ 提唱者, 推進者 *(for)*; 主張者 ▶ The company has been lauded for its role as an advocate of CSR. 同社は CSR (企業の社会的責任) の唱道者としての役割を果たしてきたことで称賛されている / He is a big advocate of tax reforms. 彼は税制改革の熱心な支持者である ❷ 弁護士; 支持者
AEBC Asia Europe Business Conference アジア欧州ビジネス会議
AEC Atomic Energy Commission アメリカ原子力委員会
A/E firm 建築設計事務所 [⇨ A = Architect, E = Engineer]
Aegon 《~ NV》エイゴン (社) [⇨ 北米, 英国, オランダを中心に展開する保険会社の大手でエイゴングループの持ち株会社. 1983年, Ago 社と Ennia 社の合併により設立. 99年に Transamerica を買収. 本社オランダ Hague 所在]
AEI average earnings index
Aeroflot アエロフロート [⇨ ロシアの航空会社. ロシア政府がコントロールする (51%)]
aerospace /èərəspéɪs/ *n, a* 航空宇宙 (産業) (の) ▶ aerospace industries 航空宇宙産業

Aetna 〈~, Inc.〉エトナ [◯米国の金融・総合保険会社. 主に医療保険事業を推進し, 1000万人以上に医療保険, 歯科保険を提供. 1853年設立]

AFAIK, afaik 〈Eメールで〉as far as I know

afar /əfάːr/ *ad* 〈文〉遠くから, 遠くに (=afar off)
from afar 遠くから ► The control center monitors oil drilling activities from afar. 管理センターは石油掘削活動を遠方から監視している

affable /ǽfəbl/ *a* 愛想のよい; 感じのよい; 柔和な ► I found him to be an affable person. 彼は人当たりのよい人だと思った
◇**affability** *n*
◇**affably** *ad*

affair /əféər/ *n* 事, 事柄; 事件; 〈~s〉仕事, 事務, 営業活動, 企業業務; 〈略式〉(漠然と) 物; こと; 事情 (=love affair) ► public affairs 公務 / current [foreign] affairs 時事[外交]問題 / a cheap affair 安物 / affairs of state 国政 / a man of affairs 実務家 / a state of affairs 事態

affect *vt* /əfékt/ 影響する, 作用する; 感動させる ► adversely affect 悪影響を及ぼす, 不利に働く / Seasons affect hotel rates. ホテル料金は季節によって変わる / Price definitely affects consumer purchasing decisions. 価格は間違いなく消費者の購買決定に影響を与える / The financial crisis has affected large and small companies alike. 金融危機は大企業にも小企業にも影響を与えている

affidavit /ǽfidéivit/ *n* 宣誓供述書 ► swear an affidavit 〈供述者が〉供述書に偽りのないことを宣誓する / take [make] an affidavit 宣誓供述書を作成する [<中世ラ]

affiliate /əfílièit/ *vt* 会員にする; 合併[併合]する; 提携させる (*with*, *to*); に帰する (*to*, *upon*)
— *n* /-ət, -èit/ 関係人; 関連会社, 関係会社 (=affiliated company, affiliated enterprise); 系列会社 ► a local TV station affiliate 地方テレビネットワーク 📄 Affiliate shall mean, with respect to a Corporation, any other Corporation directly or indirectly controlling, controlled by, or under common control with such Corporation. 「関係会社」とは,「会社」に関して, 当該「会社」を支配しまたは支配され, または通常の支配下に置いている他の「会社」を言うものとする

affiliated /əfílièitid/ *a* 関連のある, 提携している, 系列下の ► Madison Magazine, Inc. is affiliated with Television Wisconsin, Inc. マディソン・マガジン社はテレビジョン・ウィスコンシン社の系列会社です

affiliated company 関連会社, 関係会社, 同系会社 (=affiliate) [◯持ち分が50%未満の会社. 持ち分が50%以上の会社は subsidiary company (子会社) と言う] ► Toyota has many people working for their affiliated companies. トヨタには関連会社で働いている人がたくさんいる / It could take six years to liquidate the company because it has a complicated network of subsidiary and affiliated companies. 子会社や関係会社が複雑にからむネットワークがあるので, 同社を清算するのに6年かかってもおかしくない

affiliated distribution system 流通系列化 [◯垂直的マーケティング・システム (vertical marketing system) の一形態. メーカーが卸し・小売業者を組織化し, またこれらを管理・統制すること]

affiliated enterprise 関係会社, 関係企業 (=affiliated company, affiliate)

affiliated entity 関係事業体

affiliated person 利害関係者; 会社関係者

affiliate program アフィリエイト・プログラム [◯顧客の移動に対するサイト間の手数料支払い制度]

affiliation /əfìliéiʃən/ *n* 所属; 関係 ► Please inform us of your name, address and affiliation. 氏名, 住所, 所属先を教えてください

affinity card アフィニティ・カード [◯各種クラブや同窓会など非営利団体と提携して発行するクレジットカード. リスクはカード会社が負担し, 券面に提携先のロゴや紋章を入れる. 利用額の一部が提携元に還元される]

affirm /əfə́ːrm/ *v* ❶ 主張する; 断言する ❷〈法律〉(1)(原判決を) 容認する; 支持する ► The appellate court affirmed the judgment of the lower court. 上訴裁判所は下級審の判決を支持した (2) 積極的に事実を主張[肯定]する

affirmative /əfə́ːrmətiv/ *a* 確信的な; 肯定的な (⇔negative)
— *n* 肯定 (文, 語) ► answer in the affirmative 肯定する (=say yes)

affirmative action 《米》(少数民族や女性などへの) 積極的優先処遇, 積極的差別是正措置; 差別撤廃措置, 優遇措置 (=《英》positive discrimination) [◯雇用や大学入学に関して, 少数民族や女性など社会的に不平等な扱いを受けていた集団を優遇して差別を解消しようとする措置] ► an affirmative action program 積極的差別撤廃制度 / an affirmative action employer 積極的差別是正を推進している雇用主 / be fully committed to the practice of equal opportunity and affirmative action in all aspects of employment 雇用のあらゆる面で機会均等と積極的差別是正の実践に全面的に取り組む

affirmative resolution 賛成決議 (⇔opposing resolution)

affirmative vote 賛成投票 ► Resolutions of the Board of Directors shall be adopted only by an affirmative vote of a majority of the directors of the Joint Venture Co. 取締役会の決議は, 本合弁会社の取締役過半数の賛成投票によってのみ成立するものとする

affix *vt* /əfíks/ 添付する; 張りつける; (署名などを) 書き添える (*to*) ► Affix postage or meter strip to area indicated in upper right hand corner. 右手上方の隅の所定の位置に切手かメーター票を添付すること

affluent /ǽfluənt/ *a*, *n* 豊富な; 裕福な (*in*); 支流

affluent society 裕福な社会; 豊かな社会

affluenza

[⇨ ガルブレイス(Galbraith)の著作 *Affluent Society*『豊かな社会』(1958)より広まった用語。生産力の向上によって豊かになったが、生産によって人間の欲求が意図的に創出されるといったような、新しい異質な社会的問題を持つようになった社会] ► Japan became an affluent society after the 1990s. 1990年代以降、日本は裕福な社会になった

affluenza /ˌæfluénzə/ n 金持ち病

afford

/əfɔ́ːrd/ vt (canを伴って)(…する、を買う、を持つ)余裕がある;《A to B / B A》(BにAを)与える ► Buy the best system you can afford. 予算の許す範囲内で最高のシステムを買いなさい / Many people who take out housing loans can't even afford the down payment. 住宅ローンを借りる人たちの多くは頭金を支払う余力すらない

can ill afford 都合がつきかねる
cannot afford not to do …しないわけにはいかない
can't afford to do …する余裕はない、するわけにはいかない;…したら大変だ ► We cannot afford to miss out on such an opportune moment to enter the market. 当社は市場参入のこのような好機を見逃すわけにはいかない / I cannot afford to lose time now. 今私は時間をむだにする余裕がない

affordability index 住宅取得可能指数 [⇨ 中流層が年収の4分の1程度の住宅ローン支払いができるかを示し、指数の低下は余裕がなくなっていることを意味する]

affordable

/əfɔ́ːrdəbl/ a 無理をしないで買える、予算に見合った;入手[取得]可能な ► affordable housing (特に標準的所得層にとっての)入手可能良質住宅;低所得者向け住宅 / an affordable rent 支払可能な範囲の家賃 / We offer affordable calling rates with our international mobile roaming service. 当社の国際携帯ローミングサービスは手ごろな通話料でご使用になれます / The decline in real estate prices have made buying houses more affordable. 不動産価格の下落は住宅の購入を今までより容易にしている

◇**affordably** ad 手ごろに;入手しやすく ► Our affordably priced laptop includes many convenient features. 当社の低価格のラップトップは多くの便利な機能を備えています

afforestation n 植林 (⇔deforestation)

affreightment /əfréitmənt/ n 用船(契約);個品運送(契約)

AFL American Federation of Labor アメリカ労働総同盟 [⇨1886年設立]

AFL-CIO American Federation of Labor and Congress of Industrial Organizations 米国労働総同盟産別会議 [⇨1955年結成]

afloat /ə-/ ad, a 浮かんで、漂って
keep [stay] afloat 浮かんでいる;破産[失敗]しないでいる ► Debt ridden, the company could no longer afford to stay afloat. 同社は、借金だらけで、それ以上もちこたえることはできなかった

afoot /ə-/ ad, a 進行中で、起こって
set afoot (計画を)起こす

aforementioned /əfɔ́ːr-/ a 前述の、前記の ► I have a strong objection to the aforementioned points. 前述の諸点に対して強く異議を立てる (✜aboveよりフォーマル)

aforesaid a 前述の、前記の ► the aforesaid Mr. Smith 前述のスミス氏 (✜saidよりフォーマル)

AFP Agence France-Presse フランス通信社 [⇨ソフトバンクと日本語のニュース配信ウェブサイトを開設]

AFR applicable federal rate 適用連邦利率 [⇨たとえば、身内や友人が1万ドル以上を株や証券の購入のために無利子で好意的に貸しても、相当する利子分に課税される方式]

afraid /əfréid/ a 恐れて (of, to do);心配で (of, of doing, that, lest) ► The company should not be afraid to devote part of its effort to corporate image advertising. 会社は努力の一部を企業イメージ広告に向けることをためらってはならない

AFT 《和製英語》 allergen-free technology (全農の)低アレルゲン(米粒)

AFTA /ǽftə/ ASEAN Free Trade Area; ASEAN Free Trade Agreement

after /ǽftər/ prep …の後に、…を求めて;…流の ► day after day, night after night 毎日、毎晩 / **after** all our efforts ずいぶん努力したが / Shut the door **after** you. 入ったらドアを閉めて / **After** you, please. どうぞお先に / China has become the world's third largest consumer market for luxury goods, **after** the US and Japan. 中国は高級品の消費者市場として米国と日本に次ぐ世界第3位の大きさになった / **After** all, I decided not to accept the job because the pay was too low. いろいろ考えたが、給料があまりにも安いので、この仕事は引き受けないことに決めた

(成句) after all 結局、やはり
― ad 後に[で];のちに ― a 後の ― conj …した後で

after-closing trial balance 繰越試算表 (=post-closing trial balance) [⇨総勘定元帳の締切後に、資産の繰越額合計と負債・資本の繰越額合計が一致しているか否かを確かめる]

After Eight 《商標》 アフターエイト [⇨はっかクリームをチョコレートで挟んだ菓子]

afterhours a 定時[営業時間]を過ぎた

after-hours dealing [trading] 時間外取引、夜間取引 [⇨証券取引所の通常取引時間が終了した後に、電子取引システムなどを通じて行われる株式や債券の取引] ► The company's share price rebounded by $2 in yesterday's after-hours trading. 昨日の時間外取引で同社の株価は2ドル戻した

aftermarket n ❶ アフターマーケット、販売市場、部品・付属品市場 [⇨耐久消費財(durable goods)や産業財(industrial goods)にみられる、製品購入後に発生する修理・点検といった需要

を対象とした市場] ❷【証券】アフターマーケット [⇨証券が新規に発行された直後の流通市場. 既発行の証券が売買される secondary market(流通市場)と区別して呼ばれる] ► Even after its IPO, the company's stock performed well in the aftermarket. IPO(株式新規発行)の後でも,同社の株式はアフターマーケットで良好な結果を出した

aftermath /-mæθ/ n (事件の)余波, 後遺症
in the aftermath of …の後に, …に続いて ► In the aftermath of the stock market crash, many financial companies folded. 株式市場が崩壊した余波を受けて,多くの金融会社が倒産した

afternoon n, a 午後(の) ► the afternoon session [market] (株式取引の) 後場(ごば)

after-sale service 《しばしば~s~》アフターサービス [⇨商品購入後の顧客に対する一連のサービス活動の総称. aftersale(s) servicing とも言う] ► The company offers an excellent after-sales service. その会社はアフターサービスがとても充実している / They offer excellent after-sales service. 彼らは抜群のアフターサービスを提供している(=アフターサービスが抜群だ) / We continue to upgrade our after-sales service with value-added elements, including a 24/7 telephone help desk. 当社は,年中無休の電話相談を含め,付加価値をつけることでアフターサービスの向上を続けている

after service 《和製英語》アフター・サービス (⇔before service) (✚本来の英語としては aftersale(s) serviceが正しい)

aftershock n 余震;余波

after sight 一覧後 [⇨「手形所持人が支払を求めて手形を呈示した後の」という意味]

after-tax a 課税後の, (源泉所得などが) 税引き後の ► an investment that pays you an after-tax rate greater than 3% 税引後3%以上の収入になる投資

after-tax cash inflow 税引後現金流入額

after-tax effect 税引後の影響 [⇨所得税の影響を考慮した後の取引の便益あるいは費用]

after-tax income 税引後利益 ► The average after-tax income of the richest one percent of Americans grew by $400,000 between 1979 and 1997. アメリカ人の上位1パーセントの富裕層の平均税引後所得は1979年から1997年の間に40万ドル増加した

after-tax loss 税引後損失

after-tax profits 税引き後利益 (=taxed profits) ► The company's after-tax profits have fallen 10 percent. 同社の税引後利益は10パーセント減少した / Analysts were wide off the mark at the after-tax profit level. アナリストたちの予想は,税引後利益において大きく外れた

afterward, afterwards /-wərd(z)/ ad 後で[に]; その後 ► five days afterward 5日後 / long afterward ずっとあとで

AG Aktiengesellschaft 《独》株式会社

again /əgén, əgéin/ ad 再び; その上に;《しばしば and ~, then ~》一方で
► Let's meet **again** next week to finalize the details of the contract. 来週もう一度お会いして契約書の細部を確定しましょう

(成句) *again and again / time and (time) again / over and over again* 何度も *as much [many] again (as)* (の)2倍の量[数]の *now and again* 時々 *once again* もう一度 *over again* 改めてもう一度

against /əgénst, əgéinst/ prep に対して; に反して; に反対して (⇔for, in favor of)
► Both the dollar and the euro have fallen **against** the yen this past week. ドルもユーロも先週は円に対して値を下げている / That's **against** the rules [the law]. それは規則[法律]違反だ

age /éidʒ/ n 年数, 創業年数; 年齢 ► Many people today opt to continue working even after retirement age. 最近は退職年齢に達した後も働き続けたいと希望する人が多い

age and lifecycle segmentation (マーケットの)年齢とライフサイクルによる区分

age bracket 年齢層 ► the 20-to-29 age bracket 20歳から29歳の年齢層

age discrimination 年齢差別; 老人差別 [⇨一律の定年制のように, 年齢のみを理由とした差別] ► prohibit arbitrary age discrimination in employment 雇用における恣意的な年齢差別を禁止する

age grade 年齢層 (=age bracket)

age group 年齢層 (=age bracket) ► What is your target age group for this product? この製品がターゲットとする年齢層はどのあたりですか

ageing /éidʒiŋ/ a, n =aging

ageism /éidʒizm/ n 高齢者[年齢]差別 (=age discrimination) [⇨特に雇用時の差別について言う]

age-life n 耐用年数 ⇨economic life, service life

age-life method (不動産鑑定評価手法で) 耐用年数に基づく減価修正方法 [⇨原価法の中の減価修正方法の一つ. 再調達原価から建物などの耐用年数に基づく減価額を控除して不動産価格(積算価格)を求めるもの. 耐用年数に基づく減価修正額=reproduction cost(再調達原価)× effective age(実効経過年数)÷ economic life (経済的耐用年数)]

agency /éidʒənsi/ n ❶代理店; 行政機関
► a collection agency 債権回収業者, サービサー / a commercial agency《英》信用調査機関 / an employment agency 人材派遣会社, 人材紹介会社 / an estate agency《英》不動産会社 / a rating agency 格付機関 / a real estate agency《英》不動産会社 / a staff agency 人材派遣会社, 人材紹介会社 / by [through] the agency of …の働きで / be required to report to governmental agencies 政府機関に報告する義務がある / We've asked an advertising agency to create a TV commercial for our new product.

新製品についてテレビコマーシャルを制作するよう広告代理店に依頼した
❷ (任意)代理; 仲介, 代理権

agency agreement 代理店契約

agency bonds 政府機関債, エージェンシー債 [⇨ 米国政府が支援する機関が発行する債券. 政府保証はないが, 財務省証券に次いで安全な債券とされる. 税制上の特典がある] ► Earnings from agency bonds are exempt from federal income tax. 機関債からの収益については連邦所得税は免除される

agency broker (委託売買を行う) 株式のブローカー

agency commission 代理店手数料

agency contract 代理店契約

agency cost エージェンシーコスト [⇨ 代理人である経営者と本人である株主の利害が一致しない結果, 本人が代理人の行為により受け得る負担・損失(たとえば法外な役員報酬)を指す]

agency debt = agency bonds

agency securities 政府機関債, エージェンシー債 [⇨ 米国連邦政府の関係機関が発行する債券. 政府保証は付されていないが, 情報開示などの規制は緩やか. 住宅ローン債権を証券化するファニメ(FNMA)債などが代表例]

agency shop エージェンシー・ショップ制 [⇨ 非組合員からも組合費を取り, 団体交渉では組合が全従業員を代表する形態の労働組合制度]

agency transaction 委託売買 [⇨ 投資家からの委託により証券会社が注文を取り次ぐ取引方法]

agenda /ədʒéndə/ n pl 議事日程, 議題, 協議事項 [⇨ 会議で取り上げられる事項のリスト. 個々の議案は item と言う]; なされるべきこと; もくろみ ► an item on the agenda 議案 / be high on the agenda 優先事項とされている / pursue an agenda ある項目を優先する / What's on the agenda for tomorrow's staff meeting? 明日のスタッフ・ミーティングの議題にはどういったものが入っていますか / I'd appreciate it if you could **add** the following items **to the agenda**. 議題に次の項目を加えていただければ幸いです / It took more than an hour to deal with **the first item on the agenda**. 最初の議題を処理するのに一時間以上を費やした / We are supposed to **send out an agenda** three days prior to the meeting. 会議の三日前までには議題を送付しておかねばならないとされている / We haven't **set the agenda** yet. まだ議事日程(議題リスト)を決めていない / We normally **draw up a draft agenda** to circulate it and solicit inputs from those expected to participate. 通常, 議題案を作成してから, 参加予定者からの意見・希望を求めるため回覧している [⇨ラ]

agent /éidʒənt/ n 代理人 [⇨「本人」(principal)に代わって, 本人の名義と勘定で売買その他委任された行為をする人]; (販売・保険などの) 外交員 (=sales agent); 代理店; 仲介業者; 斡旋業者; 不動産仲介人 ► an agent or legal representative 代理人または法的代理者 / the principal-agent relationship 本人対代理人関係 / The investment bank **acted as an agent for** the company in the merger deal. その投資銀行は合併案件の当事者である同社の代理人として行動した / We had to **terminate the agent** as they did not perform as agreed. 約束通りの営業成績を達成しなかったので, その代理店を解任せざるを得なかった / We need to **appoint an agent** in Europe to represent us. ヨーロッパで当社の代理店をやってくれるところを選任する必要がある / We wanted to **be sole agent** but that meant we would have to meet a minimum purchase requirement. 総代理店になりたかったが, それは同時に最低買付数量の義務を負うことでもあった 🔋 If this Contract is signed by an agent on behalf of SELLER, such agent shall be liable not only as agent, but also for the performance of the obligations of SELLER as principal under this Contract.「売主」に代わって代理人が本契約書に署名するときは, 当該代理人は代理人としての責任を負うのみならず, 本契約に基づく「売主」本人としての責任をも負うものとする

agent bank エージェント・バンク [⇨ 協調融資において幹事役を務める銀行]

agent commission 代理人手数料

agglomerate v /əglámərèit/ 塊にする[なる]
— a, n /-rit/ 塊(の)

◇ **agglomeration** n 密集化; 密集地帯

aggravate /ǽgrəvèit/ vt 悪化させる; (略式) 怒らせる ► The recent oil price surge will aggravate a further decline in consumer spending. 最近の石油価格の急騰は消費者支出の減退をさらに悪化させるだろう

aggravation /ægrəvéiʃən/ n 悪化;(略式) 立腹, 挑発; (損害, 事態の) 悪化;(事態の) 深刻化

aggregate a /ǽgrigət/ 集合(体)の, 集団の; 総計の ► aggregate demand [supply] 総需要[供給]
— n 集合(体); 総計 (=aggregation) ► monetary aggregates マネーサプライ / a credit aggregate 与信総額 / growth [contraction] in monetary aggregates マネーサプライの伸び[減少] / He has an aggregate of 10 percent of the company's shares. 同社の株式を全部で10パーセントもっている

in (the) aggregate 全体で ► Because of the recent recession, businesses are, in the aggregate, deeper in debt than ever before. 最近の不況のせいで, 企業は全体として今までになく債務負担が重くなっている

— v /-gèit/ ❶ 集める; 集まる;(略式) 総計で…になる ❷ アグリゲートする, 情報集約する [⇨ 利用者が口座情報をインターネット上で集約する]

aggregate amount 合計金額, 総計, 合計数値 ► the aggregate amount of indebtedness 負債総額 / The aggregate amount of the loan and accrued interest on July 1, 2003 was $351,275. ローンと経過利息の合計額は2003年7月1日現在で351,275ドルであった

aggregate borrowing limit 借入限度額
aggregate demand curve 総需要曲線 [⇒経済全体の財・サービスに対する価格と需要量の関係を表した曲線]
aggregate market price 時価総額
aggregate method 総和法 [⇒物価指数の計算方法の一つ]
aggregate nominal amount 券面総額
aggregate principal amount 元本総額
aggregate supply curve 総供給曲線 [⇒経済全体の財・サービスに対する価格と供給量の関係を表した曲線]

aggregation /ǽgrigéiʃən/ n ❶集合(体);集成
❷総計,総額,合算,集計(=aggregate) ▶ GDP is the result of the aggregation of each sector's net value added. GDPは各部門の純付加価値を集計した結果だ
❸ アグリゲーション,情報集約 [⇒銀行や証券などのウェブサイトにある個人情報を集約し,1つの画面からどの画面にも行けるようにするサービス]

aggregation of elements 要素の寄せ集め [⇒要素の単なる寄せ集めは特許を受けることができない]

aggression /əgréʃən/ n 侵害《against》;攻撃性;(国際法上の)侵略

aggressive /əgrésiv/ a ❶積極的な,果敢な;攻撃的な;意欲的な ▶ Many companies responded with aggressive advertising campaigns. 多くの会社は積極果敢な広告キャンペーンで応じた / The company launched an aggressive media blitz to promote its new product. 新製品の販売促進のために, 同社は各種媒体を利用した積極的な一大キャンペーンに乗り出した
❷ ハイリスク志向の,高度の積極運用型の ▶ an aggressive mutual fund 攻撃型投資のミューチュアル・ファンド / an aggressive portfolio 積極運用型ポートフォリオ / A stock mutual fund seeking aggressive growth entails higher risks. 積極的な成長を追求する株式ミューチュアルファンドは必然的に高いリスクを伴う

aggressively /əgrésivli/ ad 強気に;積極的に ▶ The company has been aggressively trying to buy out its rival. 同社は競争相手の企業を買収しようと積極的に努力してきた

aggressive stock (市場全体と比較して)価格変動性の高い株式, 高リスクの株式 ▶ an aggressive stock fund 攻撃型投資ファンド

aggrieved party 権利侵害を受けた者, 被害者 [⇒公害などによる損害について賠償などの法的救済を求める利害関係者を指す];不服当事者

AGI adjusted gross income

agin /əgín/ prep 《略式》…に反対して(=against)
━ n 反対者

aging /éidʒiŋ/ a 年老いた;老朽化した
━ n 加齢, 老化;高齢化;(物の)老朽化
aging facilities 老朽施設
aging for debtors 売上債権の年齢調べ (=aging of accounts receivable)
aging of accounts receivable 売掛金の年齢調べ [⇒売掛金の回収までの日数(停滞日数)を得意先別・製品別などに計算して売掛金の管理を行うこと]
aging schedule 売上債権[売掛金]回転期間分析表 [⇒企業の売上債権(売掛債権)の回収までの日数を, 滞留期間別に分析して売掛金の管理に用いられる表]

AGM 《英》annual general meeting

ago /əgóu/ ad (今から)…前に
▶ As of July, the core CPI has increased by 2.5% from a year **ago**. 7月現在, コア消費者物価指数は前年比2.5%上昇している / Not so long **ago**, our company required our employees to wear uniforms. それほど前のことではないが, 当社は従業員に制服着用を義務づけていた / Just a few months **ago**, interest rates were at their peak. ほんの数か月前に, 金利は頂点に達していた

agonize,《英》**-nise** /ǽgənàiz/ v 苦悶(もん)する[させる]《about, over》 ▶ He agonized over his decision to leave the company. 会社を辞めるという決断を下すために彼は苦悩した
◇**agonizing** a 苦しい

agony /ǽgəni/ n 苦痛, 苦悶(もん);激情;断末魔の苦しみ
in agony 苦しんで《from》 ▶ He waited in agony for the result of his job interview. 苦悩しながら就職面接の結果を待った

agree /əgríː/ v 同意する, 約定する《with, about》;合意する《on》;承諾する《to》;一致する《with》 ▶ agree to disagree [differ] 見解の相違を認め合う / agree with the proposal in principle 提案に原則的に同意する / Do you **agree to** the conditions? その条件に応じますか / They **agreed** that the plan would be called off. 計画を中止することで合意に達した / The two airlines **agreed on** flight co-sharing and joint ground operations as part of their alliance. その2つのエアラインは, 提携の一環として, フライトの相互利用と地上業務の共同運用について同意した / Our suppliers **agreed** not to raise prices for another six months. 当社の納入業者は今後さらに6か月間は値上げしないことを確約した / He **agreed to** pay them back with interest. 彼は利子付きで彼らに返すことに同意した

agreeable /əgríːəbl/ a 同意できる, 同意する用意がある《to》;ふさわしい《to》 ▶ Both parties are agreeable to the terms. 両当事者とも条件については同意する用意がある

agreed interest rate 約定金利
agreed price 協定価格

agreement /əgríːmənt/ n 同意;合致《between》;合意(書);契約(書);協定

agreement among underwriters

コロケーション

(動詞(句)+～) **amend** an agreement 契約を修正する / **breach** an agreement 契約に違反する / **come to** an agreement 合意に達する / **conclude** an agreement 契約を結ぶ / **constitute the entire** agreement **between**... …間における完全な合意を成す, …間における合意事項の一切を包摂する / **draft** an agreement 契約書案を起草する / **draw up** an agreement 契約書案を作る / **enforce** an agreement 契約の履行を強制する / **enter into** an agreement 契約を締結する / **go over** an agreement 契約書案を検討する / **negotiate** an agreement 交渉により契約をまとめる, 契約に向け交渉を進める / **prepare** an agreement 契約書案を作成する / **renew** an agreement 契約を更新する / **sign** an agreement 契約に署名する / **strike** an agreement 協定[契約]を結ぶ / **terminate** an agreement 契約を解除する / **violate** an agreement 契約に違反する / **work out** an agreement 契約の内容を詰める

▶ This **agreement** shall **come into effect** next month. この契約は来月発効する / This **agreement** will **take effect** next month. この契約は来月発効する / The **agreement expired** last year. その契約は昨年失効した / The two sides finally **reached an agreement** after a long debate. 双方は長時間の討議の後, ようやく合意に達した / Either party may **terminate the agreement** on six months' notice in writing. いずれの当事者も6か月前の書面による予告をもってこの契約を解除できる / The jury found that the plaintiff had **breached the agreement** and that the defendant was entitled to damages in the amount of $60,000. 陪審団は, 原告が契約に違反したということ, ならびに, 被告が6万ドルの損害賠償を受ける権利を有するということを認めた / They are still **negotiating a development agreement** with the local government. 彼らはいまだに地元自治体と開発契約に向けての交渉を続けている / We have no choice but to **enforce the agreement** in the event they fail to perform any of the obligations under this agreement. 先方がこの契約上定められている義務の履行を怠った場合はこの契約につき履行強制を求めるほかない / We will have our attorneys review the **proposed agreement**. ご提案の契約案については当社の弁護士に内容を確認させます / We **wrote up an agreement** that included the interest rate charged and the dates payments were due. 私たちは利子と支払期日を含む取り決めを文書にした

契約・協定

agency agreement 代理店契約 / amendment agreement 修正契約 / arbitration agreement 仲裁契約 / associated agreement 関連契約 / collateral agreement 担保権契約 / collective bargaining agreement (団体交渉で妥結した)労働協約 / confidentiality agreement 機密保持契約 / consignment agreement 委託販売契約 / container interchange agreement コンテナ相互交換協定 / contractor agreement 請負契約 / delegation agreement 委任契約 / distributorship agreement 販売(店)契約 / draft agreement 契約書案 / employment agreement 雇用契約 / formal agreement 正式の契約 / indemnification agreement 補償契約 / know-how licensing agreement ノウハウのライセンス契約 / labor agreement 労使協定 / lease agreement 賃貸借契約 / license agreement ライセンス契約 / licensing agreement ライセンス契約 / loan agreement 融資契約 / main agreement 基本契約 / management agreement 経営委託契約 / negotiated agreement 交渉による合意事項 / noncompetition agreement 競業禁止契約 / nondisclosure agreement 機密保持協定 / overdraft agreement 当座貸越契約 / partnership agreement パートナーシップ設立契約 / paying agency agreement 支払代理契約 / personal transfer agreement 要員派遣契約 / pooling agreement 議決権行使に関する株主間契約 / prior agreement 従前の合意 / production sharing agreement 生産分配協定 / purchase-and-installment sale agreement 割賦販売契約 / sales agreement 売買契約 / sales procedure agreement 販売契約 / security agreement 担保権設定契約 / service agreement サービス提供契約, 役務提供契約, 業務委託契約 / shareholders' agreement 株主間契約 / standing agency agreement 常任代理契約 / subscription agreement (株式)引受契約 / supplemental agreement 補足契約 / tentative agreement 仮契約, 暫定合意 / unilateral agreement 片務契約 / wage agreement 賃金協定

agreement among underwriters 引受会社間契約

agreement for resources development 資源開発契約

agreement for supply of plant for export プラント輸出契約

agreement in principle 基本契約

Agreement on Technical Barriers to Trade 貿易の技術的障害に関する協定

Agreement on Trade-Related Aspects of Intellectual Property Rights ⇒TRIPS

Agreement on Trade-Related Investment Measures (the ~)貿易に関連する投資措置に関する協定

agreements set forth herein 本契約上の合意事項

agreement to assume debt 債務引受契約

agribusiness /ǽgribìznis/ n アグリビジネス, 農業関連産業

agricultural /ægrikʌ́ltʃərəl/ a 農業の, 農耕の, 農学の

agricultural accounting 農業会計

agricultural area 農業地域

agricultural bookkeeping 農業簿記

agricultural census 農業動態調査, 農業センサス
agricultural chemicals 農薬
agricultural cooperative 農業協同組合
agricultural development 農業開発
agricultural disaster 農業災害
agricultural district 農地地域[地区]
agricultural extension services 農業普及事業
agricultural holdings 農地, 農耕地
agricultural income 農業所得[⇨農業粗収益から農業経営費を差し引いたもの]
agricultural land diversion 農地転用
agricultural output 農業生産高
agricultural plastic film 農業用フィルム[⇨厚さ0.03〜0.15ミリのフィルム状プラスチック. いわゆるビニールハウスに用いる]
agricultural polyvinyl chloride film 農業用ビニル[⇨ビニールハウス用塩化ビニル樹脂製のフィルム]
agricultural practices 農業慣行, 農業実務
agricultural statistics 農業統計
agricultural subsidies 農業補助金
agriculture /ǽgrikʌltʃər/ n 農業, 農芸; 農学 ► extensive agriculture 大規模農業 / intensive agriculture 集約農業
Agriculture Adjustment Act 米国農業調整法 (AAA)
agriculture expenditure 農業経営費[⇨農業粗収益をあげるために要した一切の経費, 生産に投入された肥料, 農薬, 飼料などの流動的経費および当該経営年度の負担すべき建物, 農機具などの固定資産の原価償却費からなる]
agriculture gross income 農業総所得[⇨農業経営によって得られた総収益額をいい, 当該期間の農業経営成果を示す]
agrochemicals n 農業化学薬品, 農薬 ► an agrochemicals company 農業化学薬品会社
agro-food sector 農業食料部門
agroforestry /ǽgroufɔ́:rəstri/ n 農林業
agronomy /əgrɑ́nəmi/ n 農業法; 農学
ahead /əhéd/ ad 前方に; (時間的に)先に ► The credit crunch will severely affect personal spending in the months **ahead**. 信用逼迫は今後何か月も個人消費に深刻な影響を与えるだろう / **ahead of** year end 決算期を控えて / Sales revenue for the third quarter was 800 million yen, **ahead of** the 750 million yen previously forecast. 第3四半期の売上高は8億円で, 事前に予想されていた7億5千万円を上回った / We need more capital to stay **ahead of** the competition. 競争から抜け出すためにはもっと資本が必要だ

[成句] **ahead of** …より先[前]に, リードして (✦ ahead of schedule (予定より早く)は単にearlyとするのが簡明) **put A ahead of B** BよりAを優先する

AICPA American Institute of Certified Public Accountants

aid /eid/ v 助ける, 手伝う; 援助する; 幇助する ► Consumerism is designed to **aid** and protect the consumer by exerting legal and economic pressures on business. 消費者運動は企業に法的および経済的な圧力をかけることによって消費者を助けて保護するように目論まれている
— n 助力, 援助; 助手; 補助物 《to》 ► development aid 開発援助 / foreign aid 海外援助 / legal aid 法律扶助 / official development aid [assistance] 政府開発援助 (ODA) / regional aid 地域開発援助 / The government came to the **aid** of the banking industry. 政府は銀行業界の救済に乗り出した

AID Agency for International Development 《米》国際開発局

aid agency 援助機関

AIDA model アイーダ・モデル[⇨注意(Attention)・興味(Interest)・欲求(Desire)・購入(Action)といった購買行動過程]

aid and abet 教唆・幇助(する) ► aid and abet in commission of the burglary 不法目的侵入の実行を教唆し幇助する

aided recall (広告調査における)助成想起法, 再認法

AIDMA 《和製英語》 attention, interest, desire, memory, action (広告制作で) アイドマの原則 ⇨AISAS

AIG American International Group

ailing /éiliŋ/ a (業績などが) 不振の ► ailing banks 業績不振の銀行 / The **ailing** airline is seeking government fund injection to rescue it from bankruptcy. 業績不振のその航空会社は破産から逃れようと政府資金の注入を求めている

aim /eim/ v ねらう 《at》; 目指す 《for, to do, at doing》 ► The government **aims** to reduce unemployment to less than 4%. 政府は失業率を4%以下に減らすことを目標にしている / Advertising **aimed** at building demand for a particular brand is called brand advertising. 特定ブランドに対する需要を高めることを目指した広告はブランド広告と呼ばれる / The central bank's rate cut was a move **aimed** at alleviating the credit crunch. 中央銀行の金利引下げは信用逼迫の軽減を狙った措置だった
— n ねらい; 目標; 目的, 意図

AIP American Institute of Planners

AIPLA American Intellectual Property Law Association 米国知的財産法弁護士会[⇨米国の知的財産法を専門とする弁護士が所属する弁護士会]

AIPPI 《仏》 Association Internationale pour la Protection de la Propriété Intellectuelle 国際知的財産保護協会[⇨知的財産制度の国際的ハーモナイゼーション等の課題に取り組む国際的な民間団体]

air /eər/ n ❶ 空気, 大気; 空中, 空; 様子, 態度 ► take to the **air** 離陸する, 飛行機で行く ❷ 電

波送信媒体; 放送; 公表 ▶ **on [off] the air** 放送中で[放送されていない] / **go on [off] the air** 放送する[を終える]
by air 飛行機で; 無電で
clear the air 誤解を除く
give air to を公表する
give a person the air 《米略式》解雇する
in the air (うわさなどが)広まって; 未決定で
take air 《英》知れ渡る, 流布する
take the air 放送を始める; 離陸する
up in the air 未決定で ▶ The contract is still up in the air. その契約は未決定のままである
— *vt* 空気にさらす; 公表する, 吹聴する; 放送する
air out 空気にさらす, 換気する; 《米略式》散歩する; 去る
— *vi* 放送される ▶ The TV soap opera airs five days a week. そのソープ・オペラは週に5日放送する
— *a* 身ぶりの

airbill *n* エアビル, 航空貨物運送状 ⇨ air waybill

Airborne 《商標》エアボーン [◎ ビタミンCを含む風邪予防用の米国の薬品. 風邪が流行する時期に学校など人が多く集まる場所での感染を防ぐ]

Airbus 《~ S.A.S》エアバス [◎ フランスのトゥールーズに本社を置く民間航空機メーカー. 1970年にフランスとドイツの企業連合として設立され, 後に英国とスペインが参加. 現在4,600機を超えるエアバス機が使用されている. 民間機としては最大のA380(555人乗り)を開発] ▶ lease six Airbus A-320's エアバスA-320を6機リースする

air cargo 航空貨物
air carrier 空輸業者, 航空会社, エアライン ▶ Total domestic passengers on US air carriers is expected to increase to 900 million in 2012. 米国のエアラインの国内線の乗客総数は2012年に9億人に達すると予想されている

aircheck *n* 放送番組からの録音
Air China (~ Ltd.) エア・チャイナ, 中国国際航空 [◎ 中国のナショナルフラッグキャリア. 2004年旧 AirChina と複数の航空会社が再編されて発足. キャセイパシフィック航空との提携を強化している]

air-condition *vt* 空気調節する
aircraft *n* (~) 航空機
aircraft lease 航空機リース [◎ 航空機を賃貸借する契約. 金額的に大きいので, リース目的の貸主, 借主以外に購入資金の出し手が関与するレバレッジドリース(leveraged lease)など複雑なリース契約を組成する場合が多い. 中古機は実質的にはレンタルに相当するオペレーティングリース(operating lease)の対象となる]

air fare, airfare 航空運賃 ▶ We offer low airfares to Europe. 当社はヨーロッパへの低運賃を提供しています

airfield *n* 飛行場 [◎ 主として軍用機または個人所有の航空機が使用する] ⇨ airport

airframe *n* 機体 ▶ The airframe has been redesigned to improve aerodynamics. その機体は空気力学上の特性を改善するために再設計された

airfreight *v* 空輸する
air freight 航空貨物便, 貨物空輸(業, 料金)
air freight forwarder 航空貨物運送取扱人
air freight forwarding 航空貨物輸送
Air Koryo 高麗航空 [◎ 朝鮮民主主義人民共和国(北朝鮮)の国営航空会社]

airline *n* 定期航空路; 《しばしば ~s》航空会社, エアライン (語法) Delta Air Lines と2語にもする. 日本航空ももとは長年 Japan Air Lines であったが, 現在の英語名は Japan Airlines としている) ▶ Low budget airlines have become popular among short-distance travelers. 格安運賃のエアラインは短距離の旅行客に人気が出ている

airliner *n* 定期旅客機
airmail *n*, *vt* 航空便(で送る) (+表示で air mail とも) ▶ I generally receive parcels from Japan in 4-5 days if shipped by airmail. 日本からの小包は航空便なら通常は4, 5日で受け取れます

airman *n* 飛行家[士]
air marshal (機内の)航空保安官
air miss 《英》(航空機の)ニアミス
air piracy ハイジャック, 航空機乗っ取り
airplane *n* 飛行機
airplay *n* (ラジオの)音楽[演奏]の放送
airpocket *n* エアポケット, 空気希薄層
air pollutant 大気汚染物質
air pollution 大気汚染 ▶ air pollution control devices 大気汚染防止機器

airport *n* 空港 ▶ arrive at [land at, touch down at] an airport 空港に到着する / depart from [fly from, take off from] an airport 空港を飛び立つ

airport landing fee 空港使用料
airport surveillance radar 空港監視レーダー (ASR) [◎ 飛行場周辺または航空路管制用捜索レーダー. 通常 SIF(selective identification feature 選択識別装置)と一体で運用]

airport tax 空港利用税
air pressure 気圧; (タイヤなどの)空気圧
air rage エアレイジ [◎ 飛行機内での迷惑行為]; 機上逆上

air right 空中権; 上空権 [◎ 他人が所有する土地の空中(上空の未利用空間)を分割利用する権利. 第三者に賃貸したり, 売却したりすることができる. 空中権は, 米国では air rights(空中を分割して利用する権利)と TDR(transferable development right 未利用容積率の移転を可能とする権利)の両方を指す] ▶ prepare proposals to develop the air rights over the train station 鉄道駅の上空権を開発するための計画を作成する

air route 航空路
air service 航空輸送
airship *n* 飛行船
air shuttle エアシャトル [◎ 航空機によるシャトル・サービス]

airside *n* 旅客と空港関係者のみ出入りできる部分

air space 領空

air station 小飛行場
airstrip n （簡易）滑走路
airtanker n （山火事）消火用放水タンク飛行機
air taxi 不定期の短距離小型旅客機
air terminal 空港ターミナル
airtight a 気密の；《米略式》完全な ► an airtight container 密閉型容器 / an airtight package 密閉包装
airtime n 放送時間；（携帯電話の）通話時間 ► receive 20 hours of extra airtime 20時間分の無料通話時間を付与される
air transport 航空輸送
air travel 飛行機旅行；飛行機利用（数）
airwave n 《しばしば ~s》放送電波［チャンネル］，放送波 ► take to the airwaves 放送される［に出る］
airway n 航空路；通風路；(~s) 航空会社
air waybill 航空貨物運送状（AWB）［◎貨物の受領証であると共に運送契約を証する点は海上運送の船荷証券(bill of lading)と同じだが、目的物上の所有権を証さず、また、譲渡性がない点が船荷証券と異なる］📄 Date of air waybill shall be accepted as conclusive evidence of the date of shipment or delivery. 航空貨物運送状の日付が発送日または引渡日の確定証拠として受け入れられるものとする
Air Wick 《商標》エアウィック［◎米国の空気洗浄スプレー. 台所，寝室，居間などの室内の匂いを緩和するための製品］
AISAS 《和製英語》attention, interest, search, action, share アイサス（✣ 広告の原則）
aisle /aíl/ n （座席間の）通路
◇**aisled** a 側廊［通路］のある
aisle seat 通路側の席（⇔window seat） ► Would you like an aisle seat or window seat? 通路側と窓側，どちらの席をご希望ですか
AIU (~, Inc.) American International Underwriters AIU 保険会社［◎AIG, Inc. の子会社. 米国の保険（損害，生命など）会社. 日本はじめ米国外はAIGのグループ会社としてビジネス展開］
Ajax 《商標》エージャックス［◎米国の清掃用品. タイル，洗面台などの汚れを取るための洗剤. 小さな粒子が含まれているため，金属面には適さない］
Akzo Nobel (~ NV) アクゾノーベル［◎オランダの製薬・化学・塗料製造グループ. 1994年，Akzo社がスウェーデンのNobel Industriesと合併，現社名となる. 98年英国コートールズ社を傘下に収め，世界最大の塗料メーカーとなり，99年には合成繊維部門を売却. 2007年英国の化学会社 Imperial Chemical Industriesを買収］
alarm /əláːrm/ n 警報（器） ► an earthquake alarm 地震警報装置 / a fire alarm 火災報知器 / a security alarm （盗難）警報装置 / The company has been mired in litigation, causing alarm among investors. 同社は訴訟事件に巻き込まれてきたが，このことが株主に懸念を募らせている
— vt 脅かす；心配させる(for)；警報を出す
◇**alarmingly** ad 警戒心を抱かせるほど；驚くほど ► Unemployment insurance claims for the last month have reached an alarmingly high level. 先月の失業保険申請数は警戒心を抱かせるほどの高い水準に達した
alarm bell 警鐘
alarm signal 非常信号，警報
albatross /ǽlbətrɔːs/ n アホウドリ；心配の種，障害 ► The nation's budget and trade deficits are the albatross around the government's neck. わが国の財政赤字と貿易赤字は政府の首に巻き付いて離れない重荷だ
albeit /ɔːlbíːit/ conj 《文》…ではあるが；であろうとも(=although) ► China's decision to raise the value of the yuan, albeit small, is a step toward rectifying currency imbalances. 元の価値を引き上げる中国の決定は，小幅ではあるが，通貨の不均衡修正に向けての一歩だ
Albertson's (~, Inc.) アルバートソンズ（社）［◎米国大手のスーパーマーケットチェーン. 医薬品も扱う. 1945年設立］
Alcan (~, Inc.) アルキャン［◎カナダの世界的規模のアルミニウムメーカーを主軸とする企業グループ. 1902年設立. 2001年現社名に改称. 07年7月，Rio Tinto Groupに買収される］
Alcatel-Lucent (~, Inc.) アルカテル・ルーセント［◎フランスの世界的規模の通信システム，ソリューションの提供会社. 1989年設立. 2006年 Lucentを買収し現在の社名となった］
Alcoa (~, Inc.) アルコア［◎米国のアルミニウムメーカー. 2000年5月 Reynolds Metalsと合併，アルミ，アルミナの生産で世界最大手の一つとなる］
alcohol /ǽlkəhɔːl/ n アルコール ► alcohol abuse アルコール乱用（癖）/ The sale of alcohol to minors is strictly prohibited. 未成年者へのアルコール飲料の販売は厳に禁止されている
◇**alcoholism** n アルコール依存症［中毒］
alert /ələ́ːrt/ a 油断なく気を配っている；機敏な ► They are always alert for opportunities in the real estate market. 不動産市場の好物件についてつねに目を光らせている
— n 警戒警報
go on full alert 全面警戒態勢をとる
on (the) alert 警戒して(against, for) ► on high [red] alert 厳重警戒中
put ... on alert に警戒態勢をとらせる
— vt 警戒させる(to, of)；警報を出す(that)
alert box （コンピュータ画面上の）アラートボックス
A level advanced level
ALI American Law Institute アメリカ法律協会
alias /éiliəs/ n, ad 別名［偽名］(で)
alibi /ǽləbài/ n ❶《略式》言い訳 ► We've got no alibi. なんとも言い訳のしようもない ❷ 現場不在証明，アリバイ ► an ironclad [cast-iron, unimpeachable] alibi 文句のつけようのないアリバイ / set up [prove, establish] an alibi アリバイを立てる
— vi 言い訳をする
alien /éiljən, -liən/ n 外国人；在留外国人 ► a resident alien 在留外国人 / an illegal alien 不法滞在の外国人

alien — *a* 外国(人)の; 異なる《*from*》; 相いれない《*to*》

alien registration certificate [card] 外国人登録証

alien registration law 外国人登録法

— *v* (財産を)譲渡する

alienate /-èit/ *vt* 遠ざける, 疎外する ► We risk alienating customers if we raise prices. 価格を引き上げれば, 当社は顧客を離反させる危険を冒すことになる

alienation /èiljənéiʃən/ *n* 疎外(感), 疎遠 ► People feel alienation when their work is not appreciated. 自分の仕事が評価されない人は疎外された感じを持つ

align /əláin/ *v* そろえる[そろう]; 一列に並べる[並ぶ]; 提携させる ► get aligned with と提携する / Our company aligns the annual bonus with business performance. 当社は年に一度のボーナスを事業の業績に合わせて支給している / Gasoline prices have been aligned to the increase in crude oil prices. ガソリン価格は原油価格の上昇に歩調を合わせてきた

alignment *n* 整列; 提携 ► As the country eliminates subsidies, domestic prices will come into better alignment with world prices. 同国が補助金を撤廃するにつれて, 国内価格は世界価格に一致してくるだろう

alike /əláik/ *ad*, *a* 同様に[な], 等しく ► Large and small businesses alike have been impacted by the global recession. 大企業も小企業もグローバルな景気後退の影響を受けてきた

A-list *a* 最高の, 一流の ► an A-list account 上得意客

◇**A-lister** *n*

Alitalia アリタリア[○イタリアの航空会社]

alive /əláiv/ *a* 生きて; (強意)現存している; 活動的な; 生気にあふれた《*with*》; 気づいて《*to*》 ► In a last ditch effort to keep the company alive, the board asked for a government bailout. 会社を生かしておくための最後の努力として, 取締役会は政府による救済を求めた

alive and kicking (略式)元気盛ん(あう)盛で

Al Jazeera /ǽl dʒəzíːrə/ アルジャジーラ[○カタールのニュース専門衛星テレビ局. アラブ世界のCNNとも言われる. アラビア語で「半島」の意]

Alka-Seltzer (商標)アルカセルツァー[○米国の胃薬, 胸焼け, 二日酔いの薬]

all /ɔːl/ *a* 全部の; あらゆる; ただ…だけの ► Will that be **all**? (略式)(ご注文は)これですべてでしょうか / We've received complaints from customers **all** day long. われわれは一日中顧客からの苦情を受けてきた

— *n* すべて, 全部, 誰も; 万物

[成句]*do one's all* できるだけのことをする

— *ad* すっかり, まったく

► **all** excited すっかり興奮して / a man **all** of six feet tall 優に6フィートはある男 / Not **at all**. どういたしまして / That's **all** (there is to it). それで終わり; それだけのこと / He isn't **all** that wicked. 彼はそんなに悪い人ではない / There were twelve deductions, **all** told. 合計12項目の控除があった（✚all told の代わりに, 日常語は altogether や in all をよく用いる)

[成句] **all along** 初めから **all and sundry** 誰も皆 **all but** ほとんど, を除くすべての **all in** (略式)疲れ切った **all in all** 全般的に; 全体で; かけがえのないもの **all in one** すべてを内蔵[一括]した **all of** (略式)たっぷり **all of a [an]** (略式)まったく, すっかり **all out** 総力をあげて **all over** 全体に; 全面的に **all right [**(米略式)**righty]** はい, 結構です, 承知した; いいですか[ね]; 申し分のない; いいぞ **all that** それほど **all the better [worse]** かえってよく[悪く] **all there** 正気で **all told** 全部で **all up** 絶望的で **all very well [fine]** いかにも結構 **and all** …など **and all that** その他もろもろ, …など **at all** (否定)少しも; (疑問)いったい **be all for** に大賛成だ **for [with, after] all** …にもかかわらず **have it all** ありとあらゆるものに恵まれている **if at all** あったとしても; 少しでも **in all** 全部で, 合計で **of all** 数ある…の中で, よりによって, にもほどがある **once (and) for all** これを最後に, きっぱりと

All (商標)オール[◇米国の洗濯用洗剤. パウダー状あるいは液体状で売られている汎用の洗濯用洗剤]

All-American *a* 完全に米国的な; 全米代表の ► an all-American company 純米国企業

all available funds method 支出可能額法[◇最適算出額と企業の投資能力に著しく差がある場合に採る広告予算設定手法]

All-Bran (商標)オール・ブラン[◇米国の朝食用のシリアル. 主に小麦から作られており, 消化を助ける繊維分が多く含まれている上にカロリーは低い]

all-cap fund オールキャップファンド[◇運用対象の株式について発行企業の時価総額(cap)の大小を限定しないミューチュアルファンド. multi-cap fund とも言う] ⇨mutual fund

all-cash transaction (企業買収の)全額現金方式取引 [◇企業買収の代金支払方式には all-stock(全額株式)と cash and stock(現金株式併用)もある] ► The company did not have enough money for the all-cash transaction. 同社は全額現金取引に十分な資金を持っていなかった

allegation /ælɪgéiʃən/ *n* 申立て, 主張 ► allegations of fact 請求の原因 / allegations of wrongdoing 不正行為の申立て / The Governor had to deal with serious allegations of corruption. 知事は汚職という容易ならぬ疑惑に対処しなければならなかった

allege /əlédʒ/ *vt* (ことの真偽は別として)主張する[言う] 《*that*》 ► The company alleged that he had sold confidential information to its competitor. 彼は機密情報を競争相手の会社に売ったと同社は主張している

alleged /əlédʒd/ *a* そう言われる ► the alleged thief 泥棒と言われる人 / alleged infringement 侵害の申立て

allegedly /əlédʒidli/ *ad* 伝えられるところによると, …と(称)される ► The company's president allegedly knew and approved of falsifying the expiration on dairy products. 伝

えられるところでは, 同社の社長は何もかも承知の上で乳製品の有効期限の偽造を承認した

Allegra 《商標》アレグラ [⇨ 米国の花粉症などが原因で起こる鼻水, くしゃみなどのアレルギー症状を抑える薬. フェクソフェナジンの製品名]

all element rule 《米》オールエレメントルール [⇨ 特許侵害が成立するためには, クレームの全ての構成要素を実施しなければならないという原則]

allergy /ǽlərdʒi/ n アレルギー; 毛嫌い《to》▶ a nuclear allergy 核アレルギー
◇**allergic** a アレルギーの; 性に合わない《to》

alleviate /əlíːvièit/ vt 軽減[緩和]する ▶ The new train line will alleviate some of the commuter congestion during rush hour. 鉄道の新線はラッシュアワーの混雑を多少なりとも緩和してくれるだろう
◇**alleviation** n
◇**alleviative, alleviatory** /-ətɔ̀ːri/ a

all-expense a (乗車賃・宿泊費・食費など)一切込みの; 全部スポンサー負担の ▶ a two-week all-expense tour for Mexico 2週間の諸経費込みのメキシコ旅行

all-expenses-paid a 費用全額負担での (=all-expense)

alliance

/əláiəns/ n (企業同士の) 提携 ▶ form a strategic alliance to provide an integrated solution for customers 顧客に統合型ソリューションを提供するために戦略業務提携を結ぶ / The European Commission has cleared an alliance between Air France and Alitalia. 欧州委員会はエールフランスとアリタリアの提携に承認を与えた / The two companies entered into an alliance to jointly develop software. 両社は共同でソフトウェアを開発するための業務提携契約を結んだ

Allianz Group アリアンツ・グループ [⇨ 世界的規模のドイツの総合金融サービス会社. 創業1890年. 財産保険, 損害保険, 生命保険, 医療保険および銀行業務など幅広く展開]

Allied Signal アライド・シグナル [⇨ 米国の航空宇宙産業会社. 1998年合併により Honeywell International の一部となった]

Allied Stores アライド・ストアーズ [⇨ 米国の百貨店会社. 1990年破産法の適用を受け現在は Macy, Bloomingdales などをかかえる Federated Department Stores Inc の一部]

all-in a ひっくるめた [⇨ 俗に言う「コミコミで」に相当する言い方. 後出の all-inclusive のほうが一般的] ▶ It will cost you about 100,000 yen, all-in. それはすべて込みで10万円ほどになります

all-inclusive a すべてを含む, 包括的な ▶ an all-inclusive tour 経費一切込みの旅行

all-inclusive basis 包括主義 [⇨ 損益計算書に企業の経常的な活動による損益だけでなく, 非経常的な特別損益を含んだすべての収益および費用を計上する考え方. ただし, 資本取引や配当金は入らない]

all-inclusive concept 包括主義 ⇨ all-inclusive basis

all-inclusive income 包括利益 [⇨ 一会計期間におけるすべての収益からすべての費用を差引いて計算された利益]

all-inclusive income statement 包括主義損益計算書 (=all inclusive type of income statement) [⇨ 一会計期間におけるすべての収益と費用を記載した損益計算書]

all-inclusive method 包括主義 [⇨ 一会計期間におけるすべての収益および費用を記載して損益計算書を作成する方法]

all-in price 諸経費込み価格

all lines insurance (生命保険と損害保険の全種目についての) 総合保険, オール・ライン(ズ)保険

all-loss a =all-risk(s)

allocate

/ǽləkèit/ vt 割り当てる; 配分する [の]; (資産・資金の) 配分を行う ▶ A small portion of the mutual fund is allocated to foreign bond investment. そのミューチュアルファンドの小さな部分は外国債券投資に割り当てられている / The company will allocate more capital to its advertising division. 同社は広告部門への資金の配分を増やす予定だ

allocated cost 配賦原価, 配分原価 (=distributed cost) [⇨ 原価対象に対して直課しえず, なんらかの配賦基準に基づいて配賦された原価]

allocation /æ̀ləkéiʃən/ n 割り当て(額); 配分(量), 配賦 ▶ proportional allocation 比例配分 / fund allocation 資金配分 / cost allocation コスト配分 / the allocation of expenditures 経費の割り当て, 費用の配分 / an allocation of shares 株の割り当て / resource allocation 資源配分 / allow an efficient allocation of resources 資源の効率的配分を可能にする / reduce budget allocations for advertising expenditures 広告支出への予算配分を削減する

allocation base 配賦基準 [⇨ 製造間接費を配賦するための基準]

allocation cost 配分原価, 配賦費

allocation method 配分法 [⇨ 不動産取引で土地・建物一体としての総評価額から更地価格を割り出す方法]

allocation of assets 資産配分 ⇨ asset allocation

allocation of burden 製造間接費の配賦 (=allocation of overhead)

allocation of cost 原価配分, 費用配分 [⇨ 費用配分は支出額を当期と次期以降の期間に配分すること, 原価配分は適切な基準に基づいて製品別に配分すること]

allocation of income tax 所得税の期間配分

allocation of overhead 製造間接費の配賦 (=allocation of burden)

allocation of revenue 収益配分

allocation of service department costs 補助部門費の配賦 [⇨ 製造部門に対して補助的活動を行う補助部門の費用を, 適正な配賦基準に従い製造部門に配賦すること]

allocation to reserve 準備金への繰入額

allocation variance 配賦差異［◯予定配賦率により配賦された配賦額（予定配賦額）と実際発生額（実際発生原価）との差額］

allonge /əlάndʒ/ （余白がなくなった手形に裏書を続けるために結合する）付箋(ふせん), 補箋

All Ordinaries （オーストラリアの）全普通株指数［◯正式名称はAll Ordinaries Share Price Index］

all or none オール・オア・ナン注文 (AON)［◯株式の売買で, 発注数量全体が約定できない場合には売買を成立させないという内容の指図を伴う注文］

all-or-nothing *a* すべてかゼロかという

allot /əlάt/ *vt* 割り当てる, 分配する (*to*); 充当する；（株式を）割り当てる［◯新規発行株式の引受を申し出ている者に対して実際に配分すること］ ► He allotted two days to [for] the work. [=He allotted the work two days.] その仕事に2日を充てた

allotment *n* 割当て, 分配；割当額；（引受幹事団における）証券の割当

allotment letter 株式割当通知書[状]［◯新株発行の際に, 発行会社が申込人に対して株式の割当てを通知する文書］

allottee /əlɑtíː/ *n* 割当てを受ける人；株式引受人

allow /əláu/ *vt* 許す；（…する）ままにしておく (*to do*)；与える；認める；見越しておく, 差し引く ► We can allow 5% for cash payment. 現金なら5分引きします / OPEC leaders have decided to raise production, thereby allowing oil prices to ease. 石油輸出国機構（OPEC）の指導者は生産量の増加を決定し, その結果として石油価格の下落を容認した 🔤 Transshipment and partial shipment shall not be allowed. 船積における積替えおよび分割積みを禁ずるものとする ― *vi* 許す, の余地がある (*of*); 考慮する (*for*)

allowable cost 許容費用

allowable daily intake 一日許容摂取量 (ADI)［◯人が一生涯にわたって毎日摂取し続けても, 健康に影響をおよぼさないと判断される量］

allowance /əláuəns/ *n* （注意）日本語の借用語としては「アローワンス」がふつうだが, 英語の発音に従えば「アラウアンス」となる）

❶ 許可；許容量, 規定量

❷ (1) 手当［◯基本給以外に支給される付加的部分を指す］；報酬 ► an entertainment allowance 接待費 / a family allowance 家族手当, 扶養手当 / a job-seeker's allowance 失業手当, 失業給付 / a subsistence allowance 日当 / live on one's retiring allowances 退職金で生活する (2) 控除額；値引；割引 ► make an allowance of 5% for cash payment 現金払いなら5パーセント割り引く (3) 割増額

❸ （貸倒）引当金［◯退職給与など将来予想される特定の支出または, 売掛金や貸金の回収不能といった損失に備え積立ておくための勘定］；引当額 ► bad debt allowance 貸倒引当金 / set aside allowance against bad debts 不良債権に対して引当金を計上する

❹ アローワンス, 助成金［◯メーカーが一定の対価・助成金を支払って流通業者に特定の活動を行わせること］

❺ 数量過不足容認条件［◯穀物などのバラ積み貨物だと必ずしも契約した数量どおり行かないということで許容される誤差のこと］

allowance account 評価性引当金［◯特定資産に対する控除的性格を持つ引当金］

allowance audit 引当金監査

allowance for bad debts 貸倒引当金［◯売掛金や受取手形などの保有債権についての回収不能見積額］ ► be written off against the allowance for bad debts 貸倒引当金を使って償却される / add to the allowance for bad debts 貸倒引当金に繰り入れる / charge a writeoff to the allowance for bad debts 貸倒引当金を取り崩す

allowance for dependents 扶養控除

allowance for depreciation =accrued depreciation

allowance for discounts available 売上割引引当金

allowance for doubtful accounts 貸倒引当金 (=allowance for bad debts)

allowance for doubtful receivables 貸倒引当金 (=allowance for bad debts)

allowance for funds used during construction 建設中利子 (AFUDC)［◯施設建設用に調達した資金の利息で, 損金として処理せず, 固定資産として計上(capitalize)される］

allowance for overvaluation of inventories 棚卸資産評価引当金［◯棚卸資産の低価や損傷などにより生じた価値の減少を反映するために設定される引当金］

allowance for repairs 修繕引当金［◯定期的に行われる修繕のうち, 当期に属する費用を計上するために設定される引当金］

allowance for retirement and severance 退職給与引当金

allowance for returns 返品調整引当金

allowance for sales discount 売上割引引当金［◯現金割引を供与する可能性がある売上に対して設定する引当金］

allowance for sales rebate 売上割戻引当金［◯当期の売上に関連して発生しうる将来の売上割戻額として推計されるもの］

allowance for spouse 配偶者控除

allowance for uncollectible [uncollectable] accounts 貸倒引当金 (=allowance for bad debts)

allowance method 引当金方式

allowance of claim 債権の認容

allowed depreciation 償却範囲額

all-purpose *a* 多目的の, 万能の ► an all-purpose checking account 万能的な小切手口座

all-risk(s) *a* すべての危険担保の, オール・リス

クス担保の (AR) [⊃保険の条件のひとつ. 損害の原因を問うことなく, 保険目的物について生じた損害をカバーするという保険条件を言う] ▶ all-risks insurance オールリスク保険

all-share acquisition 全額株式交換買収 [⊃現金などの支払を伴わず相手の株式を自社株と引き換えに取得する方式]

all-share deal 全額株式交換買収 ⇨all-share acquisition ▶ The bank decided to buy out the securities company for $22 billion in an all-share deal. 銀行はその証券会社を220億ドルに相当する全額株式取引で買収することに決めた

Allstate 《The ~ Corp》オールステート[⊃米国の保険会社. 1931年設立. 95年にSears, Roebuck & Co.から分離した]

all-stock transaction 《企業買収の》全額株式方式取引[⊃企業買収の代金支払には all-cash (全額現金) と cash and stock (現金株式併用) もある] ▶ The software giant acquired the online search engine in an all-stock transaction valued at $1.8 billion. 巨大ソフトウエア会社はそのオンライン検索エンジンを18億ドルに相当する全額株式取引で取得した

all-time *a* 過去最高[最低]の ▶ Crude oil prices have reached an all-time high. 原油の価格は史上最高の水準に達している / The New York stock prices reached an all-time high in Feb., 2007. ニューヨークの株価は2007年2月に史上最高値をつけた

allure /əlúər/ *vt* 誘い込む《into, to》; 魅惑する
— *n* 魅力 ▶ One allure for American companies to relocate their manufacturing facilities to developing countries is the abundance of cheap labor. 米国企業が製造拠点を発展途上国に移転する一つの魅力は安価な労働力が豊富にあることだ

allusion /əlúːʒən/ *n* さりげない言及, ほのめかし《to》; 引喩 ▶ In his speech, he made an allusion to the company's unsuccessful takeover attempt. 彼は演説のなかで同社の不成功に終わった買収の企てにさりげなく言及した
◇**allusive** *a*
◇**allusively** *ad*

Allways 《商標》オールウェイズ[⊃米国の生理用パッド. いろいろな形やサイズがあり, 女性の生理時のニーズをカバーする製品]

ally *v* /əlái/ 同盟させる[する]《with, against》
be allied to [with] と同盟している; 同類[同族]である
— *n* /ǽlai/ 同盟国[者], 協力者; 同類 ▶ The newly named CEO is a close ally of many members on the board. 新たに指名されたCEOは取締役会のメンバーの多くと緊密な同盟関係にある

all-you-can-eat *a* 《食堂などが》一定料金で食べ放題の

ALM asset-liability management

almost /ɔ́ːlmoust/ *ad* ほとんど
▶ The unemployment rate climbed up to almost 9%. 失業率は上昇してほとんど9%に達した / **Almost** all of the profit growth of Japanese electronics makers comprised of overseas earnings. 日本の電子機器メーカーの利益の伸びは, そのほとんどが海外からの利益から成る

Aloe Gator 《商標》アロエ・ゲーター[⊃米国の日焼け止め製品のブランド]

alone /əlóun/ *a*, *ad* ひとりで, 孤立して; ただ…だけで ▶ International routes alone account for 70% of the airline's business. 国際路線だけで, その航空会社の事業の70%を占めている
all alone ひとりぼっちで, 独力で
go it alone ひとり[独力]でやる ▶ After 10 years with the law firm, he finally decided to go it alone and open up his own practice. 法律事務所で10年間働いた後, 彼はようやく独立する決心をして, 自分自身の事務所を開いた
leave [let] ... alone をほうっておく
let alone ... は言うまでもなく; まして(…ない)
stand alone 匹敵するものがない; 独立している
You are not alone. 私も同感です

along /əlɔ́ːŋ/ *prep* …に沿って, …伝いに
《成句》*along here [there]* こちら[あちら]の方向に
— *ad* 先へ; 身につけて; 伴って
▶ China, **along** with the rest of the world, has lowered its GDP growth projection, as a result of the financial crisis. 中国は, 世界中の諸国と同じように, 金融危機の結果としてGDP成長率の予測値を引き下げた
《成句》*all along* ずっと, 初めから *(all) along of* 《略式》のために *along with* と一緒に *be along* 行く, 出かける *right along* 《略式》ずっと; 続けて

alongside *ad*, *prep* 《…の》横に; 接舷して

alot /əlát/ *ad* 《略式》たくさん, とても (=a lot) [⊃muchに相当. a lotと書くのが正しい]

aloud /əláud/ *ad* 声を出して; 大声で ▶ I'm going to read aloud some of the customer comments we received in the suggestion box. 投書箱で受け取ったお客様の意見を, これから読み上げます

alpha /ǽlfə/ *n* アルファ値[⊃ポートフォリオのリターンが市場平均を上回った場合, そうした結果に個別の銘柄選定がどの程度貢献したかを示す指標]
— *a* 最初の, 1番の

Alpo 《商標》アルポ[⊃米国のドッグフードのブランド. 健康な骨や歯を作り, 良い毛並みを保つために必要な栄養物が含まれている]

ALR American Law Reports Annotated

already /ɔːlrédi/ *ad* すでに, もう; 《米略式》《いらだちを表して》今すぐ
▶ He has **already** turned in his resignation. 彼はすでに辞表を提出している / The market has been **already** saturated with similar products. 市場はすでに同じような製品で飽和状態だ

also /ɔ́ːlsou/ *ad* さらに, …もまた
▶ As part of its restructuring, the company will **also** need to cut its workforce by 15%. リストラの一環として, 同社は従業員を15%削減することも必要だろう / Department stores have **also** lowered prices on many brand name products. 百貨店は

多くの有名ブランド製品についても価格を下げている

also-ran n 無名の企業; 等外馬; 失敗者

alter /ɔ́ːltər/ v 変える; 変わる ► The delay in the arrival of the parts altered our production schedule. 部品入荷の遅れは当社の生産スケジュールの変更を招いた
◇**alterable** a 変えられる

altered check 変造小切手 [⮕ 正規の小切手の受取人名を変えたり, 金額を改ざんしたりしたもの]

alternate v /ɔ́ːltərnèit/ 交互に起こる[やる], 交替する《with》
— a /ɔ́ːltərnət | ɔːltǽ-/ 交互の; 相互の; 代わりの
on alternate days 1日おきに
◇**alternately** /ɔ́ːltərnətli | ɔːltǽn-/ ad 交互に

alternate director 代理取締役 [⮕ 本人の都合の悪いとき, 代わりに取締役会に出席し, 権限を行使できる. わが国にこの制度はない]

alternation /ɔ̀ːltərnéiʃən/ n 交互

alternative /ɔːltǽːrnətiv/ n 二者択一; (二者の) 一方, 他の方策, 代案《to》► have no alternative but to do …するよりしかない / The company has no other alternative except to sell off its real estate investments to pay for its debts. 同社にとっては債務を返済するために不動産投資を売り払う以外の選択肢はなかった
— a 二者択一の; 代わりの; 既存のものに代わる; 非体制の; 代替(的方法)の ► **alternative media** 代替メディア / an alternative outlet 代替作品(表現)

alternative asset オルタナティブ資産, 代替資産 [⮕ 基本的な投資対象である株式や債券と相関性の低い投資資産. 不動産, 商品, デリバティブ, ヘッジファンドなどを言う] ► Instead of putting all of your money in stocks, investing in alternative assets is one way to spread your risks. 株に全資金を投資する代わりに, 複数の代替資産に投資することはリスクを分散する一つの方法だ

alternative brand 対抗ブランド, (同じ商品の) 別ブランド

alternative cost 代替原価 [⮕ 別のシナリオの下で生じていたであろう原価]

alternative currency 代替通貨 [⮕ 契約上予定されている通貨と異なる通貨]

alternative director 代理取締役

alternative dispute resolution 代替的紛争解決手段 (ADR) [⮕ 時間と経費のかかる訴訟(litigation)に代わる選択肢としての紛争解決手段. 代表的なものとして調停(mediation), 仲裁(arbitration), 和解(conciliation)がある]

alternative energy 代替エネルギー [⮕ 太陽, 風力, 原子力などのエネルギー]

alternative fluorocarbon 代替フロン [⮕ フロンの代替物質. 塩素の代わりにフッ素が使用されているのでオゾン層の破壊を抑止する]

alternative fuel (石油に代わる)代替燃料 ► The country is investing in the development of alternative fuel, such as biofuel and solar energy. 同国はバイオ燃料や太陽エネルギーのような代替燃料の開発に投資している

alternative investment オルタナティブ投資, 代替投資 [⮕ 基本的な投資対象である株式や債券と相関性の低い資産への投資. 具体的には不動産, 商品, デリバティブ, ヘッジファンドなどへの投資を言う] ► put 20 to 30% of their portfolios in alternative investments ポートフォリオの2割から3割をオルタナティブ投資に充てる

Alternative Investment Market 《英》(小規模会社のための)代替的投資市場; 証券二部市場 (AIM)

alternative minimum tax 代替ミニマム税, 代替最低限税 (AMT)

> [解説] 米国の連邦所得税の申告で, 各種の節税手段を使って所得税の支払いを回避する企業や高所得の個人に少なくとも最低限の税を払わせることを目的として導入された制度. 通常の所得税体系で算出した税額と AMT の体系で算出した税額を比較して金額の大きい方が所得税となる

alternative pleading 選択的訴答 [⮕ 相手の行為につき「故意行為だ」という主張をする一方, 予備的に(本来向に)別の主張, たとえば「過失行為だ」という主張をすること]

alternative proposal 代案

alternative technology 代替技術

alternative trading system 代替的取引システム (ATS) [⮕ 株式や債券の売買注文をコンピュータ・システム上で付け合わせる, いわばバーチャルな証券取引所. 通常の証券取引所とは異なり, 証券会社以外の機関投資家なども直接取引に参加することができる. proprietary trading system(私設電子取引システム)とも言う]

alternative use 代替用途

alternative use value 代替用途価値 [⮕ 最有効使用を前提とした価値. 現在利用されている用途を前提とした現行用途価値と対比する価値]

alternative verdict 代替的評決 [⮕ 訴追された重い罪ではなく軽い罪で有罪と評決すること]

alternative way 代替的方法

although, 《米略式》**altho** /ɔːlðóu/ conj = though (✚ 話し言葉ではthoughが普通)

altogether /ɔ̀ːltəɡéðər/ ad まったく; 全体で, 全体的に見て; 概して; 合計して ► He owes the bank altogether over $1 million. 彼はその銀行に総額で百万ドルを超える債務を負っている / He did not altogether agree with the board's decision to close the Shanghai representative office. 彼は上海駐在員事務所を閉鎖するという取締役会の決定に全面的に同意しなかった
— n 全体

Altoids 《商標》アルトイズ [⮕ ミントの味が強い, 小さな米国の飴. 赤と白の金属製の容器に入って売られている]

Altria Group 《~, Inc.》アルトリア・グループ [⮕ 米国の煙草・食品会社グループ. 創設2003年. 傘下に Kraft Foods, Philip Morris, SAB Miller plc など. 07年1月 Kraft Foods 社は分離独立し, 別会

社となった]

aluminium /ˌæljumíniəm/ n 《英・カナダ》=aluminum

aluminum /əlúːmənəm/ n アルミニウム ► The camera's body is made of aluminum alloy. そのカメラの本体はアルミ合金で作られている

Aluminum Corporation of China (~ Ltd.) アルミナム・コーポレーション・オブ・チャイナ, 中国アルミ [⇨ 中国のアルミ生産会社. ボーキサイトから, アルミ, アルミニウムの一貫生産を手がける]

always /ɔ́ːlweiz, -wiːz/ ad いつも, 常に, 始終 ► He **always** submits his monthly sales reports on time. 彼はいつでも期限に遅れずに月次販売報告書を提出する
[成句] almost [nearly] always たいてい as [like] always いつものように, 例によって not always 必ずしも[いつも]…とは限らない

always-on a 《インターネットへ》常時接続の

a.m., am, AM 《ラテン語》ante meridiem 午前
[語法] 数字の後に置く: at 6 a.m. 午前6時に (✚日本式のa.m. 6は誤り) / Business hours: 10 a.m.–5 p.m. 営業時間: 午前10時〜午後5時. また, in the a.m.はごく略式の言い方で, 正しくはin the morningと言う

amalgamate /əmǽlgəmeit/ v 合併する 《with》 ► The two subsidiaries were amalgamated into one company. その2つの子会社は合併して1つの会社になった

amalgamation /əmælgəméiʃən/ n 結合[融合](体); (複数の企業の)合併, 合同

amalgamation surplus 合併差益, 合併剰余金 [⇨ 合併時に生じる帳簿上の利益. 合併され, 消滅する会社の資本が100あるときに, 存続会社が承継する資本金が20ならば, 80の合併差益が生じる. merger surplusとも言う]

amass /əmǽs/ v 集める, 集まる; 蓄積する ► He amassed his fortunes in real estate investments. 彼は不動産投資で富を蓄積した
◇**amassment** n 蓄積

amaze /əméiz/ vt びっくりさせる ► At the age of 55, he continues to amaze his peers with his innovative approaches to marketing. 55歳という年齢で, 彼はマーケティングへの革新的な取り組みで同僚を感心させている
be amazed at [by, that] …に驚く, 驚嘆する
◇**amazedly** /-id-/ ad
◇**amazing** a 驚くべき
◇**amazingly** ad 驚くほど; 驚くべきことに ► **Amazingly**, the company rose from bankruptcy to be one of the country's largest insurance companies. 驚いたことに, 同社は破産から立ち直って同国最大の保険会社の一つになった

Amazon.com 《商標》アマゾン(ドット・コム) [⇨ インターネットビジネスの先駆け的存在の米国のオンライン書店. 書籍の他にVHS, DVD, CD, 電化製品などを扱っている]

A.M. Best 米国の保険会社格付機関

ambiguity /ˌæmbigjúːəti/ n あいまい性; あいまい表現; 両義性; 多義性 ► The contract should have no ambiguities. 契約には曖昧なところがあってはならない

ambiguous /æmbígjuəs/ a あいまいな
◇**ambiguously** ad

ambition /æmbíʃən/ n 野心; 大望 《to do》; 活動欲 ► The company has ambitions to expand its operations in Southeast Asia. 同社は東南アジアで事業を拡張したいという野心をもっている

ambitious /æmbíʃəs/ a 野心的な; 意欲的な; 非常に強気の 《for, of》 ► The company has ambitious plans to develop the world's largest passenger plane. 同社は世界最大の旅客機を開発したいという野心的な計画をもっている

ambivalence /æmbívələns/ n 反対感情の併存, 二面性; (態度・表現などの)あいまいさ; 両義性
◇**ambivalent** a (相反する)感情の入り交じった 《toward, about》
◇**ambivalently** ad

AMC ⇨ American Motors

amend /əménd/ vt 修正する; 改正する; 補正する ► We need to amend the existing agreement to reflect the price increase. 値上げを反映させるために既存契約を修正する必要がある 📄 This Agreement may only be amended or modified by agreement in writing by both Parties. 本契約は「両当事者」の書面による合意によってのみ修正または変更することができる

amended budget 修正予算 (=revised budget) [⇨ 予算編成の基礎的条件の変更, 市場における事情変更が生じた場合に組まれる予算]

amended tax return 修正税務申告

amendment n ❶ 訂正, 修正; 修正案; 修正; 改正; 修正条項 ❷ 《知財》補正 ⇨ amendment of patent claim

amendment agreement 修正契約 (÷ Amendment Agreement to the Memorandum of Understanding(覚書に対する修正契約)という具合に, 前置詞toと一緒に使う) ► The amendment agreement will not come into force until next month. 修正契約は来月にならないと効力を発しない

amendment of patent claim 特許請求の範囲の補正 [⇨ 特許査定を得るために特許の請求項(クレーム)を変更すること]

amenity /əménəti, -míː-/ n 快適さ, 心地よさ; 環境の快適性; (-ties) 快適な施設 ► Room amenities includes 24-hour room service, complimentary local calls, and high speed Internet access. 客室設備として, 24時間ルームサービス, 無料市内電話, 高速インターネット接続が含まれています / Rural areas throughout the European countries are home to a rich variety of amenities. ヨーロッパ諸国の田園地帯は, 多様なアメニティの宝庫である

American Airlines アメリカン航空 (AA) [⇨ 米国の代表的な航空会社. AMRコーポレーションの

子会社で,南北アメリカ,西ヨーロッパ,日本などへ航路を持つ.1930年にAmerican Airwaysとして設立.1934年にコード・ホールディングス社に買収され,現在の社名になった] ⇨ AMR

American Automobile Association アメリカ自動車協会 (AAA, Triple A) [○米国の自動車サービスの団体.会員に保険,緊急修理サービス等を提供.ホテルや修理工場が会員向けのディスカウント料金を設けている場合も多い]

American Bankers Association アメリカ銀行協会 (ABA)

American Bar Association アメリカ法曹協会 (ABA)

American Bureau of Shipping アメリカ船級協会 (ABS)

American Convention on Human Rights 《the ~》米州人権条約

American Depositary [Depository] Receipt 米国預託証書,アメリカ預託証券 (ADR)

解説 米国外企業が,自社の株式を米国内の銀行に信託し,その受益権証書を証券取引所に上場して流通させる.現株式の直接上場に比べて決済や株主管理が容易になるというメリットがある

American Depositary [Depository] Share 米国預託株式 (ADS)

解説 米国預託証書の契約に基づいて取引される株式.ADSとADRは混用されているが,厳密には,ADSは実際に証券取引所で取引される株式,ADRは複数のADSに対応する証書である. ⇨ American Depositary Receipt

American Digest System 『アメリカン・ダイジェスト・システム』; アメリカ判例要旨集

American Express 《~ Co.》アメリカン・エキスプレス (Amex, AmEx) [○米国のトラベル・金融サービス会社.アメリカン・エキスプレス・カードを発行.1850年設立]

American Federation of Labor 米国労働総同盟 (AFL)

American Federation of Labor and Congress of Industrial Organizations アメリカ労働総同盟産別会議 (AFL-CIO)

American Institute of Architects 米国建築家協会 (AIA)

American Institute of Certified Planners 米国認定都市計画家協会 (AICP)

American Institute of Certified Public Accountants アメリカ公認会計士協会 (AICPA)

American Institute of Planners 米国都市計画家協会 (AIP)

American Intellectual Property Law Association ⇨ AIPLA

American International Group 《~, Inc.》アメリカン・インターナショナル・グループ (AIG) [○米国の保険会社グループの持株会社.設立1967年. American Home Assurance Co., New Hampshire Insurance Co. などが子会社.日本をはじめとする海外の主に損害保険はグループのAIUが展開.2008年9月世界金融恐慌の中で破綻,米政府より9兆円の緊急融資を受け,政府管理下に入る]

American Law Institute アメリカ法律協会 (ALI)

American Law Reports Annotated アメリカ注釈付判例集 (ALR) [○連邦最高裁以外の連邦・州の上級審の代表的判例を註釈付きで載せる判例集]

American Marketing Association 《the ~》アメリカ・マーケティング協会 (AMA)

American Motors 《~ Corp.》アメリカンモータース (AMC) [○米国の自動車メーカー.1916年設立.四輪駆動車Jeep(商標名)を製造.78年フランスRenault社に買収され,87年にはChlysler社に売却された]

American National Standards Institute 米国規格協会 (ANSI)

American option 《金融派生商品の一つである》アメリカン・オプション [○満期日までのどの時点でも権利行使が可能なオプション]

American Petroleum Institute 米国石油協会 (API)

American plan 米国式ホテル料金制 [○宿泊料と食費を合算]

American Planning Association 米国都市計画協会 (APA)

American Real Estate Society 米国不動産学会 (ARES)

American Society of Appraisers 米国不動産鑑定士学会 (ASA)

American Society of Consulting Planners 米国都市計画コンサルタント協会

American Society of Planning Officials 米国計画行政官協会 (ASPO)

American Society of Real Estate Counselors 米国不動産カウンセラー学会 (ASREC)

American Stock Exchange 《the ~》アメリカ証券取引所 (AMEX)

American Stores アメリカンストアーズ [○米国のスーパーマーケット経営会社.Albertson'sに1992年買収された]

American Trial Lawyers Association アメリカ法廷弁護士協会 (ATLA)

America Online アメリカ・オンライン (AOL) [○米国のインターネットサービス(ISP)会社.Time Warner Inc.の一部門]

AmerisourceBergen 《~ Corp.》アメリソースバーゲン [○米国の医薬品卸会社.2001年Amerisource Health Corp. と Bergen Brunswig Corp. の合併で設立]

Amex, AmEx American Express

AMEX American Stock Exchange アメリカ証券取引所

amicable /ǽmikəbl/ *a* 友好[平和]的な ► an amicable settlement 和解
◇**amicability** *n*

◇**amicably** *ad*
amicus /əmáikəs, əmí:-/ *a* 《略式》法廷助言者の

amicus brief 《米》法廷助言者(amicus curiae)による意見書

amicus curiae /əmáikəs kjúəriì:, -riài, əmí:-/ (**amici curiae** /əmáikai-, əmí:ki-/) 法廷助言者 [⇨係争中の事件について裁判所に意見書を提出する第三者. friend of the court とも言う. 法専資格は問わない]

amicus curiae brief 裁判所の友[法廷助言者]による意見書 [⇨係争中の事件について第三者が裁判所に提出する意見書. friend of the court brief とも言う] ▶ file an amicus curiae brief with the US Supreme Court in support of affirmative action policies 積極的差別是正措置を支持する法廷助言者意見書を連邦最高裁判所に提出する [<近代ラ]

amid /əmíd/ *prep* …の(真ん)中に；…の最中に (=in the middle of)
▶ Consumers are watching their spending **amid** fears of a recession. 消費者は景気後退の恐怖のなかで支出に注意を払っている

amidst /əmítst/ *prep* =amid

among /əmʌ́ŋ/ *prep* …の間に[で], の中に
▶ **Among** the developed countries, the US has the highest rate of credit card debts. 先進国のなかで, 米国はクレジットカード債務の割合がもっとも高い / We've shortlisted ten people for interviews **among** those who've applied for the position. 求職応募者のなかから10名に絞り込んだ面接用リストを作成した

(成句) *among others* [*other things*] ほかにも数ある中で *among ourselves* 内密に, 内輪で *from among* の中から

amortizable *adj* 償却可能な [⇨無形資産の取得コストを数年にわたって費用として処理していくこと, つまり償却ができるということを指す]

amortization, 《英》**-sation** /æmərtəzéiʃən | əmɔ̀:taiz-/ *n* ❶償却

> **解説** 営業権や特許権など無形資産の原価を一定期間にわたって規則的に減額すること. 工場や機械など有形固定資産の減価償却には depreciation, 石油や石炭など天然資産の減耗償却には depletion を使う

▶ accelerated amortization 加速償却 /Intangible assets may also be subject to amortization. 無形資産は償却を必要とする場合もある

❷【金融】償還, 部分償還, 債務返済, 定時償還(金) [⇨借入金など債務の元本を定期的に返済していくこと] ▶ the amortization rate 償還率 / the amortization period 元利償還期間 / a 20-year monthly amortization schedule for the mortgage loan 住宅ローンの20年間の月次返済スケジュール

❸【証券】アモチゼーション [⇨公社債の取得価額が額面を超えている場合に, その超過額分を償還日までの各期間ごとに損金計上し, 帳簿価額を減額していき, 満期時に償還額と一致するように図る会計処理方法]

amortization fund 減債基金 [⇨満期時に無理なく償還できるよう, 債券の発行会社が資金を積み立てていくもの. 基金は流通している債券を買入れての償却や償還原資に充てられる]

amortization method なし崩し償却法, 年賦償還法

amortization of bond discount 社債発行差金償却

amortization of bond issue cost 社債発行費償却

amortization of discount on debentures =amortization of bond discount

amortization of goodwill 営業権償却

amortization payment 年賦金

amortization table 年賦償還表, 償却表

amortize, 《英》**-tise** /ǽmərtàiz | əmɔ́:-/ *vt* ❶(営業権や特許権など無形資産を)償却する ❷(借入金など債務を)返済する, 償還する ▶ The loan is amortized over 15 years. そのローンは15年間にわたって償還される

amortized cost 償却原価 [⇨額面1000円の債券を1200円で取得した場合, 償還時(つまり満期)に200円の償還差損が出る. そこで, この200円について償却時から償還時まで帳簿上損失として処理するが, この部分を加味した原価の表示を指す]

amount /əmáunt/ *n* 量；総計；金額, 価額；元利合計；結果 ▶ The amount of monthly payment going towards interest decreases over the life of the loan. 金利支払に向けられる毎月の返済額はローンの全期間にわたって減少する / Put aside a fixed amount each month. 毎月定額を貯金[保留]しなさい

a large amount of 大量の
any amount of いくらでも, たくさんの
in amount 総計で；結局, 要するに
no amount of がいくらあっても…ない
to the amount of 合計…に達する

— *vi* 合計…になる(*to*)；結局…になる, 相当する, に等しい(*to*)

amount brought forward 繰越, 繰越高[額]

amount carried forward 繰越, 繰越高[額]

amount credited 払込総額, 入金額

amount due 支払額 [⇨期日に支払われるべきもの]

amount of annuity 年金終価 [⇨年金積立金の合計とその間の利息収入を合計した受取額]

amount outstanding 未払残

amount paid 払込金高

amount paid to subcontractors 外注加工費

amount subscribed 引受総額

AMP (~, Inc.) エーエムピー [⇨米国の電機部品メーカー. 設立1941年. 99年 Tyco International に買収され現在その一部]

ampersand /ǽmpərsænd/ *n* & [⇨and の記

ample /ǽmpl/ *a* 広い; 豊富な, 十分な
► There is ample evidence of faulty marketing decisions. 欠陥のあるマーケティング上の決定の証拠はいくらでもある

amplify /ǽmpləfài/ *v* 拡大する; 敷衍(ふえん)する
► The rise in mortgage defaults amplifies the weakness of the housing market. 住宅ローン債務不履行の増加は住宅市場の軟調を増幅する
◇**amplification** *n*

AMR (~ Corp.) エーエムアール [⊃米国の大手航空会社 American Airlines の親会社. 設立1934年]

Amsterdam Treaty (the ~) アムステルダム条約 [⊃マーストリヒト条約(Maastricht Treaty)を発展させ, 1997年10月に調印された条約. 環境問題などに関して欧州議会にEU理事会と同等の権限を与えた]

AMT alternative minimum tax

Amtrak アムトラック [⊃米国の鉄道会社. 時間に余裕があり予算が限定されている乗客旅行などに利用される. 悪天候などで短距離の飛行機が欠航した場合の代替にもなる. 全米46州22,000マイルをカバーする貨物輸送が主な鉄道会社. 正式名称は, 全米鉄道旅客輸送公社(The National Railroad Passenger Corp). Amtrackは誤綴り]

amuse /əmjúːz/ *vt* 面白がらせる, 楽しませる
amuse oneself 面白がる (*with*)
be amused at [*with*] を面白がる
◇**amusing** *a* 面白い, 楽しい
◇**amusingly** *ad*

amusement *n* 楽しみ; 娯楽
for one's own amusement 自分の楽しみに
► During working hours, please use the Internet to do your job more efficiently, not for your own amusement. 勤務時間中は, 娯楽のためでなく, 仕事の効率を上げるためにインターネットを使ってください

Anacin (商標) アナシン [⊃鎮痛・頭痛薬]

analog /ǽnəlɔ̀ːg/ *n, a* 類似物(の); アナログ(型)の (⇔digital) (✤英国では analogue の綴りを用いる) ► Digital TV will replace the current analog system over the next years. 数年の間にデジタルテレビは現行のアナログシステムに取って代わるだろう [<仏]

analogue /ǽnəlɔ̀ːg/ *n, a* 《英》= analog

analogy /ənǽlədʒi/ *n* 類似(点); 類推
► Many experts drew analogies between the global financial crisis of 2008 and the Great Depression. 専門家の多くは2008年の世界金融危機と大恐慌との類似を指摘した
on the analogy of から類推して

analyse /ǽnəlàiz/ *vt* 《英》= analyze

analysis /ənǽləsis/ *n* (-ses /-sìːz/) 解析; 分析 [⊃株価の分析では, 企業の財務データに基づく fundamental analysis と相場の動きに基づく technical analysis に大別される] ► do [carry out, conduct, make] an analysis 分析をする / undertake [perform] an analysis 分析を行う / Results of economic analysis suggest those improvement operations are a wise investment. 経済効果の分析の結果はこれらの改良事業が賢明な投資であったことを示唆している / Our preliminary analysis indicates that this trend is unlikely to reverse in the near future. とりあえずの分析結果は, このトレンドが近い将来に反転する可能性が低いことを示している
on analysis 結局
under analysis 分析中で

===分析===
breakeven analysis 損益分岐点分析 / cost-benefit analysis 費用効果分析 / credit analysis 信用分析 / economic analysis 経済分析 / factor analysis 要因分析 / financial analysis 財務分析 / market analysis 市場分析 / qualitative analysis 定性分析 / quantitative analysis 定量分析 / regression analysis 回帰分析 / risk analysis リスク分析 / technical analysis チャート分析, 罫線分析

analysis of budget variance 予算差異分析 [⊃予算と実績の差異の原因究明のための分析]

analysis of cost variance 原価差異分析 [⊃予定原価, 予算原価, 標準原価等の未来原価と実際原価との差異を比較分析し, 差異発生原因を究明し, 改善措置を行うこと]

analysis of covariance 共分散分析 (ANCOVA) [⊃実験計画法で使用される分析法の一つ(分散分析の一つ)]

analysis of financial statements 財務諸表分析 (=financial statements analysis) [⊃貸借対照表, 損益計算書ならびにキャッシュフロー計算書の分析]

analysis of variance 差異分析 [⊃予算や標準と実績とから生じた差異の測定と原因の分析]
analysis paper 分析表, 内訳表, 明細表
analysis paralysis 分析麻痺 ⇒ paralysis by analysis
analysis reports 分析報告書
analysis sheet 分析表, 内訳表, 明細表

analyst /ǽnəlist/ *n* アナリスト, 証券アナリスト (=《英》financial analyst)

解説 個々の企業や特定の業界を分析して投資についての助言を与える専門家. 経済全体の動きを分析する economist とは異なる. 証券会社に雇用される sell-side analyst と資産運用会社に雇用される buy-side analyst に大別される

===アナリスト===
Chartered Financial Analyst 《米》公認証券アナリスト / credit analyst 信用分析担当アナリスト / equity analyst 株式担当アナリスト / financial analyst 《英》証券アナリスト / industry analyst 業界アナリスト / investment analyst 投資アナリスト / lead analyst 主任アナリスト / quantitative analyst 計量分析担当アナリスト, クォンツ担当アナリスト / securities

analyst 証券アナリスト / technical analyst テクニカルアナリスト

analyst information （株価などに関する）アナリスト情報
analytical accounting 分析的会計 [⊅財務諸表を客観的な第三者の立場から分析し，その適否を検討・分析する会計]
analytical skill 分析能力
analytic approach 分析的アプローチ，分析的接近法 [⊅分析的な手法を用いて，企業の解決すべき問題の解決をめざす方法]

analyze, 《英》-lyse /ǽnəlàiz/ vt 分析

[分解，解析] する ► The sales data will help us analyze customer purchasing patterns. 売上データは顧客の購買パターンを分析するときに役に立つだろう
anchor /ǽŋkər/ n 錨(いかり); 頼みの綱; (ニュース・スポーツ番組の) 総合司会者
— v 投錨する, 停泊する[させる]; 総合司会をする
anchor one's hope on に望みをかける
◇**anchorage** /-idʒ/ n 停泊(地); 停泊税
anchor store アンカー店舗
anchor tenant 核テナント, 主要テナント, アンカーテナント [⊅ショッピングセンターなどにおける顧客集客力の優れたメインテナントのこと] ► secure an anchor tenant for the shopping center ショッピングセンターの核テナントを確保する
ancient /éinʃənt/ a ❶古代の; 古来の; 古臭い, 時代がかった ❷【法律】(証書などが) 長期間存在した [⊅もと, 記憶の及ばぬ時代から, 現在では30年, 所によっては20年を経た]
ancillary /ǽnsəlèri | ænsílə-/ a 付随的な; 付帯的な; 付加的な ► The company decided to cut ancillary workers and outsource their jobs. 同社は補助的な従業員を削減してその仕事を外部委託することにした
— n (-ies) 従属物, 付随物
ANCOVA analysis of covariance
and /ənd, ən, nd; (強) ǽnd/ conj …と…, および; そして; すると; (命令文の後で) そうすれば ⇨ampersand [⊅記号&]
► at Main **and** Post メイン通りとポスト通りの角に / Estimated losses range from $50 billion **and** up. 推定損失額は500億ドルまたはそれ以上に及ぶ
(成句) *and all (that) / and so forth [on] / and what not* …など *and that* しかも *and yet* それなのに
and/or /ǽndɔ́ːr/ conj …および, または…; 両方とも, またはいずれか一方 ► insurance covering vandalism and/or theft 損壊および/または盗難保険
anemic /əníːmik/ a 貧血の; 無気力の ► The company has not been able to turn around its anemic sales performance. 同社は販売実績の不振を立て直すことができなかった
anew /ənjúː/ ad もう一度; 改めて ► The country's political stability may lead to economic growth anew. 同国における政治の安定は新たに経済成長をもたらすかもしれない

Angang Steel 《~ Co., Ltd.》アンガン・スチール, 鞍鋼 [⊅親会社鞍山鋼鉄集団より線材, 厚板, 冷延鋼板の工場を分離して設立. 2004年鞍鋼新鋼鉄を買収]
angel /éindʒəl/ n エンジェル投資家 (=angel investor) [⊅創業間もないベンチャー企業への出資を積極的に行う個人投資家]
anger /ǽŋgər/ n, vt 怒り; 怒らせる ► The company's decision to raise its subscription fees angered many mobile phone users. 加入手数料を値上げするという同社の決定は, 多くの携帯電話ユーザーを怒らせた
feel anger at に怒りを感じる
[<angry]
angle /ǽŋgl/ n 角(度); 角(かど), すみ; 見地, 見方, 観点; 《略式》(報道の) 視点; 《略式》たくらみ
► camera angle カメラアングル / at an angle ある角度で; 傾いて, 斜めに / from all angles あらゆる角度から / discuss all angles of a proposal 提案のあらゆる面を検討する
— v (ある角度に) 曲げる, 曲がる; (報道を) ある主観[立場]に引き寄せる《to, toward》
Anglo American 《~ plc》アングロ・アメリカン [⊅英国の鉱山資源グループ. 南アフリカを中心にプラチナ, 金, ダイヤモンド, 石炭, 森林製品などを手掛ける. 創業1917年, 現社の設立は98年. ダイヤモンドはDe Beersの名前で有名]
angry /ǽŋgri/ a 立腹した, 怒った《at, with, over, that》; 荒れ模様の ► get angry 怒る / Angry union workers protested the company's proposed pay cuts. 激怒した組合労働者は同社の給与カットの提案に抗議した [<anger]
◇**angrily** ad
angst /ɑːŋkst/ n 恐怖; 不安; 苦悩 ► The loss of manufacturing jobs to developing countries has caused angst among American workers. 製造業の仕事を発展途上の企業に奪われたことは米国の労働者に懸念をもたらした [<独]
Anheuser-Busch 《~ Cos., Inc.》アンホイザー・ブッシュ [⊅米国のビール会社. 創業1852年. Budweiser はじめ多くのビールを製造. 他にテーマパークの運営など. 2008年7月 InBev NA/SA との経営統合を発表. 新会社名は Anheuser-Busch InBev となる]
animal /ǽnəməl/ n 動物, 獣; (あるタイプの) 人; 物, 事; 《略式》下品な[乱暴な] 男 ► a completely different animal まったくの別物
— a 動物の; 肉体的な ► Our company does not use animal testing as part of our product development. 当社は製品開発の一環として動物実験を使用していません
animate vt /ǽnəmèit/ 生命を与える, 生かす; 活気づける; アニメ化する
— a /-mət/ 生きている; 生気のある ► animate nature 生物界
animated /ǽnəmèitid/ a 生き生きした; 活発な; 生きた ► The market is animated. 市場は活況を呈している
annex vt /ənéks/ 付け加える《to》; 併合する《略

式)着服する ► The company annexed two small independent stores to its national chain. 同社は2つの小さな独立経営店を全国チェーンに合併した
— *n* /ǽneks/ 付加物; 付属書; 別館

anniversary /æ̀nəvə́ːrsəri/ *n, a* ❶ 創業[創立]…周年(の) ❷ 応当日 [⇨期日から起算して所定の期間が経過するごとに, つまり周期的に, 到来する期日を指す]
— *v* 対前年比業績変化率に反映させる ► Many retailers anniversaried strong sales performance from last year, which negatively affected sales growth in the period. 多くの小売業者において昨年の高めの売上高成長率が対前年比業績変化率に反映されており, 今期の売上高成長率が割を食っている

anniversary date 応当日 ► The first due date for payment of the annual fee by a newly registered company would be the first anniversary date of registration. 新たに登記された会社による年次登録維持費の初回の支払期日は登記日後最初に到来する応当日である

announce /ənáuns/ *vt* 発表する《that》; 知らせる ► The company was to announce its second-quarter results on July 19. 同社は第2四半期の結果を7月19日に公表することになっていた

announced price 希望販売価格, 参考価格 [⇨製造業者などが流通業者に参考として提示する標準販売価格] (⇔street price, transaction price)

announcement *n* 発表, 告知; (放送の)予告 ► After the CEO's announcement of resignation, the company's share price dropped. CEOの辞任が発表された後, 同社の株価は下落した

announcement advertising 告知広告 [⇨催事の案内といった「お知らせ」的広告を言う]

announcement effect ❶ アナウンスメント効果 [⇨マスメディアによる情勢分析や支持動向に関する世論調査報道が, 有権者の投票行動に及ぼす影響の総称]
❷ 【財政】(~s) アナウンスメント効果 [⇨政府や日本銀行が政策を発表したこと自体が市場に影響を与えるような効果]

annoy /ənɔ́i/ *vt* 悩ます; いらつかせる, 怒らせる ► It really annoys me when people show up late for meetings. だれかが会議に遅れてくると, 本当にイライラする

annoyance *n* いらだたしさ, 困惑 ► to the annoyance of... / to one's annoyance (…が)いらだったことに, 困惑したことに

annoyed /ənɔ́id/ *a* 困って, 悩んで; いらいらした ► be [get] annoyed with [at, about] にいらいらする

annoying *a* 悩ます, うるさい《to》

Ann Taylor 《商標》アンテイラー [⇨米国の衣料ブランド. 女性向けのカジュアル, ビジネス, セミフォーマルを手頃な値段で提供するブランド]

annual /ǽnjuəl/ *a* ❶ 1年の; 年1度の; 例年の (語法) 一般語ではyearlyと言う.「1年につき」の意味ではannually / per annum / per year / a yearを用いる. 後のものほどくだけている)
❷ 年の, 1年分の; 年次の, 年々の, 毎年の; 年度の ► charge an annual interest rate of eight percent on the loan amount 融資額につき8パーセントの年利を徴収する

annual accounting 年次決算

annual accounts 年次計算書類, 年次財務諸表

annual actuarial valuation report 年金数理専門家による年次評価 [⇨actuarialはactuary(年金数理専門家)の派生語]

annual allowance 歳費, 年手当

annual audit 年度監査, 年次監査, 期末監査 [⇨会計年度末に行う定期的監査]

annual balance sheet 年次貸借対照表 [⇨期末の貸借対照表]

annual bonus 年間賞与

annual budget 年度予算, 年次予算 [⇨会計年度を期間とする予算]

annual compounding 1年複利利回り

annual consumption 年間消費額

annual debt service 年間借入金返済額 (ADS)

annual depreciation 年間減価償却費

annual earnings 年利益

annual effective tax rate 年度の実効税率

annual expenditure 年間支出額

annual financial statements 年次財務諸表

annual general meeting 《英》年次株主総会, 定例株主総会 (AGM) [⇨会社法の規定により毎年行われる定例株主総会]

annual income 年収, 年間所得 ► a household with an annual income of $20,000 年収2万ドルの家庭 / If a married couple earns an annual income of 6.2 million yen or more, they have to pay 30 percent of their total medical costs. 夫婦で年間620万円以上の年間所得があると, 医療費総額の3割を負担しなければならない

annual interest 年利

annual inventory 年次棚卸 [⇨期末決算の際に行う実地棚卸]

annualize, 《英》-lise /ǽnjuəlaiz/ *v* 年額[年率]に換算する ► annualize one's income 収入を年額に直す

annualized *adj* 年率換算の [⇨ある四半期の変化率として発表された数字について, それが仮に1年間同じペースで続いたらどうなるかを示したもの] ► an annualized inflation rate of 12% 年率換算12%のインフレ率 / increase an annualized 5.0% 年率換算で5.0%の伸びとなる / Consumer spending fell an annualized 3.3%. 個人消費は年率換算で3.3%の減少となった / The annualized returns on the fund for the last five years was 15%. そのファンドの過去5年間の収益率は年率換算で15%だった

annualized decline 年率換算での減少 ► GDP fell 0.8 percent quarter-on-quarter, an annualized decline of 3.3 percent. GDPは前期に比べ0.8%減少し, 年率換算では3.3%減となった

annualized increase 年率換算での増加

annualized overhead rate 年間製造間接費配賦率

annualized rate 年率換算率 ► Housing investment plunged by an annualized rate of 4%. 住宅投資は年率換算で4%と大幅減となった / Corporate capital investment posted a second straight dismal performance, falling 20% at an annualized rate. 設備投資は2期連続の大幅減となり, 年率換算で20%の減少となった

annual leave (with pay) 年次有給休暇, 有休, 年休 ► carry over five days of annual leave 有休を5日分繰越す / The number of days of annual leave ranges from 12 to 30. 年次有給休暇の日数は12日から30日である

annually /ǽnjuəli/ *ad* 毎年, 1年ごとに [⇨per annum / per yearとも言う] ► This mutual fund has consistently shown a return of over 12% annually in the past three years. このミューチュアルファンドは過去3年間に年率12%を超える収益率を首尾一貫して実現している

annual meeting 定時(株主)総会, 年次(株主)総会 [⇨正式には annual meeting of shareholders, または annual shareholders' meeting, 《英》annual general meeting(AGM)と言う. このほか, 合併の承認など必要に応じて開かれるものを「臨時株主総会」= 《英》extraordinary (shareholders') meeting, 《米》special (shareholders') meetingと言う] ► adjourn an annual meeting 年次総会の閉会を宣する / call an annual meeting 年次総会を招集する / convoke an annual meeting 年次総会を招集する (✚フォーマルな言い方)

annual meeting of shareholders 定時株主総会, 年次株主総会 ⇨ annual meeting

annual output 年間産出量

annual pay increase 定期昇給

annual payment 年払い

annual pay raise 定期昇給 [⇨毎年, 定期的に上がる給与]

annual percentage rate 年利率 (パーセント) (APR)

annual premium 年払い保険料; 《英》年間保険料 (=yearly premium)

annual rate 年率; 年利率 ► The country's annual rate of GDP growth was 8.2% last year. 同国のGDP年間成長率は昨年は8.2%だった

annual report 年次報告書, アニュアル・レポート [⇨決算日における財政状態ならびにその事業年度の経営成績および利益または損失の処分状況を示す報告書で, 一般に内容は, 営業報告書, 貸借対照表, 損益計算書, キャッシュフロー計算書より成る] ⇨ 10-K report ► The annual report outlines what we have achieved during the past year. 年次報告書は過去1年間に当社が達成したことを略述しています

annual return ❶ 年リターン, 年間投資収益 [⇨ポートフォリオ価値が1年でどれだけ増えた [減った]かを示すもの. 受取利息, 売買益その他の受取額を含む] ❷ 《英》登記所への年次届出書

annual revenue 年間売上高, 年商 ► The company does about $500 million in annual revenues. その会社の年商は5億ドル前後だ

annual review 年次審査; (毎年の) 勤務評定

annual salary 年俸 ► I used to have an annual salary of 10 million yen. 以前の年俸は1000万円だった / The personnel committee set the annual salary at $190,000 for 2007. 人事委員会は, 2007年の年俸を19万ドルと決めた

annual salary raise 定期昇給 [⇨イギリス式だと annual salary rise とも言う]

annual salary system 年俸制

annual sales 年売上高, 年間売上高, 売上年額 ► The company has an annual sales of about $100 million. 同社の年商はおよそ1億ドルだ

annual shareholders' meeting 定時株主総会, 年次株主総会 (=annual meeting of shareholders) ► The annual shareholders' meeting is scheduled for April 30, 2004 in San Francisco. 年次株主総会は2004年4月30日にサンフランシスコで開催の予定である / Annual shareholders' meetings may be held at such place as may be provided in the by-laws. 年次株主総会は, 付属定款が定める場所で開催することができる

annual statement 年次決算書

annual statistics 年次統計

annual stockholders' meeting = annual meeting

annual survey 年次調査

annual wage plan 年俸賃金制度

annuitant /ənjúːitənt/ *n* 年金受取人, 年金(保険)受給者, 年金生活者 (=《英》pensioner, 《米》pension recipient)

annuitize, 《英》**-tise** /ənjúːitaiz/ *v* 年金受給を開始する ► have the option to annuitize at any future point 将来のいかなる時点でも年金受給を開始する権利がある

annuity /ənjúːəti/ *n* ❶ 年金 [⇨通常, 養老保険に基づいて受け取る年金給付を指し, 公的年金や企業年金を表す pension とは区別される]; 年金(保険), 年金契約[協定]; 年賦金; 年間配当金; 年金受給権; 年金支払い義務 ❷ 《金融》アニュイティー, (一時払い)年金 [⇨毎年一定のキャッシュフローを生み出すもの] ► a perpetual annuity 永久アニュイティ [年金] / purchase a fixed [variable] annuity by making a one lump-sum payment 定額[変額]年金を一括払いで購入する

annuity contract 年金契約

annuity cost 年金費用

annuity for life 終身年金
annuity insurance 年金保険
annul /ənʌ́l/ vt (-ll-) ❶ 取り消す, (慣習など を)廃止する ❷ (訴訟手続・契約・婚姻などについ て)無効にする; 取り消す ► The court agreed with the plaintiff and annulled the contract. 裁判所は原告に同意して契約を無効とした
◇**annulment** n

annum /ǽnəm/ n 年 ► per annum 1年につき (pa) [⊃一般語では per year, 形容詞では yearly などを用いる] ► expect a 5% per annum return on the investment 投資額について年率5パーセントの収益を見込む / He earns a salary of $28,000 per annum [per year, a year, yearly]. 彼は年に俸給28,000ドルを稼ぐ[<ラ]

anomalous /ənɑ́mələs/ a 変則的な, 破格の; 異例の

anomaly /-li/ n ❶ 例外, 変則(的な人, 物) ❷ アノマリー, (市場の)変則性

> **解説** 市場で観察される規則的な事象で, 既存の市場理論では説明のできないもの. たとえば小型株のリターンが大型株のリターンより高いこと. アノマリーの存在は取引の機会を与える. ⇒inefficiency

► The strategy of hedge funds includes taking advantage of market anomalies and inefficiencies. ヘッジファンドの戦略には市場の変則性と非効率性の利用が含まれている

another /ənʌ́ðər/ a もう一つ[一人]の; 違った, 別の; もう

► Another day, **another** dollar. また1日たって1ドル稼いだ. 今日の仕事はこれで終り; やれやれ今日もまた働かなければ / I returned to the Chicago branch and worked there for **another** five years. 私はシカゴ支店に戻って, さらに5年間そこで働いた / We have **another** payment plan that may be of interest to you. あなたが興味をお持ちになるかもしれない別の返済計画もあります

— pron もう一つ[一人]のもの[人]; 別のもの[人]

► For one reason or **another**, many managers have difficulties dealing with the local staff when they are posted overseas. どういうわけか, 多くの管理職は, 海外勤務になったときに, 現地社員の扱いに苦労する

成句 *for some reason or another* どういう訳か *one after another* 次々と, 続々と *one another* 互いに

ANOVA analysis of variance
ANSI American National Standards Institute

answer /ǽnsər/ n 答え, 返事 (*to*); 答弁(書), 回答(書) ► for an answer 答えとして, 答えるかわりに / give an answer 答える, 返事をする (*to*) / in answer to に答えて

— vi 答える; 答弁[回答]する; 責任を持つ (*for*)
► have a lot to answer for (人が)大いに責任がある / This section answers directly to the board of directors. この課は重役会の直接の指揮下にある

— vt 答える; 解く; (目的に)役立つ; 報いる
◇**answerable** a (行為に)責任のある (*for*); (人に)責任を負うべき (*to*) ► Customers are answerable for any damage caused by their children. 顧客はその子どもが起こした損害に対して責任を負う

ante /ǽnti/ n, vt (ポーカーの)賭け金(を出す); 《米略式》分担金(を払う); 出資金

ante up [*off*] 《米略式》支払う (*with*) ► We have to ante up large legal fees. 当社は多額の弁護士費用を払わなければならない

raise [*up*] *the ante* 競争力を高める ► The rivals raised [upped] the ante with improved facilities. 競争相手は施設改善で競争力を高めた

antedate vt, n に先行する (=predate); (実際より)前の日付(を付ける) (⇔postdate) ► The city's economic troubles antedate the big earthquake. 市の経済問題はその大地震以前からある

antedated a 前日付(まえひづけ)の, 事前日付の, 日付をさかのぼらせた

antedated check 前日付(まえひづけ)小切手 [⊃振出時に, すでに権利行使期間(支払呈示期間)が終わった格好となるよう, 過去の日付を記すことで, 事態を知らない第三者による権利取得を防ぐことができる]

anticipate /æntísəpèit/ vt ❶ 予想[予期]する (=expect); 楽しみに[心配して]待つ; 先取りする; 先手を打つ; 早める ► The government anticipates the economy will continue to grow at 6% next year. 政府は経済が来年も6%で成長し続けると予想している / Sales are much better than anticipated. 売上げは予想よりずっとよい / This year we anticipate that our sales will be 8% greater. 今年は売上げが8%伸びると予想される ❷ (資金の入金を見越して)先に使う; (債務を)期限前に支払う ► anticipated payment 満期日前支払い

anticipation /æntìsəpéiʃən/ n ❶ 予想; 事前行為; (収入の)前使い ❷ 《法律》(財産の)期限前処分; (損害発生の)予期, 予見 ❸ 《金融》(入金を見越した)前払い, 期前支払い; 期前払いの割引; 現金割引 ❹ 新規性の欠如 [⊃特許または特許出願における発明が出願前に公知もしくは公用となっており, または先行技術に記載されていたことを言う] ⇒novelty

in [*by*] *anticipation* 前もって ► Thanking you in anticipation. 前もって御礼申し上げます, まずはお願いまで

in anticipation of を見越して ► In anticipation of the holiday season, many stores are holding sales. ホリデーシーズンに期待して, 多くの店舗は特売をしている

with much anticipation 大いに楽しみにして

anticipative /-pèitiv/ a 予想の, 見越した (=anticipatory)

anticipatory /-pətɔ̀:ri|-pèitə-/ a 予想の, 見越した

anticipatory breach (契約の)履行期前の

違反 [○納期前に納品する意思がないと告げるのが例. 相手は自分の債務を履行しなくても責任を追及されない]

anticompetitive practice 競争阻害行為; 不正競争

antidumping a ダンピングを防止する, 反ダンピングの

Anti-Dumping Act 反ダンピング法 [○外国製品の安売りで国内産業が打撃を受けるのを防ぐ目的で1916年に制定された米国の法律]

antidumping duty ダンピング防止関税

anti-dumping law 反ダンピング法

anti-globalism n 反グローバリズム [○経済のグローバル化に反対する運動]

anti-globalization n 反グローバル化

anti-globalization movement 反グローバル化運動

anti-inflation a インフレ抑止の ► anti-inflation policies インフレ抑止政策

antipathy /æntɪpəθi/ n 反感, 大嫌い(な物, 人) ► Many nations around the world are showing a growing antipathy towards US political and economic dominance. 世界中の多くの国は米国の政治的・経済的支配に対する反感をますます強めている

have [feel] an antipathy toward [to] に反感を持つ, を嫌う

antipollution a 公害反対[防止]の; 汚染反対[防止]の ► antipollution laws 公害防止法 / an antipollution campaign 公害防止運動

◇**antipollutionist** n, a

antique /æntíːk/ a 古来の; 古代の; 旧式の; 古美術品を商う ► an antique shop 古美術品店 / an antique dealer 古美術商人

— n 古物, 古美術品, 骨董(とう)品

anti-takeover defense 対乗っ取り防衛策 (=takeover defense)

Anti-Terrorism Act 米国の反テロリズム法 [○1996年制定]

antithesis /æntíθəsɪs/ n (-ses /-sìːz/) 正反対; 対立物; 対照 ► The new manager's business style is the antithesis of his predecessor. 新しい課長の商売のやり方は前任者と対照的だ

antitrust a トラスト反対の, 独占禁止の ► The pending merger has received antitrust clearance from the Department of Justice. この合併案件は司法省から独占禁止法に抵触しないとの裁定を得た

antitrust laws (米国の)反トラスト法, 独占禁止法

> **[解説]** 私的独占や寡占による競争制限や高価格の設定から消費者を保護するために設けられている法律. 米国の反トラスト法は, シャーマン法 (Sherman Antitrust Act), クレイトン法(Clayton Antitrust Act), 連邦取引委員会法(Federal Trade Commission Act)など一連の連邦法からなるので, 複数形でantitrust lawsと表現される場合が多い. 反トラスト法は司法省反トラスト局(Antitrust Division, Department of Justice)と連邦取引委員会(Federal Trade Commission)によって執行される

► conspire to fix gasoline prices in violation of the antitrust laws 独占禁止法に違反してガソリン価格の操作を企む / violate antitrust laws by reducing competition in the market 市場の競争を制限することで反トラスト法に違反する

antitrust policy 反トラスト政策(独占禁止政策) [○反競争的取引を制限し競争を促進する政策]

anxiety /æŋzáɪəti/ n 不安, 心配 (*about*); 熱望 (*for, to do*) ► Nobody showed any anxiety about the poor performance of the company. 誰もその会社の業績不振を心配しなかった

feel anxiety about を心配する

anxious /æŋkʃəs/ a 心配して (*about*); 切望して (*for*); したがる (*to do*) ► He is anxious about money. 金のことが気にかかる

◇**anxiously** ad

any /əni; (強)éni/ a, pron (疑問・条件)何か, 誰か, いくらか; (否定)何も, 誰も, 少しも; (肯定)どんな…でも, あらゆる

► any old company どんな会社でも / not just any old job ふつうの仕事ではない / We will contact you if there are **any** changes to the product specification. 製品の仕様に何か変更があったときには連絡いたします

[成句] *any old* 《略式》どんな…でも; (否定)ただの *any one* =anyone *at any rate* とにかく; 少なくとも *if any* もしあれば; たとえあったとしても *in any case* どんな場合でも, ともかく *not just any* ただの…ではない

— ad いくらか, 少し(でも)

[成句] *any longer* もはや *any more* これ以上, もはや

anybody pron 誰か; 誰も; 誰でも (=anyone)

anybody's guess 予想のつかないこと ► It's anybody's guess how long this slump in the stock market will last. 株式市場のこの不振がどれだけ長く続くか, だれにも分からない

— n ひとかどの人; (-ies)普通の人々

anyhow ad どうしても; とにかく; ぞんざいに ► Anyhow, I need to go back to the office to tie up some loose ends. いずれにしても, 仕事を片付けるために事務所に戻る必要がある

feel anyhow 《略式》気分がよくない

anymore ad これ以上; 今後は ► She doesn't work here anymore. もうここで働いていません

anyone /éniwÀn, -wən/ pron 誰か; 誰(で)も

► We do not disclose customers' personal information to **anyone**. 顧客の個人的情報は誰にも開示しません

any other business (AOB) その他の議題 [○会議の席上, 予告してあった議題には入っていない「その他」の事項として審議されるものを指す. 主としてイギリスでの言い方]

anyplace *ad*《略式》=anywhere

anything *pron*（否定）何も;（疑問・条件）何か;（肯定）何でも
► The company could not do **anything** to stop its declining market share. その会社は市場占有率の下落を阻止する手を打つことができなかった / Will there be **anything** else?（ウェーターなどが客に）何かほかにご注文がございますか / She is **as** modest **as anything**. とてもおしとやかだ / The size of the market wasn't **anything like** we had expected. その市場の規模は当社の予想とは大きく異なっていた / **If anything**, our priority should be cutting our losses and exiting the market. それどころか, 当社にとっての優先事項は損失の削減と市場からの退出であるべきだ / Working under such a demanding manager is **anything but** easy. こんな過酷な課長の下で働くのはけっして楽なことではない
（成句）**anything but** のほかは何でも; 少しも…でない **anything goes** 何をしてもかまわない **anything like**（否定）決して, とうてい（…ない） **(as) ... as anything**《略式》非常に… **for anything** 何をもらっても / **if anything** どちらかといえば **like anything**《略式》非常に… **..., or anything** …とかなんとか **will [would] do anything (to)**（…するためなら）どんなことでもする

anytime *ad*《主に米》いつでも ► The financial crisis is unlikely to be solved anytime soon. 金融危機は当分の間は解決されそうにない / Please feel free to contact us anytime. いつでもお気軽にご連絡ください
— *int*《米略式》どういたしまして

anyway,《略式》**anyways** *ad* =anyhow
► Anyway, please give me some time to think over your proposal. とにかく, 貴社のご提案を検討する時間を少々ください

anywhere,《略式》**anywheres** *ad* どこかに; どこに(で)も; 大体, ざっと ► Broker's commission will cost anywhere between 5% to 7%. ブローカーの手数料はだいたい5%から7%かかるでしょう / We don't have anywhere near 500 dollars. 500ドルといった大金など持っていない

not get [go] anywhere うまくいかない, どうにもならない

AOL America Online

AOL Time Warner《~, Inc.》AOLタイムワーナー［◯米国のメディア・娯楽企業グループ. インターネット接続サービスのAOLが, 出版, 放送, 映画のTime Warner Inc. と2001年に合併, ケーブルテレビや音楽産業を含む事業を展開. 03年Time Warnerに社名を変更した］

A one, A1 /éiwʌ́n/ *a*《略式》一流の, 最上の; 第1等船級の［◯船級協会のLloyd's RegisterでA1を用いる］
— *n*《英》Arterial Road（幹線道路）1号［◯ロンドン＝エディンバラ間］

A.1. Steak Sauce《商標》エーワン・ステーキソース［◯肉の風味を引き出すために使われる少々辛味のきいた米国のソース. スーパーマーケットで販売されている他, レストランのテーブルに置かれていることもある］

AP Associated Press; American plan; average product

A/P account payable

APACS Association for Payment Clearing Services（英国）銀行共同支払決済機構

apart /əpɑ́ːrt/ *ad* 離れて; 別々に;（（動）名詞の後で）…は別にして ► **kidding [joking] apart** 冗談はさておき / We are very far apart in our views. われわれの見解は大きく分かれている / Internal strife among board members could tear the company apart. 取締役会メンバーの内部紛争は同社をばらばらに引き裂くかもしれない

apart from は別として（=aside from）► Apart from its location, the company has an excellent facility. 立地を別にすれば, その会社の施設はすばらしい

take ... apart をばらばらにする, 分解する
tell [know] ... apart を見分ける, 区別をつける
worlds [poles] apart 極端に違って

apartment /əpɑ́ːrtmənt/ *n*《米》（共同住宅内の）1世帯分の部屋; アパート;《~s》《英》（短期用家具付き）貸間 ⇒flat² ► The apartment will fetch a high rent because it is centrally located. 市の中心部に位置しているので, そのアパートは高額の家賃をもたらすだろう

Apax Partners エイパックス・パートナーズ［◯NY本拠のベンチャーキャピタルで, これまでに200億ドルを超えるベンチャー投資の実績がある］

APB Accounting Principles Board 会計原則審議会［◯FASBに取って代わられている］

APB opinions 会計原則審議会意見書

APC average propensity to consume

ape /eip/ *n*（尾なし）猿（✚尾のある猿は monkey）

play the ape 猿真似をする
— *vt* まねる ► The British film industry often aped Hollywood in the past. 過去にしばしば英国の映画産業はハリウッドの猿まねをした

APEC /éipek/ Asia-Pacific Economic Cooperation Conference

apex /éipeks/ *n* (~es, apices /éipəsìːz/) 先端; 頂点; 絶頂 ► The country's GDP growth reached an apex in the mid 1990s. 同国のGDP成長率は1990年代の半ばに頂点に達した / Ken was at the apex of his career. ケンは経歴上の頂点[全盛時代]に達していた

APEX, Apex /éipeks/ advance purchase excursion 事前購入航空運賃割引制度

API application program interface（応用ソフトと基本ソフトをつなぐ）アプリケーション・プログラム・インターフェイス; American Petroleum Institute

APIC additional paid-in capital

apiece /əpíːs/ *ad* めいめいに; 一つ[一人]につき（✚eachに相当する商業語）► Ten dollars apiece. 1個10ドル

aplenty /əplénti/ *a*, *ad*《米略式》たくさん(の)（✚名詞の後に置いて用いる）► There is money aplenty for the project. このプロジェクトには豊

富な資金がある

apocalypse /əpúkəlips/ *n* 黙示; 世の終わり; 大災害 ► Many environmentalists warn that the planet is on the brink of apocalypse due to global warming. 地球はグローバルな温暖化のために破局の瀬戸際にあると多くの環境主義者は警告する

Apollo Management (〜 LP) アポロマネジメント [❍ 1990年設立の米国のPE投資会社.Century21の親会社である不動産およびリロケーション事業大手Realogy Corpを保有している]

apologetic /əpùlədʒétik/ *a* 謝罪する; 弁解の ► The president was very apologetic about the mistake. 社長はその過ちを謝罪していた

━ *n* 弁明

◇**apologetical** *a*

apologize, (英) **-gise** /əpúlədʒàiz/ *vi* (人に) わびる (*to*); (過ちを) 謝る (*for*); 弁明する ✉ We apologize for the delay in responding. 返事が遅れましたことをお詫びします ✉ Once again, we apologize for any inconveniences you may have incurred. ご迷惑をおかけしたことを再度お詫び申し上げます

apology /əpúlədʒi/ *n* 陳謝, わび (*for*); 謝罪広告; 弁護, 弁明 (*for*); (略式) 申し訳程度のもの (*for*) ► With apologies for troubling you. お手数とは思いますがよろしく

accept apologies [*an apology*] *for* のわびを受けいれる ► I will accept their apologies. おわびを受け入れることにします ✉ Please accept my apology. どうぞお許しください

extend [*express*] *one's apologies* [*apology*] *to* に陳謝する

force an apology out of を無理に謝らせる
in apology for のおわびに
My apologies. すみません
offer [*make*] *apologies* [*an apology*] *for* のわびを言う

apostille /əpástil/ *n* アポスティーユ, 付せんによる証明 [❍ 会社の登記簿謄本のように, 官公署が作成し, 公印の押されている書類を他国に提出する場合, ハーグ条約の加盟国間では, 外務省 (米国の場合は国務省) が自国の公印に相違ない旨の証明を付せば, 相手国に駐在している自国領事による認証と同等の効力ありと認められるとする認証方式]

app *n* アプリケーションソフト [プログラム] (=application software [program]) ⇨ killer app

APP Asia Pulp and Paper

appall, (英) **appal** /əpó:l/ *vt* ぞっとさせる (*at*) ► Customers were appalled by the restaurant's horrible service. そのレストランのひどいサービスに顧客は唖然とした

◇**appalling** *a* 恐ろしい; ひどい

apparatus claim 装置クレーム [❍ 設備の一部または装置として表現された特許の請求項 (クレーム)] ⇨ device claim

apparel /əpǽrəl/ *n, vt* 衣服; 着せる ► the apparel industry 衣料産業 / The rise of Chinese yuan could push up the cost of apparel production. 中国元の上昇は衣料生産のコストを押し上げる可能性がある

apparent /əpǽrənt/ *a* ❶ 外見だけの, 見かけ上の ► an apparent robbery 強盗事件らしいもの ❷【法律】(1) 明白な; 明らかな ► apparent defect 明白な瑕疵 (かし) / the apparent easement 明示地役権 (2) 表見上の, 外観上の

be (*all too*) *apparent* (あまりにも) 明白な (*to*)
be only apparent 見かけだけ
for no apparent reason はっきりした理由もなしに
it is apparent that は明白だ

apparent agency 表見 (的) 代理 [❍ 実際は無権限であるのに, ある者が代理人であるかのように振る舞うのを本人が黙認し, または, 制止しなかった場合, その代理人らしき者には表見的権限ありとして, 一般の代理の場合と同様に扱われること. その行為の効果は本人に及ぶ]

apparent agent 表見代理人 [❍ 表見代理 (apparent agency) の場合における, 本来は無権限の代理人]

apparent authority 表見的権限 [❍ 表見代理 (apparent agency) の場合において, 代理人の権限と映るものを言う]

apparently /əpǽrəntli/ *ad* 見たところ, どうやら…らしい (✚「明らかに」の意味もまれ) ► The company apparently rejected the buyout offer because it was undervalued. 同社は過小評価されているという理由で買収の申し出を拒否したようだ

appeal /əpí:l/ *n* 懇願; (力などに) 訴えること; 上訴 [❍ 上級裁判機関に再審理を申し立てること, その手続き. 日本法における控訴, 上告, 抗告などを含む] ► lodge [enter] an appeal 上訴する / carry appeals to the court 裁判所に上訴する

Court of Appeals 《米》控訴裁判所 ⇨ Appeals Court

file an appeal 上訴する, 上告する

on appeal 異議申し立てによって; 上訴中で (*to*) ► The case is on appeal. 事件は上訴されている

━ *vi* 懇願する (*to, for*); (世論などに) 訴える (*to*); 上訴する (*to, against*) ► The defendant appealed against the verdict. 被告側は評決を不服として控訴した / We must understand what will and will not appeal to target audiences. 目標とする広告読者は何が気に入り何が気に入らないかを我々は理解しなければならない

━ *vt* 上訴する

appealable /əpí:ləbl/ *adj* 上訴可能な

appeal as of right 権利上訴 (⇔discretionary appeal) [❍ 権利として上訴権がある場合の上訴. 上級審は受理しなければならない]

Appeal Court 《英》(the 〜) 控訴院, 控訴裁判所 (=Court of Appeal) [❍ 第一審からの上訴の是非を判断する裁判所. 英国の場合, イングランドとウェールズを管轄する控訴裁判所こと]

Appeals Court 《米》控訴裁判所 (=court of appeals) [❍ 表記は appeals court という小文字書きもある. 第一審からの上訴の是非を判断する裁

appear /əpíər/ *vi* ❶ 現れる, 見えてくる; …らしい; (証拠中に) 示されている, (記録に) 現れている, 明らかである; 世に出る ► It appears that he is rich.= He appears to be rich.= Apparently he is rich. 金持ちらしい / The supplier doesn't appear willing to lower its prices. その納入業者は価格を下げるつもりはないようだ / The victim's age does not appear in the record. 犠牲者の年齢は記録上明らかではない ❷ 出廷する; 出頭する; 応訴する ► appear in [before] the court 出廷する / an appear citation 《米》出廷通知 (✚形容詞的用法)

appearance /əpíərəns/ *n* ❶ 出現; 発行; 外観; 様子; (~s) 状況 ► Appearances were against us. 形勢はわれわれに不利だった ❷ (当事者または弁護人の) 出廷; 出頭; 応訴 ► make [put in] an appearance 出廷する / enter an appearance 応訴する

appellant /əpélənt/ *n, a* 上訴人(の)

appellate /əpélət/ *a* 上訴の; (裁判所が) 上訴を審理する権限のある

appellate court 上訴裁判所

appellation of origin 原産地名称

appellee /æpəlí:/ *n* 被上訴人

appendix /əpéndiks/ *n* (~es, -dices /-disì:z/) 付録; 付属物, 補遺, 添付書類; 付属文書

appetite /æpətàit/ *n* 欲望, 欲求, 好み 《for》 ► China's nouveau riche have a strong appetite for luxury goods. 中国の新興富裕層は高級品に対して強い欲求がある

applaud /əplɔ́:d/ *v* 拍手かっさいする; 賞賛する ► I applaud your decision to stay with the company through thick and thin. 良いときも悪いときも会社とともにあるという貴殿の決定に拍手を送ります

applause /əplɔ́:z/ *n* 拍手かっさい; 賞賛

apple /æpl/ *n* リンゴ(の木) ► Bad weather damaged the harvest of apples. 悪天候はリンゴの収穫に損害を与えた

a bad [rotten] apple 悪影響を与えるもの

apples and oranges 別問題, 比べようがない

the apple of discord 争いの種 (✚トロイ戦争の原因となった黄金のリンゴから)

the apple of the [a person's] eye 貴重なもの

Apple (~ Inc.) アップル(社) [◯Macintosh や iPod などを製造する米国の情報機器メーカー. 1977年設立. 2007年に Apple Computer, Inc.から社名変更]

apple-polisher *n* おべっか使い

appliance /əpláiəns/ *n* (特に家庭用の) 器具, 装置, 設備, 家電製品; (知識・技術などの) 適用, 応用 ► consumer [household] appliances 家電

applicable /æplikəbl/ *a* 適用[応用]できる; 適切な ► You may be applicable for a refund if you have overpaid on your income tax. 所得税を払い過ぎた場合は, 還付請求に該当する可能性がある

applicable law 適用法; 準拠法 🗏 Both Parties hereby agree that the applicable law shall be the laws of Japan. 「両当事者」は, ここに(本契約により), 日本法を準拠法とすべきことに合意する

applicable rule or regulation 適用法令

applicant /æplikənt/ *n* ❶ 志願者, 応募者, 申込者 《for》 ► All information of **unsuccessful applicants** will be destroyed after completion of recruitment process. 採用されなかった応募者に関する資料は採用手続完了後に廃棄される / Only **qualified applicants** will be contacted to arrange an interview. 資格要件を備えている応募者に対してだけ面接のための連絡をします / Only **successful applicants** will be asked to attend an interview. 条件を満たしている応募者だけ面接に来て頂きます / All of the **applicants were qualified** for the job. 応募して来た人全員が条件を満たしていた / **Applicants are requested to** apply by e-mail no later than August 1, 2008. 応募者は, 2008年8月1日までに E メールにて申し込むこと / The Human Resources Department **shortlisted applicants** for the formal interview at the Board meeting. 取締役会での正式の面接に備えて, 人事部の方で応募者につき最終候補リストを絞り込んだ / There were more than 100 **applicants for** the post of Chief Financial Officer. 最高財務責任者の募集に対しての応募者は100名を超えた / We have to **interview** 40 **applicants** this week. 今週, 応募者40人の面接をしなければならない / We **screen applicants** by examining their resumes to determine if they meet minimum qualifications. 応募者については, 履歴書を点検して最低限の資格を満たしているかを確認することで絞込みを行っている

❷【法律】申立人; 申請者; 申込者; (仮処分申請の) 債権者

❸【知財】出願人 [◯特許, 商標等の出願者]

applicant for credit 信用状発行依頼者

applicant for shares 株式申込者, 株式応募者 [◯株式の購入申込みをした人]

application /æpləkéiʃən/ *n* ❶ 適用, 応用 《to》; 応募, 出願, 申込み 《for》; 申請, 願書, 申込書

コロケーション

(動詞(句)+~) **grant** an application 申請を認める / **file** an application 申請書を提出する / **fill out** an application 申請書に記入する / **make** an application 申請をする / **reject** an application 申請を拒絶する / **submit** an application 申請書を提出する / **turn down** an application 申請を拒絶する

► Our company is accepting **job applications** until December 1. 当社では求職の応募を12月1日まで受け付けています / His **application to** attend the meeting was accepted. その会議に出席したいという彼の申し込みは受理された / This **has no application to** the case.

これは本件には当てはまらない / This rule **is of general [universal] application**. この規則はあらゆる場合に当てはまる / He **submitted an application** for the position. その職に応募して願書を提出した / In order to **make an application** for a liquor license you have to be current on your taxes. 酒類販売業の免許を申請するためには、税金を滞納していないことが求められる / The local government **rejected our application** for a business license. 地元自治体は営業許可の申請を却下した / The restaurant's **application** for license renewal **was granted** without any problem. そのレストランの営業許可更新の申請は何の問題もなく認められた / You can **fill out the application** online. 申請書はオンラインで記入することができる / You need to **file an application** for a liquor license with the county. 郡当局に対して酒類販売免許の申請をする必要がある

❷【知財】出願 [⇨特許権、商標権等の付与を受けるために、特許(商標)庁に願書を提出すること] ► In 1998, the company filed a registration application with the U.S. Patent and Trademark Office. 同社は1998年に、米国特許庁に特許の出願をした

❸ =application software

on application 申込み次第 ► Prospectus on application. 申込み次第案内書進呈

application document 出願書類
application form 申込用紙, 願書; 申込書, 申請書
application for patent 特許出願
application for registration (特許, 商標等の) 登録申請書, 登記申請書
application for shipment 船積申込書
application hosting アプリケーション・ホスティング [⇨ 企業が自社でアプリケーションソフトを持たず、アプリケーション・サービス・プロバイダー (application service provider)が保有するアプリケーションソフトにインターネットでアクセスして情報処理を行うこと]
application money (株式の) 申込証拠金, 申込金
application number (特許, 商標等の) 登録申請番号
application of funds 資金の使途, 資金運用, 資金の用途
application of funds statement 資金運用表
application of manufacturing expenses 製造間接費配賦, 製造費の予定配賦
application of tax effect accounting 税効果会計の適用
application rate of overhead 間接費配賦率
application software アプリケーションソフト
Applied Materials 《~, Inc.》アプライド・マテリアルズ [⇨米国の世界最大の半導体装置メーカー. 太陽電池セル製造装置にも参入. 1967年に設立]

apply /əplái/ vt 適用[応用]する; 用いる, 充当する 《*to*》
— vi 当てはまる 《*to*》, 適合する; 申し込む, 志願する 《*for*》 ► As the recession deepens, more and more people are **applying for** unemployment benefits. 景気後退が深刻になるにつれて, ますます多くの人が失業手当を申請している / **Apply for** a low-interest-rate credit card. 低利率のクレジットカードをお申し込みください / This **rule** may or may not **apply** depending on where you live. この規則は居住地によって適用されたり, されなかったりする / The pharmaceutical company has **applied for** a patent for the new diabetes drug. その製薬会社は新しい糖尿病治療薬の特許を出願中だ / The new tax law **applies to** high income earners. 新しい税法は高額所得者に適用される

appoint /əpɔ́int/ vt 任命する 《*as*》; 指定する; 命ずる ► The President has yet to appoint a new Fed chairman. 大統領はまだ新しいFRB議長を指名していない

appointment /əpɔ́intmənt/ n ❶ 任命, 選任; 地位, 役職 ► the appointment of a director 取締役の選任 / make an appointment 任命する / The company's share has steadily risen since the **appointment of the new CEO**. 新しいCEOが任命されてから、同社の株は着実に値上がりしている / All **senior executive appointments** are subject to approval by the nominating committee. 上級の役員クラスの人事はすべて指名委員会の承認を要する / Employees may not **hold any other appointments** except with the prior consent of their immediate supervisor. 従業員は直属上司の事前の了承のない限り、他の仕事を兼務してはならない / I will have to move with my family to **take up an appointment** in Boston. 勤務地のボストンに赴任するため, 家族共々引っ越しをしなければならない / The company **offered** her **a one-year appointment**. 同社は彼女に対して任期を1年とするポストはどうかと申し出た

【語法】 Senior executive appointments are subject to board approval.(幹部役員クラスの任命は取締役会の承認を要する)のように抽象的に取りあげる場合は, 冠詞なしの複数形だが, You're not supposed to hold an appointment outside the company.(社外でのポストに就いてはいけないことになっている)のように、どれとは言わないけれど, 一例としてのポストを念頭に話をするときは、不定冠詞a/anを使う. また, 特定の役職の話で, 相手もそうとわかっているならば定冠詞theを入れて用いる

❷ (時間・場所の) 約束, アポ, 面会の約束
コロケーション
(動詞(句)+~) **arrange** an appointment 約束を取りつける / **be late for** an appointment 約束

に遅れる / **break** an appointment 約束を破る / **cancel** an appointment 約束を取り消す / **fail to turn up for** an appointment 約束の日時に来ない / **fix** an appointment アポを取る / **have** an appointment **for X o'clock** X時に会う約束がある / **keep** an appointment (人に会う)約束を守る / **make** an appointment **with...** …と面会の約束をする / **miss** an appointment 約束の日時に行き損ねる / **postpone** an appointment 約束を延ばす / **reschedule** an appointment 予定を変更する

▶ **by appointment (only)** 予約制で (✚医師・美容師・古美術商など) / Despite **an urgent appointment**, our counsel readily agreed to hold a session. 急な約束にもかかわらずうちの法律顧問は快く相談の時間を設けてくれた / I attempted to **make an appointment** with the consultants six times last week. 先週, コンサルタントとのアポを取ろうと6回も試みた / I **have an appointment** to see Mr. Jones at 2 o'clock. ジョーンズさんに, 2時にお目にかかる約束を頂戴しています / If you **miss an appointment** without informing us, we have the right to bill you for the full amount of consultation. 連絡なく約束されたお時間にいらっしゃらなかった場合は, コンサルティング料を全額申し受けます

appointment book (手帳型の)予定表
appointment calendar スケジュール表
appointment letter 採用通知, 辞令 ▶ I have not yet received an appointment letter. 私はまだアポイントメントレター(雇用条件を提示する書面)を受け取っていない
appointor /əpɔ́intər/ n 任命者; 指名権者
apportion /əpɔ́ːrʃən/ vt 比例配分する; 割当てる 《among, between, to》
apportionment n 割当て; 比例配分; 配賦, 分配 ▶ apportionment of rent 地代についての権利者間の配分 / apportionment between land and building 土地と建物への価額配分

appraisal /əpréizəl/ n 評価, 査定, 鑑定, 見積; 価格評価 ▶ Property taxes are readjusted periodically based on land appraisal. 固定資産税は土地の評価に基づいて定期的に再調整される

appraisal approach 不動産鑑定評価の手法 [⬧代表的な評価手法として, 原価法, 取引事例比較法, 収益還元法の3手法がある]
Appraisal Institute 米国不動産鑑定協会 (AI) [⬧全米最大の不動産評価に関する団体. 他に American Society of Appraisers (ASA), American Society of Farm Management and Rural Appraisers (ASFMRA), National Association of Independent Fee Appraisers (IFA) などがある. わが国の不動産鑑定評価基準作成の折には AI のテキスト(第三版)が参照された]
appraisal of asset 資産評価, 資産査定, 資産の鑑定
appraisal of real estate ❶ 不動産評価 ❷ 《the A- of R- E-》不動産鑑定評価論 [⬧米国不動産鑑定協会が公表しているテキスト. 2003年に12版が発行されている. わが国における「不動産鑑定評価基準」作成にあたって, 第三版(1960)が参照された]
appraisal remedy 株式買取請求権 ⇨ appraisal right
appraisal report 不動産鑑定評価書
appraisal right 株式買取請求権 [⬧決議に反対する少数派株主が自分の株式を買い取るよう会社に請求できる権利]
appraisal value 評価額, 査定額 ▶ Loan shall not exceed 75% of the appraisal value of the property. 融資額は物件の評価額の75パーセントを超えないものとする
appraise /əpréiz/ vt 評価する, 見積もる (=estimate); 鑑定[判定]する; 査定する ▶ Will you appraise the costs of this project? この計画の経費を見積もっていただけますか
appraised price 鑑定価格, 査定価格
appraised value 評価額, 査定額 [⬧主に鑑定人等の専門家によって決定された資産の評価額]; 鑑定評価価格
appraisement n 評価, 鑑定, 査定
appraiser /əpréizər/ n (財産などの)評価人; (米)不動産の鑑定評価人, 不動産鑑定士; (損害額の)鑑定人; (関税などの額の)査定官
appreciable /əpríːʃiəbl/ a それと分かるほどの, かなりの ▶ an appreciable increase in demand 需要のかなりの増大
◇**appreciably** ad はっきり感じとれるほど ▶ The two products were not appreciably different. その2つの製品はそれと分かるほど違っていなかった / By cutting government spending, the country's budget deficit has been narrowed appreciably. 政府支出の削減によって, 同国の財政赤字は目に見えて減少している
appreciate /əpríːʃièit/ v ❶ 感謝する, ありがたいと思う, 多とする ▶ appreciate your kindness ご親切に感謝する / We appreciate your business. 毎度ありがとうございます / Your cooperation would be appreciated. ご協力いただければ幸いです ⊠ We appreciate your order [support]. ご注文[ご支持のほど]ありがとうございます ⊠ Your urgent response will be highly appreciated. 早急にご返答を頂ければ幸甚です
❷ (市場価値が)上がる; 価格[相場]を上げる[が上がる] (=appreciate in value) ▶ appreciating yen 円高 / expect the euro to appreciate against the dollar 米ドルに対するユーロの上昇を予想する / Recently rents have been unduly appreciated. 最近家賃が不当につり上げられてきた / Just in the past month, the yen has appreciated 20% against the dollar. 先月だけで, 円はドルに対して20%上昇している
appreciation /əpriːʃiéiʃən/ n ❶ 評価; 認識; 感謝; (価格・価値の)騰貴[上昇] ▶ in appreciation of を認めて; に感謝して / show [express] one's appreciation for に感謝の気持ちを表す

❷ 増価, 評価増, 増価額;【不動産】価値の増大, 増価 [◆需要超過の結果, あるいは増改築などの付加価値を加えることにより, 価値が増大すること]
❸【金融】上昇;（為替レートの）上昇 [◆ある経済の通貨価値が市場で相対的に上昇すること。円で言えば, 円高のこと。政府が意図的に通貨価値を上げるのは revaluation と言い, 英語では明確に区別している] ▶ rapid yen appreciation against other currencies 他通貨に対する急速な円高 / The recent appreciation of the Euro may adversely affect our exports. 最近のユーロ高はわが国の輸出に悪影響を与える可能性がある / Further appreciation of oil prices would hurt the profit margins of manufacturers. 石油価格のさらなる高騰は製造業者の利益率に打撃を与えるだろう

approach /əpróutʃ/ v 近づく; 接近する, 匹敵する《to》; 取り入る;（問題に）取りかかる
― n 接近; 類似《to》; 通じる道, 入り口《to》; 助走路;（~es）取り入ること; 研究法, 手引き ▶ easy [difficult] to approach 近寄りやすい[にくい] / make an approach to に近づく / The company introduced an unorthodox approach in online selling. 同社はオンライン販売に風変わりなアプローチを導入した

appropriate a /əpróupriət/ 適した《to, for》; 特有の《to》 ▶ We will release the information to the public at the appropriate time. 当社は適切な時点でその情報を公開する予定だ
― vt /-èit/（目的に）充当する, 使用する; …の支出を認める, …のために予算を計上する;（不法に）利用する ▶ appropriate the money to oneself 金を横領する / We have appropriated 10 million yen for the project. 当社はそのプロジェクトに1000万円振り向けた / One million dollars was appropriated for a new project. 新しいプロジェクトのために百万ドルの支出が承認された / The piece of land was appropriated for a parking lot. その土地は駐車場として使われた

appropriated earned surplus 処分済利益剰余金 (=appropriated retained earnings, reserved surplus)

appropriated retained earnings 処分済利益剰余金

appropriation /əpròupriéiʃən/ n ❶ 配分; 振分け;（米）歳出予算額 ▶ defense appropriations 防衛支出 / make an appropriation of 10,000 dollars 1万ドルの割り当て支出をする ❷【会計】充用（金), 充当, 運用; 利益剰余金の処分 [◆「当期末処分利益」は unappropriated retained earnings と言う] ▶ appropriation of earnings [profit, surplus] 利益処分

approvable /əprú:vəbl/ a 是認できる

approval /əprú:vəl/ n 承認, 是認, 同意; 認可

コロケーション

（動詞(句)+〜）**get** approval 承認を得る / **give** approval 承認を与える / **grant** approval 承認を付与する / **have** approval 了解を取ってある / **obtain** approval 承認を得る / **receive** approval 承認を得る / **refuse** approval 承認を拒絶する / **request** approval 承認を求める / **seek** approval 承認を求める

▶ the seal [stamp] of approval 正式の認可 / give one's approval 賛成する / meet with a person's approval 賛成を得る / The project is awaiting **the approval of the board**. そのプロジェクトは取締役会の承認を待っている / For all business travel, **prior approval** from your immediate supervisor **is required**. すべての出張について直属上司の事前承認を取る必要がある / Do you **have approval** of your boss for this matter? この件について上司の了解は取ってありますか / We **received** our parent company's **approval** to continue the research. その研究の続行に向けての承認を親会社から得た / I hereby **request approval** of the following outside employment in which I wish to engage in accordance with the company's policy on outside employment. 当社の社外就業に関する規則にしたがって下記の社外業務に就きたく, 承認を申請します / This **requires subsequent approval** by the stockholders to become a legal obligation of the company. これは株主たちの事後承認があって初めて会社としての法的義務になる / We cannot **give approval** on the basis of such insufficient information. こうした不十分な資料に基づいて承認を与えるわけに行かない / We have to **seek prior approval** from the Board. 取締役会に事前の同意を求めておく必要がある

on approval 点検の上で, 見計らいで, アプ式で ▶ We ship [send] merchandise on approval. 点検売買条件で商品を発送します

approval rating =job-approval rating

approval sales 試用販売, 試供品販売 (=on-approval sales, sales on approval)

approve /əprú:v/ vt 是認[賛成]する, よく思う; 認可する;（推賞に足ることを）示す《to》 ▶ Congress has not approved the budget for the next fiscal year. 議会は来たるべき会計年度の予算を承認していない

Approved European Property Valuation Standards 欧州資産評価基準 (EVS) [◆欧州資産評価人協会(TEGOVA)が公表している評価基準。EC第4号指令(78/660/EEC)を端緒として作成された評価基準]

approved list 適格運用商品リスト [◆投資信託や年金が定める運用対象商品の範囲を示すリスト]

approved pension plan（英）適格退職年金制度 (=qualified retirement (pension) plan)

approved signature（指定人による）署名

approved supplier 指定納入業者

approximate a /əpráksəmət/ おおよその; 近似の; 近似額の, 概算の ▶ All these totals are approximate. これらの合計額はすべて概算である

— v /-mèit/ 近づく; 近づける; (に) 近い《to》; 概算する ► His annual income closely approximates to 30,000 dollars. 彼の年収はほぼ3万ドルにのぼる

approximately ad /əpráksəmətli/ 大体, おおよそ (✚「近似値的に」の意味で, くだけた日常表現では大まかな about を用いる) ► Approximately 20% of the country's population live in poverty. 同国の人口の約20%は貧困な暮らしをしている

approximation /əpràksəméiʃən | -rɔ̀k-/ n 概算; 接近; 近似(値) ► a rough approximation of the likely cost 見込まれるおおよそのコスト

APR annual percentage rate

April 15 4月15日 [⊃米国で個人所得税(personal income tax)の申告期限日] ⇒ Tax Day

APS average propensity to save

apt /ǽpt/ a …しがちな《to do》; 適切な ► We are apt to make mistakes when we are in a hurry. 急ぐと間違いをしがちだ / Stocks are apt to drop further in the next few weeks. 在庫は今後数週間でさらに減少しそうだ

aptitude /ǽptətjùːd/ n 才能, 素質; 性癖; 適性《for》 ► He has a natural aptitude for business. 彼は生まれつきの商才をもっている

aptly /ǽptli/ ad 適切に ► The Grand Hotel is aptly named. グランドホテルとはぴったりの名だ

aquaculture n 水産養殖, 養殖 [⊃水産物を養殖する方法や技術. aquiculture とも言う]

Aquafina 《商標》アクアフィーナ [⊃米国のペットボトル入りウォーターのブランド. 通常の水道水を何度もフィルターに通すことにより純度を高めている]

Aquafresh 《商標》アクアフレッシュ [⊃米国の歯磨き. 赤, 青, 白の三色の層が特徴]

Aqua-Lung 《商標》アクアラング [⊃1943年にフランスで考案された潜水具. スキューバダイビング用. 普通名詞化して aqualung ともする]

aquiculture n = aquaculture

AR Arkansas; autoregressive 自己回帰; all risks; average revenue

A/R account receivable

arable /ǽrəbl/ a, n 耕作に適した; 耕地 ► arable farms 耕作農地 / arable farming 耕作農業 / arable crops 耕地で栽培できる

Aramco アラムコ (Arabian-American Oil Co.)

arbiter /ɑ́ːrbətər/ n 調停者; 仲裁者; 仲裁人

arbitrable /ɑ́ːrbətrəbl/ a 調停できる

arbitrage /ɑ́ːrbətràːʒ/ n 裁定取引, さや取り取引[売買], アービトラージ [⊃取引の場所・時・物の種類の差異を利用して利益を得ること. 同じ財に異なる価格が付けられている場合価格差を利用して利益を得ること. 金融の分野では異なる資産価格が成立している場合価格差から利益を得ること. また証券の分野では現物価格に基づく先物価格など, 理論的に算定できる価格と現実の市場価格の乖離に着目し, 将来その乖離が解消されるとの見込みの下に売買を行う手法を指す] ► interest rate arbitrage 金利裁定取引 / spot forward arbitrage 直物と先物の間の裁定取引 / triangular arbitrage 三角裁定取引 / an arbitrage broker さや取り仲買人

— vi さや取り売買をする

arbitrage operation さや取り行為

arbitrager, arbitrageur /-rɑʒə́ːr/ n さや取り商人, アービトラージャー [⊃裁定取引 (arbitrage) を行う者]

arbitrage transaction 裁定取引

arbitral /ɑ́ːrbətrəl/ a 仲裁の

arbitral proceedings 仲裁手続

arbitral tribunal 仲裁裁判所

arbitrary /ɑ́ːrbətrèri | -trəri/ a 任意の; 専制的な; 恣意的な ► The sudden change in dress code outraged a large portion of the female staff, who argued that it was entirely arbitrary, gender-biased, and without just cause. 服装規定の突然の変更は女性社員の大多数を怒らせたが, 女性社員の言い分では, 変更はまったく独断的で, 性的に偏見があり, 正当な理由に欠ける

◇ **arbitrarily** ad
◇ **arbitrariness** n

arbitrate /ɑ́ːrbətrèit/ v 仲裁する; 仲裁裁判に付する

arbitration /ɑ̀ːrbətréiʃən/ n 調停, 仲裁; 仲裁手続

解説 仲裁人 (arbitrator) と呼ばれる第三者の判断に服することを当事者の双方が合意した上で, 紛争の解決を仲裁人の裁定に委ねる. 当事者は仲裁人の出した裁定を受け入れなければならない. 米国では労働紛争については仲裁が主要な紛争解決手段となっている. ⇒ alternative dispute resolution

► The arbitration award shall be binding on the parties to the dispute. 仲裁裁定は紛争の全当事者に拘束力を持つものとする / The government proposed a binding arbitration to resolve the strike. 政府はストライキを解決するために拘束力のある調停を提案した 🔳 All disputes that may arise between BUYER and SELLER shall be settled by arbitration in Tokyo, Japan. 「買主」と「売主」との間に生ずることあるべきすべての紛争は, 日本国東京都における仲裁により解決されるものとする

arbitration agreement 仲裁契約

arbitration clause 仲裁条項 [⊃契約中に, 紛争が生じた場合は仲裁に付す旨合意するとの定めを置き, 仲裁場所や仲裁機関, さらに拠るべき仲裁規則を指定しておく条項]

arbitration rule 仲裁規則

arbitrator /ɑ́ːrbətrèitər/ n 仲裁人 🔳 The award of arbitrator(s) shall be final and binding to Both Parties. 仲裁人の仲裁判断は, 最終のものとし, 「両当事者」を拘束するものとする

Arcelor Mittal Steel (~ Co, N.V.) アルセロール・ミタル・スチール [⊃Mittal Steel と Arce-

Archer-Daniels-Midland (~ Co.) アーチャー-ダニエルズ-ミッドランド (ADM) [⇒米国の大手穀物加工会社. 設立1923年]

architect /áːrkətèkt/ n 建築家[技師], 建築士, 監理技師; 設計者; アーキテクト, 法案のまとめ役 ▶ a naval architect 造船技師
— vt (未来などを)設計する

architecture /áːrkətèktʃər/ n ❶ 建築; 建築様式; 建造物; 構成; 基本設計 ▶ The architecture of the new building should symbolize our company's philosophy of innovation and development. 新しいビルディングの建築は、わが社の哲学である革新と発展を象徴するものであるべきだ ❷ アーキテクチャ [⇒コンピュータ設計の仕様ならびに方式]
◇**architectural** a

archive /áːrkaiv/ n [ズーヴ] アーカイブ [⇒複数のファイルを圧縮して一つにまとめたファイル]

ARCO Atlantic Richfield

ardent /áːrdnt/ a 熱烈な, 熱心な; 猛烈な ▶ He was ardent in his demands for a contract extension. 彼は契約の延長を強く要求した
◇**ardently** ad

arduous /áːrdʒuəs|-dju-/ a 骨の折れる; 精力的な ▶ He had the arduous task of negotiating with the union leaders. 彼は組合幹部との交渉という困難な課題を抱えていた
◇**arduously** ad

area /ɛəriə/ n 分野, 業務; 地域 ▶ business areas 業務分野, 事業分野 / Our company has plenty of experience in the area of asset securitization. 当社は資産証券化の分野で豊富な経験を持っている / Our main areas of activity include ship design and construction. 主たる業務は船舶の設計ならびに建造である

area code 《米・カナダ》市外局番
area manager 地区担当マネジャー
area marketing エリア・マーケティング [⇒生活習慣や消費者嗜好といった地域特性を把握した上で展開するマーケティング活動]

arena /ərí:nə/ n 競争の場, 活躍の場 ▶ enter the political arena 政界に入る / a highly competitive arena 激しい競合の世界 [<ラ]

ARES American Real Estate Society

argue /áːrgjuː/ v 議論する (with, about, over); 主張する (that); 説得の(…させる) (into, out of); 示す; 証明する (that, to be) ▶ It's difficult to argue with the numbers. 数字には勝てない / He argued that the company had unjustly fired him. 彼は会社によって不当に解雇されたと主張した

argue for [against] に賛成[反対]の議論をする
argue out をとことん論じる
(I) can't argue with that. 《略式》異存はない, その通り

◇**arguable** a 論証できる, 主張し得る; 議論の余地がある, 疑わしい
◇**arguably** ad 論証できるように, まず間違いなく, おそらく

arguendo /àːrgjuːéndou/ a 議論のために; 仮に…とすれば; 仮に…しても [<中世ラ]

argument /áːrgjumənt/ n ❶ 議論; 論争; 討論; 主張; 説得; 論拠; 要旨

コロケーション

(形容詞(句)+~) **balanced** argument バランスの取れた議論 / **convenient** argument 都合のいい主張 / **convincing** argument 説得力のある主張 / **shaky** argument 根拠薄弱な主張

(動詞(句)+~) **accept** an argument 主張を受け入れる / **get into** an argument over... …について議論を始める / **have** an argument **with** と論争する / **open to** argument 議論の余地がある / **refute** an argument 相手の主張に反ばくする / **support** an argument 主張を支持する

▶ argument against... …に反対する議論 / argument for... …を支持する議論 / His argument for investing in CSR won over the board. CSR(企業の社会的責任)の観点から投資すべきだという彼の議論は取締役会を説き伏せた / Their argument is based on unsubstantiated rumors. 彼らの主張は根拠のないうわさを基にしている

❷《法律》弁論 ▶ closing argument 最終弁論
beyond argument 議論の余地がない
without argument 文句なしに

arid /ǽrid/ a 湿気のない; (土地が)不毛の; つまらない
◇**aridity, aridness** n

arise /əráiz/ vi (arose; arisen /ərízn/) 起こる, 生じる, 現れる; 起きる, 上がる; 反乱を起こす; (…に) 起因する (from) ▶ Should any problems arise at the plant, please get in touch with me right away. 工場で何か問題が起こったときは、直ちに私に連絡をとってください

AriZona (商標) アリゾナ [⇒100%ナチュラルな成分を使用した米国のアイスティーのブランド]

arm /áːrm/ n (会社の)部門, 子会社 [⇒たとえば自動車メーカーの傘下の金融子会社は、親会社のfinancial [finance] armと呼ばれる] ▶ He previously headed the marketing arm of the company. 彼は以前に同社のマーケティング部門の長をしていた

語法 company's ... armという形で企業の一部門を指す. charitable arm 慈善事業担当部門 / distribution arm 販売部門 / financial arm 金融部門 / logistics arm 物流部門 / philanthropic arm メセナ活動担当部門 / production arm 製造部門 / research arm 研究部門

ARM adjustable rate mortgage

Arm & Hammer (商標) アーム・アンド・ハンマー [⇒米国の家庭用洗剤などのブランド. ベーキングパウダーを使用した歯磨き, 洗濯用洗剤, 台所用洗剤, 脱臭剤がある]

Armor All Tire Foam (商標) アーマー・オール・タイヤ・フォーム [⇒米国のタイヤ用洗剤]

arm's length (次の成句で):

at arm's length 距離をおいて; 独立して, 対等な立場で; 独立した当事者間で ► keep a person at arm's length 人を寄せ付けない / deal at arm's length 客観的に見て公正な取引をする

arm's-length price 公正価格, 独立企業間取引, 第三者間で成立する公正な価格 [○要するに「市場価格」のこと]

arm's-length transaction アームス・レングス取引, 独立第三者間取引, 独立当事者間取引, 対等な立場での取引 [○関係会社や利害関係者など利益相反問題の生じる可能性がある相手との間で一定のルールを遵守しながら行われる取引. 金融持ち株会社傘下における銀行子会社と証券子会社の間の取引などがその例] ► be sold to a third party in an arm's-length transaction 独立対等取引で第三者に売却される

around /əráund/ ad, prep (…の)周りに; 周囲…で; 回転して; (…の)あちこちに[を]; (米略式)近くで; 約

► around noon 昼ごろ / The share price has stabilized around $85 over the last month. その株式の価格は先月末までずっと85ドルのあたりで安定していた / Some banks have lower fees all around. 全般に手数料が安い銀行もある / Our manager will eventually come around and agree to expanding the product line. 部長は最終的には意見を変えて生産ラインの拡張に同意するだろう / It's nice to **have** this gadget around. =This gadget is nice to **have** around. この道具は手もとにあると便利だ / Many restaurants and café have popped up around the business district. 多くのレストランとカフェが商業地区の周辺に出現している

(成句) **all around** 周りじゅうに; すべてに **around here** この辺に[で] **be around** (略式)近くにいる, 存在する **have been around** (略式)経験がある, 世慣れている; 生きてきた **the best [most] ... around** これまでで最上[最高] **the first time around** 初めての時は **this time around** 今回は

arouse /əráuz/ vt 起こす, 眠りを覚ます; 喚起する; 刺激する ► His book aroused my interest in this new business. 彼の本がこの新商売に対する私の興味を呼び起こした

ARR accounting rate of return

arrange /əréindʒ/ vt 配列する; 整える; 解決する; 準備する, 手配する, 取り決める
— vi 準備[用意]する, 手配する (for)
◇**arranger** n

arrangement /əréindʒmənt/ n 取決め, 協定; (~s)手配, 準備 (for) ► the internal arrangement 内部での取決め / a retainer fee arrangement 顧問契約 / make arrangements for の手配をする / All the arrangements have been made for tomorrow's meeting. 明日の会議の準備は何もかも整っている / We've worked out an arrangement with our supplier to speed up the delivery date. 受渡日を早めるべく納入業者との調整をすっかり済ませた

Arrangement between Japan and the United States concerning Trade in Semiconductor Products (the ~) 日米半導体協定

array /əréi/ vt 配列[配置]する
— n 配列; 勢ぞろい; [ミンピュ] 配列, アレイ [○関連のあるデータの要素の組] ► The product comes in a vast array of colors and designs. その製品にはありとあらゆる色とデザインのものがある

arrear /əríər/ n (通例 ~s) (義務・支払いの)遅れ; (~s) 未払金; 滞納, 滞納金, 滞納額; 残務 ► fall into arrears 履行遅滞に陥る

in arrear(s) 遅れて, 未払いで (with) ► pay in arrears 後払いする / The company is in arrears with its interest payments. 同社は利息の支払が遅れている

arrest /ərést/ vt ❶ (注意などを)引く; 止める, 阻止する ❷【法律】(1) 逮捕する, 勾引する, 身柄を拘束する (2) 阻止する, 抑制する (3) (船舶・積荷を)仮差押えする
— n ❶ 停止 ► go into full arrest 心停止する ❷【法律】(1) 逮捕; 勾引; 身柄(の)拘束 ► make an arrest 逮捕する (2) 阻止; 抑制 (3) (船舶などの)仮差押え

under arrest 逮捕されて, 拘留中で (for) ► place [put] a person under arrest 人を拘禁する
◇**arresting** a 人目[興味]を引く
◇**arrestment** n

Arrid (商標) アリッド [○米国のデオドラント. スプレー式あるいはロールオン式]

arrival /əráivəl/ n 到着(者, 物); 出現 ► the arrivals hall (空港の)到着ロビー

on arrival 着き次第

arrival notice 着荷通知, 着船通知

arrive /əráiv/ vi 着く (at, in); (結論・年齢などに) 達する (at); (時期が) 到来する; 名声を得る ► Please allow five business days for your order to arrive. ご注文の品の到着には5営業日かかります

arrogant /ǽrəgənt/ a 横柄な; 無礼な ► Women in high positions are sometimes labeled as arrogant for the same behavior that earns men perceptions of confidence and power. 高い地位にある女性は, 男性であれば自信と力の現れと見られる行為に対して, 傲慢のレッテルを張られることがある
◇**arrogance** n
◇**arrogantly** ad

arrow /ǽrou/ n 矢; 矢印
◇**arrowy** a 矢の(形の); 速い

Arrow Electronics (~, Inc.) アロー・エレクトロニクス [○米国の電子部品のディストリビュータ]

art /ɑːrt/ n 芸術, 美術; 技術; 技能; (~s) 人文科学; 人為, 技巧; 策略, 作為
Bachelor [*Master*] *of Arts* 文学士 [修士]
be art and part 参加者である, 共犯者である (in)
fine arts 美術

art director ❶ アートディレクター, 美術監督

❷ 印刷広告デザイン責任者
arterial /ɑːrtíəriəl/ *a* 動脈の; 幹線の
arterial road 幹線道路
artery /ɑ́ːrtəri/ *n* 幹線, 幹線道路
artful /ɑ́ːrtfəl/ *a* こうかつな; 巧妙な
◇**artfulness** *n*
article /ɑ́ːrtikl/ *n* ❶ (同種の物の) 1個; 品物; (~s) 商品, 物品, 品目 ▶ **an article of dress** (一着の) ドレス / high-end articles 高級品 / low-end articles 普及品, 低価格品 / luxury articles 高級品 ❷ (条約・契約等の) 条項 ▶ Articles 9 and 10 of the License Agreement ライセンス契約の第9条及び第10条
articles for personal use 身の回り品 [☞ 税関での申告の際によく使われる言い方]
articles in custody 保管品
articles of association 《英》通常定款 (=《米》articles of incorporation)
articles of incorporation 《米》基本定款

> [解説] 米国で, 会社設立に際して, 会社の名称, 所在地, 発行する株式の数など基本的事項を記載して州政府に提出する書面 (州によって, articles of association, certificate of incorporation, charter と呼び方が異なる). 日本と異なり, 基本定款には最小限のことしか載っていない. 会社の組織や運営方法など細かいことは「付属定款」(bylaws) で定める. ⇨《英》memorandum of association

▶ under the articles of incorporation 定款上 / execute the articles of incorporation 定款を作成する / prepare the articles of incorporation and file them with the Secretary of State 会社定款を作成して州務長官に届け出る / **The articles of incorporation may be amended** by the affirmative vote of two thirds of the shareholders present at a meeting at which a quorum is present. 定款は, 定足数が満たされている株主総会に出席している株主の2/3の多数でこれを修正することができる / **The company's articles of incorporation** provide that directors may be removed only for cause. 当社の定款は, 取締役は正当事由のある場合のみ解任できると定めている / To set up a company in Japan, you need to **have the articles of incorporation**, among other things, notarized and filed with the registry. 日本で会社を設立する場合は, 他の手続きもさることながら, 定款を (公証人に) 認証してもらい, かつ登記所に届け出ることを要する
articles of partnership パートナーシップ定款, 組合規約; 合名会社の定款
artificial /ɑ̀ːrtəfíʃəl/ *a* 人工 [人造] の; 不自然な, わざとらしい ▶ artificial beach 人工海浜 / artificial intelligence 人工知能 (AI) / artificial aggregate 人工骨材
◇**artificiality** *n*
artificially /ɑ̀ːrtəfíʃəli/ *ad* 人為的に, わざとらしく ▶ The US is urging that China stop keeping its currency artificially low. 通貨を人為的に低く維持するのを止めるように米国は中国に圧力をかけている

artist /ɑ́ːrtist/ *n* 芸術家, 画家, アーティスト [☞ 音楽家, 芸能人];《略式》職人, 名人, …屋, …師 (*in*) ▶ a turnaround artist 会社再建のプロ
as /əz, 《強》æz/ *ad* (as A as B) Bと同じくらいA [☞ 後者の as は conj]

▶ Customers choose products based on design **as** much as price. 顧客は価格と同じくらいデザインを重視して製品を選ぶ
— *conj* …のように, 通りに; …について, …の時; …しながら; …なので; …だけれども

▶ **as** a child 子供の時に / strange **as** it may seem 奇妙に思えるが / Do in Rome **as** the Romans do.《諺》郷に入っては郷に従え / **As** the confidence in the market grows, so will consumer spending. 市場への信頼が増大するにつれて, 消費者支出も増大するだろう / **As** the yen rises, Japanese exports will be badly hurt. 円が高騰するにつれて, 日本の輸出は手痛い打撃を受けるだろう
— *rel pron*(such, the same, as, so と共に) …のような

▶ such friends **as** will benefit you あなたのためになるような友人 / the same trouble **as** they have 彼らが抱えているのと同じ問題
— *prep* …として

▶ **as from** June 1 6月1日から / **As of** March 15, domestic sales rose by 12%. 3月15日現在で, 国内の売上高は12%増加した / **As yet**, the stock market remains volatile. 今までのところ, 株式市場は乱高下が続いている / My car was sold **as is**. 私は車を現状のままで売った 🔲 BUYER acknowledges that the Goods are being sold on "**as is**" basis. 「買主」は, 現状有姿のまま販売されることを了解する

[成句] **as against** に対して, 比べて **as and when ... **…するときは **as ... as any** いずれに劣らず **as at**《英》(〇月〇日) 現在 **as ever** 相変わらず **as for** に関しては **as from** …より **as how**《方》ということを (*that*) **as if** [*though*] まるで…かのように **as in** におけるように **as is** (商品が) 傷 [難, よごれ] あり, 現品限りで; 現状のまま **as it is** [*was*] あ りのままに; (ところが) 実は **as it were** いわば **as many as ...** ほどに多くの **as of** …現在で [の] **as to** に関して [ついて] **as told to** が聞き書きで著述した **as yet** (多く否定文で) 今までのところは, 今のところはまだ **it is not as if** というわけではあるまいし

A/S Aktieselskabet《デンマーク語》会社
ASA《英》Advertising Standards Authority 広告規準協会; American Standards Association 米国標準規格協会 [☞ 現在は ANSI]; American Society of Appraisers; American Statistical Association
ASAP, asap /èièsèipíː, éisæp, əsǽp/《米略式》as soon as possible 至急 ▶ Get here ASAP. 大至急, こっちに来い
Asarco (~ Inc.) アサルコ [☞ 銅その他非鉄金属生産会社. 1899年 American Smelting & Refining として創業. 1999年には Grupo Mexico に買収

されたが2005年破産法に基づくChapter XI申請]

ascend /əsénd/ *vi* 登る, 上がる; 上り坂になる; さかのぼる (⇔descend)
◇**ascendancy** *n* 優勢, 優越; 支配力[権]
► gain ascendancy over より優勢になる

ascent /əsént/ *n* 上昇; 上り坂 (⇔descent)
► The ascent of real estate prices have sparked new construction projects around the country. 不動産価格の上昇は全国の新しい建設プロジェクトに火を点けた

Asea Brown Boveri ⇨ABB

ASEAN /ɑ́:siən, éisiən/ Association of Southeast Asian Nations 東南アジア諸国連合, アセアン [◆1967年にインドネシア, シンガポール, タイ, フィリピン, マレーシアの5か国で東南アジアの友好と経済発展, 政治的安定を目指し結成された地域協力機構. 1984年にブルネイ, 1995年ベトナム, 1997年ミャンマー, ラオス, 1999年にカンボジアが加わり, 東南アジア10か国すべてが加盟するASEAN10が実現した]

ASEAN Chamber of Commerce and Industry (the ~) ASEAN商工会議所

ASEAN Free Trade Agreement アセアン自由貿易協定 (AFTA)

ASEAN Free Trade Area (the ~) ASEAN自由貿易地域 (AFTA) [◆アセアン諸国の自由貿易圏. 共通効果特恵関税の導入によって, 2008年までの15年間でアセアン自由貿易地域を形成しアセアン地域内の貿易拡大を目指す. 1992年の第4回アセアン首脳会議で合意]

ASEAN+3 アセアン+3 [◆ASEAN加盟国と日本, 中国, 韓国の3か国]

ASEAN Regional Forum (the ~) ASEAN地域フォーラム (ARF) [◆アジア太平洋地域の安全保障の新たな枠組み作りを目指す多国間協議の場. 毎年1回, ASEAN定例外相会議の終了後に開かれている. ASEAN10か国, 日米中露, EUなどが集まる. 2000年7月には朝鮮民主主義人民共和国(北朝鮮)が新規に参加した]

ASEM Asia-Europe Meeting アジア欧州会議 [◆アジアの10か国とヨーロッパの15か国と欧州委員会が参加. 1996年に第1回首脳会議がバンコクで開かれた. 2007年現在参加国43か国]

A share A株 [◆中国国内向けに売り出されている中国企業株] ⇨B share

Asia Currency Unit アジア通貨単位 (ACU) [◆EUのようなアジア通貨圏をめざしての, アジア通貨単位の共通化構想を指す]

Asia-Europe Meeting アジア欧州会議 ⇨ASEM

Asian Currency Unit アジア通貨単位 (ACU) [◆アジア通貨(ASEAN10か国と日本, 中国, 韓国)が対象の加重平均値で, 計算上の共通の通貨. ユーロの前身である欧州通貨単位(ECU)がモデル]

Asian Development Bank (the ~) アジア開発銀行 (ADB) [◆アジア太平洋地域の経済開発を支援・促進するために設立された国際銀行. 国連のアジア・極東経済委員会が中心となり, 1966年にフィリピンのマニラに本部を置いて発足. 貧困撲滅, 経済支援, 人材開発, 環境保護などを事業目的とする]

Asian tiger アジアの虎 [◆東南アジアの中で急成長を遂げた国を言う] ⇨tiger

Asia Pacific Economic Cooperation (the ~) アジア太平洋経済協力会議, エイペック (APEC) [◆1989年に, オーストラリアのホーク首相が「自由に開かれた地域経済協力関係」をアジア・太平洋地域に作ることを提唱し, 発足した政府間公式協議体. 当初は12か国で発足. 現在は, 21か国・地域がメンバーとして参加]

Asia Pulp and Paper (~ Co. Ltd.) アジア・パルプ・アンド・ペーパー (APP) [◆Singapore本拠の紙・パルプ会社で, インドネシア各地に製紙, パルプ工場を持つ. 中核のIndah Kiat Pulp & Paperはインドネシアと台湾の合併事業]

aside /əsáid/ *ad* わきへ[で]; 離れて; 別にして
► joking aside 冗談はさておき / unusual circumstances aside 例外的な場合は別として
aside from のほかに, は別として (=apart from)

ask /æsk/ *v* (~ B A) (BにAを) 尋ねる, 聞く; (~ B of A) (AにBを) 頼む, 要求する; …するように頼む (*to do*); 招く; 必要とする ► If you don't see what you want, please ask. 《略式》ご入り用の品が見つからない場合は, どうぞお申し付けください (✚店員などが客に対して言う表現) / A sample copy will be sent to you, if you ask. ご請求があればサンプルのコピーをお送りします

ask about のことを聞く, について質問する
► Ask about special deals for people with good health. 健康な人に対する保険の特別扱いについてお尋ねください

ask for を求める, (の値段として)請求する, を要する ► He has never asked for a raise in salary. 彼はこれまで一度も昇給を求めたことがない

ask for it 《略式》自ら災いを招く, 墓穴を掘る
► You asked for it! 自業自得だ

ask if [whether] かどうかを尋ねる ► Ask whether you can get a discount. 割引してくれるかどうか聞きなさい

ask out 招待する (*to*); 《米》やめる

ask ... over を呼ぶ (*to*)

if you ask me 私に言わせてもらえば

asked price ❶ (売手の) 提示価格 ⇨asking price [◆提示される側に立った言い方]; 売り指値, 売り呼値 (=ask price) ► make profit on the spread between the bid and asked price 買い呼値と売り呼値のスプレッドで利益をあげる ❷ ミューチュアルファンド(投資信託)の1口価格

asked rate (売手の) 提示レート

asking /æskiŋ/ *n* 尋ねること; 請求
for the asking 請求すればただで; 欲しいと言えば

asking price (売手の) 提示価格 ⇨asked price [◆提示する側に立った言い方]; 売り指値, 売り呼値 (=ask price), 売り気配值; 募集価格, 希望価格 ► In a buyer's market, homes usually sell for less than the asking price. 買手市場のときには通常, 住宅は売手の希望価格より低

い値段で売却される
ask price 売り呼値, 売り気配値［⇨取引所での取引で, 売手の言う値段あるいは売り気配値を言う］
ASM available seat mile
aspect /ǽspekt/ n 外観, 様子; 局面; 見地; 向き ► What aspect of your job do you find rewarding? あなたの仕事のどういう点がやりがいがあると考えていますか
aspiration /æspəréiʃən/ n 熱望, 大望《for, after》; 目標 ► He was essentially hired as a paralegal, but he has aspirations to become a partner after he passes the bar. 彼は本来は弁護士補助員として雇われたが, 司法試験に合格してからはパートナーになる野心を抱いている
aspire /əspáiər/ vi 切望［熱望］する《to, after, to do》 ► Our firm aspires to provide excellent legal service to our clients. わが事務所は顧客に良質の法律サービスを提供したいと念願している
◇**aspiring** a
assault /əsɔ́:lt/ n, vt 襲いかかる; 激しい攻撃(をする);（困難なことへの）果敢な挑戦 ► The housing market has been assaulted by the slew of mortgage defaults. 住宅市場は住宅ローン債務不履行の大波に襲われてきた

assemble /əsémbl/ v 集める; 集まる; 組み立てる, 構成する ► Our factory uses robots to assemble the car parts. 当社の工場では自動車部品の組み立てにロボットを使っている
◇**assemblage** /-blidʒ/ n 集まり; 会合; 組立て;［コンピュータ］=compile ④
assembler /əsémblər/ n 組立工;［コンピュータ］アセンブラ［⇨アセンブリ言語を機械語に変換するプログラム］

assembly /əsémbli/ n ❶（機械の）組立て; 組立部品
❷［コンピュータ］アセンブリ［⇨言語プログラムからそれに対応する機械語プログラムを作り出すこと］
assembly cost 組立費
assembly department 組立部門, 組立部
assembly hall 集会場;（航空機などの）組立工場
assembly industry 組立産業［⇨自動車のように部品を組み立てて完成品を作る産業］
assembly language［コンピュータ］アセンブリ言語
assembly line 組立ライン［⇨部品を組み立てて完成品を作る工程］
assembly line worker 組立工, 組立作業員
assembly order 組立指示書
assembly plant 組立工場, 一貫作業工場
assembly process 組立工程
assembly production orders 組立指示書［⇨製造企業における組立製品の製造指示書］

assembly worker 組立工, 組立作業員
assent /əsént/ vi 同意［賛成］する《to》 ► assent to proposal 提案に同意する
— n ❶ 同意, 賛成 ► in assent 同意して / give one's assent to ... に賛成する ❷［法律］同意; 契約の意思

assert /əsə́:rt/ vt 断言する; 主張する《that》 ► Unless you assert your role as manager, your staff won't take you seriously. 君が課長としての役割を強く主張しなければ, 君の部下は君をまともに相手にしないだろう
assert oneself 自己（の権利）を主張する; おのずから存在［正しさ］を表す
◇**assertion** n （自己）主張, 断言《that》;（企業の）言明 ► assertions made by management 経営陣による言明

assess /əsés/ vt（価値・能力などを）評価する, 判断する; 重大性を評価する;（課税のため財産・収入などを）評価する, 査定する;（税額などを）決定する;（税を）課する ► assess a tax on a person's property 人の財産に課税する / assess the hazards that pose a threat to citizens and property 市民と財産への脅威をもたらす危険の重大性を検討する / His annual income was assessed at ten thousand dollars. 彼の年収は1万ドルと査定された / The SWOT analysis can be used to assess a company's business strategy. スウォット分析が企業の事業戦略の評価に使うことができる / You should assess exactly how much you're protected. 正確にいくら保険でカバーされているかを査定する必要がある

assessment /əsésmənt/ n ❶ 評価, 判断《that》; 資産評価 ► property assessment 資産評価 / The board will make its decision after assessment of the market potential. 取締役会は市場の将来性を評価した後に決定を下すだろう
❷［法律］(1)（財産・収入などの）査定（額）; 評価（額）(2) 環境影響評価 ► environmental assessment 環境アセスメント / conduct an independent assessment of the potential environmental risks 環境面の潜在的リスクについて第三者評価を実施する (3)（株主に対する）追加払込請求 (4) 損害賠償額の決定; 損失補償額の決定 (5)（税の）賦課; 賦課金; 追徴金（額） ► tax assessment 課税評価
assessment roll 課税台帳
assessor /əsésər/ n ❶ 評価者, 査定者, 鑑定者 ❷ 課税査定人; 損害査定人; 不動産課税評価官［⇨従価税など不動産の課税評価額を査定する公務員を言う］

asset /ǽset/ n ❶ 取り柄, 長所, 強み
❷（~s）財産; 資産［⇨有形・無形を問わず将来所得を生み出すことができる土地, 建物, 預金, 証券など, その価値は生み出される所得を利子率で割り引かれた現在価値で測られる］

asset accounting

コロケーション

(動詞(句)+~) **acquire** assets 資産を取得する / **dispose** assets 資産を処分する / **freeze** assets 資産を凍結する / **liquidate** assets 資産を現金化する / **manage** assets 資産を管理する / **purchase** assets 資産を購入する / **realize assets** 資産を現金化する / **seize** assets 資産を差し押さえる / **sell off** assets 資産を売り払う

▶ cultural assets 文化財 / net assets 純資産 / the asset market 資産市場 / acquire an asset at market value 資産を時価で取得する / seize [take over] the assets of の財産を押収する / We plan to **dispose certain assets** for cash. 一部資産を現金化するために処分する予定だ / Japan Post Insurance **has** more **assets** than all the other private-sector insurance providers combined. かんぽ生命保険は、民間保険会社の資産額合計を超える資産を保有している / Professional investment managers **manage cash, securities, and other assets** on behalf of institutional clients and receive fees for handling related transactions. 資産運用の専門家は、現金、証券その他の資産を機関投資家に代わって運用し、関連取引に携わることで手数料を得ている / The only way out for the company would be to **sell off its assets** to generate the money it needs. 同社にとり唯一の活路は、必要な資金を入手するために資産を売却することだろう / The bank is the largest in Japan **in terms of deposits and assets**. その銀行は預金と資産の点では日本で最大だ

資産

bankable assets 銀行取引の対象としうる資産 / capital assets 固定資産 / contingent assets 偶発資産 / current assets 流動資産 / depreciable assets 減価償却資産 / financial assets 金融資産 / fixed assets 固定資産 / intangible assets 無形資産 / liquid assets 流動資産 / operating assets 営業資産 / permanent assets 固定資産 / pledged assets 担保物件 / private assets 私財 / real assets 実物資産 / tangible assets 有形資産

❸ (~s)(貸借対照表上の、特に負債・資本に対し)資産[財産]科目

asset accounting 資産会計 [⇨資産の取得から費消または売却・処分にいたるまでの記録、測定、計算、報告を取り扱う会計領域]

asset acquisition ❶ 資産取得 [⇨対価を支払って資産を取得すること] ❷ 資産買収 [⇨会社全体の買収でなく、一部の資産のみを買い取ること。破産会社のもつ優良資産を買い取る場合などに使われる手法] ⇨acquisition

asset allocation 資産配分、アセット・アロケーション [⇨最低限のリスク・最大の収益を求めて、各種の資産を組み合わせて保有すること] ▶ decide the asset allocation of the fund ファンドのアセット・アロケーションを決定する

asset appreciation =capital appreciation

asset-backed CP 資産担保CP [⇨売上債権や手形などの資産を担保にして発行されるコマーシャルペーパー]

asset-backed securities アセットバック証券、資産担保証券 (ABS) [⇨クレジット・カード債権や自動車ローン債権など住宅ローン債権以外の金銭債権を証券化して発行される証券]

asset-based fee arrangement 運用資産ベースの報酬体系

asset basis 資産基準

asset capitalization 資産計上 [⇨一般に設備投資のための支出額を固定資産として計上することを言う]

asset class 資産クラス

> **解説** 投資の対象となる資産のカテゴリー。伝統的な資産クラスは株式、債券、現金(現金等価物を含む)の3つだが、ヘッジファンドなどのオルタナティブ資産も独自の資産クラスとして扱うことがある。投資にあたっては資産クラス別の配分が重視される

▶ One way to balance risks is to diversify across asset classes. リスクを均衡させる一つの方法は全資産クラスに分散することだ

asset cover 資産カバレッジ [⇨負債または潜在的損失がどの程度資産によって補填されるかを示す。asset coverageとも言う]

asset deflation 資産デフレ [⇨資産価格が全面的に下落する現象]

asset depreciation range 資産償却許容範囲

asset depreciation range system 資産減価償却弾力制度 (ADRS)

asset devaluation 資産評価切下げ

asset effect 資産効果 [⇨所有している資産の値上がりが消費に与える好影響。wealth effectの方が一般的]

asset financing アセット・ファイナンス、資産金融 [⇨資産担保型金融という資産を活用して行う資金調達手法。不動産や貸出債権の証券化などがその典型的な例]

asset forfeiture law 犯罪関連財産没収法

asset gain and loss 資産損益

asset inflow 資産流入額

asset ledger =asset register

asset-liability management 資産負債管理 (ALM) [⇨これを怠ると資産運用益が下がる一方で調達資金コスト(負債)が上昇して逆ざやになったりする]

asset life 資産の耐用年数

asset management 資産運用、アセットマネジメント、資産管理、不動産管理 [⇨顧客からの委託を受けて顧客の所有する資産を運用する業務。運用の対価として手数料を受け取る] ▶ He has more than 10 years experience in asset management business. 資産運用業務で10年を超える経験を有している

asset management firm 資産運用会社

asset management operations 資

産運用業務

asset manager 資産運用責任者, 資産運用マネジャー

asset mix アセット・ミックス, 資産構成 [⊃株式60%, 債券40%という具合に, 資産配分 (asset allocation) という手続を経て定めるポートフォリオの資産構成 (portfolio mix) を言う]

asset mix policy 資産配分政策 [⊃ポートフォリオの構成, つまり株式, 債券, キャッシュ (=現金, 短期金融商品) といった資産別の内訳をどう決めるかということ]

asset outflow 資産流出額

asset pledged as collateral 担保差入資産

asset price 資産価格 [⊃不動産や株式の価格]

asset register 固定資産台帳 (=fixed asset register)

asset revaluation 資産再評価

asset revaluation law 資産再評価法

assets account 資産勘定

assets and liabilities management 資産負債総合管理 (ALM)

asset stripping アセットストリッピング [⊃買収先の企業につき企業資産としての一体性を顧みることなく, 個別に不動産などの実物資産)を売り払って現金化し, 買収資金の返済に充てた上, 残額を利益として確保すること]

asset turnover (ratio) 資産回転率 (=turnover of asset) [⊃売上を総資産または総資本で割って求める指標。期間中にその資産でどれだけの売上を達成したかという利用効率が示される] ▶ have an asset turnover of 2.5 資産回転率は2.5である

assets under management 運用資産 [⊃顧客の委託を受けて運用している資産, またはその額] ▶ The mutual fund charges a fee of 1.5% annually for assets under management. そのミューチュアルファンドは運用資産の1.5%の手数料を毎年徴収する

asset utilization ratio 資産利用率

asset valuation 資産評価

asset value 資産価値, 純資産 ▶ The fund's net asset value has declined by 12% compared to a year ago. そのファンドの純資産額は前年比で12%も減少している

assign /əsáin/ vt

❶ (仕事・任務などを) 割り当てる; (役目を) 命ずる; 指定する; 帰する (to) ▶ She was assigned to cover Wall Street. 彼女はアメリカの証券・金融市場を取材する仕事を与えられた

❷ (財産・権利などを) 譲渡する ▶ To assign your shares to a trust, a stock transfer agreement in the form provided by the company must be completed and executed. 株式を信託に譲渡するためには, 会社が指定した書式による株式譲渡契約を作成し, 調印することを要する

— n (他人の財産・権利の) 譲受人; 承継人 (=assignee) ▶ my heirs and assigns 私の相続人ならびに譲受人

assignable a 譲渡できる (transferable)

assignable subscription warrant 譲渡可能新株引受権証書

assigned risk 低等級契約者 [⊃事故歴等により通常ならば保険に入れないとか, 特別な保険にしか入れない人を指す]

assignee /əsainí:/ n 譲受人

assignee in bankruptcy 破産管財人

assigner /əsáinər/, **assignor** /əsainɔ́:r, æsən-/ n (財産・権利の) 譲渡人 (⇔assignee)

assigning cost 費用配分, 原価配分

assignment /əsáinmənt/ n

❶ (仕事・任務などの) 割当て, 配属; 任務; 案件, (会社・上司に命じられた) 仕事

コロケーション

(動詞 (句) +~) **accept** an assignment 任務を引き受ける / **carry out** an assignment 与えられた任務を遂行する / **fulfill** an assignment 任を果たす / **give** an assignment 任務を与える / **refuse** an assignment 任務を断る / **take on** an assignment 仕事を引き受ける

(形容詞 (句) +~) **easy** assignment 楽な任務, 楽な仕事 / **overseas** assignment 海外勤務 / **tough** assignment 厳しい任務, 厳しい仕事 / **unaccompanied** assignment 単身赴任

▶ **The assignment at hand** is to prepare for the upcoming trade show. 差し迫った課題は来たるべき業界見本市の準備をすることだ / He has never **had an overseas assignment**. 彼は海外勤務をしたことがない / An employee cannot **refuse an assignment** unless there are good and compelling reasons. 従業員は正当かつやむを得ない事由のない限り, 割り振られた仕事を拒絶できるものではない / I'm not sure if he would agree to **take on the assignment**. 彼がその仕事を引き受けることを了承するか定かでない

❷ (権利・財産などの) 譲渡; 譲渡証書 🗐 No assignment of this Contract shall be made, in whole or in part, by BUYER without prior written consent by SELLER. 「買主」は, 「売主」による事前の書面による同意なしに, 本契約の全部であれ一部であれ, 譲渡してはならない

on (an) assignment 仕事で ▶ on special assignment 特別任務で / He's in Africa on assignment. 彼は仕事でアフリカに行っています / She is on an assignment in Germany for six months. 彼女は今, 6か月の予定でドイツに派遣されている

with an assignment to do... …をするという任を負って ▶ She was appointed chief information officer with an assignment to improve the company's knowledge management system. 彼女は会社の情報管理システムを改善する任を負って最高情報責任者に任命された

assignment of insurance policy 保険金請求権の譲渡

assignment of lease リースの譲渡

assignment of receivable 債権譲渡, 売上債権(売掛金)の譲渡, 担保差入れ

assimilate /əsíməlèit/ vt 同化する《to》; 吸収する; 理解する
— vi 同化する; 似る《into, to, with》 ► He found it hard to assimilate into the local business culture when he was posted overseas. 彼は海外勤務になったときに, 現地のビジネス風土に同化するのに困難を感じた

assimilation /əsìməléiʃən/ n 同化(作用)

assist /əsíst/ v ❶ 助力する; 援助する; 助力者として出席[参加]する《at》 ► Our law firm has assisted in many cases dealing with workmen's compensation. 当法律事務所が労働者の報酬に関する多くの訴訟事件を手伝ってきた / The committee's chair is assisted by several technical experts. 委員会の議長席補佐は数人の技術専門家に補佐されている
❷ (正犯を) 幇助する
— n 助力; 幇助

assistance /əsístəns/ n 援助, 助け ► technical [financial] assistance 技術的[財政的]援助 / come to a person's assistance 助けに来る / give [provide] assistance to に援助を与える / receive financial assistance from から財政援助を受ける / For assistance, call toll-free 1-800-000-0000. お問い合わせはフリーダイヤル1-800-000-0000をご利用ください

assistant /əsístənt/ n 助手《to》; (英) 店員 ► an assistant to the president 社長補佐
— a 補助の; 補佐の ► an assistant director 副支配人

assisted area (英) 要支援地区 [◯政府が企業に雇用の拡大を援助する必要があると認めた地域] ► The government designated the city as an assisted area that receives financial support. 政府はその市を財政援助を受ける要支援地区に指定した

associate /əsóuʃièit/ vt 連想する; 提携[関連, 連合]させる《with》 ► We were associated in the enterprise. 共同でその会社をやっていた / Many consumers associate high price with high quality. 多くの消費者は高い値段から高い品質を連想する
— vi 付き合う《with》; 結合する《with》
— n /-ət, -èit/ ❶ (仕事・事業などの) 提携者; 仲間, 同僚; 準会員; 連想されるもの
❷【法律】(1) (法律事務所の) 平弁護士, 勤務弁護士; いそ弁(⇔partner) (2) 共謀者
— a 提携の; 仲間の

associate company = associated company

associated agreement 関連契約

associated company 関係会社, グループ企業

Associated Press (the ~) AP通信社 (AP) [◯1848年創立. 世界121か国にサービスを提供する米国の通信社]

associated trademark 連合商標 [◯権利者の登録商標のみならず, それと類似したものについても, 一括して権利者に法的保護を与える制度]

associate judge 陪席判事

Associate of the Institute of Chartered Accountants (ACA) 英国勅許会計士協会会員

association /əsòusiéiʃən, -ʃi-/ n ❶ 組合 [◯人が集まってできる事業共同体で, 法人格の付与されていないものを指す]; 協会, 連合 ► in association with と共同で / tie association 提携する / fruitful association 実りある提携関係
❷【法律】(1) 社団; 団体(の結成) (2) 法人格なき社団

association dues 組合費

Association for Payment Clearing Services (英国) 銀行共同支払決済機構

Association for Relations Across the Taiwan Straits (the ~) 海峡両岸関係協会 (ARATS) [◯台湾との交流の問題を扱う中国の団体. 1992年に財団法人として設立]

Association Internationale pour la Protection de la Propriété Intellectuelle 【知財】⇨ AIPPI

Association of American Law Schools アメリカ法科大学院協会 (AALS)

Association of Caribbean States (the ~) カリブ諸国連合 (ACS) [◯1995年に, カリブ周辺地域にある関係国25か国によって設立された地域統合体. 政治・経済・社会・文化などの政策における協議, 協力および共同行動を目的とする]

association of promoters 発起人組合

Association of Southeast Asian Nations ⇨ ASEAN

association test 連想テスト [◯絵や言葉を見せて思い浮かぶものを挙げてもらう定性的調査法の一つで, 広告関係で使う]

assortment n 品揃え; 商品構成, ラインナップ, 類別 ► an assortment of goods (店の) 品ぞろえ
語法 a(n)+[形容詞]+assortment+of+[商品区分]の形で用いる. a wide assortment of household items 幅広い家庭用品の品ぞろえ / a limited assortment of brand names 限られたブランド品の品ぞろえ / a well-rounded assortment of sporting goods 充実したスポーツ用品の品ぞろえ

assume /əsú:m | əsjú:m/ vt 当然と思う, 仮定する《that, to be》; (責務・債務などを) 負う, 引き受ける; (権利や他人の物を) わがものとする, 横encoded する ► assume the office of... …の職に就く, …に就任する / Effective April 1, 2006, he assumed the position of president. 2006年4月1日付で, 彼は社長の地位に就いた / The company assumed it could recover its investment eventually. その投資は最終的に取り戻すことができると同社は思い込んだ / A growing number of firms are assuming active roles regard-

assumed debt 引受債務，承継債務 ▶ They acquired the company for $3 million in cash and $2 million in assumed debt. 現金3百万ドルと承継債務2百万ドルで同社を買収した

assumed interest rate 予定利率 [◇保険料計算の基礎になる保険資金・年金積立金の運用利回りの予測値] ▶ at an assumed interest rate of 5% 予定利率5パーセントで

assumed liability 承継負債

assumed mortality (rate) 予定死亡率 [◇保険料計算の基礎になる死亡率に関する予測値]

assumed rate of interest (年金や保険などの)予定利率 [◇積立金の運用時に想定される利回り]

assumed rate of return 予定利率

assumption /əsʌ́mpʃən/ n ❶ 仮定(*about*); 想定, 前提 ▶ implicit assumption 暗黙の前提 / be based on the assumption that との想定に基づいている / Assumptions about the stock market often turn out to be wrong. 株式市場についての想定は結果的に間違っている場合が多い ❷ (債務の)承継, 引受 ❸ [会計]前提, 公準 ▶ assumption of accounting 会計公準, 会計の前提条件

assumption of debt 債務の承継 ▶ The buyout would entail an assumption of debt totaling $250 million. その買収には総額2億5千万ドルの債務肩代わりを必要とするだろう

assurance /əʃúərəns/ n 《英》(生命)保険 (= 《米》insurance) [◇英国の場合, 保険金支払の原因となる事実が偶然のものなら insurance, 必ず生ずる事実(たとえば人の死)ならば assurance と言う] ▶ life assurance 生命保険

assurance company 《英》保険会社

assure /əʃúər/ vt 保証する; 請け合う(*of*, *that*); 確実にする; 《英》保険をかける ▶ We assure you that your shipment will arrive on time. 貴社の積荷が予定通り到着することを保証します

assure oneself of を確実にする
be assured of を確信する
I assure you. 確かですよ
You can be [rest] assured that ... と確信できます

assured /əʃúərd/ a 確実な; 自信のある; ずうずうしい; 保険をつけた[かけられた]

— n (the ~) 《英》被保険者 (= 《米》the insured) [◇生命保険では, その生死が保険金支払の条件になる人. 損害保険では, 保険金を受け取る人]

◇**assuredly** /-rid-/ ad 確かに; 自信を持って; 大胆に

assurer /əʃúərər/ n 保証する人; 《英》保険者 (= 《米》insurer) [◇保険会社などの保険事業の運営にあたる組織]

ASTA /ǽstə/ American Society of Travel Agents アメリカ旅行代理店協会

astonish /əstánɪʃ/ vt 驚かす

be astonished by [*at*] でびっくりする ▶ We were astonished at the jump in our company stock last week. 先週わが社の株が急に値上がりしたので, びっくりした
◇**astonishing** a
◇**astonishingly** ad
◇**astonishment** n

Aston Martin 《商標》アストン・マーチン [◇英国の乗用車. 映画『007』の超装備車は Aston Martin DB5 と称する]

astound /əstáund/ vt 仰天させる
◇**astounding** a びっくり仰天させるような ▶ Net income for last year surged by an astounding 150%. 昨年の純利益は150%という驚くべき急増となった

astounded /əstáundɪd/ a (…に)びっくり仰天した ▶ I was astounded at the exorbitant price he asked. 途方もない代金の請求にあ然とした

Astra International 《PT ~ Tbk.》アストラ・インターナショナル [◇インドネシア最大の自動車メーカー. トヨタ, ダイハツの自動車, ホンダのバイクを生産する. 重機械の製造, 通信事業などにも進出するほか農業も手がける]

AstraZeneca 《~ plc》アストラゼネカ [◇英国の製薬グループ. 胃腸薬 Losec などが主力. 英国の Zeneca Group plc とスウェーデンの Astra AB が合併して1999年に設立]

astronomical /æstrənámɪkəl/ a (数量が)ばく大な, 天文学的な ▶ astronomical figures 天文学的数字

Astroturf 《商標》アストロターフ [◇野球場などに使用される人工芝の商品名]

Astroturf campaign アストロターフ・キャンペーン [◇人為的な草の根(grass-roots)ロビー運動. 抗議の手紙などを組織的に書いて送らせること; Astroturf は人工芝の商標名. 人工的な grass-roots と言うことから. 単に astroturfing とも言う]

astute /əstjúːt/ a 明敏な; 機敏な; 抜け目ない (*about*)
◇**astutely** ad

ASX Australian Stock Exchange オーストラリア証券取引所

asymmetric digital subscriber line ⇒ ADSL

asymmetric directive 中立型指令 [◇連邦公開市場委員会(FOMC)がニューヨーク連銀に出す指令(directive)の一つ. 景気配慮, インフレ警戒のいずれにも偏らず, 金利据え置きと決めたときに出すもの]

asymmetry /ei-, æ-/ n 不均整, 非対称

asymmetry of information 情報の非対称性 [◇取引当事者の間に情報の格差が存在する状態. たとえば, 中古車の売買で, 売手が車の品質について買手より多くの情報をもっているような状態を言う]

asynchronous /eisíŋkrənəs, æs-/ a 非同期の; 調子を合わせない

at /ət, 《強》æt/ prep (位置)…で; (時·年齢)…の

時に;（程度・割合）…で;（目標）…に向かって;（状況）…の状態で;（原因）…で
▶ **at** cost 原価で / **at** work 仕事中で / be pleased **at** the result 結果に喜ぶ / while we are **at** it ついでに，ちなみに / The CEO is expected to announce his resignation **at** the next board meeting. CEOは次の取締役会で辞意を表明する予定だ

成句 *at it* 取り組んで, 精を出して *at that* それにしても；しかも；そのままで *where it's at* いちばん面白いこと[ところ]

AT&T (〜 Corp.) エーティー・アンド・ティー [⇒米国の電話・通信会社. 旧称 American Telephone and Telegraph Co. （前身の会社は創業1875年）1948年独禁法による電話会社分割により分割された. AT&T は同ベルファミリーの電話会社 SBC コミュニケーションに買収され(2005年), 名前を AT&T とした. 2006年12月 Bell South を860億ドルで買収した. Bell South の保有していた携帯電話事業 Cingular Wireless は AT&T の子会社 AT&T Mobility として営業している]

AT&T Mobility エーティ・アンド・ティー・モビリティー [⇒電話会社 AT&T を親会社とする米国の携帯電話サービス会社. 米国で初めてローミング長距離無料プログラムを開始. 前身は Cingular Wireless]

AT&T Wireless エイティアンドティー・ワイヤレス [⇒電話会社 AT&T を親会社とする米国の携帯電話サービス会社. 米国で初めてローミング長距離無料プログラムを開始]

ATC automatic train control; air traffic control; average total cost

ATF U.S. Bureau of Alcohol, Tobacco and Firearms 米国アルコール・タバコ・火器取締り局

at-home *a* 自宅勤務の；内部[社内]の ▶ at-home employees 自宅勤務者 / at-home training 内部研修

ATL actual total loss

ATLA American Trial Lawyers Association

Atlantic Richfield アトランチックリッチフィールド (ARCO) [⇒米国の石油会社. 1870年設立. 2000年に英国の BP に買収され, BP West Coast Products として運営されている]

ATM automated [automatic] teller machine 現金自動預け払い機 ◆ deposit money into an ATM ATM で金を預け入れる / transfer money using an ATM ATM で振り込む / withdraw money from an ATM ATM から金をおろす [引き出す] / You can usually find an ATM around the corner in most major cities. ほとんどの大都市では街角にATMがあるのが普通だ

atmosphere /ǽtməsfìər/ *n* 大気, 空気; 気圧; 雰囲気, 状況, 気分, ムード ▶ I enjoy working with my colleagues in a relaxed atmosphere. くつろいだ雰囲気のなかで同僚と仕事をするのを楽しんでいる

atomic /ətάmik/ *a* 原子の
atomic energy 原子力
atomic pile [reactor] 原子炉
atomic power plant [station] 原子力発電所

atomic waste 核廃棄物

atop /ətάp/ *ad*, *prep* (…の) 頂上に (=on top of) ▶ The bank sits atop a massive pile of bad debts. その銀行は莫大な不良債権の累積を抱え込んでいる

attach /ətǽtʃ/ *vt* ❶ （メールなどで）添付する ▶ I am attaching the file you requested. ご依頼のファイルを添付いたしました / Please find attached the information you requested. ご依頼の資料を添付いたしました ❷ 押収する

attached papers 添付書類
attached structures 付属設備

attachment /ətǽtʃmənt/ *n* ❶ 付着(物);（電子メールの）添付ファイル ▶ I am afraid you forgot to add the attachment to your mail. メールの添付書類をお忘れのようです / The picture can be sent as an e-mail attachment. その写真はメールに添付して送信できる ✉ For further details see the attachment. 詳細については添付書類をご覧ください ❷ 仮差押え；差押え ▶ have an attachment of earnings made on... に対する給料の差押えをする [⇒債権者自ら行うのではなく, 執行官に代行してもらう]

attack /ətǽk/ 襲う;（仕事に）取りかかる
― *n* 攻撃；非難；着手, 開始
under attack 攻撃されて 《*from*》

attain /ətéin/ *v*（目的を）達成する；到達する 《*to*》 ▶ We have attained our quarterly sales target. 当社は四半期売上高の目標を達成した / These goals aren't always possible to attain. これらの目標はいつでも達成できるとは限らない
◇**attainment** *n* 達成, 到達; (〜s) 技能, 学識
◇**attainable** *a* 達成[獲得, 到達]できる

attempt /ətémpt/ *vt* 試みる, 企てる ▶ The company attempted to acquire its rival in a hostile takeover. 同社は競争相手の会社を敵対的買収で乗っ取ろうとした
attempt to do / *attempt doing* …しようとする, …しようとして未遂に終わる
― *n* 試み, 企て (*at*);【法律】未遂
in an attempt to do …しようと
make an attempt to do …しようとする
◇**attempted** *a* 未遂の

attend /əténd/ *v* 出席する,（学校などに）通う; 仕える, 随行する, 付き添う; 世話をする 《*to, on, upon*》; 注意する, 傾聴する 《*to*》; 精を出す 《*to*》 ▶ Do you plan to attend the afternoon seminar? 午後のセミナーに出席なさいますか / Are you being attended to? [=Is anyone attending to you?] (店員などが客に) ご用は承っておりましょうか

attendance *n* 出席 (*at*); 出席者(数) ▶ Cinema attendances have fallen sharply. 映画の観客数が激減した / Attendance at the meeting goes up when senior managers are attending. 幹部役員が出席しているその会議の出席者が増える / There was a poor [good] attendance of members. メンバーの出席率はよくなかった[よかった]

in attendance 付き添って; 参列[出席]して
take [check] attendance 出席をとる

attendance bonus 精勤奨励金, 精勤ボーナス
attendance book 出勤簿
attendance record 出勤簿, 勤務状況
attendance time 勤務総時間数, 総労働時間

attendant *n* 付添い人, 随行員; 出席者; 付随物; 扶養義務者
a flight attendant (旅客機の)乗務員
— *a* 付添いの; 付随する《*on*》; (…の)世話を受けるべき, (…に)扶養義務のある《*to, on*》

attendee *n* 出席者 (✦一部のアメリカ人が好んで使うが, あまり一般的な言い方ではない)
▶ Please give me a list of attendees at the conference. 会議の出席者の名簿をいただけませんか

attention /əténʃən/ *n* 注意(力), 注目; …あて (✦手紙・メモでAtt(n). Tom Dayのように略す) ▶ *to the attention of...* …あてに / *with [in] attention* 注意して / *attract [arrest, catch, draw] a person's attention to* に(人の)注意を引く / *call attention to* に注意を促す / *direct [turn] one's attention to* に注意を向ける / *fix one's attention on* に注意を集中する / Our company puts particular attention on after-sales service. 販売後のサービスに当社は特別な注意を払っています / This letter is for the attention of Mr. Ford. この手紙はフォード氏あてだ (✦手紙の表や Att(n). For the attention of Mr. Ford (略してFAO Mr. Ford)と書く)

attention-getting *a* 注目される ▶ The company's attention-getting ads feature several famous actresses. 同社の注目される広告は何人かの有名な女優を採用している

attest /ətést/ *v* 証明する, 証言する《*to*》; 認証する; 副署する
◇**attester, attestor** *n* 証明者, 証人

attestation /ætestéiʃən/ *n* 証明(書); 証言; (文書の真正の)認証; 副署; 監査証明

attestation clause (契約書の署名欄にある)認証文言; 副署文言; 証明文言
attested copy 認証謄本

attire /ətáiər/ *n* 盛装させる《*in*》
— *n* 衣装; 服装 [✑会社の服装規定などに出てくる硬い表現] ▶ *business attire* ビジネスの場にふさわしい服装

attitude /ætitjùːd/ *n* 態度《*to, toward*》; 姿勢; 《略式》怒った[いばった, 生意気な, 突っ張った]態度
▶ Develop favorable attitudes toward the product. その製品に対する(顧客の)好意的な態度[姿勢]を生み出すようにしなさい

attitude change (広告による)態度変容
attitude survey 意識調査 [➡消費者の購買意欲などを調べる] ▶ The results of the attitude survey show that consumers are hesitant when it comes to purchasing big-ticket items. 消費者が高額商品の購入に躊躇していることを態度調査の結果は示している

attn. attention (手紙で)「…宛」

attorney /ətə́ːrni/ *n* 弁護士 (=attorney-at-law) ▶ *the right to the presence of an attorney* 弁護士の立会を求める権利 / *a roll of attorneys* 弁護士名簿
◇**attorneyship** *n* 弁護士の職務

> **解説** 法曹有資格者(lawyer)のうちで現在の職業が弁護士である人を言う. 訳語は「弁護士」が適当な場合が多い. attorneyには「代理人 (attorney in fact)」の意味もあるので「弁護士」の意味を明確にするには attorney at law と言う. 政府の「検事」もattorneyと呼ばれる

attorney-at-law *n* 《~s-~》《米》法律家, 弁護士;《英》(コモンロー裁判所の昔の)事務弁護士 (✦1873年以後法律でこの語を廃し, 代わりに solicitor を用いるようにした)

attorney-client privilege 弁護士・依頼者秘密保持特権, 弁護士法上の守秘義務 ▶ cite the attorney-client privilege to avoid testifying before the grand jury 弁護士と依頼者の間の秘密保持特権を引用して大陪審での証言を回避する

attorney-in-fact *n* 代理人, 代人 [✑委任状により法廷外で委任者の行為, 取引, 事務を代行する権限を認められた人]

attorney's fee 弁護士報酬; 弁護士費用 📖 BORROWER agrees to pay any and all attorney's fee and other cost and expenses which may be incurred by LENDER.「借主」は,「貸主」に生ずる弁護士費用およびその他諸経費, 諸費用を支払うことに同意する

attract /ətrǽkt/ *vt* 引く, 引きつける; 魅する ▶ Many people are attracted by government bonds because they are a safer investment than stocks. 株式より安全な投資だという理由で, 多くの人は国債に魅力を感じている / We're willing to pay more to attract good employees. 優秀な従業員を誘致するために当社は給料を上げる用意がある

attraction /ətrǽkʃən/ *n* 魅力; 興味を引くもの, 呼び物, 引きつけられること《*to, toward, for*》

attractive /ətrǽktiv/ *a* 人をひきつける; 魅力ある ▶ He was lured by the attractive salary that the company offered him. 同社が申し出た好条件の給料に彼は目がくらんだ / The rising cost of labor made the country less attractive for foreign investors. 労働コストの高騰は外国の投資家にとって同国の魅力を減少させた

attractiveness *n* 魅力 ▶ Many foreign companies are registered in the Cayman Islands because of its attractiveness as a tax haven. 多くの外国企業はタックスヘイブンとし

ての魅力に惹かれてケイマン諸島に登記している

attribute /ətríbju:t/ vt (に)帰する, (の)せいにする, (の)おかげとする《to》 ► He attributes his success to being in the right place at the right time. 自分が成功した理由は適時に適所に居合わせたことだと彼は言う

attribution /ætrəbjúːʃən/ n 帰すること《to》

attribution analysis 要因分析

attrition /ətríʃən/ n (人員の)自然減；(解約などによる)顧客の減少 ► an attrition rate (保険の)解約率(=surrender ratio)

auction /ɔ́ːkʃən/ n, vt オークション(にかける), 競売(にかける) ► auction off... を競売で処分する / go up for auction 競売にかけられる / hold an auction 競売を行う / put up ... for auction を競売にかける / auction real estate 不動産を競売にかける / Antiques, paintings and other valuables from the estate will be auctioned for charity. 遺産のなかの骨董品, 絵画, その他の貴重品は競売にかけて慈善事業に寄付される予定だ

at [*by, from*] *auction* 競売で ► Used car dealers often get their inventory from auctions. 中古車ディーラーはその在庫を競売から手に入れることが多い

◇**auctioneer** /-íər/ n, vt 競売人; 競売にかける

auction house (美術品)競売会社

auction market 競争売買市場, オークション市場

auction rate security オークションレート証券 [◎定期的にクーポンレート(表面利率)または配当金がダッチオークションによりリセットされながら存続する長期証券. リセットまでの計算期間が一般に1日から35日間と短めなので, 実質的には短期金融商品となる. 発行会社は短期金利で長期資金を調達でき, 投資家には通常の預金より利回りのよい証券と映っていた. 2008年初め, サブプライム問題の余波による投資家の警戒感から入札が成立しなくなり, 市場混乱に陥った]

Audi 《~ AG》アウディ [◎ドイツの自動車メーカー. 創業1907年. 55年 Volkswagen(VW)の傘下に合併・設立された Audi NSU Auto Union AGが, 85年現社名に変更. 71年以来VWの99%出資子会社]

audience /ɔ́ːdiəns/ n 聴衆, 観客; 読者; 聞くこと; 顧客(層), 消費者(の人気); 契約者, 加入者; オーディエンス [◎情報の受け手. たとえば広告の場合は, 広告の受け手を意味し, 広告の送り手であるadvertiserの対語である] ► an older audience 年齢の高い顧客層 / a targeted audience 絞り込んだ顧客層 / a worldwide audience 世界各地の客 / appeal to a younger audience より若い顧客層にアピールする / sell the product to a broader audience 製品をより広い層の顧客に向けて売る / I-mode, which started in February 1999, has quickly gained a huge audience. 1999年2月に始まった i モードは, あっと言う間に大勢の加入者を獲得した / Corporate advertising has diverse audiences, including individual investors, customers, and employees. 企業広告は個人投資家, 顧客, 従業員を含むさまざまな読者を持つ

audience rating 視聴率, 聴取率

audience segmentation 受け手の多層的構成 [◎情報の受け手は画一的な存在ではなく, 性別・年齢・階級・階層などによって多層的に構成されているとする考え方]; 広告の受け手の特性別細分化

audience share 視聴占拠率 [◎テレビ使用世帯における特定局視聴率]

Audience Studies ASIテスト法 [◎オーディエンス・スタディーズ社が行うCMの興味反応テストや態度変容テスト]

audience survey オーディエンス調査 [◎広告の受け手に対する視聴・聴取率等の調査]

audio /ɔ́ːdiou/ a 可聴[低]周波数の; 音声の
— n オーディオ

audio-response device 音声認識装置

audio-visual a, n 視聴覚(の), AV(の)

audit /ɔ́ːdit/ n, v 会計監査[検査](する), 業務監査(する); 税務調査(をする) ► be audited by independent public accountants 外部の公認会計士の監査を受ける / We've hired an outside accountant to audit our books. 当社は帳簿監査のために社外の会計士を雇っている / Public companies are required to undergo an independent audit. 上場企業は独立監査を受けることを義務づけられている

═══監査═══
accounting audit 会計監査 / annual audit 年次監査 / external [internal] audit 外部[内部]監査 / statutory audit 法定監査
═══════

auditable system 監査可能システム

audit adjustment 監査修正仕訳 [◎監査上の検出事項に基づいて行う修正仕訳]

audit area 監査領域

audit by accountant 会計士監査

audit by comparison 比較監査, 比較による監査 [◎監査技術としての比較を意味し, 二つ以上の数値を比較して異同点や不規則性を見いだす方法]

audit certificate 監査証明, 監査証明書, 監査報告書

audit check list チェック・リスト, 監査手続照合表

audit committee 監査委員会

audit contract 監査契約(=audit engagement)

audit corporation 監査法人

audit cycle 監査サイクル ► In the past few audit cycles, the IRS has spotted a marked increase in fraudulent tax reporting. 内国歳入庁は, 過去数回の監査サイクルで, 不正な税報告が顕著に増加していることに気がついている

audit department 監査部門, 監査部, 監査課

audit division 監査部, 監査課

audit engagement 監査契約, 監査依頼

audit fee 監査報酬 ► Large accounting

firms generate a major portion of their revenues from audit fees. 大きな会計事務所は収入の大部分を監査手数料から得ている

audit file 監査調書
audit findings 監査発見事項
audit firm 監査法人
audit function 監査機能
auditing *n*（会計）監査
auditing company 監査法人［○財務諸表の監査や証明を業務として行うために設立される公認会計士から成る法人］
auditing function 監査機能
auditing officer 監査担当者
auditing principle 監査原則
auditing procedures 監査手続 ► auditing procedures generally recognized as normal 正規の監査手続
auditing process 監査過程
auditing standards 監査基準
audit instructions 監査指示書, 監査指針書
audit opinion 監査意見［○公認会計士が財務諸表を監査した後に表明する総合意見］

auditor /ɔ́ːdətər/ *n* 監査人, 監査担当者

［○企業の会計あるいは業務を監査し, 適正か否かをチェックする担当者. 日本の「監査役」については statutory auditor あるいは corporate auditor という定訳がある］► An independent auditor will go through the financial statements for the last three years. 独立監査人が過去3年間の財務諸表に目を通すだろう / The company must employ an external auditor. 同社は外部の監査人を雇わねばなりません

auditor's opinion 監査意見書, 監査人の意見 ► express an auditor's opinion 監査意見を表明する / be sufficiently documented to support the auditor's opinion 監査意見書を裏付ける証拠書類が十分に揃っている
auditor's remuneration 監査報酬
auditor's report 監査報告書
audit plan 監査計画（=audit program）［○監査の実施に関する予定表］
audit planning 監査計画（=audit program）
audit procedure 監査手続 ► carry out audit procedures 監査手続を実施する
audit program 監査指示書, 監査計画（=audit planning）
audit related services 監査関連業務
audit report 監査報告書
audit risk 監査リスク［○監査担当者が判断を誤り, 不適正な報告書を出すリスク］
audit software 監査プログラム, 監査ソフトウェア
audit standards 監査基準
audit strategy 監査戦略
audit supervision 監査上の査閲
audit techniques 監査技術
audit test 監査上の試査
audit timetable 監査日程表

audit timing 監査の適時性
audit tool 監査用具
audit trail ❶ 監査証跡［○監査に際して, 帳簿への転記の正確性をチェックするために, 取引記録を伝票までさかのぼって相互照合すること］❷（会計処理における）誘導法
audit working papers 監査調書［○監査業務に関する一切の記録］
audit workpapers =audit working papers
audit work sheet =audit working papers
audit year 監査年度
augment /ɔːgmént/ *v* 増す, 増大する ► He augments his income by teaching part-time at a university. 大学で非常勤講師をして, 収入の不足を補っている
◇ **augmentable** *a*
◇ **augmentation** *n* 増大（物）
◇ **augmentative** *a*, *n* 増大する
Aunt Jemima《商標》アーント・ジャマイマ［○米国のホットケーキの素あるいはシロップのブランド名. ロゴの「ジャマイマ伯母さん」は年輩の黒人の婦人を意味する言葉として使われた時代もあった］
AU Optronics（〜 Corp）友達光電, AUオプトロニクス（AUO）［○台湾最大の液晶ディスプレイメーカー. 1996年 Acer Display として設立その後 Unipac Optoelectronics, Quanta Display を買収した］
austere /ɔːstíər/ *a* 厳しい; 謹厳な; 簡藻な, 質素な
austerity /-térə-/ *n* 厳しさ, 厳格; 簡潔;《通例 -ties》苦行; 耐乏; 緊縮財政 ► austerity plan 緊縮経済計画
authentic /ɔːθéntik, əθén-/ *a* ❶ 確かな; 本物の ❷（文書が）真正な; 真正に成立した ► The document has yet to be proven as the authentic copy of his will. その文書が彼の遺言状の真正のコピーであることは, まだ証明されていない
◇ **authentically** *ad*
◇ **authenticity** *n* 確実性, 信頼性
authenticate /ɔːθéntəkèit/ *vt*（公証人が）認証する
authentication /ɔːθèntəkéiʃən/ *n* ❶（公証人による）認証 ❷ オーセンティケーション［○情報にアクセスする資格の有無を検証すること］
authentication fee 認証手数料
authentic copy 正本
author /ɔ́ːθər/ *n* ❶ 作者, 著者; 著作 ► The author's new book was an instant best-seller. その著者の新しい本は, たちまちベストセラーになった ❷（法案の）提案［提出］者［○通例, 法案を審理する委員会または小委員会の委員長を指す］
— *vt* 書く, 著す, まとめる
◇ **authorship** *n* 著述（業）; 原作者; 根源
authorisation *n*《英》=authorization
authorise *vt*《英》=authorize

authority /əθɔ́ːrəti | ɔːθɔ́rə-/ *n* 権限; 認可, 許可

A

コロケーション

(動詞(句)+〜) **abuse** authority 権限を濫用する / **confer** authority 権限を付与する / **delegate** authority 権限を委任する / **exercise** authority 権限を行使する / **give** authority 権限を付与する / **have** authority **for**... …に関して権限を有する / **overstep** one's authority 権限を踏み超える

▶ the authorities concerned 関係当局, 当該官庁 / the competent authorities 所管官庁, 所轄官庁 / signature authority 署名権限 / exercise one's authority over に権力を振るう / give authority 官許を与える 《*to do*》 / She **has authority** to approve purchases under $5,000. 彼女は5000ドル未満の物品購入を承認する権限を有している / We should **give more authority** to the audit committee. 監査委員会により大きな権限を付与すべきだ / Entrepreneurs tend to be reluctant to **delegate authority** to others. 起業家は, 他に権限を委譲するのをためらう嫌いがある / Evidence shows that the audit committee failed to **exercise its supervisory authority**. 証拠は監査委員会が監督権限の行使を怠っていたことを示している / The board **stripped all authority** from the despotic CEO. 取締役会は専制的な社長からすべての権限を剝奪した

authorization,《英》**-sation** /ɔ̀:θərizéiʃən | -raiz-/ *n* 権限付与; 認可; 許可; クレジットカード使用の際の照会による許可〔確認〕 ▶ **have** authorization **for**... をする許可を得ている / Since the board never met to approve the deal, it follows that the CFO never received authorization to sign the deal. 取締役会がその取引の承認に向け会議を開かなかった以上, 当然, 最高財務責任者が調印してよいという許可を受けているはずがない / The board **gave** the CFO authorization to proceed with the bond issuance. 取締役会は, 最高財務責任者に対して, 社債発行手続を進めることを許可した

without authorization 許可なしで, 無断で ▶ Do not enter without authorization. 許可なく立ち入ることを禁ずる

authorization code 認証コード, パスワード

authorize,《英》**-ise** /ɔ́:θəràiz/ *vt* 認可する; 正当と認める; 認定する; 権限を与える; 許可する《*to do*》 ▶ be authorized to act as an agent 代理店として行動することを認可される

authorized /ɔ́:θəràizd/ *a* 権限を与えられた, 委任された; 認可された

authorized capital 授権資本〔**○**企業の定款に定められた株式の発行上限枠〕

authorized capital stock 授権資本を構成する株式(=《英》authorized share capital)

authorized dealer 特約店, 指定販売店, 正規販売代理店

authorized investment 適格投資対象資産〔**○**資産運用を委託する者が運用先として承認したものを指す〕

authorized money changer 大蔵省認可両替商

authorized officer 正当な権限ある役員

authorized shares 授権株式(数), 株式発行(可能)枠〔**○**授権資本(authorized capital)を構成する株式のことで, 会社の定款上発行が認められている株式の数. 実質的には授権資本と同義〕▶ The number of authorized shares is stated in the corporate charter. 授権株式の総数は定款に記載されている

authorized signatory 正当な署名人

authorized stock 授権株式(数)

auto /ɔ́:tou/ *n*, *vi* (**~s**) 自動車(に乗る) ▶ Auto sales have slipped by 15% for three consecutive months. 自動車業界の売上高は3か月連続して15%減少している

auto insurance 自動車保険 (=automobile insurance)

auto liability 自動車損害賠償保険

auto loan 自動車ローン ▶ auto loans and mortgages 自動車ローンとホームローン〔**○**一般向けローンの代表〕/ We applied for an auto loan. 自動車ローンを申し込んだ

automaker *n* 自動車会社

automate /ɔ́:təmèit/ *v* オートメーション化する ▶ We have no plans to automate our production lines. 当社は生産ラインを自動化する予定はない

automated fare collection 自動料金徴収

automated order entry system 自動発注システム

automated teller machine 現金自動預払機 (ATM)

automated transit system 自動運転交通システム (ATS)

automated valuation model〔不動産〕自動価格査定モデル (AVM)〔**○**コンピュータを使用して求める簡易な査定評価〕

automated warehouse 自動化倉庫

automatic /ɔ̀:təmǽtik/ *a* 自動(式)の; 機械的な ▶ The machine has an automatic off function to save energy. その機械はエネルギーを節約するための自動停止機能をもっている

— *n* 自動機械

automatically /ɔ̀:təmǽtikəli/ *ad* 自動的に; 無意識に ▶ Unless you cancel, your membership is renewed automatically every year. 解約しない限り, あなたの会員資格は自動的に毎年更新されます

automatic data processing 自動データ処理

automatic debit 自動引落し (=《英》banker's order)

automatic renewal 自動更新 ▶ be subject to automatic renewal 自動更新されることになっている

automatic saving plan 自動天引貯蓄方式

automatic stay (倒産手続の)自動的停止, 自動停止措置 [○手続開始の申立てがあると自動的に債権回収行為が行えなくなること]

automatic teller machine 現金自動受払機 (ATM)

automatic vending machine 自動販売機

automation /ɔːtəméiʃən/ n 自動制御; オートメーション [○仕事を手動から機械に置き換えること] ► Automation has eliminated many factory jobs. オートメーションは工場の職の多くを消滅させた

automatize, (英)-tise vt オートメ化する

automobile /ɔːtəməbíːl, ⏤⏤⏤/ n, a 自動車(の); 自動の ► the automobile business [industry] 自動車ビジネス[産業]

語法 日常生活では car を用いる。短縮語の auto は auto loan などによく用いるが, 今日の日常語では自動車自体を指して auto と言うのはあまり普通ではない。イギリス英語では一般に motorcar を用いるが, 単に car と言うのが英米ともに普通。⇒ auto

Automobile Association (英) 自動車協会 (AA)

automobile insurance (米) 自動車保険 (=(英) motor car [vehicle] insurance)

automobile liability insurance 自動車損害賠償責任保険

automobile loan 自動車ローン

Automobile Recycling Law (日本の) 自動車リサイクル法 [○日本で2002年に制定された使用済自動車の再資源化等に関する法律。処理困難物の費用負担をユーザに求めた]

automobile sales 自動車販売台数 [○自動車の販売台数は個人消費のバロメーターであり, 重要な経済指標のひとつとされる]

automobile shredder residue 自動車のシュレッダーダスト [○使用済み自動車を解体し処理する工程で出る粉砕物]

automotive a 自動車の; 自動の ► America's automotive industry has been severely hit by sluggish sales. 米国の自動車産業は販売不振によって深刻な打撃を受けてきた

automotive catalyst 自動車触媒 [○自動車排ガスの中の有害成分を除去, 浄化させる触媒。三元触媒, 酸化触媒などがある]

Automotive Service Excellence エイエスイー (ASE) [○米国の車輌整備, 修理の認定機関。1972年設立。整備, 修理に携わる人が任意で試験を受ける。ASE認定マークは消費者が安心できる整備工場を探す上での判断材料にもなる]

AutoNation (~, Inc.) オートネーション [○米国の自動車ディーラー。1980年設立。廃棄物処理業から Republic Industries, Inc.となり自動車販売にも事業を拡大, 99年から現社名]

autonomy /ɔːtɑ́nəmi/ n 自律性; 自主性

auto parts, autoparts 自動車の部材 ► the auto parts industry 自動車部品産業

auxiliary /ɔːgzíljəri/ a 補助の, 予備の ► an auxiliary book 補助簿 / an auxiliary department 補助部門 [○製造部門を補助する部門] ►

auxiliary equipment 付帯設備
➖ n ❶補助者[物] ❷[会計]補助

avail /əvéil/ v 役に立つ ► avail nothing まったく役に立たない / avail oneself of を利用する
➖ n 利益, 効力 ► be of little [no] avail ほとんど[全然]役に立たない

(but) to no avail / without avail (だが)無駄に, 無益に

availability /əvèiləbíləti/ n 利用[入手]可能性 ► availability varies/subject to availability (クーポンや割引が)利用できる場合とできない場合あり / the corporate responsibility to improve the availability of educational opportunities 教育の機会を利用できるように改善することについての企業責任

availability period 借入金の引出可能期間

available /əvéiləbl/ a 利用[入手]できる《to》; 使える ► immediately available funds 即時利用可能な資金, 当日利用可能な資金 / This card is available for a year. このカードは1年間有効です / The CSR report is available for download on our website. CSR(企業の社会的責任)報告書は当社のウェブサイトからダウンロードできます / *Fortune* magazine is available every two weeks. 雑誌『フォーチュン』は2週間ごとに出る / Several options are available to you. いくつかの選択肢がある

available balance 利用可能残高 [○自由に利用できる残高]

available cash 利用可能現金

available seat mile 有効座席マイル (ASM) [○エアラインの旅客輸送能力を示す数値]

avalanche /ǽvəlæntʃ/ n, vi なだれ; 殺到(する) ► The company received an avalanche of inquiries after the recall announcement. リコールが発表されると, 同社には問合せが殺到した

◇**avalanchine** a なだれのような; ものすごい

avatar /ǽvətɑːr/ n [コンピュータ] アバター [○仮想現実における自分の分身として動くキャラクター] [くもとはヒンズー教の神の化身]

avenge /əvéndʒ/ v 復讐[報復]をする

be avenged / avenge oneself (に)復讐する《on, upon》

Aventis (~ SA) アベンティス [○処方箋薬品を主とする製薬会社。1999年, フランス Rhone Poulenc SA とドイツ Hoechst AG が合併して設立。本社ドイツ Strasbourg]

avenue /ǽvənjùː/ n (主に米) 大通り, …街 (Av, Ave); 並木道; 手段, 方法 ► Once you have a lot of traffic going through your site, multiple avenues of income will become available. いったん沢山の人が貴社のサイトを訪れるようになれば, 収入を得る道はいくつも開けてくるでしょう

explore every avenue あらゆる手段を講じる

average /ǽvəridʒ/ n ❶ 平均; 標準, 普通; 平均値, 標準値, 代表値 ► get an average for の平均を出す / moving average 移動平均 /

weighted average 加重平均 / Japan's wholesale prices increased by an average of 4.1 percent last year. 日本の卸売物価は昨年平均して4.1パーセント上昇した / A household of four spends an average of $150 on food weekly. 4人の家計は食料品を週に平均150ドル購入する
❷ ((しばしば ~s)) 平均株価 ▶ Industrial averages were up. 工業株の平均株価は上がった
on (the [an]) average 平均して ▶ On average, I put in about 12 hours of overtime each week. 平均すると, 毎週12時間ほど残業しています
— *a* 平均の; 標準の, 普通の ▶ This account requires an average daily balance of $2,000. この口座は毎日平均2,000ドルの残高を必要とする / Our growth forecast, 3.2%, implies a significant deceleration relative to the 4.4% average pace of GDP growth during the 1996-1999 interval. 3.2%というGDPの成長率予測は, 1996年から1999年にかけての平均4.4%という成長率に比べて大幅な減速を意味する
— *v* 平均する; 平均…である; ((略式)) 平均…になる (*out*) ▶ The country's unemployment rate averaged 4.5% last year. 同国の失業率は昨年は平均して4.5%だった

average age of inventory 棚卸資産回転期間 [⇨ 在庫がはけるまでの平均日数]

average bond 共同海損誓約書 (=general average bond, GA bond) [⇨ 座礁のため船体と積荷の両方がリスクにさらされる共同海損 (general average) の場合に, 荷主が船会社から提出を求められる誓約書]

average buy and sell exchange rate 外国為替相場の仲値 [⇨ 外国為替市場における買値と売値の中間を取ったもの. ニュースで流れるドル・円レートはこれによっている]

average capacity 平均操業度, 平均稼働率

average clause (火災保険など損害保険の) 比例条項, 按分条項; (海上保険の) 分損担保約款 [⇨ 海損の填補の仕方について規定するもの]

average collection period 平均回収期間, 売上債権回収期間 [⇨ 売掛金を回収して現金が入るまでの平均日数]

average corporate tax rate 平均法人税率

average cost ❶ 平均費用 (AC) [⇨ 生産物1単位当たりの平均的費用. 厳密には平均総費用を意味する] ⇨ average total cost ❷ 平均原価 ▶ compute the average cost per unit of inventory 在庫の単位当たり平均原価を算出する

average cost method 平均原価法 [⇨ 在庫の評価額を計算する方法の一つで, 期中に取得した棚卸資産の平均単位を求めた上, これを期末の数量に乗じて評価額とする]

average cost of capital 平均資本コスト

average fixed cost 平均固定費用 (AFC) [⇨ 固定費用を生産量で割って得られる生産物1単位当たりの固定費用]

average hourly compensation 時間当たり平均賃金 [⇨ 雇用統計の一つとして重要な経済指標]

average inventory 平均在庫高, 期中平均在庫

average life 平均耐用年数

average number of shares outstanding 期中平均発行済株式数

average productivity 平均生産性 [⇨ 生産物 (*y*) を生産要素 (*x*) で割った値. *y* をラジオの生産台数, *x* を労働投入時間とすれば, 1時間当たりのラジオ生産台数となる] ▶ Average productivity is rising because of technological advances. 技術の進歩により生産性は平均して上昇している

average propensity to consume 平均消費性向 (APC) [⇨ 消費額を可処分所得で割った値]

average propensity to save 平均貯蓄性向 (APS) [⇨ 貯蓄額を可処分所得で割った値. 平均消費性向と平均貯蓄性向を足すと1になる]

average return on investment 平均投資収益率 [⇨ 各種の投資から得られた収益総額を投資総額で除して求める]

average returns 平均収益, 平均リターン ▶ have average returns of 5% per year 年間の平均収益が5パーセントである

average risk 標準リスク [⇨ 通常の条件で保険に加入できる人のことをいい, 事故歴があるといった非標準リスク (non-standard risk) と対比される. standard risk とも言う]

average salary 平均給与 ▶ The average salary of the tourism industry has gone down by 8 percent. 観光業界の平均給与は8パーセント下がっている / The average white-collar salary is going up by 5 percent this year. 事務職社員の平均給与が今年は5%上昇しよう

average sale 客単価, 平均販売単価 [⇨ 前者は飲食業, 後者はそれ以外の業種での言い方]

average sale per customer 客単価 ▶ By analyzing and optimizing your customer base, you can increase the average sale per customer. 顧客リストを分析し, 最適化することで, 客単価を上げることができる

average sales expectancy 平均販売予測高

average tax rate 平均税率 [⇨ 総税額を総所得で割って得られる所得1単位当たりの税額]

average total cost 平均総費用 [⇨ 総費用を産出量で割って得られる生産物1単位当たりの費用]

average unit cost 平均単価

average useful life 平均耐用年数

averse /əvə́ːrs/ *a* 嫌って, 嫌がって ((*to*))
[語法] averse と adverse は共に「反対」の意を持つ. averse は人について用いる:risk-averse investors リスク回避型の投資家. adverse は事柄について用いる:an adverse review 酷評

aversion /-ʒən, -ʃən/ *n* 嫌悪, 反感; 嫌な人 [物] ▶ The average Japanese has an aversion to high-risk investments. 平均的な日本人はリスクの高い投資を好まない

◇**aversive** /-siv/ *a*

Avery《商標》エイブリー［⇒米国の文房具のブランド．コンピュータのプリンターで印刷できる各種のラベルやバインダーなどさまざまな製品がある］

avionics /èiviúniks/ *n pl* 航空電子装置(aviation electronics)

Avis Budget Group エーヴィス［⇒米国のレンタカー会社．1946年デトロイトで創業．2004年 Avis/Budget の両レンタカー会社が Cendant Corp に買収され，以来同一グループとして運営される］

Aviva（~ plc）アヴィヴァ［⇒英国の生命・損害保険会社．1998年に Commercial Union plc と General Accident plc が合併してできた CGNU plc が，2002年 Norwich Union を吸収して改称したもの］

Avnet（~, Inc.）アヴネット［⇒米国の電子部品メーカー．設立1955年］

avoid /əvɔ́id/ *vt* ❶ 避ける，回避する《*doing*》► You should double-check your work to avoid mistakes. 間違いを避けるために，あなたは自分のやった仕事を再点検すべきだ / The president avoided the topic of the merger talks at the news conference. 社長は記者会見で合併交渉の話題を避けた / Avoid investing in load funds. 販売手数料込み投資信託に投資するのは避けなさい ❷ （契約・文書・宣告などを）無効にする，取り消す

cannot avoid doing …せざるを得ない

avoidable *a* 避けられる

avoidable consequences doctrine 損害軽減義務の法理(=mitigation of damages doctrine)［⇒被害者が損害発生後その拡大の防止を怠った場合は賠償額を減じられるとする法理］

avoidance *n* ❶ 回避 ► The accountant suggested several ways to go about tax avoidance. その会計士は節税を実行する方法をいくつか提案した ❷【法律】(1)取消し・無効を主張すること；取消し・無効にすること；解除 ▣ A declaration of avoidance of the contract is effective only if made by notice of other party. 契約解除の［意思］表示は，相手方当事者に対する通知によってなされた場合のみ効力を有する (2) (法的効果に対する)異議，抗弁事実の主張

Avon《商標》エイボン（化粧品）► an Avon lady エイボン化粧品訪問販売員（女性）

Avon Products（~, Inc.）エイボン(社)［⇒米国の化粧品会社．女性販売員による訪問販売で知られる．1886年ニューヨークで設立，California Perfume Co. として創業］

avow /əváu/ *vt* ❶ 明言する；認める《*to be*》❷【法律】…について正当占有の抗弁を行う；（なされた行為を）自己の所作として認めた上で弁明する

◇**avowal** *n* 明言；白状 ► make an avowal of …を白状する

◇**avowedly** /-id-/ *ad* 公然と

await /əwéit/ *vt* 待つ(=wait for) ► a long-awaited holiday 待望の休日

awake /əwéik/ (**awoke**, **~d**) *vt* 目覚めさせる《*from*》；自覚させる《*to*》
— *vi* 目覚める；気づく《*to*》
— *a* 目が覚めて；気づいて，用心して《*to*》► stay awake 目を覚ましている / Stress at work has kept me awake at night. 仕事のストレスで私は夜も眠れない状態が続いている

be wide awake まんじりともしない

award /əwɔ́ːrd/ *vt* 《A to B / B A》（審査して）B に A を授与する，付与する；裁定する《*to*》；落札の決定をする ► award the contract to... （落札者に）契約を発注する / The company finally won the legal battle and was awarded the patent rights. 同社はやっと法廷闘争に勝利して，特許権を与えられた
— *n* 賞；賞品；報奨；（損害賠償などの）裁定（額）；仲裁判断（書）► **An award will be given** to the employee with the highest sales record. 最高の売上を記録した社員に賞が授与されることになっている / Her outstanding performance **won her** the Best Salesperson of the Year **award**. 彼女は抜群の業績を収め，年間最優秀セールスパーソン賞を獲得した / Our department received **the President's Award** for excellence in customer service. うちの部が顧客サービス部門で社長賞を授与された / The Best Employee **award went to** John. 最優秀社員賞はジョンが授与された / Until last year, **a cash award** accompanied this honor. 去年までは，この賞と一緒に金一封が支給されていたものだ / The founder-chairman of the company **presented Mary with the Top Performer award** for customer service. 創業会長が，メアリーに対して，顧客サービス部門最優秀賞を授与した

award certificate 賞状 ► It gives me great pleasure to award this Top Sales Award and this award certificate to Ms. Hanako Yamato. Congratulations, Ms. Yamato. この売上トップ賞と賞状を大和花子さんに授与できることを大変うれしく思います．おめでとうございます，大和さん

award-giving ceremony 表彰式 ► The award-giving ceremony will be held at Sheraton Hotel on September 15. 表彰式はシェラトンホテルで9月15日に行われます

aware /əwέər/ *a* 気づいて，知って《*of, that*》；（副詞を伴って）事情に明るい；（製品などが…を）意識した ► a politically aware person 政治通 / ecologically aware 環境問題意識がある / Less than 3% **were aware of** Waltec or its plumbing line. 3%足らずがワルテックまたはその水道管製品を知っていた / An advertising objective was to **make people aware of** the service. 広告の目的は人々にそのサービスを知らせることだった / The public **is very much aware of** Marine Midland Bank, but the new service was difficult to understand. 大衆はマリン・ミッドランド銀行のことを知っているが，その新サービスは理解しにくかった / By **becoming aware of** bank charges, you may be able to save hundreds of dollars a year.

銀行の手数料を意識することにより, 年に数百ドルを節約することができる

awareness *n* 意識 ► raise awareness of … の意識を高める / The objective of corporate advertising is usually to enhance favorable awareness of the firm. 企業広告の目的は通例その会社に対する好意的な意識を助長することである / Gain awareness for this product. この製品に対する意識を高めなさい

awash /əwɔ́ʃ/ *a* 冠水して; 《略式》あふれて《*with, in*》► The company is awash with debts from its unsuccessful hotel investments. 同社はホテル投資の失敗から負債をたっぷり抱え込んでいる

away /əwéi/ *ad* 離れて, 遠くに; あちらへ; 先に; 消えて; 休んで, どんどん; さっさと
► a year **away** from …から1年先に / The government bailout will help steer the company **away** from bankruptcy. 政府の緊急融資は同社を破産から救出するのに役に立つだろう

[成句] **away from it all** すべてを忘れて **away with** …を追い払う, 廃止する **do** [**make**] **away with** …を廃止する **right** [**straight**] **away** 直ちに
― *a* 不在で
― *n* 遠征

AWB air waybill 航空貨物運送状

awe /ɔː/ *n, vt* 畏(い)敬(の念を起こさせる)
be [**stand**] **in awe of** …を畏怖している

awful /ɔ́ːfəl/ *a* 恐ろしい; 《略式》ひどい, ものすごい; 嫌な, 大変な ► I had an awful experience working for that company. あの会社で働いたときには, ひどい経験をしました
― *ad* 《略式》すごく
◇**awfully** *ad* 恐ろしく; 《略式》とても, ひどく

awhile /əhwáil/ *ad* しばらく (*for a while*)
► Since the machine is being retooled, let's rest awhile. 機械を再整備しているので, しばらく休憩にしよう

awkward /ɔ́ːkwərd/ *a* 無器用な, 下手な; ぎこちない, ぶざまな; 使いにくい; 厄介な ► He felt awkward returning to work at his old company. 昔の会社に戻って仕事をするのは, 彼には居心地が悪かった
make things awkward for 人をひどく困らせる

AWOL, awol /éiwɔːl/ *n* 無断外出(者)
― *a, ad* 無断離隊での[で] ► go AWOL 無断外出する
[<absent without leave]

awry /əráɪ/ *ad, a* ねじれて, ゆがんで; 不首尾で
go awry 失敗する; うまく行かなくなる ► Our legal system has gone awry. われわれの法制度はうまく機能していない

ax, axe /æks/ *n* おの; 《the ~》《略式》(人員・経費の)削減, 首切り
get the ax(e) 《略式》首になる
give a person the ax(e) 解雇する
have an ax(e) to grind 《略式》腹に一物ある
― *vt* 削減する, 縮小する; 首にする; 打ち切る
► ax a magazine 雑誌を廃刊にする / ax expenditure コスト削減に大なたを振るう / ax jobs 人員整理をする / The company announced plans to ax 1,000 jobs. 同社は1,000人の人員を整理する計画を発表した

Axe 《商標》アックス [○英国・オランダのUnilever社の防臭剤, 制汗剤, シャワージェルなどの男性用ボディケア製品のブランド]

axis /æksis/ *n* (*axes* /-si:z/) 軸 ► an axis of evil 悪の枢軸 [○大量破壊兵器を保有したり, テロを支援したりしていると米国が非難した, イラン・イラク・北朝鮮の3か国を指した]

ay /ai/ *ad, n* =aye

aye /ai/ *ad* =yes
― *n* 賛成, 賛成投票(者) [○正式の会議で使われる独特の英語. 採決の結果, 賛成多数と認められるときは, 議長が The ayes have it. (賛成多数により可決)と宣言する] (⇔nays)

A-Z /éi (tə) zí:/ *n, a* 全般(の); ABC索引[地図]; 辞典

AZT 《商標》エーズィーティー [○エイズ治療に使われる処方箋が必要な米国の薬] [<azidothymidine アジドチミジンの略称から]

B, b

BA Bank of America; British Airways

baby /béibi/ *n* 赤ん坊；(略式) 素晴らしいもの；大切なもの ► Don't ask me about this new project. It's Jim's baby. この新計画について私に聞いてくれるな。ジムが大切にあたためているんだ(ジムが担当だ)

be left holding the baby 厄介を押しつけられる

hold [carry] the baby 《略式》厄介な役を背負い込む

━ *vt* 甘やかす；大事にする

baby bond 小額社債, 小額債券 [◯ 一般に額面が1,000ドル未満で, 珍しい分, 売買もあまりなく, 取引コストがかかる]

baby boom ベビーブーム ⇒ baby bust

baby boomer ベビーブーマー (boomer) [◯ 第2次大戦後のベビーブームの時代(1946-65)に生まれた人。個人消費の半分以上を占め, 各種市場でも3~4割の買手がベビーブーマーなので, 常に動向が注目される] ► The U.S. retirement system is facing the problem of aging baby boomers. 米国の退職制度はベビーブーム世代の高齢化の問題に直面している

baby break 育児休暇

baby bust 出生率の急落(期), 少子化時代

baby buster 少子化時代人

Baby Ruth 《商標》ベイビー・ルース [◯ 米国のバーキャンデー]

babysitting service ベビーシッターサービス [◯ ホテルなどで宿泊客の外出時に幼児を預かるサービス]

bachelor /bǽtʃələr/ *n* 独身男性；学士 ► Bachelor of Business Administration 経営学士 / He received his Bachelor of Arts in political science. 彼は政治学の学士号を得た

back /bǽk/ *n* 背, 背中；裏手, 後ろ；奥；背景

at the back of の後ろに；を支持して ► You can find the copy machines at the back of the room. 部屋の奥にコピー機があります

at the back of one's mind 心の片隅で[に] ► At the back of my mind, I knew he was lying about the profits. (信じたくないが)心の中では彼が利益について嘘をついているとわかっていた

(in) back of 《米式》の後ろに

back to back 背中合わせに；続いて ► I had two meetings back to back in the morning. 午前中に二つ続いて会議があった

behind a person's back (人の)いない所で, (人に)内緒で ► He proceeded with the project behind the manager's back. 彼は課長に内緒でそのプロジェクトを進めた

break one's back 骨を折る ► He broke his back to get the job done. その仕事を終えるのに骨を折った

break the back of (仕事などの)山を越す ► Jim broke the back of his difficult job. ジムは困難な仕事の山を越した

know ... like the back of one's hand を隅々まで知っている ► I know this office like the back of my hand. このオフィスのことは知り尽くしています

on one's back 背負って；仰向けに；万策尽きて ► He's flat [put] on his back after a long succession of failures. たび重なる失敗で彼はすっかり打ちのめされている / The economy was flat on its back. 経済は完全に失速状態だった

on the back of に基づいて ► Stock prices soared on the back of a rise in profits. 利益上昇のおかげで株価は急に上昇した (比較) The country prospered on the backs of the working poor. その国はワーキング・プアの働きで繁栄した

put one's back into に全力を尽くす ► He put his back into the task. その仕事に打ち込んだ

see the back of を追い出す

with one's back to [against] the wall 進退きわまって ► The company was still afloat with its back to [against] the wall. その会社は追いつめられてはまだなんとかやっていた

━ *v* 後退させる[する]；後援[支持]する；裏打ちする；の背景をなす；(手形に)裏書きする

back away from から後ずさりする；を取り消す ► He backed away from the deal because it was too risky. 取引が危険すぎたので, 彼は手を引いた

back down 《略式》を放棄[撤回]する, 譲歩する；後退する ► We had no choice but to back down. 私たちは譲歩せざるを得なかった / We will not back down on the decision. その決定を撤回するつもりはありません

back out (of) (から)手を引く；(を)取り消す ► You just can't back out of your promise. 今さら約束を取り消すことはできません

back ... up / back up ... バックアップをとる ⇒ backup

back up 後援する；渋滞させる ► You need to back up your argument with clear reasons. あなたはご自分の主張をはっきりした理由で裏付ける必要があります

━ *a* 後ろの, 裏の；(支払いが)滞った, 未払いの

━ *ad* 後ろへ[に]；戻って；さかのぼって, 以前に；控えて ► Back in the 1990s, China's economy grew at an astonishing pace. 1990年代には, 中国の経済は驚異的なペースで成長していた / Lenders do not expect to get their money back. 貸し手は金を取り戻せるとは思っていない

as far back as ほども昔に ► As far back as 1952, the company was trying to develop the new concept in fast food. かなり前のことになるが1952年に, 同社はファーストフードの新しいコンセプトを開発しようと試みたことがある

back and forth 前後に；行ったり来たり ► Because of business trips, I travel back and forth between Japan and the US. 出張で日本とアメリカを行き来している

***back to* [*with*]** (のところ) に戻って ► Let's go back to what we were discussing earlier. 前に議論していた点に戻ろう

go back on (略式) を裏切る ► He went back on his word and broke the agreement. 彼は前言を翻して合意を破った

backbone *n* 屋台骨；主力；バックボーン [⇨ネットワークの基幹を形成する高速大容量回線 high-speed Internet backbone] ► These customers are the backbone of this business. こうしたお客様がこのビジネスの屋台骨を支えている

have no backbone 気骨がない
to the backbone きっすいの

backbreaker *n* 非常に骨の折れる仕事
backbreaking *a* 骨の折れる
back burner 保留、後回し ⇨front burner ► There are a lot of plans that I've put on the back burner, but I'll get to work on them after we finish this project. 後回しにしている計画がたくさんあるが、このプロジェクトを終えてから、そちらを手掛けるつもりだ

back catalog (映画などの) 旧作
backdate *vt* 日付をさかのぼらせる ► Could you please backdate your July 30 invoice to June 1? 7月30日付の請求書の日付を6月1日付にさかのぼらせていただけませんか / The strikers won a raise backdated to April. ストライキ参加者は4月にさかのぼっての賃上げを勝ちとった
— *n* 前日付 (=antedate, predate) [⇨書類などに実際の作成日より前の日付を記すこと]

backdated *a* さかのぼった日付の
backdating *n* 遡及及日付
back door 裏口
through* [*by*] *the back door 裏口から、不正に ► She had a lot of pull in that company and her son got in through [by] the back door. 彼女はその会社に強力なコネがあったので息子は裏口から入社した

backdoor *a* 内密の、不正の
backdoor money 裏金
backdown *n* 後退；放棄；(前言・約束・主張などの) 撤回
backdrop *n* 垂れ幕；背景 ► Against the backdrop of a global recession, heads of states met to discuss economic policies. 世界的な景気後退を背景に、各国首脳は集まって経済政策を討議した

back-end load (米)(投資信託などの) 解約手数料 (=(英)exit charge) ► He paid the back-end load to sell his shares in an investment fund. 投資ファンドの株を売却するために解約手数料を支払った

back-end loading =back loading
backer /bǽkər/ *n* 後援者 ► Their financial backers pulled out. 彼らに財政的に支援してきた人たちは手を引いた

backfire *vi*, *n* 逆効果(となる) ► Their proposal to resolve the problem backfired. 問題を解決するための提案は逆効果となった

backflush costing 逆流原価計算 [⇨ジャストインタイム方式の企業が使う原価計算法で、生産量イコール販売量、したがって製造原価＝売上原価と仮定した上で、期末に在庫があれば、売上原価勘定から材料、仕掛品などの製造費用へと逆流 (backflush) させる]

background *n* 背景；経歴；経験 ► his educational background 学歴 / What is her background? 彼女はどういった分野での経験があるのか / Her background is in engineering. 彼女は技術畑の人間だ / I was asked to talk about my background at the interview. 面接で、自分の学歴や職歴を話すように求められた / We are looking for someone with a background in public relations. われわれはPR関係の経験ある人を求めている / Most of the company's senior executives come from a technical background. 同社の上級経営幹部は大部分が技術的な背景を持っている / Could you brief us on the background of the problem? その問題の背景について要点を説明していただけますか

have a background in… の分野での経験がある ► The candidate has a strong background in finance. その候補者は財務の経験が十分にある
in the background 背後で；別プログラム実行中に
background briefing 背景説明
background check 身元調査、経歴チェック ► run [conduct, make] a background check on… …に対して身元調査を行う / Our company conducts thorough background checks on all job applicants. 当社は就職応募者の全員について徹底的な背景チェックを実施している

background information 背景にある事情
background investigation 身元調査 ► conduct a background investigation 身元調査を行う
backhander *n* (略式) バックハンド；当てこすり；(英略式) 賄賂(わいろ) ► It is illegal to take backhanders from suppliers. 仕入れ業者から賄賂をとるのは違法だ

backing *n* 支援 ► The start-up business received strong financial backing from institutional investors. その新設会社は機関投資家から強力な資金援助を得た

give one's full backing 全面支援する
have the backing of の支援を受けている
win the backing of の支持を得る ► With the backing of big movie studios, Blu-ray discs have become the standard in the high definition video market. 大手映画会社の支援を得て、ブルーレイ・ディスクは高品位ビデオ市場における標準規格になった

back interest 未払利息
back issue (新聞などの) バックナンバー
backlash *n* 反発、反動 (*from*)

backlist n 既刊書目録［⇨販売書の総目録］
backload n（運送業で）帰路の積荷、もどり荷 ► We need to fill our backloads. 帰りの荷を載せる必要がある
back loading バック・ローディング［⇨ローンなどの返却を期日とその近くで大きくまとめて返すようにした契約］
backlog n《略式》（商品などの）予備；（仕事の）滞り、未処理分、残務；受注残、滞貨 ► clear out the backlog of... たまっている…［案件など］を処理する / a backlog of orders 受注残 / eliminate a backlog 滞貨を一掃する / have a backlog of about $5 million in unfinished projects 未完成の工事で約5百万ドルの受注残高を持つ / We're doing our best to clear the backlog of orders at the factory. 当社は工場における受注残を一掃するために最善を尽くしている / We have a huge backlog of orders to fill. 当社は大量の受注残を抱えている
back month（先物取引の）期先限月 ⇨ contract month, front month
back office 事務［非営業］部門；後方支援部門；バック・オフィス［⇨金融機関などにおいて、伝票処理・事務処理などを行う総務部門］► To be honest, the real decisions in this company are made in the back offices. 実を言うと、この会社では本当の決定は裏方の事務管理部門でなされている
back-of-the[-an]-envelope a 簡単に計算できる ► This month's sales increase of 5.5% nearly matches our back-of-the-envelope estimate. 今月の売上増加5.5%は、われわれの大ざっぱな予測とほとんど一致している
back order バックオーダー、受注残（B/O）［⇨品切れの商品が入荷するまで待つことを顧客が承認している注文］► How long does it take to fill back orders? 受注残を捌くまでに、どれくらいかかりますか / We can place that on back order.（目下在庫がないので）注文をお受けして後でお納めします
back pay バック・ペイ、未払賃金、遡及賃金
back rent 延滞賃料 ► The company owes $10,000 in back rent. 同社は1万ドルの延滞賃料がある
backroom n 裏の部屋；秘密策謀の場所
back salary 未払給料 ► The airline owes its flight attendants and maintenance crew three months in back salary. そのエアラインは客室乗務員と整備要員に3か月分の未払給料の借りがある
backseat n 後部座席；《略式》目立たない立場 ► We don't need a backseat driver in our office. このオフィスには権限がないのに余計な差し出口をする人はいらない
take a backseat 目立たない立場になる《to》► John decided to take a backseat and let his son run the company. ジョンは一線から退いて息子に会社をやらせることにした
backslide vi 〈-slid;-slid(den)〉《略式》後退する ► We've been backsliding a bit and we're behind schedule. われわれはこのところ仕事の手を抜いていたので予定から遅れている
backsliding n 後退
back spread 逆ざや［⇨公定歩合が銀行貸出金利を上回っている］
back tax 未納税額 ► The company owes $10,000 in back taxes. 同社は1万ドルの未納税額をかかえている
back test シミュレーション［⇨金融工学関係で過去のシナリオに一定の手法を当てはめて、その有効性を確認するために行われるものを指す］► We are completing a fresh back test of our equity asset allocation tools. 当社は、株式運用における資産配分用の各種ツールに関して新たなシミュレーションを終えようとしている
back-to-back a ❶ たて続けの、連続の ❷ バック・ツー・バックの［⇨たとえば100円で買いたいという注文を受けた者がそのまま別の者に90円で買いたいという注文を出し、それが成立すれば、間に入っていた者は在庫（position）を持たずにもうけることができる。このように背中合わせからそのまま取り次ぐ格好になるビジネスを言う］❸ 見返り信用状の［⇨輸出業者が商品などの購入先から得る外国信用状を見返りとして、国内の銀行から発行してもらう信用状についていう］
back-to-back letter of credit バック・ツー・バック信用状［⇨別の信用状に基づく支払額を担保として発行された第二の信用状］
back-to-back loan バック・ツー・バック融資、異種通貨相互貸付［⇨アメリカのA社がイギリスのB社に100万ドル融資し、B社も100万ドル相当のポンド建融資をするような例を言う。第一の融資に起因し、またはこれを裏づけとして行われる第二の融資を指すこともある］
back-to-school a 新学期の［⇨新学期の売出しについて用いる］► back-to-school sale 新学用品大売出し［⇨文房具などの学用品と衣服・靴などを含む］
backup n, a 後援（者）；応援（の）；予備（の）；交替員、代替物；バックアップ［⇨万一の場合に備えてデータを別に保存しておくこと］► Be sure to have a backup. 必ずバックアップは取っておくように / Always have backup plans. いつでも代案を用意しておけ
backup copy バックアップコピー；バックアップ［⇨コピーの入っているディスクなどのこと］► Get the backup copy, please. バックアップ・ディスクを出してください / You'd better make a backup copy of the file. そのファイルのバックアップコピーを取っておいた方がいい
back-up fund 予備資金
backup line バックアップ・ライン、（予備の）与信枠
backup withholding《米》タックスウィズホールディング、税の元払い天引き［⇨米国で社会保障番号のない人の投資と利子による所得の一部を会社や銀行に直接控除で税務当局に支払う方式］
back wages 未払賃金
backward /bǽkwərd/ ad 後方へ；逆に

bend over backward to (do) 懸命に努力する
— *a* 後方への; 逆の; 進歩の遅れた ▶ economically [technologically] backward 経済的に[技術的に]遅れた
◇**backwardness** *n*
◇**backwards** *ad* =backward

backwardation /bǽkwərdéiʃən/ *n* バックワーデーション, 逆ざや相場 [⇨商品相場において現物価格の方が先物より高くなっている状態. 商品は倉庫費, 保険料等の持越し費用がかかるので, 先物の方が現物より高いが, 現物が急激に品薄になると例外的に先物より高くなりうる] ▶ Is it common to see the copper market in backwardation? 銅相場が現物高になるのは普通か

backward compatible (ソフトやハードが) 上位互換の [⇨古いバージョンのソフトや古い型のハードウェアにも対応した]

backward integration 川上統合, 川上分野への進出, 後方統合 [⇨メーカーが原材料の調達先を買収するという具合に, 事業領域の上流方向, すなわち仕入側へと展開すること] ⇨ forward integration

bacon /béikən/ *n* ベーコン
bring home the bacon 《略式》生活費をかせぐ ▶ You need to bring home the bacon. 君は生活費を稼がなければならない

bad /bæd/ *a* (**worse**; **worst**) ❶ 悪い, 不正の; 無効の; ひどい ▶ The land was a bad buy. あの土地は損な買い物だった / We made a bad decision by withdrawing from the market. 当社は市場から撤退するという間違った決定を下した ❷【金融】不良の, 貸倒の, 回収不能の

feel bad 気分が悪い; 残念に思う《*about*》 ▶ I feel bad about canceling the appointment at the last minute. 直前になって約束をキャンセルするのは気がとがめる

go bad 悪くなる, 腐る ▶ Many of the bank's loans went bad. その銀行の融資は大部分が不良債権になった

go from bad to worse ますます悪化する ▶ The economy has gone from bad to worse. 景気はますます悪化している

have a bad time (of it) 嫌な目にあう

in a bad way (健康・事業などが) 思わしくなくて

not bad / not half [so, too] bad 《略式》なかなかよい

— *n* 悪さ, 悪い状態;《略式》(*one's ~*) 自分の間違い[ミス]

to the bad 未払いで; 借りて, 赤字で ▶ He's $500 to the bad on his debt. 500ドルの借金がある
◇**badness** *n*

bad asset 不良資産 ▶ remove bad assets from banks' balance sheets 銀行の不良資産を処理する [⇨「不良資産を銀行の貸借対照表から控除する」の意から. bad debtとも言う]

bad bank バッドバンク [⇨(1)不良債権買取りの専門銀行 (2)銀行の不採算の部分. 経営難の銀行を好採算の部分(good bank)と不採算の部分(bad bank)に分割して立て直す手法について言う]

bad check 不渡小切手

bad debt 不良債権, 回収不能債権 [⇨回収不能となった債権および回収不能のおそれのある債権] ▶ prompt recovery of bad debt 不良債権の早期回収 / the write-off of bad debts amounting to $100 million 1億ドルにのぼる不良債権の償却 / burden of bad debts on banks 銀行の重荷になっている不良資産 / add to loan loss reserves for bad debt 不良債権に備えて引当金を積み増す / increase the reserve for bad debt by $1 million 貸倒引当金を100万ドル増額する / have authority to write off bad debts of up to $100,000 不良債権を10万ドルまで償却する権限を持つ / It will take at least three years to clean up the bank's massive bad debts. その銀行の莫大な不良債権を一掃するには少なくとも3年はかかるだろう

bad debt charge 貸倒償却

bad debt charge-off 不良債権の償却額

bad debt disposal 不良債権処理 [⇨貸倒損失という費用として処理し, 帳簿から落とす直接償却と, 回収不能見込額を貸倒引当金に繰り入れて万一に備えながらも債権は帳簿に残す間接償却という方式がある]

bad debt expense 貸倒損失, 貸倒償却 [⇨売掛金や貸付金などの債権の貸倒れによる損失, および貸倒引当金の設定による費用の計上] ▶ estimate the bad debt expense 貸倒損失額を見積る / In the first quarter, $100,000 was recorded as bad debt expense. 第1四半期に10万ドルが貸倒損失として計上された

bad debt loss 貸倒損失

bad debt provision 貸倒引当金, 貸倒準備金 (=bad debt reserve, allowance for doubtful accounts, allowance for uncollectible accounts) [⇨貸倒れに備えて積立てられた引当金]

bad debt recovery 不良債権の回収

bad debt reserve 貸倒引当金, 貸倒準備金 ▶ take the precaution of increasing the bad debt reserve by $3 million 予防措置として貸倒引当金を3百万ドル積み増す

bad debts recovered 償却債権取立益 [⇨貸倒れとして処理した債権が, 後日回収されたことにより生ずる臨時利益]

bad debts written off 貸倒償却 [⇨不良債権を資産から減額すること]

bad faith 【法律】不誠実; 悪意 [⇨ある事情を知っていること] ▶ act in bad faith 信義に反していると知りながら行為する

bad health risk =bad risk

bad life (生命保険で) 非健康体, 健康不良体 (=bad health risk) (⇔good life 健康体, 優良体)

bad loan 不良貸付 ▶ The bank suffered from a heap of bad loans. その銀行は不良債権の山で苦しんだ

badly /bǽdli/ *ad* (**worse**; **worst**) 悪く, まずく; ひどく ▶ The scandal badly damaged the company's reputation. スキャンダルが同社の名声をひどく傷つけた / The product was badly designed. その製品はデザインがひどかった / Anything that begins badly ends worse. 始まりが悪いことはさらに悪化して終わりになる / Badly paid employees are not expected to work hard. ひどい安給料では従業員はよく働くはずがない

be badly off 困窮している, 不足している(*for*)
[比較] badly off, worse off, worst off : Most retired people are badly off. 退職者の多くは困っている(米国では bad off と言う:They're bad off but we are worse off. 彼らは困っているが, 私たちはそれ以上に困っている)

do badly 失敗する(*in*)

bad news 悪い知らせ; 悪材料 [⇨相場を安くする原因や事情を指す.「売材料」「悲観材料」「不安材料」「懸念材料」とも言う] (⇔good news)

bad precedent 悪い前例 ► Managers should not set a bad precedent by being late to meetings. 管理業は会議に遅刻して悪い前例をつくるべきではない

bad press (新聞・雑誌での) 不評

bad risk (生命保険についての) 不良危険, 不良物件; 健康不良体

bad title 瑕疵ある権原 ⇨ defective title

BAE Systems 《~ plc》BAE システムズ [⇨元ブリティッシュ・エアロスペース(BAe). 1999年11月設立. 英国ロンドンに本拠を置く欧州最大の航空・防衛産業. 80年設立. 2006年エアバスの持株をEADSに売却]

BAF bunker adjustment factor

baffle /bǽfl/ *vt* 当惑させる; (計画などを) くじく, 妨げる ► The sudden downturn of the stock market went against expectations and baffled economists. 株式市場の突然の下落は, 予想に反していたので, エコノミストを困惑させた
— *vi* もがく
— *n* 当惑; (水流・音響の) 調節装置
◇**bafflement** *n*
◇**baffling** *a* 困惑させる; 不可解な

bag /bǽg/ *n* 袋; かばん; 財布

a mixed bag (略式) 寄せ集め, ごたまぜ ► The seminar was a mixed bag of traditional and new approaches to investment. そのセミナーは投資の伝統的なアプローチと新しいアプローチの寄せ集めだった

*(with) **bag and baggage*** (略式) 所持品一切(を持って); すっかり

get the bag (略式) 首になる

give a person the bag (略式) (人を) 首にする

hold the bag 全責任を負わされる, 貧乏くじを引く (✚空かばんをつかまされて分け前がもらえないことから)

in the bag (略式) (成功を) 手中にして ► The deal is in the bag. 取引はきっとうまくいく

pack one's bags 荷物をまとめる; 辞める

the whole bag of tricks あの手この手

— *vi* (-**gg**-) 膨らむ
— *vt* 袋に入れる; 獲得する; 《略式》 (病気なく) 失敬する; やめる

baggage /bǽgidʒ/ *n* 《主に米》手荷物

baggage check 《米》手荷物預り証

baggage claim 手荷物受取(所)(=《英》baggage reclaim)

baggage handler 手荷物係

baggageman *n* 手荷物係員

baggage room [office] 《米》手荷物一時預り所(=《英》left luggage [office])

bagger /bǽgər/ *n* (スーパーなどで) 袋詰めをする人

Baggie 《商標》バギー [⇨食料保存, ごみ捨て用のナイロン袋]

Baht Economic Zone 《the ~》バーツ経済圏 [⇨成長著しいタイを中心としたインドシナ諸国地域の経済圏. タイの通貨バーツが貿易決済に使われ始めたころから名づけられた]

Baidu.com 《~, Inc.》バイドゥ・ドットコム, 百度 [⇨中国北京本社の検索エンジン, ポータル運営会社. 2000年設立. 05年6月 NASDAQ 上場時には, 初日に株式が350倍以上となり, 一躍有名になった. 特にMP3の検索では人気が高い]

bail /béil/ *n* 保釈(金); (保釈のための) 保証金, 保証人
— *vt* 保釈する; 保釈してもらう(*out*)

bail out 救済する ► use taxpayers' money to bail out the banking system 公金を使って銀行システムを救済する / be bailed out by the government with taxpayers money 税金を使って政府によって救済される / Automakers are pleading with the government to bail them out. 自動車メーカー各社は政府に救済を嘆願している

bailee /beilí:/ *n* 受寄者, 受託者 [⇨動産の寄託(bailment)を引き受けた人]

bailiff /béilif/ *n* 廷吏 [⇨法廷内の秩序維持をも担う裁判所職員. 裁判書類の送達や強制執行を任される執行官や精神障害者のため裁判所が選任する補佐人を務めることもある]

bailment *n* (動産の) 寄託 [⇨ある目的の成就後に寄託者(bailor)に返還される約束で, 動産を受寄者(bailee)に引き渡すこと. また, ある者(受寄者)が他の者(寄託者)のために物品などを保管・占有し, 本来の所有者に返還する義務を負う行為で, 倉庫会社が物品を預る契約などを言う] ► a bailment fee 寄託手数料 / a contract of bailment 寄託契約

bailor /béilər/ *n* 寄託者 [⇨寄託契約により目的物を預ける人]

bailout *n* 破綻企業の救済, 支援 ► a banking bailout plan 銀行救済策 / file for a court-mandated bailout 裁判所に民事再生法[会社更生法]にのっとった手続の適用を申請する / The government decided to rescue the company by a bailout package. 政府は緊急支援計画を策定して同社を救済することを決めた / The government announced an economic bailout of over $700 billion. 政府は7千億ドルを超える経済救済策を発表した

bait-and-click *a* ひっかけてだます, おとりサイトの, フィッシングサイトの

bait-and-switch *a* おとり商法の ► You

have to be very careful about their bait-and-switch tactics. あいつらのおとり商法には十分注意しなさい

balance /bǽləns/ n (収支・貸借などの)バランス, 均衡; 差引残額, 残高, 収支尻 ▸ a credit [a debit] balance 貸方[借方]残高[額] / the balance carried forward 繰越高 / a closing balance 期末残高 / a final balance 収支尻 / an opening balance 期首残高 / a services balance サービス収支, 貿易外収支 / a trade balance 貿易収支 / an unpaid balance 未払い残高 / an unamortized balance 未償却残高 / an outstanding balance of loan 融資残高 / the balance due from [to] …う貸し[…より借り] / the ending balance of accounts receivable 売掛金の期末残高 / ascertain the exact balance 残高をはっきり確かめる / The **balance standing to his credit** is $1,000. 彼の貸方(受取額)になっているのは1,000ドルだ / The **balance is against [for]** you. 差引勘定は君の借り[貸し]だ / The government aims to **put the budget back in balance** within five years. 政府は5年以内に予算を均衡状態に戻すことを目標にしている / They **have a better work-life balance** or home-work balance. 彼らは仕事対生活または家庭対仕事のバランスがよい

— vt (借越額を支払って)精算する; 均衡させる ▸ balance an account 勘定を決算する / balance the books 帳簿を締める[決算する] / balance one's account by paying the money due 負債を払って勘定を差し引きゼロにする / balance the budget over five years 予算を5年間で均衡させる

— vi 決めかねる, ためらう

◇**balanced** /-t/-d/ a 釣り合った

balance as restated 訂正後残高
balance at beginning of year 期首残高
balance at end of year 期末残高
balance brought forward 前期繰越(高), 前ページ繰越(額), 前期繰越高
balance carried down 期末残高
balance carried forward 次期繰越(高), 次ページ繰越(額), 次期繰越残高
balance carried over 次期繰越
balanced budget 均衡予算 [⇨収入と支出が均衡している予算のこと. 財政で言えば財政支出と財政収入が等しいこと] ▸ aim at a balanced budget in the 2004 fiscal year 2004会計年度に予算の均衡を目指す
balanced fund バランス型ファンド [⇨株式と債券の両方で運用するミューチュアルファンド. 債券より株式に大きな割合を配分するのが普通. リスクの高い急成長銘柄とリスクの低い安定銘柄を組合せて運用するファンドを指すこともある] ⇨mutual fund
balanced manager バランス型専門運用機関 [⇨成長性と安定性のバランスを取って, 株式と債券の両方を組み入れたファンドを専門とする運用機関]
balanced mutual fund バランス型ミューチュアルファンド (=balanced fund)
balanced scorecard バランス・スコアカード [⇨策定した戦略を遂行するための具体的な計画を設定し統制するための経営管理システム]
balance due 不足額; 請求額, 残金 ▸ the balance due to us ご請求金額 [⇨顧客などに提出する計算書での項目]
balance form 残高式, 勘定形式
balance-form ledger sheet 残高式元帳
balance for services (国際収支での)サービス収支(尻)
balance of capital account 資本収支 [⇨国際収支の一部で, 直接投資や証券投資など資本関係の勘定残高]
balance of contract 契約残 [⇨買付を約束している契約数量中未発注の部分, または売渡しを約束している契約数量の未引渡しの部分]
balance of debt 負債残高
balance of (international) payments 国際収支(勘定) [⇨1国の対外経済取引を, モノ・サービスの収支(経常収支)と金融取引の資本収支とに分けて, 体系的に記録したもの] ▸ an overall balance of payments surplus [deficit] 総合国際収支の黒字[赤字] / achieve balance of payments equilibrium 国際収支の均衡を達成する
balance of (international) payment table 国際収支(勘定)表 [⇨国際収支勘定を表した表]
balance of payments accounts ⇨balance of (international) payments
balance of services trade サービス収支, 貿易外収支 [⇨保険, 輸送, 旅行といったモノ以外のサービスについて外国とのやりとりを集計したもの] ▸ have a negative [positive] balance of service trade サービス収支が赤字[黒字]である
balance of trade 貿易収支 [⇨輸出入の収支尻のこと] ▸ an adverse [a favorable] balance of trade 貿易赤字[黒字] / an invisible balance of trade サービス収支, 貿易外収支 / a visible balance of trade 貿易収支 / Our balance of trade last year was favorable [unfavorable]. わが国の昨年の貿易収支は黒字[赤字]であった

balance sheet 貸借対照表, バランスシート (B/S) [⇨報告主体の特定時点における財務状況を示す表で, 左側に資産(assets)を, 右側に負債(liabilities)と資本(equity)を記載する. 資産(プラスの財産)から負債(マイナスの財産)を差し引いたものが資本(ネットの財産)であることを示している. 貸借対照表は損益計算書(income statement)やキャッシュフロー計算書(statement of cash flows)とともに財務諸表(financial statements)を構成する]; (比喩的に)財務体質 ▸ a healthy balance sheet 健全な財務体質 / off balance sheet liability 簿外債務 / summa-

rize the data and prepare a balance sheet as of March 31, 2008 データを集計して2008年3月31日現在の貸借対照表を作成する / maintain a strong [conservative] balance sheet 強固な[堅実な]財務体質を維持する / improve one's balance sheet 財務内容を改善する / examine the consolidated balance sheet 連結貸借対照表を審査する / **The balance sheets we examined** confirm your findings. バランスシートを吟味したところ, あなたの調査結果を裏付けている / You will notice from the balance sheet that at no time did receivables exceed payables. バランスシートからお分かりの通り, 売掛金が買掛金を上回ったことは一度もない / The fact that new capital expenditure declined sharply **is reflected in the balance sheet**. 新規設備投資が急減した事実はバランスシート上に反映されている通りだ / The company sold off properties to reduce leverage **on its balance sheet**. 同社は貸借対照表の借入金比率を減らすために資産を売り払った

balance sheet analysis 貸借対照表分析

balance sheet date 貸借対照表日, 決算日 ▶ be paid within one year of the balance sheet date 貸借対照表日から1年以内に支払われる [◎実際上は, 事業年度の最終日(=決算期)のことを言い, したがってyear end = balance sheet dateである]

balance sheet equation 貸借対照表等式[◎資産=負債+資本として表した等式]

balance sheet form 貸借対照表様式

balance sheet item 貸借対照表項目[◎貸借対照表に記載される資産, 負債および資本に属する諸項目の総称]

balance sheet ratio 貸借対照表比率[◎企業の支払能力を見る場合に, 流動資産を流動負債で除したりして, 「比率」を用いる balance sheet ratio analysis (貸借対照表分析)が行われるが, これとの関係で使われる用語]

bale /beil/ n 梱(こり), 俵 ▶ We need to know how many bales of cotton you'd like to transport next month. 貴社が何俵の棉花を来月に輸送したいかを知る必要がある
— vt 梱包する

ball /bɔːl/ n 球
a ball of fire 精力家 (=fireball)
carry the ball 《米略式》責任を一手に負う
have [hold] a person by the balls 《略式》(人の)急所[弱味]を握っている; 意のままにできる
have the ball at one's feet 幸先がいい
on the ball 《略式》油断なく; 敏腕で; 事情通で ▶ He is always on top of things and on the ball. 彼はいつも事情をすべて把握していて, 抜け目がない
play ball (行動を)開始する; 《略式》協力する
run with the ball 《米略式》事業などを引き継ぐ
start [set] the ball rolling 活動を始めさせる
take up the ball 話を受け継ぐ
The ball is in a person's court. 次は…の番だ; (決定などが)…の責任だ
the whole ball of wax 一切合切

Ballantine's n 《商標》バランタイン(ズ)[◎スコットランドのブレンドウイスキー]

ball game 球技, 野球; 活動の中心; 情勢; 競争 ▶ a whole new ball game=a completely different ball game まったく異なった状況 / With the arrival of Internet advertising, it's a whole different ball game. インターネット広告の到来とともに, まったく話は違ってくる

balloon /bəlúːn/ n バルーン式返済[◎借入期間中の毎回の返済額を軽減し, 借入期限の最終段階で残額を一括返済する割賦返済の方式]
go down like a lead balloon 完全に失敗する
— vi 膨らむ ▶ The volume of consumer finance loans has ballooned by 30% in the last decade. 消費者金融ローンの総額は1990年代に30%もふくれ上がった
— a (借入金などの割賦返済が) バルーン方式の
◇**ballooned** a (融資で) バルーン返済方式の

balloon financing バルーン融資[◎少額ずつ返し最後に残額を一括返済する方式の融資]

balloon interest 逓増型金利

balloon loan バルーン型ローン ⇨balloon financing

balloon mortgage バルーン返済を伴う住宅ローン

balloon payment バルーン返済[◎最終返済金額がそれ以前の返済金額よりも多額になるような支払方法, あるいはその最終返済金額] ▶ a monthly payment schedule with a balloon payment at the end of the loan term ローン期間の最後に一括返済のついた月払返済計画 / The company accepted the deal to make the balloon payment. 同社はバルーン型の返済を要する借入を受け入れた

balloon payment mortgage バルーン返済型住宅ローン [◎定期返済額を小さく設定し最後に大きな残額を一括返済する方式の住宅ローン]

ballot /bǽlət/ n 投票用紙; 投票総数; (無記名)投票; 投票権; くじ引き ▶ cast ballots 投票する / elect by a secret ballot 秘密投票により選出する / hold a ballot for... …を決めるために投票を行う / put a motion to the ballot その動議(の採否)を投票で決める / The company decided to hold a ballot of shareholders to approve the new project. 同社は新しいプロジェクトを承認するために株主による投票の実施を決定した
— vi 賛成票を投じる 《for》; 反対票を投じる 《against》

ballpark n, a 概算(の) ▶ a ballpark figure [estimate] 概算値 / a ballpark price およその価格 / give a ballpark (figure) 概算値を出す
in the ballpark おおよそ, 概算で; 予想範囲内で ▶ The sales forecast for the first quarter was nowhere in the ballpark. 第1四半期の売上高予測はまったく見当はずれだった

Baltic Exchange 英国海運集会所 [◎18世紀にロンドンのコーヒーハウスで始まった船荷の取引

から発展した，世界の不定期船市場の中心的取引所．ここでは運賃先物取引も行われている]

ban /bæn/ vt (-nn-) 禁止する《*from*》 ► ban smoking 喫煙を禁止する，禁煙区域とする
— n 禁止(令)《*on*》

コロケーション

（動詞(句)+〜） **beat** the ban **on**... に対する禁止令を実質的に破る / **impose** a ban **on**... に対する禁止令を出す / **lift** the ban **on**... に対する禁止令を解く / **place** a ban **on**... を禁止する / **put** a ban **on**... を禁制品にする

► call for a complete [overall, total] ban on... の全面禁止[廃絶]を要求する / impose a ban on harmful additives 有害な食品添加物を禁止する / The government lifted the ban on certain agricultural imports. 政府は農産物の輸入を一部解禁した

Banana Republic バナナ・リパブリック [⮕ カジュアルなビジネス衣料，スポーツ衣料を販売する米国の小売店舗]

band /bænd/ n 一隊，一団，群れ
to beat the band 活発に；たくさん；すごく
— v ❶ 団結させる[する]《*together*》 ❷《英》（課税などを支払い能力に応じて）階層区分する

band-aid a 間に合わせの；応急処置の

Band-Aid《商標》バンドエイド [⮕ 切傷などの小さな傷口を保護するために使われる米国の絆創膏．通常は肌色だが，子供向けにアニメのキャラクターを使用した物もある]

bandwagon n《略式》時流に乗った動き，人気のあるもの；優勢な陣営 ► jump [climb] on the bandwagon 優勢な側につく

bandwidth n 帯域幅；（ネットワークの）回線容量 ► He does not have enough personal bandwidth to complete the project. その企画を遂行するための十分な技量をもっていない

bang /bæŋ/ n 強打；轟音，ズドン[バタン]という音；《略式》元気 ► The campaign started off with a bang. そのキャンペーンは勢いよく始まった

bang for the [one's] buck《米略式》出費に見合うだけの価値

go over [《英》*off*] *with a bang* 大成功を収める
► On the opening night we went over [《英》off] with a bang. 初日の晩は大成功だった

— v ❶ 激しく打つ，バタンと閉める[閉まる]；ズドンと撃つ[鳴る]；（頭に）たたき込む ❷《略式》突然の大量売りで（市場の）相場を下げさせる ► bang the market 売り崩す

bang away 熱心に励む

— ad バタンと；突然；まったく，ちょうど

bank /bæŋk/ n 銀行；データ[情報]バンク
► have money in the bank 銀行に預金がある / place a bank into government receivership 銀行を一時国有化する

break the bank（賭けに勝って）胴元をつぶす
► The cost won't break the bank. その程度の費用は大したことはない

laugh all the way to the bank もうかりすぎて笑いが止まらない

===**銀行**===

agent bank エージェント・バンク / central bank 中央銀行 / commercial bank 商業銀行 / community bank 地域銀行 / export-import bank 輸出入銀行 / investment bank 投資銀行 / long-term credit bank 長期信用銀行 / merchant bank（英国の）マーチャント・バンク [⮕ 投資銀行] / money center bank（米国の）マネーセンター・バンク / mutual bank 相互銀行 / national bank（米国の）国法銀行 / regional bank 地方銀行 / second-tier regional bank 第二地方銀行協会加盟銀行 / state bank（米国の）州法銀行 / trust bank 信託銀行

— vt 銀行に預ける
— vi 預金する；銀行を経営する
bank on [*upon*]《略式》をあてにする《*to do*》；信用する

bankable a 銀行で受け付けられる；確かな；必ずヒットする ► put together a bankable project proposal 資金調達可能なプロジェクト企画をまとめあげる

bank acceptance 銀行引受手形（BA）(=banker's acceptance)

bank account 銀行勘定；銀行口座；預金残高

コロケーション

（動詞(句)+〜）**close** a bank account 口座を解約する / **open** a bank account 銀行口座を開く / **pay into** a bank account 銀行口座に振り込む / **take money out of** a bank account 口座から金を下ろす（➕改まった言い方をするときは withdraw money from a bank account を使う）

► Many investors have bank accounts in the Cayman Islands to avoid taxes in their home country. 本国での課税を避けるために，多くの投資家はケイマン諸島に銀行口座を持っている / We have remitted the sum of USD 10,000 to your bank account in settlement of your invoice No. 12345. 御社請求書(12345)の支払のため，1万米ドルを御社銀行口座に送金しました

bank advance 銀行借入金
bank balance 銀行預金残高，口座残高
bank bill =bank note
bankbook n 銀行通帳(=passbook)；《英》（預金)通帳（=《米》passbook）
bank borrowing 銀行借入金
bank card 銀行カード，バンクカード [⮕ 銀行が発行するクレジットカード]
bank charge 銀行手数料，銀行諸費用 [⮕ 銀行の預金者に対する各種のサービスの費用]
bank check 銀行小切手
bank clerk 銀行員
bank confirmation 銀行残高確認書，銀行取引報告書(=bank report)
bank credit 銀行融資 ► bank credit arrangement 銀行貸出枠
bank debenture 金融債 [⮕ 特定の金融機

関の発行する債券]
bank debt 銀行借入金
bank deposit 銀行預金, 当座預金
bank discount 銀行手形割引; 銀行割引料 [➡手形の満期前に銀行で手形の割引を行った場合の, 満期日までの利息に相当する支払費用]
bank draft 送金小切手

banker /bǽŋkər/ n 銀行家 ▶ a central banker 中央銀行の責任者 / an investment banker 投資銀行業務の専門家 / a private banker プライベート・バンカー

banker's acceptance 銀行引受手形 (BA) (=bank acceptance) [✚無名の輸入業者の振出した手形でも銀行が支払を引受けれて, 以後, その手形を担保に供したり, 換金できるようになる]
banker's bank 銀行の銀行 [➡中央銀行の役割のひとつ] ▶ The Bank of Japan acts as a banker's bank. 日本銀行は「銀行の銀行」として行動する
banker's card =bank card
banker's check =bank check
banker's commercial credit 銀行信用状
banker's discount 銀行割引料, 単利割引料
banker's draft 送金小切手 (B/D) (=bank draft)
banker's hours 短い労働時間
banker's order 《英》自動引落し (=《米》automatic debit) ▶ Our rents are paid to the landlord by banker's order. 家主への賃料は自動引落しで支払われている
banker's reference =bank reference
bank examination 銀行検査 [➡中央銀行その他所轄官庁による銀行の業務監査]
bank examiner 銀行検査官
bank facility 銀行融資
Bank for International Settlements 《the ~》国際決済銀行 (BIS) [➡各国中央銀行の協力の促進, 国際金融業務への便宜の供与, 委託される国際金融決済について受託者または代理人になることなどを目的として設立された国際機関. 本部はスイスのバーゼル]
Bank Giro 銀行自動振替制度
bank giro credit 口座自動引落し [➡giroは送金為替という意味]
bank guarantee 銀行支払保証, 銀行保証 ▶ seek a bank guarantee for the full amount of the loan 融資の全額について銀行の保証を求める
bank holding company 銀行持株会社 [➡銀行を傘下に置く持株会社. 米国などで広くみられる]
bank holiday 《英》一般公休日;《米》銀行休日
bank identification number 銀行識別コード [➡イギリスで使われている金融機関の支店別コードで, イギリス企業の請求書には送金先の情報としてこれが記載されていたりする]

banking n 銀行業 ▶ a banking house 銀行
===銀行業===
commercial banking 商業銀行業務 / international banking 国際銀行業務 / internet banking インターネットを利用した銀行業 / investment banking 投資銀行業務 / online banking オンラインバンキング / private banking プライベート・バンキング / retail banking リテール銀行業務 / telephone banking 電話を利用した銀行業 / wholesale banking ホールセール銀行業務

banking account 銀行取引口座 (=bank account)
banking hours (銀行の)営業時間
banking practice 銀行実務
banking system 金融システム, 銀行制度, 金融界
bank inspection 銀行検査
bank insurance バンク・インシュアランス [➡銀行の保険事業への進出. 銀行による保険業務の取り扱い]
bank insurance fund 預金保険基金 (BIF) [➡銀行の経営破綻に際して一定額までの預金を保護するために設けられている基金で, 連邦預金保険機構(FDIC)が管理・運用している]
bank interest 銀行利子
bank lending 銀行融資
bank line 銀行与信枠
bank lines of credit 銀行の与信枠
bank loan 銀行ローン, 銀行貸付[借入]金 ▶ get a bank loan to do... をするために銀行融資を受ける
bank loans payable 銀行借入金
bank manager 銀行支店長
bank mandate (銀行に対する)取引依頼書 [➡口座自動引落しのための預金口座振替依頼書のようなものを言う]
bank money 銀行貨幣; 預金通貨
bank note, banknote 銀行券 (BN) [➡中央銀行が発行する紙幣] ▶ a crisp, new banknote ピン札
Bank of America 《~ Corp.》バンクオブアメリカ (BA) [➡米国の商業銀行. 日本での略称はバンカメ. 1998年Nations Bankに買収され, 名前はBank of Americaを継承した. 1874年創業で本社はCharlotte, NC. 2008年, サブプライムローン問題で破綻したCountrywide Financial Corpを, 9月の世界恐慌時には米国大手証券Merrill Lynchを買収した]
Bank of China 《~ Ltd.》バンク・オブ・チャイナ, 中国銀行 [➡中国の4大国有銀行の一つ. 商業銀行で国内に1万を超える店舗を持つ]
Bank of Communications 《~ Co., Ltd.》バンク・オブ・コミュニケーションズ, 交通銀行 [➡中国の古い歴史を持つ商業銀行で設立は1908年. 87年国有の株式会社に改組]
Bank of England 《the ~》イングランド銀行 (BOE) [➡英国の中央銀行]
bank of issue 発券銀行 [➡スコットランド銀行のように紙幣などを発行できる権限の認められて

いる銀行を言う]

Bank of Japan (the ~) 日本銀行 (BOJ)

Bank One (~ Corp.) バンク・ワン [⇨米国の銀行持株会社. 傘下の First USA Bank を通じてクレジットカード事業(Visa カード)を行うが 2004年 JP Morgan Chase 銀行に吸収される]

bank overdraft 当座借越 [⇨小切手を当座預金残高以上に振出した状態]

bank-owned a (不動産ガローン不払いで)銀行所有になった

bank prime rate 銀行プライム・レート [⇨銀行の企業に対する最優遇貸出金利]

bank rate 銀行割引歩合 (=base rate)

bank reconciliation 銀行残高との照合 ► The accounting department completed bank reconciliations of all the accounts. 経理部は全勘定の銀行残との照合を済ませた

bank reconciliation statement 銀行勘定調整表 ► prepare a bank reconciliation statement as at 31 March 3月31日現在の銀行勘定調整表を作成する

bank reference 照会先銀行, 取引銀行

bank remittance 銀行振込 ► via bank remittance 銀行振込で

bank report 銀行取引報告書, 銀行取引確認書 (=bank confirmation)

bank reserves 銀行準備, 準備預金 [⇨民間銀行は預金量の一定部分を中央銀行の口座に積み立てることを義務づけられているが, こうした預金を指して言う]

bankroll n 札束; 資金
— vt 《略式》(事業・劇に)資金を出す
◇**bankroller** n

bank run 銀行の取り付け (✦run on a bank からの合成語) ► trigger a bank run 銀行に対する取り付け騒ぎを引き起こす / During the Great Depression, many banks had to close their doors to prevent a bank run. 大不況のときには多くの銀行は取り付け騒ぎを避けるために店を閉めなければならなかった

bankrupt /bǽŋkrʌpt/ n 【法律】破産者 [⇨破産宣告を受けた人]
— a 破産した, 支払い不能の; (を)欠く《in, of》 ► go [turn, become] bankrupt 破産する / The company was declared bankrupt. 同社は破産を宣告された / The company went bankrupt due to financial trouble. 財務上のトラブルでその会社は破産した / Unable to receive further financing, the company finally went bankrupt. 追加融資を受けることができなかったので, 同社はついに倒産した
— vt 破産させる

bankrupt creditor 破産債権者 ► a meeting of bankrupt creditors 破産債権者集会

bankruptcy /bǽŋkrʌptsi, -rəpsi/
n ❶ 破産, (企業の) 倒産 ► on the brink of bankruptcy 倒産の瀬戸際にある / The firm was driven into bankruptcy due to lack of funding. その会社は資金不足で倒産に追い込まれた ❷【法律】破産

> 【解説】 米国では企業の破産には破産法第7章「清算」と第11章「更生」がある. 第7章が適用されると, 全資産が売却され債権者に配分される. 第11章が適用されると, 事業を継続し収入のなかから計画的に債務を返済する. 日本の会社更生法にあたる手続である. 個人の破産には破産法第7章「清算」と第13章「定収入がある個人の債務調整」がある. 第7章の場合は全資産が売却され債権者に配分される. 第13章の場合は収入から計画的に債務を返済する. bankruptcy という言葉は, 米国では個人にも企業にも使うが, 英国では個人はbankruptcy, 企業は insolvency を使うことが多い. ⇨ Chapter 7 bankruptcy, Chapter 11 bankruptcy, personal bankruptcy

コロケーション

(動詞(句)+~) **be in** bankruptcy 破産している / **declare** bankruptcy 破産宣告する / **face** bankruptcy 破産に直面する / **file for** bankruptcy 破産手続の適用を申請する / **go into** bankruptcy 破産手続に入る

► bankruptcy filing 破産手続適用の申立て / a bankruptcy trustee 破産管財人 / voluntary bankruptcy 自己破産 / involuntary bankruptcy 強制破産 / Chapter 11 of the U.S. Bankruptcy Act 米国破産法第11章 [⇨日本の会社更生法に相当する] / file a petition in bankruptcy 破産手続適用の申立てをする / make a declaration of bankruptcy (裁判所が) 破産宣告をする / **Bankruptcies** are up. 破産が増えている / Lack of liquidity **drove** the company **into** bankruptcy. 流動性の欠如は同社を破産に追い込んだ / The company **filed for** bankruptcy in a bid to seek concessions from suppliers and other creditors. 同社は, 納入業者その他の債権者から譲歩を引き出すべく, 破産手続の適用申請をした / The company was hit by a series of negative shocks and **went into** bankruptcy. 同社は連続して大きな痛手を受け倒産した / The turnaround expert negotiated a bailout plan with the creditors and **saved** the company **from** bankruptcy. その会社再建の専門家は, 債権者たちと交渉して救済策をとりまとめ, 会社を破産から救った

bankruptcy attorney 破産を専門とする弁護士 ⇨U.S. Bankruptcy Court

bankruptcy code 破産法 ⇨U.S. Bankruptcy Code

bankruptcy court 破産裁判所 ⇨U.S. Bankruptcy Court

bankruptcy estate 破産財団 [⇨破産手続下にある企業の資産・負債の総体]

bankruptcy judge 破産裁判官 [⇨破産手続を専門に担当する裁判官. 連邦地方裁判所の補助裁判官的な地位で, 任期は14年] ⇨U.S. Bankruptcy Court

bankruptcy-law protection =bank-

ruptcy protection
bankruptcy notice 破産告知 [⇒債権者が支払不能の債務者に対して裁判所を通じて行う破産の告知]
bankruptcy order (債務者を破産者と認定するための裁判所による) 破産命令
bankruptcy petition 破産宣言の申立て [⇒債権者が裁判所に対して, 支払不能の債務者の財産の暫定的な管理命令を出すことを申し出ること] ▶ file a Chapter 11 bankruptcy petition in the U.S. Bankruptcy Court 連邦破産裁判所に第11条破産の適用を申立てる
bankruptcy prediction 破産予測
bankruptcy proceeding 【法律】破産手続 ▶ commence a bankruptcy proceeding 破産手続を開始する / Authorities have initiated bankruptcy proceedings against the insolvent credit union. 当局は支払不能に陥っている信用組合に対して破産手続を開始した / The creditor banks filed a petition to institute bankruptcy proceedings against the debtor. 債権者銀行団は, 債務者につき破産手続の開始を求め申立てを行った
bankruptcy protection 破産による保護 [⇒債権者の苛酷な取立から逃れて破産を申請することを seek bankruptcy protection (破産による保護を求める) または file for bankruptcy protection (破産による保護を申請する) と言う. 具体的には Chapter 11 bankruptcy (破産法「第11条破産」の適用を申請することを意味している] ▶ The company had no choice but to file for bankruptcy protection. 同社は破産による保護を申請する以外の選択肢はなかった
bank statement 銀行取引明細書 ▶ the month-end balance on the bank statement 銀行取引明細書の月末残高
bank teller 銀行の窓口係
bank transfer 銀行振込 ▶ Please make payment by bank transfer. 銀行振込でお支払いください
banner /bǽnər/ n 旗; 旗じるし; (新聞の) 全段抜き大見出し (=banner headline [line]); バナー広告
carry the banner for を支持する
join [follow] the banner of の旗下に投じる
under the banner of の旗じるし [名] のもとに
— a 《米》一流の, 際立った ▶ a banner year for sales 売上げ好調の年
banner ad, **banner advertisement** バナー広告 [⇒インターネット広告の一種で, Webページに配置されているもの] ▶ He designed a banner ad on a popular website. 人気のあるウェブサイトのバナー広告をデザインした / Banner ads are inexpensive and eye-catching. バナー広告はコストも安いし人目も引く
bar /bɑːr/ n ❶ 棒; 棒状の物; 妨げ; 障害 (*to*); 売り場, カウンター ▶ a bar of soap 石けん1個 / a gold bar 金の延べ棒 ❷ 法廷; 法曹 [団]; 弁護士 (層);《英》(the Bar) バリスタ団 ▶ be admitted [《英》called] to the Bar バリスタ [弁護士] 資格を

取る / go to the bar 弁護士になる / train [read, study] for the bar《英》弁護士の実務の修習をする [勉強をする]
— vt (-rr-) 閉ざす; 妨げる, 禁じる (*from*); 除外する ▶ He has been permanently barred from practicing law. 彼は弁護士業を営むことを永久に禁止されている
bar out を締め出す (*of*)
bar association 弁護士会
BA rate 銀行引受手形市場レート (=bank banker's] acceptance rate)
Barbie (doll) 《商標》バービー (人形) [⇒米国マテル社製の着替え人形. 1959年に発表されてから女の子の間で長い人気を保つ. 男友達の人形は Ken (doll); 典型的アメリカ人; 個性のない人
bar chart 棒グラフ ▶ produce a bar chart (to show...) (...を示すために) 棒グラフを作成する
Barclays Group (~ Plc) バークレーズ [⇒古くは300年前の創業期に遡る英国有数の金融会社グループ. Barclays Africa をはじめ7つのビジネスグループから構成される. 50か国にまたがる金融グループ. 本社 London. 2008年9月 Chapter XI を申請した Lehman Brothers の北米のオペレーションを買収した]
bar code, **barcode** バーコード [⇒幅の異なる平行で長方形のバーとスペースの組み合わせによって数字や文字などの情報をコード化するもの] ⇒UPC ▶ a barcode label バーコードラベル / a barcode scanner バーコード読取機 / recognize the bar code by a scanner スキャナーでバーコードを読み取る
bar coding system バーコードシステム
bare /bɛər/ a 裸の, むき出しの; (家具・装飾などの) ない (*of*); かろうじての; 無保険の ▶ a bare majority ぎりぎりの過半数
go bare 無保険で営業する
lay bare 暴露する
the bare bones of の骨子 [要点]
— vt 裸にする, あらわにする
bare one's heart [soul] to に意中を明かす
◇**bareness** n
bareboat n 乗組員なしのチャーター船
bareboat charter 裸用船契約 ⇒bare charter
bare-bones /bɛ́ərbóunz/ n, a 最低限必要 (な) ▶ build a mini-size bare-bones PC 小型ベアボーンパソコンを自作する / operate with a bare-bones staff 最低限の要員で業務を行う
bare charter 裸用船契約 [⇒用船主が船主から船体だけを借り受けた上, 船長その他の船員を雇い, 運航に供するという契約]
barely ad かろうじて, やっと, どうにかこうにか; ほとんど...しない; 貧弱に ▶ barely enough money かろうじて足りる金 / barely furnished ろくに家具調度のない / The bank could barely stay afloat. その銀行は破綻を免れるのがやっとだった / The company could barely meet its debt obligations. 同社は借金の返済義務を履行するのがやっとだった / I barely had enough time to get to the airport. 何とか空港にたど

り着いて, ぎりぎりで間に合った / Online sales have barely been affected by the economic downturn. オンライン販売は景気の低迷による影響をほとんど受けなかった

barely ... before [when] …するかしないうちに

bare trustee 《英》受動的受託者 [⇨受託資産を積極的に運用することなく信託契約に従って定期的に受益者に配分をするだけの受託者]

bar examination (米国各州の) 弁護士資格試験 ► He passed the bar examination. 弁護士資格試験にパスした

bargain

/báːrgən/ n 交渉, 取引, 商談; (安い) 買物 ► a good [bad] bargain 有利[不利]な取引 / pick up bargains 掘り出し物を見つける / This hat is a bargain at such a low price. この帽子はそんなに安いならめっけものだ

buy ... at a bargain を安く買う ► I bought the car at a bargain. その車を安く買った

drive a (hard) bargain 厳しい交渉をする

keep one's side of the bargain 契約をきちんと実行する ► We expect you to keep your side of the bargain. 貴社の側のお約束も実行していただけるものと思っています

make [strike] a bargain 取引を決める ► They were not willing to strike a bargain. 彼らは契約締結に乗り気ではなかった

— v 商談する, 掛け合う; 取引する; 交渉する《*with, about, over, for*》► You can't bargain at this store. この店では値段のかけ引きはできない

bargain for [on] を期待する, 当てにする ► be more difficult than I had bargained for 思ったより困難である / The job was much more difficult than I had bargained for. その仕事は考えていたよりもはるかに難しかった

bargain basement 地下特売場

bargain-basement price 特価 ► sell at a bargain-basement price 特価で販売する

bargain counter 特売場

bargainee /bàːrgəníː/ n (土地売買契約における) 買受人, 買手 (=vendee)(⇔bargainor)

bargain hunting (特に株式で) 押し目買い, 底値買い [⇨上昇中にある株価が一時的に下落したときに買い付けること]

bargaining n 交渉, 取引 ► in a poor bargaining position 交渉上不利な立場で / The recent problem with quality control put the company in a weak bargaining position with its customer. 最近の品質管理問題のために, その会社は顧客との交渉で不利な立場に立たされた

bargaining chip [counter] (交渉の) 取引材料; 切り札

bargaining power 交渉力 [⇨他者との交渉によって自らの目的を実現できる力] ► use collective bargaining power to gain better terms よりよい条件を獲得するために団結を背景とする交渉力を行使する / use one's bargaining power to negotiate higher wages 賃上げをするために交渉力を行使する

bargaining table 交渉の席 ► The union brought the issue of wage increase to the bargaining table. 組合側は賃上げの件を交渉の組上にのせた

bargaining unit 団体交渉の労組代表 [⇨団体交渉を行う労働組合の代表者] ► form a bargaining unit to represent the workers 従業員を代表する交渉団体を結成する

bargain offer (通常より安い価格での) 特別提供

bargainor /báːrgənɔ̀ːr, -nər/ n (土地売買契約における) 売主 (=vendor)(⇔bargainee)

bargain price 割引価格, 特別価格

bargain purchase 割安購入資産・商品 [⇨公正な市場価格より相当安い価格での財貨の取得]

bargain purchase option 割安購入選択権 ► a bargain purchase option of leases リースの割安購入選択権 / acquire the property under a bargain purchase option 割安購入選択権を行使して資産を取得する

bargain renewal option 割安更新選択権 [⇨リース契約上, 更新時に相場より低めのリース料で契約を続けられる選択権]

bargain sale バーゲンセール

bargain stock 割安株

barge /baːrdʒ/ n 平底荷船, はしけ ► The barge was slowed in the storm and might arrive a few days late with our shipment. バージは嵐で速度を落としたので, 当社の船荷を積んで到着するのは2日か3日遅れるかもしれない

— v はしけで運ぶ

bar graph 棒グラフ

Barnes & Noble バーンズ・アンド・ノーブル [⇨米国の大手書籍チェーン. 店内に喫茶コーナーを設けたり, 椅子を置いたりして客がリラックスしながら本を選べるようになっている. インターネットコマースも展開]

barometer /bərámətər/ n 気圧計; (世論などの) 指標 ► a barometer stock 指標銘柄 / The movie studio will use this weekend's limited release as a barometer for what to expect from audiences around the world. その映画会社は, 今週末の限定公開を, 世界中の観衆から何を期待できるかの尺度として使用するだろう

baron /bǽrən/ n 男爵; 財界人, 大実力者 ► He was an oil baron before he went into movie production. 彼は映画製作に乗り出す前は石油王だった

barrage /bərɑ́ːʒ, bǽrɑːʒ/ n (言葉・殴打などの) 連発; 殺到; 《米》/bɑ́ːridʒ/ ダム ► a barrage of bullets 弾丸の雨 / There's a barrage of information on the Internet. インターネットには圧倒的な量の情報が存在する / Accountants need to keep up with a barrage of new tax laws each year. 会計士は毎年, 新しい税法の集中攻撃に対処する必要がある

— vt (質問を) 浴びせる《*with*》

barrel /bǽrəl/ n 樽(たる); 一樽分; (原油取引の単位である) バレル (bbl.) [⇨石油1バレルは42

ガロンまたは159リットル〕 ► Crude oil prices jumped up by $10 a barrel. 原油価格は1バレルにつき10ドル跳ね上がった

barrier /bǽəriər/ n 障壁, 障害 ► impose tariff barriers on... を対象に関税障壁を設ける / lift tariff barriers on... を対象とする関税障壁を撤廃する / overcome barriers to trade 貿易障壁を克服する / She overcame many barriers to become the department manager. 部長になるために彼女は多くの障害を乗り越えた / The government has lowered import barriers on agricultural products. 政府は農産物についての輸入障壁を引き下げた / Japan's complex distribution system poses a big barrier to foreign entry. 日本の複雑な流通制度は外国企業の参入に大きな障害となっている / Their profits will break the $1 million barrier. 彼らの利益は100万ドルの山を超すだろう

barrier-free, barrier free a 障壁のない, バリアフリーの〔⊃身体障害者や高齢者などの自立を妨げる環境要因を除去した状況〕

barrier-free design バリアフリー設計 ► incorporate barrier-free design バリアフリー設計を盛り込む

barrier-free environment バリアフリー環境 ► ensure barrier-free environment バリアフリー環境を確保する

barrier option バリア・オプション〔⊃オプションの一種。所定の指標がある水準に達した時点で権利が発生・消滅するもの〕⇨knock-out option

barriers to entry 参入障壁(=entry barrier)〔⊃企業が市場に参入することを阻止する要因〕

barring /bάːriŋ/ prep …を除いて;…がなければ(=excepting) ► Barring a government bailout, the company is bound to fold. 政府による救済がなければ, その会社は間違いなく破綻する

barrister /bǽrəstər/ n 〔英〕バリスタ, 法廷弁護士〔⊃法律相談・助言を主とする事務弁護士(solicitor)と異なり, 依頼人のための法廷での弁論を主とする弁護士〕⇨solicitor

Barron's『バロンズ』〔⊃米国の経済誌〕

BART Bay Area Rapid Transit ベイエリア高速交通〔⊃サンフランシスコ湾岸の高速鉄道〕

barter /bάːrtər/ v 物々交換をする(with, for)
― n 物々交換(の品), 物品貿易制, バーター取引 ► barter economy 物々交換経済

barter deal バーター取引
barter trade バーター貿易
barter transaction 物々交換取引, バーター取引

base /beis/ n ❶ 基底, 基部; 土台, 基礎; 立場; 出発点 ❷ (ビジネスの)基盤, ベース (⇨customer base, installed base)

off base 〔米略式〕ひどい間違いをして; 虚をつかれて ► catch a person off base 不意をつく / You're way off base with that assumption. そんな想定は見当はずれもいいところだ / He caught me off base because I wasn't prepared for his question. 予想もしなかったことを質問されたので, 不意をつかれた

touch all bases 《米略式》手抜かりなくやる; 要点をおさえる ► We need to touch all bases during the negotiation. 交渉の間はすべての点で見落としがないようにする必要がある

touch base with 《米略式》連絡を取る ► Could you touch base with Ted to see if he's available on Friday? テッドと連絡をとって, 金曜日に時間があるか聞いてみてくれませんか
― vt に基礎を置く(on); 本拠[本社]を置く(in) ► What do you base your argument on? あなたの主張は何を根拠にしていますか / We have based our decision on market research data. 当社は市場調査のデータに基づく決定を行ってきた / The company's global competitiveness is based on its proprietary technology. 同社の世界市場での競争力はその独自技術に基づくものだ / The company is based in Chicago. 同社はシカゴに本社がある

base currency 使用通貨, 計算通貨〔⊃海外子会社が決算を現地通貨建てでしているなら, その通貨を言う〕⇨currency of account

-based /beist/ 「…に本拠[本社]を置く」「…に基づく」

Basel Convention /bάːzəl/ (the ~) バーゼル条約〔⊃1980年代に国際間の有害廃棄物の不正輸出取引が相次いだため, 有害廃棄物の輸出について許可制, 事前審査制を導入, 不適正な輸出入が行われた場合は政府に引き取りの義務付けなどを設けた. 1989年に採択, 1992年に発効された〕

base lending rate 《英》基準貸出金利〔⊃銀行が資金を貸し出す際の基準レート. また, 英国中央銀行が民間の銀行に対して適用する政策金利(日本の公定歩合に相当するもの)を指す場合もある〕

baseless a 基部[根拠]のない ► Her charges of sexual harassment are completely baseless. 彼女のセクハラの非難はまったく根拠がない

baseline n (測量の)基線; 基礎, 土台
baseline budget 概算要求, 基本予算案
baselining n ベースライニング〔⊃(1)予算作成に際して, あらかじめ修正不可のものを盛りこんだ原案を出すこと (2)以後のパフォーマンスの変化を捉えるため, 比較対照の基準となるものの姿を描き出すこと〕

Basel 2 Capital Accord バーゼルⅡ資本協定〔⊃スイスにある国際決済銀行を事務局とするバーゼル委員会(Basel Committee)が策定中の, 新しい銀行自己資本規制〕

base model ベースモデル〔⊃自動車業界の用語で, 当該車種のベースとなる最低価格車〕

base money ベース・マネー〔⊃信用創造の基礎となるマネー. ハイパワードマネー〕

base of taxation 課税標準〔⊃課税対象となるものの総額で, 課税標準に税率を乗じたものが納税額. tax baseと言う方が一般的〕

base pay 基本給
base period 基準期間
base policy (保険契約における)基本契約, 主契約

base port 定期寄港地

base price 基本価格

base rate 基本料金；（銀行の）基準貸出金利；《英》ベース・レート［⇨米国のプライム・レートに相当する金利の基準値］

base rent 基本賃料，最低保証賃料

base salary 基本給 ▶ Your base salary would be augmented by performance bonuses. あなたの基本給は業績に応じた賞与で厚みがつくことになる / A first-year associate at that law firm typically earns a base salary of about $135,000. あの法律事務所の場合，入所1年目の新任弁護士は一般に基本給として13万5,000ドル前後を得るものだ / A teacher's base salary is set by the state. 教師の基本給は州政府によって定められている

base wage =base pay

base year (統計上の)基準年

BASF (~ AG) BASF ［⇨ドイツの総合化学会社．1865年Badische Anilin & Soda-Fabrik AGとして設立］

bashing *n* たたくこと，バッシング ▶ union-bashing 組合たたき

give ... a bashing をひどくやっつける

take a bashing ひどくやられる ▶ Sales of gas-guzzling SUVs have taken a bashing due to the surge in gasoline prices. 高燃費のスポーツ汎用車(SUV)の売上はガソリン価格の急騰で打撃を受けている

basic /béisik/ *a, n* 基礎(の)，根本(の) ▶ We're missing the basic details. 基本的な細部を見落としている / Consumers are even cutting back spending on basic necessities like grocery. 消費者は食料品のような基本的必需品の支出すら削減している / Investigators discovered problems with the basic structure of the building. 調査員はその建物の基本構造にいくつかの問題を発見した

basically *ad* 根本的に；元来は ▶ Basically, we agree with you except on one point. 一つの点を除いて，基本的には同じ意見です / Everything is basically in place for tomorrow's meeting. 明日の会議のために何もかもきちんと用意されている

basic earnings per share 希薄化前一株当たり利益［⇨転換社債等の潜在株式を発行済株式に算入せずに計算した一株当たり利益．従前はprimary earnings per shareと呼ばれていた］

basic exemption 基礎控除［⇨納税申告で，すべての人に一定額が認められている課税控除］

basic financial statements 基本財務諸表［⇨貸借対照表，損益計算書，キャッシュ・フロー計算書，表注記から構成される財務諸表］

basic foodstuffs 基礎的食料，基本的食料

basic human needs 人間としての基本的ニーズ，基本的人間ニーズ(BHN)［⇨教育，衛生，住宅，児童保護など人間らしく生きるために最低限必要なもの］

basic industry 基幹産業［⇨一国の経済を支える基礎的な産業］

basic inventory 基礎在庫

basic patent 基本特許 ⇨pioneer patent

basic pay 基本給

basic pension 《英》基礎年金［⇨全国民を対象にした均一の公的定額年金．basic state retirement pension(基礎退職年金)，national insurance basic pension(国民保険基礎年金)とも言う］ ▶ calculate the basic pension 基礎年金を計算する

basic standard cost 基準標準原価［⇨比較的長期間にわたって固定される標準原価で，現実の管理のために用いる標準原価との比較でトレンドを見るための基準となる］

basic standard cost system 基準標準原価計算(=basic standard costing)［⇨基準標準原価にもとづく原価計算］

basic state retirement pension 《英》基礎退職年金 ⇨basic pension

basic stock 基礎在庫［⇨営業上必要な最低在庫］

basic training 初任者研修；基本訓練 ▶ One hundred new graduate hires are currently undergoing basic training. 現在100名の新卒社員が初任者研修を受けている

basis /béisis/ *n* (-ses) 基準；基礎 ▶ a basis of apportionment (製造間接費の)配賦基準［⇨製造間接費を製造部門や製造指図書に負担させるための基準］ / a basis of assessment 賦課の基礎［⇨賦課制度のもとでの課税標準］ / a basis of economic substance 経済的実質基準 / CPI is a basis used for measuring the price of goods and services. 消費者物価指数(CPI)は財とサービスの価格を判断するために使用される基準だ

have no basis for の根拠がない ▶ He has no basis for making such a claim. 彼にそのような請求をする根拠はない

on a ... basis を基準として，…ベースで，…制で ▶ on a long-term basis 長期的に / on a parent basis (連結決算での) 単独ベースで / on a per diem basis 日割計算で / on a short-term basis 短期的に / on a regular basis 定期的に

on the basis of [*that*] を基準にして ▶ On the basis of your sales achievement, we've decided to promote you. 販売実績に基づいて，君を昇進させることに決めた / Bonuses are decided on the basis of company performance. ボーナスは企業の業績を基準にして決定される

basis point ベーシス・ポイント(bp)［⇨金融業界で金利の変更幅などの表示に使用される単位．1ベーシス・ポイントは1パーセントの100分の1ではない．1パーセンテージ・ポイントの100分の1である．たとえば，金利が0.1%から0.15%に上がった場合，一般の人は 0.05% 上がったと言うだろうが，金利は実際には50%上がっているのだから，これは厳密には誤用である．正確には5 basis point 上がったと言わねばならない］ ⇨percentage point ▶ a 50 basis point reduction from 6.50% to 6.00% 6.5パーセントから6パーセントへ50ベーシス・ポイントの下げ /

The Fed announced a 25 basis point cut in the Fed Funds rate. 連邦準備制度理事会はFF金利を25ベーシス・ポイント引下げるとの決定を発表した

basket /bǽskit/ *n* バスケット［⇒異なる事物,特に何種類かの特定の通貨・商品などの一群の集合体］ ► You have to take the whole basket of stocks and bonds. 株と債券をセットにしたものを買っていただきます / The dollar continues to drop against a basket of major currencies. ドルは主要通貨のバスケットに対して下落し続けている

basket case 《米略式》(経済的に)どうしようもない[どうにも機能しない]もの ► He was a basket case after he lost his job. 職を失った後, 彼はまったく無力な人だった / This badly managed country is an economic basket case. この管理が悪い国の経済はだるま状態で動きがとれない

basket of currencies 通貨バスケット［⇒複数の主要貿易相手国の通貨(たとえばドルとユーロと円)を一定の比率で加重平均したものを自国の通貨に連動させる方式］

basket peg バスケット・ペッグ［⇒「通貨バスケット」へのペッグ制. 通貨バスケットを安定化させるための為替政策で, 任意の介入通貨を用いて市場介入することで実効為替レートを一定の水準に保つ方法と, 市場介入によって「標準バスケット」と呼ばれる複合通貨の自国通貨価値を固定するやり方がある］

Baskin-Robbins 《商標》バスキン・ロビンス［⇒米国のアイスクリームのブランド. 31 Flavors(31種の味)を標語にしている］

bat /bæt/ *n* バット
go to bat for 《米略式》を弁護[支持]する
off one's own bat 《略式》独立で, 自力で
(right) off the bat 《米略式》ただちに ► Right off the bat, I knew that the new management was going to shake things up. 新しい経営陣が大刷新を行なうつもりであることは, 私にはすぐに分かった
— *vt* (*-tt-*) (バット・棒で)打つ
bat around 《米略式》よく討議する
bat a thousand 《米略式》完ぺきな仕事をする
bat out 《米略式》どんどん作る
BAT British American Tobacco

batch /bætʃ/ *n* ❶ 一束, 一群, 一団;［記-ッ］ バッチ［⇒一括して処理されるグループ］ ► a batch of letters [bills] 一束の手紙[請求書] ❷ 【会計】バッチ, ロット (=lot)［⇒一括受け渡しや製造, 発送する財貨, 資料, 情報のこと］ ► They produce components in large batches. 彼らはコンポーネントを大量バッチ方式で生産する

batch processing バッチ処理, 一括処理［⇒コンピュータの処理方法の一つ. データをまとめて一括して処理する方法］ ► a batch processing system 一括処理方式, バッチ処理方式

batch production バッチ生産 (=lot production)［⇒ある程度のまとまりのある分量の生産］

bath /bæθ/ *n* (~*s* /bæðz, -θs/) 入浴
take a bath 入浴する;《米略式》大損する ► The company took a bath estimated at $340 million on that deal. 会社はその取引で3億4千万ドルの大損失を出した / The company took a bath on its real estate investments. 同社は不動産投資で大損をした

battery /bǽtəri/ *n* 電池; 器具一式; 一連; バッテリー ► a battery of questions 質問攻め / To defend ourselves from the accusations, we brought in a battery of experts to testify on our behalf. その告発からわれわれ自身を守るために, われわれに代わって証言する専門家の一団を雇った
recharge one's batteries (回復のため)休みを取る, 充電する

battle /bǽtl/ *n* 戦い, 戦闘; 闘争; 勝利 ► fight a losing battle 負け戦をする
accept battle 応戦する
be half the battle (事が)半ば勝利[成功]したも同じ
do [give, join] battle 戦う (*against*)
— *v* 戦う (*against, with*)
battle it out 戦い抜く

bay[1] 区画, 搬出入口, 検品所 ► a delivery bay 納品所 / a loading bay 荷積み場 / a parking bay 駐車区画 / a cargo bay 貨物室
bay[2] *n* (追い詰められた) 咆哮
be [stand] at bay 追い詰められている
bring [drive] ... to bay を追い詰める
hold [keep] ... at bay を寄せつけない ► They managed to hold [keep] their creditors at bay by borrowing $50,000 from the bank. 彼らは銀行から5万ドル借りて債権者をなんとか寄せつけないようにすることができた

Bayer[1] 《商標》ベイヤー［⇒アスピリンを含んだ米国の鎮痛剤. 頭痛, 歯痛, 筋肉痛や風邪の時などに用いる］

Bayer[2] (~ AG) バイエル［⇒アスピリンなどで有名なドイツの総合化学会社. 2006年 Schering AG を買収. ヘルスケア, 健康, 精密化学なども営む総合化学会社］

Bayerische Motoren Werke (~ AG) バイエリッシェ・モトーレン・ヴェルケ (BMW)［⇒ドイツの自動車メーカー. Bayerische Flugzeugwerke AG として1916年に設立. 94年英国Roverグループを, 98年英国Rolls-Royceをそれぞれ買収. その後Roverは Mini を残し Ford に売却された］

baza(a)r /bəzɑ́ːr/ *n* (中東の)市場, 商店街 特売場; 慈善市 (=charity baza(a)r) ► There are cut-price bazaars all over the country. 国中に安売りのバザーがある

BBA 《米》Bachelor of Business Administration

BBB Better Business Bureau

BBC British Broadcasting Corporation 英国放送協会［⇒イギリスの公共放送］

bbl. barrel

B/C bill for collection 代金取立手形［⇒持込ま

れた手形を銀行が取立に回し、入金があった後に手形債権者への支払が行われる]

Bcc, bcc blind carbon copy (Eメールの)ブラインドカーボンコピー [◯受取人にわからないように写しを関係者に回すために使う]

b/d, BD barrels per day 日産…バレル

B/D bank draft

be /bi/ 《強》bi:/ *vi, aux v* ある，いる；…である ⇒ been, being ► I ask that he be promoted. 彼が昇進されることを願う / We expect you to be prompt to work everyday. 君が毎日定時に出社することを，会社は期待している

be it A or B AであろうとBであろうと

be that as it may それはともかく ► Be that as it may, I'm not willing to compromise my principles. いずれにせよ、原則を曲げるようなことはしたくない

B/E, b. e. bill of exchange 為替手形

BEA British European Airways; Bureau of Economic Analysis

beachhead *n* 橋頭堡 ► establish a beachhead in China 中国での橋頭堡を築く

beam /bi:m/ *v* (信号電波を)発する；放送する；ビームする [◯ファイルを電子的に転送すること] ► MTV is being beamed to more than 200 million households. MTV[音楽専門のTV局]は2億世帯以上がその放送を受信している

bean /bi:n/ *n* 豆 [◯インゲンマメ・ソラマメなど]；(~s)《米略式》大豆の先物契約；(俗)頭；金；(否定)わずか ► do not care beans 少しも構わない

know one's beans about... に通じている

not have a bean 《英略式》文無しだ

spill the beans 秘密を漏らす (*to*) ► Just spill the beans and tell me what's going on. どんなことになっているのか秘密を話してごらんよ / After his boss was indicted, he spilled the beans to the tabloids and told them everything. 上司が起訴された後、彼はタブロイド紙に秘密をもらし、全貌を話した

bean counter 財務屋、経理屋 [◯経理や会計の専門家の仕事を豆粒を数えるような細かい作業にたとえた揶揄的な表現] ► find a CFO who is more than a bean counter 単なる経理屋でない財務担当役員を見つける

bear¹ /beər/ (bore, 《古》bare; borne, born) *vt* 運ぶ、持って行く；持っている、つけている；(責任を)負う、支える；耐える；(~ oneself) 振る舞う；生じる；(実を)結ぶ ► The check bore his signature. その小切手には彼の署名がしてあった / All banking charges shall be borne by BORROWER. 銀行手数料はすべて「借主」が負担するものとする

— *vi* (ある方向に)向かう；耐える；実を結ぶ

bear down 急に襲いかかる；圧迫する

bear hard [*heavily*] *on* [*upon*] に重くのしかかる

bear ... in mind を心に留める ► Please bear customers' demands in mind when you make changes. 変更を加えるときは、お客様のご要望を念頭に置いてください

bear on に関する

bear out 支持する、裏付ける

bear up 持ちこたえる、へこたれない

bear with を我慢する ► Please bear with us while we are remodeling our store. 店舗改装中はご辛抱くださいますようお願いします

be borne in upon に確信を与える

can't bear to do するのに耐えられない

◇**bearable** *a* 我慢できる、耐えられる

bear² /beər/ *n* 弱気の売り方、弱気筋 (⇔ bull¹)；買い戻し時に利益を得ようとする投機家 ► The bears predicted that shares are bound to fall again. 弱気筋は株がまた下がるのは確実だと予告した / The bears took hold of the company, sending the stocks tumbling. 弱気筋がその会社に取りついて株価は暴落した / Dollar bears pushed the dollar further down. ドル売投機家がさらにドルを押し下げた

— *a* 弱気(筋)の；(相場が)下がり気味の ► a bear campaign [*raid, tack*] 売り崩し作戦 [◯何回かに分けて大量の株を売って株価を下げておいて買い戻すこと] / a bear squeeze 売り方攻め [◯空売りした者が株価上昇で損をして買う羽目になること]

— *vt* (市場・株式などの)価格を下落させる、売り崩す、売りたたく

[語源]取引所での弱気のときの手振りの姿がクマ(bear)に似ていることと、bear down (押さえつける、圧倒する)という句動詞の連想が働いたことから、強気のbullに対比して生まれた語義と言われる]

bearer /béərər/ *n* ❶ 運ぶ人；(入場券などの)持参人 ❷ (小切手・手形の)持参人；所持人

— *a* 持参人式の、無記名式の

bearer bond 無記名債券、持参人払債券 [◯証券を現に保有している者が権利者と認められ、利息の支払を受け、また元本の償還を受ける] (⇔ registered bond) ► The issuer of bearer bonds maintains no records of who owns the bonds. 無記名債券の発行体は、誰が債券の所有者であるかを示す記録を持っていない

bearer certificate 持参人払式証券

bearer check 持参人払小切手

bearer debenture 無記名社債

bearer depositary receipts 無記名式預託証券 (BDR)

bearer form (債券の)無記名式

bearer instrument 持参人払式証券

bearer securities 無記名証券 [◯株券や社債券などの有価証券の名簿(株主名簿や社債原簿)に氏名が記載されていない有価証券]

bearer share 無記名株式

bearer stock =bearer share

bear hug ベアハグ [◯買収したい会社への締付け、株主に魅力的な買収価格を提示しての買収申込を言う]

bearing /béəriŋ/ *n* 態度；結実；関係；趣旨 (*on*)

have no bearing on に関係ない ► The recommended changes have no bearings on our department. 勧告された変更点はうちの部とは何

lose one's bearings 途方に暮れる ► I've lost my bearings, so I'm going to pull over and ask for directions. 方角がわからなくなったから, 車を停めて道を聞くつもりだ

take [find, get] one's bearings 自分の位置[立場]を確かめる[知る]

bearish /béəriʃ/ a 〖証券〗弱気の (⇨ bullish) ► bearish market 弱気相場 / take a bearish view of the market 相場に弱気の見方をとる / be bearish on the economy 景気の先行きに悲観的である / The stock market is in a bearish mood. 株式市場は弱気ムードである / Foreign investors are bearish on the Russian stock market. 外国人投資家たちはロシア株式市場については弱気である

bear market 弱気市場, 下げ相場, ベア・マーケット (⇔ bull market) 〖◯ 相場が下落し続けている市場〗 ► Stock prices have been up in recent months, a sign of recovery from the bear market. 株価は最近の数か月は上がっているが, これは弱気相場から回復する兆候だ / The economy is slowly recovering from a bear market. 下降局面から景気は緩やかに回復しつつある / The market is starting to show signs of turning into a bear market. 市場は弱気相場に転じつつあるかのような兆しを見せている

bear position ショートポジション〖◯ 相場の下落を予想して, 安くなってから買い戻すべくまだ高いうちに売っておくこと〗

bear raid 売り浴びせ〖◯ 相場を押し下げることをねらって大量の売り注文を出すこと〗

bear run 相場の下落局面〖◯ 反対の上昇局面は bull run〗

beat /bíːt/ (~; ~en) vt (続けざまに)打つ; 打ち鳴らす; (打ち)負かす; 参らせる; (料金を)踏み倒す; (非難・罰を)免れる, 避ける ► The government introduced a bold plan to beat the recession. 政府は景気後退を打破するための大胆な計画を導入した

— vi (続けざまに)打つ (at, on); 〖略式〗勝つ

beat down 値切る (to)

beat the market (運用成績が)市場の指標[ベンチマーク]を上回る

beat up を募集する

You can't beat it [that]. それ以上のものなし, かなわない, 最高だ

— n 打つ音; (記者の)受け持ち区域; (新聞の)スクープ; (the ~) 〖略式〗(に)勝るもの (of)

off [out of] one's beat 専門外で

— a 〖略式〗疲れきった; 〖略式〗打ち負かされた, 意気消沈した ► dead beat へばった

beauty /bjúːti/ n 美, 美しさ, 美人; 〖反語〗ひどいもの ► The beauty of the plan is that it doesn't entail any extra costs. その計画の長所は, 何ら追加の費用を必要としないことだ

beauty shot ビューティショット, クローズアップ法〖◯ カメラアングルで広告商品の一部へクローズアップする方法〗 ► get a beauty shot of a product 製品の広告用の写真を撮る

because /bikɔ́ːz/ conj なぜならば…, …だから; …だからといって(…ない)

► He quit **because** he was fed up with his job. 仕事にほとほと嫌気がさしていたので, 彼は辞職した / He resigned from office **because of** a scandal. スキャンダルで彼は辞職した / The economy has been sagging **because of** the credit crisis. 景気は信用危機が原因で停滞し続けている / His loan application was rejected **because of** his poor credit rating. 信用格付が不十分だという理由で, 彼の融資申請は却下された / **Just because** you make more money doesn't mean you are better than others. 君が余計に金を儲けているからって, 他の連中よりもましだとは限らない

〖成句〗**because of** のために; のおかげで　*just because* …だからといって

Bechtel Group (~, Inc.) ベクテル〖◯ 米国の建設・エンジニアリング会社. もと鉄道建設会社. 設立1898年. 私企業なるも世界規模で展開. HK国際空港, 英仏トンネル建設に携わる〗

become /bikʌ́m/ (**-came**; ~) vi …になる ► become ill 病気になる / The product has become a big hit. その製品は大ヒットとなった / When he was posted to Hong Kong, he became the regional sales manager for Asia. ホンコン勤務を命ぜられたとき, 彼はアジア担当の地域セールスマネージャーになった

— vt (人に)似合う

What has become of him? 彼はどうなったのか

◇ **becoming** a 似合う; ふさわしい (to)

◇ **becomingly** ad 似合って; ふさわしく

bed /béd/ n 寝床, 寝台; 睡眠; (土)台

bed and breakfast 朝食付き宿泊 (=b and b)

go to bed 寝る; 印刷に回される

put to bed 寝かせる; 印刷に回す

— v (-**dd**-) 寝かす; 寝る; 据える

beef /bíːf/ n (複数形 **beeves**, ~s) 牛肉; 筋肉, 筋力; 〖略式〗不平, 苦情

Where's the beef? (話の)中身[真意]はどこか

— vi 〖略式〗不平を言う (at, about)

beef up 〖略式〗増強する ► We need to beef up our production to meet the incoming orders. 入ってくる注文に応じるため, 生産を強化する必要がある / They beefed up their marketing effort. 彼らはマーケティングの努力を強化した

beemer /bíːmər/ n BMW製自動車

been /bín/ v be の過去分詞 ► I have been working. ずっと働いていました / I've been divorced for two years. 離婚して2年になる

Been there, done that. そこも行った, それもやった〖◯ なにもかも経験したので, やりたいことは何もない, の意味で用いる. Been there, done that, got the T-shirts. とも言う〗

beeper n ポケベル (=pager)

Beetle /bíːtl/ n ドイツのVolkswagen社製の小型セダンの愛称〖◯ もとは「かぶと虫」の意〗

before /bifɔ́ːr/ ad 前方へ, 前に; 以前に

► Companies are hiring less than **before**. 企業各社は以前より雇用を絞り込んでいる / Our law firm

has dealt with similar product liability cases **before**. 当法律事務所は前に類似した製造物責任訴訟を扱ったことがある / Our sales have jumped as **never before**. これまでになく売上が急増した
成句 before and after 使用前と使用後(の) **never before** これまで…ない
— *prep* …の前方に; …より先に; …の以前に[の]
► **before** depreciation 償却前に / You need to wash your hands **before** and after handling food. 食品を扱う前と後に手を洗う必要があります / Our services are **before** you. 何なりとご用命ください / All subscriptions must be paid **before** March 25th. 予約購読料はすべて3月25日までにお支払いください / You should try to relax **before** the job interview. 就職面接の前にはリラックスすることを心掛けるべきだ
成句 on or before 期日あるいはそれ以前に
— *conj* …する前に; …するよりむしろ
► **Before** we start the meeting, let's introduce ourselves. 会議を始める前に, お互いに自己紹介をしましょう / **Before** we can move ahead with the project, we need approval from the board. そのプロジェクトを進める前に, 取締役会から承認を取得する必要がする / It's going to take a while **before** the economy gets back into the swing of things. 景気がもとの調子に戻るまでには, まだしばらく時間がかかるだろう

beforehand *ad* あらかじめ, 前もって
► Prepare everything beforehand. あらかじめ全部の用意をしておきなさい

before-tax *a* 課税前の; (所得などが) 税引前の, 税込みの

before-tax income 税引前利益 (=pretax income)

beg /beg/ *v* (-gg-) 請う (*for*); (人に) 懇願する (*of, from*); 許しを請う (*to do*); 回避する ► I beg to inform you that ... (商業文)…の旨お知らせいたします / I beg to differ [disagree]. 《正式》失礼ながら私は意見が違います
beg off (義務を) 言い訳して断る ► I'll have to beg off. お断わりしなくてはならないようです (✚招待などをていねいに断わるときに用いる)
beg the question 論点を避ける; 論点を自明のものとして話を進める; (という) 質問を起こす (*of*)
► Building a new plant is a good idea, but it begs the question of how we can afford it. 新工場を建てるのは名案だが, その資金の都合がつくかどうかという点が疑問のままだ
go begging 《略式》(物に) 買手[もらい手]がつかない (=go abegging) ► These new products are going begging. これらの新製品は買手がつかない

beget /bigét/ *vt* (-got, 《古》-gat;-gotten, -got;-tt-) (父親が子を) もうける; 生じさせる

Beggin' Strips 《商標》ベッギン・ストリップス [● 米国ピューリナ社のベーコン味のドッグフード]

begin /bigín/ *v* (**began; begun; -nn-**) 始める (*to do, doing*); 着手する (*on*) ► After OPEC agreed on increasing production, oil prices began to ease. 石油輸出国機構(OPEC)が増産に同意した後, 石油価格は下がり始めた
begin by doing まず…する ► Why don't you begin by reviewing what we covered last week? 先週にやったことを再確認することから始めてはどうですか
begin with から始める[始まる] ► Let's begin with the first topic on the agenda. 最初の議題から始めましょう / The current economic crisis began with housing loan defaults. 現在の経済危機は住宅ローンの債務不履行から始まった
can't (even) begin to do とても…できそうにない
► I can't even begin to consider it. そんなことはとても考えられない
(do) not (even) begin to do …しそうもない
to begin with まず第一に ► To begin with, I'd like to introduce you to our new colleague. 初めに, 職場の新しい仲間にご紹介しましょう

beginner /bigínər/ *n* 初学者, 初心者; 創始者

beginning *n* 初め, 始まり, 開始; 起こり
► In the beginning of a presentation, you should try to grab the audience's attention. プレゼンの冒頭で, 聴衆に強い印象を与えるようにすべきだ
at [in] the beginning 最初は
(right) from the beginning 最初から ► He knew about the budget cut right from the beginning, but kept it from us. 彼は最初から予算削減を知っていたが, 私たちに隠していた

beginning balance 期首残高 (=opening balance) (⇔ending balance)

beginning inventory 期首棚卸資産 (=initial inventory, opening inventory) [● 前期から繰越された棚卸資産の有高]

beginning of year 年度初日, 年初, 期初 (BOY) [● 通常, 暦年の初日ではなく, 年度(financial year / fiscal year)の初日を指す]

behalf /biháef/ *n* 利益
on [in] behalf of に代わって; のために ► We'd like to ask you to say a few words on behalf of your company. 貴社を代表して一言お願いいたします

behave /bihéiv/ *v* 振る舞う, 身を処する (*to, toward*); (機械などが) 動く ► ill-behaved 行儀の悪い / He behaved as if he didn't know. 彼は知らないかのように振る舞った / Managers know how they should behave. マネジャーはどう行動すればよいか知っている

behave oneself 振る舞う; 行儀よくする

behavior, 《英》**behaviour** /bihéivjər/ *n* 振る舞い, 行為; (機械などの) 調子 ► Such behavior put into question his fitness as an executive. そのような行為は彼の経営幹部としての適性に疑問を投げかけた

behavioral segmentation 消費者の行動様式によるマーケット区分 ► Customers can be divided up by behavioral segmentation. 顧客は行動区分によって分類できる

behemoth /bihí:məθ/ *n* 巨大企業

behind /biháind/ *prep* の後ろに; に遅れて; より

劣って; を支持して; の(背後の)理由で; 秘密に
▶ What's **behind** the late payment? 何が支払遅延の背後にあるのか / Right **behind** the station is a shopping mall. 駅の真後ろにショッピングモールがあります / The discussions took place **behind** the scenes. 討議は密かに行われた / Deregulation is the major factor **behind** the country's rapid economic development. 規制緩和は同国の急速な経済成長の背景にある主な要因だ / He banged the door **behind** him. 彼は背後のドアをばたんと閉めた / I'm right **behind** you. まったく賛成だ

(成句) *behind us* [*me, him*...] 過ぎて, 過去の[済んだ]こととして, 忘れて; 応援して; の背後の
— *ad* 後ろに; 後に; 裏側に; 遅れて; 負けて
▶ I **fell behind** with my work because I was on vacation. 休暇をとったので仕事が遅れた

(成句) *close* [*right*] *behind* すぐ後に *fall* [*drop, lag*] *behind* 遅れる, 落後する

Beige Book 《米》ベージュブック [〇地区連銀が地区内の状況を報告するもので, 年8回発表される. Tan Bookとも言う]

being /bí:iŋ/ *v* beの現在分詞・動名詞 ▶ The house is being built. 家は建築中 / Being busy, I forgot the time. 忙しくて時を忘れた / Being alone makes me sad. 一人でいると悲しくなる
being as (*how*) / *being that* 《略式》…だから
for the time being 当分, さしあたり ▶ For the time being, there's nothing we can do about it. 当分の間, それについては手の打ちようがない
— *n* 存在, 実在; 生存; 本質; 生き物; 人間
bring [*call*] *... into being* を生み出す
come into being 生じる
in being 存在して, 現存の

belief /bilí:f/ *n* 信じること; 信念, 考え; 信用 (*in*); 信仰 (*in*) ▶ contrary to popular belief 一般に信じられているのとは逆に / The recent drop in stock prices has shaken investors' belief in the market's recovery. 株価の最近の下落は投資家の市場回復への確信を揺るがせている / Employees clung to the belief that their jobs would be spared. 自分の職は大丈夫だろうという考えに従業員はしがみついた
beyond belief 信じられないほど
in the belief that と信じて
My belief is [*It is my belief*] *that* 私の考えでは
to the best of one's belief 信ずる限りでは

believe /bilí:v/ *v* 信じる; 信用する; 思う
▶ Banks don't believe they can get their money back. 銀行各社は金を取り戻すことはできないと考えている / I don't believe our competitor can keep prices down any longer. 競争相手の会社はこれ以上値下げを続けられないと思い

believe a person of (人に) …ができると思う
believe in の価値を認める, はよいと信じる
believe it [*me*] *or not* 信じがたいだろうが ▶ Believe it or not, Ted is going to quit the company. 信じられないかも知れないが, テッドは会社を辞めるつもりだ

Believe (*you*) *me.* 本当なんですよ
make believe 振りをする
Would you believe (*it*)? 信じられますか
You('*d*) *believe it.* そうだよ, その通り
You('*d*) *better believe* (*it*). (挿入詞的)確かに, 本当だ
◇ **believable** *a*

believer *n* 信者; 信じる人 (*in*) ▶ He is a big believer in employee empowerment. 彼は従業員エンパワーメント理論の大の信奉者だ

bell /bel/ *n* 鐘; 《the ~》ニューヨーク証券取引所での取引開始・終了を告げる鐘; (転じて)証券取引所での取引開始・終了 ▶ the opening bell 取引開始の鐘の音 / the closing bell 取引終了の鐘の音
bear [*carry*] *away the bell* 優勝する, 成功する
bells and whistles 種々の余計な付加品[付加機能]
ring a bell 《略式》聞いた覚えがある, ぴんと来る
ring the bell ベルを鳴らす; うまくいく
— *vt* に鈴をつける
bell the cat 猫の首に鈴をつける; 難事を引き受ける

bell curve 正規分布曲線 [〇すその広がったベルの形をしていることからこの名がある]

BellSouth (~ Corp.) ベルサウス [〇米国南部9州の電話・通信会社. 1984年設立] ⇒ AT&T

bellwether *n* 先導者; 指標
bellwether bond (債券の)指標銘柄 [〇市場で一番活発に取引されている銘柄]
bellwether issue 指標銘柄 (=bellwether stock)
bellwether stock (株式の)指標銘柄 [〇株式市場全体またはセクター(業種)の動きを代表する銘柄]

belly /béli/ *n* 腹, 腹部; 胃 (=stomach)
go belly up 《略式》倒産する ▶ The company went belly up because of mismanagement. 同社は経営の不始末から倒産した (✤この句源は, 金魚が腹を上にして死ぬことから)
— *v* 膨らます; 膨らむ (*up*)
belly up to に直進する; (飲み屋に)直行する

belong /biló:ŋ/ *vi* (に)属する, (の)ものである (*to, with*); (に)ふさわしい (*in*); (周囲と)なじんでいる ▶ He doesn't belong. 仲間ではない / He belongs to the Planning Department. あの人は企画部に所属している / He belongs in banking. 彼は生粋の銀行マンだ (✤toは単に所属関係を示すが, inは所属関係に加えてその場所がその人にふさわしいという意を含む)
◇ **belonging** *n* 属性; (~s)所持品, 家財; 《略式》親類

below /bilóu/ *ad* 下に; 階下 [地下] に; 下位に
▶ This month's sales are **way below** last month's. 今月の売上は先月分を遥かに下回っている
(成句) *below par* 標準以下の; 額面以下で[の] *down below* ずっと下方に *way below* ずっと下に
— *prep* …の下に; …より劣って; …に値しない
▶ Because of poor sales, production lines are operating **below** full capacity. 販売不振のために,

生産ラインは最大能力以下で稼動している / The goods were **below** standard and had to be sent back to the supplier. 品物は基準に達していなかったので納入業者に返品せざるを得なかった
► *a* 原審の[での]; 下記の[で]
► the court **below** 原審裁判所 / the judgment **below** 原審判決

below-cost price 原価割れ価格, 採算割れ価格 ► The store is offering their remaining stocks at below-cost price. そのお店は売れ残り品を出血価格で売っている

below-cost sales コスト割れ販売

below-market-rate interest 優遇的低金利

below-the-fold, below the fold *a, ad* 画面下(の) [⇨ウェブサイトが表示される初期画面の下にあり, スクロールしないと見られない部分. ウェブ広告に関して問題となる] ► below-the-fold advertising (ウェブの) 画面下広告

below the line ❶ (英) 特別損益 ⇨above the line ❷ SP媒体による広告 [⇨ダイレクトメール, ちらし, 店内広告物などの販売促進 (sales promotion＝SP) 媒体を用いる広告] ⇨above the line ❸ テクニカルスタッフ, BTL [⇨映画や舞台において, 照明, メイクなどの技術面をサポートするスタッフの全体] ⇨above the line

belt /belt/ *n* 帯, 革帯; ベルト; 地帯; 地方
tighten one's belt 耐乏生活をする
under one's belt (略式) 身につけて; 所有して; 経験して ► With more than 20 years under his belt as a salesman, he thought that he'd learned every trick in the trade. セールスマンとして20年以上の経験をもっていたので, 商売のこつはすべて習得したと考えていた
wear a belt and braces 二重の安全対策をする
► *vt* 帯でつける; 帯をつける

belt tightening 冗費節約, 緊縮財政

Benadryl (商標) ベナドリル [⇨抗ヒスタミン剤 diphenhydramine の商品名]

Ben & Jerrys (商標) ベン・アンド・ジェリーズ [⇨味の組合せが独創的な米国のアイスクリームのブランド. ベンとジェリーという名の二人が地方都市で始めたアイスクリームが人気ブランドとなった. 売上の一部を環境保護に寄付していることでも知られている]

bench /bentʃ/ *n* ベンチ; 座席; 裁判所; 議員席; 裁判官の合議体 [⇨特に最高裁判所での裁判について言い, 全員が参加するものを full bench または grand bench (日本) とし, 一部裁判官によって構成されるものを petty bench (日本) または special bench と言う]
bench and bar 裁判官と弁護士
on the bench 判事席について, 審理中で

benchmark /béntʃmàːrk/ *n* ❶ 基準点, ベンチマーク ❷ [コン] ベンチマーク [⇨プログラムの性能などを比較検査するための評価基準] ❸ [金融] ベンチマーク, 運用指標; 指標 [⇨運用成績を評価するときの基準] ► versus the benchmark ベンチマークに対して / vis-à-vis the benchmark ベンチマークに対して / exceed the relevant benchmark 所定のベンチマークを上回る / **The benchmark** against which this portfolio shall be evaluated is the Standard & Poor's 500 Index. このポートフォリオを評価するためのベンチマークはS&P 500種株価指数とする / The portfolio manager has the Nikkei 225 **as a benchmark**. そのファンドマネジャーは日経平均をベンチマークとして指定されている / Banks use the prime rate **as a benchmark** for a variety of loans. 銀行はプライムレートを各種ローンの指標として使用する / The central bank **cut its benchmark interest rate** by another half a percentage point to 1.5 percent. 中央銀行は指標金利を再度0.5ポイント引き下げて1.5%にした
► *vi* 基準を定める ► We benchmark ourselves against other companies. 当社は他社と比べた自己マーキングをしている

benchmark index ベンチマーク指標 [⇨運用成績を評価するときの基準として使われる指標. 株式については S&P 500 を使うことが多い]

benchmarking *n* ベンチマーキング [⇨自社の製品や製法を他企業と比べて改善の基点にすること] ► We will carry out a benchmarking exercise. 当社はベンチマーキングを実行する

benchmark issue (国債の) 指標銘柄

benchmark price 指標価格

benchmark year 基準年

bend /bend/ (bent, (古) ~ed) *vt* 曲げる; 屈服させる; (目・心を) 向ける ⟨*to, toward, on*⟩
► *vi* 曲がる; かがむ ⟨*down, over*⟩; 屈服する ⟨*to, before*⟩; (に) 努力する ⟨*to, on*⟩
bend oneself on に熱中する
bend one's mind to に専念する
bend the rules 規則を曲げる ► Bending the rules is sometimes necessary to maintain harmony in the workplace. 職場の調和を維持するためには, 規則を曲げることもときには必要だ
► *n* 曲がり, 屈曲 (部)

beneath /biníːθ/ *ad* 下(方)に; 下位に
► *prep* …の下に
► **Beneath** his guiding hand, the business prospered. 彼の指導のもとで事業は繁栄した / If you intend to supervise, none of the work that your staff does should be **beneath** you. あなたが監督するつもりなら, 部下がやっている仕事は, どれ一つとして, 見下すことはできない

beneficial /bènəfíʃəl/ *a* ❶ 有利な, 有益な ⟨*to*⟩ ► We hope to establish a mutually beneficial relationship with your company. 貴社と互恵的関係を確立したいと願っています ❷ [法律] 受益者 (として) の; …の利益となる

Beneficial Corporation ベネフィシャル [⇨米国の消費者金融会社. 1998年 Household International に買収され, 現在は HSBC Holding plc グループの一部]

beneficial interest 受益権 ► The partnership has beneficial interests in two unlisted companies. このパートナーシップは, 未上

場企業2社との関係で受益権を有している

beneficial owner (信託形式がとられる場合の) 受益者, 実質所有者

beneficial proprietor 実質的所有者, 権利者

beneficiary /bènəfíʃièri/ n (一般に) 利益[恩恵]を受ける人; 受益者; 信託受益者; (遺産・年金・保険金などの) 受取人, 受給(権)者; 利益を受ける者; (商業信用状の) 名宛人 ► the letter of credit beneficiary 信用状受益者 / the beneficiary of an insurance policy 保険証券の受益者 / He named his son as the beneficiary of the trust. 彼は信託の受益者として息子を指名した / China is a huge beneficiary of the rise in global trade. 中国は世界貿易増加の莫大な受益者である

beneficiary certificates 受益証券, 受益権証書 [⇨投資信託に投資した者に付与される, その持分を証する書面]

beneficiary ownership 実質的所有権

benefit /bénəfit/ n ❶ メリット, 利益, 利点; 恩恵 ► the benefit(s) of environmental protection 環境保護のメリット / the public benefit 公益 / enjoy benefits from deregulation of financial services sector 金融サービス部門自由化によるメリットを享受する / derive tax benefits from donations 寄付を通じて税制上のメリットを享受する / He explained the benefits of public ownership of the postal system. 彼は郵便機構を国有にすることのさまざまの利点を説明した / The bill offers tax benefits to middle-income families. その法案は中間所得層の家族に税制上の恩典を与える

❷ 給付(金), 給付額, 手当; 《~s》福利厚生 (=fringe benefit); 便益 ► be entitled to unemployment benefits 失業手当の受給資格がある / forfeit retirement benefits 退職手当の受給権を失う / increase fringe benefits such as travel allowance 出張手当などの付加給付を増額する / propose to cut social security benefits by 5 percent 社会保障給付の5パーセント削減を提案する

for the benefit of のために ► For the benefit of society, the government has set stricter food safety regulation. 社会のために, 政府はより厳格な食品安全規制を定めた

give a person the benefit of the doubt 疑わしきは(被告人に)有利に解釈する

have the benefit of という利点がある

to a person's benefit / of benefit to a person (人の) ためになる

without benefit of の恩恵なしに

═══手当・給付═══
child benefits 児童手当 / death benefits 死亡保険金 / disability benefits 障害手当 / employee benefits 福利厚生 / housing benefit 住宅手当 / sickness benefits 療養給付 / state benefits 公的給付 / welfare benefits 福祉手当

— v 利益を与える; 利益を得る 《*from, by*》 ► I have benefited a lot from my overseas assignment. 海外勤務から多くの恩恵を受けた / Many toymakers have shifted manufacturing to China to benefit from the cheap labor there. 安価な労働力から利益を得るために, 多くの玩具メーカーは生産を中国に移した / The economy has benefited from the rise in consumer spending. 経済は個人消費の増大から利益を得ている

benefit bonds 受益証券

benefit-cost analysis 費用対効果分析, ベネフィット・コスト分析 (=cost benefit analysis) [⇨費用とそれにより得られる便益との比較分析]

benefit-cost ratio 費用対効果比 (BCR)

benefit principle 受益者負担の原則, 応益原則 [⇨公的サービスから受ける便益に応じて税を支払うべきであるという考え方]

benefit security 給付保障

benefit segmentation ベネフィット・セグメンテーション [⇨市場をベネフィット(便益)という要素で区分し, 細分化すること. 売手から見れば購入動機が立地, 価格等のどのベネフィットによるものかを見定めることで拡販につなげやすい]

Bengay 《商標》ベンゲイ [⇨関節炎や筋肉痛の時に用いる米国の塗り薬. メチルサリチラートとハッカが使用されており, 独特の匂いがある]

benign /bináin/ a 親切な, 慈悲深い (⇔malign); さい先のよい; 良性の (⇔malign) ► Most economists consider the inflation figure to be benign. 大部分の経済学者はインフレ率の数字を悪性ではないと考えている

Benson & Hedges 《商標》ベンソンアンドヘッジズ [⇨米国製の紙巻きタバコ]

bent /bent/ v bend の過去・過去分詞
— a 曲がった; (をしようと) 決意した 《*on, on doing*》; 熱中[傾注]して
— n 傾向, 性向 《*for, toward*》

follow one's bent 気の向くままにする

have a bent for が好きだ ► The new CEO has a bent for cost-cutting. 新任のCEOは経費削減に走る傾向がある

to [at] the top of one's bent 存分に, 力の限り

Bentley 《商標》ベントリー [⇨英国 Rolls-Royce 社の乗用車]

Benzedrine 《商標》ベンゼドリン [⇨覚醒作用を持つアンフェタミン (amphetamine) の商品名]

bequeath /bikwí:ð, -θ/ vt 遺贈する
◇**bequeathal** n 遺贈

bequest /bikwést/ n 遺贈の対象である動産

bereavement n 死別 [⇨特に家族などの重要他者に先立たれること]; 《英》近親者喪失 ► damages for bereavement 近親者喪失に対する損害賠償(金) [⇨未婚の未成年の子の親または生存配偶者のみが請求できる]

bereavement leave 忌引休暇, 弔事休暇

bereavement pay 忌引休暇・弔事休暇中支給される給与

Berkshire Hathaway 《~, Inc.》バーク

シャー・ハサウェイ [⇨米国の投資・保険会社. 1964年, 投資家ウォーレン・バフェットが繊維会社を買収し, 投資顧問業へと転換したもの. 50を超える企業に投資し毎年高率の収益をあげていることで有名. 2008年9月世界金融恐慌に際し, Goldman Sachsに50億ドルを投資したほか, GEの増資に応じ, その巨額資産を背景に, 金融危機に際し影響力を行使した]

Bern(e) Treaty [Convention] ベルン条約, ベルヌ条約 [⇨万国著作権保護同盟条約. 著作権保護について最低限度の基準を定めた条約で1886年にベルンで締結された;正式名称は「1886年9月9日の文学的及び美術的著作物の保護に関するベルヌ条約」]

Bertelsmann 《~ AG》ベルテルスマン [⇨出版, 新聞, 放送などにわたるドイツのメディア企業. 2001年, RTLグループを買収. 書籍はRandom House, 音楽はBMG他欧州一のTV放送会社RTL Groupなどをかかえる]

berth /bə:rθ/ n 操船余地; 停泊[停泊]位置
▶ find a safe berth 安全な錨地につく

berth term /bə:rθ/ (海上運賃の)積揚料込み条件 (=liner term)

beset /bisét/ vt (~;-tt-) 悩ます; 包囲する (with, by) ▶ We are beset from all sides. 八方ふさがりになっている
◇**besetting** a 絶えずつきまとう

beside /bisáid/ prep のそばに; と比べると; を外れて
▶ I sat **beside** the manager during the meeting. 会議の間, 課長のそばに座っていた / Your proposal is **beside** the question. 君の提案は問題外だ / That's **beside** the point. それは的外れだ
(成句) beside the mark [point] 見当違いで

besides /bisáidz/ ad さらに, その上
— prep に加えて; (否定・疑問) …を除いては
▶ **Besides** Ted, who else is attending the conference? テッドのほかに, そのコンファレンスには誰が出ているの?

besiege /bi-/ vt 取り囲む; (要求などで) 攻めたてる (with); 困らす
◇**besiegement** n

best /bést/ a (good, wellの最上級) いちばんよい, 最高の ▶ It is best for you to start the work now. [=It is best that you ((英) should) start the work now.] 今その仕事にかかるのがいちばんよい / This is not the best time to sell your stocks. 現在はあなたの持株を売るのに最善の時期ではありません
— ad (wellの最上級) もっともよく; いちばん
▶ The company is best known for its audio equipment. 同社はオーディオ機器で知名度がもっとも高い
— n 最上, 最善
(wish you) all my best ご多幸を祈る
All the best! (略式) ごきげんよう
as best one can [may] できるだけ ▶ I tried to change his mind as best as I could. あいつの考えを変えるためにできるだけの努力はした
at (the) best よくても, せいぜい ▶ At best, we can offer you a discount of 15%. せいぜい, 当社が値引できるのは15%どまりです / At best, we can expect a 10% increase in membership enrollment. せいぜい会員登録者の増加は10%だろう
at one's best 絶好調で; 最盛期で ▶ The weather has been at its best this week and our business is at its best too. 今週はずっと最高の天気で商売も最高だ
(the) best and brightest エリート[最優秀]層 ▶ That company hires the best and brightest from the top universities. その会社は, トップクラスの大学から最良の人材を採用している
best of all 何よりも, 第一に ▶ Best of all, you can get your money back if you're not satisfied with the product. 何よりも, 商品にご満足いただけない場合には返金させていただきます
do one's best 最善を尽くす ▶ We did our best to keep our prices low. 当社は低価格維持に最善を尽くしました
(all) for the best (結局は) よい方向に ▶ Perhaps resigning from the company was all for the best. 会社を辞めることが多分いちばん良かったんだろうよ
get [have] the best of に勝つ; でもっとも得をする
had best do …するのがもっともよい ▶ You had best talk to your boss about this. この件を上司に話すのが一番いい
have the best of both worlds 両面の利益を持つ
hope for the best うまくいくだろうと楽観する ▶ We've done all we could, so let's hope for the best. できるだけのことはしたから, 最善の結果を期待しよう
how best to do どうすれば最善か ▶ We need to discuss how best to deal with the security problem. セキュリティー問題に対処する最善策を議論する必要がある
look one's best もっとも引き立って見える ▶ You need to look your best for a job interview. 就職の面接では最高の自分を見せる必要があります
make the best of で何とか乗り切る ▶ We have to make the best of a bad situation. 悪条件の下で最善を尽くさなければならない
make the best of one's way できるだけ急ぐ
the best part of の大部分
(all) the best to (手紙の結び) …によろしく ▶ All the best to your family. ご家族によろしくお伝えください
to the best of one's ability [power] できる限り
— vt (略式) 負かす

best-before date 賞味期限 [⇨期限を過ぎても売れないほど劣化はしていないだろうが, メーカーとして表示している品質はこの日までしか請け合えないという意味. sell-by date, date of minimum durabilityとも言う]

Best Buy 《~ Co., Inc.》ベストバイ [⇨米国の家電他エレクトロニクス商品をチェーン販売する会社. 1966年設立. 米国の他中国でも展開]

best-case *a* (期待可能な)最善の ► under the best-case projections 最善のシナリオを前提にした予測では / present a best-case scenario 最善のシナリオを提示する

best efforts 最善を尽くしての [◎確約を避け,「できる範囲で」という意味で on a best-efforts basis という形で頻繁に使われる]

best-efforts selling ベスト・エフォーツ・ベースの引受 [◎引受業者が新規発行証券の引受けの際,最善の販売努力にもかかわらず売れ残った証券については引受保証をしないことを条件にするもの]

best execution 最良執行 [◎顧客にとってもっとも有利な条件での証券の売買を指す] ► best execution duty 最良執行義務 / best execution obligation 最良執行義務

Best Foods 《商標》ベストフーズ [◎マヨネーズ,マスタード,タルタルソースなどを提供する米国のブランド.東海岸では合併先の Hellman's ブランドで売られていることもある]

best-if-used-by date = best-before date

best mode ベストモード [◎米国特許法の特許要件.発明者は,特許出願において,出願時に知っていた発明の最良の実施形態を開示しなければならないもの]

bestow /bistóu/ *vt* 授ける,与える 《on》;使う ◇**bestowal** *n*

best practice ベスト・プラクティス [◎特定の業務について社外の優れたやり方を導入して組織の効率を高める手法.サウスウェスト航空がインディー500のピットクルーの作業手順を参考にして機体の給油・整備時間を短縮したことは有名.複数形の best practices が使われることも多い]

best price 最適価格

best seller ベストセラー

best-selling *a* ベストセラーの ► best-selling brand 人気ブランド,売れ筋ブランド / a best-selling line 一番の売れ筋 / a best-selling product ベストセラー商品,売れ筋商品

Best Western ベスト・ウェスタン [◎米国のホテルチェーン.シェラトン系のホテルを含むスターウッド・プログラムを通じて種々の特典もある.2006年末2,395のホテルを北米でチェーン展開し,世界中で営業している]

bet /bét/ *v* (~(**ted**);-**tt**-) 賭ける;あてにする 《on, against》 ► The government is betting that spending on infrastructure will boost the economy. 政府はインフラ関連の支出が景気を回復させることに賭けている / Investors are betting that the stock market will bounce back. 投資家は株式市場が持ち直すことに賭けている

bet one's boots [**bottom dollar, life, shirt**] 《略式》絶対…だ 《on, that》

Don't bet on / **I wouldn't bet on** はありっこない ► Don't bet on me helping you out again. もう一度助けてもらえるなんて思わないでくれ

I('ll) bet きっと (=My bet is);そうだろうね ► I bet he is next in line for the promotion. 次に昇進するのはきっと彼だろう

You bet? 《略式》きっとか,本当か

You bet you. 《略式》もちろん,確かに…だ 《that》 (✚ You betcha. とも書く)

You can bet on it! 間違いない

― *n* 賭け(金) ► a good [safe] bet うまくいきそうなこと [方法] / a poor bet 見込み薄のもの [人] / the best bet for 最適の人 [物] / Your best bet is to sell your stocks now. 最善の手は株を今売ることだ / The company made a bold bet by investing in the project. 同社はそのプロジェクトに出資することで大胆な賭けに出た / You can hedge your bets by investing in foreign bonds. 外国債券に投資することで賭けをヘッジできる

hedge one's bets 賭けを分散して危険を防ぐ

beta /béitə, bí:-/ *n* ベータ値 [◎株式投資分析で,ある銘柄の市場全体と比べた相対的な変動性の高さを計測するための指標] ► a high beta stock ベータ値の大きい株 [◎値動きは株式市場の動きを大きく上回る] / a low beta stock ベータ値の低い株 [◎市場の動きを下回る]

beta coefficient ベータ値 [◎個別の銘柄やポートフォリオの運用成績が市場平均に対して相対的にどう変化するかを示す値.値が1なら変動幅が市場平均の変動幅と同じであり,0.5なら,市場が20%変化したときの変動幅が10%ということを意味する]

Bethlehem Steel 《~ Corp.》 ベスレヘム・スチール [◎米国の大手鉄鋼製造会社.創業は1904年.中小の鉄鋼製造会社が集まって設立.2003年4月,ISG 社に買収された.ISG 社はミタル・スチール社に05年買収される]

better /bétər/ *a* (good, well の比較級) いっそうよい ► be better than nothing ないよりましだ

be better than one's word 約束以上のことをする

could be better いまいちだ

couldn't be better 最高だ

feel better 気分が良くなる ► I could feel better. 気分はあまり良くない

have seen [known] better days 全盛期を過ぎている

I've seen better. いまいちだ

little better than とほとんど同じくらい悪い

no better than にすぎない,と同じほど悪い

the better part of の大半 (=most of) ► He spent the better part of his career working for the securities company. 彼は経歴の大半を証券会社で働いて過ごした / The company spent the better part of last year trying to regain its market share. 同社は市場占有率を取り戻す努力をして昨年の大半を過ごした

― *ad* (well の比較級) いっそうよく;さらに;いっそのこと ► You could do better by putting your money into a time deposit instead of a regular savings account. 普通預金口座の代わりに,定期預金に所持金を入れるほうが賢明だろう

be better off いっそう裕福 [幸福] である ► You're better off looking for another

job. 別の仕事を探した方が賢明だ
go (a person) one better (…より)一歩先んじる
had better do /((略式))***better do*** …するほうがよい ► You'd better take my advice. 私の忠告を容れた方がいい
know better (…するほど)愚かではない,分別がある(*than to do*)
think better of を見直す;考え直す
—*v* 改善する;に勝る
better oneself 出世する;教育を受ける
—*n* さらによいもの;(~s)目上の人
for better or (for) worse / for better, for worse よかれあしかれ,何があっても永久に
for the better さらによいほうに
get [have] the better of を負かす

Better Business Bureau ベタービジネスビューロー (BBB) [⇨米国で苦情処理などに当たっている経営者団体のNPOで,わが国の国民生活センター的な機能を果たしている]

Better Homes and Gardens 《商標》『ベターホームズ・アンド・ガーデンズ』[⇨家庭生活に関する記事を掲載する米国の月刊誌.インテリアデザイン,ガーデニングの他に旅行や健康の情報も提供し,夫と妻が一緒に楽しめる雑誌を目指している]

betterment *n* 改良;(不動産の)価値の増加 [⇨建物等不動産の価値を高めるもの,またはこれによる増価分]

betterment expenses 改良費,改善費,改装費 [⇨固定資産の価値を高めるための改良,改善および改装等の費用]

better-than-expected *a* 予想を上回る (⇔lower-than-expected)

bettor /bétər/ *n* 賭けをする人

between /bitwíːn/ *prep, ad* (2つの物)の間に;…の中間に;…やら…やらで
► They are **between** jobs. 彼らは失業中だ / Let's just keep this information **between** you and me. ここだけの話にしておきましょう / His work came **between** him and his wife. 仕事のせいで彼は夫婦仲が悪くなった / Outside the major cities, convenience stores are **few and far between**. 大都市から一歩外へ出ると,コンビニはほとんど見かけない / I have two appointments this morning and a meeting **in between**. 今朝は二つ面会の約束があって,その間に会議がある

〖成句〗**between ourselves / between you and me** ここだけの話として **come between** の仲を裂く **few and far between** 極めてまれな **in between** 両者間に,中間に

beverage /bévərɪdʒ/ *n* 飲料 ► the sale of alcoholic beverage アルコール飲料の販売 / beverage company 飲料会社

beware /biwéər/ *v* 注意する,用心する (*of*) ► Consumers should beware of sales solicitations over the phone. 消費者は電話による販売勧誘に用心しなさい

bewilder /biwíldər/ *vt* うろたえさせる
◇**bewildering** *a* うろたえさせる,まごつかせる ► Banks today offer a bewildering array of financial products. 銀行は現在,まごつくほど多種類の金融商品を提供している
◇**bewilderment** *n* 当惑

beyond /bijánd/ *prep* …の向こう(側)に;(時間)を過ぎて;…を越えて,…の及ばない
► This issue is **beyond** my area of expertise. 本件は私の専門外です / It's totally **beyond** me why he skipped the meeting. 彼がなぜ会議をすっぽかしたのかまったくわからない / They continued the meeting **beyond** the fixed time. 定刻を過ぎてもその会合を続けた / We should look **beyond** short-term profits. われわれは短期的な利益の先を見るべきだ / The effects of the US economic downturn extend **beyond** its borders. 米国の景気低迷の影響は国境を越えて広がっている
—*ad* かなたに,向こうに;ほかに

beyond rights (空路の)以遠権 [⇨航空機が乗客を乗せて相手国を経由して第三国に乗り入れる権利] ► grant beyond rights to US carries 米航空会社に以遠権を認める

beyond the box 非ハードウェア事業 [⇨一般に,本体部分以外のソフトウェア,アップグレードサービス,さらにはモニターやスピーカーといった周辺機器を含めた総称.boxはコンピュータハードの意]

B/F brought forward 前ページ繰越

Bharti Enterprises Private (~ Ltd.) ブハルティ・エンタープライズ [⇨インドの有線,無線の通信を提供するほか,関連機器の製造およびソフトウェア開発も行う通信企業.また,農産物,生命保険も取り扱う]

BHP Billiton (~ Ltd.) BHPビリトン [⇨オーストラリアを拠点とする資源グループ.オーストラリアのガス・石油会社BHPとオランダ起源の鉱山会社Billitonが2001年に合併して発足.2008年2月,同じく英・豪の資源大手会社Rio Tinto Groupに買収提案する]

biannual *a* 年2回の;(まれ)2年に1回の (✚文脈により意味が異なるので要注意)

biannual premium 半年払い保険料 (=semi-annual premium)

bias /báɪəs/ *n* 偏見;偏り;〖金融〗バイアス [⇨米連邦準備理事会が示す,次回の連邦公開市場委員会(FOMC)までの金融政策運営の方向性]
have a bias toward [against] を偏愛する [⇨に偏見を持つ] ► I hear the boss has a bias against hiring women. 上司は女性を雇うことに偏見を抱いているそうだ
—*vt* ((特に受))**-ss-** (考え)を抱かせる;偏らせる
◇**bias(s)ed** *a* 偏った,偏見を抱いた (*toward, in favor of, against*)

biased directive バイアスの明示された指令 [⇨金融調節のあり方を示すためNY連銀宛に出される指令のうち,緩和または引締めの方向性が明示されているもの.金利据え置きを意味するneutral directiveと対比される] ⇨bias

Bic 《商標》ビック [⇨米国の筆記用品のブランド.ボールペンなどを提供.ライターや剃刀も製造]

bid /bid/ *v* (**bade**, 〈古〉**bad**, **~**; **~(den)**, **-dd-**) (買値が)値をつける,条件を提示する (*for*) (〖語法〗bid+提示金額+for+目的物の形で用いる) ► bid a

good price for the house その家にかなりよい値をつける / bid 1 million dollars for the property その物件を取得すべく100万ドルを提示する / bid 170 yen a share for control of the company 同社の買収に向け1株当り170円を提示する
bid for [on] の入札をする ► Our company is bidding for the government contract. わが社は政府の契約に入札しています
━ *n* 入札;(物件の)付値;買い呼値(=bid price) [買手側の提示する最高の値段] ► a closed bid 非公開入札 [競争相手の入れ札がわからない方式] / an open bid 公開入札 [他の入札者の入れ札が互いにわかる方式] / a sealed bid 封印入札 [条件が封書で提出され、最後に一斉に開封されるまで発注者にわからない方式] / call for bids on の入札を行う / round up competitive bids from a number of companies いくつかの会社から競争でオファーを出させる

in a bid to do …しようとして ► In a bid to win a greater share of the market, the manufacturer slashed its prices. 市場の拡大をねらって製造業者は値下げを行った

make a bid for に値をつける;をねらう

bid and asked 買値と売値, 売買気配 [特にナスダック市場(NASDAQ)のようなマーケット・メイク方式の市場において仲介業者であるマーケット・メーカーが提示する売買気配値を指す]

bid and asked prices 買い呼値と売り呼値 ► make profit on the spread between the bid and asked prices 買い呼値と売り呼値の開きで儲ける / The stock exchange is working efficiently when there's a small spread between bid and asked prices. 買い指値と売り指値のスプレッドが小さいときには、その株式取引所は効率的に稼動している

bid-ask quote 気配値 [買い気配と売り気配がある]

bid/ask spread スプレッド [買い呼値と売り呼値との価格差。開きが小さいほど売買が活発であることを示す]

bid bond 入札保証金, 入札保証書;応札保証 [入札方式での契約に際して、いい加減な落札を防ぐため、落札した業者が契約を辞退した場合は、次順位の業者の提示価格との差額を支払う、という内容の保証]

bidder *n* ビッダー, 買手
bidding /bídiŋ/ *n* 入札, せり;命令;ビッディング, 条件提示 ► force the bidding 値をせり上げる

bidding expenses 入札費, 入札経費
bidding price 入札価格
bid-offer spread = bid/ask spread (✚同じ売り呼値(売り注文の価格)であっても、一般に NASDAQ のような店頭市場での取引では ask と言い、証券取引所での取引では offer が使われる)

bid price 指値, (買手の)呼び値;買い呼値, 買い指値 [証券取引の際に、買手が提示する値段] ► go to the buyer with the highest bid price 最高入札価格をつけた人に落札される

bid rate (資金の)取り手レート [指標金利に資金の出し手がマージンを上乗せしたもの]
bid rigging scheme 談合 ► orchestrate a bid rigging scheme 談合を企てる
bid shopping 下請漁り, 下請価格の物色 [元請が下請に現在の最低入札価額を知らせて、さらに有利な入札をさせようとすること]

biennial /baiéniəl/ *a, n* 隔年の(行事), ビエンナーレ; 2年間続く
◇**biennially** *ad*
BIF bank insurance fund
big /bíg/ *a* (-gg-) 大きい;成長した;重要な;盛んな;(略式)人気がある, 喜ばれる《*with*》► In light of the sluggish economy, developers have scrapped many big housing projects. 景気の停滞を考慮に入れて、開発業者は多くの大規模住宅プロジェクトを取り止めた / Starbucks is the biggest in the market. スターバックスは業界最大手だ

make it big 《略式》(仕事などで)大成功する ► He made it big in real estate. 彼は不動産で大もうけをした

too big to fail (金融機関が破綻しそうでも、予想される結果の深刻さから) 大きすぎてつぶせない ► There are a certain number of banks in this country which are too big to fail. 大きすぎてつぶせない銀行が国内にいくつかある

━ *ad* 自慢して
go over big [in a big way] 大成功する
think big どえらいことを考える
━ *n* 《略式》重要人物;大企業

Big Apple 《the ~》《略式》ニューヨーク市
Big Bang ビッグバン [宇宙生成時の大爆発];(一般に)大事件;《the ~》ビッグ・バン [英国の金融大改革。1986年10月のロンドン証券取引所における手数料自由化, 立会場廃止, ジョバーとブローカーの分離廃止など一連の措置を指す]

Big Blue ビッグブルー [IBM社の異名]
Big Board 《the ~》《略式》ビッグボード [ニューヨーク証券取引所(New York Stock Exchange)の俗称]

big box store ビッグ・ボックス・ストア [ヨーロッパ発祥の一般消費者向けの倉庫状の大型店舗。徹底したローコスト・オペレーションで商品数を絞り込み、生鮮食品は取り扱わないのが特徴] ⇨ warehouse store

Big Boy ビッグボーイ [米国のファーストフードチェーン店]
big buck 《通例 ~s》《米略式》大金
big business 大企業;ビッグ・ビジネス [業界や国民経済に大きな影響力を持つ大規模の企業の総称]

big cheese 《略式》大物, 重要人物
big deal 《米略式》たいした物[人];重大事件;《皮肉》たいしたもんだよ [たいしたことはない] ► He's making a big deal out of nothing. 彼はなんでもないことを大騒ぎしている

Big Dog 《米略式》Greyhound バス
Big Easy ビッグイージー [New Orleans の俗称]

Big Eight (the ~) 8大会計監査法人［⇨1980年代の世界の代表的な会計事務所の総称. その後, 合併などを経て1990年代にBig Sixとなり, さらにBig Fiveとなり, 現在はBig Fourとなっている］

big figure (レートの) 整数部分

Big Five (the ~) 5大会計事務所［⇨2002年までの世界の代表的な会計事務所の総称. エンロン(Enron)事件でArthur Andersenが消滅し, 現在はBig Fourとなっている］

Big Four (the ~) 4大会計事務所［⇨世界の代表的な会計事務所の総称. 2002年まではBig Fiveと呼ばれていたが, エンロン(Enron)事件のためにArthur Andersenが消滅し, Ernst & Young, KPMG, Deloitte Touche Tohmatsu, Price Waterhouse Coopersの4つとなった］

Big Green ビッググリーン［⇨Starbucks社のニックネーム. 緑色の商標から］

big hitter 大物 (⇨heavy hitter); 主力商品

big-league *a* トップレベルの, 主要な

big league (略式) トップレベル (✚米メジャーリーグから)

Big Mac (商標) ビッグマック［⇨米国マクドナルドチェーンのハンバーガー］

Big-Mac Index ビッグマック指標［⇨ハンバーガーのビッグマックを基準にドルと他の通貨の購買力を比較し, 理論上の為替レートと実際のそれを比べるようにしている. 英エコノミスト誌が集計］

big man (米略式) 重要人物 ► a big man on campus 学園の花形

big name (略式) 権威者, 著名人; (略式) 名声; 有名企業

Big Oil 石油大手

Big Pharma 医薬品大手［⇨米国の大手製薬会社を言う］

big seller よく売れる商品

big thing (略式) 重要なもの[こと], 大流行のこと ► Knowledge management is the next big thing. 知識管理はこれから盛んになる

big-ticket *a* (米略式) 高価な

big-ticket item 高額商品 ► Sales of big-ticket items fell sharply. 高額商品の売上が急減した / Consumers are forgoing purchases of big-ticket items. 消費者は高額商品の購入を見送っている

big time (略式) 最高水準 ► hit the big time 大成功する

big-time *a* (略式) 大物の; 一流の

big-time operator (米略式) 裏取引を画策する人; やり手

big-time spender 多額の出費をする人, 贅沢な出費をする消費者

Big Tobacco タバコ大手［⇨米国の大手タバコ会社を言う］

big wheel (略式) 有力者; 大物(と思い込んでいる人); 管理職

bigwig *n* (略式) (特に官界の) 重要人物

bil. billion

bilateral *a* 双方の, 2国間の; 双務的な
◇**bilaterally** *ad*

bilateral contract 双務契約［⇨一方は品物を引き渡し, 他方が代金を支払うという具合に互いに義務を負う形の契約］

bilateral monopoly 双方独占［⇨ある財について買手は需要独占的で, 売手は供給独占的である市場］

bilk /bilk/ *vt* (略式) の勘定を踏み倒す (*out of*)
► Consumers were bilked out of more than a billion yen. 消費者は10億円以上をだまし取られた

bill /bil/ *n* ❶ 請求書; (英) (レストランの) 勘定［⇨アメリカでは普通checkと言う］► pay a bill for $600 600ドルの勘定を払う / collect a bill 集金する, 勘定を取り立てる / run up a (big) bill 付けをためる / keep down gas bills ガス代を節約する / split the bill 割り勘にする / make out a bill to... …あてに請求書を出す / settle a bill 請求されているものを支払う / write out a bill 請求書を作成する / Bill paid. 光熱費込み (✚アパートなどの広告の家賃表示) / Put it on my bill. 私の勘定につけておいてください / Your bill comes to twenty dollars. お勘定は20ドルになります / Could I have the bill, please? [=We'd like the bill, please.] (レストランで) お勘定をお願いします / We found some unpaid restaurant bills. レストランからの請求書で未払いのものを何点か見つけた / We pay our bills via direct debit. 当社は請求書類を銀行引き落としで払っている

❷ 手形, 為替手形 (=bill of exchange); (一定の債権債務関係などを確証するための) 証書, 証券 ► a bill (payable) to bearer 持参人払手形 / a dishonored bill 不渡手形 / a bill of date 確定日付手形 / a due bill 借用証書 (=IOU); (証券の) 引渡証, デュービル / a commercial bill 商業手形 / a treasury bill (米国の) 財務省短期証券 (TB) / endorse a bill 手形に裏書きする / negotiate a bill 手形を売却する / draw a bill on に手形を振り出す / take up a bill 手形を引き受ける

❸ (米) 紙幣; びら ► change a ten-dollar bill 10ドル札を両替する / break a large bill 大きな [高額の] 札を細かくする

❹ 法案［⇨議会に提出される法律案. 米国では法案 (bill) が議会を通過し大統領が署名すれば法 (act) になる］

foot the bill 責任を引き受ける, 費用を払う (*for*)

pick up the bill 勘定を持つ ► You paid last time, so please let me pick up the bill this time. 前回お支払いいただきましたから, 今回は私に払わせてください

top [head] the bill 筆頭である

— *vt* 請求書を送る (*for*); 請求する; 番組に発表する ► Bill it to my account, please. 勘定はつけにしておいてください

billable *a* 請求することができる

bill at sight 一覧払為替手形［⇨所持人が手形金を請求するために呈示した日に期限が到来し, 支払うことを要するものとなるタイプの手形］

billboard *n* ビルボード［⇨屋外のポスターボー

ド. また, 番組の前と後に出る提供のアナウンスメント]

Billboard 《商標》『ビルボード』[⇨音楽, ビデオ, ホームエンターテインメントの情報を提供する米国の週刊誌. アーチストのインタビューやイベント情報も掲載. レコード店でも買える]

bill broker 証券仲買業者; 手形仲買人 (=《英》discount broker)

bill for collection 代金取立手形 [⇨手形債権者が持ち込んだ手形を銀行が取立てに回した場合, その手形を言う. 手形金を取り立てた後, 手数料を引いたものが債権者に支払われる]

billhead *n* 請求書の頭書

billing *n* 請求書の作成・発行, 請求事務

billing adjustment 請求額の調整, 請求書の訂正 ▶ Please be advised that all necessary billing adjustments have been made. Our apologies for the error. 請求書の間違いを訂正する作業がすべて済みましたのでお知らせします. このたびの不手際, おわび申し上げます

billing cycle ビリングサイクル, 売掛金回収期間, 請求周期, 支払周期 [⇨販売から代金回収までの期間, または請求書受領から支払までの期間]

billing error 請求書の間違い

billing statement 請求書

billion /bíljən/ *n*, *a* 10億(の) (=《米》bil., 《英》bn); 《英古》1兆(の) (=a million million(s)) ▶ The theme park cost over $2.5 billion to build. そのテーマパークは建設するのに25億ドル以上かかった / With billions of consumers, China and India are huge markets for foreign companies. 数十億人の消費者を有する中国とインドは外国企業にとって巨大な市場だ

◇**billionaire** /-néər/ (女性形 -airess /-néris/) *n* 億万長者

bill of entry 通関申告書 (BOE) [⇨輸入物品の明細および納付すべき関税額を記した申告書]

bill of exchange 為替手形 (B/E) [⇨振出人が名宛人に手形代金を指図人へ支払うよう委託する証券] ▶ accept a bill of exchange 為替手形を引き受ける / draw a bill of exchange 為替手形を振り出す / endorse a bill of exchange 為替手形に裏書をする

bill of lading 船荷証券 (B/L) [⇨荷物の引換札に相当するもので, 売主(輸出業者)を起点に, その取引銀行, 買主(輸入業者), 買主へと順次, 代金と引換えに渡される] ▶ a clean bill of lading 無故障 B/L [⇨荷造り・数量につき問題があることを示す記載が備考欄にないもの. 記載のあるものは foul B/L, dirty B/L と呼ばれ, 関連する手形の買取りが拒否されたり, 条件を付けられたりする] 📧 Date of bill of lading shall be accepted as conclusive evidence of the date of shipment or delivery. 船荷証券の日付が船積日または引渡日の確定証拠として受け入れられるものとする

bill of materials 材料仕様書, 材料明細書, 部品表 (BOM) (=material specification, production specification)

bill of quantities 数量書, 数量調書 [⇨必要な資材とそのコストを一覧できるようにした書面]

bill of sale 売渡証書 [⇨所有者の権利を他人へ譲渡するための契約書]

bill payable 支払手形 (B/P, BP) (=note payable) (⇔bill receivable) [⇨商品代金や買掛金の支払のために振出した手形]

bill-payer account (代金・料金等)自動引落口座

bill rate 割引率, 公定歩合 (=discount rate)

bill receivable 受取手形 (B/R, BR) (=note receivable) (⇔bill payable) [⇨商品代金や売掛金の回収のために受取った手形]

bimonthly *a*, *ad* 隔月の[に]; 月に2度(の) (✥文脈により意味が異なるので要注意)
— *n* 隔月刊行物

BIN bank identification number

bind /baind/ (**bound**) *vt* ❶ 縛る, 結わえる 《together, up》; 拘束する 《to》; (契約などを) 確定する ▶ Financial commitments keep him bound to his high-paying job. 経済的な必要から彼は給料の高い職に就かなければならない / He bound the order with a deposit of a hundred dollars. 100ドルの保証金を払って注文を確定した ❷ 法律上の拘束力を持つ; (法的に)拘束する; 義務を負わせる ▶ This action binds them to keep the peace. この決定は彼らに秩序の維持を義務づける
— *vi* 拘束力がある; 固まる
— *n* 縛る物; 《略式》厄介 ▶ in a bind 困り果てて

binder /báindər/ *n* ❶ 縛る人[物]; ひも; バインダー ❷ 手付金(受領証) ❸ (保険で)仮契約, 仮保険証, 仮引受証

binding *n*, *a* 拘束力, 拘束力がある ▶ legally binding 法的拘束力のある

binding agreement 拘束力ある合意; 契約

bio /báiou/ *n* 《略式》プロフィール (=biography), 略歴

bioceramics *n* バイオセラミックス [⇨生体機能代替用のセラミックス]

biochemical oxygen demand 生物化学的酸素要求量 (BOD)

biodegradable *a* 微生物で分解できる, 生[生物]分解性のある

biodegradable plastic 生分解性プラスチック [⇨埋立後に自然界の微生物や分解酵素により, 最終的に水と二酸化炭素に分解されていくプラスチック]

biodiesel *n* バイオディーゼル [⇨植物性油から得られるディーゼルエンジン燃料]

biodiversity *n* 生物多様性 [⇨生物の種を維持して減らさないこと]

bioenergy *n* バイオエネルギー [⇨バイオ燃料 (biofuel) から得られるエネルギー]

biofood *n* バイオフード, 遺伝子組み換え食品

biofuel *n* バイオ燃料 [⇨エタノールなど, バイオマス (biomass) から得られる燃料]

biogas *n* バイオガス [⇨微生物により生産された気体[メタン]燃料]

biological oxygen demand 生物学的酸素要求量 (BOD)

biomass *n* バイオマス [➡エネルギー源としての動植物由来の物質]

biomass energy バイオマスエネルギー [➡植物などの生物体(バイオマス)によって蓄えられた有機物をエネルギーとして利用すること]

biometric *a* 生体測定による

biometric ID card 生体認証カード

biometric security 生体認証セキュリティー

biometric security device 生体認証装置 [➡指紋照合装置など]

biopharmaceuticals *n* 生物医薬品

biopharming *n* 生物医薬生産

bioreactor *n* バイオリアクター [➡酵素・微生物を用い分解・変換などを行う]

bioresource *n* 生物資源

biotech *n* =biotechnology ► Each year, more and more farmland is being used for biotech crops. 毎年, ますます多くの農地が生命工学を応用した作物に使われている

biotechnology *n* バイオテクノロジー, 生物工学(=biotech) ► Advances in biotechnology have raised global food production. バイオ技術の発達はグローバルな食料品の生産を増大させている

BIPM 《仏》Bureau International des Poids et Mesures 国際度量衡局(英文名称は International Bureau of Weights and Measures) [➡国際度量衡委員会(CIPM)の下, 単位の世界統一を確保する一方, 研究活動にも携わっている]

bird /bə:rd/ *n* 鳥;《略式》人工衛星, ミサイル, ロケット

a bird in the hand 確実な利益

kill two birds with one stone 《諺》一石二鳥を得る

The early bird catches [gets] the worm. 《諺》早起きは三文の得

bird flu 鳥インフルエンザ

bird's-eye *a, n* 鳥瞰(かん)的な, 上から見た ► a bird's-eye view 鳥瞰図, 概観, 大要

birth /bə:rθ/ *n* 出生, 誕生; 出産; 家柄; 生まれ; 起源 ► the date of (one's) birth 生年月日

by birth 生まれは; 生まれながらの

give birth to を産む, 生じる

— *a* 生みの, 生んだ ► birth parents 実の両親 / a birth child 実子

BIS Bank for International Settlements

Bisquick 《商標》ビスクイック [➡米国 Betty Crocker 社のインスタント・ビスケット・ミックスの商品名]

bit[1] *n* 小片, 少し; 一口;《略式》少量, 少しの間; お決まりのやり方, 型どおりの仕事 ► Sales for the first quarter were a bit lower than predicted. 第1四半期の売上高は予測より少し低かった / Food prices have come down a bit. 食品の価格は少しは下がっている

a bit of a ちょっとした; どちらかと言うと ► I have a bit of a problem. ちょっとした問題を抱えている

a little bit ちょっぴり

bit by bit 少しずつ

bits and pieces 寄せ集め《of》; がらくた

bits of のかけら, 断片

by bits 少しずつ, だんだん

do one's bit 本分を尽くす

every bit まったく, どの点から見ても

Every little bit helps. 少しでも役立つ

for a bit 少しの間

not a bit 少しも…ない ► I'm not a bit worried about it. それについては少しも心配しておりません

quite a bit 《略式》かなり多くの ► I have thought quite a bit about starting up my own business. 自分でビジネスを立ち上げることを随分考えてみた

bit[2] *n* [ビ:–ッ] ❶ ビット [➡情報量の単位] [<binary digit] ► bits per second ビット毎秒(bps) [➡データ転送速度の単位] ► a 32-bit processor 32ビットのプロセッサー

bite /bait/ (*bit; bitten, bit*) *vt* かむ, 食いつく;（歯車が）かみ合う;（通例受身）だます, ひどい目にあわせる; 困らす ► He was badly bitten by a plunge in the stock market. 株の暴落で彼はひどい目にあった

— *vi* かむ, かみつく《at》

bite into... に深く食い込む ► Rising energy prices have bitten into consumer spending in recent months. エネルギー価格の上昇は最近数か月の個人消費に悪影響を与えている

bite off more than one can chew 力に余ることを企てる

bite on を熟考する; に取り組む

have something to bite on 取り組む問題がある

What's biting you? 何を悩んでるんだ

— *n* かむこと, 一口; 痛烈さ;（切り取った）一部分;（全額から）差し引かれる分;《the ~》《略式》費用, 経費; 損害 ► the tax bite 税金分

make [take] two bites at a cherry 失敗してやり直す

put the bite on 《米略式》から金をゆする

◇**biting** *a, ad* 身を切るような[に]; 痛烈な, 鋭い

biweekly *a, ad* 隔週の[に]; 週2回(の)

— *n* 隔週刊行物

biyearly *a, ad* 隔年の[に]; 年2回(の)

biz /biz/ *n* 《略式》ビジネス, 商売(=business) ► What biz are you in? どんなご商売ですか

B/L, b/l bill of lading 船荷証券 ► issue a B/L B/Lを発行する / make out a B/L B/Lを作成する / release a B/L B/Lを引き渡す / submit a B/L B/Lを提出する / a full set of clean shipped B/L 無故障船積式B/L全通

===**B/L**===
clean B/L 無故障B/L / conditional B/L 故障B/L / foul B/L 故障B/L / local B/L ローカルB/L / ocean B/L 海洋B/L / order B/L 指図式B/L / received B/L 受取式B/L / shipped B/L 船積式B/L / shipped on board B/L 船積式B/L / straight B/L 記名式B/L / through B/L 通しB/L

black /blæk/ *a* 黒い; 暗い; 悲観的な; 不正な

— *n* 黒(色); 黒字 ► get into the black 黒字に転換する / get the company's balance sheet into the black その会社の黒字転換を果たす / move into the black 黒字になる / put the company back into the black その会社を黒字に復帰させる / return to the black 黒字を回復する / swing into the black 黒字に転換する

in the black 黒字で ► operate in the black 黒字経営をする / in the black at the operating level 営業黒字で / in the black at the pretax level 経常黒字で / The company is finally in the black. その会社はようやく黒字になっている

blackacre *n* 甲地 [⇨法律の議論で用いられる, ある仮定の一区画の土地. 対をなす乙地は whiteacre]

BlackBerry (商標) ブラックベリー [⇨カナダの Research In Motion 社(RIM)が開発した携帯端末, 電話機能, メール機能が搭載されている. 米国のビジネスマンを中心に広く使われている]

black box ブラックボックス [⇨公開されていない, 高度である等の理由で中身のわからないものの総称]

black economy (英) ブラックエコノミー, やみ経済, 地下経済, アングラ経済 (=(米)underground economy) [⇨規制から逃れて営まれる経済活動]

Black Flag (商標) ブラック・フラッグ [⇨スプレー型の米国の殺虫剤のブランド]

black gold 黒い金, 石油 (=petroleum)

black hole 金[財産]を使い尽くさせてしまうの

black knight ブラックナイト [⇨買収される企業の望まない株式公開買付けを強行しようとする個人または企業]

blackleg *n, v* (英略式) スト破り(をする)

black liquor 黒液 [⇨パルプ製造工程で発生する蒸解廃液. 燃料として活用される]

blacklist *n, vt* 注意人物名簿(に載せる)

black market ブラックマーケット, 闇市場, やみ市

black marketeer やみ商人

Black Monday (the ~) ブラック・マンデー, 暗黒の月曜日 [⇨1987年10月19日の世界株価大暴落. ニューヨーク証券取引所でダウ工業株指数が500ポイント以上急落した]

black money (略式) 不正所得, 裏金

blackout *n* ❶ (略式) (優待の) 適用除外 ► a blackout date [day] 割引[無料]除外日 ❷ [広告] ブラックアウト [⇨特定地域にCMを流さないこと]

Black-Scholes formula ブラック・ショールズ式 [⇨オプションの理論上の適正値を算出するための分析モデル]

Black-Scholes (option pricing) model ブラック・ショールズモデル [⇨Fisher Black と Myron Scholes が1973年に発表したオプション価格理論]

Blackstone Group ブラックストーン・グループ [⇨米国のプライベート・エクイティなど Alternative 投資会社. 1987年設立以来100を超える買収案件に2000億ドルを投資. 2006年 Freescale 社買収に参画]

Black Thursday ブラック・サーズデー, 暗黒の木曜日 [⇨世界大恐慌の先触れとなった1929年10月24日のウォール街の株価大暴落]

Black Tuesday ブラックチューズデー, 暗黒の火曜日 [⇨大恐慌の引き金となった1929年10月29日のニューヨーク証券取引所の株式相場の大暴落を指す]

Black Wednesday ブラック・ウェンズデー, 暗黒の水曜日 [⇨投資資金に売り浴びせられてポンドが当時加入していた ERM (欧州通貨統合に備えて加盟国通貨に一定の変動幅の維持を義務づけていた為替相場メカニズム)からの離脱を余儀なくされるほど暴落した日]

blame /bleim/ *vt* のせいにする (*on*); 非難する, 責める (*for*) ► Many experts blame poor lending practices by banks for the financial crisis. 金融危機の原因は銀行のお粗末な融資慣行にあるとする専門家が多い

be to blame for の責めを負うべきである ► No one's to blame for the mistake. そのミスは誰の責任でもない

— *n* とがめ, 非難; 責任

accept [bear, take] the blame for の責めを負う

attach no blame to を責めない

lay [put] the blame on a person for (人に) …の責任を負わせる

blank /blæŋk/ *a* ❶ 白紙の; つまらない; まったくの ❷ [金融] 白地(式)の, 無記名の

go blank (心が) からっぽになる, 何も思い出せなくなる ► My mind went completely blank when he asked me the question. 彼にその質問をされて, 頭の中が完全に真っ白になった

— *n* 空欄; 白紙; (米) 書き込み用紙; ダッシュ [⇨記号:-] ► I'm sorry, but we couldn't process your application because this blank was left unfilled. すみませんが, あなたの申請書は, この空欄が記入されていないので, 処理できませんでした

draw a blank からくじを引く; 失敗する

in blank 空白のままで; 白地で

— *vt* (米略式) 零敗させる

blank out を抹消する

◇ **blankly** *ad* ぼんやりと; きっぱりと

◇ **blankness** *n*

blank check [(英) **cheque**] (金額未記入の) 白地小切手 [⇨受取人名, 小切手金額など, 普通であれば記載される項目が無記入のまま振り出された小切手]

blank endorsement 白地式裏書 (=endorsement in blank) [⇨通常と異なり, 被裏書人名の記載が欠けている裏書 (=権利移転行為)]

blanket /blǽŋkit/ *n* 毛布; 覆う物; 安心させるもの ⇒ security blanket

a blanket of 一面の

— *vt* 隠す; 妨害する; (地域に) 適用する

— *a* 包括的な, 一括的な

blanket agreement 包括的契約 [⇨特に団体交渉の結果, ある業種または地域全体に及ぶよ

blanket ban 包括的禁止, 規制

blanket clause 包括的条項 [◇個々の権利義務を定めるというのでなく time is of the essence (履行期の遵守が契約の本質的要請である) のような通則を内容とするもの]

blanket disclosure 包括開示

blanket insurance 《米》包括保険 [◇チェーン店の在庫一切を対象にする保険のように目的物を個別に特定せず, 概括的に扱うものを言う. blanket policy (包括契約), package(d) insurance (パッケージ(型)保険) とも言う] ► We purchased a blanket insurance policy to cover just about every imaginable situation. ありとあらゆる状況をカバーする包括的保険証券を購入した

blanket mortgage 包括抵当 [◇複数の物件を対象に包括的に設定される抵当権]

blanket order 一括注文, 包括注文; 一括製造指図書, 継続製造指図書

blanket overhead rate 総括間接費的賦率

blanket policy 包括契約 ⇨ blanket insurance

blank indorsement 《米》白地式裏書 (=《英》blank endorsement)

bleak /bliːk/ a 寒々とした; わびしい ► The economic outlook for next year remains bleak. 来年の景気の見通しは依然として厳しい
look bleak (先行きが) 暗い ► The job market for new graduates this year looks bleak. 今年の新卒者の雇用状況は厳しそうだ
◇**bleakly** ad
◇**bleakness** n

bleed /bliːd/ (**bled**) vi 赤字が続く; 出血する
— vt (金を) 搾り取る (*of, for*)
bleed ... white …の金を全部搾り取る

blend /blend/ v (**~ed, blent**) 混ぜる, 混ざる (*with*); 調和する (*with*); 溶け合う, 溶け込む (*with, in, into*) ► He blended in well with his new co-workers. 彼は新しい同僚たちにすっかり溶け込んだ
— n 混合(物)

blight /blait/ n 破滅の原因; (希望などを) こわすもの; 都市環境の荒廃 ► The rising cost of raw materials has been a blight on domestic manufacturers. 原材料コストの上昇は国内の製造業者に暗い影を投げかけてきた
cast [put] a blight on [upon] に暗影を投げる
— vt 枯らす; 破壊させる; 荒廃させる

blind /blaind/ a 分からないままの; 気がつかない ► He's been known to play favorites, as he turns a blind eye to the mistakes made by certain of his employees. 特定の従業員の過ちは見て見ぬ振りするので, 彼はえこひいきすることで有名だった
— vt 欺く
blind a person with science 専門知識で(人を) 煙に巻く
— n ブラインド; 目をくらますもの; 口実 (*for*); ごまかし

— ad やみくもに; すごく
◇**blindly** ad
◇**blindness** n

blind pool ブラインドプール, 完全委任型資金運用 [◇資金運用は特定の専門家に白紙委任し, 出資者[投資家]は単に利益配分だけを受ける形式の資金運用方法]

blind side 弱点

blindside vt 相手の弱点をつく

blind spot 盲点; 受信不良地域

blind test (銘柄の) 目隠しテスト

blind trial 盲検試験 [◇新薬開発の過程で行われるテストで, 被験者に知らせることなく, 一方のグループに無害なニセ薬を, 他方にテスト中の新薬を与えて効果があるかを比較しようとする. 被験者も投与する方も内容を知らされないものは double blind trial (二重盲検試験) と呼ばれる]

blind trust 《米》ブラインド・トラスト [◇政治家や高級官僚が利益相反をあらかじめ避けるため, 資産を一括して連邦政府の認定する信託機関に預ける制度]

blip /blip/ n 瞬間的な変動, 一時的な現象

blistering a ひどく暑い; 痛烈な; 猛烈な ► The country expects GDP growth to continue at the blistering pace of 12%. 同国は GDP 成長率が 12% という猛烈なペースで継続すると予想している / Despite high fuel costs, energy consumption has been growing at a blistering rate. 燃料コストの高騰にもかかわらず, エネルギー消費は猛烈なペースで増加してきた

blister pack ブリスターパック [◇台紙の上に商品を載せ, その上から透明硬質プラスチックで覆う包装]

blitz /blits/ n 《略式》大宣伝; 大キャンペーン, 電撃作戦 [◇広告などを集中的に流すメディア戦術を指す] ► a blitz of TV commercials TV コマーシャルを使った一大キャンペーン / a marketing blitz 集中的な宣伝キャンペーン / We are going to launch an advertising blitz to promote our new product. 新製品の販売促進のために一大広告キャンペーンをはる予定だ

blizzard /blízərd/ n 猛吹雪; 殺到

bloat /blout/ v 膨らむ, 膨らます
◇**bloated** a 膨れた; (組織などが) 膨れあがった; (ソフトなどが) 容量を食いすぎる

bloc /blɑk/ n 経済圏 ► a trade bloc 通商ブロック / the former Eastern bloc 旧東欧圏諸国

bloc economy ブロック経済 [◇複数の国家が結合して形成する排他的な広域経済圏. 欧州連合(EU) が代表的なもの]

block /blɑk/ n ❶ 塊, 断片; 角材; ブロック材; 《米》(都市の) 1 区画 (の距離), 街区; 障害(物); 一組, 一そろい ► a block of seats 続き座席 ❷ ブロック, 大口注文 [◇株式や債券の取引における一定規模以上の大口注文. 米国の株式市場では, 1 万株以上をブロックとするのが通例]
go on [to] the block 《米》競売に出される
lay [put] one's head on the block わざわざ危ないまねをする
— vt ❶ (道などを) ふさぐ (*up*); 妨害する; 遮断す

る (*off*); 隠す (*out*); (計画の) 大要を作る (*out, in*)
► The only person now who could block negotiations would be the union leader himself. 今や委員長自身だろう (通例受身) (通貨・財産などを) 凍結する, 封鎖する
► blocked currency [funds] 凍結通貨 [資金]

blockade /blɑkéid/ *n*, *vt* 封鎖 (する)
► break a blockade 封鎖を破る / lift [raise] a blockade 封鎖を解く / put ... under a blockade を封鎖する / run a blockade 封鎖をくぐる

blockbuster *n* ❶ 一大ヒット作; 大成功 ❷ ブロックバスター薬品 [⇨ blockbuster drug の略]
► The movie turned out to be a blockbuster, grossing sales of $150 million worldwide just in the first week of release. 封切り後の1週間だけで全世界で1億5千万ドルを売り上げて, その映画は大ヒット作品となった

Blockbuster ブロックバスター [⇨米国のビデオの販売, レンタルの大型チェーン. 米国の映画館では欠かせないポップコーンなどのスナック菓子も販売している]

blockbuster drug ブロックバスター薬品 [⇨年間売上高が10億ドル以上のベストセラー薬品]
► It can cost over a billion dollars to develop a blockbuster drug. ブロックバスター薬品の開発には10億ドル以上かかることもある

blockbusting *n* ブロックバスティング [⇨売り急がないと損をするような気持ちにする工作をして地域の住民から安く不動産を買いあげること]

block diagram ブロックダイアグラム [⇨システム内の機能別に複数のブロックの集合体として表現した図]

blocked account 利用制限付口座, ブロック口座 [⇨外国への資産流出を恐れて自国通貨の国外持出しが規制されている国に非居住者が持つ口座. 国外送金がブロックされるのでこの名がある]; (政治的理由などによる) 資金凍結口座

blocked currency 制限通貨 [⇨政府の規制で国外持出等が制限されている通貨]

block exemption 一括免除 [⇨EU独占禁止法の下で自動車販売などについて認められている, 競争制限行為の禁止における例外扱いのこと]

block grant (政府から州や地方自治体に交付される) 定額補助金, 連邦政府の州補助金

blocking minority ブロッキング・マイノリティー [⇨議案の可決を阻止できる最低議決権数. これを有すれば, 少数株主でも実質上経営支配権を有すると言える]

blocking patent ブロッキングパテント [⇨特許の利用を妨げる第三者の特許. 特許Aが特許B (基本特許) の利用発明に関わるものである場合, 特許Aの実施には特許Bの権利者の許諾が必要であり, この場合の特許Bをブロッキングパテントと言う]

blocking insurance 《英》団体保険

block trade ブロック取引 [⇨大口の売買を指す. 米国市場では, 株ならば1万株以上の取引が該当する]

block train コンテナ連結列車 [⇨米国西岸と内陸部シカゴなどを結ぶコンテナ輸送専用列車]

block vote 《英》ブロック投票 [⇨投票者は代表する人数分の票を持つ投票方法]

blog /blɔ́g/ *n* ブログ [⇨ウェブページに書き綴る日誌. Weblog の略] ► Blogs have become an effective way to create word-of-mouth trends. ブログは口コミで流行を創り出す効果的な方法になっている
— *vi*, *vt* ブログに書き込む

blogger *n* ブロガー, ブログを書く人

bloodletting *n* 人員削減

Bloomberg ブルームバーグ [⇨米国の金融情報サービス会社, Bloomberg L.P. またそれによる金融ニュースなどの情報サービス]

Bloomingdale's ブルーミングデール [⇨米国のデパート. 親会社はメーシーズの持ち株会社でもあるFederated Department Stores, Inc. メーシーズよりやや高級なイメージ. Federatedは全米ナンバーワンのデパートで2005年Macy Department Storeを買収]

blossom /blɑ́səm/ *n* (果樹の) 花; 開花
— *vi* 咲く; 栄える
blossom (out) into 成長して…になる ► His restaurant business blossomed into a nationwide chain. 彼のレストラン事業は発展して全国的なチェーンになった / He started out with little confidence or ambition but has blossomed into a natural and inspiring leader. 始めたときには, ほとんど自信もなく野心もなかったが, いつのまにか, 部下を鼓舞する, 天性の指導者に成長した

blow¹ /blou/ *n* 強打, 一撃; 不幸
at one [a] blow 一挙に
deal [deliver] a blow to に打撃を与える ► The growing aging population could deal a blow to the pension system. 高齢化人口の増大は年金制度に打撃を与えかねない
without (striking) a blow 労せずして

blow² (**blew**; **blown**) *vi* (風が) 吹く; 風で飛ぶ; 息を吹く; 爆発する
— *vt* 吹く; 吹いて作る; 吹き倒す (*down*); 吹き飛ばす (*away, off*); 言い触らす; 《略式》おごる (*to*); (金を) 使う, 無駄使いする (*in, on*); 《略式》台無しにする, どじを踏む ► I'm blowed if I know it. そんなこと知るもんか

blow a person's mind (人を) 驚かす; 惑わす
blow away (誤って) ファイルなどを削除する
blow hot and cold 定見がない《*about*》
blow in 金を使い果たす
blown up out of all proportion やたらに誇張されて
blow out パンクする; (石油が) 噴出する; (ソフトウェアが) 動かなくなる ► The tire on my car blew out on the highway. 幹線道路でうちの車のタイヤがパンクした
blow through 疾風のように通り過ぎる
blow up 立腹する; を膨らます; を誇張する ► My manager blew up at me for missing the appointment. 約束をすっぽかしたので課長に叱り飛ばされた / He blew the facts all out of proportion. 彼は事実を誇張した

blowout n 《米》大暴落; 大幅な下落; 《略式》大安売り, 大特売

BLS Bureau of Labor Statistics

Blue Book 《英》年次会計報告 [⊃イギリス政府の会計報告書について使う]

blue chip (株式の)優良銘柄; 優良企業 [語源 高い点数用の青色のポーカーチップから]

blue-chip a 優秀な; 優良な ► a blue-chip company 優良企業

blue chip index 優良株指数, ダウ平均 [⊃ダウジョウンズ工業株平均(Dow Jones industrial average)の別称. 米国の優良銘柄(blue chip stock)で構成される株価指数であることから]

blue-chipper n 優良企業 (=blue-chip company)

blue-chip securities 優良銘柄

blue-chip stock 優良株, 優良銘柄 ► invest in blue-chip stocks 優良株に投資する / All 30 constituents that make up the Dow Jones Industrials are classified as blue-chip stocks. ダウ工業株平均の30の構成銘柄は優良銘柄に区分される

blue-collar a, n ブルーカラー(の) [⊃事務職を指す white-collar に対して現場での業務を指す. 多くの場合単純労働]

Blue Cross ブルークロス [⊃米国の非営利(not-for-profit)の医療保険組合制度. 1929年に設立. 米国病院協会の支持を受けて, 病院保険の非営利法人として全米に広まった]

Blue Cross/Blue Shield ブルークロス・ブルーシールド [⊃Blue Cross と Blue Shield が合併してできた非営利医療保険会社 Blue Cross/Blue Shield Association が提供する医療保険. 全米で9,700万人が加入していると言われる. ⇒Blue Cross, Blue Shield]

blueprint n 青写真, 構想, グランドデザイン ► European finance ministers met to work on a blueprint to deal with the economic crisis. 欧州各国の財務大臣は会議を開いて経済危機に対応するための青写真に取り組んだ

blue ribbon panel 《米》ブルーリボン・パネル [⊃特に重要な問題を調査したりするための専門家や有識者からなる委員会]

Blue Shield ブルーシールド [⊃米国の非営利(not-for-profit)の医療保険組合制度. 1939年に設立. 米国医師会の支持を受けて, 医師診療保険の非営利法人として全米に広まった]

blue-sky laws ブルー・スカイ法 [⊃米国の各州が制定する証券取引規制法令の総称]

blue state ブルーの州 ⇔red state

Bluetooth 《商標》ブルートゥース [⊃2.4GHz帯域を用いる無線伝送方式. 10メートル以内のデバイス間のデータ交換ができ, コードが不要になる]

blunt /blʌnt/ a 刃のない; 切れない; ぶっきらぼうな; 鈍感な; 率直な ► I'd appreciate it if you could be blunt with me. 率直におっしゃっていただければありがたいです

— v 鈍くする[なる]

◇**bluntness** n

bluntly ad 無愛想に, あからさまに

putting [to put] it bluntly あからさまに言って ► To put it bluntly, I think you've been slacking off lately. はっきり言って, 君は最近たるんでいるよ

blurb /bləːrb/ n 《略式》(本のカバーの)宣伝文, キャッチコピー ► I read a blurb about the new product. その新製品の誇大広告を読んだ

blush /blʌʃ/ n, vi 赤面(する); 恥じ入る 《at, for》; 赤らむ

at (the) first blush 一見したところでは ► At first blush, that makes sense. 一見したところでは, それは道理にかなっている

BMT Brooklyn-Manhattan Transit ブルックリン-マンハッタン交通 [⊃New Yorkの地下鉄網]

BMW 《商標》ビー・エム・ダブリュー, ベー・エム・ヴェー [⊃ドイツの自動車メーカー. 高級車として人気が高い] [<*Bayerische Motoren Werke*]

bn. billion

BNP Paribas BNPパリバ [⊃フランス最大手の金融グループ. 2000年5月, フランスの2大金融グループであるパリ国立銀行(BNP)とパリバが合併したもの]

BOAC British Overseas Airways Corporation 英国海外航空協会 ⇒British Airways

board /bɔːrd/ n 板; 掲示板; 取締役会, 重役会 (⇔board of directors); 委員会, 評議会; 理事会; 部局 ► Glad to have you on board with us. わが社の社員にお迎えできて嬉しいです / the chairman of the board 取締役会長 / seek board representation 取締役会に利益代表を送り込むことを要求する / Our company's board meets on a quarterly basis. 当社の取締役会は, 3か月に1回開かれている / The board approved the share buyback program. 取締役会は自社株の買戻計画を承認した / The board rejected the hostile takeover bid. 取締役会は, 敵対的買収を目的としたその申し入れを拒絶した

above board 公明正大に

across the board 全面的に; (職場の)全員にわたって ► Retail sales have plummeted across the board. 小売業の売上高は全面的に急降下した / The union is demanding pay increases across the board. その組合は全面的な賃上げを要求している / The government plans to reduce spending across the board. 政府は全面的な支出削減を計画している

come on board 入社する

free on board 本船渡し価格 (f.o.b.) [⊃運賃保険料込み価格(c.i.f.)と対比される]

go by the board 失敗に終わる

on the board 取締役会の一員である ► He sits on the boards of several major companies. 彼は大手企業何社かの取締役を務めている

take ... on board を積み込む; を引き受ける; を認める

— vt 食事を出す; 乗り込む, 乗船する

— vi 下宿する 《with》; 食事をとる 《at》

board out 外食する[させる]

board approval 取締役会の承認
board director 取締役
boarding card [pass] 搭乗券
board meeting 取締役会議, 役員会議, 重役会議 ► The next board meeting will be held on February 12, 2008 at 10:00 am. 次回の役員会は2008年2月12日午前10時に開催される / Each director is authorized to call a special board meeting. 各取締役に臨時取締役会を招集する権限が認められている
board member 取締役会メンバー [◎member of the board of directorsの略]
board minutes 取締役会議事録
Board of Appeal(s), European Patent Office ヨーロッパ特許庁審判部 [◎ヨーロッパ特許庁の決定に対する不服申立を審理する部門]
board of audit 監査役会, 会計検査院
board of corporate auditors 監査役会 [◎経営者の行動をチェックする監査役の機関]
board of directors 取締役会, 重役会, 役員会 [◎企業の業務上の意思決定機関] ► a board of directors meeting (会議としての) 取締役会, 役員会 (=board meeting) / a board of directors meeting minutes 取締役会議事録 / a board of directors' consent 取締役会の同意 / elect members to the corporation's board of directors 同社の取締役会のメンバーを選任する / The board of directors has been criticized for its lack of autonomy and objectivity. その取締役会は自主性と客観性の欠如を批判されてきた
board of education ❶ (米) 教育委員会 ❷ (B- of E-) (英) 教育庁 [◎教育・科学省の前身]
Board of Governors of the Federal Reserve System (the ~) 米国連邦準備制度理事会 [◎日本での通称はFRB]
Board of Inland Revenue (英国の) 内国歳入委員会
Board of Patent Appeals and Interferences (米) 特許審判・インターフェアレンス部 (BPAI) [◎特許の拒絶査定に対する不服について審判を行う米国特許商標庁の部門]
board of regents (米) 学校理事会 [◎教育機関の管理・運営にあたる委員会]
Board of Tax Appeals (米国の) 国[州]税不服審判所
Board of Trade (英) 商務省 [◎現在のDepartment of Trade and Industry]
board of trustees 評議会, 理事会
board resolution 取締役会決議 [◎取締役会としての正式な意思表示, つまりは会社としての意思表示] ► be subject to board resolution 取締役会決議を必要とする / pass a board resolution 取締役会決議をする / Does this matter require a board resolution? この件は取締役会決議を必要とするだろうか
boardroom, board room 役員会議室 ► meet at the boardroom 役員会議室で会議を開く / board room battle [dispute] 経営陣の内紛

boast /boust/ v 誇る (*of, about*); 持っている ► The company boasts production facilities in North America and Europe. 同社は北米と欧州にご自慢の生産設備を有する
— n 自慢, 誇り; ほら
◇**boaster** n ほら吹き
◇**boastful** a
◇**boastfully** ad
◇**boastfulness** n
boat /bout/ n ボート; 船; 汽船
be in the same boat 同じ苦境にある ► We're all in the same boat, so let's pitch in to solve the problem. 運命を共にしているのだから, 協力して問題を解決しよう / Although it seems like the American market is the only one suffering, we're all in the same boat, and what happens there will probably carry over into Asia. 米国市場だけが苦しんでいるように見えるが, われわれはみな同じボートに乗っているのだから, 米国で起こっていることは多分アジアにもやってくるだろう
burn one's boats 背水の陣を敷く
miss the boat (略式) 好機を逃す
push the boat out (英略式) 金を気前よく使う
take to the boats 仕事を急に放棄する
— v 船で行く [運ぶ]; ボートを漕ぐ
◇**boater** n 船に乗る人
boat note ボートノート (B/N) [◎船から輸入貨物を降ろしたときに, そのことを証するため, 荷揚げ日, 貨物の内容, 荷印などを記載して発行する書面. 損壊や不足があれば, それも記載される]
BOD biochemical [biological] oxygen demand
body /bádi/ n 体, 肉体; 主要部; 車体, 船体; 団体, 組織; (Eメールの) 本文 ► a body of water 水域, 海域; 湖, 池
in a body 一団となって
— vt 具体化する (*forth*)
body copy (印刷広告の) 本文
body corporate 法人 (=corporation)
body language 身体言語 [◎言語以外の, メッセージを伝達する表情, 姿勢, 動作, 目の使い方などの身体の動き]
body shop 車体工場
Body Shop ボディ・ショップ [◎英国で創立されたボディーケア製品の小売店舗. 自分の好みに合わせてローションやバスオイルをカスタムメードすることも出来る]
BOE Bank of England
Boeing (The ~ Co.) ボーイング [◎米国の航空機および総合防衛システムメーカー. 爆撃機・ヘリコプター・旅客機・ミサイルなどを製造]
B of E (the ~) Bank of England
bogey /bóugi/ n 運用目標 [◎ファンドマネージャーが運用成績でS&P 500を上回ることを目標とするなら, こうしたターゲットがbogey]
BOGOF buy one, get one free 1つ買うと2つめはおまけとして付いてくる
bogus /bóugəs/ a (米) 模造の, 偽の ► a bo-

gus bill 偽札 [語源]1830年代のにせ金造りのBorghese(ボルゲーゼ)から]

bogus signature 偽造署名

bogus subscription 架空加入契約

boil¹ /bɔil/ v 沸騰する[させる]; ゆだる, ゆでる

boil down を要約する, 煮詰める(*to*) ► It all boils down to the question of feasibility. 煎じつめると, すべては実行可能性の問題に帰着する

boil over 危険な状態になる ► We should diffuse the situation before it boils over into a full-scale confrontation. 争いが拡大して全面的な対決になる前に, 状況を拡散させるべきだ

boil up (問題が)生じる

— n 沸騰(状態)

go off the boil 興味が冷める

boilerplate n 《米》(契約書などの)条項のひな型 [⇨定型的表現を盛り込んであり, すぐ使える契約書の条項例を指す] [語源]ボイラー鋼板から印刷用のステロ版を指し, さらに反復使用する決まり文句を指すようになった]

boiler room 《略式》無差別勧誘 [⇨証券業者が多数の投資家に電話攻勢などで強い圧力をかけ, 強引にリスクの高い証券を買わせる詐欺的手口, またはその種の業務が行われる場所] [語源]証券商品などの詐欺的な売込み電話がボイラー室などからかけられたことから]

BOJ Bank of Japan 日銀

BOL bill of lading

bold /bould/ a 大胆な; (文字が)肉太の ► We need to come up with a bold strategy to recover our market share. マーケットシェアを取り戻すために, 大胆な戦略を打ち出す必要がある
◇**boldly** ad
◇**boldness** n

bolster /bóulstər/ n, v 長枕; 当て物(で支える); 補強する, 鼓舞する(*up*) ► The company hopes to bolster its sales with the new model release. 同社は新機種の導入で売上高を補強したいと考えている
◇**bolsterer** n

bolt-on a ボルトづけの; 追加的な

bolt-on acquisition 製品ライン拡充目的の買収 [⇨自社の製品ラインに欠けているものを補完するために, その製品のメーカーを買収すること]

BOM bill of materials

BOMA Building Owners and Managers Association

bomb /bɑm/ n 爆弾

drop a bomb 大衝撃を与える

go down a bomb 《英略式》成功する

go like a bomb 《英略式》成功する

— vi 《米略式》大失敗をする(*out*)

bona fide /bóunə fáidə/ a, ad ❶ 真実の; 誠実な[に] ❷【法律】善意で(=in good faith); 信義誠実に従って ► a bona fide arm's length transaction 善意の第三者を相手とする公正な価格による取引 [<ラ 'good faith']
◇**bona fides** /fáidi:z/ 誠意

bona fide cost 真正原価

bona fide holder 善意(事情を知らない)占有者

bona fide purchaser 善意の買手[取得者]

bonanza /bənǽnzə/ n 富鉱; 大当たり [<西: 好天]

bond /bɑnd/ n ❶ 保証; 身元保証契約 [⇨被傭者の不正行為などによる雇用者側の損害を保証する] ► a performance bond 契約履行保証
❷ 債券; 公社債 [⇨券面記載の満期時に額面金額を返済することと, また, その間, 同じく券面記載の利息(=クーポン)を払い続けることを約束する証券]

> [解説] 債券(bond)は株式(stock)や現金(cash)とともに3つの主要な資産クラス(asset class)を構成する. 確定利付きであることから業界では fixed income とも呼ばれる. 米国の債券は財務省証券(Treasuries), 機関債(agency bonds), 地方債(municipal bonds), 事業債(corporate bonds)に大別される

=|債券|=

bearer bond 無記名債券 / bellwether bond (債券の)指標銘柄 / bonds and debentures 公社債 / bond with warrant ワラント債, 新株予約権付社債 / bulldog bond ブルドッグ債券 / callable bond コーラブル債 / convertible bond 転換社債 / corporate bond 社債 / coupon bond 利付債 / discount bond 割引債 / existing bond 既発債 / government bond 政府債, 国債 / indexed bond 物価連動債 / interest bearing bond 利付債 / junk bond ジャンクボンド, 投資不適格債 / low-coupon bond 低クーポン債 / municipal bond 地方債 / new issue bond 新発債 / perpetual bond (元金償還期限のない)永久公債 / registered bond 記名債券 / samurai bond サムライ債, 円建外債 / secured bond 担保付社債 / sovereign bond ソブリン債, 国債 / straight bond 普通社債 / Treasury bond 《米》財務省長期債券 (T-Bond) / unsecured bond 無担保債 / warrant bond ワラント債, 予約権付社債 / Yankee bond ヤンキー債 / zero coupon bond ゼロクーポン債

❸ 長期債券 [⇨債券のなかでとくに長期の債券だけを bond と呼ぶ場合がある] ► buy bonds online 債券をオンラインで買う / call the bond before maturity 満期前に債券を償還する / convert the bond into common stock 社債を普通株式に転換する / issue a $2 million bond for the purchase of real property 不動産購入のために200万ドルの社債を発行する / redeem a bond 債券を償還する / retire a bond 既発債券を消却する / split the investment evenly between equities and bonds 投資を株式と債券に等分する / In 1998, the Russian government defaulted on its ruble-denominated bonds. 1998年にロシア政府はルーブル建の債券につき債務不履行に陥った / The bond will mature in eight years. その債券は8年後に満期を迎える / The company plans to issue a bond with a

total value of 50 million euros. 同社は総額5,000万ユーロの債券を発行する予定だ
― v 保税倉庫に入れる;抵当に置く;(債券で)支払いを保証する;保証契約をする
[語源]band と同源。「束ねる,束縛する」から「契約する」の意味になり,債券を指すようになった]

bond certificate 債券,社債券
bond conversion 社債の転換 [⇨転換社債を株式に転換すること]
bond credit rating 債券格付 (=bond rating)
bond dealer 債券ディーラー
bond discount 社債発行差金,社債割引料 [⇨社債の額面金額に比べ発行価額が下回っているときの差額] ⇨bond premium
bonded a (貨物などが)保税倉庫留置の;保税品の;債券で保証された
bonded factory 保税工場 [⇨加工貿易振興のため,輸入した原材料を関税を留保した状態で生産・加工することが認められている工場]
bonded goods 保税倉庫にある寄託商品
bonded warehouse [store] 保税倉庫 [⇨税関の許可を経て関税を納めていない物品を保管するための倉庫]
bond fund 債券投信,債券ファンド,公社債ファンド [⇨各種の債券で運用するミューチュアルファンド。運用する債券は財務省証券(Treasuries), 機関債(agency bond), 地方債(municipal bond), 事業債(corporate bond)に大別される] ⇨mutual fund ► Bond funds tend to suit investors who do not have a penchant for high risks. 債券ファンドは,どちらかといえば,ハイリスクを好まない投資家に向いている
bond futures market 債券先物市場
bond futures transaction 債券先物取引
bondholder n 債券[公社債]所有者,社債権者,社債所持人 ► a junior bondholder 後順位の社債権者 / a senior bondholder 先順位の社債権者
bond index ボンドインデックス [⇨公社債の流通市場における利回り水準を示す指標]
bond investor 債券投資家
bond investment 債券投資
bond investment trust fund 公社債投資信託 [⇨公社債やコールローンで運用する投資信託。株式を少しでも組み入れると株式投信となる]
bond issue 社債の発行 [⇨社債発行による資金調達を行うこと]
bond market 債券市場,公社債市場 [⇨政府や企業などが債券を発行して長期資金を調達する市場。debt market とも言う。対語は stock market(株式市場)] ⇨capital market
Bond Market Association 債券市場協会 [⇨債券市場の参加者をメンバーとする業界団体。2006年,Securities Industry Association(米国証券業者協会)と合併して,Securities Industry and Financial Markets Association(証券業・金融市場協会)となる]
bond mutual fund 《米》公社債投資信託 [⇨主に公社債に投資するミューチュアル・ファンド(米国のオープン・エンド型投資信託)]
bond note 保税品再輸出許可証
bond options trading 債券オプション取引 [⇨債券を原資産としたコール(買う権利)やプット(売る権利)の売買]
bond premium 社債発行割増金 [⇨額面額を上回る価額で発行するときの差額]
bond price 債券価格 ► A decline in bond prices usually is accompanied by rising interest rates. 債券価格の下落は通常は金利の上昇を伴う
bond quotation 債券相場
bond rating 債券格付,債券評価,社債の格付
bond rating agency 債券格付機関 ► Moody's is a well-known bond rating agency. ムーディーズ社は知名度の高い債券格付機関だ
bond refunding 社債の借換 [⇨既発債を新規社債の調達資金で償還すること]
bond sinking fund 社債減債基金 [⇨社債の償還のために積み立てられた特別基金]
bond system ボンド制度 [⇨建設工事の入札にあたって民間保証会社が入札者の能力を保証するための債券(保証書)を発行する米国の制度。ボンドには入札者の参加能力を保証する bid bond(入札ボンド)と工事履行能力を保証する performance bond(履行ボンド)がある]
bond trader 債券売買業者
bond trading 債券のディーリング [⇨債券の売買。狭い意味では金融機関が自分の名義と勘定で行う自己売買を指す]
bond underwriter 証券引受業者
bond valuation 社債の評価 [⇨一定の計算モデルにより,社債の償還価額,利子率,期待利回りなどから割出す債券の理論上の価値]
bond with warrant ワラント債,新株予約権付社債 [⇨一定期間内であれば,その債券発行会社の株式を所定の価格(=行使価格)で何株買えるという権利が付いている債券]
bond yield 債券[社債]利回り ► Pension fund investors have been attracted by higher bond yields. 年金基金投資家は債券利回りの上昇に魅力を感じてきた
bone /boun/ n 骨;(~s)骨格;《米略式》ドル,金 ► He has a bone to pick with accounting because they wouldn't approve some of his expenditures last year. 経費の一部を昨年承認してもらえなかったので,彼は経理部には大いに含むところがある
a bone of contention 論争点
bare bones 基本的事実
cut to the bone 限界まで切り詰める
feel in one's bones 予感がする
make no bones about 平気で…する,をためらわない
to the bone 骨の髄まで

bonus
/bóunəs/ n ❶ 特別に支給されるもの,特別手当;ボーナス,賞与 [⇨標準以上の業績

をあげた場合に支払われる賃金の割増し分. 年末などに支給される一時金を意味するのは日本での特有の意味］ ▶ eligible for a bonus 賞与の受給資格のある / entitled to a bonus 賞与を受け取る権利のある / receive a bonus 賞与の支給を受ける / suspend executive bonuses 役員賞与を凍結する / I got a bonus for doing a good job. 仕事がよくできたので賞与をもらった ❷《米》特別配当株, 無償交付株式 (=bonus stock)

a cost-of-living bonus 物価上昇手当
［語源］ラテン語で「よい（もの）」の意］

bonus and allowances to employees 従業員賞与手当

bonus dividend 特別配当［◯株主に支払われる特別の配当］

bonus incentive 特別奨励策

bonus issue 株式分割による無償交付, 株式配当

bonus payment reserve 賞与引当金

bonus plan 賞与制度

bonus share [stock] 無償交付株式, ボーナス株, 特別配当株［◯会社が利益配当として特別に支給する普通株］

bonus to directors 役員賞与

bonus to employees 従業員賞与

book /buk/ n ❶ 本; …帳 ▶ a check book 小切手帳 / a deposit book 銀行通帳 ❷ 帳簿; (~s) 会計簿 ▶ a cash received book 現金収納帳 / a purchase book 仕入台帳 / a sales day book 売上日訳帳 / a sales return book 返品台帳 / a statutory book 法定帳簿 / close [shut] the books 帳簿を締める, 決算する / be on one's books 取引がある / close out the books for the year 決算をする / close the books on the month 月次決算をする / do [go over] the books 帳簿を調べる / keep books 帳簿をつける / He cooks for the restaurant and his wife does the books. 彼がレストランの調理をし, 奥さんが帳簿をつけている / At the time of its collapse, the investment bank had over $20 billion of risky loans on its books. 破綻した時点で, その投資銀行は帳簿に200億ドルを超える危険な融資を抱えていた / The bank has a huge stockpile of bad loans on its books. その銀行は帳簿に巨額の不良債権を蓄積している

be on [off] the books (会員・顧客)名簿に載って［から外れて］いる

by [according to] the book 型［規則］どおりに

close the books 帳簿を締める; 終わらせる ▶ Normally, it takes about a month to close the books after year-end. 通常, 決算をするのに年度末から約一か月かかる

cook the books 帳簿をごまかす ▶ The auditors found that the company had been cooking the books. 監査人はその会社が帳簿をごまかしていたのを見つけた / The company cooked the books to hide declining sales. 同社は売上の低下を隠すために帳簿の改ざんをした

run a book 幹事（証券会社, 銀行）となる［◯証券の発行等の業務を複数の証券会社, 銀行が引き受ける場合に, そのまとめ役として動くこと］ ⇨ book runner

━ v （座席などを）予約する; (帳簿に)計上する ▶ book a flight 航空券の予約をする / book online インターネットで予約をする / book with a credit card クレジットカードで予約する / book... in the 3Q accounts を第3四半期の勘定に計上する, 第3四半期決算で処理する / I'd like to book a table for tonight. 今晩の(食事の)席を予約したいのですが / I've got every night booked for the next two weeks. 次の2週間は毎晩先約がある

booked up / fully booked (up) 満員で, 満席で ▶ Flights on that day are all booked up. その日のフライトは予約で満席だ

book building, bookbuilding ブックビルディング方式, 需要積上げ方式［◯投資家の購入希望を調査した上, 株式や債券の公募・売出価格と発行・売出額を決める方式］

book debt 借勘定

book entry 振替決済［◯証券取引につき証券の授受を帳簿上の記載で行う仕組み］

book-entry securities ブック・エントリー証券［◯券面の受け渡しではなく決済機関における口座の振替記帳によって権利の移転が行われる証券］

book gain =book profit

booking n 予約; 切符の発行 ▶ block booking 団体予約

bookkeeper n 経理事務担当者

bookkeeping /búkkì:piŋ/ n 簿記
［◯取引事実を記録, 計算, 分類, 報告するための記帳］ ▶ simplify the entire bookkeeping process 簿記のプロセス全体を単純にする / She does bookkeeping and payroll. 彼女が帳簿をつけ, 給与計算をしている

bookkeeping by double entry 複式簿記

bookkeeping by single entry 単式簿記

booklet n 小冊子;《広告》ブックレット［◯ブック形態の直接広告］

book loss 含み損, 帳簿上の損失

book of final entry 最終記入簿［◯元帳を言う］

book of first entry =book of original entry

book of original entry 原始記入簿［◯仕訳帳, 現金出納帳, 売上帳, 仕入帳など］

book of prime entry =book of original entry

Book-of-the-Month Club 《商標》ブックオブザマンス・クラブ (BOMC)［◯米国最大のブッククラブ. 1926年創立］

book price 帳簿価格

book profit 含み益, 帳簿上の利益

book runner ブックランナー, 幹事会社［◯証券発行の中心となり事務処理を担当する主幹事取引

受会社];《英》事務主幹事(=《米》lead manager)
books of account 会計帳簿
book-to-bill ratio BBレシオ[⇨出荷額に対する受注額の割合で半導体業界の需給を示す指標として使われる.レシオが1.05なら出荷額100ドルにつき新規受注が105あるという意]
book tour ブックツアー[⇨新刊書の販売促進の目的で,著者が各地を回って講演したり,サイン会を開いたりすること]
book transfer 振替決済[⇨券面の移動を要することなく,帳簿への記載だけで権利移転ができるようにした制度]
book value ❶ 帳簿価額,簿価[⇨個々の資産の帳簿上の価額.取得価格から償却分を差し引いた額.対語は market value(市場価額).たとえば,昔買った株の価格が今は半値になってしまった場合,簿価と時価との差額は「含み損」(unrealized loss)と称される.逆に時価のほうが高ければ「含み益」(unrealized gain)と称される] ► The stock is worth 10 times its book value today. その株式は現時点では簿価の10倍で売られている / Conversion of these securities would dilute the book value per share of our common stock. こうした証券が転換されれば,当社の普通株式の一株当たり純資産価値が希薄化される ❷ 純資産額 [⇨総資産から総負債を差し引いた企業全体の正味の価値.shareholder's equity(株主持分)や net worth(正味資産)と同意語]
book value per share 一株当たり純資産額,一株当たり簿価(BVPS) [⇨純資産額を発行済み普通株式総数で除した値で,一株当たりの純資産額を示す]

boom /buːm/ vi 景気づく;人気が出る
— vt 派手に宣伝する;景気づける
— n 好景気,ブーム ► the boom-and-bust cycles 景気循環,景気サイクル,好不況 / a consumer boom 消費景気 / an economic boom 好景気 / a property boom 不動産ブーム / a wartime boom 軍需景気 / boom and bust 好不況 / Banks took on many high-risk loans during the real estate boom. 銀行は不動産ブームの時期に多くのハイリスクの融資を抱え込んだ / The boom in real estate is expected to taper off. 不動産ブームは徐々におさまる見込だ [語源]ブーン,ドカーンという擬音語から]
boomer /búːmər/ n 《略式》ベビーブーマー(= baby boomer)
boomerang /búːməræŋ/ n ブーメラン;本人にはね返る画策,やぶ蛇
— vi 元へ戻る;やぶ蛇になる(on)
boomerang effect ブーメラン効果[⇨技術導入国の国際競争力がつき,技術移転国をおびやかすようになる等,当初の意図とは反対の結果がもたらされること]
booming economy 好景気 ► The booming economy has created millions of new jobs. ブームにわく経済は何百万という新しい職を創り出した
boomlet n 小ブーム

boomtown n にわか景気にわく町;人口急増都市,新興都市
boomy /búːmi/ a 活況の

boon /buːn/ n 《文》恩恵 ► The tax breaks will be a boon to individual investors. その減税措置は個人投資家にとって恩恵となるだろう / The country has experienced a boon in its tourism industry. その国は観光産業で恩恵を受けた

boost /buːst/ vt, n 押し上げ(る);引き上げる,高める;推進(to);(株式の)急騰[⇨相場の急上昇] ► give a boost 後押しする / The company slashed prices to boost its sales. 同社は売上を増やすために価格を大幅に切り下げた / The appreciation of the dollar is expected to boost US imports. ドルの高騰は米国の輸入を増加させると予想されている / The boost in last quarter's sales brought us out of the red. 前四半期の売上高の増加は当社を赤字から脱却させた

boot /buːt/ n 長靴,ブーツ;【ゴンピュータ】立ち上げ,起動
get [give] the boot 《略式》首になる[する]
— vi (コンピュータやシステムが)立ち上がる,起動する
— vt (コンピュータなどを)起動させる,立ち上げる;《米略式》首にする ► He got booted (out). 彼は首になった
boot up (コンピュータなどを)起動させる,立ち上げる
booth /buːθ, buːð/ n 展示ブース ► the booth cost 出展料
bootleg v, n, a (-gg-) ❶ 《米》密売[密輸,密造]する;密売[密輸,密造]品(の) [⇨特に酒】◇ moonshine ❷ 【知財】ブートレッグ,海賊版[⇨未発表の音源・映像等を無断で複製したものを言う] [語源]密輸品を長靴に隠したことから]
◇**bootlegger** n 密売[密輸]業者
bootleg software 違法コピーソフト,海賊版ソフト
Boots ブーツ[⇨英国最大のドラッグストアチェーン.2006年に Boots Group は Alliance Unichem と合併した.Alliance Boots plc.が正式社名]
bootstrap business ブートストラップ[⇨少ない資金で始められたベンチャービジネス]
BOQ bill of quantities
border /bɔ́ːrdər/ n へり,縁,境,境界;国境 ► Capital and labor can move freely across borders within the EU. 資本と労働力は欧州連合(EU)の域内では自由に国境を越えて移動できる
— v へりをつける;接する
border on [upon] と接する;に近似する
◇**borderless** a
Borders ボーダーズ[⇨アメリカの大型書店チェーン.店内にカフェを設けくつろげる環境を売り物にしている]
bore vt, n うんざり[退屈]させる(人,もの) ► a dreadful bore ひどく退屈な人 / I quickly got

bored with the job because it was so monotonous. とても単調な仕事だったので、すぐに飽きてしまった

borrow /bárou/ v 借りる；借用する (*from*); 盗む ► borrow to repay debts 借り換える / a borrowed reserve 借入準備［○米民間金融機関が積立を義務づけられている資産中、連邦準備制度からの借入でまかなわれている部分］/ a non-borrowed reserve 非借入準備［○米民間金融機関が義務づけられている預金の総額から連銀借入を除いた部分］/ He finally paid back the money he borrowed from the bank. 彼はようやく銀行からの借金を返済した / He borrowed money from his family to set up the business. 彼は会社を設立するために家族から資金を借りた

borrowed capital 借入資本、他人資本［○銀行などからの長期・短期の借入金で、将来返済しなければならない資本］
borrowed money 借入金
borrowed money account 借入金勘定
borrowed security 借入有価証券
borrowed-statutes doctrine 借用法律解釈の原則［○他州の法律を真似て制定された州法律の解釈は、その他州の裁判所の解釈にも従うべしとする原則］
borrowed stock 借株［○空売りをする者 (short seller) が取引先の証券会社 (broker) から借りる株式. 借りた株を売って、代金として受け取った現金は金利のつく短期投資で運用する. 予測通りに値下がりすれば、安値で同じ銘柄の株を買い戻し、その株を証券会社に返却する. 証券会社には別途、株の借入の手数料を支払う. 空売りした者の利益は株の売買の差額と株を売った代金の運用から得た金利の合計から手数料を引いた金額となる］

borrower /bárouər/ n ❶ 借手；借主 (↔ lender) ► a corporate borrower 法人企業 / a credit-worthy borrower 信用力のある借手 / a high-risk borrower 信用力の低い借手 / Many borrowers defaulted on their loans. 多くの借手はローンの返済を怠った ❷ 剽窃者

borrowing /bárouiŋ/ n 借入、借入金、負債 ► secured borrowing 担保付き借入 / long-term borrowing 長期借入金 / short-term borrowing 短期借入金［○具体的な借入金(額)を指すときは一般に複数形］/ consumer borrowing 消費者による借入 / corporate borrowing 企業による借入 / distress borrowing 緊急借入 / public-sector borrowing 公共部門借入 / net borrowing 正味借入額、借入純額 / curb borrowing 借入を抑制する / cut borrowing 借入を削減する / increase borrowing 借入を増やす / repay borrowing 借入を返済する / Excessive borrowing led to the company's downfall. 過剰な借入金が会社の破綻につながった / Four percent of the respondents indicated that they might **default on their borrowings**. 回答者の4%が借入金につき債務不履行に陥る可能性があると答えている / Hedge fund managers are desperately seeking to buy yen to **repay their borrowings**. ヘッジファンドの運用担当者は借入金を返済するために円を買おうと躍起になっている / The company already **has borrowings** in excess of its equity capital. 同社は既に株主資本の額を上回る借入金がある

borrowing authority 借入権限
borrowing cost 借入費用［コスト］► reduce the borrowing cost 借入コストを軽減する
borrowing limit 借入限度額
borrowing rate 借入金利 ► Borrowing rates among banks have jumped, spreading worries of a worsening credit crunch. 銀行間の借入金利は急上昇して、信用逼迫が悪化する懸念が拡がっている
borrowing requirement （財政赤字や債務弁済のための）借入れ必要額
Bosch-Siemens Hausgeräte ボッシュ・ジーメンス・ハウスゲレーテ［○ドイツの家電製造会社. Robert Bosch と Siemens の合弁会社］
Bose ボーズ［○スピーカー、アンプ、車用オーディオシステムなどを製作する米国の会社］

boss¹ /bɔːs/ n （職場の）長、上司、上役；監督；主任；社長 ► It took a while for him to hit it off with his boss. 彼が上司とうまくやっていくには多少の時間がかかった

be one's own boss 自分で好きなようにできる；(自営業を) 自分で取りしきっている ► I'd like to set up a company and be my own boss one day. いつか会社を立ち上げて、自分の思い通りにやってみたい

show a person who's boss (人に) 誰がいちばん偉いかはっきり示す、命令に従わせる

Boston matrix ボストンマトリクス、BCGマトリクス［○ボストン・コンサルティング・グループが考案した自社事業分析のための見取図で、市場としての成長性と現行シェアの二要因を組合せて、製品を未知数、勝ち組、ドル箱商品、負け犬に分類］

both /bouθ/ a, pron 両方(の)、2つとも(の)
► **Both** my sons [**Both** of them] are poets. = My sons are **both** poets. 息子は2人とも詩人です / **Both** companies declined to comment on the merger. 両社とも合併についてのコメントを拒否した / You can do it **both** ways. それは両方のやり方でやれる / I don't know **both** of them. 両方は知らない / You can't have it **both** ways. 一方だけで二またはかけられない

|感句| ***not both*** 両方ではない、片方だけ
— *ad* 共に
► We have expanded our sales outlets **both** domestically **and** abroad. 当社は国内と国外の両方で販路を拡大した
|感句| ***both A and B*** AもBも、AB共に

both days included [inclusive] 両端入り［○金利計算上、貸付日と返済日の両方を含め

ること］ ⓖ "Facility period" means the period starting on February 18, 2008, and ending on February 28, 2008, both days inclusive. 「融資期間」とは2008年2月18日より同年2月28日までの期間(期間の初日と末日を含む)を指す

bother /bάðər/ *n, v* 迷惑(をかける); 邪魔(する); 思い悩む; 厄介(者); 騒ぎ ► May I bother you for a moment? ちょっとよろしいでしょうか / Most people don't bother to click on ad banner on websites. 大部分の人はウェブサイトの広告のバナーをいちいちクリックするようなことはしない

bother one's head [*oneself*] *about* で頭を悩ます

cannot be bothered to do わざわざ…するつもりはない ► I cannot be bothered to go all the way back to the office. 遠く離れたオフィスまで戻る気になれない

go to (*all*) *the bother of doing* わざわざ[面倒なのに]…する

I'm sorry to bother you, but... ご面倒ですが ► I'm sorry to bother you, but may I ask a question? すみませんが、ちょっとお聞きしていいですか

It's no bother (*at all*). なんでもありません

not bother to do …しようとさえしない; わざわざ…しない

Why bother doing …する必要はない

worth the bother わざわざするだけの値打ちがある

◇**botheration** *n* 面倒(なこと)
◇**bothersome** *a* 厄介な

bottleneck *n* ボトルネック［⊙全体としての効率の改善を妨げている要因、制約条件。ビンの首の部分が全体の流量を決することからこの名がある］ ► a major bottleneck 大きなボトルネック / a production bottleneck 生産工程上のボトルネック / cause a bottleneck ボトルネックの原因となる / eliminate a bottleneck ボトルネックを除去する

bottle necker ボトル・ネッカー［⊙瓶の首にかけた店内広告物］

bottle topper ボトル・トッパー［⊙瓶の口にはめ込んだ店内広告物］

bottom /bάtəm/ *n* (相場・市況の) 底 ► hit [reach] the bottom (株その他相場商品が) 底を打つ, 底入れする / Stock prices could drop further by 10% to 15% before hitting bottom. 株価は底を打つまでにまだ10%から15%下落するかもしれない / The bottom has fallen out of the market. 相場の暴落に歯止めがかからない状態だ

at bottom 本当は、根は

be at the bottom of の底[下, 奥, どん尻]にある; の原因である

bottom up 逆さに

from the bottom of one's heart 心の底から ► From the bottom of my heart, thank you for all your help. ご助力に心から感謝しいたします

from the bottom up 下から, 下意上達で ► Our company makes most of its decisions from the bottom up. わが社ではほとんどの決定はボトムアップ方式でなされる

get to the bottom of this [*it*] 真相を突き止める ► We need to get to the bottom of the matter. 問題の真相を突き止めなければならない

knock the bottom out of を台無しにする, 根底から覆す

stand on one's own bottom 独立独歩である

start work [*life*] *at the bottom* / *start at the bottom of the ladder* いちばん下からたたき上げる

the bottom falls [*drops*] *out* (株価・人生などが) 一挙に崩れ落ちる, 底が抜ける

the top and bottom of it 《略式》事のすべて; その説明

touch bottom (値が) 底をつく

— *v* 底部をつける; 基づく《*on*》; 真相を理解する

bottom (**out**) (市況が) 底をつく ► Gas prices could bottom out by the end of the month. ガソリン価格は月末までに底を打つかも知れない

— *a* 底の; 最低の

bet one's bottom dollar 《略式》強く確信する

◇**bottomless** *a* 底のない

bottom fisher ボトム・フィッシャー, 底値買い投資家

bottom fishing 底値買い

bottom line ❶ 最低線[値]; 本音; 最重要点; 最終結果

► The bottom line is I don't trust him. 要は、私は彼を信用してないということだ / The bottom line is that we can't absorb the costs of hiring additional staff. 要するに、当社は追加の職員を雇用するコストを吸収できないということだ

❷ 最終損益, 当期損益, 純利益［⊙決算表の最終行の数字］ ⇨ top line ► affect the bottom line 最終損益に影響する / contribute to the bottom line 利益に貢献する / lower costs and improve productivity to improve the bottom line 純利益の数字を改善するためにコストを抑制し生産性を高める / Soaring gasoline prices are eating into the bottom line of freight companies. ガソリン価格の急上昇は運送会社の収益を悪化させている

bottom price 底値

bottom up =bottom-up approach

bottom-up *a* ボトムアップ方式での［⊙抽象的一般論から始めずに、具体的事実を積みあげていくアプローチ］

bottom-up analysis ボトムアップ・アナリシス ⇨ bottom-up approach (⇔top-down analysis)

bottom-up approach ボトム・アップ方式 ［⊙資産の運用先を選定する際に分析対象を、企業レベルから始めて、業界, セクター、そしてマクロ経済へと、いわば小から大へと進めていく方式］

bottom-up management ボトムアップ・マネジメント［⊙経営の意志決定において、組織下部における意見を基礎に積み上げる方法。組織内で

意志決定の内容・方向性を共有するには有効な方法]

bought deal ボート・ディール, 買取発行 [⇨債券の引受において, 幹事証券会社が発行証券を全額引き受け, 売りさばく方式. 限定的責任しか負わないbest-efforts commitmentと対比される]

bought ledger 仕入帳, 買掛金元帳

bounce /baʊns/ v (送信したEメールがあて先不明で)戻ってくる; (株などの相場商品が)反発する; (小切手などが)不払いになって戻る ▶ Stock prices bounced around at the beginning of week, but the market closed Friday up 5%. 週の初めには株価はころころ変わったが, 金曜日には相場は5%上がって終わった

bounce back 回復する

bounce ... off a person (人に考えなどを)ぶつけて反応を見る ▶ During the brainstorming session, we bounced ideas for the new slogan off one another. ブレーンストーミングの会合で, 新しいスローガンについての考え方をお互いにぶつけ合った

— n 跳ね返り; 弾力; 活力

get [give] the bounce 首になる[する]

Bounce 《商標》バウンス [⇨米国の乾燥機用シート. 静電気を抑える効果がある]

bounced check 不渡り小切手

bound /baʊnd/ v bindの過去・過去分詞

— a 法的義務がある《to do》; きっと…する《to do》▶ Airfares are bound to come down after the peak season. 航空運賃はピークの季節が終われば下がるはずだ / With his experience, he's bound to find a good job. 経験があるから, 彼はきっと良い職に就くだろう

be legally bound to... …すべき法的義務を負う

bound up in で忙しい, に夢中で, に熱中して

bound up with と堅く結びついて

feel bound to do …する義務があると感じる ▶ I feel bound to tell him the truth. 彼に真実を告げなければならないと思う

I'll be bound. 《略式》請け合うよ

I'm bound to say [admit] 言わ[認め]ざるを得ない

[語源]「縛られている」から]

boundary /báʊndəri/ n 境界線; 敷地境界線

bounty /báʊnti/ n 報奨金; 助成金 ▶ offer a bounty 助成金[奨励金, 報奨金]を出す

bourse /bʊərs/ n 《またB-》証券取引所 [<仏]

boutique /buːtíːk/ n ❶ ブティック [⇨婦人用服飾店] ❷ ブティック [⇨特定の分野に特化した専門性の高い金融機関. 特に投資銀行について用いられることが多い] [<仏]

boutique hotel ブティックホテル [⇨小規模でファッション性が高く系列に属さない高級ホテル]

boutique investment bank ブティック投資銀行 [⇨選別された優良企業だけを顧客とする小型の投資銀行]

Bouygues (~ SA) ブイグ [⇨フランスの世界的な総合建設グループ. 建設のほか通信, 放送事業にも従事. 子会社Colasは道路建設の世界的大手]

Bovespa Index (ブラジルの)ボベスパ指数 [⇨サンパウロ証券取引所の代表的な株価指数. BovespaはBolsa de Valores de São Pauloの略]

bovine spongiform encephalopathy 牛海綿状脳症(BSE) [⇨狂牛病(mad cow disease)の正式名]

box¹ /bɑks/ n 箱(一杯分); 《英》コンテナ

check the box 空欄にチェック(印)を入れる

think outside the box 従来の枠組[旧来の手法]にとらわれない考え方をする

box file 書類ボックス, 書類保存箱

box number (新聞社気付用のあて名となる)広告主番号; 私書箱番号

box office 切符売り場; 売り上げ金; 人気興行; 集客力

box-office a 興行収入の; 大当たりの ▶ a box-office success 大当たり

box office poison 切符売場泣かせ ▶ Though heavily budgeted and widely promoted, the movie ended up as a box office poison. たっぷり予算をかけて十分に宣伝したが, その映画は興業成績では大失敗に終わった

box store ボックス・ストア ⇨ big box store

box top offers ボックス・トップ・オファーズ [⇨パッケージのトップに付けられたクーポン]

BOY beginning of year 年初 ▶ Rent is due BOY if annual payment is required for a commercial lease. 商業賃貸において年払いが必要な場合, 賃料は年初が支払期日となる

boycott /bɔ́ɪkɑt/ vt, n 不買運動(をする), ボイコット(する) ▶ call on consumers to boycott... 消費者に…の不買を呼びかける / threaten to boycott... …の不買を呼びかける動きを見せる [語源]アイルランドの土地差配人Charles Cunningham Boycott(1832–97)が土地同盟(Land League)にボイコット(排斥)されたことから]

bp basis point ベーシス・ポイント ▶ the FOMC decision to raise the funds rate by 25 bp FF金利を25ベーシス・ポイント引き上げる連邦公開市場委員会の決定

BP British Petroleum

BPAI Board of Patent Appeals and Interferences

bpd barrels per day

BPO business process outsourcing

BPR business process reengineering

BQ bill of quantities

BR British Rail

bracket /brǽkɪt/ n ❶ 区分, 階層 ▶ in the bracket その区分に属して / the age bracket 年齢層 / the income bracket 所得区分 / the size bracket サイズ区分 / the tax bracket 税率区分 ❷ ブラケット [⇨証券の発行公告上の掲載位置. 幹事証券会社のように役割が大きいほど上に名前が載る]

— vt 一括して考える《together, with》

bracket creep 《米略式》ブラケットクリープ [⇨インフレで名目賃金が増加し, 税率の高い課税区分へ徐々に押し上げられること]

BRAD British Rate and Data

Brady bond ブレイディ債 [⇨ジョージ・ブッシュ政権の下, ラテンアメリカ諸国の債務建て直しのために発行されたドル建て債. 財務長官の名から]

brag /bræg/ *n*, *v* (**-gg-**) 自慢(する) 《*about, of*》 ► He couldn't stop bragging about his first big sale. 彼は初めての大きな売上について自慢せずにはいられなかった

brain /brein/ *n* 脳 [《時に ~s》知能, 頭脳; 《略式》知的指導者, 企画者; 《略式》(the ~) 秀才]
beat [*cudgel, rack*] *one's brains* 知恵を絞る
blow one's brains out 《米略式》懸命に働く
pick a person's brain (人の) 知恵を借りる ► I'd like to pick your brain and find out what you think about it. お知恵を拝借して, それについてのお考えを知りたいのです
◇**brained** *a* …の脳[頭脳]を持った

brainchild *n* 創作品, 考え, 着想

brain drain 頭脳流出 [⇨高度の教育を受けた人が, よりよい研究環境や労働条件を得るために外国に移住すること] ► prevent a brain drain 頭脳流出を防ぐ / lead to a brain drain 頭脳流出を招く

brainstorm *n*, *vi* 妙案; インスピレーション; 自由に考えを出し合う ► Let's brainstorm together to come up with some creative ideas. 一緒にブレーンストーミングをして創造的なアイディアを出そう

brainstorming *n* ブレーンストーミング, ブレスト [⇨新商品開発や問題解決に向け自由に意見を出し合い, 検討すること]

brain trust 《米》政策立案などの専門家集団 (=《英》brains trust)

brake /breik/ *n*, *v* ブレーキ(をかける)
act [*serve*] *as a brake on* …に対する歯止めになる
apply the brakes ブレーキをかける
put [*slam*] *on the brakes* (急) ブレーキをかける
put the brakes on を停止させる; にブレーキをかける ► We need to put the brakes on our business travel and entertainment expenses. 当社は出張費と接待費を抑制する必要がある / It seemed that the project was about to take off until the president of the studio put the brakes on it. 映画会社の社長が待ったをかけるまでは, そのプロジェクトは今にも離陸するように見えた

branch /bræntʃ/ *n* 支店, 支社 ► a unit branch banking system (米国の) 単一支店銀行制度 / We have over 100 branches nationwide. 全国に100を超える支店がある
— *vi* 枝を出す 《*forth, out*》
branch out (人・企業などが) 手を広げる 《*into*》 ► Our company branched out into liquid crystal display production. わが社は液晶ディスプレーの生産にも手を広げた

branch chief 支店長
branch manager 支店長
branch office 支店
branch office manager 支店長

brand /brænd/ *n* ブランド [⇨商品・サービスの質の高さを想起させるに足る名称・記号. 商品識別のための商標に付加価値が伴ったものであり, すべての商標がブランドではない); 銘柄 ⇨national brand, store brand, private brand, no brand

コロケーション

(形容詞(句)+~) **best-selling** brand 人気ブランド, 売れ筋ブランド / **consumer** brand 一般消費者向け製品のブランド / **house** brand 自社ブランド / **own** brand 自社ブランド / **store** brand 自社ブランド

(動詞(句)+~) **buy** a brand ブランド品を買う / **develop** a brand ブランドを開発する / **launch** a brand 新たなブランドを出す / **sell** a brand ブランド品を販売する / **test** a brand ブランド品のテスト販売をする

► Brand X 某ブランド [⇨比較広告用の他社競合品] / Producers of luxury goods spend very large sums of money to **protect their brands**. 高級品メーカーは自分たちのブランドを守るための多額の費用を投じている / The company owns several **luxury brands**. 同社は高級品ブランドをいくつか持っている / The company has invested heavily in advertising to **build its brand** in the Indian market. その会社は自社ブランドのインド市場での浸透を図るため, 多額の広告をしている

[語源] 語源 burn (焼く) と同源で木を burn して焼け跡をつけることからburnedの意味でbrand(焼き印, 銘柄品) と言うようになった]

brand association ブランド連想 [⇨顧客があるブランド名を聞いた時にさまざまなイメージを連想すること] ⇨brand equity

brand awareness ブランド認知 ► We need to build up the brand awareness of our product. 当社の製品のブランド認知度を高める必要がある

brand cannibalization ブランド・カニバリゼーション [⇨同一企業内において, あるブランドが他のブランドの売り上げや利益を侵食すること]

brand conscious ブランド意識が強い, ブランドコンシャスな

brand development index ブランドの市場普及率指標 (BDI)

branded *a* ブランドものの, 有名ブランドの ► branded drugs [goods] ブランド医薬品[商品]

brand equity ブランド・エクイティ [⇨アーカー(D.A. Aaker) が提唱したブランドの有する資産的価値. ブランド・ロイヤルティ (brand loyalty), ブランド認知, 知覚品質 (perceived quality), ブランド連想 (brand association), その他権利者の財産として保護される無形資産(特許・トレードマーク・チャネル関係など)の五つの要素から構成されるとしている]

brand extension ブランドエクステンション [⇨ブランドを利用した新製品への拡張的進出. ジーンズのメーカーが同一ブランドのソックスを出すのがその例]

brand image ブランドイメージ ► a brand-image enhancer ブランドイメージを高める人や物 / attempt to restore its brand image ブランドイメージの回復を図る / damage one's brand image 自社のブランドイメージを傷つける / That company has an appealing brand image. その会社には人を引きつけるブランドイメージがある / The company aims to enhance its brand image by selling products only at the most exclusive department stores. 同社は自社製品の販売ルートを一流百貨店に限定することでブランド・イメージを高めようとしている

branding n ブランドをつけること, ブランド化 [⇨→ブランド・エクイティーを育むこと. これによる付加価値増大は価格支配力を強め, 利益率上昇に資する]

brand label =brand name

brand leader ブランドリーダー[⇨売れ筋のブランド]

brand loyalty ブランド・ロイヤルティ[⇨顧客が他のブランドへと流れず, 特定ブランドにこだわること] ⇨brand equity ► Our market is highly competitive as consumers have strong brand loyalty to a number of select manufacturers. 当社のマーケットは, 一握りのメーカーに対して消費者が強いブランド・ロイヤルティを示すので, 競争が非常に厳しい

brand management ブランド・マネジメント, ブランド管理 [⇨所有するブランドの価値を長期的に維持し増大させるための管理]

brand manager ブランド担当責任者 [⇨ブランドの価値を維持し, 付加価値を高める業務の責任者]

brand name ブランド名, ブランド品, ブランド物 ► The shop carries major brand names. その店は主なブランド品をそろえている

brand-name a ブランド[メーカー]ものの; 定評ある

brand-name product ブランド品

brand-new a 真新しい, 新品の

brand president ブランド・プレジデント [⇨複数のブランドを持つ会社では, 個々のブランドに関する事業部を独立採算の会社と見做し, 責任者を brand president と呼ぶ場合がある]

brand recognition ブランドの認知度

brand share ブランドの市場占有率

brand strategy ブランド戦略 [⇨自社ブランドの維持・向上を目的として行われるマーケティング戦略]

brand stretching ブランドストレッチング (=brand extension) [⇨知られた既存ブランドを生かして異なる商品・サービスを売り出すことをブランドエクステンションと言うが, それに無理があるような場合, ストレッチングというネガティブな言い方をする]

brand switching ブランド遷移, 購入ブランドの切り替え [⇨消費者がそれまで使用していたブランドをやめて他ブランドに移行すること]

Braun 《商標》ブラウン [⇨ドイツの電気カミソリのブランド]

brave /breiv/ a 勇敢な; 派手な ► In a tight job market, he was brave enough to quit his steady job. この厳しい雇用情勢で, 彼は勇敢にも定職を辞めた
— n 勇士
— vt 立ち向かう; ものともしない
brave it out (疑惑・非難をものともせず) 押し通す
◇**bravely** ad
◇**bravery** n 勇敢さ; 華美

Brawny 《商標》ブローニー [⇨米国のペーパータオル. ガラスや台所の表面などの汚れを取るのに用いられる吸水性の強い製品]

breach /briːtʃ/ n 違反; 違反行為

in breach of に違反して ► The company's level of pollutant emission is in breach of local laws. その会社の汚染物質排出レベルは地域の法律に違反している
— vt 破る, 突破する ► The number of people who filed unemployment claims last month breached 500,000. 先月に失業保険給付を申請した人の数は50万を突破した / If you breach this agreement, we have the right to terminate service. 契約に違反した場合, 当社はサービスを打ち切る権利をもっている

breach of confidence 守秘義務違反

breach of confidentiality 守秘義務違反, 機密保持保障違反

breach of contract 契約違反 ► claim breach of contract against the firm その企業に対して契約違反を主張する

breach of fiduciary duty 忠実義務違反 [⇨経営者のような受託者は委託者である株主の利益を優先させる義務を負っているが, この原則に対する違反を言う. 受託者責任に反するとも言う]

breach of trust 背任; 受託者の義務違反

breach-of-trust charge 背任容疑

bread /bred/ n パン; 糧(かて); 生計

bread and butter バター付きパン; 生活の糧 ► Tourism is the bread and butter of the country. 観光でその国は食べている

bread and circuses (大衆の不満をかわすのに役立つ)食物と娯楽

bread buttered on both sides 安楽な境遇

earn one's (daily) bread 日々の糧を得る ► She earned her (daily) bread as a bank teller. 彼女は銀行のテラーとして生活費を稼いだ

take (the) bread out of a person's mouth (人の)生計の道を奪う

bread-and-butter /-n-/ a 生計のための; 基本的な ► bread-and-butter work 生活のための仕事

breadbasket n パンかご; 穀倉地帯; 《略式》胃袋 ► The Midwest is America's breadbasket. 中西部はアメリカの穀倉ナ

breadline n 食料の配給を待つ人の列 ► We are not on the breadline. 私たちは救済を受けていない / They are below the breadline. 彼ら

は救済を受ける以前の困窮ぶりだ
on the breadline 救済を受けて; 赤貧で

breadth /bredθ, -tθ/ n 幅; 広がり; 〖証券〗(市場の)広がり[⇨特定の価格動向に株式市場が参加している程度を言う] ► The government decided to rescue the auto industry, considering its breadth of influence on the entire economy. 経済全体への影響の大きさを考慮して, 政府は自動車業界を救済することを決定した / His breadth of thinking and empathizing helps him to relate to the people around him, from his superiors to his subordinates. 彼の思考と共感の幅の広さは, 上役から部下まで, 彼を取り巻く人たちとうまくつきあっていくのに役立った

breadwinner n (一家の)稼ぎ手 ► Lucy is the family's main breadwinner. ルーシーは一家の主たる稼ぎ手だ

break /breik/ (broke, 《古》brake; broken, 《古》broke) vt (法などを)破る; 壊す; 中断する ► Many of the executives knew that the company was breaking the law, but kept quiet. 経営幹部の多くは, 会社が法律を破っていることを知っていたが, 何も言わなかった
— vi 壊れる; 故障する; (事態が)展開する ► Things are breaking well. 万事がうまくいっている

break down 崩れ落ちる; 行き詰まる; 故障する ► Despite our efforts to reach an agreement, negotiations broke down. 合意を調えようと努力に拘らず交渉は決裂した / My car is very reliable, so it hardly breaks down. うちの車はとても信頼性が高くてほとんど故障しない

break down to [into] 内訳別に示す; に帰結する ► We need to break the results down into smaller categories. 結果をもっと小さなカテゴリーごとに分類する必要がある

break even 損得なしに終わる, なんとか採算がとれる ⇨breakeven ► break even at the net profit level 最終損益をとんとんにする / break even at the pretax level 経常損益をとんとんにする

break in 押し入る; 口を挟む ► Can I break in here and say something? ちょっと口を挟んでもいいですか

break in on [upon] (会話などを)妨げる

break into に押し入る; 参入する ► Someone broke into his house and stole his valuables. 何者かが彼の家に侵入して貴重品を盗んだ

break off (関係を)断つ; (話などを)中断する ► We broke off negotiations because of their unrealistic payment terms. 先方の非現実的な支払条件が原因で交渉を打ち切った / We broke off relations with them because of their questionable business practices. 商慣習に問題があったため, 彼らとの関係を打ち切った

break out 勃発する; やめる (*of*); 取り出す (*from*, *of*); 用意する ► The protests broke out across the country. 全国で抗議運動が起こった / A series of business corruption scandals broke out in the past few months. 一連の企業汚職スキャンダルは過去数か月間に発生した

break short 中断する

break through を突破する, 打ち破る

break up (会議などが)終わる ► The meeting didn't break up until after midnight. その会議が終わったのは深夜零時を回ってからだった
— n 破壊; 中断; 休憩; 息抜き; 休暇; 《略式》運, 幸運, チャンス; 優遇措置 ► a tax break 税の優遇措置[特典]

after a break of の中断ののちに
give a person a break (人に)チャンスを与える
on break 休みで[の]
take [have] a break 一服[休憩]する ► Let's take a ten minute break. 10分間休憩しよう
without a break 休みなく ► Everyone worked all through the morning without a break. 全員休みなしで午前中いっぱい働いた

◇**breakable** a
◇**breakage** n 破損(物)

breakdown n 故障, 破損; 挫折; (神経)衰弱 (=nervous breakdown); 分解; 分類, 分析; 内訳 ► give a breakdown of... の内訳を示す / Can you give me the breakdown for this figure? この数字の内訳を出してもらえますか / Some workers may suffer from a complete breakdown. 従業員の中にはすっかり神経衰弱になる者もいるかもしれない / The breakdown led to her early retirement. 神経衰弱に陥ったため彼女は退職時期を早めた

breakdown clause 機械故障条項 [⇨貨物海上保険に見られる契約条項]

breakeven n, a 損益[収支]がとんとんの(状態) ► achieve breakeven 損益とんとんを達成する / ensure breakeven 損益とんとんとなるよう確実を期する

breakeven analysis 損益分岐点分析
breakeven chart 損益分岐点図表
breakeven level 損益とんとんとなる水準 ► perform at a breakeven level 損益とんとんとなる水準での業績を確保する

breakeven model 損益分岐モデル [⇨損益分岐点分析において, 費用, 収益, 利益(損失)の関係が示されたもの]

breakeven net profit 損益とんとんとなる最終損益

breakeven point 損益分岐点, 採算点 [⇨売上高と総コストが同じ, つまり利益も損失も出ないレベルであり, 黒字と赤字の分かれ目となる]

> **コロケーション**
> (動詞(句)+~) **bring down** the breakeven point 損益分岐点を引き下げる / **calculate** the breakeven point 損益分岐点を算出する / **find** the breakeven point 損益分岐点を求める / **reach** the breakeven point 損益分岐点を求める / **reduce** the breakeven point 損益分岐点を引き下げる

► reduce fixed costs to lower the breakeven point by 5% 損益分岐点を5パーセント下げるために固定費を減らす

breakeven point analysis 損益分岐点分析 [⇨総費用を分解し, 費用・売上・利益の関係を分析する]

breakeven pricing 損益分岐点基準の価格設定

breakeven rate for exports 輸出採算ライン ► A recent survey found that the typical breakeven rate for exports by large manufacturers is 95 yen to the dollar. 最近の調査で, 大手製造業における輸出採算ラインは1ドル95円というのが典型例であることが明らかとなった

breakeven ratio 損益分岐点比率 [⇨損益分岐点売上高を実際の売上高で除して求める指標で, 現在の売上があと何%落ちると利益がゼロになるのかが示される]

breakeven results 損益とんとんとなる業績

breakeven sales (volume) 損益分岐点売上高 ► lower the breakeven sales volume 損益分岐点売上高を引き下げる / raise the breakeven sales volume 損益分岐点売上高を引き上げる

breakeven volume 損益分岐点販売数量

breakfast /brékfəst/ n, v 朝食(を食べる, を出す) ► breakfast food 朝食用の穀物加工食品

from hell to breakfast 《米式》徹底的に

breaking point 限度; 破壊点 ► at the breaking point 耐えうる限界で

breakout n (包囲網の)強行突破

break room 休憩室

breakthrough n (難関の)打開; 躍進, 画期的成功; (停滞からの)突破口

break time 休憩時間

breakup n 崩壊; 分解; 解散, 散会

breakup value 解散価値, 清算価値 [⇨企業を「ばら売り」した場合に得られるであろう処分価格の合計額のこと. 株式を論じる場合の一株当たり純資産(book value per share)がこれにあたる]

breath /breθ/ n 息; 呼吸; 瞬間

at [in] a breath 一気に, 一息に

for a breath of fresh air 息抜きに

in the same breath 同時に

take [draw] (a) breath 一息入れる ► You should take a deep breath before starting your presentation. プレゼンテーションを始める前に深呼吸をするのがよい

the breath of life [the nostrils] 大切な物

breathe /bri:ð/ vi 呼吸する

― vt 呼吸する; 吸い込む《in》; 吹き込む《into》

breathe down a person's neck 《略式》(人を)悩ませる ► My boss isn't breathing down my neck the whole time. 上司に絶えず監視されているわけではない

BreathRx 《商標》ブレスアールエックス [⇨歯ブラシ, ホワイトニング剤, デンタルフロス, マウスウォッシュ(洗口剤)などをパッケージ化して販売している米国のデンタル・ケア製品のブランド. 単品売りもある]

breathtaking a はっとさせる, 息を飲むような ► The company's breathtaking earnings performance has surpassed all expectations. 目を張るような同社の収益実績はあらゆる予想を上回った

◊ **breathtakingly** ad

breed /bri:d/ v (**bred**) (子を)産む; 飼育する; 生み出す; 教え込む ► Every solution breeds new problems. あらゆる解決は新しい問題を生み出す

― n 品種; 種族, タイプ

breeder n 種畜; 飼育者

breeze /bri:z/ n そよ風; 《略式》楽なこと

in a breeze 楽々と ► He passed the test in a breeze. 彼は楽々とテストに合格した

― vi そよ風が吹く; 《略式》容易に進む《along, down》

breeze through を楽にやり遂げる; 楽々と過ごす ► He breezed through the assignment. 彼は職務を難なくこなした

Brent crude ブレント原油 [⇨北海産の硫黄分の少ない軽質原油で, ロンドンの国際石油取引所(IPE)で取引される代表的な石油商品. 欧州で原油価格の指標として使われている] ⇨ crude oil

brewer n 醸造者, ビール会社

bribe /braib/ n, v 贈賄[買収](する)《to do》► offer bribes わいろを供する / take a bribe わいろを受け取る / The politician denied accepting a bribe from his supporter. その政治家は支援者からわいろを受け取っていないと言った / The company bribed government officials to get the construction project. 同社はその建設プロジェクトを受注するために政府の役人を買収した

bribe a person into doing (人に) わいろを使って…させる

bribe one's way into [out of, past] わいろで…に入る[から出る, を通る]

bribery /bráibəri/ n 贈賄, 収賄; 贈賄罪 [⇨賄賂の申し込み, 供与, 収受, 要求の罪] ► He denied all charges of accepting bribery in return for releasing confidential bidding information. 部外秘の入札情報を漏らした見返りに賄賂を受け取ったという嫌疑のすべてを彼は否定した

brick /brik/ n れんが(状の物); 積み木 ► He started out with almost nothing and built his company brick by brick. ほとんど何もないところから出発して, 自分の会社を一歩ずつ着実に築いた

make bricks without straw 無駄骨を折る; 材料や資金を欠いて仕事をする (+ 句源は, 「粘土にわらを入れないでれんがを作る」の意)

― vt れんがで囲う[ふさぐ]《in, up》; れんがで覆う《over》

BRIC(s) n ブリック, ブリックス [⇨新興経済国を代表する4つの大国, ブラジル(Brazil), ロシア(Russia), インド(India), 中国(China)の頭文字から造られた語] ► With vast natural and human resources, BRICs offer huge investment possibilities. 天然資源と人的資源が豊富

なブリックス諸国は途方もなく大きな投資可能性を秘めている

bricks-and-clicks company 非ネット・ネット混在型企業［⇒bricks（レンガ）は在来型企業を表し，clicks（マウスでのクリック）はインターネット絡みであることを指している］

bricks-and-mortar *a* れんがとモルタルの［⇒インターネット上のビジネスに対して，実際の建物を持つ企業や商店などについていう］ ► a bricks-and-mortar firm [company] 在来型企業 / transform a traditional brick-and-mortar business to a web-based business 従来型のブリック&モルタル企業をインターネット企業に変貌させる（✚在来型とインターネット企業の合体はclicks-and-mortarと形容する）

bridge /brɪdʒ/ *n* 橋; 船橋, 艦橋
bridges and tunnels （マンハッタン, サンフランシスコで）橋とトンネルで通勤してくる（人たち）
burn one's bridges (behind one) 背水の陣を敷く ► I left the company on good terms because I didn't want to burn any bridges behind me. 会社との関係を続けたかったので円満に退社した
― *vt* 橋を架ける; 橋渡しをする ► Developing countries must strive to bridge the gap between the rich and the poor. 開発途上国は貧富の差をなくすよう努めなければならない
bridge over をやっと切り抜ける
bridge builder 橋梁（きょうりょう）メーカー
bridge financing =bridge loan
bridge loan 《米》ブリッジ・ローン, つなぎ融資（=《英》bridging loan）［⇒中長期融資が受けられるまで短期的に供与される融資］ ► Depending on your financial situation, you may be able to obtain a bridge loan on your house to enable you to buy a new one. 資産状況によっては, 現在の持ち家を担保に「つなぎ融資」を得て, 新たな家を買うこともできる
bridging loan 《英》=bridge loan

brief
/briːf/ *a* 短時間の; 簡潔な; そっけない
brief and to the point 簡にして要を得た ► Please try to be brief and to the point when making your presentation. プレゼンテーションは簡明にお願いします
to be brief 簡単に言えば ► To be brief, let me just say that I support you. 手短に言えば, 私はあなたを支持するということです
― *n* ❶ 概要, 要領; 課された仕事, 指示事項 ► I was given the brief of training new employees. 新入社員の研修という仕事を与えられた / That wasn't part of the brief you set us. それは指示されたことには含まれていませんでした
❷ （広告・商品企画説明などに用いる）ブリーフ（⇒creative brief, design brief）
❸【法律】準備書面; 上訴趣意書;《英》（ソリシタがバリスタに送付する）訴訟事件摘要書;《米》法廷助言者による意見書（=amicus brief）
hold a [no] brief for を弁護する[しない]
in brief 要するに; 要約して ► In brief, we need to revise our plan. 要するに計画を見直す必要がある
― *vt* 要約する; 弁護を依頼する; 事前に情報を与える（*on, about*）
◇**briefly** *ad* 手短に（言えば）
◇**briefness** *n*

briefcase *n* 書類かばん
briefing *n* 簡単な報告; 説明 ► at a briefing 説明会の場で / in a briefing 説明会の中で / advance briefing 事前説明会 / background briefing 背景説明会 / emergency briefing 緊急説明会 / news briefing 記者発表, 記者説明会 / personal briefing （幹部などに対する）直々の説明 / press briefing 記者発表, 記者説明会 / attend a briefing 説明会に出席する / give... a briefing on... に…について説明する / receive a briefing 説明を受ける / summon... to a briefing を説明会に呼び出す / The company executives held a briefing to explain the recall. その会社の役員たちはリコールの簡単な説明会を開いた

bright /braɪt/ *a* 輝く; 明るい; 有望な《*up*》
bright and early 朝早く（起きて） ► I get up bright and early every morning and go jogging. 私は毎朝早く起きてジョギングに行く
― *ad* =brightly
◇**brighten** *v* 輝かせる, 輝く; 明るくする[なる]
◇**brightly** *ad* 明るく, 輝いて
◇**brightness** *n*

brilliant /ˈbrɪljənt/ *a* 輝く, 光る; 立派な; 素晴らしい ► You did a brilliant job on the design of the prototype. 試作品のデザインで君は素晴らしい仕事をした
― *n* ブリリアントカットの宝石
◇**brilliance, brilliancy** *n* 輝き; 卓抜; 才気
◇**brilliantly** *ad*

Brillo 《商標》ブリロ［⇒洗剤を染み込ませた台所用の鉄線たわし］

bring
/brɪŋ/ *vt* (**brought**) ❶ 持って来る; 連れて来る;（…する）気にさせる《*to do*》;（収入を）もたらす;（ある状態に）至らせる ► My part-time job brings me $50 a week. アルバイトは週50ドルになる / The company was brought into being [existence] two years ago. その会社は2年前に設立された / The economic recovery plan is expected to bring relief to the credit market. 景気回復計画は信用市場に安心感をもたらすと予想される

❷ （訴訟を）起こす, 提起する《*against, for*》 ► bring a suit [an action] for damages 損害賠償の訴訟を起こす / bring a charge of murder against a person 人を殺人罪で告発する

❸ （通例受身）（数字・合計を）次ページ[次期]に繰り越す

bring about を生じさせる, もたらす; 成し遂げる
bring along 連れてくる
bring a person through （人に）（困難を）切り抜けさせる
bring back を取り戻す; 思い出させる
bring down を落とす; 失墜させる ► bring

bring forth を産む; 生み出す; 提出する
bring forward を持ち出す; 前期より繰越す; 次項に繰越す; の日程を早める
bring in (収入などを)もたらす; 提出する; 評決を下す
bring off を成功させる
bring on 向上させる
bring oneself to do …する気になる
bring out を取り出す; 世に出す; 発揮させる; (ストで)引き上げさせる
bring over 連れてくる; (意見を)変えさせる; 引き渡す; 味方に引き入れる
bring to bear (注意を)注ぐ; 向ける; 及ぼす; (力を)発揮する (*on, upon*)
bring together を集める; まとめあげる
bring under を鎮圧[抑制]する; 分類する
bring up を育てる, しつける; 提案する; 吐く; 止める; 厳しく注意する
bring up against (通例受身) (問題などに)ぶち当たらせる

brink /briŋk/ *n* 崖の縁; 水際; 瀬戸際, 土壇場
bring ... to the brink of の瀬戸際に…を追い込む
on the brink of に瀕して ► All signs point to the fact that the country is on the brink of recession. あらゆる兆候は同国が景気後退の瀬戸際にあるという事実を指し示している

brisk /brisk/ *a* 活発な; (相場が)活発な ► The chairman's brisk tone at the meeting speeded up the process of negotiating. 会議での会長のぶっきらぼうな口調は交渉の進行を速めた
◇**briskly** *ad*
◇**briskness** *n*

Bristol-Myers Squibb (~ Co.) ブリストル・マイヤーズ・スクイブ [○米国の製薬会社. 心臓病関連の薬や幼児用ミルク Enfamil が知られている. 1989年, Bristol-Myers社(創業1887年)が Squibb 社を買収して今日に至る]

Brite (商標) ブライト [○米国のワックスなし床磨き剤]

British Airways (~ plc) ブリティッシュ・エアウェイズ [○英国航空会社. 国際略称 BA. 現在の会社は, 1974年, BOAC(=British Overseas Airways Corporation)と BEA(=British European Airways)が合併, 87年に民営化したもの]

British American Tobacco (~ plc) BAT [○英国のタバコ製造会社. 1998年 B.A.T. Industries から分離して設立. Kent, Pall Mall, Dunhill などのブランドを持つ]

British Broadcasting Corporation 英国放送協会, BBC

British Overseas Airways Corporation ⇨ British Airways

British Petroleum (~ plc) ブリティッシュ・ペトロリアム (BP) [○英国の国際石油会社. 1998年, 旧BP(1909年設立)と Amocoが合併して発足. その後 Atlantic Richfield, Castrol などを統合. コンビニエンスストア ampm も傘下に持つ]

British Rail 英国国有鉄道 (BR) [○旧称 British Railways. 1994年から民営化に着手. 97年分割民営化となり, かつての会社は現存しない]

British Rate and Data 『ブリティッシュ・レート・アンド・データ』(BRAD) [○英国の広告メディアの月間情報誌]

British Standards Institution (the ~) 英国規格協会 (BSI) [○設立1901年. ISO, IEC や, 欧州規格の制定に参画するとともに, 各種英国規格を制定している]

British Telecom ブリティッシュ・テレコム (BT) [○旧国営の英国の通信サービス会社] ⇨ BT Group

British thermal unit 英熱量単位 (BTU) [○質量1ポンドの純水を標準気圧で華氏1度だけ温度を高めるのに要する熱量. 主に米国で使用される. 天然ガスとLNGの取引単位は百万BTU] ⇨ million British thermal units

Brit Rail =British Rail

BRM business reply mail

broad /brɔːd/ *a* ❶広い; 広義の; 明白な ► The two countries agreed on a broad range of economic cooperation. 両国は広義間の経済協力に合意した / The broad drop in oil prices has provided temporary relief to motorists. 石油価格の大幅な下落はマイカー族に一時的な安堵感をもたらした
❷(保険で)複数の危険を保険担保範囲に入れる
❸(証券・商品などの市場で)活発な売買活動が行われる; 大出来高の
❹〖証券〗範囲の広い, 広い範囲をカバーする

[解説] 株価指数のカバーする銘柄数が他の指数に比較して多いことを言う. たとえば, ダウ平均のように少数の銘柄をベースにする指数に対して, S&P 500 や Wilshire 5000 のように広範囲の銘柄をカバーする指数は broad-base index または broad market index と呼ばれる

— *ad* 完全に ► broad awake すっかり目が覚めて
◇**broadness** *n*

broadband *a* 広帯域の; ブロードバンドの ► Major hotels offer broadband wireless Internet access in guest rooms. 大手のホテルは客室でブロードバンド無線インターネット接続のサービスを提供している
— *n* 広帯域; ブロードバンド [○光ファイバー, ADSL, CATV回線などによる高速インターネット接続サービス] ► The company plans to bring broadband to small communities throughout the state. その会社は州内全域において小規模な共同体にブロードバンドを導入しようと計画している / Broadband is already being rolled out in some areas on a limited basis. すでにブロードバンドは一部地域で限定的に展開されている

broadband service company ブロードバンド接続業者

broad-based *a* 広い基盤をもった

broad-base index ブロードベース指数 [○

多数の銘柄で構成され株式市場全体の動きを示す株価指数. S&P 500 や Wilshire 5000 を指していう場合が多い]

broadcast v, n, a (~(ed)) 放送(する); 放送番組; 放送された, 放送の ► News of the company's collapse was broadcast on all the major TV networks. 同社の倒産のニュースは, すべての主要テレビ局で放送された
◇**broadcaster** n 放送者; 放送装置

broadcast faxing (ファクスの) 同報通信 [◯あらかじめ登録してある送信先に向け, いっせいに同一内容のファクスを流す機能]

broadcast feature 同報通信機能

broadcasting n 放送 ► public broadcasting 公共放送 / satellite broadcasting 衛星放送

broadcasting media 放送媒体, 電波媒体 [◯テレビとラジオ. 多数の受け手に到達できる特性を有するので消費者の生活に大きな影響力を持つ] ⇨ media

broadcasting network 放送網, 放送ネットワーク (⇔independent television)

broadcasting satellite 放送衛星

broaden /brɔ́ːdn/ v 広がる; 広げる ► The company has broadened its market through online sales. 同社はオンライン販売によって市場の幅を拡げた

broadly ad 大ざっぱに; 広く; 露骨に ► The credit crunch has broadly shaken consumer confidence. 信用逼迫は広い範囲で消費者の信頼感を揺るがせた

broadly speaking 概して ► Broadly speaking, customers tend to choose mobile phones based on design. 大ざっぱに言って, 顧客はデザインで携帯電話を選ぶ傾向がある

broadly-based a =broad-based

broad market index 広範囲市場指数 [◯ダウ平均のように少数の銘柄をベースにする指数でなく, S&P 500やWilshire 5000のように広範囲の銘柄をベースにして市場全体の動きを代表する指数]

broad money 広義のマネーサプライ [◯マネーサプライ(通貨供給量)を測定する際の指標で, すぐに取引に使える現金・普通預金に加えて定期性預金までも含めたものを言う]

brochure /brouʃúər/ n パンフレット, ブロシュア [◯catalogに比べると薄手の小冊子形式で, 表紙には一般にツヤのある上質の紙が用いられる. 同じ形式でも, 研究所の資料のような広告宣伝臭の弱いものはbookletと言う], 小冊子 [<仏]

broke /brouk/ v break の過去
— a 無一文の
flat [stony] broke 文無しで
go broke 破産する

broken /bróukən/ v breakの過去分詞
— a 壊れた, 破れた, 折れた; 中断された ► The broken machine has been sent back to the manufacturer for repair. 故障した機械は修理のために製造会社へ送り返された / The broken bank was reorganized with government funding. その破綻銀行は政府の資金援助を得て再建された
◇**brokenly** ad
◇**brokenness** n

broken-line graph 破線グラフ

broker /bróukər/ n ブローカー, 仲介業者, 証券会社 [◯一般的に金融取引において取引の当事者間を仲介する機関を指す]; 海運仲立人 ► use a broker to sell one's property 不動産物件を売るためにブローカーを使う

agency broker 株式のブローカー / commodity broker 商品先物取引業者 / floor broker 場立ち [◯取引場で実際に売買をするブローカー] / foreign exchange broker 外為ブローカー / money broker 短資ブローカー / prime broker プライムブローカー / real estate broker 不動産取引仲介業者

brokerage n ブローカー業務 [◯委託を受けて顧客の勘定で証券などの売買を行うこと] ► a discount brokerage ディスカウント・ブローカー業務 / a full-service brokerage フルサービス・ブローカー業務 / an online brokerage オンライン・ブローカー業務

brokerage account 証券取引口座

brokerage commission 委託売買手数料, 仲介手数料

brokerage fee 委託売買手数料; 仲介手数料

brokerage firm 証券会社 ► open an account with a brokerage firm 証券会社に口座を開く

brokerage house 証券会社 ► Several big brokerage houses have collapsed as a result of the financial crisis. 大手証券会社の数社は金融危機の結果として崩壊した

broker-dealer n (米) ブローカー・ディーラー, 証券会社 [◯委託売買に加えて自社の勘定での取引(ディーリング)をも行う]

broking /bróukiŋ/ n, a 仲介(の)

Bromo-Seltzer (商標) ブロモセルツァー [◯制酸鎮痛剤で発泡性水薬]

Brooks Brothers (商標) ブルックスブラザーズ [◯米国の男性, 女性向けのカジュアル, ビジネスブランド. アメリカン・トラディショナルの元祖]

Bros., (英) Bros /brɑs, -z/ brothers (✚会社の名前に用いる)

brought /brɔːt/ v bring の過去・過去分詞
brought forward 前期より繰り越した, 前期繰越 (B/F)

Brown Cow Yogurt (商標) ブラウン・カウ・ヨーグルト [◯米国のヨーグルトのブランド. 保存剤は使用されていない. 人工成長ホルモンを投与しない牛から取ったミルクから製造]

brown envelope 茶封筒

brown field ブラウンフィールド [◯土壌汚染等の事情により再開発上問題のある地域. 単に, 新規造成地(green field)に対して, 再開発可能な既存の土地区画を言うこともある]

Brown-Forman (~ Corp.) ブラウン・フォー

マン [⇒米国のウイスキー製造会社．創業1933年．Jack Daniel's, Early Times, Old Foresterほか多種を製造・販売]

brown goods 《英》《娯楽用》家電製品 [⇒TV, ステレオ, パソコンなど]；《米》家具

browse /braʊz/ v 拾い読みする《through》；（ブラウザを使って）閲覧する ⇒browser
— n 拾い読み
have a browse 拾い読みする《through》

browser n ブラウザ，閲覧ソフト

BRS business reply service

brunt /brʌnt/ n （攻撃の）主力，ほこ先 ► Businesses as well as consumers are feeling the brunt of soaring oil prices. 企業も消費者も石油価格高騰の衝撃を感じている
bear the brunt of の矢面に立つ；の攻撃を受ける

Brut 《商標》ブルート [⇒米国の男性用化粧品のブランド．「the essence of men」という広告で紹介されたコロンが特に有名]

BS British Standards 英国標準規格; broadcasting satellite

B/S balance sheet

B-school n =business school ► Even B-school students are having a hard time in job hunting. ビジネススクールの学生でさえ職探しに苦労している

BSE bovine spongiform encephalopathy

B share B株 [⇒外国人向けに売り出されている中国企業の株式] ⇒A share

BSI British Standards Institution

BT British Telecom

BTA British Tourist Authority 英国政府観光庁

BT Group (~ plc) BTグループ [⇒英国の電話・通信サービスグループ．公社のBritish Telecomが1984年に民営化したもの]

BtoB, B2B business to business
BtoC, B2C business to consumer
BtoE, B2E business to employee
BtoG, B2G business to government

BTU, Btu British thermal unit

BTW by the way ところで

bubble /bʌbl/ n バブル ► a stock market [real estate] bubble 株式[不動産]バブル / an asset price bubble 資産バブル / a speculative bubble 投機バブル / create a bubble バブルをもたらす / The bubble burst. バブルがはじけた / The burst of the housing bubble triggered the recession. 住宅バブルのはじけたことが景気後退のきっかけとなった

bubble burst バブルの崩壊 [⇒バブルがはじけること，株価が高騰した後急落すること]

bubble company 泡沫会社

bubble economy バブル経済 ► clear the legacy of the bubble economy バブル経済の後遺症を一掃する

bubble pack =bubble wrap
bubble packaging =bubble wrap
bubble wrap 気泡緩衝材（✚Bubble Wrapは商標）

buccaneer /bʌkəníər/ n やり手商人，目はし

ぎきく実業家

buck¹ v （馬が背を丸めて）跳ね上がる；《略式》抵抗する
buck for a raise 《略式》昇進[昇給]を得ようと躍起になる ► Bucking for a raise, Jim worked very hard. 昇給をどうしても手に入れようとしてジムはよく働いた
buck the trend 傾向と異なることをする，逆張りをする，流れに棹さす
buck up 《略式》元気が出る；励ます；急ぐ

buck² n ❶《米略式》米ドル；豪ドル
❷《the ~》（次の表現で）
break the buck （MMFが）元本割れになる [⇒マネーマーケットファンドの基準価額が1ドルを下回ることを言う]
pass the buck to に責任を転嫁する
The buck stops here. 仕事の最終責任は私にある

bucketing n のみ行為 [⇒顧客からの売買注文を受けた証券会社はそれを取り次ぎ，市場での売買成立を図るべきであるのを，顧客に内証で自ら注文の相手となること]

bucket shop n ❶ 【証券】《米》バケット・ショップ，ノミ屋 [⇒顧客から受託した注文を直ちに取引所などで正しく執行せず，不正に扱う違法業者] ❷ 《英》格安航空チケット販売店

buckle /bʌkl/ n, v 留め金（で留める）《on》；締め金《ベルト》（で締める）《up, in, into》；曲げる，曲がる；ゆがむ；屈服する《under》
buckle down (to) 《略式》勢いよく仕事を始める ► Buckle down to get the job finished. 仕事を終えるために頑張れ
buckle to /túː/ 一生懸命にやる

Bud 《商標》バッド [⇒米国の人気ビール・バドワイザー（Budweiser）の愛称．その一種がBud Lite]

Budapest Treaty ブダペスト条約 [⇒正式名称は「特許手続上の微生物の寄託の国際的承認に関するブダペスト条約」] ⇒deposit requirement

budge /bʌdʒ/ v ちょっと動く[動かす]；（意見を）変える ► Growth in real income barely budged last year. 実質所得の成長は昨年はほとんど動かなかった
budge up [over] 席をつめる

budget /bʌdʒit/ n 予算; 予算案

コロケーション

(形容詞(句)+~) **generous** budget 潤沢な予算 / **modest** budget 控えめの予算

(動詞(句)+~) **achieve a balanced** budget 収支均衡予算を達成する / **adhere to** a budget 予算を守る / **cut** a budget 予算を削減する，予算を減額する / **draw up** a budget 予算を立てる，予算を編成する / **exceed** a budget 予算を超過する / **increase** a budget 予算を増額する / **operate within** a budget 予算の範囲内で業務を進める / **put forward** a budget 予算を提示する / **reduce** a budget 予算を削減する，予算を減額する / **remain within** a budget 予算の範囲内にとどまる / **submit** a budget 予算を提出する / **tighten** a budget 緊縮型の予算にする / **underspend** a budget 予算を余らせる

▶a proposed budget 予算案 / a budget aimed at... …を期した予算 / within budget allocations 予算の枠内で / balance the budget over five years 財政を5年間で均衡させる / cut back on the research and development budget 研究開発予算を削減する / refuse to approve a deficit budget 赤字予算の承認を拒否する / Business unit managers are naturally expected to **adhere to the budget**. 各部門の責任者は当然のことながら, 予算を守ることを期待されている / We don't **have any advertising budget** to speak of. これと言えるほどの広告予算がない / We expect to fully **spend the budget** by year-end. 年度末までには予算を目一杯消化できる見込みだ

on a (tight) budget 予算を切り詰めた[て]

===■予算

additional budget 追加予算 / advertising budget 広告予算 / annual budget 年度[年次]予算 / austerity budget 緊縮予算 / balanced budget 均衡予算, 均衡財政 / capital budget 設備投資予算 / capital expenditure budget 設備投資予算 / cash budget 現金収支予算 / interim budget 暫定予算 / item in a budget 予算の費目 / low budget 低予算 / monthly budget 月次予算 / ordinary budget 経常予算 / provisional budget 暫定予算 / revised budget 修正予算 / sales budget 売上予算 / supplementary budget 補正予算 / tight budget 緊縮型予算 / zero-based budget ゼロベース予算

— *v* 予算を立てる, 予算に計上する, 予算を計上する (*for*) ▶The show is budgeted for $90,000. このショーには9万ドルの予算が立てられている

Budget バジェット [◯米国のレンタカーの会社. 1985年に予算(バジェット)に限度のある消費者を対象に設立. 空港でのペーパーレスの手続きなど迅速サービスも提供. 現在はAvis Budget Group Inc. の子会社]

budget account 自動支払い口座; 賦払い口座

budgetary /bʌ́dʒitèri/ *a* 予算上の

budgetary appropriations 予算配分(額)

budgetary constraints 予算上の制約

budgetary control 予算統制 [◯予算による企業行動のコントロール]

budgetary cut 予算削減

budget cut 予算削減

budget deficit 財政赤字 [◯政府の支出が収入を超過する額] ▶ a chronic budget deficit 慢性的財政赤字 / a debt-financed budget deficit 国債依存型財政赤字 / reduce the budget deficit to 3% of GDP 財政赤字を国内総生産の3パーセントまで削減する / cut a budget deficit 財政赤字を削減する / finance a budget deficit 財政赤字の資金手当てをする [◯財政赤字を穴埋めするための資金を調達すること. 普通は赤字国債の発行による] / rein in a budget deficit 拡大傾向の財政赤字を抑制する / a rising budget deficit 拡大傾向の財政赤字 / run a budget deficit 財政赤字を計上する / From 1981 through 1997, the federal government **had budget deficits** that approached $300 billion. 1981年から1997年にかけて連邦政府は3000億ドル近い財政赤字を計上していた

budgeting *n* 予算編成 ▶ zero-based budgeting ゼロベース予算編成

Budget Message (米国の)予算教書 [◯議会に対する政府予算案の勧告という形式で, 大統領によって提出されるもの. 1月1日に始まる会計年度の予算案を示す教書で, 予算教書を受け取った議会は, 予算関連法案を独自に作成して審議する. 経済報告とともに, アメリカの経済・財政の指標となる]

budget surplus 財政黒字 [◯政府の収入が支出を超過する額] ▶ achieve [maintain] a budget surplus 財政の黒字を達成[維持]する / run a budget surplus 財政黒字を計上する / the budget surplus swells 財政黒字が大幅に拡大する / In fiscal year 1999, the federal government had a budget surplus equal to $123.6 billion, or 1.3% of GDP. 1999会計年度において連邦政府は1236億ドル(GDP 比1.3%)の財政黒字を計上した

Budweiser (商標)バドワイザー [◯米国のAnheuser-Busch社製のビール] ⇒Bud

buffer /bʌ́fər/ *n* 緩衝器; 緩衝材
— *vt* (衝撃などを)減じる ▶The central bank raised its interest rate by 0.5% to buffer the teeming economy from inflation risks. 好調の経済をインフレの危険から守るために, 中央銀行は金利を0.5%引き上げた

buffer stock 緩衝在庫 (=cushion stock, safety stock) [◯余裕をもって対処できるよう, 必要最低限の量に加えて持つ在庫]

bug /bʌ́g/ *n* ナンキンムシ; (米)虫; (略式)(機械の)欠陥, 不良箇所; (プログラムの)バグ ▶find [work out] the bugs in the new engine 新しいエンジンの欠陥を見つける[直す]

a big bug (略式)お偉方

— *vt* (**-gg-**) (略式)隠しマイクを仕掛ける; 盗聴する; (米略式)悩ます ▶ What's bugging you? 何を悩んでいるんだ

Buick (商標)ビュイック [◯米国のGeneral Motors社製の高級乗用車]

build /bíld/ *vt* (**built**) ❶ 建てる, 造る (*of, from, out of*); (に) 基礎を置く (*on, upon*); (事業・財産を) 築く ▶ The Japanese automaker plans to build a new factory in the United States. 日本のその自動車メーカーは米国に新工場を建設する計画だ ❷ (経済などでモデルを) 構築する ▶ build a model モデルを構築する

— *vi* 高まる; 次第に強まる ▶ If inflationary pressures keep building, the economy may overheat. インフレ圧力が強まり続けるなら, 景気は過熱するかもしれない

build in 作りつけにする

build ... into 作りつけにする, 組み込む; に作り上げる

build on 建て増す (*to*)

build up を組み立てる; (建物で)囲む; 建て込ませ

る；建て直す；(地位などを)築き上げる；売り込む；積もる，集まる ► The company is building up inventory to avoid losing sales due to a lack of availability. 同社は販売機会の逸失を避けるため在庫を積み増しているところだ
— n 造り，構造
◇**buildable** a 建築[建造]可能な ► a buildable area 建築可能面積
builder n 建設(業)者；建築業者；施工業者

=====業者=====
bridge builder 橋梁(きょうりょう)メーカー / custom builder 注文建築業者 / home builder 住宅建設業者 / production builder 量産型住宅建築業者 / railway builder 鉄道工事会社 / ship builder 造船会社 / speculative builder 投機的不動産開発業者

building n 建築物，ビル，建物；建築(術)
building and loan association = savings and loan association
building block 建築用ブロック；建材；積み木
building capitalization rate 建物の還元利回り [⇨ 建物の価値＝建物に帰属する単年度(1年間)の純収益÷建物の還元利回り]
building code (地方自治体などの定める)建築基準法規，建築条例 ► investigate which uses are permitted by building codes どんな用途が建築条例によって認められているか調査する
building contractor 建設請負業者
building coverage ratio 建蔽率
building exterior ビルの外壁 ► pressure washing of building exteriors ビル外壁の高圧洗浄
building materials 建材
Building Owners and Managers Association ビル所有者および経営者協会，ボマ(BOMA) [⇨ビル，特にオフィスビルを所有経営する者の協会]
building permit ❶《英》＝construction permit ❷(~s)住宅建築許可数 [⇨その月に住宅建設を許可した件数．米国商務省が発表する．住宅着工戸数(housing starts)と住宅完成戸数(housing completions)に先行する指標として重視される]
building plot 建設用地
building regulation《英》建築基準法規，建築条例
building society ❶《英》(英国の)住宅金融組合 ❷《英》建築協会
build-to-order n, a ビルド・トゥー・オーダー(の)，注文生産方式(の) (BTO) [⇨注文を受けてから生産を開始する受注生産システムについていう]
build-up n 増強；前宣伝；(行事などへの)準備期間
build-up method ビルドアップ法 (⇔breakdown method) [⇨広告戦略・戦術に必要な予算を積み上げて広告総予算を設定する方式]
build-up of inventory 在庫増
built /bílt/ v buildの過去・過去分詞
— a 体格のよい

built environment 市街地環境，人工環境
built-in a 作りつけの，内蔵された；備わった，固有の
built-in software 付属ソフト
built-in stabilizer ビルトイン・スタビライザー [⇨景気に対して自動的に補整されるような機能をもった財政上の仕組み]
bulge /bʌ́ldʒ/ n 膨らみ；急増；優位，利点
— vi 膨れる (out)
◇**bulgy** a
bulge bracket《米》バルジ・ブラケット [⇨証券引受の墓石広告(tombstone)で主幹事としてトップに名前が載る投資銀行や証券会社．大手5,6社に限定される]
bulge bracket bank 大手投資銀行
bulge bracket firms 大手証券・投資銀行
bulk /bʌ́lk/ n 大きさ，嵩(かさ)；(the ~)大部分 (of)；積み荷 ► The bulk of the securities company's business is structured finance. 証券会社のビジネスは大部分が仕組金融だ
break bulk 積み荷を降ろす
in bulk ばら荷で；大量に ► buy [sell, order] in bulk 大口の買付[売却，注文]をする
— v 増大する[させる]，かさばる[らせる] (out, up)；重大である
bulk large 大きく見える；重要らしい
bulk buying 大量買付
bulk cargo バルク貨物，ばら積み貨物
bulk carrier バルク・キャリアー，ばら積み船
bulk cooler バルククーラー [⇨牛乳を大容量のタンクに入れ冷却，貯蔵する施設]
bulk discount 数量値引き [⇨大口注文に対する値引き]
bulk freight ばら積み貨物，かさ高貨物 [⇨コンテナ輸送に向かない貨物の総称]
bulk goods バルク商品 [⇨ばらで販売される未包装商品．また，嵩高(かさだか)商品]
bulk mail 料金別納割引郵便
bulk purchase ＝bulk buying
bulk sale ❶(不良債権の)一括売却 ❷包括譲渡；【不動産】バルクセール，一括売却
bulk transfer law 包括譲渡法 [⇨企業が通常の営業外で在庫等の資産を包括譲渡するのを規制し，債権者保護を図る法律]
bulky a 大きい，かさばった
bulky waste 粗大ゴミ

bull /búl/ n (相場の上昇を予想する)強気筋 (⇔bear) ► a bond [a commodity, an equity, a real estate] bull 債券[商品，株式，不動産]の相場の上昇を見込んでいる投資家
— a 上向きの，強気の
bulldog bond《略式》ブルドッグ債券 [⇨非居住者が英国市場で発行するポンド建て債券]
bulldog clip《英》ダブルクリップ (=《米》binder clip)
bulldog edition ブルドッグ・エディション [⇨新聞の第一版]
bullet /búlit/ n, ad ❶(箇条書きになった)要点(の一つ)，ブレット [⇨個条書きの部分の行頭に付

ける大きめの点ないし四角(■)のこと. bullet point とも言う]; 箇条書きで ► Put them in bullets. これらにはブレットを行頭につけて個条書きで ❷ 満期一括返済 [◎ 利息は債務期間中に支払い, 元金全額(ときに元利金とも)は一括して返済期日に支払う方式] ❸ 満期一括償還型債券 [◎ 債務期間中の中途償還は行わず, 満期時に元本全額を一括返済する方式の債券]

bullet bond 満期一括償還債

bulletin /búlətən/ n (会社や組織が出す)お知らせ ► weekly bulletin information 今週のお知らせ

bulletin board 掲示板; 電子掲示板 (= 《英》notice board)

bulletin board system 電子掲示板システム; (小規模の)パソコン通信サービス (BBS)

bullet loan 満期一括返済型ローン

bullion /búljən/ n 金[銀]塊, 金[銀]地金 ► The price of gold bullion has risen by 12% in the last year. 金塊の価格は昨年に12%上がった

bullish /búliʃ/ a (相場が)上昇気運の, 強気の(見方をとる) ⇔ bearish ► a bullish market 強気相場 / take a bullish view of the market 相場に強気の見方をとる / be bullish on the economy 景気の先行きに楽観的である / We're still bullish on treasury bonds. 財務省債券は依然値上がり含みと見ている / Institutional investors are bullish on the German stock market. 機関投資家たちはドイツ株式市場に対して強気で臨んでいる / The company remained bullish about its earnings projections for next year. その会社は来年度の収益予想について依然として強気だった

bull market 強気市場, 上げ相場, ブル・マーケット (⇔bear market) [◎ 上昇局面にある相場] ► Many investors are holding on to their stocks, waiting for the next bull market. 多くの投資家は持株を手放さないで, 次の上げ相場を待っている / The long bull market may be over. 長く続いた強気相場も終わっているのかも知れない

bull position ロングポジション [◎ 相場の上昇を見込んで買い持ちになっていること]

bull run 相場の上昇局面

bull session 上げ相場, 大相場

bump /bʌmp/ n, v ぶつける, ぶつかる (against, into); (オーバーブッキングで)予約を取り消す; 解雇する, 降格させる ► bumping compensation 予約取消補償

bump into にぶつかる; 出くわす

bump up 《略式》押し上げる ► Airlines have bumped up their fares as a result of soaring fuel prices. 燃料価格の急上昇の結果として, エアライン各社は航空運賃を引き上げた / I was bumped up to business class because there were no seats left in economy. エコノミークラスに席がなかったので, 私はビジネスクラスに格上げになった / He got bumped up to vice president. 彼はバイスプレジデントに昇進した / My salary got bumped up this month. 今月私は昇給した

bumper n, a 突き当たる人[物]; 満杯, 大量の, 大豊作(の); 豊漁(の); 大入りの

bumper year 豊年; 当り年 ► It's been a bumper year for big-screen TV sales. 大画面テレビの販売にとっては当り年となった

bumper crop 豊作 ► harvest [yield] bumper crop 豊作となる

Bundesbank ドイツ連邦銀行 [◎ ドイツの中央銀行]

bundle /bándl/ n 束; 《米略式》大金; [ビジ・テ] バンドル [◎ パソコンに初めからソフトが無料添付されていること] ► comes with a bundle of useful applications 便利なソフトが一式ついてくる / He made a bundle on the deal. 彼はその取引で大金をもうけた

― v 束ねる; (ハードウェアとソフトウェアを)セットで売る, バンドルする, 同梱する ► Image editing software is bundled with this scanner. このスキャナーには画像処理ソフトがバンドルされている

bundled a (ハードウェア・ソフトウェアが)一括販売の, セット売りの ► bundled software バンドルソフト [◎ コンピュータに無料添付されるソフト]

bundle of rights 権利の束 [◎ 著作権は, 複製権, 上演権, 公衆送信権等の分割可能な諸権利の集合(束)から成るという法理]

bundling /bándliŋ/ n バンドリング [◎ ソフトウェアのセット販売]

bung /bʌŋ/ n, v 栓(をする), ふさぐ (up)

go bung 倒産する; 失敗する ► Many firms went bung in the panic. 経済恐慌で多くの企業が倒産した

bungle /bángl/ n, v へま(する) ► He made a stupid bungle of his work. 仕事でへまをやった

bunker /báŋkər/ n, vt (船の)燃料庫(に積み込む) ► bunker oil バンカー・オイル

bunker adjustment factor 燃料割増料 (BAF)

bunkering n 給油

buoy /búːi, bɔi/ n ブイ, 浮標

― v (好材料等で)上昇する, 上向く, 浮上する ► Stocks were buoyed by lower oil prices. 原油安を好感して株価が上昇した / Buoyed by strong popularity, sales of smart phones have taken off. 強い人気に支えられて, スマートフォンの売上は急上昇した

buoyant /bɔ́iənt/ a 上向きの, 強気の; (値が)上昇傾向の ► Despite buoyant economic forecasts, the dollar remained weak against the yen. 明るい景気予測にもかかわらず, ドルは円に対して弱い状態が続いた

◇**buoyancy** n 浮力; 浮揚性; 元気さ

Burberry 《商標》バーバリー [◎ コートをはじめとする英国の高級衣料・洋品のブランド. 独特の格子模様(Burberry Check)で有名]

burden /báːrdn/ n 負担 ► an administrative burden 事務負担 / a cost burden コスト負担 / a debt burden 借方負担 / a tax burden

税負担 / impose a burden 重荷を負わせる / increase a burden 負担を増大させる / reduce a burden 負担を軽減する / The burden of mortgage payments became too much for many American homeowners. 住宅ローン返済の負担は米国の住宅所有者の多くにとって手に負えない額になった / Japanese exporters face the burden of the yen's appreciation. 日本の輸出業者は円高の重荷に直面している

burden of proof 立証責任, 証明責任, 挙証責任 [⇒裁判では一般に原告が自分の請求の正当性を立証しなければならないことを指す] ▶ bear the burden of proof 立証責任を負う / The burden of proof lies with the plaintiff. 立証責任は原告が負う / In a criminal court trial, the burden of proof is on the prosecution, not the defendant. 刑事裁判では立証責任は検察側にあり被告人側にはない / If the plaintiff does not meet the burden of proof that there is a good reason to impose liability on the defendant, the defendant wins. 原告側が, 被告に責任ありと認められる相当の理由があると立証する責任を果たせなければ, 被告が勝訴することになる

bureau /bjúərou/ n (~s, ~x /-z/) 《米》(官庁の)局, 部; 事務局; 支局

bureaucracy /bjuərάkrəsi/ n 官僚制[政治]; 官僚(社会); 省庁; お役所(仕事) ▶ eliminate corporate bureaucracy 企業官僚制を打破する / cut out bureaucracy 官僚制組織を改善する

◇**bureaucrat** /bjúərəkræt/ n 官僚(主義者)

bureau de change /də ʃάːndʒ/ 両替所, 外貨両替店 [<仏]

Bureau of Economic Analysis 経済分析局 (BEA) [⇒米国商務省の部局で, GDPの集計結果を四半期ごとに, 速報推定値(advance estimate), 予備推定値(preliminary estimate), 最終推定値(final estimate)の順に発表する] ⇒ gross domestic product

Bureau of Engraving and Printing 《the ~》造幣局 [⇒日本の財務省印刷局に相当する機関. 連邦準備制度理事会の監督下にある]

Bureau of Labor Statistics 労働統計局 (BLS) [⇒米国労働省の一部局. 雇用・失業・賃金・物価などの統計結果を発表する] ⇒ consumer price index, producer price index, employment cost index

burgeon /bə́ːrdʒən/ n, vi (急に)成長する ▶ He burgeoned into one of the company's highest grossing sales associates. 彼はその会社で最高の金額を売上げる販売担当員にのし上がった

◇**burgeoning** a 成長する ▶ A burgeoning upper class in China has led to brisk sales of luxury goods such as jewelry and cosmetics. 中国における上流階級の急成長は宝石や化粧品のような贅沢品の好調な売上をもたらした

Burger King バーガーキング [⇒米国のハンバーガーチェーン. 正式名称は Burger King Holdings, Inc]

Burlington Northern Santa Fe 《~ Corp.》バーリントンノーザン・サンタ・フェ [⇒米国西部・中西部をカバーする鉄道会社. Union Pacific に次ぐ全米第2の鉄道会社. 390もの路線を持つ]

Burmah Oil 《The ~ plc》バーマーオイル [⇒1896年設立の英国の大手石油会社. Burmah Castrol を経て, 2000年BPに買収された]

burn /bəːrn/ v (~ed, burnt) 焼く, 焼ける; 燃やす; やけどをする; 《コン》焼く [⇒CD-Rなどにデータを記憶させる] ▶ burn the mortgage 住宅ローン証書を焼く (⇒mortgage の成句) / When the real estate market crashed, he got burned in his property investments. 不動産市場が崩壊したときに, 彼は不動産投資で大損をした / You can easily burn music onto blank CDs with this software. このソフトを使うと音楽をブランクCDに簡単に焼き付けることができる

◇**burning** a 燃える, 焼ける; 火急の ▶ I am in burning need of money. 金が早急に必要だ

burnable rubbish 可燃ごみ

burnable waste 可燃ごみ, 燃えるごみ

burned-out a 燃え尽きた; 疲れきった

burning platform バーニングプラットフォーム, 燃えている海上石油プラットフォーム [⇒火災を起こしている海上の石油掘削のプラットフォーム. 現状維持が許されない(企業の)危機的状況のメタファ]

burnout n バーンアウト, 燃え尽き ▶ experience burnout バーンアウトにかかる / overcome burnout バーンアウトを克服する / recover from burnout バーンアウトから立直る

burnout syndrome 燃え尽き症候群

burst /bəːrst/ v (~) 破裂[爆発]する (up); 充満する; 急に現れる, 飛び出す (forth, out, upon); 引き裂く[ける]; 破る[れる]; 急に…しだす (into) ▶ Japan's economic bubble burst in the early 1990s. 日本のバブル経済は1990年代の初頭にはじけた

be bursting to do …したくてたまらない

burst in on をさえぎる

burst up 爆発する; 《略式》破産する

— n 破裂; 突発; 破産 ▶ the burst of a bubble バブルの破裂 / The subprime loan problem brought about the burst of the housing market. サブプライムローンの問題は住宅市場の崩壊をもたらした

Burt's Bees 《商標》バーツ・ビーズ [⇒ハチミツを元にして作られるボディーケア製品のブランド. 石鹸, リップクリーム, シャンプーなどがある]

bush /buʃ/ n 低木(の茂み); 叢林地帯

beat around [about] the bush 遠回しに言う ▶ Will you stop beating around the bush and tell me what's going on? 遠回しに言うのはやめてどうしたのか話してくれませんか

bushel /búʃəl/ n ブッシェル [⇒容積の単位: 《米》35.24l, 《英》36.37l]

Bushnomics, Bushonomics n ブッシュノミックス [⇒Bush 大統領の経済政策]

business /bíznis/ n ❶ 事業活動, 企業活動; 業務; 景気

コロケーション

(動詞(句)+～) **conduct** a banking business 銀行業を営む / **do** business **online** インターネット・ビジネスを手掛ける / **do good** business いい商売をする, もうける / **drum up** business 事業のてこ入れを図る / **follow** the business of …の職業に従事する / **go into** business 事業を始める / **go out of** business 廃業する / **open for** business 営業中で / **promote** one's business 自分の商売を売り込む / **put out of** business 廃業に追い込む / **set up in** business 事業に乗り出す

▶ a line of business 業種 / on business 仕事で, 商用で / domestic [foreign] business 国内[外国]取引 / out of business 廃業して / make a business out of photography 写真を商売の種に起業する / have a head for business 商才がある / Business is booming. 商売が繁盛している / Business is slow [brisk]. 景気が悪い[よい], 商売がうまくいっていない[繁盛している] / Business is at a low ebb [at a standstill]. 商売が不振である[ぱったり止まった] / Competition motivates entrepreneurs to **operate their business** efficiently. 競争に動かされて起業家は自分の事業を効率的に経営しようとする / Profits motivate entrepreneurs to **start business**. 利潤の追求が動機となって起業家は事業を起こすものだ / **Success in business** depends on your ability to turn problems into opportunities. 事業に成功するか否かは, 問題にぶつかったときにそれをチャンスに変える能力が君にあるかどうかにかかっている / That store **has a large business**. その店は手広く商売している / Exports to China account for **20 percent of our business**. 中国向け輸出が当社のビジネスの20%を占めている / He **set up in business** when he was in his early twenties. 彼は20代前半で自分の事業を始めた / More and more retailers are adding online sales **to their business**. ますます多くの小売業者が事業にオンライン販売を加えている / In our town, a big supermarket **drove** the small moms and pops **out of business**. うちの町では, 大きなスーパーマーケットが零細な商店を廃業に追い込んだ / Many restaurants in the area **have gone out of business**. その地域の多くのレストランは廃業に追い込まれた

━━ビジネス・業務━━
banking business 銀行業務 / core business 中核事業 / credit business 与信業務 / e-business eビジネス / financial business 金融業務 / insurance business 保険業 / IT business ITビジネス / mainstream business 主力業務 / one-man business 個人事業 / online business オンラインビジネス / organizing business オーガナイジングビジネス / repeat business 継続的取引 / securities business 証券業務 / solution business ソリューションビジネス / trust business 信託業務

❷ 会社, 営利企業 [➡モノ・サービスの提供によって利益を上げることを目的とする事業組織]

コロケーション

(動詞(句)+～) **build up** a business 会社事業を築き上げる / **close** a business 会社をたたむ / **establish** a business 会社を興こす, 会社を設立する / **finance** a business 会社の資金を手当てする / **keep** the business **running** 事業[企業]経営を続ける / **manage** a business 会社を経営する / **open [set up]** a business 会社開店[開業]する / **operate** a business 会社を経営する / **own** a business 会社を持っている / **restructure** a business 会社のリストラをする, 会社を再建する / **run** a business 企業[店]を経営する / **shed** a business 事業部門を処分する, 事業部門を他に売却する / **start** a business 会社を始める / **streamline** a business 会社の合理化を進める / **take over** a business 企業を買収する / **wind up** a business 会社を解散する

▶ a defunct business 廃業した会社, 今はない会社 / a family business 同族会社 / a long-established business しにせ企業 / a thriving business 業績のよい会社 / affairs of the business 会社の業務 / a run-down business 業績不振の続く会社 / A survey suggests that **80 percent of small businesses** fold in their first five years. ある調査によると, 小企業の8割が創業後5年内に破綻している / My son feels ready to **run a business** of his own. 息子は自分の会社を経営する用意ができたと感じている / The founder president **started the business** when he was in college. 創業者社長は, 大学在学当時に自分の会社を始めている

❸ (…の) やるべきこと; (…に) かかわること; 議事
▶ conduct business 議事を進める / transact business 議事を進める / any other business その他の案件 (AOB) [➡議事日程の最後に記す]

be in business 商売をやっている; すっかり用意ができている ▶ What line of business is he in? 彼はどんな職業に就いているのか

Business is business. 商売は商売だ [➡寛大さや感情をからませるな]

get down to business 本気で仕事にかかる; 本論に入る

business accounting 企業会計
business acquisition 企業買収
business acumen 商才
business address 事業上の住所
business administration 企業経営; 経営学
business alliance 企業提携, 業務提携 [➡複数の企業がそれぞれ必要とするものを補い合う関係] ▶ form a business alliance 企業提携をする / dissolve a business alliance 企業提携を解消する
business analysis 経営分析 [➡企業経営上の強みと弱みを分析すること]
business angel ベンチャー投資家

business associate 仕事上のパートナー
business association 業務提携[⇨複数企業間での営業などの業務上の補い合い]
business capital spending 設備投資 ► Business capital spending is expected to remain very strong. 設備投資は引き続きかなりの高水準で推移すると見込まれる

business card 名刺(✚単にcardとも言う) ► exchange [swap] business cards 名刺を交換する / hand out business cards 名刺を配る / leave a business card 名刺を置いていく / present a business card 名刺を差し出す / take a person's business card …の名刺を受け取る

business casual ビジネスカジュアル[⇨ビジネス習慣上許される範囲のカジュアルな服装]
business center ビジネスセンター[⇨ファクス, 電話会議施設などビジネス向けのサービスを提供するホテルの一部門]
business combination 事業結合[⇨複数企業が事業活動を一つに統合すること]
business confidence 企業マインド[⇨設備投資の主役である企業の投資意欲を指す言葉] ⇨ consumer confidence ► boost business confidence 企業マインドを押し上げる / The slowdown in the economy has eroded business confidence. 景気の減速が企業マインドを落ち込ませている
business connections 仕事のつながり, 人脈; 取引関係[⇨企業間の取引上の関係]
business contacts 仕事上のつて, 仕事上の人脈
business continuity 業務継続[⇨通常, 業務継続計画(business continuity plan)という形で災害, テロなどによって業務に支障が出た場合の復旧を論じる場合に使う]
business corporation 営利法人
business customer 需要家
business cycle 景気サイクル, 景気循環[⇨天井→下降局面→底→上昇局面と周期的に変動する景気のサイクル] ► enter a recovery phase of the business cycle 景気循環の回復局面に入る
business day 営業日 ► If the due date does not fall on a business day, it would roll over to the following business day. 支払日が営業日でないときは, 期日は翌営業日になる 🗊 "Business day" shall mean a day on which banks are not authorized or required to close in Tokyo, Japan and New York, New York, U.S.A. 「営業日」とは日本国東京都および合衆国ニューヨーク州ニューヨーク市において銀行が休業しない日を言うものとする
business day convention 営業日計算上の慣行[⇨国際金融取引上, フォローイング法(following method)では, 支払期日が休日にあたる場合は翌営業日に先送りされ, 修正フォローイング法(modified following method)では, フォローイング法によって翌営業日を取ると月が変わってしまう場合は, 当初の支払期日と同月内の最後の営業日が支払期日とされる]
business deal 商取引, 商談 ► close a business deal 商談をまとめる / The business deal netted about $500,000. その商談で50万ドルが転がり込んできた
business dealings 商取引 ► We've never had any business dealings with them. われわれは彼らと商取引をしたことがない
business debt 営業負債, 事業負債[⇨一般に買掛金など他社に対して返済義務を負っている債務を指すが, 広く年金債務までも含めて言うこともある]
business development 事業開発
business district 商業地域
business economics ビジネス・エコノミックス[⇨企業の経済活動を分析する経済学]
business enterprise 営利企業[⇨利潤の獲得を主目的とする企業]
business entity 事業主体[⇨ビジネスを実行する主体となり得るもの]
business entity concept 企業実体概念[⇨企業の所有者から独立した企業そのものの存在を前提として会計を行うという, 会計の範囲に関する前提]
business ethics 企業倫理[⇨企業行動を規制する企業自身がもつ倫理的規範] ► We are required to abide by business ethics. われわれは企業倫理を守ることを求められている
business expansion 事業拡張[⇨企業の事業活動の拡大]
business expenses 営業費
business failure 事業破綻, 企業倒産
business finance 事業金融
business firm 営利企業[⇨利潤の獲得を主目的とする企業]
business fluctuation 景気変動
business forecast 景気予測
business gift 景品[⇨街頭や店頭で宣伝用に配布するようなたぐいのものを言う]
business hours 営業[執務]時間 ► This service is available only during normal business hours. このサービスは通常の営業時間内のみ利用できる
business income 企業利益, 企業所得
business inquiry 引き合い, 問い合わせ ► Business inquiries from the region are much stronger than anticipated. その地域からの引き合いが大幅に予想を上回っている
business insurance 企業保険
business integration 業務統合
business interruption insurance 事業所向け休業補償保険[⇨火災などによる営業上の損失を補償する保険. consequential loss insurance, profit insuranceとも言う]
business inventory 企業在庫[⇨経済指標として使われる] ► Business inventories climbed a surprising 0.4% in January as U.S. stores failed to unload excess stockpiles, especially of big-ticket items. 1月の企業在庫は予想外の0.4%増を記録した. 全米の小売

業者が高額品を中心とする在庫の圧縮を進めることができなかったためだ

business investment 設備投資 ► Business investment is weakening and business managers are growing more cautious about further investment. 設備投資が落ちてきており、企業経営者は追加投資に二の足を踏む傾向を強めている

business judgment rule (会社法上の)経営判断不介入法理, ビジネス・ジャッジメント・ルール [◎相当な注意義務を尽くしており, 権限内で, 誠意に基づいた行為である限り, 経営上損失が生じても, それについて責任が追及されることはないとする法理]

business journal 経済専門紙
business law 商事法, 会社法, 商法
business liability insurance 企業賠償責任保険 (=commercial liability insurance)
business license 事業免許
business life insurance 経営者生命保険; 団体生命保険
business lunch ビジネスランチ
businessman n 実業家; 実務家 ⇨ businessperson, businesspeople
business management 企業管理 [◎企業の組織と行動の管理]
business method patent ビジネス方法特許 [◎ビジネスの方法やビジネスの仕組に関する特許。インターネット上のビジネス手法に関するものが多い。日本では「ビジネスモデル特許」と呼ばれているが、米国ではこのようにいう]
business mix ビジネスミックス [◎企業が提供する商品・サービスのラインナップのことで, 収益構造をも表す]
business model ビジネスモデル [◎その事業分野に特徴的な収益獲得の手法や事業遂行の仕組み] ► Traditional business models no longer work in today's rapidly evolving market. 今日の急速に進化する市場では旧来のビジネスモデルはもはや通用しない
business opportunity ビジネスチャンス, 商機 ► We are exploring new business opportunities in South America. 南米での新規事業開拓を模索しているところだ
business organization 事業組織, 事業形態

解説 米国の事業組織の主なものは従来は、個人企業(sole proprietorship), コーポレーション(corporation), パートナーシップ(partnership)の3つであったが、1990年代にLLC (limited liability company)とLLP (limited liability partnership)が加わった。ほかに, S項該当会社(S corporation)や専門職会社(professional corporation)などがある

businesspeople n 実業家
business permit 営業許可 ► Contact your local Chamber of Commerce to see if any business permits are required. 営業許可が必要か否かを知るために地元の商業会議所に問い合わせよ / If you plan to open a business in France, you need to apply for a business permit. フランスで事業を始めるつもりなら営業許可を申請する必要がある

businessperson n 実業家, ビジネスパーソン ► This product is ideal for the busy businessperson. この製品は忙しいビジネスマンに理想的だ

business plan 事業計画, 事業計画書 ► draft [draw up] a business plan 事業計画を作成する / develop a business plan 事業計画を策定する / put together a business plan 事業計画をまとめる / It is not realistic or appropriate to revise the business plan every quarter. 毎四半期, 事業計画を見直すというのは, 現実的でないし, 適切でもない

business policy ビジネス・ポリシー, 業務方針 [◎経営理念や目標, 戦略を含む企業経営の基本的な意思決定の総称]
business portfolio ビジネスポートフォリオ [◎経営資源の最適配分を期した事業の組合せ]
business process outsourcing ビジネスプロセス・アウトソーシング (BPO) [◎企業が自社の業務処理過程(ビジネスプロセス)の一部を外部の専門業者に委託すること]
business process reengineering ビジネス・プロセス・リエンジニアリング (BPR) [◎業務全体の流れの見直しと再設計]
business relationship 取引関係 ► enter into a business relationship 取引関係に入る / terminate a business relationship 取引関係を打切る / To be independent under NYSE standards, a director must have had no business relationship with the corporation for a minimum of three years. ニューヨーク証券取引所のルール上独立性ありと認められるためには, 取締役は少なくとも過去3年間, 会社と何らの取引関係もなかったことが求められる
business reply card 返信はがき
business reply mail 《米》(事業活動に使われる) 料金受取人払郵便 (=《英》business reply service)
business reply service 《英》=business reply mail
business report 営業報告書, 事業報告書
business results 営業成績, 事業業績
business risk ビジネスリスク [◎企業活動に伴う貸倒リスク等さまざまなリスクの総称]
business school 《米》経営学大学院, ビジネススクール (B-school) [◎修了すると経営管理学修士号(Master of Business Administration=MBA)が授与される]
business sense 企業経営上の合理性, 経営センス ► make good business sense 企業経営上合理的だ / have a sharp business sense 鋭い経営センスを持つ
business sentiment 企業マインド [◎設備投資の主役である企業の投資意欲を指す言葉] ⇨ business confidence ► Several factors worked toward better business senti-

ment. いくつかの要因が働いて企業マインドの改善に役立った / The Bank of Japan's "tankan survey" showed that business sentiment is improving. 日銀短観は企業マインドが改善してきていることを示した / Business sentiment has improved due to the yen's depreciation. 企業マインドが円高を背景に改善している

business tax (企業の事業活動に対して課せられる)事業税
business tenancy 業務用賃借権
business terms 取引条件
business tie-up 業務提携
business to business 企業間電子商取引 (B2B), B2B 型ビジネス [⇨ インターネットを利用した企業間の取引]
business to consumer 企業対顧客電子商取引 (B2C), B2C 型ビジネス [⇨ インターネットを利用した消費者向け販売事業]
business to employee B2E型ビジネス (B2E) [⇨ 企業の従業員やその家族、あるいは退職者を対象としたビジネス]
business to government B2G型ビジネス (B2G) [⇨ 政府などの公共機関を対象にしたビジネス]
business tort (不法行為の一種としての)経済活動不法侵害; ビジネス不法行為 [⇨ 他人の契約関係への妨害や、資産状況についての虚偽の表現等の、他人の経済活動や経済的信用に対する侵害行為]
business transaction 商取引 ▶ enter into a business transaction 取引に入る
business traveling expenses 出張旅費, 旅費交通費
business trip 出張 ▶ on a business trip 出張中 / take a business trip 出張する
business trust ビジネス・トラスト [⇨ 出資者に株式ではなく受益証券を交付する形式の事業体で、信託に類似する面を持つが、いわゆる本来の信託ではない]
BusinessWeek (商標)『ビジネスウィーク』[⇨ 米国の経済週刊誌。金融市場、業界のトレンドなどグローバル経済で成功するための情報を提供する]
businesswoman *n* 女性実業家 ⇨ businessperson, businesspeople
business year 営業年度, 事業年度 [⇨ 会計面から見た「年度」という意味では、《米》fiscal year か《英》financial year を使うのが一般的]

bust /bʌst/ *v* 破産[破滅]する; 降格する
▶ The financial panic busted many firms. 金融パニックで多くの会社がつぶれた / I busted my buns [ass, hump] to get this job finished. この仕事を終わらせるために一所懸命頑張った
bust up 破産する
— *n* 失敗; 破産; 破綻 ▶ the dot.com bust ネット企業ブームの破綻 / Even experts could not foresee the extent of the economic bust. 専門家でさえ経済不況がどの程度まで悪化するか予測できなかった

— *a* 破産した
go bust 倒産する ▶ The company is about to go bust. その会社は破産する寸前だ
busted convertibles 転換権の価値を失っている転換社債 [⇨ 株価下落のため転換権を行使して安く株式を入手する妙味が失われ、もっぱら単なる社債としての価値に基づいて取引される転換社債]
buster /bʌ́stər/ *n* 《米略式》やっつける[つぶす]人[物]; ベビー・バスター [⇨ ベビー・ブームの後の世代。この世代の出生率が激減したことから] ▶ Price busters! 激安
bust-up takeover バスト・アップ買収 [⇨ 買収した会社の一部を売って買収費用を埋め合わせる方式の買収。買収先の資産が過小評価されていて換金する妙味がある一方、買収企業が資金不足であるときに行われることが多い]
busy /bízi/ *a* 忙しい《*at, with, doing*》; (電話が)話し中で ▶ The line's busy. 話し中です
get busy 仕事を始める
— *vt* (~ oneself) 忙しい《*at, about, in, with, doing*》
busyness *n* 忙しさ, 多忙
busy season 繁忙期
busy signal (電話の)話中信号, 話し中の信号音
but /bət/, 《強》bʌt/ *conj* しかし; (…ではなく)て; …を除いて
▶ It never rains **but** it pours. 《諺》降れば必ず土砂降り; 悪いことは続いて起きる / I see your point, **but** we simply do not have the budget for such a big expenditure. あなたの言うことは分かりますが、そのような高額の費用に対する予算はとてもありません
— *prep* …を除いて (=except); のほかは《*that*》
— *rel pron* (否定を伴う先行詞に続いて)…ないところの
▶ There is no rule **but** has some exceptions. 例外のない規則はない
— *ad* ただ
▶ **All but** a few banks were exposed to the subprime loan fallout. ごく一部を除いてほとんど全部の銀行がサブプライムローンの後遺症にさらされた / **But for** your support we would have failed. あなたの支援がなかったらつぶれていたでしょう

成句 ***all but*** ほとんど; を除くすべての ***but for*** がなかったら ***but then*** しかし; それにしても
— *n, vt* 「しかし」という言葉(を使う); 制限, 条件; 異議
▶ Not so many **buts**, please. 「しかししかし」と言うな / That's a big **but**. それは大きな条件[問題点]だ / You must do it now, and no **buts** about it. だまって今すぐやれ

butterfly effect バタフライ効果 [⇨ カオス理論で使われる用語。たとえば、ブラジルのチョウの羽ばたきによってテキサスにトルネードが起こるというように、初期状態のわずかな違いが時間とともに拡大して予測できないような大きな変化になること]
butterfly spread バタフライ・スプレッド [⇨ オプション取引で複数のプットとコールの売買を組

み合わせる手法の一つ．損益のグラフが蝶のような形状となることからついた名称]

buttery¹ /bʌ́təri/ *a* バターのような[付いた];《略式》お世辞たらたらの

buttery² *n* 食品貯蔵室

butt-kicking *a* うまく機能している, ひどく調子のいい

button /bʌ́tn/ *n* 押しボタン ▶ at the press of a button ボタン一つで / press a button ボタンを押す / release a button ボタンから手を放す

buy /bai/ *v* (**bought**) 買う, 購入する ▶ buy in bulk 大量に仕入れる / buy... secondhand の中古品を買う / buy... wholesale を卸値で仕入れる / Buy and Save《広告》お買い得(品) / Buy now, pay later. クレジットOK / Let me buy you a drink. 私に一杯おごらせてください / Consumers are watching their pennies and buying less this holiday season. 今年のホリデーシーズンは, 消費者は財布の紐をしめて買物を減らしている / These products are bought by customers in Europe. これらの製品はヨーロッパの顧客によって買われる

buy and hold 株を買って持ち続ける ▶ It's wise to buy and hold. 株を買って持ち続けるのは賢明だ

buy back を買い戻す ▶ He bought back his office at the original price. 彼は事務所を元の値段で買い戻した

buy in を仕入れる; 株を買う;(競売で)買い戻す; バイ・インを行う [⇨証券取引で決済日に現物を受け渡せない場合, 他から購入して受け渡す]

buy into《略式》の株を買い込む

buy its way [oneself] into [onto, in] 株を買って参入する

buy off を金で片づける, 買収する

buy out 株を全部買い取る; 買収する ▶ One of the co-founders wants to leave the company and be bought out. 共同創業者の一人は, 会社を辞めて持ち分を買い取ってもらうことを希望している

buy over を買収する

buy time (テレビ・ラジオで)広告を流す

buy up を買い占める

— *n* ❶ 購入, 買い物;《略式》格安品 ▶ a good buy 買い得品 / make a buy of wheat 小麦を買う ❷ 買い(推奨), やや強気, バイ [⇨証券アナリストの推奨の用語で, 特定の銘柄について市場平均を大きく上回る収益率が期待できるというアナリストの意見を示す符号]

buy-and-hold strategy バイ・アンド・ホールド戦略 [⇨状況を見て入れ替えたりせずに買った証券を持ち続け, 市場平均並みの運用成績を期する長期投資アプローチ]

buyback *n* (一般的に) 買い戻すこと;(自社株の) 買戻し [⇨自社株を買い入れて流通量を減らすこと. 一株当たりの価値が増すので既存株主に対する優遇策となる]

buy discipline 買付ルール [⇨ファンドマネジャーが組入銘柄を決める際によりどころとする基準]

buyer /báiər/ *n* 買手, 購買者; 買主 ▶ a potential [prospective] buyer 見込客 / The market value of homes is determined by buyers, not sellers. 住宅の市場価値は売手でなく買手によって決められる / Outside Japan, the US is the biggest buyer of Japanese cars. 日本を除くと, 米国は日本車の最大の買手だ / Home buyers are refinancing their mortgages to take advantage of lower interest rates. 住宅の買手は金利の低下につけ込んで住宅ローンを借り換えている

buyer beware 「買主は注意せよ」の法理 [⇨買主は自己責任で売買に臨むとする原則だが, 現代法は消費者保護の見地からこれを修正している] ⇨caveat emptor

buyer concentration 買手集中度 [⇨買手が特定少数に集中している度合. これが高いと買手の交渉力が高くなる反面, 競争がゆるくなる]

buyer readiness 買手の買う気 [⇨これには, 気付いて, 知って, 好んで, 選んで, 確信して, 購入するという段階的状態(buyer readiness stages)がある]

buyer's market 買手市場 (=buyers' market) (⇔seller's market) [⇨供給が需要を上回り, 買手にとって有利な状態の市場] ▶ It is a buyer's market for employers. 雇う側にとっての買手市場になっている

buying /báiiŋ/ *n* 購買; 仕入, 買付 (⇔selling) ▶ buying and selling 売買 / Buying begets buying, selling begets selling. 買いは買いを生み, 売りは売りを生む (♣証券業界の諺)

buying agent バイヤー [⇨他社を代理して商品の買付, 仕入を担当する者]

buying commission 買入手数料, 買付手数料

buying cost 仕入原価

buying habits (消費者の) 購買行動

buying in ❶ (競売手続における財産の) 買戻し ❷ (オプション契約におけるオプションの) 買取り

buying limit order 指値による買い注文 [⇨いくらになったら注文を執行してくれるようにと買値が指定されている買い注文]

buying order =buy order

buying power バイイング・パワー, 購買力

buy order 買い注文

buyout *n* ❶ 買取り, バイアウト, 企業買収 ▶ a leveraged buyout レバレッジド・バイアウト (LBO) [⇨買収目標となる企業の資産・収入を担保にした借入金を使った企業買収] / a management buyout マネジメント・バイアウト (MBO) [⇨経営陣による自社の買収] ❷ 早期退職勧奨制度

buyout fund バイアウト・ファンド, 買収ファンド [⇨プライベートエクイティファンドの一形態. 業績不振の公開会社(public company)を買収し, 未公開会社(private company)に転換し, 会社再建のプロを送り込んで, 業績を改善した後, 株式公開 (IPO)か第三者への売却によって利益を実現する]

⇒ private equity fund

buy rating 買い推奨 [⊃ 証券会社のアナリストは基本的に、sell(売り推奨)、buy(買い推奨)、hold(現状維持)という三種の助言をする]

buy side バイサイド, 買いの側 [⊃ 証券を買う側である投資信託, 年金基金, ヘッジファンドなどの資産運用会社を言う. ⇔sell side]

buy-side analyst バイサイドアナリスト [⊃ 証券を買う側である投資信託やヘッジファンドなど資産運用会社に雇用されているアナリスト. 個別の企業や特定の業界を分析し, 最適の投資対象を運用責任者に推奨する. 推奨の内容が社外に公表されることは少ない] ⇒ analyst, sell-side analyst

buy signal 買いシグナル [⊃ 相場の動きをチャートで追っている場合に現れる買いの好機を示す現象, シグナル]

buzz /bʌz/ n (蜂・機械などの)ブンブンうなる音; 《略式》(電話の)呼び出し音
— v ブンブンうなる;《略式》電話をかける ▶ Rumors were buzzing that the company would accept the buyout offer. 同社は買収の申込を受諾するだろうとの噂が飛んでいた

buzz marketing バズ・マーケティング [⊃ 口コミによるマーケティング. インターネットの普及により口コミの重要性が増した]

BV book value

BVD《商標》BVD [⊃ 男性用下着ブランド]

BVPS book value per share

by /bai/ prep ❶ のそばで; …経由で; …によって; …までに; …に対して; …ずつ; …別では
▶ by post [air] 郵便[空路]で / by six o'clock 6時までに / a printer by trade 商売は印刷屋 / sell by the dozen ダース単位で売る / by degrees 次第に / 5 feet by 6 幅5フィート, 長さ6フィート / I paid the electric bill by check. 小切手で電気代を支払った / I'm paid by the week [the day, the hour]. 週給[日給, 時給]でもらっている / The production of foodstuffs increased by 50 percent. 食糧は5割増産された / We hope to conclude the deal by next week. 当社は来週までに取引を成立させたいと思っています / Compared to last year, sales have dropped by 12%. 昨年に比べると, 売上高は12%減少した / Why don't we put this proposal to a vote by a show of hands? この提案についての賛否を挙手で決めませんか

❷【会計】(By) …を貸方記帳に
▶ By cheque £15 15ポンドの小切手を受領 [⊃ 小切手の送り人の貸方勘定に記帳]

[成句] **by and by** やがて, まもなく **by and large** 概して **by oneself** ひとりで, 独力で; ひとりでに

bycatch n 附随漁獲物, 混獲 [⊃ 漁の対象魚種に混じって漁獲された対象外魚種の魚]

bylaw n 《米》付属定款

[解説] 米国の会社の場合、「基本定款」(articles of incorporation)と「付属定款」に分かれている. 基本定款には名称, 所在地, 発行する株式総数などが示され, 付属定款には株主総会や取締役会の招集方法, 決議方法, 執行役員の任命・権限など会社運営上の細目が定められている. 英国では言い方が異なり, memorandum of association(基本定款)とarticles of association(付属定款)に分かれる

by-line n (新聞・雑誌の)筆者名を記す行 ▶ a by-line story 署名記事
◇**by-liner** n 署名記事を書く記者

bypass n 迂回路, バイパス
— vt 迂回する; 無視[回避]する ▶ bypass the middleman 中抜きをする [⊃ メーカーと消費者の間に立つ業者を省略すること. 名詞形の「中抜き」は bypassing the middlemanと言う. cut out the middlemanと同じ]

bypath n わき道, 抜け道

by-product n 副産物, 副製品;(思いがけない)副次的結果 ▶ produce dangerous by-products 危険な副産物を生じさせる

byte /bait/ n バイト [⊃ 情報量の単位. 1バイトは8 bits]

C, c

c cent(s) [⇒記号:¢]; centimeter; century; copyright [⇒記号:©]

C$ 恒常ドル, 実質ドル ⇒ constant dollar

CA 《英》Chartered Accountant

C. A. chief accountant 主任会計官

CAA 《英》Civil Aviation Authority; 《米》Clean Air Act

CAAC Civil Aviation Administration of China

cab /kæb/ n タクシー; (トラックなどの)運転台

CAB 《英》Citizens' Advice Bureau; Civil Aeronautics Board

cabbage /kǽbidʒ/ n キャベツ; 《米略式》紙幣, お金

cabin crew 客室乗務員

cabinet /kǽbənit/ n (C-) 内閣; 《英》閣議; 閣僚; (C-) 最高顧問会議; 飾り棚, 戸棚; キャビネット ► a display cabinet 展示用キャビネット / a filing cabinet ファイル用キャビネット / The Prime Minister will announce the members of his new Cabinet tomorrow. 首相は明日新内閣の閣僚を発表する予定だ

cable /kéibl/ n ケーブル線; 海底電線; ケーブルテレビ (=cable television [TV])

cable activity ケーブルテレビ事業

Cable & Wireless (~ plc) ケーブル・アンド・ワイヤレス [⇒英国の国際電信電話会社グループ. 世界70か国で通信事業を展開]

cablecast v, n 有線テレビ放送(する)

cable company ケーブルテレビ会社

cablegram n 海底電信, 海外電報

cable network ケーブルテレビネットワーク

Cable News Network ⇒ CNN

cable subscriber ケーブルテレビ契約者

cable system operator ケーブルテレビ運用者

cable television [TV] ケーブルテレビ (CATV) ► a cable TV distribution system ケーブルテレビ配信システム

cable transfer 《英》電信送金

cablevision n = cable television

caboodle /kəbú:dl/ n 《略式》一群, 集まり
the whole (kit and) caboodle みんな, 全部
► They sold us the factory – the whole kit and caboodle. その会社はわが社に工場をそっくりそのまま売ってよこした

cabotage /kǽbətidʒ/ n カボタージュ [⇒同一国内での地点間輸送を言う. 国際航空条約(シカゴ条約)は外国航空会社によるカボタージュを禁止できるとしており, 実際にも外国航空会社は国内線の運行は認められていない]

CAC 40 CAC40種株価指数 [⇒フランスの代表的な株価指数. もとのフランス語名は Compagnie des Agents de Change 40 Index]

Cadbury Schweppes (~ plc) キャドベリー・シュウェップス [⇒菓子や飲料をはじめとする英国の総合食品会社. そのブランドは Cadbury, Schweppes, Halls, Trident, Dr. Pepper, Dentyne など. 200年以上に及ぶ歴史を持つ]

Caddy, Caddie /kǽdi/ n 《米略式》= Cadillac (✦時に Cad と言う)

Cadillac 《商標》キャデラック [⇒米国の大型高級車. GM(ジェネラル・モーターズ)製. アメリカンドリームの象徴的存在として名を馳せてきた]

cadre /kǽdri, ká:drei | ká:də/ n (政党の)中核(グループ); (党の)幹部; 組織; 枠組み [<仏:枠]

CAF, c.a.f. cost and freight; currency adjustment factor (運賃の)通貨変動割増料

CAFA Class Action Fairness Act

café, cafe /kæféi | ´-/ n 軽食堂; コーヒー店; カフェ; 喫茶店; 《米》バー, キャバレー; コーヒー

CAFE corporate average fuel economy

café society (特に New York 市の)一流カフェ(レストラン・ナイトクラブ)の常連

cafeteria /kæfətíəriə/ n セルフサービス食堂

cafeteria (benefit) plan = cafeteria employee benefit plan

cafeteria employee benefit plan 《米》カフェテリア・プラン [⇒企業が退職年金や医療保険など様々なメニューを提供し, 個々の従業員が自らの好みにあった組み合わせを選択できる福利厚生プラン. flexible benefits plan または flex plan とも呼ばれる]

caff /kæf, keif/ n 《英略式》= café

cage-free a (鶏が)放し飼いの, (卵が)放し飼いの鶏の (✦ free-range とも言う)

CAGR compound annual growth rate

Cairns Group /kέərnz/ (the ~) ケアンズ・グループ [⇒関税障壁撤廃・農産物貿易自由化を求める農産物輸出国の集まり. 1986年にオーストラリアのケアンズで結成. ニュージーランド, ブラジル, カナダ, タイなど20か国近い国からなる]

cake /keik/ n ケーキ, 洋菓子; 塊 ► a cake of soap 石けん1個 / a slice [cut, share] of the cake 《略式》利益の分け前

a piece of cake 《略式》朝飯前のこと ► He thought the solution was a piece of cake. 彼はその解決はとても簡単だと思った

take the cake 他にぬきんでている; 最低だ

You cannot have your cake and eat it (too). / You cannot eat your cake and have it (too). 両方いいことはできない

CAL China Airlines

calamity /kəlǽməti/ n 不幸, 惨事 ► The whole coastal region was affected by the calamity of the hurricane. 海岸地方全域がハリケーンによる災害に見舞われた

calculate

/kǽlkjuleit/ vt 計算する, 算出する; 推定する; (する)つもりである; 見積もる, 評価する ► The cost is calculated at five million dollars. 費用は500万ドルと見積もられて

いる / You can calculate the yield by dividing the fund's dividends per share by its share price. ファンドの一株当たりの配当を株の価格で割ることによって利回りを計算できる
— *vi* 当てにする《*on*》
be calculated to do …するように作られている, 意図されている

calculated *a* 故意の, 計画的な

calculation *n* 計算; 予測; 熟慮; 打算 ► His calculation of our monthly expenses was correct. 当社の月間経費についての彼の計算は正しかった
make a calculation of を計算する

calendar /kǽləndər/ *n* カレンダー, 暦; 一覧表; 年間予定表; 日記帳; 手帳（✚calenderは「つや出し機」なので綴り要注意）
— *vt* （一覧）表に載せる, 日程に書き込む

calendar day 暦日

calendar month 暦月; 1か月間 ► Payment is calculated on a calendar-month basis. 支払日の計算は暦月ベースによる

calendar year 暦年 [◯1月1日から12月31日まで] ► The Japanese tax year coincides with the calendar year. 日本の税務年度は暦年と同じだ

calibrate /-brèit/ *vt* 目盛りを決める ► Marketing strategy has been calibrated to upper-income investors. 市場調査戦略は高額所得者層の投資家をうまくとらえられるように考案されている

calibration *n* 目盛り（測定）

Calistoga [商標] カリストーガ [◯発泡性あるいは天然水の米国のブランド。天然の泉で有名な北カリフォルニアのカリストーガ地区で瓶詰めされる]

call /kɔːl/ *vt* ❶ 呼ぶ; 招く; 喚起する; 召集する; 電話をかける, 呼び出す; 命令する; と呼ぶ; 名づける; (と)思う, みなす; (ある値段)にする ► Let's [We'll] call it $5. =Shall we call it $5? 値段[賃金]は5ドルでどうか / Please call him to my office immediately. 彼をすぐ私のオフィスに呼んでください / Call me at my office. 事務所のほうに電話してください / Could I call you? (今は忙しいので)後で電話してもいいですか / Could I have him call you? 彼に折り返し電話させましょうか / What number are you calling? 何番へおかけですか ❷【金融】繰上償還する ► call the bond before the maturity date 満期日前に債券を繰上償還する ❸【法律】招集する ► be required to call a meeting of creditors within five working days 5営業日以内に債権者会議を招集しなければならない
— *vi* 電話をかける ► I tried calling around to see if the parts are still available. 部品がまだ手に入るかどうか調べようと, あちらこちらに電話をかけてみた / Call again. 《略式》またおいでください（✚店員などが客に言う）/ Who is calling, please? （電話で）どちら様でしょうか
call ... after にちなんで…を名づける
call around あちこちに電話する
call away を呼び出す; （気を）紛らす
call back を呼び戻す; 回収する; 取り消す; 後でこちらから電話する ► Could you call me back in half an hour? 30分後にまたお電話いただけますか
call ... collect …にコレクトコールをかける
call for を取りに行く; 要求する, 訴える; 必要とする; 予報する ► The public called for the resignation of the minister involved in the scandal. 国民はその醜聞に関係した大臣の辞任を要求した / This type of work calls for patience. この種の仕事には忍耐が必要だ
call forth を呼び起こす, 喚起する
call in （金などを）取り立てる; （医者を）呼ぶ; 電話を入れる; 助けを求める ► call in sick 病欠の連絡を入れる
call off 呼んで去らせる; （注意を）そらす; 取り消す; 中止を指令〔宣言〕する; （名簿を）読み上げる ► The union agreed to call off the strike. 組合側はストライキの中止に合意した
call on [upon] を訪問する; 要求する《*to do*》► I called on an old friend from college. 大学時代の旧友を訪ねた
call oneself と自称する
call out （大声で）呼ぶ; 出動させる; （労働者に）ストライキを指令する
call over を点呼する; 呼び寄せる
call up 電話をかける; 呼び起こす; 思い出す; （データを）呼び出す ► Feel free to call me up anytime you have a question. ご質問があれば, いつでも遠慮なくお電話ください
feel [be] called to do …するのが天命[務め]と思う
Now that's what I call ...! 《略式》これぞまさしく… (✚何かを称賛するときの表現)
what you [we, they] call / what is called / as we call it いわゆる

— *n* ❶ 電話をかけること; かかってきた電話; 通話

コロケーション
(動詞（句）+〜) **answer** a call 電話に出る / **forward** a call 電話を転送する / **get** a call 電話がある / **give** a call …に電話をかける / **make** a call **to...** …に電話をする / **place** a call 電話をかける / **put** a call **through (to...)** かかってきた電話を（…に）取り次ぐ / **return** a call 電話を（こちらから）かけ直す / **take** a call 電話に出る

► Give me a call. 私に電話してくれ / Can you forward this call to Conference Room B? この電話, B会議室に転送してもらえるかな / Hello, John, I'm returning your call. やあ, ジョン折り返しかけているんだけれど (=電話を頂戴したようで) / This hold feature allows you to temporarily place a call on hold to accept another call. この保留機能により他の電話を取るために通話を一時的に保留しておくことができる / You shouldn't take incoming calls while driving. 運転中は（携帯に）かかってくる電話を取るべきでない

══▌電話・通話▐══
collect call コレクトコール / conference call 電話

会議，電話を使った会見 / **crank call** いたずら電話，迷惑電話 / **local call** 市内通話 / **long-distance call** 長距離通話 / **reverse-charge call** コレクトコール

❷ (1)（債券の満期以前の）繰上償還 (2) コールオプション (=call option) [◇買手に一定期間，特定の価格で一定量の通貨・証券・商品などを買い取る権利を与える契約] (3)（債券の）繰上償還条項 [◇発行者が（投資家の期待に反して）満期前に償還できることを認めることを認める特約のこと]

above and beyond the call (of duty) 職務を完全に越えて
on [at] call 請求しだい支払うべき；要求払いで ▶ money at [on] call =call money
there is no call for [to do] / you have no call for [to do] の必要はない ▶ There is no call for you to panic. Everything is under control. パニックを起こすことはないよ．万事うまくいっているから

callable *a* (債券が) 繰上償還条項付きの
callable bond コーラブル債，繰上償還条項付きの債券 [◇満期日前の償還条項が付されている債券[社債]. callable debenture とも言う]
call account 《英》通知預金 [◇普通預金より高い利息がつくが，引き出し前に予告を要する預金]
callback *n* （欠陥品の）回収，リコール；（電話の）コールバック
callback pay 時間外出勤手当
callback service コールバックサービス [◇通話相手の国の通信料金が低ければ，発信者にかけ直すことで国際電話料金を安くするサービス]
call box 非常電話機；《英》電話ボックス
call center コールセンター，顧客電話窓口 [◇電話で顧客に対応する窓口業務]
call deposit 要求払預金
call deposit account =call account
callback pay 時間外出勤手当
called-up capital *n* 《英》払込請求済み(株式)資本 [◇発行済み株式の額面総額のうち株主に請求中の資本部分]
caller ID 発信者番号通知サービス (=《英》caller display)
call feature =call provision
calling *n* 天職，職業
calling card テレホンカード (=phonecard)
call-in pay =callback pay
call loan コール・ローン [◇厳密には要求があり次第返済すべき(repayable on demand)資金を指すが，一般には短期金融市場で調達される資金を言う]
call log 通話記録
call option コール・オプション

[解説] プレミアムを払うことで，期限内であれば，市場価格がどうあろうと所定の価格(権利行使価格)にて約定の数量を買うことのできる選択権．不利ならば権利行使を見送ればよく，買う義務を伴わないのが特徴

callous /kǽləs/ *a* 無感覚の；無情な ▶ His callous remarks offended everyone. 彼の無神経な言葉は全員の気分を害した
◇**callousness** *n* 無神経さ ▶ He lost a lot of sales because of his callousness. 彼が無神経なため[気配りがないので]売上がぐんと減った

call premium ❶ コールオプションの価格 [◇市場価格の権利行使価格を上回る度合が大きいほど高くなる] ❷ 償還割増金，償還プレミアム [◇任意償還権付き証券が償還される時に支払われる額面超過額]
call provision 任意償還条項
call routing 代表番号制，（電話機の）転送機能
call waiting キャッチホン [◇一つの電話で話し中でも他の電話を受信できるサービス] ▶ subscribe to call waiting キャッチホンにする
calm /kɑːm/ *a* 無風の；落ち着いた；静穏な，平穏な ▶ He remained calm and composed throughout his job interview. 就職の面接の間中，彼は静かで落ち着いていた
— *n* なぎ，無風状態；静穏；冷静 ▶ the calm before the storm あらしの前の静けさ / keep one's calm 冷静でいる / Through the bailout plan, the government is attempting to restore calm in the financial market. 救済計画によって，政府は金融市場に静穏を取り戻そうとしている
— *v* 静める[まる]；落ち着く《*down*》▶ Things at work were very busy last week, but they have calmed down a bit now. 先週は仕事が大変忙しかったが，今はやや落ち着いた

CalPERS California Public Employees' Retirement System カリフォルニア公的退職基金 [◇米国最大の公的年金機関]
Calpine (~ Corp) カルパイン [◇米国カリフォルニアの電力会社．1984年設立し，一時は地熱発電所としては世界最大規模を誇ったが，2005年破産法適用を申請した]
CALS Commerce at Light Speed
Calvin Klein 《商標》カルバン=クライン [◇米国の衣料ブランド．カジュアル，セミフォーマルから下着，ベッド，リネンまで幅広く提供するブランド．略：CK]
camaraderie /kɑ̀ːmərɑ́ːdəri/ *n* 友情 (=comradeship) ▶ The workers should have a sense of camaraderie. 従業員は連帯感を持つべきだ [<仏]
Camel 《商標》キャメル [◇ジョー・キャメルのキャラクターで知られる米国のタバコ]
camera /kǽmərə/ *n* カメラ；テレビカメラ
cameraman *n* （テレビ）カメラマン (✤女性は camerawoman) ⇨ photographer（写真家）
camera ready copy 版下 [◇印刷に必要な製版フィルムの原稿]

campaign /kæmpéin/ ❶ （政治・ビジネスなどの）組織的活動，運動，キャンペーン 《*for*》
コロケーション
(動詞(句)+~) **begin** a campaign キャンペーンを始める / **carry on** a campaign キャンペーンを進める / **launch** a campaign キャンペーンを立ち上

げる / **organize** a campaign キャンペーンを計画[企画]する / **run** a campaign キャンペーンを展開する

► organize a nationwide campaign 全国キャンペーンを組織する / conduct a campaign to raise funds 募金運動をする / create [formulate, mount] a campaign for [against] 支持[反対]のキャンペーンを起こす / Local citizens mounted a campaign against the construction of the nuclear power plant. 地元住民は原子力発電所の建設に反対する運動を繰り広げた ❷ 《広告》キャンペーン [◇期間と目標を持って行う販売促進策] ► a campaign to do... 推進キャンペーン / an advertising campaign 広告キャンペーン / a publicity campaign 広告キャンペーン / a sales campaign 販促キャンペーン / The advertising campaign on FM stations has been very successful. FM放送局での広告キャンペーンは大成功だった / The marketing campaign has helped increase sales. マーケティングのキャンペーンが売上増加に貢献した

— vi キャンペーンを進める[展開する] 《*for, against, on*》

◇**campaigner** *n*

Campbell's 《商標》キャンベル [◇さまざまな風味の缶入りスープで有名な米国のCampbell Soup Companyのブランド. 水などで薄めるだけで手軽にスープが作れる]

Campbell Soup (~ Co.) キャンベル・スープ [◇世界的なスープメーカー. Chicken Noodle, Tomato, Cream of Mushroomなどで知られる. Godivaチョコレートのメーカーでもある]

campesino /kæmpəsíːnou/ *n* 中南米の農民

campus /kǽmpəs/ *n* 構内, 校庭, 校地, 大学; 分校; (病院の)分院; (会社の)敷地, 施設 [◇広い芝生に囲まれた社屋] ► Job fairs on college campuses are good opportunities for us to make our company known to upcoming graduates. 大学構内の就職フェアは将来の卒業生に当社を宣伝する良い機会だ

on [**off**] **campus** 学内[外]で

campus recruiting 新卒採用

Camry 《商標》カムリ [◇米国で販売されているトヨタの車. 雑誌*Consumer Digest*のBest Buyに何度も選ばれ, 女性にも人気]

can[1] /kən; (強)kæn/ *aux v* (**could**) …できる; …でありうる; (否定) …であるはずない; (略式) …してもよい; (略式) (命令・指示) …しなさい

► It **can't** be true. 本当のはずがない / **Can** it be true? いったい本当かしら / I'm sure you **can** do the work. 君にはその仕事がきっとできると信じる / You **can** tell me if I'm wrong. もし私が間違っていたら, どうぞおっしゃってください / **Can** you hold? (電話で) お待ちいただけますか / What **can** I do for you? (略式) (店で) いらっしゃいませ / I'm **as** satisfied **as can** be. この上なく満足だ / I **cannot** help be**ing** skeptical of his intentions. 彼の意図を疑わざるを得ない / You **cannot** find a decent job **without** having at least a college degree. 最低でも大卒でなければ, まともな仕事は見つからない / With the interest rate near zero, there's not much the central bank **can** do at the moment. 金利がゼロに近いので, 中央銀行がやれることは現時点ではあまりない

《成句》**as ... as can be** この上もなく　**can but do** 《文》…できるのみ　**cannot but do / cannot help doing** …しないではいられない　**cannot have done** …したはずがない　**cannot ... too ...** …しすぎることはない　**cannot do without doing** …すれば必ず…をする

can[2] *n* 缶, 容器; 缶詰 (=《英》tin)

a (**whole**) **can of worms** 解決困難な問題

carry [**take**] **the can** (**back**) 《略式》責任を負う《*for*》

— *vt* (**-nn-**) 缶[瓶]詰にする; 《米略式》首にする ► Bob got canned for arriving late to work. ボブは仕事に遅れて首になった

canal /kənǽl/ *n, vt* **-l(l)-**) 運河(を切り開く); 用水路

◇**canalization** *n* 運河を通すこと

◇**canalize** *vt* 運河を造る; (流れを…に)導く

canal dues 運河通行料金

cancel, 《英》**cancell** /kǽnsəl/ *vt* 取り消す, 無効にする; 削除する ► **cancel** a reservation 予約を取り消す / I'd like to cancel my appointment for tomorrow. 明日の(会合の)約束を取り消したいのですが 〚BUYER shall not in any case cancel, rescind, terminate or amend any of the Purchase Orders which have been received by SELLER. 「売主」が受諾済みの「注文書」については, 「買主」はいかなる場合でも, 解除, 撤回, 取消または修正してはならないものとする

— *vi* 相殺する (*out*) ► The foreign exchange losses will cancel out this year's profits. 為替差損で本年の利益が相殺されることになろう

cancellation /kæ̀nsəléiʃən/ *n* ❶ 取り消し; 消印 ► The flight cancellation was caused by bad weather. その便の欠航は悪天候によるものだ / We often get cancellation of reservations. 当店では予約のキャンセルがよくあります ❷ (投資信託の) 解約 ❸ 《法律》(1) 契約違反を理由とする解除 ► cancellation of policy 保険契約の解除 (◆保険による契約解除は rescissionと言う) (2) 文書の破棄

cancellation charge 解約手数料

cancellation for lack of use (商標の) 不使用取消 [◇一定期間(米国では3年以上)継続して使用されていない登録商標に対しては, 登録の取消を請求することができる]

cancer /kǽnsər/ *n* がん(腫); (社会などの) 病弊

◇**cancerous** *a* がんの(ような)

cancer insurance がん保険

C. & F. cost and freight 運賃込み条件 [◇CIF条件から保険条項を除いたもの]

candid /kǽndid/ *a* 率直な; あけすけな; ポーズをとらない; 公正な

to be candid (with you) 率直に言うと
◇**candidly** *ad*

candidate /kǽndidèit, -dət/ *n* 志望[志願]者; 候補者 (*for*) ► We couldn't find a suitable candidate for the job. その仕事に適した志望者を見つけることができなかった / He's the most qualified candidate for the job. その仕事には彼が最適の候補者だ / Companies screen job candidates and students screen companies. 会社は入社希望者を選別し, 学生たちは会社を選別する [<仏, ラ: 白衣を着た(ローマの公職候補者)]

candle /kǽndl/ *n* ろうそく; 燭光(しょっこう)
burn the [a, one's] candle at both ends 精力[資力]を使い果たす
not worth the candle 割に合わない
— *vt* (卵を)明かりに透かして見る

c&m, C&M care and maintenance
can-do *a* 《略式》やる気[意欲]のある, 熱心な
candor, 《英》 candour /kǽndər/ *n* 率直さ; 公平 ► I appreciate your candor in dealing with the matter. 本件の処理にあたって示された貴殿の率直さに謝意を表します
with candor 率直に

C&S Wholesale Grocers (~ Inc.) C&S ホールセール・グローサーズ [⇨米国北東部に本拠をおく食品卸売会社]

cane /kein/ *n* トウ, サトウキビ(などの茎); つえ, ステッキ (=walking cane); (罰用の)むち
— *vt* (竹・トウなどの)むちで打つ

cane sugar 蔗糖(しょとう)
canikin /kǽnikin/ *n* =cannikin
canister /kǽnəstər/ *n* (コーヒーなどの)缶
canned /kænd/ *a* ❶ 缶[瓶]詰の ► They had a sale on canned vegetables. その店では野菜缶詰の大売出しをした ❷《略式》録音[録画]された
cannery /kǽnəri/ *n* 缶詰工場 ► We will receive a shipment of canned vegetables directly from the cannery. 当店では缶詰工場から直接缶詰を入荷する
cannibal /kǽnəbəl/ *n* 共食いする店[企業]
cannibalization, 《英》-sation *n* (商品の)共食い, カニバライゼーション [⇨新商品の販売によって自社の既存商品の売上が奪われる場合, 新店舗の開店により自社の既存店舗の売上が奪われる場合, 異なる流通経路どうしの競合などさまざまなパターンがある]
cannibalize, 《英》-ise /kǽnəbəlàiz/ *v* (商品間の)バッティングする, (自社の同種の商品の)売上を食う
cannikin /kǽnikin/ *n* 小缶[コップ]
cannily /kǽnili/ *ad* 慎重に; 抜け目なく
canning /kǽniŋ/ *n* 缶[瓶]詰製造(業)
cantankerous /kæntǽŋkərəs/ *a* 口やかましい; 怒りっぽい ► We have to deal with cantankerous customers who often snap at us. 当社ではがみがみどなるうるさい客を相手にしなければならない
canteen /kænti:n/ *n* 社員食堂 (=《米》cafeteria) ► Canteen culture is not always approved by the management. 社員文化は必ずしも経営者が認めてはいない

canvass /kǽnvəs/ *vt* 《情報などを求めて》訪ね回る; 調査する; 討議する ► He canvassed the neighborhood from house to house for orders. 近所を一軒一軒注文取りに回った
— *n* ❶ 調査 ❷ (保険の戸別訪問)販売, (保険契約の)募集, (保険の)勧誘 (=canvassing)
◇**canvasser** *n* 運動員; 勧誘員

canvassing *n* =canvass ② ► cold canvassing 飛込み営業 / doorstep canvassing 戸別訪問
canyon /kǽnjən/ *n* 峡谷
CAO chief accounting officer
caoutchouc /káutʃuk/ *n* 生ゴム
cap¹ /kæp/ *n* 上限金利, (保険金支払の)最高限度額 ► an interest-rate cap 金利キャップ / In addition to an annual cap, look for an ARM with a lifetime cap of five or six percentage points. 年間上限に加えて5~6パーセントポイントの生涯上限を持つ変動金利住宅ローンを選びなさい
— *vt* (-pp-) 上限を定める ► They had to cap spending in every department. その会社では全部門で支出の上限を定めなければならなかった / The law caps [=puts a cap on] the amount rents can be increased in one year. 法律では家賃が年間に上げられる額に上限を定めている
to cap (it) all 挙句の果てに ► And to cap it all, tobacco prices rose steadily. かてて加えてタバコがじりじりと値上がりした

cap² =capital ► cap gains キャピタルゲイン
cap³ 時価総額 [⇨ market capitalizationの略. 証券業界では発行企業の時価総額によって株式を分類する. 業者によって定義は異なるが, 2000億ドル以上をメガ株(mega-cap stock), 100億ドルから2000億ドルを大型株(large-cap stock), 20億ドルから100億ドルを中型株(mid-cap stock), 3億ドルから20億ドルを小型株(small-cap stock), 5000万ドルから3億ドルをマイクロ株(micro-cap stock), 5000万ドル以下をナノ株(nano-cap stock)とする例がある]

capability /kèipəbíləti/ *n* 能力; (-ties) 素質, 将来性 ► Through on-the-job training, we hope to expand our employees' capabilities. OJT(オンザジョブ・トレーニング)を通じて社員の能力を向上させたい
capable /kéipəbl/ *a* 有能な; 資格がある, 可能である《*of*》 ► We hired a capable accountant for the job. われわれはその仕事のため有能な会計士を雇った / He's a highly capable and qualified tax accountant. 彼は資格を持った有能な税務会計士だ
◇**capably** *ad*

capacity /kəpǽsəti/ *n* 能力, 才能; 収容能力; 容積, 容量; 生産力; 資格 (*for*); (特に法的な)行為能力 ► administrative capacity 経営管理者たる資格 / advisory capacity 顧問たる資

格 / **professional capacity** 専門家たる資格 / **expand capacity** 能力を増強する / **operate at capacity** フル稼働する / **produce at full capacity** フル操業で生産する / **ramp up capacity** 能力増強を図る / **work to full capacity** フル操業する / The new conference room **has a capacity** of 50 people. 新しい会議室は50人まで収容できる / We're storing **at capacity** now. われわれは収容能力いっぱいまで在庫を持っている / With drilling operations begun in the new oil field, **production capacity** is expected to increase by 20%. 新しい油田で掘削作業が始まったので,生産能力は20%の増加が期待される / Our domestic plants are **operating below capacity**. 当社の国内工場はフル操業していない / The **maximum capacity** of the elevator is 1,500 kg. そのエレベーターの最大積載量は1,500キログラムだ / The plant is **working at full capacity**. 工場はフル操業している

in one's capacity as として(の立場から) ► In my capacity as legal counsel, I advise against signing the contract. 法律顧問として,その契約は調印すべきでないと助言いたします

══**║能力**
earning capacity 収益力 / **excess** capacity 余剰能力 / **legal** capacity 法的能力 / **manufacturing** capacity 製造能力 / **productive** capacity 生産能力 / **seating** capacity 座席数,収容能力 / **spare** capacity (生産能力の)余裕 / **storage** capacity 保管能力 / **surplus** capacity 余剰能力

― *a* 満員の ► Production is at capacity levels output. 生産はフル生産態勢にある

capacity to contract 行為能力 [○破産者でないなど,契約を有効に成立させるために求められる法律上の能力]

capacity utilization 設備稼働率 [○生産量を生産能力で割って求める経済指標]

cap and collar *n, vt* 上限下限(を設定する) ► cap and collar the lending rate 貸付金に上限金利と下限金利を設ける

cap and trade キャップアンドトレード [○二酸化炭素などの温室効果ガスを排出できる上限(キャップ)を企業や業界ごとに課し,上限を超えて排出する場合は排出権の購入を義務づける一方,上限に満たず余剰を残している場合は,それを必要とする企業との間で売買(トレード)できる仕組]

capex capital expenditure
cap gain =capital gain
capita /kǽpətə/ *n* (次句で):
per capita 一人当たり; 頭割りの[で](✤くだけるとper head, 一般的にはfor each personと言う)

capital /kǽpətl/ *n* ❶ 〔経済〕資本 [○一般には事業活動に供される資本その他の資源を指すが,広い意味では経済における生産に投入されるものを言う]

コロケーション

(動詞(句)+~) **acquire** capital **in the company** 同社に資本参加する / **borrow** capital 資本金を借り入れる / **decrease paid-in** capital 減資を行う / **increase** capital 増資する / **inject** capital 増資する,資本を注入する / **inject equity** capital 資本を注入する,資本を注入する / **provide** capital 出資する / **raise** capital 資本を調達する / **wipe out** one's capital 自社の資本を食いつぶす

► **human** capital 人的資本,人材 / **customer** capital 顧客資本 / **intellectual** capital 知的資本 / **structural** capital 組織的資本 / **cost of** capital 資本コスト

❷ 〔金融〕資本,資産,元金 ► The government has decided to inject capital into banks. 政府は銀行に資本を注入することに決めた / The group needs to inject capital into its banking subsidiary. 同グループは,銀行子会社に支援増資をする必要がある

❸ 〔会計〕資本,資本金,自己資本; 資本家 ► Finding the right balance between debt and equity capital requires careful management. 借入資本と自己資本との間で適正なバランスを保ったには慎重な経営を要する / The company is looking at ways to raise capital for acquisitions. 同社は,買収に向け資金を調達するため方法を検討している

make capital (out) of を利用する
══**║資本・資金**
additional paid-in capital 資本準備金 / **authorized** capital 授権資本 / **equity** capital 株主資本 / **fixed** capital 固定資本[資産] / **flight** capital 逃避資金 / **issued** capital 発行済資本 / **loan** capital 借入資本 / **minimum paid-in** capital 最低資本金 / **operating** capital 運転資金 / **physical** capital 実物資本 / **return on** capital **employed** 使用総資本利益率 / **share** capital 資本金 / **start-up** capital 初期資本,元入金 / **stated** capital 資本金 / **subscribed** capital 引受資本 / **Tier 1** capital 自己資本の基礎的項目 / **Tier 2** capital 自己資本の補完的項目 / **venture** capital ベンチャー・キャピタル / **working** capital 運転資金

― *a* 主要な; 資本の
◇ **capitally** *ad*

capital account (国際収支統計の)資本収支(勘定) [○対外的なモノ・サービスの収支尻を示す経常収支に対応して対外的な資金の収支尻を示す. 資本収支と外貨準備増減の合計は経常収支と誤差脱漏の合計と釣り合うようになっている]

capital accumulation 資本形成 [○生産財が新たに増えることにより資本ストックが増えること. 実質経済成長が伸びることを期待できる]

capital addition 追加資本
capital adequacy ratio 自己資本比率

解説 総資産に対する自己資本の割合. 金融機関の経営の健全性を表す指標で,国際決済銀行(BIS)の下部機関であるバーゼル銀行監督委員会が1988年に策定した統一規制では,海外に営業拠点を持つ金融機関は8%,国内のみで営業を行う金融機関は4%が基準とされている

► maintain a capital adequacy ratio above 10 percent 自己資本比率を10パーセント以上に維持する / comply easily with capital adequacy ratios 自己資本比率基準を余裕をもってクリアする

capital adequacy rules 自己資本規制 [⇨財務の健全性を確保するために監督行政上定められる規制]

capital appreciation 資本価値の増加

capital asset 資本的資産 (=fixed asset, fixed capital) [⇨有形資産, 無形資産および将来その他長期にわたって収益獲得に向け事業に供される資産の総称]

capital asset pricing model 資本資産価格[評価]モデル (CAPM) [⇨無リスク資産(国債など)の期待収益率とリスク資産固有のリスクを取る見返りを足したものが期待収益率の適正水準だとする分析モデル]

capital base 資本基盤

capital bonus 《英》保険配当金 [⇨生命保険会社が剰余金から加入者に分配する配当金]

capital budget 資本予算 [⇨長期資産および付帯する資金調達に関する予算]

capital budgeting 資本予算策定 [⇨投資や資金調達全体についての決定方法]

capital contribution 資本拠出, 出資金, 出資分担金

capital controls 資本移動規制 [⇨国内外での資金の自由な移動を妨げる規制. かつて存在した外国資金から円への転換を制限する円転規制や日本国外で取引されるユーロ円に対する規制などがその例] ► A ban on capital controls is a bad trade-off. 資本移動規制の禁止は痛しかゆしだ

capital cost 資本コスト (=cost of capital) [⇨(1)負債の返済や株式の発行に要する資金調達コスト (2)企業の時価総額を維持するために最小限求められるリターン]

capital deficit 資本収支の赤字

capital depletion 資本の欠損 [⇨累積赤字が資本金に食い込んでいること. 資本金がなくなるに至れば債務超過となる]

capital employed 使用総資本(額) [⇨借り入れている資本と自前で調達した資本の合計を指す]

capital equation 資本等式 [⇨「資産-負債=資本」の等式]

capital equipment 資本的機器, 設備投資機器 ► Capital equipment accounts for a large portion of US exports. 資本財は米国の輸出の大きな部分を占める

capital expenditure ❶ 設備投資 (capex) (=capital outlay) [⇨将来便益が予想される支出で, 固定資産に含められる支出] ► Budget allotment for capital expenditures has been reduced significantly. 設備投資に対する予算の割当は大幅に減らされてきた ❷[不動産] 資本的支出 [⇨修繕費とは異なり, 耐用年数に応じて償却される改修費. 固定資産の原価を構成する支出. capital investmentとほぼ同義] ⇨ capital improvement

capital flight 資本逃避 (=capital exodus), 資本流出 [⇨一般に外国投資家による短期資金の引揚げを指す]

capital flow 資本移動 [⇨国内外での自由な資金の貸借を通じた将来と現在の消費間の交換. 資本収支が赤字の国は国外への資金の貸付けを通じた現在消費の減少と将来消費の増加によって社会全体の厚生の最大化を図っている]

capital formation 資本形成 [⇨富の創出につながる土地・建物・設備等の蓄積あるいはこうしたものに向けての貯蓄・投資]

capital gain キャピタル・ゲイン (⇔capital loss), 資本利得 [⇨資産売却益, すなわち土地・投資有価証券などの資本的資産の売却・交換から生じた利益を言う] ► realize capital gains of $1 million 100万ドルのキャピタル・ゲインを実現する / In this state, investors have to pay taxes on capital gains when they sell their assets. この州では, 投資家は資産を売却した際に, 売却益に対する租税を納める必要がある

capital gains tax キャピタル・ゲイン税, 資本利得税

capital gearing レバレッジ [⇨負債比(自己資本に対する借入資本の割合)を高めて投資効率を増幅させること. 収益率が借入金の調達金利を上回り, 株価が上昇する限り投資効率はあがるが, 不振時に有利子負債が大きな負担となるリスクを負う]

capital goods 資本財, 投資財 (⇔consumer goods) [⇨財・サービスを生産するときに必要とされる機械や建物など] ► a capital goods market 資本財市場 / China has become a big importer of capital goods from Japan. 中国は日本からの資本財の大手輸入国になった

capital graph 資本図表 [⇨投下資本の回転の状態を示す図表で, 売上高と所要資本の関係を示す]

capital growth share =capital share

capital improvement 設備改良 [⇨固定資産耐用年数を延ばしたり価値を高める改良を言う. これに費やされるコストは資産勘定に計上されるので, 年度限りで処理される維持・修繕と区別する実益がある] ► a capital improvement fund 設備改良資金 [⇨固定設備など物的資産の改良のための資金]

capital increase 増資 [⇨企業の発行済株式の増加とそれに伴う資本への繰入額の増加]

capital inflow 資本流入 [⇨外国から資本が国内に入ってくること] ► The government is trying to limit capital inflows. 政府は資本流入を制限しようとしている

capital infusion [injection] 資本の注入, 資本増強, 支援増資

capital-intensive *a* 資本集約的な (⇔labor-intensive) [⇨建物, 機械・設備費など固定費の占める割合が圧倒的に大きいという意味] ► capital-intensive operations 資本集約型事業 / capital-intensive farming 資本集約型農業 / a capital-intensive business 資本集約型事業 / a capital-intensive industry 資本集約型産業

capital investment 設備投資, 出資 ► a

capital investment decision 設備投資の判断 / (a) capital investment tax 資本投資税, 設備投資税 / Capital investment fell 13% in the quarter, compared with a year earlier. 当四半期の設備投資は前年比13%減となった

capitalism n 資本主義 [○私有財産制の下, モノ・サービスの供給・分配が私人の自由競争に委ねられている経済体制]

capitalist n, a 資本家(の); 資本主義者(の), 資本主義の ▶ a capitalist roader (中国の) 走資派 / Capitalists earn a great deal of money in this country. この国では資本家が大もうけしている

capitalization, 《英》-sation /kæpətələzéiʃən/ n ❶ 時価総額 [○発行株式数を株価に乗じたもの] ⇨ market capitalization ❷ 費用の資産計上 [○支出によってもたらされる利益が当年度限りではなく長期にわたって享受される場合に, 費用としてではなく資産として経理処理すること] ▶ capitalization of borrowing costs 借入費用の資産化 / capitalization of earnings 利益の資本還元, 収益力の資本還元 [○企業評価の一方法)] / capitalization of interest cost 利息の資産計上 / capitalization of lease リースの資本化 [○リース取引を資産および負債に計上すること] / capitalization of reserves 《英》準備金, 剰余金の資本組入れ / capitalization of surplus 剰余金の資本組入れ [○払込剰余金を資本に組み入れること]

capitalization issue 《英》準備金の資本組入れによる無償交付 [○新たな払込がないまま発行株式数だけ増えるので, 実際上は株式分割にあたる. bonus issueと同じ]

capitalization method 収益還元法 [○企業の生み出す純収益を還元利回りを用いて資産の現在価値を求める手法を言う]

capitalization rate 割引率 [○将来のキャッシュフローを割引き, 現在価値を計算する際の割引率を言う]

capitalization ratio 資本構成比 [○企業の調達資本に占める負債, 株式, 優先株式等の割合]

capitalization unit 資本化単位, 資産化単位 (=《英》share capital) [○固定資産の効率化を図るための支出]

capitalize, 《英》-ise /kǽpətəlàiz/ v (機会などを) 活用する 《on》; 資本化する, 資産計上する ▶ capitalize the cost of drilling new wells 新油井掘削費を資産計上する / The company tried to capitalize its debt. その会社は負債を資本化しようとした / The company capitalized on experience gained in one region before moving into another. その会社は1地域で得た経験を利用して, 別の地域に進出した / The dealer is larger and better capitalized than its competitors. そのディーラーは競争会社のどれよりも大きくて資本化も上回っている

capitalized a 資本金が…である《at》 ▶ be capitalized at 10 million yen 資本金は1,000万円だ

capital-labor relations 労使関係

capital lease ファイナンス・リース [○レンタルに近いオペレーティング・リースと対照的に, 金融色が濃く, 借主が選んだ機器の購入費をリース企業が肩代りし, その立替分を借主がリース料として返済する]

capital levy 資本課税; 資産税 (=capital tax)

capital loss キャピタル・ロス (⇔capital gain) [○資産売却損を言う] ▶ The capital loss will help us to decrease the amount of taxes we have to pay. 資産売却損は当社が払う税額を減らすために役立つ

capital market 資本市場, 長期金融市場 [○企業が株式や債券を発行して長期資金を調達する市場. 株式市場(equity marketまたはstock market)と債券市場(debt marketまたはbond market)に大別される. 対語はmoney market(短期金融市場)] ⇨ financial market

capital movement =capital flow

capital outflow 資本流出 [○資本が外国へ出ていくこと] ▶ We will limit capital outflow. われわれは資本流出を制限するつもりだ

capital outlay 設備投資

capital productivity 資本生産性 [○企業に投下されている資本がどれだけの付加価値を生み出しているかを見る指標. 付加価値を総資本で除して求められ, ここで言う「付加価値」は基本的に売上高から原材料額を引いたものを言い, また「総資本」は有形資産の総額とするのが一般的]

capital ratio =capital adequacy ratio

capital reduction 減資 (=capital decrease) [○企業が資本の額を減少すること]

capital reserve 資本準備金 [○資本取引から生じた剰余金で, 利益を源泉としない剰余金]

capital share 資本金, 株式

capital spending 設備投資 [○建物や機械などの資本財(capital goods)を取得または改善するための企業の支出. 主にマクロ経済を論じる場面で用いる] ▶ a drop in capital spending 設備投資の落込み / a sharp fall off in capital spending 設備投資の急激な落込み / Capital spending is weak. 設備投資が低迷している / Capital spending plunges. 設備投資が大幅に減少する / Capital spending dropped. 設備投資が減少した / Capital spending fell 20%. 設備投資が20%減少した / Capital spending rose by 5%. 設備投資が5%増となった / Cuts in capital spending could put the brakes on economic growth. 設備投資の削減は経済の成長にブレーキをかける可能性がある / Capital spending advanced at a 10% annual rate. 設備投資が年率10%で伸びた / Tighter bank lending led corporations to cut capital spending by 5%. 貸し渋りは各企業が設備投資を5%削減するという結果を招いた

capital stock ❶ 資本ストック [○投資の蓄積によって形成された生産設備] ❷《米》資本金, 法定資本 (=《英》share capital) [○企業の自己資本=株主資本(owners' equity)のうち, 株主が出資した額. common stockと同視されるが, capital stock には common stock(普通株)と preferred stock(優先株)の両方が含まれ得るので, 正確には同じものではない]

===■資本金■===

capital stock authorized 授権資本金(額) / capital stock issued 発行済み資本金(額) / capital stock outstanding 発行済み株式 / capital stock paid-up 払込資本金 / capital stock registered 登記上の資本金 / capital stock subscribed 引受済み資本金 / capital stock unissued 未発行資本金 / capital stock unpaid 未払込資本金

capital structure 資本構成 [⇨総資本に占める自己資本と他人資本の割合] ► a capital structure ratio 資本構成比率 [⇨資本中の自己資本または他人資本の比率を示す経営指標]

capital surplus 資本剰余金 [⇨資本取引から生じた剰余金. a premium on capital stock という言い方が取って代わりつつある] ► a capital surplus reserve 資本準備金 / a capital surplus statement 資本剰余金計算書

capital tax 固定資産税(=(米)property tax)

capital transaction 資本取引 [⇨企業による営業取引およびそれに伴う収益・費用の計上以外の取引(証券の発行, 借入・返済など)] ► be taxed as a capital transaction 資本取引として課税される

capital transfer 資本移転

capital turnover 資本回転率 [⇨資本が1年間に何回転したかを示す指標. 売上高を資本で除して求められる] ► a capital turnover period 資本回転期間 / a capital turnover ratio 資本回転率

CAPM capital asset pricing model (キャップエム)

Cap'n Crunch 《商標》キャップン・クランチ [⇨Quaker Oats 製シリアル]

capped-rate a 《英》上限金利が設定されている [⇨変動利付きの貸金の場合に, 金利の上限が定められていることを指す]

captain /kǽptən/ n 長; 大立て者; 船[艦]長; 機長
— vt 統率[指揮]する

captain of industry 大企業経営者, 経済界の大物 [⇨新聞等のメディアが好んで使う表現] ► Heads of large corporations are called captains of industry. 大企業の社長は産業界の大立て者と呼ばれる

caption /kǽpʃən/ n, vt ❶ 見出し, 表題(を付ける); (挿し絵の) 説明 ❷ 頭書 [⇨作成の日時, 場所, 事情などを示す法律文書の冒頭記載]

captive /kǽptiv/ n =captive insurance company
— a 専属の; 支配下に置かれた

captive finance company 金融子会社 [⇨事業会社の子会社として設立され, 自動車等親会社の商品の販売促進に向け他よりも有利なローンを提供する他, 親会社の製品販売を側面から支援する]

captive insurance company キャプティブ保険会社 [⇨もっぱら親会社とその他の特定企業のリスクのみ引き受けるために設立される保険会社. より有利な条件での保険が可能な国際的な再保険市場に直接アクセスできる等のメリットがある]

captive insurer = captive insurance company

capture /kǽptʃər/ vt (心などを)とらえる; (写真などに)記録する; (データを)取り込む ► The bribery scandal captured the headlines of all the major papers. その贈収賄スキャンダルは全主要紙で大きく取り上げられた / The company has captured the top market share. 同社は最大の市場占有率を獲得した
— n 捕獲(物)

car /kɑ:r/ n 自動車; 鉄道車両, 客車 ► With rising gasoline prices, consumers are turning to more fuel efficient cars. ガソリン価格の高騰で, 消費者はもっと燃料効率のよい車を志向している

CAR capital adequacy ratio

carat /kǽrət/ n ❶ カラット [⇨宝石類の重さの単位:200mg] ❷ 《英》 =karat

Carboloy 《商標》カーボロイ [⇨炭化タングステン超硬合金]

carbon /kɑ́:rbən/ n 炭素

carbon credit 二酸化炭素排出権, 温室効果ガス排出権, カーボン・クレジット [⇨割り当てられた排出枠より実際の排出量が少ない場合に, その部分を排出枠を超えてしまった者に売ることができる権利]

carbon dioxide 二酸化炭素 (記号:CO_2) ► targets for the reduction of carbon dioxide 二酸化炭素の削減目標

carbon footprint カーボン・フットプリント [⇨個人や企業が地球温暖化に与えている影響を二酸化炭素の排出量に数値換算した指標]

carbon market 排出権取引市場 [⇨二酸化炭素排出権が排出枠に余裕を残している者とそれを超過している者との間で売買される市場]

carbon monoxide 一酸化炭素 (記号:CO) ► prevent carbon monoxide poisoning 一酸化炭素中毒を予防する

carbon tax (二酸化炭素排出を抑制するために課す)炭素税

Carborundum 《商標》カーボランダム [⇨炭化ケイ素などの研削剤]

card /kɑ:rd/ n ❶ カード; 切り札的手段; はがき; 名刺; クレジットカード (=credit card) ► Here's my card. 名刺をどうぞ / an affinity card アフィニティーカード / a bank card 銀行カード / a business card 名刺 / a cash card キャッシュカード / a charge card チャージカード / a debit card デビットカード / a smart card IC カード / buy ... with a card カードで買う / put ... on a card カードでの支払に回す, カードにつける / pay ... by a card カードで払う / swipe a card カードを読取装置に通す ❷ (身分証明などのために携帯する)券, カード ► a membership card 会員証 / a union card 労働組合員証

a house of cards もろい仕組み; 不確実な計画
ask for one's cards 《英略式》退職を願い出る
get [be given] one's cards 《英略式》首になる
give a person his cards 《英略式》(人を)首にする
have a card up one's sleeve 奥の手がある
have [hold] all the cards (in one's hand) 断然有利だ
hold [keep, play] one's cards close to one's chest 手の内を見せない, 意図を隠している
in [《英》on] the cards ありそうで, 起こりそうで ► With the economy declining, a recession may be in the cards. 景気が下降しているので, リセッションになる可能性がある / What do you think is in the cards for the future? 将来の見込みはどうかと思うか
one's best [strongest] card とっておきの手
play one's best card 奥の手を出す
play one's cards well [right, badly] 物事をうまく[ちゃんと, へたに]処理する
put [lay, place] one's cards on the table 計画を明かす

card catalog 《米》商品情報カード(=《英》card index)[◆商品情報をカードに整理してファイリングしたもの]

cardholder n カード会員

cardinal /ká:rdənl/ a 主要な, 基本的な ► cardinal points (東西南北の)基本方位

Cardinal Health (~, Inc.) カーディナル・ヘルス [◆McKesson に次ぐ全米有数の医薬品・医療用品卸売業者. 1971年設立]

card index 《英》商品情報カード(=《米》card catalog)

Cardizem 《商標》カーディゾン[◆米国の処方箋が必要な高血圧用の薬. Cardizem CD(カーディゾン・シーディー)は心臓や動脈の血圧を下げる働きを持つ姉妹品]

cardphone n 《英》カード式公衆電話

care /kéər/ n ❶ ケア, 世話, 介護; 保護; 心配 ► have no cares 何の心配もない ❷ 注意, 注意義務(の程度) [◆過失責任が問題となる場合, 注意義務の程度が論じられる] ► due care 相当注意, 善良な管理者の注意 (=ordinary care, reasonable care) / great care 高度の注意 / slight care 軽度の注意 [◆自己のためにするのと同一の注意]
care of …気付, …方(=c/o)
take care 気をつける; 取り計らう(in, to do, that)
take care of の世話をする, 大事にする; 《米》を処理[始末]する ► Could you take care of things while I'm away? 留守中の管理をお願いできませんか
with care 注意して(=carefully) ► With care. (荷物の貼り紙)取扱い注意
— vi 心配する, 気にかける; (主に否定・疑問)気にする, 構う(that, wh)
care about を気にかける, 注意する ► I care a lot about my chances for promotion. 昇進の見込みがとても気になる / Investors care about movements in the stock market. 投資家は株式市場の動きを気にする

care for を心配する; 好む, 欲しい ► Would you care for some coffee? コーヒーはいかがですか
(would) care to do …することを好む[望む] ► Would you care to join us for a drink after work? 仕事が終わったら一緒に一杯いかがですか
for all I care ちっとも構わない ► He can tell anyone he wants, for all I care. 彼が誰に言おうと私の知ったことではない

career /kəríər/ n キャリア, 職業経歴[◆個人が職業上たどっていく経歴](注意)日本語の「キャリア」は第1音節の「キャ」にアクセントがあるが, 英語の career の発音は「カリア」に近く, 第2音節の「リ」にアクセントがある)

コロケーション
(動詞(句)+~) **begin** a career キャリアを積み始める / **build** a career キャリアを築く / **change** one's career 転職する, 異業種へ転身する / **end** one's career キャリアに終止符を打つ / **make** a career **of doing** を専門の職業とする / **pursue** a career (その分野での)キャリアを積む

► Working women are struggling to balance family and career. 働く女性は家庭と仕事のバランスを取ろうと四苦八苦している / He made a career for himself. 彼は自力で出世した / Competitions are the shortcuts to building a career. 競争は出世への近道である / Jim's career is in computers. ジムの専門はコンピュータだ
— a 専門の, 職業的な
◇**careerism** n 出世主義
◇**careerist** n 出世主義者

career advice (大学などでの)進路相談, 進路指導

career break (留学・育児などのための)休職 ► take a career break 休職する, 休職制度を利用する

career change 転職[◆特に異なる職種, 業種へのものを言う] ► make a career change 転職をする / Bill thought about a career change but decided to stick with the present job. ビルは転職しようかと思ったが結局現在の仕事を続けることにした

career counseling 進路指導, 転職相談

career counselor (大学などの)進路指導担当者, 転職相談担当者

career development キャリア・ディベロプメント[◆従業員の生涯にわたる職務遂行能力の開発]

career-driven a 専門職志向の, キャリアを積もうとする

career fair 《米》ジョブフェア[◆複数の企業が参加する会場に会社ごとのブースを設けて人事担当者と就職・転職希望者等を引き合わせるイベント]

career goals キャリアを通じての達成目標, 人生の目標

career guidance =career advice

career ladder 出世の階段, 出世街道 ► climb the career ladder 出世の道を進む /

reach the top of the career ladder 出世階段を昇りつめる / He worked his way up the career ladder. 彼は職歴の階段を働きながら昇っていった

career move キャリアアップのための転身 ▶ make a major career move 思い切った転身をする / I will make a career move and join another company. 転職して別の会社に移ろう

career opportunity 就職機会 ▶ In Japan, college students in their third year begin exploring career opportunities. 日本では大学3年生になると就活を始める

career path キャリア・パス, 職業人[プロ]としての進路 [⇨職能を高めるのに要する段階別の知識・経験を道すじ(path)にたとえて言ったもの] ▶ Career paths are clear until you reach retirement. キャリアパスは退職まではっきりしている

career pattern キャリアパターン [⇨一つの組織や業種の中で人がどのような仕事を経ていくかを類型化したもの]

career prospects 職業としての将来性
careers fair 《英》=career fair
careers officer (大学などの)進路指導担当者

career structure キャリアパス [⇨この業務をこの程度できるようにならないと次のステップに上がれないという形で職種・職位どうしの相互関係を定め,組織の中での異動パターンを明らかにしたもの]

career woman [girl] 自分の仕事を持つ女性, キャリアウーマン

careful /kέərfəl/ a 注意[用心]深い《of》; 大切にする《of, about, with》; 入念な ▶ Be careful not to delete the file. ファイルを削除しないように注意してください
◇**carefulness** n

carefully ad 注意深く ▶ Our company carefully listens to the opinions of our customers. 当社は顧客の意見に注意深く耳を傾けている / The board is carefully examining the budget cut proposal. 取締役会は予算削減の提案を慎重に検討中です

careless /kέərlis/ a 不注意な, 軽率な; 気にかけない; のんきな《about》▶ He made many careless mistakes on the report. 報告書で彼は不注意なミスをたくさんした
◇**carelessly** ad
◇**carelessness** n

careline n 〔電話での〕相談窓口
Caremark Pharmacy Services ケアマーク・ファーマシー・サービス [⇨処方医薬品のマネージメントサービス会社. 2007年CVSと合併, 現在はCVS CaremarksのDivision]

care of a prudent person 善良な管理者の注意 [⇨過失責任を追及するときに問題となる注意義務の程度のこと. due care, ordinary care, reasonable careと同じ]

carer /kέərər/ n 付き添い人, ホームヘルパー; 《英》介護者, 介助者

caretaker n 《英》管理人 (=《米》custodian, janitor)

Cargill (~, Inc.) カーギル [⇨米国の多角企業グループ. 穀物, 綿花, 砂糖, 石油などのトレードをするほか金融商品のトレードなども行う年商10兆円を超える私企業]

cargo /ká:rgou/ n (~(e)s) 船荷, 航空貨物 (=air cargo); 積み荷 ▶ air cargo 航空貨物 / bulk cargo バラ荷 [⇨石炭など梱包しない荷] / dry cargo 通常貨物 / perishable cargo 生鮮貨物 / carry a cargo 荷を運ぶ / deliver a cargo 荷を届ける / load a cargo 荷を積む / unload a cargo 荷を下ろす / The truck had a cargo of grain. トラックの積み荷は穀物だった

cargo boat 貨物船(=freighter)
cargo handling 荷役
cargo hold =cargo liner
cargo insurance 積荷保険
cargo liner 定期貨物船[航空機], 貨物輸送機, 貨物輸送船
cargo ship 貨物船

caring /kέəriŋ/ a 同情心のある; 人のことを心配する《about》; 親切な; 世話をする ▶ The boss's caring words made all the workers happy and contributed to the success of the new project. 社長の親身な言葉は全従業員を和ませてその新企画の成功に貢献した
━ n いたわること, 親切さ; 世話; 介護, 介助

car insurance 自動車保険
carload n (車・貨車の)一両分の貨物
Carlyle Group (The ~) カーライル・グループ [⇨米国のAlternative投資会社. 買収案件, インフラ・不動産投資などに注力. 1987年設立で, 日本でも積極的に事業展開する. 政財界に有力な人脈を持つと言われる投資会社]

carmaker n 《米》自動車製造会社
car navigation system カーナビ(ゲーションシステム) (=《略式》car nav) [⇨車の地図画面上に現在位置を表示して目的地へ誘導する]

carnet /ka:rnéi/ n 通関手帳 [⇨通常ATAカルネ(物品の一時輸入のための通関手帳)を指す. 取材用機材等の一時的持込みに関税がかけられないようにするときに使う]; 回数券; 付帳 [<仏]

Carnival Corp カーニヴァル [⇨世界的なクルージング運営会社. 80隻以上のクルーズ用客船を運航, Carnival Cruise Line, AIDA Cruiseなどのほかcunard LineではCunard Lineでは有名なQE2, QM2などを保有している]

carpet /ká:rpit/ n じゅうたん
on the carpet 考慮[審議]中で; (叱られるために)呼びつけられて ▶ An important question is on the carpet. 重要問題が審議中である / The boss called me on the carpet for making the mistake. 私のその誤りをしたことについて上役は私を叱りつけた

sweep ... under the carpet (問題などを)こっそり隠す
━ vt じゅうたんを敷く

carpet-bomb v じゅうたん爆撃型マーケティングを行う

Carrefour /kǽrəfùər/ (~SA) カルフール(社) [⇨米国のWal-Martに次ぐ世界有数のフランスの小売チェーン店. 大規模スーパー, コンビニエンスストアなどを展開. 1960年設立]

car rental firm レンタカー会社

carr. fwd. carriage forward

carriage /kǽridʒ/ n 乗り物; 運搬; 運賃 ► charge carriage by bulk [weight] 容積[重量]で運賃を取る

carriage and freight =cost and freight

carriage and insurance paid to (指定仕向地までの)輸送費・保険料込渡 (CIP)

carriage charge 送料

carriage clock 旅行用携帯時計

carriage forward 《英》運賃着払いで

carriage free 《英》運賃元払い

carriage paid to (指定仕向地までの)輸送費込渡 (CPT)

carried forward 次期へ繰越, 次葉繰越, 次ページ繰越 (c/f)

carried interest キャリード・インタレスト [⇨ヘッジファンドのジェネラル・パートナー(ファンド運用会社)が受け取る成功報酬を言う業界用語. リミテッド・パートナー(出資者)の受取配当金の累積額が出資額を上回るまではジェネラル・パートナーへの支払が繰り越されることからキャリードと呼ばれる. キャリード・インタレストにはキャピタルゲイン税率の15%が適用される]

carried over 繰越 (c/o)

carrier /kǽriər/ n ❶ 運ぶ人, 運搬人; 運送業者(会社); 航空会社 ► Low-fare carriers have become a popular choice for short-haul flights. 格安エアラインは近距離路線については人気のある選択肢になった / Ask the carrier to deliver this package right away. 運送会社にこの包みをすぐ配送するように頼んでくれ ❷ 輸送船, 輸送機 ❸ 保険会社 (=insurance carrier, writer) ❹ 通信会社

carrier bag 《英》買い物袋

carrier's risk 運送人の危険負担 ► at carrier's risk 運送人による危険負担にて, 運送人の費用負担により保険を付して

carrot /kǽrət/ n ニンジン; 《略式》ほうび; (~s) 赤毛(の人) ► We need to use the carrot and stick in the management of a company. 会社経営にはアメとムチを使う必要がある

carrot-and-stick a 飴とむちの ► Do you believe in the carrot-and-stick approach to personnel management? 人事管理でアメとムチ方式は効果があると思うか

carry /kǽri/ vt ❶ (持ち)運ぶ, 持って行く, 運搬[運送]する; 伝える; (記事などを)載せる; 行かせる; 取る(商品として)売る; (動議を)通す ► The store carries a full line of canned goods. その店は缶詰ならなんでも置いている / The brand carries a luxury image. そのブランドには高級イメージがある / I declare the motion carried. 動議は可決しました (✚議長の発言) ❷ 《商業》(1) 記録[帳簿]に残しておく; (商品などを)繰り[持ち]越す (2) 掛け[貸し]売りを許す ❸ (1) 《証券》(証券を)保有し続ける (2) (信用取引勘定で証券業者が)顧客に(融資残高を)持っている ❹ 《会計》(1) (損失を)前期に繰り戻す [⇨既納税額を還付してもらうために, ある年度に生じた損失を前の期の利益と相殺する] (2) (ある金額を次のページ・欄・帳簿などに)繰り越す (3) (欠損などを)次期へ繰り越す

— *vi* 届く

carry away を運び去る; をさらって行く

carry back を元へ戻す; を思い起こさせる; (損失を)前期に繰り戻す

carry forward を推進する; (額を)次頁へ繰り越す; (損失を)次期に繰り越す

carry it off 《略式》なんとかやりきる ► He was nervous about the speech, but he carried it off well. 彼はスピーチのことを心配していたが, うまくやりとげた

carry off を運び[連れ]去る; (賞を)得る; をうまくやる

carry on 続ける[く]; (事業を)営む ► Please carry on with your work. お仕事を続けてください

carry out を実施[成就]する ► carry out business activities in Australia オーストラリアで事業活動を遂行する / The department didn't receive enough funding to carry out the research. その部門は研究を続けるだけの十分な資金をもらえなかった

carry over を持ち越す; (額を)次頁へ繰り越す; (損失を)次期に繰り越す

carry through 持続する; を成し遂げる; を切り抜けさせる

— *n* (借入金に伴う)担保設定

carryback n (前期への)繰戻し [⇨今期の欠損金を前期に繰戻して, 前期の納税額から還付を受ける会計上・税務上の操作. 米国では, 企業の場合, 今期の欠損金(net operating loss)を過去2年間に繰戻すことができる. 個人の場合は, 損失の繰戻しはできない] ⇨carryforward, carryover

carryforward n ❶ (帳簿の次ページへの)繰越し ❷ (次期への)繰越し, 繰延べ [⇨今期の損失を次期に繰越して, 次期の納税額を減らす会計上・税務上の操作. 米国では, 企業の場合, 今期の欠損金(net operating loss)を20年間にわたって繰越すことができる. 個人の場合は, 無期限に繰越すことができる] ⇨carryback, carryover

carrying amount 帳簿価額, 簿価

carrying charge ❶ 在庫維持費, 保管費 [⇨在庫維持に必要な金利, 倉庫料, 保険料などの合計] ❷ 繰越日歩; 月賦割増金

carrying cost 在庫維持費; 保管費 [⇨棚卸資産の購入から販売または消費までの保管費用]

carrying value 帳簿価額, 簿価 ► reduce the carrying value 帳簿価額を切り下げる

carry-on a, n 機内に持ち込める(手回り品) ► carry-on baggage 機内持込品 / Only one carry-on is allowed. 機内持ち込みは1個に限られる

carryover n ❶ 持ち越されたもの, 持ち越し

品 ❷ =carryforward ① ❸ =carryforward ② ⇨carryback
carryover merchandise 売残品
carry trade キャリートレード, キャリー取引

解説 低金利国の通貨を借りて, 高金利国の通貨に転換し, 高利回りの証券で運用した後に, 証券を売って得た資金を借入国の通貨に再転換して借入債務を返済する取引. 両国間に十分な金利差があること, 購入した証券の価格が下落しないこと, 両国間の為替相場が不利な方向に変化しないこと, などが利益を出すための条件となる. とくに為替相場が変動すると, 再転換時に為替差損が生じ, 金利差で得た利益が失われる. ⇨ yen carry trade, gold carry trade, unwinding

cartel /ka:rtél/ n カルテル [⇨ 競争を制限するために, 同業社間で行う価格や生産量の協定. 原則として独禁法違反となる] ▶ form a cartel カルテルを結成する / join a cartel カルテルに参加する / a price-fixing cartel 価格協定のためのカルテル / De Beers, with its global diamond cartel, has no real need to segment its market. 世界的なダイヤモンドカルテルであるデビアーズ社は市場区分を行う必要はまったくない

carton /ká:rtn/ n カートン, ボール箱[紙]; (牛乳用)紙容器

carve /ka:rv/ vt 彫る; 切り分ける; 《略式》(進路を)切り開く
carve out を切り出す[取る]; (土地を)切り開く; 苦労して手に入れる ▶ Tom has carved out a niche for himself in this business. トムはこの商売で自分の割り込む場所を確保した
carve out a name [successful career] for oneself 自ら努力して出世する《as》
carve up を分割する

cascade /kæskéid/ n 小滝; 段階的伝達[接続]
— vi 滝となって[のように]落ちる; 順次伝える; 《ｺﾝﾋﾟｭｰﾀ》(ウインドウが)何枚も重なって表示される

Cascade 《商標》カスケード [⇨ 米国の皿洗い機用洗剤. パウダー状. 米国の家庭では皿洗い機が広く使用されており, 固形, 液体状などいろいろな皿洗い機専用洗剤が売られている]

cascade recycling カスケードリサイクル [⇨ 原材料としてそのまま再利用できるリサイクル法と異なり, 原材料としての品質が低下する方式のリサイクルで, 前者より環境負荷が大きい]

case¹ /keis/ n ❶ 場合; 事例;《the ~》事情; 問題 ❷ 訴訟(事件), 裁判などでの主張

コロケーション

(動詞(句)+~) **abandon** a case 提訴を取り下げる / **appeal** a case 上訴する / **argue** a case (弁護士が)弁論をする / **contest** a case 相手の主張を争う / **defend** a case 相手の主張を争う, 訴訟上の防御をする / **drop** a case 訴訟を取り下げる / **dismiss** a case 訴えを却下する / **hear** a case 事件を審理する [⇨ 当事者の弁論を裁判官が聞くことを指す] / **lose** a case 敗訴する / **settle** a case 事件を和解で解決する / **try** a case 事件を審理する / **win** a case 勝訴する / **withdraw** a case 訴えを取り下げる

▶ a civil [criminal] case 民事[刑事]事件 / a divorce case 離婚訴訟 / a case of first impression 先例のない事件 / cases and controversies 事件および争訟 / lay the case 申し立てをする / plead [state, make out] one's case 自分の言い分を述べる / have a good case (しばしば皮肉に) 十分な言い分がある

a case in point 適例
as is often the case (with) (の場合には)よくあることだが ▶ As is often the case with new employees, they need time to adapt to the company. 新入社員にはよくあることだが, 彼らが会社に慣れるまで時間が必要だ
as is the case in においてそうであるように
as the case may be 場合によって
be on a person's case 《略式》(人を) 非難し続ける ▶ My boss was on my case for losing the account. 得意先を失くして上司にうるさく責められた
case by case 一件一件, 個々に, その場ごとに (=on a case-by-case basis)
if that's the case そうならば ▶ If that's the case, why don't we cancel the order? そういうことなら, 注文をキャンセルしようじゃないか
in a [the] case where という場合には
in any case とにかく; 少なくとも ▶ In any case, we need to fill these orders promptly. いずれにしても, すぐに注文に応じる必要があった
in case もし…の場合には; …するといけないから
in case of の場合には; の用心に ▶ In case of cancellations, please notify us immediately. キャンセルされる場合は, すぐにご連絡ください
in nine cases out of ten 十中八九
in no case 決して…ない
in that [which] case そうならば
in the case of の場合に; に関して言えば
Is it the case that ... ? は本当か
It's not always the case. いつでもそうとは限らない
it's the case with はそう[その通り]である
just in case 万一に備えて ▶ Just in case, will you call and confirm the reservation? 念のために, 予約確認の電話を入れていただけますか
make (out) a case for [against] を弁護[に反対]する
such [that] being the case こういう事情で
whatever the case may be どうであろうと ▶ Whatever the case may be, we need to be prepared. いずれにしても, 準備をしておく必要がある

case² n 容器 [⇨ 箱・袋など]; ケース, …入れ
by the case ケース単位で
— vt 箱に入れる, 収める

case-by-case a 一件一件の, 個別的な ▶ on a case-by-case basis 個々に, その場その場に応じて

casework n 社会福祉事業, ケースワーク
caseworker n ケースワーカー

cash /kæʃ/ *n* ❶ 現金, キャッシュ ► Cash or charge? 現金ですか, つけにしますか / hard cash《略式》現なま / petty cash 小口現金 / be out of cash 現金を切らしている / pay cash down 即金で払う / pay in cash 現金で払う / sell goods for cash 品物を現金売りする / We offer a 5 percent discount to those who pay in cash. 現金でお支払いの方には5%の値引きをいたします
❷ 現預金, 手元流動性, キャッシュ [⊃経済記事や資産運用の文脈の中に出てくる場合は, 単に現金と預金を指すのではなく, すぐ換金できる(=流動性のある)有価証券も含む] ► short of cash 資金に窮した / The sale of these under-utilized assets will generate sufficient cash to pay back taxes. 利用度の低い資産の売却により未払税を納付できるだけのキャッシュが得られよう
❸ [金融]《資産クラスとしての》現金 [⊃伝統的な資産クラスは株式(stocks), 債券(bonds), 現金(cash)の3つだが, この場合の現金には現金等価物(cash equivalents)を含む] ⇨ asset class

— *vt* 換金する, 現金化する ► Will you please cash me this check [=cash this check for me]? この小切手を現金にしてください

cash in 換金する, 現金化する
cash in on《略式》でもうける, につけこむ
cash out 換金する [⊃特に含み益のあるものを具体化させる]; 現金化する [⊃ファンドへの投資を出資者が解約し現金化すること. ヘッジファンドは通例1年から3年のロックアップ期間が終わるまで解約できない] ⇨ lock-up period

cashability *n* 換金性
cashable *a* (小切手が)現金化できる
cash account 当座預金口座, 現金勘定, 現預金勘定, 証券取引口座 [⊃信用取引口座との対比で現金の口座を指す]
cash accounting 現金主義会計 [⊃家計簿, こづかい帳, 現金出納帳のように現金の受取と支払だけを基準に帳簿をつける方法]
cash acquisition 現金交付買収 [⊃現金で買収先企業の株式を買い受ける買収の方式]
cash adjustment 調整金, 買取代金
cash advance ❶ 現金前貸し; キャッシングによる貸付金 ► take cash advances (カードの) キャッシング・サービスで現金を引き出す ❷ 仮払 ► You can get a cash advance for travel expenses. 出張旅費のために仮払をしてもらえます
cash against documents 支払渡 (CAD) [⊃支払と引換えに船積書類を渡すという条件であり, document against payment (d/p)と同じ]
cash-and-carry *n* キャッシュ・アンド・キャリー [⊃現金払いのみの安売店, 量販店などを言う. pay-and-takeとも言う] ► a cash-and-carry wholesaler 現金問屋
cash and stock transaction《企業買収の》現金株式併用取引 [⊃企業買収の支払い方式には all-cash (全額現金)と all-stock (全額株式)もある]
cash asset 現金資産 [⊃手許現金, 銀行預金など]
cash at bank 銀行預金 ► cash at bank and in hand 手許現金および要求払預金
cashback *n* キャッシュバック [⊃(1)《米》住宅ローン契約者に対して貸付額と別に交付される現金 (2)《英》スーパーなどの小売り店の顧客がクレジットカードやデビットカードでの買い物をした際に, 一定金額の現金を引き出せるサービス. 引き出した現金は請求額に加算される]
cash balance 現金残高
cash basis 現金主義 [⊃費用, 収益の認識を現金の収入および支出の事実に基づいて行う会計基準] ► cash basis accounting 現金主義会計 [⊃当期間の現金収入と支出との比較に基づいて, 期間損益計算を行う会計] / cash basis transactions 現金主義取引
cash before delivery 代金先払い (CBD) [⊃商品の販売形態の一つの方式で, 商品代金を受け付った後に商品を発送するもの]
cashbook *n* 現金出納帳, 現預金出納帳
cashbox *n* 小金庫; 手提げ金庫
cash call《英》株主割当増資
cash card《英》キャッシュカード
cash conversion cycle キャッシュ・コンバージョン・サイクル (CCC) [⊃在庫日数や売掛金の回収ピッチから算出され, どれだけの運転資金が必要かに影響する]
cash cost 現金経費, 現金費用 [⊃経費のうちで現金で支払わなければならないもの] ► The cash cost of the plant closing will be around $300 million. 工場閉鎖に必要な現金コストは約3億ドルだろう
cash cow《略式》もうかる商品[事業], ドル箱; 《ﾏｰｹﾃｨﾝｸﾞ》キャッシュ・カウ, 金のなる木 [⊃PPMのセルの一つ] ⇨ product portfolio management ► Does your company have a cash cow? 君の会社に何かドル箱はあるのか / This product is a cash cow. It's been selling well for ten years. この製品はドル箱だ. 10年間よく売れている
cash crop 現金収入用農作物
cash crunch 資金窮迫状態, 資金ショート [⊃ここでの資金は現金を言う] ► experience a cash crunch 資金窮迫に陥る
cash deal =cash settlement
cash-deposit ratio 支払準備率 [⊃銀行が中央銀行における口座に積み立てておくことを求められる準備預金額の受入れ預金総額に対する割合. 金融引き締めにより中央銀行により引き上げられればマネーサプライは減少する]
cash discount 現金割引, 売上割引[値引] [⊃現金の早期支払いに対する割引. 売手の方から見た場合は売上割引[値引]となる] ► a cash discount on purchases 仕入割引 [⊃仕入代金の支払期限より早期の支払いに対する割引] / a cash discount on sales 売上割引 [⊃売上代金の支払期限より早期の支払いを受けた場合に対する割引] / take advantage of the cash discount 現金割引を利用する / X Card members are entitled to a cash discount of 5 percent. Xカード会員は5%の現金割引が受けられる

cash dispenser 現金自動支払機（CD）(=《米》ATM)

cash dividend 現金配当［⇨現金での利益の配当］►pay a cash dividend of $1.00 per share on the common stock 普通株式一株当たり1ドルの現金配当を支払う

cash equivalent 現金同等物, 現金等価物［⇨現金と同程度の流通性と安全性を持ち, 短期間に現金化できるもの. たとえば, 財務省短期証券やマネーマーケットファンド］⇨cash ►cash equivalent value 現金等価額 / be classified as cash equivalents 現金等価物として区分される

cash float 釣銭用小銭

cash flow 現金収支, キャッシュフロー

［⇨当期純利益に減価償却費などの非現金経費を加えた金額. operating cash flow とも言う］

> **解説** cash flow は元来は「現金の流れ」そのものを意味する言葉であったが, 最近は企業の一定期間の流入と流出の差額を指して用いられ, 当期純利益に減価償却費などの非現金経費を加えた金額として計算される. 一株当たりのキャッシュフローは分配可能な資金の大きさを示す指標として投資家から重視される

►a positive [negative] cash flow 正［負］のキャッシュフロー, 流入［流出］超 / a free cash flow フリー・キャッシュ収支 / discounted value of future cash flows 将来のキャッシュフローの現在価値 / a cash flow available for debt service 元利金返済に充当できる資金 / a company with a strong cash flow キャッシュフローに厚みのある会社 / have a cash flow problem 支払い能力がない / manage cash flow キャッシュフローを管理する / generate cash flow to support the business expansion 事業の拡大を支えるキャッシュ収入を生み出す / present the cash flow activities for the year その年のキャッシュフローを示す / Our **cash flow through** 2010 will be 35% greater than previously estimated. 当社の2010年までのキャッシュフローは従前の予想に比べ35%増える見込みだ / The company has **a healthy cash flow**. 同社のキャッシュフローは安定している / **Cash flow deteriorated** due to substantial increase in working capital. 運転資金の大幅増によりキャッシュフローが悪化した / Invoicing promptly is one way to **improve cash flow**. 迅速な請求書発行は, キャッシュフローを改善する一つの方法だ / The company is currently experiencing a **cash flow problem**. 同社は現在, 資金繰りに窮している

cash-flow forecast 予想キャッシュフロー

cash flow from financing activities 財務キャッシュフロー［⇨営業や投資での資金不足をどう穴埋めし, 逆にそこで余った資金をどう使ったかを示す］►The increase in cash flow from financing activities reflect an increase in cash from the issuance of common stock and a decrease in debt repayments. 財務キャッシュフローの増加は普通株の発行に伴うキャッシュの増加と債務返済によるキャッシュの減少を反映している

cash flow from investing activities 投資キャッシュフロー［⇨設備投資や他への出資といった長期投資絡みの現金の収入・支出］►The increase in cash flow from investing activities is related primarily to cash used for investments in marketable securities. 投資キャッシュフローの増加は, 主として短期有価証券投資に投じられたキャッシュによるものだ

cash flow from operating activities 営業キャッシュフロー［⇨純利益に（非現金支出である）減価償却費を足し戻した上, 売掛金・棚卸資産といった運転資本の増減を加味して求める］►Management believes the company will continue to generate cash flow from operating activities sufficient to allow it to operate and to meet its obligations. 経営陣は, 事業を続け, 債務を弁済していけるだけの営業キャッシュフローを会社は引き続き生み出せると見ている

cash flow per share 一株あたりキャッシュフロー（CFPS）［⇨キャッシュフロー（当期純利益に減価償却費などの非現金経費を加えた金額）を発行済み株式数で割ったもの］⇨cash flow

cash flow projection 予想キャッシュフロー

cash flow return on investment キャッシュフローによる投資利益率法（CFROI）

cash flow statement キャッシュフロー計算書［⇨一定期間における現金の収入と支出を示した計算書］

cash generation キャッシュの創出［⇨企業が自由に経営にまわせるキャッシュの創出］

cash-hungry a 現金を欲しがる

cashier /kæʃíər/ n 現金出納係；レジ, 勘定場；《米》銀行支配人

cashier's check 銀行小切手, 自己宛て小切手［⇨銀行が直接支払債務を引き受けており, 確実な支払手段とみなされる］

cash in bank 《米》銀行預金 ►cash in bank and on hand 手許現金および要求払預金

cash inflow 貨幣流入額, キャッシュ・インフロー

cash in hand =cash on hand

cash issue 株主割当増資

cash journal 現金出納帳, 金銭出納帳［⇨現金勘定の内訳明細を記録する帳簿］

cashless a キャッシュレスの ►cashless society キャッシュレス社会

cash machine 現金自動支払機（=《英》cash dispenser）

cash management account 《米》総合証券口座（CMA）［⇨米国の証券会社が提供している総合口座で, 通常の預金口座と資産運用口座とを兼ね, 小切手の振出やクレジットカードの使用もできる］

Cash Management Bill 《米》キャッシュ・

マネジメント・ビル [⇒国庫の現金残高の減少分を補填するためのきわめて短期の財務省証券]
cash market 現物取引市場 [⇒現金と現物で取引が完結する商品市場. spot market と同意語] ⇒futures market, forward market
cash mountain =cash pile
cash on delivery 代引きでの販売, 即金での取引 (COD) ► cash-on-delivery sale 代金引換販売 (COD sale) / Small retailers usually pay cash on delivery or write checks within 15 days. 小規模な小売店は通常, 納品時に現金払ってくれるか, 15日以内に小切手で支払ってくれる
cash on hand 手許現金, 手持ちの現金 ► cash on hand and demand deposit 手許現金および要求払預金 / keep a specific amount of cash on hand 手許現金を定額に管理する / The company is strapped in cash on hand. 同社は手持ち現金に窮している
cash-out merger 現金交付合併, キャッシュ・マージャー [⇒それまで株式を公開していた企業が非公開化を目的として行う合併]
cash pile 潤沢なキャッシュ; 金の山 ► The company is sitting on a cash pile. 会社は金の山に坐っている / The company had a cash pile of nearly $100,000. 会社は10万ドル近い現金を持っていた
Cashpoint 《商標》現金自動支払機 (=cash dispenser)
cash position キャッシュ [⇒資金をまだ投資に回しておらず, 現金で待機させている状態]
cash price 現金価格
cash ratio 現金比率, 現金預金比率 [⇒現金預金を流動負債で割った比率]
cash ratio deposits 準備預金 [⇒民間金融機関が無利子で中央銀行に預け入れることを義務づけられている資金]
cash received book 現金出納帳 (=《米》cash receipts journal) [⇒現金の受領が関わる取引を記録する帳簿]
cash register レジ(スター); 現金登録機, 現金出納登録機
cash reserve 現金準備 ► The company has built up its cash reserves. 同社は現金準備を築き上げた
cash-rich a 資金力のある
cash sale 現金販売, (分割払によらない) 現金取引, 現金売上げ ► a cash sales book 現金売上帳 / a cash sales slip 現金売上伝票
cash settlement 現金決済; 現金の受渡し
cash shell =shell company
cash squeeze 資金繰りのひっ迫, 資金ショート ► experience a cash squeeze 資金不足に陥る
cash-starved a 資金力のない
cash-strapped a 現金がない; 金に困っている
cast /kæst/ (~) vt ❶ 投げる; (票を) 投じる; 計算する ► Low sales this month have cast a dark cloud over the release of the new model. 今月の売上高の低迷は新機種の発売に暗雲を投げかけた ❷ (訴訟で) 負かす, 敗訴にする ► The plaintiff was cast. 原告は敗訴した
— vi 投げる; 思案する
cast about [around, round] 捜す; 思案する (for)
cast aside 見捨てる; 廃する ► Let's cast aside our personal differences and work together to solve the problem. 個人的な意見の違いを捨てて, 一緒に問題を解決しよう
cast away 退ける, 捨てる; 難破させる
cast down 左遷する; 意気消沈させる
cast up 投げ [打ち] 上げる; 計算する
— n 投げること; さいの目; 計算; 予測
casting vote [voice] (議長が投じる可否同数のときの) 決定票, キャスティング・ボート ► have the casting vote キャスティング・ボートを有する / use one's casting vote キャスティング・ボートを投ずる [⇒実際の会議の場では, Six for each proposal. And my own vote for X. (各案に6票で, 私(議長)はX案に投票します) のように言う] / Normally, the chair uses the casting vote to maintain the status quo. 通常は, 議長はキャスティングボートを現状維持のために用いるのだ

casual
/kǽʒuəl/ a カジュアルな, 堅苦しくない; 偶然の; 臨時 (雇い) の ► The Gap expanded into casual clothes. ギャップ社は普段着部門に進出した
◇**casually** ad 偶然に; 堅苦しくなく; 臨時で ► We should dress more casually at work. 職場ではもっとカジュアルな服を着るべきだ
casual dress day (服装の) カジュアルデー ► Fridays are a casual dress day in our company. うちの会社は金曜日がカジュアルデーになっている
casual Friday カジュアルフライデー [⇒スーツの代わりに普段着で出勤する金曜日] ► I'm glad the company has casual Fridays. 会社の金曜普段着制はありがたい
casualty /kǽʒuəlti/ n 死傷者; 被害者; (-ties) 死傷者数; 大事故, 惨事
casualty insurance 損害保険 [⇒火災保険と海上保険を除く損害保険の総称]

catalog, catalogue
/kǽtəlɔ̀ːg/ n カタログ, 目録, 商品目録; 一覧表 ► a current catalog 最新カタログ / a mail-order catalog 通販カタログ / a trade catalog 業務用カタログ / compile a catalog カタログを作成する / look... up in a catalog カタログで…を探す / update a catalog カタログを更新する / Many companies with mail-order catalogs have switched to online sales. 通信販売カタログ会社の多くはオンライン販売に転向した / Could you send me a copy of your latest catalogue? 最新のカタログを一部お送りいただけませんでしょうか
catalog showroom カタログ・ショールーム [⇒全国ブランドの在庫品を安値で売る小売店]
catalog sale [selling] カタログ販売
catastrophe /kətǽstrəfi/ n 大惨事; 破局;

災難; 大詰め
◊ **catastrophic** /kætəstráfik/ *a*
◊ **catastrophically** *ad*

catch /kætʃ/ (**caught**) *vt* つかまえる; (している人を)見つける; (火が)つく; つかむ; (打撃を)加える; (注意・関心を)引きつける; 理解する, 見て[聞いて]わかる ▶ I didn't catch your name.《略式》お名前をうかがっておりませんでした
— *vi* からまる, ひっかかる

be caught in (雨など)にあう; に陥る ▶ I was caught in the rush hour traffic. ラッシュアワーの交通渋滞に巻き込まれた

be caught out by で不利な立場に置かれる

be caught up in に巻き込まれる; にからまる; に夢中になっている ▶ He was so caught up in his work that he totally forgot about the meeting. 仕事に熱中するあまり, 彼は会議のことをすっかり忘れていた

catch as catch can なんとかして, しゃにむに

catch on (人の)人気を博する(*with*); (を)理解する, のみこむ(*to*) ▶ Businesses are beginning to catch on to protecting the environment. 企業が環境保護の意味を理解し始めている

catch up 追いつく, 遅れを取り戻す(*on, with, to*); (病気・年齢が)悪い結果をもたらす(*with, to*); (批評や質問で)困らす ▶ The supply could never catch up to the demand. 供給は需要にまったく追いつけなかった

— *n* ❶ 捕まえること; 《略式》落とし穴, 「裏」 ▶ There's a catch to it. それには裏[落とし穴]がある / There's no catch. 裏はないよ / What's the catch? 何か裏があるんじゃないの ❷ 漁獲, 漁獲物 [◆ 漁獲量を言う場合が多い. 重量の場合は catch in weight, 尾数の場合は catch in number と言う] ▶ a good [poor] catch 大漁[不漁] / a catch quota 漁獲割当(量)

catchpenny *a, n* きわもの(の)
catch phrase うたい文句, 常套(じょうとう)句; キャッチフレーズ[◆広告の見出し]
catch-22 *n* 《米略式》ジレンマ, 苦境, 板ばさみ ▶ If we sell them, we will get cash now, but lose money overall. It's a catch-22! それを売れば今現金が手に入るが全体的に見ると出血だ. これはジレンマだ
catch-up *n, a* 追上げ(の)
play catch-up 巻返しを図る
catchy /kætʃi/ *a* 覚えやすい; 心を引く; 人をひっかける ▶ We need to come up with a catchy name for our product. 受けそうな製品名を考え出す必要がある
category /kætəgɔ̀:ri | -gə-/ *n* 部門; 部類 ▶ Customers of our products can be divided into three age categories. 当社の製品の顧客は3つの年齢区分に分類できる
◊ **categorize** /-ràiz/ *vt* 分類する
category killer カテゴリーキラー[◆特定の商品分野に専門化し, 幅広く充実した品揃えと低価格販売を特徴とした専門型大量販売店] ⇒ discount store
category leader カテゴリーリーダー[◆業界での売上げトップの企業]
category management カテゴリーマネジメント [◆主として小売で取扱品目を洗剤, 化粧品などと分け, 独立の事業単位であるかのように経営するアプローチ]
category manager カテゴリーマネジャー [◆同一カテゴリーに属するすべての自社ブランドにわたって研究開発, 製造, 販売, 宣伝を統括する責任者]
cater /kéitər/ *vi* 仕出しをする, まかなう(*for*) ▶ Weddings and parties catered for. (広告文) 結婚式・宴会のご用承ります / Our service caters to the needs of various clients. わが社のサービスはさまざまな顧客の要求を満たしている
caterer *n* 宴会業者; ホテル[レストラン]業者; ケータリング業者
catering *n* 配膳[仕出し]業; (パーティーなどのために)宴会業者が提供する飲食類
Caterpillar 《~, Inc.》キャタピラー[◆世界的な建設機械のメーカー, 1925年設立. 三菱重工との間にJ/V三菱キャタピラーを持つ]
Cathay Pacific Airways 《~Ltd.》キャセイ・パシフィック, 国泰航空 [◆香港の航空会社で Swire グループ傘下にある. 中国国際航空と合弁で上海に貨物輸送会社を設立]
cat's-paw *n* 手先に使われる人 ▶ make a cat's-paw of ... をだしにする
cattle /kætl/ *n* (集合的) 牛; 《古》家畜(✤ chattel の語源) ▶ Our boss is pompous and self-righteous, and treats people like cattle who can't think for themselves. われわれの上司は, 尊大かつ独善的で, 自分で考える力がない家畜のように人を扱う
cattle breeding 牧畜(業)
cattle show 畜牛品評会;《米略式》(大統領予備選挙候補者の)公開集会
CATV community antenna television; cable television
causal /kɔ́:zəl/ *a* 原因の; 因果関係の
causal analysis 原因分析; 因果分析
causality /kɔ:zæləti/ *n* 因果関係; 原因作用
the law of causality 因果律
causal relation 因果関係
causa sine qua non [法律]不可欠な原因 [<ラ]
causation /kɔ:zéiʃən/ *n* 原因(作用); 因果関係 ▶ causation in fact 事実上の因果関係
causative /kɔ́:zətiv/ *a* 原因となる, 引き起こす(*of*)
cause /kɔ:z/ ❶ 原因; 動機, 理由(*for*); 目的; 運動 ❷ [法律]訴訟の原因[理由]; 訴訟 (=lawsuit) ▶ for cause 正当理由で / plead one's cause 訴訟の理由を申し立てる / show cause 理由提示[不服申立ての提示]をする
cause and effect 原因と結果, 因果(関係)
give ... cause for concern [anxiety] に心配[不安]の種となる
have cause [no cause] for [to do] の理由がある[ない] ▶ Everything is under control, so

you have no cause for concern. 万事うまくいっているから、心配しなくていいよ
in the cause of のために
make common cause with と提携[協力]する
without (good) cause 理由もなしに

— *vt* 引き起こす; …させる (*to do*) ► Trouble on the production line caused the shipping delay. 生産ラインの故障のために出荷が遅延した

cause and effect diagram 特性要因図 [⇨ある結果を招来しうる要因の関係を体系的に表した図. 図表の形が魚の骨のような格好になることから、フィッシュボーン図(fishbone diagram)という名がある. また考案者の石川馨にちなんでIshikawa diagramとも言う]

caution /kɔ́ːʃən/ *n* ❶ 用心, 警戒, 慎重さ; 警告 ► a word of caution 一言の注意 / Consumers are showing more caution in their spending. 消費者は支出について従来より慎重な態度を示している ❷ 事前通知登録 [⇨ある土地の利害関係人が行う登録で、事前に通知がない限り、その土地に関する権利変動の登記を行うことができない]
exercise [use] caution 用心する (*in*) ► You should exercise caution in dealing with sensitive information. 機密情報の取扱いには用心すべきだ
with caution 用心して ► We need to proceed with caution in making our decision. 決定を下すときには慎重に進める必要がある

— *vt* 警告[注意]する (*against, not to do, that*)

cautious /kɔ́ːʃəs/ *a* 用心深い, 慎重な (*of*) ► He is a cautious driver. 彼の運転は慎重だ
◇**cautiously** *ad*
◇**cautiousness** *n*

cave /keiv/ *n* ほら穴
— *v* (略式) 折れる, 屈服する (*in*) ► We negotiated with them for hours. They finally caved (in) and agreed to our proposal. われわれは何時間も彼らと交渉した. 彼らはついに折れてわれわれの提案に賛成した

caveat emptor 買主は注意せよ [⇨Let the buyer beware.(買主に注意させよ)という意味のラテン語の法格言. 売買契約において買主は自己責任で目的物に問題がないかを調べるべきだとするもの]

caveat subscriptor 応募者は注意せよ [⇨一般には caveat emptor(買主は注意せよ)と呼ばれる原則を証券発行時の応募に当てはめた言葉]; 署名者をして注意せしめよ

caveat venditor 売主は注意せよ [⇨Let the seller beware.(売主に注意させよ)という意味のラテン語の法格言. 売買契約において目的物に問題がないかを売主は自分の責任でチェックしておくべきだとするもの]

CB citizens band; convertible bond
CBA cost-benefit analysis
CBD cash before delivery; central business district
CBI Confederation of British Industry
CBM coal-bed methane
CBO collateralized bond obligation
CBOT Chicago Board of Trade ⇨CME
CBS (~, Corp) Columbia Broadcasting System CBS放送 [⇨米国の三大テレビネットワークの一つ. Viacom, Incの子会社]
CBU completely built-up
cc¹, c. c. carbon copy [copies]
cc² *v* (略式) コピーを送る ► Please cc this letter to the manager. この手紙のコピーを店長に送ってください
CCC cash conversion cycle
CCI Consumer Confidence Index; Chamber of Commerce and Industry
CCT clean coal technology
CCTV closed-circuit television
CD¹ *n* (~**s**) コンパクトディスク (=compact disc)
CD² cash dispenser; certificate of deposit
CDM Clean Development Mechanism
CDO collateralized debt obligation
CD-R *n* シーディーアール [⇨書きこみ可能なCD-ROM] ⇨CD-ROM [<compact disc recordable]
CD-ROM /-rám/ *n* シーディーロム, シーディー型読み出し専用メモリー ► a CD-ROM drive CD-ROMドライブ [⇨CD-ROMを駆動する装置] [<compact disc read-only memory]
CDS credit default swap
CEA Council of Economic Advisers

cease /síːs/ *v* 中止する, やめる; 終わる, やむ ► The factory ceased production because of the strike. ストのため工場では生産を停止した / The company ceased trading. その会社は取引を中止した
— *n* 終止
without cease 絶え間なく ► The police worked without cease until the case was solved. 事件が解決するまで警察は休みなく働いた
◇**ceaseless** *a* 絶え間ない
◇**ceaselessly** *ad* 絶え間なく

cease and desist order 排除命令 [⇨不当競争や不当労働行為などに対して行政機関が下す命令]

cede /síːd/ *v* (権利・領土を)譲渡する; 譲歩する; 放棄する
ceded /síːdid/ *a* 譲り渡された; 委ねられた
ceiling /síːliŋ/ *n* (金利などの)上限, 天井 ► impose a ceiling 上限を課する / raise the ceiling on... に対する上限を引き上げる / set [put] a ceiling on... に対して上限を設ける
hit the ceiling 上限に達する

=== 上限 ===
budget ceiling 予算要求額の上限 / credit ceiling 与信枠の上限 / debt ceiling 国債発行枠の上限 / interest rate ceiling 金利の上限 / lending ceiling 貸出の上限 / price ceiling 価格の上限 / spending ceiling 支出の上限 / wage ceiling 賃金水準の上限

celeb /səléb/ *n* (略式) 名士, 有名人
celebrate /séləbrèit/ *vt* 祝う (*with*); (祝典・儀式を)挙行する ► Our company will celebrate its 50th anniversary next month. わが

社は来月創立50周年を祝う予定だ
― *vi* 式典[祭典]を挙行する
◇**celebrated** *a* 有名[著名]な
◇**celebration** *n* 賞賛, 祝賀(会), 式
◇**celebrator** *n*

celebrity /səlébrəti/ *n* 名士; 名声 ► The company often uses celebrities to endorse its products. その会社は製品を推奨するのに有名人を使うことが多い

Celeste 《商標》セレスト[○米国Pinnacle社製の冷凍ピザ]

Celestial Seasonings 《商標》セレッシャル・シーズニング[○米国のハーブティー専門メーカー. また, 同社の茶, ハーブなどのナチュラルフードのブランド]

CELEX 《ラテン語》Communitatis Europae Lex ヨーロッパ共同体法規集 (=European Community Law)[○EUの立法関係資料のデータベース]

cell /sel/ *n* 細胞; 電池; (携帯電話の)通話範囲; 携帯電話 (=cell phone) ► If I'm not in the office, you can reach me on my cell. もし私が事務所にいなければ, 携帯電話にかけてください

cell phone 《米》携帯, ケータイ[○cellular phoneをくだいた言い方. きちんとした実務文では省略せずに cellular phone を使うことが多い](=《英》mobile (phone)) ► our no cell-phone policy (方針としての)携帯お断り / carry a cell phone 携帯を持ち歩く / keep one's cell phone on vibrate 自分の携帯をマナーモードにしておく / make a call on a cell phone 携帯で電話をかける / pull a cell phone from one's handbag 自分のハンドバッグから携帯を取り出す / use a cell phone 携帯を使う / Please be sure to **switch off your cell phone** before the performance begins. 公演の始まる前に必ずご自分の携帯のスイッチをお切りください / The number of people on the Internet **via cell phones** is only going to go up. 携帯を経由してインターネットを利用する人の数は今後増える一方だろう

cell phone call 携帯への着発信 ► receive a cell phone call 携帯にかかってきた電話に出る

cell phone freak 携帯中毒者
cell phone owner 携帯所有者
cell phone user 携帯使用者 ► Cell phone users should put the ring on vibrate when in pubic places. 携帯電話を使う人は公の場では着信音をマナーモードにしておくべきだ

cellular /séljulər/ *a* 携帯電話(サービス)に関する
― *n* 携帯電話 (=cell phone)

cellular manufacturing セル生産[○一人または数人の工員が製品の完成までを担当する自己完結的な生産方式] ► The company has completed its shift to cellular manufacturing. 同社は昨年, セル生産への移行を終えている

cellular network 携帯電話用ネットワーク
cellular operator [provider] 携帯電話会社
cellular phone [telephone] 《米》携帯電話 (=cell phone, 《英》mobile phone) ► the cellular phone market 携帯電話市場 / a cellular phone number 携帯電話番号

censure /sénʃər/ *n* 非難, 酷評;(議会・行政機関による)譴責処分
― *v* 非難する, 酷評する
◇**censurable** *a* 非難すべき

cent /sent/ *n* セント[○通貨単位] ► This machine does not cost consumers a single cent to use. この機械は消費者が使用するのに1セントもかからない

cent. centigrade; central; century

center, 《英》**centre** /séntər/ *n* ❶中心となる人[もの], 中枢; センター, 本部 ► the center of town 都心部 / We are remote from the centers of decision making. われわれは意思決定の中枢から遠く離れたところにいる ❷【会計】中心点, 責任単位 ► a cost center コストセンター / a profit center プロフィットセンター

at [in] the center of の中心[根元]に
― *v* 集中させる[する]; 中心に置く

-centered …中心の; …が真ん中にはいった
► consumer-centered 消費者中心の

centerfold *n* (雑誌の中央の)見開きページ; 挟み込みページ

center of excellence センターオブエクセレンス (COE)[○ある分野において集中的に研究開発を進め, 技術育成・技術進歩・事業開発の拠点となっている会社その他の組織]

centerscreen *a* (テレビなどで)注目の的で

centi- /sénti/「100番目の, 100分の1の」「100, 百…」

central /séntrəl/ *a* 中心[中央]の; 主要な; 中立の ► The UN plays a central role in peacekeeping operations. 国連は平和維持活動で中心的な役割を担っている
― *n* 《米》電話交換局; 交換手

central bank 中央銀行[○金融システムの安定を図るとともに, 金融政策を通じて物価の安定を確保することが任務となっている国家機関. 米国はFederal Reserve Board (連邦準備理事会)がこれにあたる] ► With near-zero interest rate, the central bank does not have much room left to maneuver. 金利がゼロに近いので, 中央銀行には操作の余地がほとんど残されていない

central bank intervention 中央銀行による市場介入

central business district 《米》都心部のオフィス街 (CBD) (=central city)

central counterparty 中央清算機関[○先物やオプション取引等の金融取引において相手方の不履行リスクを心配しなくて済むよう, あらゆる取引において買い注文に対しては売手となり, 売り注文に対しては買手となって取引の履行を保証する機関]

Central European Free Trade Agreement 《the ~》中欧自由貿易協定 (CEFTA)[○多国間自由貿易協定 (FTA)の一つ. 旧コメコンに変わる枠組みとして, チェコスロバキア(分離前), ハンガリー, ポーランドが1993年に締結した

中央ヨーロッパの関税に関する地域協力機構]

Central Intelligence Agency (the ~)
中央情報局 (CIA) [⇨ 米国の情報機関．1947年設立．対外的な政治工作に深く関与してきたが，冷戦後は経済的任務に重点を移している]

centralize, (英) **-ise** /séntrəlàiz/ v 中央集権化する；集中する

centralized a 中央集権化された, 一極に集中化された

central processing unit (コンピュータの)中央演算処理装置 (CPU)

central wholesale market 中央卸売市場

centre /séntər/ n, v (英) = center

Centrica (~ plc) セントリカ [⇨ 英国のガス・電力・ロードサービスグループ．1997年に British Gas plc から分離して設立]

Centrum (商標) セントラム [⇨ 米国のビタミン，ミネラルなどの補足剤．単独のビタミンだけでなく，いろいろなビタミン，ミネラルを組み合わせた物も売られている]

century /séntʃəri/ n 100年；世紀 ▶ In the 21st century, BRICs will play a prominent role in the world economy. 21世紀には，ブリックス諸国は世界経済で顕著な役割を果すだろう

Century 21 センチュリー21 [⇨ 米国の不動産チェーン．日本の伊藤忠と提携．1995年買収され，不動産の Realogy Corp の子会社]

CEO chief executive officer 最高経営責任者 [⇨ 米企業の場合，取締役会長兼 CEO がトップで，社長兼 COO (最高執行責任者)がナンバーツーというのが一つの典型例．英国の managing director に相当する役職] ▶ appoint ... as CEO …を CEO に任命する / become CEO CEO になる / promote ... to CEO …を CEO に昇格させる / serve as CEO CEO を務める / The CEO gave a cautious forecast for the coming fiscal year. 最高経営責任者は来年度については慎重な見通しを示した

cereal /síəriəl/ n (~s) 穀類；穀物食, シリアル ▶ The price of cereal seems bound to go up along with other grain and dairy products. シリアルの価格は他の穀物製品や乳製品と同じように上がらざるをえないようだ
— a 穀物の

ceremony /sérəmóuni | -məni/ n 式, 儀式 ▶ Many prominent politicians and business leaders attended the groundbreaking ceremony. 多くの著名な政治家と実業界の指導者が起工式に出席した

CERES Principles セリーズ原則 [⇨ グローバル・スタンダードともいえる10項目からなる企業の環境憲章．CERES は Coalition for Environmentally Responsible Economies の略]

cert. certificate

certain /sɔ́:rtn/ a 確信して (of, about, that)；必ず…する (to do)；信頼できる；一定の；いくらかの ▶ Whether the company can come out of this economic crisis unscathed remains far from certain. この経済危機から同社が無傷で脱出できるか，不透明な状況が続いている

a certain ある…；…とかいう人

for certain 確かに ▶ I don't know for certain if I'll be able to make it. うまくできるかどうかはっきりとはわからない

it is certain that は確かだ

make certain 確かめる (of, that) ▶ You should make certain of the facts before you submit the report. 報告書の提出前に事実を確認すべきだ

to a certain extent ある程度 ▶ What you're saying is correct to a certain extent. 君の言っていることはある程度までは正しい / To a certain extent, I can see where you're coming from. ある程度まで，あなたがなぜそう考えるようになったのか，私には理解できる

certainly ad 確かに；きっと；(返答で)もちろん；かしこまりました ▶ Certainly not. 違います とも，嫌だ / He will certainly be pleased by the good news. その朗報を聞けば，彼はきっと喜ぶだろう / The credit crunch in the US certainly has far-reaching effects around the globe. 米国の信用逼迫が世界中に広範囲の影響を及ぼすことは間違いない

certainty /sɔ́:rtnti/ n 確実(性)；確信

for [of, to] a certainty 確かに

with (any) certainty 確実に(は), 確信をもって (…ない) ▶ I can say with certainty that global warming is a manmade problem. 地球温暖化は人為的な問題だと言いきれる

certificate /sərtífikət/ n 証明書；免許状；証書

コロケーション

(動詞(句)+~) **apply for** a certificate 証明書(の発給)を申請する / **award** a certificate (資格認定などの)証明書を授与する / **cancel** a certificate 証書を無効とする / **issue** a certificate (公的な記録などの)証明書を発行する / **obtain** a certificate 証明書を取得する / **produce** a certificate 証明書を提出する，証明書を提示する

▶ a doctor's certificate 診断書 / present a certificate that one has never been arrested 前科がないことの証明書を提出する

━━証書━━

acceptance certificate 引渡受領証 / alien registration certificate 外国人登録証 / award certificate 賞状 / balance certificate (英) 譲渡後の保有株式数を証する株券 / bank certificate (英) 銀行口座の残高証明書 / bearer certificate 持参人払式証券 / bond certificate 債券 / delivery certificate (物流関連での)受渡証明 / deposit certificate 預金証書 / deregistration certificate 登録抹消済証 / falsified certificate 偽造証書 / gift certificate 商品券，ギフト券 / health certificate 健康診断書 / insurance certificate 保険証券 / inventor's certificate 発明者証 / land certificate (土地の)権利証 / medical certificate 診断書 / negotiable certificate of deposit 譲渡性預金証書 / participating certificate 受益権証書 / pass-through certificate パス

スルー証書, モーゲージプール持分証書 / practising certificate《英》資格認定証 / savings certificate 預金証書 / share certificate《英》株券 / shipping certificate 船積証書 / stock certificate《米》株券 / take-over certificate 引渡証明書 / trading certificate 営業許可書 / work certificate 就労許可書

— vt /-kèit/ 証明書[免許状]を与える, 有資格者と認定する

certificated a 有資格の, 免許を持っている ► a certificated engineer 有資格の技術者

certificateless municipal《米》登録地方債[◇無券面で発行される地方債]

certificate of acceptance 検収書
certificate of achievement 表彰状
certificate of analysis 成分分析証明書
certificate of attendance 修了証書
certificate of bank balance 銀行残高証明書, 預金残高証明書 (=bank certificate) [◇会社の銀行預金残高と銀行の残高が一致しているかを確認するときに用いられる]

certificate of deposit 譲渡可能定期預金(証書), 譲渡性預金(証書)(CD)

> 解説 裏書きにより流通性のある預金. 一種の債券だから流通市場がある. 確定利率の金利が支払われ, いかなる金額でも発行できる. 期間は1か月から5年. FDICの保険が付く. CDは日本の定期預金に相当するが, 本質的には商業銀行が振り出す約束手形. CPが企業の短期資金調達手段であるのに対して, CDは金融機関の短期資金調達に使われる

► A one-year certificate of deposit yields 5% interest. 期間1年の譲渡可能定期預金証書(CD)は5%の金利がつく

certificate of destruction 廃棄証明書
certificate of existence 法人証明[◇会社等の法人が設立地の法律に従って設立され存続していることを証明する文書]
certificate of incorporation《米》基本定款, 設立証書[◇会社設立の際に基本的事項を記載して州政府に提出する articles of associationを指す];《英》登記済証[◇会社の登記が完了した後に登記所が交付する証書を指す]
certificate of incumbency 在職証明
certificate of insurance (団体保険・団体年金の)被保険者証; 保険証明書, 保険契約書
certificate of occupancy 建築基準適合証明 [◇建物が所定の基準に適合しており, 一般の使用に供することが可能であることを証する書面]
certificate of officially registered seal 印鑑証明(書)
certificate of origin (農産物などの)原産地証明; 原産地証明書 ► The certificate of origin is required for this shipment. 原産地証明がこの出荷に必要とされる
certificate of posting《英》投函証明 [◇郵便物が受理された日時を証明する書面]
certificate of protest 支払拒絶証書[◇手形が支払のために呈示されたにもかかわらず支払が拒絶されたことを示すもの. 手形上の他の債務者の責任を追及するために用いられる]
certificate of share [stock] 株券
certificate of signature サイン証明
certificate of title 権原証明書, 権利証

certification /sə̀:rtəfikéiʃən/ n 証明, 認証 ► grant certification 認定を行う / receive certification 認定を受ける

certification authority 認証機関 [◇所定の条件・規格を満たしていることを第三者的立場から公正に判断するために設けられる団体など]
certification of audit 監査証明
certification of origin 原産地証明
certification of sustainable forestry 森林認定証 [◇管理された森林から伐採された木材であることを証明する認定証. 森林保護目的のため取得する企業が増えている]

certified a 公認の; 証明[認証]された
certified airmail 配達証明付航空郵便
certified check /sə́:rtəfàid/ 支払保証小切手, 預金小切手
certified copy 認証謄本 [◇公証人による認証を経ている写しであることを意味する. 写しでないときは権限ある者により真正の原本であることが証せられた書面を言う]
certified financial planner 公認ファイナンシャル・プランナー (CFP) [◇米国の Certified Financial Planner Board of Standards, Inc.が試験の合格者に授与する称号]
certified mail《米》配達証明付郵便 ► Send invoices via certified mail. インボイスは配達証明郵便で送ること
Certified Management Accountant 公認管理会計士 (CMA) [◇業務の管理・向上を目ざす経営管理に関わる会計情報を扱う専門家. 米国では IMA (Institute of Management Accountants)が試験を実施・認定している]
certified public accountant《米》公認会計士 (CPA) (=《英》chartered accountant)
certified translation 翻訳証明付訳文
certifier n 証明者

certify /sə́:rtəfài/ v 証明する ► a certified teacher 免許状のある教師 / The document needs to be certified by a notary public. その文書は公証人に認証してもらう必要がある

certitude /sə́:rtətjù:d/ n 確信; 確実性
cf. /síːéf/ 比較, 参照 [<ラ confer 'compare']
c/f carried forward 次ページへ繰越し
CFC chlorofluorocarbon
CFO chief financial officer
CFP certified financial planner
CFPS cash flow per share
CFR cost and freight
CGI computer-generated image
CGPM《仏》Conférence Générale des Poids et Mesures 国際度量衡総会(英文名称は General Conference on Weights and Measures) [◇国際単位系(SD)の普及と必要に応じた修正を任

務としているメートル条約上の最高意思決定機関. 加盟国は約50か国. 4年に1回開催]

CGR compound growth rate
CGT capital gains tax
chaebol /tʃéibəl/ n (韓国の)財閥
chaffer /tʃǽfər/ n, vi (値段の)掛合い, 値切り; 値切る

chain /tʃein/ n 鎖; 一続き; チェーン店 ► a chain of events 一連の出来事 / a distribution chain 流通チェーン, 小売チェーン / a supply chain サプライ・チェーン / a chain of food stores 食料品のチェーン店 / a convenience store chain コンビニチェーン / a retail chain 小売店のチェーン

chain break チェーン・ブレイク [⇨地方放送局がネットワーク提供枠を切断して入れるCM]
chain of distribution 流通チェーン
chain of title 権原の連続 [⇨最初の権利者から現在の権利者まで正当に権利が継承されていることを言う. 断絶があると, それ以降の取得者は善意の取得者(bona fide purchaser)とは言えない]
chain operation チェーン・オペレーション [⇨多店舗経営方法で本部に管理・仕入れ・販売促進といった機能を集中させ, 各店舗は本部の経営方針に従い販売に専念することによって規模・分業の利益を追求するもの]
chain store チェーン・ストア, チェーン店 (= (英)multiple shop) [⇨多数の小売店舗を本部が統一して管理する小売業の経営形態]

chair /tʃɛər/ n いす; (大学の)講座; 教授[議長]の職; 議長 ► call a person to the chair 人を議長に選ぶ[指名する]
appeal to the chair 議長に採決を求める
in the chair 議長を務めている
take the chair 議長席に着く; 開会する
— vt 地位に就かせる; 議長となる, 統括する ► I don't know how to chair a meeting. 会議の司会の仕方が分からない

chairman /tʃɛərmən/ n 議長; 司会者; 会長; 取締役会長 (✤会議で議長や委員長に呼び掛ける場合は, 男性には Mr. Chairman を, 女性には Madam Chairman を用いる) ► chairman of the board (of directors) 取締役会会長 / a deputy chairman 副会長, 会長代理 / a vice chairman 副会長 / He was elected chairman. 彼は議長に選出された

chairperson n 議長, 司会者 (✤1960年代以降, chairman や chairwoman に代わって, 広く用いられるようになった) ► A good chairperson has to be a good organizer and a good timekeeper. よい議長はよい組織者でよい計時係でなければならない

chairwoman n 女性の議長[司会者], 女性の取締役会会長

chalk /tʃɔ:k/ n 白亜; 白墨
by a long chalk / by (long) chalks 《英略式》はるかに, ずっと
— vt チョークで書く[こする]
chalk it up to experience 経験のおかげであるとする
chalk up (得点・利益などを)得る; 《英》つけにする ► Chalk mine up, will you? 付けにしておいてくれませんか

challenge /tʃǽlindʒ/ n 挑戦; やりがい[張り合い]のある仕事; 難問, 課題 ► We need to see how the company manages these challenges. 会社がこうした課題をどうこなすかを見守る必要がある / What challenges does manufacturing abroad pose for the company? 海外生産は会社にどのような課題を突きつけることになるのか

face a challenge 難問に直面する
meet [rise to] the challenge 難題に立ち向かう
— vt 挑む, 挑戦する; 異議を唱える; (注意などを)促す ► He had the audacity to challenge his manager's decision. 彼は課長の決定に挑戦するだけの大胆さを持っていた
◇**challenged** a 努力を必要とする (✤disabled (障害のある)の婉曲語) ► orally [aurally, visually, mentally, physically] challenged 口のきけない[耳の聞こえない, 目のみえない, 精神障害の, 身体障害の]
◇**challenging** a やりがいのある; 挑発的な; 魅惑的な ► This job is certainly challenging, but in an enjoyable way. この仕事は確かに挑戦的[困難]だが, 楽しみながらやれる

chamber /tʃéimbər/ n ❶部屋; 会議場; 会館; 議会 ❷ (1)裁判官室 (2)(英国で) バリスタの事務所
the upper [lower] chamber 上[下]院

chamberlain /tʃéimbərlin/ n (市町村の)収入役

chamber of commerce 商業会議所 [⇨地域の事業主が情報交換・事業促進を目的として設ける互助組織. chamber of trade and commerce, chamber of commerce and trade とも言う]

chamber of commerce and industry 商工業会議所

champ /tʃæmp/ n 《略式》= champion ► The magazine reviews the champs and chumps of newly-released cars. その雑誌は新発売の自動車を売れゆきの良し悪しににかかわらず論評している

champion /tʃǽmpiən/ n 優勝者, 選手権保持者

Champion International 《~ Corp.》チャンピオン・インターナショナル [⇨米国の大手紙パルプ・建材メーカー. 1937年設立. 2000年 International Paper Co.に買収された]

champion of change 改革の旗手
chance /tʃæns/ n 偶然; 運; 見込み; 機会, 好機 ► The company has very little chance of regaining its former glory. 同社が過去の栄光を取り戻す可能性はほとんどない / There's a good chance that the stock market will swing back by the week's end. 株式市場が週末までに値を戻す可能性は十分にある

an even [50-50] chance 五分五分の見込み ► There's an even chance of the merger going through. その合併が実現する可能性は五分五分だ

by any chance 万一 ► Do you have his cell phone number by any chance? ひょっとして,彼の携帯電話の番号をご存知ありませんか

by chance 偶然に ► By chance, I ran into him on the train. 列車の中でたまたま彼に出会った / Information does not appear by chance; it must be planned. 情報は偶然現れるものではない. それは計画されなければならない

every chance 機会あるごとに

have a [the] chance to do …する機会を持つ ► I had a chance to visit our branch office in London. ロンドンの支店を訪ねる機会があった / He has a chance to become the company's next CEO. 彼は同社の次期CEOになる可能性がある

miss one's chance to do …する機会を逃がす

on the chance of doing / on the chance that one may [will] do …するのを期待して

on the off chance 万一に備えて

stand a (good) [fair] chance (十分)見込みがある(*of doing*) ► The new candidate stands a good chance of winning the election. 新しい候補者が選挙で勝つ見込みは十分にある

take a chance / take chances 一か八かやってみる

take one's [the] chance 運に任せてやってみる(*on, with*)

The chances [Chances] are that ... おそらく…だろう ► Chances are I will be out of town that weekend. 多分その週末は町を離れているだろう

— *vi* 偶然…する(*to do*)
— *vt* 運任せにやってみる

chance on [upon] を偶然発見する, に偶然出会う
— *a* 偶然の

chancellor /tʃǽnsələr/ *n* (米) 衡平法裁判所判事; (ドイツの) 首相; 大使館1等書記官; (C-)《英》大法官[高官], 大蔵大臣

Chancellor of the Exchequer 《英》蔵相

Lord (High) Chancellor 《英》大法官[✦他国での司法長官, 法務大臣に相当]

Chanel /ʃənél/ (商標) シャネル [✦フランスの高級ブランド. シャネルナンバー5などの香水やシャネルスーツで知られている]

change /tʃéindʒ/ *vt* 変える(*into*); 改める; 取り替える, 乗り換える(*for*); 交換する; 両替する(*with*); (小切手を) 現金にする ► I'd like to change this hat for another. この帽子をほかのと取り替えたいのですが / The industry has been changed by rapid developments in technology. その業界は技術の急速な発展によってすっかり変わった / This company will not change its ways. この会社はやり方を変えるつもりはない / We don't have to change to continue to grow. われわれは成長を続けるのに変化を必要としない
— *vi* 変わる, 改まる; 乗り換える

change about 変節する
change off 交替する(*with*)
change over 切り替える

— *n* 変化, 変更; 乗り換え; 取り替え; 交替; 小銭, つり銭; (C-) 取引所

コロケーション

(～+in+名詞(句)) a change **in accounting principle** 会計原則の変更 / a change **in capital structure** 資本構成の変動 / a change **in demand** 需要の変化 [✦与件の変化による需要曲線のシフト] / a change **in financial position** 財政状態の変動 / a change **in quantity demanded** 需要量の変化 [✦価格の変化に伴う需要曲線に沿った需要量の変化] / a change **in quantity supplied** 供給量の変化 / a change **in reporting entity** 報告主体の変更 / a change **in spot rate** 直物為替相場の変動 / a change **in supply** 供給の変化

► small change 小銭 / Have exact change. 釣り銭のないように / Here's your change. お釣りです (✦これらの意では不可算名詞)

a change for the better [worse] 向上[悪化]
a change of air 転地
a change of heart 変心; 転向 ► She had a change of heart and decided not to go. 気が変わって, 彼女は出かけないことにした
a change of pace 気分転換; =change-up
for a change いつもと違って, 気分転換に ► For a change, we decided to go abroad for our next vacation. 気分転換に, 次の休暇には海外に行くことに決めた
in small [loose] change 小銭で
make a change / make changes 変更する
ring the changes 手を変え品を変える

chang(e)able *a* 変わりやすい; 変えられる; 移り気の

change agent 変革の担い手, チェンジエージェント [✦伝統的な考え方ややり方を変革する触媒の役割を担って企業組織に導入される人物. 社内でのオピニオンリーダーに相当. 外部の経営コンサルタントを起用する場合が多い]

change control 変更制御 [✦所定の手順に従って変更管理を進めるためのルールとプロセスの全体]

changeless *a* 変化のない

change management 変更管理 [✦効率的に変更作業を進め, 影響を最小限に抑えるべく全体のプロセスを管理すること]

change of venue 管轄の移転, 裁判地の変更 [✦裁判管轄権(jurisdiction)を持つ複数の裁判所の間で事件が係属する裁判所を変更すること] ► petition a change of venue 裁判地の変更を申し立てる / seek a change of venue 裁判地の変更を求める

change of wording 文言の変更 ► We need to push for a change of wording that would make it clear that we are the copyright owner. 当社が著作権者であることを明確に

する方向で, 文言の変更を求め続けるべきだ
changeover n 転換, 変更
change program 改革プロジェクト
channel /tʃænl/ n ❶ 水路; ルート; 伝達経路; (ケーブル・放送などの) チャンネル ► a pay channel 有料チャンネル [○ケーブルや衛星放送等の有料放送のこと]; (インターネットの) チャネル (=chat room) ❷ チャネル, 流通経路 [○生産者から消費者までの製品やサービスの流れ] ► a channel of distribution 流通経路 (=distribution channel) / The company needs to strengthen its sales channels. その会社は販売チャンネルを強化する必要がある / A distribution channel provides access to the customers a firm wants to target. 流通経路によって会社がねらっている顧客に近づくことができる
— vt (《英》-ll-) (水路で) 運ぶ; (情報を) 伝える; (関心などを) 向ける
channel captain チャネル・キャプテン (=channel leader) [○チャネル内において指導的役割を果たす企業]
channel conflict チャネル・コンフリクト [○メーカーがネット直販を始めた場合に生じる既存系列販売店との摩擦]
channel inventory 流通在庫
channel leader =channel captain
channel marketing チャネルマーケティング [○販売促進のためにメーカーが流通チャンネルに働きかけること]
Channel Tunnel (the ~) 英仏海峡 [ドーバー海峡] トンネル ⇨ Eurotunnel
chaos /kéiɑs/ n ❶ 無秩序, 混乱 (状態) ❷【経済】カオス [○経済の動学モデルの最適解がいかなる点や周期解に収束することもなく, また無限に発散することもなく, 一定の領域を動き続ける状況を指す] ❸【経営】カオス [○個別要素のレベルでの無秩序性と全体レベルでの秩序性が並存している複雑系の状態]
◇**chaotic** a
◇**chaotically** ad
chapman n 《英》行商人
CHAPS Clearing House Automated Payment System [○イギリス中央銀行と民間銀行が共同運営している大口資金決済システム]
ChapStick 《商標》チャップスティック [○米国のリップクリーム. 口紅型のスティック. チェリーなどの香りのものもある. 女性に限らず, 男性も使用している]
chapter /tʃǽptər/ n (本などの) 章; 区切り; 一時期を画すること); 《米》(協会などの) 支部, 分会; 総会
a chapter of accidents 一連の不幸な出来事
chapter and verse 典拠, 情報源
to [till] the end of the chapter 最後まで
Chapter 11 (bankruptcy) 第11章破産, チャプターイレブン破産

> [解説] 米国の破産法第11章「更生」(Reorganization) による破産. 事業を継続し収入のなかから計画的に返済を行なう. 日本の会社更生法にあたる手続である. 大企業はブランドが確立されていて, 破産法適用と同時に収入がなくなるわけではないので, その収入を生かした再建が可能な場合が多い. 第11章による破産申請は, 件数では企業破綻の約4分の1だが, 大企業が多いので目立つ ⇨ bankruptcy, Chapter 7 bankruptcy

► file for Chapter 11 (protection) 会社更生手続による保護を申請する / The company filed for Chapter 11 bankruptcy protection. その会社はチャプターイレブンによる会社更生手続きの適用を申請した
Chapter 7 (bankruptcy) 第7章破産, チャプターセブン破産

> [解説] 米国の破産法第7章「清算」(Liquidation) による破産. 債務者の全資産が売却され債権者に配分される. 中小企業の破産は第7章によることが多い ⇨ bankruptcy, Chapter 11 bankruptcy

character /kǽriktər/ n ❶ 性格, 特性; 品性, 人格; 評判; 人物 ❷【広告】キャラクター [○シンボルとなる人物や動物] ❸【コンピュータ】キャラクター 文字; 文字セット
in [out of] character 柄に合った [合わない] (for)
in the character of の資格 [役] で
◇**characteristically** ad 特色として; 特徴的に
◇**characterless** a 特色のない
characteristic /kæriktərístik/ a, n 特有の; 特徴を示す (of); 特質, 特徴 ► One of the characteristics of an efficient secretary is the ability to multi-task. 効率のよい秘書の特徴の一つは, 複数の仕事を同時にこなせる能力だ
characterization, 《英》**-sation** n 特徴づけ
characterize, 《英》**-ise** vt 特徴づける ► How would you characterize your company's business culture? あなたの会社の企業風土にはどのような特徴があると思いますか
character merchandising キャラクターの商品化

charge /tʃɑːrdʒ/ v (代金を) 請求する; (税などを) 課する; つけにする; (仕事などを) 託する (with); 命ずる, 指示する (to do); 告発する, 非難する (with, that); 詰める, 満たす (with) ► Charge it (up) to me [my account]. それは私持ちにしておいてくれ, つけにしてくれ / We charge about 10% less than our competitors. 私どもの料金は同業他社と比べ10%ほど安くなっております / The bank charges me 15% interest on the loan. その銀行の貸し出し金利は15%です / This store does not charge for delivery. この店は配達料を取らない
charge off 費用処理する [○回収不能とあきらめた売掛金や貸金を「費用として処理 (=償却) する」(charge off as business expenses) こと]; 切り下げる ⇨ charge-off ► We need to charge off this loan. この貸金債権は償却しなければなら

ない
charge up をつけにする
― *n* ❶ 料金、費用 [⮕モノの対価を price と呼ぶのに対して、サービスの対価は charge(料金)と言う。ただし、同じサービスでも会計士や弁護士への謝礼など専門色が強くなると fee(報酬)と称される。⇒③]; クレジット ▶ Cash or charge? 現金にしますかクレジットにしますか
❷【法律】担保; 担保権 ▶ a charge on land 土地を目的とする担保 / a charge over property 財産を目的とする担保 / a fixed charge 固定担保 / a floating charge 浮動担保 / The proposed security agreement will create a charge over the company's assets. 検討中の担保権設定契約は、会社の資産を対象に担保を設定することになる
❸【会計】費用、手数料 ▶ a charge against revenue 損金 / a charge for remittance 送金手数料 / charges for utilities 光熱費 / transportation charges 運賃諸掛り / You need to prepay any transportation charges connected with service. サービスに関連する運賃を前払いにしなければならない / We will waive the monthly charges on standard checking accounts. 標準的な小切手口座の月決め料金を無料にします[請求しません]
❹ 特別費用 [⮕リストラ(事業再構築)に伴う人員整理、工場閉鎖などにより生じる特別の費用ないし損失] ▶ a nonrecurring charge 一時的費用 / a one-time charge 一時的費用 / a restructuring charge リストラ費 / The company plans to take a charge of more than $1 billion for the restructuring. 同社はリストラに向け10億ドル超の特別費用を計上する予定だ
❺ 責任、義務; 指示、命令; 非難; 告発 ▶ a charge of sexual harassment セクハラの訴え
assume full charge of の全権を任される
at no extra charge ぽっきりの値段で; 余分の費用なし
bring a charge (of ...) against を(…で)告発する
bring charges against を告発する
counter the charge that という非難に反論する
file charges against に対し告訴を起こす、の告発状を出す ▶ The company filed charges against the former employee for embezzlement. 同社は元従業員を横領の容疑で告訴した
free of charge 無料で ▶ The first consultation is free of charge. 初回の相談料はいただきません
in a person's charge / in [under] the charge of に預けられて、の担当で
in charge of を管理して; を預かって、を担当して、の係の ▶ Who's the person in charge of recruiting? 採用のご担当はどなたですか / Trump is in charge of a large business empire. トランプは一大ビジネス帝国を支配している
lay ... to a person's charge で(人を)非難[告発]する
on the [a] charge of / on charges of の罪[嫌疑、かど]で
press [prefer] charges against を告発する
reverse the charges 通話料を先方払いにする ▶ We apologize for the error and we will reverse the charges on your credit card. 間違いをお詫びし、クレジットカードの請求を取り消させていただきます
take [have] charge of の世話[管理]を引き受ける[ている] ▶ We need someone to take charge of the situation. 責任をもって事態を収拾する人が必要だ

chargeable *a* (料金・税が) 課せられる (*to*); (報酬として) 請求可能な (=billable); 課税対象となる ▶ repairs chargeable to the owner オーナーに費用を請求できる修理

chargeable asset 《英》譲渡対象資産 [⮕売却代金に課税される資産]

chargeable expense 付帯費用

chargeable gain 課税対象の資産処分益

chargeable profits 課税利益

chargeable transfer 課税対象の資産譲渡 [譲与]

charge account 《米》掛け売り、クレジット; 貸売り、売掛け、信用売り; 《米》与信取引勘定 [⮕個別の企業との契約で、月末にまとめて払えるようにした口座][《英》credit account) ▶ I have a charge account with the department store. 私はそのデパートとは与信取引による売買をさせてもらっている

chargeaholic *n* 《略式》クレジットカード中毒者

charge card チャージカード [⮕後日支払う点はクレジットカードと同じだが、カードを発行した業者の店でしか使えない]

chargee *n* 担保権者

charge-off *n* 不良債権の償却 [⮕回収不能と判断される売掛金や貸金などを損失として見限り、費用として処理する手続、またはこの手続に付される金額(要するに損失額)を言う] ▶ a bad debt charge-off 不良債権の償却額 / Charge-offs were $720 million in the quarter. 貸倒償却は当期、7億2000万ドルであった / Charge-offs grew faster than expected. 償却が予想を上回る勢いで増えた / Charge-offs have risen steadily in the quarter. 当期は貸倒償却が着実に増えた

charge on assets (資産上に設定された) 担保権

charisma /kərízmə/ *n* (~ta -tə/) (人を引き付ける) カリスマ(性)、(神授の) 特能 ▶ Leaders should have charisma. 指導者はカリスマ性をもたなければならない[<ギ]

charitable /tʃǽrətəbl/ *a* 慈悲深い; 慈善の ▶ a charitable institution 慈善団体[施設]

charitable contribution (税控除を受けられる) 公益的寄付

charitable corporation 公益法人

charitable deduction (税務上の) 寄付控除

charitable donation 慈善寄付 [⮕税控除ができる]

charitable trust 公益信託, 慈善信託
charity /tʃǽrəti/ n 慈善, 施し; 救助金; 慈善基金[施設, 団体] ► Charities rely heavily on volunteers. 慈善事業はボランティアに大きく依存している
live on charity 援助で生活する
Charity Commission 《英》慈善事業監督委員会
Charmin 《商標》チャーミン [⇨米国のトイレットペーパー. 赤ちゃんの絵がついているパッケージが特徴. 製造元のプロクター・ギャンブル社は洗剤, 石鹸などを多く出している大手の会社]

chart /tʃɑːrt/ n
❶ 図表; チャート ► a bar chart 棒グラフ / a break even chart 損益分岐点図表 / a flow chart フローチャート / an organization chart 組織図 / a pie chart 円グラフ / a line chart 折れ線グラフ / a chart of accounts 勘定科目一覧表, 勘定組織表 / display a chart 図を表示する
❷ チャート, 罫線 [⇨株式, 為替等の相場商品の価格の変動をグラフ化したものを言う] ► Price charts are used by currency traders in forecasting future trends. 価格チャートは将来のトレンドを予測する目的で通貨トレーダーによって使われている

chart analysis チャート分析, 罫線分析 [⇨相場変動をグラフ化して先行きを占うアプローチ]

charter /tʃɑːrtər/ n
貸切り, チャーター; 憲章; 傭船契約(書); 定款 ► bareboat charter 裸用船契約 / time charter (船舶などの)期間契約 / voyage charter 航海契約
— vt 特許する; (乗り物を)借り切る

chartered /tʃɑːrtərd/ a
免許[認可]を受けた; 貸し切りの
Chartered Accountant 《英》勅許会計士 (CA) (=《米》certified public accountant (CPA))
chartered certified accountant 《英》公認会計士
Chartered Financial Analyst 公認証券アナリスト (CFA) [⇨米国のCFA Instituteが授与する称号]
chartered flight チャーター便
Chartered Life Underwriter 公認生命保険士 (CLU) [⇨米国のAmerican Collegeが授与する称号]
chartered life underwriter 《米》保険外務員
Chartered Property and Casualty Underwriter (米国の)公認損害(・災害)保険士 (CPCU)
chartered surveyor 《英》不動産鑑定士 [⇨測量士などの資格を併せ持つRICSという民間団体の資格を有する者]
charterer n (船舶や航空機などの)チャーター主
charter flight チャーター便
Charter for the International Trade Organization ((the ~)) 国際貿易機構(ITO)憲章
chartering broker 海運仲立業者
Charter Mark 《英》チャーター・マーク [⇨メージャー政権下で定められた市民憲章(Citizen's Charter)の原理に適う公的サービスにのみ使用が許されるマーク]
charter member 《米》創立会員 (=founding member)
charter-party n 用船契約(書)
charter's agent 用船者代理店
charter subscriber (雑誌の)創刊時からの購読者
chartist n チャーチスト, テクニカル分析専門家 (=technical analyst) [⇨株式相場の予測に際して, いわゆる罫線を用いたテクニカル分析を行う専門家]

chase /tʃeis/ vt
追いかける; 追跡する; 追い出す; 急ぐ, 走る
chase down 追いつめる ► The reporters chased down and interviewed every bystander who witnessed the incident. 記者たちはその出来事を目撃した通行人を追いかけて一人残らずインタビューした
chase up をうるさく追い回す; 捜し出す
— n 追跡; 追跡される人
cut to the chase 《略式》すぐ本題に入る ► Let's cut to the chase and lay out our demands. 本題に入って要求を述べよう
give chase to を追いかける
Chase Manhattan 《The ~ Corp.》チェースマンハッタン [⇨Chase Manhattan Bankの持株会社. 1969年設立, 2000年にJ.P.Morganと合併し, JPMorgan Chase & Co.となる]

chat /tʃæt/ vi (-tt-)
おしゃべりする (*about*); チャットする [⇨ネットワーク上でおしゃべりする] ► We chatted about our business trips. 出張について雑談した / They chatted with colleagues at the coffee machine. コーヒーマシンのそばで同僚とおしゃべりした
— n 雑談; チャット [⇨ネットワーク上のおしゃべり] ► We had an online chat for an hour. オンラインで1時間チャットした / Every morning before work, he makes it a point to have an informal chat with the people in his section who arrive early. 毎朝仕事が始まる前に, 彼は早く出社した課員と決まって雑談をする
chat room (ネット上の)チャットルーム
chattel /tʃǽtl/ n (通例複数形) 動産 ► goods and chattels 一切の動産 / chattel(s) personal 純粋動産 [⇨個人の有する財産のなかで動かせるものを指す] / chattel(s) real 定期賃借権に基づいて利用している不動産 / incorporeal chattels 無形動産 [⇨著作権, 特許など] [語源]cattle(畜牛)と同じ語源. かつて畜牛は主要な財産であった]
chattel mortgage 動産譲渡抵当 ► hold a chattel mortgage on... as security for a loan 融資の担保として…上に動産抵当権を有している
chattel paper 動産担保付債務証書 [⇨債務

cheap /tʃi:p/ a 安価な,安物の; 取るに足りない, ごまかしの; 購買力の低い; 《米》けちな ► Buy now, the goods are going cheap. 今がお買い得のチャンスです,全商品割引セール中です
(as) cheap as dirt 二束三文の (=dirt-cheap)
cheap at half the price 半値ならば安い; 値高い
cheap at [for] the price お買い得
come cheap 安くつく
hold ... cheap を見くびる
— ad 安く
— n 《次句で》:
on the cheap 安く,経済的に
◇**cheapen** v 安くする[なる]
◇**cheapness** n

cheapie n 《略式》安物,安上がり作品
cheapjack n, a 行商人; 安物の商人; 安っぽい

cheap labor 低賃金労働 ► The country has plenty of natural resources and cheap labor. その国は豊富な天然資源と安価な労働力を持っている

cheaply ad 安く ► The bus takes you there cheaply. そのバスに乗れば安い料金でそこへ行ける / That's what you get for buying cheaply made products. 安上がりの製品を買うと,そういうものを手に入れることになる (✤日本の諺の「安物買いの銭失い」にあたる)

cheap money 低利の資金 [⟹金融緩和期に低利で調達できる資金を言う. easy money と同じ]

cheapo /tʃi:pou/ a 《略式》安い (✤el cheapoとも言う)

cheapskate n 《米略式》けち (=tightwad)

cheat /tʃi:t/ n ❶ 詐欺師,ペテン師; ごまかし ► a tax cheat 脱税者 / a welfare cheat 生活保護費不正受給者 ❷ 《法律》(欺罔(きもう)による他人の財産の)詐取
— v だます《into, out of》; 巻き上げる《of》; うまく逃れる; 不正をする ► He cheated on his taxes. 彼は税金をごまかした / She was cheated out of her money. 彼女は金をだまし取られた
◇**cheater** n だます人, ペてん師

check /tʃek/ vt 急に止める, 阻止する; 抑制する; 照合する; 検査する; 検印をつける; チッキで送る; 預ける; 合札をつける
— vi 調べる《for, through》; 急に止まる; 《米》小切手を振り出す《on》; 再確認する《back》 ► Our system is currently under maintenance. Please check back in an hour. 当社のシステムは現在メンテナンス中ですので1時間経ってから,もう一度お試しください

check in (ホテルで)チェックインする; 搭乗手続きをする; 連絡をとる《with》; 入院する; 出勤する; 到着する; 《米》出社時にタイムカードを押す (=《英》clock in)
check into にチェックインする, 記名して入る
check off 照合印をつける; (組合費を給料から)天引きする
check on を調べる
check out (ホテルを)チェックアウトする; (会社などを)退社する; 調べる; 性能[能力]テストに合格する; (レジで)勘定を払って出る; (預金を)小切手で引き出す; (勘定などが)一致する; 事実と合う《with》; 《米》退社時にタイムカードを押す (=《英》clock off, clock out) ► You need to check out from the hotel before 8 a.m. at the latest to catch the flight. フライトに間に合うためには, 遅くとも午前8時前にホテルをチェックアウトする必要がある / Check it out! 見てごらん / You should check out the new café around the corner. 角を曲がったところにある新しいカフェをチェックしてみなくては
check over を調べる ► Let's check over the results of the experiment. 実験の結果を徹底的にチェックしてみよう
check up on を調べる ► Have you checked up on the progress of the construction? 建設工事の進み具合を調べましたか
check with と一致[符号]する; に相談する ► I need to check with my lawyer on this. これについては弁護士に問い合わせる必要がある

— n ❶ 小切手 [⟹振出人 (maker, drawer)が取引銀行に対して支払を委託する形式の証券] (=《英》cheque) ► a check for the amount of... 額面…の小切手

コロケーション

《動詞(句)+~》 **bank** a check 小切手を(自分の)銀行口座に振り込む / **bounce** a check 不渡りを出す / **buy by** check 小切手で買う / **cash** a check 小切手を現金化する / **draw** a check **on** ABC Bank ABC銀行を支払人とする小切手を振り出す / **float** a check 支払資金がないのに小切手を振り出す, 小切手の不正利用をする / **make out** a check **to**... ...あてに小切手を振り出す / **pay by** check 小切手で支払う / **sign** a check 小切手に署名する / **stop** a check 小切手の支払停止を手配する / **write** a check **for $100 to**... ...に100ドルの小切手を書く / **write out** a check 小切手を振り出す

小切手

altered check 変造小切手 / blank check 白地小切手 / bounced check 不渡り小切手 / check for collection 代金取立小切手 / counterfeit check 偽造小切手 / crossed check 横線小切手 / dud check 不渡小切手 / payroll check 給料小切手 / rubber check 不渡小切手 / traveler's check 旅行小切手, トラベラーズチェック

❷ 点検, 確認 ► give regular checks 定期的に確認する / We ought to keep a check on his work. 彼の仕事には監視を怠ってはならない / Before we hire him, we should run a check on his references. 彼を雇う前に身元保証人にも当たってみるべきだ

❸ 抑止策, 防止策 ► keep a check on ... を抑止する措置をとる / act [serve] as a check on ... に対する防止策となる
do a check for を調べる

keep [hold] in check 抑制する ► The government needs to keep inflation in check. 政府はインフレを抑制する必要がある

checkbook *n* 小切手帳
check card デビットカード
check drawee 小切手受取人
check drawer 小切手振出人
checker /tʃékər/ *n* レジ係 ► a supermarket checker スーパーのレジ係
checkered *a* 変化[波乱]に富む ► have a checkered career 波乱万丈の人生を歩む / The product has a checkered sales record. その製品の売上高の記録は増減が激しい
check-in *n* チェックイン; チェックイン・カウンター, 受付カウンター ► long delays at check-ins 受付窓口での混乱, 受付で待たされること / I'll meet you at the check-in. 受付カウンターの所でお待ちしています
check-in counter [desk] チェックイン・カウンター
checking *n* 突合せ, 照合, 帳簿突合せ[◯一般監査手続きの一つで, たとえば帳簿と帳簿の突合せ]
checking account 《米》当座預金口座, 当座預金勘定 ⇨ savings account
checking posting 帳票突合せ
check-in time チェックイン時刻[◯搭乗[宿泊]手続の予定時刻]
check kiting 小切手の不正利用[◯小切手が取立に回されても資金不足が判明するまでに時間がかかることを悪用し, 不渡になると分かっている小切手を自分の口座に振り込んで現金を引出す詐欺]
check list ❶ 照合[一覧]表; 選挙人名簿 ❷【会計】監査実施確認表, チェック・リスト
check mark 照合済みの記号[しるし]; (記載済みの) チェックマーク [=《英》tick]
check off *n* 労働組合費の控除
checkout *n* チェックアウト ► a checkout line レジの行列 / pay at the checkout レジで払う / stand in line at the checkout レジで並ぶ
checkout counter レジ, 勘定場
check payable to bearer 持参人払小切手
check payable to order 指図人払小切手
check run (コンピュータによる) 支払小切手発行作業
check stub 小切手控え, 小切手のミミ
checkup *n* ❶ 健康診断 ► a health [medical] checkup 健康診断 / The company requires that all employees have an annual health checkup. その会社は, 従業員全員が年に一度健康診断を受けるよう義務づけている ❷【会計】照合, 検査
Cheer 《商標》チアー [◯米国の洗濯用洗剤. パウダー状と液体状があり, 温水だけでなく冷水にも良く溶ける. コインランドリーの自動販売機で1回分の小型パックが売られていることも多い]
Cheerios 《商標》チェリオス [◯オートムギから作られる米国の朝食用シリアル. 一つ一つがアルファベットのオーの形をしており, 子供に人気]
cheese /tʃi:z/ *n* チーズ; 《略式》有力者, ボス (=the big cheese); (the ~)一級品
Cheez Whiz 《商標》チーズ・ウィズ [◯チーズ入りの食品の一種]
chef /ʃef/ *n* シェフ, コック長; 料理人
chemical /kémikəl/ *n* (~s) 化学薬品[製品]; 化学薬品株
— *a* 化学(上)の; 化学的な ► the chemical industry 化学工業 / Our chemical plant passed inspections and seems to be maintaining safety codes diligently. 当社の化学工場は, 検査に合格していて, 安全法規を忠実に遵守しているようだ
chemical contaminant 化学汚染物質
chemical-free farming 無農薬農法
chemical oxygen demand 化学的酸素要求量 (COD)
chemical pollution 化学物質汚染
chemist /kémist/ *n* 《英》薬局 (=《米》drug store); 薬剤師
cheque /tʃek/ *n* 《英》小切手 (=《米》check)
cheque book 《英》小切手帳
cheque card 《英》= check card
cherry /tʃéri/ *n* サクランボ(色); サクラの木[材]
have another [a second] bite at the cherry もう一度やり直す機会を得る
the cherry on (the) top [cake] 思いがけない幸運
— *a* サクランボ色の; サクラ材の; 《米略式》(品物などが) 真新しい ► He sells vintage cars in cherry condition. 彼はヴィンテージカーを新品同様の状態で売っている
cherry-pick *v* えり好みして選ぶ
chest /tʃest/ *n* 胸; (ふた付きの) 大箱; 金庫; 基金; 資金
Cheung Kong (Holding) (~ Ltd.) 長江 (チョンコン) 実業グループ [◯香港最大の企業グループ. 世界的な実業家 Li Ka-Shing (李嘉誠) が率いるグループで不動産開発を始めその50%を保有する Hutchison Whampoa を含め, 港湾設備の建設, 運営, 通信, ホテルならびに小売業などの事業を行う]
Chevrolet /ʃèvrəléi/ 《商標》シボレー [◯GM製の自動車のブランド名. GM製. ツードアからトラック, バンまでさまざまな車種があり, 頑強なイメージのトラックが特に人気. Chevy の愛称で呼ばれることも多い]
Chevron (~ Corp.) シェブロン(社) [◯米国の石油会社. 旧名 Standard Oil Co. of California (1926年設立)] ⇨ Chevron Texaco
Chevron Texaco (~ Corp.) シェブロン・テキサコ [◯米国の石油会社. 天然ガスなど広くエネルギー事業を展開. Chevron と Texaco の合併により2001年に設立. 05年 Chevron Corpと名称変更]
Chevy 《米略式》《商標》シェビー [◯米国の車のブランド, シボレー (Chevrolet) の愛称]
chew /tʃu:/ *v* かむ; 熟考する《*on, over*》; 徹底的に論じる《*over*》
chew out 《米略式》叱りつける《*for*》 ► The boss

chewed me out for forgetting about the meeting. 上役は私が会合を忘れていたことで私を叱りつけた

chew the fat [rag] 《略式》おしゃべりをする

Chicago Board of Trade 《the ~》(CBOT) シカゴ商品取引所 [⇒1848年設立の会員による先物取引所．当初は穀物のみの取引であったが，現在は金融商品も含め50を超える商品の先物およびオプションの取引を行っている．2007年CMEに買収された] ⇒CME

Chicago Board Options Exchange シカゴ・オプション取引所 (CBOE)

Chicago Mercantile Exchange シカゴ・マーカンタイル取引所 (CME) [⇒商品先物, オプションの全米第1の取引所．2002年に株式会社化とともにNYSEに上場, 07年にCBOTを吸収合併, さらに08年にNew York Mercantile Exchangeを買収した]

Chicago School 《the ~》シカゴ学派 [⇒景気安定策として金融政策を主張したシカゴ大学の経済学者たち．H.C. サイモンズやM. フリードマンなど]

chicken /tʃíkən/ n 鶏; ひよこ; ひな鳥; 鶏肉; 《米略式》弱虫; 《略式》ささいなこと

A person's chickens have come home to roost. (人の) 自業自得だ

count one's chickens before they are hatched 取らぬ狸の皮算用

— vi (次の成句で)

chicken out 《略式》おじけづいてやめる; 尻込みする (*of*) ▶ Whether in business, sports, or any situation, he takes pride in his ability to face any challenge and never to chicken out. ビジネスであれ, スポーツであれ, どんな状況であっても, いかなる挑戦にも真っ向から立ち向かい, 決して尻込みしないことを誇りにしている

Chicken McNuggets 《商標》チキンマックナゲット [⇒米国のファーストフード・チェーンのマクドナルドが提供している一口大の鶏の空揚げ]

Chicken of the Sea 《商標》チキン・オブ・ザ・シー [⇒米国の缶詰めのツナのブランド．ツナサンドイッチは米国のランチの定番の一つでもある]

chicken raising 養鶏

Chiclets 《商標》チクレッツ [⇒ガムの銘柄の一つ. 糖衣をかけた小さな方形の錠剤状のもの]

chief /tʃíːf/ n (組織・団体の) 長; 首長; 上官, … 長

in chief 最高位の ▶ an editor in chief 編集長
Too many chiefs and not enough Indians. 船頭多くして船山に登る

— a 最高位の; 主要な, 第一の;《法律》主たる, 直接の, 直接取得した ▶ The chief goal is to achieve customer satisfaction. 主な目的は顧客を満足させることだ / The chief cause of the airport shutdown was political protests. 空港閉鎖の主たる原因は政治的な抗議行動だ

chief accountant 経理部門の責任者

chief accounting officer 最高会計責任者 (CAO)

chief executive 《英》最高経営責任者, 社長 (=《米》chief executive officer);《C- E-》《米》大統領;《米》州知事, 行政長官

chief executive officer 最高経営責任者 (CEO) [⇒会社の経営トップの一人で, 日本の社長にあたる．英国と異なり米国では取締役会会長を兼務している例が多い] ▶ John Smith has stepped down as chairman and chief executive officer. ジョン・スミスは会長兼最高経営責任者の職を辞した

chief financial officer 最高財務責任者 (CFO) [⇒会社の経営トップの一人で, 経理・財務などを統括する] ▶ The chief financial officer has to certify in writing that his/her most recent reports filed with the SEC are both complete and accurate. 最高財務責任者は, 証券取引委員会に提出した直近の報告書が完全なものであり, かつ, 正確である旨, 書面をもって証明することが義務づけられている

chief information officer 最高情報責任者 (CIO)

chiefly ad 主として, 主に; 何よりもまず ▶ Our company is chiefly involved in recycling post-consumer material. わが社の主な事業は使用済み素材のリサイクルだ

chief of state 《the ~》国家元首［主席］

chief operating officer 最高執行責任者 (COO) [⇒最高経営責任者(CEO)の指揮下で会社の日常業務運営を指導・監督する経営幹部]

chief technology officer 最高技術責任者 (CTO)

child /tʃáild/ n (**children**) 子供, (親に対して) 子; 幼児

child allowance =child benefit

child and dependent care credit 扶養家族控除

childbearing n 出産

child benefit 《英》児童給付, 児童手当

childbirth n =childbearing

childcare, child care n, a 育児(の); 育児支援(制度) ▶ affordable childcare 過大な負担の伴わない育児支援の利用 / provide childcare facilities 育児施設を提供する / childcare provision 育児支援サービスの提供

childcare benefits act 児童手当法

childcare credit (税金の) 育児控除

childcare leave 育児休業制度 [⇒子供の世話をするために認められる休業]

child labor 児童労働 ▶ prohibit child labor 児童労働を禁止する

child rearing allowance 児童扶養手当

children's insurance =child's insurance

child's insurance 子供保険 (=children's insurance,《米》juvenile insurance)

chill /tʃíl/ n 冷え, 冷たさ; 寒け; 興ざめ

cast a chill over の興をさます

— a 冷たい; 冷淡な
— vi 冷える; ぞくぞくする
— vt 冷やす, 冷却［冷蔵］する; (士気を) くじく, (興を) さます ▶ chilled beef 半冷凍牛肉 /

chime /tʃaim/ *n* チャイム; 調和
keep chime with と調子を合わせる
— *v* 調和[一致]する
chime in (意見を言って)割り込む《*with*》
chime (in) with と調和する

Chimerica /tʃaimérikə/ *n* チャイメリカ[⇨中国とアメリカの国家的・経済的連携]

chin /tʃin/ *n* あご, あご先;《米略式》おしゃべり
(*Keep your*) *chin up.* がっかりするな, 元気を出せ ► Keep your chin up. Things aren't as bad as they seem. 元気を出しなさい. 状況は見かけほど悪くない

china /tʃáinə/ *n* 磁器, 瀬戸物[＜Chinaから]

China Airlines 《~, Ltd.》中華航空 (CAL)[⇨台湾の航空会社]

China Communications Construction 《~Co., Ltd.》チャイナ・コミュニケーションズ・コンストラクション, 中国交通建設[⇨中国の交通施設(飛行場, 高速道路など), 港湾の建設ならびに浚渫などを行う. 2006年10月設立]

China Construction Bank 《~Corp.》チャイナ・コンストラクション・バンク, 中国建設銀行[⇨特にインフラ投資への融資に強みを持つ. 1954年設立の国有銀行. 全国に14,000ほどの店舗を構える]

China COSCO Holdings 《~Co., Ltd.》チャイナCOSCOホールディングス, 中国遠洋控股[⇨中国の陸海のコンテナ輸送, コンテナのターミナルの運営およびリースなども行うグループ会社. 2005年3月設立]

China Eastern Airlines 《~Corp., Ltd.》チャイナ・イースタン・エアラインズ, 中国東方航空[⇨中国の大手航空会社で上海に拠点を置く. そのほか, グループには不動産, 広告, 機械なども扱う]

China International Trust and Investment Corporation 中国国際信託投資公司[⇨国務院直属の国有企業. 外国からの資金や技術の導入, 合弁事業の斡旋はなどを行う金融機関. 1979年10月に設立. 現在はCITIC Groupとして運営される]

China Life Insurance 《~Co., Ltd.》チャイナ・ライフ・インシュランス, 中国人寿保険[⇨2003年6月設立. 中国の主として個人向け生命保険の大手]

China Mobile Communication 《~Corp.》チャイナ・モバイル・コミュニケーション, 中国移動通信[⇨中国31省でサービスを行う中国最大の携帯電話会社. 2000年4月設立. 2008年政府方針により中国鉄通と合併し, 新しいChinaMobileとして発足予定]

China Netcom Group Corp (Hong Kong) 《~Ltd.》チャイナ・ネットコム(香港)[⇨PHSを含む固定通信事業を, 北京市や天津市を含む10省をカバーして行う. ⇨China Unicom]

China Petroleum & Chemical 《~Corp.》チャイナ・ペトロリアム・アンド・ケミカル, 中国石油化工[⇨石油, 天然ガスの開発, 精製, 石油製品の製造などを行う石油化学の大手企業. 2000年2月設立]

China Resources Enterprise 《~, Ltd.》チャイナ・リソーシズ・エンタープライズ, 華潤創業[⇨中国国務院直属の華潤集団を親会社とする複合企業. 石油化学, 食品加工, 紡績, 不動産などを手がける]

China Shenhua Energy 《~Co., Ltd.》チャイナ・シェンファ・エナジー, 中国神華源[⇨中国の石炭を中心とするエネルギー会社. 内モンゴル自治区に石炭の4鉱区を持ち, 国内に11か所の石炭火力発電所を持つほか, 港湾, 鉄道事業も展開する]

China Southern Airlines 《~Co., Ltd.》チャイナ・サザーン・エアライン, 中国南方航空[⇨中国3大航空会社の一つ]

China Telecom 《~Corp., Ltd.》チャイナ・テレコム, 中国電信[⇨中国電信集団から上海, 広東, 近江などの地域資産を分離して独立, 2006年末現在2億6,300万所帯をサービスする固定通信業者で, その加入者数は世界最大規模. 08年政府の再編方針により, China Unicomの CDMA部隊を取り込んだ形でChina Telecomが誕生する予定]

China Unicom 《~Ltd.》チャイナ・ユニコム, 中国聯通[⇨2000年2月設立. 携帯電話キャリアでGSM, CDMA方式により30省をカバーして通信し, 2006年末現在1億4,300万人の加入者がいる. 子会社を通じ, 香港, 米国でも通信事業を行う. 08年政府方針でChina Netcomと合併して新会社を発足予定]

Chindia /tʃíndiə/ *n* チンディア[⇨新興経済大国の中国とインド]

Chinese Wall ❶《略式》(the ~) 万里の長城 (=Great Wall of China) ❷ チャイニーズ・ウォール, 情報隔壁[⇨証券会社のブローカレッジ部門と引受部門など, 利益相反の生じやすい部門間の情報交換・交流を制限する措置]

chintzy /tʃíntsi/ *a* (商品などが) 安っぽい, あか抜けしてない, やぼったい

chip /tʃip/ *n* (木の) 一片, 切れ端; 薄切り, 小片; (現金代わりの) 数取り札;《~s》《米略式》金銭, チップ[⇨半導体集積回路, 集積回路, ICなどとも言う. マイクロチップ, シリコンチップの総称] ► blue chips 優良株 / red chips 香港市場で取引されている中国株 / He put his chips on IT stocks because of their growth potential. 成長の可能性を見込んで, 彼はIT株に資金を投じた
cash [*hand, pass*] *in one's chips* (取引契約から) 手を引く
— *vt* (-**pp**-) 切る, 削る; (縁を) 欠く《*off*》
— *vi* 欠ける《*off*》; 徐々に削る《*at*》
chip away at 徐々に削り取る[崩す]
chip in《略式》金を出し合う; (金を) 寄付する; (意見を) 差し挟む ► Each chipped in what he could afford and set up a fund. 各人が出せるだけの金を拠出して基金を作った

chipmaker *n* 半導体メーカー

CHIPS Clearing House Interbank Payment System

chit /tʃit/ *n* 貸出票, 受取表 [○略式の伝票類をさしていう] ▶ initial a chit 伝票に自分のイニシャルをサインする

Chivas Regal 《商標》シーバスリーガル [スコットランド Chivas Brothers 社のウイスキー]

chlorofluorocarbon *n* クロロフルオロカーボン, 特定フロン (CFC) [○炭素とフッ素・塩素が結合した化合物で, 熱的に安定でかつ化学的な安全性も高く, スプレー缶用噴出剤, 冷媒など多く広い用途に使用されてきたが, 塩素がオゾン層の破壊の原因となるため, 使用禁止になった]

Chloromycetin 《商標》クロロマイセチン [○chloramphenicol の商品名]

choice /tʃɔis/ *n* 選択; 選択権; 選ばれたもの [人]; 選択範囲; 極上品 ▶ There's a choice of coffee or tea. コーヒーか紅茶をお選びいただけす / That store has a poor choice of articles. あの店は品揃えが少ない / Hybrid cars have become the choice of eco-friendly consumers. ハイブリッド車は環境に配慮する消費者が好んで買う車になった / I have to do it. I've got no choice. やらなきゃならない. 選択の余地はない

by [*for*] *choice* 好んで, 特に
have no choice えり好みできない; どれでもよい ▶ You have no choice in the matter. その件については他に選択肢はない
have no choice but to do …するより仕方がない ▶ We have no choice but to withdraw our bid. 入札を撤回するほかない
make a [*one's*] *choice* ある[自分の]選択をする
— *a* 上等の; よりすぐった; (言葉が) 痛烈な ▶ a few choice words 辛辣な言葉

choke /tʃouk/ *vt* 窒息させる; ふさぐ; きっしり詰める; 抑える; 成長を抑える
— *vi* 息がつまる; 《略式》(緊張・不安などで) ここ一番で力が出しきれない ▶ We're going through some practice interviews so that he won't freeze up and choke at the real thing. 本物の面接のときに, あがったり, 言葉につまったりしないように, 何回かの模擬面接を受ける予定だ
— *n* 空気調節装置, チョーク

choose /tʃu:z/ *v* (chose; chosen) 選ぶ 《from》; 選挙する; (…しようと) 思う [決める] 《to do》 ▶ You should choose your password carefully. パスワードは注意深く選ぶべきだ / We have chosen five people to interview. 面接を受ける人を5人選んだ / The product to be marketed has been chosen. 売り出す製品が選ばれた / There's not just one kind of money fund but a variety of types to choose from. マネーファンドは1種類だけでなく, さまざまなタイプがあってその中から選べる / She chose to live and work in a less stressful way. 彼女はもっとストレスのない仕方で生活し働くことを選んだ
cannot choose but do …せざるを得ない
choose A over B BよりAを選ぶ
choose between A and B AかBを選ぶ
of one's (*own*) *choosing* 自分で選んだ

chop¹ /tʃɑp/ (-pp-) *vt* たたき切る 《down, off》; 切って作る; 削減する; 中止する ▶ The scandal chopped nearly half of the company's sales revenues. スキャンダルのために同社は売上収入のほとんど半分を失った
— *n* 切断; 一撃
get the chop 《略式》首になる ▶ He got the chop for absenteeism. 無断欠勤で解雇された
give a person the chop 《英略式》(人を) 首にする

chop² *vi* (-pp-) 急変する
chop about [*round*] 風向きが何度も変わる
chop and change (方針などを) たびたび変える

chopper /tʃɑpər/ *n, v* 《略式》ヘリコプター(で飛ぶ, 輸送する) ▶ The boss took the company's chopper to get to the conference. 社長は会議出席のため会社のヘリを利用した

chopping block [**board**] /tʃɑpiŋ-/ (厚い木の) まな板
on the chopping block 《略式》首になりそうな; 予算が削られそうな

CHP combined heat and power 熱電供給, コージェネレーション

Christie's クリスティーズ [○Sotheby'sと並ぶ美術品競売会社. 1766年 James Christie 設立の私企業]

chronic, chronical /krɑnik(əl)/ *a* 慢性の; 常習的な; 《略式》ひどい ▶ chronic budget deficits 慢性的な財政赤字 / chronic unemployment 慢性的な失業
◇**chronically** *ad*

chronological /krɑnəlɑdʒikəl/ *a* 年代 [日付] 順の
◇**chronologically** *ad*

chronological order 日付順, 年代順, 時系列に沿った順 ▶ file in chronological order 日付順に (記録簿に) 整理保管する

Chrysler (~ Corp.) クライスラー [○Dodge, Chrysler などを製造する米国の自動車メーカー. 設立1925年. 98年ドイツの Daimler 社に吸収されたが, 2007年米投資ファンドが買収した. 09年4月に破産法第11章の適用を申請, 同年6月より伊フィアット社の主導で新生 Chrysler Group LLCとして再建中]

Chubb (The ~ Corp.) チャブ [○損害保険会社や投資顧問会社などを傘下におく米国の持株会社. もとは1882年 Chubb & Sons として創業. 1967年持株会社として現在名となる. 住宅総合保険, 経営者保険などが特徴]

chuck /tʃʌk/ *vt* ぽいと投げる; 《略式》辞職する; 軽くたたく
chuck away を空費する
chuck in を投げ出す
chuck out を追い出す; 捨てる
— *n* ぽいと投げること; あご下を軽くたたく [なでる] こと
give [*get*] *the chuck* 《略式》首にする [なる]

chug /tʃʌg/ *n, vi* (-gg-) エンジンの音 (をたてて進む), ゆっくり確実に進む [動く] 《along, down, up》 ▶ The economy has been chugging along at an annual growth rate of 8%. 同国の経済

は8%の年間成長率で漸進してきた

chump change 《略式》はした金

chunk /tʃʌŋk/ n 大塊; かなりの量[額] ► Advertising took a huge chunk out of our budget this year. 広告費は当社の今年の予算のなかの非常に大きな金額を占めた

chunky /tʃʌŋki/ a ずんぐりした; 塊になった

Chunky Soup 《商標》チャンキー・スープ[⇨米国のキャンベル社が提供する缶入りスープ]

churn /tʃəːrn/ n 顧客の他社製品への乗換え
— v かき混ぜる; かき混ぜてバターを作る; 泡立てる

churn out 《略式》大量生産する ► Many people dislike products that big companies churn out in large numbers on their production lines. 大企業が製造ラインで大量生産する製品を嫌う人が多い / I don't know how they do it, but they churn out more hits than any other record label in the country. やり方は分からないが,そのレコード会社は国内のどのレーベルよりも多くのヒット曲を作り出している

churning n 回転売買, 過当売買[⇨売買手数料をかせぐために顧客の意思を顧みないで頻繁に証券を売買すること]

churn rate ❶ 乗換え率[⇨既存顧客が他社製品へと流れる度合い] ❷ 回転率[⇨転職などによって従業員が入れ替わる度合い]

CI corporate identity

CIA cash in advance 現金先払 ► All payments should be CIA. すべての支払は現金先払のこと

Ciba-Geigy (〜 Ltd.) チバ・ガイギー[⇨スイスの化学・医薬品メーカー. 1970年, Ciba (Chemische Industrie Basel Aktiengesellschaft)とJ.R.Geigyが合併して成立. その後96年Sandozと合併. 現在はNovartis AG]

CIF, c.i.f. cost, insurance, and freight 運賃保険料込み値段[条件](✚「シフ」は日本での俗称) 🔖 In case of a CIF contract, the SELLER shall, at its own expense, arrange for ocean freight of the Products from the port of shipment stated in this Agreement to the port of destination of the Products. 運賃保険料込み条件の場合,「売主」は自己の費用で本契約に定める船積み港から荷揚げ港までの当該商品の海上輸送を手配するものとする

CIF & I cost, insurance, freight, and interest 運賃保険料および利息込条件

CIFC & I cost, insurance, freight, commission, and interest 運賃保険料および手数料・利息条件

CIGNA (〜 Corp.) シグナ[⇨米国の保険会社. 1982年, Connecticut General Insurance社とINA社の合併により現社名となる]

CIM 鉄道貨物受取証 (=rail consignment note)[⇨根拠法が国際鉄道物品運送条約 ((仏)Convention Internationale concernant le transport de Marchandises par chemin de fer)であることからCIMとよばれる]; computer integrated manufacturing

cinch /sintʃ/ n 《略式》確実[容易]なこと; 確実な

もの, 本命 ► Closing the deal was a cinch. 商談をまとめるのは朝飯前だった
— vt 《略式》しっかりつかむ, 確実にする

have [get] ... cinched 《米略式》は成功確実

cinema /sínəmə/ n 映画; 《the ~》映画製作[産業]; 《英》映画館

cinema advertising 映画・スライド広告

cinema complex シネマ・コンプレックス, 複合映画館 (=cineplex)[⇨複数のスクリーンを持つ映画施設]

cineplex /sínəpleks/ n シネプレックス, 複合映画館 (=cinema complex)

CIO chief information officer; Congress of Industrial Organizations 産業別労働組合組織会議[⇨AFL-CIOの一部; 1938年結成]

CIP carriage and insurance paid to (指定仕向地までの)輸送費・保険料込渡

CIP application 《米》continuation-in-part application 一部継続出願[⇨既存の特許出願(親出願)の開示事項に新規事項(改良の方法)を追加する出願]

CIPM 《仏》Comité international des poids et mesures 国際度量衡委員会(英文名称は International Committee for Weights and Measures)[⇨国際度量衡総会(CGPM)の執行機関であると共にみずからSIの改定案を総会に上程する]

CIQ customs, immigration and quarantine 税関・出入国管理・検疫

circle /sə́ːrkl/ n 円; 円形広場; 循環, 一周; 仲間, サークル; …界

come [go] full circle ぐるりと回る

go [run] round in circles 堂々巡りする ► We've been going around in circles on the same point. 同じ箇所で堂々巡りをしている

in a circle 輪になって; 堂々巡りで

square the circle 不可能なことを試みる
— v 取り巻く; …の周りを回る (about, around, round); 旋回する (over)

circuit /sə́ːrkit/ n ❶ 一周; 周囲; 回路 ► a circuit board 回路盤 ❷ 《米》連邦控訴裁判所裁判区[⇨米国の連邦控訴裁判所の管轄区域. 12の巡回区と1つの連邦巡回区(federal circuit)から成る]

circuit breaker サーキット・ブレーカー[⇨パニックによる市場の混乱を防ぐために, 株価急落または急騰時に取引を一時的に停止する措置. 個別銘柄に適用される値幅制限とは異なり, 一定以上の下落がある時に取引全体を停止する]

Circuit City Stores (〜 Inc.) サーキット・シティ・ストアズ[⇨Best Buy, Wal-Martなどに次ぐ米国の電子機器小売業者で全米に650店舗を展開. 不況で2009年1月に閉店]

circular /sə́ːrkjulər/ a 円形[環状]の; 循環的な; (議論が)堂々巡りの; 回覧の
— n (広告用の)ちらし; 回状, 通達, 回覧資料, サーキュラー

◇**circularize** vt に回状[広告]を送る

circulate /sə́ːrkjuleit/ v 循環する[させる]; 流布[流通]する[させる]; 配布する ► The investigation report was circulated to all board members. その調査報告書は取締役全員に配布さ

れた / Circulate the agenda to everyone concerned. 議事日程を関係者全員に周知すること

circulating asset =current asset

circulating capital 《英》運転資金 (=working capital)

circulation /sə̀ːrkjuléiʃən/ n ❶ 流通(量) ▶ cash [notes] in circulation 流通現金［紙幣］/ the total amount of money in circulation 流通通貨量 / the velocity of circulation of money 貨幣の流通速度

❷《新聞・雑誌の》発行部数 ▶ an uncertified circulation (雑誌などの) 公称部数

in circulation 流通して ▶ This coin is in circulation. この硬貨は通用する / The Federal Reserve Board keeps an eye on the amount of money in circulation. 連邦準備制度理事会 (FRB) は通貨の流通量を監視している

circumspect /sə́ːrkəmspèkt/ a 用心深い; 用意周到な ▶ Banks have become more circumspect about lending money to customers. 銀行は顧客に資金を貸し出すことに従来より慎重になった

◇**circumspection** n

circumstance /sə́ːrkəmstæns, -stəns/ n 《通例 ~s》事情, 状況, 環境; 境遇; 出来事; 詳細 ▶ due to unforeseen circumstances 予見不能な事由により / circumstances beyond one's control いかんともし難い事由

under [in] no circumstances どんなことがあっても…ない ▶ Under no circumstances are you to reveal the source of the leak. どんなことがあっても,情報の漏洩元を明かしてはならない

under [in, given] the circumstances そういう事情なので ▶ We're doing our best under the circumstances. この状況下で最善を尽くしている

◇**circumstanced** a (の) 境遇にある

Cisco Systems 《~, Inc.》シスコシステムズ ［⇨米国のインターネット向けネットワーク機器のメーカー. 1984年設立］

CIS Economic Union 《the ~》CIS 経済同盟 ［⇨旧ソ連諸国の経済再統合を目指し, 1993年9月に発足］

CIT corporate income tax

cite /sait/ vt 引用する; 言及する;《法律》召喚する;《殊勲》を表彰する《for》 ▶ the previously cited *Business Week* survey 前の方で挙げた『ビジネスウィーク』誌の調査 / He cited financial worries as the cause for the drop in consumer spending. 消費者支出が減少した原因として彼は金融不安を挙げた

Citibank 《~, N.A.》シティバンク ［⇨Citigroup Inc.の子会社で, 米国の世界的規模の金融サービス企業. 起源は City Bank of New York (1812年設立) に遡る. 合併・改称を重ね, 現在名は1976年にThe First National City Bankを改称したもの. 日本に開設していた支店は, 2007年に在日法人に移行,「シティバンク銀行」として事業を譲渡された］

CITIC China International Trust and Investment Corporation

Citicorp シティコープ ［⇨First National City Bank の持株会社 First National City Corporation が1974年に改称したもの. 以降 Citibank の持株会社となるが, 98年に Travelers Group と経営統合し Citigroup Inc.となった］

Citigroup 《~ Inc.》シティグループ ［⇨Citibank を中核とした米国の世界的規模の総合金融グループ. 1998年 Citicorp と Travelers Group の経営統合により発足. 2008年の金融危機で大打撃を受け, 米国政府の援助のもとで再建中］

citizen /sítəzən/ n 公民, 国民, 市民; 民間人

◇**citizenry** n (集合的) 市民

Citroën 《~ SA》シトロエン ［⇨フランスの自動車メーカー. Citroënを生産. 企業グループ PSA Peugeot Citroën の傘下にあり, プラットフォームやエンジンをプジョー車と共通化している］

citrus /sítrəs/ n 柑橘類 (⇔citrus fruit)

city /síti/ n 都市; 市;《the C-》シティー (⇔London の中央部)

City CarShare シティ・カーシェア ［⇨会員制の米国の営利非営利レンタカー組織. サンフランシスコ近辺を拠点とする］

city center 都心, 中心市街地 ▶ There has been too much building in the city center. 都心はビルラッシュ [建築過剰] だ

City Code on Takeovers and Mergers (英金融界の) 企業買収を対象とする自主規制ルール

City of London 《the ~》シティ (・オブ・ロンドン) ［⇨ロンドン東部にある世界的な金融・商業・海運業の中心地. これに対比して, バッキンガム宮殿や国会議事堂のある場所は「シティ・オブ・ウェストミンスター」と呼ばれる］

city planning 都市計画 ▶ We have to submit these development plans for approval in accordance with city planning procedures. 都市計画上の手続に従ってこうした開発計画の承認を取りつけなければならない

civil /sívəl/ a ❶ 市民 [公民] の;《軍人に対し》民間人の ▶ a civil commotion 騒乱 ❷ 民事の (⇔ criminal); 私法の; 民法の ▶ a civil code 民法典 / a civil case 民事事件 / He faces not only civil but also criminal charges of securities fraud. 彼は証券詐欺で民事の告訴だけでなく刑事の告発にも直面している ❸ 礼儀正しい, 丁寧な (⇨気持ちはともかく表向きは、という感じ)

civil action 民事訴訟 ⇨criminal action

Civil Aeronautics Board《米》民間航空委員会 (CAB)

civil aviation 民間航空

Civil Aviation Administration of China 中国民用航空総局 (CAAC) ［⇨中華人民共和国国務院直属の民間航空行政機関］

Civil Aviation Authority《英》民間航空公団 ［⇨日本の航空局に相当するものの民間団体］

civil damages 損害賠償金

civil engineer 土木技師

civil engineering 土木工学

civil engineering project 土木工事 ▶ For such an expensive civil engineering project, we will need financial backing from the government. これだけ費用のかかる土木工事となると, 政府の資金援助が必要だ

civilian /sivíljən/ n (軍人・聖職者に対して) 一般市民, 文民, 非戦闘員
— a 一般人の; 文民の

civil law ❶ (英米法に対する) 大陸法; ローマ法 **❷** (刑事法に対する) 民事法

civil liability 民事責任

civil procedure 民事訴訟手続

civil procedure law 民事訴訟法

civil proceeding 民事裁判手続

civil remedy 民事法上の救済方法

civil rights 公民権, 市民的権利; 人権

civil servant 《英》公務員 (=《米》public employee), 文官

civil service 《英》公務員の総称; 公務員制度
▶ work in the civil service 公務員である

civil union シビル・ユニオン, 市民的結合, 市民婚 [⇨結婚(marriage)と同様のステータスを表わす言葉の一つ. 同性間の関係に使われることが多いが, 異性間でも結婚を望まない場合にこの関係が用いられることがある. バーモント州は2000年に米国で初めて civil union を法制化した. 同州では, この手続きで, 夫婦に認められるのと同じ権利 (遺産相続, 所得税控除, 子供の養育など) が得られる. シビル・ユニオンは州法による制度だから連邦法上の権利 (社会保障など) は認められない] ⇨ dissolution

CK Calvin Klein

CKD completely knocked-down

claim /kleim/ vt 要求[請求]する; 主張[断言]する, 言う 《to be, that》 ▶ No one has claimed responsibility for the terrorist attacks. テロ攻撃の犯行声明は出ていない / He claims that the product will be a hit. 彼はその製品はヒットするだろうと言っている / Suntory claimed that in 1980 its brand had the largest sales in the world. サントリーは1980年にそのブランドの売上が世界最高と主張した
— n ❶ (当然の) 要求; 主張 (that); 請求(権); 保険給付の支払い請求; 訴訟上の請求

[語法] 日本では英語の「クレーム」を「苦情」の意味で用いるが, その意味と用法は英語にはない.「苦情」の意味では, 動詞 complain とその名詞の complaint が用いられる

▶ a financial claim 金銭的請求 / insurance claims 保険金請求 / money claims 金銭債権 / a claim of loss 損害賠償請求, 損害補償請求 / a claim for damages 損害賠償請求 / a claim for reimbursement 立替金の請求, 償還請求 / a priority claim 優先弁済請求 / a trade claim 営業上の債権 / a claim for income tax credit 所得税額控除の申請 / abandon one's claim (裁判などでの) 請求を放棄する / assign a claim 債権を譲渡する / file a claim 債権を届け出る [⇨企業が破産したり会社更生手続が開始された場合, 債権者に対して債権を届け出るよう呼びかけられるが, これに応じて自社の債権を管財人などに届け出ることを指す] / refuse a claim 請求を拒む / waive a claim 債権を放棄する / have a legal claim on an estate 財産に対する法律上の請求権がある / have a senior claim on the assets in an insolvency 支払不能の場合に資産に対して優先請求権を持つ / The number of people filing for **unemployment claims** rose by 15% last month. 失業保険を申請した人の数は先月15%増加した / **Claims for refunds** are handled at the customer service desk. 払戻し請求は顧客サービスデスクで取り扱っています / We have **put in a claim** to the maker. そのメーカーに要求を出した 🔲 Claims of any kind or nature, except for latent defects, are barred and waived unless made in writing delivered to SELLER within thirty (30) days after discharge of the Goods at the destination specified on the face of this Agreement. 隠れた瑕疵をのぞき, いかなる種類または性質のクレームも, 本契約の表頁記載の仕向地における貨物の荷卸し後30日以内に書面による通知が「売主」になされない限り, 請求できず, 権利放棄される

❷ 特許請求の範囲, クレーム [⇨特許の技術範囲を決定し, 権利の範囲を画するもの. 特許の明細書に記載される] ⇨ open claim, closed claim

claim adjuster =claims adjuster

claimant /kléimənt/ n ❶ 請求者; 申立人, 保険金請求者 ❷【法律】(1) 権利主張者 (2) 原告

claim chart クレームチャート [⇨特許のクレームを, 被疑侵害品と対比して表した表. 通常, 左の欄に各クレームの限定または要素を記載し, 右の欄に被疑侵害品のどの機能がどのように当該限定または要素を充足するかを記載する]

claim element クレームの要素 [⇨特許のクレームに記載された発明の識別可能な部分の一つ]

claim form 保険金請求書

claim for priority (特許の場合の) 優先権主張

claim map クレームマップ ⇨ claim tree

claims adjuster アジャスター [⇨保険会社からの依頼で損害額の調査を行う専門家]

claims assessor =claims adjuster

claims reserve 保険給付支払い準備金, 支払い備金 (=loss reserve)

claims survey 損害調査

claim tree クレームツリー [⇨特許のクレームの関係を図式的かつ概念的に示す方法. 独立クレームを幹とし, 従属クレームを枝とする樹木の形で描写される. claim map (クレームマップ) とも言う]

Clairol 《商標》 クレイロール [⇨米国のヘアケア製品のブランド. カラーリングやシャンプー, リンスなどの製品を提供している]

clamor, 《英》 **clamour** /klǽmər/ n (要求・抗議などの) 大きな叫び; 大きな騒音 ▶ The clamor for the government's bailout of the financial industry grew louder. 金融業界の政府による救済を求める声はますます大きくなった
— vi 騒ぎたてる; 強く要求する 《for》
— vt やかましく言って…させる

clamp binder バインダー

clampdown *n* 弾圧；締めつけ (=crackdown)

clap /klæp/ *v* (**-pp-**) ピシャン[ボン]と打つ；拍手する，ピシャリと締める[閉じる]
clap (*a tax*) *on* に(税)をかける
clap up (契約を)早急に取り決める

clarify /klǽrəfài/ *v* 明らかにする[なる]

Claritin (商標)クラリチン[⇨花粉症などのアレルギー症状を押さえる米国の抗ヒスタミン剤]

clarity /klǽrəti/ *n* 透明；明快；明瞭性
with clarity 明瞭に

clash /klæʃ/ *v* 衝突する《*into*, *against*》；(意見・利害などで)対立する《*with*, *on*, *over*》；(日時が)ぶつかる《*with*》 ► They couldn't reach agreement as everyone's opinions clashed. 全員の意見がぶつかったため，合意に達することができなかった
— *n* 衝突《*between*》；不一致

class /klæs/ *v* ❶ 種類；学級(の生徒)；授業(時間)；等級；高級，上等 ❷ 階級[⇨社会的不平等によって成立する社会的集団．労働者階級，資本家階級など] ❸ [証券](株式の)種類 ❹ [統計](度数分布の)級 ❺ [法律]クラス[⇨クラスアクションの原告を組成する人たちの集合] ⇨ class action
in a class of [*on*] *one's own* / *in a class by itself* [*oneself*] 群を抜いて
— *vt* 分類する；と考える

class act (略式)一流の物[人]

class action クラスアクション，集合代表訴訟，集団訴訟

[解説] 米国に特有の法制度で，一人またはそれ以上の原告が同一問題について共通利害を持つ人たちの集団(クラス)の代表として訴える訴訟．同じ裁判を何度も繰り返す必要がない，裁判によって異なる結果が出ることを防止できる，などの利点がある．米国の市民権運動はクラスアクションを活用してきた．公立学校の人種分離を違法とした最高裁判決の Brown v. Board of Education (1954)はクラスアクションであった．現在はアスベスト，薬品，タバコなどの欠陥商品や航空機事故など民事法上の不法行為(tort)についてのクラスアクションが多い ⇨ class, class certification, lead plaintiff

► file a class action suit against the company for abusing its monopoly position 独占的地位濫用につき同社に対して集団訴訟を起こす / agree to pay $100 million to settle a consumer class-action lawsuit 消費者集団訴訟の解決に1億ドル支払うことに同意する

Class Action Fairness Act 集団訴訟是正法 (CAFA)

class-action suit 集団訴訟

class certification クラスの認定[⇨クラスアクションの提起を受けて，裁判所がクラスアクションとして認定する手続き．クラスの成員に共通の法律問題が存在すること，代表者の要求がクラスの要求の典型であることなど，いくつかの要件があるが，クラスとして認めるか否かは最終的に裁判官の判断に任せられる] ⇨ class action

classic /klǽsik/ *a* 第一級の；古典的な
► Classic antique cars fetch a hefty price. クラシック・アンティーク・カーは相当な高値で売れる

classification /klæ̀səfikéiʃən/ *n* 分類(項目)；等級付け；(米)(公文書の)機密区分 ► the classification of accounts 勘定科目分類 / the classification of balance sheet items 貸借対照表項目分類

classification category 機密指定区分
► downgrade the classification category 機密指定を格下げする

classification society 船級協会[⇨船舶が所定の基準を満たしているかを審査し，証明する専門団体]

classified /klǽsəfàid/ *a* 分類された；(米)(文書などが) 機密扱いの ► classified information 機密情報 / a classified document 機密書類，機密指定文書 / classified materials 機密資料
— *n* =classified ad

classified ad [**advertisement**] (項目別の)案内広告[⇨求人，貸家などの情報を項目別に分類して掲載している]

classified directory 職業別電話帳

classify /klǽsəfài/ *vt* 分類する，類別する《*into*, *as*》；等級別にする；機密扱いにする ► Retailers can be classified according to the merchandise carried. 小売業者は売る商品で分類することができる
◇**classifiable** *a*

class meeting 種類株主総会[⇨株式の種類に応じて別々に招集される株主総会]

clause /klɔːz/ *n* 条項，箇条 ► an acceleration clause 期限の利益喪失条項 / a confidentiality clause 守秘義務条項 / an escape clause 免責条項 / a force majeure clause 不可抗力条項 / an option clause オプション条項，選択権条項

Clayton Act (the ~)クレイトン法[⇨1914年に制定された米国の反トラスト法．競争制限的な価格差別の禁止法を定めており，シャーマン法(1890)および連邦取引委員会法(1914)と併せ，米国独占禁止法の根拠の一つとなっている]

cld. called(の債券)償還された

clean /kliːn/ *a* ❶ 清潔な，きれいな；完全な，まったくの ► To get a government job, you must make sure you have a clean sheet. 政府の役職につくには，経歴に汚点がないことが前提条件だ ❷ [金融](通貨相場が)市場操作による影響を受けない；(客が)信用歴のある

clean as the driven snow 清廉潔白な，純粋無垢な ► He is confident that he will be absolved of the charges and come out of the case as clean as the driven snow. 告発から無罪放免になり，潔白の身で事件から脱け出せることを，彼は確信している

— *ad* きれいに；すっかり
— *vt* きれいにする，片づける

clean out 文無しにする; 使い果たす

clean up 片づける; 浄化する; 《米略式》大もうけする ► After the food poisoning scandal, the company started to clean up its act. 食中毒事件を起こしたあと, 同社は行動を改め始めた / Banks are struggling to clean up the bad debts on their balance sheets. 銀行各社はバランスシートから不良債権を一掃しようと努力している

◇**cleanness** *n* 清潔, 潔白

Clean Air Act 《the ~》大気浄化法 [⇨1970年に制定された米国の法律. マスキー法(Muskie Act)とも言う]

clean bill of lading 無故障船荷証券 [⇨梱包や数量に問題ありとする remarks/notation (記載事項)のない船荷証券]

Clean Development Mechanism クリーン開発メカニズム (CDM) [⇨気候変動枠組み条約京都議定書で定められた温室効果ガス削減のための先進国と途上国の協力手段]

clean energy クリーンエネルギー [⇨太陽の光や熱, 風力, 地熱などの自然エネルギーや, 燃料電池のこと. 環境への負荷や二酸化炭素などの排出が少ないエネルギー]

clean float クリーン・フロート [⇨通貨当局による市場操作のない為替レート決定が行われている変動相場制]

clean room 【知財】クリーンルーム [⇨使用を許諾された他者のトレードシークレット/ノウハウまたは著作物(特にプログラム)から隔離された部屋(または開発チーム). 自己の開発した技術が, 他者の技術を使用せずに独自に開発したものであることを証明することを目的とする]

cleanup *n* 掃除; 浄化; 《略式》ぼろもうけ

cleanup bills 汚染除去費用

Clean Water Act 《the ~》水質清浄法 [⇨1972年に制定された米国の法律]

clear /klíɚ/ *a* 澄んだ; 透明な; 明確な; 確信した ► The boss gave clear instructions to renew the contract. 上司は契約を更新するように明確な指示を与えた

it is clear that というのは明らかだ ► It is clear that the company is in trouble. 同社が困難な状況にあることは明白だ

make it clear that ということを明らかにする ► Let me make it clear that I have no intentions of quitting. 辞めるつもりがないことをはっきりさせておこう

— *ad* 離れて; はっきりと; すっかり; ずっと

— *vt* ❶ 明確にする, 片づける; 取り除く 《*of, from*》; (疑いを)晴らす ► She spoke to the supervisor to clear her mind about her responsibilities. 自分の責務について頭を整理するため彼女は上司と話した / I want you to clear your desk and be out of here by the end of the day. 机を片付けて, 今日中に, ここから出て行ってください

❷ (販売・製造等の)許可をする, 承認する ► be cleared by the FDA 連邦食品医薬品局の承認をとる

❸ 清算する, 決済する ► clear securities transactions 証券取引の清算をする[証券の受渡しと代金の決済をする] / clear funds 資金決済をする[口座間で資金を移動する] / clear a check 小切手の取立を行う, 決済する

❹ (税関を)通過する, 通関手続を済ませる ► The newest import-model cars have cleared customs. 最新の輸入仕様車は税関を通過した / How long will it take for the shipment to clear customs? その積荷の通関には, どのくらい時間がかかりますか

❺ (在庫を)売り払う, 在庫処分を行う ► It is necessary to clear the products from inventory. 製品を在庫から一掃することが必要だ

❻ (略式)純益を上げる; もうける ► clear a good profit in a business deal 商売で相当な純益をあげる / She clears $3,000 a month. 彼女は月に3,000ドルかせぐ

❼ (データ・命令を)消去[クリア]する

— *vi* 澄む; はっきりする; 出[入]港手続をする; 出港する, 去る

clear away [off] 片づける; 立ち去る

clear out (中身を)処分する ► clear out last year's models 昨年の機種を処分する

clear up を解明[解決]する ► Let's clear up this confusion between us. お互いの間に存在するこの混乱を解決しましょう

— *n* あき, 余白

in the clear 嫌疑の晴れた; 危険のない; (暗号でなく)普通文で

◇**cleanness** *n*

clearance /klíərəns/ *n* ❶ 許可, 承認 ► government clearance 政府の許認可 / prior clearance 事前の許可 / require a clearance from the board of directors 取締役会の承認を必要とする / get clearance 許可を取る / give clearance 許可を与える / seek clearance to do... …を行うための許可を申請する / The company failed to receive clearance from federal regulators. 同社は連邦政府の監督当局から許可を得ることができなかった / Our analysts are not allowed to speak to the press without clearance. 当社のアナリストは(会社の)許可なしで報道関係に話をしてはならない / You cannot enter the premises without clearance. 許可なしで敷地内に入ることはできません

❷ 機密事項取扱資格, クリアランス [⇨security clearance を縮めた言い方] ► deny... clearance 機密事項取扱資格の付与を拒む / have a clearance 機密事項取扱資格を得ている / revoke a person's clearance 機密事項取扱資格を取り消す[取り上げる] / with clearance 機密事項取扱資格を認められた / (a) security clearance 機密事項取扱資格, 機密保持上の資格認定

❸ クリアランス, 整理, 除去, 在庫一掃(セール) ► clearance of stock 在庫整理 / I bought a coat at half price at a clearance sale [at a clearance sale]. 在庫一掃セールでコートを半値で買った

❹ 清算(高), 決済(高); 手形交換(高); 通関(手続) ► clearance of checks 小切手の取立依頼

および決済 / customs clearance 通関手続
clearance goods 棚卸品
clearance procedures 認可事項手続
clearance sale 在庫一掃セール ► conduct clearance sales 在庫一掃セールを実施する / They have periodic clearance sales on items that remain in inventory too long. 店ではあまりにも長く在庫していた商品を定期的に一掃セールする

clear and present danger 明白かつ現在の危険 [⇨合衆国最高裁判所判事 Oliver Wendell Holmes, Jr.は Schenck v. U.S.の判決(1919)で, clear and present danger が存在する場合には, 憲法で保証されている言論の自由を制限することが許されるとした. その中のり, 火事でもないのに満員の劇場内で「火事だ!」と叫ぶことを挙げた]

Clearasil 《商標》クレアラシル [⇨米国 Vicks Toiletry Products 社のにきび止めクリーム]

clear-cut a 輪郭の明確な; 明快な ► He offered clear-cut examples of environmental destruction. 彼は環境破壊の明らかな例を提出した
— n 皆伐地

clearheaded a 頭の切れる, 頭脳明晰な
clearing n 清算, 決済; 手形交換; クーポン精算 [⇨クーポン券と景品を交換すること]
clearing account 精算勘定
clearing balance 交換尻, 清算残高
clearing bank 《英》クリアリングバンク [⇨Cheque and Credit Clearing Company (CCCC=手形小切手決済機構)に加盟している大手銀行. 個人から当座預金を受け入れ, CCCC を通じて, 小切手等の決済を手がけている]

clearing corporation (商品取引所の)代行会社; 決済機関 [⇨証券の決済を行う機関]
clearing house 手形交換所; 清算機関 [⇨金融機関等が相互に負っている支払債務を突き合わせて清算する機関. また証券取引では, 会員企業間での証券の受渡しと売買代金の授受を代行する機関を言う]

Clearing House Interbank Payments System チップス (CHIPS) [⇨ニューヨークに拠点 (本店, 支店など)を持つ100 余りの金融機関同士を結ぶ銀行間決済システム. 国際的な取引に関わる大ドル決済の9割以上を担っている. 日本の外為円決済制度に相当する]

clearing member (商品取引所の)清算会員
clearly ad 明らかに ► Clearly, Japanese exporters are benefiting from the weak yen. 明らかに, 日本の輸出業者は円安から利益を得ている

Clearstream クリアストリーム [⇨欧州最大の証券決済機関. 1999年設立]
clerical /klérikəl/ a 事務員の; 事務上の ► clerical duties 一般事務 / clerical work (事務員としての) オフィスワーク / a clerical worker 事務職員
clerical error 事務上の手落ち[誤り], 事務手続上のミス

clerk /kləːrk|-ɑː-/ n 《米》店員 ► a bank clerk 銀行員; 《英》出納係 (= 《米》teller) / a desk clerk フロント係

clever /klévər/ a 利口な; 巧みな, 器用な 《at》; うわべだけの, 調子のいい
CLI cost-of-living index
click /klik/ n (マウスの) クリック ► at the click of a mouse クリック一つで
— v (マウスを) クリックする ► left-click 左クリックする / right-click 右クリックする / click on a link リンクをクリックする

click license クリックライセンス [⇨インターネットのダウンロードやソフトウェアのインストールにおいて使用される. ダウンロードやインストールをするためには, 画面の「同意する」というボタンをクリックしなければならない]

click rate クリック・レート [⇨ネット上の広告物がクリックされた回数]
click(s) and mortar クリック・アンド・モルタル [⇨ウェブ上でのバーチャルな仮想店舗と現実の店舗を併合させて相乗効果を狙うものを言う]

click(s)-and-mortar a クリック・アンド・モルタルの ► move from brick-and-mortar to clicks-and-mortar business models ブリック・アンド・モルタル型 (従来タイプの事業) からクリック・アンド・モルタル型にビジネスモデルを移行する [⇨brick-and-mortarのもじり]

click through クリックスルー [⇨バナー広告などをクリックして他のサイトに移動すること. インターネット広告の世界で広告効果の測定や報酬の指標として使われる]

click-through rate クリックスルー・レート [⇨ネット上の広告物が, 表示された回数のうち実際に何回クリックされたかを示す割合]

clickwheel n クリックホイール [⇨Apple 社が iPod で採用した円形の操作装置. スイッチ, スクロール, 音量調節に使われる]

client /kláiənt/ n (弁護士・会計士・建築家などの) 依頼人; 顧客; 広告(依頼)主; クライアント [⇨サーバーから情報やサービスを受け取るコンピュータ] ⇨ server ► attorney-client privilege 弁護士・依頼者間の秘匿特権 / a corporate client 法人顧客 / a major client 得意客, 重要な客, お得意さま / a prospective client 見込客 / focus on attracting new clients 新規顧客の開拓に焦点を合わせる / buy or sell securities on behalf of clients 顧客勘定で証券を売買する / entertain a client 顧客を接待する / serve a client 客の世話をする / Domestic banks have lost quite a few **high-net-worth clients** who wish to deal directly with foreign financial institutions. 国内の銀行は外国金融機関と直接取引することを望む富裕層の客をかなり失っている / It is our mission to **accommodate our clients** to the best of our ability. 当社は, 持てる力のすべてを使ってお客様のご要望に応えることを社是としている / **Retaining existing clients** is more profitable than attracting new ones. 新規顧客を引きつけようとす

るよりも, 既存の客が離れていかないようにする方が採算をよくする / We **serve our clients** with the best professional service available. 当社は専門的サービスの中でも最高のものを提供して, お客様の役に立つようにしています

client account 預かり金管理口座 [⇨弁護士その他の専門家または企業が依頼人または顧客から預かった資金を管理するために設けられる口座]

client base 顧客基盤, 顧客層 ► We have a client base of 100 firms. 当社の顧客基盤は100社を擁している

client contact 顧客との接触

clientele /klàiəntél/ n (集合的) (弁護士などの)依頼人; 顧客; 常連 ► an exclusive clientele 限定された顧客からなる顧客リスト / a mixed clientele 多種多様な客 / a rich clientele 金持ちの客 / a sophisticated clientele 洗練された客 / a wealthy clientele 富裕層の客 / a young clientele 若年層からなる顧客 / an international clientele 国際的な顧客層 / attract a clientele 顧客を引きつける / build up a clientele 顧客リストを拡大する / The restaurant has a very fashionable clientele. ファッショナブルな客が来るレストランだ / Our clientele comes from the computer industry. 私どもの得意先はコンピュータ業界です

client fee クライアント・フィー [⇨広告会社の作業実費]

client mandate (資産)運用委託上の指示事項, 運用委託の条件, 運用委託契約

client mandate objective (資産)運用委託における顧客の目標

client roster 顧客名簿, 顧客リスト ► Our client roster includes companies of all sizes located throughout the Unite States. 弊社の顧客名簿には大小を問わず全米各地の企業が名前を連ねている

client-server a クライアントサーバーの [⇨クライアントとサーバーを組み合わせて構築するネットワーク手法] ⇨ peer-to-peer

client service 顧客サービス

cliff /klɪf/ n 断崖, 絶壁 ► Worries about the economy falling off the cliff are completely unwarranted. 景気が崖から転落するという心配はまったく根拠がない

CliffsNotes クリフスノーツ [⇨米国のJohn Wiley & Sons, Inc. の傘下の学習参考書出版社. 以前はCliffs Notesと綴った]

climate /kláimit/ n 気候, 風土; (気候上の)地域; 風潮, 思潮, 傾向

climate change 気候変動 [⇨温度や気圧など気候要因の長期的に持続する変化. 一般語としてglobal warming(地球温暖化)の意味で使われる場合もある]

climate regulation 気候制御 [⇨温室効果ガスの排出総量規制などによって気候を制御すること]

climax /kláimæks/ n, v 絶頂(にもっていく[達する])

climb /klaim/ v よじ登る (*up*); 上昇する; 上り坂になる; 上昇して達する (*to*); 出世する, 昇進する ► Prices climbed sharply. 物価が跳ね上がった / Since its IPO, the company's stock price has been steadily climbing. 株式の新規公開以来, 同社の株価は着実に上昇してきた

climb a corporate ladder (企業で)出世する

climb down 《略式》譲歩する, 折れる

— n 登ること; 登り坂; 上昇率 ► Investments showed a climb of 10%. 投資額の増加率は10%だった

◇**climber** n 立身出世主義者

clinical /klínikəl/ a 臨床の; 機能的な, 冷静な ► We conduct clinical tests on all of our cosmetic products. 当社は化粧品の全製品について臨床実験を実施している

clinical trial 臨床試験, 治験 [⇨開発中の医薬品の人間(患者)を対象にした試験研究. 有効性・安全性を調べるために実施される]

Clinique クリニーク [⇨米国の化粧品会社. デパートなどに出店しており, 香料を含まない化粧品を販売している. 女性用だけでなく男性用もある. 現在はThe Estee Lauder Companies Inc.のブランドの一つ]

clip[1] /klip/ vt (**~ped**, **clipt**; **-pp-**) (はさみで)切る (*away*, *off*); 切り取る (*out*); 刈り込む; 切りつめる; かすめる; 《略式》だまし取る

— vi (記事などを)切り抜く;《略式》疾走する

— n 切ること;《米略式》スピード, ペース;《略式》1度, 1回; (テレビ・映画の) 短い抜粋; 切り抜き ► Consumer spending is expected to grow at a 5% clip in the next few months. 個人消費は今後数か月は5%のペースで増加すると予想されている

at a (**fast**) **clip** 急速に

clip[2] n, vt (**-pp-**) クリップ(で留める) (*on*, *to*)

CLO collateralized loan obligation

cloak /klouk/ n マント; 仮面; 口実

under the cloak of に乗じて, かこつけて

— vt 着ている; (で)覆い隠す

cloak-and-dagger a スパイ活動の, 陰謀の

cloakroom n ❶ 携帯品預かり所;《英》洗面所 ❷ (米国連邦議会の)議員控え室 [⇨秘密折衝や裏交渉も行われる]

clock /klak/ n 掛け[置き]時計

around [**round**] **the clock** 一日中 ► The factory operates around the clock. その工場は24時間体制で操業している / The saloon is open around the clock. その酒場は24時間営業だ

by [**according to**] **the clock** 時間どおりに

work [**race**] **against the clock** 間に合うように懸命に働く[急ぐ]

— vt 出退勤時刻を記録する

clock in [**on**] 《英》出勤時間を記録する (= 《米》punch in)

clock in at... …を記録する ► GDP growth is forecast to clock in at 5.8% next year. GDPの成長率は来年5.8%を記録すると予測されている

clock out [**off**] 《英》退社時間を記録する (= 《米》punch out) ► He clocked off early today.

彼は今日,早退した
clock up 《英》(数値を)達成する

clock card 《英》タイムカード(=《米》time card)

clone /klóun/ *n* クローン[単一の細胞[個体]から無性的に作られた遺伝的に同一の細胞群[個体]];そっくりの物[人]
— *vt* そっくりに作る,コピーする

cloning /klóuniŋ/ *n* クローニング[⇨携帯電話の識別情報を電波傍受で割り出し,それを使うことで他人に利用料金を払わせる犯罪]

Clorets 《商標》クロレッツ[⇨米国の Warner-Lambert 社製のミントチューインガム]

Clorox 《The ~ Company》クロロックス社[⇨米国のキッチン,バス,ランドリー用殺菌漂白剤の製造会社.また,同社のブランド]

close *vt* /klouz/ 閉じる,閉める;ふさぐ;終える;(取引などを)まとめる ▶ close a deal [a sale] 取引をまとめる,売買を成立させる / close the books 決算する / Closed today. (看板) 本日休業 (✚単に Closed とか We are closed とも言う) / The chair closed the meeting. 議長は閉会した
— *vi* 閉じる,閉まる;(取引などを)終える,(相場が)引ける ▶ The Nikkei closed yesterday with a drop of 30.6 points. 日経平均は昨日は30.6ポイント下げて引けた / The Dow Jones closed 50 points down yesterday. ダウ平均は昨日は50ポイント下げて引けた
close down を閉鎖する;(取引を)終える ▶ Unless the market improves, we may have to close down two plants. 市場環境が好転しない限り2つの工場を閉鎖することになるかも知れない / The plant was finally closed down as part of the restructuring program. リストラ計画の一環として,その工場はとうとう閉鎖された
close in を包囲する (*on*) ▶ Our company is closing in on the joint venture deal. わが社は合弁事業取引の実現に近づきつつある
close off (帳簿などを)締める
close out 大安売りする;(店を)たたむ,閉じる;処分する,締め切る ▶ close out a line of merchandise 商品のラインナップを見切る,安売りで処分する / close out a position (反対売買をすることにより)売り持ち[買い持ち]のポジションを解消する
close up を閉じる;(店を)閉める;行間[字間]を詰める
close with 《英》と話がまとまる
— *n* /klouz/ ❶結末,終わり;結審;境内,構内,(C-)《英》小路(✚町名) ❷終値,引け値(=closing price)[⇨証券取引所の立合いの最終相場];取引終了時間,引け
come [draw] to a close 終わりに近づく
— *a* /klóus/ 接近した (*to*);綿密な;内密の ▶ Money is close. 金詰まりだ / We're close to reaching our sales target for the year. 当社はもう少しで今年の売上目標に到達する
— *ad* /klous/ 近くに;ぴったりと
close at hand すぐ近くの[に]

close by 近くに (=near by)
close on ほとんど
come close to doing すんでのところで…する
get closer to に近づく
press a person close (人を)手厳しくやっつける

close-circuit television =closed-circuit television

close company 《英》(株式を公開していない)閉鎖会社 (=closed company, closed corporation)[⇨未上場会社,特に同族等少数の株主が経営支配権を有する会社を言う]

close corporation 《米》=close company

closed /klouzd/ *a* 閉鎖された;排他的な
▶ The funds you requested are closed to new investors. ご依頼のファンドには新規の出資者は参入できません

closed bid 入札条件非開示方式,クローズドビッド[⇨他の入札者の条件が公開されず,落札決定まで誰がもっとも有利な条件を提示しているかがわからない方式.わが国の不動産オークションで言う「クローズドビッド」は限定入札/指名入札(bid by invitation)であり,これとは異なる]

closed caption クローズドキャプション[⇨テレビ番組やビデオテープを見るとき,デコーダーを使うと字幕が現れるようになっているもの]

closed-captioned *a* (番組・ビデオテープなどが)クローズドキャプションの

closed-circuit television 監視・防犯カメラ(システム)(CCTV)

closed claim 【知財】クローズドクレーム[⇨クレームに列挙された要素のみを備える物または方法は権利範囲内とするが,クレームに列挙されていない要素が付加された物または方法は権利範囲外とするクレーム] ⇨claim ②, open claim

closed company 《英》=close company

closed corporation 《米》=close company

closed display クローズド・ディスプレイ (⇔open display)[⇨商品をショーケースなどの中に入れて行う陳列方法.買い物客が希望すれば販売員が商品の説明を行って販売する]

closed-door policy 保護主義的通商政策

closed-end *a* (投資信託が)クローズドエンド(式)の

closed-end diary クローズド・エンド・ダイアリー[⇨視聴率測定で局名と時間にマークしてもらう日記式調査法]

closed-end fund クローズドエンド型ファンド (⇔open-end fund)[⇨最初に一定数の受益証券(持分)を発行し,その後は追加発行しないファンド.一般に上場ファンドである. closed-end investment fund (=《英》investment trust)とも言う]

closed-end mortgage 二重抵当禁止特約付有担保

closed-end mutual fund クローズド・エンド型ミューチュアルファンド

closed exclusive license 完全独占ライセンス[⇨絶対的テリトリー保護を目的とするライセンス]

closed loop 閉ループ[⇨回路・装置・システム

closed-loop waste management 循環型ごみ管理 [⇨廃棄物をできるだけ再使用し，材料レベルでのリサイクルを行い，止むを得ない場合にのみ熱回収し，焼却灰は適正処理するという仕組]

closed market 閉鎖的市場 [⇨外国企業が競争に参入しにくい市場]

closed meeting 秘密会議，非公開の会議

closed mortgage 二重抵当禁止特約付有担保 ► a closed mortgage bond 二重抵当禁止特約付有担保社債

closedown /klóuz-/ n 《英》(会社・商店などの)閉鎖

closed recycling system クローズドリサイクル，水平リサイクル，閉ループリサイクル [⇨使用済み製品を再び同じ製品にするリサイクルシステム]

closed session 秘密会，非公開の会議

closed shop クローズド・ショップ [⇨協定を結んだ組合の組合員だけを雇用する]

closed system クローズド・システム [⇨環境との相互作用をもたず，自己完結的な閉じられたシステム]

closely /klóusli/ ad 親密に；きっちりと；綿密に ► The world is closely watching how the US will deal with the financial crisis. 米国が金融危機にどのように対処するか，世界は注視している / Japan's economy is closely linked to America's. 日本の経済は米国の経済と密接に連繋している

closely held 非公開の，追加募集のない ► Before the company went public, it was a closely held partnership. 上場会社になる前は，同社は少数者が所有するパートナーシップだった

closely held corporation 《米》非公開会社 (=《英》closely held company)

closeout /klóuz-/ n 見切り品 [⇨メーカーが売残り品や生産終了品を処分した結果出回る商品] ► manufacturer closeout merchandise メーカー見切り品 / a closeout store 見切り品専門店，アウトレット / They're having a closeout sale. 彼らは見切り品の大売り出しをしている

closing /klóuziŋ/ a 終わりの

— n ❶終わり，決算，締切り ❷クロージング [⇨対価の授受と引換えに権利が移転する取引の最終段階を言う．不動産ならば小切手と引換えに鍵を渡すことであり，企業買収ならば契約書の署名・交付がこれにあたる] ❸【金融】クロージング [⇨債務証券と引換えに調達された資金が手渡されること] ❹【証券】引け [⇨売買立会いの終了]；引け値

closing argument (法廷での)最終弁論

closing balance 期末残高

closing commercial 後CM [⇨番組の後に流すCM]

closing costs クロージング費用 [⇨不動産取引において売主・買主が支払う費用や手数料のこと．たとえば，仲介手数料，登記費用，弁護士費用，不動産鑑定費用，物件調査費用などがあげられる] ► The typical home buyer has to pay about 5% of a home's price in closing costs. 典型的な住居購入者はクロージング費用として家屋の価格の約5%を払わなければならない

closing date [day] ❶クロージング日 [⇨不動産取引の最終段階として，権利の移転と引換えに代金が払い渡される日] ❷【会計】決算日，締切日

closing-down sale 《英》閉店処分セール

closing entry 締切仕訳，決算仕訳

closing inventory 期末棚卸高，期末在庫

closing-out sale 閉店処分セール

closing price 終値，引け値 [⇨株式や債券の取引日の最終値段]

closing procedure 決算手続き

closing reception 打上げレセプション

closing statement (法廷での)最終弁論 ► make a closing statement to the jury 陪審員に向けて最終弁論を行う

closing stock 期末(在庫)在高

closing time 閉店時間

closure /klóuʒər/ n, v 閉鎖(する)；終結(する) ► a sense of closure 終結感，区切りがついたという感じ

cloth /klɔːθ, -ɑ-/ n (~s -ʒz, -θs/) 布，服地，織物

clothe /klouð/ vt (~d, 《古》**clad**) 着せる (in)；覆う；(権力などを)賦与する (with)；(言葉で)表現する

be clothed in を着ている；で覆われている

clothes /klouz, klouðz/ n pl 衣服，着物；夜具 ► The store is having a clearance sale to make room for the fall line of clothes. 秋物の衣服に場所を空けるために，その商店は在庫一掃セールをやっている

clothier /klóuðjər/ n 服地業者

clothing /klóuðiŋ/ n (集合的)衣類 ► Men's clothing is located on the third floor of the department store. 紳士服はその百貨店の3階にある

cloture /klóutʃər/ n 討論終結 ► It takes two-thirds to impose cloture. 討論打切りを強行するには3分の2の賛成が必要だ
— v (討論を)打ち切って採決する

cloud /klaud/ n 雲；雲状のもの ► With a cloud of a possible recession hanging over us, it will be difficult to bring in new investors. 景気後退の可能性という雲が上空を覆っているので，新しい出資者を招き入れることは難しいだろう
— vt 曇らせる；暗くする；混乱させる
— vi 曇る (over, up)；暗くなる ► Personal biases clouded his judgment. 個人的な偏見が彼の判断を曇らせた

cloud computing クラウドコンピューティング [⇨インターネットをクラウド(雲)に喩えて，クラウドのどこかにあるハードウェアやソフトウェアのリソースを，ユーザーがその構造や所在を意識することなく利用するというコンセプト．米国で2006年ごろから注目されている次世代コンピュータ利用環境]

clout /klaut/ n (略式)殴ること；(略式)政治勢力，影響力 ► After a few failed ventures, he suddenly found that he had considerably less clout in the company. 数件のベンチャーに失敗した後,社内における影響力が大幅に低下していることに彼は突如として気がついた / He has quite a bit of clout in the business community. 彼は実業界でなかなか影響力がある

CLU Chartered Life Underwriter

club /klʌb/ *n* クラブ,同好会 ► Although she found it impossible to break into the old boys' club, she held her own and gained the respect of her male colleagues. オールドボーイの組織に割り込むことは不可能だと分かったが,彼女は,なんとか持ちこたえて,男の同僚の尊敬を獲得した

Club of Rome 《the ~》ローマ・クラブ [◎経済学者・科学者の国際的研究グループ]

Club of Rome report 《the ~》ローマ・クラブ・レポート [◎1972年に『成長の限界』を発表した研究グループのレポート]

clue /kluː/ *n* 手がかり,糸口;(話の)筋道
not have a clue about は見当もつかない ► I don't have a clue about who will take over the position. 誰がその地位を引き継ぐのか,見当もつかない
— *vt* 手がかりを与える
clue a person in 《略式》(人に)事実を教える

clueless *a* 《略式》無知な,知らない ► I'm clueless about what's going on. 何が起きているのか,わけがわからない

cluster /klʌ́stər/ *n*, *vi* 房(をなす);群れ;群がる;クラスター [◎協同して処理を実行する群構成にした複数のコンピュータ]

cluster analysis クラスター分析 [◎多変量解析の一種.個体間の類似性に基づいて,これらの個体をいくつかの個体のまとまり(クラスター)に分割する手法]

clutter /klʌ́tər/ *vt* 取り散らかす,乱す《*up*, *with*》
— *n* ❶ 混乱 ❷(広告の)撹乱要因 [◎数多いテレビCMや屋外広告が特定の広告にとって想起の撹乱を引き起こす要因になること]

CLV customer lifetime value

cm centimeter(s)

CM command module; construction management; category management

CMA cash management account; Certified Management Accountant

CMBS commercial mortgage-backed securities

CME 《the ~》Chicago Mercantile Exchange シカゴ・マーカンタイル取引所 [◎アメリカの代表的な株価指数先物取引所]

CMI Comité Maritime International

CMO collateralized mortgage obligation

CMR 道路輸送貨物運送状 [◎運送業者による貨物の受領と道路運送契約の締結を証する書面.CMRはフランス語の用語の頭文字]

CNBC CNBC [◎米国の経済ニュース専門のTVチャンネル.1989年放送開始.番組では Power Lunch や Squawk on the Street が有名]

CNH Global 《~ N.V.》CNHグローバル [◎オランダの農機・建機製造会社.Deer & Coと並ぶ世界の農機メーカーで,建機でもキャタピラー,小松に次ぐメーカーとなっている]

CNN CNN [◎米国のニュース専門放送局.正式名称は Cable News Network(ケーブルニュースネットワーク).現在はアトランタブレーブスなどを保有するターナーブロードキャスティングの一部で Time Warnerの子会社]

CNN Headline News CNNヘッドライン・ニュース [◎CNN製作の米国のテレビ番組.24時間世界各地のニュースを報道]

CNOOC 《~ Ltd.》China National Offshore Oil Corporation 中国海洋石油 [◎香港の石油,ガス開発会社.中国沿岸の51%の,ガス開発の51%の権益を持つと言われ中国政府が71%保有する]

Co. Company (✦/kʌ́mpəni/ときに/kou/と発音); County

C/O, c/o care of …気付; carried over 繰越し

coach¹ /koutʃ/ *n*《米》普通席,エコノミー(クラス) ► fly coach エコノミーで旅行する

coach² *vt* 指導する,コーチする ► I feel more comfortable coaching people one-to-one than training groups as a whole. グループをまとめて訓練するよりも,一対一で指導するほうが気分的に楽だ

coal /koul/ *n* 石炭;木炭
carry [*take*] *coals to Newcastle* 物が余っているところへさらに持って行く,無駄なことをする
haul [*call, drag, rake*] *a person over the coals* (人を)厳しく非難する
— *vt* 石炭を供給する
— *vi* 石炭を積む

coal-bed methane コールベッドメタン (CBM) [◎非在来型天然ガス資源の一つ.メタンを主成分とするガスで,主として炭層中の石炭に吸着した状態で存在する.米国では天然ガス生産の8%を占めている]

coal field 炭田

coalition /kòuəlíʃən/ *n* 連携,合同;一体化;【経営】連合

coalition of the willing 有志連合 [◎米国主導のイラク戦争に協力する諸国にブッシュ政権が与えた呼称]

coal mine 炭鉱,炭山

coal oil 《米》石油;灯油

coast /koust/ *n* 海岸;沿岸地方;《the C-》《米国の》太平洋岸
from coast to coast 《米》米国全土に
off the coast of …の沖に
The coast is clear. 邪魔はない,今こそ好機だ
— *vi* 沿岸を航行する

coastal /kóustəl/ *a* 沿岸の

coastal fishery 沿岸漁業

coastal resort 海浜リゾート

coaster *n* 沿岸貿易船

coat /kout/ *n* コート,外套(がいとう);上着;(ペンキなどの)塗り;めっき ► We need a fresh coat of paint for the reception area, as it gives prospective clients their first impression

of our agency. 受付のある場所は、将来お客様になる人たちに当社の代理店の第一印象を与える場所だから、新しく塗り直す必要がある
cut one's coat according to one's cloth 分相応の生活をする
turn [change] one's coat 変節する
— *vt* 覆う, 塗る, めっきする(*with*)

co-branding *n* コブランディング [⇨異なる製品・サービスを提供している複数の企業が協力して共通のブランドを構築すること. Mercedez-BenzとSwatch(のちに撤退)が共同開発した車のSmartがその一例]

Coca-Cola ❶《The ~ Co.》コカ・コーラ(社) [⇨米国の清涼飲料会社. 1886年創業] ❷《商標》コカコーラ [⇨コカ・コーラ社販売の米国の炭酸飲料] ⇨Coke

Coca-Cola Enterprises《The ~ Company》コカ・コーラ・エンタープライゼズ [⇨米国の清涼飲料製造瓶詰め・販売会社. Coca-Cola 飲料の他 Fanta, Sprite, Diet Coke などを取り扱う世界最大のソフトドリンクメーカー]

Cocacolonization *n* (略式) コカコーラ植民地化 [⇨コカコーラの世界的普及, アメリカ商業化, 文化と生活のアメリカ化などの比喩的造語]

COD cash [《米》collect] on delivery

code /koud/ *n* ❶ コード, 番号 [⇨エラーコードなど意味のある数字列を言う]
==■番号■==
access code アクセス番号 / area code 電話の市外局番 / error code エラー番号 / international dialing code 国番号 / log-in code アクセス番号 / product code 製品番号 / security code セキュリティー用識別番号 / tax code《英》納税者区分記号

❷ 法令, 規則, 法典 ► a civil code 民法 / a commercial code 商法 / a criminal code 刑法 / an internal revenue code 内国歳入法 [⇨米税法]
❸ 倫理綱領, 基本方針, 行動準則 ► a code of practice 行動準則 / produce a code 行動準則を制定する / break a code 行動準則に違反する / comply with a code [⇨行動準則を遵守する]

codecision procedure (EUの)共同決定手続 [⇨1992年のマーストリヒト条約で導入された, ヨーロッパ議会が立法提案を拒否できる手続]

codename *n* コードネーム [⇨開発中に与えられる仮の商品名]

code of conduct 倫理綱領, 行動規範 [⇨企業などの団体が, 自分たちの社会的責任を念頭に置いてメンバーの行動準則として定めるもの. code of ethics, code of practice も同様の意味]
► abide by a code of conduct 倫理綱領を遵守する / establish a code of conduct 倫理綱領を制定する / Members of the board are required to comply with the company's code of conduct. 取締役は会社の行動規範に従うことを要する / We have a very strict code of conduct in place. 当社では厳しい行動規範を設けている

code of ethics 倫理綱領, 倫理規定 ⇨code of conduct ► Our code of ethics prohibits employees from requesting or encouraging gifts from suppliers, including kickbacks and gratuities. われわれの倫理規定は, 従業員がキックバックやチップのたぐいを含め, 納入業者に対して贈り物を求めたり, 贈り物をするよう促すことを禁じている / The company's code of ethics requires employees to safeguard client information. 当社の倫理規定は, 従業員が顧客情報を保護することを義務づけている

Code of Federal Regulations [財政]《the ~》米国連邦国家規制のコード

code of practice《英》(法的効果は持たない)行為指針; 業務指針; 服務規定 ► Any employee who violates the code of practice may be subject to immediate termination of his or her employment. 服務規程に違反した従業員は即時解雇の対象となり得る

code of professional ethics 職業倫理規範

coder /kóudər/ *n* 情報を記号化する人

code sharing (航空会社の)共同運航, コードシェアリング [⇨他の航空会社と提携し, その航空会社の運行便中の特定のものに自社の便名をつけて, あたかも自社運航便であるかのように販売すること]

co-determination *n* 労使協調型の経営意思決定

coding /kóudiŋ/ *n* 符号化, 記号化 ► coding of accounts 勘定のコード化

coexist *vi* (と)同時に存在する; 共存する(*with*)
◇**coexistence** *n*
◇**coexistent** *a*

C. of C. Chamber of Commerce

coffee /kɔ́:fi/ *n* コーヒー ► It isn't in my job description to get coffee for everybody in the office. 事務所の全員にコーヒーを出すことは, 私の職務内容に含まれていません

coffee break《米》お茶の時間

coffer /kɔ́:fər/ *n* (貴重品入れの)箱; (~s)金庫; 財源

coffin /kɔ́:fin/ *n*, *vt* 棺(に収める)
a coffin nail (略式)命取りになる紙巻きタバコ
a nail in one's coffin 寿命を縮める[命取りになる]もの

cofinance *v* 共同出資する; 協調融資する [⇨資金の出し手の間で融資額を分担すること]

cofounder *n* 共同設立者 ► As cofounder of the company, he's not likely to leave without a fight. 同社の共同創設者として, 彼が一戦を交えずに退社することはありそうにない / As cofounder of the company, he naturally has a large stake in the direction it takes. 同社の共同創設者として, 彼が会社の進路に大きな利害を持っているのは当然のことだ

cogeneration *n* コジェネレーション, 熱電供給, 熱電併給型発電 [⇨発電と熱回収とを連動して行う自家発電システムのこと]

cognitive /kágnətiv/ a 認識の

cognitive dissonance 認知的不協和 [◇買物が期待外れに終わったときにそれを正当化しようとすることから生じる心理的葛藤。社会で自分自身の価値観に合わないとった行動をとるときの不愉快な気持ちも同じこと]

COGS cost of goods sold

coherence /kouhíərəns/ n 密着(性); (論理などの) 首尾一貫性; 一致, 調和, 統一

◇**coherent** a 密着する; 首尾一貫した ► Most companies have clear and coherent policies on ethical issues. 大部分の会社は倫理的な問題について明白で首尾一貫した方針を持っている

cohesion fund 結束基金 [◇EU(欧州連合)域内における経済格差を是正するための基金。主に環境や交通に使われる]

coin /kɔin/ n 貨幣, 硬貨; 《略式》銭 ► a one-dollar coin 1ドル硬貨 / You cannot change the coins back. (両替で)硬貨は紙幣に交換することはできない

make a few coins 金もうけをする

the other side of the coin 別の面; 逆の見方

━ vt (貨幣を)鋳造する

◇**coinage** n 貨幣鋳造; 貨幣制度; (集合的)貨幣

coincide /kóuinsáid/ vi 同時に起こる, 一致する, 符合する (*with*)

coincidence /kouínsidəns/ n (偶然の)一致; 合致 ► a coincidence in opinion 意見の一致 / I came upon the information by coincidence. たまたまその情報を見つけた

it is no coincidence that というのは偶然の一致ではない

coincident /kouínsidənt/ a 一致する, 符合する

◇**coincidental** a 符合[一致]した; 偶然の

◇**coincidentally** ad 偶然に一致して, たまたま同様に

coincident indicator 一致指標 [◇景気の転換と同時に変化する経済指標。たとえば、個人所得 (personal income), 鉱工業生産 (industrial production)] ⇨economic indicators

coined terms =invented words

coined words =invented words

coin-op, coin-operated a, n 硬貨投入式の; コインランドリー, 自動販売機

coinsurance n 共同保険 [◇複数の保険者による同一の危険についての共同引受]

co-inventor n =joint inventor

Coke 《商標》コーク, コカコーラ (=Coca-Cola)

col. column

cola /kóulə/ n コーラ (の実, 飲料)

COLA cost-of-living adjustment(s); cost-of-living allowance

cold /kould/ a 寒い, 冷たい; 冷淡な, 冷静な; いきなり

catch a person cold 《略式》(人の)不意を襲う

━ n 寒さ; 寒気; 風邪 ► Recovering from a severe cold, he nevertheless spoke at the convention on back-to-back days. ひどい風邪から完全に回復していなかったが, それにもかかわらず, コンベンションでは何日も続けて話をした

come in from the cold 孤立を脱する, 皆に迎えられる

(left) out in the cold 無視されて

━ ad 完全に; きっぱりと

cold-call v (アポなしで)電話[訪問]販売する

cold call [calling] 飛込み営業 [◇顧客からの依頼がないのに, 電話などで金融取引などの勧誘を行うこと] ► use cold calling to find new clients 新規顧客を獲得するために飛込み営業をする / I made two hundred cold calls today. 今日未知の人に200回勧誘[売込み]の電話をした

cold canvass(ing) 飛込み販売

cold chain コールド・チェーン [◇生産から商品が消費者に届くまでの輸送・保管を一貫して適正な低温で行うシステム]

co-lead manager 共同主幹事 [◇協調融資あるいは債券発行案件などにおいて共同で取りまとめ役を務める銀行]

Colgate 《商標》コルゲート [◇米国の歯磨きなどのブランド。歯磨き, マウスウォッシュ(口内清浄剤), 歯ブラシなどのさまざまな製品を出している]

collaborate /kəlǽbərèit/ vi 協力する
► collaborate with the company to do …をするために同社と協力する / collaborate on a research project 研究プロジェクトのために協力する

◇**collaborator** n

collaboration /kəlæbəréiʃən/ n 協力; 共同(研究), 協調 ► in collaboration with と共同して / fruitful collaboration 実のある協調関係 / technical collaboration 技術協力

collaborative /kəlǽbərèitiv/ a 協力的な, 共同製作の

collaborative working 協調作業 [◇離れた場所にいる者どうしがメールやTV会議などを使って共同作業をすること]

collapse /kəlǽps/ v, n 破綻, 倒産; 崩壊(する, させる); (株が)急落[暴落](する) ► the consequences of collapsing world commodity prices 世界の物価崩壊の重大な結果 / the collapse of AM International AMインターナショナル社の破綻 / be rescued from collapse 倒産を免れる / The company collapsed with debts of ¥80 billion. その会社は800億円の負債をかかえて倒産した / Following the collapse of the real estate market, investment bankers across the nation went into a panic. 不動産市場の崩壊に続いて, 国中の投資銀行がパニックに陥った

collar /kálər/ n ❶ カラー, えり; 首飾り章; 首輪 ❷ カラー [◇借入金の支払金利に上限と下限が設けてあるもの。または, オプション取引においてリスクとリターンの両方が限定されているもの]

hot under the collar 《略式》怒った, 興奮しこ

► He got hot under the collar when I told him he was wrong. 君は間違っていると言ったものだから、彼はかっかとした
in collar (略式) 職について
out of collar (略式) 失業して

collate /kəléit, kou-/ *vt* 照合する ► collate data [figures] データ[数字]を照合する
◇**collator** *n*

collateral /kəlǽtərəl/ *a* 副次的な, 付随的な
— *n* 担保, 担保物件

コロケーション

(動詞(句)+〜) **deposit** collateral 担保を差し入れる / **hold as** collateral 担保として保有する / **provide** collateral 担保を差し入れる / **require** collateral 担保を要求する / **value** the collateral 担保を評価する

► fixed collateral 固定担保 [◯特定資産を目的とする担保] / revolving collateral 浮動担保 [◯在庫品等変動する資産を目的とする担保] / additional collateral 追加担保 / offer collateral equal to 60% of the amount borrowed 借入金額の6割にあたる担保を提供する / pledge securities as collateral for bank loans 銀行融資の担保として証券を差し入れる / put up collateral for the loan 融資の担保を差し入れる / If a borrower were to default for any reason, the collateral should satisfy the obligation. 借り手が何らかの理由で債務不履行に陥った場合、代わりに担保をもって債務を弁済することになる / He's planning to use his house as collateral for the loan. 彼は自宅をローンの担保物件として使うことを計画している

collateralize, 《英》**-ise** /kəlǽtərəlàiz/ *v* 担保を差し入れる ► collateralize the loan 融資に担保をつける

collateralized bond obligation 債券担保証券 (CBO) [◯多数の債券を束ねた上, そこからのキャッシュフローを担保資産とした証券化商品]

collateralized debt obligation 債務担保証券 (CDO) [◯債券やローンを多数束ねた上, そこからのキャッシュフローを担保資産とした証券化商品. 複数の種類の債務を担保とする点で, 債券担保証券(CBO)やローン担保証券(CLO)と異なる]

collateralized loan obligation ローン担保証券 (CLO) [◯多数のローンをまとめた上で, そこからのキャッシュフローを担保資産とした証券化商品]

collateralized mortgage obligation モーゲージ担保証券, 抵当権担保証券 (CMO) [◯不動産ローンないし住宅ローンを多数束ねた上, そこからのキャッシュフローを担保資産とした証券化商品]

collateral loan 担保付きの貸出 [◯collateralized loansとも言う]

collateral material マーケティング促進資料 (=marketing collateral) [◯企業が見込み客を含め客と自社商品・サービスについてコミュニケーションを行うために用いるメディア]

collateral security 代用証券 [◯信用取引等で, 取引の証拠金代わりに利用される証券]

colleague /káli:g/ *n* 同僚 ► a close colleague 親しい同僚 / a trusted colleague 信頼のおける同僚 / a junior colleague 後輩社員 / a senior colleague 先輩社員 / I need to consult with **appropriate colleagues**. 然るべき同僚と相談する必要がある / If it were not for some **helpful colleague**, I would not have been able to complete this in time. 親切に助けてくれる同僚たちがいなかったら, これを期限内にやり遂げることはできなかっただろう / It pays to keep open lines of communication with **trustworthy colleagues**. 信頼できる同僚と自由に情報交換ができるようにしておくことは決して損ではない / **My colleague** and I are going on a business trip next week. 私と同僚は来週出張に行く / He is generally **avoided by his colleagues** due to his unpleasant manners. 態度が悪いので, 普段, 彼は同僚に遠ざけられている / I regularly **go out with colleagues** after work for drinks. 仕事がおわったあと, だいたいは同僚と飲みに出かけている / She doesn't **get along with her colleagues**. 彼女は同僚とうまくやっていけない

collect /kəlékt/ *vt* 集める; (税金を) 徴収する; 《略式》(人を) 呼び寄せる ► be collected in cash 現金で回収される / A cookie is a tool to collect information about your activities on a website. クッキーというのは人がウェブサイト上でどう動いたかについての情報を収集する道具だ / Our department collected data from various sources. 当部ではいろいろな情報源からデータを収集した
— *vi* 集まる; 積もる; 集金する
— *a, ad* 《米》代金先方払いの[で]

collectable *a* 回収可能な

collect call 料金受信人払い通話, コレクトコール

collectibles *n pl* 収集品 [◯切手や絵画などインフレ期に投機資金が向かう実物資産の一つ]

Collecting Societies 著作権管理団体
⇨ Performing Rights Society

collection /kəlékʃən/ *n* ❶ 収集; 収集物; 新作発表会(の衣服) ► the collection of data by means of questionnaires アンケートによるデータの収集 ❷ 回収, 集金, 取り立て ► the collection of bills 手形代金回収 / the collection of taxes 徴税, 収税 🗣 We have been retained by ABC Co. in connection with the collection of the balance due on your account. 当職は, 貴殿の未払債務残高に関して, その回収のためにABC社により起用されました

collection agency 借金取り立て代行業者; 債権取立業者, 債権回収業者

collective /kəléktiv/ *a* 集合的な; 集団の
— *n* 共同体
◇**collectively** *ad* 集合的に, ひとまとめにして
► Collectively, we have more than enough

funds to start up the company. 何もかも合わせると、会社を設立するには十分過ぎる資金がある

collective agreement (団体交渉で妥結した)団体協約 (=collective bargaining agreement); 労働協約

collective bargaining 団体交渉

collective mark 団体商標 [⇨団体が、自ら使用するためではなく、構成員に使用させるために取得する商標]

collective work 集合著作物 [⇨論文集のように、複数の著作者によって作成された著作物で、各著作者の寄与部分が分離可能なもの]

collect on delivery 代金引き換え、《米》代金引換渡し (COD)

collector /kəléktər/ n 集金人; 徴税官; 収集家 ▶ a collector's item [piece] 収集対象物

college /kálidʒ/ n (総合大学の)学部; 単科大学; (一般に)大学; 専門学校; 《英》技術中等学校 (=city technology college); 《英》職業専修学校 (=technical college); 各種学校 ▶ Our college has produced graduates who went on to make some pretty big names for themselves in the movie industry. わが大学は映画産業に入って自分で大きく名を揚げた卒業生を何人か輩出している

collegian /kəlí:dʒən/ n collegeの在学生[卒業生]

collegiate /kəlí:dʒət/ a 大学の; 大学生用の

collide /kəláid/ vi (意見などで)対立する

collision /kəlíʒən/ n (✚動詞は collide) 衝突; (意見などの)不一致 ▶ a collision damage waiver (自動車保険の)衝突被害権利放棄

in collision with と衝突して

on a collision course (このままでは)衝突必至の

collude /kəlú:d/ vi 共謀する《with》

collusion /kəlú:ʒən/ n 共謀, 談合 ▶ collusion among contractors 請負業者間での談合

in collusion with (不当なことのために)と通じて

collusive practices 不当な協定

colophon /káləfàn/ n 奥付; 出版社のマーク

color, 《英》 **colour** /kálər/ n 色, 色彩; (~s)立場; 個性; (~s)国旗 ▶ She passed the interview with flying colors. 彼女はその面接をゆうゆうと合格した

come off [through] with flying colors 大成功を収める

see in its true colors 本質を見抜く

see the color of a person's money (人から)金の支払を受ける

under color of を口実に

— vt 着色する; (事実を)ゆがめる; 特徴づける; 影響を及ぼす

color-code vt 色分けする ▶ Tokyo's subway system has color-coded routes. 東京の地下鉄は路線別に色分けされている

colorful /kálərfəl/ a 色彩に富んだ; 華やかな

color supplement 《英》新聞の別刷り広告

COLTS Continuously Offered Longer-Term Securities 世銀債 [⇨世界銀行が経常費をまかなうために発行する]

Columbia Broadcasting System ⇨ CBS

column /káləm/ n 円柱(状の物); (新聞などの)縦の欄; 特約寄稿欄, コラム; (表などの)コラム, 列

column heading 見出し [⇨カラム(集計表の縦の欄)と呼ばれる縦列の、先頭の所の表題]

column inch カラムインチ [⇨新聞広告取引の最小単位で幅1カラム×高さ1インチを1カラムインチと言う]

co-manager n 共同幹事, 副幹事 [⇨証券発行の引受やシンジケートを組んでの協調融資に際して幹事会社(銀行)が複数の場合、主幹事 (lead manager)と副幹事に分かれたり、そろって共同幹事になったりする]

comb /koum/ n くし; とさか; 蜂の巣 (=honeycomb)

— vt (髪・羊毛などを)すく; 《略式》くまなく捜す 《through, for》

— vi (波が)うねる

comb out 除く; 人員整理する

combat v /kəmbæt, kámbæt/ 戦う《with, against》 ▶ The government has implemented measures to combat inflation. 政府はインフレを撲滅するための施策を実行した

— n /kámbæt/ 戦い; 闘争

combination /kàmbənéiʃən/ n (企業間の)連携, 業務統合, 合併; 組合せ, 結合 ▶ a business combination 業務提携 / a horizontal business combination 水平型業務提携 [⇨同業者どうしの提携] / a vertical business combination 垂直型業務提携 [⇨メーカーと小売業者との提携] / enter into a combination with …と連合[提携]する / Lenders offer various combinations of rates and points. 貸手は利率と手数料のさまざまな組合せを提供する

combination campaign 異業種共同広告キャンペーン

combination of business 企業結合, 企業合同

combine /kəmbáin/ v 連合[結合]させる[する] ▶ Hybrid cars combine gasoline engines and electric motors. ハイブリッド車はガソリンエンジンと電気モーターを組み合せたものだ

combined /kəmbáind/ a 合算した, 合算… ▶ The bank has combined assets worth $350 billion. その銀行は3千5百億ドルの連結資産を持っている

combined balance sheet 連結貸借対照表

combined bill of lading スルー B/L, 通し船荷証券 [⇨combined transport bill of lading(複合輸送証券)を縮めた言い方で、陸海空でそれぞれ異なった輸送手段を組み合わせた貨物輸送に使う証券を言う]

combined cycle generation コンバインドサイクル発電 [⇨ガスタービン発電と蒸気タービン発電を組み合わせて、一つの発電プラントで発電し、燃料の持つエネルギーから有効に電力を得る発

電方式]
combined financial statements 連結財務諸表, 連結決算報告書
combined income statement 連結損益計算書
combined profit and loss statement 《英》連結損益計算書
combined revenue 連結売上高
combined transport [transportation] 複合運送 [⇨陸海空の異なる運送手段を用いる貨物輸送]
Comcast (~ Corp) コムキャスト [⇨米国のケーブルテレビ, デジタル通信運営会社. 2005年, ソニーが主導するMGMの買収にも参画している]
COMDEX n コムデックス [⇨米国最大のパソコン展示会]
come /kʌm/ vi (came; ~) 来る; (相手の方へ)行く; 着く; (物が)届く; (合計…に)達する (to); (商品が…の形で)売られている (in); 起こる (to); (考えが)浮かぶ (to, into); (の)出身である (from, of); (…するように)なる (to do) ► First come, first served. 早い者勝ち. 先着順 (✚come は過去分詞) / Your bill comes to five dollars. お勘定は5ドルになります / With massive foreclosures coming in the weeks ahead, we need to reassure our investors. 今後数週間に差押えが大量に発生するので, 出資者をもう一度安心させる必要がある

as ... as they come 非常に… ► The sales results are as good as they come. 営業成績がとびぬけていい

come about 起こる; (風が)向きを変える ► How did the problem come about? どのようにしてその問題が起きたのですか

come across 《略式》理解される; (の)印象を与える (as); (偶然)出会う[見つける] ► I came across the information when I was doing my research. 調べ物をしていたときに, その情報に出くわした

come across with 《米略式》(借金を)払う; を白状する

come along 現れる; 同行する; 上達する; 元気になる; (命令)頑張って ► He came along with me to the site. 彼は現場まで私に同行した

come a long way 大いに進歩する ► Our company has come a long way since its establishment. わが社は, 設立以来長い年月をかけてここまで成長してきた

come and go 行き来する; 移り変わる ► Stress from work comes and goes. 仕事のストレスが時折襲う

come apart ばらばらになる

come around [《英》round] 遠回りをして来る; 《略式》ぶらりと訪ねる; (同調して)意見を変える (to) ► He came around to seeing things our way. 彼は私たちのやり方で物事を見るようになった

come at に達する; (真相を)得る; を襲う

come away 離れる, 外れる

come back 帰る; (元の座に)立ち返る; 《米略式》言い返す (with) ► I'm coming back to work in a few days. 2, 3日で仕事に復帰する予定だ

come before に優先する ► My family comes before my job. 仕事よりも家族の方が大事だ

come between の仲を裂く ► Money came between their friendship. 金銭問題で彼らの友情は壊れた

come by 立ち寄る; 通り過ぎる; を(偶然)手に入れる; (考えを)持つようになる ► Would you come by my office later? 後でオフィスに立ち寄っていただけますか / How did you come by such information? どんな方法でそのような情報を手に入れたのですか

come down 降りてくる; (北方・大都市から)来る; 下がる; (賛否を)表明[決心]する; 《英》(大学を)卒業する ► The value of the dollar has come down slightly. ドルの価値は僅かに下落した / The government comes down hard on drug traffickers. 政府は麻薬密売人を厳しく取り締まった / After repeated negotiations they finally came down and agreed to give us a 20 percent discount. 繰り返し交渉した後で先方はついに折れて2割引きにしてくれた

come down on [upon] を叱る, 罰する; (支払を)要求する; を急襲する

come down to 結局…になる ► It all comes down to whether consumers are willing to pay a higher price. 要は消費者がもっと高い価格を払ってもいいと思うかどうかだ / The success of any joint venture comes down to trust. 合弁事業の成功は, 結局は, 信頼の有無に帰着する

come down with 《米略式》(病気に)かかる; 《略式》支払う ► I came down with the jitters before my presentation. プレゼンテーションを始める前に不安を感じた

come for を迎えに[取りに]くる; に向かってくる ► Could you hold my luggage until I come for it? 受け取りに来るまで旅行鞄をみていていただけますか

come forward 進み出る; (を)申し出る (with) ► Witnesses came forward with information about the accident. 目撃者は自発的に事故情報の提供を申し出た

come from から来る; の出身である, を出所とする ► Most of the top managers at the subsidiary come from the head office. その子会社の上級管理職はほとんどが本社からの出向者

come from behind 追い上げる, 逆転する ► Our company came from behind to gain the top market share. わが社は後ろから追い上げて市場占有率でトップになった

come in 入る; 流行する; (作物が)採れ始める ► They came in high and we had to renegotiate. 高い値段を吹っかけられたので再交渉しなければならなかった

come in for (財産などを)受け取る; (非難などを)受ける

come in handy [useful] 役に立つ ► Guidebooks come in handy when you are traveling. ガイドブックは旅行中に役に立つ

come in on (事業などの)仲間に入る

come into (財産が)…の手に入る; (変化に)もたらせる ► He came into a lot of money with the inheritance. 彼は多額の遺産を相続した

come of から生じる; の出である ► What came of your job interview yesterday? 昨日の就職面接の結果はどうでしたか

come off 取れる, 外れる; 起こる; 成功する; (結果が)…となる; うまく[まずく]いく; から手を引く ► If the deal comes off, we will be able to diversify our business. その取引がうまくいけば, わが社は事業を多角化できるだろう

come on 進歩[上達]する; 始まる; やって来る; を印象づける(*as*); に出会う; を急襲する

come out 現れる; 出版される; 明らかになる, 公表される; 《英》ストライキをする; 結果が…となる ► The new edition will come out next week. 新版が来週出る予定だ

come out with 《略式》しゃべる, (秘密を)漏らす; を出版する

come over 渡ってくる; 《略式》ぶらりと訪問する; 寝返る; と急に感じる

come through (知らせが)届く; 受信される; 《米略式》成功する; 成し遂げる; を切り抜ける ► The deal came through without a hitch. その取引は首尾よく成功した

come to 正気づく; (船が)止まる; 結局…となる

come together 和解する, 合意する ► Managers and programmers came together to promote this project. 部課長とプログラマーはこの計画の推進のために折り合って協力した

come to that / if it comes to that その点では

come under に分類される; の管轄[項目]である; を被る ► This matter comes under the jurisdiction of the local government. 本件はその地方自治体の管轄になる

come up 近づく; やって来る; 出世する; 話題にのぼる ► The topic came up in our meeting. 会議でその件が取り上げられた

come up against に直面する ► We've come up against problems like this in the past. 以前にもこうした問題に直面した

come upon に出会う; を急襲する

come up the hard way 苦労して出世する

come up to に達する; に匹敵する ► The sales results didn't come up to our expectations. 販売成績は期待したほどではなかった

come up with に追いつく; を考え出す, を見つけ出す; を提案する; 《略式》(金を)準備する, 工面する ► Have you come up with any ideas for the design? 何か新しい設計のアイデアを思いついたかね / Coming up with this kind of cash is the number one obstacle for first-time home buyers. このような大金を調達することは初めて家を買う人にとって最大の難関である

come what may 《文》何が起ころうとも ► Come what may, we need to stay focused on our goal. 何が起ころうとも, 目標に集中し続ける必要がある

come with... …が付属している, …が付きものである ► A complimentary gift comes with each purchase. 買い物をするたびに, おまけのギフトがついて来る / All the rooms come with bath, TV and air conditioning. 全室, 風呂・テレビ・冷暖房付きである

coming up すぐ(続いて, 次に)やり[まいり]ます ► Coming up next on our program is the local weather. 次は各地の気象情報です

have ... coming to one 当然の報いとしてこうむる

How come ... ? 《米略式》どうして, なぜ ► How come you didn't answer my email? なぜ僕のメールに返信しなかったのか

I don't know whether I'm coming or going. まったくわけがわからない

it came out that ということになった ► It came out that there wasn't enough evidence to prosecute. 結果として起訴するだけの十分な証拠がないということになった

when it comes to の段[こと]になると

comeback *n* (人気の)回復, 返り咲き ► ***make [stage] a comeback*** カムバック[リバイバル]する

comedy /kάmədi/ *n* 喜劇 ► a comedy of errors 誤解から生じる喜劇

comestible /kəméstəbl/ *a* 食べられる
— *n* 《通例 ~s》食料品 ► The costs of imported comestibles went up 25% last year. 輸入食料品のコストは昨年25%上がった

COMEX コメックス[♦ニューヨーク商品取引所(NYMEX)の一部門で, 主として金属の先物・オプションが取引されている]

comfort /kΛmfərt/ *vt* 慰める ► Nothing could be done to comfort the pains of the victims. 犠牲者の苦しみを和らげるためにできることは何もなかった
— *n* 慰め, 慰安; 慰める人[もの]; 気楽; 《~s》生活を快適にするもの
give [bring] comfort to を慰める
take comfort from を慰めとする, で安心する
◇**comfortless** *a*

comfortable /kΛmftəbl/ *a* 気持ちのよい; 気楽[安楽]な《*with, about*》; 《略式》(収入が)十分な ► The temperature in the room is very comfortable. 室温は大変快適だ

comfortably /kΛmftəbli/ *ad* 心地よく, 気楽に

comfortably off かなり裕福で ⇨ **well off**

comforting *a* 慰めになる ► The projections for next quarter are not very comforting. 来四半期の予測は大いに元気づけられる内容とは言えない

comfort letter コンフォート・レター[♦単なる覚書であるものから何かを請け合う保証状ないし契約書の性格を持つものまで様々な内容のものを含む] ► a comfort letter to the underwriter 証券引受業者[幹事証券会社]宛のコンフォート・レター

comfort zone コンフォート・ゾーン[♦年収や仕事の内容などで「この程度で十分」と小さな満足に甘んじているレベルを言い, 成長が期待できない

等ネガティヴな意味あいで使う] ► break out of one's comfort zone 自分のコンフォート・ゾーンを抜け出す

coming /kʌmiŋ/ n 到来 ► comings and goings 人の出入り
— a 来るべき, 今度の; 前途有望な ► this coming fall この秋 / Exports are expected to surge in the coming year. 輸出は来年には急増すると予想される

Comité Maritime International 《仏》万国海法会 (CMI) [○海事関連法規の統一을목적とする国際民間機関. 1896年, アントワープで設立. これまで船荷証券統一条約(通称ヘーグ・ルール)やヨーク・アントワープ共同海損規則などを取りまとめてきた実績がある]

command /kəmǽnd/ v 命令する; 支配[指揮]する; 意のままにできる; (尊敬・同情などを)集める; 見渡す ► The peak of the mountain commands a panoramic view of the city. 山頂からはその都市を一望できる
— n ❶ 命令; 指揮; 支配; 見晴らし ❷ 〖컴퓨팅〗指令, コマンド
at a person's command (人の)思いのままに操られて
have ... at one's command が思いのままになる
have (a) good command of を自由に操る ► He has a good command of English. 彼は英語を自由に使いこなせる
in command of を指揮して
under the command of の指揮下で
command and control 上意下達型
command-and-control a 上意下達型の, 命令支配型の ► a command-and-control approach 上意下達型のアプローチ / I like old-fashioned command-and-control management styles. 私は古風な命令支配型の経営方式が好きだ
command economy 計画経済 (=planned economy)
commemorate /kəmémərèit/ vt 記念する; 祝う; 追悼する
◇**commemoration** n 記念(式) ► in commemoration of the founding of our company 当社の創立を記念して
◇**commemorative** /-rèi-, -rə-/ a, n 記念の; 記念品[切手]
◇**commemoratory** /-rətɔ̀:ri | -tə-/ a
commemoration ceremony 記念行事
commemorable gift 記念品
commensurable /kəménsərəbl/ a 同じ単位で計りうる; 釣り合った
commensurate /kəménsərət, -ʃər-/ a 等しい (with); 釣り合った (with, to) ► Salary will be commensurate with experience. 給与は経験に見合うものになるだろう
◇**commensurateness** n
comment /kάment/ n 論評, 意見; 世評; 注釈; 解説 ► Please direct any comments you have directly to management. ご意見があれば経営幹部に直接お申し出ください / I have no further comment on this matter. この問題に関してこれ以上コメントすることはない / We take our valued customers' comments seriously. 当社では大切なお客様のご意見を真剣に受け止めています
be a comment on の状況を物語る
make comments about [on] について論評する
No comment. 何も言うことはない
refuse comment on についての論評を断る
— vi 注釈する; 論評する (on, upon) ► He declined to comment on rumors of his resignation. 彼は自分の辞任の噂にコメントすることを拒否した / The police refused to comment on the case. 警察は事件へのコメントを拒んだ
comment card アンケートカード, 購入者アンケート, 読者カード [○「お客様の声」を記入する小型の用紙]

commerce /kάmərs/ n 商業; 商取引; 通商, 貿易 (=trade); 交渉 ► e-commerce eコマース, ネット取引 / internet commerce ネット取引, 電子商取引 / m-commerce モバイル通販 / t-commerce テレビ通販 / a chamber of commerce 商業会議所 / the Department of Commerce = the Commerce Department (米国の)商務省 / a treaty of commerce and navigation 通商航海条約
Commerce at Light Speed キャルス, 光速商取引 (CALS) [○生産, 調達, 流通の全プロセスを電子ネットワークで管理する統合システム]
Commerce Clause 通商条項, 州際通商条項 [○アメリカ合衆国憲法の1編8節3項のこと. 連邦議会に外国との通商ならびに州際通商を統制する権限を付与している]

commercial /kəmə́:rʃəl/ a 商業(上)の; 通商の, 貿易の; もうけ主義の; 市販用の; (番組が)スポンサーのついた ► provide the full range of commercial banking services 総合的な銀行サービスを提供する / Properties in the commercial district have skyrocketed in value. 商業地区の不動産物件は価値が急騰した
— n (放送の)コマーシャル, CM, CF, 広告 ► a hard-hitting commercial 強烈なインパクトのコマーシャル / an award-winning commercial 賞を取ったコマーシャル

> **コロケーション**
> (動詞(句)+~) **air** a commercial (放送で)コマーシャルを流す / **ban** a commercial コマーシャルを禁止する / **create** a commercial コマーシャルを制作する / **produce** a commercial コマーシャルを制作する / **run** a commercial コマーシャルを流す / **sponsor** a commercial スポンサーとしてコマーシャルを流す

commercial arbitration rules 商事仲裁規則
commercial attaché /- ætəʃéi/ (大使館の)商務官
commercial bank 商業銀行 (⇔investment bank) ► bad debts of commercial

banks 銀行の不良債権

解説 預金を受け入れ企業に融資を行なう銀行. 米国では1933年のグラス・スティーガル法によって融資業務(銀行業務)と引受業務(証券業務)が分離された. 商業銀行が預金を企業に融資するのに対し, 投資銀行は有価証券の発行による資金調達の引受や企業合併のアドバイスを行なってきた. 同法は1999年に撤廃され, 現在は商業銀行と投資銀行の相互参入が進行中

commercial bill 商業手形
commercial bookkeeping 商業簿記
commercial break コマーシャルタイム [⇒番組の途中に入るコマーシャルの時間のこと]
commercial business 民間取引 [⇒民間企業または個人との取引. 政府との取引を意味する government business の対語]
commercial code 商事法典; 商法典
commercial collection agency = collection agency
commercial correspondence ビジネス・コミュニケーション [⇒Eメールやビジネスレターの書き方などを一つの研究対象として取り上げるときの言い方. 古くは「コレポン」と称されていた]
commercial fishing 漁業 (✦fishing には「釣り」と「漁業」の意味があるので, 趣味としての釣りと区別して漁業を言う場合に用いる)
commercial invoice 商業送状
commercialism n コマーシャリズム, 商業主義 ► commercialism surrounding Valentine's Day バレンタインデーをだしにしている商業主義
commercialization, (英) **-sation**
/kəmə:rʃəlizéiʃən/ n 商業化; 商品化; 企業化 ► move ... to commercialization を企業化段階にもっていく
commercialize, (英) **-ise** /kəmə́:rʃəlàiz/ vt 商業[商品]化する
commercial law 商事法
commercial manager 営業マネージャー, 営業責任者 [⇒企業においてモノ・サービスを販売する部門の責任者]
commercial monopoly 単独事業者による独占
commercial mortgage-backed securities 商業用モーゲージ担保証券(CMBS) [⇒非居住用不動産への貸付債権を担保として発行される証券] (⇔residential mortgage-backed securities)
commercial on-line service パソコン通信サービス
commercial paper コマーシャル・ペーパー (CP) [⇒企業などが短期の資金調達を目的として発行する約束手形. 米国の場合, 流通市場で活発に取引されている] ► issue commercial paper to raise funds 資金調達にコマーシャルペーパーを発行する / issue commercial paper up to $100 million to finance the short-term capital requirements 短期の資金需要をまかなうために1億ドルを限度としてCPを発行する
commercial property 事業用[商業用]不動産 [⇒店舗, オフィス, ホテルとして用いられている収益不動産]
commercial register 商業登記簿
commercial sector 商業部門 [⇒経済内における製造業部門, 金融部門と対比した言い方. 流通・小売, 料理・飲食, 旅行・宿泊関連が含まれる]
commercial set 輸出書類一式 [⇒代金取立のための為替手形, 船荷証券, 送り状など輸出に必要な書類一式を言う]
commercial success 事業上の成功 [⇒ビジネスとして成り立つこと]; 商業的成功 [⇒米国特許法において, 特許の非自明性(進歩性)の判断をする際に考慮される一要素] ⇨ secondary considerations
commercial treaty = trade agreement
commercial vacancy rate 商業物件の空室率
commercial whaling 商業捕鯨
commingle /kəmíŋgl/ v 混合する, 一括する ► commingling of funds 資金の混合管理 [⇒自社の資金と顧客の資金を区別せず, ひとまとめにすること]

commission

/kəmíʃən/ n ❶ 公的な権限付与; 委任; 委託; 命令; 任務; 職権; 依頼 ► have a commission of all powers 全権委任を受けている / hold a commission from the Government 政府から委任を受けている / give a person a commission to negotiate 人に交渉を委任する
❷ 委員会

コロケーション

(動詞(句)+~) **appoint** a commission 委員会を設置する / **chair** a commission 委員長を務める / **hand... over to** a commission …を委員会に付託する / **head** a commission 委員会を率いる / **refer...to** a commission …を委員会に付託する / **set up** a commission 委員会を設ける

► a special commission 特別委員会 / a study commission 検討委員会 / a commission on... …のための委員会 / The commission is due to make a decision on the upcoming merger. 委員会は来たるべき合併について結論を出す予定だ
❸ 手数料 ► a commission on consignment 委託手数料, 受託手数料 / a commission to the real-estate agent 不動産仲介手数料 / a commission on issue of shares or debentures 株式あるいは社債発行手数料 / a commission and expenses on capital shares 株式発行費用 / work on a 20 percent commission 2割の手数料で仕事をする / How much commission do you charge? 手数料はいくらですか / Brokers charge a commission for each transaction. ブローカーは個々の取引について手数料をとる / He gets (a) 5 percent commission on everything he sells. 売るものすべてに5分の手数料を取る / You will receive [get] a commission on each item you sell. 1個売

るごとにコミッションを得ることになります / If you buy from an online travel provider, the airline has to **pay a commission** to the travel agency. オンラインの旅行会社からチケットを買った場合, 航空会社は, その旅行代理店に対して手数料を支払う必要がある / You will **earn a five percent commission** on all sales made by a visitor from your site. あなたのウェブサイトからの訪問者による売上額合計の5%を手数料として得ることができます

=== 手数料 ===
address commission 復路積荷手数料 / brokerage commission 株式委託売買手数料 / foreign exchange commission 外国為替手数料 / percentage commission 歩合 / return commission 割戻し / stock exchange introduction commission 上場のための紹介手数料 / underwriting commission 引受手数料

— *vt* 委任する

commission agent 仲買人, 問屋, ブローカー

commission broker (証券会社の)歩合外務員

commissioner *n* 委員, 理事; 弁務官; コミッショナー
High Commissioner 《英》高等弁務官

commissioning *n* プラントの始動 ► the commissioning cost 建設費用

Commission of Transnational Corporations (the ~) 多国籍企業委員会 [1974年に, 国連経済社会理事会の補助機関として設置された委員会の一つ. 多国籍企業活動に関する研究・情報サービス, 規制策の検討などを行う]

commit /kəmít/ *vt* (**-tt-**)(不法なことを)行う; 犯す; 委任[委託]する(*to*); ゆだねる; かかり合う; 確約する ► Companies are not committing any money to new projects. 各社は新規のプロジェクトに資金を確約していない

be committed to / commit oneself to に傾倒[献身, 専念]する; 決意[約束]する ► He's committed to improving his staff's morale. 彼は部下の士気を高めることに全力を注いでいる / He committed himself to his job. 彼は仕事に全力を注いだ

commit oneself on での自分の立場を明らかにする

commit ... to memory を記憶する
commit ... to paper [writing] を書き留める

commitment /kəmítmənt/ *n* ❶約束, 誓約; かかり合い, 傾倒(*to*); 委託, 委任; (金・時間の)充当; 義務, 責任(=obligation); 支払義務 ► make a long-term purchase commitment 長期購入を確約する / receive a loan commitment from the bank 銀行から融資の確約を受ける / The company got the commitment from the bank it had requested from the bank. 同社は要請していた確約を銀行から入手した ❷(有価証券の)売買契約; 有価証券の売買

make a commitment to do ... すると約束する; 専心する ► The company made a commitment to improve customer service. その会社は顧客サービスを改善すると確約した / They made a commitment to invest in people to achieve business goals. 彼らは事業の目標を達成するために人材投資に専念した

commitment fee 約定手数料 [● 銀行が融資枠(commitment line)を設定した際に, 機動的に貸付に応じる対価として顧客に要求する手数料]

commitment letter コミットメントレター [● 融資契約締結に先立ち, 貸し手が融資契約締結の意思を表明する書面. 一般に, 正式契約締結に要する条件などが記されている]

committed *a* 意識が高い, やり遂げることへの意欲の強い, 一業専心型の ► a highly committed team of hard-working staff 勤勉なスタッフから成る意識の高いチーム

committee /kəmíti/ *n* 委員会; (集合的)委員

コロケーション

(動詞(句)+~) **appoint** a committee 委員会を設置する / **chair** a committee 委員長を務める, 委員長として議事を取り仕切る / **head** a committee 委員会を率いる, 委員長を務める / **nominate...** **to** a committee …を委員の候補者として指名する / **serve on** a committee 委員を務める / **set up** a committee 委員会を設置する / **sit on** a committee 委員を務める

► The committee will review your proposal again and let you know its final decision. 委員会は貴社の提案を再検討して最終結論を貴社に連絡する予定だ

=== 委員会 ===
ad-hoc committee (臨時の)特別委員会 / advisory committee 諮問委員会 / compensation committee 報酬委員会 / compliance committee 法令遵守委員会 / creditors' committee 債権者委員会 / executive committee 経営委員会 / litigation committee 訴訟委員会 / management committee 経営委員会 / nomination committee 指名委員会 / review committee 検討委員会 / selection committee 選定委員会 / Senate Banking Committee《米》上院銀行委員会 / steering committee 運営委員会 / watchdog committee 監視委員会 / Ways and Means Committee《米》下院歳入委員会

commodities market = commodity market

commoditize,《英》**-tise** *vt* コモディティ化する ► Once the cell phone was commoditized, prices began falling. 携帯電話がコモディティ化された途端に, 価格は下がり始めた

commodity /kəmádəti/ *n* コモディティー, 商品; 財貨; 原材料

解説 商品取引所で売買される農産物や鉱産物は commodity(コモディティ)と呼ばれる. 同質性

が高く、生産者による区別がつけ難いのがその特徴である。近年は工業製品についても、大量生産され、他社製品との差別が困難で、相互に代替可能なものを、commodity と呼ぶようになった。たとえば、パソコンや家電製品はコモディティ化したといわれる

►commodities like coffee or bananas コーヒーやバナナのような商品 / a hard commodity 金属商品 / a physical commodity フィジカルズ / a soft commodity 農産物商品 / primary commodities 一次産品 / a commodity broker 商品仲買人 / Demand for commodities continue to exceed supply. コモディティに対する需要は供給を上回る状況が続いている / Time is a precious commodity. 時間は貴重なコモディティだ / Whereas he used to invest in commodities, he now prefers to focus on real estate. 彼は昔は商品に投資していたが、今は不動産への集中投資を好んでいる

commodity approach 商品別アプローチ [⇨特定商品を通じて流通問題へ接近を試みる方法。実証的・具体的研究となるのが特徴] ⇨functional approach, institutional approach
commodity broker 商品先物取引業者
commodity exchange 商品取引所
commodity fund 商品ファンド [⇨投資家から集めた資金を使って商品先物で運用する投資商品]
commodity futures 商品先物(取引); 商品先物市場 [⇨決済、取引単位が定型化されている条件の下で締結される将来の売買契約が取引される市場。出荷時までの価格下落をおそれる生産者は先物を売り、仕入れ時までの上昇をおそれる需要家は先物を買う]
Commodity Futures Trading Commission 《米》商品先物取引委員会
commodity index 商品指数, 商品インデックス ►commodity index futures 商品指数先物
commodity market 商品市況, 商品市場
commodity price 物価
commodity product コモディティ化した製品 ⇨commodity
commodity trader 商品取引業者
common /kámən/ a 共通の、共有の (*to*); 公共の; 一般的な、通常の; ありふれた; 普通の ► One of the common traits shared by successful attorneys is the ability to speak persuasively. 成功している弁護士に共通する特性は、説得力をもって話す能力だ
━ n 共有地, 公共用地; 入会(いりあい)権 (=right of common) ►common of pasturage 放牧入会権 / common of piscary 漁獲入会権
have nothing in common with 何とも共通点がない ►The two cases have nothing in common with each other. その二つの事例は互いに何の共通点もない
in common 共同(使用)の
out of (the) common 非凡な

Common Agricultural Market 《the ~》共通農業市場 [⇨1968年に EC で成立した共通市場で、域内農産物に対して「指標価格」との差額を支払うよう定めた農業保護政策の「共通農業政策」に基づいて導入された]
Common Agricultural Policy (EUの) 共通農業政策 (CAP)
commonality /kàmənǽləti/ n 共有性
common area 共用部分 [⇨アパートの階段部分やエレベーターホール部分など。一般に賃貸面積には含まれない]
common area maintenance 共用部分の維持管理 (CAM) [⇨common area maintenance charges (共用部分の維持管理費) はテナントが負担する]
common benefit fee 共益費
common calling 公共のための職業
common carrier 運輸業者; 公衆通信事業者; 公共輸送機関
common cost 共通経費, 共通費 [⇨会社の2つ以上の製品、営業活動、部課などが共通に負担すべき費用]
Common Fund for Commodities 《the ~》一次産品共通基金 (CFC) [⇨国連貿易開発会議 (UNCTAD) の一次産品総合計画に基づき、一次産品の価格の安定、輸出所得の改善などを目的として1989年に設立された国際組織]
common law ❶ コモン・ロー [⇨中世以来 common-law court (コモン・ロー裁判所) が発展させてきた法分野。衡平法 (law of equity) と並ぶ英米実定判例法の一分野] ❷ 判例法 ❸ 英米法
common-law trademark コモンロー上の商標 [⇨連邦政府に登録して取得する登録商標 (®が付される) と異なり、登録しなくとも、商品・サービスの識別記号 (商品名・サービス名の右肩に TM または SM を付す) として使用されている事実があれば、その事実だけで法的に保護される。ただし、その効力は実際にマークが使用されている地域に限定される]
commonly ad 普通に ►We commonly use headhunters to find people to fill upper management positions. 上級経営幹部の地位を補充する人材を探すときは、当社ではヘッドハンターを使うのが普通だ
common market 共通市場 [⇨関税などの障壁を取り除いて、商品・資本・労働・サービスなどの市場を相互に開放し、共同化するシステム。成功例としては、のちに EU となる欧州共同市場 (European Common Market) がある]
common pricing =price fixing
common property resource 共有資源 (CPR)
common seal 《英》会社印, 社判
common share 普通株 (=common stock)
common size financial statements 百分率財務諸表 [⇨貸借対照表 (バランスシート) であれば、現金・預金が資産に占める割合を % で示すという具合に資産・負債・資本に対する各構成要素の比率を百分比 (%) で表示したもの。経営分析のために使う]

common stock 《米》普通株, 普通株式 (= 《英》ordinary share, ordinary stock) [⇨優先株をこう呼ぶ場合に, それとの対比で本来の株式をこう呼ぶ] ▶ common stock equity 普通株主持分 / a common stock equivalent 普通株式等価物 / a common stock fund 普通株ファンド / common stock in treasury 自己株式 [⇨金庫株のこと. 財務諸表などで表示する場合はこの表現を使う] / common stock subscribed 引受済み株式 / invest in the common stock of the company 同社の普通株式に投資する / report the net income per share of common stock outstanding 発行済普通株式の一株当たりの純利益を報告する / The company issued common stock to a group of private investors to raise approximately $2.2 million. 同社は約220万ドルの調達のため, 投資家グループに対して普通株式を発行した

Commonwealth /-wèlθn/ *n* (the ~) コモンウェルス, イギリス連邦 (=Commonwealth of Nations) [⇨1945年以降, 大英帝国が次第に解体されていく中で, イギリスを旧宗主国とする国々によって設立された緩い連合体. 政治・経済を話し合う会議を開いている. 名目上の代表者はイギリス女王] ▶ Commonwealth Day 英連邦記念日 [⇨旧称 Empire Day]

comms communications コミュニケーション [⇨コンピュータどうしの通信ならびに関連機材を指す. ネットワークと同義で用いられることもある] ▶ comms software コミュニケーション・ソフトウェア

commune /kάmju:n/ *n* 地方自治体; (中国の)人民公社; 集団農場

communicate /kəmjú:nəkèit/ *vt* 意思の疎通を行う, (意思・感情を)伝える, コミュニケートする ▶ He has trouble communicating his ideas clearly. 彼は自分の考えをはっきり伝えるのがうまくいかない / Poor internal communication is a weakness. 貧弱な内部[社内]伝達は弱点である
— *vi* 通信[連絡]する《with》; (場所と)通じている《with》 ▶ The manager doesn't communicate well with his staff. その管理職は自分の部下と気持ちが通じていない

communication /kəmjù:nəkéiʃən/ *n* ❶ コミュニケーション, 意思疎通 ▶ effective communication 効果的なコミュニケーション / a greater need for communication コミュニケーションをいっそう密にする必要性 / limit communication コミュニケーションを妨げる / Posters like this one are being used to communicate the company's "fashion forward" approach to its customers. このようなポスターがその社の「ファッションフォワード(前進)」方式を顧客に伝達するために使用されている / A chairperson's role includes facilitating communication among participants. 議長の役目には参加者のコミュニケーションを円滑にすることも含まれる

❷ 情報通信システム[インフラ] ⇨telecommunications ▶ mobile communications モバイル通信 / press communications マスコミ向け広報 / wireless communications 無線通信

communication policy コミュニケーション政策 [⇨マスメディアや電気通信に関わる領域での政策]

Communications Decency Act 通信品位法 [⇨1996年に成立した米国の法律で, インターネット上でわいせつな表現や画像などの配布を禁じている]

communications equipment 通信機器

communication spectra 【広告】コミュニケーション・スペクトル [⇨認知・理解・確信・行為と進む心理変容過程]

communications satellite 通信衛星

communications software 通信ソフト

community /kəmjú:nəti/ *n* 地域共同体[社会]; 共同体 [⇨共通の利益を追求する人々よりなる比較的大きな集団] ▶ the business community 経済界 / the international community 国際社会 / a local community 地域社会 / The Net community is becoming an important source of information for consumers. インターネット共同体は消費者にとって重要な情報源になりつつある

community antenna television 共同アンテナテレビ (CATV) [⇨近年はcable TV と称される]

community business コミュニティービジネス [⇨コミュニティーの需要を満たす地域密着型事業]

community investment コミュニティー投資 [⇨営利追求のみならず地域社会への貢献というねらいから企業が行う投資]

community paper コミュニティ・ペーパー [⇨特定の地域社会の読者を対象に発行される新聞紙の総称]

community radio コミュニティ・ラジオ

Community Reinvestment Act 《米》地域再投資法 [⇨共同の金融機関に低利融資等地元への還元を促す法律]

Community Trade Mark ヨーロッパ連合(EU)商標

commutation /kàmjutéiʃən/ *n* 保険金の一括受給

commute /kəmjú:t/ *vi* 通勤する ▶ commute between Omiya and Tokyo 大宮・東京間を通勤する / A lot of my colleagues commute by bus. 同僚の多くはバス通勤している / She commutes by subway. 彼女は地下鉄で通勤する
— *n* 通勤(距離) ▶ the daily commute into Tokyo 東京への毎日の通勤

◇**commuter** *n* 通勤者 ▶ a commuter airline 通勤航空会社

commuting /kəmjú:tiŋ/ *n* 通勤

commuting distance 通勤圏 ▶ within commuting distance of London ロンドンを中

心とする通勤圏内
commuting time 通勤時間
comp n《米略式》補償(=compensation); 無料(=complimentary) ► Workers comp protects you if you are injured while performing your job. 仕事中に負傷しても労働者保障があなたを保護してくれる
— vt 組む、まとめる《up》;補償する;無料招待する
compact /kəmpǽkt/ a 小型の、(車などが) こぢんまりした; ぎっしり詰まった; 緊密な ► Compact cars are more fuel-efficient. 小型車は燃費がさらに良い
— vt ぎっしり詰める;凝縮させる
— n /kǽmpækt/ (化粧用)コンパクト;小型自動車(=compact car)
◇**compactly** ad
◇**compactness** n
compact disc [disk] シーディー (CD)
Companies House 《英》会社登記所
► file the company's accounts with Companies House 会社登記所に同社の決算報告書を提出する
companies register 会社登記簿
companies registry 《英》会社登記所
companion /kəmpǽnjən/ n 仲間、友人;連れ;(女性の)付き添い人;(対の)一方;《C-》最下級勲爵士;手引き
◇**companionable** a 親しみやすい
companionate /kəmpǽnjənət/ a 友愛的な
► companionate marriage 《米》子供を作らず、離婚しても慰謝料を請求しない結婚
companion piece 姉妹編
companionship n 親交
companion volume 姉妹編(=companion piece)

company /kʌ́mpəni/ n 会社,企業 [○法人格のない共同企業までも含む言葉. corporationより範囲が広い. 略Co.]

コロケーション

(動詞(句)+~) **acquire** a company 会社を買収する / **dissolve** a company 会社を解散する / **form** a company 会社を設立する / **found** a company 会社を設立する / **join** a company 入社する,移籍する / **liquidate** a company 会社を清算する / **list** a company 会社を上場する / **manage** a company 会社を経営する / **operate** a company 会社を経営する / **retire** from a company 定年で会社を辞める / **run** a company 会社を経営する / **set up** a company 会社を設立する / **wind up** a company 会社を解散する / **work for** a company 会社で働く

► the break-up of the company 会社の分割 / a highly-leveraged company 負債比率の高い企業 / a slim-line company スリム化が徹底している企業 / float a company on the stock market 《英》会社の株式を新規公開する / leave the company for personal reasons 会社を一身上の都合で辞める / She's going to begin work with the company next Monday. 彼女は来週の月曜からその会社で仕事を始める / The **company eventually folded** with a lot of debts. その会社は最終的には多額の負債を抱えて倒産した / The **company went public** last year. その会社は昨年上場を果たした / The **company is based** in Switzerland. その会社はスイスを本拠としている / The **company was** very much **on a hand-to-mouth existence**. その会社はかなり厳しい自転車操業を続けていた / Our **company is losing money**. われわれの会社は赤字を出している / Most **companies require applicants** to take an employment test. ほとんどの会社が入社希望者に対して採用試験を課している / Shareholders filed a lawsuit to involuntarily **dissolve the company**. 株主たちは会社を強制的に解散させるための訴訟を起こした / She **joined the company** after graduating from college in 1990. 彼女は1990年に大学を卒業後すぐに同社に就職した / The **company collapsed**, owing an estimated $500 million to banks and other creditors. 同社は、銀行その他の債権者に対し、推定5億ドルの負債をかかえたまま破綻した

=====会社・企業=====
all-American company 純米国企業 / associated company 関係会社 / auditing company 監査法人 / blue chip company 優良企業 / consumer finance company 消費者金融企業 / consumer-related company 消費関連企業 / dormant company 休眠会社 / dummy company トンネル会社 / family company 同族会社 / holding company 持株会社 / incorporated company 法人企業 / joint stock company 株式会社的社団 / listed company 上場企業 / offshore company オフショア会社 / parent company 親会社 / private company 未上場企業 / private limited company 《英》未上場企業 / privately held company 未上場企業 / public limited company 《英》上場企業 / publicly listed company 上場企業 / quoted company 上場企業 / shelf company シェルフ・カンパニー / sister company グループ企業 / small and medium sized companies (総称的に)中小企業 / start-up company 新興企業 / subsidiary company 子会社 / transglobal company 世界的企業 / trust company 信託会社 / unlimited company 無限責任会社 / unlisted company 未上場会社 / world-class company 世界的企業

— a 会社の、社内の ► We have a company cafeteria with cheap meals. 安く食事できる社員食堂がある
company accommodation 社宅
company-approved vendor 指定業者
company benefits 福利厚生
company cafeteria 社員食堂
company car 社用車 ► They are giving me a company car. 会社は私に社用車を提供してくれることになっている
company director 会社取締役
company executive 会社重役、企業幹部

company funeral 社葬
company housing 社宅, 給与住宅
company image 企業イメージ ► Our company image has been greatly damaged by the unfortunate incident. 弊社の企業イメージはあの不幸な出来事で大幅に低下した
company law 会社法
company limited by guarantee 《英》保証有限会社 [⇨ 解散して清算手続に入った場合, 構成員があらかじめ請け合った(保証した)限度でのみ会社の負債を弁済すればよいタイプの会社]
company limited by shares 《英》株式会社 [⇨ 出資者(社員)たちは自分たちが引き受けた株式の額を超えて会社の負債に責任を負わされることはないというタイプの会社]
company lodging (会社の)寮
company man 会社寄りの社員; (組合から見た)会社の回し者
company meeting 会社の機関(株主総会, 取締役会)の会議
company officer 会社役員, 執行役員 [⇨ 一般に会社を代表して署名できる地位にあるものを言う]
company-owned vehicle 社有車
company paper 企業による機関紙誌
company pension 企業年金(=《米》corporate pension)
company president 会社社長
company profile 会社概要
company seal 社判, 法人印
company secret 企業秘密
company secretary 《英》(会社の)総務担当役員(=《米》corporate secretary)
company town 企業城下町
company union 《米・カナダ》❶御用組合 ❷単独組合, 企業別組合 [⇨(1)経営者の支配下にある労働組合 (2)一会社の従業員しか加入できない組合]
companywide *a* 全社の ► Companywide sales have seen a 30% increase over the last year. 全社売上高は前年比30%の増加を経験した
Compaq コンパック [⇨ 米国のパソコンメーカー. 2002年5月にヒューレットパッカード社に吸収合併された]
comparable /kámpərəbl/ *a* 比較できる《with》; 匹敵する《to》
— *n* (~s)(近隣)類似物件 [⇨ 不動産鑑定において適正価格を算出しようとする際の目安とされる, 同種の条件(規模, 立地, 日照など)を備えた不動産物件を指す] ► check comparables 近隣類似物件を調べる
◇ **comparably** *ad*
comparable store sales 既存店売上高 [⇨ same-store sales(既存店売上高)の別称] ► Comparable store sales dropped by 20% last month. 既存店売上高は先月20%減少した
comparative advantage 比較優位 [⇨ ある財・サービスの生産が他の人(あるいは国)より相対的に低い機会費用で可能であること]

comparative advertising 比較広告 [⇨ 広告する商品が自社の既存製品や他社製品と明確に比較されている広告] ⇨ corporate advertising, product advertising
comparative analysis 比較分析 ► comparative analysis of organizations 組織の比較分析
comparative balance sheet 比較貸借対照表
comparative financial statements 比較財務諸表 [⇨ 数期間の数値を併記した財務諸表]
comparative income statement 比較損益計算書
comparative negligence 過失相殺 [⇨ 加害者, 被害者の過失の割合に応じて加害者の賠償責任を定める法理]
comparative profit and loss statement 比較損益計算書
compare /kəmpéər/ *vt* 比較する《with, to》; 例える《to》 ► Shoppers usually compare prices on products. 通常, 買い物客は製品価格を比較する / Compare the offerings of several different kinds of lenders. いくつかの異なった種類の貸し手の提供条件を比較してみなさい
— *vi* 匹敵する《with》
cannot compare with / *not to be compared with* とは比較にならない
(as) compared with [to] と比べると ► Compared with last month, viewer rating has gone up. 先月と比べて視聴率が上がった / Compared to our competitors' products, we are confident that ours are higher in quality. 競合他社の製品に比べて, 当社の製品は品質が優れていると確信している
compare favorably with と比べて優る
— *n* 《文》比類
beyond [without] compare 無比の
comparison /kəmpǽrəsn/ *n* 比較; 類似; 照合 ► a comparison schedule 比較表
bear [stand] comparison with と匹敵する
in [by] comparison with [to] と比べると
without comparison 類類なく
comparison-shop *vi* 商品を比較して買う ► To help you comparison-shop, here is a list of APRs of the same types of loans. 比較して選べる手助けになるように同種のローンの年利率を表にしてみました
compass /kámpəs/ *n* 羅針盤; 境界; 周囲; 範囲; 《通例 ~es》コンパス
beyond [within] one's compass 力の及ぶ範囲外[内]で
— *vt* 一巡する; 取り囲む; 達成する; 獲得する; 理解する; たくらむ
Compass Group (~ PLC) コンパスグループ [⇨ 英国のフードサービス会社. 産業給食業界世界最大手で, 外食産業やヘルスケアにも事業展開している. 1941年設立. 本社 Surrey 州 Chertsey. Burger King, Pizza Hut のフランチャイズも展開している]
compassionate leave (近親死去などの)

特別休暇, 弔事休暇

compatibility /kəmpæ̀təbíləti/ *n* 【ビジ-ヌ】互換性 [⇨別の機種やシステム上でも動くこと] ▶ compatibility with Windows ウィンドウズ上でも動くこと

compatible /kəmpǽtəbl/ *a, n* 仲よくやっていける; 両立できる (*with*); 互換性のある(機種) (*with*); 【ビジ-ヌ】互換機,「コンパチ」 ▶ The software is not compatible with the new operating system. そのソフトウェアは新しいOS(オペレーティングシステム)と互換性がない

compel /kəmpél/ *vt* (-ll-) 強いて…させる (*to do*); 強いる ▶ My conscience compelled me to tell the truth. 良心がとがめて本当のことを言った

compelling *a* 説得力のある; 抵抗し難い ▶ The prosecutor came with compelling evidence to prove his case. 検察官は主張を裏付ける有力な証拠を提出した
◇**compellingly** *ad*

compensate /kámpənsèit/ *vt* 償う, 補償[賠償]する, 埋め合わせる; (振り子などを)補整する; 支払う ▶ The airline compensated passengers with hotel accommodations for the canceled flight. 航空会社は欠航便の乗客のホテル宿泊代を補填した

━ *vi* 償う (*for*); 補完する ▶ Savings from cost cuts compensated slightly for the drop in sales. コスト削減による節約は売上の減少をいくぶんか埋め合わせした

compensating balance 歩積預金, 両建預金 (=compensatory balance) [⇨企業が借入金額の一定割合を借入先銀行に積み立てさせられる預金. 担保の意味があり, 通常利息は付かない] ▶ We will be required to maintain a compensating balance in order to obtain the loan. 融資を受けるためには両建預金を維持することを求められている

compensation /kámpənséiʃən/ *n* ❶《米》報酬, 給与 ▶ adequate compensation 妥当な報酬 / deferred compensation 延払報酬 / employee compensation 従業員給与 / executive compensation 役員報酬 / demand compensation 報酬を要求する / get ... in compensation 報酬として…を得る / receive compensation from ... から報酬を受け取る / (work) without compensation 無報酬で(働く) / The stockholders decided to cut the compensation of chairman John Doe by 40%. 株主たちはジョン・ドー会長の報酬を40%減額すると決めた 🔲 ABC Co. shall remit the compensation by telegraphic transfer to the bank account designated by CONSULTANT in United States Dollars. ABC社は、「コンサルタント」の指定する銀行口座に電信振込によって米ドルで報酬を送金するものとする

❷補償(金), 賠償(金), 給付 ▶ monetary compensation 金銭賠償 / social security compensation 社会保障給付 / unemployment compensation 失業給付 / be awarded compensation (裁判所が)補償を認める / be entitled to compensation 補償を受ける権利がある / claim compensation 補償を請求する / pay $100 million in compensation for damage to the environment 環境破壊に対する補償として1億ドル支払う / seek compensation for に対しての補償を求める / win compensation 補償を勝ち取る / They asked for $50 million in compensation. 彼らは5000万ドルを補償として求めた / I haven't received compensation for my travel expenses. まだ旅費の払戻しを受けていない

compensation for damage(s) 損害賠償

compensation for employees 従業員報酬 (=employee compensation) [⇨労働を提供した従業員へ分配される生産活動から発生した付加価値の額を指す. 現金給与・社会保障雇主負担・その他の雇主負担からなる]

compensation for loss of earnings 休業補償

compensation insurance 《米》労働者災害補償保険, 労災保険 (=workers' compensation insurance)

compensation of employees = compensation for employees

compensation package 報酬総額 [⇨給与, 賞与にストックオプション(自社株購入権)の価値をも加えた報酬の総額] ▶ Her compensation package exceeded $70 million in 2000. 彼女の報酬総額は2000年に7000万ドルを上回った

compensation tied to performance 業績連動型報酬

compensatory /kəmpénsətɔ̀:ri | kəmpənséitə-/ *a* 埋め合わせとなる; 補償[賠償, 代償]の, 補正の

compensatory damages 補償的損害賠償金 [⇨被害者のこうむった損失を補償する(通常の意味での)損害賠償金] ⇨damage ②

compete /kəmpí:t/ *vi* 競争する (*for, with*); 匹敵する (*with*) ▶ compete with other businesses on で同業他社と競争する / compete for a contract 受注を目指して競争する / We compete with foreign and domestic companies. 当社は国内外の会社と競争している / We are competing in an open world market for steel. われわれは鉄鋼の開かれた世界市場で競争している

competence /kámpətəns/ *n* ❶(専門)能力, 資格 (*as, in doing, to do*); 権能 ▶ competence in English 英語能力 / technical competence 技術力 / develop competence 能力を開発する, 育成する / He lacks competence as a manager. 彼は管理職としての能力に欠ける ❷【法律】(1)事物管轄権 (2)(証人・証拠)能力を有すること; 適格性 ❸【会計】(監査証拠の)適格性 ❹【社会心理】コンピテンス [⇨環境内で効果的に対処する能力]

competence-based *a* =competency-based ► competence-based pay 技能給

competence profiling コンピテンシー・プロファイリング [⇨特定の業務, 職種に必要な専門技能が何であるかを調べ, 確定すること]

competency /kámpətənsi/ *n* =competence

competency-based *a* コンピテンス・ベースの, コンピテンスに基づく [⇨一般にコンピテンスとは何かを成し遂げることのできる知識・技能の総体を言うが, 企業に関しては, 競争優位をもたらす「強み」的な意味合いで用いられる]

competency profiling =competence profiling

competent /kámpətənt/ *a* ❶ 有能な; 資格[能力]を有する《as, at, in, to do》► competent to do …を遂行する能力がある / competent in English 英語能力を有する / He is quite competent at what he does. 彼の仕事ぶりはなかなか有能だ ❷ 管轄権のある ► the competent authorities [minister] 管轄庁[所管大臣] / be competent to issue a prohibition 禁止令状を出す権限がある / a competent court 管轄権を有する裁判所
◇**competently** *ad* 十分に

competing *a* 競合する; 競争する

competing product 競合品, 競合製品 ► The two companies produce competing products. その2社は競合する製品を製造している

competing suppliers 競争する供給業者

competing technologies 競合する技術

competition /kàmpətíʃən/ *n* 競争; 競合; 競争相手, ライバル企業

コロケーション

(動詞(句)+〜) **assess** the competition 競争相手の力を見きわめる / **combat** competition 競争(相手)に立ち向かう / **come up against** competition 競争相手が現れる / **cope with** competition 競争に取り組む / **encounter** competition 競争相手が現れる / **face** competition 競争に直面する / **foster** competition 競争を促す / **hold back** competiton 競争を阻害する / **increase** competition **from** との競争が激化する / **meet** competition 競争についていく, 競争相手に立ち向かう / **overpower** the competition 競争相手を圧倒する / **slip against** the competition 競争相手に後れを取る

► brutal competition 苛酷な競争 / cut-throat competition 激烈な競争 / intensifying competition 激化しつづける競争 / be crushed by competition 競争に打ちのめされる / be undercut by competition from abroad 外国勢からの低価格競争で打撃を受ける / get a head start on the competition 競争相手の一歩先を行く / spur competition in the sector セクター内での競争を促す / Due to **increased competition**, we've had to lower our prices. 競争の激化によって, 当社は価格の引下げを余儀なくされた / When the industry failed to meet competition from Japan, they had to get government help through tariff protection. 業界が日本勢との競争に負けたとき, 保護関税という形で政府の支援をあおぐほかなかった / **Intense competition** in many mature markets demands carefully designed business strategies. 多くの成長した市場での激烈な競争は注意深く計画されたビジネス戦略を必要とする

ahead of the competition 競争相手より先行して
in competition with [for] と[を]競って ► We are in competition with two other major companies for the contract. 受注を目指して他の大企業2社と競争している

=== 競争 ===
foreign competition 外国勢との競争 / global competition 国際競争 / import competition 輸入品との競争 / international competition 国際競争 / unfair competition 不正競争, 不当競争

Competition Commission 競争委員会 [⇨1999年, 独占・合併委員会(Monopolies and Mergers Commission (MMC))を改組して, 設立された合議制の独立行政委員会. 企業による独占的地位の濫用, 企業間の合併及び規制業種における規制について, 公正取引庁からの付託を受けて調査し, 報告書を作成する権限を有する(みずから行動を開始する権限はない)]

competitive /kəmpétətiv/ *a* 競争がある, 競争力のある; たちうちできる; 値段が安い ► China has become a competitive force not only in manufacturing but also in technology. 中国は製造だけでなく技術においても競争力のある国になった / We assure you that our prices are very competitive. 当社の価格は他社にひけをとらないことを保証します / We need to invest in R&D if we hope to remain competitive in the market. もし当社が市場における競争力を維持したいと思うなら, 研究開発に投資する必要がある
◇**competitively** *ad* 競争によって ► competitively priced 競争できる値段のついた

competitive advantage 競争(上の)優位, 競争相手に対する優位 ► gain a competitive advantage 競争優位を獲得する / have a competitive advantage 競争優位に立つ / strengthen a competitive advantage 競争優位を強化する / weaken a competitive advantage 競争優位が損なわれる

competitive analysis 競争力分析

competitive balance 競争的均衡 [⇨主としてスポーツビジネスにおいて言われる. リーグのチームどうしの力がバランスよく釣り合っている方が意外な結果が生まれやすく, 観客・視聴者をも引きつけるので, 潜在的収益率を最大限具体化するのによいと説かれる]

competitive bid 競争入札 ► The contract will be awarded on the basis of the lowest competitive bid. 契約は競争入札の最低価格入札者に与えられる

competitive edge 競争優位性 ▶ have [lose] a competitive edge over ... に対して競争優位に立つ[を失う] / They have the competitive edge to keep them ahead. 彼らは自分たちを優位に保つための競争力をもっている

competitive intelligence 競合企業調査, 競合他社情報の収集・分析 ▶ conduct competitive intelligence 競合他社情報の収集・分析を行う

competitive market 競争市場 [⇨ 多数の売手と買手が存在し, 特定の売手や買手による価格操作が不可能な市場]

competitiveness *n* 競争力 [⇨ 企業あるいはそのモノ・サービスが他と伍して競り合っていける力] ▶ competitiveness in technology 技術競争力 / Companies that fall behind in technology eventually lose their competitiveness. 技術で遅れをとった企業は, いずれは競争力を失う / Worries over the company's competitiveness in technology is overblown. 同社の技術競争力に対する懸念はおおげさだ

competitive position 競争的地位 ▶ The company will enhance its competitive position by offering entirely new products. その社は完全に新しい諸製品を提供することによってその競争上の地位を高めるだろう

competitive price 競争力のある価格 [⇨ 他社と比べてひけを取らない価格. 競争に立ち向かえる価格] ▶ Successful businesses set a competitive price. 成功する会社は, 競争相手に負けない価格を設定するものだ / They offer biofuels at more competitive prices. 彼らはもっと競争力のある価格でバイオ燃料を提供する

competitive strategy 競争戦略 [⇨ 他社に対しての優位を確保するための計画]

competitive threat 競争上の脅威 ▶ We are feeling the competitive threat from China and India. われわれは中国とインドからの競争上の脅威を感じている

competitivity *n* 競争力 (=competitiveness)

competitor /kəmpétətər/ *n* ライバル企業, 商売敵, 競争相手 ▶ a biggest competitor 最大のライバル / a main competitor 主たる競争相手 / the nearest competitor すぐうしろから追いあげているライバル企業 / a tough competitor きびしい競争を強いるライバル企業 / They failed to catch up with competitors. 彼らはライバル企業に追いつくことができなかった / The company is obsessed with outdoing the competitors at every turn. 同社はことあるごとにライバル企業の上を行こうと躍起になっている

competitor analysis = competitive analysis

competitor intelligence =competitive intelligence

competitor profiling = competitive analysis

competitor strategy = competitive strategy

compilation /kὰmpəléiʃən/ *n* ❶ 集計; 編集 ❷ (財務諸表の) 調製 [⇨ クライアントの会計記録を財務諸表としての体裁が整うように作り直すことで, 一般に認められた会計原則(GAAP)に準拠していることまでは保証されない] ▶ compilation and review service 調製およびレビュー業務 / a compilation engagement (財務諸表の) 調製契約 / a compilation of financial statements 財務諸表の調製 / a compilation report コンピレーション報告書, 調製報告書 / a compilation test コンピレーション・テスト

compile /kəmpáil/ *vt* 編集する; (資料を) 集める; 【ｺﾝﾋﾟｭｰﾀ】(プログラムを) コンパイルする, 機械語に変換する

complain /kəmpléin/ *vi* 不平を言う《*of, about, that*》; 訴える《*to*》 ▶ The employee complained that he wasn't adequately compensated. その従業員は適正な報酬をもらっていないと苦情を言った / Consumers complained that the new product was too expensive for daily use. 消費者は新製品が毎日使用するには値が高すぎるというクレームをつけた

complainant *n* 《英》(民事裁判の) 原告 (= 《米》plaintiff)

complainer *n* 《特にスコット》原告 (=complainant)

complaint /kəmpléint/ *n* ❶ 不平; 苦情(の種); クレーム ▶ make [lodge] a complaint about について苦情を言う / handle a complaint 苦情を処理する / receive a complaint 苦情を受ける / respond to a complaint 苦情に対処する / Look at the company's grievance procedures before **making a complaint**. 苦情を言うに先立ち, 会社に苦情処理手続を確認する必要がある / Our sales clerks are expected to **handle complaints** tactfully, adhering to Company Policy. 当社の販売員は, 会社の基本方針に即して, 如才なく苦情を処理することを期待されている / We will keep you informed while we **investigate your complaint**. お客様の苦情につき調査をしている間, 状況を逐一お知らせします

❷ 訴状 ▶ file [lay] a complaint against a person 人を訴える / lay a formal complaint before the court 裁判所に正式に訴える / be served with a complaint 訴状の送達を受ける

complaint procedure 苦情処理手続

complaints management 苦情処理管理

complaints section 苦情処理係 (部署)

complement /kάmpləmənt/ *n* 補足(物); 《~s》補完財 [⇨ 所得効果を排除し価格の代替効果によって一方の財の価格が上昇すると, 他方の財の需要量が減少する関係にある2つの財]
― *vt* /-mènt/ 補完する ▶ The two companies involved in the joint venture complemented each other perfectly. その合弁事業に参加した2社は申し分なく相互補完の関係にあった

complementary /kɑ̀mpləméntəri | kɔ̀m-/ *a* 補足的な ► complementary operations 補完的な業務

complete /kəmplí:t/ *a* まったくの, 完全な, 完備した; 熟達した; 完成した ► Preparations for the conference are complete. コンファレンスの準備は完了した

complete with を完備して ► The apartment comes complete with furniture and appliances. そのアパートは家具も電気器具も完備している

— *vt* 完全にする, 仕上げる, 終える; もれなく記入する ► The project is scheduled to be completed in May. そのプロジェクトは5月に完成する予定だ / You need to complete the assignment by tomorrow. 君は任された仕事を明日までに終える必要がある

completed contract method 工事完成基準 [○工事完成引き渡しの事実に基づき収益を認識する基準. 原則として工事進行基準が適用されないときにのみ用いる] ► calculate the net income to be realized under the completed contract method 実現される純利益を工事完成基準で計算する

completed operations coverage 完成作業責任の保障 [○請負業者が完了した工事に起因する損害賠償請求をカバーする]

completely *ad* 完全に ► I completely agree with you on that point. その点では完全に同じ意見です / I'm not completely satisfied. すっかり満足しているわけではない (✚部分否定)

completely build up 完成品 (CBU)

completely knocked down 半完成品 (CKD) [○海外工場向けの部品について言うことが多い]

completeness *n* 完備[完成]していること; 完璧さ, 完全性

completion /kəmplí:ʃən/ *n* ❶ 完了 ► on completion of の完了時に / Construction of the new highway is nearing completion. 新しい幹線道路の工事は完了間近だ ❷ (不動産売買の) 完了 (=(米)closing) [○不動産取引上の対価の支払・権利移転という最終段階を言う]

completion date 完成日, 竣工日

completion guarantee 工事完成保証 [○プラント工事などで融資銀行団に対して行われ, 実質上, 工事遅延により発生するコストを銀行団が負うことを避けるための仕組み]

completion statement (英) 不動産契約計算書 (=(米)closing statement) [○買主が支払いをする金額の計算書]

complex *a* /kəmpléks/ 複合の; 複雑な ► We're dealing with a complex problem. 私たちは複雑な問題を扱っている / Japan is known for its complex distribution system. 日本は複雑な流通システムを持つことで知られている / The business environment will be more complex in the future. ビジネス環境は将来もっと複雑になるだろう

— *n* /kʌ́mpleks/ 複合体; 複合施設; 総合ビル

complexity /kəmpléksəti/ *n* 複雑さ, 錯綜; 複雑なもの

compliance /kəmpláiəns/ *n* 法令順守, コンプライアンス ► compliance with regulation (環境などの) 規制遵守 / a compliance officer コンプライアンス・オフィサー, (企業内の) 倫理・法令順守担当責任者 / environmental compliance 環境保全義務 / regulatory compliance costs 規定遵守コスト / ensure compliance コンプライアンスを確保する

in compliance with に従って 會 BUYER shall at all times conduct its operations and the re-export and resale of the Goods and technology contained therein in strict compliance with all applicable existing future laws, rules and regulations. 「買主」は常に, 当該商品の扱いならびに再輸出および再販売について, 適用されるべき現在および将来の法律, 規則および細則に厳格に従って処理するものとし, かつそれ(=当該商品)に含まれる技術についても同様とする

◇**compliant** *a*

compliance manual 法令順守規定

complicate /kʌ́mpləkèit/ *vt* 複雑にする, 紛糾させる; (併発で) 悪化させる ► Personal feelings sometimes complicate business decisions. 個人的な感情が時にはビジネスの決定を複雑にすることもある

to further complicate matters さらに事態を面倒にすることには

◇**complicated** *a* 複雑な ► Japan's tax system is complicated and difficult to sort through. 日本の税体系は複雑で調べるのが難しい

◇**complicatedness** *n*

◇**complication** *n* 複雑, 紛糾

complicit /kəmplísit/ *a* 共謀して (*in*)

complicity /kəmplísəti/ *n* 共謀, 共犯 (*in*)

compliment *n* /kʌ́mpləmənt/ 賛辞, お世辞; (~s) あいさつ ► (Give) my compliments to によろしく

pay a person a compliment (人を) 褒める

return the [a] compliment 返礼する

with the author's compliments / ***with the compliments of*** より贈呈 [謹呈] (✚本に書き添える)

— *vt* /-ment/ お世辞を言う; 褒める (*on*); 贈る (*with*)

complimentary /-méntə-/ *a* 敬意を表す; 無料の; 献呈の ► Being a frequent guest, we received a complimentary bottle of champagne on arrival at our hotel. よく利用しているので, ホテルに到着したときにシャンパンのプレゼントが待っていた

complimentary close 末文 [○メールの最後に書く Regards, などのフレーズ]

complimentary ticket 招待券, 優待券

compliments slip (企業の) 贈答品の添え書き, メッセージカード

comply /kəmplái/ *vi* 従う, 応じる (*with*)

▶ comply with regulations 規則に従う

component /kəmpóunənt/ n 部品
▶ auto components 自動車部品 / electronic components 電子部品 / key components 基幹部品 / a car component(s) manufacturer 自動車部品メーカー / We buy the company's components and are totally satisfied with them. 当社はその社の部品を購入しそれらに完全に満足している

comport /kəmpɔ́ːrt/ vt 《~ oneself》振る舞う《with》
— vi 一致[順応]する《with》
◇ **comportment** n 態度, 振る舞い

compose /kəmpóuz/ v 構成する; 組み立てる; (論争などを)調停する ▶ be composed of から成る

composed a 平静な ▶ He was calm and composed throughout the whole crisis. 危機が続いていた間中, あの人は静かで落ち着いていた
◇ **composedly** /-id-/ ad

composite /kəmpázit | kɔ́mpəz-/ a, n 合成[複合](のもの); 合成写真 (= composite photograph)

composite depreciation 総合償却[⇒異なる耐用年数の異種資産を一括して減価償却を行う方法] ▶ composite depreciation assets 総合償却資産 / composite depreciation by the straight-line method 定額法による総合償却 / a composite depreciation method 総合減価償却法

composition /kàmpəzíʃən/ n ❶ 組立て; 構成, 組織 ▶ First, we need to determine our business composition. まずわれわれはビジネスの構成を決定しなければならない ❷ 和議, 和解, 債務の一部免除 [⇒支払不能に陥った債務者が債権者と交渉して債務の一部免除や期限の猶予を得ること] ▶ composition by creditors 債権者による和議 / make a composition with one's creditors (一部返金して)債権者たちと示談にする

compost /kámpòust/ n 培養土, 配合土, 堆肥
— vt (土地に)培養土を施す, 堆肥にする

composting n コンポスト化 [⇒有機質成分を制御された環境の下で, 取り扱いが容易で貯蔵可能な, 土壌還元できる状態まで生物的に分解すること]

compound a /kámpaund/ 混合[複合]の; 複利の
— n /kámpaund/ 混合[複合, 合成]物, 化合物
— vt /kəmpáund/ ❶ 混合する《with, of, from, into》; (問題を)悪化させる ▶ Lower tax revenues and higher unemployment compound the country's problems. 税収の減少と失業の増加は同国の問題を複雑にしている ❷ 複利計算する; 複利で支払う ▶ We compound interest on an annual basis. 年ベースで複利計算をする / Compounded interest is accrued on a monthly basis. 複利は毎月利子がつく

compound annual growth rate 年平均成長率, 年複利成長率 (CAGR) [⇒年間成長率の異なる複数年での成長について計算した平均の年成長率. 各年の増加分を複利 (compound interest) で繰り入れして計算する. この指標は経済成長率や投資収益率を比較するのに用いられる. たとえば, 3年間で60%増の場合, 年平均成長率は60÷3=20%ではないことに注意. 実際には成長率を x とすると, 100×(1+x)×(1+x)×(1+x)=160と複利計算で求め, x≒0.169となり, 約17%となる]

compounded rate 複利 (= compound rate)

compound growth rate 複利成長率, 複利収益率 (CGR) ⇒ compound annual growth rate

compound interest 複利 ▶ This term deposit will earn compound interest. この定期預金には複利がつく

compound rate 複利 (= compounded rate)
▶ Interest on any overdue payments shall accrue on a daily basis at a compound rate of 1% per month. 支払遅延に対する金利は月利1パーセントの複利で日割計算される

compound yield 複利の利回り

comprehend /kàmprihénd/ vt 理解する; 包含する ▶ I can't comprehend why he would do a thing like that. 彼がなぜいつもそんなことをするのかわからない

comprehension /kàmprihénʃən/ n 包含; 内包; 理解力 ▶ beyond comprehension 理解できない / What drove him to such a decision is beyond comprehension. 何が彼をそのような決定に追いやったのか, 理解しかねる

comprehensive /kàmprihénsiv/ a ❶ 包括的な; 理解力が広範囲の ▶ Our company offers a comprehensive benefits package. 当社は給付につき包括的パッケージを提供している ❷ (保険で) 総合担保の [⇒総合的に損害をカバーすることを言う]
◇ **comprehensively** ad

comprehensive development framework 包括的発展の枠組み (CDF) [⇒1998年に行われた世界銀行・IMF年次総会で, ウォルフェンソン総裁が提唱したアプローチ. 経済的側面に限らず, 制度・社会・環境といった側面までも含んだ包括的な取り組みにより, 開発を長期的に持続可能なものとすることを目指す]

Comprehensive Environmental Response Compensation and Liability Act 《the ~》(米国の)包括的環境対応補償及び義務法[⇒1980年制定]

comprehensive general liability insurance 包括賠償責任保険 ⌨ BUYER shall, at its own expense, obtain and maintain adequate comprehensive general liability insurance and naming SELLER as an additional insured Party. 「買主」は, 自己の費用にて「売主」を共同被保険者とする適切な綜合賠償責任保険を付保し, 維持するものとする

comprehensive insurance 総合保険

(=comprehensive policy)

compress vt /kəmprés/ 圧縮する; 簡約する《into》;【ｺﾝﾋﾟｭ】(ファイルのサイズを) 圧縮する

compression n 圧縮;【ｺﾝﾋﾟｭ】(ファイルサイズの) 圧縮

comprise /kəmpráiz/ vt 含む; 構成する
be comprised (に) 含まれる《in》; (から) 成る《of》
— vi 成り立つ《of》

compromise /kámprəmàiz/ n 妥協(案), 折衷案, 譲歩; 和解; (名誉・信用を) 危うくすること

コロケーション

(形容詞(句)+～) **artful** compromise 巧みな妥協策 / **delicate** compromise 微妙なバランスの妥協策 / **eleventh-hour** compromise 土壇場での妥協策 / **face-saving** compromise 面目を保った妥協策 / **flawed** compromise 問題を抱えた妥協策

(動詞(句)+～) **accept** a compromise 妥協案を受け入れる / **achieve** a compromise 妥協を成立させる / **agree on** a compromise 妥協案を調える / **agree to** a compromise 妥協案に同意する / **broker** a compromise 妥協に向けて仲介の労をとる / **come to** a compromise 妥協点を見い出す / **find** a compromise 妥協点を見い出す / **make** a compromise **with** ～と妥協する / **negotiate** a compromise 妥協に向けて交渉する / **offer** a compromise 妥協案を示す / **propose** a compromise 妥協案を提示する / **push for** a compromise 妥協を図るべく力を尽くす / **reach** a compromise 妥協案にたどり着く / **seek** a compromise 妥協案を探る / **settle for** a compromise 妥協案でけりをつける / **work out** a compromise 妥協策をまとめ上げる

▶ a compromise plan [proposal] 妥協案, 折衷案 / a compromise solution 妥協案 / a product of compromise 妥協の産物 / room for compromise 妥協の余地 / under a compromise 妥協策の下で / drive the parties to a compromise 当事者を妥協へと導く / Management reached a compromise with union leaders. 経営陣は労働組合の幹部と妥協するに至った / They managed to work out a reasonable compromise. 彼らは納得のいく妥協案をようやく作ることができた

— vt 妥協[譲歩]する; (信用などを) 損ねる, 危うくする ▶ If we add this, it might compromise the product's performance. これを加えると製品の性能を損ねるかもしれない / The company has completely compromised its reputation. 同社は自分たちの信用を完全に落とした

— vi 妥協する, 歩み寄る ▶ The employer is in no mood to compromise with the labor union on [over] wages. 経営者には賃金に関して組合と妥協する気配がまったくない

comps =comparable store sales

comp time 《米》(時間外労働に対する) 代休; 代休時間 [<compensatory time]

comptroller /kəntróulər/ n コントローラー, 会計責任者 [○ 大きい組織の場合, comptroller の下に経理部門, treasurer(財務担当役員)の下に財務部門, という構成が多い] ⇨controller

Comptroller of the Currency 《the ~》(米国の) 通貨監督庁長官, 通貨監督局長官 [○ 連邦法上の免許を受けた国法銀行の監督にあたる]

compulsive a 抑えのきかない; しないではいられない; たまらなく面白い

compulsive shopper 買物中毒の人, ショッピングマニア

compulsory /kəmpʎlsəri/ a 強制的な; 義務的な, 必修の
◇**compulsorily** ad

compulsory acquisition 《英》強制収用 [○ 公共の目的のため一定の補償と引き換えに私人の財産を強制的に取り上げること]

compulsory insurance 強制(加入)保険 (⇔voluntary insurance 任意(加入)保険)

compulsory license 強制実施権[使用権], 裁定実施権 [○ 公益上の見地から, 国が特許や著作物につき強制的に設定する実施権[使用権]]

compulsory liquidation (企業の) 強制清算, 強制解散 [○ 会社の解散に際し, 債権を取り立てる一方で債務を弁済し, 残余財産を株主に分配するといった清算手続が, 裁判所の命令により強制的に行われるもの。日本の場合, この強制清算にあたるものは「特別清算」とされている]; 特別清算

compulsory purchase 《英》=compulsory acquisition

compulsory retirement 定年退職

compulsory winding up 《英》強制清算 ⇨compulsory liquidation

compunction /kəmpʎŋkʃən/ n 良心の呵責(かしゃく); 悔恨

have no compunction about ～をなんとも思わない ▶ I have no compunction about asking him to resign. 彼に辞任を要求しても良心の呵責を感じない

without (*the slightest*) *compunction* (まったく) 平気で

CompUSA コンプ・ユーエスエー [○ 米国のコンピュータの小売店。ハードウェア, ソフトウェア, ゲーム用ソフトなどを販売している。1984年設立。ダラスに本社をおく]

CompuServe コンピュサーブ [○ 米国のパソコン通信サービス。正式名CompuServe Information Service(略: CIS). 1997年AOLに買収され, 現在AOLはTime Warner Incのグループとなっている]

computable /kəmpjúːtəbl/ a 計算できる

computation /kàmpjutéiʃən | kòm-/ n 計算(法); 計算結果; コンピュータの使用[操作] ▶ a computation of depreciation 減価償却費計算

compute /kəmpjúːt/ v (コンピュータで) 計算する

computer /kəmpjúːtər/ n 計算者[機]; コンピュータ, 電脳 ▶ boot up a computer コンピュータを起動する / log onto a computer コンピュータにログインする / log off a computer

コンピュータからログオフする / The computer is down [up]. そのコンピュータは作動していない[いる] / We plan to **replace all the computers** in our department. 部内のすべてのコンピュータを取り替える計画だ / For some reason, this software **causes the computer to crash**. どういうものか,このソフトはパソコンをフリーズさせる / If you receive a mail called "invitation," do not open it and **shut down your computer** immediately. メールで「invitation」と書いてあるものを受け取ったら,開かずに,すぐにコンピュータを終了させよ / **Reboot the computer** once the updates are installed. アップデートをインストールしたらコンピュータを再起動させよ / To save your presentation time, be sure to **start up your computer** before you talk. プレゼンの時間を無駄にしないよう,話し始める前に必ずパソコンのスイッチを入れておいてください

computerate *a* =computer-literate
computer-generated *a* コンピュータで作成した ► a computer-generated image CGイメージ / computer-generated speech 合成音声

computer graphics コンピュータ図形処理 (CG)

computerize, 《英》-ise /kəmpjúːtəràiz/ *vt* コンピュータで処理する[を備える], コンピュータ化する ► computerize the accounts department 経理部門をコンピュータ化する
◇**computerization** *n* コンピュータ化

computerized /kəmpjúːtəràizd/ *a* コンピュータ化された

computerized accounting system コンピュータ会計システム

computer literacy コンピュータ操作能力, コンピュータ・リテラシー[⇒コンピュータを使いこなす知識や技術があること] ► acquire [gain] computer literacy コンピュータを使えるようになる / lack computer literacy コンピュータを使えない

computer-literate *a* コンピュータに詳しい

computer program コンピュータプログラム

computer programmer コンピュータプログラマー

computer-programming *n* コンピュータプログラミング

computer-randomized *a* コンピュータで無作為化した

computer science コンピュータサイエンス
computer virus コンピュータウイルス
computing *n* コンピューティング[⇒コンピュータの利用形態を指す言葉.たとえば,mobile computing(モバイルコンピューティング)は外出先や移動中にコンピュータを利用すること]

Comsat《The ~ Corp》コムサット[⇒米国の通信衛星会社でINTELSATの最大株主.現在はLockheed Martinの子会社]

con *vt* (**-nn-**)《略式》だます;欺く;(人を)だまして(金を)巻き上げる
— *n* 信用詐欺, ぺてん;うそ

ConAgra Foods *n*《~, Inc.》コンアグラ・フーズ[⇒米国の大手食品メーカー.冷凍食品や瓶詰め食品,加工肉などが主だが農業部門や食材部門も持つ.1919年設立]

Conair《商標》コンエアー[⇒ドライヤー,カーラーなどの米国のヘアスタイリング用製品のブランド]

conceal /kənsíːl/ *vt* 隠す;秘密にする《*from*》 ► He tried to conceal the fact that he was embezzling money from the company. 彼は会社から金を横領していた事実を隠そうとした / The company tried to conceal evidence of tax evasion. その会社は脱税の証拠を隠蔽しようとした

concealment *n* 隠匿;(告知義務違反となる)情報の不開示[⇒保険契約について用いる]

concede /kənsíːd/ *v* 認める《*that*》;(特権として)許す;譲る《*to*》 ► He conceded that he made an unwise investment. 彼は賢明でない投資をしたことを認めた / I am willing to concede that you have a valid point. おっしゃることに一理あると認めるのにやぶさかではありません

concentrate /kɑ́nsəntrèit/ *v* 集中する;専念する《*on, upon*》 ► We have to concentrate on improving our corporate image. 当社は企業イメージの改善に力を注がなければならない / Management had decided to concentrate on a single product – diesel engines. 経営陣はただ一つの製品(ディーゼルエンジン)に集中することに決めていた / We need to concentrate more resources in product development. 当社は製品開発にもっと資源を集中する必要がある

concentrated /kɑ́nsəntrèitid│kɔ́n-/ *a* 集中した;密集した;濃縮した ► Steel and tire companies are concentrated. 鉄鋼会社とタイヤ会社は集約的である[会社数が少ない](✢ 多数参加型のfragmentedに対する)

concentration /kɑ̀nsəntréiʃən/ *n* 集中;濃縮;(EU法で)企業合併 ► an increased concentration of ownership 加速する所有権の集中傾向 / a buyer concentration 買手集中度 / have a high concentration of risk in one specific industry 特定の一業種にリスクが集中している / The firm's consumer goods concentration is justified. その会社の消費者用品への集中は正当である

concept /kɑ́nsept/ *n* 概念;コンセプト,アイディア[⇒それゆえに消費者が引きつけられる製品・サービスなどの本質] ► a marketing concept マーケティングコンセプト / a product concept 商品[製品]コンセプト / a production concept 生産コンセプト / a sales [selling] concept 販売コンセプト

conception /kənsépʃən/ *n* 着想;構想, 概念
◇**conceptional** *a* 概念の

concept shop コンセプト・ショップ[⇒あるコンセプト(考え方,概念)を明確に打ち出した小売店]

concept testing コンセプトテスティング〔○広告効果を見極めるため，アイディアやコンセプトにつき複数の人の意見を聞き，手応えを確かめるためのリサーチ〕

concern /kənsə́ːrn/ *vt* (~ oneself, be ~ed) 関係する《with, in》; 影響する《~ oneself, be ~ed》心配する《with, in, for》
as concerns に関しては
as [so] far as ... be concerned / where ... be concerned に関しては; としては ► As far as that issue is concerned, the decision has already been made. あの問題に関する限り，決定は既に終わっている
be concerned about [for, that] を心配する; 案じている; 心がけている ► Consumers were concerned about rising prices across the country. 消費者は国中で価格が高騰していることに懸念を抱いていた / Our airline is concerned about the safety and comfort of our passengers. わが社は航空会社として乗客の安全と利用上の快適さを心がけています
be concerned to do …しようと願っている; に携わる
to whom it may concern 関係当事者殿 (✤推奨状などの不特定のあて名)
― *n* (利害)関係; 重要性; (しばしば ~s) 関心事; 心配(事); 懸念 《over, about》; 事業, 営業, 会社, 商会, 企業(体); 〖経営〗コンツェルン, 資本連携; (略式) こと, もの ► a paying concern 利益の上がる事業 / concern about the inflation outlook インフレ懸念 / concern regarding higher interest rates 利上げ懸念 / none of your concern あなたの知ったことではない / a matter of little concern あまり重要でない問題 / be of great concern 大いに心配である / express concern about について懸念を表明する / If you have any concerns about the new computer system, please don't hesitate to contact us. 新しいコンピューターシステムについて心配事があれば，遠慮なくご連絡ください / Also adding to the pessimism are concerns about the North American market. その悲観論に加えて北米市場についての懸念もある
have a concern in に関係がある，の共同出資者である ► We have a concern in the performance of subsidiary companies. 当社は子会社の業績に強い関心をもっている
raise concerns about について懸念を高める ► Investors raised concerns about rumors of a takeover. 会社乗っ取りの噂に株主は懸念を示した
raise concern that という懸念を起こす
◇**concerned** *a* 心配している ► the authorities concerned 関係当局

concerning *prep* …に関して (=regarding) ► Information concerning our products are posted on our website. 当社の製品情報はウェブサイトにございます

concert *n* /kάnsəːrt/ 一致, 協力
at concert pitch すっかり用意ができて
in concert 協力して《with》► It aroused suspicion that the two competing manufacturers seemed to have raised their prices in concert with each other. 競合するメーカー2社が互いに申し合わせて価格を引き上げたように見えたが，このことは疑念を生んだ
― *vt* /kənsə́ːrt/ 協定する

concerted *a* 協定[団結]した, 協調しての
concerted official intervention 協調介入〔○為替相場を安定させるために，各国の中央銀行が連携して行う市場介入〕

concession /kənséʃən/ *n* 譲歩; 譲与; 容認; 免許; 特権; 営業許可; 構内売店, 売店などの営業権 ► obtain the concession of digging [to dig] a canal 運河の掘削権を得る / The other party refused to make concessions, even on minor points. 些細な点についてさえ，相手方は妥協することを拒んだ / The US showed displeasure at China's unwillingness to make concessions during the trade talks. 中国が貿易協議で譲歩する気がないことに米国は不快感を示した
◇**concessional** *a*

concessionaire /kənsèʃənέər/ *n* (権利の)譲り受け人; 営業権所有者, 売店業者〔<仏〕

concessionary waters コンセッション水域〔○油田開発などの経済協定(concession)において，パイプラインの敷設，輸送等所定の業務を行うことができる水域のこと〕

concierge /kὰnsiéərʒ/ *n* (アパートの)管理人; (ホテルの)接客係; (転じて) 顧客サービス担当者〔<仏〕

concierge services コンシェルジュ・サービス〔○観光案内，ツアーやタクシーの手配などの総合案内業務〕

conciliate /kənsílièit/ *vt* なだめる; 懐柔する; 調停する
◇**conciliator** *n*
◇**conciliatory** *a*

conciliation /kənsìliéiʃən/ *n* なだめ, 懐柔; 調停, 労使調停〔○訴訟によらずに紛争当事者の間で合意に達すること。調停人(conciliator)の助けを借りることもあるが，調停人の出した案には強制力はなく，当事者の判断と合意で紛争を解決する〕
⇒ alternative dispute resolution

concise /kənsáis/ *a* 簡潔[簡明]な ► He gave a concise explanation of the product features. 彼は製品の特徴について手短に説明した
◇**concisely** *ad*

conclude /kənklúːd/ *v* 終了する; 結論[推断]する《that》► conclude a deal 商談をまとめる / The talks concluded without any agreement. 話し合いは合意に達することなく終わった
To be concluded. (連載記事が)次号完結
to conclude 結論として

concluding remarks 閉会の辞

conclusion /kənklúːʒən/ *n* 終結; 締結; 結論; 推断 ► Politicians from both sides have come to a common conclusion about the need for a stimulus package. 両党の政治家は

景気刺激策の必要性について同じ結論に到達した
bring ... to a conclusion を終結させる ▶ The chairman brought the meeting to a conclusion. 議長は会議を終わらせた
come to [reach] the conclusion that という結論に達する ▶ I've come to the conclusion that it's time to change jobs. 転職する時期だという結論に達した
draw a conclusion 結論を引き出す
in conclusion 最後に; 結論として ▶ In conclusion, we need to reassess our business strategy. 結論として, 事業戦略を再評価する必要がある
jump to [at] a conclusion [conclusions] 軽々しく結論を出す; 早合点する, 速断する ▶ You shouldn't jump to conclusions like that. そのように速断すべきではない

conclusive /kənklúːsɪv/ *a* (証拠などが)決定的な; 明確な; 最終の
◇**conclusively** *ad*

Concorde /kánkɔːrd/ コンコルド [⇨英・仏共同開発の超音速旅客機. 1976年就航, 2003年引退]

concourse /kánkɔːrs/ *n* (人・物の)集合, 群集; 中央広場[ホール], コンコース

concrete /kánkriːt, -´-/ *a* 具体的な; コンクリート製の ▶ Can you give some concrete examples to support your point? ご主張を裏付ける具体的な例をお示しいただけますか
— *v* 具体化する

concur /kənkə́ːr/ *vi* (**-rr-**) 同意見である; 賛成する《*with*》 ▶ I concur with the opinions of my coworkers. 同僚と同じ意見だ

concurrent /kənkə́ːrənt | -kʌ́r-/ *a* 同時発生の《*with*》; 兼務の; 一致する《*with*》; 同一点に集まる

concurrent engineering コンカレント・エンジニアリング [⇨製品開発期間の短縮のための手法で, 設計, 製造, 販売に関わる人々が当初より一つのチームとして協力し合う方法]

concurrent insurance 重複保険 [⇨同一の保険目的物につき実質上同種の保険が複数存在するとき, 他の保険を指してこのように呼ぶ. concurrent policy (重複保険契約)とも言う]

concurrent policy 重複保険契約 ⇨concurrent insurance

condemn /kəndém/ *vt* 非難する; (不良品と)決定する, (建物が安全でないとして)使用禁止にする; (土地を)公用収用する ▶ The building was condemned and demolished. 建物は使用に不適とされ取り壊された
◇**condemnatory** *a*

condemnation *n* 非難; 公用収用, 収用 [⇨公共機関(政府)等が街路や公園, 学校のために用地を得る場合に用いられる]

condemnation proceeding 収用手続

condense /kəndéns/ *v* 凝結する; 簡略にする, (話などを)要約する

condensed /kəndénst/ *a* 要約された; 凝縮された

condition /kəndíʃən/ *n* ❶《しばしば ~s》状況; 条件

コロケーション
（動詞(句)+~）**accept** a condition 条件を受諾する / **breach** a condition 条件に違反する / **meet** a condition 条件を満たす / **satisfy** a condition 条件を満たす / **set** a condition 条件を設定する / **violate** a condition 条件に違反する

▶ conditions of sale 売却条件 / conditions of contract 契約条件 / conditions of employment 雇用条件 / conditions of membership 会員資格 / conditions of purchase 購入条件 / conditions of service 雇用条件 / an express condition 明示的条件 / an implied condition 黙示的条件 / Working conditions at the factory did not meet government standards. その工場の労働条件は政府基準を満たしていなかった / Factories in third world countries have deplorable working conditions. 第三世界の国々の工場は悲惨な労働条件を持っている

❷《~s》状態, 状況, 情勢 ▶ money market conditions マネー・マーケットにおける金利の動向 / financial conditions (企業の)財務状況 / employment conditions 雇用情勢 / working conditions 労働環境 / a serious deterioration in financial conditions 財務内容の深刻な悪化 / wait for better market conditions 市場環境の良化を待つ / They will retain a strong market position amid turbulent economic conditions. 彼らは波乱の経済状況の中で市場での強い地位を維持するだろう

in good [bad, poor] condition 体調[調子, 状態]がよい[悪い] ▶ The facilities are old and in poor condition. 施設は古く手入れが行き届いていない

in no condition to do …するのに適さない ▶ You're in no condition to make any demands. あなたはとても要求を出せるような状況にはない

on condition that [of] という条件で, もし…ならば ▶ We'll increase our order on condition that you freeze price increases for a year. 1年間値上げをしないと約束するなら, 貴社への発注量を増やしましょう

on no condition 決して…ない ▶ On no condition will I compromise. 決して妥協しないつもりだ

— *vt* 調節する; 良好な状態にする; 条件となる; 査定する

conditional *a* 条件付きの《*on, upon*》; 暫定的な
◇**conditionally** *ad*

conditional agreement 条件付合意
conditional B/L 故障 B/L

conditionality *n* (IMFや世界銀行など国際金融機関の)融資条件 [⇨特に, 1980年代に途上国を襲った金融危機に際して, 構造調整を融資条件とし, 貿易, 金融, 財政の分野における自由化と構造改革を柱とした, 市場原理主義(market fundamen-

conditional sale 所有権留保売買, (後払, 分割払などの) 条件付販売契約 [⊃代金が支払われるまで売主が目的物の所有権を留保する形式の売買] ▶ buy ... under a conditional sale agreement を所有権留保売買契約に基づいて購入する

conditional takeover bid 条件的TOB [⊃「所定の株数を確保できる限り」といった条件を付して行う株式公開買い付け]

condition concurrent 同時履行条件 [⊃代金支払を商品の引渡しにかからせるというように, 双方の債務が同時に履行されるべしとする条件]

conditioned a 条件付きの; の状態にある

condition precedent 先行条件, 停止条件 [⊃法的行為の効力の発生に関する条件]

conditions of sale 売買条件, 売渡し条件

conditions of warrants ワラント発行要項 [⊃ワラントの基本的発行条件のこと]

condition subsequent 後行条件, 解除条件 [⊃法的行為の効力の消滅に関する条件]

condo /kándou/ n =condominium

condo fee 分譲マンション共益費 (=maintenance fee, common charges)

condominium /kàndəmíniəm/ n コンドミニアム, マンション ▶ a residential condominium market 分譲マンション市場

condominium ownership 区分所有権

conduct

n /kándʌkt/ 行為, 品行; 運営, 管理; 遂行; 指導 ▶ responsible for the conduct of the company's affairs 会社の業務の運営についての責任を負っている(責任者である) / a code of conduct 倫理綱領, 行動規範
— v /kəndʌ́kt/ (~ oneself) 振る舞う, 行動する; 指導[指揮]する; 行う, 処理する; 導く, 案内する, 添乗する ▶ a conducted tour 添乗員付き周遊旅行 / As part of the marketing research, we conducted telephone interviews with consumers. マーケティング調査の一環として, 当社は消費者の電話面接を実施した / The team conducted a preliminary study on the effects of the treatment. そのチームは治療の効果について予備的な研究を行った

confederation /kənfèdəréiʃən/ n 同盟; 連邦

Confederation of British Industry 英国産業連盟 (CBI) [⊃日本の経済団体連合会(経団連)に相当する業界団体]

confer /kənfə́ːr/ (-rr-) vt 授ける (on, upon); (権利, 権限を) 付与する
— vi 協議する (with, on)

conference

/kánfərəns/ n 会議 (➕ meeting に比べ, 規模が大きい会議を指す. 議事進行が正式の手続で進められるような「正式の会議」という意味合いも強い)

コロケーション

(動詞(句)+~) **address** a conference 会議で発言する, 話をする / **arrange** a conference 会議を開く手配をする / **attend** a conference 会議に出席する / **convene** a conference 会議を招集する / **go to** a conference 会議に出る / **preside over** a conference 会議の議長を務める / **wind up** a conference 会議を終わらせる

▶ a press [news] conference 記者会見 / a sales conference 営業会議 / a conference participant 会議参加者, 出席者

in conference 会議中で ▶ I'm afraid she's in conference and unable to see you all morning. 申し訳ありませんが, 彼女は会議中でして, 午前中いっぱい, お目にかかれそうもありません / He is in conference just now. 彼はただ今会議中です (➕「手が離せません」という意味でこういう言い方がされるが, やや尊大な感じ)

◇**conferential** a

Conference Board 《The ~》コンファレンス・ボード [⊃ニューヨーク市の非営利調査団体] ⇨ consumer confidence index

conference call 電話会議, 電話会見 [⊃スピーカーホンを使い, 同時に多数の人間に向けて企業業績の見通しを発表したりするもの]

conference cost 会議費

conference facility 会議設備

Conference of Ministers of the Group of Seven 《the ~》先進7か国蔵相・中央銀行総裁会議, G7(ジーセブン) [⊃先進7か国(日・米・英・仏・独・伊・カナダ)の蔵相および中央銀行総裁で構成される会議. 1986年創設. 国際経済や通貨問題について主要先進国間の政策協調を推進する]

conference phone 会議電話

conference proceedings 会議の手続

conference room 会議室

conference venue 会議開催地

conferencing 会議(を行うこと) [⊃特にWeb会議, 電話会議, テレビ会議形式のものを言う]

confess /kənfés/ v 告白[自白]する (to, that); 自認する

I must confess 正直に言うと ▶ I must confess I was opposed to your plan in the beginning. 最初は貴社の計画に反対だったことを白状しなければなりません

confide /kənfáid/ v 信用[信頼]する (in); 打ち明ける (in, to, that); 委託する (to) ▶ I hesitated to confide in my boss. 上司に秘密を打ち明けるのをためらった

confidence

/kánfədəns/ n ❶ 信用, 信頼, 信認 (in)

コロケーション

(動詞(句)+~) **build** confidence 信頼を築き上げる / **express** confidence 信頼していると対外的に明らかにする / **have** confidence 信頼がある / **destroy** confidence 信頼を損ねる / **lose** confidence 信頼を失う / **maintain** confidence 信頼を失わないようにする / **restore** confidence 信頼を取り戻す

▶ The government hopes that the bailout plan will restore confidence in the economy. 政府は救済計画が景気に対する信頼を回復させることを望んでいる

❷ 企業や消費者による景気見通し ► Business confidence has fallen. 企業マインドが低下した / Customer confidence has risen. 消費マインドが上向いてきた

give a person the confidence to do (人に)…する自信を与える

have full confidence in を全面的に信頼している ► We have full confidence in your ability to accomplish the task. その仕事を成し遂げる君の能力には全幅の信頼を置いています

in (strict) confidence 内密に, 極秘で ► hold ... in confidence …を秘密扱いにする ▣ The Parties shall hold in strict confidence, and shall not disclose, directly or indirectly, to any third party any technical, economical, financial, marketing or other information received from the other Party without prior written approval from the other Party. 「両当事者」は, 他方の「当事者」から受領した技術, 経済, 財務, マーケティングまたはその他の情報について, 他の当事者の書面による承諾なき限り, 厳秘するものとし, 第三者に対し直接間接を問わず開示してはならないものとする

confidence game 《米》信用詐欺 (= 《英》confidence trick)

confidence interval 信頼区間 [◆サンプルから推定して母集団の平均はこの値とこの値の間に収まるのではないかという区間. 95%信頼区間であれば, 95%の確率で母集団の平均が含まれる範囲を意味する]

confidence trick 《英》信用詐欺 (=confidence game)

confident /kánfədənt/ *a* 確信して 《*of, that*》; 自信のある; 無礼な ► We remain confident that we can come out on top despite the recession. 景気後退があっても勝利を収めるという当社の確信に揺るぎはない / We are confident of securing support from the government. 政府からの支援を得られると確信している

confidential /kànfədénʃəl/ *a* 秘密 [機密]の; 機密指定が付された, 〈所定の秘密区分中〉Confidentialと指定されている: 《C-》親展 (✤封書の上書きまたは書信の上部に記載する注意事項, さらに Strictly confidential「極秘」とも書く) ► highly confidential 厳秘 / remain confidential 機密指定が解かれていない / I expect everyone to keep this matter confidential. この件は全員内密にしてください / All applications will be kept strictly confidential. 願書はすべて極秘にいたします

◇**confidentially** *ad*

confidential communication 秘匿特権により保護される情報 [◯開示を強制されることのない情報. 弁護士, 医師, 聖職者または配偶者に対して打ち明けられた情報で, 依頼人, 患者, 悔悟者, 配偶者の意に反して法廷での陳述を要求されない. privileged communication とも言う]

confidential document 機密文書
confidential information 機密情報 ► We never use email to communicate confidential information. 当社では機密情報を伝達するのにEメールを使うことは絶対ない / Passwords and other safeguards used to secure confidential information need to be changed occasionally. 機密情報を保持するために使われるパスワード等の安全措置は時々変更することを要する ▣ For the purpose of this Agreement the term "Confidential Information" shall mean any and all technical information organized by, collected by, or otherwise in the possession of SUPPLER, whether recorded in documentary form or otherwise. 本契約で用いる「機密情報」の用語は, 文書形態に記録されている否とを問わず,「供給者」によって創出, 収集もしくは占有されたその他一切の技術的情報を意味する

confidentiality /kànfədenʃiǽləti|kɔ̀n-/ *n* 機密性, 秘密保持 ► a breach of confidentiality 機密保持義務違反 / ensure confidentiality 機密保持に関して確実を期する / guarantee confidentiality 機密保持を保障する / protect confidentiality 機密保護を図る / violate the confidentiality guaranteed to lawyer-client conversations 弁護士・依頼人間の会話に保障されている機密性を侵す

confidentiality agreement 機密保持契約 ► sign a confidentiality agreement 機密保持契約にサインする[を締結する]

confidential clause 機密保持条項
confidential relation 信頼関係
confidential relationship (秘密を分かち合える)信頼関係

configuration /kənfìɡjəréiʃən/ *n* 配置; 外形, 形状; 〈機器〉構成, 設定 ► The new configuration in the program solved many of the problems in the previous version. プログラムの新しい設定は従来のバージョンが持っていた問題の多くを解決した

configure /kənfíɡjər/ *vt* …の機器構成[設定]を行う ► The printer is not configured to run on a network. このプリンタはネットワークに対応するための設定が行われていない

confine *vt* /kənfáin/ 制限する 《*to, within*》 ► The appeal of luxury goods is not confined to the rich. 高級品の遡求力は富裕層に限定されるものではない

━ *n* /kánfain/ 《通例 ~s》境界, 限界

confirm /kənfə́ːrm/ *vt* 確認する 《*that*》; 承認する; 裏づける ► He called to confirm the appointment for tomorrow. 彼は電話をかけて明日の予約の確認をとった / I'd like to confirm my flight reservation. 飛行機の予約を確認したいのですが / He confirmed rumors that he was retiring early. 彼は早期退職の噂を肯定した

confirmation /kɑ̀nfərméiʃən | kɔ̀n-/ n ❶ 確認; 承認 ❷ 取引確認書, 約定確認書 [◇売買注文が執行された後, 証券会社等が顧客に送ってくる計算書]

confirmed a 確認された; 承認された; 根深い

confirmed letter of credit 確認信用状 [◇取消不能信用状についてその信用度を高めるため, 信用状開設銀行が輸出地の取引銀行に頼んで確認を付してもらったもの]

conflict vi /kənflíkt/ 対立する (with); 争う (with) ► The results of the survey conflict with our previous assumptions. その調査の結果は当社の今までの想定と相反する / I can't attend tomorrow's meeting, because it conflicts with a prior engagement. 先約があるので, 明日の会議には出席できません
— n /kɑ́nflikt/ 利益の対立, 利益相反 ⇨ conflict of interest ► an industrial conflict 労使対立 / a conflict between minimizing costs and pleasing customers コストを最小限にする要請と顧客の満足を得るという要請の対立

conflict diamond 紛争地ダイヤモンド [◇コンゴ民主共和国やシエラレオネなどの内戦地域で産出し, 反政府組織の資金調達のために売られるダイヤ]

conflicting a 矛盾する, 相争う, 錯綜している ► Authorities are receiving conflicting information. 関係当局に入ってくる情報は錯綜している

conflict of interest 利益相反 [◇一般的には受託信任関係上委託者本人の利益を優先させるべき義務 (fiduciary duty) を負う者が自己や第三者の利益を図り本人の利益を損なうことを指す. また公益と私益の一般的相反についても言う] ► a potential conflict of interest 潜在的利益相反関係 / an unlawful conflict of interest 違法な利益相反関係 / an allegation of conflict of interest 利益相反ではないかとの声 / clear ... of conflict of interest について利益相反はないと認める / waive a conflict of interest 通常なら利益相反となるものを容認して許可する / make a disclosure of potential conflict of interest 利害衝突の可能性について開示する / avoid conflict of interest situations 利害が抵触するような状況を避ける / Directors have an obligation to avoid activities or situations which may result in a conflict of interest or the appearance of conflict of interest. 取締役は利益相反を招きあるいは利益相反であるかのような外見を作り出す行為または状況を避ける義務を負っている / There is no conflict of interest. 利益相反関係はない / Are you sure you have no conflict of interest in this matter? この件につき利益相反関係がないのは確かでしょうね / On the surface, the matter does not represent a conflict of interest. 一見したところ, その件は利益相反には当たらない / If the judge had presided over the trial, there might have been a conflict of interest, as his relative was involved. その裁判官が公判を主宰すれば, 彼の親類が事件に関与しているから, 利害抵触の問題が起こるかもしれない

conflict of interests 利権関係の衝突 (✜ 前項目の conflict of interest よりも個々の具体的な利害の対立や衝突を指す) ► encounter a conflict of interests 利害の対立に直面する

conflict of laws ❶ 法の抵触 [◇複数の法域 (国や州) に関係を持つ事件に適用される法律の間に起こる衝突] ❷ 国際私法, 州際私法 [◇法の抵触を調停する法律. 「国際私法」の意味で使われることが多いが, 米国では州と州の間の法の抵触について「州際私法」の意味でも用いられる]

conform /kənfɔ́ːrm/ v 従う (わせる), 準拠する (させる) (to); 一致する (させる) (to, with) ◉ CONSULTANT shall conform strictly with instructions for the performance of this Agreement given by ABC Co. to CONSULTANT from time to time.「コンサルタント」は, 本契約の履行のために時に応じて「コンサルタント」になされるABC社の指示に厳密に従うものとする

◇**conformable** a 一致 [適合] した (to, with); 従順な

conformity /kənfɔ́ːrməti/ n 適合 (to, with); 順応; 準拠性, 一致 ► conformity to a group norm 集団規範への同調 / Conformity to specification will help to satisfy customer needs. 仕様への一致は顧客ニーズを満たすのに役立つ

in conformity with [to] に従って

confront /kənfrʌ́nt/ vt 直面する; (困難が) 立ちはだかる

be confronted with に直面する ► Many developed countries are confronted with an aging population. 多くの先進国は人口の高齢化に直面している

◇**confrontation** n 直面

confrontational a 対決型の ► take a confrontational approach 対決型のアプローチをとる

confrontation clause (憲法の) 証人対質権条項 [◇自己に不利益な証人と法廷で対決する権利を定めた条項]

confuse /kənfjúːz/ vt 混乱させる; 混同する (with) ► Don't confuse this month's data with those of last month. 今月のデータを先月分と混同するな

◇**confused** a 困惑 [当惑] した; 混乱した
◇**confusedly** /-id-/ ad
◇**confusing** a 混乱させる; 訳の分からない ► These two policies are confusing to me because they contradict each other. これらの2つの政策は, 互いに矛盾しているので, 私には理解しにくい

confusingly adv 混乱するほどに ► a confusingly similar trade name 類似商号

confusion /kənfjúːʒən/ n ❶ 混乱; 混同 (with); 困惑 ► The sudden policy change caused confusion among employees. 突然

の方針転換で,従業員たちは混乱した ❷ 【知財】混同 [⇨需要者が,商標侵害品(=偽物)と真正品(=本物)とを区別できない状態]
throw ... into confusion を混乱させる

congé /kάnʒei/ n いとまごい
give a person his congé (人を)免職する ► She was given her congé. 彼女は解雇された
make [take] one's congé いとまごいをする

conglomerate n /kənglάmərət/ コングロマリット, 複合企業体

> [解説] いくつかの異なった業種の会社から構成される企業.特定業界に固有のリスクを多角化によって緩和することができる反面,関連のない多くの業種を効率的に経営することは容易でない.1960年代から 80 年代にかけて流行した事業形態だが,現在でもコングロマリットとされる優良企業は存在する.製造コングロマリット(industrial conglomerate), 金融コングロマリット(financial conglomerate), 金融・製造コングロマリット(financial/industrial conglomerate)などに分類される

► create [form] a conglomerate コングロマリットを築く[構成する]

conglomeration /kənglὰməréiʃən | -glɔ̀m-/ n 複合企業, コングロマリット ► a financial conglomeration 金融コングロマリット

congratulate /kəngrǽtʃulèit/ vt 祝う 《on, for》
congratulate oneself on [upon] を喜ぶ
◇**congratulation** n 祝賀; (~s) 祝辞 ► Congratulations! おめでとう (✤必ず複数形で言う.くだけた俗語ではCongrats!と短縮して言う)
◇**congratulatory** /-lətɔ̀:ri/ a 祝賀の

congress /kάŋgris/ n ❶ 会議, 大会 ► annual congress of the union 組合の年次総会 ❷ 《C-》 《米》連邦議会 ► be in Congress 議会開会中である

congressional /kəngréʃənl/ a 会議の; 《C-》米国議会の

Congressional Budget Office (米国の)議会予算局 (CBO) [⇨ホワイトハウスが提出する予算案を連邦議会が審議するのを補助するため設けられている.200名を超えるエコノミストから成る専門家集団.経済報道でもホワイトハウス側の財政経済見通しとのバランスを取るためにCBOの見解が引合いに出されることが多い.1974年に設置]

congruent /kάŋgruənt/ a 適合する, 調和した 《with》
◇**congruence** n
◇**congruity** /kəngrú:əti/ n 適合, 一致
◇**congruous** a 一致[調和]する; 適合する

conjecture /kəndʒéktʃər/ n, v 推測(する) ► That's pure [purely] conjecture. 単なる憶測だ
◇**conjectural** a

conjunct /kəndʒʌ́ŋkt/ a 結合した

conjunction /kəndʒʌ́ŋkʃən/ n 結合
in conjunction with と共に ► This discount ticket may not be used in conjunction with other discounts. この割引券を他の割引と一緒に使用することはできません

con man 《略式》信用詐欺師 (=confidence man)

connect /kənékt/ vt 連結[接続]する, つなぐ; 連想させる 《with》; 関係する ► One moment please. I'll connect you. 少々お待ちください.おつなぎいたします / I don't see how the two cases are connected. 二つの事例がどう関係するのかわからない
— vi 接続する, 連絡する 《with》

connect charges (プロバイダーに払う)課金

connected a 関係[コネ]のある; ネットワークを使える環境にある ► Has the house been connected for cable TV? この家はケーブルテレビが配線されていますか

connecting flight 接続便 ► transfer to a connecting flight 接続便に乗り継ぐ / miss a connecting flight 接続便を逃がす

connection /kənékʃən/ n 関係; 接続; 連絡部; (交通機関等の)接続, 接続便, 接続列車 ► He has a lot of business connections in India. 彼はインドに商売上のコネをたくさん持っている / Our Internet connection is very slow. 当社のインターネット接続はとても遅い
in connection with に関連して
in this [that] connection これ[それ]に関して
make connections 接続する

connectivity /kənektívəti/ n (組織内の)コミュニケーションの取りやすさ; ネットとの接続 ► The hotel's services include Internet connectivity. ホテルのサービスにはネットとの接続も入っている / My connectivity is very slow. 私のネット接続はとても遅い / I lost my connectivity. ネットとの接続が切れた

connect time 接続時間

connexion /kənékʃən/ n 《英》 =connection

connotation /kὰnətéiʃən/ n (しばしば ~s) 含蓄, 含意

ConocoPhillips コノコ・フィリップス [⇨米国の石油会社. 2002年に Conoco と Phillips Petroleum が合併して設立]

conscience /kάnʃəns/ n 良心 ► have a bad [guilty] conscience 心にやましいところがある
in all [good] conscience 良心的に考えてみて; 確かに ► In all good conscience, we cannot put our customers' safety at risk. 道義上, お客様の安全を危険にさらすことはできません

conscience money (しばしば匿名の)良心による献金, 罪減ぼしの献金

conscience-stricken a 気がとがめる

conscientious /kὰnʃiénʃəs/ a 良心的な
◇**conscientiously** ad
◇**conscientiousness** n

conscious /kάnʃəs/ a 意識がある; 気づいてい

る《*of, that*》; 自覚した; 意図的な, 故意の ► target health-conscious consumers 健康志向の消費者をターゲットにする

become conscious 意識[認識]するようになる ► People are becoming more conscious of their health. 健康志向が高まりつつある

◇**consciously** *ad* 意識[自覚]して

consciousness /kάnʃəsnis/ *n* 意識; 自覚 ► raise one's consciousness 社会的意識を高める

Conseco 《~ Inc.》 コンセコ [**⇨** 米国の金融サービス会社. 1979年に設立. 2002年破産法に基づく Chapter XI 申請をし, 03年再建案が承認され再建中]

consecutive /kənsékjutiv/ *a* 連続した ► consecutive dividends 安定配当 / Sales have gone down for three consecutive quarters. 売上高は3四半期連続して減少した / The company has achieved record sales for five consecutive years. 同社は5年間連続して記録的な売上高を達成した

◇**consecutively** *ad*

consensual /kənsénʃuəl/ *a* 合意の上の ► a consensual transaction 合意の上の取引 / a consensual approach to management 合意を旨とする経営スタイル

consensus /kənsénsəs/ *n* (意見などの)一致, コンセンサス, 合意 ► build a consensus コンセンサスを形成する ► We haven't reached a consensus on the issue. この問題について意見の一致に至っていない / The Board could not reach a consensus on the upcoming merger. 取締役会は来たるべき合併について意見の一致に到達できなかった

consensus ad idem [法律] 意思の合致

consensus builder コンセンサスビルダー, 意見のまとめ役 [**⇨** 意見をまとめるのが上手な人] ► play the role of consensus builder まとめ役として意見を集約する

consensus decision making 全員一致型意思決定プロセス

consensus earnings estimate コンセンサス収益予測 ⇨ consensus estimate

consensus estimate コンセンサス予想 [**⇨** 企業の将来の業績についてのアナリストの予想値を平均したもの] ► Sales exceeded consensus estimates by three percent. 売上高はコンセンサス予想を3%上回った

consent /kənsént/ *n, vi* 同意(する), 承諾(する) 《*to*》 ► prior written consent 事前の書面による同意 / give one's consent to に対する同意を与える / refuse consent 同意を拒む / withhold consent 同意を保留する

by general* [*common*] *consent 大方の意見の一致するところ

with unanimous consent 満場一致で

consent decree 同意審決 [**⇨** 雇用差別禁止法などにおいて, 政府が違法行為があったとして訴訟を提起したとき, 裁判所の承認の下に, 事業者がその行為をやめる代わりに政府も訴えの取下げに合意すること]

consent dividend 見なし配当

consent judgment 同意判決 [**⇨** 訴訟当事者間の合意による判決. 性質は契約であるが, 通常の裁判と同じ効力を持つ]

consequence /kάnsəkwèns/ *n* 結果, 成り行き; 帰結; 重要性, 重大さ ► The plan was pushed through without careful consideration of its consequences. その計画は結果についての慎重な配慮なしに強行された / The flu epidemic could have serious consequences for the airline industry. インフルエンザの流行は航空業界にとって重大な結果をもたらす可能性がある

as a consequence 結果として

in consequence of の結果, のために

of consequence 重要な

of no consequence ささいな ► In light of overall positive results, he shrugged off the tiny slip in monthly sales as a matter of no consequence. 全体的に好成績であることから, 彼は月間売上高の小さな落込みをささいなこととして無視した

take* [*suffer*] *the consequences (自分の行為などの)責任をとる

consequent /kάnsəkwènt/ *a* 結果として起こる《*on, upon*》; 必然的な

− *n* (当然の)結果

consequential /kὰnsəkwénʃəl | kɔ̀n-/ *a* 結果として起こる; 重大な

◇**consequently** *ad* したがって

consequential damage 間接損害 [**⇨** たとえば店舗を損壊した場合, 施設や物品に関して生じた損害以外に, 休業しなければ得ていたはずの売上が間接損害として問題となる]

consequential damages 間接損害の賠償 ► The court ruled that the freight forwarder was liable for consequential damages resulting from delay in delivery. 裁判所は, 運送業者には配達の遅れに起因する間接損害を賠償する責任があると判定した

consequential loss 間接損害

consequential loss insurance 事業中断保険, 休業補償保険 ⇨ business interruption insurance

conservation /kὰnsərvéiʃən/ *n* 自然[資源]保護, 保存, 保全; 節約, 省エネ

conservative /kənsə́ːrvətiv/ *a* 保守的な; 控え目な; 用心深い ► a conservative estimate 控え目な見積り / The boss has conservative views. 社長は保守的な見解を持っている / Even with conservative projections, the economy will grow 5% next year. 控え目な予測でも, その国の経済は来年には5%成長するだろう / Conservative investors are staying away from hedge funds. 保守的な投資家はヘッジファンドには手を出さないものだ / The company has a conservative corporate culture. 同社は保守的な企業風土を持っている

— n 保守的な人
◇**conservatively** ad 控え目に言っても
conservator /kənsə́ːrvətər/ n 後見人, 財産管理人 (=guardian, custodian) [➡ 未成年者や心神喪失者などのために裁判所が任命する]
conserve vt /kənsə́ːrv/ 保存[保護]する; 保全する ► To conserve energy, employees are asked to raise the temperature on ACs. 省エネのため, 従業員は冷房の温度を上げるよう言われている
consider /kənsídər/ v 考える, 考慮する ► one's considered opinion よく考えた上での意見 / Have you fully considered the consequences of your decision? あなたの決定がもたらす影響を十分に考慮していただきましたか / The committee is considering the deadline extension. 委員会では期限を延ばすことを考えている / The company is considered to be a leader in the field of biotechnology. 同社は生物工学の分野で指導的地位にあると考えられている / People with shaky financial pasts are considered riskier than those with good credit record. 危なっかしい金銭的な経歴を持つ人たちはクレジットの記録が良好な人たちより危険率が高いと見なされる
all things considered すべてを考えてみると
considerable /kənsídərəbl/ a かなりの; 注目すべき, 重要な ► Of his considerable skills as a manager, handling different personalities is probably his greatest gift. 管理職としての彼のスキルは相当なものだが, なかでも, いろいろな個性の人たちを取り扱うことは, 多分, 彼の持って生まれた最大の才能だろう
— n 《米略式》多量
◇**considerably** ad かなり ► This is considerably more expensive (than that). これは (あれより) かなり高い / Profits have shrunk considerably since fuel prices spiked. 燃料価格が急騰したとき以来, 利益は目に見えて縮小した
consideration /kənsìdəréiʃən/ n ❶ 考慮, 熟慮 (*to*); 考慮すべき事柄; 報酬 ► legal considerations 法律面の考慮すべき要件 / accommodate economic considerations 経済上の問題点に配慮する / Thank you for your consideration and I look forward to hearing from you. ご検討いただければありがたく, お返事をお待ち申し上げております ❷ 約因 [➡ 契約締結の契機となっている見返り] ► money consideration 金銭上の約因 ❸ 対価 ► partial consideration 部分的対価 / a consideration clause 対価条項
in consideration of を考慮して; の報酬として
🔖 Now, THEREFORE, in consideration of the mutual agreements contained herein, the Parties agree as follows: そこで「両当事者」は, 本契約上の合意事項を約因として, 以下の通り合意する
leave ... out of consideration を考慮に入れない
of no [*little*] *consideration* まったく [ほとんど] 問題ではない
on no consideration 決して…ない
take ... into consideration を考慮に入れる ► We will take your proposal into consideration. ご提案を考慮させていただきます
under consideration 考慮 [検討] 中で
considering /kənsídəriŋ/ prep, conj …を考慮すれば (*that*); …の割には ► considering his age 年の割には (=for his age)
— ad その割に
consign /kənsáin/ vt 引き渡す (*to*); 委託する (*to*); (を) (商品などの発送のため) あて先を書く ► consign goods to the agents by rail 品物を鉄道便で代理店に送る
consigned goods 販売委託品, 積送品
consignee /kànsainíː/ n (委託販売の) 受託者; (運送品) 荷受人
consigner n =consignor
consignment n ❶ 委託販売, 委託 (販売品); 貨物; 《米》注文の品, 注文の荷 [➡ 米国では「注文の品」は通常, shipment と言う] ► on consignment 委託した; 委託販売で ❷ 委託販売契約; (運送人への) 物品運送の委託
consignment account 受託 [委託] 販売勘定
consignment agreement 委託 (販売) 契約
consignment goods 積送品 [➡ 他の業者に委託して販売するための商品]
consignment note 送り状, 委託販売品明細書
consignment store 《米》 委託販売代行店 (✚ 骨董品, 装身具, 高級衣装などの委託販売が多い)
consignor /kənsáinər, kànsainɔ́ːr/ n (委託販売の) 委託者; (運送品の) 送り主; 荷送人
consist /kənsíst/ vi で構成される, (から) 成り立つ (*of*); 存在する (*in*) ► The board consists of twelve directors. 取締役会は12名の取締役で構成されている / Your monthly mortgage payment consists of two parts – principal and interest. 毎月のローン支払は2つの部分―元金と利子―から成っている
consistence /kənsístəns/ n =consistency
consistency /kənsístənsi/ n 一貫性; 継続性 ► the consistency concept 継続性の概念 [➡ 期間比較を困難にするような会計処理方式の変更は慎むべきであるという考え方]
consistent a 一致する (*with*); 首尾一貫した ► The results are consistent with our estimates. その結果は私たちの概算と一致している
consistently ad 一貫して; 着実に ► He has consistently met his sales target. 彼は終始一貫して売上高の目標を達成した
Consol /kánsəl/ n (通例 ~s)《英》 コンソル (債), 永久債 [➡ 通常の国債と異なり, 償還期限がない]
consolidate /kənsálədèit/ v 統合する, 連結する, 合同 [合併] する (*into*); 強固にする [なる] ► consolidate one's market position 自社の市場でのポジションを強固なものにする

consolidated /kənsάlədèitid/ *a* 連結した [◯親会社と子会社・関係会社の決算を合体した]

consolidated account 《~s》連結財務諸表 ► We are required to include all subsidiaries in our consolidated accounts. 子会社はすべて連結決算に含めるよう義務づけられている

consolidated annuities コンソル(債) (=consols)

consolidated balance sheet 連結貸借対照表

consolidated cargo 混載貨物 (=consolidation cargo)

consolidated financial statements 連結財務諸表 [◯連結貸借対照表, 連結損益計算書, 連結剰余金計算書, 連結キャッシュフロー計算書などから成る] ► prepare consolidated financial statements 連結決算する

consolidated income statement 連結損益計算書

consolidated net gain/loss 連結最終損益 ► We estimate a consolidated net loss of 32 billion yen for the six months ending Sept. 30. 9月中間決算での連結最終損益は320億円の赤字と予想している

consolidated return 連結納税申告書

consolidated revenue 連結売上高 ► Consolidated revenues for 2001 rose 15% from those of 2000, reflecting increases in all segments. 2001年の連結売上高は全部門での増加を反映して前年比15%の増加となった

consolidated statement of cash flow 連結キャッシュフロー計算書

consolidated statement of changes in financial position 連結財政状態変動表

consolidated tape 《米》統合テープ [◯米国の証券取引所やナスダック市場(NASDAQ)などでの取引情報を流す相場報道システム. 各銘柄につき複数の市場での取引情報が「まとめて」伝えられることからconsolidatedの名がある]

consolidated tax provision 連結納税引当金

consolidated tax return 連結納税申告書

consolidating financial statements 連結財務諸表 (=consolidated financial statements)

consolidation /kənsàlədéiʃən | -sòl-/ *n* ❶ 合同, 合併; (整理)統合, 強化 ► consolidation of stocks [shares] 株式併合 [◯複数の株式を1株に統合すること]

❷ 合併, 新設合併 ► consolidation of corporations 会社の新設合併

解説 新しい会社を設立し, 合併する2つの会社は解散して, それぞれの株主が新会社の株式を受ける形式の合併. merger (吸収合併)とは異なる. ⇨ merger, acquisition

❸ 整理統合, 業界再編 [◯競争力のない企業が淘汰され少数の大企業に統合されていく業界の再編成過程] ► Consolidations in the airline industry will likely lead to higher airfares for travelers. エアライン業界の統合は旅客に航空運賃の高騰をもたらすことになりそうだ

❹【法律】併合 [◯2つ以上の訴訟または請求を1個に合わせて審理すること] ► consolidation of actions 訴訟の併合

consolidation cargo 混載貨物 [◯複数の荷送人からの小口貨物がコンテナや貨車等にまとめて載せられているものを言う]

consolidation service 混載輸送 [◯複数の荷送人から1つのコンテナ等の運送単位に満たない小口貨物を引受け, それを運送単位となるよう束ねて運送する業務]

consolidator *n* 業界再編の中心

consols /kάnsalz/ *n pl* 《英》コンソル(債), 永久債 [◯償還期限なし]

consortium /kənsɔ́:rʃiəm/ *n* (**-tia** /-ʃiə/) 国際借款団, 国際融資団; コンソーシアム, 企業共同体 [◯参加企業が, おのおの自己の守備範囲・担当分野を決めて結成する連合体. シンジケート(syndicate)と同じ] ► form a consortium コンソーシアムを結成する / lead a consortium コンソーシアムの幹事会社として動く

conspicuous /kənspíkjuəs/ *a* 顕著な, 人目を引く

conspicuous consumption 顕示的消費, 誇示的消費, 自己顕示型消費 [◯高度資本主義社会に見られる, 安いから買うという消費ではなく, 名声を受けたいという欲求に基づいて行われる商品やサービスの購買および使用] ► indulge in conspicuous consumption 積極的に自己顕示型消費を行う

conspiracy /kənspírəsi/ *n* 共謀, 陰謀;【法律】共同謀議 [◯2人以上による違法行為を行なう合意. 米国では, 共同謀議は合意それ自体が危険であるとされ, 目的とする違法行為を実行しなかった場合でも処罰の対象となる. 目的とする違法行為を実行したときには, 犯罪行為の実行と共同謀議の両方で処罰されることもある] ► a conspiracy of silence 黙示的申し合わせ / in conspiracy 共謀して / enter a conspiracy 共同謀議に参画する / establish a conspiracy 共同謀議を図る / participate in a conspiracy 共同謀議に参加する / pursue a conspiracy 共同謀議を図る / withdraw from a conspiracy 共同謀議から離脱する / He was charged with conspiracy to defraud the company. 彼は会社から金を詐取しようと共謀した罪で起訴された

conspiracy theory 陰謀説 [◯不可解な出来事の裏には秘密結社や諜報機関の陰謀があるとする考え] ► Conspiracy theories surrounded the company's hostile buyout of its rival. 同社によるライバル企業の敵対的買収には陰謀説が付きまとっていた

conspirator /kənspírətər/ *n* 共謀者 ⇨ conspiracy

conspiratorial /kənspìrətɔ́:riəl/ *a* 共謀[陰謀]の

conspire /kənspáiər/ v 共謀する《with, together》; 陰謀を企てる; 共同謀議を行う《to》 ⇒ conspiracy ▶ He conspired with other Board members to reject the CEO's restructuring proposal. 彼は他の取締役会メンバーと共謀してCEOのリストラ提案を却下した

constant /kánstənt/ a 不変[一定]の ▶ How can I get any work done around here with all these constant interruptions? しょっちゅう邪魔が入るから,ここでは落ち着いて仕事ができるわけがない
— n 定数
◇**constantly** ad 絶えず; 常に ▶ be constantly doing いつも…してばかりいる

constant dollar 恒常ドル, 実質ドル(⇔current dollar) [○物価変動の影響を調整した後のドル. GNPなどを時系列的に比較する場合に基準年度の単位として使われる仮想的なドル. C$ と略記されることがある]

constant dollar accounting 貨幣価値修正会計, 物価変動会計 [○基準年当時のドルの購買力に即して財務諸表の各項目を換算し, 物価変動の影響を除去して表示するアプローチ]

constant-dollar GDP =constant-dollar gross domestic product

constant-dollar gross domestic product 実質ドルGDP [○実質国内総生産(real gross domestic product)の別称] ⇒ constant dollar

constant returns to scale 規模に関する収穫一定 [○すべての投入物を比例的に増加させたとき,産出物も比例的に増加すること] ⇒ diminishing returns to scale

constituent /kənstítʃuənt/ a 構成する ▶ a constituent company グループ企業 [○グループを構成する企業]
— n 構成銘柄 [○ダウジョーンズ工業株30種平均等の指数を算出するために使われる個々の銘柄]

constitute /kánstətjù:t/ vt 構成[組成]する; 制定する, 設立する ▶ Overseas sales constitute over 60% of our revenues. 海外の売上高は当社の全売上高の60%以上を占める / Men still constitute an overwhelming majority of management positions. 男性は今でも経営幹部の地位の圧倒的多数を占めている

constitution /kànstətjú:ʃən/ n ❶ 構成, 組織; 設立, 制定 ❷ 憲法; 基本法; (the C-) アメリカ合衆国憲法 ▶ establish a constitution 憲法を制定する / confer a constitution upon a country 国に憲法を与える

constitutional /kànstətjú:ʃənəl/ a 憲法(上)の, 立憲的な; 合法の; 構成上の

Constitution of the United States of America (the ~) アメリカ合衆国憲法 [○現存する世界最古の憲法. 1787年5月, フィラデルフィアで開かれた憲法制定会議で憲法案が起草され, 1788年6月, 所定の9州の承認を受けて発効]

constitutive /kánstətjù:tiv/ a 構成要素の, 本質的な

constitutive action (日本での)形成訴訟 [○株主総会決議の取消のように法律関係の変動を判決で宣言してもらうために起こす訴え. transforming action とも言う]

constraint /kənstréint/ n 強制, 束縛; 制約 ▶ under constraint やむを得ずに / constraints of environment 環境による制約

construct vt /kənstrákt/ 組み立てる; 建設[建造]する; 構築する ▶ The design team will construct a new model. 設計チームが新しいモデルを構築するだろう
— n /kánstrʌkt/ 建築[構造]物
◇**constructor** n 建設者, 造船技師

construction /kənstrákʃən/ n 建設, 建築;(土木・建築工事の)施工;構造;解釈, 説明 ▶ begin [start] construction 着工する / complete construction 竣工する

put a good [bad, wrong] construction on を善意[悪意]に解釈する

under construction 建設中, 工事中 ▶ Since the road is under construction, we need to take a detour. その道路は工事中なので, 迂回する必要がある

construction budget 建設予算
construction contract 工事契約
construction cost 建設コスト ▶ estimate the construction cost of a proposed facility 提案されている施設の建設コストを見積る
construction loan (不動産プロジェクトに対する)建設(短期)融資
construction management コンストラクションマネジメント (CM) [○選任されたコンストラクションマネージャーが工事発注者の立場に立って発注と工程管理を行う方式. 従来のゼネコン一括請負方式に比べて経費削減と工期短縮が期待できる] ▶ a construction management contract CM契約, 工事施工監理契約
construction order 工事指図書, 建設指図書
construction permit (米)建築許可; 建築許可書[証](=(英)building permit)
construction project 建設プロジェクト ▶ A massive construction project is underway. 大規模な建設プロジェクトが進められている
construction quality 建物の品質
construction site 工事現場, 建設現場

constructive /kənstráktiv/ a ❶ 建設的な; 構造(上)の; 推定的な ▶ I'd welcome any constructive criticism you may have. 建設的なご批判がありましたら, 何なりとお聞かせください ❷ 法定の; 擬制の [○一定の法目的のために, 事実が存在するとみなして同一の法的効果を与える場合に使う] ▶ a constructive contract 法定[準]契約

constructive dismissal (英)推定解雇, みなし解雇, 擬制的会社都合解雇 [○形式上自己都合による退職だが事実上は会社による解雇にあたる例を言う]

constructive dividend 見なし配当
constructive notice ❶ 擬制認識 [⊃ 適切な調査で知り得た事項なのにそれを怠った場合は法律上悪意(知っていること)が推定されるという意味] ❷ 擬制通知 [⊃ 登記の公示力について言い, 登記されているような担保権は利害関係人に対して法律上通知があったものと擬制されるという意味]

consul /kánsəl/ n 領事 [⊃ 自国民の保護を任務として外国に駐在する公務員]
◇**consular** a

consular court 領事裁判所
consular invoice 領事送状 [⊃ 輸出国駐在の輸入国領事が船荷の内容を証明する送状]
consulate /kánsələt/ n 領事館; 領事職
consulate general 総領事館[職]
consul general 総領事

consult /kənsʌ́lt/ vt 相談する, 意見を聞く 《about》; 考慮する ► I have to consult managers further up in their company's hierarchy. 私はその会社でもっと地位が上の管理職に相談しなければならない
— vi 相談する 《with》; 顧問を務める 《for》 ► You don't need to consult with me before making decisions, but if you ever want my thoughts, I'll be happy to give them. 決定を下す前に私に相談する必要はありませんが, もし私の意見を聞きたければ, いつでも喜んでお役にたちます

consultancy /kənsʌ́ltənsi/ n コンサルタント業[会社] ► a consultancy fee コンサルティング料 / a consultancy firm コンサルティング会社 / consultancy work コンサルティングの業務 / a design consultancy デザインのコンサルティング企業 / an IT consultancy ITコンサルタント会社 / a marketing consultancy マーケティング・コンサルティング会社 / We do a consultancy project on production quality. われわれは製造品質についてコンサルタント計画を実施する / He works as a freelancer offering consultancy services to different companies. 彼は異なる会社に対してコンサルタントとしてのサービスを提供する仕事をフリーでやっている

consultant /kənsʌ́ltənt/ n コンサルタント, 顧問 ► a management consultant 経営コンサルタント / a design consultant デザインのコンサルタント / a financial consultant 財務コンサルタント / a tax consultant 税務コンサルタント / appoint [bring in] a consultant コンサルタントに依頼する, コンサルタントと契約する / terminate a consultant コンサルタントとの契約を打ち切る / He works as a private tax consultant. 彼は自営業の税務コンサルタントとして働いている / Bring in consultants to check your operations. 貴社の仕事のやり方をチェックするためにコンサルタントを頼みなさい 🔳 CONSULTANT represents and warrants to ABC Co. that CONSULTANT is not under any contractual or other obligation to any person, corporation or entity which might, in any way, prevent, limit or impair the performance by CONSULTANT of its obligations under this Agreement. 「コンサルタント」は, 本契約に基づく「コンサルタント」の義務の履行を妨げ, 制限し, または損なう契約上のまたはその他一切の義務をいかなる個人, 法人またはその他の存在に対しても, 負うものではないことを, ABC 社に対し表明しかつ保証する

consultation /kànsəltéiʃən/ n ❶ (決定に先立っての) 協議[相談]の場 ► in close consultation with との密接な連絡・協議の下 / hold consultations 協議の場を設ける / Decisions are imposed from above without consultation. 決定は相談なしに上から押しつけられる ❷ コンサルティングを受けること ► conduct consultations コンサルティングを行う

consultative selling 協議的販売 [⊃ コンピュータシステムなど高度の設備の売込み方式]

consulting /kənsʌ́ltiŋ/ a コンサルティングの ► a consulting practice コンサルティング業務 / the consulting industry コンサルティング業界 / a consulting firm コンサルティング会社

consulting sale コンサルティング・セール [⊃ 十分な商品説明や顧客の相談に応じながら行う販売方法]

consulting service コンサルティング業務 ► The agreement provides that the company will render technical consulting services upon request. 契約書は, 同社が求めに応じて技術コンサルティング業務を提供する旨定めている

consumable /kənsúːməbl/ a, n 消費できる; 《通例 ~s》消耗品

consume /kənsúːm/ vt 消費[消耗]する; 費消する, 費やす ► consume media メディアを費消する / Paperwork consumes a large amount of time. 事務処理には膨大な時間がかかる / Dealing with customer inquiries consumes most of my time at work. 顧客の問合わせに対処することが私の仕事の時間の大半を使い尽くす / The US consumes more energy than any other country. 米国は他のどの国よりも多くのエネルギーを消費する

consumer /kənsúːmər/ n 消費者, 使用者 (=user) [⊃ モノを買い, サービスを利用する一般消費者のこと. 消費者一般を取り上げるときは冠詞なしの複数形を使う]; 消費するもの

コロケーション
《動詞(句)+~》 **benefit** consumers 消費者のメリットとなる / **captivate** consumers 消費者を(商品・サービスの魅力で)とりこにする / **counsel** consumers **on** ... に関して消費者に助言する / **fascinate** consumers 消費者を魅了する / **fleece** consumers 消費者を食い物にする / **gouge** consumers 消費者を相手に暴利をむさぼる / **reach** consumers 消費者のところに達する

► be attractive to consumers 消費者を引きつ

けるものがある / be accepted by consumers 消費者に受け入れられる / revitalize the company's image with consumers 消費者に対する自社のイメージを一新する / consistently offer consumer brand-name goods at discount prices 名の通った商品をディスカウント価格でコンスタントに消費者に提供する / The tax burden **is passed on to consumers**. その税負担は消費者に転嫁される / During the 1980s, **consumers continued to** abandon national department stores in favor of leading retailers like Wal-Mart. 1980年代を通じて消費者は全国規模の百貨店を見限り，ウォールマートのような有力小売業者を選好する傾向を深めた / Feature packed products can **put off the average consumer**. 機能満載の製品はときには平均的な消費者に敬遠されることにもなる / Some unscrupulous companies **exploit unsuspecting consumers**. 一部の悪質な会社は，すなおに信じるタイプの消費者を食い物にするものだ / We aim at producing high-quality beef that **satisfy discerning consumers**. 当社は味にうるさい消費者を満足させる高級肉を生産している / The company's shift to lower prices **served to only alienate consumers**. 同社の低価格路線への移行は，消費者に敬遠されただけだった / Financial services have traditionally been able to **corral consumers** in tightly defined geographic markets. 従来から金融サービスは，輪郭が明確な営業地域内で消費者を囲い込むことができた / Hypermarkets were designed to **lure consumers** who were disaffected with the high prices of supermarkets. ハイパーマーケットはスーパーマーケットの値段の高さに幻滅していた消費者を呼び込むために構想されたものだった / Some brokers are known to **have steered consumers** to the seller who pays the highest fees to the broker. 一部ブローカーが，一番高い手数料を払ってくれる売手のもとへと消費者を誘導してきたことはわかっている / In the senior market, this type of product is unlikely to **appeal to consumers**. シニア市場ではこのタイプの製品は消費者にアピールしにくい

==■消費者■==
average consumer 平均的消費者 / dollar-conscious consumer 金銭感覚の鋭い消費者 / end consumer 最終消費者 / health-conscious consumer 健康志向の消費者 / local consumer 地元の消費者 / middle-income consumer 中所得層の消費者 / rural consumers 地方の消費者 / upscale consumer 高額商品を買う消費者層 / urban consumers 都市部消費者

consumer acceptance 消費者受入れ度
► The report showed that the new product gained consumer acceptance throughout the country. 報告書によれば，この新製品は全国の消費者に受け入れられた

consumer advocate [activist] 消費者運動家

consumer appliances 家電
consumer awareness 消費者の認知度
► raise consumer awareness of the company's new product offering 会社の新製品発売に対する消費者の認知度を高める
consumer banking =retail banking
consumer base =customer base
consumer behavior 消費者行動
consumer behavior model 消費者行動モデル［⊃消費者の消費・購買行動を理解・説明するモデル．ハワード＝シェス・モデル(1969)，ニコシア・モデル(1966)，エンゲル・ブラックウェルのモデル(1968)などが有名］
consumer boom 消費景気
consumer borrowing 消費者信用残高
consumer brand 消費財ブランド［⊃一般消費者向け商品・サービスで名の通ったもの］
consumer confidence 消費者心理, 消費(者)マインド［⊃消費者が経済の先行きに対して抱く信頼感. 消費者の支出行動に影響を与えるので消費動向を予測するための指標とされる. 具体的には，人員削減，所得の伸び，金利水準，持株の値上がりといったことに左右され，米国では，ニューヨークにある調査機関 The Conference Board が全米5000世帯に対して毎月アンケート調査した結果である消費者信頼感指数（consumer confidence index）をもとに論じらる］ ► a decline in consumer confidence 消費マインドの低下 / a downturn in consumer confidence 消費マインドの低下 / an improvement in consumer confidence 消費マインドの改善 / The economy is showing signs of **weakening consumer confidence**. その国の経済は消費者信頼感が低下する兆候を示している / The **drop in consumer confidence** will restrain growth. 消費マインドの後退で景気拡大が抑制されるだろう / **Consumer confidence dipped** in October for the fourth straight month. 10月の消費者信頼感は4か月連続の低下を記録した / **Consumer confidence fell** slightly in August. 8月の消費者信頼感は小幅低下となった / At the start of the year, **consumer confidence was at a high**. 年明けの時点では消費マインドは高い水準にあった / **Consumer confidence rebounded** in July. 7月の消費者信頼感は反発した / **Consumer confidence surged** to a record in January. 1月の消費者信頼感は大幅に上昇し，記録を塗り替えた / The weakness of U.S. equities markets are **damaging consumer confidence**. 米国株の軟調が消費マインドに打撃となっている / **Consumer confidence is gaining momentum** as the economy recovers. 景気が回復するにつれて，消費者の信頼感に勢いがついてきている

consumer confidence index 消費者信頼感指数（CCI）［⊃Conference Board が毎月発表する指数．基準年度 1985 年の水準を100として，全米 5000世帯から集計した一般市民の経済についての楽観度を数値化したもの］ ► The consumer confidence index has fallen as the recession deepens. 景気後退が深刻になるにつれて,消費者信頼感指数は下落した

consumer cooperative 消費生活協同組合 [○一般消費者が資金を出し合って運営する事業組織]

consumer credit 消費者信用(金融)

consumer credit insurance =credit insurance

consumer culture 消費文化

consumer cyclicals 一般消費財, 非必需消費財 [○株式を業種別に分類する場合のセクター名の一つ. 生活必需品でない消費財, 具体的には自動車, 住宅, 娯楽など, 需要が景気の動向に左右される度合いの大きい消費財のセクター. consumer discretionaryとも言う] ⇒ sector ③, consumer staples

consumer debt 消費者信用残高

consumer demand 個人消費, 消費需要

コロケーション

(〜+動詞(句)) consumer demand **plummets** 消費需要が急減する / consumer demand **remains robust** 消費需要が堅調を続けている / consumer demand **remains unchanged** 消費需要が横ばいである / consumer demand **surges** 消費需要が急拡大する

▶ rising consumer demand 拡大基調の消費需要 / weak consumer demand 弱い消費需要 / a pickup in consumer demand 消費需要の回復 / rebound in consumer demand 消費需要の回復 / Consumer demand dipped in durables. 耐久財購入において消費需要が落ち込んだ / Consumer demand rose by 13% in the third quarter. 第3四半期の消費需要は13%の伸びとなった / Consumer demand is recovering quickly. 消費需要が急速に回復してきている

consumer discretionary =consumer cyclicals

consumer-driven economy 消費主導型経済

consumer durables 《英》耐久消費財 (=《米》durable goods)

consumer education 消費者教育

consumer electronics 家電, 家電製品 ▶ the consumer electronics industry 家電業界

consumer finance 消費者金融 ▶ Customers with low credit scores tend to turn to consumer finance. 信用力の低い顧客は消費者信用にたよりがちだ

consumer finance company 消費者金融会社

consumer goods 消費財 (⇔capital goods) [○個人的消費の対象となる財. その耐用年数の長さから耐久消費財(durable goods)と非耐久消費財(non-durable goods)(または一般消費財)に類別される. また消費者の購買行動の特性から最寄り品(convenience goods)・買回り品(shopping goods)・専門品(specialty goods)に類別される] ⇒ industrial goods

consumer goods advertising 消費財広告

consumer group 消費者団体

consumer interests 消費者の利益

consumerism n 消費主義; 消費者(保護)運動; コンシューマリズム

◇**consumerist** n

consumer law 消費者保護法

consumer loan 消費者ローン

consumer magazine 一般雑誌 [○専門雑誌に対する語]

consumer market 消費者向け市場, 個人向け市場 (⇔enterprise market)

consumer market research =consumer research

consumer movement 消費者運動

consumer necessities 生活用品

consumer needs 消費者のニーズ ▶ meet consumer needs 消費者のニーズにこたえる

consumer non-durables 非耐久消費財 [○3年を超えて使われる大型家電品などと異なり, 短期間内に消費される食品, 繊維製品等を言う]

consumer orientation 消費者志向, 消費者主導 ⇒ profit orientation

consumer-oriented a 消費者志向の, 消費者主導の

consumer panel 消費者パネル [○その購買行動のパターンをつかむため, あるいは製品・サービスに対する意見を求めるため企業または調査会社が組織する消費者モニターのグループ]

consumer preference 消費者選好 ▶ shifts in consumer preferences towards 'environmentally friendly' agricultural and food products「環境にやさしい」農産物や食品への消費者選好のシフト

consumer price 消費者物価, 消費者価格

consumer price index 消費者物価指数 (CPI) [○米国労働省が毎月発表する経済指標で, 小売物価水準の月間の変動を示す. インフレの進行状況を表す基本的な指標でもある] ⇒ PPI, core consumer price index ▶ Consumer price index has not shown any gains over the last six months. 消費者物価指数は過去6か月間まったく上昇の気配がない

consumer price inflation 物価上昇率

consumer products 一般消費者向け製品 ▶ The company manufactures a wide range of consumer products. 同社はさまざまな消費者向け製品を製造している

consumer profile 消費者プロフィール [○特定の商品・サービスの購入者が共通して持っている特性を元に描かれる消費者像] ▶ We need to build a consumer profile. 消費者プロフィールを組み立てる必要がある

consumer promotion 消費者向け販売促進 ▶ launch a consumer promotion 消費者向け販売促進をはじめる

consumer protection 個人投資家の保護; 消費者保護

Consumer Reports 《商標》『コンシューマー・レポート』 [○米国の月刊誌. 長年に亘り, 商品に対

する公正な情報, 評価を提供し, 消費者が製品を購買する上での判断材料を提供してきた. 他に, *Consumer Reports Buying Guide* や *Consumer Reports Guide to Income Tax* を発行」

consumer research 消費者調査 ► We frequently undertake consumer research to identify niche markets. ニッチ市場がどこにあるかをつかむために頻繁に消費者調査を行っている

consumer resistance 消費者の抵抗感 ► consumer resistance against genetically engineered foods 遺伝子組換え食品に対する消費者の抵抗感

consumers(') cooperative 生活協同組合, 生協 ⇨coop, co-op

consumer sentiment 消費者心理, 消費マインド ⇨consumer confidence ► The recent strong income growth has boosted consumer sentiment. 最近の大幅な所得増が消費マインドを上向かせている / Worries about the weak financial system depressed consumer sentiment. ぜい弱な金融システムに対する懸念が消費マインドを冷え込ませた / Raising consumer sentiment is the key to boosting growth next year. 来年の成長率を押し上げる上で消費マインドは重要なポイントである

consumer society 消費社会 [⇨消費が新しい欲望を生み, その欲望が生産の量と質を決めるような社会]

consumer sovereignty 消費者主権

consumer spending 消費支出, 個人消費 [⇨消費者が所得をモノやサービスに費やすこと. 民間企業の設備投資, 政府支出, 外需(輸出から輸入を引いたもの)と並んで国の経済を構成する. 統計用語では「民間最終消費支出」と言う] ► a jump in consumer spending 個人消費の急拡大 / retrenchment in consumer spending 個人消費の落ち込み / depress consumer spending 個人消費の低迷を招く / Consumer spending remains weak. 個人消費が引き続き弱い / Consumer spending falls. 個人消費が減少する / Consumer spending is lackluster. 個人消費が低迷している / Consumer spending rises. 個人消費が拡大する / **Consumer spending advanced** 1.5% year to year. 個人消費は前年に比べ1.5%伸びた / Business investment has historically been a key engine that **drives** employment and thus **consumer spending**. 設備投資は従来から雇用を拡大し, 個人消費を押し上げる主要な牽引役のひとつである / **Consumer spending was lower** than expected this past holiday season. 終わったばかりの今年のホリデーシーズンには, 消費者の支出は予想より少なかった

consumer spending binge 消費ブーム, 消費の過熱

consumers' rights 消費者の(4つの)権利 [⇨1962年に米国のケネディ大統領が発表したもので, 消費者には①安全である権利, ②知らされる権利, ③選択する権利, ④意見を反映させる権利の4つがあるべきとする]

consumer staples 生活必需品, 必需消費財 [⇨株式を業種別に分類する場合のセクター名の一つ. 生活必需品である消費財, 具体的には食品や家庭用品など, 需要が景気の動向に左右される度合いの小さい消費財のセクター] ⇨sector ③, consumer cyclicals, consumer discretionary

consumer surplus 消費者余剰 [⇨買手が支払ってもよいと考えていた額から実際に支払った額を差し引いた値]

consumer survey =consumer research

consumer to business (C2B) 消費者対企業電子商取引, C2B型ビジネス

consumer to consumer (C2C) 消費者間電子商取引, C2C型ビジネス

consumer traffic 来店者数

consumer trend 消費動向

consumer watchdog 消費者保護団体

consumption /kənsʌ́mpʃən/ n (✚動詞はconsume) ❶ 消費(量) ► average consumption 平均消費量 / total consumption 総消費量 / household consumption 家計の消費 / increase [reduce] consumption 消費量を増やす[減らす] / The country is trying to veer away from its consumption of fossil fuels. 同国は化石燃料の消費から進路を変えようとしている ❷ 消費; 個人消費 [⇨欲望を満たすために財・サービスを購入する行為]

consumption expenditure 個人消費, 消費支出

consumption function 消費関数 [⇨消費とその決定要因(たとえば可処分所得)の関係を関数で表したもの]

consumption goods 消費財 ⇨consumer goods

consumption growth 個人消費の伸び ► Weak consumption growth will dampen economic growth. 低迷する個人消費が景気の足を引っ張ることになる

consumption-oriented culture 消費的文化 [⇨財の生産や労働の過程よりも商品としてのモノの購入・利用・享受に関心を集中させる生活スタイル]

cont. contents; continued

Contac 《商標》コンタック [⇨米国 Menley & James Laboratories 製のかぜ薬]

contact /kɑ́ntækt/ n ❶ 人脈, コネクション ► business contacts 仕事上のコネクション / personal contacts 個人的な知り合い / build up contacts 人脈を築く / have a lot of contacts 人脈が豊富だ / make contacts 人脈を作る ❷ 連絡, 接触 ► out of contact 連絡がとれない
be in contact with と接触[連絡]している
get into contact with と接触[連絡]する
make contact with と連絡をとる, 近づきになる
stay in close contact 密に連絡を取り合う
— v 連絡する ► For more information, please contact our Customer Service. さらに

情報が必要な場合は、顧客サービス係にご連絡ください / Please feel free to contact me directly. どうぞご遠慮なく、直接ご連絡ください

contact address 連絡先住所
contact center コールセンター [⇨通販の受付窓口のように、おおぜいのスタッフが受注や問合わせに応じている場所]
contact name (連絡のための)担当者名
contact number 連絡先電話番号
contact-to-order ratio 対受注件数問合せ件数比 [⇨受注1件当たりの問合せ数がゼロなら、問合せが要らないほど注文の仕組みが簡単明瞭であることを表している]

contagion /kəntéidʒən/ n 感染; (悪い)感化 ► the contagion effect (通貨危機などの)伝染効果 / The financial contagion has spread beyond the US border. 金融汚染は米国の国境を越えて拡がった
◇**contagious** a 伝染性の, 伝染病の; 移る

contain /kəntéin/ vt 含む, 収容する, 内包する ► The file contains a lot of information. そのファイルにはたくさんの情報が入っている / The CEO's autobiography contains invaluable insights into the inner workings of the company. CEOの自伝は同社の内部運営への貴重な洞察を含んでいる / The report contains sensitive information that should not be leaked outside the company. その報告書は社外に洩らしてはならない機密情報を含んでいる

container n 容器; コンテナ
container depot コンテナ集積所
container freight station (CFS) コンテナ詰め施設, コンテナ貨物混載場
container handling charge コンテナ取扱料
container interchange agreement コンテナ相互交換協定
containerization, (英) **-sation** /kəntèinərizéiʃən/ n コンテナリゼーション [⇨統一規格によるコンテナを用いて行われる輸送システム] ⇨ palettization
container loading list コンテナ船積表
container load plan コンテナ内積付表 [⇨コンテナ内の貨物の明細書]
container security initiative (海上輸送におけるテロ対策としての)コンテナ検査措置 (CSI)
container ship コンテナ船
container terminal コンテナ・ターミナル
container unloading list コンテナ陸揚表
container yard コンテナヤード, (港湾などでの)コンテナ集積地

containment n 抑制; 封じ込め政策 (=containment policy) ► containment of public expenditure 公共支出の抑制
contaminate /kəntǽmənèit/ vt よごす, 汚染する; 悪影響を及ぼす
◇**contaminant** n 汚染物(質)
contamination /kəntæmənéiʃən/ n 汚染,

汚染損害; 汚濁; 悪影響
contango /kəntǽŋgou/ n コンタンゴ, 順鞘 [⇨商品取引において先物価格の方が現物価格よりも高いこと]
contd. continued
contemplate /kántəmplèit/ v 熟考する; 熟視する; しようと思う; 予想する ► He contemplated resigning. 彼は辞職をよくよく考えてみた
contemplation /kàntəmpléiʃən/ n 熟考; 意図; 熟視
contemporary /kəntémpərèri/ a, n 同時代の(人, 雑誌); 現代の(人)
contend /kənténd/ vi 争う, 競争する (against, with); 張り合う (for); 対処する (with); 論争する
― vt 主張する (that) ► The union contends that, after raises in general cost-of-living, they are worse off now than ten years ago. 一般生計費が上がってからあとは, 組合員の生活は10年前より苦しい, と組合は主張している
contender n 競争者, 挑戦者 (for) ► The company was the main contender for the military contract. 同社はその軍事契約を獲得する最有力候補だった

content¹ /kántent/ n ❶ (通例 ~s) 中身, 内容(物); 目次; 容量; 含有量 ► the content of the report レポートの内容 ❷ [経済] コンテンツ [⇨サービスとして提供される情報] ► digital content デジタル・コンテンツ / content business コンテンツ・ビジネス / a content provider コンテンツ・プロバイダー / subscription-based Internet content インターネットの講読型コンテンツ ❸ (製品を構成している)部品, パーツ ► local content 現地生産の部品 / We are required to have 50% local content. 部品の半分が現地製のものであることを義務づけられている

content² /kəntént/ a 満足して (with); 喜んで (=contented) ► He is content with his current job. 彼は自分の現在の仕事に満足している
be content to do 喜んで…する
― vt 満足させる (with)
content oneself with に満足する
― n 満足(感)
◇**contented** a 満足した (✤補語専用のcontentと異なり名詞の前に置くことができる: a contented smile 満足したほほえみ)
◇**contentment** n 満足

content analysis 内容分析 [⇨コミュニケーション内容を客観的・体系的・数量的に記述するための調査・研究方法]
content developer コンテンツ制作業者
content fund コンテンツファンド [⇨映画, 音楽, ゲームソフトなど個別のコンテンツ作品の制作費を集めるためのファンド] ► invest in a content fund コンテンツファンドに出資する / set up a content fund コンテンツファンドを設立する
contention /kənténʃən/ n 争い, 不和; 競争; 論争; 主張, 論点 ► The new economic policy is a source of contention. 新経済政策は論

争の種だ
in contention 競争して《*for, to do*》; 論争されて
content-oriented *a* コンテンツ志向の, コンテンツ主導の
content provider コンテンツ提供業者
contents tag 品質表示の札
contest *n* /kάntest/ コンクール; コンテスト, コンペ〔◯競技形式の販促促進策〕► compete in a contest コンテストで競う / run a contest コンテストを行う / lose a contest コンテストで負ける / win a contest コンテストで勝つ
━ *v* /kəntést/ (…に)異議を唱える; 競争する《*for*》
context /kάntekst/ *n* 文脈; 背景, 状況
in the [*a*] ***context of*** という状況で(は); 背景として
in this context これに関連して
Continental (~ **AG**) コンチネンタル(社)〔◯ドイツのタイヤメーカー. Continental Caoutchouc und Guttapercha Compagnie として1871年に設立. Continental Gummi-Werke を経て, 現社名に変更〕
Continental Airlines (~, Inc.) コンチネンタル航空〔◯米国の航空会社. Houston, Cleveland, Newark などをハブ空港とする〕
continental breakfast コンチネンタルブレックファースト〔◯コーヒー[ジュース]とロールパンの軽い朝食〕
continental law 大陸法
continental rise コンチネンタル・ライズ〔◯大陸斜面の基底部で, 海に向かって緩やかに傾斜する地形〕
continental shelf 大陸棚
continental slope 大陸斜面
continental United States 合衆国本土, コーナス(CONUS)〔◯アラスカを除いた北米大陸の米国領土. カナダとメキシコに挟まれた48州およびワシントン特別区(Washington, D.C.)〕
contingency /kəntíndʒənsi/ *n* 不測の事態; 緊急事態, 非常事態; 緊急時対応計画 ► in the supposed contingency そういうことが起きたら / not ... by any contingency まず…ない / prepare for a contingency 緊急事態への備えをしておく / plan for a contingency 緊急事対応計画を立てる / response to a contingency 緊急時対策 / It was a contingency that we had not anticipated. それはわれわれとしても予見できなかったような緊急事態であった / We must be able to deal with all possible contingencies. われわれは想定し得るすべての緊急事態に対処できるようでなければならない / Have we thought of every contingency? あらゆる緊急事態を想定してあるだろうか
contingency account =contingency fund
contingency fee =contingent fee
contingency fund 予備資金〔◯事業における不測の事態を補うための預金または有価証券〕
contingency liability =contingent liability
contingency plan コンティンジェンシープラン, 緊急時対応策〔◯不測の事態に対応できるように前もって準備しておく計画〕► draw up a contingency plan 緊急時の対策案を策定する / have a contingency plan for に備えた対処策を用意してある / work out a contingency plan 緊急時の対策案を練り上げる / What are your contingency plans in case the project does not proceed as expected? プロジェクトが予定どおり行かない場合の予備的対応策として御社はどういったものをお持ちですか
contingency reserve ❶ 偶発債務積立金, 偶発損失準備金, 予備金, 準備金〔◯事業における不測の損失を補うための留保利益からの積立金〕❷(保険会社の)危険準備金(=reserve for contingencies)
contingency table 分割表〔◯2つの質的分類を組み合わせた分類表〕
contingency theory 条件適合理論, コンティンジェンシー・セオリー〔◯組織のあり方としてどのような環境でも当てはまることなく, あくまで一定の条件の下でのみ当てはまるという考え方〕
contingent /kəntíndʒənt/ *a* に付随する, を条件としての《*on, upon*》; 起こりがちな《*to*》; 不確定な, 偶発的な ► The deal is contingent on board approval. その案件は取締役会の承認が得られるかどうかにかかっている / Further investment is contingent upon the performance of the company. これ以上の投資はその会社の業績に係わってくる
contingent assets 偶発資産〔◯特許侵害に対する和解金のように過去の事実に起因して将来手にし得る資産. 確定的なものではないので資産計上はしない〕
contingent fee 《米》成功報酬制〔◯訴訟, 特に損害賠償請求訴訟において, 勝訴の場合に弁護士に支払われる仕組み〕► work on a contingent fee 成功報酬ベースで仕事をする
contingent fund =contingency fund
contingent liability 偶発[将来]債務, 偶発負債 ► a contingent liability audit 偶発債務監査 / have contingent liabilities in the form of guarantees of approximately $5 million 保証の形で約500万ドルの偶発債務を持つ
contingent work 臨時作業, 単発発注, 緊急対応作業
continual /kəntínjuəl/ *a* 頻繁な; 絶え間ない
◇**continually** *ad*
continuance /kəntínjuəns/ *n* 継続(期間); 存続; 《米》(訴訟手続きの)延期
continuation /kəntìnjuéiʃən/ *n* 連続, 継続, 延長(部分) ► The present economic policy is a continuation of the former president's policy. 現在の経済政策は前大統領の政策の継承だ
continuation application 継続出願〔◯米国特許法において, 先の出願の係属中になされる特許出願. 先の出願において特許査定されなかったクレームの審査を引き続き求めるもの〕
continuation-in-part application 一部継続出願, 部分的継続出願(=CIP application)

continuation of benefits 継続給付制度 [⮕ 従業員本人の死亡, 離婚後も配偶者, 扶養家族が企業の医療保障制度を利用できる仕組]

continue /kəntínju:/ vi 続く(on); 引き続き…である(to be) ► continue in office [at one's post] 在職[在任]する / continue with the project プロジェクトを続ける
— vt 続ける(to do, doing); 継続[存続]させる ► We continue to strive for excellence in customer service. 当社は顧客サービスのエクセレンスを目指して努力を続けます / Despite the recession, our profits continue to rise. 景気後退にもかかわらず, 当社の利益は増加し続けている

continuing operations 継続事業 [⮕ 企業の事業活動のうち来期以降も継続する事業. 廃止や他社への売却などによって非継続となる事業を除いた残りの全事業] (⇔discontinued operations)

continuing professional education 継続的専門教育 (CPE) [⮕ 特に公認会計士の資格取得後も要求される実務上の修習を言う]

continuing prosecution application (米) 継続審査出願 (CPA) [⮕ 元の出願(親出願)のファイルを引き継ぐ新たな特許出願. 分割出願と継続出願のいずれかに分類される]

continuous /kəntínjuəs/ a (時間・空間的に)連続的な, 絶え間ない
◇**continuously** ad
◇**continuousness** n

continuous audit 継続監査 [⮕ 定期的監査に代えて間断なく監査を実施すること]

continuous compound rate 連続複利 [⮕ 金融工学のモデルで使われる理論上の複利で, 半年ごとまたは年1回利息を繰り入れる通常の複利と異なり, 繰り入れの回数を限りなく多くしたもの. 連続的に利払いをするとした場合の複利と言える]

continuous employment 継続雇用
► Two weeks' notice is required if continuous employment is 26 weeks or more. 継続雇用が26週以上のときは2週間前の解雇予告を要する

continuous inventory (method) 継続棚卸法 [⮕ 在庫に動きがあるつど, 商品の種類, 受入数量または払出数量および残高数量を継続的に台帳に記録し, 常時, 消費数量と残高数量を把握しておく仕組]

continuous manufacturing 連続生産形態

continuous net settlement 継続的ネット決済 (CNS) [⮕ 清算機関の会員会社ごとに刻々と受取分と払渡分が差引計算され, 入出金が1件にまとめられる仕組]

continuous operation costing 総合原価計算

continuous physical inventory 継続実地棚卸, 常時実地棚卸

continuous process cost system 工程別総合原価計算

continuous processing 連続生産

continuous production 流れ生産, 連続生産 (=flow production)

continuous stationery (コンピュータ用の) 連続紙

contra account 評価勘定 [⮕ 減価償却累計額のために他の勘定(ここでは固定資産)から差引かれるべき勘定]

contraband /-bænd/ a 輸出入禁止の, 禁制[密輸]の
— n 密輸, 密売買, 不法取引; 密輸品, 密売買品; 禁制品

contract n /kάntrækt/ ❶ 契約(書) [⮕ 契約書の表題は一般にagreementだが, 英米法上, contract は agreement (意見の合致)に加えて約因等の成立要件の備わったものを指すので, むしろ正確には「contract=約款」と言うことができる]

コロケーション

動詞(句)+〜) **be awarded** a contract 契約を取る[受注する] / **breach** a contract 契約に違反する / **break** a contract 契約を破る / **draw up** a contract 契約書案を作る / **end** a contract 契約を終わらせる / **enforce** a contract 契約の履行を強制する / **enter into** a contract 契約を結ぶ / **extend** a contract 契約期間を延長する / **finalize** a contract 契約を最終的にまとめる, 契約内容を確定する / **fulfill** a contract 契約を満たす / **go over** a contract 契約書案を検討する / **implement** a contract 契約を実行する / **negotiate** a contract with ... …を相手に契約締結に向けての交渉を行う / **prepare** a contract 契約書を用意する / **renew** a contract 契約を更新する / **terminate** a contract 契約を解除する

► a breach of contract 契約違反, 契約不履行 / a well-written contract よく練られた契約 / a legally binding contract 法的に拘束力のある契約 / a contract for the hire of goods 動産賃貸借契約 / a contract for the supply of a service サービス供給契約 / a contract for the transfer of property in goods 動産譲渡契約 / sign a sales contract 売買契約書に署名する / He has a five-year contract with us. 彼はわれわれと5年契約を結んでいる / If you **break a contract**, you can be liable for damages to the other party. 契約に違反した場合, 相手方に賠償する責任を負うことになりうる / We are entitled to **terminate the contract** at any time. 当社はこの契約をいつでも解除する権利がある / We don't think we need to **renew this contract**. この契約を更新する必要はないだろう / We **entered into a 10-year contract** with the company. 同社と10年契約を締結した / We had no choice but to **agree to an unfavorable contract**. 不利な契約に同意するほかなかった / I was **under contract** to [with] the company. その会社と契約を結んでいた

===契約===

agency contract 代理店契約 / bilateral contract 双務契約 / binding contract 拘束力のある契約 / capacity to contract 行為能力 / construction management contract CM契約, 工事施行監理契約 / division contract 分割発注契約 / draft contract 契約案 / employment contract 雇用契約 / enforceable contract 履行強制できる契約 / formal contract 正式の契約 / futures contract 先物取引契約 / labor contract 労働契約 / law of contract 契約法 / oral contract 口頭の契約 / preliminary contract 仮契約 / public contract 国・公共団体の発注による契約 / rolling contract《英》自動更新条項付契約 / sale and purchase contract 売買契約 / service contract 業務提供契約 / signatory to the contract 契約当事者 / terms of the contract 契約条件 / turn-key contract ターンキー契約 / unilateral contract 片務契約 / union contract 労働協約 / unit-price contract 単価契約 / voidable contract 無効原因のある契約 / written contract 書面による契約

❷ 発注を取りつけること ► compete against ... to get the contract 受注を…と競り合う / give a contract to 請け負わせる / receive a contract 受注する / tender for contract 受注を期して入札する / receive a $100 million contract from ABC Inc. for the construction of の建造を1億ドルでABC社から受注する / The company has won a contract for four new aircraft. その会社は新型航空機4機の契約を受注した
━ v /kəntrǽkt/ ❶ 契約する《with, for》; 請け負う ► be contracted to construct a building to be completed in 2006 2006年に完成する建物の建設を請け負う / They contracted to build a new railway across the country. その国を横断する新しい鉄道の建設を請け負った ❷ 縮小する, 景気が後退する ► Hotel bookings have contracted even in the peak season. ホテルの予約はピークシーズンでさえ減少している
contract in《英》(契約して)加わる
contract out 外注に出す;《英》(契約から)脱退する《of》► We have contracted out the cleaning to a facilities management company. 当社は清掃業務を施設管理会社に外注している / The publisher contracted out the artwork to a free-lance illustrator. その出版社は図版をフリーのイラストレーターに外注した
contract agreement 契約合意書
contract assets 契約資産 [⇨運用に関して助言を受けている特定の資産]
contract bond 履行保証 [⇨契約上の債務を確実に履行すると発注者に保証するもので, 輸出契約あるいはプラント建設などの請負契約の場合によく見られる] ► provide a contract bond 履行保証を差し入れる
contract caterer 食堂業務委託業者
contract construction 請負工事
contract for difference (CFD) 差額決済契約 [⇨為替取引について言うときは, AがBに100万ドル支払わねばならないが, 逆にBがAに対して60万ドル支払う必要がある場合に, 差額の40万ドルというAにとっての支払債務(Bにとっては受取債権)に一本化して決済させる契約を指す]
contracting business 請負業
contracting party 契約当事者

contraction /kəntrǽkʃən/ n 景気後退; マイナス成長 [⇨経済成長率などが前年と比べて減ること] ► mitigate the contraction マイナス成長を緩和する / **Contraction in foreign investment** has severely impacted the economy. 外国からの投資の減少は景気に深刻な影響を与えた / Economists expect **an annualized 1% contraction** in the quarter. エコノミストは当期は年率1%のマイナス成長を予想している / The Japanese economy **is experiencing a contraction** right now. 日本経済は今, マイナス成長となっている / Japan has fallen into **its longest economic contraction** in five decades. 日本はここ50年で最長のマイナス成長に陥っている / The disappointing results of the survey indicate **a sharp contraction** in the British manufacturing sector. 芳しくなかった調査結果は英国の製造業が大幅なマイナス成長に陥っていることを物語るものだ / Industrial production **is headed for contraction**. 鉱工業生産がマイナス成長に向かっている
contractionary a 経済縮小の, 消費支出低下の
contractionary fiscal policy 緊縮財政 [⇨景気過熱の抑制のため予算規模を縮小するような財政政策. 財政が赤字のときにも実施されるが景気に悪影響を与える恐れがある] ► pursue a contractionary fiscal policy to reduce the level of inflation インフレの程度を引き下げるために緊縮財政を推進する
contractionary policy 引締め政策 [⇨景気の低下を目指す金融・財政政策]
contract labor 派遣労働
contract law 契約法
contract manufacturer 下請業者, 委託製造業者
contract manufacturing 委託製造
contract month 限月, 決済月 [⇨先物取引の受渡し期限の月. 受渡しは売買契約で取り決めた月の末に行う]
contract note 契約書
contract of adhesion =adhesion contract
contract of affreightment 個品運送契約, 積荷契約
contract of employment =employment contract
contract of insurance =insurance contract
contract of service =service contract

contractor /kɑ́ntræktər, kəntrǽk-/ n 請負業者, (特に)建設関連の業者 ► a building contractor 建築(請負)業者 / a defense contractor 軍需企業, 軍事関連の企業 / a designated contractor 指定業者 / a general contractor 元請け企業 / an outside contractor 外部の業者 / hire [use] a contractor 業者に依頼する, 業者を使う
contractor agreement 請負契約

contract price 契約価格, 契約値段
contract pricing 契約価格算定
contract provision 契約規定, 契約条項
contract rent 契約賃料 [⊃実際の賃貸借契約により決められた約定賃料]
contract specifications 契約上の仕様
contract talks 契約交渉
contract terms 契約条件 ▶ perform the contract terms 契約条件を履行する
contractual /kəntrǽktʃuəl/ a 契約(上)の; 契約で保証された ▶ a contractual dispute 契約上の紛争 / a contractual provision 契約条項 / meet contractual obligations 契約上の義務を履行する
contractual liability 契約責任
contractual price 契約金額 ▶ agree on a reduction of the contractual price 契約金額の減額に合意する
contract worker 派遣労働者
contradictory /kàntrədíktəri/ a 矛盾する, 相反する ▶ The company received contradictory advice from the two consulting firms. 同社は2つのコンサルタント会社から正反対のアドバイスを受けた
contrarian /kəntréəriən/ a, n 逆張りの; 逆張り投資家 [⊃常識的に「売り」あるいは「買い」の方針が採られるような相場条件の時期に, それぞれ反対の選択を行う株式投資運用者] ▶ contrarian investment strategies 逆張り投資戦略
contrary /kántreri/ a 正反対の
contrary to に反して ▶ contrary to popular belief [myth] 一般に信じられているのと違って / Contrary to what you believe, most employees are satisfied with their working environment. あなたのご意見に反して, ほとんどの従業員は作業環境に満足しています
— n 反対
on the contrary これに反して, それどころか ▶ On the contrary, the number of female smokers is on the rise. それどころか, 女性の喫煙者数は増えつつある
to the contrary それと反対に
— ad 反対に (*to*)
contrast *vt* /kəntrǽst/ 対比する
— *vi* 対照的である (*with*) ▶ The loss contrasts with the previous year's profit of ¥5 billion. その損失は前年の50億円の利益と対照的である
— n /kántræst/ 対比, 対照 (*between*); 著しい相違 ▶ The visual contrast between pictures of thin and obese people is a common tactic in dietary supplement advertising. 痩せた人と太った人の写真を視覚的に対照させることは, 栄養補助食品の広告ではよくある戦術だ
by [in] contrast 対照的に ▶ In contrast, our firm prefers to hire from outside for most managerial positions. それにひきかえ, 当社は大部分の管理職の地位に外部からの採用を優先する
in contrast with [to] と対照的に
contrastive /kəntrǽstiv/ a 対照的な

contravention /kàntrəvénʃən/ n 違反(行為) ▶ in contravention of に違反して
contribute /kəntríbju:t/ v 寄付する (*to*); 寄与[貢献]する (*to*); 一助となる (*to*) ▶ We hired him because we knew he would contribute years of expertise and experience. 彼を雇ったのは, 彼の長年の知識と経験が当社の役に立つことが分かっていたからだ / The company contributes part of its profits to charity. 同社は利益の一部を慈善事業に寄付している / Two programmers contributed to this project. 二人のプログラマーがこの計画に貢献した / These products contributed to the growth and profitability of the corporation. これらの製品は会社の成長と利益向上に貢献した
contributed capital 払込み資本, 拠出資本 ▶ contributed capital in excess of par [stated value] 払込み剰余金
contributing share 《英》= partly paid share
contribution /kàntrəbjú:ʃən/ n ❶ 寄与, 貢献; 寄付(金) ▶ collect contributions 寄付(金)を集める / make a contribution to [toward] に貢献[寄付]する / We appreciate your contribution and service to the company. 当社はあなたの会社への貢献と奉仕を高く評価します ❷ 出資(金) ▶ accept contributions 出資金を受け入れる / minimum initial contribution 最低初期投資額 ❸ 掛金, 保険料; 損害分担額 ▶ The contribution for persons in the first category was set at ¥6,800 per month. 第1号被保険者の掛金は月当たり6,800円と決められた / pay contributions 保険料を納付する
═══保険料═══
employer's contribution 事業主掛金, 事業主負担分 / government contribution 保険料の国庫負担分 / monthly contribution 保険料月額 / pension contribution 年金保険料 / self-employed worker contribution 自営業者の保険料 / social security contribution 社会保険料
═══════════

contribution margin 貢献利益, 限界利益 [⊃売上高から変動費を差し引いたものであり, 固定費をまかなっている部分. したがってこの金額を超える部分が利益となる. marginal income, contribution profit margin とも言う] ▶ contribution margin per unit 製品一単位当たり貢献利益 / generate $500 of contribution margin per unit 単位あたり500ドルの貢献利益を生む
contribution rate 掛け金率; 拠出率; (年金の)保険料率
contributor /kəntríbjutər/ n 寄付者, 寄与者; 誘因
contributory /kəntríbjutɔ:ri | -tə-/ a 寄与する; の一助となる; (年金・保険が)拠出制の
contributory benefit 拠出(制)給付 (⇔ non-contributory benefit)
contributory infringement 寄与侵害 [⊃米国特許法において, 現実の特許侵害を生じさせる上で要部となるものを供給した者にも侵害の責

contributory negligence 寄与過失(の抗弁)[⊃損害発生の原因に寄与したと認められる被害者の過失]

contributory pension plan 《英》拠出型退職年金制度(⇔non-contributory pension plan);拠出年金制度

control /kəntróul/ vt (-ll-) 支配[管理]する;抑制[制御]する

— n 支配(力), 管理, 統制; 抑制;《通例 ~s》抑制手段;《通例 ~s》制御装置 ► cost control コスト管理 / credit control 与信管理, 債権管理 / exchange control 外貨管理, 為替管理 / financial control 財務管理 / production control 生産管理 / quality control 品質管理 / stock control 在庫管理

be in control of を支配[管理]している

beyond [out of] control 押さえきれない

bring [get] ... under control を押さえつける, 鎮める ► We need to bring the situation under control. 事態を収拾する必要がある

exercise control over を支配する, 取り締まる

gain control of を支配する ► He gained control of the company through a hostile takeover. 彼は敵対的買収によって同社の支配権を手に入れた

get control of を支配[管理]する

have control of [over] を支配し[抑え]ている

keep control of / keep ... under control を支配し[抑え]続ける ► The department is keeping tight control of its expenses. その部門は厳格な経費管理を実行している

lose control of が操縦[操作, 制御]できなくなる

take control of を支配[管理, 監督]する

tighten control(s) on の統制を強化する

under control / under the control of (に)支配[管理, 統制]されて ► Relax. Everything is under control. 安心して. 万事うまくいっているから

control account 統括勘定[⊃個別の得意先勘定に対する売掛金勘定のように補助勘定の総計が反映される勘定]

control cost [環境]制御費用

control group 対照群, 統御群[⊃実験で結果を比較するために操作を加えないままにしてあるグループ]

controlled company 被支配会社, 従属会社

controlled drug =controlled substance

controlled economy 統制経済

controlled final disposal site 管理型最終処分場[⊃安定型処分場よりは厳密に, しかし, 遮断型処分場よりはゆるやかに管理される処分場で, 廃棄物の処理及び清掃に関する法律に規定されているもの]

controlled industrial waste 管理型産業廃棄物[⊃管理型の最終処分地に処理される廃棄物. もっとも厳しい管理がなされる]

controlled substance 規制物質, 規制薬物

controlled trade 管理貿易

controller n (企業などの)コントローラー, 経理責任者;制御装置 ⇨ comptroller

controlling company 親会社, 支配会社

controlling interest 企業支配力, 経営支配権, 支配的持分[⊃経営を握るのに十分な株式所有] ► Foreign companies are barred from having a controlling interest in any local company. 外国企業が現地企業に対する経営支配権を取得することは禁止されている

controlling shareholder 支配株主[⊃経営支配権を掌握している株主]

controlling stockholder =controlling shareholder

control risk 統制リスク

controversy /kántrəvə̀:rsi/ n 論争, 議論, 物議; 争い《about, over》 ► The announcement stirred up controversy across the nation. その発表は国中で物議を醸した

get into a controversy with と論争になる《about》

open to controversy 議論の余地がある

◇**controversial** a 議論を巻き起こす, 問題の ► At the meeting, he brought up the controversial issue of across-the-board budget cuts. その会議で, 彼は予算の一律カットという異論の多い問題を持ち出した

convene /kənví:n/ vi 集まる ► The committee convenes once a week. 委員会は週一度集まる

— vt 召集する;(法廷などに)召喚する, 呼び出す

convener n (会の)召集者;議長

convenience /kənví:njəns/ n 好都合, 便利(なもの);《~s》便利な設備;利便性 ► close to all conveniences 各種施設商店至便 / Does that meet your convenience? それでご都合はよろしいですか / Many people open a joint account with their spouse for convenience. 多くの人が便利なので配偶者と共同預金口座を開く

at one's convenience 都合のよい時に ► Please reply at your earliest convenience. ご都合がつき次第お返事ください

suit a person's convenience (人にとって)都合がよい

convenience food コンビニエンス食品, 調理済食品, インスタント食品

convenience goods 最寄り品[⊃比較的単価が安く, 購買頻度の高い日常生活に必要な非耐久性消費財(食料品, 日用雑貨など)] ⇨ shopping goods, specialty goods

convenience store コンビニエンスストア, コンビニ[⊃時間的・品揃え的・場所的利便さを打ち出したセルフ・サービス型の小売店]

convenient /kənví:njənt/ a 便利な; 都合(のよい); 手近な ► When is it convenient for you to come over here? こちらに来ていただくのにいつがよろしいですか / I'll call back at a more convenient time. もっと都合のよいときにかけ直

when it is convenient to [for] you あなたの都合のよい時に ► Give me a call when it is convenient for you. ご都合のよろしいときにお電話ください (✚ when you are convenient とは言わないので注意)

convenor /kənvíːnər/ n = convener

convention /kənvénʃən/ n
❶ 大会, 会議, 集会 ► organize a convention 会議を組織する / attend a convention 会議に参加する ❷ 条約; 協定 ► the Berne convention (著作権に関する)ベルヌ条約 ❸ 慣行 ► convention of accounting 会計慣行

conventional a ❶ 慣習[慣例]の; 従来の; 大会の, 会議の ► The Internet has changed many conventional ways of doing business. インターネットは多くの伝統的なビジネスのやり方を一変させた ❷《法律》(明示または暗示の)合意による, 協定[契約]による, 規約上の ► the conventional interest 約定利息

conventional mortgage 《米》従来型の住宅ローン [⇒固定金利, 毎月定額返済で政府関連機関などによる保証の付されない住宅ローン]

Convention for the Protection of the Ozone Layer 《the ~》オゾン層保護条約 [⇒1985年にウィーンで採択されたオゾン層保護のための国際的枠組み]

Convention on Biological Diversity 《the ~》生物の多様性に関する条約 (CBD) [⇒生物多様性の保全と, 生物資源の持続的利用および利益の公平な分配を定める条約. 1992年に採択]

Convention on Fishing and Conservation of the Living Resources of the High Seas 《the ~》漁業および公海の生物資源の保存に関する条約 [⇒公海における生物資源の乱獲を規制し, その適切な利用を規定する条約. 1958年に採択され, 1966年に発効]

Convention on International Civil Aviation 《the ~》国際民間航空条約 [⇒シカゴ条約とも言う]

Convention on International Trade in Endangered Species of Wild Fauna and Flora 《the ~》絶滅のおそれのある野生動植物の種の国際取引に関する条約, (通称で)ワシントン条約 (=Washington Convention) [⇒1973年に採択された絶滅のおそれのある動植物の商業取引を規制する条約. 皮革製品のような加工品も対象]

Convention on Nuclear Safety 《the ~》原子力安全条約 [⇒原子力利用の安全性に関する条約. 1994年に採択され, 1996年に発効]

Convention on the Continental Shelf 《the ~》大陸棚に関する条約, 大陸棚条約 [⇒大陸棚での資源開発に関する権利が定められた条約. 1958年にジュネーブ海洋法国際会議で採択]

Convention on the Elimination of All Forms of Discrimination against Women 《the ~》女子に対するあらゆる形態の差別の撤廃に関する条約, (通称で)女子差別撤廃条約 [⇒1980年の第2回世界女性会議で署名され, 1981年に発効]

Convention on the High Seas 《the ~》公海に関する条約 [⇒1958年作成]

Convention on the Law Applicable to Products Liability 《the ~》製造物責任の準拠法に関する条約

Convention priority right パリ条約に基づく優先権 [⇒特許, 商標等につき, パリ条約加盟国のいずれか1国(第一国)においてなされた最初の出願に基づいて, 他の加盟国(第二国)でなされた後続の出願が享有する特別の利益]

converge /kənvə́ːrʒ/ v 収斂する, 収束する 《with》► converge with EU norms EU域内並みへと収斂する

convergence /kənvə́ːrʒəns/ n 収斂, 収束; コンバージェンス [⇒国際協調における中心概念で, 物価変化率や経済成長率などの主要経済変数が各国間で同一の値に近づくことを意味する. 証券の分野では決済期限が近づくにつれて先物価格と現物価格との開きが狭まってくることを言う]

conversant /kənvə́ːrsənt/ a 精通している 《with》; 親交がある 《with》► We need to become fully conversant with the procedures of this company. 私たちはこの会社のやり方[手続き]に十分精通する必要がある

conversation /kànvərséiʃən/ n 会話, 対談
have a conversation 会話[話し合い]をする 《with》► Based on the conversation we had, I gathered he would be interested in our product. 会話の内容から判断して, 彼は当社の製品に興味を持ったようだと私は思った / I had a long telephone conversation with one of the store's best customers to find out about how she liked our new service. 新サービスの受けはどうかと思って店の最上の得意客の一人と電話で長話した

in conversation with と会話して

make (polite) conversation (礼儀上)話をする 《with》

conversion /kənvə́ːrʒən, -ʃən/ n (✚動詞は convert) ❶ 組織変更 ► conversion of a partnership into a corporation パートナーシップの法人企業への組織変更 ❷ 変換, 転換 ► conversion into cash [money] 換価 / conversion of debt 社債の転換 / debt equity conversion 債務の株式化 / conversion of death benefits to living benefits 死亡保険金の生前給付への転換

conversion cost 加工費 [⇒直接労務費 (direct labor cost) と製造間接費 (manufacturing overhead) の合計]

conversion factor 交換比率, 転換係数 [⇒債券先物において標準物と呼ばれる仮想商品につき実際の債券で決済できるよう受渡適格銘柄に換算するに際して用いられる比率]

conversion parity 転換パリティ [⇒転換社債などの転換証券を株式に換算した理論値. これと転換証券の時価を比べることで割安／割高が論じられる]

conversion period 転換期間
conversion premium (転換社債の)転換プレミアム[○転換パリティに対して転換証券の時価がどれだけ上回っているかを示す部分]
conversion price (転換社債などの)転換価格
conversion rate 転換割合
conversion ratio (転換社債などの)転換比率[○転換証券を何株の株式と交換できるかを示す比率]

convert vt /kənvə́:rt/ ❶ 変換[転換]させる; 転用する, 改造する (*from, to*) ► convert yards into meters ヤードをメートルに換算する ❷ (等価のものに)換える; 換algae金する, 換金する; (有価証券を)切り替える ► convert bank notes into gold 銀行券を金に換える

convertibility /kənvə̀:rtəbíləti/ n 換金可能性, 交換性

convertible /kənvə́:rtəbl/ a 変換できる; (株式への)転換権付きの ► be convertible into common stock of the merged company at a 20 percent premium 2割のプレミアム付きで合併会社の普通株式に転換できる
— n 転換社債 (=convertible bond); 転換証券 (=convertible securities)

convertible bond 転換社債 (CB) [○一定条件の下で発行会社の株式に転換できる権利が付与されている債券]
convertible currency 交換可能通貨 [○特別な許可を要することなくドルやユーロなどの基軸通貨と交換することができる通貨]
convertible debenture 転換権付社債 [○他の種類の債券からは株式に転換できる権利の付されている債券]
convertible note 転換社債 [○発行会社の株式に転換されうる債券]
convertible preferred stock 転換優先株式 [○一定数の普通株式に転換できる権利の付与されている優先株, 転換株式と同じ]
convertible ratio 転換比率
convertible securities 転換証券
convertible share [stock] 転換株式
convertible unsecured loan stock (英)転換権付無担保社債 (CULS)

convexity n コンベクシティ [○金利変動に対する債券市場価格の感応度を示す。金利変動によりデュレーション(債券のキャッシュフローの回収期間)が短くなるときは「正の」コンベクシティを有すると形容される]

convey /kənvéi/ vt ❶ 運ぶ, 運搬する (*to*); 伝える, 伝達する (*to*) ► convey information 情報を伝達する ❷ (特に譲渡証書によって)(財産・権限などを)譲渡する, 移転する (=transfer) ► convey an estate to one's son 財産を息子に譲る

conveyance n ❶ 運搬; 輸送(機関); 伝達 ► conveyance by air 空運 / conveyance by rail 鉄道輸送 / conveyance by sea 海上輸送 ❷ 財産移転; 不動産譲渡(証書)

conveyancer /kənvéiənsər/ n ❶ 運搬人; 伝達者 ❷ 不動産権譲渡を専門にする弁護士
conveyancing n 不動産所有権譲渡手続
conveyer, conveyor n 運搬[伝達]する人[もの]; ベルトコンベア (=conveyor belt)
conveyor belt ベルトコンベア

convict vt /kənvíkt/ 有罪を宣告する (*of*) ► The jury convicted the CEO on seven counts of embezzlement and two counts of tax fraud. 横領の7つの訴因と脱税の2つの訴因で, 陪審はそのCEOに有罪の評決を下した
— n /kánvikt/ 罪人, 囚人

conviction /kənvíkʃən/ n ❶ 確信, 信念 ► He refuses to compromise his beliefs and convictions, no matter what the financial or professional consequences are. 金銭的に, あるいは, 職業的に, いかなる結果になろうとも, 彼は自分の信仰と信念を曲げることを拒否する ❷ 有罪判決

convince /kənvíns/ vt 納得させる (*of, that, to do*) ► He convinced them of his enthusiasm for the job. 彼はその就職口についての熱意を彼らに確信させた / He convinced the board to accept his budget proposal. 彼は取締役会を説得して自分の予算案を受け入れさせた

be convinced 確信する (*of, that*) ► We are convinced that we will succeed in this business. われわれはこの事業での成功を確信している / He was convinced that negotiations wouldn't move forward, so he called off the meeting. 交渉が前に進まないことに確信をもっていたので, 彼はその会議を取り止めた
◇**convincing** a 説得力のある; 信じられる

convocation /kànvəkéiʃən/ n (会議の)召集; 議会
convoke /kənvóuk/ vt (会議などを)召集する
convoy /kánvoi/ vt 護送[護衛]する
— n 護送; 護衛隊[艦]; 輸送車隊 ► a convoy of trucks トラック輸送隊

COO chief operating officer 最高執行責任者 ► Prior to becoming CEO in June 2007, I served as President and COO. 2007年7月にCEOに就任するまで, 私は社長兼最高執行責任者を務めていた

cook /kuk/ vt でっち上げる ► cook the accounts [books] 帳簿をごまかす
— vi 《米略式》うまくやる ► I know you've got a few ideas cooking, and any time you have a proposal ready, my door is open. 君がいくつかのアイディアをあたためていることは知っています. 提案ができ上ったら, いつでも話を聴きますよ

be cooking with gas 《略式》絶好調である
cook up をでっち上げる
What's cooking? 《略式》何が起こっているのか

cookie /kúki/ n クッキー [○サイトを訪れたユーザを識別する情報] ► turn the cookies on クッキーをオンにする / My computer sends the website a cookie. 私のパソコンはそのウェブサイトにクッキーを送る / Cookies are how websites identify users who have previously accessed their site. クッキーというのは、過去に自分のサイトを訪問したことのあるユーザーを、そのサイトが同定する方法だ

cookie jar accounting 利益平準化操作、利益の平準化対策 [⇒将来業績が低下した時に底上げできるよう、業績のよいときの利益を操作して「貯金」しておく会計手法]

cool /kú:l/ a 涼しい; 冷たい; 冷静な; (略式) すてきな; (略式) 大丈夫な、問題ない ▶ a cool $1000 大枚千ドル / a cool customer いい度胸をした[ずうずうしい]人 / He usually remains cool under pressure. 彼は普通の場合はプレッシャーがかかっても冷静さを失わない

(as) cool as a cucumber とても冷静な
— n 涼しい場所; 涼しさ; 冷静
keep one's cool 落ち着いている ▶ You have to keep your cool when dealing with a difficult employee. 気難しい従業員を扱う際には冷静さを保たなければならない
— ad (次句で):
play it cool (略式) 冷静に振る舞う
— v 冷える[やす]; 冷静になる[する] ▶ Shortly after the product's release, demand cooled. 製品が発売された直後に、需要は冷え込んだ
cool down [off] 冷める; 冷ます; 冷静になる ▶ Although the product launched to huge initial sales, the public's fervor soon cooled off. その製品は発売当初こそ大きな売上をもたらしたが、世間の熱狂はすぐに冷めた
cool it 落ち着く; (あせらず) のんきにやる
cool out (略式) 落ち着く
◇**coolly** ad
◇**coolness** n

cooler n 冷却用容器; 冷蔵庫 ▶ The project has been put in the cooler for the time being. その計画は当分棚上げにされた

cooling-off n クーリング・オフ、契約撤回権、申し込み撤回 [⇒一定の条件のもとであれば、消費者が業者と結んだ契約を一方的に解消できるという権利]

cooling-off period ❶ クーリング・オフ期間 [⇒契約などの最終的な効力発生までに置かれる期間] ▶ You do not have a cooling-off period if you buy at auction. オークションで買った場合にはクーリングオフ期間はない ❷ (労働争議などで) 冷却期間; 契約撤回期間

cooling tower (冷房用水の) 冷却塔

cool media クールなメディア (⇔hot media) [⇒精細度が低く、受け手の高関与が必要となるメディア。電話、テレビなど]

cool-weather damage 冷害

coop, co-op /kúap, kouáp/ (✚Harvard大学では /ku:p/と発音する) n (略式) 協同組合 (=cooperative); 生活協同組合 (=cooperative society); 協同組合式アパート (=cooperative apartment)

co-op advertising 共同広告 ▶ We're doing co-op advertising with two other companies. 私たちは他の2社と共同広告を打っている

cooperate /kouápərèit/ vi 協力[協同]する (with, in doing, to do); (事情が) 働き合う ▶ The government is cooperating with neighboring countries on the issue. その件について、政府は近隣諸国と協力している
◇**cooperator** n 協力者; 協同組合員

cooperation /kouàpəréiʃən/ n 協力、協働、協同(組合) ▶ close cooperation 密接な協力 / greater cooperation 一層の協力 / full cooperation 全面的な協力 / international cooperation 国際協力 / the spirit of cooperation 協力精神 / enlist a person's cooperation の協力を取りつける / give one's cooperation 協力する / obtain cooperation from の協力を得る / secure the cooperation of の協力を確保する / with the cooperation of all parties concerned 関係者一同の協力により / work in cooperation with と協力して[共同で]仕事をする / We appreciate your cooperation. 皆様のご協力に感謝します / You have our full cooperation. 全面的に協力させていただきます / Cooperation between government and business is needed in this time of economic crisis. 政府と企業の協力は現在のような経済危機のときには必要だ

cooperative /kouápərətiv/ a 協同の; 協力的な; 協同組合の
— n ❶ 協同組合 (✚式ではcoop, co-opと短縮) ▶ a new housing cooperative 新しい住宅協同組合 / a retail cooperative 小売協同組合 / a consumers' cooperative 消費生活協同組合 / a credit cooperative 信用組合 / form a cooperative 協同組合を設立する ❷ =cooperative apartment

cooperative advertising 共同広告
cooperative apartment 協同組合式アパート [⇒集合住宅]
cooperative association 協働組合、協同組合(団体)
cooperative audit 協同監査
cooperative bank 協同組合銀行; 信用組合、貯蓄貸付組合
cooperative fee 協同組合住宅共益費
cooperative marketing 共同販売 ▶ Cooperative marketing is a way to reduce advertising costs. 協同組合形式のマーケティングは広告費用を減らす一つの方法だ
cooperative society 協同組合

coordinate n /kouɔ́:rdənət/ (~s) (婦人服・家具などの) コーディネート
— v /-nèit/ 調整する; 調和する

coordinated /kouɔ́:rdənèitid/ a 調整された、協調した ▶ The plan was well coordinated. その計画はよく調整されていた

coordinated intervention 協調介入 [⇒主要通貨の過大評価・過小評価の是正や為替市場安定のため、各国が協力して為替市場に介入すること] ▶ coordinated intervention aimed at halting the decline of the euro ユーロの下落を阻止するための協調介入

coordination /kouɔːrdənéiʃən/ n 協調, 調整 ▶ policy coordination 政策協調 / coordination between monetary and fiscal policies 金融と財政の政策協調 / the lack of coordination between the regulatory agencies involved 関与する監督官庁の足並みの乱れ

coordinator n 調整する人; 幹事

Coors 《商標》クアーズ [◆米国の Adolph Coors 社製のビール. 本社 Colorado 州 Golden]

co-owner n 共同所有者

co-ownership n 【不動産】共有 (=cooperative ownership)

cop /kɑp/ vt 《get, catch, take などの俗語》つかまえる, 獲得する; さらう; くらう; 盗む
cop an attitude 偉そうな態度をとる
cop out (責任を)回避する; 逃げる《on》
cop to を認める
— n 逮捕 ▶ It's a fair cop. 年貢の納め時だ

copacetic /kóupəsétik, -siːt-/ a 《米略式》満足な, 申し分のない

copartner n 組合企業の出資者[社員], 共同経営者

◇**copartnership** n (企業などの)協同; 合名会社

copayment, co-payment n (医療費の)患者負担; 【財政】共同支払 ▶ Usually, the insurer will pay 80% of your medical expenses that exceed the deductible, and you'll pay the remaining 20%, known as a co-payment. 通例, 保険者は控除額を越す医療費の8割を払い, 被保険者は患者負担として知られる残りの2割を払う

cope /koup/ vi 切り抜ける; 対抗する; 対処する《with》 ▶ Retailers are having a hard time coping with declining sales. 小売業者は売上減少に対処するのに苦労している / This is a classic case of a thriving company's failure to cope with a new environment. これは繁栄する会社が新環境に対処できなかった例の典型である

copier /kɑ́piər/ n 複写機, コピー機

co-plaintiff n 共同原告

copy /kɑ́pi/ n ❶ 写し, 複写; 模写; 原稿; (本・雑誌などの)1部 ▶ make a copy コピーをとる / an advance copy 抜き刷り / a proof copy ゲラ刷り / the top copy (連写式の)伝票の1枚目 ❷ 謄本, 抄本, 副本 ▶ an execution copy 調印用原本 / a certified copy (認証)謄本 ❸【広告】コピー [◆印刷広告やその文字の部分] ▶ book copy 広告の本文 / write copy for television advertisements テレビ広告の文案を作る / Who's responsible for preparing advertising copy? 広告コピーの担当者はどなたですか

copy and paste コピーアンドペースト [◆文字列や画像をコピーして貼りつける操作. 日本では俗称「コピペ」]

fair copy 清書

make a good copy 《略式》いい新聞だねになる

— v 写す《from, off》; 複写する; 模写する; 写しを受信する; 【ɪ̃ɲˈɟuː】コピーする [◆文字列や画像を複写する] ▶ I am copied on every report submitted by all of our overseas representatives. 私は海外駐在員が提出する報告書のすべてについて写しを受け取っている / Please copy me on the letter you wrote. [=Please send me a copy of the letter you wrote.] 君が書いた手紙の写しを私に送ってください

copy a person in (人に) (…の) Eメールのコピーを送る《on》

copying without authorization 無断複製

copy out [down] をそっくり写す

copy ... to a person の写しを(人に)回す

copycat n まねる人
— a 模倣の ▶ a copycat crime 模倣犯罪 / a copycat product 類似品, 模造品
— vt (-tt-) まねる

copy concept 広告訴求方針
copy desk 《米》(新聞社の)編集机
copy editor 原稿整理係
copy machine コピー機
copy paper コピー用紙
copy protection コピープロテクション [◆ソフトウェアの違法なコピーを防止する技術]

copyright /kɑ́pirait/ n 著作権, 版権

解説 著作権(copyright)は特許権(patent)や商標権(trademark)などとともに知的財産権(intellectual property)をなす. 著作権は印刷技術の普及とともに copy right (複製の権利)として18世紀に英国で生まれた. 現在はデジタル技術の問題に直面している. 著作権の中核は複製権であるが, 現代の著作権は複製権, 上映権, 上演権, 公衆送信権, 口述権, 展示権, 頒布権, 譲渡権, 貸与権, 翻訳権, 翻案権などの「権利の束」であるとされる. このうち公衆送信権は「著作物を放送したりインターネットにアップロードしたりして公に伝達する権利」だが, インターネットの場合は「送信可能化権」とも呼ばれる. 米国では著作権の制限は「公正使用」(fair use)で, 日本の「私的使用」とは異なる. 著作権の保護期間は米国では著作者の死後70年である

コロケーション

(動詞(句)+〜) **assign** a copyright 著作権を譲渡する / **be protected by** copyright 著作権により保護されている / **be subject to** copyright 著作権の対象となっている, 著作権としての保護を受けている / **enforce** one's copyright 自分の著作権を守る, 著作権侵害を排除する / **have** the copyright 著作権を所有している / **infringe on** ABC's copyright ABC社の著作権を侵害する / **own** the copyright 著作権を有する, 著作権者である / **register** a copyright 著作権を登録する

▶ a musical copyright 音楽著作権 / the registered holder of a copyright 登録著作権者 / a breach of copyright 著作権侵害 / an infringement of copyright 著作権侵害 / out of copyright 著作権が切れている / under copy-

right 著作権の保護下にある / grant the copyright to use the work 著作権の使用許諾をする / Copyright reserved. 著作権所有 (✢書物の title page の裏などに印刷する文句.記号は©) / In Japan, **copyright expires** 50 years after the author's death. 日本では著作者の死後50年で著作権は効力を失う / The plaintiff alleged that the defendant **had infringed the copyright** on two songs owned by the plaintiff. 原告は,同人が権利を有する2つの曲に対する著作権を被告人が侵害したとの申立を行っている / We need to determine who **owns the copyright** on this material. これの著作権を誰が有しているかを確認する必要がある
━ *a* (書籍・音楽などが)版権で保護された,著作権所有の
━ *v* (書籍・音楽などを)著作権で保護する

copyrightable *a* 著作権の設定が可能な
copyright act [law] 著作権法 ▶ The information contained on this website is protected by copyright laws. このサイトの情報は著作権法で保護されています
copyright application 著作権登録の申請 [⇨登録がなくても著作権は成立するが,米国では登録すると著作権侵害訴訟での賠償額や訴訟費用につき有利な扱いが受けられる] ▶ My copyright application didn't go through. 著作権登録の申請をしたが,通らなかった
copyright dispute 著作権紛争
copyrighted *a* 著作権のある,著作権で保護された ▶ This book is still copyrighted. この本はまだ版権が生きている / Copyrighted materials cannot be duplicated without consent of the copyright holder. 著作権で保護された資料は著作権所有者の許諾なしに複製してはならない
copyrighted work 著作権上保護される制作物
copyright holder 著作権者
copyright income collection society 著作権使用料徴収団体
copyright infringement 著作権侵害 ⇨infringement ▶ Some countries turn a blind eye to copyright infringement. 一部の国は著作権の侵害に目をつぶっている
copyright notice 著作権表示 ▶ This work does not bear any copyright notice. この制作物には著作権の表示がない
copyright owner 著作権者
copyright protection 著作権保護 ▶ They want copyright protection for all their products. 彼らは自社製品のすべてに著作権保護を求めている
copyright term 著作権の保護期間
copyright theft 著作権窃取[どろぼう]
copy strategy 広告表現戦略
copy testing コピーテスト [⇨広告効果を予測し,確かめるため広告物やコマーシャルで流されるコピーを事前にモニターに見せ,その反応を調べること]

copywriter *n* コピーライター,広告文案作家
cord /kɔːrd/ *n* ひも;コード;きずな
cut the cord 人[両親]への依存を断つ
cordless /kɔ́ːrdlis/ *a* ひものない;(電気機器具が)コードを使用しない

core /kɔːr/ *n* 中心部;核心;《the ~》重要な部分;(原子炉の)炉心;【コンピュータ】磁心記憶装置 ▶ The core of the country's workforce is highly-educated. その国の労働力の中核は高度の教育を受けている
to the [one's] core 徹底的に
core area 中核部門,中核分野 [⇨長期間企業の売上において大きな割合を占め,安定収入に貢献しているような中核部門または中核的事業分野]
core business コアビジネス,中核事業 [⇨その企業の主力部門を指す] ▶ Our core business lies in tax consulting. 当社の事業の中核は税務コンサルティングにある
core capital コア資本 [⇨自己資本中の劣後債などを除いた,資本金,法定準備金,剰余金(内部留保)などから成る資本.金融機関に対する自己資本比率規制上は,Tier 1資本と称されている]
core capital goods コア資本財 (=nondefense capital goods) [⇨設備投資の動きを占う上で重要な資本財から乱高下しがちな国防関連と航空機を除いたもの]
core competence =core competency
core competency コアコンピタンス [⇨企業の競争力の中核となる能力や,もっとも競合優位性のある事業活動] ▶ (a) core competency analysis コアコンピタンス分析 / enhance competitiveness by focusing on core competencies 中核事業に絞り込むことによって競争力を強化する
core consumer price index コア消費者物価指数 (core CPI) [⇨値動きの激しいエネルギーと食料品を除いた消費者物価指数.物価変動の基層にあるインフレの長期的な動向の指標とされる] ⇨consumer price index ▶ The core consumer price index fell by 0.5%. コア消費者物価指数は0.5%下落した
core consumer prices コア消費者物価 [⇨エネルギーと食料品を除いた消費者物価] ▶ Core consumer prices have continued to rise, causing concerns of an imminent inflation. コア消費者物価の上昇が続いて,インフレが今すぐ到来するという懸念を呼び起こした
core CPI =core consumer price index ▶ The core CPI inflation rate has accelerated [decelerated] slightly. CPIのコア指数が若干加速[減速]している
core deposits コア預金(残高) [⇨預金者が随時引き出しうる預金の中でも安定的に長期滞留する部分.資金調達コストを予想しやすく,金利リスクに左右される度合いが低いと言える]
core earnings コア利益 [⇨資産売却益や企業年金がらみの損失など本業と関わりのないものを排した損益計算の結果]
core function 中核機能 ▶ They want to

concentrate on their core functions. 彼らは中核機能に集中することを望んでいる

core holdings 保有資産の中核部分

core index コア指数 (=core consumer price index) ► The core index has remained unchanged for the last three months. コア指数は過去3か月の間ずっと変わらなかった

core inflation コアのインフレ率 [◎値動きの激しいエネルギーと食料品を除いた消費者物価上昇率. 物価変動の基層にあるインフレの長期的動向を表わす指標とされる] ⇨ core consumer price index ► Core inflation went up 3.2% last year, a 1.2% increase compared to the previous year. コア・インフレ率は昨年は3.2%上がったが, これは前年比1.2%の増加だった

core PPI コア PPI [◎PPI = producer price index] ► The core PPI, which excludes volatile energy and food components, rose 0.3%. 乱高下するエネルギー・食料品価格を除外した, コア PPI は0.3%の上昇だった

core prices (食料とエネルギーを除く)消費者物価指数

core producer price index コア生産者物価指数 [◎値動きの激しいエネルギーと食料品を除いた生産者物価指数]

core time コア・タイム [◎フレックス・タイムで, 就労が義務づけられている時間帯]

core values 企業理念 [◎経営陣から一般社員までが共有するのが企業としてのあり方を示す理念] ► We teach our company's core values to new employees during their orientation. オリエンテーションでは, わが社の企業理念を新入社員に教える

corn /kɔːrn/ n 穀物[類]; 《米》トウモロコシ; 《英》小麦; 《スコット・アイル》カラスムギ ► Corn crops were severely damaged as a result of the storm. トウモロコシの収穫は暴風のために深刻な損害を受けた

corn on the cob 軸つきトウモロコシ

— vt (肉を)塩漬けにする

Corn Belt (the ~) コーンベルト [◎米国中西部のトウモロコシ栽培地帯]

corned /kɔːrnd/ a 塩漬けの ► corned beef コンビーフ

corner /kɔ́ːrnər/ n ❶ 隅, 角; 曲がり角; 辺鄙な所; 窮地 ❷ (株式や商品の)買い占め; (一般に)独占(権), 支配(力) ► establish [make] a corner in wheat 小麦を買い占める / have a corner on を独占している

(just) around [*round*] *the corner* すぐ近くに; 間近に

cut corners 手を抜く ► By cutting corners, the image of the company will be damaged. 手を抜けば, その会社のイメージは損なわれるだろう

four [*far*] *corners of the earth* [*world*] 世界各地

in a tight corner 窮地に陥って

turn the corner (病気・不景気が)峠を越す

— v 角を付ける[にある]; 隅に置く; 窮地に追い込む; 買い占める ► We're going to corner the market in this field. 当社はこの分野で市場を独占するつもりである

corner cutting 近道; 節約, 切詰め; 手抜き; 安上がりに済ますこと

corner location 角地

corner office コーナーオフィス [◎会社の幹部クラスの部屋; 角部屋にあることが多い]

corner shop (角にある)雑貨・食品店

cornerstone n 礎石; 基礎; 土台, 要(かなめ)

corner store コーナーストア (✤ブロックの角にあるコンビニなどの小食品雑貨店)

corn exchange 穀物取引所

Corning 《~, Inc.》コーニング [◎米国の特殊ガラス製品製造会社. 1936年設立. 光ファイバーおよび通信用製品, 表示装置用ガラス製品, 光触媒なども扱う]

Corona 《商標》コロナ [◎米国で人気のあるメキシコ産のビール. ライムの薄切りを瓶の口からぎゅっと押し込んで飲むのが普通]

Corp., corp. /kɔːrp/ 株式会社, 会社 (✤Corporation の略として社名の末尾に用いる. たとえば, Starbucks Corp.とあれば Starbucks Corporationの略称)

corporate /kɔ́ːrpərət/ a 法人(組織)の; 会社の; 企業の; 団体の ► corporate America 米国企業全体 / a corporate vision 企業ビジョン / corporate strategic planning 企業戦略の策定 / a corporate client 法人顧客

corporate accounting 企業会計 ► corporate accounting principles 企業会計原則

corporate action 会社の機関別決定 [◎一般に配当金の支払, 増資, 自社株購入等, 株主の地位に影響するような会社としての意思決定を言う]

corporate advertising 企業広告 [◎商品ではなく企業そのもののイメージアップのためになされる広告. institution advertising (制度広告), image advertising (イメージ広告) とも言う] ⇨ comparative advertising, product advertising

corporate alliance 企業提携

corporate and institutional client 法人顧客

corporate authority 法人企業としての権限

corporate average fuel economy 企業別平均燃費 (CAFE) [◎米国の連邦政府による自動車メーカー別の燃費規制値. 1975年に導入]

corporate bankruptcy 企業倒産

corporate behavior 企業の行動 ► Ethical corporate behavior includes accountability. 倫理的な企業行動は説明義務を含む

corporate body 法人企業, 法人組織

corporate bond 事業債, 社債 [◎企業が資金調達のために発行する債券. 投資適格債(investment-grade bond)とジャンク債(junk bond)に大別される]

corporate bond fund 事業債ファンド, 社債ファンド [◎社債(corporate bond)で運用する

ミューチュアルファンド] ⇨ mutual fund

corporate capital investment 設備投資

corporate capitalism 法人資本主義 [◎ 大きな企業の大株主が個人ではなく, 法人企業であるような資本主義]

corporate charter 設立証書 (=certificate of incorporation) [◎ 米国の場合, 州によっては定款を兼ねている]

corporate citizen 企業市民 [◎ 企業を社会のなかの一市民としてとらえ, よき市民としての企業のあり方を探ろうとする考え方] ► Companies want to be seen as good corporate citizens. 会社は良き企業市民と見られることを望む

corporate citizenship コーポレート・シティズンシップ, 企業市民(性) [◎ 企業は製品・サービスを通じての社会貢献だけでなく, その地域社会の一員としての幅広い社会貢献活動が求められる]

corporate collapse 企業倒産

corporate communication 会社広報

corporate concierge コンシェルジュ・サービス [◎ 企業と契約して, その従業員向けにプレゼントの手配, ドライクリーニングなど個人的な用事を引き受けるサービス]

corporate cost 一般管理費

corporate crime 企業犯罪 [◎ 企業利益のために行われる犯罪]

corporate culture 企業風土, 社風 ► change the corporate culture 企業風土を変革する / The trouble is that the company doesn't have a corporate culture that allows it to accept change readily. 問題は, 会社が変革を素直に受入れることのできる企業風土を持っていないことだ / We need to reinforce a corporate culture that doesn't tolerate sexual harassment. セクハラを容認しない企業体質を強化する必要がある

corporate customer 法人顧客 ► We have successfully signed up more corporate customers. 法人顧客数を伸ばすことに成功した / Our clientele includes large corporate customers. 当社の取引先には大手法人客が含まれている

corporate debenture 社債 (=corporate bond)

corporate debt 企業債務

corporate disclosure 企業による情報開示

corporate earnings 企業収益 ► amid concerns about the outlook for corporate earnings 企業業績の先行きに対する不安の中

corporate elite 企業トップ, 企業エリート

corporate entity 法人格; 法人, 法人実体

corporate environmental strategy 企業の環境戦略

corporate finance 企業金融 [◎ 一般に企業による資金の調達と運用を指す] ► She has more than ten years of experience in the area of corporate finance. 彼女は企業金融の分野で10年を超えるキャリアがある

corporate financial statements 企業の財務諸表

corporate governance 企業統治, コーポレート・ガバナンス [◎ 健全で効率的な企業経営を実現するための仕組み. 具体的には, 監査役の権限強化や社外取締役の増強などの手段を講じて, 経営者の独走を制御する企業統治システムを構築する. 米国では Enron 事件の反省から2002年にサーベンス・オクスリー法 (Sarbanes-Oxley Act) が制定され, 厳格な内部統制 (internal control) が義務付けられている] ► The board is committed to high standards of corporate governance. 取締役会は高水準の企業統治にコミットしている

corporate hospitality (顧客への) 企業の接待

corporate identity コーポレート・アイデンティティ, 企業イメージ統合戦略 (CI) [◎ 消費者に対する企業の統一的なイメージを作り出すこと]

corporate image 企業イメージ ► The company's repeated violations of food safety regulations severely tarnished its corporate image. その会社は食品安全基準に繰り返し違反し, 企業イメージを著しく損ねた

corporate income tax 法人所得税, 法人税 (CIT) [◎ 日本の法人税に相当する米国の連邦税]

corporate joint venture 合弁 (株式) 会社 ► corporate joint venture accounting 合弁会社会計

corporate ladder 会社の出世階段

corporate lawyer 企業法務専門の弁護士

corporate makeover (新経営陣による) 企業再建

corporate management 企業経営

corporate marketing ❶ 企業マーケティング [◎ ニーズを調べた上での販促活動という意味に加えて, 販促により作り出される企業やブランドのイメージを明確かつ統一的なものにする企業努力のニュアンスがある] ❷ 法人顧客向けマーケティング

corporate matter 法人としての事項

corporate name 社名

corporate objective 企業目標

corporate officer =company officer

corporate opportunity doctorine 会社の取引機会の理論 [◎ 取締役, 執行役員など, 会社との信頼関係に基づいて業務を執行している者は, その地位を利用してビジネスチャンスを横取りしてはならないという考え方]

corporate organization 法人組織

corporate pension 《米》企業年金 (=company pension)

corporate pension funds 企業年金基金

corporate pension plan 企業年金基金

corporate performance 企業業績

corporate philanthropy 企業の慈善活動

corporate philosophy 会社の哲学

corporate power 会社の権能

corporate profits 企業収益 [◎ マクロ経済の見地から企業部門の業績を論じるときに, この言

い方を使う] ► Corporate profits are being hit as the recession worsens. 景気後退の悪化につれて, 企業の利益は打撃を受けつつある / Generally, corporate profits follow economic ups and downs. 一般に企業収益は景気の浮き沈みと動きを共にするものだ / Corporate profits have improved over the past six months. 企業収益はここ6か月, 上向いて来ている

corporate raider 企業の乗っ取り屋
corporate renewal 企業再生
corporate reorganization 企業再編
corporate responsibility 企業責任
corporate revival 事業再生
corporate secretary 秘書役, セクレタリー, 総務担当役員 [⇨総務の責任者であって, 一般に言う秘書とは違う]
corporate sector (経済システムにおける) 企業部門
corporate services price index 企業向けサービス価格指数 (CSPI)
corporate slush fund 会社の裏金
corporate social responsibility 企業の社会的責任 (CSR)
corporate spending 企業投資 ► There's been a notable retrenching of corporate spending on IT (= information technology). IT関連の設備投資を手控える動きが目立ってきている
corporate strategy 企業戦略
corporate structure 企業構造
corporate sustainability 企業の持続可能性
corporate tax 法人税
corporate taxation 法人税制
corporate tax return 法人税申告書
corporate-type fund 会社型投信 [⇨運用資金を提供する投資家を株主として会社を設立して, 資金運用の成果を分配する方式の投資信託]
corporate veil (比喩的) 法人格 [⇨pierce the corporate veil(法人格を否認する)という形で, 法人格の濫用に対して裁判所が法人格の背後にある実質的関係に基づいて判断するときに持ち出される言い方]
corporate venturing 企業ベンチャー投資, コーポレート・ベンチャー [⇨技術開拓, 新規事業開発を期しての社外ベンチャー企業への投資. これによる個々の案件は corporate venture と呼ばれる] ► We encourage corporate venturing. われわれは企業ベンチャー活動を奨励する
corporate welfare (米)企業福利 [⇨政府や地方自治体が減税や補助金の形で特定の業界や企業に利益を与えること. Ralph Nader の造語 (1966)で, 非難の意を含む]

corporation /kɔ́:rpəréiʃən/ n ❶ (米)コーポレーション, 会社, 株式会社, (法人)企業 (✤略語は corp. または Corp.)

解説 日本の「株式会社」に相当する事業形態. コーポレーションの所有者である株主(shareholder)は事業の債務について有限責任(limited liability)を負う. また, コーポレーションは法人格(legal entity)を有し, その利益に対して法人所得税 (corporate income tax)が課税される. 配当(dividend)を受け取った株主には個人所得税(personal income tax)が課税されるので, コーポレーションは典型的な二重課税(double taxation)である. ⇨ business organization

コロケーション

(動詞(句)+〜) **dissolve** a corporation 会社を解散する / **form** a corporation 会社を設立する / **liquidate** a corporation 会社を清算する / **manage** a corporation 企業を経営する / **run** a corporation 企業を経営する [⇨manage を使うよりくだけた感じのする言い方] / **set up** a corporation 会社を設立する / **take over** a corporation 企業を買収する / **work for** a corporation 企業で働く
► a multinational corporation 多国籍企業 / In some states, you can form a corporation for as much as 100 dollars. 一部の州では100ドルもあれば法人企業を設立できる / The corporation is shedding many of its subsidiaries in its struggle to restructure. 同社はリストラの苦闘のなかで子会社の多くを処分している

会社・企業

close corporation 閉鎖会社, 非公開会社 / family corporation 同族会社 / inactive corporation 休眠会社 / industrial corporation 事業会社 / major corporation 有力企業 / manufacturing corporation メーカー / multinational corporation 多国籍企業 / parent corporation 親会社 / private corporation 未上場会社

❷ 法人 (=legal entity) ► an academic corporation 学校法人 / a religious corporation 宗教法人 / a business corporation 事業法人 / a medical corporation 医療法人 / a non-profit corporation 非営利法人 / a profit corporation 営利法人 / a profitmaking corporation 営利法人 / a public corporation 公開会社, 公営企業, 特殊法人

❸ 《C-》株式会社, 会社 (✤社名の末尾に付けて用. 例: Starbucks Corporation)

corporation tax (英) 法人税, 法人所得税 (CT) (=(米)corporate income tax)

correct /kərékt/ vt 訂正する, 直す ► Correct me if I'm wrong. 間違っていたら訂正してくれ
— vi (株価が) 反転する, 持ち直す
I stand corrected. (誤りを指摘されて) 私の間違いでした
— a 正しい, 正確な; (行為などが) 妥当な
◇**correctly** ad
◇**correctness** n
correcting entry 修正記入, 訂正記入
correcting journal entry 修正仕訳記入
correction /kərékʃən/ n ❶ 訂正, 修正; 補正 ► the correction of errors 誤謬訂正 / I speak under correction. 誤りがございましたら訂正していただくことにして話します ❷ (株価

など相場商品での急騰・急落後の）（一時的な）反発, 調整 [⇒通常は反落(はんらく)した場面を言う] ► a stockmarket correction 株価の調整 / a technical correction テクニカルな調整 / a minor correction 小幅調整 / be vulnerable to downward correction いつ調整場面[相場が下落する場面]を迎えてもおかしくない, 下値不安がある

correction fluid 修正液
corrective /kəréktiv/ a 正す
corrective action 是正措置
corrective measures 是正策 ► take corrective measures 是正策を取る
correlate /kɔ́ːrəlèit/ v 相互に関係させる[する] (*with*) ► Employee motivation and company production are highly correlated. 従業員の意欲と企業の生産の間には高度の相関関係がある
correlation /kɔ̀ːrəléiʃən/ n ❶ 相関関係 ► a negative correlation 負の相関関係 / a positive correlation 正の相関関係 / have a high correlation to learning performance 学習能力と高い相関関係がある / Some studies show that there is little correlation between pay and job satisfaction. 一部の研究によると, 給料と仕事上の満足感の間にはほとんど相関関係がない ❷【金融】相関関係, 相関性 [⇒二つの投資商品の価格変動の相互関係. リスクを分散させる上で相関関係が低い複数の資産クラスに投資を分散することが望ましいとされる] ⇨ inverse correlation, correlation coefficient
correlation coefficient 相関係数 [⇒2つの変数の動きの相互関係を表わす統計的な数値. プラス1とマイナス1の範囲にある. 相関係数がプラスの場合は正の相関関係, マイナスの場合は逆の相関関係にある. 絶対値が1に近い場合は相関性が高く, 0に近い場合は相関性が低い] ⇨ correlation
correspond /kɔ̀ːrəspánd/ vi 一致[符合]する (*to, with*); 相当する (*to*)
correspondence /kɔ̀ːrəspándəns/ n 一致; 相当; 通信; 《古風》コレポン; (社外との)連絡, 来信返信の総称

コロケーション

(動詞(句)+~) **break off** correspondence 連絡を断つ / **carry on** correspondence 連絡を取っている / **deal with** correspondence 来信を処理する / **file** correspondence 来信[返信]をファイルする / **keep up with** correspondence 遅滞なく来信を処理する / **reply to** correspondence 来信に返事を出す

► We continued our correspondence long after he left the company. 彼が会社を辞めてからもずっと, われわれは文通を続けた

correspondence course 通信教育課程
correspondent /kɔ̀ːrəspándənt/ n ❶ 駐在員; 特派員 ► a news diplomatic correspondent (ニュースの) 海外特派員 ❷ コルレス (取引契約)先; コルレス銀行 (=correspondent bank) [⇒外国の銀行など, ある市場で直接取引を行えない銀行に代わって, 日常的な業務を行う金融機関]

— a 一致[対応]する
correspondent arrangement コルレス契約 [⇒金融機関が海外の金融機関と結ぶ外国為替業務(手形取立や送金支払など)代行の取り決め]
correspondent bank コルレス銀行 [⇒外国の銀行のために口座を設けた上, それに関わる取立, 送金, 決済等を代行する銀行]
corresponding a 一致[対応]する ► corresponding calendar date 応当する暦日 / Sales dropped 10% in the first quarter, when compared to the corresponding period last year. 昨年同期と比較すると, 売上高は第1四半期に10%減少した
corridor /kɔ́ːridər, -dɔ̀ːr/ n 廊下, 通路; 回廊(地帯); 幹線道路; 中心街 ► retail corridors 商店街
corrode /kəróud/ v 腐食する (*away*); むしばむ ► Talks between the two companies corroded, resulting in a call-off of the merger. 両社間の話合いは勢いを失って, 合併を取り止める結果となった
corrosive rain 酸性雨
corrugated fiber board 段ボール
corrugated iron 波形鉄板
corrugated paper 段ボール紙
corrupt /kərʌ́pt/ a ❶ 腐敗した, 不正に手を染める, 不良な ► corrupt employees 不良社員 / Some companies engage in corrupt behavior, such as offering bribes. 会社によっては贈賄のような不正行動に従事する ❷ データに損傷のある

— v (賄賂で)買収する; 腐敗する; (データを)損傷させる ► These viruses are known to corrupt data. こうしたウイルスはデータを損傷させることが知られている
corruption /kərʌ́pʃən/ n 腐敗; 贈収賄; 汚職 ► corruption in politics 政治腐敗 / end corruption in the political system 政界の腐敗に終止符を打つ / control the corruption of government officials 公務員汚職の広がりを防ぐ / be arrested for corruption charges 汚職容疑で逮捕される
corruption charges 贈収賄容疑
Cortaid 《商標》コーテイド [⇒ヒドロコルチゾンを含む痒みを押さえる米国の塗り薬. 虫さされ, 軽度の発疹, 洗剤や石鹸による炎症を一時的に抑える]
Corvette 《商標》コルベット (=《略式》vette) [⇒米国GM社製のスポーツカー]
cos, 'cos /kʌz/ *conj* 《略式》=because
cosign /kóusàin/ v (手形などの) 連帯保証人として署名する
co-sign n 副署; 共同署名
cosignatory /kousígnətɔ̀ːri | -tə-/ n 連署者 [国]
cosigner /kóusáinər/ n 連署人; (手形の)共同署名者
cosmeceutical n 機能性化粧品 [⇒アンチエイジング等科学技術の成果を盛り込んでいることを訴求する化粧品.「cosmetic(化粧品関連の)」と

「pharmaceutical（薬品関連の）」を組み合わせた造語]

cosmetic /kɑzmétik/ n, a 化粧品；化粧品の ► the cosmetics industry 化粧品業界 / cosmetic products 化粧品

Cosmopolitan (商標)『コスモポリタン』[◯Cosmo（コズモ）という愛称で呼ばれる米国の月刊誌. ファッション, 美容, 映画評論, 有名人の近況など若い女性の欲しがる情報を満載]

cosponsor n 共同スポンサー
— vt 共催する

cost /kɔːst/ n ❶ 値段；費用 ► scarcely cover the cost ほとんど元が取れない / What is the cost of this suit? このスーツの元値はいくらですか

❷ 原価, 費用, コスト

===コロケーション===
(動詞句)+〜 **absorb** costs コストを吸収する / **bear** the cost 費用を負担する / **contain** costs コストを抑える / **control** costs コストを抑える / **cover** costs コストをまかなう / **cut** costs コストを削減する / **drive up** costs コストを押し上げる / **meet** the costs コストをまかなう / **pass through** costs コストを転嫁する / **push up** costs コストを押し上げる / **recover** costs コストを回収する / **reduce** costs コストを下げる / **shoulder** costs コストを負担する / **slash** costs コストを大幅に削減する

► below cost 原価以下 / It remains to be seen whether the company can absorb the costs of the merger. 同社が合併のコストを吸収できるかは引き続き予断を許さない / The cost of raw materials keeps rising. 原材料のコストは上昇を続けている

===コスト・費用===
accelerated cost recovery system 繰上原価回収制度, 加速的費用回収制度 / amortized cost 償却原価 / discretionary costs 裁量的経費 / fixed cost 固定費 / historic cost 取得原価 / incremental cost 限界費用 / one-off cost 一回的な費用 / operating cost 営業費用 / opportunity cost 機会費用 / overhead cost 経費 / replacement cost 再調達原価 / standing cost 固定費 / start-up cost 立上費用, 開業費, 初期費用 / unit cost 単価, 単位コスト / unit labor cost 単位労働コスト / variable cost 変動費

at a [*the*] *cost of* の費用で
at all cost(s) / *at any cost* / *whatever the cost* どんな犠牲を払っても ► We are prepared to win at all costs. どんな犠牲を払っても勝つつもりだ
at cost 原価で
at the cost of を犠牲にして ► He worked very hard at the cost of his health. 彼は健康を犠牲にして一生懸命働いた
count the cost 事前に不利な事情を考える
to one's cost 苦い経験をして, ひどい目にあって
— vt (〜)（費用が）かかる；（時間を）要する；（犠牲）を払わせる；原価計算をする ► How much [=What] does it cost? いくらですか / That mistake cost **him** his job. その過ちのために彼は仕事を失った / Refusing to upgrade our computers would cost **us** both in terms of efficiency and productivity. 社内コンピューターのバージョンアップを許可しないと, 効率と生産性の両面で当社にとって高くつくだろう / The home you want to purchase costs slightly less than the area's average purchase price. あなたが購入したいと思う家はその地区の平均購入価格より少し安い値段です / It costs so much to eat out in restaurants. 外食すると高くつく / Transport costs a lot of money. 交通費がたくさんかかる / It costs next to nothing to be polite to consumers. お客に親切にしてもほとんど経費はかからない / It costs an arm and leg to buy a house in this city. この町で家を買うには大金がかかる

cost a person dear (人にとって) 高くつく
cost money 《略式》(かなり) 高価である
cost out 原価計算をする

cost absorption 原価配賦, 原価配分 [◯労働時間, 床面積などを基準に, 原価を事業体内部で割り振ること]

cost accounting 原価計算, 原価会計, 原価計算制度 ► cost accounting by departments [elements, products] 部門[要素, 製品]別原価計算

cost accumulation 原価集計 [◯組織的にどれだけの原価がかかっているかを集計すること]

cost allocation 原価配分, 費用配分

cost analysis 原価分析, 費用分析 ► a cost analysis sheet 原価分析表

cost and benefit analysis 費用効果分析, 費用・便益分析

cost and freight 運賃込み値段 (C&F, CFR)

cost apportionment 原価配賦

cost approach 《米》原価法 [◯不動産の評価額を求める方法の一つで, 新築するのに要する再調達原価につき評価時点での減価修正を加えて価格を算出する]

cost base コストベース, コスト構造, コスト基盤, コスト水準 [◯一般に企業の制度的・構造的なコスト体質のことを言うが, 売上に連動する変動費とそうではない固定的負担としての固定費の割合を指して言うこともある] ► a high [low] cost base 高め[低め]のコスト水準 / improve the cost base コスト体質を改善する / reduce the cost base コスト水準を引き下げる

cost-benefit analysis 費用対効果分析, 費用効果分析 [◯ある事業に要すると推量される費用とそれから生じると期待される便益を比較し, その経済的妥当性を分析する方法] ► We should perform a cost-benefit analysis to assess the feasibility of the project. プロジェクトの企業化の可能性を測るため, 費用対効果分析を行うべきだ

cost-benefit basis 費用対効果比 ► on a cost-benefit basis 費用対効果比で見て

cost breakdown コストの内訳

cost center 原価中心点, コスト・センター [⇨直接収益はあげずもっぱら費用のみが発生する事業部門. 総務・人事・経理などを言う] ⇨ profit center

cost-competitiveness n コスト競争力 ► enhance our cost-competitiveness vis-à-vis rival companies ライバル企業に対してのコスト競争力を高める

cost-conscious a コストを意識した ◇**cost-consciousness** n

cost containment コスト抑制 ► cost containment measures コスト抑制策 / achieve cost containment コスト抑制を実現する / improve cost containment コスト抑制を強化する / pursue cost containment コスト抑制を追求する

cost control コスト管理 ► poor cost control 不十分なコスト管理 / tight cost control 厳しいコスト管理

cost convention 原価法, 原価主義

Costco Wholesale 《~ Corp.》コストコ・ホールセール [⇨米国, カナダの会員制の倉庫型卸売店. 1993年設立. 日用品から電化製品, 薬なども扱う]

cost cutting 経費削減, コスト削減

cost-cutting a 経費削減の

cost-cutting program コスト削減策 ► The company announced it will begin a major cost-cutting program that will include staff reductions. 同社は人員削減を含む大規模なコスト削減計画を開始すると発表した

cost depreciation 減価償却

cost distribution 原価配分

cost driver 原価作用因, コスト・ドライバー [⇨製品・サービスを提供する活動またはそれに費やされる資源がどれだけのものとなるかを左右する要因] ► a cost driver analysis 原価作用因分析

cost-effective a 原価的に採算のよい, 費用対効果比がよい

cost effectiveness analysis 費用効果分析, 費用対効果分析

cost efficiency 費用効果の高さ, 原価能率

cost-efficient a =cost-effective

cost estimation 原価見積り

cost function 費用関数 [⇨生産量と費用との関係]

cost incurred 発生原価

cost incurred to date 当期までの累積原価

cost inflation コスト・インフレーション, 費用インフレ

costing n ❶費用予測, コスト見積り, コスティング [⇨予想される費用を計算すること] ► do [produce] a costing 費用予測を行う / target costing ターゲット・コスティング [⇨企画段階からライフサイクルを見渡しながら価格を想定しておくアプローチ] ❷原価計算 ► absorption [full] costing 全部原価計算 / direct costing 直接原価計算

cost, insurance and freight 着港渡価格 (CIF) [⇨本船渡価格(FOB価格)に, 仕向地までの保険料と運賃を加えた取引価格]

cost leader コストリーダー [⇨同業者中最安値で製品・サービスを提供できる企業] ► position the company as the cost leader in the industry 自社を業界のコストリーダーと位置づける

costliness n 高価なこと, 費用のかかること

costly a 高価な; ぜいたくな ► The joint venture was a costly failure. その合弁事業は高価な失敗だった

cost management 原価管理, コスト・マネジメント

cost method ❶《会計》原価法, 原価主義 [⇨企業会計上, 資産およびその費消部分を表す費用の評価基準を, 当該資産の取得原価に求める原則. 取得原価主義] ❷《不動産》《英》原価法 [⇨鑑定評価手法の一つ]

cost of acquisition 取得原価

cost of asset 資産の購入価額

cost of billing 請求書発行費用

cost of borrowing 借入コスト

cost of capital 資本コスト [⇨企業が事業活動を展開するのに要する借入資本と自己資本の調達コスト. 投資としての採算がとれる最低限のリターンという意味合いもある] ► the cost of capital of preferred stock 優先株の資本コスト

cost of completion (契約違反後の)補完費用; 追加費用

cost of debt 負債コスト, 借入コスト [⇨端的には各種借入金(長期・短期)の支払利息の平均だが, 利息は課税所得から控除されるので, 通常その分が加味される]

cost of defective work 仕損費

cost of environmental measures 環境対策費

cost of equity capital 自己資本コスト, 株主資本コスト [⇨一般にCAPMを使って計算し, 無リスク資産のリターン(国債のリターン)に市場平均との連動性を加味した株式プレミアムの合計がこの種の資本コストになる]

cost of funds 資金コスト

cost of goods manufactured 製造原価, 完成品原価 ► the cost of goods manufactured statement 製造原価報告書

cost of goods purchased 購入原価, 仕入原価

cost of goods sold 売上原価 (=cost of sales) (COGS) [⇨企業が顧客に売るモノまたはサービスの原価]

cost of living 物価水準; 生計費

cost-of-living adjustment 《米》生計費調整, 物価スライド制による調整 (COLA) [⇨物価の上昇分を支給額に上乗せすること]

cost-of-living allowance 物価調節費

cost-of-living index 生計費指数 [⇨消費者物価指数(consumer price index)の別名]

cost of manufacture 製造原価

cost of material 原材料費

cost of processing 加工費

cost of production 製造原価, 製造費, 生産費 ► the cost of production budget 製造費用予算, 製造原価予算 / a cost of production report 製造原価報告書 / a cost of production sheet 製造費一覧表

cost of purchase 購入原価, 仕入原価
cost of quality 品質コスト (COQ)
cost of raising capital 資本調達コスト
cost of repairs 修繕費
cost of replacement 取替原価 (=replacement cost)
cost of reproduction 再生産原価, 再調達原価
cost of retained earnings 留保利益の資本コスト
cost of sales 売上原価 (=cost of goods sold) ► the cost of sales adjustment 売上原価修正 (COSA)

'cost or market, whichever is lower' basis 低価主義, 低価基準 [⇨棚卸資産の評価法の一つで, 原価と時価を比較し, 低い方をもって評価額とする]

cost overrun コスト・オーバーラン, コスト超過, コスト計画値からの逸脱 ► have a cost overrun コスト・オーバーランとなる / incur a cost overrun コスト・オーバーランを招く, 引き起こす / We incurred a cost overrun of $1 million on the project. そのプロジェクトで100万ドルのコストオーバーランを招いた

cost per available seat mile 有効座席マイル当たり費用 (CASM) [⇨エアラインの単位当たり経費を示す数値]

cost per click 1クリック単価 (CPC) [⇨広告主がウェブサイト上の広告がクリックされるつど払う料金]

cost performance コスト・パフォーマンス, コスト効率 [⇨費用・成果とも言う. プロジェクトの評価を, かかった費用と得られた成果を比較することによって行う方法]

cost per impression インプレッション単価, 表示回数当たり単価 [⇨ネット広告業界用語で広告表示回数を指して impression と言う. 一般に表示回数1000回当たり単価 (cost per thousand) がよく使われる]

cost per mil [mille] 千人あたりコスト (CPM) [⇨視聴者または読者1,000人の目に触れさせるためにかかる値下]

cost per response 反応件数当たりの費用 (CPR)

cost per thousand インプレッション単価 ⇨ cost per impression

cost-plus a コストプラス方式の
cost-plus contract コスト・プラス契約 [⇨かかった費用にその一定割合の利益を加算したものを契約価額にするもの]

cost-plus pricing コスト・プラス (価格設定) 法 [⇨ライバル製品の価格を見て決める市場発想ではなく, 製造仕入れ原価に一定のマージンを加えて商品の価格を決定する方式]

cost prediction 原価予測

cost price 元値, 原価 ► These are offered at cost price. 原価 (仕入れ値) での提供だ

cost-push inflation コスト・プッシュ・インフレーション (⇔demand-pull inflation) [⇨原料, 中間財などの価格上昇によるインフレーション]

cost recovery 原価回収, 原価補償 ► a cost recovery method 原価回収基準, 原価補償基準

cost reduction 原価削減, 原価低減, 原価引き下げ; コスト削減 ► a cost reduction method 原価控除法, 原価繰延法

cost saving コスト節減 ► make cost savings コスト節減をする / substantial cost savings 大幅なコスト節減 / cost-saving initiatives コスト節減策

cost-saving measures コスト節減策
cost structure コスト構造, コスト体質 ► a high [low] cost structure 高 [低] コスト体質 / improve the company's cost structure 会社のコスト体質を改善する

cost to manufacture 製造原価
costume n /kástjuːm/ 衣装; (特定の目的の) 服装
cost unit 原価単位 [⇨製品一単位当たりの原価]
cost utility analysis 費用効果分析, 費用効用分析
cost value 原価価値
cost variance 原価差異 ► a cost variance analysis 原価差異分析 / a cost variance statement 原価差異報告書
cost-volume-profit analysis CVP分析 [⇨原価・営業量・利益の分析]
cottage /kátidʒ/ n 田舎家; (郊外の) 小住宅; 小別荘
cottage industry 家内工業
cotton /kátn/ n 綿 (花); 綿の木; 綿布 [糸], 木綿 ► Cotton was King. (米南部ではかつて) 綿が王様だった

be sitting on [in] high cotton 《米南部略式》成功して裕福に暮らしている [大満足である]
— vi 《略式》好きになる《to》; 《略式》理解する《to》
cotton on《略式》(ガ) 分かる《to》
Cotton Belt《米国南部の》綿花地帯
cotton mill 紡績工場
CO₂ emission 二酸化炭素排出 (量)
couch /kautʃ/ n ソファー; 寝いす
— vt 言い表す《in》; 横たえる
— vi 横たわる, うずくまる
cough /kɔːf/ n, v せき (をする);《英略式》白状する

cough up 《略式》(金・情報を) しぶしぶ出す; 吐く ► After years of putting it off, he finally coughed up the cash to upgrade the entire computer network. 何年も先延ばしにした後で, やっとのことで, コンピュータネットワーク全体をグレードアップするための現金をしぶしぶ支払った

could /kəd, (強) kud/ aux v can¹の過去; (仮定法; 能力・依頼・許可など)

► I could jump for joy. うれしくて飛び上がりたい

らいだ / It **could** be true. 場合によっては本当かもしれない / I **could** have done it. やればできただろう / He **couldn't** have done that. 彼がそんなことをしたなんて(とうてい考えられない) / **Could** you do that for me? その仕事をやっていただけるでしょうか (✦ can よりも丁寧) / If the government doesn't step in, the auto industry **could** collapse. 政府が介入しなければ, 自動車産業は崩壊するかもしれない
[感句] Could be. かもしれない, たぶん / could have been であったかもしれない; されたかもしれない

Coumadin 《商標》クーマディン [⇨ ワルファリン (warfarin)の商品名]

council /káunsəl/ n ❶ (市町村の)議会; 諮問委員会, 協議[審議]会; 協議; 会議 ▶ hold [go into] a council 会議を開く, 協議する ❷ 《C-》(欧州連合)理事会 (=Council of the European Union)

council estate 《英》公営住宅団地
council flat 《英》公営アパート
council house 《英》公営住宅
Council of Economic Advisers 《米》《the ~》(大統領の)経済諮問委員会 [⇨ 米国大統領によって任命され, 予算案の作成を補助する]
Council of Europe 《the ~》欧州審議会, 欧州評議会 [⇨ 人権・民主主義・法の支配という価値観の実現のために, 1949年に西欧10か国によってストラスブールに設立された国際機関. 加盟国は, 2007年9月現在47か国]
Council of Ministers of the European Union 《the ~》欧州連合閣僚理事会 [⇨ 加盟国を代表する閣僚によって構成され, 外交・農業問題など議題ごとに専門の閣僚が出席する担当閣僚会議. 理事会の本部はブリュッセルにあり, 議長国は6か月ごとに交代する]
Council of the European Union 《the ~》欧州連合理事会 [⇨ 加盟国の元首・首脳と欧州委員会委員長で構成される首脳会議で, EUの基本政策を決定する最高決議機関. 年2回, 会議が開かれる]
council school 《英》公立学校
council tax 《英》(地方税としての)家屋税
counsel /káunsəl/ n ❶ 助言, 忠告 ❷ 弁護士; (民事)訴訟代理人; バリスタ; 法律顧問 ▶ King's [Queen's] Counsel 《英》勅選弁護士 (K.C. [Q.C.]) / take the counsel's opinion 弁護士に相談する / Is counsel for the defense present? 被告側代理人は出廷していますか
of course 〖法律〗(1) 《米》(特に)依頼した [⇨ 訴訟の準備の補助, その他助言を得るために依頼された弁護士について言う] (2) 《米》(ローファームの)顧問の
— vt 《《英》-ll-》忠告[助言]する
◇**counseling**, 《英》**counselling** n カウンセリング; 相談

counselor, 《英》**counsellor** /káunsələr/ n 顧問; カウンセラー; 弁護士; 参事官
count /kaunt/ vt 数える; 包含する; 考慮に入れる; 考える; 思う 《that》; みなす 《as, for》
— vi 数える; 重要である ▶ It's what's inside that counts. 大事なのは中身だ / What counts is hard work. 重要なのは骨身を惜しまず働くことだ / Every consumer counts. (広告の文句) お客様はみな宝です / The staff counts four hundred. スタッフは400人を数える
count against に不利となる
count down 秒読みする
count for much [little] 重要である[ない]
count in を勘定[仲間]に入れる
count on [upon] を当てにする 《to do》
count out 数えて出す; を考慮外におく; 除外する
count up to になる ▶ My savings in the bank now count up to $10,000. 私の銀行預金は今では1万ドルになっている
— n ❶ 計算; 総計; (何)個, (何)点, 件 ❷ (訴状)項目; 訴因 ▶ He was found guilty on two counts of theft. 彼は2件の窃盗について有罪と判定された / on all counts 訴因の全部について
at last count 最近の計算で
keep count of の数を覚えて[把握して]いる
lose count of が数えきれなくなる
on all [several] counts あらゆる[いくつかの]点で
take no count of を無視する
countdown n 秒読み
counter¹ /káuntər/ n カウンター
over the counter (証券取引所を通さず)店頭で; 店頭市場で[の], 非上場で[の]; (薬が)医師の処方不要で[の]
under the counter (取引など)非合法で; こっそり
counter² n 計算者[器] ▶ The counter on our website registered 11,000 hits last week alone. 当社のウェブサイト上のカウンターは先週だけでヒット数11,000を記録した
counter³ a, ad 反対の[に], 逆の[に]
run counter to に反する
— n 対案; 反対(のもの); 反対申込 ▶ Let me give you a counter in a couple of days. 2, 3日中にカウンターオファー[反対申込]を出させてください
— vt 対抗する; 反対する ▶ He did not like our plan; so he countered it with one of his own. われわれの計画が気に入らなかったので, 彼は自分の計画を示してそれに反対した / He countered the company's charges of insider trading, maintaining that he was framed as the scapegoat. インサイダー取引であると同社が非難しているのに反論して, 彼はでっち上げでスケープゴートにされたと主張した / The Fed lowered interest rates in an effort to counter the effects of the credit crunch. 連邦準備制度理事会(FRB)は信用収縮の影響を阻止しようとして金利を引き下げた
counteract vt 反対に作用する; 妨害する
◇**counteraction** n
counterbid n 対抗的買い注文, 対抗的買い指値 [⇨ 相手方の買い指値より高い値段で対抗的に買い注文を出すこと]
counterclaim n /⊥⊥/ 反訴 ▶ file a counterclaim for damages 損害賠償(金)に対する反訴を提起する

countercyclical *a* 景気サイクルに逆行する [⇨景気循環の影響を相殺することを言う] ▶ a countercyclical policy 景気安定化策

counterfeit /káʊntərfɪt/ *a, n* 偽の(もの), 模造の(品); 偽造品, 偽ブランド品 [⇨商標の正確なコピーを付して, 真正品(本物)であるかのようにみせかけて販売される商標侵害品] ▶ counterfeit money 偽造貨幣, 贋金 / protection against counterfeit cards 偽造カードへの対策 / a counterfeit brand-name product 偽ブランド商品 / a counterfeit check 偽造小切手 / In a crackdown on counterfeit goods, around 3,000 suspected fake items were seized. 偽ブランド品の摘発で, 偽物の疑いのある品がおよそ3,000点押収された

━ *vt* 偽造する

◇**counterfeiter** *n* 偽造者

counterfoil *n* 《英》控え [⇨発行者が残す小切手・振替などの半券]

counter-inflationary *a* インフレ抑制のための ▶ take counter-inflationary measures インフレ抑制策をとる

counterintelligence *n* 対敵情報活動, スパイ対策

countermand *vt* /kàʊntərmǽnd/ (命令を)取り消す, くつがえす ▶ The court countermanded the administrative ruling. 裁判所は行政庁のその裁定をくつがえした

countermeasure *n* 《しばしば ~s》対抗策 [手段], (…に対する) 封止策 (*against*) ▶ implement effective countermeasures against money-laundering 効果的なマネーロンダリング対策を実施する

counter-motion *n* 反対動議 ▶ make a counter-motion 反対動議を提出する

counteroffer *n* ❶ 対案, 代案; 反対申込 [⇨商品をいくらで買いたいという申込(bid)を受けて, 売る側が自分のほうの希望条件(価格)を示すこと] ❷ カウンターオファー [⇨企業買収や人材確保において他よりも有利な条件を提示すること]

counterpart *n* ❶ カウンターパート [⇨同じような立場にある者を指していう. 当社の技術陣のカウンターパートは相手方の技術陣である] ❷ 《法律》複本 [⇨2通作った証書の内の1通] ▶ This agreement may be executed in any number of counterparts, but all of which shall together constitute one and the same instrument. 本契約は複本を何通作成することもできるが, それらはすべてで同一の証書を構成するものとする ❸ 《金融》(契約の)相手方

counterparty *n* カウンターパーティ, 取引相手 [⇨金融取引における相手方当事者]

counterparty risk カウンターパーティ・リスク [⇨カウンターパーティが債務不履行に陥るリスク]

counterproductive *a* 逆効果の[をもたらす], 非生産的な

counterproposal *n* 代案, 反対提案

counter purchase 見返購入 [⇨輸出先から見返りに行う購入] ▶ a counter purchase agreement 見返購入契約

countersign *n* /⌒⌒/ 確認のための署名 [⇨すでに他の者の署名のあるものについていう]; (認証のための)副署

━ *vt* /⌒⌒/ 確認のための署名をする; 副署する

countersignature *n* 承認のための署名 📄 An Individual Contract shall be deemed to have been made when BUYER receives SELLER's acceptance of the Purchase Order, such acceptance being indicated by SELLER's countersignature on the Purchase Order. 「個別契約」は「買主」が「売主」による「注文書」の承諾を受領した時に成立するものとし, 「注文書」への「売主」の承認のための署名をもって当該承諾があったとみなすものとする

countersue *vt* 対抗して訴える

countertrade *n* 物々交換; バーター貿易

countervailing /kàʊntərvéɪlɪŋ/ *a* 相殺するような; 拮抗する

countervailing duty 《英》相殺関税 [⇨輸入品が原産国で輸出補助金や奨励金などを得ていた場合, それを相殺する目的で賦課する割増関税]

counterweight *n* 釣り合いおもり; 均衡勢力 ▶ Lowering interest rates serves as a counterweight to the recession. 金利の引下げは景気後退を阻止する力として作用する / Government injection of money serves as a counterweight to the ailing economy. 政府の資金注入は景気の悪化を阻止する力として作用する

country /kʌ́ntri/ *n* 国, 国家; 国民; 故国; 地方; 田舎 ▶ a country with a current account deficit 経常赤字国 / a country with a current account surplus 経常黒字国 / a country with trade deficit 貿易赤字国 / a country with trade surplus 貿易黒字国 / The country has a huge problem with migrant workers. その国は移動労働者について大きな問題を抱えている / Many employees have seen their jobs go to foreign countries. 多くの従業員は自分の仕事が外国へ移って行くのを見てきた / Most of the country believes in free enterprise. その国の大部分の人は自由企業体制を信奉している

country diversification 国別分散投資 [⇨資産の運用先を1か国に絞らず, リスクを分散すること]

country fund カントリーファンド [⇨特定の国(たとえば日本や中国)の証券で運用されるミューチュアルファンド] ⇨mutual fund

country of origin 原産地[国]

country risk カントリーリスク [⇨海外投融資や貿易取引を行う際に, 相手国の政治や経済等の安定度によって, 回収不能となる危険の度合い] ▶ properly assess country risk in a globalizing financial environment グローバル化する金融環境でカントリーリスクを的確に査定する

county /káʊnti/ *n* 《米》郡 [⇨州(state)の下の地方行政区画]; 《英・カナダ・NZ》カウンティ, 州; 《アイルランド》県; (それぞれの) 郡[州, 県]民

couple /kʌ́pl/ n 2つ, 2人, 一対; 一組の男女, 夫婦

a couple (of) 2つ(の); 《略式》2, 3(の), いくつか(の) ► Our company will release a press statement in a couple of days. 当社は2, 3日のうちに報道関係者への声明書を発表するだろう

— vt 連結する《with》; 連想する《with》
— vi 結合する《連結》する
coupled with とあいまって

coupon /kúːpɑn/ n ❶ 優待[引換]券, クーポン [○商品や広告に印刷した引換券, 割引券]; 割引券; 回数券 ► redeem coupons クーポンを使う[割引に利用する] / save coupons クーポンをためる / This ticket comes with two coupons. この切符は2枚続きになっている ❷ (債券の) 表面利率; (公債・社債などの) 利札
◇**couponing** n クーポン集め; クーポン配布

coupon bond 利付き債券 [○現在では, 国債(米財務省証券)のうち, 利息が付される形式の中長期債を指す]; 利札付き社債 ► a two-year zero coupon bond with a face of $100 額面100ドルの2年物ゼロクーポン債 / issue coupon bonds in the sum of $5 million 500万ドルの利付き社債を発行する

coupon rate (債券の) 利率, 表面利率 ► coupon rate of interest 表面利率

coupon yield 表面利回り [○債券の年当り利息収入を額面額で割ったもので, 表面利率と同じ]

courier /kɔ́ːriɚ | kʊ́r-/ n 急送便業者 [○DHL, Fedexなど] ► I'm going to send a document to you by courier. 書類を宅配便でお送りします

— v 配送する ► I'll courier this document to you as soon as possible. できるだけ早く国際宅配便でお届けします

course /kɔːrs/ n (研修などの) コース; 教育課程 (=a course of study); (食事の) 一品 ► complete a course コースを修了する / fail a course コースで不合格となる / offer a course コースを実施する / pass a course コースを無事終了する, 合格する / take a course コースを取る / chart the future course of a business 事業の将来の進路[方向]を見通す / **The training course focuses time management skills.** その訓練課程は時間管理のスキルに重点を置いている / **Over the course of his career**, he has developed many relationships within the industry. 経歴の全期間にわたって, 彼は業界内で多くの関係を作り上げた / We send all employees on a four-day **quality training course**. 当社ではすべての従業員に4日間の品質管理講習を受けさせる / They continue to develop their knowledge by **going on courses**. 社員は講習を受けることによって知識を広め続ける / The president knows the importance of correctly **charting a company's course**. 会社の進路を正しく方向づけることの重要性を社長はよく知っている

a course of action 行動の手順; 動き方; 行動方針 ► We believe we have taken an appropriate course of action. 当社は適切な行動をとったと信じています

as a matter of course 当然のことながら
by course of course の慣例に従って
in (the) course of time やがて
in due course 事が順調にいけば; そのうち, やがて
in [during] the course of の間, のうちに
in the ordinary [normal] course of events [things] 通例
keep ... on course 進路を保つ
of course もちろん
off course 予定方向からはずれて
on course 予定方向に進んで
on course to do (必ず) …する方向に向かっている
run [take] its course 自然な経過をたどる
stay [stick] the course (困難にもめげずに) やり遂げる

courseware n 教材ソフト; コースウェア [○教室で用いるための学習用ソフトウェア]

court /kɔːrt/ n 裁判所; 法廷 ► a civil [criminal] court 民事[刑事]法廷 / a court of justice [judicature, law] 司法裁判所, 法廷 / a court of public opinion 世論の法廷 / a court trial 裁判官による裁判 / a friend of the court 法廷助言者 (=amicus curiae) [○裁判に直接関与しないが, その判決に影響を与えたいと願っている人物や団体] / a court action 裁判 / a court decision 裁判所の判断 / appear in [appear before the, attend] court 出廷する / go to court 裁判に訴える / clear the court 傍聴人たちを退廷させる / take a case into [to] court 事件を裁判ざたにする / a court hears [orders, rules, says] 裁判所が審理する[命じる, 判示する, 言う] / The court is now sitting [in session]. 裁判所は開廷中である / He was brought to court for trial. 彼は裁判にかけられた / The court awarded the patent rights to our company. 裁判所はその特許権を当社に与えた

hold court 裁判を開く
put ... (right) out of court (まったく) 問題外にする
settle ... out of court を示談にする
take court action / take ... to court (に対して) 裁判を起こす

═══■裁判所■═══
appeal court 上訴裁判所 / appellate court 上訴裁判所 / bankruptcy court 破産裁判所 / commercial court 商事裁判所 / competent court 管轄権を有する裁判所 / district court 地方裁判所 / family court 家庭裁判所 / high court of justice 高等法院 / lower court 下級審 / ordinary court of law 通常裁判所 / probate court 遺言検認裁判所 / small claims court 少額裁判所 / surrogate court 遺言検認裁判所

court costs 訴訟費用
courtesy /kɔ́ːrtəsi/ n 礼儀正しさ, 丁寧; 好意

▶ be granted the courtesy [courtesies] of the port《米》(税関で)手荷物を優先的に検査してもらう; 税関の検査を免除してもらう
by courtesy 儀礼上
(by) courtesy of …の好意で ▶ Courtesy of Blue Bell, Inc. (この図版[写真]は)ブルーベル社提供
to return the courtesy 返礼として
― *a* 儀礼的な; 無料の ▶ a courtesy bus 送迎バス / a courtesy car 客に無料で貸し出す車

Court of Appeal 《英》控訴院 [◯ここからの上訴はイギリスの最高裁判所にあたる貴族院に行く]; 《米》(若干の州で) 控訴裁判所, 《カナダ》最高 (上訴) 裁判所

Court of Appeals ❶ (連邦の) 控訴裁判所 ⇒ United States Court of Appeals ❷ (多くの州の) 州最高裁判所

court of equity 衡平法裁判所, エクイティー裁判所 [◯衡平法上の裁判管轄権を行使する裁判所. court of chanceryとも言う. 米国ではテネシー州やアーカンソー州など若干の州に, 現在でも衡平法裁判所とコモンロー裁判所 (court of law) の区別が残っている]

court of first instance ❶ 第一審裁判所 ❷ (C- of F- I-) = Court of First Instance of the European Union

Court of First Instance of the European Union (the ~) 欧州第一審裁判所 [◯欧州裁判所に付属する機関で, 欧州裁判所が加盟国とEU基本条約の関係を審理するのに対して, 第一審裁判所は個人と法人によって持ち込まれる訴訟を取り扱う. ルクセンブルグに設置されており, 15人の判事で構成されている]

court of general jurisdiction 《米》一般的管轄権を持つ裁判所

Court of Justice of the European Union (the ~) 欧州連合司法裁判所 (ECJ) [◯ルクセンブルグに設置されている加盟国とEU基本条約の関係を審理する裁判所で, 15人の判事で構成されている. ECからEUへの移行に伴い, Court of Justice of the European Communitiesから改称された. 加盟国が基本条約に従って行動しているか, 基本条約の解釈が妥当であるか, などを判断する]

court of law 通常裁判所; コモン・ロー裁判所
court of second instance 第二審裁判所
court order (裁判所の) 命令 ▶ apply for a court order 裁判所による命令を求めて申立を行う / comply with a court order 裁判所の命令に従う / defy a court order 裁判所の命令に従わない / issue a court order 裁判所による命令を出す / The Justice Department won a court order to break up the company. 司法省は同社に対する分割命令を勝ち取った

court papers 裁判書類
court protection 裁判所の保護 ▶ The company has filed for bankruptcy, seeking court protection from creditors. 同社は破産の手続をして, 裁判所による債権者からの保護を求

めた
court reporter 法廷速記者
courtroom *n* 法廷
Courvoisier /kɔːrvwɑːsiéi/《商標》クルボワジエ [◯ヘネシーなどと並ぶ代表的なコニャック]
covenant /kávənənt/ *n*, *v* ❶ 誓約 (する) ▶ keep [break] covenant with ... との約束を守る[破る]
❷ 〘法律〙 (1) 約定, 誓約事項, 特約条項 [◯特に融資契約上, 運転資金や負債比などの財務上の制限を課する特約を言う] ▶ restrictive covenant 財務制限条項; (特に) 不動産利用法制限 / covenant running with the land 土地に付随して移転する約款 (2) 契約 (3) 捺印契約訴訟

cover /kávər/ *vt* ❶ かぶせる, 覆う; (費用を) まかなう, (出費・損失を) 負担する ▶ be covered by a confidentiality agreement 守秘義務契約で不利にならないようにしてある / cover medical expenses 医療費を負担する / There was not enough money to cover the debt. 借金を返済するのに十分な資金がなかった / You won't be covered for any pre-existing conditions. 前からかかっている病気は保険でカバーされない [支払われない] / Auto Insurance covers harm done to you, your car, other people and other people's property. 自動車保険は身体, 所有の車, 他人, その財産になされた損害を補償する
❷ (1) …を対象とする; 範囲とする ▶ Which article covers this issue? この問題にはどの条文が該当しますか (2) (不正行為を) 隠す
❸ 付保する, 保険をかける ▶ be covered against fire 火災保険に入っている
Cover your ass. 《略式》記録をすべて残しておけ [✚CYAと略す]
― *vi* 《略式》代理をする (*for*) ▶ Can you cover for me while I'm gone? 私が出かけている間, 代わりにやってくれますか
― *n* ❶ カバー; ふた; 表紙; 保護; 保証金, 証拠金, 敷金; 保証, 担保 ❷ (保険による) 保障, カバレッジ ▶ accident cover 損害保険による保障 / fire cover 火災保険による保障 / insurance cover 保険による保障 / obtain [take out] cover 保険による保障を確保する
under cover 内密に; 封筒に入れて ▶ under separate cover 別便で

coverage /kávəridʒ/ *n* ❶ 放送網が及んでいること; 放送で取り上げること ▶ give heavy coverage to を大きく扱う / receive [get] extensive coverage 大きく扱われる ❷ 〘広告〙 カバレッジ [◯到達率, 視聴可能領域] ❸ (保険による) 保障 (=cover) ▶ Does the coverage include flood damage? 補償範囲に洪水による損害も含まれていますか

cover charge 席料, サービス料
covered call カバード・コール [◯対象資産である現物 (原資産) を確保すなわちカバーしておいた上で, コールオプション (原資産を権利行使価格で買う権利) を売ること. 相場が上昇し, オプションの買手

が権利を行使しても, 現物を持っているので, それを引き渡せば済む(現物なしでコールオプションを売った場合(naked call)だと上昇し続ける現物を新たに買うことになり, 損失拡大のリスクがある). 相場が下落した場合, オプションの買手は権利行使をしないので, オプションプレミアムが利益となる]

covered interest parity カバー付きの金利平価 [●将来の為替レートを現時点で決める先渡契約によって確定される外貨建て資産の自国通貨建て収益額と自国通貨建て資産の収益額が同一になる関係. ある通貨の別の通貨に対する先物プレミアム(先物と直物の差)はその2つの通貨間の金利差に等しいことを物語る]

covered option カバード・オプション [●原株式を保有して行うオプション契約]

cover letter 《米》; **covering letter** 《英》添え状, 送信票, カバーレター ► Normally, you attach a cover letter to your resume. 普通は, 履歴書にカバーレターを添えるものだ (✛ 《英》ではresumeよりCVを用いる)

cover note 《英》カバー(リング)ノート, 仮証書, 保険引受証 [●保険発効と保険証書発行の間, その保険が有効であることを証明する書類]

cowboy n 《英》手抜きをする業者 ► a cowboy builder 手抜きをする建設業者

cowcatcher n カウキャッチャー [●提供番組の直前に付ける無料CM]

coworker, co-worker n 同僚

CP commercial paper

cp. compare ⇒ cf.

CPA ❶ certified public accountant 公認会計士 ► Our CPAs have a wide range of expertise in dealing with asset securitization. 当社の公認会計士は資産証券化に対処する広範囲の専門知識を持っている ❷ continuing prosecution application; critical path analysis

CPC cost per click コストパークリック [●ネット広告業界用語で, クリック1回当たりの料金となる. メールやウェブサイト上の広告がクリックされ, 広告主のサイトを見込み客が訪れるつどクリック単価1回分の料金が発生する]

CPCU Chartered Property and Casualty Underwriter

CPI consumer price index ► core CPI CPIのコア指数 / The CPI fell 0.5% compared to the previous month. 消費者物価指数は前月比0.5%下落した / The CPI rose 0.2% in March on the month. 3月の消費者物価指数は前月比0.2%の上昇となった

CPI inflation (rate) 消費者物価指数[CPI]上昇率 [●実際の経済記事では rate を省略し, CPI inflation という形で使われることもある] ► year-to-date CPI inflation rate 年初来のCPI上昇率 / CPI inflation will take place at a 2.5% rate next year. CPIで見た来年のインフレ率は2.5%という水準が見込まれる / Declining petroleum prices and a strong dollar restrained CPI inflation during 1998. 石油価格の下落傾向とドル高が1998年を通じて CPI で見たインフレ率を抑えた

CPM cost per mil

CPT carriage paid to (指定仕向地までの)輸送費込渡

CPU central processing unit

cr credit

crack /kræk/ v ピシッと鳴る[鳴らす]; ひびを入れる[が入る]; 《俗式》解読[解決]する; (石油を)分留する; 損なう; (国が)崩壊する(*up*); (紙幣を)両替する

crack down 《米俗式》厳重に取り締まる(*on*)
crack on 《英俗式》どんどん進む
crack up 《俗式》(過労・心労で)参る
get cracking 《俗式》(仕事に)かかる

— n 炸裂音; ひび, 割れ目, すき間; 欠点; 《俗式》試し, 挑戦(=try) ► open the door a crack ちょっぴりドアを開ける / have a crack at をやってみる / The stock market collapse exposed cracks in the workings of our economic system. 株式市場の崩壊はわが国の経済システムの運用に亀裂を生じさせた

— a 《俗式》一流の, 優秀な

crackdown n 《俗式》取り締まり, (突然の警察の)手入れ; (法律の)厳しい処置(*on*)(=clamp-down) ► The government is very lenient in its crackdown on patent infringements. その政府は特許権侵害の取締りについて非常に甘かった

cracker /krǽkər/ n 《英俗式》素晴らしいもの[人]; クラッカー [●悪徳ハッカー]

Cracker Jack 《商標》クラッカー・ジャック [●米国で長年人気を誇るスナック菓子. ポップコーンにカラメルソースとピーナッツを加えたもので, 箱の中からおまけが出て来る]

crackerjack a, n 《俗式》超一流の(人, もの) ► We have a crackerjack team of investment brokers. わが社は投資ブローカーの超一流のチームを持っている

cracking /krǽkiŋ/ n クラッキング [●コンピュータシステムに侵入する技術]

— a 《英俗式》素晴らしい; すごく速い

craft /kræft/ n 職能; 技能; 工芸品
◇**crafty** a ずるい
◇**craftily** ad
◇**craftiness** n

craftsman n (女性形 -woman) 職人, 熟練工 ► a highly skilled craftsman 腕のいい職人

craftsmanship n 職人技, 職人芸 ► manufacture quality products with superb craftsmanship 質のいい製品を比類のない職人技で生産する

craftsperson n (主として手工芸品の)職人

craftswoman n (主として手工芸品の)女性の職人

cramdown n 《米》クラムダウン, 強制執行 [●一部債権者の反対を押し切って再建計画につき強制的に合意を図る米国の破産法上の制度]

crank /kræŋk/ n クランク; 《俗式》変わり者
— v 準備する; 始める(*up*); どんどん作り出す(*out*)

crash /kræʃ/ n ❶ 衝突；クラッシュ［⇒システムなどが突然故障すること］► a system crash システムクラッシュ / The crash of the computer system's mainframe brought all work to a halt. コンピュータシステムのメインフレームの故障は全作業を停止させた ❷ 暴落 ► a crash in oil prices 原油価格の急落 / a stock market crash 株式市場の暴落 / a worldwide economic crash 世界経済恐慌
— vi 暴落する ► Share prices crashed. 株価が暴落した
— vt 障害を引き起こす，（システムなどを）クラッシュさせる ► The virus crashed our system. そのウイルスは当社のシステムをクラッシュさせた

crate /kreit/ n （輸送用）ケース ► a crate of empty bottles 空きビンのケース
— vt ケースに詰める，梱包する(*up*)

crawl /krɔ:l/ vi はう；ゆっくり進む
— n はうこと；のろのろ歩き，徐行

crawling a はい進む

crawling peg クローリング・ペッグ［⇒小刻みの平価調整制度］

crawl space （天井裏・床下の）配線［配管］スペース

Cray 《~ Inc.》クレイ(社)［⇒スーパーコンピュータのメーカーで1972年設立．Tera ComputerとCray Researchとの合併により2000年に再編］

Crayola 《商標》クレヨラ［⇒米国のクレヨンのブランド．1903年に8色のクレヨンとして紹介され，徐々に色を増やしながら，米国の子供達に親しまれてきた］

craze /kreiz/ n （一時的）大流行，ブーム，…熱 ► a craze for speculation 投機熱 / a craze for English study 英語の学習熱

crazy /kréizi/ a 気が狂った；突拍子もない；《略式》熱中した，夢中になった (*about*) ► During the economic bubble, people made crazy investments. バブル経済の時期には，人々は尋常ではない投資に手を出した

CRB Index CRB指数［⇒Commodity Research Bureau算出によるニューヨーク先物取引所(NYFE)で取引されている商品先物指数］

CRD cash ratio deposits

cream /kri:m/ n クリーム；《the ~》最上部分，真髄

the cream of the crop 最上の物［人］► Our company only recruits the cream of the crop from top universities. わが社は一流大学の最優秀の卒業生だけを採用する
— vt 最上部分を抜き取る(*off*)
◇**creamery** n 乳製品製造販売所

create /kriéit/ vt 創り出す；創造する；引き起こす，（新規ファイルを）作る ► The government plans to create jobs through infrastructure spending. 政府はインフラ関連の支出で職を創出することを計画している / We need to create one-to-one marketing. 私たちは1対1のマーケティングを創出する必要がある / Procter & Gamble created the disposable diaper business when it introduced Pampers in 1961. プロクター・アンド・ギャンブル社は1961年にパンパースを導入したときに使い捨ておむつを創始した

creation /kriéiʃən/ n 創出，創造；創設

creative /kriéitiv/ a クリエイティブな，創意に満ちた，創造的な ► the incentives for creative innovation 創造的改革に対する奨励策 / He came up with a creative way to increase sales. 彼は売上を増やすための独創的な方法を思いついた
— n 《略式》創造性のある人，創造者 ► We depend on groups of freelance creatives for each project. 私たちは各々の計画でフリーランスの創造的な人たちから成るグループに依存している

creative accounting 経理操作［⇒より好ましい財務状態に見せかけるようにされた会計方法．合法基準すれすれの手段による決算操作］► The newspaper article pointed out that the company had been using creative accounting to boost its profits. その新聞記事は，同社が利益をふくらませるため違法すれすれの微妙な経理操作をしてきたと指摘している

creative agency 広告制作会社

creative brief クリエイティブ・ブリーフ［⇒広告の目的，ターゲットなど，広告戦略の立案に必要な要素をまとめた企画書］

creative director 広告制作監督者

creative financing 斬新な資金調達手法

creative selling 創造的販売［⇒保険．ミューチュアルファンド，証券などの販売法］

creativity /krì:eitívəti/ n 創造力［性］；広告表現，広告制作 ► Creativity is as important as originality in this industry. この業界では創造性が独創性と同じように重要だ / We want to foster creativity. われわれは創造性を養いたい

creator /kriéitər/ n 創造［創作］者 ► pay royalties to its creators 創造者に使用料を払う

crèche /kreʃ/ n 《英》託児施設，保育所 ► a workplace crèche 事業所内保育施設

credential /kridénʃəl/ n 身分証；（資格などを）証明する書類；経歴；資格(要件) ► A number of the applicants have impeccable credentials. 応募者の多くは申し分のない経歴だ / Applicants are required to produce their credentials as a professional. 応募者は，専門家としての資格を証する書類を提出することを要求する / He has yet to establish his credentials as a money manager. 資金運用者としての資質を備えているかを証明するのはこれからのことだ / On paper, she does have all the credentials required for the position. 書類上は，確かに彼女はそのポストの資格要件をすべて満たしている / She forged credentials to get the job. 彼女はその仕事に就くため，経歴を詐称した / The team consists of three members with strong, proven academic and leadership credentials. このチームは，学識経験ならびにリーダーシップとしての資質において，群を抜いており，かつ，それが実証済みである3名のメンバーから成っ

credibility

ている / We **studied his credentials** and found that all of his degrees were from diploma mills. 彼の経歴等をよく見たところ，学位はいずれもインチキ大学からのものだった

credibility /krèdəbíləti/ *n* 信頼[確実]性，信用性；信認 ▶ source credibility 情報源の信憑性 / the credibility of central banks 中央銀行への信認 / lose [restore] credibility in the marketplace 市場の信認を失う[回復する] / After the recall, the company's credibility took a heavy blow. リコールの後，その会社の信頼性は大きな打撃を受けた

give credibility to に信頼性を与える

credible /krédəbl/ *a* 信用[信頼]できる

credit /krédit/ *n* ❶ 与信，信用供与；(信用取引による) 支払い猶予期間；(客に対する) 信用度，(客の持つ信用取引能力の) 評判，評価

コロケーション
(動詞(句)+~) cut off credit つけで売るのをやめる / extend credit 信用を供与する / give [allow, grant] credit 信用貸しにする

▶ 90 day's credit 90日間の支払い猶予期間 / a bank credit agreement 銀行融資枠 / credit control 与信管理 / credit enhancement 信用補完 / credit exposure 与信リスク / credit facility 信用供与 / credit investigation 信用調査 / a credit report 信用調査報告 / a line of credit 与信限度額，信用供与枠 (=credit line) / a letter of credit 信用状 / Cash or credit (card)? 現金ですかクレジット(カード)ですか (✚店員が客に用いる) / Our department is responsible for making a decision as to the viability of issuing credit to our customer. われわれの部署は当社の顧客に対する与信の妥当性を判断する責任を負っている

===信用・クレジット===
consumer credit 消費者信用 / export credit 輸出信用 / installment credit 割賦信用 / long-term credit 長期信用貸し / revolving credit リボルビング方式の融資 / secured credit 有担保貸付 / standby credit スタンドバイ・クレジット / suppliers credit サプライヤーズ・クレジット / unsecured credit 無担保貸付 / yen credit 円借款

---

❷ 貸付，融資 ▶ have access to credit 融資を引き出せる立場にいる / obtain credit 融資を受ける / seek credit 融資を求める / The company was denied credit due to their poor credit history. 同社は信用履歴が芳しくなく，融資を断られた / The government provides credit to businesses that might not be able to obtain it elsewhere. 政府は他で入手できないような融資を企業向けに行っている

❸ 入金されている金額，貸方に持っている金，預金，貸付金額 ▶ have a credit of $1,000 in one's bank account 銀行の口座に1,000ドルの預金がある

❹ 受取勘定への記入；(勘定記入の右側の) 貸方 (Cr.) (⇔debit)；貸方記入 ▶ debit and credit 借方と貸方，貸借 / credit entry 貸方への記入 / enter [carry, place, put] a sum to a person's credit ある金額を口座の貸方に記入する，入金する

❺ 税額控除，控除 (=tax credit) ▶ an investment tax credit 投資税額控除

in credit (口座に) 預金残高がある

on credit 信用貸しで；信用取引で，掛け売りで，掛け買いで ▶ merchandise purchased on credit 掛で購入した商品

— *vt* ❶ (金額を) 貸方に記入する ▶ credit a person with $500 [=credit $500 to a person] 500ドルを…の貸方に記入する ❷ 掛売をする

credit account 《英》与信取引勘定 (=《米》charge account)；掛売 [○現金払いせず，あとでまとめて清算する方式の取引]

credit advice 入金通知

credit agency 信用調査機関 (=credit rating agency)

credit analysis 与信審査 (=《英》credit appraisal) [○貸倒の危険性つまりは取引相手などの信用力を調査すること]

credit analyst クレジット・アナリスト [○企業の財務等，信用程度を調査する専門家。債券格付けを行うこともある]

credit association 信用組合

credit balance 預金残高；(プラスの) 収支尻 ▶ a credit balance of $500 500ドルの貸方残高

credit bureau 信用調査機関 [○個人の信用情報を有料で提供する機関。米国では Equifax, Experian, TransUnion の3社が大手]

credit card クレジット・カード [○一定期間支払が猶予されるカード] ▶ a credit card slip カードの控え / a credit card statement カードの請求書 / accept credit cards カードでの支払に応じる / use a credit card カードで払う / Credit cards are safer than carrying cash. クレジットカードは現金を持ち歩くより安全です

credit-card loan カードローン

credit card receivable 《通例 ~s》クレジット・カード売上債権

credit ceiling 与信枠の上限

credit check 信用情報の確認 ▶ conduct credit checks 信用情報を確認する

credit company 信販会社，クレジットカード発行会社

credit control 債権管理，売掛金管理；与信審査

credit cooperative 消費者信用生活協同組合，信用生協 (=credit society, credit union) [○組合員の出資をもとに，低利の融資など相互扶助を目的として設立される協同組合]

credit creation 信用創造 [○マクロ経済的見地から金融機関等による融資の総量をとらえた言葉。インフレを抑制すべく，融資の総量 (amount of credit creation) が必要以上にマネーサプライを押し上げないよう注意するのは中央銀行の役目の一つである]

credit crisis 信用危機
credit crunch クレジットクランチ, 金融逼迫, 信用危機 [⇨金融システム全体に貸し渋りが広がり, 極端な金融逼迫が起こっている状態. credit squeezeとも言う] ► The credit crunch has stifled consumer spending. 信用危機は消費者の支出を窒息させた / To alleviate the credit crunch, the government plans to inject money into the banking system. 信用危機を軽減するために, 政府は銀行システムに資金注入を計画している
credit default swap クレジット・デフォルト・スワップ (CDS) [⇨契約期間中定期的にプレミアムを払うことで, 万一所定の信用リスクが具体化した場合 (債務不履行等) に損失額を受け取れるというスワップ・クレジット・デリバティブの一種]
credit demand 借入需要, 資金需要
credit derivatives クレジットデリバティブ [⇨クレジットリスク (債務不履行リスク) を他に移転する金融商品. 保有債券の発行体が倒産した場合は所定の金額を受け取れるというクレジット・デリバティブを投資銀行から買えば, 投資家はクレジットリスクをその銀行に移転できる]
credit event クレジット・イベント [⇨クレジットデリバティブ上指定されている企業の倒産等の信用悪化理由. これが発生すれば, 買手は約束されている貸倒損失の補填を実行してもらえる]
credit exposure 信用エクスポージャー [⇨貸付をしているが故に負っている貸倒リスク]
credit facility 融資; 融資枠, 与信限度枠, 融資限度額 ► draw from the credit facility 融資枠を利用する, 融資枠に基づき資金を引き出す / Normally, banks extend a credit facility of up to 80% of the valuation of the property offered as security. 通常, 銀行は差し入れる担保の評価額の80%まで貸付枠を設定する
credit grantor 与信者
credit history (顧客の) 信用履歴 ► a good [poor] credit history 良好な [芳しくない] 信用履歴 / The borrowers have good credit histories. その借用者たちは良い信用履歴をもっている
credit information 信用情報
credit inquiry 信用照会
credit instrument 信用証券, 信用手段
credit insurance 取引信用保険 [⇨取引先の破綻による売掛金の回収不能を補償する保険]
credit limit 与信限度, 与信枠 ► have a credit limit of $20,000 on his card 2万ドルまでカードを利用できる / have credit limits up to $50,000 5万ドルの与信枠をもっている / enjoy a high credit limit 多額の与信枠をもっている
credit line 融資枠, 与信限度枠, 貸出限度額 ► establish revolving credit lines 融資枠を設定する / cut off a credit line 与信限度枠を打ち切る / draw on a credit line 与信限度枠を利用する (資金を引き出す) / increase a credit line 与信枠を引き上げる / open [provide] a credit line 与信限度枠を設定する / Ten banks would extend the company credit lines totalling 150 billion yen. 同社は10行との間で1500億円の融資枠を設定する / This gold card offers a credit line of up to $25,000. このゴールドカードは最大限25,000ドルという利用限度額を認めている
credit loss 貸倒れ額, 貸倒れ見積額
credit management 信用管理
credit manager 審査 (与信) の責任者, 審査部長
credit market 信用市場 [⇨信用リスクを包含する金融商品が売買されている市場. 社債, ローン, コマーシャルペーパーなど従来から存在する金融商品の市場のほかに, 証券化商品の市場も含まれる. 調達者の信用 (credit) に基づいて資金を調達する市場という意味でcredit marketと呼ばれる] ► Some of the impact of the Fed's interest-rate hikes has been mitigated by credit-market rallies. FRBによる利上げの効果も債券相場の上昇 (による長期金利の低下) で幾分減殺されている
credit multiplier 信用乗数 [⇨中央銀行が資金供給を行った場合に, それによってハイパワーマネー (現・預金) が何倍のマネーサプライ (通貨供給量) になるかを示す数字. 資金需要が低調で, 融資と預金の繰返しによる信用創造機能が低下しているときは乗数の値も小さくなる]
credit note 《英》クレジット・ノート [⇨売上訂正伝票または返品処理伝票に相当するもので, 返品した場合に, そのノートに記載した金額分の買物ができるものとして交付される]

creditor /krédɪtər/ n

❶ 債権者 [⇨貸金の返済を受けていない, モノ・サービスを提供したが対価を受け取っていないなど, 債務者に対して反対給付を請求できる者] ► a general creditor 一般債権者 / a preferred creditor 優先債権者 / a secured creditor 有担保債権者 / a trade creditor 営業債権者 / an unsecured creditor 無担保債権者 / make full payment to creditors according to the proposed terms 提案条件にしたがって債権者に全額を支払う / The company **is asking creditors to forgive** 200 billion yen in debt. 同社は, 総額2,000億円の債務免除を債権者たちに求めている / We will have to **negotiate with major creditors** to arrange a realistic repayment schedule. 現実的な返済計画を取り決めるために大口債権者たちと交渉する必要がある / The founder-president is criticized for attempting to **hide from creditors**. その創業者社長は, 債権者から逃げようとしたことで批判されている ❷ 《英》買掛金 (=《米》accounts payable)
creditor ledger 仕入先元帳
creditor nation 債権国
creditors' committee (破産処理の際の) 債権者委員会
creditor's ledger 仕入先元帳, 買掛金元帳
credit policy ❶ 金融政策 [⇨景気動向をにらみながら物価安定を図るため, 金利の上げ下げを通じて企業や個人の借入のしやすさを調節する経済政策. monetary policyという言い方の方が一般的だ] ❷ 与信審査の基本方針 [⇨企業が取引先の財務状

況を見ながら信用の供与を認める際の基本方針]
credit quality 返済能力, 信用力

credit rating 格付, 信用格付

> [解説] 格付は英文字で表わされるが, 格付機関によって表示法が異なる. Standard & Poor's の格付はAAA, AA, A, BBB, BB, B, CCC, CC, C, Dで表わされ, BBB以上は投資適格(investment grade), BBまたはそれ以下は投機的格付(speculative grade)とされる. DはDefaultの略で, 債務不履行の企業に与えられる. Moody'sの格付はAaa, Aa, A, Baa, Ba, B, Caa, Ca, Cで表わされる. 記号は異なるが, 内容はStandard & Poor'sに準じている. Baa以上は投資適格, Baまたはそれ以下は投機的格付である. Fitch Ratingsの格付も同様でAAA, AA, A, BBB, BB, B, CCC, CC, C, Dとなっている ⇨ credit rating agency

▶ have a good [poor] credit rating 高めの[低めの]格付を得ている / downgrade [upgrade] a credit rating 格付を引下げる[引上げる] / have a AAA credit rating from Fitch フィッチ社からトリプルAの格付を得ている / obtain a credit rating 格付を取得する / The debt securities carry the third highest credit rating from two recognized rating agencies. その債券は, 一般に認められている格付会社2社から3番目に高い格付を得ている

credit rating agency 信用格付機関, 格付機関 [○企業や地方公共団体に格付(credit rating)を付与する機関. 債券でいうと, 社債や地方債に格付を付与する機関. 米国の主要格付機関はStandard & Poor's, Moody's, Fitch Ratingsの3社が大手] ⇨ credit rating, credit bureau
credit record 信用記録 ▶ Your credit record isn't spotless. あなたの信用記録は無傷ではない / You have an excellent credit record. あなたはすばらしい信用記録をもっている
credit reference 信用照会先
credit reference agency 《英》信用調査機関(=《米》credit bureau)
credit repair クレジットリペア [○過去の延滞など信用履歴の芳しくない企業や個人が信用力に対する評価の回復・引き上げを図ること]
credit report 信用情報 [○融資先の債務返済能力を査定する際に収集され, 評価された情報ないしをまとめた報告書]
credit reporting agency 《米》信用調査機関(=credit bureau)
credit risk ❶ 信用リスク [○信用供与者の債権が相手の財務内容の悪化によって回収不能になる可能性. 融資する場合に限らず, 商品を売って売掛金が発生する場合, 取引に関連して前渡金を渡す場合, 会社の発行する債券を購入する場合など, 相手に信用を与えて債権が発生する場合には, すべて, 信用リスクが発生する] ▶ assess credit risk 信用リスクを査定する / be exposed to credit risk 信用リスクを負う / be willing to accept credit risk 信用リスクをとる用意がある / evaluate credit risks 信用リスクを審査する / Banks conduct a stringent check on the credit risk of each potential borrower. 銀行は個々の借入希望企業の信用リスクについて厳密なチェックを実施する / You can control your credit risk by being diligent in credit approvals. 与信審査を念入りに行うことで信用リスクを管理することができる
❷ 信用リスク, 危険な取引相手 [○信用供与者の債権が回収不能になる可能性のある取引相手] ▶ Because of his bad credit history, he was considered a credit risk. 過去の信用履歴に問題があったので, 彼は信用リスクと見なされていた
credit sale 売掛; 掛売; 信用販売 [○掛売や月賦による販売を言う] ▶ a credit sale agreement 信用販売契約, 掛売り契約
credit score, credit scoring 信用評価, クレジット・スコアリング [○年齢, 年収等を点数化して合計することで機械的に返済能力を数字で評価する仕組]
credit search 信用情報の照会, 検索
credit shrinkage 信用収縮
credit society =credit cooperative
credit spread 利回り格差 [○通常, 事業債とそれに匹敵する国債の利回り間の開きを言う. ある程度一定しているものが狭まってくれば, 事業債が買われていることを示す(買われて価格が押し上げられると利回りは低下するため)]
credit squeeze 金融引締め; 資金の出し渋り [○景気減速下で企業業績の先行きに不安があるような場合に, 銀行が貸し渋り, また, 株式や債券の発行による資金調達が行われる市場においても出資者が手控える状態. credit crunchとも言う] ▶ Small businesses in particular are feeling the credit squeeze. 小さな企業は特に信用収縮を実感している
credit standing 信用状態 ▶ maintain a good credit standing 良好な信用状態を維持する
Credit Suisse Group クレディ・スイス [○スイスの金融サービス・グループ. 保険業務も営む. 主力は投資銀行のCredit Suisse First Boston (CSFB)で傘下にDonaldson Lufkin & Jenrette (DLJ)グループを持つ. 1856年設立]
credit terms 支払条件, 融資条件 ▶ agree to pay in accordance with the proposed credit terms 提示された支払条件通りの支払いに同意する
credit title ❶ (映画・テレビで)配役字幕 ❷ [広告]クレジット・タイトル [○番組提供者の提示]
credit transfer 《英》銀行口座振替
credit union 信用組合
Credit Union League (米国)信用組合連盟
Credit Union National Association (米国)信用組合全国協会
credit watch クレジット・ウォッチ, 格付け見直し中 [○特定の銘柄の格付け(rating)に見直しを必要とする出来事(合併, 増資, 制度上の措置, 事

業展開の可能性など)が起こった場合に格付け機関が使用する符号.クレジット・ウォッチへの指定は必ずしも格付けの変更という結果になるとは限らない]
⇨rating outlook ▶ The rating agency has tightened its credit watch on banks. その格付機関は銀行の信用状況の監視を強化した.

credit-worthiness n 信用度[力], 信用状態 ▶ determine credit-worthiness 信用力を判定する / evaluate a loan-seeker's credit-worthiness ローン申込者の信用力を審査する

credit-worthy a 信用度の高い, 信用力の認められる[⇨相手を信用して取引した場合に弁済してもらえる確率が高いこと]

creep /kriːp/ vi (**crept**) はう; ゆっくり動く; (考えなどが心に)忍び込む
creep in (習慣などが)徐々に広まる
creep up on に忍び寄る ▶ You may feel invulnerable to rebuke now, but the consequences of your actions will creep up on you. あなたは今は非難に対して不死身だと思っているかもしれないが, あなたの行動の結果は, いつのまにか, あなたに忍び寄ってくるだろう
━ n はうこと; (the ~s)ぞっとする感じ; 鳥肌
◇**creeping** a (植物が)はう; (略式)遅い, のろい

crest /krest/ n とさか; 山頂; 波頭; 絶頂
be riding the crest of (一時的に)の絶頂に達する
on the crest of a wave 最高潮に達して
━ vt いただき[頂点]に達する

Crest ❶ クレスト[⇨株の売買を行う英国のコンピュータシステム] ❷ クレスト(社)[⇨米国の歯磨きなどの会社. 歯磨き, 歯ブラシ, ホワイトニング剤などを出している]

crew /kruː/ n 乗組[乗務]員; 一団, 仲間 ▶ Television crews were waiting for the CEO to enter the courthouse. テレビ各社のカメラマンはそのCEOが裁判所の建物に入るのを待ち受けていた

crime /kraɪm/ n 犯罪 ▶ computer crime コンピュータ犯罪 / corporate crime 企業犯罪 / financial crime 金融犯罪 / petty crime 軽犯罪 / serious crime 重大な犯罪 / white-collar crime ホワイトカラー犯罪

criminal /krímənl/ a (限定的)犯罪の[に関する]; 刑事上の(⇔civil) ▶ a criminal proceeding 刑事訴訟手続 / criminal damage 器物損壊罪 / criminal injury 傷害罪 / criminal liability 刑事責任 / criminal negligence 過失犯 / The criminal charges were dropped, but the civil case is pending. 刑事告発は取り下げられたが, 民事訴訟はまだ係争中だ
━ n 犯罪者

criminal action 刑事訴追, 刑事訴訟 ▶ be subject to criminal action 刑事裁判の対象となる

[解説] 連邦または州の検察官(prosecutor)は犯罪(crime)を犯した人に対して刑事訴追(criminal action)をする. 有罪決定(conviction)となれば刑罰(punishment)が科される. 罰金刑の場合, 罰金は国庫に納付され, 被害者には与えられない. 被害者が金銭的補償を求めるならば民事訴訟(civil action)を起こす必要がある. 勝訴すれば原告である被害者に損害賠償金(damages)が与えられる. 民事の請求の原因は契約不履行(breach of contract)と不法行為(tort)に大別される. 契約不履行の訴えは契約当事者に限られるが, 不法行為の場合は遺族にも訴える権利がある. 刑事の「刑罰」と民事の「損害賠償」は別物である. O.J. Simpson事件のように, 刑事訴訟で無罪になっても民事訴訟で損害賠償が認められることがある

criminal case 刑事事件
criminal code 刑事法(規); 刑法典, 刑事法典
criminal court 刑事裁判所
criminal law 刑法; 刑事法
criminal lawyer 刑事専門の弁護士

crimp /krɪmp/ vt ひだをつける; 妨害する ▶ The subprime housing and credit crises could crimp sales. サブプライム住宅供給と信用危機が売上を抑制する見込みがある

crisis /kráɪsɪs/ n (**-ses** /-siːz/) 危機, 重大局面; 【金融】恐慌

> コロケーション
> (動詞(句)+~) **avert** a crisis 危機を回避する / **break out of** a crisis 危機を脱する / **cause** a crisis 危機を招く / **deal with** a crisis 危機に対処する / **defuse** a crisis 危機を収拾する / **encounter** a crisis 危機に陥る / **face** a crisis 危機に瀕する / **resolve** a crisis 危機を解決する / **head for** a crisis 危機に瀕する / **ride out** a crisis 危機を乗り切る / **stand up to** a crisis 危機に立ち向かう

▶ an energy crisis エネルギー危機 / the Persian Gulf crisis 湾岸危機 / a banking crisis 銀行危機[恐慌] / a currency crisis 通貨危機 / a financial crisis 金融危機 / an economic crisis 経済危機 / escalate into crisis situations 危機的状況に発展する / impending crisis 差し迫った危機 / The company is in crisis. その会社は危機的状況にある / We face many potential crises. 当社は多くの潜在的危機に直面している / Our company has dealt with similar crises in the past. わが社は過去に同じような危機を何度も切り抜けてきた

crisis-hit a 危機に見舞われている, 破綻に瀕している ▶ a crisis-hit company 破綻に瀕している会社

crisis management 危機管理 ▶ We try to have crisis management plans or contingency plans for all the risks we can think of. われわれは考えられるあらゆる危機に対処する危機管理計画あるいは不測事態対応計画を用意しようとしている

criterion /kraɪtíəriən/ n (**-ria** /-riə/, **~s**) 判断規準 (*for*) ▶ the criterion of efficiency 能率の基準 / news criteria ニュース基準 / establish the criterion for のための判断規準を定める / use the criteria for のための判断規準を用いる / The criteria are too high to achieve.

その基準は高すぎて達成できない / The criteria for qualifying for these mortgages are less strict than those bankers use for standard mortgages. これらのローンに適格となる基準は標準的なローンに銀行が用いる基準ほど厳格ではない 語法 agendaやdataの類推からcriteriaが単数形で用いられることがあるが, 正用法とは見なされない

critic /krítik/ n 批評[評論]家 ► a media critic メディア批評家

critical /krítikəl/ a 批評の; 批判的な《of》; 批評眼のある; 口やかましい; 危機の (=in critical condition); 決定的な, 重要な; 【物理】臨界の ► critical temperature 臨界温度 / go critical 臨界に達する / Speed is critical in the service industry. サービス産業ではスピードは決定的に重要だ

critical incident クリティカル・インシデント, 職務遂行上の成否を分ける行動例 [◆職務遂行上, 決定的な(critical)節目となった問題解決の具体例(incident)のうちの成功例と失敗例] ► identify critical incidents ことの成否を分ける行動例が何であるかを見いだす

critical incident method クリティカル・インシデント法, 重要事象法 [◆職務遂行上, 決定的な(critical)節目となった問題解決の具体例(incident)のうちの成功例と失敗例をありのままに書き出し, ことの成否を分ける本質的要素を見いだそうというもの]

critical mass 臨界質量, 効果に十分な量, クリティカル・マス [◆たとえばある事業で, 契約者数が一定の線を超えないと採算が取れなかったり, 効率的運営ができなかったりする, その境目となる数字を指す] ► achieve a critical mass クリティカルマスに達する

critical path クリティカルパス [◆プロジェクトの進捗を決定的(critical)に左右する作業のつながり]

critical path analysis クリティカルパス分析 (CPA) [◆作業を構成する作業につきもっとも早く着手できる日, 遅くともこの日までに着手しなければならない日を定めてクリティカルパスを確定する. クリティカルパス上の作業は遅れが許されない一方, そうでないものは余裕をもって処理できる]

critical success factor 重要成功要因 (CSF) [◆目標達成上決定的な影響がある要因. たとえばホテルにとっては客室稼働率などがこれにあたる]

criticism /krítəsìzm/ n 批評, 評論, 批判; 非難《from, over》► in criticism of を批評して / The company received numerous criticisms over its hiring policy. その会社の雇用方針はおびただしい批判を受けた

draw criticism from から批判される

criticize, (英)**-cise** /krítəsàiz/ v 批評[批判]する; 非難する《for》

critique /kritíːk/ n 批評, 評論
— vt 批評する

CRM customer relationship management

Crock-pot (商標) クロックポット [◆slow cooker の商品名]

crop /krɑp/ n 作物, 収穫物; 収穫高, 作柄 ► a cash crop 現金作物 / this year's coffee crop 今年のコーヒーの収穫量 / a subsistence crop 自家用作物 / Orange crops were damaged by the severe cold. オレンジの収穫は厳しい寒気によって損害を受けた
— vt (-pp-) 収穫する

crop failure 不作

cross /krɔːs/ n 十字架; 苦難, 試練; 十字路; 中間物; 【証券】クロス売買 [◆同一銘柄の売り買いを1度に行う売買方法]
— vt ❶ 横切る; 交差させる ❷ (英)線引きする [◆小切手に横線2本を引いて銀行渡しにする. この形式にすると支払人は特定の口座以外入金できなくなるので不正を防ぐことができる] ► cross a cheque 小切手に線引きをする
— vi 交差する; 渡る
cross off を線で消す
cross out を線を引いて消す
cross over 渡る, 交差する; (他へ) 転身する
cross up を裏切る; を台無しにする
— a 交差した; 相反の; 逆の

Cross (商標) クロス [◆米国の高級ペンのブランド. 22K金などが装飾に使われている物もあり, スリムなデザインと使いやすさが人気]

cross-action n 反対訴訟, 対抗訴訟 [◆同一訴訟内の一人の被告が他の被告または原告に対して提起する訴訟]

cross-border a 国境を越えた, 海外との; 国際的 ► a cross-border lease transaction 国際リース取引 / The government should not limit free cross-border capital flows. 政府は自由な国際的資本流動を制限すべきではない

cross-boundary a 国境を越える; 専門分野を超える ► cross-boundary transportation 国際輸送

cross check 相互突き合わせ, クロスチェック

cross-default clause クロスデフォルト条項 [◆契約当事者の一方が別の契約上債務不履行に陥った場合でも, その契約における債務不履行かのように扱い, 一方的に解約できるとする条項]

cross docking クロスドッキング, 直送仕分け [◆配送センターで, 到着貨物の中味の詰め替えをせず, そのまま入荷場所から出荷場所へとクロス (通過) させること]

crossed /krɔːst/ a 交差した; 十字を引いた; (英)線引きの; 妨げられた ► a crossed cheque 横線小切手, 線引き小切手

cross examination 反対尋問

cross-examine vt 反対尋問をする; 詰問する

cross-functional a クロスファンクショナル, 組織横断的な [◆新製品開発のため, 縦割りの組織にとらわれず必要な人材を集めて問題解決に当たることを言う]

cross guarantee 相互保証

cross hedging クロスヘッジング [◆ジェット燃料の現物価格の変動を先物でヘッジしようにも市場がない場合は, 相関性の高い別の現物を原資産とする先物(この場合は原油先物)でヘッジするが, これ

を指してクロスヘッジングと言う]
cross-holding n (英)株の持合, 持合株
crossing n ❶ 横切; 妨害 ❷ 小切手の横線引き
cross license クロスライセンス [◎複数の知的財産権者(通常は特許権者)が, 相互に知的財産の使用(実施)を許諾すること]
cross-license v クロスライセンスを供与する ► We agreed to cross license each other's patented process. 互いに相手の特許プロセスをライセンスし合うことで合意した
cross license agreement クロスライセンス契約 ► enter into a cross license agreement クロスライセンス契約を締結する
cross licensing クロス・ライセンシング, 相互実施許諾 [◎互いに相手方の特許権の使用を認め合うこと, 相互使用特許権]
cross-marketing n 販売提携 (=marketing cooperation, co-marketing) [◎顧客層を共有している企業同士が販売で提携すること. アップルとナイキの提携などが有名]
cross-media n クロスメディア [◎同一コンテンツをウェブと紙媒体(書籍, 雑誌)の両方で公開するというふうに複数の伝達経路を同時に使うこと]
cross-media control (英)横断的なメディア支配 [◎単独企業が複数のメディアを支配すること]
cross merchandising クロスマーチャンダイジング [◎関連商品を同じ売場に陳列して売上を増やそうとすること]
crossover n, a 交差路, 歩道橋; 異なるジャンルの混合(による)
cross ownership 株式の持合
cross-platform n クロスプラットフォーム [◎アプリケーションがマックやウィンドウズなど種類の異なるOS上で動くこと]
crosspost n クロスポスト [◎同一内容のEメールを複数のメーリングリストに投稿すること. x-postともつづる] ⇨ mailing list
cross-posting n クロスポスティング [◎ネット上同一内容のメッセージを異なる人々に同時に配布すること]
cross-promotion n クロス・プロモーション (=tie-in promotion) [◎他の商品・サービスまたはキャンペーンとの抱合せで進められる販促]
cross-purpose n 相反する目的 ► at cross-purposes 食い違って, 互いに誤解して
cross rate (外国為替相場の) クロス・レート [◎たとえば, 米ドル対円, 米ドル対ユーロという2つの為替相場から計算されるユーロ対円レートのこと]
crossroad n 交差道路; 間道; (~s)十字路
stand [be] at the [a] crossroads 決断を下すべき岐路に立つ
cross sales (保険などの) 抱き合わせ販売, 相互販売, 提携販売 (=tied-sales)
cross-sell, cross sell n (保険の) 相互販売, 相互募集, 提携販売, 抱き合わせ販売
cross-selling n クロスセリング [◎銀行, 証券会社, 保険会社が商品やサービスを相互販売すること]

cross-shareholding n 株式持合い, 持合株 (=cross-holding) ► byzantine cross-shareholdings 入り組んだ株式持合関係 / defensive cross-shareholdings 企業防衛目的の持合株 / limits on banks' cross-shareholdings 銀行の持合株保有制限 / unwinding of cross-shareholdings 株式持合の解消 / sell cross-shareholdings 持合株を売却する / unbundle cross-shareholdings 株式の持合を解消する / unwind cross-shareholdings 株式の持合を解消する / Japanese firms have traditionally been protected by cross-shareholdings held by friendly companies. 日本企業は従来, 友好関係にある企業が保有する持合株により守られてきた / In the keiretsu system, companies are interlocked through webs of cross-shareholdings. 系列と称される仕組みでは, 会社は網の目のような株式の持合関係で相互に絡み合っている
cross-strait a 海峡横断の; 中国・台湾の ► the cross-strait relations (中国と台湾の)両岸関係
cross-trade n ❶ (市場を介さず行う) 相対取引, クロス取引; 反対売買 ❷ 三国間貿易; (海運で) 三国間輸送
crowd /kraud/ n ❶ 群衆; (the ~) 大衆; (略式)仲間; 多数 ► crowd behavior 群衆行動 / At the product's release, a raucous crowd further attracted passersby who were curious to see what the commotion was. その製品の発売会で, 騒々しい群衆は, いったい何の騒ぎだろうと興味をもった通行人を, さらに引き寄せた ❷ (取引所の立会場における) クラウド [◎特定の業務分野を担う取引所の会員集団]
a (whole) crowd of / crowds of 大勢の
follow [go with, move with] the crowd 大勢に従う
— vi 群がる, 込み合う; 押し入る
— vt 群がる, 詰めかける; 押す; 押し出す (out); 押し込む (into); (略式) せき立てる; (略式) (うるさく…を) せがむ ► He crowded me for the payment. 彼は支払いをしつこく迫った
be crowded with で混んでいる
crowd in on にどっと押し寄せる
crowded a 混雑した, 満員の; いっぱいの
crowded market ライバルがひしめく市場
crowding out クラウディング・アウト, 締出し [◎政府が国債発行を増加させることで金利が上昇し, 民間投資が減少すること]
crown /kraun/ n 王冠; 栄誉; 極致
— vt 王冠をいただかせる; (栄誉などを) 授ける; 最後を飾る
to crown (it) all もっとも悪い[よい]ことには, きわめつけは
◇**crowning** a この上ない, 最高の
crown jewels (the ~) クラウンジュエル, 最優良資産 [◎企業価値を左右するような資産を指し, 時には買収をしかけられたときに難を逃れるために処分されたりする]
crucial /krúːʃəl/ a 決定的な; 重大な; 厳しい; に

不可欠な (to) ► How the government structures the bailout is crucial to the economy's recovery. 政府がどのように救済計画を構築するかは景気回復にとって決定的に重要だ

crude /kruːd/ a 天然の, 生の, 未加工の
— n 原油 (=crude oil)

crude oil 原油

解説 原油は比重の軽いライト原油(light crude)と比重の重いヘビー原油(heavy crude)に分類される. また, 硫黄分が少ないスイート原油(sweet crude)と硫黄分が多いサワー原油(sour crude)に分類される. 原油取引の価格指標には, 米国では, ニューヨーク・マーカンタイル取引所(NYMEX)のウェストテキサス・インターミディエイト(West Texas Intermediate, 略:WTI)が用いられる. 欧州では, ロンドンの国際石油取引所(IPE)のブレント原油(Brent crude)が価格指標として使われる. 原油の国際取引は通常1バレル(barrel, 略:bbl)当たりの米ドルで表記される

crunch /krʌntʃ/ n (the ~) 危機, ピンチ, 窮迫状態
if [when] it comes to the crunch いざとなったら
— v (略式) (数を) 計算処理する ► Let's have the computer crunch all these numbers. この数字を全部コンピュータに入れて処理させましょう

crux /krʌks/ n (~es, cruces) (the ~) 重要点, 核心; 難問, 難題 ► The crux of the problem lies in our corporate structure. 問題の核心は当社の企業構造にある

cry /krai/ vi 叫ぶ; 泣く; 鳴く
— vt 大声で言う; 呼び売りする
cry off (契約などから) 手を引く (from)
cry out 強く抗議する (against); 強く求める (for)
— n 叫び(声); 嘆願; 標語; 世論
a far cry 相当の距離; 大差, 大違い (from)
in full cry 総がかりで

crying /kráiiŋ/ n 泣き声; 泣くこと
— a 緊急の; ひどい ► a crying need (for) (の)急務

crystal /krístl/ n 水晶(製品)
— a 水晶の(ような)

crystal ball (略式) 占いの水晶玉; 占いや未来予測の手段 ► As a futurologist I gaze into the crystal ball. 未来予測の専門家として私は将来を占う

crystal gazer (略式) 未来を予測する人, 将来を占う人

crystal gazing (略式) 未来予測, 占い予測 [予言], 未来観測 ► Crystal gazing is very common in the world of stock trading. 株取引の世界では占いの未来予測はごく普通である

Crystal Light (商標) クリスタル・ライト [◆低カロリー, 無糖の米国のフルーツドリンクのブランド]

crystallization, (英) **-sation** n 結晶作用[体]; 確定

CSO (英) Central Statistical Office 中央統計局; civil society organization

C-SPAN シー・スパン [◆米国のケーブルテレビ; 議会報道, 総合ケーブルテレビ各社が保有する非営利企業]

CSR corporate social responsibility

C-suite n 重役 [◆CEOやCFOのようにCの字で始まる役職にある人々をからかった言い方]

CSX (~ Corp.) シー・エス・エックス [◆米国の鉄道持株会社. 1980年, Chessie SystemとSeaboard Coast Line Industriesの合併により設立. 主に東部の貨物輸送を行う]

CT corporation tax

CTO chief technology officer 最高技術責任者 ► The new CTO will head the development team from start to finish. 新任の最高技術責任者が最初から終わりまで開発チームを率いることになる

CtoB, C2B consumer to business

CtoC, C2C consumer to consumer

C2DE C2DE層 [◆英国のマーケティング業界で労働者階級を指す. 中流層を指すABC1と対比される]

CTR click through rate

Ctrl control

cube /kjuːb/ n, vt 立方体(にする); 3乗(する); さいの目に切る

cube farm (略式) キューブファーム [◆パーティションで区切られた個人用のスペースがずらりと並ぶ米国のオフィスの様子をからかった言い方 ⇒cubicle]

cubic /kjúːbik/ a 立方[3乗]の ► a cubic foot [meter] 1立方フィート[メートル] / The company produces about 500 million cubic feet of gas daily. 同社は日量で約5億立方フィートのガスを生産している
◇**cubical** a

cubicle /kjúːbikl/ n キュービクル [◆米国のオフィスで, 高さ5フィートほどの仕切りで区切られ, 机とキャビネットがおかれた空間; 米国では多くの会社員が, この空間で働いている]

Cuisinart (商標) クイジナート [◆food processorの商品名]

culminate /kʌ́lməneit/ vi 最高点に達する; ついに(…と)なる (in)
◇**culmination** n 最高点; 全盛

culprit /kʌ́lprit/ n 犯人; (略式) 元凶 ► Investigators are tracking down the culprit behind the fraud cases. 調査員は詐欺事件の背後に潜む犯人を探し出しつつある

cultivate /kʌ́ltəveit/ vt 耕す; (才能・精神を) 培う; (親交などを) 深める ► cultivate land 土地を耕す / cultivate a positive image ポジティブなイメージの浸透を図る[普及に努める] / cultivate a contact コネクションの深化に努める

cultivated land 耕地 [◆農作物の栽培を目的とする土地の事をいい, 畦畔を含む] ► cultivated land lent to others 貸付耕地 [◆他人に貸し付けている自己所有地] / cultivated land rented from others 借入耕地 [◆他人から耕地を目的に借り入れている土地]

cultivation /kʌ̀ltəvéiʃən/ n 耕作, 栽培, 培

養, 育成

cultural /kʌ́ltʃərəl/ *a* 教養の; 文化の; 栽培の ► It would be a cultural faux pas to refuse your client's invitation, no matter how casual he may have sounded about it. いかに何気ない軽い言い方に聞こえたとしても, 自分のお客様からの招待を断るのは, 文化的な非礼といってよいだろう

cultural capital 文化資本 [◎ それを身につけていることで, 社会的な場面で優位に立てる特定の文化的な能力. ブルデューとパスロンの用語]

cultural diversity 文化的多様性 [◎ 職場における人種, 民族の多様性を尊重すること]

cultural exchange 文化交流 [◎ 諸外国と自国の文化の交流を通じて国際的な友好関係を深めたり自国のイメージを高めたりすること]

culture /kʌ́ltʃər/ *n* 文化; 企業体質, 企業風土 [◎ 多くの人によって共有されている感覚や仕事のやり方など] ► management culture 経営風土 / workplace culture 職場の体質 / have a culture in which speed is valued スピードを重視する企業体質がある

culture clash 文化衝突

culture shock カルチャーショック [◎ 慣れない新しい文化環境に身をおいた個人の心理的反応]

cum /kʌ́m/ *prep* …と共に, …付きの ► cum rights 権利付きの

cum dividend 配当付き [◎ 株式を買い受けた者が支払うことが決まった配当を受け取ることを意味する. 受け取れない場合は, ex dividend(配当落ち)と呼ばれる]

cum interest 経過利息込み [◎ 債券売買においては普通, 前回利払日の翌日から売買の受渡日(決済日)までの経過利息を日割で計算して, これを買主から売主に払う]

cumulate *vt* /kjúːmjuleit/ 積み重ねる
— *a* /-leit, -lət/ 積み重ねた

cumulative /kjúːmjulətiv, -lèi-/ *a* 累計の ► cumulative sales 累計売上 / cumulative losses 累計損失, 累計赤字 / A cumulative discount is given when large purchases are not practical. 一度の大量購入が実際的ではない場合は累積的割引が適用される

cumulative audience 延べ視聴者数

cumulative dividend 累積配当 [◎ 優先株に対して約束されていた配当につきある年度に不足が生じたため, 後年度の利益配当により補填されるべきものとして累積しているもの]

cumulative preference share 《英》= cumulative preferred stock

cumulative preferred dividend 累積優先株式に対する配当金 ► cumulative preferred dividends in arrears 累積優先株式に対する未配当金

cumulative preferred stock 《米》累積的優先株 (= 《英》cumulative preference share) [◎ 優先株のうち, 約束された優先配当が見送られた場合, 次の決算期に繰り越されて支払われるタイプのものを言う]

cumulative time deposit 積立預金

cumulative voting (株主総会における)累積投票 [◎ 株式1株につき選出されるべき取締役の数と同じ数の議決権を付与した上, それを1人に集中して投票してもいいし, 分散してもいいとする制度]

cupboard /kʌ́bərd/ *n* 食器棚; 戸棚 ► They went to the government for funding, but the cupboard was bare. (比喩表現)政府に資金援助の陳情に行ったが, 政府には財源がなかった

curb /kə́ːrb/ *n, vt* 抑制(する), 制御する ► a curb on spending 支出抑制(策) / import curbs 輸入抑制(策) / The government is working to curb inflation. 政府はインフレを抑制しようとしている

lift curbs on の制限を解除する

curb exchange カーブ取引所 [◎ アメリカン証券取引所の俗称または旧称. 今でもこの取引所を指してthe Curbと言うことがある]

curb market 場外取引所 [◎ 正規の証券取引所ではない非公式の取引所]

cure /kjuər/ *n* 治療(法); 救済[解決]法 《*for*》
— *vt* 治療する; 解決する ► Many believe that a tax cut could cure the ailing economy. 多くの人は減税が病める経済を治療できると思い込んでいる

cure-all *n* 万能薬

curious /kjúəriəs/ *a* 知りたがる, 好奇心の強い 《*about*》; …したがる《*to do*》; 不思議な, 珍しい ► I don't know if this will catch on as a trend, but I'm curious to see how consumers will react. これがトレンドとして人気を呼ぶかどうか分からないが, 消費者がどのように反応するか, 見てみたいものだ

◇**curiously** *ad*
◇**curiousness** *n*

currency

currency /kə́ːrənsi | kʌ́r-/ *n* ❶ 通用; 通用性; (契約の)有効期間 ► gain currency 広まる

❷ 通貨; 外為 ► currency in circulation 流通通貨 / have currency exposure 為替リスクを負う / depreciate the currency 通貨を切り下げる / intervene in the currency markets 通貨市場に介入する / avoid currency volatility 為替相場の極端な変動を防ぐ / What's **the currency in Australia?** – The currency in Australia is the Australian dollar. 「オーストラリアの通貨は何か」「オーストラリアの通貨はオーストラリア・ドルである」/ The government may **devalue currency** to make exports competitive. 政府は, 輸出品の競争力を高めるために通貨を切り下げる可能性がある / There is growing pressure on the government to **revalue the currency**. 政府に対して通貨の切り上げを求める圧力が高まっている / The US claims that China is **manipulating its currency**. 中国は自国の通貨を操作していると米国は主張する

═══**通貨**═══
alternative currency 代替通貨 / foreign currency 外貨 / freely convertible currency (自由)交換可能通貨 / freely negotiable currency (自由)取引可

能通貨 / **freely transferable currency** (自由)送金可能通貨 / **hard currency** ハードカレンシー / **home currency** 自国通貨 / **key currency** 基軸通貨 / **redenomination of currency** デノミ / **soft currency** ソフトカレンシー / **weak currency** (自国)通貨安

currency account 外貨預金口座

currency basket system 通貨バスケット方式 [⊃複数の通貨を合成したバスケットに対して自国の通貨価値を維持する方式]

currency bloc 通貨圏 [⊃EUのように複数の国が同一通貨を使っている地域を言う]

currency board カレンシーボード [⊃自国通貨を特定の基軸通貨に連動させる制度. 為替レートは固定で, それを確保するため自国の通貨発行量に見合う外貨準備を要する. 金融政策の自由はない]

currency crisis 通貨危機 [⊃固定為替制をとっている国で, 対外収支の悪化などの国内要因によって将来為替レートの切り下げが必至との市場期待が支配的な場合, 投機的利益の獲得を目的とした自国通貨売りが大量に行われる結果生じる通貨価値の急落]

currency devaluation 通貨価値の下落, 自国通貨の切り下げ [⊃後者は, 輸出競争力を高めるために自国通貨の為替レートを引き下げること]

currency exchange 為替 ▶ **currency exchange rate** 為替レート

currency exchange transactions 為替取引 ▶ **engage in currency exchange transactions** 為替取引を行う

currency exposure 通貨変動リスク, 為替(変動)リスク

currency fluctuations 通貨変動

currency forward contract 為替予約, 先物為替予約, 為替先物, 為替先物予約 [⊃通貨の種類, 金額, 交換レート, 決済期日を決めた上, 所定の期日に売買を実行すること. 約定時よりも売買実行時が円高であれば為替差損を回避できたことになるが, 逆だと差益を逃す. 為替先物とも呼ばれるが, 定型的条件に従って先物取引所で売買される通貨先物とは別物] ⇨ **forward contract**

currency futures contract 通貨先物(取引) [⊃先物取引所に上場されている主要通貨を対象とする為替予約. 取引条件が定型化されており, 期日や金額を自由に決められない点と通貨が授受される現物決済ではなく差金決済である点が為替予約と異なる] ⇨ **futures contract**

currency hedge 為替ヘッジ [⊃たとえば, 外貨建資産で運用する場合, 為替変動により運用終了時に日本円で受け取る収益が減る可能性があるが, これを避けるため, あらかじめ一定の為替レートで外貨と円を交換する契約を結んでおき為替変動リスクを回避すること]

currency market 為替市場, 外為市場 ▶ **currency market intervention** 外為市場への介入 / The main thing driving currency markets at the moment is interest rates. 現時点で外為市場を動かしている最大の要因は金利だ

currency movements 通貨変動

currency note 紙幣

currency of account 使用通貨, 計算通貨 [⊃たとえば, ある投資信託の資産がドル建で, 決算報告もドル建で表示される場合, その投資信託の「使用通貨」はドルであると言う] ⇨ **base currency**

currency option 通貨オプション [⊃将来のある一定期日にある一定価格で通貨を「買う権利」や「売る権利」を売買する取引. 先物・先渡と異なり, 実行する義務を負わず, 権利行使時の状況が不利ならば行使を見送ることができる]

currency overlay 為替オーバーレイ [⊃株式, 債券といった資産クラス別に複数のポートフォリオ・マネジャーが運用しているファンドにおいて, 為替リスク管理を特定の専門運用機関に一括して任せること]

currency overlay manager 為替オーバーレイ・マネジャー [⊃為替オーバーレイを専門とする運用機関]

currency pair 通貨ペア [⊃円／ドルのように売買される二つの通貨の組み合わせ]

currency peg 通貨ペッグ [⊃自国通貨の価値をドルなどの外国通貨に連動させること]

currency peg system ペッグ制 [⊃自国通貨の価値を他の主要通貨に連動させる制度]

currency rate 為替レート [⊃通貨の交換比率]

currency reserves 外貨準備 [⊃国が輸入代金の決済や借入金の返済などで対外的支払いに充てるため保有している準備資産だが, 通貨当局による為替介入の資金としても使われる]

currency risk 為替変動リスク ▶ **assume currency risk** 為替変動リスクを負う

currency swap 通貨スワップ [⊃ある通貨建ての債務を別の通貨建ての債務と交換する取引を意味し, たとえば, X通貨建資金のみ有利に調達できるのにY通貨が欲しい会社と, Y通貨建資金を有利に調達できるもののX通貨が要る会社とが, ブローカーの仲介で各々の債務を一定レートで交換し, 期日が来たら相手に返すことになる. 実質は借入である]

currency transaction 為替取引

currency translation 通貨換算

currency-translation adjustments 外貨換算調整累計額

currency-translation gains 為替差益

currency-translation losses 為替差損 ▶ **reduce the currency-translation losses that have pulled down results** 業績悪化を招いていた為替差損を減らす

current /kə́ːrənt | kʌ́r/ɑ ❶ 今の, 現在の; 流通している ▶ **current English** 現代英語 ❷ 当期の, 当年度の, 現行の ▶ **be based on the current market quote** 時価に基づいている / **be reflected in the current share price** 現在の株価に織り込まれている / **be translated into U.S. dollars using current exchange rates** 現行為替レートで米ドルに換算される

━ *n* 流れ; 傾向, 風潮

current account ❶ 《英》(銀行の)当座勘定

[預金] (C/A) (= (米)checking account) [⇨ 通例, 利息が付されず, 小切手を振り出すことができる] ▶ open a current account 当座預金口座を開く / Normally, banks do not pay interest on current accounts. 通常, 銀行は当座預金には利息を付けない ❷ (国際収支統計の) 経常収支 [⇨ 他国とのモノ・サービスのやり取りを計算する勘定. 輸出超過なら「経常黒字」(current account surplus), 輸入超過なら「経常赤字」(current account deficit)] ▶ reduce [increase] the current account deficit 経常収支の赤字を減少[増加]させる

current account balance 経常収支 [⇨ 海外取引から生じる受取りと支払いの差額を示し, 貿易収支, サービス収支, 所得収支, 経常移転収支から構成される] ▶ We still don't know whether a shift in the overall current account balance is taking place. 経常収支全体の傾向が変化したかどうかは今の段階ではわからない

current account deficit 経常赤字 [⇨ 海外とのモノ・サービスのやりとりを集計した結果, 一国の収支尻がマイナスであること] (⇔current account surplus) ▶ a country with a current account deficit 経常赤字国 / The US faces the mounting problem of current account deficit. 米国は経常収支の赤字という悪化する一方の問題に直面している

current account surplus 経常黒字 [⇨ 海外とのモノ・サービスのやりとりを集計した結果, 一国の収支尻がプラスであること] ▶ a country with a current account surplus 経常黒字国 (⇔current account deficit)

> コロケーション
> (〜+動詞(句)) current account deficit [surplus] **balloons** 経常赤字幅[黒字幅]が急拡大する / current account deficit [surplus] **grows** 経常赤字幅[黒字幅]が拡大する / current account deficit [surplus] **narrows** 経常赤字幅[黒字幅]が縮小する / current account deficit [surplus] **rises** 経常赤字幅[黒字幅]が拡大する / current account deficit [surplus] **widens** 経常赤字幅[黒字幅]が拡大する
> (動詞(句)+〜) **run** a current account deficit [surplus] 経常赤字[黒字]を計上する, 経常収支が赤字[黒字]だ

current asset 《しばしば ~s》 流動資産 [⇨ 仕入, 加工, 販売, 現金で回収という正常な営業循環の中で1年以内に現金化される資産. 具体的には, 棚卸資産(=在庫), 売掛金といった現金に近い(現金化しやすい)資産のこと] ▶ net current assets 正味流動資産額 [⇨ 流動資産から流動負債を差引いたもの] / be classified as current assets for financial statement purposes 財務諸表の上では流動資産に区分される / The company has $1 billion in current assets. 同社の流動資産は10億ドルにのぼる

current asset turnover 流動資産回転率 [⇨ 売上高を流動資産の額で除したもの, 流動資産1ドルでいくらの売上を稼いでいるかを示し, 効率的に資産を使っているかがわかる

current catalog 最新カタログ

current cost 現在原価, 時価, カレント・コスト [⇨ 物価変動を加味し, または同一物を再調達するといくらになるかを加味して算出したもの]

current cost accounting 現在原価会計 (CCA) (=current value accounting) [⇨ 資産を再調達価格ベースで評価する会計処理法]

current dollar 現在ドル, 名目ドル (⇔constant dollar) [⇨ その時点の現実のドル. GNP などを時系列的に比較する場合には物価変動の影響を調整した恒常ドルに換算する必要がある]

current-dollar gross domestic product 名目ドル GDP [⇨ 名目国内総生産 (nominal gross domestic product) の別称] ⇨ current dollar

current-dollar GDP = current-dollar gross domestic product

current dollars 名目金額 [⇨ 額面どおりの金額] (⇔constant dollars)

current fiscal year 当年度, 今年度 ▶ The negative impact of higher gas prices will be more evident in the results for the remainder of the current fiscal year. ガソリン価格上昇によるマイナス効果は今年度後半の業績により鮮明に現れてこよう

current income 運用収入; インカムゲイン [⇨ 債券を保有している場合の利息, 株式の場合の配当金といった定期収入を指す]

current income taxes payable 当期未払法人税

current income tax expenses 当期法人税等

current language 契約書上の現行文言

current liabilities 流動負債 [⇨ 通常の営業循環(仕入から現金回収までのプロセス)の中で生じる短期債務で, ふつう1年以内に返済を必要とする負債] ▶ be classified as current liabilities on a corporate balance sheet 企業の貸借対照表で流動負債として分類される

currently ad 現在, 現時点では ▶ Currently, we're understaffed. 現在, 当社は人員が不足している / We are currently performing maintenance on our production line. 当社は現在, 生産ラインについて保守整備を実施中だ

current market value 現在市場価値, 現在の市価, 時価

current maturities of long-term debt 1年以内に期限の到来する長期借入金

current maturity 残存年数 [⇨ 2000年発行, 2010年満期の債券ならば, 残存年数は2008年現在で2年. 普通, 年数単位での表示による]

current prices 現行価格 [⇨ 存在する現在時点の価値で評価した財や製品の価格. 将来価格や予想価格と区別して使用される]

current profit 経常利益 [⇨ 米紙の経済記事が日本企業の経常利益を取り上げるときは, もっぱらこの英訳を使う]

current ratio 流動比率, 当座比率 [⇨ 流動資産の合計を流動負債の合計で割って求めた指標. 短

期の支払能力を表す] ► calculate the current ratio at December 31 12月31日現在の当座比率を計算する

current replacement cost 現在取替原価, 再調達原価, 現在原価 ► current replacement cost accounting 現在取替原価会計, 取替原価会計

current return 当期利回り

current revenue 当期収益, 当期収入, 当期歳入

current selling price 現行販売価格

current tax liability 当期未払税金

current transaction 経常取引 [○開放経済における実体的な取引で, 財, 保険や旅行などのサービス, 投資収益を含む要素所得の受取りと支払い, 財の無償援助などを指す]

current value 時価 [○帳簿上の資産の現時点での時価評価額. 何をもって時価とするについては, 市場価格, 現在価値などいくつかのアプローチがある]

current value accounting 時価会計 (CVA) [○貸借対照表の資産負債の時価を定期的に評価替えする会計の手法. mark-to-market accounting, fair-value accountingとも言う]

current yield 直接利回り [○債券の購入価格に対する1年間の受取利息の割合. 償還時に戻ってくる額面と買付額の差は考慮されないので利付債の投資収益率を表わすものとは言えない]

curriculum /kəríkjuləm/ n (~s, -la /-lə/) カリキュラム, 教科課程 ► The curriculum for the MBA program is undergoing a massive overhaul. MBAプログラムの教育課程は大幅な見直しが進行中だ
◇**curricular** a

curriculum vitae /‐víːtiː/《英》履歴書 (CV) (=《米》résumé)

curtail /kərtéil/ vt 短縮する; 切り詰める
◇**curtailment** n

curtain /kə́ːrtn/ n, vt カーテン(をつける); 幕(を張る) ► Eventually, he gave up on the project and lowered the curtain. 結局, 彼はそのプロジェクトを断念して, 幕を下ろした

behind the curtain(s) 陰で

draw a curtain on [over] を終わりにする; を隠す

curve /kəːrv/ n 曲線; 曲がり

throw ... a curve に難しい質問を浴びせる

— v 曲げる; 曲がる

cush /kuʃ/ n 現金 (=cash); 甘いもの
— a《略式》=cushy

cushion /kúʃən/ n, vt ❶ クッション(を敷く); 緩衝装置; (衝撃を) 和らげる ► A private income cushioned him against hardships. 個人的な収入があったおかげで彼はつらい目にあわずにすんだ ❷ ⇒cushion stock

cushion stock 緩衝在庫 (=cushion, buffer stock); 安全在庫 (=safety stock)

cushy /kúʃi/ a《略式》楽な ► a cushy number 楽な仕事 / He works as a fashion critic and gets to see pretty models everywhere. What a cushy job! 彼はファッション批評家で至るところで美人モデルに会える. なんというおいしい仕事か

CUSIP number《米》統一証券識別番号 [○6ケタから成る米国とカナダで発行される証券の識別コード. コードの付与等はStandard & Poorsが管理している] [<Committee on Uniform Securities Identification Procedures]

cusp /kʌsp/ n 先端, 尖(せん)頭; (変化の) 発端の点[時]

custodial /kʌstóudiəl/ a 保管[管理, 保護]の
► custodial business カストディー業務 / provide custodial services カストディー業務を提供する

custodial account《米》保管預かり口座

custodial fee 保管業務手数料

custodial services カストディー業務

custodian /kʌstóudiən/ n ❶ 管理人, 保管者 ❷ カストディアン, 管理受託者 [○証券を保護預りする保管機関] ► be designated as the custodian of the fund ファンドの管理者に指名される

custodian bank 保管銀行 [○顧客の依頼により, 証券類を保管するとともに, 関連する配当金や利息を代わりに受け取る業務を行う銀行]

custodian trustee 保管受託者

custody /kʌ́stədi/ n ❶ 保管; 保護 ❷ (資産などの) 管理; カストディ, (証券の) 保護預かり ► hold assets in custody for a client クライアントのために資産の保護預かりを引受ける / provide safe custody 保護預かり業務を行う

custom /kʌ́stəm/ n ❶ 習慣; 慣例;《英》(集合的) 顧客 (=《米》business) ► attract custom 客を呼び込む, 客を引き寄せる / lose custom 客を失う ❷ ⇒customs
— a 注文で作った; 注文品を扱う ► build custom furniture 注文家具を作る

customary /kʌ́stəmèri | -məri/ a しきたりの, いつもの; 慣習(法)上の 働 SELLER shall not be liable for customary variations from specifications.「売主」は, 慣習上 (=認められる程度)の仕様書との相違があったとしても, 責任を負わないものとする
◇**customarily** ad

customary price 慣習価格 [○消費者が慣習的に認識している価格. traditional priceとも言う]

customary pricing 慣習的価格付け ► Price setters usually use customary pricing. 価格を設定する人は通例慣習的値付けを利用する

custom builder 注文建築業者

custom-built a (自動車などが) 特注の ► custom-built homes 注文住宅

custom duties =customs duty

customer /kʌ́stəmər/ n 顧客, 得意先, 取引先

コロケーション

(動詞(句)+~) **acquire** customers 客を獲得する / **attract** customers 顧客を引きつける / **deal with** a customer 客の相手をする / **entertain** a customer 顧客を接待する / **find** a customer 客を見つける / **keep** customers 客が離れないようにする / **look after** a customer 顧客の面倒を見る / **look** the customer **ahead** 顧客動向を先取りする / **lose** customers 顧客を失う / **win** customers 顧客を獲得する

▶a customer profile 顧客構成 / make customers happy 顧客を満足させる / be effective in increasing customer traffic 集客効果が大きい / regain the trust and confidence of customers 顧客の信頼を取り戻す / maximize one's market share through a customer-focused approach 顧客重視のアプローチで市場占有率を極限まで伸ばす / The cost of **retaining customers** is far less, sometimes one tenth, of what it costs to acquire new ones. 顧客が離れないようにするためのコストは, 新たな顧客を獲得するためのコストに比べ, ときには1/10という具合に, 大幅に低い / We are always thinking of ways to **attract more customers**. 当社は, 常により多くの顧客を引きつけるため方法を考えるようにしている

The customer is always right. お客様は神様

══╡**客・顧客**╞══

business customer 需要家 / corporate customer 法人顧客 / demanding customer 要求の厳しい客 / discerning customer 意識の高い客 / existing customer 既存客 / loyal customer ひいきにしてくれる客 / potential customer 見込客 / prospective customer 見込客 / qualifying customer 資格ある取引先 / regular customer 常連客 / target customers ターゲット客 / ultimate customer 最終客先, エンドユーザー

customer acquisition 顧客獲得, 集客 ▶ effective customer acquisition 効果的集客 / spend 5M yen on customer acquisition 顧客獲得に500万円を費やす / improve customer acquisition 集客効果を上げる / poor customer acquisition 非効率的集客効果, 効果が上がらない集客術, 集客のまずさ

customer acquisition cost 顧客獲得コスト [◯新規顧客1人の獲得に必要な平均コスト, 販売促進予算の計算根拠として用いられる. 単にacquisition cost とも言う]

customer allegiance 顧客の忠誠 ▶ build strong customer allegiance 顧客の強い忠誠を築く

customer approval 顧客の承認[賛成]

customer base 顧客基盤, 顧客層 [◯特定の企業(または商品)の常連の顧客を1つの集団としていう] ▶ This new product offering will enable us to further expand our customer base throughout China. 今回の新製品により, 当社は中国全体で顧客基盤をさらに拡大することが可能となろう / Our customer base consists mostly of people in their 30's. 当社の顧客基盤は主として30代の人から成る / Our customer base is made up of over 2,000 corporate clients. 当社の顧客リストは, 2,000社以上の法人顧客

で構成されている

customer capital カスタマー・キャピタル, 顧客資本 [◯アクティブな顧客数の増加のように, 経営資源としての顧客に見いだされる価値]

customer care =customer service

customer centric 顧客本位の ▶ a customer centric approach 顧客本位のアプローチ / achieve a customer centric corporate culture 顧客本位の企業文化を確立する

customer complaint (顧客の)苦情

customer defection 顧客離れ

customer delight カスタマーデライト, 顧客の感動 [◯従来の「顧客満足」(customer satisfaction)を超える概念]

customer dissatisfaction 顧客の不満

customer expectations 顧客の期待

customer-first a 顧客本位の ▶ Even as a competitor, we admire their customer-first corporate culture. 当社としては, 競争相手ながら, あの会社の顧客本位の企業体質はすばらしいと思っている

customer focus 顧客の焦点 ▶ product development with customer focus 顧客に焦点を合わせた製品開発

customer-focused a 顧客本位の, 顧客重視の ▶ shift from a sales-oriented to a customer-focused organization 売上重視の組織から顧客本位の組織へと転換する

customer intimacy カスタマー・インティマシー [◯顧客との親密な関係づくりを追求しようとする考え]

customer lifetime value 顧客生涯価値 (CLV) [◯顧客とのつきあいが自社にもたらす総収入]

customer loyalty カスタマー・ロイヤルティー [◯顧客が他に目を向けず自社製品・サービスをひいきにしてくれること] ▶ build [strengthen] customer loyalty カスタマー・ロイヤルティーを築き上げる[強化する] / Encouraging customer loyalty is important for profitability. 顧客の忠誠を奨励することは収益性にとって重要である

customer management カスタマーマネジメント [◯顧客のニーズに応えるための企業努力を管理すること.「顧客管理」ではない]

customer needs 顧客のニーズ ▶ satisfy customer needs 顧客のニーズを満たす / Don't ignore new customer needs. 顧客の新しいニーズを無視するな

customer orientation 顧客の方向[位置]づけ ▶ maintain a true customer orientation 顧客の本当の位置づけを維持する

customer-oriented a カスタマー・オリエンテッド, 顧客志向の [◯顧客のニーズに重点をおいてマーケティング活動を行うことを言う] ⇨product-oriented

customer panel =consumer panel

customer profile =consumer profile

customer profitability analysis 顧客別収益性分析 [◯顧客別あるいは顧客グループ別の収益性分析]

customer rates 対顧客相場 [◯銀行が輸出入業者など顧客との取引で適用する外国為替相場]

customer relations 対顧客関係 ▶ This application is designed to manage customer relations with minimal operation costs. このソフトは, 対顧客関係を最小限の処理コストで管理できる構成になっている

customer relations department 顧客課, お客さま係

customer relationship 顧客関係 ▶ Building a good customer relationship starts long before your customer buys anything from you. 顧客との良好な関係作りは, 客が御社から何かを買う時点よりはるか前の時点から始まっている

customer relationship management カスタマー・リレーションシップ・マネジメント (CRM) [◯顧客情報を有効に活用することによって, 顧客満足度を高めようとする経営手法]

customer research 顧客調査 (=consumer research)

customer resistance =consumer resistance

customer retention 顧客維持

customer satisfaction 顧客満足 (CS) ▶ the latest methodology in customer satisfaction management 顧客満足経営 (CSM) の最新の方法論 / enhance customer satisfaction and loyalty 顧客の満足度と忠誠度を高める / achieve customer satisfaction 顧客満足を達成する / measure customer satisfaction 顧客満足を測る / We make customer satisfaction our top priority. 私どもは顧客満足を最優先にしている / We conduct customer satisfaction surveys online on a quarterly basis. 当社は四半期ベースで, ネットを使った顧客満足度調査を実施している

customer service 顧客サービス ▶ provide excellent [good, poor] customer service 傑出した [よい, 貧弱な] 顧客サービスを提供する / Many businesses lose customers due to poor customer service. 貧弱な顧客サービスのゆえに顧客を失っている企業が多い

customer service representative 顧客係 [◯顧客の担当者個人を指す]

customer services department 顧客サービス部門

customers ledger 得意先元帳, 売掛金元帳 [◯売掛金勘定の明細を得意先別に記録する補助元帳]

customer solution 顧客の問題解決 [◯顧客のニーズに合った製品やサービスの提供]

customer traffic 客足, 来客者数 ▶ enhance customer traffic 客足を良くする

customer value 顧客価値 ▶ a customer value analysis 顧客価値分析

customhouse n 税関 (=customs)

customizable /kʌ́stəmàizəbl/ a カスタマイズ可能な

customize, (英) -ise /kʌ́stəmàiz/ vt 注文で特製する; カスタマイズする [◯ユーザの好みでハードやソフトの設定や機能を変更する]

custom-made a あつらえの, オーダーメードの, 特注の

customs
/kʌ́stəmz/ n pl 関税; 税関 (=customhouse) ▶ customs clearance 通関 / clear ... through customs を通関させる / declare ... at customs を税関で申告する / get through customs 税関を通る / A shipment must clear customs when it enters any country from another. 輸送貨物が国境を越えるときには通関する必要がある / The goods have arrived and are now in customs. 品物は到着しており, 今, 通関中だ / The goods are clearing customs as we speak. 品物はちょうど今, 通関手続をしているところだ / The vessel is being searched by customs. その船は税関による検査を受けている

customs agent =customs officer; customs broker

customs barrier 関税障壁

customs bond 関税担保 [◯関税の確実な納付が保証されていることを示すために輸入業者が手配する保険]

customs broker 通関 (代行) 業者

customs clearing 通関手続 ▶ Customs clearing is normally handled by a customs broker. 通常, 通関手続は通関業者が処理するものだ

customs clearance 通関

customs court 関税裁判所

customs declaration 関税申告 [◯国境通過に伴って行う関税等の各種規制に対する申告]

customs duty 関税 [◯税関が貨物に対して課する税金] ▶ pay customs duties 関税を納める

customs entry 通関申告書; 通関手続 ▶ complete a customs entry 通関申告書に記入する

customs examination 税関審査

customs formalities 通関手続 ▶ complete customs formalities 通関手続を済ます / go through customs formalities 通関手続をする

customs inspector 税関吏

customs officer 税関吏

Customs Service (米国の) 関税局

customs union (国家間の) 関税同盟 [◯参加国間の関税を軽減・撤廃する一方, 非参加国に対しては共通の関税で臨む制度]

customs value 関税評価額 ▶ If the customs value of the product is US $100 and the customs duty is assessed at 5%, the duty paid would be $5. 品物の関税評価額が100ドルで, 5%の関税がかかるなら, 納付される関税額は5ドルとなる

customs warehouse =bonded warehouse

cut /kʌt/ (~; -tt-) vt 切る; 削減する; 《略式》やめ

る; 《略式》(関係を) 絶つ; 《略式》サボる; 《略式》(動作を) 見せる; 《略式》(利益などを) 分ける; 【コンピュータ】(文章・画像を) カットする ► Cut the joking. 冗談はよせ / We just cut a deal with the largest food chain. われわれは最大の食品チェーンと取引を結んだ
━ vi 切れる; 横切る
be cut out for [***to do***] に適している
cut across を横切る; に反する; (対立などを) 乗り越える; (社会的階層を乗り越えて) 広がる
cut and paste 切り貼りする; 【コンピュータ】カットアンドペーストする
cut back 削減する《***on***》 ► The company is cutting back on corporate entertainment. その会社は接待を減らしている / We're cutting back on hours in an effort to avoid layoffs. 当社ではレイオフを避ける方法として時間を減らしている / Several companies cut back the area in which they did business by concentrating on the core business. いくつかの会社はコアビジネスに集中する方針で商売の範囲を縮小した
cut both ways (主張などが) 利点と欠点の両面を持つ; 両刃の剣である
cut down 値切る; 減らす, 切り詰める
cut down on (予算などを) 切り詰める ► We are cutting down on unnecessary spending. 不必要な支出を切り詰めているところだ
cut in 割り込む; 《略式》分け前にあずかる 《***on***》 ► He kept cutting in during the meeting. 会議の間中, 口をはさみ続けた
cut into 削減する; (話に) 割り込む ► Rising oil prices have cut into our profits over the last few years. 石油価格の高騰は過去数年にわたって当社の利益を減少させてきた / An unfavorable yen-dollar exchange rate could cut into the overseas profits of giant Japanese exporters. 円対ドルの交換率が不利になって日本の巨大輸出業者の海外利益に食い込む可能性がある
cut it 逃げる; やめる; やってのける, うまくやる
cut off を切り離す[取る]; 止める; 打ち切る; 遮る
cut out を切り取る; 切って作る; 削除する; 除外する; やめる; 出し抜く; (受身) 向いている 《***for, to be***》 ► cut a person out of one's will 人に遺産をやらない / Jim is cut out to be an accountant. ジムは会計士に向いている
cut short 突然やめる; (人の話を) さえぎる; 切り詰める ► to cut a long story short 要するに / My business was cut short because of an emergency at the company. 会社に緊急事態が発生したので私の用件は途中で打ち切られた
cut up 分割する; 壊す; 《略式》酷評する; 《略式》山分けする
━ a 切られた; 刻んだ; 切り下げた
━ n 切ること; 伐採量; 抜け道; 型, 種類; 削除; 削減, 引き下げ; 《略式》分け前 ► Budget cuts will affect all departments. 予算のカットは全部門に影響を与えるだろう / Spending cuts will get us through these hard economic times. 経費の削減はこの不況の時期を切り抜けさせてくれるだろう / We welcome the resulting cuts in prices. われわれは結果として生じる値下げを歓迎する
a cut above 《略式》よりも一段上で
cut and thrust 丁々発止のやりとり
cut-and-paste *n* 切り貼り; 【コンピュータ】カットアンドペースト [⇨ 文字列や画像を切り取って貼りつけること]
cutback *n* 縮小, 削減 ► financial cutbacks 予算削減 / government cutbacks 歳出削減 / production cutbacks 減産 / staff cutbacks 人員整理 / Advertising cutbacks have hurt our overall sales. 広告費の削減は当社の売上高全般に打撃を与えた / This company needs some cutbacks. この会社は縮小[規模削減]を必要とする
cutdown *n* 削減, 縮小
Cutex (商標) キューテックス [⇨ 米国のネイル用製品のブランド. マニキュア, リムーバー, 爪みがきなどがある]
cutler /kátlər/ *n* 刃物屋
◇**cutlery** *n* 刃物業; 刃物類; 食卓用金物 [⇨ ナイフ・フォーク・スプーンなど]
cutoff *n* ❶ 限界, 限度 (=cutoff point) ► Management set a cutoff point of 7 days. 経営陣は7日間という限界を設けた ❷ 締切 (=cut off, cut-off) [⇨ 取引の決済や在庫品の棚卸などのために設ける締め日] ► When is the cut-off date for payment? 支払のための締め日はいつですか
cut-off score カットオフスコア, 足切り線 [⇨ 就職活動時のエントリーシート上の検定のスコアが何点未満なら選考対象外とするなら, その最低ラインの点数を言う]
cutover *n* カットオーバー, サービスイン [⇨ システムを入れ替えるときに使う言葉で, 新システムが稼働し始めることを言う]
cut-rate *a* 割引(料金[率])の, 安売りの; 二流の
cutthroat *n, a* 人殺し; 残虐な; (競争などが) 激烈な
cutthroat competition (互いののどを切り合うような) 激しい競争, 血で血を洗う商戦
cut-through clause カットスルー条項 [⇨ 第一次的に支払責任を負う者が破綻した場合, 再保険者に対する直接請求を認める規定]
cutting edge 最先端, 最前線 ► on the cutting edge 最先端を行く
◇**cutting-edge** *a* 最先端の ► My computer is cutting-edge. 私のパソコンは最先端を行っている / Cutting-edge technology has been our trademark from the beginning. 最先端技術は最初から当社のトレードマークだった
cutting-edge technology 最先端技術
CV, cv curriculum vitae
CVC Capital Partners シーヴィーシー・キャピタル・パートナーズ [⇨ 1981年創立の英国および欧州を本拠とし, アジアにも積極的に投資している投資会社. 創立以来750億ドルを投資していると

CVD countervailing duty 相殺関税
CVP cost-volume-profit analysis
CVS 《~ Corp.》シー・ヴィー・エス [⇒米国のドラッグストアチェーン. 1914年設立. 97年にRevcoを, 98年にArborを買収したCVS/Caremark Corp. を言う. さらに, 2006年 Albertsonsの店舗を買収した]
CW clockwise; Composite Wing; continuous wave; cyber warfare
CYA 《略式》cover your ass (⇒cover)
cyber attack サイバー攻撃 [⇒コンピュータシステムに対する攻撃]
cybercafé n サイバーカフェ, ネットカフェ, 電脳喫茶
cyber capitalism サイバー資本主義 [⇒インターネットを通じて情報が世界経済に大きな影響を与える現象]
cybercrime n サイバー犯罪; インターネット犯罪 [⇒ハッカー行為, インターネットを用いた名誉毀損, 詐欺, 著作権侵害などの犯罪の総称]
Cyberjaya n [⇒マレーシアが建設中の最先端情報通信産業の集積都市. マレー語で「電脳都市」を意味する]
cyberlaw n サイバー法; インターネット法; 情報法 [⇒コンピュータやインターネットと知的財産権, 言論出版の自由, 情報アクセス権などとの関係を扱う法分野]
cybermall n (インターネット上の) 電子商店街, 電子モール [⇒商品を売る電子商店が集まったウェブサイト]
cyber marketing サイバー・マーケティング [⇒コンピュータ・ネットワークを活用したマーケティング]
cybernetics /sàibərnétiks/ n 人工頭脳研究; サイバネティクス [⇒機械と動物を, 情報のフィードバックによる自動制御システムと見る理論] ◇**cybernetic** a
cyberslacker n 《略式》さぼりネットする人 [⇒仕事中にネットを使って怠ける人] ▶ catch a cyberslacker さぼりネットをするやつを摘発する / foil a cyberslacker さぼりネットしようとする人に先手を打つ
cyberspace n サイバースペース [⇒コンピュータ世界; 仮想現実空間]

cybersquatting n サイバースクワッティング, インターネット上の不法占拠; ドメイン名の不法先取 [⇒企業の商号や商標と関連しそうなドメイン名を先に取得して, のちにその企業に売りつけて利益を得ようとする行為]
cyber terrorism, cyberterrorism サイバーテロ [⇒コンピュータネットワークに侵入してシステムを破壊するテロ行為]
cybertheft n オンライン窃盗; サイバー盗罪 [⇒銀行のコンピュータ・システムに侵入して他人の口座から金銭を盗んだり, インターネット上で他人の著作物を盗用して著作権を侵害すること]
cyberwar n サイバー戦争 [⇒コンピュータシステムを破壊しあう戦争]
cybrarian /saibréəriən/ n サイブラリアン [⇒インターネット上のリソースに通じている情報検索の専門家]

cycle /sáikl/ n サイクル, 周期; 循環; 【コンピュ】サイクル [⇒コンピュータが1回の処理を完了するのに必要な最小の時間間隔] ▶ a billing cycle ビリングサイクル, 売掛金回収期間, 請求周期, 支払周期 / a business cycle 景気サイクル / a normal operating cycle 正常営業循環 / The product is reaching the end of its life cycle. その製品はライフサイクルの終わりに近づいている / All companies go through cycles of downturn. 景気下降のサイクルを経験しない会社はない
— vi 循環する
cycle time サイクルタイム [⇒待ち時間を含め, ある作業の開始時点から終了時点までにかかる時間]
cyclic, cyclical /sáiklik(əl)/ a 周期的な; 景気循環に左右される, 景気依存性が強い ▶ cyclical fluctuations 周期的変動, 循環的景気変動 / cyclical industries (好況, 不況を繰り返す) 景気依存性の強い産業 / cyclical companies (事業活動が循環的に変動する) 景気依存性の強い会社
cyclical factor 景気要因
cyclical stock (景気) 循環株 [⇒景気依存性が強く, 景気循環と浮沈をともにする傾向にある株式. 自動車株, 建設株などがその典型的な例]
cyclical unemployment 循環的失業 [⇒景気の変動に伴って生じる失業で, 景気の変動とは独立に生じる構造的失業とは区別される]

D, d

d dividend
D (成績の) D [⇒最低合格]; (ローマ数字の) 500
d. died
DA District Attorney
D/A documents against acceptance 引受渡; deposit account
DAC /dæk/ Development Assistance Committee 開発援助委員会 [⇒1961年に，DAG (開発援助グループ) を改組して設立された，OECDの内部委員会の一つ]
daddy track ダディートラック，父親コース [⇒子供と多く過ごせるように，労働内容や労働時間などで融通が利くようにした父親向けの就業形態]
DAF delivered at frontier
DAGMAR /dǽgmaːr/ n ダグマー・モデル [⇒認知，理解，確信，行為の各目標による広告効果管理．広告の成否をコミュニケーション効果，論理性の検証を通じて数字で捉えようとするもの] [<defining advertising goals for measured advertising results]
daily /déili/ a, ad, n 毎日(の); 日常(の); 日刊新聞，日刊紙 ▶ This graph shows the daily changes in exchange rates. このグラフは為替レートの日々の変化を示しています / I visit the construction site daily. 私は建設現場を毎日視察します / We update prices on our website daily. 当社はウェブサイト上の価格を毎日更新しています
Daily Express (the ~)『デイリーエクスプレス』 [⇒英国の日刊紙*The Express*の旧名]
daily grind (略式) 毎日の仕事，定職 ▶ My daily grind is delivery. 私の毎日の仕事は配達です
daily limit 値幅制限 [⇒証券や先物の取引において，極端な値動きを抑制するために取引所が定める一日当たりの変動幅の制限．制限に達したところで取引が一時停止される．上限に達したときは「ストップ高」，下限に達したときは「ストップ安」と称される] ▶ fall [rise] by one's daily limit = fall [rise] by one's maximum allowed daily limit on the exchange = fall [rise] by the maximum permitted daily limit ストップ安[高]となる / The daily limit governs only price movements during a particular trading day and does not limit potential losses. 値幅制限は特定の立会日における価格変動を律するだけで，潜在的な損失までも限定できるものではない / Once the daily limit has been reached, no trades may be made on that day at a price beyond that limit. いったん値幅制限に達した場合，その日は制限を超える価格で取引を行うことはできなくなる

Daily Mail (the ~)『デイリーメール』 [⇒英国保守系日刊紙]
Daily Mirror (the ~)『デイリーミラー』 [⇒英国労働党系大衆紙]
daily newspaper 日刊紙
Daily Official List (the ~) デイリー・オフィシャル・リスト [⇒ロンドン証券取引所が発表している相場日報]
daily output 日産
daily price limit 値幅制限 ⇨ daily limit
daily production report 製造日報
daily sales report (米) 営業日誌 (=(英)daily sales return) ▶ You are required to prepare a daily sales report based on totals from cash register readings. レジのデータをもとに売上日報を作成しなければならない
daily sales return (英) 営業日誌 (=(米)daily sales report)
daily settlement 日々の決済 ▶ Daily settlements are made before 08:00. 日々の決済は朝8時前に実行されている
Daily Telegragh (the ~)『デイリーテレグラフ』 [⇒英国保守系日刊紙]
daily time ticket 作業時間表
daily trial balance 日計表，日次試算表
daily wage 日給
DaimlerChrysler (~ AG) ダイムラー・クライスラー [⇒ドイツの自動車メーカー．高級車ベンツを生産．1998年クライスラーを買収したが2007年米投資会社サーベラスに売却・分離した．現社名 Daimler AG]
dairy /déəri/ n 乳製品製造所[販売所，会社]; 酪農場
◇**dairying** n 酪農(業)
dairy cattle 乳用牛 [⇒搾乳を目的として飼養している牛と，将来搾乳牛に仕立てる目的で飼養している子牛およびそれらに交配する同種の雄牛]
dairy farming 酪農
dairyman n 酪農場主[労働者]; 牛乳屋
dairy product [produce] 乳製品 ▶ The consumption of dairy products has fallen in recent years. 乳製品の消費は近年になって減少している
daisy /déizi/ n ヒナギク; (略式) 一級品; 薫製ハム
daisy chain ❶ デイジー・チェーン [⇒株式相場を活況に見せるため，または値段操作をするための業者間で示し合わせて行う相場操縦] ❷ [コンピュータ] デイジー・チェーン [⇒複数の周辺機器を数珠つなぎに連結する方法]
dam /dæm/ n ダム; せき ▶ build a dam ダムを建設する / Lack of financing is stalling the construction of the hydroelectric dam. 資金の欠乏は水力発電用ダムの建設を立ち往生させている
— *vt* (-mm-) せき止める《*up, in, off*》

damage /dǽmidʒ/ n ❶ 損害，損傷，損失，被害; (略式) 値段，料金 ▶ consequential damage 間接損害 / incidental damage 間接損

害 / noneconomic damage 非経済的損害, 精神的損害 / extensive damage 広範な損害 / irreparable damage 回復不能の損害 / permanent damage 恒久的損害 / severe damage 深刻な被害 / assess damage 損害額を査定する / prevent damage 損害を防ぐ / suffer damage 損害を受ける / What's the damage? 《略式》いくらだ / Industrialization **has caused irreversible damage** to the environment. 工業化は環境に回復不可能な損害を与えた / A number of buildings on the factory premises **sustained severe damage** from the typhoon. 工場内の建物数棟が台風で甚大な被害を受けた / Rising unemployment and falling retail sales **add damage to** the economy. 失業の増大と小売業界の売上高の減少は景気にさらなるダメージを与えた / You can take out an additional policy to **cover accidental damage**. 偶発的損害をカバーするために追加の保険をかけることができます / Overwork could lead to **significant physical damage**. 過労は著しく身体を害することがある

❷ (~s) 損害賠償金, 損害賠償額 (**注意**) 単数形の damage は「損害」の意味に, 複数形の damages は「損害賠償額」または「損害賠償額」の意味に, 両者を区別して用いる) ► damages suit 損害賠償請求訴訟 / claim damages 損害賠償を請求する / receive damages 損害賠償金を受取る / win damages 損害賠償金を得る / liquidated damages 損害賠償予定額 / money damages 金銭賠償 / compensatory damages 補償的損害賠償金 / nominal damages 名目的損害賠償金 / punitive damages 懲罰的損害賠償金 / pay 500 dollars to cover damages on …の損害賠償に500ドル支払う / be ordered to pay damages of $30,000 損害賠償金3万ドルの支払いを命じられる / The court awarded $250,000 **in damages to** the plaintiff. 裁判所は25万ドルの損害賠償金を原告に与える判決を下した / The jury **awarded her damages** for emotional stress. 陪審団は彼女に対して精神的損害の賠償を認めた / The store **sued** the supplier **for damages**. その店は納入業者に対して損害賠償を求める訴えを起こした

━ vt 害する; 傷つける ► My luggage was seriously damaged in transit. 私の荷物は運送中にひどく傷ついた

damage claim 損害保険金の要求
damage control 《特に米》損害拡大抑止策
damaged a 損害を受けた, 傷ついた ► It will take years for the company to recover from its damaged reputation. 同社が傷ついた名声から回復するには何年もかかるだろう
damaged goods 破損品, 損傷品 ► The damaged goods were returned to the manufacturer. 損傷を受けた商品はメーカーに送り返された
damage insurance 損害保険
damage limitation =damage control
damage report 損害報告書
damages for detention 滞泊損害金, 滞船損害金 [◆ 用船者による荷役の遅れなどで予定外の港内停泊を強いられ, 損害を被ったとする船主が請求するものを言う]
damage to property 物損
damaging a 有害な, 損害を与える ► Burning waste is also environmentally damaging. 廃棄物を燃やすのも環境を害することになる
damp /dæmp/ a 湿っぽい
━ n 湿気; 失望; 邪魔 ► There is damp everywhere. そこら中湿気に満ちている
━ vt 湿らせる; くじく; (音を) 消す (*down*)
⇨ dampen
◇**dampness** n 湿気
dampen /dǽmpən/ vt 湿らせる; くじく; (音を) 消す (=damp) ► The economic downturn has dampened corporate spending on advertising. 景気の下降は広告関連の企業支出に水を差した / The weak yen has dampened demand for imported goods. 円安は輸入商品の需要に水を差した
damper n 勢いをそぐもの ► His added responsibilities put a damper on his vacation plans. 責任が増えたために, 彼の休暇の計画は味気ないものになった / The sluggish economy has put a damper on holiday travel. 景気の停滞は休日旅行の勢いをそいだ / The weakening housing sector could put a damper on economic growth. 住宅部門の停滞は経済成長率の勢いをそぐ可能性がある
dampproof a 防湿の
damp squib 《英略式》期待外れのもの
dance /dæns/ v 踊る, 踊らせる; ゆらめく ► The government has been dancing around the issue of bailing out the failing airline industry. 政府は破綻寸前の航空業界を救済する問題をめぐって大騒ぎしてきた
dance to a person's tune [pipe] (人の) 言いなりになる ► He dances to his boss' tune. 彼は上役の言いなりだ
━ n 踊り, 舞踏(曲)
lead a person a (pretty [merry, jolly]) dance (人を) 手こずらせる
◇**dancer** n
danger /déindʒər/ n 危険; 脅威 ► Cracks in the building do not pose any immediate danger but need to be fixed. 建物のひび割れは, 今すぐの危険はないが, 修理する必要がある
at danger (信号が) 危険を示して
be in (no) danger of の危険がある(ない) ► The company is in danger of bankruptcy. その会社は破産の危機にある / With car sales plummeting, many workers in the auto industry are in danger of losing their jobs. 自動車販売が急落しているので, 自動車産業の労働者の多くは職を失う危険がある / The economy is in danger of slipping into a recession. その経済はリセッションに落ち込む危険がある
in danger 危険で
out of danger 危険を脱して ► The local resi-

dents are now out of danger from the fire. 地元の住民には今のところ火災による危険はない / The economy is not completely out of danger. その経済は完全に危機を脱したわけではない

danger line 危険ライン ▶ be nearing the danger line 危険ラインに近づいている

danger money 《英》危険手当 (=《米》hazard pay)

dangerous /déindʒərəs/ *a* 危険な; 物騒な ▶ Many people feel traveling has become more and more dangerous. 多くの人が, 旅行がますます危険になったと感じている / The company has piled up a dangerous level of debt. 同社は危険な水準まで債務を蓄積した / Household cleaning goods can be dangerous if they are not used properly. 家庭用クリーニング用品は適切に使用しなければ危険な場合がある

◇**dangerously** *ad* 危険なほどに
◇**dangerousness** *n* 危険性

dangerous instrumentality 〖法律〗危険な道具[◎(爆発物のように)人に危害を及ぼす可能性の高い物. その利用者にはより厳しい注意義務が課される]

dangle /dǽŋgl/ *v* ぶら下がる[げる]; つきまとう 《*about, after, around*》; 見せびらかす 《*before*》

dangle a carrot in front of に餌[うまい話]をちらつかせる

keep a person dangling (人に)はっきりした返事を与えずにおく

Dannon 《商標》ダノン [◎米国でのヨーグルトのブランド. 本社を米国に移した時期に Danone から米国風の綴りに変えて商標にしたもの. 現在は, フランスに本社(Groupe Danone SA)を戻し, 一般的には Danone の商標が用いられている] ⇨ Danone

Danone 《Groupe ~ SA》ダノン・グループ [◎フランスのパリに本社を置く国際的な食品関連企業. ダノン(Danone), エビアン(Evian), LU などのブランドで日本にも知られる] ⇨ Dannon

DAP delivery against payment

DAR day-after recall

dare /deər/ *v* **~d,** 《古》**durst; ~d**/ あえて[思い切って]…する (✤ 否定・疑問では助動詞扱い. daren't = dare not); (危険などに) 立ち向かう ▶ He dared to blow the whistle on the company's wrongdoings when no one else would. だれもやろうとしなかったときに, 彼は会社の不正行為を告発した

dare a person to do (人に)さあやってみろと迫る
dare I say (*it*) あえて言えば
How dare you do! よくも…できるものだな ▶ How dare you say such a thing? よくもそんなことが言えたものだ
I dare say たぶん(=I daresay)

— *n* 挑戦 《*to*》

dark /dɑːrk/ *a* 暗い; (皮膚が) 浅黒い; 憂うつな; 邪悪な; 秘密の; 難解な ▶ dark humor 不きげん

get dark 暗くなる ▶ Let's go back before it gets dark. 暗くならないうちに戻りましょう
go dark 真暗になる, 停電する

keep ... dark を秘密にしておく

— *n* やみ, 暗黒; 無知
after [*before*] *dark* 日没後[前]に
at dark 日暮れに
in the dark 暗やみに; 知らずに 《*about*》; 秘密に
▶ Our boss kept us in the dark about the job transfers. 上司は私たちに配置転換を知らせなかった / Employees were totally in the dark about the company's merger plans. 同社の合併計画について, 従業員は何も知らされていなかった

◇**darkling** *a, ad* 暗がりの[に]
◇**darkly** *ad* 暗く; 陰気に; ぼんやりと; それとなくおどすように; 秘密に
◇**darkness** *n* やみ, 暗さ

darken *v* 暗くする[なる]; あいまいにする ▶ Investors' mood darkened after the steep drop in stock prices. 株価の急落のあと, 投資家のムードは暗転した

darken a person's door (人の) 家を訪れる

darling /dɑːrliŋ/ *a, n* かわいい(人); 《略式》素晴らしい ▶ IT stocks were the darlings of the stock market in the 1990s. IT株は90年代には株式市場の寵児だった

data

data /déitə, dǽtə, dɑ́ːtə/ *n pl* (単数形 datum) 資料, データ

語法 一般に単数の動詞で受けるが, 正確には data は datum の複数形なので, Data is available. は間違いで, 文法的には Data are available. とすべきだという意見もある. ただし, 後者は歴史的な用法や主に科学論文などの用法で, 今日では (The) data is / No data is などと単数扱いが普通である. したがって, 本来単数形である datum はほとんど使われない. This datum is は文法上正しくても, 通例は This data is と言う

コロケーション

(形容詞(句)+~) **accurate** data 正確なデータ / **available** data 入手可能なデータ / **basic** data 基礎データ / **biographical** data 人物情報 / **conflicting** data 食い違いのあるデータ / **economic** data 経済データ / **financial** data 財務情報, 金融情報 / **latest** data 最新データ / **raw** data 未処理データ, 生データ / **relevant** data 関連データ / **reliable** data 信頼できるデータ / **scientific** data 科学的データ / **statistical** data 統計データ / **technical** data 技術データ

(動詞(句)+~) **access** data データにアクセスする / **analyze** data データを分析する / **cite** data データを引用する / **collect** data データを集める / **compile and organize** data **from** ... …を基にデータを収集・整理する / **enter** data データを入力する / **evaluate** data データを評価する / **obtain** data データを入手する / **retrieve** data データを呼び出す / **save** data データを保存する / **sift** data データをより分ける / **study** data データを研究する / **use** data データを用いる

▶ masses of data about our customers 顧客についての大量のデータ / The hard data suggests [suggest] that spending is picking up.

確かなデータは支出が増大していることを示している / Always save your data in case you accidentally delete an important file. 重要なファイルをうっかり削除してしまうといけないので、データは必ず保存しておきなさい / The latest data revealed that the economy is slowing down. 最新のデータは景気が低迷しつつあることを明らかにした

databank, data bank n [デ-タ] データバンク [○データの集積[保存システム、集積場]]; 情報提供機関 ► a databank of customers 顧客情報のデータバンク

database n データベース

コロケーション

(動詞(句)+〜) **add to** a database データベースに加える / **build** a database データベースを作る / **maintain** a database データベースを運用する / **update** a database データベースを更新する / **store in** a database データベースに入れておく

database management データベース管理

database management system データベース管理システム (DBMS) [○データベースのデータを管理するプログラム]

database marketing データベース・マーケティング [○顧客データベースを活用したマーケティング活動]

database rights データベース権 [○EU加盟国においてデータベース制作者に付与される権利。データベースの全部または重要な部分の抽出または再利用を禁止するもの]

database software データベース・ソフト
data capture データ収集
data center (インターネット・ビジネスの) データセンター [○インターネットへの接続やサーバーの管理を行う]

data communication データ通信 (=data comm)
data compression データ圧縮
data-driven a データ志向の、データ駆動型の
data encryption standard データ暗号化標準規格 (DES) [○1977年に米政府が定めたもの]

data interchange データ交換[互換]
data interchange format file DIFFファイル [○データベースや表計算ソフトどうしでデータを授受するために使われるファイル形式の一つ]

data management データ管理
data mining データマイニング [○大量のデータから、たとえばある商品と一緒に売れるのは何かといった相関関係などを見つけ出すデータ解析法]
data processing データ処理
data protection データ保護 ► a breach of the Data Protection Act データ保護法違反 / We must be careful to obey the law on data protection. 私たちはデータ保護についての法律を守るように注意しなければならない
data warehouse データウェアハウス [○業務上蓄積される情報から項目間の関連性を分析し、時間帯別の顧客の男女比といった有用な情報を引き出すシステム]

date /deit/ n 日付、年月日; 期日; 時代; 会合の約束; 【商業】当日、同日; (略式) 本日 (=today)

コロケーション

(動詞(句)+〜) **agree on** a date 期日につき合意する / **arrange** a date 日取りを定める / **bear** a date 日付が入っている / **bring forward** the date 日程を繰り上げる / **fix** a date 日程を決める、日取りを決める / **move up** the date 日程を繰り上げる / **postpone** the date 日程を繰り下げる、期限を延長する / **put off** the date 日程を繰り下げる、期限を延長する / **set** a date **for** のための日取りを決める、を行う日取りを取り決める

(〜+of+名詞) date **of acceptance** 引受け日 / date **of acquisition** 取得日 / date **of birth** 生年月日 / date **of contract** 契約日 / date **of declaration** 配当宣言日 / date **of delivery** 受渡し日 / date **of dispatch** 発送日 / date **of expiration [expiry]** (保険の) 契約満了日、契約終了日 / date **of introduction** 搬入日 / date **of issuance [issue]** (証券の) 発行日; 契約日 / date **of loading** 船積年月日 / date **of manufacture** 製造年月日 / date **of maturity** (保険の) 満期日 / date **of payment** 支払い日 / date **of policy [preparation]** (保険証券の) 発行日; 契約日 / date **of record** 基準日、記録日 / date **of repayment** 返済期日 / date **of validation** 発効日 / date **of valuation** (英) 価格時点

down [*up*] *to date* 最新式の、現代的な
out of date 時代遅れの
to date 現在まで、今まで

=日期日=
best-before date 賞味期限 / cutoff date 締切日 / deal date 取引日 / due date 支払期日、履行期日 / effective date 発効日 / expiry date 失効日、有効期限 / filing date 申請日、提出日、出願日 / international filing date (特許の) 国際出願日 / invoice date 請求書の日付、請求日 / launch date (新製品の) 発売日 / maturity date 満期日 / record date 基準日 / settlement date 決済日、受渡日 / target date 目標期日 / value date 受渡日

— v 始まる ((from)); 日付を書く
date back to [from] にさかのぼる ► The company's origin dates back to 18th century. その会社の起源は18世紀にさかのぼる
◇**dated** a 日付のある; 時代遅れの
datebook n 手帳
dated date (証券の) 発行日; 利息起算日
dated security 満期のある証券
date ended 終了日
date line 日付変更線
dateline n (新聞記事などの) 発信地と日付を示す箇所
date of the opinion of value (米) 対象不動産の価格時点 (= (英) date of valuation) [○常に変動している不動産の価値・価格に対して鑑定評価を行うために設定する特定の評価時点. 将来時

date stamp (郵便物などの)消印
date-stamp *vt* (郵便物などに)消印する、(…に)日付印を押す
dating /déitiŋ/ *n* 特別の支払猶予［❍通常60日払の支払条件を90日に延ばしたりすることを言う］
datum /déitəm/ *n* (**data**) ⇨data
daughter /dɔ́:tər/ *n* 娘
daughter company 子会社
dawn /dɔ:n/ *n* 夜明け、あけぼの; (the ~)幕開け、始まり (*of*) ► at the dawn of the 21st century 21世紀の幕開けにおいて
a false dawn 夜明け前の明かり; 期待はずれ
━ *vi* (夜が)明ける; (もの事が)分かり始める (*on*, *upon*); 始まる ► It dawned on me that I was putting in a lot of unpaid overtime. 長時間のサービス残業をしていたことに私は気がついた / A new global economic order is dawning with the rise of Chinese and Indian economies. 新しい世界経済秩序は中国とインドの経済の台頭とともに始まっている

dawn raid 《英》ドーン・レイド、暁の急襲［❍買収を目的として取引開始と同時に行う大量の株式買付け］
DAX DAX株価指数［❍ドイツの代表的な株価指数］［<独 *Deutsche Aktien Index*］
day /dei/ *n* 日、一日; 日中; 祝日; 約束の日; 《one's ~》全盛時代; 勝利 ► put in a hard day's work 一日重労働をする / Share prices dropped on the same day the CEO announced his resignation. CEOが自分の辞任を発表したのと同じ日に、株価は下落した
all day (long) / all (the) day 終日 ► He's out of the office all day. 彼は一日中外出しています / The phones have been ringing nonstop all day long. 一日中電話がひっきりなしに鳴り続けた
any day (now) 今にも(すぐに) ► Your order will arrive any day now. ご注文の品はもうすぐ届くでしょう
be on days 昼間の仕事についている
between two days 《米》夜通し
by the day 昼は; 日決めで; 日ごとに ► The yen is getting stronger by the day. 円は日ごとに強くなっている
carry the day 勝つ; 勝訴する
day about 1日おきに
day by day / from day to day 日ごとに、日々 ► Prices are going up day by day. 日に日に値上がりしている
day in, day out / day after day 明けても暮れても ► I was tired of doing the same thing day in, day out, so I decided to quit. 明けても暮れてもこれをやるのに飽きて、辞めることにした
from one day to the next 毎日毎日
get [have, take] a day off 一日休暇をとる、休暇をとる ► He took a day off because he was sick. 彼は一日病欠した
Good day. / Have a nice day. 《略式》(日中のあいさつで)さようなら
have had one's day 全盛期を過ぎた
have one's day 日の目を見る
in one's day 全盛期(若い時)に
in this day and age この現代において(は) ► In this day and age, we have to keep up with technology. 今の時代は、技術の進歩に遅れずについていかなければならない
in those days 当時
keep one's day 期日を守る
Let's call it a day. 今日はこれまで
make a person's day 《略式》(人を)喜ばせる
men of the day 時の人
Not a [one] day goes by (without a person doing; when a person does not do) (人が…しないで)一日たりと過ぎない(毎日必ず…する)
one day いつか ► One day, I'm going to set up my own business. いつの日か、自分自身の会社を設立するつもりだ
one of these days 近日中に ► You'll find out one of these days. そのうちに分かるでしょう
pass the time of day 短い会話を交わす
these days 近ごろ
this day week [year] 《英》来週[来年]の今日; 先週[昨年]の今日
to the day 1日もたがわず
to this [that] day 今日[その時]まで
without day 無期限に

day-after recall test デイ・アフター・リコール (DAR)［❍広告掲載、コマーシャル放映の翌日に視聴者がどの程度思い出せるかを見る広告効果測定法］
daybook, day book *n* 売上日報、仕入日報、取引日記帳
daybreak *n* 夜明け
day care 日帰り(施設)介護、通所型介護サービス、デイ・ケア; 保育、育児、託児; =day care center ► She takes her son to day care and picks him up after work. 彼女は息子を託児所に預けて仕事帰りに受け取る
day care center 日帰り介護施設、デイ・ケア・センター; 保育所、託児所
DayGlo 《商標》デイグロ［❍米国の蛍光塗料］
day laborer 《米》日雇い労働者
daylight robbery 《略式》法外な代金の請求
daylight-saving time 《米》サマータイム (DST, DT) (=《英》summer time)［❍米国のサマータイムは、4月の最後の日曜日の午前2時に時計を1時間早める。10月の最後の日曜日に終了。DTという略語で表示される。15:00 EDTあれば東海岸のサマータイムの午後3時。Cは中央部、Pは西海岸の時間帯であることを示す］
day nursery 託児所、保育所
day off 非番[休み]の日 ► day off in lieu 《英》代休 / take a day off 1日休暇を取る
day off work (特に平日に休みを取っている場合の) 休日
Day One 《また d- o-》初日、最初
day order 当日注文［❍投資家の株式発注方法で、その日のうちに執行されるか、取消された場合を除き、その日いっぱいしか効力のない売買注文］
day rate 日給

day release (course) 《英》(就業中に労働者が受ける)研修課程

day return 《英》日帰り往復割引切符

day shift 昼番, (夜勤に対しての)日勤, 昼間の勤務 ► work the day shift 日勤で勤務する/put ... on the day shift 昼間の勤務にする/I am on the day shift this week. 今週は日勤です

days in accounts payable 仕入債務支払日数 [◯仕入代金の決済にどれだけかかっているかの平均日数. この日数が長いことは資金繰りが厳しいことを意味しうる]

days of sales in inventory 平均在庫日数 [◯在庫を売るのにどれだけかかっているかを示す平均日数であり, 短い方が好ましい]

days of sales outstanding 売掛金回収日数 [◯売上げを現金で回収するまでのどのぐらいかかるかの平均日数であり, 現金がそこに釘付けになっていることを意味する. 日数は業種により異なる]

days on demurrage 滞泊期間 [◯荷主または用船者のせいで荷役などが遅れ, 予定を超えての停泊になっている場合に, ペナルティー(demurrage)の課される予定外の日数]

days sales in accounts receivable 売掛債権滞留日数, 売掛債権回転期間

days sales in inventory 棚卸資産回転日数 [◯棚卸資産が1回転する日数]

day's takings 一日の稼ぎ

Day-Timer 《商標》デイ・タイマー [◯米国の文房具のブランド. アドレス帳, スケジュール管理帳などの他, PDAケース, 電卓ケースなど]

day-to-day, day to day *a* ❶ 日々の ► day-to-day operations 日常業務 ❷ 【会計】一日限りの, 当座の

day trade 日計り商い, デイトレード [◯株式などの日中の価格変動を利用して売買し, 取引終了時にはすべて現金に換えてポジションを持ち越さないという投機的な売買手法. またオンライン株式取引を使って日中頻繁に取引する手法を指す]

day trader デイ・トレーダー

day trading 日計り商い, デイ・トレーディング

day trip 日帰り旅行 ► We're going on a day trip to the beach. 海辺へ日帰りで行く予定だ

DB death benefit

dba /díːbiːéi/《米》屋号, 営業上の名称; doing business as 現在の仕事(は) ► My name is Dan and my dba is Toyota. 私の名はダンで, トヨタで働いています

DBMS database management system

DBS direct broadcasting by satellite 直接衛星放送

dbt. debit

DC documentary credit; direct current

DCE domestic credit expansion

DCF discounted cash flow

DCR debt coverage ratio

DD&A depreciation, depletion and amortization

DDI 《英》Direct Dial Inwards

DDM dividend discount model

DDP delivered duty paid

DDU delivered duty unpaid

dead /déd/ *a* 死んだ; 無感覚の (*to*); 活気のない; 廃れた; 疲れきった; 鈍い; まったくの; 絶対的な; 確実な; (市場などが)不活発な ► The account has been dead for years. その口座は, もう何年も使われていない

come to a dead stop 完全に止まる

dead and buried 完全に片づいた

in dead earnest 大まじめに

— *n* (the ~) (集合的) 死者

at [in the] dead of night 真夜中に

in the dead of のさ中に

— *ad* まったく, 完全に ► dead slow (舵(かじ)が利く程度の)微速力で; (一般に)速度を落として

be dead set against に真っ向から反対する ► The government is dead set against making any compromise. 政府はいかなる妥協にも大反対している

be dead set on 決心している ► He is dead set on getting the bill approved. その法案を通そうと彼は固く決意している

dead ahead 真っ正面に

stop dead 完全に止まる

◇**deaden** *v* 弱める, 弱まる; 死ぬ; 鈍くする; 防音にする

◇**deadness** *n* 死の状態

deadbeat *n* 悪質な債務者 [◯常習的に踏み倒すような者]

dead-cat bounce 《略式》(大幅下落の後の)一時的な株価の回復 [◯一時的な反発でしかないというネガティブなニュアンスがある]

dead end 行き止まり; 膠着状態 ► We hit a dead end and we've been at a standstill for two weeks. 私たちは膠着状態になって2週間動きが取れなかった

dead-end *a* 行き止まりの ► a dead-end job 将来性のない仕事/a dead-end project 見込みのないプロジェクト

— *v* 行き止まる

dead freight 不積み運賃 [◯荷主の貨物が船腹契約量に不足した場合に, 船会社に支払う違約金. 一般に不足分相当の運賃]

deadhead *n* 《米》無賃乗車の常習犯

deadline /dédlàin/ *n* 最終期限, 締切

コロケーション

(形容詞(句)+~) **flexible** deadline 融通の利く締切/**strict** deadline 動かせない締切/**tight** deadline きつい締切

(動詞(句)+~) **establish** a deadline 締切を設ける/**extend** a deadline 締切を延ばす/**fail to meet** a deadline 締切に間に合わない/**impose a tight** deadline 厳しい締切を押しつける/**meet** a deadline 締切に間に合う/**miss** a deadline 締切に間に合わない/**set** a deadline 締切を決める/**work against** a deadline 締切に間に合うように急ぐ

► The deadline is approaching. 締切が迫っている/The deadline is past. 締切が過ぎている/I have a deadline to meet. 締切を守らなければならない / Don't miss your deadline. 期限を守りなさい

dead load ❶ 固定荷重 [⇒建物の自重のように動くことなく建物に作用する荷重のこと] ❷ おもり [⇒デリック(荷役用クレーン)の荷重試験で使う]

deadlock *n, v* 行き詰まり, 膠着状態; 行き詰まらせる[詰まる]

コロケーション
(動詞(句)+〜) **break** a deadlock 膠着状態を打開する / **end** a deadlock 膠着状態に終止符を打つ / **reach** a deadlock 膠着状態に陥る / **resolve** a deadlock 膠着状態を打開する

▶ Negotiations deadlocked over the issue of wage increase. 交渉は賃上げの問題で行き詰まった / After weeks of negotiations, there was a deadlock. 何週間も交渉した後で膠着状態になった (= We are deadlocked.) われわれは行き詰まっている (✚「デッドロックに乗り上げる」という日本語は「ロック」を rock(暗礁)と解したもの)

dead money 死に金 [⇒買い値より下がっている資産. 株なら「塩漬け株」と言う]

dead products まるで動かない[売れない]商品 ▶ You need to identify and eliminate slow-moving items and dead products. 売行きの悪い商品やまるで動かない商品がどれであるかを見定め, 除去する必要がある

dead season 閑散期 ▶ We're experiencing a dead season. ちょうど今は閑散期だ

dead stock デッド・ストック, 売残り品, 死蔵品; 不良在庫

dead time ❶ むだ時間 [⇒スイッチオンしてからヒーターなどの制御対象が立ち上がるまでの時間] ❷ (悪天候などによる)作業不能時間

deadweight, dead weight (米) *n* ❶ 載荷重量 (DW) [⇒船舶が積載できる最大トン数] ▶ deadweight ton [tonnage] 積載重量トン ❷ 固定荷重

deadweight cargo 重量貨物

deadweight (carrying) capacity 積載重量トン

deadwood *n* 枯れ木; (略式)無用の人[物] ▶ clear (out) [get rid of, remove] the deadwood from …から余剰人員を整理する / He is a deadwood in this company. 彼はこの会社では役立たずだ

deal /díːl/ (dealt) *vi* 取り扱う, 処理する《with》; 専門に扱う《in》; (会社・人と)取引する《with, at》; 商う《in》 ▶ I deal with a lot of different people every day. 私は毎日さまざまな人と交渉する / I deal with customer complaints on a daily basis. 日々顧客からの苦情を処理している / How does your company deal with sexual harassment? あなたの会社はセクハラにどう対処していますか / I have to deal with a lot of stressful situations on the job. 私は仕事でストレスのたまる状況に数多く対処しなければならない / The government must take actions to deal with the growing deficit. 政府は赤字の増大に対処する措置を講じなければならない
— *vt* 与える, 分配する《out》; (打撃を)加える
deal ... a blow / deal a blow to に打撃を加える
deal a person in (人を)…に参加させる
deal well [badly] by [with] を優遇[虐待]する
— *n* ❶ 取引

コロケーション
(形容詞(句)+〜) **acceptable** deal 受入可能な取引 / **favorable** deal 有利な取引 / **tentative** deal 暫定取引 / **unfavorable** deal 不利な取引
(動詞(句)+〜) **accept** the deal 相手側の示した条件で取引を受諾する / **broker** a deal 取引を仲介する / **call** a deal **off** 取引をやめさせる / **clinch** a deal 商談をまとめる / **close** a deal **with** を相手とする取引をまとめる / **consider** the deal **is off** 取引不成立と見なす / **cut** a deal 取引を成立させる, 取引をこなす / **enter into** a deal 取引関係に入る, 契約をする / **honor** a deal 決めた取引を守る / **make** a deal 取引する, (条件を示して)手を打つ / **offer a better** deal より良い条件を出す / **set up** a deal 取引を持つ / **sign** a deal 契約に署名する / **strike** a deal 取引をまとめる / **turn down** a deal 取引を断る / **veto** a deal 取引の承認を拒む [⇒社長など, その種の権限を有する者の行為について言う]

▶ an all share deal 全額株式交換による企業買収 / a business deal 商取引 / a package deal 包括的取引 / **The deal is on [off].** 取引は進行中だ[終わった] / It's **a deal!** これで話は決まった, 取引成立 / The company **brokered the deal**. 同社がその取引の仲介をした / The **deal was struck** after repeated negotiations. 取引は繰り返し交渉した後で成立した / Some days, they **cut** as many as 100 deals. 日によっては100件もの取引をこなすこともある / It's unwise to stretch to **make deals**. 取引をまとめるために無理な条件をのむのは賢明ではない / The board is hesitant about **approving the deal**. 取締役会はその取引を承認すべきかで迷っている / The company **struck a lucrative supply deal** with the government. 同社は政府相手の利幅の大きな供給取引をまとめた / The **deal fell through** due to antitrust considerations. 独禁法がらみの懸念が災いしてその取引は不首尾に終わった / The merger **deal was called off**. その合併契約は見送られることになった

❷ [ディッシュ] ディール [⇒ある特定商品を流通業者が一度に大量購入した際に値引きすること]; 〖広告〗値引き・おまけ等のサービス

a big deal (略式)大物; 大したもの[こと]; (皮肉)大したことはないもの[こと] ▶ make a big deal about を大騒ぎする / Why are you making such a big deal about the whole thing? なぜこんな事柄についてそんなに大げさに騒ぎ立てるのか

a fair [square] deal 公平な扱い; (取引の)勉強; 適正な値段で売ること

a good deal 得な取引, お買い得; 多量, たくさん ▶ get a good deal よい買い物をする

a great deal 多量, 大量 《*of*》; うんと ▶ There's a great deal of information to go through. 調べなくてはいけない情報がたくさんある

deal date 取引日 [⇒ 金融取引では trade date (約定日)と同じものを指す]

dealer /díːlər/ *n* ❶ ディーラー, 商人; 卸売業者, 小売業者, 販売店; 特約店 ▶ a reputable dealer 評判のいい販売店 / a used car dealer 中古車販売業者 / He is a car dealer. 彼は車の販売をしている ❷〖金融〗ディーラー (=《米》trader) [⇒ 金融商品を自己勘定で売買して買値と売値の差益獲得をねらう業者およびそうした売買を担当する個人] ▶ a bond dealer 債券ディーラー / a currency dealer 為替ディーラー / FX dealer 為替ディーラー / a floor dealer フロア・ディーラー, フロア・トレーダー / a primary dealer プライマリー・ディーラー / Dealers buy and sell for investors. ディーラーは投資家のために売り買いする

◇**dealership** *n* 販売権, 一手販売店

dealer aids 販促用小物

dealer market ディーラー市場 [⇒ ディーラーが常時売買を行って流動性の確保を図る仕組みを採用している市場. 米地方債・国債市場がその例]

dealer's brand 自社ブランド

dealership *n* (販売資格を持つ)販売店, 特約店

deal flow ディール・フロー, 新規案件(数) [⇒ M&A, 資金調達などの金融取引上の案件数. ベンチャー投資ではビジネスチャンスという意味で使うことが多い]

dealing /díːlɪŋ/ *n* ❶ (~s) 取引関係 ▶ We have had dealings with them over the past 10 years. 先方とは過去10年取引している ❷ 取引, 売買 ▶ dealings in Sony stock ソニー株の売買 ❸ (証券会社自ら行う)自己売買; ディーリング ▶ be engaged in dealing ディーリング(自己売買業務)に携わっている

dealing cost 取引費用

dealing floor =trading floor

dealing-only service ディスカウント・ブローカー [⇒ 証券の委託売買のみを行い, 市場分析, 銘柄推奨などをしない業者]

dear /díər/ *a* 親愛な, かわいい; 貴重な《*to*》; 高価な ▶ He paid a dear price for selling his stock too late. 株を売るのが遅ぎたことに対して, 彼は高い代価を払った

Dear Sir [Madam] 拝啓

for dear life 必死に, 命からがら

hold ... dear 大切に思う

─ *n* いとしい人; 《英》いい子

─ *ad* 高価に ▶ pay dear for が高くつく

dear money 《英》金融引締め (=《米》tight money) ▶ a dear money policy 高金利政策

dearth /dəːrθ/ *n* 不足, 欠乏; 飢饉

death /deθ/ *n* 死; 消滅; 殺人; (the ~) 死因 《*of*, *to*》 ▶ Ambiguity is the death to advertisement. あいまいさは広告にとって致命的だ

death benefit (保険金の一種である)死亡給付, 死亡保険金 (DB) ▶ pay [receive] a death benefit 死亡保険金を払う[受取る]

death benefit amount 死亡保険金額 (=face amount)

deathblow *n* 致命的打撃 ▶ deal a death blow to に致命的打撃を与える

death certificate 死亡診断書

death claim 死亡保険金請求

death duty 《時に -ies》相続税 (=inheritance tax), 法定相続に伴う各種の負担

death knell 弔鐘; 凶兆

death rate 死亡率

death tax 《米》相続税, 死亡税

deb /deb/ *n* 《略式》=debit; debenture

debacle /deɪbɑ́ːkl/ *n* (水・氷の)奔流, 鉄砲水; 破壊, 総崩れ; 大型倒産 ▶ The housing debacle has spread to other sectors of the economy. 住宅市場の崩壊は経済の他の部門にも拡がった

debar /dɪbɑ́ːr/ *vt* (-**rr**-) 締め出す; 妨げる 《*from*》

◇**debarment** *n*

debase /dɪbéɪs/ *vt* (品質・評価を)低下させる

◇**debasement** *n*

debate /dɪbéɪt/ *n*, *v* 論争[議論, 討議](する) 《*on*, *upon*, *about*》; 熟考(する) ▶ form [hold] a debate on について議論する / be in [under] debate 討議中である / The issue provoked a heated debate among the directors. その問題は取締役たちの間で白熱した議論を引き起こした / The financial crisis has sparked debate over whether the government should bail out banks that made irresponsible lending decisions. 金融危機は, 無責任な融資決定を行なった銀行を政府は救済すべきか, という論議に火をつけた

be open [subject] to debate まだはっきりしていない

have debates over について討論する

◇**debatable** *a* 議論の余地がある; 異議のある; 係争中の

◇**debater** *n* 論客

De Beers (~ S.A.) デ・ビアス [⇒ 南アフリカの世界的なダイヤモンドの開発, マーケティング会社. その株式は Anglo American, Oppenheimer Family およびボツワナ共和国が保有する]

debenture /dɪbéntʃər/ *n* 《米》無担保債券, 無担保社債 [⇒ 担保のついていない債券の総称]; 《英》債券, 社債 [⇒ 企業の発行する債券の総称] ▶ bonds and debentures 公社債 / a callable debenture 償還条項付社債 / a convertible debenture 時価転換社債 / a five-year interest-bearing bank debenture 5年物利付金融債 / a convertible subordinated debenture exercisable at anytime for three years at a conversion price of \$5.00 per common share 普通株式一株当たり5ドルの転換価格で3年間いつでも行使可能な転換劣後債 / Lending to companies is often in the form of debentures. 会社への貸付はしばしば債券のかたちをとる

debenture bond 《米》無担保社債

debenture holder 債券所持人, 社債権者

debenture interest 社債利息
debenture stock 《英》債券, 社債 ▶ debenture stock certificate債券(の券面)
debilitate /dibílətèit/ *vt* 衰弱させる; (組織などを)弱体化させる
◇**debilitation** *n* 衰弱; 無気力; 疲労困憊

debit
/débit/ *v* 借方記入する ▶ debit $1,000 against him [his account] [=debit him [his account] with $1,000] 彼の借方に1,000ドル記入する; 1,000ドルを彼の付けとする / Outgoing and incoming payments are debited from and credited to customer accounts. 入出金は顧客勘定の借方または貸方に記帳される / The store debited her account for the purchase. 店は彼女の買い物の勘定を借方に記入した
— *n* 口座からの引出額; (勘定記入の左側の)借方; 負債 ⇨credit ▶ a debit of €500 500ユーロの引出額

debit account デビット口座 [○モノ・サービスの対価の引落し専用口座による資金での支払い仕組み. クレジット口座と異なり支払猶予がない]
debit balance 借方残高
debit card デビット・カード (=《米》check card) [○支払いを行うと直ちに代金が銀行口座から引き落とされる仕組みのカード] ▶ When you pay by debit card, the money is withdrawn from your bank checking account. デビットカードで支払うと, その金は銀行の小切手口座から引き落とされる / You can use debit cards at ATMs. デビットカードはATMで利用できる
debit note 《英》❶ デビットノート (=《米》debit receipt) [○請求額に不足があったときに追加して発行される請求書] ❷ 返品通知書
debriefing *n* デブリーフィング [○タスク完了後, 担当者に対して行われる聴取り調査]

debt
/dét/ *n* ❶ 債務, 負債, 借金 (✚debtがもっぱら金銭債務を意味するのに対して, 類語のliabilityは将来発生する法的責任までも含む点で異なる)

コロケーション
(動詞(句)+〜) **accumulate** debts 債務を膨らませる / **assume** a debt 債務を承継する / **collect** a debt 債権を取り立てる / **contract** a debt 借金を生じる / **default on** a debt 債務の履行を怠る / **forgive a company's** debts ある会社に対する債権を放棄する / **get into** debt 借財をする / **get out of** debt 借金を返す / **go deeply in** debt 借金の深みにはまる / **guarantee** a debt 債務を保証する / **incur** debts 負債を生じる / **liquidate** a debt 借入金を完済する / **pay down** a debt 債務を圧縮する, 一部返済して債務額を減少させる / **pay off** a debt 借入金を返済する / **refinance** one's debt 借金を借り換える / **repay** a debt 債務を返済する / **reschedule** a debt 債務返済条件を変更する, 返済を繰り延べる / **restructure** a debt 債務条件を変更する, 返済を繰り延べる / **retire** one's debt 債務を返済する / **run into** debt 借金をする / **run up** a debt 借金をためる / **service** one's debt 利払いをする / **settle** a debt 負債を決済する / **write off** a debt 貸し金を償却する

▶ a debt crisis 累積債務危機 / the debt limit 負債限度額 / a large debt 巨額の借金 / owe debts 借金をしている / pay debts 借金を払う / a debt overhang 過剰債務 / an accumulated debt 累積債務 / an unsecured debt 無担保債務 / a contingent debt 偶発債務 / a debt ceiling 財政赤字限度額, 国債発行の上限 / guarantee of debt 債務保証 / delinquency in paying credit card debts クレジットカード債務の滞納 / an ability to meet debt payments due 債務の返済能力 / a national debt 国債 / a trade debt 営業上の債務 / meet one's outstanding debt obligation in a timely manner 債務を遅滞なく履行する / refinance existing debt at lower interest rates 既存の債務を低利で借り換える / give security for a debt 借金に抵当を入れる / wipe out [pay off] your credit card debt クレジットカードの借金を完済する / A debt goes sour. 借金が焦げつく / The company **is mired in** debt. その会社は負債の泥沼にあえいでいる / You know how many monthly payments you'll need to **kill your debt**. 借金を完済するのに何か月分の支払いが必要かを知っている / Consolidating **your credit card debts** may make your payments easier. 貴方のクレジットカード債務を1つにまとめれば, 返済が楽になるかもしれません / He **has $1,000 in debt**. 彼は1,000ドル借りている / It took three years to **repay the debt** in full. 債務を全額弁済するのに3年かかった / The company took on **a huge amount of debt** to finance the project. 同社はそのプロジェクトの資金を調達するために巨額の債務を引き受けた / The company issued new shares to **reduce its debt burden**. 同社は債務負担を減らすために新株を発行した / The banks agreed to **reschedule the debt** and advance new money to enable the ailing company to keep on paying interest. 銀行団は, 債務の返済を繰り延べ, かつ, その破綻寸前の会社が利払いを続けられるよう新たな貸付を行うことに同意した / The company collapsed **with debts of** over 80 billion yen. 同社は800億円を超える債務を抱えて倒産した / Many third-world countries cannot **pay off their foreign debts**. 第三世界の国々の多くは対外債務を返済できない

❷ 債券 (✚米国の証券業界では債券の総称としてdebtが用いられる. 対語はequity(株式)) ▶ a debt investor 債券投資家 / a debt investment 債券投資 / a convertible debt 転換社債 / the interest-rate premium on low-rated debt 格付けの低い債券の金利プレミアム

❸ 債権 [○debtは債務者の側から見ると「債務」であるが, 債権者の側から見た場合は「債権」となる. たとえば, bad debtは「不良債権」であって「不良債務」ではない] ▶ collect a debt 債権を取り立てる 債権を取り立てる / a bad debt 不良債権 / a bad-debt write-off 不良債権償却 / a reserve for bad debt 貸倒引当金 / write off the bad debt 不良債権を償却する / They are bad debts and we've written them off. それらは不良債権で帳消しにされた

be in debt 借金がある (*to*) ▶ How much are you in debt? 貴方はどのくらいの借金を抱えていますか

in a person's debt (人に) 借金して; 義理があって

debt accumulation 累積債務 [⊃ 途上国が先進諸国から借り入れ, 過大な額にまで累積した対外債務]

debt adjustment 債務整理, 債務減免交渉 [⊃ 貸付元本の放棄, 金利の減免といったことを含む債権者との調整]
　◇**debt adjuster** 債務整理の専門家

debt/asset ratio 負債比 [⊃ 総負債の総資産に対する比率]

debt burden 負債の負担

debt capacity 借入能力

debt capital 借入資本 (=borrowed capital, borrowing, loan capital)

debt collection 債権回収, 債権取立 ▶ a debt collection agency 債権回収代行業者
　◇**debt collector**

debt consolidation 多重債務の一本化

debt-consolidation loan 借換えローン, おまとめローン [⊃ 複数社からカネを借りている者が借入先を一本に絞るために組むローン]

debt counseling 債務整理カウンセリング(業)
　◇**debt counselor**

debt coverage ratio =debt service coverage ratio

debt default 債務不履行

debt-equity ratio 自己資本・負債比率 (DER) (=debt to equity ratio)

debt-equity swap 債務の株式化 (DES) [⊃ 債権者が貸付金を現物出資して債務者企業の株式を取得すること. 財務体質の悪い企業のリストラ策の一つ] ⇒debt-for-equity swap

debt factoring 債権買取り, ファクタリング [⊃ 売掛金をファクタリング会社に譲渡して早期現金回収を図る制度]

debt finance =debt financing

debt-financed budget deficit 国債依存型財政赤字

debt financing [金融] デット・ファイナンス, 借入による資金調達 [⊃ 借入金や社債発行などによる資金調達. 株式発行による資金調達を意味する equity financing (エクィティ・ファイナンス) と対比される]; [財政] 国債による資金調達 ▶ Long-term debt financing typically is accomplished by issuing bonds. 長期的な借入れによる資金調達は通常, 債券の発行によって行われる / New or small businesses normally find it difficult to get debt financing. 新しい会社や小さい会社だと普通はデット・ファイナンスで資金を調達するのは難しい

debt-for-equity swap =debt-equity swap

debt forgiveness 債権放棄

debt guarantee 債務保証

debt instrument 債券; 債務証書; 債券型の金融商品

debt-laden *a* 多額の負債を抱えた ▶ a debt-laden balance sheet 不健全な財務体質

debt leverage 《米》 レバレッジ比率 [⊃ 自己資本の何倍の借入資本を運用しているかの比率]

debt load 債務負担 [⊃ 企業や個人が抱えている債務の総額] ▶ The debt load is weighing too heavily on profits. 過大な借入金の負担で利益が食われている / The company plans to cut its labor costs and restructure its debt load. 同社は労働コストを削減し債務負担をリストラする計画だ

debt management 債務管理

debt market 債券市場 [⊃ 政府や企業が債券を発行して長期資金を調達する市場. bond market とも言う. 対語は equity market (株式市場)] ⇒capital market

debtor /détər/ *n* 債務者;《英》売掛金, 売上債権 (Dr.)

debtor in possession 占有債務者 (DIP) [⊃ 会社更生手続である米国破産法第11章(Chapter 11)の適用を受けて再建中の会社を言う破産法の用語. 破産後に残った資産を占有し事業を継続する債務者の意] ▶ Chapter 11 allows the company to continue its business operations as a debtor in possession. 第11章はその会社が更生法適用会社として事業運営を続けることを可能にする

debtor in possession financing 占有債務者ファイナンス, DIPファイナンス (=DIP financing) [⊃ 会社更生法である米国破産法第11章 (Chapter 11) の適用を受けて再建中の会社への融資を言う. ⇒debtor in possession] ▶ The company is seeking debtor in possession financing from banks. 同社は銀行からの更正法適用会社向け融資を求めている

debtor nation 債務国 (⇔creditor nation)

debtors' ledger 《英》得意先元帳 (=sales ledger, sold ledger, customers ledger)

debt overhang 過大債務, 返済能力を超える債務

debt participant デット・パーティシパント [⊃ レバレッジドリース契約で, デット・ポーション (debt portion) に融資するレンダー (lender) の別名. レンダーが複数の参加者で構成されるときに用いられる] ⇒leveraged lease

debt-paying ability 債務返済能力

debt payment 債務返済額, 弁済額

debt portion デット・ポーション [⊃ レバレッジドリース契約で, レンダー (lender) からの借入金で資金調達する部分] ⇒leveraged lease

debt rating 債務格付 [⊃ 債券格付と同じく, 債務者の返済能力を表している指標]

debt ratio 《米》 自己資本負債比率 (=debt to equity ratio) [⊃ 自己資本に対する負債の割合で,

財務安全性を評価するための比率. 場合により自己資本ではなく総資産に対する負債の比率を指していることもあるので要注意]

debt relief 債務の減免

debt repayment 借金の返済

debt rescheduling 債務のリスケ [○期限どおりに返済できない債務者のために返済計画を見直すこと]

debt restructuring 債務のリストラ [○返済に窮している債務者の返済能力を回復するための手当]

debt retirement 借金の完済, 債務の償還

debt-ridden *a* 借金を抱えた

debt sales 債券営業 [○株式営業 (equity sales) に対して, 投資家に債券の売買をしてもらうための営業を言う]

debt securities 債券, 社債; 負債(性)証券 [○券面額を満期に返済すること, およびその間利息を払うことを約束する証券] ► private placement debt securities 私募債

debt service 元利返済 ► debt service ratio 元利返済率, デット・サービス・レシオ

debt service coverage ratio 借入金償還余裕率 (DSCR) [○評価対象不動産の借入金返済能力を測るもの. DCR (debt coverage ratio)とも言う. DSCR=Net Operating Income (NOI) 年間純収入÷Annual Debt Service (ADS) 借入金年間返済額 (通常は元利均等返済額)]

debt service ratio デット・サービス・レシオ, 債務返済比率 (DSR) [○一国の年間輸出額に占める当該年の対外債務返済額の比率または純利益が元利払金の何倍あるかを示す比率]

debt servicing =debt service

debt swap 債務スワップ [○①=debt-equity swap ②借入国が開発投資に一定額を振り向けるという約束と引換えにその国に対する債権額を減らすこと]

debt to cash flow ratio 債務キャッシュフロー比率 [○企業の有利子負債と純現金収支の比率]

debt to equity ratio 負債資本比率, 負債比率 (=debt ratio)

debt-to-GDP ratio 政府債務 (=国債発行残)のGDP比 ► The debt-to-GDP ratio is already above 80%. 政府債務の対GDP比はすでに80%を上回っている / The $40 billion budget deficit represents a still very low deficit-to-GDP ratio of 0.5%. この400億ドルという財政赤字は対GDP比では0.5%と, 依然, 極めて低い水準にとどまっている

debt to total assets ratio 負債総資産比率

debut, début /deibjú:/ *n* 御披露目, デビュー; 上場されること, 株式が公開されること ► make a debut in Tokyo 東京で御披露目される / The company made a debut on the Shanghai Stock Exchange. 同社は上海証券取引所に上場された

DEC daily effective circulation 1日の有効通行量 [○屋外広告前の道路を通過する1日の人数]

Dec. December

decade /dékeid/ *n* 10年間; 10個[人] ► The country has been trapped in a recession for the last decade. 同国は90年代を通じて景気後退で身動きがとれなかった / The company logged the lowest sales in electronic goods in the last two decades. 同社は電子製品について過去20年間で最低の売上高を記録した

in decades 何十年ぶりの

in one's sixth decade 60代で

decay /dikéi/ *v* 腐る[らせる]; 朽ちる; 衰える[させる]

— *n* 腐敗; 衰退 ► fall into decay 朽廃する

decease /disí:s/ *n, vi* 死亡(する)

deceased /disí:st/ *a, n* ❶ 死んだ, 故...; 《the ~》故人 ► the deceased founder 亡き創設者 ❷ 被相続人 (=decedent); 死者, (殺人の) 被害者

deceit /disí:t/ *n* 偽り; 策略; 偽装 ► expose deceit 偽装を暴く / practice deceit 偽装に手を染める

◇**deceitful** *a* 偽りの

deceive /disí:v/ *vt* だます; だまして...させる 《*into*》

deceive oneself 空頼みする, 思い違いする

◇**deceivable** *a* だまされやすい

◇**deceiver** *n* 詐欺師

decelerate /di:sélərèit/ *v* 減速する ► GDP growth is decelerating. GDP成長率が減速している

◇**deceleration** *n*

decency /dí:snsi/ *n* 上品; 礼儀正しさ; 《the -cies》礼儀作法

for decency's sake 体面上

have the decency to do ...するだけの礼儀をわきまえている ► You should at least have the decency to tell me the truth. 少なくとも本当のことを言うくらいの礼儀をわきまえるべきだ

decent /dí:snt/ *a* まともな; きちんとした; まずまずの; 親切な ► make decent grades まずまずの点を取る / He earns a decent salary. 彼は人並みの給料を稼いでいる

◇**decently** *ad*

decentralization, 《英》-sation /di:-/ *n* 分散; 分権化 [○権限を分割すること] ► decentralization of management 経営の分権化 / decentralization of decision making 意思決定プロセスの分散

decentralize, 《英》-ise /di:séntrəlàiz/ *vt* (権限を) 分散させる, 分権管理をする ► decentralize corporate structure 企業組織につき分権管理をする / Decision-making became more decentralized. 意思決定はますます分権化された

decentralized market mechanism 分権的市場機構

decentralized organization 分権的組織

deception /disépʃən/ *n* 詐欺, 偽装 ► an elaborate deception 手のこんだ詐欺 / see

through the deception 詐欺を見抜く
deceptive *a* だます; 誤らせる
◇**deceptively** *ad* だますように ► look deceptively good うっかりすると良さそうに見える
◇**deceptiveness** *n* だますこと; 不正
deceptive advertising 虚偽広告
decide /disáid/ *v* 決心[決定]する, 結論を下す *(on, upon, that)*; 決心させる; 解決する; 判決[判定]をする *(for, against)* ► The board is scheduled to decide on the buyout plan next week. 取締役会は来週には買収計画について結論を出す予定だ / I decided against joining the club. そのクラブには参加しないことにした / We're sorry, but we've decided to go with another supplier this time. 申し訳ありませんが, 今回は別の供給業者から買うことにしました / We've decided to advertise on local television. 当社は地元のテレビ局に広告を出すことを決めた / The company decided to leave the market. 会社は市場撤退を決めた / We decided that the hi-tech option was the best one to follow. 当社はハイテク化という選択肢が最上の策だという結論に達した / John decided he needed some training. ジョンは何か訓練を受けることが必要だと判断した
◇**decided** *a* 明らかな; 断固とした
◇**decidedly** *ad*
decile /désil, -sail/ *n* 十分位数 [⇒ひとまとまりのデータを10分の1ずつ等しく分ける値]
decimal /désəməl/ *a, n* 小数(の); 十進法の ► Calculate the figure to 3 decimal places. 少数第3位まで計算せよ / All figures are rounded to 2 decimal places. すべてのデータは少数第3位で四捨五入される
◇**decimally** *ad* 小数で
decimal bids 十進法表示の呼値
decimal currency 十進法通貨 [⇒ドル・セントのように補助通貨の単位が100分の1きざみになっているもの]
decimalization *n*《米》(株式市場における)十進法表示取引 [⇒かつては8分の1ドルや16分の1ドル刻みの呼び値がとられていた]
decimal point 小数点 ► second point after the decimal point 小数点第二位
decimal system 十進法

decision /disíʒən/ *n* ❶決定; 決心

コロケーション

(形容詞(句)+～) **arbitrary** decision 恣意的な決定 / **critical** decision 極めて重要な決定 / **hasty** decision 性急な決定 / **sensible** decision 妥当な決定

(動詞(句)+～) **abide by** a decision 決定を順守する / **announce** a decision 決定を発表する / **arrive at** a decision 決定を見る / **come to** a decision 決定する / **make** a decision 決定をする / **reach** a decision 決定に至る / **rethink** one's decision **to do** をするとの決定を見直す / **reverse** a decision 決定を覆す

► We have made our decision after careful consideration. 熟慮した上で決定を下した / A company's senior executives make strategic decisions. 会社の上級管理職は戦略的決定を行う / Understanding your investment options will help you make a wise decision. 投資にあたって, どのような選択肢が存在するかを心得ていることは, 賢明な決定を下すのに役立つだろう ❷ 判決 (=judgment, decree); 決定, 裁定 ► decision on the merits 本案判決

decision maker 意思決定者, 意思決定権者 ► key decision maker 鍵を握る意思決定権者
decision making 意思決定, 意思決定機能[プロセス]

コロケーション

(形容詞(句)+～) **day-to-day** decision making 日々の意思決定 / **flawed** decision making 欠陥のある意思決定機能 / **major** decision making 主要な意思決定 / **snap** decision making 即座の意思決定 / **swift** decision making 迅速な意思決定 / **unilateral** decision making 一方的な意思決定

(動詞(句)+～) **decentralize** decision making 意思決定機能を分散させる / **exclude somebody from** decision making 意思決定のプロセスから誰かを外す / **expedite** decision making 意思決定の迅速化を図る / **participate in** decision making 意思決定に加わる / **push down** decision making 意思決定を組織の下部に委譲する / **shun** decision making 意思決定を回避する / **slow** decision making 意思決定を遅らせる / **speed up** decision making 意思決定を速くする

► the center of decision making 意思決定中枢 / centralized decision making 中央集権的意思決定プロセス / consensus decision making 全員一致型意思決定プロセス / confine decision making within a narrow circle 意思決定への参加を一握りの人々に限定する / provide a share in decision making 意思決定への参加権を分与する / **Decision making has nearly halted** since the recent management reshuffle. 先般の経営陣の入れ替え以来, 意思決定機能が停止に近い状態にある / All major **decision making is done** by the executive committee. すべて主要な意思決定は経営委員会で行われる / The employees **are consulted in** decision making. 従業員は意思決定に意見を求められる / Management is attempting to **push down decision making** as close as possible to the level of line managers. 経営陣は, 意思決定が第一線の管理職にできる限り近いレベルで行われるように委譲を進めている / **Decision making is stagnating** because of factional disputes. 派閥抗争で意思決定が停滞している

decision-making *a* 意思決定の
decision-making authority 意思決定の権限
decision-making body 意思決定機関 ► an executive decision-making body 経

営責任を担う意思決定機関 / chair a decision-making body 意思決定機関の議長役を務める / The proposed executive committee will be a seven-person decision-making body. 予定されている経営委員会は7名で構成される意思決定機関となる

decision-making position 意思決定権限がある役職 ► hold a decision-making position 意思決定権限のある役職にある

decision-making power 意思決定の権限 ► delegate [devolve] decision-making powers to ... 意思決定の権限を…に委譲する / put decision-making power into the hands of ... 意思決定の権限を…に委ねる

decision-making procedure 意思決定手続 ► call for streamlined decision-making procedures 意思決定手続の簡素化を求める

decision-making process 意思決定プロセス ► a managerial decision-making process 経営判断上の意思決定プロセス / simplify the decision-making process 意思決定プロセスを簡素化する

decision-making unit 意思決定ユニット (DMU) [◆一つの意思決定を可能にする複数人の全体。こうしたものが存在するので1人だけ納得してもことは動かない]

decision premise 《通例 ~s》意思決定の前提

decision support system 意思決定支援システム (DSS)

decision tree 決定木(けっていぎ), デシジョン・ツリー [◆目的・手段に関わる多くの意思決定の連鎖関係] ► develop a decision tree to work a problem 問題解決に向け決定木を作成する

decisive /disáisiv/ a 決定的な; 断固とした ► The decisive factor in choosing a supplier is cost. 仕入業者を選ぶにあたっての決定的な要因はコストだ
 ◇**decisively** ad
 ◇**decisiveness** n

deck /dek/ n 甲板 ► the higher [lower] deck (船舶の)上層[下層]甲板
 on deck 《略式》準備ができて; 次の番で

declaim /dikléim/ v 熱弁を振るう, 朗々と読む; 激しく非難する 《*against*》 ► He declaimed against high rents. 高い家賃に激しく抗議した

declaration /dèkləréiʃən/ n ❶宣言, 発表, 申告, 申立; 表明; 確認判決 ► grant a declaration 《英》確認判決を下す / make a declaration 発表(宣言)を行う / seek a declaration 《英》確認判決を求める / submit a declaration 申告書を提出する ❷申告事項の通知 [◆輸出契約上, 未確定になっている船腹(＝船で運べる荷の積載量), 船積港, 船積時期などを確定する行為]

declaration day 配当宣言日 [◆取締役会により配当金の支払が承認され, 発表される日]

declaration of association 《英》発起人契約

declaration of bankruptcy 破産宣告

declaration of compliance 《英》法人設立届出書

declaration of dividends (取締役会による)配当決議 [◆わが国では配当は株主総会で決めるが, アメリカでは配当の支払いは取締役会が declare(決めて発表する)ことである]

declaration of intent 《英》趣意書 [⇒法的効力のない]

declaration of means 《英》所得証明書

declaration of trust 信託設定証書

declarative /diklærətiv/ a 宣言する; 断定的な

declaratory /diklærətɔːri | -təri/ a 宣言する; 断定的な

declaratory action 確認訴訟 ► file a declaratory action 確認訴訟を提起する

declaratory judgment [《英》**decree**] 確認判決, 宣言的判決 [◆紛争当事者の権利, 義務, 法的地位についてのみ判定し, 損害賠償などは命じない判決] ► render a declaratory judgment 確認判決を下す

declare /diklέər/ v 宣言[公表, 布告]する 《*to be*》; 表明する 《*for, against, that*》;(課税品を)申告する ► declare default デフォルトを宣言する / declare cash dividends of $1.00 on common stock 普通株式に対して1ドルの現金配当の支払を宣言する / Do you have anything [=Anything] to declare? 課税品をお持ちですか, 申告するものがありますか (✚税関を通るときよく聞かれる言葉) / The company declared bankruptcy in May as a result of loan defaults totaling $250 million. 合計2億5千万ドルの融資が債務不履行になった結果, 同社は5月に破産を申請した
 declare off 解約を宣する; 手を引く
 declare oneself 正体を現す; 所信を述べる
 ◇**declarable** a
 ◇**declared** a 宣言した; 公然の ► declared profit 公表利益
 ◇**declaredly** /-id-/ ad

declared dividend 支払確定配当,「宣言された」配当 [◆一定金額を各株式に対して支払うことが取締役会により正式に決定され, かつ公表された配当]

declassify /diː-/ vt 機密指定から外す
 ◇**declassification** n

decline /dikláin/ v 断る, 辞退する 《*to do*》; 傾斜する[させる]; 衰える ► The company declined to accept the buyout offer. 同社は買収の申し出を受け入れることを拒否した / The company declined to give out details of the merger. 同社は合併の詳細を公表することを拒否した / Sales have declined four months in a row. 売上高は4か月連続して減少した / The yen has declined 18% against the dollar just in the last month. 円は先月だけでドルに対して18%下落した / Corporate profits as a percent of GDP have declined over the past 10 years.

企業収益の対GDP比は過去10年低下してきている
decline with thanks せっかくだがと辞退する
— *n* 傾斜; 衰え; 晩年; (物価の)下落; 【証券】値下がり ► a sharp decline in sales of the model その機種の急速な売上の低下 / The dollar's decline is expected to boost US exports. ドルの下落は米国の輸出を増やすと予想されている / The company posted a 10% decline in revenue. その会社は10%の売上減となったことを発表した
fall [go] into decline 衰える
on the decline 下り坂で, 衰えて

decliner 下降銘柄, 値下がり銘柄 [⇒一定の期間(通常は1日)に値下がりした銘柄](⇔advancer) ► On the New York Stock Exchange, advancers led decliners 1,545 to 1,382. ニューヨーク証券取引所では値上がり銘柄数が値下がり銘柄数を1,545対1,382で上回った

declining balance method 《米》逓減法 (=《英》diminishing balance method, reducing balance depreciation) [⇒未償却残高に毎期一定の償却率を乗じて減価償却費を計算する方法]

declining industry 斜陽産業

declining issue [share, stock] = decliner

decode /dì:-/ *vt* 解読する; 【コンピュータ】復号作業を行う
◇**decoder** *n* 解読者[器]; 【コンピュータ】復号器

decoding *n* デコーディング [⇒メッセージの解釈]

decommission /dì:-/ *vt* (産業施設等を)廃止・撤去する

decompiling 【知財】デコンパイル, 逆コンパイル [⇒オブジェクトコードを元のソースコードに類似する高級なプログラミング言語に変換するプロセス]

decompress /dì:-/ *v* (圧縮データを)解凍[復元]する

deconcentration /dì:-/ *n* 分権, (カルテルなどの)集中分散

deconstruct /dì:-/ *vt* 解体する

deconstruction *n* 解体 ► deconstruction of banking services 銀行サービスの解体

decontrol /dì:-/ *vt, n* (-**ll**-) 規制撤廃(を行う)

decorate /dékərèit/ *vt* 飾る《**with**》

decoration /dèkəréiʃən/ *n* 装飾(物)

decouple /dì:-/ *vt* 連動要因を断ち切る [⇒(不利な)他からの影響を受けないで済むようにする]

decoupling *n* ❶ デカップリング [⇒農産物の価格補償を直接生産者の所得補償に切り替える政策] ❷ デカップリング [⇒世界経済と米国経済の非連動を意味する言葉。米国経済が減速しても中国などの新興諸国や日本は大きな影響を受けず世界経済の拡大は続くという説で, 2007年に流行したが, 08年1月の米国の株式暴落で新興諸国や日本の株価の下落が大幅だったことから, 時期尚早の説とされる]

decoy /díːkɔi, dikɔ́i/ *n* デコイ [⇒ダイレクトメール用リストの利用状況を追跡調査できるようリストにまぎれこませるデータ]

decrease *n* /díːkriːs, -́-/ 落込み, 減少《**in**》 ► a significant [sharp, slight] decrease in demand 需要の大幅な[急激な, 小幅の]落込み
on the decrease 減少して
— *v* /-́-/ 減る, 減らす ► The demand for beef has sharply decreased since the mad cow scare. 狂牛病の恐怖以来, 牛肉の需要は急激に減少した

decreasing team assurance 逓減定期保険 [⇒保険料は一定だが, 定期的に保険金額が減額されるタイプの保険]

decree /dikríː/ *n* (衡平法裁判所の)判決 [⇒コモン・ローではjudgmentと言った。現在では同義語とされる]; (裁判所の)決定, 命令 ► the final decree 終局判決 / grant a decree of divorce 離婚を認める判決を下す
— *v* ❶ 命じる; 布告する《**that**》; 発布する ► decree a price freeze 物価凍結令を発布する ❷ 判決[決定]する

decruit *v* 雇用する

decruitment *n* 解雇

decrypt *v* 復号化する [⇒暗号化されたものを戻すこと]

decryption *n* 復号化 [⇒暗号化の逆, つまり元の状態に戻すこと]

dedicated *a* 特定の目的に用いられる, 専用の; 専念する, 献身的な

dedicated connection (インターネットへの)常時接続

dedicated line 専用線 ► I have a dedicated line for my computer. 私はコンピュータ専用線をもっている

dedicated server 専用サーバー

dedicated warehouse 専用倉庫

dedicated workforce 献身的な社員

deducing title 譲渡人による所有権者であることの証明

deduct /didʌ́kt/ *vt* 差し引く, 控除する ► be deducted as expenses 費用として控除される / deduct the expense from taxable income 課税所得から経費を控除する
◇**deductive(ly)** *a, ad* 演繹的な[に]

deductible *a* (税法上)控除可能の, (保険の)免責可能な ► a deductible item 控除可能な項目 / tax-deductible 税控除が可能の / be deductible from taxable income 課税所得から控除できる

deductible clause 免責条項 [⇒一定の免責金額までは担保しないことを定めた保険証券の条項]

deductible expense 損金算入費用, 課税控除費目 [⇒税務上認められる費用] ► Rental payments are treated as tax deductible expenses. レンタル料の支払いは所得控除の可能な経費として扱われる

deductible temporary differences 将来減算一時差異 (DTD) [⇒税務会計と企業会計の違いから生ずる差額で, 後年度において課税所得から控除できるもの]

deduction /didʌkʃən/ n ❶ 差引き; 推論; 演繹(法) ⇨induction
❷ 【税制】控除, 控除額

> **解説** 米国の所得税の用語で, 総所得の算出後, 修正総所得 (adjusted gross income) の計算にあたって控除できる項目または金額. 申告者は standard deduction (標準控除) と itemized deductions (項目別控除) のどちらかを選択できる. これとは別に, above-the-line deduction (線より上の控除) と呼ばれるものがある. 類語の exemption が人的要件による控除であるのと異なり, deduction は支払い経費の控除である. 日本の所得税では人的控除と経費控除を区別せず所得控除と呼んでいる

►a tax deduction 課税控除 / a dividend received deduction 受取配当金控除 / a depreciation deduction 減価償却控除 / a home mortgage interest deduction (米国の)住宅ローン金利控除 / a standard deduction 基礎控除, 標準控除 / take deductions for charitable donations 慈善寄付金を課税所得から控除する

deduction at source 源泉徴収課税, 源泉徴収

deduction for medical expenses 医療費控除

deed /di:d/ n ❶行為, 実行, 行動 ❷不動産譲渡証書; 捺印証書 [◯米国では, 単に土地の権利を譲渡する書面を言う. 一方, 英国では, 署名され, 捺印され, かつ交付されることを要する書面を言い, 署名のみで成立する契約書と区別されている]; 契約書, 証書 ►a title deed 不動産権利証書 / a transfer deed 譲渡証書 / a trust deed [= a deed of trust] 信託証書 / a notarial deed 公正証書

in deed 実際に

◇**deeded** a 証書付きの

deed indented 歯型捺印証書 (=indenture) [◯複数の当事者が作成し, 真正さを証するため証書を重ねてへりをぎざぎざに切り取った証書] ⇨deed poll

deed of arrangement 《英》債務弁済協定 [◯破綻した企業と債権者とが取り交す弁済に向けての協定]

deed of assignment 譲渡証書
deed of covenant 誓約証書
deed of gift 贈与証書
deed of partnership パートナーシップ(組合)設立証書
deed of sale 売買証書
deed of transfer =transfer deed
deed of trust =trust deed

deed poll 平型捺印証書 [◯一当事者が作成・交付した捺印証書] ⇨deed indented

deem /di:m/ v (…と) 見なす 《*to be*》 ⦿ Notices given by telefacsimile shall be deemed to have been received on the day following its despatch. ファクシミリによる通知は, その送信の翌日に受領されたと見なされるものとする

de-emphasize, 《英》**-sise** /di:-/ vt 強調しない

deep /di:p/ a 深い; 深刻な; 没頭している 《*in*》; (借金に) はまり込んだ 《*in*》; 悪賢い ►make deep cuts in ... につき大幅削減をする / offer deep discounts 大幅値引を申し出る / He is deep in debt. 借金で首が回らない / We have deep admiration for your contributions to the company. 会社へのご貢献に深く感服いたしております

go off (at) the deep end 無鉄砲に事を始める; 取り乱す; 《略式》 かっとなる

jump off the deep end =go off (at) the deep end

throw ... in at the deep end いきなり重い責任を負わせる

— n 深み; (冬・夜の) さ中
— ad 深い所で[に]; 奥深く; 遅く ►sink deep into debt 借金の深みにはまる / The bar is open deep into the night. そのバーは夜更けまで開いている

in (too) deep 深くはまり込んで

◇**deepness** n

deep discount bond ディープ・ディスカウント債 [◯券面額を大きく (一般に2割) 以上) 下回った価格で取引されている債券. 金利変化に対する価格変化が普通より大きい]

deep discounter ディープディスカウンター [◯銘柄推奨等の付帯サービスなどなく, 最小限のサービスしか提供しない証券会社のうち, 格安のものを言う]

deepen /di:pən/ v 深める[まる]; 濃くする[なる] ►His product knowledge deepened through on-the-job training. 彼の製品知識はオンザジョブ・トレーニングによって深まった

deeply ad 深く ►We deeply apologize for the oversight. 見落しを深くお詫びいたします / Large and small companies alike have been deeply affected by the recession. 大企業も小企業も等しく景気後退によって深刻な影響を受けてきた

deep pocket 《米略式》富, 財力; (~s) 豊かな財源, 潤沢な資金 ►find a deep pocket source of income 潤沢な収入源を見つける / have a deep pocket 十分な資力がある

deep-sea a 深海の; 遠洋の ► deep-sea fishing [fishery] 遠洋[深海]漁業

deep seabed 《the ~》 深海底 [◯大陸棚の限界を越えた公海の海底区域とその地下. 1970年に全人類共同の遺産とされ, その開発の管理は国際海底機構があたる]

deep-sea shipping 外航海運

Deere 《~ & Co.》 ディア 《米国の農業・園芸・建設機械メーカー. 1868年設立. 1837年J. Deereによる鋼製の鋤の考案が創業につながる. CNH Globalと並ぶ世界有数の農機メーカー》

de-escalate /di:-/ v (段階的に) 減少させる[する]

◇**de-escalation** n

deface /di-/ vt 汚損する [◯株券等の交換を要

するようなものを言う]
◇**defacement** n

de facto /di: fǽktou/ (一般的に) 事実上(の); (法的にはともかく) 事実として存在する (⇔de jure) ► de facto authority 事実上の権限

de facto corporation 事実上の会社(法人) [設立手続に不備があるものの構成員の有限責任が認められる]

de facto owner 事実上の所有者[オーナー]

de facto standard デファクト・スタンダード, (事実上の) 業界標準, 市場標準 ► have potential to become a de facto standard 業界標準になる可能性がある

defalcate /dífælkeit | di:fælkèit/ v 公金[委託財産など]を不正に使用する(=misuse)

defalcation /di:fælkéiʃən/ n (委託された金銭・資金などの) 横領

defamation (of character) /dèfəméiʃən/ n 名誉毀損 ► sue a newspaper for defamation 名誉毀損で新聞を訴える

defame /di-/ vt 中傷する
◇**defamatory** /dífǽmətɔ̀:ri/ a

default /difɔ́:lt/ n

❶ 債務不履行, 不履行, デフォルト [期限の到来した債務を弁済しないこと. 金銭債務ばかりではなく, 約束した一定の行為をしないこともこれに当る]

コロケーション

(前置詞(句)+~) **at risk of** default 債務不履行のリスクにさらされている / **on the brink of** default 債務不履行の瀬戸際

(動詞(句)+~) **avert** a default 債務不履行を回避する / **be in** default 債務不履行に陥る / **come close to** default 債務不履行の瀬戸際まで来る / **constitute** a default 債務不履行に該当する / **go into** default 債務不履行に陥る / **lead to** default 債務不履行という結果を招く / **remain in** default 債務不履行の状態を続ける / **resolve** the default **within five days** 5日内に債務不履行を是正する

► declare the loan to be in default 融資のデフォルトを宣言する / avoid default on external liabilities 対外債務のデフォルトを回避する / place one's loans in default 自己の債権を延滞債権に区分する / We need to determine how much of our loan **is at risk of default**. 当社の融資額中どの程度が債務不履行のリスクにさらされているかを判定する必要がある / We are working with the lenders to **avert a default**. デフォルトとなるのを避けるため, 貸手と調整しているところだ / The company **is in default** of its agreements. その会社は締結している契約に関して債務不履行に陥っている / The missed interest payment could **lead to default**. 利払いを怠ったのだから, 債務不履行という事態にもなりかねない / The regional bank is tottering **on the brink of default**. その地方銀行は債務不履行の瀬戸際でぐらついている / Last year, the bank formally **placed loans** totalling $2 billion **in default**. 昨年, その銀行は総額20億ドルの貸付債権を正式に滞納債権という区分に入れている / The firm **remains in technical default** on $200 million in loans from National Bank and other lenders. その会社はナショナル銀行その他の貸手からの総額2億ドルの融資に関して, 厳密には今なお債務不履行の状態を続けているが

債務不履行

declaration of default デフォルト宣言 / event of default 債務不履行の事由 / incidence of default 債務不履行の発生 / loan default ローン返済不能 / risk of default 債務不履行のリスク / technical default テクニカル・デフォルト / threat of default 債務不履行のおそれ / willful default 故意による債務不履行

❷ 懈怠(けたい) [法律上の義務・行為(特に法廷出頭の義務)の不履行] ► judgment by default 欠席判決

❸ 〖ｺﾝﾋﾟｭｰﾀ〗デフォルト [ハードやソフトの初期設定] ► How do I change the default? 初期設定をどうやって変えるのか

in default of がないので; がない場合は

― v ❶ 履行しない, 債務不履行に陥る ► default on one's debts 負っている金銭債務に関して債務不履行に陥る ❷ (裁判に) 欠席する, 欠席して敗訴する; (人を) 欠席裁判に付する

defaulter /difɔ́:ltər/ n (法的義務・債務などの) 不履行者, 違反者; (裁判の) 欠席者 ► a mortgage defaulter 住宅ローンにつき債務不履行に陥っている者

defaulting party 不履行当事者

default in payment 支払い不履行

default interest 延滞利息, 滞納利息 ► incur default interest 延滞利息の支払義務を負う

default judgment (欠席判決に代表されるような) 懈怠判決 [当事者の一方による期日不出頭等に対し制裁として出される敗訴判決]

default notice 不履行通告 [契約不履行に対する対抗措置をとる前に不履行者の相手方が不履行者に対してなすべき通告]

default rate 貸倒発生率, 債務不履行の発生率 ► A recession could produce a 1-in-5 default rate. リセッションとなれば, 5件に1件という割合の貸倒発生率をもたらしかねない / The default rate on municipal bonds is lower than that of corporate bonds. 地方債の債務不履行率は社債の債務不履行率より低い

default risk 債務不履行の危険性, デフォルト・リスク

defeasance /difí:zəns/ n 権利消滅条項 [債務者が支払を終えれば担保権者に移転している権利は失効するといった趣旨の条項のこと]

defeat /difí:t/ vt, n (計画を) 打破(する), 挫折(させる), 失敗(させる); 〖法律〗無効にする ► The government's measures have not been able to defeat inflation. 政府の施策ではインフレを退治することができなかった

defeat one's [*the*] *aim* [*object, purpose*] かえって目的が達せられない

defeated party 敗訴当事者

defect n /díːfekt, difékt/ 欠点, 欠陥; 不足; 瑕疵

> コロケーション
>
> (形容詞(句)+~) **crucial** defect 重大な欠陥 / **design** defect 設計上の欠陥 / **manufacturing** defect 製造上の欠陥 / **material** defect 重大な欠陥, 本質的な瑕疵 / **mechanical** defect 機械的欠陥 / **safety** defect 安全上の欠陥 / **slight** defect ささいな欠陥 / **structural** defect 構造上の欠陥
>
> (動詞(句)+~) **correct** a defect 欠陥を是正する / **cure** a defect 瑕疵を治癒する (◆契約書などで使う硬い言い方) / **eliminate** a defect 欠陥を取り除く / **remedy** a defect 欠陥を是正する (◆契約書などで使う硬い言い方)

► a hidden [latent] defect 隠れた瑕疵 / The ultimate goal is zero defects—no defects at all. 究極的な目標はゼロ欠陥—完全無欠陥である / In manufacturing, six sigma quality is when there are fewer than 3.4 defects per million components. 製造部門ではシックスシグマ品質は100万部品につき3.4以下の欠陥が生じる品質である 🔖 SELLER shall not be liable for normal manufacturing defects. 「売主」は製造上生ずる通常の欠陥について責任を負わないものとする

in defect of がないので[場合]

— vi /difékt/ (国家・主義・党などから) 離脱する, 亡命する《*from, to*》

◇**defection** n 脱会; 変節; 亡命; 義務不履行
◇**defector** n 脱党者, 亡命者

defective /diféktiv/ a 欠点のある, 不備な; 知能が標準以下の ► We need to verify if the parts are defective. 部品に欠陥があるかどうか、確かめる必要がある 🔖 Defective parts shall become SELLER's property and shall be disposed of by SELLER or its direction. 欠陥部分は, 「売主」に帰属し, 「売主」またはその指図によって処理されるものとする

◇**defectively** ad
◇**defectiveness** n

defective goods 仕損じ品, 不良品(在庫)
defective products 欠陥製品
defective title 瑕疵ある権原 [◯抵当権など, 別の権利によって制約されているために, 自由に利用・処分する上で障害がある不動産所有権]
defective workmanship 加工不良
defects liability period 瑕疵担保期間 [◯問題があった場合は是正しますという瑕疵担保は, 通常, 引渡後2年という具合に一定の存続期間が決まっているが, この期間を言う]
defence /diféns/ n 《英》=defense

defend /difénd/ v ❶ 守る, 防御する《*against, from*》; 擁護する ► defend against a hostile takeover 敵対的買収に対して自社を守る / defend union members' jobs 労働組合員の職を守る / defend market share マーケットシェア(市場占有率)を守る[維持する] / The company tried to defend the market. 会社は市場防衛をしようとした ❷【法律】(1)(告発・法的請求などに) 抗議する, 抗弁する, (訴訟を) 争う (=contest) (2) (被告を) 弁護する, (被告の) 弁護人を務める

◇**defender** n

defendant n 被告, 被告人 (⇔plaintiff) [◯民事・刑事双方で用いられる]

defense /diféns/ n ❶ 防御(物); 弁護; 被告側 ► a defense against cybercrime コンピュータ犯罪に対する防御 ❷【法律】(1) 抗弁, (民事訴訟で被告が最初に出す) 答弁 (=answer) ► defense of insanity 責任無能力の抗弁 (2) (被告側が主張・提出する) 防御(方法), 防御手段 ❸ 国防, 防衛 ► legitimate defense 正当防衛 / national defense 国防 / defense spending 国防費 / The best defense is a good offense. 最善の防御は効果的な攻撃だ

in defense of を守って, 弁護して

defense attorney 被告(人)側弁護士, 被告(人)代理人(を務める弁護士)[◯裁判でもっぱら被告側を代理する弁護士]

defense counsel 被告(人)側弁護人, 被告代理人(を務める弁護士) (=counsel for the defense)

defense industry 防衛産業

defensive /difénsiv/ a, n 防御(の); 守備(の); 防御的な, 受動的な ► defensive operations (米国連邦準備制度の) 受動的調節

on the defensive 守勢で

throw a person onto the defensive 人を守勢に追い込む

◇**defensively** ad
◇**defensiveness** n

defensive cross shareholdings 企業防衛目的の持合株

defensive merger 防衛的買収 [◯買収をしかけてきた企業と同じ業種の企業を買収すること. 相手が自社を買収しようとすると独禁法違反の問題が起きるようにするのがその例]

defensive share =defensive stock

defensive stock 景気依存性の低い株式, ディフェンシブ銘柄 (⇔cyclical stock) [◯景気依存性の強い自動車株等の「景気循環株」に対して, 景気後退期にも強い食品株, 薬品株, 電力・ガス株などを指す]

defer¹ /difəːr/ v (**-rr-**) 延期する
◇**deferment** n

defer² vi (**-rr-**) (人・意見に) 従う, 尊重する《*to*》

deference /défərəns/ n 敬意 ► Employees have a lot of deference for their managers 従業員は管理職に対して多大の敬意を持っている

in deference to に敬意を表して

◇**deferential** a いんぎんな
◇**deferentially** ad

deferment period 《英》免責期間 [◯医療保険上, 保険金が支払われない期間を言う]

deferral /difəːrəl/ n 《米》課税繰延べ [◯高齢の納税義務者に対して, 住居として保有する限り固定資産税を課することを先送りするといったことが行われる]

deferral method (税効果会計の) 繰延方

式, 繰延法 ⇨ deferred approach
deferral of taxes 税金の繰延べ
deferred account 繰延勘定 [⇨年金積立勘定のように課税が繰り延べられているものを言う]
deferred annuity 据置年金 [⇨一定期間経過後または一定年齢に達した後に支給される年金]
deferred approach 繰延法 [⇨期間的差異の税効果を発生年度の税率により測定して, その後税率が変わってもそのまま差異の解消年度まで繰り延べる方法]
deferred charge (しばしば ~s) 繰延費用, 繰延資産 (=deferred asset) [⇨前払賃料のように当期の支払費用であるが, 将来の収益に対応する費用であることから資産という名目で繰り延べられる費用]
deferred compensation 繰延報酬費 ► The company gave him $1 million in deferred compensation. 会社は彼に繰延の報酬という形で100万ドル支給した
deferred credit 繰延収益 (=deferred revenue) [⇨前払で受け取った賃料のように現金は受け取っているものの, 対価としての給付が行われるまで利益計上が先送りされている項目. deferred incomeとも言う] ► be accounted for as deferred credits 繰延収益項目として処理される
deferred debit 繰延費用 (=deferred charge)
deferred debt 劣後金銭債務 [⇨破産などの債務の弁済において, 他のすべての債務が弁済された後に弁済される債務]
deferred dividend 未払配当金, 据置配当金, 繰延配当金 [⇨生命保険の配当などで, 宣言後一定期間の経過後または事象の発生まで支払われない配当]
deferred equity 《英》潜在株式 [⇨転換社債のように後日株式に転換されるもの]
deferred expense 繰延費用 [⇨広告費のように既に支払済でも効果の発現が1年以上に及ぶことから非流動資産名目で将来に繰り延べられるもの. prepaid expenseと同じ]
deferred gross profit 繰延売上総利益, 繰延割賦販売利益 [⇨割賦販売業の場合, 利益の計上が現金回収時まで繰り延べられることからこういう言い方をする]
deferred income 繰延収益, 前受収益
deferred income tax 繰延所得税 (=deferred tax) [⇨会計上の利益と税法上の利益が異なるために生ずる税金の差異を繰り延べること]
deferred income tax charge 繰延所得税費 [⇨企業会計上の所得が税務会計上の所得を上回っている場合, 差額が負債に計上され, 後年度に処理されることから生ずる科目]
deferred interest securities 《英》割引債 [⇨利息相当分をあらかじめ差し引いて発行される形式の債券. 利払いはなく, 満期に一括償還される]
deferred liability 繰延負債
deferred life insurance 停止条件付生命保険 [⇨一定期間経過後の死亡といった効力発生のための条件が満たされない限り保険金が支払われない生命保険]
deferred payment 支払繰延, 延払い ► on a deferred payment basis 延払いで
deferred revenue 繰延収益 (=deferred credit) [⇨決算時において, 前受賃料のようにまだ提供していない財貨または用役に対して受け取っている収益の次期への繰延収益]
deferred securities 割引債 ⇨ deferred interest securities
deferred share [stock] 後配株, 劣後株 [⇨優先株や普通株に対する配当後に配当を受ける株式]
deferred tax 繰延所得税 (=deferred income tax (credit))
deferred tax accounting 税効果会計 [⇨企業会計上の利益と税務上の利益との食い違いを, 前払税金あるいは未払税金という形で調整がつくようにしておく会計方式]
deferred tax asset 繰延税金資産 [⇨実際に納めた税金が本来納めるべき税金を上回った場合に, 差額を前払いした租税であるかのように扱い, 「資産」と計上できる. 後年度に期待される節税効果の額とも言える]
deferred taxation =deferred tax
deferred tax charge 未払法人税
deferred tax liability 繰延税金負債 [⇨実際に納めた税金が本来納めるべき額より少なかったことから後年度の納税額が増えることを見越して計上される額]
deficiency /difíʃənsi/ n ❶ 欠乏, 不足; 欠陥 ► fill up [make up for] a deficiency in の不足分[欠陥]を補う ❷ 欠損, 不足額 ► cover the deficiency 不足額を填補する
deficiency guarantee 不足額保証
deficiency judgment 不足金[残債務]判決 [⇨担保権を実行して債権の全額を満足できなかった場合に, 不足額につき債権者のために下される判決]
deficiency notice 追徴税通知 (=notice of deficiency)
deficient /difíʃənt/ a 不足した (in); 欠陥のある ► His ideas are deficient in originality. 彼の着想は独創性に欠けている
◇ **deficiently** ad

deficit /défəsit/ n 不足(額), 赤字; 欠損金, 損失金 ► a fiscal deficit 財政赤字 / a trade deficit 貿易赤字 / twin deficits 双子の赤字 / a current account deficit 経常収支の赤字 / a structural budget deficit 構造的赤字予算 / an accumulated deficit of $300 million at March 31 3月31日現在で3億ドルに達する累積赤字 / seriously address the deficit issue 赤字の問題と真剣に取り組む / The US has a huge trade deficit with China. 米国は中国との間に巨額の貿易赤字を抱えている
deficit ceiling 国債発行枠の上限
deficit country (国際収支統計の) 赤字国
deficit-covering bond 赤字国債
deficit finance (政府, 企業, 家計などの) 赤

字ファイナンス
deficit financing （政府の）赤字財政；赤字国債発行
deficit hawk 《米》赤字タカ派［⊃連邦予算の赤字の抑制を強硬に主張する人.アリゾナ州のJohn McCain上院議員やオハイオ州のGeorge Voinovich上院議員が有名］
deficit reduction 財政赤字の縮小
deficit-ridden a 赤字に悩まされる
deficit statement 欠損金計算書
define /difáin/ vt 定義する；明示する；範囲を限定する；の問題点［細部,本質］を明確にする ► Success is not defined only in terms of money. 成功は金銭面だけで定義できるものではない

◇**definable** a

defined benefit 確定給付 (⇔defined contribution)
defined benefit pension plan 確定給付型年金制度 (=defined benefit plan)［⊃年金給付の内容が年齢, 勤続年数や給与水準などで特定されている年金制度］
defined benefit plan [scheme] (DB plan) 確定給付型年金 (=defined benefit pension plan) ► Those covered by a defined benefit plan will be entitled to receiving a fixed, pre-established amount at retirement. 確定給付型年金の加入者は,定年退職後,事前に確定されている定額の給付を受け取る権利を取得する
defined contribution 確定拠出 (⇔defined benefit) ► a defined contribution effort 確定拠出型年金ビジネスの開拓／the defined contribution market 確定拠出年金市場
defined contribution pension plan (DC plan) 確定拠出(型)年金［⊃保険料や掛け金が決まっていて,運用実績に応じて年金額が変動する年金.米国の401(k)プランが代表例］ ⇨defined benefit pension plan
defined contribution plan [scheme] 確定拠出型年金(制度)
defined dollar benefit (plan) 《米》確定拠出給付(制度)

definite /défɪnɪt/ a 明確な；確実な；確信した；一定の ► a definite no 明確な拒否／Has he given you a definite response? 彼は君にはっきりと返事をしたか

definitely ad 明確に；《略式》確かに；もちろん、その通り ► This product will definitely appeal to health-conscious consumers. この製品は健康志向の消費者に人気が出るに違いない

definition /dèfəníʃən/ n 定義,限定；解像度 ► The LCD monitor has a very clear definition. 液晶モニターはきわめて鮮明な解像度を持っている

by definition 自明のこととして；当然ながら；文字どおり；定義上；どう見ても

definitive /difinətiv/ a 最終的な；決定的な ► He avoided any definitive statements on his involvement in the case. 事件への関与について彼は明確な言明を避けた

◇**definitively** ad

definitive bond 確定債券［⊃所定の条件が満たされているかを確かめるまでひとまず発行しておく「仮証券」と,最終的に交換される「本物」の債券］
definitive warrant 確定ワラント券［⊃「仮ワラント券」に対する「本物」に相当するものを言う］ ⇨definitive bond

deflate /difléit/ v （過熱気味の景気を）抑制する；（物価や株価が）下落する ► The value of the euro is expected to deflate. ユーロの価値は低下すると予想されている

deflation /difléiʃən/ n デフレ［⊃一般物価水準が持続的に下落する状況］

コロケーション

(動詞(句)+~) **be in** deflation デフレに陥っている／**combat** deflation デフレに対抗する／**halt** deflation デフレに歯止めをかける／**register** deflation 下落する／**see** deflation デフレを経験する／**suffer from** deflation デフレに苦しむ／**ward off** deflation デフレ圧力を払拭する／**worry about** deflation デフレを心配する

► continuing asset deflation 恒常化する資産デフレ／threat of deflation デフレ懸念／deflation in manufacturing prices 製品価格全般におけるデフレ／The government admitted that the economy **is in deflation**. 政府は経済がデフレに陥っていることを認めた／We will certainly **see more deflation**. われわれは間違いなく一段と厳しいデフレを経験することになる／Japan in the early 2000s **suffered from deflation**. 日本は2000年代初めにデフレに苦しんだ／The important consequence of the slowdown in domestic demand was a sharp reduction in inflation, with **deflation** taking place in 1997. 内需の減速がもたらした結果として大きかったのはインフレの急低下であり,1997年にはデフレとなった／The central bank will conduct a quantitative easing to **ward off deflation** in the economy. 中央銀行は経済におけるデフレ圧力を払拭するため量的金融緩和を行う

deflation-adjusted a デフレ調整後の
deflationary a デフレの
deflationary concern デフレ懸念
deflationary gap デフレギャップ (=recessionary gap)［⊃実質成長率が潜在成長率を下回っている場合の隔たり.デフレ圧力の原因となる］
deflationary pressures デフレ圧力
deflationary spiral デフレスパイラル［⊃物価の下落と実体経済の縮小が相互作用的に同時進行する状況］ ► check the deflationary spiral デフレ・スパイラルに歯止めをかける／The risk of the economy falling into a deflationary spiral wasn't absolutely nonexistent. 経済がデフレ・スパイラルに陥るリスクがまるで存在しないというわけではなかった

deflator /difléitər/ n デフレーター［⊃GDPなどの名目値を実質値に変換する際の指標.実質上,包括的なインフレ指標として重視される］ ► use the latest 12-month CPI inflation rate as

deforest /diː-/ *vt* 樹木を切り払う; 切り開く
deforestation /diːfɔːrɪstéɪʃən/ *n* 森林伐採, 森林破壊(⇔afforestation) ► They are engaged in logging that causes deforestation. 彼らは森林破壊を起こす木材伐採に従事している
defraud /dɪfrɔ́ːd/ *vt* だまし取る 《*of*》 ► He was defrauded of his investment. 彼は出資金をだまし取られた / They defrauded the firm of millions of dollars. 彼らは会社から巨額の金をだまし取った / He was indicted for defrauding hundreds of investors. 彼は数百人の投資家から金を詐取したかどで起訴された
defray /dɪfréɪ/ *vt* 支払う, まかなう ► defray costs コストをまかなう
◇**defrayal** *n*
defunct /dɪfʌ́ŋkt/ *a* 廃業した; 消滅した; 失効した; 《the ~》故人
defy /dɪfáɪ/ *vt* 無視する; 反抗する; 拒む; 受け付けない ► defy description [understanding] 描写[理解]できない / The company defied the market downturn with record sales. その会社は相場の下落をものともせず記録的な売上をあげた / He never defies his manager's orders even when he disagrees with them. 彼は課長の命令に納得できないときでも, 命令に公然と反抗することはけっしてしない
degearing *n* 有利子負債依存度の改善
degenerate *vi* /dɪdʒénərèɪt/ 悪化する; 衰退[退廃]する《*into*》
— *a*, *n* /-rɪt/ 衰退[退廃]した(物); 堕落した(人)
degradation /dègrədéɪʃən/ *n* ❶ 老朽化, 劣化 [➪時間の経過に伴い, 建築物等の性能や機能が低下すること] ► land degradation and desertification 土地荒廃と砂漠化 / cope with environmental degradation 環境劣化に対処する ❷ デグレード [➪ソフトの機能やパフォーマンスが以前より悪くなること]
degrade /dɪgréɪd/ *v* ❶ 降格する; 悪くする; 分解する ❷ デグレードを招く [➪ソフトなどの機能やパフォーマンスの低下を招くことを言う]
◇**degradable** *a* 分解できる ► degradable plastic 分解性プラスチック
degree /dɪgríː/ *n* ❶ 度合; 程度; 度 ► You can choose your portfolio based on the degree of risk you're willing to take. 自分が許容できるリスクの程度に基づいてポートフォリオを選ぶことができる / In just a few years, the company made a 180 degree turn and became one of the leaders in the market. ほんの数年の間に, 同社は180度の転換を遂げて市場のリーダー的な存在になった ❷ (1)【法律】親等 ► a cousin of the second degree またいとこ (✦通例 a second cousin) (2) 程度; 段階 ► degree of proof 証明度 / degree of negligence 過失の程度
by degrees 次第に
in a [some] degree ある程度
not ... in the slightest degree 少しも…ない
to a [some] degree いくぶん, 《略式》かなり ► To a degree, I see what you're trying to say. 言わんとしていることはある程度わかるよ / To some degree, retailers have been hit by the rising cost in oil. ある程度まで, 小売業者は石油のコスト高で打撃を受けてきた
to such a degree that というほどまで
to the last degree 極度に
degree of freedom 自由度 (df, DF) [➪統計量を計算する際に, 任意の値をとれる項数のこと]
Degussa 《~ AG》 デグサ [➪ドイツの総合化学会社. ドイツ最大の石炭会社RAGの子会社]
dehydrate /diː-/ *v* 水分を失う; 生気を奪う ► The tax law had been dehydrated by allowing exemptions to almost everyone. その税法はほとんど誰にも免除が認められることで骨抜きにされていた
◇**dehydration** *n*
deindustrialization, 《英》**-sation** /diː-/ *n* 脱工業化 [➪時代の変化ではなく製造業の衰退を言うこともある]
de jure /diː dʒúəri/ 法律上の [➪de facto(事実上の)に対する語] ► the de jure owner of the property その物件の法律上の正当な所有者
del. delete; delete key
delay /dɪléɪ/ *v* 延期する; 遅らせる, 遅れる; ぐずぐずする ► The flight was delayed due to engine trouble. エンジン故障のためその便は遅れた / The mail was delayed by the heavy snows. 郵便物は大雪のため遅れた / The government delayed the decision on the bailout plan. 政府は救済計画についての決定を遅らせた
— *n* 遅延; 猶予 ► a delay in paying wages 賃金遅配 / delay of payment 支払い延期, 支払い延滞 / Excuse my delay in answering. ご返事が遅れてすみません
without delay 即刻, 遅滞なく ⇨promptly ► The product will be shipped to you without delay. 製品はお客様に直ちにお送りします
delay claim 工事遅延クレーム
delayed interest 遅延利息
delayer *v* フラット化を図る; 中間階層を削減[除去]する
delayering *n* (経営組織の) フラット化 ► This delayering – removing management layers – resulted in job losses. この階層削減, つまり中間管理職層の除去はポスト[人員]を減らすことになった
delaying tactics 先延ばし戦略
del credere (販売代理店による)買主[売先]支払い(能力)保証の(下に)[<伊]
del credere agent 支払保証販売代理店 [➪客の支払を保証するがゆえに通常よりも高いコミッションを取る代理店]
delegate *n* /délɪgət, -gèɪt/ 代表(者); 派遣委員
— *vt* /-gèɪt/ 代理として派遣する; 委任する《*to*》; 委託する; 権限を委譲する ► The executive committee delegated authority to the chief ex-

ecutive to make a final decision on the proposed deal. 経営委員会は、最高経営責任者に対してその案件についての最終決定をする権限を委譲した / Managers need the ability to delegate responsibility for work rather than doing it all themselves. 管理者は仕事を全部自分で引き受けるよりむしろ責任の委任をする能力を必要とする

◇**delegacy** /-gə-/ n 代表権；代表団
delegated legislation 委任立法［○行政機関が法律の委任に基づいて行う立法］
delegation /dèligéiʃən/ n 代表団、ミッション；委任；(権限などの)委譲 ► send a delegation 代表団を派遣する
delegation agreement 委任契約
delegation of authority 権限の委譲［○組織における上位者の権限の一部を部下に委任すること］ ► a delegation of authority to approve expenditures under 100 dollars 100 ドル未満の支出を承認する権限の委譲 / receive a delegation of authority to sign contracts 契約に署名する権限の委譲を受ける
delegation of powers 授権、権限の委任
delegation of responsibility 責任の委譲 ► The delegation of responsibility is needed here. ここでは責任の委任が必要である
delete /dilí:t/ vt (文字などを)削除［デリート］する(✚略記 dele「トル」) ► I deleted the file by mistake. 誤ってファイルを削除した / His name was deleted from the list. 彼の名前はリストから削除された
deletion /dilí:ʃən/ n 廃棄、削除、抹消
deleverage n (企業ガ)レバレッジを解消する［○借入金などの債務を減らして過度の外部負債依存から脱却することを言う］
deliberate v /dilibəreit/ 熟考する、熟慮する《on, upon, about》；協議する；審議する ► We deliberated whether we should cancel the reservation. 予約を取り消すべきかどうかじっくり考えてみた
― a /-bərət/ 故意の；熟考した、熟慮した；慎重な；悠々とした
◇**deliberative** /-rə-, -rèi-/ a 審議する；慎重な
deliberately ad 慎重に ► He deliberately avoided discussing the issue. その問題について話し合うことを意識的に避けた
deliberation /dilibəréiʃən/ n 熟考、熟慮；審議、慎重さ ► with deliberation 慎重に / bring ... under deliberation を協議にかける
delicate /délikət/ a 繊細［優美］な；微妙な；丁重な ► It took two months of delicate negotiations. 2か月間かけて微妙な交渉をした
delicious /diliʃəs/ a おいしい；愉快な ► Thank you for a delicious meal. ごちそうさまでした
◇**deliciously** ad
delight /diláit/ n 大喜び、愉快、楽しみ
take delight in を楽しむ
to one's delight うれしいことには ► To our delight, the product launch was a huge success. 嬉しいことに、その製品発売は大成功だった
with delight 喜んで
― v 喜ぶ［ばす］；楽しむ［ます］《in》
◇**delighted** a 喜んで《to do, that》 ► I'm delighted to make your acquaintance. お会いできてうれしく思います(✚I'm glad to meet you よりていねいな言い方)
◇**delightful** a 喜ばしい、楽しい
delinquency /dilíŋkwənsi/ n 延滞；債務不履行 ► credit-card delinquencies クレジットカード代金の延滞 / consumer loan delinquency ratio 消費者ローン延滞率 / Mortgage loan delinquencies eventually led to the housing crisis. 住宅ローンの返済不履行は、結局、住宅産業の危機をもたらした
delinquency charge 遅延利息
delinquent /dilíŋkwənt/ a 義務を怠る；滞納している《in》 ► The collections department handles customers who are delinquent in their accounts. 取立て部門は勘定が延滞している顧客を担当する
― n 怠慢者；滞納者
delinquent tax 延滞税
delinquent tax certificate 滞納処分証明書
delinquent taxpayer 税金滞納者
delist /di:-/ vt 上場を廃止する ► delist a company's shares from a stock exchange ある会社の株を上場廃止にする
delisting n (取引所における)上場廃止

deliver /dilivər/ vt 配達する；引き［明け］渡す《to》；(意見を)述べる、(演説を)する；伝達する、運ぶ (=convey) ► deliver news contents ニュース内容を伝える / We will deliver ten engines by March. 当社は3月までに10基のエンジンを納入する / The governor delivered the keynote speech at the symposium. 知事はシンポジウムで基調講演を行なった
― vi (約束を)果たす《on》 ► Rich countries are often reluctant to deliver on their promises to the developing world. 豊かな国は開発途上国への援助の約束をしばしば嫌がっている

be delivered of を産む
deliver oneself of (意見を)述べる
deliver the goods 品物を届ける；《略式》約束を果たす
◇**deliverance** n 救出；解放
◇**deliverer** n 運搬人
deliverable n 成果物［○ユーザーに提供される最終製品、最終成果］
delivered a 持込渡(の)［○指定された場所まで品物を「持ち込んで引き渡す」ことで輸出者の引渡義務が履行されるという取引条件を言う］
delivered at frontier 国境持込渡 (DAF)［○売主の引渡義務は通関手続後、国境の指定地で買主が受取れるようにしたところで完了する］
delivered cost 引渡し原価、引渡し済み値段
delivered duty paid 関税込・仕向地持込

delivered duty unpaid 関税込・仕向地持込渡 (DDU) [⇨売主の引渡義務は相手の国の中で買主が受取れるようにすれば完了する. 通関手続は買主の責任]

delivered ex quay 埠頭持込渡 (DEQ) [⇨売主の引渡義務は通関手続を済ませて指定港の埠頭で買主が受取れる状態にしたところで完了]

delivered ex ship 本船持込渡 (DES) [⇨売主の引渡義務は指定港に入った本船上で買主が受け取れるようにしたところで完了. 通関手続未済でよい]

delivered on rail 貨車積込渡し(の[で])

delivered price 引渡し[運賃込み]価格 [⇨通例, 本船込み値段(f.o.b.)を言う]

delivered to order 指図人渡し(の[で]) [⇨指定された人または裏書の方法で指定した人への権利の移転についていう]

delivering n 倉出し

delivery /dilívəri/ n ❶ 配達, 配送; 引渡し, 荷渡し, 納品 ▶ delivery on arrival 着荷渡し / delivery by hand 手渡し / on delivery 品物の到着次第 / take delivery of (購入した物の)引渡しを受ける / promise delivery 納品日を約束する / refuse delivery 受取を拒否する / There are no deliveries on Sundays. 日曜日には配達しません / We made ten deliveries this morning. 今朝は10件の配送をした / You will receive four deliveries each month. 毎月, 4回のお届けとなります / Delivery will be made within 10 days of purchase if the item is in stock. 商品の在庫があれば購入から10日以内に配達される / We cannot take delivery of damaged goods. 当社としては損傷のある品の引渡を受けることはできない ◉ This Contract shall become binding and enforceable against BUYER when any instructions have been given to SELLER as to delivery or specifications of the Goods. 本契約は,「売主」に対して当該商品の引渡または仕様について指示があったとき,「買主」に対して拘束力および強制力が生ずるものとする

❷【金融】【証券】引渡し; (証書・証券の) 交付; (券面の) 受渡 ▶ delivery of a deed 証書の交付 / forward delivery 先渡し / spot delivery 現渡し / Silver futures for May delivery rose 20.5 cents, or 1 percent to $19.915 an ounce. 5月渡しの銀の先物は20.5セント(つまり1%)上がって1オンスあたり19.915ドルに上昇した

❸【広告】デリバリー [⇨複数媒体で到達する受け手の数]

delivery against payment 支払時現物渡し (DAP) [⇨証券の受渡しと売買代金の決済が同時に履行されること]

delivery basis 引渡し基準 [⇨商品を買手に引き渡した時に収益を認識する会計基準]

delivery center 配送センター

delivery certificate (物流関連での) 受渡証明

delivery charge 配送料金 ▶ Orders under 100 dollars have a delivery charge of 5 dollars. 100ドル未満のご注文については5ドルの配送料を申し受けます

delivery confirmation 《米》配達証明 (=《英》advice of delivery)

delivery date 発送日, 納入日

delivery day (株式売買などの) 受渡し日

delivery deadline 納期

delivery delay 納品遅れ

delivery docket 納品書

delivery duty unpaid =delivered duty unpaid

delivery month (先物契約の) 限月 [⇨先物取引の決済月のこと] (=contract month)

delivery note [notice] 《英》納品書 (=《米》delivery receipt) ▶ Do look for any damage to the parcel before signing a delivery note. 受領証にサインする前に是非とも梱包に破損がないかを確かめておくべきだ

delivery order 荷渡し指図書 (DO) [⇨一般に荷受人が船荷証券(B/L)を提出するのと引換えに一般会社から交付され, 荷受人はこれを船長または荷役業者に提示して荷を受け取る]

delivery price ❶ 出荷価格 ❷【金融】(受渡しされる先物契約商品の) 受渡し価格 ❸【会計】引渡し価格, 運賃込み価格

delivery receipt 《米》物品受領書 (=《英》delivery note)

delivery record 貨物受渡し書類

delivery schedule 納品予定, 納品日程

delivery service 配送サービス

delivery system 配送システム

delivery terms 受渡し条件

delivery time 納期; リードタイム [⇨受注時点から納品までの期間のこと]

delivery versus payment デリバリー・バーサス・ペイメント (DVP), 同時決済 (=delivery against payment) [⇨証券決済において証券の権利移転と資金の受渡しを同時に行うこと]

Dell (~ Inc.) デル [⇨米国のパソコンメーカー. IBM標準互換機を販売. 1984年設立. 現在はパソコンの他サーバーやネットワーク機器も販売する. 2003年 社名をDell Computer CorporationからDell Inc.へ変更]

Del Monte 《商標》デルモンテ [⇨缶詰や袋詰めの果物・野菜から, 米国の食卓には欠かせないケチャップを提供する米国の大手食品メーカー]

Deloitte Touche Tomatsu デロイト・トウシュ・トーマツ [⇨パートナーシップ企業. 世界4大会計監査法人の一つで, 日本の監査法人トーマツが参加している]

Delphi (~ Corp.) デルファイ [⇨米国の自動車部品メーカー. ほとんど直接自動車メーカーに部品を供給する. 1998年設立, 翌年 General Motorsからのスピンオフを完了. 2005年, Chapter XIを申請して再建中]

Delphi method デルファイ法, 未来予測

法 ► A panel of experts used the Delphi method and made their forecasts about the economic future of this country. 専門委員たちはデルファイ法を用いてこの国の経済の将来について予測を行った

delta /délta/ n デルタ [⇒オプション価格とその対象となる先物や株式の価格との関係を示す指標]

Delta Air Lines /(~, Inc.) デルタ・エア・ラインズ [⇒米国の航空会社.国内線が主力で子会社にAtlantic Southeast Airlines と COMAIR がある.1930年設立.2007年Chapter XIにより再生.American, United などとともに米国の大手航空会社.2008年ノースウェスト航空を吸収合併]

deluge /déljudʒ/ n 大洪水; 《a ~ of ...》 殺到
— vt 氾濫させる
be deluged with が殺到する

deluxe, de luxe /dəlʌks, -lúks/ a 豪華な、ぜいたくな ► deluxe goods 高級品 / Deluxe hotels have popped up all over the city to cater to the rich. 金持ちの要求を満たすために豪華なホテルが市中のいたるところに出現している [<仏]

delve /delv/ vi 探求する、究明する; (中を) 捜す 《in, into》 ► We did not delve into details during the meeting. 会議では詳細を詮索しなかった

demagogic a 扇動的な
demagoguery /-gàgəri/, **demagogy** /-góudʒi, -gɔ̀:dʒi -gɔ̀gi/ n 扇動; デマ [⇒虚偽の情報を意図的に流布させること]

demand /dimǽnd/ n ❶ 要求 《that》; 請求(権) 《for》 ► demand for a salary increase 賃上要求 / hold a demand against a person 人に対し請求権がある / accept [reject] a demand 要求を受入れる[拒む] / The demands of the client could not be met. 依頼人の請求は認められない / We try to meet shareholders' demands for sound financial returns. 私たちは健全な財政上の収益を株主が要求しているのに応えようとする / The union made several demands. Later they moderated these demands. 組合はいくつかの要求をした. のちに組合はこれらの要求を和らげた

❷ 需要 [⇒モノやサービスに対する購買欲で, 価格に大きく左右される] (⇔supply); 要求払い

コロケーション

(~+動詞(句)) demand **falls** 需要が減少する / demand **grows** 需要が拡大する
(動詞(句)+~) **boost** demand 需要のてこ入れを図る / **fuel** demand 需要拡大に拍車をかける / **keep up with** demand かろうじて需要にこたえる / **meet** demand 需要にこたえる / **spur** demand 需要を喚起する / **stabilize** demand 需要を回復させる / **stimulate** demand 需要拡大を促す

► good demand 好調な需要 / demand forecast 需要予測 / potential demand for new cars 新車の潜在需要 / supply-and-demand imbalances 需給の不均衡 / an article in great [strong] demand 需要の多い品, 人気商品 / boost demand for broadband services ブロードバンド接続サービスの需要を喚起する / meet current and projected demand 現在および将来の需要を満たす / stimulate investment demand in machinery and equipment 機械・機器類への設備投資需要の拡大を促す / The supply **exceeds the demand**. 供給量が需要量を上回っている / We are struggling to **keep up with demand**. 当社はやっとの思いで需要にこたえている / While **demand is rising**, it is still unable to absorb all the added supply. 需要は伸びてはいるが, 新たに増えた供給を吸収するところまではいっていない / It is clear that the low interest rate structure has not **spurred investment demand**. 低金利が設備投資需要を喚起するに至っていないのは明らかだ / The stabilization of the economy will **stabilize Japanese demand** for U.S.-made products. 景気後退に歯止めがかかるに応じて, 米国製品に対する日本市場の需要も回復してこよう / **Demand for fuel-efficient cars** is on the rise. 燃料効率のよい車に対する需要は増加しつつある / There is **an increase in demand** for biofuel resources. バイオ燃料資源の需要が増えている / With soaring temperatures, **demand for electricity** is increasing. 気温の急上昇に伴い, 電力需要が増えている

=需要=

accelerating demand 需要拡大 / actual demand 実需 / advance in demand 需要拡大 / aggregate demand 総需要 / consumer demand 消費者需要 / domestic demand 内需, 国内需要 / drop in demand 需要減退 / effective demand 有効需要 / global demand 世界需要 / lackluster domestic demand 内需不振 / overseas demand 海外需要 / pent-up demand 潜在需要 / replacement demand 更新需要 / seasonal demand 季節需要

be in demand 需要がある ► This book is in great demand. この本はよく売れる
make demands on に要求する ► The boss made harsh demands on his staff. 上司は部下に過酷な要求をした / This project makes great demands on my purse [money]. この企画にはずいぶん金がかかる
on demand 要求があり次第; 請求次第, 一覧払いで ► payable on demand 一覧払い / video on demand ビデオ・オン・デマンド

— vt 要求[請求]する 《from, of, to do, that》; 尋ねる; 必要とする; を法的に請求する ► The customer demanded a refund. 客は払戻しを要求した
◇**demanding** a 過度に要求する; 労力を要する ► The work is demanding and boring. その仕事は労力が要る上に退屈だ

demand and supply 需給 ► by the forces of demand and supply 需給関係で
demand bill 一覧払い手形 (=draft at sight, sight bill, sight draft) [⇒支払のための呈示があったときに支払期限が到来する手形]

demand curve 需要曲線 [◇ある財の価格と需要量の関係を表す曲線]

demand deposit 《米》要求払い預金, 普通預金 [◇預金者の都合で, いつでも要求により払い戻される預金] (=《英》instant access account)

demand draft 一覧払為替手形 (DD) [◇為替手形の所持人が手形を呈示した時に満期となる為替手形]; 送金小切手

demand-driven a 需要主導型の, 多大な需要が支えている ▶ a demand-driven industry 需要主導型産業

demand for performance 催告

demand inflation =demand-pull inflation

demand loan 不確定期限付融資 [◇満期日が決められていなく, 銀行の返済要求によって弁済期が到来する貸付け]

demand note ❶ 一覧払い約束手形 (=sight note) [◇手形所持人が呈示する日を満期日として支払われる約束手形] ❷ 催告書

demand-pull inflation ディマンド・プル・インフレーション, 需要過剰インフレ (⇔cost push inflation) [◇消費や投資などの需要要因が拡大することにより発生するインフレーション]

demand shock 需要ショック [◇消費や投資など需要要因による総需要曲線の予期しないシフト]

demand-side a 需要重視政策の, 需要側重視の, ディマンドサイドの (⇔supply-side) [◇政府の政策次第で国民経済を有効に操作できるという立場について言う] ▶ demand-side economics 需要側重視の経済学

demarcation /dìːmɑːrkéiʃən/ n 境界 (設定); 分離, 区分 ▶ a demarcation dispute 職掌の区分をめぐる争い / demarcation between various types of financial institutions さまざまな金融機関の業界区分

demarketing /diː-/ n デ・マーケティング [◇特定商品の需要を一時的に減らすことを目的としたマーケティング]

dematerialization, 《英》-sation n 株券不発行制度, 株式の無券面化 [◇株券発行に伴うリスクや事務コスト負担を避けるため, 券面を発行せず, 振替決済という帳簿上の管理に委ねる方式]

dematerialize, 《英》-ise v 株券の無券面化をする, ペーパーレス化をする ▶ hold shares in dematerialized form 振替口座により株式を保有する

demerger /di-/ n 合併解消, 会社分割, 事業分離, (子会社などの) 本社からの独立 ▶ The aim of the demerger is to cut debt by $2 billion. その事業分割の目的は負債を20億ドル減らすことである
◇**demerge** vt (事業や組織体などを) 分割[分離]する ▶ They will demerge its fixed-line and mobile businesses as part of ongoing restructuring. 彼らは進行中の構造改革の一環として固定電話と携帯電話の事業を分離する予定である

demerit /di-/ n 欠点, 短所

Demerol 《商標》デメロール [◇鎮痛性解熱・鎮静剤メペリジン (meperidine) の商品名]

demise /dimáiz/ n 不動産権賃借権の設定; (船舶の) 賃貸
— v 不動産を賃貸する

demise charter 裸用船契約 [◇乗組員なしで船体のみを賃貸する契約]

demised premises 賃貸借の目的物, 賃借物件

demo /démou/ n (~s) 宣伝用見本; デモテープ [ディスク] ▶ a demo model デモ版 / a demo version デモ版, 試用版
cut a demo デモテープ[盤]を作る

democracy /dimákrəsi/ n 民主主義 [◇人々の多数意志が政治を決定するのがよいという考え方・思想] ▶ grassroots democracy 草の根民主主義 / shareholder democracy 株主民主主義

democratic /dèməkrǽtik/ a 民主主義の; 民主的な; 多数決原理による ▶ democratic decision-making 民主的な意思決定 / a democratic management style 民主的な経営手法

demographic /dèːməɡrǽfik, dìːmə-/ a 人口統計上の, 人口動態上の ▶ demographic research 人口統計調査 / Which demographic segment do you belong to? あなたはどの人口グループに属しますか

demographic effect 人口統計効果 [◇人口構成の変化による経済変数への効果]

demographics /dèməɡrǽfiks/ n 人口統計; 人口動態 ▶ We have to study these demographics to determine where the new product should be advertised. その新製品をどこで広告するかを決めるためにはこれらの人口統計を研究しなければならない

demography /dimágrəfi/ n 人口統計学, 人口学
◇**demographer** n 人口統計学者

demolition cost 解体費, 取壊し費

demonetize, 《英》**-tise** /diː-/ vt (本位貨幣の) 資格を失わせる; (貨幣の) 通用を廃止する
◇**demonetization** n 廃貨

demonstrate
/démənstrèit/ v (実演・実物で) 説明する; 展示する, 実証する; (感情を) 表す; 示威行動をする; 抗議行動をする (*against*) ▶ The salesman demonstrated how to use the product. 製品をどう使うか, 販売員が実際にやってみせた / The latest figures demonstrate that overseas sales have overtaken domestic sales. 最新の数字は海外売上高が国内売上高を追い抜いたことを示している
◇**demonstrator** n デモ参加者; 実演者

demonstration
/dèmənstréiʃən/ n 実物説明; デモ; 実演, 実演販売, デモンストレーション ▶ a demonstration of a new product 新製品の実演販売 / an in-store demonstration 店内実演販売 / a product demonstration 商品のデモ / give a demonstration デモ[実演]

をする / There will be a demonstration after the lecture. 講演終了後, デモを行います

demonstration effect デモンストレーション効果 [⇨ 人の消費は, その人が接触している他者の消費水準や生活様式によって影響されるとする]
▶ through demonstration effects デモンストレーション効果により

demonstration version (ソフトの) お試し版, 試用版

demonstrative legacy 特定遺贈 [⇨ 遺言による遺産の譲渡のうち特定財産を対象とするもの]

demote /dimóut/ vt 降格する (✚ 通常, be demoted to というように受動態で使う) ▶ She was demoted to assistant manager. 彼女はアシスタント・マネジャーに降格された / She was demoted on grounds that she has repeatedly failed to meet the targets. 彼女は何度も目標を達成できなかったことで降格となった

demotion /dimóuʃən/ n 降格
demotivate /di:-/ vt 動機[やる気]を失わせる
demur /dimə́:r/ n 異議[苦情] (を唱えること); (通例否定語と共に用いて) 異議, 苦情, 不服; 抗弁 ▶ without demur 異議なく / No demur. 異議なし / He made no demur about accepting it. 彼はそれを受け入れることに異議はなかった
— vi (-rr-) 異議を唱える (at, to)

demurrage /dimə́:ridʒ | -mÁr-/ n 日数超過割増金, 滞船料 [⇨ 予定の停泊期間つまり荷役期間を過ぎたために荷主または用船者が支払う超過料金]; 車両[貨車]留置料 🗐 In the event SELLER shall charter a vessel for ocean transportation of the Goods, all charges and expenses for discharge of the Goods, including demurrage and travel damages, shall be born and paid by BUYER. 「売主」が当該商品の海上輸送用に本船を傭船する場合, 滞船料その他の損害金を含む, 当該商品荷揚げに要する一切の費用と経費を「買主」が負担し支払うものとする

demutualization, (英) -**sation** /di:-mjù:tʃuəlazéiʃən/ n (保険相互会社から) 保険株式会社への組織変更, 非相互化, 株式会社化 ▶ demutualisation of life offices 《英》生命保険会社の株式会社化

demutualize, (英) -**ise** vt 非相互化する, 非共同所有にする ▶ A lot of building societies have demutualized. 多くの住宅金融組合が非相互化されている

denationalize, (英) -**ise** /di:-/ vt 民営化する
◇**denationalization** n

denial /dináiəl/ n 否定, 否認; 拒絶 (of); 克己 ▶ Although she sued for libel, he entered a general denial. 彼女は文書による名誉毀損を理由に訴えたが, 彼は全面的否認を申し立てた
in denial 否定[否認]して; 否定的で

denominate /dinάməneit/ vt 命名する; 名付ける, 呼称する

denominated a (特定の通貨)建ての ▶ foreign currency denominated transaction 外貨建て取引 / U.S. dollar denominated corporate securities rated A 格付けAのドル建て社債 / a euro-denominated syndicated loan ユーロ建てシンジケート・ローン / The surge in the yen's value has hurt exporters with sales denominated in dollars. 円の価値の急騰はドル建ての売上を持つ輸出業者に打撃を与えた

denomination /dinὰmənéiʃən/ n (貨幣・銀行券の) 呼称, 券種, 金種; 額面金額, 券面額; (証券などの) 販売単位, 券種; 貨幣の呼称単位の変更 ▶ currency of denomination 表示通貨 / a small denomination note 小額紙幣 / Bonds were issued in denomination of $500. 証券は500ドルの額面で売り出された / What denomination? 金種は何にしますか / Japan's banknotes are being printed in denominations of 1,000, 2,000, 5,000, and 10,000. 日本の紙幣の券種は1,000円, 2,000円, 5,000円, 10,000円だ

denote /dinóut/ vt 示す, 意味する
◇**denotation** n 意味; 名称; 表示
◇**denotative** /di:nouteì- | dinóutə-/ a 表示する(の)

denounce /dináuns/ vt 公然と非難する (as); 告発する; (条約などの) 廃棄通告をする

dense /dens/ a 濃密な, 濃い; 愚鈍な ▶ The dense fog made driving difficult. 濃霧のため運転が難しかった
◇**density** n 密度; 濃度

densely ad 濃密に ▶ The urban areas are densely populated. 都市圏は人口が密集している

Dentyne 《商標》デンティーン [⇨ 米国のチューインガム]

deny /dinái/ vt 否定[否認]する (that); 拒絶する (to) ▶ He denied any involvement in the incident. 彼は事件への関与を一切否定した
There is no denying (the fact) that …は否定できない

DEP depreciation; diesel emission particulate

depart /dipá:rt/ v 出発する; 立ち去る; それる (from) ▶ When does the flight depart? その便はいつ出発するのか

department /dipá:rtmənt/ n 部(門), 課; 省, 局; 管区; 分野 ▶ a government department 省庁 / head a department 部門長を務める, 部門の責任者である / run [manage] a department (事業)部門を仕切る, 切り回す

departmental /dipà:rtméntl/ a 部門(別)の; 各部[局, 省, 課]の
departmental accounting 部門別会計
departmental budget 部門別予算
departmental manager 部署責任者
departmental meeting 部会
departmental plan 部門別事業計画
department store デパート, 百貨店

departure /dipάːrtʃər/ n 出発, 発車; 離脱; 辞任, 退職, 退陣 ► a departures lounge 出発ラウンジ / this executive departure 今回の経営幹部の辞任 [⇨特に他社への移籍] / his forced departure 強制的な退陣 / their voluntary departure 自発的な退陣

depend /dipénd/ vi 信頼する, 頼る; 当てにする (on, upon); …しだいである (on, upon) ► Remuneration will depend on applicants' working experience. 報酬は応募者の業務上の経験によって決まるだろう / The country depends heavily on imported raw materials. その国は輸入原料に大きく依存している / Society depends on the economy and the economy depends on the global ecosystem. 社会は経済に依存し, 経済はグローバルなエコシステムに依存する

depend on [upon] it (略式) 確かに ► Depend upon it, you will succeed. きっと成功する (✜ you can [may] の頭部省略とも考えられる)
That [If] (all) depends. それは場合によりけりだ

dependant (英) a, n = dependent

dependence, dependance n ❶ 依存, 従属 (on, upon); 信頼 (on, upon) ► Dependence on a single supplier is a big risk. たった1社の供給業者に依存することは大きなリスクだ ❷【法律】未決定の状態, 係属中

dependency n ❶ 従属(物); 属領[国]; 依存(度) ► The government plans to invest in biofuel technology to reduce its dependency on oil. 政府は石油に対する依存を減らすためにバイオ燃料の技術に投資する計画だ / Will biofuels free us from fossil fuel dependency? バイオ燃料は化石燃料依存からわれわれを解放してくれるだろうか ❷【法律】被扶養関係, 被扶養状態

dependency allowance 扶養控除
dependency exemption 扶養控除 [⇨米国の所得税の用語で, 配偶者以外の被扶養者についての控除] ⇨exemption

dependent /dipéndənt/ a 頼っている (on, upon); …しだいである (on, upon) ► The company is dependent on foreign suppliers for most of its parts. その会社は部品のほとんどを外国の供給業者に依存している / Some industries are directly dependent on natural resources. 一部の業界は天然資源に直接依存している
— n 扶養家族; 被扶養者 ► an elderly dependent 高齢の扶養家族 / I don't have any dependents. わたしには扶養家族が1人もいない

dependent allowance 扶養手当
dependent claim 従属クレーム [⇨特許において, 他のクレームを引用する形式で記述されるクレーム] ⇨independent claim
dependent family member 扶養家族
deplete /diplíːt/ vt 減少させる, 劣化させる, 使い果たす ► deplete the capital 資本の欠損を生じさせる, 資本を劣化させる / We need to manage natural resources so that they are not depleted. われわれは天然資源を枯渇しないように利用する必要がある

depleted uranium /diplíːtid/ 劣化ウラン
depleting asset 減耗資産
depletion /diplíːʃən/ n ❶ 減少; 枯渇 ► capital depletion 資本の劣化, 資本の欠損 / (the) depletion of the ozone layer オゾン層破壊 ❷【会計】減耗償却 [⇨石油や石炭など天然資源の物理的枯渇に伴う償却。工場や機械など有形固定資産の減価償却には depreciation, のれんや特許権など無形資産の償却には amortization を用いる]

depletion allowance 減耗控除引当金, 減耗控除額 [⇨減耗資産は採掘などにより減耗ないし涸渇することから, 産出高に基づいて減耗償却された金額]

depletion expense 減耗償却費 ► The cost of natural resources is recognized as a depletion expense. 天然資源に関する費用は減耗償却費として認識される

deponent /dipóunənt/ a, n (宣誓の上) 供述をする者; 供述者 [⇨一般に法廷外の証言録取手続などで証言する者を言う]

depose /dipóuz/ v 証言録取をする [⇨法廷外での証言録取手続 (deposition) において, 証言を記録すること]

deposit /dipázit/ vt ❶ 上に置く; 預ける; (金を販売機に) 入れる; 保証金[内金]を差し入れる ► deposit money in a bank 銀行に預金する ❷ 預金する ► deposit funds with a bank 銀行にファンドを預託する / securities deposited with the bank 銀行の保護預りになっている証券
— n ❶ 供託金; 預金, 預かり金 ► a safe deposit box 貸し金庫 / a certificate of deposit 譲渡性預金証書, CD / draw one's deposit 預金を引き出す / take a deposit 預金を受け入れる / make [have] a large deposit in a bank 銀行に多額の預金をする[がある] / place deposits with the bank offering the highest interest rates 金利がもっとも高い銀行に預金をする

═══預金═══
bank deposit 銀行預金 / call deposit 要求払預金 / compensatory deposit 両建て預金 / compulsory deposit 拘束預金 / current deposit 当座預金 / demand deposit (米) 要求払預金 / fixed deposit (英) 定期預金 / foreign currency deposit 外貨預金 / one-year fixed deposit 1年物定期預金 / term deposit (英) 定期預金 / time deposit 定期預金

❷ 内金, 手付金, 保証金 ► security deposit 預かり保証金 / refundable deposit (預託金形式の) 保証金 / rental security deposit 敷金 / returnable deposit (預託金形式の) 保証金 / ask for a deposit 内金の差入れを求める / put down a deposit 内金を入れる / forfeit [lose] a deposit 内金を没収される / return a deposit 保証金を返す / leave a deposit 手付金を支払う / pay a deposit 保証金を払う / pledge a deposit 保証金を差し入れる / require a deposit 保証金を必要とする

deposit account 《英》通知預金口座 [◯引出す際に何日か前の通知を要する]
depositary /dipázitèri/ n 保管場所, 倉庫; 受託者
— a 預金の
depositary institution 預金取扱金融機関
depositary receipt 預託証書 [◯外国企業の株式を上場する際に利用されることが多い株券の代用物] ▶ American Depositary [Depository] Receipt 米国預託証券 (ADR)
depositary savings institution (米国の)貯蓄金融機関
deposit certificate 預金証書
deposit for safekeeping (証券の)保護預り
deposit insurance 預金保険
deposition /dèpəzíʃən/ n 証言[供述]録取書 [◯法廷外で当事者・関係者から録取した証言の記録]
deposit liabilities 預金債務
depositor /dipázitər/ n 供託者; 預金者
depository /dipázitɔ̀ːri/ n, a =depositary
Depository Trust Company [Corporation] 《米》預託信託会社 (DTC) [◯米国の証券保管振替機関]
deposit protection fund 預金保険基金
deposit receipt 《米》入金票 (=deposit slip)
deposit received 預かり金
deposit-refund system デポジット制度 [◯商品などを販売する際に, 本来の代金に一定の預り金を上乗せして販売し, 消費者が不用になった容器などを返却した時に, 上乗せしておいた預り金を払い戻す制度]
deposit requirement 寄託の要件 [◯特許等の知的財産権を取得するために, 当該知的財産の対象物を公の機関に寄託することが要求される. たとえば, 微生物を利用した発明の特許出願において要求される]
deposit sales 予約売上
deposit slip 《米》入金票 [◯銀行への入金時に作成される証票]
deposit taking 預金受入れ, 預金取扱
depot /díːpou | dép-/ n 《米》の集積場, 貯蔵所, 物流拠点; 商品流通拠点, 配送所 ▶ a distribution depot 配送センター / a fuel depot 燃料貯蔵施設 / a storage depot 貯蔵施設 / operate a depot 物流拠点を運営する
depreciable /dipríːʃiəbl/ a (減価)償却し得る
depreciable asset 減価償却資産, 償却資産 [◯減価償却の対象となる資産]
depreciable life 耐用年数 (=service life, useful life); 償却期間 [◯不動産鑑定評価上, 有効耐用年数という意味でも用いられる]
depreciate /dipríːʃièit/ vt 減価償却する; 過小評価する ▶ be depreciated over the useful life of the asset 資産の耐用年数にわたって減価償却される / Some computer equipment is depreciated over a very short period. コンピュータ機器はごく短期間に減価償却される

— vi 価値が下がる ▶ That stock has depreciated steadily. その株価は着実に下がってきている / The dollar depreciated below the ¥100 level. ドルは1ドル100円以下に下落した
◇**depreciatory** /-ətɔ̀ːri/ a 価値が低下する; 軽視する
depreciated cost (value) 償却対象原価, 減価償却済み原価
depreciated replacement cost 償却後取替原価 (DRC)

depreciation /diprìːʃiéiʃən/ n

❶ (価値・価格の)低下[下落]; 軽視
❷ 為替レートの減価, (通貨の)減価 [◯ある経済の通貨価値が市場で相対的に低下すること. 円で言えば円安のこと. 政府が意図的に通貨価値を下げる (= 平価切下げ)のは devaluation と言い, 英語では明確に区別している] ▶ dollar depreciation ドル安 / lower export prices resulting from yen depreciation against the dollar 円安ドル高による輸出価格の低下
❸ (価値の)低下, 資本ストックの減価 [◯資本財が使用されて減耗し, 価値が減少すること]
❹ 減価償却(額)

> **解説** 工場や機械など有形固定資産の償却, またその額. 固定資産(土地を除く)の減価を, 使用に耐える一定の年数(耐用年数)内に一定の割合をもって費用として計上し, 固定資産に投下された資本の回収を行う会計手続き. のれんや特許権など無形資産の償却には amortization, 石油や石炭など天然資源の減耗償却には depletion を用いる

▶ statutory depreciation 法定償却 / straight-line depreciation 定額償却 / accelerated depreciation 加速償却 / a depreciation period 償却年数, 耐用年数 / before depreciation 償却前 / composite depreciation 一括総合償却 / claim depreciation on the equipment for January 備品の1月度の減価償却費を計上する
❺ 減価修正 (DEP) [◯再調達原価・原価法において再調達原価見積総額から価値の減少を減額すること. また, 既に発生している減価額を意味する. 不動産評価上の「減価修正」は市場性を反映しているが, 会計上の「減価償却」は必ずしも市場を反映しているわけではない]

depreciation account 減価償却費勘定
depreciation allowance 減価償却累計額
depreciation asset 償却資産
depreciation, depletion and amortization 償却 (DD&A) [◯各種資産の償却を一括していう. depreciation は有形固定資産の償却, depletion は天然資産の償却, amortization は無形資産の償却]
depreciation expense 減価償却費
depreciation fund 減価償却積立 [◯減価償却資産を更新するために積み立てられた資金]
depreciation method 減価償却方法 [◯

depreciation rate 減価償却率 (=rate of depreciation) [◯機械・建物などの固定資産の取得原価をその耐用年数にわたって減価償却をするときの償却率]

depreciation reserve 減価償却積立金

depress
/diprés/ *vt* 弱める; (相場を) 下落させる; 不景気にする; 押し上げる ► depress the economy 景気を悪化させる / depress the market 相場を押し下げる / depress sales 売上を低下させる / Rising unemployment and other factors have depressed the economy. 失業の増加と他のいくつかの要因は景気を低迷させた / Increased production will depress oil prices. 増産は石油価格を下降させるだろう

depressed *a* 元気のない; 押し下げられた; へこんだ; 不景気の ► a depressed area (経済の) 不振地域 / a depressed sector 不振の業種 / Trade is rather depressed. 売上はかなり落ち込んでいる

depressed market 下げ相場, 弱い相場, 冴えない市場[景気]

depression
/dipréʃən/ *n* 不況 [◯景気後退 (recession) がさらにひどくなった状態を言う] ► the Great Depression (1929年米国に始まった) 大不況[大恐慌] / (a) severe depression 深刻な不況 / climb out of the depression 不景気から抜け出す / The depression deepens. 不況が悪化する / The depression ends. 不況が終る / There were periods of economic depression in the 1930s. 1930年代に何回か経済不況の時期があった / We are sliding into a depression. 目下不況に落ち込みつつある

deprival value 【会計】剥奪価値 [◯現在, 事業で使用していた資産を失ったとき, 所有者がその資産を市場において求める場合の対価. 正味現在取替原価 (net current replacement cost) と等しくなり得る]

deprivation /dèprəvéiʃən/ *n* 剥奪; 貧困, 窮乏 ► There is widespread deprivation caused by unemployment in this country. この国には失業による広範囲な窮乏がある

deprive /dipráiv/ *vt* 奪う (*of*); 拒む (*of*)
◇**deprived** *a* 恵まれない, 貧しい ► Most of the poor workers live in deprived areas. 大部分の貧しい労働者は貧民地区に生活する / The poorest and most deprived people live in the inner city. 最貧でもっとも窮乏した人たちはスラム地区に暮らす

Dept., dept. department
depth /depθ/ *n* 深さ; 奥行き;《通例 ~s》深い所 ► depth of the lot 画地の奥行き
in depth 徹底的に ► The presenter covered the topic in depth. プレゼン担当者はその話題を詳細に論じた / Later chapters will deal with each of these in depth. これらの事項について後章で逐一詳述する
out of [*beyond*] *one's depth* (物・事が) 理解できない; 力が及ばない

depth interview 深層面接法 [◯消費者の深層心理を把握する面接調査法]

depute /dipjú:t/ *vt* 代理に命ずる; 委任する ► I deputed him to look after the factory during my absence. 私の留守中は彼を工場管理の代行者にした
◇**deputize** /dépju-/ *v* 代理人を命ずる[務める] (*for*) ► deputize for a person at a meeting 会議で人の代理人を務める

deputy /dépjuti/ *n* 代理人, 代理(職) ► by deputy 代理人により
― *a* 代理の, 副…, 次席の ► a deputy chairman 副会長, 会長代理 / a deputy governor 副知事 / a deputy mayor (市の) 助役 / a deputy sheriff 郡保安官代理 / a deputy consul 副領事

Deputy Assistant Secretary 次官補
Deputy Attorney General 《米》司法次官
Deputy U.S. Trade Representative 米通商代表部次席代表

DEQ delivered ex quay (duty paid) (関税込・) 埠頭持込渡

DER debt-equity ratio

derail /di:-/ *v* 頓挫させる, 脱線させる[する] ► derail a deal 取引を暗礁に乗りあげさせる / derail a plan 計画を頓挫させる
◇**derailment** *n*

d/e ratio debt-equity ratio 負債自己資本比率

dereg *n* 規制撤廃, 規制緩和 (✢deregulation の略)

deregistration *n* 登録抹消
deregistration certificate 登録抹消済証

deregulate /di:-/ *vt* 規制を廃止[緩和, 撤廃]する ► deregulate airline industry 航空業界の規制を撤廃する / Foreign countries are demanding that Japan deregulate its agricultural market. 海外諸国は日本が農産物市場を規制緩和するよう要求している / After the banking sector was deregulated, many foreign affiliated companies entered the market. 銀行部門が規制緩和された後, 多くの海外の関連企業が市場に参入した

deregulation *n* 規制撤廃, 規制緩和 [◯政府の規制を撤廃または緩和すること] ⇨ dereg ► financial deregulation 金融の規制緩和[自由化] / Deregulation brings about competition and more choices for the consumer. 規制緩和は競争と多様な選択肢を顧客にもたらす

解説 政府の規制を撤廃または緩和すること. 米国では規制撤廃を意味するのが通例だが, 日本では規制緩和にあたる英語として使われている

deregulatory *a* 規制緩和[撤廃]の
deregulatory measures 規制緩和策
deregulatory step 規制緩和策
derequisition /di:rèkwəzíʃən/ *vt* 《英》接収

を解除する

derivative /dirívə-/ a ❶ 派生的な ❷ 〖法律〗派生的な, 代位的な, 代理的な
— n《しばしば ~s》デリバティブ, 派生商品

〖解説〗derivative instrument の略称. オプション (option), 先物 (future), スワップ (swap) など, 金融商品の価格変動リスクを回避するために開発された商品. 契約が原資産 (株式, 指数, 債券, 商品など) から派生するのではなく金融派生商品と呼ばれる. ポジションをとる金額の一部を用意すれば取引ができるので, デリバティブは「レバレッジが効く」と言われ, 投機性が高い. デリバティブには, 契約当事者の双方が義務を負う先物 (スワップを含む) と一方だけが義務を負うオプションがある

▶ financial derivatives (先物・スワップ・オプションなどの) 金融派生商品 / turbo-charged derivatives ターボチャージ型デリバティブ / develop derivatives 派生商品を開発する

derivative action 派生訴訟; 株主代表訴訟 (=stockholders' derivative) ▶ Angry shareholders brought a derivative action against management, alleging misuse of company funds. 怒った株主たちは会社の資金を不正に使用したとして, 経営陣を相手取って株主代表訴訟を起こした

derivative financial instrument 派生金融商品 [⊃先物, 先渡し, スワップ, オプション契約および類似の他の金融商品]

derivatives holding 保有デリバティブ ▶ The revised rules will require companies to record rises and falls in the market value of derivatives holdings. 改正後のルールでは, 企業は保有デリバティブの市場価値の上昇幅または下落幅を帳簿に計上することが求められる

derivative instrument (先物やオプションなどの) 派生商品

derivative lawsuit 株主代表訴訟 [⊃株主が, 会社に代わって, 経営者 (取締役や役員) の責任を追及し損害賠償を求める訴訟]

derivative method 誘導法 [⊃帳簿記録に基づいて貸借対照表を作成する方法]

derivative product 派生商品; 金融派生商品

derivative securities 金融派生証券, デリバティブ

derivative suit =derivative action

derivative work 二次的著作物 [⊃既存の著作物をもとにして新たな創作性を付加して作成された著作物. 外国語の小説の翻訳や, 小説の映画化など]

derive /diráiv/ vt 引き出す《from》; 由来する《from》▶ The company derives its competitive advantage from its highly skilled employees. 同社の競争優位は熟練した従業員たちに由来している
— vi 由来[派生]する, 出ている《from》
◇**derivation** /dèrə-/ n 誘導; 由来, 起源

derived cost 誘導原価 (=assigned cost) [⊃先入先出法, 後入先出法などのように, 一定の原価の流れを仮定して計算された原価]

derived demand 派生需要 [⊃消費者の需要に応えるために生産上, 労働力の需要が生ずるといった間接的な需要]

derrick /dérik/ n 起重機; 油井やぐら

derv /dəːrv/ n (英) 機関用燃料油 [<diesel-engined road vehicle]

DES debt-equity swap; delivered ex ship; data encryption standard

desalinate /diːsǽlənèit/ vt =desalt

desalination n 脱塩精製

desalination plant 淡水化[脱塩]プラント

desalt /diːsɔ́ːlt/ vt 脱塩[淡水化]する

descend /disénd/ vi 下る, 降りる; 不意に訪れる《on, upon》; 身を落とす《to, into》▶ descend into chaos 混乱のるつぼに陥る / Japanese exporters are worried that the dollar will descend even further. 日本の輸出業者はドルがまだもっと下がるのではないかと心配している
— vt 下る, 降りる

descending /diséndiŋ/ a 下降する

descending mobility (経済的・社会的な) 下降移動 [⊃下方階層へと向かう移動傾向] ⇒upward mobility

descending order 降順 (⇔ascending order) [⊃データの値の大きいものから小さいものへの順. アルファベット順のときはA]

descending sort 降順並べ替え (⇔ascending sort)

descent /disént/ n 下降《from》; 下り坂; 堕落《to》

describe /diskráib/ vt 記述[描写]する; 描く《as》▶ Can you describe exactly what happened? 何が起きたのか正確に説明してくれますか

description /diskrípʃən/ n 記述, 叙述, 描写, 説明, 銘柄; (請求書での) 品名; (有価証券の) 銘柄 ▶ a description of goods 目的物の表示 / a description of the issue 発行案件の要項 / a description of works 業務記述表 / He gave a full description of the financial situation. 彼は財務状況を余すところなく説明した
be beyond [defy] description 筆舌に尽くし難い
of every description あらゆる種類の

descriptive /diskríptiv/ a ❶ 記述[描写]的な ❷〖知財〗記述的な [⊃商標法において, 製品に付された標章がその製品を単に記述するものであって, 識別力がないことを言う. 記述的な標章は原則として商標登録を受けられない]

descriptive labeling 品質表示

deseasonalization, (英) -sation /diːsiːznələzéiʃən/ n 〖統計〗季節調整 [⊃季節的な要因による影響を取り除くこと]

desertification /dizəːrtəfikéiʃən/ n 砂漠化, 裸地化 [⊃乾燥地域, 半乾燥地域などにおいて, 様々な要因によって土地が劣化していくこと. 過放牧や森林伐採, 気候変動などが大きな要因]

deserve /dizə́ːrv/ v (賞罰を) 受けるに足る; 値する《to do》▶ You get what you deserve. 自

業自得だ / As your boss, I think I deserve an explanation for your resignation. 上司として, あなたの退社の理由を聞かせていただきたいのですが

deserve well [ill] of から賞[罰]を受けるに足りる
◇**deservedly** /-id-/ *ad* 当然(のこととして)
◇**deserving** *a* (当然…を)受けるべき, 値する (*of*); 資格のある

design /dizáin/ *n* 設計(図); 図案, 意匠, デザイン; 計画; (~s) 陰謀, 下心 (*against, on*); 意図, 目的 ► a poor design まずい設計 / a design flaw 設計ミス / create a design 設計を起こす / You cannot copy our design. 当方の意匠を模倣することは認めません / We use the design under license in our products. 当社はその意匠を自社の製品にライセンス使用している

by design 故意に
have designs on に下心を持っている, ねらっている

— *vt* 設計[立案]する; 図案を描く; 予定する, もくろむ (*for, to do*) ► The product is designed to withstand high heat. その製品は高熱に耐えるように設計されている / This pamphlet is designed to explain the use of the word processor. このパンフレットはワープロの使用法を説明するためのものだ

— *vi* 設計[立案]する

design application 意匠出願
design-around *n* デザインアラウンド, 迂回設計 [◆他者の特許を侵害しないように製品または方法の設計をすること]

designate *vt* /dézignèit/ 明示する; 称する (*as*); 指名[任命]する (*as, for; to do*) ► The CEO announced that he would step down next month, but has not designated his successor. 来月に辞任するつもりだが, まだ後継者を指名していない, とCEOは発表した

— *a* /-nət/ 指名された
◇**designation** *n* 指示; 称号, 名称; 指名, 任命
designated hitter 代役 (✤野球用語からの転用)
designated money trust 単独運用指定金銭信託, 指定金銭信託, 指定単
designated pickup area ゴミ集積所
designated representative 指定代理人
design brief 要旨説明書, デザインブリーフ [◆商品のイメージ, 表現されるべきアイディアなどを記載した書面. デザイン担当者への依頼に際して交付される]
design criteria 基本設計条件

designer /dizáinər/ *n, a* 設計者; 図案家; デザイナー; デザイナーブランドの ► Where did you get the designer dress? そのデザイナードレスはどこで手に入れましたか

designer hotel デザイナーホテル, デザインホテル [◆有名デザイナーが設計した高級でファッショナブルなホテル. Andrée Putmanのデザインで1985年に開業したニューヨークのMorgans Hotelをもって嚆矢とする]

designer label デザイナーブランド ► a high-profile designer label 著名デザイナーブランド
design for disassembly 易分解性設計, 分離分解性設計 (DFD)
design for environment 環境適合設計, 環境配慮設計, 環境調和設計 (DFE)
design for maintainability メンテナンス性設計 [◆製品の修理などのメンテナンスを容易に, 低コストできるように設計すること]
design for modularity モジュール化設計 [◆製品の構造を数個の独立部品に分割すること]
design for recycle リサイクル性設計 [◆使用済み製品を分解する際, その構成部品が, 環境影響を低減させる部品または材料として再利用しやすいように設計すること]
design for reusability リユース性設計 [◆使用済みの製品の部品を同じ機能を持って他の製品に組み入れる事ができるように, 設計すること]
design information 設計資料
design patent (米)意匠特許 [◆日本の登録意匠に相当する. 米国では, デザインは特許法により保護される]
design protection (英) = design patent
design policy 〖広告〗デザイン・ポリシー [◆視覚的要素の統一化]
design rights 意匠権
design specifications 設計仕様 ► We find that the goods do not meet our design specifications. その品物は当社の設計仕様を満たしていないことが分かる

desire /dizáiər/ *vt* 望む, 願う, 欲する 〖商〗 BUYER desires to purchase from SELLER, and SELLER is willing to sell to BUYER the Products manufactured by SELLER on the terms and conditions contained in this Agreement. 「売主」の製造する製品について, 本契約に定められた条件に基づいて, 「買主」は購入することを望み, 「売主」もまた販売することを願っている

leave nothing [a lot, much] to be desired (物・事が)申し分ない[遺憾な点が多い] ► Your plan leaves nothing to be desired. 君の計画は申し分ない

— *n* 欲望, 願望 (*to do*); 要求 (*for*)
◇**desirable** *a* 望ましい ► To be honest, your discount terms are not very desirable. 率直に言って, 御社の値引きの条件はあまり魅力的ではありません
◇**desirability** *n*
◇**desirably** *ad*
desirous /dizáiərəs/ *a* 望む (*of, to do, that*)
desk /désk/ *n* (新聞社の)編集部; (ホテルなどの)受付; 《米》連銀トレーディング・デスク
desk-bound *a* 机仕事の; 内勤の
desk clerk (ホテルの)フロント係 (= 《英》receptionist)
deskfast *n* 事務机で取る朝食

deskill v 必要技能を低下させる, 熟練労働の必要性を低下させる

deskilled a 必要熟練度が低い

deskilling n 必要熟練度の低下 ► the deskilling of clerical work 事務職における必要熟練度の低下

desk job 事務職 ► She has a desk job at a factory. 彼女は工場で事務の仕事をしている

desk jockey (略式) 事務員 ► Jim works as a desk jockey and is tired of being one. ジムは事務の仕事をしているがその仕事には飽きている

desk rage (ストレス等による) 事務職員の暴発的異常行動

desk research デスクリサーチ [◎既存の文献・資料を調査すること。セカンダリーリサーチとも言う]

desktop a 卓上(用)の
— n デスクトップ [◎パソコンの初期画面]

desktop computer デスクトップコンピュータ

desktop publishing 電子出版, DTP, デスクトップ出版 (DTP) [◎パソコンやプリンターを使って, 著者や編集者が, 出版業者によらずに自ら編集, 製版をするシステム]

◇**desktop publisher** n

despair /dispéər/ n 絶望; (the ~) 絶望の種 (*of*) ► The country is asking for foreign aid to bail it out of economic despair. 経済の絶望的状況から抜け出すために, その国は外国の援助を要請している
— vi 絶望する (*of*)

◇**despairing** a
◇**despairingly** ad

despatch /dispǽtʃ/ v, n (英) =dispatch

desperate /déspərət/ a 必死の; 絶望的な ► The state of the economy was desperate. 経済の状態が絶望的だった

desperately ad 絶望的に ► The project is desperately short of funding. そのプロジェクトは絶望的といえるほど資金不足だ

despite /dispáit/ prep …にもかかわらず (=in spite of)
► **Despite** cost-cutting measures, the company couldn't get out of the red. 経費削減の施策にもかかわらず, 同社は赤字から脱却できなかった / **Despite** the bad weather, we had a great time. 悪天候にもかかわらず, 大変楽しかった / **Despite** achieving Six Sigma quality in many areas of its business, the company has often struggled. 同社はその事業の多くの分野でシックスシグマの高品質を達成しているが, これまでしばしば苦闘してきた
(成句) *despite oneself*

destabilize, (英) **-lise** /diː-/ vt 不安定にする; 動揺させる ► Massive unemployment threatens to destabilize the economy. 大量の失業は景気を不安定にするおそれがある

destination /dèstənéiʃən/ n ❶目的(地), 行き先 ❷【貿易】(物の) 送付先, 到着地; 仕向け先, 届け先 ► a port of destination 到着港, (商品の) 仕向け港 / China is becoming a destination for high-end goods. 中国は高級商品の仕向け地になりつつある

destination site ポータルサイト

destination store テスティネーション・ストア [◎「ちょっとした買物はあの店」という定評のある商業地区の中核店舗]

destitute /déstətjùːt/ a 貧窮した; 欠いた (*of*)
◇**destitution** n 極貧; 欠乏

destn destination

destock v 在庫を削減する, (特に入替えのための) 在庫処分をする

destocking n 在庫処分

destress /distrés/ vt ストレス[ひずみ]を取り除く
— vi ストレスを解除する ► Employees want to find ways to destress. 従業員はストレスを解消する方法を見つけようとする

destroy /distrói/ vt 破壊する; だめにする; (証券類を) 廃棄する, 毀滅する ► Overwork could destroy a worker's career. 過労は働く人の職歴を台無しにすることがある

destruction /distrʌ́kʃən/ n 破壊; 廃棄; (会社の) 清算; 解散 ► the creation and destruction of firms 会社の設立および清算
◇**destructibility** n
◇**destructible** a 破壊できる; 壊れやすい

destructive /distrʌ́ktiv/ a 破壊的な; 有害な (*to*) ► the destructive effect of unemployment on the economy of the city その市の経済に対する失業の破壊的影響
◇**destructively** ad
◇**destructiveness** n

destructive felling 乱伐

detach /ditǽtʃ/ vt 分離する, 切りはなす, 取りはずす (*from*) ► detach the coupon from the bond certificate 債券から利札を切りはなす

detach oneself from を考えないようにする ► He tried to detach himself from the problem. 彼はその問題と関わりを持たないように努めた
◇**detachedly** /-id-/ ad 分離して; 公平に
◇**detachment** n 分離; 無関心 (*from*); 公平

detachable warrants 分離型ワラント債 [◎発行会社の株式を取得できる新株予約権がそれが付属する証券 (社債等) と分離して譲渡できるもの。2002年4月の商法改正により分離型ワラント債は社債と新株予約権の同時発行として処理され, 単一の金融商品としては存在しない]

detached a 分離した; 分遣された; 超然とした; 公平な ► a detached palace 離宮

detail /ditéil, diːteil/ n 細部; 詳細; 精細装飾 ► See the attachment for further details. 詳細については添付書類をご覧ください / Retail is detail. 小売業はこまごました作業が決め手 (✥業界の諺) / Could you send me more details about the product? その製品についてもっと詳細をお知らせください

down to the last detail 詳細に

go into detail(s) 詳細に述べる (*about*) ► He went into details about the need for re-

form. 改革の必要性について彼は詳しく述べた
in (great) detail 詳細に
— *vt* 詳述する
◇**detailed** *a* 詳細な
detail drawing 詳細図
detailed design 詳細設計
detailed engineering 詳細設計
detailer *n* 商品情報説明員 [◎特にわが国の製薬業界での医薬情報担当者(MR)に相当する者を言う]
detail man (製薬会社の) 医薬情報担当者, MR (✚かつて「プロパー」と呼ばれた)
detail person =detailer
detect /ditékt/ *vt* 見つける; 正体[本質]を見抜く, かぎつける
◇**detection** *n* 発見; 探知
◇**detector** *n* 発見者; 探知器
detection risk 不正看過リスク (DR) [◎監査により不正を発見できないで終わるリスクを監査リスク(audit risk)と言うが, これ自体, 固有リスク(内部統制が存在しない企業固有のリスク=inherent risk), 内部統制リスク(内部統制が機能していてもありうるリスク=control risk), そしてDRの相乗積であり, 監査ではDRしかコントロールできないが, 固有リスクと内部統制リスクをあらかじめ軽減できれば妥当な監査を確保できると説明される]
detention /diténʃən/ *n* ❶引留め; 抑留; 不法占有
❷【法律】(1) (意に反した身柄の) 留置; 《英》(青少年拘置所での) 青少年拘置 (2) (他人の所有物の) 留置
❸滞船料, (コンテナの) 滞留費
deteriorate /ditíəriəèit/ *v* 悪化[低下]する[させる] (*into*) ► Business sentiment has deteriorated for the fourth month in a row. 企業マインドは4か月続けて悪化している / As working conditions deteriorated, employees became more and more dissatisfied. 労働条件が悪化するにつれて, 従業員はますます強い不満を抱いた / The relationship between the two partner companies deteriorated. パートナーである両社の関係は悪化した / Talks between management and union have deteriorated. 経営陣と組合の話合いは悪化した
deterioration /ditìəriəréiʃən/ *n* 品質低下, 価値低下; 劣化 [◎物理的要因などにより, 性能が低下すること] ► physical deterioration 物理的劣化 / profit deterioration 採算の悪化 / deterioration in financial health 財務体質の悪化 / Deterioration of the trade talks led to icy relations between the two countries. 貿易協議の悪化は両国の間に冷ややかな関係をもたらした
determinant /ditə́:rmənənt/ *n, a* 決定要素; 決定的な
◇**determinate** /-nət/ *a* 決定された; 断固とした, 決然たる
◇**determinateness** *n* 確定
determination /ditə̀:rmənéiʃən/ *n* 決心 (*to do*); 決定; 測定; 《英》契約等の解除

determination letter 決定書 [◎米税務当局が納税者の求めに応じて非課税等の確認をする決定通知書]
determine /ditə́:rmin/ *vt* 決定する; 限定する; 決心させる (*to do*); 《英》契約等を解除する ► Demand often determines price. 需要が価格を決定する場合が多い / It's difficult to determine property values right now. 現時点で資産価値を決めることは難しい
— *vi* 決心する (*on*)
be determined that [*to do*] …する決心である ► We are determined to do everything we can to turn the company around. 会社を立て直すために必要なら, どんなことでもやる覚悟だ
Detroit Three デトロイトスリー, デトロイト3社 [◎米国の大手自動車メーカー3社(General Motors, Ford, Chrysler)の総称. 2006年にChryslerが米国内の販売台数で3位から転落して以来, Big Threeに代わって用いられるようになった. 略:D3] ► The Detroit Three are in desperate need of funding from the government. 米大手自動車メーカー3社は政府からの資金援助を何としても必要としている
Deutsche Aktienindex /dɔ́itʃə ǽktiənìndeks/ (~ AG) ダックス指数 (DAX) [◎ドイツを代表する株価指数]
Deutsche Bank /dɔ́itʃə/ (~ AG) ドイツ銀行 [◎ドイツ3大銀行の一つ. 英国Morgan Grenfell, 米国Bankers Trustなどの買収により投資銀行業務では世界最大級. 1870年設立]
Deutsche Lufthansa (~ AG) ドイツ・ルフトハンザ航空 [◎ドイツを代表する航空会社. Air France-KLMに次ぐ欧州の大手航空会社]
Deutsche Mark (旧)ドイツマルク (DM)
Deutsche Telekom (~ AG) ドイツテレコム [◎ドイツの通信会社. 1966年の民営化で株式公開. 携帯電話, インターネットなども展開]
devaluate /di:væljuèit/ *vt* =devalue
devaluation /di:væljuéiʃən/ *n* 切り下げ [◎固定為替相場制のもとで, 一国の通貨の対外価値を切り下げること] ► speculation about a possible devaluation of the RMB 人民元切り下げの思惑
devalue /di:-/ *v* (ある通貨が他通貨に対して)下げる, (通貨の)平価を切り下げる ► The dollar has devalued by 30% against the euro over the past two years. ドルはユーロに対してここ2年で30%下げている
devanning *n* デバンニング [◎コンテナから荷物を取り出す作業]
devastate /dévəstèit/ *vt* (国土などを)荒廃させる; 圧倒する, 呆然自失させる ► be devastated about できで打ちのめされている / Rising inflation and unemployment devastated the economy. インフレの高騰と失業は景気を打ちのめした
◇**devastating** *a* 破壊的な; 圧倒する
◇**devastation** *n* 破壊 ► The company is fighting environmental devastation in the area. 会社はその地域の環境破壊とたたかっている

develop /divéləp/ v 発達[発展]させる[する]《*to, from, into*》; 開発する; 展開する ► The economy has developed rapidly. その国の経済は急速に発展した / Instead of trying to create new products, let's focus on developing our current ones. 新製品を創る努力をする代わりに，当社の現在の製品を改良することに全力を注ごう / You need to develop many other skills in this business. この仕事で多くの他の技術を身につけなければならない

it developed that (進展して)ということになった
developed /divéləpt/ a 発展[発達]した
developed country 先進国, 先進工業国
developed land 造成地, 整地済みの土地, 造成済みの土地
developed skills 熟練技術 ► We need more people with developed skills. 熟練技術を身につけている人間がもっと必要だ
developer n ❶ ディベロッパー, 不動産開発業者 ⇒ subdivider ❷ (ソフトウェアの)製作者
developing a 開発途上の
developing country 発展途上国, 開発途上国 [◯ かつては低開発国(underdeveloped country)と呼ばれた]

development /divéləpmənt/ n 発達, 発展, 成長; 新しい情勢; 開発(地); 展開, 成行き; 新局面 ► urban development 都市開発，まちづくり / a housing development 住宅団地 / career development キャリア開発 / philosophy of development 開発理念 / land conservation and development 国土の保全と開発 / finance development 開発資金の調達をする / lead development 開発の先陣を切る / watch developments 成行きに注目する / promote land development projects 土地開発計画を促進する / cut back on research and development spending 研究開発支出を削減する / be still in the early stages of economic development いまだに経済開発の初期段階にある / John is head of development at the company. ジョンは同社の開発部長だ / We're working on the development of new supermarkets. われわれは新しいスーパーの開発に従事している

in another development / in other developments (ニュースで)一方, さらに
under development 開発中で
◇**developmental** *a*

development aid 開発援助 ► Development aid comes from donor countries. 開発援助は供与国から差しのべられる
development area (英)産業振興地域
development assistance 開発援助
Development Assistance Committee (the ~)開発援助委員会 ⇒ DAC
development bank 開発銀行 [◯ 国や地域の経済開発を支援するため緩やかな条件で長期資金を供給する]
development cooperation 開発援助
development corporation 金融公社 [◯ ベンチャー企業育成, 地域振興に向け資金を供給する機関が名称の一部に使う言葉]
development cost 開発費 (=development expenditure) [◯ 新市場の開拓, 新製品開発などにかかわる費用]
development grant 助成事業補助金
development land =developed land
development project 開発プロジェクト ► The local government is planning a new development project for the coming year. 地元の自治体が来年に向け新たな開発プロジェクトを計画している / We faced many problems when running the development project. 開発プロジェクトの進行管理に携わっている間, さまざまな問題に出会ったものだ / We need to analyze the impact of the proposed development project on the existing system. 提案されている開発プロジェクトが既存のシステムにどう影響するかを分析する必要がある
development risk デベロップメント・リスク [◯ リスク研究の進展により後発的に判明する暇疵]
development team 開発チーム ► The development team fell apart due to creative differences. 開発チームは制作のあり方について見解が対立し, 空中分解した
development work 開発作業
devest /divést/ vt =divest ②
deviate v /dí:vièit/ それる; そらす, 偏向する《*from*》
deviation /dì:viéiʃən/ n 逸脱; 偏向; 偏差; 乖離 ► a 5% deviation from target 目標値から5%の乖離 / deviation from regulations 規則からの逸脱 / The decrease in sales was a deviation from our original forecast. 売上高の減少はわれわれの当初の予測とは食い違っていた
deviation score 偏差値 [◯ 平均からの隔たりを示す数値]
device /diváis/ n 装置, 仕掛け; 標語; デバイス; 方策 ► a marketing device マーケティング上の「しかけ」

leave a person to his own devices 人に勝手にやらせる
device claim デバイスクレーム [◯ 発明された装置をカバーする特許クレーム. 基本的に apparatus claim (装置クレーム)と同義]
device driver デバイス・ドライバ [◯ コンピュータと周辺機器を接続して動作させるソフトウェア]
devil /dévəl/ n 悪魔; 精力家; (仕事などの)鬼; …の人 ► the poor devil かわいそうな人 / The devil is in the details. 《ことわざ》悪魔は細部に宿る [◯ 法律や契約書の細かい条文に重要な問題が隠れていることに注意を喚起することわざ]

a devil of a ... 嫌な[ひどい]…
between the devil and the deep (blue) sea 進退きわまって
like the devil 《略式》猛烈に, 激しく
play the (very) devil with をめちゃくちゃにする
raise the devil 騒ぎを起こす

the devil to pay 《略式》前途の苦労 ▶ have the devil to pay 面倒なことになる
— *v* (《英》-**ll**-) 《米略式》悩ます; (作家・弁護士の)下請けをする(*for*)
◇**devilish** *a*, *ad* 悪魔の(ような); 《略式》ひどい, ひどく

devil's advocate (議論を検証するための)意図的な反論 ▶ play [be] the devil's advocate あえて異論を唱える

devious /díːviəs/ *a* 遠回りの; 曲がりくねった; 正道を外れた ▶ a devious manager 不誠実な経営者 / take a devious route 遠回りする
◇**deviousness** *n*
◇**deviously** *ad* ▶ deviously plan to spread a virus (コンピュータ)ウイルスをまくために悪知恵をめぐらす

devise /diváiz/ *vt* ❶ 考案する ▶ It's imperative for the country to devise ways of developing alternative energy within the next decade. 今から10年間に代替エネルギーの開発方法を案出することは同国にとって絶対必要だ ❷ 遺贈する ▶ give and devise 遺産として与える (✚遺言書の遺贈文言)
— *n* (物的財産) 遺贈(文言), 遺言書, 遺贈財産
◇**devisee** /divaizíː/ *n* (特に不動産の) 受遺者
devisor /diváizər/ *n* (特に不動産の) 遺贈者

devolution /dèvəlúːʃən|diːv-/ *n* (権限・領土等の) 委譲, 移譲

devolve /diválv/ *v* (権利が) 移転[承継]される; (権利・権利などを) 譲り渡す, 委譲する ▶ His estate devolved on a distant relative. 彼の地所は遠縁の者の手に渡った

devote /divóut/ *vt* 捧げる, 振り向ける, つぎ込む (*to*) ▶ We have devoted a lot of time and energy to this project. 私たちはこのプロジェクトに多くの時間とエネルギーを注ぎ込んだ 📖 CONSULTANT shall devote its best efforts and full attention to the foregoing and its other obligations under this Agreement. 「コンサルタント」は, 本契約に基づく前述の義務およびその他の義務に対して最善の努力と十分な注意を払うものとする

devote full time to に全時間を当てる
devote oneself to / be devoted to に専念[献身]する ▶ He devoted himself to helping the poor. 彼は貧しい人々の救済に身を捧げた
◇**devoted** *a* 献身的な
◇**devotedly** *ad*
◇**devotee** /dèvətíː/ *n* 心酔者, 愛好者

Dewar's 《商標》デューワーズ [➡スコットランド高地産のウィスキー]

Dexedrine 《商標》デキセドリン [➡覚醒剤・中枢神経刺激剤のデキストロアンフェタミン(dextroamphetamine)の商標名]

DHL ディーエイチエル [➡Fedex, UPSと並ぶ米国の国際航空急送便会社. 現在はドイツ政府が35%保有のDeutsche Post AGの子会社. 1969年に創立. DHLは創業者であるA. Dalsey, L. Hillblom, R. Lynnの頭文字から]

DI diffusion index

Diageo (~ plc) ディアジオ [➡英国の食品・飲料グループ. 1997年, Guinness plcとGrand Metropolitan plcの合併により発足. 主力のアルコール飲料にはJohnnie Walker, Smirnoff, Guinnessなど. Burger Kingチェーンも展開. VivendiよりSeagram'sの飲料部門も買収し, Crown Royalなども買い取る]

diagnose /dáiəgnòus, -z/ *vt* 診断する (*with*, *as*)
◇**diagnosis** /-sis/ *n* (**-noses** /-siːz/) 診断; 分析
◇**diagnostic** /-nás-/ *a*, *n* 診断(上)の; 点検の ▶ diagnostic software 診断・修復ソフト

diagonal /daiǽgənl/ *n*, *a* 対角線(の), 斜めの
diagonal stroke 斜線

diagram /dáiəgræm/ *n*, *vt* (《英》-**mm**-) 図式[図表](で表す); 列車運転図表; 予定表; 図表, チャート ▶ draw a diagram 図を描く
◇**diagrammatic**, **diagrammatical** /-grəm-/ *a*
◇**diagrammatically** *ad*

dial /dáiəl/ *n* 文字盤; 指針盤; ダイヤル
— *v* (《英》-**ll**-) ダイヤルする; 電話を掛ける (*up*) ▶ You have dialed the wrong number. 番号が違っていますよ / I'm sure I dialed the right number. 正しい番号をダイヤルしたと思う

Dial 《商標》ダイアル [➡脱臭, 殺菌効果のある米国の石鹸のブランド]

dialing code ダイヤル・コード [➡通信会社ごとの番号, 電話の国番号, 地域番号など]

dial(ing) tone 発信音

dialog(ue) /dáiəlɔːg/ *n*, *vi* 対話(する); 討論(する) ▶ The best way to resolve our differences is through open dialog with the union. われわれの間の相違点を解消する最善の方法は, 組合と率直な対話を実行することだ

dialog(ue) box (画面の) ダイアログボックス ▶ The dialog box is asking to enter your first and last name. ダイアログボックスが姓名を入れるように指示している

diamond /dáiəmənd/ *n* ダイヤモンド; (トランプの) ダイヤの札

a diamond in the rough / a rough diamond 優秀だが荒削りの人[着想]

DIAMONDS (米国の) ダウ工業株指数連動ETF (上場投資信託)

diary /dáiəri/ *n* 《英》手帳 (=appointment book, 《米》datebook); 日記(帳), ダイアリー (= 《米》calendar) ▶ Use a diary to plan your day and week. 毎日と週の計画を立てるために手帳を利用しなさい

dicker /díkər/ *vi*, *n* 値を掛け合う, 値切る (*with*, *for*); 物々交換(する) ▶ Are they willing to dicker? 彼らは値段を交渉する気があるだろうか

Dictaphone 《商標》ディクタフォン [➡口述筆記用の録音機から始まった会社で, 現在は音声認識技術で知られるNuance Communicationsの一部門]

dictate *v* /díkteit, -́-/ 口述筆記をする; 書き取らせる; 命令する (*to*)

― *n* /-́-/ (しばしば ~s) 命令, 指令
◇**dictation** *n* 書き取り
dictation machine 口述筆記用の録音機
dictionary /díkʃənèri/ *n* 辞典, 辞書
dictum /díktəm/ *n* (**-ta** /-tə/, **~s**) ❶ 言明; 格言 ❷ 【法律】(1) 傍論 [◯**obiter dictum** (先例たる判決の中で判例法としての規範的効力をもたない言明)の商略形. 複数形は **dicta**] (2) 叙述, 言明
DID (米) Direct Inward Dialing ダイヤル・イン方式 [◯内線に電話番号を付与しておくことで, 外部から直接電話ができる]
diddle /dídl/ *v* (英略式) だます, だまして…を取る (*out of*); 時間を浪費する
die /dai/ *vi* (**dying**) 死ぬ; (木が) 枯れる; (火が) 消える (*away, down*) ▶ die of cancer がんで死ぬ / die from wounds 傷がもとで死ぬ / die in the earthquake 地震で死ぬ / die by one's own hand 自殺する
be dying (略式) 欲しくて [したくて] たまらない (*for, to do*)
die down 衰える; (風が) やむ
die hard 最後まで抵抗する; (因習が) 容易になくならない
die out 死に絶える; すたれる ▶ The fad quickly died out. その流行は急速にすたれた
die-cut *n* ダイ・カット [◯DMの開封を促すためなどに使われる型抜き加工]
DieHard (商標) ダイハード [◯米国の車用バッテリーのブランド]
diesel /díːzl/ *n* ディーゼル機関
diesel emission control ディーゼル排ガス規制
diesel emission particulate ディーゼル微粒子 (DEP)
diet¹ /dáiət/ *n* (a ~) 規定食; 食餌 (じ); 常食; 習慣的なもの (*of*) ▶ Many diet products out on the market are simply scams. 市場に出ている多くのダイエット製品はまったくのインチキだ
― *v* 食餌制限をする
diet² *n* ❶ (通例 the D-) (デンマーク・スウェーデン・日本などの) 議会, 国会 ❷ (スコット) 開廷日; 会期, 開廷期間
differ /dífər/ *vi* 異なる, 違う (*from*); 考え方が違う (*with, from*) ▶ The exchange rate differs from day to day. 為替レートは日ごとに違う
agree to differ 意見の違いのあることを認める
I beg to differ. 失礼ですが私はそう考えません
difference /dífərəns/ *n* 違い, 相違 (点) (*between*); 差額; 不和 ▶ They may have differences of opinion with you. 彼らはあなたと見解の違いをもっているかもしれない / There were irreconcilable differences between the two sides. 両者の間には妥協しがたい相違点がある
for all the difference it makes たいした違いはないのだから
have a difference of opinion over について意見の相違がある
make a big difference / make all the difference 大きな違いがある, とても重要である ▶ Your help really made a big difference. 貴殿のご支援は本当に大きな効果がありました / Changing the product design can make all the difference to our sales. 製品のデザインを変えると売上高が大きく違ってくることがある
make no difference / not make any [the slightest] difference まったく問題ではない [どうでもよい] (*to*) ▶ It doesn't make any difference whether I am there or not. 私がそこにいようといまいと少しも違いはない
same difference 結局は同じこと
split the difference 歩み寄る; 残りを等分する
with a difference 特別な; 一風変わった
different /dífərənt/ *a* 違った (*from, than, to*); さまざまの; 特異な ▶ The result was different from what we'd expected. 結果は私たちの予想したものとは違った / Things were different then. 当時は事態が異なっていた / He has a different take on the issue. 彼はこの問題について異なった見解をとっている / We need to get several different quotations from our suppliers before deciding. 決定する前に何社かの供給業者から別の見積りをとる必要がある / We offer a wide range of different products to meet customers' needs. 当社では顧客のニーズに合わせて広範囲の異なった製品を提供している
differential /dìfərénʃəl/ *a* 特質的な; 差別的な
― *n* 差 (額); 格差 ▶ an interest rate differential 金利差 / a price differential 価格差 / narrow [widen] a differential 格差を縮小する [拡大する]
differential pricing 差別価格制度 [◯① 国際支援団体向けには市販のものとは別の薬価を適用すること ② 同一商品につき学生向けにアカデミックパックとして安い価格を適用するように, 複数の価格体系を設けること]
differential tariff 差額関税 [◯所定の水準より輸入価格が低い場合に払わされる関税]
differentiate /dìfərénʃièit/ *v* (製品・サービスを) 差別化する ▶ This innovative product design differentiates us from the competition. この斬新な製品のデザインで競争相手との差別化を行っている
differentiated product 差別化製品 [◯競合他社製品に差をつけている製品]
differentiating strategy 製品差別化戦略 [◯他と違うブランド名, デザイン, 広告を採用するなどして, 自社製品の違いを際立たせる戦略]
differentiation /dìfərénʃiéiʃən/ *n* (製品の) 差別化 ▶ price differentiation 価格差別化 / product differentiation 製品差別化
differentiation strategy 差別化戦略
difficult /dífikʌlt, -kəlt/ *a* 難しい; 扱いにくい; 気難しい ▶ It's difficult to predict the outcome. 結果を予測するのは難しい / The company is going through a difficult time now. 同社はいま苦難の時期を経験している / I'm afraid it'll be difficult for us to ship the order on your requested date. 申し訳ありませんが, ご希望の日にご注文の品を発送することは難しいと思い

ます
be difficult of approach 接近し難い
find it difficult to do …するのが困難だ ► I find it difficult to say no. ノーと言うのは難しいね

difficulty n 困難《in》; 障害; 《-ties》財政困難, 窮乏; 苦情, 異議
get into difficulties 窮地に陥る
have difficulty (in) doing …するのが困難だ ► We've had difficulty contacting our client. 当社は顧客と連絡をとるのに苦労してきた
make [raise] difficulties 苦情を言う, 異議を申し立てる
with difficulty やっと

diffuse /difjúːz/ v 拡散する[させる], 広がる; 流布させる
— a /-s/ 冗長な; 拡散した

diffusion /difjúːʒən/ n 普及, 流布; 拡散
diffusion curve 普及曲線
diffusion index 景気動向指数 (DI) [◆複数の経済指標を束ねた上, 集計日に前回より上昇している指標の割合を調べ, 50%ラインを上から下に切れば景気の山, 下から上に切れば景気の谷と見る] ► the diffusion index for large manufacturers 大企業製造業の業況判断指数 / the diffusion index for small nonmanufacturers 中小企業非製造業の業況判断指数

dig /díg/ v (**dug**, 《古》**~ged**; **-gg-**) 掘る, 掘り出す《*up, out*》; 突っ込む《*into*》; 《略式》分かる, 気に入る, 見る; 丹念に調べる《*into*》
dig for 掘って捜す; 丹念に捜す
dig into にかぶりつく; に専心する ► With the price hikes, consumers have to dig deeper into their pockets. 価格の高騰で, 消費者はますます出費が多くならざるを得ない
dig out を掘り[捜し]出す; 《米》素早く去る
dig up を発掘する; 捜し出す

digerati /dìdʒərɑ́ːti/ n pl コンピュータ知識階級
digest v /didʒést, dai-/ 要約する
— n /dáidʒest/ 要約, 摘要; (メーリングリストの) ダイジェスト
◇**digestible** a 要約できる

digicash /dídʒikæʃ/ n 電子マネー
DiGiorno 《商標》ディ・ジョルノ [◆米国の冷凍ピザのブランド. 家庭で手軽にピザ屋の味が楽しめる]
digit /dídʒit/ n アラビア数字; (数字の) けた

digital /dídʒətl/ a デジタル[計数]型の (⇔ analog) ► Many television networks have transitioned from analog to digital broadcasts. 多くのテレビ局はアナログ放送からデジタル放送に移行している

digital camera デジタルカメラ, 「デジカメ」
digital cash =e-cash
digital convergence デジタル・コンバージェンス [◆デジタル技術によって異業種が融合して新しい産業へと収斂していく過程. コンピュータ業界による家電界のデジタル化による融合が代表的な例だが, アナログ家電に強かった日本はデジタルコンバージェンスの動きに遅れをとったと言われる]
digital currency =e-currency
digital divide デジタル・ディバイド [◆コンピュータ・インターネット使用者と非使用者の格差] ► threat of a digital divide デジタル・ディバイドが生じることへの懸念
digitalize, 《英》**-lise** /dídʒətlàiz/ vt デジタル化する (=digitize)
digitalized information デジタル情報
digitally ad デジタルベースで, デジタル的に
digital map デジタル・マップ [◆地表画像情報 (高低差, 植生等) を数値化してコンピュータ処理可能とした電子地図]
Digital Millennium Copyright Act デジタルミレニアム著作権法 (DMCA) [◆米国著作権法の改正法で, 著作権保護技術 (コピー防止機能等) の回避や無力化のために設計されたソフトウェアの供給の禁止等を定めるもの]
digital money =e-money
digital nervous system デジタル・ナーバス・システム (DNS) [◆ヒトの神経系のように社内ネットワークが有機的に連携しており, 社員並びに経営陣が企業内のあらゆる情報にアクセスでき, 相互間の連絡もできるシステム]
digital restrictions management =digital rights management
digital rights デジタル権 [◆著作物をデジタル媒体により流通させる権利]
digital rights management デジタル著作権管理 (DRM)
digital signature デジタル署名 (=electronic signature)
digital subscriber line デジタル加入者線 (DSL) [◆既存の電話回線 (銅線) を利用した高速インターネット通信の仕組み]
digital television デジタルテレビ
digital versatile [video] disc ディーヴィーディー (DVD)
digital video camera デジタルビデオカメラ, DV方式ビデオカメラ
digital wallet 電子マネー
digital watermark 電子透かし [◆セキュリティや著作権侵害の探知のためにデジタルファイルに埋め込まれたコード]
digitize, 《英》**-tise** /dídʒətàiz/ vt (データを) デジタル化する ► a digitizing board デジタル転換盤
◇**digitization** n デジタル化
◇**digitizer** n デジタル変換器

digress /digrés/ vi (主題から) 外れる《*from*》; 脱線する ► I'm digressing. Let's get back to product specifications. ちょっと脱線しました. 製品の仕様に戻りましょう
◇**digression** n
◇**digressive** a

Dilantin 《商標》ディランチン [◆diphenylhydantoin の商品名]
dilapidation /dilæpədéiʃən/ n 《英》(賃借人の) 保全義務違反金
dilemma /dilémə/ n ジレンマ, 板挟み, 窮地 ► The conflict of interest put him in a dilemma. 利害の抵触は彼をジレンマに陥れた /

Managers often face ethical dilemmas on the job. 管理職はしばしば職務で倫理的なジレンマに直面する

be in a dilemma ジレンマに陥る

be on the horns of a dilemma 進退窮まる

diligence /dílədʒəns/ *n* 勤勉, 精励, 努力; (過失責任を問う際の前提である) 注意 ► ordinary diligence 一般的に人が自己の問題を処理する際に払う程度の注意 / use reasonable diligence 相当の注意を払う

diligent *a* 勤勉な, 仕事熱心な, 入念な, 良心的な仕事をする

◇**diligently** *ad*

dilute /dilú:t, dai-/ *v* 希薄化する, 希釈する [➡増資などにより既存株主の持株の価値が低下すること]

— *a* 弱い; 薄い

diluted earnings per share, diluted EPS 希薄化後1株当たり利益 (⇔basic earnings per share) [➡転換社債等の潜在株式がすべて株式に転換されたと仮定した場合の一株当たり利益]

dilution /dilú:ʃən | dai-/ *n* ❶ (一株当たりの利益や議決権の価値などの) 希薄化, 希釈化 ► prevent dilution resulting from stock splits 株式分割による希薄化を回避する / There will be no dilution of the controlling interest of current shareholders as voting rights will not be attached to these new shares. これらの新株には議決権が付与されないので, 既存株主の経営支配権が希薄化することはない ❷ 《知財》希釈化 [➡商標の不正使用により, 当該商標と特定の製品の出所との結びつきが弱められること。特に, 著名商標がその指定商品・サービスとは無関係の商品・サービスに使用されることにより問題となる]

dilutive securities 希薄化証券 [➡会計期間中または会計期末以降に, その保有者が普通株式を取得することのできる権利もしくは普通株式への転換請求権またはこれに準じる権利が付された証券(潜在株式, 具体的にはワラントや転換証券を言う)により, 行使前の一株当たり当期純利益よりも下回ってしまう効果を伴う証券を言う]

dim /dim/ *a* (**-mm-**) 薄暗い; ぼやけた, かすんだ, 《略式》鈍い

take a dim view of を悲観的に見る ► He took a dim view of people hopping from job to job. 転職を繰り返す人たちを批判的に見ていた

— *v* (**-mm-**) 薄暗くなる[する]; かすむ[かすませる]

◇**dimly** *a*

◇**dimness** *n*

dime /daim/ *n* (米・カナダの) 10セント硬貨; 《略式》 10ドル ► You can travel first class, but not on the company's dime. ファーストクラスで出張してもかまいませんが, 会社は経費を負担しませんよ

a dime a dozen 《略式》ありふれた, つまらない

on a dime ただちに

dimension /diménʃən/ *n* 寸法; (通例 ~s) 容積, 規模, 寸法; 次元 ► in three dimensions 3Dで / measure the dimensions of the package 包みの寸法を測る

◇**dimensional** *a* 寸法の; …次元の

◇**dimensionality** *n* 次元

dimensionalize, 《英》**-lise** *v* 多面的分析を行う

dime store 《米》安物雑貨店 (=five-and-ten)

diminish /dimíniʃ/ *v* 縮小[減少]する ► Weakened consumer confidence has diminished our sales. 消費者の信頼感の低下は当社の売上高を減少させている / The government hopes to diminish the trade deficit. 政府は貿易赤字を減らしたがっている

diminished responsibility 限定責任能力, 責任軽減 [➡犯罪の責任を問うための心理的能力が低減した状態(心神耗弱(こうじゃく))。刑が軽減される]

diminishing balance method 《英》逓減残高法, 定率法 (= 《米》declining balance method)

diminishing marginal product 限界生産力逓減 [➡ある生産要素の投入量が増加するにしたがって, その生産要素の限界生産物が減少すること]

diminishing marginal utility 限界効用逓減 [➡消費量が増えるに従って限界効用が低下していていくこと]

diminishing method of depreciation (減価償却の)定率法, 逓減法

diminishing returns ❶ 収穫[収益]逓減 [➡利益, 生産高, 便益などが一定水準を超えた後には, 資本, 労力, 技能などを追加投入しても成果の伸びが低くなること] ❷ 収穫逓減の法則 (=law of diminishing returns) [➡ある水準まで労働など一つの要素を増加してゆくと, 生産要素単位当たり生産高が減少に転じるという理論]

diminishing returns to scale 規模に関して収穫逓減 [➡すべての生産要素の投入量を比例的に増加させたとき, 産出物がその増加率以下にしか増加しないこと] ⇨ constant returns to scale

diminishing utility 効用逓減 [➡財・サービスに対する満足度は, 供給量がある水準まで達すると次第に減少すること]

dingbat /díŋbæt/ *n* (~s) ディングバット [➡記号などを集めたフォント]

dinner /dínər/ *n* 正餐(さん), 夕食 [➡一日の主要な食事]; 晩餐会 ► We went out to dinner with our clients to celebrate the deal. 取引の成立を祝して顧客と一緒にディナーに出かけた

dinner party 夕食会

Dior 《商標》ディオール [➡米国でも著名なフランスのブランド。衣料, 靴, バッグ, 化粧品など幅広い製品が高級デパートなどで売られている]

dioxin /daiáksin/ *n* ダイオキシン [➡燃焼過程や化学物質の合成過程で非意図的に生成され, 極微量の摂取でも生体に影響を及ぼす毒性の強い物質]

DIP debtor in possession

dip /dip/ *vt* (**~ped**, 《古》**dipt**; **-pp-**) ちょっとつける [浸す] 《*in*, *into*》; くみ出す, すくい上げる 《*out of*, *from*》

— *vi* (相場,価格が)ちょっと下げる,一時的に下げる

dip in 分け前を取る

dip into に[を]ちょっと入って[やって]みる ► Because of the declining stock market, many retirees have been dipping into their savings. 株式市場の下落のために,多くの退職者が貯蓄を取り崩してきた

dip into one's pocket [***purse, savings***] 散財する

— *n* 小幅の[一時的な]低下;(株価の)一時的下落 ► a dip in profits 収益の低下 / During dips in the stock market, investors are less aggressive. 株式市場が下げている間は,投資家はそれほど積極的ではない / The dip in sales caused the company to lower its production. 売上高の低下のために同社は生産を減少させる羽目になった

DIP Financing DIPファイナンス (=debtor in possession financing) [⊃会社更生手続が進められている企業に対する融資]

diploma /díplóumə/ *n* 卒業証書;学位;免状;資格免許状;公文書

diplomacy *n* 外交,交渉;外交的手腕;如才なさ

diploma mill《米略式》マスプロ大学,サラリーマン養成大学[学部] [⊃卒業免状製造工場の意]

diploma-oriented *a* 学歴偏重の

diplomat *n* 外交官;外交家,如才ない人

diplomatic *a* 外交的な,人をそらさない,人扱いの上手な,対人交渉のうまい (=tactful) ► The whole deal will fall through, if he is not diplomatic. 交渉によほど気を遣わないと取引がお流れになるかもしれない

dire /daiər/ *a* 恐ろしい;悲惨な ► Though the company is not in dire straits, we should look into cutting costs. 会社が窮地に陥っているわけではないが,われわれは経費削減を検討すべきだ / The company is in dire need of upgrading its production system. 同社は生産システムを至急にグレードアップさせる必要がある

direct /dirékt, dai-/ *vt* 指導する;管理する;指図する;道を教える;(手紙を)あてる (*to*);(注意・努力を)向ける (*to, at*) ► Could you direct our client to the meeting room? お客様を会議室へご案内いただけますか

as directed by に指示されるように

— *a, ad* まっすぐ(な);直行の[で];直系の;直接(の) ► sell direct to business customer 法人客に直接販売する / We purchase direct from overseas. 当社は海外から直接調達している / I'd appreciate if you could be direct with me. 率直にお願いできれば幸いです

direct access [ﾀﾞｲﾚｸﾄ] ランダムアクセス

direct action (ストライキなどの)直接行動

direct advertising 直接広告 [⊃CMによる不特定多数の広告に対してのDMによる特定人宛のもの,または,企業広告に対しての商品広告]

direct allocation method =direct distribution method

direct banking ダイレクトバンキング [⊃電話やインターネットを利用して残高照会や振込など取引ができる無店舗型の銀行サービス]

direct buying (流通業者を介さない)直接購入 (⇔direct selling)

direct capitalization 直接収益還元法 [⊃不動産物件の期待収益を一定の割引率(還元利回り)で除して理論上の適正評価額を求める方法]

direct charge 直接費の賦課 [⊃直接材料費,直接労務費および直接経費のような直接費を製品または部門のような特定の計算対象に課税させること]

direct competition 直接競争関係 ► be in direct competition with と直接競争関係になる

direct competitor 直接の競争相手

direct cost 直接費 [⊃直接労務費・直接材料費など];直接工事費 [⊃建築費を構成する費用のうち,人件費や資材費などを言う]

direct costing 直接原価計算,ダイレクト・コスティング (=variable costing) [⊃原価要素のうち変動費のみを製品原価とする原価計算]

direct debit 自動引落し (=《米》bank draft) ► Payment is made by direct debit. 支払は自動引落しで行われている

direct deposit (給与などの)口座振込

direct-dial *a, v* 直通ダイヤルの[する]

direct dial(l)ing 直通ダイヤル式

direct distribution channel 直接流通経路,直接流通チャネル (⇔indirect distribution channel) [⊃製造業者が中間流通業者を経ないで商品を直接顧客に供給する仕組み]

direct distribution method 直接配賦法 [⊃補助部門費を直接に製造部門のみに配賦する方法]

direct exchange (通貨の)直接交換

direct expense 直接経費 (⇔indirect expenses) ⇨direct cost

direct exporting =direct exports

direct export(s) 直接輸出(品) [⊃生産者が商社等を介在させず直接に海外の需要家と取引し,輸出すること] ► Sales grew and we moved on to direct export. 売上が増大してわれわれは直接輸出に踏み切った

direct financing (資金の)直接調達 [⊃取引先に新株を引受けてもらう第三者割当増資のように第三者(引受業者やブローカー)を利用しないで借り手と貸し手の間で直接に実行される金融]

direct importing 直接輸入 [⊃消費者やユーザーが直接,海外の生産者に連絡し,輸入すること]

direct import(s) 直輸入(品)

direct investment 直接投資 [⊃株式を取得をすることで企業経営へ直接参加したり,子会社や支店の設立などを通じて非居住国の企業に支配力を持つことを目的とした投資]

direction /dirékʃən, dai-/ *n* 方向;(~s) 道順;傾向;指揮,指導;管理[監督];(~s) 命令,指図,指示 ► Many people are pessimistic about the direction of the economy. 景気の行方について,悲観的な人が多い / Our business is finally headed in the right direction. 私たちの事業はようやく正しい方向に向かっている / The CEO is confident that the company is headed in the right direction. そのCEOは会社が正しい方向に進んでいると確信している / The new CEO promises to take the company in a bold new direction. 新任のCEOは同社を思い切って新しい方向に持って行くと約束する

direction as to stopping the negotiability of the notes 裏書禁止文言 [○この文言を付することで手形の裏書人(譲渡人)は直接の披裏書人より後の者との関係で担保責任を負わずに済む]

in all directions [***every direction***] 四方八方に
under the direction of の指導 [指揮] のもとに

directional *a* 方向の; 指向性の ► The company took a directional change by moving into foreign markets. 同社は海外市場への進出によって方向転換を実現した

directional trade ディレクショナル・トレーディング, 方向性取引 [○オプション取引において, オプションが対象としている原資産価格の変動の度合いを見越して利益を上げるボラティリティ・トレーディングに対して, 原資産価格が上がりそうならコールオプションを買い, 逆ならプットオプションを買うというぐあいに原資産価格の方向性に賭けるスタイルを言う]

direction indicator 方向指示器
directive *a, n* 指導的な, 指揮する; 指向性の; 指令 ► issue a directive 指令を出す
direct labor 直接労務
direct labor cost 直接労務費 [○製造に直接携わっている者の作業に関連するコストで, 製品がいくつできた等の製品との関連性が明確に認められるもの] ► compute the actual direct labor cost per hour 時間当たりの実際直接労務費を計算する / direct labor cost budget 直接労務費予算 / direct labor cost method 直接労務費法 / direct labor cost variance 直接労務費差異

direct line (電話の) 直通番号
direct line supervisor 直属上長
direct loss 直接損害 [○直接的あるいは必然的に生じた損害]

directly /dirέktli, dai-/ *ad* まっすぐに; 直接に; すぐに ► The products are shipped to customers directly from the factory. その製品は工場から顧客に直接に発送される / Employee performance is directly linked to annual bonuses. 従業員の業績は年間ボーナスに直接にリンクされている

directly or indirectly 直接, 間接に
— *conj* …するやいなや (=as soon as)

direct mail ダイレクトメール, 宣伝郵便物, DM ► Do you like getting direct mail? ダイレクトメールを受け取るのは好きですか / Send direct mail to potential customers. 潜在的な顧客にダイレクトメールを送りなさい

direct mail advertising DM広告
direct mailing DM, ダイレクトメール
direct mail marketer DM業者
direct mail merchant 通信販売業者

direct manufacturing labor 直接労務費 [○直接材料費, 直接経費(外注加工賃など)と並んで直接製造費を構成する要素]

direct marketer 無店舗販売者, 通販業者
direct marketing ダイレクト・マーケティング, 直接マーケティング, 無店舗販売, 通販 [○製造業者から中間流通業者を経ないで直接消費者にマーケティングを行うこと]

direct material 直接材料費 [○直接労務費, 直接経費(外注加工賃など)と並んで直接製造費を構成する要素]

direct material cost 直接材料費 [○材料費のうち主要材料費や買入部品費のように特定製品の製造に要したものであることがはっきりしているもの] ► a direct material cost budget 直接材料費予算 / a direct material cost method 直接材料費法, 直接材料費配賦法

direct materials 直接材料費, 原材料費

director /dirέktər, dai-/ *n* 取締役; 役員, 責任者 [○例:PRディレクター]; 校長 ► directors' consent 取締役の同意 / directors' liability 取締役の責任 / appoint a director 取締役を任命する / elect a director 取締役を選任する / remove a director 取締役を解任する / A Japanese corporation needs to have at least three directors. 日本企業では, 少なくとも3名の取締役を置くことが必要だ / As owners of the business, stockholders elect directors at their annual meetings. その事業のオーナーとして, 株主たちは年次総会の場で取締役を選任する / A two-thirds majority vote is required to remove a director at a stockholders' meeting. 株主総会で取締役を解任するには議決権の3分の2以上の賛成が必要だ

===取締役===
acting director 職務代行取締役, 取締役代行 / alternate director 代理取締役 / alternative director 代理取締役 / board of directors 取締役会 / executive directors 専務取締役 / external director 社外取締役 / managing director 《英》社長, 《日》常務 / non-executive directors 社外取締役

Director 《商標》ディレクター [○マクロメディア社の開発したアニメーション作成ソフト]

directorate /-tərət/ *n* directorの職; 理事 [重役] 会

directorate general 総局 [○欧州委員会内の組織上の単位]

director general 長官, 総裁, 事務総長
Director-General of Fair Trading 《英》公正取引委員会委員長
director of marketing 営業責任者
Director of Public Prosecutions 《英》公訴局長 (DPP) [○検察官一体の組織のない英国で日本の検事総長にあたる職]

director of public relations 広報責任者

directorship *n* directorの職 [任期] ► hold a directorship 取締役の職にある / take up a directorship 取締役に就く

director's interest 《英》(利益相反取引に該当しうる) 取締役の利害関係

directors meeting 役員会議, 取締役会議

director's report 《英》営業報告書 [⇒年次報告書の一部として作成される「営業の概況」]

directory n ❶ 名簿, 一覧, 総覧, リスト, 住所氏名録, 紳士録;【ピュ-9】ディレクトリ [⇒ハードディスクなどで, ファイルを収容する場所] ▶ a telephone directory 電話帳 / a directory of law firms 法律事務所一覧 / trade directory 業界[業者]総覧 / compile a directory 総覧を作成する / consult a directory 総覧で探す / be listed in a directory 総覧に載っている / do a directory (コンピュータの) ディレクトリを検索する
❷ =directorate

directory advertising 電話帳・商工人名録広告

directory assistance [《英》**enquiries**] 《米》電話番号案内

direct overhead 直接経費 [⇒製造と直接関連づけてとらえられる原価のうち材料費や労務費を除いたもの. たとえば外注加工費]

direct participation 従業員参画方式 [⇒従業員が企業の意思決定に直接参加する制度]

direct placement 直接発行 [⇒特に, 事業会社などが引受証券会社を介さずにコマーシャル・ペーパー (CP) を発行する場合に用いられる]

direct pricing method 直接価格決定方式

direct purchase (個人投資家による株式の) 直接購入 [⇒発行企業から継続的に株式を購入するプランがある]

direct quotation 直接表示 [⇒1ドル=120円のように自国通貨によって外国通貨1単位の価値を示す為替レートの表示方法]

direct-reduction mortgage 元金均等返済(元利返済)方式の住宅ローン

direct report 直属の部下 ▶ Ms. Dow is my direct report. ダウさんはわたしの直属の部下だ

direct response (広告で) 直接反応 ▶ Direct response is cost-effective. (ダイレクトメールによる)直接反応は費用に対する効果が高い

direct response ad [advertising] ダイレクトレスポンス広告 [⇒商品・サービスをアピールするためではなく, 注文や問い合わせをしてもらうために打つ広告]

direct salary deposit 給料振込制

direct sales 直接販売, 直販 [⇒中間流通業者を通さずに直接に購買者に販売する手法. Dell 社は既存の技術や部品を使って低コストで生産したコンピュータをインターネットのオンラインストアを通じて販売する Dell Direct Model と称する直販方式で成功を収めた]

direct sales route 産直, 産地直送販売

direct satellite broadcasting 直接衛星放送

direct selling (流通業者を介さない) 直接販売 (⇔direct buying)

direct tax 直接税 [⇒納税義務者と担税者が同一で, 他に転嫁されない税金] (⇔indirect tax)

direct taxation 直接税 [⇒消費税のような間接税と異なり, 所得税のように直接納める租税]

direct-to customer DTC広告 [⇒処方薬を患者に直接売り込む広告. 疾患啓発広告, ジェネリック医薬品広告などが含まれる]

DirecTV (商標)ディレクTV [⇒米国のデジタル衛星放送サービスの会社. dish antenna を設置することにより何百というチャンネルを楽しめる. 有料]

direct variable cost 直接変動費 [⇒直接労務費・直接売り材料費のように操業の度合に応じて増減するもの]

direct worker 直接工 [⇒製品の加工作業に直接従事する作業員]

direct write-off method (貸倒れ処理の) 直接法, 直接減額法 [⇒貸倒れの処理において, 貸倒引当金を期末に設定しないで, 貸倒れが発生した時に貸倒損失を計上するとともに, 売上債権を直接減額する方法]

direct writer 元受(保険)会社 (=writing company)

direct writing premium 元受保険料

direct yield 直接利回り [⇒利付債券の1年間の受取利息を購入金額で割ったもの. 普通は current yield と言う. 債券購入時に利回りの目安として使用される]

dirt-cheap a, ad 《略式》捨て値の[で]
▶ Some Chinese products are dirt-cheap. 中国製品にはばか安のものがある

dirty /dɜːrti/ a 汚い; 卑劣な; 不正な; 汚染物質を出す ▶ use dirty tricks 汚い手を使う

dirty bill of lading 故障付船荷証券 [⇒品不足等問題がある旨の記載のあるもの]

dirty float ダーティー・フロート [⇒通貨当局が市場操作を行って為替レートの変動幅を制限している変動相場制]

dirty money (犯罪収益等の) あぶない金

dirty pool 不正行為

dirty price ダーティー・プライス [⇒債券価格の提示の仕方で, 次回利払日までの利息分を含めた将来のキャッシュフローの現在価値に基づいている. 欧州債券市場の大半がこの方式. full price, gross price とも言う]

dirty ship ❶ 原油[重油]運搬船 ❷ 貯蔵タンク内の清掃の済んでいないタンカー

dis- /dɪs/ 「否定・反対・欠如・分離」

disability n (病気・事故などによる)無能力; 身体障害; 就業不能, 障害 ▶ on disability 障害手当を受けて / He receives disability compensation monthly from his previous employer. 彼は前の勤務先から毎月, 障害手当を受け取っている

disability allowance 障害給付

disability benefit 《米》就業不能給付, 所得補償給付; 《英》障害給付, 労働不能給付 (=disablement benefit)

disability insurance 傷害保険

disability payment (傷害保険による) 障害給付金

disability pension 障害年金
disable vt 無能力にする《for, from doing》;（機械などを）(通例一時的に）作動しなくする, 使用不可能にする;【ｺﾝﾋﾟｭｰﾀ】割込みを抑制する, 機能を外す (⇔enable)
◇**disabled** a, n 身体に障害のある; (the ~) (集合的) 身体障害者 ► employ disabled workers 身障者を雇用する
disabled quota 障害者雇用枠
disablement n 《英》就業不能, 障害 (=disability)
disablement benefit 《英》=disability benefit
disablement pension 障害年金
disadvantage n 不利(な状態), 不便; 損害 ► What are the advantages and disadvantages of these bank accounts? これらの銀行口座の長所と短所は何か
at a disadvantage 不利で
to a person's disadvantage (人に) 損害をもたらして
◇**disadvantageous** a
◇**disadvantageously** ad
disagree vi 一致しない; 意見が合わない; 争う《with》 ► He disagreed with his boss about the sales projection. 彼は売上高の予測について上司と意見が合わなかった / I'm afraid I disagree with your decision. 残念ながら, ご決定には賛成いたしかねます / Some people may agree with you. Others may disagree. あなたに賛成の人もいるが, 不賛成の人もいる / It's OK to disagree, but it's not OK to be rude. 不賛成なのはよいが, 不作法はよくない
disagreement n 不一致; 不調和 ► have a disagreement over ... につき意見対立がある / We need to resolve the disagreement over the delivery schedule. 納品スケジュールに関する意見の相違を解決する必要がある
disallow vt (公的機関などが) 却下する
disappear vi 姿を消す; 消滅する ► Many small regional banks have disappeared from the market. 多くの小規模な地方銀行は市場から消滅した / Over 2.5 million jobs disappeared in just one year. たった1年間で250万以上の職が消えてなくなった
◇**disappearance** n 消失, 消滅; 失踪(そう)
disappoint /dìsəpóint/ vt 失望[落胆]させる; 期待に背く; 妨げる, くじく ► Sorry to disappoint you, but your order has not come in. 申し訳ありませんが, ご注文の品はまだ入荷していません
disappointed a 落胆[失望]した ► I was very disappointed with the poor service. サービスのひどさに大変がっかりした
disappointing a 失望させる ► The holiday turned out to be disappointing for retailers. そのホリデーは小売業者にとって期待外れだったことが分かった / Disappointing news about the stock market spread worries among investors. 株式市場についての期待外れのニュースで投資家の間に懸念が拡がった
disappointment n 失望, 落胆《over》
to one's disappointment 失望したことには
disapprove v 非難する; 承認しない, 不可とする《of》 ► Over half the respondents disapprove of the policy. 回答者の半数以上がその方針に反対だ / His proposal was disapproved. 彼の提案は賛成を得られなかった
◇**disapproval** n 不賛成; 非難
disaster /dizǽstər/ n 天災, 災害; 災難 ► a natural disaster 自然災害 / a disaster waiting to happen 起こるべくして起こった災害 / bring disaster 災害を招く / The movie will be an unmitigated disaster. その映画は完全な失敗作になるだろう
disaster area 災害地域
disaster management 災害時危機管理
disaster recovery (災害からの) 復旧計画, 災害時の応急対処法
disaster relief 災害救助
disastrous a 災害を起こす; 悲惨な ► The product launch ended up being a disastrous move for the company. その製品の発売は, 結果的には, 同社にとって破滅的な動きとなった
◇**disastrously** ad
disburse /disbə́ːrs/ vt 支払う; 支出する
disbursement n 支出, 支払(額), 支払費[金], 立替え(額); 立替実費《◇特に弁護士等専門職による依頼人のための立替》► a cash disbursement 現金支出 / authorize the disbursement of federal funds to the states 連邦資金の州への支出を承認する
disc /disk/ n =disk
discern /disə́ːrn, -z-/ v 見つける, 認識する; 見分ける《from, between》► I wasn't able to discern the difference between the two products. その2つの製品の違いを見分けることができなかった
◇**discernable, discernible** a 認識できる; 識別できる ► I don't think there's any discernible reason for concern. 心配する理由といっても, はっきりした理由は何もないと思う
◇**discerning** a 眼力[見識]がある ► discerning customer 目が肥えている客
discharge vt ❶ 責任を果たす, 義務を履行する ► discharge one's duties 自分の責任を果たす / discharge one's obligations 自分の義務を果たす ❷ 返済する ► discharge a debt 借入金を返済する ❸ 解雇する ❹ 荷をおろす ❺ 破産者の権利能力を回復する《◇取締役になれないといった制限を外すこと》❻ 放出する, 吐き出す ► They discharge toxic fluids into rivers or the sea. 彼らは川や海に毒性のある液を流す
— vi 荷揚げする; 注ぐ; にじむ
— n /´-/- ❶ (責任の) 履行 ❷ 返済 ❸ 解雇 ❹ 荷をおろすこと ❺ 破産者の権利能力の回復
discharge in bankruptcy 破産免責
disciplinary /dísəplinèri | -plínəri/ a 訓練の; 懲戒的な; 学科[学問(分野)]の ► Disciplinary proceedings will be taken against three

employees found to be in violation of the company's Sexual Harassment Prevention Policy. 会社のセクハラ防止規定に違反したと認められた3名の従業員に対して, 懲戒手続が取られる予定だ

disciplinary action 懲戒処分 ► face disciplinary action for repeated parking violations 度重なる駐車違反で懲戒処分の可能性がある / take disciplinary action to dismiss ... の懲戒免職手続を取る

disciplinary discharge [dismissal] 懲戒免職

disciplinary hearing 懲戒手続上の聴聞

disciplinary measure 懲戒処分 ► If an employee continues to arrive late to work, disciplinary measures will be taken against such employee. 従業員が遅刻を続ける場合, かかる従業員に対して懲戒手続が取られることになる

disciplinary procedure 懲戒手続
disciplinary rules 懲戒規程

discipline /dísəplin/ n 訓練, 修業; 懲戒; 規律; 自制 ► Lax discipline was at the bottom of all the troubles. 規律のゆるみがすべてのトラブルの根底にあった / The government has urged the airline to tighten discipline among its pilots. 政府は航空会社に対してパイロットの規律を引き締めるよう促した / The newly appointed plant manager enforced strict discipline on the factory workers. 新任の工場長は厳しい規律を工員たちに課した / We need to impose discipline on those who disregard safety rules. 安全規則を無視する連中には規律を課する (= 懲戒処分をもって臨む) べきだ
━ vt 訓練する; 懲らしめる
◇**disciplinarian** /-néər-/ a, n =disciplinary; 厳格な人
◇**disciplined** a 訓練された, しつけられた; 抑制された

disclaim vt (責任・関係を) 否認する; 権利 [請求権] を放棄する ► disclaim responsibility 責任があることを否定する

disclaimed share 失権株

disclaimer n ❶ 免責条項, 責任限定条項 [○ 自分に責任が及んでくるのを免れ, または限定するための一文] ► The insurance had the disclaimer in case of war. その保険には戦争の場合の免責条項があった
❷【知財】(権利) 放棄 [○ 知的財産に関連する権利の一部もしくは全部, または知的財産の存続期間を放棄すること. また, 無効の特許クレームを放棄すること]

disclaimer of opinion 意見不表明, 意見差控え [○ 重要な監査手続を実施できないために総合的な意見の表明を差し控えること]

disclaimer report 意見差控報告書 [○ 監査人が財務諸表の監査報告書において, 財務諸表の適正性についての意見の表明を差し控えた監査報告書]

disclose /disklóuz/ vt 現す, 暴露 [摘発] する; 発表する ► Under certain circumstances, we may have to disclose information to regulatory authorities. 一定の事情がある場合, 監督官庁に情報を開示しなければならないことがある / Unlisted companies are not required to disclose information to the public. 未上場企業は情報を公開するよう求められることはない / We will not disclose your information to anyone without your consent. ご承諾なしに誰かに個人情報を開示するようなことはいたしません

disclosure /disklóuʒər/ n 開示, 情報開示 ► a disclosure of information about capital structure 資本構成に関する情報の開示 / an inadequate disclosure 不十分な開示 / access right for disclosure 開示請求権 / a blanket disclosure 包括開示 / a full and open disclosure 全面的開示 / disclosure on a case by case basis 個別開示 / encourage a full disclosure 完全な情報開示を推進する / make financial disclosures 財務情報を開示する

disclosure mechanism 情報開示手続
disclosure of accounting policy 会計方針の開示 [○ 財務諸表の作成に当たり, 採用した会計処理の原則および表示の方法を開示すること]

disclosure policy 情報開示の方針
disclosure requirement 開示義務
disclosure statement (不動産物件賃貸借契約に際しての) 重要事項説明書

disconnect vt 連絡 [接続] を断つ (from); 分離する; (回線を) 切る, 外す ► disconnect the LAN cable from the PC パソコンから LAN ケーブルを外す

discontinue v (購読を) やめる; 停止 [中止] する ► a discontinued product 製造中止品, 廃盤製品 / discontinue the line 製造を打ち切る / As a result of the new strategy, the company will discontinue production of two vehicle lines–the A1 and the A2. 新戦略を受け, 同社は二車種 (A1とA2) の生産を打ち切ることになる / For safety reasons, please discontinue the use of the product. 安全上の理由から本製品の使用を中止するようお願いします

discontinued lines 生産打切りの商品
discontinued operations 非継続事業 [○ 企業の事業活動のうち廃止や他社への売却などの理由によって来期以降は存続しない事業] (⇔ continuing operations)

discount vt /dískaunt, -́-/ ❶ 割引する ► We have a policy of discounting. 当社は割引を方針としている / We found that discounting products did not increase sales. 製品を値引きしても売上は増えなかったことが分かった ❷【金融】【証券】割り引く; (価格に) 織り込む ► discount an interest rate cut 利下げ

を織り込む ❸現在価値に置き換える ► discount to present value (一定の割引率で) 現在価値に置き換える

— n /--/ 割引, 値引, ディスカウント; 割引額, 割引率 ⇨ cash discount, functional discount, quantity discount ► a seasonal discount 季節割引 / a forward discount 先物ディスカウント / an online discount air ticket オンライン格安航空券 / a discount allowable 認められる値引 / a quantity discount 数量割引 / a volume discount 数量ベースの割引 / As a gesture of apology, they gave us a ten percent discount. お詫びの印に, 10%の割引をしてくれた / Members get a ten percent discount. メンバーには10%の割引がある / We are currently negotiating a discount. 現在, 値引交渉をしているところだ / What kind of discount do you offer for bulk orders? 大口の注文には, どのような値引きをしていただけますか

at a discount 割引して ► We sell at a discount to the list price. 当社は定価に対して割引で売る

◇**discountable** *a*

◇**discounter** *n* 割引する人[店, 業者] ► The supermarket is a deep discounter. そのスーパーは大まけ[大割引]をする

discount bank 手形割引業務を行っている銀行

discount bond 割引債, 割引債券 [◯利息をつけずに, 額面より低い価格で発行される債券. 償還時は券面額で返済されるので発行価格との差が利息に相当する]

discount brokerage ディスカウント・ブローカー業務

discount broker (株式市場の) ディスカウント・ブローカー, 取次ぎ専門業者 [◯投資情報の提供や相談サービスは重視せず, 株式などの売買委託手数料を大幅に割り引く証券会社]

discount coupon 割引券
discount debenture 割引債券
discount earned 仕入割引 [◯代金を早く支払うことによって得た仕入債務の減少額]

discounted bill 割引手形 [◯満期前に現金化するため額面より安く買い取ってもらった手形]

discounted cash flow キャッシュ・フローの割引現在価値, 割引キャッシュ・フロー (DCF) [◯将来見込まれるキャッシュ・インフローにつき, 一定の利子率(割引率)を想定した上で割り引いて計算した現在価値] ► a discounted cash flow analysis DCF分析 / a discounted cash flow method DCF法

discounter *n* ディスカウント店, 量販店
discount factor 割引因子 [◯将来のキャッシュフローを現在価値に引き直すための換算比率]
discount house ❶ 安売り店 (= discount store) ❷ (英国の) 手形割引業者 [◯短期金融市場における手形割引業者]

discounting *n* 値引 ► aggressive discounting 大幅値引

discount loan 利息天引方式のローン [◯利息相当額をあらかじめ引いた残額をもって融資額とするローン]

discount market ❶ 手形割引市場 [◯手形の割引を通じて金融機関が短期資金を融通し合う市場] ❷ ディスカウント航空券市場

discount price 割引価格, 特価 ► offer ... at a discount price を特価で提供する

discount rate ❶ 中央銀行の貸出金利, 公定歩合 [◯中央銀行が民間の金融機関に対して資金を貸し付ける際に適用される金利] ❷ 手形割引率 ► discount the note at a discount rate of 12% 割引率12パーセントで手形を割り引く ❸ 割引率 [◯将来見込まれるキャッシュ・インフローの現在価値を算定するために適用される利率. 不動産の分野では capitalization rate という用語も同じ意味で使用される]

discount received 仕入割引
discount store ディスカウント・ストア (DS) [◯耐久消費財(durable goods)を中心として徹底したロー・コストオペレーションによりディスカウント販売を行う小売業態] ⇨ category killer

discount warehouse 大型ディスカウント店

discount window (中央銀行の) 貸出窓口, 割引窓口 [◯米国の連邦準備銀行 (Federal Reserve Bank) が銀行に資金を貸出す場合の窓口. 銀行にとっては資金調達の最後の拠り所とされる]

discount window borrowing 連銀貸出

discount yield (割引債の) 割引利回り

discourage *vt* 落胆させる; 思いとどまらせる ► Some companies have launched health campaigns to discourage people from smoking. 一部の会社は喫煙を思いとどまらせようとする健康キャンペーンを開始している

◇**discouragingly** *ad*
◇**discouragement** *n*

discover /dɪskʌ́vər/ *vt* 発見する 《*that*》 ► Upon review, I discovered numerous errors in the sales report. 検討の結果, 私は売上報告書に多くの誤りがあることを発見した

Discover 《商標》ディスカバー [◯米国のクレジットカード. 年会費無料. キャッシュバックサービスも提供されている]

discovery /dɪskʌ́vəri/ *n* 発見(物); 証拠開示(手続)

discovery rule 発見時起算の原則 [◯医療過誤事件における出訴期限の起算点は, 患者による医療過誤の発見の時点とする原則]

discredit *n* 不信, 疑惑; 不名誉 ► cast [throw] discredit on を信用しない
to a person's discredit (人の) 不名誉になるような[に]
— *vt* 信用[評判]を傷つける; 信用しない
◇**discreditable** *a* 不名誉な

discrepancy /dɪskrépənsi/ *n* 食違い, 不一致, 隔たり, 差, 格差; 不突合(ふとつごう) ► a price discrepancy 価格差 / a statistical discrepancy 統計上の不突合 / There is a small [large] discrepancy between actual and estimated figures. 実績値と予想値の間に小幅の[大幅な]隔たりがある

discretion /diskréʃən/ n ❶ 裁量, 判断; 思慮分別 ► have a lot of discretion about ... について大幅な裁量権を持っている / You may use your own discretion. 自分の判断で決めることができる ⦿ SELLER may, if deemed necessary in the sole discretion of the SELLER, from time to time change the specifications of the Product.「売主」は、「売主」のみの裁量により必要と判断した場合, 適宜「製品」の仕様を変更することができるものとする ❷ (裁判官に認められる) 裁量 (=judicial discretion) ► absolute discretion 完全裁量権 / sole discretion 単独裁量権 / exercise discretion 裁量権を行使する / leave to one's discretion その裁量に委ねる

at a person's discretion / ***at the discretion of*** (人の) 裁量で

at discretion 裁量による

have complete discretion over を完全に自由裁量できる

within the discretion of の自由に任されて

years [the age] of discretion 是非善悪が分かる年齢 [⦿ 法的には14歳]

discretionary a 任意に決定できる, 任意の; 自由裁量の, 一任された ► discretionary trust 一任信託 / discretionary powers 自由裁量の権能 / a discretionary fund (特定の人が自己の裁量で使える) 機密資金

discretionary account 売買一任勘定 [⦿ 投資顧問会社や証券会社が顧客のために自らの判断に基づいて運用先を決め, 売買できる勘定]

discretionary appeal 裁量上訴 (⇔appeal as of right) [⦿ 上訴を認めるかどうかが上訴審の裁量に委ねられている上訴]

discretionary authority 一任契約に基づく裁量権

discretionary bonus 会社の裁量で支給される賞与 [⦿ 金額等があらかじめ決まっていない賞与]

discretionary cost 裁量原価 [⦿ 経営目的の達成の上で必ずしも必要とされない費用で, 経営管理者の自由裁量で発生する費用]

discretionary expenditure 裁量的支出

discretionary fiscal policy 裁量的財政政策 [⦿ 景気の安定化のために財政支出や租税を用いて有効需要の水準を操作するような財政の政策]

discretionary fund 一任型ファンド [⦿ 運用先がファンド・マネージャーの裁量に委ねられているファンド]

discretionary fund management agreement 投資一任契約 [⦿ 年金基金などが運用機関に年金資産運用を委託する際に, 資産配分等の運用方法を一任する方式の契約]

discretionary income 裁量所得 [⦿ 個人可処分所得のうち, 生活に必要な費用を除いたものを言う。その使途は奢侈品など裁量性の高いものとなる]

discretionary investment activity 投資一任業務 [⦿ 投資判断を一任するという投資家の依頼を受けて, 資金運用の指図をする業務]

discretionary investment contract 投資一任契約

discretionary labor 裁量労働 [⦿ 業務の具体的遂行方法について労働者の裁量に委ねる必要があり, 通常の労働時間の算定が適切でない場合, 労使で協定してどれだけの時間労働したかとみなすことで処理する]

discretionary order 売買一任注文 [⦿ 売り・買いの別, 銘柄, 数量等をブローカーに任せる形式の注文]

discretionary spending 裁量支出 [⦿ 企業で言えば将来に備えての情報化投資, 家計で言えば高級品やレジャー向けの支出など] ► Discretionary spending on luxury items have shrunk significantly. 高級品目についての裁量支出は大幅に縮小した

discretionary trust =discretionary fund

discriminate /diskrímənèit/ v 識別する (*between*); 差別する, 分け隔てする (*against*) ► discriminate on grounds of ... を理由として差別する / Black workers are discriminated against. 黒人労働者は差別されている

discriminating a 差別する; 目[耳]の肥えた; 識別力のある

discriminating duty 差別関税, 関税差別 [⦿ 特定の国の産品または特定商品につき他と異なる関税率を適用すること]

discriminating tariff =discriminating duty

discrimination /diskrìmənéiʃən/ n 差別; 差別待遇; 不利益な取扱い ► She is a victim of sex discrimination. 彼女は性差別の犠牲者だ

===|差別|===

age discrimination 年齢差別 / race discrimination 人種差別 / racial discrimination 人種差別 / sex discrimination 性差別 / sexual discrimination 性差別 / discrimination against woman 女性差別 / discrimination based on race 人種に基づく差別 / discrimination by sex 性による差別

discriminative /-nèi-, -nə-/, **discriminatory** /-nə-/ a 差別待遇の ► discriminatory tariff 差別関税 / discriminatory pricing (地域・時間による) 差別的価格づけ

discriminatory tax [taxation] 不公平税制

discriminatory treatment 差別待遇

discuss /diskʌ́s/ vt 論じる, 論議する; 相談する ► First of all, we'd like to discuss the delivery date. まず第一に, 納入日についてご相談したいのですが / I don't think we have anything further to discuss. もうこれ以上申し上げることはありません / We'd like to discuss possible solutions to the problem. その問題の考えられる解決法について話し合いたい

◊**discussant** n 討論者

discussion /diskʌ́ʃən/ n 論議, 討議; 論文, 論考 (*on, about*) ► a frank discussion 率直な

意見交換 / a fruitful discussion 有益な議論 / a further discussion さらなる協議 / Let's resume the discussion at a later date. 後日話し合いを再開しましょう / There is a lot of discussion about how poverty reduction is achieved. 貧困解消の達成については多大の論議がある / Would you like to open the discussion? 討論を始めましょうか

come up for discussion 議題となる ► The health care issue came up for discussion. 医療問題が討議に持ち出された

open to discussion 議論の余地がある

under discussion 審議中で ► under board discussion 取締役会に(案件が)かけられている

disdain /disdéin/ v, n 軽蔑(する) ► He rarely gave press conferences because of his disdain for the media. メディアを軽蔑していたので、彼はめったに記者会見をしなかった

disease /dizí:z/ n 疾患, 病気; 病弊 ► The country suffered a huge economic loss from the outbreak of the disease. 同国はその病気の発生で莫大な経済的損失を蒙った

◇**diseased** a 病気の; 病的な

disease insurance =sickness insurance

diseconomies of scale 規模の不経済 [⇨生産量が増加するにしたがって製品部1単位当りのコストが高くなること. 収穫逓減と同じ] ► diseconomies of scale occur when ... というときに規模の不経済が働く

diseconomy n (-mies) 不経済; 負の経済要因

disembark v (航空機・船舶から)降りる, (航空機等が乗客・貨物を)降ろす

disequilibrium n 不均衡, 不安定 ► cause a disequilibrium 不均衡を招く / reflect a disequilibrium 不均衡があることを表す[示す] / reflect the structural disequilibrium between supply and demand 需給の構造的不均衡を反映する

disgrace n, vt 不名誉, 恥辱(となる) ► The scandal brought disgrace to the company. そのスキャンダルは同社に不名誉をもたらした

be a disgrace to の面よごしである

in disgrace (の)不興を買って(*with*)

disguise /disgáiz/ vt (事実・感情などを)偽る, 隠す(*as*)

— n 見せかけ

in disguise 見せかけて

under the disguise of と偽って

disguised unemployment 隠れた失業 [⇨失業統計でとらえられていない実質的な失業. hidden unemploymentとも言う]

disgust /disgʌ́st/ vt むかつかせる; (受身)むかむかする《*at, with, by*》 ► I am disgusted by your negative attitude. 君のネガティブな態度にはうんざりだ

— n むかつき; 嫌悪

in disgust 嫌になって

to one's disgust うんざりしたことには

dish /diʃ/ n 皿; (the ~es)食器類; 料理; 1皿分; 皿形のもの; パラボラ

— vt 皿に盛る; くぼませる; (略式)覆す, くじく

dish it out (略式)ぼろくそに言う

dish out 盛り分ける; 分配する; (罰などを)与える ► Despite the high risk involved, the company dished out a large sum of money for the project. 大きなリスクを伴っているにもかかわらず, 同社はそのプロジェクトのために多額の資金を提供した

dish up (話を)面白く仕立てる

dishoarding n 退蔵資産の積極運用, (特に)退蔵金地金の売却

dishonor, (英) **dishonour** n (手形・小切手などの)引受拒絶, 支払拒絶; 不渡り ► a notice of dishonor 不渡り通知

dishonored bill 不渡手形 (=dishonored note (receivable)) [⇨支払いまたは引受を拒否された手形]

dishonored check 不渡小切手

dishonored note (receivable) 不渡手形 (=dishonored bill)

disincentive n マイナスの誘因, 行動[意欲]を妨げるもの ► act as disincentive to business creation 事業創出に対してマイナスの誘因として働く

disincline v 気が進まなくなる[させる] 《*to do*》 ► The public is disinclined to support another Wall Street bailout. 一般の人々は再度の金融業界の救済を支持する気持ちになっていない

◇**disinclination** n 嫌気 《*for, to do*》

disinflation n ディスインフレーション [⇨物価上昇率の伸びが鈍化すること]

◇**disinflationary** a

disintegrate v 分解[崩壊]する[させる] 《*into*》 ► disintegrate a company 会社を解体する

◇**disintegration** n

disintermediate v 中抜きする [⇨商取引の流通過程の中間階段をなくす] ► disintermediate travel agents and deal directly with customers 旅行代理店をはずして顧客と直接に取引きする

disintermediation n ❶ 中抜き [⇨商取引の流通過程で中間段階をなくすこと] ❷ (銀行などの)金融仲介機能の低下, ディスインターメディエーション [⇨間接金融の担い手である金融機関の頭越しに, 企業が直接資金調達をする「中抜き化」を指す] ► disintermediation of corporate borrowing 企業借入の銀行離れ

disinvest v (設備の廃棄, 減耗分の不補充などで)固定資産を削減する, 運用資産額を減らす

disinvestment n 固定資産の削減, 負の投資 [⇨純投資資産の減少]; 運用資産の圧縮

disk /dísk/ n 円盤(形のもの); レコード, ディスク; 【コンュ】ディスク ► a compact disk コンパクトディスク, CD / a magnetic disk 磁気ディスク / a floppy disk フロッピーディスク / an optical disk 光ディスク / a hard disk ハードディスク [<ラ *discus* 円盤]

dislike *vt* 嫌う, 好まない
— *n* 嫌い, 反感 (*for, of*)
likes and dislikes 好き嫌い
take a dislike to ~を嫌う

dislocate *vt* 他の場所へ移す (*from*)

dislocation *n* ❶(経済などの)混乱 ❷解雇などに伴う転居

dismal /dízməl/ *a* 陰気な; 物寂しい;《略式》弱々しい ▶ The plan has dismal prospects for success. その計画が成功する見通しは暗い

dismiss /dismís/ *vt* 解任[解雇, 免職]する; (訴え・申立て・上訴などを)却下[棄却, 免訴]する ▶ Case dismissed. 本件は却下 / Last year, the company dismissed five employees for repeated insubordination. 昨年, 同社は度重なる命令不服従を理由として従業員5名を解雇した / Companies cannot dismiss employees without proper reason. しかるべき理由がなければ, 会社は従業員を解雇できない

dismissal /dismísəl/ *n* ❶退去; 解散; 解雇; (考えなどの)放棄 ❷【法律】却下; 棄却; (訴えの)取下げ [⇒日本では第一審訴訟の門前払いは「却下」, 上告の不受理は「棄却」と言う。米国ではどちらもdismissalを用いる]

Disneyland *n* ディズニーランド [⇒米国Los Angeles近郊のAnaheimにある遊園地。1955年Walt Disneyが開設。1971年にフロリダ州OrlandoにWalt Disney World(通称Disney World), 83年にTokyo Disneyland, 92年にEuro Disneyland(通称Euro Disney), 2005年にHong Kong Disneylandが開園]

disorder *n, vt* 混乱(させる); 無秩序, 騒動; 不調(にする)

in disorder 混乱して ▶ A surge in unemployment and stagnant consumer spending have put the economy in disorder. 失業の急増と個人消費の停滞は景気を変調に陥れている

disparity /dispǽrəti/ *n* 相違 (*between*); 不釣合い (*in, of*) ▶ the disparity of farm product prices between Japan and foreign countries 日本と外国の間の農産物価格の不均衡

dispatch /dispǽtʃ/ *v* 急派[派遣]する; 送付する (*to*); (手際よく)片づける ▶ We'll dispatch someone to repair the printer immediately. プリンターを修理する技術者をただちに派遣します / The goods will be dispatched immediately. 品物はただちに発送されます
— *n* ❶派遣; 発送; 迅速(処理) ❷【商業】(1)(商品・現金などの)迅速な配達, 急送 ▶ ready for dispatch すぐに発送できる(状態にある) (2) 急送機関[会社]; (速達)貨物
with dispatch 大急ぎで
◇**dispatcher** *n* 配車[発送]係, 運行管理者

dispatch-case *n* ブリーフケース

dispatching *n* ディスパッチング, 差し立て [⇒各種の仕事や注文を工場内に送り出すこと]

dispatch money 早出料 [⇒予定の期日より早く荷役が完了した場合に, 節約された日数に応じて船会社から荷主に支払われる割戻金]

dispatch note 発送通知書, 送り状

dispatch rider 《英》バイク便のライダー

dispense /dispéns/ *v* (機械が商品などを)出す; 分け与える; 施行する; (薬を)調合する; 免除する

dispense with …なしで済ます; 不要にする; (法の)適用を免除する ▶ Let's dispense with formalities. 形式ばらずにやりましょう

dispenser /dispénsər/ *n* 自販機; 現金支払機; 販売用ディスプレー ▶ a cash dispenser 現金自動支払機

disperse /dispə́:rs/ *v* 散らす; 伝播する; 離散する ▶ The riot cops dispersed the protesters. 暴動鎮圧の警官隊が抗議する人々を追い払った

display /displéi/ *vt* 展示[陳列]する; 揭げる; 広げる; 発揮する; 誇示する ▶ Companies will display their latest products at the trade show. 各社は最新の製品をその見本市で展示するだろう
— *n* 表示; 陳列; 展示; ディスプレー, 表示装置 ▶ a firework display 花火打ち上げ / Well thought out displays can increase customer traffic. よく考えたディスプレーは店の入りをよくすることができる

on display 陳列して, 展示して ▶ With an effective anti-shoplifting system, the retailer can put merchandise on display instead of putting them inside locked cabinets. 効果的な万引き防止システムがあれば, 小売業者は, 商品を鍵のかかったケースに入れたりせず, 展示することができる

display ad [advertisement] ディスプレー広告 [⇒新聞・雑誌で, ビジュアル的要素を入れた広告]

display allowance ディスプレイ・アラウアンス [⇒小売店がメーカーの希望どおりの場所・期間・方法によって商品を陳列したことに対して行われる卸値の割引またはキャッシュバック]

display bin バーゲンカゴ, バーゲン品入れ, バーゲン品ワゴン (=dump bin)

display cabinet 展示用キャビネット

display case ショーケース

display medium ディスプレー媒体 [⇒ポスターなどの商品宣伝媒体やラベルなどの商品表示媒体]

display pack ディスプレー・ボックス, ディスプレー・ケース

display type ディスプレー用フォント

disposable *a, n* 処分できる; 使い捨ての; 利用可能な;《米》使い捨て用品

disposable income 可処分所得 [⇒個人所得のうち租税, 社会保険料等を控除した部分] ▶ Household disposable income has been hit by the recession. 家計の可処分所得は景気後退によって打撃を受けている

disposable personal income 可処分個人所得

disposable profit 処分可能利益 [⇨ 利益処分の対象となる利益]

disposal
/dispóuzəl/ n 処分; 売却; 譲渡; ディスポーザー (=disposer) ▶ The bank has proceeded with the disposal of bad loans. その銀行は不良貸付の整理を進めている
at a person's disposal 自由になる
put ... at the disposal of の自由[処分権]に任せる

disposal account 除却資産勘定, 処分資産勘定

disposal bag 汚物処理袋

disposal firm 廃棄物処理業者

disposal value (廃棄物の) 処分価額; (不動産の) 処分価値; 残存価額, スクラップ価額 [⇨ 固定資産の耐用年数経過時点での処分価額で, 減価償却費の計算では通常取得原価の10%で計算する]

dispose /dispóuz/ v (次の句動詞で)
dispose of を処分する, 売却する, 処理する; 片づける ▶ Please dispose of any old records you may have. 古い記録が残っていたら処分してください
◇**disposed** a (…する) 傾向がある ((*to, to do*)) ▶ be well disposed to [toward] ... に好意的である

disposition /dìspəzíʃən/ n 性質, 傾向 (*to do*); 配置; 処置 ▶ make disposition of を処分する / disposition of some businesses いくつかの事業整理

dispossess vt 奪う, 侵奪する ▶ the dispossessed 財産[土地]を奪われた人々

dispute /dispjú:t/ v 論争[議論]する; 口論する; 疑いを挟む; 反抗する; 競う
— n 論争; 争議

コロケーション
(動詞(句)+~) **give rise to** a dispute 紛争の元となる / **have** a dispute 紛争をかかえている / **resolve** a dispute 紛争を解決する / **settle** a dispute 紛争を解決する / **spark off** a dispute 紛争の発端となる

▶ a dispute arising from ... に起因する紛争 / be involved in a dispute 紛争の当事者になっている / The two have agreed to **settling the dispute** by arbitration. 両者は仲裁によって争議を解決することに同意した / In an effort to **settle the dispute** out of court, the two sides engaged in settlement talks. 裁判外で紛争を解決するため, 両当事者は和解に向けての交渉に入った / The introduction of compulsory overtime **caused a dispute** between management and the employees. 強制残業の導入が経営陣と従業員との対立をひきおこした / What was **an intracompany dispute** turned into a major thing. ただの社内紛争だったものがおおごとになった / There hasn't been any breakthrough in the **labor dispute**. その労働争議には何ら進展が見られない / The **dispute was bitter** and the negotiations were confrontational. 紛争は激烈で交渉は対立的だった

═══**紛争**═══
copyright dispute 著作権紛争 / industrial dispute 労使紛争 / labor dispute 労働紛争, 労働争議 / legal dispute 法的紛争 / pay dispute 賃金紛争

beyond [past, without] (all) dispute (まったく) 議論の余地なく
in [under] dispute 論争中で
◇**disputable** a 議論の余地のある; 不確かな

dispute resolution 紛争解決

dispute(s) procedure 紛争処理[解決]手続

disqualification n ❶ 不合格; 不適任 ❷【法律】(1) 資格剥奪, 資格喪失 [欠如], (裁判官の) 除斥 (2) 資格 [欠格] 事由, 除斥原因

disqualify vt ❶ 資格を奪う ((*from*)); 不適格とみなす ((*for*)) ❷【法律】資格を剥奪する, 失格させる, 除斥する

disquiet n, vt 不安 (にする)
◇**disquieting** a 不安な ▶ The market's sudden downturn led to disquieting concerns among investors. 相場の突然の下落は投資家の間に不穏な懸念をもたらした
◇**disquietude** n 不安

disrupt /disrʌ́pt/ vt 混乱させる; 崩壊させる; 分離する
◇**disrupter** n

disruption n 破壊, 分裂; 混乱 ▶ A broken component caused a disruption on the production line. 部品1個の故障が生産ラインの停止をもたらした

disruption claim 工事阻害クレーム

disruptive a 破壊的な

disruptive innovation 分断的技術革新, 破壊的技術革新 [⇨ 既成ビジネスとの連続性のない事業創出. 主流の既存企業のビジネスの延長線上で勝負しないアプローチを言う. 既存製品より劣っていても一般消費者の手が届くものを提供する手法 (たとえば初期の米市場での日本車) と既存企業の眼中になかった消費者を相手に新たな市場を作り出す手法 (たとえば i モード) とがある]

disruptive technology =disruptive innovation

dissatisfaction n 不満, 不平 ▶ growing dissatisfaction with the government's economic policies 政府の経済政策に対する不満の高まり

dissatisfy vt 不満を抱かせる
◇**dissatisfied** a 不満な

dissave v 所得を上回る消費をする

dissaving n 負の貯蓄, 所得を上回る消費

dissent /disént/ vi ❶ 意見が異なる, 異議を唱える ((*from*)) ❷【法律】反対 [少数] 意見を述べる
— n 異議;【法律】反対 [少数] 意見 ▶ Management's buyout plan is bound to draw dissent from union members. 経営陣が提案する早期退職勧奨制度は, 組合員からの反対を引き起こすに違いない
◇**dissenter** n 反対者

◇**dissenting** *a* 異議を唱える, 反対の
dissenters' right 株式買取請求権
dissenting opinion (判決の) 反対意見, 少数意見 (⇔majority opinion) [◯裁判所の合議判決で, 多数意見(majority opinion)に反対する裁判官の見解]

dissolution /dìsəlúːʃən/ *n* ❶ (組織・団体などの) 解散; 解消, 取り消し ▶ the dissolution of a corporation 会社の解散 [◯解散が決まると, 清算(liquidation)という手続が行われる] / initiate [complete] the dissolution process 解散手続を開始[完了]する ❷ 解消 [◯シビル・ユニオンの解消. 結婚(marriage)の場合の離婚(divorce)にあたる] ⇨ civil union

dissolve /dizɑ́lv/ *v* (会社を) 解散する; 打ち切る ▶ seek to dissolve a contract 契約を打ち切ることを図る / The shareholders eventually chose to dissolve the company. 株主たちは最終的には会社を解散する途を選んだ / The parliament has been dissolved, so there will be new elections. 議会が解散されたので, 新しく選挙が行なわれるだろう

distance /dístəns/ *n* 間隔, (遠) 距離; 隔り, 範囲; 相違 ▶ I live within walking distance of the station. 駅から歩いていける所に住んでいる / Distance between managers and employees varies in different cultures. 管理職と従業員の間の距離は企業風土によって変わる
at a distance from から(多少)離れて
go the distance 最後までやり抜く
keep one's distance 遠慮して近づかない ▶ I kept my distance from him because he was in a bad mood. あの人は不機嫌だったので, 近寄らないようにしていた
— *vt* 追い抜く; 遠のける
distance oneself from から遠ざかる
distance learning 通信教育

distant /dístənt/ *a* 遠い (*from*); かすかな; 冷淡な ▶ Managers and employees are usually more distant and remote in this country. この国では管理職と従業員の間の距離は通例もっと離れている / Employees feel quite distant from their managers. 従業員は管理職からかなりのへだたりがあると感じている

distil(l) /dístíl/ *vt* 蒸留する (*from, into, off, out*); 抽出する
— *vi* 蒸留[純化]される
◇**distillate** /dístəlɑ̀t, -lèit/ *n* 蒸留液; 精粋
◇**distillation** *n* 蒸留
◇**distiller** *n* 蒸留器; 蒸留酒製造企業
◇**distillery** *n* 蒸留酒製造場[企業]

distinct /dístíŋkt/ *a* 異なった, 別個の (*from*); 明瞭な ▶ This coffee has a very distinct flavor. このコーヒーには独特の風味がある
◇**distinctness** *n*

distinction /dístíŋkʃən/ *n* 区別, 差別; 特質; 名誉; 傑出; 著名; 卓越性 ▶ graduate with distinction 優等で卒業する
a distinction without a difference 無用の区別
draw [make] a distinction between をはっきりと区別する
of (great) distinction 卓越した

distinctive /dístíŋktiv/ *a* 区別となる; 特有の; 示差[弁別]的な ▶ The architecture of that building is quite distinctive. その建物の建築様式はまさに独特だ
◇**distinctively** *ad*
◇**distinctiveness** *n*
distinctive character 識別性

distinctly *ad* 明瞭に; 確かに ▶ I distinctly heard him say so. 彼がそう言うのをはっきりと聞いた

distinguish /dístíŋgwiʃ/ *vt* 見分ける, 区別する (*between*); 識別する (*from*); 特色づける; 目立つ; 分類する (*into*) ▶ I couldn't distinguish the voice on the phone. 電話の声を聞き取れなかった
distinguish oneself [itself] 有名になる; 目立つ
◇**distinguishable** *a* 区別できる (*from*)

distort /dístɔ́ːrt/ *vt* (事実・形を) ゆがめる ▶ distort information and images 情報やイメージを歪曲する
◇**distorted** *a* ゆがんだ, ねじれた

distortion /dístɔ́ːrʃən/ *n* 歪曲; ゆがみ ▶ prevent distortions in world agricultural markets 世界の農産物市場におけるゆがみを是正する

distract /dístrǽkt/ *vt* 取り乱させる; 気晴らしをさせる ▶ The constant ringing of phones distracted me from my work. ひっきりなしに電話のベルが鳴るので, 仕事に集中できない
◇**distracted** *a* 取り乱した ▶ I got distracted by the commotion. 騒ぎで気が散った
◇**distractedly** *ad*

distraction /dístrǽkʃən/ *n* 注意散漫; 気をちらすもの; 気晴らし ▶ To finish your job in time, avoid distractions and interruptions. 仕事を間に合うように仕上げるためには, 気を散らすことと邪魔されることを避けなさい

distrain /dístréin/ *vt* (英) (賃貸料・損害賠償などの代わりに, または債務の弁済を確保するために動産を) (自らの手で) 差し押さえる, 留置する, 担保に取る; の差押えの処置を取る (=(米)distress)
— *vi* 【法律】 (物件を) 差し押さえる (*on, upon*)
◇**distraint** *n* 差押え

distress /dístrés/ *n* ❶ 自救的動産差押え [◯債権者が裁判所の力によらず, 自力救済的に債務者の財産を差し押さえること] ▶ a distress warrant 差押え令状 ❷ 困難, 窮地 ▶ financial distress 金融[財務]面の窮地 ▶ Signs of distress among consumers are seen in lower retail sales. 消費者の窮乏の兆候は小売業界の売上高の低迷に見られる

distressed /dístrést/ *a* 困窮した; 心配した (*about*) ▶ a financially distressed company 資金的に破綻寸前の会社 / Most of our clients are distressed companies in need of restructuring. 当社の顧客のほとんどはリストラを必要とする破綻寸前の会社だ

distressed debt ディストレスト債務

> **[解説]** 投資ファンドの戦略の名称. 企業は普通の状態では株主の所有物だが, 倒産すると債権者が最大の発言権を持つ. ディストレスト投資戦略は, 破産を申請した企業または破産寸前の企業の社債などの債務(debt)を安く買い取り, 最大の債権者になって, 企業の再建を主導する. 債権を株式に転換し, 再建に成功した段階で株式を売却して利益を実現する. ⇨ investing style

distressed goods 破損品, 損傷品; 投売り商品; 差押え品

distress merchandise 《米》投売り商品; (相場より安値で売られる)傷物商品

distress pricing 安値攻勢, 値引価格 [◯販促, シェア拡大のため所定の価格より低い価格で売ること]

distress sale 強制換価処分, 強制競売 [◯債権者による債務に対する強制執行に基づくもの]

distress selling 投売り; 〖証券〗弱気投げ

distributable income [profit] 未処分利益 (=profit available for distribution) [◯会社法上, 株主に分配可能な利益]

distributable reserve 剰余金, 留保所得

distribute /dɪstríbju:t/ vt 分配する 《to, among》; 配達する; 分類する ▶ Have you distributed the handouts to everyone? 印刷物を皆さんに配りましたか

distributed profit 利益処分額, 社外分配, 社外流出

distribution /dìstrəbjú:ʃən/ n 小売, 流通, 販売, 分配 ▶ the distribution of wealth 富の配分 / a channel of distribution 販売経路 / nationwide distribution 全国販売 / take specific measures to improve income distribution 所得分配改善のために具体的な対策を講じる / establish a distribution network 流通網を確立する / improve distribution efficiency 流通効率を高める / enter into a distribution agreement with と販売代理店契約を結ぶ / Distribution of our products is handled by a subsidiary company. 当社製品の流通販売は子会社が担当している

distribution account (証券の)受渡用口座

distribution center 流通センター [◯物流拠点施設の総称] ▶ Delivery time from our distribution center ranges from 3 to 7 business days. 弊社配送センターからのお届けに要する日数は3営業日から7営業日となっている

distribution chain 流通小売チェーン

distribution channel 流通経路, 流通チャネル ⇨ direct distribution channel, indirect distribution channel

distribution cost ❶ 流通コスト, 流通費, 流通経費 ▶ drastically reduce distribution costs 流通コストを徹底的に削減する / A key obstacle that we face in our drive to lower distribution costs is our reliance on high-cost technology. 販売コストを下げようという弊社の努力が突き当たる大きな障害は, 会社自体が高コストの技術に依存していることだ ❷ 〖会計〗販売費, 配給費, 営業費, 物流費, 配送費

distribution depot 物流センター

distribution expense 販売費, 営業費

distribution license 販売許可

distribution of profit 利益配当; 利益処分, 利益の分配

distribution price 販売価格, 仕切価格

distribution rights 販売権

distribution system 流通機構 ▶ a physical distribution system 物流システム

distribution warehouse 物流倉庫, 流通倉庫

distributive /dɪstríbjutɪv/ a 分配の
◇**distributively** ad 個別的に

distributive trades 流通業, 物流業

distributor /dɪstríbjutər/ n (ある種類の商品の)販売者[店], 配給[流通]業者; (特定地域内の)卸売業者, 元売りさばき人, 販売代理店 ▶ act as a distributor 販売店として働く

distributorship n 販売代理[独占]権(を持つ営業所[商店])

distributorship agreement 販売店契約

district /dístrɪkt/ n (行政上の)地区, 区域, 地域; 地方; 〖英〗郡 [◯county の下部行政区] ▶ The hotel is conveniently located in the central business district. そのホテルは都心のビジネス街に位置しているので便利だ

district attorney 《米》地区(首席)検事, 地区(首席)法務官 (DA) [◯日本で言えば, 都道府県レベルでの検察トップである検事正に相当する]

district auditor 《米》地方自治体の監査委員

district court ❶《米》(連邦の)地方裁判所 ❷《米》(多くの州の)州地方裁判所 ❸《スコット》(軽犯罪を裁く)簡易裁判所 ❹《豪・NZ》徴罪[下級]裁判所 [◯旧称 magistrates' court]

district judge 《米》連邦地裁判事

disturb /dɪstə́ːrb/ vt ❶(平穏を)妨げる; 混乱させる ▶ I hate to disturb you on your day off, but there's an emergency at the office. せっかくのお休みの日に申し訳ありませんが, オフィスで緊急事態が起こっています ❷(権利を)侵害する

disturbance n 妨害, 迷惑; 騒動; (権利の)侵害 ▶ The loosening of mortgage credit terms led to the current disturbance in the financial market. 住宅ローンの与信条件の緩和は金融市場における現在の騒動をもたらした

disutility n 不効用 [◯財やサービスの消費が不快や苦痛になること] ▶ cause disutility 不効用をもたらす

ditch /dɪtʃ/ n 水路; 溝
— vt 溝を掘る; 見捨てる ▶ The company ditched its plan to set up a new manufacturing facility overseas. その会社は海外に新しい製造工場を設立する計画を廃棄した / He ditched his job because he was fed up with

his boss. 彼は上司にうんざりしていたので, その仕事を捨て去った

ditto /dítou/ *ad* 前述の通りに; 右に同じ; 同じく

Div. division

div dividend

dive /daiv/ *vi* (**~d, dove; ~d**) 飛び込む; 潜る (*for*); (急)降下する ► Dollar dives to new lows ドル新安値に急降 (✚ 新聞ようの見出し)
— *n* (急)降下; 急落, 暴落 ► Sales of consumer electronics took a dive last quarter. 家電製品の売上高は前四半期に急降下した / Rail stocks took a dive on the stock market. 鉄道株が株式市場で暴落した

diverge /divə́:rdʒ, dai-/ *vi* 分岐する; (意見などが)分かれる (*from*); 乖離する
◇**divergence** *n* 分岐, 相違; 発散, 乖離
◇**divergent** *a* 分岐する; 相違する

diverse /divə́:rs, dai-/ *a* さまざまの; 異なった ► Our company has a diverse workforce. わが社の従業員は多様性に富んだ集団だ

diversifiable /divə̀:rsəfái, dai- | dai-, di-/ *a* 【金融】分散可能な ► diversifiable risk 分散可能なリスク

diversification /divə̀:rsəfikéiʃən | dai-/ *n* ❶多様化; 多角化 ► business diversification 事業多角化 / maintain diversification 多角化路線を進める / This is a part of measures aimed at promoting the diversification of employment patterns. これは雇用の多様化を促進するための施策の一部である ❷ (リスクの)分散化; 分散投資 ► portfolio diversification ポートフォリオ組入銘柄の分散 / offer [provide] diversification 分散化を図る / provide investor with maximum diversification 投資家が最大限の分散投資効果を確保できるようにする / recognize an opportunity for diversification リスクを分散し得る機会を見いだす

diversification strategy 多角化戦略

diversified *a* 多様な; 分散した; 多角経営の

diversifieds *n pl* 多角経営企業株

diversified investments 分散投資 [⇨複数の異なる金融商品に投資すること]

diversify /divə́:rsəfài, dai-/ *v* 多様に変化させる; 多角化する; (投資を)分散させる [⇨相異なる特質を組合わせて一方に偏することによるリスクを軽減する] ► be highly diversified 多角化が進んでいる / diversify into new areas 新規分野への多角化を推進する / diversify development risks 開発リスクを分散させる / The soap maker is planning to diversify into skincare products. そのせっけんメーカーはスキンケア製品への進出で多角化を図ろうとしている / Diversifying investments balances your risks. 投資の分散はリスクを均衡させる / The company plans to diversify its product line. その会社は製品ラインを多角化する計画だ

diversifying effect 分散投資効果

diversion /divə́:rʒən | daivə́:ʃən/ *n* ❶ (目的などを)そらせること, 転用, 流用 ❷ 横流し, ダイバージョン [⇨国内向けより安い輸出仕様の商品が正規ルートを外れて逆輸入されるようなことを言う]
◇**diversionary** *a*
◇**diversionism** *n* 偏向

diversity /divə́:rsəti | dai-/ *n* 相違(点); 多様(性) ► encourage diversity 多様性を奨励する / maintain diversity 多様性を維持する / improve diversity 多様性を高める

diversity jurisdiction 州籍相違管轄

diversity of citizenship (訴訟当事者の)州籍の相違

divert /divə́:rt, dai-/ *vt* 転換する, そらす (*from, to*) ► The company diverted advertising funds to increase its R&D budget. 同社は研究開発の予算を増やすために広告用の資金を振り向けた / Despite its best efforts, the company failed to divert attention away from the recent scandal. 同社の懸命の努力にもかかわらず, 最近のスキャンダルから世間の注意をそらすことはできなかった

diverted time 直接工の間接作業時間 [⇨製造活動に従事する直接工が人手不足などで間接作業を行う場合, これに費やされる時間に対する賃金は直接工の間接作業賃金と言い, 間接労務費となる]

divertissement /divə́:rtismənt/ *n* 娯楽

divest /divést, dai-/ *vt* ❶ 脱がせる, はぐ (*of*); 奪う (*of*) ❷ (財産・権利などを)剥奪する; 譲渡する (✚ この意味では devest の綴字も使う) ❸ (子会社・持株などを) 売却[分離]する

divestiture /divéstətʃər | dai-/ *n* 事業部門の分離・売却 (=divestment) [⇨分離された部門が独立した企業にならず, 他人の手に渡るもの] ⇨ spin-off

divestment *n* ❶ 剥奪(すること) ❷ 子会社の売却; 企業分割, (不採算部門などの)分離 ❸ 投資の撤収, 投資資金の引揚げ

divi /divi/ *n* (英) (略式) dividend の短縮語

divide /diváid/ *v* 分ける[かれる] (*into*); 分離する (*from*); 分配する (*between, among*); 割り算する; 割る[れる] (*into*) ► The manager divided the tasks among his staff. 課長は仕事をスタッフに分配した / How shall we divide (up) the plan? どのように計画を分担しようか / The price-earning ratio is the share price divided by the earnings per share. 株価収益率は株価を一株当たりの収益で割って得られる

divide and rule 分割統治する

dividend /dívədènd/ *n* (株式などの)配当, 分配金 [⇨株式会社が得た利益のうち, 株主に支払われる部分]; (米) (保険の)配当(金), 利益配当金, 契約者配当(金) (= (英)bonus) (✚ participation, policy [policyholder] dividend とも言う)

コロケーション

(動詞(句)+~) **increase** the dividend 増配する / **declare** a dividend 配当を決める / **forgo [omit]** a dividend 配当を見送る / **pass** a dividend (米) 無配当にする / **pay** a dividend 配当を支払う / **receive** a dividend 配当を受け取る

▶ dividend paid 支払配当金 / pay dividends of $2.00 per share to shareholders of common stock 普通株式の株主に一株当たり2ドルの配当金を支払う / The Board of Directors voted to declare a cash dividend of $1 per common share payable on September 6, 2002 to shareholders of record on August 23, 2002. 取締役会は普通株式一株当たり1ドルの現金配当を,2002年8月23日現在の株主に,2002年9月6日に支払うことを決議した / We may omit, pass or skip the dividend. 配当は省いたり,延ばしたり,飛ばしたりすることができる / We don't pay out all our profit in dividends. 収益のすべてを配当で支払うわけではない

=■配当■=
bonus dividend 特別配当 / interim dividend 中間配当 / special dividend 特別配当 / stock dividend 株式配当

dividend check 配当金支払のための小切手
dividend cover 配当カバレッジ [⇨利益が配当金の何倍あるかを示す指標]
dividend discount model 配当割引モデル (DDM) [⇨株の理論的適正値を求めるモデルで,その株から将来にわたって得られる配当金の総額から逆算して現在価値を求める.これが現行株より高ければ割安と判断される]
dividend equalization reserve 配当平均積立金 [⇨配当金の平準化のため,または一定額の配当金を確保するための利益の内部留保額]
dividend in kind 現物配当 [⇨金銭以外の財産で支払われた配当]
dividend payable 未払配当(金) [⇨宣言された配当のうちで支払われていない部分]
dividend payment 配当支払額,支払配当金
dividend payout (ratio) 配当性向,配当支払い率 (=payout ratio) [⇨税引後利益のうち配当として支払われた割合を示す比率で,低ければ一般に内部留保が厚いことを意味する]
dividend per share 1株当り配当金 (DPS)
dividend policy 配当政策,配当方針 [⇨利益をどうする割合で事業の再投資(内部留保)と株主への還元(社外流出)に振り分けるかの方針]
dividend-price ratio 配当利回り [⇨配当金を一株当り利益で割って求める]
dividend reinvestment 配当金の再投資 [⇨投資信託などで,受け取る配当金を自動的に新たな買付けに回し,投資元本を増やすこと]
dividend reinvestment plan 《米》配当再投資プラン (DRIP) [⇨受け取る配当金で発行会社の株式を購入できる株主優待制度]
dividend roll 配当取り [⇨買主が配当を受け取る資格を失う配当落ち日の直前に株を買い,配当落ち日の直後に売ることで配当金を受け取る権利を手に入れておくこと]
dividends in arrears 累積未払配当金 [⇨配当できる状況になったら,まずは優先株の株主に払い,次いで普通株という順になる]
dividend stripping ディビデンド・ストリッピング [⇨①買主が配当を受け取れる最終日の翌日 (配当落ち日) には少なくとも配当相当額は株価が下がるはずだが,必ずしもそうはならず,受取配当金と下落分の差額を得られると見越して配当落ち日の直前にその株を買い,直後に売ること ②前項の配当落ち日の下落による売買損を他での売買益と相殺できる税制の下では敢えて損失 (キャピタル・ロス) を発生させるために配当取り目的の売買が行われること]
dividend warrant 《英》配当金支払のための小切手
dividend washing 配当課税逃れ
dividend yield 配当利回り [⇨株式投資の収益性測定指標の一つで,一株当たりの配当金額と株価の比率から求める]

division /divíʒən/ n 分割;区分;分裂; (会社の) 部門 ▶ a finance division 財務部門 / a research division 研究部門 / a sales division 営業部門
divisional a 分割の;地区の
divisional application 分割出願 [⇨2つ以上の発明を包含する特許出願を分割すること]
divisional headquarters (事業部門の) 本部
divisionalization, 《英》**-isation** n 事業のセグメント化,分社化
divisional manager 事業部門の責任者,部門長
divisional organization 事業部制組織
divisional profit 事業部別利益
divisional results 部門別業績,決算
division manager 事業部長,部門長
division of labor 分業 ▶ through the division of labor 分業により / achieve efficient division of labor 効率的な分業を実現する
division profit 事業部別利益
divorce /divɔ́:rs/ n 分離;離婚; (比喩的に) (企業どうしの) 離別 ▶ Daimler's divorce from Chrysler ダイムラーとクライスラーの離別
file [sue] for divorce 離婚訴訟を起こす
get a divorce 離婚する (=get divorced) 《from》
— v 離婚する[させる],分散する[させる]
Div/Share dividend per share 一株当り配当金
divvy /dívi/ n, vt 《略式》山分け(する) 《up》;分け前 (✚dividendの短縮形)
Dixie Cup 《商標》ディキシーカップ [⇨米国の飲み物やアイスクリームなど用の紙コップ]
DIY 《英》do-it-yourself
DJ Dow Jones
DJCA 《商標》Dow Jones Composite Averages
DJIA 《商標》Dow Jones Industrial Average
DJTA 《商標》Dow Jones Transportation Average
DJUA 《商標》Dow Jones Utilities Average
DK 《調査票で》don't know
DLC documentary letter of credit; dual-listed company

D. Litt. Doctor Litterarum 文学博士 [<ラ 'Doctor of Letters']

DM Deutsche Mark

DMCA Digital Millennium Copyright Act

DMU decision-making unit

DMV Department of Motor Vehicles 《米》自動車管理局 [日本の陸運局に相当]

D-notice n 《英》記事差止め命令 [⇒国防秘密情報であることを理由とする] [<defence notice]

DNS domain name system

do /《弱》du, də; 《強》du:/ aux v (does; did) (1) (疑問) ▶ Do you know her? (2) (notを用いた否定) ▶ I don't have a car. (3) (強意) ▶ We do need your advice. あなたの助言がぜひとも必要だ / I assure you that we do have a solid business plan. 当社が堅実な事業計画を持っていることを私は断言できます (4) (説得・勧め) ▶ Do come in! さあどうぞお入りください (5) (倒置) ▶ Never did I see such a fool. 《文》あんな愚か者にはついぞ会ったことがない

― (代動詞) (does; did; done) (同じ動詞(句)の反復を避ける) ▶ She speaks English as fluently as he does. 彼女は彼と同じくらい流暢に英語を話す

― vt (does; did; done) する, やる, (義務などを)果たす; (現在完了・受身) 仕上げる; (利害・信用などを)もたらす; 処理する; (速度で)進む ▶ do a person justice [=do justice to a person] 人を公正に扱う / do a person good [harm] 人の役に立つ[害を与える] / Will you do me a favor? お願いがあるのですが / do honor to a person [=do a person honor] 人の名誉となる / That'll do it. それでうまくいく / What do you do (for living)? I'm in engineering. お仕事はなんですか 技師です / He is doing his job properly. 彼は自分の仕事をきちんとやっている

― vi 行う; 振る舞う; やっていく; (完了) 終える; 《will ~》役立つ ▶ That will [won't] do. それで間に合う[それは不適当]だ

do a person out of 《米略式》をだまし取る

do away with 廃止する ▶ Our company did away with uniforms several years ago. 当社は数年前に制服を廃止した

do by (well, badlyなどを伴って) を扱う ▶ He did well by me. 彼は私によくしてくれた

do down 《英略式》を負かす; だます; こきおろす

do for の代用になる; に間に合う; 駄目にする; 家事の世話をする ▶ What can I do for you? ご用は?

do it 《略式》うまくいく; セックスをする

do much to に大いに役立つ

do or die 死ぬ覚悟でやる

do over 《米略式》やり直す; (部屋を)改装する

do things 仕事をやる, いろいろなことをする ▶ How much do you know about how your competitors do things? 競争相手のやり方をどのくらい知っていますか / We know how other companies in the same industry do things. 同業他社のやり方を知っています

do up 《略式》を包装する; 修繕する

do well (病気から)回復する; 成功する

do well by に親切にする

do well to do …するのが賢明だ

do with を処理する; 《can [could]を伴って》があればありがたい; 《否定》を我慢する ▶ I could do with more space here. ここにもっと空間が欲しい

do without (can, have toを伴って) なしで済ます ▶ What am I supposed to do without you? 君なしでどうすればいいんだ

have [be] done with を終える; と関係を断つ

have (something [nothing]) to do with と関係[取引]がある[ない] ▶ Most business failures have to do with having wrong strategy, inefficient operations, and poor marketing. ほとんどの企業倒産は, 間違った戦略, 非効率な業務, そして, マーケティングのまずさが問題だ

― n /du:/ (~(')s) 《英略式》祝宴, パーティー; 《英略式》詐欺; (~s) 《英略式》分け前

dos and don'ts すべきこととしてはならぬこと, 慣例(集) ▶ Here is a list of dos and don'ts for anyone starting a business. 商売を始めようとする人がするべきこととしてはならないことの表がここにある

DO, d/o delivery order; dissolved oxygen

do. ditto

doable, do-able /dú:əbl/ a 《略式》実行可能な ▶ Is this project doable or undoable? この計画は実行可能か不可能か

DOB, d.o.b. date of birth 生年月日

dock¹ /dɑk/ n ドック, 船渠(きょ); 《通例 the ~s》ドック地帯; 造船所; 《米》波止場 (=jetty); 埠頭 (=wharf); 航空機の修理用格納庫

in dock ドックに入って

― v 接岸する ▶ The ship will dock at pier 4. 船は4号埠頭に接岸する

dock² n 尾の心部

― vt (尾を)切り取る; 《略式》(賃金を)差し引く ▶ We'll have to dock his pay as a punishment. 罰として彼の給料を減らさなければならない

dock³ n 被告席

dockage /dɑ́kidʒ/ n ドック設備; ドック使用料, 係船料; 船のドック入り

dock company 埠頭会社

dock dues 接岸料金

docker /dɑ́kər/ n 《英》港湾労働者 (=longshoreman, 《米》stevedore)

Dockers 《商標》ドッカーズ [⇒Levi'sが提供する米国のビジネスカジュアルのブランド. スーツを着用しなくなった米国のビジネスマン用スラックスの代表的ブランド]

docket /dɑ́kit/ n ❶ 《英》(荷に添える)物品明細書 ❷ 訴訟事件記録簿; 裁判記録

docking station ドッキングステーション [⇒ノートパソコン用の機能拡張ユニット. CD-ROMドライブやLANポートなどの接続端子を備える]

Docklands /dɑ́klændz/ n 《時に the ~》(通例単数扱い) ドックランド [⇒①ロンドン東部, テムズ川北岸の新興住宅・オフィス街 ②オーストラリア, メルボルン市の開発地区]

dock receipt ドック・レシート (D/R),「ドックレ」[⇨国内輸送業者から海上運送業者に引き継ぐべく輸出貨物が倉庫に搬入されたことを証するため,倉庫が発行する証明書で,船荷証券の作成に用いられる]

dockside *n* 波止場,岸壁

dockyard *n* 造船所

Doc Martens (商標) ドクターマーチン [⇨英国のブーツの一種. Dr. Martensとも表記される]

doctor /dάktər/ *n* 医師;博士 (PhD);(略式) コック;(略式) 修理屋
— *vt* 修理する;修正[改ざん]する
◇**doctorate** /-rət/ *n* 博士号 (*in*) ► earn a doctorate in ... で博士号を取る

Doctor of Philosophy 学術博士 (PhD)

doctor's certificate 医師の診断書 (=medical certificate)

doctor's statement 診断書

doctrine /dάktrin/ *n* 教義;主義;政策;学説;法理,原則

doctrine of equivalence 均等論 [⇨特許クレームの要素の代替物 (代替物の要素はクレームの要素と同じ効果を有するもの) を使用して特許を回避することを防止するための理論]

document *n* /dάkjumənt/ 書類;記録;文書

コロケーション

(動詞(句)+〜) **check** a document 文書をチェックする / **draft** a document 文書を起草する / **draw up** a document 文書を作成する / **examine** a document 文書を点検する / **falsify** a document 文書を改ざんする / **file** a document 文書をファイルに残して保管する / **forge** a document 文書を偽造する / **glance through** a document 文書にざっと目を通す / **mislay** a document 文書をどこかに置き忘れる / **produce** a document 文書を提示する / **release** a document 文書を公表する / **retain** a document 文書を保存する / **sign** a document 文書に署名する / **withdraw** a document (保管場所から) 文書を持ち出す

=== 文書 ===
classified document 機密指定文書 / confidential document 機密文書 / export documents 船積書類 / forged document 偽造文書 / legal document 法律文書 / official document 正式文書 / private document 私文書

— *vt* /-mènt/ 証拠書類で立証する

documentary /dàkjuméntəri/ *a, n* 文書の;記録[資料]による;(映画・テレビで) 記録もの,ドキュメンタリー

documentary bill 荷為替手形 (D/B) [⇨輸出業者が輸入業者 (またはその取引銀行) を支払人とし,自己を受取人として振出す手形で,目的物の引渡請求に必要な運送証券が添付されているもの]

documentary bill of exchange = documentary bill

documentary collection 取立為替による決済 [⇨荷を受け取るために必要な運送証券を輸出者から輸入業者側の取引銀行に渡しておき,銀行は輸入業者支払を受けたところでこれを渡す仕組み]

documentary credit 荷為替信用状,商業信用状 (DC) [⇨輸入業者の取引銀行によって発行される支払確約書である信用状で,その買取や支払に際して目的物の引渡に必要な運送証券が必要であるもの. documentary letter of creditとも言う]

documentary draft 荷為替手形 (D/D) (=documentary bill) [⇨輸送中の貨物を担保として振り出される手形]

documentary L/C =documentary letter of credit

documentary letter of credit =documentary credit

documentary stamp 印紙

documentation /dàkjuməntéiʃən | dɔ̀k-/ *n* 文書,書類 (一式),帳票;(コンピュ) 文書化 ► Please supply documentation in English. 文書を英語で出してください

document of title 運送証券 [⇨輸送中の物品の引渡請求権を証する船荷証券や航空運送状のことを指す]

document retrieval 文書の検索

documents against acceptance 引受渡し (D/A) [⇨銀行から手形を呈示された輸入業者がその手形の引受 (手形金支払の約束) を行うことで船積書類を引き渡してもらえること]

documents against acceptance bill DA手形 [⇨貿易決済のための手形の一種で,輸出業者が振り出した手形につき輸入業者が手形金支払い義務を引き受ければ荷物を引き取れる]

documents against cash 現金支払渡し [⇨荷為替手形の支払いと引換えに目的物を受け取るために必要な船積書類が引き渡されるという決済条件]

documents against payment (D/P) 支払渡し [⇨輸入業者は手形金額を支払って初めて船積書類を引き渡してもらえる]

documents against payment bill DP手形 [⇨貿易決済のための手形の一種で,輸出業者が振り出した手形につき輸入業者が手形金を支払って初めて荷物を引き取れる]

documents against presentation =documents against cash

document sharing ドキュメントシェアリング,ドキュメントシェア [⇨ネットワークを使って離れている者どうしが同一ファイルにつき共同作業ができる仕組み]

dodge /dάdʒ/ *vi* 素早く身をかわす;ごまかす
— *vt* さっと避ける;策略で逃れる;(質問を) 巧みにそらす ► dodge responsibility 責任を取らない / dodge a reporter's question 記者の質問をかわす
— *n* 素早く避けること;巧みな方策,ごまかし ► a tax dodge 脱税
◇**dodger** *n* dodgeする人 ► tax dodger 脱税する人
◇**dodgy** *a* 巧妙な;危ない ► dodgy accounting 不正経理,巧妙な経理操作 / After we broke

down the numbers, it looked like a dodgy investment. 数字を細かく分析したあとでは、インチキ投資のように思われます

Dodge 《商標》ダッジ [⇒米国Chrysler社の乗用車・トラック]

Dodge index ダッジ・インデックス [⇒米マグローヒル社が集計し、発表している建設業況判断指数]

Doe /dóu/ n 《米》ドウ [⇒氏名不詳または匿名の人につける架空の姓。男性の場合は John Doe, 女性の場合は Jane Doe. 増えれば James Doe, Judy Doe を使う。訴訟事件で被告者を秘匿するため、または不明のときも使う。この場合、原告側については、Richard Roe, Jane Roe がよく使われる]

DOE Department of Energy 《米》エネルギー省; depending on experience 経験に応じて

dog /dɔːg/ n ❶ 犬; 雄犬; 《略式》やつ, 男 ❷ 《ﾀﾞﾆｼｯｸ》ドッグ, 負け犬 ⇒ product portfolio management, Boston matrix

dog eat dog 仲間同士の激烈な争い

not have a dog's chance まったく見込みがない

put on the dog 金持ちのふりをする

— vt (-gg-) 尾行する, につきまとう

dog and pony show 《米》つまらない見せもの [⇒企業幹部が各地に出向いて行う投資家向け説明会をからかった言い方. 一般には road show と言う]

Dog Chow 《商標》ドッグチャウ [⇒米国製ドッグフード]

dog-eat-dog a 《略式》すさまじく争う ► In business, it's a dog-eat-dog world. 商売の世界は食うか食われるかだ

dogsbody n 《英》下っ端, 雑用係 (=《米》gofer)

DOHS Department of Homeland Security 《米》国土安全保障省

doing /dúːiŋ/ n すること; (~s) 行い; 《英略式》 (必要な) もの

take some doing かなり難しい

do-it-yourself a 自分でやる, 日曜大工の (DIY)

◇**do-it-yourselfer** n 日曜大工をする人

dol. dollar

Dolby (System) 《商標》ドルビー方式 [⇒オーディオテープの録音・再生時の特に高音域のノイズを減らすための方式]

doldrums /dóuldrəmz/ n pl 赤道無風帯; (転じて) 沈滞, 不振

in the doldrums 《略式》不振で ► Our business has been in the doldrums for two quarters in a row. 2四半期連続で営業不振が続いている / The real estate market will continue to be in the doldrums for the upcoming year. 不動産市場は来年いっぱい沈滞した状況が続くだろう

dole /doul/ n 《英》施し物; 失業手当

go [be] on (the) dole 失業手当を受ける[ている]

off the dole 社会福祉を受けずに

Dole 《商標》ドール [⇒袋詰め, 缶詰めの果物や野菜を提供する米国のブランド. 特にパイナップルで有名]

dole queue 失業者人口, 失業者層, 失業者の列 (=《米》unemployment line) ► More than 1,000 workers are to join the dole queue as a result of the merger. 合併の結果1,000人を超える従業員が失業者になることになる

dollar /dálər/ n ドル [⇒記号:$, $;基本通貨単位(=100 cents). アメリカ合衆国, オーストラリア, ガイアナ, カナダ, ジャマイカ, シンガポール, ニュージーランド, リベリア他たくさんの国で使用] ► the U.S. dollar 米国ドル / the Canadian dollar カナダ・ドル

a [the] 64 (thousand) dollar question 難問, 重大問題

bet one's bottom dollar 《略式》確信している

see dollar signs 金になりそうだと考える

dollar area (対外取引で米ドル建てで行う) ドル地域

dollar-average v (株の買いコストを平準化するため) ドル平均法を使う, 定期定額買いをする

dollar cost averaging ドル・コスト平均法 [⇒相場の変動と無関係に, 一定間隔で一定額を投資する手法. したがって, 相場が下がっているときは多く買い, 逆のときは少なく買うことになる]

dollar crisis ドル危機 [⇒IMF体制で規定されたドルと金の交換能力に疑問がもたれ, 国際通貨体制が不安定になったこと. 国際通貨危機とも言う]

dollarization, 《英》**-sation** /dàlərizéiʃən/ n ドル化 [⇒ラテン・アメリカ諸国における米ドルの自国通貨化]

dollarize, 《英》**-ise** v ドル化する

dollar peg system (the ~) ドル・ペッグ制 [⇒米国ドルとの自国通貨の交換レートを一定に保つ仕組]

dollar store 1ドルショップ [⇒日本ならば100円ショップ]

dollarwise ad ドルに換算して, ドルで言えば; 金銭的に, 財政的に ► How much does a million euros amount to, dollarwise? 100万ユーロはドルに換算するといくらになるかね

dollar-yen rate ドル・円相場

dols. dollars

domain /douméin/ n 領域, 分野, 範囲; 本業; ドメイン [⇒インターネットアドレスの区分 (com, edu, gov など)] ► Many department stores have crossed over into the domain of online sales. 多くの百貨店は越境してオンライン販売の領域に進出した

domain name ドメイン名 [⇒インターネット上においてコンピュータやネットワークを識別するための記号. コンピュータやネットワークの「住所」; com, edu, gov など]

domain name piracy =cybersquatting

domain name system ドメインネームシステム (DNS) ⇒ domain

domestic /dəméstik/ a 国内[産]の

► domestic demand 内需 / domestic sales 国内販売 / domestic flights (飛行機の) 国内便

domestically ad 国内で ► domestically produced 国内で生産された / Domestically manufactured products fetch a higher price. 国内で製造された製品はかなり高い値段で売れる

domestic consumption 国内消費

domestic corporation ❶ (米国の) 州内会社, 州内法人 [◯その州で設立された会社. 州外会社の意味のforeign corporationに対比される] ❷ 国内会社, 国内法人 [◯米国内で設立された会社. 外国会社の意味のforeign corporationに対比される]

domestic currency 自国通貨 (✚外国通貨に対しての), 現地通貨 (=local currency)

domestic demand 内需, 国内需要 [◯個人消費, 企業の設備投資, 政府による公共投資など]

コロケーション

(名詞(句)+～) **contraction of** domestic demand 内需の冷込み / **growth of** domestic demand 内需の拡大 / **rebound in** domestic demand 内需の回復 / **slowdown in** domestic demand 内需の減速

(動詞(句)+～) **increase** domestic demand 内需を拡大する / **stimulate** domestic demand 内需を刺激する

▶ private sector domestic demand 民需, 民間需要 / weak domestic demand 低迷する内需 / The collapse of the asset price bubble in 1990 was followed by **a sharp contraction of domestic demand**. 1990年にバブルが崩壊すると, これを受けて内需は急激に冷え込んだ / The bubble years were characterized by **rapid growth of domestic demand**. バブル期の特徴は, 内需の急激な拡大にある / **Domestic demand will probably be flat** in the second half of the year. 下期の内需はおそらく横ばいだろう / The government opted to **stimulate domestic demand** via fiscal and monetary policies. 政府は財政金融政策を通じて内需を刺激する道を選んだ / A rise in real purchasing power may **boost domestic demand**. 実質購買力の上昇は内需を押し上げるかもしれない

domestic-demand-led a 内需主導の

domestic final sales 国内最終需要 [◯最終需要(=GDP−在庫投資)から輸出分を除外し, 輸入分をカウントしたもの]

domestic income 国内所得 [◯1年の間に国内で生じた雇用者所得と企業収益の合計. これに海外からの賞味受取所得を加えると国民所得になる]

domestic industry 国内産業

domestic market 国内市場

domestic production 国内生産 ▶ Sales from domestic production account for about 20 percent of the firm's overall sales. 国内生産売上は同社の総売上のおよそ20%を占めている

domestic revenue 国内売上

domestic sales 国内売上 ▶ Domestic sales are down. 国内売上が落ちている / Growth in domestic sales have been sustained through the first half of the year. 国内売上高の伸び率は今年の上半期を通じて持続している

domestic trade 国内取引

domicile /dáməsàil, -səl/ n ドミサイル, 本居, 本籍地, 本店所在地 [◯米国において, 個人・法人の法律上の住所. 個人の場合は, 出生によりdomicile of originを取得し, 行為能力を得た後にdomicile of choiceを選択することができる. 企業の場合は, その会社が設立された場所(州)を言う. 企業のドミサイルは本社所在地と異なることがある. 会社を設立する場所は税法や会社法の利点のある州が選ばれ, 本社所在地は営業上の利点から別の州が選ばれることが多い] ▶ corporate domicile (法人企業の) 設立地

◇**domiciliary** /dàməsílièri/ a 本籍地上の

domiciled a 居所のある

domicile of choice 選択による本居, 居住地国 [◯個人が生活の本拠とする意思を持って, 現実に居住することによって取得される本居]

domicile of origin 出生地に基づく本居, 出生地国, 本籍地 [◯個人が生まれた時に決まる居住地. 特に生誕時の両親の居住地]

domiciliary care 在宅ケア, 在宅サービス

domiciliary nurse 訪問看護師 (=visiting nurse)

domiciliary service (英) 在宅サービス [◯高齢者や障害者の在宅生活を支援するための社会サービス]

dominance /dámənəns | dɔ́m-/ n 支配的地位, 優越的地位 ▶ gain [lose] market dominance 市場での支配的地位を獲得する[失う]

dominant /dámənənt/ a, n 支配的な; 優勢な ▶ establish a dominant market position 市場での支配的地位を確立する / dominant companies in the industry 業界の大手企業

dominant estate 要役地 (=dominant tenement)

dominant factor 支配的要素

dominant position 支配的地位

dominant strategy 支配戦略, 絶対優位戦略 [◯ゲームにおいて他のプレーヤーによって選ばれる戦略に関係なく, あるプレーヤーにとって最適な戦略]

dominant tenement 要役地 [◯他人の土地に対して通行権などの地役権を主張できる土地]

dominate /dámənèit | dɔ́m-/ v 支配する; 目立つ; 優位を占める ▶ a female-dominated company 女性優位の会社, 女性が多数派を占める会社 / The company dominates the market on game software. 同社はゲームソフトの市場で優位を占めている / He always dominates the meeting and doesn't let others speak. 彼はいつも会議でわが物顔にふるまって, 他の人たちに喋らせない / The men really dominate in business. ビジネスは本当に男性中心だ

domino effect ドミノ[連鎖発生]効果

domino risk ドミノリスク, 連鎖リスク [◯ある

会社が破綻し，その影響が広範囲に広がるリスク]

Domino's Pizza 《商標》ドミノ・ピザ [⇒ピザの宅配をする米国のチェーン店]

Dom Pérignon 《商標》ドンペリニョン [⇒フランスの高級シャンパン．略称「ドンペリ」]

donate /dóuneit, -´-/ *vt* 寄付[寄贈]する ► Thank you for donating your time to this project. このプロジェクトにお時間を割いてくださって，ありがとうございます / We donate a portion of our profits to charity. 当社は利益の一部を慈善事業に寄付している

donated capital 贈与資本，受贈資本 [⇒株主などからの債務免除，資産の贈与などを受けたことにより企業が保有している自己資本]

donation /dounéiʃən/ *n* 寄付；贈与，寄付金 ► We appreciate your donation! 皆様のご寄付に感謝します

make a donation to に寄付をする

donation in kind 現物贈与

donation tax 贈与税

done /dʌn/ *v* do¹の過分
— *a* 完成した；終わった；疲れきった (*up*, *in*)；社会に受け入れられる ► Done!「決まり！」(✚取引成立を宣言する言い方)

be done for 《略式》もうおしまい[駄目]だ
get ... done 終わりにする
have done with を済ませた
It's easier said than done. 《諺》行うより言うはやすし
it's not done for us to do …するのは無作法だ
it's the done thing to do …するのが常識だ
leave ... half done をやりかけにしておく
My day is done. 今日の仕事も終わり
over and done with 完全に終わった

done deal (未契約ながら) 既に確実となっている取引；ほぼ確実なこと ► It's a done deal. それはもう終わった話だ / It looks very positive, but it is by no means a done deal at this point. 間違いないと思うが，現時点ではまだ決まったとは言えない

donee /douní:/ *n* ❶ 受贈者 (⇔donor) ❷ 代理権等の権限を授与された者

Dongfeng Motor Group (~ Co., Ltd.) ドンフォン・モーター，東風汽車 [⇒1969年設立．プジョー，シトローエン，日産，ホンダ，起亜自動車などとの合弁会社を通じて武漢などで乗用車，商用車の生産を行う]

dongle /dάŋgl/ *n* ドングル [⇒ソフトの不正使用防止装置]

donkey work 《略式》単調でつらい仕事

Donna Karan 《商標》ダナキャラン (DKNY) [⇒高級イメージの米国ブランド．ニューヨークのDKNYショップは店舗自体がファッションであると話題を集めた]

donor /dóunər/ *n* 贈与者，(特に援助の) 提供者 ► Donor countries give development aid. 供与国が開発援助をする

do-not-call registry 《米》電話勧誘辞退登録 [⇒電話セールスなどを拒否する人たちの登録制度]

do-nothing *a*, *n* 何もしない；無為無策の；ひま人，怠け者
◇ **do-nothingism** *n* 何もしない主義

don't-know *n* 態度保留者，DKグループの人

doom /du:m/ *n* 運命；破滅；死；判決；最後の審判 ► pass [pronounce] doom of death on [upon] a political offender 政治犯に死刑の判決を下す

doom and gloom 《略式》悲しく希望のない状態 ► Doom and gloom dominated the forecast for next year's sales. きわめて悲観的な見通しが来年の売上高についての予測を支配していた

the crack of doom 最後の審判の日；世の終わり

door /dɔ:r/ *n* ドア；出入り口；1軒；…への道[方法] ► This deal is expected to open the doors to future business opportunities. この取引は将来のビジネスチャンスに門戸を開くことが期待されている

answer the door 応対に出る
at the door 会場入口で，当日券で
behind (the) closed doors 秘密に ► The meeting was held behind closed doors. 会議は非公開で開かれた
(from) door to door 一軒一軒；戸口から戸口へ
in [out of] door(s) 屋内[屋外]で
lay ... at a person's door を(人の)せいにする
next door to の隣に；ほとんど…
shut [slam] the door in a person's face (人との) 交渉を拒否する

doorman *n* (ホテルの) ドアマン

door opener ドア・オープナー[販売員ギフト，販売促進物]

doorplate *n* 表札

door prize ドアプライズ [⇒パーティーなどで，来客の入場時に番号札を渡し，後で抽選を行って当選番号の札を持った人に贈られる賞品]

door-to-airport *a* 戸口から空港までの

door-to-door *a*, *ad* 戸別訪問の[で]；宅配の[で]；戸口まで送る[って]

door-to-door canvassing (販売のための) 戸別訪問

door-to-door sales 訪問販売

door-to-door selling 訪問販売 (=house-to-house selling)

doozie, doozy /dú:zi/ *n* 際立ったもの

Doritos 《商標》ドリトス [⇒トウモロコシから作られた米国のスナック菓子．ポテトチップのように袋入りで売られている．立食パーティーの定番]

dorm /dɔ:rm/ *n* 《米略式》=dormitory

dormant /dɔ́:rmənt/ *a* 動きがない，休眠状態の；活動休止中の
◇ **dormancy** *n* 睡眠[休止](状態)

dormant account 休眠口座 [⇒小額の残高があるだけで，忘れ去られている銀行口座]

dormant company 休眠会社

dormitory /dɔ́:rmətɔ̀:ri | -tri/ *n* 寄宿舎，寮 (=dorm)；共同寝室；郊外住宅の，ベッドタウンの ► Does the company provide dormitories for singles? 会社は独身寮を用意していますか

dossier /dάsièi, -siər/ *n* 関係書類一式；身上調

査書 ► submit a dossier to obtain permission 許可を得るため関係書類一式を提出する

dot /dát/ *n, v* (-**tt**-) 点(を打つ); 点在する ((*with*)); ドット [○インターネットアドレスに使われるピリオド記号の読み方(例:. comドットコム)]

dot one's i's and cross one's t's 細かい点まで仕上げる

on the dot 《略式》時間きっかりに ► The meeting began at ten o'clock on the dot. その会議は10時きっかりに始まった

DOT Department of Transportation 《米》運輸省

dot and super-dot system =dot system

dot-bomb, dotbomb *n* ドットボム [○インターネットでの急成長後, バブル崩壊により破綻したインターネット関連企業(dot-com)]

dot-com, dotcom, dot.com /dátkàm/ *n, a* ドットコム(の), インターネット商取引 [企業](の) [○インターネットでビジネスを行う企業]

dot-com bubble ドットコム・バブル [○1995年から2000年にかけて米国に起こったインターネット企業のバブル現象. ドットコム会社(dot-com company)と呼ばれるIT関連のベンチャー企業が続々と設立され, 株価が異常に高騰した. 2000年春にバブルは崩壊した]

dot-com market ドット・コム市場

dot-commer /dát kàmər/ *n* ドットコマー [○インターネットでビジネスを行う企業の従業員]

dot system ドット・システム, 小口注文執行システム [ニューヨーク証券取引所(New York Stock Exchange)の売買注文の9割以上を処理しているシステム. 注文をスペシャリスト(特定銘柄を専門に価格形成を担う業者)のブック(指値注文控, わが国で言う「板」)に直接回送している]

dotted line 点線 ► sign on the dotted line 契約に同意する, 無条件に同意する / Tear along [on] the dotted line. 点線部で切り取ってください

double /dʌ́bl/ *a, ad* 2倍の[に]; 二重の[に]; 対の; あいまいな ► The new machine has double the production capacity of the old one. 新しい機械は古い機械の2倍の生産能力を持っている / The department store has double the number of part-time workers during the holiday season. その百貨店はホリデーシーズンには2倍の数のパートタイム従業員を雇っている

play double 両方に内通する

— *vt* 2倍[二重]にする; 二つ折りにする

— *vi* 2倍[二重]になる; 逆戻りする; 駆け足で行く; 二役を演じる ((*as*)); 兼務する ((*as, in*)); (物が)代わりになる ((*as*)) ► Inflation doubled last year. 昨年はインフレは2倍になった / Sales have more than doubled in three years. 売上は3年で2倍以上になった

double in brass 《米略式》兼任する

— *n* 2倍; 似た人[物]; 替え玉; 急回転; 駆け足

double or nothing [quits] 一か八かの勝負

on the double 《略式》ただちに

◇**doubleness** *n*

double account 複式勘定

double accounting 複式会計

double account system 複会計制度 [○英国の鉄道会社で生成・発展した会計制度で, 資本的収支を対照表示する資本勘定と一般貸借対照表からなる]

double agent 二重スパイ

double bar 複縦線

double-barrel(l)ed *a* 二重の目的を持った

double bed ダブルベッド

double bind 板ばさみ ► be caught in a double bind 板ばさみになる

double-blind *a* 二重盲検法の [○テストする方もされる方も本物・ニセ薬の別を知らされずに行う治験を言う]

double-book *v* 二重に予約を受けてしまう

double-booking *n* 二重予約

double brand ダブルブランド [○製造元業者と販売業者の両方の商標が用いられる商品]

double-check *v, n* 再照合(する)

double-crop *v* 二毛作をする

double-cross *vt* 裏切る, だます ► The hacker double-crossed his employer. そのハッカーは雇い主を裏切った

double dagger ダブルダガー [○脚注などの参照符として用いる‡印]

double damages 二倍額の損害賠償金 [○実損害額の2倍の額の損害賠償金. 悪質な犯罪者を処罰するために特定の制定法で認められている]

Doubleday ダブルデイ [○ランダムハウスを親会社とする米国の出版社. ベストセラー小説のペーパーバック(文庫版)を数多く出版している. メディアの世界的会社Bertelsmann AGが最終親会社]

double-dealing *a, n* 裏表のある(言行); 不誠実(な), ごまかしがある取引 ► engage in double-dealing 裏取引をする, ごまかす

double declining balance (method) 2倍減法, 2倍定率法 [○より多くの減価償却費を早めに計上できる方法で, 定額法の場合の償却率の2倍の率を毎期の期首簿価に乗じていくことになる]

double-digit *a* 《米》2けた台の ► double-digit inflation 2けた台のインフレ / On its fourth consecutive year of double-digit growth, the company seems to have gotten a foothold in the market. 2けた成長が連続4年目になって, 同社はその市場で足場を固めたように見える

double digits 《米》2けたの数字 (=《英》double figures)

double-dip *vi* (退役軍人などが)二重稼ぎをする

◇**double-dipper** *n*

double-dipping *n* 二重取り [○所得があるのに年金給付を受けるといった不正な二重取りを言う]

double-dip recession 景気の2番底 [○景気後退後, 回復しかけて再び後退すること]

double-duty *a* 二つの役目[機能]を持つ
double-entry bookkeeping 複式簿記 [⇨貸借平均の原理に基づき，取引を二面的に把握・記録する簿記．企業の取引のすべてについて，そのカネが「どこから」来て，「どこに」行ったのかを説明するために，fromは「貸方」(credit)に，toは「借方」(debit)に記帳して整理する] ► use double-entry bookkeeping 複式簿記を行う
double-figure *a* 《英》=double-digit
double figures 《英》=double digits
double-income tax relief 二重課税回避 [⇨居住地を基準に課税する方式と所得の源泉を基準に課税する方式が並存することから，一国の納税者が外国で所得を得た場合，外国で源泉課税され，本国でも所得の一部として二重に課税される，こうした不都合を是正すること．そのために条約が締結される]
double indemnity (policy) 《米》災害倍額支払い(保険)
double insurance 二重保険 [⇨同一内容の保険契約を複数の保険会社と締結すること]
Doublemint 《商標》ダブルミント [⇨米国のチューインガム．双子を使った宣伝で「味も二倍，楽しみも二倍」と，他社のガムよりミントが二倍(ダブル)長もちすることを強調]
double option ダブルオプション [⇨一定の権利行使価格で買手となるか売手となるかを選べるオプション契約]
double patenting 二重特許 [⇨同じ発明をクレームする二つの特許出願がなされた場合に生じる状況．米国では，同一の出願人・特許権者の複数の特許または特許出願のクレームが共通である場合の拒絶事由である]
double protection insurance [policy] 定期特約付終身保険 [⇨期間が設定されるかけ捨ての保険と，生涯一定の死亡保障のある保険を組合わせたもの]
double shift 二交代制；(母親の職場と家庭での)二重労働，ダブルシフト ► We work double shifts. われわれは二交代制勤務でやっている
double-stack train 二段積みコンテナ列車 (DST)
double taxation ❶ 二重課税 [⇨同一の所得に対して法人と個人の両方の段階で課税されること．具体的には，コーポレーションの利益に対して法人所得税(corporate income tax)を支払った後の税引後利益から株主に支払われる配当は，株主個人の所得として個人所得税(personal income tax)を課税されるが，これを同一所得に対して二重に課税していると見る] ► avoid the double taxation of dividends 配当金の二重課税を防止する ❷ 国際二重課税 [⇨同一の所得に対して所得発生国と居住国の両方で課税されること]
double taxation relief 二重課税回避
double time 賃金の倍額支払い ► be paid double time for public holidays 休日出勤に対して賃金の倍額支払いを受ける
double truck (新聞雑誌の)左右見開き広告 ► They placed a double truck in the San Francisco Examiner. 彼らはサンフランシスコ・エグザミナーに見開き広告を出した
double-wide *a*, *n* 2倍幅の(トレーラーハウス)
double witching day ダブル・ウィッチング・デイ [⇨関連性のあるオプションと先物の両方が期限を迎える日．買い方は売りを，売り方は買いを入れ，期限までに売買関係を終了させることを急ぐので市場が乱高下する]
doubt /daut/ *n*, *v* 疑い；疑う ► Everyone doubted the truth of his story. 彼の話は本当かどうか，誰もが疑わしいと思った / There is no doubt that the prices will keep rising. 物価上昇が続くことは疑いない
beyond all (possible) doubt / beyond a [any] doubt 疑いもなく
cast doubt on に疑いを投げかける
have (one's) doubts about [as to] かどうか疑う ► He had doubts about the future of the company. 彼は同社の将来について疑念を持っていた
have no doubt about [that] を疑わない ► We have no doubt that the policy will be successful. その方針がうまくいくと私たちは確信している
in doubt 疑わしい；疑って《about, wh-》
make no doubt 疑わない《of, that》
no doubt (about it) きっと；確かに
open to doubt 疑わしい
raise doubts about についての疑念を生じさせる
without doubt / without a (slightest) doubt 疑いもなく
◇**doubter** *n*
◇**doubtless** *a*, *ad* おそらく；疑いのない
doubtful *a* 疑わしい，不確かな《of》；あいまいな
◇**doubtfully** *ad*
doubtful account 不良債権
doubtful debt 不良債権，貸倒れ見積額 (=bad debt)
dough /dou/ *n* 《略式》現なま，かね ► make a pile of dough 大もうけする
dove /dʌv/ *n* ハト派の人；(連邦準備制度理事会の構成員中)金融引締めに慎重な人々
Dover (~ Corp.) ドーヴァー [⇨石油生産設備などを造る米国の機械メーカー．1947年設立．50を超える子会社で各種機械設備，電子機器などを製造する]
Dow ダウ (=Dow Jones Industrial Average)
Dow Chemical (the ~ Co.) ダウ・ケミカル [⇨ドイツのBASFに次ぐ米国の世界的総合化学会社．1897年に設立．2001年Union Carbide Corp.を買収]
Dow Jones /dáudʒóunz/ ❶ (~ & Co., Inc.) ダウ・ジョーンズ (DJ) [⇨米国の通信・出版社．1882年設立．ダウ・ジョーンズ株価で知られる．The Wall Street Journal, Barron's National Business and Financial Weekly などを発行．2007年 News 社に買収された] ❷ 《the ~》《商標》ダウ・ジョーンズ [⇨各指標などに用いられる]
Dow Jones Averages ダウ・ジョーンズ平均 [⇨ダウ・ジョーンズ工業株平均(Dow Jones In-

dustrial Average), ダウ・ジョーンズ運輸株平均(Dow Jones Transportation Average), ダウ・ジョーンズ公共株平均(Dow Jones Utilities Average), ダウ・ジョーンズ総合平均(Dow Jones Composite Averages)の4つの株価平均の総称]

Dow Jones Commodity Index ダウ・ジョーンズ商品相場指数

Dow Jones Composite Averages ダウ・ジョーンズ総合平均 (DJCA) [⇨ダウ・ジョーンズ工業株平均, ダウ・ジョーンズ運輸株平均, ダウ・ジョーンズ公共株平均を構成する65銘柄の株価加重平均] ⇨Dow Jones Averages

Dow Jones Industrial Average ダウ・ジョーンズ工業株平均株価, ダウ平均 (DJIA)

> 解説 米国の優良企業30銘柄で構成する株価平均. 単に the Dow とも言う. 1896年に始まり, もっとも長い歴史をもつ株価指数として愛用されているが, 構成銘柄数が少なく単純平均で計算されることから市場全体の動きを必ずしも反映していない. Industrial とあるが, 工業株だけではなく, 金融, 通信, 娯楽, 食品, 小売などの株も含む. 2009年6月現在の構成銘柄は, Alcoa Inc.(アルミニウム), American Express Co.(金融), Boeing Co.(航空機), Bank of America Corp.(金融), Caterpillar Inc.(重機), Chevron Corp.(石油), Cisco Systems Inc.(通信機器), E.I. du Pont de Nemours and Company(化学), The Walt Disney Co.(娯楽), General Electric Co.(総合電機・金融), The Home Depot Inc.(小売業), Hewlett-Packard Co.(精密電機), International Business Machines Corp.(コンピュータ), Intel Corp.(半導体), Johnson & Johnson Inc.(医薬品), JPMorgan Chase and Co.(金融), Kraft Foods Inc.(食品), The Coca-Cola Co.(飲料), McDonald's Corp.(外食), 3M Company(工業), Merck & Co.(医薬品), Microsoft Corp.(ソフトウェア), Pfizer Inc.(医薬品), Procter & Gamble Co.(医薬品), AT&T Inc.(通信), Travelers Cos(保険), United Technologies Corp.(航空宇宙・防衛), Verizon Communications Inc.(通信), Wal-Mart Stores Inc.(小売業), Exxon Mobil Corp.(石油)である

Dow Jones industrials ダウ・ジョーンズ工業株平均株価を構成する30社の優良企業

Dow Jones STOXX 600 Index ダウ・ジョーンズ・ストックス600指数 [⇨欧州18か国の600銘柄についての株価指数]

Dow Jones Sustainability Index ダウ・ジョーンズ・サステイナビリティ・インデックス (DJSI) [⇨企業のサステイナビリティ(持続可能性)を評価する指数. Dow Jones と Sustainability Asset Management(本部スイス)が1999年に始めた合弁事業]

Dow Jones Transportation Average ダウ・ジョーンズ運輸株平均 (DJTA) [⇨鉄道, 陸運, 海運, 航空など20銘柄の株価加重平均] ⇨Dow Jones Averages

Dow Jones Utilities Average ダウ・ジョーンズ公共株平均 (DJUA) [⇨電力, ガスなど15銘柄の株価加重平均] ⇨Dow Jones Averages

Dow Jones Wilshire 5000 ダウ・ジョーンズ・ウィルシャー 5000 ⇨Wilshire 5000 Equity Index

down /daun/ *ad* 下(方)へ; 階下へ; (数量が)より少なく; 記録されて; 現金で
▶ I was ten dollars **down** for it. それを買うのに10ドル不足した / Most stocks went **down**. 大半の株価が下落した / Despite the upturn in the economy, the real estate market was still **down** 10%. 景気の好転にもかかわらず, 不動産市場は10%落ち込んだままだ / He was **down** after blowing the deal. その取引をしくじったあと, 彼は落ち込んだ / My boss keeps breathing **down** my neck to get the report finished. 上司は報告書を提出するよう私にしつこく催促し続けている
成句 **be down on** 《略式》に怒っている; を憎む; に反対する **be down to** に依存して; まで金が底をつく **down for the count** 《米略式》文無しで, 駄目になって **down through** (時間を経て) ずっと **down to the ground** まったく, 徹底的に
— *prep* …の下(方)へ; …を下って; …に沿って
— *a* 下(方)への; 現金の; 《略式》処理済みの; 元気のない
▶ Sales of all our products are **down**. わが社のすべての製品の売上が落ちている / The second section index was **down** 10.73 points, or 0.39 percents, to 2,745.31 on a volume of 25.5 million shares. 第2部の指標は10.73ポイント, すなわち0.39%下がって, 2,745.31となった. 取引高は2,550万株であった
— *v* 降ろす[降りる]; 打ち倒す; 《略式》非難する (*for*); 売る
成句 **down tools** 《英》仕事をやめる
— *n* 下り; (~s)逆境, 不振; 頭金
成句 **no down / with no money down** 頭金なし(で)

down-and-in call option (原資産価格が一定の水準まで下がった時点で発効する)ダウン・アンド・イン・コールオプション [⇨プレミアム(オプション価格)は割安だが, 結局, 所定の価格に届かないというリスクがある]

down-and-out *a* 《略式》落ちぶれた

down-and-out call option (原資産価格が一定の水準まで下がった時点でキャンセルされる) ダウン・アンド・アウト・コールオプション [⇨プレミアム(オプション価格)は割安だが, キャンセルされてしまうとヘッジがなくなり, 思わぬ損害を被ることがある]

downbeat *n, a* 減退; 陰気な, 浮かない ▶ a downbeat assessment さえない評価

downfall *n* 転落, 没落; 豪雨

downgrade *n, a, ad, vt* 下り坂(の[になって]); 降格する; 下方修正する; 【金融】格下げ [⇨格付機関が証券の格付けを下げること. アナリストが企業の評価を下げる場合にも用いられる] (⇔upgrade) ▶ In light of the financial crisis, the government downgraded its GDP growth projection for next year. 金融危機を考慮に

入れて，政府は来年の GDP 成長率の予測を下方に修正した / The company's credit rating has been downgraded because of its poor balance sheet. 財務内容の悪化のために，同社の信用格付は下方修正された

downhill *a, ad* 下りの；坂を下って；いっそう悪く；下り坂になって ► The market is going downhill. 市場は下り坂に入っている

download /dáunlòud/ *n, vt* ダウンロード(する) 《*from*》[⇨データを自分のパソコンに取り込む] ⇨ upload ► Go online and download some illustrations. オンラインでイラストをいくつかダウンロードしなさい

◇**downloadable** *a* ダウンロードできる

downmarket *a, ad* 低所得者向けの[に]，安っぽい，低価格路線の[に] ► go downmarket 普及品[低価格品]路線に転じる / move [shift] downmarket 普及品[低価格品]路線に移行する / The publisher took the magazine downmarket. 出版社はその雑誌を大衆向けにした

downmarket goods 廉価品，安物

down payment (分割払いの)頭金；現金払い ► make a down payment of 100 dollars on the car 自動車に100ドルの頭金を払う

downscale *a* 《米》低所得者向けの，安物の，低価格路線の ► go downscale 低価格路線に転じる / move [shift] downscale 低価格路線に移行する / take ... downscale を低所得者向けに変える

downscale car 大衆車

downscale chain 大衆向けチェーン店

downshift *v, n* シフトダウン(する)，減速(させる) ► The downshift in production soon followed the layoffs. レイオフに続いてすぐに，生産のシフトダウンが始まった / Many people are downshifting their lives. 多くの人が自分の生活を減速している[控えめにしている]

downside *n, a* 下側(の)，下降(の)；マイナス面；(株価などの)下落のリスク ► Stocks were on the downside. 株価は下がり気味だった / The downside to this job is the overtime on weekends. この仕事の良くないところは週末の残業だ

downside risk ダウンサイドリスク，下方リスク，下振れリスク [⇨特定の取引や投資がうまく行かなかった場合に予想される最大限の損失額] ⇨ upside potential ► The downside risk on this stock is great. この株が下がる危険性は高い

downsize *v* 小型化する；企業規模を縮小する；人員を縮小する，ダウンサイズする (✤「解雇する」の婉曲語として用いられる) ► The company is going to be downsized. 会社は縮小されようとしている / The company is downsizing. 会社は事業を縮小中である

downsize out 企業の規模縮小により解雇する

◇**downsized** *a* 人員縮小した

downsizing /dáunsàiziŋ/ *n* ❶ ダウンサイジング，事業規模縮小；人員削減 ► reduce labor costs through downsizing ダウンサイジングで人件費を削減する ❷ ダウンサイジング [⇨より小さなコンピュータの機種との置換え]

downstream *a, ad, n* 流れを下った[て]；下流に[の]；川下[下流]部門[精製・加工・処理・流通・販売部門][の[で]]

downswing *n* 下降局面，下げ相場 ► The economy is on a downswing. 景気は下降局面にある

downtick *n* 《米》ダウン・ティック，下げ局面 [⇨証券が直前の取引価格よりも低い価格で売買されること]

downtime *n* 稼働休止時間；(コンピュータなどの)故障時間；《特に米》休憩時間 ► There's a lot of downtime when the computers don't work. コンピュータが稼働しない休止時間がたくさんある

downtown *n, a, ad* 中心商業地区(の[へ])；中心繁華街，都心；オフィス街，ビジネス街 ► Downtown office rents rose more than 10% over the last year. 都心のオフィス賃料は昨年の1年間で10%以上も上昇した

downtrend *n* 《特に米》(景気の)下降；(価格の)下降トレンド，下落傾向

downturn /dáuntə̀:rn/ *n* (景気の)下降，軟化 ► take a downturn 下降に転じる / trigger a downturn 下降のきっかけをつくる / downturn in the economy 景気下降，景気悪化

downward *ad, a* 下方へ；悪化して；下りの；衰微の；(相場が)軟調の ► The company went into a downward spiral after restructuring. リストラを実施したあと，その会社は下降スパイラル(下向きの悪循環)に入った / Downward sales have cut into the company's profits. 低落傾向の売上高は同社の利益を減少させた / Economic growth forecasts have been revised downward by 20% for the next year. 経済成長率の予測は来年について20%下方修正された

downward compatible [ｺﾝﾋﾟｭｰﾀ] 下位互換の

downward mobility 下方流動性，下降移動 [⇨ストレスの高い高給の仕事から低賃金の仕事に転職すること．若者のライフスタイルを重視した傾向]

downward revision (企業業績についての)下方修正 ► The downward revision reflects weak sales both at home and abroad. その下方修正は国内外での低調な売上を反映している

downward rigidity of wages 賃金の下方硬直性 [⇨貨幣賃金率が下方には伸縮的に動かないこと．労働組合などの抵抗のため下がりにくいことをケインズが指摘した]

downward spiral of deflation デフレ・スパイラル ► The government needs to check the downward spiral of deflation. 政府はデフレ・スパイラルに歯止めをかける必要がある

Downy 《商標》ダウニー [⇨米国の柔軟仕上剤．洗濯機用の液状と乾燥用の柔らかな紙状がある．静電

気防止にも効果がある]

down year 値下がりの年, パフォーマンスの悪かった年[⇨年末の株価が年初の株価より低くなった年. 特定銘柄の株価についても株価指数についても使われる. 投資ファンドについては, 運用実績がマイナスになった年] ► It's still a new company and has yet to experience a down year. まだ新しい会社で, 業績が低下した年を経験したことがない

dowry /dáuəri/ n 持参金; 上乗せ金額[⇨買収をしかけた相手企業の同意を取りつけるため当初の提示額に対して積み増す金額. メディアが好んで使う言い方]

Dow theory ダウ理論[⇨株式市場の情勢をダウ株平均と鉄道株平均の動きから予測しようというもの. C.H. Dowらにより案出された]

doz. dozen

dozen /dʌzn/ n (~(s)) ダース; (~s) 多数(of) ► These pencils are 360 yen a dozen. この鉛筆は1ダース360円です

dozens of 何十もの; たくさんの ► The company is involved in dozens of product liability lawsuits. 同社は数十件の製造物責任訴訟に巻き込まれている

It is six of one and half a dozen of the other. 両者とも大差ない, 五十歩百歩である

play the (dirty) dozens 《米略式》(人を)いいように利用する(on)

D/P documents against payment
D. Phil. /ˌdiːˈfɪl/ Doctor of Philosophy
DPS dividend per share
Dr, Dr. debtor; Doctor; Drive
DR depositary receipt; disaster recovery; overdrawn

draft /dræft/ n ❶ 案文, 原稿;【スポーツ】ドラフト制 ► draft translation 訳文の草稿 ❷ 為替手形 (=bill of exchange) [⇨支払人として指定した第三者に対して受取人に手形金額を支払うよう委託する形式の手形] ► banker's draft 銀行為替手形, 銀行手形 / a sight draft = a draft at sight 一覧払い手形 / a draft on demand 要求払い為替手形 / pay by draft 手形で支払う / draw a draft on …あてに手形を振り出す

in draft form 草稿[草案]で

make a draft on [upon] (金を)引き出す; を強要する ► make a draft on National Bank ナショナル銀行を支払人とする為替手形を振り出す

— vt 起草する; (選手を)ドラフトでとる ► Our attorneys are drafting an agreement containing all the terms we agreed to during the negotiations with the company. 同社との交渉で同意した事項をすべて含む契約書案を当社の弁護士たちが作成しているところです

draft agreement 契約書案 ► Our legal department is drawing up a draft agreement. 法務部で契約書案を作っているところです

draft survey 喫水検査[⇨船舶への積込前と積込後の喫水の変化を測定して貨物の重量を割り出す検査]

drag /dræɡ/ (-gg-) vi 引きずる[られる]; のろのろ進む(on)
— vt 引く; 引きずる(along, away); 足を引っぱる; ドラッグする[⇨ボタンを押したままでマウスの位置を動かす] ► drag the economy down 景気の足を引っぱる

drag in (筋違いなことを)持ち出す; 《米略式》現れる

drag on だらだら長引く ► The meeting dragged on longer than scheduled. 会議は予定よりもだらだらと長引いた

drag out 引っぱりだす, 救い出す ► drag the company out of bankruptcy 会社を倒産から救い出す

drag up (不快な話題を)持ち出す
— n 足手まとい(to), 障害; 邪魔物(on) ► The banks were the largest drag on the broader European market. 銀行株が幅広いヨーロッパ市場で最大の足手まといとなっていた

a drag on growth 成長を妨げる障害 ► The drag on economic growth stems from the housing sector. 経済成長の遅れは住宅部門に原因がある

drag on GDP growth GDP成長率に対するマイナス要因, GDP成長率の足を引っ張る材料 ► The trade deficit will be less of a drag on GDP growth this year than in 1999. 貿易赤字は, 本年の場合, 1999年当時ほどには GDP 成長率を押し下げないだろう

drag on the economy 経済の押下げ要因, 景気の足を引っ張る材料 ► Trade has been a far greater drag on the economy in 1998 than it was in 1996 or 1997. 1998年の貿易収支は, 1996年または1997年に比べてはるかに大きい経済の押下げ要因となっている

dragon bond (the ~) ドラゴンボンド, ドラゴン債[⇨日本以外の香港, シンガポールなどを中心とするアジアで発行される債券. 大部分は米ドル建てで, アジア地域で売買される]

drain /drein/ vt 排水する(away, off, from); からにする; 消耗させる; 奪う(of)
— vi 流れ去る; 排水する; 乾く
drain away 尽きる
drain dry の水分をはかせる; (活力を)使い果たす
— n 排水(設備); 流出; 無駄に費消する元凶 ► a drain on the company's finances 会社の資金を無駄に費消する原因

down the drain 無価値になって; 水泡に帰して ► All of our efforts simply went down the drain. 私たちの努力はすべて水泡に帰したというほかない

drainage /dréinidʒ/ n 排水(装置); 下水(路); 汚水 ► a drainage system 排水設備

Dramamine 《商標》ドラマミン[⇨dimenhydrinateの商品名; 船酔い予防薬]

dramatic a 劇の; 劇的な ► He took a dramatic turn in his career when he switched jobs. 彼は仕事を変えたときに自分の経歴の劇的な転換点を経験した

◇**dramatically** ad 劇的に ► Our sales

have expanded dramatically. 当社の売上高は飛躍的に伸びた / Airbags in cars have dramatically reduced the number of fatalities in accidents. 自動車のエアバッグは事故での致死率を劇的に減少させた

Drambuie 《商標》ドランブイ [⇨スコッチウイスキー, ヒースハニー (heather honey), 香草類から作ったリキュール酒の商品名]

Draper Fisher Jurvetson ドレーパー・フィッシャー・ジャーベットソン [⇨シリコンバレーのSand Hill Roadに本拠を構えるベンチャーキャピタルの一つ。20年以上の歴史があり、インターネット関連でHotmail, Baidu. Skype, Overtureなどへの投資実績がある]

drastic /dræstik/ a 徹底的な; 思い切った ► take drastic measures 思い切った策を取る
◇**drastically** ad

draught /dræft/ n, v =draft; (~s) 《英》=checker

draw /drɔː/ (drew; drawn) vt ❶ 引く, 引っ張る; (預金を)引き出す; (小切手を)振り出す; (線を)引く ► draw a check [draft] on ... (銀行・企業などを)支払人とする小切手[手形]を振り出す / He drew $50 from his checking account. 当座預金から50ドル引き出した / The store's grand opening drew a lot of customers. その店のグランドオープンは多数の顧客を引き寄せた ❷ 定期収入を得る ► draw a huge salary 高給を得る / draw a pension 年金を受ける
— vi 引く; 近づく
draw away を引き離す 《from》
draw close to に近づく
draw down (非難などを)招く; 引き出す ► We are able to quickly draw down inventories to handle fast turnaround orders. 当社では至急の注文があった場合にすぐ在庫から出せるようにしている
draw in (列車などが)到着する; (経費を)切り詰める
draw near 近づく ► As the deadline is drawing near, we need to work harder. 納期が近づいているから, もっと頑張って働く必要がある
draw on [upon] に頼る, を利用する; …を支払人とする
draw on (日時が)近づく, 迫る; (人を)勧めて…させる 《to do》
draw out (汽車などが)出ていく; 長引かせる; (預金を)引き出す; (文書を)作成する
draw up (文書を)作成する; (車などが)止まる, 止める ► We'll draw up a contract based on these points. これらの点に基づいて契約を作成しよう / The contract will be drawn up tomorrow. 契約書は明日に作成されるだろう
— n ❶ 引くこと; 引きつけるもの; 呼び物; くじ(引き); 引き分け ❷ 《米》(経費・手数料等の)前受け金; 前借り [⇨会社が従業員に, 銀行が会社に必要に応じて利用できるようにしてある]
quick on the draw 反応が早い ► If you want to succeed in this business, you have to be really quick to [on] the draw. この商売で成功するには機を見るに敏でなくてはならない (✚ピストルを早く抜くという意味から)

drawback n ❶ 欠点; 障害; 不利 ► A major drawback is the high cost of setup. 主な難点は設置コストが高いことだ ❷ 関税の還付金, 戻し税 [⇨輸入時に支払った関税のうち, 加工後に輸出することにより還付される全部または一部の払い戻し関税]

drawdown n 《米》削減; 水位[電圧]低下; 融資実行, 資金引出し [⇨銀行融資で, 資金を借り入れること] ► make a drawdown on the loan in the sum of 1M dollars from the bank 銀行との融資契約に基づき100万ドルの融資実行を受ける / The drawdown in gasoline inventories completely overshadowed a massive 7.3 million barrels increase in crude oil stocks. ガソリン在庫の低下は, 原油備蓄の730万バレルという巨大な増加を完全に影の薄いものにした

drawee /drɔːíː/ n 支払人, 名宛人, 手形名宛人 [⇨振出しの相手のことであり, 為替手形や小切手のような支払委託証券の場合, 振り出す相手は受取人(payee)への支払が託される支払人(payor)となる]

drawer /drɔ́ːr/ n (小切手・為替手形の)振出人 [⇨約束手形の振出人はmakerと言う]

drawing n (手形の)振出し

drawing account 引出金勘定, 店主勘定 [⇨企業主や経営者が私用のため引き出す金銭を処理する勘定]

drawing bank 振出銀行

drawing board 画板, 製図板 ► Go back to the drawing board and redesign all the business processes. 振出しに戻ってすべてのビジネス上の手順を再設計しなさい

drayage n ドレイイッジ [⇨コンテナによる近距離輸送を指す言葉. その場合の運送料を言うときもある]

draying n ドレイイング (=drayage)

DRC depreciated replacement cost

dream /driːm/ n, v (~ed, dreamt) 夢(を見る [に見る]); すてきなもの[人] ► I am one step closer to realizing my dream of becoming my own boss. 自分自身の会社を持ちたいという私の夢の実現に一歩近づいた
a dream come true 実現した夢
dream up 《略式》を思いつく
like a dream 《略式》とてもうまく[好調に]
of one's dreams 夢に見る
dream team 最強[精鋭]チーム

dress /dres/ (~ed, 《古》drest) vt 着せる; 正装させる
— vi 服[着物]を着る; 正装する
dress down 略装する
dress up 盛装する; を粉飾する; (話に)尾ひれを付ける
— n 衣服; 服装; ドレス; 正装; 礼服 ► No dress. 正装には及びません (✚招待状の言葉)
— a 衣服の; 正装の

dress code ドレスコード, (企業・学校などの)服装規定 ► Why don't we change our dress code to something less formal? うちの社の服装規定をもう少し緩めたらどうだろう / Employees failing to adhere to the dress code may be subject to disciplinary action. 服装規定を守らない従業員は, 懲戒手続の対象となりうる

dress-down day カジュアルデー [⮕スーツ以外の普段着での出社が奨励される] ► They allow less formal clothes on what they call dress-down Fridays. いわゆる普段着出勤の金曜日には会社は正装を少しくずすことを認める

drift /drift/ n 緩やかな動き[流れ] [⮕上昇・下降のいずれについても言う], 漸増[漸減]傾向 ► drift towards recession 景気後退へと向かう緩やかな流れ / a downward [an upward] drift in energy prices エネルギー価格の緩やかな下降 [上昇]

get [catch] the drift (of) 《略式》(を) 大体理解する ► Did you get my drift? 話の趣旨は分かりましたか

— v 漂流させる[する]; それる《from》; 吹き寄せる ► His mind drifted during the meeting. 彼の心は会議の間中あてもなくさまよった / He drifted from one job to another. 彼は転々と仕事を変わった

drift apart 疎遠になる

◇**driftage** /-dʒ/ n 漂流[漂積]物

drill /dril/ n 穿孔機, ドリル; きり; 訓練, 練習 ► fire drill 防火訓練

— v 穴をあける, 掘削する; 突き通す; 訓練する[を受ける]; 練習させる; 教え込む ► The oil company has plans to drill offshore next year. その石油会社は来年に海底油田を掘削する計画を持っている

drilling n 穿孔; 掘削作業

drilling rig (油田などの) 掘削機械

drink /driŋk/ (**drank; drunk**) vt 飲む; 吸収する《into》; 祝杯を上げる ► drink a person's health 人の健康を祝して乾杯する

— vi 飲む; 酒を飲む; 乾杯する《to》

drink up 飲み干す

I'll drink to that. 《略式》まったくその通りだ

— n 飲料; 酒; 一杯; 飲酒 ► Would you care to join me for a drink after work? 仕事が終わったら一緒に一杯やりませんか

◇**drinker** n 飲む人; 酒飲み ► Some London businessmen are heavy drinkers of beer who drink it in pubs. ロンドンのビジネスマンは本格的なビール飲みがいて, パブでビールを飲む

DRIP dividend reinvestment plan

drip advertising ドリップ型広告 [⮕同一媒体を使って同一箇所・時刻に同じ広告を長期にわたり継続する]

drip campaign = drip marketing

drip marketing ドリップ・マーケティング [⮕①ターゲット (消費者) に対して長期的に働きかけを続けるアプローチ ②同一ターゲットに向け, DM, 電話等の宣伝を集中的に行うアプローチ]

drip method = drip marketing

Dristan 《商標》ドリスタン [⮕風邪薬の一種]

drive /draiv/ (**drove; driven**) vt 運転する, 御する, 促す, 索引する, 推進する, 動かす; 駆り立てる《to do》; 促進する ► drive sales 販売を促進する / The client drives a hard bargain. We'll have to accept his conditions. その客は商談の進め方がうまいので, 当方も彼の条件を受け入れなければならない

— vi 運転する, 車で行く; 突進する; 駆る

drive a person into a (tight) corner (人を) 窮地に追い込む

drive at をねらう; を意味する ► What are you driving at? 何が言いたいんだ

drive away at 《略式》を一生懸命する

drive up (価格・利率などを) 押し上げる ► Foreign investors have been driving up the stock market. 外国人投資家が株式相場を押し上げている

— n ❶ ドライブ; (車の) 旅; 駆立て; 大攻勢; 運動; キャンペーン《to do》 ► short drive away 車ですぐ / start a drive to raise funds 募金運動を始める ❷ (ディスクなどの) 駆動装置, ドライブ ► a disk drive ディスクドライブ

drive-in a, n ドライブイン (式の)

drive-in store ドライブイン型店舗 [⮕車に乗ったまま買物ができる店舗. drive-up store とも言う]

driven /drívən/ v drive の過去分詞

— a 意欲ある; 打ち込んだ

-driven 「主導の」「中心の」 ► market-driven 市場主導の / profit-driven entertainment enterprise 利益主導の娯楽産業 / As a success-driven entrepreneur, he sacrificed all of his time for the company. 彼は成功主導型の起業家として自分の全時間を会社のために捧げた

driver /dráivər/ n ❶ 操縦者; 運転手; ドライバ [⮕コンピュータと周辺装置の間のインタフェースを制御するハードやソフト] ► Did you install the correct driver? 正しいドライバを入れましたか ❷ (成長・発展などへの) 大きな影響力, 推進力 ► Information technology has been the primary driver of the economy over the last decade. ここ10年は IT が経済の主たる推進力になっている

driver's license 運転免許証

driver's seat (車の) 運転席; 支配的立場

drive-through a (特に米) 車で通り抜けて利用する

drive time ドライブタイム [⮕自動車通勤が普通である地域での朝夕の通勤時間帯を言う. この時間帯は広告料が高い] ► Advertise during drive times. 自動車通勤時に広告しなさい

drive-time a ドライブタイムの

drive-up (特に米) a 車乗りつけで利用できる

drive-up window ドライブ・アップ・ウィンドウ [⮕車から降りずに買物ができる店舗での窓口]

driving /dráiviŋ/ a 駆動する; 精力的な

driving force 原動力

driving license 自動車運転免許

DRM digital rights management

droop /dru:p/ vi 元気をなくす, しおれる; 低下する, 細る, 下げる ► Housing prices are droop-

drop /drɑp/ n 滴, 滴り; 《略式》少量; 低下, 下落, 減少 ▶ drop in demand 需要減退 / The retail chain is expected to suffer a drop in sales. その小売りチェーンは売上の減少に遭うと見込まれている

a drop in the bucket [ocean] 大海の一滴, 焼け石に水
at the drop of a [the] hat ただちに
get [have] the drop on の機先を制する

— v (~ped, dropt;-pp-) 滴る[らす]; 落ちる[とす]; 低下する, 下落する, 減少する; 投函(かん)する; 打ち切る (from) ▶ The internet service provider dropped upfront charges. そのインターネットのプロバイダーは前払い料金を廃止した / When is your new catalog going to drop? 貴社の新しいカタログはいつ発送されるのか / Are they going to drop their price? 彼らは値を下げるだろうか

drop back 後退する; 遅れる
drop behind 後落する
drop by 立ち寄る ▶ Can you drop by my office when you get a chance? 機会があったらオフィスに寄ってくれる?
drop in (家に)ちょっと立ち寄る (at); (人を)不意に訪ねる (on)
drop out 消失する; 手を引く; 脱落する; 離脱する ▶ Smaller competitors with higher costs dropped out. 経費がかかる小さな競争相手は脱落した
drop over 立ち寄る

drop box 《特に米》ドロップボックス [○レンタカーのカウンターにある, キーと書類を返却するための箱のように物品・文書の受渡しのために使う箱. ネット上の共有フォルダを指すこともある] ▶ deposit in a drop box ドロップボックスに入れておく

drop-dead date 《米略式》締切日
dropdown n =pull-down menu
drop-lock n フロア金利 [○変動金利ローンの金利に下限が設けられているもの]
dropoff n 低下, 下落, 減少, 落込み ▶ a sharp [moderate, slight] dropoff in production 生産の大幅な[中程度の, 若干の]落込み
drop-ship v (商品を)メーカーから直送させる
drop shipment n =drop shipping
drop shipping メーカー直送 [○販売業者が自分で配送せず, メーカーから直接届けさせる方式. 在庫を持たずにネット上で店舗を展開できる]
drought /draut/ n 日照り, 干ばつ; 欠乏 ▶ The drought has caused a soar in produce prices. 旱魃は野菜や果物の価格の急騰をもたらした
drought injury 干害
Dr Pepper 《商標》ドクターペッパー [○コカ・コーラ社販売の米国の炭酸飲料. カフェインを含む]
Dr. Scholl's 《商標》ドクター・ショールズ [○米国のフットケアのブランド. 土踏まずや足首のサポート, 靴をはきやすくするための内底, 軽度の足の炎症を楽にする物などを提供]

drudge /drʌdʒ/ vi, n あくせく働く(人)
◇**drudgery** n 骨の折れる仕事
drug /drʌɡ/ n 麻薬; 薬, 薬品[剤] ▶ a multinational drugs company 多国籍医薬品会社 / The pharmaceutical company released a new drug for the treatment of diabetes. その製薬会社は糖尿病を治療する新薬を発売した
a drug on [in] the market 棚ざらし商品; 滞貨
— vt (-gg-) 薬[麻薬]を飲ませる; 麻痺させる
druggist /drʌ́ɡist/ n 薬剤師; 薬屋
drugmaker n 製薬会社
drugstore n 《米》ドラッグストア (=《英》chemist's) [○医薬品を中心として, 他にも食品や日用雑貨品なども取り扱う小売業態]
drum /drʌm/ n ドラム缶 ▶ an oil drum 石油ドラム缶 [○ドラム缶は通常200l で, 約159l のバレル(樽)より大きい]
bang the drum for の宣伝をする
— vt (-mm-) (鳴り物入りで)集める
— vi 鳴り物入りで宣伝する; 関心をかき立てる
drum up を強引に集める[獲得する] ▶ drum up business 商売を盛り立てる
drum-buffer-rope a ドラム・バッファー・ロープ法(DBR法)の [○生産工程のネックとなる要の部分(ドラム)を起点に生産効率の確保を考えるアプローチについていう. 制約条件を生産行程のビートを決めるドラムになぞらえ, そのドラムがビートを刻み続けるよう管理するプロセスをバッファーと称し, バッファー内に維持されるべき適正な作業量を指してロープと呼ぶ]
drumfire n 集中砲火; 質問[批判]攻め
dry /drai/ a 乾いた, 乾燥した; 日照りの; 退屈な; 不毛の; 《米》禁酒法実施の
as dry as dust とても退屈な
go dry 干上がる; 禁酒する
milk [suck] ... dry (人から)金[情報]を得る
— v 乾かす, 乾く (off); かれる
dry out 乾ききる
dry up 干上がる; 《略式》黙る
— n 《英》ドライ [○不幸な境遇は努力で乗り越えられるので国家の給付は必要ない, と考える保守的な政治家]
◇**dryly** ad 無味乾燥に; 冷淡に; 何くわぬ顔で
◇**dryness** n
dry-as-dust, dryasdust a 無味乾燥な
dry cargo ドライカーゴ, 一般貨物, 乾貨 [○水ものと呼ばれる液体貨物(wet cargo)に対する通常の貨物]
Dry Cleaner's Secret 《商標》ドライ・クリーナーズ・シークレット [○米国の洗濯用品. 家庭用の乾燥機に衣服と一緒に入れて用いドライクリーニングと同じ効果が得られる]
dry dock 乾式ドック [○船舶を入れた後水を抜き, 船底を宙に浮かして作業ができる施設] ▶ in dry dock for an overhaul オーバーホールのため乾式ドックに入っている
Dryel 《商標》ドライエル [○米国の乾燥機用の製品. 衣類を特別の袋に入れ, 化学加工された湿った布を加えると家庭の乾燥機でドライクリーニングに出したような効果が得られる]

dry farming 乾燥地農法 [○水が少なく, 灌漑もできないような土地のために開発された農法]

dry gas *n* ドライガス [○ガソリンの凍結を防ぐエタノールベースの自動車用添加剤]

dry goods ❶ドライ・グッズ, ドライ商品 [○砂糖, コーヒーなど湿気をきらう商品] ❷ 繊維製品 (✦既製服, 寝具を含む)

dry measure 乾量 [○穀物の計量単位]

dry metric ton (DMT) 乾量メートルトン [○水分を除いた乾量ベースでの1トン単位]

dry mortgage 有限責任抵当 [○抵当物件の競売代金で債務の金額弁済に満たなくても, それ以上債務を追求できないタイプの抵当権]

dry ship ドライ・カーゴ船 [○タンカーなどの液体を運ぶ船を除いた一般の貨物船]

dry spell (相場の) 閑散期, 薄商いの時期

dry trust ドライ・トラスト [○信託財産なき信託. 信託設定者の死後にその財産を受け入れるのに使われる]

DSCR debt service coverage ratio

DSD Dual System Deutschland

DSL digital subscriber line デジタル加入者回線 ► install DSL DSLを導入する / DSL is available DSLを利用できる

DSL line DSL回線

DSR debt service ratio

DSS decision support system

DST Daylight Saving Time; double-stack-train 二段積みコンテナ列車

DTC Depository Trust Company [Corporation]; direct-to-consumer

DTD deductible temporary differences

DTI Department of Trade and Industry

DTP desktop publishing

DTV digital television

dual /djúːəl/ *a* 2の; 二元的な; 二重の (性質がある)

dual banking system 二元銀行制度 [○米国の国法銀行と州法銀行が併存する制度]

dual capacity 兼業, 兼務 ► operate in dual capacity of investment advisor and broker 投資顧問とブローカー (仲介業者) を兼業する

dual career デュアル・キャリア [○夫と妻がそれぞれ仕事を持っている夫婦などの形容]

dual career ladder system コース別雇用制度 [○企画業務や定型業務といった違い, 転居の必要な転勤の有無などによって, 総合職, 一般職などのグループごとに, 賃金や昇進, 配置などについて異なった雇用管理をすること. 複線型雇用管理とも言う]

dual currency bond デュアル・カレンシー債 [○債券を取得するための払込みと利払いは円建てで, 償還はドル等外貨建てで行うというように, 二種類以上の通貨が使われる債券. ドルで償還される債券の場合, 償還時に当初より円安になっていれば実質的に円建てに換算したときの受取り額が増加する反面, 円高になっていれば, 円に転換したときの受取り額が減る]

dual-earner household 共働き家計

dual economy 二元経済構造 [○都市部対農村部または製造業対サービス業とのコントラストの著しい経済]

dual fund デュアルファンド [○2種類の受益証券 (投資信託の組入資産の配当・利子収入を対象にするもの, および値上がり利益の配分を目的にするもの) を発行するクローズドエンド型投資信託]

dual income tax 二元的所得税 [○資本所得 (利子・配当・キャピタルゲインなど) に低率の分離課税を適用し勤労所得に累進課税を適用する所得税体系]

dual-listed company 二重上場企業 [○2つ以上の証券取引所に株式を上場している会社]

dual listing (2つの取引所への) 重複上場, 二重上場

dual price system 二元価格制 [○同じ乳価でも飲用と加工用とで違うといった異なる価格体系になっていること. 投資信託の受益権価格が売るのか買うのかによって差があるものも二元価格制と言われる]

dual pricing 二重価格設定

dual purpose fund デュアルパーパス・ファンド [○同一ファンド内で, 値上がり益の配分をするタイプと定期的な運用収入が配分されるタイプの2つの受益証券が用意されるファンド]

dual sourcing 複数社発注 [○安定供給を期して, 調達先を一社に限定しないこと]

Dual System Deutschland デュアルシステムドイチュラント (DSD) [○ドイツの非営利企業. 家庭, 企業などから排出される使用済みの販売包装材を回収・再資源化するシステムを運営している]

Dubai crude ドバイ原油 [○中東のドバイ産出の原油で, 日本向け原油取引の価格指標として用いられる] ⇨ crude oil

dud /dʌd/ *n* 駄目な人 [物]; 不発に終わったもの ► Despite the costly advertising campaign, we decided the product was a dud. 巨費を投じた広告キャンペーンを行ったものの, この製品は不発に終わったと判断した

dud check 不渡小切手, 空手形

due /djuː/ *a* ❶ (到着) 予定で; …することになって (*to do, for*); 当然の; 正当な; それ相当の ► We will release the information to the public in due time. 当社はしかるべき時期にその情報を公開するだろう / The board is due to discuss the plant closing at the next meeting. 取締役会は次回の会合で工場閉鎖について話し合う予定だ ❷ 支払われるべき; 支払い [履行] の義務のある; 弁済期の到来した ⇨ due date ► first payment due 最初の支払い / The next payment is due in five days. 次回の支払いは5日以内になされねばならない

become [fall] due 満期になる

due to に帰されるべき; のためで [に], に起因する ► Due to the economic climate, companies have cut back on new investments. 経済状況のために, 各社は新規の投資を削減した / Due to the rain, the train is running ten minutes late. 雨のために, その列車は10分遅れて運行してい

in due course (of time) 時が来れば, やがて
in due form 正式に
past due 支払期日を過ぎた, 延滞の ► be past due 支払期日を経過している / loans seven days or more past due 返済が7日以上遅延している貸出金
with (all) due respect 十分に敬意を表して
— *ad* (方角が) まさしく
— *n* 支払われる[与えられる]べきもの; (~s) 会費, 手数料, 税金
give him his due 公平に扱う

due bill 《米》デュービル, 引渡義務確認証 [⊃配当落ち日に売買された株式に関わる配当金は売主に属するが, そのことを確認するために買主側のブローカーが差入れる確認証]; 有価証券引渡票 (db)

due care ❶ 正当な注意 ⇨ due professional care ❷ 『法律』相当の注意 ► These duties shall be carried out with due care under the circumstances then prevailing. これらの義務については当該事情のもとにおいて相当と認められる注意を払いながら履行すべきものとする

due date 支払い日; 満期日; 履行期日

due diligence デュー・ディリジェンス, (案件の) 精査 [⊃企業買収, 合併, 不動産購入, 投資などの取引で, 契約に先立って案件の内容を精査すること. due diligence は「しかるべき配慮」の意味で, 本来は評価手続の厳密度をいう言葉だが, 現在では調査そのものを指して due diligence investigation の意味で使われることが多い] ► a due diligence meeting 適正評価手続会議 / complete due diligence デューディリジェンスを済ます / exercise due diligence on ... を対象とするデューディリジェンスを行う / proper due diligence 適正デューディリジェンス

due diligence defense 相当の注意義務を尽くしたとの抗弁 [⊃米証券取引法上の用語で, 投資家から重要事項に関する情報開示が不十分で損害を受けたという申立てが証券会社に対してあった場合, 証券会社は, 発行会社に対しての調査に際して「相当の注意義務(due diligence)」を尽くしたと抗弁することができ, それが認められれば, 調査自体, 結果的に不備があってもそれについて責任は追及されない]

due professional care 職業専門家としての正当な注意 [⊃職業専門家としての当然払うべき正当な注意義務. これを怠ると損害賠償責任を追及される. professional due care, また単に due care とも言う]

dull /dÁl/ *a* 鈍い; さえない; うっとうしい; 鈍感な; (商売が) 不振の ► Trade is dull. 商況は不活発
— *v* 鈍る[くする]; 和らげる

duly /djú:li/ *ad* 適法に, 正当に; 適切に; 十分に ► Your letter is duly to hand. (商業文で) お手紙まさに落手

duly appointed representative 適法に選任された代表者 [⊃契約書をしめくくる部分で以下のような形で頻繁に使われる] 🔲 IN WITNESS WHEREOF, the parties hereto have caused this Agreement to be executed by their duly appointed representatives on the day and year first above written. 以上の証として本契約当事者は頭書の日付をもって, 適法に選任された代表者に, 本契約書への押印を行わせた

dummy /dÁmi/ *n* 模造品; 商品サンプル; マネキン
— *a* ❶ 模造の, 偽の; 看板だけの ❷ 名義上の, 架空名義の
— *vt* (次句で):
dummy up 《略式》見本を作る; 《米略式》押し黙る

dummy account 架空名義口座
dummy company トンネル会社
dummy director 名義上の取締役
dummy run 試行, 予行演習
dummy stock 名義株

dump /dÁmp/ *vt* ❶ どさっと落とす; (見)捨てる; 『コンピュ』 ダンプする, (記憶内容を他のディスクに) 移動する ❷ (余剰商品を) 投売りする; (海外) 外国市場に投売り[ダンピング]する ► The company dumped half of its subsidiaries. 同社はその子会社の半数を安値で叩き売った / They dump waste in landfills. 彼らは埋立て地にゴミを捨てる / He dumped his workload on his subordinates when he went on vacation. 休暇をとったときに, 彼は自分の仕事を部下に放り投げた
— *vi* (株・余剰商品の) 投売りをする, (特に海外市場などで) ダンピングする ► Some countries are dumping, selling their products for less than it costs to produce. 国によってはダンピングをする. つまり製造費より安く自分たちの製品を売る
— *n* ごみ捨て場 (=dumping ground); 『コンピュ』 ダンプ, 打ち出し

dump bin 《英》セール品入れ, バーゲン品入れ
dumper /dÁmpər/ *n* ごみ容器; やたらにごみを捨てる人; 《英》ダンプカー (=dumper truck)
dumper truck 《英》ダンプカー (=dump truck)
dumping *n* 不当廉売, ダンピング [⊃外国市場において製品・サービスを国内価格または原価以下で販売すること] ► try dumping 投売りをする
dumping ground 廃棄場, ゴミ捨て場
dumping margin 不当廉売差額
dump site 廃棄物処理場
Dumpster 《商標》 ダンプスター [⊃米国のごみ収集用の鉄製の大型コンテナ]
dump truck ダンプカー (= 《英》dumper (truck))

dun /dÁn/ *vt, n* (**-nn-**) うるさく要求する; しつこい借金取り; 督促状 ► dun debtors for unpaid bills 未払金を払えと債務者にしつこく催促する

Dun and Bradstreet 《商標》(The ~ Corp.) ダン・アンド・ブラッドストリート [⊃米国のビジネス情報サービス会社. 2000年に Moody's Corp. と分離・設立. 公社債の格付けや信用状況調査で知られる. Hoover's Inc を買収し, インターネットによる情報提供も行っている]

dunnage /dÁnidʒ/ *n* 荷敷き [⊃積荷の損傷などを防ぐ詰め物]

dunno /dənóu/ v《略式》知らない, 分からない(✤ don't knowの発音綴り)

DUNS number 《商標》Data Universal Numbering System number ダンズナンバー [⇨1962年に米国のD&B社が開発した9ケタの企業識別番号]

duopoly /dju:ápəli/ n デュオポリー, 複占 [⇨一つの産業に二つの企業が存在する状態]

duplex /djú:pleks/ a 二重の; 2倍の

duplex apartment 《米》重層型アパート

duplex house 二世帯用住宅

duplicate /djú:plikət/ a 対の; 二重の; 副の; 写しの; 複製の

— n 写し; 控え; 複製(物); 合いかぎ ► make a duplicate 複製を作る

in duplicate 正副2通に

— vt /-kèit/ 二重[2倍]にする

◇**duplicator** n 複写器

duplicate book 複写帳簿

duplicate invoice 複写式請求書

duplicate of exchange 為替手形の複本 [⇨同一の手形関係につき同一内容の手形が数通発行される場合の各通の手形のこと]

duplication /djù:plikéiʃən/ n ❶ 複写[製]; 二重の状態; 重複; 2倍 ❷《広告》重複 [⇨複数銘柄媒体に接するオーディエンス]

duplicity /dju:plísəti/ n 不誠実さ, 裏切り, 二心, 二枚舌; 二重(性)

durable /djúərəbl/ a 丈夫な; 永続性のある

— n (~s)耐久財, 耐久消費財

◇**durability** n 耐久性[力]; 永続性

durable goods 耐久消費財, 耐久性商品 (=hard goods)(⇔non durable goods) [⇨自動車や家電製品のように, すぐに費消されずに長期間(アメリカの統計上は3年以上使われている)使われる消費財]; 資本財 (=capital goods) ► Durable goods have enjoyed brisk sales. 耐久財の販売は活況を呈している

durable power of attorney 継続的効力を持つ委任状

> **解説** 本人が無能力になった場合でも継続的に効力を持つ委任状. この委任状で自分が元気な間に将来無能力になった場合の財産や健康についての代理人を指名しておくことができる. 通常の委任状(power of attorney)は本人が無能力になると効力を失う. ⇨guardian

durable time 耐用年数 (=durable years) ⇨useful life

durable years 耐用年数 ⇨useful life

Duracell 《商標》デュラセル [⇨米国の乾電池のブランド. いろいろなサイズの電池が提供されている]

duration /djuréiʃən/ n ❶ 継続(期間) ► Interest percentage is fixed for the entire duration of the loan. ローンの全期間にわたって金利は固定される ❷ (金利変動リスク管理における)デュレーション [⇨投資理論上の指標で, 債券の残存期間をキャッシュフロー(cash flow)で加重平均したもの. 債券の実質的な残存期間に基づいて, 金利の小幅な動きに対して債券がどれくらい敏感に反応するかを示す指標(「年」で表示される). 値が大きいほど金利変動リスクも大きいことを示す]

for the duration 当分の間; (が)続く限り, (の)間 (*of*)

duress /djurés/ n 強要; 強迫 [⇨その影響のもとでなされた契約や法的行為は無効とされる]

under duress 強要[強迫]されて ► They accused the union of making them negotiate under duress. 彼らは組合が交渉を強要していると非難した

Durex 《商標》デュレックス [⇨SSL International社のコンドーム]

during /djúəriŋ/ prep …の間, …中

► We went over the budget proposal **during** the meeting. その会議で予算の原案を検討した / We accept phone inquiries **during** business hours. 営業時間中に電話によるお問合せをお受けいたします / Engineers ran into problems **during** the product development stage. 技術者は製品開発の段階でいくつかの問題に遭遇した

成句 *during the time when* …していた[いる]間

dust /dʌst/ n 塵(ちり), ほこり; 粉末; 砂(ぼこり); つまらぬもの; 混乱 ► After the dust settles, the company will take concrete steps towards restructuring its debts. 騒ぎがおさまった後に, 同社は債務のリストラに向けて具体的な行動を起こすだろう

— vt ほこりを払う (*down, off*); (粉を)振りかける

dust concentration (空気の)含塵(じん)濃度

duster n ぞうきん; はたき; ダスターコート; (婦人の)家庭着; 散布器

dust jacket (本の)表紙カバー

dustman n《英》ごみ掃除人

Dutch auction (the ~) ダッチ・オークション, ダッチ方式入札 [⇨競り上げられて落札が決まる通常の競争入札と異なり, 競り下げられていく形式をとる. 債券の利息を決めるダッチオークションであれば, 一定のクーポンレート(表面利率)から始まり, 高い金利を求める投資家と低い金利を求める債券発行会社とが共に納得する表面利率まで下がったところでレートが確定する]

dutiable /djú:tiəbl/ a 関税のかかる ► dutiable goods 課税品

duty /djú:ti/ n ❶ 義務; 本分; (-ties)職務, 任務 ► Her duties consist of overseeing the day-to-day operations of IT Department. 彼女の職責の内容は, IT部門の日常業務を統括することだ ❷《しばしばduties》(…の)税金, 関税 (*on*) (✤ 一般に import duties(輸入関税)を指して tariffsと言う) ► customs duty 関税 / preferential duty 特恵関税 / protective duty 保護関税 / import duties 輸入税 / impose retaliatory duties on US goods 米国製品に報復関税を課する / levy countervailing duties to offset subsidies in Brazil ブラジルでの補助金に見合う相殺関税を徴収する / I had to pay duty on the

watch I brought from Canada. カナダから持ち帰った時計の関税を払わねばならなかった
do duty for の代用となる
do one's duty 義務を果たす
go beyond the call of duty 職務範囲を超える
in the line of duty 職務中に
on [off] duty 勤務中[非番]で ► Our telephone operators are on duty around the clock. 当社の電話交換手は24時間体制で働いています
on night duty 夜勤で
duty differential 関税格差, 関税率格差
duty drawback =drawback
duty-free *a, ad* 関税なしの[で], 免税の[で] ► a duty-free shop 免税店 (DFS) / duty-free goods 免税品
— *n* 免税品
duty-free zone 免税区域, 保税区域 [○輸出入関税が免じられているか, 一時的に留保される区域]
duty of candor 誠実義務 [○米国において特許出願人が出願手続を追行する際に負う義務. たとえば, 出願人は, 特許性に関する重要な情報を自己の知る限りにおいて開示しなければならない] ⇨inequitable conduct
duty of care [法律] 注意義務
duty of excise 消費税
duty of (good) faith 信義誠実原則 [○従業員は雇い主である企業の利益を損ねることをしてはならないとする原則] ► comply with the duty of good faith 信義誠実原則を遵守する / breach the duty of good faith 信義誠実原則に反する
duty-paid *a* 関税納付[輸入手続き]済みの
duty solicitors (英) 当番ソリシタ [○治安判事裁判所で弁護士のいない被告人を助けるソリシタ]
duty to act 作為義務
DVD digital versatile [video] disc ディーヴィーディー
DVP delivery versus payment
dwarf /dwɔːrf/ *n, a* 小人, ちっぽけな
— *v* 小さくする[なる]: 小さく見せる[見える] ► Last year's sales dwarfed in comparison to the success we're having this year. 今年収めつつある成功に比べると, 昨年の売上高は小さく見えた

dwelling *n* 住居
dwell time 滞在時間 [○ウェブページ上にユーザーが留まっていた時間, 乗降客が電車を待つ時間等, 広告に触れる時間のこと]
dwindle /dwíndl/ *vi* だんだん小さく[少なく]なる; 縮まる; 衰える; やせる ► Supplies have dwindled to alarmingly low levels. 供給量が危険と言えるほど低い水準にまで落ちている
DWP Defense White Paper; Department for Work and Pensions
DWT, dwt deadweight (tonnes); deadweight tonnage
DX distance 遠距離 (通信)
dynamic /dainǽmik/ *a* ❶ 力強い ► a dynamic manager 力強い経営者 ❷ 【経済】動的な, 動きが激しい, 変換を続ける (⇔static 静的な) ► adjust to dynamic market conditions 動きが激しい市場環境に適応する ❸ [コンピュータ] (メモリーが) ダイナミックな [○内容を定期的に更新する必要のある]
— *n* (原) 動力 ► the competitive dynamic of a company ある会社の競争的原動力
dynamic hedging ダイナミック・ヘッジング [○デリバティブの保有者が原資産をも売買して原資産の価格変動から来るリスクをヘッジしようというアプローチ. 見込みとは逆方向に市場が動いた場合でも, ヘッジングのため市場に同調することを強いられるので, 市場の乱高下を増幅するとされる. デルタ・ヘッジングとも言う]
dynamic programming 動的計画法 [○大きな問題をそれを構成する下位の「小さな問題」に分割し, それぞれについて最適のアプローチを求めておく方式で, 生産計画や在庫管理に用いられている]
dynamic ratio 動態比率 [○支払能力を見るためもっぱら貸借対照表上の項目を用いる静態比率に対して, 貸借対照表の項目と損益計算書の項目間の関係を調べ, 収益性を分析するために用いられるものを言う]
dynamic risk (保険の) 動態的危険 (⇔static risk 静態的危険) [○消費者の好みの変化のように統計的に予測することが困難な危険. 保険の対象とならない]
dynascope *n* ダイナスコープ [○店内調査用静止画カメラ] ► the dynascope method ダイナスコープ法 [○POPディスプレーの前を通行するオーディエンスの状況をダイナスコープで撮影し広告効果を測定するもの]

E, e

E east; eastern; ⇨ E number
€, e euro

e- electronic 電子…[◯接頭辞的に用いられ，インターネットやコンピュータに関連があることを意味する]

ea. each

each /iːtʃ/ *a, pron* めいめい(の)
▶ We inspect **each** product carefully before shipping it out. 当社では各々の製品を発送前に注意深く検査している / **Each** company has its own corporate culture. それぞれの会社に独自の企業文化がある / We keep in touch with **each other** regularly. 私たちは定期的に連絡を取り合っている

(成句) **each and every** どの…も **each other** 互いに *To each his (or her) own.* /《英》*Each to a person's [their] own.*(好みは)人それぞれ
— *ad* めいめいに

e-ad *n* 電子広告

EAEC East Asia [Asian] Economic Caucus 東アジア経済協議体[◯1990年マレーシアのマハティール首相が欧州や北米の地域主義に対抗して提唱した地域経済圏構想. 当初東アジア経済圏構想(East Asia Economic Grouping, EAEG)と称した]

EAEG East Asia [Asian] Economic Group

EAFE Europe, Australasia, Far East ⇨ MSCI EAFE Index

eager /iːgər/ *a* 熱望して《*for*》; 熱心に《*in*》したがって《*to do*》 ▶ Management indicated it was eager to resume talks with union leaders. 経営陣は組合指導者との協議の再開を切望していることをほのめかした / Laid-off employees were eager to return to work. レイオフされた従業員は仕事に戻ることを切望していた
◇**eagerly** *ad*
◇**eagerness** *n*

eagle /iːgl/ *n* ❶ ワシ; (E-) ワシ印の金貨 (=American Eagle) ❷《米略式》イーグル[◯ウォール街の共和党選挙運動の献金者. 特に, 大口献金をする人]

EAI enterprise application integration
EALAF East Asia-Latin America Forum
E&OE errors and omissions excepted 誤記・脱漏につきましてはご容赦ください[◯商品説明や価格表などの注記]

EAP employee assistance program; employment assistance program

EAPC Euro-Atlantic Partnership Council

ear /iər/ *n* 耳; 聴覚; 耳状の物
about one's ears 周りに
fall on deaf ears 聞き入れられない
for your ears only 聞くだけで内緒に
give [lend] an ear to に耳を傾ける
have [get, gain, win] a person's ear [the ear of a person] (人に)聞いてもらえる, (人を)動かすことができる
have [hold, keep] one's ear to the ground 世間に注意している
not believe one's ear 耳を疑う, 信じられない
out on one's ear 放り出されて, 解雇されて
over head and ears / up to the [one's] ears《略式》深くはまり込んで《*in*》
play by ear 臨機応変にやる ▶ Let's play it by ear. 臨機応変にやろう
shut [close] one's ears to 聞き入れない
turn a deaf ear to 聞こうとしない《*to*》 ▶ My boss turned a deaf ear to my suggestion. 上司は私の提案に少しも耳を貸さなかった

ear catcher イア・キャッチャー[◯人々を注目させる音声要素]

earcon *n* イアコン[◯使用者に対するコンピュータからの音声信号][<ear+icon]

early /ə́ːrli/ (**earlier; earliest**) *ad* 早く; 初期に; 早期に ▶ We'll get back to you as early as possible. できるだけ早くご連絡いたします / I arrived at the meeting half an hour early. 私は会合の30分前に着いた / Earlier, the company had expected an annual net profit of ¥350 billion. 以前には, 同社は3500億円の年間純利益を予想していた
— *a* 早い; 初期の; 近い将来の ▶ the early stages of negotiation 交渉の初期の段階 / The company's sales revenues for March hit $35 million, 15% up from a year earlier. 同社の3月の売上収入は前年比15%増の3,500万ドルに達した / China expects an early recovery from the economic downturn. 中国は景気後退からの早期回復を予想している / I shall take an early opportunity of calling on you. 近日中にお伺いします

at the earliest 早くとも ▶ The product launch will start next month at the earliest. その製品の発売開始は早くても来月になるだろう

early days (yet)《英》時機尚早
early on 早い段階で
◇**earliness** *n*

early adopter (新製品の)初期受容者[◯新製品・サービスが浸透するプロセス(innovator, early adopter, early majority, late majority, laggard)のうちの第二段階]; 先駆者

early bird 早起きの人; 早く来る人 ▶ The early bird catches [gets] the worm.《諺》早起きは三文の得

early closing (day)《英》(商店などの)早じまい(の日)

early majority 先行多数派[◯新製品・サービスが浸透するプロセス(innovator, early adopter, early majority, late majority, laggard)での第3グループ]

early retiree《米》早期退職者, 中途退職者[=

(《英》early leaver)

early retirement 早期退職 ► an early retirement plan [program] 早期退職制度 / The company offered early retirement to over 3,000 eligible employees. 同社は3千人を超える適格従業員に早期退職を提示した / He decided to take early retirement at the age of 55. 彼は55歳になったら早期退職することに決めた

early settlement 早期支払

early-stage a 初期の ► an early-stage company 創業初期の企業 [◇一般に創業から3年を経ていないような企業を指す] / an early-stage product 開発初期の製品

early-stage financing 創業期投資 [◇創業期（概ね設立後3年程度）の会社を対象とするベンチャー投資]

early termination 期限前終了

earmark vt （ある目的のために）取っておく（for）; 充当する; 使途指定 [予算化] する ► (an) earmarked tax 目的税 / The government has earmarked $250 billion for road construction projects. 政府は2,500億ドルを道路建設プロジェクトに使途指定した / We can't use the money now. It has been earmarked for investment. 今その金は使えない. それは投資用に取り分けられている
— n 目印; (特定の目的のための) 資金などの確保

earmarked stock 予備在庫, 特別在庫 (=allocated stock, reserved stock)

earn /ə:rn/ vt ❶ もうける, 稼ぐ; 受けるに値する, 得る; もたらす ► He earns barely enough to support his family. 彼の稼ぎでは家族を養うのがやっとだ / Executives in the financial industry earn ridiculously high salaries. 金融業界の幹部は途方もない高給を得ている / The company has earned a reputation for its recycling program. その会社はリサイクル計画で評判になっている / Earn €5 per hour 時給5ユーロ (✤広告文など) / I like my job even if I don't earn very much. 給料は安くても私の仕事は気に入っています / I have a savings account where I save money and earn interest. 私のもっている貯蓄口座で貯金をして利息を稼ぎます / I don't earn enough where I am now. 今の職場では賃金は十分ではありません
❷ 【会計】 稼得する, 利益を生む, 計上する ► earn profits of $300,000 on revenues of $5 million 500万ドルの売上で30万ドルの利益を得る / Just a year ago, the company earned a record $25 billion in worldwide sales. ほんの1年前に, 同社は全世界の売上高で記録的な250億ドルを稼いだ

earn one's keep 生活費を稼ぐ

earned income /ə:rnd/ 勤労所得, 稼働所得 [◇勤労により得た所得. 給与, 賃金, 職業専門家の報酬など]

earned income (tax) credit 勤労所得税額控除 (EIC, EITC) [◇低所得者のための税額控除]

earned surplus 剰余金 (=retained earnings) [◇社内に留保された利益の総称]

earner /ə:rnər/ n 稼ぎ手; 利益を生むもの

earnest /ə:rnist/ a まじめな, 真剣な; 熱心な; 重大な
— n （次の成句で）:
in (dead [real]) earnest 本気で, まじめに; 本式 [本格的] に
◇**earnestly** ad
◇**earnestness** n

earnest money 手付金 ► earnest money received 預り手付金 / You need to put up some earnest money. 何がしかの手付金を入れておく必要がある

earning capacity 収益力, 収益獲得能力 (=earning power); 所得稼得力

earning potential 潜在的収益力

earning power 収益力, 収益獲得能力

earnings /ə:rniŋz/ n pl ❶ 収益, 利益

解説 「収益」(revenue) から「費用」(expenditure) を差し引いて求められる「純利益」(net income) を指す. しかし経済報道では, 「企業収益」つまり売上または業績全般を指していることが多い

► the price earnings ratio 株価収益率 (PER) / operating earnings 営業利益 / quarterly earnings 四半期利益 / consolidated earnings 連結利益 / an earnings forecast 業績見通し / historical earnings 収益の実績 / retained earnings 社内留保, 利益剰余金 / a sales and earnings gain 増収増益 / double digit earnings growth 利益の2桁の伸び / corporate earnings 企業収益, 企業業績 / good earnings 好決算 / normalized earnings 過去平均ベースの利益 / undistributed earnings 未処分利益 / lower-than-expected earnings 予想を下回る決算 / impact on earnings 業績への影響 / December-quarter earnings 10－12月期決算 / June-quarter earnings 4－6月期決算 / March-quarter earnings 1－3月期決算 / September-quarter earnings 6－9月期決算 / regain earnings momentum 収益力を回復する / deliver good earnings 好決算を果たす / hamper earnings （費用などが）利益に食い込む / report earnings of $1 million or $0.25 per share 100万ドル (一株当たり25セント) の利益を計上する / Investors are **preoccupied with earnings**. 投資家は企業業績が頭から離れなくなっている / The company warned that **third-quarter earnings** will come in below expectations. その会社は, 第3四半期の業績が予想を下回るだろうと発表した / The company warned that **third-quarter earnings** will miss Wall Street expectations. 同社は第3四半期決算が証券各社の予想に達しそうもないと発表した / **Earnings fell** 40 percent in the April-June quarter. 4～6月期業績は40%の減益となった /

Earnings grew 70% on increased sales. 増収に助けられ、70%の増益となった / Major investment banks **are reporting earnings** this week. 今週は大手投資銀行が決算を発表する
❷ 利益剰余金, 留保利益, 留保所得;（税法上の）利益

earnings after tax(es) 税引後利益 (EAT)
earnings basis 利益ベース［⊃キャッシュフロー・ベース等他の指標との対比で言う］
earnings before interest and after tax(es) 税引後支払利息控除前利益 (EBIAT)
earnings before interest and tax(es) 金利・税金支払前利益, イービット (EBIT)［⊃純利益に支払利息と法人税を足し戻して求める数字。営業利益とほぼ同じ。負債の大小による利払額の差や節税対策の巧拙による納税額の差を捨象して企業同士を比べるのに便利とされる］
earnings before interest, tax(es), depreciation and amortization (EBITDA) 金利・税金・償却前利益, イービットディーエー［⊃支払税引前利益 (EBIT) に, 有形資産の償却費 (depreciation) と無形資産の償却費 (amortization) を足し戻して求める数字。装置産業に属する会社であることによる有形資産の償却費や買収による営業権の償却といった特殊事情を捨象して企業同士を比較するのに便利とされる］
earnings before tax(es) 税引前利益 (EBT)
earnings call 電話会議形式の決算説明［⊃コンファレンスコール（電話会議）による企業の業績発表。証券各社のアナリストを結んで業績の発表と質疑応答が行われる］
earnings differential 所得格差
earnings estimate 業績予想［⊃企業の将来の収益についての社外アナリストの予測］（⇔ earnings guidance）
earnings for equity 普通株に対する利益［⊃一株当たりの利益を計算する場合の利益額］
earnings guidance 業績指針［⊃企業が発表する自社の収益見通し。社外アナリストの業績予想 (earnings estimate) が企業の実態からかけ離れて高い場合に, 企業は guidance と称して業績見通しを公表し, 達成可能な数字への誘導を図る］
earnings growth 利益成長(率), 増益率 ► Additional product offerings helped boost **earnings growth**. 新製品が何点か発表されたおかげで, 増益率にはずみがついた
earnings per share 一株当たり利益, 一株益 (EPS) (=income per share)［⊃当期純利益を期中の平均発行済み普通株式数で除して計算する］► earnings per share calculation 一株当たり利益計算法 / The company has overstated its **earnings per share** by two to eight cents in five quarters over the past three years. 同社は過去3年間、5四半期にわたって, 一株当たり利益を2セントないし8セント過大表示していた
earnings quality =quality of earnings
earnings-related a 所得連動の［⊃年金など］
earnings report 決算報告［⊃米国の上場企業は年に4回の決算報告を SEC に提出することを義務付けられている］► **Earnings reports** indicate that the business cycle has peaked. 企業決算は景気が天井を打ったことを示している
earnings rule《英》年金受給者の所得制限
earnings season 決算発表シーズン
earnings statement 損益計算書 (=income statement, profit and loss statement, statement of income, statement of operations)
earnings surprise 予想外の利益発表
earnings test《米》収入調査 (=income test)
earnings yield 益回り［⊃一株当たり利益を株式の市場価格で除したもので, 株価収益率 (PER) の逆数。PER が20倍なら益回りは5%(1/20)。株式の収益率を債券や短期金融商品のそれと比較するために用いられる］

earn-out n アーン・アウト条項, 買収価格調整金［⊃企業の売買に際して売主と買主の評価額に開きがある場合に, 暫定価格で売却した上, 一定期間 (earn-out period) 内に所定の目標値を越えたら払うとした調整金。実質上, 条件付の分割払と言える］

earn-out period アーン・アウト条項適用期間
earth /əːrθ/ n（the～または無冠詞 E-で）地球; 世界中の人々; 陸地, 地面, 大地 ► Businesses must take responsibility for protecting the **earth**'s natural resources. 企業各社は地球の天然資源の保護について責任を負わなければならない

charge [*cost, pay*] *the earth*《略式》大金を請求する[がかかる, を払う]
down to earth 現実的な; 率直に
like nothing on earth《略式》とてもひどい[ひどく]
on earth 地上[この世]に; (強意) 一体(全体)
earth-friendly a 地球に優しい
earth observation satellite 地球観測衛星
earthquake n 地震
earthquake disaster 地震災害
earthquake insurance 地震保険 ► If you live in a region threatened by earthquakes, consider buying **earthquake insurance**. 地震の多い地方に住んでいるなら地震保険を申し込むのもよい
earthquake-prone a 地震がよく起きる
earthquake-proof a 耐震の
earth satellite (地球を周回する) 人工衛星
Earth Summit《the ~》地球サミット
Easdaq /íːzdæk/ イースダック［⊃新興ヨーロッパ企業の株式が売買される店頭市場(電子取引市場)。本拠はブリュッセル］
ease /iːz/ n 気楽, 安心; 容易; ゆとり; 軟化［⊃相場が下げ気味になること］► ease of use 使い易さ

at (*one's*) *ease* 気楽に, くつろいで ► His mind was **at ease** after he finished the report. 報告書を仕上げて, 気が楽になった
feel at ease 安心する ► He felt **at ease** at his new company. 新しい会社に移って安堵した
ill at ease 不安で, 落ち着かないで

put ... at ease 安心させる ► Let me put your mind at ease by saying the rumor isn't true. 噂は事実ではありませんから, 気持ちを楽にしてください

with ease たやすく

— *v* 楽にさせる; 安心させる; (心配・苦痛などを) 取り除く (*of*); 容易にする; 緩める (*off*); (相場などが) 緩む, 和らぐ, (株などが) 下落する (*off, up*) ► The US has urged that China ease its currency controls. 米国は中国に通貨管理の緩和を促した / The government will inject money into banks to ease the credit crisis. 政府は信用危機を緩和する目的で銀行に資金を注入するだろう / Inflation has eased up in the last three months. インフレはこの3か月で緩やかになった

ease out をうまく辞職させる
ease up on (略式)を緩める; を控える

easement *n* ❶ 緩和 ❷ 地役権 [⇨土地の所有者が隣地との関係で有する通行権・家屋の採光権[日照権]など] ► easement of light 日照権

easement appurtenant 付属地役権 [⇨公道に出るため他人の所有地を通る他ないような土地に付属する地役権(たとえば通行権)]

easement by prescription 取得時効による地役権の発生 [⇨一定の年限, 他人の所有地を持主の許可なく, 公然かつ継続的に利用することで取得する地役権]

easement in gross 一般地役権 [⇨パイプラインや電線のように他の土地のためではない用益のために設定される地役権]

easily /í:zili/ *ad* 容易に; 安楽に; 疑いもなく; (can ~) たぶん ► You can easily transfer funds to a bank in a foreign country. 外国の銀行に資金を送金することは簡単にできる / With the Internet, consumers can easily get price information on products. インターネットを使えば, 消費者は製品の価格情報を簡単に入手できる

easiness /í:zinis/ *n* 容易さ; (文体の) 平明さ; 気楽さ; 落ち着き

east /í:st/ *n* 東, 東方[部]; (the E-) 東洋, (米国の) 東部地方

back East (米) New England に[で]
in [to, on] the east of の東部に[東方に, 東に接して]
the Far [Middle, Near] East 極[中, 近]東

— *a* 東(部)の
— *ad* 東へ[に]

East Asia [Asian] Economic Caucus (the ~) 東アジア経済協議体 ⇨ EAEC

East Asia [Asian] Economic Group (the ~) 東アジア経済圏 (EAEG) [⇨1990年にマハティール首相が提唱した東アジア地域の経済協力構想. ECやNAFTAに対抗して, ASEAN, 日本, 中国, 韓国, 台湾, 香港などによってアジアに独自の経済圏を確立しようというもの. 後に, 東アジア経済協議体(EAEC)へと名称が変更された]

East Asia-Latin America Forum (the ~) 東アジア・ラテンアメリカ・フォーラム (EALAF) [⇨1999年9月に発足した東アジアと中南米諸国の連帯や経済基盤強化を目的とする枠組み. シンガポールのゴー首相の提唱によるもので, アメリカやIMF(国際通貨基金)に対する発言権を強めるのがねらい]

eastern /í:stərn/ *a* 東(方)の; (E-)米国東部の; (E-)東洋の

Eastman Kodak (~ Co.) イーストマン・コダック(社) [⇨米国の写真用品メーカー. 1901年設立. 医療用撮影機器, AV機器, 事務機器などにも進出]

easy /í:zi/ *a* (*easier; easiest*) ❶ 楽な; 容易な; 安楽な; 屈託のない ► The job is not as easy as it sounds. その仕事は見かけほど容易ではない / This mobile phone is easy to use. この携帯電話は使いやすい / Cutting costs won't be an easy task, but we've got to do it. コスト削減は容易なことではないだろうが, どうしてもやらなければならない / These subsidiaries are not easy to manage profitably as a group. これらの子会社は一つのグループとして利益を上げるように経営することは容易ではない / Managers here are usually easy to talk to. They are accessible and approachable. 当社の管理職はたいてい話しやすい, つまり近づきやすく親しみやすい ❷ (1) (商品が) 豊富な; たやすく入手できて値下がり傾向の (2) (市場が) 緩慢な, 閑散な, 需要が切迫していない (3) (金融が) 緩慢な; 金が楽に[低利で]得られる

(as) easy as (apple) pie [ABC, anything, hell, winking, falling off a log, rolling off a log] ひどく易しい

easy on the eye(s) [ear] (略式) 見て[聞いて]心地よい

I'm easy. (略式) どちらでも構わない
It is easy to do …するのは容易だ

on [(英) in] easy street (略式) 裕福に, 安楽に ► If the book sells, next year we'll be on easy street. その本が売れれば来年は左団扇(ひだりうちわ)だ / We are on easy street, now that we hit the jacket. わが社は大当たりしたから楽々やっていける

— *ad* (略式) 楽に, たやすく; のんきに; そっと, ゆっくり

come easy 楽に手に入る
Easier said than done. 言うは易く行うは難し
Easy come, easy go. 悪銭身につかず
go easy on [with] (略式) を加減して用いる; を大目に見る
rest [breathe] easy 安心する, 気を落ち着ける
take it easy on を優しく扱う; 控えめに使う

— *n* (略式) 休息

easy monetary policy 金融緩和政策 [⇨一般に, 金融当局が景気浮揚のために利下げをすること]

easy money ❶ 金融緩和基調 (✚逆の引締め基調は tight money) ❷ 労せずして得る金

easy-money policy 金融緩和政策, 低金利政策

Easy-Off Oven Cleaner (商標) イージーオフ・オーブン・クリーナー [⇨スプレー式の米国の

オーブンクリーナー]
easy payment 分割払い, 月賦払い(=《米》installment plan) ► easy payment system 割賦販売制度, 割賦払い制度
easy terms 分割払い ► on easy terms 分割払いで
easy-to-follow *a* 理解しやすい
easy-to-use *a* 使いやすい ► We offer easy-to-use mobile phones. 当社は使いやすい携帯電話を提供します
eat /iːt/ (**ate; eaten**) *vt* 食べる; 《be ~ing》《略式》(人を)悩ませる; 《略式》(損害・費用などを)甘受する; 負担する, 肩代わりする; (人の言葉などを)受け入れる ► What's eating you? 何を悩んでいるんだい
― *vi* 食事をする; 食べて…の味がする; 腐食する
all you can eat 食べ放題
eat away を腐食する; を食い破る ► The appreciation of the yen has eaten away at the company's profits. 円の高騰は同社の利益を徐々に食いつぶしている
eat away at を損なう; を悩ます
eat into を腐食する; を使い込む; に食い込む ► Rising oil prices have eaten into the company's profits. 石油価格の上昇は同社の利益に食い込んでいる / The rising costs of raw materials have eaten into profits. 原材料のコストの上昇は利益に食い込んでいる
eat one's words 前言を取り消す
eat out 外食する; を食い尽くす; 《略式》をひどく叱る
eat out of a person's hand (人の)言いなりになる
eat up を食べ尽くす; を使い果たす; 《略式》熱中する, 好む; 《略式》(人を)悩ます, 悲しませる ► Jim is eaten up by his work. ジムは自分の仕事に夢中になっている
― *n* (**~s**) 食べ物
◇**eatable** *a*, 食べられる; 《通例 ~s》食料品
EAT earnings after tax(es)
eating-out *n* 外食
Eaton 《~ Corp.》イートン [○米国の自動車部品メーカー. 1916年設立. 現在では, 油圧システム, 電気制御製品および配電設備機器, 自動車用エンジン制御機器, 車両駆動系システムなどを製造・販売する多角的産業メーカーとなっている]
EB exchangeable bond
eBay 《~ Inc.》イーベイ [○インターネットコマース(流通事業)の大手. 世界中で30万を超えるオンラインショップを運営する. また, 買収したPayPalによる小口インターネット決済, StubHubによるチケット販売なども行う]
EBIAT earnings before interest and after tax(es)
EBIT earnings before interest and tax(es)
EBITDA earning before interest, tax, depreciation, and amortization
EBO employee buyout
e-book *n* 電子ブック; ネット出版物
EBRD European Bank for Reconstruction and Development
EBT earnings before tax(es)
e-business *n* (情報の伝達・蓄積などを電子化する) eビジネス, 電子ビジネス
EC ❶ European Community [Communities] 欧州共同体 [○1967年, ブリュッセル条約によって, 欧州石炭鉄鋼共同体(ECSC)・欧州経済共同体(EEC)・欧州原子力共同体(Euratom)の3共同体の統合体として成立. マーストリヒト条約によって生まれ変わった現在のEUの前身] ❷ European Commission ❸ East Central [○ロンドンの郵便区] ❹ executive committee
ECA Economic Commission for Africa
ECAFE /ikǽfei/ Economic Commission for Asia and the Far East アジア極東経済委員会 [○現ESCAP]
e-cash *n* eキャッシュ, (オンラインで決済される) 電子マネー
ECB European Central Bank
ECE Economic Commission for Europe
ECGD Export Credits Guarantee Department
echelon /éʃəlɑ̀n/ *n* (命令・位階の) 段階, 階層
in the higher [lower] echelon(s) 上級[下級]の
[<仏:はしご]
echo /ékou/ *n*, *v* (**~es**) 反響(する); (言葉・意見を)まねる, 反映する; 模倣(者)
applaud [cheer] to the echo 大かっさいする
◇**echoic** *a* 反響の; 擬声の
ECI employment cost index
ECJ European Court of Justice
ECLAC Economic Commission for Latin America and the Caribbean
ECN electronic communications network 電子証券取引ネットワーク
ecoactivist *n* 環境保護運動家
eco-business *n* エコ・ビジネス
ecocar *n* エコカー [○環境に優しい電気自動車など]
eco-cement *n* エコセメント [○下水汚泥や廃棄物焼却灰などを原料として含むセメント]
ecocide /ékəsàid, íːkə-/ *n* 自然[生態系]破壊
Eco Domestic Product 環境調整済国内純生産 (EDP) [○国内純生産から帰属環境費用を控除したもの. 正式には Environmentally Adjusted Net Domestic Product と言う]
eco-efficiency *n* 環境効率 [○財やサービスの生産に伴って発生する環境への負担にかかわる概念]; エコ・エフィシェンシー [○地球環境問題に取り組みつつ経済成長や生活向上を目指すこと]
eco-efficient *a* エコ効率のよい
ecofarm *n* エコ農場
eco-friendly *a* 環境にやさしい
eco fund, ecofund *n* エコファンド [○環境対策に熱心な企業の株式への投資信託]
ecoimperialism *n* 環境・帝国主義 [○先進国が発展途上国の資源を乱開発している環境を汚染させている状況を, 帝国主義時代の先進国の行動になぞらえて表現したもの]
ecolabel, eco-label *n* エコラベル [○製

品やサービスの環境側面を主張するもので，記述，シンボル，製品や包装のラベルやグラフィックス，製品説明書，広告，広報その他の形態を有するもの]; (特にEUの)エコ・ラベル; 環境適合認証ラベル
━ v エコラベルをつける

ecolabeling n エコラベル表示
ecological footprint エコロジカル・フットプリント [◆個人・社会維持に必要な土地面積]
ecological planning 環境保全計画
ecological sustainability 生態学的維持可能性
ecology /ikálədʒi/ n 生態学, エコロジー; 人間生態学; 生態(環境)
◇**ecological** a 生態(学)の
◇**ecologically** ad
◇**ecologist** n 生態学者; 環境保護論者

e-commerce
n （インターネットを使って行われる）電子商取引, eコマース, ネット取引 ► E-commerce sales have continued to outpace traditional store sales. 電子商取引売上高が従来型の店舗売上高を上回る状況が続いている / Growth in e-commerce has been maintained despite the economic downturn. 景気の下降にもかかわらず, 電子商取引の成長率は持続している

e-commerce marketplace 電子商取引市場
e-commerce player 電子商取引に携わっている企業
e-commerce site 電子商取引用ウェブサイト ► Many customers are turning to e-commerce sites to look for bargains. 多くの顧客は格安品を求めて電子商取引サイトを使っている
e-company （在来型企業との対比で）インターネット企業
econometrician n 計量経済学者
econometrics /ikànəmétriks/ n 計量経済学 [◆統計分析手法によりながら経済理論が現実経済に妥当するかを検証し, 追究する学問]
econometrist n = econometrician

economic
/èkənámik/ a 経済学(上)の; 経済(上)の; 実利的な ► an economic blockade 経済封鎖

economic acceleration 景気拡大
economic activity 経済活動 ► boost economic activity 景気を押し上げる / slow economic activity 景気を減速させる / Monthly data indicated that economic activity remained quite solid. 月次データは経済活動がきわめて堅調に推移していることを示していた / In China, all economic activity used to be controlled by the state. 中国ではかつてすべての経済活動が国家統制されていた
Economic Advisor 《米》大統領経済諮問委員会の委員
economic age 経済的耐用年数 (= economic life) [◆減価償却資産の経済的に効用が持続する耐用年数]
economic agent 経済主体 [◆経済社会の活動を担っている家計, 企業, 政府, 海外市場のこと]
economical /èkənámikəl, i:kə-/ a 節約する (of); 経済的な ► Gas is more economical than charcoal. ガスは木炭より経済的だ
economically ad 倹約して; 経済上; 経済的な見方から言えば ► economically challenged 貧しい / Economically, large cash reserves may be bad policy. 経済的な見地からすれば, 多額の現金を手もとに置いておくことはうまいやり方ではない
economic analysis 経済分析 ► engage in economic analysis 経済分析に従事する / make an economic analysis 経済分析を行う
Economic and Social Commission for Asia and the Pacific ⇒ ESCAP
Economic and Social Commission for Western Asia 《the ~》西アジア経済社会委員会 (ESCWA) [◆国連地域経済委員会の一つ. 域内経済社会発展促進を目的とする. 1963年に西アジア経済委員会として設立. 中東地域の13か国が加盟]
Economic and Social Council 《the ~》（国連）経済社会理事会, エコソック (ECOSOC) [◆経済的・社会的・文化的・人道的諸問題について研究・報告を行う国際連合の主要機関の一つ]
economic bloc 経済ブロック [◆いくつかの国が経済的な共通目的を達成するためにつくる排他的経済圏]
economic boom 好景気
economic climate 経済環境, 景気 ► Even in a strong economic climate, many businesses fail. 好景気といえども, かなりの数の会社が破たんするものだ
Economic Commission for Africa 《the ~》（国連）アフリカ経済委員会 (ECA) [◆国連の経済社会理事会の下部組織である地域経済委員会の一つとして1958年に設立. アフリカ地域の経済開発・経済協力の促進を目的とする]
Economic Commission for Europe 《the ~》（国連）欧州経済委員会 (ECE) [◆1947年に国連経済社会理事会の下部機関である地域経済委員会の一つとして設立. 事務局所在地はジュネーブ]
Economic Commission for Latin America and the Caribbean 《the ~》（国連）ラテンアメリカ・カリブ経済委員会 (ECLAC) [◆1948年に国連経済社会理事会の下部機構である地域経済委員会の一つとして設立. 当初は, ラテンアメリカ経済委員会（エクラ）(Economic Commission for Latin America = ECLA)であったが, 1984年に現在の名称に改称. ラテンアメリカ諸国の経済発展・生活水準向上のための援助を主たる目的とする]
Economic Community of West African States 《the ~》西アフリカ諸国経済共同体 (ECOWAS) [◆西アフリカの域内経済統合を

推進する準地域機関. 1975年に設立]

economic cooperation 経済協力 [⇒経済面での国家間の協力. 発展途上国の経済開発に対して先進諸国が行う経済援助を指す場合が多い]

economic cost ❶ 経済コスト [⇒実際に支出された費用 (accounting cost) ではなく, 機会費用で表される経済学で用いる費用の概念] ❷ 適正価格 ▶ provide adequate electricity at economic cost 十分な電力を適正な価格で供給する

economic crisis 経済危機
economic cycle 経済循環
economic data 経済データ
economic decline 景気の悪化
economic development 経済開発 [⇒工業を中心とした各種産業の発展と所得増大を図ること] ▶ increase [achieve, maintain] economic development 経済的発展を高める[遂げる, 維持する]

economic figures 経済データ ▶ The July economic figures are due out in late August. 7月の経済データは8月下旬に発表される予定となっている

economic forecast 景気予測

economic fundamentals ファンダメンタルズ [⇒経済成長率, 物価上昇率 (インフレ), 金利といった経済を左右する諸要因の総称] ▶ The appreciation of the currency reflects the country's strong economic fundamentals. その通貨の上昇は同国の力強いファンダメンタルズを反映している

economic globalization 経済のグローバル化

economic goods 経済財 (⇔free goods 自由財) [⇒稀少性があるため対価を払わないとできない財]

economic growth 経済成長

[⇒国民経済の量的規模の長期にわたる拡大. 国民総生産または国民所得の増加で示される]

コロケーション

(名詞(句)+〜) **deceleration in** economic growth 景気の減速 / **slowdown in** economic growth 景気の減速

(動詞(句)+〜) **achieve** economic growth 経済成長を実現する / **dampen** economic growth 経済成長を妨げる / **foster** economic growth 経済成長を促す / **fuel** economic growth 経済成長を推進する / **have strong [weak]** economic growth 経済成長が高い[低い] / **inhibit** economic growth 経済成長を妨げる / **predict** economic growth **of** ... 経済成長率を…と見込む / **slow** economic growth 景気を減速させる / **spur** economic growth 景気拡大に拍車をかける / **sustain** economic growth 経済成長を維持する

(〜+動詞(句)) economic growth **accelerates** 景気が加速する / economic growth **bottoms** 景気が底入れする / economic growth **decelerates** 経済成長が減速する / economic growth **slows** 景気が減速する

▶ **good** economic growth 高成長 / **negative** economic growth マイナス成長 / **positive** economic growth プラス成長 / **real** economic growth 実質経済成長率 / **bring about strong** economic growth 力強い経済成長を実現する / **enjoy double-digit** economic growth 2けた台の経済成長率を達成する / **put the brakes on** economic growth 経済成長にブレーキをかける / **Economic growth** among U.S. trading partners should **accelerate** next year. アメリカの貿易相手国の経済成長は、来年になって加速するだろう / **Economic growth** in the 1980s **averaged** about 4 percent a year. 1980年代の経済成長は平均で年率およそ4%だった / **Economic growth will bottom** in the first half of 1999. 景気は1999年上期中には底入れするだろう / **Economic growth** is likely to **slow significantly**. 景気が大幅に減速しそうだ / The tightening will **have little impact on economic growth**. 今回の金融引締による景気への影響はごくわずかなものにとどまるだろう / Investment by export-oriented corporations have been **the key to economic growth**. 輸出企業による投資が経済成長のカギとなってきた / **IMF predicts global economic growth** of more than 4% next year. IMFは来年の世界経済成長率を4%超と見込んでいる

economic growth rate 経済成長率

economic indicators 経済指標 [⇒経済の一般的な趨勢を示す統計データ. 景気の転換に先駆けて変化する先行指標 (leading indicator), 景気の転換と同時に変化する一致指標 (coincident indicator), 景気の転換に遅れて変化する遅行指標 (lagging indicator) がある] ▶ provide economic indicators 経済指標を集計する[提供する] / release economic indicators 経済指標を発表する / Economic indicators show how well a country's economy is working. 経済指標は一国の経済がいかにうまく行っているかを示している

economic infrastructure 経済のインフラ [⇒公共輸送機関, 電気・ガス・水道, 学校等の社会資本. social overheadとも言う]

economic integration 経済統合 [⇒隣接する国々が, 国際分業と市場拡大を目的として経済圏を形成すること. EUやNAFTAが代表例]

economic life 耐用年数, 資産の経済的耐用年数 [⇒機器類等の資産があと何年コストを上回る収入を稼得できるかを示す年数] ⇨ service life

economic migrant 経済移民, 出稼ぎ移民

economic model 経済モデル [⇒現実の経済現象の中から重要な要因を抽出し, 数学的定義式などの簡明な形で模型化し表現したもの]

economic nationalism 経済ナショナリズム [⇒輸入関税等により自国の産業・市場を保護しようという政策]

economic order quantity 経済的発注量, 最適発注量, 最適購入量 (EOQ) [⇒在庫補充において費用やリスクを考慮したもっとも経済的な発注量]

economic outlook 景気見通し, 経済見通し ► The Economic Planning Agency chief said that the economic outlook has brightened. 経済企画庁長官は, 景気見通しが明るさを増していると述べた

economic output 経済産出高 ► Economic output is the value of goods and services produced in a country. 経済算出は一国で生産される財貨とサービスの総量を指す

economic paradigm 経済パラダイム [⊃ 経済の動き・様子を説明する基本的構図]

economic partnership agreement 経済連携協定 (EPA)

economic planning 経済計画

economic policy 経済政策 ► Shifts in economic policy adopted last year addressed the slowdown in domestic demand. 昨年の経済政策転換は, 内需の減速に対処するためのものであった

economic prospects 経済見通し ► improved economic prospects 上向きの経済見通し

economic recovery 景気回復

コロケーション

(形容詞(句)+〜) **broad-based** economic recovery 幅広く浸透している景気回復 / **sustainable** economic recovery 持続的な景気回復 / **L-shaped** economic recovery L字型の景気回復 / **U-shaped:** economic recovery U字型の景気回復 / **V-shaped** economic recovery V字型の景気回復

(名詞(句)+〜) **condition for** an economic recovery 景気回復に要する条件 / **deceleration of** economic recovery 景気回復の減速 / **sign of** economic recovery 景気回復の兆し

(動詞(句)+〜) **achieve** an economic recovery 景気回復を果たす / **bolster** the economic recovery 景気回復の下支えを図る / **build** an economic recovery 政策を積み上げて景気回復を確保する / **ensure** an economic recovery 景気回復を確実にする / **jeopardize** economic recovery 景気回復を危うくする / **keep** the economic recovery **on track** 景気が回復軌道から外れないようにする / **speed** economic recovery 景気回復のピッチを速める / **spur** economic recovery 景気回復を促す / **stage** an economic recovery 景気回復を図る / **stymie** economic recovery 景気回復を阻む / **undermine** economic recovery 景気回復を阻害する

(〜+動詞(句)) economic recovery **begins** 景気回復が始まる / economic recovery **comes to a pause** 景気回復が足踏み状態となる / economic recovery **gains strength** 景気回復に勢いがつく

► anticipate an economic recovery for 2010 2010年中の景気回復を見込む / A sustained economic recovery is under way. 持続的な景気回復が進んでいる / A self-sustaining economic recovery has begun. 持続性のある景気回復が始まっている / Economic data have shown a dramatic deceleration of Japan's economic recovery. 経済指標は日本の景気回復が劇的な減速状態にあることを示している

economic reform 経済改革 ► pursue economic reform 経済改革を進める

Economic Report of the President 《the 〜》 (米国の) 経済報告 [⊃ 大統領が毎年1回, 経済諮問委員会の年次報告に基づいて米国経済の現状を報告し政府の経済政策を説明するもの. 経済教書とも呼ばれる. 一般教書や予算教書の内容を経済的側面から補強するもの]

economics /èkənámiks, i:kə-/ n 経済学 ► applied economics 応用経済学 / classical economics 古典派経済学 / development economics 開発経済学 / industrial economics 産業経済学 / macro economics マクロ経済学 / micro economics ミクロ経済学 / supply-side economics サプライサイド経済学 / welfare economics 福祉経済学

economic sanction 経済制裁 [⊃ 国際法規の違反国や国際義務不履行国に対して課せられる経済的手段による制裁] ► impose [lift] economic sanctions 経済制裁を課す[解除する]

economic situation 経済情勢, 経済状態 ► What is the current economic situation of your country? 貴国の目下の経済情勢はどうですか

Economics 101 経済学入門講座 [⊃ 米国の大学の講義科目名. 略:Econ 101]; (比喩的に) 経済学の初歩

economic system 経済システム [⊃ 限りある一国内の資源をどう配分するかを決める仕組みの全体を言い, 政府主導の計画経済なのか, 市場経済なのかという視点から取り上げられる]

economic theory 経済理論 [⊃ 過去の経済現象と相互の関係を研究して見出される因果関係等を法則・原理としてまとめたもの]

Economic Tigers 経済の虎 [⊃ 主として東アジアの新興経済国をトラに見たてた言い方]

economic value 経済価値 [⊃ 一般には資産や企業が将来得る収益だが, 時にはそれを一定の割引率を用いて現在価値に引き直したものを言う]

economic value added 経済的付加価値 (EVA) [⊃ 税引{後営業利益}から資本コスト (株主が期待する収益と負債にかかる利子の合計) を差し引いて求める経営指標. 一定期間内にどれだけの投下資本で経済的利益を生み出したかを測って株主価値への貢献度を見きわめようとするもので, プラスの値は, 現時点で資金の貸し手や株主に対して当然のリターンを確保する一方で, 株主たちに対して期待リターンを上回る超過リターンをもたらしていることを意味する]

economic waters 経済水域

economic zone 排他的経済水域 [⊃ 国連海洋法条約により, 領海 (12海里) を越えて経済的主権の及ぶことが認められている200海里までの水域. exclusive economic zone (EEZ) とも言う]

economies of scale 規模の経済, 規模の

利益, スケールメリット［**○**生産規模を拡大するとともに生産性が上昇すること, いいかえると生産量が増加するにしたがって単位当りコストが低下することを指す. increasing return to scale（規模に関して収穫逓増）ともいわれ, 逆に生産規模の拡大につれて生産性が低下することは規模の不経済（diseconomies of scale）と呼ばれる］ ► **achieve greater economies of scale** より大きな規模の利益を確保する / **benefit from economies of scale** 規模の利益を享受する / **exploit economies of scale** 規模の利益を追求する / There are economies of scale in ... に関して規模の利益が認められる / The big company benefits from economies of scale. その大会社は経済のスケールメリットで得をしている

economist /ikánəmist/ n エコノミスト, 経済専門家, 経済学者

解説 官庁や企業に雇傭されて経済全体の動きの分析を業務とする人. 個別企業や特定業種の分析を業とする analyst とは異なる

Economist 《商標》《The ~》『エコノミスト』［**○**ロンドンが発行元の経済週刊誌. 政治, ビジネスなどの国際的ニュースを企業内での意志決定権を持つオピニオンリーダーに提供. 1843年創刊］

economize, 《英》**-mise** v コスト節減策をとる; 節約する ► **economize on consumables expenses** 消耗品費を節減する
◇**economizer** n 倹約家

economy /ikánəmi/ n 経済, 景気［**○**モノ・サービスの生産・流通・消費が行われている総体を指す言葉. 特定国の経済を指すときは常に the economy と言う］; 節約; 経済組織

コロケーション

（動詞(句)+～） **bail out** the economy 経済を再建する / **boost** the economy 景気へのテコ入れをする / **control** the economy 景気の調整をする / **keep** the economy **from overheating** 景気の過熱を予防する / **make** the economy 節約する / **power** the economy 経済の牽引役となる, 経済を引っ張る / **reform** the economy 経済改革を進める / **revive** the economy 経済を再生する / **spur** the economy 景気にテコ入れする / **stabilize** the economy 景気を安定させる / **stimulate** the economy 経済を刺激する / **strengthen** the economy 景気を上向かせる / **weaken** the economy 景気を抑制する, 景気の足を引張る

（～+動詞(句)） the economy **booms** 世間が好景気に沸く / the economy **is decelerating** 景気は減速している / the economy **is in recession** 景気が後退している / the economy **slows down** 景気が減速する

► **developing economies** 発展途上国 / **emerging economies** 新興経済国 / **household economy** 家計 / **drag on the economy** 経済の押下げ要因, 景気の足を引っ張る材料 / **weak performance of the economy** 景気の低迷 / **legacy of bubble economy** バブル経済の後遺症 / The Japanese **economy** is likely to **contract** by 2%. 日本経済は2%のマイナス成長となりそうだ / The **economy expanded** too quickly. 景気拡大のピッチが速過ぎた / The **economy is not healthy**. 経済は健全ではない / The **economy will grow** at a 2.5% rate next year. 来年の経済成長率は2.5%となろう / The **economy has hit bottom**. 景気は底入れした / The **economy will be stronger** in the second half of 1999 than in the first half. 景気は1999年上期より下期により堅調になるだろう / The **economy has rebounded off** the bottom. 景気が反転した / The **economy should recover** in due course. 遅かれ早かれ, 景気は回復するはずだ / The government announced another fiscal stimulus package to **revive the economy**. 政府は経済の再生に向けて新たな景気刺激策を発表した / The Japanese **economy will stabilize** next year. 来年には日本経済も安定するだろう / There have been signs of a pickup **in the Japanese economy**. 日本経済には回復の兆しが認められる / Exports and related business investment **have powered the economy** over the past 10 years. 過去10年にわたり, 輸出と関連産業の設備投資が経済を引っ張ってきている / **Economies around the world** have been affected by the financial crisis. 世界の国々の経済は金融危機によって影響を受けてきた / **The economy shrank** by 3.5% in the fourth quarter. その国の経済は第4四半期に3.5%縮小した / The financial stimulus package is aimed at **stabilizing the economy**. その財政刺激策は景気を安定させることを目指している

経済・景気

booming economy 好景気 / bubble economy バブル経済 / capitalist economy 資本主義経済 / consumer-driven economy 消費主導型経済 / controlled economy 統制経済 / decentralized economy 分権経済 / developed-country economy 先進国経済 / digital economy デジタル経済 / e-economy eエコノミー / export-driven economy 輸出主導型経済 / free market economy 市場主義経済 / global economy 世界経済 / market economy 市場経済 / maturing economy 成熟経済 / real economy 実体経済 / underground economy アングラ経済 / weakening economy 軟調の経済 / world economy 世界経済 / young economy 新興経済

― a 経済的な, 徳用の; エコノミークラス［サイズ］の
― ad エコノミークラスで ► We traveled economy. エコノミークラスで旅行した

economy class （飛行機などの）普通席 ► **economy class syndrome** エコノミークラス症候群［**○**エコノミークラスの狭い座席で長時間旅行して起きる血栓症］

economy drive 経費節減策 ► be on an

economy drive 経費節減策を進めている / have an economy drive 経費節減策を実施する

economy-size(d) *a* 徳用サイズの ► an economy-size package of paper towels ペーパータオルの徳用サイズ・パッケージ

Econ 101 経済学入門講座 [**○** 米国の大学の講義科目名Economics 101の略];(比喩的に)経済学の初歩 ► Anyone who has taken Econ 101 knows the basic law of supply and demand. 経済学初歩を学んだ者なら、誰でも需要と供給の基本法則を知っている

eco-product *n* エコプロダクト [**○** 環境配慮を行った商品]

ecoregion *n* 生態地域

ecosphere *n* 生態圏

ecoterrorism *n* エコテロリズム, 環境テロ [**○** 妨害や抗議をする環境保護運動に対して会社側がいう]

ecotourism *n* エコツーリズム [**○** 自然との共存を目指した観光のあり方を探るもの]
◇**ecotourist** *n*

eco-warrior *n* 生態保護活動家

ECOWAS Economic Community of West African States

ECR Efficient Consumer Response

ecruiter /i:krú:tər/ *n* 電子リクルーター

ecruiting /i:krú:tiŋ/ *n* 電子リクルーティング

ECU エキュー [**○** 1999年1月1日にユーロ(euro)に移行する前のEUの通貨単位. European Currency Unityの略から]

e-currency *n* 電子マネーの一種

ED exposure draft

edge /edʒ/ *n* 端, へり, 縁, かど; 刃; 鋭さ; 優位, 強み 《*on, over*》 ► the leading edge of aeronautics 航空工学の最先端技術 / lose competitive edge 競争力を失う / We are at the cutting edge of robotics. 当社はロボット工学の最先端を行っている

get an [*the*] *edge on* [*over*] より有利である

have an [*the*] *edge on* [*over*] に勝る ► Our competitors have an edge over us in market share. マーケットシェアでは競合他社が優位に立っている

not to put too fine an edge upon it 率直に言えば

on the edge of の縁に; にひんして

— *vi* 少しずつ(斜めに)進む 《*along, toward*》 ► The country was edging perilously close to a recession. その国は不況に危険なほど近い状態にじりじりと近づいていた

edge in a word 口を出す ► He kept on talking, so I couldn't even edge in a word. 彼が話し続けたので、一言も口を差し挟めなかった

edge out を徐々に追い出す; に僅差で勝つ ► China edged out Japan as the largest bearer of US bonds in 2008. 中国は2008年に日本を僅差で追い越して最大の米国債保有国になった

edge up じりじりと上がる ► The company's share price edged up 0.4 percent to ¥3,250 in Wednesday's trading. 同社の株価は水曜日の取引でわずかながら0.4％上げて3,250円になった
◇**edged** *a*

Edge Act 《the ~》エッジ法 [**○** 商業銀行が設立された州内だけでなく州境を越えて国際業務を行うことを認めた連邦法規]

Edge Act corporation 《the ~》エッジ法会社 [**○** エッジ法に基づき,設立された銀行子会社で,国際業務に関わる限度で融資や預金の受入れをすることが認められている]

edit /édit/ *vt, n* 編集[校訂](する) ► We reserve the right to edit or delete any posts submitted to our website. 当社のサイトに投稿されたメッセージを編集したり削除したりする権利を留保する

edit out を削除する

edition /edíʃən/ *n* (刊行物の)版; 複製 ► The dictionary has seen many editions. その辞書は多くの版を重ねた

editor /édətər/ *n* 編集長[者]; (フィルムなどの)編集機; 【計算】 エディター [**○** テキストを処理するためのソフト]

editorial /èdətɔ́:riəl/ *n, a* 社説, 論説; 編集(上)の

the editorial staff 編集部員
◇**editorialize** *vi* 《米》社説で論じる 《*on, about, against*》; (報告に)私見を差し挟む

EDP Eco Domestic Product; Environmentally Adjusted Net Domestic Product

EDR European Depositary Receipt

EDS Electronic Data Systems

educate /édʒukèit/ *vt* 教育[訓練]する; しつける ► During orientation, we educate new employees on company policies. オリエンテーション課程の間, 当社は会社の方針に基づいて新入社員を教育する
◇**educable** *a* 教育可能な
◇**educated** *a* 教育[教養]のある; 知識[経験]に基づいた ► an educated guess 経験に基づく推測
◇**educator** *n* 教育者

education /èdʒukéiʃən/ *n* 教育; 研修, 訓練 ► formal education 学校教育 / business education ビジネス教育 [**○** 企業の組織・事業活動・機能を知るための教育] / management education 経営者教育, マネジメント教育 / technical education 技術教育

educational /èdʒukéiʃənl/ *a* 教育の
◇**educationally** *ad*

educational background 学歴

educational expense 教育費 (=education cost)

educational program 研修プログラム

educational qualifications 学歴

education cost 教育訓練費, 教育費 (=educational expense) [**○** 従業員の教育訓練に関連して発生する費用]

edutainment /èdʒəteinmənt, èdʒu-/ *n* エデュテイメント [**○** ゲームないし娯楽的要素が盛り込まれており, 楽しみながら学習できること] ⇒ infotainment

-ee /iː/「される人」

EEA European Economic Area

EEC European Economic Community 欧州経済共同体 [⇒現在のEUの主柱であるEuropean Community（欧州共同体）の前身]

EEO equal employment opportunity

EEOC Equal Employment Opportunities Commission

effect /ifékt/ n
結果；影響；（法律などの）発効；遂行；効果；印象；趣旨，大意；外見；《~s》動産，個人資産，身の回り品 ► The electronics giant is shifting its production overseas to avert the effects of the strong yen. その大手電子機器メーカーは円高の影響を避けるために生産を海外に移転しつつある / The government hopes the spending on infrastructure will bring about the multiplier effect. 政府はインフラ関連の支出が乗数効果をもたらすことを期待している

carry [put] ... into effect を実行する ► The company has put the nonsmoking policy into effect. 同社は禁煙の方針を実行に移した

come [go] into effect 発効する ► The new tax goes into effect next month. 新しい税が来月導入される

for effect 効果をねらって
give effect to を実施する
in effect 事実上；実施されて
no effects 預金皆無 (N/E)
of no effect 何の効果もない
or words to that effect といったようなこと；とかなんとか

take effect （法律が）実施される；（薬が）効く ► This law takes effect next month. この法律は来月から施行される

to good [no] effect 効果的に[効果なしで]
to the effect that という旨の
to this [that] effect この[その]趣旨の[で]
with effect from より有効で
with immediate effect 本日をもって有効で

━ *vt* （結果として）もたらす；（目的などを）果たす，成し遂げる；生み出す；（誤用）=affect

effective /iféktiv/ a
❶ 効果的な，有効な ► cost effective コスト効率が高い / effective management 効率経営 / effective marketing 効果的マーケティング / We need to find an effective solution to the problem. その問題の効果的な解決法を見つける必要がある / These new drugs are effective and safe. これらの新薬は効き目がある上に安全だ ❷ 効力を持つ，効力が発生している

effective immediately 即座に効力を持つ，即時 [⇒社内のルールあるいは法令などに使うフレーズ] ► Effective immediately, no smoking is allowed on the sixth floor. 6階を即時禁煙とする

effective age 実効経過年数 [⇒これまでの修繕・改良費，維持管理の質や状態を考慮に入れた経過年数．メンテナンスがよければ実効経過年数も減り，評価額の低下も抑えられる]

effective date 効力発生日，施行日

effective demand （ケインズの）有効需要 [⇒消費者の購買力を加味した需要を言う] ► create effective demand in the marketplace 市場に有効需要を創出する

effective exchange rate 実効為替レート [⇒自国通貨と貿易相手国通貨との為替レートにつき，その相手国が貿易相手国の中でどの程度のウェイトを持っているかに応じて修正したもの．その通貨の総合的実力を示すと言える] ► In terms of the effective exchange rate the dollar has basically not appreciated this year. 実効為替レートで見ると，ドルは，本年，基本的に上昇していない

effective income tax rate 実効所得税率 [⇒所得税の実質負担率で，実質負担税額が税引前利益に占める割合を言う]

effective interest rate 実効金利 [⇒名目金利に手数料等の借主側負担利を合算したもの] ► a loan with an effective interest rate of 5% per year 実効利子率が年5パーセントの融資

effective life 実効経過年数 (=effective age)

effectively *ad* 有効に；実際上 ► The country passed a bill aimed at protecting domestic jobs by effectively barring over 15,000 types of imported goods. 1万5千種を超える輸入商品を事実上締め出すことによって国内の職の保護を目指す法案を同国は通過させた / Protectionism could effectively bring world trade to a standstill. 保護主義は世界貿易を，事実上，行き詰まらせる可能性がある

effectiveness *n* 実効性，有効性 ► the effectiveness of a treaty 条約の有効性 / Many people have doubts about the effectiveness of the sanctions. 多くの人が制裁の効果に疑問を抱いている

effective rate 実効税率；実効利回り

effective tax rate 実効税率 (=effective income tax rate) (ETR) [⇒課税標準（法人所得など税率を乗じる対象となる金額）に対して納税者が実際に負担する税額の割合]

effective yield 実効利回り [⇒債券を購入後売却した投資家にとってのリターンで，クーポン（利息）収入，受取利息の再投資収益，売買差益・差損を統合したもの] ► effective yield method 実効利回り法

effects not cleared 《英》（取立中で）未決済の小切手等 (=uncleared effects)

efficiency /ifíʃənsi/ n
❶ 能力；能率；効率；ワンルームアパート[マンション] (=efficiency apartment)
❷ 『経済』能率性，有効性，効率性 [⇒最小の犠牲で，最大の効果を達成しようとする際の基準] ► marginal efficiency of capital 資本の限界効率 / economic efficiency 経済効率 / cost efficiency コスト効率 / improve labor efficiency 作業効率を高める / increase production

efficiency 生産効率を向上させる / The production process has been revamped to **raise efficiency** and productivity. 効率と生産性を上げるために製造工程が手直しされた / We need to **increase efficiency** and profits. 当社は効率と利益を向上させなければならない / In what ways does your company **improve its efficiency**? どういうやり方で貴社は効率を改善するのか

efficiency apartment 《米》ワンルームアパート[マンション]

efficient /ifíʃənt/ a 有能な, 敏腕な; 効力のある; 効率的な ▶ We aim to provide **efficient and high-quality services**. 効率的で高品質のサービスを提供することが目的だ / Nothing can be more efficient than encouraging innovation among employees. 従業員の間で改革を奨励する以上に効率を上げる方法はあり得ない
◇**efficiently** ad 能率的に, 効果的に ▶ We believe in lean production and try to make things **as efficiently as possible**. 当社は無駄のない生産がよいと信じてできるだけ能率的に製品を拵えようとしている

efficient consumer response 効率的消費者対応, イー・シー・アール (ECR) [⇨アパレル業界で行われた QR(クイック・レスポンス)を食品業界に適応したもの. メーカーと流通業者が提携する製販同盟がその一例] ⇨ Quick Response

efficient market (theory) 効率的市場(仮説)[⇨株価にはすべての投資情報が織り込み済みであり, 過小評価されている銘柄を探しても意味はなく, また市場平均に「勝つ」こともできないと説くもの]

efficient portfolio 最適ポートフォリオ [⇨横軸にリスク, 縦軸に期待リターンを取り, 各リスクレベルで最大のリターンを得られる点をプロットしていくと10時の方向に張り出した曲線が描けるが, これを「効率的フロンティア」と言い, この曲線上のポートフォリオを「最適ポートフォリオ」と呼ぶ. 投資家は自分の目標とするリターンと許容できるリスクとの兼ね合いで, この曲線上のポートフォリオを選ぶことになる]

effort /éfərt/ n 努力, 骨折り; 成果, 労作 ▶ a good [bad] effort 十分な[不十分な]成果 / His efforts paid off in the end. 彼の努力はやっと報われた

in efforts [an effort] to do …しようとして ▶ In an effort to cut costs, the company is laying off workers. コスト削減努力の一環として, その会社は労働者をレイオフしている

make an [the] effort to do …するよう努力する ▶ I'll make an effort to finish the report by tomorrow. 明日までに報告書を仕上げるようがんばります

put a lot of effort into に多大の努力をする ▶ We've put a lot of effort into the project. 当社は本プロジェクトに多大の努力を注ぎ込みました

without effort 苦もなく

worth the effort 努力してみる価値のある
◇**effortless** a 努力を要しない, 楽な
◇**effortlessly** ad
◇**effortlessness** n

effort-reward imbalance 努力と報酬のアンバランス

e-file n, v (税金の)電子申告(をする) [<electronic file]

EFQM Excellence Model ヨーロッパ品質管理モデル [⇨European Foundation for Quality Management ヨーロッパの主要会社による品質管理生産サービス機構を言う]

E-free a (食品が) 無添加の ⇨ E number

EFSA European Food Safety Authority

EFT electronic funds transfer

EFTA /éftə/ European Free Trade Association

EFTPOS /éftpɒz/ electronic funds transfer at point of sale

EFTS electronic funds transfer system 電子式振替決済[電子式資金移動]システム

e-fulfillment, 《英》**e-fulfilment** n 電子的充足 [⇨既存のシステムを電子的に補完して注文を処理する方式]

e.g. /íːdʒíː, fərigzǽmpl/ exempli gratia (=for example)

egalitarian /igæləteəriən/ a, n 平等主義の(人)

egg /eg/ n 卵; 鶏卵; 卵形の物 ▶ These forced savings methods offer you an effortless way to build up a nest egg. これらの強制貯金方式は不時の蓄えを努力なしにためる方法となる

as sure as eggs is eggs 確実に

in the egg 初期の(うちに)

lay an egg (略式) 大失敗をする

put [have] all one's eggs in one basket (略式) 一事業に全財産を投じる ▶ Don't put all your eggs in one basket. 一つのかごに全部の卵を入れるな(一つの事業に全財産を投じるな)

walk on eggs 慎重にする

Eggo 《商標》エゴ [⇨米国の冷凍ワッフル. トースターで手軽に朝食用のワッフルが作れる. 大きさも食パンの一切れほどで手頃]

EGM extraordinary general meeting

egoism n 利己主義, エゴイズム; 自分本位; うぬぼれ
◇**egoist** n 利己主義者, エゴイスト; わがままな人

egoistic, egoistical /íːgouístik(əl), ègou-/ a 利己的な; わがままな

e-goods n 電子商品 [⇨ソフト, 電子ブック等の情報商品のようにネット上で購入し, ダウンロードして入手する無形の商品]

egotist n 自己中心主義者

egotistic a 自己中心主義

ego trip 身勝手な行動, 独りよがり, 自己顕示 ▶ The boss always talks about his achievements. He's on an ego trip. 社長はいつも自分の手柄話をする. 自己満足のひとりよがりだ

ego-trip vi 独善的に振る舞う

EHO environmental health officer 労働環境管

理責任者
EI employee involvement
EIB European Investment Bank
EIC earned income credit
E.I. du Pont de Nemours (~ & Co., Inc.)イー・アイ・デュポン・ドゥ・ヌムール(社)〔米国の総合化学会社. Teflonや合成繊維のKevlarなどが有名. 1802年設立. 1999年Conocoの株式を売却, 石油事業から撤退し, ライフサイエンス事業に集中〕
800 number /éithʌ́ndrəd/ (米国の)フリーダイヤル
EIR environmental impact report 環境影響評価報告書 (=environmental impact statement (EIS))
EIS environmental impact statement; 《英》enterprise investment scheme; executive information system
EITC earned income tax credit
either /íːðər, áɪ-/ a, pron (二者のうち)どちらか(の); どちらの…でも; 《米》両方の
▶on **either** side 両側に / **Either** way, I don't think we have much of a chance to get the contract. いずれにしても, 当社がその契約を獲得する可能性はあまりないと思う
— conj, ad 《~ ... or ...》…かまたは…; (否定)…もまた…でない
▶You can **either** pay in full or in installments. 全額でも, 割賦でも, お支払いはどちらでもけっこうです / I ask that you **either** send my order immediately or refund my money. 注文品をすぐ発送するか, 金を払い戻すか, どちらかにしてください / You can pay **either** by cash or credit card. 現金カクレジットカードでお支払いいただけます
ejectment n 不動産占有回復訴訟, 明渡請求訴訟〔⇨不動産の占有の回復と損害賠償を求める所有者の訴訟行為〕
e-journal n 電子ジャーナル
elastic /ilǽstɪk/ a ❶ 弾力のある; しなやかな; 融通のきく; 軽快な; 屈託のない ❷《経済》弾力的な〔⇨需要の価格弾力性が1より大きいこと〕
— n ゴムひも
elasticity of demand 需要弾力性〔⇨モノ・サービスに対する需要が価格変化に対してどの程度敏感に変化するかを示す数字. 必需品は弾力性が低い〕
elasticity of production 生産の弾力性, 生産の有効需要弾力性〔⇨需要がこのぐらい増えると産出高がこのぐらい増えるという関係を示す〕
elasticity of substitution 代替弾力性〔⇨モノ・サービスの買手がそのモノ・サービスの代替品の価格変化にどれだけ敏感に反応するかを示す数値〕
elbow /élbou/ n ひじ; (いすの)ひじかけ; 急屈曲部 ▶The airline has upgraded seats on all of its aircraft, giving passengers more elbow room. その航空会社は, 乗客にゆったりとくつろいでもらえるように, 所有する全航空機の座席をグレードアップしている
at a person's elbow すぐそばに
give a person [get] the elbow 《英略式》ひじ鉄を食わせる[食らう]; 首にする[なる]
out at elbows (服装が)みすぼらしい; 貧乏して
up to the elbows 多忙で; 没頭して
elbow grease 《略式》きつい力仕事; 猛烈な努力 ▶You need to apply more elbow grease to finish your job. 仕事を終えるのにはもっと踏んばる必要がある
elderly a 年配の; 初老の
— n (the ~)(複数扱い)高齢者 ▶Our health products are tailored to the needs of the elderly. 当社の健康製品は年配の方々のニーズに合わせて作られている
e-learning n eラーニング〔⇨インターネットを使った学習〕 ▶offer [take] e-learning course eラーニングによる課程を実施する[取る]

elect /ilékt/ vt 選挙する; 選ぶ; 決定する《to do》 ▶Shareholders voted against the proposal to elect a new board. 株主は新しい取締役会を選任する提案を投票で否決した
— a 当選した; 選ばれた ▶the President-elect 大統領当選者
— n (the ~)特権階級
election /ilékʃən/ n 選挙, 選任 ▶call an election 選挙の実施を決める / have [hold] an election 選挙を行う / lose [win] an election 落選する[当選する] / run [stand] for election 選挙に立候補する / be up for election (議席が)選挙で選ばれる / A main issue in this election is the faltering economy. この選挙の主たる争点は低迷する景気だ / Political souvenirs are a big sales hit during presidential elections. 政治グッズは大統領選挙の期間中の売上の大ヒットだ
electric /iléktrik/ a 電気で動く; 電流が走っているかのような
(語法)電気で動く個別の製品にはelectricを使うが, 総称にはelectricalを使うので電化製品はelectrical appliances
▶The atmosphere in the conference room was electric. 会議室は緊張感でピリピリしていた
— n 電気自動車 (=electric car)
electrical /iléktrikəl/ a 電気関連の ▶electrical appliances 電化製品 / an electrical fault 電気系統の故障 / electrical goods 電化製品 / electrical work 電気工事
◇**electrically** ad
electrical engineering 電気技師
electrical engineering 電気工学
electrician /ilektríʃən/ n 電気技師
electricity /ilektrísəti/ n 電気; 電力; 強烈な興奮 ▶We should economize on electricity by turning off lights when no one is in the room. 部屋にだれもいないときは電気を消して電力を節約すべきだ / Utility workers tried to restore electricity to nearly a million customers yesterday after the snowstorm. 昨日, 吹雪のあと, 電力会社の従業員は約100万人の顧客に電力を復旧させようと努力した

electricity charge 電気料金

Electrolux 《AB~》エレクトロラックス [◯スウェーデンの家庭電化製品メーカー。AEG, Electrolux, Eureka, Zanussiなどのブランドで販売している]

electronic /ilektránik/ *a* 電子(工学)の ► Make electronic payments at least six business days before your bills are due. 勘定書の期限の少なくとも6営業日前に電子振込をすること / Technical difficulties halted electronic trading earlier this morning. 技術的な問題のために電子取引は今朝早くに停止した

◇**electronically** *ad* 電子的に ► You can pay your bills electronically each month. 勘定書を毎月電子的に払うことができる

electronic authentication 電子認証
electronic banking エレクトロニック・バンキング, 電子的銀行業, オンライン銀行取引
electronic bank transfer 銀行振込
electronic bill of lading 電子船荷証券
electronic broker ネット証券会社
electronic business eコマース, 電子商取引
electronic cash 電子キャッシュ
electronic check 電子小切手
electronic commerce エレクトロニック・コマース, 電子商取引, eコマース (EC) ► There are 733 rules contained in 124 laws that hamper the development of electronic commerce. 電子商取引の発展を妨げる124本の法律に733種の規制が含まれている
electronic cottage 電子コテージ [◯通信インフラを備えた(特に都市外の)仕事の拠点を言う。⇨SOHO]
electronic data interchange 電子データ転送処理 (EDI) [◯企業間で受発注, 請求・支払に関するデータをシステム経由で交換すること]
Electronic Data Systems 《~ Corp.》エレクトロニックデータシステムズ, EDS [◯米国のシステムマネージメントおよびサービス会社。1962年設立。一時General Motorsの子会社となるが, 96年独立分離。2008年5月, 同じ米国のHPが140億ドルでの買収を発表] ⇨Hewlett-Packard
electronic funds transfer 電子的[オンライン]資金取引 (EFT)
electronic funds transfer at point of sale 電子決済POS, 電子決済加盟店端末 (EFTPOS) [◯買物などの支払をカードにより店頭の端末で電子決済する仕組み]
electronic government 電子政府 [◯行政データが電子的に蓄積・交換され, 申請・手続のオンライン提供や情報通信システムの構築などがなされる行政のあり方]
electronic invoice 電子インボイス [◯デジタル情報化された送り状, 請求書]
electronic mail 電子メール, Eメール
electronic mall 電子モール
electronic media 電波媒体 (=broadcast media)
electronic money 電子マネー

electronic ordering system 電子受発注システム (EOS)
electronic point of sale 電子POS, 販売時点情報管理端末 [◯自動読取方式のレジによりレジ業務を効率化すると共に販売情報の蓄積・分析によりマーチャンダイジングも行えるシステム]
electronic publishing 電子出版
electronic purse 電子財布
electronics /ilektrániks/ *n* エレクトロニクス, 電子工学
electronic settlement 電子決済
electronic signature (電子商取引などにおける)電子署名
electronics manufacturing service 電子機器受託生産サービス (EMS) [◯パソコンなどの電子機器の受託生産を専門とする事業。独自のブランドを持たない]
electronic surveillance 電子装置による監視
electronic ticket eチケット, 電子航空券 [◯乗客名, 便名, 搭乗区間等がシステム内に登録され, 航空券が発行されない。ただし,「お客様控え」が交付される]
electronic trail 電子痕跡 [◯訪ねたサイトの記録] ► When you use the Internet you leave an electronic trail. インターネットを使うと電子的に跡が残る

element /éləmənt/ *n* 成分, 要素; 本来の環境; 活動領域; 本領; 基本, 初歩 ► an element of structural reform 構造改革の柱 / There's an element of truth. 一理ある

in [*out of*] *one's element* 本領を発揮して[勝手が違って]

◇**elemental** *a* 要素の; 基本[根本]的な

elementary /èləméntəri/ *a* 初歩の; 基本の; 元素の

elephant /éləfənt/ *n* 象; 《~s》巨大機関投資家集団; 巨大な会社

a white elephant 白象; 厄介物

elephants and donkeys 共和党(員)と民主党(員)

elevate /éləvèit/ *vt* 上げる; 昇進させる; 向上させる; 元気づける

elevation /èləvéiʃən/ *n* 上げる[高める]こと, 向上, 昇進 ► His elevation to CEO boosted the company's share price. 彼がCEOに昇格したことは同社の株価を急騰させた

elevator /éləvèitər/ *n* 《米》エレベーター (=《英》lift); 大穀物倉庫 ► Except for emergencies, hotel housekeeping staff must use the service elevators. 緊急のとき以外は, ホテルのハウスキーピング要員はサービスエレベーターを使わなければならない

elevator pitch サウンドバイト [◯エレベーターに乗っている程度の短時間で伝える, 会社やビジネスの要点]

eligibility /èlidʒəbíləti/ *n* 加入資格, 加入要件; 受給資格; 有資格, 適格(性) ► eligibility for insurance 保険加入資格 / the age of eligibility 受給資格年齢

eligibility criteria 資格判定基準
eligibility requirements 資格要件

eligible /élidʒəbl/ *a, n* 適格の, (…する)資格のある 《*for, to do*》; 適格者 ► be eligible to receive benefit payments 受給資格がある / Only full-time employees are eligible to apply. フルタイムの社員だけに応募資格がある / He is eligible for an employer-sponsored retirement plan. 彼は会社の設けた退職制度に加わる資格がある
◇**eligibly** *ad*

eligible bank (英)指定引受銀行 [○英中央銀行により手形引受の適格があると認定された銀行が引受けた手形であれば, 中央銀行で割引(現金化)を引受けることができる]

eligible bill 適格手形 [○英中央銀行が認めた指定引受銀行により引受(支払義務の確認)が行われた手形で, 中央銀行に持ち込んで割引(現金化)ができる]

eligible collateral 適格担保
eligible investment 適格投資対象資産
eligible securities 適格証券 [○資金の運用先として認められている証券]

eliminate /ilímənèit/ *vt* 除去する; 省く, 削除する《*from*》; 消去する ► As part of downsizing, the company will eliminate over 500 technical jobs. ダウンサイジングの一環として, 同社は500を超える技術職を廃止するだろう / The government is looking into ways to eliminate the national debt. 政府は国債をゼロにする方法を検討している

eliminating entry 消去仕訳 (=eliminations) [○連結財務諸表作成に際し, 連結会社相互間の対応項目および未実現損益を消去する手続き]

elimination /ilìmənéiʃən/ *n* 除去; 《~s》消去仕訳, 相殺消去 (=eliminating entry) ► Just in the past week, the elimination of 50,000 US jobs was announced in all sectors of the economy. 米国経済の全部門で5万の職が消滅したことが発表されたのは, つい先週のことだ / Elimination of variation is important in manufacturing. 変化の除去(製品むらの除去)が製造では重要だ

else /els/ *a* その他の
— *ad* 他に, それ以外に; 《通例 or ~》さもないと
► Anything **else**? ほかに何かありますか / Does anyone have anything **else** to add? 誰か他に何か付け加えることはありますか / If there's nothing **else**, I'd like to conclude the meeting at this point. ほかに何もなければ, これで会議を終了したいと思います

[成句] *if nothing else* 《略式》ただ一つ確かなことは
someone [*something*] *else* 誰か[何か]ほかのもの

elsewhere *ad* どこかよそに[で] ► I'll make my fortune elsewhere. 私はどこかほかで[ほかの仕事で]成功するつもりだ / We decided to go elsewhere for our vacation because the resort has become so commercialized. その行楽地はあまりにも商業化されているので, バケーションは別のところに行くことにした

email, e-mail /í:meil/ *n* Eメール, 電子メール, メール (=electronic mail)

[語法] email は不可算語としても可算語としても使われる. 郵便を指す不可算名詞の mail からの派生語であるが, mail が原則として不可算である のと異なり, e-mail は個々の email message を指す場合は可算語として扱い, an email とか three emails のように言うことができる

► forward an e-mail Eメールを転送する / send ... by e-mail をEメールで送る / The e-mail I sent last night bounced back as undeliverable. 昨晩送ったEメールが配達不能ということで戻ってきた / I get over sixty emails every day. 私は毎日60通以上のEメールを受け取る
— *v* メールを送る ► I'll e-mail you about it. その件のことはEメールでお送りします

email account メールアカウント [○プロバイダのメールサーバーにアクセスする権限を認められた仮想郵便受けのようなもので, 実際上はメールアドレスと同じ]

email address (電子)メールアドレス, メルアド

e-mail message Eメールのメッセージ

EMAS Eco-Management and Audit Scheme イーマス, 環境管理監査制度 [○企業が自社の環境への配慮につき客観的評価を受けるため自主的に参加するEUの認証制度]

embargo /imbá:rgou/ *n* 禁輸 [○輸出・輸入を禁止すること]; 《~es》(一般に)禁止 ► lift [take off, remove] the embargo on の禁輸を解く / impose [lay, put, place] an embargo on に禁輸を課す / under an embargo 輸出入禁止になって
— *vt* 禁輸する

embark /imbá:rk/ *vt* 乗船させる; 従事させる; 投資する
— *vi* 乗船する; 出国する; (事業に)乗り出す《*on, upon*》► embark on a new venture 新事業に乗り出す

embarkation /èmba:rkéiʃən/ *n* 乗船, 搭乗; 積込み

embarrass /imbǽrəs/ *vt* 困惑[当惑]させる; (問題を)こじらせる; (行動などを)妨げる; (金銭上)困らせる ► The company was embarrassed by the decline in sales. 売上げ減で会社は面目を失った
be [*feel*] *embarrassed* まごつく《*about, that*》

embarrassment /imbǽrəsmənt/ *n* 困惑, 当惑《*to*》; 《通例 ~s》(財政上の)困難; 妨害
an embarrassment of riches よいものが多すぎて選びきれない状態
to one's embarrassment 困惑したことに

embassy /émbəsi/ *n* 大使館; 大使の任務; 使節団 ► carry out one's embassy 大使としての役目を果たす / go on an embassy to へ使節として行く

embattled *a* 難問を抱えた, 八方ふさがりの

embed /im-/ *vt* (**-dd-**) 埋め込む; 内蔵する, …入りにする ► emails with a watermark embedded 電子透かし(ウォーターマーク)入りの E メール

embedded knowledge 埋込み型知識

embedded value エンベデッドバリュー (EV) [⭘ 生命保険会社の企業価値を示す指標で, 保有契約から見込まれる将来の利益を現在の純資産に加えて算出]

embezzle /imbézl/ *v* (公金などを)横領する, 着服する ► One accountant embezzled $5 million. He paid money from his company into bank accounts of false companies he had created. 一人の会計士が500万ドルを横領した。彼は自分が拵えた架空の会社の銀行口座に自分の会社の金を振り込んだ
◇**embezzler** *n*

embezzlement *n* 着服; 横領 ► commit embezzlement 横領する

embroil /imbrɔ́il/ *vt* (紛争などに)巻き込む (*in*); 混乱させる ► get embroiled in に巻きこまれる
◇**embroilment** *n*

EMC (~ Corporation) EMC [⭘ 米国の NAS, RAID のファイルサーバーなどストレージシステムのリーダー的企業]

emcee /émsí/ *n* (略式) 司会者
— *v* 司会する
[<MC = master of ceremonies]

emend /iménd/ *vt* 校訂する
◇**emendation** /ì:mən-, è-/ *n* 校訂

emerge /imə́:rdʒ/ *vi* 現れる (*from, into*); (事実が) 明らかになる; (問題が) 持ち上がる ► A serious problem emerged at the meeting. 会議で深刻な問題が持ち上がった / A number of mergers and acquisitions may emerge this year. 今年は合併と買収が数多く出てくるかもしれない / The company emerged from bankruptcy to be one of the top leaders in its industry. その会社は, 破産から脱出して, 業界のトップリーダーの一員となった / The country was struggling to emerge from the last recession. その国はこの前の不況から脱出しようともがいていた

it emerged that ということが明らかになった

emergence /imə́:rdʒəns/ *n* 出現, ゆう; 脱出

emergency /imə́:rdʒənsi/ *n* 緊急事態, 非常事態, 突発事故 ► Build an emergency cushion with an automatic savings plan. 自動貯金制度でいざというときの備えを築け / Savers can borrow from their accounts for medical emergencies. 貯蓄者は自分の口座から医療の緊急費用が借りられる / I've set some money aside for an emergency. 緊急事態のために若干のお金を手元に取り置いている

a state of emergency 非常事態

in an [(the) case of] emergency 緊急の際には

emergency briefing 緊急説明会

Emergency Economic Stabilization Act 緊急経済安定化法 [⭘ 最大7千億ドルの公的資金を投入して金融機関から不良資産を買い取ることを定めた米国の連邦法. 2008年に制定. 金融安定化法とも呼ばれる]

emergency evacuation 緊急避難

emergency exit 非常口

emergency fund 特別準備基金, 臨時費

emergency measures 緊急措置, 応急対策

emergency meeting 緊急会議

emergency motion 緊急動議

emergency relief 緊急援助 ► Emergency relief is produced in the form of supplies and medical assistance. 緊急援助は食糧生活用品と医療支援という形で提供される

emergency supply 緊急用備蓄

emerging /imə́:rdʒiŋ/ *a* 新たな, 新興の ► emerging virus 新型ウイルス

emerging company 新興企業, ベンチャー企業

emerging countries 新興国 [⭘ かつて「第三世界」「未開発国」と呼ばれた, 成長過程に入ろうとしている国々]

emerging industry 新興産業

emerging market economies 新興市場経済 [⭘ 成長が期待されることから多額の投資資金が流入する新しく出現した金融市場を抱える経済を指す]

emerging markets 新興国市場, エマージング市場 [⭘ アジア, 中南米, 東欧などの新興国で経済的に成長の著しい市場. これらの国では 1990年代に株価が大きく上昇したが, その後メキシコ通貨危機やアジア通貨危機があり, ロシアの金融危機ではロシア国債に投資していた投資ファンドが巨額の損失を出した] ► Many multinational companies have pulled out of emerging markets as a result of the global recession. 多国籍企業の多くは世界的な景気後退の結果として新興市場諸国から撤退した

emeritus /imérətəs/ *a* (名詞の後につけて) 名誉… ► chairman emeritus 名誉会長 / a professor emeritus 名誉教授
— *n* (**-ti** /-tài, -tì:/) 名誉教授
[<ラ]

Emerson Electric (~ Co.) エマソン・エレクトリック [⭘ 米国の電機電子機器メーカー. 交流モーターの製造会社として1890年設立. 空調機器や工業用モーターの他通信機器も展開]

EMI[1] European Monetary Institute 欧州通貨機関 [⭘ 通貨統合・欧州中央銀行(ECB)設置をにらんで, マーストリヒト条約によって1994年にフランクフルトに設立された機構. ECB設立後は, ECBが業務を引き継いだ]

EMI[2] (~ Group plc) イー・エム・アイ・グループ [⭘ 英国のレコード会社. 1897年Gramophone Companyとして創業. 1931年に合併し, Electrical and Musical Industries と改称し, 71年より現社名. Universal Group, SONY BMG などと並ぶレコード会社となっている]

emigrant /émigrənt/ *n*, *a* 移民, 移住者, 出移民 [⭘ 自国から他国への移民. 他国から自国への移

民にはimmigrantを用いる］; 移住する ► Japanese emigrants to Canada カナダへの日本移民

emigrate /émigrèit/ v 移住する[させる][◎自国から他国へ移住すること. 他国から自国への移住にはimmigrateを用いる]

◇**emigration** n 移住, 移民, 出国移民［◎自国から他国への移住. 他国から自国への移住にはimmigrationを用いる］

emission /imíʃən/ n ❶ 放射(物); （紙幣などの）発行 ❷【環境】排出, 《~s》排出量, 放出; 排気(ガス) ► the emission of carbon dioxide and other greenhouse gases 二酸化炭素やその他の温室ガスの排出 / Automakers complain that regulations on gas emissions put a heavy burden on their production costs. 自動車メーカーは排気ガス規制が生産コストの重荷になっていると文句を言っている

emission allowance 排出algn［◎個々の汚染主体に割り当てられた温室効果ガスを排出する権利］

emission cap 排出枠［◎温室効果ガスの排出量の上限］

emission control standard 排気ガス規制基準

emission credit 排出枠取引単位, 排出権［◎温室効果ガス排出権の単位. 排出権取引で売買の単位となる］

emissions monitoring 排出モニタリング［◎政府は汚染物の排出に関し規制を行っているがそれが正しく守られているか監視すること. 排出権取引が行われるようになったことからその重要性が増大した］

emission standard （汚染物質の）排出基準

emissions trading 排出権取引［◎温室効果ガスの排出抑制, 削減に向け, 所定の排出枠を超えた企業と排出枠に余裕を残した企業が排出枠を売買する仕組み. 売買の対象は排出枠単位であり, 京都議定書に沿って初期割当量単位(AAU), 認証排出削減量(CER), 排出削減量(ERU), 除去量(RMU)の別がある］

emission suppression 排出抑制

emission unit 排出単位, 排出権単位［◎温室効果ガスを二酸化炭素に換算して1トン相当と決められており, これが排出権取引市場での売買単位になっている］

emit /imít/ vt (-**tt**-) 出す, 放つ; （紙幣を）発行する

Emmy (Award) /émi/ n エミー賞［◎米国のテレビ賞; image orthicon「テレビカメラ電子管」の愛称 immy にちなむ］

emolument /imáljumənt/ n 《通例 ~s》給与, 報酬

e-money n 電子マネー

emoticon /imóutikàn/ n (Eメールで使われる) 顔符号［◎たとえば smiley face と呼ばれる ﾟ_ﾟ など］［<emotion+icon］

emotion /imóuʃən/ n 感情; 情緒; 情動 ► His comments at the meeting stirred up negative emotions. その会議での彼の発言は否定的な感情を引き起こした

emotional /imóuʃənl/ a 感情の; 感情的な; 情にもろい; 感動的な

emotional appeal 情動広告

emotional capital 情熱的活力［◎企業価値を高める, 社員達の熱い気持を経営資源として捉えた言い方］

emotional distress 精神的苦痛

emotional intelligence 感情的知性［◎自分の感情を意識的にとらえ, 動機づけを含めて統御する一方, 他者の感情にも配慮しつつ人間関係を合理的に処理する能力］ ► At American Express, financial advisers go through emotional intelligence training. アメリカンエクスプレスでは財務相談係は感情的知性の訓練を受ける

emotionally ad 感情的に ► We can create a positive work atmosphere by supporting our staff emotionally. 部下を情緒的に支援することで, 前向きの仕事の環境を創ることができる

emotive /imóutiv/ a 感情を引き出す

emphasis /émfəsis/ n (**-ses** /-si:z/) 強調; 強勢

place [*lay, put*] *emphasis on* を強調［重要視］する ► We need to put more emphasis on improving staff morale. 部下のやる気を高めることをもっと重視する必要がある / Our company puts emphasis on research and development. わが社は研究開発に重点を置いている

emphasize, 《英》-**sise** /émfəsàiz/ vt 強調［力説］する, 重要視する ► Developing countries are emphasizing the need to establish self-sustaining growth. 発展途上国は自立的な成長を確立する必要を強調している / The politician emphasized the need for pension reforms. その政治家は年金制度改革の必要性を強調した / This model emphasizes the human dimension in improving quality. このモデル（方式）は品質改良の人間的側面を強調する

empire /émpaiər/ n 帝国; 絶対支配権 ► He took over the reins of the family's business empire when his father resigned. 父親が辞任したときに, 彼は家族のビジネス帝国の支配権を引き継いだ

empirical /empírikəl/ a 経験による

◇**empirically** ad

empirical research 実証研究［◎現実の姿を調査・分析し, それに基づいて仮説および理論を検証する研究方法］

employ

employ /implói/ vt 雇う; 使う; （人・時間などを）必要とする ► The company employs new college graduates every year. その会社は毎年大学新卒者を雇っている / This task will employ our entire staff. この仕事にはわれわれスタッフ全員の手が必要だろう / They employ people for short periods on temporary contracts. 彼らは臨時雇用で人を短期間雇う / A company may employ or hire people

directly or use outside recruiters. 会社は直接人を雇うか外部のリクルート係を利用する
be better employed doing (そんな暇があったら)…したらよさそうなものだ
be employed in doing 一生懸命…している
employ oneself in に従事している
— *n* 雇用, 使用
in a person's employ / in the employ of (人に)雇われて
out of employ 失業して

◇**employable** *a* 使用[雇用]できる ► They have up-to-date skills and they will always be employable. 彼らは最新の技術をもちいつでも雇用可能である

employability *n* エンプロイアビリティー[◎企業内のみならず、労働市場でも認められる個人的能力]

employed *a, n* 就業している, 仕事がある, 就業者人口

employee /implóii:, èmplóii:/ *n* 被雇用者, 従業員, 社員, 使用人

コロケーション

(動詞(句)+~) **advertise for** employees 社員を募集する / **demote** an employee 社員を降格する / **discharge** an employee 社員を解雇する / **dismiss** an employee 社員を解雇する / **fire** an employee 社員を首にする / **hire** an employee 社員を雇い入れる / **promote** an employee 社員を昇進させる / **temporarily transfer** an employee 社員を出向させる

► an experienced employee 実務経験のある従業員 / a former employee 元従業員 / a permanent employee 正社員 / a seasonal employee 期間従業員 / a younger employee 若手社員 / do a background check on an employee 従業員の身元調査をする / We generally avoid utilizing personal referrals when **hiring employees**. 当社では従業員の採用にあたっては個人的紹介を避けることにしている / They now have fewer, more **productive employees**. 彼らは今はより少数でより生産的な従業員を持つ / More than 40 percent of the respondent companies **have disciplined employees** for inappropriate Internet use. 回答企業中40%を超える企業がネットの不適切な利用を理由として従業員を懲戒処分に付している / She does not have the authority to hire and **fire employees**. 彼女は社員を雇ったり首にする権限がない ◎ CONSULTANT shall not be required to work during any specified hours or days, and shall not be entitled to any of ABC Co.'s employee. 「コンサルタント」は特定の日時に勤務することを求められることはないものとし, ABC 社の従業員としての資格を有しないものとする

employee allegiance =employee loyalty

employee assistance program 従業員支援制度[◎各種カウンセリング等の社員向け福利厚生制度の一つ]

employee benefit fund 従業員福祉厚生基金, 従業員給付基金

employee benefit plan 従業員給付制度

employee benefits 福利厚生 ► Our employee benefits costs account for about 35% of base wages and salaries. 当社の福利厚生費は基本賃金・給与の約35%を占める / We aim to provide competitive employee benefits. 当社は他に比べて見劣りしない福利厚生を従業員に提供するよう心がけている

employee buyout 従業員によるバイアウト(EBO) [◎従業員による勤務先企業の買収または経営権取得]

employee compensation 従業員報酬

employee contribution 年金掛金[◎退職後の年金のための掛金]

employee discounts 従業員割引

employee-focused *a* 従業員に焦点をおく

employee insurance 被(雇)用者保険, 従業員保険

employee involvement 従業員参加制度[◎従業員のやる気を引き出すために社内のプロセス, 特に意思決定プロセスへの参画を制度化すること]

employee leasing 従業員リース[◎顧客企業の従業員, 特に専門職を人材リース会社が自社に移籍させた上、改めて当該従業員を顧客企業にリースバックする人材ビジネスの一態様]

employee loyalty 従業員の忠誠度

employee ownership 従業員持株制度(=employee profit sharing)

employee participation =employee involvement ► Employee participation is a form of empowerment. 従業員参加はエンパワーメントの一つの形である

employee pension fund 厚生年金基金; 従業員年金基金

employee pension program 厚生年金(制度)

employee price 従業員価格

employee pricing 従業員価格の設定

employee profit sharing 従業員持株制度(=employee ownership)

employee referral program 社員による人材紹介制度 [◎人材派遣企業に人材の紹介を頼む代わりに社員に適任の人材を推薦してもらう制度. 履歴書を人事にまわすといくら, 採用後何日以上在籍すればいくらと報酬が支払われる]

employee relations 対社員関係

employee representation 社内意見の吸上げ[◎社内の意思決定プロセス上, 社員の意見が吸い上げられ, 反映されるようにすること]

employee retention 従業員維持率[◎年間に退職しなかった従業員数の全従業員数に対する比率] (⇔employee turnover)

Employee Retirement Income Security Act (the ~) 従業員退職給付保障法, エリサ法 (ERISA) [◎1974年に制定された米国の企業

年金規制における基本法]
employee satisfaction 従業員満足 (ES)
▶ We need to improve employee satisfaction. 従業員の満足度を高める必要がある
employee's deposit 従業員預り金
employee self service 従業員セルフサービス・システム, ESS システム [⇨ イントラネットを使って従業員が自分の手で個人情報更新ができるようにし,売上に関わらない間接的業務の負担を軽減しようというソリューション]
employee share option (英)社員向け自社株購入オプション [⇨社員が自社株を購入できる選択権を与えることで,やる気を出させ,定着率を高めようとする制度]
employee share ownership plan 《英》=employee stock ownership plan
employees' salaries and bonuses 従業員給与および賞与
employees' share scheme 《英》従業員持株制度
employees' stock ownership plan =employee stock ownership plan
employee stock option 従業員ストック・オプション (ESO) ⇨ employee share option
employee stock option plan 社員向け自社株購入オプション (ESOP) [⇨従業員に時期・価格・数量について一定の取り決めのもとで一定数の自社株の所有を認める制度]
employee stock ownership 従業員持株制
employee stock ownership plan 《米》(ESOP) 自社株運用年金 [⇨企業が拠出する従業員給与の15%~25%相当額を元に, ESOPが自社株を買った上,従業員別の口座で管理し,従業員が59.5歳になったら引き出せるという制度.確定拠出型年金の一種. employee stock plan, employee stock purchase plan とも言う]
employee turnover 従業員離職率 [⇨年間に退職した従業員数の全従業員数に対する比率. ⇔ employee retention]

employer /implóiər/ n 雇用者,使用者,雇い主,事業主 ▶ Employers who do not comply will be subject to heavy fines. 違反した(雇用主である)企業には重い罰金が課される / The local government subsidizes employers who hire people with disabilities. 地元自治体は,障害のある人を雇う会社に補助金を出している / The company is the largest local employer with about 1,000 workers. 同社は地元では最大の雇用主で,1,000人前後の従業員がいる

employer liability 使用者責任 [⇨事業の執行上,従業員が第三者に損害を加えた場合,使用者である事業主は損害賠償責任を負う]
employer of record 《米》正規の雇用主 [⇨その従業員の給与を払い,関連する租税,社会保険料を納める義務を負っている者を言う]
employers' association 経営者団体
employer's contribution (年金掛金などの)事業主負担分,事業主掛金
employers' liability 使用者責任,雇用者責任 ▶ employers' liability to the third party 第三者に対する使用者責任 / Plaintiff needs to establish employers' liability for failing to provide a safe working place. 原告は職場の安全を確保するのを怠ったという雇用主責任を証明する必要がある
Employers' Liability Act (米国の)雇用者責任法
employers' liability insurance 使用者責任保険,雇用者責任保険
employer's liability policy 企業賠償責任保険,使用者責任保険
employer-sponsored *a* 経営者主催の ▶ an employer-sponsored retirement plan 経営者が設けた退職制度
employer unit (労働関係での)企業別単位

employment /implɔ́imənt/ n 雇用;職(業);仕事 ▶ full employment 完全雇用/ be in employment 就いている,就業している / be out of [without] employment 失業している / leave one's employment 職を去る / lose employment 失職する / give employment to に職を与える / seek (for) employment 職を求める / solicit for employment 雇い入れを勧誘する / Employment stays at its highest 雇用は最高水準にとどまる (✚ 新聞などの見出し)

employment agency (私設の)職業紹介所;人材派遣会社,人材紹介会社
employment agreement 雇用契約
employment assistance program =employee assistance program
employment at will 《米》解雇自由・退職自由の原則 [⇨アメリカでの雇用契約はこの原則によっており,従業員はいつでも辞めることができ,雇い主もいつでも辞めさせることができる(ただし,契約上雇用期間を定めているときはこの限りでない)]
employment benefits 福利厚生 ▶ The company is known for its generous employment benefits. その会社は手厚い福利厚生で知られている
employment bureau 人材紹介・派遣会社
employment contract 雇用契約
employment costs 人件費
employment cost index 雇用コスト指数, 労働コスト指数 (ECI) [⇨米国労働省が年4回発表する経済指標で,企業が支払う賃金,給付金,ボーナスなど報酬コストの変動を示す]
employment discrimination 雇用上の差別
employment equity 雇用機会の均等
employment exchange 《英》職業安定所
employment history 職歴
employment insurance 雇用保険
employment law 雇用関係法,労働法
employment management 雇用管理
employment measures 雇用対策
employment practice 雇用慣行

employment protection 労働者保護
employment relations 労働関係
employment relationship 雇用関係
employment report 雇用状況報告書 [◇年次報告書を構成する,従業員数,待遇等が記載されている報告書]
employment security 雇用保障 (=job security [protection])
employment service 職業紹介事業
employment status 就業構造 [◇就業状態の視点から労働力の存在形態を捉えたもの]
employment tax 《米》社会保険料 [◇給与から天引きされる]
employment theory 雇用論 [◇経済学の中で雇用を扱う分野]
employment tribunal 《英》労働裁判所 [◇労使関係の紛争に司法の立場から判断を加え,権利関係を確定するという制度]

emporium /impɔ́:riəm/ n (~s, -ria /-riə/) 商業中心地; 大商店; 巨大スーパーマーケット; デパート [<ラくギ:市場]

empower /im-/ vt 権限を与える; …できるようにする (to do) ► To empower employees, managers need the ability to delegate. 従業員に権限を与えるには管理者は権限委譲の能力を必要とする

empowerment n エンパワーメント [◇組織内の業務処理や意思決定に成員の考え方を積極的に反映させる。また権限委譲を通して,従業員に内発的動機づけを行うこと] ► Encouraging employees to use their own initiative is empowerment. 従業員に自分自身の率先力を用いるよりは奨励するのがエンパワーメントだ

empty /émpti/ a からの; 空いている; 欠いた (of); 無為の; 無意味な ► I was able to get a seat because the train was empty. 列車がががらだったので座ることができた

come up empty からぶり[無駄骨]になる ► The police's investigation came up empty. 警察の捜査からは何も出てこなかった

— v からにする[なる] (out, of, into); (川が)流入する ► empty a bag of its contents 袋の中身を空ける (into)

— n (通例-ties)空き缶[瓶, 箱]; 空車

EMQ economic manufacturing quantity

EMS emergency medical service 救急医療, 緊急医療サービス; enhanced messaging service; Express Mail Service 国際スピード郵便; electronics manufacturing service; environmental management system; European Monetary System

EMT emergency medical technician

EMU European Monetary Union

enable /inéibl/ vt できるようにする; 権限を与える (to do) ► The scholarship enabled him to go to college. 奨学金のおかげで,彼は大学に行くことができた / The innovation has enabled them to build their products more efficiently. その改革は彼らが製品をより効率的に製造することを可能にした

◇**enabler** n

-enabled 「…に対応した」,「…可能な」 ► Internet-enabled mobile phones have become a big hit with users. インターネット対応の携帯電話はユーザーに大いに受けた

enablement n 実施可能性 [◇特許要件の一つ。特許の明細書における発明の開示は,当業者が実施できる程度に具体的になされることを要するというもの]

enabling /inéibliŋ, en-/ a 権能付与的な, 授権する ► an enabling act [statute] 授権規定

enabling clause 授権条項

enact /inǽkt/ vt (法を)制定する; 成立させる; (役を)演じる

Be it further enacted that 下記の通り法律で定める

enacted tax rate 適用税率

enc. encl.; enclosing; enclosures

encapsulate /inkǽpsjuleit/ v カプセルに入れる; 要約する; (害を及ぼしそうな人を)封じ込める

encase vt (ケース[箱]に)入れる; 包む (in)
◇**encasement** n 箱詰め, 包装

encash vt 《英》(小切手などを)現金化する

encashment n 換価, 現金化

encl. enclosed; enclosing; enclosures

enclose /inklóuz/ vt 囲む; 入れる; (手紙などに)同封する (with) ► Enclosed please find a check for $100. 100ドルの小切手を同封しますからご査収ください / I'm enclosing some brochures and a map. 2,3のパンフレットと地図を同封します / Please find enclosed a report. 報告書を同封しました

enclosed mall 屋内型モール

enclosure /inklóuʒər/ n 囲むこと, 包囲; 囲い地, 構内, 構外; 柵, 塀; 封入(物), 同封物

encode v コード化する, デジタル化する (⇔decode)

encounter /inkáuntər/ n, v 遭遇(する) (with) ► Corporate culture change always encounters resistance. 企業風土の変革は必ず抵抗に遭うものだ / He encountered opposition to his proposal. 彼の提案は反対に遭った / If you ever encounter an outrageous fee, don't hesitate to speak up. 法外な料金に出合ったら、そうはっきり言うのをためらうな

have an encounter with と遭遇する

encourage /inkə́:ridʒ | -kʌ́r-/ vt 元気づける, 励ます (to do); 助長[助成]する ► We encourage you to reconsider the offer. オファーの再検討をお勧めします / The tax system encourages the distribution of earnings. 税制は所得の分配を奨励する / We have always encouraged innovation. 当社は常に改革を奨励してきた / We encourage recycling. 当社はリサイクルを奨励します

◇**encouragement** n
◇**encouraging** a

encrypt /inkrípt/ vt 暗号[コード]化する ► Credit card details and other confidential information are encrypted or coded. クレジットカードの詳細やその他の秘密情報は暗号[コード]化されている

encryption n 暗号化; 情報コード化
encryption software 暗号化ソフト
encumber /inkʌ́mbər/ vt 妨げる, 邪魔する;（場所を）ふさぐ《with》;（債務を）負わせる《with》
encumbrance /inkʌ́mbrəns/ n 重荷;（不動産に付帯する）負担, 利用上の制限, 担保権 ▶ an estate without encumbrance（抵当権などの設定されていない）無制約の不動産
end /end/ n 端; 終わり, 最後, 終末; 目的; 死;《~s》断片;《米》部分, 方面, 部門; 受け持ち, 担当;《略式》《the (living) ~》最高[最低]の人[事, 物] ▶ There will be a Q & A session at the end of the presentation. プレゼンテーションの最後に質疑応答の時間を予定しています
at loose ends《英》定職を持たずに; 混乱して
at the end of the day《略式》結局（は）
be at an end 終了している
by the end of の終わりまでに ▶ I'll send you the information by the end of the week. 週末までに情報をお届けいたします / The company plans to reduce 10% of its workforce by the end of March. 同社は3月末までに全従業員の1割を減らす計画だ
draw [come] to an end 終わりになる
end for end 逆に
from end to end 端から端まで
get the short end of the stick ばかを見る
go to such [those] ends to do 懸命に…しようとする
go to the end of the earth できる限りのことをする
in the end ついに; つまるところ ▶ In the end, we decided to wait and see. 結局, 成行きを見守ることにした / In the end, we decided to pull out of the market. 結局, 当社はその市場から撤退することにした
keep [hold] one's end up（困難に）ひるまずに立ち向かう
know which end is up ばかではない
make an end of を終わりとする
make (both) ends meet 収支を合わせる
never hear the end of it 嫌というほど聞かされる
no end《略式》非常に, たいそう
no end of《略式》際限のない, 大量の
on end 直立させて; 続けて
on the other end 先方の
put an end to を止めさせる ▶ We need to put an end to personal differences and start cooperating. 個人的な不和に終止符を打ち, 協力を始める必要がある
the end of the road [line] 行き詰まり, 窮地
the end of the world この世の終わり ▶ It's not the end of the world. たいした問題ではない
to no end《略式》無駄に, たいそう（=no end）
to the (bitter [very]) end 最後まで, とことん
until [till] the end of time 永遠に
without end 限りのない[もなく], 果てしない[な

く]
— v 終える, 終わる; やめる, やむ ▶ The company ended the year with ¥13 billion in the red. 同社はその年を130億円の赤字で終えた / The company's consolidated sales in the year that ended in December rose 3.2 percent from the previous year. 12月に終わった年度の同社の連結売上高は前年度から3.2％増加した
end by doing …することで終わりにする; 結局…する
end in で終わる; に終わる, という結果を迎える
end off を終える; 終わる
end up 最後には…になる ▶ We ended up canceling the reservation. 結局予約をキャンセルした
end up doing ついに…することになる ▶ He ended up working for a pharmaceutical company. 結局, 彼は製薬会社で働くことになった / I ended up working overtime to get the project finished. そのプロジェクトを完成させるために, 私は残業する羽目になった
the A to end all As きわめつけのA, A中のA
end-consumer n 末端消費者
endeavor,《英》**endeavour** /indévər/ n, v 努力(する)《to do, after》▶ We wish you success in all your future business endeavors. ますますのご発展をお祈り申し上げます
make every endeavor あらゆる努力をする《to do》

Endesa《~, S.A.》エンデサ[◯スペインの電力会社. 2008年6月, ドイツのE.ONに買収される]
ending n 終わり; 結末
ending accounts payable balance 期末買掛金残高
ending accounts receivable balance 期末売掛金残高
ending balance 期末残高, 次期繰越し ▶ the ending balance in allowance 引当金期末残高 / compare the figure to the ending balance as of March 31 数字を3月31日現在の期末残高と比較する
ending inventory 期末商品棚卸高, 期末棚卸高（=closing stock）▶ agree with the ending inventory of the previous period 前期の棚卸資産期末有高と一致する
endocrine disrupter 環境ホルモン, 内分泌攪乱物質[◯生物の内分泌システムに作用する物質の日本での総称. 日本では1998年に当時の環境庁が発表したSPEED '98という物質のリストが有名. その後, 人に対する効果は限定的であることが解明された]
endocrine disrupting chemical = endocrine disrupter（♣日本での用語）
end of month 月末（EOM）[◯支払条件の示し方のひとつ. たとえば "2% 10 days EOM" は, 請求書が起こされた月の翌月10日までに支払えば2%の値引が認められることを意味している]
end-of-period adjustment 期末修正
end of the financial year《英》年度末
end of the fiscal year《米》年度末

end of year 期末, 年度末 (EOY)
endorse /indɔ́:rs/ *vt* ❶ 是認する; 保証する, 支持する; 推奨する ► She used to endorse Sanka Coffee. 彼女は昔サンカコーヒーのCMに出ていた / Famous people endorse our products. 当社の製品は有名人によって推奨されています ❷《英》裏書きする, 保証する [⇨小切手あるいは手形の裏面に署名して第三者に譲渡する] (=《米》indorse) ► endorse a check 小切手に裏書きする
endorse over 裏書譲渡する

endorsed bill [note] 裏書手形
endorsee /indɔ̀:rsí:, èndɔ:r-/ *n* 譲受人;《英》被裏書人 (=《米》indorsee)
endorsement *n* ❶《英》裏書 (=《米》indorsement), 保証 ❷ CM (出演)による推薦 ❸ (保険で) 裏書条項 (=indorsement) ► Purchase extra protection by adding an endorsement, sometimes referred to as a floater. 包括証券とも呼ばれる裏書条件を付け加えることによって余分の保証を購入しなさい

endorsement contract スポンサー契約 [⇨運動具メーカーが自社製品をプロモートしてもらう目的で有名スポーツ選手と結ぶ契約]
endorsement in blank 白地裏書, 無記名裏書 [⇨小切手あるいは手形に裏書人の署名のみがなされて第三者に譲渡されること]
endorsement to order 指図式裏書
endorsement without recourse 免責的裏書, 遡求義務排除裏書 [⇨手形が不渡りとなった時に, その手形代金の償還義務が遡求しないことを明記した裏書]
endorser /indɔ́:rsər/ *n* 推奨者;《英》裏書人 (=《米》indorser)
endow /indáu, en-/ *v* (永久的基金[財源]を)寄付する《*with*》
endowment *n* 寄付(金), 基金; 基本財産, 贈与, 分与, 遺産 ► receive an endowment 寄付を受ける
endowment annuities 養老年金
endowment assurance《英》= endowment insurance
endowment fund 基金, 基本金, 寄付基金
endowment insurance 養老保険 [⇨期間満了時に生存していれば所定の保険金を受け取り, 死亡していれば遺族が受け取るタイプの保険]
endowment mortgage《英》(養老)生命保険契約付き抵当権 (融資)
endowment policy 養老保険証券 ⇨ endowment insurance
end product 最終結果; 最終的な製品, 最終製品
end-to-end *a* エンドツーエンド [⇨「最初から最後まで, 一貫して」という意味で使い, 時にはシームレスと同じ意味で使う] ► an end-to-end solution ハードからソフトまで一切合切含まれているソリューション(解決策)
end use advertising エンド・ユース・アド [⇨最終消費者を対象とした広告]
end user, end-user (コンピュータ, ソフトなどの)一般[最終]使用者, エンドユーザー; 最終消費者, 最終利用者 ► Who are the end users of this product? この製品の使用者は誰ですか / When a company buys computers, the staff are the end users. 会社が購入したコンピュータのエンドユーザーは社員です

end-user license agreement エンドユーザーライセンス契約, 使用許諾契約 (EULA) [⇨CD-ROM 等の媒体で販売されるソフトウェアにおいて通常用いられるライセンスの形態] ⇨ shrink-wrap license
Endust《商標》エンダスト [⇨米国の清掃用品. 布にスプレーして使う]
enemy /énəmi/ *n* 敵; 反対者; 有害なもの (*of*) ► The central bank views inflation as the number one enemy. その中央銀行はインフレを最大の敵と見なしている
be one's own worst enemy 悪いのは自分だ
energetic /ènərdʒétik/ *a* 精力的な, 元気な
◇ **energetically** *ad*
energize,《英》**-gise** /énərdʒàiz/ *v* 元気づける; 活気づく
Energizer《商標》エナジャイザー [⇨米国の乾電池のブランド. ピンクの兎の人形が太鼓をたたき続けるコマーシャルで, 他の製品より長もちすることを印象づけた]
energy /énərdʒi/ *n* 精力; 活気, 元気;《しばしば -gies》活動力; エネルギー ► The boss has drive, energy and vision. 社長は意欲と精力と洞察力をもっている / He is a born leader who can bring dynamism and energy to the job. 彼は生まれながらの指導者で活力と精力をその仕事にもたらすことができる / Energy prices have hit the roof. エネルギー価格は天井に達している
devote [apply] one's energies to に精根を傾ける
full of energy 元気いっぱいで
energy conservation 省エネルギー, 省エネ; エネルギー資源保存
energy content エネルギー含量
energy crisis エネルギー危機, 石油危機
energy-efficient *a* エネルギー効率のよい ► These energy-efficient appliances can significantly reduce your electric bill. こうした省エネ型の電気機器で電気料金の支払額を大幅に引き下げることが可能だ
energy grid エネルギーグリッド [⇨電力やガスなどを供給し, 相互融通するネットワークを格子 (grid) にたとえた言い方]
energy recovery エネルギー回収 [⇨未利用のエネルギーを熱エネルギーや化学エネルギーへ変換し, さらに機械または電気エネルギーに変換して回収すること]
energy resources エネルギー資源
energy saving 省エネルギー
energy-saving *a* 省エネの
energy saving design 省エネルギー設計
energy tax エネルギー税
Enersis (~ S.A.) エネルシス [⇨ラテンアメリカ最大のチリーのエネルギー持株会社. アルゼンチン, ブラジル, コロンビア, ペルーなどにも電力を供給してい

る]

enforce /infɔ́ːrs/ vt ❶ 強要する, 押しつける (on, upon); 強く主張する ❷《法律》(権利などを) 実現する, (法律を) 実施する, 強制する ► enforce a contract 契約の履行を強制する / enforce a judgment (判決を) 執行する / enforce one's rights (法手続により) 自己の権利の実現を図る / The company filed an action to enforce the agreement. 同社は契約の履行強制を求めて裁判を起こした

enforceability n 執行可能性, 履行強制力
🖉 Any invalidity or unenforceability of any provision of this Agreement in one jurisdiction will not affect the validity or enforceability thereof in any other jurisdiction. 「本契約」の条項がある領域において無効または執行不能であっても, 他の領域における当該条項の有効性または履行強制力に影響を与えるものではない

enforceable a 履行を強制できる
enforcement n 施行, 実施; 執行; 強制, (契約の) 履行の強制, (規則などの) 順守の確保; 主張 ► law enforcement agencies, such as the police 警察のような法執行機関

engage /ingéidʒ/ vt 従事させる; (人を) 雇う; (部屋・車などを) 予約する; 依頼する, 契約する ► engage an investment manager to manage investment portfolios 資産運用ポートフォリオの運用を運用機関に委託する
— vi 従事[関与]する (in); 請け合う, 約束する (to do) ► What kind of business does your company engage in? 御社はどういった事業をされていますか

engaged a 忙しい; 仕事中の; 《英》(電話が) 通話中の; 予約[契約]済みの ► otherwise engaged 他に用事がある / an engaged contractor 契約中の請負人 / an engaged seat 予約済みの席 / Are you engaged this evening? 今晩先約がおありですか / The line's [number's] engaged. 《英》(電話で)「お話し中です」(✤《米》The line's busy.)

engagement /ingéidʒmənt/ n ❶ 約束, 契約; 用事, 用務; 雇用(期間); 職業 ► I have a business engagement on that day. その日は仕事の約束があります / I'm sorry I won't be able to attend because of a prior engagement. 先約があって出席できず, 申し訳ありません ❷ (~s) 債務, 負債 (=financial obligations) ► meet one's engagements 債務を果たす
without engagement 確約を伴わない[ないで], 約束するものではない[なく] ► All our quotes are without engagement and subject to availability of stock. すべて弊社の見積もりは確約を伴うものでなくまた在庫のあることを条件とする

engagement letter 監査契約書 [⇒ 監査人と監査依頼人との間で取り交わす契約書]
engagement team 監査チーム, 業務チーム [⇒ 監査契約に基づき組織される監査担当要員のチーム, audit engagement team とも言う]

engine /éndʒin/ n ❶ エンジン, 機関; 機関車; 原動力 (of) ► an [the] engine of growth 成長の原動力 ❷ [コンプ] エンジン [⇒ ソフトウェアやハードウェアで, 利用者が触れることのない内部の作業をしている部分] ► a voice recognition engine 音声認識エンジン

engineer /èndʒiníər/ n 技師, 技術者, エンジニア;《米》機関士
— v 監督[設計]する; 計画する; 図る, 企画する; (略式) (巧みに) 処理する; 工作[加工]する (into) ► engineer a turnaround 会社再建を図る / Hybrid cars have been engineered to comply with greenhouse gas emissions regulations. ハイブリッド車は温室ガスの排出規制に対応する目的で設計された

engineering /èndʒiníəriŋ/ n 工学, エンジニアリング; 工業技術; 機関学; 土木工事 ► civil engineering 土木工学 / electrical engineering 電気工学 / electronic engineering 電子工学 / mechanical engineering 機械工学

engineering constructor 監理技師, エンジニアリング会社
engineering data 技術データ
engineering department 技術部門, 技術部
engineering insurance エンジニアリング保険 [⇒ もの作りの過程から完成後の維持管理過程での危険を担保する保険の総称(組立保険, 機械保険等)]
enginery /éndʒinri/ n 機械類; 兵器
English /íŋgliʃ/ a イングランドの; 英国(人)の; 英国的な; 英語の
— n (the ~) (集合的) 英国人; 英語
in plain English 平たく言えば
— vt 英訳する

enhance /inhǽns/ vt 高める, 増進[促進]する; 誇張する, 拡充する ► The company is contemplating a number of strategic acquisitions in a bid to enhance shareholder value. 同社は, 株主価値を拡充させるべく何件かの戦略的企業買収を進めようと考えている / We have enhanced the image quality of new models. 新しい機種の画質を向上させた
◇**enhancement** n
enhanced /inhǽnst/ a 強化した, 高められた ► enhanced radiation 強化放射線
enhanced index fund 高収益追求型インデックス型運用ファンド [⇒ インデックス型アプローチ (indexed approach) の要素に加え, 割安株をも組み入れてパフォーマンスの向上を期したファンド]
enhanced messaging service イーエムエス (EMS) [⇒ 携帯メールの字の大きさを変えたり, 画像や音を組み込めるサービス]
ENI (~ SpA) エニ [⇒ イタリアのエネルギー会社. 石油及び天然ガス精製事業で1995年民営化]
enjoy /indʒɔ́i/ vt 楽しむ; 味わう; (特権・利益などを) 享受する, 備える ► I hope you enjoy

enjoyment

your stay while you are here. 当地でのご滞在をお楽しみください / I really enjoy my work. 私は自分の仕事が本当に好きです / Last year, the company enjoyed record profits. 昨年, 同社は記録的な利益を享受した / Our products are enjoyed in 180 countries all over the world. 当社の製品は世界中の180か国で愛用されています
— vi 楽しむ ► (Please) enjoy. 召し上がれ
enjoy oneself 愉快に過ごす, 楽しむ
◇**enjoyable** a 楽しい; 享受できる
enjoyment n 楽しみ, 快楽; 享受

enlarge vt 拡大する; 増補する; (写真を)引き伸ばす ► Please enlarge this document to A3 on the copier. この書類をA3に拡大コピーしてください
— vi 広がる; 敷衍(ふえん)する《on, upon》

enlargement n 拡大; 敷衍; 増補; 引延ばし; 拡大コピー, 拡大写真 ► make an enlargement 拡大コピーをとる

enormous /inɔ́ːrməs/ a 巨大な, 莫大な; 極度な ► The costs of developing a new car are enormous. 新車開発の経費は莫大です / The company has accumulated an enormous amount of debt. その会社は莫大な金額の債務を蓄積している
◇**enormity** n 極悪; 《通例-ties》極悪の行為; 莫大なこと
◇**enormously** ad 莫大に, 途方もなく
◇**enormousness** n

enough /ináf/ a 十分な; (に)足りる《for, to do》 ► I don't have enough time to prepare the report. 私にはその報告書を作成するのに十分な時間がありません / There's enough room in the hotel for three hundred guests. ホテルには優に300人の収容能力がある / Maybe you have just enough money to get by. あなたはようやくやっていけるぐらいの金しかないかもしれません
— n, ad 十分(に); まったく ► Have you enough time to consider our proposal? 当社の提案をご検討いただく時間は十分にありますか
cannot do enough いくら…しても足りない
can't get enough A [of A] はいくらあっても満足しない
Enough about はもうたくさん
enough and to spare あり余るほど
Enough is enough. もうたくさんだ
Enough said. それ以上言わなくていい
have had enough (of) (には)もううんざりだ, 我慢ならない
more than enough 十二分に[の]
oddly [curiously, strange(ly)] enough 妙なことに
well enough かなり(うまく)

enquire /inkwáiər/ v =inquire
enquiry /inkwáiəri/ n =inquiry
enrich /inrítʃ/ vt 豊かにする, 肥沃(よく)にする; 濃縮する ► enriched uranium 濃縮ウラニウム / We can enrich the database with this information. この情報でデータベースを強化することができます

enrichment n ❶ 豊かにすること ❷ 【統計】補強 ► data enrichment データの補強 ❸ 【農業】富栄養化, 豊富化

enroll, 《英》**enrol** /inróul/ v 名簿に記載する; 登録する, 入会させる[する]
◇**enrollee** n 登録者, 入会者

enrolled agent /inróuld/ 《米》内国歳入庁税金相談員 (EA) [◎内国歳入庁での勤務経験があるか資格試験に合格している税務アドバイザー]
► You can often find an enrolled agent at a chain preparer such as H&R Block. H&Rブロックのような税理士チェーン店で内国歳入庁税金相談員に会うことが可能です

enrol(l)ment n 登記, 登録; 入[在]学者数

Enron International (~, Inc.) エンロン・インターナショナル [◎1985年7月 Houston Natural Gas と Internorth of Omaha の合併で設立。石油, 天然ガスの販売のほか, 電力の卸売り, 天候デリバティブ他の金融デリバティブの販売に進出し2000年には年商1,000億ドルを超える大会社となったが, 粉飾決算問題を契機として2001年12月破産法に基づく Chapter XI申請をして倒産]

ensure vt 確実にする; 確保する; 保証する《that》; 守る《against, from》 ► take reasonable steps to ensure disclosure 情報開示を確実なものとするため合理的手段を取る / They think a joint account ensures that one partner will get all the money in the account in case the other dies. 共同口座では一方が死ねば他方が口座のすべての金を受け取るのを保証していると人は思う / Ensure that all calls are responded to within two minutes. 確実にすべての電話に2分以内に出ること

entail /intéil/ vt 伴う, 必要とする, 引き起こす; 課する; (譲渡・遺贈などできないように)限嗣(し)不動産権を設定する ► What kind of risks does the investment entail? その投資にはどのようなリスクが伴いますか

enter /éntər/ vi 入る; 入会する; 参加する; 登録する
— vt ❶ 入る; 加わる; 入会する[させる]; 記入する; (異議などを)申し出る; (情報などを)入力する《into》 ► The US has entered into what looks like a prolonged recession. 米国は長期の景気後退と思われるものに突入した / The company is entering its golden years. 同社はその最盛期に入ろうとしている / He entered the company fresh out of college. 彼は大学を出てすぐその会社に入った ❷ 《米》(陳述・判決を)公式に記録する ► enter a judgment 判決を登録する, 記録する

enter for に参加を申し込む
enter into に入る; (会話・交渉などを)始める; (契約などを)締結する; (問題などを)扱う ► Our company has entered into a partnership with a local company. 当社は地元の企業と提携関係を結んだ
enter up (帳簿に)…を記載する
enter upon [on] を始める; の所得権を得る

enterprise /éntərpràiz/ n 事業; 冒険心; 企業 ► a private enterprise 民間企業, 私企業 / a state-owned enterprise 国営企業 / a free enterprise 自由[民間, 私]企業 / a family enterprise 同族会社, 身内だけの小規模な会社 / a multinational enterprise 多国籍企業 / establish an enterprise 事業を起こす / An enterprise economy is found where there is an enterprise culture. 企業経済は企業文化のあるところに見出される

a man of enterprise 進取的な人
◇**enterprising** a 進取の, 企業[冒険]的な
enterprise accounting 企業会計
enterprise application 業務アプリケーション, 企業向けソフト
enterprise application integration EAI [○ビジネス全体としての最適化を図るため企業内の在庫管理, 顧客管理等の各種システムを統合的に運用すること]
enterprise bargaining 職場交渉(=workplace bargaining)[○職場レベルでの労使交渉]
enterprise center 起業支援センター
enterprise group 企業グループ
enterprise income 企業利益
Enterprise Investment Scheme 〈英〉起業支援制度(EIS)
enterprise market 企業向け市場, 法人向け市場[○市場全体を法人向けと個人向けに分ける場合に使われる](⇔consumer market)
enterprise multiple 企業価値倍率, EV/EBITDA 倍率[○企業価値(enterprise value)を利払前・税引前・償却前利益(EBITDA)で割って求めた倍率. この倍率が低いと, その企業が過小評価されている可能性がある. 国ごとに大きく異なる税制の影響を除いた数値であることから多国籍企業の業績比較に用いられる]
Enterprise Rent-A-Car (~ Co.) エンタープライズ・レンタカー [○北米最大級のレンタカー会社. 他のレンタカー会社が空港などを中心に営業展開する中で多くの店舗(米国6,000)をベースに運営する. 1957年設立の私企業]
enterprise resource planning 統合基幹業務システム (ERP) [○経営資源を最適配分することで効率的経営を目指すシステム. 販売・生産・物流・財務など企業活動を全社的に統合する情報システムを指す場合もある]
enterprise tax 事業税
enterprise union 産業別組合
enterprise value 企業価値, 事業価値(EV)

> 解説 M&Aで買収する立場からの企業の評価. 株式時価総額に有利子負債を加算し現金と現金等価物を差し引いて求める. 買収すれば, 負債は買手によって返済される必要があり, 逆に現金と現金等価物は買手の所有に帰するからである. 時価総額のような指標と比べると, 負債を考慮に入れている点で買収対象としての企業の価値(買収価格)をより正確に表しているとされる. ⇒ valuation

enterprise zone 〈英〉産業振興地域 ► In an enterprise zone, there are fewer laws and lower taxes. 産業振興地域では法律がより少なく税金もより少なくなっている
enterprising a 起業精神旺盛な
entertain /èntərtéin/ v 楽しませる; もてなす, 接待する; 考慮する; 心に抱く ► Do you know any good places to entertain clients? お客様を接待するのによい場所を知りませんか
entertaining a 面白い, 愉快な
entertaining expenses 接待費
entertainment n ❶ 娯楽; もてなし; 余興, 宴会; 考慮; 心に抱くこと ❷ =entertainment expenses
entertainment account 接待交際費勘定
entertainment allowance 接待費
entertainment expenses 接待交際費, 交際費 ► Many companies have cut down on their entertainment expenses. 接待費を削減している会社が多い
entertainment industry エンターテインメント産業
entice /intáis/ vt 誘惑する, 誘う(*into, to do*)
◇**enticement** n 誘惑(するもの)
◇**enticing** a
◇**enticingly** ad 誘惑するほど, 魅惑的に ► The interest rates are enticingly low. 利率は魅惑的に低い
entire /intáiər/ a 全体の; 完全な, まったくの ► The entire production line was shut down for maintenance. 生産ラインの全体が保守整備のために停止された / The entire staff showed up for the meeting. スタッフ全員がその会議に顔を見せた / The government needs to step in, because the entire banking sector is on the brink of collapse. 全銀行部門が崩壊の瀬戸際にあるので, 政府は介入する必要がある / The entire hard disk was wiped out. ハードディスク全体が消去された / Make that cash last for the entire week. その現金をまる1週間もたせなさい
◇**entirely** ad まったく, 完全に ► If you are not entirely satisfied with the product, we'll give you a refund. 製品に十分ご満足いただけない場合は払戻し致します
entire agreement 完全合意 ● The terms and conditions contained in this Agreement constitute the entire agreement between SELLER and BUYER. 本契約に含まれる契約条件は, 「売主」と「買主」間の完全合意を構成する
entire agreement clause 完全合意条項[○契約中の一般条項のひとつ. その契約書に従前のやりとりがすべて一本化され, 結論が示されているとするもの]
entitle /intáitl/ vt 資格[権利]を与える(*to do*); …を(…と)呼ぶ; 表題をつける ► This contract entitles you to 15 days of annual paid leave. この契約で年に15日間の有給休暇が与えられます

entitled *a* 資格のある ► be entitled to に対する権利[資格]がある / You are entitled to 12 days annual leave for the first year of service. 入社して1年目にもらえる有給休暇は12日である

entitlement *n* 資格, 権利; 受給権, 給付

entity /éntəti/ *n* 実在; 本質, 実体; 独立体, 組織体, 団体 [⊃会計取引の主体である経済単位] ► a business entity 営利法人 / a corporate entity 法人企業 / an independent entity 独立の組織 / a legal entity 法人 / a new entity 新組織, 新事業体 / a separate entity 別組織

entity convention 企業実体の公準 [⊃会計の範囲を決める公準で, 資本主とは独立した企業の存在を前提とするもの]

entrance /éntrəns/ *n* 入ること; 入場(料), 入学, 入会; 参入; 登場; 就任; 開始; 入り口 *(to)* ► Tickets can be purchased at the entrance. 入場券は入り口で売っています

Entrance free. 入場無料

entrance fee 入場料, 入会[学]金

entrant /éntrənt/ *n* 新入者; 参加者 ► a hopeful entrant 入学希望者 / New entrants to the industry are rare. その業界への新規参入者はまれである

entrepôt /á:ŋtrəpóu/ *n* 貨物集散地, 倉庫 [<仏]

entrepreneur /à:ntrəprəná:r/ *n* 企業家, 起業家, アントレプレナー [⊃新規の事業を起こしたり, 新製品を市場に供給したり, また新しい生産技術を開発する人] ► quit one's corporate job to become an entrepreneur 自分の会社を起こすためにサラリーマンを辞める [<仏]

entrepreneurial *a* 企業家の ► Employees develop entrepreneurial activities within the organization. 従業員は組織内で企業家的な活動を進展させる

entrepreneurship *n* 企業家精神, 起業家精神

entrust *vt* 預ける *(with)*; 委託する *(to)*

entrustment *n* 委託, 委任

entry /éntri/ *n* 入ること, 立ち入り *(to)*; 入場, 参加, 参入; 入口; 記入(事項); 登録; (辞書の)見出し語; 参加者 ► early [late] entry 早期の[遅くなっての]参入 / accounting entries 帳簿上の記載項目 / diary entries 予定表の記載 / gain entry 参入する / deny entry 参入を拒む / check [make] an entry 記載事項を確認する[記載する] / be denied [granted] entry to the premises 構内への立ち入りを拒まれる[認められる] / make an entry into the market 市場に進出する / One advantage of this program is that when you check an entry, all other entries relating to the same record will be checked automatically too. このソフトのいいところは, 記載事項を確認すると同じ記録と関係する他の記載事項も自動的に確認されることだ / To make a correction, draw a single line through the incorrect entry, then make the correct entry on the next open line. 訂正をするには間違った記載事項に訂正線を引いてから, 次の行に正しい事項を記載すること

gain entry 入場[参加]を認められる

No entry. 進入禁止

entry barrier 参入障壁 (=barrier to entry) (⇔exit barrier) ► This industry has a low entry barrier. この業界では参入上の障壁が低い / There are high entry barriers in this field. この分野は参入上の障壁が高い

entry fee 入場料

entry-level *a* 新入(社員)の; 初心者向きの ► entry-level jobs 「未経験者可」の仕事

entry level product 初心者向け製品

entry visa 入国査証

E number E ナンバー [⊃ECの規則による食品添加物の認可番号] ⇒E-free

enumerate /injú:məreit/ *vt* 列挙する; 数え上げる

◇**enumeration** *n* 明細書

envelope /énvəlóup/ *n* 封筒; 包むもの, 覆い ► Please return your application in the self-addressed envelope. 願書は返信用封筒で送り返してください

push the envelope 限界に挑む

environment /inváiərənmənt/ *n* ❶ 環境, 周囲; 【コンピュータ】環境 (✛surroundings は物理的な環境, environment は人の感情・ものの見方などに影響を与えるものとしての環境) ► a media environment メディア環境 / clean up the environment 環境を浄化する / damage the environment 環境を破壊する / protect the environment 環境を保護する

❷ (市場・事業等を取り巻く)条件, 環境 ► a business environment 事業環境 / a competitive environment 競争が厳しい環境 / a market environment 市場環境 / an economic environment 経済環境 / a real estate environment 不動産を取り巻く環境 / A stable political environment is a key factor in attracting foreign investment. 安定した政治環境は外国からの投資を誘致する鍵となる要因だ / In light of the current financial environment, many companies are cutting back on employee training programs. 現在の金融環境を考えて, 従業員訓練プログラムを減らしている会社が多い

environmental /inváiərənméntl/ *a* 周囲の, 環境の; 環境保護の ► What environmental movements or projects are they involved in? その会社はどんな環境保護の運動や計画に参加していますか

environmental accounting 環境会計 [⊃企業環境の変化を測定・報告するための会計領域で, 企業活動の地域社会や一般社会に与える環境変化の不経済効果(環境負荷)を明らかにするもの. GDP (国内総生産)など国民経済レベルの勘定に環境を取り入れたマクロ環境会計と, 企業や行政機関など個別組織やより小さな単位を主体としたミクロ環境会計の二つに分類される]

environmental analysis = environmental scanning

environmental assessment 環境アセスメント [⇨環境影響評価. 環境に悪い影響が出る可能性のある行為や意思決定において, 事前に環境への影響を適正に調査し, その結果に基づいて, 環境保全に努めること] ► strengthen the environmental assessment capacity 環境アセスメント能力を強化する

environmental audit 環境監査 [⇨環境マネジメント・システムの妥当性・有効性, および公害防止規則や条例の準拠性に関する監査]; 環境影響評価報告

environmental business 環境ビジネス

environmental capital 環境資本 (=environmental wealth) [⇨環境保全・保護のために投下された維持すべき資本]

environmental consciousness 環境にやさしいこと [⇨製品, 企業, 建物などの環境への対応. たとえば, 分解性, リサイクル性, 省エネルギーなどが一つもしくはいくつかが従来のものよりも改善されていること]

environmental control 環境保護規制

environmental cost 環境コスト [⇨環境保全に要するコスト]

environmental damage 環境負荷, 環境破壊 ► The oil spill caused huge environmental damage and wiped out the local fishery. その石油流出は莫大な環境破壊をもたらし, 地元の漁業を全滅させた

environmental defense fund 環境保護基金, 環境防衛基金

environmental degradation 環境劣化

environmental destruction 環境破壊

environmental devastation 環境破壊

environmental disaster 環境破壊

environmental goods 環境財

environmental health 環境衛生

environmental impact 環境影響 [⇨企業活動が環境に及ぼすすべての影響]

environmental impact analysis 環境影響分析

environmental impact assessment 環境アセスメント, 環境影響評価 [⇨開発事業を行う場合それがもたらす影響をあらかじめ予測し, 評価すること. アセスメントの結果に基づいて事業の見直しも行う]

environmental impact statement 《米》環境アセスメント報告書, 環境影響評価書 (EIS)

environmentalism n 環境保全(主義)

environmental issue 環境問題 ► These companies are facing many environmental issues. これらの会社は多くの環境問題に直面している

environmentalist n 環境保全主義者, 環境問題専門家, 環境保護派

environmental label 環境ラベル [⇨製品やサービスが環境配慮されていることを消費者へ伝達するラベルで, 「本品は生分解性プラスチックで作られています」といった表示がある. エコラベルとも言い, 英語ではgreen labelとも言う]

environmental liability 環境負債 [⇨環境コストの予測値を引当計上することによる負債]

environmental lobby 環境ロビー, 環境保護圧力団体 [⇨GreenpeaceやFriends of the Earthなど]

environmentally ad 環境的に ► The new dam will be environmentally damaging. その新しいダムは環境を破壊する見込みがある

environmentally-friendly a 環境にやさしい (+environment-friendly とも言う) ► We manufacture environmentally-friendly products made from recycled materials. 当社はリサイクルした原材料で環境にやさしい製品を製造している

environmental management 環境管理 [⇨企業の環境保護を, 企業の収益性と両立させて行うマネジメント]

environmental management system 環境マネジメントシステム (EMS) [⇨事業活動による環境への負荷を軽減するための取組みが社内全体にわたってどうあるべきかを示す枠組み]

environmental marketing = green marketing

environmental performance 環境パフォーマンス [⇨企業の環境負荷の状況, すなわち資源の消費と排出物の状況を言う]

environmental pollution 環境汚染, 公害 ► aggravate [cause, reduce] environmental pollution 環境汚染を悪化させる[引き起こす, 軽減する] / environmental pollution and adverse effects on human body 環境汚染とその人体への悪影響 / Companies should minimize environmental pollution. 会社は環境汚染を最小限にするべきである

environmental preservation 環境保全

environmental protection 環境保護, 環境保全

Environmental Protection Agency ❶ (米国の) 環境保護庁 (EPA) ❷ 《e- p- a-》環境保護機関

environmental report 環境報告書 [⇨企業が自らの経済活動に伴う環境負担の発生について, 自己申告の形の報告書]

environmental scanning 経営環境分析 [⇨社内のヒト・モノ・カネ・情報や社外の業界・景気動向等を分析し, ビジネスチャンスやリスクを見極めること]

environmental standards 環境基準 ► establish [enforce, meet, violate] environmental standards 環境基準を定める[を守らせる, を満たす, に違反する] / Companies should follow environmental standards. 会社は環境基準に従うべきだ

environmental statement 環境声明書 [⇨企業外部に対する環境情報の開示]

environmental tax 環境税 [⇨環境への負担に応じて製品・サービス等に課される税金]

environmental wealth 環境資本 (=envi-

environment assessment 環境アセスメント

environment-friendly ad =environmentally-friendly

EOC Equal Opportunities Commission

EOE equal opportunity employer; European Options Exchange

EoI expression of interest

EOM, e.o.m. end of (the) month

E.ON (~ AG) エー・オン [⬦RWEと並ぶドイツの電力, 石油などエネルギー事業会社であるとともに, 各種事業を傘下にもつ総合企業]

EOQ economic order quantity

EOS electronic ordering system

EOY end of year 年末 ▶ If a loan requires annual payments, a payment would be due EOY. 年払いローンの場合, 支払期日は年末となる

EPA Environmental Protection Agency; economic partnership agreement

EPC European Patent Convention

Epcot Center /épkàt/ (ディズニーワールドの)実験未来都市 (=Experimental Prototype Community of Tomorrow)

epoch /épək | íːpɔk/ n (特色ある)時代; 新時代, 新紀元

◇**epochal** a

epoch-making a 画期的な

EPOS /épɑs, íːpɑz, íːpɔs/ electronic point of sale

EPR extended producer responsibility

e-procurement n =business to business

EPS earnings per share; extensive problem solving

EQ test EQテスト [⬦心の知能指数ないし情動指数(emotional quotient)を測り, 創造力を中心に人の性格や対人関係処理能力を見ようというテスト]

equal /íːkwəl/ a 等しい (to, with); 互角の; 一様な; 平らな ▶ We treated them as equal partners. わが社は相手を対等のパートナーとして扱った

be equal to に等しい; (人が)…に対処できる, 処理する力がある ▶ be equal to the occasion その場をうまく処理することができる

on an equal basis / on equal terms 対等に[の立場で]

other things being equal 他の条件が同じなら ▶ All other factors being equal, a high residual value is better for you. ほかの要素が同じなら残存価値が高い方があなたにとってよい

— n 同等のもの; 匹敵する人; 同輩 ▶ When it comes to game software, the company has no equal in the market. ゲームソフトのことになると, 同社はその市場に匹敵する会社がない / A company may merge as an equal with another company of similar size. 会社は似た大きさの別の会社に対等合併することがある

have no equal 並ぶものがない

without (an) equal 匹敵するものがなく

— vt (《英》-ll-) 等しい; 匹敵する

◇**equally** ad 等しく, 同等に ▶ European banks have been equally hit by the financial crisis. 欧州の銀行も同じように金融危機によって打撃を受けてきた

equal annual payment method 年間定額払い法, 年間支払い等額法

Equal Credit Opportunity Act 《米》信用機会均等法 [⬦与信判断に際しての人種, 性別, 宗教, 年齢等による差別の撤廃を目的とする法律]

Equal Employment Opportunities Commission 《米》平等雇用機会委員会 (EEOC) [⬦大統領の任命する委員で構成され, セクハラを含め職場で不当な差別を受けた被害者に代って事業主を相手どった訴訟も提起できる]

equal employment opportunity 男女雇用の機会均等, 雇用機会均等 (EEO) ▶ be committed to principles of equal employment opportunity 男女雇用機会均等の原則にコミットする

Equal Employment Opportunity Law 《the ~》《米国の》雇用機会均等法

equality /ikwɑ́ləti/ n 平等; 対等, 同格 ▶ committed to equality 平等確保を基本姿勢としている / have equality in において平等だ / strive for equality 平等のために強く働きかけていく / win equality 平等を勝ち取る

on an equality with と対等で

equalize, 《英》**-ise** /íːkwəlàiz/ vt 等しくする, 平等にする

◇**equalizer** n 同等[平等, 均等]にするもの; 平衡装置

equal opportunities (雇用の) 機会均等

Equal Opportunities Commission 《英》平等機会委員会 (EOC)

equal opportunity employer 機会均等雇用者 (EOE) [⬦性別や人種などによる雇用差別をしない企業]

equal pay 男女同一賃金 ▶ offer equal pay between both sexes 男女同一賃金である / equal pay for equal work 《米》同一労働同一賃金

Equal Rights Amendment 《米》性差別禁止修正 (ERA)

equate /ikwéit/ vt 対等にみなす, 同一視する (with)

— vi 一致する (with) ▶ Talent does not necessarily equate to success. 才能があるからといって成功するとは限らない

equation /ikwéiʒən, -ʃən/ n 均分(法); 方程式, 等式; 考慮すべき事柄 ▶ enter (into) the equation 考慮の対象となる

equilibrate /ìːkwíləbrèit, ìːkwəláibreit/ v 平衡させる[する]

equilibrium /ìːkwəlíbriəm/ n (~s, -ria /-riə/) 釣り合い, 均衡 [⬦市場で需要と供給が等しくなる状況] ▶ market equilibrium 市場均衡 / balance of payment equilibrium 国際

収支の均衡 / dynamic [static] equilibrium 動的[静的]均衡 / The US is faced with the burden of bringing its trade imbalance into equilibrium. 米国は自国の貿易不均衡を均衡状態にもって行くという重荷に直面している [<ラ]

equilibrium exchange rate 均衡為替レート [➡ファンダメンタルズ(生産性やインフレ率等の基礎的経済条件)に基づき理論上決定されるレート.実際の為替レートも長期的にはそこに向かって落着くべきだとされる]

equilibrium price 均衡価格 [➡市場で需要と供給を等しくさせる価格]

equilibrium quantity 均衡取引量 [➡市場において需要と供給を等しくさせる需要量と供給量]

equip /ikwíp/ *vt* (-**pp**-) 備える, 用意する (*for*); 装備する (*with*); 装う ▶ This factory is equipped with the most modern machinery. この工場には最新の機械設備が整っている

equipment

/ikwípmənt/ *n* 設備; 準備, 装備, 知識; 技能; 装置; 〈使用〉機種; 機器, 備品, 施設 ▶ original equipment manufacturing agreement OEM契約 / equipment lease 機器リース / install equipment 機器を据えつける / supply equipment 機器を提供[納入]する / use equipment 機器を利用する

[語法] さまざまな機器・設備から成っていても equipmentは常に不可算名詞として用いる. つまり, a や -s を付けない

===▌機器, 設備 ▌===
business equipment 企業設備 / cost of equipment 設備費 / industrial equipment 産業機械 / labor-saving equipment 省力機器 / mechanical equipment 機械設備 / medical equipment 医療機器 / office equipment 事務機器 / peripheral equipment 周辺機器 / pollution control equipment 公害防止機器 / sound equipment 音響装置 / transportation equipment 輸送機械 / used equipment 中古機器 / video equipment ビデオ装置
===

equipment fund 設備資金
equipment investment 設備投資
equipment lease 設備リース契約
equipment leasing 設備リース [➡リース会社がユーザーが希望する機械設備を購入した上, リース料と引換えに長期間それを貸与すること. 所有権はリース会社にあるが, 一般に保守修繕義務はユーザーが負う]
equipment program 設備計画
equipment spending 設備投資
equitable /ékwətəbl/ *a* 公正な, 公平な;【法律】衡平法上の
◇**equitably** *ad*
equitable estoppel 衡平法上の禁反言, 権利不行使の抗弁 [➡米国の特許訴訟における抗弁. 特許権者が権利行使をしないと誤信させるような行為をした場合に, それを信頼した者を保護するもの]
equitable mortgage《英》限定的住宅抵当 [➡通常の住宅抵当では債務不履行があれば抵当権者は担保物権を取得するのに, この場合は, 別途, 法手続を要する]

equity

/ékwəti/ *n* ❶ 公平, 公正 (⇔inequity) ▶ For the sake of equity, he should pay for the damage. 公正を期するなら損害は彼が弁償すべきだ

❷【法律】衡平法, エクイティ [➡公平と正義に基づいてコモンロー (common law) の欠点, 限界, 非融通性を補充・矯正するための法. 英国に発祥し, 米国にも受け継がれた法規範の体系] ▶ equity court エクイティー裁判所 / equity of redemption (衡平法上の) 受戻権

❸ 持分, 持分権; 資本, 自己資本 [➡出資者が企業の財産に有する持分. 金融用語としては「持分」と訳すが, 会計用語としては「資本」を用いる] ▶ ownership equity 所有者持分 / stockholders' [shareholders'] equity 株主持分 / equity capital 自己資本 / equity in net income 持分利益 / equity stake 出資持分 / debt to equity ratio 資本負債比率 / return on equity 自己資本収益率 / In the past ten years, the bank's ratio of tangible equity to tangible assets was cut nearly in half. この10年間で, その銀行の有形資産に対する有形純資産の比率はほとんど半分に減少した / Shareholder's equity has reached nearly zero. 株主資本はほとんどゼロになった

❹ 株式 [➡証券業界ではequityを「株式」の意味で用い,「債券」の意味のdebtと対比される] ▶ equity market 株式市場 (⇔debt market 債券市場) / equity financing エクイティ・ファイナンス (⇔debt financing デット・ファイナンス) / private equity プライベート・エクイティ, 未公開株 / equity fund 株式ファンド (⇔debt fund 債券ファンド) / With economic recovery nowhere in sight, equities have been hit by investor fears. 景気回復がどこにも見えないので, 株式は投資家の恐怖心によって打撃を受けてきた

❺《米》純資産額, 持分, 住宅持分 [➡住宅の市場価格からローンなどの債務を差し引いた所有者の持分] ▶ home equity 住宅持分 / home equity finance 住宅持分融資 / negative equity マイナスの持分, 担保割れ [➡住宅の市場価格が下落して負債額が上回っている状況]

equity accounting 持分法会計 [➡自社の持ち分に応じて出資先である関連会社の収益がその持ち分を評価額に反映させる会計方式]
equity analyst 株式担当アナリスト
equity-based life (insurance) 証券投資型変額生命保険, エクイティ型生命保険 (=securities-based life (insurance),《英》equity-linked life assurance,《米》variable life insurance)
equity capital 自己資本, 株式(自己)資本, 株主資本 [➡会社の元手のうち出資者つまりオーナーが出した分. 当初の出資額を表す「資本金」(capital stock)と, この資本金を元に毎事業年度稼いできたものの積み重ねを表す「剰余金」(retained earnings)から成る]; 株式発行による調達

equity earnings 関係会社利益持分

equity exposure 株式に対するエクスポージャー ► high equity exposure policy 株式の組入比率が高い運用方針

equity finance 株式発行による資金調達

equity financing エクイティ・ファイナンス，株式発行による資金調達［⊃自己資本による資金調達で，株式の発行を通じて資金を調達すること．debt financing(他人資本調達)と対比される］► Companies that choose to use private equity financing sometimes overlook the risk of giving excessive power to the investors. 未上場株式の交付による資金調達という方法を選ぶ企業はときとして，出資者に過大な力を与えることにもなり得るリスクを見過ごしたりするものだ / Our cash needs have been met by equity financing via private placements. 当社の現金需要は，これまで私募形式の新株発行によりまかなってきた

equity fund 株式ファンド，株式投信 (=stock fund) ［⊃株式を中心に運用するミューチュアル・ファンド］► If you plan to invest in equity funds, you need to take a long-term view. 株式ファンドに投資するなら，長期的視点に立つ必要がある

equity funder 出資者［⊃相手の株式と引換えに出資する投資家］

equity gearing 負債比 (=gearing)

equity holder 株主，持分権者［⊃企業に対して持分を有する者で，株式会社であれば株主を言う］

equity holdings 保有株式，持株

equity-indexed annuity 株価指数連動型年金

equity instrument 株式関連商品［⊃株式や株式を対象とするオプションなど］

equity interest 持分［⊃出資先が会社形式でなくパートナーシップ(組合)による合弁事業などの場合の持分］► voting equity interest 議決権付持分

equity investment 持分投資；直接投資［⊃出資者として資本参加して持分を取得すること］，株式投資［⊃資産の運用先として株式に投資すること］

equity investor 株式投資家，出資者，持分権者［⊃株式に投資するという意味以外に，自ら出資者となって事業に参加し，リスクを負う形で投資をする者を指す場合もある］

equity ISA 《英》株式運用型個人貯蓄口座［⊃利息・配当金収入および売却益に課税されない勘定による株式投資］

equity kicker エクイティ・キッカー［⊃①株式に転換できる権利が付いている社債のように，自ら株式を取得できる権利が一種の「甘味料」として付帯している金融商品 ②不動産取引においてデベロッパーが提携ローン会社から有利な条件を引き出すために所有権の一部を譲渡する場合，このような取引材料を指して言う］

equity-linked α 株式にリンクした

equity-linked annuity =equity-indexed annuity

equity-linked life assurance 《英》=equity-based life (insurance)

equity-linked policy エクイティ・リンク［株式連鎖］型保険［⊃保険料の一部または全部を普通株に投資し，その運用益を当該保険契約者に利益還元する方式の保険］

equity market 株式市場［⊃企業が株式を発行して長期資金を調達する市場．stock market とも言う．対語は debt market(債券市場)] ⇒capital market ► The current equity market is driven by technology stocks. 現在の株式相場はハイテク株が牽引役だ / Major equity markets are internationally integrated. 主要株式市場は国際的な結びつきが強い /The financial crisis has hurt senior citizens who have put their retirement money into equity markets. 金融危機は退職金を株式市場に投資していた高齢者層に打撃を与えた

equity method =equity accounting

equity of redemption (エクイティ上の)受戻し権［⊃抵当権の被担保債券である住宅ローンなどにつき債務者が債務不履行に陥った場合でも，抵当権が実行(foreclosure)される前なら，債権者に対して元利ならびに付帯経費を弁済することで担保目的物を取り戻し，その処分を免れることができる権利．もともと，衡平法の下での権利であったためにequityという語が使われている．right of redemptionとも言う］

equity of taxation 課税の公平［⊃一般に同種の状況にある者は同種の金額を納め，所得の多い者はより多く納税するのが公平とされる］

equity ownership 所有主持分［⊃所有主の企業財産に対する持分］► have 51 percent equity ownership of the acquired company 買収した会社の51パーセントの株を所有する

equity participant エクイティ・パーティシパント［⊃レバレッジドリース契約で，エクイティ・ポーション(equity portion)に出資するレッサー(lessor)の別名．レッサーが複数の参加者で組成されるときに用いられる］⇒leveraged lease

equity participation 資本参加

equity portion エクイティ・ポーション［⊃レバレッジドリース契約で，レッサー(lessor)が自己資金で出資する部分］⇒leveraged lease

equity REIT エクイティ・リート［⊃資本参加型の不動産投資信託．不動産を買い取り，所有不動産の賃料収入と譲渡益とを出資者に還元する］⇒real estate investment trust

equity sales 株式営業

equity security 持分証券，持分有価証券，株券［⊃企業の持分を示す証券］

equity share 《英》普通株式 (=ordinary share)

equity share capital 持分株式資本

equity stake 出資持分，(他社に対しての)持株 ► The company sold its entire equity stake in the hotel chain. 同社はそのホテルチェーンの株式持分の全部を売却した

equity stock 株式［⊃普通株，優先株を含む］

equity structure 資本構成 [⊃総資本の中に占める自己資本と他人資本との割合]
equity sweetener =equity kicker
equity transaction 持分取引 [⊃総資本に増減をもたらす取引]
equity yield 株式の投資利回り
equivalent /ikwívələnt/ a 同等の, 等価値の; 等量の, 同意義の《to》
― n 同等のもの; 相当物; 等価, 等価額, 等価物, 同等物 ► Give me ten dollars or its equivalent in Japanese money. 10ドルか日本のお金で同額の金をください。
era /íərə/ n 時代; 年代; 紀元 ► The country's manufacturing industry has entered an era of high growth. その国の製造業は高度成長の時代に入っている
ERA Equal Rights Amendment
erase /iréis|-z/ vt ぬぐい消す; 削除する; (データを)消す, 消去する ► Declining demand for new cars has erased the profits of automakers. 新車に対する需要の減少は自動車メーカーの利益を消し去った
e-retail n インターネット販売
◇**e-retailing** n
e-retailer n 電子小売業者
ergonomic /ə̀:rgənámik/ a 人間工学的
◇**ergonomically** ad ► an ergonomically designed chair 人間工学的設計の椅子
ergonomics /ə̀:rgənámiks/ n 人間工学, エルゴノミックス
ERISA Employee Retirement Income Security Act
ERM Exchange Rate Mechanism
Ernie /ə́:rni/ n アーニー [⊃(英)割増金付き債券(premium bonds)の当選番号を無作為抽出するコンピュータ] [<electronic random number indicator equipment]
Ernst & Young International アーンスト・アンド・ヤング・インターナショナル ⊃パートナーシップ企業. 世界4大会計監査法人の一つ]
erode /iróud/ vt, vi 腐食[浸食]する[される]; 減少する ► The yen's rise against the dollar and euro are eroding overseas earnings of Japanese exporters. ドルとユーロに対する円の上昇は日本の輸出業者の海外での収益を侵食しつつある / Many banks' capital bases have been eroded as a result of massive bad loans. 巨額の不良融資の結果として, 多くの銀行の資本基盤はむしばまれてきた / A stronger yen erodes the profits made by Japanese companies abroad when they are repatriated. 強い円は, 日本の会社が海外で得た利益を本国へ持ち帰るときに減少させることになる / Quicker inflation can erode the value of bonds' fixed payments. インフレの進行がより速いと債券の固定支払の価値を低減させる
erosion /iróuʒən/ n 腐食, 浸食
◇**erosive** /-siv/ a
◇**erosiveness** n
ERP enterprise resource planning

erratic /irǽtik/ a 風変わりな; 一定しない ► The exchange rate continues to be erratic. 為替レートは引続き大きく動いている
error /érər/ n 誤り; 間違い, 過失, 誤り; エラー ► an error of commission 誤記入 / an error of omission 記入漏れ / an error of posting 転記ミス / an error of principles 誤記入 / Thanks for pointing out the error. 誤りを指摘してくれてありがとう / I made an error in judgment by trusting him. 彼を信じたために誤った判断をした
an error of judgment 判断ミス
human error 人為的ミス
in error 誤って ► If you have received this notice in error, please accept our apologies. このお知らせが誤って届きました場合には, お詫び申し上げます
error correction エラー訂正 [⊃システムがデータの送受信等において生じるエラーを発見し, 訂正すること]
errors and omissions (統計などの)誤差脱漏 ⇨E&OE (errors and omissions excepted)
ESC Economic and Social Committee
escalate /éskəlèit/ v 段階的に拡大する[させる] 《into》; 急騰[上昇]する ► Tensions in the region have escalated in recent weeks. その地域の緊張はここ数週間で高まった
escalating annuity 逓増年金 (=increasing annuity)
escalation /èskəléiʃən/ n 段階的拡大; (価格・賃金の)物価スライドでの引上げ
escalation clause =escalator clause
escalator /éskəlèitər/ n エスカレーター
escalator clause スライド条項 [⊃物価変動, 原材料価格の上昇等により事情が変化し, 当初の報酬, 代金のままでは不当となる場合に, しかるべき変更を認める規定]
ESCAP /éskæp/ Economic and Social Commission for Asia and the Pacific (国連)アジア・太平洋経済社会委員会, エスキャップ [⊃国連地域経済委員会の一つ. 域内経済社会発展促進を目的とする. 1947年にアジア極東経済委員会として設立. 64か国・地域が参加している]
escape /iskéip/ v 逃げる《from》; 脱出する; 免れる ► Due to the housing meltdown, the economy may not be able to escape recession. 住宅産業の壊滅的な状況を考えると, その国の経済は景気後退を逃れることはできないかもしれない
there is no escaping [you can't escape] the fact that ... ということは紛れもない事実だ
― n 逃亡, 脱出; 漏れ; 【コンピュータ】エスケープ(キー)
a narrow escape 九死に一生を得ること
make one's escape 逃げる
― a (現実)逃避の
◇**escapement** n 脱出(口)
escape clause 例外規定, 特例規定 [⊃契約書上の原則に対する例外を定めている条項.「別段の定めがない限り」と言うときの「別段の定め」がこ

escheat /istʃíːt/ n 相続財産の国庫帰属［⇨相続人不存在のため,故人の財産が国のものになること］

eschew /istʃúː/ vt 避ける ► The cosmetic company eschewed testing products on animals. その化粧品会社は動物を使って製品をテストすることを避けた
◇**eschewal** n

escrow /éskrou/ n エスクロー［⇨契約当事者のAが相手方Bに対する義務を完全に履行するまで,第三者がAに属する金銭その他の財産または書面を預かっておく制度.不動産取引およびM&Aで頻繁に利用されている］; エスクロー勘定

in escrow エスクロー(勘定)で（✚特に不動産取引で契約成立までの預託）► hold the earnest money in escrow until まで,内金をエスクロー勘定で管理しておく

— v エスクローとして(第三者に)預託する《with》
► The home seller agrees to escrow the sum of $1,000 with his attorney. 住宅譲渡者は1,000ドルをエスクローとして弁護士に預託することに同意する

escrow account エスクロー勘定［⇨一方当事者の義務が履行されるまで,他方が払い渡すべき金銭などを弁護士のような信用できる第三者が預かっておくための勘定］

escrow agent エスクロー・エージェント［⇨エスクローにおいて中立的立場で金銭・物品を預かる者・機関］

escrow fund エスクローファンド［⇨集団訴訟での和解金等を管理し,分配するためエスクロー勘定に預け入れた資金］

ESO employee stock option

ESOP /íːsɑp/ employee stock option plan; employee share [stock] ownership plan

espacenet n エスパスネット［⇨ヨーロッパ特許庁が提供している無料の特許データベース］

especial /ispéʃəl/ a 特別の, 格別の

especially ad 特に, とりわけ; 著しく
► We'd like to thank everyone for attending, especially since we had to call this meeting on such short notice. 急な通知にもかかわらずこの会議に出席してくださった皆様に心から感謝いたします / We're especially looking for someone who has extensive experience in the field of risk management. 当社では特にリスク管理の分野で広汎な経験を持っている人を探しています

espionage /éspiənɑːʒ/ n スパイ行為; 諜報活動; 偵察 ► industrial espionage 産業スパイ活動 / engage in industrial espionage 産業スパイ活動を行う / prevent industrial espionage 産業スパイ行動を防ぐ［<仏］

ESPN 《商標》イーエスピーエヌ［⇨米国のスポーツ専門のケーブル局. 各種スポーツ中継, スポーツニュースを放送］［<Entertainment Sports Network］

Esq. 《米》先生［⇨アメリカで, 書面上, 弁護士名の後ろに付ける敬称. Esquireの略］

ESS employee self service

essay n /ései/ 小論, 評論, 試論; 随筆, エッセー; /また-́-/ 試み《at, in》► He writes essays on business ethics for a leading magazine. ある一流雑誌のためにビジネス倫理についてのエッセイを書いている
— vt /-́-/ 試みる, 企てる
◇**essayist** n 随筆家

essence /ésns/ n 本質, 精髄; 精, エキス; エッセンス; 実体

in essence 本質的に

of the essence 極めて重要な, 肝要で ▣ The obligation of SELLER to ship or deliver the Goods punctually by the time or within the period specified on the face of this Contract is of the essence of this Contract. 当該商品の船積もしくは引渡について, 時間を厳守しまたは本契約の表頁記載の期間内になすべき「売主」の義務は, 本契約の極めて重要な要素を構成する

essential /isénʃəl/ a 必須の《to, for》; 基本的な; 本質的な, 実質の; 精粋の, エキスの

it is essential that ということは肝要である ► It is essential that you understand the terms of the agreement. 契約条件をご理解いただくことが何よりも重要です / It is absolutely essential that the government balance the national budget. 政府が国家予算を均衡させることは絶対に重要だ

— n 《通例 ~s》要素, 要点, 本質
in (all) essentials 本質[基本]的には
◇**essentiality** n

essentially ad 本質的に, 本来; ぜひとも
► He essentially ran the company by himself. 彼は基本的にその会社を独力で経営した

essential patents 基本特許, 必須特許［⇨特定の技術を実施するために保有することまたはライセンスを受けることが必要な特許］

essential personnel (必要最小限の)要員

essential quality 品位

EST Eastern Standard Time

est. established; estimated

establish /istǽbliʃ/ vt 設立する; 確立する; 制定する;（地位・職業などに）落ち着かせる; 証明する《that》► an established food processing company who knows the market well 市場をよく知っている既存の食品処理会社 / We have established our first subsidiary overseas. 当社は海外での最初の子会社を設立した / Both developed and developing countries need to establish policies that encourage free trade. 先進国と発展途上国の両方が自由貿易を促進する政策を確立する必要がある / The company has established a foothold in the market. その会社は市場で足場を得た

establish oneself 名声を得る, 地歩を固める
it is well established that は確立している

establishment n 設立; 確立, 制定; 制度; 施設;《the E-》既成の権力機構, 体制; 組織; 支配者層 ► the establishment of a corporation

法人の設立 / His main aim in life was the establishment of a successful business. 彼の人生の主要な目的は企業を設立して成功させることであった / The merger agreement called for the establishment of a holding company. その合併契約は持株会社の設立を必要とした

establishment survey 事業所調査 [⇨失業率を集計する家計調査(household survey)なども米雇用統計の基礎データを収集するための調査で、約40万の事業所(従業員数約5,000万人)を対象に非農業部門就業者数、週平均労働時間、時間当たり賃金が集計される。payroll surveyとも言う]

estate /istéit/ n 地所、私有地; 財産(権)、不動産権、地位、相続財産 ► estate for life 終身不動産権 / estate for years 定期不動産権 / real estate 不動産 / personal estate 動産 / trust estate 信託財産 / a real estate appraiser 不動産鑑定士

the fourth estate (戯)言論界、新聞記者連
the third estate 中産階級
the three estates (英国で)上院の主教議員・貴族議員・下院議員

estate agency 《英》不動産屋 (=《米》real estate agency)

estate agent 《英》不動産仲介業者
estate duty 《英》相続税
estate in common 共有不動産権
estate planning 相続税対策
estate tax 遺産税

> [解説] 米国の連邦税。遺産にかかる税で、日本の相続税のように相続人にかかる税ではない。死亡すると、死亡者の遺産(estate)という新しい納税主体が創出され、遺産管理人が遺産税を申告する。2007年現在、遺産額200万ドルまでは遺産税はかからない。連邦の遺産税とは別に相続税(inheritance tax)または遺産税(estate tax)を持つ州がある

est(d) established 創立、創業; estimated 見積もられた、推定の、予定の

Estée Lauder 《商標》エスティローダー [⇨米国の高級化粧品ブランド。1993年以来、乳癌研究基金への高額企業スポンサーでもある]

esteem /istí:m/ vt 重んじる、尊敬する; 思う ► be highly esteemed 高い評価を得ている; 強い尊敬を集めている

— n 尊重、尊敬 ► be held in high [low] esteem 高く[低く]評価されている

estimate v /éstəmèit/ 見積もる(at); 概算する; 評価する; 推定する; (性格・性質などを)判断する ► We estimated the costs. われわれはその経費を見積もった / The company estimated an operating profit of ¥60 billion. 同社は営業利益が600億円になると推定した / Estimate how much cash you need each week. 毎週いくらの現金が必要か見積もりなさい

estimated time of arrival [departure] 到着[出発]予定時刻 (ETA, ETD)

— n /-mət/ ❶ 見積り(書)、概算(書) ► ask for [prepare, submit] an estimate 見積りを頼む[作成する、提出する] / provide a rough estimate of the cost 原価の概要見積りを提供する / beat estimates 予想を上回る / have an estimate on ... の見積りをもらう / Could you give an estimate of the cost involved? 必要なコストの見積額を教えていただけますか / The plumber gave an estimate of $50 for the job. 配管工はその仕事を50ドルと見積もった

❷ 推定値、予想値 ► a final [preliminary] estimate 最終[暫定]推定値 / above [below, in line with] estimate 推定値を上回る[を下回る、の範囲内の] / derive an estimate 推定値を求める / revise down [upward] the estimate 推定値を下方[上方]修正する / Major electronics manufacturers are revising their earnings estimates downward for the year ending in March. 3月に終わる年度について大手の電子機器メーカーは収益予想を下方修正しつつある

at a rough estimate 大ざっぱに見積もって

estimate cost 見積原価 (=estimated cost, estimated expense, estimated charge) [⇨過去の実際原価を基礎に見積もった原価]

estimated a 見積りの; 概算の ► US banks will need an estimated $1.5 trillion in additional funds to ward off bankruptcy. 米国の銀行は破産を避けるには1.5兆ドルと推定される追加資金を必要とする

estimated amount 評価額、(対価の)見積額 (=appraised value)

estimated cost 見積原価 ► the estimated cost of construction 見積工事原価 / the estimated cost to complete 完成までの予想工事原価

estimated earnings 予想利益 [⇨企業の将来の利益についての証券アナリストの予想額] ► The estimated earnings for this fiscal year have been slashed by 28%. 今事業年度の予想利益は28%引き下げられた

estimated economic life 見積経済的耐用年数

estimated expense 見積費用
estimated liability 見積負債
estimated price 見積価格、予定価格
estimated purchase 見積購入額
estimated realisation price 《英》実現見積価格 (ERP) [⇨通常、市場価値(market value)は、販売期間を価格時点の前に設定するが、ERPは、販売期間を価格時点の後に設定している]

estimated realization value 見積実現可能価額

estimated remaining revenues 予想残存収益

estimated residual service life 見積残余耐用年数

estimated residual useful life 見積残存耐用年数

estimated residual value 見積残存価値

estimated restricted realisation price 《英》限定実現見積価格,「早期売却市場価格」(ERRP) [➲ 通常, 市場価値(market value)は, 販売期間を価格時点の前に設定するが, ERRPは販売期間を価格時点の後に設定し, その販売期間は, 合理的な販売期間よりも短い期間を設定する]

estimated salvage value 見積残存価額, 見積廃棄価値

estimated selling price 見積販売価格, 予想売価

estimated service life 見積耐用年数, 予定耐用年数

estimated standard 《しばしば ~s》予定標準, 見積原価基準

estimated tax 予定納税額

estimated tax payable 見積未払税額

estimated time of arrival 到着予定時刻 (ETA)

estimated time of departure 出発予定時刻 (ETD)

estimated ultimate reserves 推定究極埋蔵量 [➲ 地球の組成などから推定した, 究極の資源埋蔵量のこと]

estimated usable period 見積使用可能期間

estimated useful life 見積耐用年数 [➲ 固定資産の利用期間]

estimated value 見積額, 評価額

estimated wage rate 予定賃率

estimated warranty liability 見積製品保証債務

estimate item 見積事項, 見積項目

estimate of production 生産見積り

estimate of purchase 仕入高見積り, 見積仕入高, 購入見積り

estimate of sales 予想売上高, 見積売上高, 売上見積り

estimation /èstəméiʃən/ n ❶ 判断, 意見; 評価; 見積り; 尊重 ▶ go up [down] in one's estimation 評価が上がる[下がる] ❷ 見積り, 概算 ▶ make an estimation of one's expenditures 経費を見積もる

estimation sampling for attributes 属性推定サンプリング [➲ 内部統制の評定に適したサンプリング法]

estimation sampling for variables 変数推定サンプリング [➲ 勘定の金額の妥当性の検証に適したサンプリング法]

estimator /éstəmèitər/ n 建築積算士 [➲ 設計図・仕様書などから必要な材料, その数量, 費用などを割り出す専門家. cost estimator とも言う]

estoppel /estápəl/ n 禁反言 [➲ 行為, 言葉などにより一定の事実または事実の状態について表示をし, 特に他の者がその表示を信頼して行動を起こした場合, あとで先の立場と矛盾する主張をすることを禁じること]

Estroven 《商標》エストロベン [➲ 米国の女性用ホルモンバランス剤. 大豆イソフラボン, 各種ハーブで作られ, 閉経後の皮膚の紅潮などを抑える効果がある]

ETA estimated time of arrival

e-tailer /í:tèilər/ n 電子小売業者, ネット小売業者 (=e-retailer)

e-tailing n 電子小売業 (=e-retailing)

et al. /et ǽl, á:l/ そしてほかの所で; そしてほかの人[物] ▶ a book edited by Smith et al. スミスほか編集の本 [<ラ]

etc. et cetera (✚ &c. とも書く)

et cetera /et sétərə/ …など (etc.) [<ラ]

etch /etʃ/ v 刻み込む; くっきりと描き出す; エッチングする

etched in stone 《略式》確定していて ▶ We can consider other options. This one is not etched in stone. ほかの選択も考慮できるが, この選択は確定的ではなく, 変更可能だ

ETD estimated time of departure

ETF exchange-traded fund

Ethan Allen 《商標》イーセン・アーレン [➲ 米国の家具の店. 中クラスの価格の家具を製造, 販売している. 家具からカーテンまでインテリアに必要な品を提供]

ethic /éθik/ a =ethical
— n 価値体系; 倫理 ▶ The company aims to foster a strong work ethic among its employees. 同社は従業員の間に強固な勤労意欲を育成することを目指している

ethical /éθikəl/ a 道徳(上)の; 倫理的な ▶ We take ethical investment very seriously. 当社は倫理的投資を重視している / Some companies are famous for their ethical behavior. 倫理的行動をするので有名な会社もある / Managers encounter various ethical issues in decision making. 管理職は, 意志決定にあたって, いろいろな倫理問題に突き当たる
◇**ethically** ad 倫理的に ▶ Ethically responsible companies want to do the right thing in any area. 倫理的な責任を取る会社はどの分野でも正しいことをするのを望む

ethical fund 社会的責任投資ファンド [➲ 企業としての社会的責任(CSR)を果たしている企業に運用先を絞りこんでいるファンド]

ethical investment 倫理(的)投資 [➲ 企業の経営倫理や社会的責任を判断基準として投資すること]

ethics /éθiks/ n 倫理(学) ▶ corporate [professional] ethics 産業[職業]倫理 / Some companies have a code of ethics. 会社によっては倫理綱領を定めている

ethnic /éθnik/, **ethnical** a 民族の; 少数民族の; 民族学的な; エスニックの; 《米略式》異国の (語法) non-white(非白人)を指す婉曲語として Asian や black の代わりに用いられる) ▶ Our employees come from different ethnic backgrounds. 当社の従業員はいろいろ異なった人種的背景を持っている
— n 少数民族の一員, 人種的少数派; 《~s》民族的背景
◇**ethnically** ad ▶ ethnically devided 民族が分裂した

ethos /í:θɑs/ n (文化の)精神; 気風; エトス

► company ethos（精神文化的な）社風, 会社としての気概

e-ticket n 電子（航空）券

etiquette /étikit, -kèt/ n 礼儀, 作法; 慣例
► business etiquette ビジネスエチケット [⇒会社の内外で求められる礼儀作法] [<仏]

ETR effective tax rate

e-trade n 電子商取引

ETS Educational Testing Service [⇒SAT, TOEFL, TOEIC などのテストの実施を中心として広く教育全般にかかわる活動を行っている米国の民間組織]

et seq. …条[項]以下

EU European Union 欧州連合 [⇒1992年に欧州連合条約（マーストリヒト条約）によって創設され, 27の加盟国からなる. EU の柱は, 欧州共同体（EC）と共通外交・安全保障政策（CFSP）, そして司法内務協力の3つである] ⇨CFSP

Euclid case（the ~）ユークリッド訴訟 [⇒米国オハイオ州クリーブランド市郊外のユークリッドを舞台にして争われ, 用途地域制の合憲性を認めた裁判]

Euclidean zoning ユークリッド・ゾーニング [⇒用途別に地域を分け, それぞれの敷地を単一の用途に割り当てようとする手法]

EULA end-user license agreement

EU law ヨーロッパ連合法

EU presidency EU 議長国 [⇒EU の議長国は, 持ち回り制で半年ごとに交代する. 1月から6月までが前期, 7月から12月が後期]

EURATOM /juərǽtəm/ n European Atomic Energy Community 欧州原子力共同体, ユーラトム [⇒現在の EU の前身にあたる EC において欧州経済共同体（EEC）と欧州石炭・鉄鋼共同体と並んで三本柱の一つであったが, 現在も EU の一機関として存続している]

Eureka /juərí:ka/ n ❶ ユーレカ計画, 欧州先端技術共同研究計画 [⇒アメリカの戦略防衛構想などに関する先端技術を取り戻すことを目的に, EU が中心になって進めている先端技術開発プロジェクト] ❷《商標》ユーレカ [⇒米国の掃除機のブランド]

[語源] アルキメデスが王冠の金の純度を測る方法を発見したときの叫び声から. ギリシャ語で"I have found it!"の意味. カナ書きでは「ユリイカ」「ユリーカ」などとする.

Eurex /júəreks/ n ユーレックス [⇒1998年, DTB（ドイツ金融先物取引所）と SOFFEX（スイス・オプション金融先物取引所）の統合により発足] [<European Derivatives Exchange]

Euribor Euro Interbank Offered Rate 欧州銀行間取引金利 [⇒EU 圏内の主要銀行を対象に対銀行貸出レートの聞き取り調査を行い, 上下15%を除いた平均値を公表するもの]

euro /júərou/ n ユーロ

[解説] 1999年1月に欧州連合（EU）加盟国のうち11か国で ECU に代わって導入された共通通貨. 補助通貨としてセント（1 euro=100 cents）がある. 2002年1月から紙幣と硬貨が発行された. 2009年1月現在の使用国はアイルランド, イタリア, オーストリア, オランダ, キュプロス, ギリシャ, スペイン, スロバキア, スロベニア, ドイツ, フィンランド, フランス, ベルギー, ポルトガル, マルタ, ルクセンブルクの16か国. euro の発音はドイツ語の「オイロ」, フランス語の「ウロ」, イタリア語の「エウロ」, ギリシャ語の「エヴロ」のように使用国の言語によって異なるが, 日本では「ユーロ」で統一されている. euro の複数の英語表記は, EU の公式表記では単複同形（たとえば 10 euro）であるが, 一般には語尾に -s を付けた複数形（たとえば 10 euros）が使用されている. cent についても同様である

Euro- /júərou/「欧州の」,「ヨーロッパの」,「ユーロ市場の」

euro area = euro zone

Euro-Atlantic Partnership Council（the ~）欧州・大西洋パートナーシップ理事会（EAPC）[⇒北大西洋協力会議（NACC）を通じた政治的協力関係および PfP による協力の双方を一層強化する枠組みとして NACC に代わって創設]

Eurobank n ユーロ銀行, ユーロバンク [⇒ユーロ市場で活動する国際銀行]

Eurobond n ユーロ債 [⇒ロンドンを中心とするユーロ市場など, 発行通貨の国内市場以外の市場で発行される債券. ユーロ建て債とは別の概念]

Eurocard n ユーロカード [⇒ヨーロッパの銀行系クレジット・カードで, マスターカードの傘下にある]

Eurocheque n ユーロチェック [⇒欧州共通の小切手]

Euroclear n ユーロクリア [⇒ユーロバンク間の取引決済機関. ブリュッセルに本拠を置く]

Eurocrat n ユーロクラット, 欧州官僚 [⇒欧州委員会委員を支える官僚を一般的にこう呼ぶ] [<Euro-+technocrat（官僚）]

Euro-creep n ユーロの域外使用[進出]

Euro currency, Eurocurrency ユーロ・カレンシー [⇒発行国以外の銀行に預け入れてある通貨で, 大部分はユーロダラーで占められている. この種の資金は大部分がロンドンを中心とする欧州域内の銀行が管理していることからこの名がある]

Eurodollar n ユーロドル, ユーロダラー [⇒発行国である米国を離れて他国で流通する米国のドルで, 大部分がロンドン等欧州域内の銀行に置かれているためこう呼ばれる]

Eurodollar bond ユーロドル債

Eurodollar certificate of deposit ユーロドル建 CD

Eurodollar deposits ユーロドル建預金

Eurodollar market ユーロダラー市場

euro-equity issue 海外でのエクイティファイナンス, 株式のグローバル発行

Euroland, euroland n ユーロランド [⇒euro zone と同じ意味だが, informal な表現] ◇**Eurolander** n

Euromarket n 欧州共同市場; ユーロカレンシーの金融市場

Euro medium-term note ユーロ中期債（EMTN）

Euronext n ユーロネクスト [⇒パリとアムステ

ルダムとブリュッセルの証券取引所が合併して2000年に設立された新証券取引所の名称. 2006年にニューヨーク証券取引所(NYSE)と合併し, 現在はNYSE Euronext, Inc.]

Euronext.liffe *n* ユーロネクストの先物・オプション取引所 [⇨2002年に Euronext がロンドン国際金融先物取引所(LIFFE)を買収して発足]

European /jùərəpí:ən/ *a*, *n* 欧州の; EUの; 欧州人(の); 《英》白人の

European Atomic Energy Community 《the ~》⇨EURATOM

European Bank for Reconstruction and Development 欧州復興開発銀行 (EBRD) [⇨旧ソ連東欧諸国の市場経済への移行を支援する目的で1991年に設立された国際金融機関]

European Central Bank 欧州中央銀行 (ECB) [⇨共通通貨ユーロの発行とユーロ圏の金融政策につき責任を負っている中央銀行. 意思決定機関である Governing Council (理事会) は, 総裁を初めとする6名の ECB 理事とユーロ参加国の中央銀行総裁で構成. ドイツのフランクフルトに本部を置く]

European Central Bank's deposit rate 欧州中央銀行の預金金利 [⇨民間金融機関によるオーバーナイト預金に適用される金利. 普通は政策金利を下回っているため, 事実上, 短期金利の下限を画している] (=ECB's deposit rate)

European Central Bank's marginal lending rate 欧州中央銀行の限界貸出金利 [⇨短期金融市場でのオーバーナイト物(翌日物)金利. 通常政策金利を上回る水準にあり, 事実上短期金利の上限を画している]

European Central Bank's minimum bid rate 定例オペ金利, 最低入札金利 [⇨欧州中央銀行の理事会が決定する政策金利であり, refi rate, refinancing rate とも言う. 民間金融機関への資金の供給・引揚げは売戻しまたは買戻し条件付の債券の売買という形式であり, その条件を決める変動金利の入札に際して最低限の応札金利をあらかじめ公表することで中央銀行の金融調節への姿勢がわかるようになっている]

European Coal and Steel Community 《the ~》欧州石炭鉄鋼共同体 (ECSC) [⇨石炭と鉄鋼を共同で管理するために, 1951年にESEC 条約(パリ条約)によって設立された欧州機関. フランスとドイツの対立を解消することが主な目的で, EC の基礎的枠組みを提供した]

European Commission 《the ~》欧州委員会 (EC) (=Commission of the European Communities) [⇨上に欧州理事会 (European Council)を戴く欧州連合(EU)の行政執行機関で, 任期5年の27人の委員で構成され, その配下に総局と呼ばれる官僚組織がある. 国家における内閣に相当する行政組織]

European Commissioner 欧州委員会委員 ⇨European Commission

European Common Market 欧州共同市場 [⇨European Ecomomic Community の俗称]

European Community [Communities] 欧州共同体 (EC) ⇨EC

European Community law 欧州共同体法 [⇨欧州統合を目指すEUの法体系システム. アムステルダム条約などの基本条約, 規則・指令・決定などの派生法, 欧州裁判所の判例で構成される]

European Council 《the ~》欧州理事会 [⇨1974年に設置された EC および EU の最高意思決定機関. EC委員会委員長と各国首脳とで構成される]

European Court of Justice ヨーロッパ司法裁判所

European Currency Unit 《the ~》欧州通貨単位 (ECU) [⇨1979年に欧州通貨制度(EMS)が発足したときに導入された欧州通貨の単位. EC 加盟国間の中央銀行決済や農産物価格の計算単位に使われた. 現在はユーロ(euro)に代わった]

European Depositary Receipt 欧州預託証券 (EDR)

European Derivatives Exchange ⇨Eurex

European Economic Area 《the ~》欧州経済地域 (EEA) [⇨中立政策をとる欧州国家(アイスランド, ノルウェー, リヒテンシュタイン)が EU の加盟国にならずとも欧州単一市場に参画できるようにした制度的枠組み]

European Economic Community 《the ~》欧州経済共同体 ⇨EEC

European Free Trade Area =European Free Trade Association

European Free Trade Association 《the ~》欧州自由貿易連合, エフタ (EFTA) [⇨EECに対抗するため, 1960年に英国など7か国が結集して作った自由貿易地域. 現在加盟国はアイスランド・リヒテンシュタイン・ノルウェー・スイスの4か国だが, スイス以外の3か国は, EU に加盟しないまま欧州単一市場に参画するため, EU と共同して欧州経済地域(EEA)を設立するに至っている]

European interbank offered rate ⇨Euribor

European Investment Bank 《the ~》欧州投資銀行 (EIB) [⇨統合の深化によって生じる格差を是正し, EU の経済的社会的結束を促進するために1958年のローマ条約によって設立された金融機関]

European Monetary System 《the ~》欧州通貨制度 (EMS) [⇨1979年の欧州通貨同盟の危機を打開, その後の通貨統合の準備として導入された為替相場をコントロールする制度. 1999年のユーロ導入でその役目をひとまず終えた]

European Monetary Union 欧州通貨連合 (EMU) [⇨欧州通貨制度(EMS)と平行して金融面での統合を進めた構想で, 統一通貨ユーロを実現させた. 正しくは Economic and Monetary Union (経済通貨同盟)と言う]

European option ユーロピアン・オプション [⇨満期時点においてのみ権利行使が可能なオプション]

European Options Exchange ユーロピアン・オプション取引所 (EOE) [⇨Euronext 傘

下のアムステルダム証券取引所のオプション取引部門]

European Parliament 《the ~》欧州議会 [⇨ストラスブールにあるEUの立法機関. 議員は欧州市民の直接選挙で選ばれる. 徐々に権限を増してきているが, 未だに諮問機関的な性格を残している]

European Patent ヨーロッパ特許 [⇨ヨーロッパ特許庁がヨーロッパ特許条約に基づいて発行する特許. 出願人が指定した国において権利が発生する]

European Patent Convention ヨーロッパ特許条約 (EPC) [⇨ヨーロッパ特許機構およびヨーロッパ特許庁, 並びにヨーロッパ特許の付与および審査の制度を創設した条約]

European Patent Office ヨーロッパ特許庁 (EPO) [⇨ヨーロッパ特許の出願がなされる官庁]

European plan (ホテル料金の) ヨーロッパ式 [⇨食事代は別]

European Regional Development Fund 欧州地域開発基金 [⇨EU域内で開発の遅れている地域に重点的に開発資金を投下することを目的とする基金]

European Snake 《the ~》スネーク制度 [⇨1972年4月からフランス, 西ドイツ, イタリア, オランダ, ベルギー, ルクセンブルクのEC6か国が発足させた, 加盟国通貨間の交換レートの変動幅を2.25%以内とする変動幅制度. 加盟通貨が非加盟通貨に対してあたかも帯のように変動したためにこのような名称で呼ばれた]

European Union 《the ~》欧州連合 ⇨EU
European Union law 欧州連合法 ⇨European Community law
Europort n ユーロポート [⇨オランダのロッテルダム付近]
Eurostar n ユーロスター [⇨ドーバー海底トンネル (Channel Tunnel) を通る高速旅客列車] ⇨Eurotunnel
Eurotunnel n ユーロトンネル [⇨ドーバー海峡 [英仏海峡] トンネル (Channel Tunnel, Euro Tunnel). また, そこを通る鉄道を所有・運営する会社. その権益は2086年までと定められている]
Eurovision n 西欧テレビ放送網
Euroyen n ユーロ円 [⇨日本国外で流通している円]
Euroyen market ユーロ円市場
euro zone, eurozone, Eurozone ユーロ圏, ユーロゾーン [⇨ユーロ (euro) を単一通貨として共有している地域. 2009年1月現在のユーロ使用国はアイルランド, イタリア, オーストリア, オランダ, キュプロス, ギリシャ, スペイン, スロバキア, スロベニア, ドイツ, フィンランド, フランス, ベルギー, ポルトガル, マルタ, ルクセンブルクの16か国] ⇨euro ▶ Countries in the euro zone have also released their own fiscal stimulus plans. ユーロ圏の諸国もまた独自の財政刺激策を発表した / Euro zone economies have not been left unscathed by the global recession. ユーロ圏諸国の経済は世界的な景気後退による痛手を受けずにはすまなかった

eutrophication /juːtrəfikéiʃən/ n (河川・湖などの) 富栄養化 (✿汚染を示す)
◇**eutrophied** /júːtrəfid/ a
EV embedded value; enterprise value
EVA extravehicular activity; economic value added
evade /ivéid/ vt 逃れる, 免れる; はぐらかす, ごまかす ▶ He evaded my question. 彼は私の質問をはぐらかした

evaluate /ivǽljuèit/ vt 評価する
▶ How would you evaluate his job performance? 彼の業務遂行実績をどのように評価されますか / Evaluate the outcomes of the innovation. その改革の結果を評価しなさい

evaluation /ivæljuéiʃən/ n 評価, 見積り; 鑑定 ▶ evaluation of internal control 内部統制の信頼性評価 / evaluation of performance 業績評価 / evaluation of risk 危険 (の) 査定

evaporate /ivǽpərèit/ vi 蒸気になる, 蒸発する; 消滅する ▶ Companies saw their profits evaporate into thin air as the recession deepened. 各社は景気後退の深化につれて利益が跡形もなく蒸発したのを経験した / The market for gas-guzzling cars is beginning to evaporate. 高燃費車の市場は蒸発し始めている
— vt 蒸発させる

even /íːvən/ a 平らな; 水平の 《with》; 一様の; 等しい; (数が) 偶数の; ちょうどの; 端数のない; 規則的な; 対等の; 貸し借りのない; 落ち着いた; 公平な
▶ Through cost cutting, the company managed to **break even** last year. 経費削減によって, 同社は昨年なんとか収支とんとんに持ち込んだ / The company barely **broke even** last year. その会社は昨年どうようじて収支が合っている状態だった
[成句] an even chance 五分五分 break even 《略式》損得なしである of even date 同一日付の
— ad …さえ, すら; なお, いっそう; ちょうど; まさに; 確かに
▶ The sluggish economy has **even** caused the wealthy to cut back on extravagant spending. 景気の停滞が原因で富裕層さえ贅沢支出を削減している / The chipmaker expects the next fiscal year to be **even** worse. その半導体メーカーは来事業年度にはもっと悪化することを予期している / **Even** companies that usually hold up during economic downturns have been hit hard as consumers keep cutting back on spending. 消費者が支出を削減し続けるにつれて, 景気下降期でも普通なら持ちこたえられる会社さえ強烈な打撃を受けた / He didn't **even** say a single word during the meeting. 会議の間中, あの人は一言すらしゃべらなかった / **Even as** world leaders call for the prevention of protectionism, they are having a hard time actually following through it in their home country. 世界の指導者は, 保護主義の阻止を呼び掛ける一方で, 自国内ではその方針を実際に貫徹するのに困難を経験している / **Even if** I had the money, I wouldn't buy it. お金があっても, それを買わないだ

ろう / **Even now**, domestic travel is still very popular. 今でもなお, 国内旅行は大変人気がある / **Even so**, you shouldn't be rude to customers. たとえそうであっても, お客様に対して失礼にすべきではない / **Even with** cost cuts, the company is still not making a profit. コストを削減しても, その会社はまだ利益を出せないでいる

感連 *even as* まさに…するときに *even if* [*though*] たとえ…でも *even now* [*then*] 今[その時]でも *even so* それはそうでも, それにしても *even with* にもかかわらず

― *v* 平らにする[なる], ならす; 平等にする[なる]
感連 *even out* むらをなくす[がなくなる] *even up* 平等にする; 報いる, 仕返しする《*on*, *with*》
◇**evenness** *n*

evening /í:vniŋ/ *n* 夕方, 日暮れ; 晩;《米南部・中部》午後;（催し物の）夕べ ► The stock gained 5% during evening trading hours. その銘柄は夕方の取引時間の間に5%も値上がりした
◇**evenings** *ad*《米》毎夕

evening paper 夕刊

evenly *ad* 平らに; 平等に; 平静に ► Many opponents of the stimulus plan argue that funding is not distributed evenly across industries. 刺激策に反対する者の多くは資金援助が全業界に平等に分配されていないことを指摘する / My investment portfolio is evenly allocated between stocks and bonds. 私の投資ポートフォリオは株式と債券に均等に配分されている

event /ivént/ *n* ❶ 出来事;（大）事件; 催事, イベント; 成り行き, 結果; もしもの場合; 核事故 ► The economic summit is an annual event that draws the world's top leaders and financial ministers. 経済サミットは年に1度のイベントで世界の最高指導者と財務大臣を集めて開かれる / Participating in local events can help build up the company's public image. 地元のイベントへの参加は世間における会社のイメージを確立する一助となる ❷【統計】事象［⇨行動の結果として起こる可能なできごと］

at all events とにかく
in any event どっちみち, いずれにしても ► In any event, just call me if you need my help. とにかく, 助けがいるなら電話して
in either event いずれにせよ
in most events たいてい
in that event その場合には
in the event 結局
in the event of [*that*] の場合には ► In the event of rain, the party will be held indoors. 雨天の場合は, パーティーは屋内で開催します
in the natural [*normal*] *course of events* 普通の成り行きでは
quite an event 大変な騒ぎ
◇**eventful** *a* 多事な, 波乱に富んだ; 重大な

event-driven イベント・ドリブン［⇨ヘッジファンドの投資スタイルの一つで, 経営破綻や企業合併などイベントの成否に賭ける投資戦略を言う］⇨ investing style

event marketing イベントマーケティング［⇨展示会, セミナー, スポーツゲームなどのイベントを通じて顧客を開拓するアプローチ］

event of default デフォルト（債務不履行）の事由 ► the loss suffered by the lender in the event of default by the borrower 借り手による債務不履行の際に貸し手が被る損失

event risk イベント・リスク［⇨債券発行会社の信用度が落ち, 債券の格付が下方修正されるリスク. こうした事態に備え, 所定の事由が生じた場合に, 債券保有者に額面での償還を保証する特約条項（poison put条項）が債券発行契約に入れられたりする］

eventual /ivéntʃuəl/ *a* 最後の; 起こり得る, ありうる
◇**eventuality** *n* 偶発的事件; 万一の場合; 偶発性

eventually *ad* ついに(は); いつかは; やっと ► I eventually got a hold of him. ようやく彼と連絡がとれた / Eventually, China needs to lower its dependence on exports and generate domestic demand. いずれは, 中国は輸出に対する依存を低めて国内需要を生み出す必要がある / Lower prices and interest rates will eventually bolster demand. 価格と金利の引下げは, いつかは, 需要を増大させるだろう

eventuate /ivéntʃuèit/ *vi* 結局…になる《*in*》;《米》起こる

even yield curve 水平イールドカーブ, 水平利回り曲線［⇨水平に近いイールドカーブ. 短期金利と長期金利が同じ水準の状況を表わす. 景気の変わり目を示唆するとされる］⇨ yield curve

ever /évər/ *ad* 常に; いつか, かつて;（強意）いったい, いやしくも;（最上級の形容詞・副詞とともに用いて）これまでで

► The S&P's 500 index fell nearly 19% in December, its worst showing **ever** in the past year. S＆P 500指数は12月に約19％下落したが, これは過去1年間で最悪の成績だった / The **ever** intensified price competition has made it hard for electronics makers to stay in the black. 激化する一方の価格競争は電子機器メーカー黒字を維持するのを難しくさせている / The company announced an operating loss of $5 billion for this business year, the first **ever** in over 25 years. 同社は今事業年度について50億ドルの営業損失を発表したが, これは25年を超える期間で初めての営業赤字だった / Have you **ever** tried investing in foreign bonds? 外国の債券に投資してみたことがありますか / He is as stubborn **as ever**. 彼は相変わらず強情だ / **As ever**, you'll find that our prices are very competitive. 今までどおり, 当社の価格が他社より安いことをお分かりいただけるでしょう / The new subway line will make commuting **ever more** convenient. 新しい地下鉄路線のおかげで, 通勤がより一層便利になるだろう / **Ever since** I installed the program, the computer has been very slow. そのプログラムをインストールしてから, コンピュータの動きが目に見えて遅くなった / I **hardly ever** go out these days. 最近はほとんど外出しない / People are getting hooked on digital devices **more than ever**. 人々はますますデジタル機器にはまっている / The gap between the rich and the poor is growing faster **than ever**. 貧富の格差は今までに増して急速に拡がりつつある

(成句) *all a person ever does is ...* いつでも…ばかりしている *as ... as ever* 相変わらず… *as ever* いつもの通り *ever after* その後ずっと *ever and again* [*anon*] 時々 *ever more* ますます *ever since* その後ずっと *ever so* 非常に；どんなに…でも *ever such* 非常に *for ever* (and *ever*) =forever *hardly* [*scarcely*] *ever* ほとんど…ない *if ever there was one* (強意) まったくもって，確かに (*more*) *than ever* これまでになく(たくさん) *never ever* 絶対…しない *seldom, if ever* めったに…しない *when, if ever*, 万一…したときには *Yours ever / Ever yours* 敬具 (✚ 手紙の結句)

Eveready 《商標》エバレディー [⇒ 米国 Union Carbide Consumer Products 社製の懐中電灯・電池など]

every /évri/ *a* すべての；あらゆる；(数詞と共に) …ごとに
► **Every** fifth home has a swimming pool. 5軒に1軒はプールがある / Unfortunately, it's impossible for us to interview **every** applicant. 残念ながら，応募者の全員と面接することは不可能です / **Every** employee is entitled to a 10% discount. 従業員は全員10%割引の資格がある / Our bank sends an account statement to customers **every** month. 当銀行では毎月，顧客に預金取引明細書を送付します / I go out drinking with coworkers **every** now and then. 時々同僚たちと飲みに出かける / I try to jog **every** other day. 一日おきにジョギングしようとしている / I like **every** single one of his movies. 彼の映画はどれもみんな好きだ / **Every** time I call him, he's out. 電話しても彼はいない / They disagree with each other in **every** way. 彼らはあらゆる面で意見が違う

(成句) *every now and then / every once in a while / every so often* 時々 *every one* =everyone *every other* [*second, alternate*] *day* 1日おきに [2日ごとに] *every single* [*last*] すべての *every time* 《略式》いつでも；…するたびごとに *every time a person turns around* (人が) 姿を見せるたびに，年がら年じゅう *every which way* 《米略式》四方八方に；めちゃくちゃに *in every way* あらゆる点で

everybody *pron* 誰でも，みんな
► Not **everybody** agrees with his optimistic sales forecast. 彼の楽観的な売上予測に全員が同意しているわけではない

everyday *a* 毎日の；日常の
everyone *pron* 誰でも，みんな (=everybody)
► **Everyone** takes vacation at the same time when the factory closes for 10 days in the summer. 工場が夏に10日間閉鎖されるのと同じように全員が休暇をとる / **Everyone** in the company is worried about job cuts. その会社では全社員が職の削減について心配している

everything *pron* あらゆること，万事；もっとも大切なもの《*to*》
► After testing **everything**, we eventually found the cause of the problem. 何もかも検査したあとで，やっと問題の原因を見つけた / **Everything** is under control now. 今は万事うまくいっている / Career isn't **everything**. 立身出世がすべてではない (✚ 部分否定) / He had **everything** an executive should have. 彼は経営者が持つべき条件をすべて備えていた / **Everything** is in order for tomorrow's meeting. 明日の会議について何もかも準備ができている / They had the contract all drawn up and **everything**. その契約書もすっかり作成してあったし，その他一切が済まされていた

(成句) *and everything* …など一切 *have everything going for one* あらゆる利点 [長所] を備えている

everywhere *ad* いたる所に，至る所に ► Our products have a presence everywhere around the globe. 当社の製品は地球上のどこにも存在感を示している

everywhere you look どこを見ても

Evian 《商標》エビアン [⇒ アルプスの天然水を使ったフランスから輸入されているボトル入りの水]

evict /ivíkt/ *vt* 立ち退かせる；追い払う
eviction /ivíkʃən/ *n* 立退き；《法律》占有回復
► an **eviction** order 立退き命令

evidence /évədəns/ *n* ❶ 証拠；形跡；証言
► The rise in consumer spending is clear **evidence** that the economy is recovering. 消費者支出の増大は景気が回復しつつあることの明白な証拠だ ❷ 《法律》証拠；証拠法 ► circumstantial **evidence** 状況証拠 / eye-witness **evidence** 目撃証言 / the **evidence** for [against] the accused 被告人に有利な [不利] な証拠 / **evidence** of character 情状証言 [⇒ 情状酌量を期待して恩師や家族などにしてもらう証言] / produce **evidence** 証拠を提出する / destroy **evidence** 証拠を隠滅する / give **evidence** 証言する / give false **evidence** on …について偽証する

give [*bear, show*] *evidence of* を示す
(*much*) *in evidence* 目立って，はっきり見えて；証拠として ► Anything you say may be used in **evidence**. あなたの言葉はすべて証拠として扱われることがあります (✚ 容疑者に対する事情聴取の前の決まり文句)
— *vt* 立証する；証拠を示す

evidence of title 権利証書，(不動産の) 所有権登記の登記済証

evident /évədənt/ *a* 明白な ► An **evident** effect of the recession is the sharp drop in consumer spending. 景気後退の明白な影響は消費者支出の急激な下落だ / It is **evident** that many investors are offloading their stocks. 多くの投資家が持株を処分していることは明白だ

evil /íːvəl/ *a* 悪い，邪悪な；有害な；不吉な；不幸な；嫌な，不快な；《略式》素晴らしい，しびれるような；《米略式》辛らつな

fall on evil days 不運に見舞われる
in an evil hour 運悪く，不幸にも
the evil day [*hour*] (いつかやって来るのだが) 来てほしくない日 [時]
— *n* 悪；罪；害悪，弊害；不運，災い ► Money is

the root of all evil. お金は諸悪の根源だ
a necessary evil 必要悪
— *ad* 悪く
speak evil of を悪く言う
◇**evilly** *ad*

evildoer /n 悪事を働く人, 悪人 ▶ bring the evildoers to justice 悪者を裁きにかける
evildoing n 悪事, 悪行
evil-minded a 悪意のある
evince /ivíns/ *vt* はっきり示す
evolution /èvəlúːʃən/ *n* 進化; 進展, 展開; (ガス・熱などの) 発生, 放出 ▶ The technological evolution has created many new business opportunities. 技術的進化は多くの新しいビジネスチャンスを創り出している
◇**evolutionist** *n*
evolve /iválv/ *v* 発展[展開, 進化]させる[する]; 発する, 放出する ▶ The company evolved from a number of mergers. 同社はいくつかの合併の産物だ / Our client company has evolved into a leading international company. 当社の顧客企業は有数の国際企業へと大きく育っている / The company has evolved into a giant in the software industry. 同社は徐々に発展してソフトウェア業界の巨大会社になった
EVP executive vice-president
EVS Approved European Property Valuation Standards
ex /eks/ *prep* ❶ (米国の大学で) …年度中退の; …から ❷ 【金融】…なし(で, の), …落ち(で, の) ⇨ex interest, ex dividend, ex rights ❸ 【商業】「…渡しで」, …から売渡し, …(引き)渡し ⇨ex ship, ex store [◇その時点である場所までの一切の費用・負担を売り主が負担するの意] ▶ ex warehouse 倉庫渡し / ex elevator 穀物倉庫渡し
ex. example; excluding
ex- /iks, eks/ 「前の, 元の」; 「外に」 ▶ Board members blame the ex-CEO for putting the company in the red. 取締役会のメンバーは会社が赤字になった責任は前 CEO にあると非難する
exact /igzǽkt/ *a* 正確な; 精密な, 厳密な; 厳しい ▶ Please have exact change ready. 釣り銭の要らないようお願いいたします
to be exact 厳密に言うと, 正確には
— *vt* (税金・作業・降伏を) 強要する; 取り立てる *(from, of)* ▶ The worst flooding exacted some $200 million in damage. その最悪の洪水は2億ドルの損害を出した
exactly *ad* 正確に, ぴったり; まさに; (文修飾) 正確に言って; (返事) その通り ▶ Exactly how many people will be attending the meeting? 正確に言うと, 何人が会議に出席する予定ですか / We need to get the quantities exactly right before we ship the order out. その注文を発送する前に, 数量に間違いがないか十分に確認する必要がある / That's exactly what I was trying to say. それこそまさしく私の言おうとしていたことだ / Some companies offer exactly the same products all over the world. 会社によっては全世界でまったく同じ製品を提供している
Not exactly. そうでもない; (略式) 全然違う
exaggerate /igzǽdʒərèit/ *vt* 誇張する
◇**exaggeratedly** *ad* 誇張して
◇**exaggeration** *n* 誇張 ▶ it would not be an exaggeration to say; it is no exaggeration to say と言って過言ではない
◇**exaggerator** *n*
exaggerated claim 保険金の過大[水増し]請求
exalt /igzɔ́ːlt/ *vt* (地位・名誉などを) 高める; 得意にさせる; 褒める
exalt a person to the skies を褒めそやす
◇**exaltation** *n* 高めること; 昇進; 高揚
◇**exalted** *a* 身分の高い, 高貴な; 高尚な
◇**exaltedly** *ad*
exam /igzǽm/ *n* (略式) =examination
examination /igzæmənéiʃən/ *n* ❶ 検査, 調査; 試験 *(in, on)*; 審査; 監査 ▶ a health examination 健康診断 / an examination of evidence 証拠調べ / a bank examination 銀行検査 / an on-site examination 実地検査 / an examination of accounting books 帳簿検査 / an examination of financial statements 財務諸表監査 / an examination of title 権利関係の調査 ❷ 【法律】尋問 ▶ a direct examination by counsel 主尋問, 弁護士による直接尋問 / the examination of a witness 証人尋問 ❸ 【知財】審査 [◇特許, 商標等の出願について, 登録要件を充たしているか否かを判断すること]
on [upon] examination 調べの上で; 調べてみると
under examination 調査[審査]中で
examination in chief 主尋問 [◇証人を呼び出した当事者側による最初の尋問]
examine /igzǽmin/ *vt* 検査[審査]する, 調べる; 監査する; 試験をする *(in)*; 尋問する ▶ examine the books 帳簿を監査する
— *vi* 検査する *(into)*
examiner /igzǽmənər/ *n* ❶ 試験官; 検査官; 監査人 ❷ 【法律】審判官; 尋問官; 立法手続審査官 ❸ (生命保険) 契約査定者 (=underwriter) ❹ 【知財】審査官 [◇特許, 商標等の出願を審査する特許(商標)庁の職員]
example /igzǽmpl/ *n* (実)例; 手本, 模範 *(to)*; 見本, 標本 ▶ Can you give me an example? 例を挙げてくれますか
for example たとえば
make an example of を見せしめにする
set an example 手本を示す *(to)*
teach by example お手本を示して教える
without example 前例のない
excavate /ékskəvèit/ *vt* 掘る, えぐる; 発掘する
◇**excavation** *n* 発掘, 穴掘り; 遺跡
◇**excavator** *n* 発掘者; 掘削機
Excedrin (商標) エクセドリン [◇米国 Bristol-Myers 社の鎮痛解熱剤]

excess-demand inflation

exceed /iksí:d/ v (限界を)越える、超える [⊃基準値を含めない]; 超過する; 勝る ► The company's consolidated net loss for the fiscal year 2008 exceeded 350 billion yen. 同社の2008事業年度の連結純損失は3,500億円を上回った / The development cost is expected to exceed 15 billion yen, half of which will be funded by the government. 開発コストは150億円を超えると予想されるが、その半分は政府から資金援助を受けることになろう / Last month's sales exceeded our expectations. 先月の売上は予想を上回った / The cost of your proposed project exceeds our budget. ご提案のプロジェクトのコストは当社の予算を上回ります
◇**exceeding** a 非常な
◇**exceedingly** ad 非常に

excel /iksél/ v (-**ll**-) 勝る《at, in》; 秀でている《at, in》 ► He excels in foreign languages. 彼は語学に秀でている
excel oneself これまで以上の力を出す

excellence /éksələns/ n 優秀、卓越; 長所、美点 ► an award of excellence in lighting design 最優秀照明デザイン賞
par excellence 特に優れた

excellent /éksələnt/ a 優秀な; 卓越した; 素晴らしい ► We have some excellent people on our board. 当社の取締役会には優秀な人が何人かいます / Excellent product quality has helped them build strong customer loyalty. 製品の優れた品質が顧客の強い忠誠心を培うのに役立っている / The law firm has an excellent reputation. その法律事務所の評判は素晴らしい
◇**excellently** ad
excellent company エクセレント・カンパニー、卓越した企業

except[1] /iksépt/ prep …を除いて、以外は
► Everyone attended the meeting except me. 私以外は全員その会議に出席した / The store is open everyday except Sunday. その店舗は日曜日を除いて毎日営業している / I agree with you except for this point. この点を除いては同じ意見です
[成句] *do everything except* …以外はなんでもする
except for を除いては; がなければ; のほかは
except that …であるほかは、…であることを除いて、…であるが *except when* …の時を除いて
— conj …以外は; (古) …でなければ

except[2] vt 省く、除外する《from》
— vi 反対する《against》

excepted a …を除いて ► the present company excepted ここにいる人は別として
excepted risk [peril] (保険の)免責危険 (=excluded risk [peril])
except for opinion 除外事項付限定意見 [⊃監査の結果、「意見差控」(disclaimer)を出すほどではないものの、会計処理の方法または開示の程度に疑問があり、その点については留保しておきたいときに、こうした形式の意見が出される]

excepting /ikséptiŋ/ prep =except[1]

always excepting を除いて
not [without] excepting も例外ではなく

exception /iksépʃən/ n ❶ 例外、除外; 異議 ► The rule allows for no exception. その規則は例外を認めない ❷【法律】異議 ► reserve an exception 異議を留保する ❸【会計】除外事項、限定事項 [⊃監査人が意見を限定した事項]
make an exception of [to] を例外とする[に例外をもうける]
make no exceptions 例外を認めない
take exception 異議を申し立てる; 腹を立てる《to, against》
The exception proves the rule. 例外のあるのは規則のある証拠
There is no rule without exceptions. 例外のない規則はない
without exception 例外なく、どれもすべて
with the exception of を除いて

exceptionable a 非難すべき ► There is nothing exceptionable in his statement. 彼の申立てにはなんら問題になりそうな所はない

exceptional a 例外的な、異常な; 非常に優秀な、格別な ► An exceptional profit or loss is not normally repeated. 例外的な損益は通例繰り返されないものである

exceptional item (英) 異常項目 [⊃事業活動から生じた項目(したがって特別損益と異なる)ではあるが、金額に照らして異例と言えるもの]

exceptional loss (英) 異常損失 [⊃通常の事業活動上の項目の範囲内だが、損失額が異例と言えるもの]

exceptionally ad 非常に; 並外れて、素晴らしく ► Banks have an exceptionally high level of nonperforming loans. 銀行各社は並外れて高水準の不良融資を持っている

excess n /iksés, éksés/ ❶ 過剰、過度; 度を過ごすこと ► Excesses in high risk lending caused the financial meltdown. ハイリスク融資の行過ぎは金融崩壊をもたらした / With the recession deepening, spending in excess is no longer in vogue among the affluent. 景気後退が深まるにつれて、過大な支出はもはや富裕層の間で人気がない ❷ 超過額、超過、余分 ❸《英》(保険で) 保有超過金額、エクセス [⊃被保険者の自己負担となる損害額]
go [run] to excess やりすぎる
in excess of よりも多く、を上回って (✦基準値・点を含まない)
to [in] excess 過度に
— a /ékses, iksés/ 超過した; 余分の

excess baggage [luggage] 超過手荷物 ► There's a surcharge for excess baggage. 超過手荷物には追加料金がかかります
excess postage (郵便物の)不足料金
excess capacity 余剰設備 [⊃将来において必要とされない設備能力]
excess demand 超過需要 [⊃供給を上回る需要のこと]
excess-demand inflation デマンドプル

(型)インフレ (=demand-pull inflation) [○モノ・サービスに対する需要が生産を上回っているために物価が引き上げられるタイプのインフレ]

excess fare ❶ 乗越運賃 ❷ 乗船券・乗車券をより上の等級に変更するための差額

excess funds 余剰資金

excess inventory 余剰在庫 ► We have to offer a larger discount to clear excess inventory. 余剰在庫を一掃するため,より大幅な値引きをしなければならない

excessive *a* 過度の, 極端[法外]な ► The government wants to put a cap on the excessive pay and bonuses that American executives receive. 政府は米国の経営者が受け取っている過大な給与やボーナスに上限を設定したいと思っている

◇**excessiveness** *n*

excess production 過剰生産

excess profit 不当に高い利益 ► net excess profit 不当に高い利益を得る

excess return 超過リターン [○実際のリターン(投資収益)が期待リターンを上回っている部分] ► contribute to the portfolio's excess return ポートフォリオの超過リターンに寄与する / produce excess return 超過リターンを産み出す / seek to generate excess return 超過リターンの生成を期する / We earn excess returns by selecting stocks that outperform industry averages. 当社はパフォーマンスがセクター平均を上回る銘柄を選定することで,超過リターンを確保している

excess stock 余剰在庫 ► Generally, retailers mark down slow-moving items in order to clear excess stock. 普通,小売業者は過剰在庫を一層するため,売れ足の遅い商品を値引きするものだ

excess supply 超過供給 [○需要を上回る供給]

excess weight 超過重量

Exch exchequer

exchange /ikstʃéindʒ/ *vt* 交換する《*for*》; 両替する; 取り交わす《*with*》;(合併などでの株式交換取引において)相手株と引換えに割り当てる ► To change or exchange money, you go to a bank or a bureau de change. お金を両替するには銀行か外貨交換所へ行く / We will exchange goods only if you have the original receipt. オリジナルの領収書をお持ちの場合のみ,商品の交換に応じます

exchange greetings あいさつを交わす

— *vi* 交換する; 両替される《*for*》 ► The dollar exchanges for about 150 yen. 1ドルは150円くらいで両替できる

— *n* ❶ 交換, 取り交わし ► make an exchange 交換する / Exchange is no robbery. (諺) 交換は強奪にあらず (✚不当な交換を強要するときの弁解)

❷ 為替 [○遠隔地に居る者同士で,現金を直接移動させずに,送金や代金取立てを行う方法]; 為替相場; 両替 ► bills of exchange 為替手形 / domestic exchange 内国為替 / foreign exchange 外国為替 / exchange transaction 為替取引 / exchange speculation 為替投機 / foreign exchange exposure 為替リスク / foreign exchange reserves 外貨準備高 / foreign exchange speculation 為替投機 / a foreign exchange transaction 外国為替取引 / a forward exchange contract 先物為替予約 / intervene in the foreign exchange markets 外国為替市場に介入する

❸ 取引所, 証券取引所

==**取引所**==

commodity exchange 商品取引所 / corn exchange 《英》穀物取引所 / cotton exchange 綿花取引所 / futures exchange 先物取引所 / mercantile exchange 商品取引所, マーカンタイル取引所 / options exchange オプション取引所 / stock exchange 証券取引所 / wool exchange 羊毛取引所

◇**exchanger** *n*

exchangeable *a* 交換できる

exchangeable bond 他社株転換社債(EB) [○発行会社以外の会社の普通株式に転換可能な社債]

exchangeable securities 交換証券

exchange arbitrage 為替裁定取引 [○異なる為替市場間で同一商品の取引値段につき一時的な格差が生じている場合に,安い値段で買うのと高い値段で売るのを同時に行い,リスクなしでこの格差(サヤ)を抜くこと。ニューヨークで1ドル110円,東京で1ドル109円という場合,東京で安いドルを買う一方,ドルが高いニューヨークでそれを売れば,リスクなしで1ドルにつき1円のサヤを取れる]

exchange control 外国為替管理 [○国際収支の均衡および為替相場の安定のため国家が直接外国為替取引に介入すること]

exchange cross rate クロスレート [○ユーロとドルのレートならびにドルと円の相場からユーロと円の為替レートを計算するという具合に,二つの為替レートをもとに別のレートを割り出したもの]

exchange dealer 為替ディーラー, 取引所の会員業者

Exchange Equalization Account 外国為替勘定, 為替安定基金, 為替平衡操作基金 [○イギリスの通貨当局が市場介入に際して用いる特別会計。わが国の外国為替資金特別会計はこれを範にしたとされる]

exchange gain 為替差益

exchange gain and loss 為替差損益 [○為替相場の変動によって生じる差額]

exchange liberalization 為替の自由化 [○外国為替の売買や保有を自由に認めるなどして,外国為替の管理や規制をなくすこと]

exchange loss 為替差損

exchange market 外為市場

exchange of contracts 《英》契約書の調印 [○契約の一方当事者が署名し,次いで相手方当

事者も署名すること]
exchange office 両替所
exchange of shares 《英》=exchange of stock
exchange of stock 《米》株式交換取引 [⇨ 企業買収において, 相手企業の株式を取得する対価として, 現金ではなく, 自社の株式を合意した割合により相手方企業の株主に交付すること]
exchange position 為替持ち高

exchange rate 為替レート, 為替相場

[⇨異なる通貨間の交換比率. 1ドル=100円のように外国通貨1単位の自国通貨建てと, 1円=0.01ドルのように自国通貨1単位の外国通貨建ての二通りの表示方法がある] ▶ **a fixed [floating] exchange rate** 固定[変動]為替相場 / **a spot exchange rate** 直物為替相場 / **a favorable exchange rate** 有利な為替レート / **an unfavorable exchange rate** 不利な為替レート / **an effective exchange rate** 実効為替レート / **a real effective exchange rate** 実質実効為替レート / **a hedge against exchange rate fluctuations** 為替相場変動のリスクをヘッジする / **stabilize the yen-dollar exchange rate** 円・ドルレートを安定させる / **What's the exchange rate?** 為替レートはどうなっていますか / **We forecast an exchange rate** of 120 yen to the dollar at year end. 当社は年末時点で1ドル120円というレートを予想している / **Dividends are payable at the prevailing exchange rate** on the payment day. 配当金は, 支払日の実勢為替レートにしたがって支払うものとする / **Some countries attempt to strengthen their competitiveness by pushing down the exchange rate**. 自国の輸出競争力を高めるために為替レートを押し下げようとする国もある / **The rise in interest rates pushed up the exchange rate** by attracting capital inflows. 利上げが資本流入を誘い, 為替レートを押し上げた

exchange rate exposure 為替変動リスク
Exchange Rate Mechanism 《the ~》為替相場メカニズム (ERM) [⇨EC各国の中央銀行にその通貨価値を他の全ての通貨に対する中心レートの上下2.25%以内に抑えることを義務付けた域内固定相場制度で, 実際には各国の許容変動幅は異なった. 欧州通貨制度(EMS)の中核を担っていたが1999年のユーロ導入で役目を終えた]
exchange risk 為替リスク [⇨為替価値の下落や為替相場の変動によって生じるリスク・損失] ▶ **exchange risk insurance** 為替変動保険 / **reduce the exchange risk** 為替リスクを軽減する

exchange-traded funds 上場ミューチュアルファンド, 上場投資信託 (ETF)

> [解説] 証券取引所に上場され, 株式と同じように売買されるミューチュアルファンド. ほとんどのETFは指数連動型であることから指数ファンド(index fund)とも呼ばれる. S&P 500指数に連動する SPDR(通称 Spider)が有名だが, 他の株価指数や金などの商品指数に連動するファンドもある. ⇨ mutual fund

exchange value 交換価値
Exchequer /ékstʃekər/ n 《the ~》《英》大蔵省, 財務府; 国庫
Exchequer bond (英国の)国債
Exchequer stock 《英》国債 [⇨イギリスではstockに債券も含まれる]

excise¹ n /éksaiz/ 物品税, 内国消費税
— vt /éksaiz, iksáiz/ 消費税を課する
excise² /iksáiz/ vt 切り取る; 削除する
excise duty = excise tax
excise tax 物品税, 消費税, (ある種の営業に課する)免許税 [⇨特定の商品の生産・販売に課せられる税. 米国では連邦・州・地方レベルでexcise taxがある. 連邦の excise tax は特定の商品に課せられる場合(例: ガソリン, たばこ)のほかに特定の活動に課せられる場合(例: 賭博)もある. excise taxは低所得者が負担する割合が大きく, 米国の税体系でもっとも逆累進性の高い税とされる. 日本では物品税は1989年の消費税導入時に廃止された]

excite /iksáit/ vt 刺激する, 興奮させる; 喚起する
◇**excited** a 興奮した ▶ I'm excited about starting my new job. 新しい仕事を始めることに興奮している
◇**excitedly** ad
◇**excitement** n 興奮; 刺激; 騒ぎ ▶ The media blitz generated excitement about the product. マスコミを使った集中的な宣伝は, その製品について興奮状態をつくりだした
◇**exciting** a 刺激的な, 興奮させる; 面白い; はらはらさせる ▶ The job is an exciting opportunity to work with many talented people. その仕事は多くの有能な人たちと一緒に仕事をする刺激的な機会だ
◇**excitingly** ad
excl. excluding; exclusive
ex-clearinghouse n 通常の清算手続外(XCH) [⇨通常とは異なり, 売手と買手のブローカーが清算機関を通さずに直接受渡(決済)をする取引を指す]

exclude /iksklú:d/ vt 締め出す; 排除する 《from》

excluded risk [peril] (保険の) 免責危険 (=excepted risk [peril])
excluding prep …を除いて (⇨except)
▶ The price is $59 **excluding** tax. 税抜き価格は59ドルだ / **Excluding** compact cars, the company reported losses on the sale of all other vehicles. 小型車を除いて, 他の全車種の販売が減少したことを同社は発表した / **Excluding** gasoline, consumer spending dropped by 2% in October. ガソリンを除いて, 消費者支出は10月に2%下落した / Wages **excluding** overtime and bonuses increased 0.6 percent. 超過勤務手当と特別賞与を除く賃金は0.6%上昇した

exclusion /iksklú:ʒən/ *n* ❶ 除外, 排斥; 例外・除外事項, 適用除外 ► an exclusion zone 立ち入り禁止区域 ❷ 〖会計〗除外, 排除; 免責, 免除

to the exclusion of をそっちのけで[除外して]

exclusion clause ❶ （保険）免責条項 [◎約款中にその保険では補償しない損害または危険を規定した条項] ❷ 〖会計〗除外事項, 免責条項, 免除条項 [◎監査人が被監査会社の監査において監査範囲から除外した事項で, 監査報告書にも明記される]

exclusive /iksklú:siv/ *a* 排他的な, 排除的な; 独占的な; 高級な ► sign an exclusive agreement to distribute the product その製品の独占販売契約に調印する / This special offer is exclusive to our Card members. この特典は当会のカード会員だけがご利用になれます

exclusive of を除いて

— *n* 独占記事[商品]; 独占放送; 独占権; 独占的ライセンス, 排他的実施許諾 ► have an exclusive on providing fuel oil to the area その地域に燃料油を独占供給する権利を持っている

exclusive agent 総代理店, 一手販売店 [◎その代理店以外の商品を扱えないという独占的販売権を持つ店] ► These exclusive agents each have their own sales area. これらの総代理店はそれぞれ販売担当地域をもっている

exclusive distribution policy 専売的流通経路政策, 排他的流通経路政策 [◎メーカーが自社製品を1社, もしくは少数の流通業者にしか取り扱わせないチャネル政策] ⇨ extensive distribution policy, selective distribution policy

exclusive distribution rights 独占販売権

exclusive distributor 独占販売店 🗎 SELLER appoints Distributor as an exclusive distributor of the Products within the Territory on the terms and conditions of this Agreement. 「売主」は当該製品に関して, 販売店を本契約条件に基づく当該地域における独占販売店に指定する

exclusive distributor agreement 独占販売契約

exclusive economic zone 排他的経済水域 (EEZ) [◎海岸から領海の外側に向かって200海里（約370km）までの範囲に設定される水域で, 沿岸国が水域の資源を開発する権利を有する]

exclusive fishing zone 漁業（専管）水域 [◎外国船を排して, 独占的に漁業資源の保存管理を行える水域. 今は海底油田等も入る「排他的経済水域 (exclusive economic zone, EEZ)」という言い方の方が一般的]

exclusive jurisdiction 専属管轄権 [◎当事者間で合意した裁判所にのみ訴えを提起できることを意味する] ► The parties hereto agree that exclusive jurisdiction is conferred on the Tokyo District Court. 本契約当事者は, 東京地方裁判所に専属管轄権が認められることを了承する

exclusive license ❶ 総代理店契約, 独占販売契約 ❷ 〖知財〗独占的[排他的]ライセンス（実施権）[◎ライセンサーがライセンシーに対して, 同じ知的財産権に基づくライセンスを他の者に付与しないことを約束するもの. 米国では, ライセンサー自身も権利を留保しなければ実施することができなくなる. 日本における専用実施権は, 独占的ライセンスとは異なることに注意]

exclusively *ad* 独占的に, もっぱら ► be exclusively authoritative 唯一の正文である / The economic downturn is not exclusively limited to the financial sector. 景気の下降は金融部門だけに限定されているわけではない

exclusive rights 独占的権利 ► have exclusive rights to distribute the product その製品の独占販売権を有する

exclusivity *n* 排他(性), 独占(権)

ex-coupon *n* 利落ち (XC) [◎通常利付き債券の売買においては受渡日が利払日と同じでない限り買手は前回利払日から受渡日までの利息（経過利息）を売手に支払うが, 受渡日と利払日が同じならばこうした経過利息は生ぜず, これを指して「利落ち」と言う]

excuse *vt* /ikskjú:z/ 許す, 容赦する (*for*); （義務などを）免除する (*from*); 弁解する; 〖法律〗免責する ► I don't think the boss will excuse your mistake this time. 上司は今回はあなたの間違いを許さないと思います

Excuse me. すみません; 失礼ですが; 《米》《Excuse me?》もう一度言ってください, それはどういうことですか

excuse oneself 弁解する; 退席を願い出る

excuse oneself from を辞退する; （裁判官が個人的利害関係を理由に）関与を回避する

— *n* /ikskjú:s/ ❶ 弁解; 口実, 言い逃れ (*for*); （略式）悪い見本, 下手な例 (*for*) ► There's no excuse for being late. 遅刻は許されない ❷ 〖法律〗免責事由, 免責

in excuse of の言い訳[弁解]として

make a person's excuses 人のことを謝る (*to*)

make [put up] excuses for の言い訳をする

use ... as an excuse を言い訳に利用する

without (good) excuse 理由なく

◇**excusable** /-kjú:zəbl/ *a* 許容される

◇**excusably** *ad*

ex-date *n* 配当落ち日

ex-directory *a* 《英》（電話番号が）電話帳に載っていない (=《米》unlisted)

ex dividend, ex-dividend *a, ad* 配当落ちの[で] (XD, ex div.) [◎受渡日（決済日）が配当金受領資格のある株主を確定する基準日よりあとにずれ込むため, その株式を買っても配当金がついてこない (without dividend) ことを言う]

ex-dividend date 配当落ち日 (=ex-date) [◎この日以後は株式を買っても配当金を受け取れないという日. 買手ならこの日の前日以前に買い, また売手ならばこの日以前に売れば配当金を手にできる] ► be sold before the ex-dividend date 配当落ち日の前に売却される

ex dock 埠頭渡し [◎売主は売買目的物を荷揚

港で買主に渡せる状態にまで持っていけば責任を果たしたことになるという貿易条件]

exec /igzék/ n 《略式》(特に企業の)役員, 幹部 [< executive]

execute /éksikjuːt/ vt ❶ 遂行する, 実行[実施]する;(注文に)応じる; 売建注文を執行する;(証書などを)署名捺(なつ)印する ► The project was carefully planned and executed. そのプロジェクトは注意深く計画され実行に移された / I wanted to buy that stock, but my agent didn't execute my request. あの株を買いたいと思ったのに, 株屋が私の頼みどおりに動かなかった ❷【法律】履行する, 執行する ► execute a decree 判決を執行する / execute the provisions of a will 遺言書の規定を執行する

executed contract 履行済みの契約
executed trust 信託財産の管理運用法があらかじめ確定している信託

execution /èksikjúːʃən/ n ❶ 実行, 遂行, 執行 ❷【法律】(1) 遂行, 執行;強制執行 (2) 文書の作成 ► execution of will 遺言書の作成 (3)(契約義務などの)履行 ❸【証券】取引執行
do execution (破壊的な)威力を発揮する;効果を及ぼす
put [*carry*]... *into execution* を実行する
◇**executioner** n 実施者

execution risk エクセキューションリスク[⇨アイディアを実用化し, 具体的な製品・サービスに持っていくまでの間に失敗するリスク]

executive /igzékjutiv/ n 経営者, 執行役員, 経営幹部, 重役;経営陣, 役員 ► The government plans to curb the salaries of executives at companies that receive government funding. 政府資金援助を受け取る会社の経営者の給与に歯止めをかけようと政府は計画している
— a 実行する, 実行力のある;行政上の

executive assistant エグゼキュティブ・アシスタント, 役員補佐, 役員付きアシスタント
executive board 役員会, 経営委員会
executive chairman 《英》エグゼキュティブ・チェアマン, 代表権のある会長 [⇨わが国で言えば代表取締役会長]
executive committee 執行委員会, 経営委員会
executive compensation 役員報酬 ► Corporations often link executive compensation to the performance of their stock. 企業はしばしば役員報酬を自社の株価の動きに連動させるものだ
executive director 《英》(業務執行)取締役 (=inside director) [⇨社外取締役 (non-executive director) との対比での社内取締役]
executive information system 経営者情報システム, 経営意思決定支援システム (EIS)
executive officer 会社役員, 業務執行役員, 執行役員, 経営責任者
executive perk 役員クラスの特権[⇨個室など]

executive personnel 経営幹部
executive responsibility 経営者責任
executive salary 役員報酬
executive search エグゼキュティブ・サーチ [⇨経営者クラスの人材紹介]
executive secretary 役員秘書
executive summary 要旨, あらまし
executive vice president 《特に米》執行副社長 (EVP)

executor /igzékjutər/ n 執行者;遺言の執行者 ► a literary executor 遺著管理者

executory /igzékjutɔ̀ːri/ a 未履行の
executory contract 未履行の契約
executory contractual right 未履行契約の履行請求権
executory judgment 執行的判決
executory promise 未履行債務
executory trust 信託財産の管理運用法が確定していない信託

exemplary damages 懲罰的損害賠償金 ⇨ punitive damages

exempt /igzémpt/ vt (義務などを) 免除する 《*from*》
— a, n 免除された(人); 免税者 ► Its dividends are exempt from federal tax. その配当は連邦税を免除されている
exempt income 非課税所得 [⇨税法上総所得から除外される金額]

exemption /igzémpʃən/ n ❶【税制】控除, 控除額

> **解説** 米国の所得税の用語で, 総所得から差し引くことを認められている項目または金額. 納税者控除, 配偶者控除, 扶養家族控除, 高齢者控除など. 控除は定額で, 2006 税年度は 1 項目につき 3,300 ドル. たとえば, 既婚で子が 2 人いれば 4 項目で 13,200 ドル控除できる. 類語の deduction が支払経費の控除であるのとは異なり, 人的な要件に基づいて適用される控除である. 日本の所得税では人的控除と経費控除を区別せず所得控除と呼んでいる

► On your tax returns, you can claim tax exemptions for children you are supporting. 納税申告書では, 自分が扶養している子について所得控除を申告することができる
❷(義務などの) 免除《*from*》;【法律】免責

exemption certificate 適用除外証明書, 非課税証明書 [⇨公的規制の適用除外に該当すること, または, 非課税資格の要件を満たしていることを確認する証明書]

exempt securities 《米》登録免除証券 [⇨国債や私募発行の株式など, 証券取引委員会 (Securities and Exchange Commission) への登録義務を免除される証券]

exercise /éksərsàiz/ n ❶ (ある目的に向けられた) 行動, 活動 ► conduct a cost-cutting exercise 経費削減を行う ❷(権利の) 行使 ► the exercise of voting rights by shareholders 株主による議決権の行使 / the exercise of warrant 新株引受権の行使

― vt 運動させる, 訓練する;（精神などを）働かせる, 用いる;（権限などを）行使する; 果たす ► exercise one's rights 権利を行使する / Failure to exercise authority can subject corporate officers to criminal sanctions. 権限を行使することを怠った場合, 企業の執行役員は刑事罰の対象となりうる / We need to exercise caution in dealing with customer complaints. 顧客の苦情を扱う際には注意を払う必要がある / He exercised effective control over production. 彼は効果的な生産管理を行った / I have only three weeks left to exercise. オプション行使約定価格で売るのにあと3週間しかない 🗎 Based on the progress of our recent discussions, ABC Co. does not intend, at the present time, to exercise any of its rights as a result of this Event of Default. このところの貴我間の話合いが進展したことでもありますので, 現段階で ABC 社といたしましては, 今回の債務不履行の結果より生ずるいかなる権利も行使する意図はございません

exercise price（オプション取引の）権利行使価格

Exercycle《商標》エクササイクル [⇨ 米国 Exercycle 社の運動用固定自転車]

exert /igzə́:rt/ vt (力・能力を) 出す, 発揮する; 行使する;（感化などを）及ぼす ► exert authority 権力を振るう / The US has been trying to exert pressure on China to revalue its currency. 米国は中国が通貨を切り上げるように圧力をかける努力を続けてきた

exert oneself 努力する (for, to do)

◇**exertion** n 努力, 尽力;（力の）発揮

ex factory 工場渡し [⇨ 国際取引条件のひとつで, 売手（輸出者）は工場にて目的物を買手（輸入者）に引渡せば履行責任を果たしたことになる]

ex gratia /eks gréiʃiə/ 法的義務はないが好意で与えられる ► ex gratia payment 任意の支払

exhaust /igzɔ́:st/ vt 使い果たす; 空にする; 疲れさせる; 尽くす ► exhaust all means 手段を尽くす / exhaust all the possibilities あらゆる可能性を探る

― vi 排出 [放出] する

― n 排出, 排気（装置, 管）, 排気ガス

◇**exhausting** a 疲れさせる

◇**exhaustive** a 完全な, 徹底的な

◇**exhaustively** ad 余す所なく, 徹底して

◇**exhaustiveness** n

◇**exhaustless** a 無尽蔵の

exhausted a 使い尽くされた; 枯渇した; 疲れきった (from, with) ► I felt exhausted after a long day at work. 仕事ずくめの長い一日の後で疲れ果てた / By the end of the 21st century, most of the oil fields in the Middle East will be exhausted. 21世紀末までに, 中東の油田の大部分は枯渇するだろう

exhaust heat 排熱

exhaustion of rights 権利消尽 [用尽] [⇨ 知的財産権の対象となる製品が権利者によって適法に販売されたときは, その製品に対する当該知的財産権は消尽し, 以後その製品に対しては権利行使できないという理論. 米国では first sale doctrine とも言う] ⇨ **implied license**

exhibit /igzíbit/ vt 展示する; 陳列する; 公開する; 表す; 見せる;（証拠として）提出する; 示す ► exhibit a document [an object] 書類 [物件] を提示する

― n 展示, 公示; 展示物; 添付書類, 明細表, 付表;（文書の）別紙 ► as set forth in Exhibit 2 付属文書2に記載してある通り

on exhibit 展示中

exhibition /èksəbíʃən/ n 提示; 公開, 展示, 陳列, 発揮; 表示; 展覧 [展示] 会 ► hold [organize] an exhibition 展示会を開催する [企画する]

on exhibition 展示 [公開] 中で

exhibition center 展示会場 [センター]

exhibition hall 展示会場

exhibition stand 展示ブース

exhibitor /igzíbitər/ n 出品者; 出展企業

Exim Bank, Ex-Im Bank, Eximbank /éksìm/ 輸出入銀行 (=Export-Import Bank)

ex int. ex interest

ex interest, ex-interest a, ad 利（子）落ちの [で] [⇨ 経過利子が受けられない債券についていう]

exist /igzíst/ vi 存在 [現存, 実在] する

existence /igzístəns/ n 存在; 生存; 生活（ぶり）; 実体

call [bring] ... into existence を生み出す, 成立させる

come into existence 生まれる, 成立する ► The holding company came into existence as a result of the merger. その持株会社は合併の結果として生まれた

in existence 存在して, 現存の

◇**existent** a 存在する; 現行の

existential /ègzisténʃəl/ a 存在の; 実存（主義）の

existing a 既存の, 現存する, 現行の, 中古の ► We plan to increase our existing line of products. 当社は既存の製品ラインを増やすことを計画している / The company will upgrade its existing manufacturing facilities. 同社は既存の製造設備をグレードアップする予定だ / Keeping existing customers is cheaper than finding new ones. 新しい顧客を見つけるより従来の顧客を維持する方が安上がりだ

existing bond 既成債

existing home 中古住宅 (⇔ new home 新築住宅)

exit /égzit, éksit/ n（市場からの）撤退, 出口; 退去 ► make an exit 退去する / the company's exit from the retail business 同社の小売業からの撤退

a fire exit 非常口

― vi 退出 [退去] する (from, through)

→ vt (プログラム・システムを)終了させる;…から抜ける ▶ We finally exited the market because we were losing money. 損失を出していたので,当社は結局その市場から撤退した

exit barrier 撤退障壁 (⇔entry barrier)
exit bond エグジット・ボンド,卒業債 [◯後発発展途上国などが発行する低利の長期債]
exit charge (英) =back-end load
exit interview 退職社員面接 [◯会社を辞める人間から率直な意見を聴取するために行われるインタビュー]
exit poll (投票の)出口調査
exit strategy 出口戦略 [◯投資家(特に未公開企業やベンチャー企業への投資家)がどう出資持分を換金し,投下資金を回収するかの計画]
ex-lax (商標)エックスラックス [◯米国の便秘解消剤]
exodus /éksədəs/ n (多人数の)退去;出国
ex officio /éks əfíʃióu/ 職権上;[法律]職務上当然に;職権により[<ラ]
exorbitant /igzɔ́:rbətənt/ a 法外な,途方もない
◇**exorbitantly** ad
exotic option エキゾチック・オプション [◯標準的オプション以外のオプション]

expand /ikspǽnd/ v 拡大する,膨張させる[する];発展させる[する];[岩₋ɔ](機能を)拡張する ▶ If things go well, we plan to expand our business overseas. 順調に行けば,当社は海外に事業を拡大する計画だ / The company has scrapped its plans to expand its product lines. 同社は製品ラインを拡充する計画を廃棄した / Lower capital requirement on loans allowed banks to expand their lending activities. ローンについての資本要件の引き下げは銀行の融資活動の拡大を可能にした

expand on [upon] を敷衍(ふえん)する
◇**expandable** a

expansion /ikspǽnʃən/ n 拡大,拡張,膨張,発展 ▶ the expansion of operation 業容の拡大 / an expansion of trade 通商の拡大 / Years of aggressive expansion has led to a glut in production capacity. 数年間の積極的な拡大は生産能力の余剰をもたらした

expansionary fiscal policy 積極財政
expansionary policy 拡張的政策 [◯景気の拡大を目指す財政・金融政策のこと]
expansionism n 拡張主義,拡大方針
expansion strategy 拡大戦略
ex parte /éks pá:rti/ 一方的な[に];[法律]一方的に;申立てによる ▶ ex parte hearing 審尋,一方当事者のみの審理 [<ラ]
ex parte reexamination 査定系再審査 [◯特許の付与を再審査するための特許庁の手続.特許権者のみが審理に出頭して主張を行う]
expat /ékspæt/ n (略式)本国からの派遣要員
expatriate a, n [-triət, -eit/ (外国で働く)駐在員;本国からの派遣要員 [◯現地採用の人と対

比して使う];国外在住者
expect /ikspékt/ v 予期[予想]する;期待する;当然のことと思う,見込む;求める《to do》;(略式)思う《that》 ▶ We expect restructuring benefits to exceed \$400 million. われわれはリストラ効果が4億ドルを上回ると見ている / Are you expecting a recession? 景気後退が来ると思いますか / The company expects to lose ¥380 million this business year. 同社は今事業年度に3億8千万円の損失を予想している / The IMF expects Asian economies to grow by over five percent next year. IMFはアジア諸国の経済が来年5%以上成長すると予想している / I'm expecting a visitor any moment now. 客が今にも訪ねて来るかと待っている / This letter expects an answer. この手紙には返事が必要です (♣ややそっけない冷たい言い方)

as (was [had been]) expected 予期したように ▶ The plan proceeded as expected. 計画は予想通りに進んだ

as might have been expected まあ考えていた通りに
be expected of に期待される
be expected to do …するはずである,すると思われている ▶ In this country people are expected to work for a long time each day. この国では人々は毎日長時間働くことになっている
(only) to be expected 当然のことで
What (else) can [do] you expect? ほかに考えられますか(当然でしょ) ▶ What do you expect me to do? 私にどうして欲しいと言うのかね

expectancy /ikspéktənsi/ n 期待,予想,見込み ▶ a large fortune in expectancy やがて手に入るはずの莫大な財産
expectancy of life 平均余命 ⇨life expectancy
expectancy theory 期待理論 [◯動機づけにつき,人は努力が報われることを願うが,どの程度の努力を払うか自体,こうした願望の強さ次第だと説くもの]
expectation /èkspektéiʃən/ n ❶期待,予想,予期;(~s)見込み,予測 ▶ rational expectations (利用可能な情報をすべて用いる)合理的期待 / Their products often fall below expectations. 彼らの製品はしばしば期待はずれである ❷[統計]期待値 (=expected value)

against [contrary to] (all) expectation(s) 予想に反して ▶ Contrary to expectations, the company decided to discontinue the product. 予想に反して,同社はその製品を中止することに決めた

beyond expectation(s) 予想以上に
fall short of a person's expectations / not come up to (a person's) expectations 期待外れである ▶ The sales results fell short of our expectations. 売上高の実績はわれわれの予想を下回った

in expectation of を見込んで
meet [live up to] a person's expectations 人の期待に添う

expectation gap 期待ギャップ [⇨監査に対する期待と監査人の業務に関する認識との乖離(かいり)] ► Auditors complain that there may be an expectation gap between what they are required by law to do and what clients expect them to do. 監査人は法で要求されることと顧客が期待することとの間にギャップがあるかもしれないとこぼす

expectation of life 期待耐用年数, 見積耐用年数

expected *a* 予想された, 期待された
expected cost 期待原価
expected earnings 予想収益, 期待収益
expected income 期待所得, 期待収益, 期待利益
expected life 期待耐用年数, 見積耐用年数, 予想耐用年数
expected loss 予想損失
expected mortality (rate) 予定死亡率 [⇨保険料算定の基礎になる数値]
expected payoff 期待金額
expected rate of inflation 予想[期待]インフレ率
expected rate of return 市場期待収益率
expected results 業績予想
expected return 期待リターン, 期待収益 [⇨資産運用または将来の事業活動から期待される収益]
expected utility 期待効用, 効用期待値
expected value 期待値

Expedia.com 《商標》エクスペディア・ドット・コム [⇨米国のオンライン予約システム. ホテルや飛行機, バケーションパッケージの予約購入ができる]

expedite /ékspədàit/ *vt* 促進する, はかどらせる; 早く片づける ► expedite delivery 納品をスピードアップする

expel /ikspél/ *vt* (-**ll**-) 追い出す, 追い払う; 除名する 《*from*》 ► expel stowaways 密航者を追放する
◇**expellee** /èkspelí:/ *n* 国外被追放者

expend /ikspénd/ *vt* (精力・時間などを) 費やす, 使う 《*on*》

expendable *a* 消費してよい ► expendable supplies 消耗品
━ *n* (~s) 消耗品

expendable income = disposable income

expenditure /ikspénditʃər/ *n* 支出, 消費; 経費, 費用, 出費, 歳出; 支出額 (✚expenses には「実費」「諸経費」というニュアンスがあるのに対して, expenditure は「特定目的のための大規模な支出」というニュアンスが強く, しかも改まった感じがある) ► high [low] expenditure 高額の[低額の]出費 / operating expenditure 営業費用, 経常費, 経費 / expenditure on TV advertising テレビ広告向け支出 / advertising expenditures 広告費 / capital expenditure 設備投資費 (capex) / consumption expenditure 消費支出 / government expenditure 政府支出 / public expenditure 公共投資 / reduce expenditures by $3 million annually 毎年3百万ドルずつ支出を削減する / cut down on expenditure 支出を削減する

expenditure tax 支出税 [⇨所得税のように「入」にかける租税ではなく, 消費税のように「出」にかけるもの]

expense /ikspéns/ *n* 費用, 出費; (~s) (必要)経費; 〖会計〗費用 (=expired cost, expiration) [⇨資産の使用などによって発生する原価の費消額] ► cut down on [curtail] expenses 出費を切り詰める / cannot meet one's expenses 費用が払えない / receive a salary and expenses 月給と手当を受け取る / bear [meet] an expense 費用を負担する[まかなう] / an extra [unnecessary] expense 余計な[不要の]費用 / be recorded as expenses in the period incurred 発生した期間の費用として計上される / book expenses 費用を計上する / cover one's expenses (人の)費用を引受ける, 負担する / control [reduce] expenses 費用を抑制する[削減する] / reimburse expenses 立て替えてもらった費用を払い戻す / Some managers attempt to **put everything on expenses**. 企業経営者の中には何でも会社の経費にしようとする者がいる / Expenses fell at a slower pace. 費用は前より緩やかな減り方になっている / We agree to **pay all expenses** relating to the project. このプロジェクトにかかわる費用をすべて支払うことを了承します / We don't want to **incur any additional expenses**. これ以上, 余計な費用は負担したくない / You can deduct out-of-pocket medical and **dental expenses**. 現金支払いの医療・歯科診療費を控除できる

at any expense どんなに費用[犠牲]を払っても
at a person's expense (人の)費用で; を犠牲にして
at the expense of を犠牲にして; に迷惑をかけて ► Some countries have opted for protectionism at the expense of growth. 一部の国は成長を犠牲にして保護主義を選択した
(all) expenses paid 費用会社[相手]持ちで
go to great expense to do …するためにばく大な費用をかける; …をするために多大の犠牲を払う
put a person to expense (人に)出費させる
spare no expense 費用を惜しまない

===|費用|===

accrued expenses 未払費用 / administrative expense 一般管理費 / entertaining expenses 接待費 / experimental, research and development expenses 試験, 研究および開発費 / fixed expenses 固定費 / incidental expenses 雑費 / insurance expenses 保険料 / interest expense 金融費用 / maintenance expense 保守・維持費 / office expenses 事務経費 / operating expenses 営業費用 / organization expenses 設立費用, 創業費 / out-of-pocket expenses (立替)実費 / personnel expenses 人件費 / travel expenses 旅費, 交

通費 / travelling expenses 旅費, 交通費

― *vt* 費用として処理する[⚪︎製品やサービスを売って収益を上げるなど, 営利企業としての目的を達成するために必要な出費] ▶ Accounts want to expense this cost this year. 経理のほうでは, このコストを本年度の費用として処理したいとのことだ

expense account 交際費, 接待費(の枠), 会社の経費; 費用勘定, 費用別勘定 ▶ put ... on one's expense account を会社の経費で落とす, 経費につけておく / I have an expense account. わたしは接待費の枠を認められている(=その範囲内で使える)

expense-account *a* 社用の, 会社の経費での

expense budget 経費予算, 費用予算

expense control 費用管理[⚪︎費用の発生を一定額に抑えること] ▶ Earnings were driven by strengthening sales and good expense control. 増益をもたらしたのは, 売上増と費用管理の強化だ

expense item 費目

expense profit 《英》(保険の) 費差益 (=《米》expense saving, loading profit)

expense rate [ratio] 経費率[⚪︎経費が利益に占める割合で, 効率化がどれだけ進んでいるかの指標] ▶ The higher the expense ratio, the less you'll earn on your investment. 経費率が高ければ高いほど投資で得られる所得が少なくなる

expense report 《米》経費精算書, 経費報告書

expenses claim 《英》=expense report

expenses payable 支払われるべき費用 ▶ expenses payable pursuant to Clause 5 第5条に基づき支払うことを要する費用

expensive /ikspénsiv/ *a* 高価な, ぜいたくな, 割高な ▶ an expensive item 高額商品 / In the midst of the recession, expensive restaurants have seen a drop in bookings. 景気後退のさなか, 高価なレストランは予約受付の減少を経験している / With the recession deepening, many of the company's new expensive factories are sitting idle. 景気後退が深まるにつれて, 同社の高価な新工場の多くは遊んでいる / Even though it's expensive, I think it's worth it. 高いけれども, それだけの価値はあると思う / Living in the city is very expensive. 市内に住むのは経費が非常に高くつく / Their goods are too expensive. あの店の品物は値が高すぎる

◇**expensively** *ad*
◇**expensiveness** *n*

experience /ikspíəriəns/ *n* 経験, 見聞, 体験 (で得た知識); (~s) 経験談 ▶ broaden experience 見聞を広げる / gain experience 経験をする, 積む / lack experience 経験を欠く / extensive [little] experience 幅広い[わずかな]経験 / Our company has **over 50 years of experience** in selling medical equipment. 当社は医療機器の販売で50年を超える経験を持っている / Working abroad is **an invaluable experience**. 海外で仕事をすることは貴重な経験だ / Do you **have any experience** in this line of work? あなたはこの分野で仕事の経験がありますか / You need to **have experience** in accounting to apply for the job. その職に応募するには, 会計の仕事の経験が必要です / I've **had experience** of translating a lot of different documents. 私はたくさんの異なる文書を翻訳した経験があります

― *vt* 経験する; 経験で知る

experience curve 学習曲線; 経験曲線[⚪︎生産量が増えるに従って単位当り生産コストが低下してくる様子を示している曲線. 転じて作業量が増えるに応じて経験則等の学習が深まり, 作業効率が上がることをも指す] ▶ The company benefits from the experience curve. 会社は経験曲線で利益を得る

experienced /ikspíəriənst/ *a* 経験豊かな, 老練な ▶ an experienced employee 実務経験のある従業員

an experienced eye 鑑識眼

experience economy 経験価値ビジネス, 経験価値経済, 経験経済[⚪︎商品の価値を利用経験に基づく満足感に求めるビジネスのあり方]

experiential /ikspìəriénʃəl/ *a* 経験上の[的な]

experiment *n* /ikspérəmnt/ 実験, 試み ▶ Our company does not conduct experiments on living animals. 当社は生きた動物で実験を行うことはない

― *vi* /-mènt/ 実験する《*on, in, with*》; 試みる, 試す

experimental /ikspèrəméntl/ *a* 実験上の; 実験的な ▶ on an experimental basis 実験的に

◇**experimentally** *ad*

experimentation /ikspèrəməntéiʃən/ *n* 実験(作業) ▶ We have always encouraged experimentation in our firm. 当社では常に実験を奨励した

expert /ékspə:rt/ *n* 専門家, 権威, 名人《*in, at, on*》; 鑑定人 ▶ a world-renowned expert in finance 世界的に有名な金融の専門家 / He is an expert in doing business across cultures. 彼は文化を越えて(異文化間の)ビジネスをする専門家である

― *a* 熟練した, 老練な《*at, in, with*》

expertise /èkspə:rtí:z/ *n* 専門的知識・経験, 専門技能, 高度の技能, 専門的技術[知識, 意見] ▶ accounting expertise 経理の専門知識 / have [lack] expertise in finance 金融に関する専門的知識・経験がある[ない] / His particular expertise is difficult to replicate. 彼の特別な専門知識は再現するのが困難である

expert opinion 鑑定意見

expert system エキスパート・システム (ES) [⚪︎必要な情報を与えると問題解決や診断を行うプログラム]

expert testimony 専門家の証言; 鑑定人の

証言

expert witness 鑑定人, 鑑定証人 [⇨法廷審理で専門家の立場から鑑定・証言を行う人. 検視医など. 鑑定人と鑑定証人は, 後者の場合, 自ら経験した事実を報告する点で「証人」の一種であることが異なっている]

expiration /èkspəréiʃən/ n 《米》❶ 満了, 終結, 失効; 満期, 期限 ► residual value at the expiration of the lease term リース期間満了時の残存価値 ❷【証券】失効日, 行使期間満了日

expiration date 《米》満期日; 有効期限 ► the expiration date of the credit card クレジットカードの有効期限 / This contract shall terminate upon the expiration date. この契約は期間が満了する日に効力を失うものとする

expire /ikspáiər/ vi 終了する, 満期になる, (期間満了して)失効する; 息を吐く; 死ぬ ► The lease expires this month. 借地権は今月で切れる / This agreement is due to expire in 2010. この契約は2010年に期間満了となる / My passport has expired. パスポートの期限が切れている / Your subscription to the magazine will expire with the next issue. あなたのこの雑誌の購読予約期間は次号で切れます
— vt 吐き出す
◇**expiratory** a 呼気の

expiry /ikspáiəri/ n 《英》終了; 満期, (期間満了による)失効

expiry date 《英》有効期限, 期間満了日, 満期, 使用期限, 失効期日;(先物取引・オプション取引などの)行使期間満了日

explain /ikspléin/ v 説明する(wh-); 弁明する; 解釈する ► Could you explain what just happened? 何が起きたのか説明していただけますか
explain away の言い逃れをする, 説明して片づける
explain oneself 弁明する; はっきりと説明する
◇**explainable** a

explanation /èksplənéiʃən/ n ❶ 説明; 弁明; 解説; 了解 ► by way of explanation 説明として / He gave a brief explanation of the company's history. 会社の歴史を簡単に説明した ❷【会計】小書き, 補足事項, 説明事項, 摘要
demand [*give*] *an explanation for* の説明を求める[する]

explanatory /iksplænətɔːri | -tə-/ a 説明[解説]的な ► an explanatory material 説明資料 / explanatory matter 補足的説明事項 / an explanatory note 注記 [⇨財務諸表の記載項目に対する補足的説明や内訳] / an explanatory paragraph 説明区分

explanatory language 説明区分, 追記情報 [⇨監査の結論としての無限定適正意見に付される補足説明的記述. 財務情報自体に問題はなくても今後の事業継続能力に重大な疑義があるような場合に付される. 財務諸表注記とは性質が違うとされている] ► an unqualified opinion with explanatory language 説明区分付(または追記情報付)無限定適正意見 / Auditors may add explanatory language to an unqualified opinion to indicate an uncertainty that could have a material impact on the financial statements. 監査人は, 財務諸表に重大な影響を及ぼしうる不確実な事象のあることを示すために無限定適正意見に説明区分を付すことがある

explicit knowledge 形式知 [⇨言語化あるいは定量化された人間の知識] ⇒**implicit knowledge** ► transform implicit knowledge to easily accessible explicit knowledge 暗黙知をアクセスの容易な形式知に変える

explode /iksplóud/ vi (✚名詞は explosion) 爆発する; 急増する; (感情などが)爆発する ► We need to deal with this incident quickly before it explodes into a huge scandal. 爆発して大きなスキャンダルになる前に, この事件を早急に処理する必要がある
— vt 爆発させる; 論破する

exploded view [diagram] 分解組立図

exploit[1] /éksplɔit/ n 偉業

exploit[2] /iksplɔ́it/ vt 利用する; 食いものにする; 搾取する; 開発[開拓]する ► The company moved its factory to Thailand to exploit the cheap labor there. 同社は現地の安価な労働力を利用するために工場をタイに移転した / Our competitors exploit poorly-paid people working in crowded buildings. 競争相手の会社はぎゅうぎゅう詰めの建物で働く低賃金の人たちを搾取している / Hedge funds profit from exploiting small differences in the value of securities. ヘッジファンドは証券の価値の小さな差異を利用して利益をあげる

exploitation /èksplɔitéiʃən/ n 開発; 宣伝, 広告; 利用, 搾取 ► exploitation of child labor 児童労働による搾取

exploration /èksplɔréiʃən/ n 探検; 探究; 検診 ► Canada has temporarily put further oil exploration on hold as the price of fossil fuels has dropped. 化石燃料の価格が下落したので, カナダは一時的に石油探査を延期した

exploration cost 試掘費, 探索費
exploration drilling 試掘

exploratory /iksplóːrətɔːri/ a 探検[実地調査]の

exploratory excavation 試掘
exploratory expense 探査費
exploratory talks 予備折衝

explore /iksplóːr/ v 探検する, 調べる; 探る ► Part of the government spending will go toward exploring new energy sources. 政府支出の一部は新しいエネルギー源の探査に充当されるだろう / We'd like to explore the business potential in emerging markets. 当社は新興市場諸国における事業の可能性について調査したいと思っている
◇**explorer** n 調査者; 探検家; 《E-》エクスプローラー [⇨米国初の人工衛星]

explosion /iksplóuʒən/ n (✚動詞は explode) 爆発, 破裂; 爆発的増加 ► a population explosion 人口爆発 / The credit crunch resulted from the explosion of subprime lending. 信用収縮はサブプライム融資の爆発的増加の結果として起こった

explosive /iksplóusiv/ *a* 爆発性の; 激情的な; 爆発的な
— *n* 爆薬
◇**explosively** *ad*

expo /ékspou/ *n* 博覧会 (=exposition)

exponential /èkspounénʃəl/ *a* 急激な, 劇的な ► exponential growth 劇的な成長 / at an exponential rate 劇的なピッチで

exponentially *ad* 幾何級数的に, 加速度的に ► Hedge funds grew exponentially at the beginning of the 21st century. ヘッジファンドは21世紀の初頭に爆発的に成長した

export *vt* /ikspɔ́ːrt, ékspoːrt/ 輸出する
► The country imported more than it exported. その国は輸出より輸入が多かった / The country exports a lot of computer equipment. その国は大量のコンピュータ機器を輸出する
— *n* 輸出 (⇔import); (通例 ~s) 輸出品; 輸出高[額]; (~s) 輸出財 [◇国内で生産されて外国へ販売される財・サービス] ► decline in exports 輸出の減少 / growth in exports 輸出の増加 / break-even rate for exports 輸出採算ライン / Japanese exports 日本からの輸出品 / ban [prohibit] the export of coffee コーヒーの輸出を禁止する / aid exports 輸出の助けとなる / **Exports were up to** 4 trillion yen from 3.6 trillion yen in the year-earlier period. 輸出は前年同月の3兆6000億円に比べ4兆円となった / **The yen-induced weakness in exports** is slamming profits and output, causing record unemployment. 円高による輸出の低迷が企業収益や生産をひどく圧迫し, 記録的な失業率をもたらしている / We **sell** these cars **as exports**. これらの車は輸出品として売っている / The difference between **Japanese imports and exports** has increased a lot. 日本の輸入と輸出の差は大幅に増大している / Many companies with **a dependence on exports** have suffered from the yen's appreciation. 輸出に依存している会社の多くは円高から打撃を受けている / The stock market's rebound yesterday was led by **buybacks in mainstay export-oriented shares**. 昨日の株式市場の反騰は大黒柱である輸出関連株の買戻しによるものだった
◇**exportation** *n*

export bill 輸出手形 [◇一般に輸出業者はこの種の手形を銀行に買い取ってもらって輸出代金を回収する]

export-bound *a* 輸出向けの

export competitiveness 輸出競争力
► further strengthen export competitiveness 輸出競争力を一段と高める / hurt export competitiveness 輸出競争力を損ねる

export credit 輸出信用 [◇輸出業者向けの融資, そのための保証, あるいは売掛金の回収に備えた保険などの総称]

export credit guarantee 輸出信用保証制度 [◇輸出先の破綻といったリスクに備えた保証. 輸出先の業者が輸入代金を借り入れるに当って輸出側の公的機関が債務保証をして, 実際上, 輸出補助金となっている例もある]

Export Credits Guarantee Department (英) 輸出信用保証庁 (ECGD) [◇輸出振興のためイギリス企業向けの輸出保険を引受けている機関]

export declaration (E/D) 輸出申告, 輸出申告書

export destination 輸出先

export documents 船積書類

export drive 輸出攻勢 [◇主として外貨獲得のため政府主導で輸出を大幅に増やそうとする試みを言う] ► embark on an export drive 輸出攻勢をかける

export-driven *a* 輸出主導(型)の ► an export-driven economy 輸出主導型経済

export duty 輸出税

exporter *n* 輸出業者; 輸出国

export factoring 輸出ファクタリング [◇手数料を払って専門業者に輸出代金回収リスクを引受けてもらう仕組み. これにより, 輸出先が破綻しても代金を全額回収できる上, 契約によっては早期の現金化ができる]

Export-Import Bank 輸出入銀行 [◇低利融資で輸出業者を支援する一方, 輸出相手にも融資をして輸入しやすくすることにより, 自国の輸出を助ける銀行] (=Exim Bank, Ex-Im Bank, Eximbank)

export insurance 輸出保険 [◇輸出先や投資先が破綻しても資金を回収できるよう補償してくれる公的制度]

export invoice 輸出インボイス [◇輸出先に当てて発行する納品書兼請求書]

export-led growth 輸出主導型成長 [◇輸出の増加によって成長すること]

export license 輸出許可

export manager 輸出担当者, 輸出部門の責任者

export market 輸出市場

export-oriented company 輸出企業

export permit 輸出許可証

Export Processing Zone 輸出加工区 [◇一国の特定の地区に外国企業誘致のための特恵的な税制や関税, インフラを整備した輸出向け生産のための工業団地]

export sales 輸出売上高

export subsidy 輸出補助金

export tax 輸出税

export trade 輸出貿易

export trade zone 輸出加工区 (ETZ) [◇関税, インフラなどの様々な恩恵を与えることで, 特定産業の外国企業の誘致を求める特定地域]

export trading company 輸出商社

expose /ikspóuz/ *vt* ❶ さらす 《to》; 陳列する; 暴露する; 摘発する ❷ メディアに登場させる, 露出する ► be exposed to mass media マスメディ

アにさらされる[露出する]/ be exposed to countless advertisements 数え切れないくらいの広告に接する

expose oneself 浴びる, さらす (*to*)

exposé /èkspouzéi/ *n* 暴露, すっぱ抜き [<仏]

exposition /èkspəzíʃən/ *n* 展示(会); 陳列 ▶ hold [organize] an exposition 展示会を開く[企画する]

ex post facto /éks póust fǽktou/ 事後の; 遡及的な ▶ ex post facto law 【法律】事後法

exposure /ikspóuʒər/ *n* ❶ さらすこと; 暴露; 摘発; 陳列; 公開; (テレビなどに)よく出演すること, よく報道されること; 【広告】露出 ▶ a house with a southern exposure 南向きの家 ❷ エクスポージャー [○経済的なリスクの度合い, 融資者や投資者がリスクにさらされる程度, 外国為替や先物取引における損失の可能性, 貸倒れの可能性, リスクにさらされている額などを言う] ▶ risk exposure リスク・エクスポージャー / credit exposure 信用リスク / currency exposure 為替変動リスク / country exposure カントリーリスク / debt exposure 貸倒れリスク / off-balance sheet exposure オフバランスシート取引リスク / equity exposure 株式保有リスク / an asset mix with a significant exposure to equity assets 株式保有リスクがかなり高いアセット・ミックス / Stocks **have a higher exposure to** risk than bonds. 株式はリスクに曝されている度合いが債券より大きい / Since most of its sales come from overseas, the company **has a high exposure to** currency fluctuations. 売上高の大部分が海外から来るので, 同社は通貨変動のリスクに大きく曝されている / These funds can **give you exposure to** larger companies in the financial service. この種のファンドで, 金融サービスに属する大型株に投資する途が開かれる / We construct portfolios that **have exposure to** each of 25 industry groups. 当社は25セクターのそれぞれにつきエクスポージャーが得られるポートフォリオを構築している

exposure draft (英)公開草案 (ED) [○監督当局または自主規制団体が規則制定に先立ち関係者の意見を求めるために公開する案文, 企業会計では財務会計基準審議会(FASB)の公表するものが知られている]

express /iksprés/ *vt* 表現する; 述べる; (英)至急便で送る ▶ He expressed doubts over the profitability of the business. 彼はその事業の収益性について疑念を表明した / I'd like to express my appreciation for your support. ご支援に感謝いたします

express oneself 考えを述べる; 表れる

― *a* 明示された; 直接的に示された; 明白な; 特別の; 急行便の; 高速用の; 《米》運送便の ▶ an express train 急行列車 / an express company 通運会社 / unless express approval is obtained 明示的同意が得られていない限り

― *n* 急行; 至急[速達]便; 《米》運送会社

by express 急行[速達]で ▶ travel by express 急行で行く

― *ad* 速達で; 急行で

◇**expressage** *n* (米)速配業務, 急送業務; 急送[速配]料金

◇**expressible** *a* 表現できる

express condition 明示的な条件

express contract 明示の合意(による契約)

express delivery (英)速達, 急送便

expression /ikspréʃən/ *n* 表現, 表明; 言い回し; 表情 ▶ The company responded to customers' expression of concern about product safety. 製品の安全について顧客が懸念を表明したことに同社はきちんと対応した

beyond [past] expression 筆舌に尽くし難い

find expression in に表れる

give expression to を表す

◇**expressional** *a* 表現[表情]の

◇**expressionless** *a* 無表情な

◇**expressionlessly** *ad*

expression of interest 関心表明 (EOI) [○契約を成立させる意思ではなく, その前段階での取引に関与したい旨の意思表明で, 通常書面で行う]

express lane (米)エキスプレスレーン [○購入点数の少ない客, 現金払の客のために設けられるレジ]

expressly *ad* はっきりと; 特に; 明示に, 明示的に (✚契約書の中によく出てくる表現)

Express Mail (米)速達 ▶ Send it by [via] Express Mail. 速達で送りなさい

express term (契約上の)明示的条件

express trust 通常の信託 [○法解釈上設定される信託に対して, 信託者の自由意志によるものを言う]

express warranty 明示の担保責任 [○カタログその他の資料に明記されている商品の性能は, メーカーが明確に請け合っているという意味で「明示の保証」と称される]

expressway *n* (米)(都市の)高速道路

expropriate /ekspróupriéit/ *vt* (土地・財産を)収用する; 所有権を奪う

◇**expropriator** *n*

expropriation /eksproúpriéiʃən/ *n* 収用 [○国や公共団体などが, 公共の利益となる事業のために, 強制的に特定物の財産権を取得すること]

expulsion /ikspʌ́lʃən/ *n* 除名, 除籍 (*from*); 追放, 排除

expulsion order 国外退去命令

◇**expulsive** *a*

EXQ ex quay

ex quay 埠頭渡し [○貿易取引条件の一つ] ⇨ ex dock

ex rights, ex-rights *a* 権利落ちの[で] [○一定時点まではその株式を買うと発行会社の株を有利な条件で購入する権利が付いてきたが, もはやその権利が付属していないことを言う] ▶ The stock is traded ex-rights. その銘柄は権利落ち(値段)で取引されている

EXS ex ship

ex ship 着船渡し (EXS) [○輸出者の引渡義務は

ex stock 在庫あり ► be available ex stock 在庫あり・即納可

ex store 店頭渡し [⇨引き渡し場所である店頭や倉庫からの全費用を買手や荷受人が負担する契約]

ext. extension (number) (電話の)内線(番号)

Extel 英国の金融情報サービス会社

extend /iksténd/ vt

❶ 伸ばす，(縄などを)張る；延長する；(勢力を)広げる；拡張する；差し伸べる[出す]《to》；(歓迎・同情を) 示す ► The deadline has been extended for another week. 締切りがもう一週間延びた ❷ (負債の)返済期限を延期する；(負債支払いの) 期限を延ばす ❸ (1)《英》(地所・財産などを)評価する，査定する (=assess, value) (2) (土地などを)差し押さえる (=seize)

— vi 広がる，わたる；達する；及ぶ《to, over》

extended a 伸びた；(空間・時間的に) 長く延びた，延長した；広大な ► After extended negotiations, the parties eventually reached an agreement. 長い交渉を経て当事者は最終的には合意を調えた

extended coverage (保険で)拡張担保 [⇨保険契約の担保範囲を拡張する追加約款．火災保険で，火災のほかに，爆発・破裂などによる損害を担保するなど]

extend credit ❶ リボ払カード [⇨翌月または翌々月の一括払によっているチャージカードとの対比での，リボ払型のクレジットカード] ❷ 長期の支払猶予

extended leave 長期休暇 ► She is on extended leave. 彼女は長期休暇中です

extended producer responsibility 拡大生産者責任 (EPR) [⇨製品の製造者に製品の使用後まで環境負荷の全責任を持たせるという考え方]

extended warranty 延長保証 [⇨メーカー保証が切れたあとも無償修理を受けられるよう保証期間を延長する特約で，一般に販売店がこの種のサービスを売っている]

extension /ikstén∫ən/ n

伸長，延長；拡張，増築；(電話の)内線；(支払いの)延期，猶予；(ビジーッ)拡張子 ► an extension on payment 支払の猶予 / ask for an extension of time 猶予を乞う / obtain an extension of the date 期限の延長を認めてもらう / Can you put me through to extension 200, please?/ Can I have extension 200, please?/ (Give me) extension 200, please. 内線200番をお願いします / You can reach me at extension 202. 内線202にかけてくだされば，わたしが出ます / What is your extension number? 内線は何番ですか

by extension 拡大解釈すると

extension strategy 製品寿命の戦略 [⇨既存製品のマイナーチェンジにより新規市場を開拓し，製品寿命の延長を図るアプローチ]

extensive /iksténsiv/ a 広い；広範囲にわたる；大規模な；(農業が) 粗放的な ► We're looking for someone with extensive experience in finance. 当社では財務で広範囲の経験を持つ人を探しています

◇**extensively** ad
◇**extensiveness** n

extensive agriculture 粗放農業 (⇔intensive agriculture)

extensive distribution policy 開放的流通経路政策，集約的チャネル政策 [⇨メーカーが自社製品をできるだけ多くの，また多様な流通業者に取り扱わせるチャネル政策．露出を増やしシェア拡大を期待できるので，購入頻度の高い最寄り品に向いているとされる] ⇨ exclusive distribution policy, selective distribution policy

extensive problem solving 拡大的問題解決 (EPS) [⇨購買行動のパターンの一つで，製品が新しい，高い，複雑だといったことから情報収集にコストをかけ，最適のものに絞ろうとすること．ある程度わかっていればもっと手間が省ける limited problem solving (限定的問題解決)になる．考えるまでもなければ routine problem solving (日常的反応行動)である]

extent /ikstént/ n 広さ，大きさ；範囲；程度 ► What is the extent of the damage caused by the factory fire? 工場の火災で発生した損害の程度はどのくらいですか

to a large [great] extent かなり，大幅に

to some [a certain] extent ある程度は[まで] ► To some extent, I agree with your proposal. ある程度まで，私は貴方の提案に同意します

to such an extent that する程度にまで

to the extent that [of] という程度には[まで]

To what extent ... ? どの程度まで…か

exterior /ikstíəriər/ a 外部の；外面的な
— n 外部；外観 ► the building exterior ビルの外壁 / The building has an ultra-modern exterior. そのビルの外観は超近代的だ

external /ikstə́ːrnl/ a 外部の；外面的な；対外的な；外界の ► yield to external pressures for change 変革を求める外圧に屈する
— n 外部[面]；《~s》外観，うわべ
◇**externally** ad

external account 経常収支 ► a worsening in the external account 経常収支の悪化

external analysis 外部要因分析 [⇨景気，消費トレンド，競合他社の動向等企業外の要因の分析]

external audit 外部監査 [⇨外部の監査法人による監査]

external auditor 外部監査人

external competitiveness 国際競争力

external control 外部統制

external debt 対外債務

external director 《米》社外取締役 (✢outside director のほうが一般的な表現) (=《英》non-executive director) ► Out of 12 directors appointed to the new company, four will be external directors. 新会社の取締役として任

命される12名の取締役中, 4名は社外取締役になる予定だ

external equity (賃金の)対外的均衡, 外部公正 [○同一内容の仕事ならば会社は違っていても同一水準の給与であるべきだという発想に基づく, 他社との均衡を問う考え方]

external finance 外部金融, (社債や株式などによる)資金調達

external financing 外部資金調達

external growth 外部要因による成長, 外部成長 [○買収による事業拡大で増収増益を図る手法]

external indebtedness 対外債務

externality n 外部性, 外部(経済)効果, 外面性 [○経済学の用語で, ある経済主体の活動が, 市場での取引を経ることなく他の主体に与える影響を言う. 工場の出す公害が住民に与える影響などは外部不経済(external diseconomy), 養蜂家の飼うミツバチがリンゴの受粉を助けることは外部経済(external economy)と言う. また国際金融の分野では一国のマクロ的擾乱が外国のマクロ経済諸変数に及ぼす正または負の影響を指す]

externalize, -ise v (英)外部調達する, アウトソーシングする; 外面化[客観化]する; 具体化する

external labor market (既存従業員との対比で)外部労働力

external liabilities 対外債務 ► ability to meet external liabilities 対外債務の返済能力

external trade 海外貿易

external training 外部研修 ► Financial assistance is available to staff who wish to use external training. 外部研修を受けようとする職員に対しては補助金支給の制度がある

extinguish /ikstíŋgwiʃ/ vt 消す; (希望などを)失わせる; 絶やす

extinguishment n 消滅 ► the extinguishment of debt 債務の償還

extort /ikstɔ́ːrt/ vt 恐喝する, ゆする ► He tried to extort money from the company by threatening to expose the scandal. 彼は不祥事を暴露すると脅えて同社を恐喝しようとした

extortion /ikstɔ́ːrʃən/ n 恐喝; ゆすり

extortion racket 恐喝

extra /ékstrə/ a, ad 余分の[に], 特別の[に]; 臨時の[に] ► extra cash 副収入 / Room service is extra. ルームサービスは追加料金[別勘定]をいただきます / Attendance is charged extra. サービス料は別に申し受けます

— n 余分[特別]のもの; 号外; 景品; 割増料金, 別勘定; エキストラ ► I'll get some extras [extra money] with my new job. 私は新しい仕事で特別手当をもらう

extra charge 追加料金, 割増料金 ► at no extra charge 追加料金なしで

extra cost ❶ 超過コスト ❷ (保険の)付帯費用; 損害調査費用

extract vt /ikstrǽkt/ 引き抜く; (楽しみなどを)引き出す, 抽出する, 抄録する, 抄訳する; (情報などを)聞き出す; (成分を)抽出する ► Most commercial hydrogen is extracted from natural gas. ほとんどの市販の水素は天然ガスから抽出される

— n /ékstrækt/ 抽出物; エキス; 抄録, 抄本 ► an extract of the company's registration statement 会社の登記簿抄本

extraction /ikstrǽkʃən/ n 抜き取り, 抽出; (…の)生まれ; 素性; 抜粋, 引用; エキス ► be of Chinese extraction 中国系である

extractive industry 採取産業 [○石油, ガス, 鉱物資源関連の産業]

extractor n 換気扇 (=extractor fan); 排気装置 ► a fume extractor 排煙装置

extra depreciation 割増償却

extra dividend 特別配当, 臨時配当

extranet n エクストラネット [○顧客または納入業者の便宜を図って自社ネットワークに一部アクセスできるようにしたネットワーク] ⇨intranet

extraordinary /ikstrɔ́ːrdənèri/ a 異常な; 非凡な; 途方もない; 特命の; 臨時の ► an ambassador extraordinary 特命大使 / an extraordinary Diet session 臨時国会

◇**extraordinarily** /ikstrɔ̀ːrdənérəli/ ad 異常に, 非常に, 途方もなく

◇**extraordinariness** n

extraordinary charge 臨時的費用, 臨時損失, 特別損失

extraordinary expenses 臨時費, 臨時費用, 特別費用 [○発生の仕方や金額が異常な費用]

extraordinary gain 特別利益, 異常利得 ► an extraordinary gain on restructure リストラによる特別利益

extraordinary general meeting (英)株主特別[臨時]総会 (EGM) [○合併など特別の問題を扱う]

extraordinary item 特別(損益)項目 [○例外的で, かつ, まれにしか起こらない損益を計上する項目. たとえば, 外国政府による資産の没収や地震災害による損失] ► be reported in the income statement as an extraordinary item 特別損益項目として損益計算書に計上される

extraordinary loss 特別損失, 異常損失

extraordinary meeting (英)臨時株主総会, 特別総会, 臨時取締役会 (=(米)special meeting)

extraordinary shareholders' meeting (英)臨時株主総会 (=(米)special shareholders' meeting)

extrapolate /ikstrǽpəlèit/ vt (既知のものから)推定する ► They forecast demands by simply extrapolating past trends. 彼らは単純に過去のトレンドから推定して将来の需要の見通しを立てている

extrapolation /ikstræpəléiʃən/ n 外挿法, 補外法による推定 [○データから得られた結果を, データの範囲を超えて適用する方法]

extra premium 割増保険料, 特別保険料 (⇔ regular premium, ordinary premium)

extravagant /ikstrǽvəgənt/ a ぜいたくな; 途方もなく高い; むだづかいする(*with*); むちゃな

◇**extravagance** n 浪費; 過度, 無節制

extreme /ikstríːm/ a 極端な; いちばん端の; 過激な; 最後の

take extreme measures 強硬措置をとる
— *n* 極端, 極度; 極端な行為; (~s)両極端 ► The drop in our company's share price has never been this extreme. 当社の株価がここまで極端に下落したことは今までになかった
go from one extreme to the other 行動[考え]が極端に変わる
go to extremes 極端な行動に出る ► He went to extremes to negotiate the deal. その取引の交渉にあたって彼は極端な手段を使った
in the extreme 極端に
◇**extremist** *n* 極端論者; 過激主義者
extremely *ad* 極度に; 非常に ► Our stores are extremely busy during the holiday season. 当社の店舗はホリデーシーズンには超多忙だ ⇨ holiday season / Customers are extremely happy with our products. 顧客は当社の製品に極めて満足している
extrinsic /ikstrínsik/ *a* 非本質的な; 外部的な
extrinsic value ❶外面的価値[⇨表面的判断で決まるもの] ❷時間価値[⇨原資産価格の変動でもたらされるオプションの潜在的価値(オプションプレミアム(=値段)はオプションの買手が今すぐ権利を行使した場合に得られる「本源的価値」とこの時間価値の合計で決まる)]
ex VAT〈英〉付加価値税が入っていない
EXW ex works
ex warehouse 倉庫渡し[⇨売主は倉庫で買主に引渡せば義務を果たしたことになるという条件]
ex wharf 埠頭渡し[⇨売主は荷揚港の埠頭にて買主が受け取れるようにすれば義務を果たしたことになるという条件]
ex works 工場渡し, 現場渡し (EXW)[⇨売主が工場現場で製品の引渡しを行う契約で, 引渡し以後の費用および危険負担は買主が負うとするもの]
ex-works *a*, *ad*〈英〉工場渡しので]
Exxon エクソン[⇨米国の石油会社. 1882年, Standard Oil Co. of New Jerseyとして設立. 1892年にStandard Oil Co., 1972年にExxonに改称した. 現在はExxon Mobil]
Exxon Mobil (~ Corp.) エクソンモービル[⇨米国の世界最大の石油会社の1社. 1999年, ExxonとMobilの合併により発足. Exxon, Mobil, Essoの3ブランドを展開する]
eye /ai/ *n* 目; 鑑識眼; 注視;《an ~》関心, 意図; 《~s》観点, 見解; 目状の物 ► in the eyes of the law 法的見地からは / in [to] my eyes 私の見るところでは / The housing market has been caught in the eye of the storm. 住宅市場は大混乱の渦中に巻き込まれてきた
all eyes are on ... 皆が…に注目している ► All eyes are on the new administration's economic policy. すべての人の目が新政権の経済政策に向けられている
cast [run] one's eye(s) over に目を走らせる
catch a person's eye (人の)目を引く
do a person in the eye〈英略式〉(人を)だます
for a person's eyes only (機密文書が)(当人の)黙読のみ許された
have an eye for に関して目が高い; に関心がある ► He has an eye for picking out high-growth stocks. 彼は高成長の銘柄を選び出す眼識を持っている
have an [one's] eye on [upon] に注意する; をもくろむ
have an eye to [on] the main chance 成功[金もうけ]の機会ばかりねらっている
have eyes in the back of one's head 抜け目がない
have eyes only for / only have eyes for に夢中だ
have ... in one's eye を念頭におく
in one's mind's eye 想像で
in [with] the blink of an eye あっと言う間に
keep [have] an eye on を見守る; を手に入れようと目をつけている; の世話をする ► Can you keep an eye on things while I'm out? 外出している間, 留守番をお願いできますか
keep [have] an eye out for に注意している; を警戒する
keep one's eyes open [peeled, skinned] 注意[警戒]している
one in the eye for にとっての大打撃
open a person's eyes (人を[が])悟らせる[悟る] 《*to*》
see eye to eye with と同意見である
through the eyes of (人)の見地から
up to the [one's] eyes (仕事に)没頭して; (借金に)はまり込んで《*in*》
with an eye to [toward] を考慮[計算]に入れて
— *vt* 見る, 見入る; 目をつける, 注目する ► The government is eyeing infrastructure spending to revive the economy. 政府はインフラ支出が景気を回復させることを狙っている
Eye it, try it, buy it! 見て, 試して, 買え！(✚本来は1950-60年代のChevroletの宣伝文句)
eyeball *n* 眼球;《~s》アイボール, 目玉[⇨インターネットのウェブサイトを見に来る人]
eyeball to eyeball 面と向き合って; にらみ合って; 一触即発の危機で《*with*》
(be) up to one's eyeballs in [with] ... …で身動きできない ► Consumers are up to their eyeballs in credit card debt. 消費者はクレジットカード債務で身動きがとれない状況だ
— *v*《略式》じっと見る, 見つめる ► Will you eyeball his report? 彼の報告書をよく見てくれ
eye camera アイ・カメラ[⇨視線測定装置]
eye catcher アイ・キャッチャー[⇨広告注目の視覚要素] ► This brochure is a real eye catcher. このパンフレットはよく人目を引く
eye-catching *a* 人目を引く
eye contact アイコンタクト, 視線が合うこと
eyeshot *n* 視界
eyesight *n* 視力, 視覚
eye-sight *n*〈広告〉目線
eye tracking 視線測定, 視線解析, アイトラッキング[⇨視線の動きを記録して, 被験者が広告のどこを見ているかを研究し, 分析すること]
EZ, E-Z ❶ =easy ❷ EZ form[⇨米国IRSの簡易申告書]
e-zine *n* メルマガ

F, f

F¹ (成績で) 不可
F² Fahrenheit; false; female; feminine; fine [鉛筆の芯が細い]; franc
F³, f following
f. feet; feminine; following; foot
FA factory automation; functional acknowledgement; faculty of actuaries アクチュアリー (保険数理士)協会
FAA Federal Aviation Administration [Agency]; (保険で) free of all average 全損のみ担保
fab /fæb/ n シリコンチップ工場 (=microchip fabrication plant)
— vt (マイクロチップを) 製造する
fabless /fǽblis/ a ファブレスの [◆生産設備を持たず, 開発・設計した製品を他社に委託して製造し, 販売する経営手法について言う]
Fablon (商標) ファブロン [◆机上に張り付けられるプラスチックのシート]
fabric /fǽbrik/ n 織物; 織地; 構造; 骨組み; 組織; 建造物 ► the fabric of society 社会構造
◇**fabricate** vt 作り立てる; でっち上げる; (文書を) 偽造する; (原料を) 加工品に仕上げる
fabrication /fæ̀brikéiʃən/ n 偽造(物), うそ, 作りごと; 組み立て, 加工
fabrication plant (特にハイテク関連の) 製造工場
fabricator /fǽbrikèitər/ n 組み立て業者, 製作者
fabulous /fǽbjuləs/ a 信じられない, (略式) 素晴らしい; 伝説的な ► You did a fabulous job on such short notice. 急に頼んだのに素晴らしい仕事をしてくれたね
◇**fabulously** ad
◇**fabulousness** n
face /feis/ n 顔(つき); (略式) 厚かましさ; 見せかけ; 面目; 表面, (建物の) 正面; 額面, 券面
blow up [explode] in one's face (略式) 急に駄目になる
face to face 向かい合って (with) ► Let's sit down face to face and talk about what's troubling you. 差し向かいで, じっくりと君の悩みについて話そう
get face (米略式) 面目を施す
have two faces 二心がある
in (the) face of の前で; にもかかわらず ► The proposed legislation has been dropped in the face of public opposition. その法案は国民の反対にあって撤回された
lose (one's) [suffer a loss of] face 面目を失う
on its face 文面上, 文言上
on the face of it 見たところでは
put [set] one's face against に猛反対する
save (one's) face 面目を保つ
show one's face 顔を出す
to a person's face (人と) 面と向かって
— vi 面する
— vt 面する; 直面する; 立ち向かう ► Countries around the world are facing the worst economic crisis in decades. 世界中の国々はここ数十年間で最悪の経済危機に直面している / The hotel faces the beach. そのホテルは海岸に面している / The country faces a serious food shortage. その国は深刻な食糧難に直面している / Employees eventually will have to face job cuts. 従業員はいずれ職の削減に直面しなければならないだろう
face off 対決する ► The two presidential candidates will face off in a debate. 2人の大統領候補は討論で対決するだろう
face out 押し通す
face up to に立ち向かう ► He could face up to 10 years in prison for embezzlement. 彼は横領の罪で最高10年の懲役刑を科せられる可能性がある / You have to face up to the fact that you need help. 自分が助けを必要としているという事実を認識しなければいけない
Let's face it. (略式) 事実は事実として認めよう
◇**facer** /féisər/ n (英略式) 思いがけぬ難問
◇**faceless** a 特徴のない
face amount (米) ❶ 券面額, 額面金額 (=face value) ► the face amount of a bond 社債券面金額 / issue 6% bonds in the face amount of $1,000,000 maturing on May 1, 2010 額面が100万ドルで2010年5月1日に満期となる6%利付社債を発行する ❷ 額面保険金額; (死亡) 保険金額
face graph 顔グラフ [◆多変量データによって示された固体の特徴を, 人間の顔の表情で模式的に表現する方法]
face-lift(ing) n (略式) (建物の) 外装直し; モデルチェンジ; (大規模な) 改装工事
face recognition 顔認識
face-saving a 面子を保たせる
facet /fǽsit/ n (宝石などの) 切り子面; (物事の) 一面 (of) ► He knows every facet of the jewelry business. 彼は宝石ビジネスのあらゆる側面を知っている / Corporate banking is just one facet of our business. 企業金融はわれわれのビジネスの一つの側面に過ぎない
— vt ((英)-tt-) (宝石に) 小平面を刻む
face time (略式) 対面時間 [◆Eメールなどでのやりとりではなく, 実際にこって交流する時間]
face-to-face a 向かい合った, 対面での; 直接の ⇨ F2F
face-to-face communication 対面コミュニケーション
face-to-face interaction 対面的相互作用 [◆友人同士のように, 顔と顔をつき合わせての行為のやりとり]
face validity 表面的妥当性 [◆統計の数字の見かけ上の妥当性] ► assess the face validity of the data データの表面的妥当性を検証する

face value ❶ 券面額, 額面金額 (=face amount) [◇債券の場合, この金額が満期時に戻ってくる] ► issue a 10-year bond with a face value of $600,000 額面価額60万ドルの10年もの社債を発行する / The bond currently sells for 108 percent of its face value. その債券は現在, 額面金額の108%で取引されている ❷ 〖保険〗= face amount ❸ 文字どおりの意味

facia *n* =fascia

facilitate /fəsílitèit/ *vt* 容易にする; 促進[助成]する
◇**facilitation** /fəsìlətéiʃən/ *n* 助成
◇**facilitator** *n*

facilities department 施設担当部門

facilities management 営繕業務, 施設管理

facility /fəsíləti/ *n* ❶《通例-ties》設備, 施設 ► production facilities 生産設備 / a port facility 港湾設備 / an idle facility 遊休設備 / research facilities 研究施設 / storage facilities 貯蔵施設, 保管施設 / transportation facilities 輸送施設 / modern facilities 近代的な設備 / outmoded facilities 旧式の設備 / open [close] a facility 施設を開く[閉鎖する] / offer facilities 施設(サービス)を提供する / provide facilities for のための施設(サービス)を提供する / shift facilities overseas 海外に生産施設を移転する / The hotel has excellent facilities. そのホテルはすばらしい施設を有している / The company will set up production facilities overseas. その会社は海外に生産設備を立ち上げる予定だ ❷ 信用供与; 銀行融資, 融資枠 ► a credit facility (貸出の) 信用ファシリティ / The second facility is a $1.2 billion revolving credit line arranged by a group of foreign banks. 2本目の融資枠は, 外銀との間で設定したリボルビング方式のもので, 融資限度額は12億ドルだ

facsimile /fæksíməli/ *n*, *vt* 複製[複写](する); ファクシミリ (fax)

facsimile signature 複写による署名, 複製署名 [◇ドル札に付されている財務長官の署名など]

fact /fækt/ *n* ❶ 事実; 真相 ❷〖法律〗《the ~》(事件・状況の) 事実, 犯行; (証拠によって認定される) 事実 ► confess the fact 犯行を自白する / after [before] the fact 犯行後[前]の, 事後[事前]の / an accessory after [before] the fact 事後[事前]従犯

a fact of life 厳然たる事実

as a matter of fact / *in (point of) fact* 実際は; 実のところ ► In fact, over 65% of our customers are women. ところが実際は, 当社の顧客の65%以上は女性なのです / As a matter of fact, that's not true. 実を言うと, それは本当ではない

(the) fact is 実を言えば, 実際のところは ► The fact is we're running out of time. 実は時間切れになりそうなんだ / The fact is that companies keep cutting jobs. 実は企業各社は職を削減し続けているのです

facts and figures 詳細(な情報)

for a fact 確かに, 事実として

Is that a fact? それは本当ですか

(and) that's a fact それは間違いのないところだ

the fact that ということ

fact-finding *a*, *n* 実情調査(の)

fact-finding board (事件などの)調査委員会

fact-finding mission 視察団 ► go on a fact-finding mission 視察に行く

faction /fǽkʃən/ *n* 党派; 派閥 ► rival factions 対立している派閥

factor /fǽktər/ *n* ❶ 要素, 要因 ► a significant [crucial] factor 重要な[決定的な]要因 / A key success factor of a company is its employees. 会社の成功の鍵を握る一つの要因は従業員だ / The company's friendly working environment is one factor in its low staff turnover. 同社のなごやかな労働環境はスタッフの転職率が低いことの一つの要因だ / What are the factors behind your decision? 御社の決定の背後にある要因は何ですか ❷ 債権取立業者, 債権買取業者

be [play] a factor in の一因である

by a factor of …倍だけ

— *vt* ❶ 要素として入れる (*in, into*); 要素として除外する (*out*) ► Exporters factor in exchange rates in their sales forecasts. 輸出業者は売上高の予測にあたって為替レートを考慮に入れる ❷ (1) (受取手形の) 買取りや集金を行う; (受取手形に対して) 融資する (2) 債権の買収・回収を行う; 債権金融業務を行う ❸ (株価などに情報を) 織り込む (*into*)

factorage *n* 取立て代理業; 仲買手数料, 口銭

factor analysis 因子分析, 要因分析 [◇「価格が安いから」といった複数の回答項目を分析して, 「価格志向の購入者層」「センス重視の購入者層」といった潜在的な共通因子を割り出す]

factor cost 生産要素費用 [◇生産要素の対価として支払われる費用] ► at factor cost 生産要素費用表示で

factoring *n* ファクタリング, 債権買取業務 [◇企業の有する売上債権の買取りや債権の回収を行う業務または回収機関]

factor of production 生産要素 [◇土地・労働・資本など生産のために使用されるもの]

factor price メーカー直販価格

factory /fǽktəri/ *n* 工場; 製作所 (✢組立工場, 製造工場, 自動車製造工場, 化学品工場などは plant が一般的だが, 航空機製造工場, 衣料品製造工場などは factory が多い)

▸コロケーション◂

《動詞(句)+~》 **build** a factory 工場を建設する / **build** a factory **to manufacture** … の製造工場を建設する / **close** a factory 工場を閉鎖する / **manage** a factory 工場を経営する / **open** a factory 工場を新設する / **operate** a factory 工場を経営する / **relocate** a factory 工場を移転する /

run a factory 工場を経営する / **set up** a factory 工場を新設する
► Declining sales forced the company to close its factory in Thailand. 売上高の減少のために同社はタイの工場を閉鎖せざるを得なくなった / Union workers staged a strike in front of the factory. 組合労働者は工場の前でストライキを敢行した / She works in a clothing factory. 彼女は衣料品工場で働く / They're manufactured in a factory in China. それは中国の工場で製造される / There's no more work at the factory. その工場ではもう仕事がない

factory automation ファクトリー・オートメーション, 工場自動化 (FA) [⇨工場の生産諸活動を一貫して自動化すること]

factory cost 工場原価 [⇨原材料費, 労務費などの製造原価を言い, 運搬費などは入らない]

factory farm 工場化された畜産農場

factory farming ファクトリーファーミング, 工場畜産 [⇨規模の経済を追求する集約的な畜産. 動物の福祉に配慮する有機産と対比される]

factory floor 現場; 平工員 ► I used to work on the factory floor. 以前は工場の現場で働いていました

factory gate 工場出荷時 ► at the factory gate 工場出荷時に

factory-gate price =factory price

factory management 工場管理

factory orders 製造業新規受注 [⇨米国の主要経済指標の一つ. 商務省が毎月, 前々月分を発表している]

factory outlet ファクトリー・アウトレット [⇨アウトレット(outlet)の中でもメーカー直売のもの] ⇨retail outlet

factory preset 工場出荷時の初期設定 ► customize a factory preset 工場出荷時の初期設定を変える

factory price 製造原価; (製造原価にメーカーの利益を加えた) 生産者価格

factory ship 水産加工船 [⇨船内の工場で水産品を缶詰などに加工する大型船]

factory shop 《英》=factory store

factory store 《米》ファクトリーストア (= 《英》factory shop) [⇨難あり品販売の専門直売店, 工場に併設された売店] ⇨outlet store

factory worker 工員

fact sheet 《英》概況報告書, 説明資料, 取引要項, 基本事項説明書

faculty /fǽkəlti/ n 能力; 才能; (精神・身体の)機能, 権限; (大学の)学部, 《米》学部教授会, 専任教員 ► The university actively recruits foreign faculty members. その大学は外国人の教員を積極的に採用している

fad /fǽd/ n 気まぐれ; 一時的流行 ► a fad word 流行語 / It's just a fad. 単なる流行でしかない / Classic tastes resist fads. クラシックな好みは流行に左右されない / The TQM fad of the 1980s had run out of steam. 1980年代のTQM(全面品質管理)の一時的大流行はすでに失速していた
◇**faddish, faddy** a

fade /féid/ vi (色が)あせる; しぼむ; 衰える 《away》; 姿を消す ► After the scandal, the company's reputation began to fade. そのスキャンダルの後, 同社の名声は衰退し始めた
— vt 色あせさせる

fade in [out] (像・音が)次第に明るく[暗く]なる
— n (映画・テレビで)フェード

do a fade 《米略式》消える
◇**faded** a
◇**fadeless** a

fail /féil/ vi 失敗[落第]する《in》; 不足する; (体力などが)衰える; 破産する
— vt …しない, …しそこなう《to do》; の役に立たない; 期待に背く, 失望させる; 《略式》(試験に)落とす, 落第点をつける ► Words failed me. 言葉に詰まった / The company failed to pay overtime wages to its employees. 同社は従業員に残業代を支払わなかった / The two countries failed to reach a trade agreement. その2つの国は貿易について合意に達しなかった

fail in one's duty 義務を怠る

I fail to see (前の表現に不賛成を表して)私には分かりかねます ► I fail to see why this is necessary. 何故これが必要なのか分かりません

never [not] fail to do 必ず…する
— n ❶落第, 失敗 ❷フェイル, 受渡し不履行 [⇨証券取引において技術的問題によって生じた受渡しの遅れなどを指す. 厳密には債務不履行とも言えるが, 「デフォルト」に至らない軽微な違反を言う]

without fail 確かに; 間違いなく

failed /féild/ a 失敗した; 操業停止した ► deal with failed financial institutions 破綻した金融機関を処理する

fail-safe n, a 二重安全装置(を備えた)

failure /féiljər/ n ❶失敗(者); 怠慢; …しそこなうこと; 不足; 衰弱; 故障; 落第 ► The storm caused power failure across the city. その嵐は市内全域に停電を引き起こした / The manager accepted full responsibility for the failure of the project. 課長はプロジェクトの失敗の全責任を引き受けた ❷破綻, 破産, 倒産; 支払不能; 不履行 ► a bank failure 銀行破綻[破産] / a risk of failure 倒産リスク / failure to meet debt obligations 債務返済の不履行

failure in supervision 監督不行届 ► The executives are admitting to a failure in supervision. 役員は監督不行届を認めている

failure or omission 懈怠(けたい)または不作為 (✤契約書の中での責任を定める条項の中で出てくる)

failure to supervise 監督不行届 ► You're on the line for a failure to supervise charge. 監督責任を問われるのは君だ

fair¹ /féər/ a 公正な; 正当な; かなりの; 障害のない ► demand a fair share of the profits 利益の公正な分配を求める / We spent a fair amount of time on market research. 当社は市場調査にかなりの時間を費やした / We feel that this is a very fair price. とても適正な価格だと思う / His prospects of future promotion are tolerably fair. 彼の昇進の見込みはまずまずといったところ

be in a fair way to do …する見込みがある ► He is in a fair way to take over the business. 彼はその仕事を引き継ぐ見込みだ
by fair means or foul 手段を選ばず
Fair dos. 《英略式》公平にやろう (=Fair's fair.)
fair enough まずまずの; (応答)けっこう, よし
Fair's fair. 《略式》公平にやろう
to be fair 公平を期すために(言えば)
— *ad* 公正に; まともに; 都合よく; きれいに; 丁寧に
bid fair to do …しそうである
fair and square 公明正大な[に]; まともに
play fair 公正に振る舞う

fair[2] *n* フェア; 《米》品評会; 《英》定期市; 博覧会; 合同説明会, セミナー ► take part in a fair フェアに参加する / We will set up a booth at the trade fair. 当社は産業見本市にブースを設置する予定だ

a day after the fair 後の祭り

fair average quality 標準的品質, 平均中等品質 (FAQ) [⇨農産物などの品質につき, ある収穫時期に取れたものとして「並みの品質」であることを指す]

fair competition 公正競争
fair copy 正確な写し; 清書
fair deal 妥当な取引, 良心的な条件による取引; 《the F- D-》フェアディール政策 [⇨米国大統領 Harry S Truman の国内政策]
fair dealing ❶妥当な取引 ❷著作物の正当な利用 [⇨正当な引用の範囲を超えていない等]
fair disclosure 公正表示, 公正開示, 公正情報開示
fair dismissal 公正解雇
fair employment 公平雇用
fair game (猟期に)解禁された獲物; いい「かも」
fairground *n* 共進会・市などのための場所
Fair Housing Act 《the ~》《米国の》住宅の譲渡・賃貸における差別禁止法
Fair Labor Standards Act 《米国の》労働基準法 (FLSA)
fairly *ad* 正当に; 正しく; かなり; 《略式》まったく, まさしく ► fairly valued 価額が適正水準にある / As a manager, I try to treat all of my staff fairly. 管理職として, 私はスタッフ全員を公平に扱おうとしている / The two products are fairly similar in function. その2つの製品は機能的にほとんど同じようなものだ
fair market price 公正市場価格 (=fair market value)
fair market value 公正市場価格, 適正価格, 時価 (FMV) [⇨しかるべき情報を持っている売手と買手とが自由意思に基づいて行う売買での価格. fair value とも言う] ► purchase the equipment at fair market value at the end of the lease リース終了時に公正市場価格で機器を買い取る

fairness *n* ❶公平さ ► in fairness out of all fairness 公平を期すために言えば ❷《会計》公正性, 適正性 [⇨財務諸表が目的適合性, 理解可能性, 現実適合性の要件を備えていること]
fairness doctrine 公平[公正]原則 [⇨放送に関し, 内容が公正でなければならないとする原則]
fairness opinion フェアネス・オピニオン, 公正性に関する意見書 [⇨投資銀行が買収・合併などの提示価格の妥当性について示す意見]
fair presentation 《会計》適正な表示 ⇨true and fair view
fair price =fair market value
fair trade ❶公正取引 ► We believe in fair trade. われわれは公正取引がよいと信じる ❷フェアトレード, 公正な貿易 [⇨途上国の貧しい人びとの自立支援のための経済活動だけでなく, 南の生産者と北の消費者が出会い身近な存在として実感することから始まった適正価格による民衆交易をめざす運動]
fair-trade agreement 《米》再販売価格維持契約 [⇨メーカー等が販売業者に対して一定価格以下で売ってはならないと拘束する合意で, 一般に自由競争を制限するものとして独占禁止法違反になる]

Fairtrade (certification) *n* (英国の) 公正取引認定 ► the Fairtrade certification mark 英国の公正取引認定証 / We sell Fairtrade products. 当社は公正取引認定製品を販売する / We look for the FAIRTRADE mark. 私たちは公正取引認定マークが付いているのを求める

Fairtrade Foundation 英国の公正取引財団

fair trade price 公正取引価格 (=fair market price)
fair trading 公正な取引
fair use 《米》フェアユース [⇨米国法における著作権及び商標の侵害に対する抗弁. 批評, 論評, 報道, 教育等の目的で著作物を利用することは原則として著作権侵害とならないというもの]

fair value 適正価格, 時価 ⇨fair market value ► measure revenue at the fair value of goods 商品の適正価額で収入を見積る / equity securities that have readily determinable fair value 評価上容易に時価を確認できる株式 / disclose the fair values of all financial instruments 金融商品すべての時価を開示する / measure investments at fair value 投資資産を時価で評価する / provide the fair value on について時価評価をする / require financial instruments to be reported at fair value 金融商品に関して時価ベースでの報告を義務づける / The new standard requires the booking of all derivatives at fair value. 新たな基準により金融派生商品については, すべて時価での計上が義務づけられる / These contracts are recorded at a fair value of $6,000,000. これらの契約は, 時価ベースの評価額600万ドルにて計

fair value accounting 時価会計 [⇨ 企業の資産と負債を定期的に実勢価格に合わせて評価替えすること。米財務会計基準書(SFAS) 157は、適正な評価額即ち「時価」を「評価日現在, 市場参加者間で, 通常の取引を通じて支障なく資産を売却し, または, 負債を移転する場合の受取額」としている。このガイドラインは, さらにこうした時価の算定根拠につき, 第一義的には既成市場の相場により, それがなければ類似取引例の相場により, それすらなければ「この価格で売れるはず」だという理論値を推計せよとしている。mark-to-market accountingという言い方もある]

fair wage 適正賃金
fair wear and tear 通常の減耗
faith /feiθ/ n 信頼; 信仰; 信念 (in); 信条; 誓約 ► They observed good faith with their creditors. 彼らは債権者に対する義務を忠実に履行した
bad faith 背信, 不誠実
break [keep] faith with との約束を破る[守る]; 忠誠をやめる[守る]
by one's faith 誓って
give [pledge, plight] one's faith 約束[誓約]する
have faith in を信じている ► I have faith in your ability. あなたの能力を信頼しています
have faith that という信念を持っている
in good faith 誠実に
in my faith まことに
lose faith in を信じなくなる ► The public has lost faith in the government. 国民は政府を信用しなくなった
on faith 信用して
faithful a 誠実な; 信頼できる; 正確な; 忠実な
◇**faithfulness** n
faithfully ad (次句で):
Yours faithfully (英) 敬具
faithless a 不誠実な; 信頼できない; 不信心の
◇**faithlessly** ad
fake /feik/ v 偽造する (up); 潤色する; (略式) 振りをする; フェイントをかける
fake it (米略式) 知っている[できる]振りをする; 虚勢を張る
fake out (略式) だます, 欺く
— n, a いかさま師; まやかし物, 偽[模]造品; 偽の ► The signature proved to be a fake. 署名は偽造されたものであることが判明した / He was the sole architect of an elaborate ruse involving scores of fake trades. 彼は何十ものいかさま取引を含む念入りな策略を一人で計画した
◇**faker** n いかさま師; 大通商人
faked document 偽造文書
fake documentation 偽造書類
fake fur 模造毛皮
fakery /féikəri/ n ごまかし, いかさま; 偽造品, まやかし物
fall /fɔːl/ vi (fell; ~en) 落ちる; 降る; 転ぶ; 垂れる; (物価などが) 下がる; (元気が) なくなる; (休日などが…に) あたる; …になる ► The company's ROE has fallen from 17% to 16%. 同社のROEが17%から16%に落ちた / The company's domestic sales have fallen by 13 percent annually. 同社の国内売上高は年間13％減少した / The company's share fell 8 cents to $2.52. 同社の株は8セント下落して2ドル52セントになった / The rent falls due the first of every month. 家賃は毎月1日が支払期日である / Prices can fall dramatically when there is overproduction. 価格は過剰生産によって劇的に低下することがある / The dollar fell further to the ¥102 territory. ドルはさらに102円台に下落した / Their products often fall below expectations. 彼らの製品はしばしば期待はずれである

fall all over oneself しきりに努める, 躍起になる (to do)
fall apart ばらばらになる; 分裂する; (略式) 取り乱す ► The negotiation fell apart. 交渉は決裂した
fall back 退く
fall back on [upon] に頼る
fall behind 遅れる ► After taking a week off, I fell behind with my work. 1週間休んだ後, 仕事が遅れた / We cannot let poor countries fall further behind. 貧しい国々をこれ以上立ち遅らせるわけにはいかない
fall down 倒れる; 崩れ落ちる; (略式) へまをする (on)
fall foul of (船どうしが) 衝突する
fall in 崩れる; (借用関係の) 期限が来る
fall in for を受ける
fall into に陥る; を始める; に分類される
fall in with と偶然に出会う; と一致する; に同意する
fall off はがれ落ちる; 衰える; 減る; 針路からそれる ► Our sales fell off dramatically after January. 当社の売上高は1月以降は大幅に落ち込んだ
fall on [upon] の身にふりかかる; (つらい目に) あう; (…に) あたる ► If a national holiday falls on a Sunday, the following day is observed as the holiday. 祝日が日曜にあたる場合は, 翌日が休みとなる
fall on one's feet うまく困難を切り抜ける
fall out はずれ落ちる; 仲たがいをする (with); 起こる; (結果的に) 生じる ► He fell out of favor with his boss. 彼は上司に嫌われてしまった
fall over 転倒する; (建物が) 崩壊する
fall short of に届かない
fall through 駄目になる ► Plans for the merger fell through at the last minute. 合併計画は土壇場で潰(ついえ)た / The deal fell through. その取引は成立しない
fall to の義務である; の手に落ちる; に敗北する
fall to bits [pieces] ばらばらになる
— n 落下; 降雨[雪]量; (米) 秋; 下落; (通例 ~s) 滝 ► There was a sharp fall in profits. 収益が急に落ちた

fallback n, a ❶ 予備(の), 万一のための(もの) ► We need an alternative plan to use as a

fallback. 予備に代替案が必要だ ❷ 下落
fallen angel 墜(お)ちた天使 [➡ 発行時にはBBB格以上の投資適格債であったが、その後格付けが下がってBB以下になっている債券。ひところは高かったものが大幅に下げている株式についても言う]
faller n 値下がり銘柄
fall guy とかげのしっぽ切りに使われる人 [➡ 責任追及をかわされて切り捨てられる末端の人間]
falling, n, a 落下[墜落](する)
falling knife (次句で):
catch a falling knife 株価の下落している株を買う ▶ Never try to catch a falling knife. 落下中のナイフをつかもうとするな(✚相場格言)
falling market 下げ相場, 市場の冷込み
falling-off n 減少
fall-off n (急激な)減少
fallout n (放射性)降下物, 死の灰; 副産物; 余波; 結果 ▶ a fallout shelter 核爆弾用防空壕
fallow /fǽlou/ a, n, vt 休作の; 休耕地; (田畑を)休ませる ▶ let land lie fallow 耕地を休ませる
false /fɔ́:ls/ a 誤った; 虚偽の; 偽の; 不誠実な; 仮の ▶ Rumors about the company's involvement in bid-rigging turned out to be false. 同社が入札談合に関与したという噂は誤りであることが分かった / The accountant was accused of helping them to file false tax returns. 彼らが不正な納税申告書を提出するのに手を貸したとしてその会計士は告発された
give a false sense of について誤った感じを与える
(make) one false move 軽率な行動(をする)
— ad 不実に; 誤って
play a person false (人を)だます, 裏切る
◇**falsely** ad
◇**falseness** n
false accounting 不正経理, 不法会計操作
false advertising 虚偽広告 ▶ Smokers were deceived by false advertising into believing they were better off smoking low-tar smokes. 喫煙者は虚偽広告にだまされて低タールの煙草を吸えば大丈夫だと信じ込んだ
false bottom 幻の八百長 [➡ 相場が下げ切り, 反転するかに見えたのに, それを下抜けしたときの安値水準. 商品の需要についても期待した底入れが実現しなかったときに言う]
false dawn むなしい期待
false economy かえって高くつくもの[こと] ▶ Buying on price alone is often a false economy. 値段だけで買うのを決めると, かえって高くつくことが多い
false invoice 架空請求書
false pretenses 虚偽表示; (それによる)財産詐取 ▶ on [under] false pretenses 虚偽表示により
false representation 不実表示 ▶ Any false representation will constitute breach of this agreement. 不実表示はすべて本契約に対する違反を構成するものとする
falsification /fɔ̀:lsəfikéiʃən/ n 偽造, 変造

falsification of accounts 不正経理 ▶ detect [spot] a falsification of accounts 不正経理を見破る
falsify /fɔ́:lsəfai/ vt 変造する; 偽造する; ねつ造する ▶ falsify papers 文書を偽造する / The applicant falsified information on his job application. その応募者は提出書類上の事項をねつ造した
◇**falsifier** n 偽造者
falter /fɔ́:ltər/ vi よろめく, つまずく; どもる; ためらう; 尻込みする
— vt 口ごもりながら言う
— n ためらい; よろめき; どもり
familial /fəmíljəl/ a 家族の; 家族性の
familiar /fəmíljər/ a よく知られている(*to*); 打ち解けた; よく知っている(*with*); 親しい; なれなれしい ▶ Are you familiar with our products? 当社の製品をよくご存知ですか / The name sounds familiar. その名前には聞き覚えがある / I'm not familiar with this software. このソフトウェアはよく知らない
be on familiar terms with と親しい間柄である
have a familiar ring 前に聞いた覚えがある
— n 親友
◇**familiarly** ad
family /fǽməli/ n 家族; 一族; 家柄, 名門
family allowance 家族手当
family brand 統一商品群銘柄
family business 家族企業, 同族企業, 同族会社 ▶ She inherited a family business founded by her grandfather. 彼女は自分の祖父が始めた同族会社を受け継いだ / He runs a small family business. あの人は小さなファミリー企業を経営している
family company [corporation] 同族会社 [➡ 株主が一つの家族または同一血族によって構成されている会社]
family court 家庭裁判所
family credit (英) 生活保護料
family-friendly a ファミリー・フレンドリーな, (企業の福利政策などが) 家族にやさしい
family life cycle 家族ライフサイクル, 家族周期 [➡ 結婚, 子供の誕生, 子育て, 子供の独立, 夫婦二人だけの生活, 配偶者との死別という家族の段階的変化]
family name 姓
family-owned a 同族経営の ▶ a family-owned operation 同族経営の事業
family-run a 同族経営の
famous /féiməs/ a 有名な, 名声のある(*for*); 《古》素晴らしい(⇔infamous) ▶ The Napa Valley is famous for wine. ナパ・バレーはワインで有名だ
◇**famously** ad みごとに ▶ get on famously 気が合う, 仲よくやる
famous mark 著名標章 [➡ 国際的に著名ないし周知である標章については, その商標の権利者以外の者が商標登録を受けることはできない]
fan¹ /fæn/ n 扇, うちわ; 扇風[送風]機, 換気扇
(the shit) hit the fan 《略式》大騒ぎになる

— v (**-nn-**) あおぐ; あおる; 扇形に広げる[広がる] 《*out*》
fan a person's tail 《米略式》(人の)尻をたたく
fan² n 《略式》ファン, 愛好者 ► The release of the latest version aroused much interest among fans of computer games. 最新版の発売はコンピュータゲームの愛好者の間に多大の関心を呼び起こした [<*fanatic*]
fanciful a 気まぐれな; 空想上の; 奇抜な
◇**fancifully** *ad*
◇**fancifulness** *n*
fanciful terms =invented words
fan club 後援会
fancy /fǽnsi/ n 空想; 気まぐれ; 好み; 趣味; 《the ~》(集合的)(スポーツ・動物などの)愛好家
catch [*take, strike, tickle*] *a person's fancy* (人の)気に入る
— a 装飾的の; 風変わりな; 法外な; 《米》極上の ► *at a fancy price* 法外な値段で
— *vt* 想像する; (何となく)思う; 好む ► Fancy meeting you here! こんな所で会うとはね
◇**fancier** n 愛好家
Fancy Feast 《商標》ファンシー・フィースト [☆ 米国のキャットフードのブランド. 一食分の缶入りフードで値段はやや高め]
fancy goods アクセサリー, ギフト雑貨
Faneuil Hall Marketplace ファニエル・ホール・マーケットプレイス [☆ 米国ボストンのショッピング街. 公設市場として利用されていた4つの歴史的建造物を中心に, 現代的な商業施設に再生させたもの]
Fannie Mae 《商標》ファニーメイ (=Federal National Mortgage Association)
fantastic, fantastical /fæntǽstik(ə)l/ a 空想的な; 奇妙な; 気まぐれな; 途方もなく大きい; 《略式》素晴らしい ► The samples you sent us were fantastic, so we'd like to place an order with you. 貴社から送っていただいた見本が素晴らしかったので, 貴社に発注したいと思います
◇**fantastically** *ad*
fantastik n 《商標》ファンタスティック [☆ 米国の清掃用品. スプレー形式でタイル, キッチンなどの汚れや染みを除去するのに使われる]
fao 《英》for the attention of
FAO (the ~) Food and Agriculture Organization (of the United Nations)
FAO Schwarz FAO シュワルツ [☆ 米国の玩具店. 私企業]
FAQ fair average quality; frequently asked questions
far /fɑ:r/ (**~ther, further; ~thest, furthest**) a 遠い; 向こう側の; (政治的に)極端な
a far cry from から遠距離で; 大違いで
— *ad* (距離)遠くへ; (時間)はるかに; (比較級の強調)ずっと ► *far better* ずっと良い / We are far ahead of our competitors in market share. 当社は市場占有率では競合各社よりはるかに先行している
as [*so*] *far as* …まで; …する限り; に関して ► As far as I know, the goods haven't been delivered. 私の知る限り, 品物はまだ納入されていない
as far as possible できる限り
by far はるかに, 断然 ► This by far is the best trip I've taken. 私が経験した中で, この旅はダントツに最高だ
carry [*take*] *... too far* 度を越す, やり過ぎる ► He carried the joke too far and hurt her feelings. 冗談が過ぎて彼は彼女の気持ちを傷つけた
far and away はるかに; 断然
far and near [*wide*] 至る所に[から]
far be it from me (…する)つもりは毛頭ない 《*to do*》
far from から遠く離れて; …どころか, 大違いで ► Far from it. そんなことはない / The company's financial problems are far from over. 同社の財政問題はまだまだ終わったとは言えない / The project is far from finished. そのプロジェクトはまだまだ終わらない
far into the night 夜遅くまで ► Technicians worked far into the night to bring the server back up. サーバーを復旧させるため, 技術者たちは夜遅くまで働いた
from as far away as ほども遠くから
go far 成功する; 役立つ ► With his skills, he will go far in the company. 彼の技能をもってすれば, その会社で大いに出世するだろう
go so far as to do …しさえする
go too far 度を過ごす
how far どこまで ► How far did you get with the arrangements for the meeting? 会議の準備はどこまで進んでいますか
in so far as の限りでは
not far wrong [*off, out, short*] (見当が)それほど外れていない ► His estimate is not far off. 彼の見積もりはそう外れてはいない
so far 今までのところ ► We haven't made much progress so far. これまでのところあまり進展していない
So far so good. ここまでは順調だ
thus far これまでのところ
— n 遠方
fare /feər/ n 乗車料金, 運賃; (タクシーの)乗客 ► *an air* [*a bus, a train, a cab*] *fare* 航空[バス, 電車, タクシー]運賃 / *a discount* [*full*] *fare* 割引[正規]運賃 / *a one-way* [*round-trip*] *fare* 片道[往復]運賃 / How much is the fare to the airport? 空港までの運賃はいくらですか
farewell *int*, a, n さようなら; 別れの言葉[あいさつ]
farewell gift 餞別
farewell party 送別会
farm /fɑ:rm/ n 農場; 農家; 飼育[養殖]場; 広い施設 ► *a baby farm* 託児所 / *a wind farm* 風力発電所 / They work on a farm. 彼らは農場で働く
— *vt* (土地を)耕す; (魚を)養殖する; (土地を)賃貸しする 《*out*》; (管理を)請け負う[わせる]
— *vi* 耕作する; 農場を経営する
farm out (仕事を)下請けに出す; (子供を)預ける

[語源]ラテン語 *firma*(決まった借料)から. もとは「借地」を指した. firmと同源]

farmer *n* 農業経営者；農民；養殖家, 飼育者 ► Without government subsidies, many domestic farmers would not be able to make ends meet. 政府の補助金がなければ, 多くの国内農家は採算をとることができないだろう

farmers' market ファーマーズ・マーケット, 「百姓市場」, 農場直売マーケット, 農産物直売所

farm-fresh *a* 農家直送の
farm hand 農場労働者
farm income 農業収入

farming *n* 農業(経営) ► fish [organic] farming 養殖漁業[有機農業] / take up farming 農業を始める

farmland *n* 農地 ► Over half of the country's farmland is used for rice cultivation. その国の農地の半分以上は米の栽培に使われている

farm machinery 農業機械
farm practices 農法
farm size 農業規模, 農場規模
farmstead *n* (建物を含めた)農場
farm subsidy 農産物価格支持補助金
far-reaching *a* (計画などが)遠大な；(影響などが)遠く及ぶ
far-seeing *a* 先見の明のある
farther /fáːrðər/ *a, ad* (farの比較級)より遠い[遠く]；その上(の)；さらに (=further)
farther on もっと先に；後に
farthest /fáːrðist/ *a, ad* (farの最上級)いちばん遠い[遠く] (*from*)；もっとも
at (the) farthest 遅くとも；せいぜい
F.A.S. free alongside ship
FASB Financial Accounting Standards Board
fascia /féiʃə/ *n* 〔英〕フェイシャ [⬤店の入り口上部の看板を掲げる部分]；(転じて)店名
fashion /fǽʃən/ *n* ファッション, 流行(のもの, 人)；方式；型；種類 ► Trends in the world of fashion come and go. ファッションの世界におけるトレンドは移り変わりが早い
after [in] a fashion どうにか ► The job was done after a fashion, but I'm not proud of it. 仕事はどうにかやりおおせたが自慢になるものではない
after the fashion of と同じように；をまねて
come into fashion はやってくる
go out of fashion 廃れる
in [out of] fashion はやって[廃れて]
in this fashion こんなやり方で
— *vt* 作る；適合させる
◇**fashionable** *a* 流行の；上流(階級用)の, 社交界の
◇**fashionably** *ad*
fashion designer ファッション・デザイナー, 服飾デザイナー
fashion goods ファッション品 [⬤一般にアパレルを中心に, 流行のあるものを言う]

fashion house ファッションハウス, 高級アパレルメーカー

fast /fæst, fɑːst/ *a* 速い；(時計が)進んでいる；固着した；不変の；(色が)あせない ► The economy is undergoing fast growth. その国の経済は急速な成長を経験しつつある / How fast is the computer? そのコンピュータはどれくらい速いか
fast and furious (変化が)急激な[に]
pull a fast one 《米略式》だます (*on*)；一杯食わす
— *ad* しっかりと；ぴったりと；ぐっすりと；速く；早急に；どんどん ► Demand in the US is plummeting faster than expected. 米国における需要は予想より急速に減少している / Tax cuts reach the economy faster than infrastructure spending. 減税は公共事業支出よりも短期間で景気に効果が現れる / As consumerism subsides, exports may not grow as fast as it used to. 大量消費の考え方が弱ってくると, 輸出は昔のように急速に伸びないかもしれない
hold fast しっかりとつかまる；こだわり続ける (*to*)
fast breeder =fast breeder reactor
fast breeder reactor (原発の)高速増殖炉 (FBR)
fast buck 楽にもうけた金 (=fast money)
fast-changing *a* 移り気な, くるくる変わる, 移ろいやすい, 変転する ► meet fast-changing market needs 変転する市場ニーズに応える
fasten /fǽsn, fɑːsn/ *vt* 固定する；(錠で)締める；(人に)押しつける；(視線を)向ける ► Please fasten your seat belts as we are about to take off. まもなく離陸いたしますので, シートベルトをお締めください
— *vi* 締まる；しがみつく (*on*)；(視線が)注がれる
fasten down を打ちつける；(人に)約束させる
fasten on (注意を)注ぐ；ぴったりくっついて離れない
fasten up しっかり締める[締まる]
◇**fastener** *n* 締め具；締める人
fastener binder ファスナー式バインダー
fast food ファーストフード, 即製料理
fast-forward *n, vt* 早送り(する) ► Fast-forward five years, and the country will definitely be out of the recession. 時間を早送りして5年先を考えると, 同国は間違いなく景気後退から脱出しているだろう
fast-growing *a* 急成長する ► We can capitalize on the fast-growing Chinese market. 急速に成長する中国市場を利用することができる
fast lane 高速車線；(スーパーなどの)特急レジ, 《略式》=fast track
fast money =fast buck
fast-moving *a* 動きが速い ► a fast-moving, competitive market 動きが速く, 競争も厳しい市場 / They are fast-moving consumer goods. それらは動きが速い消費物資だ
fast-moving item 回転が速い品, 売れきのいい品
fastness /fǽstnis, fɑːst-/ *n* 要塞；固着；迅速
fast-paced /-péist/ *a* 歩みの速い

fast sellers 売れ行きのよい商品 ► Do eliminate slow sellers and see to it that fast sellers do not run out. 是非とも売行きの悪い商品の扱いをやめ，また，売行きのよいものが欠品とならないよう注意せよ

fast-selling items 売れ筋商品 (⇔slow-selling items)

fast track (略式) 出世コース ► put ... on a fast track to higher management を経営幹部になるための出世コースに乗せる

on a [the] fast track (人が) 出世街道をひた走っている; (会社・企業が) 急速に伸びている

fat /fæt/ a (**-tt-**) 太った; 肥沃(ひよく)な; 有利な; 分厚い; 豊富な; まぬけな; (仕事などが) 割のよい; (略式) 金のある ► Bank executives receive fat salaries and bonuses. 銀行の経営幹部は多額の給与とボーナスを受け取っている / Do you want a fat envelope from your employer? 雇い主からたっぷりした報酬をもらいたいか

a fat chance (略式) (反語) 見込み薄

be in fat city 金がどっさりある

grow fat on で大もうけをする

— n 脂肪; 脂身; 最良部; 無駄なもの [金]

The fat is in the fire. 危機が迫っている

— v (**-tt-**) 太る [太らせる]

fatal /féɪtl/ a 致命的な; 破滅的な ► Poor lending policies led to the bank's fatal predicament. お粗末な融資方針は銀行を致命的な窮地に追い込んだ

◇**fatalistic** a

◇**fatality** n 災難, 惨事; 事故死, 戦死, 不慮の死; ((-ties)) 死者(数); 運命, 宿命

◇**fatally** ad 致命的に

fatal accident 死亡事故

fat cat (米略式) 超高給取り, 超リッチ ► Fat cats become fatter. 大金持ちはますます金持ちになる

fate /feɪt/ n 運命; 死; 破滅 ► The country's economic fate is linked to its ability to secure raw materials from abroad. その国の経済的運命は海外から原材料を確保できる能力にかかっている

a fate worse than death 実にひどいこと [状況]

leave a person to one's fate (人を) 運命の手にゆだねる

— vt 運命づける ► be fated to do …する定めだ

father /fá:ðər/ n 父; 創始者 (*of*) ► His father founded the company. 彼の父親はその会社を創設した

— vt (子)の父となる; 創始する; 自分の責任だとする

◇**fatherly** a 父の; 父親らしい; 慈愛深い ► fatherly leave 父親の育児休暇 [○ 父親がとるparental leaveを言う]

fatigue /fətí:g/ n 疲労; ((~s)) 疲労のもと, 労働; (材質の)疲れ ► metal fatigue 金属疲労

— v 疲れる [させる]

fattening cattle 肥育用牛 [○ 肉牛として販売することを目的として自家で肥育している肉用種の牛]

fattening operation 肥育経営

fatware n 肥大化ソフト (=bloatware) [○ 多機能かも知れないが，動きの遅いソフト]

fault /fɔ:lt/ n ❶ 欠点; 欠陥; ミス, 過失; 責任 ► a design fault 設計ミス / a technical fault 技術的欠陥 / have a fault in it 欠陥がある / It's not my fault. 私のせいではない / What exactly is the fault of the product? その製品の欠陥は正確に言うと何か ❷ 【法律】過失; 過誤; 非行; (過失の) 責任; 瑕疵

at fault 誤って; 問題[欠陥]があって; 非難されるべき; 途方に暮れて

find fault with のあら捜しをする; を非難する ► He finds fault with everything that I say. 私の言うことはいちいちけちをつける

through no fault of one's own 自分になんの落ち度もないのに

to a fault (よい点が) 欠点と思えるほどに, あまりに, 極端に

— vt のあらを捜す; 非難する

— vi 誤る

◇**faultless** a 完全な

faultfinder n あら捜しをする人, やかまし屋

faultfinding n あら捜し

fault tolerance フォルトトレランス, 耐障害性 [○ システムに障害が発生した場合でも影響を最小限に抑えて，正常に機能し続ける能力]

fault-tolerant a フォルトトレランス(耐障害性)を備えている

faulty /fɔ́:lti/ a 欠点のある; バグがある, うまく動かない

favor, (英) favour /féɪvər/ n 親切; 好意; 引き立て; 援助; えこひいき ► Your favor of yesterday is to hand. 昨日付けの貴簡落手しました (✚ 商用文で用いる)

ask a favor of (人に) 頼み事をする ► May I ask a favor of you? お願いがあるのですが

by your favor お許しを得て

do a person a favor (人の) 頼みを聞いてやる (*by doing*)

do favors [a favor] for の頼みを聞いてやる, のために一肌脱ぐ

fall out of favor 人気を失う

find favor with a person (人の) 愛顧を得る

in a person's favor (人に) 有利で[に]; 味方して

in favor of に賛成して; のために; (小切手が…を) 受取人として ► Make out your check in favor of the corporation. その会社を受取人にして小切手を切ってください / The board voted in favor of the merger. 取締役会はその合併に賛成票を投じた / Those in favor of the proposal, please raise your hand. 提案に賛成の方，挙手を願います / The vote was 95 in favor to 4 against, with 21 abstentions. 投票は賛成95, 反対4, 棄権21であった

in favor with の気に入って

out of favor with に愛想を尽かされて

— vt 支持する; ひいきする; 好意を示す (*with*); 味方する; 与える (*with*); 似る ► I will favor any bill that cuts my taxes. 税金を安くしてくれるな

らどんな法案にも賛成する / The tax cut would favor low-income and middle-income earners. その減税は低所得や中所得の労働者に恩恵を与えるだろう / We beg to be favored with your orders. なにとぞご用命のほどを

favorability rating (世論調査の)好感度, 人気度 [○政治家についての世論調査の結果をFavorable 46%, Unfavorable 51% のように比率で示したもの] ► He had an astonishingly high name ID, and a very low favorability rating. 驚くほど高い知名度を持っていたが, 好感度は低かった

favorable /féivərəbl/ *a* 有利な; 都合のよい; 賛意を表す; 好意的な; 承諾の ► Our products received favorable ratings in consumer surveys. 消費者調査でわが社の製品は好評だった / They are favorable to our plan. 彼らは当社の計画に賛成してくれている
◇**favorably** *ad*, *a*

favorable balance 黒字 [○収支尻がプラスであることを指す言い方]

favorable balance of payments [trade] 国際[貿易]収支の黒字, 輸出超過

favored *a* 好意を持たれている; 恵まれている; 有利な ► Favored by good weather, this season's wine crop was bountiful. よい天候に恵まれて, 今シーズンのワインは豊作だった

favorite /féivərit/ *n* お気に入り; 人気者 (*with*); 本命; (~s) ブックマーク ► He's the favorite to become the next CEO. あの人は次のCEOの本命と見られている
━ *a* ひいきの; 大好きな ► My favorite part of the job is meeting people from various industries. その仕事で私が気に入っているところは, いろいろな業界の人たちと会えることだ
◇**favoritism** *n* 偏愛; えこひいき

favour /féivər/ *n*, *vt* (英) = favor

fax /fæks/ *n* ファックス ► write [send, get, read] a fax ファックスを書く[送る, 受ける, 読む] / reply to a fax ファックスに返事をする / Let me know by fax. ファックスで知らせてください / I can't get the fax go through. ファックスがうまく流れません
━ *v* ファックスで送る ► fax back to に対して折り返しファックスを送る / I'll fax the information to my boss. その情報を上役にファックスします / I'll fax him the news. 彼にはその報せをファックスします
[<facsimile]

faxback *n* ファックスバック, ファックスオンデマンド [○電話やネットでアクセスすると書式などをファックスで送ってくるシステム]

fax machine ファックス機
fax modem ファックスモデム
fax-on-demand *n* = faxback

faze /feiz/ *vt* 《略式》あわてさせる ► Nothing seems to faze our boss. うちの部長は何があってもあわてないようだ

FBI Federal Bureau of Investigation; Federation of British Industries
FBI agent FBI捜査官
FBR fast breeder (reactor)
FC franchise chain
FCA free carrier
FCC, F.C.C. Federal Communications Commission
FCCC Framework Convention on Climate Change
FCF free cash flow
FCIA Foreign Credit Insurance Association
FCL full carload; full container load
FCM (米) Futures Commission Merchant
FCO (英) Foreign and Commonwealth Office
FCS finite capacity scheduling
FDA (米) Food and Drug Administration
FDI foreign direct investment
FDIC Federal Deposit Insurance Corporation

fear /fiər/ *n* 恐れ; 心配 ► Fears over inflation in the U.S. are beginning to recede. 米国でのインフレに対する懸念が, 後退し始めている

allay [*assuage*] *fears* 恐怖を鎮める 《*about, among*》
amid fears that という懸念のさなかに
for fear (that [*lest*]*)* …しないように
for fear of を恐れて, …しないように
have a fear of を恐れる
in fear and trembling [*trepidation*] びくびくして
in fear of を恐れて
No fear! 心配無用; とんでもない
out of fear of [*that*] という心配から
without fear or favor 公平に

━ *v* 恐れる; 心配する 《*for, to do, doing, that*》 ► Many economists fear that governments around the world may resort to protectionist policies. 多くのエコノミストは世界中の政府が保護主義的な政策に訴えるかもしれないと懸念している
I fear 残念ながら 《*that*》
never fear / fear not 心配無用
◇**fearful** *a* 恐ろしい; 怖がって 《*of, that*》; 心配で; びくびくした; 《略式》ひどい; 大変な ► Critics remain fearful that government spending would eventually lead to inflation. 政府支出は最後にはインフレをもたらすのではないかと批評家は危惧している
◇**fearfully** *ad*
◇**fearfulness**
◇**fearless** *a* 恐れない, 大胆な
◇**fearlessness** *n*

fear index = VIX Index
feasibility /fi:zəbiliti/ *n* 実現可能性; 実行可能性
feasibility study 企業化調査; フィージビリティー・スタディー [○新しいプロジェクトなどの実行可能性の調査と評価]
feasible /fi:zəbl/ *a* 実行できる; ありそうな

► Your idea doesn't sound very feasible. 君のアイディアは実行できそうにないね / Your proposal sounds feasible. Let's try it. 君の提案はものになりそうだ, それでいってみよう / Your explanation is most feasible. 君の説明がいちばん無理がない

feather /féðər/ n 羽; 羽毛; 猟鳥; (健康などの)状態; 種類
a feather in one's cap [hat] 業績; 誇り
Birds of a feather flock together. 《諺》類は友を呼ぶ
in fine [good, high] feather 勢いよく; 健康で
make the feathers fly 《略式》大騒ぎを起こす; ひどくやっつける
— vt 羽飾りをつける
— vi 羽毛を生じる; 羽のように動く
feather one's nest 私腹を肥やす; 自分の家を快適にする

featherbed v 《米》水増し雇用する; (人・事業を)政府補助金で援助する

featherbedding n 《米》水増し雇用 [⊃労働組合に遠慮して必要以上の人員を雇用すること]

feature /fíːtʃər/ n 特徴; 機能; セールスポイント, メディアでの特集 ► a distinguishing [key] feature 他と異なる[大きな]特徴 / a feature film 本編 / a double feature 2本立て / a feature program 特集番組 / a broadcast feature 同報通信機能 / a shortcut feature 短縮機能 / a feature article 特集記事 / What are the main features of the product? その製品の主な特徴は何ですか
— vt を特色にする; 呼び物にする; 特集する ► The new cell phone features many added and improved functions. 新発売の携帯電話は多くの機能が追加・改善されていることが特色だ
◇**featured** a

Febreze 《商標》ファブリーズ [⊃米国の脱臭剤. 衣類, ソファ, クッション, 絨毯などから染みをつけずに匂いを取り除くことができる]

Fed, fed /fed/ n Federal Reserve System [Bank, Board] (米連邦準備制度[銀行, 理事会])の愛称;《米》連邦政府; FBI捜査官 ► Fed open market operation FRBの公開市場操作 / Fed Funds rate フェデラルファンド金利, FF金利 / The Fed increased the Fed Funds target from 5.25% to 5.5% to prevent the economy from overheating. 景気が過熱しないようにFRBはフェデラルファンド金利の誘導水準を5.25%から5.5%に引き上げた

Fed easing 《米》金融緩和 [⊃Fed は米連邦準備理事会(Federal Reserve Board)]

federal /fédərəl/ a 連合[同盟]の; (しばしばF-)連邦(政府)の ► the Federal Government of the US 米国連邦政府
— n 連邦主義者

Federal Aviation Administration (米国)連邦航空局 (FAA)

Federal Aviation Agency (米国)連邦航空局 [⊃現在の Federal Aviation Administration の前身]

Federal Bureau of Investigation 《the ~》(米国)連邦捜査局 (FBI)

Federal Circuit (米国)連邦巡回区控訴裁判所 [⊃特許事件の控訴, 米国特許商標庁の審決に対する訴え等について専属管轄を有する裁判所]

federal citizenship 《米》連邦市民権

federal common law 《米》連邦コモンロー, 連邦判例法

Federal Communications Commission (米国)連邦通信委員会 (FCC, F.C.C.)

federal court 《米》連邦裁判所 (⇔state court) [⊃州の裁判所と区別される合衆国の裁判所. 最高裁判所 (Supreme Court), 控訴裁判所 (Court of Appeals), 地方裁判所 (District Court)の3段階制になっている. 全米に94の地方裁判所と13の控訴裁判所がある. 最高裁判所はワシントンDCに置かれている. 以上の基本機構のほかに, 国際通商裁判所 (Court of International Trade) や破産裁判所 (Bankruptcy Court)などの特別連邦裁判所がある]

federal deficit 《米》連邦政府の財政赤字

Federal Deposit Insurance Corporation 《the ~》(米国)連邦預金保険公社 (FDIC) [⊃預金保険 (deposit insurance)を提供する米国政府機関. 多数の銀行が破綻した大恐慌の教訓から1933年の銀行法 (Glass-Steagall Act)によって設立. 加盟銀行が破綻した場合, 1預金口座あたり最大10万ドルを補償する]

Federal Emergency Management Agency (米国)連邦緊急事態管理庁 (FEMA) [⊃大災害の発生時に, 住民の救助や物資援助などを行う. 1979年に設立]

Federal Employers' Liability Act (米国)連邦雇用者責任法

federal excise tax 《米》連邦物品税, 連邦消費税 (FET) ⇒excise tax

Federal Express 《商標》=FedEx

Federal Food and Drug Administration ⇒Food and Drug Administration

federal funding 《米》連邦政府による資金援助

federal funds 《米》フェデラル・ファンド, 連邦準備預金; 連邦資金 ► ban the use of federal funds for human cloning research クローン人間研究に連邦資金の使用を禁止する

federal funds market 《米》フェデラル・ファンド市場 [⊃民間金融機関が即時に利用できる資金を調達・運用している短期金融市場] ► unsecured overnight federal funds market 無担保・翌日物が取引されるフェデラル・ファンド市場

federal funds rate 《米》フェデラル・ファンド金利, FF金利, FFレート

> 解説 連邦準備預金に充てるための資金の貸出レートで, 短期金融市場における指標的な金利. FRBが目標水準を設定し財務省短期証券の売買を通じて誘導しているので, 政策金利としての性格を持つ

▶ raise the federal funds rate to hold down the inflation pressure インフレ圧力を抑えるためにFF金利を引き上げる

Federal Government 《the ~》(米国の)連邦政府

Federal Home Loan Mortgage Corporation (米国)連邦住宅貸付抵当公社 [⇨ 通称:Freddie Mac;住宅ローン債権を貸手から購入し証券化して住宅ローン担保証券を投資家に販売する公的機関.自分の資金を調達するための証券も発行している.株主は全米の金融機関で,上場はしていない.2008年,公的資金による救済のために政府管理下に置かれる]

Federal Housing Administration (米国)連邦住宅局 (FHA)

federal income tax 《米》連邦所得税 [⇨ 米国の連邦政府の所得税.連邦個人所得税(federal personal income tax)と連邦法人所得税(federal corporate income tax)がある.日本では個人は所得税,法人は法人税だが,米国では個人も法人も income taxを納める]

Federal Insurance Contributions Act (米国)連邦保険寄与法 (FICA)

federalist *n* 連邦主義者;連邦制度支持者

federal judge 《米》連邦判事

federal jurisdiction 《米》連邦裁判所の裁判権

federal land 《米》国有地

federal law 連邦法

federal magistrate 《米》合衆国治安判事 (=United States magistrate)

Federal National Mortgage Association (米国)連邦住宅抵当金庫 (FNMA) [⇨ 米国政府の運営する住宅金融公社. Fannie Mae とも呼ばれ,もう一つの Freddie Mac (Federal Home Loan Mortgage Corp.)とともに二大住宅金融会社. Freddie Mac同様,資金調達のため証券を発行しているニューヨーク証券取引所の上場企業. 2007年,米国のサブプライムローン(subprime loan=低所得者向け住宅ローン)問題で一躍有名になった.両住宅公社は,2008年8月に破綻し,政府管理となった]

Federal Open Market Committee 《the ~》(米国)連邦公開市場委員会 (FOMC) [⇨ 米国の連邦準備制度(Federal Reserve System = FRS)の中で,短期金利政策や公開市場操作に関する方針を決定する機関. FRB(連邦準備制度理事会)の7人の理事に加え,ニューヨーク連邦準備銀行(FRBN)の総裁,その他11の連銀総裁から輪番制で選ばれる4人の合計12人で構成される. 米国の連邦準備システムの中で, FRBと並ぶ重要な意思決定機関]

Federal Reserve = Federal Reserve System

Federal Reserve Bank 《the ~》(米国)連邦準備銀行

解説 米国の中央銀行である連邦準備制度 (Federal Reserve System)を構成する銀行で,全米の12の主要都市(Boston, New York, Philadelphia, Cleveland, Richmond, Atlanta, Chicago, St Louis, Minneapolis, Kansas City, Dallas, San Francisco)に設置されている.連邦準備銀行は担当地区の加盟銀行を監督し,必要な場合は資金供給窓口となる.ニューヨーク連邦準備銀行は FOMC 会議の決定に基づいて実施される公開市場操作(open market operations)の窓口実務を担当する役割を担っている

Federal Reserve Board 《the ~》(米国)連邦準備制度理事会 (FRB)

解説 公式名は Board of Governors of the Federal Reserve System. 米国の中央銀行である連邦準備制度(Federal Reserve System)の意志決定機関.大統領により任命される7人の理事で構成される.連邦公開市場委員会(FOMC)を通して,金融政策の決定,連邦準備通貨の発行,公定歩合や FF レートの誘導目標の変更などを行う.略称はFRBだが, the Fed と略されることが多い.理事会の議長は Chairman と呼ばれる

Federal Reserve District (米国)連邦準備区,連邦準備銀行の受持地区

Federal Reserve note (米国)連邦準備券

Federal Reserve System 《the ~》(米国)連邦準備制度 (FRS)

解説 米国の中央銀行制度. 1913年の連邦準備法(Federal Reserve Act)によって設立.意志決定機関としての連邦準備制度理事会(Federal Reserve Board),執行機関として12の主要都市に設置された連邦準備銀行(Federal Reserve Bank),加盟銀行(member bank)から構成される.加盟銀行には加盟を義務づけられている国法銀行(national bank)と加盟が任意の州法銀行(state bank)が含まれる

federal tax 《米》連邦税

federal tax lien 《米》租税債権に基づく先取特権 [⇨ これにより税務当局は滞納者の財産を処分し,租税債権の満足を(他の債権者に先んじて)受けることができる]

Federal Tort Claims Act 《the ~》(米国)連邦不法行為請求法

Federal Trade Commission 《the ~》(米国)連邦取引委員会 (FTC)

解説 1914年の連邦取引委員会法(Federal Trade Commission Act)によって設立された米国政府の独立行政委員会.クレイトン法など反トラスト法の実施状況の監査や反トラスト法に関する調査を行う.反トラスト法違反行為には自ら審査を行い取引停止命令を出す権限を持つ.また連邦取引委員会法第5条は不公正・欺瞞的な行為または慣行(unfair or deceptive acts or practices)を禁止しており,これに乗じて消費者保護行政も所管している.連邦取引委員会の5人の委員は上院の承認を経て大統領が任命する

Federal Water Pollution Control Act ((the ~))(米国)連邦水質汚染管理法

federate v /fédərèit/ 連合させる[する]
— a /-rət/ 連合した

federated a 連合した, 連邦制の

Federated Department Stores (~, Inc.) フェデレイテッド・デパートメント・ストアーズ [⊃米国の百貨店. Macy's などの持株会社. 全米 No.1の百貨店チェーン]

federation /fèdəréiʃən/ n 連邦(政府); 連合, 連盟, 同盟

fedex /fédeks/ v フェデックスで送る ▶ Will you fedex it to me right away? それをフェデックスですぐ私に送ってください

FedEx (~ Corp) フェデックス [⊃米国の貨物輸送会社. 世界 No.1の輸送会社で毎日300万個を超える数の貨物を急送している. その他, オフィスサービス会社FedEx Kinko'sを運営]
— v (略式) =fedex ▶ FedEx it to me right away. それをフェデックスですぐ私に送ってください (=Send it to me by FedEx right away.)

fed funds rate =federal funds rate

Fed tightening (米)金融引締

Fedwire (商標)フェドワイヤー [⊃米国連邦準備制度が運用している資金決済システム. 日本の全銀システムに相当する. 資金以外に, 短期国債の振替決済もできる]

fee
/fiː/ n ❶ 手数料; 料金; 報酬 ▶ an accountant's fee 会計士の報酬 / a fee for service サービス手数料 / a high [low] fee 高い[安い]手数料 / earn a fee 手数料収入を得る / pay a fee 料金を支払う / quote fees for をする料金を見積もる / waive one's fee 手数料を免除する / Car rental fees are charged by the day. 自動車のレンタル料金は一日いくらという計算で請求される / Lower telecoms fees are inevitable. 電気通信料金が低くなるのは避けられない / We charge a flat fee for shipping. 当社は発送について定額の手数料を頂戴します

===料金===
advisory fee 投資顧問料, コンサルタント料 / attorney's fee 弁護士報酬 / audit fee 監査報酬 / brokerage fee 仲介手数料 / consultancy fee コンサルティング料 / contingency fee 成功報酬 / custodial fee 保管業務手数料 / fixed fee 定額 / fixed filing fee 定額登録料 / flat fee 定額 / legal fee 弁護士報酬 / management fee (資産運用会社に対する)運用報酬, 経営委託費 / nominal fee 名目的料金 / paid-up license fee 一括払ライセンス料 / transaction fees 取引手数料 / trustee fee 信託報酬 / union fee 組合費 / upfront fee 前払料金

❷ 会費 ▶ an entry fee 入会費 / membership [subscription] fees 会費 / charge [collect, pay] fees 会費を請求する[徴収する, 納入する] / How much is the annual membership fee? 年会費はいくらですか

hold ... in fee を所有する
— vt (~(')d) 料金[謝礼]を払う; (スコット)雇う

fee absolute 土地所有権 (=fee simple) [⊃遺言による処分を含め制限なくその土地につき, 使用, 収益, 処分ができる権利]

fee-based a 有料の, 有償の, 課金制の

feeble /fíːbl/ a 弱い; 頭の弱い
◇**feebleness** n 脆弱性 ▶ Falling retail sales are another indicator of economic feebleness. 小売業売上高の減少は景気が弱いことを示すもう一つの指標だ
◇**feebly** ad

feed /fíːd/ (fed) vt 食べ物を与える; 養う; 供給する (into, to, with); 契機となる ▶ He fed information to the press about the company's merger plans. 彼は同社の合併計画についてマスコミに情報を流した / The city's industries are fed by hydro-electric power. その町の工業動力は水力発電が供給している
— vi (家畜が)食べる, (略式)食事する; 常食にする (on); 送り込まれる, 入力される (into)
be fed up (略式) 飽き飽きしている (with) ▶ I'm fed up with her excuses. 彼女の言い訳にはうんざりだ
feed off (材料・情報として)利用する; あおぐ
feed on (視線が)注がれる
— n 飼料; (略式)食事; (原料の)供給(装置); (供給물の)原料

feedback
/fíːdbæk/ n フィードバック (on); 反応, 反響 ▶ feedback from customers 客からのフィードバック / constructive feedback 建設的フィードバック / negative feedback 芳しくないフィードバック / positive feedback 手ごたえのいいフィードバック / provide feedback フィードバックする / ask ... for feedback にフィードバックを求める / give feedback フィードバックする / The feedback we received from this year's survey was positive. 今年の調査から得られたフィードバックは, 手ごたえがよかった / Thank you for taking the time to give us your feedback. 私どもへのフィードバックにお時間を割いていただき, ありがとうございました

feedback value フィードバック価値 [⊃財務諸表の利用者が事前の期待を修正・確認するのに有用な情報特性]

feeder n 飼養者; 食い手; 飼育家畜; 供給装置, 給油器; 支流; 支線道路; 給電線

feeder fund フィーダーファンド, ベビーファンド [⊃親ファンドに対する子ファンド. 投資家が保有する投資信託を子ファンドとし, その資金を親ファンドに投資して実質的な運用を行う仕組み. 親ファンドがプールしている運用資産を資産の種別に応じて切り分けた上で, 個々の子ファンド向けの受益証券を発行することにより, 親ファンドのレベルで分散投資によるリスク低減や効率的資産配分の効果を享受しながら投資家の好みに合わせた子ファンドを用意できる]

feeder port 支線港

feeder service フィーダーサービス [⊃コンテナ船が寄港する主要港から, 支線港向けに貨物の積替手配をすること]

feed grain 飼料用穀物
feeding /fí:diŋ/ n 摂食, 給餌
feeding frenzy 《略式》取り合い, 争奪戦
feedlot n (市場向けに肥育させるための) 飼育場
feedstock n 原料, 原料油, 素材資源, 飼料
fee-for-service a (医療費を) 診療ごとに支払う
feel /fí:l/ vt (**felt**) 触る, 触ってみる; 感じる; なんとなく思う (that); 探知する, 偵察する ▶ Consumers are really feeling the credit crunch. 消費者は信用危機を実感している
— vi 感じる; 同情する (for, with); の感触がする ▶ Are you feeling better today? 今日はいくらか気分がいいですか / We want our customers to feel satisfied with our products. お客様が当社の製品に満足してくださることを願っています
feel around 手探りであちこち捜す
feel free to do 自由に…する ▶ If you have any further questions, please feel free to get in touch with us. ご質問がありましたら, 遠慮なくご連絡ください / Please feel free to ask any questions you may have. ご質問がありましたら何なりとどうぞ / Please feel free to take some samples home with you. よろしければ, 見本をお持ち帰りください
feel like (のようだ; (雨などに) なりそうだ ▶ I feel like something's wrong. 何かおかしい気がする
feel like doing …したい気がする ▶ I feel like going out to eat tonight. 今夜は外食したい気分だ
feel one's oats 《略式》元気いっぱいである
feel one's way 手探りで進む; 慎重に行動する
feel out を探る, 打診する
feel up to ができそうに思う ▶ Do you feel up to taking on another assignment? もう一つ仕事を引き受けられそうですか
— n 触感; 手触り; 感じ
get the feel of に慣れる
have a feel for のセンスがある
feeler n 触る人; 探り ▶ put out feelers 探りを入れる
feel-good a 楽観ムードが支配する, 期待感がある, 楽しい気分にさせてくれる ▶ a feel-good movie [music] 楽しい気分になる映画 [音楽]
feel-good factor 《英》楽観ムード, 期待感 ▶ If the jobless figures rise, the feel-good factor will evaporate. 失業率が上昇すれば楽観ムードも消し飛ぶだろう / The feel-good factor will come back when things get better. 状況がよくなれば, 期待感も戻ってこよう
feeling n 感覚; 感触; 感じ; (~s) 感情; 感受性; 感性 (for); 同情心; 共感; 気持ち; 考え; 予感; 雰囲気; 興奮 ▶ What is your feeling about this issue? この件についてどう思いますか
bad [ill] feeling 反感, 怒り
get the [a] feeling that という感じがする
give a feeling of [that] という感じを与える
hard feelings (相手を) 悪く思う気持ち
have a feeling that という気がする ▶ I have a feeling that everything is going to work out in the end. 最後にはすべて何とかなるような気がする
have mixed feelings 複雑な気持ちだ (about) ▶ I have mixed feelings about my new boss. 新しい上司に対する思いは複雑だ
hurt a person's feelings (人の) 感情を傷つける ▶ I'm sorry if I hurt your feelings. ご気分を害されたのでしたら申し訳ございません
— a 感じやすい
◇**feelingly** ad 感情を込めて
fee rates 料金体系, 料金表
fees and expenses 報酬および費用
fee schedule 料金表, 料金体系
fee simple 不動産所有権 (=fee simple estate), 単純封土権 [○国による制約以外のいかなる諸権益にも阻害されない絶対的な所有権] ⇨real property
fee structure 料金体系, 料金表
feign /feín/ vt 振りをする; (口実などを) でっち上げる
— vi 見せかける
◇**feigned** a 偽りの
Feline Pine 《商標》フィーライン・パイン [○米国の猫用トイレ用品のブランド. 松を利用して異臭を防ぐ]
fellow /félou/ n 男; やつ; 《略式》人; 仲間; 相手; (大学の) 特別研究員, 評議員;《しばしば F-》(学会の) 会員
— a 仲間の; 同業の ▶ Your boss and fellow workers are counting on you to pull this deal through. この取引をまとめるにあたっては, 君の上司も同僚も, 君の手腕に期待している
fellowship n 仲間であること; 交友; 共同; (同業) 組合, 団; 特別研究員 (の地位, 給費, 奨学基金)
felon /félən/ n 重罪犯罪人
felonious /fəlóuniəs/ a 重罪の, 重罪犯の ▶ felonious homicide 殺人罪 / felonious intent 重罪を犯す意図
felony /féləni/ n 重罪 (⇔misdemeanor) ▶ commit a felony 重罪を犯す / be convicted of felony of murder 殺人 [謀殺] のかどで有罪となる

> **解説** 一般には, 謀殺, 押し込み強盗, 強姦のような凶悪犯罪を言う. 米国の制定法では一般に死刑または1年を超える懲役の規定のある犯罪を felony としている. 英国では felony と misdemeanor の区別は1967年に廃止された

felt-tip pen フェルトペン
fem. feminine
FEMA /fí:mə/ Federal Emergency Management Agency
female /fí:meil/ n, a 女性 (の) ▶ In many cases, female managers earn less than their male counterparts. 多くの場合, 女性の管理職は同じ地位の男性の管理職より収入が少ない
feminine /fémənin/ a 女らしい; 女性の

femininity /fèmənínəti/ *n* 女性であること；女らしさ；(集合的) 女性

feminism /fémənìzm/ *n* フェミニズム, 男女同権[女権拡張]主義 [⇒女性解放のための思想や運動]

◇**feminist** *n*

feminization, 《英》**-sation** *n* 女性の進出

fence /fens/ *n* 塀, 柵；囲い；(議論の) うまさ ► Management and union leaders were on opposite sides of the fence when it came to salaries. 経営陣と組合の指導者は, 給料の問題になると, 正反対の立場に立った

come down on the right side of the fence 旗色のよいほうに味方する

sit [stand] on the fence 日和見をする

— *v* 故買をする；盗品の売買をする；囲いをする；防御する；(質問などを) 受け流す (*with*)

fence-mending *n* (政治的な) てこ入れ, 失地回復；地盤固め；関係修復 ► We need to do some fence-mending before the meeting. 会合の前に関係修復をする必要がある

fend /fend/ *v* (打撃などを) 受け流す (*off*)；防ぐ

fend for oneself 自活する

fender /féndər/ *n* 泥よけ；緩衝装置；バンパー；炉格子；防舷材

ferment *n* /fə́ːrment/ 発酵, 酵素；興奮；(政治的) 動揺

— *v* /fərmént/ 発酵させる[する]；動揺[興奮]させる[する]

fermentation /fə̀ːrmentéiʃən/ *n* 発酵(作用)；動揺, 興奮

ferocious /fəróuʃəs/ *a* 凶暴[残忍]な；猛烈な, 恐ろしい ► Who are their ferocious competitors? 彼らの激烈な競争相手はどこだとか

◇**ferocity** /fərásəti/ *n*

◇**ferociousness** *n*

ferry /féri/ *n* 連絡船の運行；空輸；渡し場；=ferryboat

— *vt* 船で渡す；空輸する

ferryboat *n* 渡し舟；連絡船, フェリー

fertile /fə́ːrtl | -tail/ *a* 肥沃(ひよく)な；多産な；繁殖力のある；豊富な；創造力豊かな

fertile lands 肥沃な土地

fertile soil 肥沃土 [⇒地味が肥えて, 作物の生育に適する土壌]

fertility /fərtíləti/ *n* 肥沃；多産；豊富；受精能力, 生殖力

fertility rate 出生率

fertilization, 《英》**-sation** /fə̀ːrtəli-, -lai-/ *n* 肥沃化

fertilize, 《英》**-lise** /fə́ːrtəlàiz/ *vt* 肥沃[豊富]にする

fertilizer /fə́ːrtəlàizər/ *n* 肥料, 化学肥料

festival /féstəvəl/ *n* 祝祭(日)；(定期的な) 記念祭；お祭り騒ぎ ► Tickets for the film festival will go on sale Friday. 映画フェスティバルの入場券は金曜日に発売になる予定だ

— *a* 祝祭の

FET federal excise tax

fetch /fetʃ/ *vt* 行って取って[連れて]くる；来させる；(ある値で) 売れる；魅了する；(一撃を) 食わせる ► fetch prices in the $1 million range 100万ドル台の値で売れる / At 5 p.m., the dollar fetched ¥102.68-78 against ¥103.68-78 in New York. 午後5時現在, ドルはニューヨークの103円68-78銭に対して102円68-70銭をつけた

— *vi* 物を取って来る；進軍する；迂回する

fetch and carry 使い走りをする

fetch down を射落とす；(市価を) 引き下げる

fetch up 終わる；着く；停泊する；を育てる；吐く；思い出す

— *n* ❶ 取って[持って]来ること ❷【ﾖﾝﾋﾟｭｰﾀ】フェッチ [⇒命令を主メモリに読み出す動作]

◇**fetching** *a* (略式) 魅力的な

◇**fetchingly** *ad*

FEU forty feet equivalent unit 40フィートコンテナ換算単位

few /fjuː/ *a* (無冠詞で) 少ない, ほとんどない；(a ~) 多少の, 少しはある ► Few people are familiar with our products. 当社の製品をよく知っている人は少ない / We'll have another meeting a few days later. 2, 3日後にもう一つ会議がある / I need to go over a few details with you. 貴方と一緒に細かい点をいくつか検討する必要があります / I have a few calls to make before I leave the office. オフィスを出る前に何本か電話をかけなければならない

— *n* 《a ~》少数の人, 少量のもの；《the ~》少数(派), 選ばれた人たち

a good [quite a] few (略式) かなり多数(の)

as few as ほんの…

but few 少ししか

few and far between 極めてまれな

no fewer than …だけ, …もの (=as many as)

not a few かなり多数(の) ► Not a few (of the) members were absent. かなりの数の会員が欠席した

only a few ごくわずか

some few 少数(の)；かなり多く(の) ► Some few of those present objected to our proposal. 出席者の何人かはわれわれの提案に反対した

◇**fewness** *n* 僅少, わずか ► The magazine failed because of the fewness of subscribers. 購読者数が少なかったので雑誌は廃刊になった

FF functional food

ff., ff following (pages, lines, etc.); fortissimo

F.F.A. free from alongside (ship)

FFP frequent flyer plan [program]

FF rate federal funds rate

FGA free of general average (保険で) 共同海損不担保

FHA Federal Housing Administration; Finance Houses Association

FHLMC Federal Home Loan Mortgage Corporation

F. Hoffmann-La Roche 《~ AG》エフ・ホフマン・ラ・ロシュ [⇒スイスの医薬品メーカー. 1896年設立. 医薬品事業, ビタミン・ファインケミカル

事業，診断薬事業，フレグランス・フレーバー事業などを展開する．Roche Holding Ltd.(スイス)の子会社

fiasco /fiǽskou/ *n* (~(e)s) 大型破綻，大型倒産；大失敗 ► Few Asian banks were exposed to the subprime fiasco. サブプライムの大失敗にさらされているアジアの銀行はほとんどない / The effort ended in fiasco. 計画全部が大失敗に終わった
turn into a fiasco 大失敗となる

Fiat (~ SpA) フィアット [⇨ イタリアの自動車メーカー Fiat Auto S.p.A.の持株会社．創業1899年．フェラーリ，アルファロメオなども製造．2009年6月，米国破産法第11章による再建を認められた新生クライスラー社を傘下に治め，念願の米国市場進出を果たした]

fiat money /fáiət/ 名目貨幣，法定不換紙幣

fiber, (英) **fibre** /fáibər/ *n* 繊維；食物繊維，繊維質食品

fiber-optic *a* 光ファイバーの

fiber-optic cable 光ファイバーケーブル，光通信 ► lay fiber-optic cables along sewers and highways 下水道や高速道路に沿って光ファイバーケーブルを敷設する

fiber optics ファイバー光学；光ファイバー [⇨ ガラス[プラスチック]繊維の束]

FICA Federal Insurance Contributions Act

fickle /fíkl/ *a* 不安定な；気が変わりやすい，移り気な ► fickle investors 気の変わりやすい投資家

fiction /fíkʃən/ *n* ❶ 作り事，虚構 ❷ 《法律》擬制 [⇨ 法規をある事件に適用するため，存在していないことが明らかな事柄を存在しているものとすること]

fictional /fíkʃənl/ *a* 架空の，虚構の

fictitious /fiktíʃəs/ *a* うその；架空の，仮設の ► a fictitious suit 仮装訴訟

fictitious person 架空の名義人 [⇨ 小切手に名義上指定された人または架空名義人．持参払い方式が適用される]

fictitious precision 見かけ倒しの精密さ [細かい数字]

fictitious transaction 架空取引 ► He has denied ever knowingly entering fictitious transactions himself. 自分が承知の上で架空取引を始めたことを彼は否定している

fiddle /fídl/ *n* フィドル(楽器)；《略式》バイオリン；《略式》ぺてん，いかさま
on the fiddle ごまかして，不正を働いて
play first [second] fiddle 人の上[下]に立つ
— *v* バイオリンを弾く；いじくる(*with*)；のらくらする；《略式》ごまかす ► fiddle the books 帳簿をごまかす

fidelity /fidéləti/ *n* （約束の）厳守；忠誠(*to*)；（報告の）正確さ
high fidelity 高忠実度，ハイファイ

fidelity bond =fidelity insurance

fidelity insurance 身元信用保険 [⇨ 従業員の不誠実行為により会社が損害を被った場合にそれを補償する保険]

fiduciary /fidjú:ʃièri/ *a* 信託された；受託者の
► fiduciary property 信託財産
— *n* 受認者；受託者

> **解説** 受益者に代わって信託財産を保有する者．たとえば，遺言執行人，遺産管財人，破産管財人，信託の受託者(trustee)など．受認者は受益者の利益を自己の利益に優先して行動しなければならない．英米法の専門用語としては fiduciary を「相手方の信認を受けている者」の意味で「受認者」と訳し，trustee は「信認者である「受託者」と区別するが，fiduciaryの代表的な例は trusteeであり，trusteeの同義語としても用いられるので，fiduciary を「受託者」と訳してよい場合もある

fiduciary capacity 受託能力 [⇨ 受託責任を遂行する能力]

fiduciary duty （受認者の）忠実義務；（受託者の）忠実義務 (⇨ fiduciary) ► owe a fiduciary duty 忠実義務を負う / a breach of fiduciary duty 忠実義務違反 / A director owes a fiduciary duty to the company and its shareholders. 取締役は会社と株主に対しての受託者責任を負っている / The fund manager was charged with breaching his fiduciary duties to his clients. そのファンドマネージャーは顧客に対する受託者義務の違反で告発された

fiduciary funds 信託基金，受託基金 [⇨ 米国の公会計を構成する3つの基金カテゴリーの一つ] ⇨ proprietary funds, governmental funds

fiduciary obligation 受認者責任；受認者責任 (⇨ fiduciary) ► have a fiduciary obligation to do ... をすべきだという受託者としての義務がある

fiduciary relation 信認関係

fiduciary relationship 信頼関係，信任関係

fiduciary responsibility 受託者責任

fiduciary services 信託業務

field /fi:ld/ *n* 野原；畑；産地；（活動・研究の）分野，領域；視界；《컴퓨》フィールド，欄 ► an oil field 油田 / a gas field ガス田 / To attract talents in the research field, the company promotes itself to top universities around the world. 才能のある人を研究分野に誘致するために，同社は世界中の一流大学に自社を売り込んでいる / The government should allocate more budget to the field of biotechnology research. 政府はバイオテクノロジー研究の分野にもっと予算を配分すべきだ
in the field 現場で，営業の前線で
in the field of の分野の
lead the field 先頭に立つ；一歩リードする
outside one's field 専門外で
— *vt* 当意即妙に答える；（問題を）てきぱき処理する ► field questions 質問をさばく

field audit 実地監査，現場監査 [⇨ 現場に行き実際に現物を見て調べること]

field auditor 実地監査担当者

field investigation 実地調査

field manager 現場責任者
field office 《米》(保険会社の)営業所, 営業拠点
field of vision [view] 視野
field personnel 現場要員
field research 実地調査
field sales 外勤営業
field staff 外勤従業員, 外回りの社員
field study 現地調査; 実地調査
field survey フィールド調査, 実地調査, 踏査
field test フィールドテスト [⇒実際に使う状況に置いての製品テスト]
field-test *vt* フィールドテストする
field trial =field test
fieldwork, field work *n* ❶ フィールドワーク, 野外研究, 実地調査 ❷ 現場監査, 実地監査 ❸ 外回りの営業 ► Applicants must be willing to do fieldwork. 応募者は進んで外回りの営業を行う用意がなければならない

fierce /fíərs/ *a* 荒々しい; 猛烈な; 《略式》ひどい, 不快な ► Electronics makers have been waging a fierce price war. 電子機器メーカー各社は激烈な価格戦争を遂行してきた / Fierce competition has driven several companies out of business. 熾烈な競争で数社が廃業に追い込まれた
something fierce 《略式》(副詞的に)いつもより強く[大きく]
◇**fiercely** *ad*
◇**fierceness** *n*

fieri facias /fáiərài féiʃiæs/《法律》強制執行令状 (fi. fa.) (=writ of fieri facias) [<ラ]
fi. fa. fieri facias
FIFO /fáifou/ first-in, first-out (method) 先入先出法 ⇒LIFO ► compute the cost of goods sold under FIFO 先入先出法で売上原価を計算する
Fifth Avenue 五番街 [⇒New Yorkの高級商店街]
fifty-fifty *a, ad* 《略式》等分の[に], 半々の[に] ► Let's go fifty-fifty. 割り勘にしよう
fig. figure 図
fight /fait/ *n* 戦い (*between, over, for, against*); 口論; 闘争, 闘志, ファイト
put up a good [poor] fight 善戦[苦戦]する
— *vi* (**fought**) と戦う; 争う; 奮闘する
— *vt* 戦う; 争う (*about, over, with*); 戦って獲得する; 戦わせる; 指揮する ► The central bank may raise interest rates to fight inflation. 中央銀行はインフレと戦うために金利を上げるかもしれない
fight back 反撃する; を抑える
fight down を抑える
fight for のために戦う ► fight for one's life 命がけで戦う
fight off を撃退する
fight one's way 進路を開く
Fig Newtons 《商標》フィグニュートンズ [⇒米国のイチジクの実が入った柔らかいビスケット. Nabisco社が製造]

figure /fígjər/ *n* ❶ 金額; (~s) データ, 数字, 数値 ► a final figure 最終的金額 / final [preliminary] figures 確定[速報]値 / below last year's figure of $1 million 昨年の数字の100万ドルを下回って / All figures were current as of September 5, 2001. すべてのデータは2001年9月5日現在の最新情報によっている / Is your assistant any good at figures? アシスタントは数字には強い方ですか / The sales figure for March was $200 million, 25% down from a year earlier. 3月の売上高の数字は前年比25%の2億ドルだった / Management is desperately trying to manipulate the sales figures to its advantage. 経営陣は自分たちの都合のいいように売上の数字を操作しようと必死になっている
❷ 人物, 人; 体格 ► a leading figure in the oil industry 石油業界の有力者
❸ 図 (fig.) [⇒資料の中のチャートなど]
cut [make] a figure (自分について) ある印象を与える; 人の注意を引く ► cut a poor figure みすぼらしい
go the whole figure 《米》徹底的にやる
in round figures 概算で, 概数で ► In round figures, the company's net worth is about 10 billion yen. 概算で言うと, 当社の純資産額はおよそ100億円だ
in single [double] figures 1桁[2桁]台で
put a figure on の正確な数値を言う
— *vi* 計算する; 現れる; 目立つ; 《略式》筋が通っている; (と)思われる ► It figures. それで話が分かる / The bill figures up to exactly $1,000. 勘定はちょうど1,000ドルになる
— *vt* 計算する; (模様を)施す; 象徴する; 比喩で表す; (姿・図形で)表す; 想像する; 《米略式》(であると)思う (*that*) ► Since you didn't come into work yesterday, I figured you were ill. 昨日は出社されなかったので, お具合が悪いのだろうと思っていました / Economists figure that the recession will get even worse. 景気はまだもっと悪化するとエコノミストは考えている
figure in [into] を計算に入れる; に貢献する ► Figure in rent and utilities as overhead. 間接費として家賃と水道・光熱費を加えてください
figure on 《米略式》をあてにする; を考慮に入れる
figure out を計算[了解, 解決]する ► Have you figured out why he did such a thing? どうして彼がそんなことをしたのか分かったかい
figure up を合計する
Fila 《商標》フィラ [⇒イタリアのスポーツウェアメーカー. そのブランド]

file /fail/ *n* ❶ (書類の) ファイル, とじ込み; (データを入れた) 書類ファイル ► Right-click to **save the file** to your desktop. ファイルをデスクトップ上に保存したいときは右クリックする / She **keeps a file** on every complaint processed. 彼女は処理した苦情すべてについて記録を残している / The **files are organized** alphabetically. ファイルはABC順に配列されている /

This application enables you to **delete a file** permanently from your computer. このソフトは、コンピュータからファイルを完全に削除することを可能にする / This program automatically **updates files** on all team members' desktops. このソフトはチームメンバー全員のデスクトップ上のファイルを自動的に更新してくれる

❷ 【法律】公式記録
❸ 【会計】綴り、帳簿類

on file とじ込んで; 記録されて ► I'm sure you have my mailing address on file. 郵送先は御社の記録にあるはずだ

━ *v* とじ込む、ファイルする; 記録に留める; 申請する、申請を出す; 整理する; 提出する

► file an answer (被告とされた者が訴状に対して)答弁書を提出する / file a petition in bankruptcy 破産申立をする / file a suit 訴訟を起こす / file for a temporary injunction 仮処分の申請をする / file for bankruptcy protection 会社再建手続の適用を申請する / file for court protection 会社再建手続の適用を申請する / I've filed a complaint with customer service. 私は顧客サービス係に苦情を申し入れた / The lawsuit has been filed in the United States. その訴訟はアメリカで起こされた / The company is expected to file for an initial public offering next month. 同社は来月、新規株式公開を行うための申請をすると見込まれている / Please file this correspondence in order by date. この手紙を日付順にファイルしておいてください

file and forget とじ込んで忘れ去る、問題にしない
file away (書類を)とじ込む、整理する; (考えを)整理する
file for bankruptcy 破産手続の適用を申請する ► The company has filed for bankruptcy. 同社は破産手続の適用を申請した
◇**filer** *n* 起訴人

file cabinet ファイル用キャビネット (=filing cabinet)
file sharing ファイルシェアリング、ファイル共有 [❍LANなどのネットワークで、ファイルを複数のコンピュータで共有すること] ⇒file swapping
file swapping ファイルスワッピング [❍ネット上でファイルを交換すること。特に音楽のファイル交換は、著作権をめぐり問題になっている。file sharingとも言う]
file wrapper 包袋、ファイルラッパー [❍特許の出願、補正、情報開示、拒絶査定等の関連書類を総称するもの]
file wrapper estoppel 包袋禁反言 ⇒prosecution history estoppel
filing /fáiliŋ/ *n* 書類整理; 届け出; 綴込み; 書類の提出
filing cabinet 書類用キャビネット
filing clerk (英)ファイル整理係 (= (米) file clerk)
filing date 申請日、提出日、出願日
filing requirement 届け出義務
filing status 申告ステータス [❍米国の個人所得税の申告者のステータスは、独身者(Single)、既婚者合算申告(Married Filing Jointly)、既婚者個別申告(Married Filing Separately)、世帯主(Head of Household)、寡婦または寡夫(Qualifying Widow(er))の5つで、ステータスごとに税率や控除額が異なる。既婚者は合算申告と個別申告のどちらかを選択できる。Head of Householdは独身者で未婚の子供を扶養している場合など]

filing tray 書類トレー、デスクトレー
fill /fil/ *vt* 満たす; 補充する; (地位を)占める; (職務を)果たす; (要求を)満たす; 調合する ► Breakfast was filled with talk of the stock market crash. 朝食は株の暴落の話でもちきりだった
━ *vi* 満ちる
fill in を詰める; を(用紙に)記入する; に手を加える; に情報を与える; (人の)代理をする((*for*)) ► fill in the blanks 空欄を埋める / Fill in the facts of your business experience. 職歴を細かく書き入れよ / I'm going to fill in for John while he's away. ジョンがいない間、私が代理を務める
fill out 太る、膨らむ、膨らませる; に記入する ► fill out the blanks 空欄に記入する / Please take a few minutes to fill out this form. お手数ですがこの用紙にご記入ください / Please fill out the application form and return it to us by Friday. 申請用紙に必要事項を記入して、金曜日までに返送してください
fill up 満員になる; を満たす; 満腹にさせる (=fill oneself); ((英略式))を記入する ► Fill it [her] up. 満タンにしてくれ
━ *n* (one's ~) 十分、いっぱい
have had one's fill of にうんざりしている
filler *n* ❶ 満たす人[物]; 目止め(材); 埋め草 ❷ 充填剤、フィラー [❍増量材として使用するもの]
fill-in *n* 満たす人[物]; 代理、記入; (米略式)概要
fill or kill (order) 即時売買注文 (FOK) [❍指値注文の一つで、即時に指定した値と数量により全部執行できない場合は取消しとなる注文]
film /film/ *n* フィルム; 映画; 薄い層、皮膜 ► The film grossed over $500 million in worldwide box office sales. その映画は全世界の興業成績で5億ドルを超える総収入を売り上げた
━ *v* 薄皮で覆う[覆われる]((*over*)); 撮影する
◇**filmdom** *n* 映画界[産業]
◇**filmy** *a* ごく薄い; 薄膜性の

Filofax (商標) ファイロファックス [❍イギリスで人気のあるシステム手帳]
filter /fíltər/ *n* ❶ 濾過材; 濾過器; 【写真】フィルター ► Innovation in gas filters have reduced pollution. 新方式のガスフィルターは公害を減らしている ❷ 【コン】フィルター [❍有害情報にアクセスできないようにするプログラム] ► set up a filter フィルターを設ける
━ *v* 濾過する; (濾過して)取り除く((*out*)); (情報などが)徐々に広がる((*out, through*)); ゆっくりと動く
filtering *n* 選別、フィルタリング ► spam filtering 迷惑メールの選別
filthy /fílθi/ *a* よごれた; 不道徳な; みだらな; (金の)たくさんある、豊富な; ((the ~))(名詞的)((米略式))金、銭 ► filthy lucre 銭、金 (✚特に汚いやり

方によるもの)
— *ad* ひどく, ものすごく ► filthy rich 大金持ちの

fin /fín/ *n* ひれ(状の部分); 《略式》手; 《略式》5ドル札

fin. financial; finance

final /fáinl/ *a*
❶ 最終の; 決定的な; 目的の ► the final chapter 最後の章 / the final outcome 最終結果 / Has the Board made its final decision? 取締役会は最終決定を下しましたか ❷ 【法律】最終(審)の, 終局の ► a final judgment [decree] 終局判断
— *n* 最後のもの; (新聞の)最終版

final accounts 《英》期末決算書 (=annual accounts) [⇨事業年度の財務諸表]
final adjustment 期末修正仕訳
final audit 期末監査, 決算監査
final consumer 最終消費者 (=ultimate consumer)
final demand 最終需要 [⇨生産されたモノ・サービスのうち, 他の製品製造向けの原材料としてではなく, 政府部門, 海外部門, そして企業, 家計による最終的な使用のために需要される部分]
final distribution 年度末分配
final dividend 年度末配当 [⇨年度末に分配される配当金]
final estimate (GDPの)最終推定値, 確定値

> 解説 米国のGDPは四半期ごとに商務省経済分析局によって速報推定値(advance estimate), 予備推定値(preliminary estimate), 最終推定値の3段階で発表される. 最終推定値は四半期終了の3か月後に発表される. 十分なデータに依拠し, 先行する推定値を大幅に改訂することもあるが, 時期的に遅いので, 市場に及ぼす影響は小さい. ⇨ gross domestic product

final expense insurance 《米》埋葬(費)保険 (=funeral insurance [policy])
final invoice 本請求書 (✦仮請求書pro forma invoiceに対して言う)
finalize, 《英》**-lise** /fáinəlàiz/ *vt* 決着をつける; 完結する ► finalize a deal 取引をまとめる / We need to finalize this plan before December. この計画は12月より前に最終的にまとめなければならない
finally *ad* ついに; 最後に ► Finally, both sides came to an agreement. やっとのことで, 両者は合意に達した / The tenant finally signed the lease. そのテナントはやっとリース契約に署名した / I finally got through after waiting ten minutes on the phone. 電話口で10分待って, やっと先方とつながった / Finally, I'll say something about the future. 最後に, 将来について一言申し上げます
final payment 最終支払分
final product 最終生産物
final prospectus 最終目論見書
final reminder 最終督促状
final report =final estimate
final salary pension scheme 《英》確定給付型年金制度 [⇨勤続年数と退職時の給与額に基づき, 確定額が給付される]
final sales 最終需要 ⇨ final demand
final settlement (債務の)完済

finance /fínæns, fáinæns/ *n*
❶ (~s) 財源; 財政(学); 融資; 財務状況, 財政状態 ► We have doubts about the company's finances. 同社の財務状況には納得のいかないところがある[不安がある] / The company provides finance to car buyers. 同社は自動車の購入者に向け融資をしている

❷ ファイナンス, 金融, 財務, 資金調達 [⇨広い意味では企業の資金調達・運用を言い, 狭い意味では資金の調達, 手当てを言う]

> コロケーション
> (動詞(句)+~) **arrange** finance 資金調達の手配をする / **deregulate** finance 金融の規制を緩和する / **obtain** finance 資金を得る / **provide** finance 資金を供給する / **raise** finance 資金を調達する / **seek** finance 資金の調達先を探す

► People in finance tend to earn high salaries. 金融業界の人は高給を稼いでいる場合が多い / He's in finance. 彼は財務関係をやっている / We plan to obtain finance from a venture capital firm. ベンチャー投資の会社から資金を調達するつもりだ

===金融===
business finance 事業金融 / consumer finance 消費者金融 / corporate finance 企業金融[財務] / debt finance デット・ファイナンス / direct finance 直接金融 / equity finance 株式発行による資金調達 / indirect finance 間接金融 / inventory finance 在庫金融 / long-term finance 長期金融 / personal finance 個人[家計]金融 / public finance 財政 / short-term finance 短期金融

— *v* ❶ 資金を供給[調達]する; 融資する; 財政的に管理する ► The US government intends to issue about $2 trillion in bonds to finance the stimulus plan. 米国政府は刺激策の資金を調達するために債券を約2兆ドル発行するつもりだ / Companies usually finance through borrowing. 企業は通常, 借入れを通じて必要資金を調達する / The company financed its acquisitions with the sale of its real estate holdings. その会社はその購入物の費用を不動産の売却でまかなった ❷ 資金をつける ► finance short-term capital needs 短期の資金需要をまかなう / finance a current account deficit with a capital account surplus 資本勘定の黒字で経常勘定の赤字を補填する

Finance Act 《英》歳入法 [⇨予算報告書(budget), 歳入法案(finance bill)という流れを経て7月頃歳入法が成立する]
finance bill 融通手形, 金融手形 (=accommodation bill); 《F-B-》《英》歳入法案
finance capital 金融資本

finance charge 金融諸費用; 財務費用
finance company (英)信販会社, 投資会社
finance cost 財務費用 ⇨ financial expense
finance department 財務部 ► He works in the finance department. 彼は財務部門で働いている
finance director 財務部長
finance house (英)= finance company
Finance Houses Association (英)信販会社連合会
finance income = financial income
finance lease ファイナンス・リース [⇨オペレーティング・リースが実質上長期レンタルであり, 借主は利用時間に応じて賃料を払うのに対し, ファイナンス・リースでの借主は, 正式に所有権が移るのはリース終了時であるものの, 貸主に購入費を立て替えてもらって機器を買ったに等しく, したがって保守点検の費用や租税も負担する. アメリカでは capital lease という言い方が一般に用いられる] ⇨ operating lease
finance management = financial management

financial /finǽnʃəl, fai-/ a
❶ 財政上の, 財務の; 金融(上)の ► get into deep financial trouble 深刻な資金難に陥る / seek financial support from governmental agencies 政府機関からの資金援助を求める ❷(豪・NZ)金がある

financial accounting 財務会計 (= accounting for external reporting) [⇨企業の経営成績, 財政状態および資金状況などを外部利害関係者に報告するための会計]
Financial Accounting Standards Board (the ~)財務会計基準審議会 (FASB) [⇨米国での会計基準を定めている組織. FASB の頭文字から一般に「ファズビー」で通っている]
financial accounts (英)= financial statements
financial adviser [advisor] 財務顧問, 財務アドバイザー, ファイナンシャル・アドバイザー[⇨証券会社が自社の営業職員の呼称としている場合も多い] ► consult a professional financial adviser プロの財務アドバイザーに助言を求める
financial affairs 財務
financial aid 資金援助
financial analysis 財務分析 [⇨会社の財政状態, 経営成績および資金状態など財務データを分析すること] ► conduct a financial analysis of a company 会社の財務分析を行う / We do our own financial analysis of foreign companies. 当社では, 外国企業について独自の財務分析を行うようにしている
financial analyst (英)証券アナリスト (=《米》analyst)
financial asset 金融資産, 貨幣性資産 [⇨実物資産が生み出す収益への請求権を表す. 無形の資産]
financial audit 財務監査

financial benefit 金銭給付, 現金給付 (⇔ benefit in kind 現物給付)
financial books 会計帳簿 (= account books, books of account) [⇨会計記録を行うための一連の帳簿]
financial budget 財務予算
financial capital 財務資本, 貨幣資本 (= monetary capital) [⇨企業に資本として投下された貨幣]
financial capitalism 金融資本主義 [⇨アメリカ型の金融資本主義はグローバル化の名のもとに地球規模の格差社会を作り出したと批判されている]
financial center 金融センター ► London as a financial center is called the City or the Square Mile. 金融センターとしてのロンドンは,「ザ・シティー」または「ザ・スクエア・マイル」と呼ばれる
financial comparison 財務比較
financial conglomerate 金融コングロマリット [⇨金融業だけに特化した複合企業体] ⇨ conglomerate
financial control 財務管理
financial covenant 財務制限条項 [⇨債務者の支払能力を維持するために融資契約や債券発行の条件に盛り込まれる条項]
financial cooperation 資金協力 ► provide financial cooperation to に資金協力する
financial cost = financial expense
financial crisis 金融危機 [⇨資金を投資効率のよい所に融通するという金融市場の機能が阻害され, 景気が悪化すること] ► face a financial crisis 金融危機に直面する / recover from a financial crisis 金融危機から立ち直る / resolve the financial crisis 金融危機を解決する / a determined response to the financial crisis 金融危機への断固たる対応 / Although the unemployment rate was 3.8% before the financial crisis, it jumped to 6.8% in 5 months. 失業率は金融危機の前に 3.8%だったが, 5か月間に 6.8%まで跳ね上がった
financial data 財務資料
financial department 財務部(門)
financial derivative 金融派生商品; デリバティブ [⇨それ自体の価値が他の資産(原資産)の価格から派生している金融商品]
financial difficulties 資金の窮迫
financial director 財務責任者
financial disclosure 資産公開 [⇨公職にある人に義務付けられる保有資産の公開]
financial distress 資金難, 資金繰りの窮迫
financial district 金融街, 金融業務地区
financial engineering 金融工学 [⇨金融取引で効率的に利益を得る方法を数学や統計理論を駆使して解明する研究手法. 実務的なツールの色彩が濃い]
financial executive 財務担当経営者, 財務担当役員
financial expense 財務費用, 金融費用 [⇨資金調達に伴って発生する費用]

financial flexibility 財務弾力性[⇨予想外の状況が発生したときの資金調達能力]

financial forecast 財務予測, 財務見積り

financial futures 金融先物(取引)

> **[解説]** 金融商品を将来の一定期日に所定の価格で売買するという内容の契約. 取引の対象によって, 通貨先物(currency futures), 金利先物(interest futures), 株価指数先物(stock index futures)の別がある. 契約内容が定型化されており, 取引所でのみ売買される点で, 店頭金融先物(OTC financial futures)や金融先渡取引(financial forwards)と区別される

financial futures exchange 金融先物取引所[⇨取引単位, 決算月などが定型化されている金融先物が売買される市場. 世界最大規模のシカゴ・マーカンタイル取引所(CME)が有名]

financial gearing (英) =financial leverage

financial globalization 金融の国際化[⇨金融取引に対する国際的な規制の自由化により, 金融機関の海外での資金調達の増加, 国際業務の拡大など, 国境を越えた金融取引が活発に行われること]

financial history 財務経過

financial impact 財務的影響

financial income 財務収益

financial indicator 財務指標, 経営指標, 経済指標

financial/industrial conglomerate 金融・製造コングロマリット[⇨金融業と製造業の両方を傘下に持つ複合企業体]⇨conglomerate

Financial Industry Regulatory Authority 金融取引業規制機構(FINRA)[⇨2007年, 全米証券業協会(NASD)がニューヨーク証券取引所の監督規制部門を糾合する形で発足した, 1934年証券取引法に基づく自主規制機関. 全米の証券会社(およそ5,000社)と60万名を超える登録外務員に対する監督機能を一元的に担っている]

financial information 財務情報 ► financial information by segment セグメント別財務情報

financial institution 金融機関

financial instrument 金融商品

Financial Intelligence Unit 金融情報機関(FIU)[⇨マネーロンダリング(money laundering)を防ぐために, 疑わしい取引情報を収集・分析して捜査機関に提供する政府機関. 1990年代初めに欧米諸国で設立. 国際組織としては Financial Action Task Force(FATF 金融活動作業部会)が有名]

financial interest 経済的利害関係者[⇨投資家の債権者]

financial intermediary 金融仲介機関[⇨資金の出し手と取り手を仲介する機関. 銀行など. ただし, スワップなどでは資金の取り手どうしが仲介されることになる]

financial intermediation 金融仲介

financial investment 出資による投資

financial lease =finance lease

financial leverage ファイナンシャル・レバレッジ[⇨借入金の比率を増やして投資効率の増幅を図るアプローチ. 投資の成否にかかわらず借入金は利払, 元金返済を要するので, 破綻を招きやすい] ► have the financial leverage to promote new business 新規ビジネスを推進できるだけの財務レバレッジをもつ

financial liability 金融負債, 金融債務; 賠償責任

financially ad 財務的に ► a financially troubled bank 経営危機に面した銀行 / be financially strong 財務基盤が強固である

financial management 財務管理[⇨企業の資金調達および運用に関する業務を行うこと]

financial manager 財務担当者

financial market 証券・金融市場[⇨証券の発行・流通の場である長期金融市場(capital market)と短期金融市場(money market)に大別される]

financial money 投機的資金[⇨商品の実需に基づく資金でなく, 利益を求めて商品から商品へ国から国へと動く資金]

financial news 金融情報

financial newspaper 経済紙 ► "Nikkei" is Japan's leading financial newspaper. 『日経』は日本を代表する経済紙だ

financial obligations 金銭債務

financial performance 財務的業績, 財務実績

financial plan 資金計画

financial planner ファイナンシャル・プランナー[⇨消費者に資産の管理運用について助言する専門家]

financial planning 財務計画

financial policy 財務政策, 財務方針[⇨資金調達および運用に関する基本方針]

financial position 財政状態, 財務状況[⇨特定時点の資産, 負債および資本の状態] ► improve the financial position 財務体質を改善する / strengthen the financial position of the company 会社の財務体質を強化する

financial position statement 貸借対照表, 財政状態表

financial product 金融商品

financial projection 財務見通し, 財務計画

financial ratio 財務比率[⇨財務諸表から得られる流動比率や固定比率などの諸比率]

financial ratio analysis 財務比率分析

financial reality 財務実態

financial records 会計記録 ► In Japan, any shareholder holding three percent or more of the voting shares can request the company to make its financial records available. 日本では議決権株の3%以上を有する株主は会社に対して会計記録の閲覧を請求できる

financial reform 金融制度改革 ► the government's efforts at financial reform 金融制度改革に向けての政府の努力

financial report 財務報告書 [⇨経営成績を表す損益計算書, 財務状態を表す貸借対照表, および資金状態を表すキャッシュフロー計算書など] 🔊 Upon SELLER's request, BUYER shall promptly submit to SELLER the latest audited financial reports of BUYER and other reports as SELLER may request. 「売主」が要求したとき,「買主」はただちに最新の監査証明つき財務報告書およびその他「売主」の要求する報告書を提出しなければならないものとする

financial reporting 《英》財務報告, 決算報告 [⇨経営成績および財政状態に関する外部報告や財務および資金運用の効率性などに関する内部報告]

Financial Reporting Council 《英》財務報告委員会 (FRC)

Financial Reporting Standard 《英》会計原則 [⇨アメリカのGAAP(Generally Accepted Accounting Principles 一般に認められた会計原則)に相当する]

financial resources 財源, 財務的資源
financial restriction 財務制限
financial results 業績, 決算 ⇨result
financial revenue 財務収益, 金融収益 [⇨余裕資金などの財務運用による収益]

financial risk ❶ 財務リスク, 財務上の危険 [⇨企業利益の被るリスクで, 営業リスクと財務リスクがある] ❷【不動産】財務リスク [⇨不動産投資そのものに関するリスク(business risk)ではなく, 資金調達の意思決定に関するリスク. たとえば企業が, どのような資金調達方法を選択するかによって生じる企業利益上の不確実性リスクなど] ❸【社会保障】経済的リスク, 生活資金関連リスク; 金融リスク

financials *n pl* ❶ 金融企業, 金融株 [⇨金融部門(financial sector)に属する企業の総称] ⇨nonfinancials ❷ 財務情報, 財務データ [⇨企業の財務状況を表す情報. 具体的には財務諸表や株価収益率など] ▶ The financials for the business year ending in March look grim. 3月に終わる事業年度の財務データは厳しいように思われる / The company will release its financials next week. 同社は来週に財務情報を公表する予定だ

financial section 財務区分
financial services 金融サービス, 金融業 ▶ The retail giant also offers financial services. その巨大小売企業は, 金融サービスも提供している

Financial Services Act (英国の) 金融サービス法

Financial Services and Market Act (英国の) 金融サービス市場法 [⇨FSAを中心とする金融サービス全体にわたる監督や消費者保護について定めた法律]

Financial Services Authority (英国の) 金融サービス機構, 金融庁 (FSA) [⇨金融サービス(銀行, 証券, 保険, 資産運用, 投資顧問等)に対する監督・規制を担う公的機関. 理事等の任免権は財務省が有しているが, 法律上は保証有限会社 (company limited by guarantee)という社団法人的な組織で, 政府から独立しており, 予算も認可業者から徴収する資金によっている]

financial situation =financial position
financial solvency 財務流動性 [⇨流動資産額が流動負債額をどれだけ上回っているかによる支払い能力の測定]
financial standing =financial position
financial state =financial position

financial statements 財務諸表 (=《英》financial accounts), 決算報告書, 決算書 (F/S) [⇨企業の経営成績や財務状況を記した報告書. 通例, 貸借対照表(balance sheet)と損益計算書(income statement)から成るが, 最近はキャッシュフロー計算書(statement of cash flows)を含める場合が多い] ▶ agreement of financial statements with records 財務諸表と会計記録の突合せ / prepare the financial statements for the year 2003 2003年の財務諸表を作成する / All listed companies in Europe are required to prepare financial statements in accordance with IFRS. ヨーロッパの上場企業はすべて国際財務報告基準に従って決算書を作成することが義務づけられている / The company admitted falsifying its financial statements for the past three fiscal years. 同社は過去3事業年度にわたって虚偽の決算書を作成していたことを認めた / We are required to submit quarterly financial statements to our lenders. 当社は資金の貸し手に対して四半期財務諸表を提出する義務を負っている

financial statement analysis 財務諸表分析 [⇨財務諸表から企業の収益性, 安全性などを分析すること]

financial statement audit 財務諸表監査 [⇨財務諸表の適正性を監査し, 財務諸表の信頼性を保証すること]

financial statistics ❶ 金融統計 ❷ 財務データ ▶ examine financial statistics 財務データを審査する

financial status 財政状態, 信用状態
financial stock 金融株
financial straits 資金難 ▶ Many companies in the construction sector are in similar financial straits. 多数の建設会社が同種の資金難に苦しんでいる

financial strategy 財務戦略
financial strength 資金力, 財務力 [⇨資金の調達能力および支払能力など] ▶ maintain financial strength 財務面の健全性を維持する

financial structure 資本構成 [⇨企業の資本調達源泉である負債と資本の構成割合]

financial subsidiary 金融子会社 [⇨もっぱら金融業務を行うために設立される子会社で, 自動車メーカーが新車購入ローンを提供する子会社を設立するのが典型的な例]

financial supermarket 金融スーパーマーケット [⇨銀行, 証券, 保険, 不動産などの金融サービスを一社で広範囲に提供する企業]

financial system 金融システム[制度]

Financial Times 『ファイナンシャルタイムズ』;『フィナンシャルタイムズ』(FT) [⇨英国の日刊の経済新聞.創刊1888年.紙の色がサーモンピンクで「ピンクペーパー」とも呼ばれる.本社はロンドンだがそれ以外にも,ヨーロッパ版・アメリカ版・アジア版の国際版も発行されている]

Financial Times Stock Exchange 100 Share Index ⇨ FTSE 100 Index

financial transaction 財務取引[⇨資金の調達と運用に関する取引] ► keep track of all financial transactions of the company 同社の全財務取引を記録する

financial year 《英》(政府の)会計年度; (企業の)事業年度,営業年度 (=《米》fiscal year)

> **解説** 英国政府の会計年度は4月1日に始まり3月31日に終わる.会計年度は始期の属する暦年で呼ばれる.たとえば2007年4月に始まり2008年3月に終わる会計年度はfinancial year 2007と呼ばれる.米国政府の会計年度は終期の属する暦年で呼ばれる.⇨ fiscal year

financial year end 《英》決算期,年度末,年度の末日 (=《米》fiscal year end) ► ahead of the financial year end 決算期を控えて

financier /fìnənsíər, fàinənsíər/ n 資産家[⇨特に出資等の資産運用にウェイトを置く者], 投資家, 金融業者

financing /fináensiŋ, fáinæensiŋ/ a 資金調達の
— n 資金調達, 金融, 融資 ► consumer financing 消費者金融 / equity financing エクティ・ファイナンス[⇨株式発行による資金調達] / debt financing デット・ファイナンス[⇨借入金・債券発行等の負債による資金調達] / conditional financing ひも付き融資 / arrange bridge financing つなぎ融資をアレンジする / long-term financing 長期融資 / short-term financing 短期融資 / provide financing 融資をする / You won't get financing if your business plans are unrealistic. 事業計画が非現実的だと資金を出してもらえない

financing activities 財務活動[⇨企業の営業活動や投資活動から生じる余剰資金を運用し,不足があればそれを調達する活動]

financing charge = finance charge

financing cost = finance cost ► reduce the financing cost 資金調達コストを下げる

financing lease = finance lease

financing method ファイナンシング法, 資金調達法

financing statement 担保権設定公示書

financing structure 資金調達構造

financing transaction 資金調達取引

find /faind/ (**found**) vt ❶ 発見する; 見つける, 捜し出す; 知る, 分かる; 見抜く; 得る; (目標に)達する; 支給する ► We haven't found anyone for the position. そのポジションに適した人は一人も見つからなかった / I visit companies to find customers for our products. 当社の製品の顧客を開拓するために私は各社を訪問する / Did you find any mistakes in the report? 報告書に何か誤りはありましたか ❷ 認定する, 評決する, 判決を下す ► The jury found him guilty. = The jury found that he was guilty. 陪審は彼を有罪とした
— vi ❶ 発見する ❷ 評決[判決]を下す (*for; against*) ► The jury found for [against] the plaintiff. 陪審は原告に対し有利な[不利な]評決をした

find for [against] に有利[不利]な判決を下す

find oneself 才能を自覚する, 進むべき道を見つける; 気がついたら…に[となって]いる; 自給される (*in*)

find out に気づく (*that; about*); 問題を解く; 見破る ► I found out that the meeting has been cancelled. その会議が中止されたことを知った / Find out about the audience. どういう聴衆か調べなさい

take ... as one finds をありのままに受けとめる
— n 発見(物); 掘り出し物

finder n 発見者; 取引仲介者

finder's fee 仲介手数料; 紹介手数料 ► pay a finder's fee of five percent 仲介手数料を5パーセント支払う

finding n 調査結果; 認定事項 ► finding of fact 事実認定 / release findings 認定事実(事実関係)を公表する / preliminary findings 予備報告上の事実認定 / The latest findings are unlikely to affect the financial inquiry much. 最新の発見事項はその財務調査にあまり影響しそうにない

fine¹ /fain/ a みごとな; 申し分のない; 細かい; 微妙な; 純度の高い ► gold 23 karats fine 23金 / Sterling silver is 92.5 percent fine. 法定銀貨の純度は92.5%だ

not to put too fine a point on it はっきり言えば

one of these fine days いずれそのうちに
— ad 立派に, よく

cut [run] it fine 切り詰める

do fine よくやる (*as*); 役に立つ (*for*)

suit a person fine 好都合である
— v 細かくする (*away, down, off*); 澄ませる (*down*); (理論などを)精緻にする
— n 晴天
◊ である
◊ **finely** ad
◊ **fineness** n みごとさ; 繊細さ; 純度

fine² n 罰金, 科料 ► a parking fine 駐車違反科料 / receive [be given] a stiff fine 厳しい罰金を科される / be imprisoned up to 10 years in prison and fined up to $500,000 10年以下の禁固刑および50万ドル以上の罰金に処せられる / The law imposes a fine on those who use the term "patent pending" falsely to deceive the public. 法律は, 一般の人々をだまそうとして「特許出願中」という表示を不正に使用した者に対して, 罰金をもって臨んでいる
— vt 罰金を科する

fine paper 優良手形 (=fine bill) [⇨信用度の

高い企業が振出した手形であり、期限前に現金化するために買い取ってもらう際の割引率も有利なもの。金融業界では「原手形」とも呼ばれる]

fine print 小さい活字の印刷物;（契約書などの）細目;契約書 ► Read the fine print. 細部にまで目を通せ（✤細かく書いてあることに大事なことが書いてあるから読み飛ばすなという警告）

finesse /finés/ n 手腕、巧妙;術策
— vi 策略を用いる;巧みに避ける
[＜仏]

fine trade bill 優良貿易手形 [◎輸出入取引の決済のために発行された手形のうち、信用度の高いもの]

fine-tune vt （景気などを）微調整する

finger /fíŋgər/ n 指;指状のもの;指幅 [◎約3/4インチ] ► a finger of gin 1フィンガーのジン / He has had his fingers in so many different cakes. 《略式》彼はいろいろなことに首を突っ込んできた[いろいろな仕事をやってきた]

cross one's fingers （人差し指に中指を重ねて）幸運を祈る ► Let's cross our fingers and hope for the best. 成功を祈り最善の結果を期待しよう

get [pull] one's fingers out 仕事に取りかかる
have a finger in the [every] pie あること[多くのこと]に関係する;干渉する
have ... at one's fingers' ends に精通している
keep one's fingers crossed 願いがかなうことを祈る
lay [put] one's [a] finger on を的確に指摘する;思い出す;指に触れる、手出しする
let the fingers do the walking 電話帳で調べる
point the [a] finger at （人を）指さす;非難する
put the finger on 《略式》を密告する
slip [run] through one's fingers （機会などが）逃げる、なくなる ► I can't believe he let such a good opportunity slip through his fingers. 彼がそんな好機を逃したなんて信じられない
twist [turn] a person around one's (little) finger （人を）意のままに操る
— v 指で触れる;《米略式》密告する;指摘する《as》

fingerprint n, vt 指紋（を採る）
fingerprint reader 指紋読取装置
fingertip n 指先
have ... at one's fingertips を手の届くところに持っている;に精通している
to one's [the] fingertips 完全に
— a 指先まである;すぐに手に入る

finish /fíniʃ/ vt 終える《doing》;完成する;仕上げる《up, off》;使い果たす;《略式》疲れさせる
► We finished up packing our bags and headed to the airport. 荷造りを終えて空港に向かった
— vi 終わる ► Key Nikkei stock index finished below the 13,000 mark for the first time since Jan. 23. 主要日経株式指標は1月23日以来初めて、13,000台を割って取引を終えた
finish with をやり終える;との用事が済む;縁を切る;と絶交する
— n 終わり;仕上げ（材料）

◇**finisher** n 仕上げ工[機];とどめの一撃 ► put the finisher on にとどめを刺す

finished /fíniʃt/ a 終えた;完成した;くたくたになった;駄目になった、絶望的な

finished art work 仕上げ原稿、版下;（美術関係の）完成作品

finished goods 製品、完成品 [◎製造工程を完了して販売可能な生産物]

finished goods inventory 製品棚卸高、製品在庫高(量) ► reduce finished goods inventory to target levels 完成品在庫を目標水準まで削減する

finished product 製品、完成品 (=finished goods) ► All finished products are inspected one last time before they are shipped out. 完成した製品はすべて、発送前に、もう一度検査される

finishing n 加工、仕上げ
finishing touch 最後の仕上げ ► put the finishing touch on に最後の仕上げをする
finite /fáinait/ a 有限の
◇**finiteness** n

finite capacity scheduling 有限能力スケジューリング (FCS) [◎工程の順序、所要時間、段どり、中間ストックなどの制約を同時並行的に自動調整しつつ予定通りに作業を終えるための計画の立案・管理]

fink /fiŋk/ n 《米略式》スト破り;密告者;嫌なやつ
— vi 密告する、裏切る《on》
fink out 手を引く;惨敗する

FINRA Financial Industry Regulatory Authority

F.I.O. free in and out FIO方式、荷主負担 [◎船荷の積み込み・荷揚げ費用を、用船者が支払う。不定期船の用船契約はほとんどがこのFIO方式]

fire

fire /fáiər/ n 火;火事;非難;情熱;試練 ► In case of fire, hotel guests should evacuate the building immediately. 火災発生の場合は、ホテルの宿泊客はただちに建物から避難してください

between two fires 両方から攻撃を受けて、板挟みになって
catch [take] fire 火がつく
come under fire for で攻撃される ► The cabinet came under fire for its handling of the pension problem. 年金問題への対処の仕方で内閣は非難を浴びた
have a fire in one's belly 胸に熱意[野心]がある
miss fire 不発に終わる;失敗する
on fire 燃えて;熱心になって
play with fire 重大問題を軽々しく扱う
under fire 非難[攻撃]を浴びて《for》 ► He was under fire from management for not reporting the problem. その問題を報告しなかったことで経営陣から叱責を受けていた
— vt 火をつける、燃やす;発射する;（質問・非難を）浴びせる;《略式》首にする《from》;興奮させる
► You're fired. お前は首だ / The company fired him without any warning. その会社は

事前通告なしに彼を解雇した / She was fired on the spot for drinking on duty. 彼女は勤務中の飲酒によりその場で首になった
— *vi* 火がつく; 輝く; 興奮する; (エンジンが) 点火する

fire away 《略式》どしどしやる; 始める; どんどん話[質問]をする[続ける]
fire back 〈怒って〉言い返す
fire out 《略式》を首にする

fire alarm 火災警報(器)[報知器] ► install fire alarms 火災警報装置を設置する / sound the fire alarm 火災警報を鳴らす

fire certificate 《英》防火証明[◇建物が防火基準その他火災関連の安全基準を満たしていることの証明. わが国の「防火基準点検済証」がこれにあたる]

fire damage 火災損害; 火災損失
fire door 防火扉
fire drill =fire practice
fire escape 避難口, 火災避難装置[◇非常階段など] ► ascend to upper floors [descend to lower floors] via fire escapes 避難口を経由して上の階にあがる[下の階におりる]
fire exit 非常口
fire extinguisher 消火器
firefighting *n* 消火(活動); 急場の処理, 対症療法; (目の前のトラブルの処理)
fire hydrant 消火栓
fire insurance 火災保険 ► The office lease agreement requires that the borrower take out fire insurance. オフィス賃貸契約では, 賃借人が火災保険に入ることを義務づけている
fire insurance policy 火災保険(証書)
fire loss 火災損失
fire marshal =fire safety officer
fire policy =fire insurance policy
firepower *n* 火力; (企業としての) 戦力, 能力, 力 ► have plenty of financial [technical] firepower 十分な資金力[技術力]がある
fire prevention 防火
fire practice 火災訓練 ► have a fire practice 火災訓練を行う
fireproof *a*, *vt* 耐火性の[にする]
fireproof safe 耐火金庫
fire-retardant *a*, *n* 延焼防止の; 防火材料
fire-risk *n* (保険で) 火災危険(度); (火災保険契約による) 損害填補(てんぽ)義務; 被保険財産物件
fire risk only 火災のみ担保 [◇保険契約上, 火災による財物の損害のみ補償するという意味の文言]
fire safety officer 防火管理者
fire sale 処分セール, 破格の安売り ► Governments around the world are dumping state-owned assets onto the open market. This may be the biggest fire sale in history. 各国政府が国有資産を一般向けに投売りしている. 史上空前の大安売りと言えそうだ
Firestone Tire & Rubber 《The~Inc.》ファイアストン・タイヤ・アンド・ラバー(社) [◇米国のタイヤ製造会社. 設立1910年. 1988年ブリヂストン

が買収し, 米国の子会社になる]
firewall, fire wall *n* ❶ 防火壁; [*ネット*]ファイアウォール[◇社内ネットワークを不法侵入から保護するシステム] ❷ (業務)隔壁, ファイア・ウォール[◇銀行・証券・保険の兼業や生命保険・損害保険の兼業に関する規制. また, 親会社と子会社の間での情報の隔壁など]

firing line 第一線 ► **be in [on] the firing line** いちばん非難される立場にいる

firm[1] /fə:rm/ *a*
❶ 堅い; 固定[安定]した; 確固[断固]とした, 決然たる ► We have a firm chance of clinching the deal. 当社がその商談を獲得する可能性は十分にある / The government took a firm position against terrorism. 政府はテロに対して毅然とした態度を取った ❷ (市場・市況が) 変動しない, 堅調の ❸ (注文などが) 確定の ► **firm order** 確定注文
— *v* 堅くする[なる]; (価格を) 安定させる (*up*); (金融を) 引き締める; 確定する ► firm preemptively 予防的引締めをする / We have firmed up our plans for the market survey. 当社は市場調査についての計画を確定した
— *ad* しっかりと, 堅く
hold firm to を固守する
stand firm 断固たる態度を示す
◇**firmly** *ad*
◇**firmness** *n*

firm[2] /fə:rm/ *n*
❶ 企業, 事務所 [◇会社組織でない企業については, company でなく, firm を用いる. 伝統的にパートナーシップ形態を採用してきた弁護士事務所は law firm という言い方が定着している]

===会社・事務所===
accounting firm 会計事務所 / architecture firm 建築(設計)事務所 / auditing [audit] firm 監査法人 / consulting firm コンサルティング会社 / engineering firm エンジニアリング会社 / executive search firm 経営幹部向け転職斡旋企業(ヘッドハンター) / investment firm 投資専門会社 / law firm 法律事務所 / public relations firm PR[広報]会社 / travel firm 旅行会社

❷ 企業, 会社 [◇会社組織の企業も含めて「企業」の意味で firm が使われることもある. 特に多数の企業を指して言うときには, そのすべてが会社組織の企業である場合は companies と言えばよいが, 会社組織でない企業が含まれている場合, あるいは不明である場合には, companies とは言えないので, firms を使うことが多い] ► Japanese firms are reluctant to hire foreign trainees as the recession continues to deepen. 景気後退が深まるにつれて, 日本企業は外国人の実習生を雇うことに消極的になっている / Men still outnumber women on boards of Fortune 500 firms. フォーチュン500社の企業の取締役会で, 男性は今でも女性より圧倒的に数が多い

[語源] ラテン語 *firma* がスペイン語・イタリア語を経て16世紀に英語化. もとは「署名」の意で, firm(堅

firm bid 確定的買申込，ファームビッド，確定申込 [⇨商品，価格，数量を買手が指定する申込方法で，取消や変更の利かないものを言う。ただし，申込自体に有効期限が存在し，期限が過ぎれば申込としての効力はなくなる] ⇨ firm offer

firm commitment ファーム・コミットメント [⇨(1)証券の発行にあたって，担当証券会社が，いったん発行証券のすべてを買い取ってからそれを販売する方式 (2)融資契約において，貸手が30日から60日の期間を決めて期間内であれば申込時に提示した条件で貸すと約束すること]

firm name 会社名，会社名義 ▶ incur liabilities in the firm name 会社名義で債務を負う

firm offer 撤回権制限付申込，ファーム・オファー [⇨売手による申込で，取消や変更の利かないものを言う。申込自体に有効期限が存在する] ⇨ firm bid

firm price ファームプライス [⇨為替取引で，参考レートでしかない気配値に対して，実際に取引するときの価格を言う]

firm quote ファーム・クォート，確定気配 [⇨証券会社が必ずその値段で売買に応じることを約束して提示する気配値]

firm sale 返品不可，返品不可条件による売買 ▶ Goods are supplied on a firm sale basis. すべてご注文は返品不可とさせていただいております

first /fə:rst/ *a* 最初の，第一の；首位の；一流の；(F-) 大統領の ▶ first in the field 業界初 / the first hotel in the city 町一番のホテル / one's first concern 最大の関心事 / England is the first country to develop railways. 英国は最初に鉄道を開発した国だ

at first hand 直接に

at first sight [*glance*] 一目で，ただちに ▶ He decided to buy the house at first sight. 一目見て，彼はその家を買うことに決めた

do not have the first idea さっぱり分からない

do not know the first thing about ～について何も知らない ▶ I don't know the first thing about stock investment. 私は株式投資については初歩的な知識すらありません

first thing 《略式》いちばん早い時期に ▶ I want you to call me first thing in the morning. 朝いちばんに私に電話してほしい

first things first 重要なことから先に

for the first time 初めて ▶ I'm going to Europe for the first time. 初めてヨーロッパに行きます / The electronics giant will be in the red for the first time in six years. その大手電子機器メーカーはここ6年間で初めて赤字になるだろう

in the first place 第一に ▶ I didn't believe him in the first place. はじめから彼を信用していなかった

— *ad* 最初に，第一に；初めの頃；いっそ，むしろ ▶ Safety first. 《標語》安全第一

come first 優先される ▶ Those in need come first. 困っている人たちの順番が先だ / The customer always comes first. お客様が第一です

first and foremost 真っ先に

first and last 前後を通じて；どの点から見ても；何にもまして

First come, first served. 早い者勝ち，先着順

first of all 第一に ▶ First of all, let's go over today's agenda. まず今日の議事日程をチェックしよう

first off 《略式》最初に

put ... first を優先する ▶ The company puts profits first. その会社は利益を最重要視している

the first ever まったく最初の

— *n* 第1[最初，1位]の人[もの]；(月の)第1日；初め；最高級品；欠陥のない商品

at first 最初は ▶ The job seemed difficult at first. その仕事は最初難しそうに見えた

from first to last 最初から最後まで

from the (*very*) *first* 最初から

◇**firstly** *ad* 第一に

first audit 初度監査 [⇨新規監査契約のもとでの監査]

First Call ファーストコール社 [⇨米国の国際投資調査会社。First Call Corporationは2001年にThomson Corporationによって買収され，Thomson First Callとなった]

first-class, first class *a, ad, n* 第1級の；(乗り)物が1等の[で]，ファーストクラス ▶ We're not allowed to fly first class. ファーストクラスで飛ぶのは認められていない

first-class mail 《米》第1種国内郵便 [⇨はがき・封書・小包などの普通郵便に属する区分]

first cost 素原価，製造直接費 [⇨間接費 (overhead)を除いた製造原価のこと。prime costに同じ]

first demand bond 要求払保証金 [⇨契約内容通り工事が完成しなかった場合に，工事発注者の請求によって支払われる]

first edition 初版

first entry 原始記入 [⇨仕訳帳のように入出金伝票などに基づき取引が始めて記帳されること。その帳簿をa book of first (original) entry (原始記入簿)と言う]

first fruits 初物，初穂；最初の成果

first-generation *a* 一世の；第一世代の

first half 上期，上半期 (H1, 1H) ▶ earnings in the first half of the fiscal year ending March 2001 2001年3月期の中間決算での利益

first-half earnings forecast 上期業績予想

first-half loss 上期の赤字

firsthand *a, ad* 直接に[の]；体験によって得た ▶ firsthand experience 実体験 / We need to find a distributor who has firsthand knowledge of the local market. 地元市場について実地の知識をもつ卸売業者を見つける必要がある

first-hand information 直接情報，一次情報

first-in, first-out (method) 先入先出法 (FIFO) [◯棚卸資産の評価法の一つで, 先に受け入れたものから順次払い出されたと仮定し, 期末の在庫品は直近の仕入品から成るとみなす] ⇨ last-in, last-out (method)

first lady 《米》❶ (the F- L-) 大統領[州知事]夫人 ❷ (芸術などで) 第一線に立つ女性

first lien 第一順位の担保権

first-line management 第一線の課長クラス [◯製造・販売等の会社の利益に直結する部門の管理職中, もっとも顧客・取引先に近い人々を言う]

first-line manager 第一線のマネジャー, 最末端の管理職

first mortgage 第一順位の抵当権 ▶ They hold a first mortgage on the company's property. 彼らは同社の物件上, 第一順位の抵当権を持っている

first mortgage bond 第一抵当付社債, 第一担保付社債

first mover 最初に市場に参入した会社, 先発者

first mover advantage 先発者優位 [◯最初に市場に参入した(市場を創造した)企業がその市場で競争優位性を持つという考え方]

first name (姓に対する) 名 (=given name)

first order of business 最初に取組むべき課題

first preferred ship mortgage 本船担保 [◯船舶を対象とする第一順位の抵当権]

first quarter 第1四半期 ▶ The company recorded a loss of $2.3 billion in the first quarter. 同社は第1四半期に23億ドルの損失を記録した

first-rate a, ad 一流の; 非常によく ▶ first-rate product 一級品

first refusal (right) 先買権 (=right of first refusal) [◯他に売却のオファーをする前に, まずはこちらにオファーせよと要求できる権利]

first right 優先権 ⓖ In the event the SELLER should have quantities of the Products available for sale, the SELLER shall notify the PURCHASER of such quantities, and the PURCHASER shall have the first right to purchase such quantities or any part thereof under the same terms and conditions of this Agreement. 「売主」は, 求めに応じられる当該製品の販売数量がある場合, その数量を「買主」に通知するものとし, 「買主」はその数量またはその一部について, 本契約と同条件による優先購入権を有するものとする

first-round financing (ベンチャー企業の) 初回増資 [◯ベンチャーなどの新興企業に外部の投資家が加わる初回の増資]

first sale doctrine ファーストセールドクトリン ⇨ exhaustion of rights

first tier (準大手 second tier に対しての) 最大手

first-tier supplier 一次下請メーカー [◯二次メーカーからの供給を受けながら発注者に直接納入する元請業者]

first-time a 初めての ▶ a first-time (home) buyer 初回(住宅)購入者

first-to-file n 先願主義 [◯特許出願の優先順位を決める制度. 同一の発明について複数の者による特許出願がなされた場合, 最初に出願した者がその発明に対する特許を受けることができるというもの] ⇨ interference

first-to-invent n 先発明主義 [◯米国で採用されている特許出願の優先順位を決める制度. 同一の発明について複数の者による特許出願がなされた場合, 最初に発明した者がその発明に対する特許を受けることができるというもの] ⇨ interference

fiscal

/fískəl/ a 国庫の; 財政上の; 会計の; 企業財務に関わる ▶ the fiscal balance 財政収支 / a fiscal stimulus package 財政による景気刺激策 / an appropriate balance of fiscal and monetary policies 財政政策と金融政策の適切なバランス

fiscal agent (債券発行時に設置する) 財務代理人 [◯発行企業に代わって配当金や債券の利払い, 債券の償還などを行う銀行や信託会社のこと]

fiscal austerity 財政の緊縮

fiscal deficit 財政赤字 [◯政府の税収等が政府の支出をまかないきれない状況. このとき公債の発行などによって穴埋めされる]

fiscal discipline 財政規律

fiscal drag フィスカル・ドラッグ [◯累進税率の適用される所得区分が変わらない中, 経済成長により所得が増えると, 税率の高い所得区分へと自動的に移行してしまい(ブラケットクリープ), 実質的な所得が変わってないのに税負担だけが重くなる. このような財政の仕組みから来る景気の抑制要因を指して言う]

fiscal first half 上期, 年度前半

fiscal measures 財政措置 [◯拡大ないし緊縮に向け, 財政政策によって打ち出される一連の措置] ▶ implement expansive fiscal measures 拡大方向での財政措置を取る / implement restrictive fiscal measures 緊縮方向での財政措置を取る

fiscal period 会計期間, 会計年度 (=fiscal year) [◯企業の会計期間で通常1年間とする]

fiscal policy 財政政策 [◯政府支出の増減, 政府収入(税金など)の増減を手段とする政策] ▶ a tighter fiscal policy 緊縮財政 / exercise expansionary fiscal policy initiatives 積極財政を進める / exercise restrictive fiscal policy initiatives 緊縮財政を進める / loosen a fiscal policy 財政政策を緩和する / run an expansionary fiscal policy 積極財政を進める / a loosening of the fiscal policy through tax cuts and fresh public works 減税と新規公共事業による緊縮財政の緩和

fiscal restraint 緊縮財政

fiscal second half 下期, 年度後半

fiscal stamp 収入印紙

fiscal stimulus 財政による景気刺激

fiscal surplus 財政黒字 [◯歳入(税収)が歳

出を上回っていること]
fiscal tightening 緊縮財政
fiscal year ❶《米》(企業の)事業年度, 営業年度;(政府の)会計年度(FY)

> **解説** 米国連邦政府の会計年度は10月1日に始まり9月30日に終わる.1982年までは7月1日に始まり6月30日に終わっていた.さらに遡ると 1942年までは暦年を採用していた.米国では(日本とは異なって)会計年度は終期の属する暦年で呼ばれる.たとえば2006年10月に始まり2007年9月に終わる会計年度はfiscal year 2007と呼ばれ, Fiscal 2007またはFY2007と略される.企業の事業年度は暦年が多いが,暦年と異なる場合もある.たとえばfiscal year 2007 ending May 31とあれば,その企業は6月1日に始まり5月31日に終わる事業年度を持つ.英国では会計年度はfinancial yearと言う

▶ The **company's fiscal year** runs from April 1 to March 31 of the following year. 同社の事業年度は4月1日に始まり,翌年の3月末に終わる / We are optimistic about **prospects for the coming fiscal year**. 来年度の見通しについては楽観している / The central bank slashed its growth forecast **for the fiscal year** to 1.3%. 中央銀行はその事業年度の成長率予測を1.3%に引き下げた / The company may suffer an even greater loss **in the next fiscal year**. 同社は次の事業年度にはさらに大きな損失を蒙るかもしれない / The company has lowered its sales projection **for the fiscal year ending in March**. 同社は3月に終わる事業年度について売上高予測を引き下げた / The operating loss **for the current fiscal year** turned out to be two times bigger than previously forecast. 現在の事業年度の営業損失は前に予想した額の2倍に達することが分かった

❷《英》課税年度[⬀所得税の計算期間で, 4月6日に始まって4月5日に終わる1年間. 米国の tax year に相当する言葉]
fiscal year end《米》決算期, 年度末, 年度の末日(=《英》financial year end)
fish /fiʃ/ n (~**es**, 《集合的》~) 魚;魚肉;《略式》人, やつ;《米略式》だまされやすい人,「かも」
have other [bigger] fish to fry 他にもやるべき[もっと大事な]ことがある
like a fish out of water 場違いで
make fish of one and flesh of another 差別待遇する
— v (魚を)釣る[捕らえる], 釣りをする;(手探りで)引っ張り出す;捜す,(情報を)探り出す(*for*);(お世辞などを)引き出す ▶ Reporters were fishing for information about the product recall. 何人かのレポーターはその製品リコールについて情報を漁っていた
fish in troubled waters 漁夫の利を得る
fish or cut bait《米》どちらかにはっきり決める
fish out 魚を捕り尽くす;を捜し出す
fishbone diagram フィッシュボーン図 ⇨ cause and effect diagram
fisheries zone 漁業水域 [⬀沿岸国が漁業資源に対して管轄権を行使する水域の範囲]
Fisher-Price《商標》フィッシャープライス [⬀米国の玩具の会社]
fishery /fíʃəri/ n ❶《しばしば -ies》漁業;水産業;漁場 ❷ 漁業権 ▶ common fishery 共同漁業権 ❸ =fish farm
fishery resources 水産資源, 漁業資源
fishery zone =fisheries zone
fish farm 養魚場
fish farming 栽培漁業, 養殖漁業 [⬀水産養殖の技法を使って漁業生産を行うこと] ⇨ aquaculture
fishing n 魚釣り, 漁業;釣り場, 漁場 [⬀趣味やスポーツとしての釣りと区別して漁業を言う場合は commercial fishing を用いる]
fishing rights 出漁権, 漁業権 ▶ Both countries claim fishing rights in the disputed area. 両国はどちらも紛争水域における漁業権を主張している
fishing zone =fisheries zone
fish stock 魚群, 魚群体 [⬀同じ種の魚のなかで他の群れから孤立して存在する個体群. 固有の回遊パターンや特定の産卵場を持ち独自の漁業対象となる]
fit[1] /fít/ a (-tt-) 適当な;有能な;今にも…しそうな《*to do*》;健康な ▶ I don't think he's fit for the job. 彼はその仕事には適任ではないと思う
All the news that's fit to print 印刷するすべてのニュース [⬀NYタイムズの標語]
fit as a fiddle [*flea*] とても快調[元気]で
fit to be tied《略式》かんかんに怒って;動揺して
think [*see*] *fit* (…しようと)決める《*to do*》
— v (-tt-) 適合する[させる];ぴったり合う;はめ込む,合わせる;準備させる;取り付ける《*with*》▶ He fits the qualifications for the job. 彼はその仕事の要求する資格にぴったり合っている
fit in 適合する[させる]《*with*》;(日時を)都合つける ▶ I'm sure you'll fit in well with your new colleagues. 新しい同僚たちときっとうまくいくと思いますよ
fit out 日に装備する《*with*》
fit up に備えつける《*with*》
— n ❶ 適合 ❷ (パラメータやモデルの)あてはめ ▶ goodness of fit あてはまりのよさ
fit[2] n 発作, けいれん;(感情の)激発;高まり
give a person a fit《略式》(人を)びっくり[むっと]させる
throw [*pitch*] *a fit* 非常に興奮する[立腹]する
◇**fitful** a 発作的な;断続的な;変わりやすい
◇**fitfulness** n 断続的
Fitch n フィッチ [⬀米国の大手格付会社 Fitch Ratings Ltd., またそれによる証券格付]
fitness /fítnis/ n 適当, 適合;健康 ▶ a fitness center ヘルスクラブ, ジム / one's fitness for [to do] the job 仕事への適性
fitness for a particular purpose (売買契約における当該物品の)特定目的適合性 [⬀売買契約上, 目的物が当事者の意図した目的に合う性

fitted /fítid/ *a* あつらえの; 作り付けの(家具のある)
fitter *n* 配管工, 組立工
FIU Financial Intelligence Unit
five-and-dime *n* =five-and-ten
five-and-ten(-cent store) *n* 安物雑貨店 (＋100円ショップ) ⇨ dime store
five-day week 週休二日制, 週5日労働制(の週)
five nines 99.999% (＋通常は, ハイフンでつないで, 信頼性の高さを意味する形容詞として使われる. a five-nine reliability 99.999%の(極めて高い)信頼性)
five-star *a* 五つ星の; 最高の ► a five-star hotel 最高級ホテル, 5つ星ホテル

fix /fíks/ *vt* 固定させる; 据え付ける; 決める, 指定する (*for*); (目・注意などを)じっと注ぐ [⇨引きつける]; (責任を)負わせる (米略式) 修理する ► How long will it take to fix the copier? コピー機を修理するのにどのくらい時間がかかりますか / Have you fixed the appointment for the interview? 面接の予約を取りましたか / Even with the stimulus package, it's unclear just how long it will take to fix the economy. たとえ刺激策が実施されても, 景気の改善にどのくらいの時間がかかるかは不透明だ
— *vi* 固定する; (注意などが)とまる [⇨決定する]; 用意する; (…する)つもりである (*to do*)
fix ... in one's mind [brain] 心[頭]に刻みつける
fix on [upon] に決める, を選ぶ
fix up を修理する; を取り決める; 用意[手配]する; 大急ぎで作る
— *n* (略式)苦境; 位置(決定) ► get [take] a fix 位置を知る
in a fix 困って ► Four-dollar gas has put the company in a fix. 1ガロン4ドルのガソリンが同社を窮地に追い込んだ
out of fix 調子が狂って
◇**fixated** *a* 執着して, とらわれて (*on*)
◇**fixation** /-éi-/ *n* 固定; 凝固; 色留め
fixed /fíkst/ *a* 固定[固定した]の; 不変[一定]の; (略式)八百長の, 買収された; 生活の安定した
How are you fixed for... ? の手持ちはどれくらいですか
◇**fixedly** *ad*
fixed annuity (米)定額年金
fixed asset (通例fixed assets) 固定資産 (=capital asset) [⇨企業の生産販売活動に供されている会社の財産であって, その活動において費消され, または現金化することが予定されていないもの] ⇨ tangible asset ► intangible [tangible] fixed asset 無形[有形]固定資産
fixed asset accounting 固定資産会計
fixed asset investment 固定資産投資, 長期投資
fixed capital 固定資本 (=capital assets) [⇨固定資産に対する投資. 長期的にモノの生産やサービスの提供に用いられる資産, またはそこに投下されている資本]; 固定資産
fixed charge ❶ =fixed cost ❷ 固定担保 [⇨変動する財産を対象とする浮動担保に対して, 特定の財産を対象とする担保]
fixed charge coverage ratio 固定費倍率, 固定費カバレッジ比率
fixed charge ratio 固定費率 [⇨利益の固定費に対する割合]
fixed cost (通例fixed costs) 固定費, 固定費用 [⇨生産量の増減に関わらず必要とされる費用]
fixed date 約定期日, 指定期日
fixed deposit (英)定期(性)預金
fixed exchange rate 固定為替レート; 固定為替相場 [⇨自国通貨と外国通貨の交換比率を一定とする為替レート]
fixed exchange rate system (the ~) 固定相場制 (=pegged exchange rate system) (⇔ flexible exchange rate system) [⇨外国為替市場への介入によって一定の水準に維持されるように決定される制度]
fixed expenses =fixed cost
fixed fee 定額
fixed income ❶ 固定収入 ► on a fixed income 固定収入のある / Retirees live off of fixed income budgets. 退職者は固定収入の予算で暮らしを立てている ❷ 確定利付証券, 債券 [⇨fixed income securitiesの略. 配当率が変動する株式と異なって, 債券は確定利率の利息が得られることから, 証券業界で「債券」の意味で使われるようになった] ⇨ bond ► About three years ago, we reorganized the fixed income division into three major businesses. 約3年前に当社は債券部門を3つの主要な事業部門に組織し直した
fixed income instrument =fixed income securities
fixed income investment =bond investment
fixed income market =bond market
fixed income securities 確定利付証券 [⇨発行者が償還期限まで一定の利息を支払うことが確定している有価証券で, 具体的には国債や社債などがある] ► If you want to diversify, you can look into fixed income securities. 投資を分散したいのなら, 債券を検討してみてはどうか
fixed installment method 定額法, 直線法 [⇨固定資産の耐用年数の期間中, 毎期均等額の減価償却を計上する方法]
fixed installment system (英) =fixed installment method (= (米)straight-line depreciation)
fixed interest rate =fixed rate
fixed interest securities =fixed income securities
fixed investment 設備投資
fixed liabilities 固定負債 [⇨満期日または返済期日が1年を超える負債]
fixed-line *a* 固定電話の ► These four companies have evenly split mobile and fixed-line services. これらの4社は携帯と固定電

話を平等に分け合った
fixed line =fixed phone
fixed loan 固定貸付金, 長期貸付金
fixed network 有線ネットワーク, 固定ネットワーク
fixed parity (通貨の)固定レート
fixed-period contract 期間の定めのある契約, 有期雇用契約
fixed phone 固定電話, 有線電話 (⇔mobile phone)
fixed price ❶ 固定価格, 固定契約価格
► supply iron ores at a fixed price 鉄鉱石を固定契約価格で供給する ❷ 法定料金, 法定価格
► Taxis charge a fixed price. タクシーは法定料金によっている
fixed price contract 固定価格契約, 固定価格請負契約 [◯契約時の価格が拘束力を有し, 契約後に価格の変動がない契約]
fixed price policy 定価制度 ⇨labeled price system
fixed property 固定資産 [◯長期にわたる利用または長期にわたる投資を目的として投下された資産]
fixed rate 固定金利 [◯定期的に金利が見直される変動金利に対して, 契約期間中, 金利の変わらないもの] (⇔adjustable rate)
fixed rate debt 固定金利負債
fixed rate loan 固定利付き貸付金 ► Many homeowners refinanced their mortgages to take advantage of the low fixed rate loans. 住宅所有者の多くは住宅ローンを借り換えて低利の固定金利ローンを利用した
fixed rate mortgage 固定金利型不動産担保ローン[住宅ローン] [◯返済の全期間について同一の利率が適用される不動産担保ローン] (⇔adjustable rate mortgage)
fixed stock option 定額株式オプション
fixed tax 《英》=flat tax
fixed telephone =fixed phone
fixed-term a 期間を定めた, 有期の
fixed-term contract 期間の定めのある契約, 有期雇用契約
fixed trust 確定信託 [◯受益者(beneficiary)およびその受けるべき利益が信託の設定者(settlor)によって確定されていて, 受託者(trustee)の裁量の余地が全くない信託] (⇔discretionary trust)
fixed wireless 固定無線通信, 固定ワイヤレス [◯プロバイダと自宅またはオフィスなどが無線通信で結ばれる方式]
fixer /fíksər/ n 取り付ける人[物]; 《略式》不正[八百長]をおぜん立てする人
fixing n 固定; (~s) 《米略式》付属物, 設備
fixture /fíkstʃər/ n 備品, 設備; 定着物, 造作 [◯不動産の一部とみなされる動産]
fixture filing 附合物登録 [◯一般に不動産上の担保権を取得した者が行う附合物に担保権が及んでいる旨の登録]
fixtures and fittings (家の)調度備品; 付帯設備, 付帯器具付帯物; 附合物 [◯建物と一体化している照明器具のようなもの]

fixtures, fittings, tools and equipment 《英》工器具器具備品
flack /flæk/ n ❶ 《米略式》(企業の)PR担当, 広報担当 [◯特に自社に都合の悪い話が流れているときのメディア対策として雇われるプロを指す] ❷ flak の別つづり
― v (の)宣伝[広報]係として働く
flag /flæg/ n ❶ 旗; (飛行機・船の)国籍 ❷ フラッグ [◯データの特定の項目につける標識]
keep the flag flying 戦い続ける; 信念を曲げない
show the flag 《略式》(会合に)顔を出す
under the flag of の旗の下で
with flags flying 大成功で; 勝ち誇って
― vt (-gg-) 旗を掲げる; (特定のデータに)標識をつける ► The system automatically flags spam and moves it to the junk mail folder. そのシステムは自動的に, スパムメールを識別し, ごみメールのフォルダーに移す
flag off 始める
flag carrier 国を代表する航空[船]会社, 国策航空会社
flag of convenience (船の)便宜置籍国の国旗 (FOC) [◯船舶を所有することによる課税や法令による規制を嫌って, そういうことのない国で登記した船舶を便宜置籍船と言う. パナマやリベリア船籍の船が多いのはこのため]
flagship n (会社の顔にあたる)主力製品; 最高級品
flagship brand 主力ブランド
flagship product フラグシップ製品, 主力製品
flagship store 旗艦店
flak /flæk/ n 非難, 反対 ⇨flack
catch [run into] flak 非難[攻撃]される
flak-catcher n 苦情処理担当者
flame /fleim/ n フレーム [◯けんか腰のメール, 過激な批判・非難を内容とするメール, 嫌がらせメールなどを言う]
― vi (ネットワーク上で)けんか腰のメールなどを送りつける (✦「炎上」という形容も使われる)
flame mail 嫌がらせメール
flaming /fléimiŋ/ a 燃える(ような); 激しい
flammable /flǽməbl/ a 可燃性の
flash /flæʃ/ n 閃光, (機知などの)ひらめき; 瞬間; (新聞などの)速報; (物事に)精通した人
a flash in the pan 一時的な成功
in [like] a flash あっという間に
quick as a flash 素早く
― vi きらりと光る; (怒りが)爆発する 《up》; (考えが)ひらめく; 突然現れる; さっと過ぎる ► When the warning lights flashed, the production shut down. 警告灯が点滅したとき, 生産は止まった
― vt ひらめかす; さっと送る; 速報する; ちらっと見せる; 《略式》見せびらかす 《around》
flash back (記憶が)急によみがえる
― a 《略式》けばけばしい; 一瞬の; 《略式》かっこいい, 一流の
flash memory フラッシュ・メモリー [◯同じように書き換え可能でも電源を切ると内容も消える

flash pack 《英》フラッシュパック, 割引価格表示製品 [⇨スーパーマーケットなどで売られる, 割引価格を直接箱や包装紙などに明示した商品]

flash report 営業速報 [⇨財務会計情報の確定以前に報告するための速報]

flat¹ /flǽt/ *a* (**-tt-**) ❶ 平らな; 一律の; (市況・相場などは)活気のない, 不況の ► The company has ten layers of management at the top and needs to move towards a flatter management structure. 同社は経営が10階層からなっているが, 簡素な経営組織に改める必要がある/Sales of printers remained flat in June. プリンターの売上高は6月は相変わらず横ばいだった ❷ (債券が)経過利息のつかない [⇨再建中の企業の債券などを言う]
— *n* 平らな部分[面]; 平地
on the flat 平地に[で]
— *v* (**-tt-**) 平らにする[なる]
— *ad* 平らに; きっぱりと; まったく; きっかり ► in five seconds flat 5秒きっかりで
fall flat ばったり倒れる; 失敗に終わる; 効果がない ► The ad campaign fell flat. その広告キャンペーンは期待がずれに終わった
flat out 《略式》全速で; 全力を挙げて; 直接
in nothing flat たちまち
◇**flatly** *ad*
◇**flatness** *n*

flat² *n* 《英》フラット [⇨同一階の数室からなる住居]; アパート

flatbed scanner フラットベッドスキャナー [⇨コピー機同様, 読み取る原稿をガラス台の上に置き, 台の下の読取装置が画像を読み込み, PC に転送する装置]

flatcar *n* 《米》長物輸送用貨車

flat fee 定額料金, 定額 ► charge a flat fee 定額料金を徴する

flatfooted *a* 偏平足の; 不器用な; 《略式》きっぱりした; 不意をつかれた; ぎこちない ► catch ... flatfooted …の不意をつく

flat lease 定額料金リース

flatlet *n* 《英》小フラット, 小さなアパート

flat organization フラット組織 [⇨鍋蓋型組織に代表される, 階層の少ない平坦な組織]

flat-out *a* 全速の, 全力の; 徹底的な; あけすけな

flat-pack *n* 《英》(家具や器具の)組立用部分品平詰め
◇**flat-packed** *a*

flat-panel *a* = flat-screen

flat price 裸相場, 均一価格

flat quotation 裸相場

flat-rate *a* 定額の ► a flat-rate fee 定額料金/flat-rate pricing 定額制料金

flat rate 均一料金, 定額料金; 均一(保険)料金

flat-screen *a* 薄型画面の

flat tax フラットタックス, 単一税率(所得)税制 [⇨納税義務のあるすべての者に単一税率が適用される税制. 主として個人所得税についていわれる. 2008年8月現在, 個人所得税に flat tax を採用している国はロシア(13%), ウクライナ(15%), ルーマニア(16%)など東欧を中心に15か国ある. 米国では, 連邦の個人所得税は累進税だが, 州の個人所得税はイリノイ州(3%)やマサチューセッツ州(5.3%)など5州で flat tax を採用している. 連邦個人所得税についても flat tax の議論は盛んで, 賛成者は公平で簡単と主張するが, その逆累進性から金持優遇になるとの反対論は根強い]

flatten /flǽtn/ *v* 平らにする[なる]; 取り壊す; 単調にする; (風が)静まる ► As consumer spending continues to flatten, manufacturers are watching the economy with a worried eye. 消費者支出が横ばいを続けるにつれて, 製造業者は心配そうな目つきで景気の成行きを注視している/Retail sales were flattened out by the drop in consumer confidence. 消費者信頼感の下落によって小売業売上高は横ばいで推移した

flatter /flǽtər/ *vt* お世辞を言う; 喜ばせる; (写真などが)実物以上[魅力的]に見せる
be flattered 光栄に思う
flatter oneself 得意がる《that》

flattery /flǽtəri/ *n* お世辞

flat yield curve 水平イールドカーブ, 水平利回り曲線 [⇨水平に近いイールドカーブ. 短期金利と長期金利が同じ水準の状況を表す. 景気の変わり目を示唆するとされる] ⇨ yield curve

flavor, 《英》**flavour** /fléivər/ *n* 風味; 味; 調味料; 香料; 味わい; 趣; 気味; (食品の)種類 ► We have added several new flavors to our ice cream line. 当店のアイスクリームの品揃えに新しいフレーバーをいくつか加えました
flavor of the month [week] 今はやりのもの[こと]; 時の人
— *vt* 風味をつける; 趣を添える
◇**flavoring** *n* 味つけ, 調味(料)
◇**flavorless** *a*

flaw /flɔ́ː/ *n* 欠点《in》; ひび, 傷 ► We discovered a serious flaw in the plan. その計画の重大な欠陥を発見した/There's a flaw in our new lease. 新しい賃貸契約には不備な点が1つある
— *v* ひびを入れる, ひびが生じる
◇**flawless** *a* 傷のない; 完全な

flawed *a* 不備のある, 欠陥がある ► The ad gave a flawed image of the company. その広告は同社について誤ったイメージを植え付けた

flea market 蚤(のみ)の市, フリーマーケット, フリマ [語源]パリの「ノミの市」*marché aux puces* から]

fledgling, 《英》**fledgeling** *n, a* 巣立ったばかりの(ひな); 青二才; (操業し始めの)事業; 駆け出しの

flee /flíː/ *v* (**fled**) *vi* 逃げる; 疾走する; 消える
— *vt* (場所から)逃げる ► The embezzler fled the country before the irregularities were discovered. 横領犯は不正が明るみに出る前に海外逃亡した/Investors are fleeing the Japanese market because of financial problems

in their home countries. 投資家は自国の金融問題が原因で日本市場から退避しつつある

fleece /fli:s/ *n* 羊毛; 柔らかい毛羽の布地
— *v* 毛を刈る; だまし取る, 巻き上げる《*of*》

fleet /fli:t/ *n* 飛行機[船舶, 自動車]隊; (タクシー会社などの保有する)全車両

fleet management フリートマネジメント[○一つの事務所で大量の車両を運行している場合に, 効率的運行・保守点検のための管理を行うこと]

fleet rating フリート多数割引[○10台以上といった多数の車両をまとめて保険に入れる契約者(フリート契約者)に適用される割引料金]

fleet rental フリートレンタル, 法人一括レンタル[○法人が使用する多数の車両を特定の業者からひとまとめにしてレンタルすること]

Fleet Street フリート街[○Londonの新聞社街]; 英国新聞界

fleet terms 一括購入割引[○法人が自動車販売業者からまとめて何台もの車を買う場合の割引]

flesh /fleʃ/ *n* 肉
put flesh on に肉付けをする, 情報を付加する
— *vt* 肉付けをする; 詳しく論じる《*out*》

flex /fleks/ *v* 曲げる, 曲がる
flex one's muscles 実力を見せつける; 力で威嚇する
— *n*《英》電線
— *a* =flexible

flex benefit (保険で)フレキシブル給付[○受給者のニーズに応じて給付の種類などを選択できる保険]

flex-fuel *a* 多種燃料対応の

flexibility /flèksəbíləti/ *n* flexibleであること; 弾力性

flexible /fléksəbl/ *a* ❶曲げやすい; 体の柔らかい; 融通のきく; 従順な ► We offer flexible terms of payment. 柔軟な支払条件を提示している ❷《金融》変動する

flexible automation フレキシブル・オートメーション[○製品の多様化などの需要の多様性に対応できるように, 柔軟化された自動化生産システム]

flexible benefits 選択的福利厚生制度[○社用車の給付, 医療保障といった本給以外の付加的給付を従業員が選択できる仕組み]

flexible exchange rate 変動為替相場, 変動相場[○国際収支を調整するため自由に変動する為替相場]

flexible exchange rate system 変動為替相場制 (⇔fixed exchange rate system)[○外国為替市場の需給関係によって為替レートが自由に決まる制度]

flexible hours =flexible working hours

flexible manufacturing system 柔軟な製造システム (FMS)[○製品需要の多様性に対応した柔軟性の高い自動生産システム]

flexible organization 柔構造組織

flexible prices 伸縮的価格[○上下可能な価格]

flexible working hours 可変的労働時間

(=flexible hours); フレックスタイム制

flexitime /fléksətàim/ *n*《英》=flextime

flextime, flex time *n*《米》フレックスタイム, 勤務時間自由選択制度[○所定の勤務時間を守れば出退勤時刻は自分で選べる制度. 全従業員がそろっているコアタイムを設ける例もある]

Flextronics International《~Ltd.》フレクトロニクス[○エレクトロニクス製品の請負生産(EMS)会社. 製品設計から量産まで幅広いサービスを提供. 1990年設立. 2007年6月, 同業のSolectronを買収]

flier /fláiər/ *n* 飛ぶもの;《米》びら, ちらし
► hand out fliers ちらしを配る / I just received a flier about this new product. 私はこの新製品のちらしを受け取ったばかりだ

flight¹ /flait/ *n* 飛行; (定期)航空便; 飛行機旅行
► a domestic [an international] flight 国内[国際]線 / a chartered flight チャーター便 / regular flights 定期便 / cancel a flight フライトをキャンセルする / board a flight 搭乗する / book a flight 航空便を予約する / catch a flight フライトに間に合う / When does the next flight leave? 次の便はいつ出ますか / Delta's flight to China began March 31, 2009. デルタの中国便は2009年3月31日に始まった

flight² *n* 逃走; (資本などの)逃避 ► flight into U.S. treasury bonds 米国債への逃避 / Developing countries suffer from a flight of skilled workers. 発展途上国は熟練労働者の国外脱出に悩まされている

flight attendant フライトアテンダント[○航空会社の客室乗務員. 米国を含めて世界中の航空会社で使われている用語だが, 日本など一部の航空会社ではcabin attendantが使われている]

flight capital 逃避資本 (=refugee capital)[○インフレ, 課税, 景気見通しの悪化, 金融危機などによる損害を避けるため国外の銀行に移転される資本]

flighting *n*《英》フライティング[○広告出稿パターンの一つで, 周期的に広告を出したり, 休んだりする. 継続的に流すパターンと脈を打つように周期的に多量の広告を流すパターンの中間]

flight to quality 質への逃避[○資金を国債などの安全な投資に移すこと]

flip /flip/ *v*, *n* (-pp-) はじく(こと); ぱらぱらめくる《*over, through*》; (投機的な)短期売買をする, フリッピング(flipping)を行う;《米略式》動転する, 興奮する ► The boss flipped when he saw the expense report. その上司は経費報告を見たとたんにショックを受けた

flip chart フリップチャート[○一端をとじて1枚ずつめくれるようになったカード]

flipper /flípər/ *n* 投機筋, 短期売買をする投資家

flipping /flípiŋ/ *n* フリッピング[○新規株式公開で株を購入し, 株価が上がるとすぐに売却して利益を得ること]

flirt /flə:rt/ *vi* いちゃつく; もてあそぶ, いいかげんに扱う《*with*》 ► When domestic sales are down, setting up a new factory overseas is

flirting with disaster. 国内の売上高が減少しているときに, 海外で新工場を建設するのは災厄を招くようなものだ
— vt ばたばたさせる; 勢いよく動かす

float /flout/ v ❶ 浮く; 浮かべる; (うわさが) 広まる (*around*); さまよう; (株式・債権を) 発行する ❷《英》(未上場会社を) 上場する ▶ They needed more capital to expand, so they decided to float the company in a flotation. 彼らは拡張のためさらに資本が必要だったので株を発行して会社を上場することにした ❸ 変動為替相場制に移行する
— n 浮動株 [⇨会社の発行株式中, 流通市場で売買されている株式]

floatation /floutéiʃən/ n =flotation

floater n ❶ =floating rate bond ❷ 包括動産保険 [⇨宝石・毛皮など所在する場所が変わりうる財物を目的とする保険で, 損害がどこで生じたかにかかわらず補償される]

floating a ❶ 浮いている; 流動的な ❷《会計》一時的な, 浮動的な ❸ (相場・利率などが) 変動する; (負債などが) 短期支払の金額からなる; (資本などが) 流動されている ▶ a managed floating system 管理フロート制 ❹ (船荷が) 海上にある, 陸揚げ未了の, 海上貨物の

floating asset 流動資産

floating bond =floating rate bond

floating capital 流動[浮動]資本, 運転資本 [⇨企業の総資本のうち流動資産として運用されている資本部分]

floating charge 浮動担保, 包括担保 [⇨会社が社債を発行する時に, 担保物を特定せず会社の資産を包括して担保とするもの]

floating debt 変動金利借入金

floating exchange rate =flexible exchange rate

floating exchange rate system [regime] =flexible exchange rate system

floating interest rate 変動利率, 変動金利

floating population 流動人口, 出稼ぎ人口

floating rate 変動利率 [⇨当事者が合意したなど一定の条件の変更に連動して変化させる利率]

floating rate bond 変動利付債 [⇨利息支払額が利払い期ごとに変更される債券]

floating rate loan 変動利付貸付金, 変動利付借入金 ▶ It is unwise to take out a floating rate loan when interest rates are rising. 金利が上昇しているときに変動金利ローンを組むのは賢明でない

floating rate mortgage 変動金利型不動産担保ローン [⇨adjustable rate mortgage の別称]

floating rate note 変動利付債 (FRN) (=floating rate bond)

flog /flɑg/ vt (-gg-)《英》売る

flood /flʌd/ n 洪水; (物の) 大氾濫; 殺到 ▶ a flood of applications 申込の殺到 / a flood of complaints 苦情の殺到 / a flood of protests 抗議の嵐

in flood 氾濫して
— vt 氾濫させる; に押し寄せる; 殺到させる (*with*) ▶ Once the market is flooded with copycat versions, a price war will begin. 市場がコピー商品で溢れるようになったら, 価格競争が始まるだろう
— vi 氾濫する; 殺到する (*into*) ▶ The bills flooded in. 勘定書がどっと届いた

flood the market 市場を席巻する

floodgate n 水門; 堰 ▶ open the floodgate of の堰を切る

floor /flɔːr/ n ❶ 床(ゆか), 階 ▶ the first floor《米》1階/《英》2階 / the ground floor《英》1階 / the ocean floor 海底 ❷ (取引所の) 立会場 ▶ trading on the floor of the exchange 取引所の立会所での売買 (2)(金利や価格の) 下限 ▶ set a floor to wages 賃金の下限(最低賃金)を設ける / Prices have yet to hit the floor. 価格が底を打つのは, まだ先のことだ (3) フロア [⇨金利オプションの一つで, 買手が売手にプレミアム(フロア料)を払い, 金利水準が定められた水準を下回った場合, 所定の金利と市場金利の差に元本を乗じた額を受け取れるもの. 金利の下落に備えたヘッジとなる]

go through the floor (値段が) 極端に下がる

hold [have] the floor 発言権を持つ; 長々と演説する

take the floor 発言のために起立する
— vt 床を張る;《略式》閉口させる, (相手を) やりこめる;《略式》(アクセルを) いっぱいに踏み込む

floor area ratio 容積率(床面積割合)(FAR) [⇨容積率=建物床面積(building area)÷敷地面積(land area)]

floor broker (証券取引所の) フロアブローカー, 立会場内ブローカー [⇨取引所の会員業者で, 立会場内において他の会員から委託を受けて売買注文を執行する者]

floor dealer フロアディーラー (=floor trader)

floor display フロアディスプレイ [⇨床置き型店内広告物]

floor limit フロアリミット, オーソリ金額 [⇨その金額以上の買物はカード加盟店からカード会社に販売の承認を求める必要があるという基準額. CAT(信用照会端末)が使われる場合は事実上, 全件照会となる]

floor manager フロアマネジャー [⇨TVスタジオの監督]; 売り場主任

floor plan 平面図; 配置図

floor price 底値; 下限価格 ▶ establish floor prices for agricultural products 農産品の下限価格を定める

floor space 床面積

floor-to-floor time 加工時間 [⇨加工費の計算の際に用いられる, 製品の製造ラインにおける流れに対応する時間]

floor trader (証券取引所の) フロアトレーダー, 立会場トレーダー [⇨取引所の会員業者で, 立会場内においてもっぱら自己勘定で各種銘柄を売買する者]

flop /flάp/ (**-pp-**) *vi* 《略式》完全に失敗する
— *n* 《略式》失敗作(品); (株価などの)急落 ▶ a flop box-office (映画の) 不入り / a commercial flop ビジネスとしての失敗 / It proved an expensive flop. 高い失敗作に終わった

florescence /flɔːrésns/ *n* 開花(期); 全盛(期)
◇**florescent** *a*

floriculture /flɔ́ːri-/ *n* 草花栽培, 花卉(き)栽培
◇**floricultural** *a*
◇**floriculturist** *n*

flotation /floutéiʃən/ *n* 《英》(株式の)新規上場; (株式などの)新規発行 (=floatation)

flounder /fláundər/ *vi*, *n* (会社, 業界, 相場が)苦境にあえぐ(こと), あがく(こと) ▶ Sales have been floundering for the last few quarters. 売上高はここ数四半期にわたって伸び悩んできた

flourish /flɔ́ːriʃ/ *vi* 栄える; 繁盛する; 活躍する ▶ Advertising has flourished since World War II. 第二次世界大戦後広告は盛んになった / With tourism increasing in the area, the restaurant and hotel industries have been flourishing. 同地域での観光旅行の増加とともに, レストラン・ホテル業界は繁栄を続けてきた / He is flourishing in his new business. 彼は新しく始めた事業で立派にやっている / His business is flourishing. 彼の商売はとんとん拍子だ
— *vt* (手・物を) 振り回す
— *n* 振り回し

flow /flou/ *vi* 流れる; (から) 生じる (*from*); (で) あふれる (*with*)
— *vt* 流す; あふれさせる
— *n* ❶ 流れ; 流出(量) ▶ The restaurant has had a steady flow of customers since it opened. そのレストランは, 開店以来, 客足が途切れたことがない ❷ フロー[⇨一定時点での残高を表すストックに対して, 一定期間の変化量を指す. GDPなど]

be in full flow とうとうと話している
go with [against] the flow 《米略式》(世の中の)流れに身を任せる[逆らう], 時勢に従う[逆らう]

flowback *n* フローバック [⇨①株式交換により買収側企業の株式を受け取った被買収企業の株主がそれを売り, かえって買収側企業の株が下げてしまうこと. ②A 国企業の株を持っていた B 国のファンドが, 自国企業とその A 国企業が合併することから, 国際分散投資の条件に合わないとして A 国企業の株を現地で売却し, 株価が下落するというように, 外国人株主の動きが本国に波及すること]

flow chart フローチャート, (プログラムなどの)流れ図 [⇨仕事の流れを図で表したもの]

flow diagram =flow chart

flower /fláuər/ *n* 花, 草花; 開花; «the ~» 最盛期, 精華 (*of*)
— *vi* 咲く; 栄える

flower bond フラワーボンド [⇨米国の国債で, 所有者が死亡したとき, 購入価格に関係なく, 額面で相続税の支払に充当できた. 1953-71年に発行]

flow of funds 資金循環 [⇨経済内の資金の流れと蓄積状況を示すことで, 実物経済内の活動の結果生ずる個々の経済部門(事業会社, 金融機関, 家計など)ごとの資金の過不足がどう調整されたかを分かるようにしたもの]

flow of funds analysis 資金循環分析, 資金フロー分析 [⇨営業活動, 投資活動および財務活動に伴う資金収支の適否を分析すること]

flow production 流れ生産

flow sheet =flow chart

flow-through method フロースルー方式, 当期税金減額法 [⇨投資税額控除額を控除発生年度の税金費用および未払税金から直接控除する方法]

flow-through taxation 《米》フロースルー課税 (=pass-through taxation)

fl. oz. fluid ounce

FLSA Fair Labor Standards Act

fluctuate /flΛ́ktʃueit/ *vi* 動揺[変動]する; (小)浮動する; 変化する ▶ Interest rates have fluctuated more than ten percent. 金利が10パーセント以上変動した / The price of gold fluctuated wildly last month. 金の値段は先月大きく変動した

fluctuation /flΛ̀ktʃuéiʃən/ *n* (価格などの)変動 ▶ seasonal fluctuations in consumer demand 消費者需要の季節変動 / fluctuations in investment securities 投資有価証券価額変動 / fluctuations in prices of merchandise inventory 棚卸商品市場価格変動 / fluctuations in sales 売上の変動 / hedge against currency fluctuations 為替変動をヘッジする

flunky /flΛ́ŋki/ *n* 《略式》下働き; おべっか使い ▶ He's only a flunky. 彼は下働きに過ぎない

Fluor «~ Corp» フルーア [⇨米国のエンジニアリング会社. ビル, 精油所の建設, 通信・運輸のインフラ整備など広範囲にわたってエンジニアリングサービスを行っている]

flush /flΛʃ/ *n* 殺到, 大量出現; ほとばしり
— *a* (金が)だぶついている; 豊富な ▶ be flush with funds 資金があり余っている / Money is flush when times are good. 好景気の時には金がだぶついている
— *v* 狩り出す; あぶれ出す (*out*) ▶ Our company's rigorous probation period flushes out those who can cut it. わが社の厳格な見習い期間は水準に達している人を洗い流す

flutter /flΛ́tər/ *n* 《英略式》(賭け・投資などへの)少額の金

fly /flai/ (**flew; flown**) *vi* ❶ 飛ぶ, 操縦する, (航空機が) 乗り入れる ▶ They are flying by the seat of their pants. 《略式》彼らは経験と勘に基づいて仕事をやっている (✤ズボンの尻が受ける感じで飛行機の操縦をすることから) ❷ 《米》成功する, 売れる, 消費者に受け入れられる, うまくゆく ▶ I'm not sure if the product idea will fly technically or commercially. 製品のアイディアが技術的にまたはビジネスとしてうまくゆくとなると自信がない
— *vt* ❶ 飛ばす; (航路・地域を) 飛ぶ; (特定のクラ

fly ash

すで)行く ► She always flies business class. 彼女はいつもビジネスクラスを利用している ❸ 飛行機[空路]で運ぶ、空輸する ► These vegetables are flown to Japan. これらの野菜は日本に空輸される / These special ingredients are regularly flown in from China. こうした特殊な成分は定期的に中国から空輸されている

fly a kite (様子を見るため) アドバルーンを上げる
fly at …に飛びかかる；を非難する
fly blind 計器飛行する；訳も分からずに行動する
fly colors みごとにやってのける
fly high 高望みをする；大冒険をする
fly into 急に…になる
fly low (略式)高望みをしない；世をはばかる
send ... flying 追い出す，解雇する
— n 飛行
on the fly 飛行中に；休む間もなく；こっそりと

fly ash 飛散灰、飛灰、フライアッシュ[⇒石炭を燃焼させた時に発生する石炭灰のうち、電気集じん器により捕集された微粒状の灰]

flyback (interview) (米)(詳細な)二次面接

fly-by-night *a, n* 信用できない(人,企業),夜逃げする人；目先だけの利益を図る；長続きしない ► They run a fly-by-night operation. 彼らは夜逃げ式の信頼できない商売をやっている

fly-by-nighter *n* あてにできない人[もの,事業,商売]

fly-drive *n, a* 飛行機とレンタカーを使う旅行(方式の)

flyer /flái ər/ *n* =flier

flyover country (略式)フライオーバー・カントリー[⇒豊かな東部と西部にはさまれた地域の俗称]

FMCG fast-moving consumer goods 日用消費財
FMS flexible manufacturing system
FMV fair market value
fn footnote
FNMA Federal National Mortgage Association

fob /fɑb/ *vt* (**-bb-**) (略式)だます
fob off を避ける；(偽物などを)つかませる《*on, with*》；(口約束などを)ごまかす《*with*》 ► They tried to fob me off with a cheap watch. 彼らは私に安い時計をつかませようとした

FOB, F.O.B. free on board 船積[本船]渡し、貨車渡し[⇒売主の義務は本船上の引渡までであり、そこから先の運賃・保険料は買主の負担であることを意味する。したがってFOB価格は目的物の代金のみということでもある] ► automobiles shipped FOB Detroit デトロイト本船渡しの積送の自動車 / be shipped FOB destination with all shipping costs prepaid 船積費用全額前払いで着地渡しで出荷される / be shipped FOB shipping point 出荷地渡しで出荷される 圄 Delivery of Products shall be made at Kobe Port, Japan, on or before the 31st day of May, 2007, on an FOB Kobe Port basis. 当該製品の引渡は、神戸港本船渡し条件で、2007年5月31日以前に神戸港で行われるものとする

FOB airport FOB airport条件、航空FOB、国際空港渡し[⇒売主が航空運送人の管理下に目的物を移したときに買主への引渡義務を果たしたことになる。1990 IncotermsではFCA(運送人渡条件)に統合されている]

FOC flag of convenience; free of charge

focus /fóukəs/ *n* (**-es, -ci** /-sai/) 焦点(距離)；中心；震源地；(事件・暴動などの)中心地 ► The company shifted its focus to selling its products overseas. 同社はその製品を海外に輸出することに焦点を移した
in [out of] focus 焦点が合って[外れて]、はっきりして[しないで]
— *v* ((英)**-ss-**) 焦点を合わせる；(注意を)集中する[させる]《*on*》；重視する ► The company continues to focus on shareholder value. 同社は引き続き株主価値を重視している / Let's focus on the issue at hand. 検討中の問題に専念しよう / This department became separated to focus better on its buying and selling activities. 売買活動により集中するためにこの部門は分離した / Business leaders now need to focus on removing trade barriers. ビジネス指導者たちは今や通商障壁を取り除くことに焦点を置く必要がある

[語法] 自動詞と他動詞があるので次の2つの表現はほぼ同じ意味になる。We focus on selling best products. / We are focused on selling best products. (私たちは最上の製品を売ることに専念している)

focused *a* (目的などに)焦点を合わせた

focus group フォーカスグループ[⇒市場調査の事前テストのため抽出された人々のグループ] ► Everyone in our focus group liked this new product. うちのフォーカスグループの全員がこの新製品を好んだ

focus list フォーカスリスト[⇒買いあるいは売りの推奨銘柄一覧]

focussed *a* =focused
FOF fund of funds
FOHF fund of hedge funds
FOIA Freedom of Information Act

foist /fɔist/ *vt* (粗悪品などを)押しつける《*on, upon, off*》；(不正文句などを)こっそり書き入れる《*into*》

FOK fill or kill (order)

fold /fould/ *vt* 折りたたむ《*up, over, down, away*》；包む；(略式)(商売を)たたむ
— *vi* 折り重なる、たためる；倒れる《*up*》；(事業が)失敗する、倒産する《*up*》 ► Unable to turn itself around, the company finally folded. 立て直すことができず、その会社はついに倒産した
— *n* 折りたたみ；ひだ；折り目；くぼみ

-fold /fould/「…倍の」「…重の」

folder /fóuldər/ *n* 折りたたみ式の印刷物[ちらし]；紙挟み；〔コンピュータ〕フォルダー[⇒ファイルをまとめて入れておく場所] ► I've lost the folder with all the sales reports. 売上報告書が全部入っている紙挟みをなくした

foldout *n* 折り込みページ

Folgers (商標)フォルジャーズ[⇒米国のコーヒーのブランド。中くらいの値段。インスタントだけでなくコーヒー豆も販売している]

folio /fóuliou/ *n* (~s) 二つ折り; 二つ折り判の本[⇒最大の判];(原稿・本の)ページ数を付けた一葉; ページ番号付け

folio number (英)丁数, ページ数[⇒帳簿を突き合わせて調べる際にすぐ場所が分かるよう記載される番号](=(米)posting reference)

folio reference 丁数

folk /fouk/ *n* (通例 ~s)人々;(~s)(略式)家族, 親族; 両親; 民族 ► I've already interviewed a bunch of folks for the position. その職についてはすでに,たくさんの人を面接した

— *a* 民衆[庶民]の, 民間の

follow /fálou/ *vt* の後に続く[ついて行く]; 後を追う, 追跡する; にならう;(指示などに)従う(*out*);の結果として起こる;に従事する; 見守る; 理解する ► Although some foresaw the housing crisis that followed the real estate bubble, no one did anything to prevent it. 不動産バブルに続いて起こった住宅危機を予言した人はいたが,それを阻止しようとした人は一人もいなかった

— *vi* 後に続く; 引き続いて起こる(*on*); 当然…になる(*from*) ► Please follow the instructions carefully. 指示に注意深く従ってください

as follows 次の通りで ► The reasons for the change are as follows. 変化の理由は次の通りです

follow a person's example (人の)例にならう
followed by 後に…が続く
follow on 後に続く; 結果として起こる
follow out を最後までやり通す
follow through (言われた通り)やり遂げる(*on*) ► He followed through with his promise. 彼は約束を守り通した
follow up フォロー(アップ)する, 事後も世話をする[確認する]; を追跡する; 引き続いて…する(*on*);(略式)をさらに徹底させる;の後さらに(…に)付け加える(*with*) ► follow up a phone call with a letter 手紙で電話をフォローする / I wanted to follow up with you about the problem. その問題に関して,引き続き対処させていただきたいと思っておりました

— *n* 追うこと;(略式)お代わり

follower *n* ❶ 信奉者; 従者; 部下 ❷ フォロワー, 追随者(⇔leader 先導者) ► Some say it's better to be a follower. 人によっては追随企業である方がよいと言う

following *n* (集合的)従者; 信奉者;(the ~)次に述べること

— *a* 次の; 追い風の ► Please send the information to the following address. 下記の住所まで情報をお送りください

— *prep* …の後に, に引き続いて

follow-on *n, a* 後続(の)

follow-up *n, a* フォローアップ[⇒やりっ放しにしないための事後的なサポート]; 追跡, 探求; 追跡記事; 続いての ► We'll have a follow-up meeting. 事後点検会議をします

FOMC Federal Open Market Committee

FOMC meeting (米国)連邦公開市場委員会, FOMC会議

> **解説** 連邦準備制度の連邦公開市場委員会(Federal Open Market Committee)の定例会議。米国金融政策の最高意思決定会合として重視される。年8回開催。メンバーはFRB理事7名とニューヨークを含む地区連銀総裁5名の12名。FF金利の誘導目標を設定する。会議の決定に基づいて実施される公開市場操作(open market operations)はニューヨーク連銀が担当。⇨ Federal Reserve Board

font フォント[⇒同一書体・サイズの活字のそろい]⇨typeface

food /fu:d/ *n* 食物; 食品 ► the food industry 食品業界 / frozen foods 冷凍食品 / Food is becoming more expensive. 食品が値上がりしている

food additive 食品添加物

Food and Agriculture Organization (the ~)(国連)食糧農業機関(FAO)[⇒1905年に設立された万国農業協会の事業と資産を引き継ぎ, 1943年の連合国食糧農業会議で設置が決定された, 食糧・農業に関する恒久的機関]

Food and Drug Administration 食品医薬品局(FDA)[⇒米国の連邦政府機関。食品,人間・動物用の薬, 医療器具, 化粧品などの安全や効能を司る]

food chain ❶ (the ~)食物連鎖 ❷ (組織のなかの)序列

food court フードコート[⇒ファーストフード店などセルサービスの店が集まった屋内型広場]

food crisis 食糧危機

food irradiation 食品照射[⇒食品の腐敗や発芽, 害虫発生などを防止するために食品に放射線を照射すること]

food marketing 食品流通

food mileage フード・マイレージ[⇒食品の輸入量と輸送距離とを掛け合せ, 食品入手にどれほどのエネルギーを費消しているかを算出する方法]

food processing 食品加工

food processing industry 食品加工産業

food scraps 生ごみ

food service 給食業務, 食堂業務[⇒学校, 会社等大規模な給食業務] ► food service provider 給食業者, 食堂業務委託業者

food service industry 外食産業

food shortage 食糧不足

food stamp (米)食料切符[⇒社会保障として低所得者や失業者に支給される食料割引券]

foodstuff *n* 食糧, 食料品, 食品 ► essential foodstuffs 基本食料品 / staple foodstuffs 主食

fool /fu:l/ *n* ばか者, 愚か者; ばかにされる人; 熱

狂者 ► He was a fool to accept such a low-paying job. こんなに給料の安い仕事を引き受けるなんて, あいつはばかだ
A fool and his money are soon parted. 《諺》ばかは(だまされて)すぐに金を使ってしまう
Any fool can ... 《略式》誰でも簡単に…できる
be a fool to に比べて取るに足らない
be no [nobody's] fool 抜け目がない
make a fool (out) of を物笑いにする; かつぐ, だます
make a fool of oneself ばかなことをする; 物笑いの種になる
play [act] the fool ばかなまねをする
— *a* 《米略式》ばけげた, 愚かな
— *vt* ばかにする; かつぐ
— *vi* ばかなまねをする; 冗談を言う
be fooling oneself 《略式》思い違いをする
fool away を浪費する

foolish /fúːlɪʃ/ *a* 愚かな, ばからしい ► It was foolish of him to quit before he found a new job. 愚かにも, 彼は新しい仕事を見つける前に会社を辞めた

foolishly *ad* 愚かに, ばからしいほどに ► He foolishly accepted responsibility for his manager's mistake. 彼は愚かにも自分の上司の誤りについて責任を引き受けた

foolproof *a* 誰にでも扱える; 絶対確実な; ごく簡単な

foot /fút/ *n* (**feet**) 足; フィート [●12インチ]; (集合的)足取り; 最下部; 最下位
a foot in both camps 両陣営に関係していること
a foot in the door 足掛かり
carry a person off his feet (人の)足をさらう; (人を)熱狂させる
drag one's feet 足を引きずる; わざとぐずぐずする ► The government is dragging its feet over the reforms. 政府は改革をしぶっている
fall on one's feet 首尾よく窮地を逃れる; 運がいい ► After he was fired, he fell on his feet and found a better job. 解雇されたが, 首尾よく前よりよい職が見つかった
feet of clay もろい土台; 人格的なもろさ
find one's feet 歩き始める; 慣れる
get a [one's] foot in the door 手始めにうまくいく ► That company has got a foot in (the door of) the TV market. その会社はテレビ市場にうまく食い込むことができた
get off on the right [wrong] foot 出だしをうまくやる[につまずく]
get one's feet wet 参加する, 初めて試みる
have one's [both] feet on the ground 足が地についている, 現実的だ
keep one's foot [feet] 倒れない; 成功する ► Vigilance and prudence will help you to keep your feet in life. 用心深く慎重に行動すればうまく成功を収めるだろう
on foot 徒歩で; 着手して, 進行中で
on one's feet 立って; (経済的に)独立して; 元気になって ► The turnaround artist got the company back on its feet within a year. その会社再建の専門家は1年でその会社を立ち直らせた
put a foot wrong (否定)言い間違いをする, 失敗する
put one's best foot forward よい印象を与えようと努力する; 最善を尽くす
put one's foot in [into] it [one's mouth] へまをやる, どじを踏む; 失言する
set [have, put] one's foot on the neck of を完全に征服する
under a person's feet (人に)支配されて
— *vi* 歩く; 逃げる
— *vt* 歩く; 支払う; 合計する
foot the bill 費用を払う《for》
foot up 合計する; 総計(…に)達する《to》; (勘定書を)しめて総額を下に書く ► His total losses footed up to $1,000. 彼の損失総額はしめて1,000ドルになった

footage *n* ❶ 床面積 ❷ ビデオなどの映像媒体

footer *n* 歩行者; フッター [●文書下部の標題や日付]

footfall *n* 来店者数 ► The newly opened mall expects a footfall of 10,000 a day. 新規オープンのショッピングモールは1日あたりの来店者を10,000名と見込んでいる

foothold *n* 足場; 立脚地
gain a foothold 足がかりをつかむ ► They gained a foothold in the New York market. ニューヨーク市場の足場を固めた

footing *n* 足場; 足がかり; 基礎; 地位; 間柄 ► gain a firm footing しっかりした足がかりをつかむ / The business rests on an uncertain footing. その商売は基盤がぐらついている / The enterprise is established on a solid and durable footing. その企業の基礎は強固で永続性がある
keep [lose, miss] one's footing 足場を保つ[失う], 立っている[倒れる]

footnote *n* ❶ 脚注; 付言; 副次的なこと ❷ 〔会計〕脚注 (fn) [●財務諸表項目を補完, 補足または説明するために財務諸表の末尾に示す注記] ► be shown as a footnote to the financial statements 財務諸表への注記として開示される
— *vt* 脚注をつける

footnote disclosure 〔会計〕脚注開示

footprint *n* ❶ 足跡, 痕跡; (機器類のデスク上での)占有面積 ► The new model has a 30% smaller footprint than its predecessor. 新型モデルは旧モデルに比べて占有面積が30%小さくなっている / The founder left his footprints in his company's work ethic. 創設者は自分の創った会社の労働倫理観にその足跡を残した ❷ 事業の範囲 [●海外の支店網など, 事業の地理的な広がりをいう] ❸ 稼動時のメモリー使用量 ❹ 人間活動により環境に残る影響 (=ecological footprint)

Footsie /fútsi/ *n* 《時にf-》《英》フッツィー (=FTSE 100), FT100種株式指数 [●ロンドン証券取引所における時価総額での上位100銘柄で構成されており, ロンドン市場の時価総額の7~8割を占めている]

footstep n 足取り；足音；歩幅；踏み段
follow in a person's footsteps 人の例にならう
foot traffic 《米》=footfall
footway n 小道；歩道
footwear n （商品としての）靴
footwork n 足さばき；巧みな処置
for /fər/, 《強》fɔːr/ prep （目的）…するために；（用途）…得に；（獲得）を求めて；（対象）…に対して；（報酬・交換）…の返礼に；と交換に；…の見返りで，…の対価で；（関連）…については；（距離・期間）…の間；（賛成）…に賛成で，味方して；（代理）…の代わりに，…を代表して；（利益）…のために；（方向）…に向かって；（比較）…としては；（帰属）…として，（理由）…のために，（不定詞の意味上の主語）(~ ... to do) …が（…する）
►money **for** books 図書購入用の金 / a claim **for** damages 損害賠償の要求 / a check **for** 50 dollars 50ドルの小切手 / **for** my part 私に関しては / **for** two days 2日間 / a substitute **for** rubber ゴムの代用品 / start **for** Tokyo 東京に向けて出発する / be cool **for** August 8月にしては涼しい / **for** all intents and purposes 事実上 / **for** all one cares の知ったことではないが / **for** all one is worth 全力で / **for** all one knows の知る限りでは / I work **for** Sony. 私はソニーに勤めています / Are you **for** or against me? 私に賛成ですか反対ですか / I bought this cloth **for** $100. この布地を100ドルで買った / I changed a dollar bill **for** ten dimes. 1ドルを10セント硬貨10個に換えた / I'm all **for** your plan. 君の計画に大賛成だ / These cigarettes are a dollar **for** twenty [=twenty **for** a dollar]. このタバコは20本入りで1ドルだ（✤掲示では20 **for** $1）/ What can I do **for** you?いらっしゃいませ（✤店員の応対の言葉）/ You get what you pay **for**. 安物買いの銭失い / The five-building complex has over 600 residences **for** lease. 5つの建物から成るその団地には600を超える賃貸用住宅がある / **As for me**, I'm not convinced he is correct. 私としては彼が正しいと確信しているわけではない

成句 *as for me* 私としては　*be (in) for it* 《英》困ったことになっている　*for all* …にもかかわらず　*for one thing* 一つには　*for oneself* 自分のために；独力で

— *conj* なぜかと言うと…だから

FOR, F.O.R. free on rail 運送人渡条件 [➡売主は指定された場所で指定された vt 車に引渡せばよく、その先の減失等のリスクは買主が負う. 1990 IncotermsでFCA (Free Carrier)に統合された]

foray /fɔːreɪ/ n, v 略奪[侵略]（する）；進出《to》；急襲《into》

forbear /fɔːrbéər/ v (-bore; -borne) 慎む；（感情を）抑える 💬 ABC Co. reserves the right, at any time, to cease forbearing from the exercise of its remedies. ABC社は、その損害回復手段の行使を控えていることにつき、いつにても取り止める権利を留保いたします

◊**forbearing** a 我慢強い；寛容な

Forbes （商標）『フォーブス』 [➡米国の経済誌、隔週刊．企業経営者などを対象にしている．毎年、長者番付、企業ランキングのリスト(Forbes 500)も発表する]

forbid /fərbíd/ vt (-bade, -bad; ~den, -dd-) 禁止する《to do》；（事情が）許さない　► We are forbidden from holding another job. 私たちは兼職することを禁じられている

◊**forbidding** a 怖い；悪意の；危ない；険しい

force /fɔːrs/ n ❶ 力；影響力，要因；（法律などの）効力；（従業者数としての）人口　► labor force 労働力人口 / The real force behind manufacturing production this year is tech equipment. 今年の製造業生産の背後にある真の推進力はハイテク機器だ / As a tough negotiator, he's a force to be reckoned with. 手ごわい交渉者として、彼は侮りがたい勢力を持っている　❷【法律】（人・財産などに対する）暴力（行為）、（暴力による）不法強制

by force of の力で
by [from] force of habit 習慣の力で　► I get up early every morning by force of habit. 習慣で毎朝早起きしている
go [come] into force 発効する
in force 有効で；施行中で；大挙して
in full force and effect 完全に有効に 💬 This Agreement shall continue in full force and effect for an indefinite term after its effectiveness. 本契約はその発効後、不定期の期間完全に有効に存続する
join [combine] forces 力を合わせる、提携する《with》

— vt 強要する、余儀なく…させる《to do》；押しつける《on》；（人から）無理やり引き出す《from, one of》
be forced to do 無理やりに…させられる　► He was forced to step down as CEO. 彼は無理やりCEOを辞めさせられた / Many employees were forced to accept the early retirement plan. 多くの従業員が早期退職プランの受入れを強制された
force a person into [out of] （人に）無理にやらせる[やめさせる]
force a person's hand （人を）無理やり行動させる
force back 押し返す；抑える
force down 押さえつける；無理に飲み込む；抑える
force one's way 無理やり進む《into, through》

forced /fɔːrst/ a 強制の；本人の意思に反した　► the forced departure of the founder-president 創業者社長の不本意な退任
◊**forcedly** /-sid/ ad

forced labor 強制労働

forced liquidation 強制清算，特別清算 (=compulsory liquidation) [➡裁判所の命令により法人企業が解散に向け法律・財産関係を整理すること]

forced sale 強制競売，執行競売 [➡裁判所の命令によって行われる売却]

forced saving 意図せざる貯蓄 [➡消費財の供給が追いつかないなどの理由により、そうしたくとも所得をすべて消費に回せず、貯蓄が増えること]

forced selling 社内ルールによる機械的売

却 [⇒運用資産の構成比等を維持するための「売りルール」上ファンドが強いられる資産の売却]

forced field analysis フォースフィールド分析 [⇒組織改革などの計画を進めるにあたりポジティブ要因とネガティブ要因を洗い出し,前者を強化し,後者を抑制する策をあらかじめ用意して臨むアプローチ]

force majeure /mæʒə́ːr/ ❶【法律】不可抗力 [⇒契約上の義務の履行を妨げるような,当事者の支配の及ばない事由。もっぱら自然災害を指す act of God と異なり,戦争や内乱といった人の行為によるものをも含む概念] 📖 If the Force Majeure conditions in fact persist for ninety (90) days or more, either Party may terminate this Agreement upon written notice to the other party. 不可抗力の状態が90日以上継続した場合は,いずれの「当事者」も相手方に対する書面の通知により本契約を解除できる ❷優勢 [<仏]

force majeure clause 不可抗力条項

force majeure occurrence 不可抗力事由

Fordism n フォード主義, フォーディズム [⇒大量生産体制を技術的に確立することによって,消費者と労働者,そして企業の利益を同時に実現しようという自動車王ヘンリー・フォードの経営世界]

Ford Motor 《~ Co.》フォード・モーター [⇒米国の自動車メーカー。1903年設立。Ford, Lincoln, Mercury などのブランドを有す。レンタカー事業,金融サービスなども展開。2005年,HERTZ レンタカーを投資機関に売却した。08年,Jaguar, Rover 両部門をインドのTata Motorsに売却。また同年にMazda(マツダ)の持株33.4%のうち約20%を売却した]

Ford system フォード・システム [⇒製品の単純化,部品の標準化と互換性部品制度の確立,移動組立ラインの導入によって,効率的な大量生産を実現したヘンリー・フォードの考案した生産体制]

forecast

/fɔ́ːrkæst/ vt (**-cast(ed)**) 予測[予測]する; 予報する ► Ford is forecasting that industry demand in the U.S. for cars and trucks will be 14.7 million to 15.1 million vehicles. フォードの予測ではアメリカにおける乗用車とトラックの需要は1,470万台から1,510万台である

━ n 予測, 予想, 見通し ► an economic forecast 景気予測 / a long-range forecast 長期予想 / a profit forecast 利益予測 / a sales forecast 売上予測 / a short-range forecast 短期予想 / make a forecast about の予測をする / rosy forecast 楽観的な見通し / As global demand for cars have declined, Japanese automakers have **revised their forecast** for this business year. 自動車に対する世界中の需要が減退したので,日本の自動車メーカーは今事業年度の予測を改訂した / Analysts are doubtful whether the company can **meet its forecast**. アナリストたちは同社が自ら予想した線を達成できるか懐疑的だ / The company slashed its **earnings forecast** for the year. 同社は通期の予想利益を大幅に下方修正した / The earnings, 65 cents a share, far **exceeded analysts' forecast** of 52 cents a share. 一株あたり65セントという利益は52セントとしていたアナリスト予想を大きく上回った / The retailer sharply **lowered its forecast** for the fall season. その小売業者は,秋に向けての予想を大幅に下方修正した / The company posted better-than-expected quarterly earnings and **raised its forecast** for the year. 同社は予想を上回る決算を発表し,通期の見通しを上方修正した / The company's results were **in line with the forecast** it gave last quarter. 同社の決算は前四半期に同社自身発表していた見通しの範囲内だった

forecaster n エコノミスト, アナリスト [⇒景気予測,業績予想を専門にする人]

forecasting n 予測, 見積もり

foreclose /-klóuz/ vt ❶抵当権その他の担保権を実行する ► foreclose a mortgage 住宅ローンを担保する抵当権を実行する ❷締め出す; 妨害する; 前もって打ち切る ► The bank foreclosed the house due to delinquent payments. 返済が延滞したので,銀行はその住宅を差し押さえた ━ vi 抵当物を流す《on》

foreclosure n 抵当権その他の担保権の実行, 抵当流れ, 受け戻し権(equity of redemption)の喪失 ► go into foreclosure 抵当流れになる / He took out another loan to avoid foreclosure. 差押えを回避するために,彼は新たなローンを設定した

forefront n 最前部, 最前線 ► in [at] the forefront of の最前線にいて

foreign

/fɔ́ːrən/ a ❶外国の, 外来の; 異質の; 無関係の ► a foreign body 異物 ❷【法律】他法域の, 外国の, 《米》他州[州外]の

be foreign to とは無関係[無縁]である; には見覚え[聞き覚え]がない

foreign aid 対外援助 [⇒発展途上国に対する先進国の資金援助や技術協力]

foreign asset 在外資産

foreign bank 外国銀行

foreign bond 外債 [⇒発行会社が自国外で募集した債券]

foreign capital 外国資本, 外資

foreign corporation ❶(米国の)州外会社, 州外法人 [⇒その州以外の州で設立された会社。対語はdomestic corporation(州内会社)] ❷外国会社, 外国法人 [⇒米国以外の国で設立された会社] (⇔domestic corporation)

Foreign Credit Insurance Association 《米》輸出信用保険協会 (FCIA) [⇒輸出受掛債権の貸倒リスクをカバーするための団体で,民間保険会社の連合組織。もとは米輸出入銀行の一部門であった]

foreign currency 外国通貨, 外貨 ► earn foreign currency 外貨を稼ぐ / draw foreign currency 外貨を獲得する / allocate foreign currency 外貨を割り当てる / Exports denominated in foreign currencies are exposed to exchange rate risks. 外貨建ての輸出は外国為替相場のリスクにさらされている

foreign currency account =currency account

foreign currency assets 外貨資産残高

foreign currency exposure =currency exposure

foreign currency financial statements 外貨表示財務諸表 [⇒外国通貨で表示されている財務諸表]

foreign currency futures contract =currency futures contract

foreign currency reserves =foreign exchange reserves

foreign currency risk =currency risk

foreign currency transaction 外貨建て取引 [⇒外国通貨で価額が表示される取引]

foreign currency translation 外貨換算 [⇒外国通貨を自国通貨に換算すること]

foreign currency translation adjustment 外貨換算調整 [⇒外国子会社の財務諸表を自国通貨に換算するときに発生する差額の調整]

foreign debt ❶対外債務 ❷外貨建て負債

foreign demand 外需

foreign direct investment 海外直接投資, 外国直接投資 (FDI) [⇒外国に企業を設立したり, 経営参加や技術提携を目的として外国企業の株式などに投資すること]

foreign earnings 海外収益

foreign entity 外国企業体, 在外事業体

foreigner n 外国人; よそ者 ► To attract more foreigners to the country, the government is considering incentives such as visa-fee waivers for three months. 同国にもっと多くの外国人を誘致するために, 政府は3か月間のビザ手数料免除のような誘因を検討している

foreign exchange 外国為替 (FX) [⇒①自国通貨と他国通貨の交換 ②異なる国どうしで支払をするための手段] ⇨forex

foreign exchange broker 外為ブローカー [⇒外国為替市場の中の銀行間市場において外貨の自己売買や保有をせずに外貨の買手と売手の仲介をする業者]

foreign exchange dealer 為替トレーダー, 通貨トレーダー

foreign exchange gain 外国為替換算差益, 為替差益 (=exchange gain, exchange profit) [為替レートの変動から生じる差益]

foreign exchange loss 外国為替換算差損, 為替差損

foreign exchange market 外国為替市場 [⇒異なる通貨が取引される場所, 市場参加者が電話やパソコンなどを用いて取引が行われる店頭市場を指す]

foreign exchange policy 通貨政策 ► The Ministry of Finance oversees Japan's foreign exchange policy. 財務省が日本の通貨政策を所管している

foreign exchange rate 外国為替レート, 外国為替相場, 為替レート, 為替相場

foreign exchange reserves 外貨準備 [⇒対外債務の返済に備えて一国が保有している外貨資産). 政府が外為市場に介入する際の資金でもある]

foreign exchange risk 外国為替リスク [外国為替相場の変動から生じる損失の可能性]

foreign fund 外国投信 [⇒外国で設定された外国籍の投資信託]

foreign investment 海外投資, 外国投資 (✤「海外への投資」と「海外からの投資」の両方の意味があり, 文脈によって使い分ける) ► attract foreign investment 海外からの投資を呼び込む / restrict foreign investment 海外からの投資を規制する

foreign investor 外国人投資家 ► At the end of 1999, foreign investors held 19% of Japanese shares by value. 1999年末現在, 外国人投資家は時価ベースで日本株の19%相当を保有していた

foreign loan 対外債務 [⇒外国政府・企業からの借入金]

foreign market 海外市場 ► Two-thirds of the company's sales come from foreign markets. 同社の売上高の3分の2は海外市場に依存している

foreign ownership 外国人による所有 ► eliminate [relax, tighten] foreign ownership restrictions 外国資本規制を撤廃する [緩和する, 強化する]

foreign policy 対外政策, 外交政策

foreign reserves =foreign exchange reserves

foreign sales 海外売上

foreign stock 外国株

foreign subsidiary 在外子会社, 外国子会社 [⇒外国に所在する子会社]

foreign tax 外国税 [⇒納税者が外国で支払った税金. 納税者はこの支払外国税金を税額控除できる]

foreign tax credit 外国税額控除 [⇒納税者が外国での所得に対して支払った税金について, 国際的二重課税を排除するために行われる税額控除]

foreign trade 外国貿易

foreign trade zone 《米》保税区域

foreign worker 外国人労働者

foreman n ❶(工事などの)監督; 職長, 現場主任 ❷[法律]陪審員団長

forensic /fərénsik/ a 法廷の; 討論の; 法医学の

forensic accountant 不正会計分析の専門家 [⇒企業の不正経理の調査を専門とする公認会計士]

forensic accounting 不正会計分析 [⇒財務データの分析を通じて不正会計を探知する会計学の一領域]

foresee v (-saw;-seen) 予知する ► Do you foresee an economic recovery in the near future? 近い将来景気が回復すると思いますか

foreseeable a 予測可能な

for the foreseeable future ここ当分の間は ► Our company will freeze hiring for the foreseeable future. 当社はここ当分の間は雇用を凍結する予定だ

in the foreseeable future 近いうちに ► We'll open a branch in the foreseeable future. 近く支店を出すつもりだ (✚soonやbefore longのやや大げさな言い方)

foreshadow *vt* 予示する, 前兆となる ► The housing crisis foreshadowed the recession. 住宅危機は景気後退の前兆となった

foresight *n* ❶ 将来への配慮; 先見(の明) ❷【法律】(行為時点でのある結果の発生の) 予見

foresighted *a* 先見の明がある

forest /fɔ́:rist/ *n* 森林; 林立 (*of*)

not see the forest for the trees 部分に気をとられていて大局が見えない

— *vt* 森林に変える, 植林する

◇**forestation** *n* 植林

◇**forester** *n* 林務官; 林業者

forestall *vt* 先手を打つ, 機先を制する; 取引妨害をする

forestry /fɔ́:rəstri/ *n* 林学; 森林管理; 森林地 ► forestry products 林業製品

forever /fərévər, fɔr-/ *ad* 永久に; いつも ► You should take advantage of the low interest rate, because it won't last forever. 低金利は永遠に続くものではないから, 今のうちに活用すべきだ

forever and a day /《文》 **forever and ever** 永遠に

forewoman *n* 女性のforeman

forex /fɔ́:reks/ *n* 外国為替 (=foreign exchange) ► The forex market is just as volatile as the stock market. 外国為替市場は変動が激しいという点で株式市場とまったく同じだ

forfaiting *n* フォーフェイティング [◆輸出業者の振り出す売掛債権回収のための手形を専門業者がその輸出業者に買い戻し義務を負わせずに買い取る仕組み. 貸倒リスク, 政変などのカントリーリスクをヘッジできる. 貿易保険と異なり, リスクを100%ヘッジできる]

forfeit /fɔ́:rfit/ *n* 罰金, 違約金, 追徴金; 没収, 没収物; 剥奪

— *vt* 没収される; 喪失する; 権利放棄をする ► If payments are not on time, he forfeits his right to renew the contract on the same terms. 支払いが期日に実行されない場合, 彼は同じ条件で契約を更新する権利を喪失する

— *a* 没収された

forfeiture /fɔ́:rfitʃər/ *n* ❶ 喪失; 没収(物); 罰金 ❷ (財産・権利の) 剥奪 [没収, 没取] ► forfeiture of property 財産の没収

forge¹ /fɔ́:rdʒ/ *n* (かじ屋の) 炉; かじ工場, 鉄工場

— *vt* 鍛造する; こしらえる; 形成する, 結ぶ; 偽造する ► forged notes 偽造紙幣 / forged signature 偽造の署名 / forge an alliance with と同盟関係を結ぶ

◇**forger** *n* 偽造者 ► The forger is in jail. その偽造者は刑務所に入っている

forge² *vi* 着実に前進する (*toward*); 先行する (*ahead*) ► Sales have forged ahead by 10%. 売上が10%伸びた

forged card 変造カード

forged check 偽造小切手

forged document 偽造文書

forged letter 偽造文書

forgery /fɔ́:rdʒəri/ *n* 偽造(品); 贋作;【法律】文書偽造 ► Forgery of banknotes used to be a problem. 銀行券の偽造はかつては問題であった / The certificate was found to be a forgery. その証書は偽造されたものと判明した

forget /fərgét/ *vt* (**-got**, 《古》**-gat**; **-got**, **gotten**; **-tt-**) 忘れる; 思い出せない; 怠ける; 無視する ► I forgot my password. 自分のパスワードを忘れた / I forgot to place the order. 注文するのを忘れた

and don't you forget it (念を押して) 忘れるなよ

forget oneself 身のほど知らずのことをする; 没頭する, われを忘れる

forget that 《略式》(訂正して) 間違えた

not forgetting …も (忘れずに) (=and also)

◇**forgetful** *a* 忘れっぽい; 忘れる (*of*)

◇**forgetfully** *ad*

◇**forgetfulness** *n*

◇**forgettable** *a* 記憶に残らない

forgivable /fərgívəbl/ *a* 許せる; 免除できる

forgivable loan 返済免除条件付き融資, 返済免除条件付き貸付金

forgive /fərgív/ *vt* (**-gave**; **-given**) 許す; 免除する ► forgive a loan (金銭) 債務を免除する / forgive interest payments 金利を免除する, 利払いを免除する / Forgive me for keeping you waiting. お待たせして済みません (✚Forgive my keeping you waiting. とも言える) / Please forgive my mistake. 私の過ちをお許しください

could be forgiven for doing …するのも無理はない

forgive and forget 過去のことは水に流す

forgive me, but ... 《略式》ぶしつけかもしれませんが…

◇**forgiving** *a* 寛大な

forgiven debt 免除債務

forgiveness *n* 容赦; 寛大さ ► forgiveness and/or reduction of interest payments 金利の減免 / I crave your forgiveness. ひとえにご勘弁をお願いします

fork /fɔ́:rk/ *n* フォーク; (道路・河川・木などの) 分かれ目

— *v* 分岐させる [する]; (人が) 道を曲がる

fork out [over, up] 《略式》(しぶしぶ) 出す, 払う

forklift (truck) *n* フォークリフト

form /fɔ́:rm/ *n* 形; 外形, 外見; 姿; 形式; 書式; (申込) 用紙 ► substance over form 外見より中身 / fill in a form 用紙に記入する / complete a form 書式に記入する / submit a form (記入した) 書式を提出する / Where can I pick up an application form? どこで申請書をいただ

けますか
as a matter of form 形式上
in due form 正式に
in the form of という形で,として ► The government plans to increase consumer spending in the form of tax credits. 政府は税額控除の形で消費者支出を増加させる計画だ / The company is requesting more government funding in the form of working capital. 同社は運転資本の形で政府資金援助の増額を要請している
take form はっきりした形となって現れる
take the form of の形をとる
true to form いつも通り,例のごとく
— *vt* 形作る,作る(into); 組織する,形成する;(考えを)まとめる;(習慣を)つける ► In Japan, it has become easier to form [set up] a company. 日本では会社を設立することが簡単になってきている / The two companies formed a strategic alliance. その2社は戦略的提携関係を結んだ
— *vi* 形を成す;生じる;(特定の形に)なる

formal /fɔ́:rməl/ *a* 正式の;儀礼的な,堅苦しい;形式の;形式的な;形の整った ► a formal announcement 正式の発表
◇**formally** *ad* 正式に;形式上;儀礼的に ► formally approve 正式に承認する
formal contract 正式の契約 [◘特に書面になっている契約]
formality /fɔ:rmǽləti/ *n* (正規の)手続;形式的行為,儀式 ► a mere formality 形式だけの手続 / customs formalities 通関手続 / legal formalities 法律上の手続 / complete [skip] the formalities 手続を済ませる[省く] / observe formalities 手続を踏む
formalization, 《英》**-sation** /fɔ̀:rməlizéiʃən/ *n* 形式化
formalize, 《英》**-ise** /fɔ́:rməlàiz/ *vt* 正式にする;形式化する
formal organization 公式組織 [◘規則により明示された目標,地位,役割を持った協働のシステム]
formal proposal 正式見積書
format /fɔ́:rmæt/ *n* (書籍などの)判型,体裁;番組構成;【コンピュータ】フォーマット,書式,様式;店舗作りのパターン,事業態様 ► a convenience store format コンビニ店形式 / a shopping mall format ショッピングモール形式 / a format for accounts 勘定の様式,財務諸表の様式
— *v* 【コンピュータ】…のフォーマットを作る,書式設定をする
formation /fɔːrméiʃən/ *n* 形成(物);組織,構造 ► (new) business formations 新規事業組織の設立 (✚統計などでの言い方) / capital formation 資本形成
formatting *n* 書式作成
former *a* 前の,過去の,昔の;前者の
— *n* 《the ~》前者 (⇔the latter)
◇**formerly** *ad* 以前は,もとは

Formica 《商標》フォーマイカ [◘米国の耐熱性の合成樹脂板]
form letter フォームレター [◘名宛人が違うだけであとは同じという定型文章による手紙]
Formosa Plastic (~ Corp) 台湾塑膠工業 [◘台湾の石油・化学会社で台湾最大の企業グループである台湾プラスチックの中核企業.その他グループにはNanya Technology(半導体メモリー製造), Formosa Komatsu Silicon(半導体シリコン製造)などがある]
formula /fɔ́:rmjulə/ *n* 《~s, -lae /-lì:/》式文;決まり文句;伝統的手法;公式;処方
formula investing フォーミュラプラン投資 [◘あらかじめ設定した投資計画(formula plan)に従って行う証券投資.その時々の感情に流されずに済むのがメリットとされる]
formulate /fɔ́:rmjuleìt/ *vt* 公式で示す[表す];考案する;定式化する ► A company's executives formulate strategy. 会社の経営陣は戦略を立てる
formulation *n* 策定,構想;(薬品の)配合 ► formulation of accounting policies 会計原則の策定
for-profit *a* 営利の
forte /fɔ:rt/ *n* 長所;刀身の最強部;《one's ~》得意,おはこ ► His forte is identifying and buying undervalued companies. 彼の得意技は過小評価されている会社を見つけ出して買うことだ
forth /fɔ:rθ/ *ad* 前へ;以後;外へ,見える所へ ► from that day forth その日以降
and so forth など
forthcoming *a* まさに来ようとしている;来たるべき;用意された;愛想のいい ► There's no certainty that approval would be forthcoming. すぐに承認されるとは限らない / He wasn't very forthcoming with information. 彼はあまり情報を提供しなかった
forthright *a* 率直な ► He gave forthright answers about his previous employment at the job interview. 彼は就職面接で前職についての質問に率直に答えた
forthrightly *ad* ずばり,率直に,まっすぐに
forthwith *ad* ただちに ⇨promptly ▤ If shipment or delivery is so delayed more than twenty-one (21) days, BUYER shall have the right to cancel forthwith all or part of this Contract at anytime by giving notice of cancellation to SELLER. 船積または引渡が21日を超えて遅延する場合には,「買主」は,「売主」に解除の通知をすることにより,いつでも契約の全部または一部をただちに解除することができる
FORTIS (~ SA/NV) フォルティス [◘保険と銀行業務を柱とするベルギーの国際金融グループ.その株式はアムステルダム(~ N.V.),ブリュッセル(~ SA/NV)で取引されている. 2008年9月世界金融恐慌にて破綻.ベネルクス3国より1兆8千億円の緊急資本注入を受けた]
Fortress Investment Group (~ LLC)

フォートレス・インベストメント・グループ [⇨米国本拠の投資マネジメント会社. 1998年設立で2007年2月NYSEに株式公開]

fortunate /fɔ́ːrtʃənət/ *a* 運のよい; 幸運をもたらす
◇**fortunately** *ad* 幸いにも ► Fortunately, I was able to get hold of him. 幸い, 彼と連絡が取れた

fortune /fɔ́ːrtʃən/ *n* 富, 財産; 大金; 運(命); 幸運 ► cost a fortune 大金がかかる; 値が張る / The company amassed its fortunes during the tech bubble. その会社はハイテクバブルの時期に富を蓄積した
a small [tidy] fortune 大金
have the (good) fortune to do [of do] 幸運にも…する
make a [one's] fortune 大金持ちになる ► He made his fortune in real estate. 彼は不動産で自分の財産を築いた
Fortune 《商標》『フォーチュン』[⇨米国の経済誌. 隔週刊. 毎年発表する売上規模上位500社のランキングは有名]

Fortune 500 (経済誌 Fortune が毎年掲載する) 売上規模上位500社のアメリカ企業 ► He used to manage a Fortune 500 corporation. 彼はかつてフォーチュン500にランクされた企業を経営していたことがある

forum /fɔ́ːrəm/ *n* (~**s**, **-ra** /-rə/) ❶集会場, 公会場, 公共広場; 市場; 公開討論の場, 会議体, フォーラム, [ネット] フォーラム [⇨ネットワーク上の会議室]; 意見交換の場 ► provide a forum 意見交換の場を提供する ❷法廷地 ► an inconvenient forum 不便な法廷地

forward /fɔ́ːrwərd/ ❶ 将来に; 先へ; 先渡しで; 前方へ; 船首[機首]の方へ ► The company moved forward with the new product release. 同社は新製品の発売を前向きに推進した / I look [am looking] forward to seeing you next time. 次にお会いするのを楽しみにしています (**+**I look [am looking] forward to see...とするのは誤り) ❷繰り越して ❸先払い[着払い]として ► carriage forward 運賃着払いで
from this time forward 今からずっと
— *a* ❶ 前方の; 進歩した, 進んで…する; (考えが)前向きな ► the forward part of the ship 船の前部 ❷先物の, 先渡しの
— *n* 先渡し, 先物
— *vt* (郵便物を)転送する 《*on, to*》; 発送する; 促進する ► forward a call かかってきた電話を転送する / I've already forwarded his e-mail to you. 彼の電子メールはもう君に転送した
◇**forwardly** *ad*
◇**forwardness** *n*
◇**forwards** *ad* =forward

forward contract 先渡契約

> [解説] 将来の特定日に特定の品質および数量の商品の受渡しを行うことに売買当事者が合意する契約. 将来の特定日に商品を受渡しする契約という点では先物契約と同じだが, 取引所が関与せず売手と買手が1対1の関係で結ぶ契約であること, 定型化された標準商品でなく実際の商品を売買することで先物取引とは異なる. 当事者間取引であるから与信リスクなど先物契約にないリスクが存在する. いわゆる為替予約は先渡契約の例である. ⇨ futures contract

forward cover 先渡取引によるヘッジング
forward currency contract 為替予約, 先物為替予約, 為替先物契約, 為替先渡契約
forward delivery (契約の一定期限後に商品や証券を渡す)先渡し
forward earnings 予想利益 (⇔trailing earnings) [⇨次年度の一株あたりの利益の予想額. 企業の経営陣による予想数字ではなく, アナリストの予想する利益額を言う] ► The stock is trading at 25 times forward earnings. その銘柄は予想利益の25倍で取引されている
forwarder *n* 運送業者
forward exchange agreement 為替先渡取引 (FXA) [⇨金利先渡取引(forward rate agreement)同様, 相対で取引される店頭デリバティブ. 通常, 店頭物は現金決済だが, FXAは例外的に差金決済であり, そのため金融商品会計基準上もデリバティブとして扱われる]
forward exchange contract 先物為替予約, 先物先物契約, 先渡為替予約 [⇨実際の外貨受渡し前に行われる外貨の売買契約]
forward exchange rate 為替予約レート, 先物為替レート ► The exchange rate for forward transactions, where no currency changes hands until a future settlement date, is called the forward exchange rate. 将来の決済日になるまで通貨の交換が行われない先物為替取引の為替レートを指して, 先物レートと言う
forward financial statements 見積財務諸表, 未来財務諸表
forwarding *n* 推進; 発送 ► a forwarding address 転居先の住所; (郵便物の)転送先 / a forwarding agent 運送会社
forward integration 川下統合 [⇨メーカーが販売会社を買収し, または自ら販売を手がけるというように自社事業領域の下流方向へと進出すること. 逆は backward integration (川上統合)]
forward-looking *a* 前向きの; 先見の明のある, 意欲的な; [証券] 将来予想に関する ► Central banks must be forward-looking in their monetary policies. 中央銀行はその通貨政策において先見性を持たなければならない
forward-looking statement 将来予想に関する記述, 予想を内容とする記述

> [解説] 企業の発表文書(Annual Report や Form 10-K などに含まれている業績予想(将来の売上や利益などの予想)に関わる記述で, 私人の証券訴訟に関する1995年改革法(Private Securities Litigation Reform Act of 1995)が定める免責要件を満たすもの. 記述の内容が実現する時点で異

なった結果になることについて会社が責任を問われないように、この記述は現時点で入手可能な情報によるもので既知または未知のリスクと不確実性によって影響を受けるおそれがあるという免責文言(disclaimer)を文書内に入れておく

▶ All forward-looking statements are subject to risk and uncertainties. 将来予想に関する記述は、いかなる場合も、リスクと不確実性を免れない

forward market 先渡市場、現物先渡市場 [⇒先渡契約(=forward contract)を取引する市場. コーヒー、ココア、綿花、原油、天然ガス、電力、外国為替などで活発な先渡市場が存在する] ⇒ futures market

forward month =back month

forward multiple 予想利益ベースの株価収益率

forward premium 先物プレミアム [⇒為替の先物が直物(スポット)を上回っていること、または、上回っている幅のこと. 直物が1ドル=115円で、3か月先物が1ドル=120円なら、「ドル先物が5円プレミアム」という言い方をする]

forward p-e =forward price-earnings ratio

forward price 先物価格、先渡価格

forward price-earnings multiple = forward price-earnings ratio

forward price-earnings ratio 予想株価収益率 (forward P/E) [⇒現在の株価をアナリストの予想する翌年度の一株あたりの利益で割ったもの. 通常、直近の将来の4つの四半期にわたる予想利益を分母に用いる] ⇒ price-earnings ratio, trailing price-earnings ratio

forward rate 先渡レート、先物レート [⇒将来のある時点で引渡しが行われるが価格は現時点であらかじめ決める先渡取引で成立する為替レート]

forward rate agreement 金利先渡契約 (FRA) [⇒金利変動リスクに備えて、ヘッジするために行われる、金利を対象(原資産)とする先渡取引. 通常、店頭取引(相対取引)である先渡は現物決済によるがFRAは例外的に差金決済であり、そのため金融商品会計基準上もデリバティブとして扱われている]

forward sale 先渡売買契約 [⇒先に条件を確定しておいてから、後日売買を実行する予約取引]

forward selling =forward sale

forward transaction 先渡取引

fossil /fάsəl/ n, a 化石(の)

fossil fuel 化石燃料 [⇒石油、石炭、天然ガスなど地中に埋蔵されている再生産のできない有限性の燃料資源] ▶ fossil fuel resources 化石燃料資源

foster /fɔ́:stər/ vt 促進[育成]する; (里子として)育てる; 世話する; (考えを)心に抱く ▶ We want to foster creativity and innovation. 当社は創造性と改革心を育成したい

Foster Farms (商標) フォスター・ファームズ [⇒鶏、七面鳥の肉などを提供する米国の大手鳥肉業者. 自身から赤身、一羽丸ごとから切り身までさま

ざまなパッケージがある. ランチ用のハムなども出している]

Foster Grant (商標) フォスター・グラント [⇒眼科医の処方箋なしで薬局で購入できる米国の老眼鏡のブランド]

FOT, F.O.T. free on truck 貨車[鉄道]渡し、運送人渡し [⇒売手は通関手続を済ませてから買主が指定する場所にて指定の運送業者に目的物を引渡すことで責任を果たすことになる. Incoterms 2000ではFCAに統合]

foul /faul/ a 汚れた、不潔な; (略式)不快な
— n (船の)衝突; 反則
through foul or [and] fair いかなる場合にも
— v 汚す[汚れる]; ふさぐ、詰まらせる
foul up (略式)もつれさせる、しくじる、台無しにする; 汚す

foul B/L 故障 B/L [⇒B/L=bill of lading. 個数不足あるいは汚れなどのダメージがある旨の特記事項(Remarks)がB/L面上にあるもの]

found
/faund/ vt 基礎を築く; 創立[制定]する; 基づかせる (*on, upon*) ▶ The company was founded in 1978. その会社は1978年に創立された

foundation
/faundéiʃən/ n 基礎、土台; 根拠; 創設; 基金; 施設; 財団 ▶ Product development and business innovation are the foundations of our company. 製品開発とビジネス革新は当社の基盤だ

shake ... to its foundation を根底から揺り動かす
foundation cost 基礎工事費
foundation stone 礎石
founder n 創業者
founder member (英) (団体等の)創設時のメンバー(=(米)charter member)
founder-president n 創業者社長
founders' shares 発起人株 [⇒会社の創立功労者に与えられる]
foundry /fáundri/ n ❶ 鋳造(場, 法) ❷ ファウンドリー [⇒半導体の受託生産を専門とする製造企業]

four Cs (マーケティングの)4つのC [⇒売手から見ているマーケティングの4P(製品=product, 価格=price, 立地=place, 販促=promotion)を買手の側に立って再構成したもので、顧客にとっての価値=customer solution, 顧客にとってのコスト=customer cost, 利便性=convenience, コミュニケーション=communicationが挙げられる. the 4Cとも言う]

409 (商標) フォー・オー・ナイン [⇒米国の清掃用のスプレー. タイル、壁、キッチンのカウンターなどの汚れ、染みを拭き取るのに使用される]

401(k) plan /fɔ:r ou wʌn kéi/ (米) 401(k)プラン、確定拠出型退職貯蓄制度 ⇒ Section 401(k) (retirement savings) plan [⇒米国の内国歳入法401条 k 項に基づいて課税の繰延べなど税制上の優遇措置を認められている確定拠出型年金プラン(defined contribution pension plan)]

403(b) plan (米) 403(b)プラン [⇒宗教・慈善・

公共団体(公務員)での退職年金で401(k)に準じる]

four Os (マーケティングの)4つのO [⇨マーケティングの4Pを補足する視点として,以下の4つが挙げられる.何を売り,どう作るのかといった目的物=object, 売上や設定価格の目標=objectives, 販売のための経路を含めての組織=organization, 販促・広告用の業務活動=operations]

four Ps (マーケティングの)4つのP [⇨マーケティングのあり方を決める際に考慮されるべき4つの要素.商品(またはサービス)=product, 価格=price, 立地=place, 販促=promotionの4つ]

fourth /fɔːrθ/ n, a 第4(の); 4分の1(の)
the Fourth of July (米)独立記念日 (=Independence day) [⇨7月4日. July Fourth, the Fourthとも言う]
◇**fourthly** ad 第4に

fourth quarter 第4四半期 ► Last week, the company unveiled a record loss of over \$3.5 billion in the fourth quarter. 先週,同社は第4四半期に350億ドルを超える記録的な損失を発表した

fowl /faul/ n (~s, 《集合的》~) 鶏; 家禽; 鶏肉

fowl run (英)養鶏場

Fox 《商標》フォックス [⇨米国のテレビ局.スポーツや次世代のスター捜し,恋人捜しなどの視聴者参加の娯楽番組, Simpsons(シンプソンズ)などのアニメが人気]

Fox News フォックスニュース [⇨ニューズコーポレーション傘下にあるニュース専門チャンネル]

FPA free from particular average (貨物保険における)分損不担保 [⇨座礁,沈没等の特定の事故でない限り,荒天による潮濡れといった貨物の部分的損害(分損)は補償されないことを言う]

FPT freight or carriage paid to 輸送費込条件 [⇨売手は指定された場所で目的物を運送人に引渡すまで損傷・滅失のリスクと運搬費用を負担する.CPT(=carriage paid to)と同じ]

fr. from

FRA forward rate agreement ► buy an FRA FRAを買う / conclude an FRA FRA取引をする / make a loss with the FRA FRAで損失を被る / make a profit with the FRA FRAで収益を上げる / take out an FRA FRAをアレンジする

fraction /frǽkʃən/ n 分数; 小部分; 断片
a (small) fraction of の何分の一 ► You can renovate your house at a fraction of the cost of buying a new one. 新しい家を買うコストの何分の一かで自宅を改築することができる

fractional a 分数の; 端数の

fractionally ad わずかに,小幅 ► The company's stock closed fractionally lower. 同社の株は小幅安で引けた

fractional ownership 共有持分制度 [⇨海外リゾート物件の共同所有の場合は,1週間単位での所有となる]

fractional share 端株 [⇨株式分割などの際に生じる1株に満たない端数]

fragile /frǽdʒəl | -dʒail/ a 壊れやすい; もろい; はかない ► fragile goods 壊れ物 / The contents in the box are very fragile. その箱の中身はとても壊れやすい / Investors are counting on the stock market's rally to boost the fragile economy. 株式市場の反騰が脆弱な景気を押し上げることを投資家は期待している
◇**fragility** /frədʒíləti/ n

fragment /frǽgmənt/ n 破片; 断片; 未完遺稿 ► He pieced together fragments of the market data into a clear analysis. 彼は市場データの断片をつなぎ合わせて明快に市場を分析した
— v ばらばらになる[する] ► After staff relations fragmented, morale declined drastically. スタッフとの関係がばらばらになった後は,士気は急激に低下した
◇**fragmentary** /-tèri | -tə-/ a

fragmentation /frægməntéiʃən/ n ❶ 破砕; 分裂
❷ 分散化,断片化 [⇨多メディア化や消費者の嗜好の多様化により,特定の番組やソフトへの人気の集中傾向が緩和されること] ► fragmentation of viewers 視聴者の分散
❸ 《ホェミ⁔タ》フラグメンテーション [⇨ハードディスクの空き領域が細分化して使いにくくなること]

fragmented a 細かく分かれている,統一されていない,リーダー不在の ► fragmented industry 多数乱戦業界,小企業乱立の業界

frame /freim/ n ❶ 枠; 骨組み; 構成; 機構; 構図; 《ホェミ⁔タ》フレーム [⇨動画像のもとになる静止画像の一こま]
❷ (標本抽出の)枠,フレーム
— vt 組み立てる; 形作る; 立案する; 《略式》たくらむ,でっち上げる (*up*); 枠で囲む ► He was framed for embezzlement, but was later cleared of the charge. 公金横領の疑いをかけられたが,後になって嫌疑は晴れた
◇**framer** n 立案者; 額縁屋

framework n 枠組み,フレームワーク (*for*); 構成; 体制

コロケーション

動詞(句)+~ **build** a framework フレームワークを作る / **establish** a framework 枠組みを作る / **fit into** a framework フレームワークに収まる / **provide** a framework フレームワークを提供する

► the framework around which the plan sponsor designs its investment policy 年金スポンサーが運用政策を策定する際の枠組み / within a framework フレームワークの枠内で

framework agreement 基本合意

Framework Convention on Climate Change (the ~) 気候変動枠組条約 (FCCC) [⇨温室効果ガスの排出に伴う気候変動を防止するための枠組みを定めた条約.1992年に採択,1994年に発効.温室効果ガスの安定化を究極の目標とする]

framework thinking フレームワーク[枠組み]思考

France Télécom (~ SA) フランス・テレコム(社) [⇨フランスの国営通信会社.政府が55%を出資する]

franchise /fræntʃaiz/ n ❶ フランチャイズ; チェーン店

解説 加盟店に一定地域における商品・サービスの独占販売権を与えて経営の指導をする代わりに看板料や経営指導料を徴収する小売形態. フランチャイズを与える側を franchiser (または franchisor), 受ける側を franchisee と言う

▶ a restaurant franchise レストラン・チェーン / own [operate] a fast-food franchise ファーストフードのチェーン店を所有[経営]する / operate a store under franchise フランチャイズに加盟して店を経営する

❷ 事業免許 [⇨ 地域電話事業やケーブルテレビ事業などにおいて, 特定の地域内で独占的にサービスを提供すること]

franchise agent フランチャイジー (=franchisee)

franchise chain フランチャイズ・チェーン (FC) ⇨ franchise ①, voluntary chain

franchisee /fræntʃaizíː/ n ❶ フランチャイズを与えられた者 ⇨ franchiser, franchisor ❷ フランチャイジー, フランチャイズ加盟店 (✦俗称「ジー」) ▶ A franchisor takes a percentage of the profits of each franchisee. フランチャイザーは各々のフランチャイジーの利益のあるパーセントを受け取る

franchiser /fræntʃaizər/ n (米) ❶ フランチャイズを与える者[与えられる者] [⇨ 両方の意に用いられる] ❷ フランチャイザー, フランチャイズ・チェーンの主催者側 (⇔franchisee) (✦俗称「ザー」) ⇨ franchisor

franchise tax (州の)法人事業免許税, フランチャイズ・タックス

franchisor /fræntʃaizər/ n ❶ フランチャイズを与える者 ▶ The franchisor provides goods and offers help and support. フランチャイザーは商品を提供し助力と支援を与える ❷ 一手販売権者

frank /fræŋk/ a 率直な; あからさまな ▶ to be frank with you 実を言えば / To be frank with you, I don't think this is going to work. 率直に言って, これがうまくいくとは思わない
— n 無料送達郵便物(の署名, 特典)

franked investment income (英)発行会社による法人税支払済み企業配当所得 (✦課税されない)

Frankenfood n (略式)(軽蔑的)遺伝子組換え食品 (=genetically modified food)

Frankfurt Inter-Bank Offered Rate フランクフルト銀行間取引金利 (FIBOR)

frantic /fræntik/ a 必死の, 懸命の, なりふりかまわぬ ▶ frantic efforts to keep the company afloat 会社が沈まぬようにという必死の努力

fraud /frɔːd/ n ❶ 詐欺; 不正手段; まやかし物; (略式)詐欺師 ▶ in [to the] fraud of を詐欺にかけるために, を詐害する目的で / constitute fraud 詐欺罪を構成する / detect fraud 詐欺を見破る / Consumer fraud is on the rise in Japan. 消費者詐欺は日本で増加の傾向にある ❷ 不正, 粉飾 [⇨ 故意に財務諸表を歪めること]

fraud on the Patent Office (米) 特許庁における詐欺 [⇨ 特許を取得するために, 米国特許商標庁を故意に欺くことを言う. これにより, 特許権の行使ができなくなり, 特許が無効となる可能性がある]

fraud risk factor 不正リスク要因 [⇨ 監査用語で, 不正会計に関与しようとする動機やプレッシャーの存在または不正の実行がありうる状況を指す. 監査人は, こうした要因の存否, 性質にまで目を配り, 不正を見逃さないよう注意せよとされる]

Fraud Squad (警察の)知能犯罪対策班

fraudulent /frɔ́ːdʒulənt/ a 詐欺の; 詐欺で得た; 不正な ▶ a fraudulent act 不正行為, 偽り行為 / fraudulent financial reporting 虚偽の財務報告
◇ **fraudulence** n
◇ **fraudulently** ad

fraudulent misrepresentation 詐欺的不実表示 [⇨ 事実に反する表示であり, かつ, 表意者自身そのことを知っているか, 事実に反してもかまわないと思っているもの]

FRB Federal Reserve Bank; Federal Reserve Board

freak /friːk/ n 気まぐれ; 変人; 熱狂者 ▶ a computer freak コンピュータおたく
a control freak (略式) やたらと仕切りたがる人
— a 気まぐれな; 異常な, 変則の; 突発の ▶ a freak accident 突発事故

Freakonomics 『気まぐれ経済学』 [⇨ freakonomics は freak (気まぐれな)と economics (経済学)からの造語. 2005年5月にシカゴ大学のスティーヴン・レヴィット教授が出版した本の書名. 邦訳『ヤバい経済学―悪ガキ教授が世の裏側を探検する』]

Freddie Mac (商標)フレディ・マック (=Federal Home Loan Mortgage Corporation)

free /friː/ a ❶ 自由な (*to do*); 自主的な; 形式にとらわれない; 暇な; …のない, 免除された (*from*, *of*); (部屋・席などが)空いて; 開放された; 参加自由の; 自由に出入りできる; 堅苦しくない; 固定していない; 無料の ▶ duty free 免税 / be free of tax 非課税である / Are you free next Monday? 来週の月曜日はお暇ですか / The company maintained that its work environment is free from discrimination. 労働環境に差別は存在しないと同社は主張した 🗐 The SELLER warrants that the Products shall be free from defects in title. 「売主」は, 当該製品の所有権に瑕疵がないことを保証するものとする

語法 無料配布紙[誌]に Take free と書くのは日本英語. 正しくはただ Free と書く. 強調的には Absolutely free とも言える. 掲示では Take one (一部お取りください)と書く

❷ (経済取引・外国為替などが)自由制の, 無統制の ▶ a free economy 自由経済 / free credit 無条件信用 / free cross licensing 特許無償交換

feel free 自由に[遠慮なく]…する《*to do*》► Please feel free to call me if you need help. 助けが必要だったら, 遠慮なくお電話ください / If you have any questions, please feel free to interrupt me. 質問があれば, 途中でも自由にしてください

for free 無料で ► We can send you samples of our products for free. 無料で製品のサンプルをお送りいたします

have one's hands free 手が空いている ► When you have your hands free, can you check this report? 手が空いているときにこの報告書をチェックしてくれる?

— *ad* 自由に; 無料で

make free with を勝手に使う; になれなれしくする

— *vt* 解放する, 自由にする; 取り除く《*of, from*》► I deleted old files to free up space on my hard disk. 古いファイルを削除してハードディスクのスペースを自由に使えるようにした

free oneself from から抜け出す

-free 「…なしの」► sugar-free 砂糖を含まない / smoke-free 喫煙禁地

free agent フリーエージェント (FA) [◯ 専属せず, 複数の会社のために販売などの業務を行う者]

free alongside ship 船側渡し (FAS) [◯ 売主が売買契約において指定されている船舶に積み込むまでのすべての費用と目的物減失のリスクを負担することを条件とする取引]

freebee, freebie /fríːbiː/ *n* 無料でもらう物, 景品; 招待券

free capital 自由資本 [◯ 貨幣の形態で保有されている資本]

free carrier 運送渡条件 (FCA) [◯ 売手が指定された場所で運送人に目的物を渡すまでの費用(輸出通関手続を含む)と商品減失といったリスクを負担する]

free cash flow フリーキャッシュフロー, 現預金収支 (FCF) [◯ 事業活動によるキャッシュフロー(当期純利益に減価償却費などの非現金経費を加えた金額)から設備投資支出と配当金支出を差し引いた金額. 企業の財務内容の健全度を表す指標として最近特に重視されるようになった] ⇨ cash flow ► use free cash flow to do に向けてフリーキャッシュフローを使う / The company estimates it will have free cash flow of around $6 million. 純現金収支は約600万ドルになるだろうと同社は推定している / Normally, higher earnings imply higher levels of free cash flow. 通常, 増益はフリーキャッシュフローの増加を意味するものだ

free collective bargaining 《英》団体交渉の自由 [◯ 当事者双方とも法令等の制約を受けずに団体交渉ができるとする理念]

free competition 自由競争

free currency 自由通貨 [◯ 自国の通貨がその時の為替相場で交換できる貨幣]

free delivery ❶ 無料配達; 《米》(郵便物の)遠隔地配達サービス ► We offer free delivery for orders of 100 dollars and above. 100ドル以上お買い上げの方, 無料配送します ❷ 【証券】フリー・デリバリー [◯ 決済方法の一つ] ❸ 仕向地渡し [◯ 取引条件のひとつ] ► free delivery to customers' premises duty paid 関税込み・顧客営業所渡し

free distribution (株式の)無償交付

freedom /fríːdəm/ *n* 自由; 自主; 特権; 免除《*from*》► freedom of religion [choice] 宗教[選択]の自由 / freedom of association 結社の自由 / freedom of communication コミュニケーションの自由 / freedom of contract 契約の自由 / freedom of expression 表現の自由 / freedom of speech 言論の自由 / freedom of the press 出版の自由; 報道の自由

freedom of information 情報公開 (=information disclosure) [◯ 知る権利に基づき, 政府や公的機関の保有する情報を請求に応じて市民に公開する制度]

free economy 自由経済 ⇨ market economy

free enterprise (資本主義経済下の)自由企業 ⇨ capitalism

free fall 歯止めのない下落 ► The country's industrial output is in free fall. その国の工業生産高は歯止めなしに暴落している

free-floating *a* 変動性の, 固定でない ► a free-floating exchange rate 変動相場性の為替レート

Freefone 《英》《商標》フリーフォン (=Freephone)

free-for-all *n* 何でもあり, 野放図さ ► a competitive free-for-all 何でもありの企業間競争

free from alongside 舷船渡し (FFA)

free from particular average (貨物保険における) 分損不担保 (FPA) [◯ 海上保険条件のうちの一つ. 座礁, 沈没, 火災でない限り, 保険がかけてある物品の一部に損害が生じた程度では保険金を払わないというもの]

free gift プレゼント, 贈答品

freehold *n* フリーホールド, 自由保有権 [◯ ある人が一生の間, またはそれ以上の期間, 土地を占有し得る権利]

freeholder *n* 自由(土地)保有者

freehold estate 不動産所有権, (不動産の)自由保有権 [◯ 一代限りといった限定がなく相続されるものを言う]

freehold possession 所有権者による占有

freehold property 《英》自由保有権に基づく所有財産

free issue 準備金の資本組入れによる新株発行(無償交付), 株式分割 [◯ わが国では1991年までは準備金等を資本に組入れての新株発行を「無償交付」と呼び, 利益を資本に組入れての新株発行を「株式配当」と呼んでいたが, 現在は単純な株式分割を含め, 法律上はすべて「株式分割」と言う]

free lance 自由契約者; 自由論客; フリーで働く専門職 [◯ 弁護士など]

freelance *vi*, *a* 自由契約で仕事をする; 自由契約の; 自由業の, 一匹狼的な

freelancer *n* =free lance
free license 無償ライセンス
free list 無税[免税]品目表 [⊃輸入税のかからない商品の目録]
free lunch (略式)無償で手に入るもの ► There's no such thing as a free lunch. ただほど高いものはない
freely *ad* 自由に; 率直に; 大まかに ► freely convertible currency (自由)交換可能通貨
free market 自由市場 [⊃価格が自由競争によって決まる市場, またはその状況] ► a free market economy 自由市場経済 / free market countries 自由主義経済諸国
free marketeer 自由市場論者
free movement 移動の自由 [⊃資金や労働力が国から国へと規制されることなく移動できること] ► free movement of money and people 資金と人の自由移動
free of charge 全費用込み, 無料で (FOC)
free offer 試供品
free of particular average =free from particular average
free on board 本船渡し ⇨FOB
free on board airport =free carrier
free on rail 貨車渡し ⇨FOR
free on truck 貨車渡し ⇨FOT
free paper 無料紙, 無料配布新聞, フリーペーパー
free pass フリーパス
free passage 自由通航
free pay 非課税所得
Freephone (英)(商標)フリーフォン [⊃着信課金電話サービス.「フリーダイヤル」(商標)にあたる]
free port 自由港, 無関税港 [⊃そこで荷揚げせず, 他の地に向かうものである限り関税のかからない港]
Freepost (英)(商標)料金受取人払郵便
free press 自由刊行物
free price 自由価格
free ride (略式)ただ乗り, ただもうけ; 便乗組
free rider ただ乗り, フリーライダー [⊃対価を支払わずにある財からの便益を享受する人. たとえば, 脱税者のように, 公共財や集合財の恩恵を受けるが, そのためのコストを払わない人などを言う]
free-riding, free riding *n* ただ乗り行為 [⊃(1)証券引受関係業者などが新規発行証券の値上がりを予想して, 引受証券の一部を保留しておき, 後で売却してもうけようとする違法行為 (2)買付け約定の成立した証券を, 買い代金の決済をしないうちに素早くその証券を売却して, 値鞘(ねざや)稼ぎをする違法行為]
free sample 試供品
Freescale Semiconductor (~, Inc.) フリースケール・セミコンダクタ [⊃米国の半導体メーカーで, 前身は Motorola の半導体部門. 2006年買収により私企業となる]
free share 無償株 [⊃株主が無償で受領した株式]
freesheet *n* (英) フリーペーパー [⊃無料配布される地域情報誌など]

free software =freeware
free speech 言論の自由
free standing insert 新聞折込広告
free television =free TV
free-to-air *a* (テレビ放送が)無料の
free trade 自由貿易 [⊃輸出入に関して, いっさいの関税や数量制限を行わない形での貿易] ► Should all goods be subject to free trade? すべての商品が自由貿易の対象になるべきか
free trade agreement (包括的な)自由貿易協定 (FTA) [⊃締結した当時者間で, 関税などの通商上の障壁を除去し, 自由な取引を目指す協定] ► enter into a free trade agreement 自由貿易協定を締結する
free trade area [bloc] 自由貿易圏, 自由貿易地域 (FTA) [⊃関税撤廃など通商上の障壁を除去する協定を結んだ地域]
Free Trade Area of the Americas 米州自由貿易圏 (FTAA) [⊃1994年に提唱されたアメリカ大陸とカリブ海全域(キューバを除く)に及ぶ自由貿易圏構想]
freetrader *n* 自由貿易主義者
free trade zone 自由貿易地域
free trial 無料トライアル [⊃買うか否かを決める前に一定期間無料で商品・サービスを試せる仕組み]
free TV 無料のTV放送
freeware *n* フリーウェア [⊃誰でも無料で使ってよいソフト]
freeway *n* (米)高速道路, フリーウェイ

freeze /friːz/ *v* (froze; frozen) ❶ 凍る, 凍らせる; (資産・資金などを)凍結する; (家賃・物価などを)据え置く ► The company announced it would freeze salaries of its senior executives. 同社は上級幹部の給料を凍結すると発表した
freeze out (略式)を締め出す (*of*) ► be frozen out of the market 市場から締め出される
━ *n* 凍結; 据え置き
◇**freezer** *n* 冷凍機[庫]
freeze agreement 現状維持協定 [⊃業務提携や買収交渉において相手方との交渉中は第三者との接触や交渉を避けると約束する協定]
free zone (米)保税地域

freight /freit/ *n* ❶ 貨物輸送; 運送貨物, 積み荷; 輸送手段 ❷ 運賃, 運送料, 用船料 ► be shipped freight prepaid 運賃元払いで出荷される
━ *vt* (荷を)積む; 運送する
◇**freighter** *n* 貨物船[輸送機]; 貨物運送業者
freightage *n* 運賃
freight agent 貨物取扱業者
freight and insurance paid 運賃保険料込条件 [⊃商品価格に運賃と保険料が含まれていることを示す貿易関係の言い方]
freight bill (物流関連での)運賃請求書
freight car (米)貨車

freight charges 運送諸掛かり [○運送およびその取扱いにかかる諸費用]

freight claim 運送貨物損害賠償請求

freight collect 運賃先払い (=freight forward, freight to collect) ▶ be shipped freight collect by truck 運賃着払いでトラックにより出荷される / Shipments will be made freight collect. 運賃着払いにて発送いたします

freight forward 運賃先払い (=freight to collect, freight collect)

freight forwarder 運送会社

freight inward 輸入貨物

freight outward 輸出貨物

freight prepaid 《米》運賃前払

Freon 《商標》フレオン [○クロロフルオロカーボン (chlorofluorocarbon) の商品名. 気体状, 液体状のフッ化炭素水素, フッ素塩素混成置換炭化水素. 冷媒・洗浄剤などに使用されていたが, オゾン層を破壊するとして規制が行われている.「フロン」は日本での俗称]

Freon-free a フレオンフリーの [○クロロフルオロカーボンを含まない製品などについて言う]

frequency /frí:kwənsi/ n ❶ 頻度; 頻発; 回数; 運転間隔 ▶ frequency of a report 報告書提出頻度 ❷ (広告出稿の) 頻度, 視聴回数

frequency discount 回数割引 [○広告出稿回数に応じて割り引かれる料金]

frequent a /frí:kwənt/ たびたび起こる; 常習的な; 数多くある ▶ Our department has frequent meetings. うちの部ではしょっちゅう会議がある
　— vt /frikwént/ よく行く; と交際する
◇**frequentative** a, n 反復(の)
◇**frequenter** n しばしば訪れる人, 常連
◇**frequently** ad たびたび, しばしば ▶ I frequently talk with customers on the phone. お客様と頻繁に電話でお話ししています / We frequently receive inquiries about our products from customers. 当社は顧客から製品についての問合せを受けることが多い

frequent absentee 常習的欠勤者

frequent flyer (航空会社などの) マイレージ・サービス利用者

frequent flyer plan [program] (航空会社の) マイレージ・サービス (FFP) ▶ Most airlines offer frequent flyer programs. ほとんどの航空会社はマイレージサービスを提供している

Frequently Asked Questions 初心者向けのQ&A集 (FAQ)

frequent shopper's program フリークエント・ショッパーズ・プログラム (FSP) [○売上別に顧客を分類・差別化し, それぞれに見合ったサービスを行う手法. 顧客を「金を落とす」客へと誘導することが目的]

fresh /freʃ/ a 新しい; 新鮮な; 新規の ▶ fresh water 真水; 淡水 / make a fresh start 新規まき直しをする

break fresh ground 新たな分野を開拓する
　— ad 新たに
fresh from を出たての; で取れたての

◇**freshen** v 新しくする[なる] (*up*)
◇**fresher** n 《英格式》=freshman
◇**freshly** ad 新たに; 新鮮に
◇**freshness** n

-fresh (複合語で) …したての ▶ farm-fresh 採りたての / tree-fresh もぎりたての / oven-fresh 焼きたての

freshman n 《米》(大学の) 1年生 (=《英》fresher)

fresh money 新規資金, ニューマネー ▶ raise fresh money from investors 投資家から新規資金を調達する

Fresh Step 《商標》フレッシュ・ステップ [○米国のペット用品のブランド. キャット・リッターと呼ばれる猫用トイレに使用される細かい石. 匂い消しの効果をあげるため特許取得技術が使用されている]

friction /fríkʃən/ n 摩擦; 不和

frictional a 摩擦の

frictional unemployment 摩擦的失業 [○産業構造の変化などによって起こる労働移動によって発生する失業. 情報や移動のコストなど, 労働市場が完全について的な摩擦的失業は発生しない]

Friday /fráidei/ n 金曜日; 《略式》忠実なお手伝い (♣男は man Friday, 女は girl Friday. Robinson Crusoeの忠僕の名から) ▶ I need a better girl Friday. もっと役に立つ女性のアシスタントが必要だ

fridge /fridʒ/ n 《略式》冷蔵庫 [<refrigerator]

friend /frend/ n 友; 支持者; 味方; 仲間; 《our ~》その人; 《~s》親戚 ▶ Do you have any friends in the insurance industry? あなたは保険業界に友人がいますか

A friend in need is a friend indeed. 《諺》まさかのときの友こそ真の友

be friends with と親しい (=be friendly with)
be no friend of に反対する
friend at [in] court 有力なつて, 引き立ててくれる人
have friends in high places 有力なつてがある
keep [make] friends with と親しい[親しくなる]

friendly a 友情のこもった; 親切な (*to*); 好都合の; 好意を寄せる; 親しい; なごやかな; 敵対的でない, 味方の; (環境に) やさしい
　— n 味方
◇**friendliness** n

-friendly 「(環境などに) やさしい, 害を及ぼさない」「理解し[使い]やすい」 ▶ kid-friendly 子どもが使える, 子ども向きの

friendly acquisition 友好的企業買収 [○買収される側の企業が同意している企業買収] ▶ The company is likely to make a friendly acquisition of one of its suppliers. 同社は自社の納入業者の一つを友好的買収により取得する可能性が高い

friendly bid 友好的買収の申入れ

friendly merger 友好的合併

friendly society 《英・豪》共済組合 (=《米》mutual benefit society) [○日頃から一定の掛金を出し合い, 病気や資金難のときに助け合う組織]

friendly takeover 友好的買収 [○買収企業

と被買収企業との間で合意が成立する場合の合併あるいは買収]

frighten /fráitn/ vt きょっとさせる; 脅して…させる[させない] (*into* [*out of*])

◇**frightened** a ぎょっとした, おびえた ► The manager had a frightened look when he discovered his job was on the line. 自分の役職が危険に曝されていることを発見したとき, 部長はおびえたような顔つきをした

◇**frightening** a 恐ろしい ► Unemployment has increased at a frightening pace. 失業は肝を潰すような速度で増加した

◇**frighteningly** ad ぎょっとして

frills /frilz/ n pl 余計なもの ► a no-frills insurance plan 必要最小限の補償しかない保険

fringe /frindʒ/ n, vt 房飾り(を付ける); へり; 縁取る; 周囲; 非主流派; 分派 ► a fringe player 脇役 [◇意思決定権のある主役クラスと対比して言う]

on the fringe(s) of の周囲に

fringe benefit (しばしば ~s) フリンジ・ベネフィット [◇従業員に対して企業が給付する給料以外の給付]; 付帯給付, 法定外福利厚生費 ► offer a salary and fringe benefit package 給料と付加給付をパッケージで提示する / I get some fringe benefits with my new job. 私の新しい仕事で付加給付がもらえます

fringe benefit plan 付加給付制度

fringe time [広告] フリンジ・タイム [◇高視聴時間帯を挟んだ時間帯, 日本では特Bタイム]

Frisbee 《商標》《時に f-》(米国製の)フリスビー [◇投げ合って遊ぶプラスチック製の円盤] (✤一般名 flying disk)

frivolous /frívələs/ a ❶ つまらない, 取るに足らない; 軽薄な ❷【法律】明らかに実質に欠ける; 明らかに法的に不十分な

frivolous action 濫訴, 言いがかり的訴訟

FRN floating rate note

FRO fire risk only

from /frəm; 《強》frʌm, frɑm/ prep (起点)…から; (出所)…の出身で; (原料)…で; (原因)…によって; (判断)…から見て

► from Paris to London パリからロンドンへ / Where are you from? どこのご出身ですか / Wine is made from grapes. ワインはブドウでつくる / die from cancer がんで死ぬ / from what I hear 聞いたところでは / The company reaped capital gains of ¥15 billion yen from the sale of its subsidiary. 同社は子会社の売却によって150億円のキャピタルゲインを得た

[成句] ***from out of*** の中から　***from under*** の下から

front /frʌnt/ n 前部; 表面, 前面; (建物の)正面; (道路・川などに面した)土地; (海軍の)遊歩道; (略式)看板役の人; 隠れみの; (略式)体裁; 厚かましさ; 第一線, 前線 ► On the legal front, the company is involved in several product liability cases. 法律的な面では, 同社は数件の製造物責任訴訟に巻き込まれている

come to the front 前面に現れる, 顕著になる

in front 前の[に, を]

in front of の前に[で]

on all fronts 全面で

on the home [***domestic***] ***front*** わが国では

up front 前もって; 前金で; 最初から; 公然と ► The rental fee must be paid up front. レンタル料金は前払いでいただきます

— a 前部[正面]の

— v 面する; 立ち向かう; 隠れみの[表看板]の役を果たす; 代表する (*for*)

◇**frontal** a, n 正[前]面の; 前頭部の

frontage /frʌ́ntidʒ/ n ❶(建物の)正面; 河川[街路]に接する土地 ► a hotel with a river frontage 川に面しているホテル ❷【不動産】間口 ► frontage of the lot 画地の間口

frontage road 側道, 脇道, 支線道路 (=service road)

front-and-center a, ad 最重要な[に]

front desk (ホテルやオフィスビルでの)フロント, 受付

front end [ヹˊ-ˊ] フロントエンド ⇨ front-end

front-end a [ヹˊ-ˊ] フロントエンド方式の [◇記者・レジ係などが情報を端末に即インプットして処理する方式の]

front-end load [**loading**] 当初販売手数料 [◇投資信託購入時に取られる手数料, 手数料がかからないものは no load, 解約時に徴収されるものは back-end load と言う]

frontier /frʌntíər/ n 国境(地方); 《米・カナダ》辺境; (~s)未開拓の分野 (*of*); 最先端を行く業績

— a 国境(地方)の; 《米》辺境の

frontier spirit 開拓者精神

front line 最前線

front-line a 第一線の ► front-line sales staff 第一線の営業担当者

front-load v (報酬の請求, 支払などを)前倒しにする, 前払方式とする

front loading 前倒し ► front loading of public works 公共事業の前倒し

front man 名目的代表者

front money 初期投資 [◇プロジェクトの初期に必要とされる資金]

front month 直近月 [◇先物取引で直近の期近限月を言う] ⇨ contract month, back month

front of (the) house 表(おもて) [◇ホテルやレストランでの裏方に対して客と接する業務を指す]

front office ❶《米》総務部, 事務総局; 首脳部, 幹部 ► The company eliminated many front office jobs as part of its reorganizing. 同社はリストラの一環として多くの本部役職を削減した　❷【証券】フロント, 営業部門 [◇受渡などの後方支援部門(バックオフィス)に対しての言い方]

front page (新聞の)第一面

front-page a 第一面の; 重要な

front-rank a 一流の

front runner トップの走者; 最有力候補

front running フロントランニング [◇証券取引または商品取引で, 顧客の注文情報を利用した自己売買. たとえば, 顧客から大量の株の買いの委託を受けた証券業者が同一銘柄の自己勘定での買いを

先行させて利益を得ること]

froth /frɔ:θ/ n 泡; はかないもの; 《米略式》ビール; 【経済】あぶく [⇨景気の過熱を示唆する言葉. グリーンスパン前FRB議長が, 2005年の議会証言で, 住宅価格の高騰についてバブル(大きな泡)ではないがフロス(小さなあぶく)が生じている, と警戒感を表明したことから]
— v 泡で覆う; 泡立つ[たせる]; 泡を出す
froth at the mouth 口から泡を吹く; かんかんに怒る
◇**frothy** a 泡の; 泡立つ; 実質のない

frozen /fróuzn/ v freezeの過分
— a 冷凍の

frozen asset 凍結資産 [⇨法令等により入出金が禁じられた口座に属する資産] ▶ seize frozen assets 凍結資産を没収する / release frozen assets 凍結資産を返還する

frozen food 冷凍食品

FRS Federal Reserve System; Financial Reporting Standard

frugal /frú:gəl/ a 倹約する; 質素な
◇**frugality** n

fruit /fru:t/ n 果物, 果実; (~s) 農産物; (~s) 所産, 成果 《of》 ▶ The fruits of our labor came from years of perseverance. われわれの苦労の成果は長年の不屈の努力の賜物だ
bear fruit 実を結ぶ; 成果をもたらす
— v 結実させる[する]

frustration /frʌstréiʃən/ n 挫折(させつ), 失敗; 契約目的不達成; 履行不能 [⇨契約当事者に不可抗力的な状況の変化により, 契約の履行が不可能となること] ▶ frustration of contract 契約締結後の履行不能

fry /frai/ v, n (油で)いためる, フライ(にする, なる) 《up》
fry the fat out of から金を搾り取る; (実業家などに)政治献金をさせる

frying pan フライパン (=frypan)
jump [leap] out of the frying pan into the fire
小難を逃れて大難に陥る

Fry's 《商標》フライズ [⇨米国のコンピュータの小売店. 一般消費者に加えシリコンバレーの技術者たちも愛好. 家電製品, オフィス用家具も扱う]

F/S financial statements
FSA Financial Services Authority
FSI free-standing insert
FSP frequent shopper's program
ft., ft feet; foot
FT Financial Times; full time
FTA free trade agreement; free trade area
FTAA Free Trade Area of the Americas
FTC Federal Trade Commission
FTD Group (~, Inc.) FTDグループ [⇨FTD = Florists' Transworld Delivery; 世界中のどこからでも花, プラント, グルメフーヅなどを贈ることができるチェーン店を展開]
FT/PT full time/part time 常勤または非常勤
FTSE4Good Financial Times Stock Exchange for Good 倫理的に公正な会社の株価指数

FTSE 100 Index (英国の) FTSE100種指数 [⇨ロンドン証券取引所の上位100銘柄(株式市場の時価総額の約80%を占める)の株価指数. 英国を代表する株価指数で, 米国のダウ平均に相当する. 単にFTSEともいう. 俗にFootsieとも. FTSEはFinancial Times Stock Exchangeの略]

FTSE 250 Index (英国の) FTSE250種指数 [⇨ロンドン証券取引所上場でFT100指数構成銘柄に次ぎ時価総額が大きい250銘柄(株式市場の時価総額の約15%を占める)からなる株価インデックス]

FTSE All-Share Index FTSE全株指数 [⇨FTSE100, FTSE250とFTSE小型株指数をまとめたもの. 英株式市場の時価総額中98~99%を占めている]

FTSE Eurotop 100 Index FTSE欧州100種株式指数 [⇨FTSEurofirst 100 (FTSEユーロファースト100種指数)と改称]

FTSE Eurotop 300 Index FTSE欧州300種株式指数 [⇨FTSEurofirst 300 (FTSEユーロファースト300種指数)と改称]

FTSE Fledgling Index FTSE超小型株指数

FTSE Mid 250 Index FTSE中型株250種指数 ⇨ FTSE 250 Index

FTSE SmallCap Index FTSE小型株指数
FTSEurofirst 100 FTSE ユーロファースト100種指数 ⇨ FTSE Eurotop 100 Index
FTSEurofirst 300 FTSE ユーロファースト300種指数 ⇨ FTSE Eurotop 300 Index
F2F, f2f, F-to-F face-to-face
FTZ 保税地域 (=foreign trade zone)
FUD Fear, Uncertainty, and Doubt 恐怖, 不安, 懐疑 [⇨マーケティング手法の一つ. 強力な競合商品が現れたときに, 顧客がそちらに流れないようにするために, 顧客が競合商品に買い換えた場合のデメリットを宣伝するなどして顧客に不安感を与えること]

fuel /fjú:əl/ n 燃料; 感情をあおるもの ▶ High fuel prices have led to the increase in the sales of smaller, thriftier vehicles. 燃料価格の高騰は小型で節約志向の車の売上増加をもたらした
add fuel to the flame [fire] 火に油を注ぐ
— v (《英》-ll-) 燃料を供給する[得る]; (感情を)燃え立たせる ▶ Fueled by exports, corporate earnings are rising. 輸出が追い風となり企業収益が伸びている / The growth in the housing sector was fueled by low interest rates. 住宅部門の成長は低金利によって拍車がかかった / The weak yen has fueled Japanese exports. 円安は日本の輸出に拍車をかけた

fuel cell 燃料電池 [⇨水の電気分解の逆反応を利用して化学エネルギーから直接発電する方法]

fuel cost 燃料費 (=fuel expense)

fuel-efficient a 燃料効率のよい ▶ Savvy consumers are turning to these fuel-efficient cars – especially those that are cheaper to operate. 賢明な消費者は, 低燃費の車, 特に維持費がより低く済むタイプのものに目を向

け始めている
fuel expense 燃料費 (=fuel cost)

fulfill, 《英》**fulfil** /fulfíl/ vt (《英》-ll-) (義務・約束を)果たす; (希望を)かなえる; (条件・要求を)満たす ► The contract has been fulfilled. 契約は満了した / Fulfill all orders the same day as received. すべての注文を受けた日に処理しなさい / Always fulfill promises to customers. 顧客との約束は常に果たすこと

fulfill oneself 才能を十分に発揮する

fulfilled a 満足している ► feel fulfilled in one's career 自分のキャリアに満足している

fulfillment n 実現, 遂行, 達成

fulfillment house 《英》代行業者 (=《米》fulfillment company) [⇒受注・発送などを代行する業者]

full /fúl/ a 満ちた; 最大限の; 完全な; (会員が)正式の; 十分な; 満ち足りた; 富む ► full cooperation 全面的協力 / at full speed 全速力で / a full 5 years =5年 / The Fed cut the interest rate by a full percentage point. 連邦準備制度理事会は金利をまるまる1ポイント引き下げた / We will offer a replacement or full refund. 当店は取り替えか全額返金に応じます

full up いっぱいで
― ad ちょうど; 非常に ► full well 十二分に
full out 全速力で
― n 最高, 盛り; 十分
at (the) full 真っ盛り[十分]に
in full 全部[全額]の; 略さずに ► Once we have received your payment in full, we will ship out your order. 全額のお支払いを頂戴すれば, ご注文の品を発送いたします
to the full 最大限に (=to the fullest); 十分

full age 成年

full and open disclosure 全面的開示

full-blown a 本格的な; 十分に発達した ► The government is injecting public funds to stave off a full-blown financial crisis. 政府は金融危機の本格化を防ごうとして公的資金を注入している

full board 《英》(下宿・ホテルなどの)三食付き [⇒ヨーロッパ大陸では三食付きをAmerican planと言うが, full board, full pensionも使われる]

full capacity 完全操業, フル稼働 [⇒企業の生産設備の活動能力を最大限に使用した場合の操業度で, 保守・点検があるため一般には本来の能力の85%程度とされる] ► Currently, all of our factories are operating at full capacity. 現在当社の工場はすべてフル稼働です

full container load コンテナ1個分の

full costing 全部原価計算 (=absorption costing, total costing) [⇒製品の製造に伴って生じるすべての原価を製品原価に集計する方式. 直接製造原価のみを対象とするdirect costingと対比される]

full cost method 全部原価法 [⇒石油, ガスなどの抽出産業において試掘, 調査, 開発などのすべての費用を取得原価に集計する会計方法]

full disclosure 完全公開, 完全開示 [⇒財務諸表および脚注において財務情報利用者にすべての重要な情報を開示すること] ► assure full disclosure of potential conflicts of interests 起こりうる利害抵触の完全開示を保証する

full employment 完全雇用 (✥就業の意志のない者や求職中の者が常に滞留しているので, 失業率ゼロという意味ではない)

full endorsement 記名式裏書

full faith and credit 完全な保証 [⇒政府が税収をもって政府機関が発行した債務の元利払いを担保することを指す. きわめて安全性の高い証券であることを言うのに用いられる] ► GNMA securities carry the full faith and credit of the U.S. government. GNMA (政府住宅抵当金庫)が発行する証券には米政府の完全な保証が付与されている / FNMA and FHLMC securities are not backed by the full faith and credit of the U.S. government. FNMA (住宅抵当金庫)およびFHLMC (連邦住宅貸付抵当公社)が発行する証券には米政府の完全な保証が付かない

full-fledged a 《米》十分に発達した; 資格のある, 本格的な (=《英》fully-fledged) ► a full-fledged economic recovery 本格的な景気回復

full insurance 全部保険, 全額保険

full-line a 完全な品ぞろえをした, 全機種[品目]の

full-line strategy フルライン戦略 [⇒顧客の多様なニーズに対応するための多様な品ぞろえ]

full merger 完全な合併 [⇒部門同士の統合といった緩やかな連携を超えて, 完全に二社を合併させること]

full ownership 100%出資, 全株式所有 ► The company acquired full ownership of its 51 percent subsidiary. 同社は51パーセント子会社の全株式を取得した

full-page ad 全面広告 ► We are going to place a full-page ad in the paper next week. 来週新聞に全面広告を出すつもりだ

full payment 全額払い

full-point adj まるまる1ポイントの

[解説] 株式相場については1ポイントは1ドルを表す. 債券での1ポイントは額面1,000ドルの価格が10ドル動いたことを指す. 経済成長率については1ポイントは1パーセントを表す. ⇒ point

► In May, there was a full-point increase in the unemployment rate from 4.6% to 5.6%. 5月に, 失業率は4.6%から5.6%へまるまる1ポイント増加した

full position フル・ポジション [⇒注目度の高い広告スペースや時間帯]

full-scale a 実物大の; 全面的な; 本格的な

full-scale production 本格稼働 ► The plant reached full-scale production in 1999. その工場は1999年には本格的稼働体制に入った

full-service a 全業務を行う; 本局の

full-service agency 総合広告会社

full-service broker 総合証券会社, フル

サービス・ブローカー [⇨株式などの売買注文執行だけでなく, 投資情報提供や投資相談などの多様なサービスを提供する証券会社]

full-service brokerage フルサービス・ブローカー業務 [⇨単なる委託販売の執行に加え, アナリスト・レポートなどのサービスを提供する]

full-size, full-sized *a* 十分に成長した (=full-grown); 実物大の; フルサイズの [⇨ダブルベッドの大きさ]

full-time *a, ad* フルタイムの[で]; 専任の[で] ► We have only two full-time staff here. ここでのフルタイムの社員は二人だけだ / Companies have reduced their hiring for full-time positions. 企業各社は常勤の地位に対する雇用を減らしている / The guarantee of a long-term full-time job is important. 長期でフルタイムの仕事を保証することが大切だ

full-timer *n* フルタイム従業員, 常勤[専任]者

full turn key 完成引渡工事契約 [⇨工事を引き受けた者が試運転完了まで責任を持ち, あとはスイッチを入れれば設備がすべて動き出すようにして引き渡すという契約]

fully /fúli | fúli/ *ad* まったく; 十分に ► I'm fully aware of the risks involved in the project. そのプロジェクトに内在するリスクは十分に承知しています

fully diluted earnings per share 完全に権利行使された後の一株あたり純利益 [⇨転換社債の転換, 新株引受権の行使などすべての権利が行使されたと仮定して計算されたもの]

fully fledged (英) =full-fledged

fully funded pension 積立不足のない年金基金 [⇨年金資産の現在価値が将来の給付必要額の現在価値に等しい基金を指す]

fully invested フルインベストメントである [⇨資産運用において, 手持ちの投資資金を全額, 株式などでの運用に回してあることを言う]

fully owned subsidiary 完全所有子会社

fully paid share 払込済み株式, 全額払込済み株式 [⇨株式の額面額になるまで払込が完了した株式. わが国は全額の払込に対してのみ株式を発行できるが, 他国では一部の払込でよかったり(イギリス), あるいは株券を発行しない限り払込を要しなかったりする(デラウェア州)]

fully-subscribed *a* 全額引受けがあった [⇨新規発行の債券や株式が全額売りさばかれたことを言う]

fun /fʌn/ *n* 面白い; ふざけ, 戯れ
(just) for fun / *for the fun of it* 楽しみに
full of fun とても面白い
have fun 楽しむ
in [out of] fun 冗談に

like fun 決して[絶対に]…でない
make fun of / *poke fun at* を笑いものにする
take all the fun out of をつまらなくする ► Dealing with staff problems takes all the fun out of this job. スタッフの問題の処理が, この仕事を味気ないものにしている
— *vi* (-nn-)《略式》戯れる
— *a* 愉快な; 風変わりな; 楽しみの, 面白い ► fun money (投資家にとっての) 余裕資金, 捨て金

function /fʌ́ŋkʃən/ ❶ 機能, 作用; 働き; 職務, 儀式, 行事; 大集会; 関数; 兼ねあいで決まること ► What kinds of functions are included in the new product? 新製品にはどのような機能がついているのですか / Business ethics is a function of one's sense of responsibility and corporate culture. 企業倫理は個々人の責任感と企業風土との兼ねあいで決まる ❷ 〖経営〗職能
— *vi* 作用する; 機能[役割]を果たす (as); (人が) 人並みに働く ► This recorder also functions as a USB memory device. この録音機はUSBメモリーとしても使える / All the machines are functioning in order. 全部の機械がきちんと動いている
◇**functionary** *n* 職員, 役人 (✛ばかにした言い方)

functional /fʌ́ŋkʃənl/ *a* 機能[職務](上)の; 実用的な
◇**functionally** *ad*

functional acknowledgement (サーバーが返す) 受取通知, 受信確認

functional approach 機能的アプローチ, 機能研究 [⇨マーケティングに関わる各機能を個別に研究しようとするもの] ⇨commodity approach, institutional approach

functional claim 機能クレーム [⇨発明の効果をもたらす具体的な構成を記載せず, 機能のみを記載した特許クレーム]

functional currency 機能通貨 (=local currency) [⇨特定の企業が特定の経済環境のもとで経営活動を行うために用いる通貨. わが国の企業にとっての機能通貨は円だが, 親会社がフランス企業なら, その日本での子会社の機能通貨はユーロになる]

functional discount 機能割引 [⇨販売先の市場での機能が何であるかに応じて与えられる割引. たとえば, メーカーや卸しが取引先の卸し・小売業者に対して, 自社製品を取り扱うことに対する報酬として割引を行うこと. trade discount(業者割引)とも言う] ⇨cash discount, quantity discount

functional flexibility 機能的柔軟性 [⇨技術革新などの変化に適応するために求められる労働者のスキルにおける柔軟性]

functional food 機能性食品 [⇨体調を整えるためのもの]

functionality *n* 機能, 機能性 ► a cellphone with a digicam functionality デジカメ機能付き携帯電話

functional obsolescence 機能的陳腐化 [⇨ 古いビルで情報機器のため配線に不便だといった,物理的減価要因以外の機能的要因による陳腐化を言う]

functional organization 機能別組織,職能別組織 [⇨ 研究職は開発部門,営業職は販売部門になどと経営機能別に編成された組織]

fund /fʌnd/ n ❶ 資金,基金 (語法) 単数ではまとまりのある基金等を指し,複数では資金を指す)

コロケーション

(動詞(句)+〜) **allocate** funds 資金を配分する / **commit** one's funds **to** に自己の資金を投ずる / **dry up** the funds 手元金が尽きる / **establish** a fund 基金を設立する / **invest in** a fund 基金に資金を拠出する / **manage** a fund 基金を運用する / **raise** funds 資金を調達する / **remit** funds 送金する / **run** a fund 基金を運用する / **set up** a fund 基金を設立する / **transfer** funds 送金する, 勘定を振り替える / **wire** funds 送金する

▶ a flow of funds 資金循環 / pension funds 年金基金 / excess funds 余剰資金 / demand for funds 資金需要 / fund allocations 資金配分 / operating funds 運転資金 / a source of funds for the project プロジェクトの資金源 / in [out of] funds 手元に金があって[なくて] / We contribute a part of our profits to **charitable funds**. わが社は利益の一部を慈善基金に寄付しています / The project is **short of funds**. そのプロジェクトは資金不足だ / Phase two will require us to **raise additional funds** to cover the expected maintenance costs. 計画の第二段階では,予想される維持費に備えて追加資金を調達する必要が出てくる / The company doesn't **have sufficient funds** to meet its payroll obligations. 同社は給与を支払うための資金すら十分にない / The company had to **borrow funds** to pay its employees and sustain its operations. 同社は従業員の給与を支払い,事業活動を維持するために資金を借り入れなければならなかった / We are confident that we can **obtain sufficient funds** to implement our growth strategy. 当社は成長戦略を実行に移せるだけの資金を確保する自信がある / The bank is seeking **an injection of public funds** of several billion dollars. その銀行は数十億ドルの公的資金の注入を求めている ❷ ファンド,投資信託 [⇨ 小口の資金を束ねて運用しているもの.たとえば,ミューチュアルファンド]

ファンド

balanced fund バランス型ファンド / bond fund 債券ファンド / commodity fund 商品ファンド / current income fund 定期分配型ファンド / enhanced index fund 高収益追求型インデックス型運用ファンド / equity fund 株式ファンド / escrow fund エスクローファンド / growth fund 成長株ファンド / income fund 定期分配型ファンド,インカムゲイン型ファンド / index fund インデックス型ファンド / managed fund アクティブ運用型ファンド / mutual fund ミューチュアルファンド / no-load fund ノーロード型ファンド

― vt 資金を提供する;(金を利子支払用に)残しておく;(短期借入金を)長期借入金に切り替える;資金をまかなう

fund administrator (資金の)運用管理責任者

fundamental /fʌndəméntl/ a 基本の,重要な;根本的な ▶ Computer proficiency is a fundamental skill needed for the job. コンピュータに熟達していることがその仕事に必要な基本的スキルだ / With the new CEO came a fundamental shift in the company's business strategy. 新しい CEO の着任で,同社の事業戦略に抜本的な変化がやって来た

◇**fundamentally** ad 根本的に;まったく;本来(的に言えば) ▶ He regretted his earlier assertion that the economy was fundamentally sound. 経済は基本的に健全だと前に断言したことを彼は後悔した

fundamental analysis ファンダメンタル分析 [⇨ 企業の決算書を分析して投資価値を見定め,それとの対比で現株価が割高か割安かを評価するアプローチ.景気予測においては GDP,金利などの基本的経済指標を総合判断する] (⇔ technical analysis)

fundamentalist n ファンダメンタル分析の専門家

fundamental patent 基本特許 ⇨ pioneer patent

fundamentals n pl ❶ 基本;根本,原理 ▶ Through on-the-job training, employees learn the fundamentals of the company's operations. オンザジョブ・トレーニングを通じて,従業員は同社の事業の基本を学ぶ ❷ ファンダメンタルズ,基礎的要因 [⇨ 一国の経済状態や企業の財務状況を表す基礎的な指標] ▶ Fundamentals such as earnings and cash flow are used in making investment decisions. 収益やキャッシュフローのような基礎的なデータは投資の決定に用いられる

fund balance 資金残高,基金残高 [⇨ 会計単位として区分された資金ごとの資金残高]

fund balance sheet 基金貸借対照表 [⇨ 資金の運用を固定資産,運転資金および財務資金に区分し,その区分ごとに資金調達と一致させる形式で貸借を一致させた貸借対照表]

funded pension plan 積立方式の年金,十分に積み立ててある年金 [⇨ したがって事業主破綻の場合も給付ができる]

funder n 出資者

fund family ファンド・ファミリー [⇨ 同じ運用会社が運用する投資信託のグループ.相互で無料の乗換えができるといった投資家にとっての特典が設けられている]

funding n ❶ (…のための)財源,財政的支援;資金手当て;借換え ▶ Congress may cut funding for federal student-loan program. 連邦議会が連邦政府の学生ローン向け資金を削減する可能性がある / In some countries it is difficult to obtain funding from private investors. 一部の国では民間の投資家から資金を調達するのが難しい / The ailing bank was forced to seek emergency funding from the central bank. 破産寸前のその銀行は中央銀行に緊急融資を要請せざるを得なかった ❷ 拠出, 積立て [○退職給付基金への資産の引渡し] ► These contributions are intended to satisfy the funding requirements for the company's pension plan. この拠出金は, 同社の年金の資金需要をまかなうためのものだ

funding cost 資金コスト
funding option 資金調達上の選択肢
funding policy 拠出方針, 積立て方針 [○退職給付基金への拠出方針]
funding target 積立目標
fund management (business) 資金運用(業務)
fund manager 資金運用管理担当者, ファンド・マネジャー [○ミューチュアルファンドや年金などの資金運用にあたる専門職]
fund of funds ファンド・オブ・ファンズ(FOF)

> **解説** 他のミューチュアルファンドに投資するミューチュアルファンド. 複数の優良なミューチュアルファンドに分散投資できる利点があるが, 手数料を二重に支払う点に問題がある. ⇨ fund of hedge funds

fund of hedge funds ファンド・オブ・ヘッジファンズ(FOHF)

> **解説** ヘッジファンドに投資するミューチュアルファンド. 投資対象を分散させるとともに, ヘッジファンドの高収益性を享受しようとするもの. ヘッジファンドに投資できない小口投資家でも間接的にヘッジファンドに投資できる利点があるが, 手数料を二重に支払う点に問題がある. ⇨ fund of funds

fund on hand 手持ち資金 (=fund in hand)
fund-raise v 資金調達をする
fund-raiser n 政治資金集めのパーティー
fund raising 資金調達, 募金活動
funds flow statement 資金フロー計算書, 資金運用表, 財政状態変動表 [○連続する二期分のバランスシートをもとに運転資本の増減を資金の運用・調達の変化という視点から整理したもの]
fund share (ミューチュアルファンドの)持分
fund statement 資金計算書 [○企業の経営活動に伴う資金の流入と流出の状態を明らかにした財務表]
funds transfer 資金移動, 送金
funeral /fjúːnərəl/ n, a 葬式(の); 《略式》不愉快なこと

It's your funeral. 《略式》それは君が自分で始末しなくてはいけないことだ
◇**funerary** /-rèri | -rəri/ a 葬式の
◇**funereal** /fjuːníəriəl/ a 葬式の; 陰うつな
fungibility /fʌ̀ndʒəbíləti/ n ファンジビリティ, (援助資金の)代替[流用]可能性
fungible /fʌ́ndʒəbl/ a, n (金銭・穀物など)代替可能な(物) ► fungible goods [things] 代替可能物
funny /fʌ́ni/ a おかしい; ひょうきんな; あやしい; 《略式》奇妙な, 変な (=funny weird [strange]); 《米》続き漫画の ► Don't get funny with me! 生意気なロきくな / It's funny the annual report didn't mention such a big loss. 年次報告書がこんな大損失を記載しなかったのは変だ

see the funny side of (困難な状況の)こっけいな面を楽しむ

— n (-nies) 《米》連載漫画(欄)
◇**funnily** ad おかしく; 奇妙に
funny business 《略式》不正取引; 愚行
funny money 《略式》偽金, 偽造紙幣; おもちゃのお札; 変わり種の金融商品
Furby 《商標》ファービー [○白い毛のふさふさした米国のペットロボット. 1998年に Tiger Electronic 社が発売. Furbish (ファービー語)を話す]
furious /fjúəriəs/ a 激怒した; 猛烈な, 激しい ► He was furious when he found out the truth. 真相をつきとめたとき, 彼は激怒した / He lost furious sums. 途方もない額の金を失った
◇**furiously** ad
◇**furiousness** n
furlough /fə́ːrlou/ n, vt 賜暇(しか), 休暇, 一時帰休(を与える); 一時解雇する

on furlough 休暇で ► Some automakers have put their workers on furlough. 一部の自動車メーカーは従業員の一時解雇に踏み切った
furnace /fə́ːrnis/ n ❶ 炉; 暖房[溶鉱]炉; 焦熱の場; 試練 ❷【環境】ごみ焼却炉, 焼却炉
furnish /fə́ːrniʃ/ vt 供給する《with》; (家具などを)備え付ける《with》 ► A copy of the catalog will be furnished upon request. ご請求しだいカタログを差し上げます 例 BUYER shall furnish SELLER with necessary instructions for make-up, description of origin, packing, and/or other arrangement, if any.「買主」は,「売主」に対し構造, 原産説明, 梱包およびその他手配のために必要な指示を与えるものとする
◇**furnished** a 家具付きの
◇**furnisher** n 家具商
furniture /fə́ːrnitʃər/ n (集合的)家具; 付属品; 内容 ► a piece of furniture 家具1点 / furniture and fixtures 什器備品

part of the furniture 《略式》目立たない[存在感のない]人[もの]
further /fə́ːrðər/ ad もっと遠くに; それ以上に (✚farの比較級) ► We cannot delay our decision any further. 決定をこれ以上遅らせることはできない / Before we go any further I've got something to tell you. 先に進む前にちょっとお話ししたいことがあります

— a もっと遠い; さらに先の ► When the announced layoffs are put into effect, we'll see further declines in consumer spending. 発表済みのレイオフが実行されると, 消費者支出のさらなる減少を経験するだろう / Do you have

any further questions? もっとご質問がおありですか / I have no further questions. もう質問はありません
further to に付け加えると
go (one step) further さらに(もう一歩)言う
I'll see you further (first). 《略式》まっぴらごめんだ
Look no further. ほか(の店)を見る必要なし
not go any further 他言は無用だ
Nothing could be further from the truth. (それ)はまったくの間違いだ
take ... further にもっと真剣に取り組む
— *vt* 進める, 助長する
◇**furtherance** *n* 助長, 促進《*of*》
further assurances 追加的保証事項
furthermore *ad* さらに ► Furthermore, we've increased our production capacity. その上に, 当社は生産能力を増強した
fury /fjúəri/ *n* 憤激; 猛烈さ《*of*》
in a fury 猛威を振るって
like fury 《略式》猛烈に
fuse *v* 溶かす, 溶ける; 融合させる[する] ► fuse the three divisions into a single unit その三つの事業部門を融合させて, 単一の部門にする
fusion /fjúːʒən/ *n* ❶ 溶解(物), 溶融; (集団の)合同; 核融合 ❷ 企業合同, 企業結合

future /fjúːtʃər/ *n, a* ❶ 未来(の); 将来; 前途 ► have a promising [bright] future 前途有望である / assess the future prospects of the company 会社の将来の見通しを検討する
❷ (~s) 先物(取引), 先物契約, フューチャーズ [⇨ 特定商品を決められた受渡し日に, 事前に決められた価格で売買するという契約] ► Wheat futures for July dropped 36 cents or 6 percent. 小麦先物の7月物は36セント, すなわち6%下落した / Automakers buy oil futures as a hedge. 自動車メーカーは石油先物をヘッジの目的で買っている

═══先物═══
bond futures option 債券先物オプション / commodity futures 商品先物 / currency futures 通貨先物 / financial futures 金融先物 / index futures 指数先物 / interest rate futures 金利先物 / stock index futures 株価指数先物

for future references 将来の参考用に
in (the) future / for the future 今後は (♣口語ではfrom now onと言う) ► Please be more careful in the future. これからはもっと注意するように
in the near future 近いうちに
◇**futureless** *a* 将来性[見込み]のない
future cash flow 将来キャッシュフロー
future cost 未来原価 [⇨ 将来発生することが考えられる原価. 具体的には差額原価, 標準原価, 見積原価がある]
future developments 将来における(開発作業の)成果
future interest 将来権 [⇨ 土地またはその他の財産について, すでに確定した権利であるが, 将来の一定時点で初めて享受することができるもの]
future net cash flow 将来正味キャッシュフロー
future sale 先物売買 (=future trading, future purchase and sale)
futures and option market 金融先物市場 [⇨ 金融先物取引, 金融先物オプション取引の行われる場. 金融先物取引とは, 将来の特定日に, 通貨・金利・債券・株式などの特定の金融商品を売買することを現時点で約する取引. 金融先物オプション取引とは, 金融先物を特定の期間中に買い付ける権利または売り付ける権利を売買する取引]
futures commission merchant 先物取次業者
futures contract 先物契約

┌─────────────────────────────────────┐
│ 解説　将来の特定日に特定の品質および数量の │
│ 商品の受渡しを行うことに合意する契約で, 組織 │
│ 化された取引所において取引所の定める条件に │
│ 従って取引される契約. 将来の特定日に受 │
│ 渡しする契約という点では先渡契約と同じだが, │
│ 取引所で取引されること, 市場で売買されている │
│ 商品でなく定型化された標準商品を取引すること │
│ で先渡契約とは異なる. ⇨ forward contract │
└─────────────────────────────────────┘

► purchase of a futures contract 先物の買い / sale of a futures contract 先物の売り / trade in a futures contract 先物取引をする
futures exchange 先物取引所
futures market 先物市場 [⇨ 先物契約を取引する市場. 具体的にはニューヨークやシカゴなどの先物取引所] ⇨ futures contract, forward market ► make [lose] money on the futures market 先物市場で利益をあげる[損失を出す]
futures price 先物相場, 先物価格 [⇨ 将来の特定の時点で商品または有価証券を売買する価格]
futures trading 先物売買, 先物取引 (=future sale) ► engage in futures trading 先物取引を行う
future value 未来価値, 将来価値 (=future amount) [⇨ 複利計算を前提に, 現時点で受け取り, または支払う金額を将来の一定期日においては現在の価値に引き直すといくらになるかを示す期待値] ⇨ present value
fv future value
fwd., fwd forward
FWR Test 《米》FWRテスト [⇨ 米国の特許侵害訴訟において, 均等の判断基準として使用されるテスト. 機能, 方法, 結果が同一であるか否かにより判断する. FWR は function, way, resultの略] ⇨ doctrine of equivalence
fwy freeway
FX foreign exchange
FY, fy fiscal year; 《英》financial year
FYA first year allowance
FYI for your information ご参考までに

G, g

g gram(s)

G 《米略式》1,000ドル (=grand); gravity; Group; 【ぢーが】 giga ギガ [10億]

(g) 【ぢにく】 grin(笑い)

GA, Ga. Georgia

G. A., g. a., G/A general average

GAAP generally accepted accounting principles (米国で)一般に認められた会計原則 ▶ financial statements prepared in accordance with GAAP 一般に認められた会計原則に従って作成された財務諸表

GAAS generally accepted auditing standards

GAB General Arrangements to Borrow

G/A con. general average contribution

G/A dep. general average deposit

gadget /gǽdʒit/ n 仕掛け; (考案した) 道具, 付属品 ▶ The company's latest electronic gadget became an instant hit. 同社の最新の小型電子機器はたちまちヒット商品になった

gadgetry n ちょっとした道具類 [▶特に新商品]

gag clause =gagging clause

gage¹ /geidʒ/ n 質入れ物, 質権を設定した物

gage² n =gauge

gagging clause 守秘義務条項 [▶特に自社従業員の言動を制止するもの]

gagging order (裁判所による) 箝口(かんこう)令, 報道禁止命令

Gaia /gáiə, géiə/ n ガイア [▶1つの巨大な有機体として考えられた地球. ギリシャの大地の女神の名から]

◇**Gaian** a

Gaia hypothesis (the ~) ガイア仮説 [▶英国の科学者 J. ラブロックが提唱した仮説で, 地球は自己調整能力を持った一つの生命体であるから, その調整能力以上に環境を悪化させてはならないという主張]

gain /gein/ vt 得る; 勝ち取る; 増加する; (時計が)進む; 到達する ▶ cut prices to gain market share 市場シェアを高めるために価格を下げる / The brand has gained a high reputation for quality. そのブランドは品質面で高い評価を得ている / He is a reliable team player with ability to gain trust and confidence. 彼は信頼と信用を獲得する能力を持ったチームプレーヤーだ

― vi よくなる; 利益を得る; 進む ▶ The dollar has gained against other currencies. ドルは他の通貨に対して全面高となった

gain ground 進歩する; 人気を得る; 追いつく (on)

▶ We've gained ground on our competitors. わが社は競合他社よりも優位に立っている / The dollar gained ground against other currencies. ドルは他の通貨に対して値上がりした

gain on [upon] に接近する; を引き離す; (人の)気に入る; (海が陸を)浸食する

gain over を説得する; 味方に引き入れる

gain the upper hand on [over] に勝つ; より優勢になる

gain time (時計が)進む; 時を稼ぐ

Nothing ventured, nothing gained. 《諺》虎穴に入らずんば虎児を得ず

― n ❶ (~s) 利得, もうけ; 増加; 進歩; 取得 ▶ ill-gotten gains 不正利益 / market share gain 市場シェアの拡大 / productivity gain 生産性の向上 / The company's share price posted a gain of 12 cents. 同社の株価は12セントの上昇を記録した / We've seen spectacular gains among blue chips. 優良株の中に目覚ましく上昇したものがある / Spending showed no gain in January. 消費支出は1月にはまったく増加しなかった

❷【金融】利益, 利得 [▶通常の営業活動以外の活動から生ずる利益]

コロケーション

(~+on+名詞(句)) **gain on** disposal of equipment 設備処分益 / **gain on** disposal of fixed assets 固定資産処分益 / **gain on** foreign exchange 外国為替差益 / **gain on** forgiveness of debt 債務免除益 [▶欠損企業などに対する債務免除] / **gain on** sale 売却益 / **gain on** sales of fixed assets 固定資産売却益 / **gain on** the sale of securities 有価証券売却益

▶ a capital gain キャピタル・ゲイン [▶株式などの価格上昇による利得] / a currency gain 為替差益 / an unrealized gain 含み益 / report sales and earnings gains for the first quarter 第1四半期に増収増益を計上する

No pain(s), no gain(s). 苦しみなくして成功なし

◇**gainer** n 上昇銘柄; 上がった通貨; (税制などの施策で)利益を得る者 ▶ Gainers beat decliners 688 to 513 with 315 unchanged. 上昇銘柄は下降銘柄より688対513で多かったが, 315銘柄は変わらずであった

◇**gainful** a 有給の, 有償の, 報酬のある

gain or loss 損益 [▶利得または損失] ▶ net realized gain or loss 正味実現損益 / gain or loss on disposal 資産処分損益

gain recognized 認識利益

gainsharing n 成果報酬, ゲインシェアリング [▶コスト削減策の提案など, 利益拡大に寄与した者に対して増益分の一部を還元すること]

gal. gallon(s)

galleria /gæləríːə/ n アーケード

gallery /gǽləri/ n 画廊, 美術品陳列室[館]; 回廊, 通廊; (劇場・教会などの) さじき; 大向こう; 一般大衆; (議場などの) 傍聴席, 記者席; 傍聴人, 聴衆

play to the gallery 俗受けをねらう, 大衆にこびる

gallon /gǽlən/ n ガロン [▶液量の単位. 《英》で

約4.5*l*,《米》で約3.8*l*》► Gas prices dropped to $1.20 a gallon. ガソリン価格は1ガロン当たり1ドル20セントに下落した

galloping inflation 急激なインフレ［⇨極端に激しいものを言う］

Gallup poll /ɡǽləp/《米》ギャラップ世論調査［⇨米国の統計学者G.H. Gallupにちなむ］

gamble /ɡǽmbl/ *vi* 賭け事をする《*at*》；一か八かの冒険をする《*on*》
— *vt* 賭ける；賭け事で失う《*away*》► The company is gambling its future on a rather odd product. 同社は一風変わった製品に会社の命運を賭けている
gamble in stocks 危険を覚悟で投機をする
— *n* 賭博(とばく)
◇**gambler** *n*

game /ɡeim/ *n* ❶ 娯楽；試合；競技；得点；勝負；計略；獲物(の肉)；(追求の)目標；《略式》職業,商売 ► We're new to the game. その商売[仕事]は初めてだ / I've been in this game for five years. この商売を始めて5年になる ❷【経済】ゲーム［⇨利害の対立するプレーヤー間のゲーム行動としてとらえた人間の社会的行動］ ⇨ game theory
at a person's own game (相手の)やり方で
fly at high game 大物をねらう
give the game away 意図を漏らす
have a game with をだます
The game is up. 万事休す
the name of the game 《略式》重要[肝心]なこと；最重要点
the only game in town (不本意だが)仕方がないこと[もの]
What's the game? 《略式》一体どうなっているのか；何をたくらんでいるんだ
— *a* 勇気のある, 元気がいい；(する)意志のある《*for, to do*》
die game 最後まで奮闘する
— *v* 賭けをする［で浪費する］《*away*》

Game Boy 《商標》ゲームボーイ［⇨任天堂製のポータブルゲーム機. 1989年の発表以来米国でも大人気］

game plan 作戦計画, 戦略 ► Our company's game plan is to double sales by introducing a new product. わが社の戦略は新製品を導入して売上を倍増することだ

game theory 【経済】ゲーム理論（=theory of games）［⇨利害の対立する人々が相互に働きかけ状況で人々がどのような行動をとるかを分析する研究］

G&A general and administrative expenses
G&AE general and administrative expenses

Gannett (~ Co., Inc.) ガネット［⇨米国の新聞・放送会社. 設立1923年. *USA Today* など90の日刊紙を発行するほかに, 英国でも新聞を発行］

Gantt chart ガント・チャート［⇨進捗を管理する伝統的な手法. 横軸に1日, 2日と時間の単位を取り, 縦軸に作業1, 作業2と行を取り, 個々の作業がいつからいつまでかかるのかを分かるようにする］ ► Look at this Gantt chart for our new project. われわれの新計画のガントチャート[進行表]を見てください

GAO General Accounting Office

gap /ɡæp/ *n, vt* (-pp-) 割れ目(を作る)；間隙《*of*》；欠陥《*in*》；相違；山あい ► The government wants to narrow the gap between imports and exports. 政府は輸入額と輸出額の間のギャップを縮小したいと思っている / There are huge gaps in financial regulations among countries. 国々の間で金融規制に大きなギャップがある / There's a wage gap between male and female managers. 男性管理職と女性管理職との間に賃金格差がある / The income gap between China's coastal and inland areas has increased considerably. 中国の沿海地域と内陸地域の間の所得格差はずいぶん増大した
a gap in the market 新ビジネスの開拓余地 ► We saw a gap in the market for upscale sandwiches. 高級サンドイッチ市場に新ビジネスの開拓余地を見つけた
bridge [fill] a gap 不足[相違]を埋める

Gap 《商標》ギャップ［⇨米国のカジュアル衣料メーカー. また, そのブランドの一つ. Gap ブランドの他に, Banana Republic, Old Navy, Forth & Towne などのブランドも出している］

gap analysis ギャップ分析［⇨満たされていないニーズを見極めて新事業を開発し, またはラインナップを改善すること］

garage /ɡərɑ́:ʒ | ɡǽrɑ:ʒ/ *n, vt* ガレージ(に入れる)；自動車修理工場；ガソリンスタンド；《G-》ニューヨーク証券取引所の別館フロア ► The new office building will have an underground parking garage. 新しいオフィスビルには地下の駐車場ができるだろう

garbage /ɡɑ́:rbidʒ/ *n* ❶《米》生ごみ, 厨芥；くだらないもの；ほら, たわ言 ❷【コンピュータ】ごみ, 不正確なデータ
Garbage in, garbage out. 入力データが正しくないと出力情報も正しくない, ガイゴー, ギゴ (GIGO)

garden /ɡɑ́:rdn/ *n* (植物のある)庭, 庭園；《通例 ~s》公園, 遊園地；《米》芝地；肥沃(ひよく)な地方 ► The hotel is surrounded by beautifully landscaped gardens. そのホテルは美しく造園された庭で囲まれている
— *vi* 庭いじり[園芸]をする
— *a* 庭の；ありふれた
common or garden 普通の
Everything in the garden is rosy.《英》万事好調
lead a person up the garden path (人に)思い違いをさせる；(人を)だます
◇**gardener** *n* 植木屋
◇**gardening** *n* 園芸

gardening leave 《英》ガーデニング休暇［⇨技術情報などが漏れるのを先延ばしにするため, 他社に移籍の決まっている社員に強制する半年から1年の有給休暇］

garment /ɡɑ́:rmənt/ *n* 衣類(の1点)；《~s》衣類
Garment District 女性アパレルの街［⇨ニューヨーク市内の女性アパレル関連の事業所が集

garnish /gáːrniʃ/ *vt* (債権差押通告をして)(債務者の財産などを) 差し押さえる

garnishee /gàːrníʃíː/ *n* 債権差押手続における第三債務者 [⇨債権者にとっての債務者のそのまた債務者]

garnishee order 債権差押命令
garnishee proceedings 債権差押手続
garnisher 差押債権者

garnishment *n* 債権(仮)差押 [⇨第三者の手中にある被告の金銭・財産を裁判所の命令によって差し押さえ, 原告の債権の満足を図る手続]

gas /gæs/ *n* ガス, 気体; 毒ガス, 催涙ガス; 《米式》ガソリン; 《米略式》天然ガス (=natural gas); アクセル; 話, おしゃべり, 愉快なこと ► How far can the car go on a tank of gas? その車は満タンのガソリンで, どのくらいの距離を走れますか / Could you put some gas in the car? 車にガソリンをお願いできますか

step on the gas アクセルを踏む, スピードを上げる; 急ぐ
— *vt* (-ss-) ガス[ガソリン]を供給する (*up*)
— *vi* ガスを発する; 無駄話をする (*about*)

gas-efficient *a* ガソリンを食わない, 燃料効率のよい

gas engine 《米》ガスエンジン (✚英国ではガソリン・エンジンは petrol engine と言う)

gas field 天然ガス田
gas-fired *a* ガス燃料の
gas-guzzler *n* ガソリンを食う大型車
gas-guzzling *a* (車などが) ガソリンを食う

gasification /gæsəfəkéiʃən/ *n* ❶ ガス化, 気化 ❷ 【リサイクル】ガス化 [⇨有機質資源を化学処理して, 可燃性ガスをつくること]

gasohol /gǽsəhɔ̀ːl, -hɑ̀l/ *n* ガソホール [⇨ガソリン85%とエチルアルコール15%の混合燃料]

gas oil ガス油, 軽油

gasoline, gasolene /gǽsəlìːn, ˌ--ˈ-/ *n* 《米》ガソリン (✚英国では petrol と言う) ⇨ gas ► Large cars like SUVs consume a lot of gasoline. スポーツ汎用車のような大型車は大量のガソリンを消費する

gasoline engine ガソリンエンジン (= 《英》petrol engine)

gasoline (excise) tax ガソリン税
gas-sipper *n* ガソリンを食わない車
gas-sipping *a* (車などが) ガソリンを食わない

gas station ガソリンスタンド
gas well 天然ガス井戸
gasworks *n* ガス製造所

gate /geit/ *n* 門; 出入り口; (空港の) ゲート; 入場者(数); 入場料(総額) ► Employees must show their ID at the entrance gate. 従業員は入り口のゲートで身分証明を見せなければならない

get the gate 追い出される, 首になる
give a person the gate 《略式》(人を) 追い出す; を首にする, 解雇する

gatefold *n* (雑誌の) 折込みページ

gatekeeper *n* ❶ 【マスメディア】ゲートキーパー [⇨ある集団と外部とをつなぐコミュニケーションのチャネル上に位置し, メッセージの流れをコントロールする (gate keeping) 役割を担う人] ❷ 【経営】ゲートキーパー [⇨企業の垣根を越えて, 情報面で内外をつなぎ合わせる人間]

gateway *n* 入り口; 手段 (*to*); (比喩的) 玄関口; 【コンピュータ】ゲートウェー (=gateway system) [⇨プロトコルの異なるネットワークを接続する装置] ► a gateway to Latin America 中南米諸国への玄関口

gather /gǽðər/ *vt* 集める (*together*); 【マスメディア】収集する, 取材する; 採取する; (力を) 結集する; (スピードを) 出す; 推測する ► We're still in the process of gathering data. まだデータを集めているところだ
— *vi* 集まる; 増大する, 募る

gather in (作物を) 取り入れる; (金を) 集める; 《略式》捕らえる

gather up を拾い集める; を要約する ► Residents gathered up their belongings and evacuated their homes. 住民は所持品をまとめて家から避難した
— *n* (~s) ひだ, ギャザー

gathering center 集積地

Gatorade 《商標》ゲータレード [⇨米国のスポーツドリンクの一つ]

GATT /gæt/ *n* General Agreement on Tariffs and Trade 関税及び貿易に関する一般協定, 関税貿易一般協定, ガット [⇨1947年に, 関税その他の貿易障壁を軽減し, 自由・無差別の国際貿易を推進することを目的に制定された条約. 1995年に世界貿易機関 (WTO) が国際機関として発足したことに伴い, WTO協定の一部として改正・解消された]

gauge /geidʒ/ *n* 計器, ゲージ; 標準寸法; 基準; 範囲 ► The CPI's core rate is used as a gauge of inflation. 消費者物価指数のコア率はインフレの測定基準として用いられる

take the gauge of を計る, 評価する
— *vt* 測定する; 評価する ► We conducted a survey to gauge consumers' preferences. 当社では消費者の選考を測る調査を行った
◇ **gauger** *n* 計量者[器]; 検査係; 《英》収税吏

gazelle /gəzél/ *n* 急成長企業 [⇨俊足で知られるガゼルにたとえて]

gazette /gəzét/ *n, vt* 新聞; 官報, 公報, 公告; 《英》(通例受身) 官報(で知らせる), 官報に掲載する ► a stock-exchange gazette 取引所報 [⇨証券取引所が出す公式の日報] [<仏]

gazillion /gə-/ *n, a* 《略式》うん十億(の)

gazump /gəzʌ́mp/ *vt* 《英略式》(不動産売買で取引成立後に売主が) より有利な条件を提示した第三者に先に売ってしまう

gazunder /gəzʌ́ndər/ *vt* 《英略式》契約直前になって値切る

gazundering *vt* =gazunder
gb gigabyte
Gb gigabit
GB gigabyte; Great Britain
GBH grievous bodily harm
GCC Gulf Cooperation Council

GDO geographic designation of origin

GDP
gross domestic product 国内総生産
⇨ gross domestic product（解説）

コロケーション

（名詞(句)+〜） **contraction in** GDP GDPのマイナス成長 / **gain in** GDP GDPの伸び / **increase in potential** GDP GDP潜在成長率の上昇

（〜+動詞(句)） GDP **contracts** GDPが減少する / GDP **decelerates** GDPが減速する / GDP **declines** GDPが減少する / GDP **expands** GDPが伸びる / GDP **falls** GDPが急速に減少する / GDP **grows** GDPが伸びる / GDP **is flat** GDPが横ばいだ / GDP **remains flat** GDPが横ばいのままだ / GDP **rises** GDPが伸びる / GDP **shows growth** GDPが伸びる / GDP **shrinks** GDPが減少する / GDP **slows down** GDPが減速する / GDP **surges** GDPが(大幅に)伸びる

▶ Personal consumption and capital spending account for more than **70 percent of GDP**. 個人消費と設備投資はGDPの7割以上を占めている / **GDP contracted** by 2%. GDPが2%減少した / **GDP declined** an estimated 2% this year. GDPは今年マイナス2%と推定されている / **GDP expanded** at a 3% rate. GDPは3%の伸びとなった / **GDP grew** at a 7% annual rate in the first quarter. 第1四半期のGDPは年率7%の伸びとなった / **GDP is likely to be flat** next year. 来年のGDPは横ばいになりそうだ / **Real GDP** for the second quarter is projected to remain flat. 第2四半期実質GDPは横ばいと見込まれる / **GDP rose** by 2% in the first quarter. 第1四半期のGDPは2%の伸びとなった / **GDP is expected** to show no growth in the economy. GDPはゼロ成長を記録すると見込まれる / **GDP** in the second quarter **surged** by 1 percent. 第2四半期GDPは1%の増加となった / **Real GDP is nominal GDP adjusted** for inflation. 実質GDPは名目GDPをインフレ調整したものだ

═══▌**GDP**▐═══

debt-to-GDP ratio 政府債務のGDP比 / GDP in constant dollars 実質GDP / GDP in current dollars 名目GDP / nominal GDP 名目GDP / percentage of GDP GDP比 / real GDP 実質GDP

GDP deflator GDPデフレーター［⇨ 国で生産されたモノ・サービスを幅広くとらえたインフレ指標(価格上昇を表す指標). 名目GDPの値を実質GDPの値で割ったもの］ ▶ The GDP deflator posted a 0.4% drop after two consecutive quarterly gains. GDPデフレーターは2四半期連続でプラスだったが, 0.4%のマイナスとなった

GDP growth GDP成長率

コロケーション

（動詞(句)+〜） **add to** GDP growth GDP成長率を押し上げる / **assume** a GDP growth **rate of** X% GDP成長率をX%と想定する / **contribute to** GDP growth GDP成長率を押し上げる / **detract from** GDP growth GDP成長率に対して押し下げ要因となる / **expect** GDP growth **of** X% GDP成長率をX%と見込む / **forecast** GDP growth **at** X% GDP成長率をX%と予測する / **post** a GDP growth GDP成長率を記録する / **take away from** GDP growth GDP成長率を押し下げる

（〜+動詞(句)） GDP growth **accelerates** GDP成長が伸びる / GDP growth **decelerates** GDP成長が減速する / GDP growth **is flat** GDP成長率が横ばいである / GDP growth **takes place at** X% GDP成長率がX%となる

▶ in the face of **strong GDP growth** 大幅な伸びとなっているGDP成長率に直面して / Net exports **added** 1 percentage point **to GDP growth**. 純輸出がGDP成長率を1%押し上げた / Our forecast assumes a **GDP growth rate** of 6-8%. われわれは6〜8%の GDP成長率を想定している / Net exports **contributed** 1 percentage point **to GDP growth**. 純輸出がGDP成長率を1%押し上げた / We **expect GDP growth** of 2% in the year ending March 2000. 2000年3月期のGDP成長率を2%と予想する / **GDP growth** is expected to **slow** to 3.5% this year. 今年のGDP成長率は3.5%に減速する見込みだ / We **forecast GDP growth at** 6%. われわれはGDP成長率を6%と予測している / **GDP growth was** virtually **flat** this year. 今年のGDP成長率は実質上横ばいだった / The country will post its **strongest GDP growth** since 1966. 同国は1966年以来もっとも高いGDP成長率を記録しそうだ / Rising oil prices to $40 per barrel (WTI) may take away 0.3 percentage point from **next year's GDP growth**. 原油価格の上昇が標準的WTI油種でバレルあたり40ドルまで行けば, 来年の GDP成長率を0.3%押し下げる可能性がある / **Third quarter GDP growth** took place at 3%. 第3四半期のGDP成長率は3%だった

═══▌GDP成長率▐═══

drag on GDP growth GDP成長率に対するマイナス要因, GDP成長率の足を引っ張る材料 / forecast for GDP growth GDP成長率の見通し / government forecast of GDP growth 政府のGDP成長見通し / nominal GDP growth 名目GDP成長率 / potential GDP growth 潜在GDP成長率 / projection of GDP growth GDP成長率予測 / real growth 実質GDP成長率

GDP in constant dollars 実質GDP［⇨所定の基準年(base year)からの物価上昇分を差し引いた値］

GDP in current dollars 名目GDP

GDP outlook 経済成長見通し ▶ a neutral factor in the GDP outlook 経済成長見通しにおける中立的要因

GE General Electric

gear /gíər/ *n* 歯車, ギア, 伝動装置; 装置; 道具一式; 索具; 衣類 ▶ The store carries a wide range of outdoor gear for hikers. その店舗はハイカー向けのアウトドア用品を広範囲に取り揃えている

in [out of] gear ギアが入って[外れて]; 調子がよく[悪く]《with》▶ Everything is in gear, so we're ready to launch the product. 万事うまくいっているから, いつでもその製品を発売できる

in high gear 最大限の力で

shift [change] gears ギアを変える;（処理）方法を変える ▶ Let's shift gears and think about long-term goals. 目先を変えて長期目標について考えてみましょう

— *vt*（機械に）ギアを入れる; 適合させる《to》;（賃金などを）スライドさせる ▶ Our pay scale is geared to the consumer price index. 当社の賃金体系は物価スライド制となっている

— *vi*（歯車が）かみ合う;（機械が）連動する《into, with》

gear up（…の）準備をする《for》▶ The public relations staff is gearing up for tomorrow's press conference. 広報のスタッフは明日の記者会見の準備をしている

geared *a*（英）（自己資本に対して）借入金の比率が高い (=《米》leveraged) ▶ a highly geared company 借入金の比率が高い会社, 多額の負債を抱えた会社

gearing *n*（英）ギアリング (=financial leverage, trade on the equity)［⊃①普通株資本以外の長期株本が普通株利益に貢献すること ②自己資本に対する他人資本(負債)の割合］⇨ leverage

G8 Group of Eight

gemba /gémbə/ *n* 現場 (=the factory floor)［＜日本語］

gender /dʒéndər/ *n* ❶【言語】性;《略式》性 (=sex) ❷【社会】ジェンダー, 文化的性［⊃ sex が生物学的性を指すのに対し, gender は文化的な相違を指す. 特定の文化において性別に結びついた諸特性を意味する］

gender-awareness *n* 男女平等意識

gender-based discrimination = gender discrimination

gender bias ジェンダーバイアス, 男女の役割に対する偏見

gender-biased *a* 不当な男女差別意識による

gender discrimination（社会的・文化的な）性差別

Gender Empowerment Measure ジェンダー・エンパワーメント指数 (GEM)［⊃ 女性の社会参加を促し, その力を引き出す諸施策の実施度をはかる指標. UNDP の人間開発報告の基礎データ］

gender pay gap 男女賃金格差 ▶ narrow [widen] the gender pay gap 男女賃金格差を狭める[広げる]

Gender-related Development Index ジェンダー開発指数 (GDI)［⊃ 社会的性差に基づく差別を解消し, 女性の社会進出をはかる指標. UNDP の人間開発報告の基礎データ］

gene /dʒiːn/ *n* 遺伝子

general /dʒénərəl/ *a* 全般的な; 一般の, 普通の; 広範囲にわたる, 雑多な; 概括的な, 大体の; 将官級の;（官職名の後について）総…, …長(官)

▶ Could you give me some general information about your company? 御社の一般的な情報をいただけますか

as a general rule 概して, 通例 ▶ As a general rule, you should diversify investment risks. 一般論としては, 投資リスクは分散すべきだ

— *n*（通例 ~s）一般原理

in general 一般に; 概して ▶ people in general 一般の人々 (=general public) / In general, more men than women enter careers in the science and technology field. 一般的に言って, 男性は女性より科学・技術分野の職業に参入する人が多い / In general, I support your idea. 大体は, お考えを支持しています

general acceptance 一般引受, 一般引受［⊃ 振出人の指図に無条件で同意し, 振り出された為替手形の引受］

general account 一括勘定, 一般勘定

general accounting 一般会計

General Accounting Office（米国の）会計検査院 (GAO)［⊃ 米国議会によって設立された連邦政府機関の監査を行う権限を有する機関］

general agent 総代理人[店]

General Agreement on Tariffs and Trade《the ~》関税及び貿易に関する一般協定 ⇨ GATT

general and administrative cost 一般管理費

general and administrative expenses 一般管理費 (G&AE)

General Arrangements to Borrow 一般借入取決［⊃ 国際通貨システムを脅かす危機的状況において国際通貨基金 (IMF) が先進 11 か国から資金を調達できる制度］

General Assembly《米》《the ~》州議会;（国連の）総会

General Assembly of the United Nations 国連総会［⊃ 国際連合の中心的機関. 全加盟国によって構成される］

general audit 一般監査［⊃ 監査に対する特別な制限のない監査で, 一般に公正妥当と認められた監査基準に従って実施される監査］

general average 共同海損 (G. A.)［⊃ 船舶および積荷について生じた共同の危険を避けるために生じた, 船舶または積荷に関する損害］⇨ particular average

general average contribution 共同海損分担額

general average deposit 共同海損供託金

general average loss 共同海損 ⇨ general average

general aviation 一般民間航空

general cargo 雑貨, 一般貨物［⊃ 特別の荷扱いを要する特殊貨物と対比した用語］

general contract 一括発注契約, 主契約

general contractor 一式請負業者, 総合建設業者

general counsel 主任顧問弁護士, 法務部門責任者, 法務部長［⊃ 政府機関や企業の法務部

門の最高責任者の肩書]

general creditor 一般債権者 (=junior creditor) [⦿ 優先権のない債権者. secured creditorと違って無担保なので債権の回収上不利]

general damage 通常損害; 一般損害

general delivery 《米》局留め郵便

General Dynamics (~ Corp.) ゼネラル・ダイナミクス [⦿ 米国の軍需船舶・車両メーカー. 1952年設立. 多くの子会社を持ち, 軍艦, 潜水艦, 軍事用電子製品を製造. また, ビジネスジェットとしてGulfstreamも製造]

General Electric (~ Co.) ゼネラル・エレクトリック (GE) [⦿ 発明王トーマス・エジソンを創立者の一人とする米国の総合電機メーカー. 1892年設立. 航空機エンジン, 電力設備, 金融サービス, 医療用画像機器, テレビ放送, プラスチックなど, 幅広い事業を100か国以上で行っている]

general endorsement 無記名式裏書

general equilibrium 一般均衡 [⦿ 相互関係を持つ財市場, 労働市場, 資本市場などが同時に均衡している状態]

general excise tax 一般消費税

general expenditures 一般歳出 [⦿ 一般会計歳出から国債費, 地方交付税交付金(地方特例交付金を含む), 産業投資特別会計からの繰入等, 緊急金融安定化資金を除いた経費で, 義務的経費, 裁量的経費, 公共投資関係費に区分される]

general expenses =general and administrative expenses

general inflation 一般物価上昇, 一般物価水準上昇

general information 一般的資料

general insurance 《英・カナダ》総合保険 ▶ provide general insurance 総合保険を提供する

generalist /dʒénərəlist/ n 多方面の知識を持つ人, 全般収集家; ジェネラリスト

generality /dʒènərǽləti/ n 一般性, 普遍性; 一般法則; 一般論, 概説; (the ~) 大部分, 大多数 (of)

generalization, 《英》**-sation** /dʒènərəlizéiʃən/ n 一般化; 総合, 概括, 普遍化

generalize, 《英》**-ise** /dʒénərəlàiz/ v 一般化する; 総合[概括]する; 一般的に話す

general journal 普通仕訳帳

general ledger 総勘定元帳 [⦿ 一定の取引につき一つずつ行われる仕訳を売上, 仕入などの勘定科目ごとに一つにまとめた帳簿]

general ledger account 総勘定元帳勘定 ▶ post closing entries to the general ledger accounts 閉鎖仕訳を総勘定元帳に転記する

general legacy 包括遺贈 [⦿ 遺言によって遺産を他に譲渡するにあたり, 特定財産という限定のないもの]

general level of prices 一般物価水準

general lien 一般財産上の担保権 [⦿ 担保権を実行する際に, どの財産と限定されることなく, 債務者の一般財産から債権の満足を受けられる]

generally /dʒénərəli/ ad 一般に; たいてい ▶ What kind of people do you generally hire? 貴社では, 一般的に言って, どのような人をお雇いになりますか / We generally charge a 5% transaction fee. 当社は通常5%の取引手数料を請求します / I generally don't work overtime. 私は普段は残業しません / Municipal bonds have generally proven to be safe investments. 地方債は一般的に言って安全な投資対象であることが立証されている

generally speaking 一般的に言うと ▶ Generally speaking, our company is very conservative. 概して言えば, わが社は大変保守的だ

generally accepted accounting principles 一般に認められた会計原則 (GAAP) (=《英》generally accepted accounting practice) [⦿ 財務諸表作成時に, また財務諸表の適否に関する監査人の意見表明時の準拠枠として, 経済社会から公正妥当と認められた会計処理および表示の原則] ▶ financial statements prepared in accordance with generally accepted accounting principles 一般に公正妥当と認められた会計原則に従って作成された財務諸表

generally accepted auditing standards 一般に認められた監査基準 (GAAS) [⦿ 米国公認会計士協会 (AICPA) の監査基準審議会によって公布された基準で, 公認会計士 (CPA) が従わなければならない監査のルール] ▶ The audit shall be conducted in accordance with generally accepted auditing standards. 監査は一般に認められた監査基準に従って実施されるものとする

general management trust 《米》一任運用ファンド (=《英》flexible fund) [⦿ 資産をどう運用するかがファンドマネジャーに委ねられているタイプの投資信託]

general manager 総支配人; ゼネラルマネジャー

general market conditions 市場の状況一般

general meeting 総会;《英》株主総会 [⦿ 毎年1回開かれるものは「年次株主総会」と言う (日本企業の場合は「定時株主総会」)]

general merchandise store ゼネラル・マーチャンダイズ・ストア, 総合小売業 (GMS) [⦿ 衣・食・住の商品を総合的に取り扱う大規模小売店]

General Motors (~ Corp.) ゼネラルモーターズ [⦿ 米国の世界的な自動車メーカー. 本社デトロイト. 1908年に設立, 16年現社名となる. Chevrolet, Buick, Cadillacなどのブランドを持つ. 自動車の開発・生産・販売の他に, 金融サービスなども展開. 金融危機のあおりを受けて販売不振から, 2009年6月破産法第11章の適用を申請. 米国政府の援助のもとに再建を目指す]

general obligation bond 一般財源債 [⦿ 債券発行体の課税権と借入能力に裏付けられた無担保の地方債 (municipal bond). 一般財源として使用され, 税収や借入金によって返済される. 空港や有料道路の建設など特定のプロジェクトの収益に裏付けられた特定財源債 (revenue bond) と対

general offer 全株公開買付

General Packet Radio Service 汎用パケット無線サービス (GPRS) [⇒データを制御情報付きのパケットに小分けすることで携帯電話網上の高速データ通信を可能にしている伝送技術]

general partner 《米》ジェネラル・パートナー (GP) [⇒パートナーシップ(partnership)の経営に参画し, 事業上の債務について無限責任(unlimited liability)を負うパートナー]

general partnership 《米》ジェネラル・パートナーシップ (GP)

> [解説] 構成員としてジェネラル・パートナー(general partner)のみを有するパートナーシップ. 構成員の全員がパートナーシップの経営に参画し, 事業の債務について全員が無限責任(unlimited liability)を負う. ジェネラル・パートナーシップは日本の「合名会社」と類似点がある

general post office 郵便本局; 《英》《G- P- O-》ロンドン中央郵便局 (GPO)

general practice 一般法務 ► a law firm engaged in general practice 一般法務を扱っている法律事務所, 総合法律事務所

general procurement 一般購買 [⇒企業の購買業務で, 製造用の機器や原材料を除いた物品・サービス(事務用品や出張用航空券など)の購買]

general provisions 通則, 一般条項

general public 《the ~》一般の人々, 一般消費者, 一般市民

general-purpose a 汎用の, 用途の広い ► a general-purpose computer 汎用コンピュータ

general-purpose fund 一般投資家向けファンド

general reserve 別途積立金 [⇒特定の使用目的を定められていない留保利益]

general retailer 一般小売業(者)

general ship (チャーターされていない)一般貨物船

general store ゼネラル・ストア, よろず屋 (GS)

general strike ゼネスト

general successor 包括承継人 [⇒売買により個別に承継するのではなく, 他社を吸収合併した会社のように包括的に法的地位(権利義務)を承継する者]

general trading company 総合商社 [⇒多種多様な商品を取り扱い, 国の内外にわたる広範な取引市場を有する, 日本特有とされる巨大商社]

general union 《英》一般労働組合 [⇒業種や企業の別を問わず, 個人単位で加入できる労働組合]

generate /dʒénərèit/ vt 生み出す; 引き起こす ► We hope to generate synergy between the two companies through the merger. 合併を通じて両社間で相乗効果が出てくることを当社は望んでいます / We should concentrate on areas of business that generate profits. 利益を生む事業分野に集中すべきだ / Due to declining sales, the company probably won't generate a profit this year. 売上高が減ったので, 同社は今年はたぶん利益を出せないだろう

generation /dʒènəréiʃən/ n 同時代の人々; 世代, 1世代 [⇒約30年]; 出産; 発生 ► Interest in car purchase among Japan's younger generation has dropped in recent years. 近年, 日本の若年層では車の購入への関心が薄れている

the rising generation 青年層

Generation X X世代 [⇒ベビーブーム世代 (baby boomers) の後の, 1965-1980年頃に生まれた世代. 皮肉的・無気力が特徴とされる]

Generation Y Y世代 [⇒X世代の次の世代で, 1990年代に10代だった人たちを指す]

generative /dʒénərətiv, -rèi-/ a を生み出す, 生成する ► a cash generative business 現金収入を生み出す事業

generator /dʒénərèitər/ n 発生させる人[もの]; 発電機; (ガスなどの)発生器

generic /dʒənérik/ a 一般的な; ノーブランド[商標なし]の ► a generic name 属名 / a generic term 一般用語
— n ノーブランド商品
◇**generically** ad

generic brand =no brand

generic drug ジェネリック医薬品, 後発医薬品 [⇒新薬の特許期間の満了後に, 他の製薬会社がFDAの許可を取得して同じ有効成分で製造し販売する医薬品. 研究開発費が不要なため価格が大幅に安くなる]

genericide /dʒənéərəsaid/ n ブランド殺し [⇒ブランド名が一般名詞化して, 商品名として働かなくなってしまうこと]

genericization n 普通名称化 [⇒商標がその対象製品を指す一般的な名称となって自他識別性を失うことにより, 商標の権利が消滅することを言う. 例として, エスカレーター, アスピリンがある]

generic pharmaceuticals =generic drug

generic product ノーブランド商品 (⇔brand name product); 普及品, 汎用品, 一般的な商品

generous /dʒénərəs/ a 物惜しみしない, 気前のよい; 好意的な 《to》; たっぷりの; 肥沃な(よっも ► He received a generous pay raise. 彼は十分に昇給した / Some countries are more generous than others. 対外援助で気前のよい国もあればそうでない国もある

◇**generosity** /-ásə-/ n 気前のよさ; 寛大 ► We appreciate your generosity. 皆様のご寄付に感謝いたします / We truly appreciate your generosity and support. 寛大なご支援に心から感謝いたします

◇**generously** ad 気前よく; 好意的に; たっぷり

genetically /dʒənétikəli/ *ad* 遺伝的に；遺伝子に関して ► a genetically modified crop 遺伝子組換え作物 / There is a growing acceptance of genetically modified crops. 遺伝子組換え作物は徐々に受容が進んでいる

genetic engineering 遺伝子工学

genetic fingerprint(ing) 遺伝子指紋(法) (=DNA fingerprinting)；遺伝子識別記録

genetic modification 遺伝子組換え ► genetic modification of plants 植物の遺伝子組換え

genius /dʒíːnjəs/ *n* 天才；才能 (*for*)；風潮；特質 ► He is a genius with computers. 彼はコンピュータの天才だ [くラ]

genome /dʒíːnoum/ *n* ゲノム [◎一個の生命体を作るのに必要最小限の全遺伝子情報]
◇**genomic** *a* ゲノムの

gentle /dʒéntl/ *a* やさしい；穏やかな，緩やかな；上品な；おとなしい ► He is a quiet and gentle person. 彼は静かで優しい人だ
◇**gentleness** *n*

gentleman *n* 紳士；礼儀正しい人；男の人，殿方；侍従 ► I give you my word as a gentleman. 一人の紳士としてあなたに約束いたします

gently /dʒéntli/ *ad* 優しく；緩やかに；上品に ► I tapped him gently on his shoulder to get his attention. 注意を引くために彼の肩を軽くたたいた

gentrification /dʒèntrəfikéiʃən/ *n* 住環境の高級化，ジェントリフィケーション [◎都市内の低所得者居住地区に中産階層が入れ替わって移り住み環境変化が起こること．1960年代のロンドンで始まり，米国諸市に広がった．住環境の高級化に伴う低所得住宅の排除などを意味することもある]
◇**gentrified** *a*
◇**gentrify** *v*

genuine /dʒénjuin/ *a* 純粋な；本物の，真の；誠実な ► The government is making genuine efforts to tackle global warming. 地球温暖化に対処するため政府は本腰を入れている
◇**genuinely** *ad*
◇**genuineness** *n*

geographically apportioned jurisdiction 土地管轄 [◎異なる場所にある同種の裁判所のうち，どの裁判所に事件を担当させるかの定めを言う]

geographic designation of origin 原産地の地理的表示 (GDO) [◎ある製品が一定の地理的に限定された地域の産品であることを表示する標章．フランスのワインに関するものが有名]

geographic information system 地理情報システム (GIS) [◎各国で収集された都市・環境・資源などに関する情報を地図などにリンクさせて提供できるように開発されたシステム]

geometric, geometrical *a* 幾何学の；幾何学的な；幾何級数的な ► geometric growth 幾何級数的成長

geopolitical *a* 地政学の ► The trade embargo will upset the geopolitical stability in the region. 通商禁止はその地域の地政学的な安定に脅威を与えるだろう

geopolitical risk 地政学リスク [◎特定地域の政治的・軍事的な緊張が経済の先行きを不透明にするリスク．地域紛争の勃発やテロの脅威が典型的な例]

geopolitics *n* 地政学 [◎国家を有機体ととらえ，その政治的発展を地理的空間や条件から説明しようとする理論．スウェーデンのR. チェーレンが唱え，第1次世界大戦後ドイツのK.ハウスホーファーが大成]

Georgia-Pacific (~ Corp.) ジョージア・パシフィック [◎米国の大手建材・紙メーカー．1927年設立．木製品の他に石膏建材なども扱う私企業であるKoch Industriesの子会社]

Gerber (商標) ガーバー [◎米国のベビー関係のブランド．ベビーフードや赤ちゃんのケアに必要なさまざまな製品を出している．子供を対象にした保険も提供し始めた]

gesture /dʒéstʃər/ *n* 身振り，手まね，ジェスチャー；意思表示；そぶり；しるし
━ *v* 身振りをする [で示す] (*to, at; for a person to do; that*)

get /get/ *vt* (got; gotten, got;-tt-) 受け取る；得る；(印象を) 得る；聞き到る；理解 [了解] する；つかまえる；(列車に) 間に合う；(の状態に) する；…させる，してもらう ► I get $50 an hour. 私は時給50ドルだ / She got a job as a trader. 彼女はトレーダーとして就職した / We hope to get our order by tomorrow. 明日までに注文品を入手したい / I got the package in the mail yesterday. 昨日その小包を郵便で受け取った / I didn't get what he was saying. 彼の言っていることが分からなかった / I got him to wash my car. 彼に車を洗ってもらった / Get your car washed. 車を洗ってもらいなさい / I'll get the work finished by this evening. 夕方までに仕事を片づけてしまうつもりで / You could easily get your hand caught in the machine. その機械は手を挟まれやすい / Getting the economy back on track should be the government's top priority. 景気をもう一度軌道に乗せることは政府の最優先課題であるべきだ

━ *vi* 着く；(の状態に) なる；…される ► I got to the office late. 会社に遅刻した / Let's get started. [=Let's get the ball rolling.] さあ仕事を始めよう / As budgets get tighter, businesses will have to watch their spending more closely. 予算の締め付けに伴って，企業は今までより厳重に支出を監視しなければならないだろう / The situation may get worse before it gets better. 状況は好転するどころか，むしろ悪化するかもしれない / The recession will only get worse from now on. 景気後退は今後，悪化の一途をたどるだろう

get about 歩き回る；(うわさが) 知れ渡る

get above oneself (略式) 思い上がる

get across 横断する；(意味が) 理解される，通じる (*to*)；を (人に) 納得させる (*to*)；(略式) 成功する；(英略式) を悩ます，怒らせる ► He got his message across clearly to the audience. 彼の言いたいことは聴衆にはっきりと通じた

get along 立ち去る；成功する；暮らしていく；親しくする (*with*) ▶ He quickly got along with his new staff. 彼はすぐに新しいスタッフと仲良くなった

get around 歩き[遊び]回る；(うわさなどが)広まる；(まで)手が回る，(する)余裕がある (*to, to doing*)；裏をかく，出し抜く；(困難などを)避ける，回避する；を説き伏せる，動かす ▶ I finally got around to reading the report. やっと報告書を読む時間ができた

get at に達する；を意味する，ほのめかす；(真実などを)発見する；(略式)を買収する；を攻撃する，傷つける ▶ What are you trying to get at? 何が言いたいのか

get away 逃げる，逃れる (*from*)；出発する ▶ The thieves got away in a stolen car. 泥棒たちは盗んだ車で逃走した

get away from it all すべてを忘れて休暇を取る ▶ I am taking a week off to get away from it all. 日常の煩わしさから逃れるために1週間休むつもりだ

get away with を持ち逃げする；の罰を逃れる ▶ Do you think you can get away with this? このままで済むと思いますか

get back 帰る，戻る；を取り返す；(略式)仕返しをする (*at, on*)；後で連絡する (*to*) ▶ I got back home earlier than usual. 普段よりも早く帰宅した / Please get back to me as soon as possible. できるだけ早く再度ご連絡ください / If you leave a message, I'll get right back to you. 伝言をいただければ折り返しご返事いたします

get back together 元のさやに収まる

get behind 立ち遅れる；(支払いなどに)遅れる (*with, in*) ▶ I got behind in my rent. 家賃の支払が滞った

get by 通り抜ける；どうにか切り抜ける；(仕事などの)出来がまあまあである ▶ He gets by on a meager salary. 彼は安月給で何とかやっている

get down 降りる；を降ろす；本腰を入れる (*to*)；を憂うつにする，気落ちさせる；疲れさせる；を書き留める ▶ Let's get down to business. 本題に入ろう / This miserable weather has gotten me down. ひどい天気で落ち込んでいる

get going [moving, cracking] 始める，行う (*on*) ▶ Why don't we get going with today's meeting? 今日の会議を始めようよ

get in 乗り込む；到着する；親しくなる (*with*)；当選する；取り入れる；(寄付を)集める；を入れる；(医者などを)呼ぶ ▶ get a word in 言葉を差し挟む

get in on に加わる

get into に入る；着く；(習慣などを)身につける；(心に)とりつく；に興味を持つ ▶ What's gotten into him? (略式)彼はどうかしたのかい / I got into the habit of reading books on the train while commuting. 通勤列車の中で本を読むのが習慣になった / I don't want to get into debt. 借金をしたくない

get it 分かる，罰せられる，とがめられる (*for*)；(電話に)出る ▶ You got it! (略式)その通り / I don't get it at all. まったくわからない

get it (all) together (略式)(仕事などを)うまくやり遂げる；気持ちをすっきりさせる；考えをまとめる

get ... off 休みにしてもらう ▶ I got a few days off from work. 2, 3日仕事を休んだ

get off 降りる；出発する；逃れる，(罰を)免れさせる (*with*)；つき合い始める；(仕事を)終える；(人を)送り出す；を郵送する；(冗談を)言う；楽しむ (*on*)；を悩ますのをやめる ▶ get off to a good start いいスタートを切る / get off easy [lightly] 軽い罰で済む

get off doing (略式)ずうずうしくも…する

get on 乗る；成功する (*in*)；うまくやっていく (*with*)；急ぐ (*with*)；(時間が)遅くなる；(に)近づく (*for*)；を身に着ける；(略式)にうるさく言う ▶ I got on the wrong train. 間違った列車に乗った / He gets on well with everyone at the workplace. 彼は職場でみんなとうまくやっている / How is the business getting on? 仕事の方はどう？

get one's (米略式)当然の報酬[罰]を受ける；金持ちになる

get on to に乗る；を見つける，に気づく；(英略式)に連絡をつける；(話題に)取りかかる；に選出される；(英略式)(問題を)処理する

get out 降りる；立ち去る；逃れる；(世間へ)出る；(秘密が)漏れる；を外に出す；(言葉を)努力して出す；を産出する；を出版する；(利益などを)得る (*of*)

get out of から出る；を避ける；から取り出す；(責任から)逃れさせる ▶ Please get out of here. ここから出て行ってください / Things are getting out of control. 事態が手に負えなくなってきている / The company's financial problems got out of hand. 同社の資金繰りの問題は手に負えなくなった

get over 渡る；乗り越える；回復する；忘れて立ち直る；を克服する；(仕事を)済ます (*with*) ▶ I'm confident we'll get over this slump in business. 当社がこの事業不振を乗り越えるであろうことを私は確信しています

get round =get around

get through 連絡できる (*to*)；話が通じる (*to*)；分からせる (*to*)；議会を通過する[させる]；仕上げる，終える (*with*)；切り抜ける ▶ I called several times, but couldn't get through to him. 何度か電話したが彼に連絡がつかなかった / It was incredible the number of things we got through. 私たちが片付けた[処理した]ことがどんなに多かったか，まず信じられなかった

get to に到着する；を始める；(略式)を喜ばせる；を悩ます，怒らせる ▶ I got to the airport in plenty of time for the flight. その便に乗るのに十分な余裕を持って空港に着いた

get to do …するようになる；(米略式)…することができる ▶ We got to know each other from doing business together. 一緒の仕事をして私たちは知り合った / I've got to go now. (電話を切る前に)じゃあ，これで (✚くだけた会話では have が省略され，しばしば gotta となる)

get together 集まる; を集める; 団結する; 意見が一致する; (集会などを)計画する; つき合う ► My family gets together every Christmas. クリスマスのたびに私の家族は集まる

get up 立ち上がる; 起床する; を起こす, 立てる; を用意する; を組織する; (get oneself up または be got(ten) up)《略式》装う;《英》を研究する; (健康を)増進する

get up to の所まで行く, に追いつく; しでかす

get with it 《略式》流行に遅れない

have got =have ► You've got the wrong number. (電話で)番号違いです / You've got the wrong extension. I'll try and transfer you. 内線番号が違っていますが, お回しします

have got to do =have to do

You('ve) got me. 《略式》(答えは)私も分からない

get-out clause 《英》免責条項

GFATM Global Fund for AIDS, Tuberculosis and Malaria

GFCF gross fixed capital formation

GHG greenhouse gas

Ghirardelli 《商標》ギラデリ [◘ 米国のチョコレート, ココアのブランド]

ghost /goust/ n 死霊, 幽霊, 亡霊; 影, 幻;《略式》=ghostwriter

have not the ghost of (a) chance 少しの見込みもない

The ghost walks. 給料が出る

— v. =ghostwrite; に付きまとう

ghostwrite v (-wrote;-written) 代作をする (*for*)

ghostwriter n (書物・記事などの)代作者, ゴーストライター

giant /dʒáiənt/ n, a 巨人; 巨大な; 偉大な(人)

giant-sized a 徳用パックの

GIC guaranteed investment contract

gift /gift/ n 贈り物, 寄贈品; 天賦の才能; 格安品; 贈与; 贈与された物 ► assets acquired by gift or purchase 贈与または購入により取得した資産 / We are not allowed to accept gifts of value from our vendors. 納入業者から高価な贈り物を受け取ることは禁じられている

have a gift for の才能がある

in a person's gift 《略式》(人に)権限があって 《*to do*》

— vt 贈呈する 《*with*》; 才能を授ける

◇**gifted** a 優れた才能の

gift card プリペイドカード [◘ 所定の金額の範囲内で買物ができるカード]

gift certificate [coupon] ギフト券; 景品引替券; 商品券

gift pack 贈答品セット

gift shop ギフトショップ

gift tax 贈与税 [◘ 米国の連邦税および州税で, 財産を無償で他人に与える場合に贈与者(donor)に課される. 連邦の贈与税は一人の受贈者(donee)につき1万2千ドル(2006年現在)まで非課税. 夫婦間の贈与には課税されない. したがって, 夫婦の場合は毎年2万4千ドルを子に無税で贈与できる]

gift token [voucher] =gift certificate

giftware n ギフト; 贈答品

gift-wrap vt ギフト用に包装する ► Please note that some of the products cannot be gift-wrapped. 一部商品につきましては贈り物用に包装できませんことをご了承ください

gift wrap ギフト用包装紙

gift-wrapping n ギフト用包装紙

gig¹ n 【ビュータ】ギガバイト (=gigabyte)

gig² n 《米》臨時雇の仕事

giga- /gígə/ 「10億」

gigabit n 【ビュータ】ギガビット (Gb) ⇒kilobit [◘ 約10億ビット]

gigabyte n 【ビュータ】ギガバイト (GB, gb) [◘ 記憶容量の単位で, 10億バイトに相当]

GIGO /gáigou/ n 【ビュータ】ガイゴー, ギゴ [◘ ごみデータを入力すればごみデータしか出力されないという経験則] [<garbage in, garbage out>]

gild /gild/ vt (~ed, gilt) 金を張る, 金めっきする

Gillette 《商標》ジレット [◘ 米国の剃刀のブランド. 男性用, 女性用の剃刀, 髭そりクリーム, 制汗剤などを提供している]

gilt /gilt/ v gild¹の過去・過去分詞形

— a, n ❶ 金めっきした; 金(箔) ❷ (~s) 英国国債, ギルト債

gilt-edged a 金縁の, 一流の [◘ 最高の格付けをされた証券など, また英国では政府保証の証券などを言う]

gilt-edged market ギルト債市場, 英国債市場

gilt-edged securities 英国国債, ギルト債, 政府保証債

gilt stocks ギルト債

gilt yields ギルト債(国債)利回り

gimmick /gímik/ n (手品の)種; 新手; からくり; 新機軸 ► He came up with a clever sales gimmick to promote the product. その製品を普及させるために, 彼は気の利いた販売用の新機軸を考え出した

◇**gimmickry** n 《略式》からくりを使うこと; 仕掛け, 罠

◇**gimmicky** a

Ginnie Mae /dʒíni méi/ ジニー・メイ [◘ 米国政府住宅抵当公社 (Government National Mortgage Association)の愛称, およびそこから発行する債券を言う] ► Ginnie Mae pass-through ジニー・メイ保証債券

giro /dʒáiərou/ n (しばしば G-) ジャイロ [◘ ヨーロッパ諸国の郵便振替制度]

Girobank 《英》ジャイロバンク [◘ もとは銀行口座を持たない人のための送金業務を行う郵便局の一部だったが, 後に普通銀行として独立し, その後アライアンス&レスター銀行に吸収されたため, 今は存在しない]

GIS geographic information system

gismo /gízmou/ n =gizmo

give /giv/ (gave; given) vt 《A to B / B A》与える, 贈る; 委託する, 手渡す; 払う; 生じさせる, 生産する; 出版する; 充当する, 捧げる 《*up to*》; (情報などを)伝える; 述べる; (会を)催す; (手を)差し出す ► I'll give you a call [buzz] around five, okay? 5時ごろお電話します / We give technical help to buyers of our products. 当社製品をお買い上げのお客様に技術上の援助をいたします / Please give us your views about this project. この計画についてあなたのご意見を聞かせてください

― *vi* 寄贈する；屈する，譲る；曲がる，たわむ，崩れ落ちる；(他人に)なじむ ► The floor gave. 床が抜けた

be given to believe [understand] 《略式》と思われ[聞か]される
give and take 妥協する；譲り合う
give a person what for 《略式》(人を)厳しく罰する[叱る]
give as good as one gets やられただけやり返す
give away を与える；譲渡する；(秘密・正体を)暴露する，漏らす；裏切る；(好機を)逃がす ► If you make a trade-off, you give something away and get something in return. 妥協[歩み寄り]では何かを譲って代わりに何かを受け取る / When he negotiated the deal, he gave away the farm. その取引を交渉したときに彼は大幅な譲歩をした
give back を返す，戻す；反響させる；退く ► Please give it back to me when you are finished. 終わったらそれを返してください
give forth を広める
give in を手渡す，提出する；に屈する (*to*) ► We gave in to their demand for an extended warranty. 保証を延長してほしいという彼らの要求に屈した
give it to a person (*hot*) (人を)責める，叱る，罰する
Give me ... (*any day*). 私は…が大好きだ
give of を惜しみなく与える
give off を発する ► The flowers gave off a fragrant scent. その花からかぐわしい香りがした
give on [*onto, upon*] に面する；通じる
give oneself up to にふける，没頭する，ひたり切る
give out 疲れ果てる；(物が)尽きる；停止する；を発する；を発表する，言いふらす；を分配する ► The spokesperson refused to give out any further information. 広報担当者はそれ以上の情報を公表しようとしなかった
give over やめる；を引き渡す；(特定の活動などに)向ける，捧げる (*to*) ► The founder gave over control of the company to his son. 創業者は会社の経営権を息子に譲った
give up をあきらめる；放棄する；引き渡す；見切りをつける (*on*) ► give ... up for dead を死んだものとあきらめる / The doctor told me to give up smoking. 医者は私に禁煙するように言った
give way to に道をあける，譲る
I'd give anything [*a lot, my right arm*] **for ...** [*to do*] / **What would I give for ...** [*to do*] …があれば[できれば]どんなにいいことだろう
I'll give you that 《略式》そのことは認める(が)
Something has to give. 《略式》何とかしなければ

― *n* 与えること；弾力性，たわみ
◇**giver** *n*

give and take, give-and-take 対等のやりとり；双方の譲歩[妥協]；冗談の言合い；意見交換 ► After a lot of give and take they came to an agreement. 双方が譲歩を重ねた後で彼らは合意に達した

giveaway *n* 販促用景品，おまけ ► They're having a giveaway. 彼らは販売促進のプレゼント作戦をしている
― *a* 捨て値の；ただの；景品の

giveaway price 見切り価格

giveback *n* 《米》既得権の返上，ギブバック[◯ 後日埋め合せるという約束と引換えに従業員が待遇の悪化を受け入れること] ► The union rejected the giveback scheme proposed by management. その組合は経営陣が言い出した既得権返還案を拒絶した

given /gívən/ *v* giveの過去分詞形
― *a* 与えられた；定められた，一定の ► The products were tested for heat resistance within a given temperature range. その製品は所定温度範囲内での耐熱性について検査された
be given to の癖[傾向]がある；にふける ► Jim is given to gambling. ジムはギャンブルに凝っている

― *prep* …と仮定すると，とすれば，を考えると ► Given the depressed state of the economy, consumers are clamping down on spending. 景気の低迷状態を考慮に入れて，消費者は財布の紐を締めている / Given these circumstances, we need to reconsider the plan. こういう状況だから計画を再考する必要がある

― *n* 既知のこと ► It's a given that people make mistakes on the job. 仕事で間違いをするのは当たり前のことだ / It's not a given that the company will continue to dominate the market. 同社がその市場で優位を維持することは既定の事実ではない

gizmo /gízmou/ *n* 新案品，ハイテクグッズ[◯ 特におもしろい仕掛けのあるもの]

glacial /gléiʃəl/ *a* 氷河(期)の；氷の；冷たい，寒い ► Progress on the free trade talks has been glacial. 自由貿易協議は遅々として進展しなかった

glad /glæd/ *a* (*-dd-*) うれしい；楽しそうな ► (I'm) glad you could come [drop by]. ようこそおいでくださいました (✚パーティーでホストなどが言う)
be glad to do 喜んで…する，…してうれしい ► I'm glad to make your acquaintance. お目にかかれて光栄です
◇**gladden** /-n/ *vt* 喜ばせる
◇**gladly** *ad* 喜んで
◇**gladness** *n*

Glade PlugIns Scented Oil 《商標》グレード・プラグインズ・センティッド・オイル [◯ 米国の室内芳香剤のブランド．コンセントに差し込んで使用する]

glamo(u)r /glǽmər/ n 魅力; 肉体的[性的]魅力
― vt 魅する

glamo(u)r stock 成長株, 人気株, グラマーストック [○派手な値上がりを見せ投資家を魅了する株の俗称]

glance /glǽns/ vi ちらりと見る《at》; ざっと目を通す《over》; きらりと光る; かすめる《off》; (話題に)ちょっと触れる ► He glanced over the sales figures. 彼は売上の数字にざっと目を通した
― vt (目を)ちらっと向ける
― n 一瞥(べつ)《at, into, over》; 閃光

at a glance 一目見て

at first glance 一見して[たところ] ► At first glance, he looked like the perfect candidate for the job. 一見したところでは, 彼はその仕事にとって完璧な候補者のように見えた

take [cast] a glance at をちらりと見る ► Please take a glance at our website to find out what's new. 最新情報については弊社のウェブサイトをご覧ください

glare /gléər/ n ぎらぎらする光; にらみ; 目立つこと, けばけばしさ ► in the (full) glare of publicity 世間の注目を浴びて
― vi ぎらぎら光る; にらみつける《at》 ► My boss glared at me disapprovingly. 上司はとがめるように私をにらみつけた

◇**glaring, glary** a ぎらぎら輝く; けばけばしい; 目立つ; 歴然とした; にらみつける ► a glaring mistake 紛れもない間違い

◇**glaringly** ad

glass /glǽs/ n ガラス; 窓ガラス; コップ; 鏡; レンズ; (~es)眼鏡 ► Glass is an essential material used in liquid crystal displays. ガラスは液晶表示装置に使用される不可欠の材料だ

glass ceiling ガラスの天井 [○女性や少数民族の人は一定の地位までしか昇進できない現実を言い表したもの] ► How do we deal with that invisible glass ceiling? このような目に見えないガラスの天井にわれわれはどのように対応したらいいのだろう / Women complain about the glass ceiling. 女性はガラスの天井について不満である

glass fiber グラスファイバー (=fiberglass)

Glass-Steagall Act (the ~) グラス・スティーガル法 [○米国の1933年銀行法(Banking Act of 1933)の別称. 銀行が非金融事業や危険な投機にかかわるのを禁止. しかし1999年のグラム・リーチ・ブライリー法によってこの禁止は解除された]

glass wall 見えざる壁 [○特に女性の就ける職種が限定されていることを言う] ⇒ glass ceiling

glassware n (集合的)ガラス器

GlaxoSmithKline (~ plc) グラクソ・スミスクライン [○英国を本拠とする製薬会社. Glaxo Wellcome plcとSmithKline Beecham plcの合併により2000年に発足. 処方薬が主力だが, 風邪薬Contacなどの有名大衆薬も製造する]

gleam /glíːm/ n きらめき; 微光; かすかな現れ ► If there had been a gleam of hope, the company wouldn't have filed for bankruptcy. ほんの少しでも望みがあったら, 同社は破産を申請しなかっただろう

be (just) a gleam in a person's eye (計画などが)まだ夢の段階にすぎない

not a gleam of hope わずかな望みもない
― vi きらりと光る; ひらめく

glean /glíːn/ v (落ち穂を)拾う; (情報などを)少しずつ集める《from》

glitch /glítʃ/ n 故障 [○主としてハイテク関係でのちょっとした不具合, 作動不良を言う]; 突然の不調

◇**glitchy** a

glitterati /glìtərɑ́ːti/ n (略式)きらびやかな人々 [○いわゆるセレブ] [<glitter + literati]

global /glóubəl/ a 全世界の; グローバルな, 国際的な; 球状の ► Retailers blame the global slowdown for dismal sales. 小売業界は惨澹たる売上高を世界的な景気低迷のせいにする / Heads of states will meet to discuss various global issues. 国家元首が集まってさまざまな地球規模の問題を討議する予定だ / Exports have been hard hit by the global crisis. 輸出はグローバルな危機によって痛烈な打撃を受けてきた

◇**globally** ad 国際的に; 地球規模で ► Think globally, act locally. 地球規模で考え, 足元から行動する [○環境保護活動の標語]

global bond グローバル債 [○米国, 欧州, 日本など全世界で同時に募集される債券]

Global Compact グローバル・コンパクト [○1999年, ダボス世界経済フォーラムでアナン国連事務総長が行った, 世界の企業が人権, 労働基準, 環境の分野で普遍的な原則を支持し, 実践するようにとの提唱]

global competition 国際競争

Global Depositary [Depository] Receipt グローバル預託証書 [○ロンドン証券取引所で取引されている外国株式の代替証券. いくつかの大手銀行がロシアなどの新興市場国の株式を購入し, 自行の口座で管理する一方, この現物代わりに売買できるよう預託証書を発行している]

global fund グローバル・ファンド [○全世界の証券で運用されるミューチュアルファンド. 米国外の証券を少なくとも25%は含む. もっぱら米国外の会社が発行した証券を対象とするものは international fundと言う] ⇒ mutual fund

Global Fund for AIDS, Tuberculosis and Malaria 世界エイズ・結核・マラリア対策基金支援会議 (GFATM) [○SARSやAIDSに代表されるように, 国境を越えた世界規模の感染症の流行と闘うための世界基金]

global industry 世界的ビジネス ► Entertainment is becoming a global industry. エンターテインメントは世界的なビジネスになりつつある

global investment 国際投資

globalization, (英)-sation
/glóubəlizéiʃən/ n グローバリゼーション [○ヒト・モノ・カネ・情報の移動を妨げる障壁が低くなっている

globalize

こと. 企業にとっては資材の調達源・生産拠点・販売先を国境にとらわれずに考えられることを, 金融にとっては自由かつ急速な資金の移動を意味する] ► Globalization has brought about interdependence across markets. グローバリゼーションは市場の垣根を越えた相互依存をもたらした

globalize, (英) -ise /glóubəlàiz/ vt 世界化する

global-macro グローバル・マクロ [⇨ヘッジファンドの投資スタイルの一つで, 世界の通貨や金利の方向性に賭ける投資戦略] ⇨investing style

global mutual fund =global fund

Global Positioning System 汎用地球測位システム, 衛星航法システム (GPS)

global settlement 包括的和解 [⇨同じ原因で多数から訴えられている場合, すべての相手を対象として一括して和解すること. たとえば, 1994年のミシシッピ州の提訴を皮切りに全米の各州が, たばこ会社を相手どって, たばこ関連の疾病で各州が負担している治療費の返還を求めて提訴した. たばこ会社は応訴費用の負担を回避するために全州と包括的に和解した. 不法行為や責任は認めないが, 金銭的な拠出金を負担して, 各州から現在または将来のあらゆる請求を免除されることを求めた] ► Our company does not intend to enter any broad global settlement. 当社は広範囲な包括的和解に持ち込むことを考えていません

global standard グローバル・スタンダード, 世界標準, 国際標準 [⇨金融システムや経営システムなどで, 国際的に共通している理念やルール. また, 工業製品などの国際標準規格] ► Electronic messaging on the Internet has become a global standard for communications. インターネットの電子メッセージが通信の世界標準になった

global stocks グローバル株, 世界株 [⇨米国の証券業界で米国株(U.S. stocks)と外国株(international stocks)を併せた全世界の株式を言う]

Global System for Mobiles 携帯電話の国際規格 (GSM)

global village 地球村 [⇨メディアが地球規模で神経のように張り巡らされることによって, 瞬時に情報が伝わり, あたかも一つの村に住んでいるように感じられること]

global warming 地球温暖化 [⇨人為的活動による二酸化炭素, メタン, フロンなどの温室効果ガスの濃度が上昇することによって, 地球の気温が上昇すること]

global warming potential 地球温暖化係数 (GWP) [⇨一定期間での温暖化影響の積分値を CO_2 相対的に比較したもので通常は100年間の値が使用される]

global warrant グローバルワラント [⇨発行会社の株式を取得できる新株予約権証書で, 後日, 本券(definitive warrant)と交換されることが予定されている仮のもの]

globe /gloub/ n (the ~) 地球; 地球[天球]儀; 球体 ► The effects of the US economic slump have spread around the globe. 米国の経済不振の影響は世界中に拡がった / The company's supply chain extends across the globe. 同社のサプライチェーンは世界中に拡がっている

all over the globe 世界中に

globetrotter n 世界を股にかける人

globe-trotting a 世界を股にかける

GLOBEX グローベックス [⇨24時間稼動のオンライン先物・オプション取引システム]

glocalization, (英) -sation n グローカリゼーション [⇨グローバリゼーションとローカリゼーションの造語で, 世界的規模で展開はしていても, 製品・サービスをローカルな視点で個別市場のニーズに合わせる必要があることを意味する]

gloom /glu:m/ n 暗やみ; 薄暗い場所; 陰気; 憂うつ(な表情) ► Further gloom hangs over the US job market. さらなる暗影が米国の求職市場に差し迫っている / The country's top manufacturers have added to the economic gloom by announcing more job cuts. 同国の大手メーカーは追加の人員削減を発表することで景気をますます沈滞させた
— v 薄暗くなる[する]; 憂うつになる[させる]; 顔を曇らせる

gloomy /glú:mi/ a 暗い; 憂うつな ► The analyst had a gloomy view of the economy. そのアナリストは景気について悲観的な見方をしていた
◇**gloomily** ad

glorious /glɔ́:riəs/ a 素晴らしい; 愉快な; 栄誉ある; 輝かしい; 華麗な; みごとな
◇**gloriously** ad

glory /glɔ́:ri/ n 光栄, 名誉; 賛美; 栄光; 栄華, 全盛; 大得意

cover oneself with glory 名誉[賛美]を得る
in (all) one's glory 得意の絶頂にある
to the (greater) glory of 〜の栄光をたたえて
— vi 誇りとする, 喜ぶ (in)

gloss n 注釈, 解説; 欄外注; こじつけの解釈
— v 注解[注釈]する; こじつける
◇**glossary** n 用語辞典; 用語[語彙]解説

GLP Good Laboratory Practice

glut /glʌt/ vt, n (-tt-) 供給過多(にする); 飽和状態, 余剰, 在庫過剰 ► There's a glut of unsold cars on dealership lots. 販売店の敷地には売れない車が山のように残っている / I receive a glut of spam emails daily. 私は毎日, 迷惑メールを山のように受け取る / Overproduction causes a glut in a particular commodity. 過剰生産は特定の品物のだぶつきを引き起こす / Real estate developers and agents are pessimistic about the market's prospects amid a supply glut and rising construction costs. 供給過剰と建設費の上昇を受け, 不動産デベロッパーと仲介業者たちは, 市場の先行きを悲観している

gm gram, gross margin

GM ❶ game master; General Motors; gross margin ❷ genetically modified ► GM crop [food] 遺伝子組換え作物[食品]

GMAT (商標) Graduate Management Admission Test ジーマット [⇒米国のMBA(経営学修士)を取得する大学院進学希望者のためのテスト]

GmbH 《独》Gesellschaft mit beschränkter Haftung 有限会社 ⇒AG

GMN global music network グローバル・ミュージック・ネットワーク [⇒インターネットを通じて世界に音楽を配信するシステム]

GMO genetically modified organism
GMP Good Manufacturing Practices
GMS general merchandise store
GMT Greenwich Mean Time
GMTV 《英》Good Morning Television
GNC ジーエヌシー [⇒米国のサプリメントショップチェーン. 自社ブランドの各種サプリメントを販売]
GNI gross national income
GNMA Government National Mortgage Association

gnome /noum/ n 地の精 [⇒醜い小人の老人]; 《通例 ~s》《略式》(国際金融市場で取引する) 投機的銀行家

the gnomes of Zurich チューリッヒの小鬼ども [⇒投機師たちを言う]

GNP gross national product

GNP deflator GNPデフレーター [⇒GNPから物価変動の影響を除くために使われる物価指数]

go /gou/ 《went; gone》 vi 行く, 進む; 去る; (事が) 運ぶ; (時が) 過ぎる; (土地が) 広がる; (機械が) 働く; …になる; 《略式》(…する) ようなことをする 《doing》 ► U.S. banknotes go everywhere. 米ドル紙幣はどこでも通用する / His father went bail for him. 父親が彼の保釈保証人になった / Everything must go! 全品処分 / Take advantage of our big clearance sale, as everything in our store must go. 在庫の全品を一掃処分しますから, 当社の大クリアランスセールをご利用ください / His company went bankrupt. 彼の会社は倒産した / I'm not sure where my money goes. 私の金はどこに消えてしまうのだろうか
— vt 《略式》耐える; (金額を) 賭ける ► I'll go fifty dollars for a ticket, but no more. 切符1枚に50ドル払えるがそれ以上は駄目だ

Anything goes. 何をしてもよい

as ... go (一般の) …としては ► As lawyers go, he is sharp. 普通の弁護士としては抜け目ない

go about 歩き [動き] 回る; 広まる; 針路を転じる; 精を出す; 取りかかる ► How did you go about finding a job? どういうふうに職探しをしましたか

go after を求める; の後を追い回す ► He went after a job in the auto industry. 彼は自動車産業で職を得ようとした / Our company is going after the seed market in Asia. わが社はアジアの種子市場に狙いを定めている

go against に反対 [対抗] する; さからう; に不利に働く ► He went against the advice of his lawyer. 彼は弁護士の助言に逆らった

go ahead with を進める ► Please go ahead with your questions. お質問をお続けください

go all out to をしようと頑張る ► Lawmakers are going all out to cut the budget deficit. 議員たちは財政赤字を削減するため全力を注いでいる

go along 進む; ついて行く; うまくいく, 協力する 《with》; 事が運ぶ; 《命令》あっちへ行け ► I'm afraid I can't go along with your idea. 申し訳ありませんが, お考えには賛成いたしかねます / I always go along with what he says. 私はいつも彼の言うことに調子を合わせている

go and do …しに行く; 愚かにも…する

go a person one better (人よりも) 上をいく, 勝る

go around 歩き回る; 行き渡る; 着陸をやり直す ► What goes around comes around. 悪い行いはいつか自分に戻ってくる

go as far as …までもする《to do》
go at を攻撃する; にとりかかる
go at it 懸命に取り組む
go away 立ち去る; 持ち逃げする《with》;《命令》《略式》(間投詞的に) ばかなことを言うな ► I'm not saying that this is going to make all the problems go away. これですべての問題が片付くと言っているのではありません / The country's foreign debts won't go away anytime soon. その国の対外債務はそう簡単にはなくならないだろう / Strikers refused to go away from the scene quietly. スト中の労働者はその場から静かに立ち去ろうとしなかった / We want our customers to go away from our store satisfied. お客様が満足して当店からお帰りになることを望んでいます

go back 戻る; 回顧する; さかのぼる; (場所が) 広がる ► Let's go back to the previous item on the agenda. 前の議題に戻ろう

go back on [from, of] を撤回する, 取り消す; 裏切る

go bad (投資や貸付金が) 不良資産化する
go behind の背後をさぐる
go between の仲裁 [仲立ち] をする
go beyond を超える ► You have gone beyond the call of duty. あなたは職務で要求されている以上のことをした (✚の域を越す)

go broke 倒産する ► He lost his job because the company went broke. 会社が倒産したため, 彼は職を失った

go by (時間などが) 経過する; に従う; の名で通る;《米》ちょっと訪問する

go down 下がる; 落ちる; 沈む; 受け入れられる; (に) 屈する 《before》 ► Sales went down last year. 売上は昨年減少した

go for を取りに [呼びに] 行く;《略式》を激しく非難する; を支持 [賛成] する;《略式》を好む, に熱を上げる; に当てはまる; (…だけ) 役に立つ; で売れる

go for it 一か八かやってみる
go for nothing なんら役に立たない
go forth 発布される; 出て行く《into》
go forward 始める [⇒startと同じ意味だが, 格好を付けた言い方]

go global 国際的になる
go in に費やされる ► Her fortune went in paying her father's debts. 彼女の財産は父の借金の支払に充てられた

go in for (試験を)受ける; に参加する; に賛成する; を好む, 趣味とする ▶ I applied for the job and went in for an interview. その職に応募し面接を受けた
go international 海外進出する
go into に入る; を詳しく調査する; 進出する ▶ go into details 詳細に調べる / The company will go into liquidation or into receivership. 会社は清算あるいは財産管理に入る / His company went into the red. 彼の会社は赤字になった / Within six weeks of going into videos, we're the top-selling site for this product. ビデオの販売に進出して6週間で, この種の商品を手掛けるサイトで売上ナンバーワンになった
go in with に加わる
go it 急ぐ, ぶっ飛ばす
go it alone 独力[独り]でやる
go off (事が)運ぶ; 寝込む; 立ち去る; 売り切れる; 《英略式》嫌いになる; 出かける ▶ I was sound asleep until the alarm went off. 目覚まし時計が鳴り出すまで熟睡していた
go on 先へ進む; 続ける (*with*); 続けて…する (*to do*); (人と)仲良くやる (*with*); (事が)起こる ▶ Please go on with what you were saying. お話を続けてください / He went on working till late at night. 彼は夜遅くまで仕事を続けた (✤ He went on to work ... だと「ほかのことをしていたが, 次に仕事に取りかかった」の意)
go on for (年齢・時刻など)に近づく
go on sale 売りに出される ▶ Shortly after the house went on sale, he received many offers. 家を売りに出すとすぐに, 買いたいという申し出をたくさん受け取った
go out 外へ出る, 外出する; (女性が)働きに出る; 辞職する; 廃れる; ストライキをする ▶ I usually go out for a drink after work. 普段は仕事の後で一杯飲みに行く
go over 越える, 渡る; 切り換える (*to*); 《米略式》うまくいく; をよく調べる; ひとわたり眺める; (計画・演説などが)受け入れられる, 効く; 転覆する; くずれる; 倒れる ▶ Let's go over some of the available options. 可能な選択肢をいくつか検討しよう
go overboard やりすぎる
go private (企業などを)民営[私有]化する
go public 株式を公開する, 公開会社化する ▶ raise capital by going public 株式公開によって資本を調達する
go round =go around
go slow 徐行する; (わざと)ゆっくり働く
go south (価値が)下がる, (関係が)悪化する (✤ 南は地図上で下方になるから go down の意味になる) ▶ The stocks went south. 株は下がった
go the distance 最後までやり抜く
go the limit とことんやる
go the way of の先例に従う, の道を行く
go through を通り[突き]抜ける, 経験する; を詳しく調査する; を使い果たす; (本が版を)重ねる ▶ There are some vexing formalities to go through. 踏まなければならない厄介な手続きがいくつかある
go through with をやり抜く
go together 相伴う; 釣り合う, 調和する
go to it とことんやる
go too far やりすぎる ▶ The writer went too far in criticizing the government. ライターは政府批判の度がすぎた
go to school (…に)学ぶ (*to*); 教訓を得る
go to (a lot of) trouble わざわざ[骨を折って]する
go toward (金が)に使われる; に役立つ ▶ The proceed from the sale will go toward the construction of a new lab. 販売の収益は新研究所の建設に使われる / The issue of new corporate bonds will go toward long-term business expansion. 新しい社債の発行は長期的な事業拡大に向けられるだろう
go under 沈む; 破産する; 屈する (*to*) ▶ After 20 years on the same corner they finally went under. 彼らは20年ずっと危機に瀕(ひん)していたがついに破産した
go up 上る, 登る; 上がる; 爆発する; 破壊される ▶ With prices going up, people are dipping into their savings. 物価が上がって人々は貯金に手をつけている / He went up in his new undertaking. 彼の新しい事業は駄目になった / The unemployment rate is bound to go up. 失業率が増加することは避けられない / Stock prices have bottomed out, so they have nowhere to go but up. 株価は底を打ったので, 上昇する以外に行きどころがない
go with と同行する; と調和する; に決める
go with it [that] 時勢に従う
go without (食事などを)なしで済ます
How are things going? / How's it going? 調子はどうですか
it goes without saying that ... は言うまでもない
keep ... going 動かし続ける
keep going 行き[動き]続ける ▶ Let's keep going until the job is done. 仕事が片付くまでやり続けよう
let go 自制心を失う; 自由にする; 忘れる
let go of を手放す
to go (略式) (飲食物などが)持ち帰り用の; (時間が)まだ残っている

— *n* 試み; 順番; 精力, 元気, 活気; 《a ~》《略式》決まった事 ▶ It's my go. ぼくの番だ / She has a lot of go in her. 元気いっぱいだ
from the word "go" 《略式》最初から
give ... a go をやってみる
have a go at it やってみる
It's all go. 《略式》やることがたくさんある, 忙しい
make a go of を試みる; に成功する
no go 《略式》成功しない, 無駄な
on the go 絶えず活動して; 働きづめで

go-ahead *a*, *n* 前進する; 進取的な; 進行命令; 開始の認可; 積極性(のある人) ▶ The airline gave the go-ahead for the purchase of new aircraft. そのエアラインは新しい航空機の購入にゴーサインを与えた

goal /goul/ *n* 目的, 目標; 目的地; ゴール ▶ Set

performance goals that work. 実行できる能力目標を定めなさい / Performance goals must be individualized for each employee. 能力目標はおのおのの従業員別に個人向きに特化されねばならない / You have to adjust your planned goal. 計画目標を調整しなければならない / There's no way we can reach our sales goal this month. いかにしても今月は販売目標に到達できない

goal definition 目標設定, 目標の明確化
goal-directed a 目標達成志向の, 結果志向の
goal setting 目標設定
gobble /gάbl/ v がつがつ食べる; うのみにする (*up*) ► Advertising costs gobbled up the company's profits. 広告の費用は同社の利益を使い果たした / The company was eventually gobbled up by its rival. その会社は最後にはライバル企業に吸収された
◇**gobbler** n
go-between n 仲介者, 仲人 ► Can you find a go-between who is completely impartial? 完全に公平な仲介者を見つけることができるか
GO bond ⇨ general obligation bond
Godiva /gədáivə/《商標》ゴディバ［⇨ベルギーの高級チョコレートおよびそのメーカー. アイスクリームも出ている］
godown n 倉庫 (=warehouse) (✚東アジア, 特にインドで用いられる)
gofer /góufər/ n (会社の) 雑用係; 使い走り ► I worked as a gofer for two years. 私は2年間下働きをしてきた［語源］go for (何かを取って［持って］来る) と gopher (ジリス: 動物のリスの一種) から］
go-getter n《略式》やる気満々の人［⇨特に上昇志向の強い若者］
go-go a《略式》活気のある; 流行の; 投機的な; (株?) 急成長の; イケイケムードの
going /góuiŋ/ n 行くこと; 出発; 路面状態; 進行状況
Good going! その調子
heavy going 骨が折れる［進みにくい］こと
while the going is good 状況がよいうちに
━ a 活動［運転, 営業, 進行］中の; 現行の; 手に入って ► the going rate 現行歩合［料金］
be going to do …しようとしている, するつもり［予定］だ, するだろう; することになっている ► We're going to see more loan defaults in the coming months. われわれは今後数か月間にローン債務不履行の増加を経験するだろう
get ... going を進行させる
get going (働き［話し］) 始める
Going, going, gone! (競売で) 売れますよ, 売れますよ, はい売れました
going on 近づいて (*for*)
have a lot [nothing] going for one 《略式》(人が) 有利な［不利な］立場にある
have ... going 予定［計画, 取引］がある
set ... going を動かす
going away party 送別会

going concern 継続企業(体), 継続事業体, ゴーイング・コンサーン［⇨企業が将来にわたって半永久的に維持存続するとする企業理念］ ► have doubts about the ability to continue as a going concern 継続企業として存続する能力に疑念を抱く / The company was sold as a going concern. その会社は継続企業として売られた
going concern assumption [concept] 継続企業の公準［⇨企業会計の会計公準の一つで, 会計が半永久的に営まれる経営活動の期間を区切ってその会計を行うという前提］
going concern value ゴーイング・コンサーン・バリュー, 継続企業価値［⇨一般に,「無形資産である企業価値」と「有形資産である不動産の価値」から構成されているとされる］
going-out-of-business sale 閉店セール (=close-out sale) ► We're having a going-out-of-business sale. 当店は閉店大売出しをしている
going-over n 検査;《米》厳しい叱責; したたかに打つこと ► Please give these documents a quick going-over. これらの書類にさっと目を通してくれ
going rate 実勢レート, 相場; 現行運賃
gold /gould/ n 金, 黄金; 金貨; 富; 金(カñ); 金色; 金めっき; 金的; 金賞 (=gold medal); (~s) 金関連株 ► pay in gold 金貨で支払う / go off gold 金本位を廃止する
strike gold 金を捜し当てる
There's gold in them thar hills. そいつはたんまりもうかる
━ a 金(色)の
gold and foreign exchange reserves 金・外貨準備高［⇨政府や中央銀行が, 対外支払や外国為替市場に介入するため準備している金や外貨］
Gold Bond ゴールドボンド［⇨ボディーローション, フットパウダーなどを製造している米国の会社］
gold card ゴールドカード［⇨信用度の高い顧客に発行される, 利用限度額等で優遇されるクレジットカード. 一般にこれより上のランクとして「プラチナ」「ブラック」などがある］
gold carry trade 金キャリートレード, 金キャリー取引［⇨金を借りて, 米ドルなどの高金利通貨に転換し, 財務省証券などの高利回りの証券で運用した後, 証券を売って得た資金で金を買い戻して借入債務を返済する取引. 金価格の変動が取引の成否を分ける］⇨ carry trade
gold-dollar standard system 金・ドル本位制［⇨国際通貨を米ドルとして, 米ドルの価値を金で裏打ちした制度］
golden /góuldən/ a 金色の; 金(製)の; 貴重な; 素晴らしい; 繁盛した ► golden years 老後の人生 / a golden chance 絶好の機会 / He let a golden opportunity to clinch the deal slip through his fingers. その取引をまとめる絶好の機会をみすみす逃してしまった
golden age 黄金時代, 最盛期
Golden Arches ゴールデンアーチ［⇨ハンバーガー店のマクドナルドの看板］

Golden Globe (Award) 《the ~》ゴールデングローブ(賞) [○米国の映画・テレビ作品賞]

golden handcuffs (優秀な社員・役員の転職を防止するための)特別待遇

golden handshake (優遇的な)退職勧奨金; 高額退職金 ► She got a very generous golden handshake. 彼女は実にいい退職条件を確保した

golden hello 転職勧誘金

golden parachute ゴールデンパラシュート, 高額退職金契約 [○自分の経営している会社が合併・買収される事態に立ち至った場合に備えて, そのような場合には自分たち経営者が多額の退職報酬をもらえることを, あらかじめ自社との契約に盛り込んでおくその取決め] ► Many big companies offer golden parachute plans for their executives. 多くの大企業は自社の経営幹部にゴールデンパラシュート契約を提供している

golden share 特権株

gold exchange standard 金為替本位制 [○米ドルのみが金と交換可能という状況の下, 各国の通貨が米ドルと固定為替レートで結びつくことで間接的に金本位制が達成される制度]

gold fixing 金(きん)の値決め, 金の建値決定; (ロンドン金市場などで毎日取引されている) 金価格 (=fixing, gold fix)

gold fund 金と金関係証券に投資をするファンド

Goldilocks economy /góuldilàks/ ゴルディロックス経済 [○インフレになるほど景気が過熱せず, リセッションになるほど冷え込みもしない理想的な経済状況を言う. 童話『三匹の熊』(*The Three Bears*)で少女 Goldilocks が食べたおかゆ(porridge)が「熱すぎず, 冷たすぎず, ちょうどいい」(neither too hot, nor too cold but just right)具合だったことから. Salomon Brothers のエコノミスト David Shulman が1990年代後半の米国経済について用いて広まった]

Goldman Sachs Group 《The ~, Inc.》ゴールドマン・サックス・グループ [○米国の投資銀行・証券会社グループ. M&Aのコンサルティング業務では世界のリーダー. 2008年9月世界金融恐慌の中で銀行持ち株会社に移行した]

gold mine 金鉱; 宝庫; ドル箱 ► be sitting on a gold mine (気付かずに)宝の山を持っている / His small business turned into a gold mine. 彼の小さな事業がドル箱になった

gold reserve 《the ~》金準備

gold rush ゴールドラッシュ [○何かがブームとなりわれもわれもと企業が押しかけるような状況]

gold standard (system) 《the ~》金本位制度 [○中央銀行の発行する通貨が一定量の金と平価で交換されることを通じて, 為替レートが固定される為替制度]

gold sterilization 金不胎化 [○外国からの金の流出入が一回の通貨供給や信用創造の増減に影響しないようにすること]

Goliath /gəláiəθ/ *n* (業界の)巨人 [○聖書に出てくる巨人の名から]

GOME Electrical Appliances Holding 《~ Ltd.》GOME エレクトリカル・アプライアンス・ホールディング, 国美電器 [○中国の家庭電化製品の量販店. 2006年末現在572店舗で展開. 黄会長が過半数の株を保有するが, 会長の個人保有の240店舗を加えると820店舗近くとなり中国最大の小売チェーンとなる]

good /gud/ *a* (*better*; *best*) よい, 優れた, 立派な; 適した; 善良な; 親切な 《*to, about*》; 確かな; 有効な 《*for*》; 本物の; 健康によい; 楽しい; 十分な, 相当の; 有能な; 上手な 《*at, in, with*》 ► a good month 1か月たっぷり / She's a good saver. 彼女は節約上手だ / This ticket is [holds] good for three months. この切符は3か月間有効である / He quit his job for no good reason. 彼は特別な理由もなく仕事を辞めた / Last year was another year in the long run of good economic growth and low inflation. 昨年も, 長く続いている適度の経済成長と低インフレのパターンどおりだった / You only have a week left before the deadline, so make good use of your time. 締切期限まであと1週間しかないから, 残された時間を有効に使いなさい

all in good time いずれしかるべき時に

as good as も同然 ► This used car is as good as new. この中古車は新車同様だ

as good as one's word 必ず約束を守って

good and ... 《略式》とても… ► good and ready 準備完了して

good for nothing (人が)役立たずの

in good time 十分間に合って

make good 達成する; 履行する, 遂行する 《*on*》; 償う; 保持する; 修復する; うまくいく ► The store made good on its guarantee and gave me a refund. その店は約束通り保証を履行して, 私に金を返してくれた / The president made good on his election promise to lower taxes. 大統領は選挙公約の減税を実行した

make good on a pledge to do …するという約束を果たす

no good / not much good / not any good 役に立たない, よくない

too much of a good thing よすぎて[大きすぎて]かえって迷惑なこと[もの], ありがた迷惑なこと[もの]

— *ad* 《略式》=well¹ ► The business is doing good now. 商売はうまく行っている

語法 口語で普通に用いるこの good は well が正しいとされる

— *n* 利益, ため; 幸福; 長所, とりえ; 善; 善良な人々 ⇨ **goods**

come to no good 失敗に終わる

do ... good / do good to に親切を施す; に役立つ

for good (and all) 永久に

in good with 《略式》に気に入られて ► I'm not in good with the boss right now. このところボスに受けがよくない

to the good 利益になって, 黒字で ► My bank account is $100 to the good. 銀行預金には100ドルの残高がある / I am $50 to the good. 持ち金が前より50ドル増えている (=I have $50 more than

I had.)
up to no good 悪事を企んで
What's the good of ... ? / What good is ... ? …して何の役に立つのか ► What's the good of my going? 私が行って何になるか

good and marketable title 有効かつ譲渡可能な権利 [⇒不動産取引などで, 譲渡人の権利に問題がなく, 譲受人は対価の支払に際して抗弁できないこと]

good and merchantable title 有効かつ市場性ある権利 (=good and marketable title) ⦿ SELLER shall convey to BUYER good and merchantable title to the Goods free of any encumbrance, lien or security interest. 「売主」は「買主」に対し, 当該商品について, 一切の制限, 優先弁済権もしくは担保権の設定のない, 有効かつ市場性ある所有権原を移転しなければならない

good bank グッドバンク [⇒経営難の銀行の好採算の部分. 銀行を好採算の部分(good bank)と不採算の部分(bad bank)に分割して経営を立て直す手法について言う]

good deal たくさん; 得な取引[買い物]; 恵まれた立場; 《略式》大いに結構, よしよき; もちろん ► attract a good deal of attention 大いに人の注意を引く

good debt 優良債権, 優良貸付
good delivery グッドデリバリー, 適格受渡し [⇒証券等が取引所の定める条件通りに引渡されること. 不備があれば bad delivery]
good earnings 好決算
good faith 正直, 誠実;【法律】善意 (=bona fide) ► in good faith 誠実に, 誠意をもって
good faith deposit 従来取引のない投資家が証券会社に払う保証手付金
good faith money 保証金 [⇒先物の取引においてその契約の履行を保証するため取引所に差し入れる預託金]
good funds 決済完了性を備えた支払手段, グッド・ファンズ
Good Laboratory Practice (米国 FDA の) 医薬品の安全性試験の実施に関する基準 (GLP)
Good Manufacturing Practices (米国 FDA の) 医薬品の製造管理および品質管理に関する基準 (GMP)
good merchantable quality ジーエムキュー条件, 適格品質条件 (GMQ) [⇒引渡物品がその種の取引上通常とされる品質を備えている旨の売手による保証]
Good Morning America グッドモーニング・アメリカ [⇒ABC 製作の米国のモーニングショー. 1975年開始. 天気, 交通情報などの軽い情報から有名人とのインタビュー, 国際政治ニュースまでを報道する]
Good Morning Television グッドモーニング・テレビジョン (GMTV) [⇒英国のテレビ会社. ITV が75%, Walt Disney が25%を所有. 1993年から第3チャンネルの早朝時間の放送を受け持っている]

good news 好材料, よい知らせ
good risk (保険の) 優良危険, 優良物件

goods /gúdz/ *n pl* 財産, 所有物; 動産; 商品, 物品;《米》織物;《英》陸上輸送貨物; (the ~)《略式》本物; 約束のもの; 証拠; 財 [⇒経済学で扱う物理的な物]

【語法】goods は複数扱いで, a good とはならない. 複数形の goods は ones で受けられる. ただし, ten goods というように数詞は付けない. なお, many goods を量的に much goods と言うことがある. また,「織物」の意味では This goods is sold. (この反物は売約済み)と単数扱いにすることがある
► the discharge of the goods 商品の荷揚げ / goods of like grade, quality and quantity 同種・同等・同量の商品 / price one's goods 商品に価格をつける, 品物に値札をつける / produce goods モノを生産する / give over one's goods to a person 動産を人に譲る / refuse goods 商品の受取を拒む / have (got) the goods on のしっぽ[証拠]をつかんでいる / deliver [produce, come up with] the goods 《略式》期待に添う / You may **return the goods** for any reason during the cooling-off period. クーリングオフ期間はいかなる理由でも返品できます / The **goods will be shipped** by overnight freight. その商品は翌日配達の貨物便で発送される予定です / The company manufactures **sporting goods**. 同社はスポーツ用品のメーカーだ / Tourists who **purchase goods** exceeding $100 (including VAT) in value are entitled to a VAT refund at the port of departure. 付加価値税を含め100ドルを超える物品を購入した観光客は出国時に還付を受けることができる / We **import leather goods** from Argentina. 当社はアルゼンチンから皮革製品を輸入している / We **supply consumable goods** like paper cups and napkins. 当社は紙コップや紙ナプキンといった使い捨て品を納入している / Wholesale businesses are engaged in **selling goods** to retailers. 卸売業者は小売業者向けの物販を業としている / **Designer goods** sell well in Japan. デザイナーズグッズは日本ではよく売れる / A strong yen weakens the competitiveness of **Japanese goods**. 円高は日本製品の競争力を弱める / Our store has a big problem with **returned goods**. 当店は返品で大きな問題を抱えている / Are **hand-made goods** necessarily better than factory-made ones? 手作りの製品は工場で作った製品より必然的に良いだろうか

=== 財・商品 ===
assortment of goods (店の) 品ぞろえ / brown goods (テレビ・ビデオ・パソコンなどの) 小型家電製品 / capital goods 資本財 / consumer goods 消費財 / consumption goods 消費財 / convenience goods 日用雑貨 / counterfeit goods 偽ブランド品 / deluxe goods 高級品 / description of goods 目的物の表示 / dry goods 繊維製品 / durable goods 耐久消費財 / finished goods 最終製品, 完成品 / first-quality goods 一級品 / fragile

goods 壊れ物 / handcrafted goods 手作りの品 / hard goods 耐久財 / household goods 家庭用品 / imported goods 輸入品 / industrial goods 資本財 / intermediate goods 中間製品 / investment goods 資本財 / line of goods 取扱商品 / luxury goods 高級品 / manufactured goods 工業製品 / mass produced goods 量産品 / nonconforming goods 規格外品 / nondurable goods 非耐久財 / perishable goods 生鮮品 / producer's goods 生産財 / prohibited goods 禁制品 / semi-finished goods 半製品 / soft goods 衣料品，繊維，寝装品（の総称）/ surplus goods 余剰品 / unaccompanied goods 別送品 / unbranded goods ノーブランド商品 / white goods （冷蔵庫や洗濯機などの）白物家電

goods account 商品勘定
goods and chattels 動産 [⇨不動産と区別された動産の総称]
goods and services 財貨とサービス; モノ・サービス
goods and services tax （カナダ・オーストラリアなどの）付加価値税
goods in process 仕掛品
goods in stock 在庫品，手許商品
goods in transit 未着品，未達商品
goods market 製品市場
goods on hand 在庫品，手許商品
goods train 《英》貨物列車 (=《米》freight train)
goods vehicle 輸送用トラック，貨物輸送車両
good-till-cancelled order 取り消されるか執行されるまで有効な売買注文 (GTC order)
good title =marketable title

goodwill

/gúdwíl/ n 善意; 信用; のれん，営業権 [⇨企業の有する超過収益力．簿価での評価額10億ドルの企業を15億ドルで買収すれば，差額の5億ドルが超過収益力の評価額] ▶ amortize goodwill over seven years 営業権を7年にわたって償却する / How much is their goodwill worth? 営業権の(会社を売るとしたら)いくらの値打ちがあるか

Goodwill 《商標》グッドウィル [⇨米国の非営利福祉団体によるリサイクルショップ．消費者より寄付される衣類，家庭用品などを特価で販売する．正式名はGoodwill Industries International, Inc.] ⇨ Oxfam
goodwill payment 見舞金，詫び金，お詫びのしるし [⇨法的義務はないものの社会通念上妥当な誠意の表現として支払うものについて言う]
goody bag パーティーで子どもにあげるキャンディーなどの袋; 商品宣伝用見本入りの袋
Goodyear 《商標》グッドイヤー [⇨米国のタイヤ・ゴム製造会社 Goodyear Tire & Rubber 社のタイヤのブランド．スポーツイベントなどでグッドイヤーの小型飛行船が空中からの中継や宣伝に使われていることも多い]
goof /gu:f/ n ばか者; 《米》へま; 失策

— vt へまをする (up) ▶ We goofed up on some facts during the presentation. プレゼンテーションで事実についていくつかぼかけた間違いをした
go-off n 《略式》開始
goof-off n 《略式》責任回避ばかりしている人
Google ❶ (~ Inc.) グーグル [⇨インターネットの情報提供，マーケティング会社．同社が巨大な検索エンジンを通じてユーザーをひきつけ，関連企業の買収も通じてあらゆるインターネット情報活動に関与するインターネットの巨人．Larry Page, Sergey Brin によって1998年創設された．2004年ナスダックに上場] ❷《商標》グーグル [⇨❶のウェブの検索用エンジン]

— v 《しばしば g-》《略式》グーグルで検索する，「ググる」

[[語源]]1940年代に米国の数学者 Edward Kasner の甥の Milton Sirotta が巨大な数を googol (ゴーゴル)と呼んで，それが10の100乗(＝1の後に0が100個続く101桁の膨大な数字)を指すことになった．Google は，その googol を変形したもの]

goose /gu:s/ n （複数形 **geese**） ガチョウ(の肉); ばか
All his geese are swans. 自分のものなら何でも最高; 手前みそ
cook a person's goose （人の）計画をくじく
kill the goose that lays the golden eggs うかつなまねをして財源を断つ
The goose hangs [**honks**] *high.* すべて順調だ，見通しは明るい
What's good for the goose is good for the gander. / *What's sauce for the goose is sauce for the gander.* 《諺》一人に合う[好まれる]ものは他の人にも合う[好まれる]

— vt 《略式》に気合いを入れる (up)
Gordian knot /gɔ́:rdiən/ (the ~) ゴルディオスの結び目; 難題，至難事
cut the Gordian knot 難題をたちまち解決する (✤ Gordius 王の複雑な結び目を Alexander 大王が剣で断ち切ったことから)
Gore-Tex 《商標》ゴアテックス [⇨通気性，撥水(はっすい)性のある布地．スポーツ用衣類，靴など]
gorgeous /gɔ́:rdʒəs/ a 豪華な; すばらしい ▶ The scenery was gorgeous all along the way. 道中ずっとすばらしい景色だった / The weather was absolutely gorgeous. We really had a gorgeous business trip and enjoyed gorgeous shrimps at a gorgeous restaurant. 天気はすばらしく，私たちはすばらしい商用旅行をして，すばらしいレストランですばらしいエビを食べた
◇**gorgeously** ad
◇**gorgeousness** n
go-slow n 《英》スローダウン戦術，サボタージュ (=slowdown) ▶ Workers took part in the go-slow. 労働者はのろのろ戦術に加わった
gossip /gάsəp/ n, vi おしゃべり (with, about); うわさ話; ゴシップ; おしゃべり屋 ▶ Don't believe all the gossip you hear. 耳にするうわさ話全部を信じるな

go-to *a*「行くならここ」の ▶ When you have clients for lunch, this is the go-to place. お客さんとランチで行くならここです

got2b《商標》ガットツービー[⇒米国のヘアケア製品のブランド. ジェル式, スプレー式がある]

gouge /gáudʒ/ *n* 丸のみ;《米略式》詐欺
— *vt* えぐり出す(*out*);《米略式》だまし取る, ぼる

govern /gʌ́vərn/ *vt* 統治[支配]する; 制する; 管理する;(法律などが…の) 基準となる ▶ Comply with policies governing professional appearance and conduct. 職業上の体裁[身なり]と行動を規制する方針に合わせなさい 🗐 This Contract shall be governed by and construed in all respects in accordance with the laws of Japan. 本契約は, すべての点について, 日本法に準拠し, 解釈されるものとする
◇**governable** *a*

governance *n*（企業）統治, 支配 ▶ Banks always monitor the governance structure of its corporate borrowers. 銀行は融資先である法人の企業統治組織がどうなっているかを関心を持って見守るのが普通だ

governing body 管理機構, 管理組織;（大学などの）運営理事会

governing language 正文の言語 🗐 The governing language of this Agreement shall be Japanese. 本契約の正文は日本語によるものとする

government /gʌ́vərnmənt/ *n* 統治, 政治, 行政;《しばしばG-》政府; 内閣; 政体; 支配, 運営;《~s》《米》政府債券 ▶ a federal [state] government 連邦[州]政府 / a local government 地方自治体 / The government rejected the findings of the report. 政府はその報告書の調査結果を認めなかった

government agency bond =agency bonds

governmental funds 政府基金[⇒アメリカ公会計を構成する3つの基金カテゴリーの一つ] ⇨ proprietary funds, fiduciary funds

governmental obligations 国債[⇒政府保証債の総称]

government-backed *a* 政府保証付の,（政府の）補助金による

government bill 短期国債; 政府短期証券[⇒政府の短期債務]

government bond 政府債, 国債[⇒政府の発行する債券. 米国の場合は財務省債券(Treasuries)を言う] ▶ In the U.S., only authorized dealers can trade government bonds directly with the Federal Reserve. アメリカでは認可を受けた業者だけが連邦準備制度と直接, 国債を売買できる

government borrowing 政府借入金

government broker 公認政府証券ブローカー[⇒中央銀行の依頼を受けて国債の売買を行う指定業者. アメリカではprimary dealerと言う]

government budget 政府予算

government business 政府取引[⇒政府との取引. 民間企業または個人との取引を意味するcommercial businessの対語]

government clearance 政府の許認可

government contribution（年金などの）保険料の国庫負担分

government corporation 公企業

government expenditure 歳出

government forecast（景気の）政府見通し ▶ It will be difficult to achieve the official government forecast for GDP growth of 1.9%. 政府経済見通しのGDP成長率1.9%を達成するのは難しいだろう

government intervention 政府介入 ▶ Market failure justifies government intervention. 市場の失敗は政府の介入を正当化する

government investment 公共投資

Government National Mortgage Association（米国の）政府住宅抵当金庫(GNMA) ⇨ Ginnie Mae

government-owned company 政府所有の会社, 官有会社

government ownership 国有 ▶ The business was under government ownership until 2002. この会社は2002年までは国有だった

government pension 公的年金, 国営年金, 国民年金(=state pension)

government procurement 政府調達[⇒政府機関が購入する物品およびサービスの調達. 公共事業・研究開発などを含む]

government regulation 政府による規制, 政府規制

government sector 政府部門

government securities 国債, 公債

government spending 政府支出 ▶ Government spending expanded by double digits to kick-start the economy. 政府支出は景気テコ入れのため2けた台で伸びた / Government spending posted a decline over year-earlier levels. 政府支出は前年割れとなった / Government spending rose just 0.1%. 政府支出は0.1%増にとどまった

government-sponsored enterprise 政府支援企業(GSE)[⇒米国の連邦議会によって公共目的のために設置された私企業. 住宅金融関連のFannie MaeとFreddie Macが代表的な存在. 両社の発行する証券は連邦政府の保証はないが, 業界では連邦政府の暗黙の保証(implied federal guarantee)があるとされて, 世界中の金融機関が大量に保有している. サブプライム危機の余波を受けて2008年にFannie MaeとFreddie Macの株が暴落したが, FRBは両社の全面的救済について米国議会の了解をとりつけた]

government stock《英》国債

governor /gʌ́vərnər/ *n*《米》知事;（銀行の）頭取, 重役;（組織の）長; 理事;（地方の）長官

govt government

Gp Group[⇒社名にGroupが入っているときの略称]

GPM graduated payment mortgage; gross

profit margin
GPO General Post Office
GPRS General Packet Radio Service
GPS Global Positioning System
GQ 《商標》『GQ』[⇨米国の男性ファッション誌. 正式名称はGentlemen's Quarterly]
gr gross
grab /grǽb/ v (**-bb-**) ひっつかむ, ひったくる《*at*》; 《略式》(人の)心をとらえる; (チャンスを)つかむ ► How does that grab you? 気に入ったか / Let's go grab a cup of coffee. コーヒーを一杯飲みに行こう
— n ひっつかみ, ひったくり; 横領
make a grab at をひったくる
up for grabs 《米略式》誰にでも容易に手に入る; 早い者勝ちの ► These jobs are up for grabs. これらの仕事は早い者勝ちだ

grab bag つかみ取り袋 [⇨パーティーなどで贈り物をつかみ取りさせる袋]; 雑多な寄せ集め; 《略式》偶然に左右される状況 ► The government's statement is just a grab bag of economic policies. 政府発表は寄せ集めの経済政策に過ぎない

grace /gréis/ n ❶ 優雅, 優美; ひいき; 好意 ❷《法律》恩赦(法) ❸ (債務者に対する期限後の)支払猶予 ► days of grace (手形などの支払の)猶予日 ❹《金融》据置期間 [⇨ある時点まで借手が返済を始めない条件の融資契約で, 融資の実行から返済開始までの期間. ⇨ grace period] ► Annual interest rate of loan is 5% with 3 years grace and 7 years repayment. ローンは3年の措置期間付き7年返済で年利は5%である
have the grace to do 親切にも…する
in a person's good grace (人に)気に入られて
with (a) bad [(an) ill] grace しぶしぶ
with (a) good grace 快く, いさぎよく
— vt 優美にする, 飾る; (出席して)名誉を与える《*with*》

grace period ❶ 猶予期間 ❷《金融》支払猶予期間 [⇨クレジットカードの所有者が請求書を受け取った日から通例25日間. 支払が遅れても利息がつかない] ❸《保険》支払猶予期間 [⇨保険期間が終わってから通例30日間. 保険料の支払が遅れても保険は有効] ❹《金融》据置期間 [⇨ある時点まで借手が返済を始めない条件の融資契約で, 融資の実行から返済開始までの期間. 長期の融資契約では借手の希望で1~5年の据置期間を設けることがある]

gradation /greidéiʃən, grə-/ n ぼかし; 漸次的移行; 等級付け

grade /gréid/ n 階級, 等級, 程度;《米》学年, 年級; (the ~s)《米》小学校;《米》成績の評点[評価] ► The company's credit rating fell below investment grade. 同社の信用格付は投資適格から脱落した
make the grade 合格[成功]する; 努力して得る
— vt 等級分けにする, 格付けする;《米》採点する
— vi (ある)等級である; (色などが)次第に変化する
◇**grader** n 等級付けをする人; 選別機械; …年生

graded premium 《米》逓増保険料 (=increasing premium)

grading /gréidiŋ/ n 等級付け; 格付け, 等級決定 ► A four-level grading system is in place. 4階級の等級付けが行われている

gradual /grǽdʒuəl/ a 漸進的な; 緩やかな ► The economy is experiencing a gradual decline in unemployment. 景気は失業が徐々に減少している段階にある
◇**gradually** ad 次第に, だんだんに ► You'll gradually get used to your new job. あなたは新しい仕事に次第に慣れてくるでしょう

gradual-payment policy 加入料金漸次増加支払方式の保険

graduate n /grǽdʒuət/ 卒業生; 大学院生
— a 卒業した
— vi -èit/ 卒業する, 学位を受ける《*from*》; 次第に変化する《*into*》 ► I joined the company right after I graduated from college. 大学卒業後すぐに私はその会社に入った
— vt 学位を授与する, 卒業させる

graduated /grǽdʒuèitid/ a 目盛りをつけた; 等級をつけた; 累進的な

graduated payment mortgage 逓増返済型不動産担保ローン (GPM) [⇨返済金額が最初は少なく次第に増加する方式の不動産担保ローン]

graduated repayment 漸次増加式返済法

graduated tax 累進税 ⇨ progressive tax
graduate recruitment 《英》新卒採用
graduation /grædʒuéiʃən/ n 卒業; 学位授与;《米》卒業式; 格付; 等級 ► He joined the law firm upon graduation. 彼は卒業と同時にその法律事務所の一員になった

graft¹ /grǽft/ n, v 接ぎ木(する); 移植(する); 接合する《*into, on, together*》;《英略式》骨の折れる仕事; よく働く ► graft some new ideas onto the rules 新しいアイデアを規則に盛り込む

graft² n, v 不正利得(を得る), 汚職(する)《*off*》

grain /gréin/ n 穀粒; (集合的)穀物, 穀類 (=《英》corn); (砂・塩などの)粒; グレーン [⇨衡量単位; 0.0648g]; 微量; 性質, 気質
in grain まったくの, 生まれつきの
with a grain of salt 割り引いて ► Take everything he says with a grain of salt. 彼の話は何でも割り引いて聞きなさい
— vt 粒にする; 染める

grain elevator 大穀物倉庫
grain exchange 穀物取引所
grain major 穀物メジャー [⇨流通, 販売, 開発, 貿易と多角的に運営する多国籍穀物企業]
gram, 《英》**gramme** /grǽm/ n グラム
granary /gréinəri, grǽn-/ n 穀倉
grand /grǽnd/ a 雄大な; 壮麗な; 偉大な, 気高い; 重大な; 尊大な; 主要な; 全体の;《略式》すてきな ► a grand total 総計 [⇨小計 sub total に対しての合計] / The observation deck affords a grand view of the city. 展望デッキからのその都市の眺めは壮観だ
— n《米略式》1,000ドル

◇**grandly** *ad*
◇**grandness** *n*
grandfather *n* 祖父; 祖先; 始祖, 創始者; (同類の中で)最初[最古]のもの
— *vt* 《米》(人・会社などを)新規の法律[規則, 要件]から免除する

grandfather clause 《米》既得権者除外条項, 既得権条項 [◎ある法が制定・改正された場合, それ以前の既得権にはその適用を除外するという条項] ► be exempt from the new regulations under a grandfather clause 既得権除外条項によって新法規の適用を免除される

grandfather provision =grandfather clause

grandfather rights 既得権

grand inquest =grand jury

grand jury 大陪審, 起訴陪審 [◎刑事事件で, 起訴状を審査するかしないかを決定する陪審. 英国では1933年に廃止. 米国では憲法第5修正で重大な犯罪には大陪審の告発が必要とされている. 連邦の大陪審では, 陪審員(juror)の数は16名以上23名以下. 審理は非公開で, 検察官は出席して証拠を提出するが, 被疑者は出席しない. 全州に大陪審が存在するが, 州の定めはまちまちである]
⇨ petty jury

Grand Marnier 《商標》グラン・マルニエ [◎ブランデーをベースにしたフランス産オレンジ・リキュールの銘柄]

Grand Metropolitan (~ plc) グランドメトロポリタン [◎英国の大手コングロマリット. ホテル・パブ経営, 酒類の製造販売などを行う. 1934年設立. 97年Guinness plcと合併してDiageo plcとなる]

grant /grǽnt/ *vt* 授ける, 下賜する; 聞き入れる, 認める, 仮に…だとする; 譲渡する ► decide whether to grant credit to a new customer 新規顧客への与信の可否を決める / The company's patent application was granted. その会社の特許申請は認められた
Granted. (略式)その通りだ(が)
granted [*granting*] *that* 仮に…だとしても
take ... for granted [*take it for granted that*] を当然のことと思う; を軽く見る; を正しく評価しない ► Don't take your job for granted. 仕事があることのありがたみを忘れるな
— *n* ❶ 交付, 助成, 補助金; 認可; 譲渡[譲与](証書); 権利の付与, 特権の付与 ❷ 贈与, 供与

grant back グラント・バック, 改良技術情報の交換・許諾

grantee /græntíː/ *n* 被譲与者; 譲受人, ライセンスの被許諾者; 助成金を受けた人

grant-in-aid *n* (grants-~) (中央政府から地方への) 交付金, 助成金; (連邦・州・地方公共団体からの) 補助金

grantor *n* 譲与[譲渡, 授与, 交付]者; ライセンスの許諾者

grantor trust グランタートラスト, 贈与者信託, 委託者課税信託 [◎委託者(贈与者)がもっぱら自分のためにその財産を受託者に対して信託の形式を借りて譲渡するタイプの信託. 一般に贈与者本人が信託の実質的所有者であり, 受益権者であることから課税される]

Grape-Nuts 《商標》グレープナッツ [◎米国Kraft社のシリアル]

grapevine *n* ブドウのつる[木]; 口づて, 口コミ; うわさ (=bush telegraph) ► hear ... through the grapevine をうわさで耳にする

graph /grǽf/ *n*, *vt* グラフ[図表](にする); 株のチャート ► This graph shows the relationship between gas prices and inflation. このグラフはガソリン価格とインフレの関係を示している

graphic, graphical /grǽfik(əl)/ *a* 生き生きとした; 生々しい; グラフ[図表]の; 書き表された; 絵画の
◇**graphically** *ad*
◇**graphics** *n* 図形, 図示

graphic arts グラフィックアート

graphic design グラフィックデザイン

graphic designer グラフィックデザイナー

graphics グラフィックス, 画像

graphics program グラフィックス用ソフト

graphics software グラフィックス用ソフト

graph paper 方眼紙, グラフ用紙

GRAS /grǽs/ generally recognized as safe 一般に安全と認められる [◎食品加工に使用する物質について, 米国FDA(食品医薬品局)が認定するもの]

grasp /grǽsp/ *vt* 握る, つかむ; 理解する ► I couldn't grasp a single word he said. 彼の言うことが一言も分からなかった / The company failed to grasp the needs of its customers. 同社は顧客のニーズを把握できなかった
— *vi* 飛びつく (*at*)
— *n* 握ること; 取っ手, 柄; 支配; 理解(力)
beyond a person's grasp (人に)理解できない; (人の)手の届かない ► The technical details were beyond my grasp. 技術的詳細は私の理解を超えていた
have [get] a good grasp of を十分理解している[する] ► He has a good grasp of tax laws. 彼は税法を十分に理解している
in the grasp of の手中に
within a person's grasp (人の)手の届く所に ► It seemed as if the goal was within my grasp. 目標に手が届きそうに見えた
◇**grasping** *a* つかむ; 貪欲な

grass /grǽs/ *n* 草; 牧草(地); 芝生; (採鉱で)地表, 坑外 ► Keep off the grass. (掲示)芝生に入るべからず
be [*run*] (*out*) *at* [*to*] *grass* (人が)仕事を離れてのんびりする
go to grass (人を)休養させる
let the grass grow under one's feet 努力を怠る
put [*send, turn out*] *... to grass* を放牧する; を解雇する; 打ち倒す
— *vt* 草で覆う; 放牧する; やっつける
— *vi* 《英略式》密告する
◇**grassy** *a* 草で覆われた; 草(のような)

grate *vi* 擦れ合う; きしる (*against, on, upon*); かんに障る ► This job is really grating on my nerves. この仕事は本当に神経に障る

— *vt* こする, きしらせる；いらいらさせる

grateful /gréitfəl/ *a* 感謝している；ありがたく思う (*for*)；《文》心地よい, うれしい ► I would be grateful for any information you could provide. どのような情報でもいただければありがたく存じます / I'd be grateful if you could do that for me. それをしてくださればありがたいのですが
◇**gratefully** *ad*

gratify /grǽtəfài/ *vt* 満足させる, 喜ばせる ► be gratified by で喜ぶ
◇**gratifying** *a* 満足を与える, 喜ばしい ► It was very gratifying to win the award. 賞を取って大変満足だった

gratis /grǽtis/ *ad*, *a* 無料で[の] [<ラ]

gratitude /grǽtitjù:d/ *n* 感謝(の念)
in gratitude for に感謝して
owe a debt of gratitude to に恩がある ► I owe you a debt of gratitude for your assistances. ご協力に痛く感謝しています

gratuitous /grətjú:ətəs/ *a* ❶ 無料の；理由のない；不必要な ❷《法律》無償の ► a gratuitous conveyance 無償譲渡

gratuity /grətjú:əti/ *n* 贈物, 心付け, チップ ► No gratuity accepted. お心付け無用

grave[1] /greiv/ *n* 墓, 墓場；(the ~)死
dig one's own grave 墓穴を掘る
work oneself into an early grave 働き過ぎて早死にする

grave[2] *a* 荘重な；まじめな；重大な；容易ならぬ；地味な ► We are facing a grave situation. 私たちは重大な事態に直面している
◇**gravely** *ad*

graveyard market 下げ相場
graveyard shift 深夜勤務

gravy /gréivi/ *n* 肉汁, グレービー [⇨肉汁のソース]；《略式》楽に得た金, あぶく銭

gravy train 《略式》ぼろもうけの口 ► ride [board, climb on] the gravy train ぼろもうけの口にありつく

gray /grei/ *a* 灰色の；青白い；陰気な；味気ない；白髪混じりの；老年の；円熟した；どっちつかずの, 漠然とした
— *n* 灰色；薄明かり, 薄暮
— *v* 灰色にする[なる]；高齢化[老化]する
◇**graying** *n* 老化, 高齢化

gray-collar *a* グレーカラーの [⇨修理・整備などの技術サービスをする労働者を指して言う]

gray economy グレーエコノミー [⇨公式統計に入らない経済活動. 業余時間の隠れ副業, 物々交換など]

gray eminence 陰の実力者

gray goods コンピュータ製品 [⇨白物家電 (white goods) との対比で]

gray knight グレーナイト, 灰色の騎士 [⇨敵対的買収の渦中にある企業に対して新たに買収したい旨申し出る企業. 敵方(=黒)か味方(=白)か判然としないのでこう呼ばれる]

Gray Line グレーライン [⇨米国の旅行業者. パッケージツアー, 空港へのバスサービス, さまざまな言語で観光案内が楽しめるツアーなどを提供し, 世界6大陸に展開している]

gray market (ユーロ債市場などにおける) グレーマーケット [⇨まだ正式に発行されていない証券の売買]

Gray Panthers グレーパンサーズ [⇨米国の高齢者利益団体]

gray suit グレースーツ [⇨管理職の典型的なビジネスマン]

grease *n* /gri:s/ 獣油；脂；グリース
— *vt* /gri:s, gri:z/ グリースを塗る[でよごす]；《略式》賄賂を使う
grease a person's palm に賄賂を使う
grease the wheels 円滑に運ぶ ► He knew how to grease the wheels to get things done in the company. 社内で仕事を円滑に進めるには, どこをどうすればよいかを, 彼は知っている
like greased lightning あっという間に

grease monkey 《略式》機械工, メカニック ► Grease monkeys make a lot of money in this factory. この工場では機械工は高給を取っている

great /greit/ *a* 大きい；多数[量]の；非常な；重要な；主な；偉大な；高貴な；すばらしい (*for*)；効く (*for*)；人気がある (*with*)；熱心な (*for, on*)；(感情に) 満ちた (*with*)；《略式》上手な, 得意な (*at*) ► He's great at looking things up on the Internet. 彼はインターネットで調べものをするのが上手だ / A great smile will get you off to a great start. すばらしい微笑みですばらしいスタートが切れる / The company's finances are in great shape. 同社の資金調達は非常にうまく行っている

great big ... とても大きな
— *ad* すばらしく ► do great みごとにやる
— *n* (集合的)偉大な人たち
◇**greatly** *ad* 大いに, 非常に ► After we changed suppliers, our production costs have been greatly cut. 仕入業者を変えてから, 当社の生産コストは大幅に削減された
◇**greatness** *n* 大きい[偉大な]こと ► go on to greatness 偉くなる

Great Depression (the ~) 大恐慌 [⇨1929年10月にニューヨーク株式市場大暴落 (ブラックマンデー) を契機として起こった世界的な恐慌. 米国では株式の時価総額の8割が失われ, 銀行の半分が破綻し, 4人に1人が失業という事態になった. 1933年頃まで続いた]

greed /gri:d/ *n* 貪欲, 強欲 ► Driven by greed, he embezzled money from the bank. 欲に駆られて, 銀行から金を横領した
◇**greedy** *a* 貪欲な；熱望する (*for, of*) ► Greedy lenders were partly responsible for the housing meltdown. 貪欲な貸し手は住宅業界の崩壊に部分的に責任がある
◇**greedily** *ad*
◇**greediness** *n*

green /gri:n/ *a* 緑の；青々とした；青野菜の；未熟な；未加工の；だまされやすい；最新の；若々しい；生態系を重視する；環境[自然]保護(団体)

の ► We have some green activists in our company. うちの会社には環境運動家が何人かいる / Green issues are very important these days. 環境問題は近頃極めて重要だ
green with envy [jealousy] うらやんで
— *n* 緑色；草原；共有地；(~s)青野菜；環境保護運動；《the G-s》緑の党；《米略式》銭, 金 ► the long green 紙幣；現金
— *v* 緑色にする[なる]；緑化する(*up*)
◇**greenery** *n* （集合的）青葉, 緑樹；緑樹栽培場
◇**greenness** *n*
green accounting =environmental accounting
green audit =environmental audit
greenback *n* 米国紙幣, ドル紙幣 ► The greenback has been gaining against the euro and yen in recent weeks. 最近の数週間, 米ドルはユーロと円に対して上昇を続けてきた
green ban 公害企業への就労拒否
green belt 緑地帯, グリーンベルト [⇨都市化を抑制するために設けた, 都市を囲む緑地帯]
green card 《米》永住許可証, グリーン・カード
green certification グリーン証書 [⇨グリーン電力などの再生可能エネルギー源に基づくエネルギーを選好する消費者は割高な価格を負担するが, それを取引可能な証書として分離したもの]
green consumer グリーン・コンシューマー [⇨環境保全商品を選択消費する消費者]
green consumerism グリーンコンシューマリズム [⇨処理の難しいごみとなる商品を買わないなど, 環境への負荷を消費行動の際の基準とする考え方]
green currency グリーンカレンシー [⇨EU共通農業政策の遂行上用いられていた独特の交換レートで換算した関係国の通貨]
green eyeshade 緑のまびさし [⇨昔風の会計士を言う. しばしば軽蔑語]
greenfield *a* 新規開発の ► greenfield site 新規造成の工業用地
greenfield project 新規整備事業, 新規設備投資 [⇨特に未知数である部分が大きく, リスクの高いものについて言う]
Green GDP グリーン GDP [⇨環境調整済国内純生産(EDP)の一般的呼称. 国内純生産(GDP)から環境破壊による損失分を差し引いた経済指標]
Green Giant 《商標》グリーンジャイアント [⇨米国 Green Giant 社製の加工食品]
greenhouse effect 《the ~》温室効果 [⇨大気中の二酸化炭素などが, 赤外線を吸収し, 地球を温室のように暖める現象. このような効果を持つ気体が人為的な活動で増大しすぎたために問題となっている]
greenhouse effect gas 温室効果ガス (=greenhouse gas)
greenhouse gas 温室効果ガス (GHG) [⇨地表からの赤外線を吸収するガス. 対流圏オゾン, 二酸化炭素, メタン, 一酸化二窒素, 代替フロンなどを言う. 水蒸気にも温室効果があるが, 通常除外される] ► Hybrid cars help reduce emissions of greenhouse gas. ハイブリッド車は温室ガスの排出を減らす一助となっている
green investor グリーン・インベスター [⇨環境保全を意識して投資を行う投資家]
green light 青信号；公式許可 ► The new project has been given the green light. その新計画にはゴーサインが出た
green-light *vt* 許可を出す
green logistics グリーン物流, 環境対応物流 [⇨二酸化炭素の排出量を抑制したり, 梱包資材の削減をはかったりして環境負荷を減少させる物流システム]
greenmail *n* グリーン・メール [⇨大量の株を購入することによって敵対的買収をかけると脅し, その会社に株を高値で買い取らせる行為]
green marketing グリーン・マーケティング [⇨地球環境問題を考慮したマーケティング活動]
⇨ symbiotic marketing
Greenpeace *n* グリーンピース [⇨オランダのアムステルダムに本部を置く国際的環境保護団体. 急進的な抗議行動で知られるが, 科学的調査など幅広い運動も行っている]
green product グリーン・プロダクト [⇨環境への負荷の少ない商品]
green purchasing グリーン購入 [⇨製品やサービスを購入する際に, 環境を考慮して, 必要性をよく考え, 環境への負荷ができるだけ少ないものを選んで購入すること]
Green Revolution 《the ~》緑の革命 [⇨① 農業技術の普及により開発途上国での穀類の収量が格段に増えたこと ②先進諸国での環境問題への関心が高まったこと]
green seal 環境保護マーク
green shoe 【証券】グリーン・シュー [⇨引受契約で需要が予想より強い場合, 追加発行や売却を認めるという条項]
green shoots 《英》《皮肉をこめて》景気回復の兆し (✚1991年, 英国の経済不況の中での大蔵大臣発言 The green shoots of economic spring are appearing once again. (経済の春の芽吹きが再び現れている) から)
green tax グリーン・タックス, 環境税
green-wash *v, a* 企業が環境(広報)活動をしてみせる
greenwashing *n* 商品・会社の環境保護宣伝
Greenwich (Mean) Time グリニッジ(標準)時 (GMT) [⇨現在の標準時は TAI(国際原子時)を基準とする UTC(協定世界時)が取って代わっている]
greet /gri:t/ *vt* 迎える(*with*)；あいさつする；(目・耳などに)入る, 感知される ► Greet each patron with a friendly smile. どの客にも親しみのある微笑みを込めてあいさつをしなさい
greeting *n* あいさつ
Gresham's law グレシャムの法則 [⇨16世紀後半英国の財務長官グレシャムによって唱えられた, 悪貨は良貨を駆逐するという現象. すなわち実質価値の低い通貨だけが流通し実質価値の高い通貨は退蔵されたり海外へ流出したりすることを指す]

grey /grei/ *a, n, v* =gray

Greyhound 《商標》グレイハウンド［⇒米国の長距離バス(会社)］► Go Greyhound. グレイハウンドで行きなさい(✤伝統的な標語)

grey pound 《英》グレーポンド［⇒高齢者層が自由に使える金］

Grey Poupon 《商標》グレー・プーポン［⇒通常のマスタードより風味の強い米国のマスタード．ヨーロッパの香りをうたい文句にしている］

grey power 《英》グレーパワー［⇒シニア世代の政治的・経済的影響力］

grid /grid/ *n, a* 鉄格子；焼き網；道路網；送電系統；放送網；体系；表

grid computing グリッドコンピューティング［⇒同一ネットワーク上の複数のコンピュータをまとめて運用することでバーチャルな高性能コンピュータとして利用すること］

gridlock *n* 《米》都市部での交通渋滞；身動きのとれない状態；（議会の審議の）マヒ状態
◇**gridlocked** *a*

grief /gri:f/ *n* 悲嘆；嘆きの種 (*over, at*) ► He was stricken with grief when he lost his business and family. 事業と家族を失ったときに，彼は悲嘆に暮れた

come to grief 災難にあう；失敗する

give a person grief 《略式》(人を)非難する［叱る］► Stop giving me grief about it. そのことでしつこく文句を言うのをやめてくれ

grievance /grí:vəns/ *n* 不平(の種)；苦情，不満；《法律》不服申立て ► file a grievance 苦情を申し立てる / hear a grievance 苦情に対して聴聞を行う / settle a grievance 苦情処理手続で解決する / If an employee has a grievance over the interpretation of the dress code, he/she may take the matter up with management. 従業員が服装規定の解釈につき不満がある場合は，経営陣にその旨申し立てることができる / If the grievance is not settled, then it will proceed to arbitration. 苦情が円満に解決されない場合は，その件は仲裁手続に移行することになる

nurse a grievance against に不平［不満］を抱く

grievance committee 苦情処理委員会 ► In the case of an alleged discrimination complaint, the employee has up to 180 days to file a grievance with the grievance committee. 差別を受けたという苦情の場合は，従業員は180日内に苦情処理委員会に対して苦情処理の申立てを行うことを要する

grievance procedure 苦情処理 ► All employees are required to use the company's grievance procedure for making workplace complaints. 従業場に関する苦情を申し立てる場合，従業員は会社の苦情処理手続によることが求められている / If satisfactory resolution can not be reached, the employee may file a complaint under the grievance procedures. 満足のいく解決がはかれない場合は，従業員は苦情処理手続に従って苦情を申し立てることができる

grim /grim/ *a* (**-mm-**) 厳しい，断固とした；残酷な；気味の悪い，恐ろしい；嫌な ► The report shows a grim outlook on global climate change. その報告書は地球の気候変動について厳しい見通しを示している / The forecast for this coming business year is indeed grim. 来るべき事業年度の見通しは実に厳しい
◇**grimly** *ad* 残忍に；頑強に
◇**grimness** *n*

grimace /grímas, griméis/ *n, vi* しかめ面(をする) ► Investors grimaced at the plunge in stock prices during yesterday's trading. 昨日の取引時間内の株価の急落に投資家は顔をしかめた

grind /graind/ (**ground**, 《まれ》**~ed**) *vt* (うすで)粉にする；粉砕する；苦しめる，虐げる (*down*)；《略式》無理やり詰め込む
— *vi* 粉をひく；粉になる；きしる；《略式》こつこつ仕事［勉強］をする (*away, at*)

grind on だらだらと続く ► The real estate slump will probably grind on for another year. 不動産不況は多分あと一年は容赦なく進行するだろう

grind out を機械的に(多く)作り出す；努力して成し遂げる

grind to a halt 機能しなくなる；停止する ► As a result of the housing crisis, the credit market has ground to a halt. 住宅危機の結果として，信用市場は行き詰まった / The strike caused production lines to grind to a halt. ストライキが原因で生産ラインは停止に追い込まれた
— *n* ひく［砕く］こと；その音；骨の折れる単調な仕事 ► the daily grind 日課
◇**grinder** *n* ひく人，研ぎ師；粉砕機；《米略式》がり勉；大波；大型サンドイッチ

grip /grip/ *n* つかむ［握る］こと；支配；理解(力)；旅行用手提げかばん；握り，ハンドル；インフルエンザ (=grippe)

be at grips with と取り組んでいる ► The company is at grips with declining sales. その会社は売上高の減少に対処しつつある

come [get] to grips with に真剣に取り組む ► He's slowly coming to grips with his drinking problem. 彼は少しずつ自分の飲酒問題と真剣に取り組むようになっている

fall into the grip of のとりこになる

get [keep] a grip on oneself 自分を抑える

have a good grip on をよくつかんでいる ► Our manager has a grip on things at the office. うちの部長はオフィスの仕事をよく把握している

in the grip of につかまれて，で動きがとれなくて ► The small country was in the grip of an unprecedented economic crisis. その小国は先例のない経済危機で身動きがとれなくなっていた

let go one's grip of [on] から手を放す

lose one's grip 能力［元気，情熱，興味など］を失う

take a grip on をつかむ

tighten one's grip に対する締めつけを強める ► The government is tightening its grips on illegal immigration. 政府は不法移民対策

を厳しくしている
— *vt* (-**pp**-) 握る; (心を)とらえる ► Economies around the world are gripped by the recession. 世界中の国々の経済は景気後退に襲われている
— *vi* つかむ《*at*》

gripe /graip/ *vt* 《略式》苦しめる; じらす; いらだたせる; しっかり握る
— *vi* 不平を言う《*about*》; 《古》つかむ ► They griped about high food prices. 彼らは食品の値上がりをこぼした
— *n* 《米略式》不平; 文句病; つかむこと; 統御; グリップ

have gripes about に文句がある ► Many employees have legitimate gripes about their work conditions. 従業員が労働条件について持っている不満には正当なものが多い

take gripes at に文句を言う

GRM gross rent multiplier

groan /groun/ *n*, *vi* うめき声, うなり声; うめく, うなる; 苦しむ《*under*》; きしむ

moan and groan 不平を言う ► Most motorists moan and groan about the rising gas prices. ほとんどのドライバーはガソリン価格の上昇について, ぶつぶつ文句を言っている

grocer /gróusər/ *n* 食料雑貨商人, 食料品商

grocery /gróusəri/ *n* 《米》食料品店, 食品雑貨店; 《*-ies*》食料雑貨類

gross /grous/ *a* 総体の, 全部の; ひどい; 無知な; 《米略式》嫌な ► That restaurant's food tastes gross. あのレストランの料理はひどい味だ / The executives were accused of gross mismanagement. 経営幹部たちは重大な経営上の失策を責められた
— *n* (~) ❶ グロス 〔⇨12ダース〕; 総計, 総額 ❷《経済》グロス, 総額 〔⇨ネット(純額)に対する概念〕

in the gross 全体で
— *vt* の総収益をあげる ► The new movie grossed an estimated $26 million at the box office. その新作映画は入場料として推定2,600万ドルの総収入をあげた
— *ad* (税引き前で必要経費込みの) 粗収入として (⇔net) ► He earned $40,000 gross. 彼は4万ドルの粗収入を得た

◇**grossly** *ad*

gross book value 《英》帳簿価額総額 (=gross carrying amount)

gross carrying amount 帳簿価額総額

gross cash flow 総キャッシュフロー

gross cost 総原価 ► gross cost of merchandise sold 売上原価総額

gross dividend 《英》税引前配当金 ► gross dividend per share 一株当たり税引前配当金

gross domestic expenditure 国内総支出

gross domestic product 国内総生産 (GDP) ► The country only spends 0.5% of its gross domestic product on research and development. その国は研究開発に国内総生産の0.5％しか使っていない

> **解説** 一定の期間(通常は1年)に国内の居住民(国籍に関係なく)によって生産される財・サービスの貨幣価値の合計. 景気指標として以前は国民総生産(GNP)が使われていたが, 国内の景気をより正確に反映する指標として現在は国内総生産(GDP)が使われている. 米国では商務省の経済分析局(Bureau of Economic Analysis)によって, 四半期の翌月末に速報推定値(advance estimate), 翌々月末に予備推定値(preliminary estimate), 3か月後の月末に最終推定値(final estimate)の3段階で発表される. 国内総生産には名目国内総生産(nominal gross domestic product)と実質国内総生産(real gross domestic product)がある. 経済成長率は実質国内総生産を用いて計算される. ⇨ gross national product

gross earnings 総収益, 総収入, 総所得

gross fixed capital formation 総固定資本形成 (GFCF) 〔⇨工場, 機械, 建物など固定資産への当該期間の追加投資額〕

gross income 総所得, 総収入 〔⇨これから operating expense(総費用=必要諸経費)を差し引くと net operating income(純営業利益)が得られる〕 ⇨net operating income ► Medical expenses, within limits, can be deducted from gross income. 医療費は, 一定範囲内で, 総所得から控除することができる

gross income multiplier 〘不動産〙収益乗数 (GIM) 〔⇨月額賃料を基礎とする場合, 年額賃料を基礎とする場合の2種類のものがある. たとえば, 取引価格(sale price)が40,000ドル, 月額契約賃料(gross monthly contract rent)が500ドルとした場合, 収益乗数は80(月)〕 ⇨ gross rent multiplier

gross investment 総投資

gross lease グロスリース 〔⇨貸主が保険料や税を払う方式でリースすること〕

gross loss 売上総損失 〔⇨売上高100に対して売上原価が150という場合のように粗利がマイナスであること〕 (⇔gross profit)

gross margin 売上総利益, 粗利益 (GM) 〔⇨売上高と売上原価との差額〕

gross margin percentage 売上総利益率

gross misconduct 重大な非行

gross national income 国民総所得 (GNI) 〔⇨国民総生産(gross national product)が改称されたもの〕

gross national product 国民総生産 (GNP)

> **解説** 一定の期間(通常は1年)に国民によって生産される財・サービスの貨幣価値の合計. 国内の企業が国外で生産した財・サービスを含み, 外国企業が国内で生産した財・サービスを含まない点で国内総生産(GDP)と異なる. 以前は景気指標として GNP が使われていたが, 1980年ごろから, 国

内の景気をより正確に反映する指標として GDP が使われるようになった. 2000年以降, 国民総生産 (GNP) は改称されて国民総所得 (GNI) と呼ばれている. ⇨ gross domestic product

gross negligence 重過失
gross output 国内総生産 (✢gross domestic output を縮めた言い方)
gross player グロスプレーヤー [⇨興行総収入の一定割合が報酬として約束される映画監督, 俳優, 脚本家など]
gross premium 総保険料, 営業保険料, 表定保険料 (=rate book premium, tariff [《英》office] premium)
gross proceeds 総収入, 総売上高, 総収益
gross product 総生産 [⇨ある地域におけるモノ・サービスの総生産額]
gross profit 総利益, 粗利益 [⇨売上から原価 (正式には「売上原価」) を引いたもので, これをパーセンテージで表した「粗利率」(gross margin) と「互換的」に用いられる]
gross profit from sales 売上総利益
gross profit margin 売上総利益(率), 粗利益(率) (GPM) [⇨売上と原価の差額である売上総利益(粗利)を指すときと, その粗利が売上に占める割合を指すときがある]
gross profit method 総利益法, 総利益率売価還元法
gross profit on sales 売上総利益, 粗利益
gross profit percentage 売上総利益率, 粗利益率
gross profit rate 売上総利益率
gross profit ratio 売上総利益率
gross rating point 総視聴率 (GRP)
gross reach 【広告】延べ到達率
gross receipt 総収入
gross registered tonnage 登録トン数, 登簿トン (GRT) [⇨船舶の重さではなく大きさを表す容積トンから機関室と乗組員居住区の部分を差し引いたもので, 実質上, 貨客の収容スペースを表す. 純トンと同じ]
gross rent multiplier 【不動産】総賃料乗数 (GRM) [⇨物件価格を年間賃料収入で除して求める. 分母である総収入が大きいほど乗数は小さくなるので, 乗数が小さいほど投資利回りがいいと言える] ⇨ gross income multiplier
gross return 税引前リターン (投資収益)
gross revenue 総収益, 総収入
gross salary 税込給与支給額 ► Pension contributions are deducted from gross salary. 年金掛金は給与の総支給額から控除される
gross sales 総売上高, 総収益 (=《英》gross turnover) [⇨売上に伴う売上値引, 返品, 売上割引を控除する前の売上高]
gross selling price 総販売価格 [⇨通常, 税金, 運賃・保険料, 値引, 返品分などを差し引く前の販売額を指す]
gross ton 総トン, 英トン [⇨2,240ポンド]
gross turnover 《英》総売上高
gross up グロスアップ [⇨純額から総額を逆算して, 控除前の金額に戻すこと]
gross value added 総付加価値, 粗付加価値
gross weight 総重量 (gr. wt.)
gross yield (債券の) 税引前利回り
Gro t gross tonnage; gross tons
ground /gráund/ *n* 地面; 土; 土地; (特定用途の) 場所; グラウンド; 《しばしば ~s》根拠, 理由; 《しばしば ~s》基礎; 分野; 論題; 立場; 構内; アース; 海底
be above ground 地上にある[いる]
be below ground (物が) 地下にある
break fresh [new] ground 新生面を開拓する
break ground 耕す; 起工する; 事業を始める
come [go] up to the ground 負ける; 滅びる
cover (the) ground 旅行する; はかどる ► We certainly covered a lot of ground. 私たちはさまざまなことをやってきた [大仕事をこなした]
cut [sweep, dig] the ground from under a person's feet (人の) 裏をかく
down to the ground まったく, 十分に ► The building was burned down to the ground. その建物は全焼した
from the ground up 完全に; 積上げ方式で (✢目標設定の方法)
gain ground よくなる, 進歩する; (支持・人気などを) 得る; 迫る (*on*) ► Asian stock markets gained ground on Monday. アジアの株式市場は月曜日に値を上げた
get off the ground 離陸する; (物事が) うまくスタートする ► Due to lack of funding, the project couldn't get off the ground. 資金がなかったので, そのプロジェクトは軌道に乗せることができなかった
give ground 負ける; 譲歩する (*to*) ► Both sides gave ground in the negotiations. 交渉で双方が譲歩した / Neither side would give ground on inspection proposals. 双方とも査察に関する提案で譲ろうとしなかった
have good grounds for の十分な根拠がある ► You have good grounds for appealing the decision. 君には判決を不服として上訴する十分な理由がある
hold [keep, stand] one's ground 主張[立場]を守る
lose ground 後退[退却]する; 負ける ► We're losing ground to our competitors. わが社は競合他社に押されている / We are losing ground to industrial pollution. 産業による環境汚染に侵食されつつある
on dangerous ground 大変(危険)な立場[状況]で ► We're on dangerous ground if the deal doesn't go through. その取引がまとまらなければ, 当社の立場はあやうい
on firm [shaky] ground しっかりした [あやふやな] 立場で ► Your argument is on shaky ground. 君の論拠はあやしいね
on (the) grounds of [that] という根拠で ► The judge dismissed the case on grounds of in-

sufficient evidence. 裁判官は証拠不十分を理由にその訴えを却下した
on the ground 現場の[で]
prepare the ground for 〜の発展を可能[容易]にする ► We're preparing the ground for reaching an agreement. 合意に達するための地固めをしているところだ
run ... into the ground を駄目にする, やりすぎる
shift one's ground 主張[立場, やり方]を変える
take (the) ground 座礁する
touch ground (議論が)現実問題に触れてくる
work [drive] oneself into the ground へとへとになるほど働く
— vt 地上に置く; の基礎を置く《*on*》;(…の)基礎を教える《*in*》► be grounded on [in] に基づいている
— vi 座礁する

groundage n 停泊税, 入港税
groundbreaker n 画期的なもの[こと]
groundbreaking a 画期的な ► a groundbreaking classic in computer gaming パソコンゲーム界における画期的名作
grounded a 根ざしている ► Our products are grounded in 20+ years of research. 当社の製品は20年以上にわたる研究に根ざしている
ground floor 《米》1階
get [come, be left] in on the ground floor 最初から加わる;(事業などで)有利な立場を占める
ground floor price 最低発行価格
grounding n 基礎 ► This workshop will give you a solid grounding in the theory and practice of due diligence. このワークショップでデューディリジェンスの理論と実際に関するしっかりした基礎を身につけることができるはずだ
ground lease 土地賃貸借
ground plan 平面図; 基本計画
ground rent 地代
ground rent capitalization 地代還元法 [⊅収益還元法の一つで土地を賃貸することによって生じる地代を基に収益価格を試算する土地の評価方法]
ground rule 基本原則; 試合場規則 ► Let's lay down some ground rules for today's meeting. 今日の会議の基本ルールを決めましょう
ground transportation (航空旅客や乗船客の)地上連絡輸送
groundwork n 土台, 基礎; 地ならし ► lay the groundwork for an alliance with the company 同社との提携に向けての地ならしをする

group /gruːp/ n ❶ グループ, 集団; 派 ► We will use a focus group to test our new product. 当社では新製品をテストするためにフォーカスグループを使う予定だ ❷《英》企業集団, 企業グループ(=group of companies)
— vt 集める; 分類する
— vi 群れをなす

group accounts 《英》連結財務諸表 (=group financial statements) [⊅同一の資本, 同一の経営下にある企業集団を一つの実体として作成する財務諸表] ► consolidate into the group accounts 連結決算に含める
group action 集団訴訟(⇔representative action 代表訴訟)
groupage n 混載 (=《米》consolidation) [⊅複数の荷主の荷物をひとまとめにすること]
group company グループ企業[⊅同一の企業集団に属する会社. 複数の会社が共通の所有, 同一の経営下にある企業集団]
group coverage 団体保障(保険) ⇨ group insurance
Groupe Danone グループダノン [⊅乳製品(Danone), ミネラルウォーター(Evian, Volvic, Aqua)などで最大手のフランスの食品会社. 設立1966年]
Group 4 Securicor (〜 A/S) グループ・4・セキュリコ [⊅英国の警備保障会社. 2004年Group 4 Falck A/SとSecuricorが合併して誕生. Securitasと並ぶ国際的な警備保障会社]
group incentive グループ単位の報償制度
group insurance 団体保険[⊅group credit life insurance(団体信用生命保険), group health insurance(団体健康保険, 団体医療保険), group life insurance(団体生命保険)などの総称]
group interview 集団討議法, 集団面接法
group locomotion 集団移動 [⊅目標に到達するための集団の活動]
group loss 連結損失
group method of depreciation 総合償却法 [⊅種類と耐用年数とを異にする償却資産を単一の減価償却率, 平均耐用年数を適用して減価償却を行う方法]
group net loss 連結純損失 [⊅親会社の損益計算と子会社の損益計算を合わせた連結損益のうちの純損失]
group net profit 連結純利益 [⊅親会社と子会社の損益を合算して求めるグループ企業全体としての純利益] ► The company aims for group net profit of 500 billion yen. その会社は連結純利益で5,000億円を見込んでいる
group of companies 企業集団, 企業グループ
Group of Eight 《the 〜》8か国グループ (G8) [⊅米国, カナダ, 英国, ドイツ, フランス, イタリア, 日本, ロシアで, サミットと呼ばれる首脳会議や財務相会議を年1回開催] ► the Group of Eight finance ministers meeting 主要8か国財務相会議
Group of Seven 《the 〜》7か国大蔵大臣・中央銀行総裁会議 (G7) [⊅参加国は米国, カナダ, 英国, ドイツ, イタリア, フランス, 日本]
Group of Ten 《the 〜》10か国財務相・中央銀行総裁会議 (G10) [⊅参加国はベルギー, カナダ, フランス, ドイツ, イタリア, 日本, オランダ, スウェーデン, 英国, 米国の10か国. 1984年からスイスを加わって11か国となったが, G10で通っている]
Group of Twenty 《the 〜》20か国・地域 (G20)

解説 近年G8では解決が困難な問題が頻発するようになり、G8の主要8か国(米国, 英国, フランス, ドイツ, 日本, イタリア, カナダ, ロシア)と新興経済国11か国(中国, 韓国, インド, インドネシア, オーストラリア, トルコ, サウジアラビア, 南アフリカ, メキシコ, ブラジル, アルゼンチン)に欧州連合(EU)を加えた20か国・地域で、Group of Twenty Finance Ministers and Central Bank Governors (20か国・地域財務大臣・中央銀行総裁会議)を1999年から開催してきたが、金融危機の深刻化を受けて、首脳級に格上げされたGroup of Twenty Leaders' Summit on Financial Markets and the World Economy (20か国・地域首脳会合)が2008年11月にワシントンで開催された。この主脳会合はG20 Financial Summit(G20金融サミット)とも呼ばれる。第2回のG20金融サミットは09年4月にロンドンで開催された

group profit 連結利益
group purchase 一括購入, 共同購入
groupthink n〖社会心理〗集団思考, 集団浅慮 [❍有能な個人からなる集団が一定の集団メカニズムから愚かな決定をすること]
group travel ツアー旅行
grow /grou/ (grew; grown) vi 成長する; 生える; 生ずる; 大きくなる, 増える; (次第に)…になる《to do》► Demand in electrical home appliances is forecast to grow less than 3% this year. 家電製品の需要は今年は3%以下の伸びが予測されている / The company has grown dramatically in the last few years. ここ2, 3年でその会社はめざましく成長した / Japan's economy grew only about 2% annually in the 1990s. 日本の経済は90年代には年率で約2%しか成長しなかった / The spa business is expected to grow at an annual rate of 5% over the next three years. スパビジネスは今後3年にわたって年率5%で伸びると予想されている / Money doesn't grow on trees. 金のなる木はない / Cyberfrauds are growing at an alarming rate. コンピュータ関連詐欺は驚くべき率で増大している / The new industry is growing steadily. その新産業は着実に成長している / Know how your money grows in a money market fund. 自分の金がマネーマーケットファンドでどのように増えるかを知りなさい

— vt 育てる; 生やす; (経済を) 成長させる ► Those vegetables are grown in China and shipped to Japan. これらの野菜は中国で栽培されて日本に輸出される

a growing number of 増大する数の, ますます多くの ► A growing number of firms expect to push up their prices. ますます多くの会社が値上げしようとしている

grow into 成長して…になる ► He has grown into his new job. 彼は次第に新しい仕事に慣れた
grow on [upon] (人に)だんだん募ってくる; (人の)気に入るようになる
grow out of (悪癖などから)成長して脱する
grow together 次第に結合する; 一つに混じり合う
grow up 成長する, 大人になる; 生じる ► He has grown up into a fine adult. 彼は立派な大人になった

grower n 栽培者; 育つ人 ► Columbia is the second largest grower of cocoa. コロンビアは第2位のココア栽培国である

growth /grouθ/ n 成長; 発展; 増加, 増大; 栽培 ► produce good profit growth 大幅な増益率を達成する / robust growth in revenues 大幅な増収 / Japan is being blamed for pursuing **export-led growth**. 日本は輸出主導の成長を追求していることを非難されている / **Good growth** in both revenues and earnings should be sustained through fiscal 2000. 2000年度を通じて順調な増収, 増益が堅持されよう / The drop in export demand will **push growth** down to 7.2% this year. 輸出需要の減少は今年の成長率を7.2%に押し下げるだろう / The **annual rate of growth** was four percent. 年間の成長率は4パーセントであった / These measures are designed to **stimulate economic growth**. これらの措置は経済成長を刺激するように目論まれている / The country was entering a period of **rapid economic growth**. その国は急速な経済成長の時期に入りつつあった / **Growth in the new market** is slowing. 新市場の成長は鈍化している

— a 成長型の, グロース型の(⇔value) ⇒growth stock

growth area 成長分野 ► Computing remains a growth area. コンピュータ関係は依然として成長分野である
growth company 成長型の会社(⇔value company) [❍利益, 配当, 株価など高い成長率を示す会社] ⇒growth stock
growth fund 成長株ファンド, グロース株ファンド(⇔value fund) [❍成長株(growth stock)で運用されるミューチュアルファンド] ⇒mutual fund
growth industry 成長産業 ► Health care for the elderly is a growth industry in Japan. 高齢者向けのヘルスケアは日本では成長産業だ
growth investing 成長株投資, グロース株投資 [❍株価が理論的価値, 特に一株当たりの簿価を下回っている銘柄を発掘するバリュー株投資に対して, 増収増益による株価上昇の見込める銘柄に投資するスタイル]
growth model 成長モデル
growth-oriented a 成長志向の
growth potential 潜在成長力
growth rate 成長率 ► The growth rate for the last quarter of the year dropped to 3.6%. その年度の最後の四半期の成長率は3.6%に落ち込んだ
growth recession グロース・リセッション [❍商品とサービスが成長しても失業率が高いという不況]

growth share =growth stock
growth-share matrix =Boston matrix
growth stock 成長株, グロース株 (⇔value stock)

> 解説　平均以上に利益の増加率が高く, さらに将来の成長と値上がりが期待できる銘柄. 割安株か成長株かの判断には株価収益率(P/E)や株価純資産倍率(PBR)が使われる. 数値が小さいと割安株, 数値が大きいと成長株とされる

growth stock fund 成長株ファンド [◆株式の運用スタイルで, 成長株にウェイトを置くミューチュアルファンド] ⇨mutual fund
growth strategy 成長戦略
growth vector matrix アンゾフの成長ベクトル(マトリックス) [◆ビジネスが既存か新規か, また対象とする市場が既存か新規かという視点から, 成長に向け打つべき手(市場浸透で行くのか, 多角化で行くのか)を考えるための分析モデル]
GRP gross rating point
grs. grams; gross
GRT gross registered tonnage
Gr. T. gross ton
grubstake n, vt 成功報酬を期待した出資(を行う)
grumble /grʌ́mbl/ v 不平を言う, ぶつぶつ言う 《about, at, that》 ▶ The staff grumbled about the extra load of work. スタッフは余分な仕事で不平をこぼした
— n 不平
Grumman (〜 Corp.) グラマン [◆米国の軍用機メーカー. 設立1929年. 94年Northrop Aircraft Co. と合併してNorthrop Grummanとなる]
grunt /grʌ́nt/ vi, n 不平(を言う); がり勉; 《略式》下働き; 下っ端, 新米
grunt work [labor] 《略式》退屈でつらい仕事 ▶ I had to do a lot of grunt work when I entered this company. この会社に入ったときにはつらい単純作業を山ほどしなければならなかった
gr. wt. gross weight
GS general store
GSE government-sponsored enterprise
G7 Group of Seven
GSM Global System for Mobiles
GST Greenwich Sidereal Time グリニッジ恒星時; 《カナダ》goods and services tax
GTC order good-till-cancelled order
GTE (〜 Corp.) GTE [◆米国の電話会社. 旧General Telephone & Electronics Corp. 2000年Bell Atlantic Corp.と合併し, Verizon Communicationsとなる]
GtoC, G2C government to consumer 政府と消費者の間のインターネットを通じたやりとり
G20 Group of Twenty
guar. guarantee

guarantee /gæ̀rəntíː/ (✚warrant, warranty (保証)と同源) n ❶ (製品の) 保証(書), アフターサービス; 担保; 出演料, ギャラ ▶ The guarantee on the product states that ... その製品の保証書には…と書かれている / This price comes with a limited guarantee. この価格には限定的保証が含まれている / There's no guarantee your financial life will get any easier. あなたの家計がこれ以上楽になるという保証はない

❷ 被保証人; 保証契約, 保証 ▶ credit guarantee 信用保証 / bank guarantee 銀行保証 / government guarantee 政府保証 / a letter of guarantee 保証状 / housing loan guarantee 住宅ローン保証 / guarantee of collection (証券の) 取立保証 / offer a 30-day money-back guarantee 30日間の返金保証を約束する / provide [seek] a guarantee 保証を付する[求める] / enforce a guarantee (保証状に基づく) 保証債務の履行を求める / All of our products come with a money-back guarantee if you are not satisfied. 当社の製品は全品に, ご満足頂けなかった場合の返金保証がついています / The FDIC raised the guarantee on bank deposits to $250,000. 連邦預金保険公社は銀行預金の保証を25万ドルに引き上げた / The successful tenderer will be requested to provide a performance guarantee of 10% of the contract value. 入札成功者は契約金額の10%にあたる履行保証の差入れを求められる
under guarantee 保証されて
— vt ❶ 保証する ▶ He could practically guarantee himself a promotion. 彼は昇進はまず間違いないと思っている / We need your credit card number to guarantee your reservation. 予約の保証には, お客様のクレジットカード番号が必要です / We guarantee our products for two years. [= All our products are guaranteed for two years.] 当社の製品は2年間保証します / Our employees are on a guaranteed income of $1,000 a month. 当社の従業員は1か月1,000ドルの収入を保証されている / We need security to guarantee the loan. そのローンを保証する担保を必要とする / The loan was guaranteed by my parents. そのローンは両親によって保証されていた / Our bodywork is guaranteed against rust for three years. 当社の車体は3年間さびが出ないことを保証します
❷ 保証債務を引き受ける
guaranteed income bond 《英》定期分配型債券 [◆一定額以上のリターンが定期分配されるとの保証が付いている債券]
guaranteed investment contract (保険会社による) 利回り保証契約(GIC)
guaranteed period (年金などにおける給付) 保証期間
guaranteed price 固定額, 最低保証価格
guaranteed renewable policy 保証付更新保険
guaranteed sale 保証販売, 保証売上 [◆売れないときには戻りを受け入れる販売方法]
guaranteed securities 保証付証券 [◆発行者以外の第三者が元本・利息を保証する債券・

guaranteed wage 最低保証給, 完全保証給 [⇨業績や仕事の有無と関係なく支払うと約束されている賃金]

guarantee fund 代位弁済金 [⇨被保証人(債務者本人)に代わって保証人が支払う弁済金]

guarantor /gǽərəntɔ̀:r/ n 保証人 [⇨主たる債務者がその債務を履行しない場合に, 弁済する義務を負う者]

guaranty /gǽrənti/ n 保証; 担保(物件); 保証契約 ► The company must secure a letter of guaranty from the bank. 同社はその銀行から保証状を手に入れなければならない

guaranty bond 保証付債券 [⇨発行会社以外の第三者による元本返済・利払いの保証が付された債券]

guard /gɑ:rd/ (✚ward(保護・監視, 防衛する, 守る)と同源) vt 守る 《against, from》; 見張る, 監視する; 慎む ► guard a secret 秘密を守る / guard one's tongue 口を慎む / guard a person from [against] his enemy [a danger] 人を敵[危険]から守る
— vi 用心[警戒]する 《against》
— n ガードマン; 警備; 防護物

catch [take, throw] a person off guard (人の)不意をつく ► He caught me off guard when he challenged my decision. 彼が私の決定に異を唱えたときには, 不意をつかれた

keep [stand, mount] guard 見張りをする, 警戒する 《over》

off one's guard 油断して

on (one's) guard 警戒して 《against》

◇**guarded** a 用心深い; 保護[防御]された; 監視された

guardian /gɑ́:rdiən/ (✚warden(監視者, 看守)と同源) n ❶ 保護者
❷《法律》後見人 ► act as a guardian for a person [= act as a person's guardian] 人の後見人になる

> 解説 未成年者または判断能力喪失者の身上を保護し財産を管理することのできる者. 米国では, 継続的に効力を持つ委任状(durable power of attorney)で自分が無能力になった場合の財産や健康についての代理人を指名できるが, 委任状を作らないまま判断不能状態になった場合には, 代理として行動したい家族や友人は裁判所に申請して後見人として指名してもらう必要がある

— a 守護する

Guardian (*The* ~)《ガーディアン』[⇨英国の自由党系高級紙]

guerila /gərílə/ n, a =guerrilla

guerrilla /gərílə/ n, a ゲリラ兵(の); ゲリラ戦[ゲリラ活動](の)

guerrilla marketer ゲリラマーケティングの専門家

guerrilla marketing ゲリラマーケティング [⇨最小のコストで最大の効果を期して意表を突く場面で広告をし, 口コミを活用するといった型破りのアプローチ]

guess /ges/ v, n 推測(する);《米》思う; 言い当てる ► make [take] a guess at 推測する / My guess is that these analysts are guessing right. 私の推測ではこれらの分析者は正しい推測をしている / I guess it will work. うまくいくと思うよ

be anybody's [anyone's] guess まったく予想がつかない ► When the housing market will bottom out is anyone's guess. いつ住宅市場が底を打つかは, 誰にも分からない / It's anybody's guess as to who will win the election. 誰がこの選挙に勝つか誰も分からない

by guess (and by God)《略式》当てずっぽうで

Your guess is as good as mine.《略式》私にも分かりません

guesstimate /géstəmèit/《略式》vt 当て推量する
— n 当て推量

guest /gest/ n 客; 泊まり客;(特別出演する)ゲスト ► make a guest appearance ゲスト出演する

Be my guest. どうぞどうぞ; ご遠慮なく, お好きなように

guestimate /géstəmèit/ vt, n = guesstimate

guest worker 移民労働者; 出稼ぎ型労働者

guidance
/gáidns/ n ❶ 指導, 案内 ► He conducts seminars and workshops in career guidance. 彼は職業案内のセミナーとワークショップを運営している ❷ 指針, 収益指針, 業績見通し [⇨earnings guidance または financial guidance の略. 企業が発表する自社の将来の収益の見通し. 社外のアナリストの業績予想が企業の実態からかけ離れて高い場合には, 達成可能な数字へ誘導するために企業は guidance と称して業績予想を公表する] ► The company cut its sales guidance for the next quarter. 同社は来四半期の売上高指針を引き下げた

guide /gaid/ vt 案内する; 導く; 指導する; 統治する; 促す ► In this field there is no market research to guide us. この分野では指針となる市場調査が行われていない

guide oneself in [to] に自己誘導で進む

— n 案内人, ガイド; 指導者; 案内書, 手引き 《to》; 道標; 規準; 誘導装置

guidebook n 旅行案内(書)

guideline n ❶ (道しるべの)綱; ガイドライン, 指針 《on》 ► issue [lay down, provide, set] guidelines on [for] についてのガイドラインを出す[定める, 提供する, 設定する] / You need to meet this guideline. このガイドラインに合わせる必要がある / Robert's Rules of Order sets the guidelines for this type of procedure. ロバートの議事規則がこの種の手順に対するガイドラインを定めている / Please follow the guidelines in the manual. マニュアルの指針に従ってください ❷ (賃金・物価などの)誘導[指導]目標 ❸ ガイドライン [⇨放送局の放送(番組)基準]

guidelines for multinational enterprises (the ~) 多国籍企業行動指針 [⊃1976年にOECDが採択した, 多国籍企業の進出先の活動に関するガイドライン. 2000年6月に4回目の改訂が行われ, 現行のガイドラインは, 情報開示・競争・雇用・環境分野などについての行動のあり方を示したものになっている]

guide price 参考価格

guilt /gɪlt/ n 非行; 有罪; 自責心

guilty /gílti/ a 有罪の, 罪を犯した (of); 欠点のある;【法律】民事上有責である ▶ the guilty party 犯罪者 / a guilty conscience 良心のやましさ / He was found guilty of corporate espionage. 彼は企業スパイで有罪となった

feel guilty about ...に気がとがめる ▶ I feel guilty about lying to him. 彼に嘘をついてすまないと思う

plead guilty [not guilty] to a crime 罪を認める [無罪を申し立てる]

guinea-pig director (実権のない) 名ばかりの取締役

Guinness ❶《商標》ギネス [ギネス社] (のビール) ❷ (~ plc) ギネス (社) [⊃アイルランドの世界的なビール製造会社. 創業1759年. Arthur Guinness がダブリン郊外で'ebon ale'を醸造したことに始まる. 社名Arthur Guinness and Sons plcと, 1985年Guinness plcと改称, 97年 Grand Metropolitan plcと合併しDiageo plcとなった.「ギネスブック」(Guinness Book of World Records) の発行でも知られる. ビールの標語は Guiness is good for you.「ギネスは体によい」]

gulf /gʌlf/ n 湾; 深い穴, 深淵; 渦巻き; 大きな隔たり (between)

Gulf Cooperation Council (the ~) 湾岸協力会議 (GCC) [⊃1981年5月イラン・イラク戦争に対処するために設立された, ペルシア湾岸6か国 (アラブ首長国連邦, バーレーン, クウェート, オマーン, カタール, サウジアラビア) からなる地域協力機構. 事務局はサウジアラビアの首都リヤド]

Gulf Oil ガルフオイル [⊃米国の石油会社. 1984年 Chevron Corp. に買収される]

gum /gʌm/ n ゴム; (~s)《米》ゴム製オーバーシューズ

— vt (-mm-) ゴムを引く, ゴムで固める

gum up (計画を) 狂わせる ▶ gum up the works《略式》事をうまく運ばせなくする

— vi ゴム質を滲(しん)出する; ゴム状になる, べとつく

gummed label のり付ラベル

gun /gʌn/ n 大砲;《米略式》拳銃, ピストル;《略式》大物; スロットル

a big gun《略式》大立て者

be under the gun to do ...することを強く求められている

blow great guns (風が) 吹き荒れる

give ... the gun《略式》を急発進する

go great guns《略式》どんどんうまくいく ▶ Our new company is going great guns. われわれの新しい会社はどんどんうまくいっている

jump the gun 早まって始める

spike a person's guns (人の) 計画を妨げる

stick to one's guns 自分の立場 [意見] を守る

gung ho /gʌ́ŋhóu/ a《略式》熱心な, 熱烈な; 忠誠心のある ▶ He's gung ho about setting up his own company. 彼は自分自身の会社を設立しようと頑張っている [<中「工合」]

gun jumping 情報公開前の証券購入; 許可前の証券購入勧誘

guru /gúːruː/ n《略式》指導者; 専門家, (その分野での) 権威;《米略式》(名の通った) 評論家

gut /gʌt/ n 消化管; (~s) 内臓; (機械の) 内部の重要部分; (~s) 勇気, 根性, スタミナ; (通例 ~s)《英略式》本質 (的な部分) ▶ It takes a lot of guts and hard work to become a CEO in such a big corporation. このような大会社のCEOになるには多大の根性と勉強さを必要とする

bust a gut to do 必死になって...する

slog [work, sweat] one's guts out《略式》必死に働く

— a 本質的な; 感情的な; 本能的な ▶ a gut issue 根本的な問題 / a gut feeling 直感

at gut level 直感的に

gut reaction 本能的な反応 (to) ▶ What's your gut reaction to the question? その質問を聞いて直感的にどう感じましたか? / My gut reaction is that he is lying about the company losses. 会社の損失について彼が嘘をついているというのが私の直感だ

— vt (-tt-) 内臓を取る; 内部を破壊する; (計画などを) 骨抜きにする ▶ The economy of the country was gutted by inflation. その国の経済はインフレで根底から破壊された

◇**gutless** a 意気地のない ▶ a gutless wonder 意気地なし

guzzle /gʌ́zl/ v がぶ飲みする; がつがつ食べる; (車が) 大量にガソリンを食う

◇**guzzler** n ⇨gas-guzzler

GWP global warming potential

gyp /dʒɪp/ vt (-pp-)《米略式》だます, だまし取る

— n 詐欺; 詐欺師

[<gypsy]

◇**gypper** n

H, h

ha hectare(s)

Häagen-Dazs 《商標》ハーゲンダッツ [⇒米国のアイスクリーム]

habit /hǽbit/ *n* 習慣; 癖; 常用癖; 気質, 体質 ► Old habits are hard to kick. 昔からの習慣をやめるのは難しい

be in the habit of doing …する習慣がある ► I'm in the habit of drinking a cup of coffee before work. 仕事前にコーヒーを一杯飲むのが習慣だ

break [kick] a habit 悪癖を直す ► He's trying to break his smoking habit. 彼は喫煙癖を断とうとしている

form [get into] the habit of doing …する癖がつく ► I got into the habit of exercising three times a week. 週3回運動するのが習慣になった

get out of the habit of doing …する癖が抜ける

have a habit of doing …する癖がある ► He has a habit of meddling in other people's business. 彼には他の人々の仕事に干渉する癖がある

make a habit of doing 習慣的に…をする ► I make a habit of checking my email regularly. 電子メールを定期的にチェックする癖がついている

out of habit / by (sheer) habit / from (force of) habit 習慣で ► I dialed the old number out of habit. いつもの癖で古い番号をダイヤルした

HACCP ハセップ, ハサップ ⇨ Hazard Analysis (and) Critical Control Point System

hack /hǽk/ *v* 《略式》たたき切る 《*down, off*》; 切り刻む 《*at, away, out, up*》; (文章などを) めちゃくちゃにする 《*about*》; 《略式》(通例否定) なんとかこなす; (コンピュータシステムに) 不正に侵入する, ハックする 《*into*》 ► After all we hacked out a deal with them. 結局われわれは彼らと取引をなんとかまとめることができた (⇨ hammer out)

hack it 《略式》うまくやり遂げる

hack one's way through を切り開きながら進む

— *n* 切れ目, 刻み目; 傷; 《略式》ハッカー (=hacker)

have [take] a hack at を試みる

hacker /hǽkər/ *n* ハッカー [⇒他人のコンピュータに不正侵入する人]; コンピュータマニア

hackery /hǽkəri/ *n* 《略式》【БЗ→】不正侵入

hacking *n* (コンピュータシステムへの) 不正侵入

hackwork *n* やっつけ仕事

had /həd, əd; 《強》hǽd/ *v, aux v* (✚have の過去・過去分詞形) 持っていた; した; させた

be had 《略式》だまされる

had been (それまで)…であった

had been doing (それまで)…していた

had done (それまでに)…して(しまって)いた

had it not been for がなかったなら

haemorrhage *n, v* =hemorrhage

haggle /hǽgl/ *vi* 《略式》しつこく値切る 《*over, about*》(=dicker) ⇨ higgle; (条件などを) ふっかける; 押し問答する ► We don't want to haggle about [over] the price. 私たちは値段について掛け引きはしたくない / They haggled down the rent by a third. 彼らは交渉して家賃の3分の1を負けさせた / We enjoyed haggling with the street vendors. 露天商を値切るのは楽しかった

— *vt* 値引きさせる; 切り刻む ► I haggled the shopkeeper down to 50 dollars. 店主と掛け合って50ドルまで値引きさせた

— *n* 値切ること; 口論

Hague Agreement /heig/ (工業意匠の国際登録に関する協定) ハーグ協定 [⇒国際的な意匠の取得と保護に関する協定]

Hague Rules ハーグルール

> **解説** 正式名称:船荷証券統一規則[条約]International Convention for the Unification of Certain Rules of Law relating to Bills of Lading; 船荷証券の要件を統一し, 海上運送人の責任限度を明確にするため, 万国海法会 (CIM) がとりまとめ, 1924年にブラッセル海事法外交会議で成立した国際条約. 各国では国内法として海上物品運送法が制定されている. 1968年に Hague-Visvy Rules として改正された

Haier 《The ~ Group》ハイアール, 海尔 [⇒中国の家庭電化製品のメーカー. Haier Electrics Group Co., Ltd (香港上場), Qingdao Haier Co., Ltd. (上海上場) という2つの公開会社を含め240の会社群で世界に展開する]

hair /héər/ *n* 毛, (頭) 髪; 毛状のもの; 《a~》わずか; 《米略式》勇気 ► The company has released a new line of hair care products for women. 同社は女性向けの新種のヘアケア製品を発売している

against the hair 不本意にも

by a hair 間一髪で

by the [a] turn of a hair やっとのことで

get [have] a person by the short hairs (人を) 思うままにする

get in [into] a person's hair (人を) 困惑させる, いらだたせる; 邪魔をする

keep one's hair on 落ち着いている

not turn a hair まったく平然としている ► He didn't turn a hair when the stock price dropped. 株価が下落しても彼は平然としていた

split hairs ささいなことをとやかく論じる

to a hair 寸分たがわず

haircut *n* ❶ 散髪; ヘアスタイル ► get [have] a haircut 散髪する ❷ ヘアカット, 担保掛け目 [⇒担保資産の市場価値と担保評価額の差を言う. 市場価値の80%で評価されるならヘアカットは20%. この場合, 日本語では「担保掛け目が8割」という言い方

hairsplitting *a* (議論や考え方が)小事にこだわる

hairy /héəri/ *a* 毛深い; 骨の折れる, 困難な; 危険な

◇**hairiness** *n*

Halcion 《商標》ハルシオン [◎睡眠薬トリアゾラム(triazolam)の Upjohn 社製品名. 南米, 東南アジアでは Somese の名で売られる]

Haldol 《商標》ハルドール [◎精神安定剤のハロペリドール(haloperidol)の商品名]

half /hæf, hɑ:f/ *n* 《複 **halves**》半分; 半ポイント ⇨ point ▶ the first half 上期 / the second half 下期 / Demand in Europe is expected to remain sluggish for the first half of the year. 欧州における需要は年度の前半は低迷を続けると予想されている

and a half 《略式》たいそうな, すごい; ひどい

by half 半分に; 半分だけ; 《too ... を伴って》あまりにも, ひどく ▶ The central bank lowered interest rates by half a percentage point, to 1.5%. 中央銀行は金利を0.5ポイント引き下げて1.5%にした

by halves 中途半端に, 不完全に

cry halves 山分けを要求する

go halves with a person in [on] 《略式》(人と…を)山分けする

in half 半分に

not know the half of の半分も分かっていない

— *a* 半分の; 部分的な, 不十分な

half a minute [second] 《略式》ほんの少しの時間

— *ad* 半分; 半ば; 不十分に; かなり; ほとんど

half and half 半々で, 五分五分で

half as much [many] ... again as の1倍半の…

half as much [many] ... as の半分の…

not half 少しも…ない; ひどく

half a dozen 6個, 6社 [◎その他6を単位とするグループ]

half-and-half *a, ad* 半々の[に], 五分五分で; 半々の混合物;《英》ブレンドしたビール;《米》ハーフアンドハーフ [◎牛乳とクリームとを半々に混ぜた飲料]

half board 《英》(ホテルの宿泊で)朝と夜の2食付き

half-day *n* 半休日

half dollar ハーフダラー, 50セント硬貨

half dozen =half a dozen

half-finished goods 半製品

half-holiday *n* 半休日, 半ドン

half-life *n* ❶ (放射性物質の)半減期 ❷ ハーフライフ [◎債券の元本額が半減するまでの平均期間. 住宅ローン担保債券では期限前返済や借換えのため, 短めとなる]

half measures 中途半端な手段[企て], その場しのぎの手[策]

half-page *a* 1/2ページ広告の

half-point *a* 0.5ポイントの ▶ Traders are factoring in a half-point cut. トレーダーたちは0.5ポイントの利下げを織り込み済みだ

half-price *a, ad* 半額の[で] ▶ The store is having a half-price sale on selected goods. その店は選ばれた商品について半額セールをしている

half year 半期 [◎年度を4分割したものが quarter(四半期), 半分にしたものが half year(半期)で, 前半が first half(上期または上半期), 後半が second half(下期または下半期). 表などで省略して書くときは, first half=1H, second half=2H となる]

half-year results 中間決算

halfway *ad* 中途で[まで]

be [go] halfway toward の中途までやり遂げる

halfway through [there] 中途まで終わって ▶ Funding ran out halfway through the project. 資金はそのプロジェクトの中途で使い果した

— *a* 中途の; 中途半端の

half-yearly *a, ad* 半年[半期]ごとの[に]

half-yearly report 半期報告書 (=interim report) [◎1年決算の会社が半期に作成する財務諸表]

hall /hɔ:l/ *n* 大広間, 講堂, ホール; 公共の建物, 会館; 入り口の広間, 玄関; 廊下; 校舎; 《英》(大学の)大食堂;《英》大邸宅 ▶ The office is down at the end of the hall. オフィスは廊下の一番奥にあります

Halliburton (~ Co.) ハリバートン [◎米国の世界的な油田サービス会社. 掘削の他, 効率化などのサービスも手がける]

hallmark /hɔ́:lmɑ̀:rk/ *n, v* ❶ (金銀製品の)純度検証極印(を押す); 折り紙(を付ける); 特徴, 特質 ❷《米国の》プライバシーマーク [◎個人情報やプライバシーの保護に積極的に取り組んでいる民間業者であることを信頼できる第三者機関が認証する仕組み]

Hallmark 《商標》ホールマーク [◎米国の企業. 各種紙ベース, 電子ベースのグリーティングカードの他, ファミリーチャンネルというケーブルテレビ放送も行っている]

hall test 会場テスト, 集合調査 [◎設定した会場にリサーチの参加者を集めて製品や広告に対する感想・意見を求める手法]

hallway 《米》廊下; 玄関

halo effect ハロー効果, 後光効果, 光背効果 [◎人, 物が一つの長所で高く評価されると, 全体がよく見えるようになる現象]

halt /hɔ:lt/ *v* 停止[休止]する[させる]

— *n* 休止, 停止;《英》小駅 ▶ Economic progress was brought to a halt. 経済成長が止まった

call a halt to に停止を命じる

come to [make] a halt 止まる ▶ Traffic came to a halt because of the accident. その事故のために交通が止まった

halve /hæv/ *vt* 等分する; を半減させる (✤half の動詞) ▶ They tried to double the profit by halving the cost. 生産コストを半減させて利益を倍増しようとした

halves /hævz/ *n* halfの複数形

ham /hæm/ *n* ハム; (脚の)ひかがみ; (~s)ももと

尻を合わせた部分

hamburger /hǽmbə̀ːrɡər/ n ハンバーガー; ハンバーグステーキ; ひき肉(のパテ); 【証券】(~s) (ファーストフードの) マクドナルド株 ▶ For a limited time, hamburgers are half-priced. 期間限定で, ハンバーガーは半額だ [<ドイツ北部の Hamburg]

Hamburger Helper 《商標》ハンバーガー・ヘルパー [⦿米国の General Mills 社が Betty Crocker ブランドとして提供しているインスタント食品]

hammer /hǽmər/ n ハンマー; (競売用の)槌; アクセル

bring [send] under [to] the hammer 競売に出す

come [go] under the hammer 競売に出される

go [be] at it hammer and tongs 《略式》激しく口論する

— vt 槌で打つ; たたき込む《into》; 非難する; 勝つ, 圧勝する ▶ Retailers have been hammered by weak consumer spending. 小売業界は個人消費の低迷で打撃を受けてきた

— vi 槌でたたく; せっせとする《away, at》

hammer away on を繰り返し言う

hammer out 打ち出す; 《略式》(合意に)達する, 打開する ▶ We hammered out the final details of the agreement. 契約書の最終的な細部を苦労して作り上げた / After three weeks of negotiating we finally hammered out a deal. 3週間交渉してやっと取引をまとめあげた

hammering n 攻撃, 非難 ▶ take a hammering (株などの相場商品が) 売りを浴びせられる

hamper /hǽmpər/ vt 妨げる ▶ The housing crisis has hampered economic growth. 住宅危機は経済成長に打撃を与えた / Auto sales have been hampered by the rise in gasoline prices. 自動車業界の売上はガソリン価格の上昇によって打撃を受けてきた

hand /hǽnd/ n 手; 前肢(し); 人手, 手伝い, 援助, 協力; 働き手, 職人, 乗組員; 腕(前), 手際; (~s) 所有; 支配, 管理; 署名; 方, 側, 方面 ▶ a firm hand 厳しい管理

all hands to the pump 全員協力して仕事にかかる

at a person's hand(s) (人の)手にかかって; (人の)世話で

at hand 手近に; 近くに ▶ Let's work together to deal with the problem at hand. 力を合わせて手近な問題に取り組もう

at the hands of の手にかかって; のせいで, に触発されて

be good with one's hands 手先が器用である

by hand 手で; 自分で世話をして

change hands 持ち主が変わる; 取引される ▶ Ownership of the company has changed hands three times in the last five year. その会社の持主は過去5年間に3回も変わった / The dollar moved between ¥104.27 and ¥105.38, changing hands frequently at ¥104.73. ドルは104.27円から105.38円の間を動いたが104.73円での取引がもっとも多かった

come to hand 手の届くところに来る; 手に入る ▶ We'll keep you updated as new information comes to hand. 新しい情報が入りましたらお知らせいたします / Your remittance has come to hand. ご送金は落手いたしました

eat out of a person's hand (人の)言うままになる

force a person's hand (人に)行動を強いる

from hand to mouth その日暮らしで ▶ Many migrant workers live from hand to mouth. 多くの出稼ぎ労働者はその日暮らしだ

get one's hands on を手に入れる, つかまえる ▶ I'd like to get my hands on that new computer when it goes on sale. あの新しいコンピュータが発売されたら, 入手したいと思っています

get out of hand 手に負えなくなる ▶ The situation got out of hand. 手に負えない状態になった

give [lend] a hand 手を貸す ▶ Could you give me a hand with this research? この研究に手を貸していただけませんか

hand and foot 手足ともに; まめまめしく

hand and [in] glove 親密で《with》; ぐるで《with》; ぴったり合って

hand in hand 手に手をとって; 協力して

hand over fist [hand] たくさんで, どんどん; 濡れ手にあわで ▶ The company is losing money hand over fist. 会社はどんどん損を出している

hands down 容易に; 文句なしに

have a hand in に関係している ▶ He had a hand in producing the forged documents. 彼は偽造文書の作成に関与した

have one's hands full 手がふさがっている; 手いっぱいだ

have ... on one's hands (問題・仕事など)をかかえている; (時間)がたっぷりある

in hand 支配して; 所有して; 進行中の[で], 考慮中の[で]

in private hands 個人が所有して

in the hands of の手中に

lay [put] one's hands on を手に入れる; を捕まえる; に手を触れて祝福する; に暴行する

make a hand 利益を得る; 成功する

Many hands make light work. 《諺》人手が多ければ仕事は楽になる

not do a hand's turn 縦のものを横にもしない

off hand 即座に ▶ Off hand, do you think this plan is feasible? 直感的に判断して, この計画は実行可能と思いますか

off one's hands 手を離れて, 責任ではなくなって

One's hands are tied. (人が)身動きができない

on hand 所有している, 手もとにある; 差し迫って; 《米》出席して ▶ keep the right quantity of supplies on hand 消耗品の手許有高を適量に維持する / I'm afraid I don't have that data on hand. 申し訳ありませんが, 手もとにそのデータがありません

on (the) one hand 一方では

on the other hand 他方; 逆に

out of hand 手に余って; すぐに, 即座に
play into a person's hands (相手に) 利するようなことをする
put ... in the hands of の手に…をゆだねる
put [set] one's hand to に着手する ► He immediately set his hand to the task of drawing up the blueprint for the new shopping center. 彼はただちに新しいショッピングセンターの設計図を引く作業に着手した
set one's hand to (契約書) に署名する [⇨ 契約書の末尾で, 契約書が正式に成立したことを示す文章に用いられる]
show one's hand 手の内を見せる
sit on one's hands 手をこまねいている, 傍観する; 褒めない
take [have] ... in hand の責任を引き受ける; を処理する
throw in one's hand あきらめる
throw up one's hands 手を上げる
to hand 手元に; 手中に
try one's hand at を (初めて) やってみる
turn [put] one's hand to に取りかかる
wash one's hands of と手を切る
win hands down 楽勝する
with a heavy hand 強圧的に
with a high hand 横柄に
with one hand (tied) behind one's back たやすく
— *vt* 手渡す; 手を貸す; (帆・旗などを) たたむ
hand back 返す, 戻す
hand down を言い渡す; を (後世に) 残す (*to*)
hand in を手渡す, 提出する ► When do we have to hand in the report? いつその報告書を提出しなければなりませんか / To leave the company you hand in your notice. 会社を辞めるには届けを出す
hand it to (略式) の優秀さを認める
hand on を手渡す; 伝える, 残す (*to*)
hand out を配る; (罰を) 与える ► Rescue workers handed out food and water to the earthquake victims. 救助隊員たちは食料と水を地震の被災者たちに配った
hand over を譲り渡す (*to*) ► He handed over his business to his son. 彼は自分の事業を息子に引き継いだ
hand (a)round みんなに配る
hand up 《米》 (大陪審が) (被疑者を) 起訴する
hand baggage 《米》 手荷物
handbill *n* ちらし, びら
handbook *n* 手引き書, 便覧
handcraft *n* =handicraft
handdeliver *vt* 直接手渡す, (重要書類をメッセンジャーが) 手渡す
handful *n* 一握り; 少量; 手に余ること [人] ► Only a handful of applicants responded to the job posting. その求人広告に応募した者はほんの数人だった / The company started with a handful of employees, but now has over 1,500 employees. 同社はほんの数名の従業員で始まったが, 今では1,500名を超える従業員を有する

hand-held *a* 片手で持てる, 手のひらサイズの, 携帯用の
— *n* ハンドヘルド型PC, 手持ちサイズのコンピュータ (=PDA)
handhold *n* 把握; 手がかり
hand-holding *a* 手取り足取りの (✤時にネガティブな意味あいでも使われる)
handicap /hǽndikæp/ *n*, *vt* (**-pp-**) ハンディ (を付ける); 不利な条件 [<hand in cap]
handicapped /hǽndikæpt/ *a* (身体) 障害のある (✤今では主に disabled を用いる. 総称では people with disabilities と言う. ⇨ challenged)
handicraft /hǽndikræft/ *n* 手先の熟練; 手工芸, 手細工
handily *ad* 手近に; 楽々と ► Last quarter's sales growth handily exceeded our forecasts. 前四半期の売上高の伸びはわれわれの予想を楽々と上回った
handiwork /hǽndiwə̀ːrk/ *n* 手仕事, 手細工; 手細工品; (特定の人の) しわざ

handle /hǽndl/ *n* ❶ 取っ手, 握り; きっかけ; 《略式》肩書 (=a handle to one's name); 通称, あだ名
❷ 【コンピュ】 ハンドル [⇨ ネットワーク上で使用するペンネーム]
fly off the handle 《略式》かっとなる ► He flew off the handle and started blaming everybody. 彼はかっとなって, みんなのことを非難し始めた
get [have] a handle on 《略式》を掌握する; つかむ ► We need to get a handle on the casualty numbers. 死傷者の数を把握する必要がある / She helps young people get a handle on money matters. 彼女は若い人たちが金銭問題を学ぶのを助けている
give a handle to に攻撃の機会を与える
have a good handle on をよくつかんでいる
— *vt* 手を触れる; 取り扱う; 処理する; 論じる; 統御 [指導] する; 扱う ► How are you going to handle this problem? この問題にどう対処するつもりかね / The advertising agency handles a number of large accounts. その広告代理店は多くの大口の顧客を扱っている / The workload is too much for him to handle. その仕事量は彼の処理能力を超えている
— *vi* 扱われる, 処理される, 統御できる
handler /hǽndlər/ *n* 扱う人; 搬出入作業員; 調教師, 訓練士
handling /hǽndliŋ/ *n* 取扱い; 操作 ► Costs of shipping and handling are included in the price. 出荷と運送の経費は価格に含まれている
handling charge 手数料, 送料
handling cost 荷役費, 取扱費, 取扱手数料
handling expense 取扱費
handling fee 手数料, 送料
handling in 倉入れ
handling out 倉出し
hand luggage 《英》 =hand baggage

H&M エイチ・アンド・エム [⇨スウェーデンの Hennes & Mauritz 社経営の衣料小売チェーン. 安い価格で人気]

hand-made a 手作りの ▶ The furniture is hand-made. その家具は手作りだ

hand-me-down n お下がりの衣服; 安物の既製服

hand money 手付金

handoff n 手渡し, 移行

hand-operated a 手動式の, マニュアル操作の

handout n 配付資料, 配布物; 新聞発表; 広告びら ▶ Please look at the handout about our products. 当社の製品についての配布資料をご覧ください

handover n 引渡し, 移管; (香港の中国への) 返還

handpicked a 厳選した; (略式)お手盛りの

H&R Block H&Rブロック [⇨アメリカの税理会計代行事務所連鎖店]

hands-free a ハンズフリーの, 手で持たなくても使える ▶ hands-free set for mobiles 携帯電話用ハンズフリーセット

handshake n 握手

handshake agreement 事実上成立している契約 [⇨メールや口頭のやりとりを通じて成立している合意で, まだ書面化されていないもの]

hands-off a 不干渉の

handsome /hǽnsəm/ a (顔立ちが)美しい; 相当の; 気前のよい ▶ It brought in a handsome profit. それはかなりな額の利益になった

hands-on a 実地に体験[参加]する

hands-on experience 実地経験

hands-on management ハンズオン・マネジメント [⇨企業の幹部が現場の仕事に積極的に関与する現場重視の経営]

hands-on training 実地訓練 ▶ Participants will be given hands-on training in the use of databases. 参加者は, データベースを使うための実地訓練を受けることになる

hand-to-mouth a その日暮らしの ▶ His financial situation is less hand-to-mouth. 彼の財政状況はその日暮らしではない

handwringing n 心配, 懸念 ▶ The dollar's sharp decline has caused much handwringing among Japanese exporters. ドルの急激な下落は日本の輸出業者に多大な心痛を与えた

handwritten manuscript 手書き原稿

handy /hǽndi/ a 手近にある; 便利な; 器用な; 手ごろな

come in handy 役に立つ(for)

keep [have] ... handy 身近な所に用意しておく
◇**handiness** n 扱いやすさ

hang /hǽŋ/ (hung) vt 掛ける, つるす, (壁紙を) 壁に張る; 取り付ける; 陳列する; (コンピュータを) ハングさせる, 動かなくさせる
— vi 掛かる, ぶら下がっている; つき合う (with); (物事が) …次第である; (コンピュータ・プリンタなどが) ハングする, キーに反応しない

hang about [around, round] ぶらつく, 無為に過ごす; つき合う (with) ▶ He usually hangs around the library after school. 彼は放課後はたいてい図書館にたむろしている

hang a right [left] 右[左]に曲がる ▶ Hang a right at the next corner. 次の角を右に曲がりなさい

hang back (後に)残る; をためらう (from)

hang in the air 未決定で; 不明で

hang in the balance 決まらない

hang in there (略式)(くじけずに)頑張る (=hang on in there)

hang it up (略式)やめる ▶ After three weeks of negotiating we had to hang it up. 3週間交渉したが取りやめにになった

Hang on (a minute [a moment, a second]). (略式)(電話で)ちょっとお待ちください; そのままお待ちください

hang on しっかりつかまる (to); 待つ; 電話を切らずにおく; …次第である; (略式)ふんばる, 頑張る

hang on a person's every word [lips, words] (人の一語一語に)熱心に耳を傾ける

hang on in there (略式)(くじけずに)頑張る (=hang in there)

hang on to に固執する, こだわる ▶ Hang on to your closing statement and all the documents related to the purchase. 権利移転の証書とすべての不動産購入関係書類を保存しなさい

hang out 身を乗り出す; (略式)うろつく; つき合う (with); (略式)住む; (旗を)掲げる ▶ We don't hang out together any more. 私たちはもう友だち付合いをしていない

hang out to dry (人を)激しく非難する

hang over 未決定のままである; (心に)のしかかっている; (危険が)迫っている

hang together 団結する, 協力する; つじつまが合う

hang tough (米略式)譲歩しない, 頑張る

hang up を掛ける; を延期[中止]する; (受話器を)掛ける, 電話を切る; (略式)立ち往生させる[する]; いらだたせる (on); (略式)(記録を)作る ▶ As soon as I hung up the phone, I got another call. 受話器を置くやいなや, 別の電話がかかってきた / You can hang up and try again later. 一度電話を切ってまた後で掛け直しなさい

hang up on の電話を一方的に切る
— n 掛かり[下がり]具合; 扱い方, こつ; 趣旨; 《a ~》(否定)少しも; (運動・進行などが)弱まること

get the hang of it こつをのみ込む ▶ I'm beginning to get the hang of it. こつをのみ込み始めている

not care [give] a hang about は少しも構わない

hangout n ハングアウト [⇨融資契約が担保となっているリース物件の契約期間終了後も存続する期間]

hang-out a ハングアウトの ▶ hang-out loan (融資契約終了時点での)未済残高

Hang Seng Index /hǽŋ séŋ/ ハンセン指数 [⇨香港取引所上場33銘柄の株価指数. 香港の恒生銀行(Hang Seng Bank)が発表している. 時価

総額加重平均指数で, 商工業, 金融, 公益事業, 不動産の4つの業種別指数もある]

Hansen's Natural Soda 《商標》ハンセンズ・ナチュラル・ソーダ [○カフェインを含まない米国のソーダ飲料のブランド]

happen /hǽpən/ vi 起こる, 生じる; 偶然…する《to do》 ▶ The accident happened a few weeks ago. その事故は2, 3週間前に起きた / What happens if I change jobs? 転職したらどうなるか / People are worried about what's happening to jobs across the country. 国中の職に起こりつつあることを, 誰もが心配している

as it happens たまたま, あいにく ▶ As it happens, I had the same problem with my computer. たまたま, 私もコンピュータで同じ問題をかかえていた

happen across (物を) 偶然見つける
happen along たまたまやってくる
happen by (物を) 偶然見つける (=happen across); たまたまやってくる (=happen along)
happen on に偶然出くわす, をたまたま見つける
What's happening? どうなっているんだ; (あいさつで) やあ, どうだい

◇**happening** n 出来事, ハプニング

happy /hǽpi/ a (-pier; -piest) うれしい; 幸福な; 満足した 《about, with, to do, that》; 幸運な; (言動が) 巧妙な, 適切な; 《略式》ほろ酔いの; (複合語) 夢中の, やたらに使いたがる ▶ car-happy 車マニアの / I will be happy to attend your party. パーティーに喜んで出席させていただきます / If you have any questions, I'll be happy to answer them now. 質問がありましたらすぐ喜んでお答えします

make a person happy (人を) 幸福にする[満足させる]

◇**happily** ad 幸福(そう)に ▶ He happily accepted the job offer. 彼は採用の通知を喜んで受諾した / I would happily pay extra to upgrade my seat to business class. 私の席をビジネスクラスに格上げしてくれるなら, 喜んで追加料金を払います

◇**happiness** n 幸福, 喜び; 幸運; (表現などの) 巧妙さ, 適切さ

happy camper 何一つ文句を言わない客[従業員など]

happy hour ハピーアワー [○バーやパブの夕方の割引タイム. 単数形でhourと言っても, 通例2時間以上にも及ぶ]

happy talk 軽い話題での会話, 当たりさわりのないトーク

harass /hərǽs, hǽrəs/ vt 繰り返し攻撃する, しつこく悩ます

◇**harassing** a

harassment n 悩み(の種); いやがらせ ▶ sexual harassment 性的いやがらせ, セクハラ / suffer harassment いやがらせを受ける

harbor, 《英》**harbour** /háːrbər/ n 港, 港湾; 避難所, 隠れ場所

— vt ❶ かくまう; 避難場所を与える; (考えを) 心に抱く ▶ Many investors harbor doubts about the effectiveness of the stimulus plan. 多くの投資家は刺激策の有効性について疑いを抱いている ❷ 『法律』蔵匿する

— vi 停泊する; 隠れる

◇**harborage** n 避難; 停泊所, 避難所

harbor dues 碇泊料, 港湾利用料

hard /hɑːrd/ a (~er, ~est) ❶ 堅い; 頑丈な; 勤勉な; 困難な, 難解な, …されにくい; つらい; 激しい; 極限の; 無情な, 厳しい 《on》; (事実・証拠が) 厳然とした; 極端な, 強硬派の ▶ It is hard to get up early in the morning. 朝早く起きるのはつらい / I had a hard time finding the place. その場所を見つけるのに苦労した / New lending policies have made it harder for borrowers to get loans. 新しい融資方針は借手がローンを借りるのを困難にした ❷ (価格・市況などが) 堅調の, 強気の; (販売方法の) 押しが強い ❸ (証券などに対して) 現金の; 《米》(紙幣に対して) 硬貨の, 正金の (しょうきん)の; (紙幣などが) 兌換可能な; (金利・返済期間などの) 返済条件が厳しい

as hard as nails とても冷酷な
ask hard questions (プロジェクトが失敗したときなどに) 厳しく問いつめる
find it hard to do …するのが困難と分かる
hard and fast 非常に厳格な; (区別が) 厳密な ▶ There are no hard and fast rules to follow in such a case. そのような事例に適用する堅苦しい規則はない
play hard to get その気のない振りをする
the hard way 難しい[厄介な]やり方で; 苦労して

— ad 熱心に; 激しく; 厳しく; 過度に; 堅く; ひどく悲しんで; 近くに ▶ laugh hard 大笑いする / Don't work too hard. 《略式》あまり働きすぎるなよ (✚時に人と別れるときに言う)

be hard hit ひどい損害[影響]を受ける ▶ Several construction projects have been put on hold as the company has been hard hit by the housing meltdown. 同社は住宅業界の崩壊で大打撃を受けたので, 数件の建設プロジェクトが延期になった

be hard put [*pressed*, *pushed*] 《*to it*》ひどく困って[苦労して]いる《*for*, *to do*》
go hard with a person (人に) 苦痛を引き起こす
hard at it 熱心に働いて
hard by ごく接近して, の近くに
hard done by ひどい扱いを受けて
hard on すぐ後に, 直後に
hard up 《略式》金に困って; (に) 窮して 《for》 ▶ We are a bit hard up at the moment. 私たちは目下ちょっと手もと不如意だ / Jim is hard up for money. ジムは金に困っている
take ... hard 痛手をこうむる, 深刻に受け止める

— n 上陸場, 桟(さん)橋; 《英略式》重労働

◇**hardness** n

hard asset 有形資産 (=tangible asset)

hardball n 硬球; 強硬手段 ▶ play hardball 厳しく当たる

— a, vi 容赦ない[なくやる]

hard cash 硬貨; 現金

hard-charging *a* 猛烈型の, 突進型の

hard commodity ハードコモディティー [⇒国際的に取引されている一次産品のうち, 原油や金属類など主として採掘されるもの]

hard copy ハードコピー [⇒印刷物として出力されたデータ] ⇨ soft copy ► keep a hard copy ハードコピーを取っておく

hard core 中核; 慢性失業者; 《英》硬骨材

hard-core *a* ゆるがない, 妥協しない; 赤裸々な; 慢性の

hard-core unemployment 恒常的失業者層 [⇒長期失業者や就業意思のない者を指す]

hard cost ハードコスト [⇒労務・運賃・ソフトウェアなど, 無形のものに対するコストとの対比で土地, 工場, 機器類など有形物のコスト]

hard currency 交換可能通貨, ハードカレンシー [⇒国際的に信用力があり, 取引されている主要通貨と容易に換えられる] ⇨ soft currency

hard data ハードデータ [⇒客観的に測れない定性的なもの(たとえば顧客満足)との対比で, 定量的に把握できるデータのこと]

hard disk ハードディスク ► The file was accidentally erased from the hard disk. そのファイルは間違ってハードディスクから消去された

hard dollars ハードダラー (⇔soft dollars) [⇒証券会社のサービスに対する現金での対価支払]

hard drive ハードドライブ (=hard disk drive) [⇒ハードディスクの駆動装置]

hard-earned 苦労して得た, 苦労して稼いだ ► Don't be too quick to part with your hard-earned money. 苦労して稼いだ金をそうやすやすと手放すな

harden /háːrdn/ *v* ❶ 堅くする[なる], 硬化する; 非情にする[なる] ❷ (市場・物価などが)落ち着く, 堅調になる; 高くなる, 上がる ► When the speculators withdrew from the market, the prices hardened. 投機家が市場から手を引いたら価格は落ち着いた

◇**hardening** *n* 硬化

hard goods =hard line

hard-hat *n* 保安帽; ヘルメット; 建設労働者; 保守主義者

hard-hit *a* ひどい打撃を受けた (✚最上級 hardest-hit)

hard-hitting *a* (批判などが) 辛辣な; 的を射た; 冷徹な ► The TV commercial is hard-hitting. It really gets your attention. そのテレビCMは的を射ている. 本当に引きつけられる

hard HRM ハード型人事戦略 [⇒人材開発よりも既存人材による企業の投資収益率改善を重視するアプローチ]

hard labor 重労働

hard landing ハードランディング [⇒景気の引き締め加減がうまく行かず, 「軟着陸」に失敗し, 急激な景気悪化を招いてしまうこと] (⇔soft landing)

hard line ❶ 強硬路線, 強硬論 ► take [adopt] a hard line 強硬策を取る ❷ 『流通』ハードライン, 耐久消費財 (=hard goods) (⇔soft line)

hard-line *a* 妥協しない; 強硬派の

hard loan ハードローン [⇒条件の緩やかなソフトローンとの対比で, 通常の条件による融資を言う]

hardly /háːrdli/ *ad* ほとんど…ない; とても…とは言えない; 苦労して; むごく ► I can hardly believe it. ほとんど信じられない / The production lines could hardly keep up with the high volume of orders that came in. 大量の注文が入ってきたので生産ラインは対処するのに苦労した

hardly any ほとんど…ない ► There's hardly any gas left in the car. 車のガソリンがほとんど残っていない / My job is really busy, so I hardly have any time for vacation. 仕事が超多忙で, 休暇をとる余裕がない

hardly ever めったに…ない ► I hardly ever go abroad on business. 仕事で海外に行くことはめったにない

hardly ... when [before] …するや否や

hard money ❶ =hard currency ❷ ハードマネー [⇒規制を受ける政治資金] (⇔soft money)

hard-nosed *a* 実際的な; 断固とした ► a hard-nosed businessman 抜け目ないビジネスマン

Hard Rock Cafe 《商標》ハードロックカフェ [⇒米国のレストランチェーン. ロックを聞きながら食事が楽しめる]

hard sell 《the ~》強引な売込み; セールスに応じない客 (✚穏やかな売込みの soft sell に対する語) ► give ... the hard sell に強引に売りつけようとする / These salespeople try to do a hard sell. (=These salespeople try to hard-sell me.) これらの販売員は強力に売り込もうとしている

hard selling 強引な売込み

hardship *n* 苦難, 困窮; 履行困難 ► The country underwent many years of economic hardship. その会社は長年の経済的困難を耐え忍んだ

hardship clause 履行困難条項

hard skill 技術知識, 技術能力, 専門的技能 [⇒人間関係の処理能力を指す soft skill に対する語]

hard time つらい目; (~s) 不況, 困窮

fall on hard times つらい目にあう

give a person a hard time (人を)困らせる; 叱る

have a hard time つらい目にあう

hard tourism 従来型大型観光

hardware /háːrdwèər/ *n* 金物類; 機械設備; ハードウェア ⇨ software; 武器, 大型兵器 ► computer hardware コンピュータハード / The company produces hardware for computer networks. 同社はコンピュータ・ネットワーク用の機器を製造している

hard-wire *v* コンピュータハードに組み込む

hard-wired *a* ハードウェアに組込みの

hardworking *a* 勤勉な ► He's very hardworking. (=He works very hard. / He is a hard worker.) 彼はよく働く

Harlequin ハーレクイン [⇒1949年にカナダで設立されたロマンス小説の出版社. 正式名称は Harlequin Enterprises]

Harley-Davidson 《商標》ハーレーダビッドソン [⊃ 米国製の大型オートバイ. 日本での通称「ハーレー」]

harm /háːrm/ *n, vt* 害(する); 損害; 傷つける ▶ Put money into activities that do not harm the environment. 環境を害しない活動に金を使え / The scandal caused tremendous harm to the company's credibility. そのスキャンダルは同社の信頼性に途方もなく大きな被害をもたらした

come to no harm 傷つかない, 害を受けない
do harm to に危害[損害]を与える
do more harm than good 益よりも害の方が大きい
it does no harm to do / *there's no harm in doing* …して悪いことはない
mean no harm / *not mean any harm* 悪意はない
No harm done. 大丈夫です
out of harm's way 害を受けないように
put ... in harm's way を危険な状況に置く
What's the harm in ...ing? …してどうして悪いのか ▶ What's the harm in trying? やってみてどうして悪い?

harmful *a* 有害な《*to*》 ▶ Harmful contaminants were found in a batch of imported frozen food. 有毒汚染物質は輸入冷凍食品のある1つのバッチで見つかった
◇**harmfully** *ad*
◇**harmfulness** *n*

harmful effect 有害な影響, 悪影響

harmless *a* 無害の; 無邪気な
hold [*save*] *harmless* (損害が生じても) 責任を免除する, 免責にする ⇨ hold harmless clause

harmonization, 《英》**-sation** /hàːrmənizéiʃən/ *n* 調和化; 調整 ▶ harmonization of laws (EU 等での法的統一性達成のための) 各国法の調整

harmonize, 《英》**-nise** /háːrmənàiz/ *v* 調和[一致]させる[する] ▶ The two countries are looking for ways to harmonize patent laws. その2つの国は特許法を調和させる方法を探っている

Harmonized Commodity Description and Coding System 国際統一商品分類 (HS) [⊃ 関税率表, 統計品目表などに使用する商品の国際的な統一の分類名. 国際貿易の円滑化を図るために関税協力理事会で開発された]

harmony /háːrməni/ *n* 一致, 調和, 和合
in harmony with と調和して

harness /háːrnis/ *n* 馬具; (パラシュートの) 背負い革
in harness 平常の仕事に従事して; (と) 協力して《*with*》 ▶ They got back in harness after a vacation. 彼らは休暇旅行のあと仕事に戻った / The industry is working in harness with the government to create new jobs. その業界は新しい仕事を創り出すために政府と協力している
― *vt* (自然力を) 動力化する, 利用する ▶ The company is trying to harness wind and the sun's rays. その会社は風と日光を動力に利用しようとしている

HarperCollins Publishers ハーパーコリンズ社 [⊃ New York に本社を置く出版社. Collins 系の辞書類で知られる. 1817年 Harper 兄弟が設立. 1987年に Harper & Row 社が News Corporation に買収され, 90年に News Corporation が英国の William Collins & Sons を傘下に収めて発足した世界的な出版社となった]

Harris Tweed 《商標》ハリスツイード (毛織物) [⊃ スコットランド西北部の Harris 島などで作られているツイード]

Harrod's ハロッズ [⊃ London の高級百貨店]

harsh /háːrʃ/ *a* 粗い, ざらざらした; 不快な; 厳しい《*on*》; 粗暴な ▶ He worked under very harsh conditions. 彼は大変過酷な状況下で働いた
◇**harshly** *ad*
◇**harshness** *n*

Hartford Financial Services Group 《The ~, Inc.》ハートフォード・ファイナンシャル・サービシズ・グループ [⊃ 米国の総合保険会社. 1810年創業, 1995年旧 ITT Corp. から独立]

Har-Tru 《商標》ハートルー [⊃ 全天候型テニスコートの商品名. 砕いた緑石岩を使用し, 弾力がある]

Harvard Business Review『ハーバード・ビジネス・レビュー』[⊃ ハーバードビジネススクール出版部が発行する米国の月刊経済誌. テクノロジーを使った競争優位性の向上, 経営上の問題分析などの内容]

harvest /háːrvist/ *n* 収穫, 取入れ; 収穫期 [量]; 結果, 報い ▶ The flood damaged this year's corn harvest. その洪水は今年のトウモロコシの収穫に損害を与えた
reap the harvest of の報いを受ける
― *v* (作物を) 取り入れる

harvest rate 収穫率

haste /héist/ *n* 急速, 急ぎ; 性急
Haste makes waste. 《諺》せいては事をし損じる
in haste 急いで; 性急に (=in a hurry)
make haste 急ぐ
More haste, less speed. 《諺》急がば回れ
― *v* 《文》=hasten

hasten /héisn/ *vi* 急ぐ《*to do*》 ▶ I hasten to tell you that we are in receipt of the check. 小切手受領の件取り急ぎお知らせします
― *vt* 急がせる, せきたてる

hat /hæt/ *n* (縁のある) 帽子; 仕事, 職業, 地位
at the drop of a hat すぐに
hat in hand かしこまって ▶ Automakers had to go hat in hand to Congress to ask for government aid. 自動車メーカーは政府の援助を要請するために低姿勢で議会に行かなければならなかった
keep ... under one's hat 《略式》を秘密にしておく
pass [*send*] *around* [*round*] *the hat* / *pass the hat* (帽子を回して) 寄付を請う
pick ... out of a hat を任意に選ぶ
throw [*toss*] *one's hat in* [*into*] *the ring* 競争に

参加する
wear more than one hat 2つ以上の職を兼ねる ► He has to wear several different hats. 彼はいくつかの肩書で仕事をしなければならない[複数の仕事をしている]
wear two hats 二足のわらじを履く
— *vt* (**-tt-**) 帽子をかぶらせる

hatch¹ /hætʃ/ *vt* (ひなを)卵からかえす; 企てる ► John hatched a plan with Jim to sell antiques on the Internet. ジョンはジムとインターネットで古美術品を売る計画を立てた / The company hatched up a plan to take over its main competitor. 同社は最大の競争相手を乗っ取る計画をひそかに企てた
— *vi* (ひなが)かえる; (計画などが)もくろまれる
— *n* 孵化; (ひななどの)一かえり

hatch² *n* (甲板の)ハッチ, 倉口; 飛行機の出入り口; (上下に仕切ったドアの)下扉; (売店の)カウンター

hatchet /hǽtʃit/ *n* 手斧

hatchet man リストラ屋, (リストラでの)首切り役 ► I don't like to be the hatchet man, but I guess I'll have to fire them. 首切り役は引き受けたくないが彼らを首にしなければならないだろう

hate /heit/ *vt* 憎む; 嫌う; (…するのを)残念に思う (*to do, doing*) ► the man you love to hate 当代随一の憎まれ者 / Everybody hates paying taxes. 誰でも皆, 税金を払うのは嫌だ
I hate to say it, but … 残念ながら ► I hate to say it, but it's true. 申し上げにくいのですが, それは本当です
— *n* 嫌悪; 憎しみの的
feel hate toward に嫌悪を感じる
have a hate of を嫌悪する
◇**hateful** *a* 憎むべき; 不愉快な (*to*)

haul /hɔːl/ *vt* 引っ張る; 輸送する; 連れていく (*along to*) ► The stimulus plan is geared towards hauling the economy out of the recession. 刺激策は景気後退から経済を引っ張り出す方向で作られている
— *vi* 引く, たぐる (*at, on, upon*)
haul a person over the coals (人を)厳しく批判する
haul down 引き下ろす
haul in (略式)大金をもうける
haul off 引っ張っていく; 針路を変更する; 退く
haul up 引っ張り上げる; を召喚する
— *n* 強く引くこと (*on*); 荷物の量; 輸送(量); 輸送距離; 一網分の魚獲量; (略式)獲物
a long haul 長い(つらい)道のり, 長い努力 (*to, up*)
a short haul from から近い
have a good haul / make a big haul 大漁である, 獲物が多い
over the long haul (米略式)長期にわたって

haulage *n* (英)(トラック, 鉄道による)陸上運送業 (=(米)hauling)

haulage company (英)(トラック輸送の)運送会社

haulage contractor (英)運送会社

hauler *n* 運搬人; (英)運送会社, 輸送トラック; (米)(不要品やら引越しの)片付け屋

haulier /-jər/ *n* (英)=hauler

haunt /hɔːnt/ *v* たびたび訪れる; (人・心に)付きまとう, 悩ます ► Lack of money haunted the organization. その組織はずっと資金難に悩まされていた

haute couture /òut kuːtúər/ オートクチュール, 高級衣装店; 婦人服の最新ファッション [<仏]

haute cuisine /òut kwizíːn/ 高級(フランス)料理

have /həv, əv, (強)hæv/ *vt* (**has; had; having**) 持っている; (意見などを)抱く, 保つ; 手に入れる; 受け取る; 招く; する; ((have A doing)) (Aが)…するのを許す; 経験する; 食べる; …してもらう; ((have A do)) (Aに)…させる; ((have A done)) (Aに)…される ► have a person come 来てもらう / have me baffled 困惑させられる / We have a $14 trillion economy. わが国の経済は14兆ドルの規模がある
be had だまされる
be had up for の罪で法廷に出頭する
be not having any (of it) (英略式)認めない, 受け入れない
had it not been for もし…がなかったら
have a cake and eat it too 両方とももものにする ► You cannot have a cake and eat it too. (=You cannot eat a cake and have it too.) ケーキは食べればなくなる, 食べたケーキを持っているわけにはいかない, 二ついいことを手に入れるわけにはいかない
have and hold 保有する
have at (文)を攻撃する
have a [this] thing about に取りつかれている; 特別な感情(偏愛, 嫌悪)を持っている
have had it with に我慢できない ► I have had it with your slacking off. 君の手抜きにはうんざりだ
have it 言う; 主張する (*that*); 行動する; 解ける, 分かる; (略式)勝つ; 罰せられる ► Rumor has it that … うわさでは…だ / Have it your own way! 勝手にしろ
have it all 何でもある; 何もかも思いのままだ
have it coming (to one) (略式)自業自得である
have it in for a person (略式)人に恨み[悪意]を抱く
have it in one (略式)(人に)…する素質がある (*to do*)
have it made 何もかもうまくいく
have it [the matter, the whole thing] out (略式)(論争などで)決着をつける (*with*)
have it (all) over より優れている
have it right 的中させる
have nothing against (略式)を嫌ってはいない ► I have nothing against him personally. 個人的には彼に何の反感も抱いていない
have nothing on a person (米略式)(人に)勝るところは少しもない
have not to =need not to

have off 《英》を暗記している
have on を着ている；(人の)弱点を握る；をだます；出演してもらう ► He had a gray jacket on. 彼はグレーのジャケットを着ていた
have something against を嫌っている
have to =must
have ... to oneself を独り占めにする
Let me [Let's] have it! 何があったのか教えてよ
You have me there. 《略式》私には分かりません
— *aux v*
have been ずっと…している[である]；行ったことがある(*to*)；行ってきたところだ(*to*) ► I've been there myself. そこには私も行ったことがある
have been doing (ずっと)…している
have done (完了)したところ[ばかり]だ；(継続)してきた；(経験)したことがある(✤過去分詞を伴い現在完了形を作る)
have got 《略式》=have
have got to do 《略式》=have to *do*
have had it 《略式》うんざりした，(もう)たくさんだ；敗北[失敗]した；機会を逃した；駄目になった；時代遅れとなった
have (got) it coming (to one) 《略式》(人が)当然の報いを受ける
I've had it up to here (には)もううんざりだ[耐えられない，我慢できない]《*with*》(✤手のひらを喉の前にもっていきながら言う)
(*said, claimed*) to have done …したと(言われる，主張される)
— *n, a* 持てる(者，国)
haven /héivən/ *n* 港；避難所
Hawaiian Punch 《商標》ハワイアンパンチ[❍米国のフルーツ味の飲料]
hawk¹ /hɔːk/ *n* タカ；強欲な人；タカ派，強硬論者；(金融当局内の)インフレ抑止論者
have eyes like a hawk 目ざとく気付く
watch ... like a hawk を厳重に監視する
hawk² *v* 売り歩く，呼び売りする；(ニュースを)ふれ歩く ► They hawk their products in marketplaces. 彼らはマーケットで自分たちの製品を呼び売りする / Traders hawk their wares on street corners. 商人たちは街角で商品を呼び売りする[安物を売りつける]
◇**hawker** *n* 行商人 ► Hawkers sell goods in the streets. 行商人は街角で品物を売る
hawkism *n* タカ派思想
Hawthorne effect ホーソン効果[❍衆人環視という特殊な状況下で発揮される特殊な能率性向上]
hay /hei/ *n* 干し草；報い；(not ~)多額の金
make hay while the sun shines 《略式》好機を逃さない ► She made hay while the sun shines and bought a house in Hawaii. 好機を逃さず，ハワイに家を買った
Hay system ヘイ・システム[❍米国のヘイ・コンサルティング・グループの開発した Hay Profile Guide Chart の適用で，点数法による職務評価を通じて金銭的価値すなわち賃金を決める仕組み]
haywire *n, a* 干し草を束ねる針金；《略式》混乱した ► go haywire めちゃくちゃになる，動転する / The wireless network went haywire. その無線ネットワークは故障した

hazard /hǽzərd/ *n* ❶ 危険；冒険；偶然 ► natural hazard 自然現象に伴う危険 / occupational hazard 業務上の危険 ❷【社会保障】危険，危険事情，危険性[❍事故の発生に影響を与える要因]
at all hazards 万難を排して
at [by, in] hazard 一か八か；危険にさらされて
— *vt* 思い切って言う[する]；賭ける；危険を冒す
Hazard Analysis (and) Critical Control Point System 危害分析・重要管理点(HACCP)方式[❍原料の採取段階から製造流通販売される間の各段階で想定される危害をあらかじめ分析し，これを予防または軽減させることで製品の安全性を確保しようとする食品の衛生・品質管理の一手法]
hazard assessment 災害予測
hazardous /hǽzərdəs/ *a* 危険な；有害な；冒険的な；運次第の ► a hazardous occupation 危険な職業[仕事] / It's hazardous to your health. それはあなたの健康に有害です
hazardous air pollutant 有害大気汚染物質
hazardous gas 有害ガス[❍人の健康または生活環境に障害を及ぼす気体状または微粒子状物質]
hazardous material 有害物質[❍人の健康または生活環境に障害を及ぼす恐れのある物質]
hazardous substance 危険物質
hazardous waste 有害廃棄物
hazardous waste disposal 有害廃棄物の処理
hazardous waste removal 危険廃棄物除去
hazard pay 危険手当
HBO 《商標》Home Box Office エイチビーオー[❍コマーシャルなしで映画を中心に放送している米国のケーブル局]
HBOS (~ plc) HBOS [❍英国の銀行グループの持株会社．Bank of Scotland と Halifax Group plc との合併により 2001 年に発足．08 年 9 月世界金融恐慌の中で Lloyds TSB Group Plc に買収される]
HCA¹ (~, Inc.) HCA [❍米国の病院経営会社．国内に 250 以上の病院・施設を運営する．2006 年投資家により 300 億ドルで買収される]
HCA² historical cost accounting
HDTV high-definition television
HE His [Her] Excellency 閣下(夫人)

head /hed/ *n* 頭，首；頭脳；1人，頭数；(物の)頭部；岬；(最)上部；頂上；水源；首席；頭(かしら)，長；指導者；絶頂；危機；見出し；項目；(~s)硬貨の表；[こ-ラ]読み書き(両用)ヘッド ► a clear [cool] head 明晰な頭脳 / a [per] head 一人頭 / heads of agreement (契約書の)条文の見出し / The head of the department is an old industry hand. その部門の責任者は業界経験が長い / He joined HBC as head of finance.

彼は財務部長としてHBC社に入社した / In 1999 she became head of the Chiba shop. 1999年に彼女は千葉店の店長になった / Two heads are better than one. 2人ならいい知恵も出る(三人寄れば文殊の知恵)

above a person's head =over a person's head
bang [beat, hit, knock] one's head against a wall 無理なことをする
bite [snap] a person's head off 《略式》(人を)叱りとばす
bury [hide, have] one's head in the sand 危険を直視しようとしない
by the head and ears / by head and shoulders 無理やりに
cannot get one's head round 《略式》さっぱり分からない
come [pop] into a person's head (考えなどが)突然(人の)頭に浮かぶ
come [draw, gather] to a head 山場を迎える
count heads 人数を数える
do it (standing) on one's head 《略式》いとも簡単にやってのける
enter (into) a person's head (考えなどが)(人の)頭に浮かぶ
from head to foot [heel, toe] 頭のてっぺんからつま先まで
get ... into one's [a person's] head を理解する[させる]
get ... through one's head を理解する
give a person his head 思いどおりにさせる
have a good head on one's shoulders 頭がいい; 分別がある
have a [no] head for が得意[不得意]だ ► Sam has a (good) head for business. サムはビジネス向きの頭を持っている / He has a (good) head for figures. 彼は計算能力がある[数字に強い]
have one's head screwed on 《略式》分別がある
head and shoulders はるかに ► Our products are head and shoulders above any others on the market. 当社の製品は市場で他社のどの製品をもはるかに凌いでいる
head first [foremost] 頭から先に, 慌てて
head over heels まっ逆さまに; すっかり ► be head over heels in love すっかりほれ込んでいる
heads will roll 誰かが罰を受ける ► Heads will roll for this! これで首になる人が出る[罰せられる人がいる]
hold one's head high 胸を張る
keep one's head 冷静さを失わない
keep one's head above the ground 生きている
keep one's head above water おぼれないでいる; 何とかやっている ► For years the store struggled to keep its head above water. 長年の間その店はつぶれないように奮闘した
keep one's head down 危険[面倒]に巻き込まれないようにする
knock ... on the head をやめにする
lay heads together 集まって相談する
make head (に抗して)進む 《*against*》

make head(s) or tail(s) of 《略式》が理解できる
off the top of one's head 準備なしに, 即座に ► Off the top of your head, what do you think of the idea? 直観的に判断して, そのアイディアをどう思いますか
one's head off 《略式》大声を上げて, たいそう ► cry one's head off 泣きわめく
on [upon] one's (own) head 自分の責任で ► On your (own) head be it. 自分の責任でやれ
over a person's head (人の)理解を超えた; (人を)差し置いて ► In business, you start small and don't get in over our head. 商売では出発は小規模にして無理はしないこと / He is over his head in debt. 彼は借金で首が回らない
put heads together 《略式》相談する
put ... into [out of] a person's head (人に)…をほのめかす[忘れさせる]
stand [turn] ... on its head を混乱させる
take it into one's head (…しようと)思いつく 《*to do*》
turn a person's head (成功などが)(人を)うぬぼれさせる
turn heads 人を振り向かせる, 人に注目される

— *vt* の先頭に立つ(*up*); 率いる(*up*); に向ける; に頭[先端]をつける; に見出し[標題]をつける; 妨げる ► He will take over John's position and head the marketing department. 彼はジョンの地位を引き継いでマーケティング部門の長になるだろう

— *vi* 向かう 《*for, to*》; (河川が…に)源を発する ► We're heading to the restaurant now. 私たちは今そのレストランへ向かっている / The country is headed for its worst postwar recession. その国は戦後最悪の景気後退に向かって進んでいる / The company is headed for bankruptcy. その会社は破産に向かって進んでいる

head off の行く手をさえぎる; を避けて進路をそらす ► Is there a way to head off the competitor's plan? ライバル会社の計画を阻止する方法はあるだろうか
head out 《略式》出発する

headache *n* 頭痛; 頭痛の種, 困ったこと ► I started getting stress-induced headaches from overwork. 私は過労からストレスによる頭痛を起こし始めた / The shortage of skilled labor is [presents] a big headache for us. 熟練労働者の不足は頭痛の種だ / Soaring raw material prices have been a huge headache for manufacturers. 原材料価格の高騰は製造業者にとって大きな頭痛の種だった

Head & Shoulders 《商標》ヘッド・アンド・ショルダーズ [〇米国のフケ取りシャンプー]

head-and-shoulders *n* 凸型のグラフ線 [〇相場の行方を占うチャート分析の基本パターンの一つで, 特に下降調を意味する]

head count 人数(を数えること); 従業員数 ► As there hasn't been any new hiring this year, head count at the company has dropped by 5%. 今年は新規採用が皆無だったか

ら,同社の従業員数は5%減った

headed a 頭[先]のある; 見出しのある; (複合語)…の頭をした

headed notepaper 社用箋, レターヘッド
headed paper 社用箋, レターヘッド

header n 頭を付ける[取り去る]人[物]; 穂刈機; 『27-9』ヘッダー [⇒各ページの上につける見出し情報]; (Eメールの)ヘッダー

head fake ヘッドフェイク [⇒株式市場で,売り(買い)の前に実行する陽動作戦としての買い(売り)]

head game 人を意のままに操ること

headhunt v ヘッドハンティングを行う, 幹部スカウトをする[を引き抜く] ► They headhunt people for very important jobs. 彼らは要職に就く人をスカウトする

headhunter n ヘッドハンター
headhunting n (幹部などの)引き抜き, ヘッドハンティング

heading n 表題, 見出し; 方向; 機首方位; (~s) (制定法の各章の)表題 ☞ The headings used in this Contract are for the purpose of reference and convenience only, and shall not limit or affect the meaning of the provisions to which they refer. 本契約に用いられる(条項の)見出しは, 単に引用と便宜を目的とするのみであり, 当該条項の意味を制限したり影響を与えたりはしないものとする

headline /hédlàin/ n, vt 見出し(を付ける); 主要項目
in the headlines 大きく報道されて
make [hit, grab] headlines 新聞の見出しになる; 世間の注目を集める ► Recently, the economic crisis has grabbed the headlines of all major newspapers. 最近, 経済危機はすべての大新聞の見出しを飾ってきた
◇**headliner** n 《米略式》(びらに大書される)立て役者

headline-grabbing[-making] a 見出しになる

headline inflation 《英》主要インフレ指標, 消費者物価指数 [⇒特に変動の激しい食品・エネルギー価格を含めての指数を指す] ► Rising oil prices push up headline inflation and raise inflation expectations. 原油価格の上昇は, 主要インフレ指標の水準を押し上げ, 予想インフレ率を上昇させる

head of family =head of household
head office 本社, 本店
head of household ❶ 世帯主 [⇒米国の国勢調査では head of household または head of family を「世帯主」の意味で使ってきたが, 1980年以降は householder に変更している] ⇒ householder ❷ (税制)世帯主 [⇒米国の個人所得税の申告ステータスの一つ. 独身者(single)の世帯主で未婚の子供などを扶養している場合] ⇒ filing status

head of state 国家元首
headquartered a 本社を構えている

headquarters /hédkwɔːrtərz/ n pl 本部, 司令部; 本社 (HQ) ► Our headquarters is [are] located in Tokyo. 当社の本社は東京です (語法) headquarters は単数で受けて Our headquarters is と言うことが多いが, are と複数で受けることもある) / We are planning to move the company's headquarters to a new building to accommodate the growing number of employees. 増え続ける従業員を収容するため新しいビルに本社を移転する計画だ / We limit the number of staff sent from headquarters and employ skilled local staff. 当社では本社から派遣するスタッフを抑えて現地で力量のあるスタッフを雇うようにしている

headset n ヘッドホン
heads-up n 《略式》(注意してもらうための)予告 ► give a heads-up on … についてあらかじめ知らせておく

head tax 人頭税 ⇒poll tax
head-to-head ad, a 直接対決で, 直接対峙して(の), 大接戦で[の] ► compete head-to-head with と互角で争う

headway n 前進; 船足; 進歩 ► make headway 進歩[前進]する

heal /hiːl/ vt (傷・病気を)治す, いやす ► How long will it take for the wound to heal? けがが治るのにどのくらいかかりますか
— vi 治る 《up, over》
◇**healer** n
◇**healing** n 治癒

health /helθ/ n 健康; (身体の)状態; (健康を祝う)乾杯
for one's health 健康のために; 《略式》(否定語を伴い)自分の利益のために, 物好きで
◇**healthful** a 健康によい; 健全な
◇**healthfulness** n

health and safety 労働衛生, 安全衛生 ► health and safety standards 労働衛生基準
Health and Safety Executive (英国の)安全衛生責任者

health authority 《英》❶ 地区保健当局 [⇒NHS(国民保健サービス)の下部機構] ❷ (~s) 厚生当局, 衛生当局 ► Health authorities are concerned about this new strain of avian flu. 厚生当局はこの新種の鳥インフルエンザを懸念している

health benefits 医療保障給付
healthcare, health care n 保健医療, 健康管理; 医療, 医療保障, 健康保障 (=health care service, medical care)
health care cost 医療費(用), 医療支出額 (=cost of health care)
health care industry 医療産業
health care plan 医療保障制度
health care service =healthcare
health care system 医療(保障)制度, 医療システム
health centre 《英・カナダ》地域グループ診療所 (=community health centre) [⇒日本の保健所に

相当する施設はpublic health centerと言う]
health certificate 健康診断書
health check =health examination
health club ヘルスクラブ
health-conscious a 健康を意識した
health cost =health care cost
health examination 健康診断, 身体検査 (=medical examination, checkup)
health food 健康食品
health insurance 医療保険, 健康保険

> [解説] 医療費用の支払いのための保険. 米国では医療保険は公的な社会保険(social insurance)と民間の営利保険(commercial insurance)と民間の非営利保険(not-for-profit insurance)の3つに区分される. 米国には国民皆保険の制度はない. 公的な健康保険としてMedicareとMedicaidがあるが, Medicareは65歳以上の高齢者が対象, Medicaidは低所得者が対象だから, 一般人は民間医療保険に加入するか無保険で自費で受診することになる. 全米で人口の3割弱が公的保険制度に加入し, 7割強は民間医療保険の加入者か無保険者である. 無保険者は全人口の約15%と言われる

health insurance association 健康保険組合
health insurance industry 医療(保険)業界
health insurance premium 健康保険料
Health Maintenance Organization 《米》健康維持機構 (HMO)

> [解説] 会員制の総合的な民間医療保障制度で, マネージドケア(managed care)を代表するもの. 保険会社が経営する医療団体が病院や医師を組織化することで比較的安価な会費で医療サービスを実現する. ネットワーク内であれば, 患者は自己負担なしで医療を受けられる. 患者の医療へのアクセスを医療機関が積極的に管理して過剰医療を防いでいる. Health Maintenance Organization Act of 1973で政府が普及を奨励した結果, 1980年代から急速に増加した. ⇨ managed care

health plan 医療保険
health resort 保養地
health risk 健康危険度, 医的リスク (=medical risk)
health service 保健サービス, 医療サービス
health spending 医療支出
health tourism 保養観光, 健康観光
health warning 健康警告, 警告表示 ► All cigarette pack carry a health warning. タバコの箱にはすべて健康警告が付されている
healthy a 健康な; 健全な; 健康に役立つ; たっぷりの ► The economy is not healthy. 今の経済は健全ではない / The company has maintained a healthy balance sheet. 同社は健全な財務体質を維持してきた / Even healthy companies are finding it hard to borrow money from banks these days. 近ごろは健全な会社でも銀行から金を借りるのは難しくなっている
Healthy Choice《商標》ヘルシー・チョイス [⇨ 米国の冷凍食品のブランド. 肉, 野菜メニューからパスタまで多様な品揃え]

hear /híər/ (**heard**) vt 聞く; 聞こえる; 耳にする, 話に聞く; (注意して)聞く; 審理する; 請願を聞く; 聞き届ける ► I'd like to hear what you have to say about this plan. この計画についてのあなたの言い分を聞かせてください
— vi 聞こえる; 消息を聞く《of》; について(詳しく)聞く《about》; (won't, wouldn'tと共に用いて) 聞き入れる《of》; 叱られる《about, of, from》
Do you hear (me)?《略式》(命令の後で)分かったか
have heard of [about] のことを聞いて(知って)いる
hear a person out 人の言うことを最後まで聞く ► Please just hear me out for a minute. ちょっと, 私の話を最後まで聞いてください
hear from から連絡がある
hear tell of《略式》をうわさに聞く
I hear (that) だそうだ
I heard that!《略式》まったく同感だ
I've heard so much about you. おうわさはかねがね伺っております
◇**hearer** n

hearing n ❶ 聴力; 聞くこと; 聴聞会, 公聴会; 公判 ► hold hearings on the abuses of LSD LSDの乱用について聴聞会を開く ❷ 審理; 訊問, 審問
give a person a (fair) hearing (人の) 言い分を(公平に)聞く
in [within] a person's hearing (人が)聞こえる所で

heart /háːrt/ n 心臓; 心; 胸の内; 愛情; 元気, 勇気; 《the ~》中心部; 核心, 真髄; (賞賛・愛情の対象としての)人; ハート形(の物) ► Inflation lies at the heart of the problem. その問題の核心にはインフレが存在する / Nonperforming loans are at the heart of the bank's problems. 銀行が抱える問題の核心には不良債権化したローンがある
at heart 心底は, 本当は
break a person's heart (人を) ひどく失望させる
by heart 暗記して
close [dear] to a person's heart =near (to) a person's heart
do a person's heart good 人を喜ばせる
find it in one's heart to do …する気になる
from (the bottom of) one's heart / from the heart 心(の底)から
have a change of heart 心変わりをする, 考えを変える
have ... at heart を心にかけている
have one's heart in one's mouth [head, throat, boots] びくびくしている
have one's heart in the right place (心底は) 思いやりがある
heart and soul 熱心に; まったく;《the ~》重要な

もの
in (good) heart 元気な, 機嫌がよい
in one's heart (of hearts) 心ひそかに
know the way to a person's heart (人を) 喜ばす術を知っている
learn by heart 暗記する
near [nearest] (to) a person's heart (人にとって) 大切な
not have the heart (…する) 勇気がない《*to do*》
one's heart bleeds 心を痛める; 同情する《*for*》
one's heart goes out to に同情する
one's heart is not in に熱意を持っていない
one's heart's desire たっての望み
open one's heart 心を開く
out of heart 元気がなく; 土地がやせて
set one's heart on を熱望する
take heart 勇気を出す, 気を取り直す
take [lay] ... to heart を心に留める; 真剣に考える
to one's heart's content 心ゆくまで, 十分に
touch a person's heart 人を感動させる
with all one's heart 心から
heartland *n* 中心地域; 中核地域, 心臓部
heat /híːt/ *n* ❶ 熱; 暑さ; 激しさ; 最高潮; 興奮; 努力;《the ~》圧力,(警察の)厳しい追及,捜査 ▶ The product has an aluminum alloy coating which is resistant to heat. その製品は耐熱性のアルミ合金でコーティングされている ❷ 光熱動力費, 光熱費
at a heat 一気に
If you can't stand the heat, get out of the kitchen. 任務に耐えられないならやめてしまえ [⇨H.S. Trumanの言葉]
put the heat on への圧力[追及]を強める
take the [some, a lot of] heat 非難される《*for, about*》
take the heat off への圧力[追及]をゆるめる
turn up the heat 温度を上げる; 圧力を強める《*on*》
— *vt* 熱する, 温める; 激させる
— *vi* 温まる; 興奮する
heat up 温まる; 温める; 厳しさ[激しさ]を増す ▶ Competition has been heating up in the cell phone market. 携帯電話市場では競争は一段と熱気をおびてきた
◇**heated** *a* 熱せられた; 怒った; 興奮した
◇**heatedly** *ad*
heat balance 熱収支 [⇨ある系(対象)について熱の出入りの収支をとること]
heat efficiency 熱効率 [⇨消費された燃料の熱エネルギーのうち, 有効に利用された割合を示すもの]
heater *n* 暖房装置, ヒーター
heat recovery 熱エネルギー回収 [⇨排熱がまだ高温である場合, 蒸気を発生させる, あるいは, 湯を沸かすといった方法でエネルギーを有効活用すること]
heat seeker ヒートシーカー, 新しいもの好き, 新製品マニア [⇨熱検追尾ミサイル(heat seeker)のごとく, 新型モデルが出るとすぐに飛びつくタイプの消費者]

heaven /hévən/ *n* 天国, 極楽;《通例 ~s》天, 空;《H-》神; 大変な幸せ
heaven knows 誰も知らない; 本当に
in heaven's name 一体全体
move heaven and earth 全力を尽くす
heavily /hévili/ *ad* 大いに, ひどく; 重々しく ▶ rely heavily on に大幅に依存する / The bank was heavily invested in securities related to subprime loans. その銀行はサブプライムローン関連の証券に大々的に投資していた / He is heavily in debt. 彼はひどく借金をしている
heavily indebted poor country 重債務貧困国 (HIPC) [⇨返済可能性の低い多大な累積債務を抱えているため, 貧困に苦しんでいる国]
heavy /hévi/ *a* 重い; 多量の; 大規模の; 大量に使う《*on*》; 強い; 激しい; 厳しい; 重大な; 深い; 耐え難い;(スケジュールなどが)きつい;(坂が)急な;《米略式》骨の折れる, 骨材料を生産する;《米略式》深刻な;《米略式》素晴らしい,(原油が)比重が重い, 重質の (⇨heavy crude) ▶ a heavy schedule ぎっしり詰まったスケジュール / a heavy user ヘビーユーザー / The stock market has taken a heavy beating from the recession. 株式市場は景気後退によって大打撃を受けてきた / He suffered a heavy loss on his real estate investments. 彼は不動産投資で多額の損失をこうむった
heavy into《略式》にはまって, のめり込んで
heavy on をどっさり使う; に厳しい; にもたれる
lie [hang, sit, weigh] heavy on にのしかかる, を悩ます
play the heavy father ひどく叱る
— *n* 大波;《略式》大物; 悪漢; 重要人物; 用心棒, ボディーガード ▶ He now moves among the heavies of the industry. 彼は今では業界の重鎮の一人として活躍している
◇**heaviness** *n*
heavy crude ヘビー原油, 重質原油 (⇔light crude) [⇨比重の重い原油] ⇨ crude oil
heavy-duty *a* 頑丈な, 強力な
heavy-duty truck 大型トラック
heavy engineering 重工業
heavy equipment 重機, 重機器
heavy goods vehicle 重量物運搬車
heavy haulage 重量物運送(業)
heavy hitter 重要人物, 重鎮
heavy industry 重工業
heavy machinery 重機, 重機器
heavy metal capture 重金属補集 [⇨焼却灰中に含まれる有害な重金属類の溶出防止をはかるために行う補集のこと. 補集剤には, キレート剤, イオン交換樹脂, 活性炭などがある]
heavy oil ヘビーオイル [⇨超重質で硫黄分が高く流動性のできない石油. 生産性は低いが坑井で汲み上げることができる. ベネズエラのオリノコタールに代表される] ⇨ unconventional oil resources
heavy share 値がさ株 [⇨相対的に株価水準が高い銘柄]
heavy trading (株式などの)大商(おおあきない)
heavyweight *a, n* 並み以上の重さの(人);

(略式)有力者, 勢力者; 有力会社

hectare /héktɛər, -tɑːr/ n ヘクタール[⇒記号: ha; =100 ares = 10,000m²(100m×100m). 東京ドームは約4.6ヘクタール]

hectic /héktik/ a (略式)興奮した; てんてこ舞いの; 消耗性の ► hectic trading 活発な取引

hecto- /héktou, -tə/「100」

hedge /hedʒ/ n ❶生け垣, 垣根; 障壁; 両賭け; (損失)防止策, 防御手段; 言質を取られないあいまいな発言

❷ヘッジ, つなぎ売買, 保険つなぎ

> **解説** 取引や投資のリスクを相殺または減少させるために行う操作. たとえば, チョコレート製造会社はココアの先物を買って原料の将来の値上がりに対してヘッジする. 日本の輸出業者はドルを為替予約して円安に対してヘッジする. 株を空売りした投機業者は同時に同じ銘柄のコールオプションを買って将来の値上がりに対してヘッジする. 完全なヘッジを行うと, 損失の可能性はなくなるが, 利益の可能性もなくなる. ⇒hedge against inflation

► a risk hedge リスクヘッジ / a futures hedge 先物ヘッジ / a hedge against fluctuations in the exchange rate 為替変動リスクに対するヘッジ / Investors previously bought crude as an inflation hedge. 投資家は以前はインフレヘッジとして原油を買った / Crude futures are used as a hedge against the weakening dollar. 原油の先物はドル安に対するヘッジとして使用されている

be on the hedge 形勢を見る
make a hedge 両方に賭ける; 両天秤に掛ける
— vt ❶生け垣で囲う; 束縛する; 囲んで守る; 両方に賭ける ► hedge one's bets 両賭けして丸損を防ぐ ❷〖金融〗ヘッジする, (投機などを)掛けつないで丸損を防ぐ ► hedge interest rate risk 金利リスクをヘッジする / Forward exchange contracts can be used to hedge currency exposure. 先物為替予約は通貨リスクのヘッジに使える
— vi 逃げ道を作っておく, 言葉を濁す; 両方に賭ける

be hedged about [*around, in*] *with* で束縛される

hedge against 両賭けして(損失を)防ぐ; に対してヘッジする ► hedge against market and currency risk 市場リスクならびに為替変動リスクをヘッジする / hedge against fluctuations in the exchange rate 為替レートの変動をヘッジする / The airline's costs soared as it had not hedged against the rising oil prices. 石油価格の上昇に対してヘッジしなかったので, その航空会社のコストは急騰した

hedge accounting ヘッジ会計[⇒ヘッジ取引(ヘッジ手段)から生ずる損益とヘッジ対象物から生ずる損益を同一の会計期間に認識し, 両者を相殺する会計処理]

hedge against inflation インフレヘッジ[⇒インフレ時の値上がり率が一般の物価上昇率より大きいと考えられている金や不動産を買って将来のインフレに対してヘッジすること] ► Many investors have switched to commodities to hedge against inflation. 多くの投資家はインフレに対するヘッジを商品相場に切り換えた

hedge fund ヘッジファンド ► Returns on hedge funds have dropped to 12%. ヘッジファンド業界の収益率は12％に下落した

> **解説** 資金の出し手を機関投資家と富裕層に限定した米国の私募投資信託. 株式, 債券, 為替など各種の変動商品を対象とするハイリスク・ハイリターンの投資機関として国際金融市場に大きな影響力を持つ. 出資者を100人以下の適格投資家(accredited investor)に限定することで証券取引委員会(SEC)への登録義務や情報開示規制を免れている. 公募の投資ファンドでは空売りやレバレッジが禁止されているが, 私募のヘッジファンドは, あらゆる投資手法を自由に駆使して, 絶対リターン(absolute return)を追求する. 米国のヘッジファンドはリミテッド・パートナーシップの形態をとる. 主宰者はジェネラル・パートナーとして運用の全責任を負う. 手数料として年1~2％を徴収するほか, 目標を超える運用利益が出た場合には, 20％程度の成功報酬を得る. 出資者はリミテッド・パートナーとして利益の分配を受けるが, 運用には関与しない. 出資の最低額は25万~100万ドルと言われる. ヘッジファンドの投資スタイル(investing style)には, 世界の通貨・金利の方向性に賭けるグローバル・マクロ(global macro)型, 割安株を買い割高株を空売りするマーケット・ニュートラル(market neutral)型, 債券などの価格の歪みが収斂する過程に賭けるレラティブ・バリュー・アービトラージ(relative value arbitrage)型, 新興諸国の経済成長に期待するエマージング市場(emerging markets)型, 倒産寸前の企業の債務を安く買い取るディストレスト債務(distressed debt)型, 経営破綻や企業合併などイベントの成否に賭けるイベント・ドリブン(event driven)型などがある

hedge ratio ヘッジ・レシオ[⇒(1)ヘッジをかけたい現物資産との関係でどれだけ先物を売り, または買うかの割合. (2)オプション取引では, 原資産価格が1ポイント動いたときのオプション価格の理論上の変化率であるデルタのこと. 原資産価格が100上昇するとオプション価格が50上がるならデルタは0.5である]

hedge transaction ヘッジ取引; 保険つなぎ取引

hedging /hédʒiŋ/ n ヘッジング[⇒ヘッジすること] ⇒hedge ► long [short] hedging 買い[売り]つなぎ

hedging instrument ヘッジのための金融商品

heel¹ /hiːl/ n かかと; (~s)ハイヒール
at [*on, upon*] *a person's heels* (人の)すぐ後について
bring ... to heel を支配する ► The antitrust ruling against the software giant brought

it to heel. その巨大なソフトウェア会社にとって不利となる独占禁止法の裁定は同社を屈服させた
come on the heels of に続いてすぐやってくる
dig one's heels in 頑として譲らない
follow hard on the heels of のすぐ後に起こる
hard [hot] on the heels of ... [on a person's heels] のすぐ後に続いて
have [get] the heels of を追い越す, に勝つ
head over heels まっ逆さまに; すっかり
tread on a person's heels 人のすぐ後について行く
under [beneath] a person's heel (人の)支配下に
— *v* のすぐ後について行く
◇**heeled** *a* かかとのついた; 《略式》金のある
heel² *v* (船などが)傾く(*over*); 傾かせる
— *n* 傾斜

heft /héft/ *n* 《米》重量; 重要性; 影響力
— *vt* 手で重さを量る; 持ち上げる

hefty /héfti/ *a* 重い, 頑丈な; 大きな; 重要な, 高額な, 多額の ▶ The financial crisis has brought into question the hefty salaries and bonuses of bank executives. 金融危機のために銀行経営幹部の高額の給与と賞与が問題にされるようになった

Hefty 《商標》ヘフティ[⇨米国のごみ袋のブランド. プラスチック製の台所用, 大型ごみ箱用の他に, チャック付の食料保存用の袋などを提供]

height /hait/ *n* 高さ, 高度; 身長; 《しばしば ~s》高地, 高台; 絶頂, まっ最中
at its height / at the height of のたけなわで ▶ The trains are crowded with commuters at the height of rush hour. 電車はラッシュアワーのピークには通勤客で満員だ

heighten *v* 高くする[なる]; 増す ▶ The recent slide in the stock market has heightened fears of a recession. 株式市場の最近の下落は景気後退の恐怖を高めた

Heineken ❶《商標》ハイネケン[⇨ハイネケン社の製造するビール] ❷ (~ N.V.) ハイネケン(社) [⇨オランダのビール会社. 創業1864年. 1906年持株会社に改組. 68年Amstelと合併. 72年現社名となる]

Heinz 《商標》ハインツ[⇨缶詰め, 瓶詰めの食料品を製造, 販売している米国の大手食品メーカー. ケチャップが特に有名. 標語は57 varieties(缶詰スープの57種類. 一般に「多種類」の意味で用いる)]

heir /éər/ *n* 相続人(*to*); 継承者, 後継者 ❷ 【法律】法定相続人(⇔ancestor) [⇨制定法の規定によって被相続人(ancestor)の遺産(estate)を承継する相続人. 厳密な用法としては, 被相続人が遺言書(will)を残さずに死亡した場合に制定法が遺産の相続人として指定する人を意味する. 被相続人が生きている間は法定相続人(heir)は存在しないので, それを補うために法定推定相続人(heir apparent)や法定推定相続人(heir presumptive)などの言葉ができた] ▶ be (an) heir to a great estate 莫大な遺産を相続する

heir apparent ❶ 法定推定相続人[⇨被相続人(ancestor)の遺言(will)で除外されない限り, 被相続人より長生きすれば確実に法定相続人(heir)になる人] ⇨heir presumptive ❷ 後継者[⇨社長などの地位の跡を継ぐ最有力候補]

heirloom *n* 世襲財産; 法定相続動産 [⇨動産で, 相続不動産と共に法定相続人に帰するもの. 先祖の肖像画, 家宝など]

heir presumptive 推定相続人 [⇨被相続人(ancestor)が死亡する前に先順位の人が生まれない限り確実に法定相続人(heir)になる人] ⇨heir apparent

held-to-maturity securities 満期保有証券

helicopter /hélikàptər/ *n* ヘリコプター
Helicopter Ben ヘリコプター・ベン[⇨FRB議長Ben Bernankeのニックネーム. 議長就任前の2002年の講演で, バーナンキはMilton Friedmanのヘリコプターマネー理論を用いてデフレ時の金融政策を論じた] ⇨helicopter money

helicopter money ヘリコプターマネー[⇨名目金利がゼロに近い状況で中央銀行がデフレと闘うにはヘリコプターからドル札を撒くのがよいと米国の経済学者Milton Friedmanが主張したことから]

helicopter view 鳥瞰図
heliport *n* ヘリコプター発着場
hell /hel/ *n* 地獄; 修羅場
a [the, one] hell of a ... 《略式》非常に悪い[よい]…; ものすごく…
all hell breaks loose てんやわんやの大騒ぎになる
... as hell 猛烈に…
be hell for (時間などに)厳格である
be hell on 《略式》につらく当たる; 損害を与える
come hell or high water 何があっても
for the hell of it 《略式》何の理由もなく; 面白半分に
from hell 最悪の
get hell 《略式》ひどく叱られる[罰せられる]
get the hell out (を)急いで出て行く(*of*)
give a person hell / make a person's life hell (人を)ひどい目にあわす
go to hell in a handbasket みるみるだめになる
hell and high water 大変な苦労
hell for leather 猛スピードで
hell on earth この世の地獄, 修羅場
hell on wheels 《略式》手に負えない[ひどい]やつ[もの]
hell to pay 《略式》面倒, 大事
play hell with 《略式》をめちゃめちゃにする; 《英略式》をひどく叱る
raise hell 大騒ぎする
There'll be hell to pay. 後で高いツケが回ってくる

hello /helóu, ´-/ *int* やあ; もしもし; おや
Say hello to ... (***for me***). …によろしく
helm /helm/ *n* (船の)舵; 指導的地位; 支配
be at [take (over)] the helm of の舵を取っている[取る]; (組織の) 長である[となる], 実権を握っている[握る] ▶ Sato will also take the helm of the company as president and CEO. 佐藤はまた同社の社長兼CEOとして指揮を取る / When he took the helm, the compa-

ny was in a dismal state. 彼が社長になったときには, 同社は惨澹たる状況にあった / He will take the helm of the company when his father steps down. 父親が辞任したときに, 彼は同社の全権を握ることになろう
— *vt* (船の) 舵を取る; 指揮する

HELOC home equity line of credit

help /help/ *vt* 手伝う, 手助けする 《*to do, do, with*》; 助ける, 救う; 促進する ► Joy helps May with her work. ジョイはメイの仕事を手伝う / This software will help you organize your sales data. このソフトは貴社の売上データの整理に役立つだろう / Spending on public works will help create new jobs. 公共事業への支出は新しい仕事の創出に役立つだろう
— *vi* 助ける, 手伝う; 役立つ
Can [May] I help you? (店員が客に) いらっしゃいませ; 何にいたしましょうか
can't help doing / can't help but do …しないではいられない, しないわけにはいかない ► I can't help but feel sorry for him. 彼を気の毒に思わずにいられない
help a person through (人を) 助けて…を切り抜けさせる
help oneself 自分でやる; 自力で活路を開く
help out (困ったときに) 手伝う; 助ける
I can't help it. / It can't be helped. それはどうしようもない
not more than one can help どうしようもない, 以上には [避けられる限り] …しない
— *n* 援助, 手伝い; 助け (になる人 [もの]); (米) 家政婦; 従業員; 救済手段, 逃げ道; (PC) ヘルプメニュー ► a big [great] help 大いに役立つもの / Help Wanted. (求人広告) 従業員募集 / The help are demanding higher wages. 労働者が賃金の値上げを要求している / We need to hire some help for the holiday season. 当社はホリデーシーズンに若干の従業員を雇う必要がある / The company sought financial help from the government. その会社は政府の資金援助を要請した ⌧ Your help is very much appreciated. あなたのご助力に深謝します
be of help 役に立つ
enlist the help of の援助を取りつける
There's no help for it. どうしようもない
with the help of の助けを借りて

help desk ヘルプデスク [⇒コンピュータに関する問い合わせ窓口]

helper *n* ❶ 助ける人 [もの] ❷ (米) ホーム・ヘルパー, お手伝い

helpful *a* 助けになる; 役立つ《*to*》 ► I hope you find this information helpful. この情報がお役に立つことを願っています
◇**helpfully** *ad*

helpline *n* (英) 電話相談サービス; 電話情報提供サービス

help menu ヘルプメニュー [⇒パソコン上に表示される操作案内の一覧]

help wanted (ad) 求人 (広告)

hemline *n* (衣服の) すそ線

hemline theory ヘムライン理論 [⇒女性のスカートの長さに合わせて株価が動くという説. 短いスカートが流行した1920年代と1960年代は株価が上昇し, 長いスカートが流行した1930年代から1940年代は株価が下落したことから, この考えが生まれた. まともに信じている人はいないが, 奇抜な着想で有名になった]

hemorrhage /hémərɪdʒ/ *n* 出血, (資産・人員などの) 大量流出, 激減
— *v* 出血する (=bleed), 巨額の資産を失う ► That company is hemorrhaging red ink. あの会社は大赤字を出している

Henkel 《~ KGaA》ヘンケル [⇒ドイツの国際的な家庭用品, 健康用品メーカー. 1876年設立. 洗浄剤, 化粧品やトイレタリー製品などを扱う. 近年化学部門を売却し, 上記部門に集中している]

Hennessy (商標) ヘネシー [⇒Hennessy 社製造のフランスのコニャック]

Herculean /hɚːrkjəlíːən/ *a* ヘラクレス (Hercules)のような; 大力を要する; 非常に困難な (✢ギリシア神話の大力無双の英雄ヘラクレスにちなむ) ► They made Herculean efforts. 彼らはたいへんな努力をした / This is a Herculean task. これは巨人でもなければできない仕事だ

herd /həːrd/ *n* (動物の) 群れ; 集団, 群衆; (the ~) 民衆
join [follow] the herd 群れに従う ⇨ herd psychology
— *vi* 群がる《*with, together*》
— *vt* (人・家畜を) 集める

herd behavior 群集行動 ⇨ herd psychology

herd [herding] instinct 群本能 ⇨ herd psychology

herd mentality 群集心理 ⇨ herd psychology

herd psychology 群集心理 [⇒通俗心理学の用語で, 株式市場の投機バブルを論じる場合などに用いる] ► Herd psychology often drives investors to buy and sell stocks. 群集心理は投資家を駆り立てて株を買ったり売ったりさせる

here /hɪər/ *ad* ここに [へ, で]; この点で; この時; (注意を向けさせて) ほら; (点呼の答) はい
► I'm afraid he doesn't work **here** any more. 彼の方はもうここでは働いていません / We're **here** to discuss last month's sales results. われわれは先月の売上実績を検討するためにここに集まっている / **Here** are some things we can do to boost our sales. 当社の売上を増やすために実行可能なことが, ここにいくつかあります

(成句) ***be neither here nor there*** 無関係である; 的外れである ***here and now*** 今この場で; (the ~ and now) 今この場, この世 ***here and there*** あちこちで [へ] ***Here goes (nothing)!*** だめでもともとだ, 当たって砕けろだ ***here, there, and everywhere*** 《略式》至る所に ***Here you are. / Here it is.*** (手渡して) さあどうぞ
— *n* ここ; この世

hereafter *ad* 今後, 以下, 以後本契約中で (=after this) (✢契約書などの法律文書で多用

される言葉で，hereinafter とほぼ同義) ► This agreement is between John Smith (hereafter referred to as "Author") and Shogakukan Inc. (hereafter referred to as "Publisher"). 本契約はジョン・スミス(以下「著者」と言う)と株式会社小学館(以下「出版社」と言う)の間で締結される

hereby *ad* ここに，これによって，この書面をもって (=by this document, by these very words) [○契約書など法律文書で多用されるが，実質的な意味よりも，文章に重々しい調子を与えるために使用される場合が多い] ► Seller hereby gives exclusive sales rights to Buyer for the following products. 売手は本契約をもって買手に下記製品の独占販売権を与える / I hereby certify that the above information is accurate. 私はこの書面をもって上記の情報が正確であることを証明します

hereditament /hèrədítəmənt/ *n* 法定相続産; 相続財産

herein *ad* ここに, この書面に, 本契約上 (=in this document) [○契約書などの法律文書で多用される] ► For the reasons stated herein, we reverse the judgment of the district court. ここに記載されている理由によって, 当法廷は地区裁判所の判決を破棄する / This warranty is limited to the terms stated herein. この保証は本契約に記載されている条件に限定される

hereinafter *ad* 以後, 以下, 以後本契約中で (=later in this document) [○契約書などの法律文書で多用される言葉で, hereafter とほぼ同義] ► This agreement is between John Smith (hereinafter referred to as "Author") and Shogakukan Inc. (hereinafter referred to as "Publisher"). 本契約はジョン・スミス(以下「著者」と言う)と株式会社小学館(以下「出版社」と言う)の間で締結される

hereof *ad* この文書の, この条項の, 本契約書の (=of this document, of this provision) [○契約書などの法律文書で多用される] ► Responsibility for repairs specified in the subsequent paragraph shall be borne by Seller. 次項に規定されている修理の責任は売手が負うものとする

hereto *ad* ここに, この文書に (=to this document) [○契約書などの法律文書で多用される] ► Each of the parties hereto may terminate the agreement in writing with 30 days notice. 本契約の各当事者は文書によって30日の予告で契約を解除することができる / The following exhibits are attached hereto. 下記の証拠書類は本契約書に添付される

heretofore *ad* 今までに (=up to now) [○契約書など法律文書で多用される] ► This agreement shall replace any agreements heretofore that the parties have entered into. この契約書は当事者間で今までに締結したすべての契約書に取って代わるものとする

hereunder *ad* この文書に, 本契約書に (=under this document) [○契約書などの法律文書で多用される] ► Seller is obliged to render the services hereunder. 売手は下記のサービスを提供する義務があるものとする

hereunto *ad* =hereto

hereupon *ad* ここにおいて; これに続いて

herewith *ad* ここに, この文書に, 本契約書とともに, 同封して (=with this document, in this document) [○契約書などの法律文書で多用される] ► We herewith confirm that the above person was employed at our company for three years. 当社は本書面をもって上記人物が当社に3年間雇用されていたことを確認する / Enclosed herewith please find my résumé for your perusal. 私の履歴書を同封しますので, ご検討をお願いします

heritable /hérɪtəbl/ *a* 相続できる; 遺伝性の

heritage /hérɪtɪdʒ/ *n* 世襲財産; 遺産; 系譜; 生来の権利 ► world heritage 世界遺産 / carefully tended landscapes steeped in cultural heritage 文化遺産を継承している手入れの行き届いた景観

heritage conservation 遺産保全

heritage industry 文化遺産関連の産業

hero /híərou/ *n* (**~es**) 英雄; 主人公

Hershey's 《The ~ Co.》ハーシーズ [○米国のチョコレートやキャンディのメーカー]

Hertz Global Holdings 《~, Inc.》ハーツ・グローバル・ホールディングス [○米国のレンタカー会社. 自動車のほか重機械なども貸し出す. Carlyle Group, Merrill Lynch などの投資会社が過半数の株式を保有]

hesitate /hézətèɪt/ *vi* ためらう《to do》; 口ごもる

Don't hesitate to do 遠慮なく…してください ► Don't hesitate to contact us if you have any questions. 質問があれば, 遠慮なくご連絡ください

hesitation *n* ためらい ► have no hesitation about [in doing] について[するのに]ためらわない

heuristics /hjʊərístɪks/ *n* ヒューリスティックス [○経験に基づいて問題解決への近道を直感的に見い出すアプローチ]

Hewlett-Packard 《~ Co.》ヒューレット・パッカード (HP) [○米国のコンピュータ製品メーカー. サーバー, ワークステーション, プリンタ, スキャナなどを扱う. 1939年設立. 2002年 Compaq Computer と合併. 08年5月企業向けサービス大手の EDS を140億ドルで買収]

HGV 《英》heavy goods vehicle 大型運搬車[トラック]

hi[1] /haɪ/ *int* 《米略式》やあ, こんにちは

Say hi to a person for me. (人に)よろしく伝えてください

hi[2], **hi-** high の略式綴り

hidden /hídn/ *v* hide[1]の過去分詞

— *a* 隠れた; 不可解な; 《金融》含みの ► a hidden meaning 隠された意味 / hidden hostility 秘められた敵意

hidden agenda 隠された意図

hidden liability 簿外負債 [○会計帳簿に本

来負債として計上されるべき項目であるが，重要性が乏しいので計上されない負債項目]

hidden profits 含み利益

hidden reserves 《英》=hidden values

hidden unemployed 《英》=hidden unemployment

hidden unemployment 隠れた失業，潜在失業 [⇨実際には失業していないのに統計上失業率として表れていない部分]

hidden values 含み資産 [⇨企業の資産の簿価と時価との差額のように，数字として表に出ておらず，したがって株価にも反映されていない価値．hidden reservesとも言う]

hide¹ /háid/ v (hid; hidden, hid) 隠す; 隠れる (*from, out, away*) ▶ Money laundering means hiding the illegal origin of money. 資金洗浄はお金の不正な出所を隠すことである

have nothing to hide 隠すことはない; 潔白である

hide oneself 隠れる

hide² n 皮革; 《略式》(人の) 皮膚

have the hide of a rhinoceros [rhino] つらの皮が厚い，神経がずぶとい ▶ You need to have the hide of a rhinoceros to be an investigative reporter. 調査報道のレポーターになるには神経がずぶといことが必要だ

hierarchic(al) /hàiərá:rkik(əl)/ a 階層的な ▶ hierarchical authority 階層的権限 / a hierarchical database 階層型データベース / a hierarchical menu 階層メニュー [⇨サブメニューを設けたメニュー]

hierarchically ad 階層組織的に

hierarchy /háiərà:rki/ n （ピラミッド型の）階層制，ヒエラルキー；（組織の）支配層；序列 ▶ They have to consult their managers further up in the hierarchy. 彼らはさらに上の方の幹部に相談しなければならない / It didn't take him long to climb up the corporate hierarchy. 彼が会社の出世階段を上がるのに大した時間はかからなかった

hierarchy of needs 欲求階層説 [⇨人間の欲求は一番レベルの低い生理的欲求に始まり，一つが満たされるとそのレベルの上へと進みながら，最後は自己実現の要求に至ると説く]

HIFO highest-in, first-out method 最高価格払出法，最高価格先出法

higgle /hígl/ vi 値切る ⇨haggle

high /hái/ a 高い; 高さが…の; 高価な; 高級の, 上等な; 重要な; 重大な; 元気のよい; 極端な, 過激な; （酒・麻薬などで）酔って ▶ high inflation 高インフレ / the highest common factor 最大公約数 / high farming 集約農業 / be high on the agenda 優先課題である / East Asian countries have a high savings rate. 東アジアの諸国は貯蓄率が高い / Inflation reached its highest level. インフレは最高段階に達した / Unemployment has stayed at its highest. 失業率は最悪の状態にとどまっている / Amid high unemployment, consumers are retrenching. 高失業率の最中にあって，消費者は節約一辺倒だ

a high old time 非常に楽しいひととき

have friends in high places 有力者のコネがある

high and dry 行き詰まって，とても困って

high and low すべての階級の(人たち)

high and mighty ごう慢な

high on 《略式》でいい気分になって; に夢中で

high, wide, and handsome 堂々と(した), 悠々と(した)

on one's high horse 横柄な態度で

put into a high gear 本腰を入れて取り組む

— *ad* 高く; ぜいたくに; 大いに, 強く

high and low あらゆる所を[に, で]

play high 大ばくちを打つ

— *n* (自動車の) 高速ギア; 高い所; 高値;（~s）高値銘柄; 最高記録 ▶ touch a high 高値をつける / high and low 高値・安値 / Gasoline prices hit an all-time high at over $4.20 a gallon yesterday. ガソリン価格は昨日1ガロン当たり4ドル20セントを超えて史上最高値を記録した / The euro hit an all-time high of $1.5237 at one point Friday in Tokyo. ユーロは東京で金曜日に1.5237ドルという空前の高値をつけた / The euro traded at an all-time high versus the dollar. ユーロはドルに対して空前の高値で取引された / Oil prices have dropped 50%, since reaching a high of $145 a barrel last July. 石油価格は昨年7月に到達した1バレル当たり145ドルの高値から50%下落した

from on high 天から; 上司から(の)

===■最高値■===

historic high 史上最高値 / intraday high 日中の取引での最高値 / record high 史上最高値，過去最高水準 / session high 前場での最高値; 後場での最高値

---

high achiever ハイアチーバー, 勝ち組 [⇨水準以上のレベルに到達した者を言うが, 主として努力型の人を指す]

high caloric waste 高カロリーごみ [⇨プラスチック, ビニール, 発泡スチロール類や紙類を多く含み, かつ水分の少ないごみ]

high commission 高等弁務官事務所

high commissioner 高等弁務官 [⇨国連における国連事務次長クラスのポスト. 総会の指名に基づき, 事務総長が任命する]

high-concept n ハイコンセプト [⇨簡明な表現による, 強い共感を呼ぶメッセージ, 概念]

high-cost a 高コストの

high coupon 高クーポン [⇨債券の表面利率（額面金額に対する年当たり利息）が高いものを言う]

high-coupon bond 高クーポン債 [⇨クーポン(=利息)が高めの債券]

high court 《米》ハイコート [⇨州の最高裁判所の俗称. 連邦の最高裁判所を言うこともある]

High Court 《英》高等法院 [⇨イギリス(イングランド, ウェールズ)において一般管轄権を有する第一審裁判所で, わが国の地方裁判所に相当する]; 《スコット》刑事上級裁判所

high-definition television 高品位[高精

high end 高級品小売(販売), 高額商品の小売販売

high-end a (製品が)高級な, 高機能の ▶ High-end customers are very conscious of brands. 最上級の顧客はブランドを強く意識している

high-end market 高級品市場, 高価格帯市場

high-end product ハイエンド製品 [⇨同種製品に比べて高価格, 高機能の製品]

higher-cost a =high-cost

higher end 高価格帯 ▶ The housing market is driven by properties in the higher end. 住宅市場の牽引役となっているのは高価格帯の物件だ

higher income 高所得の

higher inflation インフレ(率)上昇 ▶ U.S. economic growth is so rapid that it poses a risk of higher inflation. 米景気の拡大ピッチがあまりに速過ぎるため, インフレ加速の危険がある

higher interest rate 高金利

higher margin market 高付加価値品市場

higher-than-average a 平均以上の ▶ shares with a higher-than-average PE ratio 平均を上回る株式収益率を持つ株 / We expect the company to have higher-than-average profits growth in the future. その会社が将来平均を上回る収益上の成長をすることを期待する

higher-up n 《通例 ~s》《略式》上役, お偉方

highest and best use (不動産で)最高最善の使用, 最有効使用 ▶ estimate highest and best use 最有効使用が何であるかを判定する

highest-in, first-out method 最高価格払出法, 最高価格先出法 (HIFO)

high fashion 最新のファッション

high fidelity 高忠実度, ハイファイ

high finance 巨大で複雑な金融取引, 高度金融技術を用いた取引

highflyer n 空高く飛ぶ人[もの]; 野心家; 注目株

high-flying a 野心的な; 高騰する

high-grade a 高級な; (債券)リスクが低い, AAAやAAランクの ▶ The company invested in high-grade corporate bonds. その会社は高格付の事業債に投資した

high-growth a 高成長の, 急成長の

high-impact a インパクトのある

high-income a 高所得の

high-involvement product 高関与製品 [⇨日用品のような低関与製品との対比で, 情報を集め, 多角的な評価を経てから購入の意思が固まるのが一般である製品や商品]

high-level a 上層部の人々による; 地位の高い

high-level language [ラ ̄ング] 高級[高水準]言語 [⇨COBOL, FORTRANなど]

high-level management トップマネジメント, 経営トップ

highlight vt, n 強調する; もっとも興味ある部分; 呼び物, ハイライト; (画面上の文字列を)ハイライトする; (写真・版画に)ハイライトを与える

high-low index (株価の)高低指標

highly /háili/ ad 大いに; 高価で; 高貴に ▶ highly confidential 極秘 ✉ Your help is highly appreciated. ご助力に心から感謝いたします / Any suggestion is highly appreciated. 《メッセージ》ご意見を頂ければ幸甚に存じます

highly geared 《英》 =highly leveraged

highly leveraged 《米》 ❶ 負債比が高い, レバレッジが高い ▶ highly leveraged capital structure 負債比の高い資本構成 ❷ 実投資額を大きく上回る資金を動かせる投資をしている (=《英》highly geared)

high-margin a 粗利(あらり)が大きい, 収益率がいい

high-mileage a (一定の燃料による)走行距離の長い

high net worth individual 資産家 (HNWI) [⇨プライベートバンキング業界の用語. 米国では少なくとも100万ドルの投資可能な資産を所有する個人を言う. 資産家の数は世界で950万人と言われる]

high-octane a (ガソリンが)高オクタン価の

high-paid a 高給取りの

high-performance a 高性能の

high-performing a (業績などが)並外れてよい

high-powered a ❶ 精力的な; 性能の優れた; 権限のある ❷ [金融] 高馬力の, 強力な

high-powered money ハイ・パワード・マネー [⇨流通現金と民間金融機関が中央銀行に預けている準備金を合計したもので, その何倍かのマネーサプライを創造する]

high-pressure a, vt 高圧の; 高圧的な, 強要する

high-profile a 人の注目を浴びる ▶ There has been a string of high-profile corporate collapses. 世間の目を集めるような大型企業破綻が何件もあった

high-quality a 高級な ▶ a high-quality product 高級製品

high-ranking a 高い階級の; 高級の

high-rate a 利率の高い, 高利率の (=high-interest-rate) ▶ Don't use high-rate credit cards. 高くつくクレジットカードを使うな / If you have savings, pay off your high-rate debt. 貯金があれば高率の借金を完済しなさい

high-resolution a 高解像度の

high-rise a, n 高層建築物(の)

highroad n 《英》主要道路, 本街道; (道徳的に)正しい道 ▶ take the highroad 正しい道を歩む

high roller ぜいたくな暮らしをする人; 無謀な賭けをする人

high-rolling a 高騰する; 裕福な; 大きく賭ける

high sea 《通例 the ~s》公海 [⇨各国の主権が及ばず, 各国が自由に使用・航行できる海洋]; 《通例

high season 最盛期, 書き入れ時 ► Airfares during high season are outrageous. 行楽シーズンの航空運賃は法外に高い

high-speed *a* 高速の

high street 《英》目抜き通り, 大通り ► high street shopping 中心市街地での買物 / a high street bank 大手銀行

high-tech /hái-ték/ *a* ハイテクの, 高度[先端]技術の(+hi-techとも綴る) ► The company manufactures high-tech communications equipment. その会社はハイテク通信機器を製造している

high-tech corridor ハイテク回廊[◆先端技術産業の集積が見られる帯状に連続した都市群]

high-tech industry =high-technology industry

high technology 高度[先端]技術

high-technology industry ハイテク産業

high-tech product ハイテク製品

high tide 満潮(時); 最高潮

high time …すべき時, 潮時;《略式》楽しい時 ► It's high time he arrived. 彼はもう着いているはずだ

high touch ハイタッチ[◆無機質なハイテクとの対比で, 人間的なふれ合いを指す]

high tracking error 高めのトラッキングエラー[◆目安とされるベンチマークと比較して資産の運用成績のばらつきが大きいことを指す]

high-up *a, n* 《英》身分の高い(人), 上司
⇨ higher-up

high volume 大容量, 大量

high-volume business 大量の商品が動く事業[◆たとえば, 量販店のビジネスなど]

high-water mark 最高水位線; 最高水準 ► The company's sales reached a high-water mark of $6.5 million. その会社の売上高は650万ドルの最高水準に達した

highway *n* 公道; 主要道路; 常道

highway robbery ぼったくり

high-yield *a* 高利回りの ► They look for high-yield shares. 彼らは高利回りの株をさがしている

high-yield bond 高利回り債, ハイ・イールド債[◆ジャンク債の別名]⇨ junk bond

high-yielder *n* ハイリターンの投資, 運用商品

high-yield fund 高利回り債ファンド[◆俗にジャンク債と呼ばれるハイリスク・ハイリターン型の債券で運用するファンド]

high-yielding *a* 高利回りの

high-yield market 高利回り債市場, ジャンク債市場

hijack /háidʒæk/ *vt, n* 強奪する; 乗っ取る, ハイジャック(する)

hike /haik/ *v* ハイキングする;《米略式》(賃金・価格・衣服を)急に引き上げる(*up*)

— *n* 《米》(物価・給料などの)引上げ ► a rate hike 利上げ / Many economists believe that interest rate hikes are in the cards. 多くのエコノミストは金利の引上げがありそうだと考えている

hill /hil/ *n* 小山, 丘; 坂

over the hill 最盛期を過ぎた

up hill and down dale 至る所に

Hilton ヒルトン[◆米国のホテルチェーン. Hiltonの他, Waldorf Astoria, Conrad, Double Tree, Embassy Suites, Hamptonなどを運営している. 日本でも2017年までに50のホテルを運営すると発表]

hinge /hindʒ/ *n* ❶ ちょうつがい; かなめ ❷【統計】ヒンジ[◆データの分布の様子を集約的に表す指標の一つ]► a hinge spread ヒンジ散布度

off the hinges 調子が狂って

— *v* ちょうつがいで動く[を取り付ける]; …次第である(*on*) ► The survival of America's automakers hinges on the injection of government funding. 米国の自動車メーカーの存続は政府資金の注入にかかっている / The success of the merger hinges on tomorrow's round of talks. 合併の成功は明日の会談にかかっている

hint /hint/ *n* 暗示する;《しばしば ~s》心得

drop [give] a hint ほのめかす(*about*) ► The company has not given any hint of job cuts. 同社は人員削減の気配をまったく見せなかった

take a hint それとなく分かる

— *vt* 暗示する, それとなく言う

— *vi* ほのめかす(*at*)

hinterland /híntərlænd/ *n* ❶ 内陸地域; 地方 ❷ 後背地[◆haiardや《米》雇われ人にとって経済的・戦略的な意味で基礎となるものを供給する隣接地域]

HIPC heavily indebted poor country

hire /haiər/ *vt* 雇う(=employ);《英》賃借する; 賃貸する(*out*) ► We can't afford to hire another full-time worker. もう一人常勤の社員を雇う余裕はない / They can hire and fire employees easily. 彼らは従業員を雇ったり首にしたりすることが自由にできる

— *vi* 雇われる(*out, on, as*)

hire oneself out as として雇われる

— *n* 臨時雇用; 賃借[賃貸](料); 雇われた人 ► get a new hire 新しい人を雇う / be in the hire of a publishing company 出版社に雇われている / pay for the hire of の使用料を支払う

for [on] hire 賃貸の

hired gun (弁護士・会計士・コンサルタントなど, 難問解決のために)雇われた専門家, (正社員(core workers)に対しての)派遣社員 ► Mr. Rogers, the attorney, is our new hired gun. 弁護士のロジャース氏は新たに当社に加わった専門家です

hired hand 《英》/《米》雇われ人 ► George is our new hired hand. ジョージは新しく雇われた社員です

hireling *a, n* 雇われて働く(人); 金銭ずくの(人)

hire-purchase *n* 《英》買取選択権付賃貸借

hire-purchase agreement 買取選択権

付賃貸借契約

hire-purchase contract 《英》買取選択権付賃貸借契約［○財貨の賃貸借において、賃借料の支払が一定金額に達した時、または支払が完了した時に、その財貨を買い取る権利を認めた契約］

hirer *n* 雇い主、事業主

hi-res *a* =high-resolution

hiring *n* 雇用 ▶ We are thinking of shifting to year-round hiring. 当社は通年採用への移行を考えている / We haven't done much mid-career hiring so far. これまで当社では中途採用はあまりしてきませんでした

hiring freeze 新規採用の凍結

hiring hall 人材紹介会社［○特に労働組合が経営している熟練労働者を派遣するものを言う］

histogram /hístəgræm/ *n* ヒストグラム、度数分布図、柱状グラフ

historic /histɔ́:rik/ *a* 過去の、歴史上有名［重要］な ▶ Share prices reached a historic high yesterday. 株価は昨日、史上最高値に到達した / The dollar dropped to a historic low against the yen. ドルは円に対して歴史的な低水準に落ち込んだ / The central bank reduced interest rates from 1.0% to 0.5%, a new historic low. 中央銀行は金利を1.0％から0.5％に引き下げたが、これは史上新記録の低水準である

historical /histɔ́:rikəl/ *a* 歴史上の；歴史上存在した；過去の、実績の ▶ There has been no historical precedent for such a deep slide in the company's share price. 同社の株価がそれほど極端に落ち込んだのは歴史的に前例のないことだった

historical cost 取得原価［○資産の取得に際して実際に支払われた金額］ ▶ be recorded in the books at the historical cost 歴史的原価（取得原価）で帳簿に記入される

historical cost accounting 取得原価主義会計 (HCA)［○過去の実際取得原価、取引価額に基づいて行う会計］

historical cost basis 取得原価主義、取得原価基準［○評価基準として原価基準をとる考え方で、資産について言えば、その取得時と決算時に取得原価で評価する方法］

historical financial information 取得原価主義財務情報、歴史的財務情報

historically *ad* 歴史的に（見て）；これまでに［は］ ▶ China's reserve of US dollars has reached a historically high level. 中国が保有する米ドル準備金は史上最高の水準に到達した / Many homeowners are taking advantage of historically low mortgage rates to refinance their loans. 多くの住宅所有者は史上最低水準の住宅ローン金利を利用してローンを借り換えている

historical performance 〔証券〕過去の実績

historical price 歴史的価格［○過去の実際購入価格または実際販売価格］；(~s)（相場商品の）過去の値動き

historical trading range 実績取引値幅、上場来取引値幅［○株式・債券などの上場以来の取引価格の最高値から最安値までの範囲］

historical value 歴史的価値

historical volatility 〔金融〕ヒストリカル・ボラティリティ (HV)［○過去の価格変動に基づいて計算した変動率〕

historical yield 実績利回り［○投資ファンドの過去の特定期間の利回り〕

historic cost =historical cost

historic cost accounting =historical cost accounting

history /hístəri/ *n* 歴史(学)；歴史書；経歴；沿革；過去のこと［人、もの］，〔弓→〕履歴、ヒストリ ▶ This is the worst stock market crash in recent history. これは近年の歴史で最悪の株式市場崩壊だ / The company's short history has been marked by rapid growth. 同社の短い歴史は急成長によって特徴づけられてきた

go down in history 歴史に残る［名をとどめる］(*as*)

have a history 歴史［由緒］がある ▶ Our law firm has a long history in handling intellectual property cases. 当法律事務所は知的所有権訴訟の取扱いで長い歴史を有する / Our company has a history of success in household cleaning products. その会社は家庭用洗剤製品で成功してきた歴史を有する

History repeats itself. 《諺》歴史は繰り返す

make history 歴史に残るような重大なことをする

That's past [ancient] history. 《略式》もう過ぎたことだ

The rest is history. 《略式》後（の話）は知っての通りだ

hit /hit/ (~;-tt-) *vt* 打つ；命中する；(打撃を) 与える；行き当たる；思い浮かぶ；言い当てる；正確に表現する；(情報で) 驚かせる；目標を達成する；(経路・道を) たどる、着く；証券を買い呼値で売る ▶ hit newsstands 新聞売店に並ぶ / hit a bid 買い呼値で売る / The company's shares hit a record low in yesterday's trading due to fears of a prolonged recession. 景気後退が長期化するという恐怖から、同社の株は昨日の取引で記録的な安値に落ち込んだ / The economy hasn't hit the bottom yet. 景気はまだ底を打っていない / Hit by the credit crunch, the bank sank in the red. 信用崩壊の衝撃で、その銀行は赤字に落ち込んだ / The new cell phone models will hit the market by the end of the year. 携帯電話の新モデルは年度末までには市場に出るだろう

— *vi* 打つ；攻撃する (*out, at*)；ぶつかる (*against, on*)；思いつく (*on, upon*)；偶然見つける

hit a person for six 《英》(議論などで) こっぴどく負かす

hit a person up for 《米略式》を(人に)頼む、要求する

hit a person where it hurts (most) / hit a person where he lives (人の)(最大の)弱点を突く

hit back 殴り［やり］返す；仕返しをする (*at*)

hit it big / hit the big time 大きく当てる ► He hit it big in real estate. 不動産で一発当てた
hit it off (well) 折り合う, うまくやっていく, 仲よくする《*with*》 ► He hit it off well with his coworkers. 同僚たちとは仲よくやっていた
hit it up 頑張る
hit off 正確に表現する; 即席にまねする
hit out を攻撃する; 激しく非難する《*for*》
— *n* 打撃; 命中; 当てこすり; 急所を突いた言葉; 大成功;(新製品の)ヒット; 大損失; 非難; データ照合, ヒット [⊃検索で目的とする情報を探し当てること]; ヒット [⊃ホームページへのアクセス数] ► be a hit with にヒットしている / The product was a big hit when it was first released. その製品は最初に発売されたときには大ヒットだった
hit or [and] miss 投げやりに, でたらめに
make a hit 大当たりする; 好印象を持たれる《*with*》 ► He made a great [a big] hit in his enterprise. 事業で大当たりした
take a hit (株取引で)損をする ► The textile industry took a hit during the depression. 繊維産業は不況期に損害を被った

hitch /hitʃ/ *vt* (かぎ・輪などを)引っ掛ける; ぐいと動かす[引く]
— *vi* 引っ掛かる《*on*》; ガクガクと動く
hitch a lift with に乗せてもらう
hitch horses together 協力する
hitch one's wagon to a star 大志を抱く
— *n* ぐいと動かす[引く]こと; (ほどけるようにした)結び目; 引っ掛かり; 障害, 支障
without a hitch 滞りなく ► The boat show went without a hitch. そのボートショーは滞りなく行われた / The opening of the new store came off without a hitch. 新しい店舗の開店はスムーズに実現した

hi-tech *a* 高度[先端]技術の(=high-tech) ► a hi-tech worker IT技術者 / The hi-tech products of today become the low-tech products of tomorrow. 今日のハイテク製品は明日のローテク製品になる

hit list ブラックリスト; 注目商品リスト [⊃本来は殺し屋の標的が記載してあるリスト. 転じて解雇予定者のリストなどネガティブな意味で使うが, 時には「重要項目リスト」という意味でも使う]

hit products ヒット商品 ► The company continues to innovate with hit products. 同社はヒット商品で新機軸を打ち出し続けている

hive /haiv/ *n* 蜜蜂の巣箱, 蜂の巣; (一つの巣の)蜜蜂の群れ; 人が多く集まる場所; 群衆 ► a hive of activity 活動の中心地
— *vt* 巣箱に入れる; 蓄える
— *vi* 群居する
hive off (集団・組織が)分離独立する[させる]; 急にいなくなる

HMG Her Majesty's Government 英国政府
HMO Health Maintenance Organization
HM Revenue and Customs 英国税庁
HNWI high net worth individual
HO head office
Ho. House (✦イギリスでオフィスビルを意味する)

hoard /hɔ:rd/ *n* 貯蔵, 秘蔵物, 蓄え
— *v* 蓄える《*up*》; 買いだめする ► Panicked people started hoarding food. パニックを起こした人たちが食品の買いだめを始めた / The recession has caused many households to hoard cash and spend less. 景気後退のために多くの家庭は現金をため込み支出を減らすようになった
◇**hoarder** *n*

hoarding¹ *n* 貯蔵(物); 秘蔵; 保有高
hoarding² *n* 一時的板囲い; 広告掲示板
hoax /houks/ *n, vt* かつぐ[だます](こと); いたずら ► The broker hoaxed me into buying worthless stocks. その仲買人は私に値打ちのない株をだまして買わせた
◇**hoaxer** *n*

hobnob /hábnàb/ *vi* (**-bb-**)(金持ちなどと)親しくつき合う, 打ち解けて話す; 一緒に酒を飲む《*together, with*》 ► Jim has been hobnobbing with the execs of the company. ジムはその会社の経営陣と酒を飲んだりして親しくつき合っている
— *n* 懇談; 打ち解けたおしゃべり

hobo /hóubou/ *n* (**~(e)s**) 《米》放浪者 (✦特に西部で貨物列車にただ乗りしながら日雇い仕事を求めて各地を渡り歩く人を言う); 渡り労働者, 季節労働者 [語源]日本語の「方々(ほうぼう)」に由来するというのは米国の俗説. 一般には "Ho, boy!"(よー, あんた)という放浪労働者の呼びかけの声にちなむとされる]

hock *vt, n* 質に入れる(こと) ► He got his watch out of hock. 彼は時計を質から出した
in hock 質に入れて; 借金をして; 入獄して ► His antiques are all in hock. 彼の骨董品はすべて質に入っている / I'm in hock to the tune of $8,000. 私は合計8,000ドルを借金している
in hock up to one's ears [neck] 借金で首が回らない

hockshop *n* 質屋
Hoechst (~ AG) ヘキスト [⊃ドイツの総合化学メーカー. 1863年設立. 現在名はSanofi-Aventis SA]

hog /hɔ:g/ *n* 豚; 貪欲なやつ; 大食いの人; 大型高級車, (特に)キャデラック
go (the) whole hog 徹底的にやる
live high off [on] the hog ぜいたくに暮らす
— *v* (**-gg-**) 《略式》むさぼる, 分け前以上に取る; 独り占めする ► Some managers think that they can enhance their power by hogging knowledge. 管理者の中には知識を独占して自分たちの権力を高めることができると考える人たちもいる

hoist /hɔist/ *vt* 持ち上げる, 引き上げる ► hoist a glass (乾杯の時)グラスを高く上げる / Cranes are used to hoist the containers onto the ship. クレーンはコンテナーを持ち上げて船に積み込むのに用いられる / The Fed has hoisted interest rates to curb inflation. 連邦準備制度理事会はインフレを抑制するために金利を引き上げた
— *n* 巻き[引き]上げ(機)

hold[1] /hould/ (**held**) *vt* ❶ (手に)持つ, つかむ; 取っておく; 所有する; (会議を)開く, 催す; (ある状態に)保つ; (感情を)抑える; (注意を)引きとめる; 守らせる; 占める; 収容できる; と思う《*to be, that*》▶ hold a special shareholders meeting in May to vote on the proposed merger 合併の提案について票決する臨時株主総会を5月に開催する / When will the shareholders' meeting be held? 株主総会はいつ開催される予定ですか / We can hold your reservation for 24 hours. ご予約は24時間は押さえておくことができます
❷ 〖法律〗判示する, 判決する; 証明する, 証明責任を負う; 有効である; 勾留する, 拘束する; 遂行する, 法に則って行う
❸ 保有する, 所持する ▶ hold 51% interest in the company 会社の51%を所有している / hold an estimated 30% of worldwide market share 全世界の市場で推定3割のシェアを握る / hold bonds to maturity 債券を満期まで保有する
— *vi* (ある状態の)ままでいる; 守る; 持ちこたえる; (から)得る《*from, of*》; 有効である, 当てはまる; 止まる ▶ Oil prices have held above $100 for more than a month. 石油の価格は1か月あまり100ドル以上を維持してきた / We appreciate your patience, please continue to hold. 《電話メッセージ》お待たせしていますが, 今しばらくそのままでお待ちください
hold ... against a person のことで(人を)悪く思う
hold a person to (人に)…を守らせる
hold back ためらう; を引きとめる; 取っておく; 全部を言わない, 隠しておく; (感情を)抑える ▶ Please don't hold back and tell me what you really think. 隠さないで, 本当の考えを聞かせてください
hold by を固守する
hold down を抑える; 《略式》(仕事などを)続ける ▶ We've implemented several measures to hold down costs. コストを抑えるために当社はいくつかの施策を実行した
hold forth 長々と話す; を提供する, 差し出す
hold good 有効である, 適用される; 継続する
hold hands 手をつなぐ
hold off を寄せつけない; 遅らせる[れる]; 離れている
hold on (電話で)待つ; 持ちこたえる ▶ Will you hold on a second please? 少々お待ちいただけますか (✚電話の応対の決まり文句)
hold one's own 地位を守る; 屈しない
hold on to にすがりつく; を保持する ▶ You should hold on to your receipt in case of returns. 返品の場合に備えて, 領収書は保管しておくべきだ
hold out 持ちこたえる; を与える; (望み)を抱かせる; を差し出す《*to*》
hold out for をあくまでも要求する
hold out on に隠し事をする

hold over 一定期間以上在職する[居残る]; を延期する
Hold, please. / Please hold (on). / Hold the wire [line], please. 《略式》(電話で)お待ちください
hold to に固執する
hold together まとめる, 団結させる
hold true 有効である
hold up を持ち上げる; を支持する; (として)提示する《*as*》; を中止する; を妨げる; 持ちこたえる ▶ Retail stocks held up well despite the downbeat sales figures in December. 12月の売上高の数字が落ち込んだにもかかわらず, 小売業界の株は堅調を維持した
hold with 賛成[共感]する
— *n* ❶ 把握; 持つ所, 柄; 支え; 手[足]掛かり; 支配[影響](力); 理解(力)《*on*》 ❷ (証券会社が推奨する)保有継続 ❸ (預金口座の)払出し停止 (✚表示)
catch [grab, seize, take] hold of をつかむ, つかまえる
get hold of をつかむ(=catch hold of); 手に入れる, 見つける; 理解する; (考えを)持つ ▶ Do you know where I can get hold of this book? どこでこの本が手に入るかご存知ですか
have a hold on [over] を支配している; 弱みを握っている
lose (one's) hold of を手放す
no holds barred どんな手段を用いてもよい
on hold (電話で)待って; 延期して ▶ The project is on hold until further notice. 追って通知するまで, そのプロジェクトは保留とする
put [place] ... on hold を保留する; 待たせておく
take hold 効力を発揮する
hold[2] *n* 船倉; (飛行機の)貨物室 ▶ break out the hold 積み荷を降ろし始める / stow the hold 船倉に荷物を積み込む

holder /hóuldər/ *n* 入れ物; 所有者; (手形・小切手などの)所持人, 占有者; 証券所有者 ▶ China has surpassed Japan as the largest holder of US Treasury bonds. 中国は日本を追い越して米国財務省証券の最大保有国になった / The contents of this book may not be copied or reproduced without the permission of the copyright holder. この本の内容は版権所有者の許可なしに複写または複製してはならない

holder in due course 正当な所持人
holder of record 基準日現在の証券所有者; 名簿上の株主
hold harmless clause 免責条項, ホールド・ハームレス条項 [➡契約書で用いられる定型的な免責条項で, 免責特約(hold harmless agreement)とも言う。契約の一方の当事者が第三者からの請求(クレーム)について賠償責任を負い, 他方の当事者が負担することはないう旨を他方の当事者に保証する条項である] ☞ Subcontractor shall indemnify and hold harmless Contractor from and against any and all claims and

disputes relating to the performance of the Subcontract. 「下請業者」は「下請業者」の行動に関連するすべてのクレームと紛争から「元請会社」を免責し補償する

holding /hóuldiŋ/ n ❶ 握る[つかむ, 支える]こと; 所蔵(品) ❷【法律】(1) (裁判所の)判示事項 [◇判決における裁判官の意見のなかで, 傍論でなく, 判決理由の核心となる部分] (2) 借地, 保有地 (3) (特に株・不動産などの) 保有財産, 所有財産 ► real-estate holdings 保有不動産 ❸ (株式の) 保有; (~s) (証券なまどの) 保有高, 保有株 ► cross holding (株式の) 持合い / realize gains on long-term equity holdings 長期保有株式の含み益を実現する / have holdings in GM GM株を持っている / sell holdings 保有株を売却する

holding company 持株会社 [◇他社の株式の保有を事業目的とする会社] ► one-bank holding company 単一銀行持株会社 / manage investment activities through a holding company 持株会社を通じて投資活動を管理する / move to a holding company structure 持株会社体制に移行する

holding cost 保管費, 在庫費用

holding gain 保有利得 [◇一定期間所有した資産価値の増加分]

holding loss 保有損失 [◇一定期間所有した資産価値の減少分]

holding operation 現状維持作戦, 損失拡大防止策

holding over 【法律】保有期間満了後占有

holding period 保有期間 [◇capital gain holding periodの略. 資産を取得してから売却するまでの期間. 米国では保有期間が1年以上か否かによって資産の譲渡利益に対する税率が異なる. 保有期間1年以下は短期キャピタルゲイン(short-term capital gains)として通常の所得税率で課税される. 保有期間1年以上は長期キャピタルゲイン(long-term capital gains)として税率15%(2008年現在)の資本利得税(capital gains tax)が課される]

holdout n 抵抗勢力; 抵抗(者); (グループ活動や企てに) 参加を拒む人; 《米式》支払に応じない者

hold over =holding over

hold rating ホールド推奨 [◇証券アナリストによる銘柄評価の一つで, 「買い増したり, 売ったりせず, 保有し続けよ」という助言] ► A number of analysts have put a hold rating on the stock. 何人かのアナリストがその銘柄にホールド推奨を付している

holdup n 《米式》強盗; (進行の) 停止, 遅滞; 《米式》法外な値段の要求; 妨害 ► There was a holdup on the production line because the parts hadn't arrived. 部品が到着しなかったので, 生産ラインは一時的に停止した

hole /hóul/ n 穴; 裂け目; 《略式》むさ苦しい住まい; 《略式》窮地; 欠陥;

every hole and corner 隅から隅まで ► We've searched every hole and corner, but couldn't find it. 限なく探したが, それを見つけることはできなかった

in a hole 《略式》困って

in the hole 借金して, 赤字で ► I was $50,000 in the hole already. 私はすでに5万ドル以上赤字を出していた

make a hole in 《略式》がすっかり目減りする

need ... like a hole in the head 《略式》…は絶対欲しくない

— v 穴をあける

hole card (トランプで) 伏せて配られる札; 虎の子; 奥の手

hole-in-the-wall a, n 《米式》ちっぽけな; 狭くて薄暗い店; 《英式》=ATM, cash machine

holiday /hálədèi | hólədi/ n ❶ 休日, 祭日; 休暇; (~s) クリスマス ❷【税制】《比喩的に》休暇 ► a tax holiday タックス・ホリデー, 免税[減税]期間

on holiday / on one's holidays 休暇中で, 休暇を取って

— a クリスマスの; (衣服が) よそ行きの

— vi 休暇を過ごす

◇**holidayer** n 行楽客

Holiday Inn ホリデイ・イン [◇米国のホテルチェーン. インターコンチネンタル・グループの中級ホテル]

holiday pay 休日賃金

holiday schedule 休暇予定表

holiday season ホリデーシーズン [◇11月第4木曜日のThanksgiving Dayから1月1日のNew Year's Dayまでを言う. 米国の小売業界にとっては年間売上を左右する重要な期間] ► Retailers enjoyed robust sales during the holiday season. 小売業界はホリデーシーズンを通して好調な売上を享受した

hollow /hálou/ a 中空の; くぼんだ; 内容のない; うわべの ► a hollow laugh うす笑い

— n 穴; くぼみ; 谷間

in the hollow of one's hand 手のひらに入れて; 完全に支配して

— vt 穴をつける; くり抜く; 空洞化する (*out*)

— vi くぼむ

— ad うつろに; 《略式》徹底的に

hollowing out (産業などの) 空洞化 ► the loss of jobs from the hollowing out of manufacturing 製造業の空洞化による雇用の喪失 / The globalization of economy and the horizontal division of labor have brought about concern over the hollowing out of industry. 経済のグローバル化と水平分業の進展は産業空洞化の懸念をもたらした

holograph /hálǝgræf/ n (証文・遺書など) 自筆文, 自筆証書

home /hóum/ n 家, 自宅, 家庭; 収容施設, 宿泊所; 避難[安息]の場所; 発祥地, 本場; 生息地; 故郷, 本国; 住宅 [◇商品としての住宅には新築住宅(new home)と中古住宅(existing home)がある] ► Sales of new homes surged 15% last year. 新築住宅の売上高は昨年は15%急増した

a home (away) from home わが家のような所

at home 在宅して; 本国に[で]; くつろいで; (人

(の)訪問を受けられる状態で《to》
at home and abroad 国内外で
at home and away 地元と遠征先で
be [feel] at home 気楽にする, くつろぐ; 精通している, 達者である《in, with》
(be) home to が住んで[生息して]いる; がある; の産地である ► Hong Kong is home to many international financial firms. ホンコンには多数の国際金融企業が本社を置いている
Make yourself at home. どうぞ楽にしてください
— *a* 家庭の; 自国の; 国内の; 自宅[故郷, 自国]近くの; 急所を突く, 痛烈な
— *ad* わが家[故郷, 自国]へ; 急所に; 胸にこたえるほど
be home free 《略式》うまくいきそうである
bring home to a person (人に)痛感させる
come home to a person (人の)胸にこたえる
drive ... home 車で家に送る; 痛感させる《to》
► Using gestures can help drive the point home. ジェスチャーを使えば要点をよく理解させるのに役に立つ
go home 帰宅[帰郷, 帰国]する
hit [strike] home 急所を突く; 実感させる
home and dry 《英略式》うまくいって
nothing to write home about 《略式》取り立てて言うほどでない
stay (at) home 在宅する
take home の収入を手取りで得る
— *v* 家[故郷]に帰る[帰す]; 家を構える[あてがう]
home in on (目標に)向かう
home address 自宅住所
home assurance 《英》住宅保険
home banking ホーム・バンキング [⇒家庭の電話などを使用した銀行取引] ► use home banking to transfer funds ホーム・バンキングで送金する
homebuilder *n* 住宅建設業者
homebuyer *n* 住宅購入者
home buying 住宅の取得, 住宅購入
home care, homecare *n, a* 在宅介護(の), 在宅医療(の), 在宅ケア(の)
home center ホーム・センター [⇒DIY(=do it yourself)用品などで, 住宅や余暇生活関連の品を中心とした大型小売店]
home computer ホーム[家庭用]コンピュータ
home country 母国
home currency 本国通貨, 自国通貨 ⇒ local currency
Home Depot (The ~, Inc.) ホーム・デポ [⇒米国のDIY用品小売チェーン. カナダおよび中南米にも出店する. 1978年設立]
home delivery service 宅配 ► We provide a home delivery service within a 10 mile radius. 半径10マイル圏内のお客様であれば宅配を承っています
home economics 家政学; 家庭科
home electronics コンシューマー・エレクトロニクス, デジタル情報家電
home entertainment ホームエンターテインメント [⇒娯楽コンテンツを家庭で楽しむためのハードおよびソフト, ならびにこれらを売る企業の総称]
home equity 住宅持分, ホームエクイティー [⇒持ち家の時価からローンの未返済額を差し引いた金額. 時価が上昇したりローンの返済が進んだりして住宅持分が増えれば, それを担保にして新規ローンを組むことができる]
home equity debt 住宅持分債務 [⇒持ち家の住宅持分(home equity)を担保にして借り入れる債務. 住宅持分ローン(home equity loan)と住宅持分貸出限度枠(home equity line of credit)の総称] ⇒ home equity
home equity line of credit 住宅持分貸出限度枠 (HELOC) [⇒持ち家の住宅持分(home equity)を担保にして設定される貸出限度枠. 自分の必要な時に必要な金額(限度枠内であれば)を借り入れることができ, 実際に借り入れた金額に対してのみ金利を支払えばよい] ⇒ home equity
home equity loan 住宅持分ローン [⇒持ち家の住宅持分(home equity)を担保にして借り入れるローン. いわば第二の住宅ローンで, 通常は使途自由, 支払金利に税控除が適用される] ⇒ home equity
home help 《英》訪問介助者, ホーム・ヘルパー (=helper)
home improvements 自宅改造, リフォーム; 日曜大工
home income plan 《英》ホームインカムプラン [⇒高齢者が自宅を担保に借り入れた資金で終身年金を購入した上, その年金から借入金の利息を払い続けるプラン. 元本は死亡時の自宅売却により返済する. 英国のリバースモーゲッジ]
homeless *a* ホームレスの
— *n* (the ~)ホームレスの人たち
home loan 住宅ローン
home-made *a* 手製の, 自家製の
homemaker *n* 家事を切り盛りする人, 主婦
home market 国内市場
home mortgage loan 住宅ローン
home office 本社; (H-O-)《英》内務省
homeowner *n* 持ち家のある人
homeowner's insurance [policy] 住宅所有者総合保険(証券) [⇒火災・事故・盗難による財産・所有物への損害や人的損傷に対して総合的に保障を行う保険]
homepage, home page *n* ホームページ [⇒インターネットのWebサイトのトップページ. または, Webブラウザを起動したときに最初に表示されるページ. Webサイトが持つWebページ全体をホームページと呼ぶことがある] ► set up a home page ホームページを作る
home port 母港
home product 家庭用品
home repair ホームリペア [⇒業者に頼まず, 自力で家の中の修繕などをこなすこと]
home rule 地方自治
home shopping ホームショッピング [⇒電話, テレビ, インターネットを利用したショッピング]
homeshoring *n* ホームショアリング, ホーム

ソーシング [○コールセンター業務などを国外の企業に委託するオフショアアウトソーシングとの対比で，在宅スタッフに委託する方式]

homestead *n* 《米》家産 [○家族の住む土地と建物]；家屋敷；宅地

homesteading *n* 《米》住宅改修給付 [○低所得地域での住宅改修向け資金援助制度]

home straight, homestretch *n* 《通例 the ~》(仕事などの)最後の部分，追込み

home turf 本拠地，ホームグラウンド；地元市場，国内市場

homework *n* 宿題；自宅でする仕事；内職

home-work balance 家庭と仕事のバランス(=work-life balance)

homeworker *n* 家内労働者，家庭で仕事をする人，在宅勤務者

home-work imbalance 家庭と仕事のアンバランス

homicide /hɑ́məsàid/ *n* 殺人；殺人犯

homogeneity /hòumədʒəníːəti/ *n* 同質(性)
► homogeneity of risk (保険の)危険の同質性

homogeneous /hòumədʒíːniəs/ *a* 同種［均質］の ► Through technology, the financial market is becoming more and more homogeneous. 技術の発達によって，金融市場はますます同質的になりつつある

◇**homogeneously** *ad*

homogenize, 《英》-**nise** /həmɑ́dʒənàiz/ *vt* 均質化する

◇**homogenization** *n* 均質化

homogenous /həmɑ́dʒənəs/ *a* =homogeneous

Hon., hon. honorable；honorary

honcho /hɑ́ntʃou/ *n* 《米》《略式》責任者，ボス [<日「班長」]

hone /houn/ *n, vt* 砥(と)石(で研ぐ)；研鑽する

honest /ɑ́nist/ *a* 正直な，誠実な；(金などが)まっとうな；(物が)本当の ► Could you give me your honest opinion on this issue? この問題について，あなたの正直なご意見をお聞かせいただけませんか

honest injun [Injun] 《略式》正直に言って

honest to goodness [God] 《略式》まったく，本当に

to be honest (with you) 正直に言って

— *ad* (強意) ほんとうに，うそじゃない

◇**honestly** *ad*

◇**honesty** *n* 正直，誠実，率直 ► in all honesty 正直に言って

honest broker 調停役 ► act as an honest broker 調停役を務める

honey /hʌ́ni/ *n* 蜂蜜，花の蜜；素晴らしい[すてきな]もの[人] ► The country provides about 20% of the world's supply of honey. 同国は世界の供給量の約20%にあたる蜂蜜を供給している

— *a* 甘い

— *v* お世辞を言う

◇**honeyed** *a* お世辞の；甘くした

Honeywell International (~, Inc.) ハニーウェル・インターナショナル [○米国の航空宇宙機器・制御機器メーカー. エンジンや制御機器，ブレーキなどを扱う]

hong /hɑŋ/ *n* 商館，…洋行 [○外国人経営の商社][<中]

Hon Hai Precision Industry (~ Co., Ltd.) 鴻海精密工業 [○台湾にある世界最大級の電子製品の請負生産会社. Apple, Nokia, Dell, Sonyなどを扱う]

honor, 《英》**honour** /ɑ́nər/ *n* 名誉，名声；面目；道義心；節操；敬意；光栄

a point of honor 面目にかかわること

be on [upon] one's honor / be [feel] honor bound 名誉にかけて…しなければならない(*to do*)

do a person honor (人の)名誉となる

do honor to に敬意を表する；の名誉となる

give a person one's (word of) honor (人の)名誉にかけて誓う

have the honor of doing …する光栄に浴する

honor bright 《略式》誓って，確かに

in honor of に敬意を表して[を祝って，を記念して]
► The company set a scholarship fund in honor of its late founder. 今は亡き創立者を記念して，その会社は奨学金制度を設けた

on [upon] one's honor 誓って

put a person on his honor 名誉にかけて(…することを)(人に)約束させる(*to do*)

with honors 優等で ► He graduated with honors. 彼は優等で卒業した

— *vt* ❶ 尊敬する；栄誉を与える(*for, with*)；(約束などを)守る；(受身) 光栄に思う ❷ (手形・小切手などを)引き受けて(期日に)支払う ► All credit cards are honored here. (掲示) 当店ではどのクレジットカードもご使用になれます

honor a person with one's presence 《略式》(人の所に)やっと姿を見せる

honorable, 《英》**honourable** /ɑ́nərəbl/ *a* 立派な；高貴な；尊敬に値する；名誉ある；(H-)閣下，様

◇**honorably** *ad*

honorarium /ɑ̀nəréəriəm/ *n* 謝礼(金)；《英》法廷弁護士[バリスター]への報酬 (✜ ただし，弁護士報酬は attorney's fee が一般的) ► receive an honorarium for に対しての謝礼を受け取る

honorary /ɑ́nərèri | ɔ́nərəri/ *a* 名誉(上)の

honorary chairman 名誉会長

honorary consul 名誉領事 [○接受国に居住する地元の名士から選ばれるのが一般的で，個人としての職業に従事しながら領事の職務を委嘱される]

honour /ɑ́nər/ *n, vt* 《英》=honor

◇**honourable** *a* 《英》=honorable

hons /ɑnz/ 《英》honours (degree) 優等(学位)

hook /huk/ *n* かぎ，留め金，ホック；(受話器の)レスト；人を引きつけるもの [○歌の中で聴く者の心をつかむような部分など] ► The new product has really got its hooks in the Japanese market. その新製品は日本の市場に本当に食い込んだ

by hook or (by) crook どんなことをしてでも

► He was determined to get the contract by hook or by crook. 彼はどんなことをしてでもその契約を取ろうと決心した
get [give] the hook 《米略式》首になる[する]
hook, line, and sinker 《略式》完全に ► Bill swallowed [fell for] the story hook, line, and sinker. ビルはその話をすっかり信じ込んだ
off the hook 受話器を外して; 《略式》苦境[義務]から抜け出て
on one's own hook 《略式》独力で
on the hook 《略式》困難な立場で
ring off the hook （電話が）じゃんじゃん鳴る
— *v* （留め金で）引っ掛ける[掛かる], 留める, 留まる;（策略で）引っ掛ける
hook up をかぎで留める; 接続させる; つなぐ; 手を組む;《略式》いい仲になる, 仲間になる(*with*)

hookup *n*（放送局の）ネットワーク, 中継;（政府間などの）連携, 同盟; 接続;（電気・水道などの外部との）連結部 ► You can get high speed Internet hookup at a low monthly rate. 高速インターネット接続を低料金の月額で使えます

Hoover 《商標》 [◊米国の企業家 William H. Hoover の名をとった英国の掃除機のブランド. カーペット用, 業者用などさまざまな形態, サイズの掃除機を製造している]
— *v.* h- 掃除機をかける

hope /hóup/ *n* 希望; 期待; 可能性 (*of*); 有望な人[もの] ► There was no hope of turning the company around. その会社を立ち直らせる望みはまったくなかった
beyond [past] hope 望みがない ► This situation is beyond hope. 現状は絶望的だ
dampen hope for の望みをくじく
get [build] one's hopes up 期待しすぎる
give up hope of の望みを捨てる ► The refugees gave up hope of returning to their homeland. 難民たちは故国へ帰る望みを捨てた
hold out hope 希望を抱かせる
Hope springs eternal (in human breast). 《諺》人は決して希望を捨てない
in hope 希望を抱いて
in (the) hope of [that] / in hopes of [that] を期待して ► You might want to take some risk in the hope of getting bigger returns. より大きい収益を得ることを望んで多少の危険を冒そうと思うかもしれない / Hedge funds target undervalued companies in hopes of reaping high returns. 高収益を得たいという思惑から, ヘッジファンドは過小評価されている会社を目標にする
lose (any) hope of の望みを（まったく）失う
Not a hope. / Some hope. / What a hope. 望みなしだ
not have a hope in hell 《略式》まったく望みがない
pin one's hopes on に希望を託する ► We're pinning our hopes on the new manager to turn things around. 事態を好転させてくれるのではないかと新任の部長に希望を託している
raise a person's hopes （人に）希望を抱かせる

with the hope of [that] という希望[期待]を持って
— *v* 望む; 期待する ► I hope to hear from you soon. 早急にお返事いただけますよう願っております / I hope to borrow some money. お金を少しお借りしたい（✚I'm hoping to ...のほうがより丁寧な表現）/ The company hopes to unload its loss-making digital camera business. 同社は赤字続きのデジタルカメラ事業を処分したいと思っている / The government is hoping that the stimulus plan will revive the economy. 政府は刺激策が景気を回復させることを願っている
hope against hope 見込みがないのに希望を持ち続ける
I hope not. そうならないでほしい

hopefully *ad* ❶ 希望を持って（✚動詞を修飾する場合）❷ うまくいけば, …ということが望まれる（✚文章全体を修飾する場合で, it is hoped that... に置き換えることができる）► Hopefully, things will get better. うまくいけば, 事態は好転するでしょう / Hopefully, we can iron out the problems through our talks with the union leaders. うまくいけば, 組合指導者との話し合いで問題を解決できるだろう / Hopefully, the tax cut will lead to an increase in consumer spending. うまくいけば, 減税は個人消費の増加をもたらすだろう

hopper /hápər/ *n* （穀物・石炭などを落とす）じょうご形の装置;《米》議員の法案提出箱（✚これに入れられた法案は正式に提出されたことを意味する）
in [into] the hopper 準備中で; 進行して

horde /hɔːrd/ *n* 大群, 多数; 遊牧民の群れ
hordes [a horde] of 多数の ► Hordes of tourists visited the new mall. 観光客の大群がその新しいショッピングモールを訪ねた

horizon /həráizn/ *n* 地平線, 水平線;（~s）限界, 範囲;（投資の）時間的視野,（投資の）完了期間 ► It's hard to say whether economic recovery is on the near horizon. 景気回復が近づいているかどうかは何とも言えない
broaden [expand] one's horizons 視野を広める ► Studying abroad broadens one's horizons. 海外留学は視野を広げてくれる
on the horizon 兆しが見えて ► The company announced that the introduction of next generation cell phones are on the horizon. 同社は次世代携帯電話の導入が近いことを発表した
over the horizon まもなく起こりそうで

horizontal /hɔ̀ːrəzántl/ *a* ❶ 水平の; 水平線の; 横の ❷（企業などの性格が）水平の, 横（割り）の, 同業種（間）の ⇨horizontal integration
— *n* 水平線[面, 位置]
◊**horizontally** *ad*

horizontal amalgamation =horizontal integration
horizontal combination =horizontal integration
horizontal equity 水平的公平性 [◊中間所

得卒内の格差は正の所得の再配分．児童手当などがこの例]

horizontal expansion 水平的拡大 [⇨ これまでと同一の事業領域で，活動の範囲や規模を拡大して企業成長を図る戦略]

horizontal integration 水平的統合 [⇨ ある企業がスケールメリット(規模の経済性)を追求して自社と同一の製造[販売，購買]段階にある企業を買収・合併すること] (⇨ vertical integration)

horizontal loading 水平ローディング [⇨ 責任と権限が新たに拡大することを意味する垂直ローディングとの対比で，従業員の仕事量だけを増やすこと]

horizontal merger 水平的合併 [⇨ 同種の製品やサービスを行う会社の合併]

horizontal segregation 性別職務分離 [⇨ 企業内で「女子向き」の業務が想定される結果，男女別に職務が分けられていることを指す]

horizontal spread ホリゾンタル・スプレッド [⇨ オプション取引手法の一つ]

horrendous /hɔːréndəs/ a 恐ろしい，ものすごい；(価格が) 法外な ► As a result of soaring costs and declining sales, the company recorded a horrendous loss of $6.5 million. コストの急上昇と売上高の減少の結果として，その会社は650万ドルという恐ろしい赤字を記録した

horrible /hɔ́ːrəbl/ a 恐ろしい；(略式) 不快な ► The airline industry suffered horrible losses due to the surge in fuel prices. エアライン業界は燃料価格の急騰で巨額の損失をこうむった
◇**horribly** ad

horrific /hɔːrífik/ a 恐ろしい
◇**horrifically** ad

horrify /hɔ́ːrəfài/ vt ぞっとさせる，怖がらせる
◇**horrifying** a ぞっとする，怖い ► We're now witnessing the horrifying effects of the financial meltdown. われわれは今や金融崩壊の恐ろしい影響を目撃しつつある
◇**horrifyingly** ad

horror /hɔ́ːrər/ n 恐怖；不快感；恐ろしい人[もの]；ひどいもの ► The horror of the stock market crash eventually passed. 株式市場の大暴落の恐怖はやがて過ぎ去った
have a horror of を毛嫌いする
to one's horror ぞっとしたことに
― a ぞっとさせる

horse /hɔːrs/ n 馬；雄馬；(~s) 《略式》馬力
a horse of another [different] color まったく違うもの
a willing horse 進んで仕事をする人
back the wrong horse 判断を誤る；敗者の味方をする
change [switch] horses in midstream (計画を)中途で変更する
enough to choke a horse 大量に(ある)；とてつもなく；とてつもない量
flog a dead horse 話を蒸し返す；無駄骨を折る
from the horse's mouth 《略式》(情報などが)確かな筋から ► I got it straight from the horse's mouth. その情報を私は確かな筋から直接聞きました
work like a horse がむしゃらに働く

horsepower n 馬力 (HP)

horse trading 抜け目のない取引 ► There maybe horse trading even in a friendly negotiation. 友好的な交渉でも抜け目ない駆引きがあり得

horticulture /hɔ́ːrtəkʌ̀ltʃər/ n 園芸学
◇**horticulturist** n

hospital /hɑ́spitl/ n 病院
be in (the) hospital 入院している
◇**hospitalize** vt 入院させる (for, with) ► remain hospitalized 入院中である

hospitality /hɑ̀spətǽləti/ n 厚遇，歓待；親切なもてなし ► I wanted to express my gratitude for the hospitality you showed me while in New York. ニューヨーク滞在中，大変親切にしてくださったことにお礼を申し上げます

hospital visitation rights 病院訪問権 [⇨ 米国では，病院に入院した患者は病院訪問承認 (hospital visitation authorization) に訪問者の優先順位を記入する．病院はこれに従って訪問を許可する．患者の意向を知ることができない場合は，病院は家族(biological or legal family members)だけに許可を与える．その地域に特別の法律がない限り，同棲者やいわゆるパートナーは許可しないのが通例である]

host¹ /hoʊst/ n (客を接待する) 主人役；主催国[組織]，開催地；世話役
play [be] host to の世話役となる
reckon without one's host 重大事を考慮に入れない
― vt 主人役を務める，主催する

host² n 多数 ► a host of / hosts of 多数の

host country 主催国，ホストカントリー，受入国，進出先の国；(外交関係での) 接受国 ► Serving as the host country for the Olympics boosts economic development. オリンピック大会の主催国の役割を果たすことは経済の開発を促進する

Hostess 《商標》ホステス [⇨ 低価格のカップケーキ，ドーナッツなどの米国の食品メーカー．また，そのブランド．クリーム入りのスポンジケーキ Twinkies (トゥインキーズ) が特に有名]

hostile /hɑ́stl | hɔ́stail/ a ❶ 敵意を持った (to, toward)；対立する，敵の ► Union leaders assumed a hostile stance towards management on the issue of wage cuts. 組合指導者は賃金カットの問題について経営陣に敵対する立場をとった ❷ 敵対的な [⇨ 会社乗っ取り・合併の申出などが強引な，合併対象の会社の意図に合わない]

hostile acquisition 敵対的買収 [⇨ 買収対象企業の経営陣の反対を押し切って進められる買収]

hostile bid 敵対的買収の申入れ ► The company launched a hostile bid to buy out its rival. その会社はライバル会社に対して敵対的買収をしかけた / The company rejected a hostile bid, an unwanted one. その会社は敵対

的な申入れ、つまり望まない申入れを断った / The company's hostile bid for its rival ended in failure. ライバル企業に対する同社の敵対的買収は失敗に終わった

hostile takeover 敵対的買収 [◆被買収会社の経営者の反対を押し切って買収を実行すること. unfriendly takeoverとも言う. ⇔ friendly takeover] ► launch a hostile takeover of an insurance company 保険会社の敵対的買収に乗り出す / ward off a hostile takeover 敵対的買収を撃退する

hostile tender offer 敵対的株式公開買付 [◆株を売らないように勧告された株主から好条件で株を買い取るための, 相手側株主に対する申出]

hostility /-tíləti/ n (一般に) 敵意; 敵対 (行為) 《to, toward》

hot /hɑt/ a (-tt-) ❶ 熱い, 暑い; 辛い; 激しい; 興奮した; 熱狂的な, 熱心な 《for, on》; (報道が) 最新の, ホットな; 人気のある, はやった; 需要のある; 《略式》厳しい, うるさい 《on》; とても好運 [有利] な; のっている; 物議をかもしている; 《略式》腕の立つ; 辛口な 《in, on, at》; 面白い ► Using public money to bail out banks that caused the financial crisis has stirred up hot political debates. 金融危機をもたらした銀行業界の救済に公的資金を使うことは激しい政治論議をひき起こした / The housing market is very hot these days. 住宅市場は近頃非常に活気がある ❷ 刺激的な, 投機的な ► In the 1990s, tech stocks were hot investments. 90年代には, ハイテク株はホットな投資対象だった

be hot on the heels of のすぐ後に続いている

hot and heavy [strong] 一生懸命に [の], 激しく [い]

hot under the collar 腹を立てて

— ad 熱く; 激しく; 怒って

blow hot and cold 意見が変わりやすい

get [catch] it (good and) hot ひどく叱られる

give it (to) a person hot (人を) ひどく叱る

— v (-tt-) 《略式》熱くする [なる] 《up》; (車を) 強力に改造する 《up》

hot button 強い関心を呼ぶ問題 ► press the consumer hot buttons 消費者のホットボタンを押し, 消費者の潜在的願望に働きかける
◇**hot-button** a

hot cake ホットケーキ

sell [go] like hot cakes 飛ぶように売れる

hot-desk v 《英》ホットデスキングを行う [◆社員に決まった席を与えず, 空いている席を適宜使わせること. hot-deskingと同じ]

hot-desking n 《英》ホットデスキング [◆職場で机やコンピュータなどを複数のスタッフで共有するシステム]

hot dollar ホットダラー [◆国際金融市場を浮動するドル短期資金]

hotel /houtél, outél/ n ホテル, 旅館
◇**hotelier** /-íər/ n ホテル経営者 [支配人]
hotel keeper ホテル経営者 (=hotelier)

hotelling n ホテリング [◆外回りの社員に決まった席を与えず, 必要に応じて空いている席を使わせること. hot-deskingと同じ]

hotel management ホテル経営

hotels.com 《商標》ホテルズ・ドット・コム [◆オンラインでホテルや飛行機が予約できる米国の旅行サイト. 他のサイトより少し料金が高い場合もあるがキャンセル可能を差別化要素としている]

hot issue (新規に公開された) 人気銘柄

hot item 売れ筋の商品

hot line 首脳間の直通電話線; 緊急相談電話

hot list (インターネットの) ホットリスト (✚お気に入りサイトの表)

hot media ホットなメディア (⇔cool media) [◆情報の精細度が高く, 受け手の関与が限られるメディア. ラジオ, 映画など. マクルーハン (Herbert Marshall McLuhan: 1911-80) の用語]

hot money ホット・マネー [◆投機的な短期資金]

hot seat 《略式》電気椅子 (=electric chair); 不愉快な [困った] 立場

hot-selling a 売れ筋の

hotshot a, n やり手, 敏腕家 (の)

hot spot ❶ ホットスポット [◆①パソコン画面上の領域で, そこにカーソルがある状態でマウスボタンを押すと何らかの処理が実行される ②無線LANによりインターネットに接続できる, 駅, 空港, ホテルなどでのアクセスポイント] ❷ 高温地点; 危険地点

hound /haund/ n 猟犬; 犬; 《略式》熱中者
— vt 猟犬で狩る; 追跡する; つきまとう; けしかける; そそのかす 《on》; 追い払う 《out》 ► His creditors were hounding him for money. 債権者たちは金を返せと彼にうるさく要求していた

hour /auər/ n 1時間; 時刻, 時; 時間; 《~s》勤務 [営業] 時間; 《the ~》現在, 今; 1時間の行程 ► business hours 営業時間 / fixed hours 時間制 / office [work] hours 勤務時間 / hours of operation (工場などの) 営業時間 / He puts in long hours and does not spend much time with his family. 彼は長時間働いてばかりで, 家族との時間があまりない / In our company, most part-time workers choose to work short hours. 当社では, 大部分のパートタイマーが短時間勤務を選択している / We have flexible working hours. 当社はフレックスタイムです / Our operators are ready to take your order 24 hours a day. 当社のオペレーターは1日24時間いつでも貴方のご注文をお受けします / He'll be back in the office in an hour. 彼は1時間以内にオフィスに戻る予定です / It will take a few hours for me to prepare the report. 私が報告書を仕上げるまでには数時間かかるでしょう / How many hours a week do you work? 1週間に何時間働きますか

after hours 勤務時間 [放課] 後に ► The main gate is normally kept locked after hours. 正門は時間外は, 通常, 鍵がかかっている / I usually go out with my coworkers after hours. 仕事の後にはいつも同僚たちと出かける

at all hours (of the day and night) いつでも, 四六時中

at a quarter past the hour 毎時15分過ぎに

(for) hour after hour [hours and hours] 何時間も

in an evil [ill] hour 折あしく

in one's hour of need まさかの時に

keep early [good] hours 早寝早起きする

keep late [bad] hours 夜更かしで朝寝する; 夜遅くまで働く ► She had to keep late hours to meet the deadline. 締切に間に合わせるために彼女は遅くまで働いた

of the hour 時の, 現在の ► the man of the hour 時の人

on the half hour 毎時半に

(every hour) on the hour 毎正時に; 絶えず ► The weather information is updated on the hour. 気象情報は正時に更新される

out of hours (勤務)時間外に

till all hours いつまでも

to an hour きっかり, ちょうど

hourly pay 時間給 ► The company has frozen the hourly pay of factory workers. その会社は工場労働者の時間給を凍結した

hourly rate 時給

hourly (wage) worker 時間賃金労働者

hour rate 時間賃率, 時給

house *n* /haus/ (*houses* /-ziz/) ❶ 家, 邸宅; 家系, 一族; (大きな)建物; 議事堂 ► a house for rent [=《英》a house to let] 貸家 ❷ 会社, 商店, 商会, 出版社 (=publishing house) (✤固有名詞で; Random House など), 《英略式》 ロンドン証券取引所 ❸ (米国の上院または下院の)議院 [◘ 大文字で the House とある場合は下院(the House of Representatives)を指す]

a full [a packed] house 大入り

an empty [a poor] house 不入り

clean house 悪条件を取り除く

house and home 家

like a house on fire 非常に早く[活発に, 上手に]

move house 引っ越しする

on the house 店のおごりで; ただで, サービスで ► The drinks are on the house. 飲み物はサービスします[無料です]

(as) safe as a house [houses] まったく安全な[で]

— *vt* /hauz/ 家に入れる, 収容する; に家をあてがう; 泊める; 貯蔵する, しまう

— *vi* 住む

◇**houseful** *n* 家一杯分

house agent 《英》不動産屋

house air waybill 混載業者の発行する航空運送状 [◘ 運送の委託を受けた航空会社が混載業者に発行する航空運送状と混載業者が荷主に発行するものを区別するため, 前者を master air waybill, 後者を house air waybill と呼ぶ]

house brand 自社ブランド (=own brand)

house counsel 企業内弁護士

household /háushòuld/ *n* ❶ 家族; 世帯 ❷ 家計 [◘ 経済学の分析モデルの基礎単位で, 同一の住居に住むすべての個人を言う. 家族(family)であるかどうかは問わない] ► reduce household purchasing power 家計の購買力を低下させる

— *a* 家族[家庭](用)の; 周知の ► a household name [word] 周知の人[言葉]

household electrical appliances 家電製品

household equipment 家庭用品

householder *n* 世帯主 [◘ 米国の国勢調査では head of household または head of family を「世帯主」の意味で使ってきたが, 1980年以降は householder に変更している] ⇒ head of household

household insurance 《英》=home assurance

household policy 住宅総合保険

household product 家庭用品 [◘ 洗濯機, 冷蔵庫など]

household waste 家庭ごみ

house-hunter *n* 家を探す人

house-hunting *n* 家探し

housekeeping *n* 家事; (会社の)管理維持

house magazine 社内報, 社内向け雑誌

House of Commons (the ~) (英国・カナダの)下院

House of Lords (the ~) (英国の)貴族院, 上院

House of Parliament (英国の)国会議事堂, 《Houses of Parliament》(国会の)上下両院

House of Quality ハウスオブクオリティー (HOQ) [◘ 顧客の「使いやすさ」といったニーズを設計段階から「操作性」といった品質特性として盛り込んだもの. 可視化したものが「家」の形に似ていることからこう呼ばれる]

House of Representatives (米国などの)下院

house rule ある団体[店]のみで通用する規則; 社内規定

house style (会社の)編集スタイル [◘ 企業が対外的に発表する文書のスタイルを統一するために定めている用字用語の手引的ガイドライン]

housewares *n pl* 家庭用品

housing /háuziŋ/ *n* (集合的)住宅; 住宅供給; 住宅業界 ► The end of the housing boom led to the financial crisis. 住宅ブームの終焉は金融危機をもたらした

housing activity 住宅投資

housing allowance 住居手当

housing association 《英》住宅供給協会 [◘ 低家賃住宅の供給を目的とする福祉団体的性格の強い組織]

housing benefit 《英》住宅扶助 [◘ 資力調査を伴う社会保障給付]

housing completions 住宅完成戸数 [◘ 特定の月に工事が完了した住宅の推定戸数. 米国商務省の合衆国センサス局(U.S. Census Bureau)によって発表される] ⇒ housing start

housing construction 住宅建設

housing co-operative 住宅協同組合 [◘ 《英》低家賃住宅の供給を目的とする協同組合で; 《米》建物を法人格のある組合が所有し, 出資者である組合員がそこに住むという居住形態. 組合の負担する支払利息や資産税を各組合員は自分の所得から控

除できる]
housing estate 住宅団地
housing industry 住宅産業
housing investment 住宅投資 [⇒米国の経済指標では新規住宅着工件数, 新築住宅販売の両者を含んだ概念] ►Housing investment plunged. 住宅投資が大幅に減少した
housing loan 住宅ローン
housing market 住宅市場
housing start 住宅建築の着工; (~s) 住宅着工戸数

解説 特定の月に工事を始めた住宅の推定戸数. 米国商務省の合衆国センサス局(U.S. Census Bureau)により翌月の後半に発表される. 一戸建て住宅(single-family)と集合住宅(multi-family)の内訳も含む. アパートなどの集合住宅は1ユニットを1戸と勘定する. また同時に住宅建築許可件数(building permits)と住宅完成戸数(housing completions)も発表される. 高額商品(big-ticket items)は景気が悪くなると購入を延期し景気がよくなると購入に踏み切るが, 住宅は高額商品の最たるもので, 住宅着工戸数の増減は景気の拡大または縮小を告げる先行指標として重視される

►US housing starts increased 0.1% in January. 米国の住宅着工数は1月に 0.1% 増加した / Housing starts in the urban areas are showing signs of recovery. 都市部の住宅着工数は回復の兆候を示している

hover /hávər | hóv-/ v 舞う (over); うろつく (about, round); ためらう ►The dollar hovered around 98.05 yen in yesterday's trading. ドルは昨日の取引で98円05銭のあたりを行ったり来たりしていた / Inflation hovered around the 2 percent mark. インフレは2%あたりを保っていた

— n うろつき; ためらい

hovercraft n ホバークラフト (=air-cushion vehicle)
hoverport n ホバークラフト用空港[発着所]
how /hau/ ad どうやって, どういうふうに; どれほど, いかに; どんなふうで, どんな具合で; どういう訳で; なんと

►**How** do you intend to reduce your overhead costs? どのようにして一般間接費を減らすつもりですか / **How** far will the dollar fall? どこまでドルは下がるのだろうか / **How** will your company deal with the drop in market share? 市場占有率が下落した場合, 御社ではどのように対処しますか / Here's **how** it works. これはその仕組み[動きかた]です / **How** about meeting tomorrow? 明日会わないか / **How come** you didn't make the deadline? どうして締切に間に合わなかったのか

成句 *How about ... ?* (略式) *How's about ... ?* はどうですか, はどうしましたか *How are you?* ご機嫌いかがですか (略式) *How come?* どうして, なぜ *How do you do?* ご機嫌いかがですか; はじめまして *How do [did] you like it?* ご感想はどうです[でした]か *How goes it (with you)?* (略式) 景気

[調子]はどう *How is it that ... ?* はどういうわけか *How much (is it)?* いくらですか *How much did it cost you?* いくらかかったの (=(略式)What did it cost you?) *How so?* どうして; どんなふうに *How's it going?* 調子はどうだい *How's that [again]?* 何ですって, もう一度言ってください *how to do* …する仕方[方法]

— conj …する方法[程度]; (接続詞thatと同じように)…ということ

— n 仕方, 方法

成句 *the how and the why of it* そのやり方とその訳

however /hauévər/ ad どんなに…でも; (略式) どんなふうに, どうやって; しかしながら

►**However** hard he tried, he couldn't find a job. いくら懸命に努力したのに, 彼は仕事を見つけることができなかった / The country's economic growth, **however**, slowed to 3% in the third quarter. しかしながら, 同国の経済成長率は第3四半期に3%に減速した

how-to, how-to-do-it a 手引きの, 入門的な
hp horsepower
HP hire-purchase; Hewlett-Packard
h. p. hire purchase
HQ headquarters
HR human resources
HRD human resource development; human resources department
HRIS human resource(s) information system
HRM human resource(s) management
HRP human resource(s) planning
hrs. hours (◆24時間表示のとき16時ならば1600 hrs. というふうに使う)
HSBC Holdings (~ plc) HSBCホールディングス [⇒香港を本拠とする銀行グループ. 傘下には英国のHSBC Bank plc, フランスのHSBC France, 香港のThe Hongkong & Shanghai Banking Corp. Ltd., 米国のHSBC Bank USA N. A. など. 設立1865年. 本社London]
Hsinchu Science Park (the ~) 新竹サイエンスパーク [⇒台湾北部の, 半導体メーカーが集まったハイテク工業地帯. 1980年建設]
HST hypersonic transport
ht height
HTH 《Eメール》Hope this helps. 役に立つことを望む
H₂O Plus 《商標》エイチツーオープラス [⇒米国の化粧品ブランド. 海からヒントを得た商品で酵素, ミネラルを多く含むことが売り物]
Huaneng Power International (~, Inc.) ファネン・パワー, 華能国際電力 [⇒中国の5大電力会社の一つで, 上海, 山東などを基盤とする]
Huawei Technologies (~ Co., Ltd.) ファーウェイ・テクノロジーズ, 華為技術 [⇒中国の通信機器のメーカーで, OEM生産も手がける. Vodafone, BT, Telefonica, China Mobileなどへの携帯関連機器のOEM供給のほか, 携帯電話関連の機器, ネットワークの構築などが主力. また, 米国

QUALCOMM(クアルコム)とも提携している]
hub /hʌb/ n (車輪の)こしき; (交通などの)中心; ハブ [⇨ハブアンドスポーク方式の航空路線システムで拠点となる都市または空港] ⇨ hub and spoke system ► The new airport will serve as a regional hub for Asia's budget airlines. 新空港はアジアの格安航空会社のために地域ハブ空港としての役割を果たすだろう
hub airport ハブ空港 [⇨航空会社の運航方式の一つであるハブアンドスポーク方式で拠点(hub)の役割を果たす空港. デルタ航空のアトランタ空港, ユナイテッド航空のシカゴ空港が典型的な例] ⇨ hub and spoke system
hub and spoke system ハブアンドスポーク方式 [⇨航空会社の路線システムの一つで, 大都市の空港をハブとし, 全乗客がハブ空港を経由して他の都市に向かう方式. 路線を図示すると車輪のハブとスポークの形に似ているので, この名がある. アトランタ空港をハブとするデルタ航空の路線は典型的な例. 周辺都市間に直通路線がないので顧客の利便性に問題があるが, 要員や予備機材をハブ空港に集中できる経営上の利点から, 1970年代に米国で急速に発達した] ⇨ hub airport
hub city ハブ・シティ [⇨周辺都市への交通や経済活動の結節点となる中心都市]
hubris /hjúːbrɪs/ n 自信過剰, ごう慢 ► Many people blame the hubris of bank executives for the financial crisis. 金融危機を招いた原因は銀行経営者の傲慢にあるという人が多い
huckster /hʌ́kstər/ n 押売り, 言葉巧みに要らないものを強引に売ろうとする人
◇**hucksterism** n
HUD, H.U.D. Department of Housing and Urban Development (米国の)住宅都市開発省
Hudson's Bay Company ハドソン湾会社 [⇨北米大陸と毛皮取引をするために1670年に認可された英国商社. その後, リテール事業などに発展. 現在はカナダのリテールとしてZellersというディスカウントストア, Bayデパートなどを運営]
huge /hjuːdʒ/ a 巨大[ばく大]な ► Hotels have seen a huge impact on their bookings due to the recession. ホテル業界は景気後退によって予約に対する大きな衝撃を経験した / Many amateur investors have suffered huge losses as a result of the yen's rally against other currencies. 円が他の通貨に対して反騰した結果, 多くの素人投資家は大きな損失をこうむった
Huggies 《商標》ハギーズ [⇨米国製の紙おむつ]
Hula Hoop 《商標》フラフープ [⇨腰で回すプラスチック製の輪]
hull insurance 船体保険
hum /hʌm/ v (-mm-) (蜂・こまなどが)ブンブン鳴る; ぶつぶつ言う; 《略式》(仕事などが)活気がある, 大わらわである ► The economy began to hum again. 経済は再び活気を帯びてきた
hum along 車が快調に進む, 景気よくいく ► The online travel market keeps humming along. オンライン旅行の市場は好調を持続している

make things hum 活気を与える
human /hjúːmən/ a 人[人間]の; 人間らしい[にありがちな]
― n 《略式》人
◇**humanly** ad 人間的に; 人力の範囲で ► humanly possible 人知の及ぶ限り
◇**humanness** n 人間らしさ
human capital 人的資本 [⇨教育や訓練によって作り出された人間の能力を企業や国家にとっての価値があるものと捉えた概念]
human development 人間開発 [⇨経済指標に加えて, 社会の豊かさや進歩を測るもう一つの指標として提唱されている, 自らの意志に基づいて人生の選択と機会の幅を拡大できる人間の開発. ⇨ Human Development Report
Human Development Index 人間開発指標, 人間発展指数 (HDI) [⇨国民総生産(GNP)や国内総生産(GDP)に反映されない人間的な生活の度合を測る指数. 所得水準・平均寿命・教育水準などから計算される. 「人間開発報告書」の中で報告されている] ⇨ Human Development Report
Human Development Report 《the ~》人間開発報告書 [⇨1990年より毎年, 国連開発計画(UNDP)が人間開発の進展状況を伝えるために発表する報告書]
human (factors) engineering 人間工学 (=ergonomics) [⇨使う人間にとり安全か, 使いやすいか, 効率的かという視点に立って設計や改良を考えること]
humanitarian relief 人道救援活動
human network 人的ネットワーク
Human Poverty Index 人間貧困指数 (HPI) [⇨人間を取り巻く社会環境を貧困の観点から計測する指標. 国連開発計画(UNDP)の「人間開発報告」の基礎データ]
human relations (職場, 社内での)人間関係; 人間関係論 ► Some people are not good at human relations. 一部には職場の人間関係がうまくいかない人もいる

human resources 人的資源, 労働力 (HR) [⇨企業を構成する経営者, 管理職および従業員などの人的な能力とスキル] ► the director of human resources 人事部長
human resource(s) accounting 人的資源会計 (HRA)
human resource(s) development 人的資源開発, 人材開発
human resource(s) information system 人材情報システム (HRIS)
human resource(s) management 人的資源管理, 人材管理, 人材マネジメント (HRM) [⇨(労働が費消されるのではなく)資本投下の対象である従業員の資質の向上と会社の収益への貢献度を高めるための企業活動. 最近はワークライフバランス(仕事と私生活の調和)といった人間らしさの回復がテーマになっている]
human resource(s) manager 人事部長 [⇨personnel officerの新しい呼称]
human resource(s) planning 人材資

源計画 (HRP) [⇨経営戦略上想定される組織における適材適所を実現するための企業活動]
human right 人権 [⇨人が人として当然に有する権利]
human security 人間の安全保障 [⇨国家の安全ではなく, 人間の安全を目指すことが重要とする新しい安全保障概念. 1994年の「人間開発報告書」で提唱]
humanware n ヒューマンウェア [⇨システムの一部としてとらえたときの人間]
humdinger /hʌ́mdiŋər/ n 《略式》素晴らしい人, 高級品
humor, 《英》**humour** /hjúːmər/ n ユーモア; 気質; 気分
in a good [a bad, an ill] humor 機嫌がよく[悪く]
out of humor 不機嫌で
— vt あやす, 満足させる
◇**humored** a 機嫌が…の
◇**humorist** n ユーモア作家[俳優]; ユーモアのある人
◇**humorless** a ユーモアのない
◇**humorous** a ユーモアのある
◇**humorously** ad
hunch /hʌntʃ/ vt (背を) 弓なりに曲げる (up); 突く
— n こぶ, 隆起; 筋肉; 塊, 厚い一切れ; 《略式》予感, 直感 (that) (✦起源は動物や植物のこぶに手を触れて占ったことから)
have a hunch that という予感がする ► I have a hunch that our sales will go up. 売上が増えそうな気がする
on a hunch 直感で ► He bought the stock on a hunch. 彼はその銘柄を直感で買った
play one's hunch 勘で行動する
hundred /hʌ́ndrəd/ n 100; 100人[個]; 100ドル[ポンド]
by (the) hundred(s) 何百となく, たくさん
great [long] hundred 120
hundreds and thousands 無数
— a 100(人, 個)の; 多数の
a hundred and one 多数の
a [one] hundred percent 完全に
◇**hundredth** a, n 第100(の); 100分の1(の)
hundredweight n 重量単位 [⇨《米》100ポンド, 《英》112ポンド]
hung bridge ハング・ブリッジ [⇨短期のつなぎ融資(ブリッジ・ローン)を置き換えるはずだった高利回り債の買手がつかず, 臨時の「架け橋」(bridge)でしかなかったはずの融資がそのままになっているもの]
hungry /hʌ́ŋgri/ a 空腹の, 飢えた; 熱望する (for, to do); (土地が) やせた ► You can't work on a hungry stomach. 腹が減っては仕事はできぬ
go hungry 食べないでいる, 飢える
◇**hungrily** ad がつがつと; 切望して
hunter-gatherer n (原始経済の)牧畜・農耕をしない)狩猟採集生活者
hurdle rate ハードルレート [⇨その投資において投資家が許容し得る最低限の収益率. 期待収益率が要求収益率に満たないのであれば, その投資案件は不合格となる]
hurry /həˈːri | hʌ́ri/ v 急ぐ (on); 急いでする (to do); 急がせる (up)
hurry along 急いで行く
hurry ... into 急いで…させる (doing); 急いで入れる
hurry off [away] 急いで去る
hurry on to do そのまま急いで…する
— n 急ぐこと, 大慌て
in a (great) hurry 急いで; 慌てて; 《略式》容易に; 《略式》喜んで ► In a hurry, I forgot to bring my cell phone. 急いでいて, 携帯電話を忘れてきた
in no hurry / not in any hurry 急がないで; 《略式》…したがらないで (to do) ► I'm not in any hurry to go back to the office. 急いでオフィスに戻らなくてもいい
in one's hurry to do …しようと慌てて
There's no hurry. 急ぐことはない
What's the hurry? / Why all the hurry? 何でそんなに急ぐんだ
◇**hurried** a 大急ぎの
◇**hurriedly** ad 急いで
hurt /hə́ːrt/ (~) vt 傷つける, けがをさせる, 痛みを感じさせる; 感情を害する
— vi 《略式》痛みを感じる
be hurting 悲しんで; 大ピンチで (for)
won't hurt a person to do …しても(人にとって)害にはならない, するとよい ► It won't hurt you to give him a call. 彼に電話をしたってかまわないでしょう
— n けが; 苦痛のもと
◇**hurtful** a 有害な
◇**hurtfully** ad
◇**hurtfulness** n
husband /hʌ́zbənd/ n 夫
— vt (節約して)管理する ► The credit crunch has driven many banks to husband their cash and tighten lending. 信用収縮のために多くの銀行は現金をため込み融資を引き締めるようになった
husband one's resources 資金を節約して使う
◇**husbandry** n 農業; 節約
hush-hush a 《略式》内密の, 極秘の
— n 秘密
— vt もみ消す
hush money 口止め料
Hush Puppies 《商標》ハッシュパピー [⇨スエードの軽くて柔らかい靴]
hustle /hʌ́sl/ v てきぱきとやる[働く]; 急ぐ, 急がせる (into, out of); 押売りをする
— n 急ぐこと; 押合い; (仕事などでの)精力的活動, 頑張り; ハッスル
hustle and bustle 雑踏 ► I'd like to get away from the hustle and bustle of city life. 都会の生活の喧騒から逃れたい
hustler /hʌ́slər/ n やり手の実業家, 仕事師
Hutchison Whampoa (~ Ltd.) ハチソン・

ワンポア，和記黄埔 [⊃ 長江実業傘下の複合企業．港湾，通信，不動産，ホテルなどを手がける．世界57か国で運営し，22万人を雇用する．操業は1820年代に遡る．香港を代表する企業]

HV historical volatility

Hyatt (商標) ハイアット [⊃ 米国のホテルチェーン．ビジネス，リゾート向けの大型ホテルが主体]

hybrid /háibrid/ *n, a* 雑種(の)；合成物(の)，複合物(の)；ハイブリッドカー [⊃ hybrid car の略．複数形は hybrids]
◇**hybridize** *v* 雑種を作る
◇**hybridization** *n*

hybrid car ハイブリッドカー [⊃ ガソリン・電気自動車]

hybrid fund ハイブリッドファンド [⊃ 通常ファンドは株式等特定の資産に特化しているが，この種のファンドは株式と債券の両方で運用という具合に複数の資産クラスを組み込む]

hybrid management ハイブリッド・マネジメント [⊃ 競争関係にある企業が戦略目的に応じて提携など協力関係を結ぶこと]

hybrid plan (米) 混成型制度，ハイブリッド商品 [⊃ 退職年金制度の一種]

hybrid REIT ハイブリッド・リート [⊃ 混合型の不動産投資信託．資本参加型のエクイティ・リート(equity REIT)と融資型のモーゲージ・リート(mortgage REIT)の両方の業務を行う] ⇨ real estate investment trust

hydraulic /haidrɔ́:lik/ *a* 水力の；水圧の；油圧の
◇**hydraulically** *ad*
◇**hydraulics** *n* 水力学

hydroelectric *a* 水力電気の
◇**hydroelectricity** *n* 水力電気

hydroelectric power 水力発電

hydroelectric power plant [station] 水力発電所

hygiene /háidʒi:n/ *n* 衛生学；衛生状態
► food hygiene 食品衛生 / industrial hygiene 産業衛生
◇**hygienic, hygienical** /hàidʒiénik(əl)/ *a* 衛生的な；衛生学の
◇**hygienically** *ad*
◇**hygienics** *n* =hygiene
◇**hygienist** *n*

hygiene factor (職場の) 精神衛生要因；衛生要因 [⊃ 仕事のやりがいなどを意味する「動機づけ要因」と並んで満足度を構成する要因で，給与水準や会社の経営姿勢など，それが一定水準にないと従業員の不満が一段と高まる結果となるもの]

hype /haip/ *n* (略式) 誇大広告[宣伝] ► I don't understand all the hype about smart phones. スマートフォンについてのこの熱狂ぶりは私には理解できません
— *vt* 誇大に宣伝する (*up*)

hyper- /háipər/「超越して，過度の」

— *n* 誇大宣伝屋

hypercompetition *n* 超競争 [⊃ 競争優位を維持すれば足りるのではなく，他社をしのぐ勢いで競争優位の源泉となるものを開発し続ける必要のある状況を指す]
◇**hypercompetitive** *a*

hyperinflation *n* 超インフレ，ハイパー・インフレーション [⊃ 第一次大戦後のドイツにおける年間2万％を超える物価上昇のような，手のつけられないインフレ．通貨の意味がなくなり，人々は物々交換に頼ることになる]

hyperlink *n* ハイパーリンク [⊃ 電子文書の中に埋め込まれた情報リンク]

hypermarket *n* ハイパーマーケット [⊃ スーパーマーケットより大規模な郊外型ストア．装飾を排した倉庫形式の店舗が特徴で，広い駐車場を有し，商品の配達はしない．フランスのカルフール(Carrefour)社が創始] [フランス語 *hypermarché* の翻訳借用]

hypermedia *n, a* 各種メディア総合(の)；ハイパーメディア [⊃ テキスト，グラフィック，音声など異なるメディアを総合的に用いること]

hypersonic transport 極超音速旅客機 (HST)

hypertext *n* ハイパーテキスト [⊃ 情報のリンクづけを埋め込んだ電子文書]

hypoallergenic *a* (化粧品や繊維が) 低アレルギー性の，アレルギーを起こしにくい

hypothecate /haipáθikèit/ *vt* 抵当に入れる；担保として差し入れる

hypothecated tax 目的税 [⊃ 教育，年金，道路整備といった特定の事業のために徴収される税金]

hypothecation *n* 抵当権

hypothesis /haipáθəsis/ *n* (-ses /-sì:z/) 仮説；仮定 [<ギ]
◇**hypothesize** *v* 仮説を立てる；仮定する

hysteresis /hìstərí:sis/ *n* 履歴現象，履歴効果，ヒステレシスの理論 [⊃ 一般的にいったん生じた状態が元に戻らない現象を指す．特にマクロ経済学の分野では過去の失業率が高い水準であるほどそれが現在の失業率を高めて高失業率が長期持続する現象を指す失業率の履歴現象という形で用いられる．国際金融の分野では為替レートの大きな変化に基づく構造的対応が将来の数量調整を鈍化させる現象を指す] [<ギ]

Hyundai Heavy Industries (~ Co., Ltd.) 現代重工業 [⊃ 韓国の Hyundai(現代)グループの中核会社で世界最大級の造船会社．海底開発，ディーゼルエンジンの生産も行う]

Hyundai Motor (通例 /hʌ́ndei/ と発音) (~ Co.) 現代自動車，ヒュンダイ・モーター [⊃ 韓国の自動車メーカー．米国のレンタカーはヒュンダイ製も多い．高亜自動車も傘下に収め，Accent, Sonata などの車を輸出]

Hz hertz

I, i

i, i- information
I Interstate Highway 州間道路 [⇨ I-80 など]
IA Institute of Actuaries
IADB Inter American Development Bank
IAEA International Atomic Energy Agency 国際原子力機関
IAG International Auditing Guideline
IANAL [略] I am not a lawyer
IAPC International Auditing Practices Committee
IAS International Accounting Standards; International Auditing Standards
IASB International Accounting Standards Board
IATA International Air Transport Association
ib. ibidem
IBA Independent Broadcasting Authority
IBF international banking facilities
ibid. /íbid/ ibidem
ibidem /íbədəm, ibái-/ *ad* 同じ箇所に; 同書 [章, ページ] に (✦ラテン語で「同じ所に」という意味で, 既出の引用文献に再度言及するときに使う)
IBM International Business Machines
I-Bonds *n* 《米》インフレ連動国債
IBRD International Bank for Reconstruction and Development
IC import certificate; independent contractor; integrated circuit
i/c in charge
ICA International Co-operative Alliance 国際協同組合同盟
ICAO International Civil Aviation Organization
ICC International Chamber of Commerce; Interstate Commerce Commission
ice /ais/ *n* 氷; 氷菓; アイスクリーム
 break the ice (話などの) 口火を切る; 打ち解ける
 keep [put] ... on ice を棚上げにする
 on thin ice 危ない状態で
 — *vt* 氷で覆う《*over, up*》, 凍らせる;《米略式》確実にする, (契約などを) 結ぶ; 負かす ► We'll ice the deal tomorrow. 明日, 契約に持ち込もう
 — *vi* 凍る《*up*》
ICE Intercontinental Exchange
iceberg /áisbə:rɡ/ *n* 氷山; 冷淡な人 ► The recent layoffs are just the tip of the iceberg. 最近のレイオフは氷山の一角に過ぎない / Some investors believe this could be the tip of the iceberg. これは氷山の一角に過ぎないと思っている投資家もいる
icebreaker *n* 砕氷船; 砕氷器; タクシーの基本料金;(難局打開などの) きっかけ, (話の) 口火

icon /áikɑn/ *n* 像, 肖像; 象徴的な人; アイコン [⇨コンピュータ画面で使用される小図形]
 ◊ **iconic** *a*
ICOW increased cost of working
ICP (United Nations) International Comparison Project (国連) 国際比較プロジェクト
ICPO International Criminal Police Organization ⇨ Interpol
ICSID International Center for Settlement of Investment Disputes
ICT information and communication technology
ID identification; identification card; identity; identity card
 — *vt* の身元を確認する; に身分証明を出す
id. idem
IDA International Development Association
ID card identification [identity] card
IDD international direct dialling 国際ダイヤル直通通話
idea /aidí:ə/ *n* 概念; 着想, 思いつき; 考え《*that*》; 意見, 見解; 計画; 目的 ► a bright idea《皮肉で》けっこうな思いつき / Have you come up with any ideas for the design? デザインのアイディアを思いつきましたか / The new boss is full of ideas. (=He's bursting with ideas.) 新しいボスはアイディアマンだ (アイディアが次々に出てくる) / We need to brainstorm ideas on ways to bolster our sales. 売上高を増やす方法のアイデアをブレーンストーミングで検討することが必要だ / What's the idea behind changing the product line-up? 製品のラインアップを変えるなんて一体どういうつもりだ
 be not one's idea of とはそういうものと思わない
 buck one's ideas up 《略式》もっと真剣になる
 get the (general) idea (大体) 分かる ► I get the idea of what you're trying to tell me. 君が言わんとしていることは分かる
 get the (wrong) idea that (勝手に…と) 思い込む
 give a person an idea of のおおよそを (人に) 教える
 give a person ideas (人に) 期待を持たせる
 hate [not like] the idea of は考えても嫌だ ► I hate the idea of going there alone. 一人でそこに行くなんて考えるだけでも嫌だ
 have an idea of [that] を知っている, を直感している ► You ought to have an idea of what you're going to do. これから何をするのか考えておくべきだ
 have no idea 見当もつかない《*wh-, about*》 ► I have no idea what you're talking about. 君が何の話をしているのかまったく分からない
 have the idea of doing …するつもりがある; …することを思いつく
 not have the first idea about について何も知らない
 put ideas in a person's head (人に) 妄想[よからぬ考え] を抱かせる
 run away with the idea that 誤って…と思い込む
 That's [There's] an idea! それも一案だ

That's the idea! それが目的なんだ，そのためのものなんだ
the very idea of doing …することを考えただけでも
with the idea of doing …しようと思って

idea/expression divide アイディア/表現の区別 [⇒著作権はアイディアの表現を保護するものであり，アイディア自体を保護するものではないという原則]

ideal /aidíːəl/ *n* 理想；典型 (*of*) ▶ One of the ideals of globalization is free trade. グローバリゼーションの理想の一つは自由貿易だ
— *a* 理想的な，申し分のない (*for*)；想像上の，架空の ▶ Today's an ideal day for a hike. 今日はハイキングに理想的だ / We offer heavily insulated safety boots. They are ideal for winter outdoor job. 断熱効果の高い安全靴をご用意しております。冬場の現場仕事に理想的です
◇**ideally** *ad* 理想的に；理想を言えば，理想としては ▶ Ideally, the candidate should have at least five years of working experience. 志望者は最低5年の実務経験のあることが望ましい

idem /áidem, íd-/ *pron* 同上；同じ著者；同文献 (id.) [<ラ]

identic /aidéntik/ *a* =identical；同文の

identical /aidéntikəl/ *a* 同一の，等しい (*with, to*) ▶ The two products look identical to me. その二つの製品は私には同じものに見える / Basically, the active ingredients found in generic drugs are identical to their brand-name counterparts. 基本的には，ジェネリック薬品に含まれる有効成分は対応するブランド薬品の有効成分と同じだ
◇**identically** *ad*

identifiable intangible asset 特定可能無形資産 [⇒企業結合にあたり，その実体が特定可能な無形資産]

identification /aidèntəfikéiʃən/ *n* 同一であることの確認[証明]；識別；身分証明(書)；同一視，一体化 (*with*)；(ラジオ・テレビで) 番組明示の局名告知；帰属意識 ▶ group identification 集団への帰属意識

identification card 身分証明書，IDカード (=ID card)

identification number 暗証番号 (=personal identification number)；納税者番号 (=taxpayer identification number) [⇒税法により納税申告書などに記入する納税者番号]

identification reference 確認用整理記号

identified cost 個別原価，特定原価

identified cost method 個別法 [⇒棚卸資産の消費単価ないし払出単価の計算にあたり，種類，品質，型などが特定の異なるごとに記録し，払出しの際にはその払出財貨の単価で計算する方法]

identifier *n* 識別[判別]要因

identify /aidéntəfai/ *vt* …が誰[何]であるかを明らかにする，それが…であると認識する；識別する；(~ oneself) 名[身元]を言う；(同一だと)確認する，認める (*as*)；関わる；になりきる ▶ identify costs and benefits relating to environmental management 環境重視経営に関わる費用と便益を明確にする / Our technical team has identified the source of the problem. 当社の技術チームは問題の原因をつきとめた / The financial stress may be identified as temporary and curable. その財政上のひずみは一時的で回復可能と判定されるかもしれない / Management should try to identify the causes that have triggered the financial crisis. 経営陣は財政危機を招いた原因を特定するように努めるべきだ

identikit /aidéntəkit/ *n* モンタージュ写真 (=(米)composite) [<identi(ty)+kit]

identity /aidéntəti/ *n* 同一であること，同一性，一致 (*between*)；本人であること；身元；特性，個性，独自性；恒等式；企業シンボルの統一提示 (=corporate identity)

identity card =identification card

identity theft なりすまし [⇒インターネット犯罪のひとつ] ▶ Recently, there have been many cases of identity theft and fraud. 最近は個人情報についての窃盗と詐欺の事件が多い

identity thief なりすまし犯

ideology /àidiáləʤi, ìdi-/ *n* 組織に特有の思考パターン，(その)根底にある価値観

idle /áidl/ *a* 怠惰な；暇な；使用されていない；価値のない，無駄な；理由のない ▶ The workers have been idle for the last two months. 従業員はこの2か月間遊んでいる[仕事がない] / These products are intended for the idle rich. これらの製品は有閑階級向きだ
— *v* 怠ける，ぶらぶらする (*away*)；(エンジンを) 空転させる，アイドリングさせる；《略式》(労働者を) 遊ばせる ▶ The company has idled its plants in Canada. 会社はカナダの工場を遊休させた
◇**idleness** *n* 怠惰；無駄
◇**idler** *n* 怠け者
◇**idly** *ad* 怠けて，何もせずに ▶ sit idly by 傍観する

idle balance 無利子預金口座残高

idle facility 遊休施設 [⇒現在，生産活動に使用されていない保有施設] ▶ idle facility expense 遊休施設費

idle hour 不働時間 [⇒手待時間および職場離脱時間]

idle money ❶ 余剰資金，遊休資金 [⇒投資，生産に供されていない資金] ❷ 待機資金 [⇒臨機応変に投資ができるよう，無利子の当座預金口座等で待機させてある資金]

idle time 手待時間，遊休時間，アイドル・タイム [⇒工具の責任以外の原因(材料の遅れ，機械の故障など)による無作業時間]

IDS information disclosure statement

IE industrial engineer(ing)

i. e. /áiíː, ðætíz/ id estすなわち [<ラ'that is']

if /if/ *conj* (仮定・条件) もし…ならば；(譲歩) たとえ…でも；(間接疑問文を導いて)《略式》…かどうか；(願望) …であればなあ
▶ If this should fail to give satisfaction, we guar-

antee to refund your money. 万一ご満足いただけない場合は返金を保証いたします / **If** you order in bulk, you can get a discount. 大量に発注する場合は, 値引きをすることができる / **If** the client calls, tell him I'm in a meeting. その顧客から電話がかかってきたら, 会議中だと言ってください / Would you take the job **if** you had to work overseas? 海外勤務があっても, 貴方はその仕事を受諾しますか / How much of a discount would you give **if** I paid in cash? 現金で支払う場合は, どのくらい値引きしてもらえますか / Most analysts expect little, **if any**, improvement this quarter and next. 大部分のアナリストの予想では, 今四半期と来四半期に事態が改善する可能性はほとんどない / Few companies, **if any**, are handing out bonuses this year. 今年はボーナスを支給する会社はほとんどない / There has been little, **if any**, improvement in the company's financial situation. その会社の財務状況にはほとんど改善が見られなかった

(成句) **even if...** たとえ…でも　**if and when** もし…のときは　**if it had not been for** (過去に)…がなかったならば　**if it were [was] not for** (現在)…がないならば　**if I were you** 私があなただったら　**if only** …でさえあれば

━ n 仮定

(成句) **ifs and [or] buts** 引き延ばしの理由

IFA independent financial adviser

IFC International Finance Corporation

iffy /ífi/ a (略式) 不確かな, あやふやな ► Their new business is still rather iffy. 彼らの新ビジネスはまだあやふやだ / It's iffy whether the central bank will raise interest rates. 中央銀行が金利を引き上げるかどうかは何とも言えない / The merger looks iffy at the moment. その合併は現時点では実現が疑わしいように見える

IFRS International Financial Reporting Standards

ignite /ignáit/ v 火をつける[がつく] ► The proposed deregulation of agricultural products ignited a wave of protests from farmers across the country. 農産物の規制緩和の提案は全国の農家からの抗議の波に火をつけた

ignorance /ígnərəns/ n 無知; 無学; 知らないこと ► Ignorance is bliss. (諺)知らぬ方が幸せ(ということもある)

ignorant /ígnərənt/ a 無学の; 知らない (*of, about, that*); 無知に基づく

ignore /ignɔ́ːr/ vt 無視する ► We cannot ignore economic problems. 経済的な問題を無視することはできない / He ignored his broker's advice and bought the stock anyway. 証券仲買人のアドバイスを無視して, その株をとにかく買うことにした

IHOP (~ Corp.) アイホップ [⇒米国のパンケーキ・チェーン] [<International House of Pancakes]

IHT inheritance tax

IIRC, iirc (ネット) if I remember correctly 私の記憶が正しければ

IKEA イケア [⇒スウェーデンで創設された安価な組立て家具を販売する小売チェーン. 米国での発音は「アイケア」] ⇒ Inter IKEA Systems

ill /il/ a (**worse; worst**) 病気で; 《英》傷ついた; 邪悪な; 有害な; 不親切な; 都合の悪い; 下手な

fall [*become, be taken*] *ill* 病気になる

ill at ease 落ち着きのない, 不安な

It's an ill wind that blows [*brings*] *nobody (any) good.* 泣く者があれば笑う者があるもの

make a person ill (人を)不快にする

━ n (罪)悪; 危害; 病気; 難儀; (~s)不幸, 問題

for good or [*for*] *ill* よかれあしかれ

━ ad (**worse; worst**) 悪く; 不満足に; 不親切に; 都合悪く; ほとんど…しない

be ill off 暮らし向きが悪い

bode [*augur*] *ill* 凶兆である

can ill afford の余裕はない

serve a person ill (人を)ひどい目にあわす

speak ill of を悪く言う(=speak badly of) ► He often speaks ill of his coworkers behind their backs. 彼はよく陰で同僚の悪口を言う

take ... ill を怒る[悪くとる]

think ill of を悪く思う

illegal /ilíːgəl/ a 不法な, 違法な (語法) illegal は主として行政犯, 形式犯などで制定法に触れることを言うが, unlawful は社会的非難の可能性のある行為を広く含むので, 法の明文がなくても, なお違法とされる) ► an illegal alien [immigrant] 不法入国者 / The company's CEO was summoned over allegations of illegal political contributions. 同社のCEOは違法な政治献金をした疑惑で召喚された / He insisted there was nothing illegal about his deal with the company. 同社との取引には違法なことは何もないと彼は言い張った

◇**illegality** n
◇**illegally** ad

illegal act 違法行為 ► commit illegal acts 違法行為を行う

illegal contract 違法契約 [⇒illegalという言葉は, 刑事法に反するのみならず民事法に反するものまで含む]

illegal copy (ソフトなどの)違法[不正]コピー

illegible /ilédʒəbl/ a 判読不能の, 読みにくい

ill-founded a 正当な理由のない

ill-gotten a 不正に得た ► We hope they enjoy their ill-gotten gains. 彼らは不正利得を楽しんだらい (⊕皮肉を込めて言う)

illicit /ilísit/ a 不法[違法]な ► The illicit trade in stolen cars is very common in this city. 盗難車の不正取引はこの町では盛んだ

◇**illicitly** ad
◇**illicitness** n

illicit relation 違法性を有する(性的)関係

Illinois Tool Works (~, Inc.) イリノイ・ツール・ワークス [⇒各種産業機械, 運搬, 建設, 食品, 飲料などのほか, ファスナーや工業用接着剤などの米国のメーカー]

illiquid /ilíkwid/ a 非流動的な, 流動性を欠く, 現金化しにくい ► illiquid assets such as real estate or artwork 不動産や美術品など流動性の低い資産 / Many investors are trapped in an illiquid market. 多くの投資家は流動性不足の市場にはまり込んだ

illiquidity /ìlikwídəti/ *n* 流動性不足 [➡売買が成立しにくいこと] ▶ concern over financial market illiquidity 金融市場流動性低下の懸念 / Such investors may be willing to endure the current illiquidity of their investment. 投資家の中には投資資金の目下の流動性低下を我慢しようとする者もいる

illiterate /ilítərət/ *a* 読み書きのできない; 無学の; (複合語) …音痴の ▶ computer-illiterate コンピュータ音痴の / There are so many economically illiterate people. 経済について無知な人が実に多い
— *n* 無学の人; 読み書きのできない人
◇**illiteracy** *n* 非識字; 無学

illness /ílnis/ *n* 病, 病気 ▶ He has been absent from work due to illness. 病気で, 彼はずっと仕事を休んでいる

illness insurance =sickness insurance

illusion /ilúːʒən/ *n* 幻影, 幻覚; 幻想; 錯覚 ▶ an optical illusion 錯視 / We have no illusion that cutting costs and restructuring the company are going to be easy. 経費削減と社内リストラは簡単に実行できるという幻想を持っているわけではない

be under the [an] illusion 錯覚[勘違い]している ((*that*))

cherish the illusion that と思い込む

give an illusion of と錯覚させる

have no illusions about について何も思い違いをしていない

illusionary /ilúːʒənèri/ *a* 幻影の; 思い違いの ▶ Anticipated sales were largely illusionary. 販売予想はひどい見込み違いだった

illusory /ilúːsəri/ *a* 錯覚[幻惑]を起こさせる, 幻影的な ▶ The company created illusory earnings through shady accounting practices. その会社は不透明な会計手法によって架空の収益を創り出した / The company's profits proved to be illusory. 同社の利益は架空のものであることが判明した

illustrate /íləstrèit, ilʌ́streit/ *vt* (実例・図版で) 説明する, 例証する; 図解[挿し絵] を入れる ▶ The following diagram illustrates our logistics system. 次のダイヤグラムは当社の物流システムを図で説明しています / The census figures illustrate how the nation has grown. 国勢調査の数字はその国の成長ぶりを具体的に物語っている / As illustrated on the graph, our sales dipped in June but rebounded in July. 図表に示されているように, 当社の売上高は6月に落ち込んだが7月には回復した

illustration /ìləstréiʃən/ *n* イラスト, 挿し絵, 図解; 実例; 説明
by way of illustration 実例として

ILM internal labor market

ILO International Labor Organization

ILU Institute of London Underwriters

IM information management; instant messaging

image /ímidʒ/ *n* 表象, イメージ; (肖)像; 画像, 彫像; (外)形; 生き写し; 映像; 典型
improve [harm] one's image イメージアップ[ダウン]する ▶ The casino industry is trying to improve its image. カジノ産業はイメージ改善に努めている / The company will appoint a new CEO, a move that could help improve its image. その会社は新しいCEOを任命する予定だが, この措置は同社のイメージの改善に寄与するかもしれない
— *vt* 想像する; 像を造る; 像を写す; 象徴する

image advertisement イメージ広告 [➡商品の機能等を正面から取りあげるのではなく, 好印象を高めるための画像を主体とする広告]

image advertising イメージ広告 [➡イメージを高めるための広告活動. 前項と同じ訳語だが, advertisementは広告物としての「広告」, advertisingは広告活動としての「広告」を意味する点で異なっている]

image campaign イメージ・キャンペーン [➡企業・商品イメージ訴求の期間広告]

image-maker *n* イメージ作りをする人

image map イメージ・マップ

image marketing イメージ・マーケティング [➡ユーザーが持つイメージを調べ, それに合わせてイメージやフィーリングを演出することで商品・サービスの印象をよくし, 売上につなげるアプローチ]

image processing 画像処理

image profile 〖広告〗イメージの分析指標

imaginable /imǽdʒənəbl/ *a* 想像できる; 可能な ▶ every industry imaginable ありとあらゆる業界

imaginary /imǽdʒənèri | -nəri/ *a* 想像上の

imagination /imædʒənéiʃən/ *n* 想像力; 創作力; 想像の産物; 空想 ▶ It's your imagination. 君の気のせいだ / His marketing strategy lacks imagination. 彼のマーケティング戦略は想像力に欠ける / The phenomenal growth of the company was probably beyond the imagination of its founder. 同社の驚異的な成長はたぶん創設者の想像力を超えるものだった

capture [catch] a person's imagination (人の)気に入る

leave ... to a person's imagination (人の)想像に任せる

imaginative /imǽdʒənətiv/ *a* 想像の[にふける]; 想像力に富む
◇**imaginatively** *ad*

imagine /imǽdʒin/ *v* 想像する 《*to do, doing, that*》; 思う, 考える 《*that*》; 推測する 《*wh*》 ▶ You're just imagining things. きっと気のせいだ / The price was much higher than I had imagined. 思っていたよりも値段が随分高かった / Every item is offered at a price much less expensive than you'd imagine. 全商品がびっくりするほどお安い値段になっています / Employees at the company never imag-

ined they would lose their jobs. 同社の従業員は自分たちが職を失うとは夢にも思わなかった / Opinions vary, as you might imagine. 皆さんが想像するように, 意見は人によって異なる
Just imagine! 考えてもごらん

imaging /ímidʒiŋ/ n 映像化

IMAX /áimæks/《商標》アイマックス[⇨カナダのIMAX社が開発した超大型スクリーン映画方式]

imbalance n 不均衡, アンバランス(語法)英語では名詞のimbalanceはunbalanceより普通に用いられる. 形容詞はimbalancedとunbalancedの両方があるが(後者が普通に用いられる)▶ The government is examining ways to redress the trade imbalance. 政府は貿易の不均衡を是正する方法を検討している

imbed /imbéd/ vt (-**dd**-) =embed

imbezzle /imbézl/ v 横領する(=embezzle)

imbroglio /imbróuljou/ n ややこしい事態, 難局; 紛糾 ▶ Matters have fallen into a hopeless imbroglio. 事態はどうしようもなくもつれてしまった[<伊]

IMC integrated marketing communications

IMF International Monetary Fund 国際通貨基金[⇨第二次世界大戦後の国際通貨制度の安定を目指すブレトン・ウッズ協定に基づき, 1945年に発足した国連の専門機関. 国際通貨制度の安定を目的とし, そのための意見交換の場を設ける一方, 国際収支が悪化した加盟国に助言, 金融支援等を行う]/ IMF Managing Director IMF専務理事/ IMF Special Drawing Rights IMF特別引出権/ ask the IMF for assistance IMFに支援を要請する

IMHO〖略〗in my humble opinion 私見では

imitate /ímətèit/ vt 手本にする; 模倣する, まねる; 模造[偽造]する

◇**imitable** a 模倣できる

imitation /ìmətéiʃən/ n 模造[偽造]品; 模倣

imitative /-tèitiv|-tə-/ a まねをする(*of*); 模倣[偽造]の; 模倣的な

immediate /imí:diət/ a 即座の; 当面の, 目前の; すぐ隣の; 直接の; (関係が)近い ▶ one's immediate family 肉親/ This issue needs your immediate attention. この問題は貴殿に即刻対処して頂く必要があります / The company has no immediate plans to close the factory. 同社にはその工場を閉鎖する当面の計画はない

immediate annuity 即時(開始)年金[⇨当該年度から支給が開始される年金]

immediate dismissal 即時解雇

immediately *ad, conj* ただちに; 直接に; じかに接して; …するやいなや ▶ We must act immediately. 私たちはただちに行動しなければならない / We received the shipment immediately from the warehouse. 倉庫から直接積み降ろしを受け取った / It's important to immediately halt cash drains. 現金流出をただちに止めることが大切だ

immediate possession 即時入居 ▶ Completely furnished with immediate possession available. 家具完備. 即時入居できます (✤ 入居者募集広告)

immediate supervisor 直属の上司

immigrant /ímigrənt/ n, a 移民, 入移民 [⇨他国から自国への移民. 自国から他国への移民にはemigrantを用いる]

immigrate /ímigrèit/ vi 移住する[させる] [⇨他国から自国へ移住すること. 自国から他国への移住にはemigrateを用いる]

immigration /ìməgréiʃən/ n ❶ 移住, 移民, 入国移民[⇨他国から自国への移住. 自国から他国への移住にはemigrationを用いる] ❷ 入国管理[審査] (=immigration control); (I-) 入国管理局,(俗に)「イミグレ」(=Immigration and Naturalization Service)

immigration control 入国管理, 入国審査

Immigration Reform and Control Act of 1997 (the ~)《米》新移民法[⇨1997年4月から施行された米国の新しい移民法. 米国への不法滞在について罰則が強化されたのが重要な変更点]

imminent /ímənənt/ a 切迫した; 今にも起こりそうな ▶ avoid imminent peril [danger] 切迫した危険を避ける / An entirely new trade agreement was imminent. まったく新しい通商協定が施行直前であった

◇**imminence, imminency** n 差し迫った状態, 切迫

◇**imminently** *ad*

immobile /imóubəl|-bail/ a 動かない; 静止した

◇**immobility** n ❶ (土地などの)不動性 ❷ 非流動性 ▶ labor immobility 雇用の非流動性[⇨異なる技能が必要な他の職へと移りにくいこと]

immobilize,《英》**-lise** /imóubəlàiz/ vt ❶ (資金を)固定資産に投下する ❷ (施設等を)麻痺させる, 動けなくする ▶ This device measures alcohol in the breath and immobilizes the car if levels exceed set limits. この装置は呼気中のアルコールを測定し, 所定の数値を超えていると車が動かないようにする

immovable /imú:vəbl/ a 動か(せ)ない; 断固とした; 移されることのない; (財産が)不動の ▶ immovable estate 不動産
▶ n (~s) 不動産 (=immovable property)

◇**immovability** n

immovable property 不動産 (=immovables)

immoveable a, n =immovable

immunization,《英》**-sation** /ìmjunizéiʃən/ n イミュニゼーション[⇨金利変動は債券価格の上昇・下落による売却益・損をもたらす一方, 利息収入の再投資収益は逆方向に動いて, 増加または減少するので, こうした性質を利用して両者が打ち消し合い, 金利変動の影響が中立化されるよう計らう手法]

IMNSHO〖略〗in my not so humble opinion ちょっと言わせてもらえば

IMO¹〖略〗in my opinion 私の意見では

IMO² International Maritime Organization 国際海事機構

i-mode 《商標》iモード [➡1999年2月に始まったNTTドコモが提供する情報提供サービス。NTTドコモグループのパケット通信網を利用したサービスであるが、ドコモiモードセンターを経由してインターネット接続も可能である]

impact n /ímpækt/ 衝突, 衝撃; 影響, 感化; 効果 ► The impact of technology on productivity has accounted for about 75% of the increased rate of productivity growth over the past several years. ハイテクが生産性に与えた効果が, 過去数年間の生産性上昇率のおよそ75%を占めている / The impact of foreign exchange rates on earnings will be minor. 業績に及ぼす為替レートの影響は, 限定的なものにとどまるだろう / The policy change made at the top was dramatic in impact. トップレベルでの方針転換は劇的な衝撃を与えた

make [*have*] *an impact on* に影響を及ぼす ► The cold weather had a big impact on this year's crop. 寒い天候が今年の収穫高に大きく影響した / Lower GDP growth would have a negative impact on the government's deficit forecasts. GDP成長率の低下は政府の歳入不足の予測にマイナスの影響を与えるだろう

on impact 衝撃で

— v /-́-/ 詰め込む (*into, in*); 影響[衝撃]を与える (*on*) ► The declining economy has begun to impact several of our product lines. 景気の低迷は当社の製品ラインの一部に影響を与え始めている / High interest rates have impacted on consumer spending. 高金利が消費支出に響いた

◇**impaction** n

impact aid 《米》連邦政府の財政援助

impacted a 影響を受けた; (連邦政府職員が多い地区に)連邦政府の財政援助が行われる

impact effect 短期効果 [➡マクロ経済レベルでの変化の結果として個々の企業や家計にただちに起こる変化]

impact fee 《米》開発負担金

impaired /impéərd/ a 衰えた, 弱くなった; 正常に機能してない; (身体的・精神的に)障害のある ► hearing-impaired 聴覚障害の

impaired loan (金融機関が抱える)不良債権

impairment n ❶悪化 ❷[会計]損傷, 減価, 欠損 [➡有形固定資産の給付能力が著しく減少し回復不能な状態。資本金が正味資産を超過した状態] ► impairment of asset 資産の減損 / impairment of capital 欠損金 / These assets have suffered an impairment in value. これらの資産は価値低減をこうむった

impartial /impáːrʃəl/ a 偏らない; 公平な; 不偏不党の ► impartial and fair 不偏不党かつ公正な

◇**impartiality** n 公平無私, 不偏
◇**impartially** ad

impasse /ímpæs | æmpáːs/ n 行き詰まり (=deadlock), 窮境; 袋小路 ► The whole situation is at an impasse. 全事態が行き詰まっている / We are in an impasse. われわれは袋小路に入っている / Negotiations have reached an impasse. 交渉は行き詰まった

impatience n ❶短気, じれったさ; 焦り; (苦痛などを)我慢できないこと ❷(消費者の)性急さ [消費者が同じならば, 今期の消費の限界効用は来期の限界効用より高いということ]

impatient a 我慢できない (*of*); 待ち遠しい (*for*); しきりに…したがる (*to do*)
◇**impatiently** ad

impeach /impíːtʃ/ vt (高官を)弾劾裁判にかける; 弾劾する

impeachment n 訴追; 弾劾裁判

impeccable /impékəbl/ a 欠点のない, 申し分のない ► He has impeccable credentials for the job. 彼はその職の候補者として非の打ちどころのない実績を持っている / We have three candidates with impeccable credentials. 申し分のない経歴を持っている候補者が3人いる

impecunious /impikjúːniəs/ a 《フォーマル》困窮している ► The president came from an impecunious family. 社長は窮乏した家の生まれだった

impend /impénd/ vi 覆いかぶさる (*over*); 差し迫る

◇**impending** a 切迫した ► The creditor recognizes that an impending crisis may exist. 債権者は差し迫った危機が存在するかもしれないことを認識している

imperative /impérətiv/ a 避けられない; 義務的な; 命令的な; 厳然たる ► It's imperative that you keep the matter confidential. この件は絶対に秘密にしておいてください

— n 命令; 必要なもの
◇**imperatively** ad

imperfect a 不完全な; 法的効力のない, 強行し得ない ► Managers often must make decisions based on imperfect information. 管理職は不完全な情報に基づいて決定を下さなければならないことが多い

◇**imperfection** n 欠点; 不完全(状態)
◇**imperfectly** ad

imperfect competition 不完全競争 [➡売手が少数なため, ある程度まで価格引き上げが可能]

imperfect information 不完全情報 [➡売買される財に関する一部の情報]

imperfect market 不完全市場, 不完全競争市場 [➡売手と買手が多数存在し, 参加者は市場で決まる価格を受け入れるほかない完全市場との対比で, 売手が単独(=独占)であるか少数(=寡占)であるため, 市場価格を左右できる市場]

impetus /ímpətəs/ n 起動力; はずみ; 刺激
give (*an*) *impetus to* にはずみをつける

impinge /impíndʒ/ vi (光・音が) 当たる (*on*); 侵害する; 影響を与える (*on*) ► The new law impinges on freedom of the press. その新しい法律は出版の自由を侵害する

implement n /ímpləmənt/ 道具, 用具; 手段 ► farming [gardening] imple-

ments 農具［園芸用具］
— vt /-mènt/ 履行［実行］する；（条件などを）満たす；道具［手段］を提供する ► A comprehensive restructuring plan was implemented over a four year period. 4年にわたって包括的なリストラが実施された / If the proposed plan is implemented, we can realize significant cost savings. 計画案が実行に移されれば、かなりのコスト節減ができる / The new policy will be implemented in several phases. 新しい方針は段階的に実施されるだろう / The policy change was relatively easy to implement. その方針転換は比較的に実施しやすかった

implementation /ìmpləməntéiʃən/ n 実施、履行；（法の）施行 ► the implementation of the investment policy 運用方針の実践 / The government postponed the implementation of the tax reform. 政府は税制改革の実施を延期した / We can freeze current employee wages and benefits in exchange for implementation of an ESOP. 従業員持株制度を実施する代わりに現在の従業員の賃金と手当てを凍結することができる

implicate /ímplikèit/ vt 巻き込む；関与させる《in》；含蓄する、もつれさせる ► Additional provisions of the Internal Revenue Code are implicated in any such transaction. このような取引のいずれにおいても国税法の追加規定が適用される

implication /ìmplikéiʃən/ n ❶ 含蓄、言外の意味；ほのめかし；連座、かかわり合い；（目に見えない）影響 ► One implication of protectionist policies is the reversal of globalization. 保護主義政策が持つ一つの意味合いはグローバリゼーションの否定だ / What are the implications of the Fed's latest move to cut interest rates? 連邦準備制度理事会の最近の金利引下げ措置はどのような意味合いを持っているのか ❷［法律］(1) 黙示 (2) 推定

by implication 暗に、それとなく

have implications for に影響を及ぼす ► Controlling inflation often has negative implications for economic growth. インフレを抑制することは経済成長に対してマイナスの意味合いをもつことが多い / If the surge in the yen's value continued, it would have severe implications for Japanese exports. 円の価値の高騰が続くと、日本の輸出に厳しい影響を与えるだろう

implicit /implísit/ a 絶対の；暗黙の、言外に含まれた、潜在する《in》 ► implicit obedience 絶対的服従 / implicit consent 暗黙の同意 / implicit guarantee of the US government 米国政府の事実上の保証 / There is an implicit assumption that this can be ignored. 本件は無視してよいとの暗黙の了解が存在する / The Board has given implicit approval to the proposed changes. 取締役会は変更案に暗黙の承認を与えている

◇**implicitly** ad

implicit interest （表面金利に景品などのコストを加えた）インプリシット金利；計算上の利息

implicit knowledge 暗黙知 ⇨explicit knowledge

implied /impláid/ a 暗黙の；［法律］黙示の、間接的な

implied condition 黙示の（契約）条件［⇨明文でうたわれていなくても、当然含まれているとされる条件］

implied consent 黙示の同意［⇨不作為・沈黙も含めて一定の行為により同意の表明があったとされること］

implied contract 黙示契約 ► an implied contract of employment 黙示の雇用契約

implied license 黙示のライセンス［⇨正式なライセンスでなく、知的財産権者の一定の行動（販売等）により黙示的に許諾されるライセンス］ ⇨exhaustion of rights

◇**impliedly** /-id-/ ad 黙示的に

implied term 黙示的条項

implied trust 黙示の信託

implied volatility インプライド・ボラティリティ［⇨オプション価格に織り込まれている原資産価格変動率、これが高いほど権利行使の可能性が高いことを意味し、オプション価格も押し上げられる］

implied warranty 黙示の担保責任、黙示の瑕疵担保［⇨商品として販売されている以上、明文化されていなくとも、通常の用途に供することができると黙示的に保証されている］

implode /implóud/ v 内側に破裂する［させる］；（核融合で）爆縮する；（比喩）内部崩壊する（⇔explode）⇨implosion ► Trade imploded and incomes plunged during the civil war. 内戦の間通商は破綻して収入は激減した / The bank imploded as a result of its enormous pile of bad debts. その銀行は不良債権の膨大な蓄積の結果として内部崩壊した

◇**implosive** a

implosion /-ʒən/ n 内側に破裂すること、爆縮、（比喩）内部崩壊（⇔explosion）［⇨外から内に向かっての爆発を意味する explosion から創られた言葉で、外から内に向かうを表す。核融合の分野では「爆縮」と訳されている。ビジネス関連では企業が内部的な要因で崩壊する場合などに比喩的に使われる］ ► The implosion of the housing boom led to the credit crunch. 住宅バブルの内部崩壊は信用逼迫という結果をもたらした

imply /implái/ vt 含意する、の意味を含む；暗示する ► The latest economic data imply that the current growth rate cannot be sustained in the long run. 最近の経済データは現在の成長率が長期的に持続できないことを示唆している / The recent rise in consumer spending implies that the retail industry is slowly recovering. 個人消費の最近の増加は小売業界が徐々に回復していることを意味する

impolite a 無礼な、無作法な ► It's not OK to be impolite in business. ビジネスでは無作法は認められない

◇**impolitely** ad
◇**impoliteness** n

import /impɔ́ːrt/ *vt* 輸入する; 持ち込む (*from, into*); の意味を含む; (it を主語にして)重要である; (データを)(別のコンピュータやソフトに)取り[読み]込む, コピーする ► This country still imports most of its food. この国は食料の大部分をまだ輸入している / When a country exports more than it imports, it has a trade surplus. ある国が輸入する以上に輸出しているときは貿易黒字になっている / The US imports approximately $350 billion of foreign oil each year. 米国は外国の石油を毎年約3,500億ドル輸入している / A large majority of Japan's imported produce comes from China. 日本の輸入農産物の大部分は中国から来ている / We import most of our parts from overseas suppliers. 当社はほとんどの部品を海外の供給業者から輸入している

— *vi* 重要である ► It imports little. 大して重要ではない

— *n* /́--/ 輸入 (⇔export); (~s) 輸入品, 輸入財; (~s) 輸入(総)額; 意味; 重要(性) ► open to imports 輸入品に(市場を)開放する / put a curb on imports 輸入制限措置を課す / direct imports 直輸入品 / parallel imports 並行輸入品 / reverse imports 逆輸入品 / Imports grew to 3 trillion yen, up 17% from 2.7 trillion yen a year earlier. 輸入は前年同月の2.7兆円に比べ17%増の3兆円となった

importable *a* インポート可能な [○他のソフトで作成されたファイル形式を変換して使用できること]

importance /impɔ́ːrtəns/ *n* 重要[重大]性; 尊大(な態度) ► Hedge funds will diminish in importance. ヘッジファンドは重要性が減少するだろう / The importance of raising consumer confidence cannot be overlooked. 消費者の信頼感を高めることの重要性は見過ごすわけにはいかない / Chinese place a great deal of importance on trust in doing business. 中国人は商売をするときには相互の信頼を最大限に重視する

attach importance to を重要視する ► We attach importance to the following issues. 以下の点を重要視しています

of (great) importance (たいへん)重要な[有力な] ► Quality control is of great importance. 品質管理はたいへん重要だ

important /impɔ́ːrtənt/ *a* 重要な; 影響力のある; 尊大な ► I have something important to share with you. お耳に入れておきたい大切な話があります / It is important to store these products at the right temperature. これらの製品は適温で保管することが大切である / It is important for management to raise the necessary financing to meet operational costs. 経営陣が運営費に見合う必要な資金を工面することが大切である / Alternative fuels will become increasingly important. 代替燃料はますます重要になるだろう / Acting in a socially responsible way is an important strategy for businesses today. 社会的責任を意識して行動することは今日の企業にとって重要な戦略だ / The private sector's investment in research and development activities is an important factor in economic recovery. 研究開発活動への民間部門の投資は景気回復にとって重要な要因だ

more important さらに重要なことに
most important of all もっとも重要なことに
◇**importantly** *ad*

importation /ìmpɔːrtéiʃən/ *n* 輸入(品)
import ban 輸入禁止
import bill 輸入手形
import bonus 輸入補助金
import certificate 輸入証明書 (IC)
import charges 輸入諸掛り
import control 輸入制限, 輸入規制 (=import restriction)
import duty 輸入関税, 輸入税 (=duty of custom)

importer *n* 輸入業者, 輸入国 ► One day, China may overtake the US as the largest importer of oil. いつの日か, 中国は米国を追い抜いて石油の最大輸入国になるかもしれない / China is the world's third-biggest importer after the U.S. and Germany. 中国は米国とドイツに次ぐ世界第3位の大輸入国だ

import-export *a* 輸出入の ► import-export agencies 輸出入代理店
import function 輸入関数 [○輸入と国内所得の関係]
imported goods 輸入品
import levy 輸入課徴金
import license 輸入許可
import permit 輸入許可証
import quota 輸入割当(制) [○外国から輸入する財の総量に対する制限]
import substitution 輸入代替 [○以前には輸入していた財を国内財で代替すること]
import-substitution industrialization 輸入代替工業化 [○関税や輸入制限などによって自国市場を保護して国内の工業品生産を促進することで工業化を達成しようとする方式]
import surcharge 輸入課徴金 [○輸入品に対して関税の他に特別にかける税金]
import tariff 輸入関税
import trade 輸入業 ► a company engaged in the import trade 輸入業に携わっている会社

impose /impóuz/ *vt* (税・義務などを)課する, 負わす (*on*); 押しつける; 強いる; (不良品を)つかませる ► The government will impose restrictions on immigration. 政府は入国移民の数に制限を加えるだろう / It's not usual for mediators to impose agreements. 仲介者が協定を押しつけるのは普通ではない / The two sides agreed to accept an agreement imposed by an arbitrator. 両者は調停者が定めた協定を受け入れることに同意した / He looked at the claims of each side and imposed a settlement or resolution to the dispute. 彼は両者の主張を調べた上で紛争解決の取り決めないし決議の受け入れを求めた / Decisions are not imposed from above in this company. この会社では決定は上から押しつけられない / Multinational corporations tend to prefer to operate in countries that impose few limits on their operations. 多国籍企業は,事業活動に対しての規制が少ない国で活動することを好む傾向がある

impose on [upon] (善意などに)付け込む; だます
impose one's opinion on 自分の意見を人に押しつける
◇**imposing** a 堂々たる, 人目を引く
◇**imposingly** ad
imposition /ìmpəzíʃən/ n ❶ (善意などに)付け込むこと; 詐欺 ❷ 課税, 税金, 賦課
impossible a 不可能な; ありえない, 信じ難い;《略式》どうしようない, 我慢できない, 嫌な ▶ It was impossible for us to get across the river. その川を渡ることはわれわれには不可能だった / What you're asking me to do is impossible. 君が私に頼んでいることは実行不可能だ
next to impossible ほとんど不可能で
━ n (the ~)不可能なこと ▶ do the impossible 不可能なことをする / want [ask for] the impossible 不可能なことを望む
◇**impossibly** ad どうしようもなく, ひどく
impost /ímpoust/ n 税; 関税; 公課〔⬆「租税」の別名. 契約書で税金に準ずるものを列挙するときに出てくる〕
━ vt (輸入品を課税のために)分類する
impound /impáund/ vt (違反車などを)撤去保管する; 押収[没収]する
impracticable a 実行不可能な; 通れない; 手に負えない
◇**impracticably** ad
impractical a 実際[実用]的でない ▶ That strikes me as an impractical idea. それは私には実行不可能な考えのように思える
◇**impracticality** n
impresario /ìmprəsá:rióu/ n (~s) 興行主; 監督 ▶ an opera impresario オペラ専門の興行主, 公演主催者〔＜伊〕
impress vt /imprés/ 印象づける, 感動させる;（印を）押しつける《on, upon, with》 ▶ I was impressed by the smooth service. 丁寧なサービスに感じ入った / Our client was impressed by our presentation. 顧客はわれわれのプレゼンテーションから感銘を受けた / Chinese consumers aren't much impressed by foreign brands. 中国の消費者は外国のブランドに大して好ましい印象を持っていない
impress itself on (事物が心などに)焼き付く
━ n /-–/ 押印, 痕跡; 特徴
◇**impressible** a 感じやすい
impression /impréʃən/ n 印象; 感じ, 考え, 押された印; 痕跡;『印刷』刷; 物まね ▶ What's your impression of the hotel? ホテルの印象はいかがですか

get the impression (that) という印象を受ける ▶ I got the impression that he didn't like me. あの人は私を好きではないという印象を受けました
give an impression to / make [create] an impression on にある印象を与える ▶ The manager's speech made a good impression on the staff. マネジャーの話はスタッフに好印象を与えた
have [be under] the impression that と思っている ▶ I have the impression that we have met before. 以前にお会いしたような気がします / The management was under the (wrong) impression that he deliberately canceled the deal. 経営陣は彼が故意にその取引を中止したという(誤った)印象を持っていた
◇**impressionable** a 感じやすい; 感受性の強い ▶ at an impressionable age 感じやすい年齢で
◇**impressionability** n
impressive /imprésiv/ a 印象的な ▶ I thought the movie was quite impressive. その映画はなかなか感動的だと思った / Lowe's maintains an impressive in-stock level of 95 percent. ロウズは95%という印象的な[感銘する]在庫率を維持している / The dollar made an impressive upturn against the yen yesterday. ドルは昨日, 円に対して大幅に上昇した
◇**impressively** ad
◇**impressiveness** n
imprest /ímprest/ n 前払金
imprimatur /ìmprimá:tər, -méi-/ n お墨付き, 承認 ▶ with the imprimatur of top management 経営トップのお墨付きを得た上での
imprint /ímprint/ n (押しつけた)印, 痕跡;（書物の）奥付 ▶ take an imprint クレジットカードの写しを取る〔⬆カード表面の番号を処理伝票に転記するインプリンタを使って写しを取ること. 信用照会端末(CAT)の普及に伴い, 廃れつつある〕
leave an imprint on に跡を残す
━ vt (印などを)押す; 銘記させる《on, onto, in》
improper a 適切でない, 間違った; 無作法な ▶ improper activity 不正行為 / improper operation 運転ミス / Improper use of personal information is strictly prohibited. 個人情報の不適切な使用は固く禁じられています
◇**improperly** ad
impropriety n 不適当; 無作法
improve /imprú:v/ vt 改良[改善]する; 向上させる; 価値を高める; 利用する ▶ We need to improve the skills of our workers. 従業員の技能を高める必要がある / The bank plans to ask the government for $30 billion in taxpayers' money to improve its financial standing. その銀行は財務状況を改善するために政府に300億ドルの公的資金を要請する計画だ / In addition to controlling costs, we need to work on improving customer satisfaction. コストを管理することに加えて, 当社は顧客満足の改善にも取り組む必要がある / He improved the stop-

over by seeing a client there. 短い滞在期間を利用して,当地で顧客に会った / The developers improved the land by putting in roads and electricity. 宅地再開発業者たちは道と電気を通してその土地の商品価値を高めた
— *vi* よくなる
improve on [*upon*] をよりよくする
improve oneself 自己を磨く,上達する《*in*》
improved *a* 改善された,アップグレードされた ► This is an improved version of the Model 300E. この製品はモデル300Eのアップグレード版です

improved land 建物等の構築物が建っている土地およびその建物等の構築物

improvement *n* 改善,改良《*on, over*》; 回復; 進歩,上達《*of, in*》; 改良工事; 利用; 改良技術,改良工作物; 土地に付着するもの [➡たとえば,建築物,通路,下水設備など,土地の価値を高めるものが該当する] ► a land improvement project 土地改良事業 / the cost of improvements to land 土地の改良費 / a home improvement loan 増改築ローン / make an improvement in [to] を改善する / We have seen a slight improvement in the economy. 景気は僅かながら持ち直していることが見てとれた / The stock market is slowly showing signs of improvement. 株式市場は徐々に改善の兆候を見せつつある

improvement patent 改良特許 ⇒incremental patent

imprudent *a* 軽率な,無分別な ► Making a rash decision is imprudent. 性急に結論を出すことは賢明でない / The company went on to adopt imprudent cost-slashing programs. 会社は無分別な経費削減計画を採用することになった
◇**imprudence** *n*
◇**imprudently** *ad*

impulse buy [**buying**] 衝動買い
◇**impulse buyer** 衝動買いをする人

impulse purchase [**purchasing**] 衝動買い(=impulse buy [buying])
◇**impulse purchaser** 衝動買いをする人

impulsion *n* 衝動,推進
impulsive *a* 衝動[直情]的な; 推進的な
◇**impulsively** *ad*

imputation /ìmpjutéiʃən/ *n* ❶ 帰すること; 非難 ❷【会計】帰属計算

imputation system インピュテーション方式 [➡受取配当金に対応する納付済み法人税額を株主の所得税額から控除できる仕組み。法人の税引後所得から払われる配当金がそのまま株主の課税所得とされると二重課税になるので,これを避けるための調整措置である]

impute /ìmpjúːt/ *vt* ❶ 帰する,転嫁する《*to*》 ❷【法律】…の責に帰する,…に帰属せしめる; 推定する ❸【会計】帰属計算する
◇**imputable** *a* 帰することができる《*to*》

imputed *a* 帰属させた,(責任)転嫁した; 帰属(計算)の

imputed interest ❶ みなし利息 [➡実際には利息の授受がなくとも経済的実質的な移転に着目して「みなし利息」として,課税されることがある] ❷ 社内金利 [➡資金の効率的利用という見地から,資金の利用者である各事業部門に負担させる想定金利で,業績を算出する際に反映される]

imputed liability 【法律】代位責任(=vicarious liability)

imputed negligence 【法律】代位過失

imputed value みなし評価額 [➡実際の価値が分からない場合に,課税等の便宜上付与される評価額]

IMRO Investment Management Regulatory Organisation

in /in/ *prep* (場所・位置)の中に[で,の]; (動作の方向)の中へ; (状態)の状態で; (着用)を身につけて; (限定・範囲)について; (比率・割合)のうちで; (従事・活動)に従事して; (道具・材料)で; (時)の間, のうちに; (今から)後に; (目的)のために; (同格)という; (能力)に備わって
► **in** a hurry 急いで / 99 people **in** 100 100人中99人 / be **in** business business をしている / **in** an hour 1時間後に / **in** answer to への返答に / The company is **in** danger of a hostile takeover. その会社は敵対的な乗っ取りの危機に曝されている / Production is scheduled to begin **in** May. 生産は5月に始まる予定だ
(成句) be in it (up to the neck) ひどく困っている; 深く関係している in doing …する時に; in that という点で,に関して; …だから There is not much [little, nothing] in it. 大した[ほとんど,まったく]違いはない What is in it for a person? (人にとって)何の役に立つのか
— *ad* 中へ[に]; 在宅して; 到着して; 政権を握って; 流行して
(成句) (be) in at 参加[出席]して (be) in for に巻き添えになって; を受けるはめになって (be) in on (計画・秘密などに)参加[関係]して be [get] in with と親しい[親しくなる] in and out 出たり入ったりして; 内も外も in between 中間は
— *a* 内部の; (略式)仲間うちだけの; 流行の; 人気のある; 権力を握っている
► the **in** thing はやり
— *n* (the ~s) 与党; (略式)手づる,コネ,引き
(成句) ins and outs 一部始終,詳細; 曲折; 与党と野党

in. inch

inability *n* できないこと《*to do*》(✚unableの名詞) ► We can't do anything about the company's inability to pay debts as they mature. 会社が借金を期日に払えないことについてはわれわれはどうしようもない

inaccessible *a* 近づき難い,入手できない; 理解できない
◇**inaccessibility** *n*

inaccurate *a* 的確でない; 誤りのある ► The figures in the report are inaccurate. その報告書の数字は不正確だ / The earnings forecast turned out to be inaccurate. その収益予想は正確でないことが分かった / That, of course,

proved inaccurate. もちろん,それが正確でないことは後になって分かった
◇**inaccuracy** n

inactive a 不活発な; 怠惰な ► The account was closed because it was inactive. その口座は使われていなかったので閉鎖された

inactive account 不動口座, 休眠口座 [⇒銀行の預金口座または証券会社の取引口座で長期にわたって取引がほとんどないもの]

inadequate a 不適切な, 不十分な; 不適格な ► The information given was inadequate. 与えられた情報が不適当だった / Cash flow is inadequate to meet debt obligations. 借入金を返済するにはキャッシュフローが不十分だ
◇**inadequacy** n 不十分, 力量不足; 不適当な個所
◇**inadequately** ad

inadmissible a ❶ 許し難い, 認容できない ❷【法律】(1) 許容[採用]できない (2) 証拠能力がない ► inadmissible evidence (証拠として法廷に出せない)証拠能力を欠く証拠

inalienable a 譲渡できない, 奪うことのできない ► inalienable right 不可侵の権利

in-and-out time card 出勤票

inappropriate a 不適切な ► He brought up the issue at an inappropriate time. 彼はその件を不適切なときに持ち出した
◇**inappropriately** ad 不適切に ► He used the funds inappropriately. 彼はその資金を不適切に使用した
◇**inappropriateness** n

inaugural /inɔ́ːɡjurəl/ a 就任(式)の; 開始[開会]の; 最初の ► an inaugural game (シリーズの)初日の試合
— n 就任演説 (=inaugural address [speech]); 就任式

inaugurate /inɔ́ːɡjurèit/ vt (就任式を行って)就任させる; 発会[開通,落成]式を行う; の始まりとなる ► On Monday, the company will inaugurate the new train line service connecting the airport to the city. 月曜日に,同社は市内と空港を結ぶ新しい鉄道路線サービスを開通させる予定だ

inauguration /inɔ̀ːɡjuréiʃən/ n 就任(式); 開始; 除幕

in-basket n =in-tray

In Bev (〜NV/SA) インベブ [⇒Beck's, StellaArtois のブランドで欧州, 中南米で有名なベルギーのビール会社. 2008年7月米国の Anheuser-Busch を買収統合した]

in bond 保税 [⇒税関の許可を得て, 関税未納の状態で保管されていること] ► goods in bond 保税貨物

inbound /inbáund/ a 本国行きの; 到着する; 市内に向かう (⇔outbound)

inbound telemarketing インバウンド・テレマーケティング [⇒見込み客にかけるアウトバウンド・テレマーケティングとの対比で, カタログや広告を見た見込み客からの電話を待って進めるタイプの電話営業]

inbox, in box n (未決の)書類入れ; (メールの)受信トレイ ⇒in-tray; outbox

in-built a =built-in

inc, inc. including, inclusive (of)

Inc. /iŋk/ 株式会社 [⇒Incorporated の略. 社名の末尾に付けて用いる. 例: Apple Inc.]

incalculable a 数えきれない; 予想できない; 当てにならない
◇**incalculably** ad

incapable a (が)できない (of doing); (の)資格がない (of) ► The company is incapable of handling such a large order. その会社はこのような大量注文を受けるだけの能力がない
◇**incapability** n
◇**incapably** ad

incapacity benefit 《英》就業不能給付; 就労不能手当[給付金]

incentive /inséntiv/ n 誘因; インセンティブ, 報奨金 [⇒従業員や販売代理店の目標達成意欲を高めるための刺激策や促進策] ► an early retirement incentive program 早期退職報奨制度 / economic incentives to increase recycling リサイクルを増加させる経済的誘因 / have no price incentive to conserve energy 価格的にエネルギーを節約させる誘因がない / provide tax incentives for the purchase of hybrid vehicles ハイブリッドカー購入に税制上の優遇措置を与える ► The company is considering incentive bonuses for managers. 同社は管理職を対象とした報奨ボーナスを検討している / If sales incentives such as discounts do not work, car dealers will have difficulty in maintaining their sales. 値引のような販売奨励策がうまく行かなければ, 自動車ディーラーが売上を維持することは難しいだろう / Japan's severe economic downturn has given new incentives to sell the yen. 日本の深刻な景気低迷は円を売るための新しい誘因を創り出している
— a 刺激[激励]的な

incentive compensation scheme インセンティブ型報酬システム [⇒達成した実績に応じて高額のボーナスを支給するような報酬体系を指す]

incentive fee 成功報酬, インセンティブ・フィー [⇒ファンドの運用成績が一定水準を上回った場合に支払われる成功報酬] ► Hedge fund managers get an incentive fee, which is a 20% cut of the profits. ヘッジファンドのマネージャーは利益の20%に相当する成功報酬を得る

incentive pay 奨励手当 ► If you pass the Spanish proficiency test, you will receive language incentive pay in addition to your base pay. スペイン語検定試験に合格すると, 基本給に加えて, 語学奨励手当を受け取れる

incentive payment 報償金

incentive stock option (税法上有利な)奨励ストック・オプション

incentive stock option plan 自社株購入選択奨励制度 [⇒企業の取締役や従業員に対し

て報酬制度の一環として，事前に定められた価額で自社株の購入を選択できる権利を認める制度〕

incentive system 奨励給制 (=incentive wage system)

incentivize,《英》**-vise** *v* インセンティブであと押しする ► incentivize electric cars 電気自動車を買うようインセンティブであと押しする

inception /insépʃən/ *n* 始まり，開始
at the (very) inception of のはじめに
◇**inceptive** *a* 初めの

inch /intʃ/ *n* インチ〔◯1/12 foot〕;《~es》身長; 少し; 1インチの降雨［雪］量 ► Give them an inch and they'll take a yard [mile].《諺》寸を許せば尺を望む，少しでも譲歩するとますますつけあがる
by inches 徐々に; かろうじて
every inch 隅から隅まで，完全に
inch by inch わずかずつ
not yield [give, budge] an inch 少しも譲らない ► Neither side will not give an inch in the negotiations. どちら側もその交渉で一歩も譲ろうとしない
within an inch of の一歩手前まで，危うく…するところで
— *v* 少しずつ動かす［動く］(*toward*) ► The company's share price inched up 0.3 percent to ¥2,350 in Tuesday's trading. 火曜日の取引で同社の株価は僅かに0.3%上昇して2,350円で引けている

incidence /ínsədəns/ *n* 発生率 (*of*); 影響の範囲; 租税の帰着 ► What is the incidence of the tax? この税は誰が負担することになるのか

incident /ínsədənt/ *n* 出来事，事件; 付随事件; 付随義務; 挿話; 事変 ► The incident still remains vivid in my mind. その出来事は今も私の記憶に鮮明に残っている
without incident 無事に，何事もなく ► The protest took place without incident. 抗議活動が行われたがその事件も起こらなかった
— *a* 付随する (*to*); 投射する (*on, upon*)

incidental /ìnsədéntl/ *a* 付随して起こる，ありがちな (*to*); 付随的な，主要でない ► This company carries out investment business that is incidental to its main activity. この会社はその主要事業に付随した投資事業を行う ☞ CONSULTANT shall pay all costs, expenses and charges necessary or incidental to the performance of the Services unless otherwise expressly set forth in this Agreement. コンサルタントは，本契約に明示の定めがない限り，本業務の履行に必要なまたは付随するすべての代価，費用または諸経費を支払うものとする
— *n* 付随的な事柄;《~s》付帯［付随］費用 (=incidental expenses); 雑費
◇**incidentally** *ad* 付随的に，偶然に; ついでに言うと，ところで (=by the way) ► Incidentally, you forgot to attach the file. それはそうと，君はファイルを添付するのを忘れたね

incidental damage 間接損害，二次的損害;《~s》間接損害の賠償; 付随的損害賠償金

incl. including; inclusive

inclination /ìnklənéiʃən/ *n* 傾向 (*to, toward*); 好み (*for*); 傾く［傾ける］こと，傾斜
have an inclination to (do) …しやすい，…するたち ► They had no inclination to settle on a reasonable basis. 彼らは合理的に解決しようとする気がない

inclined /inkláind/ *a* …したい気持ちがある (*to do*); …する傾向がある (*to do*); …の才能のある ► musically inclined 生まれつき音楽が得意な / I am inclined to agree with you. 君に同意したいような気がする

inclose /inklóuz/ *vt* =enclose
◇**inclosure** *n* =enclosure

include /inklú:d/ *vt* 含む (*in*) ► Your duties include price negotiations with our vendors. あなたの職責には，納入業者との価格交渉も入っている / This price includes postage. 価格は郵送料を含む
myself [me] included 私も含めて
◇**inclusion** *n* 包含 (*of*); 含有物

including *prep* …を含めて
► The company undertook several cost-cutting measures, **including** streamlining operations and introducing early retirement options. 同社は事業のスリム化と早期退職オプションの導入を含むいくつかの経費削減策に着手した / The company reported lower sales of major products, **including** cameras and printers. 同社はカメラとプリンターを含む主要製品の売上高の減少を公表した

inclusionary zoning インクルージョナリー・ゾーニング〔◯住宅開発に際して，一定の戸数を低所得者向けとすることを求める米国自治体の土地利用ルール〕

inclusive /inklú:siv/ *a* 一切を込めた; 含めて (*of*) ► inclusive of tax 税込み / Monday to Friday inclusive 月曜から金曜（いっぱい）まで (=《米》Monday through Friday) / The rent is $500 a month inclusive of heating. 家賃は暖房費を含めて月500ドルである
◇**inclusively** *ad*

income /ínkʌm/ *n* ❶ 収入，所得〔◯一般の経済用語。個人が労働や投資などによって獲得する収入。定期的な収入について用いる〕► be on a fixed income 定収入がある

コロケーション
（動詞(句)+~）**earn** income 収入を得る / **increase** income 収入を増やす / **receive** income 収入を受け取る / **reduce** income 収入を減らす

❷ 利益〔◯会計用語。企業が所定の期間内に得た収入から売上原価や必要経費を差し引いたもの〕► report net income of approximately $500,000 for the first quarter 第1四半期に約50万ドルの純利益を計上する

❸〖税制〗所得（✧米国の所得税法の用語）⇒ income tax ► taxable income 課税所得 / tax-exempt income 非課税所得 / deductions from income 所得控除 / be fully deductible from taxable income 課税所得から全額控除できる / double taxation of corporate income 法人所得に対する二重課税

===収入・利益・所得===
accrued income 未収収益 / after-tax income 税引後利益 / annual income 年間所得 / consolidated net income 連結純利益 / disposable personal income 可処分個人所得 / discretionary income 裁量所得 / factor income 要素所得 / fixed income 定額収入, 定期収入 / gross income 総収入 / interest income 受取利息, 利息収入 / investment income 投資収益 / level of income 所得水準 / miscellaneous income 雑収入 / money income 現金収入 / national income 国民所得 / net income 純利益, 最終利益 / nontaxable income 非課税所得 / operating income 営業収益, 営業利益 / other income 営業外収益, 営業外利益 / per-capita income 国民1人当たり所得 / permanent income 恒常所得 / personal income 個人所得 / private income 個人所得 / real income 実質所得 / rent income 家賃収入 / source of income 収入源 / taxable income 課税所得 / tax-exempt income 非課税所得 / tourist income 観光収入 / unearned income 不労所得 / yearly income 年間所得

income account 《米》損益計算書 (=income statement)
income after (income) taxes 税引後利益
income and expenditure 収支, 収入支出
income and expenditure account 《英》収支計算書 [⇨英国の非営利法人の会計の中で使われる言い方. 企業の場合は, 《英》profit and loss account, 《米》income statement(いずれも「損益計算書」と訳す)と称される]
income and expense 損益
income approach ❶ 損益法 [⇨損益計算の基本方式の一つであり, 当期収益から当期費用を控除して当期利益を計算する方法] ❷《米》収益還元法 [⇨鑑定評価手法の一つ]
income before (income) taxes 税引前利益
income before interest charges 利息控除前利益
income benefits 補償給付
income bond ❶《米》インカム債券, 収益社債 [⇨利益がなくても利払いを要する普通社債と異なり, 利益の出たときのみ利払いが行われる債券] ❷《英》定期分配型債券 [⇨半年に1回または年に1回の利払いが普通である債券と異なり, 毎月, という具合により頻繁に定期的利払いをする債券]
income bracket (所得税の)所得区分
income budget 損益予算 [⇨企業の費用項目および収益項目に関する予算で, 営業損益予算, 営業外損益予算と特別損益予算からなる]
income charges 営業外費用
income deduction 利益控除項目 [⇨営業外費用と法人税等の総称を言う]

income effect 所得効果 [⇨所得の増大が財の消費量に与える効果]
income elasticity 所得弾力性 [⇨消費者の所得水準の変化に対して需要がどの程度敏感に反応するかを示すもの]
income elasticity of demand 需要の所得弾力性 [⇨所得が1%増加したときある財の需要が何%増加するかを示す値]
income from continuing operations 継続的事業活動利益 [⇨企業本来の継続的な営業活動からの収益から, 売上原価, 減価償却費などの営業活動の費用と法人税などを控除した後の利益]
income from discontinued operations 廃止事業経常利益, 非継続的活動利益, 臨時的・偶発的利益 [⇨廃止事業部門の廃止するまでの営業活動から生じる経常利益]
income from operations 営業利益 [⇨売上高から売上原価を控除した売上総利益から一般管理および販売費を控除した利益]
income gain (有価証券の)配当利子収入, 運用収入 [⇨利子や配当金による定期収入. 元本の値上がり益すなわちキャピタルゲイン(capital gain)と対比される] ⇨ capital gain
income gap 所得格差 ▶ The income gap between America's richest 1% and the rest of society has widened sharply. 米国の最富裕層1%と社会の残りの人たちの間の所得格差は急激に拡大した
income per share 一株当り利益
income protection 《英・豪》= income protection product
income protection product 《英・豪》所得補償保険, 就業不能保険
income recognition 利益の認識
income security 所得保障
incomes policy 所得政策 [⇨賃金上昇率を生産性上昇の範囲内におさえて, インフレを抑止しようという政策]
income statement 《米》損益計算書 (= 《英》profit and loss statement) [⇨1年間の企業活動の収支の流れを説明する計算書] ▶ prepare an income statement for September 9月度の損益計算書を作成する

コロケーション
(動詞(句)+~) **analyze** an income statement 損益計算書を分析する / **examine** an income statement 損益計算書を吟味する / **prepare** an income statement 損益計算書を作成する / **produce** an income statement 損益計算書を作成する

income stock 安定配当銘柄 [⇨株価上昇による値上がり益を期待できる成長銘柄との対比で, 安定した高配当の得られる銘柄を言う]
income stock fund 安定成長株ファンド
income stream 継続的収入 [⇨既存の契約や投資によって長期的に入ってくる所得] ▶ His job as a public servant basically guarantees him a stable income stream. 公務員としての彼の仕事は基本的に安定所得の継続

を保証している

income support 《英》(基礎年金に対する)所得扶助(加算)

income tax 《米》所得税 [◎個人と法人の所得(income)に課せられる税. 個人所得税(personal income tax)と法人所得税(corporate income tax)の総称. 日本では個人は所得税, 法人は法人税だが, 米国では個人も法人も income tax を支払う] ▶ corporate income tax 法人所得税, 法人税 / income tax collected at the source 源泉所得税

income tax allowance 《英》所得控除額

income tax deduction 《米》所得控除額

income tax effect 所得税効果, 税効果 [◎特定の租税政策目的の税法が法人税等に与える影響]

income tax expense 法人税費用, 法人税等 [◎損益計算書で税引前利益から控除される法人税等を意味する勘定科目名]

income tax liabilities 租税債務

income tax payable 未払税金, 未払法人税, 未払所得税 (=income tax provision, accrued income tax) ▶ be recorded as income taxes payable for estimated tax liabilities 推定納税債務に対する未払法人税(未払所得税)として計上する

income tax provision 未払所得税, 未払法人税, 納税引当金

income tax return 納税申告書, 法人税申告書, 所得税申告書

income tax withholding 源泉所得税預り金 [◎従業員や役員の所得税を給料から差し引いて預かった金額]

income test 収入調査 (=《米》earnings test) [◎社会保障の無拠出給付を受給するための要件の一つ]

incoming a 入って来る, 受け取る; 後任の ▶ incoming calls かかってくる電話 / incoming fax 受信ファクス / incoming mail 受取郵便物
― n 入来; (~s) 収入

in-company a 社内の (=in-house)

incompatibility n 相容れないこと; 非互換性

incompatible a 相容れない; 互換性のない (*with*) ▶ Rigidity is incompatible with the changing circumstances. 硬直的な考え方は変化する状況とは相容れない

incompetence /inkάmpətəns|-kɔ́m-/,
incompetency /-tənsi/ n 無能であること, 所定の能力を備えていないこと ▶ legal incompetence 法的な行為能力の欠如

incompetent a 無能な, 役に立たない; 無能力の ▶ The new president is incompetent to lead such a big company. 新社長はこのような大会社の上に立つ能力がない
― n 制限能力者
◇**incompetently** ad

incomplete a ❶ 不完全な, 不十分な ❷【金融】不完全な, 不備な

incomplete transaction 未完了取引

incomprehensible a 不可解な ▶ The document is full of incomprehensible jargon. その文書はわけの分からない言葉に満ちている
◇**incomprehensibility** n
◇**incomprehensibly** ad 不可解なことに
◇**incomprehension** n

inconceivable a 想像もできない; 《略式》信じられない ▶ In the heydays of economic boom, it was inconceivable that the stock market would crash so hard. バブル経済の絶頂期には, 株式市場がそんなにひどく崩壊するとは夢にも思わなかった
◇**inconceivability** n
◇**inconceivably** ad

inconsistency n 矛盾(したこと, 言動), 不一致 ▶ Customers have complained of inconsistencies in service among our hotel staff. 当ホテルの従業員のサービスにはむらがあると顧客は文句を言った / In their pursuit of money, investors try to exploit inconsistencies in the market. 金儲けの追求にあたって, 投資家は市場に存在する不整合を利用しようとする

inconsistent a 調和を欠く; 矛盾する; 定見のない (*with*) ▶ Much of the information we have received is fragmented and inconsistent. 入って来ている情報は大方断片的で錯綜している
◇**inconsistently** ad

inconvenience n, vt 不便[不自由](なこと); 迷惑(なこと); 不便[迷惑]をかける ▶ much to the inconvenience of にとって大いに不便[迷惑]なことに

inconvenient a 不便な, 迷惑な ▶ Tuesday is a bit inconvenient for me. How about Thursday? 火曜日はちょっと都合が悪い. 木曜日ではどうか
◇**inconveniently** ad

inconvenient truth 都合の悪い真実 [◎アル・ゴア元副大統領の地球温暖化への警告. その講演を収録したドキュメンタリー映画 An Inconvenient Truth は 2006 年 6 月に米国で公開され大きな反響を呼んだ]

inconvertible a 交換不可能な; 兌換できない ▶ inconvertible currency 兌換不能通貨
◇**inconvertibility** n

incorporate /inkɔ́:rpərèit/ vt ❶ 法人化する; (会社を)設立する [◎米国であれば通常, 会社名, 所在地, 事業目的, 授権株式数 (authorized shares) などを記載した申請書を州政府に提出すれば, それが設立証書 (= 基本定款) となり, 設立が完了する] ▶ The majority of U.S. public companies are incorporated in Delaware. アメリカの上場企業の過半数がデラウェア州で設立されている ❷ 組み入れる (*in, into*); 一体化する; 具体化する (*with*) ▶ incorporate derivative instruments into the fund's investment そのファンドの投資資産にデリバティブを組み入れる
― vi 合体する, 一体化する (*with*); 法人となる
― a /-pərət/ 法人(会社)組織の; 一体となった

incorporated /inkɔ́:rpəreitid/ a ❶ 法人[会

社]組織の；《米》有限責任の　▶ an incorporated company 法人企業　❷ 株式会社［◆社名の末尾に付けて用いる．例：Corning Incorporated；略語ではInc.］

incorporation /inkɔ̀ːrpəréiʃən/ n 設立，法人格の付与，法人設立手続

incorporator n 発起人［◆定款を作成して州政府に届け出るなど，会社設立のイニシアチブを取る人．promoterとも言う］

incorporeal a ❶ 実体[肉体]のない　❷【法律】無体の［◆特許権・著作権・独占販売権などについて言う］　▶ incorporeal chattels 無体財産；無体人的財産

incorporeal hereditament 無体相続財産［◆権利等有形物でないものを対象とする相続財産］

incorrect a 正しくない；妥当でない
◇**incorrectly** ad
◇**incorrectness** n

Incoterms, INCOTERMS /íŋkoutəːrmz/ n インコタームズ，国際貿易用語定義集［◆パリの国際商業会議所が作成する種々の貿易慣用語の定義集(International Rules for the Interpretation of Trade Terms)の通称］　🗐 Risk of loss of the Goods shall pass from SELLER to BUYER in accordance with the provisions of INCOTERMS 1953, as amended, with respect to the relevant trade terms. 当該商品の損失リスクは，当該貿易条件に関連するインコタームズ1953年の規定，改訂があればその規定に従って，「売主」から「買主」に移転するものとする

increase

v /inkríːs/ 増やす，増える；強まる　▶ increase in number 数が増える / Bilateral trade has increased rapidly in the last decade. 二国間貿易は1990年代に急速に増加した / Farm production increased by 25 percent. 農業生産は25%増加した / Many people believe that job cuts will increase after the new year holiday. 正月休みが終わったら人員整理が増加すると考えている人が多い / Our competitor increased its market share. われわれの競争会社は市場占有率を増加させた / Sales are increasing at five to six percent per year. 売上は年に5~6%増大している / We need to increase efficiency and reduce costs. 当社は能率を高めてコストを削減する必要がある

━ n /́-/ 増加(量) (in)（⇔decrease）　▶ The report shows an increase in the number of female smokers. 報告書によれば，女性の喫煙者数が増えている

on the increase 増加して

increased a 増加した　▶ increased demand [supply] 増加した需要[供給]

increased cost of working (ICOW) 間接損害［◆たとえば，保険をかけてある店舗が何らかの損害を受け，仮店舗を使用したような場合に生じる付随的費用のこと．保険で担保される費用に入るのかどうかが問題にされる］

increase in capital stock 増資

increasingly ad ますます　▶ Foreign trade has become increasingly important to economic growth. 外国貿易は経済成長にとってますます重要になっている / Increasingly fierce competition has driven many airlines to form alliances. 競争の激化は多くのエアラインを提携関係の締結へと駆り立てた / Price competition in the electronics market is becoming increasingly fierce. 電子機器市場における価格競争はますます激烈になっている / China is playing an increasingly important role in the global economy. 中国は世界経済においてますます重要な役割を演じている / We must advertise and appeal to the increasingly fragmented U.S. television audience. 次第に細分化しているアメリカのテレビ視聴者に広告して訴えかけなければならない

increasing returns to scale 規模に関して収穫逓増［◆すべての投入物を比例的に増加させたとき，産出物がその増加率以上に増加すること］

incredible a 信じられない；《略式》途方もない　▶ Market growth in this field was incredible. この分野での市場の成長は目覚ましいものがある / The size and scope of the pyramid scheme were incredible. そのマルチ商法は信じられないほどの大きさと範囲を持っていた
◇**incredibility** n
◇**incredibly** ad 信じられないほど，ものすごく；信じられないことに

increment /íŋkrəmənt/ n 増加(量)，増額，増益 (in)；刻み幅　▶ a salary of $50,000 with annual increments of 2% 年5万ドルの俸給年率2%の昇給 / Hourly rates are measured in increments of 6 minutes (one-tenth of an hour). 時間当たりの料金は6分(1時間の10分の1)刻みで計算される

incremental /ìŋkrəméntəl/ a 増大する

incremental analysis 増分分析 (=differential analysis)［◆費用対効果の見地から選択肢を比較するアプローチ］

incremental approach 増分分析法

incremental cost 増分費用，追加コスト［◆モノの生産またはサービスの提供を追加的に1単位増やした場合に生ずるコスト］

incremental cost of capital 限界資本コスト，追加資本コスト［◆追加的に調達された資本のコスト．出資者側は投資額の必要収益率として，これを上回るものを期待する］

incremental patent 付加的特許［◆基本特許に付加され，あるいは基本特許を改善する特許．improvement patent(改良特許)とも言う］

incremental revenue 増分収益［◆代替案の経済的意思決定の結果としての収益の増加分］

incriminate /inkrímənèit/ vt 罪を負わせる；罪あるものとする　▶ incriminating evidence 有罪の証拠

incubate /íŋkjubèit/ vt ❶ (鳥が卵を) 抱く；(卵を) ふ化する；(計画などを) 生み出す，具体化する；もくろむ　❷ (新興企業の) 立ち上げを支援・育成する

incubation investment インキュベーション投資 [○初期段階でのベンチャー企業投資]

incubator /ínkjubèitər/ n インキュベーター [○新興企業(者)の立ち上げを支援・育成する施設や人, 会社, 仕組み]

incubator space 起業支援スペース [○起業を支援するため無償または低賃料で提供される事務所]

incumbent /inkʌ́mbənt/ a 現職[在職]の; 義務として課される《on, upon》
— n 現職者;《米》現職議員

incur /inkə́ːr/ vt (-rr-) 陥る;(損害を)招く;(損失を)負う;(人の不興を)買う; 引き起こす ► incur a person's wrath 人の怒りを招く / endeavor to minimize the costs incurred by customers 顧客にかかる費用を最小に抑える努力をする

incurrence /inkə́ːrəns, -kʌ́r-/ n (損害・責任などを)受けること ► A leveraged buyout involves the incurrence of a high level of debt. 借入金をてこにした買収は巨額の借金を招くことを必然的に伴う

indebted /indétid/ a 借金がある《to》; 負債がある ► I'm indebted to all those who have helped me. ご助力下さった皆さんのおかげです

indebtedness n 借入金; 負債, 債務; 負債額 ► indebtedness due on demand 期限の定めのない債務

indeed /indíːd/ ad 本当に, まったく, 実に; 実は, 実際は; それどころか; いやを言えば;(譲歩)なるほど, 確かに ► It was indeed an honor to meet you. お目にかかれて本当に光栄でした / The decline in consumer confidence is indeed worrisome. 消費者信頼感の下落は実に気がかりだ / Consumers are indeed feeling the impact of the inflation. 消費者は確かにインフレの影響を感じつつある
indeed ..., but なるほど…だが
Yes, indeed! そうですとも

indefeasible /ìndifíːzəbl/ a ❶ 破棄できない, 取り消せない ❷【法律】(1)(不動産権に)解除条件が付されていない (2)取消権留保付でない

indefinite a 不明確な; 決まっていない ► an indefinite strike 無期限スト
◇**indefinitely** ad 無期限に, 漠然と
◇**indefiniteness** n 【知財】不明確 [○特許の請求項(クレーム)は, 発明の範囲を明確に特定するものでなければならず, 不明確な場合は無効事由となる]

indemnification /indèmnəfəkéiʃən/ n 補償(金), 賠償(金) ► They will likely seek indemnification from the debtor and stockholder to protect their position. 彼らは自分たちの立場を守るために, 債務者と株主から補償を求める見込みがある

indemnification agreement 補償契約 [○相手方に迷惑をかけないことを約束し, 万一, 金銭的負担が生じたらその分を補償する旨定める契約]

indemnify /indémnəfài/ vt 補償する《from, against》; 弁償する, 償う《for》; 損害補償をなす ► He must be indemnified for all expenses he has incurred. 彼がこうむった出費のすべてについて補償されるべきだ / This policy indemnifies the bearer from [against] all loss from fire. この保険証書は名義人に対して火災による損害を全額補償するものである / We will indemnify you for any loss sustained. いかなる損失も補償いたします

indemnity /indémnəti/ n 賠償(金); 損失補償, 補償金 ► demand the payment of $30 million indemnity 3千万ドルの損害補償金を要求する

indemnity insurance 賠償責任保険

indenture /indéntʃər/ n 債券発行契約書; 歯型捺印証書

independence /ìndipéndəns/ n ❶ 独立, 自立; 自活 ❷【政治】独立 [○植民地や属領など, ある地域が主権を獲得して新たに独立国になること] ► achieve independence 独立を達成する / call for independence 独立を求める / declare independence 独立を宣言する / establish independence 独立を確立する / gain full independence 完全に独立する ❸【会計】独立性, 監査人の独立性 (=independence of auditors) [○公正な監査を実施するために, 公正不偏な立場を求める被監査会社からの独立性]

independent /ìndipéndənt/ a 独立の, 自主的; 独自の《of》; 無所属の ► independent means 不労所得 / Our company conducted an independent experiment. 弊社では独自の実験を実施しました / The problems of inflation and unemployment are not independent of each other. インフレと失業とはそれぞれ別個の問題ではない
— n 独立した人[もの]; 個人経営の企業; 党派に属さない人
◇**independently** ad 独立して, と切り離して《of》

independent accountant 独立会計士 [○被監査会社とは経済的にも精神的にも独立した会計士を言う]

independent accountant's report 独立会計監査人監査報告書

independent audit 独立的監査 [○被監査会社から独立した職業会計士などが行う監査]

independent auditor 独立監査人 ► obtain an independent auditor's report on the financial statements 財務諸表について独立監査人報告書を取得する

independent brewery 《英》地場のビール会社

Independent Broadcasting Authority 《英》独立放送公社 (IBA) [○もとIndependent Television Authority]

independent claim 独立クレーム [○特許において, 他のクレームを引用することなく, それのみ

で完結しているクレーム] ⇨ dependent claim

independent contractor 請負人，独立契約者 [⇨契約相手の指揮命令に服したり代理権が付与されたりするのではなく，独立した契約者として仕事の成果をあげることが契約の趣旨であることを強調した言い方] 🔖 Under this Agreement Agent shall act as, and have the status of, an independent contractor and shall not be considered as an employee or partner of Principle. 本契約に基づき「代理店」は独立契約者として別個の地位をもって活動し，「(売主)本人」の従業員または共同事業者とはみなされないものとする

independent cost 独立原価, 個別原価 [⇨連産品の結合原価が分離された後の個々の原価]

independent director (英)社外取締役

independent financial adviser (英)ファイナンシャルアドバイザー (IFA) [⇨特定の金融機関に属さないで，保険等の金融商品について消費者の相談に乗る専門家]

independent means 資産所得, 投資所得 [⇨勤労所得に依存している人との対比で，資産家を people of independent means と呼ぶ]

independent station 独立局 [⇨ネットワークに参加していないテレビ局]

independent valuer 独立不動産鑑定評価人 [⇨欧州資産評価基準(Approved European Property Valuation Standards)によれば，過去24か月以内に評価報酬以外に手数料を受領せず，対象不動産および依頼者と利害関係のない鑑定評価人を言う]

in-depth *a* (研究・調査が) 徹底的な, 詳細な ▶ In-depth evaluation of management competence is absolutely necessary. 経営陣の能力の徹底的評価がどうしても必要だ / We have conducted in-depth one-on-one interviews with the CEO and senior-level managers. その社のCEOおよび上級管理職と徹底的な一対一の面談を行った

Inderal (商標)インデラル [⇨不整脈・狭心症などに用いるプロプラノロール(propranolol)の商品名]

index

/índeks/ *n* (**~es, -dices**) 指数, インデックス [⇨統計的指標. 代表的なものに価格指数(price index)と株価指数(stock index)がある] ▶ an index of growth 成長率 / an index of retail prices 小売物価指数 / a composite index of leading indicators 景気先行指数 (CI) / a diffusion index of leading indicators 景気動向指数 (DI) / beat the index インデックスを上回る / deviate from index country weightings インデックスにおける国別ウェートから離れる / outperform the index インデックスを上回る / The stock market index has gone from 18,000 to 20,000. 株式市場指数は18,000から20,000になった / The Nasdaq composite index dropped 3.5% to 1,567.32. ナスダック総合株価指数は3.5%下落して1,567.32になった / The BOJ's overseas commodity index measures changes in the wholesale prices of items such as wheat, oil, and steel. 日本銀行の国際商品指数は小麦, 石油, 鉄鋼などの品目について卸売価格の変動を測定する

===■指数===
commodity index 商品指数 / consumer price index 消費者物価指数 (CPI) / Dow Jones (Industrial Average) Index ダウ(工業株価平均)指数 / Hang Seng Index (香港の) ハンセン指数 / price index 価格指数 / S&P 500 Index スタンダード&プアーズ500指数 / stock index 株価指数

— *vt* ❶ 索引をつける; 指し示す ❷【経済】(賃金・給付金などを) 生計費指数に連動させる, 指数連動化する

indexed to に連動した

index arbitrage 株価指数裁定取引 [⇨株価指数先物取引と現物株式取引を同時に行って, 株式取引のリスクヘッジやさや取り稼ぎをすること. program trading cash-index arbitrage とも言う]

indexation /-éiʃən/ *n* インデクセーション, 物価スライド制, インデックス運用 (=indexing); インデクセーション [⇨物価変動により金額を修正する方法で, 賃金, 家賃, 公共料金, 税金などを物価にスライドさせる方法]

index bond =indexed bond

index cards 情報カード

indexed /índekst/ *a* 生計費指数と連動した, 物価スライド制の (=(英)index-linked)

-indexed …と連動している, リンクしている (金融商品)

indexed annuity (米)指数連動型年金, 物価スライド制年金 (=index annuity, (英)index-linked pension)

indexed approach インデックス型アプローチ [⇨インデックス並みの運用成績を得られれば十分とする考えによる資産運用の手法]

indexed bond 物価連動債 [⇨クーポン(利息)が消費者物価指数に連動し, インフレによる目減りがないように仕組まれている債券]

indexed insurance =index insurance

indexed portfolio インデックス型ポートフォリオ [⇨インデックス並みの運用成績を確保できればよいという認識の下に組入銘柄が選択してあるポートフォリオ]

indexed product インデックス運用型(金融)商品 [⇨一定のインデックス(index)と連動するように構築されたポートフォリオ]

index fund インデックスファンド (=(英)tracker fund) ⇨ mutual fund

> 解説 株価などの指数(index)に連動するようにポートフォリオを構成したミューチュアルファンド. S&P 500のほかに, Russell 2000, Wilshire 5000, MSCI EAFE などの指数に連動するファンドがある. パッシブ運用で, 組入銘柄を変更する必要がなく, 経費率が低い利点がある. ほとんどのミューチュアルファンドの運用実績が S&P 500の実績に及ばないためインデックスファンドの人気は高い

index futures 指数先物 [○株価指数をはじめとする各指数の, 契約当時の水準と決済時の水準との差に基づいて受払いの金額が決まる先物取引]

indexing n インデクシング [○所定の指数・指標並みのリターンを目ざす運用手法]

index insurance 《米》指数保険 (=《英》index-linked insurance)

index-linked a 物価指数と連動した, 物価スライド制の (=indexed)

index-linked insurance 《英》= index insurance

index-linked pension 《英》指数連動型年金, 物価スライド制年金 (=《米》indexed annuity)

index of consumer confidence = consumer confidence index

index option インデックス・オプション [○オプションの権利行使の対象として株価指数を用いるオプション取引]

Indian a, n ❶ インド人(の), インドの ❷ (アメリカ)インディアンの (=American Indian) (✚ 今日では Native American が好まれる. Red Indian は古風. Indio (複 Indios) は中南米のインディアンについて用いる)

indicate /índikèit/ vt 指摘する; 示す; の徴標である; 暗示する; 表す; (簡単に) 述べる 《that, to》
► The results indicate a change in consumer preference. その結果は消費者選好の変化を示している / The futures market is indicating further easing in gas prices. 先物市場はガソリン価格がさらに軟化する兆候を示している / The most recent data indicate that the consumer prices will fall 1%. 消費者物価は1%下落するだろうということを直近のデータは示している / The drop in output by Japanese manufacturers indicates that the economy is declining rapidly. 日本の製造業者による生産高の減少は日本経済が急速に下降していることを示している

indication /ìndikéiʃən/ n ❶ 指示; 徴候 《that》; (計器の) 表示 (度数) ► Indications are that inflation is inevitable. インフレは避けられない見通しである ❷【証券】インディケーション, 気配値

give any [no] indication of [that] を示す [示さない] ► The CEO gave indication that he would step down after the shareholders' meeting. そのCEOは株主総会の終了後に辞任することをほのめかした

There are indications that という徴候がある
► There are some indications that housing demand is stabilizing. 住宅需要が落ち着いてきていることを示す若干の兆候がある

There is every indication of の見込みが濃厚だ

indications of interest 仮注文, インディケーション (IOI) [○株式などの新規発行に際して, 投資家が出す仮の注文で, 投資家の購入意欲のほどが測られる]

indicative /indíkətiv/ a (あることを) 示している; 表示 [指示] する 《of》

indicator /índikèitər/ n 指標, 景気指標, 経済指標 [○経済や市場についての情報を提供する統計データ] ► leading indicators (経済の) 先行指標 / Libors, the interbank lending rates, are important indicators of the health of financial systems. 銀行間の貸付利率であるライボーは金融システムの健全さを示す重要な指標だ

indicia /indíʃiə/ n 情況証拠 ► His move as an insider was given as indicia of actual intent. 彼のインサイダーとしての動きは実際の意図の証拠として挙げられた

indicia of authority 証印, 権限・資格を示すもの

indict /indáit/ vt 起訴 [告発] する 《for》 (✚ 発音はインダイト) ► The company was indicted for price fixing on the sale of LCD panels. 同社は液晶パネルの販売で価格を操作したとして告発された

indictment n (大陪審による, 通例, 重大犯罪に対する) 正式起訴 (状), 公訴 (✚ 発音はインダイトメント) ► bring in an indictment 起訴する / find an indictment (大陪審が) 公訴提起に決する / He pleaded guilty to the indictments of securities fraud. 彼は証券詐欺の告発について罪を認めた

indie /índi/ n, a 独立プロ(の) ► indie music インディーズ系の音楽

indifference n 無関心, 冷淡, 無頓着 《to, toward, about, as to》

show indifference to に知らん顔をする

indifference curve 無差別曲線 [○ミクロ経済学で, 消費者の満足度 (効用) において変わりがない XYZ の組合せをプロットして描かれた曲線. 原点に対して凸となる (右肩下がりとなる). 消費者行動の分析に用いられる]

indifferent a ❶ 無関心な, 冷淡な 《to, toward》; 公平な; よくも悪くもない; どっちでもよい; 下手な ❷【経済】無差別の [○効用水準が等しい財の組合せを言う]

indigenous /indídʒənəs/ a 固有の; 土着の; 生来の 《to》

indigent /índidʒənt/ a 貧乏な; 貧困な; 法的扶助を必要とする

◇**indigence** n

indirect a 遠回りの; 間接的な; 二次的な; 遠回しの; 不正直の

◇**indirection** n 間接的な行動 [方法]; 無目的; 不正直

indirect advertising 間接広告 [○映画の中での商品の使用のように, 企業名, 商品名を直接明示しない広告]

indirect cost 間接費, 製造間接費 [○製品の製造において各種の製品に共通的に発生する原価]

indirect distribution channel 間接流通経路, 間接流通チャネル (⇔direct distribution channel) [○メーカーが中間業者を経由させて商品を消費者に供給する道筋] ⇨ exclusive distribution policy, extensive distribution policy, se-

lective distribution policy
indirect exchange クロスレート [◯自国と相手国相場を直接交換する市場がない場合,それぞれの通貨の対米ドル比率から,この交換レートを割り出す]
indirect expense 間接費, 製造間接費
indirect export [exporting] 第三国経由の輸出, 迂回輸出
indirect foreign investment (経営参加を目的としない)対外間接投資
indirect investment 間接投資 [◯対外投資のうち,経営参加や技術提携などを目的としない証券投資。配当や利子を得る目的で,外国の社債や株式などに投資すること]
indirect labor 間接部門, 間接労務 [◯総務・経理・人事など直接売上をあげない部門,またはその部門の維持に要するコスト]
indirect labor cost 間接労務費 (=indirect wage) [◯複数種類の製品の製造に対して共通に発生する労務費]
indirect liability 偶発債務, 間接負債 (=contingent liability) [◯保証した債務の不履行などの偶発的事象によって実際の債務となる債務]
indirect loss 間接損害
indirectly *ad* 間接的に(は) ► Over a third of the country's jobs are directly or indirectly related to exports. その国の雇用の3分の1以上は直接的または間接的に輸出に関連している
indirect materials 間接材料費 [◯間接労務費と間接経費とで製造間接費を構成する]
indirect method 間接法 [◯売掛債権の貸倒償却や減価償却資産の減価償却に当たって,直接資産から控除せずに貸倒引当金や減価償却累計額を用いる方法]
indirect overhead 製造間接費 [◯製造原価のうち直接どの製品の製造のためであるかを特定できない部分]
indirect participation 間接経営参加 [◯経営意思の決定プロセスに従業員の代表者を参加させる制度]
indirect sale 間接販売
indirect selling cost 販売間接費
indirect tax 間接税 [◯納税義務者と実際上の租税負担者が異なる税。たとえば消費税]
indirect taxation 間接課税, 間接税
indispensable *a* 不可欠な 《to, for》; 避けられない
— *n* 必要不可欠な人[もの]
◇**indispensability** *n*
individual /ìndəvídʒuəl/ *a* 単一の; 個々の, 個人の; 独特な ► The individual retailer accounts for approximately one-fourth of total retail sales. 個人小売商は総小売売上の約4分の1を占める
— *n* 個人, 《略式》人; 個体; 自然人 [◯法人との対比で個人を取り上げる場合の法律の専門家の言い方]
◇**individually** *ad* 個別に; 個人的に
individual annuity 《米》個人年金 (=《英》individual pension)

individual brand 個別商標, 個別ブランド ► Marketing an individual brand is costly. 個別ブランドのマーケティングは高くつく
individual branding 個別ブランド化
individual certificate (団体保険・団体年金の)被保険者証 (=certificate of insurance, insurance certificate)
Individual Contract 個別契約 📄 An Individual Contract shall be deemed to have been made only when SELLER issues a Sales Confirmation to the Purchase Order. 「個別契約」は,「注文文書」に対する「注文請書」を「売主」が発行したときに限り,発効したとみなすものとする
individual customer 個客
individual enterprise 個人企業 (=individual proprietorship) [◯個人が出資している企業]
individual income tax 個人所得税
individual insurance 個人保険
individual investor 個人投資家
individuality *n* 個性; (-ties)個人的特徴; 個体
individualize, 《英》**-ise** *vt* 個性をはっきりさせる, 特色を与える; 個々に扱う, 特記する
individual pension 《英》個人年金 (=《米》individual annuity)
individual proprietorship 個人企業, 個人所有企業
individual quota 個別漁獲割当量 (IQ) [◯漁獲可能量(total allowable catch)を個々の漁業者に分与した割当量。譲渡可能な IQ と譲渡不可のIQ がある]
individual retirement account (米国の)個人年金退職金勘定 (IRA) [◯給与所得者が毎年所定金額の範囲で積み立て,その資金を運用しながら資産を形成する仕組み。税制上優遇されている。自営業者は Keogh plan という別の制度を利用する]
individual savings account 《英》個人貯蓄口座 (ISA) [◯利子所得と運用資産売却益が非課税]
individual security risk 個別銘柄リスク [◯ある銘柄に固有の事情で値下がりするリスク] ► Our approach results in a well-diversified portfolio of stocks that minimizes individual security risk. 当社のアプローチは最終的には,個別銘柄リスクを最小限に抑える,分散の利いたポートフォリオの形をとる
individual security selection 個別銘柄選定
individual shareholder [stockholder] 個人株主 ► Individual shareholders are becoming more aware of their rights and increasingly vocal. 個人株主たちは自分たちの権利に対する意識を高めており,また,ますます発言の機会を持とうとしている
individual transferable quota 個別譲渡可能割当量 (ITQ) [◯漁獲可能量(total allowable catch)を個々の漁業者に分与した譲渡可能な割当量。ITQ は売買だけでなくリースや相続も可能]

individual voluntary arrangement 《英》私的任意整理, 債務整理 (IVA) [⇨債務を完済できない債務者が債権者と協議して債務の減免を含む弁済計画を立て, 破産宣告を受けずに済むよう図らう制度]

indorse /indɔ́:rs/ vt = endorse

indorsed bill [note] 裏書手形 [⇨裏書譲渡された手形]

indorsee /indɔ̀:rsí:/ n 《米》被裏書人, 譲受人

indorsement n (手形等の) 裏書

indorsement in blank 白地式裏書

indorser /indɔ́:rsər/ n 《米》裏書人, 譲渡人

induce /indjú:s/ vt 説いて[誘って]…させる 《to do》, 仕向ける ▶ induce businesses to increase investment 企業が投資を増やすよう仕向ける

inducement n 誘因 ▶ The purpose of intellectual property rights is to offer an inducement to authors and inventors to create and disseminate intellectual works. 知的財産権の目的は著作者や発明家が知的作品を創造し普及させる誘因を提供することにある

inducement of infringement 《米》侵害の教唆 [⇨特許の侵害を積極的に教唆すること. 特許権侵害の責任を負う]

induct /indʌ́kt/ vt (役職・地位に) 就かせる; 着任する; 手ほどきする; (席・部屋へ) 案内する 《to, into》 ▶ be inducted into the office of Governor 知事として着任する

induction /indʌ́kʃən/ n ❶ 研修を受けること ▶ induction into the company's affairs 会社の業務につき研修を受けること ❷ 帰納(法) [⇨経験的データを収集・分析して一般的結論を導き出す方法] ⇒ deduction
◇**inductive** a

induction training 初任者研修

industrial /indʌ́striəl/ a 産業[工業]の; 産業[工業]に従事する ▶ for industrial use 工業用の / major industrial countries 主要工業国 / Products need to be made on an industrial scale. 製品は産業規模で作られる必要がある ― n (~s) 工業株 [⇨金融関連株との対比で, 事業会社の株式を指す]
◇**industrialism** n 産業主義
◇**industrialist** n 産業経営者, 製造業者
◇**industrially** ad

industrial accident 業務災害, 労働災害

industrial action 《英》ストライキ; 労使紛争

Industrial and Commercial Bank of China 《~ Ltd.》インダストリアル・アンド・コマーシャル・バンク・オブ・チャイナ, 中国工商銀行 [⇨中国の商業銀行. 2006年10月に香港証券取引所 (H株)と上海証券取引所 (A株)で同時にIPOを実施したが, 世界の資本市場で史上最大のIPOとなった]

industrial and organizational psychology 《米》I/O 心理学, 産業組織心理学 (= 《英》occupational psychology) [⇨人事評価, 職場環境, 組織としての生産性, 営業活動, 消費行動を対象とする応用心理学の一領域]
◇**industrial and organizational psychologist**

industrial applicability 産業上の利用可能性 [⇨日本および欧州における特許要件の一つ. 米国の「有用性の要件」(utility requirement)とほぼ同じ]

industrial area 工業地区

industrial assurance 《英》 = industrial life assurance

industrial average 工業株平均

industrial bank 興業銀行

industrial base 産業基盤 ▶ The country's industrial base has expanded over the past eight years. 過去8年にわたって同国の産業基盤は拡大している

industrial city 工業都市

industrial cluster 産業クラスター [⇨特定の産業に関連する個人や企業, 大学, 研究機関などが集まりネットワークを形成している地域]

industrial conglomerate 製造コングロマリット [⇨製造業だけに特化した複合企業体. manufacturing conglomerate とも言う] ⇒ conglomerate

industrial consumer 大口需要者

industrial control 工業用制御, 機器制御, 制御装置 ▶ industrial control panel 制御盤

industrial co-operative 工業協同組合 [⇨組合員が出資し, 所有している事業組織]

industrial corporation 事業会社 [⇨モノを製造, 販売し, またはサービスを提供する企業. 証券投資の世界では通常, 電力・ガス, 輸送および金融関連は含まない]

industrial democracy (企業経営に労働者の参加する) 産業民主主義; (経営への) 従業員参加制度

industrial design インダストリアル・デザイン, 工業デザイン

industrial designer 工業デザイナー [⇨製品の意匠・デザインの専門家]

industrial development bond 産業振興債 [⇨地方自治体が地域産業を振興させる資金調達のために発行する債券]

industrial discharge 工場廃水

industrial disease 職業病 (=《米》occupational disease, work disease)

industrial dispute 労働争議, 労使紛争

industrial district 工業地域[地区] (= industrial area)

industrial economics 産業経済学 [⇨経済理論を用いて同一業種内での企業の市場競争を分析する]

industrial efficiency 産業効率, 経済効率 ▶ improve [reduce] industrial efficiency 産業効率を改善する[低下させる]

industrial engineer インダストリアル・エンジニア, 産業エンジニア (IE) [⇨製品の企画・設計よりも後の工程, つまり, 加工・組立・検査・生産につき, 品質・納期・コスト・生産性等を考えながらことを進める専門家]

industrial engineering 経営工学, 産業工学 (IE)
industrial espionage 産業スパイ
industrial estate 工業団地
industrial goods 産業財 [○そのまま消費される消費財との対比で, 別の財を生産するために投入される財を言う] ⇨ consumer goods
industrial health 労働衛生
industrial hygiene 産業衛生 [○職場での健康の維持と安全の確保を追求する研究分野]
industrial injuries insurance 労災保険
industrial injury 業務災害, 労働災害
industrial insurance (1) 産業保険 [○使用者の各種の責任についての保険] (2)《米》=industrial life insurance
industrialization,《英》**-sation** /ɪndʌ̀striəlɪzéɪʃən/ n 工業化 [○農業などが産業から, 第2次産業, 特に工業の占める比重が高まってくること] ▶ facilitate [promote] industrialization 工業化を推し進める / Due to rapid industrialization, the country has a high energy consumption. 急速な工業化のために, 同国はエネルギーを大量に消費している

industrialize,《英》**-ise** /ɪndʌ́striəlàɪz/ v 産業[工業]化する ▶ The new government decided to industrialize the country. 新政府はその国を工業化することに決めた

industrialized,《英》**-ised** a 工業化が進んでいる ▶ industrialized countries 工業先進国
industrial life assurance《英》=industrial life insurance
industrial life insurance 簡易(生命)保険, 労働(者)保険, 小口保険 (=《英》industrial life assurance)
industrial marketing インダストリアル・マーケティング, 産業財マーケティング
industrial medicine (労働者の健康維持を研究する) 産業医学
industrial nation 工業国
industrial output 工業生産高 ▶ Exports and industrial output are expected to plunge even further. 輸出額と工業生産高は今後さらに急落することが予想される
industrial output index =industrial production index
industrial park 工業団地
industrial pollution 産業汚染
industrial processing 生産加工
industrial production 鉱工業生産
industrial production index 鉱工業生産指数 (IPI) [○米国経済の半分近くを占めるモノの生産の動きを伝える指標で, GDP の先行指標として重視される]
industrial products 工業製品
industrial property (rights) 産業財産権, 工業所有権 [○産業上の非有体的利益に対する排他的支配権. 具体的には特許権, 意匠権, 商標権等. なお, 「工業所有権」という訳語は不適切であるという理由で, 最近では「産業財産権」という訳語が使用されるようになっている]
industrial psychology 産業心理学 [○心理学の知見を応用して生産性や効率といった産業活動との関係で従業員の心身の健康を考える研究分野]
industrial relations 労使関係
industrial revenue bond (米国の) 収益事業債, 企業誘致債, 産業歳入債 (IRB) [○公益的性格の事業や産業誘致などのため, 地方政府機関が民間企業向けに発行する地方債]
Industrial Revolution (the ~) 産業革命 [○イギリスにおいて, 生産手段への機械の導入, 近代的な工場の出現によって, 1760-1830年にかけて生じた経済的, 社会的変革] ▶ the Second Industrial Revolution 第2次産業革命
industrial safety 産業安全 [○業務災害・職業病の予防・防止]
Industrial Sentiment index 企業マインド指数 [○企業の設備投資意欲等の変化を数字で捉えて景気予測に役立てようとするもの]
industrial society 産業社会 [○機械化による財やサービスの生産を特徴とする社会]
industrial sociology 産業社会学 [○エルトン・メーヨ (Elton Mayo) らによって創始された, 産業における人間関係を研究する社会学]
industrial-strength a 非常に強力な
industrial structure 産業構造
industrial tribunal《英》労働審判所
industrial union 産業別組合
industrial waste 産業廃棄物
industrial welfare 産業福祉, 労働福祉
industrious /ɪndʌ́striəs/ a 勤勉な
◇**industriously** ad
◇**industriousness** n

industry /ɪ́ndəstri/ n 産業, 業界 [○広義では, 第一次産業, 第二次産業, 第三次産業を指すが, 狭義では, 産業革命を転機として成立した, 機械を用いた大工業を指す] ▶ both sides of industry 労資 / The auto industry has been battered by the global economic recession. 自動車業界は世界的な景気後退によって打撃を受けてきた

====■産業====
capital-intensive industry 資本集約型産業 / cottage industry 家内工業 / declining industry 斜陽産業 / global industry 世界的ビジネス / growth industry 成長産業 / healthcare industry (医療・介護など) 保健関連産業 / heavy industry 重工業 / high-tech industry ハイテク産業 / hotel industry ホテル産業 / housing industry 住宅産業 / key industry 基幹産業 / knowledge industry 知識産業 / knowledge intensive industry 知識集約型産業 / labor intensive industry 労働集約型産業 / light industry 軽工業 / manufacturing industry 製造業 / mature industry 成熟産業 / nationalized industry 国有化産業 / primary industry 第一次産業 / regulated industry 規制産業 / secondary industry

第二次産業 / service industry サービス業 / strategic industry 戦略産業 / sunrise industry 成長産業 / sunset industry 斜陽産業 / tertiary industry 第三次産業

industry analysis 証券分析 [⇒証券アナリストは産業別の担当分野を持っているのでこういう言い方をする]
industry analyst 証券アナリスト
industry association 業界団体
industry average 業界平均
industry exposure (ポートフォリオの) 業種別組入比率
industry leader 業界のトップ企業, マーケットリーダー
industry norm 業界水準 ► above the industry norm 業界水準を超えて
industry segment 業種別セグメント
industry standard ratio 産業別標準比率
industrywide a, ad 産業界全体の[に] ► an industrywide effort to cut CO_2 emissions 二酸化炭素排出量の削減に向けての業界一丸となっての努力 / We have common industrywide problems. 産業界全体にありふれた問題がある
ineffective a 効果[効力]のない; 役に立たない, 無能な
◇**ineffectively** ad
◇**ineffectiveness** n
ineffectual a 効果的でない; 無能な; 無駄な
◇**ineffectually** ad

inefficiency /ìnifíʃənsi/ n 非効率性
[⇒資源を有効活用して最大の成果をあげていないこと] ► cause [eliminate, reduce] inefficiencies in the production process 生産工程での非効率性をもたらす[除去する, 是正する] / Operational inefficiencies cost a lot of money. 操業上の非能率は高くつく / We've discovered many inefficiencies with which customers' orders are processed. 顧客の注文を処理する方法に多くの非効率があることを発見した
inefficiency in the market 市場の非効率 [⇒市場は全ての情報を織り込んでおり, 株価も適正水準を反映している以上, 割高とか割安などあり得ないとする純然たる効率的市場仮説との対比で, そこまで市場は効率的でなく証券分析により過小評価, または過大評価されている銘柄を発掘できるというアプローチを表している] ► exploit inefficiencies in the market 市場の非効率を突く[とらえる]
inefficient /ìnifíʃənt/ a 能率的でない; 無能な
inefficiently ad 非効率的に
inelastic a ❶ 弾力性のない; 融通がきかない ❷ 非弾力的な [⇒需要が価格の下落に対応して増大しないなど, 変化に対して反応が鈍いことを言う] ► inelastic demand [supply] 非弾力的需要[供給] / an inelastic price 非弾力的価格
◇**inelasticity** n

ineligible a (に選ばれる) 資格のない, 不適当な ((for, to do))
◇**ineligibility** n
inequality n 不平等; 不公平; でこぼこ; 変動; 不等(式) ► inequality in the distribution of wealth 富の分配での不平等
inequitable a 不公正な, 不公平な
inequitable conduct 《米》 不公正な行為 [⇒特許の出願人が, 関連情報を開示しない等, 特許出願過程における誠実義務を尽くさないこと. 特許権の行使ができなくなったり, 特許が無効とされたりする等の不利益を受ける]
inequity n 不公正, 不公平
inertia /iná:rʃə/ n 慣性; 不活発, ものぐさ
under one's own inertia 慣性で
inertia selling 送りつけ商法, ネガティブオプション [⇒一方的に消費者に商品を送りつけた上, 代金を請求する不当な販売方法]
inevitable /inévətəbl/ a, n 避けられない; 必然的な; 《略式》 お決まりの; 《the ~》 避けられない[必然的な]もの ► Because of rising costs and severe competition, consolidations in the airline industry are inevitable. コスト上昇と競争激化のゆえに, 航空業界における統合は不可避だ / In a deteriorating economy, job cuts are inevitable. 景気の悪化に伴って, 雇用の削減は避けられない

as inevitable as death and taxes 絶対不可避で
◇**inevitability** n
◇**inevitably** ad 必然的に, 不可避的に ► Accidents on the job inevitably happen. 仕事中に事故が起こることは避けられない
inexorable /inéksərəbl/ a 止めがたい, 変えられない, 厳然たる; 容赦しない, 冷酷な ► The inexorable decline of agriculture led to higher food prices. 農業の容赦ない衰退は食品価格の高騰を招いた
◇**inexorably** ad
inexpensive a 安価な, 費用のかからない ► They offer a good selection of inexpensive imported wines. その店では安価な輸入ワインをうまく取り揃えている
inexperience n 未経験; 未熟, 不慣れ
◇**inexperienced** a 未経験の (in) ► We can't hire someone who is inexperienced. 未経験者を雇うことはできない
inexplicable a 説明[解釈]できない, 不可解な
◇**inexplicably** ad
infant /ínfənt/ n (7歳未満の) 幼児; 未成年者 (✚ 英米では通例, 18歳未満); 初心者
— a 幼児の; 初期の; 幼稚な; 未成年の
infant industry 幼稚産業 [⇒発展途上国にあり熟練労働者や関連産業が未発達なために平均費用が高く国際競争力を持たない産業] ► set up protective tariffs to protect the country's infant industries 自国の幼稚産業を守るために保護関税を設定する / The government took measures to protect its infant industries from foreign competition. 政府は未成熟産業

を外国企業の競争から保護する措置を採った

infect /infékt/ vt 感染させる; 汚染する; 影響を及ぼす; 感化する; (コンピュータウイルスなどが)潜入[侵入]する
◇**infective** a

infection /infékʃən/ n 伝染(病); 汚染; 影響, 感化; (コンピュータウイルスによる)感染 ► Tests showed that misuse of the product could lead to risk of bacterial infection. その製品の濫用は細菌感染の危険を招きかねないことを, 検査の結果は示した

inferior /infíəriər/ a 下の; 劣った (to)
— n (one's ~)目下の者

inferior court 下位裁判所 [◆裁判管轄権の対象となる事件の種類や訴額に制限のある裁判所. 郡裁判所や治安判事裁判所など. court of limited jurisdictionとも言う]

inferior goods 劣等財, 下級財 [◆所得が増加したときに消費が減少する財]

infertile a 不毛の; 生殖力のない; 不妊の ► infertile soil 不毛の土壌
◇**infertility** n

infertile land 肥沃でない土地

in-fill development インフィル開発 [◆都市内の既存用地の再開発. 新たに用地を整備するより効率的とされる. 外壁を残して内部を全面的に改築することもin fillと言う]

infinite /ínfənət/ a ばく大な; 無限のin one's infinite wisdom《皮肉》愚にもつかぬことに
◇**infinitely** ad
◇**infiniteness** n

Infiniti 《商標》インフィニティ [◆日産自動車製の米国の高級車]

inflatable display インフレータブル・ディスプレー [◆軟質塩化ビニールによる店頭店内広告物]

inflate /infléit/ vt 膨らませる (with); (通貨を)膨張させる, (物価を)つり上げる; インフレをもたらす ► Hotels inflate prices during the carnival. カーニバルの間, ホテルは宿泊料を大幅につり上げる / Costs are inflating. 経費が大幅に増大している / The company inflated its profits through false accounting. 同社は不正会計によって利益を水増しした
◇**inflated** a 思い上がった; 誇張した, 大げさな; インフレ的な

inflation /infléiʃən/ n インフレーション, インフレ [◆一般物価水準が持続的に上昇する状況]

コロケーション

(動詞(句)+~) **cause** vicious inflation 悪性インフレを招く / **contain** inflation インフレを抑止する, インフレを封じ込める / **control** inflation インフレを抑制する / **counter** inflation インフレを防止する / **curb** inflation インフレを抑止する / **keep** inflation **down** インフレを抑制する / **keep** inflation **subdued** インフレを抑止し続ける / **ward off** inflation インフレが生じないようにする

(~+動詞(句)) inflation **accelerates** インフレが加速する / inflation **breaks out** インフレが再燃する / inflation **picks up** インフレが再燃する, インフレが再び加速する / inflation **re-accelerates** インフレが再燃する / inflation **remains a risk** インフレが引き続きリスク要因だ / inflation **rises** インフレ率が上昇する / inflation **runs at X%** インフレはX%だ / inflation **surges** インフレが急加速する

► sharp acceleration in inflation インフレの急加速 / signs of inflation インフレの兆し / fears over inflation インフレ懸念 / the outlook for inflation インフレ見通し / the rate of inflation インフレ率 / a re-acceleration of inflation インフレ再燃 / a resurgence in inflation インフレ再燃 / a revival of inflation インフレ再燃 / a risk of inflation インフレ(加速の)リスク / a core inflation rate コア・インフレ率 / an inflation-shrunk pension インフレで目減りした年金 / indexed to inflation 物価スライド制の / forestall a potential uptick in inflation インフレ加速の可能性に対して先手を打つ / check [curb] the inflation of prices 物価騰貴を抑制する / serve as a hedge against inflation インフレヘッジとして役立つ / achieve the inflation target インフレ目標を達成する / **Inflation is not about to accelerate** anytime soon. インフレは近いうちには加速しそうもない / In an era of tight labor markets, **inflation** could **break out** if productivity growth merely stops accelerating. 労働需給がひっ迫している時期なので, 生産性上昇率の伸びが鈍化しただけでもインフレ再燃となり得る / **Inflation erodes** the purchasing power of savings. インフレは貯蓄の購買力を目減りさせる / **Inflation is under control.** インフレ(率)は抑制されている / The Fed's chief concern is to **keep inflation down.** FRBの最大の関心事はインフレを抑えておくことだ / Higher costs of commodities **drove inflation** to its peak. 商品価格の高騰はインフレを頂点まで駆り立てた / Government spending may **lead to inflation** down the road. 政府の支出は将来インフレを招くかもしれない / **The risk of inflation** picking up is greater than the risk of the economy turning down. インフレ再加速のリスクのほうが景気軟化のリスクより大きい / We **project inflation** averaging 2%. インフレ率を平均2%と予想する / **Inflation remains** a risk to the economy. インフレが経済にとって1つのリスク要因であることに変わりはない

インフレ

adjustment inflation 調整インフレ / cost-push inflation コストプッシュ型インフレ / demand-pull inflation デマンドプル型インフレ / double-digit inflation 二桁(けた)のインフレ / galloping inflation 急進するインフレ / headline inflation 主要インフレ指標 / higher inflation インフレ(率)上昇 / high inflation 高インフレ / lower inflation インフレ(率)下降 / low inflation 低インフレ / moderate inflation 緩やかなインフレ / runaway inflation 天井知らずのインフレ /

underlying inflation 基調インフレ / wage inflation 賃金インフレ

inflation accounting インフレーション会計, 物価変動会計 [⇨企業の経営成績および財政状態を適正に表示するために, 物価変動による影響を正しく測定する会計]

inflation-adjusted *a* インフレ調整済みの, (物価調整後の) 実質の ⇨ real ► grow 5% in inflation-adjusted terms (物価上昇分を調整した) 実質ベースで5%の成長を遂げる / Inflation-adjusted, the average American worker today earns 15% less than 30 years ago. 物価を調整すると, 現在の平均的なアメリカ人労働者の報酬は30年前より15%少ない

inflation-adjusted GDP = inflation-adjusted gross domestic product, real GDP

inflation-adjusted gross domestic product = real gross domestic product

inflation-adjusted gross national product = real gross national product, real GNP

inflation-adjusted price = real price

inflationary /infléiʃənèri/ *a* インフレの [を誘発する]

inflationary expectations インフレ期待

inflationary gap インフレギャップ [⇨実質成長率が (インフレを生じさせない) 潜在成長率を上回っているときの隔たり. 物価上昇圧力を生じさせる]

inflationary policy インフレ政策

inflationary pressure インフレ圧力 ► tame inflationary pressures 緩やかなインフレ圧力 / wholesale inflationary pressure 卸売段階のインフレ圧力 / evidence of inflationary pressures インフレ圧力があることを示す証拠 / pickup in inflationary pressures インフレ圧力の再上昇 / curb rising inflationary pressures 強まっているインフレ圧力を抑える / Inflationary pressures will be sufficiently contained to keep the overall trend rate of inflation below 3%. インフレ圧力は十分抑えられ, インフレ水準全体としての動きも3%未満で推移しよう / Inflationary pressures have been kept in check by the recent drop in commodity prices. インフレ圧力は商品価格の最近の下落によって抑制されてきた

inflationary spiral インフレスパイラル, 悪性インフレ ► trigger an inflationary spiral インフレの悪循環を招く

inflation concerns インフレ懸念 ► be dragged down by inflation concerns インフレ懸念で足を引っ張られている / offset growing inflation concerns 強まりつつあるインフレ懸念を打ち消す

inflation expectation インフレ予想; (~s) 予想インフレ率; インフレ期待

inflation fears インフレ懸念 [⇨この先インフレ傾向が強まるのではないかという懸念] ► higher inflation fears 一段と強いインフレ懸念 / increased inflation fears 強まるインフレ懸念 / on inflation fears インフレ懸念を受けて / reduction of inflation fears インフレ懸念の後退 / subsiding inflation fears 薄らぎつつあるインフレ懸念 / The June PPI calmed inflation fears. 6月の生産者物価指数 (PPI) がインフレ懸念を和らげた / Excess consumer demand has fueled inflation fears. 消費需要の過熱がインフレ懸念をますます強めている

inflation gap = inflationary gap

inflation hedge インフレヘッジ

inflation outlook インフレ見通し ► concern about the inflation outlook インフレ懸念

> コロケーション
> (動詞(句)+~) **assess** the inflation outlook インフレ見通しを見極める / **judge** the inflation outlook インフレ見通しを判断する / **raise** the inflation outlook インフレ見通しを一段と強める

inflation-proof *a* インフレに強い ► diversify into inflation-proof assets インフレに強い資産に運用先を分散させる
— *vt* (投資・貯金などを物価スライド方式などによって) インフレから守る

inflation-proof pension 《英》インフレーション対応年金

inflation rate インフレ率 [⇨一般物価水準の上昇率] ► acceleration in the inflation rate インフレ率の加速 / The country has an inflation rate of 700% annually. その国のインフレ率は年間700%になる

inflation risk インフレリスク ► There is little evidence that inflation risks will cool off in the near future. 近い将来にインフレのリスクが低下することを物語るデータはほとんどない

inflation statistics インフレ指標, インフレ指数 ► in the event inflation statistics actually turn adverse インフレ指標が実際に悪化した場合

inflation targeting インフレーション・ターゲティング [⇨中央銀行が目標としてのインフレ率を設定し, 物価上昇率がこの目標値に合致するように金融政策を運営する手法. 英国, カナダ, オーストラリア, スウェーデンなどが採用している. 1992 年に導入した英国の場合は, 目標率は年率 2.5 %, その上下 1 % 以内に物価上昇率が収まるようにイングランド銀行が運営している] ► Advocates of inflation targeting attempt to use monetary policy as a tool to prevent prices from declining further. インフレターゲット論者は価格続落を食い止める手段として金融政策を使おうとする

inflation tax インフレ税 [⇨インフレにより通貨などの資産の実質価値が減少すること]

inflation worries インフレ懸念 ► fuel inflation worries インフレ懸念をますます強める / Inflation worries are continuing to fade. インフレ懸念が引き続いている / Inflation worries receded yesterday following the weaker-than-expected employment figures. 予想を下回って弱いものとなった雇用統計の

発表を受けて、昨日、インフレ懸念は後退した

inflection point 節目 ► be at an inflection point 節目を迎える

inflexible *a* 曲がらない; 確固たる; 不変の
◇**inflexibility** *n*

inflict /inflíkt/ *vt* (苦痛・打撃を) 与える, 加える ((on, upon)) ► The housing downturn has inflicted broad damage to the economy. 住宅業界の低迷は経済全般に広範囲のダメージを与えた

inflict oneself on に押しかける

in-flight *a* 飛行中の ► in-flight meals 機内食 / an in-flight magazine 機内誌

inflow *n* 流入(物) ⇨ outflow

influence /ínfluəns/ *n* 影響(力), 感化(力) ((on, over)); 勢力; 影響力ある人[もの] ► He is a man of influence in the business community. 彼は実業界で有力者だ / Marketing managers must be aware of these influences on purchase decisions. マーケティングの責任者は購入決定に対するこれらの影響を意識しなければならない

under the influence 影響を受けて; (略式) 酔っ払って ► He was driving under the influence. 彼は酒気帯び運転をしていた

— *vt* 影響を与える, 左右する ► Which factor most influenced your purchase? お買い上げの第一の動機は何ですか / Political pressure influenced his decision to resign. 政治的圧力に押されて, 彼は辞任する決心をした / Providing direct liquidity to the market will influence consumer demand. 市場に直接流動性を供給することは消費者の需要に影響を与えるだろう / Consumers can be influenced by a wide variety of people. 消費者は広範囲のさまざまな人によって影響される

◇**influential** *a* 影響のある((in)); 有力な

influencer *n* インフルエンサー [⊃他の人の消費行動に影響力を持つ人] ► a peer influencer 仲間うちで影響力を持つ人

influx /ínflʌks/ *n* 流入; 殺到 ((of)); 河口 ► The influx of immigrant workers has helped sustain the American economy. 移民労働者の流入は米国の景気を維持する助けになった

info /ínfou/ *n* (略式) 情報 (=information)

infobahn *n* = information highway

infomediary /ìnfoumí:diəri/ *n* インフォメディアリ, 情報仲介業 [<information+intermediary]

infomercial /ìnfəmə́:rʃəl/ *n* = informercial

infopreneur /ìnfəprənə́:r/ *n* 情報企業家

inform /infɔ́:rm/ *vt* 知らせる ((of)); (特徴・性格が) みなぎる, 活気づける ((with)) ► This campaign will inform shoppers the store is changing. このキャンペーンは買い物客に店が変化しつつあるということを知らせる

— *vi* 密告する ((on, against))

informal *a* 非公式の, 略式の; 形式張らない
◇**informality** *n*

◇**informally** *ad* 非公式に((は)) ► Informally, you can say you "use plastic" when you pay for something with a credit card. クレジットカードで支払いをするのを非公式には「プラスチックを用いる」と言う

informal economy 闇経済

informant /infɔ́:rmənt/ *n* 通告者; 密告者; インフォーマント

informatics /ìnfərmǽtiks/ *n* 情報科学

information /ìnfərméiʃən/ *n* ❶情報 (語法) 典型的な不可算名詞. どの情報を指しているのか特定できる場合は定冠詞を付けるが, それ以外は冠詞なしで使う. information を数えるには a piece of や a bit of を前に付ける. つまり, two informations ではなく, two pieces of information と言う. なお, (略式)には info と短縮するが, くだけた会話や略記に限られる); (情報の) 伝達; 知識 ((on, about)); 案内所[係]

コロケーション

[動詞(句)+〜] **access** information 情報にアクセスする / **accumulate** information 情報を蓄積する / **analyze** information 情報を分析する / **censor** information 情報を検閲して統制する / **classify** information 情報を機密事項と指定する / **collect** information 情報を収集する / **consume** new information 新たな情報を取り込んで消化する / **cover up** information 情報を隠す / **cross-check** information 情報を相互参照により確認する / **declassify** information 情報の機密指定を解く / **dig up** information 情報を掘り出す / **disclose** information 情報を開示する / **distort** information 情報をわい曲する / **divulge** information (本来部外秘の) 情報を開示する / **exchange** information 情報を交換する / **extract** information 情報を引き出す / **feed** information **into a computer** コンピュータに情報を入力する / **find** information 情報を探し出す / **furnish** information 情報を提供する / **gather** information 情報を収集する / **get** information 情報を得る / **give** information 情報を与える / **leak** information 情報を漏らす / **manipulate** information 情報を操作する / **obtain** information 情報を得る / **offer** information 情報を提供する / **organize** information 情報を整理する / **pass on** information 情報を伝達する / **provide** information 情報を提供する / **receive** information 情報を得る / **require** information 情報を必要とする / **retrieve** information **from a database** データベースから情報を引き出す / **search** information 情報を検索する / **share** information 情報を共有する / **suppress** information (不都合な) 情報の公開を妨げる / **verify** information 情報を確認する, 情報の裏付けを取る / **withhold** information 情報を外部に出さないようにする

► relevant [necessary, useful] information 関連のある[必要な, 役立つ]情報 / detailed information 詳細な情報 / a reliable source of information 信頼できる情報源 / an information bureau [agency] 情報局 / asymmetric infor-

mation 非対称情報 / asymmetry of information 情報の非対称性 / freedom of information 情報公開制度 / encourage disclosure of information to consumers 消費者への情報開示を推進する / You can easily **get information** on stock prices online. 株価についての情報はインターネットで簡単に入手できる / **For additional information**, see our website at www.shogakukan.co.jp. 詳細については弊社のウェブサイト www.shogakukan.co.jp をご覧ください / **We have no information** yet on the car accident. その自動車事故に関してはまだ情報が入っていない / It is unwise to take any action until **the information is verified**. この情報が確認されるまで, 行動を起こすのは賢明でない / Someone inside the development team must have **leaked the information** to the competition. 開発チームの誰かがライバルに情報を漏らしたに違いない / The attached brochure should **provide information** about the availability of alternative products. 添付したパンフレットに代替製品が入手可能かといった情報があるはずです / The upcoming global sales meeting provides an opportunity to **exchange information** on the latest developments of marketing. 今回開催される国際営業会議では最新の市場動向に関する情報を交換する機会が得られる / We are currently **collecting information** about the recently released competing product. 先日発売された競合製品の情報を収集しているところだ / We are getting **conflicting information** about the accident. 事故についての情報が錯綜している
❷【法律】(1) 通報, 告発 (2)《米》訴追請求, 告訴(状); 関係人訴訟の訴状 ► lodge an information against a person 人を告訴する (3) 略式起訴(状) ► lay an information against a person 人を略式起訴する

for more information 詳しく知りたい方は
for your information ご参考までに(言っておきますが) (FYI)

information accounting 情報会計 [⬧情報利用者の情報要求に従い, 情報利用者の意思決定に有用な情報を提供することを課題とする会計]

informational a 情報を提供する, 情報提供目的の ► an informational site 情報サイト

information and communication technology 情報通信技術 (ICT)

information architecture 情報アーキテクチャー [⬧ユーザーが情報を利用しやすくすることを考えて情報を整理し, 見せるデザイン. あるいはそのためのプロセス]

information city 情報化都市 [⬧高度化した情報システムによって都市のあり方や住民生活が大きな影響を受けている都市]

information disclosure statement 情報開示陳述書 (IDS) [⬧米国特許出願に際して提出される文書. 特許性に関する重要な情報を開示するもの]

information engineering 情報工学
information evaluation 情報評価
information exchange 情報交換
information gap 情報格差
information highway 情報ハイウェイ
information industry 情報産業
information infrastructure 情報基盤 ► an information infrastructure policy 情報基盤政策

information literacy 情報リテラシー [⬧情報機器を使いこなす能力]

information management 情報マネジメント (IM) [⬧要不要・急不急の別が判定された情報が, 必要な者に必要な時までに届くよう計らう一方, 顧客情報保護, 法令の周知といったコンプライアンスも確保することで, 企業内情報の最適利用を目ざすこと]

information policy 情報政策 ⇨ communication policy

information ratio インフォメーション・レシオ, 情報レシオ, 情報係数 (IR) [⬧一定のリスクと引き換えにどれほどアクティブ・リターンを高められるかという, 運用担当者の力量つまりアクティブ運用能力を示す係数]

information retrieval 情報検索 (IR)
information return 法定資料 [⬧納税者が所得の申告の際に添付する資料]

information science 情報科学 [⬧情報の収集, 分類・整理, 保存, 検索などとの関連でユーザーが直面する諸問題を追求する学際的な研究分野]

information security 情報セキュリティー
information society 情報社会 [⬧コンピュータの発達と普及による情報化が進み, その結果, 情報によって機能するようになった社会]

information source 情報源 ⇨ news source ► We are concerned about the reliability of the information source. 当社は情報源の信頼性に懸念を持っている

information superhighway 情報スーパーハイウェイ [⬧ブロードバンドなど高速大容量通信が可能なインフラの総称] ► build an information superhighway 情報スーパーハイウェイを建設する

information system 情報システム [⬧企業内の情報の流通・管理を担うシステム]

information technology 情報技術, 情報通信技術 (IT) [⬧コンピュータ情報処理技術とデータ通信技術の総合技術. 現代の国家・社会・軍事を支える基礎技術] ► information technology education IT[情報]教育 / Information Technology Revolution IT革命 / Information technology issues also slid on the overnight 2.5% drop in the U.S. Nasdaq. 前日の米ナスダック市場での2.5%下落を受けてIT関連銘柄も下落した

information theory 情報理論
informed /infɔ́ːrmd/ a 見聞の広い; 知識のある; 情報が十分に伝えられている ► keep a person informed of 人に…についての最新情報を

知らせる / make informed judgments about important social issues 重要な社会問題について十分な情報に基づいた判断を下す

informed consent インフォームド・コンセント [⊃十分な説明・情報を受けた上での同意. 特に医師の説明を十分受けた上での患者の同意を言う]

informer /infɔːrmər/ n ❶ 通報者; 密告者 ❷ 【法律】(1)情報提供者, 告発者 (2)略式起訴状提出

informercial /infɔːrməːrʃəl/ n インフォマーシャル [⊃information と commercial の合成語. TVCMよりも長く, 商品の特性を, 生活情報を加えて, じっくり説明する広告プログラム]

informer's privilege 情報提供者不開示特権

Infosys Technologies 《~ Ltd.》インフォシス・テクノロジー [⊃インドのソフトウェア開発ならびにコンサルティングの会社]

infotainment /infətéinmənt/ n インフォテイメント [⊃テレビやマルチメディアで, 娯楽として情報を提供すること. また, (軽蔑的に)娯楽的要素を強調したニュース番組を指す] [<info- + entertainment]

infotech n = information technology
infowar n = cyberwar
infraction /infrǽkʃən/ n 違反, 侵害
infrastructural a インフラ関連の

infrastructure /infrəstrʌ̀ktʃər/ n

基礎構造; 土台; インフラストラクチャー, インフラ, 社会的基盤施設 [⊃経済活動の基盤を形成する資本設備や制度などの総称. 道路, 港湾などは経済インフラストラクチャーと呼ばれ, 公衆衛生, 教育などは社会インフラストラクチャーと呼ばれることが多い] ▶ infrastructure development インフラ開発 / infrastructure investment インフラ投資 / industrial infrastructure 産業基盤 / social infrastructure 社会基盤[インフラ] / an information infrastructure project 情報インフラ計画 / poorly developed infrastructure インフラ整備の遅れ / modernize infrastructure インフラの近代化を進める / finance infrastructure インフラ整備の資金を供給する / Part of the money from the stimulus package would go toward spending on infrastructure. 景気刺激策の資金の一部はインフラ関連の支出に向けられるだろう

infrequent a めったに起こらない; まばらな
◇**infrequency** n
◇**infrequently** ad まれに; まばらに ▶ Traded infrequently, CDOs are difficult to value. めったに取引されないので, 債務担保証券は評価することが難しい / Due to strict quality control measures, defects occur infrequently on our production lines. 厳格な品質管理策のゆえに, 当社の生産ラインでは欠陥品はめったに発生しない

infringe /infríndʒ/ v 犯す, 破る, 侵害する《on, upon》 ▶ This copy does not infringe copyright. このコピーは著作権を侵害しない

infringement n 侵害, 権利侵害, 違反《of》[⊃法律上の権利侵害を意味する言葉だが, 著作権, 特許権, 商標権など知的財産権の侵害に使用されることが多い] ▶ copyright infringement 著作権侵害 / patent infringement 特許権侵害 / trademark infringement 商標権侵害 / infringement dispute (知的財産権に関する) 権利侵害紛争 / infringement of a trade name 商号権の侵害 / The publishment of the book constitutes an infringement of the copyright. その本の出版は著作権の侵害になる

infusion n 注入(物)《of, into》 ▶ This covenant will enable the infusion of new moneys from the financing of investment. この契約は投資の資金調達からの新しい金の注入を可能にする / The ailing bank is to get a capital infusion of $5 billion from a state-owned investment fund. その破綻に瀕している銀行は政府系投資ファンドから50億ドルの資本注入を受けることになっている

Ingersoll-Rand 《~ Ltd.》インガソール・ランド [⊃冷蔵設備, 建設機械, セキュリティーシステム, 発電機などの米国のメーカー]

ING Group INGグループ [⊃オランダの世界的な金融グループ. 世界65か国で銀行・保険業務を展開]

ingot /íŋgət/ n インゴット [⊃金, 銀などの金属を棒状に鋳造してあるもの]

Ingram Micro 《~, Inc.》イングラム・マイクロ [⊃米国のコンピュータ機器卸売業者. 設立1996年]

ingredient /ingríːdiənt/ n (混合物の)成分; (料理の)材料; 食材; 含有物質; 構成要素 ▶ Traces of a banned pesticide were found in the ingredients of the frozen food. 禁止されている農薬の痕跡が冷凍食品の成分のなかに見つかった

inhabit /inhǽbit/ vt に住む; に存在する
◇**inhabitable** a
◇**inhabitancy, inhabitance** n 居住(地); 本社[事業所]の所在地
◇**inhabited** a 人が住んでいる

inhabitant /inhǽbətənt/ n 住民, 居住者; 生息動物 ▶ inhabitant tax 住民税 (=residence tax)

inherent /inhíərənt/ a 生まれつきの, 固有の《in》 ▶ He accepted the responsibilities inherent in the job. 彼はその仕事に付随する責任を受け入れた / Auditors found inherent flaws in the company's accounting system. 監査人は同社の会計システムに内在する欠陥を見つけた / These are inherent restrictions in the scope of service. これらはサービスの範囲に付随する制約だ
◇**inherence** n
◇**inherently** ad 生得的に; 本質的に ▶ Due to the inherently volatile nature of the stock market, risks abound. 株式市場に特有の不安定な性質のゆえに, リスクはたくさんある / Making movies is an inherently risky business. 映画の制作は本来的にリスクの高い事業だ

inherent risk 固有リスク [○内部統制が適切に機能していない場合の財務諸表に含まれる重要な虚偽表示の可能性]

inherent vice 貨物固有の瑕疵(かし) [○貨物本来の性質上運送中に劣化しまたは変質する結果生じる損害(たとえば生鮮食品の腐敗). この種の損害は貨物海上保険では填補されない]

inherit /inhérit/ v 受け継ぐ, 相続する《*from*》; (不動産を)法定相続する
◇**inheritable** a 相続可能な

inheritance /inhéritəns/ n 相続(財産, 権)《*of, from*》; 遺伝; 伝統
come into one's inheritance 相続をする

inheritance tax 相続税 (IHT) [○米国の州税で, 死亡した人の遺産の相続人(heir)に課せられる税. 遺産(estate)そのものに課税される連邦の遺産税(estate tax)とは異なる. 連邦には inheritance taxはない]

inheritor /inhéritər/ n 相続人; 後継者

inhibit /inhíbit/ vt 抑える, 抑制する; 禁止する《*from doing*》
◇**inhibited** a 抑制された; 内気な; おずおずした

in-home a 家庭内の ▶ an in-home day-care 自宅を使ったデイケア / The company offers consumers an in-home shopping service using personal computers. その会社はパソコンを利用した家庭内買い物サービスを消費者に提供する

in-house a 社内の, 組織内の; 企業内の ▶ an in-house translator [interpreter] 社内翻訳者[通訳] / The company's in-house rules ban employees from holding a second job. 同社の社内規則は従業員が副業を持つことを禁止している / We have outsourced many jobs previously done by in-house personnel. 当社ではもと社内の担当者が行っていた多くの仕事を外注することにした
— ad 社内で ▶ We used to do translating and printing in-house. 当社ではかつて翻訳と印刷を社内でやっていた / These goods were previously supplied in-house. これらの品物は以前は社内で調達されていた

in-house company (分社化された) 独立事業部門

in-house expertise 社内の専門能力 ▶ This matter is obviously outside of our in-house expertise. この問題は明らかに社内でこなせる専門能力の範囲を超えている

in-house investigation 内部調査

in-house lawyer 社内弁護士 [○社外の顧問弁護士ではなく, 従業員として雇われている弁護士]

in-house magazine 社内誌

in-house production (社外生産に対して) 内製

in-house salespeople 内勤販売員

in-house training 企業内教育訓練, 社内訓練, 社内教育 (=internal training)

INID internationally agreed numbers for the identification of data ⇒ INID Code

INID Code INID(イニッド)コード [○特許公報の書誌的事項識別のための国際コード番号]

I-9 form 《米》 書式I-9 [○米国内での就労資格を証する書面で, 雇い主は一定期間, この書類を手元に保管しておく義務がある]

initial /iníʃəl/ a 最初の ▶ an initial salary 初任給
— n 語頭の文字
◇**initially** ad 初めに ▶ He initially did not consider seriously the prospect of working for the company. 彼ははじめその会社のために働く見通しを真剣に考えていなかった

initial articles of incorporation 原始定款 [○会社設立時の定款, つまり最初の版を指して言う]

initial audit 初度監査 [○監査人が初めて財務諸表監査を行う場合の監査で, 被監査会社の詳細な監査条件を理解するための監査が中心となる]

initial balance 期首残高 (=beginning balance)

initial balance sheet 開業貸借対照表, 開始貸借対照表 [○開業の時に作成される貸借対照表]

initial capital 期首資本, 基金

initial capital contribution 設立時の資本への出資

initial cost 原始原価 [○原価計算における材料費, 労務費, 経費のような製品の製造のための要素別原価を言う]

initial filing 予備申請, 仮申請 [○審査期間を短縮するために正式の書類に準じたものを提出して審査してもらう制度がある場合, 正式の申請に先立って行うものを指す] ▶ The initial filing of the patent application was declined due to insufficient documentation. 特許権出願の予備申請は書類不備のゆえに却下された

initial franchise fee フランチャイズ料頭金

initial inventory 期首棚卸資産, 期首在庫 (=beginning inventory, initial stock)

initial investment (outlay) 原始投資(額), 原初投資, 初期投資 [○投資目的のための最初の支出額]

initialize, 《英》**-ise** /iníʃəlàiz/ vt 【コ→】(ディスクやメモリーを) イニシャライズする, 初期化する
◇**initialization** n

initial margin 当初証拠金 [○先物取引を行うにあたって最初に差し入れる証拠金. これに対し追加証拠金ないし「維持証拠金」(variation margin)は, 後から積み増す証拠金]

initial offer イニシャルオファー [○当初の申し出]

initial payment 頭金, 締結時支払額

initial price ❶ (新規発行証券の) 発行価格, (その証券が売買されるようになって最初につける) 初値 ❷ 当初価格

initial public offer =initial public offering

initial public offering 新規株式公開 (IPO)

解説 未公開会社 (private company) が株式を上場して実施する最初の株式公開. 既存の株主が

> 保有する株式が売り出されるだけでなく新規に発行される株式が増資の形で公募される. 既存株式の代金は既存株主が受け取り, 会社は新たに株式を発行する公募増資によって資金を調達する

► The company raised over $60 million through its initial public offering. 同社は新規株式公開によって6000万ドルを超える資金を調達した / The volume of initial public offerings has dropped by a third compared to a year earlier. 新規株式公開の総額は1年前と比べて3分の1ほど落ち込んだ / The company made an initial public offering last year and is listed on the NYSE. その会社は昨年, 新規株式公開を行い, ニューヨーク証券取引所に上場された / The company announced today that it is to make an initial public offering of 7 million shares. 同社は本日, 普通株式700万株の新規株式公開を行うと発表した

initial stock 期首在庫

initial yield ❶ 初期リターン [◆ 投資案件が初年度に達成する投資収益] ❷ (投資信託, ファンドなどの)予想リターン, 予定配当率

initiative /iníʃiətiv/ n イニシアチブ, 主導権, 構想, 行動計画 ► The meeting was held at the initiative of Jones. 会合はジョーンズが発起人となって開かれた

on one's own initiative 自ら進んで, 自発的に

take the initiative 率先してやる, イニシアチブを取る (*in doing*) ► He took the initiative in organizing the conference. 彼が首唱してその会議を計画した

use one's (own) initiative 自ら決断する ► We encourage our employees to use their own initiative. 当社は従業員が自主的に行動することを奨励している

― *a* 手始めの

inject /indʒékt/ *vt* 注入する; (資金などを)投入する, つぎ込む (*with, into*)

◇**injectable** n, a

injection /indʒékʃən/ n (資本などの)注入 ► a capital injection 資本注入 / an injection of public funds 公的資金の投入 / The airline plans to ask for injection of government funding to rescue it from bankruptcy. その航空会社は破産を免れるために政府資金の注入を要請する計画だ

injunction /indʒʌ́ŋkʃən/ n ❶【法律】差止命令, 禁止命令 (*against*) [◆ 一定の行為をすることを禁じるあるいは命じる裁判所の命令. 不作為を命じる場合が多いので差止命令と訳されてきたが, 作為を命じる場合もある. この観点から禁止の差止命令 (prohibitory injunction)と作為命令の差止命令 (mandatory injunction)に分けることがある] ❷【知財】差止, インジャンクション [◆ 他人に対して, 一定の行為をすることを禁止するもの. 仮差止 (preliminary injunction)と本差止 (permanent injunction)がある. 知的財産権の侵害に対する救済の一態様]

take out [seek] an injunction against の禁止命令を発する[求める]

injure /índʒər/ *vt* 傷つける; (感情などを)害する; 他人の権利を侵害する ► injure a person's pride 人の自尊心を傷つける / Fortunately, no one was injured in the accident. 幸いなことに, その事故で誰もけがをしなかった / Use your property so as not to injure the rights of your neighbors. 人は自分の財産の利用にあたり, 隣人の権利を侵害しないようにすべきだ

◇**injured** *a* けがをした; (感情などを)害された ► the injured 負傷者たち

injury /índʒəri/ n ❶ 傷害, けが; 傷つけること; 損なうこと (*to*) ► suffer [sustain] injury けがを負う ❷ (権利・財産・名誉などの)権利侵害

do oneself an injury けがをする, 体を痛める

injury insurance 傷害保険; 労災保険

injustice n 不正(行為); 不公平

do a person an injustice (人を)不当に扱う

inflict injustices on に不当[不公平]なことをする

ink /íŋk/ n インク, (転じて)書面

in ink インクで ► Nothing is final until you see it in ink. 書面になるまでは確定したと安心できない

― *vt* インクで書く; 署名[調印]する

ink in インクで書き込む

in-kind *a* 現物支給の; 実物による, 物による; 同種のもので支払う[返済する]

inkjet n 高速印字用インクジェット ► an inkjet printer インクジェットプリンタ

inland /ínlənd/ *a, ad, n* 内地(の, に), 内陸(の, で), 奥地(の, に); 国内の

inland marine insurance インランド・マリン保険 [◆ 湖沼・河川・運河を利用して運送する貨物についての保険]

inland revenue ❶《英》内国税収入 ❷ (the I-R-) 《英》内国歳入庁 (IR) [◆ 日本の国税庁に相当する政府機関. 2005年, 関税消費税庁 (Customs and Excise Department)と統合され, 歳入関税庁 (HM Revenue and Customs)となる. 米国の内国歳入庁は Internal Revenue Service と言う]

inland sea 内海 [◆ 周りを陸地に囲まれ, 海峡によって外海と連絡している海]

in-line n インライン [◆ 推奨レーティングにおけるランクの一つで, 所定の投資期間における運用成績が調査対象銘柄の平均並みであることを示す. 平均を上回るならアウトパフォーム, 逆ならアンダーパフォームと言う]

INMARSAT /inmɑːrsæt/ n (the ~) International Maritime Satellite Organization 国際海事衛星機構 [◆ 1982年創設の国際組織. 99年に組織再編が行われ, 民営組織の INMARSAT Ltd. と, 公的サービスを提供する International Mobile Satellite Organization (IMSO)(国際移動衛星機構)が設置された]

in-migrate *vi* (産業の盛んな地方や都市部に)国内移住する

◇**in-migrant** n 国内移住者

◇**in-migration** n 国内移住

inn /ín/ n 宿屋; パブ, 居酒屋; (近代的)ホテル,

モーテル (✣ Holiday Innなど)

inner /ínər/ *a* 内部の ► inner workings 内部の仕組み; 内密の; 精神的な; 中心勢力に近い

inner circle ❶ 権力の中枢の取り巻きグループ; 側近 ❷ インナー・サークル [⇨個別企業の利害だけではなく, 社会全体の利害も代表するビジネス・リーダーの小集団]

inner city インナー・シティ [⇨都市の中心街地, 特に都心外周地域. しばしばスラムの別称で, 大都市中心部の荒廃化した旧市街を言う]

inner city renewal 市街地再開発 [⇨特に都市の貧困地区の生活向上を期したものを言う. urban renewalに同じ]

inner suburb 初期に開発された郊外, 近郊

innocent /ínəsənt/ *a* 無罪の, 潔白な (*of*); 無邪気な; 無害の; (《略式》) (の) ない (*of*) ► Throughout the trial, he contested that he was innocent. 裁判の間中, 彼は潔白であると異議を唱えた

plead innocent to に無罪の答弁をする ► He pleaded innocent to the charges. 告発に対して彼は潔白を申し立てた
— *n* 純潔な人; 無邪気な人
◇**innocence, innocency** *n* 無罪, 潔白; 無邪気, 無知; 素朴; 純粋

innocent purchaser 善意の購入者 [⇨法律の分野では, 事情を知らないことを「善意」と表現する]

innovate /ínəvèit/ *v* 革新[刷新]する (*on, in*) ► The hotel's efforts to innovate its online reservation system have paid off. そのホテルのオンライン予約システムを刷新する努力は十分に報われた

innovation /ìnəvéiʃən/ *n* イノベーション [⇨抽象的には刷新, 革新, 具体的には新機軸, 斬新な発想・方式を言う] ► product innovation 革新的製品開発 / enhance international competitiveness through technological innovation 技術革新を通じて国際競争力を高める / Innovations like e-ticketing and self check-ins have helped airlines to cut their costs. 電子発券やセルフチェックインのような革新は航空会社の経費節約に寄与した

innovative *a* 画期的な, 革新的, 斬新な ► innovative new products 画期的な新製品 / Our lab is the most innovative in the industry. 当社の研究所はこの産業ではもっとも斬新なものである / We use innovative technology to block unwanted mail. 当社は不要のメールを阻止するため画期的技術を用いている

innovativeness *n* 革新志向, イノベーション志向 [⇨進取の思想に富み, 新しい技術や思想を初期に採用する性向] ► focus on [value] innovativeness 革新志向に力を注ぐ[を重視する]

innovator /ínəvèitər/ *n* 革新者

Inns of Court (the ~) (法廷弁護士(バリスター)を育成するロンドンの四つの)インズ・オブ・コート, 法曹学院

inobservance *n* 不注意, うかつ; 不履行, 違反

inoperable *a* 実行不能の; 手術不能の

inoperable time 【会計】動作不能時間

inoperative *a* 働いていない; 無効な ► The factory has been inoperative for more than a month. その工場は1か月以上操業を中止している

inoperativeness *n* 【知財】《米》実施不能 [⇨発明の記載が不十分であること]

inorganic *a* 無生物の; 無機(物)の; 外部的な

inorganic growth 外部成長 [⇨企業成長の原動力を他社の買収といった外部的なものに求めるアプローチ]

inorganic resources 無機資源 [⇨有機物, 金属以外の資源. 廃棄物から得られるものとしては, ガラス, 廃陶磁器などが主なもの]

in-pack *a*, *n* インパック(の) [⇨商品パッケージの中に販促品・資料を封入しておくこと]

in personam /in pərsóunæm/ (訴訟などで)人に対して; 対人的な[に] (⇔in rem) ► action in personam 対人訴訟 (=personal action) [<ラ]

in-plant *a* 工場内の[で行われる] ► conduct in-plant inspections 工場検査[査察]を行う / in-plant hygiene 工場内衛生

input /ínput/ *n* ❶ 投入(量); (提供される)意見, アドバイス; 入力(データ), インプット (⇔output) ► Your input will help us improve our services. あなたのご意見を頂戴できれば, 当社のサービスの改善の助けとなるでしょう ❷ 《しばしば ~s》投入(財), 投入物 [⇨原材料や労働などを生産のために使用すること, あるいは生産に必要な原材料や労働などの財・サービス]
— *vt* (~(**ted**); -**tt**-) (データを)入力する (*into*)

input cost インプット・コスト, 投入コスト

input device 入力装置 [⇨キーボードやマウスなど]

input/output *n*, *a* 入出力(の) (I/O)

input-output analysis 投入産出分析, 産業連関分析 (=inter-industry analysis) [⇨産業や経済の投入量と産出量の相互関係を分析する方法]

input-output table 投入産出表, 産業連関表 (=inter-industry table) [⇨各産業部門が生産した財・サービスが他の産業部門にいくら使用されるかを示した表]

input tax 仕入れ税 [⇨物品販売に際して徴収される付加価値税である売上税(output tax)との対比で, 購入する段階で課されるもの]

inquire /inkwáiər/ *v* 尋ねる (*about*); 調査する (*into*) ► Health inspectors inquired into the cause of the accident. 衛生検査官は事故の原因を調べた

inquire after の安否を尋ねる

inquire for に面会を求める; を問い合わせる; = inquire after

inquire of (人に)問う

Inquire within. (掲示)御用の方は中へ

◇**inquirer** *n* 尋問者; 探求者

inquiring /inkwáiəriŋ/ a 事実[情報]を求める; 探究心のある; 不審そうな ► an inquiring mind 探究心

― n 《事実の》探求; 【会計】質問 (=inquiry, enquiry) [○監査人が監査において専門的判断を必要とするとき, 経営者や専門家に口頭や文書で問い合わせること]

◇**inquiringly** ad

inquiry /inkwáiəri/ n 調査《into》; 取り調べ; 照会《about, concerning》; 【会計】質問 ► make inquiries into [about] を調査する / order an inquiry into の調査を命じる / conduct [hold] an inquiry 調査を行う / We wrote you **an inquiry about** your new product lines two weeks ago. 2週間前に御社の新しい製品ラインについての問い合わせを差し上げました / **For inquiries**, please contact our customer service department. ご質問がありました方, お客様サービス部までご連絡ください / Our sales department handles **customer inquiries**. お客様からの問い合わせは営業部が担当しています / Please feel free to **make an inquiry** if you don't see the type of product you're looking for. お探しの品がない場合は遠慮なくお問い合わせください / The company **received numerous inquiries** about the safety of its products. 同社は製品の安全性に関しての問い合わせを多数受けた / We respond to **customer inquiries** via e-mail. お客様からの問い合わせにはEメールで回答している

on inquiry 調べてみると

inquisitorial system /inkwizətɔ́:riəl/ 糾問主義《⇔accusatory system》[○不告不理の原則 (No trial without complaint)が貫かれる弾劾主義との対比で, 裁判官が検察官の役をも兼ねる制度を指す]

in rem 《訴訟などで》物に対して; 対物的な[に] 《⇔in personam》 ► action in rem 対人訴訟 (=real action) [<ラ]

inroad n 進出; 食い込み 《on, upon, in, into》
make inroads into [*on*] に進出する ► Our products have made inroads into the global market. 当社の製品は世界市場に進出することに成功した

― v 侵害する, 食い込む, 進出する

ins. inches

insane a 精神障害の; 尋常ではない ► drive a person insane 人の気を狂わせる

insatiate a 飽くことを知らない

◇**insatiable** a 飽くことを知らない; 強欲な ► The company increased production facilities around the world to meet an insatiable appetite for fuel-efficient cars. 燃料効率のよい車への根強い需要に対処するために, 同社は世界中の生産設備を増強した

inscribe /inskráib/ vt 書く, 彫りつける《in, on, upon, with》; 登記する; 《書物などを署名して》贈る; 《名簿・証券などに》記名する

◇**inscription** /inskrípʃən/ n 記された[刻まれた]もの; 記す[刻む]こと; 献辞; 碑文; 記入, 登録

insecure a 安全でない; 心配な ► Many people feel insecure about life after retirement. 多くの人々が退職後の生活に不安を感じている

◇**insecurity** n 不安定, 危険(なもの) ► Some employees feel job insecurity in this company. 従業員の中にはこの会社での仕事に不安を感じている

insert vt /insə́:rt/ 挿入する, 差し込む《in, into, between》 ► Please insert your card into the slot. スロットにカードを差し込んでください

― n /⸺/ 挿入物; 差込みページ; 折込広告 ► create [use] newspaper inserts 新聞の折込広告を制作する[利用する]

◇**insertion** n 挿入; 差込み[広告]; =insert ► They are insisting on the insertion of some disclaimer clauses. 先方は免責条項の挿入にこだわり続けている

in-service a 勤務[現職]中の ► provide in-service training 現職研修を行う

in-service withdrawal 非退職者による年金脱退

inset n /ínsèt/ 挿入物; 差込み図

― vt /⸺/ (~;-tt-) 差し込む, はめ込む 《in, into》

in-shop a 大型店舗内に設置された(in-store) [○多くはブランド力を持つ小売店舗について言う]

inside /insáid, ⸺/ prep …の中に[で]

― ad 内部へ; 屋内に; 内心で

inside of …以内に, …しないで

― n 《the ~》内部, 内側; 《歩道の》内側; 《~s》胃腸; 内情

inside out 裏返しに; 《略式》何もかも ► He knows the company inside out. 彼はその会社のことを何から何まで知っている

on the inside 内部にいる, 内情が分かる

inside director 社内取締役, 内部取締役 [○当該企業の経営執行役員や従業員である取締役. 業務執行取締役 (executive director) とも言う]
⇒outside director

inside information ❶ 内部情報 (=inside knowledge) **❷**【証券】インサイダー情報 [○株価に影響し得る重要事実で未公表の情報. insider information ではなく inside information を用いるのが普通] ⇒insider trading

inside job 内部犯行

inside man 潜入者(企業)スパイ; 内勤の従業員

inside market 業者間市場

insider /insáidər/ n 部内者; 関係者; 内部者, インサイダー [○取締役・大株主など企業の内部情報を知り得る立場の者. 未公表の重要事実に基づいた売買を行うと違法なインサイダー取引 (insider trading) として処罰される] ► On today's show, our panel of guests include the company's financial director, who will give you an insider's view on the situation. 本日の番組には, その状況について当事者の見解を述べていただくために, ゲストの一員として同社の財務部長をお招きしています

insider dealing 《英》=insider trading

► What should a company do to prevent insider dealing? インサイダー取引を防ぐために会社は何をすべきか

insider information 内部者情報, インサイダー情報 [⇨この意味では inside information を用いるのが普通]

insider trade =insider trading

insider trading 《米》内部者取引, インサイダー取引 (=《英》insider dealing) [⇨内部情報を利用した取引. 特に, 証券発行会社の内部者が行う未公表の重要事実に基づいての取引は不公正なものとして禁止されている] ► The company is guilty of insider trading. その会社はインサイダー取引という違反をしている

inside story 内部情報, 内幕

inside track 内側走路; 《略式》有利な地位[立場]

have [be on] the inside track (競争上)有利な立場にある

inside worker (外勤, 外回りの従業員(outside worker)に対しての)内勤の従業員

insist /insíst/ v 主張する, 言い張る (*on, upon, that*); 強く要求する (*on, upon, that*) ► I insist on his going. =I insist that he (should) go. 彼が行くことを求める / He absolutely insists on paying. 彼は絶対に支払うと言ってきかない / He insists that his answer is correct. 自分の答えが正しいと彼は言い張る / The customer insisted on a refund. その顧客は返金を主張して譲らなかった / The store insists on payment in full before delivery. その店は配達前の全額支払いに固執している

if you insist 《略式》ぜひにと言うなら(そうしよう)

◇**insistence, insistency** *n*

◇**insistent** *a* しつこい; 言い張る (*on*); 人目を引く

insolvency

/insálvənsi/ *n* 支払不能, 債務超過, 破産 [⇨米国では insolvency は「支払不能」を意味する. 1978年に制定された Bankruptcy Reform Act がすべての破産を取り扱うので, 個人の場合も法人の場合も「破産」には bankruptcy が用いられる. 英国では insolvency は「破産」の意味で使われることが多い. 英国の破産法は個人は Bankruptcy Act, 法人は Company Act と分かれていたが, 1986年に Insolvency Act が成立し, 個人も法人も同じ破産法で取り扱われることになった] ⇨bankruptcy ► financial insolvency (企業などの)財務破綻 🔳 In the event of death or insolvency of BUYER, SELLER shall have the right to cancel forth with any of all this and/or any other contract with BUYER by giving notice of cancellation to BUYER. 「買主」が死亡または支払不能の場合,「売主」は,「買主」に対し契約解除の通知をなすことにより, ただちに当該契約およびその他すべての「買主」との契約について解除権を有するものとする

insolvency practitioner 《英》破産処理専門家, 倒産実務家 [⇨英国で清算人, 財産保全管理人, 破産管財人など公的資格で破産処理にあたることができる専門家. 会計士, 弁護士が資格試験を経てなるのが一般的]

insolvent

/insálvənt/ *a, n* 支払不能の(者); 破産(者) ► Becoming insolvent does not mean becoming bankrupt. 支払不能になることは破産することと同じではない / The debtor was rendered insolvent. 債務者は支払不能状態になった

insource *v* 内製する, 内部調達する

insourcing *n* 内製, 自製, 内部調達 [⇨部品などの財貨の生産や用役の供給を, 企業外部から調達するのでなく, 企業内部から調達すること]

inspect /inspékt/ *vt* 検査[精査]する; 視察[査察]する, 査閲する ► The fire alarm system is periodically inspected. その火災警報システムは定期的に点検されている

inspection /inspékʃən/ *n* ❶ (監督庁, 監査機関による)調査, 検査 ► conduct [fail, pass] an inspection 検査を実施する[に不合格となる, に合格する] / regular [surprise] inspection 定期[抜打ち]検査 🔳 Any inspection of or payment for the Goods by BUYER shall not constitute a waiver of BUYER's remedies for any breach by SELLER of any warranty whether express or implied. 当該「商品」の「買主」によるいかなる検査もまたは支払いも,「売主」の品質保証が明示的であれ黙示的であれ, その違反に対する「買主」の救済の(=請求権)放棄を構成しないものとする ❷ 詳しく調べること, 閲覧, 調査, 精査 ► make available accounting records for inspection 会計記録を閲覧に供する

inspection and appraisal fees 調査費用および不動産鑑定費用

inspection cost =inspection expense

inspection expense 検査費

inspection report 検収報告書, 検収伝票, 調査報告書

inspection right 査察権, 検査権, 調査権

inspector /inspéktər/ *n* ❶ 検査官, 監督官; 《米》警視, 《英》警部 ► The FDA sent inspectors to investigate the food poisoning claims. 食品医薬品局は食中毒に関する苦情を調査するために検査官を派遣した ❷【会計】検査係

◇**inspectorate** /-ət/ *n* inspector の職[地位, 管轄区域]

inspector of taxes 税務査察官

inspiration /inspəréiʃən/ *n* インスピレーション; 鼓舞[感化, 刺激](する人)

inspire /inspáiər/ *vt* 鼓舞する (*to, to do*); (感情・考えなどを)吹き込む (*in, with*); 生気を与える; 示唆する ► His dedication to the job inspires his staff to work harder. 彼の献身的な働きを見て, 部下は前より真面目に働くようになっている

◇**inspired** *a* その筋の内意を受けた ► politically [religiously] inspired 政治[宗教]色の濃い

◇**inspiring** *a* 鼓舞する, 感激させる

inspirit *vt* 元気づける, 励ます

inst. 今月の（✚商業文や公文書で日付のあとに付して the 5ᵗʰ inst.(今月5日)の形で用いられる）⇨ instant

instability n 不安定, 変わりやすさ

install, (英) instal /instɔ́ːl/ vt
（装置を）取り付ける《in》; 就任させる; インストールする［⇨コンピュータにソフトを組み込む］;《~ oneself》着席する ▶ install a program on the hard disk プログラムをハードディスクにインストールする / How long will it take to install the program? そのプログラムをインストールするのにどのくらい時間がかかりますか / He installed himself in the foreman's job. 彼は現場主任の地位に就いた / The system had never been installed in institutions of their size. その方式は彼らの規模の会社で設置されたことがなかった

installation /ìnstəléɪʃən/ n 設置;（ソフトの）インストール;（役員などを）置くこと, 就任させること

installed base インストールド・ベース, 既得基盤［⇨特定の製品・サービスのユーザー数(累積シェア). 顧客は「勝ち馬」に乗りやすく, 競合関係にあるシステムが相互に互換性がない場合, 競争初期に囲い込まれた顧客の数は最終結果に大きな違いをもたらす］

installed capacity 設備容量 ▶ installed capacity of wind power generation 風力発電の設備容量

installer n インストール用ソフト

installment, (英) instalment /instɔ́ːlmənt/ n 分割払, 分割払の一回分

in [by] installments 分割(払い)で ▶ pay for furniture in monthly installments 家具の代金を月賦で支払う

installment basis 割賦基準
installment contract 分割給付契約; 割賦売買契約
installment credit 割賦信用
installment debt （ローンの支払が滞った）分割払債務
installment method (of accounting) 割賦基準［⇨売上収益の計上を売上代金の回収高に応じて認識する方法］
installment payment 割賦返済;（分割払での）一回あたり払込額 ▶ in six equal installment payments 6回の均等額払 / We can consolidate your debts and arrange installment payments for you. あなたの債務を一つにまとめて分割払にすることができます
installment plan 《米》分割払 ▶ buy furniture on the installment plan 分割払[月賦]で家具を買う
installment sale 割賦販売, 割賦売上 ▶ Credit companies hold a security interest in the goods purchased through installment sale contracts. 信販会社は分割払で購入された商品上に担保権を有する

instance /ínstəns/ n ❶ 場合; 段階; 例, 実例, 例示; 依頼, 要請 ▶ The investigation found instances of accounting fraud. その捜査は粉飾決算の事実を発見した ❷【法律】(1)（訴訟の）審級 ▶ a court of first instance 第一審裁判所 (2)主張, 要請

for instance たとえば
in the first [last] instance 第一に[最後に]; 第一審[終審]で

instant /ínstənt/ n 瞬間; 即刻 ▶ get instant access to the documents you need 必要な書類に即時アクセスする

not for an instant 少しも[まったく]…ない
(at) the instant (that) ... …するやいなや
this instant すぐに, ただちに

— a 即時の; 急の; 今月の (inst.)（✚商業文や公文書で日付のあとに付して the 5th instant (今月5日)の形で用いられる）⇨ proximo, ultimo ▶ Through online currency trading, you can make instant transactions. オンライン通貨取引を通じて, 誰でも瞬時に取引することができる
◇**instantly** ad すぐに

instant access account 《英》要求払預金(=《米》demand deposit)
instant delivery 即納
instant messaging [ミッシン] インスタントメッセージング［⇨登録ユーザーの間でメッセージを交換すること］

instead /instéd/ ad その代わりに ▶ I'm leaving work early today, but I'll come in early tomorrow instead. 今日は早退しますが, 代わりに明日は早く出社するつもりです

instead of の代わりに ▶ Instead of taking the train, let's grab a taxi. その列車に乗らずにタクシーを拾おう / Instead of quitting right away, you should wait until you find another job. 今すぐ辞めないで, ほかに仕事が見つかるまで待つべきだ

instigate /ínstəgeɪt/ vt ❶ 正式に始める ▶ instigate contract talks 正式に契約交渉を始める ❷ 引き起こす, しかける ▶ instigate a bidding war 買収に向けての競りあいをしかける
◇**instigation** n イニシアチブ, 音頭取り, お声がかり ▶ Postal reforms have been introduced at the instigation of the prime minister. 首相のお声がかりで郵政改革が端緒に就いた

Instinet インスティネット社［⇨オンライン証券取引会社. 2005年にNasdaqが買収］

institute /ínstətjùːt/ vt 設ける, 制定する; 始める; 任命する

— n 学会, 協会; 会館;（理工系の）高等専門学校, 大学; 研究所; 専門学級; 原則; 規則; 慣習

Institute Clauses （保険の）標準約款
Institute for Supply Management 全米供給管理協会 (ISM)
Institute of Actuaries 《英》保険数理士協会 (IA)
Institute of Directors 《英》企業取締役協会
Institute of London Underwriters 《英》ロンドン保険業者協会 (ILU)

institution /ìnstətjúːʃən/ n

❶ 大きな組織; (特に) 金融機関; 機関投資家 ► financial institutions 金融機関 / liquidate failed banking institutions 破綻した銀行を清算する / Does your educational institution prepare people for specific jobs? お宅の教育機関では生徒を特定の仕事をするために教育していますか ❷ 新規導入 ► institution of grievance procedures 苦情処理手続の新規導入 ❸ 制度 ► the institution of intellectual property 知的財産制度

institutional /ìnstətjúːʃənl/ a 制度 (上) の; 機関投資家の ► an institutional delivery system 機関投資家用振替決済システム
◇ **institutionally** ad

institutional advertising = corporate advertising

institutional approach 機関的アプローチ, 制度的アプローチ [◎ 流通を遂行する機関 (卸売・小売・輸送・広告など) を通じて流通問題に接近を試みる方法] ⇨ commodity approach, functional approach

institutional fund 機関投資家ファンド [◎ 一定の機関投資家のみが参画できるファンド]

institutional investment 金融法人による投資 [◎ 事業法人による投資との対比で, 金融法人による投資を言う]

institutional investor 機関投資家 [◎ 大量の資金を運用する組織や団体. 具体的には, 銀行, 保険会社, 年金基金, 大学基金, 投資信託など] ⇨ accredited investor ► a qualified institutional investor 適格機関投資家 / Pension funds, money managers and other institutional investors account for half of the volume of trades on the New York Stock Exchange. 年金基金, 資産運用会社といった機関投資家による売買はニューヨーク証券取引所の取引高の半分を占めている

institutionalize, (英) **-ise** /ìnstətjúːʃənəlàiz/ vt 制度化する, 画一化する; 機関化する; 収容する

institutional pot 機関投資家枠 [◎ 株式の新規公開にあたって発行予定の株数のうち引受業者 (underwriter) が大口の顧客である機関投資家 (institutional investors) 向けとして取り置く分. 単に pot とも言う]

institutional shareholder 法人株主 ► The company's institutional shareholders rejected the board proposal. 同社の法人株主は取締役会の提案を拒絶した

in-store a (百貨店などの) 店内の ► an in-store bakery 店内製パン店

in-store branch イン・ストア・ブランチ [◎ 百貨店や大型の商業施設内に設置される金融機関の支店]

in-store display 店内ディスプレイ

in-store merchandising イン・ストア・マーチャンダイジング (ISM) [◎ 小売店舗内において, その効率を最大化させるための一連の活動の総称]

in-store survey 店頭調査

instruct /instrʌ́kt/ vt

❶ 教える ((in)); 指図する ((to do, about)); 知らせる ((that)) ► My lawyer instructed me what to say in court. 弁護士は私に法廷で言うべきことを教えてくれた ❷ (裁判官が陪審員・証人などに) 説示する ((about; to do)) ► The judge instructed the jury to discuss the case. 裁判官は陪審員にこの件について討議するよう促した

instruction /instrʌ́kʃən/ n

(~s) 指図, 指示, 命令; (~s) (使用) 説明書

コロケーション

(動詞(句)+~) **act on** a person's instructions の指示に従って動く / **carry out** instructions 指示を実行する / **disobey** instructions 指示に反する / **follow** instructions 指示に従う / **give** instructions 指示をする / **have** instructions 指示を受けている / **issue** instructions 指示を発する

► investment instructions 運用指図 / written instructions 指図書 / instructions for use 取扱説明書, 操作説明書 / instructions to bidders 入札者への指示書 / shipping instructions 船積指図書 (SI) [◎ 輸出業者が海運貨物取扱業者に手続代行その他の作業を委託するときの書類] / If they repeatedly **ignore our instructions**, we will have to terminate this supplier. 当社からの指示を繰り返し無視するようなら, その納入業者との契約を打ち切るほかない / Only those acting **under direct instructions** from a qualified person, are permitted to operate this equipment. 有資格者の直接の指示に基づいて行為する者のみがこの機器を操作することができる / Please **follow the instructions** on page 7 under the heading "Computer Security". 7ページの「コンピュータ・セキュリティー」という見出しの付されている項の指示に従うこと / Safety supervisors are required to **give appropriate instructions** to prevent injuries and equipment damage. 安全管理責任者はけがや機器の損傷を防ぐため, しかるべき指示をする義務がある / The compliance department has **issued instructions** to all staff to ensure that such incidents do not recur. 法令遵守部門は全社員に宛て, 再発防止につき確実を期するよう指示を出している / We **await your instructions**. ご指示をお待ちします / We **received instructions** from head office to postpone the launch until further notice. 追って連絡のあるまで新製品の発売を延期せよという指示を本社から受けた / We've **had instructions** from head office to terminate the plan. 本社から計画を打ち切るようにとの指示を受けている

instructional a 何かを指導する ► instructional DVDs 教材DVD

instruction book 取扱説明書, 操作説明書

instruction manual (機械の) 使用マニュアル

instructor /instrʌ́ktər/ *n* (女性形 **-tress**) 教師, 指導者;《米》(大学の)講師

instrument /ínstrəmənt/ *n* 器具, 計器; 法律文書; 手段, 商品 ► a debt instrument 債券 / an equity instrument 株式 / a hedging instrument ヘッジの手段 / a money-market instrument 短期金融商品 / a negotiable instrument 有価証券 / an instrument of conveyance 不動産譲渡を目的とする公正証書 / an instrument of credit 信用証券 / Futures derivatives are used as an instrument to hedge risks. 先物の派生商品はリスクヘッジの手段として用いられる

instrumental /ìnstrəméntl/ *a* 手段となる; 役立つ (*in*) ► He has been instrumental in expanding the firm's business abroad. 彼は会社の海外事業拡大に貢献してきている
◇**instrumentality** *n* 助け; 手段
◇**instrumentally** *ad*

insubordination *n* 反抗; (命令, 上司に対する) 不服従, 命令違背

insufficient *a* 不十分な ► He is insufficient to discharge the duties of an office. 彼は(要職の)職務遂行には力量が不足している / The valuation of the company was insufficient. その会社の評価(額)は不十分であった
◇**insufficiently** *ad*

insulate /ínsjəlèit/ *vt* 隔離する; (隔てるようにして) 守る ► insulating tape 絶縁テープ / insulate the company from risks 会社をリスクから守る / The company's robust sales have so far insulated it from the economic downturn. その会社の好調な売上は今までのところ同社を景気低迷から絶縁する役目を果たしてきた / The bank's high cash reserve insulated it from the credit crunch. 銀行を信用逼迫から絶縁する役目を果たした現金準備は銀行を信用逼迫から絶縁する役目を果たした

insult *vt* /insʌ́lt/ 侮辱する ► Please don't insult my intelligence. 私をばかにしないでください
― *n* /́--/ 侮辱 ► He took the joke as an insult. 彼は冗談を侮辱と受けとった
add insult to injury 傷つけてさらに侮辱を加える
be an insult to a person's intelligence (人に)分かりきったことである
to add insult to injury もっと悪いことには
◇**insulting** *a* 侮辱的な
◇**insultingly** *ad*

insurability /inʃùərəbíləti/ *n* 保険引受能力; 保険可能体

insurable /inʃúərəbl/ *a* 保険をかけられる[かけるに適した]

insurable age 保険引受可能年齢

insurable interest 被保険利益 (=subject of insurance) [◯保険をかけることのできる経済的利益で, これを金銭価値として捉えたものが保険価額(insurance value)]

insurable risk 付加可能リスク [◯保険会社が保険をかけることが可能な危険]

insurable value 保険価額 (=insurance value) [◯被保険利益の評価額で, 保険契約上の価額である保険金額がこれに対して過大ならば保険料が無駄になり, 過小ならば損害が全部填補されないことになる]

insurance /inʃúərəns/ *n* 保険 (=《英》 assurance); 保険金(額); 保険料; 保険契約[証書]

コロケーション

(動詞(句)+~) **be paid for** insurance 保険金がおりる / **buy** insurance 保険に入る / **carry** insurance 保険に入っている / **purchase** insurance 保険をかける, 保険に加入する / **take out** insurance **on**... に保険をかける, 保険に加入する

► a compulsory insurance system to protect drivers against the costs of traffic accidents 交通事故の出費からドライバーを保護する強制保険制度 / carry a lot of insurance on に多額の保険金をかける / Are you **covered by insurance?** 保険に入っていますか / The damage is **covered by insurance**. その損害は保険金で償われる / **Your insurance** is $200 a year. 保険料は年額200ドルです / He **has $20,000 insurance**. 2万ドルの保険に入っている / I **want insurance** on my property. 財産に保険をかけたい / I will **take care of the insurance** and packing at my own expense. 保険料と梱包(こんぽう)料とは当方で負担します / We don't **carry fire insurance**. われわれは火災保険に入っていない / Does **your insurance provide for** complete coverage against collision? あなたの入っている保険は衝突事故について完全に補償してくれますか / Unfortunately, I didn't **have insurance** on my credit card. 残念なことに, カードに保険をかけていなかった / We are thinking twice about claiming for the damage **on our insurance** because the premiums will shoot up. 保険料がはねあがるので, 損害の保険金を請求すべきかで二の足を踏んでいる / **This insurance covers** your medical and hospital bills. この保険はあなたの医療と病院関係の費用をカバーする / **Collision insurance pays** for damage to your car caused in a traffic accident. 衝突保険は交通事故で起きたあなたの車の損害を払ってくれる

=== **保険** ===

automobile bodily injury [property damage] liability insurance 自動車対人[対物]賠償保険 / comprehensive general liability insurance 包括賠償責任保険 / comprehensive insurance 総合保険 / compulsory insurance 強制保険 / endowment insurance 養老保険 / exchange risk insurance 為替変動保険 / fire insurance 火災保険 / health and disability insurance 健康傷害保険 / life insurance 生命保険 / marine insurance 海上保険 / property and casualty insurance 損害保険 / single premium endowment insurance 一時払養老保険 / unemployment insurance 失業保険 / worker's compensation insurance 労災保険

insurance accounting [accounts] 保険会計

insurance adjuster 保険精算人, アジャスター [●保険会社からの依頼で損害額の調査を行う専門家. loss adjuster とも言う]

insurance agency 保険代理店

insurance agent 保険代理人, 保険募集人, (保険)営業職員

insurance amount 保険金額 (=《米》amount insured, amount of insurance, face amount, 《英》insurance cover) [●保険事故が起きたときに支払われる保険金の限度額]

insurance benefit 保険給付, 保険関係支払金

insurance broker 保険仲立人, 保険ブローカー [●保険会社の利益を代表する代理店と異なり, 保険契約者の依頼で条件を満たす保険会社を探し出し, 保険契約締結の媒介を行う者]

insurance carrier 保険(業)者, 保険会社 (=insurer, insurance company)

insurance certificate (団体保険・団体年金の) 被保険者証 (=certificate of insurance, individual certificate)

insurance charge 保険料 (=insurance premium)

insurance claim 保険金支払請求, 保険給付支払(請求)

insurance clause 保険約款 (=policy clause)

insurance company 保険会社, 保険業者 (=insurance carrier) [●生命保険会社と損害保険会社がある]

insurance contract 保険契約 (=insurance policy)

insurance cost 保険料 (=insurance expense, insurance premium); 保険費用

insurance cover =insurance coverage

insurance coverage 保険カバー, 保険保護 [●保険により填補される範囲] ▶ The insurance coverage does not extend to dental services. その保険の補償範囲は歯科治療には及ばない

insurance crisis 保険危機

insurance exchange 保険取引所

insurance expense 保険料支出(額); 保険事業費

insurance fraud 保険詐欺

insurance group 保険(企業)グループ; 保険業界団体

insurance holding company 保険持株会社

insurance industry 保険(産)業, 保険業界

insurance in force 保有契約高; 当期年間保険料

insurance liabilities 保険会社の負債(額)

insurance license 保険免許(書)

insurance loss 損害填補額 (=insured loss)

insurance management 保険経営; 保険管理

insurance market 保険市場

insurance money 保険金; 填補金

insurance networking 保険の販路, 保険販売網

insurance plan 保険商品, 保険種類 (=policy plan)

insurance policy 保険証券 (=policy); 保険契約 ▶ purchase an insurance policy 保険をかける / This insurance policy is not effective in Japan. この保険は日本では利きません [効力がありません] / Be sure to renew the insurance policy before it expires. 保険が切れる前に継続手続をしておくよう気をつけてください / You should purchase an insurance policy to cover third party liability. 第三者賠償責任に備えて保険契約をしておくべきだ

insurance pool 保険プール (=risk pool) [●(再)保険の共同引受組織]

insurance practice 保険実務, 保険慣行

insurance premium 保険料 (=contribution, cost, insurance charge [price]) ▶ prepaid insurance premium 前払保険料

insurance premium rate 保険料率 (=policy rate)

insurance premium tax 《英》保険税

insurance proceeds (生命)保険金

insurance product 保険商品

insurance profit 保険引受利益

insurance program 保険制度

insurance protection =insurance coverage

insurance rate 保険料率 (=policy rate)

insurance rating 保険料率 [●填補の対象となる危険の大小が査定(rate)され, それに応じて保険料が決まる] ▶ calculate [receive] an insurance rating 保険料率を計算する[の適用を受ける]

insurance regulation (通例 ~s) 保険規則; 保険(に関する)規制

insurance reserve 自家保険積立金, 保険積立金

insurance risk 保険リスク [●保険で填補されるべきものとして想定されている損失発生の危険性]

insurance trust 生命保険信託 (=life insurance trust)

insurance underwriter 保険会社

insurance value 保険価額 (=policy value)

insure /inʃúər/ vt 保証する, 請け合う (that); (保険)をつける (against); (保険業者が…の)保険契約をする ▶ the insured period 保険加入期間 / An insurance company insured his house against fire. 保険会社が彼の家に対して火災保険の契約を結んだ / He was insured at the time of the accident. 事故発生時には保険に入っていた / This Insurance Policy insures the described residence owned and occupied by the insured exclusively for residential purposes. この保険証券は, 被保険者がもっぱら住居専用の目的で所有しかつ占有する特定

insured /inʃúərd/ *n* (the ~) 被保険者 (=(英)assured) [⟹生命保険では、その生死が保険金支払の条件になる人。損害保険では、保険金を受け取る人]

insured amount 保険金額 [⟹事故の際に支払われる補償の限度額]

insured bond 付保債券 [⟹保証会社の保険付きの債券。主として地方債(municipal bond)で、債券の発行体の信用を保証会社による保険で補完している]

insured event 保険事故 (=insured risk, risk covered)

insured risk 担保危険, 被保険危険 (=insured event, risk covered)

insured value 保険価額 [⟹損害発生時点での保険目的物の評価額]

insurer /inʃúərər/ *n* ❶ 保証する人 ❷ 保険者, 保険会社 (=insurance carrier [company], 《英》assurer)

insuring /inʃúəriŋ/ *n* インシュアリング, 保険をかけること

insurmountable *a* 克服できない ► The 100 percent consent requirement may not pose an insurmountable obstacle. 100%の同意を必要とするという条項は克服できない障害にはなりそうにない

intangible *a* ❶ 触れることができない; 実体のない; ぼんやりした; 不可解な ❷ 【会計】無形の
— *n* ❶ 触れることができないもの ❷ (~s) 無形資産

intangible asset 無形資産, 無形固定資産 [⟹長期にわたり企業の収益力の要因となる無形の資産で、特許権などの法律上の独占的権利, 各種の施設利用権, のれんなどの超過収益獲得能力など] ⇨tangible asset ► allocate the cost of an intangible asset over its useful life 無形資産の原価を耐用年数に従って配分する

intangible property 無形財産

integrate /íntəgrèit/ *vt* まとめる, 統合する 《with》

integrated /íntəgrèitid/ *a* 統合された; 一貫生産の ► an integrated chemicals company 総合化学品会社

integrated circuit 集積回路 (IC)

integrated marketing 統合マーケティング [⟹長期的に売れる仕組(マーケティング)を考える上で販促, 製品パッケージ, 流通などを有機的に連携させることを重視する]

integrated marketing communications 統合型マーケティング・コミュニケーション (IMC) [⟹integrated marketingの延長線上にあるアプローチで, 店舗展開, メディア戦略において統一的メッセージを前面に出し, ブランド価値を構築していくことを強調する]

integrated producer 一貫生産企業 [⟹原材料等の生産, 加工から物流・販売までの全段階をこなしている企業]

integration

/ìntəgréiʃən/ *n* ❶ 統合, 融和, 集大成; 人種差別の撤廃 ► integration of several media いくつかのメディアの統合 ❷ (1) 合併 (2) (部門や組織体などの)統合; (国際的な)経済統合 ► backward integration 川上統合 / forward integration 川下統合 / horizontal integration 水平統合 / vertical integration 垂直統合 / The integration of the two convenience store chains would reshuffle market shares in the industry. 2つのコンビニチェーンの統合は業界の市場シェアを再編することになろう / Economic integration will promote growth in the region. 経済的な統合はその地域の成長を促進するだろう

integrator *n* インテグレーター [⟹ ①末端での集配から航空運送まで一貫した輸送サービスを提供する会社 ②顧客の業務に合わせたシステム作りを一括して引き受け, 保守サービスまでも行う業者(システムインテグレーター)]

integrity /intégrəti/ *n* 正直, 高潔, 廉直; 完全な状態; もとのままの状態 ► a person of high integrity すぐれて誠実な人
territorial integrity 領土保全

Intel 《~ Corp.》インテル [⟹米国の半導体・マイクロプロセッサーメーカー。Pentiumシリーズのプロセッサーは圧倒的なシェアを持つ。他に携帯電話のプロセッサーなども製造。1968年設立]

Intel Inside 《商標》インテルインサイド [⟹インテル社製のCPUを使用したパソコンであることを表示するマーク]

intellectual /ìntəléktʃuəl/ *a* 知力の; 知力を要する; 理知的な
— *n* 知識人, インテリ
◇**intellectuality** *n* 知性, 知力
◇**intellectually** *ad* 知的に

intellectual assets 知財 ⇨intellectual property

intellectual capital 知的資本 [⟹企業価値を高める経営資源のうち, 財務諸表に表れてこない無形のもの(ブランド価値, 人材, 組織としての活力, 取引先, 顧客等)]

intellectual property 知的財産, 知財 (IP) [⟹人の創作活動の成果(発明, 著作物等), 営業上の標識(商標, 商号等), 事業活動に有用な情報(営業秘密等)の総称] ► The area relating to patents and copyright is intellectual property. 特許と著作権に関する領域は知的財産である / The firm specializes in intellectual property laws. その事務所は知的財産法を専門にしている

intellectual property rights 知的財産権 [⟹知的財産に関して法定された権利(特許権, 著作権等)または法律上保護される利益に係る権利(パブリシティ権等)。かつては「知的所有権」という訳語が一般的であったが, 最近ではあまり使用されない] ► sue the company over alleged violations of intellectual property rights 知的財産権侵害の疑いで同社を訴える

intelligence /intélədʒəns/ *n* 知力; 理知; 理解力, 利発; 知的存在; 情報; 諜報(機関)
◇**intelligencer** *n* 情報提供者; スパイ

intelligent /intélədʒənt/ *a* 知能の高い, 頭の

よい；中央コンピュータシステムで集中管理された ► He made an intelligent career choice. 彼は賢明に経歴の選択をした
◇**intelligently** ad

intelligent transportation system 高度交通システム (ITS) [⇨自動運転から混雑情報提供まで情報通信技術を交通改善へ応用したもの]

Intelsat, INTELSAT /íntəlsæt/ International Telecommunications Satellite Organization 国際電気通信衛星機構, インテルサット [⇨1964年, 世界的な商業衛星通信システムの立ち上げを目指し, 日本, 米国などの11か国の参加により暫定制度として発足. 1971年に「国際電気通信衛星機構（インテルサット）に関する協定」が採択, 1973年に同協定が発効し, 国際機関として再編. 2000年の第25回締約国総会で, 通信業務を行う事業会社(Intelsat Ltd.)と事業会社を監督する監督機関(International Telecommunications Satellite Organization, ITSO: 新機構)とに再編された]

intend /inténd/ vt (…する) つもりである《to do, on doing》; もくろむ, 意図する, 予定する《for》; 意味する ► I intend to retire early. 早期退職するつもりで / We intend to conclude the merger negotiations by the end of the year. 当社は年末までには合併交渉に決着をつけるつもりだ
◇**intended** a 意図された; 未来の

intense /inténs/ a 激しい; 熱心［熱烈］な ► Our firm faces intense competition in both domestic and foreign markets. 当社は国内と海外の両市場で熾烈な競争に直面している / Domestic brands face intense competition from imports. 国内ブランドは輸入品からの激烈な競争に直面している / The stimulus plan has been a topic of intense debate. その刺激策は激しい論争のテーマになっている / Six months of intense effort went into the project. 6か月間の真剣な努力がその計画に注ぎ込まれた

intensify /inténsəfài/ v 激しくする［なる］; 強める, 強くする ► Competition will further intensify next year. 競争は来年, 一段と厳しくなるだろう / To maintain our position, we need to intensify our research activities. 当社の地位を維持するために, 研究活動を強化する必要がある
◇**intensification** n 強化, 激化

intension /inténʃən/ n 強化, 強度; （精神的な）緊張, 努力

intensity /inténsəti/ n 強烈さ; 厳しさ; 強さ

intensive /inténsiv/ a ❶ 激しい, 強烈な; 徹底的な, 集中的な ❷【農業】集約的な [⇨一定地域に労力・資力を集中して反収を高める方式の] ► intensive agriculture 集約農業 ❸（複合語の第2要素として）集約型の ► Many locals have abandoned the labor-intensive agriculture industry to seek jobs in the city. 地元の人々の多くは都市部で職を求めるために労働集約型の農業を放棄した / The company plans to cut some of its capital-intensive operations. 同社は資本集約型事業の一部を取り止める計画だ
◇**intensively** ad

intent[1] /intént/ n ❶ 意志; 目的; 意味 ❷【法律】（特定の目的に向かって行動しようとする）意思, 故意 ► The facts and circumstances indicated an actual intent to defraud. 事実と状況は詐欺行為の実際の意図を示していた
to [for] all intents and purposes どの点から見ても, 実際は, 事実上
with (the) intent to do …するつもりで

intent[2] a （目・心などが）集中した; 没頭した《on, upon》 ► The city is intent on preventing and combating crime. その都市は犯罪の防止と撲滅に熱心だ
◇**intently** ad
◇**intentness** n

intention /inténʃən/ n ❶ 意志; 目的; 意図; 意味, 趣旨 ► It is our intention to be the number one manufacturer of solar panels. 太陽発電パネルの製造でトップに立つことが当社の意図である ❷【法律】意図, 故意 ► partly with intention, partly by accident 半ば故意に半ば偶然に
have no [every] intention of doing …する気はない［が大いにある］ ► I have no intention of backing out of the deal. 取引から手を引くつもりは毛頭ない（語法）have no intention of doing は have no intention to do とはあまり言わない. これに対して, with intent to do では不定詞を用いる）
What are your intentions (toward …)? （…に対しては）どうするつもりなのか
with the best of intentions よかれと思って
with the intention of [that] するつもりで
◇**intentional** a 意図［計画］的な, 故意の ► There was an element of intentional fraud existing under the facts and circumstances of the case. 事件の事実と状況のもとで意図的詐欺の要素が存在していた
◇**intentionally** ad 故意に, 意図して ► The company intentionally concealed evidence from the auditors. その会社は故意に監査人から証拠を隠蔽した

inter- /íntər/「…の間の, 相互の」

interact vi 相互に作用する; 交流する《with》

interaction n 相互作用; 対話; 交流《between, with》 ► Interaction among consumers certainly is not controllable by a manager. 消費者の間の相互作用は確かに経営管理者には左右することができない

interactive /íntərǽktiv/ a （ﾋﾟｰ-ｧ）インタラクティブな; 双方向の ⇨two-way ► two-way interactive capability 双方向でインタラクティブな能力

interactive communication 双方向的コミュニケーション

interactive marketing インタラクティブ・マーケティング [⇨企業が顧客との双方向的な関係を築くことによって共創価値を実現しようとするマーケティング]

interactive service （テレビを利用した）双

方向性サービス

interactive television 双方向テレビ, 対話型テレビ[○利用者からの要求に応答するテレビ]

interactive whiteboard インタラクティブ・ホワイトボード[○それ自体タッチパネルのように機能し, パソコンを操作することができる大型のホワイトボード]

inter alia /éiliə/ とりわけ, なかんずく[<ラ]

Inter-American Development Bank 《the ~》米州開発銀行 (IDB)[○中南米諸国の経済・社会開発を推進するための融資を目的として設立された国際金融機関. 1960年に発足. 本部はワシントン]

interbank *a* 銀行間の, インターバンクの

interbank exchange rate 銀行間為替相場[○外国為替銀行間で行われる外国為替取引の際の為替レート]

interbank lending rate コールレート[○銀行間で資金の貸し借りをする際のレート]

interbank market (短期金融市場, 外国為替市場などの) 銀行間市場

interbank offered rate 銀行間貸出し手金利[○銀行間市場で資金の貸手が提示する金利]

interbank rate 銀行間市場レート[○銀行間市場(interbank market)での為替相場. 対顧客取引のレートの基となる]

interbank trading 銀行間売買

interbank transaction 銀行間取引

interbranch setoff 支店間相殺

interbranch transaction 支店間取引

interchange /ìntərtʃéindʒ/ *vt* 入れ替える, 交換する(*with*); 交互に起こるようにする
— *vi* 入れ替わる
— *n* /-́-/ 交換; 交互に続くこと; 《米》インターチェンジ; 《英》乗換え駅 (=interchange station)
◇**interchangeability** *n*
◇**interchangeably** *ad*

intercompany *a* 会社間の; 連結会社間の ► an intercompany loan 企業集団内貸付[借入]金 / an intercompany profit 会社間利益 / intercompany receivables 企業集団内債権 / intercompany sales 会社間売上[○連結会社間の売上] / intercompany sales of inventory 棚卸資産の連結会社間売上 / an intercompany transaction 会社間取引, 企業集団内取引

intercompany debt 会社間負債, 内部負債

intercompany elimination 会社間相殺消去項目, 会社間除去項目, 内部除去項目[○連結財務諸表作成の際の連結会社間の相殺消去項目]

Intercontinental Exchange インターコンチネンタル取引所 (ICE)[○コモディティの先物取引を扱う電子取引所を運営している会社. 本社アトランタ. 2001年にロンドンの International Petroleum Exchange (IPE)を買収し, ICE Futures Europe の社名で運営. 欧州の原油取引の指標銘柄である IPE ブレント原油は ICE ブレント原油と呼ばれるようになった]

intercorporate tax allocation 会社間の税配分 (=intercompany tax allocation)[○連結納税会社間の税金の配分]

interdealer *a* ディーラー間の ► In interdealer trading the yield fell 1.07 percentage point from Thursday's close to 1.355 percent. ディーラー間取引で利回りは木曜日の引け際の1.355%から1.07パーセンテージポイント下がった

interdepartment profit 内部間振替利益 (=interdepartmental profit)[○同一企業内の部門間において財貨・商品の授受を行う場合に付加された利益]

interest

/íntərəst/ *n* ❶ 持分, 株式;《しばしば ~s》利益 ► national interests 国益 / the public interest 公共の利益 / a conflict of interests 利害の衝突 / a controlling interest 経営権 / have a majority interest in the company 会社の過半数の株を持つ / protect the interest of the copyright owner 著作権所有者の利益を保護する / Through profit-sharing, employees **have a vested interest** in the company. 利益分配制度を通して, 従業員は会社と共通の利害関係を有する / We must take into consideration **the interests of** other parties. われわれは他の当事者[関係者] の利害[利害関係]を考慮しなければならない / We must act quickly in order to protect **the creditors' interests**. 債権者の利益を守るために素早く行動しなければならない / Determine if the plan is in **the best interest** of each creditor. その計画が各々の債権者の最上の利益になるかどうかを確かめよ / Mr. Brown's **business interests** extended to the wool trade. ブラウン氏の関係事業は毛織物業にまで及んだ / This was not **to the interest of** either of them. この事はどちらの利益にもならなかった / The company also **has interests in** department store operations. 同社は他にデパート経営も手がけている / We intend to **acquire interests in** resort properties. 当社はリゾート物件に投資するつもりだ

❷ 金利, 利息, 利子; 利率
[語法] 不可算名詞で原則として冠詞なしで使う. つまり an interest という形で使うことはなく, また, 複数形の interests で用いることもない. ただ, pay a 5 percent interest (5%の利息を払う)や charge an outrageous interest (法外な利息を取る)のように, interest が形容されている場合は, 不定冠詞を使うことがある

► principal and interest payments 元利支払 / equal monthly payments with interest 元利均等月賦返済 / the interest on the debt 借金の利息 / annual [daily] interest 年利[日歩] / at high [low] interest 高利[低利]で / long-term, low-interest loans 長期間低利の貸付(ローン) / at [with] (5%) interest (5分の) 利息を付けて / bear interest 利息が付く / charge interest 利息を徴求する / live on the interest 利子で生活する / **Interest is payable** semiannually at a rate of 7% per annum. 金利は年7%で6か月

ごとに支払われる / A savings account **earns interest** lower than other types of deposits. 普通預金は他の預金に比べて低い利息しかつかない / This account **pays us interest** but not very much. この口座には利子がつくがたいした額ではない / The banks agreed to **forgive the interest** accruing from 2005 to 2006. 銀行団は, 2005年から2006年までの間に生じた利息を免除することを了承した / The company was forced to pay bondholders **13 percent interest** at a time when interest rates were less than 10 percent. 同社は金利が10%未満という時に, 債券保有者に13%の利息を払うことを余儀なくされた

=== 利息 ===
interest paid 支払利息 / prepaid interest 前払利息 / accrued interest 未払利息 / overdue interest 延滞利息 / simple [compound] interest 単[複]利 / interest on interest 孫利息 / back interest 未払利息 / quarterly interest 四半期利息

❸ 関心, 興味, 関与 ▶ **declare one's interest** (好ましくないことへの) 関与を認める / **have an [no] interest in** に興味[関心]がある[ない] / **not hold much interest for** にはあまり興味がない / **take [feel] an interest in** に興味を持つ / He **has expressed an interest in** working overseas. 彼は海外勤務に興味を示した

buy an interest in の株を買う, の株主になる
in a person's (best) interest(s) (人の)ためになって
in the interest(s) of のために ▶ In the interest of time, let's move on to the next item on the agenda. 時間の都合がありますので, 議題の次の項目に進みましょう
return [repay, pay back] ... with interest 利子[おまけ]をつけて返す
━ vt 興味を持たせる (*in*); 関係させる (*in*)
It may interest you to know that... 《略式》聞いたらびっくりするだろうけど…なんだ

interest account 利子勘定, 利息勘定
interest accrued 未払利息
interest allowed 規定利率
interest and discount 利息・割引料
interest and dividend income 受取利息および配当金 (=interest and dividends received)
interest and dividends received 受取利息および配当金
interest arbitrage 金利裁定取引 [● 異なる市場間での金利差とスワップコスト (直物為替レートと先物為替レートの差) の開きに着目して利益を追求する取引]
interest-bearing *a* 利付きの ▶ an interest-bearing note 利付手形
interest-bearing debt 有利子負債
interest charge 利息
interest claim 利息(支払)の請求, 権利主張 ▶ submit an interest claim 利息支払請求の申立てをする

interest cost 支払利息 (=interest expense)
interest coupon 利札 [● 債券に対するクーポン(利息)を受け取るための引換券]
interest cover インタレストカバー, 利息負担倍率
interest coverage インタレストカバレッジ [● 利益が支払利息の何倍あるかを示すもの] ▶ The company carries above-average debts but has an interest coverage of 16. 同社は水準以上の負債を計上しているが, インタレストカバレッジは16倍です
interest coverage ratio インタレストカバレッジ率 ⇨ interest coverage
interest during construction 建設利息 [● 会社成立後2年以上, 営業全部の開業が不可能な場合, 資金調達を容易にするために, 利益が生じなくても一定の利息を株主に配当することを認められたもの]
interest earned 受取利息 (=interest income)
interested *a* 興味を持った; (利害)関係のある ▶ I'm interested in real estate investment. 不動産投資に関心がある / The government is interested in funding research and development of renewable energy. 政府は再生可能エネルギーの研究開発への資金供与に関心を持っている
◇**interestedly** *ad*
interested party 利害関係者 (=interest group) [● 株主, 債権者, 税務当局など企業活動に直接, 間接に利害関係を有する者]
interest expense 支払利息 ▶ deduct interest expenses from one's taxable income 課税所得から支払利息を控除する
interest-free *a*, *ad* 無利子の[で], 利子なしで ▶ interest-free loans 無利子の貸付
interest group 利害(関係者)集団, インタレスト・グループ
interest in arrears 延滞利息
interest included 元利合計
interest income 利子所得 ▶ earn tax-exempt interest income 非課税の利子所得を得る
interest income tax 利子所得税
interesting *a* 面白い ▶ We are developing some interesting new products now. 当社は今, 興味深い新製品を開発中だ
interesting enough (文頭で) まことに面白いことに
◇**interestingly** *ad* 面白いことに ▶ Interestingly, the company has turned out a profit every year despite the recession. 興味深いことには, 景気後退にもかかわらず同社は毎年欠かさず利益を出してきた / Interestingly, the survey revealed that women still hold the purse strings in Japanese households. おもしろいことに, 日本の家庭では今でも女性が財布の紐を握っていることをその調査は明らかにした / Interestingly, stocks in this industry are characterized by low liquidity. 興味深いことには, この

業界の銘柄には流動性が低いという共通点がある
interest liability 未払利息 (=interest payable)
interest margin 預貸金利ざや [⊃貸付金の受取利息と使用資金の支払利息の差]
interest note 利息計算書
interest on borrowed money 借入金利子
interest on debentures 債券利息
interest on deposit 預金利息
interest on loan 貸付金利息
interest-only loan 金利支払ローン, インタレストオンリー型ローン [⊃借入期間中には元本の返済を行わず金利の支払のみを行い, 借入期間満了時に元本を一括返済する借入形態を言う]
interest-only mortgage インタレストオンリー型不動産担保ローン [⊃期間中は金利支払のみを行い, 返済期間の終了時に元本を一括返済する方式の不動産担保ローン]
interest on notes receivable 受取手形利息
interest payable 未払利息 (=interest liability) [⊃当期の支払利息として認識するがまだ支払われていないもの]
interest payment 利払い ▶ call for semi-annual interest payments 年2回の利払いを必要とする
interest per annum 年利
interest per diem 日歩
interest period 金利計算期間
interest prepaid 前払利息 [⊃当期に支払利息として支払ったが, その中に含まれる次期の支払利息分]

interest rate 金利, 利子率, 利率
[⊃借入金のコストであり, 低下すれば消費者はローンが利用しやすく, 企業も投資しやすくなるので, 中央銀行は景気浮揚策として利下げに動き, 引き締めたいときは利上げに動く. 具体的には上限金利に近づくよう市場に介入して売買を行う. ただし, 長期金利は債券市場での思惑で動くので, 中央銀行の影響力は限られる]

コロケーション

(動詞(句)+〜) **cut** interest rates 利下げする / **hold** interest rates **steady** 金利を据え置く / **impact** interest rates 金利に影響する / **increase** interest rates 利上げする / **raise** interest rates 金利を引き上げる / **slash** interest rates 大幅利下げする

▶ a compound interest rate 複利 / a simple interest rate 単利 / interest rate exposure 金利変動リスク / an interest rate spread 金利スプレッド, 利ざや / interest rate behavior 金利動向 / the deregulation of interest rates 金利自由化 / a decline in interest rates 金利の低下 / borrow $100,000 at an interest rate of 5% per annum 年5%の利率で10万ドルを借りる / We pay **quite a high interest rate** on it. われわれはそれに対してかなりの高金利を払っている / Policy makers decided to **hold interest rates** steady. 金融当局は金利を据え置くことを決定した / We might see **interest rates move down** early next year. 来年の早い時期に金利が下がってくるかもしれない / The Bank of Japan **slashed interest rates**. 日銀が大幅な利下げをした / Last year, the central bank kept on **cutting interest rates**, but this year, it is set on raising rates. 去年は中央銀行は利下げを続けたが, 今年は, 利上げを続ける決意で臨んでいる

===■金利■===
adjustable interest rate 変動金利 / appropriate interest rate 適正利率 / fixed interest rate 固定金利 / floating interest rate 変動金利 / higher interest rates 高金利 / key short-term interest rates 短期指標金利 / long-term interest rates 長期金利 / lower interest rates 低金利 / nominal interest rate 名目金利, 表面利率 / overnight interest rates 短期金利 / real interest rate 実質金利 / short-term interest rates 短期金利

interest rate cut 利下げ
interest rate futures 金利先物 [⊃約定時の金利と将来の金利の差に基づく金銭を授受する金融先物. 実質は金利の先渡取引 (FRA) だが定型化された取引所取引である点が異なる. 金利変動リスクをヘッジするために利用される] ▶ engage in interest rate futures 金利先物取引を行う
interest rate hike 利上げ
interest rate increase 利上げ ▶ The Federal Reserve's interest rate increases will continue to slow economic activity somewhat. FRB (連邦準備理事会) によるこれまでの利上げは, 引き続き景気をある程度減速させるだろう
interest rate risk 金利変動リスク [⊃金利変動の結果, 運用資産の価値が損なわれる危険. 特に債券は金利が上昇すると価格が下がるので大きな問題となる]
interest-rate sensitive sector 金利に敏感なセクター [⊃自動車や金融など金利の変動による影響を受けやすい業種]
interest rate swap 金利スワップ [⊃金利計算の便宜上想定した元本から生ずる金利の受払いを交換するデリバティブ. 変動金利債務を負っているものの固定金利に変えたいと願っている企業は, 別の思惑から固定金利を受け取って変動金利を支払う用意のある企業とスワップ契約を締結することで, 相手に固定金利を払う一方で自社の変動金利を肩代わりしてもらうことができる]
interest receivable 未収利息 [⊃当期の受取利息として認識するがまだ受け取っていない利息分]
interest received 受取利息 (=interest revenue)
interest revenue 受取利息
interest skimming 利息債権の分離 [⊃モーゲージ担保証券 (CMO) の発行にあたり, 担保となる月々の住宅ローンからの元利払の金額から利息相当分の金額のみを受け取る特殊な証券を作り出

すために、元本債権から利息債権を引き離すこと]

interface *n, v* インターフェース[◯複数のシステムの境界面]; 調和する《with》

interfere /ìntərfíər/ *vi* 邪魔をする《with》; 干渉する《in, between》; 調停する; (利害などが) 衝突する ► Stop interfering in other people's affairs. 他人のことに口出しするのはやめなさい
interfere with を妨害する, 勝手にいじる

interference /ìntərfíərəns/ *n* ❶ 邪魔; 干渉; 介入《from》; 衝突; 混信 ❷ インターフェアレンス, 抵触審査手続 [◯同じ発明について複数の特許出願がなされた場合に, 最初に発明した者は誰かを決定するために, 米国特許商標庁において行われる行政審判手続] ⇒ first-to-invent

Inter IKEA Systems (~ B.V.) インター・イケア・システムズ [◯スウェーデンの家具小売業者. 独自のデザインに基づき組立て家具の部材を1,000社を超えるサプライヤーに発注し, 輸送費はじめコスト削減を図っている. 1943年設立の私企業で慈善事業団体が所有]

interim /íntərəm/ *n* 合間; しばらくの間; (~s) 中間決算
in the interim その間に
— *a* 一時的な; 中間の; 暫定的な[<ラ]

interim accounts 《英》中間財務諸表, 半期決算報告書 (=interim financial report [statements]) [◯会計期間の中間に作成される財務諸表]

interim agreement 暫定協定

interim audit 中間監査 [◯中間財務諸表を対象とする監査]

interim balance sheet 中間貸借対照表

interim bonus 《英》中間配当(金) (=《米》interim dividend)

interim dividend 《米》中間配当(金) (=《英》interim bonus) [◯会計年度中に行われる配当で, 年度利益が確定する前の配当]

interim examination date 中間監査日

interim financial information 中間財務情報 [◯投資家の適正な投資意思決定を可能にするために, 1年の会計年度の中間に開示される財務情報]

interim financial report 半期決算書, 半期報告書 [◯年度ごとの報告書の要約的なもので, これに掲載される財務諸表を指して中間財務諸表と言う]

interim financial statements 中間財務諸表 ► Businesses need to apply the same accounting policies in its interim financial statements as are applied in its annual financial statements. 企業は年次決算報告書に適用されている会計基準と同じものを半期決算報告書にも適用しなければならない

interim financing 短期融資, つなぎ融資 [◯bridge loanとも言う]

interim income statement 中間損益計算書

interim injunction 仮差止命令 [◯回復不能の損害を防ぐため期限付で出される差止命令]

interim management 暫定経営陣 [◯正式の経営体制が決まるまでの一時的な経営体制]

interim measure 仮処分

interim payment (損害賠償金の) 一部支払

interim period 半期

interim report ❶ 中間報告 ❷ 半期報告書, 中間報告書

interim results 中間決算 ► The company yesterday opened the interim results season for retailers by reporting a net profit of $100 million. 小売業の中間決算発表シーズンの幕開けとなったのは昨日の同社による純利益が1億ドルという発表だった

interim review 中間レビュー [◯中間財務諸表に対する監査]

interim rights 仮保護の権利 [◯公開された特許出願に係る発明の侵害に対して, 特許成立後に, 損害賠償を請求できる権利. 米国特許法上は, provisional rightと言い, わが国の特許法上は「補償金請求権」と言う]

interim statements 中間財務諸表

interior /intíəriər/ *a* 内部の; 奥地にある; 国内の
— *n* 内部; 室内; (the ~) 奥地; 内政

interior design [decoration] 室内装飾

interlocking *a* 組み合わされた, 連動する

interlocking director 兼任取締役

interlocking directorate 兼任役員職

interlocking shareholdings 株の持合, 持合株, 持合株式

interlocutory /-tɔ̀ːri | -tə-/ *a* 中間的な, 仮の

interlocutory appeal 中間上訴 [◯終局判決に先立ってなされる争点整理のための中間判決に対してなされる上訴. 本案との関係での副次的な争点に対する確定的な判断が, 本案判決に対する上訴があっても再度審理されない性質のものであるときにのみ認められる]

interlocutory injunction 仮差止命令 [◯最終判断を待っていたのでは回復不能の損害が生じてしまう場合に出される命令. 相手方当事者の審尋を経て出される予備的差止命令 (preliminary injunction) と一方的に出される暫定的禁止命令 (temporary restraining order) の別がある]

interlocutory judgment 中間判決

intermarket trading インターマーケット取引 [◯二つ以上の証券市場にまたがっての売買. たとえば, 株価指数先物をA市場で買う一方, その先物を対象とするオプションをB市場で売るということが行われる]

Intermarket Trading System (the ~) 《米》市場間取引システム (ITS) [◯市場関係者がもっとも有利な条件で売買注文を執行できるよう, 全米の主要市場を結んでいる取引情報端末のネットワーク. 2005年に NASDAQ が離脱し, また ECN (電子証券取引ネットワーク) とのリンクがない等の問題を抱えている]

intermediary /ìntərmíːdièri/ *n* 中間, 仲介; 媒介(者); (証券会社などの) 仲介者 ► financial intermediaries 金融仲介機関 / Banks work as intermediaries between savers and bor-

rowers. 銀行は預金者と借り手の間の仲介者として機能する
― *a* 中間の, 媒介の, 仲介の ► an intermediary bank 仲介銀行 / a financial intermediary function 金融仲介機能 / pay an intermediary fee 仲介手数料を支払う

intermediary trade 中継貿易
intermediate *a* 中間の; 中級の
― *n* 中間にあるもの; 仲裁者
― *v* 介在する

intermediate goods (生産工程中の)中間財 ► The prices of intermediate goods rose nearly one percent in June. 中間財の価格は6月に約1パーセント上昇した

intermediate product 中間生産物 [◎ある企業によって生産され, 他の企業の生産要素として用いられる財]

intermediate technology (途上国用)中間技術 [◎最先端ではなく, また効率も落ちるかも知れないが, 現地の資源を有効活用し, 容易に継承できることに意味があるような技術]

Intermediate Treasury 《米》中期物財務省証券, 中期国債 [◎償還期限が2年から10年のものを言う]

intermediation *n* (特に金融の)仲介 [◎資金の余っている所から必要な所へと仲介し, 過不足をならすこと] ► financial intermediation 金融仲介

intermercial *n* インターネット広告
intermodal *a* 協同一貫(輸送)の, 2種類以上の輸送機関を利用する

Intermodal Surface Transportation Efficiency Act of 1991 《米》複合陸上効率輸送法 (ISTEA) [◎環境に配慮した効率的な全国総合輸送システムの開発を目的とした法律]

intermodal transport = multimodal transport

intern /íntə:rn/ *n*, *vi* インターン(として勤務する) (=《英》houseman); 実務実習生; 教育実習生; 見習い社員[店員]

internal /intə́:rnl/ *a* 内部の; 体内の; 内政の, 国内の; 内在的な; 本質的な ► For internal use only. 社外[部外]秘, 社内限 / It came to light that the company's internal accountants had been cooking the books. 同社の社内会計士が帳簿を改竄してきたことが明るみに出た

internal accounting control 内部会計統制 [◎資産の適切な保全と会計記録を適正に保持するための会計による内部統制]

internal analysis 内部分析 [◎経営管理目的で企業の内部者が行う経営分析]

internal audit(ing) 内部監査 [◎経営管理目的で企業の内部者が任意に行う監査を言い, 会計監査, 業務監査および制度監査などからなる] ► employ professional accountants to implement an internal audit 内部監査を実施するために職業会計士を雇う

internal auditor 内部監査担当者
internal consistency = internal equity

internal consultancy 社内コンサルティング [◎IT部門等の専門技能を持つ事業部を独立採算の利益管理単位として扱い, 社内からの依頼についても社外の業者と競わせる制度]

internal control 内部統制 [◎企業内部で不正が行われることなく健全に組織が運営されるように社内統制システムに基づいて管理すること. 米国ではエンロン社の粉飾決算を受けて2002年に成立したサーベンス・オクスリー法(Sarbanes-Oxley Act)で内部統制システムの構築を経営者に義務づけた. 財務諸表の信頼性を確保し投資家を保護するための経営監視強化であり, 企業統治(corporate governance)の一環でもある] ► ensure compliance with the internal control procedures 内部統制手続の遵守を確保する / Weak internal controls were cited as a cause of the bank's loose lending policies. その銀行のずさんな融資方針の原因として内部統制の弱いことが挙げられた

internal control structure 内部統制構造 [◎企業の特定目的を達成するために必要な内部統制の機構]

internal control system 内部統制組織, 内部統制制度 [◎経営者が企業の全社的観点から経営管理を計画し, 調整し, 評価するための組織] ► submit a report on the adequacy of internal control system 内部統制組織の適正度について報告を提出する

internal customer 内部顧客 [◎業務の流れにおける川下の従業員を川上の従業員にとっての顧客と位置づけ, 内部顧客が満足するいい仕事をしてこそ一般顧客(外部顧客)の満足が得られるとするアプローチ]

internal equity 内部的公平 [◎自社の待遇が同業他社と比べて公平かどうかを見る外部的公平(external equity)との対比で, 社内での待遇が各自の職務との関係で, 応分であり, 公平かどうかを見ること]

internal financing 自己金融, 内部金融, 内部資金調達 [◎企業が外部からの資金調達でなく, 経営活動の成果から資金を調達すること]

internal investigation 内部調査, 社内調査

internalize, 《英》**-ise** *vt* 内部コスト化する [◎リサイクル費用などのように本来企業外で負担されるコストを企業内のコストとして取り込み, 製品コストに織り込むこと. 安全性の高い製品のためにコストをかけることも, 製造物による負傷を防ぐのに要する社会コストを内部化していることになる]

internal labor market 内部労働市場
internally *ad* 内部に; 内面的に; 社内で ► We're working internally to improve our operations. 当社は運営の改善を目指して社内で努力中だ

internally generated funds 自己資金, 内部資金 [◎外部から調達する資金に相対するもの. 留保所得ないし内部留保という形で, 利益を源泉に蓄積してきた資金を言う]

internal market (海外市場に対しての)国内市場

internal modem [➡️] 内蔵モデム
internal procedure 内部手続
internal rate of return (投資プロジェクトの)内部利益率, 内部収益率 (IRR) [⚫︎投資から生ずる収益の正味現在価値がゼロとなる割引率, または初期投資額と収益額がつり合う投資採算上の分岐点を示すものであり, IRRが所定の資本コスト(企業価値を維持するのに必要な収益率)を上回るならば実行する価値があるという判断になる] ▶ the internal rate of return for an investment 投資に対する内部収益率
internal report 内部報告書 (=internal reporting)
internal reporting 内部報告
Internal Revenue Code (米国の)内国歳入法典 (IRC)
Internal Revenue Service 《米》内国歳入庁 (IRS) [⚫︎日本の国税庁に相当する政府機関. 英国の内国歳入庁はInland Revenueと言う]
internal search 内的探索 [⚫︎消費者の購買意思決定プロセスは欲求から始まり, 次いで選択肢を絞るための情報探索へと進むが, この段階で自己の知識・経験に頼るものを内的探索と言う. 新たに外部から情報を収集するのは外的探索 (external search)と言う]
internal training 企業内[社内]教育, 社内訓練 (=in-house training)

international /ìntərnǽʃənl/ a ❶ 国際的な, 国家間の ▶ an international contribution 国際貢献 / an international trade fair 国際見本市 / The decision to go international was a giant step forward for us. 海外進出の決定は当社にとり大変大きな一歩だった
❷ 《証券》(米国から見て)外国の [⚫︎たとえばミューチュアルファンドでinternationalと呼ばれるものは米国外の証券で構成されるが, global fundは米国内外の証券で構成される] ⇨ international stocks; international fund
◇**internationally** *ad* 国際的に ▶ The brand has become well-known internationally. そのブランドは国際的に有名になっている

international accounting 国際会計 [⚫︎企業の経営活動の国際化に伴う会計問題, 財務諸表の国際的比較および会計基準の国際的調和化などを中心とした会計領域]
International Accounting Standards 国際会計基準 (IAS) [⚫︎1973年に設立された国際会計基準委員会(2001年にIASBに改組)により公表された会計基準で, 企業の会計処理および表示の国際的統一化を目指している]
International Accounting Standards Board 国際会計基準審議会 (IASB) [⚫︎1973年にイギリス, フランス, ドイツ, オランダ, アメリカ, カナダ, メキシコ, オーストラリア, 日本の9か国からの会計士が集まって発足した国際会計基準委員会(IASC)の後身で, 国際会計基準づくりを進めている. 2002年にアメリカのFASBとの合意が調い, 統一化が大きく前進した]
international airport 国際空港 [⚫︎一般に国際線が乗り入れており, 出入国管理等の施設のあるものを言う]
International Air Services Transit Agreement (the ~) 国際航空業務通過協定 [⚫︎1945年に発効した多数国間航空協定. 「2つの自由協定」とも呼ばれ, 締約国上空の無着陸横断(上空通過)と運輸以外の目的での着陸(技術着陸)の2つの自由を認めたもの]
International Air Transport Agreement (the ~) 国際航空運送協定 [⚫︎1945年に発効した多数国間航空協定. 「5つの自由協定」とも呼ばれ, 上空通過, 給油, 整備などの技術着陸, 貨客の相手国向け運送, 貨客の自国向け運送, 第三国間運送, という5つの自由を定めている]
International Air Transport Association (the ~) 国際航空運送協会, アイアタ (IATA) [⚫︎1945年に設立された, 世界の航空運輸企業の国際団体. 航空運賃の決定を主要な業務とする. 事務局はモントリオールとジュネーブ]
international application (特許の)国際出願
International Auditing Guideline 国際監査ガイドライン (IAG)
International Auditing Practices Committee 国際監査実務委員会 (IAPC) [⚫︎国際会計士連盟理事会の下部組織で, 監査に関するガイドラインなどを公表する権限を持つ委員会]
International Auditing Standards 国際監査基準 (IAS) [⚫︎国際会計士連盟が公表した財務諸表監査に関する基準で, 国際的な財務諸表に対する監査基準として機能している]
international balance of payments 国際収支 ⇨ balance of (international) payments
International Bank for Reconstruction and Development (the ~) 国際復興開発銀行, (通称で)世界銀行 (IBRD) [⚫︎1945年に, ブレトン・ウッズ協定のもとに設立された国際開発金融機関. 国際連合の専門機関の一つ. 現在は, 途上国に対する経済開発, 貧困削減を目的とした貸付, 技術協力を行う. 本部はワシントン]
international banking day 外国為替取扱日, 国際金融業務取扱日, 海外送金取扱日
international banking facilities 国際金融制度; (I- B- F-) (米国の)オフショア勘定 (IBF)
international business 国際企業, 国際ビジネス
International Business Machines 《~ Corp.》インターナショナル・ビジネス・マシーンズ, IBM(社) [⚫︎米国の世界的なコンピューター・メーカー. 1911年設立. 近年は電子商取引の浸透に伴いサービス部門が成長, Lotus社, Tivoli System社の買収などを通じてソフトウェアの取り扱いを広げている. 2005年PC部門を中国Lenovoに売却, 現在は, メインフレーム, サーバー, マイクロプロセッサーなどが主たるハード製品]
international business management 国際経営
International Center for Settlement of Investment Disputes 《the

~)投資紛争解決国際センター (ICSID) [⇒1966年に設立された,民間投資に関する紛争解決のための調停および仲裁の施設提供を目的とする国際組織. 世界銀行の本部内に事務局がある]

International Chamber of Commerce 《the ~》国際商業会議所 (ICC) [⇒各国の民間実業家によって組織された国際経済団体. 国際取引の円滑化, 国際貿易の紛争の解決を主な目的とする. インコタームズ (INCOTERMS: 貿易取引条件解釈の共通ルール) をまとめていることでも知られている. 1920年発足. 本部はパリ]

International Civil Aviation Organization 《the ~》国際民間航空機関, イカオ (ICAO) [⇒民間航空の安全と秩序ある発達の促進を目的とする国際連合の専門機関の一つ. 1947年発足. 本部はモントリオール]

international commerce 国際通商, 国際貿易

international commercial arbitration 国際商事仲裁 [⇒国際取引の紛争において当事者間で合意した仲裁条項や仲裁人のもとで行われる解決手続き. 仲裁判断には拘束力があり, 強制執行もありうる]

international commercial conciliation 国際商事調停 [⇒国際取引の紛争において調停人を通じ和解を目指して行われる解決手続き. 調停案(和解案)に拘束力はなく, 当事者は拒否できる]

International Commercial Terms 国際貿易条件, インコタームズ ⇒Incoterms

International Commodities Clearing House 国際商品清算機関 (ICCH) [⇒主にヨーロッパ市場での先物取引の決済を担っている独立系の清算機関. イギリスの大手銀行が出資者で, 本拠をロンドンに置く]

international commodity 国際商品 [⇒商品取引所を通じて国際的に取引される一次産品の総称]

international commodity agreement 《しばしばI- C- A-》国際商品協定 (ICA) [⇒市場の力のみでは解決が難しい一次産品を巡る問題を解決するために, 特定の一次産品について交渉, 作成された政府間協定]

international community 国際社会
international company 国際企業
international comparison 国際比較
international competition 国際競争
international competitiveness 国際競争力 ▶ maintain international competitiveness through technological innovation 技術革新を通じて国際競争力を保持する

international conference 国際会議 [⇒諸国の代表者が集まる公式の会合] ▶ attend an international conference 国際会議に出席する / host an international conference 国際会議を主催する / hold an international conference 国際会議を開催する

international congress 国際会議 [⇒諸国の代表者が集まる公式の会合]

International Court of Justice 《the ~》国際司法裁判所 (ICJ) [⇒1945年に設置された, 国際連合の常設的な司法機関. 本部はオランダのハーグ. 国際紛争の司法的解決にあたり, 法律的問題に関して勧告的意見を与える]

international currency 国際通貨
international deal 国際取引

International Development Association 《the ~》国際開発協会 (IDA) [⇒低所得の途上国のために融資する国際金融機関. 国際復興開発銀行(IBRD)と合わせて, 通称で, 世界銀行と呼ばれる. これだけで, 第二世界銀行と呼ばれることもある]

international exchange ❶ 国際為替 ❷《I- E-》国際取引所

International Federation of Stock Exchanges 国際証券取引所連合

international filing date (特許の) 国際出願日

international finance 国際金融 [⇒国際的な資金の調達・運用ならびにそれを担う市場および市場参加者による経済活動の総称]

International Finance Corporation 《the ~》国際金融公社 (IFC) [⇒1956年に, 発展途上国の民間企業の育成を目的として設立された国際金融機関]

international financial futures 国際金融先物取引

international financial reporting 国際財務報告 [⇒企業の経営活動の国際化に伴い, 国境を超えた国際的な投資家を対象とした財務報告]

International Financial Reporting Standards 国際財務報告基準 (IFRS) [⇒国際会計基準審議会(IASB)が定める基準. EU域内, アメリカなど主要国で通用している事実上の世界基準]

international firm 国際的企業

international fund 外国ファンド, 国際ファンド [⇒もっぱら米国外の企業が発行する株式や債券を投資対象とするミューチュアルファンド. 米国ものも含む場合はglobal fundと呼ばれる] ⇒global fund

international investment 国際投資

International Labor Convention 国際労働機関条約 [⇒国際労働機関(ILO)が採択する, 労働条件改善のための条約の総称]

international labor migration 国際労働力移動 [⇒国境を越えて雇用を求める動き. 国際的な賃金格差などが大きな要因とされる]

International Labor Organization 《the ~》国際労働機関 (ILO) [⇒社会正義の実現と, 雇用・労働条件の改善を目的とする国連の専門機関. 1919年に国際連盟と共に創設]

International Labor Organization Administrative Tribunal 《the ~》国際労働機関行政裁判所 [⇒ILOの行政不服審査機関である行政裁判所. 1946年に発足]

international labor standards 世界的労働基準 [⇒国際労働機関(ILO)が定める労働基準. 採択は加盟国の任意]

international law 国際法 [⇒国家間の合意に基づき，国家間の関係を規律する法．成文国際法と慣習国際法(不文国際法)とがある]

international liquidity 国際流動性 [⇒国際収支不均衡に対応するために各国が保有している対外支払準備]

international management 国際経営, 国際マネジメント [⇒国際競争環境において独特の要因を把握しつつ効率的に事業を進め，企業価値を高める経営体制またはそれを担う経営陣]

International Maritime Bureau 国際海事局 [⇒海事関連の詐欺や海賊の取締まりを目的とする国際商業会議所(ICC)の専門局．国際刑事警察機構(Interpol = ICPO)からオブザーバーステータスを付与されている]

International Maritime Organization 《the ~》国際海事機関 (IMO) [⇒国際貿易上の海運に関する技術的側面や海洋汚染防止についての政府間協力を促進させることを目的としており，条約案の作成にも関わる国連の専門機関]

International Maritime Satellite Organization ⇨INMARSAT

international market 国際市場

International Monetary Fund 《the ~》国際通貨基金 [⇒為替の安定と通貨の拡大を目的とする国際機関．発展途上国での通貨危機に際しては財政金融政策面での助言や経済再建の支援を行う] ⇨IMF

international monetary system 国際通貨制度 [⇒経済成長に不可欠なモノ・サービスの国際取引を可能にするための各国通貨の交換の仕組]

International Money Market IMM [⇒シカゴ・マーカンタイル取引所の一部門で，外国通貨先物や金利先物を扱う国際通貨市場]

international money order 国際郵便為替 [⇒郵便局を介して二国間で送金する手段．小額送金向きで，1件あたり(為替証書あたり)700ドルの制限がある]

International Motor Insurance Certificate 国際自動車保証証 [⇒ヨーロッパ大陸での自動車の走行に必要な自動車損害賠償責任保険証明書．免責のない損害額無制限の強制保険．通称「グリーンカード」]

international mutual fund =international fund

international operation 国際事業活動, 国際取引

International Organization for Standardization 国際標準化機構 (ISO) [⇒工業・科学技術に関する国際的な単位・規格・用語の標準化を推進する国際機関．1947設立．米国のANSI(全米規格協会)や日本のJISが加入]

International Organization of Securities Commissions 証券監督者国際機構 (IOSCO) [⇒世界100か国以上の証券監督機関が加盟している証券監督機構]

International Paper 《~Co.》インターナショナル・ペーパー(社) (IP) [⇒米国の製紙会社．材木やパネル，包装資材も扱う．1941年設立．2000年，Champion Internationalを買収]

international payment 国際送金

International Petroleum Exchange 国際石油取引所 (IPE) [⇒石油製品の先物売買の取引所．所在地はロンドン．2001年にIntercontinental Exchangeが買収し，ICE Futures Europeとなる]

international postal reply coupon =international reply coupon

international publication (特許出願の) 国際公開

international reply coupon 国際返信切手券 (IRC) [⇒自国の切手を相手に送っても使えないので，その代わりに送る返信用切手のための引換券．1枚で航空便の基本料金相当額の切手と交換できる]

international reserves =foreign exchange reserves

international revenue 海外売上, 海外収益 ► Negative currency translations took 10% out of international revenues. 為替差損で海外売上が10%減殺された

international river 国際河川 [⇒船舶の航行が可能で，いくつかの国の領域を通って海洋に流れ出る河川．国際条約によって相互通行やすべての国の船舶通行が認められている]

International Rules for the Interpretation of Trade Terms 貿易条件の解釈に関する国際規則 ⇨Incoterms

International Seabed Authority 《the ~》国際海底機構 [⇒全人類共通の遺産とされる深海底の開発の管理を行う国際機関]

international search (特許の)国際調査

international searching authority (特許の)国際調査機関

International Securities Exchange インターナショナル・セキュリティーズ取引所 (ISE) [⇒世界有数のオプション取引所．2007年にスイス・ドイツ資本の電子先物取引所であるユーレックスの子会社となる]

international sourcing 海外調達 ► We plan to increase international sourcing. 海外調達を増やす予定だ

International Standard Book Number 国際標準図書番号 (ISBN) [⇒国際標準化機構(ISO)が定める書籍を特定するための番号で，わが国の新規番号の割当は日本図書コード管理センターが行っている]

International Standardization Organization ⇨ISO

International Standard Serial Number 国際標準逐次刊行物番号 (ISSN) [⇒国際的にはISSN Networkが管理しており，日本国内では国立国会図書館がISSN日本センターとして機能している．わが国の流通上は「雑誌コード」の方が一般的である]

International Steel Group 《~, Inc.》インターナショナル・スチールグループ [⇒米国の鉄鋼会社．2002年4月LTVを買収するため設立され，その後各地の鉄鋼会社，ミニミルなどを買収．最近では

同じく倒産会社のNational Steelの工場を買い取り, 全米各地に製鉄所, 製鋼所, 採鉱所を保有する. 2004年世界No. 1製鉄グループ. Mittal Steel誕生の母体となる]

International Stock Exchange ロンドン証券取引所の正式名称

international stocks 外国株 (=non-U.S. stocks) [⇨米国から見た外国の株を言う] ⇨ global stocks

international strait 国際海峡 [⇨公海または排他的経済水域の間にあり, 国際航行に使用されている海峡のこと. すべての船舶と航空機の通過通航権が認められる. マラッカ海峡やジブラルタル海峡など]

International Telecommunication Convention 国際電気通信条約 [⇨国際的な通信秩序を取り決めた条約. 1932年に締結された]

International Telecommunication Satellite Organization 《the ~》⇨ Intelsat

International Telecommunication Union 《the ~》国際電気通信連合 (ITU) [⇨1932年に, 国間の電気通信の改善・合理化を目的として設立された国際機関. 本部はジュネーブ. 1947年以降国連の専門機関]

International Telegraph Union 《the ~》万国電信連合 [⇨1865年に, パリで最初の国際電信条約が結ばれ, その管理運営機関として設立された国際機関. 1906年ベルリンで創設された国際無線電信連合と1932年に合併して国際電気通信連合 (ITU) となる]

international trade 国際貿易, 世界通商

International Trade Commission 《米》国際貿易委員会 (ITC)

international trade law 国際取引法 [⇨国境を超えた人・物・金・技術移転・情報・サービスの移動等を内容とする商取引に関する法律の総称]

international transportation 国際輸送, 国際運輸

International Tropical Timber Agreement 《the ~》国際熱帯木材協定 (ITTA)

International Tropical Timber Organization 《the ~》国際熱帯木材機関 (ITTO) [⇨熱帯木材の消費国と生産国の間の諸問題を解決するために, 1983年に採択された国際熱帯木材協定 (ITTA) を運用することを目的として創設された機関. 1986年設立]

International Valuation Standards 国際評価基準 (IVS) [⇨国際評価基準委員会 (IVSC) によって制定された資産評価基準. 国際会計基準審議会 (IASB) とも密接な関連を持ち, 評価・価値概念などについては両団体において共通の概念として整理されている]

International Valuation Standards Committee 国際評価基準委員会 (IVSC) [⇨1981年に設立された英国に本部を置く団体. 国際会計基準審議会 (IASB) とも連携して資産の国際評価基準 (IVS) を作成している]

International Whaling Commission 《the ~》国際捕鯨委員会 (IWC) [⇨クジラ資源の有効活用を目指す国際捕鯨条約に基づいて設立された国際機関. 年1回開催され, 捕鯨のあり方を討議]

International Wheat Council 《the ~》国際小麦理事会 (IWC) [⇨小麦の輸出価格の安定化を目指した国際小麦協定における最高執行機関]

interne /íntəːrn/ n =intern

Internesia /ìntərníːziə/ n 《略式》ウェブ健忘症 [⇨amnesiaとInternetを組合せた造語で, どのウェブサイトで見たかを思い出せなくなること]

Internet /íntərnèt/ n 《the ~》インターネット [⇨データ通信のための共通規格 (TCP/IP) を用いることで世界中のコンピュータどうしが相互に交信できる仕組] (✦the Netとも言う)

コロケーション

(動詞(句)+~) **be plugged into** the Internet インターネットに接続している, **browse** the Internet ブラウザを使ってインターネットを利用する, インターネット(のサイト)を見る / **log on to** the Internet インターネットに接続する / **surf** the Internet インターネットサーフィンをする / **use** the Internet インターネットを使用する

▶a mobile device with Internet capabilities インターネット機能付携帯情報端末 / develop high speed Internet connectivity 高速インターネット網を整備する / We can find all kinds of information **on the Internet**. インターネットであらゆる情報が手に入る / My computer is **connected to the Internet**. 私のパソコンはインターネットに接続している / He spends all day **browsing the Internet**. 彼は一日中ネットをうろうろしている / If you want to **access the Internet**, you first need to subscribe to an Internet service provider. ネットにアクセスしたい場合は, まずはプロバイダと契約する必要がある

Internet access インターネットへのアクセス ▶ Internet access rates インターネットへのアクセス料金 / DSL makes it possible to use high-speed Internet access over conventional phone lines. DSL (デジタル加入者線) を用いれば, 既存の電話回線を使ってインターネットへのアクセスを高速化することが可能となる / All our guestrooms and meeting rooms have Internet access. 私どもの客室と会議室はすべてネットへのアクセスができます

Internet address インターネットアドレス ⇨ URL

Internet banking インターネットバンキング

Internet-based matchmaker インターネットお見合いサービス業者, 出会い系サイトの運営業者

Internet café /-ː/ インターネットカフェ

Internet commerce ネット取引, 電子商取引, eコマース (=e-commerce)

Internet company 《在来型企業との対比で》インターネット企業

Internet connection インターネット接続

Internet entrepreneur ネット起業家

Internet penetration インターネット普及

率
Internet protocol インターネットプロトコル (IP) [⇒インターネットの基本となっている接続手順]

Internet-ready a インターネット対応型の

Internet-related stock ネット関連株

Internet retailer (在来型小売企業との対比で) インターネット小売企業

Internet service provider プロバイダ (ISP) [⇒インターネットへの接続サービスを行う業者] ► sign up with an Internet service provider プロバイダと契約する

Internet telephone インターネット電話

Internet use インターネットの利用 ► Japan is lagging behind Europe and the United States in Internet use. 日本はインターネットの利用においてヨーロッパとアメリカに後れを取っている

internship インターンシップ [⇒卒業を控えた学生に企業内で、短期の就業体験をさせるための制度] ► Next week, five college students will be working here on an internship. 来週, インターンシップのため5名の大学生がここで働くことになります / Last year, I did some internships with a couple of major manufacturers. 昨年, 何社かの大手メーカーでインターンシップを経験した

internship system 《米・カナダ》(一般に) 職業研修[訓練]計画

interoffice a 支店間の, (同じ会社の) 営業所間の, 部課間の

interoffice memo 社内メモ

interoperability n [バ-タ] インターオペラビリティ, 相互運用性 [⇒異なるメーカーのソフトを組み込んだシステムが支障なく動くこと]
◇**interoperable** a

inter partes (証書などが) 両者で作成された; (訴訟などが) 両者のみに関係する ► papers inter partes 当事者間で交わされた書類 [<ラ]

inter partes reexamination 《米》当事者系再審査 [⇒特許査定を再審査するための特許庁の手続. 特許の効力を争う第三者が特許権者を相手方として, 特許の有効性を争う. 日本の無効審判に相当する]

interpersonal a 人間関係の ► interpersonal attraction 対人魅力 [⇒相手への好き嫌い (liking/disliking)とほぼ同義] / interpersonal behavior 対人関係行動 / interpersonal communication 対人コミュニケーション / A salesperson needs to have good interpersonal skills. 販売員は対人関係に対応する技能を持つ必要がある

Interpol n 国際刑事警察機構 (ICPO) (=International Criminal Police Organization)

interpret /intə́ːrprit/ vt 説明[解釈]する《as》; 通訳する; [バ-タ] (プログラムを) 解釈する ► How did you interpret the data? そのデータをどう解釈しましたか / The company's forecast of operating losses can be interpreted as a sign of worse things to come. 同社の営業損失の予測は将来の状況悪化の兆候と解釈することができる ▣ Any ambiguity or uncertainty existing in this Agreement shall not be interpreted against either Party. 本契約中の文言について, その曖昧さまたは不確かさがなにであれ, いずれかの「当事者」の不利に解釈されてはならないものとする
— vi 通訳する

interpretation /intə̀ːrprətéiʃən/ n 解釈, 説明; 通訳

give an interpretation of / put [place] an interpretation on を解釈する
◇**interpretational** a

interpreter n 通訳者; [バ-タ] インタープリター [⇒プログラムをCPUが実行できる機械語に変換する仕組. コンパイラーが一括変換して CPU に処理させるのに対して, インタープリターは逐次変換して処理させる]

Interpublic Group 《the ~ of Companies, Inc.》インターパブリック・グループ (社) [⇒米国の大手広告代理店. 子会社に McCann-Erickson WorldGroupなど. 設立1930年]

interrelation(ship) n 相互関係, 相関 《between》 ► Production and marketing channel interrelationships are important. 製造とマーケティングチャネルの相互関係が重要だ

interrogatory /intərágətɔ̀ːri/ a 疑問[質問]の
— n (-ies) 質問手続, 質問書[状] [⇒証拠開示手続 (disclosure) の一環として訴訟の相手方に質問をし, 宣誓の上答弁させるための手続きまたはその書面. 証言録取 (deposition) と異なり反対尋問の機会がない]

interrupt /intərʌ́pt/ v 妨げる, さえぎる; 中断する 《with》 ► Sorry to interrupt you, but may I ask a question? お邪魔して申し訳ありませんが, 質問をしてもいいですか
◇**interrupter** n /-́--/ 妨害者[物]; [バ-タ] 割込み, インタラプト

interruption /intərʌ́pʃən/ n 中断; 停止, 中止 ► interruption of economic relations 経済断絶 [⇒経済制裁などにおいて輸出入禁止措置を実施すること] / Avoid interruptions and distractions in a conference. 会議では中断と気を散らすことを避けなさい

intersect /intərsékt/ vt 横断する 《with》
— vi 交差する

intersection n 交差点; 交差すること

intersegment sales セグメント間売上

interstate a 各州相互の
— n 州間道路 [⇒I-80など]

interstate commerce 州際通商 (⇔intrastate commerce) [⇒本来は州境を越えての通商を意味するが, この言葉は合衆国憲法第1条第8節第3項 (いわゆる州際通商条項) の範囲内の事柄を指すとされて, しばしば拡大解釈されてきた. 州境を越えての物品の移動のみならず, 運輸や通信など通商の手段も含み, また, 外国との通商やインディアン部族との通商も含むようになった. ⇒interstate commerce clause]

interstate commerce clause 州際通

intra-industry trade

商条項 [⇨ 州際通商は連邦議会の専権事項である旨定める米合衆国憲法第1条第8節第3項]

Interstate Commerce Commission (米国の) 州際商業委員会 (ICC) [⇨ 1995年に廃止され, Surface Transportation Board (陸上輸送委員会) が取って代わっている]

Interstate Highway 《米》インターステート・ハイウェイ, 州間道路

intervene /ìntərvíːn/ vi ❶ 調停する; 間にある《between》; 邪魔に入る; 干渉する《in》❷【法律】(第三者が) 訴訟参加をする ❸ (特に通貨安定のため) 市場介入する ▶ intervene in the foreign exchange markets (金融当局が) 為替介入を行う / The central bank intervened when the dollar fell sharply. ドルが急落に下落したとき, その中央銀行は介入した

intervention /ìntərvénʃən/ n ❶ 調停, 仲裁; 介入; 干渉《in》❷ 為替への介入; 為替平衡操作[介入] [⇨ 中央銀行が為替安定のために外国為替市場に介入すること] ▶ verbal intervention 口先介入 / coordinated intervention in support of the yen 円を買い支える協調介入

◇**interventionist** a, n (内政へ) 干渉する; 内政干渉論者

intervention currency 介入通貨

interventionism n 経済介入政策 [⇨ 経済を自由な市場による需給調整に委ねず, 政府が介入し, 操作しようとすること]

intervention price 介入価格, 最低保証価格 [⇨ 政府が国内農家の採算を維持するために設定する価格で, 市場価格がこれを下回った場合, 農家はこの介入価格で買い上げてもらうことができる]

intervention rate 介入レート [⇨ 通貨当局が考える為替の適正水準を維持するため, 上下に振れ過ぎたときにその是正に向け自国通貨を売ってドルを買うか, またはその逆の売買に出ることになる一定の為替レート]

interview /íntərvjùː/ n 面接; 面談; 会見, 会談; 会見記事

コロケーション

(動詞句)+~ **be called [invited] for** an interview 面接に呼ばれる / **conduct** an interview 面接をする / **go for** an interview 面接に行く[を受ける] / **have** an interview 面接を受ける / **have got** an interview 面接がある

▶ a job interview 就職面接 / Almost a quarter of the applicants did not **show up for the interview**. 応募者の4分の1近くが面接に来なかった / As the best-qualified applicant was living abroad, we **conducted the interview** by phone. 条件を一番よく満たしている応募者が外国に住んでいたので, 電話で面接をした / I **have three interviews** next week. 来週, 面接が3件ある / It is our policy to **hold face-to-face interviews** with all applicants. 応募者全員と個人面接を行うのが当社の基本方針だ / My brother **went for an interview** but did not get the job. 兄が面接に行ったけれど, うまくいかなかった / Short listed applicants will be called for interview next week. 予備審査で残った応募者が来週, 面接に来るよう言われることになっている / The HR manager is insisting on **having three rounds of interviews**. 人事部長は, 三次面接までやるべきだとこだわっている / **The interview panel** consists of five people representing a cross-section of the company. 選考委員会は会社の各部門を代表する5名の委員で構成されている

― vt 会見[会談, 面接, 面談]する

◇**interviewee** /-iː/ n インタビューされる人

◇**interviewer** n インタビューする人, 会見記者

inter vivos 生存者間の[で] ▶ gift inter vivos 生前贈与 [<ラ]

interwork v 織り込む; 交互に作用する; 【コンピュ】連結できる, 相互にデータ交換ができる

intestacy /intéstəsi/ n 無遺言相続

intestate /intésteit/ a, n 遺言のない(死亡者); 無遺言被相続人

die intestate 遺言せずに死ぬ

in-the-money option イン・ザ・マネーオプション [⇨ 対象資産の市場価格が権利行使価格を上回っており, 利益を得る可能性のあるオプション契約. 実際に利益が出るかどうかは権利行使日にならないと分からない]

in-the-trenches a 《英》最前線の

into /íntə, -tu; (強)íntuː/ prep (場所・時間) の中に[へ]; (変化・結果) …へ[に]; (割られる数を示して) を割って

▶ 10 **into** 50 equals 5. 50割る10は5 / I'm really **into** cooking. 本当に料理にはまっている / The company decided to advance **into** the Asian market. その会社はアジア市場に進出することに決めた / The economy fell **into** crisis. 景気は危機的状況まで落ち込んだ

(成句) **be into** 《略式》に凝っている, に興味を持っている; 《略式》(人に) 借金している

in toto /in tóutəʊ/ 全体として; 完全に ▶ They rejected our business proposal in toto. 当社の事業の提案を全面的に反対した / In toto, retail sales increased 6% in the first quarter. 全体として, 小売業界の売上高は第1四半期に6%増加した / His appointments for today have been canceled in toto. 彼の今日の予定は全部キャンセルされた [<ラ]

intra- /íntrə/ 「内」

intra-company a 社内の

intra-company transfer 内部振替, 社内振替 ▶ an intra-company transfer price 内部振替価格 / intra-company transfer pricing 内部振替価格の決定

intraday a 【証券】日中の ▶ intraday trade (1日のうちに手仕舞われる) 日中の売買

intraday high 日中の最高値(さいこうね) [⇨ ある日の取引開始時から終了時までの間に記録された最高値. 相場用語では「ザラバの最高値」という言い方をする] ▶ The company's share price hit a record intraday high of $112. 同社の株価は当日の高値である記録的な112ドルに達した

intra-industry trade 産業内貿易 [⇨ 同じ

intranet *n* イントラネット [○インターネットと同じプロトコルを採用している企業内ネットワーク] ► implement an intranet イントラネットを導入する / put together an intranet イントラネットを構築する

intrapreneur /ìntrəprənə́ːr/ *n* 社内企業家, 社内起業家 [<intra + entrepreneur]

intrapreneurship *n* 社内起業, イントレプレナーシップ [○勤務先で新たな事業案を出し, 会社の資本でビジネスを起こす社内ベンチャー]

intrastate *a* (米国の)州内の

intrastate commerce 州内通商 [○同一の州内で完結する通商] (⇔interstate commerce)

intrastate offering (米) (証券の)州内募集 [○一つの州の中だけで行われる証券発行で, 連邦法上の登録などの手続を要求されない]

in-tray *n* 未決書類入れ ⇨ inbox

intrinsic, intrinsical /intrínsik(əl), -zik-/ *a* 固有の, 本質的な, 本源的な; 内在の ► The stock is trading below its intrinsic worth. その銘柄は本来あるべき価値より下で売買されている
◇**intrinsically** *ad*

intrinsic value (金融商品等の)理論上の適正価格; (オプション取引の)本源的価値

introduce /ìntrədjúːs/ *vt* 紹介する «to, as»; 導入する, 伝える «into»; 提出する; (議会に)提出する ► Let me [Allow me to] introduce Mr.Brown to you. ブラウン氏をご紹介します / I don't think we've met been introduced. まだお互いに紹介されていませんね / Please allow me to introduce myself. 自己紹介させてください / They want to introduce a system of lean production. 彼らは能率的な生産体制を導入したがっている

introduction /ìntrədʌ́kʃən/ *n* ❶ 導入, 輸入(したもの), 伝来 «to, in, into»; 提出物; 紹介; 序論; 入門(書) «to»; 挿入 ► a letter of introduction 紹介状 / make the introductions 全員の紹介をする ❷ (英) イントロダクション方式取引所上場公開 [○とりあえず比較的小規模の株式をブローカーまたは引受者が買い取り, これをベースに取引所で売買取引を開始する方法]
◇**introductory** *a*

introductory /ìntrədʌ́ktəri/ *a* 紹介の; 入門レベルの

intrust /intrʌ́st/ *vt* 預ける; 委託する (=entrust)

inundate /ínəndèit/ *vt* に殺到する, あふれさせる «with» ► They've been inundated by calls from worried consumers. その会社には心配した消費者からの電話が殺到した

inure /injúər/ *vi* 効力を生じる; 役に立つ; …に及ぶ ⦿ This Agreement shall inure to the benefit of and be binding upon the successors and assigns of Licensee. 本契約上の利益は会社の承継人ならびにライセンシーの承継人および譲受人に及ぶとともにその拘束力もこれらの者に及ぶ
— *vt* (困難などに)慣れさせる, 耐久力をつける ► Consumers have become inured to the high price of gasoline. 消費者はガソリンの高価格に慣れてきている

inv. invoice(s)

invalid /invǽlid/ *a* 価値がない; (法的に)無効な ► This ticket is invalid. この切符は無効だ
◇**invalidate** /-dèit/ *vt* 無効にする

invalidation *n* 無効化, 失効

invalidity *n* 無効力; [知財] 無効 [○登録要件を満たさないにもかかわらず登録された特許, 商標等は効力がないこと]

invaluable *a* 実に有用な, 実に役に立つ, 非常に貴重な ► The Internet is an invaluable resource for research. インターネットは調査のための情報源として実に役立つ

invent /invént/ *vt* 発明する; でっち上げる ► Sony invented the first portable music player. ソニーは最初の持ち運び可能な音楽プレーヤーを発明した

invented words 造語 [○商標の出願人が創造した言葉. 商標登録が得られやすい. fanciful terms, coined terms [words] とも言う]

invention /invénʃən/ *n* ❶ 発明(品); 発明の才 ❷ [知財] 発明 [○新規で, 有用性があり, かつ当業者にとって自明でない (進歩性のある) アイディア. 特許を受けることができるもの]

inventive *a* 発明の才のある; 創意に富んだ

inventive step 進歩性 [○特許要件の一つ. 日本と欧州において使用される用語] ⇨ obviousness

inventor *n* ❶ 発明家, 考案者 ❷ [知財] 発明者 [○特許を受けられるアイディアを考案した者]

inventoriable cost 棚卸資産原価

inventories-to-sales ratio 売上高在庫比率, 在庫比率 [○在庫を売上で除して求める経済指標. 低下しているなら在庫が売上のペースに追いついておらず, したがって景気が過熱してきていると受け止められる]

inventor's bonus 発明者の報酬 [○発明をした従業員が, 当該発明により使用者(会社)が取得した利益から分配を受けられる権利]

inventory /ínvəntɔ̀ːri | -təri/ *n* (商品・家財などの)目録, 在庫, 在庫品; 棚卸資産; 販売用不動産

コロケーション

(動詞(句)+〜) **accumulate** inventory 在庫を積み増す / **balance** inventory **with orders** 受注に見合う在庫を維持するようにする / **carry** inventory 在庫を抱える / **draw down** inventory 在庫を取り崩す / **hold** higher inventory 多めに在庫を持つ / **liquidate** inventory 在庫を圧縮する, 在庫を調整する / **pile up** inventory 在庫を積み上げる / **reduce** inventory 在庫を削減する, 在庫を取り崩す / **replenish** inventory 在庫を補充する / **stockpile** inventory 在庫を積み上げる / **track** inventory 在庫を調べる

► inventory finance 在庫金融 / annual inventory 年次棚卸 / build-up of inventory 在庫の積増し / inventory in the distribution channel 流通在庫 / achieve overall inventory reduction 在庫の全面的削減を達成する / Government data suggest that **inventories are building up**. 政府の統計は在庫が積み上がっていることを示している / Businesses have started **liquidating inventories**. 企業が在庫調整に手を着け始めている / The company is struggling to **reduce its large inventory** of unsold vehicles. 同社は売残りの車の大量在庫を減らそうと悪戦苦闘している / The car dealership is struggling to **cut inventories** of unsold vehicles. その自動車販売店は、売れ残りの車の在庫を削減するのに苦労している / We are currently **building inventory** to meet the seasonal demand. 当社は、目下、季節需要に応えるために在庫を積み増しているところだ / We are **drawing down inventories** to meet the unusual spike in demand. 異常な需要の急増に対応するため在庫を取り崩している / We do not **carry an inventory** of these items. この手の品は在庫を置いていない / We will be closed to **take inventory** on the upcoming Monday. 今度の月曜は棚卸のため休みます ▣ DISTRIBUTOR shall furnish to SUPPLIER a report on DISTRIBUTOR's inventory of the Products specifying their location on a monthly basis.「販売店」は「供給者」に対し、所在場所ごとの本製品の在庫に関する報告書を毎月提出するものとする

take [make] (an) inventory of の目録を作る; を詳しく調べる
→ *vt* 目録を作る [に記入する]

═══■在庫■═══

business inventory 企業在庫 / channel inventory 流通在庫 / entire inventory 全在庫、在庫品全部 / excess inventory 過剰在庫 / finished goods inventory 完成品在庫、製品在庫 / manufacturing inventory 生産者在庫 / retail inventory 小売在庫 / slow-moving inventory 回転の遅い在庫 / wholesale inventory 卸売在庫、流通在庫

inventory accounting 棚卸資産会計 [⇨ 棚卸資産の取得原価の決定, 売上原価の計算および期末棚卸高の計算を主要な対象とする会計]
inventory accumulation 在庫投資
inventory adjustment 在庫調整
inventory asset 棚卸資産 [⇨ 販売または製造を目的として所有する商品、製品、原材料などの財貨]
inventory carrying cost 保管費、在庫費用 [⇨ 棚卸資産の保管に関連して発生する諸費用]
inventory change 在庫変動
inventory control 在庫管理 [⇨ 原材料や仕入商品の在庫を適正水準に維持すること] ▶ Inventory control is about minimizing the total cost of inventory. 在庫管理は在庫費用を最小限にするために行われる / We use inventory control to avoid unnecessary purchases. 無用の仕入れをしなくて済むように、在庫管理を行っている

inventory controller 在庫管理責任者 [⇨ 現場で実際に在庫状況を把握して関係部門に連絡する担当者、または仕入れと販売を見ながら在庫水準を調整する責任者]
inventory correction 在庫調整 [⇨ 売行きが鈍化しているのを見て企業が新たな生産を控える一方で、手持ちの在庫の処分を急いで在庫を適正水準まで押し下げようと図ること]
inventory cost 棚卸資産原価
inventory investment 在庫投資 [⇨ 売れ残った在庫, あるいは将来の販売のための在庫]
inventory management =inventory control
inventory manager =inventory controller
inventory method 棚卸法, 棚卸計算法 [⇨ 期首の棚卸数量と当期受入数量の合計から期末の実地棚卸数量を差し引いて得られた数量をもって、当期の払出数量とみなす方法]
inventory on hand 手持ち在庫
inventory pricing 棚卸資産評価
inventory reduction 在庫削減 ▶ Inventory reduction has been our primary focus in the past three years. 当社は過去3年間, 在庫削減に力を入れてきた / One way to improve your inventory control is to identify which items are your real movers. どの品目の動きがいいのかを見定めるのも, 在庫管理を改善する方法の一つだ
inventory reserve 棚卸資産引当金
inventory risk 在庫リスク [⇨ 在庫品の評価額が低下してしまうリスク]
inventory-sales ratio =inventory-to-sales ratio
inventory shortage 棚卸減耗費, 棚卸減耗損, 棚卸差損 (=inventory shrinkage, inventory written down) [⇨ 帳簿残高による帳簿有高と実地棚卸に基づく実際有高との差額による減耗損]
inventory shrinkage 棚卸減耗 ▶ estimate the amount of inventory shrinkage 棚卸減耗の金額を推定する
inventory status 在庫状況 ▶ We use graphical tools to track inventory status. 当社では在庫状況を把握するのにグラフィックベースのツールを使っている
inventory tag 棚卸票, 棚札
inventory tax 在庫税 [⇨ 米国には在庫税を課している州がある。たとえばノースカロライナ州は企業の年末時点の在庫金額に課税される]
inventory-to-sales ratio (対)売上高在庫比率, 在庫比率
inventory turnover (ratio) 棚卸資産回転率, 在庫回転率 [⇨ 売上高を棚卸資産で除して求める経営指標。値が大きければ一般に売行好調を示すが、在庫水準が適正でないためということもあり得る]
inventory turnover period 棚卸資産回転日数 [⇨ 1年の日数(365日)を棚卸資産回転率で

除して求める経営指標で,在庫が1回転し,入れ替わるのに何日かかるかが示される.短ければ現金化が速く,資金を効率的に使っていると言える]

inventory valuation 棚卸資産の評価,棚卸評価 (=inventory pricing) [⇨期末時点での棚卸資産の品質低下,陳腐化,市場価格の下落などによる棚卸資産の評価]

inventory value 棚卸資産評価額,在庫品評価額

inverse /inv́ə:rs, -́-/ a, n 逆(の),反対の(もの) ► There is an inverse relationship between a bond's price and its yield. 債券の価格とその利回りは逆方向に動く

in inverse relation [proportion] to に反比例して

inverse correlation 逆相関関係 [⇨2つの投資商品の価格変動について一方が上がれば他方は下がるような逆の関係があること.投資は相関関係の低い複数の資産クラスに分散することが望ましいとされる.⇨ correlation, correlation coefficient] ► There is an inverse correlation between gold and the U.S. dollar. 金と米ドルの間には逆の相関関係がある / The study showed a clear inverse correlation between long working hours and productivity of workers. 長い労働時間と労働者の生産性の間には明確な逆相関の関係があることをその調査は示した

inverse floater 逆変動利付債,インバースフローター [⇨所定の固定利回りから短期金利(変動金利)を差し引いた額を受け取るデリバティブ.通常の変動利付債と異なり,短期金利が低下するほど受取額が増え,逆だと受取額が減る]

inversely ad 逆[反対]に ► A bond's price moves inversely to its yield. 債券の価格はその利回りと逆方向に動く / The yield on bonds moves inversely to prices. 債券の利回りは価格と反対の方向に動く

inverse manufacturing インバースマニュファクチャリング [⇨バージン材料から生産へと変換する「設計→開発→生産」を順工程とするなら,「回収→分解・選別→再資源化・再利用→生産」は順工程とは逆の製造業,逆工程と言える.この逆工程を核にした,製品設計の段階から分解や分別,再資源化を考慮した生産システムを言う]

inverted market =backwardation

inverted yield curve 逆イールドカーブ,逆利回り曲線 [⇨右下がりのイールドカーブ.短期金利が長期金利より高い異常な状況を表す.景気後退の前兆とされる] ⇨ yield curve

invest /invést/ vt 投資する《in》;(権力・官職を)付与する;帯びさせる《with》;着せる;包む ► invest more than $2 million in the oil industry 石油産業に200万ドル以上を投資する
— vi 出資する,買う《in》 ► To survive this crisis, the company needs to invest in research and development. この危機を切り抜けるには,同社は研究開発に投資することが必要だ
◇**investable** a

invested asset 運用資産,投下資産
invested capital 投下資本,株主資本
invested funds 運用資金
investee /investí:/ n 被投資会社
investee company 被投資会社
investigate /invéstəgèit/ vt 研究[調査]する
► Significant operating variances should be investigated. 運営[操業]上の著しい変動は調査されなければならない / Investigate thoroughly the debtor's financial affairs. 債務者の財政状態を徹底的に調査せよ / Federal agents investigated the company's involvement in the bid-rigging cases. FBIの係官は入札談合事件への同社の関与を取り調べた
◇**investigator** n

investigation /invèstəgéiʃən/ n 取り調べ,研究,調査《into》 ► The product was recalled after an in-house investigation confirmed that it had a defective part. 社内調査が欠陥部品の使用を確認した後,その製品はリコールされた

conduct an investigation into を調査する ► The FDA will conduct an investigation on the cause of the food poisoning. 食品医薬品局はその食中毒の原因について調査を実施するだろう

on [upon] investigation 調べてみると
under investigation 調査中《by》 ► Several of the company's executives were under investigation for insider trading. 数人の同社幹部はインサイダー取引の容疑で取調べを受けた

investigation department 調査部
investing n 資金投下,投資
investing activity 投資活動
investing group (英)関連会社への投資グループ,投資企業集団
investing style (ヘッジファンドの) 投資スタイル

> [解説] 個々のヘッジファンドが志向し特化する投資戦略の型を言う.世界の通貨・金利の方向性に賭けるグローバル・マクロ(global-macro)型,割安株を空売りする市場ニュートラル(market neutral)型,債券などの価格の歪みが適正価格に収斂する過程に賭けるレラティブ・バリュー・アービトラージ(relative value arbitrage)型,新興諸国の経済成長に期待するエマージング市場(emerging markets)型,破産寸前企業の債務を安く買い取り債権者として再建を主導するディストレスト債務(distressed debt)型,経営破綻や企業合併などイベントの成否に賭けるイベント・ドリブン(event-driven)型などがある.George SorosのクォンタムファンドはGlobal Macroのヘッジファンドとして有名であった

investment /invéstmənt/ n 投資,出資 [⇨将来の産出量拡大のために行われる資本財の増加,金融資産や不動産などの保有から得られる将来収益やそれらの価格の値上りを期待して資産を

購入すること]; 投資資産, 運用先

コロケーション

(~+in+名詞(句)) investment **in an affiliated company** 関係会社投資 / investment **in affiliates** 関係会社出資金, 関係会社投資 / investment **in bonds** 社債投資 / investment **in capital** 出資金 / investment **in housing** 住宅投資 / investment **in kind** 現物出資 / investment **in plant and equipment** 設備投資 / investment **in real estate** 不動産投資 / investment **in securities** 有価証券投資 / investment **in subsidiaries** 従属会社投資, 従属会社出資金

(動詞(句)+~) **attract** investment 投資を誘致する / **discourage** investment 投資を思いとどまらせる / **encourage** investment 投資を奨励する / **focus** one's investments **in** に投資先を集中する / **hold** investments 投資資産を保有する / **increase** investment 投資を増やす / **lose** investment 投資で損失を被る / **make** an investment **in** に投資をする / **manage** investments 資産を運用する / **reduce** investment 投資を減らす / **step up** investment 投資額を積み増す / **withdraw** one's investment 投資を引き揚げる

▶ return on investment 投資収益, 投資利益率 (ROI) / investment performance 投資運用実績 / attract foreign investment 外資を誘致する / diversify investment risks 投資リスクを分散させる / increase public investment in education 教育への公共投資を増やす / create a favorable investment environment for investors from abroad 海外投資家が進出しやすい環境を創り出す / make an investment of $10,000 in diamonds ダイヤモンドに1万ドルを投資する / Be sure to check out marketability in case you may need to **liquidate an investment** before maturity. 期限が到来する前に運用中の資金を現金化する必要が生ずることに備え, 市場性を確かめておくべきだ / It took three years to **recoup our investment** in Brazil. ブラジル向けの投資を回収するのに3年かかった / **The investment yielded** a 200 percent return. その投資は200％のリターンをもたらした / To **achieve your investment** goals, you need to strategically allocate investments. 運用目標を達成するためには戦略的に投資配分を決める必要がある / We **take ethical investment** very seriously. 当社は倫理的な投資を重視する

=== 投資, 投資対象資産 ===

advance investment 先行投資 / authorized investment 適格投資対象資産 / bond investment 債券投資 / eligible investment 適格投資対象資産 / equity investment 直接投資, 株式投資 / fixed income investment 債券投資 / foreign direct investment 国外直接投資 / long-term investment 長期投資 / offshore investment 海外投資 / portfolio investment 証券投資 / prohibited investment 対象外投資資産, 対象外投資, 適格外証券 / quoted investment 上場銘柄 / safe investment 安全な投資先 / securities investment 証券投資 / short-term investment 短期投資

investment account 投資勘定
investment adviser [advisor] 投資顧問業者
investment advisory business 投資顧問業
investment advisory company 投資顧問会社 [⊃専門とする金融商品につき顧客に対して投資判断などの助言をする. 助言業務に特化している会社と委任を受けて資産の運用まで手がける会社とがある]
investment allowance 《英》設備投資の償却 (=capital allowance) [⊃本来, 永久に使用できる固定資産につき改築的償却を許容するという発想から allowance という言い方をする]
investment analysis 投資分析 [⊃投資家の立場から株式などの投資意思決定をするための分析]
investment analyst 投資アナリスト [⊃証券分析など投資効果の分析をする専門家]
investment bank 投資銀行 (⇔commercial bank)

> **解説** 顧客企業に資金調達の支援や財務戦略の助言を行う米国独特の銀行. 業務の内容は証券会社の法人部門に近い. 米国では1933年のグラス・スティーガル法によって融資業務(銀行業務)と引受業務(証券業務)が分離され, 商業銀行が預金を企業に融資するのに対し, 投資銀行は有価証券発行による資金調達の引受や企業合併のアドバイスなどを行ってきた. 同法は99年に撤廃され, 投資銀行と商業銀行の相互参入が徐々に進行していたが, 投資銀行はトレーディング部門の無謀なリスクテーキングと過大なレバレッジによって業界崩壊の危機を招くに至った. 2008年 Bear Stearns と Lehman Brothers が相次いで破綻し, Merrill Lynch が Bank of America に買収され, 残った Goldman Sachs と Morgan Stanley はステータスを銀行持株会社に変更して商業銀行への移行を表明した. これをもって投資銀行の時代は終わり, 今後は商業銀行の枠内で投資銀行業務が行われることになる

▶ No one expected the investment bank would collapse. その投資銀行が倒産するとは, だれ一人として予想しなかった
investment banker 投資銀行(家); 投資銀行の担当者
investment banking 投資銀行業務
▶ People who work in investment banking earn high salaries. 投資銀行業界で働いている人は高額の給料をもらっている
investment bond 出資証券
investment boutique インベストメント・ブティック, 特化型投資コンサルティング会社 [⊃エネルギー, ハイテクなどの専門分野に関しての投資助言を提供する小規模なビジネス]
investment budget 投資予算 ▶ Singapore's overall investment budget for R&D

is 3% of its GDP. シンガポールの研究開発投資の予算総額は同国のGDPの3%だ

investment capital 投資資本

investment center 投資センター, 投資中心点, 投資責任単位

investment club 投資クラブ[⇨個人投資家が資金を持ち寄った上, 相談しながら運用する同好会的組織]

investment company 投資会社, 投資信託会社;《米》投資信託[⇨投資家から集めた資金を運用の専門家が分散投資によるリスク軽減を享受できるポートフォリオとして一体的に運用し, その収益を分配する. 出資持分数が設定当時のままで新規募集がないクローズドエンド型のものと, 新たに持分を発行し, 出資者を募るオープンエンド型のものとがあり, 後者はミューチュアルファンドと呼ばれる]

investment constraint 運用上の制約(事項)[⇨たとえばデリバティブは投資しないといったような, 資産運用機関に対して依頼する側が課する制約]

investment credit =investment tax credit

investment decision 投資意思決定 ▶ a time frame for investment decision 投資判断上の時間的制約 / make strategic investment decisions with confidence 確信を持って戦略的投資決定を行う

investment discipline 投資ルール[⇨資産運用にあたってのポートフォリオ組入銘柄の入替え基準] ▶ adhere to investment discipline 投資ルールを順守する / proven investment disciplines that produce superior returns with below average volatility ボラティリティーを水準以下に抑えながら他を上回るリターンをもたらす実証済の投資ルール

investment discretion 一任契約に基づく投資判断[⇨資産運用を委託された相手から証券の売買判断も一任されている場合に, 受託者が行う投資判断]

investment environment 投資環境

investment fund 投資ファンド[⇨投資による利益獲得を目的とするファンド. 出資者から集めた資金を証券, 商品, 不動産などに投資するミューチュアルファンド(mutual fund), ヘッジファンド(hedge fund), プライベートエクイティファンド(private equity fund)などを含む広義の言葉]

investment gain 投資収益

investment goods 資本財, 投資財[⇨モノ・サービスの生産・提供に供される機器・建物など]

investment grade 投資適格格付[⇨格付でBBB以上であること. 委託信任関係に基づく忠実義務を負っている者, たとえば年金基金の理事は, 投資適格でない金融資産に投資すると責任を問われる] ▶ The company's investment grade was lowered several notches, due to concerns about its ability to raise funds. 同社の投資格付は資金調達能力についての懸念から数段階引き下げられた

investment-grade bond 投資適格債[⇨格付がBBB以上の債券. 比較的のリスクが小さいとされる. BB以下の債券はジャンク債(junk bond)と呼ばれる] ⇨ credit rating, corporate bond

investment-grade debt =investment-grade bond

investment-grade market 投資適格債市場[⇨ハイリスクハイリターン型のジャンク債市場との対比で, 一般の機関投資家が参加している格付BBB以上の債券市場を言う]

investment grant 投資補助金[⇨企業の誘致策として交付される公的な助成金]

investment guidelines (投資)ガイドライン[⇨基本運用方針を受けて, 資産運用を依頼する者が受託者の順守事項として定める細則]

investment horizon 投資の時間的視野, 投資終期[⇨投資の決定を下す場合に検討の視野に入っている時間的な範囲]

investment income 《英》投資による所得, 投資利益, 投資収益, 不労所得

investment instructions 運用指図

investment instrument 運用手段

investment letter 投資確認書

investment management 資産運用[⇨資産を委託する者のリスク選好度に合わせて最大限の投資収益をあげることを目的とする]

investment management company 運用委託会社

Investment Management Regulatory Organisation (英国の)投資管理規制機関 (IMRO)[⇨1986年に設立された自主規制機関. 1998年に金融サービス機構(FSA)に統合された]

investment management services 資産運用業務 ▶ offer investment management services 資産運用業務を提供する / The company provides a wide range of international investment management services for global clients. 当社は世界各国の顧客に向け国際資産運用業務を幅広く行っている

investment manager 投資マネジャー, 運用機関(=money manager; portfolio manager)

investment manager structure 担当運用機関の構成[⇨複数の運用機関に委託する場合の陣容ないし布陣のこと]

investment mix 投資配分[⇨最大の投資効果を期して異なった資産クラスに投資を分散すること. asset mixとも言う]

investment objective 運用目標[⇨どういう金融商品あるいは実物資産で運用し, どのぐらいのリターンを追求するかという設定]

investment opportunity 投資機会

investment outlook 運用環境の見通し

investment performance 運用成績, 運用実績

investment philosophy 投資理念[⇨年金基金やファンドなどの基本的運用思念を明らかにするもので, 元本の安全性の確保, 長期物価上昇率を上回る収益の達成などがうたわれる]

investment policy (基本)運用方針[⇨年金基金やファンドを運用していく上での運用委託者と運用受託者との基本的取決め] ▶ establish an investment policy 運用方針を確定する / set an investment policy 運用方針を決める / implementation of the investment policy 運用方針の実践

investment policy statement 運用基本方針書

investment pool 投資目的合同運用資産, 投資用運用資産

investment potential 《英》投資収益力

investment principal 投資元本 ▶ safeguard investment principal 投資元本の安全を図る

investment process 運用プロセス[⇨資産運用機関が実際にどう運用業務を進めるかの手順を指すもの]

investment product 投資商品[⇨運用収入や値上がり益を期して売買される金融資産, 実物資産]

investment program 投資計画

investment property 投資不動産, 収益用不動産[⇨所有期間中の収益や資本増価を享受する目的で購入する不動産]

Investment Property Databank (~Ltd) IPD 社[⇨英国に本部を置き, ヨーロッパを中心とした不動産インデックスを分析・公表しているデータ分析会社. 不動産投資インデックスの作成をおもな業務としており, そのデータベースは, 特に英国の生命保険会社, 年金基金等が有する投資用不動産の90%以上をカバーしている] ⇒ IPD index

investment research 投資分析, 証券分析

investment results 運用成績

investment return 投資収益, 運用収益 ▶ Achieving higher investment returns has normally requires investors to take higher investment risks. より有利な投資リターンを得るためには, 通常, 投資家は, より高い投資リスクを負担することを求められる

investment software 投資ソフト[⇨投資判断を支援するためのソフト]

investment style 投資スタイル, 運用スタイル[⇨投資に対する基本姿勢のことで, 通常, 運用目的にあった金融商品を選定するに際して, どういうスタイルで臨んでいるのかが問われる. 代表的なものとしては, 市場平均並みのリターンを追求するのか, それを上回るものを追求するのかというパッシブ運用, アクティブ運用の別, 急成長銘柄を重視するのか, 過小評価されているものを発掘するのがいいのかというグロース株対バリュー株の別がある]

investment tax credit (米国の)投資税額控除 (ITC)[⇨特定の期間内に新たに固定資産を取得または建設した企業に所得税の減額を認める制度. 設備投資を奨励して, 経済に刺激を与えることを目的とする. 投資税額控除は税引前利益からではなく税額から控除できる. 税額控除 (tax credit)の一種] ⇒ tax credit

investment trust 《英》(会社型の)投資信託(= 《米》closed-end investment fund)[⇨特に英国や日本の投資信託を指す]

investment trust company 投資信託会社 (=investment company)

investment trust fund 投資信託, 投信

investment turnover 投資回転率, 投下資本回転率[⇨売上高を純資産と固定負債の合計で除した比率で資本の利用度や効率を示す. この投資回転率に売上高利益率を乗じると投下資本利益率 (ROI)が得られる]

investment value 投資価値[⇨ある特定の投資家あるいは投資家グループに対する価値であり, 市場価値とは異なる価値概念である]

investment vehicle 運用手段

investment yield 投資利回り

investor /invéstər/ n 投資家, 出資者, 株主[⇨資産価値を増やすべくリスクを取って市場で資産運用をする個人, 法人その他の組織. より短期で, リスクの高い運用をする投資家はスペキュレーターに区分されることが多い] ▶ Investors are hoping that the stock market's rally will extend into this week. 投資家は株式市場の反騰が今週になっても続いてほしいと思っている / Investors spend a lot of their time pondering over the ebbs and flows of the market. 投資家は長い時間を費やして相場の上がり下がりを思案する

投資家
bond investor 債券投資家 / equity investor 株式投資家 / foreign investor 外国人投資家 / individual investor 個人投資家 / institutional investor 機関投資家 / overseas investor 海外投資家 / retail investor 一般投資家

investor confidence 投資家心理 ▶ increased investor confidence 投資家心理の改善

investor group 投資家グループ[⇨特に企業買収などの大型案件に関与するものを言う]

investor protection 投資家保護

investor psychology 投資家心理

investor relational advertising IR広告[⇨投資家(業界)や株主に対して, 企業が, 自社の決算や業績や事業計画などを伝え, 良好な関係性構築を図る組織的な広告活動]

investor relations 投資家向け広報 (IR)[⇨自社の事業活動に対する理解を深めてもらい, かつ, 信頼関係をも築けるよう, 財務情報を中心とする情報の適時開示に努め, 問合せにも積極的に答える業務]

investor resistance 投資家の抵抗感

Investor's Business Daily 『インベスターズ・ビジネス・デイリー』[⇨株式・債券の銘柄・市場分析を掲載した投資家のための米国の日刊紙. 旧称は*Investor's Daily*]

investor sentiment 投資家心理

investor unease 投資家の不安 ▶ The bankruptcy is likely to fuel investor unease over to other companies in the same sector. 今回の倒産劇は, 同一業種に属する他の企業への投資家の不安をあおる可能性が高い

invisible *a* 目に見えない; 財務諸表[統計]に表れない; 貿易外の

― *n* (~s) =invisible exports
invisible exports and imports 貿易外収支
invisible balance サービス収支 (=invisible trade balance)［⊃投資や観光客の消費などサービス・用役の輸出入］
invisible exports サービス輸出［⊃国際収支上のサービス取引における, 旅行, 通信, 金融サービスといったサービスの輸出］
invisible trade サービス貿易［⊃資本移動・サービスの海外取引など, 貿易取引以外の対外取引］
invisible trade balance サービス収支 (=invisible balance)

invitation /ìnvətéiʃən/ *n* 招待(状); インビテーション［⊃国際協調融資(シンジケートローン)への参加を勧誘するメールや書面］《*to, to do*》
► a standing [an open] invitation いつでもどうぞという招待
Admission by invitation only. 招待者のみ入場できます
at the invitation of の招きにより
invitation circular インビテーション・サーキュラー［⊃国際協調融資(シンジケートローン)への参加銀行を募るため案件の基本条件を記載して関係者間で回覧される書面］
invitation to offer 申込の誘因［⊃契約締結の申込を相手方から引き出すべく行われる意思の表明］► This website constitutes an invitation to offer and not an offer by itself. このウェブサイトは申込の誘因にあたるものであり, 申込そのものではない

invite /ìnváit/ *vt* 招待する《*to, to do, for*》; 懇願する《*from*》; 引き起こす; 引きつける ► Questions are invited. 遠慮なくご質問ください / Applications are invited from all qualified candidates. 資格あるすべての応募者からの申込を受け付けます
invite along 一緒に誘う
invite back 再度招待する
― *n* 《略式》招待(状)
invitee /ìnvətí:/ *n* 招待された人, 客

invoice /ínvɔis/ *n* インボイス, 請求書, 送り状, 積荷明細書

コロケーション

（動詞(句)+～) **issue** an invoice 請求書を発行する / **raise** an invoice 請求書[インボイス]を起こす / **settle** an invoice 請求書に対しての支払をする

► payment of one's invoice 請求書に対する支払 / a duplicate invoice 複写式請求書 / a pro forma invoice 見積用請求書 / They did not **pay the invoice** on time. 彼らは請求書に対して期日までに支払わなかった / They had still not **received an invoice**. 彼らはまだ請求書を受け取っていなかった / The accounts department **raised an invoice** and sent it to us. 会計課は請求書を起こしてわれわれに送ってきた / **Full payment of this invoice** is due within thirty days of the date of this invoice. 請求額全額をこの請求書の日付より30日内にお支払い願いたい / **Payment of your invoice** is overdue. ご請求額の支払が期限を過ぎております / **All invoices processed** on or before the 20th of each month, will be paid on the 10th of the following month. 毎月の20日までに処理された請求書は翌月の10日に払われる / We would appreciate it if you could **settle the invoice** within 30 business days from the invoice date. 請求書記載の日から30営業日内に請求書内容をお支払いいただければ幸いです / We **chased the invoice** by phoning the accounts department at Winco. 私たちはウィンコの会計課に電話して請求書の行方を調べた

📄 The Seller shall not issue an invoice before the Goods are delivered or Services completed, unless otherwise agreed in writing. 売主は, 商品が引き渡され, または, サービスが完了するまでは, 書面にて別段の合意をしない限り, 請求書を発行しないものとする
― *vt* インボイス[送り状]を作る, 請求する
invoice amount 送り状価額 (=invoice price, invoice value, invoice cost)［⊃送り状に記載されている商品などの価額］
invoice book〖会計〗仕切帳
invoice cost 送り状価額
invoice date 請求書の日付, 請求日
invoice discounting《英》インボイス割引, 売掛債権の売却［⊃第三者の金融機関が売掛債権の一部を事前に支払う. 残額の回収義務は売手に残る］
◇**invoice discounter**
invoiced price =invoice price
invoice factoring =factoring
invoice price 送り状価額, 仕切価額, 仕切値段, インボイス価格［⊃インボイス上表示されている請求金額］
invoice register 送り状記録簿, 送り状記入帳, 仕切状控帳
invoice value 送り状価額, 仕切状価額

invoke /ìnvóuk/ *vt* (抗弁できる事由などを) 持ち出す, 援用する ► invoke a regulation under the Hospitals act 病院法上の規則を持ち出す / invoke the statue of limitations 時効を援用する

involuntary *a* ❶ 不本意の; 無意識の ❷〖法律〗非任意の; 非自発的な
◇**involuntarily** *ad* 思わず, 不本意ながら
◇**involuntariness** *n*
involuntary bankruptcy 強制破産, 非任意破産［⊃債権者の申立てに基づく破産手続き. これに対して債務者自身の申立てに基づく破産手続きはvoluntary bankruptcy(自己破産)と言う］
involuntary liquidation 強制清算［⊃裁判所の命令により債務者企業に対して強制的に解散に向けての清算手続が開始されること］
involuntary unemployment 非自発的失業［⊃希望していないにもかかわらず失業している人, またはその状態］

involve /inválv/ vt 巻き込む, 関わらせる《in, with》; 含む; 伴う
involve oneself in に関係する; に関わり合う
involved /inválvd/ a 複雑な, 入り組んだ;（事件などに）巻き込まれた ▶ There's a lot of paperwork involved in filing for a patent. 特許権の申請には大量のペーパーワークが必要だ
be [become, get] involved に関係[関与]している[する]; に熱中している[する] 《in》▶ We are involved in a project to build a large wind farm. 当社は大きな風力発電所を建設する計画に関係している / I'm involved in designing the aircraft's engine. 私は航空機用エンジンの設計の仕事をしています
involvement n ❶ 関与, 連座《in》; 熱中, 情熱《in》▶ He was indicted for his involvement in the tax evasion case. 彼は脱税事件に関与して起訴された ❷【広告】関与度
inward /ínwərd/ ad 内部に; 内心に
— a ❶ 内部(へ)の; 内陸の; 心の ❷ 自国への; 輸入の ▶ The country welcomes inward investment by foreign firms. その国は外国企業による国内向け投資を歓迎している
— n 内部;《~s》【英략式】内臓
◇**inwardly** ad 内部で; 内面的に; 小声で
◇**inwardness** n 本性, 本体; 真意
◇**inwards** ad =inward
inward investment 対内直接投資［⇒外国企業による国内での投資］
I/O input/output
I/O psychology industrial and organizational psychology
◇**I/O psychologist**
IOSCO International Organization of Securities Commissions
IOU n 借用証書 ▶ write out an IOU for 150 pounds 150ポンドの借用証を書く［<I owe you.］
IOW in other words 言い換えれば
IP intellectual property; International Paper; Internet protocol
IPA interaction process analysis
IPC International Patent Classification 国際特許分類［特許の検索および国際出願の支援をするために世界知的所有権機関が定めた特許の分類法］
IPD Investment Property Databank
IPD index IPDインデックス［⇒IPD社が発表している不動産投資インデックス. 英国を中心に欧州で広く活用されている］
IPE International Petroleum Exchange
iPhone《商標》アイフォン［⇒米国アップル社製の多機能携帯電話］
IPI industrial production index
IPO initial public offering ▶ The company is planning to make an IPO. 同社は新規株式公開を行うべく準備を進めている / There was a frenzy of IPOs in the 1990s. 90年代は新規株式公開に熱狂した時代だった
iPod《商標》アイポッド［⇒米国アップル社製の携帯端末. 音楽やビデオをダウンロードしたり, 写真を格納したりできる］
IQ individual quota; intelligence quotient
IR industrial relations; information ratio; information retrieval; Inland Revenue; investor relations
IRA individual retirement account
IRB industrial revenue bond
IRC Internal Revenue Code; International Red Cross 国際赤十字; international reply coupon
Irish Mist《商標》アイリッシュミスト［⇒アイリッシュウイスキーをベースにハーブエキスと蜂蜜を配したリキュール］
iron /áiərn/ n 鉄; 鉄製器具; アイロン; 堅さ, 強さ ▶ The engines are made of cast iron. そのエンジンは鋳鉄でできている / We should strike while the iron is hot or else we'll lose out on the deal. 鉄は熱いうちに打つべきだ, さもないと, その契約を取り損なうだろう
a will of iron 不屈の意志
have several [many] irons in the fire いくつかの[多くの]仕事[事業]に手を出している
— a 鉄(製)の; 堅固な; 冷酷な
— vt アイロンをかける; 鉄をかぶせる
— vi アイロンをかける
iron out を円滑にする,（困難などを）取り除く, 解決[打開]する ▶ We need to iron out a few problems in the details of the contract. われわれは契約の細部にあるいくつかの問題を解決しなければならない
ironic, ironical /airánik(əl)/ a 皮肉な, 反語の ▶ It is ironic that some Japanese products sell better overseas than domestically. 一部の日本製品が国内より海外でよく売れているのは皮肉なことだ
◇**ironically** ad 皮肉なことに(も) ▶ Ironically, recycling can cost more than it saves. 皮肉なことだが, リサイクリングは節約するよりも多くの費用がかかることがある
IRR internal rate of return
irrational exuberance 理由なき熱狂［⇒前FRB議長 Alan Greenspan が1996年12月5日の講演で, 日本のバブル経済を例に引いて, 米国証券市場の投機バブルに警告を発したときに使った言葉. エール大学教授 Robert J. Shiller は *Irrational Exuberance* (2000)を出版し, 投機バブルの実態を検証した. 邦題は『投機バブル 根拠なき熱狂』］
irreconcilable a 調和しない, 対立する; 和解できない ▶ There were irreconcilable differences between the two sides. 両者の間には折り合いのつかない(意見の)相違があった
— n 和解[妥協]できない人
◇**irreconcilability** n
irrecoverable a 回復不能の, 取り戻せない; 元通りにならない ▶ A large potion of the bank's nonperforming loans were irrecoverable. その銀行の不良貸付金は大半が回収不能だった
◇**irrecoverably** ad

irrecoverable loan 破綻先債権

irredeemable *a* 償還[買戻し]できない; 期限がない
— *n* 《~s》永久債[⇨英国の償還期限が定められていない国債]

irredeemable gifts 永久債 (=irredeemables)

irredeemable stock 《英》永久債 (=irredeemables)

irregular *a* 不規則な; ふぞろいの; 平らでない; (生活が)だらしない; 非合法の ▶ He leads an irregular lifestyle and eats out often. あの人の生活様式は不規則で、しょっちゅう外食をしている / He is irregular in his attendance at the committee. 委員会に規則的に[きちんと]出ていない
— *n* 《通例 ~s》規格外れ[傷もの]の商品[⇨通常ブランドなしで値引き販売される]
◇**irregularly** *ad*

irregularity *n* ❶ 不規則; ふぞろいなもの; (しばしば-ties)不法[不正]行為 ▶ He was blamed for the irregularity of attendance. きちんと出席していないのでとがめられた ❷ 〖会計〗誤記[⇨会計処理, 不実記載など簿記記録の誤り]

irregular size advertising 規格外広告

irrelevant *a* 関係のない; 関連性がない; 不適切な 《*to*》 ▶ That's an irrelevant question. それは的外れの質問だ / Diverting their attention away from irrelevant issues is a major task. 彼らの注意を無関係な問題からそらすのは大仕事だ

irreparable *a* 修繕できない; 取り戻せない, 回復できない
◇**irreparably** *ad* 取り戻せないほど, 回復できないほどに ▶ Their reputation was irreparably damaged by the nonpayments. 彼らの評判は不払いによって取り返しがつかないほど損なわれた

irresistible *a* 抑えられない, 抵抗できない; 圧倒的な ▶ Many diet products prey on people's irresistible urge to lose weight. 多くのダイエット製品は体重を減らしたいという人々の抗しがたい衝動を食い物にしている

irresponsible *a* 無責任な; 責任のない ▶ There's no excuse for your irresponsible behavior. 君の無責任な行動に弁解の余地はない / Should we carry the burden of those who made irresponsible decisions? 無責任な決定をした人たちの重荷を, われわれが背負うべきなのか / Irresponsible management caused the company's downfall. 無責任な経営陣は同社の没落をもたらした
◇**irresponsibility** *n*
◇**irresponsibly** *ad*

irretrievable *a* 取り返しのつかない, 回復[回収]できない ▶ Once the file is erased from the hard disk, it is irretrievable. いったんハードディスクから消去されると, そのファイルは復元不可能だ
◇**irretrievably** *ad*

irrevocable *a* 撤回不能の; 取り消せない ▶ Our decision is irrevocable. 当社の決定は最終的なものだ
◇**irrevocability** *n*
◇**irrevocably** *ad*

irrevocable letter of credit 撤回不能信用状[⇨撤回不能が明示された信用状]

irritable /írətəbl/ *a* 怒りっぽい, 短気な ▶ No one likes being around him because he's so irritable. 彼がとても短気なので, 誰も近寄りたがらない

irritate /írəteit/ *vt* いらいらさせる, 怒らせる ▶ The boss became irritated with the delay. 上司は遅れにいら立った

IRS Internal Revenue Service

ISA individual savings account

ISBN International Standard Book Number

ISE International Securities Exchange

Ishikawa diagram 石川ダイアグラム ⇨ cause and effect diagram [<考案者の石川馨(1915-89)にちなむ]

ISIC International Standard Industrial Classification 国際標準産業分類[⇨国連の統計委員会が定める産業分類. わが国の日本標準産業分類もこれとの比較可能性の向上を図っている]

ISIN International Securities Identification Number ISINコード[⇨国際的な証券識別番号]

island /áilənd/ *n* ❶ 島; 島に似たもの; (路上の)安全地帯 ❷ 記事中広告, 角雑報
◇**islander** *n* 島民

island display 島陳列, アイランド・ディスプレー[⇨売場の通路に平台などを置き, 四面から見えるようにした陳列法. ディスプレー効果は高いが, 買い物客の動きを妨げるおそれもある]

island position アイランド・ポジション[⇨注意がそれてしまう他の広告と切り離すようにして紙面に広告を配置し, またはコマーシャルを放送するようになっていること]

ISM Institute for Supply Management; in-store merchandising

-ism /izm/「行為, 状態, 主義, 学説」

ISMA International Securities Market Association 国際証券市場協会

ISO International Standardization Organization (=International Organization for Standardization) 国際標準化機構; それに基づくフィルム感度

ISO 9000 ISO 9000 [⇨国際標準化機構(ISO)が定める品質管理システムに関する規格. 顧客が求める品質基準および関連法上の基準を満たし, 顧客満足の拡大を図り, かつ, この種の業務を継続的に改善していくためのPDCAサイクル(計画し, 実行し, 検証し, 是正するサイクル)が経営システムとして機能する上で必要な条件を示す]

ISO 9001 ISO 9001 [⇨国際標準化機構(ISO)が定める品質管理基準の総則であるISO 9000を受けて, 製品の品質保証だけでなく, 顧客満足ならびに実効性のある品質マネジメントシステムの継続的改善を要求する]

ISO 9004 ISO 9004 [⇨国際標準化機構(ISO)

が定める品質管理基準の総則である ISO 9000を受けて,品質管理基準の確保に向けての組織全体としての効率的かつ効果的取り組みを継続的に改善していくための指針を示している]

ISO 14000 ISO 14000 [○国際標準化機構(ISO)が定める品質管理システムに関する規格.環境マネジメントシステムに関する規格.製品およびサービスによる環境負荷を持続的に低減するためのPDCAサイクル(計画し,実行し,検証し,是正するサイクル)が経営システムとして機能する上で必要な条件を示す]

isolate /áisəlèit/ vt 分離する;孤立させる《from》;(問題などを)切り離して考える ► We're working to isolate the source of the problem. 問題の原因を突き止めようと努力しているところだ

◇**isolated** a 分離[隔離]された;孤立した
◇**isolator** n

isolation /àisəléiʃən/ n 孤立;隔離 ► isolation period 隔離期間

in isolation 孤立して;隔離されて;単独に[で]

ISP Internet service provider

issuance /íʃuəns/ n 発行,発布 ► bond [stock] issuance 債券[株式]の発行

issue /íʃuː/ n ❶ 問題,問題点,論点,争点 ► a trade issue 貿易問題 / a succession issue 後継者問題 / meet to address this issue この問題と取り組むために会議を開く / raise an issue 争点を形成する / dodge the issue 問題を避けて通る / a public issue 公的な争点 / an issue-oriented TV program 論点を絞り込んだテレビ番組 / Education is **a national security issue**. 教育は安全保障問題である / Further opening up of its market to agricultural products **is a sensitive issue** for Japan. 農産物にさらに市場を開放することは日本にとって微妙な問題だ / We'll **discuss the issue** in detail at the next meeting. その問題は次の会議で詳細に検討いたします / Management and union leaders **resolved the labor issues**. 経営陣と組合指導者は労働問題を解決した / He **addressed this issue** in a recent speech. 彼はこの争点を最近の演説で取り上げた / **The issue of new corporate bonds** will go toward long-term business expansion. 新しい社債の発行は長期的な事業拡張に使われるだろう / We cannot disregard **environmental or green issues** these days. 今日,環境問題は無視できない

❷ 【証券】発行,(小切手や信用状の)振出 ► a bond issue 債券発行 / a government bond issue 国債発行 / a public issue 公募, 公募債 / a foreign debt issue 外債 / issue a check 小切手を振り出す

at issue 係争中の,問題[争点]になっている ► There are many points at issue in today's meeting. 今日の会議は論点がたくさんある

have issues with と争点[係争]がある ► I have issues with those statistics. その統計データに は異議があります

in the (last) issue 結局は

make an issue of を問題にする ► If need be, I intend to make an issue of it. 必要であれば,それを問題にするつもりだ

take issue with に反対する

What's the big issue? 《略式》何が問題なんだ, 問題ないじゃないか

— vt ❶ 出す,公布[発布]する;出版する;(糧食などを)支給する《to, with》 ► A revised edition is expected to issue from that publisher. 改訂版がその出版社から出る予定だ ❷ 【金融】発行する,(小切手や信用状を)振り出す ► the cost of issuing debt 起債コスト / Businesses issue stock to raise capital. 企業は資金を調達するために株式を発行する / We'll issue more shares on one of the European bourses. 当社はヨーロッパの証券取引所を一つ選んでもっと株を発行するつもりだ

— vi 出る,流れ出す;現れる《forth》;発行される;生じる《from》;生まれる,由来する《from》;(の)結果に終わる《in》

-issue 「…の支給した」 ► army [military]-issue 軍の支給した

issue advertisement 意見広告

issue advertising 意見広告(をすること)

issue age (保険)加入年齢,契約年齢

issue broker (英)上場幹事証券 [○新規公開株を手がけるブローカー]

issue date 保険証券発行日;契約(締結)日

issued capital (英)発行済株式資本

Issue Department (英)発券局 [○中央銀行であるバンク・オブ・イングランドで銀行券の印刷・発行を担当している部局]

issued policy (保険の)新契約 (=policy issued)

issued share 発行済株式 ► acquire 100% of the issued shares of the company 同社の発行済株式の全部を取得する

issued share capital 発行済株式資本

issued stock 発行済株式

issue flop 増資の失敗 [○引き受け手が不足し,予定していた株式による資金調達が失敗すること]

issue market 発行市場

issue of rights (英)新株引受権付与, 増資 (=(米)rights offering) [○新株式の発行に際して,会社が既存株主に対してその持株比に応じて新株を買える権利を付与すること]

issuer /íʃuər/ n (証券の)発行者, 発行体;(手形などの)振出人

issuing bank 信用状発行銀行

issuing house (英)引受幹事証券会社

it /it/ pron それは[が];それを[に] (❖時・天気, 形式主語としても以下の用例のように用いる)
►It's six. 6時だ / **It** rains. 雨が降る / **It** is ... that [to do] (する)のは…だ / How much does **it** cost for the installation? 据付けにはどのくらいの費用がかかりますか / **It** all depends on how you look at the problem. それは問題の見方次第だ / How long will **it** take you to finish the report? その報告書を完成

するには、どのくらい時間がかかりますか
成句 *be with it* 《略式》(最近の流行に)合っている
That's it. それだ、それが問題[望んでいること、最後]だ *This is it.* これだ、来るものが来た
— *n* (鬼ごっこの)鬼;《略式》偉い人、理想的な人[もの]

IT information technology 情報技術 [◆コンピュータのハードやソフトを使って情報処理やコミュニケーションを行うための技術の総称] ▶ corporate spending on IT IT 関連設備投資 / put together a plan to promote IT IT推進に向けての計画を策定する / The government will focus on IT as an engine of growth for the Japanese economy. 政府はIT を日本経済成長の原動力としてIT を重視しようとしている

ITAR-TASS (ロシアの) イタルタス通信社 ⇨TASS

ITC International Trade Commission; investment tax credit

item /áitəm/ *n* ❶ 事項、箇条;(議事日程の)議題;(商品などの)品目、細目;記事(の一項目) (=news item) ▶ an item of/on the agenda 議事日程の議題 / Shall we go on to Item 2 on the agenda? それでは、第2号議案の審議に移りましょうか / There are three items on today's agenda. 本日の議事日程には3つの議題がある / The nation's top supermarket chain plans to lower prices on 1,500 items to spark consumer demand. わが国最大のスーパーマーケットチェーンは消費者需要を喚起するために1,500品目の値下げを計画している ❷【会計】項目、費用 ▶ an item in a budget 予算の費目 / items of accounts 勘定項目 / items of duty [tax] 税項目 / items of payment 支払項目
— *ad* (項目を数え上げるときに) 同じく、同様に
◇**itemize** *vt* 項目別に述べる

item-by-item *a* 1項目ずつの、個別の ▶ We'll capture the information on an item-by-item, store-by-store basis. われわれは項目別および店別にその情報を入手するつもりだ

item-by-item method =item method

itemize,《英》**-ise** *vt* 箇条書きにする、明細に記す

itemized billing 内訳を示した請求(書)

itemized deduction 項目別控除 [◆米国の所得税の用語。standard deduction(標準控除)を選択せず、支払経費を項目別に控除すること。医療費、住宅ローン金利、慈善寄付金などは項目別控除を選択した場合のみ控除できる] ⇨deduction

item method 個別法 [◆棚卸資産の消費単価または払出単価の計算にあたって、同じ棚卸資産でも単位原価の異なるごとに区別して記録し、払出しの場合には払出財貨の単価で計算する方法]

iteration *n* ❶ 繰返し、反復 ❷ バージョン、版 [◆コンピュータ業界で、ハードウェアやソフトウェアの version を意味する]

itinerant /aitínərənt, ití-/ *a* 巡回する;渡り歩く ▶ US farmers depend on itinerant workers to harvest their crops. 米国の農家は収穫物の取入れを移動労働者に依存している

itinerant display 組立て式ディスプレー

itinerant worker 季節移動労働者、出稼ぎ労働者

IT investment IT 投資

IT literacy IT リテラシー [◆IT を使いこなすための基礎的知識・能力] ▶ increase IT literacy IT リテラシーを高める

ITQ individual transferable quota

ITS intelligent transportation system; Inter-market Trading System

IT sector IT 分野 ▶ nurture personnel in IT sectors IT 分野の人材を育成する

itself /itsélf/ *pron* それ自身;そのもの
(all) by itself 単独で
in and of itself それ自体
in itself 本質的に、本来
of itself ひとりでに、自然に
(all) to itself それだけに

IT society IT 社会 ▶ build an IT society IT 社会を築く

IT spending IT 関連投資 ▶ IT spending has notably slowed. IT 関連の投資が目立って落ちている

IT strategy IT 戦略 ▶ The most important pillar in the rebirth of Japan will be IT strategy. 日本再生に向け最大の柱となるのは IT 戦略だ

ITT (~ Corp) ITT 社 [◆エレクトロニクス、通信機器、工業用製品、サービスなどを手がける米国の会社 ITT Industries, Inc. (1920年創設)が2006年に改称したもの]

iTunes《商標》アイチューンズ [◆米国アップル社の音楽、ビデオなどのダウンロードサイト]

ITV《英》Independent Television 独立テレビ

IVA individual voluntary arrangement

Ivory《商標》アイボリー [◆米国の石鹸のブランド。敏感肌の人も利用しているボディー用石鹸やベビー衣料を洗うのに適した洗濯石鹸などがある]

IVS International Valuation Standards

IVSC International Valuation Standards Committee

Ivy League (the ~) アイビーリーグ [◆米国北東部にある名門8大学]

IWA International Wheat Agreement 国際小麦協定

IWC International Whaling Commission; International Wheat Council

IWW Industrial Workers of the World 世界産業労働者組合 [◆1905年結成]

J, j

JA Japan Agricultural Cooperative (Association) 農協

jack /dʒæk/ *n* ジャッキ; ジャック; **(J-)** 《略式》男, やつ, 若者; (船の) 国籍旗; **(J-)** 船員, 《英・豪》警官 ► He dabbles in a variety of businesses, so you could call him a jack of all trades. 彼はいろいろな商売に手を出すから, 何でも屋と呼んでもよいでしょう

before one can [could] say Jack Robinson あっという間に; 出し抜けに

every man jack 誰もかれも

jack (shit) 《略式》 (否定語を伴って) 少しも…ない

Jack of all trades 何でも屋

— *vt* ジャッキで持ち上げる; 上げる(*up*); 《略式》興奮[冒感]させる(*up*) ► The store decided to jack up its prices. その店は値上げをすることに決めた

jack in 《英略式》を放棄する; をやめる

Jack Daniel's 《商標》ジャック・ダニエル [○ 米国テネシー州産のウイスキー]

jacket /dʒǽkit/ *n* ジャケット; 背広の上着; 被覆物; カバー; (レコードの) ジャケット; 毛皮 ► The business casual trend has led to an increase in the sales of sports jackets. ビジネスカジュアルの風潮はスポーツジャケットの売上増加をもたらしている

jackpot *n* ポーカーの積み立て賭け金; 大当たり, 多額の報酬

hit the jackpot 《略式》大当たりを取る, 大成功する ► They hit the jackpot in their first try. 最初の試みで大当たりを取った

Jacuzzi /dʒəkúːzi/ 《商標》ジャクージ; (一般に) ジャグジー [○ 泡風呂, 気泡風呂]

JAF Japan Automobile Federation 日本自動車連盟

Jaguar /dʒǽgjuər, -gjuwàː r/ (♣ 発音に注意) 《商標》ジャガー [○ 英国製の大型高級車]

jail /dʒeil/ *n* 刑務所; 拘置所

in jail 入獄して

throw a person into jail (人を) 投獄する

— *vt* 投獄する(*for*)

◇**jailer, jailor** *n* 看守

JAL /dʒéièiél/ Japan Airlines 日本航空 [♣「ジャル」は日本式の発音. かつては Japan Air Lines と綴った]

jam[1] /dʒæm/ *v* (-mm-) 押し込む, 押しつぶす; ふさぐ; 故障させる; 電波妨害する

be jamming 《略式》(人が) 順調にやっている

— *n* 混雑, 渋滞, 雑踏; 《略式》窮地; 故障 ► He took out a high interest loan to get out of a money jam. 彼は金銭上の困難から抜け出すために高金利のローンを借り入れた / I got to work late because of a traffic jam. 交通渋滞のせいで私は会社に遅刻した

get into a jam 窮地に陥る ► He got himself into a jam. 彼は窮地に陥った

in a jam 困って

jam[2] *n* ジャム

jam tomorrow (約束だけに終わる) 明日の楽しみ

money for jam 《英略式》ただもうけ, ぼろもうけ

Jan. January

Jane Doe ジェーン・ドウ ⇨ Doe, John Doe [○ 訴訟問題などで身元不明, 姓名不詳の女性の仮名]

janitor /dʒǽnətər/ *n* 《米》(ビルやアパートの) 管理人; 門番, 守衛

Japanese Industrial Standard(s) 日本工業規格 (JIS)

Japanese language version 日本語版 📄 For the convenience of the Parties, one or more Japanese language version of this Agreement may be prepared. Notwithstanding the preparation of the any such Japanese translations, the English language version of this Agreement shall prevail. 「当事者」の便宜のため複数の日本語版契約書が作成されることがある. かかる和訳が作成されようとも, 英語版契約書が優先するものとする

Japan External Trade Organization ⇨ JETRO

Japan Federation of Economic Organizations 経済団体連合会, 経団連

Japan Federation of Employers' Association 日本経営者団体連盟, 日経連

Japan, Inc. 日本株式会社 [○ 日本政府と財界の共同体を指す]

Japan Patent Office ⇨ JPO

Japan premium (*the ~*) ジャパン・プレミアム [○ 日本の銀行などが海外で資金調達をする場合に要求される割増金利]

Japan Securities Dealers Association 日本証券業協会 [○ 証券会社を束ねている業界団体. アメリカの NASD (全米証券業協会) に倣って, 略称は JSDA よりも JASD のほうが一般的]

Japantown *n* 《米国など海外の》日本人町, 日系人街 (=Nihonmachi)

Japan-US *a* 日米の (♣ アメリカ側からは US-Japan となる)

Japan-US Business Council 《*the ~*》日米財界人会議 [○ 日米間の円滑な経済交流を図ることを目的とする民間の経済外交組織. 1961年に第1回会議が開催され, 以後ほぼ毎年開催されている]

Japn. Japan; Japanese ⇨ JPN

Jardine Matheson Holdings 《*~ Ltd.*》ジャーディン・マセソン・ホールディングス [○ 香港の世界的英国系商社. 不動産, ホテル (Mandarin Oriental), 輸送などを営む]

jargon /dʒɑ́ːrgən/ *n*, *vi* 訳のわからない言葉 (を言う); 専門語 [通語] (を使う)

Jarlsberg /jɑ́ːrlzbəːrg/ 《商標》ヤールスバーグ [○ ノルウェー産の硬質チーズ. バター風味で大きな

JAS Japan Air System; Japanese Agricultural Standard(s) 日本農林規格

JASDAQ, Jasdaq Japan Securities Dealers Association ジャスダック [⇨1991年11月に導入された株式店頭市場機械化システムの通称]

JASRAC Japanese Society for Rights of Authors, Composers and Publishers 日本音楽著作権協会, ジャスラック [⇨日本の著作権等管理事業法に基づき, 音楽著作権の集中管理事業を日本国内において営む社団法人. 前身は1939年に設立された大日本音楽著作権協会]

Java (商標) ジャバ [⇨サン・マイクロシステムズ社開発のプログラミング言語]

JAXA Japan Aerospace Exploration Agency 宇宙航空研究開発機構, ジャクサ

J.C. Penny (～ Co., Inc.) J.C. ペニー [⇨米国のデパートチェーン. 1902年設立. カタログ通販でも大手;創業者James Cash Penneyの名から]

J-curve effect (the ~) Jカーブ効果 [⇨ある国の通貨が安くなった場合に, その国の経常収支の赤字幅が当初は増大し, ある程度の期間を経てから黒字へと変化する現象]

JE job evaluation

jealous /dʒéləs/ a ねたむ, しっと深い (*of*); 気を配る, 用心する (*of*) ▶ Many competitors are jealous of the company's quick rise to success. その会社が急速に頭角を現し成功したことに, 多くの競争相手は羨望の気持ちを抱いている
◇**jealously** *ad*
◇**jealousy** *n* ねたみ, しっと; 用心深さ

jeep /dʒiːp/ *vi* ジープで行く

Jeep (商標) ジープ [⇨米国クライスラー社開発・製造のSUV (sports utility vehicle: スポーツ用多目的車両). この種の車両一般を指す言葉として用いられることも多い]

Jell-O (商標) ジェロ [⇨米国のゼリーのブランド. 人工的の風味をつけた明るい色のゼリー. 粉末, 完成品の形で購入できる]

Jenny Craig (商標) ジェニー・クレイグ [⇨減量のためのプログラム, 食品を提供する米国の会社. ジェニー・クレーグ・センターあるいはオンラインのサイトを通じてパッケージフードを購入し, プログラムに従ってダイエットする]

jeopardy /dʒépərdi/ *n* 危険 (性) ▶ The full collection of the tax is jeopardy. 税金の完全徴収は困難になっている / His health is in jeopardy. 彼の健康が危うい
put [place] ... in jeopardy を危険に陥れる ▶ A poorly executed strategy can put the company in jeopardy. どんな戦略でもへたに実行すれば, 会社を危機に陥れる可能性がある
◇**jeopardize** *vt* 危うくする ▶ They employed tactics that seriously jeopardize the debtor's rehabilitation. 彼らは債務者の復帰を極めて危うくするような策を用いた

Jepson claim 【知財】 ジェプソンクレーム [⇨従来技術と改良部分を区別して記載される改良発明のクレーム. 「…において…を特徴とする」という文言で記述されるもの]

jerrycan *n* 石油缶 [⇨燃料などの液体用の5ガロン (19リットル) 入りの容器. blitz can とも言う]

jet /dʒet/ *n* 噴出, 噴射; ジェット機 (=jet plane) ▶ The company has begun production on a new line of midsize passenger jets. その会社は中型ジェット旅客機の新しいラインで生産を開始している
— *v* 噴射する; (略式) ジェット機で旅行する
jet about ジェット機で飛び回る

JetBlue (商標) ジェットブルー [⇨米国の格安航空会社の一つ. 1999年に設立]

jet lag 時差ぼけ

> コロケーション
> (動詞(句)+～) **get** jet lag 時差ぼけになる / **overcome** jet lag 時差ぼけを治す / **reduce** jet lag 時差ぼけを軽くする / **suffer from** severe jet lag ひどい時差ぼけする

Jet-Puffed (商標) ジェット・パフト [⇨米国クラフト社製のマシュマロ]

JETRO Japan External Trade Organization 日本貿易振興機構, ジェトロ [⇨2003年10月, 日本貿易振興機構法に基づき, 前身の日本貿易振興会を引き継いで独立行政法人として設立]

jettison /dʒétəsn/ *n, vt* (緊急時の) 投げ荷; 投げ捨てる

jettison and/or washing overboard 投げ荷・波波い危険担保 [⇨海上保険の条件のひとつで, 投げ荷は緊急時に貨物を海に投棄すること, 波波いは荒天等により貨物が海に投げ出されること]

jewel /dʒúːəl/ *n* 宝石; (宝石入り) 装身具; 貴重な [もの] ▶ The company's flagship department store in Ginza is its crown jewel. その会社の旗艦とも言うべき銀座の百貨店は, 同社のもつ最大の資産だ
the jewel in the crown (多くのよいものの中で) 最高のもの
◇**jeweler**, (英) **jeweller** *n* 宝石商
◇**jewelry**, (英) **jewellery** *n* (集合的) 宝石類; 装身具 ▶ He took out insurance on his expensive collection of artwork and jewelry. 彼は自分の美術品と宝石の高価なコレクションに保険をかけた

JGB Japanese Government Bond 日本国債 [⇨日本国が発行する債券]

JH Japan Highway 日本道路公団

JHA justice and home affairs 司法内務協力

Jiffy (商標) ジフィー [⇨英国 Ambassador 社製の封筒のブランド. バブルラップと呼ばれる泡状のプラスチック輸送用包装シートを内側に使ったものや頑強な紙質のものなどがある. jiffy bag のように, バブルラップ付封筒を示す一般名詞としても使われる]

Jiffy Pop (商標) ジフィーポップ [⇨火にかけるだけでできる米国のポップコーン]

jingle /dʒíŋɡl/ *n, v* ❶ チリンチリン (鳴る, 鳴らす) (=jingle-jangle); (米略式) 電話 ❷ CMソング ▶ advertising jingle コマーシャル・ソング

JIS Japanese Industrial Standard(s) 日本工業規格

JIT just-in-time ジャスト・イン・タイム, かんばん方式 (=JIT method)
Jnr junior

job /dʒɑb/ n 《重》仕事; 職務; 職, 勤め口; すべきこと; 〖コンピュータ〗ジョブ〔◎作業単位〕

【語法】work が不可算名詞であり, 原則的に冠詞なしで使うのに対し, job は可算名詞であり, 原則的に不定冠詞 a をつけたり, jobs と複数形にしたりして用いる

コロケーション

(動詞(句)+〜) **apply for** a job 職に申し込む / **change** jobs 仕事を変える / **create** jobs 雇用を創出する / **find** a job 職を見つける / **get** a job 職を得る / **have** a job 職を持つ / **land** a job 職を手に入れる / **leave** a job 職を離れる / **look for** a job 職を探す / **lose** a job 職を失う / **quit** a job 職を辞める / **take** a job 職に就く

► a nine-to-five job サラリーマン的仕事 / do the job for $100 100ドルでその仕事を請け負う / be in a job 職に就いている / hold a job down (才能を発揮して) 地位を保つ / be between jobs 《略式》《おどけて》失業中である / have a job in a bank 銀行に勤めている / take [get] a job with an insurance company 保険会社に就職する / I'm looking for a new job. 新しい仕事を探しています / He **has a job** for life. 彼は終身的な[一生勤められる]職を持っている / I think he's the right person **for the job**. 彼はその仕事に適任だと思います / **Changing jobs** may affect your ability to obtain a loan because lenders like to see **a consistent job** history. 何度も転職していると融資を受けようというときに影響があり得る. 融資する方は, 安定した職歴を好ましいと思うからだ / Everyone seems to be looking for **a promising job** with high earning potential. 誰も彼もが将来性があって, 昇給の見込みも大きい仕事を求めているようだ / He **applied for a job** as a sales assistant at a shop selling women's clothing but was rejected. 彼は婦人物アパレルを売る店でのアシスタントの仕事に応募したが, 断られた / He **lost his job** when the company closed its operations in Japan. 彼は同社が日本での事業を打ち切った折に仕事を失った / Nearly **500,000 jobs were lost** in January. 約50万人が1月に職を失った / The company plans to **cut 2,500 jobs**. 同社は2,500の職を削減する計画だ / I started in this business when I **took a job** as sales assistant. この仕事に入るきっかけは, 営業アシスタントの仕事に就いたことでした / It certainly is **a lucrative job** but it is also a job without security. 確かにいい金になる仕事だが, 同時に何の保障もない仕事だ / My father has a non 9-5, **non-desk job**. 父は9時−5時勤務ではない, 外回りの仕事をしている / She has **a sales job** with a pharmaceutical company. 彼女は製薬会社で営業の仕事をしている / You don't know how hard it is to get by in life with **a low wage job**. 低い賃金で何とかしのいで生活していくのがどれほど厳しいものかあなたにはわからない / It will be a long while before **the job recovery** takes place. 雇用の回復が始まるまでには, かなりの年月がかかるだろう

a good job 《略式》結構なこと, 上出来(なこと) ► You did a good job on the report. 君の報告書はいい出来だった
a job of work 《英略式》(やるべき)仕事
Any job worth doing is worth doing right. どんな仕事でも心して行うべきもの
by the job 一仕事いくらで; 請け負いで
do a good [bad] job of をうまく[へたに]やる
do the job 《略式》効果がある, 望む結果を生む
give ... up as a bad job 《略式》どうにもならないと…をあきらめる
Good job! 《略式》よくやった, お見事
have a job doing …するのに骨を折る
It's more than my job's worth. 《英略式》そんなことをすれば私は首になる
jobs for the boys 仲間うちで分ける割のいい仕事
just the job 《略式》おあつらえ向きのもの
make a good [excellent, fine] job of をうまくやってのける
make the best of a bad job 悪条件の下で最善を尽くす
odd jobs 半端仕事, 雑役
on the job 《略式》勤務中で; 警戒して; 職務に忠実な
without [out of] a job 失業して (=out of work) ► They don't want to re-engineer themselves out of a job. 彼らは再編によって失職することは望まない
— v (-bb-) 片手間仕事をする; (株式・商品を)仲買する; 私腹を肥やす; (仕事を)請け負わせる (out); だます

job accident 業務災害 (=occupational accident)
job action (労使紛争時の)争議行為
job advertisement 求人広告
job allocation 仕事の割振り
job analysis 職務分析[◎職務の内容を分析し, 職務の適格要件等を明確にする分析方法]
job applicant 求職者, 就職希望者
job application 求職
job-approval rating 支持率[◎公職にある人の職務遂行状況を肯定的に見る人の割合. 単に approval rating とも言う] ► His job approval rating has consistently been below 40 percent for more than a year. 支持率は1年以上も一貫して40％以下が続いてきた
jobathon /dʒábəθɑ̀n/ n テレビ職安
job bank 《米》人材銀行, 職業紹介所 (=《英》job centre)
jobber n 《英》ジョバー, 株式取引所内仲買人[◎1986年のビッグバンで廃止された取引所内の自己売買専門業者]
jobbing production 個別生産[◎特殊な機器や試作品を製作するときのように, 受注に応じて, その都度個別に生産する形態]
job card 作業時間表, 作業時間報告書

job centre 《英》公共職業安定所;《英》人材銀行, 職業紹介所 (=《米》job bank)

job costing (accounting) 個別原価計算 [⇒どの製品の原価であるのかを製造指図書ごとに把握する原価計算法で, オーダーメイド製品の原価計算に適している]

job creation 雇用の創出 ▶ The government encourages job creation. 政府は雇用創出を奨励する

job cut 雇用削減, 人員削減 ▶ The merger will lead to as many as 3,000 job cuts. 今回の合併は3,000人もの解雇につながる / Bleak labor market data showed the deepest job cuts in decades. 労働市場の惨澹たるデータはこの数十年間で最悪の雇用削減を示している

job cycle ジョブサイクル [⇒一つの仕事を構成する個別の作業をひとわたり完了するまでのプロセス. 品質管理という仕事ならば, 計画し, 実行し, 検証し, 改善するという4つの作業(PDCA)が1サイクルを構成する]

job description 職業内容説明(書); 職務明細書; 職務内容記述; 職務内容説明書

job design 職務設計 [⇒各人の職務内容を構成する作業単位(タスク)を能力が最大限活用され, 充実感も得られるかという見地から組み合わせること]

job enrichment 職務充実 [⇒権限・責任の範囲を拡大し, 仕事の質的充実という見地から動機づけを高めること]

job evaluation 職務評価 (JE) [⇒その仕事のためにはどのような知識・スキルが必要かを明確にした上で, その能力の社内でのウェイト, すなわちその仕事の社内での役割の大きさを測ること]

job fair 就職説明会

job family ジョブ・ファミリー [⇒仕事の内容ならびに必要とされる知識・技能が似ている職務をグループ化した分類. こうしたファミリーは職務の難易度, 責任, 権限の範囲等に応じてレベル分けされ, 報酬の決定に反映される]

job flexibility 職の柔軟性 [⇒雇用・採用・解雇・入退社の自由] ▶ Is it necessary to encourage this kind of job flexibility? このような職の柔軟性を促進することは必要か

job for life 終身雇用制度

job grading 職務分類 [⇒業績考課, 能力考課に際しての基準となる職種別・等級別の職務区分]

jobholder n 定職のある人;《米》公務員

job hopper 転職を繰り返す人

job-hopping n たびたび転職すること

job-hunt v 職探しをする

job hunter 求職者

job hunting 職探し ▶ He went job hunting in Osaka. 彼は大阪で職探しをした

job insecurity 職の不安 ▶ Too much job flexibility leads to job insecurity. 職の柔軟性がありすぎると職の不安が生じる

job interview 面接 ▶ After three months of sending out applications, I finally landed a job interview. 3か月間, 応募書類を各社に送り続けたところで, ようやく面接にこぎつけた / Business attire is almost always preferred for a job interview. 就職のための面接では, 必ずと言っていいぐらいビジネスの場にふさわしい服装が好ましいとされます

jobless a, n 失業の;(the ~)失業者

joblessness n 失業

jobless rate 失業率 (=unemployment rate) ▶ The jobless rate shot up by 0.5% last month. 失業率は先月に0.5%も急騰した

jobless recovery ジョブレス・リカバリー [⇒雇用状況に改善の見られない景気好転] ▶ The US is in the midst of a jobless recovery. 米国では職なき景気回復が進行中である

job lock 《略式》ジョブロック [⇒健康保険があるので職を離れられないこと] ▶ The portability of healthcare coverage will help eliminate job lock. 健康保険のポータブル化はジョブロックの解消の一助となるだろう

job loss 失業, 失職 ▶ This restructuring resulted in job losses. この構造改革は何人かが仕事を失うという結果になった

job lot ❶ まとまった量, 十把一からげの廉価品 ▶ We bought a job lot of parts from a bankrupt distributor. 倒産した販売店からまとまった量の部品を仕入れた ❷【会計】ロット, 作業ロット [⇒製造指図書(job order)に対応しており, 他の製品単位と区別できるひとまとまりのもの]

job market 求人市場; 雇用市場

job offer 求人, 仕事の申し出, 採用通知

job opening 就職口, 求人 ▶ We have a job opening in my company. 私の会社には仕事の空きが一つある

job order 製造指図書 [⇒製造現場に対して製造に着手することを命じる指示書で, 品名, 数量, 納期等の情報が示される]

job order costing 個別原価計算, 製造指図書別原価計算 (=job cost accounting)

job placement 適職への配置, 就業支援 [⇒適性を見るための就業体験を言うこともある]

job production 個別生産 [⇒ひとまとまりずつ生産するバッチ生産との対比で, 1個ずつ生産すること] (⇔batch production)

job-protected leave 雇用保障のある休暇

job protection =job security ▶ Employees need job protection. 働く人は雇用保障を必要とする

job quota 《米》優先雇用枠 [⇒女性, 黒人等特定グループ向けに企業が用意することを求められる働き口]

job-related a 業務に関係している, 業務上の ▶ job-related illness or injury 業務上の疾病または損傷

job rotation ジョブ・ローテーション; 職務ローテーション, 職務循環 [⇒従業員の担当職務を適宜変更すること]

job satisfaction 職務満足 ▶ I'm not particularly well paid, but I do get a lot of job satisfaction. 特に高い給料をもらっているわけではないが, 仕事の満足度が高いのは確かだ

job security 雇用保障 (=employment secu-

jobseeker n 求職者

jobseeker's allowance 《英》求職者手当 (JSA)

job-share, job share n, v 仕事や賃金の分け合い(をする) ► We need to job-share. 仕事を分かち合う必要がある

job-sharing n 仕事や賃金を分け合うこと, ジョブ・シェアリング (=work sharing)

job shop 受注生産工場

job site 現場

job skill ジョブスキル [⇒職場で重視される技能]

job specification 作業指図明細書

job stress 仕事に起因するストレス

job tenure 在職期間 ► The loan application asks for information about your job tenure, income, assets and liabilities. 融資申込書は申込人の在職期間, 収入, 資産, 負債を尋ねるものだ

job title 肩書, 役職名 [⇒たとえば, sales managerとかsenior partnerなど]

jockey /dʒáki/ n, v (乗り物の) 運転士; (機械の) 操作者; 欺いて奪う (out of); だまして…させる (into); うまく動かす; 有利な立場をとろうとする (for) ► He jockeyed himself into office. 彼はうまく立ち回って職についた

Jockey 《商標》ジョッキー [⇒米国の下着メーカー Jockey International, Inc. のブランド. 男性用ブリーフのJockey briefを開発したことで知られる]

John Deere ジョン・ディア [⇒米国の芝刈り機などのメーカー. 社名としての正式名称はDeere & Company. 農業用トラクター, 刈取り機械から家庭用の芝刈り機, 電動のガーデン器具などを提供. 鹿(ディア)のマークで有名]

John Doe ジョン・ドウ [⇒訴訟問題などで身元不明, 姓名不詳の男性の仮名] ⇒Doe, Jane Doe;《米》一般人

Johnnie Walker 《商標》ジョニー・ウォーカー [⇒英国のブレンデッドスコッチウイスキー]

Johnson & Johnson ジョンソン・アンド・ジョンソン [⇒米国の医療関連品メーカー. Band-Aidなどの家庭用医療用品から処方薬にいたるまでを扱う. 最近の成長製品は向精神薬Risperdalなど]

Johnson Controls (~, Inc.) ジョンソン・コントロールズ [⇒米国のビル管理機器・自動車部品メーカー. ビルの温度管理を行う会社として1885年創業, 1974年より現社名]

join /dʒɔin/ v 結合する, つなぐ; 協力する; (人と) 会う; 参加[加入]する (in); 結びつく; 合体[連合]する (in, up, with); 隣接する ► Would you like to join us for lunch? 一緒にお昼御飯を食べませんか

joinder /dʒɔ́indər/ n 《法律》併合 ► joinder of causes of action 請求原因の併合 / joinder of actions 訴訟の併合

joined-up a 統合的な, 統一された ► The policy contradictions show a lack of joined-up thinking among government departments. 政策の矛盾は各省庁間での統合的な考えがないことを物語っている

joint /dʒɔint/ n 継ぎ目[手];《略式》場所, 施設, 家

out of joint 脱臼して; 乱れて; 不調和で

— a 合同[連帯]の, 共同の ► joint heirs 共同相続人 / joint debtors 共同[合同]債務者 / joint intervention in support of the euro ユーロを買い支える協調介入 / The drug was developed through the joint efforts of company and university scientists. その薬品は企業と大学の研究者の共同作業によって開発された

— vt 接合する; 目地を塗る

joint account 共同勘定[口座]; 組合勘定, 共同出資勘定 [⇒数人が出資して共同事業を営む場合の共同出資勘定] ► This is a joint account with my wife. これは妻との共同口座です

joint and several liability 連帯債務, 連帯責任 [⇒共同でも個別でも債務の履行に責任を持つこと. 連帯責任の場合は, 債権者は任意の一人または数人の債務者に債務全額の履行を要求できる. 債権者の要求に応じて債務を履行した債務者は自己の負担分を超えた金額を他の債務者に求償できる]

joint annuity 連生生存者年金, 連生年金 [⇒夫婦, 親子など被保険者が複数いる生命保険のうちにまとめたもの. 被保険者の一人が死亡すれば年金給付は打ち切られる] ⇒joint life and survivor annuity

joint authorship 共同著作(物) [⇒複数の著作者により創作された著作物で, 各著作者の寄与が不可分であるもの]

joint consultation 《英》労使協議制度

joint inventor 共同発明者 (✢co-inventorとも言う)

joint investment 共同投資

joint liability 共同責任; 共同債務, 連帯責任

joint life and survivor annuity 最終生存者年金 [⇒夫婦など二人以上の被保険者のいる年金保険で, 被保険者の一人が生きている限り給付を受けられるもの] ⇒joint annuity

jointly ad 共同で

jointly and severally 各自連帯して [⇒債務の履行に連帯責任を負う場合の定型表現] ⇒joint and several liability ► We the undersigned, jointly and severally, agree to the complete repayment of the loan. われわれ署名者は各自連帯して融資の完済に同意する

jointly or severally =jointly and severally

joint management 共同経営

joint ownership 共同所有(権)

joint products 連産品 [⇒同一の原料から, 同時に, 同一工程で生産される複数の製品]

joint responsibility 連帯責任

joint return 共同所得申告; 合算申告書

joint-stock bank 《英》ジョイントストック・

joint-stock company

バンク [⇨現在, commercial bank または high-street bank と呼ばれている大手銀行の旧称. 経営が不安定だったパートナーシップ形態の銀行との対比で, 上場企業である銀行をこう呼んだ]

joint-stock company (1)《米》共同出資会社, 法人格のない株式会社[株式社団] [⇨譲渡可能な株式持ち分で構成されるパートナーシップ的組織の企業体] (2)《英》株式会社 (=《米》corporation)

joint-stock corporation 株式会社 ⇨joint-stock company

joint surety 連帯保証, 連帯保証人 [⇨主債務者と同等の責任を負うことになる保証契約または保証人]

joint tax return =joint return

joint venture 合弁事業, ジョイントベンチャー (JV) (✤日本の慣用的な略称は「ジョイベン」)

解説 複数の企業が特定の事業目的のために一時的に共同して行う事業. 合弁事業のために会社を設立する場合もあるが, 会社形態でない合弁事業 (たとえばパートナシップ形態) も多い. 合弁事業 (joint venture) と合弁会社 (joint venture company) を混同しないことが重要. 合弁事業は基本的に一時的な共同事業であり, 所期の目的が達成されれば解散される点で通常の会社やパートナーシップとは異なる

► a joint venture corporation 合弁会社 / set up a 50-50 joint venture company for the production of magnetic tapes 磁気テープ製造に出資比率50:50で合弁会社を設立する / The two companies formed a joint venture. その2社は合弁事業を設立した / The company is currently weighing the joint venture plan. その会社は現在, 合弁事業の計画を検討中だ / The automaker entered into a joint venture with a Japanese electronics giant to develop a new type of battery for hybrid cars. その自動車メーカーはハイブリッド車用の新型電池を開発するための合弁事業の設立で日本のある電子機器大手メーカーと合意した

joint venture agreement 合弁契約 📄 This Joint Venture Agreement shall take effect upon the approval of this Joint Venture Agreement by the requisite vote of the shareholders of each Party. この「合弁契約」は, 各「当事者」の株主の必要な議決による「合弁契約」の承認を得たとき, 有効になるものとする

joint venture company 合弁会社, ジョイントベンチャー会社 [⇨合弁事業 (joint venture) を行なう目的で設立される会社]

joint venture corporation 合弁会社, ジョイントベンチャー会社

joint work =joint authorship

joke /dʒouk/ n, v 冗談(を言う); ふざけ(て言う) 《around, about》; しゃれ; おどけ; 物笑いの種; からかう ► a dirty joke 下品な冗談
be [go] beyond a joke / be no joke 冗談では済まされない
in joke 冗談半分で

(all) joking aside [apart] 冗談はさておき
◇**jokingly** ad

Jolly Time 《商標》ジョリー・タイム [⇨電子レンジで作れる米国の袋入りポップコーンのブランド]

jolt /dʒoult/ v ガタガタ揺れる[揺する]; 驚かす; 揺れながら進む 《along》
— n ❶ 動揺; 驚き; 地震 ► The sudden drop in the stock market caused a jolt to investors. 株式市場の突然の下落は投資家に衝撃を与えた ❷ (テレビ業界用語で) 盛り上げるために入れる仕掛け
◇**jolty** a ガタガタ揺れる

Jonny Cat 《商標》ジョニー・キャット [⇨米国のペット用品のブランド. 猫用トイレの細かい石. 粘土質の石が使われているため, 埃が立ちにくい]

jot /dʒɑt/ vt, n (-tt-) 簡潔に書き留める《down》; (通例否定) わずか, 微量 《of》 ► Jot that down so you don't forget. 書きつけて忘れないように
not a jot 少しも…ない
◇**jotter** n メモ帳
◇**jotting** n メモ

joule /dʒuːl/ n ジュール [⇨仕事・熱量の単位. 「1ニュートン(102g)の力が力の方向に物体を1m動かすときの仕事」と定義されていることから, 小さめのりんごを1m持ち上げるときの仕事量と説明される]

journal /dʒɚːrnl/ n ❶ (日刊)新聞; 定期刊行物, 雑誌; 日記, 日誌; 議事録 ❷【会計】仕訳帳, 取引記録 (=journal book) [⇨取引を日付順に借方と貸方の勘定科目に分解して記録する帳簿] ► enter transactions into the journal 取引を仕訳帳に記入する

journal entry 仕訳帳への記入, 仕訳帳記入 ► post journal entries to the ledgers 仕訳帳への記入を元帳へ転記する / Whenever a transaction takes place, a journal entry is posted to record that transaction. 取引があった場合, その取引を記録するために仕訳帳への記載が行われる

journalism n ❶ 新聞雑誌業(界); 新聞雑誌; 記者 ❷ ジャーナリズム

journalist n ジャーナリスト ► expert journalists 練達のジャーナリスト

journalists' privilege (メディア関係者の) 情報源秘匿特権 (=newspersons' privilege)

journalize v 仕訳する; 仕訳帳に記入する ► journalize the adjusting entries 修正仕訳を行う

journal ledger 仕訳元帳 [⇨仕訳帳の機能を持つ元帳]

journal voucher 仕訳証憑, 仕訳伝票

journey /dʒɚːrni/ n, v 旅; 旅程; 道程; 旅行する ► a journey to work 通勤移動 / The country has embarked on a long journey to pull itself out of its economic woes. 同国は経済的な苦境から抜け出すための長い旅路に乗り出した
break one's journey (短期間) 一所に留まる
make [take] a journey 旅行をする

joy /dʒɔi/ n, v 喜び(のもと); 喜ぶ, 喜ばす; 《英略式》成功, 成果 ► I find joy in my job as a social worker. ソーシャルワーカーとしての仕事に私

は満足しています

get [have] no joy from 《英略式》からは何の成果もない

jump for joy 小躍りして喜ぶ ► He jumped for joy when he heard the good news. 朗報を聞き, 彼は小躍りして喜んだ

◇**joyful** *a* うれしい, 楽しい ► On this joyful occasion, I'd like to propose a toast. この喜ばしい式典に, 乾杯の音頭を取らせていただきます

◇**joyfully** *ad*

◇**joyfulness** *n*

JP Japan Post 日本郵便; justice of the peace 治安判事

JPEG Joint Photographic Experts Group ジェイペグ [☆静止画像を圧縮するための規格]

JPMorgan Chase 《～& Co.》JPモルガンチェース [☆米国の銀行持株会社. 2000年にJ.P. MorganとChase Manhattanが合併. NYの古い銀行Chemical Manufacturers, Hanover, Chase, JP Morganが一同に会している. 投資銀行業の他に証券サービスなども手がける. 2008年5月, サブプライムローンで破綻した証券大手のBear-Stearnを買収, 9月同じく破綻した全米最大の貯蓄銀行Washington Mutual Inc.の銀行業務を買い取った]

JPN Japan

JPO Japan Patent Office 日本国特許庁

JPY 日本円 (❖米ドルのUSDに対応する表記)

JR Japan Railway ジェイアール [☆旧国鉄が民営化分割した旅行会社と貨物会社]

Jr. Junior

JSA jobseeker's allowance

J. Sainsbury 《～plc》J. セインズベリー [☆英国の食品スーパーマーケットチェーン. 1922年設立. 国内でSainsbury's Supermarketsを展開, また, Sainsbury's Bankも創設]

JST Japan Standard Time 日本標準時

JT Japan Tobacco Co. 日本たばこ産業株式会社 (❖標語Joyful Timeの略語とされる); *The Japan Times* (❖日刊英字紙)

JTB JTB [☆日本の旅行社. もとJapan Travel Bureau(日本交通公社)から]

judge /dʒʌdʒ/ *n* 裁判官, 判事 ► an associate judge 陪席裁判官 / a chief judge 裁判長 / a federal judge 連邦判事 / a presiding judge 裁判長

be a good [bad] judge of を見分けるのがうまい [下手だ] ► He is a good judge of people's character. 彼には人を見る目がある

━ *v* 裁く; 判断[鑑定]する ► Companies are not only judged by their financial success, but also by their social contribution. 企業は金銭的成功によって判断されるだけでなく社会的貢献によっても判断される

judge's order 裁判官命令 [☆特に裁判官室で言い渡すものを言う]

judgment, 《英》**judge-** /dʒʌdʒmənt/ *n* ❶ 判断(力); 判定

❷ 判決 《*on, about*》(❖標語は常にjudgmentと書く)

コロケーション

(動詞(句)+～) **appeal** a judgment 判決に対して上訴する / **comply with** a judgment 判決に従う / **deliver** judgment on... …に判決を言い渡す / **enforce** a judgment (判決内容の実現に向けて) 執行する / **give** judgment on... …に判決を言い渡す / **overturn** a judgment (上級審が) 判決を覆す / **pass** a judgment 判決を下す

► judgment by default 欠席判決 / judgment of execution 執行判決 / The final judgment will probably be made in court tomorrow. たぶん明日の法廷で結審するだろう

against one's better judg(e)ment 心ならずも ► Against my better judgment, I listened to his advice. 不本意ながら, 私は彼の助言に耳を傾けた

pass [reserve] judg(e)ment 判断を下す[保留する] 《*on*》

sit in judg(e)ment 批判する, 裁く 《*on, over*》

◇**judg(e)mental** *a* 判断を押しつける

judgment by/in default 欠席判決 [☆被告が答弁書を提出しない等防御の意思を見せない場合に下される原告の言い分をそのまま認める判決]

judgment call 断定的判断, (客観的資料のないまま行う) 主観的判断

judgment creditor 判決債権者 [☆判決によって, 債務者に対し強制執行のできる債権者]

judgment debt 判決債務 [☆判決により確定した債務]

judgment debtor 判決債務者 (⇔judgment creditor)

judgment sample サンプル, 試査対象 [☆監査においてリスクの高い分野を絞り込んでから監査手続を実施する際の対象]

judicial /dʒuːdíʃəl/ *a* 裁判[司法]の; 公正な; 判断力のある, 批判的な

judicial acceptance 司法受理 ► judicial acceptance of the award 仲裁判断の司法受理

judicial lien creditor 確定判決を有する債権者 [☆債務者に対して, 金銭債務の支払を命じる判決が下っている場合に, 他に優先して弁済を受けられる債権者]

judicial power 裁判権; 司法権

judicial system 司法制度 ► have confidence in the judicial system 司法制度に信頼を寄せる

judiciary /dʒuːdíʃièri/ *a* 裁判[司法]の; 裁判所 [官]の

━ *n* 司法部; 裁判所; 裁判官 ► preserve an independent judiciary 司法の独立を守る

juggernaut /dʒʌ́ɡərnɔ̀ːt/ *n* 巨大な破壊力のあるもの; 巨大企業[組織]; 大型トラック ► an entertainment juggernaut 一大娯楽事業

juggle /dʒʌ́ɡl/ *v* 頻繁に売買する, (経理の) 数字を操作する

juice /dʒuːs/ *n* 汁, ジュース; 精醐; 活力; 《略式》高利; 《略式》影響力, 職権; 《略式》電気, 動力源, ガソリン ► No juice. 《略式》電気が来ていない. 停電

だ / OK, turn on the juice. よし, 電源[スイッチ]を入れろ
― *vt* 《略式》汁を搾る；（収益などを）搾り出す ► The return on the fund was mostly juiced by leverage. そのファンドの利益は大部分がレバレッジをかけて搾り出されたものだった / A cut in interest rate by the central bank could juice inflation. 中央銀行による金利の引下げはインフレを煽る可能性がある

juice up を活気づける；面白くする ► You can juice up your presentation by using visual aids. 視覚器材を使うことでプレゼンテーションをもっと面白くすることができる

◇**juicy** *a* 汁の多い；《略式》興味深い, きわどい, もうかる ► a big juicy check 金額が大きい小切手

jumble /dʒʌmbl/ *n, v* ごた混ぜ(にする, になる)《*up, together*》; 混乱 ► The information in the report is all jumbled up. 報告書の情報はすべて雑多な寄せ集めだ

jumble basket ジャンブル・バスケット, 投込み型陳列台[◆ジャンブルと呼ばれる, 投げ込んだような陳列を行うための入れ物. 安さのイメージが出せる反面, 商品がいたみやすい]

jumble sale 《英》慈善バザー, 中古雑貨特売市（=《米》rummage sale）

jumbo /dʒʌmbou/ *n, a* 《略式》ばかでかい(もの)；ジャンボジェット機[◆Boeing 747]

Jumbo Jack 《商標》ジャンボ・ジャック[◆米国の Jack in the Box チェーン店のハンバーガー]

JumboTron 《商標》ジャンボトロン[◆巨大ビデオスクリーン]

jump /dʒʌmp/ *vi* 大幅に上昇する, 急騰する；（話が）飛躍する；一致する《*together*》; 《略式》活気づく
► Don't jump to any conclusions until you have all the facts. 事実をすべてつかむまで結論を急ぐな / Audience viewership of the show has jumped 20%. その番組の視聴率は20%跳ね上がった / This product is jumping off the shelves. この製品は飛ぶように売れている / Our trade surplus jumped to a record level. わが国の貿易黒字は記録的な高さになった / I've been jumping through hoops for my boss. 私は社長のご機嫌を取るためにあらゆる手を打ってきた / Jump to it! さっさと取りかかれ
― *vt* 跳び越える[させる]；ぎくっとさせる；飛ばして読む

jump a claim 採掘権[土地, 職]を横取りする
jump at ... に飛びつく ► I would jump at the chance to work abroad. 私なら海外勤務のチャンスに喜んで飛びつくだろう
jump (right) in （話に）突然割り込む
jump on 《略式》（人を）激しく非難する ► The boss jumped on me for every little mistake. 社長はあらゆる小さなミスで私を叱りつける
jump ship 船から脱走する；（契約を）破棄する ► The engineers jumped ship at the first opportunity. 技術者たちは機会があり次第会社を辞めていった
jump the gun 《略式》フライングする；《略式》早まって始める
jump up 飛び上がる

― *n* 跳躍；急騰《*in*》；《the ~s》《略式》いらいら, 不安；急転；（論理の）飛躍；《略式》短い旅行；《『ス-ン》飛び越し, カンフル剤, ジャンプ[◆命令を実行する正規の順序から離れること] ► The company posted a 20% jump in fiscal third-quarter profit. 同社の第3四半期利益は20%の大幅増だった

be [keep, stay] one jump ahead of （相手より）一歩先んじる
be one jump away from にあと一歩
get [have] the jump on 《略式》に勝つ, を出し抜く
on the jump 《略式》急いで

jump-start *v* 急速にスタートさせる；てこ入れする, カンフル剤を打つ[◆jump start は他車のバッテリーでエンジンを始動させること] ► The tax cut will jump-start the economy. その減税は景気にてこ入れすることになるだろう / The government hopes to jump-start the economy with the stimulus plan. 政府は刺激策で景気を活性化させたいと思っている

jumpy /dʒʌmpi/ *a* 飛び跳ねる；興奮した, びくついた；飛躍の多い ► Jumpy investors are worried about the recent volatility in the currency market. 神経質な投資家は通貨市場の最近の乱高下を気にしている

junction /dʒʌŋkʃən/ *n* 連結, 接合(点)；連絡駅；（川の）合流点

juncture /dʒʌŋktʃər/ *n* 重大な局面；接合(点)；継ぎ目 ► We've reached an important juncture in our business. 当社の事業は重大な岐路に到達している

June-quarter earnings 4–6月期決算

jungle /dʒʌŋɡl/ *n* 《the ~》密林, ジャングル；（物の）ごたまぜ, 寄せ集め；複雑なもの；《略式》非情な生存競争の場 ► It's a jungle out there. ビジネスの世界は弱肉強食だ

junior /dʒuːnjər/ *a* ❶ 年下の；息子の；後輩の；下位[級]の《*to*》 ❷ （債権・抵当権などが）後順位の ► a junior mortgage 後順位抵当権
― *n* 《通例 one's ~》年少の人, ジュニア (Jr.)[◆同名父の子]；後輩

junior barrister 勅選弁護士でないバリスタ
junior bondholder 後順位の社債権者
junior creditor 後順位債権者
junior debt 劣後債務[◆先順位にある債務と比べ, 弁済の順位が後であり, 債務者の財産が債務の総額に満たないため種別に応じて配当される場合に不利な扱いを受ける]
junior debenture 劣後債[◆発行会社が破綻した場合, 元本・利息の回収等が先順位の債権よりも後になる債権]
junior issue 劣後証券
junior management 中間管理層, 経営の末端
junior partner ジュニア・パートナー[◆パートナーシップにおいて出資比率, 経営関与の度合いがシニア・パートナーに比べ限定されるパートナー]
junior security 後順位性有価証券, 劣後証券

[⇨通常の債券に対する優先株のように, 権利内容が先順位の証券による制約を受けるもの]

junior spread (判型の小さい雑誌の)見開き広告

junior staff 所属する部下 ► Your duties include supervision of day-to-day activities of junior staff. 職責には, 所属する部下の日常業務を監督することが含まれる

junk /dʒʌŋk/ n 廃品, くず;(ほぐしてパッキングなどにする)古綱類; 《略式》値打ちのないもの
— vt 《略式》廃品にする
— a がらくたの

junk bond ジャンク債[⇨格付がBB以下の債券. 高利回りだが, デフォルトの可能性が高い. 業界ではジャンクの語感を嫌って高利回り債(high-yield bond)と言うことが多い] ⇨credit rating, corporate bond ► Junk bonds have a high level of risk. ジャンクボンドは危険性が高い

junket /dʒʌ́ŋkit/ n 《略式》(会社のお金での)タダ旅行

junk mail ❶《米略式》ダイレクトメール ❷ジャンクEメール ⇨spam ► We get a lot of junk mail every day. 毎日山ほどジャンクメールが来る

junk shop 中古品店

junk territory ジャンクの領域[⇨債券の格付がBBに下落することをジャンクの領域に落ち込むと言う] ⇨junk bond ► The company's debt rating sank deeper into junk territory. 同社の債券格付はさらに深くジャンクの領域まで落ち込んだ

junkyard n 《米》廃品[くず物]置場; 廃品屋

jurisdiction /dʒùərisdíkʃən/ n 管轄権; 管轄区域 ► fall outside the jurisdiction of the ministry その省の管轄外である / have jurisdiction over... に対して管轄権がある / jurisdiction in which one lives 自分の住所がある管轄区域 / jurisdiction in personam 人的管轄権

═══▌管轄権[区域]▐═══
exclusive jurisdiction 排他的[専属]管轄権 / geographically apportioned jurisdiction 土地管轄 / law of a jurisdiction 管轄区域の適用法 / nonexclusive jurisdiction 非排他的管轄権

jurisdictional dispute 縄張り争い

jurist /dʒúərist/ n 法学者[学生]; 法律専門家

juristic person 法人 [⇨自然人(natural person)以外で, 法律上の権利・義務の主体となる資格をもっているもの. legal personと同じ]

juror /dʒúərər/ n 陪審員(=juryman); 宣誓者; 審査員

jury /dʒúəri/ n (集合的)陪審(員団); 小陪審

|解説| 米国の陪審(jury)には小陪審(petty jury)と大陪審(grand jury)がある. 小陪審は, 陪審員が刑事または民事事件の審理に立ち会って事実認定を行い, 有罪か無罪かを裁判長に答申する陪審で, 公判陪審(trial jury)とも言う. juryだけで小陪審を意味する場合もある. 大陪審は, 刑事事件で起訴状を審査して, 起訴するかしないかを決定する陪審で, 米国憲法第5修正は重大な犯罪に大陪審の告発が必要と定めている. 英国では大陪審の制度は1933年に廃止されている

► a trial jury 公判陪審 / a common jury (一般人からなる)普通陪審 / a special [a struck] jury (特別な有資格者からなる)特別陪審 / a coroner's jury 検死陪審 / a jury of matrons 婦人陪審[⇨妊娠の判定をする既婚婦人] / (a) trial by jury 陪審裁判 / a member of the jury [a jury member] 陪審員の一員 / The jury has reached a verdict. 陪審の評決が出た / The jury ruled against the plaintiff in the worker's compensation case. 陪審は労働者災害補償の訴訟事件で原告敗訴の評決を下した

grand jury 大陪審 [⇨起訴の是非を判断するための陪審]

petty [trial] jury 小陪審 [⇨公判で事実認定をする陪審]

The jury is (still) out on ... まだ...の結論は出ていない

jury trial 陪審裁判 ► The music company will seek a jury trial to deal with the piracy case. その音楽会社は海賊版の訴訟事件に対処するために陪審裁判を要求するだろう

just /dʒʌst/ a 正しい, 公正な; 正当[当然]の; 正確な, 的確な
► Social corporate responsibility is a **just** cause which companies must undertake. 企業の社会的責任は企業が引き受けなければならない当然の使命だ
— ad ちょうど, まさしく, まさに, きっかり;《しばしば only ~》ほんの少しで, ようやく; たった今; ただ...だけ, ほんの; ちょっと, まったく
► The company's profits fell more than 30% in **just** a year. 同社の利益はたった1年間で30%以上も落ち込んだ / Relying on **just** one supplier is risky. ただ1社の供給業者に依存することはリスクが大きい / I'm afraid he has **just** stepped out of the office. 彼はたった今オフィスを出たばかりです / I **just** started working there last week. 私は先週そこで働き始めたばかりです / The damage is not **just** limited to the housing market. 被害は住宅市場だけにとどまらなかった / Our office is **just** a few minutes from the station. 当社のオフィスはその駅からほんの数分のところです / His money had formerly been sitting in a bank saving account earning **just** 4%. もとは彼の金はたった4%の利子で銀行の預金口座に眠っていた / I was **just** about to call you. ちょうど君に電話しようとしていたところだ / He's in a meeting **just now**. 彼は今ちょうど会議中です(✚電話の応対の決まり文句)

(感句) ***just about*** まずまず, ほぼ; まさに　***just now*** ちょうど今; 今すぐ; 今しがた　***just so***《英略式》まったくその通り　***not ... just yet*** ...ない

justice /dʒʌ́stis/ n ❶正義; 公正; 裁判, 審判; 《米》裁判官 [⇨米国では裁判官(判事)は普通はjudgeと言うが, 連邦の最高裁判所の判事はjustice(長官は chief justice)と呼ばれる. 州の最高位の裁判所の判事もjusticeと呼ばれている場合が多い. 中間上訴裁判所の判事をjusticeと呼

んでいる州もある] ▶ a court of justice 裁判所 / administer justice 裁判を行う / give oneself up to justice 自首する / escape justice 処罰をまぬがれる / Justice has been done [served]. 公正な裁きがなされた ❷ 《J-》司法省 (✧Department of Justiceの略)

bring ... to justice / deliver ... (up) to justice 裁判にかける; 法に照らして処罰する

do ... justice / do justice to を正当に扱う, 正しく評価する

do oneself justice 能力を十分に発揮する

justice of the peace 治安判事 (JP) [◎米国の下級裁判所の裁判官で, 軽微な民事事件や刑事事件を裁判し, 重大事件についての予備審問を行う. 宣誓の確認や婚姻の儀式も行う. 近年, justice of the peaceの制度を廃止する州が増えている]

justification /dʒÀstɪfəkéɪʃən/ n ❶ 正当化(する理由); 弁明 ▶ in justification of を正当化して ❷【法律】正当化; 免責事由; 保証能力証明

justify /dʒÁstɪfàɪ/ vt ❶ 正当化する; 弁明する; (事情が)…の理由になる ▶ How do you justify your department's huge expenses? あなたの部の多額の経費は, どのようにして正当化できるのですか / Many people feel that using taxpayers' money to bail out failed banks is not justified. 納税者の金を破綻銀行の救済に使うことは正当化できないと感じている人が多い / Declining circulation makes it hard for the magazine to justify spending more money on advertising. 発行部数が減少しているので, その雑誌が広告費の増額を正当化するのは難しくなっている ❷【法律】(なされた行為に対して) 適法である理由[根拠]を示す; 免責事由を示す

just-in-time n ジャスト・イン・タイム, かんばん方式 (=just-in-time method) [◎「必要なものを, 必要なときに, 必要な数だけ」という標語で知られるトヨタ自動車会社の生産システムの柱. 余計な在庫をなくし, 作りすぎを防ぎ, 発注から納入までの時間(リードタイム)を短縮し, 生産性向上に役立つので, 生産現場以外でも導入されている] ▶ They use just-in-time manufacturing methods. その社ではかんばん方式製造を採用している

― ad ジャスト・イン・タイムで ▶ Our suppliers provide components just-in-time, as and when they are needed. 当社の納入業者は部品が必要なときにかんばん方式でそれを供給してくれる

justly ad 正しく; 公正に; 正当に
justness /dʒÁstnɪs/ n 正しさ, 合法; (事実や規範との) 一致; 的確さ; 精密さ

just price ❶ 公正価格 [◎自由な競争市場において成立した価格] ▶ In selecting a supplier, we focus on not only just price, but also after-sales service. 納入業者を選定するときには, 当社では価格だけでなくアフターサービスも重視する ❷ ジャスト・プライス (⇔odd price) [◎100円, 1,000円といった端数のない価格]

juvenile /dʒúːvənl/ a 若い; 少年少女向きの ▶ The country has seen a rise in juvenile employment. 同国では未成年者の雇用が増加している

― n 少年, 少女; 児童向き図書

JV joint venture

K, k

k kilobit(s)

K [бー夕] 1,024バイト; 1,000(ドル, ポンド)

k. karat; kilo-; kilogram(s)

ka-ching /kətʃíŋ/ *int* カチーン [⇨金属が触れ合う音を表す擬音語. キャッシュレジスターの音を表すことが多い. その場合は商売繁盛を意味する]

kaizen *n* 改善, カイゼン [⇨作業効率の向上と不良品減らしを期しての継続的な改善] (=continuous improvement) ► An essential part of kaizen is gemba. 「改善」の肝心な部分は「現場」である [<日]

kaizen budgeting 改善予算 [⇨予算期間内に継続的改善を考慮に入れた予算編成]

kaizen event 業務改善活動

KAL Korean Air 大韓航空 (✈ もと Korean Air Lines)

KAM key account management

kanaf /kənǽf/ *n* ケナフ (=kenaf) [⇨アフリカ東部原産のアオイ科の一年草. 茎の繊維は固く, 布・ロープ・製紙等に利用されている]

kanban *n* かんばん [⇨ジャスト・イン・タイム (=just-in-time)を具体化するための指示票で, 部品名と数量が書いてある. 後工程が「必要な部品を必要なときに必要なだけ」受け取る際, かんばんは供給品に添付され, 納入伝票として機能し, 供給部分がなくなればかんばんは前工程に戻され, 発注書または製造命令として機能する] [<日]

Kanban method かんばん方式 [⇨ジャスト・イン・タイム (=just-in-time)を実現するために生産工程に導入された指示方式. 生産に関する情報にかんばんという視覚化された伝達手段を用いる生産管理手法を言う]

kanban system =kanban method

kangaroo /kæ̀ŋgərúː/ *n* (**~s**, 《集合的》~)《通例 ~s》オーストラリア株 [⇨特に, 鉱山, 土地, タバコなど]

karat /kǽrət/ *n* 《米》カラット (=《英》carat) [⇨金の純度の単位. 純金を24 karatsとする]

karoshi /kəróuʃi/ *n* 過労死 (=death from overwork) [<日]

KarstadtQuelle (~ AG) カルシュタットクヴェレ [⇨ドイツの百貨店. 1999年, デパート Karstadt とメールオーダーの Quelle との合併により誕生. Lufthansa と合併で旅行会社を経営. 2007年 Arcandor SA に社名変更. 09年6月破産法の適用を申請]

Kb kilobit

KB kilobyte

kbps kilobits per second

KD knockdown; knocked-down

keen /kíːn/ *a* 鋭い, 鋭利な; 強烈な, 激しい; 鋭敏な; 熱心な (*on, to do*); 《英》(値段が) 他に負けない; 《略式》素晴らしい ► keen competition 激烈な競争 / He is keen on improving his language skills. 彼は語学力を磨くのに一生懸命だ / They have keen prices. 《英》その店はとても安い / Jane is a tireless shopper with a keen eye for bargains. ジェーンはバーゲンを鋭く見分ける目をもった疲れを知らない買い物客だ

as keen as mustard 《略式》とても熱心で; 頭が切れる ► The new worker is keen as mustard. その新人はすごく熱心だ

◇**keenly** *ad* ► I am keenly aware of the challenges ahead. 行く手に難題が待ち構えていることは十分に承知しています

◇**keenness** *n*

keep /kíːp/ (**kept**) *vt* 保有する; 保存する (*around*); (ある状態・位置に) しておく; (ある動作を) 続ける, 保つ; 妨げる, させない (*from*); 雇っておく; 養う; (商品を) 置いておく; 留置する; (日記・帳簿を) つける; 経営する; (秘密・約束を) 守る
— *vi* …のままでいる; …し続ける (*doing*); 留まる; 慎む (*from*); (食物が腐らずに) もつ; (事が) 待てる ► It'll keep. またにしよう / Gas prices just keep going up. ガソリンの価格はただただ上がり続けている / Complaints from customers keep coming in. 顧客からの苦情は次から次へと舞い込んでくる

keep at (仕事を) 続ける

keep away 近づけ[か]ない ► You should keep away from fatty foods. 脂っこい食べ物を避けるべきだ

keep back を抑える; を隠す; を引き止める; (給料を) 差し引く ► I can't keep back the truth from you any longer. もうこれ以上君に真実を隠しておくことはできない

keep down を圧する; (感情・出費を) 抑える ► I'm trying to keep down my expenses. 経費を抑えようとしている / We have succeeded in keeping costs down. 当社はコストを低く抑えることに成功した / We try to keep our prices down to stay competitive. 当社は価格を低く抑えて競争力を維持するように努めている

keep from を慎む; を抑える; を避ける ► keep from heat 熱を避ける / He tried his best to keep from yawning during the meeting. 会議中にあくびをしないよう, 彼は精一杯頑張った

Keep going. 《略式》その調子だ

keep in 閉じこもる[こめる]; (感情を) 抑える

keep in with 《略式》と仲よくする ► It's best to keep in with the boss. 社長とは調子を合わせるのが一番だ

Keep it up! 頑張れ

keep off を防ぐ, 寄せつけない; 触れないようにする

keep on を続ける, 《略式》しゃべり続ける; を身につけている; (人を) 雇っておく ► It kept on raining all afternoon. 午後いっぱい雨が降り続いた / Some people were kept on after the merger. 何人かは合併後も雇われていた

keep on at 《略式》にがみがみ言う

keep out を締め出す, 中に入れない; 加わらない (*of*) ► Keep Out 立入禁止 / The matter

doesn't concern you, so you should keep out of it. 君には関係のないことだから，余計なことはやめるべきだ
keep terms バリスタとなるための教育を受ける
keep to (規則などに)従う；(家から)離れない ▶ The boss kept to his old ways of doing things. その上司は昔からの自分の仕事のやり方に固執した
keep ... to oneself を秘密にしておく
keep to oneself 独りでいる ▶ He was quiet and kept to himself. 彼は物静かで孤独だった
keep under を抑える；を服従させる
keep up のままでいる；を続ける，保つ；を支える，維持する；起きている；(困難・病気に)屈しない ▶ Keep up the good work. その調子で頑張りなさい
keep up with (時勢に)遅れない；(水準を)維持する ▶ Our production couldn't keep up with the consumer demands. わが社の生産は消費者の需要についていけなかった / We've raised our prices to keep up with costs. 当社はコストが上がるのに合わせて価格を引き上げてきた
keep with (習慣を)受け入れる
— n 生活費；食料 ▶ earn one's keep 生活費を稼ぐ
for keeps (略式)きっぱりと，永久に
keeper n 守る人；持ち主；管理者
Am I my brother's keeper? (人のことは)私の知ったことではない
keeping n 一致，調和(with)；祝賀；管理，保存，保持；扶養
in [out of] keeping with と調和して[しないで] ▶ In keeping with our policy, we will repair any products under warranty. 弊社の方針に従って，保証期間内の製品は修理いたします
in safe keeping 安全に保管されて
keiretsu n 系列 [◯株式の持合による結束の固い日本の企業グループを排他的なものとして形容した言い方] [<日]
Kellogg (~ Co.) ケロッグ [◯米国のシリアル食品メーカー。朝食用のコーンフレークなどのシリアル(cereal)を製造販売する。1922年設立，前身は1906年創設のW.K. Kellogg社]
kenaf /kənǽf/ n = kanaf
Kenmore (商標)ケンモア [◯米国のSears Roebuckで売られている冷蔵庫，洗濯機，乾燥機，皿洗い機など家庭電化製品のブランドで，多くはWhirlpoolで作られている]
Kentucky Fried Chicken ⇨KFC
Keogh plan /kíːou/ (米)自営業者退職年金制度，キーオー・プラン [◯自営業者や中小企業従業員向けの年金制度]
kernel /kə́ːrnl/ n ❶ (果実の)仁(じん)；穀粒；中心部；核心(of) ▶ Is there a kernel of truth about the company's involvement in bid-rigging? その会社が入札の談合に関わったということには，真実のかけらでもあるのか ❷ 【ﾋﾟｭｰ-ﾀ】カーネル [◯OSの中でもっとも重要な働きをする中核部分]

kerosene, kerosine /kérəsìːn/ n 灯油
Kevlar (商標)ケブラー [◯米国のアラミド(aramid)繊維の商品名。防弾服用]
Kewpie (商標)キューピー(人形) (=kewpie doll) [◯米国の画家 Rose O'Neill(1874-1944)作のキューピッド(cupid)の絵をもとにしている]

key /kiː/ n かぎ；(the ~)(解決の)手がかり(to)；解答(集)；重要人物；要地；(タイプライター・コンピュータなどの)キー，鍵(けん)；【ﾋﾟｭｰ-ﾀ】(識別用)見出し ▶ Young people hold the key to the future of Japan. 若い世代が日本の将来の鍵を握っている / What is the key to solving this problem? この問題を解決する鍵は何だろう / The key to reviving the economy is creating jobs and restoring consumer confidence. 景気回復の鍵を握っているのは雇用の創出と消費者信頼感の復活だ
— a 主要な，中心的な ▶ I'd like to summarize the key points of my presentation. プレゼンテーションの重要なポイントをまとめたいと思います
— vt 調子を合わせる；(行動を)状況に合わせる(to)；かぎを掛ける；解説を付ける；(情報を)キーボードを使って入力する(in) ▶ That country's economy is keyed to achieve a high growth rate. その国の経済は高成長率達成に照準を合わせている / Pensions should be keyed to the rate of inflation. 年金はインフレ率と連動させるべきだ
key (in) on に注意を向ける；(略式)(勝利の)かぎを握る
key up (気分などを)あおる，鼓舞する；(受身)緊張[興奮]する
◇**keyed** a 有鍵の
key account 主要顧客，基幹顧客
key account management キーカスタマーマネジメント (KAM) [◯重要顧客の維持にウエイトを置いた対顧客業務の運営]
◇**key account manager** 顧客担当責任者
key area 重要な分野
keyboard n, vt キーボード，鍵盤；鍵盤楽器；入力する ▶ a computer keyboard パソコンのキーボード
◇**keyboarder** n データ入力担当者
◇**keyboarding** n データ入力
key currency (国際通貨制度における)基軸通貨；国際通貨 [◯国際間の決済などに広く使用される通貨。米ドル・英ポンドなど]
keyholder n 鍵の管理者
key indicator 主要(経済)指標
key-man insurance キーマン保険 [◯企業にとって不可欠な存在である者が欠け，事業が立ち行かなくなる事態に備えた保険]
key money (英)(借家人の払う)手付金；保証金 (= (米)security deposit)
Keynes /keinz/ n ケインズ [◯John Maynard, 1883-1946；英国の経済学者。国家の積極的介入を重視する経済政策を理論化。英国福祉国家の理論的支えとなった。主著『雇用，利子および貨幣

Keynesian /kéinziən/ *a, n* ケインズの経済学説の(信奉者)

Keynesianism *n* ケインジアン理論 [⇒経済運営の主役は中央銀行だとするマネタリストに対してイギリスの経済学者ケインズの理論を支持し, 主役は議会であり, 失業を減らし, 景気を拡大するには議会による財政政策が重要と説く]

keynote *n* (演説などの)基調

keynote address [speech] 基調演説[講演]

keynoter *n* 基調講演に招かれる人, オピニオンリーダー

keypad *n* キーパッド [⇒キー操作パネル]

key performance indicator 主要経営指標 (KPI)

key person キーパーソン [⇒事業の成否を左右するような中心的存在の人間]

key prospect 重要見込み客

key rate 公定歩合 [⇒中央銀行が民間金融機関に融資する際に適用する金利]

key short-term interest rates 短期指標金利 [⇒中央銀行が金融の引締または緩和に向けて短期金融市場に介入して操作する金利]

keystone *n* (アーチの)かなめ石; 中核; 根本原理 ► Europe has been a keystone of the company's expansion. 欧州は今までずっと同社の成長の要石だった

keystoning *n* 2倍法 [⇒小売店が仕入値を単純に2倍にして小売値とする手法のこと]

key tenant 核店舗, キーテナント [⇒ショッピング・センターやショッピング・モールなどにおいて顧客吸引の中心となる小売店舗]

keyword *n* キーワード; 見出し語; 暗号の作成・解読に使う語

keyword ad =keyword advertisement; = keyword advertising

keyword advertisement 【ﾏｰｹ】キーワード広告 [⇒ユーザーが検索サイトで入力したキーワードを手がかりに表示する広告] ⇨advertisement

keyword advertising 【ﾏｰｹ】キーワード広告 [⇒ユーザーが検索サイトで入力したキーワードを手がかりに, そのキーワードに関連する商品やサービスの広告を表示する広告手法] ⇨advertising

KFC 《~ Corp.》ケーエフシー (Kentucky Fried Chicken) [⇒米国のファーストフードのチェーン. YUMI Brands, Inc. (他にPizza Hut, Taco Bell などを運営)の一部. 米国ではカーネル・サンダースの人形は店頭に立っていない]

kg kilogram(s)

Kibbles 'n Bits 《商標》キブル・ン・ビッツ [⇒ドッグフードの一種]

kick /kík/ *vt* ける, けとばす; はねつける; (習慣を)断つ
— *vi* ける; 《略式》反抗する《*against, at*》;《略式》抗議する; 不平を言う;《進行形》楽しくやる ► The department head was kicked upstairs. その部長は閑職に飛ばされた

kick a person when he [she] is down 人の弱みにつけ込んでひどい目にあわす

kick around [about] 《略式》転々とする;《略式》放置されている;《略式》を乱暴に扱う, いじめる;《略式》を検討する

kick back けり返す; 反撃する《*at*》;《略式》手数料として返す

kick in 《略式》寄付する; (割り当て分の)金を出す

kick off 《略式》を開始する; 始める ► He kicked off his speech with a joke. 彼はまず冗談を言って, スピーチを始めた

kick out 《略式》追い出す; (から)解雇する《*of*》; をけり出す ► The shareholders kicked out the controlling family and brought in fresh young blood. 株主たちは経営権を握っていた一族を追放し, 外部から新たな若い力を導入した / John was kicked out of the company for stealing funds. ジョンは資金を盗んだかどで会社から放り出された

kick up a fuss [dust, storm] 騒動を起こす

— *n* けること;《略式》苦情(の種), 抗議《the ~》《略式》解雇; 熱中; 活力, 元気 ► on a jogging kick ジョギングに熱中している / no kick left 元気なくの

get a [one's] kick out of を楽しむ《*doing*》

get the kick 解雇される

◇**kicky** *a* 《略式》楽しい; 元気な; しゃれた, 流行の

kickback *n* 《略式》反動; リベート; (不当)手数料, 割戻金; 不正な一部払戻し; (賃金などの)ピンはね ► The mayor denied accepting any kickbacks from the company. 市長はその会社からリベートを受け取ったことを否定した

kicker *n* インセンティブ [⇒社債に付加される株式への転換権などのような魅力を高める要素]

kickoff *n* 《略式》発端; 着手

kick-start *v* てこ入れする, カンフル剤を打つ; 急発進させる ► The government tried to kick-start the economy by lowering corporate taxes. 政府は会社関係の税金を下げることで経済にはずみをつけようとした

kid[1] /kíd/ *n* 《略式》子供;《米略式》(未熟な)若者
— *a* 《米略式》若いほうの ► my kid brother 弟

kid[2] *v* (**-dd-**)《略式》からかう, 冗談を言う《*about*》
Are you kidding? / No kidding! / You must [have got to] be kidding (me)! まさか, 本当か
I wouldn't kid you. / I kid you not. / I'm not kidding. うそじゃない

kid oneself 自分を偽る; 無理に信じようとする, 信じ込む

— *n* からかい, 冗談

kidult *n* キダルト [⇒kid(子供)とadult(大人)を合成した語で, 子供や若者向けの商品等を積極的に買う大人を言う]

kidvid /kídvid/ *n* 《略式》子供向けテレビ番組

kill /kíl/ *v* 殺す;《略式》駄目にする [⇒《人に》) ひどく腹を立てる; (時間を)つぶす (=kill time);《略式》魅了する; (法案などを)否決する ► Smoking kills. 喫煙は命取り / The new mall will kill local trade. 新しいショッピングセンターは地元の商売をつぶしてしまうだろう / When he lost a big client, it killed his chances for a promotion. ある大口の顧客を失ったときに，彼の昇進のチャンスは消えた / The arrival of national chain supermarkets has killed small local grocery stores. 全国チェーンのスーパーマーケットの進出は地元の小規模な食料雑貨店の息の根を止めた / The project was killed due to its high costs. そのプロジェクトはコストが高くつくという理由で中止になった

(even) if it kills me (略式)どんなに困難だとしても

kill off を絶滅させる; 完全につぶす

kill oneself 自殺する; 骨身をけずって…する (*to do*)

kill or cure 一か八か

would kill for がどうしても欲しい

— *n* 殺すこと; (猟の)獲物

be in at [on] the kill 最後の決定的瞬間に居合わせる, 最後を見届ける

go [move] in for the kill 相手の(主張)を打ち負かす準備をする; とどめを刺そうとする

killer *n, a* 殺人者;(略式)すごい人[もの], 難物, いかす; 殺人的な; ものすごい

killer app /æp/ キラーアプリケーション (=killer application) [⊃ある分野の発展に決定的な役割を果たすソフト]

killer content キラーコンテンツ [⊃新しいハードウェアを広めるきっかけとなる, 魅力ある情報やサービス]

kill fee ❶ (没になった原稿に対する)不採用報酬 **❷** キャンセル手数料

killing *n, a* (a ~)(米略式)大もうけ; 致死的な;(略式)つらい;(略式)悩ましい ► He made a killing in the stock market. 彼は株式市場で大もうけをした

kilo /kí:lou/ *n* (~s) =kilogram; =kilometer

kilo- /kílou, -lə/「1,000」

kilobit *n* キロビット [⊃記号:k, Kb; 1,000ビット]

kilobyte *n* キロバイト [⊃記号:K, KB; 1,000バイト]

kilocalorie *n* キロ[大]カロリー [⊃記号:kcal]

kilocycle *n* キロサイクル [⊃記号:KC]

kilogram, (英) **-gramme** *n* キログラム [⊃記号:kg]

kilohertz *n* キロヘルツ [⊃記号:kHz]

kilojoule *n* キロジュール [⊃記号:kJ]

kiloliter, (英) **-litre** *n* キロリットル [⊃記号:kl]

kilometer, (英) **-metre** /kilάmətər, kíləmì:-/ *n* キロメートル [⊃記号:km]

kiloton *n* キロトン [⊃記号:kt]

kilowatt *n* キロワット [⊃記号:kW]

kilowatt-hour *n* キロワット時 [⊃記号:kWh;電力量の単位]

Kimberly-Clark (~ Corp.) キンバリー・クラーク [⊃米国のパーソナルケア用品・医療用品メーカー. 消費者向け製品ではKleenex, Kotex, Huggies(紙おむつ)などが有名. 1928年設立]

kind¹ /kaind/ *a* 親切な; 優しい 《*to*》 ► Thank you for your kind assistance in the matter. 本件では親切なご援助を賜りまして有難うございました

it is kind of you to do / *you are kind to do* …してくださってご親切さま

Would you be so kind as to do …? …していただけませんか

kind² *n* 種類; ((a ~ of)) のような人[もの], 一種の…; 本質, 性質

all kinds of あらゆる種類の, 各種の ► We have all kinds of people working in our company. 当社ではいろいろな人々が働いています

in kind 同種のもので, 同じやり方で; (金銭でなく)品物で; 本質的に ► The country has declared it will respond in kind to any sanctions. その国はいかなる制裁にも同種の措置で報復するだろうと言明した / The company has donated gifts in kind. 会社は(金銭ではなく)品物で[同種のもので]寄付をした

kind of (略式)(副詞的)ある程度, いくぶん, やや, まあ (➔発音綴りではkinda, kinder) ► You look kind of tired. ちょっと疲れているみたいです

nothing [not anything] of the kind そのようなものはまったく…ない ► Nothing of the kind. (陳謝・依頼などに対して)(そんなことは)なんでもないことです

of a kind 同じ種類の;(軽蔑)いい加減な

of this kind / this kind of こういう種類の ► This kind of thing happens often. この種のことは頻繁に起きる

one of a kind 独特な(もの)

some kind of ちょっとした ► Are you in some kind of trouble? 何かトラブルに巻き込まれているのですか

something of the [that] kind そういったもの[こと]

what kind of (a) どんな種類の ► What kind of a year will it be for your company? 御社にとって, どのような年になりそうですか / What kind of business is your company engaged in? 御社はどのような事業をしておられるのですか

kinda, kinder (略式) =kind of

kind-code *n* 文献種別コード [⊃特許出願後に各国の特許庁または世界知的所有権機関によって付される記号表示を言う]

kindle /kíndl/ *vt* (火を)たく; 点火する; 照らす; (感情を)燃え立たせる; (興味を)そそる ► The recent growth of jobs in the manufacturing sector has kindled hopes of an economic recovery. 製造業における最近の雇用増加は景気回復の希望に火をともした / The sharp dip in stock prices kindled fears of a recession. 株価の急激な下落は景気後退の恐怖に火をつけた

— *vi* 燃え出す; 輝く; 興奮する

kindly /káindli/ *a* 親切な, 情け深い; 快い

— *ad* 親切に, 優しく; 快く; どうぞ (=please) ► Please kindly review the details of the agreement. 契約書の細部の再検討をお願いします

take kindly to (否定) が好きになる ► The manager doesn't take kindly to criticism. あの部長は批判を素直に受け入れない
◇**kindliness** n 親切(な行為)

kindness /káindnis/ n 親切(な行為・態度); 思いやり ► Thank you for your kindness during my visit. 訪問中のご親切に感謝いたします

king /kiŋ/ n 王, 国王; 最良の[代表的な]もの; 一番大切なもの[こと] ► The customer is king. お客様は王様だ / In this business, cash is king. このビジネスで何よりものを言うのは現金だ

live like a king 優雅に暮らす

Kingfisher (~ plc) キングフィッシャー [⊃英国の小売店チェーン. 家具・家電・DIY用品が主力]

kingmaker n (要職の人選を左右する)実力者

kingpin n (会社の)中心人物, 親玉

Kingsford Charcoal 《商標》キングスフォード・チャコール [⊃米国のバーベキュー用の炭のブランド]

king-size(d) a 特大の

Kinko's キンコーズ [⊃米国のコピーサービスのチェーン. コンピュータのサービスもあり, 大都市では24時間営業している. 2004年FedExに買収され, 現在はFedEx Kinko's Officeとして運営]

kiosk /kí:ɑsk, kiásk/ n 《英略式》電話ボックス; 売店 (✚外来語ではキヨスクとキオスクがある. 鉄道弘済会時代からキヨスクが正式名だが, JR東日本のみ2007年からキオスクに変更)

kiss /kis/ n, v キス(する); 軽く触れる(こと); 砂糖菓子

kiss ... good-by(e) 別れのキスをする;《略式》をあきらめる

kiss off 《米略式》(人を)首にする; 死ぬ; を拒絶する; あきらめる; やめる

kiss the dust [ground] 《略式》屈服する; 屈辱をなめる

kiss up to におべっかを使う ► He kisses up to his boss. あいつは上役にごまをする

the kiss of death 破滅を招くもの

the kiss of life 人工呼吸; 回復策

KISS keep it simple, stupid (⇨KISS principle); keep it short and simple

kiss-and-ride n キス・アンド・ライド [⊃自宅から最寄り駅に家族が自動車で送ること]

kiss-off n 《略式》解雇; お払い箱

KISS principle キッスの法則 [⊃Keep It Simple, Stupid.の頭文字で, 「不必要に事を複雑にするな」の意. もとはコンピュータ業界の言い回し]

kit /kit/ n 道具一式; 部品一セット; 道具入れ; 衣服

— vt (人に) …を身につけさせる[着せる] (*with*)

the (whole) kit and caboodle 《米略式》一切合切, 何もかも

kitchen /kítʃən/ n 台所; 調理場[セット]
◇**kitchenette** n 簡易台所

KitchenAid 《商標》キッチンエイド [⊃米国の電動ハンドミキサーのブランド. 回転速度が十段階のものなどいろいろな種類がある]

Kitchin cycle (the ~) キチン循環 (=minor cycle) [⊃キチンが発見した約40か月の周期を持つ短期の景気変動]

kite /kait/ n ❶ 凧(たこ); 詐欺師 ❷ 《略式》金融手形, 融通手形, 空手形

fly a kite 凧を揚げる; 世論を探る

— v 見せ小切手を切る, 振り出す ⇨ kiting

kite flying 空手形振出

kiting /káitiŋ/ n 見せ金小切手切り [⊃小切手が振り出されても現金化されるまで残高が減らないことを利用した不正. 自社のA口座の資金を使い込んだ月に監査があっても月末にB口座から小切手を振り出してそれをA口座に入金しておけば, B口座から引き落とされるのは翌月になるので, 当月末現在ではいずれの口座からも使い込みがない. 内部統制が行われていない企業での古典的不正と言える]

Kit Kat 《商標》キットカット [⊃二枚のウェハースにミルクチョコレートをかぶせた形の菓子. ウェハースは簡単に二つに割れるので分け合える]

kitty n 共同出資金; (トランプの)積立金

Kiwanis /kiwá:nis/ n キワニス・クラブ [⊃米国・カナダの実業家奉仕団体]
◇**Kiwanian** n

Kiwi 《商標》キィウイ [⊃米国の靴磨きクリームのブランド. 米国の代表的な商品の一つ]

Kleenex 《商標》クリネックス [⊃米国のティッシュのブランド. ポケットティッシュから徳用箱までさまざまなサイズがある. 化粧紙を示す一般名詞としても使われる. 複数形はKleenexes]

Kleiner Perkins Caufield & Byers クライナー・パーキンス・コーフィールド・アンド・バイヤーズ (KPCB) [⊃米国Menlo Parkに本拠を置くベンチャーキャピタル. 1972年創業. 事業会社出身の創業者がIT, バイオなどに投資する. Amazon.com, Googleなどへの投資実績がある]

km kilometer(s)

KM knowledge management

Kmart (~ Corp.) Kマート [⊃米国のディスカウントストアチェーン. 1916年設立. 米国に約2,100店舗を展開. またインターネットショッピングに対応してBlueLight.comを99年に設立. 2005年Sears Roebuckを買収し新社名Sears Holdings Corpの下で運営されている]

knack /næk/ n 要領, こつ; 癖

get the knack of のこつをつかむ ► It isn't difficult once you get the knack of it. いったんこつをつかめば難しくないよ

have a [the] knack of doing …する癖がある[こつを心得ている] ► Our boss has the knack of making the right decisions. うちの上司は正しい決定を下すこつを心得ている

knee /ni:/ n 膝(がしら); (衣類の)膝の部分

bend one's [the] knee(s) to に服従する

bring a person to his knees 人を屈服させる; (組織を)破壊させる

on the knees of the gods 人力の及ばない; 未定の

— vt 膝でける[触れる]

knife /naif/ n (**knives** /náivz/) ナイフ, 包丁; 刃; メス

like a knife through butter いとも簡単に
The knives are out. (互いの)不満がむき出しになっている
― *vt* ナイフで切る; (略式)陰険な裏切りを図る

knock /nɑk/ *vi* たたく, ノックする *(at, on)*; (略式)批判する ► I knocked on doors for two months, but I still can't find a job. 2か月あちこち訪問したがまだ職が見つからない
― *vt* 打つ; 打ち当てる; (略式)悪口を言う; けなす; 非難する; 解体[分解]する
knock about (に)ある, いる
knock against に突き当たる; に偶然会う
knock around (略式)ぶらぶらする; あれこれ考える ► We knocked it around and found a solution. 私たちはそれをあれこれ検討して解決法を見つけた
knock back (略式)にショックを与える; (略式)(大金を)費やする
knock down (競売で)落札する *(to)*; (値段で)競り落とす *(at, for)*; を解体する; (略式)(金を)稼ぐ
knock ... into a crooked hat (略式)を駄目にする
knock off (略式)を中止する; (略式)を手早く仕上げる; (略式)(金額を)差し引く ► During the sale, prices are knocked off as much as 50%. セール期間中, 価格は最大で50%引きになります / If you knocked another 5% off, we would consider buying more. あと5%値引きしてくれたら, もっとたくさん買ってもよいのだが
knock oneself out (略式)全力を尽くす; 楽しく過ごす
knock out 打ち勝つ; (略式)を仰天させる; (略式)を急成功する; (略式)を疲れ果てさせる; を狂喜させる; を圧倒する
knock over を(打って)ひっくり返す; をびっくりさせる
knock together ぶつかる; 急いで作る
knock up (英略式)を急造する
― *n* 打つこと; ノック(の音); 打撃, 不運; (略式)悪口; 批評; 貸倒れ, 欠損 / ► hard knocks 苦労, 辛酸 / take a knock 打撃を受ける / get the knock 貸倒れになる

knockdown *a*, *n* ❶ 組み立て[折りたたみ]式の(もの); 値下げ; (価格が) 格安の ► at a knockdown price 格安で ❷ 【ジネス】組立式の, ノックダウン(方式の)の [○製品を完全に組み立てないままで輸送し, 使用場所において完成させること]

knock-for-knock agreement (英)(保険の)ノックフォーノック協定 [○A社の契約車とB社の契約車の間で事故が発生した場合は, 損害補償はそれぞれの会社が負担し, 互いに求償しないという協定]

knock-in option ノックイン・オプション [○原資産の価格が一定期間内にあらかじめ決められた水準に達したときに, 効力を発生するオプション]

knockoff *n* (略式)安い模造品, コピー商品 ► They promptly sue the makers of knockoffs that are too close to their design. 彼らは自社製品のデザインとの類似性が強過ぎる模造品のメーカーをすぐ訴えるようにしている

knock-on effect ドミノ効果, 連鎖反応 ► The rise in oil prices will have a knock-on effect on the costs of raw materials. 石油価格の上昇は原材料のコストに連鎖反応をもたらすだろう / The strike by ABC Motors workers has had a knock-on effect on its contractors. ABC自動車の労働者ストライキは下請業者に波及している

knockout *n* 大打撃; (略式)すてきな人[もの]

knock-out option ノックアウト・オプション [○原資産の価格が一定期間内にあらかじめ決められた水準に達したとき, 効力が消滅するオプション]

Knorr クノール [○ドイツで設立された食品会社. 1960年代からアメリカに進出し, スープミックスやパスタソースなどを販売. 現在はオランダ系のUnilever社の傘下]

knot /nɑt/ *n* 結び目; 群れ; こぶ; 困難; 縁, きずな
at the rate of knots とても速く
tie (up) in knots 当惑させる
tie the knot 合併する ► The two companies may tie the knot any time soon. その二社はいつ合併してもおかしくない
― *vi* (**-tt-**) 結ぶ; 結び目[こぶ]を作る
◇ **knotted, knotty** *a* 結び目のある; 節のある[多い]; もつれた, 難しい

know /nou/ *v* (**knew**; **known**) 知(っている); (…について) 知っている, 聞いている *(of, about)*; 理解[経験]している; と知り合いである; 認める; 見分ける *(apart, from)* ► Can you let him know about tomorrow's committee meeting? 明日の委員会のことを彼に知らせてくれますか / He knows the ins and outs of the company. 彼はその会社のことは裏も表も何もかも知っている / I didn't know that he had changed jobs. 彼が転職したことは知りませんでした / No one knows how much worse the economy will get. 景気がどこまで悪くなるのか, 誰にも分からない / He knows a lot of influential people in the banking industry. 彼は銀行業界の有力者をたくさん知っている / Do you know how long the repair will take? どのくらいの時間が修理にかかるか, 分かりますか

before I [you] knew it いつの間にか ► Before I knew it, my kids were all grown up. あっという間に, 子どもたちはみんな成人していた

before we [you] know where we [you] are 知らないうちに

don't know about のことはよく分からない, はどうかな ► I don't know about you, but I doubt he's telling us everything. 君はどうだか知らないが, 彼が私たちにすべてを話しているとは思わない

for all I know おそらくは(…だろう)

get to know 知るようになる ► Eventually, I got to know the city well. ようやく, その町のことがよく分かるようになった

I ought to know.* / *I should know. (略式)知っているに決まっているでしょ

I should have known. 知っているべきだった

know A from B AとBの違いが分かっている ► At your age, you should know right from wrong. 君の年ならば, 善悪の区別がついてしかるべ

きだ
know a thing or two 《略式》熟知している《*about*》
► He's a movie producer, so he knows a thing or two about show business. 彼は映画のプロデューサーだから、ショービジネスのことは多少は知っている
know best 知り抜いている
know better than …するほどばかではない《*to do*》
know one's business 専門家である
know one's own mind 心がぐらつかない
know what's what 《略式》道理をわきまえている
know where it's at 《米略式》(流行などに)通じている
Little did I know that とは少しも知らなかった
make it known that …ということを知らせる
not know ... from Adam [a crow] 《略式》をまったく知らない
Not that I know of. 《略式》私の知る限りではそうではない
wouldn't you (just) know そうなると思った、案の定
You never know. 先のことは分からない
You will (just) know. その時になれば分かる
━ *n* (次の成句で):
in the know 《略式》内情に通じて
◇**knowable** *a* 知りうる; つき合いやすい
knowbot *n* ノウボット [⇨インターネット検索用の知識ロボット]

know-how *n* ❶ ノウハウ [⇨何か特別なことを行うのに必要な知識・経験・技能の総称で、一般に経験から得られたものを言う]（✚語の由来は I know how to do it.から）

コロケーション

(動詞(句)+~) **acquire** know-how ノウハウを獲得する / **have** the know-how **to do**... をするのノウハウを有する / **make use of** know-how ノウハウを活用する / **share** one's know-how **with**... 自分のノウハウを…と分かち合う

► business know-how 商売の秘訣 / financial know-how 金融取引上のノウハウ / foreign know-how 外国のノウハウ / infusion of know-how ノウハウの流入 / know-how in... をするためのノウハウ / technical know-how 技術的ノウハウ / know-how licensing agreement ノウハウのライセンス契約 / Our automaking know-how and their marketing skills will make a winning combination. 当社の自動車作りのノウハウと彼らの販売力をもってすれば、向かうところ敵なしのチームができる ❷【知財】ノウハウ [⇨産業上有益な情報、知識、経験等で、秘匿されているもの]

knowing *n* 知ること、知識; 理解、認識
◇**knowingness** *n*
knowingly *ad* 知ったかぶりをして; 抜け目なく;【法律】故意に ► The company knowingly used substandard construction materials. その会社は基準を満たさない建設材料を故意に使用した

knowledge /nάlidʒ/ *n* 知識 [⇨学習・経験を通じて収集し、吸収した情報から形成された物事の認識・理解. 有用な情報の複合体であり、判断・行動のよりどころとなり得る点で、意味づけされたデータでしかない情報と区別されている] ► common knowledge 誰でも知っていること / thorough knowledge 深い知識 / working knowledge 実用的知識 / Everyone in the company has extensive knowledge about computers. その会社の従業員は全員コンピュータについて幅広い知識を持っている

come to a person's knowledge (人の)知るところとなる ► It has come to our knowledge that workers are abusing their Internet privileges. インターネットを使える特権を従業員が悪用していることは私たちの耳にも入っています
deny all [any] knowledge of は何も知らないと言う ► He emphatically denied any knowledge of the fraud. その詐欺行為のことはまったく知らなかったと彼はきっぱりと否定した
have a [a good] knowledge of を少し[よく]知っている
in the knowledge that ということを知っていて
to (the best of) one's knowledge 知る限りでは
with [without] a person's knowledge (人に)知らせて[知らせずに]
without knowledge of を知らないで ► My membership was canceled without my knowledge. 私の知らないうちに会員資格を取り消された
◇**knowledgeable** *a* 博識の、精通した《*about*》
◇**knowledgeably** *ad* 知識をもって
knowledge asset =knowledge capital
knowledge base ナレッジベース、知識ベース [⇨言語によって表すことができ、他に伝達できる知(形式知)を一般的に利用できるように標準化したもの. 検索機能と組み合わせて知識・経験の少ない人の作業効率を改善するために用いる] ⇨database
knowledge-based *a* 知識ベース(knowledge base)を用いた
knowledge-based software 知識ベース(knowledge base)を用いたソフトウェア
knowledge capital ナレッジキャピタル、知識資本 [⇨企業経営に供されている人的資本と情報資本(情報インフラ)の総体. 企業の時価総額と純資産額の差と説かれることもある]
knowledge economy ナレッジ経済、知識経済 [⇨経済成長を左右する要因として知識が、土地・労働・資本という伝統的生産要素をしのぐ大きなウエイトを占めている経済]
knowledge engineering 知識工学
knowledge industry 知識産業 [⇨①専門的知識・経験を生かして付加価値の高い商品・サービスを提供する産業. ソフトウェア開発、コンテンツ供給、コンサルティングなど ②出版、放送、新聞など知識の伝達・普及に従事する産業]
knowledge intensive 知識集約的な [⇨他と比べて知識・経験・問題解決能力(スキル)において一段と高いものが要求される]

knowledge-intensive industry 知識集約産業［⊃高度で先進的な知識を集約し新製品,新技術等を開発することで高い付加価値を実現する産業］

knowledge interaction ナレッジ・インタラクション［⊃研究開発活動における技術的情報や知識の相互交換］

knowledge management 知識管理［⊃企業や従業員のもつ知識を効果的に活用して新しい価値を創出する管理手法］

knowledge officer ナレッジ・マネジメント担当責任者

knowledge worker ナレッジ・ワーカー［⊃知的付加価値を生み出す知識労働者］

known /noun/ v knowの過分
— a 知られている (to, as) ► State-owned companies own over 80% of the known oil reserves. 既知の石油埋蔵量の80％以上は国有の会社が所有している
make oneself known to に自己紹介する

knuckle /nʌkl/ n 指関節, 指の付け根
near the knuckle 《略式》きわどい; かなり重要な
— vi （ビー玉をはじくとき）関節を地面につける
knuckle down 《略式》を一生懸命やる; 屈服する (to)
knuckle under 屈服する (to) ► We had to knuckle under and pay back the money. 私たちはついに折れて現金を返さなければならなかった

Koch Industries (~, Inc.) コッチ・インダストリーズ［⊃石油精製事業, 石油・化学精製設備の製造, エンジニアリングや, 石油輸送パイプラインの運営（子会社Flint Hills Resources）また, 金融サービス事業も行う. 2005年森林企業大手Georgia-Pacificを買収した, Cargillと並ぶ大手私企業］

Kohlberg Kravis Roberts (~ & Co.) コルバーグ・クラビス・ロバーツ (KKR) ［⊃米国のPE (private equity 未公開株式) 投資会社. 企業買収を得意とする. 1976年設立以来150件以上の大型買収案件に携わり合計2,800億ドルを投資. 89年のRJR Nabisco案件で一躍有名になる］

Kondratieff cycle (the ~) コンドラチェフ循環［⊃平均50〜60年の周期を持つ長期の景気変動で, 技術革新, 戦争等がその原因とされる］

Kondratieff wave =Kondratieff cycle

Kool 《商標》クール［⊃米国のタバコ. 1933年, 世界初のメンソール入りタバコとして発売］

Kool-Aid 《商標》クールエイド［⊃米国のインスタント清涼飲料］

Korbel 《商標》コーベル［⊃米国の発泡性ワイン, ワインのブランド. 手頃な値段で大晦日のパーティーなどに欠かせない発泡性ワインを提供している］

Kospi Korea CompositeStock Price Index 韓国総合指数［⊃韓国の代表的な株価指数］

Kotex 《商標》コーテックス［⊃生理用ナプキン］

kowtow /káutáu/ v 《略式》ぺこぺこする［⊃中国語の叩頭］► You don't have to kowtow to the boss. 社長にぺこぺこすることはない

KPCB Kleiner Perkins Caufield & Byers

kph kilometers per hour

KPI key performance indicator

kpl kilometers per liter

KPMG International KPMGインターナショナル［⊃監査, 税務, アドバイザリーサービスを提供するプロフェッショナルファームのグローバルネットワークで, 世界4大会計監査法人の一つ. 本部はオランダ］

kraft /kræft/ n クラフト紙

Kraft 《商標》クラフト［⊃米国の大手食品メーカー. 缶詰め, チーズ, クラッカー, 冷凍食品, マヨネーズなど, 幅広い商品を提供している］《米》

Kraft Foods (~, Inc.) クラフト・フーズ［⊃米国の食品会社. 2000年クッキーで有名なNabiscoを吸収し, 07年3月, 親会社Altria Groupより分離独立］

Krazy Glue /kréizi/ 《商標》クレージー・グルー［⊃米国の強力な瞬間接着剤］

Krispy Kreme Doughnuts 《商標》クリスピー・クリーム・ドーナッツ［⊃米国のドーナツチェーン店. 1号店はノースカロライナ州だが, シリコンバレーのハイテク企業で朝の会議に並ぶことも多い人気ドーナッツ］

Kroger (The ~ Co.) クローガー［⊃米国の大手小売会社. 1902年設立. 95年, Fred Meyer, Incと合併し, 米国最大級のチェーンとなる］

Krugerrand /krú:gərænd/ n クルーガーランド［⊃南ア共和国発行の金貨］

KT (~ Corp.) KT(社)［⊃韓国の有力有線, 高速インターネットサービス会社. 設立1982年. 韓国国営電話会社から発出し, 現在は100％民営］

KWIC key-word-in-context クウィック索引［⊃索引を作る際, キーワードが常に中心に来るよう配置しながら, その左右に文脈が分かるセンテンスの一部が表示される］

KWOC key-word-out-of-context クウォック索引［⊃クウィック索引の改良形で, キーワードを見出しとして独立させた上, その右側にキーワードを含むセンテンスの一部を配するもの. この場合, センテンス中のキーワードが真ん中に来るようにする工夫はされない］

Kyoto Protocol (the ~) 京都プロトコル, 京都議定書［⊃1997年12月, 京都で開かれた締約国会議で採択された, 地球温暖化防止のための施策. 温室効果ガスについて国ごとに削減目標を定めた］

L, l

l line; liter(s)

L¹ /el/ n 《the L》《米略式》高架鉄道 [○elevated railroad [railway]の略語elから]

L² Lake; large; learner; libra(e) (=pound(s)) [○記号:£]; lira; (ローマ数字の)50

L³ 《米》マネーサプライL [○通貨供給量指標の一つで、マネーサプライMにその他の流動資産(国債, CP, BA等)を加えたもの]

lab /læb/ n =laboratory

label /léibəl/ n ラベル, 付せん; 肩書, レッテル; 商標, レーベル ► You should read the label carefully before taking the medicine. その薬を飲む前にラベルを注意深く読むべきだ / The address labels were misprinted. 宛先ラベルの印刷が間違っていた
— vt 《英》-ll-) ラベルを付ける; 分類する; 呼ぶ, 名づける《as》

labeled price 売価

labeled price system 正札制度 [○商品に正札(価格票)をつけて行う販売方法] ⇨ fixed price policy

labeling n (ラベルなどによる)表示 ► country of origin labeling on imported products 輸入品の原産地表示 / food labeling laws 食品表示法 / falsified labeling 偽装表示

labor, 《英》**labour** /léibər/ n 労働; 骨折り; 仕事; 労働者(階級); 《L-》《英》労働党 ► The charge for the lock replacement is $99 including labor. 錠前交換の料金は労賃を含めて99ドルである / The use of child labor is banned in this country. 幼年労働はこの国では禁止されている / Some countries in Asia were a source of cheap labor. アジアのいくつかの国は低賃金労働を供給していた / There is a shortage of skilled labor in this city. この町では熟練労働力が不足している / Wages for unskilled labor are generally very low. 不熟練労働者の賃金は一般に非常に低い

a labor of love 楽しんでやる仕事

hard labor 重労働
— vi 働く; 苦労する, 悩む; 骨折って[やっと]進む ► He labored to complete the project. その計画を達成しようと力を注いだ / Don't labor a particular point. 特定の問題点を不必要にくどくどと論じるな / They labored all day in the factory. 彼らは工場で一日中働いた
— vt 苦しめる

labor the point 論点を長々と述べる ► There's no need to labor the point any further. その点をこれ以上詳しく述べる必要はない

labor under a delusion [misconception] 間違った思い込みをする

◇**labored** a 骨の折れる; (文体などが)非常に凝った; 不自然な

labor abuse 労働虐待[搾取, 酷使]

labor agreement (労働組合と使用者間の)労働協約, 労使協定 ► Management and union finally worked out their differences and signed a labor agreement. 経営陣と組合はやっと意見の食い違いを解決して労働協約に署名した

laboratory /lǽbərətɔ̀:ri | ləbɔ́rətəri/ n 研究所[室], 実験所[室] ► Researchers in our laboratories are developing new cancer drugs. 当研究所の研究員は新しい抗癌剤を開発中である

labor contract 労働契約 ► the negotiation of labor contracts 労働契約の交渉

labor cost 労務費; 労働費 [○製造原価要素の一つで、労働用役の消費によって生じる原価] ► slice labor costs 労働コストを削減する / Hiring part-timers will reduce labor costs. パートタイマーを雇えば労務費を減らせるだろう

labor court 労働裁判所 [○労使間の紛争についての審理・判断を行う裁判所]

labor dispute 労働争議, 労使紛争 ► The company is in the midst of a labor dispute. その会社は労働争議の最中だ

laborer n 肉体労働者

labor exploitation 労働搾取

labor federation 労働組合の連合組織

labor force 《the ~》労働力; 労働力人口 [○米国では就業しているか求職中の16歳以上の人口を言う。労働省の統計では、2005年末で約1億5千万人] ► The shrinking labor force presents a serious problem for the country. 労働力の減少がその国に深刻な問題をつきつけている / As a result of restructuring, the company has cut nearly a quarter of its labor force. リストラの結果として、その会社は全従業員の約4分の1を削減した / Not enough jobs are available for university graduates who will be joining the labor force. 労働力人口に加わってくる大学卒業生のための仕事は十分にない

labor-intensive a 労働集約的な [○ある産業における労働者一人当りの固定資産額が他の産業より低く, コストに占める人件費が相対的に高いことを言う] ► labor-intensive operations 人手のかかる業務 / Farming is labor-intensive. 農業は労働集約的だ / The company shifted labor-intensive operations to overseas plants. その会社は労働集約型事業を海外工場に移転した

labor-intensive industry 労働集約型産業

labor law 労働法 [○労働基準などの雇用に関わる事項や労使関係の調整に関する事項を扱う法律の分野]

labor management 労務管理

labor-management dispute 労使紛争

labor-management relations 労使関

係

Labor-Management Relations Act
《the ~》(米国の)労使関係法 [◎タフト・ハートレー法(Taft-Hartley Act)と通称される. 組合員でないと従業員になれないとするクローズドショップ制や労働組合による不当労働行為の禁止等が盛り込まれている. 労働組合のあり方を規制する法律. 1947年制定]

labor market 労働市場 ► a slack labor market 労働需給の悪化, 雇用の悪化 / a tight labor market 労働需給のひっ迫, 人手不足

labor mobility 労働力の流動性 [◎転職のしやすさ, 特に他の地に移って新たな仕事に就ける容易さを言う. EU域内ではヒトの移動の自由を極力保障し, 資源の適正配分を確保しようとしている]

labor movement 労働組合; 労働運動

labor organization 労働団体, 労働組合

labor power 労働力

labor problem 労使紛争

labor productivity 労働生産性 [◎労働者一人当たりの生産量を示す指標で, 生産性概念のなかでもっとも基本的なもの] ► Some countries exhibit a longer-term decline in labor productivity growth. 一部の国は長期的に労働生産性の伸びが低下してきている

labor relations 労働関係 [◎労働者と使用者との関係]

labor-saving a 省力化の, 労力節約の

labor-saving investment 省力化投資

labor shortage 労働力不足 ► Labor shortages in Japan have resulted in the heavy use of industrial robots. 日本での労働力不足は産業ロボットの多用という結果を生み出した

labor slowdown 怠業

labor time 作業時間 [◎作業者が製品の製造に実際に従事した時間]

labor turnover 労働離職率; 労働移動 [◎労働者の産業間, 地域間, 企業間の移動]

labor union 《米》労働組合 (=《英》trade union)

labor union contract 労働協約 (=《英》trade union contract)

labour /léibər/ n, v《英》=labor

laches /lǽtʃiz/ n ❶【法律】(1) (単数扱い) (エクイティ上の) 消滅時効 (2) (権利の主張・提訴の) 遅滞, 懈怠 [◎適時に手続きをとることを怠り, 提訴できなくなること] ❷【知財】ラッチェス [◎米国法において, 特許権者が侵害を長期間黙認したことに基づいて認められる抗弁. これにより特許権者は, 過去の侵害についての損害賠償を請求することができなくなる]

lack /lǽk/ n 不足, 欠乏, 欠如; 必要なもの
► Due to management's lack of planning ahead, the supplies didn't arrive in time. 経営陣の計画性のなさのゆえに資材が間に合わなかった / We had to postpone the meeting for lack of a quorum. われわれは定足数不足で, その会議を延期せざるを得なかった / The project was canceled due to lack of funding. そのプロジェクトは資金の目処がつかなかったので取り止めになった / The problem boils down to a lack of accountability among board members. 問題は取締役会のメンバーに説明責任が欠如していることに帰着する

be no lack of が十分すぎるほどある ► There's no lack of potential customers. 潜在的な顧客には事欠かない

for [through] lack of が足りないために

— v 欠く, 足りない 《in, for》 ► The design lacks originality. そのデザインには独創性がない / The project lacks good planning. その事業にはよい計画が欠けている / These creditors lack the resources necessary to protect their interests. これらの債権者は自分たちの権利を守るために必要な手段を欠いている

◇**lacking** a (が)欠けて 《in》;《英略式》頭の弱い

lacklustre,《米》**lackluster** /lǽklʌstər/ a 活気のない; さえない; 低調な ► Retailers had lackluster sales last month. 先月の小売業の売上はぱっとしなかった / Trading was lackluster across Asian stock markets yesterday. 昨日, アジアの株式市場では全般的に取引は精彩を欠いた / Due to lackluster profits, the company decided to cut executive bonuses. 利益が冴えないので, その会社は経営幹部のボーナスを減らすことにした

Lactaid (商標) ラクテード [◎乳製品を消化することが難しい人向けの米国の健康食品ブランド. lactose-free or lactose-reduced milk for lactose-intolerant people (乳糖不耐の人のための乳糖なしか減乳糖の牛乳)を言う]

ladder /lǽdər/ n はしご; (出世の) 階段

begin from [start at] the bottom of the ladder 裸一貫から身を起こす

climb [get up] the ladder 出世する ► He quickly climbed up the corporate ladder. 彼は会社の出世階段をあっという間に駆け上がった

kick down [away, over] the ladder 成功の恩恵を受けた友[職]を捨てる

— v はしごで上る

lade /leid/ vt (laded; laden, laded) (荷を) 積む; (…で) 苦しめる 《with》

laden /léidn/ v lade の過去分詞
— a (荷を) 積んだ 《with》

laden draft,《英》**laden draught** 満載吃水 [◎船舶の船底から水面までの垂直距離を満載時に測ったもの. load draft とも言う. 荷を積んでいない時に計測したものは light draft (軽荷吃水) と言う]

lading n 船積み [◎転じて bill of lading (船荷証券)という形で使われる]

lady /léidi/ n 貴婦人, 淑女; 婦人

until the fat lady sings《略式》最後まで

Laffer curve 《the ~》ラッファー曲線 [◎税率と税収の関係を示すグラフ. 税収は税率が上がるにつれて上昇するが, 税率がある点を越えると税収は低下することを示す; 米国の経済学者 A. Laffer の名にちなむ]

lag¹ /lǽg/ vi (-gg-) 遅れる; ぐずぐずする 《be-

hind); ためらう; 停滞する ► The company's share price has lagged in the past few months. 同社の株価は過去数ヵ月にわたって沈滞気味だ / Trade in most shops tends to lag in January. たいていの商店では1月に商いが湿りがちとなる / For many years, Japanese automakers lagged behind their US counterparts, but that's no longer the case today. 長い年月,日本の自動車メーカーは米国の同業者に遅れをとってきたが,現状はもはやそうではない

━ *n* 遅延; 時間の隔り; タイムラグ, 遅れ ► There will be some lag before the stimulus plan begins to take effect. 刺激策の効果が出てくるまでには,多少の時間のずれがあるだろう / A computer error caused the lag in shipment. コンピュータの誤作動が原因で出荷が遅れた

lagging indicator 遅行指標 [⇨ 景気の転換に遅れて変化する経済指標. たとえば,失業(unemployment),企業利益(corporate profits)] ⇒economic indicators ► Employment is a lagging indicator of economic health. 雇用は経済の健全さの遅行指標だ

lagniappe /lænjæp/ *n* おまけ (✚ lagnappeとも綴る. 主に米国 Louisiana 州南部・Texas 州東部で,買物客に Here's (a) lagniappe. と言って渡される余分の品物や景品) [<クレオール語. アメリカスペイン語の *la napa* または *la yapa* (=the gift から)]

laid /leid/ *v* lay¹の過去・過去分詞
laid in 本に挟まれた
laid off 整理解雇された

laid open to the public ⇒ laying open to the public

laissez-faire /lèiseifέər/ *n, a* 自由放任[自由競争]主義(の); レッセ・フェール [⇨ 政府は産業や企業に干渉すべきでなく,自由な競争に委ねるべきと主張する思想] [<'let do']

lame /leim/ *a* 足の不自由な; (言い訳などが)不十分な; 《米略式》退屈な ► He gave a lame excuse for missing the meeting. 会議に出なかったことについて見え透いた言い訳をした
━ *vt* 不自由にする

lame duck レイム・ダック [⇨ ①任期切れを控え,思い通りに動けない政治家 ②赤字企業] ► He will increasingly be viewed as a lame duck leader as he nears the end of his term. 彼は任期の終わりに近づいてレイム・ダックを見られることが多くなるだろう

LAN /læn/ local area network

Lancôme 《商標》ランコム [⇨ 米国でも人気の高いフランスの高級化粧品ブランド. 女優,スーパーモデルをランコムウーマンに起用]

land /lænd/ *n* ❶ 陸(地); 土地; 土壌; 地所 ► farm land 農地 / prime land 一等地 / private land 私有地 / public land 公有地 / raw land 未造成地 / reclaimed land 埋立て地 / vacant land 空き地, 更地 / own [sell] land 土地を持っている[売る] / He bought a piece of land in the countryside. 彼は田舎に土地を買った ❷ 《法律》(時に ~s) 不動産, 土地 [⇨ 土地の上の建物や地上・地下の部分を含む法律上所有可能な領域. 不動産権]
by land 陸路で
go on the land 農業に携わる
make land 陸に着く
see [find out] how the land lies 前もって調べる

━ *vt* 上陸させる, 陸に揚げる, 着陸させる, (乗り物が人を)降ろす; 陥らせる; 《略式》手に入れる, 得る; (略式) (打撃を) 加える ► land ... in trouble を困った立場に追いやる / He landed a job with an advertising agency. 広告代理店に職を見つけた / I landed a gig yesterday. 私は昨日仕事口を見つけた / Today I landed a contract. 今日私は契約を一つものにした / We landed the account after a long negotiation. 私たちは長い交渉の後にその契約を含めての取引を手に入れた

━ *vi* 上陸する; 降りる; 着陸する; (空中の物が)落ちる; (ある場所に)着く, (ある状態に)なる, 陥る (*up*) ► The scandal was shocking enough to land on the front page of *The New York Times*. そのスキャンダルは,『ニューヨーク・タイムズ』が第1面に報道したほど衝撃的だった

land on one's [both] feet 危機を切り抜ける
◇ **landless** *a* 土地を持たない
land agent 不動産管理会社
land bank ❶ 保有不動産 [⇨ 企業が保有している不動産, 特に収益不動産] ❷ 再開発物件
land certificate 土地登記証明書
land cost 用地費 [⇨ 土地の取得費およびそれに伴う付随費用]
land development 土地開発
landed *a* ❶ 土地を持った; 土地の; の状態になる(*with*) ► The national economy is landed with a deficit. 国の財政は赤字に陥っている ❷ 発送[出荷]した; 引渡した
landed cost 陸揚価格, 輸入仕入原価 [⇨ 運賃, 輸入関税を含めての原価]
landfill *n* 埋立処分場; 埋立処分 ► Most municipal waste is managed by landfill or incineration. 市のゴミの大部分が埋立処分か焼却処分で処理されている
landfill tax 埋立税 [⇨ 1996年に英国が導入. 埋立処分される廃棄物の量を削減するために, 公認の埋立処分場に処分されるすべての廃棄物に対して課税した]
land grant ❶ 公有地払下げ, 公有地払下権利証書 ❷ 土地譲与, 土地譲渡
landholder *n* 地主; 借地人
landholding *a* 土地を保有している
land improvement ❶ 土地改良 ❷ 土地改良費 [⇨ 土地の地ならし, 舗装等土地の改良費]
landing *n* 上陸; 着陸; 下車; 荷揚げ(場), 波止場 ► a crash [an emergency] landing 緊急着陸 / The country managed to avoid a recession and achieved an economic soft landing. その国はかろうじて景気後退を回避して, 経済的なソフトランディングをやってのけた
landing agent 陸揚代理店
landing card 入国カード [⇨ 入国審査を受けるため, パスポートに添えて提出する書類]
landing charge 荷揚料, 荷役料 [⇨ 仕入商

landing fee 空港利用料金, 港湾利用料金

landing page (ウェブサイトの)トップページ

landlady n 女性地主[家主]

landless a 土地を持たない ► landless farmers 小作農

landline n 固定電話[◎fixed lineとも言う]

landlocked a ❶陸地に囲まれた ❷【法律】袋地の[◎道路に面していない土地を言う]

landlord n (土地・家屋の)賃貸人, 地主, 家主 🗎 The Landlord may demand that all debris shall be removed from the Site. 「地主」は「敷地」からすべての残骸の撤去を要求することができるものとする

landmark n ❶目印; 目標(物); ランドマーク; 画期的な出来事; 歴史的建造物 ► Are there any major landmarks along the way? 途中に何か目印になる大きなものはありますか ❷【法律】(1)画期的な出来事 ► a landmark case 画期的判例 (2)(土地の)境界標識

land office 《米》公有地管理局

Land O'Lakes 《商標》ランド・オーレイクス[◎米国製のバター. 箱の外側にネイティブ・アメリカンの女性を描く]

landowner n 地主; 土地所有者 ► The real estate crisis has affected large and small landowners alike. 不動産危機は大小を問わず土地所有者に影響を及ぼしている

land ownership 土地所有; 地主であること; 土地所有権

land patent 公有地払下げ(証書), 土地権利証

land price 地価, 土地価格 ► Land prices have escalated for the third year in a row. 土地の価格は3年連続で上昇している

land registry ❶土地登記(係); (the L- R-) 《英》土地登記所 ❷土地登記簿

land rent 地代 ► land rent received 受取地代

Land Rover 《商標》ランドローバー[◎ジープに似た頑丈な英国製の四輪駆動車]

Landrum-Griffin Act 《米》ランドラム・グリフィン法[◎組合内部での民主的手続を保障し, 組合員個人としての権利を保護することを目的とする連邦法]

landscape /lǽndskèip/ n 景色, 風景(画); 特性; 状況;【都市計画】ランドスケープ, 景観 ► the political landscape 政治情勢 / They succeeded amid the harsh economic landscape. 厳しい経済環境の中で, 彼らは成功した / Against a landscape of bankruptcies, banks are tightening their lending. 倒産続出の状況を背景に, 銀行各社は貸出しを引き締めつつある
— vt 美化する, 造園する
◇**landscaping** n ランドスケーピング[◎景観を創造する環境デザイン]

landscape architect ランドスケープ・アーキテクト, 造園家[◎自然美ないし景観の創造を目的とする環境デザインの専門家]

landscape architecture 景観設計; 造園術

landscape design ランドスケープ・デザイン, 造園設計

landscape planning 風景計画

land speculation 土地投機

land tax 地租

land trust 《米》土地信託

land value 土地の価値, 地価

land value tax 地価税

lane /lein/ n 小道; 通路; 航路; 車線 ► a lane marker 車線標示

language /lǽŋgwidʒ/ n 言語, 言葉; 国語; 語学; 言葉遣い; 悪口 ► He speaks several languages fluently. 彼は数か国語を流暢に話す
talk [speak] the same language / *talk a person's language* 同じ考えである

languish /lǽŋgwiʃ/ vi 弱る, しおれる; 活気がなくなる (for) ► The housing market has been languishing for months. 住宅市場はこの数か月, 活気がなくなってきている
◇**languishing** a
◇**languishment** n

Lanham Act ランハム法[◎不正競争法, 反トラスト法の条項, 及び商標法を含む米国の制定法]

lap /lǽp/ n ひざ[◎座位で腰からひざがしらまで]; (スカートなどの)前部; 保護, 管理; 山ふところ; (物の)重なり
drop [dump] ... in a person's lap 《略式》の責任を人に押しつける ► A huge project has just been dropped in my lap. 巨大プロジェクトが急に私の責任ということになった
in the lap of luxury ぜいたくに
in the lap of the gods 人力の及ばない

lapse /lǽps/ n ❶ 逸脱 (from, into); 堕落; 間違い, 過失; (時の)経過, 推移 (of) ► a lapse of time 時間の経過 ❷【法律】(1)(権利などの)消滅, (遺言などの)失効 (2)《英》公訴棄却 ❸《保険》消滅, 失効(契約) (=lapsed policy, policy lapsed) [◎保険料不払いによる保険の停止. 保険証券の権利消滅]
— vi ❶ 逸脱する, 堕落する (from, into); (ある状態に)陥る, なる (into); (時)経過する ► The patient lapsed into a coma. その患者は昏睡状態に陥った ❷【法律】(権利・契約などが)失効する, 消滅する; (保険などが)切れる; (人手に)渡る (=revert) (to) ► let one's contract lapse 契約を失効させる / Your insurance policy will lapse after 30 days. お客さまの保険証券は30日後に無効になります

lapsed /lǽpst/ a (期限が過ぎて)無効になった ► a lapsed insurance policy 失効した保険証券

laptop a, n ラップトップの(コンピュータ) ► I'm taking my laptop with me on the business trip. 出張のときには私は自分のラップトップパソコンを持って行きます

larceny /láːrsəni/ n 窃盗(罪)
◇**larcenist** n 窃盗犯
◇**larcenous** a

large /láːrdʒ/ a 大きい; 広い; 多数の; 多い; (観客などが)大口の; (作風・考えが)自由な, 雄

大な; (話が) 大げさな; (問題が) 重要な ▶ have a large share of the market for medical equipment 医療機器で大きな市場シェアを持つ / How large is the risk involved? どの程度のリスクがあるのか / The company is expecting its largest operating loss of $2.5 billion. 同社は250億ドルという過去最大の営業損失を予想している / The bank revised its loan growth target from 5% to 7%, due to growing demand from large corporations. 大企業からの需要が増えているので、その銀行は融資の伸び率の目標を5%から7%に改訂した

as large as life 実物大の; まぎれもなく〔当の本人で〕

in large part 大いに ▶ The economy is supported in large part by exports. その国の経済は大部分が輸出で支えられている / Our success is due in large part to your support. 当社の成功は主として貴社のご支援のおかげです

━ n (次の成句で):

at large 逃走中で, 拘束されないで; 詳細に; 全体として, 一般の;《米》州全体を代表する; 漫然と; 無任所の ▶ election at large 全域制〔大選挙区制〕選挙 / an ambassador-at-large 無任所大使 / Statute at Large (事項ごとではなく成立順に編纂した) 法律全書 / We didn't discuss the issue at large. われわれはその問題を仔細に検討しなかった

in (the) large 大規模に

━ ad 大きく; 自慢して

by and large 全般的に, 概して ▶ By and large, the member nations agreed to reduce carbon emissions. 加盟国は大筋で炭素の排出削減に合意した

◇**largeness** n

large cap 大型株 (=large-cap stock)

large-cap fund 大型株ファンド [⇨大型株 (large-cap stock)で運用されるミューチュアルファンド] ⇨mutual fund

large-capitalization stock =large-cap stock

large-cap share ⇨large-cap stock

large-cap stock 大型株 [⇨発行企業の時価総額によって株式を分類する場合のカテゴリー. 業者によって定義は異なるが, 時価総額が100億ドルから2,000億ドルの会社の株とする例がある] ⇨cap³

large goods vehicle 《英》大型貨物車両 (LGV) [⇨最大積載量3.5トン以上の大型トラックまたはトレーラー. 従来の heavy goods vehicle (HGV) に代わる新しい名称]

largely ad 大いに; 主に; 多量に; 大規模に ▶ The broker was largely responsible for deceiving hundreds of investors. そのブローカーは数百人の投資家を欺いたことについて大いに責任がある / Largely driven by institutional investors, trading volume on the Hang Seng market was brisk. 主として機関投資家の買いに支えられて, ハンセン市場の取引量は活況を呈した / European shares were largely flat on Friday. 金曜日には欧州の株式はおおむね不活発だった

large-scale a 大規模な; 縮小率の大きい ▶ large-scale integration 大規模集積回路 (LSI) / a large-scale organization 大規模組織

large-size(d) a 大型の ▶ Sales of large-size televisions have continued to rise. 大型テレビの売上は増加し続けている

largess, 《英》**largesse** /lɑːrdʒés/ n 気前のよいこと [贈り物]

laser /léizər/ n レーザー [<light amplification by stimulated emission of radiation]

laser gun バーコード読取装置, バーコードリーダー

lash /læʃ/ n むちひも; むち打ち; 痛烈な言葉, 非難; 素早い動き

━ vt むち打つ; 非難する; 激しく動かす; 刺激して…させる (*into*)

━ vi 激しく打つ [のののしる] (*out, at, against*); 急激に動く

lash out 《英》金を浪費する (*on*)

lash out at を叱りつける; を (激しく) 打ちのめす ▶ The president lashed out at members of the opposition party. 大統領は野党のメンバーを激しく非難した / Farmers lashed out at the government for lowering import restrictions. 農家は輸入制限の緩和について政府を激しく非難した

◇**lashing** n むち打ち; 叱責; 縛ること; ひも, 縄, 綱; 貨物を固定すること

◇**lashings** n pl 《英略式》たくさん (*of*)

LASH /læʃ/ n ラッシュ船 [⇨特殊起重機を備え, 貨物積み換え用の多数のはしけ (lighter) を載せている航洋船] [<lighter aboard ship]

last¹ /læst/ a 最後の; この前の; 最近の; 最新の; 最終の; 究極の; 最上の; もっとも…しそうにない ▶ He would be the last person to betray others. とても他人を裏切るような人物ではない / When does the last train depart? 終電車はいつ出ますか

for the last time 最後に ▶ I'm telling you for the last time, so listen closely. もうこれ以上は言いませんから, よく聴きなさい

if it is the last thing I do どんなことがあっても (きっと…する) ▶ I'm going to get this bill passed, if it's the last thing I do. 何が何でもこの法案を通すつもりだ

last but one 最後から2番目の (=second last)

last thing 最後に; 《the ~》最新の流行 ▶ The last time the company suffered an operating loss was in 2006. 同社が前回に営業段階で赤字を出したのは2006年のことだった / The last thing the company needs is a full-blown scandal. 同社としては本格的なスキャンダルだけは何としても避けたい

━ ad 最後に, ついに; 最近, この前

last but not least 最後に述べるが決して軽んずべきでない (ことだが) ▶ Last but not least, I'd like to express my gratitude to everyone. 最後になりましたが, 皆様に心から御礼を申し上げた

last of all 最後に ► Last of all, we need to check the invoices. 最後の仕上げとして、インボイスを照合する必要がある
— n 最後のもの[人]; 死; 最近のもの ► These are the last issues I want to discuss today. 今述べたばかりの事柄が今日討議したい問題です
at (long) last ついに; やっとのことで ► At last, I was able to contact him. ついに彼と連絡をとることができた
at the last (物事の)終わりに
the last I heard ... 《略式》最近聞いた話では… ► The last I heard, he was still with the company. 最後に彼の消息を聞いたときには、まだあの会社で働いていました
to the last 最後まで; 死ぬまで
◇**lastly** ad 最後に

last² v 続く[ける], 継続する; 長持ちする, 間に合う; 生き続ける, 終わりまでもつ《out》; (人を)(ある期間)もちこたえさせる ► The meeting lasted much longer than we had thought. その会議は思っていたよりもずっと長く続いた / The downward trend of prices and demand will likely last until next year. 価格と需要の下向きのトレンドは来年まで続きそうだ / Investors fear that the stock market rally won't last long. 株式市場の反騰は長くは続かないだろうと投資家は危惧している / I doubt if our money is going to last out. 私たちのお金が最後までもつかどうかと思う / The new company didn't last a year. その新会社は1年ももたなかった / The legal battle lasted more than three years. その法廷闘争は3年以上も続いた
◇**lasting** a 長続き[長持ち]する
◇**lastingness** n 持続力

last call ラストオーダー(=《英》last orders)
last-ditch a いちるの望みを託した, 最後の
last in, first out (method) 後入先出法 (LIFO) [●棚卸資産評価法の一つで, 最後に仕入れたものから出荷されたと想定する。物価上昇が続いている場合, 売上原価がそれを反映して利益が圧縮される反面, 期末の在庫が安かった当時に仕入れた品物で構成されることになる] ⇨ first in, first out (method)

last-mover advantage 後発組のメリット [●新商品・サービスが出た場合, あとから参入する企業の方が技術改良やコストダウンのメリットがあることを言う]

last price 終値(おわりね) [●その日の最後に取引された値段]

last resort ❶ 最後の依り所[手段] ► More and more we hear bankruptcy referred to as a strategy rather than a last resort. 破産が最後の手段というより一つの戦略と呼ばれるのを耳にすることがますます増えている ❷ 最終審 ► a court of last resort 最終審裁判所

last sale (相場最高の)直近の商い

late /leit/ a 遅い, 遅れた《to, for》; (支払いが)遅れた《with》; 後[末]期の; 近ごろの; 前の, 先の; 故… ► late entry into the market 市場参入の遅れ / He's always late for work. 彼はいつも遅刻している / We send reminders to customers who are late in their payment. 当社は支払いの遅れている顧客に督促状を送っている / Have you been late with the rent? 家賃を払うのが遅れたことがありますか / It's probably too late to save the company. 同社の救済は多分もう手遅れだ / Ray Kroc, the late founder of McDonald's マクドナルドの故創立者レイ・クロック
— ad 遅く; 夜遅くまで; 最近
as late as つい最近の…に(おいても)
Better late than never. 《諺》遅くてもしないよりはまし
late in the day 遅い, 手遅れで; 最後のぎりぎりの段階で
sit [stay] up late 夜ふかしをする ► He stayed up late to finish the report. その報告書を仕上げるため, 彼は夜遅くまで起きていた
— n (次句で):
of late 近ごろ, 最近
◇**lateness** n

late charges 遅延損害金, 延滞利息 ► If you don't pay within 30 days, you'll incur late charges. 30日内に払わないと遅延損害金を課されることになる

latecomer n 遅参者; 新参者 ► Don't wait for latecomers. 遅れて来た人を待つな (♣会議の原則)

late delivery 延着, 納品遅れ
late fee 遅延手数料
lately /léitli/ ad このごろ, 最近 ► Business has been slow lately. このところずっと景気が悪い

late-night a 深夜の
latent /léitənt/ a 潜在性の, 隠れた
◇**latency** n

latent defect 隠れた瑕疵(かし) [●通常の注意では発見できないような欠陥。家主の注意義務の程度は「通常」なので, この種の欠陥から借主に損害が生じても責任は免れる。消費者の場合は, 製造物責任の問題となる] 🔲 SELLER shall be responsible for latent defects of the Goods at any time after delivery, provided that a notice of claim shall be made as soon as reasonably practicable after discovery of such defects. 「売主」は, 当該商品引渡後, いつにても隠れた瑕疵について責任を負うものとする。ただし当該瑕疵の発見後, 実務上合理的な期間内にクレーム通知を行うことを条件とする

later /léitər/ a, ad (lateの比較級) もっと遅い, もっと後の; 晩年の; 後ほど ► The company closed down several weeks later. その会社は数週間後に廃業した

later on 後で, 追って ► I'll come by later on to check up on things. ちょっと調べたいことがあるから, あとで立ち寄ります / I found out later on that the project had been shelved. そのプロジェクトが棚上げになったことを私は後になって知った

not later than (期日が)…までに ► You need

to submit the forms not later than tomorrow. 遅くとも明日までに用紙を提出する必要がある

See you later. / 《略式》***Later.*** さようなら、また後で

sooner or later 早晩 ► Sooner or later, he's going to find out. 遅かれ早かれ, 彼にはわかることだ

lateral /lǽtərəl/ *a* 横の, 側面の; 横から[へ]の
— *n* 側部(=lateral pass)
◇**laterally** *ad*

lateral integration =horizontal integration

lateral move (昇格に対して)同一職位・職階内での異動

latest /léitist/ *a* (late の最上級)最近の, 最新の ► The latest data show that unemployment has climbed to 6.3%. 最新のデータは失業率が6.3%に達したことを示している

at (the) latest 遅くとも

— *n* 最新のもの; 最先端のもの ► This product uses the latest in technology. この製品は最新技術を駆使している

latitude /lǽtətjùːd/ *n* 緯度; 《通例 ~s》地方, 地帯; 《行動・思想などの》自由 ► the cold latitudes 寒い地方 / There is much latitude of choice. 選択の範囲がたいへん広い / Provide the trustees with sufficient latitude to resolve issues as they are encountered. 起きてくる問題を解決するのに十分な余地を管財人に与えなさい

◇**latitudinal** *a*

latter /lǽtər/ *a* (lateの比較級)《the ~》(二者のうち)後者の; 最後の; (時間的に)後の, 後半の, 終わりごろの; 近ごろの(=recent)

in these latter days 昨今では

— *n* 後者
◇**latterly** *ad* 最近

latter half ❶ 後半 ❷ 下半期(=latter half of the year)

laugh /lǽf/ *vi* (声を出して)笑う; あざ笑う《*at*》; はねつける《*at*》; 笑い声に似た音を出す

— *vt* 笑いながら言う ► laugh a reply 笑って答える / I'll be laughing all the way to the bank. 《略式》途中ずっと笑いながら銀行通いをするだろう; やすやすと儲かって笑いが止まらないだろう

— *n* 笑い(声); 《~s》《略式》気晴らし; 《略式》楽しい人 《語法》laugh は可算名詞で, a laugh または laughs の形で用いる. 不可算名詞には laughter を用いる)

for laughs [a laugh] 冗談で
◇**laughable** *a* おかしい; ばかばかしい

laughter /lǽftər/ *n* 笑い ► Laughter is the best medicine. 笑いは最上の薬

launch /lɔ́ːntʃ/ *vt* 新製品を発表する, 新サービスを開始する, 新規事業を開始する ► The carmaker launched a new model, equipped with the latest technology. その自動車メーカーは最新技術で装備した新モデルを売り出した / The new album will be launched next month. その新しいアルバムは来月発売されるだろう / Last year, we launched 10 R&D projects aimed at developing high value added products. 昨年は, 高付加価値製品の開発に向け研究開発プロジェクトを10件立ち上げた / Beware of phony ads if you are launching an online job hunt. ネットを使って仕事を見つけるときはインチキ広告にご用心 / The company launched an overhaul of its product line in the US market. 同社は米国市場における製品ラインの徹底的な見直しに着手した / The company launched an aggressive ad campaign to win back market share. 市場シェアを取り戻すために, 同社は攻撃的な広告キャンペーンに乗り出した

— *n* 新製品の発表, 新サービスの開始; 『証券』ローンチ [◆起債を市場に持ち出すこと]; (新製品の)発売 ► A number of minor glitches forced the company to **reschedule the launch**. 細かな不具合があり, 会社は, 発売時期を調整せざるを得なかった / Management **has slated a tentative launch** of the new product for this summer. 経営陣は, 新製品の試験発売を今年の夏と予定している / We **are bringing forward the launch** of the product to July from October. その製品の発売時期を当初の10月から7月に繰り上げることにした / The company is expected to **announce the launch** of its new high speed broadband service next week. 同社は, 来週, 高速ブロードバンド事業のサービスインを発表すると見込まれている

launch date (新製品の)発売日 ► The official launch date is set for November 11. 正式の発売日は11月11日になっている

launch party 発売記念パーティー ► We will be having a launch party to celebrate the unveiling of the product. その製品のお披露目のため, 発売記念パーティーを開く予定だ

launder /lɔ́ːndər/ *v* (不正な金の出所を隠すため)外国の銀行などを経由させる, (不正資金を)洗浄する ► The drug profits were laundered through a Miami bank. その麻薬の利益はマイアミの某銀行を通してマネーロンダリングされた

launderette /lɔ̀ːndərét/ *n* 《英》コインランドリー

laundering *n* 洗濯すること; 資金洗浄; (不正な金の出所を隠すため)外国の銀行などを移動させること ► money laundering マネーロンダリング, 不正資金洗浄 / He was caught for money laundering. マネーロンダリングで逮捕された

Laundromat 《商標》ロンドロマット [◆米国のコインランドリー]

laundry /lɔ́ːndri/ *n* 洗濯物[場]; クリーニング店; マネーロンダリングに利用される金融機関 ► The hotel has a laundry service. そのホテルはクリーニングサービスがある

laundry list 《米》長い表; 予定表 ► a laundry list of critical issues 重要問題が多数列挙されているリスト

lavish /lǽviʃ/ *a* 気前のよい《*with*, *in*》; 浪費する; 豊富な; 豪奢(ごうしゃ)な ► The company show-

ered lavish gifts on its clients. その会社は顧客に豪華な贈り物を惜し気もなく与えた
— *vt* 惜しみなく与える《*on*》; 浪費する
◇**lavisher** *n*
◇**lavishly** *ad*
◇**lavishness** *n*

law /lɔː/ *n* ❶ 《the ~》《略式》警察, 警官; 訴訟; 慣例, 規則; 原則; 法則; 戒律
❷ 【法律】(1) 法, 法律(学)

コロケーション

〔動詞(句)+~〕 **abide by** the law 法律を順守する / **administer** the law 法律を執行する / **amend** a law 法律を改正する / **annul** a law 法律を廃止する / **apply** the law 法律を適用する / **be above** the law 法律が及ばない / **be against** the law 法律に違反する / **break** the law 法律を破る / **circumvent** the law 法律をかいくぐる / **defy** the law 法律を無視する / **draft** a law 法律案を起草する / **enact** a law 法律を施行する / **enforce** a law 法律を執行する / **interpret** the law 法律を解釈する / **invoke** a law 法律を持ち出す, 法律を根拠として挙げる / **keep** the law 法律を守る / **obey** the law 法律を守る / **operate within** the law 法律に違反しないように業務を行う / **pass** a law 法律を制定する / **practice** [《英》**practise**] law 弁護士として働く, 法曹実務に携わる / **promulgate** a law 法律を公布する / **repeal** a law 法律を廃止する / **revoke** a law 法律を廃止する / **violate** the law 法律に違反する

▶ study [read] law 法律学を学ぶ / in law 法律上の, 法による; 法によれば; 法律上; コモン・ローでは / maintain law and order 法と秩序を維持する / law of a jurisdiction 管轄区域の適用法 / His last will and testament **is enforceable at law**. 彼の遺言は法律的に執行可能である / **The new law** would make sales taxes and interest payments on new vehicles tax deductible. 新しい法律は新車のセールスタックスと支払金利を所得税から控除可能にするだろう / **A new law** regulating sales of used electrical appliances has caused a lot of apprehension and commotion among secondhand retailers. 中古家電製品の販売を規制する新法が中古販売業者を不安と混乱に陥れている / Drinking by minors **is against the law**. 未成年者による飲酒は法律違反だ / For the sale or purchase of land, **the law provides that** the contract has to be in writing. 土地の売買については, 法律は, 契約は書面によらねばならないと定めている / **The law was abolished** in 1991. その法律は1991年に廃止された / **The law was amended** and renamed the Social Welfare Law. その法律は改正され, 社会福祉法と改称された (2) 法律を扱う職業, 弁護士業, 法曹界
▶ follow the law 弁護士になる

=**法**=
administrative law 行政法 / antitrust law 独占禁止法, 独禁法 / applicable law 適用法 / bulk transfer law 包括譲渡法 / business law 商事法, 会社法, 商法 / case law 判例法 / civil law 民事法, (英米法に対しての)大陸法 / commercial law 商事法 / common law コモンロー / company law 会社法 / conflict of laws 抵触法 / constitutional law 憲法 / consumer law 消費者保護法 / contract law 契約法 / copyright law 著作権法 / criminal law 刑法 / federal law 連邦法 / foreign exchange law 外為法 / international law 国際法 / labor law 労働法 / law of trade secrets 企業秘密保護法 / private law 私法 / procedural law 手続法 / proper law 適用法 / public law 公法 / state law 州法 / statutory law 制定法 / substantive law 実体法 / tort law 不法行為法 / unwritten law 不文律

be a law to [*unto*] *oneself* 慣習を無視して行動する
go to law 告訴する《*against, with*》
have the law on を逮捕させる
have the law on one's side 法律上の問題はない
law and order 法と秩序; 治安維持
lay down the law 権威ずくで命令する; 頭ごなしにどなりつける
sign ... into law 署名して法律にする
There is no law against ... 《略式》…していけないという訳ではない
There ought to be a law against ... 《略式》…はしてはいけない
◇**lawless** *a* 法律に反する; 無法の; 抑制されない
◇**lawlessness** *n*
law-abiding *a* 法律を遵守する
law clerk 《米》ロー・クラーク [◇判事付き調査官. ロースクールを出たばかりの優秀な人材を裁判官が選任する. 1年限りの任命が多い. 調査を担当したり判決の草稿を執筆したりするなど, 判事の職務を補佐する]
law court 法廷, 裁判所 [◇court of law に同じ]
law-enforcement *a* 法律違反の取締に関係する
law-enforcement officer 司法警察職員 [◇犯罪捜査, 被疑者の逮捕を任務とする警察官, 連邦捜査官等]
law firm 法律事務所, ローファーム [◇米国の法律事務所は伝統的にパートナーシップの形態を採用してきたのでこのような言い方が定着した] ⇒ firm²
lawful *a* 合法の; 法定の; 適法の [◇lawful が内容的な適法性を言うのに対して, legal は制定法上の形式的要求を問題にするときに使われる傾向がある] ▶ Divorce is lawful but you need to meet certain legal requirements. 離婚は合法だが, 法律上求められる一定の条件を満たす必要がある
◇**lawfully** *ad*
◇**lawfulness** *n*
lawmaker *n* 立法者
law of demand 《the ~》需要法則 [◇他の条件が等しければ, ある財の価格が上昇すればその財の需要量は必ず減少するという法則]
law of diminishing returns 《the ~》収穫逓減の法則 (=law of diminishing marginal

law of one price 1物1価の原則 [⇨自由競争である限り、同一商品は別の国の市場においても同一価格であるはずで、実際の価格差は輸送費や関税その他の取引コストによるものだとする考え。この考え方から、二国間の為替レートは両国間の購買力の比率で決まると説く購買力平価 purchasing power parity が導かれる]

law of supply 《the 〜》供給法則 [⇨他の条件が等しければ、ある財の価格が上昇すればその財の供給量は必ず増大するという法則]

law reports 【法律】(1) 判例集 (2)《英》《L- R-》『ロー・リポーツ』『判例集』

law review ロー・レビュー, 法律雑誌

law school 《米》ロー・スクール, 法科大学院 [⇨法律家を養成する大学院]

lawsuit n 訴訟 ⇨ suit

コロケーション

(動詞(句)+〜) **bring (in)** a lawsuit 裁判を起こす / **dismiss** a lawsuit 訴えを却下する / **enter** a lawsuit 訴訟を起こす / **file** a lawsuit 裁判を起こす / **institute** a lawsuit 訴訟を提起する / **lose** a lawsuit 裁判で負ける, 敗訴する / **settle** a lawsuit 訴訟を和解で決着させる / **win** a lawsuit 裁判で勝つ, 勝訴する

▶ A class action lawsuit was filed against the company for discriminatory hiring practices. 差別的雇用慣行についての集団訴訟が同社に対して提起された / In order to avoid the expense and unpleasantness resulting from a lawsuit, please immediately make payment which will be accepted in full satisfaction of this account only if received on or before December 31, 2007. 訴訟によって生ずる費用および紛議の回避のため、当該勘定につき2007年12月31日までに満額受領できますよう、即時の支払を願いたく催告いたします

lawyer /lɔ́:jər/ n 弁護士, 法律家, 実務法曹, 法学者

解説 法律についての訓練を受け法律問題について助言する能力を有する「法曹有資格者」を意味する。弁護士など法律的な職業についていなくてもよい。「法律家」の訳語が適当な場合が多い

▶ retain a lawyer 弁護士に依頼する, 弁護士を雇っておく / Before signing the contract, you should consult with your lawyer. 契約書にサインする前に、あなたの弁護士に相談しなさい / The lawyer has many years of experience in dealing with commercial litigation. その弁護士は商事訴訟の取り扱いに長年の経験を有する

═══ 弁護士 ═══

civil-rights lawyer 公民権問題専門の弁護士 / commercial lawyer 商事専門の弁護士 / corporate lawyer 企業法務専門の弁護士 / criminal lawyer 刑事専門の弁護士 / good bankruptcy lawyer 有能な破産専門弁護士 / in-house lawyer 社内弁護士 / trial lawyer 訴訟専門の弁護士

lax /læks/ a 緩んだ; だらしのない; 締まりのない, 手ぬるい《in, with》 ▶ A lax corporate culture won't change overnight. だらしのない企業風土は一夜にして変わるものではない / Lax cost controls put the company in the red. 手ぬるいコスト管理はその会社を赤字に陥れた / The company went belly up due to lax management. 同社は放漫経営が原因で倒産した

lay /lei/ (**laid**) vt 置く; 横たえる; 敷く; 並べる, 敷設する, 積み重ねる; 振り下ろす《on》; (損害の) 額を定める《at》; (負担の) 負わせる, 課する; 課する; (問題を) 申し出る; (計画を) 立てる ▶ Can you lay the files on my desk? 僕の机の上にファイルを置いてくれる? / I'm going to lay all my cards on the table. 私は計画をすべて公開するつもりだ

lay aside [by] わきに置く; 取っておく; (習慣を) 捨てる; を蓄える ▶ Let's lay aside some money for our next trip. 次の旅行のためにお金を取っておこう

lay away を取っておく; 埋葬する

lay ... before に…を提出[提示]する

lay down を置く; 据える; 敷設する; 練る; 捨てる, 放棄する; 犠牲にする; 主張する; 規定する; 賭ける; 払う;《米略式》サボる

lay in を蓄える; 手入れする

lay into (略式) を殴る; 非難する

lay it on (thick) 《略式》誇張する

lay off を一時解雇する; をしまって[取って]おく; をほうっておく ▶ The company is laying off approximately 10% of its worldwide workforce to reduce costs. 同社は全世界で約10%の労働力をコスト削減のためにレイオフする / Due to downsizing, 4,000 employees were laid off. 事業の整理縮小により従業員4,000名が整理解雇された / The automaker laid off all of its temporary factory workers. その自動車メーカーは臨時工を全員レイオフした / He has been unable to find work since he was laid off last April. 彼は4月にレイオフされてから仕事を見つけることができなかった

lay on 《英》(水道などを) 引く;《英略式》与える; (税を) 課す

lay oneself out 《略式》全力を尽くす, 奮闘する

lay out を広げる; 提出する; 設計する; (ページを) 割り付ける;《略式》(金を) 使う ▶ We are laying out a sales campaign. 大売出しの計画中だ

lay over 《米》(旅行の途中で) 立ち寄る; を延期する

lay the groundwork 基礎作りを行う; 根回しする ▶ Our staff has laid the groundwork for the negotiation. 当社のスタッフはその交渉の根回しをした

lay up を蓄える, しまっておく; 係船する

— n 位置; 地勢 (=the lay of the land); 状況

layaway (plan) n 《米》手付金売買 [⇨手付を払って品物を取っておいてもらい、あとで残金と引

lay-by n ❶《英》待避所; 最後の作業 ❷《豪》= layaway

laydays n pl（船積み・陸揚げのための）碇泊期間; 積込み積卸し期間, 船積み陸揚げ期間［⇨用船契約において貨物の荷役作業のため合意された日数］

layer /léiər/ n 層; 地層;（一回の）塗布; 置く［積む］人; 賭け屋 ► Get rid of the excess layers of management that had accumulated over the years. 長年の間にたまってきた経営部門の余分な階層を整理しなさい
— v 層にする; 層に分離する

laying open to the public 出願公開［⇨特許出願を一定期間経過後に公開すること］

layoff n レイオフ, 解雇, 一時解雇［⇨事業遂行上の理由による解雇. 従業員本人の行為を理由とする解雇には用いない. この言葉は元来は「人員削減が必要な時に先任権に基づき復職権を保証して余剰人員を一時的に解雇する雇用調整」の意味で使われたが, 現在では業績悪化で人員削減が必要になった場合の解雇に用いられている］► Amid slipping sales and economic downturn, the company announced its biggest layoff ever. 売上減少と景気下降のさなかに, その会社は過去最大のレイオフを発表した / Plant closings and layoffs in the manufacturing sector have further driven up unemployment. 製造業部門の工場閉鎖と一時解雇は失業者数をさらに押し上げた / Layoffs are going to start very soon. 一時解雇がまもなく始まる

layoff pay 一時帰休中給与

layout n 地取り; 設計; 割付け, レイアウト; 道具の一式;《略式》場所, 家, 屋敷 ► the office layout オフィスのレイアウト / the page layout ページのレイアウト / the store layout 店のレイアウト
— v 割り付ける

layover n《米》途中下車 (=stopover);（航空機の）途中待合わせ［乗継ぎ］

Lay's《商標》レイズ［⇨ポテトチップで有名な米国の大手スナックメーカー. アメリカ人の手軽なランチはマックにポテトチップ］

laytime n 停泊期間

La-Z-Boy《商標》レイ・ジー・ボーイ［⇨米国製の布張り安楽椅子］

lb.（複 **lbs.**, ~）pound(s)［<ラ］
LBO leveraged buyout
LC Library of Congress
L/C, l.c. letter of credit
LCA life cycle assessment
LCD liquid crystal display
LCE London Commodity Exchange
LCH London Clearing House
LCL less-than-carload lot 貸し切り未満貨物; less-than-container load
LCM least [lowest] common multiple; lower of cost or market
LDC less developed country; least developed country

leaching n 浸出［⇨固相中の目的成分を溶液中に溶かし出し, 共存する不要な夾雑物（たとえば精鉱中の脈石など）を残渣として分離する操作］

lead /líːd/ (**led**) vt ❶ 案内する, 導く; 連れて行く;（水などを）引く《to, into》; 指導的役割を持つ; 先頭に立つ; 始める《with》; 第一位を占める;（生活を）送る ► The receptionist led the guests to the conference room. 受付係はお客様を会議室へ案内した / The CEO was confident that he could lead the company through the economic crisis. そのCEOは同社を率いて経済危機を乗り切ることができると確信していた ❷【法律】(1)（証人などを）誘導尋問する (2)（事件の）主任弁護人 (leader) を務める
— vi 案内する;（道などが）通じる, 至る《to》;（話が）発展する《into》;（…する）気にさせる《to do》;（ある地域）至る《to》, 先頭を進む; リードする ► What led you to do a thing like that? どうしてそんなことをしたんだい / The collapse of Japan's real estate bubble led to a deflation crisis. 日本の不動産バブルの崩壊はデフレ危機をもたらした / The risk of a hard landing may generate tensions in society and lead to an increase in crime. ハードランディングのリスクは社会に緊張を発生させ犯罪の増加をもたらすかもしれない / Price cuts are likely to lead to some erosion of profits. 値引きは利益が食われるという結果になる見込みがある

lead astray だます; だまして…させる《into》
lead off 始める, 始まる
lead on を案内する; だます; 仕向ける
lead up to の結果に至る
— n《the ~》先頭; 優勢, リード; 手がかり《on》; 先例, 手本; 指導［指揮］(力);（新聞の）書き出し, 導入部; トップニュース［記事］(=lead story)
follow the lead of の手本にならう
give a person a lead 範を示して（人を）励ます
in the lead 先頭で; リードして
take the lead 主導する; 率先垂範する
— a【金融】もっとも重要な, リードする ► a lead analyst 主任アナリスト

lead bank /líːd/ 主幹事銀行［⇨協調融資の幹事役を務める銀行］

leaded /lédid/ a（ガソリンが）有鉛の
leaded gasoline 加鉛ガソリン

leader /líːdər/ n ❶ 指導者, リーダー; 特売品 (=loss leader); 主導するもの［企業, 商品］► The upcoming election will decide the **nation's next leader**. 来るべき選挙は同国の次の指導者を決めるだろう / **World leaders** have raised concerns over growing economic nationalism. 世界の指導者たちは経済ナショナリズムの高まりに懸念を表明している / Management pleaded with **union leaders** to call off the strike. 経営陣は組合の指導者にストの中止を要請した / These products are **market leaders** in the industry. これらの製品は業界の市場を引っぱる主要商品である / The company is **a world leader** in robotics. その会社はロボット工学で世界の先頭に立っている ❷〖法律〗主任弁護士

leadership /líːdərʃɪp/ n 指導者の地位[任務]; 統率(力); 指導者団; リーダーシップ ►**Under his leadership**, our company has grown rapidly. あの人のリーダーシップのもとでわが社は急速に成長した / **Through his leadership**, the company turned around and became profitable again. 彼の指導力によって, その会社は立ち直り, 再び黒字になった / There was **no leadership** in him. 彼には指導者としての素質がなかった / Within half a century Britain **lost the leadership** of the industrial world. 半世紀の間に英国は産業界の主導権を失った / We need managers **with vision and leadership**. 当社は将来展望と指導力のある管理者を必要とする

lead-free /léd-/ a 無鉛の

lead-in /líːd-/ n ❶ 引き込みケーブル; 前置き ❷〖広告〗リード・イン [⇨広告本文への導入文. 当該番組前番組]

leading /líːdɪŋ/ a 主要な; 一流の; 主役の; 先導する ►strengthen the leading market position through acquisitions 買収により業界の主導的地位を強化する / The company's toothpaste is the leading brand in the market. 同社の練り歯磨きは市場で首位を占めるブランドだ / We are a leading feed company. 当社は一流の飼料会社である
— n 指揮; 指導(力)

leading case /líːdɪŋ/ リーディング・ケース, 指導的判例, 先例となる判決

leading economic indicator 先行経済指標 (=leading indicator)

leading-edge a 先端の ►We offer a unique line of products that incorporate leading-edge technology. 当社は先端技術を使っているユニークな製品を提供している

leading edge /líːdɪŋ/ 最先端; (物の)前縁 ►leading edge of aeronautics 航空工学の最先端

leading indicator /líːdɪŋ/ 先行指標 [⇨景気の転換に先駆けて変化する経済指標. たとえば, 建築許可(building permits), 失業保険給付請求(unemployment insurance claims), 製造業週労働時間数(production workweek), 通貨供給量(money supply). 民間調査機関カンファレンスボードが毎月, 10種発表. 景気の転換点を見きわめるのに利用される. その全体的指標はthe index of leading indicatorsと呼ばれる] ⇨economic indicators

leading product 主力商品 ►Sportswear, the company's leading product, dominates the market around the world. 同社の主要製品であるスポーツウエアは世界中の市場を制覇している

lead lender (サブパーティシペイションでの)原貸主 [⇨融資団への参加を他の金融機関に呼びかける, 元々の貸主にあたる銀行]

lead-manage a 主幹事として動く [⇨シンジケートローン(協調融資)における主幹事銀行(エージェント・バンク)として, または, 証券の発行を引受ける場合における主幹事証券(リードマネジャー)として主導的な役割を果たすことを言う]

lead manager (《米》(証券発行時の)引受主幹事 (=《英》book runner)

leadoff /líːd-/ n 開始, 着手
— a 初めの, 最初の, 一番目の ►The leadoff article covered scandals involving tainted food. 一面トップの記事は汚染食品に関するスキャンダルを扱っていた

lead partner リードパートナー [⇨合弁事業その他の共同事業における中心企業]

lead plaintiff 原告団代表 [⇨クラスアクションを代表する原告. クラスアクションは原告団代表の名を冠して the Engle class action(エングル集合代表訴訟)などと呼ばれる] ⇨class action

leads and lags /líːdz/ リーズ・アンド・ラグズ [⇨為替相場の変動を見越した支払い・取引時期の調整]

lead time /líːd/ リード・タイム [⇨発注を行ってから商品が納品されるまでにかかる時間] ►How much lead time do you need? 納品までにどのくらい必要ですか

lead underwriter 引受主幹事, 主幹事証券会社 [⇨証券の発行を複数の証券会社, 投資銀行が引受けているときの取りまとめ役]

lead user リード・ユーザー [⇨新製品をいち早く購入する先端的な消費者]

leaf /líːf/ n (**leaves**) 葉; 花びら; (書物などの)紙葉一枚; 金属薄片, 箔(はく)

go on leaf 休暇をとる

take a leaf from [out of] someone's book …を見習う ►We should take a leaf from [out of] their book and give these samples away. われわれは彼らを見習ってこれらの見本を無料配布するとよい

turn over a new leaf 新規まき直しをする ►The company turned over a new leaf with the introduction of eco-friendly products. 環境にやさしい製品の導入によって同社は新しい1ページをめくった
— vt (ページを)ざっとめくる (*through*)

leaflet /líːflɪt/ n, vt ちらし, びら(を配る) リーフレット, ちらし広告 ►Workers were passing out leaflets advertising the store's grand opening in front of the station. 労働者が駅前の店舗の開店を広告するちらしを配っていた

leaflet drop ちらしの配布

league /líːɡ/ n 同盟, 盟約, 連盟; 部類, 同類 ►With its impressive results in the video game software market, the company is in a league of its own. ビデオゲームソフト市場での素晴らしい成果によって, その会社は他社の及ばない独自の領域に達している

in a different league 格が違って
in league with と結託して
not in the same league with [as] と同じ部類で

はない、にはるかに及ばない
out of one's league 自分の実力の及ぶところではない
— *vi* 同盟する(*together*)

league table ランキング表 [⇨業界での順位を示すリスト]; [引受業者の引受実績の順位を示す] リーグテーブル

leak /líːk/ *n* 漏れ口[穴]; 漏電; 漏洩; 漏出量
— *v* (水などが)漏る; 漏らす ► Employees can inadvertently leak information that can be exploited by hackers. 従業員がハッカーの悪用できる情報を偶然漏らすようなことがある / A whistleblower leaked the information to the press. 密告者がその情報をマスコミに漏らした
leak out (秘密などを)漏らす
◇**leaky** *a* 漏る; (略式)秘密を漏らしがちな

leakage *n* ❶ 漏れ; 漏洩; 漏出量 ► There was from time to time a leakage of very secret information. 極秘情報が時々漏れることがあった ❷ 漏れ損 [⇨水が漏れて階下に損害を及ぼした場合、または、スプリンクラーの誤作動で損害を及ぼした場合を指す海上保険用語]

lean¹ /líːn/ (~ed, (英)leant) *vi* 体を曲げる; 傾く; (意見が)傾く(*toward, to*); 寄り掛かる(*against, on*); 頼る(*on*) ► He leaned against the podium and then began his speech. 演壇にもたれ掛かり、それから演説を始めた
— *vt* 傾かせる、曲げる; 寄り掛からせる
lean on (略式)に頼る; に圧力[脅し]をかける(*for, to do*) ► The company has leaned too much on domestic sales. その会社はあまりにも国内販売に依存している
lean over backward (…するため)最大の努力をする(*to do*)
— *n* 傾き; 傾向 ► a lean of 20° 20度の傾斜

lean² *a* やせた; (土地が)不毛の; (商売などが)不振の ► Companies are reluctant to invest in new projects in lean times. 不景気な時代には、企業は新しいプロジェクトに投資したがらない ❷【商業】(数量・供給量などの)最低水準の ► keep a lean inventory of merchandise 最低水準の在庫量を維持する ❸【経営】リーン方式の、むだのない、スリム化した [⇨余分なコストを削ぎ落として効率性を追求する生産システムについて言う] ⇨ lean manufacturing ► The economic analysis dictates a smaller, leaner core business around which to restructure. 経済分析によればより小さくよりむだのないコアビジネスを基にして会社改造をすることが必須である
lean and mean (略式)やる気のある
◇**leanness** *n*

leaning *n* 傾斜; 傾向(*toward*); 好み

lean manufacturing リーン生産、生産のスリム化 [⇨余分なコストを削ぎ落として効率性を追求する生産システム。トヨタ自動車の生産システムにつけられた呼び名から一般化した]

lean production =lean manufacturing

leap /líːp/ (~ed, leapt) *vi* 跳ぶ; 急に(ある状態に)なる[達する](*into, to*); 目にぱっと留まる

— *vt* 跳び越す; 跳び越えさせる
leap at (チャンスなどに)飛びつく ► He leaped at the offer to work overseas. 海外勤務のその申し出に彼は飛びついた
leap out at の目に留まる; 急に明らかになる
— *n* 跳躍; 急激な変化
a leap in the dark (略式)向こう見ずな行動
a leap of faith 危険を冒してとる行動
by leaps and bounds 急速に、とんとん拍子に ► The price of gasoline has jumped by leaps and bounds. ガソリン価格はうなぎ上りに上昇している / The company's convenience stores chain has grown by leaps and bounds. 同社のコンビニのチェーンはうなぎ登りに成長した

leap year 閏(うるう)年

Lear (~ Corp) リア [⇨自動車インテリア用品のメーカー。カーシート、ドアパネルなど自動車内装、外装品をGM, Fordなど自動車会社に供給]

Learjet (商標)リアジェット [⇨米国製のビジネス用ジェット機]

learn /ləːrn/ *v* (~ed /ləːrnd | ləːrnt, -t/, learnt) 習う、学ぶ; 覚える; (…するように)なる(*to do*); 聞き知る(*of, that*); (略式)教える; 思い知らす ► I'm learning to use this new software. この新しいソフトウェアの使い方を学んでいる / The police learned of his involvement through their investigation. 警察は彼が関与していることを捜査を通じて知った / A refrigerator manufacturer learned the hard way about culture's influence on buying. ある冷蔵庫製造会社は購入に対する文化の影響を苦い経験をすることによって学んだ / Consumers also learn through repeated association. 消費者はまた連想の繰返しによって学ぶ / Learning about new products can happen in this way. 新製品についての学習はこのようにして行われる / Sales of drugs grow as consumers learn the benefits of their use. 薬品の売上は消費者がそれを使用してその有益さを知ったときに増加する
learn from one's mistakes 過ちから学ぶ

learning *n* ❶ 学問、学識; 学習 ❷ 学習 [⇨報酬獲得に成功すればその行為を繰り返し、失敗すれば、その行動をしなくなる過程]
A little learning is a dangerous thing. (諺)生兵法はけがのもと

learning curve 学習曲線; 習熟曲線

lease /líːs/ *n* リース; (土地・建物の)賃貸借契約[期間]; 借地[借家]権; (動産)賃貸借、(無体財産権の)期間使用権付与

解説　機械・設備のリースについては、契約期間中に解約できるかどうかによって、ファイナンスリース(⇨ finance lease)とオペレーティングリース(⇨ operating lease)に大別される。ファイナンスリースは、企業が機械・設備を調達するにあたって、金融機関から資金を借りる代わりに、リース会社から機械・設備を借り受ける契約で、基本的には金融取引である。特殊なファイナンスリースとし

て、レバレッジドリース(⇨ leveraged lease)がある. 航空機などの1000万ドルを超える大型リース案件に用いられる. オペレーティングリースは、レンタルとも呼ばれ、レンタカーが典型的な例だが、借り手は自由に中途解約でき、機械・設備の陳腐化のリスクは貸手が負う. リース契約の貸手はレッサー(lessor)と呼ばれる. 借手はレッシー(lessee)と呼ばれる. リース契約はこの2者の間で締結されるが、上記のレバレッジドリースの場合には、レッサーとレッシーにレンダー(lender)を加えた3者の契約となる

▶ a cross-border lease クロスボーダー・リース / a financial lease ファイナンス・リース / an operating lease オペレーティング・リース / a leveraged lease レバレッジド・リース / He has a long lease of this field. 長期契約でこの畑を借りている / The building has several offices up for lease. その建物では数件のオフィスが借手を探している

by [on] lease 賃貸借契約で ▶ let a house on lease 家を賃貸しする / take [hold] a piece of land on lease 土地を賃貸借りする

fall out of lease 賃貸[借]期限が切れる

give ... a new lease on [of] life …を生き返らせる; まだ使えるようにする

take a lease on をリースする

— *vt* リースする; (土地などを)賃貸し[賃借り]する《*out*》; 期間(使用)権を設定する, 使用賃借する ▶ Cosmetic companies are usually obliged to lease counter space for their lines. 通例, 化粧品会社は自社の全製品のためにカウンタースペース[売場]を借りる必要がある

lease agreement 賃貸借契約 ▶ The landowner agreed to renew the lease agreement. 賃貸人は賃貸借契約の更新に同意した

leaseback *n* リースバック[◯資産の所有者がその資産を売却し, ただちに売却先から賃借すること] ▶ a sale and leaseback transaction セール・アンド・リースバック取引

lease contract リース契約
leased asset リース資産 [◯リースの対象とされた資産]
leased premises 賃貸物件, 賃貸物件
leased property リース物件
lease finance リース金融
lease financing リースによる資金調達
leasehold *n* 賃借地[権], 定期賃借権
leaseholder *n* 借家人, 借地人
leasehold estate 賃借人に帰属する権利利益; 不動産利用権
leasehold interest 利用権[◯リース資産の利用権]
leasehold possession 賃借権に基づく占有
leasehold property 賃貸借物件
leasehold value リースホールド・バリュー [◯借地人の払っている賃料が相場を下回る場合に, その借地権について認められる固有の取引価値]

lease interest 不動産賃借権
lease obligation リース債務
lease payment 支払リース料
lease revenue 受取リース料
lease right 借地権
lease term リース期間
leasing commitment リース契約債務
least /líːst/ *a, n* (little の最上級)最小(の); 最少(の) ▶ The least I can do is help him finish the job. 私にできるせめてものことは彼が仕事を終えるのを助けることだ

at (the) least 少なくとも; せめて ▶ At least ten people were injured in the accident. その事故で少なくとも10人が負傷した / He puts in at least 10 hours a day at the office. 彼は1日のうち少なくとも10時間は事務所に出ている

not in the least 少しも…でない ▶ I'm not in the least interested in hearing what you have to say. 君の話にはまったく興味がない

not the least (least に強勢を置いて)少しも…ない; (not に強勢を置いて)少なからぬ

to say the least (of it) 控えめに言っても ▶ This product is inferior, to say the least. 控えめに言ってもこの製品は劣っている

— *ad* もっとも少なく ▶ Troubles come when you least expect them. 困難はもっとも予想しないときに起こる

least of all もっとも…でない

not least 特に, とりわけ

least developed country 後発発展途上国 (LDC)

leave¹ /líːv/ (**left**) *vt* ❶ 去る, 離れる《*for*》; やめる; ままにしておく, ほうっておく; 任せる; 置いていく《*with*》; 置き忘れる; (人と)別れる; (遺産などを)残す《*to*》; 取っておく ▶ Employees who wish to leave work early due to extreme adverse weather conditions must obtain supervisory approval. 極端な悪天候のため早退を希望する従業員は上司の許可を得なければならない / She left the company about three years ago. 彼女は3年ぐらい前に辞めた / Could I leave message? 伝言をお願いできますか / Has anyone left a message for me? 誰か私に伝言を残していますか / Leave reasonable negotiating room. 妥当な交渉の余地を残しておけ / She has left everything undone. 彼女は何もしないでほうっておいた / He has left this job half-done. 彼はこの仕事を半分やりかけのままにしておいた / (You'd) better leave it unsaid. それは言わないでおいた方がよい ❷【法律】(1)委ねる, 任せる, 預ける (2)残す, 捨てる, 遺棄する, 放置する (3)遺言で与える, 遺贈する

— *vi* 去る, 出発する《*for*》 ▶ We're leaving for London tomorrow. 私たちは明日ロンドンへ出発します

be left with が残る; 押しつけられる ▶ I was left with the task of handling the bills. 請求書処理の仕事を引き受ける羽目になった

be [get] nicely left まんまと一杯食わされる

get left (略式)行き詰まる; 見捨てられる

leave ... alone に干渉しない; (話題に) 触れない ► You should simply leave the matter alone. その件は触らないでおくのがよい
leave aside ひとまず脇においておく
leave ... behind を後に残す; 置き忘れる; 追い越す ► I left my camera behind in the hotel room. ホテルの部屋にカメラを置き忘れた
leave ... flat を見捨てる
leave go [hold] of を手放す
Leave it at that. そのくらいにしておけ
Leave it be. そのままにしておけ
leave it to [with] に任せる ► You can leave it with me. 私にそれを預けておきなさい
leave off (雨が)やむ; (仕事を)やめる; から除外する
leave on 着た[掛けた, つけた]ままにしておく
leave out を除外する, 省く; のけ者にする; を(うっかり)抜かす ► Did we leave out anything important? 何か重要なことを落としていますか
leave over を残しておく; を延期する ► Leave this plan over until next year. この計画を来年まで延期しなさい
leave well (enough) alone (満足して)現状のままにしておく
what was left of の残骸[名残り]

leave² /liːv/ n ❶ 休暇; 休暇期間

コロケーション

動詞(句)+〜 apply for leave 休暇届を出す / ask for leave 休暇を願い出る / be on leave 休暇中である / get leave 休暇を取る / give leave 休暇を認める / go on leave 休暇を取る / grant leave 休暇を認める / have leave 休暇を取る / take leave 休暇を取る

► I'm afraid he's on leave this week. 申し訳ありませんが, 彼は今週休暇をいただいております / Employees terminated under this policy shall forfeit all accumulated sick leave. この基本方針に基づき解雇された従業員は, 取得済みの病気休暇請求権をすべて失うものとする / Employees who take more than three consecutive days of sick leave will be required to submit a doctor's note. 4日以上連続して病気休暇を取る従業員は医師の診断書の提出を求められる / Every employee shall be granted 3 calendar days' paid matrimonial leave on the occasion of his first marriage. すべて従業員には, 初回の結婚の際, 3日間の慶事休暇を有給扱いで付与する / I need to use 11 days of annual leave. 11日間の有給休暇を消化する必要がある / The boss did not grant leave due to operational requirements. 上司は業務上の必要性を理由に休暇を認めなかった / When you apply for leave, use this form. 休暇届(願)を出すときは, この書式を使うこと

休暇

annual leave with pay 年次有給休暇 / bereavement leave 弔事休暇 / compassionate leave 弔事休暇 / extended leave 長期休暇 / maternity leave 産児休暇 / paid annual leave 年次有給休暇 / paternity leave (父親のための) 育児休暇 / sick leave 病気休暇 / special leave for marriages and funerals 慶弔休暇 / special leave given in the event of a bereavement in the family 弔事休暇 / special leave given in the event of marriage 慶事休暇 / special leave given in the event of marriages and funerals 慶弔休暇 / unpaid leave 無給休暇 / vacation leave 休暇

❷ 許可 ► absence without leave 無断欠勤(AWOL)
by [with] your leave 失礼ながら
give leave to do …する許可を与える
without leave 無断で

leave-behind n (会議の内容を残す) 配布資料 [◇もとは, 「置き忘れ物」の意味]

leave of absence 休暇, 休学, 休職; 休職願 ► ask for a leave of absence 休職願を出す / take leave of absence 休暇を取る

leave request 休暇申請 ► a leave request form 休暇申請書 / put in a leave request 休暇申請を出す / withdraw a leave request 休暇申請を取り下げる

lecture /léktʃər/ n, v 講義[講演] (をする) (on); 訓戒, 説教(する) ► The speaker gave a lecture on his research. 講師は自分の研究について話をした
◇**lecturer** n 講師

led v leadの過去・過去分詞
— a 導かれた ► Is it an export-led economic recovery or a market-led improvement? それは輸出主導の景気回復か, それとも市場先導の改善か

LED light-emitting diode

ledger /lédʒər/ n 元帳, 原簿, 台帳 [◇企業の資産, 負債, 資本, 収益, 費用のすべての勘定を収用した総勘定元帳を言う] ► bought ledger 仕入帳, 買掛金元帳 / post all transactions to the ledger 全取引を元帳に転記する

ledger clerk 帳簿係

leech /liːtʃ/ n 悪らつな搾取者; 高利貸し
— vt (財産などを)搾り取る; ヒルに血を吸わせる ► He leeches off his coworkers' sales leads. 彼は同僚の持っているセールスの手がかりをヒルのように吸い取る

left¹ /left/ a 左の; 左翼の
— n ❶ 左, 左側 ❷ (通例 L-) 左翼; (集合的に) 左翼議員, 左派; 急進[革新]党員
over the left 逆に言って
— ad 左へ

left² v, a leaveの過去・過去分詞
left-align a 左寄せにする
left-click n, v 【ぱそ→】左クリック(する)
left-luggage office 《英》手荷物預り所 (= 《米》baggage room)
leftovers sale 在庫処分セール

leg /leg/ n 脚; 脚形のもの; 支柱; (旅行の)一行程; 【海事】一間切りの区間; 【証券】(株価の)一局面, 一段階 ► With the new product release, our company has a leg up on the competition. その新製品の発売で、わが社は競合他社より優位に立っている / The economy took another leg down in October. 景気は10月に再度の下降局面を迎えた / The sharp drop could signal another leg down for the stock market. その急落は株式市場に再度の下降局面のシグナルを送っているのかもしれない

give a person a leg up 手助けする, 有利にする
have legs (話題などが) 持続性がある ► The film had a slow start at the box office before finally it had legs. その映画は最初切符の売れ行きはよくなかったが, 結局はロングランになった

— *v* (-gg-) (~ it) 歩く; 走る, 逃げる

legacy /légəsi/ *n* ❶ 遺産, 遺贈, 遺物 ❷ 過去の遺物, (特に) 負の遺産 ► The new administration must wrestle with the legacy of past deficits. 新政権は過去の赤字という遺産と格闘しなければならない ❸ 遺贈, 遺産 ► a legacy from a distant relation 遠い縁者の遺産 / inherit a legacy 遺産を相続する / He left his daughter a handsome legacy. 娘に莫大な遺産を残した

legacy costs レガシーコスト

> 解説 企業が負担する退職者の年金・医療保険コスト. この場合の legacy は「負の遺産」の意味. レガシーコストは米国の鉄鋼業界や自動車業界に現在の苦境をもたらした元凶とされる. 米国には企業年金の受給を保護する ERISA という法律があり, 退職後の所得を保証している

► US automakers are weighed down by legacy costs. 米国の自動車メーカーはレガシーコストの重荷で悩まされている

legacy system レガシーシステム [➡一時代前のシステムながら現在も運用されているもの]

legal /líːgəl/ *a* ❶ 法律の, 法律に関する, 法定の (✚この語義の場合には lawful と差し替えはできない) ► a legal claim 法的請求権 / legal remedies 法的救済措置 / a legal tariff rate 法定関税率 / a legal community 法曹界 / a legal counsel 法律顧問, 顧問弁護士 / a legal opinion 法的見解, 弁護士意見書 / a legal claim 法的請求権 / legal remedies 法的救済措置 / a legal tariff rate 法定関税率 / a legal community 法曹界 / a legal counsel 法律顧問, 顧問弁護士 / a legal opinion 法的見解, 弁護士意見書 / The legal drinking age in the US is 21. 米国では法定飲酒年齢は21歳だ
❷ 合法的な, 適法の (⇔illegal) ► close a legal loophole that permits human cloning クローン人間を可能にする合法的抜け穴をなくす
❸ 〖法律〗 コモンローの (⇔lawful) [➡エクイティ (equity) に対比して, コモンロー (common law) に関するものを言う] ► legal estate コモンロー上の不動産権 (⇔equitable estate) / legal interest コモンロー上の財産権 (⇔equitable interest)

make it legal 《略式》結婚する

◊**legalist** *n*
◊**legalistic** *a*

legal action 訴訟, 裁判
コロケーション
(動詞(句)+~) **bring** legal action **against** ... に対して裁判を起こす / **face** legal action 裁判を起こされるという事態に直面する / **take** legal action 裁判を起こす / **threaten** legal action **against** ... に対して裁判を起こす用意があると告げる
► grounds for legal action 訴訟の理由 / You can take legal action against your employer if you feel that you have been improperly fired. 不当に解雇されたと感じている人は, 雇用者に対して訴訟を起こすことができる

legal advertising 法定広告

legal advice 法的助言 ► We should take legal advice from our general counsel. 法務部長に法的助言を求めるべきだ

legal adviser 法律顧問

legal age (法律上定められている) 成年

legal aid 法律扶助 [➡低所得者でも弁護士のサービスが受けられるようにする公的扶助制度] ► a legal aid society 法律扶助協会

legal aids insurance 訴訟費用保険, 訴訟扶助保険 (=legal expenses insurance)

legal assistant 《英》弁護士補助職員; パラリーガル

legal attaché リーガル・アタッシェ [➡法律問題を担当する大使館付きの専門家で, 外交官としての地位が付与されている]

legal capacity 法律行為能力 [➡法的に有効な行為をし, または責任を負うに足る能力]

legal capital surplus 資本準備金

legal charge ❶ 刑事告発 ❷ 担保権

legal claim 権利主張, 権利, 請求権 ► Do they have legal claim to this property? 彼らはこの物件に対して権利があるのだろうか

legal control 法的支配

legal costs 訴訟費用 (=legal expenses)

legal counsel 法律顧問, 顧問弁護士

legal eagle すご腕の弁護士

legal entity 法的主体, 法的実体, 法的人格 [➡自然人以外で, 権利義務の主体として法的に当事者能力を有する組織体. 事業組織としては, コーポレーション (corporation) や LLC (limited liability company) は法的主体であるが, パートナーシップ (partnership) や LLP (limited liability partnership) は法的主体ではない]

legalese /lìːgəlíːz/ *n* 法律関係独特の用語 [文体]

legal estate コモンロー上の不動産権 [➡エクイティ上の不動産権 (equitable estate) に対していう]

legal executive 《英》パラリーガル [➡調査等により弁護士を補佐する高度の専門職]

legal expenses 訴訟費用

legal holiday 法定休日, 祝祭日, 国民の休日

legal interest ❶ 法定利子 [➡法律の規定に基づいて定められた利子] ❷ 〖法律〗 コモンロー上の財産権

legal investment 《米》適格運用商品 [◯他から資産運用を委ねられている者はリスクの高い運用商品を選べないといった法令上の規制があるため、適格なものを指してlegalと言う]

legality /ligǽləti/ n 適法[合法](性); 法律厳守

legalization, 《英》**-sation** /lìːgəlizéiʃən/ n 合法化(する[される]こと), 法的に是認する[される]こと, 法的権威を与える[与えられる]こと

legalize, 《英》**-ise** /líːgəlàiz/ vt 合法化する; 法律上正当と認める

legal liability 法的責任 [◯特に損害賠償責任を言う]

legal list 《米》(公的年金などが定める)適法投資対象リスト ⇨ legal investment

legally ad 法律上, 法的に ► legally binding 法的拘束力のある / The lawyer confirmed that the agreement was legally binding. その弁護士は契約が法的に拘束力を持つことを確認した

legal monopoly 合法的独占, 法的独占業務

legal mortgage 《英》不動産担保権 [◯債務不履行の場合, 債権者は担保に供された不動産から賃金を回収できる]

legal opinion 法律意見書 [◯適法性や手続上の適正に関する法律家の意見書]

legal pad (法律)用箋(せん); 《米》リーガルパッド [◯罫線入りのリーガルサイズ(legal-size)の用紙で, 黄色であるのが特色]

legal person 法人 [◯自然人以外で, 権利義務の主体として法的に当事者能力を有する組織体, コーポレーション(corporation)はその典型的な例] (⇔natural person)

legal proceedings (訴訟, 裁判, 清算・破産などの)法手続

legal rate of interest 法定利率

legal remedy 法的救済方法 [◯権利侵害に対して裁判所が認める差止命令, 損害賠償などの回復手段]

legal reserve (米国の)法定準備金 [◯生命保険会社や銀行が法律によって積立を強制されている流動資産]

legal responsibility 法的責任 ► Companies have a legal responsibility to recall dangerous and defective products. 会社には危険な製品と欠陥のある製品をリコールする法的な責任がある

legal risk 法務リスク [◯契約の有効性, 裁判の結果等により予想外の損失を被るリスク]

legal-size(d) a (紙が)法定サイズの, リーガルサイズの [◯縦35.6センチ, 横20.3センチ]

legal system 司法制度

legal tender 法定通貨 [◯法律的な通用力を有する通貨]

legatee /lègətíː/ n 受遺者 [◯遺言により財産を譲り受ける者]

legator n 遺贈者 [◯遺言により自己の財産を譲渡する者]

L'eggs 《商標》レッグス [◯米国 L'eggs Products, Inc 製パンティーストッキング, ソックス]

legibility /lèdʒəbíləti/ n 読みやすさ; 《広告》可読性, 可視性 ► The company made improvements to the legibility of its product labels. 同社は製品のラベルが読みにくいのを改善した

legible /lédʒəbl/ a 読みやすい, 判読できる; 識別できる ► The fax we received was barely legible. 当社が受け取ったそのファックスは, かろうじて判読可能だった

◇**legibly** ad

legislation /lèdʒisléiʃən/ n 立法; (制定された)法律

コロケーション

(動詞句)+～) **abrogate** legislation 法律を廃止する / **adopt** legislation 法律を採択する, 法律として成立する / **draft** legislation 法案を起草する / **enact** legislation 法律を施行する / **introduce** legislation 法案を提出する / **pass** legislation 法案を可決する, 法律を成立させる / **repeal** legislation 法律を廃止する / **vote down** legislation 法案を否決する

► emergency legislation 緊急立法 / social legislation 社会立法 / Recently passed legislation carries possible criminal penalties against corporate officials for knowingly selling faulty products. 最近成立した法律は, 故意に欠陥製品を販売した会社の担当者に対して刑罰をもって臨めるようになっている / The Senate passed legislation requiring auto makers to disclose more defect data. 上院は自動車メーカーに対して欠陥報告義務の範囲を従前より拡大する法律を可決した

legislative /-lèitiv, -lət-/ a 立法上の ► a legislative council (二院制立法府の)上院; (米国の一部の州の)立法評議会

legislature n (立法権・議決権を持つ)議会; 立法府, 立法機関

legit /lidʒít/ a 《略式》 = legitimate

legitimacy /lidʒítəməsi/ n 合法[適法]性, 正当性 ► legitimacy of organization 組織の正当性

legitimate /lidʒítəmət/ a 合法の, 適法の ► a legitimate claim 法的に正当な請求 / a legitimate government 法的正当性を備えた政府 / a legitimate explanation しかるべき説明 / a legitimate question about ～についてのしかるべき質問 / Many Japanese crime syndicates have established legitimate businesses. 日本の犯罪組織は大部分が合法的なビジネスを設けている / The insurer was accused of denying legitimate medical claims. その保険会社は医療費の合法的な請求を拒否したことで告発された
— vt /-mèit/ 合法化する; 嫡出子とする[認める]

◇**legitimately** ad

legitimize, 《英》**-mise** /lidʒítəmàiz/ vt 合法化する, 正当化する

Lego 《商標》レゴ [◯デンマーク製の玩具. 米国の子供たちにも人気. 想像力を使いながらさまざまな色や形を組み合わせて遊ぶ. レゴはデンマーク語で「よく遊ぶ」の意味]

Lehman Brothers Holdings /líːmən/ 《~, Inc.》リーマン・ブラザーズ・ホールディングス（社）[⚫米国の投資銀行.機関投資家・企業・政府などを対象とした投資銀行業務を世界規模で展開.1983年設立.サブプライム関連の損失による経営悪化で2008年9月破綻, Chapter XIを申請. 米国部門はBarclays Plcに買収された]

leisure /líːʒər, léʒ-/ n, a 暇(な), 余暇 ▶ We have many leisure activities during the trip. 旅行中に多くのレジャー活動がある
at leisure 暇で; 急がないで
at one's leisure 暇なときに; 都合のよいときに
◇**leisured** a 暇のある; ゆっくりした
◇**leisureliness** n
◇**leisurely** a, ad

leisure industry レジャー産業 ▶ The leisure industry is thriving in Hawaii. ハワイではレジャー産業が繁盛している

lemon /lémən/ n 《略式》欠陥品[車]; 運用成果の芳しくない投資

lend /lend/ vt (**lent**) 貸す(⇔borrow); (助力を)与える ▶ The bank refused to lend him any money because of his bad credit. 彼の信用状態が悪いので, 銀行は一切の融資を断わった / Can you lend me $20 until tomorrow? 明日まで20ドル貸してくれないか / The U.S. government encouraged the banks to lend more. アメリカ政府は銀行にもっと貸出することを奨励した / This bank is not willing to lend money to new businesses. この銀行は新事業に金を貸すことに乗り気ではない
lend ... a hand に手を貸す, を助ける ▶ Could you lend me a hand with this? この件で手を貸していただけますか
lend itself to の役に立つ, に向いている; (悪用)されやすい
lend oneself to に力を貸す
lend weight to を裏づける

lender /léndər/ n 金貸し業者; 与信者, 貸手, 貸主(⇔borrower); (レバレッジドリースの)レンダー ⇨leveraged lease ▶ The company is in talks with lenders to restructure its enormous pile of debts. その会社は巨大な累積債務を再構成するために債権者と交渉中だ

lender of last resort 最後の貸手 (LLR) [⚫中央銀行の役割]

lender's policy 貸主用権原保険 [⚫買った不動産が実は売主のものではなかったという場合に買主が被り得る損失をカバーする権原保険において, 買主に融資した者の利益を守るための保険契約]

lending /léndiŋ/ n 貸付, 貸出 ▶ seasonal lending 季節貸出 / selective lending 選別融資 / Though credit standards have tightened, bank lending is still increasing. 与信基準は引き締められているが, 銀行の貸出はいまだに増加している / Japan committed $5 billion in lending to fund green projects in developing countries. 日本は発展途上国における環境保護プロジェクトの資金として融資の形で50億ドルを拠出した

lending rate 貸出金利, 貸出利率

length /leŋkθ/ n 長さ; 丈; 期間 ▶ What is the length of time required for delivery? 配達に必要な時間はどれくらいですか
across [throughout, over] the length and breadth of の隅から隅まで
at length 詳細に; ついに ▶ He talked at length about the problem. その問題について彼はくどくどと話した
go (to) any length(s) / go (to) all [great] lengths (目的を遂げるために)どんなことでもする《to do》 ▶ The analysts have gone to great lengths to discover customers' purposes by looking for motives. アナリストは客の動機を探し求めることによって客の目的を見つけ出そうと, 多大の時間をかけた
go to the length of doing …までもする
the length of の端から端まで

Lenovo Group 《~ Ltd.》レノボ, 聯想集団 [⚫2005年IBMのパソコン部門を買収し, 国際的なPCメーカーとなった. PCのほかサーバーやその他通信機器を製造する]

Lenox 《商標》レノックス [⚫米国製の磁器]

less /les/ ad (little の比較級) いっそう少なく; (というよりは)むしろ… 《than》 ▶ Though it was a less attractive position, he took the job anyway because he needed the money. さほど魅力のある地位ではなかったが, 金を必要としていたので, ともかく彼はその仕事を引き受けた / The strength of China's yuan against other major currencies has made its exports less competitive. 中国の元が他の主要通貨に対して強いことは中国の輸出競争力を弱めてきた
anything less than と少しでも違う ▶ He won't accept anything less than his asking price. あの人は自分が提示した売値より安い値段では売らないだろう
less and less 次第に少なく, ますます少ない[…でない] ▶ Recently, I have less and less free time. 最近, 自由な時間がますます減っている
less than とまではいかない; 少しも…でない ▶ Jet fuel prices have dropped to less than half compared to a year ago. ジェット燃料の価格は1年前に比べると半分以下に下落した / Less than a third of our employees are female. 当社の従業員は3分の1以下が女性だ
little less than とほとんど同様で
much [still] less ましてや…でない
no less 同じ程度に; まさしく, 実に; それでもなお; やはり
no less ... than に劣らないほど, と同じ程度に…で
no less than と同様に
none the less それでもやはり
nothing less than にほかならない, まさしく…で
━ a より少ない; より小さい ▶ Less is more. より少なくの方がより多くになる; 少ない方が得になる / Consumers are becoming less brand con-

scious in today's tough economic times. 今日の不景気な時代にあって消費者はブランド志向を弱めつつある
— n より少ない量[数, 額]
for less より安く
in less than no time 《略式》あっという間に
Less of ... ! 《略式》はほどほどにしろ
— prep …を引いた, …だけ足りない
-less /lis, ləs/「…のない, …し得ない」
less developed country 発展途上国 (LDC) ⇨ developing country
lessee /lesí:/ n 借地[借家]人; 賃借人; リース賃借人, レッシー (⇔lessor)
lessen /lésn/ v 少なく[小さく]なる[する]; 減る, 減らす ▶ In order to lessen its dependence on exports, the country needs to work on building domestic demand. 輸出への依存度を減らすために, 同国は内需拡大に努力する必要がある / We can lessen our burden by hiring another employee. もう一人従業員を雇えば私たちの負担を減らすことができる
lesson /lésn/ n 教訓; 学課; 授業 ▶ One lesson learned from the subprime loan crisis is that big banks and investment firms are not invincible. サブプライムローン危機から学んだ一つの教訓は, 大手銀行と投資会社は無敵ではないということだ / The bank learned the costly lesson of irresponsible lending. その銀行は無責任な融資から高価な教訓を学んだ
Let that be a lesson to you. 《略式》今度のことを教訓にしなさい
read [teach, give] a person a lesson (人を)訓戒する
take [give] lessons in を習う[教える]
lessor /léso:r/ n 地主, 家主; 賃貸人; 貸主, レッサー (⇔lessee)
less-than-carload a 貨車1台分未満の小口の貨物の ⇨ LCL
less-than-container load LCL貨物 [◯コンテナ1本分に満たない小口貨物. 1本分になるものはFCL(=full container load)と言う]
less-than-truckload a トラック1台分未満の小口貨物扱いの
let /let/ (~; -tt-) vt 許す, …させてやる, させる; (人・物を)通す; 貸す; (仕事などを)請け負わせる; (液体・息などを)出す, こぼす; 《Let me do》…させてほしい; 《Let us do; Let's do》…しよう; 《Let A do》Aに…してもらおう ▶ We are not going to let the Japanese take this market from us. 日本人にこの市場を奪わせないつもりだ
— vi 貸される ▶ The apartment lets for $100 per week. そのアパートの家賃は週100ドルだ
let alone をほうっておく; は言うまでもなく ▶ He is too tired to think, let alone study. 疲れていて勉強することはもちろん考えることもできない / I can't afford to buy a car, let alone a house. 私には車を買う金はないし, 家なんてとてもじゃない
let a person have it (人に)どなる; 殴る, 罰する
let ... be をほうっておく ▶ Let it be. そのままにして
let down を下げる; 失望させる; 裏切る; (人格に)傷をつける; (タイヤなどの)空気を抜く; 力を抜く ▶ I hope you won't let me down this time. 今回はがっかりさせないでくれよ
let down easy (人を傷つけないように)やんわりと断る
let ... fall [drop] を落とす; (秘密・言葉を)漏らす
let fly 飛ばす; (雑言を)放つ
let go を放す; 解雇する ▶ The company had to let go of many employees. その会社は多くの従業員を解雇しなければならなかった / I'm going to let you go, Judy. ジュディー, 君には辞めてもらう / We are downsizing and I'm afraid we have to let you go. 事業を縮小することになり, 残念ながら辞めてもらうほかありません
let ... go for 《略式》…を(金額)で売る ▶ To sell the house quickly, I'm willing to let it go for less than market value. この家を早く売るためには, 市場価格より安く売ってもよい
let in を中に入れる; 《let oneself in》(危険などに)巻き込まれる, (損害を)こうむる (*for*); (学校などが)始める
let ... into を…に入れる, はめ込む
let it go at that 《略式》そのことは水に流す
let loose を自由にする, 解放する
let off を発射する; 放免する, 軽罰で許してやる; (乗客を)降ろす
let on 《略式》(秘密を)漏らす; 白状する; 振りをする
let out 外に出す; (秘密を)漏らす; (声を)出す; 解放する; 《略式》首にする[なる]; 《英》賃貸しする; 《米》(学校・劇場などが)終わる; (に)襲いかかる, 暴言を浴びせる (*at*)
let up (雨が)やむ, 弱まる; 仕事の手を休める; (圧力が)減る ▶ The rain is finally letting up. 雨はようやく小やみになってきた / The demand for fuel-efficient, compact cars has not let up. 燃料効率のよい小型車に対する需要は減っていない
let up on 《略式》に対して寛大になる
let us [let's] say そうですね, たとえば
let well enough alone /《英》*let well alone* 現状のままにしておく
to let 貸すための ▶ a house to let 貸家
— n 《英》貸すこと
let's /lèts/ let us の縮約形 ▶ Let's finish the meeting early. 早めに会議を終えましょう
letter /létər/ n レター, 書信, 書状, 書面 ▶ Let's address the letter to the customer service manager. このレターを顧客サービスの責任者宛にしよう / Please forward this letter to your accounts department. この書面を御社の経理部門に転送していただければと存じます / We need to answer the letter within 30 days. 30日内にこの手紙に返事しなければならない
keep [stick] to the letter of the law 法律[規則]を杓子定規に守る
to the letter 文字どおりに
— vt 文字を書き入れる
◇**lettered** a 学問[教育]のある; 文字入りの

letter agreement レター・アグリーメント [⇨往復書簡形式の契約書]

letterhead n レターヘッド [⇨上部に印刷された住所・名前または, 社名等の入っている社用レター用紙]

lettering n 文字を書く[刻む, 図案化する]こと; その文字; 【広告】手書き文字

letter of acceptance 発注内示書

letter of advice 通知書; 勧告書 ▶ The consultant wrote a letter of advice to the company on ways to improve its management. そのコンサルタントは経営の改善方法について同社に勧告書を書いた

letter of allocation 割当通知 [⇨発行された新株の引受を申し込んだ者に対して何株割当てるのかを通知する書面]

letter of allotment 割当証

letter of apology 謝罪文 ▶ The company sent a letter of apology to customers for the billing error. 同社は代金請求の誤りについて顧客にお詫びの手紙を送った

letter of application 申込書; 願書 ▶ We also accept letters of application by email. 当社はEメールによる願書も受理します

letter of appointment 採用通知, 辞令 ▶ He was delighted when he found out about his new overseas post in the letter of appointment. 彼は辞令で海外の新しい勤務地を知って喜んだ

letter of approval 同意書 (LOA)

letter of attorney 委任状 (=power of attorney) ▶ The letter of attorney authorized the agent to dispose of the land. その委任状は代理人に土地を処分する権限を与えた

letter of comfort コンフォートレター [⇨保証状ないしは念書として相手に差し入れる書面]

letter of credit 信用状 (L/C) (=bill of credit) [⇨輸出業者に対して輸入業者の取引銀行が特定の貨物に対する手形の支払を保証した書類] 📖 Said Letter of Credit shall be opened by an internationally reputable first class bank satisfactory to SELLER. 上記信用状は, 「売主」の満足する国際的に信用の高い一流銀行によって開設されるものとする

═══**信用状**═══

confirmed letter of credit 確認信用状 / irrevocable letter of credit 取消不能信用状 / revocable letter of credit 取消可能信用状 / transferable letter of credit 譲渡可能信用状 / letter of credit at sight 一覧払信用状

letter of engagement 委任契約書 [⇨特に請負業者に対して委任事項を確認するものを言う]

letter of guarantee 保証状 ▶ We were asked to provide a letter of guarantee issued by a bank acceptable to them. 当社は, 相手方が了承する銀行の発行する保証状を差し入れるよう求められた

letter of indemnity 損失補償を約束する書面

letter of inquiry 照会状 ▶ Thank you very much for your letter of inquiry regarding the possibility of distributing our products in your country. 貴国で弊社の製品を販売する可能性について問合せのお手紙をいただき, 誠に有難うございます

letter of intent レターオブインテント, 仮契約書 [⇨本契約締結に先立ち, その骨子を確認するために交される書面]

letter of license 期限の猶予を認める書面

letter of regret 断わり状 [⇨不採用の通知, 入札者に対しての一番札ではなかったとの通知等]

letter of resignation 辞表 ▶ She eventually submitted a letter of resignation to the Board. 最終的には彼女は取締役会に辞表を出した

lettershop n レターショップ [⇨チラシ, DMなどの発送代行業]

letter-size a 便箋サイズの, レターサイズの [⇨縦27.9センチ, 横21.6センチ. A4に近い]

letters of administration 遺産管理状 [⇨裁判所などによって出される, 遺産管理人の資格および遺産の管理処分権を付与する書面]

letter stock 《米》レターストック, 非登録株, 私募株式 [⇨証券取引委員会(SEC)に登録届を出さずに少数の投資家向けに私募される株式. 長期投資目的で, 所定年数その株式を転売しない旨の文書に署名確約して買い入れる. 債券(bond)の場合にはletter bondと言う]

letting n 建物賃貸

lettuce /létis/ n 《米略式》現なま

letup n 《略式》休止; 緩み; 減少 ▶ There seems to be no letup in sight for the gasoline price hikes. ガソリン価格の高騰が緩む気配は当分は見えそうにない

level /lévəl/ a, ad 平らな[に]; 水平な[に]; 同等[対等]の; むらのない; 分別のある; 冷静な; 《略式》率直な

do one's level best 最善を尽くす

— n ❶ 水準, レベル ▶ a price level 物価水準 / an income level 所得水準 / an activity level 操業度 / a performance level 業績水準 / a share price level 株価水準 / a target level 誘導目標 / have high savings levels 高水準の貯蓄率を有する / report profit at the operating level 営業段階で利益を計上する / Maintaining increasing profit levels will require improving the product. 利益の水準を維持するには製品の改良が必要だ / We need to assess the level of risk involved in the project. その事業に伴うリスクの程度を査定する必要がある / The yen is at its lowest level against the dollar in six months. 円はドルに対してこの6か月間で最低の水準にある / The economy has shrunk to its worst level since World War II. その国の経済は第2次世界大戦以来最悪の水準まで縮小した

❷ 社内階層上のレベル ▶ board level 取締役会

レベル / **entry level** 未経験者でも可能な職能レベル, 未熟練レベル / **junior level manager** 下位の管理職 / **senior level manager** 上級管理職
find [seek] one's (own) level しかるべき地位を得る
on a level with と同じ高さで; と互角に
on the level (略式) 正直な[に], 誠実な[に]
― *vt* ((英))**-ll-** 平ら[水平]にする, ならす(*off, out*); (の水準に)合わせる; (物を)倒す; 均一化する; (非難を)向ける(*at, against*)
― *vi* 水平になる(*off*); 平等になる; (物価などが)安定する, 横ばいになる(*off, out*); ねらいを定める(*at*)
level off [out] 水平飛行をする; (物価など)横ばいになる ► The unemployment rate has leveled off. 失業率は横ばい状態になっている / Housing prices are showing signs of leveling off. 住宅の価格は横ばいの兆候を示している / Inflation finally started to level off. インフレはようやく横ばいになり始めた
level to the ground つぶして[壊して, 倒して]ならす
level up [down] の程度を上げる[下げる]
level with (略式) (人に)正直[率直]に言う
◇**leveler**, (英) **leveller** *n* 水平にする人[もの]; 平等主義者
level of assurance 保証水準
level of employment 雇用水準, 失業率
level of inflation インフレ率, 物価上昇率
level of prices 物価水準
level playing field 公平な競争の場 ► ensure a level playing field between private and public operators 民業と官業の間に平等な競争の場を確保する
Level 3 assets レベル3資産

解説 米国FASBから2006年に出された財務報告基準書157号(FAS 157)は金融資産をLevel 1からLevel 3まで3つのカテゴリーに分けて評価することを求めている. 活発な市場データに基づいて評価されている資産はレベル1に, 観察可能な市場データに基づくか, または, 市場データに関連するデータに基づいて評価されている資産はレベル2に, 市場データが存在せず, 社内データのような客観性のないデータに基づいて評価されている資産はレベル3に分類する. 債務担保証券(CDO)のように市場取引が皆無に近い証券はレベル3になる. レベル3資産は適切な評価が行われているか疑わしい要注意の資産である

► Many of the investment firm's Level 3 assets were linked to high-risk mortgage backed securities. 投資会社のレベル3資産の多くはハイリスクの住宅ローン担保証券に関係していた
lever /lévər, líːv-/ *n, v* てこ(で動かす); レバー; 手段 ► Pull the lever to start. 始動するにはレバーを引くこと / The fund used borrowed money to lever up returns. そのファンドは借入金を使って収益を膨らませた

leverage /lévəridʒ, líːv-/ *n* レバレッジ

解説 借入金の利用度. 企業の場合, 借入金の利用度の高いハイレバレッジの会社は倒産のリスクが高い. 投資の場合, 投資利益を増やすため多額の借入金を使って投資額を増やすハイレバレッジの投資は, 儲かるときは大きく儲かるが, 損するときは大きく損する. デリバティブ取引は少額の証拠金やオプション料を用意すれば想定元本に相当する大きな取引が可能であるから典型的なハイレバレッジの取引と言える

― *vt* 《米》(借入金で)投機[買収]を行わせる; てこ入れする ► be highly leveraged 負債比率が高い / arrange financing for a highly leveraged acquisition 多額の借入をともなう買収案件の資金を調達する / The highly leveraged transactions were prevalent in the 1980s. 借入金に依存する取引は1980年代に盛んであった
leveraged *a* (自己資本に対して)借入金の比率が高い; レバレッジが効いている [◎英国ではgeared が用いられる] ⇒leverage ► a highly leveraged company 借入金の比率が高い会社, 多額の負債を抱えた会社
leveraged buyout レバレッジド・バイアウト(LBO) [◎買収資金の大部分を外部資金に依存するハイレバレッジの企業買収. ジャンクボンド(junk bond)の発行や被買収会社の資産を担保とした銀行借入などによって資金を調達することが多い]
leveraged lease レバレッジド・リース

解説 ファイナンスリースの一形態で, レッサー(lessor)とレッシー(lessee)にレンダー(lender)を加えたリース契約. 通例, 金額が1,000万ドルを超える大型のリース案件について組成される. リース物件の金額をエクイティポーション(equity portion)とデットポーション(debt portion)に分割する. レッサーはエクイティポーションに見合う自己資金を出資し, これにレンダーから借り入れたデットポーションに見合う資金を加えて, 代金の全額をリース物件の製造者に支払う. 製造者から物件を受け取って所有者(owner)となったレッサーは, レッシーに物件を貸し出す. レッサーはレッシーから定期的に受け取るリース料から, レンダーに借入金の返済を行う. 残額はレッサーが受け取る. レンダーは, 融資に対する担保として, 物件の担保権とリース契約およびリース債権の譲渡を受ける. レッサーは物件の所有者として, 物件の全額について減価償却を享受する. さらに借入金の金利部分を課税所得から控除することができる

leveraged loan レバレッジド・ローン [◎①借入金過多の企業に対する銀行ローン. 米国の銀行監督当局は債務残高が自己資本の3.5倍以上ある企業に対するローンをレバレッジド・ローンとしている ②未公開ファンドなどが未公開企業その他のハイレバレッジの企業を買収すべく, 買収先企業のキャッシュフローを担保に行う借入れ]
leveraged position レバレッジド・ポジショ

ン [⇒借入金によって調達した資金で, ある金融資産を購入することにより構成されるポジション]

leveraged takeover =leveraged buy-out

leverage effect レバレッジ[てこ]効果 [⇒借入比率を高めることによって, 自己資本収益率を高める効果]

lever arch file レバーアーチファイル [⇒書類をとじる2穴リングで, レバーで開閉するようになっている]

Levi's (時に1-)(商標)リーバイス [⇒米国製のジーンズ;米国のLevi Straussの名にちなむ]

Levi Strauss (~& Co.) リーバイストラウス(社) [⇒Levi's ジーンズで知られる米国の衣料メーカー. 1853年設立]

levy /lévi/ n 課徴金, 賦課金;租税 ► impose a 10% levy on alcohol アルコール飲料に10%の税金を課す
— vt (税金を)徴収する;課税する《on, upon》

Lexan (商標)レキサン [⇒硬質, 耐砕性のポリカーボネート(polycarbonate)樹脂の商品名. 防弾ガラス, ヘルメットに用いる]

Lexis-Nexis (商標)レキサス・ネクシス [⇒米国オンライン新聞雑誌データベース]

Lexus (商標)レクサス [⇒トヨタ製の米国の高級車. レクサス専門のディーラーがあり, 性能の良さ, デザインに加えて, カスタマーサービスも評価されている]

LG Group LGグループ [⇒韓国の企業集団で1947年設立. 化学(LG Chemical), 電子(LG Electronics)および通信(LG DATACOM, LG Telecom)などの事業分野に取り組んでいる]

liabilities for product guarantee 修繕保証引当金

liabilities for severance payments 退職給与引当金

liability

/làiəbíləti/ n (✚法的責任という意味では不可算名詞であり, liability という形で使うが, 負債という意味では liabilities と可算名詞の複数形として使う)

❶【法律】責任, 義務

コロケーション

(動詞(句)+~) **accept** liability **for** に対する責任を認める / **acknowledge** liability 責任ありと認める / **admit** one's liability **for** についての自分の責任を認める / **assume** liability 責任を引き受ける / **deny** liability 責任を否定する / **have** liability 責任がある / **incur** liability 責任を負う

► limited liability 有限責任 / civil liability 民事責任 / criminal liability 刑事責任 / employer liability 使用者責任 / full liability 全責任 / statutory liability 法律上の責任, 法的責任 / strict liability 無過失責任 / unlimited liability 無限責任 / The company eventually **admitted its liability** for negligence. その会社は最終的には過失責任を認めた / We **assumed liability** for our subsidiary's debts. 当社は子会社の負債につき責任を引き受けた / If the driver has an accident when using a cellu-lar phone, the insurer can **refuse liability** for the damage caused. 携帯電話を使用中に運転者が事故を起こした場合, 保険会社は, 生じた損害についての責任を拒否することができる

❷ 負債, 債務 (✚liabilities は「金銭・物・サービス等を給付する責務」を意味する. 類語の debt はもっぱら「金銭的な債務」を意味する点で異なる); (-ties) (貸借対照表の)負債(項目)

コロケーション

(動詞(句)+~) **assume** liabilities 負債を引き受ける / **cover** liabilities 負債を賄う (⇒弁済するに足る資金を用意している) / **have** liabilities 負債がある / **meet** liabilities 負債を弁済する / **reduce** liabilities 負債を圧縮する

► current liabilities 流動負債 / financial liabilities 金融負債 / fixed liabilities 固定負債 / contingent liabilities 偶発債務 / off-balance sheet liabilities 簿外負債 / liabilities in excess of assets 債務超過 / be recorded as liabilities 負債として計上される / assumption of liabilities 負債の引受 / list assets and liabilities to determine net worth 資産と負債のリストをつくって純資産額を計算する / Due to **excessive liabilities**, the company became insolvent. 過大な債務のために, その会社は支払い不能の状態になった / The Board failed to ensure adequate public disclosure of **material off-the-book liabilities** that contributed to company's collapse. 取締役会は, 同社破綻の要因となった簿外負債にかかる適正なディスクロージャーにつき確実を期することを怠った / The company does not have sufficient funds to **discharge its liabilities** in full. 同社には負債を全額弁済するに足る資金がない / We should not **incur liabilities** while the situation is still in a state of flux. 今後の見通しが立たないうちは負債を発生させるべきではない

liability for damage 損害賠償責任

liability insurance 責任保険, 賠償責任保険 [⇒被保険者が損害を賠償すべき法的責任を負った場合に, その賠償額を填補する保険]

► product(s) liability insurance 製造物責任保険 / Drivers are required to carry liability insurance. 運転する人は, 賠償責任保険への加入が義務づけられている / Failure to obtain and maintain liability insurance may result in a revocation of the facility's license. 賠償責任保険に加入し, これを維持するのを怠ると, 事業所の免許が取り消されることもある

liability protection 責任制限

liability to equity ratio 負債比率 [⇒企業の資本構成を分析する比率で, 負債(他人資本)に対する資本(自己資本)の割合を示す比率. 通常 debt to equity ratio と言う]

liability without fault 無過失責任 [⇒損害が発生した場合には, 加害者に故意または過失がなくても被害者に対して賠償責任を負うという原則]

liable

/láiəbl/ a (罪などを)受けねばならない, 免れない;責任を負うべき[負っている] 《for》;

…しがちな (to do) ► be liable for damages 損害賠償の責任を負う / be liable for tax 納税義務がある / be held liable for... の責任を問われる, の支払責任を負う / be jointly and severally liable for... の連帯保証を負う, について連帯債務[責任]を負う / We're not liable for any damages from the use of this product. 本製品の使用から生ずるいかなる損害に対しても責任を負いません / You're liable to make a mistake if you're not careful. 注意を怠ると間違いを起こしやすい 🗐 SELLER shall not be liable for any delay in shipment or delivery, or non-delivery, of all or any part of the Goods, which arises from any cause beyond the control of SELLER. 「売主」は、「売主」の制御の及ばない原因により生ずる商品の全部もしくは一部の船積しくは引渡の遅延, または引渡不能について責めを負わないものとする

liaise /liːéiz/ vi (英略式) 連絡をつける[保つ] (with) ► My responsibility includes liaising with overseas clients. 私の職責には海外の顧客と連絡を保つことも含まれます

liaison /liːeizɔ́ːŋ | liéizən/ n 連携 ► Maintaining liaison with regulatory agencies is important. 監督官庁と連携を保つことが大切だ

Li & Fung (~ Ltd.) リー・アンド・フン, 利豊 [○香港の商社. 繊維を中心にサプライチェーンマネジメントを展開]

libel /láibəl/ n 文書による名誉毀損 [○文書による名誉毀損と口頭によるもの (slander) を総括して defamation と言う] ► be sued for libel (文書による) 名誉毀損を理由に訴えられる / constitute libel (文書による) 名誉毀損を構成する
— vt ((英)-ll-) 中傷する; 告訴する
◇**libeler,** (英) **libeller** n
◇**libelous,** (英) **libellous** a

liberal /líbərəl/ a 気前のよい; 豊富な; 寛容な; 自由主義の; 自由な; (教育に関して) 一般教養的な; (L-) (英国の) 自由党の ► Our company has a liberal dress code. わが社では服装は自由だ / They are liberal with cash. 彼らは現金を気前よくつかう
— n 自由主義者; (しばしば L-) 自由党員
◇**liberalist** n
◇**liberalistic** a
◇**liberality** n 心の広いこと, 寛大さ; 贈り物
◇**liberalize** v 自由主義化する; 寛大にする[なる]
◇**liberally** ad

liberalization, (英) **-sation** /lìbərəlizéiʃən/ n 自由化 ► financial liberalization 金融自由化 / oppose liberalization 自由化に反対する / press for liberalization 自由化を求めて圧力をかける / pursue liberalization 自由化を進める

libertarian /lìbərtéəriən/ n, a リバタリアン(の) [○リバタリアニズム (libertarianism) を信奉する (人)]

libertarianism n リバタリアニズム [○個人の権利を強調する政治哲学. 社会・経済のみならず, 人間生活のあらゆる側面について個人の自由を主張し国家の介入に反対する. 従来の自由主義 (liberalism) は政治的に自由を主張する反面, 経済的には連邦政府の積極的介入を主張した. この二重基準に反発して 1970 年代に米国で生まれた]

liberty /líbərti/ n 自由; 解放; 上陸許可; 出入り[使用]の自由; (しばしば-ties) 勝手, 気まま, 無礼; (-ties) 特権

at liberty 自由(の身)で; 暇で; 随意で (to do); (米略式) 失業して ► I'm not at liberty to discuss any details of the investigation at the moment. 調査の細部に言及することは現時点では許されていません

take the liberty 勝手ながら…する (of doing, to do) ► I'm taking the liberty to write [=of writing] to you. 失礼をも顧みず一筆差し上げます

LIBOR, Libor /láibər, líːbɔːr/ London Interbank Offered Rate ライボー, ロンドン銀行間取引金利 [○ロンドンのユーロ市場における銀行間の出し手金利. 金利スワップを含む変動金利商品の金利をリセットする際の指標金利としても重要である] ► a loan at 5 basis points under LIBOR ライボー・マイナス・5 ポイントの借款 / raise a five-year loan of $100 million at 200 basis points over Libor 金額1億ドル期間5年の借入をライボー・プラス 200bp で調達する / The loan carries an interest rate of the six-month LIBOR plus one percent. 融資の金利は 6 か月ライボー・プラス・1% である 🗐 Any amount due to SELLER, which is not paid when due, shall accrue interest at LIBOR plus five percent. 期限到来済の「売主」に対する債務額について, ロンドン銀行間の貸出金利率プラス 5% の金利が付されるものとする

library /láibrèri | -brə-/ n 図書館[室]; 蔵書; 双書, シリーズ; (プログラムなどの) ライブラリー

license, (英) **licence** /láisəns/ n ❶ 許可, 承認; 免許; 認可[許可]証, 免許状, 鑑札 ► give a license to 認可する / under license 認可を得て / apply for a license to drive a taxi タクシー運転の認可を申請する / My license comes up for renewal in 2009. 免許証の書き換えは 2009 年だ
❷ 実施[使用]許諾(書); ライセンス [○知的財産の権利者が, 他者に対して自己の知的財産の実施(使用)を許諾すること] ► favorable license 有利な条件のライセンス / grant a license ライセンス(の実施または権利)を許諾する / exclusive license 独占的ライセンス, (特許の) 専用実施権, (商標の) 専用使用権 / nonexclusive license 非独占的ライセンス, (特許の) 再実施権 / sub license サブライセンス, (特許の) 再実施権 / validated license (米国輸出管理法上の) 個別承認 🗐 CONSULTANT represents and warrants to ABC Co. that CONSULTANT has acquired necessary licenses, permits, qualifications or registration according to the laws of Japan for the performance of its obligations under this

Agreement.「コンサルタント」は,「コンサルタント」が本契約に基づく義務の履行のために日本法で要求される必要な免許,許可,資格または登録証を取得していることをABC社に表明しかつ保証する

a license to print money 多額の費用がかかる計画; 莫大にもうかる活動

— *vt* ❶認可する ❷ライセンスを付与する

license agreement 特許権実施許諾契約, ライセンス契約 ► We are currently negotiating a license agreement with the company. 同社とライセンス契約の交渉をしているところだ / We have entered into a license agreement with the company. 同社とライセンス契約を締結した

licensed appraiser 不動産鑑定士

license contract ライセンス契約 ► We need to negotiate a license contract with the company. 同社とライセンス契約締結のための交渉をする必要がある

licensed product ライセンス製品,(特許の)実施許諾製品

licensee /làisənsí:/ *n* ライセンシー,実施権者[◯ライセンス(実施権)を許諾された者] ► This brand is produced by licensees the world over. このブランドは世界中でライセンシー[契約業者]によって製造される / Ten percent of Löwenbräu sales come from licensees. レーベンブロイ(ビール)の売上の10％はライセンシーの売上である

license fee 特許権使用料 ► Everything has been negotiated except the license fee. ライセンス料を除いて,あらゆる点について交渉を重ねてきた

licensing /láisənsiŋ/ *a* 許可制の,免許制の

licensing agreement ライセンス契約 ► The two firms were unable to reach a new licensing agreement. 両社は新しいライセンス契約で合意に達することができなかった

licensor /láisənsɔr/ *n* ライセンサー,実施許諾者[◯ライセンス(実施権)を許諾した者]

licensure /láisənʃər/ *n* 免許下付,開業認可

licit /lísit/ *a* 合法の,正当な ⇨illicit
◇**licitness** *n*

lid /lid/ *n* ふた; まぶた;《略式》抑制

keep a lid on を隠しておく; 抑制する ► The government is trying to keep a lid on inflation. 政府はインフレを抑えようとしている / Please keep a lid on this matter for the time being. 本件については,しばらくの間,内密にお願いします

put a [the] lid on を終わらせる; 駄目にする

take [lift, blow, rip] the lid off を世間にさらす

◇**lidded** *a* ふたつきの;(の)まぶたをした

Lidocaine《商標》リドカイン[◯主に歯の治療に使われる米国の局部麻酔薬]

lie¹ /lai/ *n* うそ; 詐欺的言動,(故意の)虚偽表示 ► He made up lies about his qualifications on the job resume. 彼は就職用のレジュメで資格について嘘をでっち上げた

a pack of lies うそ八百 ► What he has just told you is a pack of lies. 彼がたった今君に言ったことはうそ八百だ

give the lie to をうそを言ったと責める; ガ偽りであることを証明する

I tell a lie.(前言を取り消して)間違えました

— *v* うそを言う,欺く《*to, about*》; うそをついて…させる;《~ *oneself*》うそをついて逃れる《*out of*》

lie in [through] one's teeth 真っ赤なうそをつく

lie² *vi*(lay; lain; lying)❶横たわる,横になる; 寄りかかる;(の状態に)ある;(理由などが…に)ある;(道などが)通っている,ある;(場所に)位置する;(場所などが)展開している; 停泊している ► He believes another big opportunity lies abroad. もう一つの大きなチャンスは海外に存在すると彼は考えている / Our company's future lies in biotechnology. わが社の将来はバイオテクノロジーにある ❷【法律】(1)…による,存在する,(責任などを)負わされる (2)提起しうる,成立しうる,認められる (3)処分しうる,移転しうる

as far as in one lies 力の及ぶ限り

let it [things] lie ほうっておく

lie about [around] ► Don't just lie around the house when you have work to do. やるべき仕事があるのに,家でだらだらと無為に過ごすな

lie ahead [before] 前途にある ► More problems lie ahead for the economy. もっと多くの問題が景気の先行きに待ち構えている / Through hard work, we can overcome the challenges that lie ahead. 一生懸命働けば,行く手に待ち受ける難題を克服することができる

lie behind 背後にある; 隠れた理由がある

lie down 横たわる;(に)屈服する《*under*》

lie down on the job 仕事を怠ける

lie low 身を隠す ► Our plan is to lie low until things calm down. 事態が収まるまで目立たないようにしているのが私たちの方針だ

lie off 少し離れて停泊している; しばらく仕事を休む

lie (heavy) on [upon](責任などが…に)(重く)かかっている ► The burden of proof lies heavy on the prosecutor. 立証責任は検察官の側にあるが,そのことが重荷(重圧)になっている

lie over 延期される

lie with の義務[責任]である; と寝る

— *n* 状態; 位置,方向; 形勢; 生息地

the lie of the land 地勢; 状況,様子

lien /líːn, líːən/ *n* リーエン,担保権[◯債務不履行の場合に担保の目的物から優先的に弁済を受ける権利。リーエンは,一般に修理品のような動産(債権者)の手元に目的物があり,これと引換えに履行を求める例について言うことが多い]► a mortgage lien 抵当の先取特権 / have a lien on the property of the company as security for the loan 融資の担保として会社資産上に担保権を有する / Existing assets are subject to layers of liens and encumbrances in favor of creditors. 既存の資産は債権者のための幾層もの先取特権や地役権,譲渡抵当権などに支配されている

lien creditor リーエン債権者 [⇨物的担保を有する債権者]

lienee n 担保権設定者 [⇨通常は債務者]

lienor n 担保権者

lieu /luː/ n (次の成句で):
in lieu of の代わりに 〔例〕 In the event of default of its obligation under this Agreement, the foregoing liquidated damages shall be paid in lieu of performance. 本契約に基づく債務の不履行があった場合, 前述の損害賠償予定額が契約履行に代えて支払われるものとする

life /laɪf/ n ❶ 生命; 生活; 生計; 一生; 有効期間; 寿命; 生気, 活気 ► life employment 終身雇用 / a life member 終身会員 / the life of a loan 存続期間, 融資期間 / the life of a patent 特許存続期間 / the life of a policy 全保険期間 / He leads a very comfortable life. 彼は大変快適な生活を送っている / This town draws its life from coal mining. この町は炭鉱業で生計を立てている

❷ 【会計】耐用年数 [⇨機械, 建物などの固定資産の使用可能な年数] ► an asset's life 資産の耐用年数 / property with a class life of four years 法定耐用年数4年の資産 / be amortized over the life of the asset 資産の耐用年数にしたがって償却される

all one's life 生涯 ► All my life, I've wanted to live overseas. 今までずっと, 海外で暮らしたいと思い続けてきました
bring ... (back) to life を元気づかせる
come to life 活気を呈する, 動き出す
for dear [very, one's] life 必死で
for life 死ぬまで(の), 終身(の)
for the life of one (否定) どうしても(…ない)
give ... a life にやり直しの機会を与える
give life to を助ける
(as) large [big] as life 実物大の; まぎれもなく [当の本人で]
live the life of Riley 安楽に暮らす
not on your life 《略式》決して…しない
of life and [or] death 死活の
of one's life 生まれて初めての[最大]の
risk life and limb を賭ける
to save one's life 《略式》どうしても
to the life そっくりに
true to life 実物どおりの

life annuity 生命年金; 終身年金

life assurance 《英・豪・カナダ》= life insurance

life assured 生命保険の加入者, 被保険者

lifeblood n (生命に必要な)血液; 死命を制するもの; 活力源 ► Consumer spending is the lifeblood of the economy. 個人消費は経済の活力源だ / Advertising revenues are the lifeblood of newspaper companies. 広告収入は新聞社の活力源だ / Credit is the lifeblood of business. 信用はビジネスの血液だ

lifeboat n 救命艇, 救命ボート; 金融支援

life care 《米》医療付き住宅 [⇨マンション形式で生涯医療が受けられる]

life cover 《英》= life assurance

life cycle ライフサイクル [⇨商品の導入・成長・成熟・衰退までの周期] ► Next, the important idea of the product life cycle is examined. 次に, 製品のライフサイクルという重要な考え方を検討する

life-cycle analysis ライフサイクル分析

life-cycle assessment ライフサイクル評価 (LCA) [⇨ライフサイクル・アセスメントとも言う. 製品の生産, 流通, 消費だけでなく資源・エネルギーの採取や廃棄物のリサイクルまで含めた全過程によってもたらされる環境負荷を分析, 評価し, さらに改善策まで検討する手法. ISOが基準を作成]

life-cycle cost ライフサイクルコスト (LCC) [⇨原料, 製造, 利用, 廃棄までの全過程で要する費用]

life estate ライフ・エステート, 生涯不動産権 (=life interest) [⇨自己または他人の生存期間中に限り, 不動産を使用収益できる権利]

life expectancy 平均余命, 平均寿命 [⇨特定の年齢の個人が統計的に期待できる余命の長さ. 「平均寿命」は0歳における平均余命(life expectancy at birth)を言う]

life fund (生命保険会社の)運用資産

life insurance 生命保険

life insurance trust 生命保険信託

life insurer 《米》生命保険会社

lifeline n 生命線, 命綱; ライフライン [⇨企業の死活を握るもの] (✚都市の社会基盤としての電気, ガス, 上下水道, 通信などを指すのは日本での用法) ► hold a company's lifeline 企業の死活を握る

lifelong learning 生涯学習

life-of-contract high 限月高値 [⇨先物取引では最終受渡決済日の到来する月を基準に取引期間を異にする商品が6月限, 9月限というふうに上場されるが, こうした取引期間中の最高値を言う]

life office 《英・豪》生命保険会社 (=《英》life assurer, 《米》life insurer)

Life Savers 《商標》ライフセーバーズ [⇨ドーナツのように真中に穴があいている形が海の救命具に似ていることから名がつけられた米国の飴]

life span ライフスパン [⇨製品寿命または消費者が受け入れ, 商品として通用する年数] ► have a life span of 10 years 製品寿命は10年である

lifestyle n 生活様式; ライフスタイル ► live a green lifestyle 環境重視のライフスタイルで暮らす / Lifestyles affect which products and services are desired. 生活様式はどの製品とサービスが必要とされるかに影響する

life table 生命表 (=mortality table) [⇨年齢別の平均寿命を示した表で, 生命保険の保険料の計算などに使う]

life tenant ライフ・テナント, 終身不動産利用権者, (不動産の)生涯保有権者 [⇨生存期間中, 不動産の使用収益権を享受することができる者]

life time 耐用年数 ⇨ useful life

lifetime n, a 終生(の); 存続期間 ► of a lifetime 生涯最高の, またとない

lifetime earnings 生涯賃金

lifetime employment 終身雇用(制) ► abandon [guarantee, maintain] lifetime employment 終身雇用制を廃する[保証する, 維持する]
lifetime income 生涯所得
lifetime insurance 終身保険 (=whole life insurance)
lifetime premium 終身払い保険料
lifetime value 生涯価値, ライフタイムバリュー (LTV) [⇨顧客とのつきあいが自社にもたらす総収入] ⇨customer lifetime value
life-work balance ワークライフバランス [⇨仕事と個人としての生活の調和] ⇨work-life balance
LIFFE London International Financial Futures Exchange
LIFO /láifou/ n last-in first-out (method) 後入先出法 ⇨FIFO ► calculate the cost of goods sold under LIFO 後入先出法で売上原価を計算する
lift /lift/ vt 持ち上げる《up, off, out》; 掲げる; 高める, 向上させる;(人を車に)乗せる; 空輸する;(負債を)弁済する ► Through the stimulus plan, the government hopes to lift the economy out of recession. 刺激策によって, 政府はリセッションから経済を引っ張り出したいと思っている / As part of the trade agreement, both countries decided to lift tariff barriers on agricultural products. 貿易協定の一環として, 両国は農産物の関税障壁を撤廃することにした / The company decided to lift factory workers' base pay by 2%. その会社は工場労働者の基本賃金を2%増額することにした
— vi 上がる; 晴れる, (雨が)一時やむ; 離陸[昇]する《off》
not lift a hand [finger] まったく…しようとしない《to do》
— n 持ち上げること; 車に乗せること; 高揚; 元気づけ;《英》エレベーター; 空輸; 昇進 ► Could I give you a lift?《略式》車で送りましょうか / Falling gas prices may give the retail industry a lift in sales. ガソリン価格の下落は小売業界に売上増加をもたらすかもしれない
◇**lifter** n 持ち上げるもの; 万引きする人
light¹ /lait/ n ❶ 光, 光線; 明るさ; 明かり;(~s)脚光; 事実; 知識; 見解; 指導的人物, 大家 (=leading light); 情勢 ► Stock markets have been in neutral waiting for the light(s) to change. 株式市場は変動の模様眺めで態度を保留している ❷ (~s) 採光権, 日照権;(採光権の基礎となる)一定年限享受を妨害されなかった自然の光 (=ancient lights);(ビル・壁に遮られない)自然の光
a light goes off in one's head 考え[着想]が頭にひらめく
bring ... to light を明るみに出す, 暴露する
cast [shed, throw] light on を解明する
come to light 明るみに出る ► His involvement in the bribery eventually came to light. 彼の贈収賄への関与がようやく明るみに出た

go out like a light すぐに寝入る[気を失う] ► I was so tired that I went out like a light. とても疲れていたので, すっかり眠り込んでしまった
in a different [new] light 違った[新鮮な]見方で
in a good [bad] light 都合よく[悪く]
in (the) light of の見地から; を考慮して ► In light of the recent deregulation, competition is expected to grow. 最近の規制緩和を考えると, 競争の激化が予想される
light dawns on に光明がさす
see the light at the end of the tunnel 困難の後に光明がさす
see the light of day 生まれる; 日の目を見る
stand [get, be] in a person's light (人の)成功[好機]の邪魔をする;(人の)陰になる
stand in one's own light 自らの名声を台無しにする
— a 明るい; 淡い, 薄い
— vt (~ed, lit) 火をつける《up》; 照らす《up》; 活気づける; 輝かせる; 明りをつけて案内する
— vi 火がつく《up》; 明るくなる《up》
light upon [on] に気づく, 見つける
light² a 軽い; 軽快な; 機敏な; ささいな; 肩の凝らない; 軽率な;《略式》(金・人手などが)不足した;(原油が)比重が軽い, 軟質の ⇨light crude
► be light on one's feet 足どりが軽い / The product is extremely light and compact. その製品はとても軽量でコンパクトだ
as light as air [a feather] 非常に軽い
light of heart 心配のない
make light of を軽視する ► Don't make light of the situation. 状況を甘く見るな
make light work of を楽にやってのける
— ad 軽く, 軽快に
Light come, light go.《諺》悪銭身につかず
light crude ライト原油, 軽質原油 (⇔heavy crude) [⇨比重の軽い原油] ⇨crude oil
light draft,《英》**light draught** 軽荷吃水 [⇨荷を積んでいない時に測った船底から水面までの距離]
light-duty n 軽量積載 ► light-duty vehicles 軽量車両 (LDV) [⇨「軽車両」ではなく, 乗用車, 軽トラックが含まれる]
lighten¹ /láitn/ vi 明るくなる《up》; 光を放つ
— vt 明るくする, 照らす
lighten² v 軽くする[なる]; 軽減する ► We will hire a new employee to lighten your workload. 君の仕事量を軽くするために新しい従業員を雇う予定だ
light engineering 軽機械工業
lighter n, vt はしけ(で運ぶ)
◇**lighterage** n はしけ料
light freight 軽量貨物
light industry 軽工業
◇**light industrial** 軽工業の ► light industrial goods 軽工業製品
lightly ad 軽く, 軽しように; 容易に; 陽気に; 少しばかり; 無関心に; 軽んじて ► Hedge funds around the world are lightly regulated. 世界中のヘッジファンドは厳しく規制されていない

take ... lightly を軽く考える ▶ The matter should not be taken lightly. その件は軽々しく扱ってはいけない / The recent downswing in the stock market should not be taken lightly. 株式市場における最近の下落傾向は軽視してはならない

lightning strike 《英》抜打ちスト, 山猫スト ⇨ wildcat strike

light pen タッチペン[⇨ペン状の入力装置]

light truck 小型トラック, ライトトラック[⇨自動車の車種区分の名称. 米国では自動車は乗用車(passenger car)と小型トラック(light truck)に分類される. 小型トラックには, SUV (sport-utility vehicle), バン(van), ピックアップトラック(pick-up truck)が含まれる. 1990年代の米国自動車産業の好調はSUVを中心とした小型トラック市場の成長に支えられていた] ▶ Sales of new cars and light trucks have dipped to a record low. 乗用車と軽トラックの新車販売は記録的な低水準に落ち込んでいる

lightweight a 軽量の

lightweight bottle 軽量びん[⇨従来の設計基準を下まわる容量のびん. 厳密な定義はなく, たとえば, 605gのビール大びんが475gに軽量化されればそのびんが軽量びんと呼ばれる]

lignin /lígnən/ n リグニン[⇨木材を構成する植物の成分で, 強固で耐性を持たせる役割がある]

likable /láikəbl/ a 好ましい

like¹ /laik/ a 等しい; 似ている; …しそうな ▶ There are many like products out there in the market. 市場には同じような製品がいくらでもある

(as) like as two peas (in a pod) とてもよく似て, うり二つで

What is ... like? …はどんな人[物]ですか

— ad たぶん;《略式》いわば, …みたい, とか;《略式》その, まあ, 何か(✚つなぎの語) ▶ He acts, like, as if he's the boss. 彼は, 何か, ボスであるかのようにふるまっている

like enough たぶん, おそらく

— conj 《略式》…のように(as); まるで…のように(as if) ▶ like I said 私が言ったように / It seems like his job is troubling him. 彼は仕事のことで悩んでいるように見える

— prep …のように ▶ He was acting like a big shot. 彼は大物のように振る舞っていた / What was the hotel like? そのホテルはどんな感じでしたか / The rumor spread like wildfire. その噂は野火のようにすばやく広がった / Some investors are turning their attention to precious metals like gold and platinum. 一部の投資家は金やプラチナなどの貴金属に関心を移しつつある

feel like ... …したい気持ちだ(doing) ▶ feel like resting 休みたい気がする / feel like a beer ビールを飲みたい

like anything [crazy, hell, mad]《略式》激しく ▶ When he heard the news, he was angry like anything. その知らせを聞いて, 彼は激怒した

look like ... のようだ ▶ It looks like rain. 雨になりそうだ

more like むしろ…に近い

nothing like に及ぶものはない ▶ There is nothing like home. わが家に勝るものはなし / The new ad is nothing like the old one. 新しい広告は古い広告にとても及ばない

something like いくぶん…のような; およそ…で;《略式》すてきな…だ ▶ He is something like a genius. 彼はまるっきり天才だ / It amounts to something like fifty dollars. それはざっと50ドルほどになる / Something like ninety percent of the crop was destroyed. およそ90%の穀物が駄目になった

That's more like it.《略式》そうこなくちゃ

— n 似た[匹敵する, 同類の]人[もの]

and [or] the like および同種のもの, など ▶ Households are spending less on food, transportation, utilities, and the like. 家計は食料費, 交通費, 光熱費, 等々への支出を減らしている

the like (of it) そんな話

the like(s) of 《略式》のような人[もの]

like² vt 好む, 好く; …に(…して)ほしい(to do, doing); 望む;《略式》のほうに賭ける ▶ Nobody likes being out of work. 失職しているのが好きな人はいない

— vi 好む; 望む

How do you like ... ? …はどうですか

if you('d) like よろしかったら

I like that! そいつはいい;《反語》それは心外だ

like it or not / like it or lump [loathe] it 好きでも嫌いでも ▶ Like it or not, the company will be restructured. その会社は否応なしにリストラされるだろう

would [should] like …したいのですが(to do) ▶ I would like to make a reservation. 予約をしたいのですが / I'd like to speak to Mr. Philip, please.《電話で》フィリップさんとお話ししたいのですが

— n (~s) 好み

likes and dislikes 好き嫌い

◇ **likeable** a = likable

like-for-like(s) n ライクフォーライク[⇨条件をそろえた上での比較. 開店後1年を経ている店舗の売上のみに限定する既存店売上高(same store sales)がその例]

likelihood /láiklihùd/ n ありそうな状態, 見込み ▶ There is a strong likelihood that the central bank will raise interest rates. 中央銀行が金利を引き上げる可能性は高い / The likelihood of a cut in interest rates is now much higher. 金利引き下げの可能性は今では一段と高くなっている / What is the likelihood of a takeover bid? TOBが実行される可能性はどのくらいありますか

in all likelihood おそらく, 十中八九

likely /láikli/ a …しそうな(to do); ありそうな; 適当な; 有望な ▶ The company is likely to report negative net worth. 同社は債務超過となる公算が大きい / The company is likely to turn a profit this year. その会社は今年

は黒字になりそうだ / Unemployment is likely to peak at the end of the second quarter. 失業者数は第2四半期の終わりにピークに達する見込みだ / Further declines in the dollar appear likely. 今後さらにドルの下落がありそうに思われる / Japan's economy is likely to underperform other industrialized countries in the first half of the year. 日本の経済は上半期には他の工業国を下回る成績になりそうだ / What are the likely questions that you will be asked by the media? Write down both the likely questions and answers. メディアに尋ねられる見込みの予想質問はどんなものか, 想定される質問と答えを書きとめておきなさい

a likely story ありそうな話；《反語》どうもまゆつばの話

it is likely that はありそうだ ▶ It is likely that the deadline will be extended. 締切り期限が延びることになりそうだ / It's likely the GDP will contract by 3%. 国内総生産は3%減少する見込みだ

Not likely! 《略式》とんでもない

— *ad* おそらく（✚ 単独では用いず, 通例, 直前に quite, very, most などを置く）

(as) likely as not / more likely than not 《文》おそらく…だろう ▶ More likely than not, the economy will contract by 3% this year. おそらく, その国の経済は今年は3%縮小するだろう

most likely 十中八九 ▶ The central bank will most likely lower interest rates again. 中央銀行が再び金利を引き下げることは間違いないだろう

likewise *ad* さらに；また；同様に ▶ Likewise, we have to cut back on our spending. 同様に, 私たちも支出を削減しなければならない

liking /láikiŋ/ *n* 好み, 嗜好《*for*》；好意 ▶ We have a liking for the candidate. 私たちはその候補者に対して好意を持っている

take a liking to 気に入る ▶ The boss immediately took a liking to the new employee. 上司はすぐにその新入社員を気に入った

to one's liking 好みに合って ▶ The taste of the food was not to my liking. その食品の味は私の好みに合っていなかった

limb /lim/ *n* 腕, 足；翼；大枝

limb from limb ばらばらに

out on a limb 《米略式》危うい立場に ▶ He went out on a limb to help his friend. 友人を助けるために危ない橋を渡った

limbo /límbou/ *n* どっちつかずの状態 (✚ もとの意の「地獄と天国の間」から)

in limbo どっちつかず(の状態)で ▶ The future of his family of five is in limbo as he was the only breadwinner. 彼が唯一の稼ぎ手だったので彼の5人家族の将来はどうなるか分からない

limit /límit/ *n* 制限, 限度(額), 上限 ▶ the lower [upper] limit 下[上]限 / a credit limit 与信限度 / a coverage limit 付保限度 / a borrowing limit 借入限度額 / a daily limit 値幅制限 / a spending limit 利用限度額 / limits on banks' cross shareholdings 銀行の持合株保有制限 / a limit of growth 成長の限界 / a limit of indemnity 最高保険金額 / out of limits 法外に / set a daily limit on cash withdrawals 一日当りの現金引出額に制限を設ける / He was stopped by the police for going over the speed limit. 制限速度を超えていたため, 彼の車は警察に停止させられた / The company has put a strict limit on overtime. 同社は残業時間に厳しい制限を設けている

exceed the limits of の限界を越す

go the limit 行くところまで行く, 徹底してやる

have one's limit (いくら大目に見ても) 限度というものがある

off limits 《米》立入り禁止の

push one's limits 極限を試す[に挑む]

push the limits of の限度を押し広げる

push ... to the limits を極限に押し詰める

The sky is the limit. 制限はない；やろうと思えば何でもできる

to the limit 極端に

within limits 一定の範囲内で；適度に

— *vt* ❶ 限る, 制限する《*to*》 ▶ I propose that we limit overtime hours as a way to cut costs. コストを削減する方法として残業時間の制限を提案します / Its product line is deliberately limited. その社の製品ラインは意図的に制限されている ❷ 《法律》定める, 確定する, 限定する, 制限する

◇**limitless** *a*

limitation /lìmətéiʃən/ *n* ❶ 制限；《通例 ~s》限界 ▶ set limitations on ... に一定の限度を設ける / We cannot proceed with the project because of budgetary limitations. 予算の制約のゆえに, そのプロジェクトを続行することはできない ❷ 出訴期限 ▶ a statute of limitations 出訴期限法

limitation of actions 《英》出訴期限, (コモン・ロー上の) 消滅時効 [⇨ この期限を過ぎると権利はあっても法律上(裁判所の力で)強制できなくなる]

limitations act 《英》出訴制限法 [⇨ 損害賠償などの訴訟を提起できる期限(時効)を定めている法律]

limited *a* 《英》(会社が) 有限(責任)の；限界のある ▶ The government's huge fiscal deficit underlined its limited options to revive the economy. 政府の巨大な財政赤字は景気回復の選択肢が限られていることを明確に示している / More than a million recently laid-off workers are competing for a limited number of jobs. 最近レイオフされた百万人もの労働者は限られた数の仕事をめぐって競争している

limited company 《英》有限責任会社 (LC) [⇨ 出資者が出資額以上の責任を負わない会社]

limited edition 限定版

limited liability 《米》有限責任

解説　企業債務について自己の出資額を限度として責任をもち, それを超えて責任を負わないこ

と，コーポレーションの株主(shareholder)，パートナーシップのリミテッド・パートナー(limited partner)，LLCのメンバー(member)は有限責任を負う

▶entitled to limited liability 有限責任を享受できる，有限責任であると主張できる / have [offer] limited liability 有限責任がある

limited liability company 《米》リミテッド・ライアビリティ・カンパニー，有限責任株式会社(LLC)

解説 1990年代以降に導入された比較的新しい事業形態．LLCは法人格(legal entity)を有する．メンバー(member)と呼ばれる構成員は事業の債務について有限責任(limited liability)を負う．LLCは，税務上はパートナーシップと見なされ，パススルー課税(pass-through taxation)が適用される．構成員であるメンバーに課税されるので，二重課税(double taxation)を回避できる．また事業の損失をメンバーの個人所得と相殺できる利点もある．LLCは運営規約(operating agreement)で利益分配や意思決定の方法を，出資比率に関係なく，自由に決めることができる．LLCは構成員の資金的な側面および人的な側面に着目した制度で，知的資産が中核となる企業に適した事業形態である．導入後10年で米国では80万のLLCが設立され，ベンチャー企業，法律事務所，会計事務所，コンサルティング会社，映画制作，投資ファンドなどの分野で利用されている．日本で2006年に導入された合同会社は日本版LLCと称されるが，内容的に異なるので，米国のLLCを合同会社と訳すことは避けたい．⇒ business organization

limited liability partnership 《米》リミテッド・ライアビリティ・パートナーシップ，有限責任共同事業体(LLP)

解説 1990年代以降に導入された比較的新しい事業形態．構成員であるパートナー(partner)は全員がLLPの業務に参画し，業務上の債務について有限責任(limited liability)を負う．LLPは法人格(legal entity)を持たない．税務上はパートナーシップ(partnership)と見なされ，パススルー課税(pass-through taxation)が適用される．事業の利益についてパートナーが持ち分に応じて課税される．LLPは内容的にLLC(limited liability company)と類似しているが，LLPは法人格を持たないと，法律事務所，会計事務所などに業種が限定されている州(例：ニューヨーク州)が多いことなどの点でLLCと異なる．⇒ business organization

limited liability stock company 株式会社
limited-life asset 非永久資産［⇒一定の耐用年数を有する資産］
limited market property 市場限定不動産
limited partner 《米》リミテッド・パートナー(LP)［⇒パートナーシップ(partnership)の経営に参画せず，事業上の債務について有限責任(limited liability)を負うパートナー．その出資額に応じて事業の利益を享受する］
limited partnership 《米》リミテッド・パートナーシップ(LP)

解説 構成員としてジェネラル・パートナー(general partner)とリミテッド・パートナー(limited partner)の両方を有するパートナーシップ．ジェネラル・パートナーはパートナーシップの経営に参画するとともに，事業の債務について無限責任(unlimited liability)を負う．リミテッド・パートナーはパートナーシップの経営に参画せず，事業の債務について有限責任(limited liability)を負う．その出資額に応じて事業の利益を享受する．リミテッド・パートナーシップは日本の「合資会社」に類似する

limited production 限定生産
limited warranty 限定保証
limit order 指し値注文［⇒株式の売買価格を指定して注文すること］
limit price (独占企業による)参入阻止価格［⇒新規参入企業にとって採算割れになるような安い販売価格］
limo *n* = limousine
limousine /líməziːn/ *n* (運転手付きの)リムジン；豪華な大型自動車；小型バス
linage /láinidʒ/ *n, a* 行単位の(広告) ▶Linage advertisements are restricted to a maximum of 30 words. 行単位の広告は最大30語を上限とする
linchpin /líntʃpìn/ *n* (車の)輪止め，くさび，かなめ；(組織の)中核をなす人物，要となる物事 ▶This product is the linchpin of our strategy. この製品は当社の戦略の要である
Lincoln Logs 《商標》リンカーン・ロッグズ［⇒米国の丸木組立て玩具］

line¹ /láin/ *n* **❶**線；しわ；列；(文字の)行；境界線；方針；《略式》情報(on)；(~s)輪郭；路線；旅客[運送]会社 ▶Please sign your name along the dotted line. 点線に沿って署名してください / The store is just over the county line. 店は郡境のすぐ向こうにある
❷ 製品ライン［⇒同一カテゴリーに属する一連の製品］，ブランドライン，ラインナップ ▶We like Revlon's low-price Natural Wonder line. レブロンの低価格のナチュラルワンダー商品が気に入っています / The company has launched a new line of printers. その会社はプリンタの新ラインを発表した / The Gillette razor and blade line has consistently over the years been the firm's most profitable line. ジレットかみそりと替え刃のラインは長年の間一貫して同社のもっとももうかるライン商品である
❸組立ライン，製造ライン
❹電話での通話；電話回線；(ヘルプラインなどの)特定の電話番号 ▶He will be off the other line. もうすぐ電話が終わります / The line was busy when I called. 電話をかけたとき，話し中

だった / Who's on the line? 誰からの電話なの（✚電話している人にその相手を尋ねるときの決まり文句）/ Could you hold the line? そのまま切らずにお待ちいただけますか（✚電話の応対の決まり文句）

❺ 業種 ▶ What is your line of business? どういった分野の仕事をされているのでしょうか / What line of business are you in? どのようなご商売ですか / She's in the fashion line. 彼女はファッション関係の仕事をしている

all along the line 至る所で; あらゆる点で
along the line of の線で, のように
bring ... into line を一致[調和]させる《with》
come into line 一致[調和]する《with》
down the line 町の中心地へ; 完全に
draw a [the] line 区別する《between》;（に）限界をおく,（までは）やらない《at》▶ You need to draw a line between your work and home life. あなたは仕事と家庭生活に一線を画する必要がある
fall into line（組織の）方針に従う
get a line on（略式）を探り出す
hard lines 不運
in (a) line 一直線[一列]をなして; 一致[調和]して, 従って《with》;（行為・感情を）制御して ▶ Please wait in line. 列に並んでお待ちください / The decision is in line with our company policy. その決定はわが社の方針に沿っている / In line with its expansion plans, the company will build a new factory in Thailand. 拡張計画に従って, 同社はタイ国に新工場を建設するだろう / In line with its corporate objective to protect the environment, the company has plans to develop several new hybrid cars. 環境保護という企業目標に従って, 同社は数種類の新しいハイブリッドカーを開発する計画
in line for を得る見込みがあって ▶ He is in line for a promotion. 彼の昇進は有望だ
in the line of fire 非難を受けて
lay [put, place] it on the line《略式》率直に[きっぱりと]言う
on a line 同等の水準で
on line 現場に配置されて; 作業[運転]を開始して;《コンピュータ》接続されて
on the line 危うくなって; 即座に; 境界線上で ▶ Because of the company's financial trouble, everyone's job is on the line. 会社の財政難のために, 全員の職が危うくなっている
on [along] the lines of の線に沿って
on the right lines 正しい方向に向かって
out of line 一直線でない; 一致[調和, 同調]しないで《with》
read between the lines 言外の意味を読み取る
toe the line 規制[命令]に従う

━ *vi* 並ぶ
━ *vt* 一列に並べる; に沿って並べる; 線で描く; 線を引く; 手はずを整える; あらましを説明する ▶ We followed the plan he had lined out. 彼があらましを作っておいてくれた案に従った

line up 一列に並ぶ[並べる];（を）結束して支持する《behind》; 手はずを整える, 手配する
◊ **lined** *a* しわのある; 罫線入りの

line² *vt*（衣服に）裏をつける; の内側を覆う; 満たす

line one's pockets [purse] 私腹を肥やす《with》
lineage /láinidʒ/ *n* =linage
line authority 指揮命令権［⇒事業部門別の指揮命令系統に基づく業務上の指示を行うことのできる権限］
line chart 折れ線グラフ
line department ライン部門, 執行部門, 実施部門
line executive ライン執行役員［⇒ライン部門の責任者である経営幹部］
line extension《マーケティング》ライン・エクステンション［⇒たとえば, ヨーグルトのブランドラインに低脂肪の製品を加えたりして, 既存のラインアップに別種類のものを追加すること］
line filling ライン・フィリング［⇒既存ラインアップ上欠けている部分に製品を投入すること］
line graph 折れ線グラフ
lineman *n* 架線工事夫, 保線夫;（測）線手
line management ライン・マネジメント［⇒①上意下達型の経営組織 ②業務の第一線で直接, 従業員を管理監督する立場にある人々の総称. 特に製造・販売など収益に直結する部門の人を言う］
line manager ライン・マネジャー［⇒一線の管理職. 特に収益に直結する部門の管理職を指す］
line of credit 融資枠, 与信枠, 貸出限度額,（クレジットカードの）利用限度額 ▶ I've asked the bank to extend my line of credit. 私は融資限度枠を拡げるよう銀行に依頼しています
line of discount 割引限度
line of duty 職務, 職責
in the line of duty 勤務[服務, 公務]中に[で, の]
line of goods 取扱商品 ▶ I'd like to introduce our new line of goods for next year. 来年向けの当社製品の新しい品揃えを紹介させていただきたい
line of insurance 保険種目, 保険種類, 保険部門; 保険商品
line of merchandise 取扱品目
line organization ライン組織, 直系組織
liner /láinər/ *n* 大型客船 ▶ a luxury liner 豪華客船
lineup *n* 全商品, 商品構成; 全製品, 製品構成, ラインアップ［⇒ある企業が取り扱う全商品を商品構成の見地からいう言葉］▶ We've decided to expand our product lineup. 当社は製品の構成を拡げることを決めている
linger /líŋɡər/ *vi* ぐずぐずする; 手間どる《over》; なかなか消えない, 残存する
◊ **lingering** *a* 長引く, ぐずつく, 名残惜しそうな ▶ The lingering recession has caused many companies to make further cost trimming. 長引く景気後退は多くの会社にさらなるコスト削減を余儀なくさせた
◊ **lingeringly** *ad*

link /líŋk/

n 結びつき, つながり; きずな; 連絡 [接続] 路; リンク [⇒次のサイトに結びつける表示]
► There's a definite link between industrialization and pollution. 工業化と汚染との間には明確な関連がある

a [the] weak link (計画の)一番の弱点

have no links with とつながりはない ► He claims to have no links with organized crime syndicates. 組織犯罪シンジケートと何の関係もないと彼は主張する

— *v* 連結する, つなぐ《*together, to, with*》; つながる《*up, with*》; (コンピュータを)リンクさせる ► Marketing links producers with end-user consumers of goods and services. マーケティングは生産者を品物とサービスの最終使用者である消費者と結びつける / The company is allegedly linked to organized crime. その会社は暴力団に関係があると言われている

linkage /líŋkidʒ/
n 結びつき, つながり, 関連性, 連携, 提携

link-up
n (企業間の)提携; 映像コミュニケーションのリンクを設けること

lion /láiən/
n 勇猛な人; 実力者, 名士; 人気者; 《~s》名物, 呼び物; 名所

the lion's share 最大部分 ► China accounts for the lion's share of our business. 中国での事業が弊社のビジネスの最大部分を占める

lip /lip/
n 唇; 《~s》口; (略式)生意気な言葉, 口答え; (容器の)口, 縁; 傷口

be on every lip / be on everyone's lips 誰もが話題にしている

keep [carry, have] a stiff upper lip 困難にあってくじけない; 強情である

— *a* 口先だけの
— *vt* (-**pp**-) そっと言う

Lipton
《商標》リプトン [⇒ユニリーバ傘下の紅茶メーカー. また, その紅茶のブランド]

liquefied natural gas /líkwəfàid/
液化天然ガス (LNG)

liquefied petroleum gas
液化石油ガス (LPG)

liquefy /líkwəfài/
v 液化する

liquid /líkwid/
a 流動性がある(=換金しやすい), 現金資産を有している, 市場に流動性がある(=売買が成立しやすい)

— *n* 液体, 流体

liquid assets
当座資産; 流動資産 [⇒一般に現預金, 短期有価証券, 売掛金のように現金そのものまたは換金性の高い資産を指す]

liquidate /líkwidèit/
vt ❶ (借金などを)弁済する; 換金する ► Businesses have started liquidating inventories. 各社は在庫調整を始めている ❷ (会社の解散に向け)清算する ► liquidate the company 会社を清算する / liquidate the assets 資産を売却する

liquidated damages
(契約当事者間であらかじめ)約定された損害賠償額

liquidating dividend
清算配当 [⇒清算会社の株主に対する按分比例的な配当]

liquidation /lìkwidéiʃən/
n ❶ 清算(手続) [⇒解散し, 消滅することが決まった法人企業が債権を取り立て, 債務を弁済し, 残余資産を出資者間で分配する手続] ► compulsory liquidation 強制清算 / voluntary liquidation 任意清算 / take steps to force the company into liquidation その会社につき強制的に清算手続が開始されるよう取り計らう / go into liquidation (会社が)清算手続を開始する / Creditors filed a petition for liquidation of the company. 債権者たちはその会社を清算するよう求める申立を行った / The company eventually went into liquidation with the loss of 2,000 jobs. 同社は最終的には清算手続に入り, これに伴い2,000名の従業員が職を失った

❷ 換金処分 ► liquidation of stocks 在庫品の換金処分

liquidation preference
残余財産分配上の優先, 残余財産分配上の優先順位

liquidation value
清算価値 [⇒清算会社の資産を売却価値で評価した予想売却価値]

liquidator /líkwidèitər/
n 清算人 [⇒会社の清算を管理するために選任された者]

liquid capital
流動資産

liquid crystal display
液晶表示装置 (LCD)

liquidity /likwídəti/
n ❶ (経済の)流動性 [⇒一国の経済システムに流通する資金の量. マネーサプライ(money supply)とも言う] ► The excess amount of liquidity may trigger inflation when the economy eventually recovers. 景気がいずれ回復したときに, 流動性の超過額はインフレを引き起こすかもしれない / The central bank will pump billions of dollars to bolster liquidity in the banking system. 銀行システムの流動性を高めるために, 中央銀行は数十億ドルを注ぎ込むだろう

❷ (企業の)流動性 [⇒企業が金銭債務の支払に対応できる能力] ► The company's share price dropped sharply amid worries about its liquidity. 流動性についての懸念が拡がるなかで, その会社の株価は急激に下落した / The company sold off equity holdings to avert a liquidity crisis. 流動性の危機を回避するために, その会社は保有する株式を売り払った

❸ (資産の)流動性 [⇒特定の資産が有する換金性] ► Treasury bills provide instant liquidity since they can be sold in the secondary market. 財務省短期証券は, 流通市場で売却できるから即時に流動性をもたらす

❹ (市場の)流動性 [⇒特定の市場が大量の売買を(価格に大きな影響を与えずに)処理する能力] ► A high level of liquidity is critical to the successful market for securities. 証券市場の成功には高水準の流動性は欠かせない

liquidity preference
流動性選好 [⇒資産を現金預金などの流動性の高い状態で保有しようとする欲求]

liquidity problem 資金繰り難 ► The company will have to borrow money to deal with its liquidity problem. 流動性の問題に対処するために，その会社は資金を借り入れなければならないだろう

liquidity put 流動性プット［⇒債務担保証券(CDO)など販売が困難な証券の売手が買手に与える返金保証．売手はいつでも額面で買戻す義務がある］ ► Many investment banks sold mortgage bonds with a little-known take-back provision called a liquidity put. 多くの投資銀行は，流動性プットと呼ばれる，一般に知られていない返品条項をつけて住宅ローン債券を売った

liquidity ratio 流動性比率［⇒短期負債の支払能力を示す比率で，流動資産を流動負債で除した比率］

liquidity risk 流動性リスク［⇒債務を弁済するのに必要な現金その他換金性の高い資産が不十分で，支払能力がなくなる危険］ ► manage liquidity risk 流動性リスクを管理する

liquid measure 液量単位［⇒ガロン(約4l)のような液体を計る単位］(↔dry measure)

Liquid Paper 《商標》リキッド・ペーパー［⇒米国の文房具．マーカー，ボールペンなどの間違いを直すための修正液］

Liquid Plumr 《商標》リキッド・プラマー［⇒米国の家庭用製品．台所や浴室のパイプのつまりを解消するための液状のクリーナー．専門の業者を示すplumberと綴りがやや違う］

liquid ratio =liquidity ratio

liquid ratio test 当座比率による分析［⇒短期支払能力をチェックするため当座資金(現金預金，売掛金，短期有価証券)を流動負債で除して，1以上であるかを見る．acid testとも言う］

lis pendens /lis péndenz/ 係属中の訴訟［<ラ］

list /list/ n 表；名簿，リスト［⇒プログラムで用いるデータ構造］ ► make a list リストを作成する / Here's the list of cancellations. これが解約のリストです

at the top [bottom] of the list リストの冒頭[末尾]に

draw up [out] a list of の目録を作製する

enter the lists (競争などに)参加する

— vt ❶ リストアップする；(名簿・目録に)記入する《as》 ► The company listed assets of $30.2 million. 同社は，3,020万ドルの資産の目録を作成した / The catalog lists more than 300 items. カタログには300を超える品目が載っている ❷ 上場する ► The company plans to list its shares on the NYSE by March 2007. 同社は2007年3月までにニューヨーク証券取引所に株式を上場することを予定している

list box リストボックス［⇒パソコンの操作画面上，選択肢の一覧が表示される形式のもの］

listed a ❶《英》(建物が)文化財に指定の ❷ 上場された［⇒証券取引所で売買が認められたこと］

listed company 上場会社 (=listed corporation)［⇒証券取引所に上場されている会社］

listed price 定価表価格［⇒カタログに記載してある定価］

listed securities 上場銘柄［⇒証券取引所で売買されている有価証券］

listed share 《英》上場株式

listed stock 上場株式(証券)

listen /lísn/ vi 聞く，耳を傾ける 《to》；(忠告に)耳を貸す，従う 《to》 ► Please listen carefully to what I'm going to listen. これから話すことを注意深く聞いてください
— n (略式)聞くこと

have a listen 聞く

◇**listener** n 聞く人；聴取者

listening figures ラジオの聴取率

Listerine 《商標》リステリン［⇒米国のマウスウォッシュのブランド］

listing n ❶ 表，名簿(への記載)；(新)物件 ❷ (証券取引所への)上場 ► We were granted admission of our securities to the Tokyo Stock Exchange listing. 当社の株式が東証への上場を認められた / Several information services offer listings of companies and plants. いくつかの情報サービス機関が会社と工場のリストを提供している

listing agreement 有価証券上場規程，上場協定

listing application 上場申請，上場申請書

listing paper 《英》連続紙(=《米》continuous paper)

listing requirement 上場審査基準 ► You should note that OTC stocks are generally issued by smaller companies that do not meet the listing requirements of major exchanges. 店頭銘柄は，主要証券取引所の上場審査基準を満たさない中小企業が発行しているものであることに留意すべきだ

listless a (売上などが)ぱっとしない

list of property 財産目録［⇒一定時点の資産と負債の一覧表］

list of sales 見込客リスト

list price 定価，表示価格［⇒カタログや価格表に表示された価格］ ► List-price discounting was misleading consumers. 定価表からの割引は消費者の誤解を招く恐れがあった / They set list prices much lower than those of other manufacturers. その会社では他のメーカーよりずっと安い定価を設定した

list rental リスト・レンタル［⇒手数料を払って他で作成されたDM用名簿を利用すること］

lite /lait/ a =light¹,²(✚主に製品名(の広告)で用いる) ► lite beer ライトビール

liter, 《英》**litre** /líːtər/ n リットル

literacy /lítərəsi/ n 読み書き能力，識字，リテラシー；教養；能力 ► computer literacy コンピュータ操作能力

literal /lítərəl/ a 文字(どおり)の；想像力のない；事実どおりの，誇張のない

◇**literally** ad 一語一語；文字どおりに，正確に；実際に，本当に

literal infringement 文言侵害［⇒ある製品または方法が，文言解釈により，特許のクレームの要

素を満たしているとされる特許侵害の形態を言う]
literary /lítərèri | -rəri/ *a* 文学[文芸]の; 文筆業の; 文語の
literary agent 著作権代理業者
literary property (財産としての)著作物
literature /lítərətʃər, -tʃùər/ *n* 《略式》印刷物, ちらし, ビラ ► sales literature 営業用資料, 営業用の配布物
litho, lithography リトグラフィー, 石版を使った描画
litigant /lítəgənt/ *n* 訴訟当事者
litigate /lítəgèit/ *v* 訴訟に持ち込む; 法廷で争う ► The company lacks the financial resources to litigate its claim. 同社は主張を訴訟に持ち込む資金力を欠いている
◇**litigable** /lítigəbl/ *a*

litigation /lìtəgéiʃən/ *n* 訴訟, 告訴

語法 基本的には「訴訟を起こすこと」の意味の不可算語。厳密には誤用だが, 個々の訴訟を言う可算語として使用される例が増えている。⇒ action, suit
► The doctor declined to comment on the upcoming malpractice litigation. その医師は来るべき医療過誤訴訟についてのコメントを拒否した / Is it the obligation of the insurance company to pay all litigation costs over and above the policy limits? 保険会社が保険証書の限度を超えてすべての訴訟費を払うのは保険会社の義務か
litigation committee 訴訟委員会[◘ 株主代表訴訟など, 会社が当事者となっている訴訟にどう対処すべきかを判断する社内の委員会]
litigator *n* 訴訟専門の弁護士
litigious /litídʒəs/ *a* すぐ訴訟に訴える ► America is a litigious society. アメリカは訴訟社会である
litigiousness *n* よく訴訟を起こすこと ► The company is known for its litigiousness. 同社はよく訴訟を起こすことで有名だ
litter /lítər/ *n* 散乱したもの, ごみ; 乱雑
— *vt* 散らかす, 散在する《*with*》► His desk was littered with invoices and memos. 彼のデスクには請求書やメモが散らかっていた
little /lítl/ *a* (**less(er)**,《略式》**~r**; **least**,《略式》**~st**) 小さい;(時間・距離が)短い;(a ~)(肯定的)少しはある, わずかの;(否定的)ほとんどない;取るに足りない;卑劣な ► We have little time before the plane departs. 飛行機が出発するまでほとんど時間がない / The company has made little progress in debt restructuring. 同社の債務の再編成はほとんど進捗していなかった / The country has little leeway left for monetary measures as its interest rate is already near zero. 金利がすでにゼロに近いので, その国には金融面の施策の余地はほとんど残っていない / Talks with the union have made little headway. 組合との話し合いはほとんど進捗していない / The central bank has little room left for further rate cuts. 中央銀行にとって金利をさらに引き下げる余地はほとんどない

little or no ほとんどない ► I have little or no knowledge of the local culture. その土地の文化についてまったくと言っていいほど何も知らない
(just) that little bit ... ほんの少しの…だが
— *ad* (否定的)ほとんど…ない; まったく…ない; (a ~)少しは ► Little did I dream that I would become president of the company. 社長になるとは夢にも思わなかった
as little as ほんと少なく[短期で]► You can learn the basics of programming in as little as one month. 早ければ1か月でプログラミングの基礎を身につけられる
little better than ほとんど…も同然で
little less than と同じくらいよく[たくさん]
little more than と同じくらい少なく[少ない]
— *n* 少し(のもの); 少しの時間 ► There's little you can do except wait for a cancellation to open up. キャンセルが出るのをお待ちいただく以外に方法はございません
after [for] a little しばらくして[の間]
do little ほとんど何もしない ► My manager did little to help me. 課長は私の助けになることを何もしてくれなかった
in little (を)小規模[小型]に(した)《*of*》
little by little 少しずつ ► I'm getting used to the new computer little by little. 少しずつ新しいコンピュータに慣れているところだ
little or nothing / little if anything ほとんど何もない ► Workers can expect little if anything in bonuses this year. 今年は労働者はボーナスをほとんど期待できない
make little of を軽視する
not a little 《文》少なからぬ量[額]
think little of をものともしない
◇**littleness** *n*
Litton Industries (~, Inc.) リットンインダストリーズ [◘ 米国の防衛機器・重電機・造船などのメーカー。1953年設立。2001年, Northrop Grummanに買収された]
littoral /lítərəl/ *a, n* 海岸の; 沿岸性の; 沿岸地域
littoral fishery 沿岸漁業
live[1] /liv/ *vi* 生き(ている), 生存する; 住む, 住んでいる; 生計を立てる《*on, by*》; 暮らす;(記憶に)残る ► Where do you live? どこにお住まいですか
— *vt* の生活を送る; 実践する ► He is a day laborer and lives hand to mouth. 彼は日雇い労働者で, その日暮らしの生活をしている
live and breathe 《略式》に夢中になっている
Live and let live. 自分も生きて相手も生かす; 共存共栄
live by で食っていく
live off すねをかじる; を食べて生きる
live off the land 自給自足の生活をする
live out 生き延びる; 通いで働く;(夢を)実現する
live through を持ちこたえる, 切り抜ける
live up to にふさわしい暮らしをする; に従って生活する;(期待に)こたえる ► The financial results did not live up to expectations. 決算報

告は期待どおりではなかった

live with と一緒に暮らす; を受け入れる, 甘んじる ► Consumers are finding it hard to live with higher gas prices. これ以上高いガソリン価格には耐えられないことを消費者は分かり始めている

live² /laiv/ a 生きている; 精力的な, 活発な; 当面の; (問題が) 関心を集めている; (放送・演奏が) 生の, ライブの ► The network will increase live coverage of sporting events. そのネットワークはスポーツ競技のライブ中継を増やす予定だ
real live 本物の, 実物の
— ad (放送を) 生で

livelihood /láivlihùd/ n 生計 ► The construction of the new bridge across the strait will threaten the livelihood of small fishermen. この海峡に新しく橋を建造すると零細漁民の生計を脅かすことになろう

lively /láivli/ a 元気のよい, 活発な; 陽気な; 鮮やかな; 生々しい; 《戯》人騒がせな ► a lively imagination 鋭い想像力 / The marketplace was very lively with vendors. 市場は物売りたちで活況を呈していた
— ad 活発に, 元気よく

livery /lívəri/ n 《英》企業カラー [⊃ 企業が自社のイメージを打ち出すために用いる色または色の組合せ] (=《米》corporate color)

livestock /láiv-/ n 家畜 ► damage to livestock caused by wildlife 野生動物による家畜の被害 / Livestock is processed into steaks. 畜牛は加工されてステーキになる

livestock farming 畜産業
livestock industry 畜産業

living /lívin/ a 生きている; 現存する; 活気ある; 実物そっくりの; 天然の; 《略式》まったくの, 真の
be living proof of の生き証人 [よい見本] である
— n 生活; 生計 ► the cost of living 生活費 / living standards 生活水準 / earn [gain, get, make] one's living by [from] singing 歌で生計を立てる / make a living as an ice-cream salesman [with one's brush] アイスクリームの販売係をして [絵筆をとって] 暮らしを立てる
What do you do for a living? ご職業は何ですか

living arrangement 居住形態

living cost 生計費 [⊃ 家計費から臨時費を除いた費用] ► With higher living costs, senior citizens are finding it hard to make ends meet on their pension. 生計費の高騰で, 高齢者は年金でやりくりすることが困難になっている

living cost index 生計費指数 [⊃ 標準的な世帯が一定の生活水準を維持していくのに必要な生計費の相対的変化を表す指標]

living dead (the ~) リビング・デッド, 実質破綻企業 [⊃ 支払能力がなく, 実際上破綻しているにもかかわらず事業を継続している企業. zombie とも言う]

living standards 生活水準 (=standard of living) ► improve the living standards 生活水準を引上げる

living trust 能動信託 [⊃ 受託者が積極的に信託財産を運用する義務を負う信託. active trust と言う方が一般的]

living wage 生活保障賃金

living will リビングウィル, 生前発効の遺書 [⊃ 不治の病気にかかった場合などに, 生命維持装置など特別な手段による延命処置を講じないよう, 医師や肉親などの関係者に生前に通告しておく文書]

LLC limited liability company [⊃ 企業名に付してLLC形態の企業であることを示す場合もある. 例: Lazard LLC]

Lloyd's /lɔidz/ n ロイズ [⊃ ロンドンにある保険市場. 個人または法人の引受け手がシンジケートを組成してリスクを引受けている. 70を超えるシンジケートが200社近いブローカーを通じて世界中のリスクを引受けている巨大な市場]

Lloyd's List ロイド海事日報
Lloyd's Register ロイド船級登録簿
Lloyd's syndicate ロイズ・シンジケート [⊃ ロイズ保険市場において保険を引受けている組織. 資力のある個人または法人を構成員としており, 2008年現在75ある. シンジケートは海上保険, 災害保険等の分野別にマネジング・エージェントによって運営されている]

Lloyds TSB Group (~ plc) ロイズ・TSB・グループ [⊃ 英国の銀行・保険グループ. 1995年に Lloyds Bank Group と TSB Bank が合併して発足. Scottish Widows や Cheltenham & Gloucester などの子会社を通じ, 生保や住宅ローンも手掛ける. 2008年9月世界金融恐慌時に, HBOS を救済合併する]

LME London Metal Exchange ロンドン金属取引所 [⊃ 世界の取引量の9割を占める銅をはじめ, 非鉄金属を専門とする世界最大の先物取引所]

LNG liquefied natural gas

load /loud/ n ❶ (積み) 荷; 積載量, 乗客数; 仕事量 ► a jet load of people 旅客機一杯の人々 / The company must sell assets to reduce its heavy debt load. 同社は負債の重荷を減らすために資産を売却しなければならない / Why don't you take a load off from work and go on vacation? 仕事から離れて骨休みに休暇をとりなさいよ ❷ (投資信託の) 販売手数料 ❸ (保険で) 付加保険料, 割増保険 (料) ❹ 加算金, 販売付加金 [⊃ 物品, サービスの本来の売値に加算される諸費用. 配送費, 金利, 営業費など]

get a load of 《略式》を見る, 聞く, に注意する
— vt 積む, 詰め込む (*up, with*); (負担の) かける (*down with*); 付加料をかける; (質問などに) 付加的な意味を加える (*into*); 【岩っ】 (プログラムを) ロードする [⊃ メモリーに転送する] ► Workers loaded boxes onto the pallet. 作業員が箱をパレットに載せた / Their products were loaded onto the transportation carrier. 彼らの製品は輸送機に積み込まれた
— vi 荷物を積む; (乗客が) 乗り込む
load down (…で) 苦しませる (*with*)
load up 荷 [人] を積む
the dice is loaded against はとても不利な立場にある
◇**loader** n 積み込み人 [装置] ► dock loaders

港湾作業員

loaded a 荷を積んだ《down, with》

load factor ロードファクター、座席有償利用率 [➡航空業界での提供座席数に対する利用座席の割合である点、「搭乗率」と同じだが、無償客を勘定しない点で異なる]

load fund ロードファンド [➡投資家が持分を購入し、また売却する際に手数料を徴収する投資信託] (⇔no-load fund)

loading /lóudiŋ/ n ❶ 積み込み；コンテナ詰め；装填；《英・豪・NZ》給与に付加される特典 ❷ (1) 付加保険料 (=loading charge, load charge, expense loading) [➡保険料のうち事業費などに充てる部分] (2) 割増保険料 [➡保険でカバーされるリスクが本来保険料でまかなえるリスクよりも大きいときに、それをカバーするために上乗せされる保険料]

loading dock (トラック・貨車用) 積み込み[降ろし]プラットホーム；搬出口

load line (船舶の) 吃水線

Loafer 《商標》ローファー [➡moccasinに似たカジュアルシューズの一種]

loan /loun/ n 貸付、貸出、融資、ローン；貸付金；借入金；借款

コロケーション

動詞(句)+～ **approach**... for a loan 融資が受けられるか…に打診する / **call in** a loan 貸金を請求する / **default on** a loan 債務不履行に陥る / **forgive** a loan 債権を放棄する / **grant** a loan 融資の申し入れを受諾する / **hold** a loan 貸付債権を有する / **make** a loan 融資をする / **negotiate** a loan (有利な条件で) 融資が受けられるよう交渉する / **obtain** a loan 融資を受ける / **pay off** a loan 融資を完済する / **provision for** a loan 貸付債権につき引当金を計上する / **repay** a loan 融資を返済する / **request** a loan 融資を申し入れる / **waive** a loan 貸付債権を放棄する

▶ a bad loan 不良貸出 / a yen-denominated syndicated loan 円建て協調融資 / a fixed [floating] rate loan 固定[変動]金利ローン / a savings and loan association 貯蓄金融機関 (S&L) / pay interest on loans ローンの利子を払う / declare the loan to be in default 融資のデフォルトを宣言する / The company is asking its creditors to forgive a combined 600 billion yen **in outstanding loans**. その会社は、合計で6,000億円に上る融資残高につき債権者を放棄してくれるよう債権者に要請している / We request that you **waive some of our loans**. 当社向け融資の一部を放棄してくださることをお願いします / Many borrowers **took out loans** they couldn't afford. 多くの借手は自分の資力に不相応なローンを借り入れた / The bank has raised over $10 billion **in bonds and loans** over the past year. その銀行は昨年の一年間で100億ドルを超える資金を債券と融資で調達した / A bank may require collateral security before it will agree to **make a loan**. 銀行は融資をすることの同意に先立ち、担保を求めることがある / We **applied for a loan** but it may be rejected due to our poor credit standing. 融資を申し込んだが、当社の信用状態が悪く、断られるかも知れない / We're planning to **pay off the loan** by the end of this year. 年末までには融資を完済する予定だ ▣ The Loan shall not be disbursed until all of the prior conditions set forth in the above shall be fulfilled. 上述の先行条件のすべてが成就されるまで、当該融資は実行されないものとする

ask for the loan of を貸してくれと頼む
have the loan of を借りる
make a loan of を借りる
on loan 借りて、貸して；出向で《from》 ▶ This book is on loan from another library. この本は別の図書館から借りている
take out [get] a loan 借金をする ▶ take out a loan of 8,000 rupees 8,000ルピー借り出す

═ローン═

automobile loan 自動車ローン / balloon loan バルーン型ローン / bank loan 銀行融資 / bridge loan つなぎ融資 / bullet loan 満期一括返済型ローン / commercial and industry loans 商工業向け貸付 (✚C&I loansとも言う) / consumer loan 消費者ローン / corporate loan 企業向け融資 / credit-card loan カードローン / debt-consolidation loan 取りまとめローン / delinquent loan 延滞債権 / fraudulent loan 不正融資 / government loan 借款 / high-interest loan 高利融資, 高利貸し / home loan 住宅ローン / housing loan 住宅ローン / irrecoverable loan 破綻先債権 / leveraged loan レバレッジド・ローン / long-term loan 長期融資 / low-interest loan 低利融資 / mortgage loan 住宅ローン / outstanding loan 融資残高 / overdue loan 延滞ローン / personal loan 個人向け融資 / property-backed loan 不動産担保融資 / restructured loan 金利減免債権 / school loan 学資ローン, 教育ローン / secured loan 有担保融資 / short-term loan 短期融資 / straight loan 無担保融資 / subordinated loan 劣後ローン / uncollectible loan 破綻先債権 / unsecured loan 無担保融資

━ v 《米》貸す《out, to》 ▶ The US government loaned over $17 billion to the auto industry. 米国政府は自動車業界に170億ドル以上を融資した / The IMF will loan $3 billion to the developing country to help accelerate economic growth. 経済成長を加速させる一助として、国際通貨基金は開発途上国に30億ドルを融資するだろう / Can you loan me $50 until tomorrow? 明日まで50ドル貸してくれないか / Jim loaned us his car for the weekend. ジムは自分の車を週末の間私たちに貸してくれた

loan capital 借入資本；他人資本 ⇨equity capital

loan club 《英》互助会 [➡一定の掛金を積み立て、必要のある会員に低利で貸し付ける組織]

loan commitment 融資枠 ▶ The company announced that it secured loan commitments worth $3.5 billion. 同社は合計35億ドルの融資枠を設定したと発表した

loan forgiveness 債権放棄 ► The loan forgiveness sparked a barrage of criticism. その債権放棄は批判のあらしを招いた

loan guarantee 融資保証［⇨融資を受けた本人が弁済しない場合，代って弁済すると第三者が保証すること］

loan leverages 自己資本比率［⇨銀行の貸出残高等総資産に対して自己資本(株主資本)が占めている割合］

loan loss 貸倒損失

loan loss allowance 貸倒引当金

loan loss provisions [reserves] 貸倒引当金［⇨予想される貸倒損失額を示す評価勘定．貸倒が確定し，償却と決まれば，その分資産を減額し，かつ，この評価勘定から控除する］► The bank indicated that half of the irrecoverable loans will be covered by its loan-loss reserves. その銀行は，回収不能債権の半分までは貸倒引当金で処理できるとした

loan market ローン市場［⇨ローンの貸手である金融機関が満期を待たずに債権(元金と利息を受け取る権利)を投資家に売却する市場．貸手は資金の回転を高め，投資家は債券より信用リスクが高い分，高利回りを期待できる］

loan note 債務証書

loan office 金融事務所

loan participation ローン・パティシペーション［⇨複数の銀行が引き受ける大型融資案件に参加し，融資の一部を引き受けること. participation financingとも言う］

loan payable 借入金

loan production office 貸付事務所

loan receivable 貸付金

loan security 貸付担保

loan servicing ローン・サービシング［⇨元利返済金の収受等ローンに付帯する管理業務］

loan shark 《略式》高利貸し

loan stock 《英》無担保社債；《米》貸し株

loan syndicate シンジケート団［⇨単一契約書に基づき同一条件で行われる融資を分担する複数の金融機関のこと．幹事銀行（アレンジャー）が取りまとめ役となる］

loan to value 担保掛目 (LTV, L/V)［⇨融資の対象である物件の何割までを担保評価額と認めるかの割合. 70%なら10万ドルの物件を購入するにあたり，7万ドル借りられる］

loan trust 貸付信託

loan value 借入限度額；(保険で)貸付価額［⇨生命保険証券と引き換えに契約者が借りられる最高金額］► The closing cost will be assessed at 1.5% of the loan value. クロージング費用はローン価額の1.5%に査定されるだろう

loath /lóuθ/ a 嫌いで；気が進まない《to do, that》► He is loath to admit his mistake. 彼は自分の間違いを認めたがらない

nothing loath 《文》嫌がるどころか喜んで

◇**loathe** /lóuð/ vt ひどく嫌う ► He loathes handling customer complaints. 彼は顧客の苦情を処理するのが大嫌いだ

◇**loathing** /lóuð-/ n 強い嫌悪

◇**loathsome** /lóuðsəm, lóuθ-/ a 嫌な，胸がむかつく ► He is a loathsome person. あいつは嫌な男だ

◇**loathsomeness** n

lobby /lábi/ n ❶ (ホテル・劇場などの) ロビー ► I'll meet you in the hotel lobby. ホテルのロビーでお会いしましょう ❷ (政府・議員などに陳情・根回しをする) 圧力団体；運動団体 (=lobbying group)

— v 議員に働きかける《to do, for, against》► The interest group is lobbying against the new bill. その利益団体は新しい法案に反対してロビー活動を行っている

lobbying n ロビーイング［⇨利益集団が自己の利益を維持擁護するために議員や官僚に対して働きかける活動］► Nonsmokers mounted a lobbying campaign to hike up cigarette taxes. 非喫煙者はシガレット税を引き上げるロビー活動をもっと広げた

lobbyist n ロビイスト，院外議会工作者［⇨特定の企業や組織，国家の利益のため，議会工作を行う団体や院外運動員］⇨ lobbying ► The politician is suspected of accepting money from business lobbyists. その政治家は業界ロビイストから金を受け取ったのではないかと疑われている

local /lóukəl/ a ❶ 地元の；地方の；現地の ► local currency 現地通貨 / Up next is the local weather report. 次はこの地方の気象情報です ❷ 【ｺﾝﾋﾟｭｰﾀ】ローカルの［⇨コンピュータネットワークにおいて，ユーザーのコンピュータ上にあること］

— n 《米》各駅停車の電車；労組の地方支部

lo-cal a 低カロリーの

local area network 構内情報通信網，地域通信ネットワーク，「ラン」(LAN)［⇨同一建物内または地域内に通信回線を設置し分散したパソコン・ワークステーションなどを接続してデータ有効利用を図るネットワーク］

local authority 《英》地方自治体

local authority stock 《英》地方債 (=《米》municipal bond)

local bill of lading 区間船荷証券，ローカルB/L (local B/L)［⇨運送人が運送業務の一部を下請運送人に委ねる場合に，下請運送人が元請運送人宛に発行する．下請運送人は自分が担当する区間についてのみ責任を負うという意味がある］

local bond 《英》地方債

local content ローカルコンテンツ，現地調達部品［⇨現地生産で必要部品を現地で調達すること．主として国内産業保護のために強制されるものが問題となる］

local content requirements 国産化率義務付け［⇨車などの輸出品に対し，その部品の何%かは海外で製造されること］

local court 《米》(連邦裁判所に対する)州裁判所，地方の裁判所

local currency (米ドルなどの国際通貨に対する) 現地通貨 ⇨ home currency

locale /loukǽl/ n 現場；場面

— a 特定の場所の，地元の；(国や州など全体から

みて)地方の
local employee 現地採用された人, 現地社員
local employment 現地採用
local exchange and trading system 《英》地域通貨 (LETS) [○童話『モモ』の著者であるドイツのミヒャエル・エンデの遺言ともなった「お金とは何か」をきっかけとして, 公定通貨とは別に地域コミュニティーが相互扶助のために発行する「もうひとつの通貨」. 現在, 世界約2,600地域で流通し, 地域における互恵的なサービス交換財として地域振興, 地域連帯のツールとなっている]
local government 地方自治体, 地方公共団体, 地方政府, 地方行政 [○州レベル以下の行政の総称で, 市 (city) や郡 (county) などを指す. 連邦政府 (federal government) および州政府 (state government) と対比して用いられることが多い] ▶ encourage local governments to be more responsive to the needs of people and communities 地方自治体が住民と地域のニーズに敏感になるように仕向ける / establish closer coordination among federal, state, and local governments 連邦政府, 州政府, 地方政府のより緊密な協調関係を確立する
local income tax 地方税, 地方所得税
local industry 地場産業 ▶ The company's exit will have severe damages on the local industry. その会社の移転は地元の産業に深刻な打撃をもたらすだろう
localize, 《英》**-ise** /lóukəlàiz/ vt 地方色を与える; 一地方[地域]に限定する; ローカライズする [○外国のソフトを自国の言語に対応させること]
— vi 集まる
locally ad 地方[局部]的に; 地元で; 近くに ▶ parts purchased locally 現地調達の部品 / locally grown products 地元産の農産品
local option (酒類販売などの) 地方選択権
local procurement 現地調達 ▶ Ideally, we're looking for local procurement of raw materials. 理想的には, 原材料は地元で調達することを期待している
local producer 国内メーカー
local product 地元生産物
local production 現地生産 ▶ We plan to begin full-scale local production of liquid crystal panels. 当社は液晶パネルの全面的な現地生産を始める計画だ
local tax 地方税
locate /lóukeit, -´-/ vt (be ~d, ~ oneself) 位置する; 位置を突き止める ▶ Our office is located next to the bank. 当社の事務所は銀行の隣にあります / They use a strategically located distribution center to serve their stores. 自社の店舗に配達するのに好都合な地点にある流通センターを利用する
— vi 《米》居住する; 開業する
located a に設けられている, 置かれている ▶ Most refineries are located near marine transportation terminals. たいていの製油所は海上輸送のターミナルの近くに設けられるものだ

location /loukéiʃən/ n ❶ 場所, 位置; 用地; 配置 ▶ You can find our stores at the following locations. 当社の店舗は下記の場所にございます ❷ 立地, 立地条件 ▶ an industrial location 産業立地 / a location that suits the needs of the company 会社のニーズに適した立地 / poor location 立地の悪さ / in a prime location 一等地, 抜群の立地で
lock /lάk/ n 錠; 停止装置; (車の) 輪止め; 掌握, 独占 ▶ The company has a lock on the software game market. 同社はソフトウェアゲームの市場で優位を占めている
have the lock on [off] 錠を掛ける[外す]
lock, stock, and barrel 《略式》全部, すっかり ▶ They sold everything, lock, stock, and barrel. 彼らはありとあらゆるものをそっくり売り払った
under lock and key 厳重に保管されて ▶ The confidential documents are under lock and key. 機密書類は厳重に保管されている
— vt ❶ 錠を掛ける; しまい込む; 閉じ込める; 固定する; 動かなくする ❷ (資金・資本を) 投資する, 固定させる (up)
— vi 錠で閉まる; 組み合う
lock away 厳重に保管する
lock in (金利などを) 固定する
lock out を締め出す; (労働者を) 職場から締め出す (of)
lock up をしまい込む; (…に) 投資する (in)
lockbox n 手提げ金庫
Lockheed (~ Corp.) ロッキード [○米国の大手軍需会社. 1932年創業. Lockheed と Martin Marietta が 95年合併により Lockheed Martin Corp. となる] ⇨ Lockheed Martin
Lockheed Martin (~ Corp.) ロッキードマーチン [○米国の兵器メーカー. F-16 や F-22 などの航空機, ミサイルや人工衛星も製造. 1995年 Lockheed と Martin の合併により設立]
lockout n ロックアウト, 事業所閉鎖, 工場閉鎖, 締出し ▶ There has yet to be any talks between management and union since the lockout. ロックアウト以来, 経営陣と組合の間では話合いは持たれていない
lockout device ロックアウトデバイス [○ソフトウェアに埋め込まれたコードまたはデバイス. ライセンスの期限が切れたときにソフトウェアを無効化する]
lockstep n 密集行進法; 厳密なやり方; 同一歩調 ▶ The Fed has moved in lockstep with European central banks to cut interest rates. 連邦準備制度理事会は欧州諸国の中央銀行と足並みを揃えて金利引き下げに踏み切った
lockup n ロックアップ, 売買禁止規制 [○新規株式公開後, 一定期間, 大株主による売却を制限し, 値崩れを防ぐ仕組み] ▶ subject to a lockup ロックアップによる規制に服する
lockup agreement [option] ロックアップ契約 [○敵対的買収をしかけられた会社が相手をくじくため, 特許等の最優良資産を友好的買収を望む別の相手に譲渡する契約]

lock-up period 据置期間, ロックアップ期間 [⇨ヘッジファンドへの出資者が投資を解約できない期間. 通例1年から3年] ⇨ **cash out**

lodge /ládʒ/ vt 申し立てる; (苦情などを) 申告する; 告発する ▶ lodge a complaint with the environmental agency against the polluting company 環境当局に対して汚染源である企業を告発する

lodgement n =lodgment

lodging /ládʒiŋ/ n 宿泊; 宿所; 《~s》下宿, 貸し間 ▶ a lodging for the night 一夜の宿

lodgment /ládʒmənt/ n 宿泊(設備); 貸し間; 拠点
make [effect, find] a lodgment 拠点を確保する; 不動の地位を得る

Loews (~ Corp.) ロウズ [⇨米国のコングロマリット. 1954年設立. 損保会社(CAN Financial)を中心に, タバコ製造, ホテル・石油・ガス掘削などを子会社が展開]

log /lɔːg/ n 日誌 (=logbook); 記録;【コンピュ】経過記録
— vt (-gg-) 記録する ▶ All customer calls are logged. すべての客からの電話は記録されている

log in [on] ログイン[オン](する) ▶ You need your user ID and password to log in. ログインするためにはユーザーIDとパスワードが必要です

log on to に接続する

log out [off] ログアウト[オフ](する)

logbook n 業務日誌; 《英》(車の) 登録証

log file ログファイル [⇨コンピュータなどの稼動状況や更新履歴が反映されている記録で, 事故発生時の復旧などに用いられる]

logging n 伐採; 林業 ▶ commercial logging 商業伐採 / destructive logging 環境を破壊する伐採 / logging company 林業会社

logic /ládʒik/ n 合理性; ロジック ▶ based on sound economic logic 十分な経済合理性に基づいて / Logic dictates that the company should be liquidated to afford creditors the highest return. 論理的に言えば, その会社は債権者にもっとも高い収益を与えるために精算されるべきである

logical /ládʒikəl/ a 論理的な; 論理上必然の; ロジカルな ▶ He took a logical approach in solving the problem. 彼は問題の解決にあたって筋道の通ったアプローチを採用した

logistic /loudʒístik/ a 物流の ▶ Efficiency is the key factor in logistic operations. 能率は物流運営では鍵となる要素だ / Logistic problems may occur because of delay, damage, and theft. 流通上の問題が遅延, 損害, 盗難によって起きる可能性がある

logistics /loudʒístiks/ n ❶ ロジスティクス, 物流管理, 物流 [⇨原材料の調達から販売に至るまでの一連の流れの効率化をめざすもの] (✦日本での略称は「ロジ」) ▶ What is important in logistics? 物流管理では何が大切か ❷ 実際の段どり, 手配; 裏方の仕事 ▶ plan the logistics of the operation 業務遂行上の実際の段どり, 手配を計画する

logistics cost 物流費

logistics firm 物流専門会社

logistics system ロジスティクス・システム [⇨ロジスティクスの仕組み, 構造] ▶ What suggestions do you have for improving our logistics system? 当社の物流体制を改善するためにどんな提案がありますか

logjam n 《米》行き詰まり, 停滞, こう着状態 ▶ break the logjam こう着状態を打破する / run into a logjam こう着状態に陥る

logo /lóugou/ n 意匠文字, ロゴ (=logotype)

logotype /lɔ́ːgətàip/ n ロゴタイプ [⇨社名を表す特殊書体]

Lombard Street Londonの金融街; 英金融業界を指す俗称

Lomé Convention /louméi/ 《the ~》ロメ協定 [⇨EU諸国とアフリカ, カリブ海, 太平洋地域の発展途上国との間で結ばれている包括的経済協力協定. 1975年トーゴの首都ロメで調印, 1976年4月に発効]

London Clearing House ロンドン・クリアリング・ハウス [⇨先物・オプションならびに店頭物オプションの清算機関. 提携先の先物取引場での取引につきカウンターパーティー(取引相手)となることで履行を保証し, かつ, 清算業務を行っている]

London Commodity Exchange ロンドン先物取引所 [⇨1996年にロンドン金融先物取引所(LIFFE)に吸収され, 消滅]

London Gazette (イギリス政府の) 官報

London Interbank Offered Rate ロンドン銀行間取引金利 ⇨ **LIBOR**

London International Financial Futures Exchange ロンドン金融先物取引所 (LIFFE) [⇨シカゴ商業取引所(CME)に次ぐ規模の金融先物取引所. 2002年にユーロネクストが買収. 2007年にはユーロネクストがニューヨーク証券取引所(NYSE)と合併したことにより, LIFFEはNYSEユーロネクストのデリバティブ部門となっており, Euronext.liffeとも呼ばれる]

London Investment Banking Association ロンドン投資銀行協会 [⇨イギリスの投資銀行・証券会社の業界団体. 日本証券業協会や米証券業金融市場協会(SIFMA)のカウンターパートにあたる]

London Metal Exchange ⇨ **LME**

London School of Economics ロンドン・スクール・オブ・エコノミクス (LSE) [⇨ロンドン大学を構成するカレッジの一つで, 政治・経済等の社会科学分野での研究・教育において世界的にもトップクラス]

London Stock Exchange ロンドン証券取引所 (LSE) [⇨ロンドンの国際証券取引所(International Stock Exchange of Great Britain and Ireland)の通称]

long¹ /lɔːŋ/ a ❶ 長い; 長期の; 長く感じられる, くどい; 標準以上の; たっぷりもった《on》; 未来を見通す ▶ take a long view 長期的な視点に立つ / The economy has a long way to go before it can fully recover. 景気が完全に回復するのは, まだまだ先のことだ ❷ 買持ちの [⇨値上がりを期待

して取引対象を買っていること,「買い」のポジションを保有していることを指して言う。先物では買建玉(かいたてぎょく)とも言う]

at (the) longest 長くみても, せいぜい

at long last ついに ► At long last, the project is under way. やっとのことで, そのプロジェクトは動き始めている

it wasn't long before やがて ► It wasn't long before he was transferred to another department. 彼はまもなく他の部署に異動になった

— *n* 長く; 長時間にわたり, 久しく; …中ずっと ► Our participation in the packaging revolution is long overdue. 包装革命への当社の参加はすっかり遅れている / How long have you been in business? いつから商売をやっておられますか / How long did it take you to get there? そこに到着するまでのどのくらい時間がかかりましたか

all day long 一日中 ► I've been thinking about it all day long. そのことを一日中ずっと考えてきた

as [so] long as …である限りは; でありさえすれば ► as long as one lives 生きている限り / I want to work here as long as possible. ここでできるだけ長く働きたい / As long as it is necessary, the government pledged to use monetary and fiscal policies to revive the economy. 必要とあれば, 政府は景気回復のために金融・財政政策を駆使することを確約した

no longer / not any longer もはや…ない ► This product is no longer available. この製品はもう取り扱っておりません

— *n* ❶ 長時間; 大型サイズ ❷ ロング, 買持ち (⇔ short 売持ち); (~s) 強気筋; 《英》長期金縁証券[⇨償還期限15年以上の国債・政府保証債]

before long やがて, まもなく ► He should be here before long. まもなく来るはずだ

for long 《疑問[否定]文で》長い間

take long 長くかかる《*to do*》

the long and (the) short of it 要旨, 要点;《略式》要するに

long² *vi* 思いこがれる, 熱望する《*for, to do*》 ► He longed to work in the medical field. あの人は医療分野で働くことを切望していた

long-ago *a* 昔の

long arm statute ロング・アーム法[⇨米国で, その州と接触のある人または法人に対して, 対人管轄権を認める州の立法の通称]

long bond 長期債[⇨一般には満期が10年あるいはそれ以上の債券を言うが, 証券業界では30年もの財務省証券を指す]

long-dated *a* 長期の; 《英》《国債などが》償還期限15年以上の

longevity /lɑndʒévəti/ *n* 長寿, 高年齢

long-expected *a* 以前から予想された

long-felt need 長期間にわたる要望[⇨米国特許法において, 特許の非自明性の判断の際に考慮される一要素] ⇨ secondary considerations

long gilts 長期物英国債

long haul つらく長い時期; 長期的な取組み ► We're in for the long haul. われわれは長期的な取組みで臨もうとしている / Your stocks are bound to go up over the long haul. あなたが持っている株式は長期的には値上がりするはずだ

long-haul *a* 長距離(輸送)の ► a long-haul route 長距離路線 / long-haul trucking 長距離トラック輸送

long-lived asset 固定資産, 長期性資産 ► assess the impairment of long-lived assets 長期性資産の減損を査定する

long position 買持ちポジション[⇨将来の価格上昇狙いで, 商品や金融資産(株式・商品なども含む)を保有している状態] ► have a long position ロングポジションをとる, 買持ちになっている / Proceeds from the short selling were used to extend the long position. 空売りの収益はロングポジションの期間を延長するのに使われた

long-range *a* 長距離の; 将来にわたる

long-range forecast 長期予想

long-range plan 長期計画

long-range planning 長期(経営)計画策定

long run 長期(⇔short run)

in [over] the long run 結局は, 長期的には ► In the long run, I'm confident that our products will succeed in Asian markets. 長期的には, 私は当社の製品がアジア市場で成功することを確信している

long-run *a* 長期の

long-run cost 長期費用, 長期的費用

long-running *a* ロングランの

long sale 現物[実株]売り

long-serving *a* 永年勤続の ► honor long-serving employees at the annual staff recognition event 毎年恒例の社員表彰式で永年勤続の社員を表彰する

longshore *a* 海岸の[で働く]

longshoreman *n* 港湾労働者

long-sighted *a* 遠目の利く; 遠視の; 先見の明のある

longstanding *a* 長年の ► The longstanding export business is one reason why Löwenbräu enjoys international prominence. 長年の輸出業務はレーベンブロイが国際的に目立っている理由の一つである

long-standing customer 長年の得意先

long-suffering *a, n* 我慢強い[強さ]

long suit 得手, 長所

long-tail *a* ロングテールの[⇨環境保険の場合, 保険期間終了後に期間中に発生していた汚染等の事故を理由とする賠償請求が起こされるが, 終了後も「尾」(tail)を引く。こうした問題を long-tail と形容する]

long tenancy (長期の)定期不動産(賃借)権

long-term *a, ad* 長期の[に][⇨(1) 投資については, 資産の取得から売却までの期間が1年を超えるものを長期保有(long-term holding)と言う。売買益は長期キャピタルゲイン(long-term capital gains)と呼ばれて, 資本利得税(capital gains tax)が適用される。(2) 債券については, 満期が10年あるいはそれ以上のものを長期債券(long-term bond)

品ラインをもう一つ増やしたいと考えている

long-term trend 長期トレンド

long-term unemployment 長期的失業

long ton 英トン〔⇨2,240ポンド〕

look /lúk/ vi 見る；目を向ける，眺める《at》；捜す；のように見える[思われる]《that》；《家などが…に》面する《toward, on》；目を見張る；（事柄が…に）傾く《toward》 ▶ The packaging makes the product look expensive. その包装は製品を実際より高価に見せる / He looked tired after coming out of the meeting. 会議から出てきたあと，彼は疲れているように見えた

━ vt 直視する；捜す，求める《up》；調べる；の目つきをする；確かめる；注意する《that》；期待する，…する予定である《to do》

I'm only [just] looking. （店で客が）ちょっと見ているだけです

look about 見回す

look after を見送る；の世話をする ▶ Please look after the children while I'm gone. 留守の間子供たちの面倒を見てやってください

look ahead 前途を考える《to》

look alive [lively, sharp] てきぱきやる，急ぐ

look as if しそうな様子だ；まるで…に見える ▶ You look as if you're in trouble. お困りのようですね

look at を見る；に注意を向ける；を考察する ▶ We need to look at ways to handle this problem. この問題の処理方法を考える必要がある / He wouldn't look at my proposal. 彼は私の提案に見向きもしなかった

look back 振り返る，回顧する《on》；《略式》前進しない；気乗りがしない ▶ There's no point in looking back on the past. 過ぎ去ったことを振り返っても意味がない

look down on [upon] を見下す

look for を捜す，求める；期待[予期]する；（災いなどを自ら）招く ▶ I'm looking for a new job. 新しい職を探している / I'm looking for a mutual fund with a better rate of return. 私はもっと収益率の高いミューチュアルファンドを探しています

look [be looking] forward to を期待[予期]する（✚toの後は名詞・動名詞）▶ I'm looking forward to seeing you again. またお会いできるのを楽しみにしています

look into をのぞく，調査する ▶ We'll look into the problem and get back to you as soon as possible. 問題点を調べて，できるだけ早くご連絡します / We're looking into the feasibility of the project. そのプロジェクトの実行可能性を検討中です

look like に似ている；…らしい；になりそうだ ▶ What does it look like? 天候はどう / It looks like rain. 雨になりそうだ / What does the economy look like in the coming year? 来年の景気はどうなりそうですか

look on [upon] 傍観する，見物する；（であると）みなす《as》

look out 外を見る；気をつける《for》；捜す，選ぶ；

と言う〕▶ a long-term strategy 長期的戦略

long-term asset 長期資産，固定資産，長期性資産〔⇨固定資産および長期投資の総称〕

long-term bond 長期債，長期社債〔⇨満期が10年以上の債券〕

long-term borrowing 長期借入金〔⇨決算日の翌日から1年を経過して返済期限が到来する借入金〕

long-term budget 長期予算〔⇨設備投資予算などのように1年以上にわたる予算〕

long-term capital 長期資本〔⇨長期にわたり運用可能な資本〕

long-term capital gain 長期保有資産売却益

long-term care insurance （長期）介護保険 (=nursing insurance)

long-term contract 長期契約，長期請負契約〔⇨1年を超えて財貨の生産や用役の提供を行う契約〕

long-term credit 長期信用(貸出)

long-term debt 長期債務，固定負債，長期借入金〔⇨1年を経過した後に支払期日が到来する負債〕⇒long-term liability ▶ reduce the amount of long-term debt outstanding 長期負債の未払残高を減らす / Bunting carries no long-term debt on its books. バンティング社は帳簿上長期負債を抱えていない

long-term financing 長期融資

long-term funds 長期資金；長期借入金

long-term growth rate 長期成長率

long-term holding 長期保有〔⇨資産を取得してから売却するまでの期間が1年を超える場合を言う〕⇒holding period

long-term indebtedness 長期負債

long-term insurance 《英》長期保険；生命保険 (=long-term policy)

long-term interest rate 長期金利 ▶ Yields on bonds issued by the U.S. Treasury are the bellwethers for the long-term interest rates. 米財務省の発行する長期債の利回りが長期金利の指標になっている

long-term investment 長期投資

long-term liabilities 長期負債，固定負債，長期債務（✚類語のlong-term debtも「長期債務」と訳されるが，debtは「金銭的な債務」を意味し，liabilitiesは「物・サービスの提供責務」までも広く含む点で異なる）

long-term loan 長期貸付金，長期融資

long-term note payable 長期支払手形

long-term obligation 長期債務，長期負債 (=long-term debt)

long-term outlook 長期見通し

long-term performance 長期的業績

long-term plan 長期計画

long-term policy =long-term insurance

long-term rate 長期金利

long-term security 長期債券

long-term target 長期目標 ▶ As a long-term target, the company wants to add another product line. 長期目標として，同社は製

(に)面する《on, over》 ► Please look out for anything out of the ordinary. 何か普段と違うことがないか見張っていてください

look over を調べる、ざっと目を通す；《文》大目に見る ► I'd appreciate it if you looked over the proposal. 提案をご検討いただければ幸いです

look round （買い物の前に）広く調べる；周囲を見回す；振り返る

look the other way 見て見ないふりをする；（問題から）目をそむける

look through を見て見ぬふりをする；に細かく目を通す；を見抜く ► When I looked through the records, I found a mistake. 記録にざっと目を通したときに、間違いを発見した / Please look through the accounts. 計算に目を通してください

look to に気をつける；（援助などを）当てにする《for》 ► A lot of companies are looking to outsource their non-core operations as a result of the sluggish economy. 景気停滞の結果として、多数多くの会社が非中核事業の外部委託を検討している

look up 顔を上げる；見上げる；よくなる，上向く；（辞書などで…を）調べる；（人を）訪ねる ► I looked up the information on the Internet. インターネットでその情報にあたってみた

to look at 見た目に ► not much to look at 見てくれはよくない

— *n* 見ること；一見；目つき；外観，様子，表情；(~s) 容貌；スタイル ► I'll take a look at the proposal as soon as I have time. 時間ができたら直ちに、その提案を検討いたします / We've updated our website, which now has a brand new look. 当社のウェブサイトは、更新の結果、装いを新たにしました

by [from] the look(s) of の様子から見て
not like the look of は気に入らない

lookout *n* 見張り(人, 所)；眺望；見込み，見通し；(one's ~) 関心事

keep a lookout for を見張る ► Please keep a lookout for any suspicious activity. 引き続き不審な行動に警戒してください

on the lookout for を監視して，捜して ► Please be on the lookout for any suspicious email. 不審なメールがないか、いつも気をつけていなさい

loom *vi* 迫ってくる，ぬっと現れる《up, over》 ► Despite the holiday season, dark clouds loom over retail sales. ホリデーシーズンにもかかわらず、小売業の売上高には暗雲が漂っている / More bankruptcies loom over the banking industry. さらに多くの破産が銀行業界に無気味に迫っている / A cash crisis is looming. 資金不足が迫っている

looming *a* 迫り来る ► Investors are worried about the looming downturn in the housing market. 投資家は無気味に迫ってくる住宅市場の崩壊について懸念している

loop /lu:p/ *n* 輪形のもの；(線路の) 環状線 (=loop line)；【コンピュ】ループ［⊃繰り返し実行される一連の命令］

in the loop 《米》中枢にいて；内情に通じて
out of the loop 《米》中枢から外れて ► I've been out of the loop, so I don't know what's going on. ずっと蚊帳(かや)の外だから、何がどうなっているのか分からない

throw [knock] ... for a loop 《米略式》を面食らわせる

— *vt* 輪にする；輪にして締める《up》；くくる
— *vi* 輪になる《around》

loophole *n* （法律などの）抜け穴 ► close [find] a loophole 抜け穴をふさぐ[探す] / US companies take advantage of tax loopholes in reporting their income. 米国企業は所得の申告にあたって税の抜け穴を利用している

loose /lu:s/ *a* 解放された，自由な；ゆるんだ；束ねて[とじて]いない；包装していない，（小銭が）ばらの；くつろいだ ► loose change ばら銭，小銭 / sell loose tea 茶をばらで売る

break loose 急に起こる
cast ... loose を解く，外す
come loose 解ける，離れる，ゆるむ ► A screw came loose and fell out. ネジが一本ゆるんで落ちた

cut loose 自由になる；気ままにする；を解除する
— *vt* 放つ；解く
loose A on B AをBに対して野放しにする
◇**looseness** *n*

loose end （ひもなどの）結ばれていないほうの端；未解決の問題 ► tie up the loose ends 未解決の問題を解決する / I have to tie up some loose ends before I go home. 家に帰る前に、やり残した仕事を片づけなければならない

at loose ends / at a loose end 定職がなくて；どうする当てもなくて

loose-leaf *a* ルーズリーフ式の

loosely *ad* ゆるく；ばくぜんと ► The hedge fund market is loosely regulated. ヘッジファンドの市場は規制が厳しくない

loosen /lú:sn/ *v* 解く；ゆるめる[む]；解放する；ばらばらにする[なる]

loosen up 筋肉をほぐす；くつろぐ ► The central bank plans to loosen up the credit market with a rate cut. 中央銀行は金利の引き下げで信用市場を緩和させる計画だ

loot /lu:t/ *n* 不正利得；《米略式》金
— *v* 不正収得する；盗む

L'Oréal (~ SA) ロレアル［⊃世界的な化粧品、美容関連製品のメーカー．L'Oréal, Maybelline, Lancôm などのブランドを保有．Nestléの関連会社］

lo-res *a* 低解像度の

loro account 《英》第三者勘定 (=their account) ［⊃A銀行がB銀行に対して、第三者のC銀行に資金の振替えを告げる場合などに使われる用語］

lorry /lɔ́:ri/ *n* 《英》大型トラック

Los Angeles Times 『ロサンゼルス・タイムズ』［⊃大都市圏発行の米国の日刊紙としては最大の購読数を誇る．インターネット版にも初期から力を入れてきた］

lose /lúːz/ (**lost**) *vt* 失う; 免れる; 見失う; (時間などを) 無駄にする; (機会などを) 逃す; 負ける; (時計が)…だけ遅れる ► lose a person to cancer 人をがんで失う / He lost a lot of money in the stock market. 彼は株で大損した / The company's shares lost nearly 30% of their value since the recession began. 同社の株はリセッションが始まってから30%近く価値が下落した / The company was losing market share rapidly. その会社は市場の占有率を急速に失っていった
― *vi* 損をする; 失敗する; 負ける; (時計が) 遅れる

lose no time in doing 時を移さず…する ► We lost no time in unpacking our bags when we got home. 帰宅してすぐ私たちは荷ほどきをした

lose oneself in に没頭する, 夢中になる; で迷う; 途方に暮れる; 姿を消す

lose one's temper かんしゃくを起こす ► He lost his temper at the meeting. 彼は会議で怒り出した

lose out 《略式》負ける(*to*); 損をする(*on*)

What do I have to lose? やってみて損はない, だめでもともと

loser *n* 値下がり銘柄; 敗者; 損失を受けた者 ► Among the big losers in retail sales are luxury brand stores. 小売業界の負け組の大手のなかに高級ブランド店がある / Taxpayers feel like they are the biggest losers in the government's bankbailout. 政府の銀行救済について, 納税者は自分たちが最大の被害者だと感じている / The three big money losers are out of the day. 3つの赤字部門は整理された

loser product 売れ行きの悪い製品

losing /lúːzɪŋ/ *a, n* 負ける, 失敗(する); 負けそうな; 損失

losing streak 続落 [◘ 株式などの相場の動きを形容する言い方] ► snap a losing streak 下落に歯止めをかける / suffer a losing streak 続落となる

losing trade 損失の出ている取引 ► cover up a losing trade 損失の出ている取引を隠す

loss /lɔːs/ *n* 損失, 欠損, 損害; 逸失

コロケーション

(動詞(句)+〜) **absorb** losses 損失を吸収する / **book** a loss 損失を計上する / **conceal** losses 損失を隠す / **cover** the loss 損失を補填する / **defer** losses 損失を先送りする / **make** a loss 損失を出す / **post** a loss 損失を計上する / **recoup** losses 損失を取り戻す / **report** a loss 損失を計上する / **reverse** a loss 赤字を脱却する

► a profit and loss statement 損益計算書 / incur a significant loss 大きな損失をこうむる / The **loss has been charged** against the producer. 損失は製造者の負担になった / The bank **reported a ¥200 billion loss** in stocks and other investments. その銀行は株式投資と他の投資で2,000億円の損失を計上した / The bank expects to **see more loan losses** in the rest of the year. 同銀行は年度後半にかけて貸倒損失の額がふくらむと見込んでいる / The company **suffered valuation losses** on its stock holdings. その会社は保有する株式について評価損をこうむった / This project is going nowhere. We should **cut our losses** now and seek better opportunities elsewhere. このプロジェクトはどうにもならない。今, 損切りをして, よそでもっといいチャンスを探すべきだ / We are unlikely to **make a loss**, but I can't see a very big profit either. 赤字を出す可能性は低いが, かと言って, 私には大きな利益が出るようにも思えない / Firestone **incurred huge losses** in recalling 20 million steel-belted radial tires. ファイアストンは2,000万本のスティールラディアルタイヤのリコールで巨額の損失をこうむった

📖 In no event shall SELLER be liable for loss of anticipated profit or revenue.「売主」はいかなる場合であれ, 得べかりし利益または売上の逸失に関する責任を負わないものとする

==損失==
accumulated loss 累積損失 / capital loss 値下がり損, 売却損 / credit loss 貸倒損失 / foreign exchange loss 為替差損 / operating loss 営業損失 / pretax loss 税引前損失 / translation loss 為替差損 / unrealized loss 含み損 / valuation loss 評価損

at a loss 途方に暮れて; (に) 困って (*for, to do*); 原価以下で; 損をして ► He is at a loss and doesn't know what to do. 途方に暮れて, どうしていいか分からない / The company is operating at a loss for three consecutive years. 同社は3年連続の赤字営業を続けている

cut one's loss(es) 損失が少ないうちに手を引く ► We should cut our losses while we can. 損失の少ないうちに手を引くべきだ / Fearing that the market may sink further, many investors are selling stocks to cut their losses. 相場がさらに下がることを恐れて, 多くの投資家は損失を減らすために株を売っている

dead loss 丸損; まったくの役立たず

loss adjuster 《英》(保険で) 損害査定人 (= 《米》insurance adjuster) [◘ 保険会社からの依頼で損害額の調査を行う専門家]

loss adjustment (保険で) 損害査定; 損害精算

loss assessor 保険請求代理人 [◘ 損害査定人(adjustor)のように第三者的立場ではなく, 保険契約者の側に立って, 専門知識を活かして保険会社との折衝にあたる者]

loss carryback 欠損金繰戻し ⇨ carryback

loss carryforward [carryover] 欠損金繰越し ⇨ carryforward, carryover

loss contingency 偶発損失 [◘ 天災, 火災などの偶発的事象によって発生した損失]

loss leader ロス・リーダー, 目玉商品, おとり商品 [◘ 顧客を引きつけて売上を上げるために, 原価以下の低い価格をつけた商品] ► Supermarkets often use agricultural products as a loss leader to draw in customers. スーパーはしばしば農産物を使って客を呼び込む目玉商品にするものだ

loss-maker *n* 欠損企業; 赤字部門 ► The new management team turned the dowdy menswear loss-maker into a profitable business. 新経営陣は、ぱっとしなかった赤字のメンズウェア部門を黒字部門に転換した

loss-making *a* 欠損な

loss of earnings 逸失利益; 収入の喪失

loss of principal value 元本割れ ► The portfolio should not experience loss of principal value even in severely adverse interest rate environments. このポートフォリオは、極めて条件の悪い金利環境下でも元本割れに陥らないはずだ 🗐 The Portfolio is subject to interest rate, credit and liquidity risks, which may cause a loss of principal value. このポートフォリオは金利変動リスク, 信用リスク, そして流動性リスクにさらされており, 元本割れがあり得る

loss of rental 逸失賃料 [🔾テナントが倒産した場合に貸主がいれば取り損ねる賃料]

loss on disposal of property 動産および不動産処分損

loss on foreign exchange 外国為替差損 [🔾為替相場の変動に伴い生じた損失]

loss on sale 売却損

loss on sale of securities 有価証券売却損 [🔾一時的所有の有価証券の売却損]

loss per share 一株当たり損失 [🔾発行済株式数で純損失を除した一株当たりの損失]

loss provision 損失準備金 (=loss reserve)

loss ratio (保険で) 損害率, ロスレシオ [🔾損害保険業者が一定期間 (通例, 1年間) に被保険者に支払った損害額の, 被保険者から得た保険料に対する割合]

loss reserve 損失準備金; 保険給付支払準備金, 支払備金 (=claims reserve)

lost /lɔːst/ *v* lose の過去・過分
— *a* 失った, 失くした; 道に迷った; 途方に暮れた; 浪費された; 取りそこなった; 夢中の (*in*)
be lost in に没頭する
be lost to もはや…のものではない; を感じない
be lost upon [*on*] に効果がない
get lost (話が) 分からなくなる

lost days 労働損失日数 [🔾労働争議により勤務日でありながら従業員が労働しなかった日数]

lost decade (the ~) (日本経済の) 失われた十年 [🔾1980年代後半の不動産と株のバブルがはじけた後, 景気の低迷が続いた1990年代の10年間を言う]

lost profits 逸失利益; 失われた収益

lost time 損失時間 [🔾機械オペレーターの負傷や機械の故障により失われた労働時間] ► We need to make up for lost time when the production line was down. われわれは生産ラインが止まったときに失った時間を取り戻す必要がある

lot /lɑt/ *n* ❶ ロット [🔾処理するために都合のいい「ひとかたまり」を言い, 製造ロット・検査ロット・運搬ロットなどがある]; (商品などの) ロット, 一山, 一口; (同種のものの) 組 ❷ 敷地, 画地; 用地; 一区画の土地 [🔾a lot, one lotと表記する] ► an adjacent lot 隣地 / a vacant lot 更地

a fat lot (*of*) (《略式》) (《反語》) 全然 [ほとんど] …ない

a lot of / *lots of* (《略式》) たくさんの ► Lots of people will be attending the party. たくさんの人々がそのパーティーに出席するだろう / We lost a lot of time when the production line broke down. 生産ラインが故障したときに, われわれは多くの時間を無駄にした / Lots of companies offer similar products. 多くの会社が類似した製品を売っている / Initially, the company faced lots of market entry barriers. 初期の段階では, 同社は数多くの市場参入障壁に直面した / The world still has lots of oil. 世界には, まだ, たくさんの石油がある / The department store's year-end sale attracted lots of customers. その百貨店の年末大売り出しは多数の顧客を引き寄せた

cast [*throw*] (*in*) *one's lot with* と運命を共にする

have a lot to do with と大いに関係がある

— *ad* (*a ~, ~s*) (動詞・形容詞および副詞の比較級を修飾して) (《略式》) 大いに, とても, ずっと; しばしば ► Thanks a lot. どうもありがとう / I feel a lot more comfortable with buying bonds instead of stocks. 私にとっては株式よりも債券を買うほうが気分的に楽だ

— *vt* (*-tt-*) 分ける, 配分する

lot cost ロット原価 [🔾製品のロット単位の原価]

lot production ロット生産 [🔾製品の一定数量を単位とした生産]

Lotrimin (《商標》) ロトリミン [🔾米国の水虫用の抗真菌クリーム]

lot size ロットサイズ [🔾製品の生産単位の数量の大きさ]

lottery /lɑ́təri/ *n* くじ引き; 運

loud /laʊd/ *a* (音・声が) 大きい; 騒々しい; 強要する, 強い ► be loud in one's praise [opposition] 強くほめる [反対する] / The loud music kept me awake. 騒々しい音楽のせいで眠れなかった

loud and clear はっきりと, 明瞭に ► I heard you loud and clear. 君の言うことはよくわかった

out loud 声に出して ► Could you please read it out loud? 声に出して読んでいただけますか

◇**loudish** *a*
◇**loudly** *ad*
◇**loudness** *n*

lousy /láuzi/ *a* (《略式》) ひどい; 下手くそな (*at, with*) ► He did a lousy job on the report. 彼はお粗末な報告書を書いた

be lousy with (《略式》) (人が) うようよしている; (金が) たんまりある

feel lousy 気分が [体調が] 悪い ► I feel lousy about how I treated you. 君への仕打ちについて

は内心忸怩(じくじ)たるものがある
love /lʌv/ n 愛, 愛情; 好意; (物への)愛着, 愛好 (*of, for, toward*); 楽しいこと
feel a great love for がた大好きになる
for love 好きで; 報酬なしで; 金を賭けないで
for love or money どうしても
for the love of のために
give [send] one's love to によろしく言う
— v 愛する, 恋する; 好む, 大好きである ► We really love it when consumers praise our products. 消費者がわれわれの製品をほめてくれるのは本当にうれしい
I'd love to do ... ぜひ…したい
lovely /lʌ́vli/ a かわいらしい; 美しい; 楽しい ► It is lovely of you to arrange today's party. 今日のこの会を開いてくださってうれしい
— n (略式)美人; 美しいもの
◇**loveliness** n 愛らしさ
low /lou/ a 低い; (数量が)少ない; 低劣な; 弱い; (気分が)沈んだ; 低級な; (金が)ほとんど尽きた; (数字が)前半の; (比較的)近年の ► in the low twenties 20歳代前半で / a low budget 低予算 / a low level of profitability 採算の悪さ / The company has a very low staff turnover. その会社は社員の離職率が大変低い / Sales have been low for many years. 何年も販売不振が続いている / Domestic demand remained static as a result of companies keeping wages low. 企業が賃金を低く抑えている結果として, 国内需要は停滞したままだった / Auto sales fell to their lowest level in 10 years. 自動車販売は30年間で最低の水準に落ち込んだ / Some retailers depend on low margins and quick turnover. 小売店には薄利多売に依存しているものがある / That comes low on my priority list. それの優先順位は低い
feel low 元気がない
lay low を打ち倒す; 目立たなくする
lie low うずくまる; (略式)身を隠す; (略式)時機を待つ ► Until the merger is concluded, you would do best to lie low on drawing up any new contracts. 合併が完了するまで, 新契約の作成はいっさい控えておくに越したことはないだろう
run low 乏しくなる(*on*) ► The car is running low on gas. その車はガソリンがなくなりかけている
— ad 低く, 低い所へ; 安く; 低く; 近年に
play it low down on [upon] を冷遇する
— n 低いもの; 低水準; 安値, 最低価格; 最低値 ► hit [reach] a new low 新安値をつける / come in low 低い価格で入札する / touch a low 安値をつける / The euro slumped to a new low against the dollar. ユーロは対ドルで安値を更新した / The US dollar hit a three-month low against the yen. 米ドルは円に対して3か月間の最安値に達した / Investors are concerned that stocks may slip back to their October lows. 投資家は株価がもういちど10月の安値まで下がるかもしれないと懸念している / The dollar hit a session low of ¥102.61 and a high of ¥103.63. ドルは102.61円という立合中の最安値から

103.63円の最高値をつけた
a low of A to a high of B 少なく見積もってA, 多く見積もってB
at a record [an all-time] low 史上最低で ► The prime minister's support rate is at a record low. 首相の支持率は過去最低だ
◇**lowness** n 低いこと
lowball n, a (米略式)わざと低めにする(こと) ► lowball Wall Street estimates 証券会社による業績見通しを低めに誘導する
low-cal /-kæl/ a 低カロリーの ⇨low carbs
low-carb a 低カーボの, 低炭水化物の ⇨low carbs
low carbs 低カーボ, 低炭水化物 [◎low carbohydrates の略. 米国のダイエットは低脂肪(low fat)と低カロリー(low cal)が主流だが, 炭水化物の摂取を制限するアトキンス式ダイエット(Atkins diet)の流行で, この言葉が使われるようになった]
low-cost a 低コスト[経費]の; 格安の ► low-cost airlines 格安航空会社
low-cost carrier 格安航空会社 ► They had to do something to fight low-cost carriers. 彼らは低価格の航空会社と戦うためになんとかしなければならなかった
low-cost housing 低費用住宅
low-cost insurance =low-cost policy
low-cost leader ローコスト・リーダー [◎自社のコストを同業他社よりも低い水準にまで下げることで競争優位を確保している企業]
low-cost operation ローコスト・オペレーション [◎経営をできるだけ抑えた店舗の運営管理]
low-cost policy 低保険料保険 (=budget policy)
low-coupon bond 低クーポン債 [◎クーポン(利息)が低めの債券]
low emission vehicle 低公害自動車 (LEV)
Löwenbräu (商標)レーベンブロイ(ビール) [◎ドイツのビール. ドイツ語でレーベンは「獅子」, ブロイは「醸造所」の意]
low end 普及品, 入門機的製品, 低価格品
low-end a (製品が)低価格の
low-end market 普及品市場, 低価格帯市場
low-end product ローエンド製品 [◎自社のラインアップまたは出回っている製品の中でもっとも安い類に入る製品]
low enriched uranium 低濃縮ウラン
lower /lóuər/ vt 下げる; 低くする; (自尊心などを)へこます, くじく ► You must lower your profile or you'll lose your position. もう少し腰を低くしないと今の地位を失うよ / If they do not lower price, their sales may drop. 価格を下げなければ売上が落ちるかもしれない
— vi 下がる, 低くなる; 沈む
— a, ad (low¹の比較級)より低い[<]; 下級の; 南部の ► lower class 下層階級 / lower court 下級審裁判所 / lower inflation インフレ(率)下降 / lower interest rates 低金利 / lower manage-

ment 下級管理者 / Retailers are grappling with lower demand from money-conscious consumers. 小売業界は節約志向の消費者に由来する需要減少と取り組んでいる

lower end 低価格帯 ► The housing market is driven by properties in the lower end. 住宅市場の牽引役となっているのは低価格帯の物件だ

lower-end merchandise 低価格品

lowermost /lóuərˌ/ a 最低の

lower of cost or market 低価基準, 低価法 (LCM) (=lower of cost or market basis [method, value]) [⇨原価と時価とを比較して, いずれか低い価額で資産を評価する方法] ► value inventories using the lower of cost or market method 低価法を使って棚卸資産を評価する

lower-than-expected a 予想を下回る ► post lower-than-expected earnings 予想を下回る利益となる

Lowe's 《~ Cos., Inc.》ロウズ [⇨HomeDepotなどとともに米国を代表するDIY用品・資材小売業者. 1952年設立]

lowest common denominator 最大公約数的な, 一般受けする [⇨顧客ニーズをきめ細かく把握するのではなく, 最大公約数的に捉えた上, 製品・サービスもそれに合わせるアプローチで,「大衆受けすればいい」といったネガティブなニュアンスがある] ► go for the lowest common denominator 一般受けをねらう

low-fare a 低料金の ► a low-fare hotel 低料金ホテル

low-fuel consumption 低燃費

low-grade a 低級の

low-hanging fruit 簡単な仕事 (✦木の低いところに生った果実の意から)

low-impact a 環境負荷が低い ► low-impact construction material 環境負荷の低い建材

low-income a 低所得の ► low-income consumers 低所得消費者 / low-income households 低所得世帯

low inflation 低インフレ ► We have low inflation. インフレ率は低い / We have enjoyed low inflation. われわれはこれまで低インフレを享受してきた

low-interest a 低(金)利の

low-interest loan 低利融資

low-involvement product 低関与製品 [⇨買いつけている日用品や食品のように, 情報収集や比較といった手間をかけずに消費者が購買意思決定を行う製品]

low-key, low-keyed a 控えめの, 強さを抑えた ► low-key administrators 控えめな管理者 [行政官]

low-level a 低レベルの, (役員レベルに対して) 事務レベルの ► a low-level meeting 事務レベルの会議

low-margin a 利益率が低い, 利幅が低い, 採算の悪い ► low-margin business 採算の悪いビジネス / low-margin product 利益率の低い製品

low paid 《the ~》《英》低所得者(層) (=low earners)

low-paid a 《英》薄給の ► They tend to have low-paid delivery personnel. 彼らは低賃金の配達員を雇う傾向がある

low point 最低[最悪]の時

low-pressure a 低圧の

low price 低価格; 安値 [⇨その日の取引の最低値段] ► Low price has always been a company tenet. 低価格は常に会社の主義であった

low-price a 低価格の ► offer a low-price apparel line 低価格アパレルのラインアップを出す / The success of low-price Oil of Olay boosted the stock price. 低価格のオイル・オブ・オレイの成功が株価を押し上げた

low-priced a 低価格の ► They have launched a new line of low-priced cell phones. 彼らは低価格の携帯電話の新しい品揃えを市場に出した

low productivity 低生産性

low profile 低姿勢(な人)

low-ranking a 低い職階の, 末端の ► low-ranking employee 末端の従業員

low-resolution a 低解像度の

low-rise a (建物が)低層の ⇨high-rise

low road ローロード [⇨労働条件の悪さを意に介さず, 低品質の低価格品を供給するアプローチのこと]

low season 《英》閑散期, オフシーズン ► offer room-only deals in the low season オフシーズンは素泊まりを受け付ける

low-tech a ローテク[低技術]の

low-tech industry ローテク産業 [⇨手工芸品産業などの最先端の技術や機器を用いない業種を言うが, 食品, 飲料などのように最先端技術が直接の売りではない業種についても言う]

low tracking error 低めのトラッキングエラー [⇨目安とされるベンチマークと比較して資産の運用成績のばらつきが小さいこと] ► a manager with a low tracking error トラッキングエラーが低い運用機関

low-volume a 量的に少ない, 限定的である ► a low-volume business with high revenues per transaction 取引の総量は限定的だが1件当たりの収益が大きいビジネス

low water base line 低潮位基線 [⇨海底油田の鉱区を, どこから何キロという具合に特定する際に用いる起点]

low water level 低水位; 干潮面

low-yield a リターンが低い ► low-yield bond リターンが低い債券

loyal /lɔ́iəl/ a 忠誠[忠実]な; 誠実な ► He is very loyal to his company. 彼は愛社精神が強い

loyalty /lɔ́iəlti/ n ロイヤルティー [⇨特定の製品に対する愛着, ひいきにする気持ち] ► inspire loyalty in one's current customers 自分たちの現在の顧客にロイヤルティーを持ってもらうようにする / Airlines try to gain customer loyalty through their mileage programs. 航空会社はマイレージプログラムを通じて顧客の忠誠心を得ようと努力する / Brand loyalties developed during these teen years are lasting. これらの10代の年齢の続く間ブランドに対する忠実さ[ブランド支持]が続いた

loyalty bonus ロイヤルティーボーナス [➡① カード会員に対するボーナスポイント等の優遇策 ② 長期勤続の社員に対する報奨金]

loyalty card （量販店で顧客に配られる）ロイヤルティーカード，ポイントカード ► Customers can get money back by using our loyalty card which allows them to collect points. 顧客はポイントが貯まるポイントカードを使うことによって金を取り戻せる

LP limited partnership [➡ 企業名に付してリミテッドパートナーシップ形態の企業であることを示す場合がある．例:Blackstone Group LP]; limited partner

LPG liquefied petroleum gas 液化石油ガス

L-plate n 《英》（車の）仮免許ナンバー [<L = learner]

LSAT Law School Admissions Test エルサット [➡ 米国の法科大学院進学希望者のためのテスト]

LSD librae, solidi, denarii ポンド＝シリング＝ペンス;《英》金銭 [<ラ]

LSE London Stock Exchange

L-shaped economic recovery L字型の景気回復 [➡ 急減速した後，横ばいが続き，いつ回復するか見当のつかないパターンを指す]

LSI large-scale integration 大規模集積回路

Ltd. Limited

LTL less-than-truckload

LTV loan to value; lifetime value

LTV Steel 《~ Corp.》LTVスチール [➡ 米国の鉄鋼会社．2000年12月破産法に基づくChapter XIを申請]

lube /lu:b/ n 潤滑油 [<lubricant]

lubricate /lú:brəkèit/ vt 油を塗る; 滑らかにする

◇**lubricant** n, a 潤滑油, 減摩剤; 滑らかにする（もの）

lucid /lú:sid/ a 分かりやすい, 明快な; 澄んだ, 透明な ► I have a lucid memory of the event. その事件のことはよく覚えている

luck /lʌk/ n 運; 幸運 ► good luck 幸運 / bad [hard, tough] luck 不運

as luck would have it 運よく; 運悪く ► As luck would have it, my car broke down on the highway. 運悪く，車は公道で故障した

better luck next time 次はうまくいきます

down on one's luck 金に困って，つきに見放されて ► After his company went bankrupt, he was down on his luck. 会社が倒産した後，あの人は生活に困っていた

for luck 縁起をかついで，幸運を祈って

Good [Best of] luck! / I wish you luck. 幸運を祈る ► I wish you (the best of) luck with your plan. ご計画のご成功をお祈りします

have no luck 運が悪い ► The police had no luck in finding any clues. 運悪く，警察は何の手がかりも見つけられなかった

have the luck of the devil ひどく運がいい

in [out of] luck 運がよく[悪く]

(It is) just my luck! またしても駄目か

luck was with [on the side of] はついていた

no such luck 運悪く…ない

push [press, crowd] one's luck 欲張ったことをする

the luck of the draw 選択権がないこと; 運任せ

try one's luck 試運しをする

with any luck 願わくば, できれば ► With any luck, we'll be home by tomorrow. 運がよければ，明日までに家に戻れるだろう

with luck 運がよければ

worse luck 《挿入的に用いて》《英略式》運悪く

— vi 幸運に恵まれる《out》

◇**luckless** a

lucky /lʌ́ki/ a 運のよい; 幸運をもたらす ► It's my lucky day. 今日はついている / I was lucky to catch the last train. 運よく終電に乗ることができた

You'll be [You should be so] lucky! 《皮肉》そううまくいくかね

◇**luckily** ad 運よく, 幸せなことに ► Luckily, we still have a few seats left. 運よく, 座席がまだ少残っている / Luckily, I still have my job. 幸運にも，私はまだ仕事がある

◇**luckiness** n

Lucky Charms 《商標》ラッキーチャームズ [➡ 米国General Mills社製のマシュマロ形シリアル]

lucky loonie /lú:ni/《カナダ略式》カナダドル

lucrative /lú:krətiv/ a 儲かる, 金になる ► He started up a lucrative business. 彼は儲かるビジネスを立ち上げた / Investment banking is one of the most lucrative businesses in the world. 投資銀行業務は世界でもっとも儲かる商売の一つだ / Domino's Pizza had to penetrate the lucrative residential market. ドミノ・ピザは儲かる住宅地のマーケットに浸透する必要があった

lucre /lú:kər/ n 利得

filthy lucre 不正利得

Luddite /lʌ́dait/ n《英》ハイテク嫌い，電気製品嫌い（＋偏屈というニュアンスがある）

luggage /lʌ́gidʒ/ n《英》（旅行者の）手回り物 ► How many pieces of luggage are you checking in? 機内に預ける手荷物はいくつですか

luggage carousel （空港の）手荷物引き渡し回転台，手荷物回転台

lukewarm /lú:kwɔ́:rm/ a あまり熱意のない《on》; （反応などが）気のない，今ひとつの ⇨tepid ► receive a lukewarm response 今ひとつの反応しか返ってこない

◇**lukewarmly** ad

◇**lukewarmness** n

lull /lʌl/ vt なだめて…させる《into doing》; 和らげる

— vi 静まる

lull ... into a false sense of security をなだめて安心させる

━ *n* とだえ; なぎ; 小やみ; 小康 (*in*) ► There's usually a lull in business in summer. 夏には商売が一時的に落ち込むのが普通だ

a [the] lull before the storm 嵐の前の静けさ

lumber /lʌ́mbər/ *n* 《米》板材 (=《英》timber); がらくた

━ *vi* 《米》材木を切り出す

━ *vt* (場所を) ふさぐ; (面倒を) 押しつける (*with*)

lump /lʌmp/ *n* 塊; 大勢, どっさり; 《~s》《米略式》報い; (激しい) 批判 ► He paid for the house in one lump. 彼は家の代金を一括して払った

in [by] the lump ひっくるめて, 概して

━ *a* 塊になった

━ *vt* 一まとめ[一塊]にする (*together*)

━ *vi* 塊になる; 重そうに動く; どしんと座る (*down*)

lump sum 一括 (払い)

lump-sum basis 定額請負契約方式

lump-sum benefit (退職) 一時金給付 (=retirement lump-sum, capital sum benefit)

lump-sum contract 一括払契約

lump-sum freight ランプサム運賃 [⇒ 海上運賃などを, 船倉一杯でいくらと決めて払う場合を指す]

lump-sum payment 一括払い, 一時払い; 退職一時金

lump-sum settlement 一括払方式

lunch /lʌntʃ/ *n* 昼食; 軽食 ► a working lunch 商談を兼ねた昼食 / a power lunch 商談[打合せ]を兼ねた有力者による昼食会 / Let's break for lunch. 仕事をやめて昼食にしよう / There's no (such thing as a) free lunch. ただの昼食などというものはない; ただほど高いものはない

out to lunch 昼食に外出中

lunch break 昼休み

lunch hour 昼の休憩時間

lung /lʌŋ/ *n* 肺; 人工肺

at the top of one's lungs 声を張り上げて

have good lungs 声が大きい

lure /luər | ljuər/ *n* 妙味, 魅力 ► drawn by the lure of easy money 簡単に金が入るという魅力に引かれて

━ *vt* 誘導する; 引き寄せる; 一定の気持ちにさせる ► The car dealer tried to lure customers to its showroom, but to no avail. 車のディーラーは顧客をショールームに呼び込もうと努力したが, だめだった / The country's rapid economic development has lured a huge amount of capital investment. その国の急速な経済発展は巨額の資本投資を引き寄せた / He tried to lure an automobile factory to his state. 彼は自動車工場を自分の州に誘致しようとした

Lurex (商標) ルレックス [⇒ アルミ箔に透明な被膜をかぶせ, 線状に細断して作った金属糸]

lurk /lə:rk/ *vi* 潜む, 隠れる; 待ち伏せる ► Fears of inflation lurk ahead. インフレの恐怖が行く手に潜んでいる

luster *n* 輝き ► Since the advent of online media, traditional newspapers and magazines have lost their luster. オンラインメディアの出現以来, 伝統的な新聞や雑誌はその輝きを失った

luxuriant /lʌgʒúəriənt, lʌkʃúər- | lʌgzjúər-/ *a* 繁茂した; 多産の; ぜいたくな

luxurious /lʌgʒúəriəs, lʌkʃú- | lʌgzjúə-/ *a* ぜいたくな, 豪奢(ごうしゃ)な

luxury /lʌ́kʃəri/ *n* ぜいたく(品); 愉悦 ► have [enjoy] the luxury of というぜいたくを味わう / He lives a life of luxury. [=He is living in luxury.] 彼は贅沢な暮らしをしている

luxury article 高級品

luxury goods 高級品, ぜいたく品 ► We sell luxury goods to upscale boutiques. 当社は高級ブティックに高級品を販売している

luxury market 高級品市場

luxury tax 奢侈(しゃし)税

L/V loan to value

LVMH (~ SA) LVMH, モエヘネシー・ルイヴィトン (=Moët Hennessy-Louis Vuitton) [⇒ フランスの服飾・化粧品メーカー. 設立1987年. 革製品, 香水, ブランデーなどの高級ブランド製品を扱う. 他には, Céline, Christian Dior などのブランドを持ち, DFS Group (Duty Free Shops) の過半数をコントロールする]

Lycra (商標) ライクラ [⇒ スパンデックス(spandex)の商品名]

Lysol (商標) ライソール [⇒ 米国製の清掃洗剤. 台所や浴室などの清掃に使用される]

M, m

m meter; mile; million(s)
M[1] (ローマ数字の) 1,000; Mach; male; medium; married; Monsieur;《英》motorway
M[2] money supply
MA Massachusetts; Master of Arts; moving average 移動平均
ma-and-pa a =mom-and-pop
ma-and-pa shop [operation] 夫婦経営の店
Ma Bell《米略式》昔の AT&T(米国電話電信会社)の愛称
mac vi (次の成句で):
mac out《米略式》腹いっぱい食べる (*on*) [<Big Mac]
Mac /mæk/ n《米略式》❶ (呼び掛け) 君 ❷ マック [⇨Macintoshの略称]
Macaroni & Cheese《商標》マカロニ・アンド・チーズ [⇨米国のクラフト社のインスタント食品. 箱の中のマカロニをゆで, 粉末チーズをあたためた牛乳で溶くだけでよい]
Mace《商標》メース (Chemical Mace) [⇨非致死性散布剤. 精製催涙ガスと溶剤から成り, 主に目と皮膚を刺激する. 特に暴徒鎮圧・護身用]

machine /məʃíːn/ n 機械, (社内での) 担当部門; 自動車; コンピュータ; 自動販売機; 現金自動支払機 (ATM) ▶ a cash machine 現金自動支払機 / a coffee machine コーヒーメーカー / a vending machine 自販機 / **The copy machine** is broken because of a paper jam. 紙詰まりでコピー機が故障している / Please always leave **the copy machine** on. コピー機はいつでもオンのままにしておいてください / One of our products is **metal stamping machines**. 当社の製品の一つは金属プレス加工機だ / He withdrew cash **from the machine**. 彼は ATM で現金を引き出した
like a well-oiled machine とても効率よく
— vt 機械で作る; 規格化する (*down*)
machine-made a 機械で製作した; 機械的な ▶ machine-made carpets 機械織りのカーペット / machine-made cigars 機械巻きの葉巻

machinery /məʃíːnəri/ n (集合的) 機械 [⇨主として大型機器を言う]
語法 不可算名詞として集合的に単数形で用いる. 可算名詞のa machine / machinesに対する
▶ agricultural [industrial] machinery 農業「産業」機械 / install [service] machinery 機械を設置する[点検・保守をする]
machine shop 機械工場
machine tool 工作機械

machining n 機械加工 [⇨工作機械を使っての加工] ▶ precision machining of metal parts 金属部分の精密機械加工
machinist /məʃíːnist/ n 機械運転者; 機械製作[修理]工
macho /má:tʃou/ a 男っぽい, 男性中心の ▶ Macho culture prevails in this company. 男中心の文化がこの会社では主流になっている
Macintosh《商標》マッキントッシュ [⇨米国のApple社製パーソナルコンピュータ. 愛称Mac]
MacOS /っ-っ/ マックOS [⇨マッキントッシュパソコンの基本ソフト] ⇨Macintosh
macro- /mækrou, -rə/「長い」「大きい」「巨大な」(⇔micro-)
macroeconomic a マクロ経済の ▶ In view of the current macroeconomic conditions, retail sales are expected to decline further. 現在のマクロ経済の状況を考えると, 小売業界の売上はさらに落ち込むと予想される
macroeconomics n マクロ経済学(⇔microeconomics) [⇨物価水準, 失業, 工業生産, 国内総生産など, 国家経済レベルの集計量の分析によって経済を解明しようとする経済学]
macroeconomist n マクロ経済の専門家
macroenvironment n 大環境, 全体環境 ▶ Understanding the macroenvironment is crucial for marketing. 全体環境を理解することがマーケティングでは肝要である
macroenvironmental a 大環境の, 全体環境の ▶ Developing strategy for a firm based on macroenvironmental trends is a creative process. 大環境の傾向に基づいて会社の戦略を展開するのが創造的なやり方だ
macro fund マクロ・ファンド [⇨マクロ経済の指標を見ながら相場を先取りして資金を運用するタイプのヘッジファンド]
macro marketing マクロ・マーケティング (⇔micro marketing) [⇨マーケティングを社会経済のように広い視点からとらえて研究すること]
Macy's メーシーズ [⇨ニューヨークでスタートした米国でもっとも有名なデパート. 店舗数が多い. ときにMacys. ロゴではMacy☆とする. 2005年, May Department Storeを買収. Macy'sの他, Bloomingdaleを運営. 親会社である持株会社はFederated Department Stores, Inc.]
mad /mæd/ a 怒って, 腹を立てて (*at*); 興奮した (*with*); 狂った; 無分別な; 熱中して (*about, after, for*); ひどく陽気で; 激しい, 猛烈な ▶ The boss is mad at his staff for missing the deadline. スタッフが締切を守らないので, ボスは頭にきている
be hopping [*boiling*] *mad* かんかんに怒っている
like mad 猛烈に ▶ The new game software is selling like mad. 新しいゲームソフトが飛ぶように売れている
MAD mutual assured destruction
madam /mǽdəm/ n 奥様 [⇨女性への丁寧な呼び掛け; ma'am]; 主婦
Dear Madam (未知の女性への手紙の書き出し) 拝啓

made /meid/ *v* makeの過去・過去分詞
— *a* (…に合うように)作った; 人工の; 成功確実の
have [get] it made (略式)成功[幸せ]を確実にする

-made「…製の」(✤国名・地名の形容詞が入る)
► Japanese-made aircraft 日本製航空機

made to measure [➡既成の型紙と生地を選んで注文服に近い形で服を作ること]

made-to-order *a* 注文で作った, オーダーメイドの

Madison Avenue /mǽdəsn/ 米国の広告業界 [➡大手広告会社やPR企業がマディソンアベニューに集まっていることから]

madness /mǽdnis/ *n* 狂気, 熱狂 ► We had the conglomeration madness of the 60s. 1960年代には複合企業が熱狂的にもてはやされた

Madrid Agreement マドリッド協定 [➡標章の国際登録に関する協定. 世界知的所有権機関を通じて商標を複数の国において登録することを可能とするもの]

Madrid Protocol マドリッド協定議定書, マドリッド・プロトコル ⇨ Madrid Agreement

Madrid Union マドリッド連合 ⇨ Madrid Agreement

maelstrom /méilstrəm | -strɔm/ *n* 大渦巻き; 大混乱 (*of*) ► The housing maelstrom has created huge losses for banks. 住宅産業の大混乱は銀行各社に莫大な損失を創り出している [<オランダ]

mag /mæɡ/ *n* (略式) =magazine
◇**magalog** *n* 雑誌カタログ

magazine /mæɡəzí:n/ *n* 雑誌

magic /mǽdʒik/ *n*, *a* 魔法(の); 不思議な(力), 魅力(的な); 奇術(の) ► work [practice] magic 魔法をかける
as* (*if*) *by magic 不思議にも
like magic 不思議なところに; 不思議に
— *vt* 魔法で変える; 魔法で消す (*away*)

magical /mǽdʒikəl/ *a* 魔法のような, 魅惑的な (✤しばしば広告宣伝用語) ► Escape completely on this magical cruise. この魔法のようなクルーズ(航海)ですべてを忘れてください

magic bullet 特効薬; (問題解決の)妙案

Magic Cap [ビっぷ] マジックキャップ [➡ジェネラルマジック社の開発した携帯用情報機器向けOS]

Magic Circle マジックサークル [➡イギリスの四大法律事務所の俗称]

Magic Marker (商標)マジックマーカー [➡米国の油性フェルトペンの一種]

magic wand 魔法のつえ ► wave a magic wand 問題をまたたく間に解決する

magistrate /mǽdʒəstrèit, -trət/ *n* **❶** 行政官 **❷**【法律】(1)治安判事 (2)下位裁判所裁判官 (3)法執行者, 統治者, 為政者
◇**magisterial** /-tíəriəl/ *a* 威厳のある; 高圧的な; magistrateの
◇**magistracy** /-trəsi/ *n* 行政官の職; (集合的)行政官, 下級判事

maglev /mǽɡlèv/ *n* 磁気浮揚鉄道, リニアモーターカー [<magnetic levitation]

Maglite (商標)マグライト [➡米国の懐中電灯]

Magna International (~ Inc.) マグナインターナショナル [➡カナダの自動車部品メーカー. 自動車, トラック, ミニバン用の部品, 外装部品など製造, 自動車メーカーに納入している]

magnate /mǽɡneit/ *n* 有力者; 大事業家 ► a press magnate 新聞王 / a media magnate メディア王 / an oil magnate 石油王 / a shipping magnate 海運王

magnet /mǽɡnit/ *n* 磁石; 人を引きつける人[物] (*for*, *to*)

magnetic /mæɡnétik/ *a* 磁石[磁気]の; 磁性を帯びた; 魅力のある ► a magnetic personality 魅力的な個性

magnetic strip 磁気ストライプ [➡クレジットカードなどの読み取り部分となる磁気テープのこと]

magnetic tape 磁気テープ [➡コンピュータの大容量記憶媒体として使われるものを指す]

magnify /mǽɡnəfài/ *vt* 拡大する; (問題を)誇張する ► Leverage is a strategy that can be used to magnify returns. レバレッジは収益を拡大するために使うことのできる戦略だ

magnitude /mǽɡnətjùːd/ *n* 大きさ; 重要性 ► They are excessively confrontational on each and every issue, no matter its magnitude. 重要性のいかんにかかわらず, いかなる問題についても過度に対立的である

Magnum マグナム [➡アメリカを代表するフォト・エージェンシーの一つ]

maid /meid/ *n* メイド [➡主として清掃, ベッドメイキングを担当するホテルの女性従業員]

Maidenform (商標)メイドゥンフォーム [➡米国 Maidenform, Inc 製のファンデーション(下着), ナイトウェアなど]

mail /meil/ *n* (集合的)郵便物; 郵便(制度) (= (英)post); Eメール (=e-mail)

【**語法**】郵便には, 手紙 (letters), はがき (cards), 小包 (parcels) など種々のものがあるので, 不可算扱いにして量的にa lot of mailと言うが, 可算名詞として fifty letters, fifty (post)cards, fifty parcelsのように言う. 電子メールはすべて同じ形態なのでfifty mailsのようにしばしば可算になるが, 総称として不可算でa lot of mail [e-mail]と言うこともできる

► Send your application **by mail**. 申込書は郵送のこと / Send your check by **registered mail**. 小切手は書留で送ってください / We will **forward your mail** to your new address. あなたあての郵便は新住所に転送します / Our products are sold mainly **through the mail**. 当社の製品は主に郵送で売られる (✤ through the mailは by mail / via mailともする) / We **get about fifty mails every day**. ここでは毎日約50本のEメールを受け取る
— *vt* 郵送する

mail out (多数の人に)一斉に郵送する ► We have mailed out our new catalog. 当社の新しいカタログは郵便で発送済みだ
◇**mailable** *a*

◇**mailer** n
mailbag n 郵袋(ゆうたい)
mailbomb vi (いやがらせに)大量のEメールを送りつける
mailbox n《米》郵便箱, ポスト;(電子メールの)メールボックス
Mail Boxes Etc.《商標》メールボックス・エトセトラ [◆私書箱, ファックス, 小包梱包などを提供する米国のフランチャイズ. notary(公証人)サービスも行う. 親会社はUPS]
mail drop《米》郵便受け(口);(略式)連絡場所
mailer n [メラー]メーラー[◆Eメール用ソフト]
mail-in a 郵便で送ってくる
mailing /méiliŋ/ n 郵送; 1回に送る同一郵便物 ▶ We organize mailings for our various products and services. 私たちはさまざまな製品とサービスに対する郵送先を組織化している
mailing address 郵送先 ▶ My mailing address is as follows. 郵送先は以下の通りです
mailing company 通販会社
mailing list 郵送先名簿; メーリングリスト (ML) [◆Eメールを利用したインターネット上のディスカッショングループ] ▶ We have included you on our mailing list for perfumes. あなたを香水の郵送先名簿にお載せしました / They target their mailing lists very carefully. 彼らは郵送先名簿を非常に念入りに絞っている
mail merge メールマージ [◆別のファイルから受取人名などのデータを取り込みながら大量の定型文を作成する機能]
mail order 通信販売(MO) ▶ You can buy things by mail order. 通販で品物が買える
mail-order catalog 通販カタログ
mail-out a 郵送による
mail recovery center 不明郵便物扱い所
mail room メールルーム [◆社内で郵便物の処理をする部署]
mail server メールサーバー [◆電子メール送受信コンピュータ]
mailshot n ダイレクトメールによるキャンペーン ▶ We don't send mailshots to our customers. 私たちは顧客にDMは送らない
main /mein/ a 主要な; 精いっぱいの ▶ a main task 主要任務 / a main cause 主因 / Our main line of business is life insurance. 当社の主たる事業は生命保険です
by main force 全力で
the main thing《略式》(ある状況下で)重要なこと
━ n (水道・ガスなどの)本管; (~s)(電気の)本線; 力; 主要部分 ▶ turn off the gas at the mains《英》ガスの本管を止める
in the main 大部分は, 概して
with might and main 全力をあげて
mainframe (computer) メインフレーム(コンピュータ) [◆大型汎用コンピュータ]
mainland n 本土
mainly ad 主に ▶ I invest mainly in stocks. 私は主に株式に投資している / The country depends mainly on tourism for its revenues. その国の収入は主として観光業に依存している / The subsidiary is mainly involved in software development. その子会社は主にソフトウェア開発に従事している / The profit surge has been mainly in financial services. 利益が急増したのは主として金融サービス部門だ / The increase in overseas travel is mainly due to the appreciation of the yen. 海外旅行の増加は主として円の高騰が原因だ
main market《英》メインマーケット [◆ロンドン証券取引所において大手優良企業の株式が取引される市場. 新興企業向けのAIM等の市場もあるが, このメインマーケットが主力部門にあたる]
main office 主たる事業所
mainstay a 主力の, 主な ▶ mainstay products 主力製品
mainstream n, v (the ~)主流, 大勢;(障害児を)普通児と一緒に教育する ▶ The mainstream of our revenues comes from office equipment sales. 当社の収入は主としてオフィス機器の販売から来る
mainstreaming n メインストリーミング [◆男女均等待遇の実現に努めること]
main street メーンストリート, 表通り, 目抜き通り;(M-S-)偏狭で物欲が強く退屈な社会; 地方小都市の典型的な人々;(特に金融業界での人々との対比で)普通の人々 ▶ Main Street is skeptical of the government's plan to bail out Wall Street. 一般の人たちは金融業界を救済する政府の計画について懐疑的だ

maintain /meintéin/ vt 持続[維持]する; 主張する; 支持する; 養う; (~ oneself)生活する (on);(略式)(困難に)対処する ▶ maintain high production levels 生産を高水準に維持する / maintain one's competitive edge 競争力を保持する / maintain a tight monetary policy stance 金融引き締めのスタンスを堅持する / We maintain our quality through regular inspections. 定期検査を通じて品質を維持している / The companies must maintain the personable feel of their brands and consumers' trust. どの会社も自社のブランドの親しみのある感じと消費者の信頼を維持しなければならない / To continue to be listed, a public company is required to maintain shareholders equity of $6 million among other requirements. 上場を維持するためには, 上場企業は, 他の要件に加えて株主資本の額として600万ドルを維持する必要がある / The company is likely to maintain its top market share. その会社は市場占有率で首位を維持しそうだ

maintenance /méintənəns/ n 維持, 保全, 整備, 保守, メンテナンス; 擁護; 主張; 扶養(料), 生計費 ▶ a maintenance fee (マンションなどの)修繕費 / maintenance and repairs 維持修繕 / scheduled maintenance 定期保守 / a contract for maintenance 保守契約 / The production line will be shut down for maintenance. 保守点検のため製造ラインは停

止されるだろう / Nearly $5 billion a year goes toward airplane maintenance. 毎年50億ドル近くが航空機の整備に当てられている

maintenance call (信用取引における) 追い証の請求 (=margin call)

maintenance charge 維持費 (=maintenance cost, maintenance expense) [◯建物, 機械などを維持するために経常的に支出される費用]

maintenance cost 維持費

maintenance expense 維持費

maintenance fee 維持料 [◯特許, 商標等の知的財産権を付与した後に, その効力を維持するために定期的に支払うことを要する料金. 日本では, 特許については特許料, 実用新案, 意匠, 商標については登録料と言う]

maintenance margin 維持証拠金 [◯先物取引を維持するために最低限必要な預託金額. 相場変動で預けてある資産の評価額が下がり, これを下回った場合, 追加証拠金 (追証) を差し入れるよう求められる]

major /méidʒər/ n ❶ (法律上の) 成人; 《米》専攻科目; (グループの) 長 ❷ 一流企業, 大手企業; 《M-》メジャー, (国際的な) 大手石油会社 ▶ Low-cost carriers are in a fierce price competition with the majors. 低コストのエアラインは大手エアラインと激烈な価格競争を繰り広げている / The oil majors have been hit by the recent decline in crude prices. 石油メジャー各社は原油価格の最近の下落で打撃を受けている

— a 大きいほうの; 主要な; 重大な; 危険な; 成年の; 年長のほうの ▶ a major corporation 有力企業 / a major customer 大口客 / a major industry 主要産業 / a major shareholder 大株主 / Our major concern is product safety. 主な懸念は製品の安全性だ / These are the major issues to be considered by a troubled company. これらが困難を抱えた会社によって考慮されなければならない主要問題点である / Stocks on Europe's major markets stumbled. 欧州の主要市場の株式は低迷した / Amid the recession, consumers are scaling back on major purchases. 景気後退のさなか, 消費者は大きな買い物を手控えている / The major drawback of renewable energy sources is their cost. 再生可能エネルギー源の主要問題点はそのコストだ

— vi 専攻する (in) ▶ I majored in economics. 私は経済学を専攻した

majority /mədʒɔ́:rəti/ n 大多数, 過半数 (of); 得票差; 多数党[派]; 成年 ▶ the great [vast] majority of のほぼ全員 / an absolute majority 絶対多数 / an overwhelming majority 圧倒的多数 / a slim majority 僅差での過半数 / a two-thirds majority 3分の2の多数 / a majority of shares 発行済株式の過半数 / by a large majority 大差をつけて / obtain an absolute majority 絶対多数を獲得する / win a majority 過半数を制する / be in the [a] majority 過半数を占めている / The majority of our customers are female. うちの顧客の大半は女性だ / The majority of other suppliers may have agreed to more lenient items. ほかの納入業者の大部分はもっと寛大な条件に同意したかもしれない / The debtor will obtain the necessary numerical and dollar majorities. 債務者は人数と金額の上で必要な過半数を獲得するだろう

majority control 過半数所有支配 [◯過半数の株式を所有することにより会社を支配すること]

majority decision 多数決

majority holding 過半数を超える持株, 多数持分

majority interest 多数株主持分

majority opinion (判決の) 多数意見, 絶対多数意見 (⇔dissenting opinion) [◯裁判所の合議判決で, 半分以上の裁判官が一致した判決意見. main opinion とも言う. 米国の最高裁判所では, 1人の裁判官が多数意見を代表して法廷意見 (opinion of the Court)を書く慣例が確立している]; (法理・法準則などの) 多数説

majority owned subsidiary 過半数所有子会社 [◯株式の50パーセント超を他の会社に所有されている会社]

majority ownership 過半数所有 [◯通常議決権付株式の過半数の所有を指す]

majority shareholding 50%超の持株比率, 過半数にあたる株式の所有

majority stake 株式の過半数 ▶ hold a majority stake 株式の過半数を有する

majority stockholder 支配株主

majority vote 議決権の過半数

majority voting 多数投票

major league 《米》メジャーリーグ [◯American League と National League のどちらか一つを言う. 2つのリーグの総称としてのメジャーリーグは複数形で the Major Leagues と言う]

major-league a 《米》有力な, 一流の, 大手の ▶ major-league corporations 大手一流企業

Major Market Index (ニューヨーク証券取引所における) メジャー・マーケット株価指数 (MMI)

major-medical a, n 《米》高額医療費保険 (の)

make /meik/ (made) vt 作る; (…に) 作り変える (into); 作ってやる; 準備する; 生じさせる; 得る; (金を) もうける; する; 心に抱く, 思う; 判断する (of); (ある状態に) する; 昇進する; 表す; させる; (いずれ…に) なる; (略式) たどり着く ▶ make a person happy (人を) 幸福にする / make a person work 人を働かせる / make a good doctor やがて立派な医者になる / We make vacuum cleaners. 当社は掃除機を作っている / Our company makes a variety of medical equipment. 当社はさまざまな医療機器を製造しております / We make a wide range of consumer goods. 当社は広範囲の消費財を作っている / What makes a good presentation? よいプレゼンテーションの要素は何か / What makes a great leader? 偉大な指導者はどのようにしてできるのか

/ The cat food makes cats' fur healthy and shiny. そのキャットフードはネコの毛を健康でつややかにする / By moving into an area of high risk, we can make good returns. ハイリスクの分野に進出することで, 満足のいく収益が得られる / The package design can make all the difference in selling the product. その包装デザインは製品の販売にあたって大きなプラスになりうる
― *vi*《文》…しようとする; 進む

make after を追跡する
make against に不利に働く ► The transaction makes against my interest. その取引は私のもうけにならない
make a market 値付け業務を行う
make appearances 登場[出演]する
make as if のようにふるまう(*to do*) ► He made as if nothing had happened. 彼は何事もなかったようにふるまった
make away with を取り除く; 使い果たす ► The thieves made away with the stolen money. 泥棒たちは盗んだ金を使い果たした
make do《略式》なんとか済ます, 間に合わせる(*with, without*) ► We'll have to make do without electricity for the time being. 当分の間電気なしですませねばならないだろう
make ends meet なんとか生活する ► With rising costs, it's hard to make ends meet. 諸経費の高騰で, 収支を合わせるのが難しい
make for の方へ向かう; を襲う; に役立つ, 寄与する
make it《略式》うまくやり遂げる, 成功する; 間に合う; 命を取り止める; うまく行き[たどり]着く(*to*) ► I barely made it to the meeting on time. かろうじて会議の時間に間に合った / Jim made it in early this morning. ジムは今朝早く出勤した
make it quick《略式》《命令》早く[すぐ]やれ ► We're running out of time, so please make it quick. 時間がなくなってきましたので, 手短かにお願いします
make it up to に埋め合わせをする(*for*) ► We plan to make it up to you for the inconvenience you've had. ご迷惑をおかけしたことの償いをさせていただくつもり
make it up with と仲直りする
make like《略式》のようにふるまう, をまねる
make much [little, nothing] of を重んじる[軽んじる]
make off with を盗む; を使い果たす
make or break [mar] の成否を握る ► It's this last point that can truly make or break a brand. ブランドが成功するか失敗するかを決めるのはこの最後の点である
make out《略式》うまくやる, 成功する; (小切手を)作成する; を理解する; 証明する, 申し立てる; と主張する; 振りをする; (請求書・伝票などを)起こす ► make out like a bandit 大もうけする / I couldn't make out what he was saying. 彼が何を言っているのかわからなかった
make over を変更する; を譲り渡す
make through やり遂げる

make toward(s) に向かって進む
make up 和解する; 埋め合わせ[償い]をする(*for*); 精算する; 編成する; 調合する; 仕立てる; でっち上げる; 補う; 完成する; 取り決める; 化粧する; (試験を)受け直す ► make up for lost time 時間の遅れを取り戻す
make up to に取り入る
make with を作り出す; いつものように使う
what a person is made of《略式》(その人の)実力, 真価
― *n* 型; 体つき; …製; 性格;《米略式》(身元)確認; 照会
on the make《略式》(金もうけに)夢中になって; 進歩しつつあって

make-or-buy *a* 内製か外注か[⇨自社内でまかなうか, 外部に発注するか] ► a make-or-buy decision 内製か外注かの判断

makeover *n* 改装; 新しいヘアスタイル[メーキャップ]による大変身

maker /méikər/ *n* ❶ 製作[製造]者(✚日本語のメーカーはしばしば「大型造会社」の意味になるが, maker は「作る人, 作る業者」である); …を作る機械[用具] ► a decision maker 意思決定者 / The company is the largest maker of automobiles. その会社は最大の自動車メーカーだ
❷【法律】(1)(約束手形)振出人 (2)作成者, 証書作成者

make-to-order *a* 注文生産する, 受注生産する, 注文製作する(✚Hawaiian shirts made to order(オーダーメイドのハワイアンシャツ)のようにも用いる)⇨made-to-order

make-to-stock *n* 見込み生産[⇨受注を待たずに販売予測をもとに生産すること]

makeup *n* 化粧, メーキャップ; 組立て, 構造, 構成; 気質, 性格; 埋め合わせ ► We need to understand the makeup of our increasingly global customer base. 当社としては, ますます国際色を強めている顧客基盤の構成を理解しなければならない

make-work *n* (やる仕事がなくなる状況を避けるために)無理につくり出した仕事

maladministration *n* 悪政, 失政
mala fide /méilə fáidi/ 不誠実な[に][くラ]
malconduct *n* 失当[不正, 不当]行為, 不正管理, 不正職務行為, 詐欺的行為
male /meil/ *a*, *n* 男(の), 雄(の)
malfeasance /mælfi:zns/ *n* 悪しき行為, 不正[違法, 背任]行為[⇨してはならない行為をすること] ► The company has set strict guidelines of conduct in effort to deter corporate malfeasance. 企業内の違法行為を抑止するために, その会社は厳格な行動ガイドラインを設定している
◇**malfeasant** *n* 悪事をする人
malfunction *n*, *vi* 不調; 正しく作動しない
malicious /məlíʃəs/ *a* ❶ 悪意のある ❷【法律】(1) 悪意の動機から出た, 害意のある, 故意の (2)(逮捕などが)不当な
◇**maliciously** *ad*

malinger /məlíŋgər/ *vi* 仮病を使って仕事をサボる

malingerer *n* 仮病を使う従業員

mall /mɔːl/ *n* モール［⚪︎ショッピングセンター内の各店舗を結ぶ小道、またそのような小道のあるショッピングセンター．集客効果がある］► a shopping mall ショッピングモール / a strip mall ストリップモール（長い低層の建物に小売店舗と飲食店が並んでいるショッピングセンター）/ a pedestrian mall 遊歩道商店街，歩行者天国

mallrat *n*《略式》モールを遊び場にする子供

malpractice *n*（専門家の）業務過誤，職務懈怠(けたい)；（医師の）医療過誤

malpractice insurance（専門家の）業務過誤賠償責任保険；医療過誤保険

malpractice suit（医療過誤等専門家の）過失責任追及訴訟

mammon /mǽmən/ *n* 富，財貨 ► You cannot serve both God and Mammon. 神と富に仕えることはできない［＜ルカ］

◇**mammonism** *n* 拝金主義
◇**mammonist** *n*

mammoth /mǽməθ/ *n, a* マンモス；巨大な（もの）► a mammoth project 巨大プロジェクト / a mammoth corporation 巨大会社 / Rebuilding the plant was a mammoth task. 工場の建て直しは大仕事だった

man /mǽn/ *n*（**men**）男；人，人間；部下；《通例 men》従業員［作業］員；（チームの）メンバー；《the ~, one's ~》うってつけの人；《the ~, the M-》《米略式》（組織の）ボス

a man of few words 口数の少ない人
a man of his word 約束を守る人 ► You can trust him because he is a man of his words. 約束を守る男だから，彼は信頼できる
a man of the world 世慣れた人
be man enough to do …するのに十分勇気がある
man about town 裕福な社交家
Man of the Year 年男；その（前）年もっとも注目された人
man to man 率直に
to a man / to the last man 一人残らず

— *vt*（**-nn-**）要員を配置する；乗り組ませる

manage /mǽnɪdʒ/ *vt* どうにかして…する(*to do*)；（しばしば皮肉）まんまと［愚かにも］…する(*to do*)；経営［管理］する；世話をする；処理する；（資産などを）運用する；（時間の）都合をつける；（機械・武器などを）操る，取り扱う ► He manages a small consulting firm. 彼は小さなコンサルタント会社を経営している / He manages a staff of twenty. 彼は20名の職員を管理している / This conglomerate is not easy to manage profitably as a group. この複合企業は一つのグループとして利益を上げるように経営することは容易ではない / He managed to get in touch with the client. 彼は何とか顧客と連絡を取った / After two days of negotiation, we managed to make some progress. 2日間にわたる交渉の後，いくらか前に進むことができた / Our company managed to rebound this year despite heavy losses in this first quarter. 当社は，第1四半期の莫大な損失にもかかわらず，今年はなんとか立ち直ることができた

— *vi* 切り抜ける，やりくりする；（can, could などを伴って）なんとかやっていく

◇**manageable** *a* 御しやすい ► The ripple effects have been minor and manageable. 波及効果はきわめて小さかったので，対処することができた

managed bankruptcy =prepackaged bankruptcy

managed care /mǽnɪdʒd/ マネージドケア，管理医療

> **解説** 米国で1980年代に導入され急速に普及している医療形態．保険会社が経営する医療機関が病院・医師を組織化することで比較的安価な保険料での医療サービスを実現している．患者の医療へのアクセスを医療機関が管理するので，過剰医療と医療費高騰に対処できる反面，患者側には治療が十分に受けられないという不満がある

► Over two-thirds of Americans with private insurance are enrolled in managed care. 民間保険をもつアメリカ人の3分の2以上は管理医療に加入している

managed economy 管理経済［⚪︎計画経済ほど徹底はしていなくても，市場経済に比べて政府による経済活動への介入が大幅に行われる経済体制］

managed float 管理フロート制［⚪︎通貨当局が市場操作を行って為替レートの変動幅を制限している変動相場制．別名ダーティー・フロート］

managed fund アクティブ運用型ファンド［⚪︎市場平均を上回るパフォーマンスを目指して積極的な運用管理が行われるファンド］

managed healthcare =managed care

managed trade 管理貿易

management /mǽnɪdʒmənt/ *n* 取り扱い；経営，管理，運用，マネジメント；経営者，管理者，運用者 ► reduce costs through better management of inventory 在庫管理の改善で経費を削減する / bring in new management 経営を刷新する / move up into management（出世して）役員となる / Management attempted to conserve cash by reducing inventories. 経営陣は在庫を減らして現金を保持しようとした / No problems are perceived by management. 経営陣には何の問題も感じられていない

under new management 経営者が代わって

▬▬ 管理・経営 ▬▬

business management 事業経営 / cash management 現金管理 / crisis management 危機管理 / financial management 財務管理 / lax management 乱脈経営 / management structure 経営体制 / middle management 中堅経営幹部層，中間管理職 / money management 資金運用 / participative management 従業員参加型経営 / personnel management 人事管理 / poor management ずさんな経営 / sales management 販売管理 / senior management 経営上層部 / slim management 減量経営 / top management 経営トップ / treasury management 資金管理 / upper management 上層部, 経営上層部

---

management accountant 管理会計士, 管理会計の専門家［⇨投資家等社外の利害関係者のための財務会計と異なり, 管理会計は会計面から企業内での意思決定や計画を支援する業務であり, 管理会計士は予想をも手がける］

management accounting 管理会計［⇨経営者, 企業買収の一形態. 企業の経営管理に有用な会計情報を提供する会計］

management accounts 《英》管理会計勘定

management audit 経営監査, 経営業務監査

management auditing 経営監査［⇨経営が効率的, 効果的に行われているかを確認するため, 会社全体としての体制を含め経営陣を評価する業務］

management board 経営会議［⇨経営戦略上の重要事項を審議する会議体で, シニアマネジメントで構成される］

management buy-in マネジメント・バイイン (MBI)［⇨企業買収の一形態. 外部の経営者が必要資金を調達して企業を買収し新しい経営者になること］(⇔management buy-out)

management buy-out マネジメント・バイアウト (MBO)［⇨企業買収の一形態. 企業の現経営者が自社の株を買い占め株式を非公開化して会社を乗っ取ること］(⇔management buy-in)

management by exception 例外的場合にのみ介入する経営スタイル［⇨権限を委譲した相手にすべてを任せることを原則とし, 問題が生じたり, 予想外のことが起きた場合にのみ例外的に経営トップが乗り出すスタイル］

management by objective 目標管理, 目標管理制度 (MBO)

management by walking around [about] 現場主義の経営スタイル［⇨経営陣が部署から部署へと歩き回り, 進行状況を確認するスタイル］

management charge ❶ 運用手数料［⇨資産運用を受託している業者が徴収する手数料］ ❷ 管理手数料［⇨不動産管理会社が徴収する手数料］

management committee 経営委員会

management company (投資信託などの) 資産運用管理会社［⇨不動産や資産の管理を受託する会社］

management consultant 経営コンサルタント ► We've decided to bring in a management consultant to advise us on our business operation. 当社の事業運営について助言してもらうために経営コンサルタントの導入を決定している

management consulting 経営コンサルティング［⇨専門的知見を活かして経営手法・経営実務につき助言を提供する業務］

management control 経営統制［⇨実際の経営が計画通り進むようにすること. 経営者が思い通りに組織を動かしているかという経営手腕の良し悪しで左右される］ ► weak [effective] management control 貧弱な［効果的］経営統制

management development 経営管理能力の開発

management engineering 経営工学

management fee 融資斡旋手数料, 幹事手数料, 経営委託費;（投信運用会社が受け取る）運用報酬 ► Management fees typically range between 0.5% and 1% of the fund's assets per year. 運用報酬はファンドの資産の年率0.5%から1%の間というのが典型的である

management game ビジネス・ゲーム, ビジネス・シミュレーション［⇨経営管理能力の向上を期して, 参加者に一定のシナリオの下での生産・販売計画などを策定させた上, その効果を審判が判定して優劣を競うもの］

management guru 経営の師［⇨経営に関する有名な著者やコンサルタント］

management information system 経営情報システム (MIS)

management layer 経営層, 経営管理部門の階層と序列 ► The company has only three management layers. その会社はわずか3層の経営層を持つだけである

management policy 経営方針;（投資信託の）運用方針

management ratio 経営指標［⇨売上に対する利益の割合といった経営者の参考となる指標］

management report 経営者報告書［⇨米国の会社の年次事業報告書に記載される経営者の財務諸表作成責任や内部統制制度の整備などに関する報告書］

management review 経営監査 (=managerial audit, administrative audit, management audit)［⇨企業経営の業務活動や管理活動などの効率性, 経済性などに関する監査］

management science 経営科学, 管理工学; 管理科学

management shares 《英》役員持株, 役員に付与される自己株式

management succession 経営の継承［⇨経営能力のある人材の育成と役員への登用］

management summary（企画書・報告書などの）要旨, あらまし

management style 経営スタイル;（投資対象の）運用スタイル

management team 経営陣 ► Mr. Sato has been running the management team of this company since 2001. 佐藤氏は2001年以来, この会社の経営陣を率いている / We lack a strong management team. 当社には強力な経営陣が欠けている

management training 管理職教育, 経営管理教育

manager /mǽnidʒər/ *n* ❶ 支配人; 店長; 工場長, 施設長; マネジャー; 経営者; 管理者; (スポーツチームなどの)監督; 《~s》管理職; やりくりする人 ► I report directly to my manager. 私は部長の直属の部下です / She is a good [bad] manager. 彼女はやりくりが上手[下手]だ
❷ (資産の)運用責任者; 運用会社 (=managing company); 《英》管財人
❸ (新規発行証券の募集・売出しを推進する)幹事引受業者[会社]
◇**manageress** *n* 女性マネジャー

manager benchmark マネジャー・ベンチマーク[○S&P500種株価指数等, ファンドマネジャーの運用成績の比較対象とされる指標]

managerial /mæ̀nidʒíəriəl/ *a* 経営上[者]の ► He lacks managerial experience for the position. その地位に就くための管理職経験が不足している / Henry has real managerial flair. ヘンリーは経営者としての本当の資質をもっている
◇**managerialism** *n*

managerial accountant = management accountant

managerial accounting 管理会計 ⇨ management accounting ► apply managerial accounting concepts to financial decision making 管理会計のコンセプトを財務意思決定に応用する

managerial economics 経営経済学
managership *n* managerの職位[資格]
managing /mǽnidʒiŋ/ *a* 管理[経営]する
managing agent ❶ 不動産管理会社 ❷ 資産運用会社

managing board 経営委員会, 理事会, 経営陣, 役員会 ► The CEO's departure has shaken up the managing board. CEOの辞任は経営陣を震撼させている

managing director ❶《英》マネージングディレクター, 業務執行取締役[○会社経営の責任者で, 日本の社長にあたる地位] ❷《米》マネージングディレクター[○英国系の肩書で, 米国ではほとんど使われていない. 金融業界で見られる] ❸ 専務理事[○国際通貨基金(IMF)など国際機関の長の肩書] ❹ 常務取締役[○日本語の英語訳として使用. 専務取締役は Senior Managing Director とするのが普通]

managing partner マネジング・パートナー[○パートナー制で運用されている組織において業務執行権を有しているパートナー] ⇨ partnership

managing underwriter【証券】幹事会社
M&A mergers and acquisitions
mandate /mǽndeit, -dit/ *n* ❶ (選挙人からの議員・議会に対する)要求; 指図; 委任; 命令, 指令; 権能(付与) ► The central bank has a mandate to keep inflation in check. 中央銀行はインフレを抑制する権限を負託されている ❷ 運用委託 ► Currently, investment advisors that receive a mandate to manage pension assets must be given cash to manage. 現在, 年金資産の運用委託を受けた投資顧問は, 現金で運用資金を受け取るよう求められている / Foreign investment advisors are increasingly winning mandates to manage public pension assets. 外国の投資顧問が公的年金の運用委託契約を獲得する例が増えている / Investment managers bear the responsibility for ensuring that individual stock changes are within the mandate. 運用機関は個別銘柄の入れ替えが委託の趣旨の範囲内で行われるよう確実を期する責任がある ❸ (特にM&Aなどの金融取引案件での)契約の依頼, 委嘱
— *vt* 命じる《*to do*》; (権能を)負託する

mandatory /mǽndətɔ̀:ri | -təri/ *a* 義務的な, 強制的な; 命令の; 委任された ► An annual health check-up is mandatory for all employees. 全従業員は年に一度の健康診断を義務づけられている

mandatory convertible bond 強制転換条件付転換社債[○通常の転換社債では転換権が行使されて初めて発行会社の株式に転換されるが, この種の社債では一定期日までに強制的に株式に転換される]

mandatory general offer《英》強制的公開買付, 強制取得義務に基づく全株式取得のオファー[○買収を仕掛けた企業の持株比が30%を超えた場合, 残余の全株式を対象とする公開買付が義務づけられる]

mandatory injunction 作為命令的差止命令[○不法建築物の取り壊しを命ずるという具合に作為義務を課する差止命令]

man-day *n* 人日(にんじつ)[○1人1日分の作業量]
M&M's《商標》エム・アンド・エム[○丸い粒状の米国のチョコレート]

maneuver /mənú:vər/ *n* 作戦行動; 計略, 策略; さっと身をかわす動作

room to maneuver 計画[決定]変更の余地 ► The company needs to make further cost cuts to give it room to maneuver. 行動の自由を得るためには, その会社はさらに経費を削減する必要がある
— *vt* (軍隊などを)動かす; うまく動かす《*into*》
— *vi* 策動する
maneuver behind the scenes 巧みに操る
maneuver for position 有利になるように展開する
[△仏]
◇**maneuverability** *n* 機動性, 操縦性
◇**maneuverer** *n* 策略家

man Friday 忠僕; 献身的な助力者 (✚ 女性は girl Friday)

man-hour *n* 人時(にんじ)[○1人1時間分の作業量]

manic-depressive /mǽnik/ *a* 躁鬱病の ► The stock market has had its share of manic-depressive swings. その株式市場は躁鬱病の往復運動を人並みに経験した

manifest /mǽnəfèst/ *a* 明白な
— *vt* 明示する; 表す; の証拠となる; 積み荷目録に載せる; 《~ oneself》現れる ► The economic

downturn has manifested itself in the closure of plants across the country. 国中の工場が閉鎖されているのを見れば,景気の低迷は明らかだ
— vi 現れる
— n ❶ 積荷目録, 乗客名簿 ❷ マニフェスト, 産業廃棄物管理票［➪産業廃棄物を発生させる事業者が, その産業廃棄物の処理を他人に委託する場合に, 受託者に対して交付することが義務づけられている管理票］
◇**manifestly** ad
manifestation /mænəfistéiʃən | -fes-/ n ❶ 明示, 表明; 示威運動 ▶ An increasing rate of employee turnover is a manifestation of low morale among employees. 従業員の転職率が増加するのは従業員の間の士気が下がっていることを明白に示している ❷ 政見発表, 示威行為, デモ

manipulate /mənípjulèit/ vt 巧みに扱う; 操作する; (不正に) 操る, ごまかす ▶ manipulate the news ニュースを操作する / manipulate accounts 帳簿を改ざんする / This software helps manipulate and analyze data. このソフトウェアはデータの操作や分析に役立つ / In a stock market, informed investors may manipulate information to take advantage of those uninformed. 株式市場では, 情報をつかんでいる投資家が情報を持っていない投資家を利用するために情報を操作することがある
◇**manipulative, manipulatory** a 手先の; 巧みに扱う, ごまかしの
◇**manipulator** n 操縦者; 操り手; 遠隔［隔離］操作装置
manipulation /mənìpjuléiʃən/ n ❶ 操作; ごまかし ▶ prevent manipulation of the election results 選挙結果の改竄を防止する ❷【会計】利益操作, 粉飾 ▶ income manipulation 利益操作 / accounting manipulation 粉飾会計 ❸【証券】相場操縦; 価格操作 ▶ market manipulation 市場操作 / stock manipulation 株価操作

man-month n 人月(にんげつ)［➪1人1か月分の仕事量］
manner /mǽnər/ n 仕方, やり方; 《~s》風習; 《~s》行儀, 作法; 態度; 種類 ▶ a manner of providing additional capital 増資の方法 / He spoke in a decisive manner. 彼は断固とした態度で話した
all manner of あらゆる種類の
by no manner of means / not by any manner of means 決して［断じて］…でない
in a manner いわば; ある程度 ▶ Recast its balance sheet in a manner more consistent with its cash flows. そのキャッシュフローの実態と見合う形でバランスシートを作りなさい
in a manner of speaking いわば
to the manner born 生まれつき適して; きっすいの
What manner of … ? どんな種類の…

◇**mannered** a 個性の強い; 気取った; 型にはまった
◇**mannerism** n
manning n 必要人員(数), 人員配置
manoeuvre /mənúːvər/ n, v《英》=maneuver
manpower n (動員可能な) 人間の総数, 有効総人数; 人的資源 ▶ provide the manpower to do… …をするために人を出す / We lack manpower to carry out the task. その仕事を達成するには人的資源が不足している
a manpower shortage 人的資源の不足
manpower planning 要員計画［➪必要なスキル, コスト等の要因を考えながら必要な要員数を算出するプロセス］
manpower request 増員要求
Manshan Iron & Steel (~ Co., Ltd.) マンシャン・アイアン, 馬鞍山鋼鉄［➪国営の馬鋼集団を再編してできた鉄鋼メーカー. 形鋼, 線材, 帯鋼などが主力］
mantra /mǽntrə, máːn-/ n お題目, 合言葉, モットー ▶ Our company mantra is "Safety first and foremost." 当社での合言葉は「何はともあれ安全第一」だ
manual /mǽnjuəl/ a 手の; 手製の, 手を使う; 手動の, 労力を要する ▶ manual labor 肉体労働 / manual accounting books 手書き帳簿 / manual work 手作業 / The job requires intensive manual labor. その仕事は集中的な肉体労働を要する
— n 手引; 便覧
◇**manually** ad 手作業で; 手動で ▶ I had to input the data manually. データを手作業で入力しなければならなかった
manual handling 人手による作業
Manual of Patent Examining Procedure ⇨MPEP
manual worker 単純労働者, 肉体労働者
manufactory /mǽnjufǽktəri/ n 製造所, 工場

manufacture /mǽnjufǽktʃər/ n 製造業; 製造(過程); 製作; 《~s》製品
— vt (大規模に) 製造[生産]する; (話を) でっちあげる ▶ Our company manufactures semiconductors. わが社は半導体を製造している
manufactured goods 製品, 生産品

manufacturer /mǽnjufǽktʃərər/
n 製造業者, 生産者, メーカー (**語法**) 一つの会社でも manufacturers と複数形にすることがある) ⇨ retailer, wholesaler ▶ The manufacturer has recalled the product for safety reasons. メーカーは安全上の理由からその製品を回収した / The air conditioner was sent back to the manufacturer. そのエアコンは製造業者に送り返された / An unprecedented decline in exports has forced manufacturers to reduce production at a record pace. 輸出額の空前の落ち込みは製造業者に記録的なペースの生産減少

を強いている

manufacturer's brand メーカーブランド [⇒流通小売業者が自店舗での販売に使うプライベートブランドとの対比で, メーカーが自社製品に付するブランドを言う]

manufacturer's recommended price 《英》メーカー希望価格 (MRP) ► We've taken 15% off the manufacturer's recommended price. 当店ではメーカーの希望価格から15%引きにしています

manufacturing /mænjufǽktʃəriŋ/ a, n 製造(業)(の) ► The country has lost jobs in manufacturing to its Asian rivals. その国は製造業の仕事をアジアの競争相手国に奪われている

manufacturing base 産業基盤, 製造拠点

manufacturing conglomerate 製造コングロマリット [⇒製造業だけに特化した複合企業体. industrial conglomerate とも言う] ⇒conglomerate

manufacturing cost 製造原価 (=manufacturing cost of goods produced) [⇒製品の製造のために直接, 間接に消費されたすべての経済価値の合計額] ► The manufacturing cost exceeded our estimate. 製造原価はわれわれの推定をはるかに超えた

manufacturing department 製造部門 [⇒直接製品の製造作業に従事する部門]

manufacturing firm 製造企業, 製造業

manufacturing industry 製造業

manufacturing information system 生産情報システム (MIS) [⇒効率的生産に向け経営意思決定を支援する情報システム]

manufacturing order 製造指図書 [⇒製品の製造作業を命令するために発行される文書]

manufacturing overhead 製造間接費 ► reduce manufacturing overhead by 10% 製造間接費を10パーセント削減する

manufacturing plant 製造工場

manufacturing resource planning 製造資源計画, MRP2 [⇒どういった部品や資材をいつまでに, どれだけ調達すべきかを把握するための資材所要量計画(MPR)に, 生産ラインの能力(要員, コスト, ロット等)を加味して策定する計画]

manufacturing sector 製造部門

Manulife Financial 《~ Corp》マニュライフ・フィナンシャル [⇒カナダの金融サービス会社. 1887年 Manufacturers Life Insurance Co.として設立された. 米国, 日本, 東南アジア各国にてサービスを提供している]

many /méni/ a (**more**; **most**) 多数の ► We have many branches nationwide. 当社は全国にたくさん支店があります / As many as 5,000 people lined up to apply for jobs at the theme park. 5千人もの人たちがテーマパークの仕事に応募するために列をつくった
— n 多数; (the ~) 大衆

a good many かなり多数(の) ► A good many employees signed up for the workshop. 相当多くの従業員がワークショップに参加した

a great many 非常に多数(の)

as many 同数の(もの)

in so many words はっきりと

many a [an] ... 多くの, 数々の

many's [many is] the time [day] that ... 何度も[何日も]…した(ことがある)

man-year n 人年(にんねん) [⇒1人1年間の仕事量] ► The project took ten man-years to complete. その計画は完成に10人年を要した

map /mæp/ n 地図; 図表 ► read a map 地図を読む

off the map 辺境にある; 存在しない; 重要でない

put ... on the map を有名にする
— vt (-pp-) の地図を作る; 綿密に計画する

map out を(詳細に)計画する ► We need to map out our strategy for entering the new market. われわれは新市場に参入するための戦略を精密にまとめる必要がある

MapQuest 《商標》マップクエスト [⇒米国のインターネット企業. A地点からB地点までの地図, 道順, 距離, 所要時間を提示するサイトのMapQuest.comを運営している]

maquiladora /məki:ladó:rə/ n マキラドーラ [⇒メキシコが資本誘致を目的として, 米国国境沿いに設けた保税輸出加工区の工場] [<西(*maquila* 粉挽き米, *dora* 金)]

mar /ma:r/ vt (-rr-) 損なう, 傷つける, 台無しにする ► The economic summit was marred by protests. 経済サミットは抗議デモでだいなしになった / Economic growth has been marred by inflation. 経済成長はインフレでだいなしになった

marathon /mǽrəθɑn/ n マラソン ► The job was a real marathon. その仕事は本当にマラソンに等しかった / We had a marathon round of negotiations before clinching the deal. われわれは取引をものにする前にマラソン交渉を重ねた

Marathon Oil 《~ Corp.》マラソン・オイル [⇒米国の石油・天然ガス会社. 1887年創業. 現社は2001年のUSX分割により設立]

march /ma:rtʃ/ v 行進する[させる]; 進展する; 引き立てる

march on に向かって行進する
— n 行進, デモ 《*against*》; 進展 ► a forced march 強行軍

on a steady upward march ぐんぐん上昇中で

on the march 行進中で; 流行中で

steal a march on [upon] を出し抜く

March-quarter earnings 1–3月期決算

margin /máːrdʒin/ n ❶ 利益率, 利ざや, 利幅 [⇒profit margin の略. 利益を売上高で割った数値] ► increased sales of higher margin products 利益率の高い商品の売上増 / have high margins 利益率が高い / make better margins 利幅を大きくする / improve operating margins 営業利幅を拡大する / improve profit margin by increasing productivity 生産性を向上させて利益率を高める / Gross margins are slipping noticeably. 粗利益は目立って落ち込んでいる / Expanding margins have strengthened earnings. 利鞘の拡大は利益の増

加をもたらした / The company saw a 6% rise in profit margin. その会社は利益幅が6%拡大するのを目にした

===■利幅■===
dumping margin 不当廉売差額 / gross margin 粗利率, 粗利益率 / gross profit margin (売上高)総利益率 / injury margin 損害額 / narrow margin 薄利 / net interest margin 預貸利ざや / net margin 純利益率, 純利幅 / net profit margin 純利益率, (売上高)経常利益率 / normal profit margin 通常の利幅 / operating margin (売上高)営業利益率 / paper-thin margin 薄利 / profit margin 利益率, 利幅 / safety margin 安全係数, 安全幅

❷ 証拠金 [◯先物取引等において取引口座に担保として入れておくことが求められる一定額の資金] ▶ deposit a margin 証拠金を差し入れる / an initial margin 当初証拠金 / a variation margin 追加証拠金, 維持証拠金
❸〖経済〗限界収益点
on the margin(s) 周辺にいる; 重要でない
— *vt* (証券の)信用取引で買いつける

marginable *n* 信用銘柄 [◯証券会社から資金を借りて株式を買う取引(信用取引)の対象というる銘柄]

margin account 信用取引口座 [◯証券会社から資金または証券を借りて証券の売買をするための口座]

marginal /máːrdʒinl/ *a* ❶ へりの; 辺境の; 欄外の; 限界の, ぎりぎりの; 重要でない
❷ 限界収益点の; 限界採算商品の ▶ marginal production 限界生産
◇**marginalize** *vt* 社会から取り残す
◇**marginally** *ad*

marginal analysis 限界分析 [◯原価, 利益, 売上の変動原因を連続的な増分によって分析する方法]

marginal benefit 限界便益 [◯1単位の財の消費を追加することによって得られる便益の追加分]

marginal cost 限界費用[生産費] [◯追加的な1単位の生産に必要とされる総費用の増加分]

marginal costing 限界原価計算 [◯変動製造原価すなわち直接材料費, 直接労働費, ならびに変動製造間接費のみをもとに製品原価を算出する]

marginal land 限界土地 [◯収益のごく少ない土地]; 限界地

marginal producer 限界生産者 [◯製造単価が高いため売上のほとんどをコスト回収に取られ, 利益を生む余地のない生産者]

marginal product 限界生産物 [◯生産要素を1単位追加することによって実現する限界的な生産物の量] ▶ a marginal product of capital 資本の限界生産物[力] / a marginal product of labor 労働の限界生産物[力]

marginal productivity 限界生産性, 限界生産力 [◯生産要素を1単位追加することによって実現する限界的な生産物の量(生産性)]

marginal propensity to consume 限界消費性向 [◯1単位の所得の追加による消費の増加分]

marginal propensity to import 限界輸入性向 [◯1単位の所得の追加による輸入の増加分]

marginal propensity to save 限界貯蓄性向 [◯所得が1単位増加すると貯蓄が何単位増えるかの割合]

marginal rate (of tax) 限界税率 [◯累進課税の下で適用される税率のうちもっとも高いもの. ある年度の所得が1単位増えたとして, その増分につきどれだけの租税負担があるかを示す]

marginal return 限界収入, 限界収益 (=marginal revenue) [◯生産量を1単位増加するときの売上高の増加分]

marginal revenue 限界収入 [◯追加1単位の販売によって得られる収入の増加分]

marginal tax rate 限界税率 [◯追加1単位の所得に対して課される税金の比率]

marginal utility 限界効用 [◯消費財を1単位増減することによりもたらされる個人の満足の増減]

margin buying 空買い, 信用買い [◯買付けに必要な資金を証券会社から借りて株式を購入すること]

margin call 追加証拠金請求, (信用取引における) 追い証の請求, マージンコール (=maintenance call) [◯信用取引に対する規定の最低証拠金額を維持するために, 証券会社が顧客に不足分の積み増しを請求すること]

margin deposit 委託証拠金 [◯先物オプション取引において取引に先立ち業者に差し入れる履行保証金] ▶ You are required to make a margin deposit in cash and government securities with a futures commission merchant to initiate and maintain a futures position. 先物のポジションを設定し, 維持するためには, 先物取引業者に現金または国債にて委託証拠金を差し入れることを要する

margin of error 許容誤差

margin of safety ❶ 安全率, 安全余裕率, MS比率 (=margin of safety ratio) [◯売上高が損益分岐点売上高を上回る程度] ❷ (保険の) 安全割増 (=loading for contingencies)

margin requirements (信用取引の) 必要証拠金; 委託保証金率 [◯信用取引で顧客が証券会社に差し入れる委託保証金の約定金額に対する割合]

margin trading 信用取引 [◯証券会社から資金または株券を借りて行う売買]

mariculture /mǽrəkʌ̀ltʃər/ *n* 海洋栽培, 海中養殖

marine /məríːn/ *a* 海の, 海産の, 海洋にすむ; 船舶の; 海運の
— *n* (一国の) 船舶
◇**mariner** /mǽrənər/ *n*《文》水夫

marine insurance 海上保険

marine insurance broker 海上保険ブローカー [◯保険会社の代理店としてではなく, 契約者の側に立ってもっとも有利な条件で保険契約が締結されるよう努めるリスクコンサルタント]

marine insurance survey 海上保険損害査定 [○海上保険に基づく保険金請求があった場合に, 保険会社の依頼を受けて損害の実情を調べ, 要補償額を査定すること]

marine pollution 海洋汚染 [○油の流出や廃棄物の海洋投棄などの人為的理由によって, 海の浄化能力を越えて汚染された状態]

marine resource 海洋資源

marine underwriter 海上保険業者

marital deduction 配偶者控除 [○米国の贈与税(gift tax)と遺産税(estate tax)の用語で, 配偶者に認められる控除. 類語の spouse exemption(配偶者控除)は所得税の用語]

maritime /mǽrətàim/ a 海事の; 海の; 海に接する; 海にすむ

maritime law 海事法, 海法, 海商法

mark /maːrk/ n 印; 指標; 記号, 符号; 兆候; 点数; 《the ~》水準, 標準; 特徴; 的; 目標; 重要性 ▶ a registered trade mark 登録商標 / a bench mark ベンチマーク / His assessment of the situation was near the mark. 彼の状況評価はほぼ現状に合っていた / The Dow fell below the 10,000 mark. ダウ平均は1万の大台を割って下落した

below the marks 基準以下で

beside [off, wide of] the mark 見当違いの ▶ His comment was off the mark. 彼のコメントは的外れだった

give a person full marks for の点で(人を)賞賛する[に満点を与える]

hit the mark 的中する

leave a [one's] mark on に影響を残す ▶ The founder left indelible marks on the company. 創業者は消えることのない大きな足跡をその会社に残した

make one's mark 名を上げる 《in, on》

quick [slow] off the mark 《略式》スタート[理解]が早い[遅い]

toe the mark 規則に従う

up to the mark 標準に達して; 期待を満たして; 元気で, 健康で

— vt ❶ 印を付ける, 跡を残す; 札を付ける; (印で)示す; 区分する; 目立たせる; 選び出す; 採点する; 注目する ▶ Our store is having a huge sale to mark our 10th anniversary. 当店は10周年を記念する大売り出しを開催中だ ❷ 《商業》(原価に諸掛りと期待利益を)値入れして売値を決める

mark down を値下げする; の点を引く; を書き留める; (格付機関が)格付を下げる; 評価額を下げる [○市場実勢に合わせて帳簿価格を下げて損失を計上する] ▶ All products have been marked down for clearance. すべての製品は在庫一掃のために値下げされた / The company's credit rating has been marked down by a few notches. その会社の信用格付は数段階にわたって引き下げられた / During the last hour before closing, Japanese supermarkets generally mark down the prices of prepared food items. 閉店前の最後の一時間になると, 日本のスーパーは調理済み食品を値下げするのが普通だ

mark off を区切る; に済みの印をつける ▶ Please mark off the tasks you've completed. 終わった仕事は線で消してください

mark out を区切る; を区別する

mark up を値上げする ▶ Those dresses have been marked up 50 percent. それらの服は5割利掛けされた

markdown n 値下げ ▶ take a markdown on merchandise 商品の値下げを実施する

marked /maːrkt/ a 著しい; 印の付いた; 目星をつけられた ▶ in marked contrast to と著しく対比して / a marked man 誰かに狙われている人 / Our sales have shown a marked improvement. 当社の売上高は顕著な改善を示している

◇ **markedly** /-id-/ ad 著しく ▶ This housing bust is markedly different in severity from previous ones. この住宅不況は厳しさが今までの不況とは著しく異なっている / The economy slowed markedly in the third quarter. 景気は第3四半期に目に見えて減速した

marker n ❶ 印を付ける人 [○物, ペン]; 目印 ❷ (他の原油の価格設定の基準となる) 標準マーカー原油

put [lay, set] down a marker 将来の意図をはっきり述べる

market /máːrkit/ n ❶ 市場, 市(いち) ▶ a black market 闇市場 / a flea market 蚤(のみ)の市 / go to market (市場に)買い物に行く (語法)売買を中心に考えると無冠詞がふつう. 特定のマーケット(⇒②)を指せば go to the market to buy food(食品を買いにマーケットへ行く)となる)

❷ 《米》食料品店, マーケット ▶ a fish [meat] market 魚[肉]屋 / a produce market 青果店, 八百屋

❸ 《通例 the ~》(特定の商品を取引する)市場, 業界

コロケーション

(動詞(句)+~) **dominate** the market 市場を支配する / **exit** the market 市場から撤退する / **go into** the market 市場に進出する / **hammer** the market (大量の株を一度に売って)相場を下げさせる / **manipulate** the market 市場を操作する / **misjudge** the market 市場の動きを読み誤る / **penetrate** a market 市場に浸透する, 市場開拓に成功する / **play** the market 相場を張る, (株の)投機をする / **raid** the market 相場を狂わせる / **ride** the market 景気の波に乗る / **rig** the market 《略式》人為的に市価を騰貴[下落]させる; 相場を操る / **tap** a new market 市場を開拓する

▶ the wheat [oil] market 小麦[石油]市場 / the mobile phone [cellular phone] market 携帯電話市場 / the stock [equity] market 株式市場 / the job [labor] market 求職市場 / dominate the PC market パソコン市場を支配する / There's **a big market** for scarves in this city. この町ではスカーフがよく売れる / The **market has been saturated** with similar products. 市場は類似品による飽和状態が続いてきた / Thanks to the patent, the company may **corner the market** for the next twenty years! その特許のおかげで,同社は,今後20年間市場を独占するやも知れぬ / We are introducing a high-speed laser printer to **penetrate the office automation market**. OA市場への浸透を図るため,高速のレーザープリンターを発売する予定だ / We took a huge loss **in the oil market**. 当社は原油相場で巨額の損失を被った

===市場===
bond market 債券市場 / capital market 資本市場 / cash market 現物市場 / credit market 信用市場 / financial market 金融市場, 証券市場 / foreign exchange market 外国為替市場 / forward market 先渡市場 / futures market 先物市場 / gray market グレーマーケット / higher margin market 高付加価値品市場 / high yield market 高利回り債市場, ジャンク債市場 / money market 短期金融市場 / over-the-counter [OTC] market 店頭市場 / property market 不動産市場 / real estate market 不動産市場 / retail market 小売市場 / securities market 証券市場 / spot market 現物市場 / wholesale market 卸売市場

❹ (商品への) 需要, (買手という意味での) 市場;《通例the ~》(商品の) 販路 ▶ a new market for cars 自動車の新たな需要 / the domestic [foreign] market 国内 [外国] 市場 / the Japanese market for imported cars 輸入車の日本市場 / market entry 市場参入 / market discipline 市場規律 / market intervention 市場介入 / market discipline 市場規律 / penetrate the markets in Eastern Europe 東欧市場に食い込む / enter niche markets ニッチ市場に参入する / be forced to exit the market 市場から撤退を余儀なくされる / lose the confidence of the market 市場の信任を失う / move into low-end markets 低価格帯市場に進出する / Mobile learning is poised to become a growth market. モバイルラーニングが成長市場になろうとしている / We're losing the market to cheap imports. 当社は安い輸入品に市場を奪われている
❺《通例the ~》市価, 相場, 時価; 市況, 商況, 景気 ▶ at the market 市価 [時価] で / a bull [bear] market 強気 [弱気] 市場, 上げ [下げ] 相場 / a buyers' [sellers'] market 買手 [売手] 市場 / an active [a brisk, a dull, a steady, a promising] market 活発な [活気ある, 沈滞した, 手堅い, 有望な] 市場 / be market-sensitive 市場の動向に敏感である / be built into the market 相場に織り込まれている / leave the market extremely vulnerable 市場を非常に乱高下しやすい状態にしている / The market has risen [fallen]. 相場が上昇 [下落] した / There was considerable late buying in an effort to hold the market from a major decline. 大暴落を回避するため,最近かなりの下支えがあった / Some speculators attempted to manipulate the market. 投機筋の一部が市場を操作しようとした

beat the market (運用成績が) 市場の指標 [ベンチマーク] を上回る

be priced out of a market 値段が高くなりすぎて手が出せなくなる
bring one's eggs [hogs] to a bad [the wrong] market 見込み違いをする
come onto the market 売り物に出る
hit the market (モノが) 発売される, (サービスが) 導入される; 市場に出る ▶ The new model just hit the market recently. その新機種は最近になって市場に出たばかりだ
in the market for を買いたいと望んで
make a [one's] market of で利益を得る
on the market 売りに出されて ▶ The new swimwear is finally on the market. その新しい水着はやっと売り出された
priced below market 市価を下回る値段で ▶ The house was priced below market for a quick sale. すぐ売れるように, その家は市場より安い価格に設定された
put ... on the market を売り物に出す
━ v 市場で売買する; 買う; 買い物をする; (商品を) 市場に出す; 売る ▶ They marketed their goods overseas. 商品を海外市場に出した / In order to market our new products, we did TV commercials last month. 新製品を売り出すために先月テレビコマーシャルを流した / It is being marketed as "mulberry tea." それは「クワ茶」として売り出されている
◇**marketeer** /-tíər/ n 市場商人, 市場主義者 ▶ The Prime Minister is a free marketeer. 首相は自由市場論者だ / We buy things from black marketeers. われわれは闇市場の商人からいろいろなものを買う

marketability /mὰːrkitəblíləti/ n 市場性 ▶ an appraiser's judgment and interpretation of a structure's condition, utility and marketability 建築物の状態や効用および市場性についての不動産鑑定士の判断や解釈

marketability study 市場性調査分析 [⇨特定の対象不動産の市場性や対象不動産の属する特定のクラスの市場性について,不動産の市場セグメントに照準を合わせて検証するミクロ分析]
⇨market study

marketable a 市場性がある, 販売可能な, 売り物になる ▶ turn waste into marketable products 廃棄物を売り物になる製品にする / Highly marketable products were on show. 高度に市場性のある商品が展示されていた

marketable securities 市場性ある有価証券 [⇨証券取引所または店頭市場でいつでも売ることのできる株式, 社債などの証券]

marketable title 売買に適した権原 [⇨通常の注意で発見できるような瑕疵を伴っていない不動産所有権で, 買主による受領を強制できるものを言う. good [merchantable, sound] title とも言う]

market analysis 市場分析 ▶ do a market analysis 市場分析をする

market analyst アナリスト [⇨一般的には証券アナリストを指す]

market average 平均株価

market basket マーケット・バスケット方式 [⇒生活に要する全消費財・サービスなどをすべて物量で表し、その価格合計から生計費の変化を測る方式]

market cap =market capitalization

market capitalization 時価総額, 株式時価総額 (market cap または cap) [⇒発行済普通株式の総数に株価を掛けて求める。企業の価値や規模を示す指標の一つで、市場参加者の評価が反映されている点に特徴がある] ⇒cap³ ▶ a market capitalization rate 市場期待収益率 [⇒投資家が株式投資から期待する収益率] / current market capitalization 現在の時価総額 / use market capitalization as a measure of a company's size 時価総額を会社規模の尺度として使う / The new company has a market capitalization of 30 billion pounds. 新会社の時価総額は300億ポンドになる

market clearing price 均衡価格 [⇒需要と供給が一致しており、市場に出たものがすべて売りさばかれる状態のときの価格]

market concentration 市場集中 [⇒少数の企業によって市場の大部分が掌握されている状態]

market demand 市場の需要 ▶ How does that company increase market demand? あの会社は一体どのように市場の需要を拡大しているのだろうか

market depth 市場の厚み [⇒売り買いの各呼び値 (提示価格) ごとの相場商品の厚み (量) を指す言葉。厚みが薄いと大口の売買注文で市場が乱高下することになるので注目される]

market-driven a 需要動向に合わせた ▶ market-driven product development 需要動向に合わせた製品開発 / American TV is a market-driven industry. 米国のテレビは市場を原動力とする産業だ

market economy ❶ 市場経済 [⇒ミクロ経済学で資源配分が家計と企業の相互依存を通じて行われる経済] ❷ 市場経済 [⇒マクロ経済学で市場によって資源配分が行われる経済]

market equilibrium 市場均衡

marketer n マーケティングの専門家, マーケティング担当者; 市場で売買する人 ▶ Bring in professional marketers. マーケティングの専門家に依頼しなさい / A marketer of cat food started to sell dog food. キャットフード販売業者がドッグフードを売り始めた

market-facing a 市場動向本位の, 顧客本位の ▶ The company has restructured itself into a market-facing organization. 同社は事業再構築により顧客本位の組織へと生まれ変わった

market failure 市場の失敗 [⇒市場経済が経済効率性を達成できない状態] ▶ Government intervention is justified by market failure. 政府の介入は市場の失敗により正当化される

market fluctuations 相場の上げ下げ

market forces 市場の自由競争(力); 市場要因

market fragmentation 市場の細分化 ▶ adverse effects of market fragmentation 市場の細分化の悪影響

market fundamentalism 市場原理主義 [⇒市場にまかせれば何でも解決されるという自由市場万能の考え方]

market garden 市場向け野菜果樹園

market growth 市場の成長 ▶ Market growth in English language training was incredible. 英語学習関係の市場成長は信じられないほどであった

marketing /máːrkitiŋ/ n マーケティング [⇒商品とサービスの販売を促進する事業活動。マーケティングの構成要素は4つのP (Four P's), すなわち, 製品の選択と開発 (product), 価格の決定 (price), 流通経路の選択と設計 (place), 需要の創出と拡大 (promotion) とされてきたが, これに政治力 (political power) と広報活動 (public relations) を加えた6つのPを提唱する向きもある] ⇒mega marketing ▶ aggressive marketing 意欲的で大胆なマーケティング / effective marketing 効果的なマーケティング / poor marketing 稚拙なマーケティング / be engaged in marketing マーケティングに携わる / work in marketing マーケティング部門で働く, マーケティングを専門にしている / joint marketing 複数のマーケティング手法の組み合わせ / a marketing gimmick 市場戦略の仕掛け / Some engineers tend to be reluctant to get involved in marketing because they see it as non-technical. 一部のエンジニアには, 技術と関係がないとして, マーケティングに関与するのをためらう傾向がある / We are here to discuss and plan the marketing of our website. お集まりいただいたのは, われわれのウェブサイトのためのマーケティングを検討し, 企画を立てるためです

marketing blitz マーケティング電撃作戦 ▶ They will begin their marketing blitz in order to sell this new game. 彼らはこの新しいゲームを売るためにマーケティング集中キャンペーンを始めるだろう

marketing board 流通管理機構 [⇒主として農産品の価格維持のために政府が設ける組織]

marketing campaign 販売促進キャンペーン ▶ The company plans to launch a marketing campaign for its new product. 同社は新製品のための販売促進キャンペーンを実施する予定だ

marketing channel マーケティング・チャネル, 流通経路 (=distribution channel)

marketing clout 営業力 ▶ Do we really have the marketing clout to pursue this project? このプロジェクトを進められるだけの営業力を当社が持っているだろうか

marketing communication マーケティング・コミュニケーション [⇒(企業などが行う)広告や販売促進などのコミュニケーション活動]

marketing concept マーケティング・コンセプト [⇒競争相手を意識した上で, 自社製品・サービ

スを消費者にアピールするにあたっての鍵となるアイディアやキーワードなど]

marketing co-operative 販売協同組合 [◆生産者が協力して販路を確保するために設立する協同組合]

marketing cost マーケティング・コスト, 流通費; 営業費, 販売費

marketing department マーケティング部門

marketing director マーケティング責任者

marketing effectiveness マーケティングの効果 ► gauge marketing effectiveness マーケティングの効果を測定する / verify marketing effectiveness マーケティングの効果を確認する

marketing environment マーケティング環境 [◆ターゲット消費者の所得, 年齢層, 競合製品などマーケティングを立案する際に考慮すべき要素]

marketing expenditure =marketing expenses

marketing expenses マーケティング費 [◆マーケティング関連の人件費, 広告宣伝費, 展示会, セミナー等の費用]

marketing mix マーケティング・ミックス [◆4P(product 製品, price 価格, place 場所, promotion 販売促進)を中心にこれらを最適に組み合わせること] ► They developed a successful marketing mix for their wines. その会社は自社ワインに対する上手なマーケティング・ミックスを展開した

marketing myopia 近視眼的マーケティング [◆顧客満足を追求すべきなのに自社製品の売込みばかりに目が行っており, 市場の動きに遅れること]

marketing orientation マーケティング志向 [◆消費者のニーズを企業活動の基点として活動していくこと]

marketing research マーケティング・リサーチ, 市場調査 ► Marketing research has shown our main consumers are in the 30-40 age range. 当社の主要顧客が30歳から40歳の範囲にあることをマーケティング調査は示している

marketing resource management マーケティング資産管理 [◆予算, ブランド, 人員, 代理店, 販売チャネル等のマーケティング手段を可視化し, 最適な配置, 組合せを得ようというアプローチ]

marketing services マーケティング業務 [◆市場調査, 広告宣伝等の業務またはこれを担当する部署]

marketing strategy マーケティング戦略; 営業戦略, 市場戦略 ► We are planning to pursue high-powered marketing strategies. 当社は強力な市場戦略を追求する計画である

market intelligence 市場情報分析 [◆同業他社やターゲット消費者に関する情報を収集し, 自社のモノ・サービスを販売する上で役立てるために分析すること]

market interest rate 市場利子率 ► the present value of future cash flows discounted at the market interest rate 将来のキャッシュフローを市場利子率で割り引いた現在価値

market leader ❶ マーケット・リーダー [◆あるグループ・団体において, その人々の商品購買行動に影響を与える人. opinion leader(オピニオン・リーダー)とも言う] ❷ マーケットを主導する会社

market leadership マーケット・リーダーとしての役割, マーケット・リーダーシップ [◆業界のトップ企業としての地位] ► win market leadership from the company's biggest competitor 最大のライバル企業からマーケット・リーダーシップを奪う / lose market leadership to the company's next closest competitor 次順位のライバル企業にマーケット・リーダーシップを取られる / Trusted brands promote a feeling of market leadership and high quality. 信頼されるブランドはマーケットのリーダーシップと高品質という感じを促進する

market-led a マーケットに導かれた

market maker ❶ 【証券】 マーケット・メーカー, 値付け業者 [◆ある銘柄の売買気配を常時提示する証券会社] ❷ 【金融】 マーケット・メーカー [◆外国為替市場に存在する外貨売買の需要に応じることで外貨取引を円滑に進める市場参加者]

market map マーケット・マップ [◆主要製品ごとの売上高またはシェアに応じて面積を決める一方で, 売上高増加率に応じて色の濃淡を決め, ひと目で業界での勢力分布と「勢い」が分かるようにしてある面グラフ. 変数に応じて大きさや色が異なる円を配置する手法もある]

market mechanism 市場メカニズム

market needs 市場ニーズ ► Our strategy has always been to **meet market needs**. 当社の戦略は, 常に市場ニーズに応えることにある / Extensive research is under way to **evaluate market needs** and best anticipate the demand of our customers. 市場ニーズを見極め, 客の求めるものをうまく先取りするよう, 大掛かりな調査が進められている / You need to precisely **identify market needs** to decide which products should be developed. どの製品を開発するかを決めるためには正確に市場のニーズをつかむ必要がある

market neutral マーケットニュートラル [◆ヘッジファンドの投資戦略の一つ. たとえば, 同一産業分野の異なった銘柄をロングとショートで両建てする手法によって市場全体の動向と低相関のポートフォリオを構築する] ⇨ investing style

market-neutral fund マーケットニュートラル型ファンド ► Even market-neutral funds, which are supposed to hedge stock market volatility, lost money. 株式市場の乱高下をヘッジするはずのマーケットニュートラル型ファンドさえ損失を出した

market niche マーケット・ニッチ [◆シェアを追求せず, 特別なニーズに合致するモノ・サービスに焦点を絞り込んでいる企業が活路を求める「市場のすきま」]

market opportunity analysis 市場機

会分析 (MOA)
market order (株式売買の)成行き注文
market orientation 市場指向
market-oriented *a* 市場指向の ► Farms are more market-oriented now. 農家は今や以前より市場指向である
market-oriented economy 市場志向経済
market participant 市場参加者
market penetration 市場への浸透度, シェア獲得の割合
market-penetration pricing 市場浸透価格戦略 [⇒ 新製品・新サービスを出すに当たり, 採算より早めのシェア確保を優先して, 低めの価格設定で臨むアプローチ]

marketplace /máːrkitplèis/ *n* ❶ (the ~の) 市場(いちば) (=market square) ❷ 商業界; 売込み市場 ► survive in today's competitive marketplace 今日の競争激烈な市場で生き残る / Consumers can be fickle in a marketplace bursting with contingencies and fads. 偶発性と一時的大流行に満ち溢れた市場では消費者は気まぐれになりがちだ

market player マーケット・プレイヤー [⇒ 業界の有力企業, 機関投資家など, 一つの市場を動かしうる大きな影響力を持つ市場参加者]
market position マーケット・ポジション [⇒ マーケットシェアから見た market ランキング]
market power マーケット・パワー, 市場支配力, 価格支配力 [⇒ ある企業が生産する財の供給量がその財の市場価格に著しく影響を及ぼす場合, その企業は市場支配力を持つと言われる]
market pressure 市場圧力
market price (株式・商品などの)市場価格, 時価, 売価, 相場
market rate 実勢レート, 相場
market report 市場報告

market research 市場調査
[⇒ 誰が何を求めているかについて市場を組織的に調べること] ► We are conducting a market research survey to find out the status of the mobile learning market. われわれは, モバイルラーニング市場の現況把握に向け, 市場調査のためのアンケートを取っているところだ / We carried out some market research and concluded that our customers wanted a simpler design. マーケット・リサーチを行い, 当社のお客様はよりシンプルなデザインが好みと分かった
market researcher リサーチャー, 市場調査の専門家 ⇨ market research
market rigging 市場操作, 競争阻害行為 [⇒ 価格協定など公正・自由な市場での競争を妨げる行為]
market risk 市場リスク [⇒ 市場の相場変動により, 資産の市場価格や収益が変動する危険性] ► be subject to market risk 市場リスクにさらされる / Theoretically, you cannot diversify away market risk unless you invest all your money in "risk free" assets. 理論的には, 全財産を「無リスク資産」に投じるなら別だが, 相場変動リスクを分散投資によってなくすことはできない
market sector 市場セクター [⇒ 市場を同種のモノ・サービスを提供している業界で分けたもの]
market segment 市場セグメント, 市場区分 [⇒ 所得・年齢等の共通する特性で購入層を区分したもの, またはこうした購入者層に対応している企業側の事業分野] ► Women are an important market segment for us. 女性は当社にとって重要な市場セグメントである
market segmentation 市場細分化 [⇒ 市場を性別・年齢・地域・ニーズなどの購買者の特性に合わせて細分化すること]
market-sensitive *a* 市場の動向に敏感な
market sentiment 市場心理 ► in an attempt to reverse market sentiment towards the euro ユーロに対する市場心理を好転させることを期して

market share マーケット・シェア, 市場占有[占拠]率 [⇒ 特定商品について, すべての販売額に占める特定企業の販売額の割合] ► national market share 全国シェア / cut prices to gain market share 価格を下げて市場シェアを高める / build market share シェアを確保する / Combined, the two companies **have a 40 percent market share**. 2社を合計すると, シェアは40%になる / In a mature market like the auto industry, you seldom see existing manufacturers gain market shares. 自動車業界のような成熟市場では, 既存メーカーがシェアを拡大するといったことは滅多に見られない / Product X gave the company a weapon to **build and maintain market share**. 製品Xは同社にマーケット・シェアを築き, 維持するための武器を与えた / The company **has a dominant market share** in South America. 同社は南米で圧倒的なシェアを持っている / The company has lost its focus and is likely to **lose its market share** to the competition. 同社は事業の的を見失っており, ライバル企業にマーケット・シェアを奪われることだろう / We are trying to recover some of our **dwindling market share** in Europe. 当社は減少を続ける欧州でのマーケット・シェアを少しでも取り戻そうと努めている / We **have seen rapid market share** expansion over the past two years. 過去2年, 当社のマーケット・シェアは急激な拡大を見た / The company is banking on its upcoming new product to **increase market share**. 同社はシェア拡大に今回発売される新製品に賭けている / One of our competitors tried to **protect its market share** by cutting prices. 競争相手の一つが価格引下げで市場占有率を守ろうとした
market skimming pricing 初期高価格戦略 [⇒ 新製品・新サービスの導入当初は価格を高めに設定してコストの回収を急ぐ一方, 競争が激しくなり売上が落ちてきたところで価格を下げ始めるア

ブローチ,情報家電,その他ユニークな商品に見られる]

market square 市の立つ広場,市場[⇨町の中心部などで開かれる市のための場所]

market study 市場調査分析[⇨需要・供給・価格形成に関する一般市場条件や,特定の地区別あるいは不動産の種類別の需要,人口統計などを検証するマクロ分析.あくまでも特定の不動産に照準をあてていないので,個々の鑑定評価にあたっては,より詳細な市場性調査研究が必要となる]⇨marketability study

market survey 市場調査 ▶ carry out a market survey 市場調査を実施する

market test 市場テスト (=market testing)[⇨新製品の反応を確かめるため,規模限定して試験的に販売すること]

market-test vt 市場テストを行う

market timing マーケットタイミング[⇨相場商品を扱う際,タイミングを見計らって売買すること]

market value 時価,市価,市場価値[⇨証券や商品などの現時点での市場価格. market price とも言う]; 時価総額 (=market capitalization) ▶ acquire shares at market value 株式を時価で取得する / have a readily ascertainable market value 容易に確認することのできる時価が付されている / fair market value 公正な市場価格,公正な時価評価 / The company's market value has dropped by $6 million. 同社の時価総額は600万ドル減少した / No more than 5% of the market value of the fund's total assets may be invested in the securities of a single issuer. ファンドの総資産の時価の5%を超えて同一企業の証券に投資してはならない

market value accounting 時価会計,時価主義会計[⇨対外的に保有資産を報告するに当たり,購入時の価格ではなく,現在の評価額(つまり時価)で示す会計] ▶ apply market value accounting 時価会計を適用する / introduce market value accounting 時価会計を導入する / Market value accounting is required for principally traded securities. 時価主義会計はもっぱら売買目的の有価証券について義務づけられている

market value added 市場付加価値 (MVA) [⇨従前の投下資本額とその後の投下資本の時価評価額を比べることで経営者が株主価値を増やしているか減らしているかを見極めようとするアプローチ.MVAは将来にわたって生じるEVA(経済付加価値)を現在価値に引き直したものでもある]

market-value weighted index 時価総額加重平均型株価指数[⇨構成銘柄の時価総額の合計を過去の基準時での時価総額合計で除して求めた指数.構成銘柄の時価総額に応じたウェイト付けがされているが,株価平均型と異なり,低位株の変動の場合に比べて,株価の高い銘柄の変動が全体を大きく動かすことが観察される.Nasdaq総合指数をはじめ主だった株価指数はこの方式による ことが多い. market capitalization weighted indexとも言う]

market watcher マーケットウォッチャー[⇨ストラテジストなど,市場の動きを見守り,分析し,コメントすることを専門にしている人々の総称]

market weight 時価総額によるウェイト付けがされている[⇨株価指数が構成銘柄の株価を平均しているのではなく,時価総額(株価に発行株数を乗じたもの)に応じてウェイト付けされていることを言う]

Markman hearing マークマン・ヒアリング[⇨米国の特許訴訟において,裁判官がクレームの範囲およびクレームの用語の意味を決定するために行われるヒアリング(審尋).トライアル(陪審による事実審理)の前に行われる]

Marks and Spencer マークスアンドスペンサー[⇨英国の小売りチェーン.俗に Marks (and Sparks)とも言う]

mark-to-market n, a 値洗い(の),時価評価[⇨先物取引において未決済の残高を時価で評価替えすること.先物以外の分野でも保有金融資産の時価評価という意味で使う]

mark to the market =mark-to-market

markup n 値上げ; 利ざや; マーク・アップ,値入れ,価格付け; 利幅 (⇔markdown) [⇨ある商品の原価と売価の差額] ▶ lower the markup percentage to attract additional customers 顧客を増やすためにマーク・アップ率を下げる / They announced a 10% markup on milk. 業者は牛乳の1割値上げを発表した / The markup is usually given as a percentage of the total costs. 利ざやは通例総経費に対する百分率で表される / The markup is 23%. 値上げ[利幅]は23%である

markup percentage [rate] 値入率

Markush claim マーカッシュ・クレーム[⇨「～から成るグループから選択した」という文言で記載される特許クレーム.化学分野で使用されることが多い]

Marlboro 《商標》マルボロ[⇨米国でもっとも名前を知られている煙草.カウボーイハットのマルボロ・マン(Marlboro Man)で知られる]

Marlboro Friday マルボロ・フライデー[⇨1993年4月2日(金),それまでタバコのプレミアムブランドだった「マルボロ」をフィリップモリスが低価格ブランドに対抗するため大幅値下げしたが,この決定をめぐりマーケティングの無力さを示すと見るか,賢明なブランド戦略と見るべきかが論じられる]

marque /mɑːrk/ n 《英》(高級乗用車の)ブランド ▶ The Maserati marque is today owned by Fiat. 「マセラティ」ブランドは,今日ではフィアット社に属している

marriage /mǽridʒ/ n 結婚 (to); 結婚式; 結婚生活; (密接な)結合

marriage penalty 結婚ペナルティ[⇨米国の個人所得税で,既婚者の夫婦が合算申告した場合と同年収の未婚の同棲者二人が個別申告した場合を比較して,既婚者の税金の方が高いこと.近時の法改正によって結婚ペナルティの一部は解消されたが,収入の合算によって高税率のブラケットへ移行することによる不利は今でも残っている]

marriage value 《英》=plottage value

married /mǽrid/ *a* 結婚した; 夫婦(間)の
— *n* (~s) 既婚者

Marriott International /mǽriət/ マリオット・インターナショナル [⊃ 米国のホテルチェーン. コンベンションなどにも利用される大型ホテル. 系列にルネサンス・ホテル, レジデンス・イン, ラマダ・インターナショナルがある. また, 高級ホテル Ritz-Carlton も保有]

marrow /mǽrou/ *n* 髄; 精髄; 活力
to the marrow 骨の髄まで; 徹底的に

marry /mǽri/ *v* 結婚する[させる]; 密接に結合させる(*with*)
be married to に全精力を注いでいる

Mars (~, Inc.) マース [⊃ 米国のキャンデーメーカー. M&M, Snickers や Mars Bar などの Brands で販売. 富豪 Mars 一家が保有する私企業. 2008年4月, チューインガム大手の Wm Wrigley Jr. Co. を230億ドルで買収]

marshal /máːrʃəl/ *n* (特に連邦裁判所の) 執行官 ❷ (米)警察署長, 消防署長; 警察官
— *v* ((英)**-ll-**) ❶ (考えなどを) 整理する; (礼儀正しく) 案内する[案内させる] ❷ (資産・有価証券などの) 優先順位を決める

marshaling *n* 権利の調整 ▶ marshaling of assets 資産の順位付け

Marshall Plan (the~) マーシャル・プラン, ヨーロッパ復興計画 (=European Recovery Program, ERP) [⊃ 1947年に米国国務長官ジョージ・C・マーシャルが発表した, 第2次世界大戦後の荒廃したヨーロッパの復興と経済的自立を援助するための計画]

mart /mɑːrt/ *n* 市場 ▶ the world's largest wholesale mart 世界最大の卸売市場 / The merchandise mart contains a display of products from all over the world. 商品展示館には世界中の製品が展示されている

marvel /máːrvəl/ *n* 驚くべきこと[人]
do [work] marvels 驚異的な働きをする
— *vt* ((英)**-ll-**) 驚嘆する(*at*); 不思議に思う
◇ **marvel(l)ous** *a* 驚くべき; (略式)素晴らしい; 不思議な

Mary Janes (商標) メアリージェーン [⊃ アイスクリームにまぶすチョコレート, キャンデー, 砂糖などの小さな粒 (sprinkles)]

marzipan /máːrzəpæn/ *n* マジパン [⊃ 砂糖菓子]
— *a* (略式) 中間管理職の

marzipan layer [set] (英) マジパンレイヤー [⊃ 英国の会社で, トップのすぐ下の層にいて, いつかトップになることも可能な人たち]

Masco (~ Corp) マスコ [⊃ 米国の台所, 風呂用キャビネットシステムほか水まわりパイプ用品など家庭用品のメーカー]

masculine /mǽskjulin/ *a* 男らしい; 男性の; 男まさりの ▶ Males tend to buy products with a masculine image. 男性は男性的なイメージをもった製品を買う傾向がある

Maserati (商標) マセラティ [⊃ イタリアの乗用車(メーカー). Maserati 兄弟が創業 (1926)]

mask /mæsk/ *n* 覆面; 仮面; ごまかし, 見せかけ

throw off one's mask 正体を現す
[<伊 *maschera* 仮面]

maskwork *n* マスクワーク [⊃ 半導体集積回路の回路配置保護]

mask work notice マスクワーク表示 [⊃ 半導体チップ上のマスクワーク(回路配置)が知的財産権として法的保護の対象であることを明示するために付されるマーク]

mask work rights 回路配置利用権

Maslow's hierarchy of needs マズローの欲求階層 [⊃ 人の欲求は「生理的欲求」から始まり, これが満たされると「安全な生活を求める欲求」, 「社会に溶け込みたいという欲求」, 「自分を認めてもらいたいという欲求」と進み, 最終段階で「自己実現の欲求」に至るとする]

Masonite (商標) (豪・NZ) メゾナイト [⊃ hardboard の商品名]

mass /mæs/ *n* 塊; 大きな集まり; (時に ~es) 多数[量] (*of*); (the ~) 大部分; かさ, 大きさ; (the ~es) 大衆
in the mass 全体として
the great mass of の大部分
— *a* 大衆の; 大規模な ▶ Our products appeal to the mass consumer. 当社の製品は大衆消費者にうけがよい
— *v* 一塊になる[する], 一団となる, 集める

mass advertising マス広告 [⊃ 新聞・テレビなどのマスメディアを通じて不特定多数の人に伝えようとする広告]

massage /məsáːʒ/ *n, vt* マッサージ(する); (略式) (データ・数字などを) 操作する
massage a person's ego (人を) おだてる

mass communication マス・コミュニケーション [⊃ 新聞, 雑誌, ラジオ, テレビ, 映画などのマス・メディアを通じて大量の画一的メッセージが, 不特定多数の受け手に伝達されるコミュニケーション現象. なお, 日本語の「マスコミ」は mass media に近い]

mass customization マス・カスタマイゼーション [⊃ 大量の顧客であってもその一人ひとりのニーズに合うように製品・サービスをカスタマイズ(改造)し, またそれを低コストで行うこと. たとえば Dell のパソコンのように各人向きに仕様を変えて注文を受ける]

mass-customize *vt* マスカスタマイゼーションを行う

massive /mǽsiv/ *a* 大きくて重い; がっしりした; 強力な; 塊状の ▶ The project received a massive amount of government funding. そのプロジェクトは政府から巨額の財政援助を受けた / Electronics makers have warned of massive losses in this fiscal year. 電子機器メーカー各社は本事業年度の膨大な損失について警告している / Achieving massive expense reduction is often problematical. 大幅な経費削減はしばしば問題がある

mass-market *vt, a* 大量販売する

mass marketer 量販店, 大型店方式の小売業者

mass marketing 大量販売, 量販

mass media マスメディア[⇨新聞やテレビなどの大量伝達媒体. 日本で言う「マスコミ」に近い]
mass merchandiser 量販業者(✦百貨店より安いスーパー式量販店)
mass merchant 量販店, 大規模小売店
mass-produce vt 大量生産する ► We mass-produce cars on the assembly line. 組み立てラインで自動車を大量生産する
mass-produced a 量産タイプの, 量産されている
mass-producer n 量産メーカー
mass production 大量生産, マスプロ
mass psychology 群衆心理(✦社会心理学の用語) ⇨ herd psychology
mass transit 大量輸送(機関); 公共交通機関; 大量輸送交通機関 ► provide the public with a safe and dependable mass transit system 安全で信頼できる大量輸送システムを人々に提供する
master /mǽstər/ n 主人; 飼い主; 船長; (一家の)主人; (男の)教師; 名人(at); (形容詞的)腕利きの, 達人で; 勝利者; 修士; …坊っちゃん; (テープ・ディスクの)親盤

be a past master at の名人[達人]である
be master of を自由にし得る; をうまく切り抜ける
be one's own master 思う通りにできる
Like master, like man. 主人が主人なら家来も家来
make oneself master of に精通する

— a 支配者の; 主要な; 卓越した
— vt 征服する; (感情を)抑える; 支配する; (技術などを)マスターする ► It didn't take him long to master his job. 彼が仕事をマスターするのに長くはかからなかった

MasterCard (商標)マスターカード[⇨米国のマスターカード・インターナショナルのクレジットカード. 各種の特典付きのカードも発行されている]
master franchise エリア・フランチャイズ契約, マスター・フランチャイズ契約[⇨一定地域を対象としてフランチャイズの本部が個人または企業に加盟店の一括開発を委ねる契約]
master franchisee エリア・フランチャイジー[⇨フランチャイズの本部からエリア・フランチャイズ契約に基づき, 契約地域内での加盟店の一括開発を委ねられる個人または企業]
master fund マスター・ファンド[⇨投資目的や投資対象が共通する複数のファンド(フィーダーファンド)が受け入れた資金をまとめて効率的に運用するために設定されるファンド]
Master of Business Administration 経営学修士(MBA)
master of the universe 宇宙の支配者[⇨無限の力を持ちすべてを支配する者. 特に巨額の取引をするトレーダーや金融業界の大物を言う. 由来は米国の玩具メーカー MATTEL 社が1980年代に発売したアクションフィギュアの名]
master policy (保険で)親保険証券, 基本証券, 一括証券[⇨団体生命保険における使用者, 複数の地にある物件所有者に対して発行される保険証券]

master trust マスタートラスト[⇨信託銀行などによる企業年金資産の一括管理] ► access via master trust マスタートラストを介して利用する
masthead n (新聞の)題字
match n 対等の人[もの]; 好敵手, 競争相手; 好一対; (対の)一方; 試合, 競技

be more than a match for より上手(うわて)である
be no match for の相手にならない ► Our competitor's product is no match for ours. 競争相手の製品はわが社の製品にはとうてい太刀打ちできない
meet [find] one's match 好敵手に出会う; 難問にぶつかる

— vt と調和する; 釣り合わせる(with, to, up to); 競争[対抗]させる(with, against) ► Competitors are expected to match the price increase. 競合他社は値上げに追随すると予想されている / The company will match dollar for dollar your contribution to the retirement fund. 会社はあなたの拠出金と同じ金額を退職基金に拠出することになる
— vi 釣り合う, 似合う(up, with) ► The design perfectly matches with our business concept. そのデザインはわが社の事業コンセプトと完璧に適合している

evenly matched 実力伯仲した
match up to に匹敵する; に及ぶ; (期待に)かなう
well [ill] matched よく釣り合った[釣り合わない]
◇**matchless** a 無類の, 無比の
matching n 収益・費用の対応[⇨年度の利益を算出するにあたり, その年度の現金の収受ではなく, その年度に属する収益か費用かで判断していくこと]
matching gift program =matching program
matching program マッチングプログラム[⇨ボランティア休職制度のこと. 企業の社会的貢献の一種として従業員がボランティア活動を行うことを支援する制度]
material /mətíəriəl/ n ❶ 構成要素; 物質, 材料, 生地, 原料; 資料, 素材; (~s)用具; 人材 ► building materials 建材 / raw material 原材料 / recycled materials 再生資源 / What type of material is used in this product? どのタイプの材料がこの製品に使われていますか / Shipments of **high-tech materials** and machinery contributed to Japan's growth in trade with China. ハイテク材料と機械類の輸出は日本の対中国貿易の伸びに貢献した / We **procure materials** only from "environment friendly" suppliers. 当社はもっぱら「環境にやさしい」納入業者からのみ原材料を調達している / We **source our materials** and components from Thailand. 当社はタイから原材料と部品を調達している ❷ [会計]材料, 材料費 ► material for repair 補修材料

— a ❶ 物質の, 有形の; 物質的な; 肉体的な; 重要な(to) ► Material shortages are occurring in our factory. われわれの工場で材料不足が起きている ❷ [法律]重要な, 決め手になる

material control 物財管理；材料管理
material cost 材料費 ► material cost analysis 材料費分析 / a material cost budget 材料費予算
material fact〖法律〗重要な事実
material flow マテリアルフロー［⇒物質の流れ，資源採取から廃棄に至るまでを定量的に分析する手法］
material handling =materials handling
materiality /mətìəriǽləti/ n ❶ 物質性；実体；重要性 ❷〖証券〗(インサイダー取引規制における)重要性
materialize,《英》**-ise** v 有形[具体]化する；現れる；実現する ► Plans for establishing a subsidiary never materialized. 子会社を設立する計画はいつまでたっても具体化しなかった / The expected soar in share price never materialized. 予想された株価の急騰はまったく実現しなかった / Plans for the new factory finally materialized. 新工場の計画はやっと実現した
materially ad 大いに；実質的に；物質的に ► The company will likely either file for bankruptcy or restructure materially. その会社は破産を申請するか，大幅に再編成するか，のどちらかになる公算が大きい / The central bank's view of economic growth has remained materially unchanged. 経済成長についての中央銀行の考え方は実質的に変わらないままだった
material misstatement 重要な虚偽表示［⇒重要な虚偽表示は存しないと合理的に判断できるような資料を確保しておかないと監査業務で責任を問われる］
material omission 重要事項の不記載［⇒重要事項の不記載はないと合理的に判断できるような資料を確保しておかないと監査業務で責任を問われる］
material recycling マテリアルリサイクル［⇒廃棄物を製品の原材料として再利用すること］
material representation (保険で)重要事項の告知
material requirements planning 資材所要量計画 (MRP)［⇒どういった部品や資材を，いつまでにどれだけ調達すべきかを把握するための管理手法で，無駄なく確実に部品等の必要資材を調達する一方で，余分な在庫の発生を防ごうというもの］
material safety data sheet 化学物質等安全データシート (MSDS)［⇒事業者が他の事業者に製品などの受け渡しをする際に，相手方にその化学物質に関する安全情報を提供するためのもの］
materials buyer 資材購入担当(者)
materials control 在庫管理 (=stock control, inventory control)
materials handling 運搬管理，マテリアルハンドリング，「マテハン」 ► They lease materials handling equipment, including forklifts, conveyors and cranes. あの会社は，フォークリフト，コンベヤー，クレーンといったマテハン機器のリースをしている
materials management 資材管理

material specification 材料仕様書
materials, repair, operation 間接財 (MRO)［⇒生産現場での経費購買対象となるような工具，事務用品あるいは燃料といった副資材の総称］
materials requirements planning =material requirements planning
maternity allowance《英》=maternity benefit
maternity benefit《英》出産給付
maternity leave 出産休暇；産前産後休暇 ► How long does your company allow for maternity leave? あなたの会社は産休にどのくらいの期間を認めていますか / She is currently on maternity leave. 彼女は現在，産児休暇を取っている / Mothers get 18 months' paid maternity leave. 母親は18か月の有給の産休がもらえる
maternity pay =maternity benefit
math /mǽθ/ n《米略式》数学 (=mathematics) (✚《英》ではmathsとする) ► Do the math and you'll see that this is not a feasible plan. きちんと計算すれば，これが実行可能な計画でないことは分かるはずだ
mathematical economics 数理経済学［⇒数学的手法を重視する理論経済学］
matrix /méitriks/ n〖数学〗行列，マトリックス
matrix organization マトリックス組織，行列式組織［⇒従来型の職能別組織とプロジェクト組織を組み合わせた経営組織．縦軸と横軸の指揮命令系統を設け，二元的管理によって活動する］
matrix structure =matrix organization
matter /mǽtər/ n ❶ 物質；材料；題材（筆記，印刷，出版）物；事，事件，問題；(~s)事態；重事；原因 ► reading matter 読み物 / a matter in [at] hand 当面の問題 / This matter is now under discussion. この問題は目下検討中である / We need to put priority on the matter at hand. 当面の問題を優先する必要がある / Banks are making matters worse by tightening credit to borrowers. 銀行は借手への与信を引き締めることで事態をさらに悪化させている ❷〖法律〗主要[基礎]事実，争点事実，事項，問題 ► a matter in controversy 係争事項
a matter of の問題；およそ ► a matter of life and death 死活問題 / It's a matter of the company's reputation at stake. 会社の名声にかかわる問題だ / Increasing our brand recognition is simply a matter of time. 当社のブランドの認知度が高まるのは単に時間の問題だ
as a matter of course 当然のこととして
as a matter of fact 実際は (✚《略式》ではas aを省くことがある) ► As a matter of fact, we do have branch offices overseas. 実を言うと，わが社は確かに海外に支店を持っています
as matters stand 現状では ► As matters stand, our company can't afford to raise salaries. 現状では，わが社には給料を上げる余裕がない
for that matter / for the matter of that そのことなら；さらに言えば

in the matter of 《文》に関しては
let the matter drop [rest] 話題をやめにする ► It's over, so will you let the matter drop? 済んだことなんだから、もうやめてくれないか
no matter 取るに足らない; たとえ…でも 《*wh-, how*》 ► No matter what you say, I'm going through with the plan. 君がなんと言おうと、私はこの計画を貫徹するつもりだ / Cadbury Chocolate is always delicious and feels special no matter how often I indulge in having some. 何度楽しみに少しずつ味わってみても、キャドバリー・チョコレートは常においしく特別に感じられる
There's nothing the matter with はどこも問題がない
What's the matter (with you)? どうしたの
— *vi* 重要である ► In the end, what matters is customer satisfaction. 結局、重要なのは顧客の満足だ
It doesn't matter (…でも) かまわない ► It doesn't matter to me either way. 私はどちらでもかまいません
It matters little wh- かどうかほとんどかまわない
What does it matter? かまうもんか

matters arising 《英》継続審議案件［⊃前回の会議で審議上了となっており、したがって決着をつけねばならない案件のこと］ ► There were no matters arising from the previous minutes. 前回の議事録上、継続審議案件とされているものはなかった / See if there are any matters arising from the last meeting. 前回の会議で生じた問題があるかどうかを見てください

mature /mətʃúər/ *a* ❶ 成長した; 成熟した; 分別のある; 念入りの ► In a mature market, there's little room to expand our sales. 成熟した市場では、当社の売上高を伸ばす余地はほとんどない / A slowdown in mature markets may indicate early troubles and should not be ignored. 成熟した市場の減速は初期の困った事態の発生を示している可能性があり無視されてはならない ❷ (手形が) 満期の
— *vt* 熟させる; 円熟させる; 仕上げる
— *vi* 熟する; 満期になる ► mature one year after date of issue 発行日から1年後に満期になる / Nearly $20 million of the company's debt is expected to mature within the year. 同社の債務のうちの2千万ドル近くは年度内に返済期日の到来が予定されている / With more experience, he has matured as a manager. さらに経験を積んだ結果、彼は管理職として成熟した
◇**maturely** *ad*
mature industry 成熟産業
maturing *a* 満期を迎える、償還期限が来する ► JGBs maturing in FY2008 2008年度に満期を迎える日本国債

maturity /mətʃúərəti/ *n* ❶ 満期［⊃債券が完全に返済されるまでの期間］; 満期日、償還日 ► the date of maturity 満期日 / yield to maturity 最終利回り(YTM) / redemption before maturity 期限前償還 / hold bonds to maturity 債券を満期まで保有する / be paid at the maturity of の満期に支払われる / be redeemed at face value at maturity 満期に額面で償還される / If no action is taken upon maturity, your time deposit will roll over automatically. 満期日に何もしなければ、定期預金は自動的に更新されます / Payment options include monthly, annual or at maturity. 支払の選択肢には月払い、年払い、満期払いがある
❷ (保険などの) 満期、(年金などの) 支給期日; 《-ties》償還期限
❸《法律》満期、支払日［⊃法的義務を履行すべき日。狭義には債務を支払うべき日］

maturity date 満期日、支払期日、償還日 ► discount a note receivable prior to its maturity date 満期日になる前に受取手形を割り引く

maturity value ❶ 《金融》満期償還価額、満期価値 ❷ 額面保険金額、(死亡)保険金額

maturity yield 最終利回り、償還利回り［⊃債券を購入した日から償還日まで受取利息と売買差損益(額面で償還されるので、購入時の価格とその差)の合計が購入時の価格に対して年何%かを見たもの。債券発行時に購入したものについては応募者利回りと言う］

maven /méivən/ *n* 《米略式》玄人、通 ► a food [fashion] maven 食通［ファッション通］

maverick /mǽvərik/ *n* 《米》所有者の焼き印のない牛; 独立した立場をとる人、一匹狼［⊃Texasの開拓者の名にちなむ］ ► He is known as a maverick in his business dealings. 彼はビジネスのやり方では一匹狼として知られている

max /mǽks/ *n* = maximum
to the max 《略式》とても、ものすごく; 最大限まで ► He continually borrowed to the max on his credit card. 彼はクレジットカードの限度いっぱいまで借り続けてきた
— *vt* (次句で):
max out 《略式》(クレジットカードを) 限度まで使い切る; 全力で当たる

Max Factor 《商標》マックスファクター［⊃米国の化粧品ブランド．ドラッグストアなどで販売されている］

maxi-ISA 《英》マクシISA［⊃利子および売却率が課税されない個人貯蓄口座のうち、ミニISAと異なり、二つの金融機関に別々の金融商品のための口座を開けず、一つの金融機関しか利用できないが、運用資産の限度額が高めのもの］

maximization, 《英》**-sation** /mæksəmizéiʃən| -maiz-/ *n* 最大化、極大化 ► maximization of profit 利潤極大化

maximize, 《英》-mise /mǽksəmàiz/ *vt* 最大にする; 最大限に活用する ► The purpose of a company is first and foremost to maximize shareholder value. 会社たるもの、その目的はなんと言っても株主価値を最大にすることにある / In order to maximize the benefit, you should get started right away. その利点

を最大限に活用するために，ただちに着手するべきです

maximum /mǽksəməm/ n (~s, -ma /-mə/) 最大(限)；極大，最大値
at the maximum 最大限で
do one's [its] maximum to do …するのに最大限のことをする
to the maximum 最大限に
— a 最大の，最高の ► the maximum amount of insurance 最高保険金額 / the maximum capacity 最大操業度，最大生産能力 / the maximum price 最高価格 / the maximum shelf life 品質保持期限 / What is the maximum amount of withdrawal? 引出し額の上限はどれほどですか
[<ラ]

may /mei/ aux v (might) (推量) …かもしれない；(許可・容認) …してもよい；(軽い命令) …しなさい，(法令・証文・契約書・規則などで) …しなければならない；(目的) …するために，できるように；(譲歩) たとえ…であろうとも；(祈願・願望) 願わくば…ならんことを；(不確実) …だろうか
► **May** I come in? 入ってもよいですか / **May** I help you?（店員が客を迎えて）いらっしゃいませ，何かご用でしょうか / **May** I speak to Mr. Smith?（電話で）スミスさんとお話しできますか / The global economy **may** be mired in a prolonged period of sluggish growth. 成長が停滞する期間が長くなることで世界経済は窮地に陥るかもしれない / **Be that as it may**, we intend to launch the product as scheduled. いずれにせよ，当社はその製品を予定通りに発売するつもりです / Your sales forecast for next year **may** well come true. 来年の売上についての貴方の予測は多分あたるでしょう
(成句) *as best one may* できるだけ *be that as it may* それはともかく *may ... but ...* …かもしれないが… *may (just) as well do (as)* (…するよりむしろ) …するほうがよい *may have been* であったかもしれない *may have done* したかもしれない *may well do* …するのももっともだ；たぶん…だろう

maybe /méibi/ ad もしかすると，ことによると
► Maybe we should take him off the project. 多分，そのプロジェクトから彼をはずすべきだ
— n あるいはというもの ► After 20 maybes, a good offer came along. ことによるとできるかもしれないといった程度のものが20件続いたのちに，適当な申込が寄せられた

Maybelline (商標) メイベリン [○マスカラの会社としてスタートした米国の化粧品ブランド．手頃な値段でカラフルな化粧品を提供する]

May Day メイデイ [○ニューヨーク証券取引所の固定手数料制度が撤廃された1975年5月1日を指す]

mayhem /méihem/ n ❶ 騒動 ► The market mayhem scared off foreign investors. 市場の大混乱は外国の投資家をおじけつかせた ❷ 【法律】重傷害 [○故意による行為によって，重大な身体傷害を生じさせること]

mayor /méiər | méə/ n 市長

Lord Mayor (ロンドンなど英国の大都市の)市長 ◇**mayoral** a 市長の

Maytag (~ Corp) メイタグ [○米国の家庭電化製品メーカー．2006年Whirlpool社に買収される]

maze /meiz/ n 迷路；複雑な仕組み，錯綜；当惑，混乱 ► a maze of rules 複雑なルール
— vt 当惑させる

Mazola (商標) マゾーラ [○米国の料理用オイルのブランド．コーンなどの野菜から作られておりバターより軽い．maize(トウモロコシ)が名前の由来]

mazy /méizi/ a 迷路のような；混乱した

Mb megabit

MB megabyte

MBA Master of Business Administration 経営管理学修士号

M-Bag (本・新聞を送る) M バッグ [○米国の国際郵便．mailbagから]

MBE management by exception

MBI management buy-in

MBO management buy-out; management by objective

Mbps megabits per second 毎秒…メガビット

MBS mortgage-backed securities

MBTI (商標) Myers-Briggs Type Indicator

MBWA management by walking around

Mbyte megabyte

MC MasterCard

McCormick (商標) マコーミック [○米国の，胡椒などの料理用スパイスのブランド]

McDonald's (~ Corp.) マクドナルド [○ハンバーガーで有名な米国のファーストフードチェーン．1965年設立．世界約120か国にフランチャイズ店舗を展開．近年は英国のサンドイッチチェーン Pret a Mangerとも提携]

MCI Communication (~ Corp.) MCI コミュニケーション [○米国第2の長距離通信会社．1968年設立．音声，データ，インターネットの通信会社として世界140か国にサービスを提供．98年にWorldCom, Inc.との合併により，MCI WorldComに社名変更．2000年 WorldCom に社名変更，03年に破産手続の終了と共に MCI Inc.に社名変更．06年 Verizon Communications Inc.に買収されてその一部門となり，MCIの名前は消滅した]

McJob n (略式) 単調で給料の安い（臨時の）仕事 (✧McDonald'sより)

McKesson (~ Corp.) マッケソン [○米国の医薬品・医療用品卸売会社．健康用品や化粧品，病院などの自動製薬システムなども扱うほか，各種ソフトウェア，技術サービスも取扱う．1833年創業．1984年現社名になる]

McLuhanism n マクルーハン理論 [○マスメディアと社会変化の関係を論じたもの．カナダの Marshall McLuhan (1911-80)から．⇨ The medium is the message. (mediumの成句)]

McMansion n マックマンション [○McDonald's と mansion の合成語．周辺の環境に不釣り合いな新築の大邸宅を言う]

McMuffin (商標) マックマフィン [○米国最大のファーストフードのチェーン，マクドナルドの朝食メ

ニュー．イングリッシュ・マフィンの間にハムやベーコン, 卵, チーズなどがはさんである]

M-commerce *n* Mコマース, モバイル通販 [**○**mobile commerce の略. 携帯電話などモバイル機器を使った商取引]

MCSI Michigan Consumer Sentiment Index

MD 《英》managing director

me /mi; 《強》míː/ *pron* 私を[に]; 私自身 (=myself)

Me, too [***neither***]. 私もそうだ[私もそうではない]

meager, 《英》**meagre** /míːɡər/ *a* 貧弱な, 乏しい; やせた ► With our meager budget, we're limited in our advertising options. 当社の貧弱な予算では, 広告を打つにしても選択肢が限られている
◇**meagerly** *ad*
◇**meagerness** *n*

meal /míːl/ *n* 食事; 食事の時間 ► Airlines have made cutbacks on meals on board. 航空会社は機内の食事を削減している

make a meal of をたらふく食べる; を大げさに扱う

mean¹ /míːn/ (**meant**) *vt* 意味する; …するつもりである (*to do*); に与える[充てる]つもりである, を表すつもりである (*for*); もくろむ, (結果を) 引き起こす (*doing*); ということになる; 重要性を持つ ► What does this word mean? この言葉はどういう意味ですか / The drop in unemployment means the economy is slowly on its way to recovery. 失業率の低下は景気が徐々に回復に向かっていることを意味する / More time means greater expense. より多くの時間がかかればより多くの費用がかかることになる / Buying second-hand doesn't mean buying second-rate. 中古で買うことは二流品を買うということになるとは限らない / I meant to call you, but I forgot. 君に電話するつもりだったが, 忘れてしまった

be meant for になるよう定められている; …向けである; を対象としている; …あてのものである ► be meant for each other 互いにお似合いである

be meant to be であることになっている; であるつもりだ; に向いている

be meant to do …しなければならない, するためのものだ

I mean つまり

I mean it [***what I say***]. 本気だよ

I mean to say はっきり言って; まいったなあ

know what it means to be [***do***] …である[する]ことはどんなことか知っている

mean a lot [***great deal***] ***to*** にとって重要だ ► Quality control means a lot to our company. 品質管理はわが社にとって重要だ

mean business 《略式》本気である

mean everything [***nothing***] ***to*** にとって何より大切だ[何の意味もない] ► In the end, profits mean everything to a company. 結局, 会社にとっては利益がすべてなのだ

mean something to に意味をなす; にとって聞き覚えがある; にとっていくらか意味[値打ち]がある

mean well by [***to, toward***] ***a person*** (人に) 好意を持っている

not mean anything 悪意はない ► He didn't mean anything when he said that. そう言ったとき, 彼は本気ではなかった

not mean a thing 少しも大切ではない ► How he feels does not mean a thing to me. 彼がどう感じるかは私にとって大したことではない

What do you mean ... ? (…とは) どういう意味 [つもり] か

You don't mean to say so. まさか, ご冗談を

You mean... ? ということか

mean² *a* 意地悪い (*to*); 劣った, 卑しい; 卑劣な; みすぼらしい; けちな (*with, about*); 《略式》素晴らしい, すごい

no mean なかなか大した
◇**meanly** *ad*
◇**meanness** *n*

mean³ *n* 《通例 ~s》手段, 方法; (~s) 資産, 富; 中間; 平均; 平均値 ► a means to an end 目的に至る手段 / a weighted arithmetic mean 加重算術平均 / The city has many means of transportation. その都市には多くの交通手段がある / The means by which information is misstated is myriad. 情報が誤って述べられる仕方は無数である / Capital is a means by which losses can be absorbed without the necessity of going out of business. 資本は廃業の必要なしに損失が吸収できる一つの手段である

a man of means 金持ち

as a means to doing …する手段として

by all (***manner of***) ***means*** もちろんだとも; いかなる犠牲を払っても ► By all means, we have to focus on our core business. 何が何でも, わが社は中核事業に集中しなければならない

by any (***manner of***) ***means*** (否定) 決して, どうしても

by means of によって

by no means 決して…ない ► By no means will late applications be accepted. いかなる事情があろうと, 期限後の申請は受け付けません

fair means or foul 手段を選ばずに

live within [***beyond***] ***one's means*** 収入の範囲で[身分不相応に]暮らす

not by any means 決して…ない

the golden [***happy***] ***mean*** 中庸, 中道

━ *a* 中間[中庸]の, 平均の

meander /miǽndər/ *vi* 曲がりくねって進む[流れる]; ぶらぶら歩く (*along, around, through*); とりとめもなく話す (*on*) ► The discussion meandered along pointlessly. 議論が要領を得ずにだらだらと続いた

━ *n* (~s) 迂(う)回; 曲がりくねった道 [流れ, 旅]

meaning /míːnɪŋ/ *n* 意味, 趣旨; 意図, 意義 ► Do you grasp the true meaning of his proposal? 彼の提案の本当の意味が分かっていますか

full of meaning 意味深長な

What's the meaning of this? 《略式》これは一体どういうつもりだ

━ *a* 意味深長な

◇**meaningful** a 意味深長な; 意義のある ► Both sides had a meaningful discussion. 双方が有意義な議論を交わした
◇**meaningfully** ad
◇**meaningless** a 意味のない
mean price 平均価格
means-plus-function claim ミーンズ・プラス・ファンクション・クレーム [◎「…の手段」という文言で記載され, 機能を特定する要素を含む特許クレーム]
means test (社会保障給付に所得制限があるときの)資力調査
means-test vt 資力調査を行う
means-tested a 資本調査を行った ► means-tested benefit 資力調査を伴う給付
means-testing n 資本調査
meantime n 合間
for the meantime 当座は ► For the meantime, the production line will be shut down. さしあたって, 製造ラインは閉鎖されるだろう
in the meantime そうしているうちに; (話変わって)一方では ► In the meantime, investors are putting their money in bonds. その一方で, 投資家は資金を債券に投入している
— ad そうしているうちに
meanwhile n, ad 合間(に) ► Meanwhile, we waited for the sales reports from our regional offices to come in. 同時に, われわれは地域事務所から売上報告が来るのを待った
measly a 話にならないほど小額の, 取るに足らない ► report measly sales 話にならないような売上を計上する
measurable a 測[計]れる; 適度の ► We need to have measurable objectives. われわれは測定可能な目標を持つ必要がある
◇**measurably** ad 測れる程に; はっきりと; 適度に ► The number of loan defaults is measurably higher than any time in the last 10 years. ローン債務不履行の数は過去10年間のどの時期よりも明らかに多い

measure /méʒər/ n (測定された)大きさ, 寸法, 量; 測定; 測定器; 尺度; 限度, 範囲; 程度; 割合; 《通例 ~s》処置, 措置 (*against*); 手段; 法案 ► a measure of を測る尺度 / reject the measure 法案を却下する / Hopes are hanging on fiscal and monetary stimulus measures to turn the economy around. 景気を立て直すための財政と金融の刺激策に期待がかかっている
above [*beyond, out of* (*all*)] *measure* 法外に
by any measure どこから見ても ► By any measure, personal spending has reached an all-time low. どの基準で見ても, 個人消費は過去最低に落ち込んでいる
cubic [*solid*] *measure* 体積, 容積
for good measure おまけとして
give full [*short*] *measure* 十分な[不足の]計り方をする
have [*take*] *a person's measure* / *take* [*get*] *the measure of a person's feet* (人の)人格[器量]を判断する
in a [*some*] *measure* ある程度, いくぶん
in full measure 十分に, 不足なく
in (*a*) *great* [*large*] *measure* 大いに
know no measure 際限がない
made to measure 寸法に合わせて作った
measure for measure しっぺ返し
take measures 対策を講ずる ► The government must take stricter measures against pollution. 政府は公害に対してもっと厳しい措置を講じなければならない
without measure 過度に
— vt 測定する, 寸法を取る (*for*); 評価する; 競い合う (*with*); じろじろ見る ► ROA measures how well managers are using those resources. 資産収益率は経営者がいかに上手にそれらの資源を利用しているかを測る物差しである / It will take some time to measure the effects of the stimulus package. その刺激策の効果を測定するには, もう少し時間がかかる
— vi 測定する, 寸法を取る; の長さ[高さ, 幅]がある
measure … against と比べて計る
measure off を計り分ける
measure out を計って出す
measure up 必要な才能[能力]がある (*to*); の寸法を測る ► The product does not measure up to our standards. その製品は当社の基準に達していない
measure up to a person's expectations (人の)期待に沿う ► His career choice did not measure up to his parents' expectations. 彼の職業選択は両親の期待に沿うものではなかった
◇**measured** a 正確に計った; 調子の整った; 慎重な; 律動的な
◇**measureless** a 測り知れない
measurement n 測定; 容積; 寸法
meat /mi:t/ n 食肉 (✚fish 魚肉, poultry 鳥肉); (果実・貝・カニなどの)食用部分, 身; 要点, 内容, 見所; 《one's ~》特に好きな[得意な]こと[もの] ► meat packing [packer] 精肉業[業者]
be meat and drink to a person (人に)何よりのもの[楽しみ]である
(*the*) *meat and potatoes* 《略式》もっとも重要なもの; 基本的なもの
mechanic /məkǽnik/ n 機械工; 修理工
mechanical /məkǽnikəl/ a 機械の; 機械による; 機械学の; 機械的な ► The flight is delayed due to mechanical problems. 機械系統の問題のため, その便は遅れている
◇**mechanically** ad 機械的に ► He is a mechanically inclined person. 彼は生来機械いじりが好きだ
mechanical engineer 機械工学士
mechanical engineering 機械工学
mechanician /mèkəníʃən/ n 機械技師, 機械(修理)工
mechanism /mékənizm/ n (機械)装置; 機構, 仕組み; 技巧 ► We will put a new em-

phasis on previously infrequently utilized mechanisms available under the securities law. 当社は証券法のもとで利用可能なのにこれまであまり利用されてこなかった仕組みを新たに重視するつもりだ / The financial crisis has brought into question the mechanisms of the banking system. 金融危機は銀行制度のメカニズムに疑問を投げかけた

mechanization, 《英》-sation /mèkənizéiʃən | -naiz-/ *n* 機械化

mechanize, 《英》-nise /mékənàiz/ *vt* 機械化する
◇**mechanized** *a* 機械化された, 自動化された

mechatronics /mèkətrániks/ *n* メカトロニクス [➪機械工学と電子工学の複合領域]

med. medium

Medco Health Solutions 《~, Inc.》 メドコ・ヘルス・ソリューション [➪米国の大手処方箋医薬品の販売および医薬品のマネージメント会社. 健康保険組合, 会社, 保険会社などへ医薬品の販売のみならず, 医薬に関するコンサルティングなども行っている]

meddle /médl/ *vi* おせっかいをする, 干渉する 《in, with》; いじくり回す 《with》 ► Stop meddling in other people's affairs. 他人のことに干渉するのはよしなさい

media /míːdiə/ *n*
語法 本来 media は medium の複数形だが, いまでは media が単複両様に使われる
❶ (the ~) メディア, マスメディア, マスコミ, 媒体 ► media studies マスメディア学 / media's public responsibility メディアの公的責任 / The event was widely reported by the media. その出来事はマスコミによって広く報道された
❷ 【広告】 メディア, 媒体 [➪広告の送り手 (advertiser) のメッセージを受け手 (audience) に伝達する媒介物. 商品・サービスの売手と消費者を繋ぐリンクの役割を果たす. 印刷媒体 (print media), 放送媒体 (broadcasting media), 家庭外媒体 (out-of-home media) などに分類される] ► The Internet has become an increasingly popular medium for advertising. 広告にとっては, インターネットはますます人気のある媒体になっている [＜ラ]

media agency = media buying agency
media baron メディア王 [➪複数のメディア企業のオーナーであるような有力者]
media buyer 媒体購入業者
media buying メディアの買付け
media buying agency メディア購入代理店 [➪広告媒体のタイムやスペースの購入に特化している広告会社. 米国には多い業態だが, 日本にはほとんどない]
media buying service = media buying agency
media class メディアクラス [➪媒体の種類. たとえば, 雑誌 (magazine) はメディアクラス, 個々の雑誌はメディアビークル (media vehicle) と呼ばれる]
media conglomerate メディア・コングロマリット [➪伝統的なマスメディアからデジタルメディアまでを支配し複合的に事業展開するメディア企業] ⇨megamedia

media literacy メディア・リテラシー [➪マスメディアによって伝えられる内容を, 現実そのままではなく構成されたものとして批判的に読み解いていくための能力. またはメディアを使い自己表現する力]

media mix メディアミックス [➪特定の広告活動にとって最適な媒体の組み合わせ]
media mogul メディア界の大物
median /míːdiən/ *a* 中間の [にある] ► median income 平均収入 / Median prices for existing homes declined sharply over the past year. 中古住宅の価格の中央値は過去1年間に急激に下落した
— *n* (統計の) メジアン, 中央値 [➪一連の数を大きさの順に並べたときの中央の数値] ⇨mean

median price 平均価格
media ownership メディアの所有権 ► media ownership concentration メディア所有の集中化 / media ownership control メディア所有者による支配

media plan メディアプラン [➪最大の効果をあげるために広告費をどのように広告メディアに配分するかを考えること]

media planner 媒体計画担当者
media planning 広告媒体計画; 媒体計画
media reach メディアの到達範囲; 媒体到達 [➪特定のメディアを通じてその広告にさらされる受け手 (audience) の大きさ]

mediate /míːdièit/ *vt* 調停する [➪紛争解決のため第三者に裁定を委ねることを言う. 仲裁 (arbitration) と異なり一般的に強制力を伴わない] ► The consultant mediated the dispute between the two companies. そのコンサルタントは両社間の争いを調停した
— *vi* 介在する, 仲裁する 《between》
— *a* /-it/ 仲介の; 中間の

mediation /mìːdiéiʃən/ *n* 調停, 介入 [➪法廷外で紛争を解決する方法で, 中立の第三者を調停人 (mediator) として立て, 調停人が説得によって紛争の解決を図ることを言う] ⇨alternative dispute resolution ► submit to mediation 調停に委ねる / The labor dispute was resolved through the mediation of the governor. 労働争議は知事の調停で解決した / Another attempt at mediation failed. 調停の企てがまた失敗した

mediator /míːdièitər/ *n* 仲介者; 調停者 ► He has worked as a mediator between the two sides. 彼は両者間の調停者として働いてきた

media vehicle メディアビークル, 銘柄媒体 [➪メディアクラス (media class) の中の個々の銘柄. たとえば, 雑誌というメディアクラスに対して, 「タイム」誌など個々の雑誌をメディアビークルと言う]

medic /médik/ *n* 《略式》 医者; 医学生; 衛生兵
medicable /médikəbl/ *a* 治療できる
Medicaid /médikèid/ *n* (米国の) メディケイ

ド, 医療扶助 [⬅︎ 低所得者・障害者のために連邦と州が共同運営する医療扶助制度]

medical /médikəl/ *a* 医学[医療]の; 内科の ▶ a medical practitioner 開業医 / seek medical help 医者に診てもらう / The victim needs immediate medical attention. 犠牲者はただちに医療処置を必要としている
— *n* 身体検査, 健康診断
◇ **medically** *ad*

medical care 医療; 医療保障, 健康保障 (=health care)

medical certificate 診断書 ▶ A medical certificate is required for absences of more than two days. 2日を超える病欠については医師の診断書を要する

medical checkup =medical examination

medical evidence =medical examination

medical examination 診察; 健康診断; (生命保険に加入するための)医的診査

medical expenses 医療費 ▶ ease the financial burden of medical expenses 医療費の金銭的負担を緩和する

medical insurance 医療保険 (=health insurance, insurance with medical examination) (⇔non-medical insurance)

medical insurance plan 医療保険制度

Medicare /médikèər/ *n* (米国の)老人医療保険, メディケア [⬅︎ 65歳以上の老人や身体障害者などに対する政府の医療保険制度。入院保険と医薬品保険から成る]

Medicare Part D [⬅︎ 2003年にメディケアの改革法が成立し, 06年1月から実施されている。従来適用外であった外来患者の処方薬代に保険が適用されることになる。ただしメディケア加入者がパートDに加入するか否かは任意]

medicine /médəsin | médsin/ *n* (内服)薬; 医術, 医学; 内科医学; ためになる経験
give a person a taste [dose] of his own medicine 《略式》(相手に対して)同じやり方で報復する
— *vt* 投薬する

Medigap メディギャップ [⬅︎ メディケアが負担してくれない部分をカバーするための医療保険]

mediocre /mìːdióukər/ *a* 並みの, 平凡な, 月並みな ▶ mediocre sales 月並みな売上

medium /míːdiəm/ *n* (**-dia** /-diə/, **~s**) (✚複数形については別項の media を見よ) 中間, 中庸; 生活環境[条件]; 手段, 方法; 媒介, 媒体 ▶ Mobile phones have become the medium of choice for communication. 携帯電話は人気のある通信手段になっている
The medium is the message. 媒体こそがメッセージ (✚カナダのマスコミ理論家 Marshall McLuhan の言葉)
— *a* 中位の ▶ medium brown 中間色の茶 [<中:中央]

medium-dated *a* 中期の [⬅︎ 償還期限が2年から10年の債券を指す]

medium-duty *a* 中量級の, 中型の(トラック等), 中級の(ソフト等)

medium of exchange ❶ 流通貨幣 ❷ 〔経済〕交換手段

medium-sized *a* 中規模の, 中クラスの, 平均的規模の ▶ small to medium-sized companies 中小企業 / a department store chain in a medium-sized southern city 南部の中都市にある百貨店チェーン

medium term 中位の長さの期間 ▶ in the medium term 数週間[数か月]の期間で

medium-term *a* 中期の

medium-term credit 中期融資

medium-term debt 中期債務

medium-term gilts 《英》中期国債, 中期物ギルト債

medium-term loan 中期融資

medium-term note ミディアム・ターム・ノート (MTN) [⬅︎ 短期・中期の債券を継続的に発行する一定の枠組みの下で発行される証券]

medium-term securities 中期証券

meek /míːk/ *a* 柔和な, 温和な; 意気地のない ▶ He offered a meek apology for his mistake. 彼は, 言われるままに自分の間違いを詫びた / Although outwardly meek and soft-spoken, he turned out to be an effective supervisor. 外観はおとなしそうで話し方もおだやかだが, 優秀な監督者であることが分かった

meet /míːt/ *v* (**met**) 出会う; 出迎える; (約束して)会う; 集まる; 会見する, 面接する; 知り合いになる; 応じる, 満たす; 支払う; 経験する; (目・耳に)入る, 留まる; (線・道路などが)合(流)する; (目が)合う; 接触する; 競争する ▶ (It was) nice meeting you. お会いできてうれしかった (✚別れるときのあいさつ) / Haven't we met before? どこかでお会いしましたでしょうか (✚相手に話しかける時のていねいな表現) / I'm glad [=(It's) nice] to meet you. 初めまして, よろしく (✚初対面のあいさつ。二度目からは see.《英》では How do you do? が普通) / I look forward to meeting you. お会いするのを楽しみにしています / With our current production capacity, we cannot meet the growing demand. 当社の現在の生産能力では, 需要の増加に対応できない / The company can no longer meet its debt obligations. 同社はもはや債務支払いの責務を果たすことができない / Meet the requirement for free checking. 手数料のかからない小切手使用の必要条件を満たしなさい / CPAs have to meet the toughest requirements to get licensed. 公認会計士は免許を受けるのにもっとも難しい必要条件を満たさなければならない / Having the consumer's trust brings the responsibility of meeting expectations without fail. 消費者の信頼を得ることは必ず期待に応える責任を伴う / If you work hard to meet customers' expectations, you'll eventually win over their trust as well. 消費者の期待に応えるために一生懸命に働けば結局消費者の信頼を獲得することになる / Food products that do not meet FDA standards cannot enter the US. 食品医薬品局の基準に合格しない食料品は米国に持ち込むことができない

meet ... halfway に妥協する ► We're willing to meet you halfway with the price. 値段については多少は歩み寄ってもかまいません / They didn't comply with all our demands, but met us halfway on the more important points. 要求すべてに応じてはくれなかったが, 比較的重要な点では折り合ってくれた

meet up 《略式》(何かをするために)人と会う; 偶然出会う(《*with*》) ► I'm going to meet up with my client later on. 後で顧客に会う予定だ

meet with 《米》と会談する; を経験する; (非難・承認)を受ける

There is more to [in] ... than meets the eye. …には見かけ以上のものがある[複雑な事情が隠されている]

━ *n* 《米》大会; 会合

meeting /míːtiŋ/ *n* 会議, 会合

コロケーション

(動詞(句)+~) **address** a meeting 会議の参加者に対して話をする / **adjourn** a meeting 会議を一時休憩にする, 会議を終了させる / **arrange** a meeting 会議の手配をする / **attend** a meeting 会議に出席する / **begin** a meeting 開会する / **be in** a meeting 会議に出席している / **break up** a meeting 会議を終える / **bring forward** a meeting 会議の日程を繰り上げる, 前倒しする / **call** a meeting 会議を招集する / **call** a meeting **to order** 議事が始まることを正式に告げる / **cancel** a meeting 会議をキャンセルする / **chair** a meeting 議長を務める / **close** a meeting (正式に閉会を宣して)会議を終える / **convene** a meeting 会議を招集する / **disrupt** a meeting 会議の妨害をする / **end** a meeting 会議を閉会する / **fix** a meeting **for...** ミーティングの日程を…と決める / **hold** a meeting 会議を開く / **miss** a meeting 会議を欠席する / **open** a meeting (正式に開会を宣して)会議を始める / **postpone** a meeting 会議を延期する / **preside over** a meeting 会議の議長を務める / **put back** a meeting 会議を延期する / **run** a meeting 会議の議長役を務める / **schedule** a meeting 会議の予定を決める / **set up** a meeting 会合を設定する / **take** a meeting 《略式》会合を開く[に出席する]

► a fruitful meeting 実りのある会議 / a lengthy meeting 長時間の会議 / a tense meeting 緊張した空気の会議 / a meeting of bankrupt creditors 破産債権者集会 / put a resolution to the meeting 決議案を上程する, 決議案の決を採る / read a report to the meeting 集まった人々に報告内容を読み上げる / At this point, I'd like to adjourn today's meeting. ここで本日の会議を終わりにしたいと思います / The meeting broke up at 3 p.m. ミーティングは午後3時に終わった / The manager called an emergency staff meeting. マネジャーは緊急のスタッフ会議を招集した / The committee will hold the meeting as planned. 委員会はその会議を予定通り開催するだろう / Can we **fix another meeting** for Friday afternoon, say, at three o'clock? 次のミーティングは金曜の午後というごでいかがですか。たとえば3時でどうでしょうか / Did you discuss the design problem **at the last meeting?** この前の会議で, デザインの問題は検討しましたか / I want you to contact Ms. Smith's secretary and **arrange a meeting** with her. スミスさんの秘書に連絡して彼女との面会の段取りをつけてくれ / In **addressing the meeting**, the Chief Executive noted the governance changes made during the year. 会議参加者に向けてのスピーチで, 社長は, 年度内に行われた企業統治向の変更を取り上げた / I've been **in a meeting** all afternoon. 午後はずっと会議だった / Prompted by a rumor that the company was a tender offer target, the Chief Executive **called an urgent meeting.** 同社が株式公開買付けの対象だとのうわさを受け, 社長は緊急会議を招集した / The chairman **put the resolution to the meeting**, and it was carried unanimously. 議長はその決議案を会議に諮り, 決議は満場一致で採択された / The **meeting proceeded** without incident. 会議は何事もなく進んだ / The **meeting was adjourned** at 12.30 pm for lunch and reconvened at 1.45 pm. 会議は12時半に昼食のため休憩に入り, 午後1時45分に再開された

a meeting of (the) minds 合意;〖法律〗意思の合致

═══総会・会議═══
annual general meeting (AGM)《英》年次株主総会 / annual (shareholders') meeting《米》年次株主総会 / board meeting 取締役会 / business meeting 商談, ビジネス目的の会議, 打ち合わせ / closed meeting 非公開の会議 / emergency meeting 緊急会議 / extraordinary (shareholders') meeting《英》臨時株主総会 / preliminary meeting 予備会議 / special (shareholders') meeting《米》臨時株主総会

meeting of finance ministers from the Group of Seven 先進7か国財務相会議[⇨日, 米, 独, 仏, 英, 伊, 加の7か国を Group of Seven(G7)と言う]

meg megabyte

mega /méɡə/《略式》*a* ものすごく大きい[立派な]
━ *ad* ものすごく

mega- /méɡə/「大きい, 100万倍」

megabit *n* メガビット (Mb) [⇨情報量の単位. 約100万ビット]

megabuck *n*《米・カナダ略式》100万ドル; (~s) 大金

megabyte *n* メガバイト (MBまたはMbyte) [⇨情報量の単位. 約100万バイト]

mega-cap fund メガ株ファンド [⇨メガ株 (mega-cap stock)で運用されるミューチュアルファンド] ⇨ mutual fund

mega-cap stock 超大型株 [⇨発行企業の時

価額総額によって株式を分類する場合のカテゴリー. 業者によって定義は異なるが, 時価総額が2,000億ドル以上の会社の株とする例がある] ⇒cap³

mega marketing メガ・マーケティング [⇒コトラー (P. Kotler)が提唱した概念. 既存の4P (product 製品, price 価格, place 場所, promotion 販売促進)に political power (政治力)と public relations (広報活動)を加えた6Pでマーケティング戦略を考えるべきであるとするもの]

megamedia n メガメディア [⇒買収や合併を繰り返し, 巨大化するメディア企業のこと] ⇒media conglomerate

megastore n 巨大店舗

Meijer (~, Inc.) マイヤー [⇒米国中西部の雑貨, グローサリーの小売業者, 私企業]

melon /mélən/ n 《略式》(株主に対する, しばしば株の形の)多額の利益配当, 特別配当

cut (up) [carve, split] a melon 《米略式》利益を分配する; 特別配当する

melt /mélt/ (~ed; ~ed, molten) vi 溶ける; (色・感情などが)次第に変わる, 溶け込む
— vt 溶かす; 散らす (away); 和らげる; 《英略式》浪費する

melt down (金属を)溶かす; (経済システム・企業などが)崩壊する ▶ The financial system melted down after the subprime crisis. サブプライム危機の後に, 金融システムは崩壊した
— n 溶解(物)

meltdown n メルトダウン, 炉心溶融 [⇒原子炉の炉心の熱が異常に上昇し, 燃料ウランが溶解して, 原子炉の底部が溶けてしまうこと];《米略式》一巻の終わり;【経済】崩壊, 暴落, 大混乱 [⇒経済システムや企業の壊滅的な破綻] ▶ Exporting countries are pursuing slightly different paths to battle the global meltdown. 世界的なシステム崩壊と闘うにあたって, 輸出国は少しばかり異なった方針をとっている

melt-up n 急騰, 急上昇

member
/mémbər/ n ❶ (集団の)一員 ▶ a staff member 社員 / He serves as a member of the Board of Directors. 彼は取締役会のメンバーを務めている
❷【法律】《米》メンバー [⇒LLC (limited liability company)の構成員]

a Member of Congress 《米》下院議員
a Member of Parliament 《英》下院議員 (MP)

member bank (米国の)連邦準備制度加盟銀行

member firm (取引所の)会員会社

Member of the European Parliament 欧州議会議員 (MEP)

member of the United Nations 国連加盟国

membership n 一員であること; 会員の地位[資格]; 会員数; (集合的) 会員 ▶ conditions of membership 会員資格 / have a large [small] membership 会員が多い[少ない] / apply for membership 入会の申込をする / cancel one's membership 脱会する

members register 《英》株式名簿

memo /mémou/ n 《略式》= memorandum [⇒英語の memo は, 日本語の「メモ」よりもまとまりのある文章を指し, A4で3〜4枚ほどあるようなものを memo と言う. 日本語の「メモ」に相当するのは notes と言う] ▶ memo addressing... についてのメモ / compose [write] a memo メモを書く / put together a memo メモを書く (✚compose や write より気楽な言い方) / an interoffice memo 社内メモ

memorandum /mèmərændəm/ n (~s, -da /-də/) 覚書, 基本合意書, メモ

memorandum entry 備忘記録

memorandum of agreement 覚書, 基本合意書

memorandum of association 《英》組合定款, 会社設立契約書;《英》基本定款, 定款 ⇒articles of association, articles of incorporation, certificate of incorporation, charter

memorandum of deposit 《英》有価証券担保差入れ証

memorandum of understanding 覚書 (MOU) [⇒当事者の了解事項や決意を整理して記述した法律文書]

memory /méməri/ n 記憶(力); 記憶している範囲; 思い出(の人[物]); 記念; (死後の)名声;【ﾋﾟｭｰﾀ】メモリー, 記憶容量; 記憶装置 ▶ The pictures evoked memories of his childhood. その絵を見て, 彼は子供時代のことを思い出した

commit ... to memory を暗記する ▶ Please commit your password to memory. パスワードを暗記してください

from memory そらで; 記憶を頼りにして ▶ He dialed the number from memory. 彼は記憶を頼りに番号をダイヤルした

have a good [bad, poor] memory 記憶がよい[悪い] ▶ I have a bad memory with names. 名前を覚えるのが苦手です

if my memory serves me well [correctly] 私の記憶に間違いがなければ

in [within] living memory 人々の記憶に残って
in [to the] memory of の記念として; を追悼して; を忘れないために

in one's memory 記憶して

in recent memory 最近の記憶では ▶ Unemployment is worse than any time in recent memory. 失業の状況は最近の記憶にあるどの時期よりも悪い

jog a person's memory (人に)思い出させる
keep one's memory alive 忘れないでいる
lose one's memory 忘れる
My memory is playing trick on me. 私はどうも思い違いをしている
to the best of one's memory 記憶している限りでは

memory address メモリーアドレス [⇒データのありかを示す番号で, CPUはこれに基づいて特定のメモリーからデータを読み込んだり書き込んだりしている]

menace /ménis/ n 脅威《to》; 脅迫; 厄介者
► an economic menace to Japan 日本にとっての経済的脅威
— v 脅迫する《with》

mend /mend/ vt 修繕[修理]する, 繕う; 改める, 直す;(事態などを)改善する
— vi 快方に向かう ► Things are mending. 事態は好転している
It's never too late to mend. 《諺》改めるのに遅すぎることはない
Least said, soonest mended. 口は災いのもと
mend one's pace 歩調を速める
mend one's ways 態度を改める
— n 改良; 修理箇所
on the mend 快方に向かって ► The global financial system is on the mend. 世界の金融体制はよい方向に向かっている
◇**mendable** a 修繕がきく
◇**mender** n 修繕者, 修理人
◇**mending** n 修繕 ► The summit meeting led to the mending of bilateral relationships. 首脳会談の結果, 両国関係は修復された

menial /míːniəl/ a 単純な, 簡単だがつまらない
► menial labor 単純労働

menswear n メンズウェア, 男性衣料品

Men's Wearhouse メンズ・ウェアハウス[➲米国の紳士服小売店舗. ファッションにあまり興味がない男性を対象にスタート. 同店の服を着た姿を絶対に気に入ることを, 創設者が I guarantee.(私が保証します)と断言するCMで有名]

Men's Zone 《商標》メンズ・ゾーン[➲ボディーコロン, ヘアケア製品などの米国の男性用化粧品のブランド]

mental /méntl/ a 心の, 精神の; 精神病の; 頭の中で行う; 知的な
make a mental note 覚えておく

mental health 精神的健康; 精神保健(=mental hygiene)

mental health day 《米》《ふざけて》「自主休業日」

mental hygiene 精神衛生 (=mental health)

mentality /mentǽləti/ n 知能, 知力; 知性; 心的傾向, 物の見方 ► The Japanese are often praised for their work mentality. 日本人は労働についての考え方を称賛されることが多い

mentee n メンティー[➲職場での指導係(mentor)から助言を受ける者]

mention /ménʃən/ vt 述べる《to, that, as》; 言及する; 名を挙げる; と言う ► He mentioned a number of ways to cut costs. 経費節減の多くの方法に言及した
above-mentioned / mentioned above 前述の ► as mentioned above 上に述べたように
Don't mention it. どういたしまして(✜Thank you.に対して言う)
not to mention / without mentioning は言うまでもなく
— n 言及, 陳述; 名を挙げること ► I read a mention about this product in a free magazine. フリーマガジンでこの製品について言及しているのを読んだ
at the mention of の話が出ると
get a mention 言及される《in》
make mention of に言及する ► No mention was made of の話は出なかった

mentor /méntɔːr/ n 信頼できる相談相手, 顧問, 恩師, 指導者

mentoring n メンタリング[➲全社的な人材育成の一環として, 知識・経験のある社員が後進の個別指導にあたる制度]

menu /ménjuː/ n 献立(表), メニュー; 食事; プログラム; 計画表;【ﾊﾟｿｺﾝ】メニュー ► The restaurant has changed its menu to include healthier dishes. そのレストランは, メニューを変更して, もっと健康によい料理を追加した[＜仏]

menu bar メニューバー[➲パソコンの操作画面上にあって, クリックすることで「ヘルプ」などの操作画面が現れる]

MEP /mep/ Member of (the) European Parliament

Merc 《the ~》ザ・メルク[➲シカゴ, マーカンタイル取引所の通称]

mercantile /mə́ːrkəntiːl, -tàil/ a 商業の; 重商主義の; 貿易[商業]に従事する

mercantile court 《英》商事裁判所

mercantile exchange 商品取引所

mercantile law 商事法

mercantilism /mə́ːrkəntilìzm/ n 商業主義; 重商主義
◇**mercantilist** n

Mercedes-Benz 《商標》メルセデス・ベンツ[➲ドイツの高級車. 米国でも富裕層に人気の車. 日本では「ベンツ」と略称するが, 米国では Mercedes と言う. 発音はマーシーデス]

merchandise

/mə́ːrtʃəndàiz/ n 商品, 製造品; 在庫品
[語法]集合的に単数形で用いる. 可算名詞は goods, articlesなど

■コロケーション■
《動詞(句)+~》 **buy** merchandise 商品を買い付ける / **carry** merchandise 商品を取りそろえる / **display** merchandise 商品を展示する / **examine** merchandise 商品を点検する / **order** merchandise 商品を発注する / **purchase** merchandise 商品を買い付ける / **sell** merchandise 商品を売る / **ship** merchandise 商品を発送する, 出荷する / **stock** merchandise 商品の在庫を確保しておく

► affordable, high-quality merchandise 手ごろで高品質の商品 / rapidly selling merchandise 売れ筋商品, 回転のいい商品 / top-of-the-line merchandise 最高級品 / make merchandise of を売り物にする / The **merchandise was damaged** during shipping. 輸送中に商品が損傷した / We don't carry **that line of merchandise**. その種の商品はお取り扱いしておりません / Be sure to **examine the merchandise** upon receipt. 受取時に必ず商品を

確認せよ / If you wish to **return the merchandise**, please follow the instructions below. 返品をご希望の場合は、以下の手順にしたがってください / In some areas, luxury goods are actually selling better than **lower-end merchandise**. 一部地域では、高級品のほうが低価格品よりよく売れている / Some retailers don't **display merchandise** with prices. 一部の小売業者は価格表示なしで商品を展示する / We cater to customers looking for **upscale merchandise** and a stylish atmosphere. 当社は高級品とスタイリッシュな雰囲気を求める客を相手にしている / We need to **upgrade our merchandise** to attract more high-spending shoppers. 高額商品を買う客をもっと呼び込むために、うちの取扱商品を高級化する必要がある / We **purchase merchandise** from wholesale firms or directly from manufacturers. 当社は卸売業者から、または、直接、メーカーから仕入れている / We **sell our merchandise** through wholesalers. 当社は自社商品を卸売業者を通じて売っている
― *v* 売買する; 販売を促進する

=== 商品 ===
carryover merchandise 売残り品 / first class merchandise 一級品 / general merchandise 雑貨 / quality merchandise 高級品 / seasonal merchandise 季節商品

merchandise inventory 棚卸商品, 繰越商品

merchandise line 取扱商品 ► We are expanding our merchandise lines to include imported quality goods. 高級輸入品を入れて取扱商品を増やしているところです

merchandise mart 商品陳列館, 商品展示館 [⇨ 大文字のMerchandise Martは特にChicagoにある大規模なものを指す] ► Merchandise marts are popular in the apparel and furniture industries. 商品展示館は服飾業と家具産業界で人気がある

merchandise mix (ある店で売る)商品の種類, 品揃え

merchandiser /mə́ːrtʃəndàizər/ *n* マーチャンダイザー [⇨ 適正な品揃えを確保するため、商品企画、仕入れ、在庫管理、販売等の業務を担当する]

merchandising /mə́ːrtʃəndàiziŋ/ *n* マーチャンダイジング [⇨ 流通業者の商品化計画。顧客に提供する商品やサービスの品質・価格・数量・時間・場所などの最適化をめざすもの]

merchandising rights 商品化権, マーチャンダイジング権 [⇨ 映画、音楽、演劇、書物等の著作物に、その著作物の登場人物等に基づく商品を製造・販売する権利]

merchant /mə́ːrtʃənt/ *n* 商人, 貿易商; 小売商; 卸売商; クレジットカードの契約店 ► Most merchants like department stores and restaurants accept credit cards. 百貨店やレストランなど、ほとんどの商人はクレジットカードによる支払を認めている

merchantability *n* 商品性, 商品適格性 [⇨ 本来の用途に則した使い方ができること]

merchantable *a* 市販できる, 売れる ⦿ SELLER warrants that any and all of the Goods shall be merchantable and fit for the particular purpose for which such Goods are sold and used. 「売主」は該当商品のすべてが市場性があり、かつ当該商品の販売もしくは使用のための特定の目的に適合することを保証する

merchant bank 《英》マーチャント・バンク [⇨ 英国の伝統的な投資銀行を指す。最近は、投資銀行業務の中でも自ら出資を行うビジネスを指すことも多い]

merchant banking マーチャントバンキング [⇨ 企業による株式や社債の発行に際して、これを引き受けたり、M&Aに関して助言する業務]

merciless /mə́ːrsilis/ *a* 無慈悲な, 無情な
◇**mercilessly** *ad* 無慈悲なほどに, 容赦なく ► The economic downturn has forced many companies to mercilessly cut their workforce. 景気の下降は多くの会社が無慈悲に従業員を解雇することを余儀なくさせた
◇**mercilessness** *n*

Merck /məːrk/ (~ & Co., Inc.) メルク [⇨ 米国の医薬品メーカー。人体用医薬品の研究開発・製造・販売を行う。1934年設立]

Mercosur /mèərkousúər/ *n* Mercado Común del Cono Sur 南米南部共同市場, メルコスール [⇨ 1991年にアルゼンチン・ブラジル・パラグアイ・ウルグアイの4か国で合意した共同市場。95年1月に発足。関税の相互引下げと対外共通関税を定めた。ベネズエラも2006年に加盟した] [<西]

mere /miər/ *a* ほんの, 単なる; (merest) (強意) ほんのささいな; まったくの ► by mere 5 votes わずか5票の差で / at the mere mention of と言っただけで / Sales increased by a mere 1% during the holidays. 連休の期間には売上高はたった1%しか増加しなかった

merely /míərli/ *ad* 単に ► I merely wanted to know the truth. ただ真実を知りたかっただけだ / We're merely beginning to understand the ramifications of the banking fallout. 銀行業の死の灰がもたらす影響について、われわれは今ようやく理解し始めているところだ
not merely (but also) のみならずまた

merge /məːrdʒ/ *vt* 合併する; 混ぜ合わせる (*with, in, into*)
― *vi* 吸収される (*into*); 合併する (*with*) ► The two companies will be merging next year. その二つの会社は来年、合併する予定だ / We are going to merge with the second largest company in the industry. 当社は業界2位の会社と合併することになっている / A company may merge or combine as an equal with another company. 会社は別の会社と対等合併することがある

merge purge, merge-purge マージ／パージ [⇨ マージは異なるファイル上のデータが合体

されることを指し、パージは合体した文書から重複している項目や不要な項目を削除すること]

merger /mˈɚːrdʒɚr/ n 企業合併, (会社の)合併, 《米》吸収合併

> [解説] 合併する2社のうちの1社が存続会社になり relative社を吸収する形の合併. 建て前は合併だが実態は買収に等しいことが多い. consolidation (新設合併) とは異なる. ⇨ consolidation, acquisition

▶ arrange a merger 合併をしくむ, 合併の段取りをつける / **Plans for the merger** fell through. 合併計画は失敗に終わった / European Union regulators eventually agreed to **the proposed merger**. EUの規制当局は, 最終的にはその合併案件に同意した / It's pretty hard to do **a hostile merger** in Japan. 日本で敵対的な買収をするのは難しい / Regulators may **block the merger** for fears that the combined company would dominate the market. 合併後の会社が市場を独占するとの懸念から規制当局が合併を阻止するかも知れない / Shareholders of the acquired company **opposed the merger**, arguing that the merger terms were not fair to them. 被買収企業の株主は合併条件が自分たちに公平でないとして合併に反対した / Stockholders **approved the merger**, but by a narrow margin. 株主は合併を承認したが, 僅差での可決だった / **The merger agreement** provides that either party may withdraw from the merger anytime within the first 24 months. 合併契約は, どちらの当事者も24か月内であれば, 合併を中止することができると定めている / The two companies announced their agreement to enter into **a merger of equals**. 両社は, 対等合併の合意が整ったと発表した / Two of Japan's largest advertising agencies **are in advanced merger talks**. 日本の最大手の広告会社のうちの2社が合併に向けての協議を行っており, 話は相当進んでいる / We acquired ABC Energy **through the merger of** our wholly owned subsidiary into ABC Energy. 当社は全額出資子会社をABCエネルギーと合併させることを通じてABCエネルギーを買収した

merger accounting 合併会計
merger doctrine マージャー法理 [⇨あるアイディアが, そのアイディアの表現と不可分に結びついていて, それ以外の表現方法がない場合には, その表現は著作権で保護されないという米国著作権法の法理]
merger partner 合併相手
merger plan 合併計画
mergers and acquisitions 合併・買収 (M&A) [⇨企業の合併や買収の総称] ⇨ merger, acquisition, consolidation ▶ As an investment banker, he advises corporations on mergers and acquisitions. 投資銀行の幹部職員として, 彼は合併や買収について企業に助言する / When the economy is booming, there is a tendency of mergers and acquisitions to increase. 経済がブーム状態のときは企業の合併や買収が増える傾向がある

merit /mérit/ n ❶ (賞賛に値する) 価値; 功績; 長所 ▶ Our salary system is based on merit rather than seniority. 当社の給与制度は年功序列よりも業績に基づいている ❷ 【法律】(~s) (請求の) 実体, (訴訟の) 実体的事項, 本案; (請求の) 実体についての; (訴訟の) 実体的事項に関する ▶ on the merits 本案についての[基づく]
have the merit of の値打ちがある
make a merit of を誇る
on its [a person's] merits その[人の]真価によって
There is no [little] merit in doing …する価値はまったく[ほとんど]ない
(entirely) without merit (まったく) 無価値で
— vt (賞罰などに) 値する ▶ The topic merits further research. その主題は今後の研究に値する / That project merits carrying out. その計画は実行に値する / The program merits scrutiny. その計画は詳細に検討する価値がある

merit-based a 実績に基づく
merit bonus 業績連動型賞与 [⇨功労報酬的な性格を持つボーナス]
meritocracy /mèrɪtάkrəsi/ n 実力(主義)社会, 能力主義(社会)
meritocratic a 能力主義の ▶ a meritocratic compensation scheme 能力主義の報酬体系
merit pay ❶ 功労加給(金) [⇨貢献度に基づいて支払う特別手当] ❷ 能力給 ▶ Merit pay will give encouragement to good workers and drive away bad ones. 能力給はよい労働者に励ましを与え, 悪い労働者を駆逐する
merit system ❶ メリットシステム, 能力制 ❷ 実績主義, 能力主義, 実力主義 ❸ 資格任用制 [⇨官僚への機会を万人に保障するために, 試験等によって官職にふさわしい資格や能力があるかを調べ, それをもとに採用を行う公務員任用方式]
Merrill Lynch 《~ & Co., Inc.》メリルリンチ [⇨米国の証券会社. Merrill Lynch, Pierce, Fenner & Smithの持株会社. 1973年設立. 創業は1885年合資会社Burrill & Houseman. 以後他会社を合併発展した. しかしサブプライム問題に端を発した世界金融恐慌時にBank of Americaに吸収合併された] ⇨ Bank of America

mess /mes/ n 混乱(状態); 《a ~》窮地; ごみの山; 一皿[一食]分の食物; 食堂 (=mess hall); 《略式》どうしようもない人 ▶ I'm trying to find a way out of this mess. この混乱から抜け出す方法を見つけようとしている
a mess of pottage 一椀のあつもの; 目前の小利 (✚聖書から)
get (oneself) into a mess 混乱する; 困ったはめになる ▶ He got himself into a mess with money. 彼は金銭のトラブルに巻き込まれた
in a mess 取り散らかって; 混乱して ▶ The pension system is in a mess. 年金制度がめちゃ

めちゃだ / Stocks are in an ugly mess at the moment. 現時点では,株式は見るに耐えない混乱のさなかにある
make a mess of を台無しにする ► He has made a mess of his career. 彼は自分のキャリアを台無しにした
— *vt* 汚らしくする; 台無しにする, むちゃくちゃにする ► The new secretary always messes my schedule around. 新しい秘書はいつも私の予定をめちゃくちゃにする / They messed (up) the deal. 取引を台無しにしてしまった
— *vi* ごっちゃにする
mess around [about] with をいじくり回す ► I mess around with computers in my free time. 暇なときにはコンピュータをいじっている
mess in [with] をいじる; におせっかいをする
mess up を台無しにする; を汚らしくする, 乱す; へまをする ► The company messed up the order and sent it to the wrong address. その会社は注文を取り違え,違う宛先に発送した
no messing 《英略式》本当に

message /mésidʒ/ n 伝言; 通信; 【コン】メッセージ[⇒情報処理上の単位] ► The message was never delivered. その伝言はいつまでたっても先方に届かなかった / The President **sent a clear message** that he would not raise taxes. 増税はしないという明確なメッセージを大統領は送った / **Could I leave a message?** 《電話で》ご伝言お願いできますか / If I'm out, please **leave a message** with my secretary Hanako. 留守の場合は,秘書の花子に伝言を残しておいてください / I'm afraid she's away from her desk. **Can I take a message?** あいにく,ただいま席を外しております. 伝言を承りましょうか / I would appreciate it if you could **acknowledge my message** by return. 折り返しこのメールの受取を確認していただければ幸いです / In my absence, **all messages will be passed** on to Jane Yamada, my personal assistant. 留守中のメールは,すべて個人秘書のジェーン山田に回るようになっている / We **sent out an urgent message** to head office for assistance, but there is no response yet. 本社宛,応援を頼む大至急のメールを送ったが,まだ返事がない
get the message 《略式》真意が分かる,ピンとくる ► I tried explaining it to him, but I don't think he got the message. 説明しようとしたが,彼には分からなかったと思う
go on a message 使いに行く
— *v* 通信を送る
message board (ネット上の)掲示板
Messages of the President 大統領教書[⇒米国大統領が重要な内外政策に関して連邦議会に送る政策指針書. 定例のものに State of the Union Message (一般教書), Budget Message (予算教書), Economic Report (経済報告)がある]
messaging *n* メッセージング[⇒PCや携帯上に表示されるメッセージを相手に送ること]
messenger /mésəndʒər/ *n* 使者
blame [shoot] the messenger 間違いを指摘した人に腹を立てる
Messrs, Messrs. /mésərz/ 《英》複数の男性または男性の氏名から成る社名(たとえば J. James & Co. Ltd)を持つ会社宛の場合に使う
metal /métl/ *n* 金属; 《英式》(特に)重金属; (比喩的)気質; 砕石; 《~s》《英》レール; 溶融ガラス
— *vt* (《英》-ll-) 金属をつける; 《英》砕石を敷く
◇**metal(l)ize** *vt* 金属の性格を与える
metal-bashing *n* 《英》トンカチ仕事[⇒手作業による金属加工をからかった言い方]
Metamucil 《商標》メタムシル[⇒便秘薬]
meteoric /mìːtiɔ́ːrɪk/ *a* 流星の; 一時的に華やかな ► a meteoric rise めざましい躍進
meter¹, 《英》**metre** /míːtər/ *n* メートル[⇒長さの単位]
meter² *n, vt* メーター[計量器](で計る)
The meter is running on ... にずっと資金が使われている
Methedrine 《商標》メセドリン[⇒覚醒剤の methamphetamine の商品名]

method /méθəd/ n 方法; 順序, 筋道 ► the method of payment 支払方法 / The company's training methods are very effective. その会社のトレーニング方法はとても効果的だ
◇**methodic, methodical** *a* 秩序立った, 組織的な
◇**methodically** *ad* 組織的に ► They work methodically. 彼らは組織的に働く
method claim 方法のクレーム[⇒結果を実現するための方法によって発明を記載する特許クレーム]
method study 方法研究[⇒より効率的な生産を期して,材料が製品になるまでの加工・検査・運搬といった工程や,作業員の歩行距離・時間といった作業方法を分析すること]
meticulous /mətíkjuləs/ *a* 細部にこだわる; 注意深い ► We have made a meticulous calculation of the costs. 当社では詳細な原価計算を実施しました
métier /méitjei/ *n* 職業; 得意の分野[<仏]
MetLife (~, Inc.) メトライフ[⇒米国の生命保険会社. 中核の Metropolitan Life Insurance Company は1863年創業. 現社は1999年設立. 国外13か国でも保険事業を行う. 生命保険, 傷害保険などのほか, 再保険ビジネスも展開]
me-too *a* 《略式》人まねの, 模倣した
— *v* まねる, 模倣する
◇**me-tooism** *n*
me-too product ミー・トゥー商品[⇒市場での将来性が有望な先発商品の模倣製品]
metre /míːtər/ *n* 《英》= meter¹
metric /métrɪk/ *a* メートル(法)の; 計量の
— *n* 計量, 距離
metric system (the ~) メートル法
metric ton [tonne] メートルトン

metro /métrou/ *n* 《しばしばM-》地下鉄; 主要都市圏の行政府
― *a* 首都圏の ► Most people commute to work by train in the metro area. 大都市圏では, ほとんどの人は列車で通勤する
Metro-Goldwyn-Mayer (~ Inc.) メトロ・ゴールドウィン・メイヤー ⇨MGM
metropolis /mitrápolis/ *n* 主要都市, 首都, 州都; メトロポリス, 大都市［＜ラ＜ギ］
metropolitan /mètrəpálitən/ *a, n* 大都市［首都］の(住民)
metropolitan area (都市外郭を含む)大都市圏
metropolitan statistical area 大都市統計圏(MSA)［⇨米国の統計によって定められた大都市圏で, 中心都市と郊外部を含む］
mezzanine /mézənin/ *n* ❶《米》(劇場の)中二階さじきの最下部; 《英》舞台の下 ❷《金融》メザニン, 中間［⇨株式と優先順位の高い債券の中間を指したり, ベンチャー企業の創業時と株式公開時の中間を指したりする］
mezzanine bracket メザニン・ブラケット［⇨証券引受シンジケート団リストの中位引受業者群］
mezzanine debt メザニン債［⇨優先弁済債のある優先債と劣後債の中間に位置する債券で, 通常, 株式への転換権といった株式的要素がある］
mezzanine finance =mezzanine financing
mezzanine financing メザニン融資［⇨(1)メザニンレベルの期間のベンチャー資本融資 (2)企業買収や事業目的達成までの中間期間の優先株や転換社債などによる資金調達］ ► Junk bonds often provided the mezzanine financing. ジャンクボンドはしばしばメザニン融資の調達に利用された
mezzanine level メザニン・レベル［⇨新規企業が発足(start-up)した後, 株式公開直前に至るまでの中間段階］
mfg manufacturing
MFN most favored nation 最恵国
M4 《英》広義のマネーサプライ［⇨米国のM3(M2すなわち現金通貨と預金の合計に, 10万ドル超の定期預金といった流動性の低い「準通貨」まで含む)に相当する］
MGM MGM［⇨米国の大手映画会社. 2005年著名資本家Kerkorian氏よりソニー, Comcastなどの投資グループに売却された. 正式名称はMetro-Goldwyn-Mayer Inc.］
mgmt. management
mgr. manager
Micex Index MICEX指数［⇨RTS Indexとともにロシアを代表する株価指数. MICEXはMoscow Interbank Currency Exchangeの略］
Michelin /*Fr* miʃlɛ̃/ (~ et Cie) ミシュラン［⇨フランスのタイヤメーカー. 1863年に設立. フランスClermont-Ferrand MichelinのほかBF Goodrich, Uniroyal Kleber, Warrior(中国)などのブランドを所有. 同社が発行するMichelin Guideはホテルやレストランの格付(星印の数で示す)で知られる］
Michelob 《商標》ミケロブ［⇨米国の人気ラガービール］
Michelob Light 《商標》ミケロブ・ライト［⇨米国の人気ラガービールでカロリーが少なめのもの］
Michigan Consumer Sentiment Index ミシガン消費者心理指数(MCSI)［⇨ミシガン大学が毎月発表している指数. 基準年度の1964年の水準を100として, 経済の現状と将来の見通しについて全米500人の消費者の心理を数値化したもの. 1946年から続いているこの調査は2007年1月からロイター通信社を通じて発表されることになり, Reuters/University of Michigan Surveys of Consumersと改名された］
Mickey D's 《略式》マクドナルドの店
Mickey Mouse ミッキーマウス; 《米略式》ちゃちな(もの); 取りやすい(科目) ► a Mickey Mouse organization ちゃちな組織
micro /máikrou/ *n* 《略式》=microcomputer; microprocessor; microwave
― *a* 微少な
micro- /máikrou, -krə/「(微)小」
micro cap マイクロ株
micro-cap fund マイクロ株ファンド［⇨マイクロ株(micro-cap stock)で運用されるミューチュアルファンド］ ⇨mutual fund
micro-cap stock マイクロ株［⇨発行企業の時価総額によって株式を分類する場合のカテゴリー. 業者によって定義は異なるが, 時価総額が5,000万ドルから3億ドルまでの会社の株とする例がある］ ⇨cap³
microchip *n* マイクロチップ
microcomputer *n* マイクロコンピュータ, マイコン
microcredit *n* マイクロ・クレジット［⇨国際機関やNGOなどが, 金融機関の融資の対象となりにくい低所得者や貧困層に対して行う少額の融資］
microeconomic *a* ミクロ経済的な
microeconomics *n* ミクロ経済学 (⇔macroeconomics)［⇨家計, 企業など, 個々の経済主体の行動を分析する経済学］
microelectronic *a* マイクロエレクトロニクスの, マイクロ電子工学の
microelectronics *n* マイクロエレクトロニクス, マイクロ電子工学［⇨超微細電子素子を使った技術を追究する電子工学の分野］
microengineering *n* マイクロエンジニアリング［⇨微細加工技術をはじめとする微小領域を扱う工学］
microfinance *n* マイクロファイナンス, 小額ローン
microlending *n* 小額融資をすること
microloan *n* 小額融資
micromanage *vt* 細部に至るまで管理する, 細かく口をはさんで管理する ► Our boss spends most of his time micromanaging everything. われわれの上司は何から何まで細かく管理するのに自分の時間を使っている
micromanagement *n* マイクロマネジメント［⇨権限委譲により他の人の力を活用しようとせず, あらゆることに細かく干渉する経営スタイル］

micromanager *n* マイクロマネジャー
⇨ micromanagement

micro marketing ミクロ・マーケティング (⇔ macro marketing) [⊃マーケティングを個別企業・企業経営者のようにミクロな視点からとらえて研究すること]

Micron Technology (~, Inc.) マイクロン・テクノロジー [⊃米国Idaho州に本拠を置く世界有数のDRAMメーカー, イメージセンサーの生産でもリードする. 買収したLexar Mediaでメモリーカードを製造する. 1978年設立]

microprocessor *n* 【コンピュ】マイクロプロセッサー [⊃CPUの機能をLSIに格納したもの]

microsite *n* マイクロサイト [⊃自社のウェブサイトの一部を割り当てて作った1ページだけのサイトで, それだけで完結している]

Microsoft (~ Corp.) マイクロソフト [⊃米国のソフトウェア会社. Windows OSシリーズの開発をはじめパーソナルコンピュータのソフトウェア開発の巨人. 1975年William Gatesが創立した]

microwave *n, vt* 極超短波; 電子レンジ(にかける)
◇ **microwav(e)able** *a* 電子レンジで調理可能な, 電子レンジにかけられる

microwave oven 電子レンジ

mid /mid/ *a* まん中の ► The company's sales abroad reached their peak in mid 1990. 同社の海外売上高は1990年代の半ばに頂点に達した

mid- /mid/「中の」「中間の」

Midas (商標) マイダス [⊃米国の車輛整備会社. 排気ガス検査, 定期検査, ブレーキ, 緩衝装置(サスペンション)などの整備を提供]

mid cap 中型株 ⇨ large cap, small cap

mid-cap fund 中型株ファンド [⊃中型株(mid-cap stock)で運用されるミューチュアルファンド] ⇨ mutual fund

mid-cap stock 中型株 [⊃発行企業の時価総額によって株式を分類する場合のカテゴリー. 業者によって定義は異なるが, 時価総額が20億ドルから100億ドルまでの会社の株とする例がある] ⇨ cap³

mid-career *a, n* 職歴の中途(での)

midday *n, a* 正午; 真昼の ► a midday meal 昼食 / The yen surged against the dollar by midday. 正午近くに, 円はドルに対して急上昇した

middle /mídl/ *a, n* 中央(の), 中間(の)
divide [split] ... down the middle ぴったり半分に分ける[割る]
in the middle of の途中で, の最中で ► He left in the middle of the meeting. 彼は会議の途中で退席した / Price drops will continue through the middle of this year. 価格の下落は今年の半ばまでずっと続くだろう

middle class 中級, 中等; (the ~) 中流階級, 中間層 ► Our customers are mostly middle class. 当社の顧客は大部分が中流である

middle-class *a* 中流[中産]階級の ► The figures seem to show a decline in the size of the middle-class households. それらの数字は中流の家庭が減少していることを示しているようだ

middle course 中道 ► follow [take, steer] a middle course 中道をとる

middle-income *a* 中産[中流]階級の ► a typical middle-income Australian 典型的な中流オーストラリア人 / middle-income countries 中流の諸国 / The middle-income class is vanishing. 中産階級は消滅しつつある

middleman *n* 中間業者 (✥ しばしば望ましくないという気持ちで用いる), 仲買人, 媒介者 ► cut out the middleman 中間商人を使わない / They are trying to "cut out the middlemen" by selling directly to consumers from their website. 彼らは自社のウェブサイトから直接消費者に販売することで「中抜き」をしようとしている

middle management ミドル・マネジメント, 中間管理職者

middle manager 中間管理職(層)

middle market ミドルマーケット [⊃中程度の価格帯を選好する顧客相手の市場. 大型融資案件と小規模なものの中間に来る融資が行われる取引を総称することもある]

middle-ranking *a* 中間層の ► middle-ranking manager 中間管理職

mid market 中級品市場

midnight *n, a* (真)夜中(の) ► The staff stayed until midnight to prepare the tax reports. スタッフは納税申告書を作成するために真夜中まで残業した
burn the midnight oil 夜遅くまで勉強する[働く]

Midol (商標) マイドル [⊃米国の生理痛をやわらげる薬. 生理に伴う腸の張りや疲労感を緩和するだけでなく, 生理前の痛みなどにも効用がある]

mid-phase *n* 中間段階 ► The trade talks are still in mid-phase. 貿易協議はいまだに中間的な段階だ

midpoint *n* 中間点; 【数学】中点 ► Try to include a break at the midpoint. 中間点で休憩を入れるようにしなさい (✥ 会議の原理)

mid price 中間価格帯

mid-priced *a* 中くらいの値段の ► the mid-priced models 中くらいの値段の機種 / A lot of our goods are middle-priced. 当社の製品には中くらいの値段のものが多い

mid-range, midrange *a* 中程度の; 平均的な; 中間帯の, 中距離の, 中期の (比較) top-of-the-range 最高の, 最上の) ► This is our mid-range model. これは当社の中程度のモデルである

midsession, mid-session *n* 日中の相場 [⊃一般に正午前後の株式相場]

mid-size(d) *a* 中型の ► His father runs [manages, operates] a mid-size printing company. 彼の父親は中規模の印刷会社を経営している

midst /midst/ *n* まん中, 中央
in our [your, their] midst われわれ[君たち, 彼ら]の中[間]に
in the midst of の最中に ► The company is

in the midst of a financial crisis. その会社は財政危機のまっただ中にある / The economy is in the midst of its worst recession since the Great Depression. その国の経済は大恐慌以降で最悪の景気後退のさなかにある
━ ad (次句で):
first, midst, and last 終始一貫して
━ *prep* =amidst

midstream *n* 流れの中ほど
in midstream 流れの中ほどで; (ある行為の)途中で

mid-to-upper *a* 後半の ▶ mid-to-upper $20s per barrel バレル当たり20ドル台の後半

midtown /mídtáun/ *n, ad* (米)ミッドタウン(に) [○住宅地とビジネス地区の間]

MIGA Multilateral Investment Guarantee Agency

might[1] /mait/ *aux v* mayの過去;（可能性）…かもしれない；（許可）…してもよい；（軽い命令）(youを主語にして)…してくださいませんか；（遺憾）…してもいいのに
▶ You **might** want to wait a while before selling your stocks. 持ち株の売却は少しお待ちになるのがよいと思いますが / You **might** at least thank me. 少なくとも感謝くらいすべきではないのだろうか / We **might** ask him to be chairman. 彼に議長になってくれるように頼んでみたらいかがでしょうか / I **might as well** tell you what happened. 何が起こったのか、君に話しておいたほうがよさそうだ / The error **might have been** averted had there been regular internal audits. 定期的な内部監査が行われていたら、この間違いを避けることができたかもしれない / The client **might have** called while you were out. そのお客さまはあなたの留守中に電話してこられたかもしれません

[成句]*might as well do* …してもよい；（むしろ）…したほうがよい *might as well do as* …するよりも（むしろ）…したほうがよい *might have been* であったかもしれない *might have done* したかもしれない *might well do* …するのももっともだ

might[2] *n* 知力；体力
Might is right. 力は正義なり，勝てば官軍
with [by] all one's might / *(with [by]) might and main* 全力を尽くして

mighty /máiti/ *a* 強力な、強大な；巨大な；（業績などが）素晴らしい ▶ The president's sudden resignation dealt a mighty blow to the company. 社長の突然の辞任は、大打撃を与えた / Farmers are a mighty lobbying group in Japan. 農家は日本では強力なロビー活動団体だ
━ *ad* ひどく
high and mighty ひどく高慢な
◇**mightily** *ad* 強く；(略式)非常に
◇**mightiness** *n*

migrant /máigrənt/ *a, n* 移動性の；移住者 ▶ an economic migrant 経済的理由による海外移住者

migrant labor 出稼ぎ労働
migrant worker 出稼ぎ労働者

migrate /máigreit, -́-́/ *vi* 移住する
migration /maigréiʃən/ *n* ❶ 移住 ❷ 〖社会福祉〗移住, 転居現象 [○アメリカの高齢者の北部諸州から南西部への移住のような集団規模の転居移動] ❸ 人口移動; 移民
migratory /máigrətɔ̀:ri/ *a* 移住[移動]する
mild /maild/ *a* おとなしい，優しい；穏やかな ▶ Mild temperatures are expected to continue through the weekend. 週末も含めてずっと、穏やかな気温が続く予想になっている / So far, the rise in interest rates have been mild. 今までのところ、金利の上昇は軽微にとどまっている / A mild growth in retail sales is no reason to get excited. 小売業の売上高が少々増えたからといって大騒ぎする理由にはならない
◇**mildness** *n*

mile /mail/ *n* マイル [◯1,760ヤード:1,609.3メートル]; (略式) (~s) 相当の距離
by a mile 大差で
go the extra mile 一層努力する
miles from nowhere 人里離れた所(に) ▶ The casino is located miles from nowhere. そのカジノは辺鄙(へんぴ)な場所にある
not a hundred miles from からあまり遠くない所に
see [tell] a mile away [off] とても簡単に分かる
stand [stick] out a mile とても目立つ

mileage /máilidʒ/ *n* マイル数；マイル当たり運賃[旅費]；一定消費量の燃料による走行距離；利点, 有用性
get full [good] mileage out of を十分活用する
mileage plus 飛行距離加算特典、マイレージサービス
miles per gallon 1ガロン当たり走行距離
miles per hour 1時間当たり走行距離
milestone *n* 一里塚；画期的な出来事 ▶ The introduction of the mobile phone marked a milestone in telecommunication. 携帯電話の導入は電気通信業界にとって画期的な事件だった
milestone payment マイルストーンペイメント [○プロジェクトなどで「ここまできたら契約金額の何％を払う」というふうに節目となるところで行われる支払]
military /mílitèri, -təri/ *n* 軍(隊)の、軍用の；軍人の ━ (the ~) 軍(部)
military action 軍事活動
military power 軍事力 ▶ strengthen one's military power 軍事力を増強する / reduce one's military power 軍事力を削減する
milk /milk/ *n* 乳；牛乳；乳剤
cry over spilled [spilt] milk 過ぎたことを悔やむ ▶ There's no point in crying over spilled milk. 覆水盆に返らず
milk and honey 乳と蜜；豊かな生活の糧
━ *vt* 乳を搾る；搾り出す, 引き出す (*for*)；(毒を)抜く；食いものにする, 搾り取る；盗聴する
━ *vi* 乳を搾る
milk ... dry 人から金[情報]を得る
milk ... for all its worth を最大限に利用する

milk the bull [ram] 望みのないことをする
◇**milker** n 乳搾り人;乳牛
Milk-Bone 《商標》ミルク・ボーン[➡米国の犬用ビスケットのブランド]
Milk of Magnesia 《商標》ミルク・オブ・マグネシア[➡米国Phillips社製造の便秘薬]
milk round n ミルクラウンド[➡企業が毎年,新卒採用に向け各大学を回ること]
Milky Way 《商標》ミルキーウェイ[➡真中にマシュマロをいれ,周りをミルクチョコレートで包んだ米国の菓子]
mill /mil/ n 工場;(事を機械的に処理する)公共機関 ▶ operate [own] a mill 工場を経営する[所有する]/The company sold its paper mill as part of its divestments to reduce debt. 債務を減らすための企業分割の一環として,同社は傘下の製紙工場を売却した
go [put a person] through the mill 《略式》苦難を経験する[させる]

===== 工場 =====
cotton mill 綿紡績工場 / flour mill 製粉工場 / lumber mill 製材工場 / paper mill 製紙工場 / steel mill 製鉄工場 / textile mill 繊維工場

— vt (穀物を)ひいて粉にする;(チョコレートなどを)かき混ぜて泡立てる
— vi ひき臼[製粉機]にかかる;あてもなく動き回る《*about, around*》 ▶ Tourists were milling around the gift shop. 旅行者たちは土産物店でぶらぶらしていた
Miller 《商標》ミラー[➡バドワイザーが「ビールの王様」ならミラーは「ビールのチャンピオン」だとされている米国のビール]
Miller Lite 《商標》ミラー・ライト[➡米国のビール,カロリーが少ない]
milli- /míli, -la/「1,000分の1の」[➡millibar, milligram, milliliter, millimeter, millisecondなど]
milligram n ミリグラム ▶ According to the label, each candy bar contains 35 milligrams of sugar. ラベルによると,キャンディーバーは1個あたり34ミリグラムの砂糖を含んでいる
milline rate ミルライン・レート[➡100万行の料金を発行部数で除した新聞広告料率]
million /míljən/ n 100万;100万ドル[➡ポンド,フランなど];無数;(the ~) 大衆 ▶ Millions of homeowners defaulted on their loans. 数百万の住宅所有者はローンの支払いで債務不履行を起こした
a million to one chance / a chance in a million わずかな可能性
feel [look] like a million dollars 《略式》素晴らしい気分になる,素晴らしく見える
in a million 珍しい,大切な,かけがえのない
— a 100万の ▶ In the last two years, the economy has added 4.3 million jobs. 過去2年間に,その国の経済は430万の職を増やした
not [never] in a million years 《略式》決して…ない
◇**millionth** n, a 100万番目(の);100万分の1

(の)
millionaire /mìljənéər/ n (女性形 **-airess**) 百万長者[<仏]
million British thermal units 百万英熱量単位,百万 BTU (MMBtu)[➡天然ガスおよびLNGの取引単位,主に米国で使用される] ⇒ British thermal unit
mimic /mímik/ vt (**-ck-**) (からかって)まねる;(物が)よく似る;(動物が)擬態する ▶ No country comes close to mimicking Japanese quality standards. 日本の品質基準を模倣できるレベルに達した国さえ一つもない
— n まねの上手な人[生き物]
— a 擬態の;模倣の
min. minimum; minister; ministry
mince /mins/ vt (肉・野菜を)細かく切る;控えめに[婉曲に]言う
— vi 気取って小股に歩く,気取って話す
not mince (one's) words / not mince matters 単刀直入に言う ▶ He did not mince his words about the gravity of the problem. その問題の重大性について,彼は遠慮することなく本当のことを言った
mind /maind/ n 精神;精神状態;心;理性,正気;知性;(心の持ち主としての)人;考え,意見;気持ち;意向;記憶 ▶ Let me know your mind in this matter. この件について君の気持ちを教えてくれ / Big companies need to know what expectations they're creating in people's minds. 大会社は人々の心にどんな期待を抱かせているのかを知る必要がある / The name brings peace of mind. その名称は安心感をもたらす / We can finally put the scandal out of our minds. 当社はそのスキャンダルをようやく忘れ去ることができる
at the back of one's mind 心の中で ▶ I had strong doubts at the back of my mind. 心の片すみに強い疑念を持った
bear [keep] ... in mind を心に留めておく ▶ Please bear the extra costs in mind. 追加経費が必要なことを忘れないでください / Keep this rule in mind after you sign a lease. 賃貸契約をした後はこの規定を忘れないようにしない / It is important to keep in mind that an understanding of the industry is necessary to analyze the enterprise's financial statements. その企業の財務諸表を分析するにはその産業全体を理解する必要を忘れないようにするのが大切だ
be of one [a, the same] mind 意見が一致している ▶ I'm of the same mind with him. 彼と同意見だ
be of [in] two minds 決めかねている ▶ The couple was of two minds when it came to selling the house. 家を売ることになったとき,夫婦は意見が一致しなかった
blow a person's mind 《略式》(人を)興奮させる
bring [call] ... to mind を思い出す ▶ Your comment brought a question to mind. あなたのコメントを聞いていたら,質問が頭に浮かびまし

change one's mind 考えを変える ► He has changed his mind and decided to stay with the company. 彼は考えを変えて,会社に残ることにした
come into [cross, enter] one's mind 頭にうかぶ ► It never crossed my mind that you'd be interested. あなたが興味をお持ちだとは夢にも思いませんでした
come [spring, leap] to mind 思い浮かぶ ► Several problems came to mind with this sales forecast. この売上予想に関連して,いくつかの問題に思い当たった
get [push] ... out of one's mind を考えないようにし[忘れようと]する ► I'm trying to get the horrible incident out of my mind. あの恐ろしい出来事をなんとかして忘れようとしている
give a person a piece of one's mind (人に)遠慮ない意見を言う,(人を)叱る
Great minds think alike. 《諺》賢人は皆同じように考える
have a good [great] mind to do 大いに…する気がある ► I have a good mind to cancel my order. いっそ注文をキャンセルしたいくらいだ
have a mind of one's own 自分自身の考えを持っている
have (half) a mind to do …しようかと思う
have an open mind 心が広い, 偏見がない ► A manager needs to have an open mind. およそ管理職たる者は公平であることが必要だ
have ... in mind を考慮[意図]する; を心に留める ► What exactly do you have in mind? 正確にはどのようにお考えですか / I have it in mind to promote him. 彼を昇進させるつもりだ
have one's own mind 考えがはっきりしている
have ... on one's mind のことが気にかかっている ► He has a lot on his mind now. 彼は今たくさんの悩みを抱えている
in one's right mind 正気で
keep one's mind on に注意を傾ける ► Please keep your mind on your work. 自分の仕事に専念してください
know one's own mind 決心がついている
make up one's mind 決心する ► She has made up his mind to go to graduate school. 彼女は大学院に進む決心をしている《*to do, that*》
no one in their right mind まともな人は誰も…ない ► No one in their right mind would accept such a ridiculous proposal. 正気の人間なら,誰もそんなばかげた提案を受け入れないだろう
on a person's mind 考えて ► What's on your mind? 何で悩んでいるのですか
Out of sight, out of mind. 《諺》去る者は日々にうとし
put a person in mind of を(人に)思い出させる
put [set] one's mind to に専心する ► He has put his mind to rebuilding the company. 彼は会社の再建に専念している / You can do anything if you set your mind to it. 集中すれば何だってできるさ
set one's mind on を熱望する; に決めている
slip a person's mind (人の)記憶から消える
speak [say, tell] one's mind 思うことをはっきり言う ► I wish you would speak your mind. 考えていることをはっきり言ってくれればよいのに
take [get, keep] one's mind off のことを忘れる ► You should take your mind off of work. 仕事のことは忘れたほうがよい
time out of mind 《文》大昔;《古式》何度となく
to one's mind 自分の考えでは; 好みに合った
with ... in mind を考えて(いると)
— *vt* 注意する, 心がける; 用心する; (否定・疑問・条件) 気にかける, 嫌に思う; 世話をする; 専心する; 覚えている ► Mind the [your] step. 足元に注意 / Mind your head. 頭上に注意
— *vi* 注意する, 用心する《*that, wh-*》; 気にする, 心配する
Don't mind me. 《略式》私にかまわないでください
Do you mind! 《略式》やめてくれませんか
Do [Would] you mind doing? …してくれませんか (✚答えの「はい」は Certainly (not). / Sure. などがよい
Do you mind my doing [if I do]? …してもかまいませんか
I don't mind if I do. そうしてもいいですよ
if you don't mind 差し支えなければ; すみませんが; 気をつけないと
I wouldn't mind (doing) …してもよい
Mind and do きっと…しなさい
mind one's P's and Q's 言動に注意する
mind out for に注意する
Mind your own business. 自分のことをやれ, いらぬお世話だ
never mind 心配するな; なんでもない; はどうでもいい(が);（接続詞的に)…はおろか, …はもちろんのこと
Never you mind. 《略式》君の知ったことではない
Would you mind my doing [if I did]? …してもかまわないでしょうか (✚答えは No, I don't. かまいません / Yes, I do. 困ります》
◇***minded*** *a* (…したい)気持ちがある《*to do*》; (ある)関心を持った; (ある)精神[心]を持った

minder *n* 世話をする人

mindset *n* 考え方 ► Every press conference held by the White House has an impact on the public's mindset. ホワイトハウスの行う記者会見は, どれをとっても, 世の中のものの見方に大きな影響を与える / Authorities must change their mindsets in tackling such a sensitive issue. こういう微妙な問題に取り組むときは当局は考え方を変えなければならない

mindshare *n* マインドシェア[⊃特定ブランドが消費者の頭の中で占める重要度ないし占有率, ノートパソコンと言えば何を思い浮かべるかと問う純粋想起率で測るのが一般的]

mine¹ /maɪn/ *n* 採掘坑, 鉱山;(比喩的) 宝庫《*of*》; 地雷 ► The coal mine was closed for safety reasons. その石炭鉱山は安全上の理由で閉鎖された
a mine of information 豊富な知識

lay a mine 地雷を仕掛ける; 計略を企てる (*for*)
spring a mine on に不意打ちを食わせる
— *vi* 坑道を掘る
— *vt* 採掘する (*out, for*); (計略で) 滅ぼす; (情報を) 得る

mine² *pron* マイン [⇨主として外国為替市場のディーラーが使う「買った」という意味の言葉. XYZ銀行から50という価格で300万ドル買った場合なら, Mine, three at 50, XYZ Bank.と言う]

miner *n* 鉱員

mineral /mínərəl/ *n* 鉱物; 無機物; 《~s》《英》= mineral water
— *a* 鉱物を含む

mineral lease 鉱業権リース
mineral oil 鉱油; 石油
mineral resources 鉱物資源
mineral water 鉱泉水; 《~s》《英》炭酸水

mingle /míŋgl/ *v* 混ざる, 混ぜる (*in, among, together, with*); (人と) 交わる, 交際する (*with*)
► Politicians mingled with business leaders at the conference. その会議で, 政治家たちは財界のリーダーたちと歓談した
◇**mingler** *n*

mini- /míni/「小型の」
miniature /míniətʃər/ *n* 縮小模型[図]
in miniature 小型の; 縮小して
— *a* 小型の

miniaturize, 《英》**-ise** /míniətʃəràiz/ *vt* 小型化[ミニ化]する
◇**miniaturization** *n*

minibreak *n* 《英》連休
minibudget *n* 補正予算
minicomputer *n* ミニコンピュータ

MINI Cooper (商標) ミニ・クーパー [⇨英国のBritish Motor Corporationが製造した小型車Miniの後継車種として, BMW子会社Cowleyが製造販売している車. ハッチバック, コンバーチブルといろいろなタイプがあり, ヨーロッパだけでなく米国でも2002年にNorth American Car of the Yearに選ばれるなど人気が高い]

mini-ISA *n* 《英》ミニISA [⇨非課税の個人貯蓄口座のうち, 預金, 証券, 生保をそれぞれ別の金融機関での口座で運用できるものの年間預入限度額がマクシISAより低いもの]

minimal /mínəməl/ *a* 最小の ► The company predicted that its losses would be minimal, but last quarter's results showed otherwise. 同社は損失が微小にとどまると予想したが, 前四半期の業績は異なる結果を示した
◇**minimally** *ad*

minimarket *n* 《米》小型スーパー (=minimart) [⇨特に夜遅くまで営業している小型の店]

minimart *n* (夜遅くまで営業する) コンビニ

minimize, 《英》-mise /mínəmàiz/
vt 最小限にする; 最小に評価する, 軽視する
► We're trying to minimize layoffs by further cutting expenses. 経費を追加削減することで, 当社はレイオフを最小限に食い止めようとしている

minimum /mínəməm/ *n* (~s, -ma /-mə/)
最小量; 極小値; 最低限 ► the minimum cost of living 最低生活費 / The market has recorded the minimum. 相場は底値を記録した / She unintentionally fell below the minimum. 彼女はうっかり最低預金額を割り込んだ / Ask about the minimums for avoiding ATM fees. ATM利用料を避けるための最低預金額を問い合わせなさい

at the minimum 最小限で ► At the minimum, the candidate should have three years of working experience. 最低でも, 応募者は3年間の実務経験が要求されます (✚求人広告)

keep [reduce] ... to a minimum を最低限に保つ[減らす] ► The new system helps keep inventory costs to a minimum. 新しいシステムは在庫費用を最小に抑えるのに役立つ
— *a* 最小[最低](限度)の
[<ラ]

minimum access ミニマム・アクセス, 最低輸入義務量 [⇨WTO(世界貿易機関)における農業の貿易自由化, 農産品の例外なき関税化交渉の結果, 合意した国内生産者を保護するために設定された方式. 最低限の輸入を実現するために一定量について, 無税あるいは低い関税をかけようとする例外措置を言う]

minimum charge 基本料金
minimum guarantee 最低保証金
minimum lending rate (イングランド銀行の) 最低貸出金利 (MLR) [⇨英国の公定歩合で, 1981年よりbank rateと呼ばれている]
minimum order size 最低発注量 [⇨在庫管理の方法で, 経済的最低発注量]
minimum price 最低価格
minimum purchase ❶《米》(ガソリンの) 1回の最低販売量[購買量] ❷ 最低買付量, 責任引取量; 最低購入量 ► The minimum purchase is $1,500. 最低買付額は1,500ドルだ
minimum purchase commitment 最低購入量
minimum purchase quantity 最低購入数量 ⑳ During the term of this Agreement, DISTRIBUTOR shall purchase the Products from SELLER not less than the Minimum Purchase Quantity in each relevant period. 本契約の期間中, 「販売店」は「売主」から各期間ごとに「最低購入数量」以上の当該製品を購入するものとする
minimum standard ❶ 最低水準 ► Most of the goods delivered were below the minimum standard. 納品されたものの大半は最低水準を下回っていた ❷ 保護の最低基準 [⇨ベルヌ条約における著作権保護の規定]
minimum subscription 最小株式引受限度
minimum taxable income 課税所得の最低限 ► If your annual income is less than the minimum taxable income, you

minimum wage 最低賃金

解説 法律で許される1時間当たりの最低の賃金。米国の連邦最低賃金は、2007年の法改正で、同年に5ドル85セント、2008年に6ドル55セント、2009年に7ドル25セントに引き上げられることが決まった。連邦の最低賃金とは別に、ほとんどすべての州に独自の最低賃金法があり、連邦より高い水準の最低賃金が設定されている

▶ We get the minimum wage. われわれは最低賃金をもらっている / Minimum wage has remained unchanged for the last five years. 最低賃金は過去5年間にわたって変わっていない

minimum wage law [legislation] 最低賃金法 [◇この値以下に賃金を引き下げることを禁止する法律]

mining /máiniŋ/ n 採鉱、鉱業; 地雷[機雷]敷設
mining lease 鉱業借地契約
minister /mínəstər/ n ❶【法律】(1) 事務担当者、代理人、手代 (2) 大臣、閣僚、長官 (3) 使節 ❷公使 [◇大使に次ぐ、外交使節の一階級。職務・特権は大使と同じ。通常は、特命全権公使とも言う。国家を代表して外国に駐在し、外交事務を取り扱う]
ministry /mínəstri/ n 大臣の職務;《M-》《英》内閣;《集合的》閣僚;省
Minnesota Mining & Manufacturing 《〜 Co.》ミネソタ・マイニング・アンド・マニュファクチャリング [◇Scotch tapeの製造で知られる会社3Mの通称] ⇨3M
minor /máinər/ a 小さいほうの; 重要でない; 二流の;《英》(同姓の2人のうち) 年下の ▶ In the interest of time, I'll skip over the minor points. 時間を節約するために、重要でない点は飛ばします
— n 未成年者 ▶ Budget airlines generally do not permit unaccompanied minors. 格安航空会社は一般に成人同伴者のいない未成年者の搭乗を認めない

minority

/minɔ́:rəti, mai-/ n 少数; 少数派 ▶ The company has a minority share in the paper mill, but it plans to double its stakes. その会社は製紙工場の少数株主だが、持分の倍増を計画している

be a minority of one 一人意見が違っている、孤立無援である
be in the minority 少数派である
minority holding 少数持分
minority interest 少数株主持分 (=minority shareholders' equity) [◇議決権付株式の過半数に満たない部分を言う] ▶ buy a minority interest for $5 million 少数株主持分を500万ドルで買い取る
minority opinion ❶ 少数意見 ❷【法律】= dissenting opinion
minority ownership 少数持分 [◇持分が過半数に満たないもの] ▶ have a minority ownership in the company 同社の少数持株を有している
minority shareholder 少数株主, 少数派株主
minority shareholding 少数株主権 [◇持分が過半数に満たない株主の保有分]
minority stake 少数持分 [◇持分が過半数に満たないもの]
minority stockholder 少数株主 [◇過半数に満たない株式の保有者]
minor-league a 中小の ▶ minor-league companies 中小企業、非大手の企業
minor players 小さい競争相手[会社] [◇key players(主要な競争相手)に対する語]
mint n 造幣局; 多額, 多量 (of); 大金 ▶ the Royal Mint 《英》王室造幣局 / the United States Mint《米》連邦政府造幣局 / The making of the movie cost a mint. 映画の製作には巨額の資金がかかった

be worth a mint すごい値打ちがある
make [earn] a mint (of money) 大金を稼ぐ
— a (貨幣・切手が) 未使用の
— vt (貨幣を) 鋳造する; (新語を) 造り出す
mint money 《略式》金をどんどんもうける
◇**mintage** n 造幣; 造語
minted a できたての、なりたての (✚通常、newlyと組み合わせて用いる) ▶ a newly minted factory manager なりたての工場長 / a newly minted college graduate 新卒大学生
minus /máinəs/ prep …を引いた; を失って
▶ **Minus** domestic sales, the company experienced an overall 10% growth globally. 国内売上を除くと、その会社は世界全体で10%の伸びを経験した / **Minus** food and energy, commodity prices showed an increase of 3% last year. 食品とエネルギーを除くと、商品価格は昨年3%の上昇を示した / **Minus** advertising costs, he ran a tight budget. 広告コストを除けば、彼は窮屈な予算を運営していた
— a マイナスの, 負の; 不利な
— n マイナス記号; 負数; 不利なもの
minus tick マイナス・チック (=downtick) [◇直近の取引値段より安い取引値]

minute¹

/mínit/ n ❶ 分 [◇時間・角度の単位]; 瞬時 ▶ Can you spare me (half) a minute? ほんの少し時間を割いていただけませんか / Hang on a minute. ちょっと待って (✚電話でも用いる)

❷《〜s》議事録 ▶ take minutes 記録を取る / minutes of the directors' meeting 取締役会議事録 / Minutes of the August meeting will be released Friday. 8月の会議の議事録は金曜日に公表される予定だ / Be sure to **have the minutes approved** by the chair before distributing them to the attendees. 出席者に配布するに先立ち、必ず議長に議事録の承認を求めておくこと / I'd like you to **take the minutes of this meeting** and ask the participants to validate them. この会議の議事録を作成して, 参加者の確認を取ってもらいたい / I'd like you to **write up the minutes** and send them to those concerned. 議事録をまとめた上, 関係者に回してもらいたい / Jane, could you please **take the minutes**? ジェーン, 議事録を取ってくれないかな

at the last minute どたん場になって ▶ The customer changed the order at the last minute. どたん場になって, 客が注文を変更した
at this very minute まさにこの瞬間に
by the minute / minute by minute 刻一刻と, 刻々と
enjoy [love, hate] every minute of をとことん楽しむ[好む, 嫌う] ▶ I enjoyed every minute of my vacation. 私は休暇を存分に楽しんだ
(Have you) got a minute? / Do you have a minute? ちょっといい?
in a minute すぐに ▶ I'll be with you in a minute. 少々お待ちください (➕電話の応対)
it won't take a minute すぐだ
not a minute too soon 遅すぎるくらいに[で]
not for a [one] minute 少しも…ない
the minute (that) …するやいなや
this minute 今すぐに
to the minute 一分とたがわずに, きっかり
up to the minute 最新の
Wait [Just] a minute. ちょっと待て
— vt の時間を正確に計る; 書き留める; 議事録に記入する ▶ not to be minuted 記録しない, (会議で)オフレコにする
◇**minutely**¹ a, ad 1分おきの[に]

minute² /mainjú:t/ a 微小の, 微細の; 綿密な; 取るに足らない ▶ We need to go over all the minute details of the contract. その契約書の細部を全部, 細かく検討する必要がある
◇**minutely²** ad

minute book /mínit/ 議事録

Minute Maid (商標) ミニッツメイド [➡米国のフルーツジュースのブランド. 瓶詰めのほかに水を加えてかき混ぜる冷凍濃縮タイプもある]

miracle /mírəkl/ n 奇跡; 驚くべきこと ▶ It would take a miracle to save the company from bankruptcy. その会社を破産から救うには奇跡を必要とするだろう
by a [some] miracle 奇跡的に
to a miracle 奇跡的に
work [do] miracles 奇跡を起こす

miracle cure 奇跡的な治療法; 特効薬 ▶ There's no miracle cure for the global economic crisis. 世界的な経済危機を治療する特効薬はない

Miracle-Gro (商標) ミラクル・グロー [➡米国のガーデニング関係のブランド. 屋外・室内用のプラント用の成長を助ける栄養剤として人気]

Miracle Whip (商標) ミラクル・ホイップ [➡米国クラフトフード社のドレッシング. マヨネーズに似ているがトランス脂肪酸, 飽和脂肪が含まれていない]

mirror /mírər/ n 鏡; 忠実に映し出すもの (*of*); 模範
hold the mirror up to をありのままに映す
— vt 映す; 反映する

mirror site 【ミラー】 ミラーサイト [➡(アクセスを分散させるために)まったく同じ内容の情報をおさめた別のサイト]

MIS management information system; manufacturing information system

misalignment n ❶ 調整不良, 乖離(かいり) ❷ ミスアライメント [➡購買力平価とアンカーバーの金利裁定によって決定される長期均衡レートから為替レートが中期的に乖離する現象]

misapply vt 誤用する; 悪用する
◇**misapplication** n 誤用; 悪用
◇**misapplied** a

misapprehend vt 誤解する
◇**misapprehension** n 思い違い

misappropriate vt 悪用[誤用]する; 横領する ▶ He misappropriated company assets for personal use. 彼は会社の資産を個人的な使用のために横領した

misappropriation n 着服, 不正流用, 横領 ▶ Attorneys who commit misappropriation are generally disbarred. 横領をした弁護士は一般に弁護士資格をはく奪されるものだ

misc miscellaneous

miscalculate v 誤算をする; 見込みを誤る
◇**miscalculation** n 計算違い; 誤算

miscarriage of justice 裁判の誤り, 誤審

miscellaneous /misəléiniəs/ a 種々雑多な; その他の ▶ I still have to deal with lots of miscellaneous tasks. まだたくさん雑務を片づけなければいけないんだ

miscellaneous expense 雑費
miscellaneous income 雑所得
miscellaneous revenue 雑収入

miscommunication n 行き違い ▶ There was a miscommunication over the Internet. インターネットでのやりとりの際に行き違いがあった

misconceive v 誤解する, 思い違いをする (*of*)

misconception n 誤認, 勘違い (*that*)
be under a misconception about / have a misconception about を勘違いしている

misconduct n 不正行為, 非行 ▶ professional misconduct 職業倫理に反する非行 / The employee was dismissed for professional misconduct. 職務上の違法行為のため, その従業員は解雇された / The executive was found guilty of gross [serious] misconduct. その経営幹部は重大な不正行為のために有罪となった
— vt の管理を誤る

misconstrue vt 意味を取り違える ▶ I believe you've misconstrued the facts in the matter. 私の考えでは, あなたは本件の事実を曲解している

misdeed n 非行, 犯罪行為 ▶ A whistleblower exposed the company's misdeeds. 一人の内部告発者が同社の悪事を暴いた

misdemeanor, (英) **-demeanour** /mìsdimí:nər/ n ❶ 不品行, 非行

❷〖法律〗軽罪（⇔felony）► commit a misdemeanor 軽罪を犯す

> 解説 米国では1年以下の懲役または罰金の規定のある犯罪を misdemeanor としている. 英国では felony と misdemeanor の区別は 1967 年に廃止された

misdirect vt 誤った指導［指図, 案内］をする《to》; 誤ったあて名を書く; ねらいを誤る; (精力を)誤った方向に向ける;（裁判官が陪審員に）誤った指示を与える

misdirection n ❶誤った指導［指図］❷〖法律〗（裁判官が陪審員に与えた）誤った説示, 説示の誤り

miser /máizər/ n 守銭奴, けちん坊

miserable /mízərəbl/ a 惨めな, 哀れな; 嫌な; ひどい; つまらない, わずかな; みすぼらしい

make life miserable for をつらい目にあわせる

◇**miserably** ad 惨めに; 惨めなほどに, ひどく ► The product failed miserably in the Asian market. その製品はアジア市場では惨めな失敗に終わった

misery index ミザリー指数, 困窮指数, 悲惨指数［○物価上昇率と失業率を合算した数値で, 国民の経済的な苦痛を表す非公式の指標. 米国の経済学者 Arthur Okun が考案した. discomfort index とも言う. 米国ではミザリー指数が10を超えると政権への批判が高まるとされる. 2008年8月現在の米国の物価上昇率は5.37%, 失業率は6.1%, ミザリー指数は11.47であるが, 過去の最悪は1980年6月で, 物価上昇率14.38%, 失業率7.6%で, ミザリー指数は21.98であった］

misfeasance /misfí:zəns/ n 失当行為, 権限失当行使［○合法的な行為を不適当なやり方で行うこと］

misfeasance summons（清算人・破産管財人などによる, 役員の）信認義務違反の申立て

misfeasor /misfí:zər/ n 権利侵害者, 不法行為者

misfit n ❶よく合わないもの;（環境に）合わない人, はみだし者; 不適任者 ❷〖金融〗ミスフィット［○ポートフォリオがベンチマークから離れていることを指す］

misgive vt (**-gave** /-**given**) 不安を起こさせる, 心配させる《about》

misgiving /misgívin/ n (通例 ~s) 懸念, 不安

full of misgiving(s) 懸念に満ちた ► Full of misgivings, the company went ahead with the plan. 多くの危惧を抱えながら, 同社はその計画を推進した

have misgivings about について不安を抱く ► I have misgivings about his confidence. 私は彼の自信に懸念を抱いている

misgovern vt 失政を行う, 組織の運営を誤る
◇**misgovernment** n 悪政, 失政

mishandle vt 手荒く扱う; 処理を誤る ► A staff member mishandled the confidential information. 職員の一人が機密情報の処理を誤った

mishandling n 不手際 ► He was fired for the mishandling of employee salary records. 彼は従業員の給与記録の取り扱いを誤って解雇された

mishap /míshæp/ n 不幸な出来事, 事故, 災難, 災害 ► We will strive to prevent mishaps like this from occurring again. このような災難が再び起こらないよう努力するつもりです

misinform vt 誤りを伝える; うそを教える《about》 ► I misinformed him about the date of the meeting. 彼に会合の日付を間違えて伝えた
◇**misinformation** n

misjudge v 誤った判断をする
◇**misjudg(e)ment** n

mislead vt (**-led**) 誤って導く; 誤解させる ► The salesman misled me about the watch's guarantee. セールスマンは時計の保証のことで私をだました / That lender is being misled about the value of his collateral. その貸主は彼の担保価値について誤った判断をするようにだまされかけている

be misled by appearances 外見に惑わされる
mislead a person into doing …するように(人を)誤らせる
◇**misleading** a 誤らせる, 誤解を招くおそれのある ► We should avoid misleading wordings in the contract. 契約書では誤解を招く表現を避けるべきだ
◇**misleadingly** ad

mismanage vt 管理［経営］を誤る; やりそこなう ► The board accused the CEO of mismanaging the firm and demanded his resignation. 取締役会はCEOが会社の経営を誤っていると非難し, CEOの辞任を要求した
◇**mismanagement** n 経営の失敗, 失策, ずさんな管理

misplace vt 置き違える; 受ける価値のない人に与える ► Unfortunately, I've misplaced the files. あいにく, ファイルの置き場所を間違えたようです

misread vt (**-read** /-réd/) 読み違える; 解釈を誤る ► The company misread consumer demand and overproduced on its new model. その会社は消費者の需要を読み誤って, 新機種を過剰に生産した

misreport vt 誤報する

misrepresent vt 不実表示をする, 事実と異なる表示をする［ことを言う］

misrepresentation n 不実表示［事実と異なる（虚偽の）陳述］

miss /mis/ vt しそこなう;（目標を）外れる; 会いそこなう;（乗り）遅れる; 書き［聞き］漏らす; 欠席する, 抜かす, 落とす, 飛ばす《*out*, *out of*》;（機会を）逃す; 免れる; いないのに気づく; いないのを寂しく思う ► I missed the meeting because of a business trip. 出張のための会議に出られなかった / He never misses an opportunity to kiss up to the boss. あいつは機会があれば必ず上司にゴマをする

― *vi* 的を外す; 手に入れそこなう; 失敗する (*in*)
I wouldn't miss it for the world. 《略式》必ず(見に)行きます
miss fire 不発に終わる; 不成功に終わる
miss one's [the] mark 目的を果たさない
miss out (on) 《米》(の)機会を逃す; 見逃す ▶ He missed out on the promotion. 彼は昇進の機会を逸した
miss the bus [boat] バス[船]に乗り遅れる; 《略式》機会を逸する
miss the point 要点が分からない
narrowly [barely, just] miss doing すんでのところで…しそうになる
never miss doing …しそこなうことはない ▶ I never miss attending the annual stockholders' meeting. 年次株主総会には欠かさず出席している
not miss a trick ごくささいなことも見逃さない
not miss much よく見聞きしている; 大して損はない
― *n* やりそこない, 失敗; 回避
A miss is as good as a mile. 失敗は失敗, はずれははずれ
give a person a miss (人を)避ける

missile /mísəl | -sail/ *n* 飛び道具; ミサイル, 誘導弾
― *a* 投げられる, 発射できる

mission /míʃən/ *n* 使節団; 《米》在外公館, 大[公]使館; 任務, 使命; 使節の特派 (*to*) ― dispatch an economic mission to India インドへ経済使節団を派遣する / send an envoy on a special mission 特命を帯びた使節を派遣する / Our mission is to deliver outstanding automotive products and services to our customers. わが社の使命は顧客に優れた自動車関連製品とサービスを提供することである / An organization will publicly state its main objective in its mission statement. 企業組織はその企業目標の主要目的を公に述べることになる
Mission accomplished! 任務完了
on a (secret) mission (秘密)任務を帯びて (*to do*)

mission critical 中枢を担う, 基幹の ▶ mission critical systems 基幹システム

mission statement ミッション・ステートメント [◯企業の経営理念, 使命を対外的に表明した文書]

misstate *vt* 偽って[誤って]陳述する ▶ intentionally misstated information 故意に誤って述べられた情報

misstatement *n* ❶ 偽った[誤った]陳述 ❷ 虚偽表示, 虚偽記載

mistake /mistéik/ *n* ❶ 誤り, 失策; 思い違い ▶ A company can learn from its mistakes. 会社はその誤りから学ぶことができる / Taking the product off the market would be a huge mistake. その製品を市場から引き揚げるのは, とんでもない間違いだ ❷【法律】錯誤 ❸【会計】誤謬, 錯誤
and no mistake 《英略式》確かに, 間違いなく

by mistake 間違って ▶ I sent the email by mistake. 誤ってその電子メールを送った
make a (big) mistake (大)間違いをする ▶ He made a mistake on the application form. 願書の用紙に記入するときに書き間違えた
make a mistake in doing …するのは間違いである ▶ We made a mistake in shipping your order. ご注文の品を出荷する際に手違いがありました
make no mistake (about it) 確かに, 間違いなく
There's no mistake about it. それは確かだ
― *v* (-took; -taken) 間違える, 思い違いする (*for*) ▶ I'm sorry, but I mistook you for someone else. すみません, 人違いでした
There's no mistaking ... / You can't mistake ... を間違えるはずはない. はすぐ分かる

mistrust *n* 不信; 疑惑
have a mistrust of を信用しない ▶ I have a mistrust of telephone sales calls. 電話勧誘販売には不信感を抱いています
― *vt* 信用しない; 疑う
◇**mistrustful** *a* 疑いを持つ (*of*)

misunderstand *v* (-stood) 誤解する

misunderstanding *n* 不和, 意見の相違; 誤解 ▶ remove misunderstandings among those nations それらの国家間の不和を除く / Let there be no misunderstanding about it. それについて誤解のないようにしよう / There seems to be some misunderstanding on the issue. その件について何か誤解があるようです

misuse *n* /misjú:s/ 誤用, 乱用 ▶ misuse of power [authority] 権力[職権]乱用
― *vt* /-jú:z/ (語句などを)誤用する; 虐待する
◇**misusage** *n* 誤用; 虐待

mitigate /mítəgèit/ *v* 和らげる, 軽減する; 緩和する; 妨げる (*against*) ▶ The country is in a better position to mitigate the recession than its neighbors. 景気後退を緩和するという点では, その国は隣接諸国より恵まれた状況にある

mitigation /mìtəgéiʃən/ *n* 軽減, 代償措置, 緩和策

mitigation of damages (不法行為または契約違反などにおける)損害の軽減, 損害の拡大防止

Mittal Steel (~ Co, N.V.) ミタル・スチール [◯2004年米国の International Steel Group が LNM Holding を買収して世界最大の鉄鋼メーカーとなった. インド人の Mittal Family がコントロールする会社で, 06年 Arcelor S.A.(仏の Usinor, スペインの Acerolia, ベルギーの Arbed が合併してできた会社)を買収し, ArcelorMittal に社名を変更]

mitten /mítn/ *n* ミトン [◯二また手袋]
get the mitten 《略式》首になる
give [send] ... the mitten / give the mitten to 《略式》(人を)首にする

mix /miks/ *vt* 混ぜる; 混合[結合]する
― *vi* 混ざる (*with*)
be [get, become] mixed up 混乱する; 関係する (*in, with*) ▶ The data got mixed up. データがごちゃごちゃになった / The company became

mixed up with organized crime. その会社は組織犯罪と関わりを持った

mix and match (異なるものを)うまく組み合わせる

mix up をよく混ぜる; を混乱させる; を混同する《*with*》

— *n* ❶ 混合(物) ► A mix of speed and professionalism was their formula for success. スピードとプロ根性の組み合わせこそ彼らの成功の秘訣だった ❷〘経済〙混合; 構成〔⇨生産物や消費の組み合わせがどうなっているかを示す際に使われる言葉〕 ► a product mix 商品構成 / an asset mix 資産配分 / a merchandise mix 商品構成 / a sales mix 売上構成 / You can't create the perfect investment mix immediately. 完全な投資ミックスをただちに作り出すことはできない

mixed /mɪkst/ *a* (特に経済動向について)まちまちな, まだら模様の; 男女混合の ► Major Asian stock markets were mixed. 主要なアジア株式市場はまちまちだった / Retail sales were solid but manufacturing was mixed. 小売業の売上は堅調だったが, 製造業はまだら模様だった / Clearly, reports on housing are mixed. 明らかに, 住宅業界についての報告はまちまちだ / The results appear mixed at best. 結果はいくらよく見ても混ぜこぜである / I had mixed feelings about investing in a country with political instability. 政治的に不安定な国への投資について, 私は複雑な気持ちを持っていた

mixed color cullet 〘リサイクル〙混色カレット, 込みカレット〔⇨無色と茶色以外の色のガラスびん. 緑, 青, 黒あるいはそれらの中間色と多岐にわたり, これらは混色となっている〕

mixed credit 混合借款〔⇨低利・長期の政府借款に, 政府系金融機関による被援助国側輸入業者や援助国側輸出業者に対する資金面での協力(たとえば信用保証)といった要素が加わったもの〕

mixed distribution 〘統計〙混合型分布〔⇨確率変数が, ある区域では離散型分布で示され, ある区域では連続分布で示されるもの〕

mixed economy 混合経済〔⇨政府の政策が広範囲に行われ, 私企業と国営企業が混在するような資本主義経済体制の1つ〕

mixed media マルチメディア, 多元媒体

mixed trading 方向感を欠く取引〔⇨上がるか下がるかの相場の方向が判然としない状況を言う〕

mixed-use *a*, *n* 複合用途(の)

mixed-use development 複合用途開発, 複合開発 (MXD)

mixture /mɪ́kstʃər/ *n* 混合(物); 混合薬 ► This mutual fund is a mixture of domestic and foreign bonds. このミューチュアルファンドは国内債券と外国債券を混ぜ合わせたものだ

the mixture as before 前回と同じ処方

mkt. market

MLB Major League Baseball エムエルビー〔⇨米国の大リーグ野球連盟の略称. 毎年秋にアメリカン・リーグとナショナル・リーグの優勝チームがワールド・シリーズを行い全米チャンピオンを決める〕

Mlle Mademoiselle

MLM multilevel marketing

MLR 〘英〙minimum lending rate

MLS multiple listing service

MM 100万 (=million); market maker

MMBtu 百万英熱量単位 ⇨ million British thermal units

MMC money market certificate; Monopolies and Mergers Commission

MMDA money market deposit account

MMF money-market fund

MMI Major Market Index

MNC multinational corporation

mngmt, mngmt. management

mngr, mngr. manager

MO[1] mail order; Missouri; money order

MO[2] /émoʊ/ *n* 〘略式〙やり方, やり口; 行動力, 様子 (=modus operandi) ► He always does a hard sell. I don't like his MO. 彼はいつも売込みが強引だ. 私は彼のやり方は好きではない

mo. month

Mo. Monday; Missouri

MOA market opportunity analysis

moan /móʊn/ *n* うめき声; うなり音 ► let out a moan うめき声を出す

— *v* うめき声をあげる, うなる; 嘆く《*about*》

moan and groan うめき嘆く ► Will you stop moaning and groaning and get back to work? 不平不満を言うのはやめて, 仕事に戻ったらどうですか

mobile /móʊbəl, -biːl | -baɪl/ *a* 動きやすい, 可動性の; 変わりやすい ► a mobile face 表情豊かな顔

— *n* 〘英〙携帯電話 (=cell phone) ► The company will release a new operating system for its mobiles by the end of the year. 同社は年末までに携帯機器用の新しい基本ソフトを発売するだろう / I'm on a mobile. いま携帯電話で話してるんだ

mobile commerce モバイルコマース (M-commerce)〔⇨携帯電話などモバイル機器を使った商取引〕

mobile computing 携帯端末による移動先でのコンピュータ利用

mobile market 携帯電話市場

mobile marketing モバイル・マーケティング〔⇨モバイル(携帯電話, ノートパソコンなど可動性のある携帯端末)を活用したマーケティング活動〕

mobile phone [telephone] 〘英〙携帯電話 (=cellular phone) ► mobile phone subscriber 携帯電話加入者 / mobile phone usage 携帯電話の使用 / mobile phone user 携帯電話使用者

mobile phone market 携帯電話市場

mobile shop 移動販売車, 移動店舗

mobile Web モバイルウェブ〔⇨携帯情報端末によって利用されるウェブ〕

mobile worker モバイルワーカー〔⇨勤務場所が固定されておらず, 携帯情報端末で会社と連絡

mobile working モバイルワーキング ⇨ mobile worker

mobility /moubíləti/ *n* ❶ 可動性；機動性；流動性 ► This job offers few prospects for upward mobility. その仕事では上層階級への移行のチャンスはほとんどない ❷【経済】可動性 [◎ 労働者や資本などの生産要素がどれだけ速やかに地域間を移動できるかの程度を指す]

mobility of labor 労働流動性 [◎ 他の場所に移っても働き口があり，労働者が移動しやすいこと]

mobility premium 海外労働手当，海外勤務インセンティブ

mock-up *n* (実物)模型

modal shift モーダル・シフト [◎ 貨物の輸送手段を，従来比重の大きかったトラックから鉄道・海運などに移行させようとする物流政策]

mode /moud/ *n* ❶ やり方，方式；様式；流行 ► a mode of payment 支払方法 / out of mode 流行遅れで ❷【統計】最頻値 ❸ [コンピュータ] モード ► in manual mode 手動モードで

model /mάdl/ *n* 模範 (*of, for*)；模型，ひな型；モデル，機種，型，様式 ► The model for leadership in business used to be the army. ビジネスにおけるリーダーシップのお手本はもともとは軍隊であった / We are trying to deliver **more competitive models**. 当社はもっと競争力のあるモデル[製品]を提供しようとしている / They consistently produce **top quality models** in all categories. 彼らはあらゆる分野で最高品質のモデルを一貫して製造している / It's cheap because it's **last year's model**. それは昨年のモデルだから安い / After our advertising campaign, **sales of the new model** should take off next month. 広告キャンペーンが終わったら，来月には新機種の売上は急上昇するはずだ 🗏 If any model or sample of the Goods was shown to BUYER, such model or sample was shown to illustrate the general type and quality of the Goods and is not necessarily a representation that the Goods will conform to the model or sample. 当該商品の模型もしくは見本が「買主」に提示された場合，その模型もしくは見本は当該商品の一般的な型式と品質を例示するに過ぎず，必ずしも当該商品がその模型もしくは見本に合致することを表明するものではない

― *a* 模型の；模範的な ► She's a model employee. 模範的な従業員だ

― *v* ((英))**-ll-**) にならって作る (*on, upon, after*)；形作る (*in, out of*)
model oneself upon [after] を手本にする

model change モデル・チェンジ [◎ 既存製品に改良を加えたり，デザインを変更するなどして新たに需要を創造しようとする活動] ⇨ planned obsolescence

modem /móudəm/ *n*【コンピュータ】モデム [◎ 電話回線にコンピュータを接続するための装置]

― *vt* モデムで送る ► modem a document 文書をモデムで送る
[<modulator/demodulator]

moderate /mάdərət/ *a* 適度の，穏健な；中程度の，まずまずの (=modest) ► moderate trading まずまずの商い / The company has been growing at a moderate but steady pace. その会社は適度のしかし堅実なペースで成長してきた

― *v* 和らげる，緩和する；司会する ► The union moderated these demands. 組合はこれらの要求を緩和した / The rise in oil prices has moderated. 石油価格の上昇はおだやかになっている

moderately *ad* 中程度に (=modestly) ► Although the venture seems moderately risky, I have a good feeling about it. その事業は多少リスクがあるようだが，私の感触は悪くない

moderator /mάdərèitər/ *n* 調停者；調節器；議長，司会者；メーリングリストの管理者

modern /mάdərn/ *a* 現代の；近代の ► Modern technology has increased agricultural output. 現代の科学技術が農業生産高を増加させている

― *n* (the ~s) 現代人

modernization, ((英)) **-sation** /mὰdərnizéiʃən/ *n* 近代[現代]化
◇**modernize** *v* 現代[近代]化する

modest /mάdist/ *a* 控えめな (*in*)；けんそんな (*about*)；まあまあの，ささやかな；慎しみのある ► He is modest about his accomplishments. 彼は自分の業績を鼻にかけない
◇**modestly** *ad* まずまず，中程度に ► The dollar rebounded modestly to 98.3 yen. ドルはわずかながら反騰して98円30銭になった

modification /mὰdəfikéiʃən | mɔ̀d-/ *n* 修正，変更；加減；修飾 ► I made slight modifications to the design. デザインに少し変更を加えた / There are many modification and subsets of this economic structure. この経済構造には多くの変形と下位区分がある 🗏 No modifications of this Agreement shall be binding unless executed in writing by both parties. 本契約の変更は，両当事者によって書面によりなされない限り，拘束力がないものとする

modify /mάdəfài/ *vt* 部分修正する；加減する ► We've modified the product to meet local market specifications. 当社は地元市場の規格に合わせて製品を改造している
◇**modifier** *n* 修正する人

modular /mάdʒulər/ *a* モジュール(module)の

modular production モジュール生産 [◎ 多品種少量生産を流れ作業化し，同期化した生産方法]

module /mάdʒu:l/ *n* 測定基準[単位]；【建築】モジュール；交換[独立]可能な構成部分；[コンピュータ] モジュール

modus operandi /móudəs ὰpərǽndi, -dai/ (仕事の) やり方 (MO) ► The company has taken a 180 degree turn in its modus operandi. その会社は仕事のやり方で180度の方向転換をした［くラ］

Moët Hennessy Louis Vuitton 《~ SA》
⇨LVMH

mogul n /móugəl/ 大立者［⇨ムガール人，蒙古人が原意］(=magnate) ► a media mogul メディア王 / a movie mogul 映画王 / a shipping mogul 海運王

mold¹ /mould/ n 型，鋳型；形，姿；(人の)タイプ，性格
break the mold 型を破る；土台から出発する
— vt 型に入れて作る(*into*) ► A clay model of the car is molded before making the prototype. 車のクレーモデルはプロトタイプを作る前に作られる

mold² n 耕土，沃(よく)土；土壌

mold and mildew かび損［⇨海上保険で，あらかじめオールリスク条件を選んでいない場合に，割増保険料を払ってカバーできる付加危険の一つ］

molded pulp product パルプモールド［⇨古紙またはパルプを水に溶かして液状にして成形，乾燥したもの］

molten salt 溶融塩［⇨金属塩が溶融した液体］

mom /mam/ n 《略式》=mother

mom-and-pop a 《略式》(店が) 夫婦[家族]経営の，小規模の

mom-and-pop shop 零細店舗 (✣ ma-and-pa shop とも言う) ► smaller mom-and-pop shops in your neighborhood 近所のもっと小規模のパパママ経営の店

moment /móumənt/ n 瞬間；《the ~, this ~》現在；(特定の)時；機会，好機；重要(性)
(*at*) *any moment* / *any moment now* いつなんどきでも ► He should be back at the office at any moment. もうオフィスに戻ってくる頃だと思います

at the last moment 最後の土壇場に ► The company backed out of the deal at the last moment. 土壇場になって，その会社は取引から手を引いた

at the (*very*) *moment* 今のところ；その時
be moments from すんでのところで…する；…しかける
find [*take*] *a moment to do* 暇を見つけて…する ► You should find a moment to relax. 君はリラックスする時間を見つけるべきだ

for a [*one*] *moment* 一瞬 ► I forgot where I was for a moment. 自分がどこにいるのか，しばらく思い出せなかった

for the moment さしあたり ► He makes enough money to get by for the moment. 彼は当面なんとかやっていくのに十分なお金を稼いでいる

have one's moments 《略式》最高［絶頂］の時である

in a moment すぐに ► I'll be with you in a moment. 少々お待ちください (✣電話の応対)
not for a moment 少しも…しない
of (*great*) *moment* 〈非常に〉重要な

of no [*little*] *moment* 少しも［大して］重要でない
of the moment 目下［現在］の
the (*very*) *moment* (*that*) …するとすぐ
the moment of truth 決定的瞬間，正念場
this (*very*) *moment* 即刻，ただちに
Wait (*for*) *a moment.* / *Just a moment.* ちょっと待って

◇**momently** *ad* 刻々と；ちょっとの間

momentary /móuməntèri | -təri/ *a* 瞬間の，つかのまの

◇**momentarily** /móuməntèrəli | móumən-tərəli/ *ad* ちょっとの間；刻々と；今にも ► The show will begin momentarily. ショーはすぐに始まるでしょう

momentum /mouméntəm/ n (**-ta** /-tə/, **~s**) 勢い，趨勢；モメンタム，はずみ［⇨株式や商品の価格変動の背後にあると想定される勢いと方向性］ ► gain [gather] momentum はずみをつける(*from*) / lose momentum 勢いを失う / Wages are unlikely to maintain this momentum. 賃金はこのはずみを維持しそうにない / The stock market's upward momentum is expected to continue through the week. 株式市場の上向きの勢いは今週いっぱい続くと予想されている［くラ］

mommy /mámi/, **momma** /mámə/ n 《略式・幼児語》ママ，おかあちゃん(mom)

◇**mommyhood** n

mommy track マミートラック［⇨働く母親に労働時間などで融通がきくようにした勤務体系］

M1 マネーサプライM1［⇨通貨供給量指標の一つで，現金通貨と要求払預金を合計したもの］

monetarism /mánətərìzm | mán-/ n マネタリズム［⇨経済を左右するのは需要であり，必要なときは政府支出と減税で景気を盛り上げよと説くケインズ学派に対して，経済はマネーサプライで左右されると見る考え方．これに応じて経済運営の主役も，ケインズ学派は財政政策を担う議会だとするのに対して，マネタリズムでは中央銀行だとする］

monetarist /mánətərist | mán-/ n マネタリスト［⇨ミルトン・フリードマンを中心としたマネタリズムを信奉する学派］ ► Monetarists emphasize monetary aggregates as indicators of policy. マネタリストは通貨供給量を政策の指針として重視する

monetary /mánətèri | mánitəri/ *a* ❶ 金銭上の ❷ 通貨の，貨幣の，金融の ► a monetary bloc 通貨ブロック / a monetary economy 貨幣経済 / a monetary value 貨幣価値

monetary aggregate マネーサプライ，通貨供給量［⇨取引に用いられるカネがどの程度出回っているかを示すもの］

monetary assets 貨幣資産，貨幣性資産［⇨現金預金，市場性ある短期所有の有価証券，売上債権の総称］

monetary authorities 金融当局［⇨各国の中央銀行や財務省の総称］

monetary base マネタリー・ベース (=high-powered money)［⇨現金と中央銀行に民間金融

機関が預け入れている準備預金の合計]
monetary compensation 金銭補償
monetary conditions 短期金融市場(金利)の動向
monetary damages 金銭賠償
monetary deflation デフレ [⇔資産デフレ(株価・地価の下落)との対比で，物価の一般的下落を指す]
monetary easing 金融緩和 [⇔中央銀行が民間金融機関から証券を買い，その代金を金融システム内に注入することで短期金融市場での需要を緩ませ，短期金利を低めに誘導する]
monetary gain 貨幣利得 [⇔インフレーションによって生じる貨幣項目の利益]
monetary growth マネーサプライの伸び率
monetary integration 通貨統合 [⇔地域間で単一の中央銀行による共通の金融政策が執行されると同時に共通通貨が導入されることを指す]
monetary loss 貨幣損失 [⇔インフレーションによって生じる貨幣項目の損失]

monetary policy 金融政策

[⇔財政政策のように政府支出と租税で需要をコントロールしようというのではなく，マネーサプライを通じて需要に影響を及ぼそうとする政策。典型的には民間金融機関から証券を購入して資金を出回らせ，あるいは売却して売却代金の受取の形で資金を引き揚げることで短期金融市場での金利を調節する]

コロケーション

(動詞(句)+~) **change** monetary policy 金融政策を変更する / **ease** monetary policy 金融政策を緩和する / **loosen** monetary policy 金融緩和をする / **tighten** monetary policy 金融を引き締める

► ultra-easy monetary policy 超金融緩和政策 / keep monetary policy steady 金利を据え置く / leave monetary policy unchanged 金融政策の現状を維持する / **Monetary policy** remains extremely accommodative. 金融の大幅緩和は引き続き維持される / **Monetary policy** remains on hold. 金利を据え置く / The Fed does not intend to **change monetary policy** soon. 連邦準備理事会は当面金融政策を変更するつもりがない / The central bank **loosened monetary policy** by slashing the interbank lending rate in half. 中央銀行はコールレートを半分にして金融緩和を図った / **Monetary policy was tightened** beginning in May 1989. 1989年5月を境に金融引締が始まった / The market is responding favorably to the **central bank's monetary policy**. 中央銀行の金融政策に市場は好意的に反応している

Monetary Policy Committee (イングランド銀行の)金融政策委員会 (MPC)
monetary squeeze [tightening] 金融引締め [⇔中央銀行が民間金融機関に証券を売却し，その売買代金を金融システムから引き揚げることにより短期金融市場での需要が逼迫し，短期金利が上昇する]
monetary stance 金融当局の姿勢

monetary standard 通貨価値の基準, 取引通貨, 基準通貨, 決定通貨 ► Since 2000, the monetary standard in Ecuador is the U.S. dollar. 2000年以来，エクアドルの法定通貨は米ドルだ
monetary stimulus 金融緩和による景気刺激
monetary system 貨幣制度
monetary theory 金融政策論, マネタリズム
monetary unit 通貨単位

money /mʌ́ni/ n

❶ 資金, 金, 金銭, 通貨
語法 money は原則として不可算名詞であるが，専門語では特定の関連の金または金額に moneys または monies を用いる．the moneys of the two countries (2国の通貨のすべて)/ The man was charged with stealing her moneys. (男は彼女の金を盗んだかどで告発された) (✤法律上の用語で，一般には money を用いる)/ Their chances for recovery of the monies due them are next to nothing. (払われるべき金の回収の見込みはほとんどゼロである)

コロケーション

(動詞(句)+~) **borrow** money 金を借りる / **change** money 金を交換する, 両替する / **cost** money 金がかかる / **credit** money **to an account** 口座に振り込む, 口座に入金する / **debit** money **from an account** 口座から資金を引き落とす / **deposit** money **in a bank** 銀行に預金する / **earn** money 金をかせぐ / **exchange** money 金を交換する / **lose** money 損失を出す, 金を失う / **make** money 金をもうける, 一財産築く / **raise** money 資金を調達する / **whitewash** money 資金洗浄をする

► tight money 金融引締め / easy money 金融緩和, 楽な金もうけ / hot money ホットマネー, 投機資金 / money flight 資金逃避 / a money trust 金銭信託 / purchasing power of money 貨幣の購買力 / waste of public money 公金の無駄遣い / French money フランス通貨 / pay in money (物や労働でなく) 金で払う / be short of money 金が足りない, 金欠だ / pull out money out of a falling market 下落局面にある市場から資金を引き揚げる / We **need money** to fund an expansion program. 事業拡張のための資金が必要だ / An international bank transfer instructs one bank to **credit money** to a given account while debiting from another. 銀行間の国際送金では，指定の口座に資金を振り込むよう指図される一方で，他の口座からその資金が引き落とされる / Consumers are in no mood to **spend money** as the economy worsens. 景気が悪化しているので，消費者は金を使うような気分にはない / This book is good value **for the money**. この本はその値段では安い

❷【経済】貨幣 [⇔交換手段, 価値貯蔵手段, および価値尺度の役割を果たすもの] ► near-money ニア・マネー [⇔貨幣に類似した金融商品] / quasi-money 準通貨 [⇔定期預金のこと]

❸ マネー (✤オプション用語) ► at the money

アット・ザ・マネー［**○**オプション取引で市場価格と権利行使価格が等しい状態］/ **in the money** イン・ザ・マネー［**○**オプション取引で権利行使すれば利益の出る状態］/ **out of the money** アウト・オブ・ザ・マネー［**○**オプション取引で権利行使しても利益が出ない状態］
be in the money (急に)大金が入る
be made of money うなるほど金がある
be (right) on the money 完ぺきである
be rolling in money (人が)金持ちである
for money 金のために
for one's money 自分の意見では；あつらえ向きの
get one's money's worth 使った金だけの値打ちを得る ► I definitely got my money's worth from the seminar. 金額に見合うものを間違いなくセミナーから得た
give ... a (good) run for one's money 人に満足感を与える；と激しく競り合う
have a (good) run for one's money 長いことうまくやる ► Investors have had a good run for their money. 投資家はうまくやってきた
have money to burn うなるほど金を持っている
I'd put (my) money on ... …が起きると確信する(から賭けてもいい)
I'm not made of money. それを払う余裕はない
in the money 《略式》裕福で
lose money 欠損を出す ► He lost money on the investment. その投資で彼は損をした / He lost money from his stock investments. 彼は株式投資で損をした
make (a lot of, much) money 儲(もう)ける (*on, out of*) ► He made money on the sale of new goods. 新製品の販売で儲けた / The studio has made huge amounts of money from its successive hit movies. その映画会社はヒット作品の連続で莫大な金額を儲けた
marry (into) money 金持ちと結婚する
money can't buy ... は金では買えない
Money does not grow on trees. 金のなる木はない
money for jam [old rope] 《英略式》ぼろ儲け
Money is no object. 金に糸目はつけない
(The love of) money is the root of all evil. 《諺》 金銭(を愛すること)はすべての悪の根源
Money makes the world go round. 《諺》金あればこそ世界は動く
Money talks. 金がものを言う
My money is on ... 《略式》私の見るところ…が成功するだろう
on the money 《米略式》正確な
pay good money (に)たくさんの金を払う (*for*)
put (some) money into に(いくらか)投資する
put (some) money on ... に金を賭ける
put one's money where one's mouth is 自分の言うことは正しいと信じる
raise money for の募金をする ► The campaign is trying to raise money for earthquake victims. そのキャンペーンでは,地震の被災者のために資金を集めようとしている
ready money 現金

there is money (to be made) in ... は金になる
The smart money's on ... = My money is on ...
throw away money 金を浪費する
throw good money after bad 失敗した事業にさらに金を出す
throw money at に金を投入する[出す]
You pay your money and you take your choice. [= **You pays your money and (you) takes your choice.**] (**+**わざと3人称単数現在のpaysとtakesを用いる)自分で金を払う以上好きなほうを選んでよい，よりどりみどり，お好み次第

money at call コールマネー［**○**短期資金を融通する市場を通じて貸す資金で，要求あり次第返済を要するもの］

money at call and short notice 《英》短期貸付金［**○**要求あり次第または14日以内に返済される銀行の貸付金］

money-back guarantee 返金保証［**○**顧客が商品・サービスに不満なら返金するという保証］ ► We offer a 30-day money-back guarantee on all products. 全製品につき，30日間の返金保証をつけています

money broker 短資業者［**○**銀行その他の金融機関同士の短期の資金貸借を仲介する業者］

money center, 《英》**money centre** 金融センター［**○**国際的な銀行が拠点を置く，東京，ニューヨーク，ロンドンなどの大都市］

money center bank マネーセンターバンク［**○**米国のニューヨークなどに拠点を置く大銀行．証券取引では地方銀行との対比で大手銀行を指す］

moneychanger n 両替商
money damages 金銭賠償
money deposited 預り金，預け金
moneyed a 資産がある；金のある，金持ちの ► a moneyed man 金持ち / the moneyed class 資産家階級

money flow マネーフロー，資金循環［**○**正確にはa flow of fundsと言う］

money fund = money-market fund
money-grabber n 蓄財家，守銭奴
money-grabbing a 金に汚い，金儲け主義の ► a money-grabbing cult 金儲け主義のカルト集団

money-grubber n = money-grabber
money-grubbing a = money-grabbing
money income 現金収入
money launderer マネーロンダラー［**○**マネーロンダリング(資金洗浄)をみずから行っているか，手伝っている者］

money laundering マネーロンダリング，資金洗浄

> 解説　麻薬，汚職，脱税，粉飾会計などの犯罪や不正取引で得た非合法な資金を，複数の銀行口座を経由させるなどの方法で，合法な資金に見せかける行為．2001年9月11日以降は，国際テロ組織のマネーロンダリングが問題となり，パリに本部を置く主要国の金融活動作業部会(Financial Action Task Force on Money Laundering：略称FATF)が国際的な対策を強化している．マネーロ

ンダリングという言葉は,ニクソン大統領の再選を目指した政治団体が非合法の献金をメキシコに送金しマイアミの会社を通じて米国に持ち込んだことがウォーターゲイト事件によって判明し,その過程を英国のガーディアン紙が money laundering と表現したのが最初とされる

► Many gangsters do money laundering to make their money from drugs legal. 多くの暴力団員が麻薬で得られた金を合法化するためにマネーロンダリングをする

moneylender n 金貸し
Moneyline 『マネーライン』[⇨CNNの株式情報番組]
money loser 金食い虫
money-losing a 不採算の, 赤字の ► a money-losing operation 不採算事業
moneymaker n 儲かるもの[仕事]
moneymaking n, a 金儲け; 儲かる
money management 資金運用; 資産管理
money manager マネー・マネージャー, 資産運用責任者

[解説] 投資家の資産の運用に責任を持つ企業や銀行. そこで雇用されて働く専門家個人を言う場合もある. 手数料を受け取るかわりに, 依頼者のために資産を慎重かつ賢明に運用する受託者義務 (fiduciary duty)を負う. investment manager または portfolio manager とも言う

money market 短期金融市場, マネーマーケット[⇨財務省短期証券, MMF, CDなどの売買で短期資金(1年未満)が取引される市場. 金融機関や企業が資金を貸し借りする場であるが, 中央銀行が公開市場操作で金融を調節する場でもある. 対語は capital market(長期金融市場)] ⇨ financial market
money market account (MMA) マネーマーケット・アカウント[⇨市場金利連動型預金勘定(money market deposit account)と同じ]
money market certificate 市場金利連動型定期預金 (MMC)[⇨市場金利の変動に連動する定期預金]
money market deposit account (MMDA) 市場金利型預金勘定[⇨証券会社が販売している高利回りの市場金利連動型商品であるマネーマーケット・ファンドの銀行版]
money-market fund マネーマーケット・ファンド, 短期金融商品投資信託 (money fund または MMF)

[解説] 短期金融市場(money market)のみで運用するミューチュアルファンド. 財務省証券など短期(1日から1年)の証券に投資して元本の安全を確保しながら安定した利回りを得る. リターンは短期金利に連動する. 即日の購入・解約が可能. 流動性が高いので, 金融機関が余剰資金の短期運用に利用する. FDICの保険はないが, リスクは低い. 会計処理を容易にするために, ファンドの純資産価値は常に1株1ドルに維持される. ⇨ mutual fund

money market instrument 短期金融資産[⇨短期金融市場で取引される資産]
money multiplier 通貨[貨幣]乗数[⇨ハイパワード・マネー (high-powered money)を変化させたとき, マネーサプライがどれだけ変化するかを示す比率]
money of account 取引通貨 ► The money of account is the U.S. dollar. 取引通貨は米ドルである
money order 為替 ⇨ postal order
money pit 底無しにお金がかかるもの, 金食い虫
money purchase plan 定額拠出年金[⇨年金に加入している従業員の給料の一定割合を, 雇用者が年金の掛け金として支払う年金制度]
money spinner (幸福をもたらすといわれる)小さい赤グモ; 儲け口, ドル箱, 金になる人, 金になる物 (=cash cow) ► Which product is the biggest money spinner? どの製品がいちばん儲けていますか/This product is the one and only money spinner for us. この製品は当社にとって唯一のドル箱だ
money stock =money supply
money-strapped a 金ガない

money supply マネーサプライ, 通貨供給量, 貨幣供給量

[解説] 特定の時点で一国の経済に流通している通貨の総量. マネーサプライは実体経済の活動や物価水準の動向と密接な関係を持つと考えられ重視されている. 米国ではFRBが3つの通貨供給量(M1, M2, M3)を発表してきたが, 2006年にM3の発表を取りやめ, 現在はM1とM2のデータを発表している. M1は流通通貨(currency in circulation)に要求払預金(demand deposit)とトラベラーズチェック(travelers' check)を加えたもの, M2はM1にMMF(money-market fund)と貯蓄預金(savings deposit)と一部の定期預金(time deposit)を加えたものである. なお, 日本では従来のマネーサプライ統計が見直され, 2008年からマネーストック統計として日本銀行から公表されている

► adjust the money supply マネーサプライを調整する / regulate the money supply マネーサプライの調整を図る / They tried to control the money supply and cut public spending. 彼らはマネーサプライを抑えて公共支出を削減しようとした

money supply growth マネーサプライの伸び率 ► limit money supply growth マネーサプライの伸びを抑える
money transmission 送金, 振込
money tree 金のなる木
money wage 貨幣賃金, 名目賃金
monied /mʌ́nid/ a =moneyed ► the monied interest 財界

monies /mÁniz/ *n pl* =moneys ⇨money

monitor /mάnətər/ *n* (放送・医療・コンピュータの)監視装置[技術者];モニターテレビ;忠告[監視]者;[ｼﾞｼﾞｼﾞ]モニター[⇨コンピュータのディスプレー];制御プログラム
— *v* (モニターで)監視する;(海外放送などを)傍受する ▶ This call may be monitored for quality assurance purposes. 品質を保証する目的で,この通話はモニターされることがあります / Corporate overhead must be carefully monitored. 会社の総経費を注意深く監視しなければならない / Management should be particularly careful to monitor the business. 経営者は特に注意深く商売を監視すべきだ

monkey /mÁŋki/ *n* 猿[⇨尾のある猿.尾のない猿はape];いたずら小僧;《英略式》500ポンド;《米略式》500ドル

get a [the] monkey off one's back 困った問題を取り去る

have a monkey on one's back 《米略式》困った問題をかかえる
— *v*《略式》ふざける;(を)いじくる,おもちゃにする《about, around, with》;からかう;おせっかいをする

monoline *n* モノライン[⇨もっぱら債券の元利払いに不履行があった場合にそれを填補する金融保証保険を引き受ける保険会社.通常の保険会社が複数の保険種目(マルチライン)を手がけるのに対して,単一の保険種目(モノライン)に特化しているのでこの名がある]

Monopolies and Mergers Commission (the ~)《英》独占企業合併調査委員会(MMC)[⇨1999年,Competition Commissionに改組]

monopolist *n* 独占者,専売人;独占論者
monopolistic /mənàpəlístik|-nɔ̀p-/ *a* 独占の,独占的な
monopolization, 《英》**-sation** *n* 独占化
monopolize,《英》**-lise** /mənápəlàiz/ *vt* 独占[専売]する;独占[専売]権を持つ

monopoly /mənápəli/ *n* 独占[専売](権)《on, of》[⇨完全な売手市場となると不当に高い価格が消費者に押し付けられるので一般に独占禁止法により規制対象となる.⇨oligopoly];専売品[会社];独占事業 ▶ His company was granted a monopoly on the fur trade. 彼の会社は毛皮取引の専売権を与えられた(✚商品・事業などの独占権の場合は on, of,原料の場合は in)

have a monopoly on ... を独占している

Monopoly《商標》モノポリー[⇨米国のボードゲーム.サイコロを振って止まった場所の不動産などを買いながら,一番財産をなした人が勝ちとなる.子供も大人も一緒に遊べる]

monopsonist *n* 買手独占市場における買手
monopsony /mənápsəni/ *n* 買手独占[⇨買手が1つの企業で完全な独占力を持つ市場]
monotone *n, a* 単調(な),一本調子

▶ Don't speak in a monotone. 単調な話し方をするな

month /mʌnθ/ *n* 月 ▶ in the three months to December 10—12月期で / in the three months to June 4—6月期で / in the three months to March 1—3月期で / in the three months to September 7—9月期で / The labor market continued to tighten last month as unemployment rose to 5.6%. 失業率が5.6%に上昇したので,労働市場は先月も悪化が続いた / The country's employers slashed 625,000 jobs in the last two months. 同国の雇用主は過去2か月間に62万5千の職を減らした

by the month 月決めで

monthly *a, n* 月々の;月1回の;月刊の;(-lies) 月経 ▶ In light of the economic slump, automakers have shrugged off unions' demand for an increase in monthly base pay. 景気の低迷を考慮して,自動車メーカー各社は組合の月払基本給引き上げの要求を一蹴した

monthly contribution 保険料月額 ▶ Workers in the first category are required to make monthly contributions. 第1号被保険者は保険料月額を納付することを要する

monthly payment 月払い,毎月払い
month-on-month *a, ad* 前月に対する,前月に対して[⇨表ではmonと略されることがある]
month-to-month *a* 前月に対する ▶ a month-to-month decrease 前月比での減少 / a month-to-month increase 前月比での増加

Montreal Protocol (the ~) モントリオール議定書[⇨オゾン層を壊すフロンの生産を国際的に規制するもの.1987年,カナダのモントリオールで締結された.正式名称は Montreal Protocol on Substances that Deplete the Ozone Layer (オゾン層を破壊する物質に関するモントリオール議定書)]

mood /mu:d/ *n* 気分;心持ち;雰囲気;(~s) むら気,不機嫌 ▶ Chocolate cures most bad moods. チョコレートでたいていの不機嫌は直る

be in the [no] mood for [to do] という気持ちになっている[いない] ▶ I'm in the mood for a drink. 一杯やりたい気分だ / We are in no mood to compromise. われわれは妥協する気持ちになっていない

in a good [bad, foul] mood 上[不]機嫌で ▶ Stay away from him, because he's in a bad mood. あの人から離れていなさい,機嫌が悪いから

in a mood / in one of one's moods《略式》不機嫌で

whenever the mood strikes その気になったらいつでも

mood lifter 気分をよくするもの ▶ Chocolate is an instant mood lifter. チョコレートでたちまち気分がよくなる

Moody's ムーディーズ[⇨米国の大手格付会社で,Moody's Investors Serviceの持株会社.2000年分離前はD&B(Dun & Bradstreet社)の一部であった]

Moody's Investors Service ムーディーズ・インベスターズ・サービス [⇒米国の代表的な調査会社. 投資家向けに国や銀行・企業を対象とした財務格付・発行債券の格付を行う. Moody's Corporationは持株会社]

moon /mu:n/ *n* 月; 衛星
cry [ask] for the moon 得られないものを欲する
once in a blue moon 《略式》めったに…ない

moonlight *n, a* 月光(の)
— *vi* 《略式》(夜間の)副業をする ▶ moonlight as a convenience store clerk 副業としてコンビニ店員をする
◇**moonlighter** *n*
◇**moonlighting** *n* 夜間の副業

moonshine *n* 月光; 密造酒, 密輸入酒

Moore's Law ムーアの法則 [⇒半導体の集積密度は18か月程度で倍増するものであり, 半導体の処理能力が倍になっても小型化が続くとした, Gordon Moore(Intelの創業者)の予測]

moose on the table テーブルの上のムース, 聖域 [⇒問題であることが分かっているのに, だれも知られたがらないもの. 米国の経営セミナーで使われて有名になった比喩表現. 会議室の机の上に一頭のムース(ヘラジカ)がいるが, 会議の出席者はムースの存在に気がつかないふりをして, あたりさわりのない発言を繰り返す状況を言う]

moot /mu:t/ *a* 議論の余地がある, 未解決の; (行動が)現実的意味のない ▶ a moot point [question] 論争点[問題] /The Fed's worries about inflation became moot. 連邦準備制度理事会のインフレについての懸念はもはや現実的な意味を失った

Mop & Glo 《商標》モップ・アンド・グロー [⇒米国の清掃用洗剤. リノリウムの床, タイルに使用. モップをかけると艶が出てくる. ワックスを使っていない床の清掃用]

moral /mɔ́:rəl/ *a* 道徳(上)の; 倫理上の; 教訓的な; 道徳的判断のできる; 品行方正な; 精神的な; ありそうな ▶ moral fiber 道徳心
take [seize] the moral high ground (注目されようと)道徳的に正しい行為をする
— *n* (物語・経験の)教訓; (~s)倫理; (社会の)道徳; 生き写しのもの
◇**morally** *ad* 道徳的に; 事実上 ▶ A company should do things that are morally right. 会社は道徳的に正しいことをするべきだ

morale /mərǽl/ *n* やる気, 士気, 元気; 風紀; 労働意欲 ▶ improvement of morale モラルの向上 / For the time being, nothing will restore morale. 当面は, 何をやっても, 士気を回復させるのは無理だ / The arrest of the company's president hit staff morale. 会社の社長が逮捕されたことはスタッフの士気に打撃を与えた / To boost morale, the company gives cash rewards to top performers. 社員のやる気を高めるため, 会社は成績が優秀な社員に金一封を出している / They maintain high standards of morale among their employees. 彼らは従業員の間の高水準の士気を維持している / Low morale among employees, while difficult to qualify, is easily observed. 従業員の士気の低下は説明するのは困難だが容易に観察できる / **Employee morale is falling** as they observe the problems that the company is experiencing. 会社が経験している問題に気がついて従業員の士気は下がってくる / Something must be done to **improve staff morale**. スタッフの士気を高めるために何かをしなければならない

morale hazard 【保険】モラールハザード [⇒保険をかけたために被保険者の注意力が散漫になって事故のリスクが高まる状況. モラルハザード(moral hazard)とも言う]

moral hazard ❶【保険】モラールハザード [⇒保険をかけたために被保険者の注意力が散漫になって事故のリスクが高まる状況. この意味の場合にはモラールハザード(morale hazard)とも言う] ❷【保険】モラルハザード [⇒被保険者の個人的な習癖や倫理観から事故発生の確率が高まる状況. たとえば火災保険をかけておいて放火するような場合] ❸【金融】モラルハザード, 倫理の欠如 [⇒セーフティネットの存在によって金融機関の経営者のリスク感覚が麻痺する状況. 破綻した場合の影響が大き過ぎてつぶせないという理由から大手の金融機関は政府による救済が確実視され, そのことが金融機関の経営者の自己規律を失わせることを言う. 2008年の信用危機で, 米国政府は業界第3位の投資銀行リーマン社の救済をモラルハザードの風土を助長するという理由から拒否した] ▶ Using taxpayers' money to rescue banks might create a moral hazard. 銀行の救済に納税者の金を使うことはモラルハザードを生み出すかもしれない

moral rights 著作者人格権 [⇒著作者が自己の創作した著作物に対して有する人格的利益を保護する権利. フランス語ではdroit moralと言う]

moratorium /mɔ̀:rətɔ́:riəm/ *n* (**-ria** /-riə/, **~s**) ❶ (活動などの)一時停止, 一次的凍結 ▶ impose a five-year moratorium on immigration 移民の受け入れを5年間凍結する ❷ 支払停止, モラトリアム [⇒金融危機などの際における預金その他債務の一時的支払猶予] ▶ a moratorium on debt repayments 債務返済のモラトリアム / declare a three-year interest payment moratorium 3年間の利払い停止を宣言する [<近代ラ]

more /mɔ:r/ *a* (much, manyの比較級)もっと大きい[多い]; それ以上の ▶ We need more time to consider your proposal. 貴社の提案を検討するには, もっと時間が必要です
— *n* それ以上の量[数], もっと多くの量[数] ▶ By switching to our new calling plan, you can save 10% or more on your phone bill. 当社の新しい通話プランに切り換えることで, 電話代請求書の1割以上を節約できます / Cadbury's reputation has been scandal-free, but there's more to it than that. キャドベリーの評判は汚点一つないが, それだけにとどまらない
— *ad* (muchの比較級)もっと(多く); さらに
all the more なおさら
and much more その他盛りだくさん

any more (否定・疑問)これ以上；今後は ►I don't want to discuss this any more. 本件についてこれ以上議論したくない

more and more ますます ►The product has become more and more popular among teens. その製品はティーンエージャーの間でますます人気が高まっている

more A than B BよりもA(むしろ)A ►more excited than scared 怖いよりも興奮して

more often than not 頻繁に ►I work overtime more often than not. 私はほとんど毎日残業します

more or less 多かれ少なかれ，いくぶん；大体，およそ ►We more or less understand each other. われわれは多少なりとも理解し合っている

more than …より上[多い] (✦than の後の数値は含まない)；(形容詞の前で)非常に ►more than two books (2冊より多い) 3冊以上の本 / more than two weeks 2週間以上 (✦正確には2週間ちょうどは含まず15日以上) / more than pleased 十二分に喜んで / The country is in the grip of the worst recession in more than 50 years. その国は50年以上で最悪の景気後退に襲われている / She has been working for this company for more than 30 years. 彼女はこの会社に勤めてから30年を超える

more than a little かなり，少なからず

more than ever ますます ►Manufacturers are relocating production to developing countries more than ever. メーカーは発展途上国への生産の移転をますます増やしている

much more なおさら，まして

neither more or less 多くも少なくもなく，大体同じ

no more もはや…ない；(否定文に続いて)…もまた…ない

no more A than B BでないとAでない ►A whale is no more a fish than a horse is. 鯨が魚でないのは馬が魚でないのと同じ

no more than …にすぎない；わずか… ►He has no more than a few dollars to his name. 彼の所有物はわずか数ドルにすぎない

not more than せいぜい… ►She spent not more than one dollar. 多くて1ドルしか使わなかった

still more =much more

the more ... the more... …すればするほどますます… ►The more you have, the more you want. 持てば持つほど欲しくなる / The more you earn, the more you are taxed. 稼げば稼ぐほど，たくさんの税金がかかる

(and) what is more その上，おまけに

moreover *ad* その上 ►Moreover, rising oil prices have hurt car sales. その上，石油価格の高騰は車の売れ行きに打撃を与えている

Morgan Guaranty Trust Company モルガン・ギャランティー・トラスト社 [⇨米国の信託会社. New York市Manhattanの金融街にある. 1864年創立. 現在はJP Morgan Chaseの一部]

Morgan Stanley 《~& Co.》モルガン・スタンレー [⇨証券・投資銀行業務を中心とするアメリカの総合金融サービス企業. 1935年設立. 2008年9月世界金融恐慌時，銀行持株会社に移行. 同時に実施した増資において，三菱東京UFJグループが21%の株主になる. MSCI EAFE Index や MSCI World Indexなどの発表で知られる MSCI (=Morgan Stanley Capital International Inc.: 現在は MSCI Barra)は，Morgan Stanley社の子会社で1970年創設]

moribund /mɔ́ːrəbʌ̀nd/ *a* 瀕死(ひんし)の；絶滅寸前の；沈滞[停滞]している ►The government is trying to increase credit to lift the moribund housing market. 崩壊寸前の住宅市場を浮揚させるために，政府は信用を増やそうとしている

morning /mɔ́ːrnɪŋ/ *n* 朝；午前；初期，初め ►We will continue with our meeting tomorrow morning. 明日の朝，会議の続きをします

from morning till night 朝から夜まで

in the morning 朝[午前]に；(略式)明日

of a morning いつも朝に

◇***mornings*** *ad* (米)毎朝，朝に

morning session (株式取引所の)前場，午前の立ち会い

Morningstar モーニングスター [⇨米国の金融情報サービス会社, Morningstar Inc. またそれによるミューチュアルファンド評価などの金融情報サービス]

morph /mɔːrf/ *n* 形態

━ *v* 形づける；変形させる *(into)*；【ﾋﾞｼﾞ-ｽ】モーフィングする ⇨morphing ►Cell phones have morphed into mini-computers that fit in your pocket. 携帯電話はポケットに入る大きさの小型コンピューターに変身した

morphing /mɔ́ːrfɪŋ/ *n* 【ﾋﾞｼﾞ-ｽ】モーフィング [⇨ある形態が別の形態に徐々に変化していくように見せる技法]

mortality /mɔːrtǽləti/ *n* 死すべき運命；死亡率[数] ►infant mortality 幼児死亡率

mortality rate [ratio] 死亡率

mortality table 生命表 (=life table, mortality life table) [⇨ある時の歳の人の集団が生存率ゼロになるまでの各年の死亡・生存の状態を示す生命保険用統計表]

mortgage

mortgage /mɔ́ːrɡɪdʒ/ *n* ❶【法律】抵当，譲渡抵当 [⇨債務が履行されれば返還されるという条件で，不動産を債務の担保として貸手に移転する約定]；抵当証書，譲渡抵当証書；抵当権，譲渡抵当権 ►first mortgage 第一順位の抵当権 / hold a mortgage on a person's house 人の家を抵当に取っている / take out a mortgage on one's house 自分の家を抵当に入れる

❷ 不動産担保ローン，住宅ローン (=mortgage loan) ►The bank lost over $6 billion in securities tied to US mortgages. その銀行は米国の住宅ローン関連証券で60億ドルを超える損失をこうむった / We have a mortgage. 私たちは住宅ローンを借りている

burn the mortgage 住宅ローン証書を焼く [⇒ 住宅ローンの完済後, 自宅が名実ともに自分のものになったことを祝って, 不要になった抵当権証書を焼却する] ► At the end of 30 years, you burn the mortgage and own the house. 30年が終わったら, 住宅ローン証書を燃やして家を自分のものにする

— v 抵当に入れる ► mortgage a person's future (人の) 将来を賭ける《to》/ They mortgaged their house for $150,000. 彼らは家を担保に入れて15万ドル借りた

◇**mortgager** /mɔ́ːrgədʒər/ n

mortgage-backed bond 不動産担保付債券 [⇒ 多数のモーゲージ(譲渡担保)をひとまとめにした上, そこからのキャッシュフロー(担保権設定者の元利返済金額)をもとに証券購入者に利息を支払い, 満期に償還するようになっている証券]

mortgage-backed securities モーゲージ担保証券, 住宅ローン担保証券 (MBS) [⇒ 不動産担保貸付をプール化して, その元利金をもとに発行される証券]

mortgage banker モーゲージバンカー, 住宅金融業者

mortgage bond 担保付社債, 担保付債券 [⇒ 不動産等の固定担保が付けられた社債]

mortgage broker 不動産ローン仲介人 [⇒ 自ら不動産融資(ローン)を行うわけでなく, 融資機関と融資を希望する者との間に入り, 最適な融資をアドバイスして手数料をとる仲介人]

mortgage deed 担保証券

mortgagee /mɔ̀ːrgədʒíː/ n (譲渡)抵当権者, 抵当債権者 [⇒不動産担保ローンの貸手] (⇔mortgagor)

mortgage finance 住宅金融, 不動産金融

mortgage lender 住宅金融業者

mortgage loan 抵当[担保付]融資, (特に)住宅[不動産]ローン ► a home mortgage loan 住宅抵当融資, 住宅ローン / apply for an adjustable rate mortgage loan 変動金利型の住宅ローンを申し込む

mortgage market 住宅金融市場, 住宅ローン市場, 不動産金融市場

mortgage note 担保付長期手形

mortgage payable 担保付借入金

mortgage pool モーゲージ・プール [⇒ 住宅ローンを証券化するためにつくる集合体]

mortgage protection insurance 住宅ローン保険 [⇒(1)失業し, ローンの支払ができなくなったような場合に支払を肩代わりしてくれる保険. (2)住宅ローンの借手が債務不履行に陥った場合に貸手の貸倒損失を填補する保険]

mortgage protection policy 住宅ローン保険証券 ⇨ mortgage protection insurance

mortgage rate 住宅ローンの利率 ► Declining mortgage rates may help ease the downturn in the housing market. 住宅ローン金利の低下は住宅市場の不況を緩和させる助けになるかもしれない

mortgage REIT モーゲージ・リート [⇒ 融資型の不動産投資信託. 不動産担保ローンに投資し, 利息収入を出資者に還元する] ⇨ real estate investment trust

mortgage relief ❶ (英)住宅ローン控除 [⇒ ローン返済額を課税所得から控除できる制度] ❷ (米) (1) 住宅ローン債務者に対する救済策 (2) 住宅ローン債務の免除 [⇒担保物件の買手がローンを承継したりすることにより支払債務を免れること]

mortgage securities 抵当証券

mortgagor /mɔ́ːrgədʒər | mɔ̀ːrgidʒɔ́ː/ n (譲渡)抵当権設定者; 抵当債務者 [⇒不動産担保ローンの借手] (⇔mortgagee)

most /moust/ a (many, much の最上級) もっとも多くの; 大部分の ► Most college graduates are having a hard time finding jobs. ほとんどの大学卒業生は職探しで苦労している / You can't say that customers who spend the most are the most loyal. もっとも金を使う顧客がもっとも忠実な顧客であるとは言えない

for the most part 主として, 通例 ► For the most part, I agree with you. 大部分については, あなたと同じ意見です

— n 最大(量, 数); 大部分, 大多数; 《the ~》最高にすてきな人[もの]

at (the) most / at the very most 多くても, せいぜい ► It should cost fifty dollars at most. 値段はせいぜい50ドルでしょう

get the most for one's money 金をもっとも有効に使う; もっとも得な買い物をする

get the most out of をできるだけ活用する

make the most of を最大限に活用する; (人を)非常に大切にする ► This site provides direction on how to make the most of your money. このサイトはあなたのお金を最大限に活用する方法について指示してくれる

most of all 何よりも, とりわけ ► Most of all, we take pride in our work. とりわけ, われわれは自分の仕事に誇りを持っています

— ad (much の最上級) もっとも(多く); 《略式》ほとんど (=almost); 《the を冠せず》大変 ► The dollar is the most heavily traded currency in the world. ドルは世界中でもっとも大量に取引されている通貨だ / The most recent data show jobless claims rose 23% last month. 直近のデータによると, 失業保険の新規請求は先月に23%増加した / We are the world's most preferred consumer bank. われわれは世界でもっとも好まれている消費者銀行である

most favored nation 最恵国 (MFN) [⇒ 通商条約を締結する諸国のうちもっとも有利な取り扱いを受ける国. 一般に条約当事国は, 自国内において, こうしたもっとも有利な取扱いを受ける国の国民に与えている有利な待遇を他の当事国の国民にも保証する]

mostly /móustli/ ad たいてい

MOT 《英略式》車検(証) (=MOT test); management of technology

Motel 6 《商標》モーテル6 [⇒ 米国のモーテルのフランチャイズ. 家族同伴の17歳以下無料, ペットも可などの特典を提供]

mothball n (たんすに入れる)防虫剤, モスボー

ル [⇒ナフタリンなど]
bring [take] ... out of mothballs (しまい込んだものを)再び取り出す[使い始める]
in mothballs しまい込んで; 退役して; 棚上げになって ▶ The program was put in mothballs. その計画は棚上げされた
— vt しまい込む, 予備にする

mothballing n (計画などの)棚上げ, (計画的な)操業中止 [⇒工場などの場合, 操業再開に備えての保守·点検が続けられる]

mother /mʌ́ðər/ n 母; 《the ~》出所, 源泉《of》
the mother of 《略式》最悪[最大]の… ▶ Necessity is the mother of invention. 必要は発明の母
— vt 生み出す

motion /móuʃən/ n ❶ 運動; 動作; (会議での)動議; 提案《to do, that》

[コロケーション]
(動詞(句)+~) **amend** a motion 動議を修正する / **carry** a motion 動議を可決する / **defeat** a motion 動議を否決する / **make** a motion 動議を提出する / **move** a motion 動議を上程する / **pass** a motion 動議を可決する / **propose** a motion 動議を提出する / **table** a motion 《米》提出された動議についての採決を延ばす, 《英》提出された動議につき採決を求める / **vote on** a motion 提出された動議について採決する / **withdraw** a motion 動議を撤回する

▶ make a motion to adjourn 休会の動議を出す / propose an urgent motion 緊急動議を出す / vote against a motion 動議に反対票を投ずる / vote for a motion 動議に賛成票を投ずる / The motion was carried. その動議は可決された / The motion was defeated by 12 votes to 6. その動議は12対6で否決された / She made a motion to stop debating. 彼女は討議打ち切りの動議を提出した / The motion was passed. その動議は可決された ❷ 申立て [⇒訴訟の過程で自己のために必要な決定または命令を下すよう裁判所または裁判官に対して要求すること] ▶ a motion for new trial 再審理の申立て / a motion for dismissal 訴え取下げの申立て / the motion to strike 削除申立て

put [set] ... in motion を動かし始める ▶ The company formally set the plan into motion. 同社は正式にその計画を始動させた
— v (~ to a person to do) 身ぶりで合図する
◇**motionless** a 動かない

motion study 〖経営〗(作業の)動作研究 [⇒無駄な動作作を省き, 必要なものに限る最善の動作にするための研究. ギルブレス(F. B. Gilbreth)によって基礎づけられた]

motivate /móutəvèit/ vt 動機[刺激]を与える《to do》 ▶ a politically motivated decision 政治的理由による決定 / What motivates employees? 何が従業員にやる気を出させますか / Maintaining good relationships among co-workers is key to motivating staff. 同僚との良好な関係の維持はスタッフの動機付けにとって不可欠だ

motivated a 目標達成意欲がある (✚self-motivated(自分からやる気がある)とも言う) ▶ When everyone feels motivated, morale is good. 皆がやる気があると感じれば士気は高い / The employees are not motivated to do a good job. 従業員はよい仕事をするような動機づけを与えられていない

motivating a 目標達成意欲を高める

motivation /mòutəvéiʃən/ n ❶ 動機を与えること, 動機づけ; 刺激 ▶ I don't have any motivation to work today. 今日は仕事をする気になれない ❷ 〖経営〗モチベーション [⇒仕事に対する意欲]; 動機づけ ▶ Goal setting is very important to motivation and success. 目標設定はモチベーションと成功のためにとても大切である / Workers must have a motivation to raise productivity. 労働者には生産性向上の動機づけが必要である

motivational a 意欲を高める ▶ a motivational training program 意欲を高めるための研修

motivational research 購入動機調査 [⇒価格, デザイン等の購買決定要因を探るための研究·調査]

motivator n 動機づけるもの, 動機づけ要因, 意欲を高めてくれる人

motivator factor 動機づけ要因

motivator-hygiene theory 〖経営〗動づけ·衛生理論

motive /móutiv/ n 動機, 動因 ▶ What is the real motive behind supermarket loyalty cards? スーパーのポイントカードの背後にある本当の動機は何か
— a 行動に駆り立てる; 動機の
— vt =motivate

motor /móutər/ n 内燃機関, モーター; 発動機, 原動機; 動かす人[もの]; 《英略式》自動車 ▶ Investment capital is the motor of industrial growth. 投資資本が産業発展の原動力だ
— a 動かす, 原動の
— v 自動車に乗る[で行く]; 自動車に乗せる[で運ぶ]

motorbike n 《略式》=motorcycle
motorcar n 《英》自動車
motorcar accident 《英》自動車事故 (= 《米》automobile accident)
motor car insurance 《英》自動車保険 (= 《米》automobile insurance)
motorcycle n オートバイ
◇**motorcyclist** n
motor insurance 《英》=motor car insurance

Motorola 《~, Inc.》 モトローラ [⇒米国の半導体·通信機器メーカー. セルラー電話, 双方向無線機器, 自動車用通信機器などを製造. 1928年設立. 携帯は Nokia に次いで世界大手企業. 半導体事業を分離] ⇨Freescale Semiconductor

motor pool ❶ 社用車の総称 ❷ 通勤車相乗り [⇒複数の人が通勤などに相乗りで車を利用する仕組み. 地域によっては相乗りしている車のための優先

車線を設けている]
motor spirit 《英》ガソリン
motor vehicle 自動車(両)
motor vehicle accident 自動車事故
motor vehicle insurance 《英》= motor car insurance
motorway n 《英》高速道路 (M)
Motown 《商標》モータウン [○黒人のレコード会社, またそのリズムアンドブルース音楽] [<Motor Town デトロイト]
Motrin 《商標》モトリン [○米国の鎮痛剤. イブプロフェンの製品名. 処方箋が必要な物, 処方箋がなくても買える物と2種類ある]
MOT test 《英》車検 ⇨ MOT
motto /mátou/ n (~(e)s) モットー, 座右銘, 標語; 題句 [<伊]
MOU memorandum of understanding
mount¹ /maunt/ vt 登る; (馬などに)乗る; 据え付ける; 取り付ける; (写真などを)貼る(*on*); (行動を)とる

— vi 増す (*up*); 馬に乗る ► While the debtor is working out its troubles with one group of creditors, its problems continue to mount with other groups. 債務者が債権者たちの一つのグループと問題点を解決しようとしていると, 同じ問題点が他の債権者のグループとの間で増大し続ける

— n 乗用馬; 台紙; (宝石などの)台
mount² n 丘, 山
mountain /máuntən/ n 山, 山岳
a mountain of 山のような ► a mountain of paperwork 山のような書類事務 / With a mountain of debt on our shoulders, I don't see how we can get out of the red any time soon. 山のような借金を背負っているので, どうしたら近い将来わが社が赤字から抜け出せるのか見当がつかない

Mountain Dew 《商標》マウンテンデュー [○米国 Pepsi-Cola 社の清涼飲料]
mouse n /maus/ a (**mice, mouses**) ハツカネズミ; 内気な人; (コンピュータ入力用の)マウス ► The mouse on my computer isn't working. パソコンのマウスが作動していない / To move the image around, drag the mouse. 画像を回転させるには, マウスをドラッグする / To select the column, left click on the mouse. コラムを選ぶためには, 左クリックしてください / First, press and hold down the mouse button on the item you want to move and then drag it to its destination. まずは移動したいものの上でマウスボタンを押し, そのままで目的の場所までドラッグしなさい

— v /mauz/ 狩り出す, 捜す
mouse cursor [pointer] 〖コンピュータ〗マウスカーソル[ポインタ]
mouse-driven a 〖コンピュータ〗(キーボードだけの操作に対して)マウス操作の
mouse mat 《英》マウスパッド
mousepad n 〖コンピュータ〗マウスパッド
mouse potato 《略式》マウスポテト [○イン

ターネットにはまりこんだ人]
mousetrap n, vt ネズミ取り器; 新製品; 《略式》わなで捕らえる ► If you build a better mousetrap, the world will beat a path to your door. 魅力的な新製品を作れば世界中が殺到するだろう (✛Emersonの言葉から)
mouth n /mauθ/ (~s /mauðz/) 口; 被扶養者 (=mouth to feed); 生意気な言いぐさ; (口をゆがめた)渋面; (瓶・場所の)出入り口; 河口
be all mouth and trousers 《略式》口先ばかりで実行しない
by word of mouth 口伝えで ► The website's popularity spread by word of mouth. そのウェブサイトの人気は口コミで広がった / The restaurant became famous by word of mouth. そのレストランは口コミによって有名になった
down in the mouth 《略式》しょげた, 元気のない
from hand to mouth その日暮らしで
have a big mouth 口が軽い
keep one's mouth shut 黙っている; 秘密を漏らさない
open one's mouth 口を開ける; (あえて)発言する
put one's money where one's mouth is 《略式》自分の意見を行動で示そうとする
take the words out of a person's mouth (人の)言葉を先取りして言う

— v /mauð/ 大げさに言う
mouth off 《略式》(生意気な)口答えをする
movable /múːvəbl/ a ❶ 動かせる, 移動できる ► movable goods 可動商品 ❷ (財産について)動産の, 人的な(⇔real)

— n ❶ (~s) 動産, 家財, 家具 ❷ 〖法律〗(~s) 動産, 非定着物
movable property 動産
move /muːv/ vi 動く (*from, to*); 揺れる; 移転する, 引っ越す; (車などが)進む (*toward*); (事が)進展する; 取り組む (*on*); 行動する; 申請[提議]する (*for*); (商品が)売れる; 《略式》立ち去る ► The typhoon is moving toward the coastal region. 台風が沿岸部に近づいています / The talks hardly seem to be moving toward agreement. 会談はなかなか合意に近づいていないようだ / You must move at once in the matter. その件について, すぐに行動を起こさなければならない / Last month, the company moved to reduce overtime and business travel. 先月, その会社は残業と出張を減らす措置をとった / South Korea moved into new electronics in the 80s. 韓国は1980年代に新エレクトロニクスに進出した / Our new computer game is moving very well. 当社の新しいコンピュータゲームはとてもよく売れている

— vt ❶ 動かす; 移動させる; 感動させる; 提議する; 売る, 売りさばく ► Mr. Chairman, I move that we adjourn. 議長, 休会を提議します / We move that we cut our spending by ten percent this year. 今年は支出を1割削減することを提案します / HR decided to move him to the accounting division. 人事部は彼を経理本部に移動させることにした ❷ 〖法律〗(1) 申し立てる,

(法廷に)訴える，申請する (2)(動議を)提出する，提案する
get moving 《略式》急ぐ，出かける；(事を)進展させる ► I'd better get moving. そろそろ失礼します
keep the line moving 順に進む
move about [around] 動き回る
move ahead with を前進させる ► The company moved ahead with its restructuring plan. 同社はそのリストラ計画を推進した
move along 動いて行く；を去らせる；先へ進む
move a person to anger [tears] (人を)怒らせる[泣かせる] ► be moved to tears 感動して泣く
move away 引っ越す，離れる
move forward 前進する
move heaven and earth to do 全力を尽くして…する
move in 引っ越してくる；転入する；近づく
move in on ... に近づく，に押しかける；に迫る ► The company has not yet moved in on the consumer market. 同社はまだ消費者市場に攻勢をかけていない
move in with の所に転がり込む
move off 立ち去る；出発する
move on どんどん[先へ]進む；発展[昇進]する；(次に)移る(*to*)；(時が)過ぎる ► Let's move on to the next point on the agenda. 議事日程の次の議題に進みましょう / Time is moving on, so let's turn to the next subject. 時間がどんどんたつので次のテーマに移りましょう
move out 引っ越して行く，転出する；去る
move over 席を詰める；席を譲る；(…へ)移行する《*to*》
move up 昇進する[させる]；席を詰める ► He quickly moved up in the company's ranks. 彼は同社の出世階段を急速に登った
move up the ladder [in the world] 出世する ► He quickly moved up the corporate ladder. 彼はとんとん拍子に会社で出世した
move with the times 時代に遅れないようにする
— *n* 動き，動くこと，進展，移動《*from, to, toward*》；転居；措置 ► At present, the company is not considering any moves for a joint venture. 現時点では，その会社は合弁事業の設立を考えていない
get a move on 《略式》急ぐ
make a move 移動する；行動を起こす《*on*》
on the move 《略式》転々と移動して；進行中の；多忙で

◇**moveable** *a* =movable
movement /múːvmənt/ *n* 動き，運動；動作；(政治的・社会的)運動(の集団)《*to do*》；《通例 ~s》行動，動静；動向《*toward, away from*》；動く部品，機械装置 ► the movement towards peace 平和運動
be in the movement 時勢に遅れない
mover /múːvər/ *n* 動く人；《米》引っ越し業者；(政界の)実力者；売れ筋の株；原動力[機] (=prime mover) ► movers and shakers 権力者[有力者]たち

move-up buyers アップグレード志向の買手 [⊃買い換えて，一段上の高額物件を入手しようとする不動産の買手]
movie /múːvi/ *n* 《米略式》映画
go to a movie [the movies] 映画(を見)に行く
moving average 移動平均 [⊃過去一定期間(たとえば200日)の株価の平均を毎日ずらしながら取るのが典型的。毎日，当日の株価を足す一方，前日までの計算期間の初日を落として平均を計算しなおす。日々の株価の動きを長期トレンドと対比できるところに妙味があるとされる]
MP, M. P. Member of Parliament
MPAA Motion Picture Association of America アメリカ映画協会
MPC marginal propensity to consume; Monetary Policy Committee
MPEP Manual of Patent Examining Procedure 特許審査便覧 [⊃米国特許商標庁が特許出願の審査のために作成した基準の便覧]
mpg miles per gallon ガロン当たり…マイル
mph miles per hour 時速…マイル
MPM marginal propensity to import
MPS marginal propensity to save
MP3 [píːθríː] エムピースリー [⊃MPEG Audio Layer-3の略。音声データのデジタル圧縮技術の名称。MP3のフォーマットで作られたファイルを意味する場合は，可算名詞で，複数形はMP3s]
Mr., 《英》 **Mr** /místər/ *n* (*Messrs.* /mésərz/) …さん，氏，殿，様，君
MR market research; marginal revenue
M/R mate's receipt 本船受取証，メーツレシート [⊃船に輸出貨物が積み込まれたことを証するため一等航海士(チーフメイト)が発行する証明書。貨物に損壊があればこれに記載され，また船荷証券はこのM/Rに基づいて発行されるので，こうした記載も反映される]
Mr. Clean 《商標》ミスター・クリーン [⊃米国の清掃用洗剤。水を加えてタイルなどの床の清掃に使用する。容器に使用されている腕を組んだ魔人が名前の由来]
Mr. Coffee 《商標》ミスター・コーヒー [⊃コーヒーメーカー，エスプレッソ・マシーン，フィルター，コーヒー豆など，種々のコーヒー関係製品を出している米国のブランド。ココアメーカーもある]
Mr. Fixit /fíksit/ 《略式》修理[解決]上手な人
MRM marketing resource management
MRO materials, repair, operation
MRP manufacture's recommended price 《英》メーカー希望小売価格；material requirements planning
MRPⅡ, MRP2 manufacturing resource planning
Mrs., 《英》 **Mrs** /mísiz/ *n* (*Mrs.*, *Mmes.* /meidáːm | -dáːm/) …さん，夫人
Mrs. Dash 《商標》ミセス・ダッシュ [⊃米国の食品添加物を含まないハーブ系調味料のブランド]
Mrs. Fields 《商標》ミセス・フィールズ [⊃1970年代にデビー・フィールズが米国のカリフォルニア州パロアルト市で始めたクッキーの店]
MS management science

Ms., Ms /mɪz/ *n* (Mses, Ms's /mízəz/) …さん(✦未婚・既婚を問わず女性の敬称)

m. s., M/S months after sight 一覧後…か月払い

MSC Multimedia Super Corridor

MSCI ⇨ Morgan Stanley

MSCI EAFE Index MSCI イーファ指数 ⇨ EAFE

> **解説** Morgan Stanley Capital International社が発表する(米国から見た)外国株全体の株価指数. 欧州, 南洋州, 極東の21か国の株価指数から構成される. 1969年12月31日の時価総額を100として, 毎日の時価総額を基準日の時価総額で割って算出される. 対象国の株式時価総額の約85%をカバーし, 日本株がほぼ25%を占める. S&P 500が米国株投資のベンチマークとして使われるように, MSCI EAFE Indexは外国株投資を評価するベンチマークとして使われる

MSCI Emerging Markets Index MSCI エマージング・マーケット指数 [⇨Morgan Stanley Capital International が発表する新興市場国(ブラジル, ロシア, 中国など28か国)の株価指数]

MSCI World Index MSCI 世界指数 [⇨Morgan Stanley Capital International が発表する世界の株価指数. 米国を含めた23か国の株価総額加重平均指数で, グローバル株式投資ファンドを評価するベンチマークとして使われる]

M3 マネーサプライM3 [⇨通貨供給量指標の一つで, M2に1口10万ドル以上の大口定期預金を加えたもの. 2006年に政策立案上の有用性がなくなったとして米連邦準備理事会はデータの発表を打ち切った]

MTN medium-term note

MTO make-to-order

MTS make-to-stock

MTV Networks (~ Co.) MTV ネットワーク [⇨音楽専門の米国のケーブル局. 音楽ビデオに対するビデオミュージック賞スポンサー. Music Televisionの略語から. Mediaのコングロマリット Viacom Inc. の子会社]

M2 マネーサプライM2 [⇨通貨供給量指標の一つで, M1に定期性預金などを加えたもの]

much /mʌtʃ/ *a* (**more; most**) たくさんの, 多量の, 多額の ► Please be brief, because I don't have much time. あまり時間がないので手短かにお願いします

— *n* 多量; (how, as, soなどを前に置いて)…だけの量 ► The rest of the world has much at stake in the health of the US economy. 米国以外の世界中の国々は米国経済の繁栄に密接な利害関係をもっている / We only went over our budget this week by a little, not by much. 今週はちょっとだけ予算をオーバーしたが, そう大した額ではない

— *ad* 大いに; (how, as, soなどを前に置いて)…だけ多く, …まで; (比較級・最上級を修飾して) ずっと; ほとんど ► He felt much better after closing the deal. その取引をまとめた後, 彼は御機嫌だった / Investors were much more optimistic after the shareholders' meeting. 株主総会が終わった後, 株主はきわめて楽観的になっていた

a bit much ちょっとひどすぎる

as much それと同じ量, 同じこと

as much again (as) もうそれだけ, 2倍の ► half as much again 1倍半の

as much (...) as ... …と同量(の…), …だけ(の…); …ほども ► I want to finish as much as I can before going home. 家に帰る前に, できるだけたくさんやってしまいたい / Raising two children costs as much as buying a house. 2人の子供を育てることは家を1軒買うのと同じくらい金がかかる / The company's shares fell as much as 16% to $5.57. その会社の株は16%も下がって5ドル57セントになった / Return as much money as you borrowed. 借りただけのお金を返しなさい

as much as to say …と言わんばかりに

be too much for (略式)にはきつすぎる, 無理だ

how much いくら; どのくらい ► How much do you want? どれくらい欲しいのですか

I thought as much. そんなことだと思った

make much of を重んじる; を大事にする

much as と同じくらいに; …だけれども (=although)

much less もっと少なく; まして, いわんや ► It will take a near miracle for him to hold his place next year, much less improve it. 彼が来年も今の地位を確保することさえ奇跡に近い. いわんや地位を高めることなどとても無理だ

much more もっと多く; まして, いわんや

much of (否定) 大した… ► Much of the information was outdated. その情報は大部分が古くて役に立たなかった / We didn't have much of a choice in the pay cuts. 賃金カットには, あれこれ選択の余地はない

(pretty) much the same ほとんど同じ

not come to much うまくいかない

Not much! (略式)とんでもない

not much good at (略式)があまり得意でない

not much of a 大した…でない, どちらかというと駄目な ► This latest version is not much of an upgrade. この最新バージョンは大して性能が向上していない

not so much A as B AよりむしろB

not so much as ほど…ない; すら(し)ない

not up to much あまりよくない

so much ... …だけの

so much for についてはそれだけ(にしておく) ► So much for today. 今日はこれまで

so much so that とてもそうなので

so much the better それでますます結構

think much of / say much for (否定文で)を高く評価する ► The poor level of service doesn't say much for the restaurant. サービスの水準が低いことは, そのレストランの評判にプラ

スにならない
this [that] much これだけ[それほど]
without so much as doing …すらせずに

mud /mʌd/ *n* 泥, ぬかるみ ► Because of the scandal, the company's reputation was dragged through the mud. そのスキャンダルのために同社の名声は泥まみれになった
fling [sling, throw] mud at a person (人を)中傷する
stick in the mud 泥沼にはまる

muddle /mʌ́dl/ *vt* ごちゃ混ぜ[台無し]にする, 混乱させる 《*up, together*》
muddle on [along] なんとかごまかして過ごす
muddle through を切り抜ける ► The legal jargon in the document was difficult to muddle through. その文書に出てきた法律の専門用語は難しかったが, なんとか乗り切った
— *n* 混乱, ごたごた

mulch /mʌltʃ/ *v, n* (農業・園芸で)マルチ, マルチング(をする), (作物の)根囲い, 根元に敷く《藁[落ち葉, 腐葉土, 覆いなど]》

mulct /mʌlkt/ *n* 罰金
— *vt* 罰金を課す; ゆすり取る, だまし取る 《*of*》 ► The realtor mulcted one thousand dollars from his customers. その不動産業者は客から1,000ドルをだまし取った

mull /mʌl/ *v* 熟考する《*over*》; 検討する ► I've been mulling over whether to accept the job offer. その採用通知を受諾しようか, と思案しているところだ

multi- /mʌ́lti/「多い」

multi-cap fund マルチキャップファンド[◎運用対象の株式について発行企業の時価総額(cap)の大小を限定しないミューチュアルファンド. all-cap fund とも言う] ⇨ mutual fund

multichannel *a* 多重[マルチ]チャンネルの, 多重通信[通話]の

multichannel broadcasting 音声多重放送

multicompany *a* 多企業の, 各種会社の ► Scan its multicompany database. その多企業データベースを調べなさい

multi-digit *a* 多数桁の ► a multi-digit account number 桁数の多い口座番号

multidisciplinary *a* 職際的な, 複数の専門分野にわたる

multidisciplinary practice 複合的法律業務(事務所)[◎弁護士のほか会計士その他の専門家を揃えて依頼者にサービスをする法律業務またはそのような事務所]

multifamily *a* (家が)数家族用の

multiform *a* 多くの形態の; 多種多様の ► Many multiform corporations performed poorly in the 1970s. 多角化した会社が1970年代に業績が上がらなかった例は多い

multi-function *a* 多機能的な

multilateral *a* 当事者が多数の, 多数国参加の (⇔unilateral)

Multilateral Investment Guarantee Agency 《the ~》多数国間投資保証機関 (MIGA) [◎途上国や累積債務国への海外投資を促進するために, 投資に対する非商業リスクを担保することを主目的とする国際機関. 1988年に設立]

multilateralism *n pl* マルチラテラリズム, 多元主義, 多国間主義[◎多国間の協議や交渉によって諸問題を解決しようとする立場] (⇔unilateralism)

multilaterally *ad* 多角的に, 多国間交渉により ► Reforms critical to developing countries need to be addressed multilaterally. 開発途上国にとって緊要の改革については多国間交渉をもって臨むべきだ

multilateral trade ❶ 多角的取引[◎多くの個人または多くの国々の間で行われる取引] ❷ 多角貿易

multilevel marketing マルチ商法[◎商品を売った相手を勧誘して売手側に引き込み, こうして引き込まれた者が同様に販売先を勧誘することで順次販売網を拡大するビジネス]

multilingual *a* 多言語を用いる

multimedia *a, n pl* ❶ マルチメディア(の)[◎コンピュータ上, 文字データ, 映像, そして音声を組み合わせて使うこと] ► appreciate multimedia マルチメディアが分かる / designed for multimedia マルチメディア用の / equipped with multimedia マルチメディア機能が付いている / material for multimedia マルチメディア用の素材 / I'm giving more advice on multimedia presentations. マルチメディア利用のプレゼンテーションについてさらに助言をします ❷ 複数メディア展開[◎ある素材を, さまざまなメディアの形に変換して, 市場に供給すること] ► a multimedia corporation 複合メディア企業 / a multimedia society マルチメディア社会 / use a multimedia approach マルチメディアを使う

multimedia machine マルチメディア機

multimedia software マルチメディア・ソフト[◎映像編集ソフトのように文字データ, 映像, 音声を一括して扱えるアプリケーション]

Multimedia Super Corridor 《the ~》マルチメディア・スーパー回廊[◎マレーシアのクアラルンプール近郊に先端テクノロジーを結集した情報都市を造ろうという政府プロジェクト]

multimillion *a* 何百万の

multimillionaire *n* 億万長者

multimodal service 複合輸送サービス ► These shippers use the multimodal services offered by transportation firms. これらの発送業者は輸送会社が提供する複合的なサービスを利用する

multimodal transport 複合輸送

multinational *a, n* 多国籍の; 多国籍企業 ► We plan to acquire a Swiss-based multinational. 当社はスイスを本拠とする多国籍企業を買収する予定だ / Multinationals have brought new technology and know-how to the country. 多国籍企業はその国に新しい技術とノウハウを持ち込んだ

multinational corporation 《the ~》多国籍企業 (MNC) [◎複数の国で生産・販売活動を行

う大規模な企業]

multinational enterprise 多国籍企業 (MNE) (=multinational corporation)

multipack n マルチパック,集合包装 [⇨乾電池などに見られる,同一製品をいくつかまとめて包装したもの]

multiple /mʌ́ltəpl/ a 多様の;複合の;倍数の ▶ We offer multiple investment options. 当社は投資について多様な選択肢を提供します
— n 倍数;倍量;【証券】倍率 [⇨株価収益率(price/earning ratio)の倍率の意味で用いられることが多い.たとえば,株価が20ドルで一株当たり年間利益が2ドルであれば株価収益率は10で,投資家は年間利益の10倍の倍率で株を買っていることになる.株価売上高率(price/sales ratio)の倍率の意味でmultipleが用いられる場合もある]

multiple-choice a 多項式選択の

multiple listing service 共同不動産斡旋サービス (MLS) [⇨年間を通じた売り物件のリストを掲載した資料やデータベースを利用したサービス.データとしてはその物件を取り扱う仲介業者名や物件情報などが掲載されている]

multiple pricing ❶ 複数価格 [⇨予約時期によって異なる航空運賃のように,同一商品・サービスにつき複数の価格を設定すること] ❷ 抱き合わせ価格 [⇨「3足で1,000円」のように複数の製品・サービスを組み合わせて,個別に買うより安い価格を設定すること]

multiple priorities (複数の国に特許や実用新案などを出願する場合の)複合優先

multiple sales tax 売上税 [⇨メーカーの売上,販売店の売上と幾重にも課税されるのでmultiple(多重の)という言葉が入っている.transaction tax, turnover taxとも言う]

multiple (share) application 株式の多重申込 [⇨新株発行に際して引受申込数に制限があるのに,それをかいくぐろうと複数の申込をすること.一般に違法行為とされる]

multiple store 《英》チェーン店 (=chain store)

multiple tariff 差別関税 [⇨輸入先がどの国かによって異なる関税を適用する方式]

multiple taxation 多重課税 [⇨すでに課税されたものに重ねて課税すること]

multiplex /mʌ́ltəplèks/ a 多様な;多重送信の
— n 複合映画館 (=cineplex)
◇**multiplexer** n 【コ】回線多重化装置

multiplexing n 多重化 [⇨単一の通信経路上,複数の情報を一度に送ること]

multiple-zone pricing 多地区値段設定

multiplicity /mʌ̀ltəplísəti/ n 多数;多様性

multiplier /mʌ́ltəplàiər/ n 乗数 [⇨政府支出や投資の増加が社会全体の所得または有効需要の増加を増幅して生み出す効果比率] ▶ the government expenditure multiplier 政府支出乗数 / an income tax multiplier 租税乗数

multiply v /mʌ́ltəplài/ 増やす,増える;掛ける;繁殖する[する] ▶ Multiply 8 by 3 and you get 24. 8掛ける3は24 / If decisions are made without this information, the chances are multiplied that costly mistakes will be made. この情報がないままで決定がなされれば,高くつく誤りが起きる見込みが何倍にもなる / Your risk is multiplied when you invest in foreign countries. 外国に投資する場合は,リスクは何倍にも増える
— ad /mʌ́ltəpli/ 多様に

multipurpose a 多目的の

multiskilling n 多能化,マルチスキル化 [⇨多能工に見られる通り,複数の工程・作業を単独でこなせるスキルを持つこと]

multitask vi 同時に仕事処理を行う;マルチタスキングを行う ⇨multitasking

multitasker n 同時に複数の仕事をこなせる人

multitasking n 同時仕事処理,【コ】マルチタスキング [⇨複数のアプリケーションプログラムを同時実行すること]

multitude /mʌ́ltətjù:d/ n 多数 (of);群衆;《the ~》一般大衆 ▶ a multitude of special projects 多数の特別計画

multi-unit a 多店舗の

multiuser a 【コ】複数の利用者が同時に操作できる,複数[マルチ]ユーザーの

multi-year a 複数年にわたる

muni /mjú:ni/ n =municipal bond

muni bond =municipal bond

municipal /mju:nísəpəl/ a 地方自治体[市,町]の;地方自治の

municipal bond 地方債

> **[解説]** 州,市,地方公共団体が発行する債券.発行体により信用度は異なる.リスクは社債より小さいとされるが,実際にデフォルトが起こった例もある.一般財源債(general obligation bond)と特定財源債(revenue bond)に分かれる.地方債が支払う金利については,連邦所得税は免除されるのが通例で,地方債が発行される州内に買手が居住している場合は州の所得税も免除される.muniまたはmuni bondとも言われる

municipal bond fund 地方債ファンド [⇨地方債(municipal bond)で運用するミューチュアルファンド] ⇨mutual fund

municipal corporation 地方公共団体;《英》市法人

municipal issuer 地方債の発行体

municipality /mju:nìsəpǽləti/ n 地方自治体;自治体当局 ▶ This area will become a municipality next year. この地方には来年市制が敷かれる / Municipalities have been hard hit by cuts in federal spending. 連邦政府の支出削減で地方自治体は大打撃を受けている

municipally ad 地方自治体が関与して

municipals n =municipal bond

municipal security =municipal bond

municipal waste 都市ごみ [⇨都市生活者から出る廃棄物.家庭ごみ,事業系一般廃棄物,粗大ごみ,などを含む]

municipal waste disposal 都市ごみ処

muni fund =municipal bond fund
murder /mə́ːrdər/ n ❶ 殺人;〖法律〗謀殺(⇔ manslaughter) [⇨予謀(malice aforethought)をもって行われた不法な殺人。米国ではローマ法の伝統に従って予謀の有無により殺人を謀殺と故殺に区別する] ⇨homicide ▶ first-degree murder 第一級謀殺 [⇨予謀(premeditation)のある場合や、放火・強盗など他の重罪(felony)を犯す過程で行われたもの] / second-degree murder 第二級謀殺 [⇨殺意はあるが予謀のないもの] / a man charged with murder 謀殺の罪に問われている男 / an attempted murder 殺人未遂 / do [commit] murder 人殺しをする / be arrested for murder 殺人のかどで逮捕される
❷ 極めて困難な[危険な]こと; 実にひどいもの[こと]《on》
get away with murder 悪事を見つけられずに過ごす;好き勝手にできる
Murder will out. 悪事は結局露見するもの
— vt ❶ 殺す; 台無しにする; やっつける; 苦しめる
❷〖法律〗(人を)謀殺する
Murphy's Law マーフィーの法則 [⇨経験から生まれたこっけいな法則] (✚〈英〉Sod's Lawとも言う。Anything that can go wrong will go wrong.「うまくいかないことは必ずうまくいかない」など)
muscle /mʌ́sl/ n 筋肉; 腕力; (強制)力, (軍事・政治的)圧力, 影響力[勢力];《略式》ボディーガード
flex one's muscles 実力を誇示する
not move a muscle 身動き一つしない
— v《略式》(~ one's way) 強引に押し進む; 割り込む《in (on), into》▶ The software giant tries to muscle its way past antitrust laws. ソフトウェア業界の巨大会社は力ずくで反トラスト法を通り抜けようとしている
mushroom /mʌ́ʃruːm/ n キノコ; 成り上がり者 ▶ I feel like a mushroom. まるで蚊帳の外だ [⇨必要な情報を知らされていない状態]
— vi キノコ狩りをする; 急成長する
music /mjúːzik/ n 音楽, 快い響き ▶ When I heard the deal went through, it was music to my ears. その取引がまとまったことを聞いたとき, 私の耳には音楽のように快く響いた
face the music《略式》困難に立ち向かう; 非難[罰]をまともに受け止める
Muskie Act (the ~) マスキー法 [⇨1970年、米国カリフォルニア州で施行された自動車の排気ガス規制法。正式名称は an amendment of the Clean Air Act(改正大気清浄法)]
must /məst, ms;《強》mʌst/ aux v 〈義務・必要・強制〉…ねばならない, する必要がある (✚ 否定は need not または《略式》don't have to を用いる;過去・未来・完了などは have to の変化形で補う); 〈否定語を伴って〉〈禁止〉…してはならない; 〈要望・忠告〉(you を主語にして) …してほしい; 〈当然の推量〉…に違いない; 〈必然性〉必ず…する;《略式》〈過去・歴史的現在〉あいにく…した[する]
▶ I **must** be leaving now. そろそろおいとましなければなりません / You **must** not go. 行ってはならない / He **must** be joking. 冗談を言っているに違いない
(成句) *must have been* であったに違いない *must have done* したに違いない *Must you do?*《皮肉》…する必要があるのか; …しないでくれ
— n《略式》必要なもの
▶ a sightseeing must 必見の観光地
▶ a《米略式》絶対に必要な
▶ a **must** book 必読書 (✚ a must-read book とも言う)
mustard /mʌ́stərd/ n からし
a grain of mustard seed 大発展の可能性を秘めた小事
(as) keen as mustard《略式》非常に熱心な; 熱望して
not cut the mustard《米略式》成功しない, うまくいかない
must-have n, a 必携の, 必須の; 必需品
▶ Mobile phones are a must-have item today. 携帯電話は今日では必需品だ
must-see n, a《略式》必見の(場所) [⇨観光名所など]
mutatis mutandis /mjuːtéitis mjuːtǽndis/ 必要な変更を加えて;〖法律〗準用して ▶ At any such separate general meeting, all the provisions of the Articles as to general meetings of the Company shall mutatis mutandis apply. このように別途開催される総会については, 当社の総会に関する定款の条項が準用される[<ラ]
mutual /mjúːtʃuəl/ a 相互の; 共通の (=common) ▶ The business relationship was built on mutual trust. 取引関係は相互の信頼の上に築かれた / We reached an agreement which was to our mutual advantage. われわれは相互の利益になる合意に達した / The two companies merged for mutual benefit. 両社は相互利益のため合併した
— n ミューチュアルファンド (=mutual fund); 相互組合, 組合
◇**mutuality** n 相互関係
mutual agreement 合意
mutual aid 相互扶助
mutual aid association《米》=mutual benefit society
mutual aid society《米》=mutual benefit society
mutual assured destruction 相互確証破壊, マッド (MAD) [⇨核の先制攻撃を受けても報復攻撃で相手国を壊滅させる核戦力を保持していることが核抑止力となるという冷戦時代の思想]
mutual benefit society《米》共済組合 (=《英・豪》friendly society)
mutual company [corporation] 相互会社 [⇨利益をその構成員に出資額に応じて比例的に配分する会社]
mutual fund ミューチュアル・ファンド, 投資信託 (=《英》unit trust) ▶ invest in mutual funds ミューチュアル・ファンドに投資する

[解説] 米国で一般的な,会社型でオープンエンド型の投資信託.投資会社を設立し,投資家はその株式を買い取る形で投資を行うので,会社型の投資信託と呼ばれる.ファンドで生じた損益は株主に分配される.投資家の希望に応じて,会社はいつでも株式を買い戻す.投資家の希望があれば継続して新しい株式を売却するのでオープンエンド型(追加型)と言われる.運用資産の種類によって株式ファンド(stock fund),債券ファンド(bond fund),マネーマーケットファンド(money-market fund)に大別される.運用に対して0.5～2%の手数料を取る

mutual insurance 相互保険
mutual insurance company 保険相互会社 [⇨保険事業に固有の会社形態]
mutually *ad* 互いに ▶ mutually exclusive 相互排他的な / mutually beneficial 互恵的な / I hope that we can reach a mutually acceptable agreement. 互いに受け入れ可能な合意に達することができるよう望んでいます
mutually assured destruction = mutual assured destruction
mutual savings bank (米)相互貯蓄銀行 [⇨相互会社組織の貯蓄銀行] ⇨ savings bank
mutual shareholdings 持合株 ▶ They have been ratcheting up their mutual shareholdings to cement business ties and ward off hostile takeovers. 彼らは取引関係を強化するとともに敵対的買収をはねつけるために,持合株を少しずつ増やしてきた
MVA market value added
Myers-Briggs Type Indicator (商標) マイヤーズ・ブリッグズ性格類型 [⇨ユングの性格類型をベースにした性格テストにより判定される類型で,職業適性検査において広く用いられる]
myopia /maióupiə/ *n* 近視 [＜近代ラ]

◇**myopic** /-ápik/ *a* 近視の ▶ The executives have myopic views about the reform. その経営陣は改革について近視眼的見解を持っている / The company had a very myopic view and focused only on the domestic market. 同社の見方はきわめて近視眼的で,国内市場だけを気にしていた
myriad /míriəd/ *n, a* 無数(の); 1万(の)
a myriad of 無数の ▶ For a myriad of reasons, the company decided to change its business strategy. 数多くの理由から,同社は事業戦略を変更することにした
myself /maisélf/ *pron* (**ourselves**) 私自身
(*all*) *by myself* 自分だけで,独力で
for myself 自分のために; 独力で
I myself 私としては
to myself 自分だけの ▶ have ... (all) to myself (すべて)独り占めにする
MySpace (商標) マイスペース [⇨米国のソーシャルネットワークサイト.利用者が blurb と呼ばれる自己紹介や,どんな人と出会いたいかを記載したプロフィールを作り,ブログやビデオを公開する]
mystery /místəri/ *n* 神秘; 謎; 不可解さ ▶ It's a mystery to me why the company pulled out of the joint venture. なぜ同社が合弁事業から手を引いたのか,私には謎だ
mystery shopper ミステリーショッパー,店内サービス秘密調査員,覆面調査員 [⇨サービスの良し悪し等を調べるため買い物客を装って調べる人]
myth /miθ/ *n* 神話; 作り話; たとえ話; 誤った(社会)通念; 想像上の人[物]
explode [*dispel, debunk*] *the myth* 誤った通念を打ち砕く
◇**mythic, mythical** *a* 神話上の; 架空の ▶ He keeps talking about mythical job prospects. 彼は架空の就職口の話をし続けている

N, n

NA, n/a not applicable [available]
Nabisco《商標》ナビスコ［◎クッキー、クラッカーなどで知られた米国の大手会社、およびそのブランド. 2000年にPhilip Morris Companiesに買収され、その商品ブランドはKraft Foods社のものとなった. もともとNational Biscuit Companyから］
nabob /néibɑb/ n 大金持ち［＜ヒンディー］
Naderite /néidəràit/ n 消費者運動家［◎米国の消費者運動家Ralph Nader(1934-)の名より］
nadir /néidər/ n どん底 ▶ The economy is at the nadir of a recession. その国の経済は景気後退のどん底にある［＜アラビア］
NAFTA North American Free Trade Agreement
NAICS North American Industry Classification System 北米産業分類［◎NAICSコードで知られる、米国政府が産業統計上使っている分類］
nail /neil/ n くぎ; 爪
on the nail《略式》即座に
— vt (人を)のっぴきならなくする;《略式》捕らえる、かすめ取る; 見破る、すっぱ抜く
nail a person to a cross / nail a person('s hide) to the wall《米》(人を)ひどく叱る
nail (one's) colors to the mast（思想などを表明して）不動の態度をとる
nail down《略式》最終的に決める［手に入れる］;《略式》(人を)無理やり同意させる; を正確に定義する ▶ I finally nailed the boss down for approval on the project. やっと上司からプロジェクトの許可を取り付けた / We need to nail down the terms of our contract. われわれは今日契約の条件を取り決めなければならない / We are trying to get the agreement nailed down. われわれは協定を締結しようとしている
NAIRU non-accelerating inflation rate of unemployment インフレを起こさずに済む失業率の下限、自然失業率 ▶ NAIRU is said to have fallen from 6% to 5%. NAIRUは6%から5%に低下したとされる / The Fed has no fixed idea of where NAIRU lies. 連邦準備理事会としては、どの水準がNAIRUかという点に関して、確固たる考えがあるわけではない
naïve, naive /nɑːíːv/ a 単純な、世間知らずの; 無邪気な、純真な ▶ I can remember how naive I was when I entered the company. 入社したときの私はほんとうにナイーブだったことを今でも覚えています［＜仏］
naked /néikid/ a ❶ 裸の; むき出しの; あからさまな ❷《法律》(1) 不完全な、必要な条件を欠く、約因を欠く、補強証拠のない ▶ a naked confession 不完全な自白 / a naked promise (約因のない) 無償約束、強行し得ない約束 (2) 実質的利益を欠く ▶ naked power 実質的利益を伴わない権限 ❸ （オプション取引などで）現物株の裏付けのない、無担保の
◇**nakedly** ad
◇**nakedness** n
naked debenture 無担保借入金
naked option ネイキッド・オプション［◎契約を締結する時点で当事者が原証券(underlying security)を所有していないオプション契約. ネイキッド・オプションは潜在的なリスク・リターンが大きい］
naked shorting =naked short selling
naked short selling ネイキッド・ショート・セリング［◎前もって株を借りることなく株を空売りすること. SEC規則で禁止されている行為］
naked writer ネイキッド・ライター［◎オプションの売手だが、原資産を持っていないので、権利行使があればどれほど不利な条件でも別途原資産を調達する必要に迫られる］
name /neim/ n 名前、名称; 名目; ネーム［◎自己の財産を担保に供して、ロイズ（保険市場）に参画する保険の引受け手］ ▶ May I have your name please? お名前をいただけますか / A credit union is a special kind of bank. A bank is a bank by any other name. 信用組合は特殊な銀行である. 銀行はどんな名前で呼ばれようと銀行である
a bad name 悪評 ▶ The scandal gave the company a bad name. スキャンダルで会社の評判が落ちた
by name 名指して; 名前は[で] ▶ The boss knows all his staff by name. 上司はスタッフ全員の名前を知っている
by [of] the name of という名の
cannot put a name to の名前を思い出せない ▶ I can't put a name to his face. あの人の名前を思い出せない
in all [everything] but name 事実上は[の]
in a person's name (人の) 名義で、(人の) ものとして ▶ The account was opened in my name. その口座は私の名義で開設された
in name (only) 名目だけ
in the name of の名で; に代わって; という名で ▶ The new product safety regulations were passed in the name of consumer protectionism. 新製品安全規則は消費者保護の名のもとに議会を通過した / In the name of saving jobs, companies are putting efforts into cutting costs. 職を守るという名目で、各社はコストの削減に力を注いでいる
make a name (for oneself) / make one's name 評判をとる ▶ He made a name for himself in the media business. メディア業界で有名になった
take names《米》ブラックリストを作る
the name of the game《略式》肝心[不可欠]なこと; 目的
throw a person's name around (ある人を) 知っているとふれて回る
to one's name《略式》自分のものとして

under the name of という名[名義]で ► I have a reservation under the name of Smith. スミスの名前で予約してあります

― *vt* 名をつける; (と)呼ぶ; 指名[指定]する(*as*); 述べる; 指摘する ► He was named head of the new department. 彼は新しくできた部の長に任命された / The company will name its next CEO at the press conference. 同社は次期CEOの名前を記者会見で発表するだろう / Name your price. 値段はそちらで決めてください (✚買手が言う場合は「言い値で買います」,売手が言う場合は「言い値で売ります」の意味)

name ... after の名をとって…に名をつける
name names 名指しする
to name (but) a few いくつか名[例]を挙げれば ► Employee benefits include paid vacation, health insurance, and maternity leave, just to name a few. いくつか例を挙げれば, 従業員給付には有給休暇, 健康保険, 産休が含まれている
You name it. (略式)(あなたの言うものは)なんでも
― *a* 有名な, 名の通った

nameable *a* 名指し得る
name and shame (英)問題企業名を公表するブラックリスト
name brand 有名ブランド(名)
name-brand *a* 有名ブランドの ► We have name-brand sun lotions. 有名ブランドのサンローションを置いています
name-drop *vi* (-pp-) 知人であるかのように有名人の名をひけらかす ► Name-dropping sometimes works in sales talk. 有名人の名を持ち出すのは売込み口上では時には有効である
name ID 知名度 [●名前の浸透度. 政治家の名前が有権者の何にどれほど知れ渡っているかをパーセンテージで示したもの] ► For this reason, campaigns must work diligently to raise the name ID of the candidate. だから, 選挙戦は候補者の知名度を上げるように絶えず努力しなければならない
name identification =name ID
nameless *a* 名もない; 匿名の; 言い表せない ► who shall remain nameless (略式)名は伏せるが
namely /néimli/ *ad* すなわち ► The company will set up branches in Japan's top two cities, namely, Tokyo and Osaka. その会社は日本の2大都市である東京と大阪に支店を開設する予定だ
nameplate *n* 名札, 表札
name recognition =name ID
name tag (服につける)名札
name transfer (株式などの)名義書換
naming /néimiŋ/ *n* 名づけ, 命名; ネーミング [●企業やブランドに名前を付けること] ► product naming convention 製品のネーミング法 / The right naming for the product will help attract the attention of customers. 製品の適切なネーミングは顧客の注意をひきつける助けになる

NAMMCO North Atlantic Marine Mammal Commission 北大西洋海産哺乳類委員会, ナムコ [●IWCを脱退したアイスランドなどが, クジラなどの海産哺乳類の合理的利用・管理を目的に設立. 1992年発足]
nanobusiness *n* ナノビジネス
nano-cap fund ナノ株ファンド [●ナノ株(nano-cap stock)で運用されるミューチュアルファンド] ⇨mutual fund
nano-cap stock ナノ株 [●発行企業の時価総額によって株式を分類する場合のカテゴリー. 業者によって定義は異なるが, 時価総額が5,000万ドル以下の会社の株とする例がある] ⇨cap³
nanocomputer *n* ナノコンピュータ
nanosecond *n* ナノ秒 [●10⁻⁹の]
nanotech *n* ナノテク(=nanotechnology)
nanotechnology *n* ナノテクノロジー, 超微細技術
nap /næp/ *n*, *vi* (-pp-) うたた寝(する)
catch a person napping (人が)油断している不意をつく
take [have] a nap うたた寝する ► I usually take a nap on the train during my commute. いつも通勤列車の中で仮眠をとる
NAPM National Association of Purchasing Management 全米購買部協会 [●製造業の購買責任者の団体. 業況判断指数のNAPM指数で知られていた. 2001年にISM (Institute for Supply Management)と改称し, 指数もISM指数となった]
narration /næréiʃən/ nə-/ *n* (仕訳帳の)小書き
narrow /nǽrou/ *a* ❶ 狭い, 細い; 限られた; かろうじての; 厳密な ► He takes a narrow view on the product's potential. 彼はその製品の可能性について狭い見方を採っている / This special bank offers a narrow range of financial services. この特殊銀行は限られた範囲の金融サービスを提供している ❷ (株式・証券取引が)小幅の
in the narrowest sense 狭義で(は)
― *v* 狭く[細く]なる[する]; 限定する, 絞る ► The trade gap has narrowed. 貿易収支の赤字は縮小している
narrow down 絞られる; 絞り込む ► Have you narrowed down the possibilities? 可能性を絞り込んだかい / We need to narrow down our list of candidates. 採用候補者のリストを絞り込む必要がある
narrow in on 目標に迫る
narrowing *n*, *a* 隔たりが狭まること; 隔たりが狭まりつつある
narrow market 薄商いの市場 [●売買が活発でなく, 相場の大勢に影響しないもの. thin marketとも言う]
narrow money 狭義の通貨 [●流通現金通貨や要求払預金など, 狭義のマネーサプライを言う]
nascent /nǽsnt/ *a* 発生しかけた ► The government is investing money in its nascent renewable energy industry. 政府は発生期の再生可能エネルギー産業に資金を投資している /

Heavy manufacturing is still a nascent industry in that country. その国では重工業はまだ発生期の産業だ

NASD National Association of Securities Dealers

NASDAQ /nǽsdæk/ ナスダック

> [解説] National Association of Securities Dealers Automated Quotations の略. 全米証券業協会(NASD)が1971年に開設した株式店頭市場の気配値のコンピュータ情報システム. 現在ではこのシステムを使った株式店頭市場を意味するようになっている. ナスダックはマイクロソフト社やシスコ社などの大手のハイテクブームの中心となった. 2008年に北欧の証券取引所グループOMXを買収し, NASDAQの運営主体はNASDAQ OMX Group, Inc.となる. これによりグループの取扱銘柄数と売買高は世界一になっている. NASDAQだけでNASDAQ Composite Indexを意味する場合がある

▶the NASDAQ Stock Market ナスダック株式市場 / NASDAQ real-time quotes ナスダック・リアルタイム株価情報

Nasdaq Composite Index ナスダック総合指数

> [解説] ナスダックの全銘柄(約3,900)の株価を時価総額加重平均で表した指数. 基準日の1971年2月5日の株価を100として算出. 米国のハイテク株の動向を見る指数と考えられている

Nasonex 《商標》ナゾネックス [⇨鼻から吸引する米国のアレルギー性鼻炎治療薬. 日中, 夜間共に使用できる]

nasty /nǽsti/ a よごれた; 不快な; 粗悪な; 意地悪な (*to*); 嫌な; ひどい; 荒れ模様の ▶All the watches are cheap and nasty. それらの時計はすべて安い粗悪品だ / The two companies were involved in a nasty and long legal battle over patent rights. 両社は特許権をめぐって険悪な長期の訴訟合戦に巻き込まれている

a nasty one そっけない拒否; 痛撃
a nasty piece of work 《略式》嫌なやつ
— n 嫌なもの[やつ]; 《略式》ホラー映画
◇**nastily** a
◇**nastiness** n

natal /néitl/ a 出生の; 生まれ故郷の
◇**natality** n 出生率

nation /néiʃən/ n 国家; 国民; 民族 ▶The drop in consumer spending has been tough on the nation's retailers. 個人消費の減少は全国の小売業者にとっては厳しい状況だった / The Fed chairman helps shape the nation's economic policies. 連邦準備制度理事会の議長は米国の経済政策を形成する手助けをする

national /nǽʃənl/ a 国家[国立, 国民]の; 国民的な; 愛国的な; 全国の, 全米の [⇨米国では1つの州(state)に対して「全国の」の意味でnationalが用いられる] ▶The national household income has increased by 6%. 全国の家計所得は6%増加した / The Internet has eliminated national borders in business. インターネットはビジネスにおける国境を取り払った
— n (~s) (外国に住む) 同胞

national accounts 国民勘定, 国民所得勘定

National Association of Securities Dealers 《the ~》全米証券業協会 (NASD) [⇨2007年, ニューヨーク証券取引所の監督規制部門を糾合して, FINRA(金融取引業規制機構)となる]

National Association of Securities Dealers Automated Quotations 《the ~》全米証券業協会気配提示システム ⇨NASDAQ

National Audit Office (英国の) 会計検査院

national bank ❶ 国立銀行 ❷ (米国の) 国法銀行, 連邦免許銀行 (⇔state bank) [⇨連邦政府(財務省通貨監督庁)の認可を受けて設立された銀行. 銀行名にnational associationの略n.a.を使用できる. 連邦準備制度(Federal Reserve System)の加盟銀行(member bank)であり, 預金は連邦預金保険公社(FDIC)の預金保険によって保護されている]

national brand 全国ブランド, ナショナルブランド (NB) [⇨メーカーが全国的に展開しているブランド] ⇨private brand, store brand, no brand

National Broadcasting Company ナショナル放送会社 (NBC) [⇨米国の三大テレビネットワークの一つ. General Electrics Co.の子会社]

National Bureau of Economic Research 《the ~》全米経済研究所 (NBER) [⇨米国の景気動向をはじめ国際金融・経済の動向や現状の分析を行う民間の経済研究所. その調査報告の信頼度は高く, 経済統計や経済報道などでしばしば引用される. クズネッツの国民所得統計, ミッチェルの景気循環論, フリードマンの貨幣論などはいずれもこの研究所での研究プロジェクトから生まれている. また, アメリカ人のノーベル経済学賞受賞者の約半数がこの研究所所出身者であることでも知られている]

National Bureau of Standards 《the ~》(米国の) 規格基準局

National Bus Company 《the ~》(英国の) 国営バス会社 (NBC)

National Car Parks 《~ Ltd》ナショナル・カー・パークス (NCP) [⇨駐車場・パーキングメーターなどを扱う英国の最大手企業]

national debt 国家負債, 国家債務; 国債, 政府債 ▶The government is concerned about the mounting national debt. 政府は国家債務の増大に懸念を抱いている

National Environmental Policy Act 《the ~》(米国の) 国家環境政策法 [⇨1970年制定]

national flag carrier ナショナル・フラッグ・キャリア [⇨その国を代表する航空会社. 英国の英国航空, 日本の日本航空など]

National Geographic 『ナショナル・ジオグ

ラフィック』[⊃米国地理学協会(National Geographic Society)発行の月刊誌. 世界の文化, 習慣, 動物の生態などを特集する]

National Giro ジャイロ [⊃ヨーロッパを中心とする国際送金のシステム]

national health expenditure 国民医療費支出

national health insurance 国民健康保険 (NHI)

national health program 国民保険制度

National Health Service 《英・カナダ》《the ~》国民保健サービス (NHS)

national health spending =national health expenditure

national holiday 祭日, 国民的祭日; 法定休日

national income 国民所得 [⊃国の居住者が1年間に稼得した所得の合計. 国内総生産から固定資本減耗, 間接税を引き, 補助金と海外からの純要素所得を加えたもの]

National Insurance 《英》国民保険制度

national insurance company 国内(保険)会社 (=domestic (insurance) company)

nationality /næʃənǽləti/ n 国籍; 国民性; 国家; 国民 ► What nationality are you? 君の国籍はどこですか / He was a Russian in blood, but British in nationality. 血筋はロシア人だが, 国籍は英国だった / The population of this city consists of more than nine nationalities. この町に住む人々の国籍は9か国以上にわたる

nationalization, 《英》 **-sation** /næʃənəlizéiʃən/ n ❶ 民族自立 ❷ 国有化 [⊃私有財産を国家の所有と管理に移すこと] ► a nationalization policy 国有化政策 / nationalization of key industries 基幹産業の国有化 / authorize nationalization of の国有化を認める / carry out nationalization 国有化を成し遂げる

nationalize, 《英》 **-ise** /nǽʃənəlàiz/ vt 国営[国有]化する; 国家的にする; 独立国民とする ► The British government nationalized the railways in 1948. 英国政府は1948年に鉄道を国有化した / Some politicians think that the US should nationalize healthcare. 米国はヘルスケアを国営化すべきだと一部の政治家は考えている / The nationalized sector of the economy is doing well. 経済の国有化部門は好調である

nationalized industry 国有化産業

National Labor Relations Act of 1935 《the ~》(米国の)全国労働関係法 (NLRA) [⊃労働者が労働組合を組織し団体交渉を行う権利を保障した連邦労働法. 一般にワーグナー法 (Wagner Act)と呼ばれている]

National Labor Relations Board 《the ~》(米国の)全国労働関係委員会 (NLRB) [⊃全国労働関係法(National Labor Relations Act)を執行するために1935年に設立された連邦機関]

National Lottery 《the ~》(英国の)国営宝くじ [⊃1994年政府によって導入された]

nationally ad 国中で ► Nationally, gas prices have dropped by an average of five cents. 全国的に見ると, ガソリン価格は平均5セント下落した

National Marine Fisheries Service 米国海洋漁業局 (NMFS) [⊃米国商務省の米国海洋大気圏局(NOAA)の一部]

national market share 国内シェア ► We must do everything we can to keep our lead in the national market share. 当社は全国的な市場占有率のリードを維持するためにあらゆる手段を尽くさなければならない

National Market System 《the ~》全米市場システム (NMS) [⊃価格形式を担う証券業者が持つ相場情報を共有するための全米規模のシステム. 現在, 総合テープシステム(Consolidated Transaction Reporting System=CTRS), 総合気配表示システム(Composite Quotation System=CQS), 市場間取引システム(Intermarket Trading System=ITS)で構成されている]

National Oceanic and Atmospheric Administration 米国海洋大気圏局 (NOAA) [⊃米国商務省の一部. National Weather Service や National Marine Fisheries Service を含む]

National Organization for Women 《the ~》全米女性機構 (NOW) [⊃米国最大の女性支援団体. 男女同権, 妊娠中絶権などを求めて活動している. 1966年設立]

national paper 全国紙

national pension 国民年金

national product 国民生産 ⇒gross national product, net national product

national project 国営事業 ► The government has embarked on a national project to upgrade its highway system. 政府は高速道路網を改良する全国的なプロジェクトに着手している

National Public Radio 全米公共ラジオ放送 (NPR) [⊃非商業的なニュースや娯楽番組を製作・配給する法人組織]

National Quotation Bureau 全米相場情報サービス社 [⊃1923年創業の店頭証券情報提供サービス. 現在はオンライン化されているものの, 相場情報を店頭株式市場についてはピンクの用紙で, 店頭債券市場については黄色の用紙で提供していたため, それぞれ, pink sheets, yellow sheets で通るようになっている. 2000年に Pink Sheets LLC と名を変え, 2008年に再度, Pink OTC Markets Inc. と社名を変えた]

National Savings Bank (英国の)郵便貯金銀行

National Savings Stock Register (英国の)国債振替口座制度 [⊃郵便局を通じてギルト債(国債)を買うための制度]

National Security Agency 《the ~》(米国の)国家安全保障局 (NSA) [⊃国防総省内の情報収集機関]

National Security Council (米国の)国

家安全保障会議 (NSC)

National Steel 《~ Corp.》ナショナルスチール [⇒米国の大手鉄鋼メーカー. 1984年発行株式の50%を日本鋼管に売却, 2002年2月破産法に基づくChapter XI申請をし, 2003年5月資産をISGに売却した]

National Trade Estimate Report on Foreign Trade Barriers （米国の）外国貿易障壁報告 [⇒米国通商代表部 (USTR)が出す年次報告書. 米国の貿易相手国の輸入政策, 政府調達, 投資規制など貿易障壁を分析する]

National Transportation Safety Board 《the ~》（米国の）国家運輸安全委員会 (NTSB) [⇒運輸関係の事故調査を行い, 安全勧告を出す独立連邦機関]

national treatment 内国民待遇 [⇒他国の国民・産品・船舶などが自国で事業活動をする際に, 自国のそれらと同等の待遇を与えること] ▶ the national treatment principle 内国民待遇原則

national wealth 国富

nationwide *a*, *ad* 全国的な[に] ▶ There seems to be a nationwide trend towards smaller vehicles. 小型車への全国的な趨勢が存在するように思われる / We have branches nationwide. 当社は全国に支店をもっている

nationwide campaign 全国キャンペーン ▶ The nationwide campaign will include television ads to promote the product. 全国的なキャンペーンは製品の促進をするためのテレビ広告を含むことになる

nationwide distribution 全国販売 ▶ The company is making efforts to increase nationwide distribution of its organic food products. その会社は自社の有機食品製品の全国的な流通を増加させる努力をしている

native /néitiv/ *a* 《(to)》生まれつきの 《(to)》; 固有の 《(to)》; 先住(民)の; 自国の; 自然のままの; 素朴な; (プログラムなどが) 本来の, 固有の ▶ native intelligence 生来の知力 / He is a native to the area. 彼はその地方の出身だ

a native speaker of English 英語を母語とする人

go native 《略式》 (外国人などが) その土地の生活習慣に従う

one's native language 母語, 母国語

one's native place 生地

━ *n* 先住民; …で生まれた人 《(of)》; 土着の動植物

natural /nǽtʃərəl/ *a* ❶ 自然[天然]の; 天性の; 当然の; 気取らない; 実物そっくりの ▶ a natural cause 自然の原因

❷ 【経済】 自然な ▶ the natural rate of interest 自然利子率 / This product is made of natural ingredients. この製品は天然素材で作られている

❸ 【法律】 物理的に存在[実在]する ▶ A corporation is not a natural but a legal person. 企業は自然人ではなく法人である

come natural to 《(米)》 …にとって容易である ▶ Speaking in front of people comes natural to him. 人前で話をするのは, 彼にとってはたやすいことだ

it's (only) natural that [*for ... to do*] は[が…するのは]当然のことだ ▶ It's only natural that the company should focus on its core business. 会社が中核事業に集中するのは至極当然のことだ

━ *n* 《略式》生来の達人; うってつけの人[もの] 《(for)》

◇**naturally** *ad* 自然に; 生まれつき; 当然 ▶ come naturally to の性に合っている; にはたやすいことだ / Customers naturally expect quality service for their money. 顧客は当然, 金額に見合った良質のサービスを期待する / He was naturally dismissed. 彼が解雇されたのは当然だ / Naturally, we will be at the meeting. もちろんその会合には出席します

◇**naturalness** *n*

natural attrition 自然減 (=《英》natural wastage) [⇒現役の従業員を解雇するのではなく, 退職による欠員を補充しないことで徐々に従業員数が減っていくこと] ▶ reduce the work force through natural attrition 自然減によって従業員を減らす

natural catastrophe 自然災害

natural disaster 自然災害, 天災

natural ecosystem 自然生態系

natural gas 天然ガス

naturalization, 《英》**-sation** /nætʃərəlizéiʃən/ *n* ❶ 順応 ❷ 帰化 [⇒他国の国籍を得て, その国の国民となること]

naturalize, 《英》**-ise** *v* 帰化させる[する]; (外国の習慣・言葉などを) 取り入れる; 順応させる[する]

◇**naturalized** *a* 帰化した

natural person 【法律】自然人 (⇔legal person)

natural rate of unemployment 自然失業率 [⇒構造的な要因などでこれ以上下がりようのない失業率の水準]

natural resources 天然資源 ▶ have abundant [scarce] natural resources 豊かな天然資源がある[限られた天然資源がない]

natural wastage 《英》自然減 ⇨natural attrition ▶ They reduced staff by natural wastage. 彼らは自然減で社員を減らした

nature /néitʃər/ *n* 自然(界); 本質, 天性; 性質; 種類 ▶ human nature 人間性 / preserve [destroy] nature 自然を保護[破壊]する

be in a person's nature to do (人は) …する性分である ▶ It is not in his nature to apologize for his mistakes. 彼は自分の間違いを謝ることができない性格だ

by nature 生来 ▶ He is a hardworking person by nature. 彼は生まれつき勤勉な男だ

in nature 事実上; 実在して; まったく ▶ It was a heinous crime in nature. それはこの上なく凶悪な犯罪だった

in [*by, from*] *the nature of things* [*the case*] 物の道理として, 必然的に

let nature take its course 事の成り行きにまかせる

the same nature as or similar 同様のもしくは類

似する 📖 BUYER shall not, directly or indirectly, sell or otherwise be interested in the sales of any products of the same nature as or similar to the Products.「買主」は、直接的にまたは間接的に、「製品」と同様のもしくは類似するいかなる製品についても、販売またはその他の方法で関与してはならないものとする

Nature Valley 《商標》ネイチャーバレー［⇨穀物から作られる米国のグラノーラ・バーのブランド］

Naugahyde 《商標》ノーガハイド［⇨なめし革のように見えるビニールを被覆した丈夫な織物．ソファー、スーツケースなどに用いる］

naught /nɔːt/ n ゼロ；無 (=nought)
all for naught 無益で
bring [come] to naught 無効にする[なる] ► All our plans came to naught. われわれのすべての計画は水泡に帰した
set ... at naught を無視する

naughty /nɔ́ːti/ a 卑わいな；行儀が悪い；(行為などが) 不適当な ► He pulled a naughty prank on his friend. 友人にひどい悪ふざけをした
◇**naughtily** ad
◇**naughtiness** n

nautical /nɔ́ːtikəl/ a 海員の；船舶の；航海の
nautical mile 海里［⇨1,852m］
Nautilus 《商標》ノーチラス［⇨筋肉などを鍛えるフィットネス機器］

NAV net asset value
naval /néivəl/ a 船の；軍艦の；海軍の
naval chart 航海図

navel /néivəl/ n へそ；中央(点)
contemplate [gaze at] one's navel ひとりよがりの思案をする ► It's no use gazing at your navel. 自分の問題をあれこれ考えて時間を無駄にしても仕方がない

navel-gazing n ひとりよがりの思案
navi /nǽvi/ n ナビ (=navigation)
navigable /nǽvigəbl/ a 航行可能な；航行力のある
◇**navigability** n

navigable waters 可航水域, 可航河川

navigate /nǽvəgèit/ v 航海［飛行］する；(船・航空機を) 操縦する；《米略式》しっかり歩く［進む］ ► Many customers have complained that it's difficult to navigate through our website. わが社のウェブサイトは見て回るのが難しいと多数の顧客から苦情が来ている
◇**navigator** n 航海者[士, 長]；(航空機などの) ナビゲーター

navigation /nǽvəgéiʃən/ n 航海［空］(術)；海運；内水航行権 ► Car navigation systems have become standard in new vehicles. カーナビゲーションシステムは新車では標準装備になっている

NAVPS net asset value per share 一株当たり純資産額

nay /nei/ ad 《古》いや (=no)；《文》いやむしろ
— n 拒否, 拒絶；反対投票(者)
The nays have it! (議会で) 反対多数

naysay vt (-said) 反対[拒否]する

◇**naysayer** n いつも反対する人, 常に否定的な人 ► Despite the naysayers, the bill was passed. 一部の反対にもかかわらず、その法案は議会を通過した

NBC National Broadcasting Company; National Bus Company

NBC Television Network 《The ~》NBC テレビネットワーク ⇨ National Broadcasting Company

NBER National Bureau of Economic Research

NBV net book value
NC North Carolina; numerical control
NCP National Car Parks

NCR (~ Corp.) NCR［⇨米国のOA・ソフト会社．旧称 National Cash Register Co. 現在は ATM (Automatic Teller Machine), POS などの機械や、オフィスオートメーションにかかわるソフトサービスを行う］

NCREIF Property Index 《the ~》NCREIF 不動産投資インデックス (NPI)［⇨米国の非営利団体 The National Council of Real Estate Investment Fiduciaries (NCREIF) が作成している不動産投資インデックス．機関投資家による不動産のパフォーマンスを見る上でのベンチマークとして有名］

NCV no commercial value 商品価値なし

NDPB non-departmental public body 《英》非省庁系公共機関［⇨英国の中央政府は政策官庁である department, 実施機関である agency と、省庁の系列外にありながら国の機能を担う NDPB を三本柱にしている］

near /niər/ ad 近く；迫って；密接に；《略式》ほとんど
► **near** perfect ほぼ完ぺきな / Our office is located **near** the station. 私たちのオフィスは駅の近くにあります / The date of the product release **is getting near**. その製品の発売日が近づいている / Luckily, help was **near at hand** when the accident occurred. 幸運にも、事故が起きたとき、助けてくれる人が近くにいた

[慣句] *get near* 近づく　*near at hand* すぐ近くに；近い将来に　*near by* すぐそばに　*near upon* 《文》(時間的に) ほとんど, もう少しで

— a 近い；密接な；親密な；本物に近い；きわどい；左側の (⇔off)
► His resignation is a **near** certainty. 彼の辞任はほとんど確かだ / The actual output is **nowhere near** the target. 実際の産出量は目標にはるかに及ばない / That's **not anywhere near** enough money. それでは十分な金というにはほど遠い

[慣句] *a near escape [thing]* 危機一髪　*a near thing* 失敗；辛勝　*nowhere near / not anywhere near* にはほど遠い, …どころではない　*the nearest thing to* にもっとも近いもの；唯一…と言えるもの
— prep …の近くに
► The central bank can't lower interest rates any further because they are already **near** zero. 金利はすでにゼロに近いので、中央銀行が金利をさらに引き下げることは不可能だ

[成句] come [go] near (to) doing もう少しで…するところだ
→ *v* 近づく
▶ Our negotiations **neared** an end on Monday. われわれの交渉は月曜日には終わりに近づいた
[成句] near and dear 親密な

nearby *a*, *ad* すぐ近くの[に] ▶ There's a convenience store nearby. 近くにコンビニがある / Our company is building another factory nearby. 当社は近くの場所に工場をもう一つ建設中だ

nearby delivery スポットデリバリー, 直物取引 [◆現在のレート(スポット)で受渡し(デリバリー)が行われる金融取引の類型. 将来の期日に受渡しが行われるフォワードデリバリー(先渡取引)との対比で用いる]

nearby month 期近月(きぢかげつ) [◆オプションや先物の期限が到来する月のうち、現在の日付に近い月を指す. front month とも言う. 逆に遠い月は期先月で, 英語では deferred month]

near-cash asset 準現金資産, 貨幣類似資産, 近似貨幣資産 (=near money) [◆短期間に現金となる資産]

Near East 《the ~》近東

nearest *a* もっとも近い ▶ The total came to $35.89 but they rounded it down to the nearest dollar and charged us $35. 合計は35ドル89セントになったが彼らは端数をドルの位まで切り捨てて私たちに35ドルを請求した

nearest month =front month

nearly /níərli/ *ad* ほとんど; 密接に ▶ Nearly everyone has access to the Internet. ほとんど全員がインターネットにアクセスする手段を持っている / The company sold nearly all branches. その会社はほとんどすべての支店を売却した / The government lent nearly $15 billion to the car company to stave off bankruptcy. なんとか破産を食い止めようと, 政府はその自動車会社に150億ドル近くを貸し付けた / The exchange rate caused the company's profits to fall nearly 12%. 為替相場は同社の利益が12%近く減少する原因となった / His job is nearly finished. 彼の仕事はほとんど終わった / The company shed nearly 5,000 jobs. その会社は約5千人の従業員を解雇した

not nearly とても…でない, …どころではない ▶ The results were not nearly as bad as I had expected. 結果は私が予想したほどには悪くなかった / The money is not nearly enough for our project. その金では当社の計画にはとても足りない

near monies 準通貨 (=near-cash asset) [◆普通預金のようにすぐ現金化し, 決済手段として使える金融資産]

near-term *a* 短期の, 期近の, 目先の, 足もとの ▶ Many executives hesitate to invest in promising innovations that are likely to hurt near-term financial performance. 期近の業績数字を損なう恐れがある場合は, 将来有望な革新事業でも投資を躊躇する経営幹部が多い

near-term outlook 短期見通し ▶ The near-term outlook for consumer spending is mixed. 個人消費の短期見通しは明暗まちまちのものとなっている

neat /niːt/ *a* きちんとした; すっきりした; 器用な; 適切な; 《米略式》すてきな ▶ neat and clean きれいに整った / He keeps his desk neat and clean. 彼はいつでも机をきちんときれいにしている / He came up with a neat idea to raise sales. 彼は売上高を増やすための名案を思い付いた
◇ **neatly** *ad*
◇ **neatness** *n*

NEC National Economic Council 国家経済会議 [◆1993年にクリントン大統領が経済政策一元化のために創設した大統領直属の機関]

necessary /nésəsèri | -səri/ *a* 必要な; 必然的な, 避け難い ▶ Please bring along all necessary documents. 必要書類をすべて持って来てください / The President said he would take all the necessary measures to stimulate the economy. 景気の刺激に必要なすべての措置をとると大統領は言った

it is necessary that [for ... to do] は[…にとって…することは]必要だ ▶ Is it necessary for me to attend the meeting? 私がその会議に出席する必要があるのですか / It is necessary to establish a consensus among all departments. すべての部の間で合意を形成する必要がある

→ *n* 《-ies》必要物; 《-ies》生活必需品; 《the ~》必要な金, 先立つもの

do the necessary 《英略式》必要なことをする

◇ **necessarily** /nèsəsérəli | nésəsər-/ *ad* やむを得ず, 必然的に ▶ Success doesn't necessarily come from hard work. Sometimes, it's just luck. 成功は必ずしも勤勉から生まれるとは限らない, 幸運に過ぎないこともある

not necessarily 必ずしも…ない ▶ Investment in R&D does not necessarily increase profits. 研究開発投資は必ずしも利益を増やすとは限らない

necessary evil 必要悪 ▶ Taxes are a necessary evil to generate revenues for the government. 税金は政府に収入をもたらすための必要悪だ

necessary expense 必要経費 [◆収益を得るために必要な費用] ▶ Marketing research is a necessary expense in developing a new product. マーケティング調査は新製品を開発するのに必要な経費だ

necessitate *vt* 必要とする, 余儀なくさせる ▶ The rising costs of raw materials necessitated the company to raise the prices of its products. 原材料のコストの高騰は同社に製品価格の引上げを余儀なくさせた

necessitous *a* 貧乏な; 差し迫った

necessity /nəsésəti/ *n* 《-ties》必要物; 必要; 必需; 窮乏; 《the ~》必要経費 ▶ The prime minister emphasized the necessity of structural reforms. 首相は構造改革の必要性を強調した

make a virtue of necessity せざるを得ないことを潔くする
Necessity is the mother of invention. 《諺》必要は発明の母
Necessity knows [has] no law. 《諺》必要の前には法も無力
of necessity 必然的に

neck /nek/ *n* 首; 地峡, 海峡
be around [hang round] one's neck (問題などが) 非常に気がかりだ
be up to one's neck in 《略式》に深くはまり込んでいる ► I'm up to my neck in work. 仕事が忙しくて動きがとれない / She's up to her neck in debt. 彼女は借金で首が回らない
break one's neck 《略式》懸命に努力する《*to do, doing*》
break the neck of の峠を越す
breathe down a person's neck (人に) しつこくつきまとう; 監視する ► My boss kept breathing down my neck to finish the report. 報告書を完成するよう, 上司は私をせきたて続けた
have the neck to do ずうずうしくも…する
neck and crop 丸ごと, 完全に
neck and neck 互角に《*with*》 ► The two candidates are locked neck and neck in the presidential race. 2人の候補者は大統領選挙戦で互角の戦いを演じている
neck or nothing 一か八かで
risk one's neck 危険を冒す《*to do*》
stick one's neck out 《略式》危険に身をさらす
win [lose] by a neck 僅差で勝つ[負ける]

NEDC National Economic Development Council《英》国民経済開発委員会

Neddy /nédi/ *n* =NEDC

need /niːd/ *n* ❶ 必要(性)《*for*》; 必要なもの; 義務; 困窮 ► There is **an urgent need** for [of] skilled workers. 熟練工が緊急に必要である / There is **little need** for information search from outside sources. 外部情報源からの情報検索の必要はほとんどない / We **discussed the need** for improved relations with our vendors. 当社の納入業者との関係を改善する必要について議論した / Employees should be informed on a **need-to-know** basis. 従業員は知る必要に基づいて知らされるべきである / The government finally **recognized the need** to provide better support and training for the unemployed. 失業者にもっと十分な支援と訓練を提供する必要があることを政府はやっと認めた

❷ (~s) ニーズ ► Consumers' needs are changing rapidly. 顧客のニーズは急速に変化している / We are currently **assessing training needs** within the firm. われわれは現在, 社内でどのような研修のニーズがあるかの評価を進めているところだ / We strive to **identify the most critical needs** of consumers. 当社は, 消費者にとりわけ重要度の高いニーズをつかむべく努力している / Retailers continually strive to **meet the diverse needs** of consumers. 小売業者は消費者の多様なニーズに応えようと努力を続けている / We primarily **serve the needs** of the food industry. 当社は主として食品業界のニーズに応えている

be in need of を必要とする ► The company is in need of financial assistance from its lenders. その会社は貸手からの金融支援を必要としている / Japan is in need of more workers in the healthcare industry. 日本はヘルスケア業界にもっと多くの労働者を必要としている
have need of を必要とする ► If you have need of help, please let me know. 助けが必要だったら, 知らせてください
have no need of を必要としない
if need(s) be [were] 《文》必要とあれば
there is no need for [to do] の[…する]必要はない ► There is no need to jump to conclusions. 結論を急ぐ必要はない
without the need for を必要とせずに ► Increased efficiency will allow us to operate without the need for overtime. 効率を高めれば, 残業の必要なく操業することが可能になるだろう
— *vt* 必要とする; …する必要がある, …しなくてはならない《*to do*》; に (…して) 欲しい ► I need you to work with me. 私と一緒に仕事をしてもらいたい / I don't need life insurance now. いま生命保険はいらない / Do you need a tax preparer? 税理士が必要ですか / You don't need much money to open an account. 口座を開くには大した金はいらない / I need it yesterday. Finish it immediately. 《略式》それは昨日欲しいやつだ. すぐやってくれ / You don't need to buy a flight insurance. 飛行機に乗る前に保険に入る必要はない / You need to insure your life. あなたには生命保険が必要だ / The government needs to raise the consumption tax to contain this huge public debt. 巨額の公的債務を封じ込めるために, 政府は消費税を引き上げる必要がある / We need to step up our efforts to reduce costs. われわれはコスト削減の努力を一段と強める必要がある

— *aux v* (通例疑問・否定・条件) …する必要がある ► You need not go. = You don't need to go. 行く必要はない
I need hardly say 言うまでもなく
need not have done …する必要はなかった(のにした) (✚didn't need to do …する必要はなかった (のでしなかった))
◇**needful** *a* 必要な; ((the ~)) 必要なもの[こと, 金]

needle /níːdl/ *n* 針; 編み針; 注射針; 《略式》注射; レコード針; 磁針
look for a needle in a haystack 見つかる当てがないのに捜す, 無駄骨を折る
thread the needle 困難を成し遂げる
— *vt* 針で縫う; 《略式》刺激して…させる; いらいらさせる

needless /níːdlis/ *a* 不必要の ► Our flat organizational structure allows us to make decisions without needless delay. 当社では,

フラットな組織構造により，不必要な遅れなく意思決定ができる

needless to say 言うまでもなく ► Needless to say, it's not easy breaking into a new market. 言うまでもないことだが，新しい市場への参入は容易ではない

◇**needlessly** ad 必要もないのに

needs analysis ニーズ分析［◯新製品の販売ターゲットとなる購買層のニーズや，新店オープン予定地域の消費者のニーズを含む地域特性などを，市場調査で把握すること］► We have conducted a needs analysis to determine the skills that would be needed for the new employees. 新入社員が必要とするスキルは何かをつかむためのニーズ分析を行った

needs assessment ニーズ評価［◯企業の経営計画において，現在の問題点と将来起こり得る問題点を分析し，経営資源のあり方の評価を行うこと］

NEET n《英》ニート［◯Not currently engaged in Employment, Education or Trainingの略。英国政府が2000年の報告書で設定した労働政策上の分類区分。16歳から18歳までの年齢で雇用されておらず教育機関に所属せず職業訓練に参加していない者を言う。この言葉は日本にも輸入されたが，異なった定義で使用されている］

negate /nígéit/ vt 取り消す；否定する ► Rising fuel prices have negated airlines' efforts of cost cutting and reorganization. 燃料価格の高騰はエアラインの経費削減と組織再編の努力を帳消しにした

◇**negation** n 否定；否認

negative /négətiv/ a 否定的な；消極的な；マイナスの ► The survey shows that customers have a negative attitude toward the product. 調査結果によれば，顧客はその製品に対して否定的な態度をとっている / The strong yen has had a negative effect on Japanese exports. 円高は日本の輸出にマイナスの影響を与えてきた / Most negative credit information will be deleted after seven years. マイナスの信用情報の大部分は（規定で）7年後には削除される（✚信用情報提供機関で記録されている破産・負債などの情報について）/ Despite all the negative publicity, they had developed a reliable system. 悪い評判にもかかわらず彼らは信頼できる方式を開発した / A manager's negative outlook will surely affect all those below him. 一人の課長の否定的な見通しは間違いなく部下の全員に影響を与えるだろう / We've finally come out of years of negative sales and turned things around. 当社は長年の売上減少からやっと抜け出して，態勢を立て直した

━ n ❶ 否定語；負の数；陰画，ネガ；（テストの結果として）何かが存在しないこと ► answer a request with a negative 依頼に応じられない旨の返事をする ❷【金融】ネガティブ［◯格付アウトルックを表す符号で，格付(rating)が下方に変更される可能性を示す］⇨ rating outlook

in the negative 否定の，否定的に ► answer in the negative ノーと答える

━ vt 拒否［否認］する；の反証を挙げる；無効にする ► The plan was negatived by the committee. その計画は委員会に否決された

◇**negatively** ad
◇**negativeness** n
◇**negativism** n 否定論［主義］

negative amortization マイナスの償還，負の償還，負の返済［◯融資の返済で，毎月の返済額が少なくて，返済が進んでもローンの残高が減らずにむしろ増加するように設定されている償還方式。不足分は満期日に一括して支払うようになっている場合が多い］

negative amortization mortgage 負の償還型不動産担保ローン［◯定期返済額を少なく設定して，返済が進むにつれて残額が増加する方式の不動産担保ローン］► Nothing-down, interest-only and negative amortization mortgages are on the rise. 頭金なしローン，金利のみローン，マイナス償還ローンが増えてきている

negative balance マイナス残高

negative cash flow（現金収支上の）流出超過

negative certificate of origin 特定国産でないことを証する原産地証明［◯経済制裁を課されている国や敵対国の産物でないことを証明するもの］

negative contribution マイナスの寄与［◯たとえば，貿易赤字がGDPを押し下げるようなことを言う］

negative correlation 負の相関関係

negative equity マイナスエクイティー［◯担保物件の値下がりによる負債上昇］

negative externality 負の外部性［◯市場を通じない取引である外部性のうちマイナスの効果を発生させるものを言う］

negative feedback 負帰還，負のフィードバック

negative goodwill 消極のれん［◯会社の合併や取得において，合併会社や取得会社が支払った対価が，受け継いだ純資産の公正価値より小さいときの差額］

negative growth マイナス成長 ► The economy has experienced the third straight quarter of negative growth. 景気は3四半期連続のマイナス成長を経験した / The economy will likely end up with negative growth this quarter. 今四半期には，同国の経済はマイナスの成長に終わる公算が大だ

negative impact マイナス効果 ► This recall had a negative impact on the company's balance sheet. このリコールは同社の財務内容にマイナスの影響を与えた

negative income tax 負の所得税［◯無所得者または一定限度以下の所得者に対して与える社会保障給付］

negative leasehold 借り損のある賃借権［◯契約賃料が市場賃料よりも高い賃借権］

negative net worth 債務超過 ► The

negative pledge 消極担保 [○不動産に担保を設定するとき,同一不動産の上位に担保を設定しない保証]

negative spread 逆ざや [○調達した資金に課される金利が,その資金を運用して手にする金利を上回る状態]

negative tax =negative income tax

negative territory 前日比安 ► The stock closed in negative territory. その銘柄は前日比安で引けた

negative yield curve 逆イールドカーブ,逆利回り曲線 [○右下がりのイールドカーブ.短期金利が長期金利より高い異常な状況を表す.景気後退の前兆とされる] ⇨ yield curve

neglect /niglékt/ vt 無視する;…しないでおく,怠る,忘れる (to do) ► He neglected to inform his boss of the change. 彼はその変更を上司に報告することを怠った
— n ❶ 無視;放置;怠慢 ► After years of neglect, the building was in a terrible shape. 長年放置され,その建物はひどい状態になっていた ❷【法律】(1)(場合によりまたは意図的に義務を)怠ること,(ある行為を)行わないこと,不作為,懈怠(けたい),不注意 (2)(扶養義務を)怠ること,遺棄
neglect of duty 職務怠慢 ► The employee was dismissed for neglect of duty. 職務怠慢のため,その従業員は解雇された
◇**neglectful** a 怠慢な;かまわない
◇**neglectfully** ad

negligence /néglidʒəns/ n 過失;怠慢 ► slight [ordinary, gross] negligence (軽[普通,重]過失 / contributory negligence (被害者側の)寄与過失 / an accident due to negligence on the part of a driver 運転手側の過失による事故 / criminal negligence 刑事上の過失
— a 過失訴訟の,過失に基づく ► a negligence suit 過失を理由とした損害賠償訴訟 / a large negligence award 過失責任を追及する訴訟による多額の損害賠償

negligence per se 行為自体で成立する過失,法律上当然の過失

negligent /néglidʒənt/ a 過失がある;怠慢な ► He is negligent of his duties. 職務怠慢である / The bank was found negligent in accepting the forged documents without verifying them. 銀行は確認しないまま偽造文書を受理した点で過失があると判断された
◇**negligently** ad

negligible /néglidʒəbl/ a 無視してよい,取るに足らない,ないに等しい ► The difference between the two versions is negligible. 2つのバージョンの違いは取るに足らないものだ / Growth in retail sales were negligible in the last quarter. 前四半期には,小売業界の売上高の伸びは取るに足らなかった
◇**negligibly** ad 無視してよいほど ► The amount of investment is negligibly small. 投資額は取るに足らないほど小さい

negotiable /nigóuʃiəbl/ a ❶ 交渉の余地がある;通行可能な ► I think the terms of payment are negotiable. 支払条件については交渉の余地があると思う ❷【金融】譲渡できる

negotiable instrument 流通証券 [○譲渡性があり売買ため流通し得る証券]

negotiable order of withdrawal (米国の)譲渡可能払戻指図書 (NOW) [○預金の払戻指図書自体を譲渡できるためこの名がある.小切手の振出しが可能な貯蓄性預金で,利息が付く当座預金でもある] ► a negotiable order of withdrawal account NOW勘定

negotiable securities 流通有価証券 [○流通可能な有価証券で,船荷証券,倉庫証券,株券,債券などを言う]

negotiate

/nigóuʃièit/ v 交渉する;協議する (with);通り[切り]抜ける;うまく[なんとか]こなす,やってのける;(手形を)譲渡する,換金する;割り引く ► negotiate a contract 契約に向け交渉を進める,契約をまとめる / negotiate an agreement 協定に向け交渉を進める,協定をまとめる / I am negotiating for a salary raise. 昇給に向け交渉しているところだ / Try to negotiate the rent. Also negotiate the terms of the lease. 家賃の交渉をしてみなさい.また賃借の条件を交渉してみなさい / Watch out when negotiating with them, because they play hardball. 彼らは強硬な態度に出るから,交渉するときには気をつけなさい / You may negotiate this draft at 30 days at any bank. 一覧後30日払いのこの手形を後30日の銀行でも割り引けます
◇**negotiator** n 交渉者;譲渡者 ► As a negotiator, he was intimidating and uncompromising. 交渉相手としては,彼は威嚇的で妥協しない人物だった

negotiated agreement (交渉でまとめた)合意事項

negotiated contract 随意契約

negotiated price 相対(あいたい)で決めた価格;協議価格 [○供給者と需要者が協議して決定した価格]

negotiated transaction 相対(あいたい)売買,相対取引 [○売手と買手の交渉により取引条件を決める取引]

negotiating bank 手形買取銀行 📄 The negotiating bank must forward documents to us in two separate air mail. 手形買取銀行は,当行[信用状発行銀行]宛に(同文の)書類を二つの航空便に分けて転送しなければならない

negotiating skill 交渉技術 ► Jim has very good negotiating skills. ジムの交渉の腕前は際立っている

negotiating table 交渉の席[テーブル,場] ► sit down at the negotiating table 交渉の席に着く / We're going to meet back at the negotiating table to discuss this problem. 私たちはこの問題を討論するためにまた交渉のテーブル

に着くつもりだ

negotiation /nigóuʃiéiʃən, -si-/ n 交渉, 折衝；商議；輸出手形の買取；流通；譲渡

コロケーション

(動詞(句)+～) **begin** negotiations 交渉を始める / **break off** negotiations 交渉を打ち切る / **carry on** negotiations 交渉を続ける / **conduct** negotiations 交渉を進める / **enter into** negotiations 交渉を始める / **open to** negotiation 交渉の余地がある / **resume** negotiations 交渉を再開する / **start** negotiations 交渉を始める / **wrap up** negotiations 交渉をまとめ上げる

▶ matter for negotiation 交渉事項 / protracted negotiation 長引く交渉 / after lengthy negotiation 長い交渉の末 / by negotiation 交渉により / The **negotiations were difficult**, sometimes frustrating. 交渉は困難で, ときにがっかりするものであった / The other party made unreasonable demands **during the negotiation**. 相手方は交渉中に不当な要求をした / We refused to **enter into negotiations** with the raider on advice from our legal counsel. 顧問弁護士の助言に従い, 乗っ取り屋との交渉に入るのを拒んだ / **Negotiations broke down** after ten hours. 開始後10時間で交渉は行き詰まった / We plan to **open negotiations** with the company in the near future. 近々同社との交渉を始める予定だ / Company executives **are in negotiation** with union leaders. 会社の経営陣が労働組合の幹部たちと交渉中だ / In the end, we had to **break off negotiations**. 最終的には交渉を打ち切らざるを得なかった / We retained a lawyer to **conduct negotiations** with the local authorities. 地元当局との交渉を進めるため, 弁護士を雇った / We were far apart in our analysis of the market and **negotiations reached an impasse**. 双方との市場分析における隔たりが大きく, 交渉が行き詰まった / The payment terms **are open to negotiation**. 支払条件は交渉次第だ / The payment terms are still **under negotiation**. 支払条件は今なお交渉中だ / **Pay negotiations** are due to begin soon. じきに賃金交渉が始まるはずだ

≡交渉≡

aboveboard negotiations 裏取引なしの交渉 / pay negotiations 賃金交渉 / round-the-clock negotiations 徹夜交渉, 昼夜通しての交渉 / wage negotiations 賃上げ交渉

neighbor, 《英》-bour /néibər/ n 隣人；隣国人；近くのもの ▶ Our neighbor just moved in. 隣人は越してきたばかりだ / As a result of NAFTA, trade between the US and its neighbors, Canada and Mexico, has blossomed. 北米自由貿易協定の結果として, 米国とその隣国であるカナダとメキシコとの間の貿易は活発になった

― a 隣の

― v 隣り合う《on》；近所付き合いをする《with》

neighborhood, 《英》-bourhood /néibərhùd/ n ❶ 近所；地域；地区(住民) ▶ a black neighborhood 黒人地区 / This is a quiet, residential neighborhood. ここは静かな住宅地だ ❷ 〔不動産〕 近隣地域 ▶ a neighborhood effect 近隣効果 [➡地域環境が個人に及ぼす効果] / a neighborhood branch (図書館の) 地域分館, (銀行の) 出張所 / Property values in this neighborhood have soared. この近辺の不動産の価値は急上昇した

in the neighborhood of の付近に；《略式》およそ…, 約… ▶ Houses in the area are priced in the neighborhood of $2 million. その地区の住宅は2百万ドルくらいの値段がついている / The project would cost in the neighborhood of $5 million. そのプロジェクトは5百万ドル程度のコストがかかるだろう

neighboring rights 著作隣接権 [➡ 実演家, レコード製作者および放送事業者が著作物(音楽)において有する権利]

Neiman Marcus Group 《The ~, Inc》ニーマン・マーカス・グループ [➡ ヨーロッパなどのデザイナーブランドを中心とした米国の高級デパート. 第1号店はダラス. 店舗数はさほど多くない. また, Bergdorf Goodman, NYも保有. 2005年投資家に買収された]

neither /ní:ðər, nái-/ conj 《～ A nor B》 AでもBでもない；(否定の文・節に続いて) …もまた…ない ▶ "I don't like it." "**Neither** do I." (➕略式でMe neither [either].) 「それが好きではない」「私もだ」/ **Neither** food **nor** energy prices have shown any signs of leveling off. 食品価格もエネルギー価格も上昇が止まる気配はない / We have **neither** the time nor the money to undertake such a project. 当社にはそのようなプロジェクトを手がける時間も金もない

【成句】 **neither here nor there** 問題外で

― a どちらの…も…でない

▶ I agree with **neither** plan. どちらの計画にも同意しません / **Neither** budget proposal was acceptable. どちらの予算提案も受け入れることのできない内容だった

― pron どちらも…ない

▶ I made two suggestions and **neither** was accepted. 2つの提案をしたがどちらも受け入れられなかった

neo-Keynesian a 新ケインズ主義の [➡ 経済成長の主要因として政府支出と税制調整に頼る政策と理論を言う]

― n 新ケインズ主義者

neoliberalism n 新自由主義 [➡ グローバルな市場自由主義(資本主義)と自由貿易を特徴とする経済政策]

NEPA National Environmental Policy Act

nepotism /népətìzm/ n 身内びいき, 情実 ▶ In many Asian businesses, nepotism is viewed upon favorably. 多くのアジアの企業では, 親族重用主義は好意的な目で見られている

nerve /nə:rv/ n 神経；勇気, 度胸, 沈着；《略式》

厚かましさ, ずぶとさ; 《~s》神経過敏
a bundle [bag] of nerves 神経過敏な人
first-night nerves 初日のあがり
get on a person's nerves (人の)神経に障る ► This job is really getting on my nerves. この仕事をしていると本当にいらいらする
get up enough nerve to do …するだけの勇気を出す ► I finally got up enough nerve to ask for a raise. ようやく勇気を出して昇給を要求した
have a [the] nerve to do 厚かましくも…する; …する気がある ► He had the nerve to challenge his manager's decision. 彼は大胆にも課長の決定に異を唱えた / He had the nerve to stand up to his boss. 彼は上司に立ち向かうだけの度胸を持っていた
have nerves of steel 強心臓の持ち主だ
have no nerves 恐れ知らずである
knot one's nerve about のことで神経を病む[いらいらする]
lose one's nerve 気おくれする
not know what nerves are 恐れを知らない
strain every nerve 最大限の努力をする
take a lot of nerve 勇気がいる; よくもまあ図々しくやる
touch [hit, strike] a (raw) nerve 人の気に障ることをする[言う] ► He touched a raw nerve when he brought up the issue. その件を持ち出したとき, 彼は気に障ることを言った
— *vt* 力づける
nerve oneself for [to do] …する勇気を出す
◇**nerveless** *a* 力のない
◇**nervelessly** *ad*

nervous /nə́:rvəs/ *a* 神経の; 興奮しやすい, いらだちやすい; 神経質な; 臆病な; 《文》力強い ► I get nervous when I speak in front of a crowd. 大勢の前で話をするときはどきどきする / He was nervous when he was called in for his yearly review. 年に一度の業績検討会議に呼ばれたとき, 彼は神経質になっていた / Additional debt or layers of debt make the lenders nervous. 追加の負債や負債の山は貸主たちを不安にさせる
◇**nervously** *ad* 神経質に; 臆病に ► He is waiting nervously for the results. びくびくしながら結果を待っている
◇**nervousness** *n*

Nescafé 《商標》ネスカフェ[⇨スイスのネスレ社のインスタントコーヒーブランド]

nest egg 蓄え; へそくり ► We've saved up a nest egg for retirement. 退職に備えて, 貯金を積み立ててきた / This method offers you an effortless way to build up a nest egg. この方式をとればへそくりを楽に蓄えられる

Nestlé /nésli, -lei, nésl/ 《~ S.A.》ネスレ[⇨世界的なスイスの食品会社. インスタントコーヒー, 水(Perrier), ペットフード(Ralston Purina)などを扱うほか, 化粧品で有名なL'Oréalの株式を保有]

net¹ /net/ *n* 網; 網織り; わな; 《略式》放送網; 《the N-》インターネット(=Internet) ► I got the information off of the Net. その情報はインターネットから入手した
slip through the net 網の目をかいくぐる
— *vt* (**-tt-**) 網を張る; 網で捕らえる

net² *a* 正味の, 純…(⇔gross); 最終的な; 正価の ► the net result of の最終結果 / on a net basis 正味ベースで, ネットで / His net take-home pay barely covers rent and food. 彼の手取り給料は家賃を払い食料品を買うだけで精一杯だ
— *n* 純益; 正味, 純量; 正価 ► Earnings in the last quarter fell below the net of $3.6 million, posted a year ago. 前四半期の利益は1年前に計上した純利益360万ドルを割り込んだ
— *vt* (**-tt-**) …の純益をあげる ► That new invention netted the company a huge profit. その新発明は会社に巨額の利益をもたらした
net out 最終結果が出る; 取り除く
net annual value 《英》正味年間賃料収入[⇨地方税額計算の基礎となる賃貸物件からの収入]
net asset backing 《英》一株当たり純資産額[⇨資産から負債を引いた純資産額を発行株式数で除して求める]
net assets 純資産額[⇨総資産から総負債を控除した額] ► have negative net assets 純資産がマイナスである
net assets per share 一株当たり純資産額[⇨純資産を発行済流通株式で除した額]
net asset value ❶ 《証券》純資産価値(NAV)[⇨ミューチュアルファンドの一株当たりの純資産額. ファンドの資産総額から負債総額を差し引いたものを, 現在の株数で割った額. 投資家が解約するときに受け取る一株当たりの金額を示している. 毎営業日の終わった時点で計算される] ► The fund was then trading at a huge discount to its net asset value. そのファンドは当時は純資産価値を大きく割り込んだ価格で取引されていた ❷ 《会計》純資産価値, 正味資産価値[価値] (NAV)(=net asset worth)[⇨資産総額から負債総額を控除した自己資本の額]
net asset value per share 一株当たり正味資産価格
net asset worth 純資産額
net avails 正味手取額[⇨手形を割引いた時の正味手取額]
netback price 正味価格
netback pricing 正味価格形式[の算出]
net balance 直先総合持高[⇨現物持高に先物持高を加えた為替持高]
netbanking *n* ネットバンキング[⇨店舗を持たず, インターネットを通じて銀行としての営業活動をすること] ► Through netbanking, customers can easily access their account information and check balances. ネットバンキングによって, 顧客は自分の口座情報にアクセスし残高をチェックすることが簡単にできる
Net Book Agreement 《英》《the ~》(出版社と書店との)書籍値引禁止協定, 再販協定
net book value ❶ 純資産額[⇨会社の資産

から負債を引いたもの] ❷ 正味固定資産 [⇨固定資産の額から減価償却累計額を引いたもの]

net borrowing 正味借入金

net capital deficiency 債務超過 (=net deficit)

net capital gain 純資本利得, 純キャピタル・ゲイン [⇨特定課税年度の長期資本利得が同一課税年度の短期資本利得を超える価額]

net capital requirement (証券会社に対する) 自己資本比規制

net carrying amount 正味繰越額, 簿価純額

net cash flow 正味キャッシュ・フロー [⇨一定期間における現金同等物を含む現金収入額から現金支出額を差し引いた正味現金収入額, マイナスの場合は正味現金支出額] ► net cash flows from operating activities 営業活動上の(純)資金収支

Net-centric a (インター)ネット型の, ネットに軸足をおいた

Net commerce 電子商取引

net current assets 正味流動資産, 純流動資産, 純運転資本 [⇨流動資産から流動負債を差し引いた額]

net deficit 純負債, 正味負債 (=net liabilities)

net earnings 純利益, 純損益 [⇨総収益から総費用を控除したときの差額. net earningsは差額(損益)がプラスの場合にもマイナスの場合にも使うことができる. net incomeの同義語と考えてよい]

net earnings per share 一株当たり純利益 (=net income per share)

NetEase.com (~, Inc.) ネットイーズ・ドットコム, 網易 [⇨中国を代表するポータルサイト. 中国のオンラインゲーム運営などを行う. ナスダック上場]

net emigration 差引海外移民数

net exporter 純輸出国

net exports 純輸出 [⇨輸出額から輸入額を引いたもの]

Netflix 《商標》ネットフリックス [⇨米国のオンラインDVDレンタルサービス. 月極め料金制でオンラインで注文し, 配達・返却は郵便で行う仕組み]

net gain 純利益 (=net profit) ► In 2006, the nation's property-casualty industry posted a $31 billion net gain on underwriting. 2006年に, 全米の損害保険業界は保険の引受で310億ドルの純利益を計上した

net immigration 差引受入移民数

net importer 純輸入国

net imports 純輸入 [⇨輸入額から輸出額を差し引いたもの]

net income 純利益, 純損益, 当期純損益 [⇨総収益から総費用を差し引いた額. net incomeは差額(損益)がプラスの場合にもマイナスの場合にも使うことができる.「純利益」と訳されるが, むしろ「純損益」に相当する言葉である. 損益計算書の勘定科目としても「当期純損益」の意味で使われている]
► The company posted a 58% jump in net income. 同社は58%増の純利益を計上した / The company reported a 10% increase in fiscal first-quarter net income. 同社が発表した第1四半期の純利益は10%増となった / For the fiscal year ended March 2007, the company posted a net income of 1.8. billion yen. 2007年3月期決算で同社は18億円の純利益を計上した

net income before depreciation 減価償却控除前純利益 (NIBD) [⇨総収益から減価償却を除く経営費用を差し引いた額]

net income before income taxes 税引前純利益 [⇨法人所得税控除前の純利益]

net income per share 一株当たり純利益 ► net income per share of common stock 普通株式一株当たり純利益

net interest ❶ 税引後利息 ❷ 正味受取利息

net interest margin 預貸利ざや

net investment 純投資 ► net investment in a lease リース純投資額

netiquette /nétikit/ n ネチケット [⇨ネットワーク上で守るべきエチケット] ► You don't know the rules of netiquette. 君はネチケットのルールを知らない

netizen /nétəzən/ n [訳-ㄱ] ネチズン [⇨ネットワーク市民]

net liabilities 正味負債, 債務超過額 [⇨資産総額を負債総額が超える額]

net loss 純損失, 正味純損失 (⇔net profit) [⇨総収益から総費用を控除したときのマイナスの差額, 差額(損益)がプラスの場合には対語のnet profit(純利益)を使用する] ► The company forecast a net loss of $360 billion. 同社は3千6百億ドルの純損失になると予測した

net loss from operations 営業純損失 [⇨営業収益より営業費用が多い時の差額]

net loss per share 一株当たり純損失

net margin 純利益率, 純益率 [⇨税引後利益を売上高で除して求める利益率]

net national product 国民純生産, 国民純生産 (NNP) [⇨国民総生産から資本減耗(固定資産の減価償却)を差し引いたもの]

net-net n 税引後純利益; 最終的な結果, もっとも重要なもの

net operating assets 正味操業資産, 正味営業資産

net operating income 営業利益 (NOI) [⇨支払利息と法人税を差し引く前の利益 (=税引前利益)]

net operating loss 営業損失 (NOL) [⇨支払利息・法人税を差し引く前の損益がマイナスであるときの差額]

net operating profit 営業利益 ⇨net operating income

net output 正味付加価値 [⇨製造コストと販売価格の差額]

net PE ratio 配当利回り (=dividend yield) [⇨一株当たりの年間配当金が株価に対してどのぐらいの割合かを示す]

net periodic pension cost 当期正味年金コスト

net player ネットプレーヤー [⇨興行の純収入に対する一定割合をもとに報酬が支払われる映画俳優等]

net position (買持ち・売持ちをネットアウトした) 正味持ち高, ネット・ポジション

net premium 純保険料, 正味保険料

net present value 正味現在価値 (NPV) [⇨将来キャッシュ・イン・フローを一定の利子率で割り引いて算定された額]

net present value method 正味現在価値法 [⇨将来入ってくる現金を現在価値に引直した上, 投下資本等出ていく現金の現在価値を差し引き (ネットを求める), それがプラスなら採算が取れると判断するアプローチ]

net price 正価

net proceeds 正味手取額, 純手取額 [⇨財産の処分価額から関係諸費用を差し引いた額]; (証券発行の場合の) 発行代わり金

net profit 純利益, 当期純利益 (⇔net loss) [⇨総収益から総費用を控除したときのプラスの差額. 差額 (損益) がマイナスの場合には対語の net loss (純損失) を使用する] ▶ The company posted a net profit of $1.5 million for this fiscal year. その会社は今会計年度に150万ドルの純利益を計上した / The company reported a 23% drop in net profit for the year. 同社はその年度の純利益が23%落ち込んだことを公表した / The increase in net profit is largely driven by a larger gross profit. 純利益の伸びは概ね, 粗利が増えたことによるものだ / The stronger yen resulted in a decrease in net profit. 円高が響いて純利益が減少した

net profit after tax 税引後純利益

net profit margin 純利益率 [⇨純利益を売上高で除して求める利益率]

net purchases 純仕入高 [⇨総仕入高から仕入値引および仕入戻し高を控除した額]

net quick assets ratio 当座比率 [⇨流動資産から在庫や仕掛品など換金性の低いものを除いた当座資産だけをもとに, 流動負債をどの程度返せるかを見る指標]

net realizable value 正味実現可能価額 (NRV) [⇨資産の売却価格から売却までにかかる諸費用を差し引いた金額]

net receipts 正味受取額

net receivables 純債権, 正味債権 [⇨債権の総額から, その債権に関連する管理費用および手数料を控除した額]

net registered tonnage 純トン数 [⇨総トン数からブリッジ, 機関室など航行に必要な部分を除き, 荷物や運送に使う部分だけを基準に算出した船舶のトン数. 岸壁使用料の基準となる]

net rent 正味賃料収入

net return 正味リターン [⇨投資収益から費用を差し引いた手取額]

net results 最終業績, 最終損益, 最終結果 [⇨正式には net earnings, net income, net profit のように言うが, これらに代わるものとしてしばしば口語的に使われる言い方] ▶ Net results did not meet expectations, but we prefer to focus on the operating profit line. 最終損益は期待以下だったが, 営業利益にむしろ注目したい

net revenue 純収益; (純) 売上高 [⇨米国ではサービス業の会社は revenue を売上高の意味で使うことが多い. その場合の revenue から返品や売上値引を差し引いたものが net revenue である. 日本では売上高は返品や値引を差し引いてあるので, 強いて「純売上高」と訳す必要はない] ⇨net sales ▶ report net revenue of approximately $3 million 約300万ドルの売上高を計上する

net salary (給与の) 手取額 ▶ According to the survey, senior managers earned an average net salary equivalent to €79,000 when bonuses, tax and cost of living are taken into account. この調査によると, 賞与, 租税, 物価を調整した後の上級管理職の平均手取額はユーロ換算で79,000ユーロだった

net sales 《米》(純) 売上高 (=《英》turnover) [⇨総売上高から返品や売上値引を差し引いたもの. 日本では売上高は返品や値引を差し引いてあるので, 強いて「純売上高」と訳す必要はない] ▶ report quarterly net sales of $3 million 300万ドルの四半期売上高を計上する

net selling price ❶ [不動産] 正味売却価格 [⇨回収可能価額 (recoverable amount) を構成する価値概念の一つ] ❷ 純販売額 [⇨通常, 販売額から税金, 運賃・保険料, 値引, 返品分などを差し引いた額を言う]

Net-surfer n ネットサーファー [⇨インターネットを見て回る人]

◇**Net-surfing** n ネットサーフィン [⇨インターネットの情報サイトを次から次へと見て回ること]

nett /nét/ a 《英》=net²

net tangible assets 正味有形資産 [⇨有形資産の総額から流動負債の額を差し引いて求める]

net 10 10日以内にお支払ください (✚請求書上の記載)

net 10 eom 翌月10日までにお支払ください (✚請求書上の記載. eom は end of (the) month の略記)

net 30 30日以内にお支払ください (✚請求書上の記載)

net 30 eom 翌月30日までにお支払ください (✚請求書上の記載)

netting /nétiŋ/ n ネッティング, 差額決済 [⇨当事者間の債権債務 (受取額・支払額) を相殺し, 差引残高を払うことで決済すること]

net ton 米トン (=short ton)

net transaction 純取引, 手数料込み取引 [⇨手数料を投資家から徴収しない取引]

Net transaction ネット取引 ▶ impose a sales tax on Net transactions インターネット取引に売上税を課する

net turnover 《英》純売上高 (=net sales) [⇨総売上高から, 売上戻りおよび売上値引を控除したもの]

net value 正味価値

net wages (賃金の) 手取額 ▶ The net wages of workers fell five percent last year. 労働者の正味賃金は昨年5%減少した

network /nétwə̀ːrk/ *n* (販売網などの)網状組織; (コンピュータ)ネットワーク, 放送網 ▶ a broadcasting network 放送網 / a distribution network 流通販売網 / A network of stores 店舗網 / The company has built a large network of overseas suppliers. その会社は海外仕入先の大規模なネットワークを築き上げた / We have a broad network of distributors nationwide. 当社は全国に販売代理店の広汎なネットワークを持っている

— *v* (番組を)ネットワークで放送する; 【ﾋﾞｼﾞﾈｽ】ネットワーク接続する; 人のネットワークを作る ▶ network computers コンピュータをネットワークに接続する

network analysis ネットワーク分析 [⮕ ネットワーク上の情報のやりとりを監視し, 分析すること]

networked *a* ネットワーク化された [⮕ 複数の企業が業務の連携を図り, 事業活動の一元的運営を期していること]

networker *n* ネットワーカー [⮕ ①ネットワークを介して自宅などで勤務している従業員 ②異業種交流などで仕事のための人脈作りに努める人]

networking *n* ❶ ネットワーキング [⮕ 個人間, 集団間, 組織間の諸要素の繋がりを作り上げていくプロセス] ▶ His years of networking paid off. 彼の長年のネットワーク作りは報われた ❷ ネットワーキング [⮕ コンピュータ・ネットワークの設立[運用, 活用]]

net working capital 正味運転資本, 純運転資本 [⮕ 企業の短期的支払能力を見るもので, 流動資産から流動負債を控除した額]

net worth 純資産 [⮕ 総資産から総負債を差し引いた額で, 株式会社の場合は株主持分に相当する] ▶ have a negative net worth 債務超過である / a portfolio management service for high net worth investors 高額の純資産を持つ投資家のための資産管理サービス / Household net worth reached a record high just before the economic crisis. 家計の純資産は経済危機の直前に記録的な高額に達した

net yield 純利回り [⮕ 証券の収益率(rate of return)から証券購入に要した実費(手数料など)を差し引いた利回り]

neuroeconomics *n* 神経経済学 [⮕ 経済上の意思決定の原理を脳内の情報処理法に基づいて考察するもの]

neutral /njúːtrəl/ *a* 中立の; 公平な; どっちつかずの; くすんだ, 無色の, 中間色の ▶ He tried to remain neutral in the conflict. 彼はその争いで中立的立場にとどまろうとした

— *n* ❶ 中立の人[国]; 中立主義; 【機械】ニュートラル ❷【証券】中立, [⮕ 強気でも弱気でもない相場] ❸【証券】中立(推奨), ニュートラル, 保有継続 [⮕ 証券アナリストの推奨の用語で, 特定の銘柄について市場平均と同等の収益率をあげると予想するアナリストの意見を示す符号. holdとも言う]

neutrality of money 貨幣の中立性 [⮕ 貨幣は実体経済に何ら影響を与えないという考え方]

Neutrogena 《商標》ニュートロジーナ [⮕ 米国の石鹸などのブランド. 敏感でデリケートな肌向けの洗顔石鹸やクリームなどを提供]

never /névər/ *ad* 一度も[少しも, 決して]…ない ▶ He **never** complains about working overtime. 彼は残業について決して不平を言わない / **Never** sign a contract before reading the fine print. 細字で書かれた注意事項を読まずに契約書に署名するな / Investing in the stock market is **never** a sure thing. 株式市場への投資は決して確実なものではない / Of course, economic forecasting is **never** simple. もちろん, 景気の予測は決して簡単なものではない / He **never** says no to his boss. 彼は絶対に上司の意向に逆らわない / The global economy has **never** been more interconnected. 世界経済が今ほど相互に連繋している時代はない / **Never** before has the economy developed at such a fast rate. 経済がこれほど速いペースで発展したことは今までになかった / I'll **never ever** buy from that store again. あの店からは絶対にもう二度と買いません

成句 *never before* これまでない *never ever* 《略式》絶対に[決して]…しない *Never mind.* 気にするな *Never say die.* 《略式》決してあきらめるな *Never say never.* 《略式》もうないとは決して言うな *You never know.* 何があるか分からない

never-ending *a* 終わることのない(=endless) ▶ We were getting tired of their never-ending complaints. われわれは彼らの果てしないクレームにうんざりしていた

never-failing *a* いつも変わらない

nevermore *ad* 《文》二度と…しない

never-never *n* 《英略式》月賦 ▶ I bought the vacuum on the never-never. 掃除機を月賦で買った (✚ on the never-neverはやや古風で on hire purchaseが普通)

— *a* 空想上の ▶ We dreamed of a never-never land of easy money and low prices. われわれは低利で物価の安い空想の国を夢見た

nevertheless /nèvərðəlés/ *ad* それにもかかわらず ▶ Despite his misgivings, he nevertheless stayed on with the company. 懸念を抱いていたが, それにもかかわらず, 彼はその会社に勤め続けた

new /njuː/ *a* 新しい; 初めての 《to》; 新任の ▶ We're trying to obtain financing for a new business venture. 当社は新しい投資的の事業のために資金を調達しようとしている / Performance has improved at some funds, but that still hasn't brought in a lot of new business. 業績は一部のファンドで改善したが, それは今のところ新規の取引を大量にもたらしていない / The company has also shown it can grow by expanding into new markets. 新市場へ進出することによっても成長が可能であることを同社は示した

as good as new / like new 新品同様の[で] ▶ After the machine was repaired, it looked as good as new. 修理が終わると, その機

械は新品と同じように立派に見えた
— ad 最近; 新しく

newbie /njúːbi/ n 《略式》(インターネットの)ビギナー ⇨oldie

New China News Agency ⇨Xinhua

new classical economics 新古典派経済学 [◯古典派経済学の流れを汲み, 1970年代以降に勃興した経済学. 失業や景気後退は市場が解決すると考える]

New Deal ❶ 《the ~》ニューディール [◯1930年代の大恐慌下の米国で, F.D. Roosevelt政権のもとに実施された景気回復と社会改革のための国内政策]; (n- d-) 新政策 ❷ 《the ~》ニューディール [◯英国, ブレア労働党政権下の, 失業給付よりも雇用への補助金を重視する雇用対策]

New Economy 《the ~》ニューエコノミー, 新経済 [◯ハイテクブームの1990年代に, 一部の経済学者は米国経済が従来の経済法則があてはまらない, インフレなき持続的高成長が可能な経済に変貌したと主張し, その経済をこのように呼んだ. 2000年にバブルがはじけて, 幻想であったことが分かってからも, この言葉は「情報技術革命(IT革命)がもたらしたサービス部門を中心とする新しいタイプの経済」の意味で使われている] ⇨Old Economy
► New Economy stocks ニューエコノミー株 / New Economy [new economy] companies ニューエコノミー型の企業 / In the New Economy companies do business over the Internet. ニューエコノミーでは会社はインターネットで商売をする

New Enterprise Associates ニューエンタプライズ・アソシエーツ [◯1978年創業のベンチャーキャピタルで, 主にITおよびヘルスケア関連に投資]

new-fashioned a 最新流行の; 新式の

new high 新高値; 史上最高値 ► The yen hit a new high against the dollar in yesterday's trading. 昨日の取引で, 円はドルに対して新高値をつけた

new hire 新規採用者 ► New hires spend a week in each department. 新任の社員は各部門を1週間ずつ回ることになっている

new home 新築住宅 (⇔existing home 中古住宅)

new issue 新規発行(証券); 新発債

new issue bond 新発債

new-issue market =primary market

New Keynesian Economics ニュー・ケインジアン経済学 [◯1980年代以降に現れた賃金や価格の硬直性に注目する経済学]

new-look a 新流行の

newly /njúːli/ ad 最近; 新たに; 新しいやり方で

newly appointed 新任の ► The newly appointed CEO said he would continue with the company's restructuring plans. 新たに任命されたCEOは同社のリストラ計画を継続すると言明した

newly industrializing [industrialized] countries 新興工業国, ニクス(NICS) [◯1979年に発表されたOECDの報告書の中で用いられた用語. 報告書では, ギリシャ, ポルトガル, スペイン, ユーゴスラビア, ブラジル, メキシコ, 香港, 韓国, シンガポール, 台湾の10カ国が新興工業国として含まれていた. しかし, 香港と台湾は独立した国ではないという考え方が認められるようになった結果, 新興工業経済地域(newly industrializing [industrialized] economies)という言葉が使用されるようになった]

newly industrializing [industrialized] economies 新興工業経済地域, 新興工業経済群 (NIES, NIEs) [◯発展途上国の中でも特に急速な工業化と高い経済成長率を達成した諸国・地域. シンガポール, 香港, 台湾, 韓国, メキシコ, ブラジルなどを指す]

newly issued shares 公募株 [◯株式の新規公開で新たに発行される部分を指す]

Newman's Own 《商標》ニューマンズ・オウン [◯俳優ポール・ニューマンが1982年に始めた, 米国のドレッシング, パスタソースなどのブランド]

new matter 新規事項 [◯特許において, 出願時の明細書の記載事項から当業者が直接的かつ一義的に導き出すことができない事項を言う. こうした新規事項を補正で追加することは認められない]

new media ニュー・メディア [◯放送・新聞といった既存メディアに対してインターネットを媒体とするものを指す]

new money ニューマネー [◯①長期資金の新規借入額. 特に借換えに必要な額を超えて調達される資金を言う ②代々の資産家(old money)に対して新興の富裕層を指す言い方]

new product ❶ 新製品, 新サービス ► Deep-pocketed rivals keep rolling out glitzy new products. 豊富な資金を持つ競争相手は, 派手な新製品を次から次へと公開する ❷ 《保険》新商品, 新種保険; 新契約 (=new policy, new version)

new-product a 新製品の ► a new-product announcement 新製品の発表 / a new-product launch 新製品の発売 / a new-product release 新製品のプレリリース

new public management 新公的管理 [◯民間企業の管理手法と市場原理を公的部門にも導入すること]

news /njúːz/ n 知らせ; 変わったこと; 便り; 《the ~》報道; ニュース

語法 不可算名詞としてのaは付けない. 数えるときはa piece of news / an item of news / a news story [item]のようにする

► a welcome piece of news 歓迎できる知らせ / light news 軽いニュース / news media ニュースメディア / The bribery incident was reported on the news. その贈収賄事件はニュースで報じられた / Stock prices soared yesterday on news of the passage of the rescue plan. 救済計画が議会を通過したというニュースで, 株価は昨日急騰した / Markets in Asia staged a rebound on news of the fiscal stimulus plan by the US. 米国政府による財政刺激計画の報道で, アジアの市場は反騰した / Falling home prices may be good news for some homebuy-

ers. 住宅価格の低落は一部の家を買う人にはよい知らせかもしれない
a news story [item] 新聞[ニュース]記事《*that*》
Bad news travels fast [quickly]. 《諺》悪事千里を走る
be bad news 《略式》問題を引き起こしそうだ
break the news 公表する, 打ち明ける ▶ A major TV network broke the news about the planned merger. 主要ＴＶネットワークの一社は, その合併計画についてのニュースを報じた
I've got news for 《略式》に知らせることがある
make news ニュース種となる
No news is good news. 《諺》知らせのないのがよい知らせ
News 《The ~ Corp., Ltd.》ニュース[⇨オーストラリアから出発した世界的なメディアグループ. 米国の映画20th Century Fox, テレビのFox Broadcasting, 日本のSKY PerfecTV!, 英国の新聞The Times, The Sun, 出版社HarperCollinsなどを傘下に有する. 1979年設立. 2005年, SNS大手のmyspace.comを買収. 07年には経済紙で有名なDow Jonesを買収した]
news agency 通信社[⇨各種ニュースや情報を収集し, マスメディアや官庁企業に提供する事業体]
newsagent *n* 《英》新聞(雑誌)販売業者
news article ニュース記事
news bulletin ニュース速報
newscast *n, vi* ニュース放送; ニュースを放送する
newscaster *n* ニュースキャスター
news conference 記者会見 (♣press conferenceとも言う) ▶ The company held a news conference to announce its new product. 新製品を発表するため, 会社は記者会見を開いた
news content ニュースの内容 ▶ news content skewing ニュースの内容のゆがみ
news coverage ニュース報道
New Seven Sisters 新セブン・シスターズ[⇨全盛期の石油メジャー7社がSeven Sistersと呼ばれたのに対し, 産油国を代表する石油会社7社(サウジアラビアのAramco, ロシアのGazprom, 中国のCNPC, イランのNIOC, ベネズエラのPDVSA, ブラジルのPetrobras, マレーシアのPetronas)を言う. ⇨ Seven Sisters]
newsflash *n* ニュース速報
news gathering ニュース素材の収集 ▶ satellite news gathering 衛星によるニュース収集
newsgroup *n* ニュースグループ[⇨インターネット上の分野別掲示板] ▶ I belong to a newsgroup for marketers. 私はマーケティングのニュースグループに加わっている
new share 新株[⇨会社が資金を調達するために新たに発行する株式(持分)] ▶ issue new shares 新株を発行する
newsletter *n* 公報, 回報; 時事通信
newsmagazine *n* ❶ ニュース雑誌 ❷ ニュースマガジン[⇨ニュース雑誌的なテレビ番組. 時間枠をいくつかに区分し, 雑誌記事のようにそれぞれ別のトピックを扱う]
newsmaker *n* 時の人
newsman *n* 《米》記者 (♣女性はnewswoman); 《米》新聞の売り子[販売業者]
news organization 報道機関
newspaper *n* 新聞(紙); 新聞社
newspaper chain 新聞チェーン[⇨提携している新聞社]
newspaperman *n* 新聞記者; 新聞社の経営者
Newspaper Publishers Association 《英》新聞協会
newspaper report 新聞報道
newsperson *n* (新聞)記者, ニュースレポーター[キャスター]
news presentation ニュース放送
newsprint *n* 新聞用紙
news program ニュース番組
newsreader *n* 《英》ニュースのアナウンサー (=newscaster)
newsreel *n* ニュース映画
news release ニュース・リリース[⇨記者用発表記事]
newsroom *n* ニュース編集室; 新聞[雑誌]売り場[閲覧室]
news source ニュース源[⇨ニュースのネタ元, 提供者]
newsstand *n* 新聞雑誌販売所, キオスク
new stock 新株 ⇨ new share
news value ニュース価値
Newsweek 『ニューズウィーク』[⇨米国のニュース週刊誌. 国際事情から科学, 宗教, スポーツ, ライフスタイルまで幅広い記事, 批評を提供する]
newsweekly *n* ニュース週刊誌[紙]
newsworthy *a* 報道価値のある
newswriter *n* ニュース原稿作成者
new time 新たな限月取引[⇨先物取引で, 限月取引のうち満期となり上場が廃止されたものに代わって新たに上場される限月取引を言う]
new year 新年; 《通例N- Y-》 新年[⇨元日を含めた数日間]; 元日 ▶ I wish you a happy New Year. 新しい年がよい年でありますように; あけましておめでとうございます (♣《米》《英》では, I wish you a merry Christmas and a happy New Year. のように, クリスマスのあいさつと同時にすることが多い. なお, 呼びかけや葉書などに書くHappy New Year! は前にAをつけないのが普通)
New York Life Insurance 《~ Co.》ニューヨーク・ライフ・インシュアランス(社)[⇨米国の生保グループ. アジア・中南米などで事業展開を拡大. 1845年設立. 私企業]
New York Mercantile Exchange 《~, Inc.》ニューヨーク・マーカンタイル取引所 (NYMEX) [⇨世界最大の石油製品および貴金属の取引所. ここで取引される原油の指標銘柄であるWTIの価格は原油価格の代名詞になっている] ⇨ Chicago Mercantile Exchange
New York Stock Exchange 《the ~》ニューヨーク証券取引所 (NYSE) [⇨2007年, Eu-

ronextと合併し, NYSE Euronextとなる. 売買高, 上場銘柄の時価総額において世界一の市場]

New York Times 《The ~ Co.》『ニューヨークタイムズ』[⇨米国の最大手新聞社の一つ. また, その日刊紙(*New York Times*). 創刊は1851年. 'All The News That's Fit To Print'(印刷に適したニュースはすべて掲載)がモットー. *International Herald Tribune*も所有する]

NEXIS 《商標》ネクシス[⇨米国オンライン新聞雑誌データベース]

next /nekst/ *a* 次の; 隣の, いちばん近い ▶ Please come back next week for your appointment. 面会がありますから来週また来てください / Next time, do a little research in advance. 今度はあらかじめ少し調査をしよう / The company said it may cut production by 15% next year. 来年は生産を15% 削減するかもしれないと同社は発表した

in the next place 次に, 第二に

next door 隣に; 隣家に[で] ▶ I'd like to change rooms because of the noise from the room next door. 隣がうるさいので部屋を替わりたいのですが

next door to の隣に; に近い; ほとんど… ▶ Our offices are next door to each other. 私たちのオフィスは隣同士だ

next to に次いで; ほとんど ▶ It was next to impossible to speak directly to a customer service representative. 顧客サービス担当者に直接話すのはほとんど不可能だった

the next thing one knows 《略式》気がついてみると, いつの間にか

― *ad* その次に

get next to a person 《略式》(人に)気に入られる; (人)と親しくなる

the next best 次善の ▶ The next best option is to rent a car. 次善の選択は車を借りることだ

― *pron* 次の人[もの]

Next, please. 《略式》次の人, どうぞ

the week [*month*] *after next* 再来週[月]

next-day *a* 翌日の ▶ next-day delivery 翌日配達

next following 翌(…) [⇨契約書などでは, 普通なら next business day(次の営業日)とするところを, すぐ次に来るものであることを強調して next following business dayと言う]

next succeeding 翌(…)

NGO nongovernmental organization 非政府間国際組織, 非政府組織, エヌ・ジー・オー [⇨政府や政府間の協定によって作られたものではなく, 民間組織・団体として, 平和や人権, 環境問題などに関する活動をしている非営利の組織]

NHI national health insurance

NHS 《英》National Health Service

NI 《英》National Insurance

NIC newly industrializing country

nice /nais/ *a* よい; 親切な(*to*); 精密な; 鋭敏な; (好みなどが)やかましい, 気難しい; 《反語》困った, 嫌な; 《古風》上品な ▶ Have a nice weekend. よい週末を / The company's nice work culture is one of the reasons for its low staff turnover rate. 同社の気持ちのよい企業風土は従業員の離職率が低いことの理由の一つだ

nice and /náisn/ 《略式》申し分なく; ずいぶん ▶ nice and warm 暖かくて気持ちよい / nice and fast とても速く

Nice meeting you. / *Nice talking to you.* じゃあこれで(さよなら)

nice one [*going, moving*] 《略式》それはいい; 《反語》それはひどい

nice try 《略式》かつごうと[だまそうと]してもだめだよ[<原義:愚かな]

◇**nicely** *ad* 《略式》うまく, 申し分なく; 入念に ▶ The price fits nicely into my budget. その価格なら予算内にうまく収まる / Everything worked out nicely with the opening of the new branch. 新しい支店の開設は何もかもうまくいった

◇**niceness** *n*

nicety /náisəti/ *n* 精密さ; (-ties)微妙な点[差異]

to a nicety きちんと, 正確に ▶ The schedule was arranged to a nicety. 日程はこまごまと決められていた

niche /nitʃ/ *n* ニッチ, 市場のすき間 ▶ find one's niche in the business world 実業界で適所を得る / carve out a market niche すき間産業として成功する / The company has carved out a niche for itself. その会社は自社のためにニッチ市場を開拓した / We need to concentrate on a niche. 当社はニッチに焦点を絞る必要がある

keep one's niche 棲み分けの場所を確保する

― *vt* (be ~d / ~ oneself) (適所に)はまる, 落ち着く

niche market ニッチ市場, すき間市場 ▶ enter a new niche market 新しいニッチ市場に参入する / create a niche market in the tourism industry 旅行業界にニッチ市場を創出する / For a startup company, it's best to find a niche market. 新設の会社にとっては, ニッチ市場を見つけ出すのが最上の策だ

niche marketing ニッチ・マーケティング[⇨ニッチ(すき間)市場を対象としたマーケティング]

niche player すき間市場

nicher /nítʃər/ *n* ニッチャー[⇨ビジネス・チャンスが見落とされているすき間市場で行動する企業]

niche technology すき間技術[⇨一時的である特別な需要に応える技術]

nichist *n* ニッチ企業, すき間企業[⇨買手が限られている市場で高付加価値製品・サービスを提供する企業]

nick /nik/ *n* (切り)傷; 警察

in good [*bad, poor*] *nick* 《英・豪略式》調子がよくて[悪くて]

in the (*very*) *nick of time* ちょうどよい[きわどい]時に ▶ I got to the meeting in the nick of time. 間一髪で会議に間に合った

― *vt* 傷をつける

nickel /níkəl/ n ニッケル;《米・カナダ》5セント白銅貨
— vt (《英》-ll-) ニッケルめっきする

nickel-and-dime a, vt 少額の; つまらない;《略式》けちけちした対応しかしない;《細かな支払いをさせて》(人から) 金を奪い取る, (会社の) 屋台骨を揺さぶる ▶ The boss should not worry too much about the little nickel-and-dime expenses. 社長はこまごまとした出費についてあまり気にするべきではない

nicker /níkər/ n 《英略式》1ポンド貨幣

NicoDerm《商標》ニコダーム [○米国の禁煙用パッチ。肌に貼ることにより, 体内に直接, しかし緩慢にニコチンを送る]

Nicorette《商標》ニコレット [○ニコチンの味のするチューインガム]

Nicotrol《商標》ニコトロール [○禁煙用のニコチンパッチの一種]

NICS /niks/ newly industrializing [industrialized] countries

Nielsen (rating) /ní:lsn/ n ニールセンTV視聴率調査 [○米市場調査会社の名より]

NIES, NIEs /ni:z/ newly industrializing [industrialized] economies

NIESR National Institute of Economic and Social Research (英国の)国民経済社会研究所 [○経済報告をしばしば報じる, 権威ある経済調査機関。独立の民間団体であり, 国立の研究所ではない]

NIF note issuance facility

nifty /nífti/ a 《略式》いきな; 気のきいた; かっこいい ▶ That's a nifty idea. 素晴らしいアイディアだ

niggard /nígərd/ n, a けちんぼう(な) ▶ That niggard pays us niggardly wages. あのけちんぼはけちくさい賃金しか出してくれない

◇**niggardly** a, ad けちな; 乏しい; けちけちして ▶ They pay a niggardly 2% on this loan. 彼らはこのローンに雀の涙もいいところ, たった2%しか払わない

night /nait/ n 夜, 晩; 日暮れ ▶ He comes home from work late every night. 彼は毎晩遅くに仕事から帰ってくる

all night (long) 一晩中 ▶ Passengers were stranded at the airport all night. 乗客は一晩中空港で過ごす羽目になった

a night out (家や仕事を離れて) 一晩楽しく遊ぶこと ▶ I had a night out with my coworkers. 同僚たちと夜遊びした

at night 夜に[の] ▶ The store is open from morning till late at night. その店は朝から夜遅くまで開いている

by night 夜に

in the night 夜間に ▶ The incident took place in the night. その出来事は夜間に起きた

night after night 毎晩, 夜な夜な

night and day / day and night 昼夜を分かたず

turn night into day 夜遅くまで仕事をする[遊ぶ]

night depository (銀行の)夜間金庫

night duty 夜勤 ▶ night duty allowance 夜勤手当

nightmare /náitmèər/ n 悪夢; 夢魔 ▶ The surge in oil prices has been a nightmare for the airline industry. 石油価格の急騰は航空業界にとっては悪夢だった

◇**nightmarish** a 悪夢のような

night porter《英》(ホテルの)夜勤の受付

night safe 夜間金庫

night shift (集合的) 夜勤労働者; 夜勤(時間) ▶ I'm on the day shift one week and the night shift the next week. 1週は日勤で, 次の週は夜勤

NIH syndrome =not-invented-here syndrome

Nike (~, Inc.) ナイキ [○世界有数の athletic shoesのメーカー。各種スポーツ商品にも進出]

Nikkei /ní:kei/ n 日経(株価)指数 (=Nikkei average)

Nikkei average 日経225, 日経平均 [○東証一部上場企業を代表する225銘柄で構成される株価指数]

Nikkei component shares 日経平均構成銘柄

Nikkei Index =Nikkei average

Nikkei Stock Average =Nikkei average

Nikkei 225 =Nikkei average

nil /nil/ n 無; ゼロ ▶ With all the discounts that car dealers are offering to entice customers, profits are close to nil. 顧客の気を引くために車のディーラーが提示する値引きで, 利益はゼロに近い [<ラ]

NIMBY, nimby /nímbi/ a, n 近所での建設反対(の人) [○not in my backyardに由来する]

NIMBY phenomenon NIMBY現象, 総論賛成・各論反対 [○いわゆる迷惑施設(ごみ焼却場, 葬儀・火葬場, リサイクル施設など)の立地の社会的必要性は認めるが, 自分の近隣には来てほしないという考え方の傾向]

NIMTO not in my term of office 先延ばし主義

nine /nain/ n, a 9(の); 9人[個]

nine times [in nine cases] out of ten 十中八九 ▶ Nine times out of ten, his sales projections are off. 十中八九, 彼の売上予測は外れている

(up) to the nines 《略式》完全に

900 /náinhándrid/《米》有料電話サービス [○日本のダイヤルQ²に相当]

9Lives《商標》ナイン・ライブズ [○米国のキャットフードのブランド。缶入りフード, ドライフードなど猫用の製品を提供している]

999, nine-nine-nine《英》(警察・救急車・消防署への)緊急電話番号

911, nine-one-one《米》(警察・救急車・消防署への)緊急電話番号

nine-to-five a, ad, n 9時から5時の[まで]; サラリーマンの(仕事) ▶ a nine-to-five job サラリーマンの仕事, 定職 / He landed his first nine-to-five in April. 彼は4月に初めて就職した

nine-to-fiver n《略式》(9時から5時までの勤務時間の)サラリーマン

ninety-nine cent store, 99-cent store 99セントストア(✚日本の「100円ショップ」に当たる。a 99 cents only storeとも言う)

Nine West《商標》ナインウエスト[✚米国の靴, ハンドバッグなどのブランド. カジュアル用, 通勤用に人気]

nip /níp/ (-pp-) vt 挟む, つまむ; 挟み[かみ]切る《off》; (計画を)はばむ;《略式》ひったくる, 盗む
► We need to nip the problem in the bud before it gets any bigger. その問題は, 大きくなる前に, つぼみのうちに摘み取る必要がある
— vi 挟む;《英略式》急ぐ《along》

nip in 急いで入る; するりと割り込む; 寸法を詰める

nip ... in the bud を未然に防ぐ

nip off [out] to へ急いで(出て)行く

— n 一挟み[一かみ]; 厳寒; 酒の一口 ► There is a nip in the air. きりっと寒い / A nip here or a nip there won't be enough to lower expenses significantly. あちこちで少しずつ削っても, 経費を大きく削減できる額にはならない

nip and tuck《略式》美容整形
— ad《米》(競争で)互角に[で], 競り合って

nitrous oxide 亜酸化窒素[✚一酸化二窒素. 代表的な温室効果ガスの一つ]

nitty-gritty /nítigríti/ n《略式》(the ~) 核心; 本質; 肝心かなめ ► During the meeting, we worked out the nitty-gritty details of the contract. 会議の間に, われわれは契約の基本的な細部を詰めた

get down [come] to the nitty-gritty 問題の核心に触れる

Nivea《商標》ニベア[✚米国のクリームのブランド. ハンドクリーム, ボディクリーム, ローション, 栄養クリームなどがある]

NLRA National Labor Relations Act
NLRB National Labor Relations Board
NMFS National Marine Fisheries Service
NMS National Market System
NNP net national product

no¹ /nóu/ ad いいえ; 少しも[まったく]…ない
► There are no quick fixes for our company's financial woes. 当社の資金的な悩みについては手っ取り早い解決策はない / There's no easy way to fire someone. 人を解雇するのは簡単なことではない

No can do.《略式》そんなことはできない(✚ピジン英語だが, 緊張を和らげるために利用する. Long time no see.「久しぶりですね」は同様の表現)

— n (~(e)s)「否」と言うこと; 否認, 拒否; (~(e)s)反対投票(者) ► Fifty ayes were cast and only five noes. 賛成50に対して反対はただの5であった

The noes have it. 反対投票多数

no² a 決して…ではない; いかなる…もない
► **No** objection. 異議なし / He's **no** expert. 彼は専門家どころか素人だ / He's our best salesperson, so it's **no** surprise that he was promoted. 彼は当社の最高のセールスマンだから, 昇進したのは不思議ではない / He anticipates slower growth, but **no** recession. 彼の予想では, 成長は鈍化するが, 景気後退はない / **No** matter how hard he worked, he couldn't please his boss. 彼がどれだけ頑張って働いても, 上司の気に入ることはなかっただろう

《成句》*There is no doing* とうてい…できない *No way* ⇨way¹の成句

no., No. /nʌ́mbər/ n …番 (=number) [<ラ *numero*]

No. 1 =number one

No. 10 Downing Street ダウニング街10番地, 英国首相官邸

N/O normal order

NOAA National Oceanic and Atmospheric Administration

no-action letter《米》ノー・アクション・レター [✚特定の行為が違法かどうかについての投資家からの事前の問合せに対して, 違法でないことを確認し民事訴訟も刑事訴追もしないことを約束する証券取引委員会(SEC)の書簡. この制度にならって日本でも2001年に「行政機関による法令適用事前確認手続」が新設され,「日本版ノーアクションレター制度」と呼ばれている]

nobble /nʌ́bl/ vt 買収する; (人の)気を引く

nobby /nʌ́bi/ a 一流の; 上品な

noble /nóubl/ a 高貴の; 高尚な; 素晴らしい
► Even though he did not win, he made a noble effort. 勝てこそしなかったものの, 彼は立派に努力した
— n 貴族

noble metal 貴金属

nobody /nóubʌ̀di, -bədi/ pron 誰も…ない
► **Nobody** was around when I came to the office. 私が出社したときには, だれもいなかった / **Nobody** can do the job like you. あなたほどその仕事をうまくやれる人はいない

《成句》*like nobody's business*《略式》とても, 大いに, 素早く *nobody, but nobody* 誰も絶対に…ない *nobody else* ほかの誰も…ない

— n 名もない[取るに足りない]人 ⇨somebody

《成句》*a mere nobody* まったく取るに足りない人

no-brainer n《米略式》(考える必要がなく)誰でもできること ► If he can't do a no-brainer like that, he has to go. そんな簡単な仕事ができないやつは, 首にするしかない

no brand ノーブランド[✚ブランド(商標)のない商品. generic brandとも言う] ⇨national brand, private brand

no-claim(s) bonus (自動車保険の)無事故割引[✚(自動車の損害保険で)一定期間無事故で通した被保険者に適用される保険料の割引]

nod /nʌ́d/ (-dd-) vi (同意して)うなずく; 会釈する; 居眠りする《off》; うっかり損じる ► The boss nodded in assent. 上司は同意してうなずいた

— vt (頭を)うなずかせる; うなずいて示す; 傾ける ► He nodded (his) assent. 彼はうなずいて同意を示した

— n うなずき; 居眠り; 承諾

be at a person's nod (人の)意のままになる, (人に)あごで使われる

give [get] the nod 承認する[される] ► The board gave the nod to the new proposal. 取締役会は新しい提案を承認した

on the nod 信用で

node /noud/ *n* ノード [⇒ネットワーク上のコンピュータ, ルーター(異なるネットワークどうしの接点)などの構成要素. ネットワークの節目, 結び目とも言える]

no-fault insurance 《米》無過失責任保険 [⇒自動車保険の一種]

no-fee *a* 手数料なしの, 料金不要の ► There are a lot of low-rate and no-fee card issuers. 低料金や手数料なしのカード発行会社がたくさんある

no-frills *a* 余分のサービス抜きの ► You might want to stick with a no-frills checking account. 余計なものがついていない単純な小切手口座だけに限っておこうとするかもしれない

no-frills airline 格安運賃航空会社

NOI net operating income

noise /nɔiz/ *n* 不必要な情報;ノイズ [⇒信号を送受信する際に品質を劣化させるもの] ► The noise level of the product has been reduced considerably. その製品のノイズレベルはかなり低減されている

make a noise 音をたてる;騒ぎたてる 《about》;不平を漏らす《about》► Management took action to improve work conditions after employees made enough noise about safety. 従業員が安全について騒ぎ立ててからやっと, 経営陣は労働条件を改善する措置をとった

make a noise in the world 有名になる

make (all) the right noises もっともらしいことを言う ► The Finance Minister makes all the right noises about economic reform. 財務大臣は経済改革について当然予想されるようなことをあれこれと述べたてている

— *vi* 騒ぐ

— *vt* 言いふらす《about, abroad, around》► It's being noised about that the company is going bankrupt. その会社は破産しそうだとうわさされている

◇**noiseless** *a* 音のしない
◇**noiselessly** *ad*
◇**noiselessness** *n*

noisy /nɔ́izi/ *a* うるさい, 騒々しい;派手な ► I cannot work under such noisy conditions. こんな騒々しい状態では働けない

Nokia (~ Corp.) ノキア(社) [⇒フィンランドの企業グループ. ワイヤレス通信機器, システム, 携帯電話などの世界的大手]

NOL net operating loss

no-load fund ノー・ロード・ファンド, ノー・ロード投信 [⇒購入時に証券会社への販売手数料支払いが必要ない投資信託] ► Invest only in no-load funds. 手数料なし投信にだけ投資しなさい

nomadic worker 移住労働者 [⇒仕事を求めて居所を転々とする労働者]

Nomex 《商標》ノーメックス [⇒軽量で耐熱性のあるアラミド(aramid)繊維の商品名. 特に消防服用]

nominal /nɑ́mənl/ *a, n* ❶ 名目上の, ほんのわずかの ► a nominal supervisor 名ばかりの管理職 / Nominal retail sales in December fell short of last year's figures by 3%. 小売業の12月の名目売上高は昨年の数字より3%少なかった / The auction website charges a nominal fee for each product you sell. そのオークションサイトは競売にかける個々の製品について小額の手数料をとる ❷ 名目の (⇔real) [⇒物価変動を調整する前の数値について言う. 調整後を意味する real (実質)と対比して使われる] ► nominal dollar 名目ドル (⇔real dollar) / in nominal terms 名目ベースで (⇔in real terms)

nominal capital 名目資本 [⇒株式会社の発行株式の額面価額または表示価格で示された資本金額]

nominal damages 名目的損害賠償金 [⇒権利の侵害はあるが実質的な被害がない場合に(原告の権利の確認の意味で)与えられる小額の損害賠償金] ⇒damage ②

nominal exchange rate 名目為替レート [⇒実質為替レートと区別される, 異なる通貨間の交換比率]

nominal GDP = nominal gross domestic product

nominal GDP growth 名目 GDP 成長率 [⇒物価上昇分を差し引く前の成長率]

nominal GNP 名目国民総生産, 名目 GNP (✚market value GNPと同義)

nominal gross domestic product 名目国内総生産, 名目 GDP (nominal GDP) [⇒1年間に国内で生産された財・サービスの金額を単純に加算したもの. ここから物価上昇分を差し引くと real gross domestic product (real GDP)が得られる] ⇒gross domestic product

nominal income 名目所得 (⇔real income) [⇒物価の変動を調整する前の所得額]

nominal interest rate 名目利子率, 名目金利, 表面金利 (⇔real interest rate) [⇒物価変動を調整する前の金利. たとえば, 債券の利回りが10%でインフレ率が4%であれば, 名目金利(nominal interest rate)は10%で, 実質金利(real interest rate)は6%である] ► The real interest rate is calculated by subtracting the rate of inflation from the nominal interest rate. 実質金利は名目金利からインフレ率を差し引いて計算される

nominal owner (証券の)名義上の所有者, 名義所有者 (⇔beneficial owner)

nominal price 名目価格 [⇒物価上昇分を差し引く前の価格]

nominal value 額面 [⇒証券の表面に表示されている金額. 株式では少なくとも表示金額が株式と引換えに払込まれたという記録でしかないが, 債券では表示金額イコール償還金額という意味がある]

nominal wages 名目賃金 [⇒貨幣額で表示された賃金]

nominate /námənèit/ *vt* (候補者として)指名する《*as, for*》；任命する ► He was nominated to serve on the board. 彼は取締役会の一員に指名された / The CEO nominated two close friends to the board. そのCEOは2人の親しい友人を取締役会のメンバーに指名した
◇**nominative** /-mənətiv/ *n, a* 指名された；(証券などが)記名の
◇**nominator** *n*

nomination /nàmənéiʃən/ *n* 任命[指名](権)《*for*》 ► have a nomination 指名権がある / He accepted the nomination to take over as Chairman of the FRB. 彼は連邦準備制度理事会の議長の任務となる指名を受諾した

nomination committee 指名委員会[◎幹部クラスの人事に際し、候補者を選定する社内の委員会]

nominee /nàməní:/ *n* ❶ 指名された人 ❷ ノミニー, 名義人

nominee shareholder 《米》ノミニー株主；名義株主

non-accelerating inflation rate of unemployment インフレを加速しない失業率(NAIRU), 自然失業率

nonacceptance *n* 不承諾；(手形の)引受拒絶

nonaffiliated *a* 系列外の, 非加盟[加入]の

nonattendance *n* 欠席

non-audit *a* 監査以外の, 非監査の ► non-audit services 非監査業務[◎コンサルティングなど会計事務所が提供する監査以外のサービス]

nonauthoritarian *a* 非権力的な；横柄ではない ► A manager should give orders in a nonauthoritarian way. 管理者は偉ぶらないで命令を出すべきだ

nonbank *n* ノンバンク[◎リース, クレジットなどを扱う非銀行金融会社]

nonbinding *a* 拘束力のない ► They signed a nonbinding agreement to reduce pollution. 彼らは汚染削減の非拘束的協定に署名した

nonburnable waste 不燃ごみ(=noncombustible waste)

non-callable bond 満期償還社債[◎発行会社が期限に先立って債券を償還するオプションがない社債]

non-callable debenture 《英》繰上償還のない有担保債；《米》繰上償還のない無担保債

non-callable notes 繰上償還のない中期債

non-cash *a* 現金によらない, 現金以外の

non-cash charge 非現金費用, 非支出費用(=non-cash expenses)[◎現金の支出を伴わない費用]

non-cash expenses 非現金費用, 非支出費用[◎計算上, 収益から引かれるものの, 実際に現金が支出されるわけではない費目. 減価償却費はその代表例]

non-cash gift 現金以外のものの贈与

non-cash transaction 非現金取引[◎現金の支受を伴わない振替取引] ► Non-cash transaction disclosures are important. 非現金取引の開示は重要である

noncombustible waste 不燃ごみ(=nonburnable waste)

noncompetition 競業禁止[◎代理店契約などにおいて, 契約期間終了後も一定期間, 一定地域内でライバル商品を扱うことを禁じること]

noncompetition agreement 競業避止契約

noncompetition clause 競業避止義務条項

noncompliance *n* (法令・規則などの)不遵守, 違反《*with*》 ► They were fined for noncompliance with the safety regulations. 彼らは安全規則を守らなかったかどで罰金を科せられた / Noncompliance with these regulations will be subject to disciplinary action. 本規則の不遵守は懲戒手続の対象となる

nonconforming *a* (慣行などに)従わない ► The Quality Assurance department will look into the nonconforming products. 品質保証部門が規格に合致しない製品をチェックすることになる

nonconforming goods 規格外品

nonconforming use 既存不適格用途

nonconformity *n* 非同調[◎規範に従わず逸脱すること]；不適合 ⦿ Unless any said notice is received by SELLER within thirty (30) days after delivery of the Goods, BUYER shall be deemed to have waived all claims for any shortage of the Goods or any nonconformity in the Goods. 「売主」が上記通知を「商品」引渡後30日以内に受領しない場合, 「商品」のいかなる数量不足または「商品」にいかなる不適合があろうとも, 「買主」はすべての請求権を放棄したものとみなされるものとする

noncontributory *a* (年金・保険が)拠出制でない[◎雇用者が全額負担する]

nonconvertible *a* 変換できない；(紙幣が)不換の

nonconvertible currency 外貨と変換できない通貨, 交換不能通貨[◎ドルその他の主要通貨と交換できない通貨]

non-core *a* 事業活動の中核でない, 非中核の

noncore business 非中核事業 ► Many conglomerates have disposed of noncore businesses. 多くの複合企業は非中核事業を処分している

non-cumulative preferred stock 非累積的優先株[◎普通株に対して優先的に一定率の配当を受ける権利を有する株式]

non-current asset 非流動資産(=fixed asset)[◎現金および1年以内に資金化可能な資産を除いた資産] ► be classified as non-current assets 非流動資産に区分される

non-current liability 固定負債, 長期負債(=fixed liability)[◎決算期後1年を超えて支払期限や用役提供期限が到来する債務] ► non-current liabilities of discontinued operations 廃止事業の固定負債

nondeductible *a* (税金から)控除できない
nondelivery *n* (商品の)未達, 不着; 引渡義務の不履行 ► sue for nondelivery of goods 商品未達を理由に訴えを起こす
non-depreciable property 非償却資産 [⇒土地などの償却できない資産]
nondescript /-dískrípt/ *a*, *n* はっきりしない; 特徴のない人[もの] ► He got his start at a nondescript company, but made a name for himself in the software industry. 彼は目立たない会社から出発したが, ソフトウエア業界で名声を上げた
nondictatorial *a* 非独裁的な ► Executives need to manage people in nondictatorial ways. 経営幹部は独裁的ではない仕方で社員を管理しなければならない
nondisclosure *n* 秘密を暴露しないこと, 情報の不開示
nondisclosure agreement 機密保持協定 ► Employees are required to sign a nondisclosure agreement. 従業員は秘密保持契約書に署名することを義務づけられている
nondisclosure of information 情報非公開
nondurable *a*, *n* 耐久性のない; (~s) 非耐久財(=nondurable goods)
nondurable goods 非耐久消費財, 非耐久財 [⇒衣料品, 食品, 文房具, 書籍, CD など耐用年数が1年未満の消費財を言う] (⇔durable goods)
none /nʌn/ *pron* 誰も[何も, 少しも]…ない
► **None of** the funding was appropriated. 財政支援の支出は, どれ一つとして承認されなかった / I'll **have none of** your excuses. 言い訳は受け付けません

成句 *none but* ただ…だけ; でもなければ誰も…ない *none of* のどれも…ない; ごめんだ (*That is*) *none of your business.* 余計なお世話だ *will*[*would*] *have none of* は認めない[許さない]

― *ad* 少しも…ない

► The decision came from **none other than** the department manager. その決定はほかでもない部長が下した / The goods arrived **none too** soon. 商品はきりぎりで到着した

成句 *none other* (*than*) まさにその人[もの]で *none the* 少しも…でない *none the less* それにもかかわらず(=nonetheless) *none too* [*so*] 少しも…でない

noneconomic damages 非経済的損害, 精神的損害
nonetheless /nʌ̀nðəlés/ *ad* それにもかかわらず(=none the less) ► We expect some problems, but we're going ahead with the plan nonetheless. 多少の問題は予想されるが, それでもなお, 当社はその計画を推進している / Financial institutions received government aid to avoid bankruptcy, but their executives nonetheless took huge bonuses. 金融機関は破産を避けるために政府援助を受け入れたが, それにもかかわらず, 経営幹部は巨額のボーナスを手にした

nonevent *n* 期待外れの行事 ► They have turned the most remarkable marketing event in history into a nonevent. 彼らは歴史上もっとも注目されるマーケティングの行事を中身のないものにしてしまった
nonexclusive *a* 非独占的, 非排他的(⇔exclusive)
nonexclusive license 非独占的[非排他的]ライセンス(実施権) [⇒複数の者に対して同じ知的財産権の使用(実施)を許諾する場合に使用されるライセンス]
nonexec /nɑ̀nigzék/ *a* 《略式》= nonexecutive
nonexecutive *a* 非業務執行の ⇒ nonexecutive chairman, nonexecutive director
nonexecutive chairman 非(業務)執行会長

解説 英国では非常勤の nonexecutive chairman of the board (業務を執行しない取締役会会長) と常勤の chief executive (執行責任者) の組合せが多い. 米国では chairman of the board (取締役会会長) が chief executive (執行責任者) を兼ねるのが普通だが, 最近は少数ながら英国型の nonexecutive chairman を採用する企業が出てきた

nonexecutive director 《英》社外取締役, 非業務執行取締役(=《米》outside director)
nonexistence *n* 非実在, 無存在
◇**nonexistent** *a* 存在しない ► In the 1950s, competition from Japanese automakers was nonexistent in the US. 1950年代には, 米国では日本の自動車メーカーからの競争は存在しなかった
non-farm payroll 非農業部門就業者数 [⇒米国労働省が発表している雇用統計で, 注目度の高い経済指標の一つ]
nonfeasance *n* 《法律》不作為, 懈怠(けたい) [⇒なすべき行為をしないこと]
non-ferrous metal scrap 非鉄金属くず
non-ferrous slag 非鉄製錬スラグ
nonfinancial *a* 金融以外の, 非金融の ► The turmoil on Wall Street could trim U.S. economic activity, putting pressure on profit growth at nonfinancial firms. 証券業界の混乱は, 非金融企業の収益の伸びを圧迫して, 米国の経済活動を縮小させるかもしれない / Nonfinancial companies saw an overall increase in profits. 非金融会社は総じて利益の増加を経験した
nonfinancial assets 非貨幣資産, 非金融資産
nonfinancials *n pl* 非金融企業, 非金融分野 ► Domestic profits for financials were up 15% from the prior year, significantly better than the 3% gain among nonfinancials. 金融企業の国内利益は前年比15%増で, 非金融企業の3%増より大幅な好成績だった
nonflammable *a* 不燃性の
nonflammable waste 不燃ごみ

nonfulfil(l)ment *n* 不履行 ► The company was sued for nonfulfillment of contract. その会社は契約不履行で訴えられた

non-GAAP *a* 非会計原則の, 一般会計原則に準拠しない [⇨ 2003年に施行されたSECのレギュレーションGは, 一般会計原則 (Generally Accepted Accounting Principles) に準拠していない情報の開示に関して, 数値の根拠を厳密に説明し, 一般会計基準による情報との整合性を明確にする義務を企業に課した. 非会計基準の情報には EBITDA (利払い・税金・償却前利益) やフリー・キャッシュフローがある] ► The financial discussion in this release includes reference to a non-GAAP financial measure called EBITDA. このリリースの財務論議には, EBITDA と呼ばれる一般会計原則に依拠しない財務指標が含まれている

nongovernmental organization 非政府間国際組織, 非政府組織 ⇨ NGO

noninflationary *a* インフレでない, インフレのない ► noninflationary growth rate インフレを生じさせない成長率 / The goal we are all pursuing is sustainable, noninflationary growth. われわれ全員が追求している目標は, 持続可能でインフレのない成長だ

non-insurable risk 付保不能のリスク [⇨ 戦争による損害など保険の対象とならないリスク]

noninterest-bearing *a* 無利息の ► a noninterest-bearing note 無利息手形 / Don't keep all your money in a noninterest-bearing checking accounts. 持ち金を全部無利息の小切手口座に入れておくな

non-life insurance 《英》損害保険 (=general insurance, 《米》property-casualty insurance)

non-marketable security 非市場性有価証券 [⇨ 証券市場で売買されていない株式および債券]

non-market risk 非市場性リスク [⇨ 個別銘柄リスクのように効率的な分散化により除去可能なリスク]

non-material *a* 無形の

nonmember *n* 非会員

nonmember bank 《米》連邦準備制度非加盟銀行

nonmetallic resources 非金属資源 [⇨ セメントの材料となる石灰石や陶磁器の材料となる陶石, 骨材資源としての砂利など]

non-monetary asset 非貨幣資産 [⇨ 貨幣資産以外の資産]

nonnegotiable *a* 交渉による変更ができない; 譲渡性がない ► I'm afraid it's nonnegotiable. 残念ですが, 交渉の余地のない事柄です / Our decision is nonnegotiable. 当社の決定は最終的に, 交渉の余地は一切ない

non-nuclear-weapon state 非核兵器国 (⇔ nuclear-weapon state) [⇨ 核兵器を保有しない国]

no-no *n* 《米略式》禁止されていること [もの] ► Smoking in the office is a no-no. 事務室での喫煙は禁止

non-operating activities 営業外活動 ► losses resulting from non-operating activities 営業外活動の結果として生じる損失

non-operating expense 営業外費用 [⇨ 主たる営業活動以外の活動のために生じた費用]

non-operating income 営業外利益 [⇨ 主たる営業活動以外の活動から生じた収益]

non-petroleum *a* 石油以外の ► Already the price of non-petroleum imports is rising at a 2.8% rate, compared with 1.5% in 2006. 石油以外の輸入品の価格は, 2006年の 1.5% と比較して, すでに 2.8% の年率で上昇している

nonparticipant *n* 不参加者

non-participating *a* (保険で) 利益不参加の, 無配の [⇨ 配当金または剰余金の分配を受けるまたは支払う権利・義務のない]

non-participating shares 利益配当請求権のない株式 [⇨ 優先株式のように固定額の配当はあっても, 利益の分与に参加できない株式]

nonpayment *n* 不払い, 未納; 債務不履行 ► He was evicted from his apartment for nonpayment of rent. 彼は家賃の不払いでアパートから退去させられた

nonperformance *n* 債務不履行

nonperformer *n* 焦げつき融資 (=nonperforming loan) [⇨ 90日以上にわたって利息が支払われていない融資]

nonperforming *a* 延滞している; 不良の

nonperforming asset 不良資産 ► restructure the business through the sale of nonperforming assets 不良資産の売却によって事業を再構築する

nonperforming loan 不良債権 [⇨ 利払いが滞っているローン債権]; 焦げつき融資 ► the rise in nonperforming loans 焦げつき融資の増加 / Banks are trying to dispose of massive amounts of nonperforming loans. 銀行は巨額の不良貸付金を処理しようとしている

nonplus /nɑnplʌ́s, -́-/ *n*, *vt* 《英》-ss-) 困惑 (させる) ► He was nonplussed by the criticisms lashed out at him. 彼は自分に襲いかかってきた激しい批判に辟易(へきえき)した

at a nonplus 困り果てて

reduce [put] a person to a nonplus (人を) 途方に暮れさせる

[<ラ'not more, no further']

non-polluting *a* 汚染を起こさない ► non-polluting energy sources 汚染を起こさないエネルギー源

nonprescription drug 非処方薬 [⇨ 処方なしで買える薬剤] ⇨ over-the-counter [OTC] drug

non-price competition 非価格競争 (⇔ price competition) [⇨ 品質, デザイン, サービス, 支払方法, 研究開発など, 価格以外の面で他企業と競争すること]

non-prime bill ノンプライム・ビル [⇨ 無名企業の振出した手形のような信用度の劣る手形で, 満期前に現金化しようと手形割引を利用しても額面から大幅に割り引かれる]

nonproductive *a* 非生産部門の; 非生産的な

non-professional *a* ❶ アマチュアの, ノンプロの, 非職業の ❷ 専門技能を要しない, 一般職の ▶ non-professional staff 一般職

nonprofit *a* 利益のない; 非営利の
— *n* 非営利組織 (=not-for-profit organization)

nonprofit accounting 非営利会計 [⇨営利を目的としない経済組織の活動を対象とする会計]

nonprofit business 非営利事業

nonprofit corporation 非営利法人 [⇨社会への貢献を目的として営利を目的としない法人]

nonprofit enterprise 非営利事業体

nonprofit foundation 公益法人 [⇨公益を目的とする法人]

nonprofit organization 非営利組織, 民間非営利団体 (NPO) [⇨社会への貢献を目的として営利を目的としない組織] ⇨not-for-profit organization

nonprofit policy 無配当型生命保険 [⇨配当金がない代わりに保険料を安く抑えることのできるタイプの生命保険]

nonprofit sector 非営利部門

non-public company 非公開会社 [⇨国内外の証券取引所の公開市場または店頭市場で証券が流通していない企業]

non-qualified pension 《米》非適格年金 (制度) (=《英》unapproved pension (scheme))

nonrecourse *a* 有限責任の, ノンリコースの, 非遡及型の [⇨債務の弁済について, 担保に提供した物件の価値を超えて債務者が責任を負わないことを言う]

nonrecourse debt =nonrecourse loan

nonrecourse loan ノンリコース・ローン, 非遡及型ローン [⇨担保物件の価値を超えて貸手が責任を負うことのない非遡及型のローン. 担保物件は通常は不動産だが, 航空機や船舶の場合もある. ノンリコースローンは米国では主流だが, 日本ではリコースローン[が多い]

non-recoverable *a* 《英》控除不能の, 回収不能の, 返金を受けられない

non-recurring charge 非経常的費用, 臨時費用 ▶ The company will take a non-recurring charge of 5 cents per share to pay for eliminating 500 jobs. 同社は500名の人員削減を行うために一株当たり5セントの一時的費用を計上することになる

non-recurring gain 非経常利得

non-recurring item 非経常(損益)項目, 臨時項目 [⇨例外的な, または, まれにしか起こらない損益を計上する項目. たとえば, 固定資産の売却損益. 損益計算書では継続事業の損益に含まれる] ⇨one-time item

non-recurring loss 非経常損失, 特別損失 [⇨災害など臨時的, 偶発的に発生する損失]

non-recurring profit 非経常的利益 [⇨経常的な利益以外の臨時的, 偶発的な利益]

non-recurring profit and loss 非経常損益, 特別損益, 臨時損益

nonrefundable *a* 払い戻しができない

nonrefundable tax credit リファンド不可の税額控除 [⇨税額控除の金額が納税義務額より大きくとも還付金が支払われないタイプの税額控除] ⇨tax credit

non-registered bond 無記名社債 [⇨社債権者の氏名が記載されていない社債] (⇔registered bond)

nonrenewable *a* 非再生可能な, 再生できない; 更新できない

nonrenewable energy 非再生可能エネルギー (⇔renewable energy) [⇨石炭や石油のように, 再生が不可能なエネルギー資源]

nonrenewable resources 非再生可能資源 [⇨自然の力による再生が不可能であるような資源. 枯渇性資源, 非金属資源があてはまる] ▶ Businesses must find ways to reduce their use of nonrenewable resources. 企業各社は再生不可能な資源の使用を減らす方法を見つけなければならない

nonresident *a, n* ❶ 居住しない(者), 非居住者 ▶ Some markets do not allow participation of nonresidents. 一部の市場は非居住者の参加を許可していない ❷ 宿泊客以外の客 ▶ The bar is not open to nonresidents. バーは宿泊客以外は利用できない

nonresident free yen account 非居住者自由円預金勘定

nonresidential *a* 非居住用の ▶ An increase in nonresidential construction has alleviated unemployment to some extent. 非居住用建設工事の増加はある程度まで失業を緩和した

non-returnable container 《米》使捨て容器, 返却不要の容器

nonreusable *a* 再使用不可の, 再使用不能な

nonscheduled *a* 不定期の

nonsense /nánsens | nɔ́nsəns/ *n* 無意味な言葉, ばかげた話[行為, 考え] ▶ I'm not listening to your nonsense. 君のたわごとなんて聞いていないよ

talk nonsense ばかなことを言う

— *a* 無意味な

◇**nonsensical** *a* ばかげた ▶ Everyone was flabbergasted by his nonsensical suggestion. 彼の無意味な提案には全員が面食らった

nonsmoker *n* 非喫煙者

nonsmoking *a* 禁煙の ▶ This office is nonsmoking. オフィス内禁煙

nonspecialist *n* 非専門家

nonspecific *a* 非特定の

nonstandard *a* 規格外の

nonstop *a, ad* 無停車の[で]; 中断なしの[で] ▶ I will work nonstop until the computer is fixed. コンピュータが直るまで休まず作業します

nonstop flight 直行便

nonstore *a* 無店舗小売業の, 無店舗販売の, 非店舗型の ⇨non-store retailing ▶ The first-quarter nonstore sales grew 7% from the year before, beating most other retail categories. 第1四半期の無店舗小売業の売上高は，前年比7%伸びて，他のほとんどの小売のカテゴリーの伸び率を上回った

nonstore retailer 無店舗販売の小売業者
non-store retailing [selling] 無店舗小売業，無店舗販売 [⇨店舗を持たない販売方式. 具体的には，インターネットによるオンライン販売，通信販売，訪問販売，電話勧誘販売，自動販売機による販売など]

nonsuit *n* 訴え却下，訴訟の取下げ
— *v* 訴えを却下する

non-tariff barrier 非関税障壁 (NTB) [⇨輸入の数量制限を設けたり，検査基準を厳しくするなどして，輸入を阻害する関税以外の手段や制度]
► reduce tariffs and eliminate non-tariff barriers 関税を引下げ非関税障壁を除去する

nontaxable *a* 非課税の
nontaxable income 非課税所得 [⇨税法上，課税対象から除外されている所得]
non-traded goods 非貿易財 [⇨輸送コストが高いなどの理由から外国へ輸出されず自国用にのみ生産される財・サービス]
nontraditional *a* 非伝統的な，従来なかった
nontransferable *a* 移せない，譲渡できない ► Tickets are nonrefundable and nontransferable. 切符の払戻しや譲渡はできません
nonunion *a* 労働組合に加入していない; 労働組合に反対の
◇**nonunionize** *vt*
nonunion labor 未組織労働者 [⇨組合に加入していない労働者]
non-value adding cost 非付加価値コスト [⇨製品に加算される事業活動のコストで，顧客の立場から見て市場価値を高めないもの. たとえば輸送や在庫管理のコスト]
nonverbal *a* 言葉を用いない
nonverbal communication 非言語的コミュニケーション (NVC) (⇔verbal communication) [⇨顔面表情，姿勢，しぐさなどによるコミュニケーション]
nonvoting stock 無議決権株 [⇨その所有者に議決権を付与しない株式. 優先株 (preferred stock)は無議決権株であることが多い] ⇨voting stock
nonwaiver 権利不放棄
nook /nuk/ *n* 隅; 人目につかない所
every nook and cranny [corner] 隅から隅まで ► I searched every nook and cranny for the disc, but I couldn't find it. 隅から隅まで探したが，ディスクを見つけることはできなかった
noon /nu:n/ *n* 真昼; 正午 (=high noon); 最盛期; 《文》真夜中
— *a* 真昼[正午]の
no-one, no one *pron* =nobody ► No one has signed up for the voluntary early retirement program. 自発的早期退職制度には今まで一人も応募していない
no-par *a* (株などが) 額面のない; 無額面の
no-par common voting stock 無額面の議決権付普通株式 [⇨一株いくらというふうに株金額が定められていない普通株式で，株主に議決権が認められるもの]
no-par-value stock 無額面株式 [⇨株券の表面に株金額の記載のないもの] ► authorize the issuance of no-par-value stocks 無額面株式の発行を承認する
nor /nər; (強)nɔːr/ *conj* (neither A nor B) Aもまた…ない; また…しない
► Construction work is not easy, nor does it pay well. 建設の仕事は楽ではないし，給料もよくない
Nordic Swan Mark ノルディックスワンマーク [⇨1989年から始まった北欧5か国，スウェーデン，ノルウェー，フィンランド，アイスランドおよびデンマークの環境ラベル表示]
NordicTrack 《商標》ノルディック・トラック [⇨米国の健康機器. クロスカントリースキーの要領で家庭で気軽に全身運動が行える]
Nordstrom 《商標》ノードストローム [⇨顧客サービスを重視してきた米国のデパート. スウェーデンからの移民が金鉱で儲けてシアトルに開いた靴店が1号店]
norm /nɔːrm/ *n* ❶ 通常の水準，標準，平均 ► below industry norms 業界水準を下回る / Consumer spending was well above the norm for the first three quarters. 個人消費は最初の3四半期の平均をはるかに超えていた ❷ 当然のこと，規範 ► Corporate social responsibility is becoming the norm for businesses. 企業の社会的責任は企業各社にとって当然のことになりつつある
be the norm 普通である
out of the norm 規準を外れた ► If you find something out of the norm, please let me know. 何か異常なことが見つかったら，すぐ知らせてください
— *v* 規準化する
[<ラ *norma* 物差し]
normal /nɔ́ːrməl/ *a* 標準の; 普通の; 正常の (=regular); 平均的な ► Keeping accurate records is part of normal business procedures. 正確に記録しておくことは通常の業務手続の一環だ / Our normal operating hours are 8 am to 6 pm. 当社の通常の営業時間は午前8時から午後6時までです
— *n* 標準; 常態; 平均水準 ► Now that the holidays are over, business is back to normal. 連休が終わったので，仕事は通常に戻っている / When I rebooted the computer, everything went back to normal. コンピュータを再起動したら，何もかも普通の状態に戻った
above [below] normal 標準以上[以下]の[で] ► Profits for this year are above normal. 今年の利益は標準以上だ
◇**normalcy, normality** *n* 《米》常態
normal activity 正常操業度，正常生産能力 [⇨顧客の需要に応えられる数期間の平均的な活動水準]
normal balance 正常残高 [⇨過去数年間における資産の平均的残高]

normal capacity 正常操業度, 正常生産能力 (=normal production, normal activity)

normal cost 正常原価 [⇨一定期間の平均的な原価に, 価格, 操業度, 作業能率の変動を加味して算定された原価]

normal distribution 正規分布 [⇨左右対称で山型になる分布を言う] ▶ a normal distribution curve 正規分布曲線

normalization, 《英》**-sation** /nɔ̀ːrməlizéiʃən/ n ❶ 正常化 ▶ The normalization of trade relations should boost foreign investment in that country. 貿易関係の正常化はその国への外国投資を増加させるはずだ ❷【社会保障】正常化, 通常化, ノーマライゼーション [⇨障害者などが通常の市民生活を営めるようにすること]

normalize, 《英》**-ise** /nɔ́ːrməlàiz/ v 平常化 [正常化] する ▶ Mortgage rates are normalizing as consumers regain confidence. 消費者が自信を取り戻すにつれて, 住宅ローン金利は正常化しつつある

normalized earnings 過去平均ベースの利益 [⇨資産の売却益といった非経常的な損益を除外して計算した純利益のトレンド値]

normally ad 正規に; 普通は ▶ It normally takes five business days to issue a new credit card. 新しいクレジットカードを発行するには通常は5営業日かかる

normal operating cycle 正常営業循環 [⇨現金が原材料となり, 加工, 販売を経て代金回収により再び現金に戻るまでの期間]

normal order ノーマルオーダー, 通常注文 (N/O)

normal price 正常価格 [⇨一定期間の平均価格に将来の経済状態の変動を加味した価格]

normal production 正常生産能力, 正常操業度 [⇨過去の平均的な操業度に将来の経済状況の変動を加味した操業度]

normal return 正常利益

normal risk (保険で) 通常の危険

normal stock 正常在庫(量), 恒常在庫高

normal volume 正常操業度, 正常生産能力

normal working hours 所定(内)労働時間

normal yield curve 順イールドカーブ, 順利回り曲線 [⇨右上がりのイールドカーブ, 長期金利が短期金利より高い通常の状況を表す] ⇨ yield curve

normative /nɔ́ːrmətɪv/ a 規範的な; 基準的な

Norsk Hydro 《~ ASA》ノルスク・ハイドロ [⇨ノルウェーのアルミニウム精製, 石油ガスのエネルギー開発などの会社. 政府が45%保有. エネルギー部門は, 同じく政府が保有する Statoil と2007年6月に合併し Statoil Hydro となった]

north /nɔːrθ/ n 北, 北方; 北部地方; 《N-》米国北部諸州 [⇨ Ohio, Missouri, Maryland 以北]; イングランド北部 [⇨ Humber 川以北]; 北風

in [*on, to*] *the north of* の北部に [北側に接して, 北方に]

north by east [*west*] 北微東 [西]

— a 北の, 北にある; 北に向かう; (風が) 北から吹く

— ad 北へ [に]; 《~ of》《米口語》より多く ▶ By some estimates, three of those companies could be valued north of \$1 billion. それらの会社のうちの3社は10億ドル以上の価値があるかもしれない, とする推定もある

North American Free Trade Agreement 《the ~》北米自由貿易協定, ナフタ (NAFTA) [⇨米国, カナダ, メキシコの3か国による自由貿易協定. 1992年に合意, 1994年に発効]

North American Industry Classification System ⇨ NAICS

northern /nɔ́ːrðərn/ a 北の, 北にある, 北部独特の; 《N-》米国北部の; 北に向かう; 北からの
— n (N-) 北部人; 《詩》北風; (N-) 米国北部方言

Northern Hemisphere 《the ~》北半球 ▶ The Northern Hemisphere consumes a majority of the world's oil. 北半球は世界の石油の大半を消費している

northernmost a 最北の

Northrop Grumman 《~ Corp.》ノースロップ・グラマン [⇨米国の軍用機・軍用電子機器メーカー. 1939年設立. Grumman Aircraft Engineering Corp と94年に合併して現在に至る. 後に Litton Industries, TRW を買収している]

North Sea Brent 北海ブレント [⇨ニューヨーク・マーカンタイル取引所の WTI が北米産原油の基準であるのに対して, ロンドンの ICE (旧 IPE) で取引される北海ブレントはヨーロッパと中東産の原油にとっての指標価格となっている]

North Sea oil field 北海油田 [⇨英国の西, ノルウェーの東に位置する内海で, 海底油田が国際石油メジャーによって採掘されている. 石油はパイプラインで英国などに送られる]

North-South problem 《しばしば the ~》南北問題 (=North-South issue) [⇨先進国と途上国との貧富の格差がもたらす政治・社会問題を言う]

northward a, ad 北へ向かう; 北方の; 北へ[に]
◇**northwardly** ad, a 北へ[から](の)
◇**northwards** ad 北へ[に]

Northwest Airlines ノースウエスト航空 (NWA) [⇨米国の航空会社. KLM オランダ航空との提携は業界初のグローバル・アライアンス. 2008年10月にデルタ航空と合併, 現在はデルタ航空の子会社として運営されている] ⇨ Delta Airlines

nos., Nos. numbers

nose /nouz/ n 鼻; 嗅覚; 探知能力, 勘; 機首, 船首 ▶ She has a nose for bargains. 彼女はバーゲンを見つけるのがうまい / He has a good nose for business. 彼は商売についての嗅覚が発達している

count [*tell*] *noses* 出席[支持]者の数を数える
follow one's nose まっすぐに進む; 直感に頼る
get up a person's nose (人を) いら立たせる
keep a person's [*one's*] *nose to the grindstone* (人を) こき使う [こつこつと働く]
keep one's nose out of に干渉しない ▶ Please keep your nose out of my business. 余計な

口をはさまないでください
lead ... by the nose 《略式》を意のままにする
nose to nose 向かい合って, 面と向かって
on the nose 《米略式》正確に
pay through the nose 《略式》法外な値段を払う
(as) plain as the nose on [in] one's face 極めて明白な
put [poke, thrust] one's nose into に干渉する
see no further than (the end of) one's nose 目先が利かない; 心が狭い; よく分かっていない
stick [put] one's nose in (where it's not wanted) 余計なことに首を突っ込む
under a person's nose (人の)目の前で
— *vt* かく, かぎつける《*out*》; 鼻を押しつける
— *vi* においをかぐ《*about*》; 近づく《*in*》; 詮索する《*into*》

nosecount *n* 人数計算
nose dive 暴落 ► Oil prices took a nose dive, leading to drops in other raw material prices. 石油価格は急降下して, 他の原材料価格の下落をもたらした / Consumer confidence, battered by soaring energy costs, has taken a steep nose dive. 消費者の自信は, エネルギー価格の高騰で打ち砕かれて, 一気に降下した
nose-dive *vi* (**-dived**, **-dove**;**-dived**) 暴落する ► Sales of foreign-brand vehicles nosedived 22.2 percent to 176,723 units. 外国ブランドの売上は176,723台で22.2パーセント急降下した
nosh /nɑʃ/ *n* 《英略式》レストラン, 食堂; 軽い食事
— *v* 《英略式》食べる
◇**noshery** *n* 《英略式》食堂
no-show *n* 《米略式》座席を予約しながら来ない人 ► There were a lot of no-shows at the airport because of the bomb scare. その爆弾騒ぎで空港には不参客がたくさん出た
nosh-up *n* 《英略式》たっぷりの食事
no-smoking *a* =nonsmoking
no-strike *a* 争議行為をしない ► a no-strike deal 争議行為をしない旨の協約
nostro account ノストロ勘定 (⇔vostro account) [●海外の銀行とのコルレス契約 (互いに相手の為替業務を代行しあうための契約) に基づいて当方の銀行名義で相手方銀行に開設される口座] [<ラ our account]
nosy /nóuzi/ *a* 《略式》詮索好きな ► Nosy employees can be a nuisance to their colleagues. 人のことに首をつっこみたがる社員は同僚に迷惑ともなり得る
not /《助動詞のあと》nt, t; 《強》nɑt/ *ad* …でない; …しない; 嫌だ
► Losses in the service sector are **not** getting worse. サービス部門の損失は悪化する気配がない / Gas prices are **not** going lower. ガソリン価格は下がりそうにない / The dollar is expected to regain its upward momentum **not** before long. ドルは近い将来に上向きの勢いを取り戻すと予想されている / **Not** everyone was convinced. 全員が納得したわけではなかった / **Not** a single person applied for the job. ただの一人もその職に応募しなかった / The board is **not at all** satisfied with the fiscal results. 取締役会は決算の結果にまったく満足していない / Our company has factories **not only** in Asia **but also** in Europe. 当社の工場はアジアだけではなくヨーロッパにもある / We've received a ton of applications **not only** from men **but also** from women. 当社では男性だけでなく女性からも願書を山ほど受け取っている / **Not only** is it often expensive, it's also a bad way to spend your money. それはしばしば高価であるだけでなく, あなたの金のまずい使い方でもある (✚このように but が省略される場合もある)

感句 ***not a ... / not one ...*** 1つ[1人]の…も…ない
not at all まったく…でない
not A but B AではなくてBだ
not only A but (also) B AだけでなくBもまた
not that だから…ということではない

notable /nóutəbl/ *a* 注目に値する, 顕著な; 有名な ► As the economy worsens, there's a notable change in consumer spending. 景気が悪くなるにつれて, 消費者の支出に顕著な変化が見受けられる
— *n* (~s) 名士
◇**notability** *n* 著名; 《通例-ties》《英》名士
◇**notably** *ad* 顕著に, 著しく; 明白に; 特に ► The surge in the yen has notably slashed export profits. 円の急騰は輸出による利益を大幅に減少させた / As jobs in manufacturing are increasing, unemployment has slowed notably. 製造部門の仕事が増えるにつれて, 失業は著しく減速した / Our sales have increased notably in the last two years. 当社の売上高は過去2年間に著しく増加した

NOTAM /nóutəm/ *n* 航空情報 [<Notice to Airmen]
notarization, 《英》**-sation** *n* 認証 [●公証人のもとに赴き, 私文書についてその成立ないし記載が正当な手続を経ている旨を証明してもらうこと]
notarized document 公正証書
notary (public) /nóutəri/ *n* 公証人, 公証官
◇**notarize** *vt* (証書・契約などを) 公証する, 認証する
notch /nɑtʃ/ *n* V字形の切込み; 《略式》段階, 程度, 階級 ► The company's market share moved up a few notches. 同社の市場占有率は数ノッチ上昇した
turn up a notch もう一歩頑張る
— *vt* 切込みを入れる; 刻み目で記録する; 《略式》(得点を) あげる《*up*》; (勝利を) 収める《*up*》
note /nout/ *n* ❶ 覚書, メモ; 注(釈); (短い) 手紙; 重要性; 注意; 特徴, しるし ► make [take] notes [a note] of を書き留める, メモを取る / You should make notes of the main points of your speech. スピーチの要点をメモしておくと便利ですよ / Did you get the note about tomorrow's staff meeting? 明日のスタッフ会議のメモを受け取りましたか / On a positive note, unemployment went down slightly last month. 肯定的な面としては, 失業率は先月わずかに減少した

❷ 手形; 証券; 契約証書; 預り証; 紙幣 ► a convertible bank note 銀行兌換券 / an unpaid note 不渡手形 / promissory notes 約束手形
❸ (米国の) 財務省中期証券, 中期国債 [○ 満期が1年以上10年以内の財務省証券は Treasury note (略: T-Note)と呼ばれる. 単に Note と言う場合もある] ⇨Treasury ② ► Japanese investors are big buyers of US Treasury notes. 日本の投資家は米国財務省証券の大口の買い手だ

compare notes 意見[情報]を交換する 《*with*》 ► We need to compare notes before we go into the negotiation. 交渉に入る前に打ち合わせをしておく必要がある

make [***have, keep***] ***a mental note*** 銘記する; 心にとどめておく

strike a cheerful [***sour***] ***note*** 気分を明るく[暗く]する

strike a false note 見当違いなことを言う

strike the right note 適切なことを言う

take note of に注意する ► Please take note of the change in the production schedule. 生産スケジュールの変更にご注意ください

worthy of note 注目に値する

━ *vt* 書き留める 《*down*》; 注意する; 注目する; 特に言及する; 注釈を付ける; (事柄・状態などが) 示す, 指摘する ► Note that a day's delay will result in a fine of ten dollars. 1日遅れると10ドルの過料をとられることをお忘れなく

notebook *n* ノート, 手帳; = notebook computer

notebook computer ノート型パソコン

noteholder *n* 債券保有者

note issuance facility 債券発行保証枠 (NIF) [○ 設定された保証枠内で借手が発行した短期証券が売れ残った場合は, 金融機関が引き受けるか信用供与するファシリティ契約]

note issue ❶ 紙幣の発行 ❷ 中期債の発行

No. 10 英国首相官邸 ⇨Number Ten

notepad *n* メモ帳

notepaper *n* 便せん

note payable 支払手形 [○ 仕入代金などの支払のために売手に交付する手形]

note receivable 受取手形 [○ 売渡す商品・サービスの対価として受け取る手形] ► the outstanding balance of notes receivable from affiliates 関連会社から受け取った手形の未決済残高

notes to financial statements 財務諸表注記 [○ 財務諸表記載事項に対する補足的説明]

note to the accounts 《英》財務諸表注記

not-for-profit *a* 非営利の

not-for-profit accounting 非営利会計 (=nonprofit accounting)

not-for-profit corporation 非営利法人 (=nonprofit corporation; not-for-profit organization) ► Not all not-for-profit corporations qualify for a tax-exempt status. すべての非営利法人が租税の減免措置を受ける資格があるわけではない

not-for-profit organization 非営利組織, 民間非営利団体 (NPO) [○ 一般公衆の利益のために事業を行う組織. 構成員に利益を配分しないことが NPO の基本的な要件である. 米国では, 株式会社と同様に, 州に設立を申請し定款を登録する. IRS から連邦所得税の免除を受ける. 非営利組織には教会, 慈善団体, 大学, 病院, 美術館などがある. 非営利組織への寄付については寄付者は所得税の控除を受けることができる]

nothing /nʌ́θiŋ/ *pron, n* 何も…ない; 存在しないもの; 無; つまらないもの[人]; 零

► If there's **nothing** else you need, I'll leave work early. ほかに何もご用がなければ, 早退させていただきます / The CEO revealed **nothing** about the merger plans at the press conference. 記者会見で, その CEO は合併計画について何も漏らさなかった / Ask him to reduce the price. If he does not make some reduction, **nothing** (is) lost. 値引きを頼め, 値引きをしてくれなくてももともとだ / This product **is nothing like** anything out in the market now. この製品はいま市場に出回っているものとは段違いだ / All the time spent on preparation **came to nothing**. 準備のために費やした時間がすべて無駄になった / Some employees **do nothing but** paper work. 事務処理しかしていない従業員もいる / I got the information **for nothing**. その情報は無料で入手した / Stay away from these scam artists. You end up paying hundreds of dollars **for nothing**. こういった詐欺師には近づくな. 何の見返りもなしに何百ドルも払わされる羽目になる / Innovation **has nothing to do with** the amount of money spent on R & D. イノベーションは研究開発に使った金額とは無関係だ / He claimed to **have nothing to do with** the embezzlement. 彼は横領にはまったく関係がないと主張した / **If nothing else**, employees expect to be treated fairly. 他のことはともかく, 従業員は公平に扱われるよう求めている / I **could make nothing of** the legal jargon. 法律の専門用語はさっぱり分からなかった / The software is easy to install and costs **next to nothing**. そのソフトはインストールが簡単で, 費用もほとんどかからない / I have **nothing but** doubts about the company's future. その会社の将来については疑念以外の何ものも持っていない / This job is **like nothing else** I've done. この仕事は今までのとまるで違う / A man is **nothing if not** successful. 男は成功しないと三文の値打ちもない / The union would settle for **nothing less than** a 5% pay raise. 組合は5%以下の賃上げでは受諾しないだろう / His argument is **nothing more than** speculation. 彼の主張は憶測にすぎない / There is **nothing more** important **than** safety on the construction site. 建設現場には安全より重要なものはない / **Nothing much** has changed around the office. オフィスの周辺はほとんど何も変わっていない / "How's business?" "**Nothing much.**" 「景気はどう」「大したことではないよ」 / **There's nothing like** a beer after a long day at work. 一日中働きづめだった後のビールは最高だ / He **thought nothing of** transferring to the subsidiary. 子会社へ出向になっ

ても彼は平気だった / She **thinks nothing of** forging credentials. 彼女は経歴を詐称することをなんとも思わない

[成句] *all to nothing* 十二分に, あくまで *be nothing like* とは似ても似つかない *come to nothing* 無駄になる *do nothing but do* ただ…するだけ *for nothing* 無料で; 何の理由もなく; 無駄に *have nothing on* 何も約束がない *have [be] nothing to do with* とまったく関係がない *if nothing else* ただ一つ確かなことは *in nothing flat* たちまち *make nothing of* (canを伴って)が理解できない; をなんとも思わない; を利用しそこなう *next to nothing* ほとんどない *no nothing* まったく何もない *not for nothing* 十分理由のあることで *nothing but* のほかは何も…ない *(like) nothing else* ほかにない(ような) *nothing if not* …が何よりも取り柄だ *nothing in it* まったくのうそで *nothing less than* にほかならない *nothing more than* にすぎない *nothing much* (略式) 大したことはない *nothing special* 大したことはない *There is nothing for it but to do.* …するしかない *There is nothing like ...* (略式) …ほど良いものはない *There is nothing to [in] ...* はまったくのうそである *(There's) nothing to it.* (略式) 何も難しいことはない, 簡単だ *think nothing of* をなんとも思わない *to say nothing of* は言うまでもなく

— *ad* 少しも…ない

nothing-down mortgage 頭金なしの住宅ローン ► A smaller down payment makes sense, but avoid those "nothing-down" mortgages with high-interest loans. 頭金を少なくするのは理にかなっているが, あの「頭金なし」の高金利の住宅ローンはやめておきなさい

notice /nóutis/ *n* 注目; 通知; 予告 ► an advance notice 予告 / a delivery notice 受渡し通知, 納品通知書 / a dismissal notice 解雇通知 / a notice in writing to the customer 顧客への書面による通知 / a notice to shareholders of annual meeting 株主総会招集通知 / a notice to bidders 入札実施通知書 / get mixed notices いろいろな評価を受ける / put a notice in the local newspaper 地方紙に公告を出す / She **is under** [(米)**on**] **notice**. 彼女は解雇通知を受けている / The company sent out **a change of address notice**. その会社は住所変更通知を発送した / I appreciate your sending me the samples **on such short notice**. すぐに見本を送っていただき, ありがとうございました / **A three month's notice** is required to terminate an employment contract. 雇用契約を解除するには3か月前の予告が必要だ / Can you **put up a notice** saying we are going to have a farewell party for John? ジョンのための送別会をやるという掲示を出しておいてもらえますか / For any statements to be made to the public relating to the business operations of the company, employees are required to **give prior notice** to Public Relations. 会社の業務に関して対外的に自分の意見を発表する場合, 従業員は広報部に対して事前に通知することを要する /

When you want to quit your job, you normally have to **give reasonable notice** to your employer. 仕事を辞めたい場合, 普通は, 雇用者にしかるべき事前通知をする必要があるものだ ▣ All notices required or permitted to be given under this Agreement shall be in writing and shall be given by registered airmail. 本契約で要求されまたは認められた通知はすべて書面でなされ, かつ航空書留郵便によってなされるものとする

at a moment's notice 即座に ► We must be prepared to respond to emergencies at a moment's notice. 緊急事態に即座に対応できるよう準備しておかなければならない

at short notice 急な話で ► I'm sorry to cancel the reservation at short notice. 直前になって予約をキャンセルして申し訳ありません

bring to a person's notice (人の) 注意を促す ► We wish to bring to your notice that your payment is overdue. あなたのお支払は期限を過ぎていますので, ご留意を願います

come to a person's notice (人の) 目に留まる ► It has come to our notice that your membership will soon expire. あなたの会員資格はまもなく期限切れになりますので, お知らせいたします

get good notices 好評を得る

give a person notice (人に) 解雇を通知する

hand [give] in one's notice 退職を予告する ► He handed in his notice yesterday. 彼は昨日退職願を出した

put a person on notice (人に) 警告する

serve notice 通知を出す

sit up and take notice 目を見張る

take no notice 無視する(*of*)

take notice 注意する(*that*); 気づく, 取り上げる(*of*) ► The inspector took notice of the plant's poor hygienic conditions. 監督官はその工場の劣悪な衛生状況に気がついた

until further notice 追って通知するまで

without notice 予告なしに ► He was fired without notice. 予告なしに解雇された / Please note that all specifications may be changed without notice. 仕様は予告なく変更されることがある点, ご留意ください

— *vt* 目を留める, 注意する; 気づく; 通知する; 言及する; 批評する ► The auditor failed to notice a crucial error in the tax report. その監査役は納税申告書の致命的な誤りに気がつかなかった

◇**noticeable** *a* 目立つ; 注目に値する ► He has made noticeable progress in his study. 彼は目に見えて学力がついた / Consumers may not even have noticeable likes or dislikes at the time of purchase. 消費者は購入時点にはっきりと目につく好き嫌いを持っていないかもしれない

◇**noticeably** *ad* 目立って ► Tax revenues have increased noticeably. 租税収入は著しく増加している

notice account 《英》通知預金
notice attempted [missed] 不在連絡票(=delivery notice)
notice board 《英》掲示板
notice deposit 通知預金[⇨引き出す際に予告を要する預金]
notice of acceptance 引受通知[⇨手形の支払引受の通知]
notice of allowance 《米》特許査定通知書[⇨特許出願に拒絶理由がない場合に特許を付与する意図を伝える特許商標庁の通知書]
notice of default 不履行の通知
notice of deficiency 納税申告書の修正通知、更正通知書[⇨納税者の申告税額が税法による税額と異なるとき、税務署が追徴税額を通知する書面]
notice of discontinuance 〘法律〙主張取下げ通告書
notice of dishonor 不渡通知
notice of infringement 侵害の通知
notice of objection 《米》方式違反の通知[⇨特許出願のクレームの方式に不備がある場合に審査官が出願人に対して行う通知]
notice period 予告期間[⇨辞表を出し、また解雇通知を渡すにあたり、効力が生じる日まで置くことを要する日数]

notification /nòutəfikéiʃən/ n 通知(書), 届け書

notify /nóutəfài/ vt 通知する, 届け出る ► The company notified customers of the rate change. その会社は顧客に料率の変更を通知した / You have to notify the company three weeks in advance if you're going to quit. 会社を辞める場合は、3週間前に会社に通知しなければならない / Our boss notified us that there would be a meeting at 5 p.m. 上司は午後5時に会議のあることをわれわれに知らせた / They'll notify you when to appear before the committee. 委員会に出頭すべき日時は通知があるでしょう

not-invented-here syndrome ここで発明されたものではない症候群、自前主義症候群、NIH症候群(NIH syndrome)[⇨自社(または自分の所属する部門)が開発した技術のみを重視する排外的な態度を揶揄する言葉] ► The not-invented-here syndrome is unfortunately very frequent in the software industry. 自前主義症候群は不幸なことにソフトウエア業界に非常にしばしば見られる

notion /nóuʃən/ n 概念; 考え; 意見; 気まぐれ; ばかげた考え; 装飾的な小物; (~s) 《米》小間物 ► He wrestled with the notion of quitting his job. 仕事を辞めたいという考えと闘った / The government played down any notions of nationalizing faltering banks. 経営の悪化した銀行を国有化するという考えを政府は否定した
can't shake the notion that という考えを捨てきれない

notional /nóuʃənl/ a 概念上の, 想定上の

notional principal (amount) (デリバティブの)想定元本, 名目元本
notional value 想定元本[⇨デリバティブ取引で実際に受け渡しする金額がいくらとなるかを計算するために想定する元本額]

notwithstanding /nàtwiðstǽndiŋ/ prep …にもかかわらず(=in spite of) ► Notwithstanding our weak sales in the European market, our total sales are doing very well. 欧州市場の売上不振にもかかわらず、当社の全社売上高は好調に推移している 🗨 Should SELLER fail to perform as stipulated above, SELLER shall, notwithstanding the terms of shipment to the contrary, bear all risks on the Goods until delivery at destination stipulated on the face of this Contract. 「売主」が上記規定の履行を怠った場合、「売主」は、船積条件に反するにもかかわることなく、本契約の表面に規定する仕向地における引渡しまで当該商品の危険を負担する
— *conj* 《古》…であるにもかかわらず《*that*》
— *ad* それにもかかわらず

nought /nɔːt/ n 《英》=naught
Nov. November
Novartis (~ AG) ノバルティス[⇨スイスの化学・医薬品メーカー. 1996年にSandozとCiba-Geigyが合併して設立. 2008年7月、米国の眼科医薬品会社Alconの25%を390億ドルでNestléより買い取る]
novation /nouvéiʃən/ n ❶ 更改[⇨前契約を消滅させ、これに代わる新たな契約を締結すること. 典型的には債務を承継するため、前契約と同一内容の契約を債務者が交替する形で締結する] ❷ 〘会計〙肩代わり

novel /návəl/ n (長編)小説
— *a* 新奇な, 奇抜な ► Researchers introduced a novel concept for sustainable energy production. 持続可能なエネルギー生産のための斬新なコンセプトを研究者は紹介した / He came up with a novel concept to market the product. 彼はその製品を売るための奇抜な構想を考え出した
◇**novelize,** 《英》**-ise** vt 小説化する
◇**novelization,** 《英》**-sation** n 小説化

novelty /návəlti/ n ❶ (企業名入りのカレンダーなどの)宣伝用の小物, 粗品 ❷ インテリア小物, おもしろグッズ, アイデア商品 ❸ 新規性[⇨発明は新規なものであることを要するという特許要件]

Novocaine 《商標》ノボケイン[⇨米国製の局所麻酔薬(procaine hydrochloride)]

now /nau/ ad 今; 今日では; ただちに; (過去時制で)たった今(=just now); 現状では; さて, ところで; でも, (今では)もう; そう, さあ ► The economy is now in the second year of a recession. その国の経済は今、景気後退の2年目にある / I recommend that you sell the shares now. 今その株を売ることをお勧めします / Now the damage is spreading. 今やダメージは広がりつつある
any time [moment, day] now もういつなんどき(…するかもしれない) ► The shipment should

arrive any day now. もう積み荷が届いてもよいころだ
It's now or never. 今を逃したら二度とチャンスはない
(every) now and then / now and again 時々 ► Every now and then, I go out of town on business. 私は, 時々, 仕事で出張します
now for では…に移ります ► Now for the next question. さて, では次の問題に移ります / Now for the next part, I will demonstrate how to use the product. さて次の部では, その製品の使い方のデモを行います
now ..., now ... 今…だと思ったら次は…だ ► Now sunny, now showers. 晴れたと思ったら雨になる
right now 今の今 ► I'm on my way to the office right now. 今ちょうどオフィスに行く途中です
well now 《略式》さあ, ところで
— *conj* …だから, である以上は
now that (今や)…だから ► Now that the company is out of the red, we can invest more in R & D. 会社が赤字でなくなったので, 研究開発投資の増額が可能になった
— *n* 現在 ► Now is as good a time as any to invest. 今こそ投資には絶好の時期だ / A year from now, we plan to increase the number of our convenience stores in the urban area by 15%. 今から1年間で, 都市部にある当社のコンビニの数を15%増やす計画だ
by now もう, 今までに, 今ごろは ► He should be back at the office by now. もうオフィスに戻っていてもよい頃ですが
for now 当分は, さしあたり ► Let's think about something else for now. さしあたって何かほかのことを考えよう / I'll stay with my job for now. 私は当分のあいだ辞めないで仕事を続けるつもりだ
from now on 今から ► From now on, you'll have to work on your own. 今後は, 君は独力で仕事をしなければならない
Now is the time to do 今こそ…する時だ
until now 今まで
— *a* 《米略式》最新感覚の, 流行の

NOW /naʊ/ 《米》National Organization for Women; negotiable order of withdrawal

NOW account NOW 勘定 [➡ 米国の銀行が提供する利付決済預金. 預金の払戻請求書に譲渡性があり, 事実上それを小切手として使える] ► NOW accounts pay interest. NOW 預金口座は利子が付く

nowadays /náʊədèɪz/ *n, ad* 最近(では)

noway(s) *ad* 少しも…でない (=in no way) ⇨ no way (way¹ の成句)

nowhere *ad, n* どこにも…ない; 空想上の場所, 夢想境

► I have **nowhere** to go. どこにも行き場所がない / We're **getting nowhere** with this discussion. こんな議論をしていてもなんの役にも立たない / Negotiations are **going nowhere**. 交渉は行き詰まっている / Talks between management and union seem to be **going nowhere**. 経営陣と組合の協議は何の成果も上げていないようだ / We got lost **in the middle of nowhere**. へんぴなところで道に迷った / The project is **nowhere near** completion. そのプロジェクトは完成どころではない / We're **nowhere near** reaching our sales target. 当社は売上目標に到達するにはほど遠い状況

(成句) ***from [out of] nowhere*** どこからともなく; 無名から ***get [go] nowhere*** どうにもならない ***in the middle of nowhere*** 《略式》人里離れた所で[の]; へんぴな ***nowhere near*** はるか及ばない
— *a* 《略式》役に立たない, 価値のない

no-win *a* ❶ どうやっても勝ち目のない ► No one has agreed to compromise, so it's a no-win situation. 誰も妥協しようとしなかったから, どう転んでも勝ち目のない状況だった ❷ 〔経済〕勝者のない, 誰も得しない

no win, no fee 成功報酬制 ► take on a case on a no win, no fee basis 成功報酬制で事件を受注する

NO$_x$ nitrogen oxide(s) 窒素酸化物

noxious /nɑ́kʃəs/ *a* 有害[毒]な; 不快な; 不健全な

noxious gas 〔環境〕有害ガス

Noxzema 《商標》ノグゼマ [➡ 米国のスキンケア用品]

n. p. notes payable 支払手形

NPA Newspaper Publishers Association

NPI NCREIF Property Index

NPO nonprofit organization

NPR 《米》National Public Radio

NPV net present value

nr near

NR Not Rated

NRV net realizable value

N/S nonsmoking; nonsmoker

NSA National Security Agency

NSC 《米》National Security Council

n.s.f., NSF non-sufficient funds; not sufficient funds ► an NSF check 資金不足による不渡小切手

NT New Taiwan dollar 新台幣; New Testament

NTA net tangible assets

NTB non-tariff barrier

nth /enθ/ *a* n番目の; 《略式》最新の, 最近の; 何度目か分からないほどの; 極度の

for the nth time 何度も ► His plan was rejected for the nth time. 彼の計画は何度も退けられた

the nth degree [power] n次[n乗]; 最大限度 ***to [of] the nth degree*** 極度に[の] ► This computer game is boring to the nth degree. このコンピュータゲームは最高に退屈だ

NTSB National Transportation Safety Board

nuance /njúːɑːns, -́-/ *n* 微妙な差異 ► The nuances of the fashion industry elude the general public. ファッション業界のニュアンスは一般大衆には分からない [<仏]

nuclear /njúːkliər/ *a* 核の[を成す]; 核兵器の
go nuclear 核武装する
— *n* 《略式》核エネルギー; 核保有国 ► switch to nuclear as a power source 動力源を原子力へ切り換える

nuclear energy 核エネルギー
nuclear fission 核分裂
nuclear fuel 核燃料
nuclear fuel reprocessing plant 核燃料再処理工場
nuclear fusion 核融合
nuclear option 過激な選択肢 ► Management took the nuclear option of abandoning the project altogether. 経営陣はプロジェクトを完全に打ち切るという過激な選択肢を選んだ
nuclear power 原子力; 核保有国
nuclear-powered ship 原子力船
nuclear power plant [station] 原子力発電所
nuclear reaction 核反応
nuclear reactor 原子炉
nuclear waste 核廃棄物[⇨核燃料の使用に伴い生じた廃棄物] ► nuclear waste disposal 核廃棄物処理

nude contract アンカバー取引[⇨原資産の裏づけのないまま行う先物・オプション取引のことで, 決済時に不利な条件での資産の調達を強いられるリスクが大きい]

nudge /nʌdʒ/ *vt, n* ひじでそっと突く(こと); 押しのける; 注意を引く; (ある状態などに) 近づく ► nudge one's way to へ押し進む / Economic recovery slowly nudged upward the demand for electricity. 経済の回復で電力の需要がゆっくりと上向いた

give ... a nudge をそっと突く[押す]
nudge a person into doing (人に) せがんで…させる
Nudge, nudge (wink, wink). ほらほら例のアレ[男女関係など]ですよ

nudum pactum /njúːdəm pæktəm/ 約因のない契約 [⇨単なる好意に基づく約束のように対価である給付のないもの, 一般に契約成立要件を欠くとされる][<ラ 'naked contract']

nugget /nʌ́ɡit/ *n* 塊; 天然の金塊; 価値あるもの ► a nugget of information 価値ある情報

nuisance /njúːsns/ *n* ❶ 迷惑な人[もの]; 厄介 ► It's such a nuisance to get spam email. スパムメールが来るのはとんでもなく迷惑なことだ ❷【法律】ニューサンス, 生活妨害 [⇨他人にとって迷惑・不快・有害などの行為や状態] ► a public nuisance 公的不法妨害 / abate a nuisance 自力で生活妨害を排除する

make a nuisance of oneself 人に迷惑をかける

null /nʌl/ *a* 無価値の, 効果のない, 重要でない; 存在しない; ゼロの
null and void 無効の ► Due to a misrepresentation of facts, the contract became null and void. 事実の不当表示という理由で, その契約は無効になった
null and void ab initio 遡及的無効の [⇨過去にさかのぼって無効であること]

nullification /nʌ̀ləfikéiʃən/ *n* 【法律】(1) 無効にすること, 破棄 (2) 《米》(州内での連邦法の) 実施拒否

nullify /nʌ́ləfài/ *vt* 無効[無価値]にする; 破棄する ► Inflation will nullify the economic growth of the past few years. インフレは過去数年間の経済成長を帳消しにするだろう

nullity /nʌ́ləti/ *n* (法律上の) 無効; 無価値な人[もの]; 無効な行為 ► a nullity suit 結婚無効の訴訟

number /nʌ́mbər/ *n* 数; 数字; 総数; 番号; 集団, 仲間; 人数; (~s) 多数(の人, もの); 人[もの] ► an even [odd] number 偶[奇]数 / the number of invoice [order] 送り状[注文]番号 / The caller didn't **leave his number**. 電話をかけてきた人は自分の番号を言わなかった / **What number** are you calling? (電話で) 何番にかけですか / Many airlines have been forced to **reduce the number** of flights due to the global economic slowdown. 世界的な景気低迷で, 多くの航空会社は便数を減らすことを余儀なくされてきた / **The number of applications** by Japanese companies seeking permits for foreign trainees and interns dropped by 18% last year. 外国の訓練生とインターンの許可を求める日本企業による申請の数は昨年には18%減少した / **Passenger numbers** were down 3.5%. 乗客数は3.5%減少した / **An increasing number** stop working when they give birth to their first child. 第一子を産むと仕事をやめる人がふえている

a great [large] number of 多くの ► A great number of Americans file for bankruptcy every year. たくさんのアメリカ人が毎年, 破産を申告する

a number of 若干[相当]数の ► The two products have a number of common features. 両製品には多くの共通する特徴がある
any number of 《略式》かなり多数の
beyond number =without number
by (《米》*the*) *numbers* 型通りに; 機械的に
do [run] a number on 《米略式》をやっつける, 面目を失わせる
get [have] a person's number 《米略式》(人の) 本心[正体]を知る
in great [small] numbers 大勢[少数]で
in large [increasing] numbers 多数で[ますます多く]
in number(s) 数が, 数の上で
in numbers 分冊で; 大勢で ► There's safety in numbers. みんなで渡ればこわくない
One's number is [has come] up. 進退窮まっている
quite a number (of) かなり多数(の)
to the number of の数まで; に達する
without number 《文》数知れない

— *vt* 数える; 番号を付ける; (受身) 数が定められる; 数の中に入れる(*among*); 総計…になる
A person's days are numbered. (人が) 今にひど

い目にあう; 余命いくばくもない
◇**numberless** a 無数の; 番号のない
number-cruncher n 《略式》膨大な計算を行う人[もの]; 大型コンピュータ
number crunching 《米略式》コンピュータの使用, プログラミング
number-crunching a 膨大な量の計算を行う
numbered account 番号勘定, 番号口座 [⇨ 秘密保持のため番号で識別される銀行口座]
numbered slip (順番待ちの)番号札
numbered ticket (順番待ちの)番号札
numbering machine 番号印字器, ナンバリング
number juggling 利益操作
number one いちばん[最高]のもの[人], 第一人者; 《略式》トップ, 長; 《略式》自分の利益[福利]; 《略式》自分 ▶ look out for number one 自分の利益だけを求める / The number one problem is budget constraint. 最大の問題は予算の制約だ / He gives number one priority to his job. 彼は仕事を最優先している
Number Ten 10番地, 英国首相官邸 [⇨ 官邸のある London の Downing Street 10番地] ⇨ no.
number two (地位・実力などが)2番目の人
numeric, numerical /njuːmérik(ə)l/ a 数の
◇**numerically** ad
numerical control (工作機械の)数値制御 (NC)
numeric keypad (キーボードの)テン・キー
numerous /njúːmərəs/ a 非常に多い; 多数から成る ▶ We've received numerous inquiries about the safety of the product. 当社はその製品の安全性について, おびただしい数の問合せを受けている / Similar products are too numerous to mention. 類似の製品は枚挙にいとまがない
◇**numerousness** n
Numorphan 《商標》ヌモルファン [⇨ 米国のモルヒネ系薬物で, 鎮痛・鎮咳薬]
nurse /nə́ːrs/ n 看護師; 保母 (=dry nurse); 乳母 (うば) (=wet nurse); はぐくむ人 ▶ a nurse's aid 看護助手

— vt 看護する; 育成する; (感情を)抱く; 大事にする

— vi 看護師として働く
◇**nurs(e)ling** n 乳幼児; (大切に)育てられる人[もの]
nursery /nə́ːrsəri/ n 保育所, 託児所 (=day care center); 園芸店; 養殖[培養]場; 苗床; (犯罪の)温床
nursing /nə́ːrsiŋ/ n 保育; 看護

— a 保育[看護]する
nursing care 看護
nursing home ❶ (特に高齢者の)重介護施設, ナーシングホーム ❷ 《英》小私立病院
nut /nʌt/ n 堅果 [⇨ クルミなど]; (木の実の)仁 (じん); 核心; 《略式》頭; 変わり者, 奇人; 留めねじ, ナット

a hard [tough] nut to crack 難問, 難物; 手に負えない人 ▶ The problem of reconciling those two will be a tough nut to crack. 彼ら2人の和解は簡単にはいかないだろう

do one's nut 《英略式》激怒する
nutraceutical /njùːtrəsúːtikəl/ a, n 機能食品(の), 栄養補強食品(の) [<nutrition + pharmaceutical]
NutraSweet 《商標》ニュートラスイート [⇨ 米国の低カロリーの甘味料で砂糖の代用品. コーヒーショップやレストランのテーブルには袋入り砂糖と一緒に置かれてある]
nutrition /njuːtríʃən/ n 栄養; 食物, 栄養分, 栄養素; 栄養学
◇**nutritional** a 栄養の ▶ nutritional supplements 栄養補助食品
◇**nutritionist** n 栄養専門家, 栄養士
◇**nutritious** a 栄養になる
◇**nutritiousness** n
◇**nutritive** a 栄養になる
nutshell n 堅果の殻; 小さな[少量の]もの

in a nutshell 極めて簡単に, 手短に ▶ In a nutshell, the negotiations were a great success. 手っ取り早く言えば, その交渉は大成功だった / In a nutshell, we're short-staffed. 手っ取り早く言えば, 当社は人手不足だ
NV, N.V. Naamloze Vennootschap 公開有限(責任)会社 (✚ オランダ語:英語のplcにあたる)
NVOCC non-vessel owning [operating] common carrier 利用運送事業者
NWA Northwest Airlines
NYMEX, Nymex New York Mercantile Exchange ▶ Crude oil for delivery next month rose five cents on the Nymex. 来月渡しの原油はナイメックス取引所で5セント上昇した
NYMEX division ニューヨーク・マーカンタイル取引所原油部門 [⇨ 同じ取引所内の金・銀部門 (COMEX)と区別するとき, 原油部門を指してこう呼ぶ]
NY, NY New York, New York ニューヨーク州ニューヨーク市
NyQuil 《商標》ナイキル [⇨ 夜間に服用する米国Vicks社の風邪薬]
NYSE New York Stock Exchange ニューヨーク証券取引所 ▶ be listed on the NYSE ニューヨーク証券取引所に上場する

O, o

O (電話番号などで) ゼロ
OA office automation
Oak Investment Partners オーク・インベストメント・パートナーズ [⇒1978年創業の米国東部に本拠を置くベンチャーキャピタル]
O&M organization and methods
OAP 《英》 old-age pension ► special rate for OAPs 老齢年金受給者の特別料金
OAPEC /ouéipek/ Organization of Arab Petroleum Exporting Countries
OASDI Old-Age, Survivors, and Disability Insurance
OAT フランス国債 [＜仏 *Obligations Assimilables du Trésor*]
oath /ouθ/ n (~s /ouðz/) 誓い; 宣誓 ► the oath of office 公式の宣誓 / break an oath 誓いを破る / testify under oath 宣誓証言をする (✚通例, 聖書に片手を載せて行う)
on [*under*] *oath* 宣誓して
put [*place*] *a person on* [*under*] *oath* (人に) 誓わせる ► He was placed under oath for his testimony. 彼は証言の宣誓をさせられた
swear [*make*, *take*] *an oath* 誓う, 宣誓する (*that*, *to do*)
oath-taking n 宣誓
Obamanomics n オバマ経済学, オバマノミックス [⇒Barack Obama 大統領の経済危機・失業対策としての公的資金巨額支出と富の再配分を加味した福祉医療政策などを指す]
obedient /oubíːdiənt/ a 従順な, 素直な (*to*)
Your (*most*) *obedient servant* 《英》敬具
obediently ad 従順に, 素直に
Yours obediently 敬具 (✚公式の手紙の結句)
obey /oubéi/ vt (人・命令などに) 従う; に従って行動する ► obey the law 法律に従う / He obeyed his manager's instructions without question. 彼は課長の指示に黙って従った
— vi 言うことを聞く
obit n 《略式》= obituary
obituary /oubítʃuèri/ n 死亡記事
— a 死亡 (記録) の

object

object n /ábdʒikt/ 物, 物体; 対象; 目的, 目標 (*of*) ► an object of contempt 軽蔑の対象 / The object of this seminar is to familiarize everyone with the new tax laws. このセミナーの目的は参加者全員が新しい税法に精通することだ
no object は問わない ► Money [Expense] (is) no object. 金 [経費] はいくらかかってもよい
— v /əbdʒékt/ 反対する, 異議を唱える (*to doing*); 嫌がる (*to*) ► Most employees strongly object to the revised policy. 従業員の大半は改訂された方針に強硬に反対している / We strongly object to the terms of the contract. われわれはその契約の条件に強く反対する
I object. 異議あり
◇**objectless** a 目的を持たない
◇**objector** n 反対者 (*to*)

objection /əbdʒékʃən/ n 異議, 反対 (の理由) (*to*, *against*) ► Objection! 異議あり / Have you any objections? 異議はありますか / One of my objections to the project is that it is too expensive. その計画に反対する理由の一つは費用がかかりすぎることだ
have an [*no*] *objection to* に反対である [ない] ► I have no objection to either plan. どちらの計画にも異論はありません
raise [*lodge*, *make*, *voice*] *an objection* 反対を表明する (*to*, *against*) ► Local residents raised an objection to the proposed land development. 地元住民は土地開発案に異議を唱えた
run into objections 反対にぶつかる ► The expansion plans ran into objections from the board. 拡張計画は取締役会からの反対に遭った
◇**objectionable** a 異議のある; 嫌な, 不愉快な ► We reserve the right to delete any objectionable messages from this forum. 好ましくないメッセージをこのフォーラムから削除する権利を留保しています
◇**objectionably** ad

objective

objective /əbdʒéktiv/ n 目的, 目標; 実在物 ► the main objective 主たる目標 / reach an objective 目標に達する / The primary objective is to boost sales. 主たる目標は売上を増やすことだ / The first objective was accomplished within five years. 最初の目標は5年以内に達成された
— a 客観的な; 実在の ► The report provides an objective analysis of the various investment options. その報告書は投資のさまざまな選択肢について客観的に分析している
◇**objectively** ad 客観的に; 公平に ► Staff performance should be evaluated objectively. スタッフの業績は客観的に評価されるべきだ
objective justification 客観的な正当化事由 [⇒社員の待遇の違いを正当化する事由. 独占禁止法違反になるかが問われるときにも持ち出される]
objectivity /àbdʒiktívəti/ n (一般に) 客観性 ► We need to approach the situation with objectivity. その事態に客観的に取り組む必要がある
objects clause 目的条項 [⇒特に定款上の事業目的を指すことが多い]
objurgate /ábdʒərgèit/ vt 激しくとがめる [非難する]
◇**objurgation** n
obligate /ábləgèit/ vt 義務を負わせる ► The agreement obligates the company to pay for early retirement benefits. その協定は早期

退職金を支払うことを会社に義務づけている

obligated *a* 義務づけられている

be* [*feel*] *obligated to do …する義務がある[を感じる] ► Don't feel obligated to keep the merchandise if you're not satisfied. ご満足いただけない場合にはご返品ください / I'm contractually obligated to stay with my current Internet provider for six months. 現在のインターネットプロバイダーを6か月間使い続ける契約上の義務がある / He was obligated to pay a debt. 彼には負債を払う義務があった

obligation /əbləgéiʃən/ *n* 義務;責任;債務;証書;債券 ► local obligations 地方債券 / financial obligations 金融上の義務, 金融債務 / a legal obligation 法的義務 / a moral obligation 道義上の責任 / a contractual obligation 契約上の義務 / a purchase obligation 購入義務 / a warranty obligation 保証債務 / a guarantee of obligation 債務保証 / a joint and several obligation 連帯債務 / an obligation to disclose 告知義務 / fulfill the payment obligation 支払義務を果たす / incur an obligation 債務を負う / with no further obligations 何ら新たな義務を負うことなく / Companies have an obligation to their stockholders to make a profit. 企業は株主に対して, 利益を上げる義務がある / Our company will fulfill all of its debt obligations within two years. 当社は2年以内に全債務を返済する予定だ

have no obligation to に義理はない ► You have no obligation to buy anything. 何かを買わなければならない義務はない

put* [*place*] *a person under an obligation (人に)義務を負わせる;恩義を感じさせる

under* (*an*) *obligation to に義務[恩義]があって ► You are under no obligation to answer our questions. われわれの質問に答える義務はありません (✤黙秘権に関して当局が容疑者や被告に伝える決まり文句)

obligations incurred 発生債務 [◎ある期間に発生し, 支払義務が生じた債務]

obligatory /əblígətɔ̀:ri/ *a* 義務的な (*on, upon*); 必須の; 拘束力のある, 強制力を有する ► It is obligatory for a job candidate to take a medical examination. 就職申込者は身体検査を受けなければならない

make it obligatory on a person to do (人が)…することを義務とする

oblige /əbláidʒ/ *vt* 義務づける, 強いる (*to do*); …するのを余儀なくする; (*be ~d*) (古風·丁寧) 感謝している; 恩恵を施す; (お)願いをきいてやる (*with, by doing*) ► The law obliges everyone to pay his taxes. 法律によってすべての人は税金を納めなければならないことになっている

— *vi* 願いをいれる

be obliged to a person for で(人に)感謝する ► I'm obliged to you for all your support. ご支援ありがとうございます / I'm very much obliged (to you) for your help. ご援助まことにありがとうございます (✤thank you よりかしこまった表現)

be* [*feel*] *obliged to do …しなければならない[ならないと感じる] ► I feel obliged to return the favor. 恩返しをしなければと思う

I'd be obliged if you'd do. …していただければ恩にきます

(I'm) much obliged (to you). 感謝します

◇**obliging** *a* 親切な

◇**obligingly** *ad* 親切にも

obligee /ὰbləʤí:/ *n* 債権者

obligor /ὰbləɡɔ́:r/ *n* 債務者

oblivion /əblíviən/ *n* 忘れられている状態, 忘却;【法律】大赦

◇**oblivious** *a* 忘れっぽい, 記憶していない (*of*); 気づいていない (*to*) ► Companies oblivious to customer needs are bound to fail. 顧客のニーズに気づかない会社は必ず失敗する

◇**obliviously** *ad*

◇**obliviousness** *n*

OBM open-book management

o.b.o., OBO or best offer ► Used car for sale, $2,500 OBO 中古車売ります。2,500ドルまたは最高の付け値で

obscene /əbsí:n/ *a* みだらな, 猥褻な; 嫌な; (金額などが) がまんならない ► During the bubble economy, real estate prices rose to obscene levels. バブル経済の間に, 不動産価格は法外な水準に上昇した

obscure /əbskjúər/ *a* 不明瞭な, あいまいな; 世に埋もれた; 隠れた ► He gave an obscure answer to the question. その質問に対して, 彼はあいまいな返事をした

— *vt* 暗くする; 不明瞭[あいまい]にする; 覆い隠す ► Fog obscured the view of the road signs. 霧のために道路標識が見えにくくなった

◇**obscurely** *ad*

◇**obscureness** *n*

obscurity /əbskjúərəti/ *n* 不明瞭; 難解(箇所); 無名(の人) ► The company rose from obscurity to become one of the top online bookstores. その会社は無名の存在から一流のネット書店の仲間入りをした

full of obscurities 難解さに満ちて

obsequious /əbsí:kwiəs/ *a* こびへつらう, おもねる (*to*) ► He is rude to his colleagues but obsequious to his superiors. 同僚には傲慢だが, 上役にはぺこぺこする

◇**obsequiously** *ad*

◇**obsequiousness** *n*

observable /əbzə́:rvəbl/ *a* 観察できる; 守るべき; 目立った ► There is no observable increase in the staff turnover rate. 職員の離職率には目につくほどの増加はない

◇**observably** *ad* 目立って

observance /əbzə́:rvəns/ *n* (法律·慣行·行事などの) 遵守, 執行 (*of*); 儀式; 慣例 ► Markets were closed yesterday in observance of Independence Day. 市場は昨日は独立記念

日を祝って閉鎖された
◇**observant** *a* 用心深い; 観察力の鋭い; (法律・慣行などを)遵守する《*of*》
◇**observantly** *ad*

observation /ὰbzərvéiʃən/ *n* ❶ 観察; 観察力 (=powers of observation); 注視; 監視; 観測; (観察による)意見, 所見《*on, upon*》▶ The report is based on observations of the damage caused by the accident. 報告書は事故によって生じた損害の観察に基づいている ❷ [会計] 立会監査 [◇監査人が実地棚卸など現場に出席し, 実際の状況を見て適否を判断する個別監査手続]

be under observation by 〖に監視されている
keep a person under observation (人を)監視する
make some observations on [***about***] について論評する[所見を述べる]

observe /əbzə́ːrv/ *vt* よく見る, 観察[監視, 観測]する; 気づく; 述べる《*that*》; (法律などを)遵守する; (儀式などを)挙行[執行]する; 祝う ▶ Please observe company procedures for handling customer complaints. 顧客の苦情を処理する社内手続を遵守してください / All workers need to observe the safety procedures when operating the machine. その機械を操作するときは, すべての作業員は安全規則を遵守する必要がある
— *vi* 観察する; 所見を述べる《*on, upon*》
◇**observing** *a* 観察力の鋭い

observer /əbzə́ːrvər/ *n* 観察[監視, 観測]者; 業界動向などの専門家, 業界アナリスト ▶ an industry observer 業界アナリスト

obsess /əbsés/ *vt* (妄想・欲望などが)付きまとう, 取りつく
— *vi* (《米略式》)気にやむ《*about*》
be obsessed by [***with***] 〖に悩まされている, に取りつかれている ▶ He is obsessed with getting ahead in his career. あいつは出世することばかりを考えている

obsession /əbséʃən/ *n* 取りつかれること《*with, about*》; 強迫観念 ▶ Top companies have an obsession with customer service. 一流の会社は顧客サービスに執念を燃やす / Sales of supplements have increased as a result of consumers' obsession with health. 消費者の健康への執着心の結果として, サプリメントの売上は増加している / Through years of intense rivalry, winning became an obsession for both companies. 長年の猛烈なライバル意識の積み重ねで, 勝つことは両社にとって執念となった
be under an obsession of 〖に取りつかれている
◇**obsessional** *a*

obsolescence /ὰbsəlésns/ *n* ❶ (商品などの)陳腐化, 旧式化 ▶ the risk of technological obsolescence 技術の進歩による陳腐化のリスク / inevitable obsolescence of computer equipment コンピュータ機器が不可避的旧式化 / hasten the obsolescence of existing models 既存の機種の陳腐化を速める / Many consumer products are designed with planned obsolescence. 多くの消費者向け製品は計画的陳腐化を考えて設計されている ❷ (経済的)減価 ▶ economic obsolescence 経済的減価 / functional obsolescence 機能的減価 / strategic obsolescence 戦略的減価 / environmental obsolescence 環境的減価

obsolete /ὰbsəlíːt, ´-´-´/ *a* 廃れた; 旧式の ▶ Many jobs have become obsolete due to automation. 自動化によって, 多くの仕事が時代遅れになっている / Cell phones have made pagers obsolete. 携帯電話はポケベルを時代遅れにした

obsolete inventory 陳腐化棚卸資産, 陳腐化在庫 (=obsolete stock) [◇技術進歩によって経済的に価値が低下した棚卸資産]

obstacle /ὰbstəkl/ *n* 邪魔(物), 障害(物)《*to*》▶ The biggest obstacle is the lack of skilled workers. 最大の障害は熟練労働者が足りないことだ / The language barrier was the most difficult obstacle to overcome in setting up our overseas branch. 当社の海外支店を設立するにあたって, 言語障壁はもっとも克服が困難な障害物だった / These obstacles are causing negotiations to become difficult. これらの障害は交渉を困難にしている

obstinate /ὰbstənət/ *a* 頑固な; (抵抗などが)頑強な ▶ Obstinate to the end, he refused to change his mind. 最後まで頑なに, 彼は考えを変えようとしなかった
◇**obstinacy** *n* 頑固さ
◇**obstinately** *ad*

obstruct /əbstrʌ́kt/ *vt* (道路などを)ふさぐ; (眺望・光などを)さえぎる; 妨害する ▶ Protesters obstructed the progress of the trade talks. 抗議デモの参加者は貿易協議の進捗を妨害した

obstruction /əbstrʌ́kʃən/ *n* 邪魔, 妨害; 議事妨害; 障害物 ▶ obstruction of business 業務妨害 / obstruction of justice 司法妨害
◇**obstructionism** *n* (議事)妨害
◇**obstructionist** *n, a* (議事)妨害者(の)
◇**obstructive** /əbstrʌ́ktiv/ *a* 邪魔する

obtain /əbtéin/ *vt* (努力・依頼して)獲得する, 手に入れる《*from*》▶ He finally obtained a full time position. 彼はようやく常勤の地位を得た / Once we obtain approval for the new budget, we can move forward. 新しい予算に対する承認を取得すれば, われわれは前に進むことができる / The new invention gave him a fortune for him. その新発明で彼は一財産を作った
— *vi* (風習などが)広く行われる (=prevail)

obviate /ὰbvièit/ *vt* (危険・困難などを)未然に防ぐ, 除去する; 不要にする ▶ The expansion of the current airport will obviate the need for the construction of a new airport. 現空港の拡張は新空港の建設の必要性を未然に取り除く
◇**obviation** *n*

obvious /ὰbviəs/ *a* 明白な《*to*》; 見え透いた《*about*》▶ The obvious cause of the accident was negligence of duty. 事故は明らかに職務怠慢によるものだった / **The most obvious drawback to switching law firms is the costs involved.** 法律事務所を取り替える場合のもっとも明白な問題点は必要コストだ

it is obvious that は明白だ ► **It is obvious that the policy was not made clear to employees.** その方針が従業員にはっきり伝えられていなかったことは明らかだ

state the obvious 分かりきったことを言う

◇**obviously** *ad* 明白に ► **Obviously, there must be some mistake with the bill.** 明らかに，請求書に何か間違いがあるに違いない / **Interest in our new model has obviously dwindled since our competitors released their own new versions.** 競合他社が独自の新型を発売して以来，当社の新しい機種に対する興味は明らかに薄れている

obviousness *n* 自明性，進歩性の欠如 〔◎特許要件の一つとして，発明は当業者にとって自明なものでないことを要すること〕

occasion /əkéiʒən/ *n* (特定の)場合; 機会，好機; 重要な行事，祭典; 理由，根拠; 必要 (*to do*); 近況 ► **celebrate the occasion** 祝典を挙げる / **Please allow me to extend my congratulations on this occasion.** この機会にお祝いを申し上げます

for the occasion その時のために[の]，臨時に
give occasion to を引き起こす
have a sense of occasion 時と場所を心得ている
have no occasion to do …する必要[理由]はない
have the occasion to do …する機会がある
if [when] the occasion arises その時が来たら
on occasion(s) 時たま
on one occasion ある時，かつて
on several [many] occasions 何度も
on the occasion of に際して
rise to the occasion 危急に際して手腕をふるう
take the [this] occasion to do 機会をとらえて…する ► **I'd like to take this occasion to introduce our new staff members.** この機会をお借りして，新しいスタッフを紹介させていただきたいと思います
this is not an occasion for の場合ではない
━ *vt* 引き起こす

occasional /əkéiʒənəl/ *a* ときどきの; 特別な場合の; 臨時の，補助用の ► **Like all companies, we receive occasional complaints from customers.** すべての会社がそうであるよう，当社も顧客から折に触れて苦情を受け取る

◇**occasionally** *ad* 時たま ► **Occasionally, I make sales calls to prospective clients.** 私はときどき見込みのある客に売込みの電話をかけている

occupancy /ákjupənsi/ *n* ❶ 利用率〔◎航空路線の搭乗率，ホテルの客室稼働率など〕► **The hotel's room occupancy level is low.** そのホテルの客室稼働率は低い / **Flights on this route have an occupancy of about 40 percent.** この路線の便の搭乗率はおよそ40パーセントだ ❷ 入居，占有，使用 ► **ready for occupancy** 入居可
double [single] occupancy ホテルの部屋の2人[1人]使用 (✦3人以上の使用は multiple occupancy)

occupancy cost 施設費〔◎施設の使用に関連した費用〕

occupancy date (不動産賃貸での)入居日

occupancy expense =occupancy cost

occupancy rate (ホテルなどの)占有[利用]率;【不動産】占有率〔◎賃貸面積÷賃貸可能面積＝占有率〕⇨ vacancy rate

occupant /ákjupənt/ *n* 入居者，テナント

occupation /àkjupéiʃən/ *n* 職業 ► **by occupation** 職業は / **look for an occupation suited to one's abilities** 能力に合った職を捜す / **What's your occupation?** ご職業は何ですか / **Please state your name, address and occupation.** 氏名，住所，職業を記入してください

occupational /àkjupéiʃənl/ *a* 職業(上)の

occupational accident 業務災害 (=industrial accident, vocational accident)

occupational disease 《米》職業病，業務上の疾病 (OD) (=industrial disease, vocational disease, work disease)

occupational hazard 職業に伴う危険; 職業上の危険

occupational health and safety (業務上の)安全衛生

occupational hygiene =industrial hygiene

occupational injury 労災，労働災害; 業務上の傷害[負傷] (=industrial injury, work injury)

occupationally *ad* 職業上の ► **occupationally induced disease** 職業性疾患

occupational overuse syndrome 職業性過使用症候群 (OOS) 〔◎頸・肩腕障害など職業環境に起因する体の酷使を原因とする手や腕などの痛みの総称〕

occupational pension 《英》職域(退職)年金

occupational psychology 《英》=industrial and organizational psychology

occupational risk =occupational hazard

Occupational Safety and Health Administration 《米》連邦労働安全衛生局 (OSHA) 〔◎労働安全基準の制定ならびにその適用を監督している．わが国の厚生労働省に相当する政府機関〕

occupier /ákjupàiər/ *n* =occupant

occupy /ákjupài/ *vt* (空間・時間を)占める，ふさぐ; (注意を)引く; 従事させる (*in*); 占有[占領]する; (地位を)占める; 居住する，(部屋・座席を)使う ► **Occupied** 使用中 / **The company occupies a large share of the computer market.** その会社はコンピュータ市場で大きなシェアを占めている / **I'm afraid all the meeting rooms are occupied now.** 会議室はいま全部ふさがっているようですが

***be occupied with* [*about, in doing*]** に従事している

keep ... occupied (人を)忙しくしておく ▶ He keeps himself occupied with his work and family. 彼は仕事と家庭で手いっぱいだ

***occupy oneself in* [*with*]** に従事している

occur /əkə́ːr/ *vi* 起こる, 存在する; (考えなどが)心に浮かぶ《*to*》 ▶ Where did the accident occur? どこで事故が起こったのですか / The investigation committee is trying to determine whether or not any insider trading occurred. 調査委員会はインサイダー取引が行われたか否かを確定しようとしている

ocean /óuʃən/ *n* (the ~) 海; 海洋; 大洋; 外洋; 《文》広大な広がり

oceans* [*an ocean*] *of ばく大な
[<ギ: 大洋の神OceanusオーケアノスЯ]

ocean B/L, ocean bill of lading 海洋船荷証券 [⇒国内航路で運送されるときの国内船荷証券との対比で, 外国向けに海上輸送される貨物のために発行される船荷証券]

ocean development 海洋開発
ocean dumping 海洋投棄
oceanfront *n* 臨海地
→ *a* 海に面した

Ocean Spray 《商標》オーシャンスプレー [⇒クランベリージュースなどの米国のブランド]

o'clock /əklάk/ *ad* …時; 《略式》…時発(の列車・飛行機・船など) [<of the clock]

OCO one cancels the other 二者択一注文 (=OCO order)

OD (米) occupational disease
o/d overdraft; overdrawn
ODA official development assistance
odd /ɑd/ *a* 奇数の, 変な, 風変わりな; 余分の, 残りの, 端数の; 半端の, 片方の; 奇数の; 時たまの, 臨時の; へんぴな ▶ odd numbers 奇数 / at odd moments 折に触れて / It struck me as odd that he wasn't included in the project. 彼がそのプロジェクトに含まれていないのをおかしいと思った

◇**oddity** *n* 珍奇, 風変わり; 変人, 奇妙なもの
◇**oddly** *ad* 奇妙に; 半端に ▶ oddly enough 不思議なことには
◇**oddment** *n* 残り物, 半端物
◇**oddness** *n*

odd job 臨時仕事 ▶ I had to do some odd jobs last weekend. この前の週末は半端仕事をしなければならなかった

odd-jobber, odd-job man *n* 雇われて半端仕事をする人, 便利屋

odd lot ❶〔証券〕端株, 単元未満株 [⇒通常の取引単位に満たない株式] ❷〔会計〕端数 [⇒一定数値未満の数値]

odds /ɑdz/ *n pl* 見込み; 確率; 優勢, 勝算; 差異 ▶ The odds of us getting the contract are very slim. 契約を取れる見込みはごく僅かだ / The little company succeeded despite enormous [impossible] odds. その小さな会社は勝ち目がないのに成功した

against* (*all*) *the odds 万難を排して

at odds (人が)相争って《*with*》; (物が)ふぞろいで《*with*》 ▶ He is at odds with his boss over the sales strategy. 販売戦略をめぐって, 彼は上司と意見が対立している

beat the odds 予想をくつがえす
by* (*all*) *odds* / *by long odds あらゆる点で
have the odds in one's favor* / *the odds are in favor of one 勝ち目がある
lay odds on に(金を)賭ける
long odds 見込みのないこと
make* [*be*] *no odds 大差はない, どちらでもかまわない

odds and ends 残り物, 半端, がらくた, 雑用
over the odds 《英略式》普通[予想]より高値で
short odds 起こりそうなこと
The odds are* (*stacked*) *against の可能性[勝ち目]はない
The odds are that ... 《略式》たぶん…

odd shares 端株 (=fractional shares) [⇒株式の一定取引単位以下の株式]

odds ratio 〔統計〕見込比, 賭比, 優比 [⇒関連性の指標として用いられる]

ODS ozone-depleting substances オゾン層破壊物質

Odwalla 《商標》オドワラ [⇒人参, オレンジ, 林檎などの健康ミックスジュースのブランド. カリフォルニアの小さな会社としてスタートした. コカ・コーラ社の合併吸収によりスーパーでも広く販売され始めた]

OECD Organization for Economic Cooperation and Development
oecology /iːkάlədʒi/ *n* =ecology
OEIC open-end investment company
OEM original equipment manufacturer
oenology /iːnάlədʒi/ *n* ワイン醸造学
OER operating expense ratio
oeuvre /ə́ːvrə/ *n* (全)作品 [<仏]

of /əv; 《強》ʌv, ɑv/ *prep* (距離・位置)…の, …から; (分離)…から; (除去)…から [◆clear, cure, deprive, rob などの動詞の後で]; (起源)…から; (原因・理由)…で, …のため; (材料・要素)…の, で作った, から成る; (分量・部分)…(の中)の, のうち; (主格関係)…の, …が(=of one's); (所有・所属)…の, に属する; (目的)…の, を; (同格)…の, という; (関連・限定)…が, について; (性質・状態)…の; (時間)…に; (米)(時刻)…前; (動作主)…によって

▶ a mile east **of** here ここから1マイル東に / be free **of** debt 借金がない / come **of** a good family 名門の出である / die **of** cancer 癌(がん)で死ぬ / a carton **of** milk 1パックのミルク / some **of** my money 私の金の一部 / It's nice **of** you to help me. 助けてくれて君は親切だ / a man **of** importance 重要人物 / **of** late ごろ / a quarter **of** seven 7時15分前 / The days **of** cheap labor are waning in China. 低賃金労働の時代は中国では終わりに近づきつつある / **Of course**, as consumer demand increases, prices will likely go up as well. もちろん, 消費者需要が増加するにつれて, 価格もおそらく上昇するだろう

[成句] ***of course*** もちろん

off /ɔːf, ɑf/ *ad* 外れて, 切り離されて; 離れて, 留

守で; 脱いで; (動きが)止まって(⇔on); 休んで; やめて《*doing*》; すっかり; 差し引いて; 割り引いて; 減って

▶ 5 percent **off** on cash 現金払いで5分引き / The number of new projects under construction is **off** 10% from last year. 建設中の新しいプロジェクトの数は昨年から10％減少している / Sales dropped **off**. 販売実績ガガたっと落ちた / His work has gone **off** recently. 最近彼の仕事は質が落ちた / They took 10 percent **off** for all cash purchases. 現金買いはすべて1割引きにした / The campaign got **off** to a good start. キャンペーンの滑り出しは順調だった / I heard the deal may be **off**. その取引は取り止めになるかもしれないと聞いた / I'll be **off** in a moment. もうすぐ仕事が終わってフリーになります / How are you **off** for money now? 金はいくら持ち合わせているか / I've been working **off** and **on** to update the website. そのウェブサイトを更新するために折に触れて働いてきた

成句 **be off** 去る; 中止になる **be off for**《略式》を持っている **off and on** / **on and off** 継続して; 時々 **off of** から, をやめて **right** [《英》**straight**] **off** 直ちに

— *prep* …から離れて; …からそれて; …の沖で[に]

▶ 20 percent **off** the price 値段の2割引 / be **off** work on Tuesday 火曜日は休みである / live **off** one's pension 年金で生活する / Airfares are **off** their peaks. 航空運賃のピークは過ぎた

— *a* 外れた, 正常でない; 調子が悪い; (価値・数量が)下がっている, より低い; (肉などが)傷んだ; (補給が)切れた; 品切れで; 休みの, 非番の; 不況の; 季節外れの; 機嫌が悪い《*with*》; 体調が悪い; 遠いほうの, 向こうの; (機会が)ありそうもない

▶ on a day **off** 休みの日に / get 2 weeks **off** 2週間休みをとる / get **off** sick 病気で欠勤している / an **off** season シーズンオフ / I'm feeling **off** today. 今日は不調だ / Railroad traffic was **off** by 5 percent. 鉄道輸送量は5％減った / The agreement is **off**. 協定は失効している / Stocks were **off** this morning. 株価は今朝は下がっていた

成句 **be well** [**badly**] **off** 暮らし向きがよい[悪い]

— *n*《the ~》出走

成句 **from the off**《英》最初から

Off! 《商標》オフ [⇒米国の駆虫剤. 蚊, ノミ, 虻などの虫から肌を守るスプレー]

off-balance-sheet *a* オフバランスシートの, 簿外の [⇒資産や負債が貸借対照表に計上されていない状況を言う] ▶ Please be sure to check for other off-balance-sheet items. 他の簿外項目も忘れずにチェックしてください

off-balance-sheet financing オフバランスシート・ファイナンス [⇒バランスシート(貸借対照表)上負債として現れず, したがって借入依存度などの財務指標を悪化させずに済む方式による資金調達. 適正表示の要請からこの種のものへの規制が強まっている]

off-balance-sheet risk オフバランスシート・リスク [⇒貸借対照表に計上されない取引に対して発生するリスク]

off-board *a, ad* 取引所外の[で], 場外の[で]; 店頭の[で], 店頭売買の[で] ▶ securities traded off-board 店頭売買される証券

off-board trading 取引所外取引 [⇒売買注文の委託を受けた証券会社がそれを店頭市場での相対取引に回したり, 自社の在庫のために直接, 売買の相手となったりすること] ▶ off-board trading in stocks 株式の取引所外取引

off-brand *a* ブランド品でない

off-duty *a* 非番の, 勤務を離れた ▶ I'll be off-duty on Friday. 金曜日は非番です

offence /əféns/ *n*《英》=offense

offend /əfénd/ *vt* 感情を害する; 気に障る ▶ offend the eye 目障りだ

— *vi* 罪を犯す; (規則に)背く《*against*》

be offended at [**by**] に腹を立てる

◇**offending** *a* 不快な

offended *a* 立腹した(状態になる)

offender *n* 違反者; 犯罪者, 犯人 ▶ a first-time offender 初犯者

offense, 《英》**offence** /əféns/ *n* 違反, 犯罪《*against*》; 気分を害するもの《*to*》; 立腹; 無礼; 攻撃(側) (⇔defense) ▶ commit an offense against traffic regulations 交通違反をする / Tax evasion is no minor offense. 脱税は軽い犯罪ではない

give [**cause**] **offense to** を怒らせる

take offense at に怒る

offensive /əfénsiv/ *a* 無礼な, 侮辱的な; 不快な《*to*》; 攻撃的な ▶ Please strike the offensive remarks from the minutes. 人に不快な感じを与える言葉を議事録から削除してください

— *n* 攻勢, 攻撃 ▶ a peace offensive 平和攻勢

be on the offensive 攻勢に出ている

go on [**take**] **the offensive** 攻撃に出る《*against*》

◇**offensively** *ad*

◇**offensiveness** *n*

offer /ɔ́:fər/ *vt* 提供する; 差し出す《*to*》; 申し出る, 企てる《*to do*》; 捧げる《*to*》; (ある価額で)売り出す ▶ offer assistance 支援を申し出る / offer one's hand 手を差し出す / offer competitive prices 競争力のある価格を提示する / offer an attractive return for investors 投資家に魅力的な利回りを提供する / Our bank offers a wide range of investment options. 当行は投資の幅広い選択肢を提供いたします / Exports offer a way out of China's over-capacity of steel production in the domestic market. 輸出は中国の国内市場における鉄鋼生産の過剰能力からの出口の役割を果たしている / He offered the painting to me [=me the painting] at a reduced price. 彼は割引価格でその絵を売ってくれると言った / Some businesses offer discounts to the public. 商売によっては一般の人にディスカウント[割引]をする / We want to offer calls at a lower cost than our competitions. 当社は競合他社よりも低料金の通話を提供したいと思います / Credit unions also offer mortgages. 信用組合も住宅ローンを提供する

— *vi* 現れる; 起こる; 提案を行う
have ... to offer を提供して[備えて]いる ► We have a lot of expertise to offer our customers. 当社はお客様に提供できる多くの専門知識を持っています
offer itself [themselves] 現れる, 到来する
— *n* 申し出, 申込; 条件提示, オファー

コロケーション

(動詞(句)+~) **accept** an offer 申し出を受諾する / **accept** offers 買手を募る, 買い値の申し出を受けつける / **agree to** an offer 申し出に同意する / **consider** an offer 申し出を検討する / **decline** an offer 申し出を断る / **jump at** an offer 申し出に飛びつく / **make** an offer 申し出をする / **receive** an offer 申し出を受ける / **refuse** an offer 申し出を断る / **reject** an offer 申し出を拒絶する / **take** an offer 申し出を受け入れる / **take down** an offer 申し出を断る / **withdraw** an offer 申し出を撤回する

► a job offer 求人 / job offers to applicants ratio 有効求人倍率 / a firm offer 確定的な申し出 / a reasonable offer 妥当な申し出 / a tempting offer 魅力ある申し出 / an unacceptable offer 受け入れ難い申し出 / an unattractive offer 魅力のない申し出 / an unsolicited offer 一方的な申し出 / a firm offer ファームオファー, 確定申込 / a counter offer カウンターオファー, 逆申込 / an offer subject to prior sale 先行取引の成立を解除条件とするオファー / an offer subject to final confirmation 確認条件付きオファー / a tender offer テンダーオファー, 公開買付 / make an offer オファーを出す / He turned down the job offer because he wasn't satisfied with the salary. 給与に満足しなかったので, 彼はその仕事の口を断わった / He is considering job offers from several firms. 数社からの就職の勧誘を考慮中である / The original price was $3,000 but I'm open to offers [an offer]. 原価は3,000ドルでしたが値段は相談に応じますよ / They made me a better offer. 彼らはよりよい値をつけた
on offer (値引などで)売りに出されて
under offer 《英》(売家が)買手がついて
offer by prospectus 《英》新株の公募
offer document 《英》公開買付説明書 [◆株式公開買付に際して買手が既存株主向けに買付の条件を提示した書面]
offered price (売手の)呼び値 (=asked price), 売呼び値
offered rate (資金の)出し手レート
offeree /ɔ̀ːfəríː/ *n* 申込の相手方 [◆オファーを受けた者]
offer for sale (証券の)売出し
offering /ɔ́ːfəriŋ/ *n* ❶ 提供; 提供する品物とサービス; 廉価提供品; 販売の申し出, オファー ► Our offerings on this website start at about $10. このサイト上で提供している品物は10ドルぐらいからとなります / Compare the offerings of several different kinds of lenders. いくつかの異なった貸主の提供条件を比較しなさい ❷ 贈り物 ❸ (証券の)募集; 公募 [◆新規の株式・債券の買手を求めること] ► public offering 公募, 株式公開 / limited offering 限定募集 / raise $5 million in stock offering 株式公募で5百万ドルを調達する

offering circular 発行目論見書 (=prospectus) [◆有価証券の募集または売出しのために出される, 発行会社の事業に関する説明文書]
offering date 売出日
offering material 募集用資料
offering price (証券の)公募価格; 発行価格
offering tems 発行条件 ► According to the offering terms, the holders of the convertible preferred stock are entitled to an aggregate of 6 million shares of the company's common stock. 発行条件によれば, 転換権付優先株の保有者は, 同社の普通株式600万株を対象とする転換権が認められる
offeror *n* 申込者 [◆オファーをした者]
offeror party 申出当事者
offer price 売り呼値, 売値
offer to purchase 《英》株式公開買付 [◆takeover bidの別称]
off-exchange trading 取引所外取引 [◆証券取引所を通さずに行う証券の売買]

office /ɔ́ːfis/ *n* ❶ 事務所; 事業所, 営業所
► the main [head] office of a company 会社の本社 / be at the office 会社で仕事をしている / She assumed the office of Chief Executive Officer in 1999. 彼女は1999年に最高経営責任者の地位に就いた / The manager is out of the office at the moment. 課長は今外出中です / How much does it cost to rent an office in this area? この地域でオフィスを借りるとどのぐらいになりますか / The company opened six new sales offices and closed three. 同社は営業所を新規に6か所開設し, 3か所閉鎖した / We are thinking of relocating our office to a better location. もっといい場所に事務所を移転することを考えているところだ / We opened six overseas offices last year. 昨年は海外事務所を6か所で開いた / Some managers have their own individual offices. 個室のオフィスを持っている管理職もいる

❷ 役職, 地位, 任務 ► take office 役職に就く / accept [assume, come into, enter upon, get into] office 公職に就く / be in [out of] office 在職している[いない] / hold (public) office 公職に就いている / leave [resign (from), lay down] office 公職から引退[辞任]する

❸ (1) (O-) (米国政府の) 庁, 局, 部 (✚省より下の区分) ► the Office of Community Services 社会事業局 / the Immigration Office 移民局 / the Patent Office 特許局 (2) (O-) (英国政府の) 省 ► the Foreign Office 外務省 / the Scottish Office スコットランド省 / the Home Office 内務省

office action 《米》オフィスアクション [◆特許出願に対する拒絶通知]

office automation オフィスオートメーション (OA)

office-bearer n 《英》= officeholder

office block 事務所用大ビル; オフィス街

office building オフィスビル, 事務所ビル

office condo 分譲型オフィス

office copy 保存用のコピー

Office Depot 《商標》オフィス・デポ [⇨米国の文房具, オフィス機器の小売店. 事務用品, オフィス家具, コンピュータなどを扱う]

office district 業務地区; 事務所地域(地区)

office equipment 事務用設備, 事務用備品

Office for Harmonization in the Internal Market ヨーロッパ共同体商標意匠庁 (OHIM) [⇨EU 内で商標(CTM=community trademark)を登録したいときは, スペインのアリカンテにあるこの機関に願書を出す]

Office for National Statistics 《英》統計局 (ONS)

office furniture 事務所用家具; 事務用什器

officeholder n 《米》公職者 (=《英》officebearer)

office hours 勤務[営業, 診療]時間 ▶ Our office hours are from 10 a.m. to 5 p.m. 当社の就業時間は午前10時から午後5時までだ / If you need to contact me outside of office hours, my cell phone number is XX-XX. 時間外に連絡をくださる必要がある場合, 私の携帯の番号は, XX-XXです

office machinery オフィス機器

officemate n 会社の同僚

Office Max 《商標》オフィスマックス [⇨米国の大型文具・機器小売店]

Office of Fair Trading 《英》公正取引庁 (OFT) [⇨公正な取引を阻害する行為や消費者保護法の違反を取り締まっている]

Office of Management and Budget (the ~)《米国の》行政管理予算局 (OMB) [⇨行政府としての予算を作成し, かつ, 財政・経済見通しにつき大統領に助言する機関で, 500名を超えるスタッフを擁する]

Office of the Comptroller of the Currency (the ~)《米国の》通貨監督庁 (OCC) [⇨連邦法に基づいて認可された商業銀行を監督する米財務省の機関. 責任者は大統領により任命され上院の承認を受ける通貨監督官(the Comptroller of the Currency)]

Office of the United States Trade Representative (the ~)《米国》通商代表部 [⇨1980年, 通商交渉特別代表部から米国通商代表部に改組された, 国際通商交渉を担当する大統領直轄機関. 貿易に関する問題で大統領を補佐する]

Office of Thrift Supervision《米国の》貯蓄金融機関監督局 [⇨小額貯蓄金融機関を監査する財務省の部局]

office park (公園などを併設した) 事務所ビル集中地域

office plaza = office park

office politics オフィスの政治的かけひき ▶ He is not interested in office politics. 彼はオフィス政治には関心がない

office premises 事務所の敷地内, 構内

office premium《英》総保険料, 営業保険料, 表定保険料 (=gross premium)

officer /ˈɔːfɪsər/ n (団体・企業の) 役員; 執行役員 [⇨取締役会に選任される部門別の実務の責任者] ▶ the chief executive officer 最高経営責任者, 担当者 (CEO) / the chief operating officer 最高執行責任者 (COO) / attend the meeting of the officers 役員[幹部]会に出席する / John Day is the chief financial officer of a large company. ジョン・デイは大会社の財務担当役員である

office regulations 就業規則

office rental 事務所賃借料

office space オフィス・スペース, オフィス用の空間

office staff 事務職員 ▶ In our company the office staff meets every Monday to discuss the week's work. 当社では, 事務職員は毎週月曜日にミーティングを行って1週間の業務を話し合っている

office supply 事務用品 (✧事務機と合わせて office supplies and equipment と言う) ▶ Be sure to re-order when you notice that a particular office supply is running low. 特定のオフィス用品の残りが少なくなってきたら, 確実に補充注文をするようにしてください / We get our office supplies from local retailers. 文具などのオフィス用品は地元の小売業者から買っている

office vacancy rate オフィス物件の空室率

office work 一般事務, 事務部門の業務, ペーパーワーク

office worker 事務職員, 会社員

official /əˈfɪʃəl/ n 役人, 公務員; (~s) 当局 (者); 高官, 官僚; 役員; 責任者; 係員, 係官; 職員 ▶ a high-ranking government official 政府高官 / Our competition has the inside track because they have a lot of connections with government officials. 当社の競争相手は, 政府高官と多くのコネを持っているので, 有利な立場にある

― *a* 職務[公務]上の; 公認の, 公式の; 役人ぶった; 公定の ▶ an official announcement 公式声明

◇**officialdom** n 官界; 官僚; 官僚主義
◇**officialese** n お役所言葉
◇**officialism** n 官庁方式; 官僚主義

official development assistance 政府開発援助 (ODA) [⇨先進国から発展途上国や国際機関への援助や出資のうち, 途上国の経済発展と福祉の向上を主たる目的とし, グラント・エレメントが25%以上のもの]

official document 正式文書

official exchange rate (為替の) 公定レート

official foreign exchange market

intervention 公的外為市場介入 [⇒通貨当局が為替レートを操作する目的で外貨を自国通貨と交換に売買すること]

official foreign exchange reserves 外貨準備 [⇒国際収支は正のための直接的ファイナンスや為替市場介入による間接的な調整などを目的として,通貨当局が保有する,ただちに利用可能で,かつその管理下にある対外資産]

Official Gazette 「特許広報」[⇒米国特許商標局発行の週刊公報]

official holiday 法定休日

official language 公用語

officially *ad* 公式に(は);表向きは ► The two companies announced officially they would set up a joint venture. 合弁会社を設立することを,両社は正式に発表した / Our firm officially received the government contract yesterday. 昨日,当社は政府の契約を正式に受注した / Officially, he will remain in charge until his term expires on March 31. 公式には,任期が切れる3月31日までその職にとどまる予定だ

official price 公定価格

official rate 公定歩合

official receiver 《英》管財人 [⇒破産手続が開始された会社の事務を処理するため裁判所が任命する]

official strike 公式のストライキ [⇒一部組合員の独走による山猫ストとの対比で,組合として正式に決定したものを言う]

offing /ɔ́ːfiŋ/ *n* 沖合
in the offing 沖合に;視界内に;やがて起こりそうな ► A return to last year's housing prices isn't in the offing. 昨年した住宅価格に戻る気配はまだ見えない

off-kilter *a* 均衡のとれていない;異常な

offline *a* オフラインの [⇒中央処理装置と接続していないか,独立して作動するようにしてある状態について言う]

offload *v* を下ろす;除去する;はずす 《*from*》 ► The company tried to offload its high inventory by offering deep discounts. 同社は割引率を高めて過剰在庫を一掃しようとした

off-market *a* 市場を通さない,相対(あいたい)の ► an off-market transaction 相対取引

off-market dealer 場外取引業者 [⇒許可を受けて,証券取引所外での証券の売買に携わる業者]

off-market purchase of shares 株式の市場外買付け

off-patent *a* 特許切れの [⇒特許の存続期間が満了した製品(特に医薬品の化合物)について言う]

off-peak *a* ピーク時を過ぎた,閑散時の

off-peak fare オフピーク料金,オフシーズン料金 [⇒利用者が集中しない時間帯・曜日・季節に適用される料金]

off-premise *a* 自宅外の,店外の,社外の ► Many homeowners policies include off-premise protection. 多くの住宅所有者保険は自宅外で起きた事故の補償金も含む

off-price *a* 安売りの,ディスカウントをする ► an off-price retailer ディスカウント店

off-price store オフプライス・ストア [⇒一流ブランド品・ファッション衣料品のディスカウント型小売店]

off-sale date 売上集計日 [⇒新聞・雑誌の販売店が売上を集計し,取次業者に報告する締めの日]

off-season *a, n* 季節はずれ(の) ► In the off-season there are only a few guests staying at the hotel. シーズンオフにはホテルには少数の客がいるだけである

offset *n* 相殺;相殺額 ► The tenant claimed an offset against the rent. 借主は賃料を相殺すると主張した
— *vt* /ˌ-ˈ-/ 《~;-tt-》埋め合わせる;相殺する;オフセット印刷にする ► We need to improve productivity to offset the increase in wages. 賃金の上昇を相殺するために生産性を改善する必要がある / The company is trying to offset its losses in the domestic market with foreign sales. その会社は,国内市場での損失を海外での売上で相殺しようとしている / The government spending program is aimed to offset the decline in consumer spending. 政府の支出プログラムには個人消費の減少を相殺する狙いがある

offshoot *n* 枝,分枝;派生物;分派《*from*》

offshore *ad* 沖に(向かって),海外に ► shift manufacturing offshore 生産拠点を海外に移す / Many financial companies have moved operations offshore to cut costs. 多くの金融会社はコスト削減のために事業を海外に移した
— *a* ❶ 沖に向かう;沖の;海外にある[で登録されている] ► an offshore wind 沖に吹く風 / offshore operations 海外事業 / offshore investment 海外投資 / offshore production 海外生産 / an offshore oil field 海底油田 / offshore drilling 海底油田掘削 ❷《金融》オフショアの;海外の [⇒法律規制,税制などの緩やかな国外に拠点を置く,または自国の法規制を受けない非居住者間取引制度に基づくものについて言う] ► an offshore investment company オフショア投資信託会社
— *vi* 海外営業する

offshore banking オフショアバンキング [⇒オフショア金融センターでの銀行業務]

offshore center オフショア市場

offshore company オフショア会社 [⇒登記上の本国以外の地で営業活動を行う会社. バハマ法人はその代表例]

offshore fund オフショアファンド,国際投資信託 [⇒投資信託会社あるいは投資家にとって税制上有利な国に籍を置く投資信託]

offshore market オフショア市場 [⇒金融規制や税制の面で優遇措置が取られているため非居住者が自由に資金の調達と運用ができる国際金融市場]

offshoring *n* 生産拠点の海外移転

off-site *a, ad* ❶ 現場を離れた場所で(の) ❷

【不動産】敷地区域外で(の)
off-the-books a 簿外の
off-the-cuff a, ad ぶっつけ本番の[で], 用意なしの[で]
off-the-job a オフザジョブの[⇨オンザジョブ・トレーニング(職場内訓練)との対比で,「職場外」を指す]
off-the-job training オフザジョブ・トレーニング[⇨日常業務を離れて, 研修所などで学ぶ集団研修]
off-the-peg a 《英》既製の, できあいの(=《米》off-the-rack)
off-the-record a, ad ❶ 非公開の[に], 非公式の[に] ❷ オフレコの[で][⇨記録しないこと, 非公開を条件に, 情報提供がなされること。記事にしないことが事前に約束されていることを言う] ⇨on-record
off-the-run issue オフザラン銘柄[⇨後発の新規発行国債に「オンザラン銘柄」(on-the-run issue)の地位を譲り渡し, 取引が低調になっている銘柄]
off-the-shelf a (物が)在庫の; 特別あつらえでない
off-the-shelf company =shelf company
OFT Office of Fair Trading
often /ɔ́ːftən, ɑ́f-/ ad しばしば ► Overhead expenses are often shared with the parent company. 間接費は親会社との間で分担される場合が多い / Consumers often don't really know what they want. 消費者は自分が何を欲しいのか本当に分かっていない場合が多い / Jobs posted on online ads are often already filled. オンライン広告に掲示されている求人はすでに埋まっている場合が多い / He often makes careless mistakes in his reports. 報告書で, 彼は不注意による間違いをしばしば仕出かす
all too often あまりにも頻繁に ► This problem is all too often overlooked. この問題はあまりにもしばしば見過ごされている
as often as …するたびごとに
as often as not / more often than not しばしば, いつだって ► More often than not, his ideas are rejected. 彼の考えは採用されないことが多い
every so often 時たま
Oh Henry! (商標)オーヘンリー[⇨米国Nestle社のチョコレートをからめたピーナッツバー]
OHIM Office for Harmonization in the Internal Market
OHV off-highway vehicle オフ・ハイウェー車[⇨off-road vehicle(オフロード車), off-road motorcycle(オフロード・オートバイ), all-terrain vehicle(全地形車)などの総称]
oil /ɔ́il/ n 油; 石油, 原油 ► The US consumes more oil than any other country. 米国は他のどの国よりも大量の石油を消費する
pour oil on the flames 火に油を注ぐ; 騒ぎを大きくする
strike oil 油脈を掘り当てる; (新商売が)当たる
━ vt 油を塗る[差す], 油に浸す; 《略式》買収する; 滑らかにする
oil a person's hand [palm] (人に)金をつかませる
oil the wheels 車輪に油を差す; 《略式》事を円滑に運ばせる
◇**oiled** a 油を塗った[差した]
◇**oiler** n 油を差す人[器具]; 給油係; 重油船, タンカー
oilberg n 超大型タンカー; (排出[投棄]された油でできた海洋の)廃油塊, 廃油ボール
oil crisis 石油危機, 石油ショック, オイルショック (=oil shock)[⇨1973年の第四次中東戦争を機に, アラブ産油国の産油制限と石油価格引上げによって生じた世界的な経済混乱。石油消費国に失業・インフレ・貿易収支の悪化という深刻な打撃を与えた(第一次オイルショック)。また, 1979年のイラン革命に伴い産油量が減り, 石油価格が急騰した事件を, 第二次オイルショックと言う] ► be hit by the oil crisis 石油危機に見舞われる
oil dollar オイル・ダラー[⇨産油国が石油輸出代金として受け取るドル。石油取引の決済通貨の大部分が米ドルであるため, このように言われる。石油代金にはドル以外の通貨も含まれるのでオイル・マネー(oil money)と言われることもある]
oil exporter 石油輸出国
oil field 油田
oil importer 石油輸入国
oil majors 石油メジャー, 国際石油資本[⇨探鉱, 生産, 輸送, 精製, 販売の全段階で世界の石油取引で大きなシェアを占める巨大石油会社。第二次大戦後から1960年代までは石油メジャーの最盛期で, エクソン, モービル, ガルフ, テキサコ, シェブロン, BP, ロイヤルダッチシェルの7社が世界の石油生産をほぼ独占していた。オイルショック後は石油輸出国機構(OPEC)に主導権が移ったが, 国際石油資本は1990年代から企業統合を繰り返して, 現在はエクソンモービル, シェブロン, BP, ロイヤルダッチシェル, コノコフィリップス, トタルの6社がスーパーメジャー(supermajors)と呼ばれている] ⇨supermajors
oilman n 油井所有者; 製油業者[労働者]
oil money オイル・マネー ⇨oil dollar
oil platform (海の上の)石油掘削用プラットフォーム
Oil Pollution Act (the ~)(米国の)石油汚染法令, 油濁防止法[⇨1990年制定]
oil price 原油価格 ► spike in oil prices 原油価格の急騰 / weak oil prices 低迷する原油価格 / Oil prices are likely to advance in coming years. これからの数年間, 原油価格は上昇する公算が大きい / In September, oil prices hit a 10-year high of $37.80 a barrel. 9月に原油価格は1バレル当たり37.80ドルをつけ, 10年来の高値を記録した / Car makers have slowed down production of big SUVs due to high oil prices. 自動車メーカーは, 原油高を受けて, 大型SUVの生産ペースを落としている
oil-producing a 石油を産出する
oil-producing country 産油国
oil refiner 石油精製者[会社, 国]
oil-rich a 石油に恵まれた

oil rig 石油掘削装置
oil sand オイルサンド［◆非在来型石油資源の一つ．深度の浅い砂層中にある硫黄分に富んだ重質油．タールサンド(tar sand)とも呼ばれる．カナダ，ベネズエラなどに分布する］⇨unconventional oil resources
oil shale オイルシェール［◆非在来型石油資源の一つ．油母頁岩とも言う．石油と石炭の中間に位置する資源で，米国西部，ブラジル，ロシアなどに分布する］⇨unconventional oil resources
oil spill 石油流出
oil tanker 石油輸送船［車］，タンカー
oil weapon （産油国の）武器としての石油
  ► use the oil weapon 石油を武器として使う
oil well 油井
OJT on-the-job training
OK /óukéi/ a, ad 間違い［異常，支障］がない；妥当な；まずまずの；《略式》よろしい，いいとも，もちろん ⇨okay ► Our sales have been OK so far this year, but the holiday season looks murky. 当社の売上高は今年は今までのところ大丈夫だが，ホリデーシーズンは不透明だ

OK by [with] me. 私は賛成
That's OK. （わびる相手に対し）気にするな

— vt (~'d; ~'ing) 承認する ► The boss refused to OK my request for a transfer. 私の異動の要請を上司は頑として承認しなかった

— n (~'s) 承認，同意
get the OK from から許可をもらう ► Our department got the OK from management to begin the research. 当部署は経営陣から研究を開始する許可を取得した / They couldn't get [receive] his OK on it. それについて彼の承認を得られなかった
give the OK オーケーを出す
［<oll korrect = all correct］
okay, okey /óukéi/ a, ad =OK
OL office lady
Olay 《商標》オーレイ［◆米国のスキンクリームのブランド．ドラッグストアやスーパーで販売されており，モイスチャークリームや洗顔クリームなどがある］
old /óuld/ a 年とった；年寄り臭い；…歳の；昔ながらの；古びた，使い古した；時代遅れの；旧式の，今までの；古代の；老練の；古株の；例の；《略式》親しい，懐かしい ► We make every effort to recycle old products. 古い製品をリサイクルするためにあらゆる努力をする / Our office is located in an old, dilapidated building. 当社の事務所は古い老朽化したビルにある
any old 《略式》どんな…でも
for old times' sake 昔のよしみで
give ... the old college try を目一杯頑張ってやってみる

— n ❶ 昔；(the ~) 老人たち ❷ (the ~)（複数扱い）高齢者，老人
of old 昔の［は］；古くから
old-age pension 《英・豪》老齢年金
old-age pensioner 老齢年金受給者 (OAP)
Old-Age, Survivors, and Disability Insurance 老齢・遺族・身障保険 (OASDI)［◆一般に Social Security と呼ばれている制度の公式名で，米国の連邦政府が運営する社会保障制度．1935年の社会保障法(Social Security Act)によって導入された．労働者の毎月の給料から給与税(payroll taxes)が源泉徴収され，65歳以上の退職者に老齢年金が支給される．遺族や一部の身体障害者にも給付金が支給される］
oldbie /óuldbi:/ n （インターネットの）熟練者 ⇨newbie
Old Economy 《the ~》オールドエコノミー，旧経済（✚小文字で the old economy とも表す．形容詞的にはしばしば old-economy となる）［◆情報技術(IT)革命以前の，従来型の製造業中心の経済］ ⇨New Economy ► Old Economy stocks オールドエコノミー株 / Some old-economy companies use e-commerce in conjunction with their existing operations. オールドエコノミーの会社の中には既存の操業方式と共に電子取引を利用するものがある
old-line a 保守的な；歴史の古い
old money 代々受け継がれた財産（を持つ家）
old share 親株，旧株 (=old stock)［◆増資新株が割り当てられる株式］
old soldier 老兵；熟練者
Old Spice 《商標》オールドスパイス［◆米国の男性用化粧品のブランド．髭そりクリーム，制汗剤，コロン，アフターシェービング用品などを提供］
oligopoly /əlígəpəli/ n 寡占［◆少数の売手だけで類似の財または同一の財を供給する市場構造］
oligopsony /əlígəpsəni/ n 需要寡占［◆需要側が限られている関係で買手が独占力を持つ市場］
Olivetti (~ SpA) オリベッティ［◆イタリアの事務機器メーカー．創業は1908年，タイプライターを製造．32年現社名に改組．現在は Telecom Italia（電話サービス，インターネットサービスメディア事業など）の一部となっている］
OM organization and methods
OMB Office of Management and Budget
ombudsman /ámbədzmən/ n 苦情調査官［処理係］；オンブズマン，行政査察官［<スウェーデン］
omen /óumən/ n 前兆，兆し ► a good [bad] omen 吉[凶]兆 / Sales of big ticket items increased over two percent in July, a good omen for the third quarter. 高額商品の売上は7月に2%以上増加したが，これは第3四半期に向けて良い前兆だ

— vt 前兆となる
［<ラ］
ominous /ámənəs/ a 不穏な；不吉な；前兆となる《of》 ► Ominous clouds hang over the economy. 不気味な雲が景気の上に立ち込めている / High unemployment is ominous for the country's economic future. 高失業率はその国の経済の将来に暗い影を投げている
◇**ominously** ad
omissible /oumísəbl/ a 省略できる
omission /oumíʃən/ n ❶ 省略(されたもの)；脱漏，看過，欠落；脱落；怠慢 ❷《法律》不作為［◆なすべきことをしないこと］ ► crimes of

omission 不作為犯 ❸ 記帳漏れ, 記載漏れ, 脱漏
omit /oumít/ *vt* (**-tt-**) 省略［削除］する (*from*); 怠る (*doing*); …し忘れる (*to do*) ► He omitted sales figures for some of the regional offices. 彼はいくつかの地域店の売上高の数字を入れ忘れた / They may omit the dividend. 会社は配当をしないこともある

Omnibus Trade and Competitiveness Act 包括通商競争力法［○1988年に成立した米国の法律. ガットの多国間主義を否定し, 保護主義的色彩が強い. 不公正貿易国への制裁を定めたスーパー301条や知的所有権保護強化条項を含む.「包括通商法」と略称される］

Omnicom Group (**~ Inc.**) オムニコム・グループ［○米国の企業向けメディアサービス会社. 広告, IR活動などで世界の5,000を超える大手企業を顧客に持つ］

on /ən; (強)αn, ɔːn/ *prep* (場所)…の上に; (接触)…に接して; (所持)…の身につけて; (基礎)…に支えられて; (近接)…の近くに, に接して; (方向・対象)…の方へ, に対して; (手段)…によって; (状態)…の状態で; (根拠・理由)…に基づいて; (日・時)…に, と同時に; (従事・服務)…に従事して; (主題)…に関して; (累加)…に加えて; (略式)(負担)…のおごりで; (米)…に不利益を与えて; (比較)…に比べて; (携帯)…を持って (*with*)
► a cottage **on** the beach 海岸沿いの別荘 / spend money **on** books 本にお金を使う / talk **on** the phone 電話で話す / **on** strike スト中 / **on** arrival 到着すると / **on** duty 当番の / heaps **on** heaps 累々と / have ... **on** a person 人が…をおごる / It's **on** the house. 店のサービス［無料］です / All items in the store are **on** sale. 店内の全商品がセールの対象です / By focusing **on** the domestic market, we were able to survive drops in overseas sales. 国内市場に集中することで, 当社は海外売上の落込みに耐えて生き残ることができた / By a show of hands, let's take a vote **on** this motion. 挙手で, この動議を採決しましょう / Every three years he raised the rent **on** us. 3年ごとに彼が家賃を上げてきた / He lived alone **on** his old-age pension. 彼は老齢年金をもらって一人で暮らしていた

— *ad*, *a* 上に; 身に着けて; 進んで; 続けて; 行われて; (時間的に) 先へ; かかって; 予定されて; 出番で; 乗車して; 参加して

► He kept going **on** about how great the product was. 彼はその製品がどんなに素晴らしいかを話し続けていた / Companies must focus **on** employees' key talents. 企業は従業員の持つ主要な能力に焦点を合わせなければならない / Are we **on** for today's lunch meeting? 今日の昼食会に参加するの?

[成句] **and so on** など **be not on** (略式) 使えない, 駄目だ **be on for** (略式) に参加する **be on to** (略式) よく知って［気づいて］いる; とがめる **from now on** 今後は **on and off / off and on** 時たま **on and on** どんどん **on doing** …したとたんに **You're on.** 君の提案［賭け］に乗るよ

O/N overnight 翌日返済

once /wʌns/ *ad* 一度, 一回; かつては; いったん
► Our department has a meeting once a week. 当部署は毎週1回会議を開く / America's industry isn't the dominant force that it once was. 米国の産業界は昔のように圧倒的な力をもった存在ではない

more than once 再三 ► I've heard him ask the same question more than once. 彼が何度も同じ質問をするのを聞いた

once again もう一度, またもや ► Once again, thank you for your time. お時間をとっていただきましたことを重ねてお礼申し上げます

once and again 再三

once (and) for all 今度限り; きっぱり ► Let's settle the matter once and for all. この件について最終的に決着をつけよう

once in a blue moon ごくまれに

(every) once in a while [way] たまに ► Once in a while, I buy things online. 時々, インターネットで買物をする

once more もう一度

once or twice 一, 二度; 数回

once too often 一度余計に

— *a* 以前の

— *conj* ひとたび…すれば, …するやいなや ► Once the stimulus package gets under way, activity in the construction industry should increase sharply. 総合的な景気刺激策が動き出せば, 建設業界の活動は急激に増加するはずだ / Many insurers consider a single female to be an adult once she reaches age 25. 多くの保険会社は独身女性が25歳になると成人になったと見なす

— *n* (the ~) 一度

all at once たちまち, 一斉に ► Instead of making the full payment all at once, you can pay in installments. 全額一括払いではなく, 分割払いにすることもできます

as once 一斉に, 一体となって

at once 同時に; すぐに, ただちに ► I'll look into the problem at once. すぐにその問題を調べます

(just) for (this) once 今度［一度］だけ

Once is enough. 一度で十分だ

oncost *n* (英) 間接費 (=overhead); 製造間接費

on-deck cargo 甲板積貨物

on-demand *a* オンデマンドの［○ユーザーからの要求に応じて個別に対応することを言う］
► on-demand printing オンデマンド印刷 / on-demand publishing オンデマンド出版

one /wʌn/ *a* 1つの; ある (=a certain); 一体の; 同一の; (the ~) 唯一の

all one to には同じ［どうでもよい］こと

for one thing 一つには

one and only 唯一の

one and the same まさに同じの

one day ある日; いつか

one or two いくつか

— *n* 1; 1個, 1人; 1時, 1歳; (略式) 1ドル［ポンド］(紙幣); 一撃, 1本, 1杯 ► Those goods are sold in ones. それらの商品はばらで売られる

all in one 一つでみんな兼ねて; 全部一続きの
as one 一つになって, 一団として
at one 一致して, 落ち着いて (*with*)
for one 自分としては; たとえば
get one over より少しまさって
one after another [the other] 次々に ► The recession caused stores to close one after another. 景気後退のため, 次々と閉店に追い込まれた
one and all 誰もかれも, 一人残らず
one another お互い ► Mobile phone companies are competing with one another for new subscribers. 携帯電話会社は新規加入者を獲得しようと互いに競争している / Globalization has made countries more dependent one another. グローバリゼーションは国家間の相互依存を強めた
one by one 一人[一つ]ずつ
one for all, all for one 一人は万人のために・万人は一人のために [➡ 共済・保険の理念を表す標語]
one or two =a few
one up on a person (略式) (人より) 少し優れて
— *pron* 人, 誰でも; (限定語句を伴って) 人, 物; (既出名詞の代用) (その) 一つ[一人]; (the other, anotherと呼応して) 一方; (the ~) (the otherと呼応して) (2者の) 前者 ► this one この人[物] / As part of its reorganization, the company will focus on its core products and eliminate unprofitable ones. 再編成の一環として, 同社は中核製品に焦点を絞り不採算製品を除去するだろう / One of the most pressing concerns is the lack of cost control. もっとも差し迫った懸念の一つはコスト管理の欠如だ / Which one are you looking for, the black or silver model? ブラックとシルバーと, どちらの機種をお探しですか
no one 誰も…ない
one-man business 個人事業 [➡ この言い方はたった一人で全部こなしていることを強調するもので, 正式には sole proprietorship と言う]
one-man corporation 一人会社 [➡ 単独株主が株式をすべて持っている形態の会社]
one-man operation 個人事業
one-month money 30日物 [➡ 短期金融市場での期間を1か月とする資金取引]
one-of-a-kind *a* 独特の (=unique)
one-off *n, a* 1回限りの(こと) ► That deal was a one-off. その取引は1回限りだった
one-off cost 一時的費用 [➡ リストラ費など経常的に発生するものではない費用]
one-on-one *a* =one-to-one
OnePass (商標) ワンパス [➡ 米国のコンチネンタル航空のマイレージ・プログラム]
one-person operation 個人事業
onerous /ánərəs/ *a* (フォーマル) わずらわしい, 厄介な ► The onerous regulations discouraged foreign investment in China. その厄介な規則が中国における外国からの投資を思いとどまらせていた
oneself /wʌnsélf/ *pron* 自分自身

be oneself 本来の自分である; 自然に振る舞う
(all) by oneself 一人で, 独力で; ひとりでに ► He figured out the problem by himself. 彼は独力でその問題を解いた
to oneself 自分用の, 自分だけに
one-shot *n, a* 1回限りの(もの) ► a one-shot deal 1回だけの取引 / The deal was a one-shot. その取引は1回限りだった
one-size-fits-all *a* 多目的な用途の; 自由サイズの ► People of any size can wear one-size-fits-all clothes. どんなサイズの人も自由サイズの服を着ることができる
one-stop *a* (英) ワンストップの [➡ そこに行けば他の商品・サービスに関しても用が済み, 1回ですべてをまかなえるという意味]
one-stop shop [store] (英) ワン・ストップ・ショッピングができる店
one-stop shopping (英) ワン・ストップ・ショッピング [➡ 1か所, 1店舗において顧客の必要とする商品のすべてが入手できるショッピングの形式] ► You can do one-stop shopping in the railway station building. その駅ビルでワン・ストップ・ショッピングができる
one-time *a* 以前の; 1回限りの
one-time charge 1回限りの費用, 特別費用 ► A one-time charge of about $6 million will be taken because of the job cuts. 人員削減に伴い, 約600万ドルの特別費用が計上されることになる
one-time item 1回限りの項目 [➡ non-recurring item (非経常損益項目) を平易な言葉で言い換えたもの]
one-time loss 特別損失 [➡ 非経常的なものであり, したがって臨時的性格のある損失]
one-time-only *a* 1回限りの (OTO)
one-time premium 一時払い保険料, 保険料一時払い (=single premium)
one-to-one *a* 1対1の ► We conduct one-to-one training as well as large group training. 当社では, 大規模な集合研修以外にマンツーマンの研修も行っている
one-to-one marketing ワン・トゥ・ワン・マーケティング [➡ 顧客一人ひとりに対応したマーケティング活動]
one-way *a* 一方通行の; 一方向だけの; (びんなどが) 使い捨ての, 再利用しない ► a one-way ticket (米) 片道切符 / a one-way fare 片道運賃
one-way bottle 使い捨てびん, ワンウェーびん
one-way container ワンウェー容器 [➡ 一度使用された後, ごみまたは資源として回収される容器]
one-year money 1年物 [➡ 短期金融市場での期間を1年とする資金取引]
one-year rule ❶ 1年基準, ワン・イヤー・ルール [➡ 資産を流動資産と固定資産に, 負債を流動負債と固定負債に分類する基準の一つである] ❷ (知財) (米) ワン・イヤー・ルール [➡ 特許出願前に発明を公開した場合, 1年以内に特許出願をしないと, その発明は新規性を喪失して特許を受けることができ

ないというルール]

ongoing *a, n* 進行中の; 前進; (~s)(奇妙な)振舞い ► The advertising campaign didn't reverse the ongoing sales decline. その広告キャンペーンは進行中の売上減少を反転させなかった / We require our staff to update their skills through ongoing training. 当社は従業員に対して継続研修を通じての技能向上を義務づけている / The negotiations are still ongoing. 交渉はまだ進展中だ / The rest of the world has much at stake in the ongoing of the US economy. 米国以外の世界中の国々は米国経済の成り行きに大きな利害関係を有する

onlend *v* 《英》(借入金を)融資する,また貸しする

on-lending *n* 《英》借入金の転貸, ツーステップ・ローン [⇒開発途上国の金融機関を育成するため, 当初より地元の中小企業への転貸を予定して行われるローン]

online, on-line *a, ad* オンラインの[で]; インターネットの[で], インターネットを使った; 中央処理装置の制御下にある ► online real-time financial information services オンライン・リアルタイム金融情報サービス / I was online checking and sending e-mails when my computer froze. ちょうどオンラインにしてメールをチェックしたり送信したりしているときに, パソコンがフリーズした / To send an e-mail, you need to go online and make a connection to an Internet service provider. メールを送るためにはオンラインにして, プロバイダにつなげる必要がある / Online sales of our products have finally taken off. 当社製品のオンライン販売はようやく離陸した

ー *n* オンライン方式; オンライン [⇒ネットワークにつながっていること]

online ad オンライン広告 [⇒インターネットを媒体として使った広告]

online banking オンライン銀行取引 ► Consumers have become familiar with the use of online banking. 消費者はオンラインバンキングの使用に慣れてきた

online brokerage オンライン・ブローカー業務, ネット証券会社 [⇒証券のネット取引ができるサービスを提供する] ⇒brokerage

online catalog オンライン・カタログ [⇒ネット上で閲覧しながら注文できるカタログ]

online firm インターネット企業 [⇒インターネット・ビジネスに従事している企業]

online movie [film] rental オンライン映画レンタル

online processing オンライン事務処理

online service オンラインのサービス [⇒オンライン・ニュース(online news)など]

online shopping オンライン・ショッピング ► Many people prefer the convenience of online shopping because it saves them time. 時間の節約になるので, オンラインショッピングの便利さを好む人が多い

online trading オンライン・トレード [⇒インターネットを使っての株式や金融商品などの売買] ► Online trading charges a lower commission than traditional brokerage firms. オンライン・トレードは従来の証券会社より手数料が安い

online updating オンライン・アップデート [⇒ネットワーク上のコンピュータに入力された情報が即座に他のコンピュータでも利用できる仕組]

onlooker *n* 傍観者, 見物者 (=looker-on) ► I don't want to be just an onlooker. ただの傍観者でいたくはない / Onlookers see more than players. / Onlookers see most. (諺) 傍目八目

only /óunli/ *ad* (ただ)…だけ; 単に; やっと; まったく

► He left the office **only** a few minutes ago. ほんの2, 3分前にオフィスを出ました / It's **only** fair. どうみても公平だ / The product will be on sale for **only** a week. その製品は1週間だけセールで販売されるだろう / Our plants are running at **only** 65.5% capacity. 当社の工場は生産能力の65.5%しか稼働していない / With **only** a week left before the trade show, we don't have much time to spare. 見本市まであと1週間しかないので, 余分の時間はほとんどない / Our clients will stick with us **only** if they believe that we can adapt to changes in the world market. 顧客がわれわれについてきてくれるのは, 当社が世界市場の変化に適応できると顧客が考える場合だけだろう / **If only** we were fully staffed, we wouldn't have to work overtime. 十分な人員がいれば, 残業せずにすむのだが / This service is **not only** fast **but also** affordable. このサービスは迅速なだけでなく値段も手頃だ / The drop in oil prices helps **not only** consumers, **but** manufacturers as well. 石油価格の下落は消費者だけでなく製造業者をも助けることになる / You **only have to** pay a small fee. ちょっとした手数料を支払うだけでいいんだ / I've **only just** placed the order, but I can cancel it if I want. たった今注文したばかりですが, キャンセルしようと思えばできます

[成句] **if only** ただ…できあればよいが **not only A but (also) B** Aだけでなく Bもまた **only have to do / have only to do** …しさえすればよい **only just** たった今; かろうじて…の **only not** ほとんど(…も同じ) **only so many [much]** 《略式》ほんのわずかの **only to do** (結果)(残念なことに) ただ…するだけだ **only too** この上なく, まったく; 残念ながら

ー *a* 唯一の; 最良の

► High staff turnover is not our **only** problem. 当社の問題はスタッフの離職率が高いことだけではない

[成句] **one and only** 唯一無二の **The only thing is …** 《略式》一つだけ問題があって…

ー *conj* …だがしかし; …を除いては, …がなければ 《that》

o.n.o. or near offer (広告で値段が)…前後の

onomastic /ànəmæstik/ *a* 【法律】 (署名が) 手書きの, 自署のある [⇒書類, 証書の本文と筆跡の異なる署名について言う]

on-pack n オン・パック［⇨商品取付け景品］

on-record a（発言などが）報道を前提とした；公式の ⇨off-the-record

onrush n 突進, 激発 *(of)*
◇**onrushing** a

ONS Office for National Statistics

on-sale-bar n《米》販売による不特許事由［⇨製品を販売に供してから1年経過後は特許を受けられなくなる］⇨one-year rule

on-screen a 画面上での,（パソコンの）ディスプレーを使っての

onset n 開始, 着手；襲来, 攻撃；発病 *(of)*
► Since the onset of the housing crisis, consumer spending has dropped drastically. 住宅危機の始まり以来, 消費者の支出は大幅に減少している

onshore ad, a 陸の方へ(の)；陸上で(の)；国内で(の)；国内法上の(の) ► The most significant difference between an offshore and onshore financial transaction is that the latter is usually subject to regulatory constraints. オフショアの金融取引と国内法上のそれとの最大の違いは, 後者については一般に監督官庁の規制が及ぶということだ

onside ad《英》味方になって

on-site a, ad 現場で(の)；出張先で(の)；【不動産】敷地区域内で(の)；【金融】実地の(の) ► Our service engineers go on-site to set up the equipment. 弊社のサービスエンジニアが現場に出張して機器を据え付けます

on-site examination 実地[臨店]検査

on-site investigation 実地調査, 立入調査

on-site survey 実地調査［⇨引越の見積りのためにオフィスを訪問して下調べをする場合などに, この言い方を使う］► conduct an on-site survey 実地調査をする

on-stream a, ad 操業中の[で] ► If new technology comes on-stream, they will be able to make better and cheaper products. 新技術が稼働し始めれば, 彼らは品質がよくて安い製品を作ることができるだろう

on-street loading zone 路上荷捌き区域

on-the-job a 実地の；勤務中の

on-the-job accident 業務災害 (=industrial accident)

on-the-job training オンザジョブ・トレーニング (OJT)［⇨日常業務を通じて, 上司や先輩が部下や後輩の職務遂行能力の獲得を支援する教育訓練の方法］► Most of our in-house translators have acquired their skills through on-the-job training. 当社の社内翻訳者のほとんどがスキルを実地研修を通じて身につけている

on-the-run issue オンザラン銘柄［⇨直近の新規発行国債を指す. 取引が集中することから, 短期, 中期, 長期の各セクターの指標金利を示すほか, 利回り曲線の形状を決めることにもなるので重視される. 新たな銘柄にオンザラン銘柄の地位を譲ったものは「オフザラン銘柄(off-the-run issue)となる」］

on-the-spot a 現場での；即刻の

on-time a 時間通りの

onto /ɑ́ntə/ prep …の上に(向けて)；…の方へ；《略式》…に気づいて
► You can log **onto** your account and check your bank transactions online. インターネットで自分の口座にアクセスして銀行取引を照合することができる

onward /ɑ́nwərd/ ad 前方へ, 進んで ► We've moved onward to the next topic on the agenda. 議題の次の項目へと進んだ
from now [then] onward 今後は[その時以来]
onward and upward さらに前進して
— a 前方への, 前進的な
◇**onwards** ad

oodles /úːdlz/ n pl《略式》たくさん, どっさり *(of)*
► They've got oodles of money. 彼らはうんと金を持っている / Their restaurants sell oodles of noodles. 彼らのレストランはうんとこさうどんを売っている

oomph /umf/ n《略式》精力；性的魅力 ► The American auto industry has lost its oomph. 米国の自動車産業はその活力を失った

oos occupational overuse syndrome

O.P. open policy

opaque /oupéik/ a 不透明な；光沢のない, くすんだ；(話が) 不明瞭な, 理解できない ► His instructions on how to process the transactions were opaque. 取引の処理方法についての彼の指示は不明確だった

OPEC /óupek/ Organization of Petroleum Exporting Countries

OPEC Reference Basket OPECバスケット価格［⇨OPEC諸国産の11油種のスポット価格の加重平均で, 原油取引の価格指標として用いられる］⇨crude oil

Op-Ed, op-ed /ápèd/ n《米》(新聞の) 社説の対向のページ［⇨各種の評論, 意見などが載る］［< opposite editorial］

open /óupən/ a ❶ 開いている；営業している；(を) 受けやすい *(to)* ► Is the bank still open? 銀行はまだ開いていますか / We're open to any suggestions you may have. いかなるご提案でも受け入れる用意があります

❷ 参加できる, 開かれている ► This event is open only to member companies. 本イベントは会員会社のみに限らせていただきます / Blue Cross and Blue Shield companies have open enrollment policies. ブルークロスとブルーシールドは誰でも入れる健康保険を扱う

❸ 利用できる, 選択できる ► What alternatives are open to us? 当社が取れる選択肢は何か

— vt 開く；広げる；開発する；打ち明ける；漏らす *(to)*；(隊列を) 散開させる；(店などを) 開く；公開する；始める ► open one's eyes wide 驚いて目を見張る / open an account with the bank 銀行に口座を開く / Please open the attachment. 添付ファイルを開けてください / Despite the global recession, the company announced it

will open 60 new hotels in Asia. 世界的な景気後退にもかかわらず, 同社はアジアで60の新しいホテルを開業すると発表した
— *vi* 開く; 通じている《*into, onto, to, on*》; 《で》始まる《*with*》; 見えてくる ▶ Our newest branch opened six years ago and has been going strong ever since. 当社の最新の支店は6年前に開設され, それ以来ずっと好成績をあげている / These shops do not open on Sundays. これらの店は日曜日は休みだ

open out を広げる; を発達させる; 広がる, 展開する

open up 行動[仕事]を開始する; 切り開く; 《略式》自由に話す ▶ We hope that these countries will open up their markets to our agricultural goods. これらの国々がわが国の農産品に市場を開いてくれることを望む

— *n* 《the ~》開けた所, 空き地; 戸外, 広場; 周知

bring [come] (out) into the open 明るみに出す[出る]

out in the open 野外で

open account 与信取引勘定, 売掛取引 [◇商品納入後, 買手に一定の猶予期間(与信期間)を認めた上で代金の支払を受ける方式の取引]

open bid 公開入札 [◇他の入札者の入れ札が互いに分かる方式]

open-book management オープンブック経営 (OBM) [◇従業員が自分の担当業務・成果を会社全体の視点から位置づけられるようにしてモチベーションを高めるため, 財務をはじめ経営管理情報を公開していくアプローチ]

open border 自由貿易

opencast mining 露天掘り [◇坑道を掘らず, 地表面から鉱産物を採取する方式]

open check, 《英》**open cheque** 普通小切手; 記名後一払式小切手

open claim 【知財】オープンクレーム [◇クレームにおいて列挙された要素のみを備える製品または方法を権利範囲とするだけでなく, 列挙されていない要素がさらに付加された製品または方法も権利範囲とするクレーム] ⇨ claim ②, closed claim

open communication 自由にコミュニケートできる環境, 風通しのよさ

open cover 《英》オープン・カバー (o/c, o.c.) [◇保険者が包括的に海上保険契約を引き受けていることを示す覚書. 再保険では, ある定められた範囲の危険についての再保険]

open credit リボルビング信用枠 [◇契約期間中, 所定の限度額まで借りることができ, 返済すればその枠が空くので再度借りられるという方式の融資契約. revolving creditとも言う]

open-cry auction オープン・クライ方式 [◇競争売買(せり)の場で買手と売手がそれぞれの価格・数量を大声で叫んで提示する方式. open-out-cryとも言う]

open-door *a* オープンドアの [◇経営者側がいつでも労働者側と話し合う用意のある] ▶ an open-door policy (経営者の) オープンドア方針

open economy 開放経済 [◇国際間の財や生産要素の取引を自由化している経済]

open-end *a* ❶ 制約条件のない, 限定のない ❷ オープンエンド型の [◇ミューチュアルファンドのように投資家の求めに応じて持分(受益権証書)を追加発行する仕組]

open-end credit オープンエンド型信用

open-end diary オープンエンド・ダイアリー [◇日記式視聴率調査の自由書込み型調査票]

open-ended *a* 制限がない; 変更可能な ▶ an open-ended commitment 制約条件のない約束

open-end fund オープンエンド型ファンド, 追加型ファンド (⇔closed-end fund) [◇投資家の希望があれば追加継続して株式を売却する型のファンド. 米国のミューチュアルファンドはオープンエンド型が主流] ⇨ mutual fund

open-end investment company オープンエンド投資信託会社 ⇨ mutual fund

open house ❶ 自宅開放; (売り家の) オープンハウス ▶ We keep open house this week. 今週はいつでも訪問者を歓迎します ❷ 《経営》社内見学, オープンハウス [◇経営者が従業員の家族や関係者などに職場見学をしてもらい, 従業員の働く場所を理解してもらおうというもの. また日を決めて顧客や一般人に工場・会社・研究所などを公開すること] ❸ 大学などの学校公開, オープンキャンパス (✤open campusは和製英語)

opening /óupəniŋ/ *n* ❶ 働き口, 空きポスト, 欠員 ▶ The company has an opening for a financial analyst. その会社は財務アナリストを1人募集している / I'm looking for an opening in sales. 私は販売の就職口を捜している / Good openings exist for investors in this field. この分野には投資家にとって良い機会がある ❷ 新規事業の開始, 出店 ▶ increase new store openings 新規出店を増やす ❸ 寄付き [◇株式市場などの相場の1日の始まり] ▶ strong [weak] opening 堅調な[軟調な]寄付き

— *a* 冒頭の, 最初の; 寄付きの ▶ the opening night (映画・芝居などの) 初日の夜 / the opening time 始業[開館]時刻 / the opening session [quotation] 寄付き値

opening balance 期首残高 [◇期首の各勘定残高]

opening hours 《英》(店の) 営業時間 ⇨business hours ▶ What are your opening hours? こちらの営業時間はどうなっていますか

opening price 始値, 寄付(よりつき)値 [◇証券取引所で, その日の最初に取引された値段]

opening stock 《英》期首残高 [◇年度の初めなど, 計算期間の初日現在の在庫品の在高]

opening up 規制緩和, 市場開放

open insurance 包括予定保険 [◇長期にわたり多数の輸出入取引が予定されている場合に, 保険申込の漏れを防ぐため, こうした取引を対象に一括して締結しておく海上保険契約. 船積の詳細が決まったところで確定通知をしなければならない]

open interest 建玉(たてぎょく), 未決済玉(ぎょく)

[⇨先物取引において反対売買されずに残っているポジションの総額]

open-jaw fare オープンジョー料金[⇨行きは東京発北京発,帰りは上海発東京発というように往路の到着地と復路の出発地が異なる旅程に適用される料金]

open L/C 買取銀行無指定 L/C[⇨輸出業者の振り出す荷為替手形を買い取る銀行を,信用状発行銀行が指定していない信用状]⇒letter of credit

open letter 公開(質問)状

openly /óupənli/ *ad* 率直に;公然と ▶ By openly talking about plans to restructure the company, the president caused anxiety among employees and stockholders alike. 会社のリストラ計画について公然と話すことで,社長は従業員にも株主にも不安を与えた

open market ❶ 公開市場;外国に開放されている市場 ▶ on the open market この場合って ❷【金融】公開市場[⇨短期金融市場のうち,金融機関以外にも開放されたものを指す] ❸【不動産】公開市場[⇨制約条件のない誰でも参加自由な取引市場,賃貸市場]

open market operations 公開市場操作[⇨中央銀行が債券市場において政府債の売買を行うこと]

open mortgage 開放担保[⇨同一担保物の上に同順位の抵当権のある社債を分割して発行すること]

open offer 株主割当増資[⇨既存株主向けに現行株価より安く新株を分けて資金調達すること。ただし通常の株主割当増資と異なり,こうした新株引受権は譲渡できない]

open order 無条件注文,見計らい注文[⇨数量・価格を売手の裁量に任せた注文];オープン注文[⇨指示のあるまで有効な売買取引注文]

open outcry オープン・アウトクライ[⇨取引所における売買仕法の一つで,トレーダーが立会場で売値や買値を大声で叫んで売買を成立させるもの]

open plan オープンプラン[⇨間仕切りしない設計]

◇**open-plan** *a* オープンプランの ▶ Many employees work in open-plan offices. 多くの社員は大部屋のオフィスで働いている

open policy ❶ 未評価保険証券(=unvalued policy) ❷ (保険で)オープンポリシー,包括予定保険証券 (O.P.)[⇨通常,定期的に評価報告の必要な価格変動のある被保険物件に継続的にかける保険契約]

open position オープンポジション,直先総合持高 (=net balance)[⇨為替,商品,その他各種の相場で,相場変動リスク・ヘッジをしていない持高部分]

open price オープン価格[⇨メーカー希望小売価格ではなく,小売店が自ら決定する販売価格] ▶ The new model has an open price tag. この新モデルはオープン価格となっている

open shop オープンショップ[⇨使用者が労働者を雇用するにあたって,組合への加入を雇用条件にしない制度。組合への加入は労働者が選択できる] ⇒union shop

open sky [skies] オープン・スカイ[⇨航空自由化政策]

open source オープンソース[⇨ソースコードがユーザーに公開されていて,その修正およびカスタマイズが可能なソフトウェア]

open standard オープンスタンダード[⇨特定企業に固有の規格ではなく,一般に無償利用ができる規格]

open system ❶ オープンシステム,開放型システム[⇨誰のものでもなく,誰でも原則として無償で利用できるシステム] ❷【統計】開放系[⇨境界を通って物質やエネルギーが出入りできる系] ❸【コンピュータ】オープンシステム[⇨他社の製品と組み合わせられるコンピュータシステム]

open system approach【経営】オープンシステム・アプローチ[⇨システムとその環境との間での相互作用を考慮しながら組織の諸問題を考える立場]

open system interconnection 開放型システム間相互接続 (OSI)[⇨国際標準化機構 (ISO)が定めている,業界共通のネットワーク規格。異なる機種間でもデータ通信ができるようにしようというもの]

open-to-buy *n* 自由裁量仕入予算,(当期)発注残高,仕入余力[⇨当期の仕入予算額のうち,店の仕入購買担当者の自由裁量で使える予算部分。また,その目的に限定して使える金額]

operability *n* (機器などの)性能
operable /ápərəbl/ *a* 実施できる
operable time 正常稼働時間

operate /ápərèit/ *vi* (機械などが)動く,働く;作用する,影響を及ぼす;株の操作をする;(薬が)効く《on》 ▶ Mr. Black operated in soybean futures. ブラック氏は大豆の先物取引の思惑買いをした / The business stopped operating. その会社は操業を中止した
— *vt* 操作[運転]する;経営[運営]する ▶ She operates a company inherited from her mother. 彼女は母親から受け継いだ会社を経営している / I'm not sure how to operate this machine. この機械の動かし方がよく分からない / The company operates retail stores in urban areas. その会社は都市部で小売店を経営している

operating /ápərèitiŋ/ *a* ❶ 作用する ❷【会計】営業活動の[⇨金融取引などの経常営業外活動と区別して言う] ⇒operating profit ❸【経営】稼働に関する,現業の ⇒operating rate ❹【経営】事業の,経営の

operating accounts 営業活動勘定,収益費用勘定

operating activities 事業活動[⇨企業の購買,生産,販売,財務活動の総称] ▶ report the results of the company's operating activities 会社の営業活動の成果を報告する

operating agreement 《米》運営規約[⇨LLC (limited liability company)の業務運営に関するメンバー間の取決め。利益配分や意思決定の方法などを,出資比率と関係なく,自由に取り決めることができる]

operating asset 営業資産［⇒営業活動に用いられる資産］▶ operating assets and liabilities 営業資産・負債

operating budget 営業予算, 業務予算［⇒予算期間における業務計画を財務的に裏打ちしたもの］

operating business 営利事業［⇒営利性の原則に従い営業を行っている事業］

operating capability [capacity] 操業能力, 営業能力

operating capital 運転資本［⇒仕入代金・給与・家賃といった日常的な資金繰りに必要な資本. working capitalに同じ］

operating cash flow 事業活動によるキャッシュフロー, 営業キャッシュフロー［⇒当期純利益に減価償却費などの非現金経費を加えた金額. 単に cash flow とも言う］⇒ cash flow

operating company 事業会社［⇒事業活動を営む会社］

operating cost 営業費［⇒通常の営業活動により生ずる費用］

operating cycle 営業循環期間 (=operating period)［⇒営業活動において, 現金, 原材料, 製品, 売上債権そして現金というように, 資金が一回転する期間］▶ be used up within an operating cycle 営業循環期間内に費消される

operating decision 営業意思決定, 業務的意思決定, 経常的意思決定［⇒企業の経常的な営業活動に関する意思決定］

operating earnings 営業利益, 営業損益［⇒営業活動から生じる収益から営業費用を控除した差額. 差額がプラスの場合にもマイナスの場合にも使うことができる］▶ The company failed to achieve its targets for operating earnings last quarter. 同社は前四半期に営業利益の目標を達成できなかった

operating efficiency 運用効率 ▶ analyze the operating efficiency of plant equipment 工場機器の運用効率を分析する

operating expenditure 営業費用

operating expense 営業費, 経費［⇒企業の販売活動や管理活動から生じた費用］▶ make efforts to minimize operating expenses 営業経費を最小限に抑える努力をする / We are considering price increases sufficient to offset increases in operating expenses. われわれは経費の増加分を相殺するのに十分な値上げを検討中だ

operating expense ratio 営業費率 (OER)［⇒売上高に対する販売費および管理費の割合で, 販売効率, 経営効率の良否を表す］

operating fund 営業資金

operating gain 営業利得, 営業利益

operating income 営業利益, 営業損益 ⇒ operating earnings ▶ The company is expected to log an operating income of $21 million for this fiscal year. 同社は今事業年度に2,100万ドルの営業利益を達成すると予想されている

operating income margin 売上高営業利益率 (=operating profit to sales ratio)［⇒売上高と営業利益との比率で, 本来の営業活動への経営努力を反映した利益率］

operating inferiority 操業劣性, 稼働劣性

operating instructions 操作説明書, 取扱説明書

operating lease オペレーティング・リース［⇒借手が自由に中途解約できるリース. リース物件の修理, 維持, 保守管理は貸手が行い, 陳腐化のリスクは貸手が負う. レンタカーが典型的な例である］⇒ finance lease ▶ sign a long-term operating lease agreement 長期のオペレーティング・リース契約に署名する

operating leverage 営業レバレッジ, オペレーティング・レバレッジ［⇒固定費の占める割合が大きいおかげで, 売上が少々増えただけでも利益が大きく増えることを言う. 増益分を増収分で除して求めるもので, これが5なら, 売上が10%増えると利益が50%増えることを意味する］

operating loss 営業損失［⇒営業活動から生じる収益から営業費用を控除したときのマイナスの差額. 差額がプラスの場合には対語の operating profitを使用する］

operating margin (売上高)営業利益率 (=operating profit margin)

operating performance 経営成績, 営業成績, 業績

operating plan 経営計画, 業務計画

operating procedure 操作手順

operating profit 営業利益［⇒営業活動から生じる収益から営業費用を控除したときのプラスの差額. 差額がマイナスの場合には operating loss を使用する］▶ The home electronics division generated an operating profit of $12.5 million. 家電部門は1,250万ドルの営業利益を生み出した / The closing of unproductive units contributed to the increase in operating profits. 不採算部門の整理が営業利益の拡大に寄与した

operating profit margin 営業利益率［⇒営業利益(=売上－原価－営業費用)を売上で除して求める経営指標. operating margin, net operating marginとも言う］

operating rate 操業度 (=operation capacity)［⇒経営規模を一定とした場合の一定期間の生産あるいは活動の水準］▶ Factory operating rates have returned to their pre-recession levels. 工場の操業率は景気後退の前の水準に戻っている

operating ratio 営業比率［⇒売上高に対する売上原価と販売費および一般管理費の割合］

operating report 事業報告

operating results 営業成績, 経営成績 ▶ Operating results were basically in line. 営業利益は基本的に予想の範囲内だった / Quarterly operating results rose 5% to $400 million. 四半期営業利益は5%増の4億ドルだった

operating revenue 営業収入, 営業収益［⇒営業活動から生じた収益］▶ We would like to increase operating revenue per employee by 30 percent. 従業員一人当たり営業収益を30%増やしたい

operating risk 経営リスク

operating statement 損益計算書, 営業損益要約表

operating strategy 経営戦略 [⇨経営目標の達成に向け自社の内外を分析して何をなすべきかを決めて立てる長期計画]

operating surplus 営業剰余金

operating system 【ビジ-ラ】 オペレーティング・システム (OS) [⇨パソコンの基本システム]

operation /ὰpəréiʃən/ n ❶ 事業活動, 営業活動

コロケーション

(動詞(句)+〜) **begin** operations 操業を開始する, 業務を開始する / **cease** an operation 営業を廃止する / **combine** operations 業務を統合する / **come into** operation (システムなどが)使える状態になる / **direct** the operations **of** (部門)の業務を統括する / **expand** operations 事業を拡大する / **outsource** one's operations 業務を外注する / **start** an operation 営業を開始する

▶ day-to-day operations 日常の営業活動 / a family-owned operation 家族所有の事業 / He ran quite a prosperous farming operation. きわめて順調な農場経営をしていた / Our new sales office in Beijing will start its operation next week. 北京にオープンする新営業所は来月から業務を開始する予定です

❷ 事業分野, 業務分野 ▶ knowledge-intensive operations 知識集約型事業 / banking operations 銀行業務 / financial operations 金融業務 / manufacturing operations 製造業務 / He's in charge of sales in foreign operations. 彼は海外事業における販売を担当している / The company is implementing cost-cutting in all operations. 同社は全事業部門でコスト削減を実行しつつある / Our overseas operations posted big gains in sales last year. 当社の海外事業は昨年には売上の大幅な伸びを計上した

❸ (中央銀行の) 公開市場操作, オペレーション, オペ ▶ open market operations 公開市場操作 / selling [buying] operations 売り [買い] オペ

come into operation 実施される ▶ The air-conditioning system came into operation. 空調装置が働き始めた

in operation 運転[操業]中で; (法令が)実施中で ▶ The nuclear reactor is in operation. その原子炉は操業中である / The plant is in full operation. その工場はフル操業をしている

put [bring] into operation 実施する

operational /ὰpəréiʃənl/ a 作戦の; 操作の; 手術の; 運転中の ▶ become operational 使える状態になる, 稼働可能となる / fully operational 完全に使える状態で / With ten years of operational experience under his belt, he felt confident in his abilities. 10年間の実務経験を身につけていたので, 彼は自分の能力に自信を持っていた

◇**operationally** ad 業務で

operational control オペレーショナル・コントロール, 業務管理 [⇨業務計画を達成するための管理プロセス]

operational cost 業務費 [⇨企業のキャパシティーの維持のための費用]

operational plan 業務計画

operational research 【経営】《英》オペレーショナル・リサーチ (OR) (=operations research)

operational risk オペレーショナル・リスク [⇨事務処理のミス, システム障害, 従業員の不正, 法令違反などで業務が中断して損失をこうむるリスク. 金融機関について特別に重視される. この概念には信用リスクと市場リスクは含まれない]

operation analysis 業務分析, 作業分析 [⇨業務活動や作業活動の改善のための分析]

operation center 生産中心点, 作業中心点

operation list 作業手順表 [⇨製造指図書に添付される資料で, 製品の作業方法や作業順序などのすべての事項を指示した書類]

operation process chart 作業工程表 [⇨製造されていくプロセスを区分し, 所要時間, 工員数, 所要部品などの情報を示したもの]

operation sheet =operation list

operations management オペレーション管理, 運用管理 [⇨事業活動に対して計画・実行・点検・改善(PDCA)を適用し, 効率を確保しようというアプローチ]

operations manager 業務責任者

operations manual 業務マニュアル [⇨業務を処理するためには「何を, どのように行えばよいのか」という標準的手順がまとめてある資料] ▶ Please refer to the operations manual if you don't know how to use the machine. 機器の使用法が分からないときは, オペレーションマニュアルを参照してください

operations research 【経営】《米》オペレーションズ・リサーチ (=《英》operational research) (OR) [⇨現実を抽象化したモデルに基づき, 数学的知見または統計手法を応用して問題を解決しようというアプローチ]

operation standard 作業標準

operative /ɑ́pərətiv, ɑ́pərèit-/ n 要員, 作業員 ▶ a machine operative 操作要員 / a skilled operative 熟練作業員

— a ❶ 業務を行っている ▶ become operative 業務[営業]を始める ❷ 発効している, 有効となっている

operative mistake 効力発生要件上の不備 [⇨契約の効力発生に不可欠な要件が満たされない結果になる手違い]

operative part 本文

operator /ɑ́pərèitər/ n ❶ 電話交換手; (機械の)操作者; 作業員; 運転士[手]; (電信の)技手; 経営者, 運営者 ▶ the operator of a transport terminal 倉庫業者 ❷ 【ビジ-ラ】演算子

opinion /əpínjən/ n ❶ 意見; (~s) 所信; 世評 (=public opinion); 専門的な意見, 判定; 評価

▶ **a second opinion** セカンドオピニオン [⇨① (同じ件についての)別な人の意見 ②別の医師による再検査と診断] / I'd like to have your opinion on the matter. その問題でご意見を伺いたいのですが / He has a proper opinion of himself. 彼は自己を正しく評価している / There is a widespread opinion that he will resign soon. 彼はまもなく辞職するという説が広まっている

❷ 〖法律〗(1) (裁判官の)意見 ⇨ **opinion of the Court** (2) (弁護士の)意見書 (3) (事実と区別しての)意見

❸ 〖会計〗監査意見 [⇨監査人が監査に基づいて形成した意見]

a matter of opinion 見解の問題

be of the opinion that …と考えている ▶ I am of the opinion that they will fail. 私の考えでは彼らは失敗すると思う

have a good [high] opinion of をよく思う; を信用する

have a low [poor] opinion of を悪く思う; を信用しない

in my opinion 私見によれば ▶ In my opinion, the market will continue to grow. 市場は成長を続けるだろう, と私は考えています

in the opinion of の意見では

opinion advertising 意見広告

opinion leader ❶ [ジャーナリ] オピニオン・リーダー ⇨ **market leader** ❷ オピニオン・リーダー [⇨人々の意見をリードする人. 特にマスコミの影響の媒介となる人]

opinion-makers n pl 世論形成者 (✚ 政治家やジャーナリストを指す)

opinion of the Court 法廷意見 [⇨米国の最高裁判所で, 1人の裁判官が多数意見 (majority opinion) を代表して執筆する判決意見]

opinion paragraph 意見区分 (= opinion section) [⇨監査報告書の中で, 監査人の意見を記載する区分]

opinion poll 世論調査 ▶ conduct an opinion poll 世論調査を実施する

Opium 《商標》オピウム [⇨フランス Yves Saint Laurent 社製の香水] [<ラ<ギ *ópion* ケシの樹液]

OPM option pricing model; other people's money

opponent /əpóunənt/ n 相手, 敵手 《at, in》; 反対者 《of》 ▶ beat an opponent at an election 選挙で対立候補を負かす / Local farmers are strong opponents of market deregulation. 地元の農民は市場の規制撤廃に強硬に反対している / He won the respect and even admiration of his opponents with his fairness and decency. 公平さと礼儀正しさで, 彼は競合他社の間でも尊敬と称賛さえ得ていた

— *a* 反対の, 対立する

opportune /ὰpərtjúːn | ɔ́pətjuːn/ *a* 適切な; 適時の, 好都合の ▶ an opportune time [place] ちょうどよい時[場所] / This is an opportune time to launch our product. 当社の製品を発売するには絶好のタイミングだ

◇ **opportunely** *ad*
◇ **opportuneness** *n*

opportunism /ὰpərtjúːnizm | ɔ́pətjuː-n-/ *n* ❶ 日和見[ご都合]主義 ❷ 〖経営〗機会主義

◇ **opportunist** *n*, *a*

opportunistic /ὰpərtjuːnístik/ *a* 日和見[ご都合]主義的な ▶ an opportunistic infection 日和見感染

◇ **opportunistically** *ad* 日和見主義的に

opportunities to see 広告接触機会 (OTS) [⇨実際に見たかどうかを問わず, CM を見る機会があったかどうかという見地から広告効果を測定し, 広告の料金算出の根拠とする]

opportunity /ὰpərtjúːnəti/ *n* 好機; 機会 《*of (doing)*, *to do*》 ▶ job opportunities 雇用機会 / a market opportunity 市場機会 / trading opportunities 売買チャンス / investment opportunities 投資機会 / take advantage of business opportunities ビジネスチャンスをつかむ / The booming economy offers many **job opportunities**. 好景気のおかげで求人がたくさんある / We're always looking for **sound investment opportunities** in emerging markets. 当社は常に新興市場諸国における適切な投資機会を探している / Normally, the buyer **has the opportunity** to inspect the property sometime between signing the contract and closing. 通常, 買主は, 契約調印時から取引が完結する時点までの間にその物件を点検する機会がある / This workshop **offers an excellent opportunity** to sharpen your analytical skills. このワークショップは, あなたの分析能力を一段と高める絶好の機会となります / We are always ready to **pursue sales opportunities**. われわれは, 常に売込みのチャンスを追い求める態勢にある / We had to **pass up the opportunity** because we had already overspent the budget at that time. その時点ですでに予算を超過していたので, そのチャンスは見送らざるを得なかった / Take full advantage of the best **financial opportunities**. 資産形成上最良の機会を完全に活用してください / You'll miss out on perhaps **the best opportunity** of your life. あなたはたぶん人生で最良の機会を逃しているでしょう

at every opportunity あらゆる機会に ▶ Our company should respond to customer needs at every opportunity. わが社はありとあらゆる機会に顧客のニーズに応えるべきだ

at the earliest [first] opportunity / as soon as I get the opportunity 機会があり次第

miss an opportunity to do …する機会を逃す ▶ If you do not have a website, a consumer may miss an opportunity to learn about your products or services. ウェブサイトを持っていないと, 消費者があなたの会社の製品やサービスを知る機会を逃すことにもなりうる

take [seize] the opportunity to do [of doing] 機会をとらえて…する ▶ We must seize the op-

opportunity to gain a competitive advantage. その機会をとらえて, 競争で優位に立たなければならない

opportunity cost 機会費用, 機会損失 [○ある財・サービスを1単位入手するためにあきらめなければならない他の財・サービスの量. また, いくつかの代替的用途がある場合の要素利用の価値について, 選択されなかった別用途の価値の中のもっとも高い価値を言い, それとの差で評価される. たとえば預金すれば利息を稼げる資金を設備投資に回す場合は, 機会費用である利息を上回るリターンが求められることになる] ▶ identify the opportunity cost of a consumer choice 消費者選択の機会原価を識別する

opportunity loss 機会損失 [○選択を誤ったことにより生じる損失]

opportunity shop 《豪》福祉・慈善用の中古品・中古衣料品店 (✦op-shopと短縮する.《米》ではthrift shop)

opportunity value 機会価値

oppose /əpóuz/ vt 反抗[対抗]する; 邪魔をする; 対抗させる; 対置する; 対照させる ▶ The committee opposed the proposal because of its high costs and risks. コストもリスクも高いという理由で, 委員会は提案に反対した / None of us opposed his suggestion. 誰も彼の提案に反対しなかった / The residents opposed the building of the factory. 住民は工場建設に反対した

as opposed to と対照的に, に対して
be opposed to に反対である ▶ He is quite opposed to the plan. 彼はその計画に大反対だ / I'm completely opposed to the idea. その考えには全面的に反対です

◇**opposing** a 相反[対立]する ▶ The two experts had opposing views on the subject. その問題について, 2人の専門家は正反対の意見を持っていた

opposed bid オポーズドビッド [○買収を期して株式公開買入(TOB)の申入れをしたところ, 相手企業の取締役会の反対に遭った場合, その申入れを指して言う]

opposite /ápəzit/ a 反対側の, 向かい合った; 逆の ▶ The two partners wanted to take their company in opposite directions. その二人のパートナーは会社を正反対の方向に持って行こうとしていた
━ n 反対の人[もの]
quite [*completely, just*] *the opposite* 正反対の ▶ Our test results show quite the opposite. 私たちの検査はまったく逆の結果を示している
━ prep …の向こう側に[の], …に向かい合って
sit opposite (to) (に)向かい合って座る ▶ They sat opposite each other at the negotiating table. 彼らは交渉の席で互いに向かい合って座った
━ ad 反対[向こう]側に

opposite number (他の組織の中での)対等の人, カウンターパート

opposite party (訴訟の)相手方当事者; 利害対立当事者

opposition /àpəzíʃən/ n ❶ 反対, 抵抗, 対抗 《to》; 妨害; 《the O-》野党 (=opposition party); 反対勢力, ライバル ▶ The prime minister voiced strong opposition to the spending cuts. 首相は支出削減への強い反対を表明した / Despite heavy political opposition, the bill passed. 強力な政治的反対にもかかわらず, その法案は議会を通過した ❷【知財】異議申立 [○特許または商標の付与に対して, 特許(商標)庁に行う法律上の不服申立. 欧州にはこの制度があるが, 日本では廃止された. 米国にはこの制度はない]

face (*stiff*) *opposition from* からの(強い)反対に直面する ▶ The proposed tax hike faces stiff opposition from the ruling party. 増税案は与党の猛反対に遭っている
in opposition to に反対して; に向かい合って
run into opposition by の反対にぶつかる

oppress /əprés/ vt (権力で)圧迫する; (心に)のしかかる, ふさぎ込ませる ▶ Borrowers can't help but feel oppressed by their massive loan payments. 借手は巨額のローン返済による重圧を感じざるを得ない

Oprah Winfrey Show /óprə wínfri/ オプラ・ウィンフリー・ショー [○ABC製作の米国のテレビ番組. タレントのオプラが司会をする視聴者参加型トークショー]

op-shop n 《豪》=opportunity shop

opt /ɑpt/ vi 選ぶ 《for》; 決める 《to do》 ▶ We've opted not to change the advertising agency. 当社はその広告代理店を変えないことに決めた
opt out of 《略式》から手を引く ▶ You can opt out of your lease, but it will cost you. リース契約の取り消しは可能ですが, 高くつくでしょう

optimal /ɑ́ptəməl/ a 最高の, 最適の, もっとも望ましい ▶ We have to make the optimal use of our limited resources. われわれの持つ限られた資源を最適利用しなければならない

optimal portfolio 最適ポートフォリオ
optimal results 最適運用成果 [○資産運用業務において, 所与のリスクの下で獲得できる最大のリターン]

optimism /ɑ́ptəmìzm/ n 楽観主義, 希望的観測, 楽観的な見方 ▶ There are no grounds for optimism about the company's financial future. 同社の財務の先行きに対して楽観的な見方をとれるような根拠はない / The optimism of the American consumer remains intact. 米国の消費者の楽観主義は相変わらず健在だ

◇**optimist** n 楽観主義者 ▶ Optimists see the economy bouncing back by the end of the year. 楽観的な人は景気が年末までに反騰すると見ている

optimistic /ὰptəmístik/ a 楽観的な ▶ We are optimistic that we can weather the challenges of this recession. この景気後退の挑戦を切り抜けることはできると当社では楽観的に考えている / It's hard to remain optimistic with sales this bad. 売上がこれだけ悪くては楽観的であり続けることは難しい

◇**optimistically** ad 楽観的に

optimization, 《英》**-sation** *n* 最適化 [◎ありうる組合せの中で最大の効果の得られるものを選択すること]

optimize, 《英》**-mise** /áptəmàiz/ *vt* ❶ もっとも効果的にする ► optimize stock 在庫を最適化する, 在庫を適正化する (⇨ stock 成句) ❷ 【ワs】 (プログラムなどを) 最適化する

optimum /áptəməm/ *n, a* (**-ma** /-mə/, **~s**) 最適条件; 最適の, 最高の [<ラ]

optimum balance 最適残高 [◎製造, 販売活動に支障がない最低の在庫量]

optimum capacity 最適操業度 (=optimum output) [◎限界単位原価および平均単位原価が最小となる操業度]

optimum output 最適操業度

optimum population (経済活動などを行う上での) 最適人口, 適正人口

opt-in *a* オプトインの, 配信同意型の [◎情報の受手の同意を得て情報を配信する仕組みを言う]

opt-in ad オプトイン広告, 配信同意型広告 ⇨ opt-in

opt-in mail オプトインメール, 配信同意型メール ⇨ opt-in

option /ápʃən/ *n* ❶ 選択の自由, 選択権; 選択肢; 選択可能なもの; (車の) 装着オプション (品); 《英》選択科目 ► policy options 政策の選択肢 / be convertible at the option of the holder into common stock 持ち主の選択で普通株式に転換できる / You have several payment options. いくつか支払の選択肢があります / Employees over 50 have the option to retire early. 50歳以上の従業員は早期退職を選択する権利を有する / Your options may be limited to ultra-safe investments. あなたにとっての選択肢は超安全な投資に限られているかもしれない / Under the lease agreement, we are entitled to exercise an option to purchase the equipment at any time during the term of the contract. リース契約上, 当社は契約の存続期間中いつでも機器を買い取れる選択権を行使できる ❷ 【金融】オプション, (売買) 選択権

> **解説** 株式・商品・通貨・指数などの資産 (asset) の一定数量を一定期間内に売買する権利. 買う権利は call option, 売る権利は put option と言う. 株式の場合, 単位は100株. コールオプションの買手は行使価格 (strike price) とオプション料 (premium) を加えた金額より株価が高くなることに賭ける. プットオプションの買手は行使価格からオプション料を引いた金額より株価が安くなることに賭ける. オプションは権利 (right) であって義務 (obligation) ではない. オプションの権利を放棄してもよいが, 放棄した場合の損失はオプション料の金額に限定される. 原資産から派生した商品という意味でオプションは派生商品 (derivatives) と呼ばれる

► a call option コールオプション (買う権利) / a put option プットオプション (売る権利) / a futures option 先物オプション / a European-type option ユーロピアン・オプション (満期日にのみ行使可能なオプション) / an American-type option アメリカン・オプション (満期日までのいつでも行使可能なオプション) / exercise an option オプションを行使する / Before making a decision, you should weigh the pros and cons of each option. 決定を下す前に, 各選択肢のメリットとデメリットを比較することが必要だ

❸ 【経営】オプション, ストックオプション (=stock option) [◎あらかじめ定められた価格で自社株を買い受けることのできる権利. しばしば, 経営者や従業員に報酬の一部として与えられる] ► The new COO was granted an option to purchase 250,000 shares of the company's common stock at $20 per share. 新任の最高業務責任者に対して, 会社の普通株式を1株20ドルで25万株買える自社株購入権が与えられた

first option (購入の) 優先権

have no option but to do …するよりほかに手はない ► We have no option but to comply with the new regulation. 新しい規制に従う以外にない

have the option of doing A or B AかBをすることを選択する ► You have the option of applying by mail or online. 郵送かインターネットで応募することができます

keep [leave] one's options open 決定を保留しておく ► I intend to keep my options open until I'm sure. 確信が持てるまで態度を決めずにおくつもりだ

make one's option 選択する

optional /ápʃənl/ *a* 随意の; 任意の; 選択の ► optional subjects 選択科目 / You can sign up for the optional travel insurance. 任意の旅行保険に加入できます

optional redemption 【証券】随時償還, 任意償還 ► optional redemption date 任意償還日 [◎社債が満期日前に任意に期中償還される日]

optional retirement 選択退職, 任意退職

optionee /àpʃəníː/ *n* 選択権の保有者 [◎法的選択権を取得, 保持する人]

option holder オプションの買手

option money オプション・マネー, プレミアム, 特権料

option premium オプション・プレミアム, オプション料 [◎オプションの価格]

option pricing model オプション価格モデル (OPM) [◎オプションの理論上の適正価値を算出するための分析モデル]

options contract オプション契約 [◎対象となる資産を買うまたは売る権利を取得する契約. 契約により権利は発生しても義務は負わないので, 権利を取得しても相場が不利なときは権利行使を見送ることができる]

options exchange オプション取引所 [◎オプション市場が機能するよう設けられる施設]

options market オプション市場

option to purchase 《英》(土地の) 買入れ

選択権
option value オプション価値 [⇨ 将来その財を利用する可能性がある場合, 現時点で将来利用するときの価格をあらかじめ決めておくというオプションについての価格]

option writer オプション(買う権利ないしは売る権利)の売手

or /ər/, 《強》/ɔːr/ *conj* または, もしくは, …か…か(=either ... or ...); さもないと; すなわち
▶a week **or** so 1週間かそこら / a day **or** two — 両日 / We do not comment on rumors **or** speculation. 当社は噂や憶測には論評しません / We do not confirm **or** deny unsubstantiated rumors in the workplace. 当社は職場における根拠のない噂を確認も否定もしない / We'll either promote him to sales manager **or** move him to marketing. 彼をセールスマネージャーに昇進させるか, マーケティング部門に移動させるか, どちらかになるだろう / He's deciding whether to take over the family business **or** pursue his career as a lawyer. 家業を引き継ぐか, 弁護士としての経歴を追求するか, どちらにするかを彼は決めかねようとしている / Shall I call on you tomorrow morning, **or** will you come to see me? 明朝お伺いしましょうか, それともおいでいただけますか / The Dow is projected to jump 50 points **or** more by the day's end. その日の終わりまでにダウ平均は少なくとも50ポイント上がると予測されている / For this weekend only, all red tag items are $10 **or** less. 今週末だけ, 赤札の商品はすべて10ドルまたはそれ以下です / Buy now, **or else** you'll regret it later. 今買っておきなさい, さもないと後悔しますよ

(成句) *or else* さもないと *or rather* もっと正確に言えば *or so* かそれくらい

OR official receiver; operations [operational] research

Oracle Corporation オラクル [⇨ 米国のソフトウェア会社. 業務用ソフト(ERP)では SAP などとともに世界をリードする]

Orajel 《商標》オーラジェル [⇨ 歯痛を和らげる米国の薬品]

oral /ɔ́ːrəl/ *a* 口頭の, 口述の; 口の
— *n* 口頭試問 (=oral examination)
◇ **orally** *ad*

oral agreement 口頭の合意; 口頭契約
▶ An oral agreement can lead to problems. 口頭での契約は問題を起こす可能性がある

oral argument (法律審での)口頭弁論 [⇨ 法律問題について, 弁護人が裁判所を説得する口頭のプレゼンテーション. 日本の口頭弁論より狭い概念で, 上訴裁判所における法律問題の弁論について言う]

Oral-B 《商標》オーラルB [⇨ 米国の歯ブラシのブランド. ベビー用, 子供用, 大人用など各種の歯ブラシの他にデンタルフロス, 歯磨きも出している]

oral contract 口頭契約

oral deposition 口頭尋問による証言録取(書)

oral evidence 供述証拠, 証言

oral hearing 口頭弁論

oral vote 発声による投票 ▶ In the event a candidate is running unopposed, voting shall be conducted by an oral vote upon a motion from the floor. 対立候補のいない場合は, 票決は, 参加者からの動議に基づき, 発声による投票をもって行うものとする

orbit /ɔ́ːrbit/ *n* (天体・人工衛星などの)軌道; (人生の)行路; 勢力圏 ▶ Japan has just launched another communications satellite into orbit. 日本はもう一つの通信衛星を軌道に打ち上げたばかりだ

in orbit 軌道に乗っている

put ... into orbit を軌道に乗せる ▶ A new communications satellite was put into orbit. 新しい通信衛星は軌道に投入された
— *v* 旋回する; 軌道に乗せる[乗る]

Orbit 《商標》オービット [⇨ 米国の Wrigley 製造のシュガーフリーのチューイングガム]

orchestrate /ɔ́ːrkəstrèit/ *v* 画策する; (複雑なことを)組織する ▶ The government orchestrated the airline bailouts. 政府は航空業界の救済を画策した

ord ordinary share

ordeal /ɔːrdíːl/ *n* 試練, 難儀, 苦難 ▶ Everyone has gone through the ordeal of a job interview. 誰もみな就職のための面接試験という試練を経てきた

order /ɔ́ːrdər/ *n* ❶ 注文, (獲得した)発注(=受注)

コロケーション
(動詞(句)+〜) **accept** an order 注文を受け付ける / **book** an order 受注台帳に記録する / **cancel** an order 注文を取り消す / **execute** an order 納品する, 頼まれたサービスを提供する / **fill** an order 注文に応ずる / **fulfill** an order 注文に応ずる / **get** an order 注文を取りつける, 注文を引き出す / **give** an order 注文を出す / **place** an order **for** を注文する / **place** an order **with** に注文する / **process** an order 注文を処理する / **receive** an order 注文を受ける / **ship** an order 注文されたものを発送する / **take** an order 注文を受ける / **void** an order 注文を取り消す [⇨ 主に注文する側の行為について言う] / **withdraw** an order 注文を取り消す [⇨ 発注した側がキャンセルすることを言う]

▶ a firm order ファームオーダー, 確定注文 / a purchase order 注文書 / a blanket order 一括注文 / a receipt of order 受注 / orders received 受注実績 / new orders 新規受注高 / unfilled orders 受注残 / an order slip 注文伝票 / a mail order business 通信販売事業 / an order entry system 受注処理システム / production to order 注文生産 / a delivery order 配送指示書 / the status of one's order 注文の処理状況 / a back order (未納の)繰越注文, 未処理の注文, 受注残 / The **order** needs to be **filled** by next week. 来週までに注文に応じる必要がある / If you give us a better price, we'll **put in** a bigger **order**. もう少し値下げしてく

れたら、もっと大量に注文を出します / **All orders should be placed with a bookseller.** 注文はすべて書店を通じてお願いいたします / Could I **take your order?** (レストランなどで) ご注文はお決まりでしょうか / He received a note for **$1,000 payable to his order** after one year. 彼は1年後に自分の口座に1,000ドル払い込まれるという通知を受け取った / **Orders are down** 10 percent from a year earlier. 前年同期に比べて受注が10パーセント減っている / **Orders should be processed and shipped in a timely manner.** 注文とはすべて期限通りに処理され、発送されるべきだ / Please **confirm your order** by November 11. 11月11日までに、ご注文を確認してください / We are unable to **fulfill your order** due to factors beyond our control. 当社としては如何ともしがたい要因によりご注文に応じることができません / We have no choice but to **cancel the order.** この注文は取り消すほかありません / We offer further discounts for **bulk orders** in excess of 100 items of the same product. 100個を超える同一商品の大口注文については、さらに値引いたします / We **won a $100 million order.** 1億ドルの受注に成功した

❷ 注文品 ► **Your order has been shipped.** ご注文品の発送が完了しました / **We are sending the order right over.** 注文の品はただちにお届けします / I'm calling to let you know that **your order has come in.** ご注文の品が届きましたことをお知らせしたく、電話をさしあげました

❸ 命令, 指図; 為替(手形) ► an injunction order 差止命令 / an administrative order 行政命令 / an executive order 政令 / payable to order 指図人払い / a money order マネーオーダー / a postal money order 郵便為替 / an exchange order 為替手形 / The order came directly from the board. その指示は直接に取締役会から来た

be under orders to do …するよう命令を受けている ► The company is under orders to shut down its factories during the inspection. 同社は点検中は操業を停止するようにとの指示を受けている

by order of の命令で

call ... to order 《米》(会議を)始める; 《英》(議長が)静粛を命じる ► The meeting was called to order at 3 o'clock. 会議は3時に始まった

in order 適切な; (議事規則に)かなっている; 順序正しく ► He's trying to get his career back in order. 自分の経歴をもう一度きちんとしたものに戻そうとしている (=in the right order); 整って; 順調な

in order of の順で

in order that [to do] …するために ► in order for a person to succeed (人が)成功するために / In order to stay in business, we have to raise our prices. 事業を継続するためには値上げしなければならない / In order to improve its balance sheet, the company sold off properties. 財務体質を改善するために、同社はいくつかの資産を売却した

in short order 敏速に, 遅滞なく

keep ... in order を整えておく, に規律を守らせる ► The branch manager kept the books in order. 支店長は書籍に帳簿をつけていた

keep order 秩序を守る

on order 注文中で[の] ► This item is currently out of stock but it's already on order with the distributor. この品は現在在庫が切れているが、卸元にはすでに注文を出してある

on [in, of] the order of の種類の, と似通った, とほぼ同量[同数, 同額]の; のオーダー[桁(けた), 規模]の

out of order (機械などが) 故障して; 調子が悪い; 乱雑で; (人が) 秩序を乱して; (議事規則に) 反して ► The vending machine is out of order. その自動販売機は故障している / The motion is out of order. その動議は会議規則に外れている

pay to the order of …宛に支払う

put [set] ... in order を整える

take orders from の指図を受ける

take out restraining orders against に対する差止命令を出してもらう

the order of the day 議事日程; 流行, 風潮

━ vt 命令する (*to do*); 指示する; へ行くように命じる; 注文する (*from*); 整理する; 決定する ► We ordered this machine from America. この機械はアメリカから取り寄せた / What shall I order you for dinner? 夕食に何を注文しましょうか / We ordered goods from Winco. 当社はウィンコに品物を発注した (✚ from を to にしないように注意)

━ vi 命令を出す; 注文を出す ► Are you ready to order? ご注文の品はお決まりですか / Ready to order? (略式) ご注文はお決まりですか

order a person around [about] (略式)(人を)こき使う

order a person back to work (人に)仕事に戻るように命じる

order in 入るように命じる; (注文して)取り寄せる

order out 出動を命じる; 外に出るように命じる; (食べ物を)外に注文する (*for*)

order acknowledgment 注文請書

order backlog 受注残高 [● 納品していない受注の額]

order B/L 指図式 B/L [● B/L=bill of lading. 運送品の引渡しについては荷送人つまり輸出業者の指図によるというタイプのもの]

order blank 注文用紙

order book 注文控え帳, 受注台帳

order-book index 受注指数 [● 業況判断のために使われる受注残の推移を指数化したもの]

order check [《英》**cheque**] 指図人払い小切手, 指図式小切手

order driven オーダードリブン, 注文主導型 [● 証券取引所が注文を集めて売買取引を成立させる方式にはオーダードリブンとクオートドリブンがある。オーダードリブンは、集まってきた注文を価格優先(売り注文は値段の低いものを優先, 買い注文は値段の高いものを優先)と時間優先(同じ値段の

注文は時間的に先に出された注文を優先)の原則によって売買取引を成立させていく方式で,注文主導型とも呼ばれる.ニューヨーク証券取引所(NYSE)はオーダードリブン方式を採用している] ⇨ quote driven

order-entry clerk 受注処理担当事務員

order execution cost 注文履行費(=order-filling cost) [⊃注文を履行するための諸費用で,包装費,運送費など]

order-filling cost 注文履行費,注文処理費

order for account 《英》計算命令

order for form 注文書,注文書式,発注書 ► fill out an order form 発注書を作成する

order for relief 救済命令,債権取立中止命令 [⊃米国破産法による破産手続の開始にあたって,債務者が破産手続の保護のもとにあることを宣言する裁判所の命令.この時点で債務者に対する弁済請求や担保処分などは一切禁止される.債務者の申立による破産(強制破産 involuntary bankruptcy)の場合は,申立に基づいて裁判所が救済命令を発することによって破産手続が開始される.債務者の申立による破産(自己破産 voluntary bankruptcy)の場合は,申立自体が救済命令を構成し,破産手続は自動的に開始される]

order fulfillment process 注文調達プロセス [⊃受注から出荷・入金までの全過程]

order getter オーダーゲッター [⊃新規顧客の潜在需要を掘り起こすことを使命としている営業社員] ⇨ order taker

order getting cost 注文獲得費(=order acquisition cost) [⊃注文を獲得するための諸費用で,市場調査費,広告宣伝費など]

ordering cost 注文費(=order cost) [⊃発注に関連して発生する費用]

ordering cycle [interval] 発注間隔

ordering point 発注点(=order point) [⊃棚卸資産の在庫を補充する時期]

orderly /ɔ́:rdərli/ a きちんとした; 秩序を守る, 整然とした ► In case of fire, please proceed in an orderly fashion to the nearest emergency exit. 火災発生のときは,あわてないで近くの非常用出口から脱出してください
— n 病院の清掃員; 《英》市街清掃人; 当番兵
◇**orderliness** n

order number 注文番号

order of business ❶ (会議などの)議題の順序 ❷ (取り上げるべき)課題 ► The next order of business is setting next year's budget. 次の課題は来年度予算の策定だ / Our first order of business is to review last quarter's earnings. われわれの最初の課題は前四半期の利益を検討することだ

order of discharge 《英》破産免責命令

order of the day (議事)日程

order paper ❶ 《英》(下院での)議事予定表 ❷ 〖法律〗指図証券

order picking オーダー・ピッキング [⊃出荷指示のあったものを保管場所から集品する作業]

order point 〖会計〗発注点 [⊃そのレベルを切った場合は自動的に一定量の補充注文が行われ

るという在庫管理上の水準.需要が一定している安価な製品の在庫を保つために使われる]

order processing 注文処理 [⊃受注から納品までのプロセスを処理すること]

order production 注文生産

order quantity 発注量(=order size)

order register 注文記入帳 [⊃注文の内容を記録する帳簿]

order size 発注量; 発注規格

order taker オーダーテイカー [⊃①顧客との持続的取引関係が損われないよう,顧客が必要とする時に必要な数量を確実に納品することを使命とする営業社員 ②自ら関係することを怠り,注文が来るのを待つだけの受身の営業社員を小ばかにした言い方] ⇨ order getter

order ticket (証券売買の)注文伝票

ordinance /ɔ́:rdənəns/ n (地方自治体の)条例

ordinarily ad 通常, 普通は; 普通程度に ► Ordinarily, shipping and handling are included in the price. 通常,送料および手数料は価格に含まれています / Ordinarily, I'd gladly help you, but I have a deadline to meet. いつもなら喜んでお手伝いしますが,締切に追われています

ordinary /ɔ́:rdənèri/ a ❶ 普通の, 通常の; 平凡な; 並以下の ► an ordinary general meeting of shareholders 定時株主総会 / What's an ordinary day at work for you like? あなたの職場での一日は,通常は,どんな具合ですか / Ordinary investors tend to stay in their comfort zone. 普通の投資家は安全地帯から外に出ないものだ ❷ 〖法律〗直接管理する, 直轄の, 直轄権のある

in an [the] ordinary way いつもは
— n 《米》遺言検認判事; 《英》定食(を出す食堂)
in ordinary 常任の
out of the ordinary 並外れた, 異常な

ordinary capital 普通株資本 [⊃優先株から成る資本との対比で普通株のものを言う]

ordinary creditor 一般債権者 [⊃優先債権者(他の債権者に優先して弁済を受けられる債権者)との対比で普通の債権者を言う]

ordinary dividend 普通配当 [⊃優先株式がその会社から発行されているのであれば,優先配当があった後に普通配当という順になる]

ordinary general meeting 《英》通常総会

ordinary income 通常所得, 普通所得 [⊃通常の事業所得で,キャピタル・ゲインを除く所得]

ordinary interest 360日ベースの金利 [⊃365日ベースの金利はexact interestと言う]

ordinary profit 〖和製英語〗経常利益 (✤ 日本では経常利益(営業利益に営業外収益を加え,営業外費用を控除して算定した利益)を重視するが,米国には経常利益に相当する概念はない)

ordinary resolution 通常決議 [⊃株主総会において投票した議決権の単純過半数によって有効となる決議]

ordinary share 《英》普通株 (=common

ordinary share capital

share, equity share) [⇒優先株や劣後株など特別の権利が付与されていない通常の株式]

ordinary share capital 《英》普通株資本 [⇒普通株に帰属する株式資本金]

ordinary shareholders' meeting 《英》定時株主総会

ordinary stock 普通株 (=common stock)

ordinary time earnings 《豪·NZ》所定時間内賃金 (OTE) [⇒一定の期間内に労働者が受け取る賃金総額から時間外賃金を除いたもの]

ore n 鉱石 ▶ China is rich in iron ore reserves. 中国は鉄鉱石の埋蔵量に恵まれている

Oreck 《商標》オーレック [⇒米国の家電メーカー. 掃除機や空気清浄器などを製造している]

Oreo 《商標》オレオ [⇒白いクリームを挟んだ米国のチョコレートクッキー]

organ /ɔ́:rɡən/ n 器官; (政治) 機関; 機関誌 [紙]

organic /ɔ:rɡǽnik/ a ❶ 自力による [⇒買収などの要因に依存しない] ▶ organic growth 自力による成長 ❷ 有機の [⇒化学肥料などを使わない] ▶ organic vegetables 有機野菜
— n 有機化合物; 有機肥料; 有機殺虫剤; 有機食品
◇**organically** ad 有機的に; 有機肥料で; 組織上 ▶ organically grown 有機栽培の

organic farming 有機農業 [農法]

organic fertilizer 有機肥料, 有機質肥料 [⇒魚肥類·骨粉類·油粕類·堆肥など動植物質の肥料]

organic food 自然食品

organic growth 有機的成長 [⇒企業の内部資源だけを用いた企業成長]

organic product 有機栽培商品

organic resources 有機性資源 [⇒樹木や草木, 動物などの生命体, 建築材料, パルプ原料など. 有機性資源は, 無機性資源と比較して自然界の再生作用が早く, 自己再生的であると言える]

organization, 《英》-sation
/ɔ̀:rɡənizéiʃən | -nai-/ n ❶ 組織, 団体

コロケーション

(動詞(句)+〜) **build** an organization 組織を作る / **consolidate** an organization 組織を縮小する / **dissolve** an organization 組織を解散する / **enervate** an organization 組織を駄目にする / **establish** an organization 組織を設立する / **head** an organization 組織を率いる / **invigorate** an organization 組織を活性化する / **steer** an organization 組織を動かす

▶ a head office organization 本社機構 / a not-for-profit organization 非営利組織 / across the organization 組織を挙げて, 全員が参加で / Nonprofit organizations can receive tax breaks. 非営利団体は税の優遇措置を受けられる / We're thinking of **hiring outside the organization** for this position. この地位については社外からの採用も考えています / One of the key priorities of my responsibilities is to **reform the organization**. 私の責務の中でも最重要課題の一つが組織の改革だ / She took upon herself the daunting task of **energizing the organization**. 彼女は組織を活性化するという困難な課題を自ら引き受けた / The Board announced plans to **revive the ailing organization**. 取締役会は, この病んでいる組織を再生するための計画を明らかにした / The new management team **streamlined the organization** and fostered a team approach to problem solving. 新経営陣は, 組織を合理化し, 問題解決に向けチームとして当たるアプローチを奨励した

❷ 組織化すること, 整理すること, 段取りをつけること ▶ Settle down to the organization of reports. 報告書のまとめに取りかかりなさい

❸ 成り立ち, 構成, 構造, 組織のありよう ▶ improve the organization 組織のありようを改善する

organizational a 組織 [機関] の

organizational behavior 組織行動

organizational change 組織変革

organizational chart = organization chart

organizational climate 組織風土

organizational communication 企業コミュニケーション [⇒顧客, 投資家, 取引先, 自社従業員, メディアを相手に自社の情報を伝達し, または共有しようという営みの総称]

organizational conflict 組織のコンフリクト [⇒組織が意思決定不能の状態に陥り, 行動麻痺にあることを言う]

organizational culture 企業文化, 企業風土, 企業体質

organizational development 組織開発

organizational effectiveness 組織の有効性

organizational efficiency 組織の能率

organizational form 組織形態

organizational hierarchy 組織の階層

organizational learning 組織学習 (OL) [⇒個々の従業員の知識·スキルを組織全体で共有し, 組織の改革·改善に結びつけようというもの]

organizational objectives 組織目標

organizational process 組織過程

organizational structure 組織構造 ▶ The company has a very hierarchical organizational structure. その会社はきわめて階層性の強い組織構造をしている

organization and methods O&M, 組織効率化研究 (OM) [⇒効率化を期して現行組織の体制と運用を分析し, 改善を図ること]

organization audit 組織監査 [⇒組織の適否に関する監査]

organization chart (企業などの各部門を示した) 組織図 ▶ Creating titles and drawing new organization charts do not solve problems. 役職名を作ったり新たな組織図を作成したりしても, 問題を解決することにはならない / This program enables you to instantly produce an organization chart. このプログラムが

あれば一瞬のうちに組織図を作成できる
organization cost 創立費 [⇨株式会社などを設立するに際して発生する費用]
organization design 組織設計
organization expenses 設立費用, 創業費
Organization for Economic Cooperation and Development 《the ~》経済協力開発機構 (OECD) [⇨1960年調印のOECD条約に基づいて, 経済成長の達成, 発展途上国への援助, 多角的自由貿易の拡大を目的に1961年に発足した国際機関]
Organization of American States 《the ~》全米連合, 米州機構 (OAS) [⇨米国, カナダおよび全中南米33か国が参加する米州諸国の地域的国際機構, 共同防衛・地域の安全保障, 文化・社会・経済的な協力を目的とする. 1951年発足]
Organization of Arab Petroleum Exporting Countries 《the ~》アラブ石油輸出国機構 (OAPEC) [⇨アラブ諸国の利益のために石油を政治戦略の武器として使用する目的で設立された組織. 1968年設立]
Organization of Islamic Conference 《the ~》イスラム諸国会議機構 (OIC) [⇨イスラム諸国間の団結と協力などを目的とする国際機構. 1969年発足]
Organization of Petroleum Exporting Countries 《the ~》石油輸出国機構, オペック (OPEC) [⇨石油輸出国が結集して1960年に設立された政府間国際機構. 産油国のカルテル的な協議機構]
organization theory 組織論 [⇨組織の構造が組織としての目標やそれを達成するための戦略を規定するという問題意識に立った研究分野]

organize

organize, 《英》**-ise** /ɔ́:rɡənàɪz/ v 組織 [編成] する; 労働組合に組織する (into); 創立する; 《時にbe ~d》計画 [準備] する; 整理 [整頓] する ► Thank you for organizing the meeting. 会議の準備をしてくれてありがとう / I need some time to organize the data. データを整理するために若干の時間が必要だ
◇**organizer** n まとめ役, 組織者; 創始者; 主催者; 整理箱, 整理用ファイル
organized /ɔ́:rɡənàɪzd/ a 整然とした; 組織化された ► organized labor 組織労働者 / get organized 気を引き締める / The information in the report is well organized. 報告書の情報はよく整理されている
organized labor 《米》組織労働者
organizing /ɔ́:rɡənàɪzɪŋ/ n 組織化
organizing business オーガナイジング・ビジネス [⇨オフィスや家庭での効率的空間利用を図るため製品・サービスを提供するビジネス]
organogram n 組織図
orient /ɔ́:riènt/ v 適応 [順応] する [させる]; 正しい位置に置く
be oriented to [toward] を志向している, に向いている, を優先している ► Our company is oriented toward developing innovative technology. 当社は革新的な技術開発を志向している
orient oneself 位置を確認する
orient oneself to に慣れる, なじむ, 適応する
orientate /ɔ́:riəntèɪt/ v =orient (✚口調でorientより好まれることが少なくない) ► The bank should orientate its lending to helping ecological business. 当銀行は貸付を環境ビジネスを援助する方向に向けるべきだ / The industry is heavily orientated toward individual retailers and consumers. その業界は個々の小売業者と個々の消費者の方向に著しく傾斜している / The company should orientate itself more toward profit sharing. 会社はもっと利益分配の方向に軌道修正するべきだ
orientation /ɔ̀:riəntéɪʃən/ n 志向, 傾向; 信条; 適応 [進路] 指導; 東向き; 方位 [位置] の確認; 建物の方位 ► a political orientation 政治信条 / a marketing orientation マーケティング志向 / a strategic business orientation 戦略的ビジネス志向 / (an) orientation for new employees 新人研修 / strengthen results orientation 結果志向を強める / switch from a product orientation to a consumer orientation 製品志向から消費者志向に切り替える
orientation session 新人研修
-oriented /ɔ́:rièntɪd/ 「…志向の」「…優先の」 ► business-oriented ビジネス志向の / consumer-oriented 消費者本位の / diploma-oriented 学歴偏重の / profit-oriented 利益追求型の / career-oriented teaching in junior colleges 短期大学での職業関連教育
orig. origin; original(ly)
origin /ɔ́:rədʒɪn/ n ❶ 源, 起源; 由来, 始まり ► What is the origin of your company's name? 御社の名前の由来は何ですか ❷ 原産地 ► a certificate of origin 原産地証明書
by origin 生まれは
have its origins in を起源とする, に始まる ► The company has its origins in textile manufacturing. その会社は繊維の製造が創業の出発点である
in origin 起源は
of foreign origin 外国起源の [⇦ラ]
original /ərídʒənl/ a 最初の; 原文 [原作] の, 原物の
— n 《the ~》原物, 原文 ► in the original 原文 [原語] で / Let me have the original of this receipt. この受取の原物を見せてくれ (コピーでなく)
original book of entry 仕訳帳 [⇨日々の取引を会計上の記録として残す原始簿]
original capital 原始資本, 創立時資本 [⇨会社設立時における資本額]
original company 元受保険会社 (=ceding company, writing company)
original cost 原初原価, 取得原価, 歴史的原価 [⇨資産の取得に要した支出額] ► be recorded at the original cost of the item その品目の取得原価で記入される

original document 原始証憑

original entry 原始記入, 原初記入 [⇒取引を仕訳帳などの原始簿に記入すること]

original equipment manufacturer 相手先ブランド製造者 (OEM) [⇒相手先(依頼元)のブランドで販売される製品を製造するメーカー]

original investment 原始投資額

original invoice 請求書の1枚目, 請求書原本

original issue discount 割引債券の償還差益 (OID); 当初発行割引料

originality n 独創力; 新奇; 独創的なもの ▶ The product lacks originality and creativity. その製品には独創性と創造性が欠けている / Originality is very important in this industry. この業界では独創性が極めて重要だ

original lender (ローン債権売買などにおける) 原貸手 [⇒最初に貸出を実施した銀行]

originally ad 本来, 元来, 初めに; 独創的に ▶ The store was originally scheduled to open last month. その店はもともと先月オープンする予定だった / The company announced that its operating loss would be twice as much as originally expected. 営業損失は当初予想の2倍になるだろうと同社は発表した

original papers 原始書類, 原本書類

original premium 元受保険料

original purchaser 〖金融〗(CD売買などにおける) 最初の購入者

original record 原始記録, 原本記録

original sales price 原初売価, 原初売却価額 [⇒値上げや値下げなどを行う前の売価]

original version 原本 ▶ English version of this Agreement shall be the original version. 英語版の本契約書をもって原本とするものとする

originate /ərídʒənèit/ vi 起こる, 生じる; 始まる (in, from, with) ▶ Much of the foreign direct investment originates in Europe. 海外直接投資の多くはヨーロッパに起源がある
— vt 始める, 起こす; 発明する ▶ The bank has originated over $500 million in mortgage loans. その銀行は5億ドルを超える住宅ローンをオリジネートした
◇**origination** n 創作; 発明; 始まり, 起こり
◇**originative** ad 独創力のある

originating application 〖英〗県裁判所 (county court) レベルで用いる訴状

originating summons 〖英〗高等法院 (high court) レベルで用いる訴状

originator /ərídʒənèitər/ n ❶ 〖金融〗原債権者 [⇒原債権の保有者, 顧客に住宅ローンなどを融資した金融機関で元のローン債権を他者に売却したあとの債権者の立場を言う] ▶ In most cases, the originator does not hold onto mortgage loans, but resells them in the form of tradable mortgage-backed securities. ほとんどの場合, オリジネーターは住宅ローンを保有し続けないで, 取引可能な住宅ローン担保証券の形でそれを転売する ❷ 〖証券〗オリジネーター [⇒証券化商品を組成する者] ❸ 最初に考案した者, 発明者

Origins 〖商標〗オリジンズ [⇒米国の化粧品ブランド. 自然をテーマに, 容器やパッケージなども簡素な物を使っている]

Orlon 〖商標〗オーロン [⇒合成繊維の一種]

orphan loan オーファンローン [⇒融資実行時の書類の紛失などにより債権取立などの権利行使が困難になっている融資案件]

orphan work 孤立作品 [⇒著作権者不明の著作物. 強制使用権 (compulsory license) の対象となる]

OS, O/S operating system; outsize; outstanding

Oscar Mayer 〖商標〗オスカー・メイヤー [⇒米国の加工肉のブランド. ホットドッグ用のウィンナー, ハム, サラミ, ベーコンなどを手頃な値段で提供]

oscillate /ásəlèit/ vt (振り子のように) 振動[動揺]させる
— vi ぐらつく, 動揺する (between); 振動する ▶ The unemployment rate has oscillated within three to five percent in the last two years. 過去2年間, 失業率は3%から5%の間を行ったり来たりしている
◇**oscillation** n 振動; 一振り
◇**oscillatory** a 振動[動揺]する

OSHA /óuʃə/ Occupational Safety and Health Administration (米国労働省) 職業安全衛生管理局(の安全基準)

OSI open system interconnection

OT overtime ▶ I made five hundred dollars in OT last week. 先週は超勤で500ドル稼いだ

OTC over-the-counter

OTC bulletin board 〖米〗OTC ブリティン・ボード [⇒全米証券業協会 (NASD) が運営する未上場株式の売買気配表示システム]

OTC market 店頭市場 [⇒証券取引所を通さずに業者同士が個別に売買をする市場] ▶ Some of our subsidiaries are listed on the OTC market. 子会社の一部は店頭公開している / The company is planning to go public on the OTC market. 同社は店頭公開を考えている / The company plans to list on the OTC market early next year. 同社は来年早々, 店頭市場に上場する予定です

OTC medicine (医師の処方箋なしで買える) 店頭薬

OTC stock 店頭株 (=over-the-counter stock)

OTE 〖豪・NZ〗ordinary time earnings

other /ʌ́ðər/ a ほかの, 別の; 異なった (than); (the ~) 残りの, もう一方の
▶ **other** assets その他の資産 / **other** current assets その他の流動資産 / **other** liabilities その他の負債 / **other** current liabilities その他の流動負債 / **other** deductions その他の控除項目 / **other** income 営業外収益 / **other** operating charges 〖英〗その他の営業費用 / **other** operating income 〖英〗その他の営業収益 / Are there any **other** suggestions? ほかに提案はありませんか / Do you have any **other** questions? ほかに何か質問はありますか

/ He doesn't get along well with **other** staff members. 彼は仕事の同僚との折合いがよくない / **every other** day 隔日に / I get **every other** Saturday off. 土曜日は1週間おきに休む / Our domestic suppliers, **on the other hand**, have plenty of leftover inventory. 他方で, 当社の国内供給業者には大量の売れ残り在庫がある / Call [Catch] me **some other time**. また後で電話して[話して]ください

成句 *every other* ほかのすべての; 一つおきの　*look the other way* ほかを見る; 見逃す　*none other than* にほかならない　*on the other hand* 他方; 逆に　*some other time* いつか別のとき(に)　*the other day [night]* （副詞的）先日[夜]　*the other half* （自分の属する階層でない）ほかの人たち[金持階級]; 配偶者　*the other party*『法律』相手方

— *pron* (the ~) もう一方[残り]の人[もの]; (~s)ほかの人たち[もの]; 他人

►**some** way **or other** なんらかの方法 / He's as knowledgeable as any of the **others** in his department. 彼は部内の他の誰と比べても博識ではひけをとらない

成句 *among others* 特に, なかんずく　*like any other* ほか[いつも]と変わらない　*of all others* 中でも, 特に　*one after the other* 次々と　*some ... or other* …の誰[何]か　*this, that and the other* （略式）ありとあらゆるもの

— *ad* （通例否定文で）別の方法で, そうでなく

►I can't do **other than** (to) wait. 待つよりほかな い / **Other than** our holiday sale season, we had a tough year. 休日の大売り出しのシーズンを除く と, 今年は当社にとって厳しい年だった

成句 *other than* …以外に

◇**otherness** *n* 他と異なっていること; 他者

other people's money 他人の資金 (OPM) [➡特に投機的取引のために使う借入金を指す言い方]

otherwise /ʌðərwàiz/ *ad* 別のやり方で; 違って; ほかの点では; （接続詞的）さもなければ, 別の状況では　►**otherwise** known as 別名…として知られる　/ think **otherwise** そうは考えない / be **otherwise** engaged ほかの用事をしている / Unless **otherwise** noted on the invoice, payment is due within thirty days. 請求書に別の記載がなければ, 支払期日は30日以内です

— *a* 異なった

it cannot be otherwise そうなるよりしかたがない　*or otherwise* …にせよそうでないにせよ; …ないしは他の方法で

Otis 《商標》オーチス [➡米国のエレベーター(会社)]

OTO one-time-only

OTS Office of Thrift Supervision; opportunities to see

ought /ɔːt/ *aux v* (~ to do) (義務) …すべきである, せねばならない; …するのが当然である; (推論) …のはずである, に決まっている

►Prices **ought** to rise soon. 近いうちに値上がりするはずだ / We **ought** to take a look at other investment options. われわれは他の投資の選択肢も検討すべきだ

成句 *ought to have done* …すべきだった [➡しなかったのが悪い]; しているはずだ　*That ought to do it.* (略式) それで終わりだ

ounce /auns/ *n* オンス [➡1/16ポンド; 貴金属・薬の場合は1/12ポンド]; 液量オンス (=fluid ounce) [➡(米) 1/16pint, (英) 1/20pint]; (an ~) (否定文で) 少量, わずか (*of*) ►Gold may hit $500 per ounce by the end of the week. 週末までに, 金は1オンス当たり500ドルに達するかもしれない

OUP Oxford University Press

oust /aust/ *vt* ❶ 追い払う, 追放する (*from, of*) ❷『法律』(土地・建物などから) 立ち退かせる, 退去させる; (土地・財産権などを) 取り上げる, 剥奪する (*from, of*); (権利などを) 奪う, 除外する　►**oust** a person from [of] his inheritance [lease] 人から遺産[借地権]を取り上げる

ouster *n* 解任, 更迭

out /aut/ *ad* 外へ[に]; 広げて, 配って; 不在で, 外出して; 離れて; 最後まで, すっかり; （流行が）廃れて; 世に知られて; 出版されて; 社交界に出て; 露見して; （政権・職から）離れて; ストライキをして; 声高に; （計算が）間違って, 外れて, 調子が狂って; 品切れで; 時間が切れて, 終わって; （略式）（最上級を後置修飾して）ずばぬけて

►I'm afraid he is **out** at lunch now. いま食事で出ているようですが / The new car models have come **out**. 新型車が発表になった / The singer brought **out** a second album. その歌手は2枚目のアルバムを出した / These figures are way **out**. これらの数字はひどく間違っている / I'm **out** $750 on this business trip. この商用旅行で私は750ドル足が出た / This is the best laptop **out**. これは市場に出ているラップトップの中では最高だ / He **is out to** get an increase in salary. 彼は給料を上げてもらおうと一生懸命だ / The work piled up while I was away and I don't know how I'll ever get **out from under**. 休みの間に仕事が山積して, いったいどうやったらこの窮地から抜けられるか分からない / He's been **out of** work for nearly a year. 彼は1年近く失業中だ / Very sorry, it's **out of** hours. 申し訳ありませんが営業時間が終わりました / Home prices are **out of** reach for many first-time buyers. 初めて住宅を買う多くの人たちにとって住宅の価格は手の届かないところにある / During hard times like these, there are bound to be a lot of investment opportunities **out there**. 昨今のような不景気のときには, 投資のチャンスはその辺にいっぱい転がっているものだ

成句 *all out* 全力を尽くして; 完全に　*be out for [to do]* を得ようと[…しようと] 躍起になっている　*in nine cases out of ten* 十中八九　*out and away* (最上級の前で) 群を抜いて, 断然　*out and out* 徹底的に, 完全に　*out from under* 窮地を脱して, 解放されて　*out of* の中から; の外で; を脱して; (起源・出所) から; の範囲外に; 切れて, 不足して; (材料) で; (理由) のために; (割合) のうち　*out of it* (略式) 掛かり合いなくて; 仲間外れで寂しくて; 困って; 成功[勝利]の見込みがなくて　*out there* その辺で; 外のあそこで [目立つ所で]

— *prep* (ドア・窓)から(=out of)
— *a* 外の; 遠く離れた; 失職した; 作動しない; 流行遅れの; 既決の (⇨out-tray)
► This fashion magazine lists what's in and what's **out** every month. このファッション雑誌は毎月流行のものと廃れたものの表を載せる
— *n* 逃げ道, 言い訳; 勢力のない人
成句 *be on the [at] outs* 《略式》不和である(*with*) *make a poor out* うまくいかない *the ins and outs* 与野党; 委細
— *v* (will ~)露見する; ばらす

out- /áut/「外」「を超えて, 負かして」

outage /áutɪdʒ/ *n* 停電(=power outage); 機能停止; (輸送中の)目減り

out-basket *n* 処理済み書類入れ, 「出」文書箱

outbid *vt* (-bid;-bid(den);-dd-) (相手より)高い値をつける ► She outbid all the bidders at the auction. 彼女はこの競売ですべての入札者より高い値をつけた

outbound *a* 外国行きの; 出て行く; 市外に向かう

outbound telemarketing アウトバウンド・テレマーケティング[⇨DM などで客が電話をかけてきた段階から売込みを始めるインバウンド・テレマーケティングに対して、直接, 見込み客に売る側から電話するアプローチ]

out box =out-basket

outcome /áutkÀm/ *n* 結果, 結末, 所産(*of*); 成果

► Everything hinges on the outcome of the negotiation. すべては交渉の結果にかかっている / Creditors may not be happy with the outcome. 債権者側はこの結末に満足していないかもしれない / The outcome of the investigation is pending. 調査の結果は未決になっている

outcome measure 成果尺度[⇨経営活動の有効性を計る度]

outcry *n* 叫び声; 騒々しさ; 激しい抗議[要求] (*against, about*); 競売

outdated *a* ❶時代遅れの, 旧式の ► The outdated facilities will be renovated. その時代遅れの設備は改修されるだろう / This report is outdated, as it doesn't take into consideration of new regulatory laws. 新しい規制法を考慮に入れていないので, この報告書は時代遅れだ ❷期限切れの ► outdated check 期限切れ小切手

outdo *vt* (-did;-done) に勝る; に打ち勝つ ► His sales performance outdid our expectations. 彼の販売実績はわれわれの期待を上回った
not to be outdone 負けてなるものかと
outdo oneself 今までになくよくやる

outdoor *a* 戸外の[でする]; 外出用の ► The shop specializes in outdoor sports wear. その店はアウトドアスポーツウェアを専門に扱っている
◇**outdoors** *n, ad* 戸外, 野外; 戸外で[に]
► The product can be used indoors or outdoors. その製品は屋内でも屋外でも使えます
◇**outdoorsy** *a* 戸外向き[好き]の

outdoor advertisement 屋外広告物
outdoor advertising 屋外広告
outdoor media 屋外媒体[⇨ポスター・看板・ネオンサインなど屋外で掲出される広告の媒体]

outer /áutər/ *n* 外箱[⇨それ自体別の箱に入っている商品を収納する段ボール箱など]

outfit *n* ❶会社, チーム, グループ ► He just started working at an advertising outfit. 彼は広告会社で働き始めたばかりだ / We've decided to set up a new manufacturing outfit in China. 当社は中国に新しい製造拠点の設立を決めた / What outfit do you work for? 何という会社に勤めているの ❷(作業着等一定の目的のための)服装一式 ► cleanroom outfit クリーンルーム用作業着

outfitter *n* 《米》アウトドア・グッズ専門店

outflank *vt* (競争相手を)追い抜く ► Our company has been outflanked by the competition in market share. 当社は市場占有率で競合他社に追い抜かれている

outflow *n* 流出(*from*); 流出物[量] ► measure the outflow in gallons per minute 流出量が毎分何ガロンかを測る / List cash inflows and outflows. 現金の出入を表にしなさい / We should avoid the capital outflows. 資金流出を避けなければならない / Try to limit capital outflows with capital controls. 資本管理で資本流出を防ぐことを試みなさい

outgo *n* (~**es**) 支出, 出費, 費用 ► The outgo is greater than the income. 出費は収入を超えている
— *vt* /ˌ-ˈ-/ (-**went**;-**gone**) に勝る, しのぐ

outgoing *a, n* 出て[辞めて]いく; 退任予定の; 外向性の; 出立; (通例 ~s) 出費(*on*) ► outgoing mail 発送郵便物 / an outgoing call 外にかける電話 / the outgoing President 近く退陣する大統領

outgrow *vt* (-**grew**;-**grown**) …より早く[大きく]成長する

outgrowth *n* 自然の成り行き, 結果; 派生物; 成長, 生育

outguess *vt* 出し抜く ► His ability to consistently outguess the market led to one of Wall Street's most celebrated careers in investing. 終始一貫して相場の先行きを正確に読む彼の能力は, 投資に関してウォール街でもっとも著名な経歴の一つをもたらした

outlaw *n* 法の恩典[保護]を奪われた者, 追放者; 無法者
— *vt* 法の保護[恩典]を奪う; 非合法とする, 禁止する, 法的に無効とする ► Once public smoking was outlawed, the tobacco industry found itself fighting a steeply uphill battle. 公共の場での喫煙が違法になってから, たばこ業界はきわめて苦しい闘いを強いられるようになった / They outlawed him from decent society. 彼を社交界から締め出した

outlawry /áutlɔ̀:ri/ *n* 法益剥奪; 法律の無視,

無法行為

outlay n 支出; 出費 《on》 ► The project requires substantial equipment outlay. そのプロジェクトにはかなりの設備投資が必要だ / Despite economic hardships, we need to increase our outlays for R&D. 経済的に苦しい状況にあっても,研究開発の支出は増やす必要がある / Outlays for manufacturing have been cut significantly by drops in consumer demand. 消費者需要の落込みで製造関連の出費は大幅に減された

outlet /áutlet/ n ❶ 系列販売店, 系列店舗, 直営店舗 ► Our company has sales outlets throughout the country. 当社は全国いたるところに系列販売店を持っている / He has 50 good outlets. 成績のよい代理店を50店持っている / We have our own high-street outlets. 当社は目抜き通りに直営販売店をいくつも持っている ❷ アウトレット［⇨一定の品質基準を満たさなかった製品や余剰在庫品などを格安で販売する小売店］ ⇨ factory outlet, retail outlet, outlet store

outlet mall アウトレットモール［⇨工場直営店を集めた商業センター］

outlet store アウトレット店［⇨在庫品, 規格外の品物などを処分する売店］

outlier /áutlàiər/ n 〖統計〗外れ値, 異常値［⇨観察値の中で, 推定値からの隔たりが異常に大きなもののこと〗

outline n 輪郭; 略図; 下書き; あらまし; 《~s》要綱

in (broad) outline おおまかに

— vt 輪郭を描く 《*against*》; 略述する ► Before I go into detail, I'd like to outline my business plan. 詳細な内容に入る前に, 私の事業計画の概略を説明したいと思います

outlook /áutlùk/ n 見通し, 予想; 展望 《for》; 将来に向けての評価 (=rating outlook) ► a bright outlook 明るい見通し / a gloomy outlook 暗い見通し / the long-term outlook 長期見通し / the near-term outlook 短期見通し / the outlook for inflation インフレ見通し / He presented **a promising outlook** for next year's business. 来年のビジネスについて彼は明るい展望を提示した / **The outlook for home sales** remains uncertain. 住宅販売の見通しは相変わらず不透明だ / Moving to HR **changed his outlook** as a leader and a colleague. 人事部への移動は指導者および同僚としての彼の前途を一変させた / I don't think that **the economy's outlook for** next year is as bad as most analysts say. ほとんどのアナリストが言うほど来年の景気の見通しは悪いとは思いません / Higher consumption tax **has darkened the outlook** for retailers. 消費税率の引上げが小売業者にとっての見通しを暗いものにしている / Over 60 percent of the respondents said they have **a positive outlook** for the economy. 回答者の6割超が景気につき明るい見通しを持っているとした / Some economists have painted **a rosy outlook** for the Japanese economy in 2007. 一部エコノミストは, 2007年の日本経済につき, ひどく楽観的な見通しを描いている / The company gave **a gloomy outlook** for the rest of the year, saying earnings could slip to break-even. 同社は年後半については, 暗い見通しを示し, 損益トントンにまで落ちるかもしれないとした / **The general outlook** for the economy is improving. 景気の全般的見通しは上向いてきている / His recent warning about the poor economic data pointed to **a bleak outlook** for the U.S. economy. 貧弱な経済データについての彼の最近の警告はアメリカ経済にとっての厳しい見通しを示していた

outlying a 範囲外の; 中心から離れた; へんぴな ► Many employees are from outlying areas. 多くの社員はへんぴな地方の出身である

outmaneuver, 《英》**-vre** vt に策略で勝つ; の裏をかく

outmarch vt を追い越す

outmatch vt より勝る, に勝つ

outmoded a 流行遅れの, 廃れた ► That company's managerial policies are outmoded. あの会社の経営方針は時代遅れだ

outmost a いちばん遠く［外］の

outnumber vt に数で勝る ► The number of males in executive positions still far outnumber their female counterparts. 上級管理職の地位にある男性の数は同じ地位にある女性の数を今でも圧倒している

out-of-control a 制御できない

out-of-court a 裁判外の

out-of-court settlement 裁判外［法廷外］の和解

out-of-date a 時代遅れの; 期限切れの ► out-of-date check 期限経過小切手, 失効小切手

out-of-favor a 不人気の

out-of-home advertising 屋外広告

out-of-home media 家庭外媒体［⇨街路や建物だけでなく空港や鉄道駅なども含めた家庭外の場所の広告媒体の総称. 屋外媒体 (outdoor media) より広義の概念〗 ⇨ media ②

out-of-house a ❶ 社外勤務の, 在宅勤務の ❷ 外注の

out-of-pocket a, ad 現金払いの; 立替の

out-of-pocket expenses 立替実費 ► We will reimburse all out-of-pocket expenses incurred by the consultant in the course of performing his/her duties under this agreement. コンサルタントがこの契約上の義務を履行する上で負担した実費はこれを全額弁済する

out of print 絶版の (OP)

out-of-sight a (金額が) 途方もない; 《米略式》素晴らしい

out-of-stock a 品切れの, 在庫切れの

out-of-the-money a (オプションが) アウト・オブ・ザ・マネーの［⇨すぐに行使しても利益が出ないことを言う〗

out-of-town a ❶ 都心部から離れた, 市外の ❷ 遠隔地の

out-of-work a 失業中の ► Many out-of-work Americans are living off of welfare. 米国の失業者の多くは生活保護で暮らしている

outpace vt 追い越す;に勝る ► Advertising costs have been outpacing budget increases. 広告のコストは予算が増えるペースを超えて増加してきた / Consumer demand is outpacing manufacturing output. 消費者需要は製造業産出高が増加するペースを超えて増えている

outperform vt ❶ より性能が優れている; しのぐ ► Japanese automakers are outperforming their US counterparts. 日本の自動車メーカーは米国の同業者を凌駕している ❷ (企業業績が) 予想をはるかに上回る ❸ アウトパフォームする (⇔underperform) [◐投資案件や株式銘柄が特定の基準(市場平均, S&P500など)を上回る業績を上げること]
— n アウトパフォーム (⇔underperform) [◐証券アナリストの推奨の用語で, 特定の銘柄について市場平均をやや上回る収益率が期待できるというアナリストの意見を示す符号]

outperformance n アウトパフォーマンス [◐ある銘柄の収益率が市場平均より高くなること]

outperformer n アウトパフォーマー [◐市場平均を上回る上げ幅を記録している株式]

outplacement n ❶ (米) 再雇用斡旋; 再就職支援 ► John got outplacement advice. ジョンは再就職支援の助言を受けた ❷ 離職, 失業

outport n 外港 [◐大きな港に近接する副次的な港]

outpost n ❶ 遠隔地の拠点 ❷ 支店 ► Gymboree has 61 outposts operating in 14 states. ジンボリー (チェーン店) は14の州で61のチェーン店がある

output /áutpùt/ n 生産(高); 産出(量); GDP ► The IT industries produce about 10% of the total U.S. output. IT産業は米GDPにおいて, 10%程度のウエートを占めている / Industries need to reduce the output of greenhouse gases. 産業界は温室効果ガスの排出を減らす必要がある / Electronics makers are slashing output as the recession has lowered consumer demand. 景気後退が消費者需要を減少させるにつれて, 電機メーカーは生産を削減している
— vt (~(ted);-tt-) 出力する

output level 算出量水準, 生産量水準, 操業度水準

output method 〖会計〗アウトプット法 [◐標準原価計算において, 製品産出時点で標準原価を計算し同時に原価差異も分離計算する方法]

output price 払出価額, アウトプット・プライス [◐流出資産を流入資産で評価した価額]

output tax 売上税 [◐物品を購入する際に支払う付加価値税 (input tax) との対比で, 物品販売の際に徴収するものを指す]

outrage /áutreidʒ/ n (非道・不正に対する) 激怒 (at); 憤激させること; 乱暴, 暴虐, 暴行 (against); 侮辱 ► The pay cut sparked immediate outrage from employees. 賃金カットはすぐさま従業員の怒りに火をつけた
to the outrage of が憤激したことには
— vt 憤激させる; 乱暴[暴行]を働く; 侵害する; (法に) 背く ► be outraged by [at, that] で憤激する / The public was universally outraged by the bonuses received by executives in failed banks rescued by the government. 政府に救済された破綻銀行の経営者が受け取っていたボーナスに国民は例外なく激怒した

◇**outrageous** a 乱暴な; ひどい, けしからぬ; とっぴな, 《米略式》すごい, いかす ► Everyone was surprised by his outrageous suggestion. 彼のとんでもない提案にみんなが驚いた / At the press conference, the former CEO called the allegations outrageous. 記者会見で, 前CEOはその主張を言語道断と呼んだ / Predatory lenders charge an outrageous interest. 悪質な貸金業者は, 法外な利益を取る

◇**outrageously** ad ► The outrageously high gas prices are cutting into consumer spending. 法外に高いガソリン価格は消費者の支出に食い込みつつある

◇**outrageousness** n

outright a 完全な; 明白な; 率直な, きっぱりした ► The charges range from accounting discrepancies to outright fraud. 容疑は会計上の食い違いから完全な詐欺まであった
— ad /ʌˊˌ, ˌʌˊ/ 完全に, すっかり; 公然と; 即座に, きっぱり; 即金で; 無条件で ► buy outright 即金で買う / own a house outright 無条件で家を手に入れる
— n アウトライト [◐反対取引のない単独の売り, または買い]

outright purchase 買切り [◐中央銀行による公開市場操作について言うときは, 後日, 売り戻す条件を付けずに行われる「買切りオペ」を指す]

outright sale 売切り [◐中央銀行による公開市場操作について言うときは, 後日, 買い戻す条件を付けずに行われる「売切りオペ」を指す]

outrun vt (-ran;-run;-nn-) より速く走る, 追い越す; の範囲を越える; から逃げる ► Thanks to modern machinery production is outrunning consumption. 近代的な機械のおかげで生産が消費を上回りつつある

outsell vt (-sold) 他種の製品より売れる, 競争相手よりも多く売る, 販売量で上回る ► Japanese cars outsold American cars again last year. 日本車は昨年もまた米国車より多くの台数が売れた

outset n (the ~) 着手, 手始め
at [*from*] *the outset* (*of*) (の) 最初に[から] ► He was against the merger plan from the very outset. その合併計画に彼はいちばん最初から反対していた

outside n (the ~) 外側; 外観, 見かけ ► They should be more open to goods from outside. 彼らは外部からの商品をもっと受け入れるべきだ

at the (very) outside せいぜい
outside in 裏返しに
— *a* 外部の; 屋外の, 外側の; 局外の; 《略式》とても見込みのない;《略式》最高の, 上限の; 株式取引所の会員ではない ► an outside chance ごくわずかな可能性 / an outside price 上限の価格 / an outside opinion 部外の意見 / an outside observer 傍観者 / outside influences 外部の影響 / outside help 外部からの援助 / an outside broker 外部[非会員]ブローカー / Outside investors made this project possible. 外部の投資家のおかげでこのプロジェクトは可能になった / We use outside recruiters. 当社では外部のリクルーターを利用している
— *ad* 外側に[へ]; 屋外で[へ]

outside of 《米略式》の範囲外に[で]; の外に[で]; を除いては ► Outside of his government salary, he has almost no income. 政府からもらう給料以外に, 所得はほとんどない / Outside of our weekly meetings, we don't communicate internally at all. 週に一度の会議を除くと, まったく内部の意見交換がない
— *prep* …の範囲内に[へ, の]; …の範囲外に;《略式》…を除いて ► We need some perspectives from outside the department. われわれには部外からの視点がある程度必要だ

outside director 社外取締役; 外部取締役重役［◆当該企業の経営執行役員や従業員でない取締役. 利害の抵触(conflict of interest)がない立場で, 取締役会の一員として, 公正な判断を下すことが期待されている. イギリスではnon-executive directorと言う］⇨ inside director ► be made up primarily of outside directors 主として社外取締役で構成される

outsider /àutsáidər/ *n* ❶ 部外者; 局外者; 勝ち目のない馬[人] ► He's very trusting of his colleagues but wary of outsiders. 彼は仲間は非常に信頼するが, 外部の人間は疑ってかかる ❷ アウトサイダー［◆当該の社会あるいは集団によって, その「外部」にあると見なされている人や集団］

outside shareholder 非支配株主, 少数派株主［◆議決権の過半数を押さえている支配株主以外の株主］

outside worker 外勤従業員［◆オフィス内で働いている内勤従業員(inside worker)に対して直行直帰型の従業員を指す］

outsize *a* 通常より大きい, 規格サイズ外の
outsource *v* 業務を外部委託する, 外注する, アウトソースする ⇔ insource ► outsource support services and concentrate on core business サポート業務を外部委託して中核事業に全力を注ぐ / The company is outsourcing more and more of its work. その会社はますます多くの仕事を外注している / We'll have to outsource this job. この仕事は外注に回さなければならない / Non-core functions were outsourced. コアではない仕事は外注に回された
◇**outsourcer** *n* 外注受託業者

outsourcing /àutsɔ́rsiŋ/ *n* アウトソーシング, 外部委託, 外注［◆企業内部の合理化のために, 外部企業に必要な資源を外注化すること］► The country's call center outsourcing business appears to have avoided fallout of the economic downturn. 同国のコールセンターアウトソーシング事業は景気低迷の影響を受けなかったようだ

outstanding *a* ❶ 未済の, 未払の ► an outstanding balance 未決残高 / And there's still the outstanding issue of documentation. それからまだ文書化の問題が未解決事項として残っている / The company's total debt outstanding at the end of March was $150 million. その会社の3月末の未払済の総負債は1億5000万ドルである ❷ 並外れた, 傑出した, 飛び抜けた ► outstanding performance 並外れた業績 ❸ 発行済みである, 社外に存する
— *n* 未払の負債
◇**outstandingly** *ad* 目立って, 著しく
outstanding accounts receivable 未回収売掛金残高
outstanding balance 残高 ► an average outstanding balance 平均残高 / Be sure to pay off your outstanding balance every month. 未払残高は毎月必ず全額支払いなさい
outstanding bill 未払勘定, 未払のツケ
outstanding bonds payable 未償還社債 ► have outstanding bonds payable of $1 million at the end of fiscal year 会計年度末に100万ドルの未償還社債を保有する
outstanding capital stock 株式発行高, 社外株［◆発行済株式から自己株式を除外したもの］
outstanding check [《英》**cheque**] ❶ 未決済小切手, 取立未済小切手［◆小切手を振り出したが, まだ取立てが行われていない小切手］❷ 未払小切手残高
outstanding debt 未償還負債, 未払債務
outstanding invoice 未払請求書
outstanding issue 発行済社外株式数［◆全発行済み株式から金庫株(treasury stock)を除いた数］
outstanding payment 未払金
outstanding principal amount 未払元本額
outstanding securities 既発行証券
outstanding shares [**stock**] 発行済社外流通株式, 社外株(式)［◆通常は授権資本（定款で認められている株式の発行可能枠）のうち, すでに発行されている株式を指すが, 厳密には発行されている株式のうち, 社外に存する株式を指す］

outstrip *vt* (**-pp-**) に勝る; を凌駕する; 追い越す《*in*》► The demand for titanium far outstrips supply. チタンの需要は供給をはるかに超えている
out-the-window *n* 売切証券
out-tray *n* (机上の)処理済み書類入れ, 既決書類入れ

outturn *n* =output

outvote *vt* に票数で勝る

outward /áutwərd/ *a* 外への, 外へ向かう; 外側の; 外面だけの, 表面上の ► When negotiating, he never shows any outward signs of uncertainty. 交渉中は, 彼は確信のなさを示す兆候を外部に出すことは決してない
to all outward appearances 見たところでは
— *ad* 外側へ

outward investment 対外投資

outweigh *vt* より重い; より重要性を[価値]がある ► The likely benefits of expanding now outweigh the costs. 拡大からもたらされるであろう利益は今やそのコストを上回っている

outwork *vt* 仕事ぶり[能率]でしのぐ; (仕事などを)完成する, 自宅で作業する
— *n* /´-`/ 自宅[出張]作業

outworker *n* 社外勤務者; 外勤社員; 屋外作業者

outworking *n* 社外勤務, 在宅勤務

over /óuvər/ *prep* …の上に; …を横切って; …を覆って; …の全面にわたって, …の間じゅう; …にまたがって, …の間に; …しながら, …の向こう側に; …を越えて, 以上に; …よりも; …の上位で; …を乗り越えて; …を支配して; …に関して; …は通して
► **over** the weekend 週末に / **over** the years 長年の間に / Further gloom hangs **over** US jobs. さらなる暗雲が米国の雇用の上にかかっている / We received **over** 200 applicants for the job. その求人に対して200人を超える応募者があった / They went **over** budget. 彼らは予算を超してしまった / You'll save thousands of dollars **over** the life of the loan. そのローンの続く間に何千ドルも得になるでしょう / Saving **over** a long period of time really is a good idea. 長期間貯金をするのはほんとうに良い考えである / The mortgage is paid back **over** 30 years. その住宅ローンは30年にわたって返済される

成句 *all over* …じゅうに; を取り囲んで *over all* 端から端まで; 全般にわたって *over anything* ほかの何よりも[優先して]

— *ad* 上方に; 越えて, 一面に; 至る所に; 向こう側に, 渡って; 初めから終わりまで; 倒れて; 逆さまに; もう一度, 繰り返して; 過度に; (ある期間を)通じて; 終わって, 過ぎて, 済んで

► get the job **over** with 仕事を終える / We've already spent **over** our budget. すでに予算を超過している / The meeting is **over**. 会議は終わりだ / With public confidence that the worst is **over**, investors are starting to buy again. 最悪の事態は終わったという国民の安心感とともに, 投資家は再び買い始めている / The decision was left **over**. 決定は持ち越された / The negotiations are starting all **over again**. 交渉はもう一度, 振り出しから始まっている / The staff went **over and above** the call of duty. そのスタッフは職務で要求される範囲を超えて行動した

成句 *all over* 一面に; すっかり; すっかり終わって (*all*) *over again* もう一度 *all over with* は見込みがなくて *and* [*or*] *over* および[あるいは]それ

以上 *Over. / Please turn over.* 裏へ(続く) (PTO) *over against* の真向かいに; と対照して *over and above* その上, に加えて, おまけに *over and done* すっかり終わって, さばさばして (*with*) *over and out* 通信[交信]終わり *over and over* (*again*) 何度も *over here* [*there*] こちら[向こう]に *over with* 《米》を終えて, 済ませて
— *a* 上部[上方]の; 外被の; 余分の
— *n* 余分

overachieve *vi* 目標を上回る成果を上げる
► overachieve the 2009 target 2009年の目標を上回る成果を上げる

overachievement *n* 能力以上の成績を上げること

overachiever *n* 水準以上の成果を収める[出そうとする]人

overage *a* 適齢を超えた; 老朽の
— *n* (商品の)過剰 (⇔shortage); 過剰生産[供給]

overall *a* 端から端までの; 全般的の; 総合の ► an overall opinion on the financial statements 財務諸表に関する総合意見 / have an impact on the overall economy 経済全般に影響を与える / The overall slowdown in the economy has caused high unemployment. 景気の全般的な減速は高い失業率をもたらしている / Last quarter showed an overall growth of 2%. 前四半期は全体として2%の成長率を示した / The overall success of our recent marketing campaigning has brought us back to the top of the market. 最近の販促キャンペーンの全面的な成功で当社は市場トップの地位に戻った
— *ad* /´-`/ 全般的に, 概して ► Exports from India increased 25% overall last year. 昨年, インドからの輸出額は全体として25%増加した / Overall, we are doing better than last year. 全般的に見て当社は昨年より成績がよい

overall balance (国際収支統計における)総合収支

overallot *vt* オーバーアロットする [⇒新規株式公開時に需要が発行予定株数を超えた場合, 幹事証券が発行会社に予定数を超えて追加発行してもらうこと。オーバーアロットされる分の調達源は一般に公開前からの既存株主の持株である]
◇ **overallotment** *n*

overall position (外国為替の)直先総合持ち高 [⇒直物と先物の総合ポジション]

overall rate 総合利回り

overbalance *vt* より重い; より重要性がある; 平衡を失わせる
— *vi* ひっくり返る
— *n* /´-`/ 超過量; 不均衡

overbanked *a* 銀行が多過ぎる

overbid *vt* (~, ~(**den**); -**dd**-) (競売で)値打ち以上の値をつける; (人より) 高値をつける (*for*)
► We were overbid by a Japanese company. 競売で日本の会社に高値をつけられた
— *n* /´-`/ ❶ 競り上げ; 高競り値 ❷【会計】掛け値, 高値

overbill *v* 過大請求する ► We mistakenly overbilled the client by $200. お客さんに間違っ

て200ドル合計に請求した

overbilling n 過大請求 ► The law firm has received several complaints of overbilling by its clients. その法律事務所は過大請求の苦情を依頼人から何件か受け取っている

overboard ad 船外へ; 船から水中に

go overboard 《略式》極端に走る; 熱中する 《for, about》

throw [toss] overboard 《略式》を見捨てる, 見限る ► The new project was thrown overboard. その新計画は放棄された

overbook v （飛行機・ホテルなどで）定員以上の予約をとる ► Hotels on the island are overbooked at this time of year. この時期には島のホテルはオーバーブックされている / The airline tends to overbook in busy seasons. その航空会社は繁忙期にはオーバーブックしがちだ

overbooking n オーバーブッキング [◇供給できる数を超えて予約を引き受けること]

overborrow vi 過剰借入をする ► The company overborrowed and could not pay back its debts. 同社は借入金が多過ぎて, 債務を返済できなかった

overbought a （買占めのために）物価が高騰した, 過剰買いの; 買われ過ぎの ► Investors have expressed concerns that the market could be overbought. 相場は買われ過ぎかもしれないと投資家は懸念を表明している

overbudget v 予算超過する (=go over budget) ► We overbudgeted (ourselves) on the new project. 新しいプロジェクトで予算を超過した

overburden vt に積みすぎる; に負担を負わせすぎる 《with》 ► The manager was overburdened with work. 店長は仕事で負担過剰になっていた
— n /-́-̀-̀/ 重荷

overbuy v （有価証券を）（過大に）買い越す [◇下げ相場のときなどの場合, 証拠金を払って資力以上に買い増す]

overcapacity n ❶ 生産能力[設備]過剰 ► Corporate restructuring due to overcapacity should put downward pressure on investment growth. 過剰設備に起因する事業再構築により, 設備投資の伸びが抑制されよう ❷（保険の）引受能力超過

overcapitalization,《英》**-sation** n 過大資本 [◇事業上必要な限度を超えて資本を投下していること]

overcapitalize,《英》**-ise** vt に過大に資本投下する

overcharge /òuvərtʃɑ́ːrdʒ/ vt 高値をふっかける 《for》; 積み込み過ぎる 《with》; 誇張する ► If you're going to overcharge, I'll go somewhere else. そんなにふっかけるつもりなら, どこかよその店へ行くよ / The customer claims that he has been overcharged. その顧客は過大に請求されたと主張している
— n /-́-̀-̀/ 不当な高値, 過剰請求; 積み過ぎ

overclass n 最上層階級 [◇スーパーリッチなど非常に大きな影響力を持っている人々]

overcome v (-came; ~) 圧倒する, 打ち勝つ; 克服する; ぐったりさせる ► She overcame many barriers in a male-dominated industry. 彼女は男性優位の業界で数多くの障壁を乗り越えてきた

be overcome by [with] ですっかりまいる, 打ちのめされる

We shall overcome! 勝利をわれらの手に

overcrowded a 超満員の ► Unless we limit the number of guests that members could bring, the meeting room will be overcrowded. 会員が連れてくるゲストの数を制限しないと会議室が人であふれてしまうだろう

overdo vt (-did; -done) やり過ぎる; 誇張する; 《be overdone / ~oneself》 へとへとに疲れる; 使いすぎる

overdo it [things] やり過ぎる, 過労になる ► You already have a busy schedule as it is, so don't overdo it by accepting any more appointments. あなたのスケジュールは現状でもすでに多忙だから, さらに約束を引き受けて無理をするのはやめなさい

◇ **overdone** a やり過ぎた

overdraft /óuvərdræft/ n 当座貸越 [◇預金残高を越えて引き出したことによる一時的な借入金] ► Their overdraft is agreed by the bank up to a maximum of $1,000. 借越は最高1,000ドルまでという銀行の同意を得ている

overdraft facility 当座貸越契約, それによる限度 ► renegotiate one's overdraft facility 当座貸越契約の更新に向け交渉する / Students have a free overdraft facility. 学生は無料借越の便宜を与えられている

overdraft limit 当座貸越限度額

overdraw /òuvərdrɔ́ː/ vt (-drew; -drawn) （預金などを）借り越す; （小切手などを）過振りする

◇ **overdrawn** a 借り越している ► I'm overdrawn by more than $500. 私は500ドル以上借り越している / He couldn't make the payment, because his bank account was overdrawn. 彼の銀行口座は借越になっていたので, 支払うことができなかった

overdrawing account 当座借越勘定

overdrive vt (-drove; -driven) 酷使する
— n /-́-̀-̀/ 増速駆動装置; 過熱状態

go [shift] into overdrive 過熱する ► Production is going into overdrive now. 生産は今や過熱状態になっている / The economy has shifted into overdrive. 景気は過熱の段階に入っている

in overdrive 過熱して

overdue a 延着の; 延滞の; 期限を徒過している, 遅れている, 未払となっている ► This receivable is 30 days overdue. この売掛金は支払が30日遅れている / This list is overdue for updat-

overdue interest 延滞利息 🔲 In the event Buyer fails to make any payment under this Contract, Buyer shall pay overdue interest to Seller on any overdue amount from the due date until the date of Seller's actual receipt of full payment. 「買主」が本契約に基づく支払を怠ったときは,「買主」は,支払遅延額に対して支払期日から実際に「売主」が延滞額全額を受領した日までの延滞利息を「売主」に支払わなければならない

overestimate *vt* 過大評価する ▶ They overestimated his ability. 彼らは彼の能力を買いかぶっていた / The importance of originality cannot be overestimated in this industry. 独創性の重要性はこの産業では過大評価してもしすぎることはない
— *n* 過大評価

overestimation *n* 過大評価, 過大見積り ▶ The overestimation of customer demand left the company with a huge stockpile of the product. 顧客の需要を過大に評価したために, 製品の膨大な在庫が同社に残った

overexploitation *n* (天然資源の)過剰開発, 乱開発, (魚などの)乱獲 ▶ The government has set a ban in certain areas to stop the overexploitation of fish stocks. 魚群の乱獲を阻止するために, 政府は特定水域での操業禁止を定めている

overextend *vt* 過度に使用する, 無理をさせる

overextended *a* (資金, 能力などにおいて)無理をしている ▶ His company is obviously overextended financially. 彼の会社は明らかに資金繰りに無理をしている

overfish *v* 魚を乱獲する

over-fishing *n* 過剰漁獲, 乱獲 ▶ We need to avoid over-fishing and maintain fish stocks. 乱獲を避けて魚群を維持しなければならない

overflow *v* (~ed; -flown) 氾濫する[させる], あふれる(*into*); 満ちあふれる(*with*)
fill... to overflowing with あふれるほどの…で満たす
— *n* /´--/ 氾濫; あふれ出し, 流出; あふれ出た人員; 放水口, 流し口 ▶ The company plans to expand its operations to keep up with the overflow of demand. 需要の過剰に対応するために, 同社は事業の拡張を計画している

overfund *vt* ❶ 退職給付債務を上回る年金資金を積み立てる ❷ 事業に必要な限度を超えて資金を調達する
◇**overfunded** *a*

over-funding *n* ❶ (年金の)超過積立て(額) (⇔under-funding) [⊃年金資産の額が退職給付債務を上回っていること] ❷ 過剰な資金調達

overgrow (-grew; -grown) *vt* より大きくなり過ぎる
— *vi* 成長し過ぎる
◇**overgrown** *a* 育ち[太り]過ぎた

◇**overgrowth** *n* 過度の成長

overhang (-hung) *vt* に差し迫る, 暗雲となって脅かす
— *n* /´--/ 余剰, 供給過剰; (株の)だぶつき ▶ stock overhang 余剰在庫 / share overhang 頭が重い相場 [⊃大量の売りが待ち構えており株価の上昇余地がない状態]

overharvesting *n* 取り過ぎ, 乱獲

overhaul *vt* 徹底[精密]検査する; 整備する; 追い抜く ▶ The pension system needs to be overhauled. 年金制度は徹底的に見直されなければならない
— *n* /´--/ 分解修理; 吟味, 検討 ▶ The government has proposed an overhaul of the financial regulatory system. 政府は金融規制システムの徹底的見直しを提案している / We've just completed an overhaul of our website, which users will find much easier to navigate through. ユーザーの皆様が今までよりずっと使いやすいように, 当社のウェブサイトを見直して改良いたしました

overhead /óuvərhéd/ *ad* 頭上に[を]; 空高く; 階上に

— *a* /´--/ 頭上の; 高架の; 上空の; 一般的な; 諸経費の, 一切込みの ▶ It is necessary to cut overhead costs in order to increase profit margins. 利ざやを増大させるために諸経費を削減する必要がある

— *n* /´--/ (《英》通例 ~s) ❶ 経費 ▶ After paying monthly overhead, we barely broke even. 月々の経費を払ったあとは, かろうじて, 損益とんとんだった / We run an efficient operation with low overhead. 当社は経費の水準が低い, 効率のいい業務を行っている

❷ 間接費, 製造間接費 (=overhead cost, overhead expense, indirect cost, factory overhead) [⊃特定の製品に直接跡づけられない, 複数の製品の生産のために共通発生する間接原材料費, 間接労務費および間接経費] ▶ We need to reduce our overheads. 当社は間接費を削減する必要がある

❸ OHP用原稿, フィルム

overhead cost 経費, 製造間接費

overhead expense 経費, 製造間接費 ▶ We are looking for ways to use the Internet to reduce overhead expenses. 経費削減に向けインターネットを使えないかと研究中だ

overhead rate 【会計】製造間接費配賦率 [⊃製造間接費を製品に配賦する際の配賦基準1単位当たりの間接費額]

overheat *v* 過熱する ▶ Analysts feel that the economy may overheat. 景気は過熱するかもしれないとアナリストは感じている
— *n* 過熱
◇**overheated** *a* 過熱した, 熱が入り過ぎた

overheating *n* 過熱 ▶ risk of overheating in the housing market 住宅市場過熱の危険

overhype *vt* 《略式》実力以上に評価する, 大げ

over-invest v 過剰投資する ► He over-invested in the stock market and suffered during the crash. 彼は株式市場に過大に投資して,市場の崩壊から損失をこうむった

over-invested a 過剰投資状態にある ► The fund was over-invested in technology stocks. そのファンドはハイテク株に過剰投資していた

overinvestment n 過剰投資,過大投資 ► An overinvestment in mortgage-backed securities eventually caused the meltdown in the financial industry. 住宅ローン担保証券への過剰投資は最終的には金融業界の崩壊をもたらした

overissue n (債券などの) 過大発行 ► The central bank's overissue of money caused rampant inflation. 中央銀行による紙幣の乱発は激しいインフレを招いた
— vt 過大発行する

overkill n ❶ 過剰,やり過ぎ ❷ オーバーキル [➡金融の引締め過ぎ]

overladen a 荷を積み過ぎた;過重負担の

overland ad, a 陸路で[の] (=by land)

overlap v (-pp-) (他のものに) 重なる,重なり合う;部分的に一致する ► Work and personal life overlap. 仕事と個人の生活は重なり合っている
— n /ーーー/ 重なり;重複部分 ► He couldn't attend the meeting because of an overlap in scheduling. 予定が重なっていたので,彼はその会議に出席できなかった

overlay vt (-laid) かぶせる;上塗りする《with》
— n /ーーー/ ❶〖広告〗オーバーレイ [➡画面上を浮遊するネット広告] ❷〖コンピュータ〗オーバーレイ [➡動画表示のための負荷が高くなったときに OS がビデオカードに代行させ,ビデオカード上で描画領域を上書きしてディスプレー上に表示すること] ❸〖金融〗オーバーレイ [➡年金基金などが外貨建て資産の運用を外部に委託する場合,A 投資顧問に外国株式を,B 投資顧問に外国債券の運用を委託し,これを受けて A 社,B 社がおのおのの資金配分とともに為替リスク管理も行うのが一般だが,外国証券に投資するということは外国証券の売買と同時に外貨の売買でもあることに着目して,後者を切り離し,専門家にその部分 (為替リスク管理) だけを外注するという手法]

overlay portfolio オーバーレイ・ポートフォリオ [➡オーバーレイ戦略に従って,既存ポートフォリオ上の特定のリスク (たとえば為替変動リスク) を抜き出して管理するためのポートフォリオ]

overlay strategy オーバーレイ戦略 [➡オーバーレイによって外貨売買 (=為替リスク管理) を任された金融機関などが,為替投機によるリターンの向上を期してあえて為替リスクを取りにいったり,あるいはすでに為替リスクのあるポートフォリオにヘッジをかけたりすること]

overlend vi 過剰融資する

overlending n 過剰融資

overleverage vt レバレッジを高くし過ぎる,投資効率を増幅させるための借入を増やし過ぎる

overleveraged a レバレッジを高くし過ぎている,投資効率追求のための借入が過大な

overleveraging n 過大なレバレッジ

overload vt 荷[乗客]を積み過ぎる;負担をかけ過ぎる;能力[収容力]を超えて使用する;過負荷をかける《with》 ► Hackers write programs designed to overload a system with requests for information. ハッカーは情報を請求することによってシステムに過負荷をかけるように設計されたプログラムを書く
— n /ーーー/ 積み過ぎ;負担のかけ過ぎ;過負荷

overlook vt 見落とす;見逃す,大目に見る;見晴らす,見下ろす ► When drawing up the budget, they overlooked rising fuel costs. 予算を策定するときに,燃料コストの高騰を考慮に入れなかった / For years, we've overlooked the potential of the Internet. 何年間も,われわれはインターネットの可能性を無視してきた
— n 高所

overly /óuvərli/ ad 過度に (=too much) ► We should take caution not to be overly reliant on any one supplier. 一社の供給業者に過度に依存しないように注意すべきだ / No, the dollar is overly strong. いや,ドルが強過ぎるのです

overlying a (権利・担保などが) 低次 (順位) の ► overlying bond 低次抵当権付債券 / overlying mortgage 低次抵当権付担保

overman n /óuvərmən/ 職長
— vt /òuvərmǽn/ (-nn-) 人員を過剰に配置する
◇**overmanned** a 人員過剰の (=overstaffed)

overmanning n 人員過剰

overnight ad ❶ 一晩 ► stay overnight 一泊する ❷ 突然に;一晩で ► Bad credit history can't be fixed overnight. 悪い信用履歴を一夜のうちに直すことはできない / One innovative product allowed them to become famous overnight. 一つの革新的な製品によって彼らは一夜にして有名になった ❸ 前日比で ► fall [rise] overnight 前日比で安くなる[高くなる]
— a /ーーー/ ❶ 突然の ► an overnight success 突然の成功 ❷ 翌日物の;取引終了後の ► an overnight repo 翌日物レポ / The key overnight rate is expected to reach 6.5% by mid-year. 基準となるオーバーナイト金利は年央までに 6.5% に達すると予想される ❸ 夜間の,一晩かかる ► an overnight flight 夜行便 / an overnight train 夜行列車 / an overnight boat ride 夜の船便
— vt 翌日配達で送る ► We can overnight this letter to your office. この手紙を翌日配達であなたの会社に送ることができます

overnight delivery 翌日配送

overnight letter (米) 翌日配達郵便

overnight interest rates 短期金利 [➡正確には短期金融市場における翌日物金利のことだが,この金利は短期金利の代表的存在であり,通常,経済記事で overnight interest rates とあれば,「短期金利」のことを指す] ► Federal Reserve policymakers raised their target for overnight interest rates by a quarter-percentage point to 5.5 percent. FRB(連邦準備理事会)の金融政策決定機関は、短期金利の誘導目標を0.25%引き上げ、5.5%とした

overnight loan (コール取引の)翌日物ローン[○金融機関同士が資金を貸し借りする市場における、翌日の取引開始時に期限が到来する貸金]

over-optimistic a 過度に楽観的な

overpackaged a 過剰包装された ► We should refuse to buy overpackaged goods. 過剰包装の品物は買わないようにするべきだ

overpaid a (人・仕事が)過分に支払われた ► You can claim back the overpaid taxes. 払い過ぎた税金は返還を求めることができる / Company executives are grossly overpaid in the U.S. 米国では会社の経営者は途方もない高給を取っている

overpass n 陸橋、跨(こ)線橋
— vt /-́-/ 越える; 上回る; 見落とす; 無視する ► The board overpassed him when promotions were awarded. 委員会は彼の昇進を見送った

overpay vt (-paid) 余分に払う (for) ► Many people believe that America's top executives are overpaid. 多くの人は米国のトップ経営者の報酬が多過ぎると考えている

overpayment n 過剰支払 ► I expect to receive a refund from the IRS for the overpayment of my income tax. 所得税の払過ぎに対して国税庁から払戻しを受ける予定だ

overpeopled a 人口過剰の

overperform vt オーバーパフォームする[○資産運用の成果が、基準とされている一定の指数などの尺度を上回ること] ► overperform the benchmark ベンチマークを上回る運用成績を上げる

overplus n 過剰、余分

overprice vt 相場を超える、価格をつける、価格を高めに設定する

overpriced a 値段がばか高い、高価すぎる ► This perfume is terribly overpriced. この香水はものすごくばか高い

overprint vt 刷り重ねる、重ね刷りをする (with, on)
— n 重ね刷り

overproduce vt 過剰に生産する ► These cars have been overproduced this year. これらの車は今年生産過剰になっている

overproducer n 過剰生産者、生産枠を遵守しない業者

overproduction n 生産過剰; 過剰生産 ► When there is overproduction in a particular commodity, prices can fall dramatically. 特定の商品の過剰生産があると値段は劇的に下がる

overqualified a (特定の分野に)熟達し過ぎた; 必要以上の資格を持った ► Overqualified people don't stay in the job too long. 資格があり過ぎる人たちはその仕事に長くとどまらない

overrate vt 高く見積もり過ぎる、過大評価する ► I think the stock is overrated, so its price is bound to drop. 私の考えでは、その銘柄は過大に評価されているので、価格は下がるはずだ

overreach v やり過ぎる; 出し抜く; 広がる; 行き渡る

overreach oneself (人が)策におぼれる; (人が)無理をして駄目になる ► The executive has overreached himself financially. その役員は資金面で無理をし過ぎて自滅した

overreact vi 過剰反応する (to) ► In this climate, investors tend to overreact to fluctuations in the stock market. この環境では、投資家は株式市場の上下動に過剰反応しがちだ / The market has overreacted to the news. 市場はこの知らせに過剰反応した
◇**overreaction** n

over-report vt 過大表示する、過大申告する ► Some people under-report their income and over-report their expense. 一部の人は所得を過小申告し、費用を過大申告する

override vt (-rode;-ridden) ❶ 覆す、しりぞける ❷ 優先する、優越する ► Customer satisfaction overrides all other considerations. 顧客満足は他のどんな事項にも優先する ❸ (自動機器を)解除する ► override the computer control コンピュータ制御を解除する

overriding a 最優先の

overriding commission オーバーライド・コミッション[○①目標販売額を達成した旅行代理店に支払う販売報償費 ②歩合制営業員を統括している者に支払う、グループの売上に連動するコミッション]

overrule vt ❶ (権限で)発言を抑える; 無効にする ❷ 【法律】(1) (先例を)覆す (2) (申立て・異議を)却下する ► Objection overruled! 異議却下

overrun vt (-ran; ~;-nn-) (時間・費用が)予定よりもかかる ► The meeting overran by four hours. その会議は予定よりも4時間長くかかった / Costs overran the budget by 30%. コストが予算よりも30%多くかかった

overrun its time 時間を超過する
— n /-́-/ 超過; 走り越えること、予定を上回る部分

overseas, (英) **oversea** /óuvərsíː(z)/ ad 海外[外国]に ► buy something overseas 海外で買付をする / shift production capacity overseas 海外に生産拠点を移転する / He worked overseas for five years. 彼は海外で5年間勤務した / They are aggressively investing overseas. 彼らは積極的に海外投資をしている / The company is trying to expand its business overseas. 同社は事業を海外に拡大しようと努力している / Many S&P 500 companies get more than 45% of their sales overseas. スタンダード＆プアーズ500に属する会社の多くは、売上高の45%以上を海外で得ている / Businesses are benefiting from strong demand overseas. 企業は海外の堅調な需要から利益を得ている

from overseas 海外から
travel overseas 海外旅行をする

― *a* /ˊːˊ/ 外国行き[向け]の; 海外にある; 外国(から)の ► The economy is shrinking rapidly because of its dependence on overseas consumer demand. 海外の消費者需要に依存してきたので, 経済は急速に縮小しつつある

overseas agent 海外代理店, 海外エージェント ► We're looking for an overseas agent to sell our products in that country. その国で当社の製品を販売してくれる海外代理店を探している

overseas aid 海外援助

overseas assignment 海外勤務 ► She was given an overseas assignment to work in China for two years. 彼女は中国での2年間の海外勤務を命じられた / My father is on an overseas assignment and will not return until next year. 父は海外勤務で, 来年まで帰って来ない / I'm reluctant to take on an overseas assignment. 海外勤務に就くのは気が進まない / She has never had an overseas assignment. 彼女はこれまで海外勤務をしたことがない

overseas Chinese 華僑, 華商 [⇨中国の領域外に住む中国人を意味し, 特に国際的ネットワークを生かした商業的役割が注目を集める]

overseas company 在外会社

overseas demand 海外需要 ► We are heavily dependent on overseas demand. 当社は海外需要に大きく依存している / Overseas demand for machine tools is declining. 工作機械に対する海外需要は減少している

overseas expansion 海外進出 ► The company's overseas expansion was prompted by the saturation of its home market. 同社の海外進出は国内市場の飽和状態によって促進された

overseas fund 海外ファンド (=international fund)

overseas investment 海外投資 ► We expect to recoup our overseas investment in as little as five years. 海外投資を5年という短期間で引き上げることを当社は予定している

overseas operations 海外業務 ► withdraw from overseas operations 海外業務から撤退する / Overseas operations have been key to our expansion. 海外事業は当社の発展の鍵を握ってきた

overseas production 海外生産 ► We plan to boost our overseas production by 40 percent from 2008 levels to five million units. 当社は海外生産を2008年の水準に対して40%増となる500万台にまで増やす予定だ

overseas sales 海外売上 ► Our overseas sales represent about 40% of total sales. 当社の海外売上は総売上の約40%を占めている / As far as overseas sales are concerned, we've seen a 5% rise. 海外売上高に関して言えば, 当社は5% の伸びを経験した

overseas trade 海外取引 ► engaged in overseas trade 海外取引に携わっている

oversee *vt* (**-saw**; **-seen**) (人・仕事などを)監督する; 統括する ► He oversaw the project from beginning to end. 彼は最初から最後までそのプロジェクトの面倒を見た / The government agency oversees chemical factories. 政府機関が化学工場を監視する

◇**overseer** *n* 監督

oversell *vt* (**-sold**) 売り過ぎる; 《略式》吹聴し過ぎる, 強引に売り込む ► Tourism in the national park is oversold. その国立公園の観光は売込み過剰だ

overselling *n* ❶誇大宣伝による販売 ❷オーバーセル, オーバーブッキング [⇨キャンセルなどを見越して予約を取り過ぎること] ► The recent financial turmoil was caused by the overselling of stocks. 最近の金融混乱は株の売り過ぎが原因だった

overshoot *vt* (**-shot**) 上限を超える, 予想を上回る ► We overshot the budget by USD 1 million. 予算を100万ドル上回ってしまった / The lab has overshot its cash limit. その研究所は現金支出の限度を超過した

overshoot oneself / overshoot the mark やり過ぎる, 策におぼれる

overshooting *n* 目標値を上回ること, 所定の上限を突破すること ► prevent an overshooting of the inflation target 物価上昇の目標値を上回ることを防ぐ

oversight *n* 見過ごし, 落ち度; 監視 ► These faulty products were shipped due to an oversight in the inspection department. これらの欠陥商品は検査部の落ち度で出荷された

by [*through*] *an oversight* 落ち度[見過ごし]によって

oversight board 監督[監視]委員会

oversize *a* 特大の, 大き過ぎる

― *n* /ˊːˊ/ 特大の品; 特大型

◇**oversized** *a*

oversold *a* 売りで不当に安くなった; 過剰売りの, 売られ過ぎの ► Many passengers could not board the plane because of the oversold flight. その便を売り過ぎたので, 多くの乗客は航空機に搭乗できなかった

overspend *v* (**-spent**) 費用をかけ過ぎる, 目標より多く使う ► We overspent (our budget) by $500,000. 当社は50万ドル予算超過した

overspending *n* 費用のかけ過ぎ

overstaffed *a* 人員(スタッフ)過剰の

overstaffing *n* 人員過剰 ► The airline is weighed down by heavy costs and overstaffing. その航空会社は過大な費用と過剰な人員によって悩まされている

overstate *vt* 誇張して話す; 過大表示をする; 過大計上する, 過大評価する ► The publicity department overstated the success of the product's release. 広報部はその製品の発売の成功を大げさに取り上げ過ぎた

overstatement *n* 過大表示 [⇨財務諸表において資産, 費用などの項目の金額を過大に表示すること]

overstay vt ❶(略式)(売り惜しんで)売りの時期を失する ❷ビザの期限を超えて滞在する ◇**overstayer** n

overstock vt 供給[在庫]過剰にする ► The store is overstocked with old-fashioned footwear. 店は流行遅れのはき物で在庫過剰だ ― n /⌐⌐/ 供給[在庫]過剰

overstocking n 過剰在庫 (=excess inventory)

overstretch vt 無理をする, 背のびする ► We've already overstretched the budget as it is. われわれはすでに予算を無理してやりくりしているのが現状だ

overstretched a 無理をしている ► The overstretched brand lost its original high-end appeal. そのブランドはやたらと使い過ぎたので元来の高級なイメージを失った

oversubscribe vt (証券発行時に)募集額[定員]以上に申し込む

oversubscribed a (証券発行時における)応募超過の

oversubscription n 応募超過 [⊃証券発行に際して発行総額より応募総額の方が多いこと]

oversubscription allowance [option] 追加発行オプション [⊃証券発行に際して応募総額が発行総額を上回った場合に発行会社が発行総額を増やせる選択権]

oversupply n /⌐⌐/ 供給過剰; vt /⌐⌐/ 供給しすぎる ► The high rate of foreclosures and weak demand have led to an oversupply of house on the market. 高率の抵当流れと需要の減少は市場における住宅の供給過多をもたらしている

overtake vt (-took; -taken) に追いつく; (不幸などが)突然襲いかかる; に取って代わる ► be overtaken by [with] fear ふと怖くなる / We've overtaken our main competitor in market share. 当社は市場シェアで主要な競合他社を追い抜いた

overtask vt 無理な仕事をさせる, 酷使する

overtax vt に過重に課税する; に過度の負担をかける ► This country is overtaxed. この国民は重税に苦しんでいる / Books should not be overtaxed. 本には過剰な税金をかけてはならない

over-the-counter a ❶(薬が)処方箋なしで買える (OTC) ► over-the-counter medicine 店頭薬品 ❷(証券が)店頭取引[売買]の (OTC)

over-the-counter dealing =over-the-counter trading

over-the-counter drug 大衆薬 (=nonprescription drug) [⊃処方箋がなくても薬局で購入できる薬品]

over-the-counter market 店頭市場 [⊃証券取引所ではなく, 証券会社を通じて証券が売買される市場. 市場参加者が電話やコンピュータで取引を行う] ► The over-the-counter market will be hugely impacted by the new government regulations. 店頭取引市場は新しい政府規制によって大きな打撃を受けるだろう

over-the-counter option 店頭オプション [⊃私人間で, 相対取引を通じて売買されるもので, 上場オプションと異なり取引単位, 決済日などが定型化されていない]

over-the-counter sale (証券の)店頭販売, 店頭売買

over-the-counter stock 店頭株, 店頭銘柄 [⊃証券会社を構成員とする売買ネットワークである店頭市場で取引される証券. 取引所の上場銘柄に比べ, 審査基準並びに監督が緩く, その分, リスクも高い]

over-the-counter trading 店頭取引, 店頭売買 [⊃取引所外での証券会社間のネットワークを通じて行われる個別の証券取引]

overtime /óuvərtàim/ n 時間外手当, 残業時間[手当] ► be on overtime 残業している / I did twenty hours of overtime this week. 今週は20時間の残業をした
― a, ad 時間外の[に] ► work overtime 残業する; (略式)活発に活動する

overtime allowance [pay, payment, premium] 時間外手当, 残業手当 ► White collar employees who earn more than $100,000 a year are automatically exempt from overtime pay. 年収が10万ドルを超える事務職は自動的に時間外手当の適用除外となる / Overtime pay is usually 1.5 to 2 times the regular hourly wage. 時間外手当は通常の時間給の1.5から2倍だ

overtime work 超過勤務, 残業 ► Nobody wants to do overtime work, but it's necessary once in a while. 誰も残業したくないが, 残業が必要なときもある

overtrade vi ❶資金不足のまま営業する, 過大取引をする ❷過剰生産する [⊃販売能力を超えて生産すること]

overtrading n オーバートレーディング [⊃(1)新規公開株を買ってもらう代わりに証券会社が相場よりも高めの値段で客の株を買い取ること (2)売買手数料を稼ぐため, むやみに客に売買を繰り返させること(回転売買)]

overturn vt (決定などを)覆す ► The appeals court overturned the lower court's ruling in the antitrust case. 上訴裁判所は反トラスト訴訟事件での下級裁判所の決定を覆した ― n /⌐⌐/ 転覆

overuse n, vt 使い過ぎ(る) ► The machine eventually broke down from overuse. その機械は, 結局, 使い過ぎで故障した

overvaluation n 過大評価

overvalue vt 過大評価する ► High expectations caused the stocks to be overvalued. 大きな期待は株式の過大評価をもたらした / This company is far too overvalued in the stock market. この会社は株式市場であまりにも過大に評価されている

overvalued a 割高の [⊃株価収益率や業績見通しなどの尺度に照らし, 実力以上の人気で, いずれ下落すると見られる相場商品について言う]

► be overvalued against に対して割高である

overview n 概観, 大要 《of》 ► In my presentation, I'll give you an overview of our business operations. 私のプレゼンテーションでは, 当社の事業活動の概要を説明いたします

overweight n ❶ 超過重量 ❷ 〖証券〗オーバーウェイト (⇔underweight) [◆(1) ポートフォリオの中で, 特定の銘柄の占める比重が所定の割合に比べて大きい状態。(2) 証券アナリストの推奨用語で, 特定の銘柄について市場平均をやや上回る収益率が期待できるというアナリストの意見を示す符号。業者によって定義は異なるが, buy(買い)と hold(中立)の中間と考えてよい]

— a /-́-̀/ 重量超過の ► My baggage was overweight and I had to pay extra. 私の手荷物は重量超過で私は割増を払わなければならなかった / You have to pay a surcharge for overweight baggage. 重量超過の手荷物については追加料金を支払わねばならない

— vt /-̀-́/ に荷を積み過ぎる; 負担をかけ過ぎる; (株を)オーバーウェイトにする ► Many investors are considering whether to overweight the US. 多くの投資家は米国株の比重を増やすべきか否か考慮中だ

overwhelm vt 圧倒する 《by》; 参らせる, 感じわまらせる 《with》 ► The pressures of being a CEO eventually overwhelmed him. 最高経営責任者であることの重圧が最後には彼を押しつぶした / I began to feel overwhelmed by work. 私は仕事ですっかり参ったと感じ始めた

◇**overwhelming** a 圧倒的な, 抗し難い ► by an overwhelming majority 圧倒的多数で
◇**overwhelmingly** ad

overwork vt (~ed, 《古》-wrought) 過度に働かせる, 酷使する (❖~ oneselfとも)

— vi 働き過ぎる
— n /-́-̀/ 働き過ぎ; 余分の仕事 ► I'm completely knocked out from overwork. 働き過ぎでくたくただ / They were made ill by overwork. 彼らは過労で病気になった / Some people die from overwork. 過労死する人もいる / She became stressed out because of overwork. 彼女は過労で疲れきっていた

overworked a 働き過ぎの, 過重労働になっている ► She is obviously overworked. 彼女は明らかに働き過ぎだ

overwrite v ❶ (ファイル上に)上書きする ❷ 保険料の許す制限を超える危険を引き受ける

owe /ou/ vt 借りている 《to, for》; 恩恵を受けている 《to》 ► I owe you $50. / I owe $50 to you. (❖略記でIOU $50とする。⇨IOU) きみに50ドルの借りがある / I owe you an apology. あなたに謝らなければなりません / I owe two thousand dollars on my car. 車の借金が2,000ドルある / He owes his promotion to good luck. 彼の昇進は ついていたからだ / You owe me an explanation. ひとこと説明があってしかるべきだ / The company owes a mountain of debt. 同社は山のような債務を負っている / They owe me money. 彼らは私に金を借りている / The company owes $6,000 in tax. It owes $8,000 to suppliers. 会社は税金6,000ドルを払うことになっている。また納入業者に8,000ドルが未払いだ / I owe my success to my job training. 私の成功は職業訓練のおかげだ

— vi 借りがある 《for》 ► She still owes for her new coat. 新調のコート代をまだ払っていない

owe a lot to / *owe ... a lot* 大いに…のおかげになっている ► Our company owes a lot to its dedicated employees. わが社は献身的な従業員に多くを負っている

owe it to oneself to do …するのが自分の義務である

owe it to ... that のは…のおかげだ

owing /óuiŋ/ a 借りている, 未払の, に対して支払うべき ► We have $1,000 owing on our new car. 私たちの新車はまだ1,000ドル払いが残っている / Ownership of the goods will be transferred to buyer when all monies owing to the seller have been paid. 商品の所有権は売主に支払うべき全員が支払われたときに買主に移転する

owing to のせいで; のゆえに; に帰せられるべき ► Owing to the spending freeze, they had to put all new projects on hold. 支出凍結のために, 新規のプロジェクトはすべて延期せざるを得なかった

own /oun/ a 自分自身の; 独特の, 独自の; (名詞的) 自分のもの, 独自の状態; (血縁関係を表して)実の, 血を分けた ► a proposal of my own ほかならぬ私の提案 / I am my own boss. 私は自営業だ (=I am self-employed.) / He could have taken over the family business, but he was determined to set up a company of his own. 家業を継ぐこともできたが, 彼は自分自身の会社を設立する決意を固めていた / My job is very flexible because I can set my own hours. 私の仕事は, 自分の時間を自分で設定できるので, とても融通が利く / He finally realized his dream of launching his own business. 自分自身の事業を起こすという夢を彼はようやく実現した

be one's own man [woman] 自分自身の意志を持っている

come into one's own 本来権利を持つものを手に入れる; 正当の地位[名声]を獲得する

get [have] one's own back on a person 《略式》 (人に)仕返しをする

hold one's own 自分の立場を守る; 屈しない 《against》

(all) on one's own 一人で; (経済的に)独立して, 独力で ► I like working on my own. 私は一人で[独立して]働くことが好きだ / The company will match dollar for dollar all the money that you put aside on your own for retirement. 会社はあなたが退職に備えて自分自身で拠出した金額とまったく同じ額を拠出する

— vt 所有する; (罪・誤りなどを)認める, 告白する ► a state-owned enterprise 国有企業 / a privately-owned company 株式非公開の会社 / a

wholly-owned subsidiary 全額出資の子会社 / An institutional investor who owns 5% of the company has demanded that the chairman resign because of conflicts of interest. 同社の5%を所有する機関投資家が,利益抵触の理由で会長の辞任を要求した / The company owns several restaurant chains. 同社はいくつかのレストランチェーンを所有している
— *vi* 認める(*to*); 白状する ► own to having told a lie うそをついたと白状する

as if [like] one owns the place 《略式》わが物顔に

own bill 自己引受手形

own-brand *a* 自社ブランドの(✣《米》ではよく store brand と言う) ► It is an own-brand product with the company's own name on it. それは会社の名前が書かれた自社ブランド製品だ

-owned「所有の」[⇨ Japanese-owned company](日系企業)という形で所有者を表す]

owned capital /ound/ 自己資本 [⇨ 資産から負債を控除した金額]

owner /óunər/ *n* ❶ 所有者, 持ち主 ► The owner decided to sell the restaurant. 所有者はそのレストランを売却することに決めた ❷【法律】(1) 所有権者 (2) 権利者 ► an owner of leasehold 不動産賃借権者 ❸【商業】荷主, 船主; 施主, 発注者

owner-manager *n* オーナー経営者, 所有経営者

owner-occupied *a* 家の所有者自身が住んでいる

owner-occupier *n*《英》持ち家の人

owner of record 株主名簿上の株主, 名簿書換済みの株主

owner-operated *a* オーナー経営の

owner-operator *n* 自営業者

owner's agent 船主代理店 [⇨ 原義は「所有者の代理人」だが, 貿易取引に関する英文中に出てきた場合にはこの意味で使われていることが多い]

owners' equity 自己資本, 株主資本, 出資者持分 (=owners' interest, equity capital) [⇨ 企業の資産から負債を除いた純資産に相当する持分であり, 出資者の出資額と内部に留保されている利益を合計した額] ► Net income increases owner's equity. 純利益は自己資本の増加をもたらす

owner's equity to total assets 自己資本比率

ownership /óunərʃip/ *n* 所有者であること, 所有権, (物や権利の) 所有 (=ownership interest, ownership rights) [⇨ 資産を所有し, その資産から便益を享受できる権利] ► media ownership concentration メディア所有の集中化 / According to a recent survey, **cellphone ownership** has now surpassed landline usage. 最近のある調査によると, 携帯の所有比率が固定電話のそれを上回っている / The company is considering taking **full ownership** of its 50-50 subsidiary. 会社は折半出資の子会社を全額出資子会社にすることを考えている / The local convenience store is **under new ownership**. 近所のコンビニの経営者が変わった / We agreed that **ownership of the goods** will pass to the buyer upon payment of the price to the seller. 代金が売主に支払われた段階で, 品物の所有権が買主に移転する旨合意した / The company **has changed ownership** three times over the past two years. この会社はここ2年で3回, オーナーが変わっている

ownership in common 共同所有(権)

ownership interest 持分権, 所有主持分 ► buy out the ownership interest of a retiring partner 引退する共同経営者の所有者持分を買い取る

ownership rights 所有権

owner's policy 所有者用証券 [⇨ 購入した不動産に問題があった場合の買主の損失をカバーする権原保険契約において, 買主(所有者)の利益を守るための保険契約]

own-label *a*《米》=own-brand ► offer own-label products 自社ブランドの製品を出す

own-price elasticity =elasticity of demand

Oxfam, OXFAM《英》オックスファム [⇨ Oxford を本部に1942年発足した慈善団体.《米》では Goodwill が代表的]

Oxford University Press オックスフォード大学出版局 (OUP) [⇨ 英国オックスフォード大学の出版部門]

Oxygizer《商標》オキシジャイザー [⇨ 酸素を加えた米国のミネラルウォーター]

oz. (~, **ozs.**) ounce(s) (✣ -z は古い省略記号)

ozone /óuzoun/ *n* オゾン; 新鮮でさわやかな空気 [<独 *Ozon*]

◇**ozoniferous** /òuzəníferəs/ *a* オゾンを含む

ozone depletion【環境】オゾン層の破壊

ozone-friendly *a* オゾン層を破壊しない

ozone hole オゾンホール

ozone layer オゾン層

ozonosphere /ouzóunəsfìər/ *n* オゾン層

P, p

p ❶ penny; pence; page ❷ pの文字 ▶ the four Ps 4つのp [➡ product, price, place, promotion]

PA¹, Pa. Pennsylvania

PA² personal assistant;《英》Press Association; public-address system

p. a. per annum

P. A. particular average

Pablum《商標》パブラム [➡ 幼児用のシリアルの一種]

PAC political action committee

pace /peɪs/ *n* ペース, 進み具合 ▶ The workers need to pick up the pace, or else production will fall behind schedule. 作業員はペースを上げる必要がある, そうでないと, 生産が予定より遅れてしまう / The US auto industry is on pace to sell 12 million car this year. 米国の自動車業界は今年は1,200万台のペースで車を販売している / The pace of deterioration in manufacturing and service sectors is slowing down. 製造部門とサービス部門では悪化のペースは減速しつつある / The pace of the economy slowed to a near halt. その国の経済成長率は減速してほとんど停止状態になっている / Household spending increased at the quickest pace in more than three years in January. 家計支出は1月には3年余りでもっとも速い速度で増大した

at a good pace いいペースで, かなりの速度で ▶ The project is moving along at a good pace. そのプロジェクトはいいペースで進んでいる

force the pace 無理に急がせる

keep pace with と足並みをそろえる ▶ It's hard to keep pace with today's changing technology. 現代の技術の変化についていくのは難しい

put a person through his paces (人の)能力[技量]を試す

set the pace (先頭で)歩調を定める; 模範を示す

show one's paces 力量を見せる

— *vt* ペースをとる, 決める, 見計らう ▶ It's a time-consuming project, so pace yourself. 時間のかかるプロジェクトだから自分でペースを見計らう必要がある

pacesetter *n* 業界のリード役, マーケットリーダー [➡ 次々新機軸や新製品を打ち出し, 競争相手が追いつけないような企業]

Pacific Community 太平洋共同体 (PC) [➡ 南太平洋諸国を中心とする国際組織]

Pacific Economic Cooperation Conference (the ~) 太平洋経済協力会議 (PECC) [➡ 域内経済協力の推進を目的とし, 環太平洋地域の経済人・学者・政府代表によって構成される. 1980年設立]

Pacific Islands Forum 太平洋諸島フォーラム (PIF) [➡ 太平洋に位置するオーストラリア, ニュージーランド, フィジーを始め16か国・地域が加盟する国際協力組織. 1971年に創立の南太平洋フォーラム (SPF) が, 2000年に名称変更になったもの]

Pacific power 太平洋国家 [➡ 1980年代以降のアジア太平洋地域の目覚ましい発展を背景に, 同地域の国家としての自覚を示した言葉]

Pacific Regional Trade Agreement 太平洋地域自由貿易協定 (PARTA) [➡ 1999年, 太平洋諸島フォーラム (PIF) 加盟国の中の数か国によって設立された自由貿易圏]

Pacific Rim [Basin] 環太平洋地域

Pacific Rim Community (the ~) 環太平洋共同体 [➡ 太平洋を取り巻く国々からなる経済圏の活性化を目指そうとする構想の中で用いられる. 1989年にオーストラリアのホーク首相の提案で設立されたアジア太平洋経済協力会議 (APEC) がその構想の中心になる]

pacify /pǽsəfàɪ/ *vt* 平和にする; なだめる ▶ His open letter to the newspaper failed to pacify his critics. 新聞への公開状は彼に批判的な人たちをなだめることができなかった

pack /pæk/ *n* パック, パッケージ ▶ a 6 pack 6個入りパック / a blister pack ブリスター包装, バブル包装 [➡ 商品の形に合わせて透明プラスチックで密封する包装. bubble pack とも言う] / a display pack ディスプレー・パック (✤ 展示用の包装) / a gift pack 贈答用パック

— *vt* 包む, 包装[荷造り]する, 詰める, 箱詰めする ▶ pack and ship on order 注文の品を荷造りして発送する / pack the containers into a box 容器を箱に詰める / pack the goods in bubble wrap 気泡緩衝材で商品を包装する

pack a punch [wallop] (宣伝などが)インパクトがある

pack in をやめる;《略式》(人を)引きつける, 客を満員にする

pack it (all) in《略式》あきらめる, やめる ▶ I'm going to pack it in. See you tomorrow. もう今日の仕事は終わりにするよ. 明日また会おう

pack off を追い出す

pack one's bags 荷物をまとめる ▶ Have you packed your bags for tomorrow's trip? 明日の旅行の支度は終わったの?

pack up やめる; 動かなくなる; (命令)黙れ ▶ Well, I'm going to pack up now. これで今日の仕事はやめよう

send a person packing《略式》(人を)即座に解雇する[追い払う] ▶ His guilt was proved and they sent him packing. 有罪が立証されたので彼を即座に解雇した

package /pǽkɪdʒ/ *n* ❶ 小包 ❷ 外箱, 容器, 入れ物 ▶ instructions on the package 箱に書いてある「使い方」 ❸ 関係するもの一式, パッケージ ▶ a benefits package 諸手当 / a com-

pensation package 給与・休暇などの待遇 / a severance package 退職金などの退職時の条件 / put together a package of remedial measures 一連の是正措置を取りまとめる
— *a* 一括[一まとめ]の; パックの, セットの
— *vt* 包装する; 荷造りする, 梱包する ► He packaged a diverse set of investments into one. 一連の多様な投資を彼は一つのパッケージにまとめた 例 Goods shall be packaged for shipment and delivery to BUYER in accordance with the customary practices of SELLER. 当該商品は,「売主」の慣行に従い, 船積用に梱包され,「買主」に引き渡されるものとする
◇**packager** *n* 荷造り[包装]業者

package contract 一括受注契約
package cost 包装費 (=packing and wrapping expense, packing cost) [⇨物品の輸送や保管のために, 包装するための諸費用]
package deal パッケージ・ディール [⇨諸条件が一体化しており, 全体として受諾するか否かしかない取引形態]
package goods =package goods
package(d) insurance [plan] 総合保険, パッケージ保険 (=《米》blanket insurance, 《英》umbrella cover)
package(d) policy =package(d) insurance [plan]
packaged software【コンピュータ】パッケージソフト [⇨会計などある分野に必要な機能をひとまとめにしてあるソフト]
package goods パッケージ入り商品, 箱詰め商品
package license パッケージライセンス, 包括ライセンス [⇨特許ポートフォリオまたは一括された特許に基づくライセンス]
package price 諸経費込みの価格,「こみこみ価格」
package tour [holiday] パック旅行

packaging
/pækidʒiŋ/ *n* ❶ 包装・梱包資材 ► bubble-wrap packaging 気泡包装材 / recyclable packaging リサイクルできる包装材 ❷ 包装・梱包作業 ► outsource packaging 梱包作業を外注する / packaging equipment 梱包用機器

packaging material 包装材料
packed /pækt/ *a* いっぱい詰まった
packer /pækər/ *n* 食品缶[箱]詰め業者
packet /pækit/ *n* ❶ 小さな束[包み]; ひと塊; 定期船 (=packet boat);《英略式》多額の金;《英略式》不幸, 災難 ► It cost me a packet to have it printed. それを印刷してもらうのに相当金がかかった ❷【コンピュータ】パケット [⇨データの伝送単位]
buy [catch, cop, get, stop] a packet 不慮の災難にあう
packing /pækiŋ/ *n* 荷造り[包装](材料); 食品包装; 詰め物 ► labels for packing 包装ラベル
packing plant 包装工場
packing station 包装工場
packing shot 商品画像

Pac-Man 《商標》パックマン [⇨テレビゲームの一種]
Pac-Man defense パックマン・ディフェンス, 逆買収 [⇨乗っ取り防衛策の一つで, 買収の標的となった会社が買収を仕掛けている会社に逆に買収を仕掛ける方法. 電子ビデオゲームの名前から]
PACS Le pacte civil de solidarité 連帯市民協定, パックス [⇨内縁関係の男女や同性愛者に, 社会保障や相続などの権利を認めたフランスの法律. 1999年発布] [＜仏]
pact /pækt/ *n* 約束で; (国家間の)協定 ► sign a pact with them 彼らとの契約に署名する
pacy /péisi/ *a* (pacier; paciest) 《英略式》速い
pad /pæd/ *n* メモ用紙のたば
— *vt* (**-dd-**) 当てて[詰め]物をする (*out*); (文章を)引き延ばす (*out*); 水増しする ► Some say the company has padded its earnings by about 9 billion yen. 一部には同社が90億円前後水増ししていると見る向きがある
padded envelope クッション封筒, 緩衝材入り封筒 (= 《米》Jiffy envelope)
padding /pædiŋ/ *n* 詰め物; 埋めくさ; (数字を大きくするための)水増し
padding of accounts 粉飾決算
paddy /pædi/ *n* 水田; 米; 籾(もみ), 稲
paddy field 田; 水田 [⇨かんがい設備を有し, 淡水を必要とする作物を栽培することを常態とする耕地]
padlock /pædlɑk/ *n, vt* 南京錠(をかける); (工場, 店, 施設などを)立入禁止にする
page¹ /peidʒ/ *n* ページ (p); (印刷物の)一枚; 《~s》記録 ► business pages (新聞の)経済面 / the front page (新聞の)1面 / make page one 1面に載る / You should keep your résumé to one page. 履歴書は1ページにとどめておくべきだ
page² /peidʒ/ *n* 呼び出し [⇨館内放送などで人を呼び出すこと]
— *vt* (名を呼んで)捜す ► Paging ... …さんはおられませんか
page break 改ページ ► insert a page break 改ページを入れる
page impression =page view
PageMaker 《商標》ページメーカー [⇨アドビ社のDTPソフト]
pager /péidʒər/ *n* ポケットベル (=beeper)
page traffic ウェブサイトのアクセス数
page view【コンピュータ】ページ閲覧, ページビュー [⇨ウェブサイトの訪問者が閲覧したページ数] (✦hitとも言う)

paid
/peid/ *v* pay の過去・過去分詞
— *a* 有給の; (現金で)支払われた; 支払済みの; 雇われた; コマーシャルの, 有料放送の

paid annual leave 年次有給休暇
paid check 支払済小切手
paid holiday 《英》有給休暇
paid-in capital 払込資本 (=paid-up capital, paid-up share capital) [⇨株主により払い込まれた資本] ► describe changes in paid-in capital during the period 期間中の払込資本

の変動を記述する / A proposal has been put forward to raise the paid-in capital of the holding company to $1.5 billion. 持株会社の払込資本を15億ドルに引き上げるために一つの提案が出された

paid-in surplus 払込剰余金 [⊃株主の払込資本の中で,資本金に組み込まれなかった額]
paid leave 有給休暇
paid-up capital 《英》払込済資本
paid-up license 一括払い[前払い]ライセンス [⊃ロイヤルティが全額前払いされ, 経常実施料が発生しないライセンス]
paid-up royalty 一括払ロイヤルティー
paid-up share 払込済株式 [⊃発行時に発行価格が全額払い込まれている株式(国によっては全額払込を要しない)]
paid-up share capital 払込済資本
paid vacation 有給休暇
pain /pein/ n 苦しみ; 痛み; (~s)骨折り, 苦労; 面倒なこと[人] ► aches and pains さまざまな痛み / High-risk stock investors felt the most pain from the financial crisis. リスクの高い株に投資している人は金融危機から大きな痛みを感じた

be at pains to do …しようと骨折る
for one's pains 骨折りがいもなく
give a person a pain (人を)苦しめる[困らせる]
go to great pains 非常に骨を折る 《to do》 ► He went to great pains to clear up the misunderstanding. 誤解を解くのに彼は大変な苦労をした
in (great) pain (とても)苦しんで, 痛がって
on [upon, under] pain of (しなければ)…の刑にするとおどして(命じる)
take pains to do 骨を折って…する
— vt 痛みを与える; 苦しめる
◇**pained** a 痛がっている; 立腹した

painful /péinfəl/ a 痛い; 苦しい, つらい ► No one wants to go through the painful experience of losing a job. 誰も失業などというつらい経験をしたくはない / Consumers are feeling the painful effects of the global economic downturn. 消費者は世界的な景気低迷から痛みを伴う結果を感じつつある / Cuts in our budget are bound to be painful, but we can weather them. 予算の削減は確かに痛みを伴うが, なんとか切り抜けることはできる
◇**painfully** ad 痛々しく; 苦労して
◇**painfulness** n
◇**painless** a 痛みのない ► Restructuring a company is never painless. 会社のリストラは必ず痛みを伴う

painstaking a, n 勤勉な; 骨の折れる; 念入りな; 苦心; [< take pains]
◇**painstakingly** ad

paint /peint/ n 絵の具, ペンキ, 塗料
Wet [Fresh] Paint (掲示)ペンキ塗りたて
— vt 絵の具で描く; ペンキを塗る; 彩色する; 塗りつぶす 《out》; 描き加える 《in》; いきいきと描写する
► Consumer surveys paint a clear picture of the changing market. 消費者の実態調査の結果は市場の変化を明確に描いている
— vi 絵を描く
paint a person black (人を)悪く言う
paint shop 塗装工場 [⊃自動車工場は一般にプレス工場, 車体組立工場, 塗装工場, 組立工場の4つで構成される]
pair /peər/ n 一対(のもの); 夫婦 ► a pair of shoes 靴1足 / a pair of pants ズボン1着 / a pair of scissors はさみ1丁 / the happy pair 幸せな夫婦
in pairs 2人[2つ]一組になって
— v 組み合わせる ► pair wine with cheese ワインとチーズを組み合わせる
◇**pairing** n 組合せ ► an elegant pairing of music with visual arts 音楽とビジュアルアーツとのエレガントな組合せ
PAIR Patent Application Information Retrieval system (米国特許商標庁の)特許出願情報検索システム
PAJ Patent Abstracts of Japan
PAL Philippine Airlines フィリピン航空
palatable a 受け入れやすい ► a plan palatable to major creditors 大口債権者が受け入れやすい計画
palettization, 《英》**-sation** /pælitizéiʃən/ n パレチゼーション [⊃パレット(物流補助具)を用いて行われるユニット・ロードシステム(unit load system)] ⇨ containerization
pallet n パレット [⊃フォークリフトなどで荷物をまとめて運ぶための台で, 下にフォークリフトの腕を入れられる差込口がある]
palletize, 《英》**-ise** v パレットに入れる[⊃物流用語]
Pall Mall /pél mél, pél mél/ 《商標》ペルメル [⊃米国のタバコの銘柄]
palm /pɑːm/ n 手のひら, たなごころ
cross a person's palm (with silver) (人に)料金[見料]を払う
grease [cross, oil] a person's [the] palm 《略式》(人に)賄賂(わいろ)を使う
have an itching [itchy] palm 《略式》賄賂を欲しがる
hold [have] ... in the palm of one's hand を完全に掌握している
— vt (手品で)手のひらに隠す; かすめ取る; 手のひらで触る
palm off (物を人に)だまして売りつける, つかませる 《on, upon》; (人を作り話などで)だます 《with》
Palmer's Cocoa Butter 《商標》パルマーズ・ココア・バター [⊃ココアバターから作られる米国のスキンケア製品]
Palmolive 《商標》パモリブ [⊃米国の石鹸, 洗剤のブランド. 食器用の洗剤やハンドソープ, 浴用石鹸などがある]
palm-size(d) a 手のひらサイズの
palmtop n パームトップ(の), パームトップ型の [⊃手のひらサイズのコンピュータについて言う] ⇨ laptop
paltry /pɔ́ːltri/ a くだらない; わずかな ► He

lives off a paltry salary. わずかな給料で暮らしている / He expected more than the paltry return he got on the mutual fund. ミューチュアルファンドからのわずかな収益よりもっと大きな収益を彼は期待していた
◇**paltriness** *n*

Pampers (商標) パンパース [○米国の紙おむつのブランド。いろいろなサイズがあり, 発育に合わせて選べる]

pamphlet /pǽmflət/ *n* パンフレット, 小冊子 ► a pamphlet on healthy eating ヘルシーな食生活のパンフレット

pan /pæn/ *n* (平)鍋(なべ), てんぷら皿; 選鉱鍋; 《米略式》顔
a flash in the pan 竜頭蛇尾の企て
go down the pan 《英略式》無価値[無益]になる
— *vt* (**-nn-**) (砂金などを) 選鉱鍋でより分ける (*off, out*); 《略式》こき下ろす
pan out 金を産出する; 《略式》の結果になる, いい結果が出る ► Plans for the new factory construction didn't pan out. 新しい工場を建設する計画はうまくいかなかった

panacea /pæ̀nəsíːə/ *n* 万能薬 (=cureall), 特効薬 ► a panacea for growth 成長のための特効薬 / Though not a panacea, the government's injection of money into the banking system will help forestall more foreclosures. 万能薬ではないが, 銀行システムへの政府の資金注入は抵当流れの増加を阻止する一助になるだろう

Pan-Am Pan American World Airways パンアメリカン航空, パンナム [○米国の航空会社 (1927-91)]

Pan-Cake (商標) パンケーキ [○米国 Max Factor 社製の固形おしろい]

P&G Procter & Gamble

p&h 《米》 postage and handling

P&L profit and loss 損益

P&O Peninsular & Oriental Steam Navigation Company [○英国の汽船会社]

P&P 《英》 postage and packing 送料

panel /pǽnl/ *n* ❶ 委員会 (✚特に専門的なもの) ► an advisory panel 諮問委員会 / a selection panel 選定委員会 / A panel of experts will make their forecasts about this subject. 専門家の一団[専門委員会]がこの問題について予測することになっている ❷ 調査など特定目的のため組織されたグループ ► a consumer panel 消費者モニターのグループ / panel research パネル調査 [○参加者 (モニター) を一定期間固定して定期的に同一内容の調査をし, 時間の経過に伴う変化を見る調査]
◇**panel(l)ist** *n* (公開討論会の) 討論者, パネラー; (クイズ番組の) 出場者

panel truck 配送用トラック [○運転席から後部の荷台に行けるようになっている特殊仕様の車]
panel van 《英》配送用バン
pan-European *n, a* 汎ヨーロッパ, ヨーロッパ全体を通して

panic /pǽnik/ *n* ❶ 恐怖, ろうばい; 《米略式》珍無類な人[もの] ► be in a state of panic パニック状態である / They sold their stocks in (a) panic. 彼らはパニックして自分たちの株を売った (語法) 区切りのある一時的なパニック感のときは in a panic とするが, 一般的に「パニックして」の意味では in panic とする)

❷ 〖経済〗 パニック, 恐慌 ► a stock-market panic 株式恐慌 / financial panic 金融恐慌 / The government stepped in to avert widespread panic. 政府はパニックの拡大を防ぐために介入した / The collapse of the investment banking giant created panic across the financial industry. 巨大投資銀行の倒産は金融業界の全分野にパニックを創り出した
— *a* 正気を失わせる; 異常な ► There was panic selling on the New York Stock Exchange today. 今日ニューヨーク証券取引所で狼狽売りがあった

be at panic stations 慌てふためく (*over*)
— *v* (**-ck-**) 恐慌を起こさせる; 恐怖に駆られる;《米略式》(観客などを) 歓喜させる ► During a recession, the investor who doesn't panic will come out ahead. 景気後退期には, パニックを起こさない投資家が優位に立つだろう
[<仏<ギ. 恐怖は Pan (牧半神)が起こすとされた]
◇**panicky** *a* 恐慌の; びくびくした (*about*) ► With investors already panicky, we've got to do all that we can to reassure them. 投資家はすでにパニック気味だから, 投資家を安心させるために可能なことは何でもしなければならない

paper /péipər/ *n* ❶ 紙; 書類; (~s) 文書, 身分証明書; 試験問題 (=examination paper); 答案; 紙幣; レポート, 論文; 新聞; 紙袋[包み]; 壁紙;《略式》無料入場券[者] ► graph paper グラフ用紙 / headed paper 社用箋, レターヘッド / lined paper 罫線入用紙 / wrapping paper 包装紙 / court papers 裁判書類 / legal papers 法律文書 / relevant papers 関連書類 / secret papers 秘密書類 / sign (some) papers 書類に署名する / get walking papers 解雇される / publish [get out] a paper 新聞を発行する / What do the papers say about it? それについて新聞にはなんと書いてあるか / The head office is asking for customs papers. 本社のほうから通関書類を出せと言ってきている / Tomorrow morning, our attorney will file our papers for Chapter 11 proceedings. 明朝, 当社の弁護士が破産手続のための書類を提出することになっている / I went through our papers to find information about the tax status of our subsidiary. 当社の子会社に対する税務上の扱いに関する情報はないかと書類を調べた

❷〖会計〗証書, 手形 ► hang [lay] paper 不渡小切手を乱発する[出す]
commit ... to paper を書き留める
in the papers 新聞に(よく)出て ► The news about the company's bankruptcy was in the papers. その会社が倒産したニュースが新聞に出ていた
not worth the paper it is written on まったく価

値がない
on [upon] paper 紙上に[では]; 書類[理論]上は; 書面で, 書かれて ► The project looked good on paper, but failed in practice. その計画は理屈の上では素晴らしく思えたが実際にはうまくいかなかった
Paper or plastic? (スーパーのレジで) 紙袋に入れますか, プラスチック[ポリ]袋にしますか
put [get] ... down on paper を書きつける
send in one's papers 辞表を提出する
— *vt* 紙で包む《*up, over*》; 壁紙を張る《*in, with*》; 紙で裏打ちする; 紙に書く
paper over の上に紙を張る; (問題点を) 隠す, 取り繕う
paper over the cracks その場を取り繕う
— *a* 紙(製)の; 薄い; もろい; 紙の上だけの
[<ラ papyrus]

paper-based *a* ❶紙ベースの ❷証券ベースの

paper bid 株式交換方式による企業買収の申入れ

paperchase *n* ❶過剰なペーパーワーク ❷徹底した資料調査

paper clip 紙挟み, ゼムクリップ, クリップ ► fasten ... with a paper clip をクリップで留める

paper currency 紙幣; 紙券通貨
paper gain =paper profit
paperless *a* ペーパーレスの[➲情報の保管・伝達の媒体として紙を使わないことを言う]
paper loss 帳簿上の損失
Paper Mate (商標) ペーパーメイト[➲米国の筆記用具のブランド。フェルトペン, ボールペン, シャープペンなどさまざまな筆記用具を提供している]
paper mill 製紙工場
paper millionaire 金融長者, 金融資産家 [➲その資産の大部分が株式等の有価証券(ペーパー)であるような富豪]
paper money 紙幣
paper profit 帳簿上の利益, 含み益, 未実現利益 [➲実際の取引により確定した利益でなく, 市場性のある有価証券のように市価の値上がりや見込みに基づいて算定された利益]
paper pusher 事務屋 ► I've been a paper pusher in a big company for five years. 大会社の一般事務の仕事を5年間やってきました
paper qualifications 資格証明(書) ► Their paper qualifications are good, but they have no work experience. 彼らの資格照明は申し分ないが, 実務上の経験がまったくない
paper title 法律上の権利
paper trail 文書足跡, 証拠文書の確保, 証拠書類による跡づけ ► establish a paper trail proving compliance with applicable laws and regulations 適用法令の遵守を証する証拠書類による跡づけを示す / You need a paper trail in such a case. Make sure to put everything in writing. こういう場合には証拠文書が必要だ。すべて書面にしておくようにしなさい

paperwork *n* 事務処理 ► I don't like paperwork. 一般事務の仕事は好きではない

par /pɑːr/ *n* ❶同等, 同水準 ❷【証券】額面 [➲企業が株式や社債などを発行する場合, 株券や社債券面などに表示された金額] ► issue at par 額面発行する / issue par 発行価額 / nominal par 額面価額 / above [below, at] par 額面以上で [以下で, どおりで] / no par stock 無額面株 / redeem at par 券面額をもって償還する ❸【金融】平価 [➲二国間の本位貨幣に含まれている金属の含有量を基準として計算される両国貨幣の割合]
above par (1) ⇨ ② (2) 平均以上で, いつもよりよくて; 水準以上で
at par (1) ⇨ ② (2) 並[普通]で
below [under] par (1) ⇨ ② (2) 平均以下で, いつもより悪くて
on (a) par 同等である《*with*》 ► Our company's wage level is on a par with the national average. わが社の給与水準は全国平均並みだ / Our company's quality standards are on par or surpass those of our competitors. 当社の品質基準は同業他社の品質基準と同等か, あるいは, 上回っている
par for the course 《略式》いつも通りの
up to par 標準に達して; 《略式》ふだんの調子で ► The quality of this product is not up to par. この製品の質は標準に達していない
— *a* ❶平均の ❷【証券】(株式などが)額面の; 平価の ❸【社会保障】(保険で)利益配当付保険の

para /pérə/ *n*《英略式》短い記事 (=paragraph)

parachute /pǽrəʃùːt/ *n* パラシュート [➲会社が買収され, 解任された場合に備えての巨額の退職金支払規程。買収意欲を削ぐ一方で, 解任された役員がパラシュートで軟着陸するのと同様の効果があるのでこう呼ばれる。golden parachuteとも言う]
— *v* 外部から人を送り込む ► He was parachuted in to turn around the ailing company. 彼は苦境にあった同社を再建するために送り込まれた

paradigm /pǽrədàim/ *n* パラダイム [➲広く受け入れられている考え方の枠組または説明原理] ► adjust the paradigm of management responsibility 経営責任の理論的枠組を調整する / The government shifted its paradigm from policy reform to structural reform. 政府はその枠組みを政策改革から構造改革へと移した

paradigm shift パラダイム転換, パラダイム・シフト [➲一般的に受け入れられてきた説明やものの見方が新たなものに取って代わられること]

paragraph /pǽrəgræf/ *n* パラグラフ
— *vt* (文章を)パラグラフに分ける

paralegal *n* パラリーガル, 法律専門職員 [➲判例調査など法律実務を補助する職域を担当する専門家]

parallel /pǽrəlèl/ *a* ❶平行な《*to, with*》; 対応する, 類似な《*to*》 ► He is in a parallel line of business. 彼は同系統の仕事についている ❷ 【コン】並列の
— *ad* 平行に《*to, with*》
— *n* 平行線[面]; 類似物[点], 対応するもの; 対比

draw a parallel between を比較する
in parallel 並列で; 同時に ►These events run in parallel. これらの催しは併行してなされる
on a parallel 類似して
without (a) parallel 比類のない ►The country's economy is growing without parallel. その国の経済は類を見ない成長を続けている
— *vt* ((英)**-ll-**) 平行させる[している]; 匹敵する; 等しい, 対応する; 比較する

parallel data query 並列データ検索 (PDQ) [○複数の作業を同時並行的に処理できるシステム]

parallel economy 闇経済, 裏経済 [○政府の統計などに表れない非公然の経済活動]

parallel imports 並行輸入 [○外国で正式に販売されたブランド品等の知的財産権の対象となる製品を, 正規の代理店を通さずに国内に輸入すること. 知的財産権の侵害には該当しない]

parallel loan パラレルローン [○異なる国籍を有する企業が互いに自国内にある相手企業の子会社向けに行う融資. 日本企業であるJがアメリカ企業Aの日本法人A1に円建で融資をするのと引き換えに, Jのアメリカ法人であるJ1にAがドル建で融資をするのが典型例. バックトゥバック・ローンと似ているが, パラレルローンでは貸し手の相殺権が明確でない点が, 条件的に不利とされている]

parallel (money) market (英国の) 並行市場 [○インターバンク預金市場など伝統的な割引市場に対する新しい短期金融市場]

parallel port [ｺﾝﾋﾟｭｰﾀ] パラレルポート [○コンピュータと周辺機器を接続する装置]

parallel processing [ｺﾝﾋﾟｭｰﾀ] 並列処理
paralyse /pǽrəlàiz/ *vt* (英) =paralyze
paralysis /pərǽləsis/ *n* (**-ses** /-sìːz/) 麻痺(まひ), 停滞; 無気力 [くらくぎ]

paralysis by analysis 分析による麻痺 [○情報の完璧な分析にこだわって行動に踏み切れないこと. analysis paralysisとも言う. extinction by instinct(本能による死滅)に対比される]

paralyze, (英) -yse /pǽrəlàiz/ *vt* 麻痺(まひ)させる; 無(力)力にする; (都市の機能・交通を) 停滞させる

paramedic *n* 医療補助者
paramedical *a*, *n* (医師を補佐する) 医療関連専門職(の)

parameter /pərǽmətər/ *n* 規定要因, 制約要因 [○何かを実行するに際しての外枠を規定する要因] ►work within the parameters of the business plan 事業計画上の規定要因の範囲内で仕事を進める

paramount /pǽrəmàunt/ *a* 最高の; 最高位の; 主要な; 卓越した (*to*) ►This task is paramount to [over] all others. この仕事は他のどれよりも優先する

Paramount (商標) パラマウント [○米国の映画製作, 配給会社. 1910年代から数多くのハリウッド映画を製作. 数多い代表作の中には『ゴッドファーザー』, 『スター・トレック』, 『タイタニック』などがある]

parastatal *a* 政府機関に準ずる
par bond [金融] パー・ボンド, 額面債

parcel /pɑ́ːrsl/ *n* ❶ 小包, 小荷物; (商品などの)一口; 一群 ❷ [不動産] 一区画の土地 ►a parcel of land for sale 一区画の売地
by parcels 少しずつ
— *vt* ((米)**-ll-**) 小包にする (*up*); 区分けする (*out*)

parcel delivery company 宅配便業者
parcel post 小包郵便 (pp)
pardon /pɑ́ːrdn/ *n* ❶ 勘弁, 容赦 ❷ [法律] 恩赦 ►a special [general] pardon 特赦[大赦] / a pardon by a Cabinet order 政令恩赦
I beg your pardon. / Pardon me. ごめんなさい; 失礼ですが; (上昇調で) すみませんがもう一度おっしゃってください; どうも同意しかねます; 勘違いしておられませんか
— *vt* 赦免する; 容赦[勘弁]する ►Pardon me my offense. 誤ちをお許しください
if you'll pardon the expression (略式) よくない表現で失礼ですが
Pardon me for living [existing, breathing]. (略式) どうも悪かったね
◇**pardonable** *a* 容赦できる
◇**pardoner** *n* 許す人

pare /peər/ *vt* 皮をむく; 切り取る (*off, away*); (経費を) 漸減させる, 切り詰める (*away, down*) ►Businesses have started paring down excess stocks by heavily discounting merchandise while throttling back production. 企業は生産を抑制する一方, 大幅な値引で販売することにより, 余剰在庫を削減している / Consumers are making cutbacks in spending and paring debts. 消費者は出費を切り詰め借金を減らしている / He's overloaded with work right now, so we need to pare down his responsibilities. 現在は彼に仕事の負担がかかり過ぎているので, 彼の責任を減らす必要がある
be pared to the bone (費用が) 最低に切り詰められる
◇**parer** *n*

parent /pé(ə)rənt/ *n* ❶ 親; (~s) 両親; 祖先; 根源, 原因 ►As parents continue to invest in their children's education, our country's workforce will remain competitive. 両親はこれからも子どもの教育への投資を続けるから, 我が国の労働人口は競争力を維持するだろう ❷ =parent company

parental leave 育児休暇 ►The company provides parental leave up to two months after birth. 同社は誕生後最長2か月の範囲で育児休暇を認めている

parent company 親会社
[○他の会社の株式を過半数所有している会社] ►US subsidiaries owned by a foreign parent company [corporation] 外国籍の親会社が所有する米国子会社

parent corporation =parent company
parenthesis /pərénθəsis/ *n* (**-ses** /-sìːz/) (丸) かっこ, パーレン; 合間
by way of parenthesis ちなみに
in parenthesis かっこに入れて; ついでに言えば

[ラ ク ギ: わきに入れること]
◇**parenthesize** *vt* 挿入語句を入れる; かっこに入れる

Pareto analysis パレート分析 [⇨構成要素の頻度分布を調べてウェイトの高い要素に経営努力を集中するのが効率的だと考える分析法]

Pareto optimal パレート最適 [⇨他の者の満足を低下させることなくある者の満足を上昇させることができないような状態をパレート最適という]

Pareto's principle [law, rule] パレートの法則 [⇨「売上の8割は顧客の上位2割が生み出している」という指摘に見られるような, 全体の一部が全体の大部分を支え, まかなっているものだとする見方]

pari passu 同等に; 【法律】パリパス [⇨同じ歩調で, 足並みをそろえて] ▶ rank pari passu with other unsecured creditors 他の無担保債権者と同等の扱いを受ける 📄 The obligation of BORROWER to make payment to LENDER under this Agreement shall rank pari passu as to priority of payment with all of the unsecured indebtedness of BORROWER. 本契約に基づく「借主」の貸主に対する支払義務に関して, 「借主」のすべての無担保債務の支払の優先順位については同等の扱いを受けるものとする[くラ]

Paris Bourse パリ証券取引所 [⇨同取引所は2000年にアムステルダム, ブリュッセル両証券取引所と合併し, Euronextとなり, さらに2006年にEuronextはニューヨーク証券取引所と合併し, NYSE Euronextが誕生した]

Paris Club パリ・クラブ [⇨対外債務返済の困難に直面した債務国に対し返済負担軽減の措置を取り決める主要先進債権国会議]

Paris Convention パリ条約 [⇨正式名称は「工業所有権の保護に関するパリ条約」. 知的財産権の国際的保護のための条約. 内国民待遇の原則, 優先権制度, 各国特許独立の原則等について定める]

parity /pǽrəti/ *n* ❶ 対等であること, 平等であること ▶ economic parity 経済的において対等であること / pay parity 賃金の平等 ❷ 等価, 平価, ある国の通貨の価値が他国のそれと同じであること ▶ the parity of exchange 為替相場の平価 / The dollar is at parity with the Canadian dollar. ドルがカナダドルと同価値になっている ❸ データ通信上のエラーを検出する技術

park /pɑːrk/ *n* 公園; 競技場; (the ~) 《英略式》サッカー場; 大庭園; 《英》駐車場; 団地
— *vt* 駐車させる; 《略式》置く ▶ Our stock may not offer the highest return, but it is a safe place to park your investment. 当社の株は最高の収益を提供しないかもしれないが, 投資の対象としては安全な場所だ
— *vi* 駐車する
park oneself 《略式》座る

Parker 《商標》パーカー [⇨米国 Parker Pen 社製の万年筆]

parking *n* 駐車; 駐車場所 (P)
No parking. 駐車禁止
— *a* 駐車の

parking lot 《米》駐車場 (=《英》car park)

Parkinson's law パーキンソンの法則 [⇨たとえば, Work always takes as long as the time you have available to do it. 「仕事はそれをするのに使える時間と同じ長さだけかかる」など. なお, 第1法則は「役人の数は仕事の量に関係なく一定比率で増える, 第2法則は「政府の支出は収入に応じて増える」という政治経済原理を述べている]

parlay /pɑ́ːrlei, -li/ *vt* 《略式》(金・才能を) 運用して(富を)得る《into》

parliament /pɑ́ːrləmənt/ *n* 国会, 議会
[語法] 英国などの議会は無冠詞で Parliament で表す. 日本などの国会は the Diet, 米国などの議会は無冠詞で Congress とする

● convene [summon] parliament 議会を召集する / dissolve parliament 議会を解散する / sit through two parliaments 議員を2期務める

parsimonious *a* けちな
parsimoniously *ad* けちけちと
parsimony *n* けちであること, 物惜しみすること

part /pɑːrt/ *n* 一部, 部分; 部分品, パーツ
[語法] part は可算名詞 a part と不可算名詞 part の両様に扱われ, どちらにもなり得るが, 「一部分」の「一」に焦点を当てるときは a part と言う. こちらは「一小部分」(only a small part) という感じになることもある. ⇨(a) part of (成句)
▶ They make some of the parts used in our products. 彼らは当社の製品で使われる部品の一部をこしらえている

for one's (own) part としては ▶ For my part, I'd like to continue with the current plan. 私としては現在の計画を継続したい

for the most part 大部分は; 多くの場合 ▶ For the most part, I agree with your suggestion. 大筋でご提案に同意いたします

in great [large] part 大いに
in no small part かなり大幅に
in part ある程度 ▶ He decided to resign, in part because he had lost his motivation and drive. モチベーションとやる気をなくしていたこともあって, 彼は辞職することにした
in parts ところどころ; 分けて ▶ This bicycle came in parts. この自転車は組み立て前の形で届けられた

on the part of a person / on a person's part (人の) ほうでは, (人の) ほうの
part and parcel 本質的な部分
(a) part of の一部分 ▶ Part of the work is finished. 仕事の一部は済んでいる / Customers are the most important part of our business. お客様は当社のビジネスのもっとも重要な部分だ / The company will become part of an international group with headquarters in Paris. その会社はパリに本部がある国際的グループの一部になるはずである / I was working every day as part of a team in an office. 私はあるオフィスのチームの一員として毎日働いていた

play a part 役を務める《in》
play [do] one's parts 役目を果たす

take a person's part (人の)肩を持つ
take ... in good [bad] part を善意[悪意]に受け取る
take part in に参加する ► We encourage our employees to take part in the training program. 研修プログラムに参加するよう，社員に奨励しています
take part with / take the part of の味方をする
the better [best] part of の大半[大部分]
want no part of [in] に関係したくない ► It's a bad plan, and I want no part of it. それはまずい計画で，私は関係したくない

― *vt* 分割する; 配分する; 切り離す ► My boss is not easily parted from his cash. 私の上司はなかなか金を払いたがらない
― *vi* 割れる, 裂ける; 分離する, 別れる (*from*); 去る

part company 意見を異にする; 絶交する; (途中で)別れる
part ways with と別れる
part with を手放す
― *ad, a* いくぶん; 一部の[は]

part delivery 分割納品

part-exchange *n, vt* 下取り(する)
give ... in part-exchange (英)…を下取りに出す

partial /páːrʃəl/ *a* 部分的な; 不公平な; 特に好きな (*to*)
◇**partially** *ad*

partial acceptance (手形の)一部引受 [❍為替手形上，第三者への支払を委託された支払人が手形金支払債務を引き受けるに当たり手形金額の一部だけを引き受けること]

partial equilibrium 部分均衡 ⇒ partial equilibrium analysis

partial equilibrium analysis 部分均衡分析 [❍経済全体のすべての市場の相互関係を分析する一般均衡分析に対し，特定の市場のみを分析対象とする手法]

partial loss 分損 [❍保険金額全額の支払ではなく, 一部の支払で済むような損害]

partial ownership 部分的所有権, 株式の部分保有 ► The two firms have partial ownership in each other. 両社は互いに株式を部分保有している

partial payment 一部支払 ► The debtor company made a partial payment and promised to pay the balance in three installments. 債務者会社は一部支払をし，残額を3回の分割払で支払うと約束した

partial shipment 一部出荷, 分割船積

participant /paːrtísəpənt/ *n, a* 関係者; 関与する (*of, in*) ► All participants in the lawsuit want to proceed with the case. その訴訟の関係者は全員が訴訟の継続を望んでいる

participate /paːrtísəpèit/ *v* 加わる, 関与する (*in*); 気味がある (*of*) ► Did you participate in yesterday's meeting? 昨日の会議に出ましたか / Several banks have indicated they would not participate in the government's bailout plan. いくつかの銀行は政府の救済策に参加しないことをほのめかした

participating certificate 受益権証書 [❍一種の優先株式で，保有者は配当金は受け取れるが議決権を行使することはできない]

participating insurance (米)配当付き保険, 有配当保険 (=participation policy, dividend-paying (life) insurance, (英)with-profit(s) insurance) (⇔non-participating insurance) [❍保険会社に剰余金が生じたとき，その剰余金が保険契約者に配当される保険]

participating preference share 参加的優先株 (=participating preferred stock) [❍優先配当が行われた後もなお配当原資があり，普通株主への配当が行われる場合に，その配当にも与かる権利のある優先株]

participation /paːrtìsəpéiʃən/ *n* ❶ 参加, 関与 (*in*) ► equity participation 資本参加 / compulsory participation 強制加入 / eligibility for participation 加入資格 / participation certificate 参加証券, 参加証書 (PC) [❍米国でモーゲージ・ローンに対する権利を表象する証券] / participation in management 経営参加 / Women's participation in the workforce is gradually increasing. 労働人口への女性の関与は次第に大きくなっている

❷ 〖金融〗パーティシペーション [❍同一の借入人に対して，複数の銀行が同じ条件で貸付を行うこと] ► participation policy (米) =participating insurance

participative *a* 参画型の ► have a participative approach to management 経営に対して参画型のアプローチを取る

participative management 社員参加型経営 [❍職場の意思決定過程に従業員を参加させる経営]

particular /pərtíkjulər/ *a* ❶ 独特の, 特異な; 特別の; 気難しい (*about, in, over*); 詳細な ► People from a particular social class may spend their money in particular ways. 特定の社会階級の出である人たちは特定の仕方で自分たちの金を使う可能性がある / My boss is very particular about details. うちの上司は細かい点にとてもうるさい / As an attorney, his particular strength is in malpractice litigation. 弁護士として, 彼が特に得意とする分野は業務過誤の訴訟だ

❷ 〖法律〗(1)(土地が，未亡人に，また彼女の死後はその子供たちに遺贈される場合のように)(不動産保有権が)部分的の, 部分不動産権の (2) ((1)のような)部分不動産権保有者の

for no particular reason これという理由もなしに ► He suddenly quit for no particular reason. これといった理由もなく突如として仕事を辞めた

― *n* ❶ 細目, 細部; (~s)詳細(な情報) ❷ 〖法律〗(~s)明細書

give (full) particulars 詳細に述べる
go into particulars 詳細にわたる ► As everyone has read the report, I won't go into the

particulars. 皆さんは報告書を読んでおられるので,詳細は省略します
in every particular / in all particulars どの点をとっても
in particular 特に; 詳細に ► Are you looking for something in particular? 何か特にお探しですか / In particular, the airline will discontinue unprofitable domestic routes. とりわけ,そのエアラインは不採算の国内路線を廃止するだろう
◇**particularity** *n* 独特; 特色; 詳細; 気難しさ
◇**particularize** *v* 特筆する; 詳述する
◇**particularization** *n*
◇**particularly** *ad* 特に; 大いに; 詳細に ► I'm particularly interested in your opinions on this issue. この件に関するご意見に特に関心があります / Developing countries have been particularly hard hit by the recession. 開発途上諸国は特に景気後退で大きな打撃を受けてきた

particular average 単独海損 (P. A.) [◯海上危険によって船舶または貨物に生じた損害で,その損害をこうむった船主または荷主だけの負担となるもの] ⇨ general average

particulate material [matter] ディーゼル微粒子 (PM) [◯ディーゼル車が排出する黒煙。健康影響が懸念されている]

partition /pɑːrtíʃən/ *n* ❶ 仕切り(壁); 区画,パーティション ► separated by partitions パーティションで区切られている ❷ [コンピュ] パーティション [◯ハードディスクを分割利用するための区切り]
━ *vt* 仕切る 《*off, into*》

partly *ad* 一部分は; いくぶんか ► partly cloudy ところにより曇り / This project's failure was partly your fault. このプロジェクトの失敗については責任の一部はあなたにあった / His conservatism is only partly due to his upbringing. 彼の保守的な考え方は育ちによる部分はごく一部にすぎない / Inflation will remain relatively low, partly owing to cheaper imports from China. インフレは比較的低い状態にとどまるが,その一部分は中国からの安い輸入品のおかげである

partly paid share [stock] =part-paid share

partner /pɑːrtnər/ *n* ❶ 仲間; 配偶者; 同棲相手 ► partners in crime 犯罪の仲間 / a trading partner 貿易相手国 / Finding a good local partner is key to successful entry into the market. 優秀な現地パートナーを見つけることが市場参入に成功する秘訣だ / Our company has a strong relationship with our business partners. わが社は取引先との結びつきが強い / China is one of Japan's major trading partners. 中国は日本の主要な貿易相手国の一つである
❷ [法律] (1) パートナー,共同出資者; パートナーシップのメンバー,共同経営者; (民法上の組合の) 組合員; (合名会社の) 社員 ► an acting [an active, a working] partner 勤務[業務担当]社員 / be taxed at the individual partner level 個々の組合員レベルで課税される / One of our senior partners will attend the meeting. 当社の上級パートナー[役員]の一人がその会合に出席する / I'm going to discuss this problem with my business partner. 私はこの問題を共同経営者と検討するつもりだ (2) パートナー [◯米国の法律事務所での経営者弁護士] ► He intends to become a partner in his father's law firm. 彼は父親の法律事務所の共同経営者になるつもりだ
━ *v* 組ませる,組む 《*up*; *with*》 ► We should consider partnering up with another company, if we want to expand our operations. 事業を拡大したいと思うなら,他の会社との提携を考えるべきだ

partnership /pɑ́ːrtnərʃìp/ *n* ❶ 提携, 共同, 協力 ► go [enter] into partnership 協力[提携]する / dissolve partnership 提携[連合]を解消する ❷ [法律] パートナーシップ [◯営利の目的で複数の者が出資して事業を行う契約関係]

> **解説** 米国の事業組織(⇨ business organization)の一つ.パートナーシップは法人格(legal entity)をもたず,課税もされない.パートナーシップの事業収益については構成員である各パートナーがその持ち分に応じて課税される.パススルー課税(pass-through taxation)と呼ばれるもので,二重課税(double taxation)を回避できる利点がある.また事業の損失をパートナーの個人所得と相殺できる利点もある.パートナーシップの構成員であるパートナー(partner)にはジェネラルパートナー(general partner)とリミテッドパートナー(limited partner)の区別がある.パートナーシップが第三者に債務を負うと,ジェネラルパートナーはその返済について無限責任を持つが,リミテッドパートナーの責任は有限で自己の出資範囲に限定される.その代わりに,ジェネラルパートナーはパートナーシップの経営に参加できる.リミテッドパートナーは経営に参加できない.パートナーシップには,無限責任のジェネラルパートナーだけで構成されるジェネラルパートナーシップ(general partnership)と,無限責任のジェネラルパートナーと有限責任のリミテッドパートナーで構成されるリミテッドパートナーシップ(limited partnership)の2種類がある.米国では法律事務所や会計事務所などの専門家集団は伝統的にリミテッドパートナーシップを用いてきたが,最近はLLC(limited liability company)やLLP(limited liability partnership)を採用するところが増えている.ヘッジファンドなどの投資ファンドはリミテッドパートナーシップの形態をとる.この場合は投資ファンドの運営責任者がジェネラルパートナーになり,出資者はリミテッドパートナーとなる

► All of the limited partners withdrew from the partnership in 1950 but the partnership continued until the death of the general partner. 有限責任のパートナーは全員

1950年にパートナーシップから脱退したが, パートナーシップは, 無限責任のパートナーが亡くなるまで存続した / When a partner withdraws from a partnership, he or she usually can withdraw assets equal to his/her equity interest. パートナーの一人がパートナーシップから離脱した場合, 同人は, 自分の持分に等しい額の資産を引き出すことができる / When you dissolve a partnership, all creditors must be paid before any cash or other assets are distributed to partners. パートナーシップを解散した場合は, 現金その他の資産をパートナー間で分配するに先立ちすべての債権者への支払を済まさなければならない

partnership agreement パートナーシップ設立契約

partnership interest パートナーシップ持分

partnership property パートナーシップの財産

part order 分割発注

part owner (共有物に何も契約していない) 共同所有者, (特に) 船舶の共有者, 区分所有者

part ownership 共同所有者であること; 共同所有権, 区分所有権

part-paid share 部分払込株式 [○発行価格の一部さえ払い込まれていない株式]

part payment 一部支払, 一部弁済 ▶ in part payment of outstanding debts 未払債務の一部弁済として

part performance (契約の) 一部履行

part-time a, ad パートタイムの[で]; 時間制の[で] ▶ They work part-time. 彼らはパートタイムで働く

part-time employee =part-timer worker

part-time job パートタイムの仕事

part-timer n =part-time worker

part-time work パートタイムの仕事

part-time worker パートタイム労働者, 短期労働者

parturient /pɑ:rtjúəriənt/ a 出産の
◇**parturition** n 出産

party /pá:rti/ n ❶ パーティー, 仲間, 政党 ▶ give [hold, have, throw] a party パーティーを開く / an office party 職場の人のパーティー / join [leave] a party 入党 [離党] する

❷ (契約, または訴訟の) 当事者 ▶ parties hereto 本契約当事者 / the aggrieved party 被害者 / the contracting party 契約当事者 / the interested party 利害関係者 / the opposing party 反対当事者 / a third party 第三者 / the party in breach 違反しているほうの当事者 / the party not in breach 違反していないほうの当事者 / the prevailing [winning] party 勝訴当事者 / the losing [defeated] party 敗訴当事者 / the defaulting party 不履行当事者 / the party at fault 帰責事由のある当事者 / Both parties finally came to an agreement after long negotiations. 両当事者は長い交渉の末ついに同意に達した

be a party to に関与する
— a 政党 [党派] の
— vi (米略式) パーティーに行く [に加わる, を開く]; はめを外して浮かれ騒ぐ

party concerned (関係) 当事者

party plan パーティー式販売 [○個人の家庭での商品販売方式]

party wall (土地・建物における) 二つの区画を区切る共有の障壁

par value ❶ 額面金額, 券面額, 額面額 [○有価証券の券面に記載されている価額で, 株式の場合は少なくともそれだけの金額が払い込まれたという程度の意味しかないが, 債券の場合は, 満期時の償還額を意味している] ▶ below par value 額面割れで / be trading above par value 額面を上回って取引されている / issue stock with a $1 par value 額面金額1ドルで株式を発行する

❷ 【金融】 (固定為替相場制度の下での) 為替平価

par value capital 額面株式 (=par value capital stock, par value stock) [○額面金額が記載されている株式]

par value capital stock 額面株式

par value share 額面株式

par value stock 額面株式

pascal /pæskæl/ n ❶ パスカル [○圧力の単位. 記号:Pa] ❷ (P-または PASCAL) 【コンピュータ】 パスカル [○プログラミング言語の一つ]

pass /pæs/ vt ❶ 通過する, 通り過ぎる; 横切る; 通す; 合格する [させる]; 省く, 飛ばす; 越える, しのぐ; (時を) 過ごす; 伝える, 知らせる (down, on); (判断を) 下す ▶ Pass (me) the salt, please. 塩を取ってください / They may pass the dividend. 会社は配当を飛ばすことがある / They passed these fake watches as genuine Rolexes. 彼らはこれらのにせ時計を本物のロレックスとしてつかませた

❷ 【法律】 (1) (不動産権などを) 移転する, 譲渡する (2) (意見などを) 述べる, 表明する, (判決を) 言い渡す (3) 承認する, 決定する, 審理する (4) (法案を) 可決する

— vi ❶ 行く, 通る, 通過する; (時が) 過ぎ去る, たつ (away, by, off, on, over); (苦痛が) 去る, 終わる (away, off, over); 死ぬ; 起こる; 通用する, (としてを) 通る (as, for); (言葉が) 交わされる (between); 推移する (into, to, from); 断る ▶ The meeting passed (off) without incident. 会議は何事もなく運ばれた / Worries of higher interest rates have passed. 金利が高騰するという心配はもう過去のことだ

❷ 【法律】 (財産が) 譲渡される (into, to); 帰属する; (法案が) 可決される; 判決を下す (on, upon) ▶ Will you pass on the authenticity of this drawing? この絵が本物かどうか鑑定していただけませんか / Judgment passed for [against] the defendant. 被告に有利 [不利] な判定が下った

let ... pass を見逃す ▶ I'll let the matter pass this time. 今回は大目に見よう

pass along 先[奥]へ進む; 伝える, 回す, 渡す (to); 転嫁する ▶ Pass this notice along. この通知書を次に回してくれ / He passed along a good investment tip to me. 彼は役に立つ投資情報を教えてくれた / Airlines pass along fuel costs through surcharges on airfares. 航空会社は航空運賃のサーチャージで燃料コストを転嫁している

pass around を回す

pass away 去る, 終わる; 死ぬ

pass by 通る, 通過する;(時が)過ぎ去る;を無視する, 見逃す ► Over 50 years have passed by since the company was founded. 会社の設立から50年以上が過ぎた

pass down 回す, 渡す, 遺贈する《*to*》

pass go 《米略式》うまくやってのける

pass into [*to*]に移る《*from*》 ► Ownership of this business has passed to his son under the will. この事業の所有権は遺言書で彼の息子に移っている

pass off 受け流す; 去る; 次第に消える;(偽物を)つかませる《*on*》;(~ oneself)身元を偽って通す《*as*》

pass on 死ぬ;(別の話題に)移る;(人に)譲る; 与える, 伝える, 渡す《*to*》 ► Please pass on my best regards. どうかよろしくお伝えください / I'll be sure to pass on your message to him. 必ずご伝言をお伝えいたします / The retailers had to pass their extra costs on to the consumer. 小売業者はこれらの余分なコストを消費者に転嫁しなければならなかった

pass out 出て行く;《略式》意識を失う(=pass out cold);を分配する

pass over 行く, (の上を)通る, 通過する; (時が)過ぎ去る; 死ぬ; を無視する, 見逃す; を省く ► John was passed over for this important job. ジョンはこの重要な仕事からはずされた

pass through 通る; 無事通過する; を経験する; 転嫁する ► Most companies are not able to pass through higher materials prices to consumers. 大部分の会社は原材料価格の上昇を消費者に転嫁できない

pass up を拒む, 辞退する ► He passed up the promotion because he didn't want to move to another city. 別の町へ引っ越したくなかったので, 昇進を辞退した

— *n* 山道, 峠みち;(航行可能な狭い)水路; 通行[外出]許可証; 無料入場[乗車]券, 優待パス, 定期券; 手さばき, ごまかし;(困難な)事態 ► a security pass セキュリティパス / No admission without a pass. 入場券のない方の入場お断り

bring ... to pass を引き起こす

come to [be at] a pretty [fine] pass 困ったことになる[なっている]

come to pass 起こる

take [have] a pass on 《略式》を断る

passable /pǽsəbl/ *a* 通過できる; 合格できる; まずまずの

◇ ***passably*** *ad*

passage /pǽsidʒ/ *n*（文章などの）一節; 楽句;（時の）経過; 進行; 通行（権）, 通過; 移住; 移民; 通路; 廊下; 旅行, 航海; 船賃;（議案の）可決;《しばしば ~s》話し合い; 便通 ► book (a) passage on an ocean liner 外航路定期船に乗船の予約をする / expedite the passage of a bill 法案の早期成立を図る / Our passage cost $300. 運賃は300ドルだった

a passage of arms □論

make a passage 航海をする

work one's passage 船賃代わりに船で働く

passalong *n* 《米》転嫁 [◘消費者物価へ繰り込まれる生産者物価の値上り分, しわ寄せ物価] ► a passalong to hotel guests of rising energy costs ホテルの客への光熱費上昇分の転嫁

pass-along rate 回読率 [◘回してもらって読む人を含め新聞・雑誌を1部当たり何人が読んでいるかという数値]

pass-along readers パスアロン・リーダー [◘直接の購読者・購買者から回ってきたものを読む人々]

passbook *n* 銀行普通預金通帳 (=bank book),（掛け売りの）通い帳 ► update one's passbook 記帳する

passenger /pǽsəndʒər/ *n* 旅客, 船客; 同乗者;《略式》足手まとい ► We're now boarding passengers in first and business class. 只今, ファーストクラスとビジネスクラスのお客様を機内へご案内しております

passenger capacity 乗客容量

passenger car 客車; 乗用車 [◘自動車の車種区分の名称. 米国では自動車は乗用車 (passenger car) と小型トラック (light truck) に分類される]

passenger transport 旅客交通

passing off パッシング・オフ, 詐称通用 [◘正規の商標またはサブライヤーの商品であると買主を誤信させるような方法で販売すること]

passing trade フリー客, 通りすがりの客

passion /pǽʃən/ *n* 激情, 熱情; 愛情; 熱中《*for*》; 夢中になるもの; 激怒

be in a passion 激怒している

fall [get, fly] into a passion かんしゃくを起こす

have a passion for に夢中になっている

with a passion ひたすら, 熱烈に

◇ ***passionless*** *a*

passive /pǽsiv/ *a* ❶ 受け身の, 活動的でない; 無抵抗の ❷《証券》(資産運用の)パッシブな [◘一定の株価指数と連動するような運用の方法を指す] ► outperform a passive portfolio パッシブ運用のポートフォリオを上回る成績をあげる

◇ ***passively*** *ad* 消極的に; おとなしく

◇ ***passivity*** *n* 受動性

passive commerce 受動貿易 [◘輸出入品の運搬がすべて他国の保有する船舶等でまかなわれるような通商の形態]

passive core approach パッシブコア運用 [◘資金の安定的な運用を基本としつつ, 一部を冒険的な投資に回す運用形態]

passive fund パッシブ運用型のファンド

passive income 利子・配当等の定額所得

passive investing パッシブ運用 [◘長期保有による利益を志向する投資戦略]

passive loss 受動的損失 [◘不動産賃貸のような受動的事業活動に伴う損失を言い, この種のも

のは原則として同種の受動的利益を相殺できても, 配当や給与との相殺はできない]

passively managed (ポートフォリオの) パッシブ運用の ⇨passive management ►Passively managed funds are popular with some investors because of their low cost. パッシブ運用のファンドは手数料が安いので一部の投資家に人気がある

passive management (ポートフォリオの) パッシブ運用 [◯市場指数(たとえば S&P 500)と連動する投資成果を目指す運用の手法] (⇔active management)

pass-on n =passalong

passport /pǽspɔːrt/ n 旅券, パスポート; (名声などへの)保障, 手段(to)

passport control (空港の) パスポート検査(場所)

pass-through n ❶コストの消費者転嫁; 通り抜け口[道] ❷【証券】パススルー証券(=pass-through securities) ❸【金融】パススルー [◯為替レートの変化率が輸入財の自国通貨建て価格の変化率に転嫁されること. たとえばドルが円に対して10%減価するとき日本製品のアメリカ国内価格が10%上昇すればパススルー率は100%となる] ❹【税制】パススルー課税(=pass-through taxation)
— a 通り抜けの;【金融】パススルーの

pass-through certificate 【証券】パススルー証書 [◯原証券プールの利払いをそのまま受け継いだ証券化商品. 証書購入者(投資家)への利払いや元本償還のための支払原資が大量の住宅ローン債権を束ねたもの(プール)からの元利返済金で裏付けられているものを言う]

pass-through securities 【証券】パススルー証券 [◯投資家のリスク選好度に合わせて複数の証券を作成するため原債務者からのキャッシュフロー(元利返済金)を組み替えたりする, 住宅ローンの原債権者, ローンの買手(証券化商品の作り手), 投資家へと元利返済金が流れる形式の証券]

pass-through taxation 《米》パススルー課税

> [解説] パートナーシップ(partnership)に適用される課税方法. パートナーシップ自体は法人格がなく課税されない. 事業の利益については構成員であるパートナー(partner)がその持分に応じて課税される. パススルー課税は二重課税(double taxation)を回避できる利点がある. また事業の損失を構成員の個人所得と合算できるという利点もある. LLC(limited liability company)とLLP(limited liability partnership)は, 税務上はパートナーシップと見なされ, パススルー課税が適用される.

password n 合言葉; 入場許可を得る手段; 【認ミ】パスワード ► Enter your user name and password. 使用者名とパスワードを入れてください

past /pæst/ a 過去の; 過ぎ去った ► He was a past president of the company. 彼はその会社の社長をしていたことがある / I know from past experience that these products sell well in the summer. 過去の経験からこれらの製品が夏期によく売れることを知っている / The new stock issues come at the heels of major financing moves by banks in the past year. その新株の発行は過去1年間に銀行各社による多額の資金調達の動きがあった直後に行われる / The lawyer drew on his past experience in patent litigation. その弁護士は特許権をめぐる訴訟事件で過去の経験を生かした / The company has experienced a swift deterioration in profits in the past three months. 同社は過去3か月間に利益の急速な悪化を経験した
— n (the ~) 過去; 経歴; 暗い[いかがわしい]過去 ► a thing of the past 過去のもの

in the past 昔は, かつて ► In the past, America dominated the auto industry. かつては, 米国は自動車業界を支配していた / In the past, our company only advertised in magazines and newspapers. 昔は, 当社は雑誌と新聞だけに広告を出していた
— ad 通り越して
— prep 過ぎて; (数量・能力を)超えて; …以上 ► The marketing department has spent well past its budget allocation. マーケティング部は予算割当を大幅に超えて支出している

get [go] past を超す

I wouldn't put it past a person 《略式》(人が)(…する)くらいはやりかねないと思う《to do》

past cost 【会計】過去原価

past-due a 期限を徒過した, (支払などの)期限が過ぎた

past-due bill 期限を徒過した請求書, 未払の請求書 ► The collection department handles problems with past-due bills. 取り立て部門は支払期日の過ぎた請求書の問題を扱う

paste /peist/ n 糊(のり)(状のもの); 練り粉; (魚肉などの)練り物, ペースト
— vt 張りつける《down, in, into, up, together》;【認ミ】(カットまたはコピーしたものを)ペーストする

pasturage /pǽstʃəridʒ/ n 牧草(地); 牧畜(業); 放牧(権)

pasture /pǽstʃər/ n (放)牧場; 牧草 ► We are looking for greener pasture. 私たちはもっと将来性のある分野を探している

move on to (fresh fields and) pastures new 新しい活動の場に移る(✢Miltonの詩)

put out ... to pasture (家畜を)放牧する; (人を)引退[退職]させる, 窓際に追いやる; (物を)処分する ► He was not ready to be put out to pasture just yet. 彼はまだ肩たたきにあう用意はできていなかった
— vt 放牧する; 草を食う

pat¹ /pæt/ v (-tt-) 軽くたたく《on》; たたいて押さえる[調べる]《down》; たたいて…にする《into》

pat a person on the back (人を)激励する[褒める]
— n 軽打(の音); (平たい)小塊

give a person a pat on the back (人を)激励する[褒める] ► You've done a good job. Give yourself a pat on the back. 君は良い仕事をしたね. 自分を褒めてあげるといい

pat² *a* 即席の; あらかじめ用意した
— *ad* 即座に; 完全に
have ... down [off] pat / know ... pat をすっかり知っている
stand pat 曲げ[変え]ない《*on*》► The central bank is likely to stand pat and not raise interest rates. 中央銀行は現在の立場を固守して金利を引き上げない可能性が高い

pat³ patent ► pat pending 特許出願中

patch /pætʃ/ *n* つぎ, 当て布; 傷当て, ばんそうこう; 貼付吸収薬; 部分; (文の)一節; 小区画の土地;《英》(警官の)担当地区; 小さな畑;【コンピュータ】パッチ [○プログラムの不具合への応急処置的なつぎ当て]
be not a patch on《略式》とは比べものにならない
in patches 部分的に, ところどころに
strike [hit, go through] a bad [rough] patch 不運な目にあう
— *vt* 当て布を当てる; 修理する《*up*》; 鎮める, 解決する;【コンピュータ】(プログラムを)改造する, にパッチを当てる

patent /pǽtnt, péit-/ *n* 特許権 [○特許として登録された発明を第三者が実施することを禁止する権利. 産業上利用可能(有用)な新規または非自明の発明に付与される]

コロケーション
(動詞(句)+~) **apply for** a patent 特許を申請する / **be protected by** patent 特許により保護されている / **grant** a patent 特許を付与する / **infringe upon** a patent 特許を侵害する / **obtain** a patent 特許を受ける / **take out [get]** a patent 特許を取る

► receive [file for] a patent in the United States 米国で特許を取得[申請]する / For an invention to **be granted a patent** in Japan or elsewhere, it must usually satisfy the patentability requirements, i.e. novelty, inventive step and industrial applicability. 日本その他の国で特許を認めてもらうためには, 普通, 新規性, 進歩性, 産業上の利用可能性という特許要件を満たす必要がある / If you already **have a patent** or **have applied for a patent** (i.e. patent pending) you can attempt to license your patent rights. 特許を既に有しているか, 特許を出願済み(すなわち特許出願中)であれば, その特許のライセンスを図ることができる / None of their products is **protected by patent**. あの会社の製品はいずれも特許による保護がない / We don't think **their patent covers** our process. われわれとしては, 先方の特許が当社のプロセスにまで及ぶとは考えていない / We **filed for a U.S. patent** in 1995 and received one in 1999. 当社は1995年に米国特許を出願し, 1999年にそれが認められた / Once **the patent expires**, the price of the drug will surely go down. 特許が切れると, その薬品の価格は間違いなく下がるだろう

— *a* ❶ 特許の; 明白な;《略式》独特の ► Our patent application was rejected by the PTO examiner. 当社の特許出願は米特許庁の審査官に拒絶された ❷【法律】明白な; 囲っていない, 公開の
— *vt* 特許[専売]権を取る; 特許(権, 状)を与える

patentability *n* 特許適格性 [○発明が法定の特許要件を満たし, 特許を受けられるということ]

patentable *a* 特許性のある

Patent Abstracts of Japan 公開特許英文抄録 (PAJ) [○日本の公開特許公報の書誌事項および要約書を英訳したもの. 特許庁が発行する]

patent agent パテントエージェント, 弁理士 [○特許, 商標等の特許手続の追行を行う専門職. 英国では patent attorney とも言う]

Patent and Trademark Office (the ~) 特許商標局 (PTO) [○米国商務省の一部局. 毎年15万件以上の特許を付与している. 正式名称は United States Patent and Trademark Office (USPTO)]

patent application 特許出願 ► reject a patent application 特許出願を拒絶する / file a patent application 特許出願をする

Patent Application Information Retrieval system ⇨ PAIR

patent applied for 特許出願中 (=patent pending)

patent attorney ❶《米》(弁護士資格を有する)パテントエージェント, 特許弁護士 ❷《英》弁理士 (✦ちなみに日本弁理士会の英語名は Japan Patent Attorneys Association となる)

Patent Bar ❶ パテントエージェント(弁理士)の所属する団体;(日本の)弁理士会 ❷ パテントエージェントの資格を取得するための試験;(日本の)弁理士試験

Patent Cooperation Treaty ⇨ PCT

patent defect 明白なる瑕疵 [○容易に見つけられない隠れたる瑕疵に対して, 買う際にすぐ気づくようなものを言う]

patented *a* 特許を取得している ► a patented method 方法特許

patentee *n* 特許権者 [○ patent owner とも言う]

patent family パテントファミリー [○一つの原出願(親出願)から派生するすべての特許]

patent fee 特許権使用料

patent infringement 特許権侵害 ► allege patent infringement 特許侵害であると申し立てる / constitute patent infringement 特許侵害にあたる / file a lawsuit against ... for patent infringement を相手取って特許侵害訴訟を起こす / The company lost the patent infringement suit. 同社は特許権侵害の訴訟で敗訴した

patent infringement case 特許侵害訴訟

Patent Law Treaty 特許法条約 (PLT) [○特許出願手続の国際的な制度調和と簡素化を図るための条約]

patent license 特許のライセンス

Patent Mafia パテントマフィア [⇒知的所有権を武器に, 巨額の使用料を荒稼ぎするあくどい商法]

patent marking 《米》特許表示 [⇒特許の対象製品に「Patent」または「PAT」という文字と共に特許番号を表示すること. 米国特許法においては, この表示をしなければ特許侵害に対する損害賠償を受けられないことがある]

patent medicine 売薬; 特許医薬品, 処方せんなしで買える一般[市販]医薬品

patent misuse 《米》特許権の濫用 [⇒特許権の行使が反トラスト法(独禁法)その他の法律または衡平に反する場合, その行使は認められない]

patent office ❶ 特許局 ❷ (the P- O-) (日本の)特許庁

patent pending 特許出願中 [⇒特許出願中の製品等に付する表示]

patent pool パテントプール [⇒特許等の複数の権利者が, それぞれの有する特許等または特許等のライセンスをする権限を一定の企業体や組織体に集中し, 当該企業体や組織体を通じてその構成員等が必要なライセンスを受けるものを言う]

patent portfolio パテント[特許]ポートフォリオ [⇒ある特許権者が保有する特許の集合. 通常は, 基本特許を中心として, その周辺特許を合わせた特許群を言う]

patent protection 特許権による保護 ▶ lose patent protection 特許が切れる

patent right 特許権

paternalistic a 家父長的な [⇒面倒見はいいが社員に権限を委譲せず, 意見にも耳を貸さないタイプの経営者を形容するのに使う]

paternity /pətɜ́ːrnəti/ n 父であること; 父系; 起源

paternity leave (父親に与える)育児休暇 ▶ Fathers get six months' paternity leave. 父親は6か月の育児休暇がもらえる

paternity pay (父親のための)育児休業補償

path /pæθ/ n (~s /pǽðz, pǽθs/) (踏まれてできた)道, 小道; 歩道, 散歩道; 進路; (に至る)道 (to); (思想・行動などの)方向, 方針 ▶ The Japanese economy seems to have embarked on a path of recovery. 日本経済は回復の道を歩み始めたように見える

beat a path to (one's door) (人のところ)へ駆けつける

cross a person's path (人に)不意に出会う
◇**pathless** a

PATH Port Authority Trans-Hudson ニューヨーク・ニュージャージー間の通勤鉄道

path dependency 【経営】経路依存性 [⇒過去の積み重ねによって, 現在の状況が成り立っていること]

pathfinder n 先駆者的企業

pathfinder prospectus =red herring

patience /péiʃəns/ n 忍耐(力), 根気 ▶ The patience of customers is wearing thin. 客はだんだん我慢し切れなくなってきた / We appreciate your patience and apologize for the inconvenience. ご迷惑をおかけしますが, いましばらくお待ちください (✚メッセージ)

have no patience with に我慢がならない

lose (one's) patience with に我慢できなくなる

patient /péiʃənt/ a 忍耐強い (with, about) ▶ Please be patient while we renovate our website. 《メッセージ》当社のウェブサイトは更新中です. しばらくお待ちください / Please be patient as we will put you on the next available flight. 次の空いている便に乗っていただきますので, しばらくお待ちください

— n 患者
◇**patiently** ad

pat. pend. patent pending 特許出願中

patrimony /pǽtrəmòuni/ n 世襲財産; 遺伝, 遺産; 【法律】家産
◇**patrimonial** a

patron /péitrən/ n (女性形 ~ess) 顧客; 後援者

patronage /péitrənidʒ/ n ひいき; (集合的) 顧客; 後援; 恩人ぶること ▶ We thank you for your continued patronage. 常日頃お引き立ていただき, ありがとうございます / We appreciate your patronage. 毎度ごひいきにありがとうございます

under (the) patronage of の後援で[推挙]で

patronize, 《英》**-ise** /péitrənàiz/ vt ひいきにする; 後援する; 恩人ぶる

pattern /pǽtərn/ n 模様, 柄; 傾向; 型, 様式, パターン; 規範, 手本; 見本; 原型, ひな型 ▶ Rises in incomes have changed the consumption patterns in developing countries. 所得の増加が発展途上国の消費パターンを変えている / The pattern of risky lending by banks was partly responsible for America's financial troubles. 米国の金融トラブルの責任の一端は銀行各社による危険な貸付という行動様式にあった

set a [the] pattern for の模範になる

— v にならって形作る (after, on, upon); 模様をつける (with)

pattern recognition 【コンピュータ】パターン認識

pauper /pɔ́ːpər/ n ❶ 生活保護者; 貧困者 ❷ 【法律】貧困者, 困窮者 [⇒公的扶助を受けたり, 訴訟扶助を受けたりできる] ❸ 【社会保障】《英》被救恤貧民(ひきゅうじゅつきゅうみん); 受給貧民 [⇒救貧法による救済・保護を受ける貧民]

◇**pauperism** n 貧窮
◇**pauperize** vt 貧乏にする
◇**pauperization** n

pause /pɔːz/ n 中止, 休止; 中断 (in); 躊躇; 区切り, 句読

give a person a pause / give pause to a person (人を)躊躇させる

without a pause 中断しないで

— vi 中止する; 待つ (for); ためらう (on, upon)

pave /peiv/ vt 舗装する (over, with)

be paved with gold 富と成功がある

pave the way to [for] への道を開く; を容易にする

pavement /péivmənt/ n 舗道; 《英》歩道 (= 《米》sidewalk); 舗装面; 舗装材料 ▶ I've been pounding the pavement for a new job for the past two years. 私はこの2年間新しい仕事を見つけようとして歩き回った

pawn /pɔːn/ *vt* 質に入れる(*to*); (名誉などを)賭ける
— *n* 質ぐさ
in pawn 質に入って
put [leave] ... in pawn を質に入れる
pawnbroker *n* 質屋(人)
pawnshop *n* 質屋
pax¹ /pæks/ *n* 平和[<ラ]
pax² passengers

pay /peɪ/ (**paid**) *vt* 払う, 支払う; 弁済する(*for*); (注意・敬意を)払う; (訪問を)する; (人に)もたらす; 仕返しをする; (罰・報いを)受ける(*for*); 償う ▶ pay a bonus ボーナスを支給する / Her part-time job pays (her) $30 a week. 彼女のアルバイトは週30ドルになる / He gets paid wages every week by the restaurant. 彼はそのレストランから毎週賃金を払われている / We get paid every month. 私たちは月給をもらっている / We feel we are never going to get paid. 支払ってもらえないという感じがする / Getting paid on time is very important. 遅れずに払ってもらうことがとても大切だ / The shareholders attacked the directors for paying themselves so much. 株主は取締役の連中がそれほどの高給を自分に払っていることを攻撃した / The company failed to pay wages on regular payday. 同社は通常の給料日に賃金を支払うことを怠った / You will be paid by the work. 仕事は出来高払いとなる / You have to pay a one-month deposit to rent the apartment. そのアパートを借りるには1か月分の敷金を支払わなければならない
— *vi* 代金を払う, 弁済する(*for*); 利益になる, 引き合う; 罰[苦しみ]を受ける(*for*) ▶ pay at piecework rates 出来高払いする / pay by credit card カードで払う / pay in cash 現金で払う / pay through automatic debit 自動引落しで払う / How would you like to pay for that? お支払方法はどうなさいますか / This job doesn't pay me. この仕事は割に合わない(✚しばしば me は略される)

pay as you go (米)即金で支払う; 借金をしないでやっていく; 税金を源泉払いする
pay attention to に注目する ▶ In the recession, consumers are paying closer attention to their spending. 景気後退の時期には, 消費者は出費に細心の注意を払っている
pay away (綱を)繰り出す
pay back に返報する; を返済する; に仕返しする ▶ Many college scholarships do not need to be paid back. 大学の奨学金の多くは返済する必要がない / If you're not fully satisfied with the product, return it and we'll pay your money back. 製品に完全に満足していただけない場合は, ご返品くだされば代金を返却します
pay down を即金で払う; (米)頭金として払う
pay in (金を)払い込む

pay into に金を払い込む ▶ My monthly salary is paid directly into my account. 月給は直接私の口座に振り込まれます
pay off 《略式》期待の成果をあげる, うまくいく; もうかる; (借金を)完済する; (人に)給料を払って解雇する; 《略式》(人を)買収する ▶ I plan to pay off the mortgage in 20 years. 20年で住宅ローンを完済する予定だ / The company's investment in new machinery will pay off in terms of higher productivity. 新しい機械への同社の投資は生産性の向上という点で成果が上がるだろう / It will take 30 years to pay off the mortgage loan. その住宅ローンを全額返済するには30年かかるだろう
pay one's (own) way 自分で自分の費用を払う; 借金せずに[黒字で]やっていく ▶ It will take time for the restaurant to begin paying its way. このレストランが利益を上げるには時間がかかる
pay out 仕返しをする; 金を払う ▶ We don't pay out all our profit in dividends. 当社はすべての利益を配当として支払ってはいない
pay over (金を)支払う
pay the price for のつけを払う ▶ The company is now paying the price for its overly ambitious expansion plans. その会社は過度に野心的な拡張計画の代価を今になって払っている
pay up 完済する
— *n* 支払; 報酬, 給料[給与]; 報い ▶ severance pay 退職金 / unemployment pay 失業給付金 / pay rise 昇給 / work at low [high] pay 安い[高い]給料で働く / provide pay 賃金を支払う / Many researchers work on low pay. 多くの研究者が低賃金で働いている / Our policy is to provide high pay for high performance. 成績のいい人には高給を払うのが当社の方針だ / The job itself is boring, but the pay is good. 仕事自体は退屈だけれど, 給料はいい
in the pay of に雇われている
live from pay to pay その日暮らしをしている
— *a* 有料の

payable /péɪəbl/ *a* 支払うべき(*to*); 支払可能な; もうかる ▶ an account payable 買掛金勘定 / interest payable 未払利息 / a note payable 支払手形 / payable at sight 一覧払いの / a bill payable on demand 一覧払手形 / payable to the bearer 持参人払いの / payable at a fixed date 確定日払の / payable in advance 前金制の / payable to order 指図人払式の
— *n* 支払額[高]; (~s)支払勘定, 買掛金

Pay and File (英)申告納税方式[⇨決算期から9か月以内に納税し, 12か月以内に申告書を提出する方式が1993年より, 従来の賦課決定方式に取って代わっている]

pay-and-take *a* 払って持ち帰る[⇨配達や発送はしない](✚cash-and-carryとも言う)

pay-as-you-earn *n* (英)=pay-as-you-go

pay-as-you-earn scheme (英)=

《米》pay-as-you-go plan [program, system]

pay-as-you-go (method) 《米》賦課方式 (=《英》pay-as-you-earn)［⇒将来受け取る年金を自分で積み立てるのではなく,現在の年金生活者の給付を現役で働いている人が負担する方式］

pay-as-you-go plan [program, system] 《米》源泉課税制度,源泉徴収制度 (=《英》pay-as-you-earn scheme)

payback n 返戻ケ;払戻し;回収

payback period 〖会計〗回収期間［⇒投資額を回収するのに必要な期間。回収期間=当初の投資額(現金支出)÷キャッシュフロー上の年間純収益］

pay bargaining 賃金交渉

pay cable 有料ケーブルテレビ

pay channel 有料チャンネル［⇒ケーブル,衛星放送などの有料放送のこと］

paycheck n 《米》給料支払小切手;給料,俸給

pay claim 賃上げ要求

pay comparability 賃金格差解消,賃金水準の均衡 ► Public employee salaries are periodically reviewed to ensure pay comparability with the private sector. 公務員給与は,民間企業との格差が生じないよう,定期的に見直されている

pay cut 賃金[給料]カット,減給 ► accept a pay cut 減給処分を受ける / force ... to take a pay cut を減給処分に付する / The boss gave us a pay cut today. 社長は今日私たちの賃金をカットした / We had to take a pay cut to avoid a massive layoff. 大規模な整理解雇を避けるため賃金カットを受け入れるほかなかった / The pay cuts would only affect company executives. 給与カットが適用されるのは会社の上級幹部だけだろう

payday n 給料日 ► Payday is still days away. 給料日まであと何日もある

pay determination 昇給ならびに報酬の決定

pay dirt 《米》有望な鉱脈 ► hit [strike] pay dirt 一発当てる

paydown n (借金の)一部返済

PAYE pay-as-you-earn

payee /peiíː/ n (一定金額の)受取人;〖法律〗(手形や小切手などの) 受取人 (⇔payer, payor) ► be endorsed by the payee and transferred to a third party 受取人によって裏書きされ第三者に譲渡される

pay envelope 《米》=pay packet

payer /péiər/ n ❶〖法律〗(手形や小切手などの)支払人 (=payor)(⇔payee) ► a payer bank 支払銀行 ❷ 保険料払込者;支払者 (=payor, purchaser)

PAYE scheme 《英》= pay-as-you-earn scheme

pay-for-performance pay 能力給

pay freeze 賃金凍結

PAYG method =pay-as-you-go method

pay hike 賃上げ ► The boss will give us a pay hike. 社長は賃上げをしてくれるだろう

paying agency agreement 支払代理契約

paying agent (債券の)支払代理人

paying bank (小切手の)支払銀行

paying-in n (銀行での)預け入れ

paying-in book 《英》預金通帳 (=《米》deposit book)

pay increase 賃上げ (=pay raise) ► The company has recently awarded a large pay increase to its CEO. 会社は最近そのCEO(最高経営責任者)に大幅な手当増額を行った / They wanted a 10 percent pay increase. 彼らは10%の賃上げを望んだ

paying-in slip 入金伝票,預入伝票

pay-in-kind debenture PIK債［⇒定期的に利息を現金で払う代わりに新たな債券を交付するタイプの債券。その分,発行会社の返済元本がふくらむことになる］

pay levels 給与水準 ► The company union wants to raise the pay levels of security guards. 組合は守衛の給与水準を引き上げたがっている

payload n 収益荷重;給料負担;ペイロード,有効搭載量

paymaster n 給料支払係;金の力で人を使う人

paymaster general 《米》陸[海]軍主計総監;《英》主計長官［⇒財務大臣(Chancellor of the Exchequer)を補佐する役職］

payment

/péimənt/ n ❶ 支払;納付;支払物[金額] ► a down payment 頭金 / an incentive payment 報償金 / monthly payments 月払 / weekly payments 週払 / Would you kindly inform us of your terms of payment? 御社の支払条件をお知らせください
❷ 支払,支出［⇒現金の支払や債務の支払］

コロケーション

(動詞(句)+〜) **accept** payment 支払を受ける / **advance** payment 前払をする / **defer** payment 支払を延ばす / **make** a payment 支払う / **refuse** payment 支払を拒む / **suspend** payments 破産する

► a balance of payments 国際収支 / a means of payments 支払手段 / a payment obligation 支払義務 / payment terms 支払条件 / an advance payment 前払い,前渡金 / a cash payment 現金払い / deferred payments 延払い / installment payments 分割払い / a lease payment リース料支払 / principal payments 元本返済 / balloon payments バルーン返済,増額返済 / a payment at sight 一覧払い / equal monthly payments with interest 元利均等月賦 / payments for dividends 配当金支払 / payments for interest 利息支払 / payments for income taxes 法人税支払 / payments for merchandise 商品代金支払 / payments for expenses 経費支払 / meet payments on the house 家の返済金を支払う / write out a check in payment for の支払に小切手を切る / We are unable to **advance any payment** without entering into a contract. 契約を締結していないのに前払をするのは不可能です / I still have concerns about **making a payment** online. いまだにオンラインで支払うことに不安をおぼえる / To qualify for a special discount, **payment in full** is required on or before January 28. 特別割引の適用対象となるには、1月28日までに全額の支払を要する / Upon receipt of your invoice, our Sales Department will **arrange for payment** to be made to your account. 御社からの請求書を受け取り次第、営業部の方で御社の口座に払い込まれるよう、支払手続をいたします / We do not **accept payment** by a method other than wire transfer to the designated bank account. 指定の銀行口座への振込によるお支払以外はお受けできません / **Payment for the shares** is due January 23, 2005. 株式の払込期日は2005年1月23日です

behind payments 支払が遅れて
in payment for [of] の支払に[を払うための]
on payment of を払えば
payment advice 払込通知書
payment by results 出来高払;歩合給;業績給 (PBR) [⇨能率給の一つで,業績に応じて賃金を支払う方法]
payment credit 支払信用状
payment date 支払期日 ► have sufficient funds available on the payment date 支払日には十分な資金を使用可能にする
payment due 弁済期の支払 ☞ No payment due or payable by BUYER shall be set off or withheld on account of any claim asserted by BUYER. 「買主」の弁済期の支払または支払債務について、「買主」のいかなる主張に基づく請求額とも相殺または控除してはならない
payment) in advance 前払い;前払金 (=prepayment) ► Reservations require payment in advance by check or credit card. 予約には小切手またはクレジットカードによる前払いが必要です
payment in kind 現物給与;(金銭ではなく) 現物による支払 (PIK) ► They made a payment in kind. 彼らは現物による支払いをした
payment obligation 支払義務
payment on delivery 着払
payment schedule 支払予定
payment slip 出金伝票
payment terms 支払条件 ► We sometimes have to accept extended payment terms to capture more business. 取引を拡大するため、猶予期間が長めの支払条件を受諾せざるを得ないときがある
pay negotiations 賃金交渉 ► Pay negotiations are due to begin soon. じきに賃金交渉が始まるはずだ
payoff n ❶ 清算;支払(日);報酬;(賭博(とばく)の)もうけ;山分け;報復;賄賂;結末,決着 ► make payoffs to officials 公務員に賄賂を贈る ❷ (預金保険制度の)ペイオフ
the payoff is that 結果は…
pay office 給与支払窓口,出納室
payoff period 【会計】回収期間
payola /peióulə/ n 賄賂
payor n =payer
payor bank 支払銀行
payout n 支払(金);配当金 (=dividend)
pay package 報酬総額 [⇨給与,賞与等対価として受け取る金銭の総称]
payout ratio 配当性向,配当比率 [⇨税引後利益に対する配当金の割合で,配当金を配当後当期純利益で除して求められる]
pay packet 《英》給料袋;《米》給料額
PayPal ペイパル [⇨PayPal 社が運営しているインターネット上の決済システム。オークションのeBayで個人間の決済手段として利用されて広まった。PayPal 社は現在は eBay 社の子会社]
pay-per- ペイパー [⇨ pay per view (視聴のつど支払う) のように何かをするつど支払が生ずるものを言う]
pay period 給与計算期間
pay-per-view a (ケーブルテレビが) 視聴本数払いの (PPV)
pay phone 公衆電話
pay raise 《米》給料値上げ,昇給 (=《英》pay rise) ► get a pay raise 昇給する / The stockholders meeting approved a pay raise for top executives. 株主総会は最高幹部クラスの役員につき昇給を認めた
pay restraint 賃金抑制 [⇨昇給の見送りのみならず,賃金カットなども含まれる]
pay rise 《英》=pay raise
payroll n 賃金台帳,(転じて)従業員数,従業員名簿;給与支払業務;給与支払総額 ► administrate the payroll 給与支払事務を処理する / eliminate 5% of the payroll 従業員数の5%を削減する / reduce [trim] the payroll 人員を削減する / Our payroll budget has been cut significantly. 当社の給与予算は大幅にカットされてきた

on [off] the payroll 雇われて[解雇されて] ► We have 5,000 people on our payroll. 当社の従業員数は5,000名を数える
payroll check 給与(支払)小切手
payroll clerk 給与担当の事務員
payroll cost 人件費
payroll cut 人員削減 ► steep payroll cuts 大幅な人員削減
payroll deduction 給与控除,天引き
payrolled a ❶ 正社員として働いている ❷ 派遣会社を通じて人件費がまかなわれている
payrolling n 人事管理代行業務 [⇨実質的雇い主が求める人材を自社の従業員として抱え,労務だけを実質的雇い主に提供させる。ユーザーである企業は,煩瑣な労務管理・給与計算事務を免れ,フリーランサーは正社員並みの待遇を確保できる]
payroll operations 給与計算事務
payroll run 給与計算期間
payroll tax 給与税 [⇨給与所得に対して課せ

られる税金で,社会保障税と失業保険税がある]
pay scale 給与体系 ► She is at the bottom of the company's pay scale. 彼女は会社の給与体系中,最底辺に位置している
pay settlement 賃金交渉の妥結
payslip *n* 給与明細書 ► Bogus payslips sold online let borrowers exaggerate their income to fraudulently take out mortgages. ネット上売られているにせの給与明細により,融資の申込人が自分の所得を水増しし,不正に住宅ローンを取得することを可能にしている
pay spine 《英》等級別賃金表
pay structure 賃金体系
pay stub 給与明細
pay talks 賃金交渉
pay-TV *n* 有料テレビ
PBGC Pension Benefit Guaranty Corporation
PBR payment by results; price book-value ratio
PBS 《商標》Public Broadcasting Service ピービーエス [⇒企業で,視聴者などの寄付金によりBBSのドラマなどを放映する米国の公共放送サービス局]
PBT profit(s) before tax
PBX private branch exchange
PC Pacific Community; personal computer; political correctness; politically correct
p. c. percent; postcard
PCAOB Public Company Accounting Oversight Board
PCC Press Complaints Commission
PC card PCカード [⇒ノートパソコンの機能を拡張するためのカードで,データ保存,LAN接続などさまざまな用途のものがある]
PCFR price/cash flow ratio
pcm per calendar month
PCN personal communications network
Pct, pct 《米》percent
PCT Patent Cooperation Treaty 特許協力条約 [⇒複数の国において発明の保護が求められている場合に,各国での特許取得を簡易かつ経済的にできる国際出願手続を定めた国際条約]
PCT application PCT出願 [⇒特許協力条約に基づいてなされる特許出願]
P. D. property damage
PDA personal digital assistant 携帯情報端末 ► A PDA can operate off a regular phone line or cellular connection. 携帯情報端末は電話回線でも,携帯との接続でも使える / A PDA performs dozens of tasks for the user. 携帯情報端末はユーザーのためにいくつもの機能を提供する
PDF probability density function; portable document format
PDQ parallel data query; 《略式》pretty damn quick 大至急
PDR price-dividend ratio; purchase of development rights
P/E 株価収益率 ⇨ price-earnings ratio

► high P/E stocks 株価収益率が高い株式 / The company's P/E is only half of what it was five years ago. その会社の株価収益率は5年前の株価収益率の半分に過ぎない
p-e price-earnings ratio
peace /piːs/ *n* 平和; 講和(条約); 安心, 平安; 《the ~》治安 ► one's peace of mind 心の平安 / keep the peace 治安を保つ / make a separate peace with と単独講和を結ぶ
at peace 平和に; 仲よく《with》; 死んで
be at peace with oneself [the world] 気持ちが落ちついている
bring peace to に平和をもたらす
hold [keep] one's peace 黙っている
make one's peace with と仲直りする
make peace 和解する, 講和する《with》
peace and quiet 静けさ, 平安
the king's [queen's] peace 《英》治安
peaceful /piːsfəl/ *a* 平和な, 穏やかな ► Management and union leaders came to a peaceful agreement. 経営陣と組合指導者は円満な合意に至った
◇**peacefully** *ad*

peak
/piːk/ *n* 山頂, 峰; 先端; 頂点, 絶頂 ► I try to avoid commuting during peak rush hour. ラッシュアワーのピーク時の通勤は避けるようにしている / Property prices are now at 12% below their peak. 不動産物件の価格は現在はピーク時より12%も安い
at its peak 最高で
at the peak of の絶頂で
— *vi* 頂点に達する ► Gasoline prices peaked in July at $3.80 per gallon. ガソリン価格は7月に1ガロン当たり3ドル80の最高値をつけた / Inflation peaked at 5.6% in January. インフレ率は1月に5.6%のピークに達した
◇**peaked** *a* 先のとがった

Peak 《商標》ピーク [⇒米国の車両用不凍液, 冷却水のブランド]
peak fare 時間帯割増料金
peak hour [time] ピーク時, 最大稼働時, 書き入れ時; =prime time
peak-hour traveler ピーク時旅客
peak period ピーク時, (事務の)繁忙期
peak season fare ハイシーズン割増料金
peak season surcharge シーズン中の割増料金
peanut /píːnʌt/ *n* 《~s》つまらないもの, ごく少額の金 ► polystyrene peanuts 梱包用の緩衝材
for peanuts はした金で[をもらって] ► As an intern, I was working for peanuts. 実習生として, 私はわずかな報酬で働いた
Pearl Drops 《商標》パールドロップス [⇒米国の歯みがき液。ミントなどの味がついている]
Pechiney 《~ SA》ペシネー [⇒アルミニウムなどの非鉄金属を扱うフランス企業。1971年, Pechiney S.A. と Ugine Kuhlman が合併し, Pechiney Ugine Kuhlman として設立。82年, 国営になる。83年, 化学部門を分離, 再び Pechiney S.A. となる。

95年, 民営化され, 2003年 Alcan Inc.によって買収された]

pecking order 社内序列 ► those far down [high up] the pecking order 社内序列でずっと下[上]の方の人々

peculate /pékjulèit/ v (公金を)使い込む, 着服する
◇**peculation** n 横領
◇**peculator** n

peculiar /pikjú:ljər/ a 特有の; 奇妙な;《略式》気分がすぐれない ► Have you noticed anything peculiar with the results of the customer questionnaire? 顧客アンケート調査の結果で何か変わったことに気がつきましたか

pecuniary /pikjú:nièri/ a 金銭[財政]上の
pecuniary loss 金銭的損害[被害]
pecuniary obligation 金銭債務

peddle /pédl/ v 行商する, 小売りする
peddler /pédlər/ n 行商人

Pedigree《商標》ペディグリー [○米国のドッグフードのブランド。缶入りとドライフードの両方があり, 犬の健康, 毛並みを保つための栄養物が含まれている]

Peds《商標》ペッズ [○婦人用靴下の商品名]

peer /píər/ n 同業他社, 同格の者 ► The company's market share has outstripped that of its peers. 同社の市場占有率は同業他社の市場占有率を上回った

peer appraisal =peer review
peer comparison 同業他社との比較
peer group ❶(同年代の)仲間集団 ❷〖経営〗ピア・グループ [○階層と専門性を否定し, 対等な相互依存関係を持つ緩やかに結びついたシステム]

peer relationship 同僚との関係
peer review 同分野の専門家による評価; 同僚による評価

peer-to-peer a ピアツーピアの (PtoP, P2P) [○複数のパソコンを対等に接続するネットワーク手法について言う] ⇒client-server; 仲間同士の

Peet's Coffee《商標》ピーツ・コーヒー [○ピーツ・コーヒー製造・販売の米国のコーヒーのブランド]

peg /peg/ n ❶くぎ, 掛けくぎ; (テントの)くい; 栓;《略式》階級, 等級; 理由, 口実;《略式》脚 ❷ペッグ [○商品価格・為替レートなどの設定水準] ► Countries like Russia and China are pushing for a switch from a dollar peg to special drawing rights (SDRs). ロシアや中国のような国はドル固定から特別引出権への切換えを要求している

a peg on which to hang を持ち出すのによい口実
a round peg in a square hole / a square peg in a round hole 不適格者

— v (-gg-) くぎ[くい]を打つ;(物価などを)安定[固定]させる《at》;《米略式》と認める, 見定める; 分類する;(通貨をドルなどに)固定相場でリンクさせる ► A recent forecast pegs the country's economic growth at 6.5%. 最近の予測は同国の経済成長率を6.5%と判断している / The country decided to peg its currency against the dollar. その国は通貨をドルに固定することに決めた

peg down を固定する《to》 ► They are trying to peg us down to the new trade restrictions. われわれを新しい貿易制限規定に縛ろうとしている

pegged currency ペッグ通貨 [○米ドルなどの他通貨との交換レートが固定してある通貨]

pegging /pégiŋ/ n 連動化, 固定化

Pemmican《商標》ペミカン [○米国のビーフジャーキーのブランド。pemmicanという単語は, 元来アメリカ先住民の言語で乾燥肉やドライフルーツを混ぜた携帯保存食を指す言葉だった]

pen /pen/ n ペン(先); 万年筆; 文筆

penal /pí:nl/ a ❶刑罰の; 刑事上の, 刑法の; 処罰されるべき; 厳格な ❷〖金融〗罰則的な, 懲罰的な

penal action ❶刑事訴訟 ❷(制裁金などを求める)罰的(民事)訴訟 ❸罰的訴訟 [○①②を含む]

penalize,《英》**-ise** vt 有罪にする; 不利にする; ペナルティを科す

penalty /pénəlti/ n 罰, 罰金, ペナルティー, 制裁金 ► You have to pay a penalty if you don't file your tax returns in time. 期日までに納税申告書を提出しないと罰金を払わなければならない / We have to pay penalties for late completion. 完成が遅れると違約金を払わなければならない

on [upon, under] penalty of (違反すれば)…の刑[罰]に処する条件で

penalty clause (契約の中の)違約条項

pence /pens/ n penny の複 (p)

pencil /pénsəl/ n 鉛筆; 光[線]束

pencil pusher《略式》事務員

pendant /péndənt/ n ペンダント; 付録(物)
— a =pendent

pendency /péndənsi/ n 係属中, 未決

pendent /péndənt/ a ぶら下がっている; 未決定の
— n =pendant

pendente lite /pendénti láiti/ 訴訟係属中の [<ラ]

pending /péndiŋ/ prep …まで; …の間, …じゅう
— a (問題などが)未決定の, 懸案の; 係争中の, (…の)結果待ちの

pending suit [lawsuit] 係属中の訴訟 [○訴えが提起された結果, 現在, 審理が続いている訴訟を指す]

pendulum /péndʒuləm/ n 振り子;(振り子のように)くらつくもの ► The global economic crisis has swung the pendulum towards protectionism. グローバルな経済危機は振り子を保護主義の方向へと振った

penetrate /pénətrèit/ vt 貫く; 浸透する ► The company's brand has penetrated the market. その会社のブランドは市場に浸透している / European movies barely penetrate the US market. ヨーロッパ映画はアメリカ市場にはほとんど食い込めない

— *vi* 貫く;浸透する,染み込む《*to, into, through*》

penetration /pènətréiʃən/ *n* 浸透(力),普及 ► business PC penetration パソコンの企業普及率 / home PC penetration パソコンの世帯普及率 / Internet penetration インターネット普及率

penetration pricing 市場浸透価格［⇨新製品を市場に売り出すために,可能な限り安い価格を付けること］

Penguin Books《商標》ペンギンブックス［⇨英国のペーパーバックの出版社.英米文学の名作,子供向けの本も多く出している］

penniless /pénilis/ *a* 文なしの

penny /péni/ *n*《-nies,《集合的》pence》❶《英》ペニー(p)［⇨貨幣単位.1/100 pound］;《米》1セント(銅貨)(p); わずかの金 ► He's saving his pennies to start up his own business one day. いつの日か自分自身の会社を立ち上げるために彼は小銭を貯めている ❷《証券》《略式》=penny stock
A penny for your thoughts. / A penny for them.《英》何を考えているのか
a pretty penny《略式》かなりの金額
In for a penny, in for a pound.《英》やりかけたことは最後までやり通せ
pennies from heaven 思いがけないもうけ
turn [earn] an honest penny 律儀に働いて稼ぐ
two [ten] a penny ありふれた,とても安い
— *a*《証券》ペニーストックの,(1ドルにもならない)投機的低位株の ► frenzied speculation in the penny market 超低位株の取引市場での熱狂的思惑売買

penny-pincher *n* 節約家,なかなか財布のひもを緩めない人

penny-pinching *a* 財布のひもが堅い ► penny-pinching consumers 財布のひもが堅い消費者

penny share《英》=penny stock

penny stock《米》ペニー株(=《英》penny share)［⇨一般に1ポンドまたは1ドル以下の低位価格の投機株］

pennyworth *n* 1ペニー分の(の量);少量;取引(高)

Pennzoil /pénzɔil/ *n*《商標》ペンゾイル［⇨米国の車用オイルのブランド］

pen pusher《略式》事務員

pension /pénʃən/ *n* 年金［⇨国によって,拠出型,無拠出型の違いがある］ ► be eligible for survivor's pension 遺族年金の受給資格がある / collect public pensions 公的年金を受給する / draw one's pension 年金を受け取る / live on one's pension 年金[恩給]で生活する

===年金===
defined-contribution pension 確定拠出型年金 / defined-benefit pension 確定給付型年金 / disablement pension 障害年金 / employees' pension fund 厚生年金基金 / employees' pension insurance 厚生年金保険 / national pension system 国民年金制度 / old-age pension 老齢年金 / personal pension 個人年金 / portable pension 通算制の年金 / retirement pension 退職年金 / survivor's pension 遺族年金 / tax-qualified pension plan 税制適格年金

— *vt* 年金を給付する;年金を与えて退職させる《*off*》

pensionable *a* 年金受給資格がある,年金受給資格との関係で勘定される

pensionable age 年金受給(資格)年齢,年金支給開始年齢

pension age《英》=pensionable age

pension annuity《英》退職年金保険

pensionary *n*, *a* 年金受給者;年金の[を受ける]

pension assets 年金資産(=pension fund asset [money])［⇨年金給付の原資となる資金］

pension award 年金支給(=award of pension)

pension benefits 年金給付(=pension income) ► receive pension benefits 年金給付を受ける / I'm about to retire and start receiving pension benefits. もうじき定年退職して年金を受け取り始めることになる

Pension Benefit Guaranty Corporation 年金給付保証公社 (PBGC)［⇨民間企業の確定給付型年金(defined-benefit pension)を保証する連邦政府公社.Employee Retirement Income Security Act of 1974(ERISA 法)によって設立］

pension contribution 年金掛金

pension cost 年金費用［⇨年金を給付するときに生ずる企業負担の費用］

pension coverage 年金保障;年金制度適用範囲

pension credit 確定年金給付額(=benefit credit)

pension deficit 退職給付積立不足,年金の資産不足［⇨将来予想される年金給付額を一定の利率で割り引いて求めたその現在価値と,現在実際に蓄えられている年金資産の差額］

pensioner *n*《英・豪》年金受給者,年金生活者(=《米》pension recipient, annuitant)

pension expense 年金費用

pension fund (退職)年金基金(=retirement fund)［⇨企業が設定した年金制度に基づいて,年金給付に充当するための基金.すなわち,加入者の積立金と年金スポンサーの拠出金がひとまとまりになったもの］

pension income 年金収入,年金給付(=pension benefit)

pension insurance (program)《米》年金給付保証保険(制度)

pension liability 年金負債,年金債務［⇨企業が年金制度のもとで,受益者に給付しなければならない年金に関する負債］ ► The company's pension liabilities are not fully funded. 同社の年金債務については十分な資金が引き当てられていない

pension obligation 年金債務

pension plan《米》(退職)年金制度,年金基

金(=《英》pension scheme)

> **解説** 米国の現在の企業年金制度には確定給付型年金制度(defined-benefit pension plan)と確定拠出型年金制度(defined-contribution pension plan)がある.「退職者に定額の年金を支給する制度」という今までの定義は確定拠出型の年金制度については合わなくなっているが, pension planという言葉は今でも定額を支給する企業年金のイメージで使われている

▶ a defined-benefit pension plan 確定給付型年金プラン / a defined-contribution pension plan 確定拠出型年金プラン[⊃米国の401(k)プランが代表例] / I don't have sufficient years of service to join a pension plan. 年金に加入できるだけの勤続年数が足らない
pension right 年金(受給)権
pension scheme 《英》= pension plan
▶ I've joined a company pension scheme. 私は会社の年金制度に加入した
pension trust 年金信託, 年金基金
pension trust fund 年金信託基金
pent-up a (エネルギー, 需要などが)たまっている, はけぐちがたまるのを待っている
pent-up demand 潜在需要
people /píːpl/ n ❶ (~(s)) 人々; 民族, 国民; 人民; 住民; 臣民;《略式》家族, 親類;(the ~)民衆, 庶民 ▶ a man of the (common) people 大衆の一人 / People worry about rising living expenses. 人々は生活費の高騰について懸念している / Some people argue that tax cuts are more effective than government spending. 政府支出より減税の方が効果が大きいと主張している人もいる / How many people are you interviewing for the job? その求人募集のために何人と面接していますか / Many people complain that the government is slow in responding to the unfolding economic crisis. 進展する経済危機への政府の対応が遅いと文句を言っている人が多い

❷ 【法律】《(the) P-》《米》(刑事裁判での)検察[検事]側, 訴追側 ▶ the People vs. O.J. Simpson 検察側対O.J. シンプソン

go to the people 選挙[国民投票]を行う
of all people 人もあろうに
— vt に人を住まわせる; 満たす (*with*)
People《商標》『ピープル』[⊃テレビ, 映画, 音楽界などの有名人の記事を載せた米国の週刊誌]
people-intensive a 労働集約的な, 人手を要する
people meter【広告】ピープル・メーター, 視聴率計[⊃個人視聴率測定装置]
People's Daily (the ~)『人民日報』[⊃中国共産党中央委員会機関紙]
people skills ピープルスキル, 人間関係を処理する能力[⊃人と一緒に働くために必要な人間関係を自ら構築していく能力] ▶ have poor [strong] people skills 人間関係を処理する能力が低い[高い]

PEP /pep/ personal equity plan
peppercorn rent 名目ばかりの安い家賃[地代], 名目地代
Pepperidge Farm《商標》ペパリッジファーム[⊃米国のクッキーのブランド. 添加物, 保存剤不使用の袋菓子. 冷凍ケーキやペストリーなどもある]
Pepsi《商標》ペプシ[⊃炭酸飲料. コカコーラの競合ブランド]
PepsiCo (~, Inc.) ペプシコ[⊃米国の清涼飲料・食品会社. 1919年設立. Pepsi-Cola, Mountain Dew, 7UPなどを製造. 子会社Frito-Layがスナック食品を担当する他, 他社との提携でStarbucks Coffee なども手掛ける. 2001年に, The Quaker Oats Co. を買収]
Pepto Bismol /péptə bízməl/《商標》ペプト・ビズモル[⊃消化不良, 吐き気, 胃痛, 胸焼けを緩和する液体状の米国の制酸剤. ピンクの容器がトレードマーク]
PER price-earnings ratio (✚日本で使われているこの略語は米国では使われていない)
per /pər;《強》pəːr/ prep …につき, ごとに; …によって
▶ **per** head 一人につき / Spending **per** household has fallen by 8% in the last quarter. 家計あたりの支出は前四半期に8%減少した / The automaker posted slightly higher sales last month, partly due to increased incentives **per** vehicle by 85% from last year. その自動車メーカーは先月に若干の売上増を発表したが, これは一台あたりの報奨金を昨年に比べて85%増やしたことも関係している

成句 *as per* …通り, …により (*as*) *per usual*《略式》いつもの通り
per annum /ǽnəm/ 1年ごとに[につき] (p. a.)
P/E ratio, PE ratio = price-earnings ratio
▶ Compared to others in the industry, the company has a high P/E ratio. 業界の他の会社と比較して, 同社の株価収益率は高い
per calendar month 1か月当たり
per capita /kǽpitə/ 一人当たり; 頭割りの[で]
▶ The country's per capita income has risen 12% in the last ten years. 同国の一人当たり所得は過去10年間に12%増加した
an income per capita / a per capita income 一人当たりの所得
[＜ラ'by heads']
per capita gross domestic product 一人当たりGDP
per capita gross national product 一人当たりGNP
perceive /pərsíːv/ v (五感で)気づく; 理解する; 認知する, 知覚する ▶ Men and women perceive the problem differently. 男性と女性はその問題を違うふうにとらえている
perceived a 認知された, 思い込みの[⊃本当に存在するかどうか分からないが, 存在すると人々が思い込んでいるものを言う] ▶ Due to the weakening dollar, investors are turning to commodities like oil, which have become a perceived safe haven. ドル安によって, 安全な避難場所と思われている石油などの商品に投資家は目

を向けつつある / With a perceived economic downturn, hotels are reducing rates to lure customers. 景気が低迷していると人々は思い込んでいるので、顧客を勧誘するためにホテルは宿泊料金を引き下げている

perceived quality 知覚品質 ⇨ brand equity [⇨顧客の知覚に基づいた自社製品の評価]

perceived value 知覚価値 [⇨買手が認識している価値] ▶ perceived value pricing 知覚価値に基づく価格設定

percent, per cent /pərsént/ n (~) パーセント (p. c., (米) Pct, pct) (✚米国ではpercent と綴り、英国では per cent と綴るのが普通. 記号:%); (複数形 ~s) (英) (一定の利率表示の) 株式, 社債, 公債 ▶ The economy is expected to contract by 3 percent this year. その国の経済は今年は3%縮小すると予想されている / The unemployment rate leaped to 7.6 percent last month. 失業率は先月に7.6%へと跳ね上がった / GDP growth will likely drop by 2 percent this year. 国内総生産の成長率は今年はおそらく2%のマイナスになるだろう

— *a, ad* …パーセント[分]の; …パーセントだけ

percentage /pərséntidʒ/ n ❶ パーセント; 歩合; 手数料; (略式) 効用 ▶ The airport takes a percentage from every drink. その空港はすべての飲み物から手数料を取っている / I get a percentage on everything I sell. 私は売ったすべてのものについて歩合をもらっている / A large percentage of our customers are working females. 当社の顧客は仕事をもつ女性が大きな比率を占めている ❷ 組入比率 [⇨ポートフォリオにおいて, ある資産(金融商品)が占めている割合ないしウエート]

a good percentage of かなりの割合の
get a percentage on の手数料[口銭]を取る
on a percentage basis パーセントで(表して)
there's no percentage in になんら利益はない

percentage commission 歩合

percentage-of-completion method 工事進行基準 [⇨長期工事において, 各期間の工事の進行度に応じて工事収益を認識する基準] ▶ report the income from long-term contracts under the percentage-of-completion method 長期契約からの利益を工事進行基準によって計上する

percentage of GDP GDP 比 ▶ As a percentage of GDP the budget deficit is 7%. GDP 比では財政赤字は7%である

percentage point パーセンテージポイント, パーセントポイント (pcp)

(解説) 金利などの率の変化を述べるときに使用される単位には percent と percentage point がある. たとえば、年率 10 percent の金利が 10 percent 上昇したと言えば、年率 11 percent の金利になったことを意味する. 年率 10 percent の金利が 10 percentage points 上昇したと言えば、年率 20 percent の金利になったことを意味する. つまり、percent は比率としてのパーセントを表し、percentage point は絶対数としてのパーセントを表している

▶ Support jumped 13 percentage points to 68 percent. 支持率は13パーセントポイントはね上がって68パーセントになった / Average growth declined about two percentage points in East Asia's economies last year. 昨年, 東アジア諸国の経済は平均成長率が約2パーセントポイント落ち込んだ / The government raised interest rates by two percentage points from 16% to 18%. 政府は公定歩合を2ポイント上げて, 16%から18%とした

percentage rent 【不動産】歩合制賃料 [⇨売上高などに応じた賃料. 店舗などの賃貸借によく見受けられる]

percentile /pərséntail/ n 【統計】百分位数, パーセンタイル [⇨ばらばらになっているデータを, それぞれが全体の1%となるようにグループ分けしたときの, 1%相当のブロックを言う. 50パーセンタイルがメジアン(中央値)となる. あるファンドが収益性(リターン)で75パーセンタイルにランクされているという場合, それは上から25%の位置にあり, 収益性はグループ内の75%のファンドと同等か勝っているということ] ▶ earn a percentile rank of 75 75パーセンタイルにランクされる / have a higher percentile ranking パーセンタイルによるランキング上, より高い位置にある

perceptible /pərséptəbl/ a 知覚[認知]できる (*to*)

perception /pərsépʃən/ n 知覚(作用); 認知(力); ものの見方, 捉え方 ▶ The perception of the company's quality standards was damaged from the food poisoning scandal. 同社の品質基準についてのイメージは食中毒の不祥事で傷つけられた / The company tried to improve customers' perception of its service. その会社は自社のサービスについての顧客の評価の改善しようとした / Generally, the perception that consumers have of luxury brands is high quality. 一般的に言って, 顧客が高級ブランドについて抱いているイメージは高い品質だ

perceptive /pərséptiv/ a 知覚力のある; 知覚の; 洞察[理解]の鋭い

perceptual /pərséptʃuəl/ a 知覚の

percipient /pərsípiənt/ a 知覚[感知]する; 知覚力のある
— n 知覚する人

Percodan 《商標》ペルコダン [⇨鎮痛作用を有する薬剤]

per diem /díːəm, dáiəm/ *ad, a* 1日につき[の], 日割の ▶ calculate on a per diem basis 日割計算する
— n (出張の) 日当, 旅費
[<ラ]

perfect *a* /pə́ːrfikt/ 完ぺきな, 申し分のない; うってつけの (*for*); 熟達した (*in*); まったくの; 【法律】(法的に) 有効な, 完全な ▶ He's a perfect fit for the job. 彼はその仕事に最適だ / The alliance between the two automakers was touted as a perfect match of business strategies and goals. その自動車メーカー2社の提携は事業の戦略と目標という点で完璧な組合せとして喧伝された

— vt /pərfékt/ ❶ 完全にする; 完成する; 改良する ❷ 対抗力を付与する [⇨所定の官庁への届出などにより, 担保権が設定されている事実を契約当事者外の第三者に対しても主張できる状態にすること] ▶ Under Oklahoma law, a lien entry form needs to be filed in order to perfect a security interest. オクラホマ州法上は, 担保権に対抗力を付与するためには, 物的担保権設定通知の届出を要する

perfect competition 〚経済〛完全競争 [⇨多数の市場参加者が存在し, 個々の参加者は価格を所与として取引する市場]

perfection /pərfékʃən/ n ❶ 完全, 完成; 完全な人[もの]; 極致
❷ 対抗力具備, 対抗要件 ▶ Perfection can be accomplished by filing a financing statement. 対抗力の具備は, 与信公示書の届出でこれを行うことができる

to perfection 完ぺきに

perfectionism n 完全主義 ▶ Don't aim for perfectionism. 完全主義を目指すな

perfectly /pə́ːrfiktli/ ad 完全に; まったく; 正確に ▶ I understand perfectly what you're saying. おっしゃっていることは非常によく分かります / The takeover of the investment bank was a perfectly-timed move. その投資銀行の買収は絶妙のタイミングでの動きだった

perfect market 完全市場 [⇨株式市場のように売値と買値に関する情報が参加者間に等しく行き渡っており, 需給の不均衡が即座に解消される市場. 一物一価の原則が貫徹されることになる]

perform /pərfɔ́ːrm/ v 成す, 成し遂げる; 実行する; (車が)よく走る ▶ perform at full strength 力を存分に発揮する / The company is performing well. 同社は業績を上げている / Incentives can make them perform better. 奨励制度[特別手当]は彼らの成績を向上させる / We did not expect sales to perform so poorly in the European market. 欧州市場で売上高がこれほど惨めな結果になるとは予想していなかった

performance /pərfɔ́ːrməns/ n
❶ 成績; 出来栄え ▶ take the blame for the team's poor performance チームの成績不振の責任をとる
❷ 〚法律〛(特に義務・契約上の)履行 ▶ ensure the performance of contracts 契約の履行を保証する
❸ 〚経営〛パフォーマンス, (資産の)運用成績, 業績, 成果, 値動き ▶ investment performance 投資実績 / enhance a portfolio performance 投資運用実績を高める / be based on historical performance 過去の実績をベースにする / contribute to the strong performance of the economy 景気の好調に貢献する / You can easily check the daily performance of your stocks online. あなたの所有する全銘柄の日々の値動きをインターネットで簡単にチェックできる / The fast decline in exports to the US and Europe exacerbated the economy's performance in the first quarter. 対米・対欧輸出の急速な落込みは第1四半期の経済の成績を悪化させた

performance appraisal ❶ 勤務評定 ❷ 業績評価 (=performance evaluation) [⇨業務活動の目標と実績を比較・分析し, 目標に対する貢献度を測定, 評価すること] ▶ Supervisors need to conduct a performance appraisal of each employee at least annually. 管理職は少なくとも年一回は従業員の勤務評定を行う必要がある

performance assessment =performance appraisal

performance audit 経営業績監査, 業績監査 [⇨経営方針や経営計画に対する業務活動の能率性と有効性を評価する監査]

performance-based compensation system 能力給方式

performance-based salary system 実績主義の賃金制度 ▶ The company has successfully implemented the performance-based salary system. その企業は実績主義の賃金制度をうまく導入した

performance benchmark 評価のベンチマーク, 業績基準 (=performance level, performance standard) [⇨企業の経営業績またはファンドの運用成績を評価するための基準]

performance bond 履行保証, 履行保証証券, 履行保証金; 〚法律〛契約履行保証

performance bonus パフォーマンスボーナス, 業績連動賞与 [⇨標準以上の業績をあげたことに対して支払われる特別手当] ⇒ bonus

performance contract ❶ パフォーマンス契約, 成功報酬型契約 [⇨油田開発に成功したら掘削権を認めるといった, 契約の締結自体が別の条件の成就にかかっているもの] ❷ 業績管理契約 [⇨一定の目標を示した上, その達成度合に応じて対価が認定されるもの]

performance evaluation ❶ 業績評価 ▶ an employee performance evaluation 従業員業績評価 ❷ パフォーマンス評価 [⇨資産運用業務において, パフォーマンス測定の結果を受け, 資産配分その他の投資判断などが運用成果にどのように寄与したかを判定する作業]

performance fund 急成長株ファンド (=aggressive growth fund) [⇨資産をハイリスク・ハイリターン型の急成長株で運用するファンド]

performance guarantee 性能保証

performance indicator 〚都市計画〛業績指標, 性能指標

performance level 能率水準, 業績水準 ▶ achieve an outstanding performance

performance management 業績管理 [⇒企業目標が社内で共有され、目標達成に向けてのプロセスが目的合理的であることを確保するための管理]

performance measurement パフォーマンス測定 [⇒資産運用業務において、ポートフォリオ全体の運用成績、資産クラス別に見た成績などを集計し、表示する作業]

performance pay 能力給[手当]

performance-related *a* 能力給の、業績連動型の ▶ a performance-related bonus 業績連動型賞与 / We have a performance-related pay system. 当社では業績連動型の賃金体系によっている / Our company is moving towards performance-related pay. 当社は業績連動給に移行し始めている

performance report 業績報告書 [⇒期待された業績と実際の業績を比較した報告書]

performance review 勤務評定、人事考課

performance standard ❶ [会計] 業績標準、業績基準 ❷ [都市計画] 性能基準

performer /pərfɔ́:rmər/ *n* 実行[遂行]者

performing loan 正常債権 [⇒延滞債権などの不良債権との対比で、契約通りの利払、返済が行われている債権]

performing rights 演奏権 [⇒音楽著作物を公に演奏する権利で、著作権者にその独占が認められている]

performing rights organization 著作権使用料徴収団体

Performing Rights Society 実演権集中管理団体、演奏権協会 [⇒楽曲の個々の著作権者または歌手に代わってバー、ナイトクラブ、カラオケ店等から印税を徴収し、またそれらの楽曲が放送局等で使用されることを監視する団体。Collecting Societies(著作権管理団体)と同義]

perhaps /pərhǽps, prǽps/ *ad* ことによると、おそらく、あるいは、…かもしれない (=maybe); できたら、…しませんか; …のようだ ▶ Perhaps we should consider cutting our losses while we still can. 手遅れにならないうちに、多分、損失を減らすことを考えるべきだ
— *n* 不確実なこと

peril /pérəl/ *n* ❶ 危険、危難 ▶ perils of the sea 海上危険 ❷ [保険] 危険、危険事故 [⇒経済的損失の原因となった事故]
at one's (own) peril 危険を覚悟で
in peril of の危険にさらされて
— *vt* ((英)-ll-) 危険にさらす

perilous /pérələs/ *a* 危険な ▶ The automaker sought government aid to bail it out of its perilous financial situation. 危機に瀕した財務状況から自社を救済するために、その自動車メーカーは政府の援助を求めた
◇**perilously** *ad* 危険にさらされて、危険なところに ▶ The company is perilously on the verge of bankruptcy. その会社は破産寸前の危機的な状況にある
◇**perilousness** *n*

period /píəriəd/ *n* ❶ 期間、時期; 時代; 周期; (the ~)現代、当世; 一区切り; 周期; ピリオド、終止符; 終結 ▶ the period of (a) policy 保険(契約)期間 / the period of cover ((英))保険期間 / the period of priority 優先期間 / the period of probation 試用期間 / the period of service 勤続年数 / The payment period is 30 days. 支払期間は30日です

❷ 事業年度、計算期間 (=period of account) [⇒継続企業の一定期間の経営成績や一定時点の財政状態を明らかにするために設定された会計上の期間] ▶ the beginning [middle, whole, end] of the period 期首[期中, 全期, 期末] / the period of account 会計期間 / Government outlays amounted to nearly $1 trillion in the six-month period. 政府の支出は6か月間に1兆ドル近くになった
come to a period 終わる
put a period to [on] に終止符を打つ
— *a* 昔の、時代物の ▶ period clothing 時代衣装

period bill 定期払手形 [⇒手形金額が支払われるべき期限の付されている手形]

period charge 期間費用

period cost 期間原価 (=period charge, period expense) [⇒一期間の発生額を集計した後、当該期間の収益に対応される原価または費用]

period expense 期間費用

periodic /pìəriádik/ *a* 周期的な; 断続的な ▶ Due to safety regulations, machinery and equipment require periodic inspections. 安全規則のため、機械設備の定期点検が必要です

periodical /pìəriádikəl/ *n* 定期刊行物
— *a* 定期刊行(物)の; =periodic

periodically *ad* 定期的に ▶ It's a good idea to readjust your investment portfolio periodically. 投資ポートフォリオを定期的に再調整するのはよいことだと思う

periodic inventory method 定期棚卸法 (=physical inventory method) [⇒期末における棚卸資産の有高を実地棚卸により求め、そこから一定期間の払出高を逆算して求める方法]

period income 期間利益 (=periodic income) [⇒一会計期間に帰属する収益と費用の差額]

peripheral /pərífərəl/ *a, n* 周囲[周辺]の; 末梢的な; [コンピュータ-s] 周辺装置(の) ▶ peripheral equipment 周辺機器

perishable *a, n* 腐りやすい; 滅びやすい; ((~s))腐りやすいもの ▶ perishable food 生鮮食品 / perishable goods 生鮮品

perjure /pə́:rdʒər/ *vt* (~ oneself) 偽証する
◇**perjured** *a* 偽証した
◇**perjurer** *n*

perjury /pə́:rdʒəri/ *n* 偽証(罪) ▶ commit perjury 偽証をする

perk¹ /pə́:rk/ *v* 元気づける ▶ The economy has been perking along all year. 経済

は年間を通して着実に発展してきた / After two quarters of decline, consumer spending is showing signs of perking up. 2四半期続けて減少した後, 個人消費は活発になる前兆を示している

perk² n 《通例 ~s》《略式》臨時収入, 役得 (=perquisite);《米》(上級管理職に与えられる) 給料以外の特典 ► One of the perks of the job is the onsite fitness center. その職の特権の一つは社内のジムだ / They also get nice perks, for example, free meals. 彼らはまたたとえば無料の食事などのありがたい特典を与えられる / He will get some great perks with his new job. 彼は新しい仕事でいくつかすばらしい特典を手に入れる

permanence /pə́ːrmənəns/ n 永続(性);永存

permanent /pə́ːrmənənt/ a 永続する, 永久的な, 不変の ► She has a permanent job. 彼女は定職を持っている / Foreigners with permanent residence status are eligible for pension benefits. 永住権のある外国人は年金給付を受ける資格がある

permanent employment 終身雇用, 永久雇用

permanent file (paper) 永久綴込調書, 永久調書 (=permanent working paper) [⇨継続監査に使用するために, 監査人が収集し保存している被監査会社に関する定款や契約書など]

permanent health insurance 《英》長期就業不能保険, 長期所得補償保険 (PHI)

permanent income 恒常所得 [⇨将来にわたって得られると考えられる平均的な所得]

permanent injunction 終局的差止命令 [⇨本案を審理した上, 事案を終結させる最終決定として言い渡される差止命令]

permanent (life) insurance 長期生命保険

permanently ad 永久に ► The plant was shut down permanently. 工場は永久に閉鎖された

permanent pasture 〖農業〗永年牧草地 [⇨草本飼料作物を永久的に (5年またはそれ以上) 栽培または野生のまま (大草原または放牧地) で使用する土地]

permatemp n ❶ 長期非正規社員, 長期臨時雇い [⇨長期にわたって臨時雇用が繰り返されている労働者] ❷ 人材派遣会社

per mille パーミール, 1,000当たり [⇨千分率を表す単位]

permissible /pərmísəbl/ a 許される ► Cigarette commercials on TV are no longer permissible in many countries. たばこのテレビ広告はもはや多くの国で許容されていない

permission /pərmíʃən/ n 許可[承認], 同意《to do》; 免許; 許容 ► official permission 正式の許可 / planning permission 《英》建築許可 / written permission 書面による許可 / obtain permission 許可を取る / A Swedish company has **applied for permission** from the government to drill for oil. スウェーデンの企業が政府に対して油田掘削の許可申請を行った / The copyright holder **denied permission** to use her work for commercial purposes. その著作権者は, 自分の作品を商業目的で利用することを許可しなかった

ask [*get*] (*one's*) *permission* 許可を求める[得る] ► I need to get permission from my boss to take a day off. 1日休みを取るために上司の許可を受ける必要がある / We eventually got the permission. 最終的にはその件での許可をもらった / I have to get permission to spend anything over $50. 50ドル以上の支出には許可がいる

by (*kind*) *permission of* の許可で

give ... permission to do に…する許可を与える ► The respondents gave permission to use the data for research. 回答者たちは, データを研究調査目的で使うことを許可した

grant [*give*] *permission* 許可を与える《for》

without permission 許可なく ► He took a day off from work without permission. 彼は無断で1日欠勤した

with your permission お許しを得て ► With your permission, I'd like to send you a free copy for inspection. 僭越ながら, 一部を贈呈しご高覧に供します

permission marketing パーミッション・マーケティング [⇨あらかじめ相手の承諾を得た上で行う勧誘や販売]

permission to build 建築許可
permission to deal 《英》新株取引の許可

permit v /pərmít/ (-**tt**-) 許す《to do》; 許可する; 可能にする, (の) 余地がある《of》 ► The question permits of two interpretations. その問題には2つの解釈が可能だ / If I am permitted a word, I should like to raise a few objections. 言わせていただけるなら, 反対意見を少々申し述べたい / Permit me to explain. 私に説明させてください / Unauthorized personnel are not permitted to enter the premises. 《掲示で》許可なく構内に立ち入ることを禁ず 　 Partial shipments of the Products shall not be permitted. 当該製品の分割船積みは認められないものとする

circumstances permitting 事情が許せば
permit oneself 思い切って[ためらいながらも]自分に…を許す

— n /́ーー/ 許可(証), 認可, 免許(状)

コロケーション

(動詞(句)+~) **apply for** a permit 許可証を申請する / **grant** a permit 許可証を出す / **issue** a permit **for** のための許可証を発行する / **obtain** a permit 許可証を取る / **refuse** a permit 許可証の発給を拒む

► grant an immigration permit 移民許可証を下付する / My work permit expires in three weeks. 私の労働許可証はあと3週間で失効してしまう / If your business makes or sells food, don't start cooking **without a food permit**. 業務で食品を製造し,または,販売するのであれば,食品営業許可なしで調理にとりかかるべきではない / The local government **granted** the company **a temporary land use permit**. 地元自治体は同社に対して,暫定的な土地の使用許可を出した / We have to **obtain a permit**. 許可を取らなければならない

===許可証===
building permit 工事許可証 / entry permit 入場許可証 / export permit 輸出許可証 / import permit 輸入許可証 / residence permit 在留許可証 / work permit 労働許可証

perpetual /pərpétʃuəl/ a 永久の; 絶え間ない; 終身の
◇**perpetually** ad

perpetual inventory method 継続記録法, 継続棚卸法, 恒久棚卸法 [● 商品, 製品, 原材料等の棚卸資産の受入および払出のつど, 受入数量, 払出数量および残高数量を継続的に記録する方法]

perpetual preferred share 永久優先株 [● 一般に優先株は債券と同じ償還期限があるが, この種の優先株にはなく, 発行会社は調達した資金を無期限に使える. 一般に同じ会社債券よりは利回りが高く, 普通株と比べてもトータルリターン(配当+値上がり益)の変動率が低い点で投資妙味がある]

perpetuate /pərpétʃuèit/ vt 永続させる, 不朽にする

perpetuity /pə̀:rpətjú:əti/ n ❶ 永続, 永存; 永遠なもの ❷ 将来にわたって永続的に権利等が認められること

in [to, for] perpetuity 永久に

per pro /pər próu/ 代理として ► A per pro B AのためにBが署名した [<ラ]

perquisite /pə́:rkwəzit/ n 臨時収入; 役得

Perrier (商標) ペリエ [● フランス産の発泡性ミネラルウォーター]

perseverance /pə̀:rsəvíərəns/ n 忍耐 ► His perseverance eventually paid off. 彼の忍耐はやっと報われた

persevere /pə̀:rsəvíər/ vi (困難に屈せず) 目的を貫く, 頑張り通す 《in, with, at》
◇**persevering** a 忍耐強い

per-share a 一株当たりの

persist /pərsíst/ vi 断固として貫く; 固執する; (質問・要求などを) しつこく繰り返す 《in》; 持続する 《in, with》

persistence, persistency /pərsístəns(i)/ n ❶ 固執; 持続(性) ❷ (保険契約の) 継続率 (=persistency rate)

persistent /pərsístənt/ a 粘り [根気] 強い; 不屈の; 持続する ► As a salesman, you have to be persistent. セールスマンとして, 粘り強くなければばらない
◇**persistently** a

person /pə́:rsn/ n ❶ 人; 体; 容姿, 外見; 人柄 ► a night person 夜型の人 / a coffee person コーヒー党 / missing persons 行方不明者 / the person to be notified in case of accident or emergency 緊急連絡先 / He is a person of sound judgment. しっかりとした判断のできる人だ ❷【法律】人 [● 権利と義務の主体で, 自然人(natural person)と法人(artificial [juristic] person)を含む] ► a person adjudged incompetent 制限能力者

in person 本人が, 自ら ► You must submit the application in person. 願書は本人が提出しなければならない

in the person of の名を借りて; に代わって

on [about] one's person 身につけて

person having ordinary skill in the art 【知財】当業者 [● 「その発明の属する技術の分野における通常の知識を有する者」(特許法29条2項)を言う]

personal /pə́:rsənl/ a ❶ 個人の, 私の (=private); 個人攻撃の; 個人向けの; 自分が直接行う; 体の, 身なりの; 独自の ► personal remarks 個人攻撃 / personal touches 独自の味付け / personal consumption 個人消費 / personal bankruptcy 個人破産 / I'd like to express my personal apologies for the delay. 遅延については私からも個人的にお詫びを申し上げます ❷ 動産の[に関する], 人的な (⇔real) ► personal interests (賃貸料・利子収入・使用料など) 動産上の経済的利益

— n ❶ (米) (新聞の) 名士消息記事, 尋ね人欄, 交際 [連絡] 欄 (=(英)personal column) ❷ (~s) 動産 (=personal estate)

personal action 人的訴訟

personal allowance 人的所得控除 (=(米)personal exemption) [● 課税所得の計算上, 控除できる項目・金額]

personal assistant 専属アシスタント

personal bankruptcy 個人破産 [● 米国では個人の破産は破産法第7章「清算」または第13章「定収入がある個人の債務調整」を選択する. 第7章の場合は債務者の全資産が売却され債権者に配分される. 第13章の場合は債務者の収入から一定金額を計画的に債権者に返済する. 持家など手放したくない資産は没収されない. 個人破産の約7割には第7章, 約3割には第13章が適用されている]

personal care (service) 身辺介護

personal check 個人小切手

personal communications network PCN [● ヨーロッパを中心とするデジタル携帯電話システムであるGSMの高周波版]

personal computer パソコン (PC)

personal consumption 個人消費

personal contract 個人労働契約, 個人契約 [● 一律に条件を定める通常の労働契約と異なり, 個別交渉で決まる契約を言う]

personal credit 消費者信用, 個人向け融資

personal day 私事休暇 [● 慶弔, 研修など従業員の個人的事情に基づいて付与される休暇]

personal development 自己開発, 自己啓発

personal digital assistant 【コンピュータ】パーソナルデジタルアシスタント, 携帯情報端末 (PDA)

[⇨個人用の携帯情報機器]
personal effects 身の回り品
personal equity plan (英)個人投資(信託)プラン (PEP) [⇨1999年にISAに取って代わられた個人の株式投資を奨励する制度で,売買益や配当金を非課税とした]
personal estate 動産
personal exemption 人的控除 [⇨人的な要件による控除. たとえば配偶者控除や高齢者控除] ⇨ exemption
personal finance 個人資産の運用・管理; パーソナル・ファイナンス
personal identification number (個人の)暗証番号 (PIN)
personal income 個人所得 [⇨1年間の個人の所得] ⇨ disposable personal income 可処分個人所得 / personal income distribution 個人所得分布
personal income tax 個人所得税 [⇨米国の個人所得税には連邦個人所得税 (federal personal income tax)と州個人所得税 (state personal income tax)があるが, personal income taxだけで連邦の個人所得税を意味する場合が多い]
personal information 個人情報 [⇨それにより誰のことであるかが分かる情報. アメリカのグラム・リーチ・ブライリー法の下では金融機関が扱う顧客の資産に関する情報を指す] ▶ We may be required to disclose your personal information to the government or third parties under certain circumstances. 当社は一定の事由のある場合, あなたの個人情報を政府その他の第三者に対して開示しなければならないことがあります
personal injury 人身被害;(財産権以外の)個人的権利に対する被害 ▶ a personal injury lawyer 人身被害専門の弁護士
personal insurance (米)個人保険 (=insurance of persons)
personal investment 個人投資, 個人的出資
personal investment authority (英)個人投資保護機関 (PIA) [⇨金融サービス庁(FSA)に統合]
personality /pəːrsənǽləti/ *n* ❶性格, 性質, 人格;人好きのする性格;人物;有名人, タレント;(-ties)個人攻撃, あら探し ▶ a TV personality テレビタレント / We did tests on their personality and intelligence. 私たちは彼らの個性と知性についてテストをした ❷【会計】動産, 人的動産
personalization, (英)**-sation** *n* パーソナリゼーション [⇨ウェブ上に, 個別ユーザーに合わせた内容を表示する技術]
personalize, (英)**-ise** /pəːrsənəlàiz/ *vt* 自分の名前を付ける;個人化[擬人化]する;自分独自のものにする
personal leave 私事休暇
personal ledger 人名別元帳 [⇨勘定科目に取引先名を用いている元帳]
personal liability 個人負債 [⇨個人が負う負債]
personal loan 個人ローン, 消費者信用
personally /pəːrsənəli/ *ad* 個人的に(は);自ら;人柄的に(は);個人にあてたものとして ▶ Don't take everything he says personally. あの人が言うことは何でも自分に向けられたものと思ってはいけません
take ... personally に憤慨する
personal organizer システム手帳;整理文具 [⇨ルーズリーフ手帳, 電子手帳など]
personal pension 個人年金 (= (米)individual annuity)
personal property 動産 (⇔real property) [⇨不動産以外の財産であり, 家財, 宝石など有体的なものと株, 債券など非有体的なものから成る]
personal relationship 人間関係 ▶ Understanding teamwork and having a good personal relationship with your colleagues are key factors in our day-to-day work. チームワークがどういうものかを理解し, 同僚とのいい人間関係を保つことは, 日常業務を円滑に進めるための鍵だ
personal representative 遺言執行者, 遺産管理人 (PR)
personal savings 個人貯蓄 ▶ As raising money is difficult for small businesses, most family firms rely on personal savings. 中小企業は資金調達が難しいので, ほとんどの同族会社は個人の貯蓄に依存している
personal secretary 専属秘書
personal selling 人的販売, 対面販売
personal shopper パーソナル・ショッパー [⇨高級デパートなどに属し, 顧客の要望に合う品を選定するコンサルタント]
personal statement パーソナル・ステートメント, 志望理由書 [⇨自分がどういう人間であり, 何を目指しているかを手短にまとめた書面]
personalty /pəːrsənəlti/ *n* 動産 (=personal estate [property])

personnel /pə̀ːrsənél/ *n* (集合的)全職員, 人員, 従業員;人事課[部] (=personnel department) ▶ The company has announced cutbacks in personnel. その会社は人員の削減を発表した (**語法** 集合名詞として ten personnel (10人の人員)のように用いる. これは ten people に相当する)

personnel department 人事部
personnel development 人材開発
personnel management 人事管理
personnel manager 人事担当マネジャー, 人事部長
personnel training 在職訓練
person-to-person *a* 指名通話の;人対人の, 面と向かった
— *ad* 面と向かって, 差し向かいで
perspective /pərspéktiv/ *n* 考え方, 見方, 視点, 見地 ▶ I could get nothing into perspective. 何事も全体的に理解することができなかった / Let's look at the problem from a

long-term perspective. 長期的視点からその問題を考えよう / From an operational perspective, we need to reduce our workforce due to sagging demand. 経営的観点からは, 需要が低迷しているので当社は従業員を減らす必要がある
in perspective 正しい釣り合いで; 真相を正しく
out of perspective バランスのとれない
see things in their proper [true, right] perspective バランスのとれた見方をする
— *a* 遠近法の[によった]

perspective view 斜視図 [○物体を斜め方向から見たときの図]

persuade /pərswéid/ *vt* 説得して[せきたてて] (…を)させる(*into*); 思いとどまらせる(*out of*); 納得させる; (~ oneself) 確信する(*of, that*) ► My colleague persuaded me to go along with the plan. 同僚に説得されて, 計画に賛成することになった
◇**persuadable** *a*
◇**persuader** *n* 説得者

persuasion /pərswéiʒən/ *n* 説得(力); 確信, 信念; 《略式》種類; 派 ► mass persuasion 大衆説得
be of the persuasion that / it is one's persuasion that と信じている

persuasive /pərswéisiv/ *a* 説得できる, 説得力のある ► He made a persuasive argument for the benefits of the merger. 彼は合併に賛成する立場から説得力のある議論をした
◇**persuasiveness** *n*

per subscriber price 視聴料, 加入料金

PERT /pə:rt/ project evaluation and review technique

pertain /pərtéin/ *vi* 属する(*to*); 関する(*to*); 適する(*to*) ► The new regulation pertains to all manufacturers. 新しい規則はすべてのメーカーに該当する
pertaining to に関係する ► Please provide any documents pertaining to the application. 申請に関係のある書類はどんなものでも用意してください

pertinent /pə́:rtənənt/ *a* 適切な; 関係がある, 関連性のある(*to*) ► That's a pertinent question. それは当を得た質問だ / We need to resolve all issues pertinent to the office security system. 事務所のセキュリティシステムに関するすべての問題を解決する必要がある
◇**pertinence, pertinency** *n*
◇**pertinently** *ad*

pertinent information 関連情報 [○情報を深く理解するために必要な関連情報]

pervade /pərvéid/ *vt* 一面に広がる, 普及する; にしみ込む[わたる] ► Concerns about the economic downturn continue to pervade investors' thoughts. 景気低迷についての懸念が投資家の頭の中に浸透し続けている
◇**pervasion** *n*

pervasive /pərvéisiv/ *a* 広がる

pessimism /pésəmizm/ *n* 悲観; 悲観主義[論]

pessimist *n* 悲観主義者 ► The recent surge in stock prices have somewhat eased the worries of pessimists. 最近の株価の急騰は悲観主義者の心配を多少は和らげてくれた

pessimistic *a* 悲観的な ► Dealers are pessimistic, with many saying there is no sign of a rally. ディーラーたちは悲観的で多くは回復のきざしがないと言っている

pessimistically *ad* 悲観的に

PEST analysis PEST分析 [○企業を取りまく政治(politics), 経済(economics), 社会・文化(society), 技術(technology)という4つの要因の頭文字を取った言葉で, マクロ環境分析を意味する]

pester /péstər/ *vt* うるさく悩ませる ► Debtors have a miserable existence when they are pestered by creditors. 債務者は債権者から厳しい追及を受けるようなときはみじめな思いをするものだ

pester power おねだり力 [○子供がねだり続けて, ついには欲しい物を買わせる力]

PET /pet/ polyethylene terephthalate ポリエチレンテレフタレート [○ペットボトル用の素材]

petabyte /pétə-/ *n* [コンピュータ] ペタバイト (PB) [○情報量の単位(約1,000兆バイト)]

PET bottle ペットボトル [○ポリエステル(ポリエチレンテレフタレート polyethylene terephthalate)で作られたボトル]

PETCO 《商標》ペットコ [○米国のペットショップのチェーン。犬や猫用だけでなく, 魚, 鳥, トカゲなどあらゆるペットのための製品を数多く取り揃えている]

Peter Principle ピーターの法則 [○昇進を続ける結果, 人は最後にはその能力を超える地位に就いてしまうと説く]

petition /pətíʃən/ *n* ❶ 請願[嘆願, 陳情](書), 申請書 (*for, against*); 祈願 ❷【法律】(1) 訴状, (裁量的上訴の) 上訴状 ► a petition for the writ of certiorari 裁量的上訴の上訴状 (2) 請願 ► make (a) petition 請願する (3) (裁判所に行う) 申立 ► a petition of [for] appeal 控訴申立書 (4) (交渉単位内) 選挙要請書 [○連邦労働関係局に対して行われる]
file a petition for [in] の申立(書)を出す; の申立をする ► file a petition in bankruptcy 破産申立をする
get up a petition about の請願をまとめる
— *v* 請願する(*for*); (…するように) 嘆願[請願]書を出す(*to do*)
◇**petitionary** *a*

petitioner *n* 請願者; (裁量的上訴の) 上訴人; (エクイティの訴訟などでの) 原告

petit jury 小陪審 [○米国の陪審(jury)には大陪審(grand jury)と小陪審がある。小陪審は, 地域の住民から選ばれた6人ないし12人の陪審員から成る。陪審員は刑事または民事の事件の審理に立ち会って, 事実認定を行い, 有罪か無罪かを裁判長に答申する。このことから公判陪審(trial jury)とも呼ばれる]

PET resin PET樹脂 [○ポリエチレンテレフタレート]

Petrobras ペトロブラス［⇒ブラジルの国営石油会社の通称. 正式名Petróleo Brasileiro SA］
petrochemical n 石油化学製品
petrochemistry n 石油化学
PetroChina（~ Co., Ltd.）ペトロチャイナ, 中国石油天然気［⇒石油, 天然ガスの開発のほか精製, 製品の販売などを行う. タリム盆地と長江デルタを結ぶ天然ガスパイプラインを敷設. 1999年設立］
petrodollars n ペトロダラー, オイルダラー［⇒産油国の過剰ドル］
petrol /pétrəl/ n《英》ガソリン（=《米》gasoline）
petroleum /pətróuliəm/ n 石油 ▶ crude [raw] petroleum 原油
petroleum storage 石油貯蔵
petrol station《英》ガソリンスタンド（=《米》gas station）
petty /péti/ a つまらない, ささいな; 小規模の, 軽微な, 小… ▶ a petty average 小海損
petty cash 小口現金（=impresto cash）［⇒小口の現金支払のために用意された現金］ ▶ We have about 100,000 yen available as petty cash for the payment of various small expenditures, such as cab fare and postage. タクシー代や郵便料金といった少額の支払のため, 10万円前後を小口現金として用意している
petty cash fund 小口現金資金, 小払資金［⇒小口現金の支払に充てるための現金］ ▶ Reimbursement for expenses from the petty cash fund is limited to $100. 小口現金資金からの経費払戻しは100ドルを限度としている
petty cashier 小口現金の出納担当者
petty jury =petit jury
petty patent《豪》小特許 ⇒utility model
Peugeot（~ SA）プジョー［⇒フランスの自動車メーカー. Peugeotを生産. 企業グループPSA Peugeot Citröenの傘下にある. 自動二輪車, 自転車も製造している］
Pfandbrief ファンドブリーフ［⇒ドイツの抵当銀行（不動産担保融資を専門とする銀行）が資金調達のために発行する債券. 欧州債券市場で大きなウェイトを占めている］
PFI Private Finance Initiative
Pfizer（~, Inc.）ファイザー［⇒米国の医薬品メーカー. Viagraなどが成長商品. 1949年設立, 2000年Warner-Lambertを, 03年Pharmaciaを買収］
PG&E Pacific Gas and Electric Company（米国）太平洋岸ガス・電気会社
ph, PH phone
phantom stock plan ファントム・ストック・プラン［⇒自社株を給付したと仮定しした上, 所定の期間が終了した時点でのリターン（配当金＋値上がり益）を現金で支給する方式の役員賞与. オプションの付与と同じだが, この方式では役員の側には何らの出費もない］
pharma /fá:rmə/ a 医薬品の（=pharmaceutical）▶ the pharma industry 医薬品業界
— n 医薬品会社（=pharmaceutical company）
pharmaceutical /fà:rməsú:tikəl/ a 薬学の; 薬剤の ▶ the pharmaceutical industry 医薬品産業 / The pharmaceutical company's counter bid of $350 billion for the medical devices maker trumped its rival's offer by $3 billion. その医療機器メーカーに対する製薬会社の3,500億ドルのカウンターオッファーは競争相手の会社のオッファーを30億ドル出し抜いた
— n 調合薬, 製薬;《~s》医薬品; 医薬品株
◇**pharmaceutics** n =pharmacy
pharmacy /fá:rməsi/ n 薬（剤）学, 調剤術; 薬局, 薬屋（pharm.）
pharming /fá:rmiŋ/ n ［ファ︰ミング］偽サイトへの詐欺的誘導（✚farmingにかけた表現）

phase
/feiz/ n （様）相; 段階, 局面, 状勢;（問題の）面 ▶ He has been involved in the project from the initial phase. 彼は初期の段階からそのプロジェクトに関与してきている / In the next phase of restructuring, automakers will seek concessions from unions. リストラの次の段階で, 自動車メーカーは組合から譲歩を求めるだろう

in [out of] phase 一致［周期, 調和］して［しないで］《with》
— vt 段階的に調整［実行］する
— vi 段階的に動く
phase in を段階的に採用［導入］する
phase out を段階的に停止［廃止］する
phased /feizd/ a 段階的な ▶ a phased withdrawal 段階的撤退
phase-in n 段階的導入［実施］
phase-out n 段階的廃止 ▶ The phase-out of the brand will take place over a period of three years. そのブランドの段階的廃止は3年の期間をかけて実行されるだろう
phasing /feiziŋ/ n《都市計画》段階的開発
PhD /pí:èitʃdí:/ n 学術博士（号）［＜ラ'Doctor of Philosophy'］
phenomenal /finámənl/ a 驚くべき, 異常な; 現象の［に関する］; 感知できる ▶ The company has undergone phenomenal growth. その会社は驚異的な成長を経験してきた
◇**phenomenally** ad
phenomenon /finámənàn/ n (**-na** /-nə/) 現象;《~s》特異な［並外れた］事物［出来事］; 非凡な人 ▶ Cities and businesses have sprung up around airports, a common phenomenon around the world. 世界中どこでも見られる現象だが, 空港の周辺に都市と企業が出現した / Consumer fraud is an international phenomenon. 消費者詐欺は国際的な現象だ［＜ラく ギ］
PHI《英》permanent health insurance
Philadelphia《商標》フィラデルフィア［⇒米国Kraft Foods社製のクリームチーズ］
Philadelphia lawyer《米》フィラデルフィアの法律家［⇒すぐれた弁護士, やり手の弁護士の俗称］
philanthropy /filænθrəpi/ n 博愛; 慈善事業［団体］; 慈善活動
Philip Morris《~, Inc.》フィリップ・モリス［⇒米国のタバコメーカー Philip Morris InternationalまたはPhilip Morris USAの通称. 現在は

Altria Group社の子会社で世界最大のタバコメーカー．Marlboroはもっとも売れるタバコ．2007年3月Kraft Foodsを分離した]

Phillips curve 〖経済〗フィリップス曲線 [○ 失業率と貨幣賃金変化率との間に負の関係があることを示す曲線．A.W. Phillipsが英国の長期データを用いて発見した．後に，失業率と物価上昇率との二律背反関係に拡張され，インフレ対策と失業対策のトレードオフを示す根拠として用いられるようになった]

Phillips' Milk of Magnesia 《商標》フィリップス・ミルク・オブ・マグネジア [○ 便秘薬]

phishing *n* フィッシング [○ 金融機関のメールやウェブサイトを装ってクレジットカード番号などの個人情報を詐取する行為] (✚fishingにかけた表現)

phlog /flɑg/ *n* 〖ネット〗写真ブログ (=photoblog)

phone /foun/ *n* 《略式》電話(器) ► I made the reservation over the phone last week. 先週電話で予約をした

be on the phone 電話を引いている；電話に出ている

— *v* 《略式》電話する；電話をかける (*to*)；電話で呼ぶ (*for*)；電話を入れる (*in*) ► phone in an order 電話で注文する / I phoned to check on my application. 私は申込みをチェック [確認] するために電話した

phone up にちょっと電話をかける

phone bill 電話料金 ► The company is looking at ways to cut down on its phone bills. 同社は電話料金の削減に向けさまざまな方法を検討している

phone book [directory] 電話帳

phone call 電話 (✚かかってきた電話，こちらからかける電話) ► make [receive, return] a phone call 電話をかける [受ける，返す]

phonecard *n* テレホンカード

phone conference 電話会議 [○ 3人以上の参加者を会議電話(conference call)でつないで行う会議]

phone rage 電話口での激怒 ► manage a phone rage 電話口での激怒に対処する

phony /fóuni/ *a*, *n* 《略式》偽の；偽物；ペテン師；偽善者 ► The company generated phony figures to prop up its earnings. その会社は利益をでっちあげるために偽りの数字を作り出した

photo /fóutou/ *n* (~s) 《略式》写真 ► take a photo 写真を撮る [<photograph]

photocopier *n* コピー機 ► enlarge documents on the photocopier 拡大コピーをとる / reduce documents on the photocopier 縮小コピーをとる

photocopy *n*, *vt* コピー(をとる) ► make a photocopy コピーをとる

photograph /fóutəgræf/ *n* 写真 ► take a photograph of 〜の写真を撮る / have one's photograph taken 写真を撮ってもらう

— *v* 写真を撮る；写真に写る

◇**photographer** /fətάgrəfər/ *n* 写真家

◇**photographic, photographical** *a* 写真の；写真のような，非常に写実的な

Photoshop 《商標》フォトショップ [○ アドビ社の開発したフォトレタッチ用ソフト]

phrase /freiz/ *n* 句；言い回し，言葉遣い；成句，慣用句；寸言 ► A pet phrase that my boss likes to utter is "Time is money." 私の上司がいつも口にするお気に入りの言葉は「時は金なり」だ

a turn of phrase 言い回し

coin a phrase 新しい表現を作る

turn a phrase うまく言い表す

— *vt* (ある言い方で) 表現する

PHS Personal Handyphone System 簡易型携帯電話；《米》public health service 公衆衛生総局

physical /fízikəl/ *a* 身体 [肉体] の；物質の；自然の；物理(学)の；荒っぽい

— *n* (~s) =physicals

physical age 物理的耐用年数 [○ 償却資産が通常の使用状態で使用不能となる物理的な耐用年数]

physical asset 物的資産，有形資産 (=tangible asset) ► For this company, core competents are more important than its physical assets. この会社にとっては中核能力を持つ人材が有形資産よりも重要である

physical capital 物的資本 [○ モノ・サービスの生産・提供に供される土地・建物・機械など]

physical commodity 商品の現物 [○ 商品取引において期日までに転売・買戻しによる差金決済をしなかった場合に授受される対象商品] ► take delivery of a physical commodity 商品の現物の引渡を受ける

physical control 物量管理 [○ 経営資源に対し物量中心に行う管理]

physical depreciation 物理的減価 (=physical deterioration) [○ 使用および時間の経過による減価]

physical deterioration 物理的老朽化，物理的減価 ► quantify the loss in value due to physical deterioration 物理的劣化による価値の目減りを数量化する

physical distribution 物的流通，物流(PD) (=logistics)

physical evidence 物理的証拠，物的証拠 (=physical taking) [○ 財産の存在が物理的に確認できる証拠]

physical examination ❶身体検査，健康診断 ❷〖会計〗実査 (=physical inspection) [○ 実物検査，物理的検査といわれ，監査人自身が現金，有価証券などの現有資産の実在を確認すること]

physical facility 設備資産

physical handicap 身体障害

physical inspection 〖会計〗実査

physical inventory (taking) 実地棚卸

physical life 物質的耐用年数

physically /fízikəli/ *ad* 物理的に；身体 [肉体的] に；《略式》完全に

the physically handicapped [challenged] 身体

障害者

physical price 現物価格 [○取引の実行が将来のことである先物の価格に対して、すぐ取引が行われる現物の価格]

physicals *n pl* 現物 [○将来行われる取引である先物に対して、先送りされない通常の取引]

physical verification 実地検分、実地棚卸
▶ make a physical verification of を実際に点検する、の実地検分をする

PIA personal investment authority

Pianola 《商標》ピアノーラ [○自動演奏ピアノ (=player piano)]

pick /pik/ *vt* 選ぶ; 摘み取る; 突く, 掘る; (穴を) あける; 盗む ▶ have one's pocket picked 所持金をすられる / You picked the wrong guy for the job. その仕事に適していない男を選んだね / He picked Sue to serve as secretary. 彼はスーを秘書として選んだ / The CEO personally picked members of the project team. CEOは自分自身でプロジェクトチームのメンバーを選んだ
— *vi* 突く; 選ぶ; 摘む

have a bone to pick with a person (人と)話をつけなければならないことがある

pick and choose えりすぐる、精選する
pick at をつつく; を引っ張ろうとする; をいじる
pick a winner 《略式》とてもよい選択をする
pick out を選ぶ; を見分ける; (意味を)くみ取る; (で)引き立たせる 《*in*》; 飾り立てる 《*with*》
▶ Have you picked out a name for the new product? 新製品につける名前は選び出しましたか
pick over 一つ一つ手に取って調べる
pick ... to pieces を酷評する、のあら捜しをする
pick up 次第に回復する; (景気が)よくなる; 片づける; (速力が)増す; 続ける; 手に取る; (偶然)手に入れる; たまたま覚える; キャッチする; 車に乗せる; 再び始める; 偶然知り合いになる; (景気、金を)稼ぐ ▶ Let's pick up where we left off. 話をやめたところから始めよう / I'll pick you up from the airport. 空港にお迎えにあがります / Corporate profits are expected to pick up towards the end of the year. 年末に向け企業収益は回復してくる見込みだ / The economy has picked up in the last few months. ここ2,3か月で景気が持ち直したところだ

pick up on に気づく、を理解する、取り上げる
pick up the slack (空白などを)補う、埋める
— *n* 選択; 最上のもの、精選物; 収穫量; 一突き
take one's pick 好きなものを選ぶ 《*from*》
the pick of the bunch えり抜きの人[もの]

Pickappeppa Sauce 《商標》ピッカペッパ・ソース [○ジャマイカ風の辛味のきいた米国の肉料理用のソース]

picket /píkit/ *n* とがりにくい、棒ぐい; (労働争議中の)ピケ隊(員)
— *v* くい垣を巡らす; くいにつなぐ; にピケを張る; 見張りにつく

picket line ピケライン ▶ cross the picket line ピケラインを越える、スト破りをする

picking /píkiŋ/ *n* 選抜; 採集; 採集物; 盗品; 役得、不正利益; ピッキング作業 [○倉庫内で伝票を見ながら出荷先別に商品をそろえておくこと]
▶ There are rich pickings to be had from this venture business. このベンチャービジネスから大きなもうけが期待できる

easy pickings 濡れ手で粟、よりどりみどり
slim pickings 乏しい収穫

pickup *n* ❶ 集荷、客の送迎 ▶ We offer a twenty-four hour pickup service. 24時間車で送迎します (✤ホテルなどの空港から[へ]のシャトルサービス) ❷ (景気、売上などの)回復
— *a* 寄せ集めの; 行きずりの

pickup and delivery service 集配サービス

pickup truck ピックアップトラック

picky *a* 《略式》選り好みする ▶ Picky, picky, picky! 好みが細かい、細かい、細かい / We welcome picky customers. 私たちは小うるさい消費者を歓迎します

picnic /píknik/ *n* ピクニック; 《略式》(通例否定的に)楽しい経験、楽な仕事 ▶ It's no picnic. 楽な仕事[こと]じゃない
— *vi* (*-ck-*) ピクニックに行く
◇**picnicker** *n*

pictogram /píktəgræm/ *n* =pictograph

pictograph /píktəgræf/ *n* 絵文字(絵を用いた)統計図表、アイコン・グラフ

picture /píktʃər/ *n* 様子、状況 ▶ The forecast shows a bleak picture of the economy. その予測は経済の厳しい状況を反映している

as pretty as a picture とてもきれいな[美しい]
get ... out of the picture 縁を切る
get the picture 状況を理解する[のみ込む]
give a picture of を描写する
go to the pictures 《英》映画に行く
in the picture 目立って; 現れて; 重要で; 事情に通じて ▶ I get the newsletter, so I'm in the picture. 会報が送られてくるので活動状況をよく知っている

out of the picture 様子を知らされていない; 圏外で ▶ Before the merger, the stockholders were kept out of the picture. 合併前、株主たちは何も様子を知らされなかった / On this issue, he is out of the picture entirely. この問題に関しては彼は状況をつかんでいない
— *vt* 描く; 想像する; 言葉で描写する ▶ Hollywood is picturing his novel. ハリウッドでは彼の小説を映画化している

picturize, 《英》**-ise** /píktʃəràiz/ *vt* 絵画[映画]化する

piddling *a* 《略式》つまらない、取るに足らない
▶ Sales have increased by a piddling 0.2%. 売上高の増加はたったの0.2%だった / The Fed's interest rate is now at a piddling 0.25%. FRBの金利は今はたったの0.25%だ

piece /piːs/ *n* ❶ 一片、一つ; 一区画; 断片; かけら ▶ This is a prime piece of real estate. これは極上の不動産物件だ / Foreign companies will get a piece of the action. 外国の会社がもうけにあずかるだろう / We want a piece (of the action). 私たちも(もうけに)一枚加わりたい /

The company is selling off several pieces of prime real estate to cover its losses. 同社は損失をカバーするために数件の優良不動産物件を売却中だ

❷ 〖会計〗作業量, 出来高 (=piece rate) [⭕生産数量に従っての業績測定基準] ▶ be paid by the piece and not by the hour 時間ではなく出来高で支払われる

all to pieces ばらばらに; すっかり, 完全に
a piece of cake 《略式》非常に簡単なこと, 「朝飯前」 ▶ This kind of job is a piece of cake for an experienced engineer. この種の仕事は経験ある技術者には朝飯前のことだ
a piece of change [jack] 《米略式》金(かね)
a piece of crap [shit] 《米略式》くだらないもの
a piece of work 仕事, 作品; 《略式》嫌なやつ
come to pieces ばらばらになる
go to pieces ばらばらになる; 自制心を失う; 参る
(all) in one piece 無事に, 無傷で
in pieces ばらばらになって ▶ After its collapse, the investment firm was sold off in pieces. 破綻した後, その投資会社はばらばらに分割されて売却された
(all) of a [one] piece 同種類の; 調和した; 首尾一貫した (*with*)
pick up the pieces 後始末をする
piece by piece 一つ一つ, 徐々に
speak [say] one's piece 自分の意見[不平]を述べる

— *vt* 布当てをして繕う (*up*); (欠けている部分を補って)完成する (*out*); 継ぎ[組み, つなぎ]合わせる (*together*)

piece goods ❶ 反物 ❷ (バラ積み商品に対して)梱包済商品
piece rate ❶ 出来高給, (請負)単価 ❷ 〖会計〗出来高
piecework *n* 出来高(払いの)仕事 ▶ pay by piecework 出来高で支払う / He's on piecework. 出来高仕事をしている
pieceworker *n* 出来高払の労働者
pie chart 円グラフ [⭕構成比を表すのに用いられる図の一つ] ▶ The pie chart indicates that 80 percent of the respondents were not in favor of the proposed new product. この円グラフは回答者の80%が企画している新製品を評価していないことを示している
pier /píər/ *n* 埠頭, 桟(さん)橋; 橋脚
◇**pierage** *n* 埠頭使用料
pig /píg/ *n* 豚; 子豚; 豚肉; 《略式》困難なる[不快な]こと
a pig [piggy] in the middle 板挟みになっている人
a pig of a 嫌な; ひどい
bring [drive] one's pigs to a fine [a pretty, the wrong] market 見当違いをする
buy a pig in a poke [bag] どんなものかよく知らずに[調べないで]買う
make a pig's ear (out) of 《略式》をしくじる, 台無しにする
pigeon /pídʒən/ *n* 《略式》だまされやすい人;

(one's ~) 《英略式》責任, 関心事
pigeonhole *n, vt* 分類[整理]棚; 棚上げにする; 分類[整理]する ▶ The desk must be pigeonholed for all my papers. 机に書類整理用の仕切りを取りつけなければならない
piggyback *a, n* ❶ ピギーバック(の) [⭕トラックを鉄道で輸送して行う協同一貫輸送] ❷ 〖都市計画〗カートレイン, 自動車列車 ❸ 〖広告〗ピギーバック [⭕CM1本分に同一広告主のCMを2〜3本挿入すること]
piggybacking *n* 《米》(保険で)契約乗換え (=policy replacement, rollover, twisting)
piggy bank (子豚の形の)貯金箱 ▶ Put it in our piggy bank. (=Save it.) 貯金しなさい
PIK payment in kind
Pilates 《商標》ピラティス [⭕米国で人気のエクササイズ. 特別な器具やマットを使い, 体の柔軟性を高める]
pile /páil/ *n* 堆積, 山; 多数, 多量 (*of*); 《略式》大金, 財産; 大建築物(の群れ); 原子炉
at the bottom [top] of the pile 社会[会社]の最底辺[最上部]にいて
make a [one's] pile 大金をもうける, 一財産をつくる ▶ He has made a pile in the delivery business. 彼は運送業で大もうけした
piles [a pile] of 山のような ▶ With piles of bad assets, banks have difficulty in raising private capital. 不良資産の山で, 銀行各社は民間の資本を調達することが難しい / I have a pile of paperwork waiting for me back at the office. 事務所に戻れば, ペーパーワークの山が待っている / I saw a huge pile of work waiting for me. 山のような仕事が待ち受けているのを見た
— *vt* 積み重ねる (*up*); 山と積む; 蓄積する; (船を)座礁させる (*up*) ▶ Due to loose lending practices, the bank piled up huge amounts of bad debts. ずさんな融資慣行のために, その銀行は巨額の不良債権を蓄積した / He has piled up a lot of debt. あいつは借金の山を積み上げた
— *vi* どやどやと移動する (*in, into, out, off*); 積もる, たまる (*up*) ▶ The deficit piled up to $15 billion. 赤字は積もり積もって150億ドルに達した / Inventories have begun piling up as the economy slowed. 景気が悪くなってくるに従い, 在庫が積み上がっている
pile it on 誇張する
pile on the agony 必要以上に悲惨な感じに話す
pilfer /pílfər/ *v* こそ泥をする, くすねる (*from*) ▶ The clerk was caught (in the act of) pilfering from the till. 店員はレジから金をくすねてつかまった
pilferage /pílfəridʒ/ *n* ❶ こそ泥(を働くこと) ❷ (保険で)抜き荷, 小盗, 盗難 ▶ the pilferage and non-delivery clause 盗難(および)不着危険担保特別約款
pilferer *n* (職場での)こそ泥, くすねる人
pilfering *n* (職場での)こそ泥, ちょろまかし, くすねること ▶ I know how to prevent pilfering by store clerks. 店員によるちょろまかしの防止策を知っている

pill /pil/ *n* 丸薬; ピル; 経口避妊薬; 不快事; 嫌な[不愉快な]やつ
a bitter pill to swallow 嫌なこと, 受け入れ難いこと
sugar* [*sweeten*] *the pill 嫌なものをよさそうに見せる
― *vt* 《略式》に反対投票する, 落選させる, 排斥する

pillar /pílər/ *n* 柱; 柱状のもの; 中心人物, 柱石
▶ *the pillar of the community* 社会の柱石 / *Small, family-owned companies are the pillar of the economy.* 小規模の同族会社は景気を支える柱だ

Pillsbury 《商標》ピルズベリー [⇨小麦粉, ケーキミックス, クッキー, ペーストリーなどの米国のブランド. 宣伝やパッケージには「ドウボーイ (Doughboy)」《商標》が使われている]

pilot /páilət/ *n* パイロット, 操縦士; 水先案内人; 舵(⑤)手; 案内人; 先達者
drop the pilot よい忠告者を退ける
― *vt* 巧みに導く《*through*》
― *a* 案内の; 試験[実験]的な
◇**pilotage** *n* 水先案内(業, 術); 航空機操縦(業, 術); 水先案内料
◇**pilotless** *a*

pilot boat 水先船

pilot error パイロット・エラー [⇨経営者が舵取りを誤ったことによる会社倒産] [<元はパイロットの操縦ミスによる飛行機墜落事故]

pilot run 量産試作

PIM personal information manager

Pimm's 《商標》ピムズ [⇨イギリスのリキュール. レモネードで割ってきゅうりを入れるのが典型的な飲み方]

PIMS Profit Impact of Market Strategy

pin /pin/ *n* ピン, 留め針; 飾りピン; 記章, ブローチ ▶ *a drawing pin* 《英》画びょう (=《米》thumbtack)
don't care a pin ちっとも介意しない
for two pins 簡単に, すぐに
in a merry pin 上機嫌で
― *vt* (-**nn**-) ピンで留める《*up, down, together, on, to*》; (ピンなどで)突き通す; くぎ付けにする《*down, against*》; (信頼・希望などを人に)絶対的に置く《*on*》
pin a person's ears back 《米略式》(人を)激しく責める
pin down くぎ付けにする; (人を)束縛する《*to*》; (処理・決断を)迫る《*about*》; (事柄を)明確にする
▶ *Investigators pinned down the cause of the accident as mechanical error.* 事故の原因が機械の誤作動であることを調査官は突き止めた
pin ... on 《略式》(人・ものの)せいにする
pin one's ears back 《略式》注意深く聞く
pin one's hopes* [*faith*] *on に望み[信頼]をかける

PIN /pin/ personal identification number 暗証番号 (✤PIN number とも言う)

pinch /pintʃ/ *vt* つまむ, 挟む; 摘み取る《*out, off*》;《略式》逮捕する; (苦痛・悩みが)やせ細らせる; (寒さ・飢えが)苦しめる, 痛めつける; (財政が)困らせる; 切り詰める;《略式》盗む; 巻き上げる《*from*》
▶ *The drop in demand threatens to pinch profits.* 需要の落ち込みは利益を減少させることになりそうだ
― *vi* 締めつける; けちけちする; (鉱脈が)尽きる
get pinched for でつかまる
pinch and scrape* (*to save money*) /** ***pinch and save 爪に火をともすように金をためる
pinch pennies 倹約する《*on*》 ▶ *They didn't pinch pennies on the new opera house.* その新しいオペラ劇場のためには出費を惜しまなかった
― *n* つまむ[挟む, つねる]こと, 一つまみ, 少量; 難儀, 苦難; 危急, 切迫した状態;《略式》逮捕; (警察の)手入れ;《略式》盗み ▶ *The television industry is feeling the pinch of steep declines in advertising revenues.* テレビ業界は広告収入の激減で苦境に陥っている / *Local businesses are beginning to feel the pinch.* 地元のビジネスは経営が苦しくなり始めている
a pinch of 一つまみの; ちょっぴりの
in* [*at*] *a pinch 危急の[困った]時に
when* [*if*] *it comes to a* [*the*] *pinch いざとなったら

Pine-Sol 《商標》パインソル [⇨米国の清掃用洗剤. 台所や浴室の床に使用する液状の洗剤. パインオイルを使用しているため使用後, 松のような香りがする]

ping /piŋ/ *vi, n* ピューン[ピシュッ](と鋭い音を出す)
― *vt* (Eメールなどの電子的手段で)連絡をとる, メールを送る

Ping An Insurance (Group) Company of China 《~, Ltd.》ピン・アン・インシュアランス・グループ, 中国平安保険 [⇨中国の保険大手では唯一の政府が株式を保有しない会社で, 筆頭株主は HSBC. 生命保険が主力で, そのほか損害保険(損保ジャパンと提携), 金融サービスも行う]

pink /piŋk/ *n* 桃色, ピンク; 極致, 典型; 左翼的な人
***in the pink* (*of health* [*condition*])** 《略式》とても元気で
― *a* 桃色の; 左翼的な; 興奮した

pink-collar *a* ピンクカラーの, 女性の低賃金労働に関する [⇨秘書・ウェイトレス・タイピストなど]

pink-collar worker ピンクカラー労働者 [⇨低賃金の女性事務員の総称]

pink pound 《英》ピンクポンド [⇨同性愛者の購買力を言う]

pink sheets 店頭株式相場表 [⇨Pink OTC Markets Inc.(旧称 National Quotation Bureau)が店頭株式のマーケットメーカー(自己勘定で売り・買いを行い, 市場での価格形成を担っている業者)から買い呼び値と売り呼び値を集計し, 発表しているもの]

pink slip 《米略式》解雇通知 (=walking papers)
▶ *The boss handed me my pink slip yesterday.* 社長から昨日解雇通知をもらった
get a pink slip 首になる
◇**pink-slip** *vt* 《米略式》首にする

pin money 少額の金[収入]；小遣い銭；(男性が妻または娘に与える)小遣い
PIN number 暗証番号
pinstriper n 《米略式》(エリート)実業家
pioneer /pàiəníər/ n 開拓者；先駆者《of》
— v 率先する；開拓する ▶ Britain pioneered jet aircraft. 英国はジェット機を開発した
— a 初期の；先駆的な ▶ He did much pioneer work in this field. この分野において草分け的な多くの業績を残した
◇**pioneering** a 先駆的な
pioneer patent パイオニア特許［⊃新たな技術分野または既存の分野における新たな技術的方向を作り出す発明を開示するもの．fundamental patent, basic patentとも言う］
pipage /páipidʒ/ n (水・ガス・油の)パイプ輸送
pipe /paip/ n 管，導管；(タバコの)パイプ；(タバコの)一服；(ワインの)たる；鳴き声；《略式》楽な仕事[こと]
— vi 笛を吹く；甲高い声で話す
— vt 管で送る《to, into》；甲高い声で言う[歌う]；(縁飾りを)つける《with》
pipeline n ❶ パイプライン，輸送管路；《略式》供給ルート，情報ルート ❷ 手持ち案件 ▶ The company has another US $1 billion worth of M&A deals in its pipeline. 同社は手持ち案件として総額で10億ドル規模になるM&A案件をかかえている ❸ パイプライン，開発段階［⊃新製品の開発過程を比喩的に表現する言葉で，開発計画がパイプラインに多数つまっていて開発が完了したものから順に出てくるイメージで考えられている．新薬の開発には長期間を要する医薬品業界で用いられる］
in the pipeline 進行中で ▶ We have some very promising products in the pipeline. 当社は研究開発中の製品で有望なものをいくつか持っている / The pharmaceutical company announced that the development of a new cancer drug is in the pipeline. その製薬会社は新しい抗がん剤の開発が進行中であることを発表した
pique /pi:k/ vt 立腹させる；(誇り・自尊心を)傷つける；(人・興味などを)そそる；(~ oneself)(自分の美点などを)自慢する《on, upon》 ▶ The country's rapid economic growth is piquing the interest of foreign investors. その国の急速な経済成長は外国投資家の関心を刺激している
be piqued at [over] に腹を立てる
— n 立腹，不興，不機嫌
piracy /páiərəsi/ n 著作権侵害［⊃権利者に無断で著作物の複製等をすること］ ⇒plagiarism ▶ provide protection against software piracy ソフトウェア著作権を侵害行為から保護する
pirate /páiərət/ n 違法著作物製作者，著作[特許]権侵害者，海賊放送局 (=pirate radio station)
— v 著作[特許]権を侵害する；(人材を)引き抜く ▶ a pirated video tape 海賊版のビデオテープ / Where did you get that pirated software? その海賊版ソフトをどこで手に入れたのか
◇**piratic, piratical** /pairǽtik(əl)/ a
pirate site 海賊[非合法]サイト ▶ People swap music at pirate sites. 海賊サイトで音楽を交換する人がいる
pit /pit/ n ❶ ピット［⊃先物・オプション取引所に設けられている，取引商品別の区画で，トレーダーが声と手振りで注文を出し，取引を執行する］ ❷ 炭鉱
— vt (-tt-) 穴をあける；競争させる《against》
PIT personal income tax
pitch /pitʃ/ vt (あるレベルに)定める，調節する；《米略式》(商品を)売り込む《on》；価格設定をする ▶ The company is expected to pitch the price at $120. 同社は価格を120ドルに設定すると見込まれている / I'd like to pitch an idea that will help us sell this product. この製品を売るのに役立つアイディアを推進したい
— vi (受注を目指して)競り合う，売込みをかける ▶ Six companies are pitching for the project. 6社がプロジェクトを受注しようと売込みをかけている
in there pitching 《米略式》せっせとやっている
pitch in 《略式》協力する，参画する《with》；勢いよく仕事を始める ▶ Let's all pitch in to finish the project. プロジェクトの完成に向かって，みんなで力を合わせよう
pitch into 《略式》叱責する；勢いよく取りかかる
pitch it rather strong [a bit high] 《略式》ちょっと誇張する
pitch on [upon] を選ぶ《for, as》
— n 《米略式》売込み口上 (=sales pitch)；宣伝 ▶ The client bought our pitch and put in a huge order. その顧客はわれわれの売込みの言葉が気に入って大きな注文をくれた
at fever pitch 最高に盛り上がって
make a [one's] pitch for 賛成[激励]の発言をする；を売り込む；訴える ▶ make a pitch for more language training 語学研修の強化を訴える
queer a person's pitch 《略式》(人の)計画をくじく
reach such a pitch that というまでになる
to such a pitch that というほどまでに
pitched battle /pitʃt/ 《略式》激しい口論 ▶ be in a pitched battle with と激しく口論している
pitch meeting 提案のための会議
pitfall n 落とし穴；危険 ▶ There are many pitfalls in purchasing a house. 家を買う場合にはいろいろと危ないことがある / Even the most carefully planned strategy may have its pitfalls. もっとも注意深く計画された戦略でも落とし穴があるかもしれない
pittance /pitns/ n わずかな生活費[収入，食いぶち]；少量 ▶ earn a mere pittance 稼ぎが少ない / sell for pittance 二束三文で売る
pivot /pívət/ n ピボット，旋回心軸；(一般に)軸，支え；中心
— vi 支点に回転する；(によって)決まる《on》
— vt 旋回軸上にのせる［<仏］
◇**pivotal** a 中核の，枢要な ▶ He played a pivotal role in turning the business around. 彼は事業の立直しに中心的な役割を果たした

pixel /píksəl, -sèl/ n [ピクセル] ピクセル, 画素 [⇨画像の最小要素]

Pizza Hut 《商標》ピザハット [⇨米・英のピザチェーン. KFCなどと並びYum! Brands, Inc.の一部]

P/L profit and loss statement

place /pleis/ n 場所, 所; 余地; 建物; 座席; 立場, 位置; 勤め口; 官職; 役目, 任務; 高い地位; 位; 地位; 地域, 地方; 広場; 通り; 住宅, 屋敷; 順序; 機会, 好機;（数字の）けた, 位 ► places of interest 名所 / get [lose, look for] a place 職を得る[失う, 探す] / This is neither the time nor the place to discuss that. そのことを議論すべき時でも場合でもない / We're looking for a convenient place to hold the reception. 歓迎会を開くのに便利な場所を探している

all over the place そこらじゅう; 取り乱して

earn one's place 努力してその地位を獲得する《in》

fall [click, slot] into place ぴったりはまる; つじつまが合う, よく理解される ► My new job is going extremely well. Everything is falling into place. 新しい仕事はたいへん順調に進んでいる. すべてがうまくいっている / There were some problems initially, but everything fell into place in the end. 最初はいくつか問題があったが, 最終的にはすべてうまくいった

give place to に席[地位]を譲る

go places 《略式》成功する[出世]する ► With your skills, you'll definitely go places. あなたのスキルをもってすれば, 間違いなく成功するでしょう

in a person's place（人の）立場に立って

in high places 地位の高い人々の間で

in place 適所に; 適当な;（規則が）適応して ► Everything is in place for the product launch. その製品の発売については何もかも準備ができている

in place of の代わりに ► I attended the conference in place of the chairman. 委員長に代わって私が会議に出席した

in places ところどころ

it is not one's place to do …するのは…のすることではない

know one's place 身のほどを知る

make place for に場所をあける[譲る]

out of place 場違いの; 不適切な

put a person in his place（人の）思い上がりをたしなめる

put ... in place を配置する

take [one's] place その地位を占める, 特定の位置につく

take place 起こる (=occur);（予定された行事が）行われる ► Where will the opening ceremony take place? どこで開会式は開かれるのだろう？ / Just in the first quarter, five new mergers took place. 第1四半期だけで, 5件の新しい合併が成立した

take second place to の二の次である, ほど重要ではない

take the place of の代わりをする

— vt 置く, 据える; 配置する; 整頓する; 任命する;（人に職を）見つける; の位置[等級]を定める; 確認する, 思い出す; 投資する ► place an advertisement in the newspaper 新聞に広告を出す / All the employees place confidence in their president. 全社員が社長を信頼している / He placed the good of society before all else. 他の何よりも社会の利益を優先させた / I placed him at the head of personnel. 彼を人事課長に任命した / They placed the budget for the next year before the board. 来年度の予算を理事会に提出した / I placed an order for 50 units with our supplier. 納入業者に50個を発注した / We plan to place our order with another supplier. 当社は別の供給業者に注文を出すことを計画している

— vi 入賞する;《米》（競馬など）2着になる; …番をとる

placement /pléismənt/ n ❶ 置くこと, 置かれた状態; 配置 ❷ [法律] (1)（株式などの）発行, 売却;（ローンや担保などの）設定 ► private placement 私募発行 (2)《米》職業紹介, 就職斡旋;（従業員の）採用 ► a placement agency 職業紹介業者 (3)《米》（鉄道の）貨車の停留

placement power 証券の販売力

placing /pléisiŋ/ n 置くこと; 位置; 配置;《英》プレーシング方式株式公開発行 ⇨introduction

plagiarism /pléidʒərìzm/ n 剽窃(物), 盗作 [⇨他人の著作物を自分の創作物として公表すること. 著作権の侵害行為となる] ⇨piracy

plagiarize,《英》**-rise** /pléidʒəràiz/ v（他人の文章・着想などを）剽窃する, 盗用する
◇**plagiary** n =plagiarism; 剽窃者

plague /pleig/ n 疫病, 悪疫;（天罰とされる）災い, 災難;（害虫などの）はびこり;《略式》悩みの種, 厄介な人[もの]

a plague of のはびこる, やたらに多い

— vt 悩ます, 苦しめる; 疫病にかからせる

be plagued by [with] に悩まされている ► The company is plagued by financial problems. 会社は財務上の問題に悩まされている
◇**plagu(e)y** 厄介な

plain /plein/ a 明らかな, 明白な; 平易な; まったくの; 率直な; 普通の, 平凡な ► The cover design is plain and boring. 表紙のデザインは単純で退屈だ

in plain words 正直[率直]に ► Will you explain it to me in plain words? 分かりやすい言葉で説明してくれる？

(as) plain as day [a pikestaff, the nose on your face]《略式》極めて明白な
◇**plainly** ad 明白に; 率直に ► I plainly told him he was making a big mistake. 大きな間違いをしかけている, と私は彼に率直に話した
◇**plainness** n

plaint /pleint/ n《英》訴訟上の請求, 訴訟申立て（書）

plaintiff /pléintif/ n 原告 (⇔defendant) ► for the plaintiff 原告勝訴の

plain vanilla a ごく普通の, シンプルな

▶ Plain-vanilla mortgages barely eke out a profit. ごく普通の住宅ローン契約ではほとんど利益が出ない

— n プレーン・バニラ [○固定金利の支払・受取と変動金利の受取・支払を交換するもっとも単純なスワップ取引] ▶ plain vanilla option [warrant] プレーン・バニラ・オプション[ワラント]

plain-wrap a 無印(良品)の (=generic)

plan /plǽn/ n 計画, 案, 策 (*for*)

コロケーション

(動詞(句)+〜) **achieve** a plan 計画を達成する / **announce** a plan 計画を発表する / **carry out** a plan 計画を実行する / **formulate** a plan 計画を立てる / **implement** a plan 計画を実施する / **make** a plan 計画を立てる / **map out** a plan 計画を立てる / **proceed with** a plan 計画通りに進める

▶ a business plan 事業計画 / a departmental plan 部門別事業計画 / a financial plan 資金計画 / a long-range plan 長期計画 / a short-range plan 短期計画 / a tentative plan 暫定計画 / a contingency plan 緊急事対応計画 / Do you **have any plans** for this evening? 今晩のご予定はおありですか / Let's **make a rough plan** first and then flesh out the specifics later. まずは大雑把な計画を立ててから, あとで具体的な内容を肉付けしよう / Our **plans** are **running on track**. 計画は予定通りに進んでいる / How did the **plan work out**? その計画は結局どうなりましたか / The country **announced a $80 million plan** to bolster its music industry. その国は音楽業界にテコ入れする目的で8千万ドルの計画を発表した / Faced with massive opposition, the company is likely to **reconsider its plan** to build a shopping mall in the area. 大規模な反対運動を受け, 会社は, その地域にショッピングモールを建設する計画を見直す可能性が高い / If you determine that **your plan needs** more than a minor adjustment, you can **change the plan** altogether. 小修正程度では間に合わないという判断であれば, 計画全体を変更してもさしつかえない / List the key stages necessary to **achieve the plan**, specifying who is responsible for completion. 計画達成に向けての主要ステップを列挙し, 完了の責任者を明示せよ / Personally I'm in favor of Plan A but head office wants us to **proceed with Plan B**. 個人的にはA案がいいと思うが, 本社はB案通りにことを進めろと言っている / **Plans** in themselves mean little unless these are implemented. 計画は実施されない限り, それ自体としての意味はあまりない / The developer eventually **abandoned the plan** for lack of funding. 資金を調達できなかったので, その開発業者は最終的に計画を放棄した / The executive committee decided to **shelve the plan** for the time being. 経営委員会は, 計画を当面, 棚上げすることに決した / The **plan was quietly dropped**. その計画はいつのまにか沙汰やみになった / Things are not looking good. We had better **abort this plan**. どうも状況が芳しくない. この計画は打ち切った方が賢明だ / We carefully **worked out a plan** to address the company's logistic inefficiencies. われわれは, 会社の物流面での不効率の改善に向け計画を慎重に練った / We've had instructions from head office to **terminate the plan**. 本社から計画を打ち切るようにとの指示を受けた

a plan of action [campaign] 行動[作戦]計画

go according to plan 予定通りに運ぶ

have no plans to do …する計画[予定]はない

▶ At the moment, we have no plans to expand our business. 今のところ, 当社には事業を拡張する計画はありません

— v (**-nn-**) 計画する (*for*); (…する) つもりである (*to do, doing*), の設計図を描く, 設計する ▶ He planned very carefully how he would accomplish his mission. 彼はどのように使命を果たすか入念に計画を立てた / Plan how long you're going to spend on each point. 各々の論点にどのくらい時間をかけるかを計画しなさい / Things always take longer than planned. 物事が予定より長くかかるのが常だ

have not planned for [on] は予想していなかった

plan on を予想する; …するつもりだ (*doing*) ▶ I'm planning on taking a few days off from work next week. 来週2, 3日仕事を休む予定だ

plan out の計画を完全[詳細]に立てる

Plan A 《略式》第一案 [○次善の策のPlan B(第二案)に対して言う]

plan assets 年金資産

Plan B 《略式》(最初の計画が失敗したときの)第二案

plan beneficiary 年金加入者

plan benefits 年金支給額

plan-do-see n 【経営】プラン・ドゥ・シー [○企業の管理過程は計画化ー実行ーチェックの循環であるとする考え方]

plane /pléin/ n 飛行機; 水準; 平面 ▶ by plane 飛行機で / get on [off] a plane 飛行機に乗る[から降りる] / The carrier has ordered a new fleet of planes. そのエアラインは航空機の新しいフリートを発注した

on a friendly [higher] plane 親しい[より高い]レベルで[の]

on the same plane as と同程度で

— a 平らな; 平面の

— vi 滑走する; 水面から浮き上がる

planeload n 飛行機一機分の貨物[乗客]

planet /plǽnit/ n 惑星, 遊星 ▶ Electric and hybrid cars will reduce carbon dioxide emissions that heat up the planet. 電気自動車やハイブリッド車は地球を高温にする二酸化炭素の排出を減らすだろう

on the planet 地球[世界]で

plank /plǽŋk/ n 厚板; 政党綱領の項目

— vt 厚板を張る; 《略式》(勢いよく)置く (*down*);

《略式》即金で払う《*down, out*》 ► He went into the camera shop and planked down his savings. カメラ店に入って、ためていた金で即座に支払った

planned economy /plænd/ ❶ 計画経済 ❷ 〖経営〗計画経済国

planned obsolescence 計画的陳腐化［⇨モデル・チェンジなどによって既存製品を意図的に陳腐化させ、買換え需要を喚起すること］⇨ model change ► Planned obsolescence is built into all products. すべての製品に計画的陳腐化が組み込まれている

planner /plǽnər/ *n* ❶ 立案者；計画者；計画表 ❷〖都市計画〗都市計画家、都市プランナー

planning /plǽniŋ/ *n* 計画、立案、計画設定 ► planning for capital investment 設備投資計画

in the planning stage 計画中［段階］で
planning agency 計画部局
planning application 《英》計画許可申請
planning cycle 計画サイクル［⇨計画が企画・開発され、検討・設計されそして採用されるまでの全周期］
planning model 計画設定モデル
planning permission 《英》建築許可（=《米》building permit）；〖都市計画〗計画許可
planning, programming and budgeting system 計画・プログラミング・予算編成システム、企画・計画・予算方式（PPBS）［⇨目標の設定、事業計画の策定、実行予算の編成がプロジェクト推進の基本的3段階であるとする考え方］

planogram /plǽnəgræm/ *n* 〖デジタル〗プラノグラム［⇨ plan と diagram (図形, 図表) を合わせた造語. 顧客にとって最適な棚割計画を指す］

plan participant (年金や福利厚生制度における) プラン参加者

plan sponsor (年金や福利厚生制度における) プラン・スポンサー；(企業年金の) 運営企業

plant /plænt, -ɑː-/ *n* 工場；設備、装置；施設 ► close a plant 工場を閉鎖する / site a plant 工場の立地を決める / The plant will come on stream next week. その工場は来週稼働する予定だ / As part of a reorganization of our domestic milk plants, we will shut down our plant in Osaka. 当社の国内ミルク工場の統廃合の一環として、大阪工場を閉鎖する予定だ / Over 500 new jobs will be created when the new assembly plant is built. 新しい組立工場が建設されると、新たに500以上の職が創り出されるだろう
― *vt* 植える《*with*》；置く、据える；《略式》打ち込む、突き刺す、(打撃を) 与える；建設する；仕掛ける《*in, on*》；《略式》(ニュースなどを意図的に) 流す

plant and equipment 〖会計〗工場設備、有形固定資産（P&E）［⇨建物、構築物、機械装置、車両など経営活動に長期間使用される有形の資産］

plantation /plæntéiʃən/ *n* (特に熱帯・亜熱帯地方の大規模な) 農場、農園、プランテーション；植林(地)

plant capacity 設備能力、工場生産能力［⇨工場の最大可能生産数量あるいは作業時間］
plant closure 工場閉鎖
Planters (商標) プランターズ［⇨米国のピーナッツや各種ナッツのブランド］
plant investment 設備投資
plant location 工場立地
plant manager 工場長
plant utilization 《英》設備稼働率（=《米》capacity utilization）［⇨生産量を生産能力で除して求める指標で、設備投資の先行指標とされる］
plant variety 植物品種［⇨植物の育成者が作り出した新品種. 法律 (日本では種苗法) により、他の育成者及び種子業者が無断で増殖することが禁止される］

plan view 平面図

plastic /plǽstik/ *n* 《略式》クレジットカード ► Buying with plastic is very convenient. クレジットカードで買うのはとても便利だ

go plastic カードになる、カードで買える
overstretch one's plastic カードで買い過ぎる
pay with plastic カードで払う
take plastic カードでの支払を認める

plastic card = plastic money
Plasticine (商標) プラスティシン［⇨塑型用粘土や蝋(ろう)の代用品として用いられる合成材料. 乾きが遅いことから学用品に多用される］
plastic money クレジットカード
Plastic Wood (商標) プラスチックウッド［⇨木工品の補修、木材のすき間の充填などに用いる合成剤］

plat book 《米》公図［⇨不動産取引において土地の位置・境界などを特定するために使う］

plate /pleit/ *n* 食用皿；(銀・金めっきの) 食器類；(料理の) 一皿；料理一人前；(金属の) 平板；板金；板ガラス

hand [give] a person ... on a plate 《英米式》(人に) やすやすと［容易に］…を与える ► The job was handed to him on a silver plate. この仕事は彼には棚からぼたもちだった
on one's plate 《略式》(仕事などを) なすべき責任のある
― *vt* (金属を金などに) めっきする；(板金で) 覆う

plateau /plætóu/ *n* (~s, ~x /-z/) 高原、台地；海台［⇨海底の高原状の隆起部］

reach a plateau 横ばいになる
― *vi* 横ばいになる《*out*》

platform /plǽtfɔːrm/ *n* ❶ 壇；教壇、演壇；プラットホーム、《米》(客車・電車・バスの) 乗降口、デッキ；〖コンピュータ〗プラットフォーム［⇨特定のハードウェア環境］；(政党の) 綱領；(倉庫などの) 高床式荷受場 ► The presidential candidate campaigned on a platform of creating jobs and improving the economy. その大統領候補は雇用の創出と景気の改善を公約して選挙を戦った ❷〖経営〗プラットフォーム［⇨製品というシステムの根幹をなす部分システム］

platform business プラットフォーム・ビジネス［⇨明確な条件で誰にでも提供される商品・サービスの供給によって、新しい起業の基盤を提供

platform-neutral a 〖形-9〗プラットフォーム・ニュートラルな〔●アプリケーションが動作する基盤となる OS の種類やその他の環境を問わずに使えることを言う〕

plaudit /plɔ́:dit/ n (通例 ~s) 拍手(かっさい); 絶賛

win plaudits from から絶賛される

plausible /plɔ́:zəbl/ a もっともらしい; うまいことを言う ► He presented a plausible explanation for the sudden decline in sales. 販売の突然の落込みについて, 彼はもっともらしい説明をした / He gave a plausible explanation to the downward shift in sales. 彼は売上高の下方修正にもっともらしい説明を与えた

Plax 〖商標〗プラックス〔●米国の口内洗浄薬〕

play /plei/ n 活動, 作用; 活発〔自由〕な動き; (株式市場で動きの目立つ) 銘柄 ► big play 大商いの銘柄 / cyclical play 景気循環銘柄〔●景気の変動サイクルと動きが同じ株式〕/ defensive play ディフェンシブ銘柄〔●景気後退期に強い食品株など〕/ speculative play 投機的銘柄

be at play 要因として影響している

be in full play 十分に活動している

bring ... into play を利用する, 活動させる

come into play 働き出す, 作用し始める

give (free) play to を自由に働かせる

in play 買収対象となっている ► The company seems to be in play now. その会社は今, 買収の対象となっているようだ

make a play for 〘略式〙を手に入れようとする

— *vt* (の役を) 演じる; 上演する; (ゲームを) して遊ぶ; 働きかける, あやつる ► The dollar still plays a strong role in the currency market. 通貨市場で, ドルはいまだに重要な役割を演じている

— *vi* 遊ぶ; 振る舞う; 〘略式〙受け入れられる

play along 協力する(振りをする); (とりあえず) 協調する《*with*》

play back (録音を) 再生する ► The secretary played back the tape and transcribed the dictation. 秘書はテープを再生して口述されたものを書き取った

play both ends against the middle 〘米〙両天びんにかける; 漁夫の利を占める

play down を軽く扱う; 宣伝を控える; 調子を落とす《*to*》 ► The company played down the likelihood of a takeover. その会社は乗っ取りの可能性を実際より小さく言った

played out 流行遅れになった; 使い尽くした

play for time 時間を稼ぐ

play it by ear 臨機応変の処置をとる

play it cool 〘略式〙冷静に行動する

play itself out 尽きる, 終わる

play ... off against と…を争わせる ► The builder is trying to play one buyer off against another to raise the price. 建築業者は値をつり上げるために買手同士を競争させようとしている

play on プレーを続ける; (人の感情などを) 刺激する; (弱みに) つけ込む, 利用する

play out を使いきる; を演奏して送り出す ► New styles in clothing are soon played out in New York. ニューヨークでは服装のニューモードはすぐに流行遅れになってしまう

play the market 相場を張る, 相場に手を出す

play up はしゃぐ; 強調する, 宣伝する; 苦しめる, 迷惑をかける

play up to a person 〘略式〙(人に) こびへつらう

play with をもてあそぶ ► Since the budget is extremely tight, there is no money to play with. 予算がぎりぎりなのでほかのことに回せる金などない

playbook n 〘米〙戦術指南

Playboy 〖商標〗『プレイボーイ』〔●セクシーな女性モデルを表紙にした米国の男性向け月刊誌. 日本語版も出ていたが, 2008年に休刊〕

Play-Doh 〖商標〗プレイドー〔●米国の彩色された子供用の工作粘土(=play dough)〕

player /pléiər/ n ❶ 選手; 俳優; 演奏者 ❷ (市場の) 参加者, プレーヤー ► Market players sold the dollar against the euro and the yen amid fears of the US economy slipping into a recession. 米国経済が景気後退に突入しつつあるという懸念を背景に, 市場のプレーヤーはドルを売ってユーロと円を買った ❸ 〖経済〗プレーヤー〔●ゲーム理論における意思決定主体〕► become a player in に参入する

playing field 競争の場, 競争環境, 企業が競争するグラウンド ► level [uneven] playing field 公平[不公平]な競争環境

Playskool 〖商標〗プレイスクール〔●米国の Hasbro 製の玩具〕

PlayStation 〖商標〗プレイステーション〔●ソニー製のゲーム機. 米国でも爆発的な人気を誇る商品〕

play time 演奏時間

Playtex 〖商標〗プレイテックス〔●米国の台所仕事, 掃除などに使用するゴム手袋のブランド〕

plaza /plá:zə, plǽzə/ n 広場, プラザ; 市場; =shopping center 〔<西〕

PLC, plc 〘英〙public limited company; product life cycle

PLC management 製品ライフサイクル[PLC]管理

plea /pli:/ n ❶ 嘆願, 請願 ► Management ignored pleas from the union to save jobs. 経営陣は雇用を守ってほしいという組合の要請を無視した ❷ 〖法律〗(訴訟での) 答弁〔●刑事訴訟では被告人が罪状認否手続で行う有罪(guilty), 無罪(not guilty), 不抗争(nolo contendere)の答弁を言う〕► He entered a plea of not guilty to charges of insider trading. 彼はインサイダー取引の容疑について無罪を申し立てた

plead /pli:d/ v (**~ed, ~ pled,** 〘米・スコット〙**pled**) 罪状認否の答弁をする, 申立てをする ► plead a statute of limitations 出訴期限法を抗弁として申し立てる

plead guilty 有罪を認める ► He pleaded guilty to two counts of fraud. 彼は2件の詐欺

容疑について有罪を認める申立てをした

plead not guilty 無罪を主張する(✣くだけた言い方ではplead innocent [one's innocence]とも言う)

pleader *n* 抗弁者; 弁護士; 嘆願者; 訴答者

pleading *n* 訴答(書面) [⇨訴状と答弁書により主張を述べる手続またはそのための書面]

pleasant /plézənt/ *a* 愉快な; 愛想のよい; 陽気[快活]な

◇**pleasantly** *ad* 愉快に, うれしく; 陽気に ► Investors were pleasantly surprised by the market upturn. 投資家は相場の思いがけない反騰に喜んだ

◇**pleasantness** *n*
◇**pleasantry** *n* 冗談, おどけ

please /pli:z/ *vt* 喜ばせる, 満足させる, の気に入る ► You can't please everybody. 皆が気に入るようにするのは無理だ
— *vi* 人を喜ばせる; 好む, …しようと[したいと]思う

as ... as you please 好きなだけ
(just) as you please 好きなように
if it pleases you / if you please よろしければ; 意外と思われるでしょうが ► I will take another cup, if you please. 失礼してもう一杯いただきます

please oneself 《略式》自分の好きなように[勝手に]する
— *ad* どうぞ, どうか; お願いだから; やめて, よしてください ► Come in, please. どうぞ, お入りください

pleased /pli:zd/ *a* 喜んだ, 気に入った 《*with, about, that*》 ► Employees are very pleased with this year's bonus. 今年のボーナスに従業員は大変満足している

be (only too) pleased to do (とても)喜んで…する ► (I'm) pleased to meet you. はじめまして (どうかよろしく) / I'm pleased to make your acquaintance. お知り合いになれてうれしく存じます / If there is anything we can do, we would be pleased to help [assist]. 何かできることがありましたら喜んでお手伝いさせていただきます

be pleased with oneself (自己)満足している
look pleased うれしそうにする

pleasure /pléʒər/ *n* 喜び, 満足; 楽しみ; 快楽, 娯楽; 意向 ► (It's a) great pleasure to meet you. はじめまして / It's a great pleasure to be able to help you. お手伝いできて光栄です / Are you traveling for business or pleasure? 商用旅行ですか, それとも観光旅行ですか

at (one's) pleasure 好きな時に, 随意に
for pleasure 慰みに; 楽しみを求めて
have the pleasure of を喜ぶ, 満足に思う 《*doing*》; をお願いする ► May we have the pleasure of your presence? ご臨席願えるでしょうか
My pleasure. / (It's) a pleasure. こちらこそ; どういたしまして(✣Thanks (so much) for helping us.「助けていただいてありがとう」などに対する応答)
take pleasure in に喜びを感じる 《*doing*》 ► I take pleasure in introducing the next lecturer. (喜んで)次の講師の方を紹介させていただきます
With pleasure. / It'll be a pleasure. 喜んで(✣Could you help me with the bag?などに対する応答)

pledge /pledʒ/ *n* ❶ 約束 ► give a pledge 約束をする / honor a pledge 約束を守る ❷ 質入れした物, 質物 ► give... as a pledge に質権を設定する[を質物として差し入れる] / hold... in pledge を質物として預かる / redeem a pledge 質入れした物を受け出す

as a pledge しるしとして; 借金のかたに ► keep the famous painting as a pledge 名画を担保に押さえておく / leave a ring as a pledge for the debt 借金のかたに指輪を置く
be under pledge 誓いを立てている
give a pledge that [*to do*] …することを誓う
make a pledge to do …することを誓う
— *v* ❶ 堅く約束する 《*to do*》 ► The government has pledged more than $380 million on infrastructure spending. 政府はインフラ支出に3億8千万ドルを超える額を約束した ❷ 質に入れる ► pledge securities as collateral for a loan 融資の担保として証券を差し入れる / We were asked to pledge shares as collateral for the borrowing. 今回の借入金のため, 株式を担保として差し入れるよう求められた

pledge oneself to [*to do*] / ***be pledged to*** を誓う
pledge one's word 誓って約束する

Pledge 《商標》プレッジ [⇨米国の家具のつや出し剤. スプレー式, 液状のものがあり, テーブルなどの木製の家具に使用される. 木の床用のワックスもある]

pledged asset 担保資産 [⇨抵当に差し入れた資産]

pledged security 差入有価証券 [⇨担保として提供した有価証券]

pledgee /pledʒí:/ *n* (動産)質権者 [⇨債務者から債権の担保として担保物件の提供を受けている債権者]

pledger, pledgor /pledʒɔ́:r/ *n* 質権設定者 [⇨自己の財貨を債務の担保として質に入れている債務者]

plenary /plí:nəri/ *a* 十分な; 完全な; 絶対的な; 全員出席の ► plenary powers 絶対権
a plenary session 本会議

plenitude /plénətjù:d/ *n* 十分, 豊富

plentiful /pléntifəl/ *a* 豊富な, 十分な ► Are these products in plentiful supply? これらの製品は十分に供給されていますか
◇**plentifully** *ad*

plenty /plénti/ *n* 十分, たくさん 《*of*》; 豊富さ ► He arrived in plenty of time for the meeting. 彼は会議に十分間に合う時間に到着した / You have plenty of work to do, so get to it. やるべき仕事は沢山あるのだから, ともかく始めなさい

in plenty たくさん, 豊富に

— *a* たくさんの; 十二分の
— *ad* 《略式》とても ⇨ aplenty ▶ plenty cold とても寒い / keep plenty busy うんと忙しくしている

Plexiglas 《商標》プレキシガラス [◯メタクリル酸メチルの熱可塑性重合体.透明度が高く,軽く,耐候性にすぐれ,加熱によって自在な形に加工でき,標識,窓,家具などに用いる.一般名はplexiglass]

Plimsoll line [mark] /plímsəl/ 【海事】満載喫水(きっすい)線[標]

PLM product life cycle management

plod /plɑd/ *v* (**-dd-**) 重い足取りで歩く 《*along, on*》;こつこつ働く[勉強する] 《*on, along, away, at, through*》 ▶ He plodded away at the day's work. 彼はその日の仕事をこつこつやった
— *n* とぼとぼ歩くこと;重い足音
◇ **plodder** *n* とぼとぼ歩く人;地道な努力家

plot¹ /plɑt/ *n* (劇・小説などの)筋;陰謀,策略《*to do*》;用地

hatch a plot 陰謀をたくらむ
— *vt* (**-tt-**) 計画する,たくらむ《*to do*》;筋書きを作る;(航路を)記入する;図面を作る ▶ plot mutiny ひそかに反乱を計画する
— *vi* たくらむ《*for, to do*》;陰謀を企てる《*with, against*》

plot² *n* 建築用地,開発用地
— *vt* (**-tt-**) 区分けする《*out*》;プロットする [◯データをグラフに当て込む,点描すること]

plot plan 土地現況図,土地計画図
plot ratio 【都市計画】《英》容積率
plottage value 《米》併合価値 (=《英》marriage value) [◯土地を併合した場合に生じる価値.複数の敷地を併合することで利用度が高まり,各街地の価値合計総額よりも併合地の価値総額の方が高くなる場合に生じる増価価値を言う.なお,権利の統合などによっても増分価値は生じる]

plough /plau/ *v* 《英》 = plow
plow /plau/ *v* 資本を投下する,投資する ▶ The company plowed millions of dollar into its advertising campaign. その会社は数百万ドルを広告キャンペーンに投入した

plow back に再投資する [◯利益を配当などで分配せず,社内に留保して後日の成長に充てること] ▶ Instead of paying out dividends, the company will plow earnings back into the business. その会社は,配当を支払う代わりに,利益を事業に再投資するだろう
plow into に投資する

plowback *n* 再投資

plug /plʌg/ *n* 宣伝,推薦;資金供給 ▶ The host of the TV show gave our new product a nice plug. そのテレビ番組の司会者がうちの新製品をうまく宣伝してくれた

pull the plug on の資金源を断つ,資金供給をやめる;突然…を打ち切る ▶ They just pulled the plug on this project. 彼らはこの計画を突然打ち切った
— *vt* (**-gg-**) 《略式》宣伝[推薦]する;抜け穴をふさぐ,不備を手当てする ▶ The author plugged her book on her blog. 著者は自分のブログで自著の宣伝をした / There are holes in the balance sheet that need to be plugged. 貸借対照表に穴があいているので,ふさぐ必要がある / I can plug my new album when I go on the TV show. そのテレビ番組に出たら私の新アルバムを宣伝できる
— *vi* 《略式》こつこつ働く ▶ I've been plugging away at this task for two months. この仕事に2か月間かかりきりだ

plug into に接続する ▶ The entire building is plugged into a computer system. この建物全体がコンピュータシステムと連結している

plug-and-play *n* 【ぢ-ヷ】プラグアンドプレー [◯周辺機器をパソコン本体に接続するだけですぐ使えること] ▶ My new computer is plug-and-play. 私の新しいコンピュータは接続するだけで使える
— *a* 即戦力の,すぐ実行できる ▶ a plug-and-play solution すぐ実行できる問題解決作

plug-and-pray *a* 《略式》接続してもすぐ使えるとは限らない,すぐ実行できることを祈る

plug-in *a* 【ぢ-ヷ】差込式の,プラグイン式の
— *n* 【ぢ-ヷ】プラグイン [◯機能を拡張するための付加ソフト]

Plug-In City 【都市計画】プラグ・イン・シティ [◯都市の大きな構造の中に組み込まれた自立的なカプセル状の小空間で,外部とつながることによって人の用が足りる]

plum /plʌm/ *n* 《略式》素晴らしい[望ましい]もの,要職,思いがけない利得 ▶ There's a plum in the firm's future. その会社は将来思いがけない大もうけをするだろう

plummet /plʌ́mɪt/ *n* 大幅下落
— *vi* 急落する ▶ Just last month, the pound plummeted nearly 20% against the yen. つい先月,ポンドは円に対して20%近く急落した / July retail sales plummets. 7月の小売売上は急降下 / The U.S. dollar plummets to the ¥104 level Friday for the first time since May 2005. 米ドルは金曜日に2005年5月以来初めて104円のレベルに急落した

plunder /plʌ́ndər/ *v* 略奪する
— *n* 略奪(品);《略式》もうけ

plunge /plʌndʒ/ *vi* 急落する《*to*》,大幅下落する ▶ Stock prices plunged after a day of heavy trading. 大商いの一日の後で株価は急落した / Industrial output plunged by 15% in the second quarter. 工業生産高は第2四半期に15%急落した / The key Nikkei stock index plunged nearly 4.5 percent Monday. 主要日経株式指数は月曜日に4.5%落ち込んだ / Tokyo equities plunged on U.S. economic woes. 東京の株式は米国経済の災難に基づいて急落した
— *n* 急落,大幅下落,急激な低下 ▶ a plunge in sales 売上の急落

plunk /plʌŋk/ *v* 《略式》ドシンと投げ出す[落ちる,座る]《*down*》;(金をポンと)支払う《*down*》 ▶ Jim plunked down $800 for the antique. ジムはその古美術品に800ドルをポンと支払った
— *n, ad* ドシンと(落ちること[音])

plurality /pluərǽləti/ n 相対多数 ► Smith had a plurality of two but fell short by three of having a majority. スミスは2票の差で最高得票だったが，3票不足で過半数には達しなかった

plus /plʌs/ prep …を加えて，おまけに
► The holding company owns a commercial bank, a retail bank, **plus** a brokerage firm. その持株会社は商業銀行と小口取引銀行，それに証券会社を所有する / The surge in unemployment, **plus** a contraction in consumer spending, could prolong the recession. 失業の急増は，個人消費の縮小と相俟って，景気後退を長引かせる可能性がある
— conj おまけに，しかも
► **Plus**, before you invest, you should do your homework. その上，実際に投資をする前に，しっかりと下調べをする必要がある
— a プラスの，正の；（数字につけて）以上の；プラスアルファの
► There may be a variation of **plus** or minus 2 percent in the figures given. 与えられた数字にはプラスマイナス2％の変動があるかもしれない / He has an income of $30,000 **plus**. 彼は3万ドル強の収入がある
[成句] **on the plus side** 利点として
— n プラス要因
► The yen's decline is a big **plus** for Japanese exports. 円の下落は日本の輸出にとって大きなプラスだ

plush /plʌʃ/ a （略式）豪華な ► a plush hotel 豪華なホテル（✤ビロードの一種のフラシ天から）

plutocracy /plu:tákrəsi/ n 金権政治家；富豪階級
◇**plutocrat** n 金権政治家；富豪 ► This plush hotel is for champagne-drinking plutocrats. この豪華ホテルはシャンパンを飲む大金持ち専用だ
◇**plutocratic** a

ply /plai/ vt （仕事・商売に）励む；定期的に行き来する
— vi 精を出す；（船・バスが…間を）定期的に往復する《between》
ply for hire （タクシーなどが）客待ちする
ply one's trade 商売をする

p.m., pm, PM （ラテン語） post meridiem 午後 ⇨ a.m.

PMI private mortgage insurance; purchasing managers' index

P/N promissory note

P-note n promissory note

PO ❶ postal order; post office ❷ Principal Only PO債[⇨CMO（モーゲッジ担保証券）の元本部分だけを切り離して証券化した金融商品で，金利低下局面では住宅ローンの借換えが進むにつれて元本返済が前倒しされ，キャッシュが流入するのでPO債の相場も上がる]

POA point of action

poach v 他者の社員を引き抜く，（好ましくない手段で）横取りする

poaching n （人材の）引抜き，横取り

POB, PO Box 私書箱 (=post office box)

pocket /pákit/ n ❶ ポケット；懐（具合）；孤立集団[地域]；エアポケット (=air pocket) ► a pocket of resistance 一部の抵抗集団 / The CEO is leaving with $1 million in his pocket. その経営責任者は100万ドルをもらって退職する ❷［都市計画］袋小路，山あい
be ... out of pocket （英）（の額の）買い損をする
beyond one's pocket 資力を超えて
have ... in one's pocket を意のままにしている
in a person's pocket （人の）意のままになって
in pocket もうけて，得をして
live in each other's pockets 互いに頼りきっている
pick a person's pocket （人の）財布をする
put one's hand in [into] one's pocket 金を出す［使う］
— a 携帯用の
— vt ポケットに入れる；着服する；（侮辱などを）じっと我慢する；（議案を）握りつぶす

pocketbook n （米）ハンドバッグ；紙入れ；懐具合，資力；手帳 ► Rising oil prices are putting the squeeze on consumer's pocketbooks. 石油価格の上昇は消費者に財布の紐を締めさせている
vote (from) one's pocketbook / vote with one's pocketbook 財布と相談して[利益を考えて]投票する

pocket change 小銭，はした金，少ない金額
► The cost saved is no pocket change. これで浮く金額は決して少ないものではない

pocket money 小遣い銭

pocket park ポケット・パーク[⇨住宅地やオフィス街に作る小規模な公園]

pocket-size(d) a ポケット判の；小さな

POD pay on delivery

podcast n ポッドキャスト[⇨インターネット上に配信され，音声や画像データをiPodなどの携帯プレーヤーにダウンロードして視聴できる番組，またその配信システム][<iPod+broadcast]

POE port of embarkation; port of entry

Pohang Iron & Steel (~ Co., Ltd.) 浦項総合製鉄[⇨韓国の製鉄会社。1968年設立。新日本製鉄の技術協力，日本政府の資金援助により建設された。2002年5月に現在の社名POSCOに変更した]

point /point/ n ❶（単位としての）ポイント[⇨株式取引では1ポイントは1ドルを指す。商品取引では，穀物や豚肉は1ポイントは1セント，コーヒーや綿花は1ポイント1/100セントを指す。経済成長率や金利などの百分率については1ポイントは1パーセント（厳密には1パーセンテージポイント）を指す] ► The Nikkei closed up 132.63 points, or 1.5 percent from the previous day. 日経平均は前日から132.63ポイント（1.5％）上げてひけた / The Fed raised interest rates by half a point to 7.5 percent. FRBは金利を0.5ポイント上げて7.5％にした
❷（空間，時間，観念上の）点 ► an assembly point 集合場所 / an equilibrium point 均衡点 / a point of sale 販売時点 / a turning point 転

換点 / buy at the lowest point and sell at the highest point 最安値で買って、最高値で売る
❸ (話の) 要点, 論点, 核心 ►illustrate the point 要点を説明する / She raised some interesting points at the meeting. 彼女は会議の席上、なかなか面白い論点を持ち出した
❹ (議案の) 番号 ►Point 4 on the agenda 議題の4
a full point 終止符
a high [low] point 最高[低]のとき, 最高潮[どん底]
a point of order 議事進行の問題
a point of reference 評価[判断]の基準
a point of view 観点, 見地; 見解, 考え方
at all points どの点でも; すべての駅で
at some point いつかは
at the point of =on [upon] the point of
at this point (in time) 現時点で ►At this point, I'd like to call a close to today's meeting. ここで、今日の会議をおしまいにしたいと思います / I'm reluctant to invest any more money at this point. 現時点でこれ以上の資金を投資するのは気が進まない
beside [off] the point 見当違いの
carry [gain] one's point 目的を達する, 意見を通す
come [get] to the point 要点を話す ►Will you get to the point once and for all? もう一度だけ、要点を言って頂けませんか
get [see] the point 人の言わんとするところを理解する
get [come] to the point where というほどまでになる
give points to a person (人に) 勝る
have one's points よいところがある
in point 適切な
in point of fact 実際には
make a point of を重視する, 主張する; 決まって…する (*doing*) ►He made a point of holding a news conference to announce the recall. わざわざ記者会見を開いて、リコールを発表した
make one's [a] point 主張の正しさを示す; 主張を通す
make the point that を主張[強調]する
not see the point of doing / see no point in doing …することの意味が分からない
not to put too fine a point (略式) 率直に言えば
on [upon] the point of の間際に; 今にも…するばかりで (*doing*)
point by point いちいち ►The manager explained the new procedures point by point. 課長は新しい手続きを逐一説明した
prove [one's] point 主張の正しいことを示す
strain [stretch] a point 譲歩する, 特別扱いにする
take a person's point (人の) 言うことを正しいと認める
the point is that 要するに ►The point is that we're understaffed. 問題は人手が足りないことだ
there comes a point where というほど[段階]になる
there's no point in doing …しても意味がない ►There's no point in extending the deadline. 締切を延ばしても何にもならない
to the point 適切な, 要を得た
to the [a] point of [where, that] というほどまでに
up to a (certain) point ある程度
up to that point その時点まで
What's the point of doing ... ? …することにどんな意味があるのか ►What's the point of discussing it again? それをもう一度議論して何になるのですか
when [if] it comes to the point いよいよとなると
You have (got) a point there. その点では君の意見はもっともだ
― *vt* (指・武器・注意を) 向ける (*at, toward*); (指し) 示す; とがらす; 句読点を打つ; 力説する (*up*)
― *vi* 指さす; 示す (*at, to*); 傾向を示す ►It's rude to point. 人を指さすのは失礼だ / There are signs that point to stabilization in the housing market. 住宅市場が安定してきたことを示唆する兆候がある
point a [the] finger at を指さす; を非難する
point and click 【㋙→】(画面上の) 矢印を向けてクリックする
point out を指し示す; を指摘する (*that*) ►He pointed out the differences between the two products. 彼は二つの製品の違いを指摘した / In his presentation, he pointed out the company's declining market share. プレゼンテーションで, 彼は同社の市場占有率が低下していることを指摘した
point the way 方向を指し示す
point up をはっきり示す, 強調する ►The statistics pointed up the growing distance between the rich and the poor. その統計は貧富の差が拡大しつつあることをはっきり示していた

pointcasting *n* ポイントキャスティング [➡ 個人のニーズに合わせて情報を提供すること]

pointer /pɔ́intər/ *n* ❶ ヒント, コツ, ティップス ►pointers on giving an effective presentation 効果的にプレゼをするためのティップス ❷ (パソコン画面の) ポインター ❸ (計器の) 針 ►The pointer is between 10 and 15. 針は10と15の間を指している ❹ 指示棒 (ポインター) ❺ 指標, 兆候 ►be considered pointers to the future 将来の方向を示す指標と考えられる

pointless *a* 先のない; 鈍い; 無意味な ►It's pointless to argue over whose fault it is. 誰の責任か議論しても無意味だ

point of action ポイント・オブ・アクション (POA) [➡ 潜在客が購買客になるか, その可能性がある時点]

point of law 法律上の問題点 ►raise a point of law 法律適用上の問題点を持ち出す

point of order 議事手続き上の問題点

point of purchase 購入時点 (POP)

point-of-purchase advertising 購買時点広告 (POPA)
point of sale 販売時点 ⇨ point-of-sale system
point-of-sale a 販売時点の, 店頭の (POS)
point-of-sale advertising 販売時点広告, POS 広告 [⇨書店での書籍を紹介する立て札のように, 店頭・店内で行う広告を売る方から見たもの. 買う方から見ればポップ (point of purchase) 広告である]
point-of-sale system 販売時点情報管理システム (POS) [⇨小売店のレジにコンピュータを組み込み, 店頭での販売時点における商品情報, 顧客情報などがリアルタイムに把握できるシステム]
point of use 使用時点
poise /poiz/ n 平衡, 釣合い; 落着き; 安定; 身のこなし, 姿勢 ▶ It hangs at poise. それはまだ懸案になっている
— vt 平衡状態にする; 釣合いを保つ; 構える
— vi 釣り合っている; ぶら下がっている
◇**poised** a 釣り合っている; 態勢の整った, 準備のできた (for, to do); 落ち着いた
poison /póizn/ n 毒, 毒薬; 悪影響を与えるもの
— vt 毒殺する; 毒を入れる (with); 台無しにする, 害する
poison a person's mind against に対する敵意を (人に) 抱かせる
◇**poisoner** n
Poison 《商標》プワゾン [⇨フランスの Christian Dior 製香水]
poisoned chalice 貧乏くじ [⇨外からは分からないが, 内情は厳しいといった役職などについて言う]
poison pill 《略式》ポイズンピル, 「毒薬」, 毒薬条項 [⇨乗っ取り防衛策の一つで, 買収の標的となった会社が自社の株を買収者にとって魅力的でないようにする方法. たとえば, 買収者を除く全株主に株式を安く買う権利を与えるなど] ▶ adopt a poison pill takeover defense ポイズンピルによる買収防衛策を採用する / The company has a poison pill in the form of a special class of very expensive shares. その会社は非常に値が高い特別な種類の株という形のポイズンピルを備えている
polarization, 《英》**-sation** /póulərizéiʃən/ n ❶ 分極化, 分裂 ▶ There is much polarization between the generations. 世代間に大きな断絶がある ❷ 【証券】《英》ポラリゼーション, 二極化原則 [⇨英国の金融商品販売規制上の原則で, 一社専属の販売代理人と独立の販売仲介業者を区別する]
polarize, 《英》**-ise** /póuləràiz/ vt 分極化させる
Polaroid 《商標》ポラロイド [⇨米国 Polaroid 社製のインスタント・カメラ]
pole /poul/ n 棒, さお, 柱
up the pole 《英略式》困って; 間違って
— v 棒で支える [押す]
polemic /pəlémik/ n 反論, 論争; 議論家
police /pəlíːs/ n 警察; (複数の) 警察官

《語法》the police are / two police のように複数として使用. (The) police is とはしない. 複数の police に対する単数名詞には a policeman, a policewoman, a police inspector を用いる. これらは通常の可算名詞である); 警備部(員); 治安, 公安
— vt 治安を維持する, 取り締まる ▶ The role of the SEC is to police the securities industry. 証券取引委員会の役割は証券業界を監視することだ

policy¹ /pάləsi/ n ❶ 方針; 政策 (toward); 方策, やり方 ▶ a monetary policy (中央銀行の) 金融 (貨幣) 政策 / a fiscal policy 財政政策 / a trade policy 通商政策 / a management policy 経営方針 / a cheap [dear] money policy 低 [高] 金利政策 / a conservative accounting policy 保守的な会計方針 / an open-door policy 開放政策 / a policy change [adjustment] 政策変更 [調整] / a policy debate 政策論争 / a policy of deflation デフレ政策 / translate policy into action 政策を実行に移す / maintain a tight monetary policy stance 金融引き締めの政策スタンスを維持する / Conflicts of interest are prohibited as a matter of **company policy**. 利益相反は会社の基本的な姿勢の問題としてこれを禁ずる / Our **customer first policy** is the driving force in all aspects of our operations. 当社のお客様本位の方針は事業のあらゆる側面で推進力となっている / The Board needs to **formulate a policy** on risk management. 取締役会は, リスク管理に関する方針を策定する必要がある / The company had to **abandon its no-layoffs policy**. 同社は整理解雇はしないという方針を捨てざるを得なかった / The company is known for **pursuing a policy** of environmentally conscious management. 同社は環境を重視する経営方針に従って事業を進めることで知られている / We **have a company-wide policy** of reducing consumption of resources. 会社全体を通じての基本方針として, 資源の消費を抑えるようにしている / We have **adopted a firm policy** on sourcing local food. 当社は食品の調達先を地元にする方針を堅持している / We need to raise awareness of the **non-smoking policy**. 禁煙に対する社としての基本方針の周知徹底を図る必要がある / You should read **the insurance policy** carefully before signing it. 保険証券は署名する前に注意深く読んでおくべきだ / **Protectionist policies** could exacerbate the global economic crisis. 保護主義政策はグローバルな経済危機を悪化させる可能性がある
❷【法律】(統治の) 政策, 方針; 法の目的
policy² n 保険証書; 保険契約, 保険契約書 ▶ an insurance policy 保険契約 (証書) / take (out) a policy on の保険に加入する
policyholder n 保険証券所持人; 保険契約者; 被保険者
policy in force (保険の) 保有契約 (高); 既契約 (=in-force policy)
policy loan 約款 [保険証券] 貸付, (保険) 契約

者貸付 (=policyholder loan) [⇨ 保険会社が契約者に対して生命保険証書を担保として行う貸付]

policymaker n 政策担当[立案]者; 政策当局, 政策決定者

policy meeting 政策会議 [⇨ 連邦準備制度理事会 (FRB) が政策金利を決定する会議. 公開市場委員会 (FOMC) の定例会議のほか, 緊急時には臨時会議を開催する] ⇨ policy rate ► The announcement of lowering interest rates by 0.5% came after the central bank's policy meeting yesterday. 昨日の中央銀行の政策会議の後で, 金利を0.5%引き下げるという発表があった

policy period 保険期間 (=policy term, period of (a) policy, 《英》period of cover, lifetime of a policy)

policy plan 保険商品, 保険種類 (=insurance plan)

policy proceeds 保険(契約消滅時)支払金 (=proceeds)

policy rate ❶ 政策金利 [⇨ 中央銀行が金融政策の実行にあたって誘導目標とする金利. 米国ではフェデラルファンド金利(federal funds rate)を指す] ⇨ policy meeting ► The central bank raised its policy rate by a half percentage point to 6.5%. 中央銀行は政策金利を0.5パーセントポイント上げて6.5%にした ❷ 保険料率 (=insurance rate)

policy-setting a 政策を決める, 方針を決める ► policy-setting meeting 政策決定会合

policy value (1) 保険価額, 死亡保険金(額) (=face amount, insurance value, sum insured) (2) 解約払戻金, 解約返戻金 (=cash value, surrender value)

polish /páliʃ/ v 磨く, つやを出す[が出る] 《up》; 洗練する; の仕上げをする 《up》 ► The seminar helped me polish up my skills in sales. そのセミナーは販売のスキルを磨くのに役立った

polish off (仕事を) 素早く仕上げる

polish the apple ごまをする (⇨ apple polisher)

— n つや出し; 磨くこと; 洗練, 品位

◇**polished** a 磨き上げた; つやのある; 洗練された; 完璧な

polite /pəláit/ a 丁寧な, 礼儀正しい; 洗練された, 上品な

◇**politely** ad
◇**politeness** n

political /pəlítikəl/ a 政治の; 政党の, 政治的な; 行政上の ► World political leaders agreed on stepping up surveillance of financial institutions. 世界中の政治指導者は金融機関の監視をさらに強化することで合意した / The financial industry is under political pressure to revise its bonus system. 金融業界にはボーナス制度の見直しを求める政治的圧力がかかっている

political action committee 《米》政治活動委員会 (PAC) [⇨ 企業・組合などが候補者の選挙運動資金を調達または献金するために結成した団体]

political donations 政治献金 ► political donations of business organizations 企業献金

political economy ❶ 政治経済体制 ► problems embedded in the country's political economy 同国の政治経済体制に内在する問題点 ❷ 経済学の古い呼称

politically /pəlítikəli/ ad 政治上, 政治的に

politically correct 政治的に正しい, 差別的でない (PC) [⇨ 人種差別や性差別にならないような表現や振舞いなどについて言う]

political risk 政治リスク [⇨ クーデターなどで運用先の国の市場が暴落したり, あるいは予想外の立法で資本移動が規制されて資金を引き揚げることができなくなったりするリスク]

political risk insurance 政治リスク補償保険, 海外投資保険 [⇨ 海外進出先での戦争, 革命, 外貨不足による通貨の交換不能といったカントリーリスクに備える保険]

politician /pàlətíʃən/ n 政治家; 政治屋, 策士 ⇨ statesman

politics /pálətiks/ n 政治学; 政治; 政略; 政見 ► run politics 政治活動をする

go into politics 政界に入る

play politics 裏工作をする ► Some people like playing politics. 政治的かけ引きが好きな人もいる

talk politics 政治議論をする

poll /poul/ n アンケート調査, 世論調査

take [conduct] a poll 世論調査をする

— vt アンケート調査をする, 回答を求める ► The online survey polled 10,000 Internet users. そのオンラインのアンケート調査ではネットユーザー10,000人に回答を求めた

pollster /póulstər/ n 世論調査員

poll tax 人頭税 [⇨ 担税能力と無関係に一人頭いくらと機械的に割り振る税金]

pollutant /pəlú:tənt/ n (環境)汚染物質 ► A key air pollutant is sulfur oxides. 鍵を握る空気汚染源は硫黄酸化物である

pollute /pəlú:t/ vt よごす, 汚染する

◇**polluted** a 汚染した ► polluted land 汚染土壌 / Ensure that the air and rivers are not polluted. 空気や河川が汚染されないように気をつけよう

Polluter Pays Principle 汚染者負担の原則 (PPP) [⇨ 公害防止費用は汚染の発生者が負担すべきであるという原則. 1972年に OECD が提唱した. 国によっては公害被害者の救済の費用を含めることもある]

pollution /pəlú:ʃən/ n 汚染, 公害

コロケーション

(動詞(句)+〜) **abate** pollution 公害を軽減する / **cause** pollution 公害を引き起こす, 公害の原因となる / **clean up** pollution 汚染を除去する / **control** pollution 公害対策を立てる

═══汚染═══

air pollution 大気汚染 / chemical pollution 化学物質汚染 / environmental pollution 環境汚染 / noise pollution 騒音公害 / toxic pollution 毒物汚染 / water pollution 水質汚染

pollution abatement 汚染防止, 汚染減少
pollution control 環境汚染の規制, 公害防止
pollution credit =emission credit
Polo 《商標》ポロ [⇨米国の Ralph Lauren デザインによるバッグなどの革製品]
polybag n ポリ袋
polystyrene n ポリスチレン [⇨弁当容器, 豆腐容器などに多く使われる合成樹脂]
polystyrene peanuts 緩衝材 [⇨商品を保護するため外箱と商品の化粧箱の間に入れる, 大型の豆粒の形をしている梱包材]
ponder /pándər/ v 熟考する 《over, on, upon》
► He pondered how to [=how he could] resolve the dispute. 彼はどうしたら紛争を解決できるかあれこれ考えた / The company is pondering expansion into the Asian market. その会社はアジア市場への進出を考えている
Pond's 《商標》ポンズ [⇨米国製の化粧品, スキンケア用品, コールドクリームなど]
pony /póuni/ n ポニー(小馬); 《英略式》25ポンド
― v 《略式》下調べをとらの巻でする
pony up 《米略式》決済[完済, 清算]する
Ponzi scheme /pánzi/ ピラミッド型利殖詐欺, ネズミ講 [⇨新規加入者の出資金で依存加入者への高配当はまかなわれるネズミ講の一種. 名称は20世紀初頭の米東部で「90日間で出資金を2倍にする」とうたって多額の資金を集めたものの検挙され, 破綻した Charles Ponzi に由来する]
POO 《英》 post-office order (受取人指定の)郵便為替
pooh-pooh vt あざける, 鼻先であしらう, ばかにする ► The boss pooh-poohed the idea of rebuilding the old plant. 社長はその古い工場を建て直すという考えをあざ笑った
pool¹ /puːl/ n 水たまり; 小さな池; (川などの)よど, ふち; プール(=swim(ming) pool)
pool² n ❶ 企業連合; 共同出資(金), 共同資金; 共同利用(の人やもの); (人や車の)たまり; 賭け金 ► The country has a large pool of skilled workers. その国は熟練労働者の大きなプールをもっている ❷ 《金融》プール [⇨多くの貸出債権などを集めたもの] ❸ (保険)プール, 共同保険引受組織, 共同再保険組織 ❹ 《証券》買占め連合 [⇨株式相場を操作するため組織された個人や企業のグループ]
― vt プールする, 共同出資[利用]する
pooled fund 合同運用(年金)ファンド
pooled income fund 利益プール基金 [⇨基金から生じた利益を特定の事業に寄付するための信託基金]
pooling agreement 議決権行使に関する株主間契約
pooling of interests (method) 持分プーリング法 [⇨2001年にパーチェス方式に取って代わられるまで用いられていた合併企業の会計処理方法で, パーチェス法と異なり, 単純に資産・負債を合算するので企業の簿価を超える企業価値(のれん)を認識しない]

poor /puər/ a ❶ 貧しい; みすぼらしい; 乏しい, 少ない; (土地などが)やせた; 下手な 《in, at》; 劣った ► a poor little rich girl かわいそうなお金持ちの少女 / a poor location 立地の悪さ / poor management 行き当たりの経営 / poor quality 低品質 / Poor results cause a drop in share price. 貧弱な成績は株価の下落を起こす / Poor countries pay higher interest rates than rich countries when borrowing in international capital markets. 国際資本市場で借り入れる場合, 貧困国は富裕国より高い金利を支払っている / Operating profit fell by 20% from the previous year, partly due to poor sales in overseas markets. 海外市場の売上不振もあって, 営業利益は前年比20%減少した
❷ (国家・慈善事業から)生活扶助[保護]を受けている, 貧民の ► poor children 貧民の子弟
― n (the ~) 貧民者 (=the needy)
poorly /púərli/ ad 貧しく; まずく; 下手に; みすぼらしく ► That company exploits poorly-paid people working in crowded buildings. あの会社は狭い建物で働く低賃金の人々を食い物にしている
be poorly off 暮らし向きが悪い
do poorly 成績[業績など]が上がらない
― a 《英略式》健康がすぐれない
pop¹ /pɑp/ (-**pp**-) vi ポンとはじける[鳴る]; ひょいとやって来る[出て行く] 《in, out》; 急に入る[出る]
― vt (コルク・爆竹などを)ポンと鳴らす; ひょいと置く[入れる]; 《英略式》質に入れる
pop for 《略式》をおごる
pop off 急死する; 立ち去る, 急にいなくなる; ぽんぽん言う; 余計なことを言う; 腹を立てる
pop on を着る; (器具を)作動させる, つける
pop up 急に現れる ► The subject just popped up in the conversation. その話は会話の中でひょっこり出てきた / High-end coffee shops have popped up across the country. 高級なコーヒーショップが全国に雨後の筍のようにできている
― n ポンという音; 炭酸水; 《略式》アイスキャンデー; 1回[1度](につき); 《英略式》質(しち) (=《米》hock) ► in pop 質に入って (=in hock)
― ad ポンと; 急に; 不意に
pop² 《略式》a 通俗的, 大衆向きの
― n ポピュラー音楽
POP point of purchase; proof of purchase; public offering price
POPA point-of-purchase advertising
Popsicle 《商標》ポプシクル [⇨米国の香料入りのアイスキャンディー]
Pop-Tarts 《商標》ポップターツ [⇨米国のペストリー]
popular /pápjulər/ a 一般の評判がよい, 人気がある 《with, among》; 一般民衆の; 民間に流布している; 大衆的な, 通俗な; 安い ► This product is popular with housewives. この製品は主婦に人気がある / In the recession, private-label products have become popular with cost-conscious consumers. 景気後退期には, 自社ブ

ランド製品はコスト意識の高い消費者に人気がある

popular capitalism 《英》株式投資の大衆化

popular culture ポピュラー文化, 大衆文化(⇔high culture) [○民衆的な娯楽や文化]

popularity /pàpjulǽrəti/ n 通俗性; 流行; 評判, 人気

popularize, 《英》**-ise** /pápjuləràiz/ vt 大衆化する, 広める

popularly /pápjulərli/ ad 一般に; 通俗的に; 安価に

popular price 普及価格, 大衆価格

popular pricing 普及価格設定

population /pàpjuléiʃən/ n ❶ 人口; 全住民 ▶ increase [fall] in population 人口が増える[減る] / The country's low birthrate and aging population are exacerbating its deteriorating pension system. その国の低出産率と人口の老齢化は年金制度の崩壊をますます悪化させている ❷〔統計〕母集団 [○調査対象のすべての集まり]

pop-under n ポップアンダー広告 [○自動的にブラウザの新ウインドウが開いて既存のウインドウの上にウェブ広告を表示するポップアップに対して, 既存ウインドウの下に隠れる形で表示される]

pop-up a, n ❶ ポンと飛び出る(もの) ❷ [コンピュータ] (メニューが) 画面に現れて選択できる

pop-up advertising (開くと立体的になる) ポップアップ式DM広告

pop-up menu [コンピュータ] (画面上の) ポップアップメニュー

porch /pɔːrtʃ/ n ❶ 玄関; 《米》ベランダ(=veranda) ❷〔都市計画〕ポーチ, 張り出し玄関 [○建物の戸口に続く屋根付きの部分]

pork /pɔːrk/ n 豚肉; 《米略式》(政治的配慮で与えられる)助成金; 《米略式》警察, 刑事

pork barrel ❶《米略式》地方政府補助金 [○特定の選挙区や議員だけに利益を与える連邦政府助成金] ▶ Pork barrel spending to gain a political advantage may stimulate the local economy. 政治的優位を得るための地方助成金は地元経済を刺激することがある ❷ 利益誘導

◇**pork-barreling** n.a.

pork bellies 豚バラ肉 [○シカゴ・マーカンタイル取引所に上場されている商品先物の一つで, 冷凍物が20トン単位で取引される]

port¹ /pɔːrt/ n 港; 通関港; 港市; 空港 ▶ clear a port 出港する / make [enter] (a) port 入港する / touch [call at] a port 寄港する / a port of call 寄港地, 途中で寄る場所 / a port of discharge 陸揚港 / a port of embarkation 出荷地, 船積港 / a port of entry 税関手続き港 / a port of loading 船積港 / come into port 入港する / in port 入港して / leave port 出港する / come safe to port 無事に港に難を避ける

any port in a storm 急場しのぎ

port² n ❶ 舷(けん)窓, 荷役口 ❷ [コンピュータ] (周辺機器を接続するための) ポート

portability /pɔ̀ːrtəbíləti/ n ポータビリティー [○転職した場合でも, 前職での勤続年数など年金の受給資格にかかわる資格要件が引き継がれること]

portable /pɔ́ːrtəbl/ a ❶ 運搬できる; 携帯用の; (年金が) 職種間で通算できる ❷ (文書やソフトウェアの) 異機種間の移動が可能な
— n 携帯用機器

portable document format [コンピュータ] PDF [○アドビ社開発の文書化形式]

portable pension ポータブルな年金 [○確定拠出型年金のように会社とは別の加入者固有の口座で積立が行われ, 転職に際しても加入者が「持ち運べる」年金]

portage /pɔ́ːrtidʒ/ n 運搬; 連水陸路運搬; その場所; 運賃
— v 陸上輸送する

portal /pɔ́ːrtl/ n ❶ (堂々とした) 入り口, 正門 ❷ ポータル [○さまざまなホームページを分類表示したサイト. インターネットの「入り口」]

Porta Potti 《商標》ポルタポッティ [○米国の持ち運び便器]

port authority 港湾局

porter¹ /pɔ́ːrtər/ n 運搬人; 赤帽; 《米》(客車の) ボーイ
◇**porterage** n 運搬; 運送業; 運賃

porter² n《英》門番, 守衛(=《米》doorman)

Porter's generic strategies [マーケティング] ポーターの基本戦略 [○ミクロの分析に目を奪われず, 総合的視点から, 他よりもコストを抑え, 他がまねできないもので競争力を発揮し, 特定の分野にフォーカスせよと強調する]

port facilities 港湾施設

portfolio /pɔːrtfóuliòu/ n ❶ ポートフォリオ [○一定の運用目的を達成するために, 一体として運用される資産の組合せ. 通常は株式, 債券, キャッシュ(現金+短期有価証券)といった金融資産の組合せを言う] ▶ a market portfolio 市場ポートフォリオ / an optimal portfolio 最適ポートフォリオ / an investment portfolio 投資ポートフォリオ / a portfolio which tracks an appropriate index しかるべきインデックスの動きを追うように図ったポートフォリオ / actively manage the portfolio ポートフォリオを積極的に運用する / diversify one's portfolio 資産の投資先を分散する / improve portfolio performance ポートフォリオの運用成績を改善する / run a portfolio ポートフォリオを運用する / structure a portfolio ポートフォリオを設計する / The company has a broad portfolio of household consumer goods. 同社は家庭用消費財の幅広い品揃えを持っている

❷ (製品・サービスの) ポートフォリオ [○自社の製品・サービスのラインアップ] ▶ build up [expand] a portfolio ポートフォリオを構築する[拡大する] / a business [product] portfolio 事業[製品]ポートフォリオ

bias a portfolio ポートフォリオにバイアスをかける [○市場平均並みの運用成績しか期待できないポートフォリオとの差別化を図って, 組入銘柄を工夫する

こと] ▶ bias portfolios to outperform アウトパフォームする(市場平均を上回る実績を上げる)よう、ポートフォリオにバイアスをかける

portfolio analysis ポートフォリオ分析 [○最適の資産運用配分を考慮して、組合せおよび適正配分を吟味すること]

portfolio approach ポートフォリオ運用

portfolio career ポートフォリオ型キャリア [○一つの分野で昇進していく代わりに他分野にわたっての知識とスキルを重視した経歴作り]

portfolio insurance ポートフォリオ・インシュアランス [○オプションまたはオプション取引と同様の経済的効果となる現物の売買戦略を通じてポートフォリオの資産が下落しても最低限のリターンを確保しつつ値上がり益も追求しようというアプローチ]

portfolio investment ❶ 証券投資 [○国際収支統計において非居住国間の株式や債券等の取得と売却の取引を計上する項目。同じく外国人による投資であっても実物資産を対象とするものは「直接投資」(direct investment)または「海外直接投資」(foreign direct investment)と言う] ❷ 間接投資 [○対外投資のうち、経営参加や技術提携などを目的としない証券投資。配当や利子を得る目的で、外国の社債や株式などに投資すること]

portfolio management ポートフォリオ管理

portfolio manager ポートフォリオマネジャー [○資金の運用者]

portfolio mix 資産配分 ⇨ asset mix

portfolio rebalancing ポートフォリオのリバランス [○組入銘柄の価格変動で組入比率などが当初予定していた線から逸脱した場合に、それを是正するために行う売買]

portfolio risk ポートフォリオ・リスク [○ポートフォリオ全体としてのリスク]

portfolio securities ポートフォリオの組入銘柄、ポートフォリオの保有銘柄 [○ポートフォリオを構成している各種の証券]

portfolio selection 資産選択、ポートフォリオ・セレクション [○現金、社債、株式などの保有資産を選択すること]

portfolio theory ポートフォリオ理論 [○互いに異なる方向に動く資産を組み合わせ、かつ、分散投資を心がけることで最小限のリスクにより最大のリターンを追求できるとする]

portfolio valuation ポートフォリオ資産の評価額 ▶ provide monthly portfolio valuations and transaction listings 毎月、ポートフォリオ資産の評価額ならびに売買状況を報告する

portfolio worker フリーランサー、フリーランスの専門家 (=freelance, freelancer) [○Charles Handy, *The Age of Unreason* の用語]

portion /pɔ́:rʃən/ n 割合、一部；分け前 ▶ A portion of the profits will be reinvested into the business. 利益の一定割合が事業に再投資されるだろう

a large portion of の大きな部分 ▶ Wireless communication equipment accounts for a large portion of the country's exports. 無線通信機器はその国の輸出の大きな部分を占める

— *vt* 分割[配分]する (*out*) ▶ I portioned out the day to different activities. その日をいろいろな仕事に割り当てた

port of embarkation 積込み港 (POE)
port of entry 出入国港、通関手続地 (POE)
port of registry 船籍港
port risks insurance 係船保険
POS point-of-sale (system)
pos. positive
POSCO ⇨ Pohang Iron & Steel
POSDCORB Planning-Organizing-Staffing-Directing-Coordinating-Reporting-Budgeting ポスドコルブ [○管理者の7つの役割の頭文字をとったもの]

pose¹ /pouz/ *v* 気取る、振りをする (*as*)；ある姿勢[ポーズ]をとる[とらせる]；(問題などを) 持ち出す ▶ The soaring unemployment could pose a risk of social unrest. 失業の急増は社会不安のリスクをもたらす可能性がある / China's rapidly growing capacity in steel production poses a threat to western steel makers. 中国における鉄鋼生産能力の急増は西側の鉄鋼メーカーに脅威をもたらす
— *n* 姿勢；ポーズ；わざとらしい態度、気取り
pose² *vt* (難問を出して) 当惑させる

position /pəzíʃən/ *n* ❶ (社内での) 役職、地位、ポスト ▶ a management position 経営幹部職 / a senior position 幹部クラスのポスト / a position of responsibility 責任あるポスト / a position vacated 空きポスト / advertise a position 求人広告を出す / remove from a position 役職を解く、解任する / rise to a position その地位に昇り詰める / seek a position 仕事を探す / upgrade one's position 職務上の等級を引き上げる / He wants to **advance his own position**. 彼は自分の地位を高めたがっている / You should be wary of job ads that lack information **on the hiring company and position**. 雇用会社と地位について情報が記載されていない求人広告には用心しなさい / I applied for **the position** of sales manager. 営業課長職の求人に応募した / I'm not ready yet to **take on a position** of such responsibility. 私はまだこれほどの責任を伴う仕事を引き受ける自信がない / Unfortunately, **the position** has already been **filled**. あいにくその欠員はすでに埋まっている / She **got a new position** as head of research. 彼女は調査部門の責任者として新たに仕事に就いた / She **has an excellent position** in a bank. 彼女は銀行で相当いいポストに就いている / She plans to **take a new position** with an advertising agency. 彼女は広告代理店での新しい仕事に就く予定でいる

❷ (他の力関係上の) 立場、位置、状況、姿勢 ▶ a bargaining position 交渉に向けての姿勢 / strengthen [weaken] a position 立場を強く[弱く]する / The company has a dominant position in the market for mobile phones.

その会社は携帯電話の市場で支配的な地位を占めている

❸ ポジション,持ち高,建て玉(ぎょく)[⇨証券取引上の売りと買いの残高で,買いの方が多ければロング,売りの方が多ければショートと言う] ▸ the long position 買い持ちポジション / an open position 未決済玉 / one's short position 売り持ちポジション / one's net position (売り買いを合わせた) ネット・ポジション / one's cash position キャッシュ・ポジション,現金持ち高 / the foreign exchange position 外国為替持ち高 / close out a position 手仕舞う[⇨反対売買をして,持ち高を解消すること]

be in a [no] position to do …できる立場にある[ない] ▸ You're in no position to make any demands. 君は何かを要求できる立場ではない / The company is in a position to become a pioneer in the development of renewable energy. 同社は再生可能エネルギーの開発で先駆者になれる立場にある

get into position 位置につく
in position 所を得て;所定の位置について
out of position 所を得ていない;位置から外れて
put ... into position を位置につける
take the position that という立場をとる,という意見である
take up one's position 地位[位置,部署]につく

— *vt* ❶ (適当な場所・位置に) 置く;…の位置を定める ▸ A firm can position a brand by emphasizing its characteristics and benefits in relation to other brands. 会社は他のブランドに対して自社のブランドの特色と利点を強調することによってブランドを特定の位置に置くことができる / The company is well positioned to expand its market share. 同社は市場シェアを拡大するには好位置を占めている

❷《米》(商品などを) (特定の消費者に向けて) 宣伝する,市場に出す

position oneself (特定の場所などに) 身を置く
◇***positional*** *a*
position allowance 役職手当
position audit 組織[職務]の現状評価
positioning *n* ポジショニング[⇨製品・ブランドの市場競争上の位置付け] ▸ This is a positioning map for different brand of dog food. これはドッグフードの種々の異なるブランドに対する位置的関係を示す図である
position review =position audit
position statement 貸借対照表,財政状態報告書,財政状態計算書(=balance sheet)

positive /pázətiv/ *a* 明白な,プラスの,肯定的な ▸ a positive impact プラス効果 / positive growth プラス成長 / a positive outlook 明るい見通し / The export forecast for next year looks positive. 来年の輸出見通しはよさそうだ / The company is forecast to generate a positive cash flow by the end of the year. 同社は年末までにプラスのキャッシュフローを生み出すと予測されている

— *n* ❶ positiveなもの;プラスの点
❷ ポジティブ[⇨格付アウトルックを表す符号で,格付(rating)が上方に向かう可能性を示す] ⇨rating outlook ▸ Analysts changed their outlook on the economy from positive to negative. アナリストは景気の見通しをプラスからマイナスに変更した
◇**positiveness** *n*
positive action ポジティブ・アクション[⇨雇用や政治,教育の場で黒人や女性,障害者などのための枠を設ける積極的な差別是正措置]
positive carry ポジティブ・キャリー[⇨資産の運用利回りより資金調達コストが下回っている状態]
positive correlation 正の相関関係
positive discrimination 《英》(被差別者・被差別グループの) 積極的優遇,被差別者優遇措置(=《米》affirmative action)
positively /pázətivli/ *ad* 確かに,確信を持って,絶対に;決定的に;もちろん ▸ Investors reacted positively to the implementation of the stimulus package. 投資家は景気刺激策の実施に前向きに反応した
positive net worth (正の)純資産,債務超過でないこと[⇨資産から負債を引いた額が正の値であり,債務超過に陥っていないこと] ▸ The company is required to have a positive net worth of not less than $5,000,000. 同社は500万ドル以上のプラスの純資産を保有していることを義務づけられている
positive-sum game プラスサム・ゲーム[⇨ゼロサム・ゲームとの対比で,参加者全員が得をしている状況]
positive territory 前日比高値
positive yield curve 順イールドカーブ,順利回り曲線[⇨右上がりのイールドカーブ.長期金利が短期金利より高い通常の状況を表す] ⇨yield curve
possess /pəzés/ *vt* 所有する,持つ;(考えなどが)乗り移る,支配する;(心・自分自身を)維持する ▸ The company possesses a large pool of skilled labor. その会社には熟練労働者の大きなプールがある
be possessed of を所有している
like one [all] possessed / as if possessed ものに取りつかれたように
possess oneself 自制[忍耐]する
possess oneself of (財産などの) 所有者になる
What possessed a person to do... ? (人が) なぜ…する気になったのか
possession /pəzéʃən/ *n* 所有,所持;占有;所有物;持ち物 ▸ He obtained possession of a small factory. 小さな工場を入手した
be in possession (人が) 所有している
be in the possession of (物が) …に所有されている
come into a person's possession (物が)(人の)手に入る
come into possession of (人が) …を手に入れる
get [take] possession of を手に入れる,占有[領

有, 押収]する
Possession is nine points of the law. 《諺》占有は九分の勝ち目（＝借り物は自分のもの）
possessor /pəzésər/ n 所有者, 占有者
possessory /pəzésəri/ a 所有の, 占有の
possessory action 占有訴訟, 占有回復［占有保全］訴訟
possessory right 所有権
possibility /pὰsəbíləti/ n 可能性（のあること）;（-ties）将来性, 見込み ▶ Perhaps there's a possibility of making peace between them. たぶん彼らを和解させられる可能性はあるだろう / We're exploring the possibility of creating a new product line. 私たちは新しい製品ラインを創り出す可能性を探っている / When making out loans, lenders should be aware of the possibility of defaults. ローンを貸し出すときに, 貸手は債務不履行の可能性を認識しておくべきだ / There's a high possibility that the Fed will lower its economic forecasts for this year. FRBが今年の景気予測を下方修正する可能性は十分ある / In this job, you have the possibility of working overseas. この仕事なら, 海外で働ける可能性がありますよ
by any possibility（条件）ひょっとして, 万一にも;（否定）どうしても, とても
within the bounds [range, realms] of possibility あり得ることで
possible /pάsəbl/ a 可能な; 起こり得る, あり得る; まずまずの, かなりの ▶ Would it be possible to reschedule the appointment? 面会の日時を変えていただけませんか / Additional plant closures are possible. 追加の工場閉鎖はあり得る / Will it be possible to reschedule the meeting to Friday? 会議の日程を金曜日に変更できますか / We will do everything possible to turn the company around. 会社を立ち直らせるためにできることは何でもします
all [every] possible ある［できる］限りの ▶ We've considered all possible options. 考えられる選択肢はすべて検討し尽くした
as ... as possible できるだけ… ▶ Please notify me as soon as possible. できるだけ早くお知らせください
if (at all) possible できることなら
make it possible for a person to do（人が）…するのをできるようにする
where [wherever, whenever] possible できる限り ▶ The company is under pressure to cut costs wherever possible. その会社は可能な限りコストを削減するよう圧力を受けている
― n 可能なこと［もの］; 有力候補
possibly /pάsəbli/ ad …かもしれない, ことによると;（肯定）なんとかして,（否定）どうしても, とても ▶ We cannot possibly go any lower with the price. どうしてもこの値段よりは下げられません / Investors fear that the stock market could possibly slip even further. 投資家は株式市場が今まで以上に低迷するかもしれないと恐れている

as ... as one possibly can でき得る限り
couldn't possibly do どうしてもできそうにない
if I possibly can でき得るなら

post¹ /poust/ n ❶ 地位, ポスト, 役職〔⇨position と同様, 特定の役職を指す改まった言い方. 強いて言えば, 英国では post を使う傾向が見られる〕▶ assume a post 就任する / a key post 要職 / She **holds the post of** chief technical officer. 彼女は最高技術責任者の職にある / We'd like to **offer you the post of** chief information officer. 私どもとしては最高情報責任者のポストを提示させていただきたい / He resigned from his post as CEO. 彼はCEOの地位から退いた / He was forced to retire two years ago from a senior post at this company. 彼はこの会社の上級の地位から2年前に引退させられた
❷（証券取引所内の）ポスト（=trading post）〔⇨特定の銘柄の株式を売買する場所〕
die at one's post 殉職する
― vt 配置する（*at, on*）; 供託する ▶ post bail [bond] 保釈金を供託する / He was posted to Japan. 彼は日本に転勤になった
post away《英》転任させる

post² /poust/ n ❶《英》郵便; 郵便物〔語法〕《英》の post に対して《米》では mail を用いるが, 英国でも the Royal Mail（ロイヤルメール・英国郵便）と言う. 米国でも the U.S. Postal Service（米国郵政公社）が使われる〕❷（仕訳帳から元帳への）転記 ❸ ニュースグループに送るメッセージ
by post 郵便で（=《米》by mail）
catch [miss] the post 集配に間に合う［合わない］▶ You will miss [catch] the evening post. 夕方の便に間に合わない［間に合う］
in the post 郵送されて, 郵送中に ▶ His letter got lost in the post. 彼の手紙は郵送中に行方不明になった
― vt ❶《英》投函(かん)する, 郵送する; 送る;（情報を）知らせる（*up*）;【会計】（仕訳帳から元帳に）転記する ▶ post closing entries to the general ledger accounts 閉鎖仕訳を総勘定元帳に転記する / All journal entries are eventually posted to the general ledger. すべて仕訳帳上の記載事項は最終的には総勘定元帳に転記される
❷【ｺﾝﾋﾟｭｰﾀ】（ニュースグループに）（メッセージを）送る, 投稿する
❸（売上や利益を）計上する, 記録する〔⇨特に企業決算を報じるときに, report と並んでよく使われる〕▶ post a pretax profit of 2 billion yen 20億円の経常利益を計上する / Spending posted a 0.4 percent rise in January. 支出は1月には0.4%の上昇を示した / The company had posted $1.2 billion in profit for the same quarter last year. その会社は昨年の同じ四半期に12億ドルの利益を計上したことがある / The company posted a net loss of 130 billion yen for the third quarter. その会社は第3四半期に1,300億円の純損失を計上した / The company posted an operating loss of $2.3 billion. その会社は

23億ドルの営業損失を計上した
— *vi* 急いで旅行する (*off*)
keep a person posted (人に)進捗状況を[何かあったら]知らせる (*about*) ► Please keep me posted on any new developments. 何か新しい進展があったら教えてください
— *ad* 大急ぎで
post- /poust/ 「後の、次の、後ろの」
postage /póustidʒ/ *n* 郵送料
postage due 郵送料不足
postage and packing [package, handling] 送料 (✚略語はp&pとp&h)
postage meter 《米》郵便料金別納証印刷機 (=《英》postal cancellation machine)
postage paid 切手貼付済み ► a postage-paid return envelope 切手貼付済み返信用封筒
postage prepaid 郵税前払, 料金別納
postage stamp 郵便切手
postal /póustl/ *a* 郵便(局)の
— *n* 《米略式》= postal card
postal account 郵便取引専用口座 [⊃ 預入や払戻をするのに、窓口に行かず、郵便で用が済むようになっている銀行口座]
postal cancellation machine 《英》= postage meter
postal card 《米》官製はがき
postal code (カナダ) = postcode
postal money order = postal order
postal order 郵便為替 (PO)
postal packet 郵便小包
postal savings 郵便貯金
postal service 郵便 ► privatize postal services 郵政事業を民営化する / the U.S. Postal Service 米国郵政公社 (USPS)
post-audit *n* 事後監査 [⊃ 取引発生後の監査] ⇨ pre-audit
post-bag *n* 《英》郵便袋 (=mailbag); 郵便物の束; 投書, 反響
postbox *n* 《英》郵便受け, 郵便ポスト (=《米》mailbox)
postcard *n* 私製はがき (p. c.); (通例) 絵はがき (=picture postcard)
postcode *n* 《英》《豪》郵便番号 (=《米》zip code)
postdate *vt* 日付を実際よりも遅らせる; に後の日付を書き込む ► postdate the report by two days 報告書の日付を2日後にずらす
— *n* 先日付, 事後日付 [⊃ 振出日を実際の振出日でなく将来の一定の日とすること]
post-dated *a* 先日付の
postdated bill 先日付手形 [⊃ 振出日を将来の一定の日にした手形]
postdated check 先日付小切手 [⊃ 振出日を実際の振出日よりも先の, 将来の一定の日にした小切手]
posted price (石油の) 公示価格
poster /póustər/ *n* ポスター, 張り札
poster child シンボル [⊃ 宣伝用ポスターに使われる子供のイメージキャラクターから] ► The company has become the poster child for corporate social responsibility. その会社は企業の社会的責任についてのシンボル的存在になった
poste restante /póust restá:nt/ 局留め (✚郵便物の左下に書く) [< 仏]
poster showing ポスターボードのショーイング ⇨ showing ③
post facto 事後の [< ラ 'after (the) deed']
post-Fordism *n* 《経営》ポスト・フォーディズム [⊃ フォードが開発した大量生産体制と異なり, コンピュータを駆使した最近の生産システム. 経済学のレギュラシオン学派のキーワード]
post-free *a*, *ad* 《英》郵税無料の[で]; 郵送料無料の; = postpaid
post-harvest *a* 《農業》収穫後の ► post-harvest chemicals ポストハーベスト農薬 / minimize post-harvest losses 収穫後の損失を最小にする
postindustrial society 脱産業社会, 脱工業化社会 [⊃ 情報, 知識, サービスなどを扱う産業が社会の動きに重要な役割を担っている社会]
posting[1] /póustiŋ/ *n* 掲示; 提示; 《法律》公告送達
posting[2] *n* (職務の)任命; 《法律》立入り, 任命
posting[3] *n* 《会計》転記, 登録, 記録 [⊃ 仕訳帳に記帳した取引を適切な元帳に移し替えること]; 郵便に付すること
posting reference (PR)《米》丁数, 元丁 [⊃ 帳簿を突き合わせる際, すぐ分かるように記入される番号] (=《英》folio number)
Post-it 《商標》ポストイット [⊃ 米国の文房具のブランド. 紙や壁, ドアなどに貼り付けることができる粘着性のあるメモ, 付箋. 一般名称は sticky]
— *v* メモを貼る
postmark *n*, *vt* 消印(を押す)
postmarked *a* (郵便物の) 日付印が押されている ► Submitted materials must be postmarked by May 1, 2009. 提出資料は2009年5月1日以前の日付印が付されていることを要する
postmaster *n* 郵便局長
post office 郵便局; 《the P-O-》《米》郵政公社 (PO, P.O.)
post office box 私書箱 (POB)
post office box number 私書箱番号
postpaid *a*, *ad* 郵税支払済みの[で]; 《米》(郵便)料金受取人払いの[で]

postpone /poustpóun/ *vt* 延期する (=put off) ► He postponed answering. 回答を延ばした (✚動名詞を伴い, 不定詞を伴うのは正用法ではない) / Would you mind postponing the meeting until next week? 会議を来週まで延期していただけますか / Postpone discussions until later so that each side can reconsider its position. 両者がそれぞれの立場を再考することができるように討論をしばらく先送りしなさい
◇**postponement** *n*
post-retirement benefits 退職給付 [⊃ 退職した後で本人および家族に対して支払われる健康保険給付などを言う]

post room (会社の) 郵便室, メールルーム
postscript /póustskript/ n (手紙の) 追伸, 二伸 (PS); 後書き, 後記
PostScript n [ｺﾝﾋﾟｭｰﾀ] ポストスクリプト [○アドビ社の開発したページ記述言語]
pot /pɑt/ n 鉢, 瓶, 深鍋, ポット; 鉢[鍋, 瓶]一杯分;《略式》たくさん, 大金 ► There is a pot of gold at the end of the rainbow. 虹の端には黄金の入ったつぼがある (✚言い伝え) / So far we've got $5,500 in the pot. これまでに5,500ドルの元手を集めた / Retirees have huge pots of cash for investments. 退職者は膨大な投資資金をもっている

either shit or get off the pot 《略式》どっちにするかさっさと決める
keep the pot boiling 暮らしを立てていく; 物事がうまく運ぶ状態にしておく
make the pot boil 生計を立てる
pots of money たくさんの金 ► They've got pots of money in the bank. 彼らは銀行にたくさんの金を預けている / Tom is planning to make pots of money from the deal. トムはその取引で山ほど金もうけをするつもりだ

— vt (-tt-) 鉢[鍋, つぼ, 瓶]に入れる; 鉢植えにする
— vi ねらい撃つ (at)

potable water 飲料水
potato /pətéitou/ n ジャガイモ (=Irish potato, white potato);《米》サツマイモ (=sweet potato);《米略式》頭; 動かないで過ごす人 [○couch potatoはテレビ・ビデオなどの前で過ごす人, mouse potatoはコンピュータの前で過ごす人]

a hot potato 厄介な問題
(not) quite the potato 《略式》あつらえ向きのもの (とはいかない)
small potatoes 《米略式》つまらないもの [<西 *patata*]

potboiler n 金目当ての小説[映画, 美術作品] ► This work is a potboiler and not of high quality. この作品は金目当てで, あまり良い出来ではない

potential /pəténʃəl/ a 可能性がある, 潜在的な ► I'm going to show samples of the new product to potential buyers. 買ってくれそうな客先に新製品の見本を提示するつもりだ / The potential growth of eco-cars offers new opportunities for automakers. エコカーの成長可能性は自動車メーカーに新しいチャンスを提供する
— n 可能性, 潜在性; 潜在力[能力]; 素質 ► The new company has the potential for growth. その新会社は成長の可能性を持っている / The retail industry still has enormous potential for growth. 小売業界にはまだ成長の大きな可能性がある / With its economy growing fast, the potential for doing business in the country is enormous. 経済が急成長しているので, その国でのビジネスには大きな将来性がある

have the potential to do …する(潜在)能力を持っている

◇**potentiality** n 潜在状態[的可能性]

potential conflict of interest 潜在的利益相反関係 ► You are best advised to avoid any potential conflict of interest. 潜在的に利益相反関係となり得ることはすべて避けるのが賢明だ

potential customers 潜在的顧客 ► I know new ways of attracting potential customers. 潜在的な顧客を引きつける新方法を知っている / As part of the Services to be provided to ABC Co., CONSULTANT shall gather, analyze and provide ABC Co. with information and data relating to potential customers and any other sales opportunities for the Products. コンサルタントは, ABC社に提供されるべき本役務の一部として, 潜在的顧客およびその他本製品を販売し得る機会に関する情報および資料を収集し, 分析してABC社に提供しなければならないものとする

potential growth rate 潜在成長率 [○インフレの加速を招かない程度に, つまりマクロ経済に負担をかけずに達成できる実質GDP成長率を指す] ► above the potential growth rate 潜在成長率を上回って / below the potential growth rate 潜在成長率を下回って / exceed the potential growth rate 潜在成長率を上回る / regard the potential growth rate in the economy to be 3% 経済の潜在成長率を3%と見る / revise down one's estimate of the potential growth rate 潜在成長率予測を下方修正する / revise up one's estimate of the potential growth rate 潜在成長率の予測を上方修正する

potentially ad 潜在的に; もしかすると ► The budget deficit could potentially exceed $1 trillion next year. もしかすると予算の赤字は来年は1兆ドルを上回るかもしれない

potential profitability 潜在的収益力
potential resource 潜在資源
POTS plain old telephone service ポッツ [○ISDNやデータ通信との対比で旧来型のアナログ電話サービス]

pound¹ /paund/ vt 何度も強く打つ; 突き砕く《into》
— vi 何度も激しくたたく《on, at》; 熱心に仕事をし続ける

pound the pavement(s) 《米略式》(職探しなどで) 歩き回る;(警官などが) 歩いてパトロールする
— n 連打すること, 強打

pound² n ❶ ポンド [○英国の通貨単位(100ペンスに相当. 1971年1月以前は20シリング, 240ペンス). 記号: £ (*ラテン語 *libra*「重量からとった」の略から)] ❷ (重量単位としての) ポンド, 0.454kg

a pound of flesh 約束の厳格な履行 (✚Shakespeareの"The Merchant of Venice"より)

poundage /páundidʒ/ n ポンド税 [○金額[重量]1ポンド当たり支払う税金[手数料]]

pour /pɔːr/ vt 注ぐ《from, out of》; つぐ《in, on》
— vi どんどん流れる《down》; (容器が) つげる; 大挙して押し寄せる; 大量に出る ► Money is pouring into renewable energy projects. 再生可能エネルギーのプロジェクトに資金が流れ込ん

pour cold water on [over] にけちをつける
pour in 流れ込む; 殺到する
pour it on 《略式》やたらと褒めそやす;《米略式》全力を傾ける; まくしたてる; 車を全速で走らせる
pour money into に金を注ぎ込む
pour out [forth] 吐き出す; 流れ出る; 注ぐ
— n 流出; 土砂降り

pourboire /puərbwáːr/ n チップ, 心付け [<仏「飲むための(金)」]

poverty /pávərti/ n 貧乏; 貧窮, 困窮 ▶ the poverty class 貧困層 / poverty eradication 貧困根絶 / poverty alleviation 貧困緩和 / combat [fight against, struggle against] poverty 貧困とたたかう / eliminate poverty 貧困をなくす / live in poverty 貧しい生活をする / reduce poverty 貧困を軽減する / Millions of people live in poverty. 何百万人もの人が貧しく暮らしている

in utter poverty 極貧状態で

poverty line 貧困ライン, 貧困線 [⇨最低限の生活に必要な所得水準. 米国の poverty line には商務省の poverty threshold と厚生省の poverty guidelines がある. 商務省の国勢調査局(Bureau of Census)による, 2006年の poverty threshold は, アラスカとハワイを除く48州では, 独身で$10,210, 2人の家族で$13,690, 3人の家族で$17,170である] ▶ a household living above [below] the poverty line 所得が貧困ラインを上回る[下回る]世帯 / Millions live below the poverty line. 何百万人もの人が貧困最低線以下の生活をしている

poverty rate 貧困率 [⇨年収が全国民の年収の中央値の半分に満たない国民の比率. relative poverty rate (相対貧困率)とも言う. 貧困率が高いほど貧富の格差が大きいことを意味する]

poverty-stricken a 貧乏に苦しむ ▶ Help is not coming to the poverty-stricken families in the inner cities. スラム街の貧困家庭には助けの手はやってこない

poverty trap 《英》貧困のわな [⇨公的扶助をめぐって生じる所得再分配に関する矛盾. 公的扶助を受けている低所得者の収入が増えると税金がかかるようになると同時に, 各種の扶助が打ち切られて, 生活がかえって苦しくなること]

power /páuər/ n ❶ 力, 影響力, 能力 ▶ bargaining power 交渉力 / earning power 収益力 / pricing power 価格決定力, 価格支配力 / purchasing power 購買力 / The drop in commodity prices will raise buying power. 商品価格の下落は購買力を増加させるだろう

❷ 権能, 権限 ▶ executive power 業務執行権 / Avoid concentrating **too much power** in one person's hand. 1人の手中にあまり多くの権力を集中させることを避けよ / The board **has the power** to appoint corporate officers. 取締役会は執行役員を任命する権を有している / The board of directors will **have all powers available** under state law, including the power to appoint and remove officers, agents and employees. 取締役会は州法上認められている権能のすべてを有し, これには執行役員, 代理人, 従業員を選任し, 解任する権能が含まれる

❸ 電力 ▶ The power went out. 停電した / The power came back. 停電が直った[電気が復旧した]

❹ エネルギー, エネルギー源 ▶ Japan relies heavily on nuclear power for its electricity. 日本は電力については原子力発電に大きく依存している

at the height of one's power 脂がのりきった時期で

do a person a power of good (人に) 大いに役立つ[力づける]

do everything in one's power 全力を尽くす

in [within] a person's power to do (人は)…することができて

lose power 権力を失う

the (real) power behind the throne 陰の実力者, 黒幕

the powers that be 当局

within [in] one's power 力の及ぶところに

without power 権力[動力]がない

— vt 動力を供給する; を強力にする; を推進力とする, 原動力とする, 要因とする, 原因とする ▶ We use the hydrogen to power the fuel cell. 燃料電池を働かせるには水素を用いる / Automobile makers power up their marketing tactics. 自動車メーカーが販売戦略を強化する / The rise in exports powered economic growth. 輸出の増加は経済成長の原動力となった / The hybrid car is powered by a combination of gasoline and electricity. ハイブリッド車はガソリンと電力の組合せで駆動される

— a 有力者の

PowerBar 《商標》パワーバー [⇨米国のヘルシー・スナック. 運動で汗を流した後に食べたり, 忙しい時の緊急食料として鞄の中に忍ばせておくのに適した小型サイズ]

power brand パワーブランド [⇨広く知られており, かつ, 歴史がある商品ブランド]

power breakfast 朝食を食べながらの精力的な会議

power center パワー・センター [⇨ディスカウント・ストア(discount store)の集合したショッピング・センター]

Power Corporation of Canada パワー・コーポレーション・オブ・カナダ [⇨金融・通信などの会社の株を保有する持株会社. Power Financial Corporation を通じて金融を, Gesca Limitée を通じて新聞出版なども手がける. 1925年設立, カナダMontrealに所在]

-powered /páuərd/ a [を動力とする]

powerful /páuərfəl/ a 強力な, 力強い; 強烈な; 効能がある; 有力な ▶ He is a powerful figure in the business world. 彼は実業界の有力者だ / If you use an existing brand name for new types of product, you may make the brand less powerful. 新型の製品に既存のブランド名を用いるとそのブランドの持つ力を弱めること

がある
◇**powerfully** ad
power generating station 発電所
powerhouse n 発電所; 《略式》精力家, パワーのある人; 強力なグループ
powerless /páuərlis/ a 無力の, 無能な
◇**powerlessly** ad
power lunch 昼食をとりながらの精力的な会議 ► We had a power lunch to address some sales problems. 販売上の諸問題を取り上げるためにパワーランチの会を開いた
power nap パワーナップ [⬆ 鋭気を回復させるための仕事時間中の仮眠]
power-nap vi (仕事中に) 仮眠を取る
power of appointment 権利取得者指名権; 指任権, 選任権 [⬆ 授与者(donor)から受与者(donee)に与えられ, 授与者の財産の帰属先やその態様を指定する権利]
power of attorney 委任状 [⬆ 他人に一定範囲の代理権を付与する書面. KNOW ALL MEN BY THESE PRESENTS(本書面をもって以下の事項を告知する)というフレーズで始まるのが一つのパターン]
power of substitution 複代理人選任権
power plant 発電所; 動力装置
power player パワープレーヤー ► The chip maker is a huge power player in the PC market. 半導体メーカーはパソコン市場では巨大なパワープレーヤーだ
powerpoint vt (プレゼンなどを) パワーポイントで行う
PowerPoint 《商標》パワーポイント [⬆ マイクロソフト社のプレゼンテーション用のソフトウェア]
power station 発電所; 変電所
power supply company 電力会社
powwow /páuwau/ n 《略式》会議, 会合 ► We had a powwow to discuss the problem. その問題を論じるための会合を開いた
pp per procurationem の代理として(<ラ); parcel post
pp. pages; per pro
ppd post-paid; postpaid; prepaid
PPI 《米》producer price index 生産者物価指数 [⬆ 企業間での原材料, 中間製品, 完成品の取引価格を追う指標. 月が変わって最初に発表されるインフレ指標として注目度が高い] ► core PPI コアPPI [⬆ 変動の激しい食品とエネルギーの価格を除いた生産者物価指数] / a PPI inflation rate 生産者物価指数上昇率 / The PPI does not cover services nor does it cover imports. PPIはサービスを集計対象としないし, 輸入品についても同様だ / The PPI rose 0.6% in July. 7月の生産者物価指数は0.6%の上昇となった / The PPI fell 0.3%. 生産者物価指数が0.3%下落した / The jump in the PPI came mostly on the back of a 3.7% increase in energy prices. 生産者物価指数の急進は, その大部分が3.7%増というエネルギー価格の上昇によるものだった
PPO 《米》preferred provider organization
PPP Polluter Pays Principle; public-private partnership; purchasing power parity
PPS post postscript 再追伸
PPV pay-per-view
PR proportional representation; personal representative; press relations

practicable /præktikəbl/ a 実行可能な; 使用できる, 実用的な
◇**practicability** n
practical /præktikəl/ a 実際[実地]の; 実際的な; 実用的な; 実地経験を積んだ; 現実的な; 実質上の ► College students can gain practical experience through internships. 大学生は就業体験の期間を通じて実地の経験を積むことができる / Participants will receive practical training in management and business development. 受講者は, 経営および事業開発に関しての実際的訓練を受けることになる

for (all) practical purposes 実際には
━ n 実技試験
◇**practicality** n 実際(的なこと); 実際的能力
practically /præktikəli/ ad 実際に(は); 実質的に; ほとんど; 実地の面から ► The two products are practically the same. その2つの製品は実質的に同じものだ / I know practically nothing about the stock market. 私は株式市場についてほとんど何も知りません

practice¹ /præktis/ n (✚ 名詞の場合は《米》《英》ともに practice) ❶ (理論に対しての) 実際, 実践

❷ 慣行, 実務 ► follow an industry practice 業界の慣行に従う / I'm still not familiar with the practices of the company. いまだに会社のやり方に慣れない / Crossholding of shares among companies is a common practice in Japan. 企業間の株式の持合いは日本では普通の慣行だ

❸ 医師・弁護士の業務 ► be in (private) practice as a lawyer (個人で) 弁護士を開業している / have a large practice 大いにはやっている / buy one's [sell one's] practice (弁護士・医師などが) 業務を譲り受ける[譲り渡す]

❹ 〖法律〗訴訟手続, (法廷の) 実務, 慣行
be in [out of] practice 習熟している[いない]
go into general practice 開業する
in practice 実際は ► I doubt it would work in practice. 実際にうまくいくか疑問だ
make a practice of doing …するのを常とする
normal [standard] practice 通常のやり方, 通例
Practice makes perfect. 《諺》実地練習で完全習熟 [⬆ 頭脳は「習うより慣れろ」に似る]
put ... into practice …を実行に移す ► It's time to put the rules into practice. 規則を実行に移すべき時だ / I love putting ideas into practice. 私は着想を実行に移すことが好きだ

practice², 《英》**-ise** /præktis/ vt (習慣的に) 行う; 訓練する; (医師など専門職を) 営む; 実行する ► He practiced his presentation over and over. 彼は何度も何度もプレゼンテーションの

practicing

練習をした / He has practiced law for over 20 years. 彼は弁護士を20年以上も開業している
— vi 習慣的に行う; 実際に行う, 実施する; (医師・弁護士が)開業する
◇**practiced**, 《英》**practised** a 経験を積んだ; 熟練した ▶ be practiced at [in] dealing with the media マスコミへの対応に慣れている

practicing, **practising** a 実務に就いている (✤ここでの practicing は研究職ではなく実務に就いているという意味) ▶ a practicing doctor 開業医 / a practicing lawyer 弁護士

practicing license 《米》(会計士・弁護士などの)資格認定証 (=《英》practising certificate)

practising certificate 《英》=practicing license

practitioner /præktíʃənər/ n 開業者, (特に)開業医, 弁護士; 実務家

pragmatic, pragmatical /prægmǽtik(əl)/ a 実利[実用]的な

pragmatism /prǽgmətìzm/ n 実用主義; プラグマティズム

praise /preiz/ n, vt 賞賛; 賞賛する (*for*)
▶ The manager praised him for his business acumen. 課長は彼の商才を褒めた / The President received much praise for his bold economic stimulus plan. 大統領はその大胆な景気刺激策に対して多大の賞賛を受けた
be loud in one's praise(s) of を絶賛する
beyond (all) praise 褒める言葉もないほど
give praise to をたたえる
in praise of を褒めたたえて
lavish praise on を褒めやす
praise a person to the skies (人を)褒めやす
sing a person's praises / sing the praises of (人を)褒めやす
sing one's own praises 自画自賛する, 自慢する

pray /prei/ vt 懇願する; 祈願する (*to, for, that, to do*) ▶ I pray that you will come. どうかおいでくださるようお願いします
— vi 懇願する, 祈る (*to*); (物を)請う (*for*)
be past praying for 改心[回復]の見込みがない

prayer /preər/ n ❶ 祈り, 祈願; 《略式》(通例否定)(成功への)わずかなチャンス ▶ not have a prayer to do …する望みはまったくない ❷ 【法律】請求趣旨申立て [⇨衡平法裁判所への訴状などの中で, 原告が望む救済方法の申立てを記載してある部分]

pre- /pri(ː)/ 「…前の」「前部の」

pre-addressed envelope 返信用封筒

preamble /príːæmbl/ n ❶ 序文, 前置き; 前触れ ❷ 【法律】(法規・証書などの)前文

pre-approach n プリアプローチ [⇨見込み客への売込みに先立つ情報収集・分析等の下準備]

preapproval n 事前承認

prearrange vt 前もって整える[取り決める]
◇**prearrangement** n

pre-arranged bankruptcy =prepackaged bankruptcy

pre-audit n 事前監査 [⇨仕入先への代金の支払前または得意先への商品の引渡し前に行われる監査] ⇨post-audit

precarious /prikέəriəs/ a 不安定な; 危険な; 根拠の不十分な ▶ The auto industry is in a precarious state today. 自動車業界は現在, 心もとない状況にある
◇**precariously** ad

precarious employment 保障のない雇用形態 (⇔stable employment 安定した仕事)

precaution n 予防措置; 用心, 警戒 ▶ Our company has taken precautions to protect customers' personal information. 当社ではお客様の個人情報を保護するために予防措置を講じました
(just) as a (safety) precaution 用心のため ▶ As a precaution, we have replaced all the old machines. 用心のため, 当社では古い機械はすべて取り替えました

precautionary /prikɔ́ːʃənèri/ a 用心のための ▶ precautionary measures [steps] 予防措置

precede /prisíːd/ v に先行する, 先立つ; の上位である, に優先する; の前に付ける (*with*) ▶ The solution to this problem precedes all other things. この問題の解決は他のすべてのことに優先する

precedence /présədəns, prisíːdns/ n 先行; 上位; 優先[上席]権
give precedence to を優先する
in order of precedence 席次[優先]順に
take [have] precedence over [of] に優先する ▶ The safety of our employees takes precedence over other concerns. 当社の社員の安全は他の関心事に優先する

precedent n /présədənt/ 先例, 前例 (✤特に守るべきものとされている例を指す) ▶ the doctrine of precedent 先例拘束性の原則 / The country has survived two major recessions, but the scale of this economic crisis has no precedent. その国は2回の大規模な景気後退を経験しているが, 今回の経済危機の規模は前例のない大きさだ
break with precedent 先例を破る
follow a precedent 前例にならう
serve as a precedent for の先例となる
set [establish, create] a precedent for の先例をつくる
without precedent 先例のない
— a /prisíːdnt/ 前の; 【法律】(…に)先行する ▶ a condition precedent 先行条件, 停止条件

preceding /prisíːdiŋ/ a 先行する; 前の ▶ the preceding period 前期

precinct /príːsiŋkt/ n 専用区域; 選挙区; (警察)管区; (~s)境界線; 《英》境内, 構内; (~s)周辺

precious /préʃəs/ a 高価[貴重]な; かわいい; 《略式》(皮肉)ご立派[すてき]な, 大した; いやに気取った; 凝りすぎた ▶ He donated several pieces of precious artwork from his personal collection for the auction. 彼は自分の個人コレクションから数点の貴重な工芸品を寄贈して競売に付した

― n 最愛の人
― ad 《略式》とても ► precious little ほんの少しの / a precious lot かなりたくさん / Precious few people get a chance to buy their dream home at such a young age. この若さで理想的なマイホームを買う機会に恵まれる人はめったにいない
◇ **preciously** ad
◇ **preciousness** n
precious metal 貴金属
precious stone 宝石
precipice /présəpis/ n 絶壁; 危機
on the edge of the precipice 危機的状況で
precipitant /prisípitənt/ a 逆さまに落ちる; 早まった; 唐突な
◇ **precipitance, precipitancy** n 大急ぎ
precipitate v /prisípətèit/ 突然引き起こす; まっ逆さまに落す[落ちる]; 突然陥らせる 《*into*》; 促す, 早める ► The stagnant housing market could precipitate a downturn in the economy. 低迷する住宅市場が景気の下降を早めるかもしれない

― a /prisípətət, -tèit/ まっ逆さまの; 向こう見ずな; 突然の
◇ **precipitately** ad 慌てて, 軽率に ► He acted precipitately without consulting his lawyer. 彼は弁護士に相談することなく, 大慌てで行動した
precipitation /prisìpətéiʃən/ n 落下; 促進; 大急ぎ; 軽挙; 沈殿(物)
precipitous /prisípətəs/ a ❶急峻かつ大幅な ► a precipitous drop in sales 売上の急落 ❷ 突然の, 拙速な ► be pushed into a precipitous decision 拙速な決定に追い込まれる
precipitously ad 急激に ► The company had to revise its earnings projection because sales declined precipitously in the last two quarters. 売上高が過去2四半期に激減したので, その会社は収益予測を改訂しなければならなかった
precis /preisí:/ n (~ /-z/) 要約, 摘要, 大要 ► make [write] a precis 要約を作る[書く] / We offer some of these conclusions in precis. 以上の結論をいくつか要約すると次のようになる

― vt の大意を書く ► precis a report レポートの要約を作る
[<仏]
precise /prisáis/ a 正確な, 精密な; まさにその; 几帳面な ► A precise date for the next meeting has not been set. 次回の会議の正確な日取りは決まっていない
to the precise 正確に言えば
◇ **precisely** ad 正確に; まったくその通り ► I precisely followed the instructions in the manual. マニュアルの指示に正確に従った
◇ **preciseness** n
precision /prisíʒən/ n, a 正確; 精密(な); 精度 ► precision machinery 精密機械
precision engineering 精密工学 [◯精密

な機械システムづくりを追求する研究分野]
preclude /priklú:d/ vt 不可能にする; (…するのを) 妨げる《*from doing*》; 排除[除外]する
◇ **preclusion** /-ʒən/ n
◇ **preclusive** /-siv/ a
precognition n 予知
preconceive vt 予想する
preconceived a (考えなどが) あらかじめ形成された
preconception n 予想, 先入観, 偏見
precondition vt, n あらかじめの条件を整える; 前提条件 ► under the precondition that という前提条件で / The creditor companies made the removal of the founder-president a precondition for the rescue package. 債権者企業は創業者社長の解任を会社支援策の前提条件とした
precursor /prikə́:rsər/ n 先駆者; 先任者; 前兆 ► The slowdown in the housing market is a precursor of a worsening economy. 住宅市場の低迷は景気が悪化する前兆だ[<ラ]
predate n 前日付 (=antedate, backdate)
― vt より前の日付にする; より先に起こる[存在する]
predator /prédətər/ n 捕食者, 略奪者, 乗っ取り屋 ► The company may become the victim of a predator. その会社は略奪的な乗っ取り屋の犠牲になるかもしれない / Their shares are very expensive for a predator to buy. 彼らの株は略奪者が買うには高過ぎる
predatory a 略奪的な, 脅迫的な, 暴利をむさぼる
predatory lender 略奪的な貸手 ⇨predatory lending
predatory lending 《米》略奪的貸付, 略奪の融資 [◯不当に高い手数料や利息を払わせたり, 返済不能な高額の債務を負わせたりするなど, 借手の無知につけ込んで不公正な方法で融資する, 一部の金融機関の常習的行為] ► Many states in the US have laws which ban predatory lending. 米国の多くの州は略奪的貸付を禁止する法律をもっている
predatory price 略奪的設定価格 ⇨predatory pricing
predatory pricing [price-cutting] 略奪的価格設定 [◯優位に立っている企業が競争相手を市場から追い出すため, 不当に低い価格設定をすること]
predecessor /prédəsèsər | prí:disès-/ n 前任者; 前のもの; 先祖 ► He aspired to surpass his predecessor in achievement and reputation. 彼は業績と名声で前任者を上回りたいと熱望していた
predecessor company 被合併会社
predetermine vt 前もって決定する
◇ **predetermination** n
predetermined price 予定価格
predicament /pridíkəmənt/ n 苦境, 窮地
help a person out of his predicament (人を) 苦境から救い出す

put a person in an awkward predicament (人を)窮地に追い込む

predicate *vt* /prédəkèit/ 叙述する; 断言する; 説く, 述べる; 含意する
be predicated on に基づいて[かかって]いる
◇**predication** *n* 断定

predict
/pridíkt/ *v* 予測する, 予言する《*that*》▶ Experts predict that income gaps will continue to widen. 所得格差が広がり続けるだろうと専門家は予測する / Experts predict a soft landing for the housing market. 専門家は住宅市場のソフトランディングを予想している / The company predicted a net loss of $330 million for this fiscal year. その会社は今季業年度に3億3千万ドルの純損失を予想した

predictability *n* 予測可能性 ▶ The government is working to bring some new measure of predictability to the uncertain financial markets. 政府は不確実な金融市場にいくらかでも予測可能性を持ち込もうとしている

predictable *a* 予測のつく; 予言できる ▶ His speech was predictable and filled with clichés. 彼のスピーチは新鮮味に欠け陳腐な常套句に満ちていた

predictably *ad* 予想と違わず

prediction /pridíkʃən/ *n* 予想, 予測 ▶ make a prediction of [that] という予想をする / make predictions about future earnings prospects 将来の利益見通しについて予測を立てる / The company revised its profit predictions for the next fiscal year. 会社は来期の収益予測を修正した / Despite dire predictions, most small companies are managing to hold on. 悲観的な予測にもかかわらず, ほとんどの中小企業は何とか持ちこたえている

prediction error 〖統計〗予測誤差 [⇨回帰式で推定された従属変数の値と, 従属変数の現実の値との差]

predictive ability 予測能力 [⇨将来の状況に関する的確な見積もり能力]

predictive value 予測価値 [⇨過去の実績および現在の状況から将来を予測するのに役立つ情報能力]

predictor /pridíktər/ *n* 〖会計〗予測指標

predispose *vt* (の状態に)なりやすくする, (の)傾向を与える《*to, to do*》
◇**predisposed** *a* (の)傾向を与えられた

predisposition *n* ❶ 傾向, 性質《*to, toward*》; 素因《*to*》❷ 〖広告〗先有傾向 [⇨消費者行動モデルの一プロセスで, 送り手に対して持っている受け手の偏向]

predominant /pridámənənt/ *a* 優勢な; 顕著な ▶ The predominant theme of his presentation was the need for better internal communication. 彼のプレゼンテーションの主要テーマは社内連絡の改善の必要だった
◇**predominance, predominancy** *n*
◇**predominantly** *ad*

predominate /pridámənèit/ *vi* 優位を占める; 支配する《*over*》
◇**predomination** *n*

preeminence *n* 優越, 優位, 支配 ▶ The dollar is holding onto its preeminence around the globe. ドルは世界でその卓越した地位を保持している

pre-eminent *a* 卓越した, 抜群の《*in*》
◇**pre-eminently** *ad*

preempt /priémpt/ *vt* 先手を打って回避する, 先制する, 機先を制する ▶ To preempt inflation, the Fed plans to jack up interest rates. インフレを阻止するために, FRBは金利の引上げを計画している

preemption /priémpʃən/ *n* 他に先駆けて買い取れること

preemptive /priémptiv/ *a* 先買の; 先制的な, 予防的な ▶ As a preemptive move, we should hold a press conference and reveal the details of the scandal first. 先制的な措置として, われわれは記者会見を開き, 先手をとってスキャンダルの詳細を知らせるべきだ

preemptive firming 予防的引締め

preemptive right 新株引受権 (=share right, stock right) [⇨新株発行の際に, 既存の株主が優先的に持株数に比例して新株を引き受けることができる権利] ▶ waive the preemptive right of shareholders 株主の持つ新株引受権を放棄する 📄 The shareholders of the Joint Venture Co. shall have preemptive right to subscribe for each share to be newly issued in the proportion of their shares holding of the Joint Venture Co. 本合弁会社の株主は, 本合弁会社の持株比率に応じて新規に発行する各株式について新株引受権を有するものとする

pref. preference; preferred

prefer /prifə́ːr/ *vt* (**-rr-**) ❶ (よりも)好む, 選ぶ; 優先する ▶ We prefer familiar products and established brands. 私たちは見慣れた製品と定着したブランドを選ぶ / Customers prefer high quality over low price. 顧客は低価格よりもむしろ高品質を選ぶ / Many companies have higher debt levels than they would prefer. そうあってほしいと思うよりはるかに高い水準の債務を負っている会社が多い ❷ 〖法律〗 (債権者に)(債務支払につき他の債権者より)優先権を与える, 優先弁済する

I'd prefer that むしろ…を望む ▶ I'd prefer that you keep this information confidential. この情報は内密にしておいていただきたいのですが

I'd prefer to do むしろ…したい ▶ I'd prefer to work at home. 自宅勤務のほうがよいのですが

I'd prefer you to do …してもらいたい ▶ I'd prefer you to be in charge of the project. プロジェクトの責任者になっていただけるとありがたいのですが

prefer a charge [*charges*] *against* を告発する
prefer A to B BよりAを好む ▶ I prefer working alone to working with others. 他人と一

緒に働くよりも一人で働くほうが好きだ
◇**preferable** /préfərəbl/ *a* (より)選ぶに値する, 望ましい(*to*)
◇**preferably** *ad* 好んで, むしろ, なるべく
► I'd like to go over the contract with you, preferably sometime next week. できれば来週にでも, ご一緒に契約書を検討したいと思っています

preference /préfərəns/ *n* 他よりも好むこと; ((に対する)好み(*for*); (消費者の)選好, 優先権(*over*) ► a liquidity preference 流動性選好 / a dollar [gold] preference ドル[金]選好 / The survey asks consumers about their brand preferences. その調査では消費者のブランド選好について質問している / Preference will be given to candidates with advanced degrees in economics. 経済学の上級学位をもっている応募者に優先権が与えられます
in preference to よりもむしろ, に優先して
preference capital 優先株資本 [⚪ 資本金中, 優先株の払込金で構成されている部分]
preference dividend 優先株配当 [⚪ 優先株の所有者への優先的な配当]
preference share 《英》=preferred stock
preference share capital 《英》優先株式資本 (=preferred stock capital) [⚪ 優先株の発行により払い込まれた株式資本]
preference shareholder 優先株主
preference stock 《英》=preferred stock
preferential /prèfərénʃəl/ *a* 優先の; (関税などが)特恵の
preferential creditor 優先債権者 [⚪ 他の債権者に先んじて弁済を受ける権利のある債権者]
preferential customs duty 特恵関税
preferential duty 特恵関税 [⚪ 特定国からの輸入品に対して, 他国よりも低い関税を課す制度]
preferential rate (保険の)優遇料率, 優良株料率 ► The central bank indicated it would scale back loans to commercial banks at preferential rates. 中央銀行は優先利率で商業銀行に貸し出しているローンを一定比率で減らすことを示唆した
preferential right 先取り権, 優先権
preferential tariff 特恵関税 (=preferential duty)
preferential terms 他よりも有利な条件
preferment /prifə́ːrmənt/ *n* 特別扱い, 特別待遇
preferred *a* 優先される
preferred capital =preference capital
preferred creditor 優先債権者 [⚪ 破産者に対する債権の請求権が他の債権者より優先している者] (=senior creditor)
preferred customer 優先顧客 ► As a preferred customer you will receive a 20 percent discount on your purchases. 優先顧客として当店ではあなたにお買上げ金額の20%の割引をします

preferred dividend 優先配当
preferred embodiment 〖知財〗好適実施例 [⚪ 発明者が発明の最良の実施例と考えるもの]
preferred insurance 《米》優良体保険 (=preferred policy)
preferred ordinary share 《英》優先的普通株 [⚪ 配当支払について優先株(preferred share)と普通株(ordinary share)の中間に位置する株式]
preferred policy =preferred insurance
Preferred Provider Organization 《米》特約医療提供者機構 (PPO) [⚪ 米国の任意加入の団体健康保険で, マネージドケア(⇨ managed care)の一類型. PPO保険の加入者は提携医療機関であれば割引料金が適用される. 1983年にカリフォルニア州でPPO設立法案が可決されて急速に普及した]
preferred rate 《米》=preferential rate
preferred share =preferred stock
preferred stock 《米》優先株(式) (=《英》preference share) [⚪ 配当および残余財産の分配につき普通株に優先する権利を有する株式. 普通株式と異なり, 業績が悪くても約束されている配当を受け取ることができ, しかも, 万一会社が解散した場合も残余財産から普通株式に優先して分配を受けられる株式. その代わりに議決権がなく, 株主としての発言権が制限される] ► authorize the board of directors to issue preferred stock 優先株式発行の権限を取締役会に与える / All of the outstanding preferred stock was exchanged for common stock of the company in this transaction. この取引で既発行の優先株すべてが当社の普通株式と交換された
preferred stock dividend 優先株式配当 [⚪ 優先株式の保有者への配当金]
preferred vendor [supplier] 指定納入業者 [⚪ 納入先となる企業とあらかじめ供給契約を締結しているか, 示された条件を満たしていると認められた業者]
pregnant /prégnənt/ *a* 妊娠している; 充満した, はらんでいる (*with*); 創意に満ちた; 意味深長な, 含みのある
◇**pregnancy** *n* 妊娠
Prego 《商標》プレーゴ [⚪ 米国のパスタソースのブランド. 肉入り, マッシュルーム入りなどさまざまな種類が瓶入りでスーパーなどで販売されている]
preinstall *vt* 〖コンピュ〗…に(プログラムを)前もってインストールしておく (*with*)
prejudice /prédʒudis/ *n* ❶ 偏見, 先入観 (*against*) ► free from prejudice 偏見のない / have a prejudice against を毛嫌いする ❷ 〖法律〗(他人の判断・行為の結果生じる)不利益; (権利の)侵害
without prejudice (to) 実体的効果を持たずに, 権利関係に不利益を与えずに [⚪ 契約書の解除条項に使われる定型表現. 英国法には契約を解除しなければ契約前の原状に戻るので損害賠償を請求することはできないという考え方があるが, その主張を回避するために「既得権を侵すことなく」の意味で with-

out prejudiceで始まる文言を用いる] ◨ Either party may, without prejudice to any rights or remedies, terminate this Agreement by giving a written notice to the other. いずれの当事者も，権利または救済方法についていかなる不利益も被ることなく，相手方当事者に対し書面による通知をもって本契約を終了することができる
— *vt* 偏見を抱かせる；傷つける，に損害を与える《*to*》

prejudiced *a* 偏見のある；不公平な；偏見を抱いた ► be prejudiced toward particular groups 特定の集団に対して偏見を抱く

prejudicial /prèdʒudíʃəl/ *a* 偏見を抱かせる；不利となる，損害を与える《*to*》

prelease *n* プリリース [◯ 竣工など入居可能となる前の段階で賃貸借の予約をしておくこと]

preliminary /prilímənèri|-nəri/ *a* 予備の，準備の ► preliminary examinations 予備試験 / preliminary remarks 前置きの言葉，序文 / a preliminary notice 予告 / the preliminary stages 準備段階 / make preliminary studies 予備研究[調査]をする / give a preliminary approval 内諾する / Preliminary to the conference, the delegates held informal consultations. 会議に先立って代表者たちは非公式の協議を行った / The preliminary cost estimation is within our budget. 予備的に見積もったコストは当社の予算の範囲に収まっている
— *n* 《-ies》予備の手段，下ごしらえ

preliminary estimate (GDPの)予備推定値，改定値 [◯ 米国のGDPは四半期ごとに商務省経済分析局によって速報推定値(advance estimate)，予備推定値，最終推定値(final estimate)の3段階で発表される．予備推定値は四半期終了の2か月後に発表される．速報推定値に大幅な変更を加える場合が多いが，時期的に遅いので市場に及ぼす影響は限定的である．⇨ gross domestic product]

preliminary injunction 仮差止命令，予備的差止命令，暫定的差止命令 [◯ 回復不能の損害が生ずるのを防ぐ差止命令のうち，判決があるまでといった形で効力に期限が付されているもの]

preliminary investigation 【会計】予備調査(=preliminary review) [◯ 監査の前に，被監査会社の概況を理解するために行われる予備的調査および検査]

preliminary prospectus 仮目論見書 [◯ 新規の証券発行の際に投資家に呈示される仮の募集説明書．最終目論見書(statutory prospectus)が発行されるまでに内容が変更されることもある．表紙の一部が赤で印刷されていることからレッドヘリング(red herring)と呼ばれる] ⇨ prospectus

preliminary review ❶ (GDPの)予備推定値(=preliminary estimate) ❷ 予備調査

preliminary ruling (EC 裁判所の)先行判決

preliminary statement 【会計】予備報告書

preliminary step 準備としての措置

preliminary test 【統計】予備検定 [◯ 回帰パラメータの有意性検定によって，回帰式に含める説明変数を選択すること]

prelude /prélju:d/ *n* (出来事などの)前触れ，前兆《*to*》；準備行為
— *v* (の)前触れとなる《*to*》；前置きをする

premarital *a* 結婚前の

pre-market *a* 立会開始前の [◯ 取引所で正式に売買が始まる時刻に先立って，という意味で]

premature *a* 早まった《*in*》，早産の ► He was premature in his demand for a raise. 彼が昇給を要求したのは時期尚早であった
— *n* 未熟児
◇**prematurely** *ad*
◇**prematurity** *n*

premature baby 未熟児

premature redemption 社債の期限前償還，繰上償還

premeditate *v* あらかじめ考える[たくらむ]

premeditated *a* 計画的な

premeditated murder 【法律】予謀殺

premeditation *n* 前もって計画[考慮]すること；【法律】予謀

pre-metro *n* 市電地下鉄

premier /primjíər, prí:miər/ *n* 首相 (=prime minister)
— *a* 第1位の；最初の，最古の
◇**premiership** *n* 首相の職[任期]

premiere *n* デビュー，初公開，(映画・演劇などの)初日

premises *n pl* /prémis/ 土地・建物，敷地，構内，館内 ► No smoking on the premises. 構内禁煙 / Please vacate the premises immediately. ただちに構内から立ち退いてください

premium /prí:miəm/ *n* ❶ 保険料 ► an annual [a monthly] premium 年額[月額]保険料 ❷ 割増金，上乗せ料金 ► pay a premium relative to competing alternatives 競合する同種製品との関係で上乗せ価格となるものを支払う ❸ オーバーパー [◯ 債券が券面額を超える価格で取引されている状態] ► The bond is trading at a premium. その債券はオーバーパーで取引されている ❹ 一段と高い評価 ► We place a premium on professionalism. 当社は職業意識を一段と高く評価している

premium bond プレミアム債 [◯ 市場価格が額面を上回っている債券]

Premium Bond (英)プレミアムボンド，宝くじ付国債 [◯ 定期的な利払に代えて毎月抽選を行い，当選番号の債券を持つ者に対して最高100万ポンドの賞金を払うもの]

premium income 保険料収入，収入保険料

premium pay 特別加算給 [◯ 職種，勤務時間帯，休日出勤の有無などを理由に基本給に付加される賃金]

premium price プレミアム価格 [◯ 今しか変えない，稀少だといった特別な事情が織り込まれた価格]

premium reserve 保険料積立金

premium revenue =premium income

premonition /priːmənɪʃn/ n 予感, 徴候 (*of*)
have a premonition that という予感がする
premonitory /primάnətɔːri/ a 予告する
preoccupation n 夢中 (*with*); 頭がいっぱいのこと, 重大関心事
preoccupied a 夢中になった, 没頭した
be preoccupied with のことで頭がいっぱいである ▶ Banks were preoccupied with cleaning up their mess of bad debts. 銀行各社は自分たちがつくり出した不良債権という厄介な問題の処理で頭がいっぱいだった
preoccupy vt の心を奪う
pre-open a =pre-market
preowned a 中古の ▶ preowned books 古本
prepack n プレパック [⇨販売前にあらかじめ包装してあるもの]
— vt =prepackage
prepackage vt 販売前に包装する, プレパックする
prepackaged a ❶ パック入りの ▶ prepackaged fish パック入りの魚 ❷ セット商品になっている ❸ プレパッケージ型の [⇨大口債権者や支援企業とシナリオを描いた上で申し立てる法的な企業再建手続の形態] ▶ a prepackaged restructuring plan プレパッケージ型の企業再建計画
prepackaged bankruptcy 事前調整型破産 [⇨経営の行き詰まった会社が再建を目的として米国連邦破産法第11章(日本の会社更生法にあたる)による破産を申請するに当たって, 前もって債権者などの関係者と話し合い再建計画に合意を取り付けた上で破産を申請する手法. 再建計画の承認に要する時間を短縮できる利点がある]
prepacked a 包装済みの
prepaid a 料[代]前払いの ▶ a prepaid card プリペイドカード / I use a prepaid phone card for long distance calling. 私は長距離電話にはプリペイド電話カードを使います
prepaid cost 前払費用 (=prepaid expense) [⇨既に支払ったが, 決算日現在まだ役務の提供を受けていない対価]
prepaid expense 前払費用
prepaid income 前受収益 (=prepayment received) [⇨決算日現在まだ提供していない役務に対する受取額]
prepaid interest 前払利息 [⇨すでに支払っている利息で, 次期以降に属する利息]
prepaid rent 前払家賃, 前払賃借料 (=prepaid rent expense) [⇨すでに支払っている貸借料で, 次期以降に属する賃借料]
preparation /prèpəréiʃən/ n 準備 (*for*); 調製品, 調合剤 ▶ After months of preparation, the new store will open tomorrow. 何か月もの準備を経て, 新しい店が明日オープンする
in preparation 用意して, 準備中で; 準備として (*for*)
Preparation H 〖商標〗プレパレーションH [⇨痔の痛みや痒みを抑えるための米国の軟膏]
prepare /pripéər/ vt の用意[準備]をする; 覚悟をさせる (*for, to do*); 作り上げる ▶ Have you prepared the quotation? 見積書はできていますか
— vi 用意[準備]する; 覚悟をする (*for, to do*)
prepared /pripéərd/ a (…する)準備[覚悟]ができている, 喜んで[進んで]…する (*for, to do*); (前もって)用意された ▶ The government was prepared to offer more than $5 billion in loans to the automaker. 政府はその自動車メーカーに50億ドルを超える融資を提供する用意があった
prepay vt (**-paid**) 前払いする
prepayable a 期限前弁済が可能な
prepayment n ❶〖会計〗前払金 ❷〖証券〗(債券の)繰上げ返済; 期限前弁済
prepayment penalty 期限前弁済違約金 [⇨期限前弁済は貸手にとり期待していた利息収入を失うことを意味するので借手に違約金が課される]
prepayment risk 期限前弁済リスク [⇨金利低下時のローン債務者による借換えのための期限前弁済の結果, 住宅ローン担保債券の購入者が以前よりも金利が低いという悪条件の中で戻ってきた元本を投資することを強いられるリスク]
prequalification n 資格審査
prequalify v (…の)資格要件を事前に定める, 事前審査で指定する
preregister v 前登録する
prerequisite /priːrékwəzit/ a, n 前もって必要な(もの), 欠くことのできない (*to*); 必要条件 (*for, of, to*); 前提条件
presage /présidʒ/ n 予感; 前兆
— vt 予感する; 予示する; 予言する ▶ The increase in job cuts presages more bad news for the economy in the coming months. 人員整理の増加は今後数か月間に景気について悪いニュースが増えることの前兆だ
presale n 前販売
◇**pre-sale** a 販売前の
prescribe /priskráib/ vt ❶ 命ずる, 規定[指定]する (*that*); 処方する (*for*) ❷〖法律〗…を時効にする, 時効取得する, 時効によって無効にする
— vi ❶ 規定[指図]する; 処方する (*for*) ❷〖法律〗(…に対して)取得時効の主張をする (*for, to*); (請求権・訴訟などが)(消滅)時効で無効になる, 時効にかかる[なる]
◇**prescribed** a 規定の
prescript /príːskript/ n 規定; 命令; 法令
prescription /priskrípʃən/ n ❶ 処方(箋); 処方薬; 規定, 命令 ▶ There's no cure-all prescription for the ailing economy. 不況にあえぐ経済に効く万能薬の処方箋はない ❷〖法律〗取得時効 ▶ a positive [negative] prescription 積極的[消極的]取得時効 / a legal prescription 法定時効
prescription drug 処方薬
prescription pharmaceuticals = prescription drug
prescriptive /priskríptiv/ a 規定する;〖法律〗時効による

pre-selling n 販売以前の広告宣伝活動

presence /prézns/ n いる[ある]こと；存在；出席；人前；風采，貫禄 ► The company will set up a representative office in Hong Kong to expand its presence in East Asia. 東アジアにおける影響力を拡大するために，その会社はホンコンに駐在員事務所を設立するだろう

in the presence of a person / in a person's presence （人の）面前で

make one's presence felt 自分(の力)を印象づける

(have) the presence of mind （急場に臨んでの）落ち着き[平静さ](がある)

present¹ /préznt/ a いる，出席している《at》；ある，存在する《in》；現在の；今問題になっている，目下の，当面の ► the present address 現住所 / Only a few people from our department were present at the meeting. 当部からは数名しかその会議に出席していなかった

all those present 出席者全員

at the present time [moment] 目下

Present(, sir). （点呼に）はい

present company (always) excepted ここにおられる方は別として

the present day 現在

the present writer この文の筆者，私

— n ❶ 現在 ❷【法律】《these ~s》本証書，この書面（❖不動産譲渡・賃貸契約などの証書に用いられる）► Know all men by these presents. 本証書により証する

at present 現在，目下 ► This is the best price we can offer at present. 現時点ではこれが当社の提供できるベストの値段です

for the present 当分，今のところ

(there's) no time like the present 今ほどよい時はない，するなら今さ

up to the present 現在まで

present² vt /prizént/ 提出する；差し出す《to》；披露[公開]する；見せる；提供する，もたらす ► present ... for payment （手形などを）支払のために呈示する / He presented a clear explanation of the issue. その件について彼は明確に説明した

present a person with （人に）…を贈る[与える] ► The firm presented him with a gold watch on his retirement. 会社は彼の退職に際して金時計を贈った / His sudden resignation presented us with a serious problem. 彼の突然の辞任によって深刻な問題が生じた

present itself （考えが）ひらめく；（機会が）やって来る《to》

— n /prézənt/ 贈り物

make a person a present of （人に）…を贈る

make [give] a present to に贈り物をする

◇**presentable** a 贈り物になる[適した]；人前に出せる，見苦しくない

presentation /prèzəntéiʃən/ n ❶ プレゼンテーション，（資料などの）見せ方，表現方法 ► He will make a presentation about this project. この計画について彼はプレゼンをする / My plan is to give a crisp 20-minute presentation. きびきびした感じでの，20分のプレゼンテーションをするつもりだ / Participants of the training program were drilled in presentation skills. 研修の参加者はプレゼンテーションの技術を身につける練習をさせられた / The sales presentation went off well. 営業用のプレゼンテーションがうまくいった / His sales presentation to the client was a smashing success. その顧客への彼の販売プレゼンテーションは大成功だった ❷【金融】（手形などの）提示，呈示 ⇨ presentment ► on presentation 提示しだい / presentation for acceptance 引受要求呈示 / presentation for payment 支払要求呈示

presentation software プレゼンテーション用ソフト[◯たとえばマイクロソフト社のPowerpoint]

presenteeism n プレゼンティーイズム，常時在勤[◯仕事熱心такиイメージをまわりに持ってもらいたいがために必要もないのに会社に残ること] ► In Japan there is a culture of presenteeism. 日本には不必要な残業をする企業風土がある

presenter /prizéntər/ n 提出者，贈与者，告訴者；任命者；発表者；総合司会者

presently /prézntli/ ad やがて，まもなく；現在，目下

presentment /prizéntmənt/ n ❶ 陳述 ❷《英》（検察官の起訴状によらない）大陪審(grand jury)の告発 ❸（手形・小切手などの引受け・支払を求めるための）提出，呈示 ► presentment for acceptance 引受呈示 / presentment for payment 支払呈示 / a presentment warranty 呈示保証

present price 現在価格[◯現時点での価値で評価した価格]

present value 現在価値，現価 (PV)[◯将来の受取額を現在の価値に引き直したもの] ⇨ future value ► the present value of annuity 年金現価[◯毎年継続的に支払われる金額を複利で割り引いた現価総額] / be discounted back to present value 現在価値に引き直す / compute the present value of $50,000 to be received 10 years from now 今から10年後に受け取る5万ドルの現在価値を計算する

present worth 現価価値，現価，割引現価[◯将来受け取るまたは支払う金額を一定の利子率で割り引いた価値]

preservation /prèzərvéiʃən/ n 保存[保管，貯蔵](状態) ► the preservation of (pension) benefits (退職年金)給付額の維持

be in a good state of preservation 保存状態がよい

preserve /prizə́ːrv/ vt 保護[保存]する；保つ；保存加工する ► Companies are finding it hard to preserve jobs as the economy weakens. 景気の悪化につれて，各社は雇用を守ることが難しくなってきている

― n 《~s》砂糖煮, ジャム, 保存食品; 領分, 領域
◇**preserver** n 保護[救助]者
preset vt (~; -tt-) 前もって調節[セット]する
preset spending limit 利用限度額
► There are no preset spending limits on this card. このカードには利用限度額が設定されていません
preside /prizáid/ vi 司会をする (over, at); 統轄する; 中心的な位置を占める ► The CEO presided over the opening ceremony of the new branch. CEOは新しい支店のオープニングセレモニーを主宰した / The former CEO presided over the company's huge loss in domestic market share. その会社が国内市場でシェアを大きく失ったことは前CEOに責任がある
presidency /prézədənsi/ n presidentの地位; 社長としての地位 ► sit in presidency 社長になる / take the presidency of a company 社長の地位に就く
president /prézədənt/ n 社長; 頭取; (会の)議長(Pres); 《しばしばthe P-》大統領; 事業本部長 [○米国ではdivision(事業部)の責任者がPresidentのタイトルを持つ場合がある]
presidential /prèzədénʃəl/ a 大統領の
presidential candidate 大統領候補者
presidential election 大統領選挙
Presidential Message 《米国の》教書
presidential nomination 大統領候補指名
presidential primary 大統領選出予備選挙
presidential year 《米》大統領選挙の年
press /pres/ vt 圧力をかける, 影響力を行使する, (告発を)する, (裁判を)申し立てる ► press charges against を告発[告訴]する / The union pressed the company for a pay hike. 労働組合は会社に賃上げの圧力をかけた / The government is pressing the automaker to file for bankruptcy by the end of the month. 政府はその自動車メーカーが月末までに破産を申請するように圧力をかけている
― vi 圧する, 押しつける (on, upon, against); (時間が)急迫する (on, upon); うるさく求める (for)
be pressed for money [time] 金[時間]がなくて困っている ► We're pressed for time, so we need to work faster. 時間がないので, もっと手早く仕事をする必要がある
press ahead [forward, on] with をどんどん続ける[進める] ► The government pressed ahead with its reform bill. 政府は改革法案を推し進めた
press (home) an [one's] advantage 機会を十分に利用する
press ... home を押して留める; 徹底させる
― n 《the ~》新聞; 出版; 報道, 《the ~》報道機関[陣], 記事, 記者団 ► freedom of the press 出版の自由
be in [at] (the) press 印刷中である
get a good [bad] press 好意的に[ネガティブに]報道される

go to press 印刷に回される
send to press 印刷に回す
press agency 通信社
press agent 宣伝係
Press Association 《The ~》プレス・アソシエーション (PA) [○英国の通信社]
press baron 《略式》新聞王 (=press lord)
press briefing 報道陣向け説明会
press campaign 新聞によるキャンペーン
press club 記者クラブ
press communications メディア向け広報
Press Complaints Commission 《英》報道関係苦情処理委員会 (PCC)
press conference 記者会見
press coverage (メディアによる)報道
press cutting 《英》(新聞などの)切り抜き (=《米》press clipping)
press kit プレスキット, 報道関係用配布資料 [○マスコミに渡すための情報一式]
press office プレスオフィス, 広報担当部署, 報道機関問い合わせ窓口
press officer プレスオフィサー, 広報担当者
press relations プレス・リレーションズ, 広報, マスコミ対応業務 (PR)
press release プレスリリース, 新聞発表, 報道機関向け発表
press report 報道記事
press secretary 《米》(大統領)報道官
pressure /préʃər/ n 圧力; 気圧; 難儀, 窮迫; 強制, 圧迫; 切迫; 多忙 ► There's a lot of pressure in this job. この仕事はプレッシャーがきつい
be under pressure to do …する必要に迫られている ► The bank is under pressure to write off its bad loans. その銀行は不良債権を処理するよう圧力をかけられている / Companies are under pressure to lay off workers. 各社には労働者をレイオフするように圧力がかかっている
bring pressure to bear on に圧力をかける
put [mount] pressure on / put ... under pressure に圧力をかける ► Higher energy and materials costs put pressure on profits. エネルギーと材料のコストの上昇は利益を圧迫した
under pressure 迫られて (from) ► The company's earnings have come under pressure from surging raw material costs. 同社の利益は原材料コストの高騰から圧力を受けている
― vt 圧力をかける《to do, into doing》 ► The US is pressuring China to revalue its currency. 米国が中国が通貨を切り上げるように圧力をかけている
pressure group 圧力団体 [○自己の利益を達成するために, 議会や政府に働きかけ, 政策決定に影響を与えようとする利益集団]
pressurize, 《英》**-ise** vt 圧力をかける (=pressure) ► They were pressurized into signing the trade agreement. 彼らはその通商協定に署名するように圧力をかけられた
prestige /prestí:dʒ/ n, a 名声(のある); 社会的

評価; プレステージ ► have [lack] social prestige 社会的評価を得ている[がない] / The company's brand name has prestige. その会社のブランド名は高く評価されている
◇**prestigious** *a*
prestigious address 一等地
prestigious firm 一流企業
prestige effect =halo effect
prestige pricing 威光価格(設定) [○顧客がそれを所有することによって優越感を得られるような商品にわざと高価格を設定すること]
presumable /prizú:məbl/ *a* 推定[予想]される; ありそうな
◇**presumably** *ad* おそらく ► The recession will presumably be over by the end of next year. 景気後退はおそらく来年末までに終わるだろう
presume /prizú:m/ *vt* 推定[仮定]する, と思う, みなす (*to be*); あえて…する (*to do*) ► be presumed (to be) innocent 無実と推定される / I will not presume to give an opinion. 意見を述べることは控えさせていただきたい / I presumed you were already briefed. すでに報告を聞いておられるものと思っていました
— *vi* 推量する; ずうずうしく振る舞う; つけこむ (*upon, on*)
I presume. そうですよね
◇**presuming** *a* でしゃばりな
presumption /prizʌ́mpʃən/ *n* 推定; 見込み; 無遠慮 ► Please excuse my presumption. どうかぶしつけをお許しください(恐れながら申し上げます) / The new law creates a legal presumption of negligence on the part of manufacturers. 新法は製造業者に過失ありとする法律上の推定を置くものである
have the presumption to do 無遠慮[生意気]にも…する
on the presumption that と仮定[想定]して
The presumption is that 察するに…らしい
presuppose *vt* あらかじめ推定する (*that*); 前提とする
◇**presupposition** *n* 予想, 仮定; 前提
pretax *a, ad* 税引前の[で], 税込みの[で] ► bonds earning 12% pretax 税引き前12%の利率の債券 / First-quarter results were largely in line with expectations at the operating level, but fell below forecasts at the pretax level on higher interest payments. 第1四半期の業績は, 営業利益においてはおおむね予想の範囲内だったが, 税引前利益は支払利息が増えたため予想を下回った
pretax earnings 税引前利益
pretax income 税引前利益(=before-tax income)
pretax loss 税引前損失
pretax profit 税引前利益 [○営業利益(operating profit)に営業外損益(non-operating income)と特別損益(extraordinary income)を加味した段階の利益] ⇒ profit(解説)
pretence /priténs, prí:tens/ *n* =pretense

pretend /priténd/ *vt* ふりをする (*to be, that*); あえて…する ► He pretended to be interested in the topic. 彼はその話に興味あるふりをした
— *vi* 偽る; 主張[要求]する (*to*)
— *a* 偽りの
pretense /priténs, prí:tens/ *n* 見せかけ, 振り; てらい; 口実; 不当な主張 (*to*)
make a pretense of (doing) の振りをする
make [have] no pretense to を気取らない
on [under] false pretenses 偽って
on [under] (the) pretense of を口実に
pretension /priténʃən/ *n* 要求, 主張; 自負; てらい; 見せかけ
make [have] no pretensions to を気取らない
pretest *n* プレテスト [○商品を発表する前の, または広告を実際に流す前の最終チェック]
— *vt* プレテストする
pretesting *n* プレテスト
pretext /prí:tekst/ *n* 口実
under [on] the pretext of を口実に
pretrial *a, n* 公判前の(会合), 正式事実審理前の
pretrial discovery 公判前開示手続
pretrial hearing 公判前審問[打合せ]
pretrial motion 公判前申立て [○陪審員に予断を持たせる証拠を排除し, それに言及することも禁ずべしといった申立て]
pretty /príti/ *a* かわいらしい, きれいな; 《略式》かなりの; おしゃれの; 素晴らしい; 《反語》ひどい
a pretty pass かなりひどい状況
cost a pretty penny [sum] 費用が相当かかる
— *n* (-ties) かわいらしいもの
— *ad* 相当に; とても ► I think the products look pretty run-of-the-mill. 製品はどれもこれもかなりありきたりに見えると思う / The economy has been following a pretty strong trajectory in recent years. 景気は最近の数年間かなり強い軌跡をたどってきた
pretty fair かなりよい, なかなかの
pretty much ほとんど; かなり ► We've been doing business pretty much the same way for the last 50 years. 過去50年間, 当社はほとんど同じやり方で商売をしてきた / Household median income has pretty much remained unchanged for the past few years. 家計所得の中央値はこの数年間ほとんど変わっていない / Everything is pretty much finished. 何もかも終わった, と言ってよかろう
pretty nearly ほとんど
pretty well かなりよく; ほとんど
sitting pretty 有利な立場の; 裕福な
— *vt* きれいにする (*up*)
◇**prettily** *ad*
◇**prettiness** *n*
Pretty Good Privacy 【経】プリティーグッドプライバシー (PGP) [○プライバシーを守る暗号化用ソフト]
prevail /privéil/ *vi* 普及[流行]している; 優勢である, 支配する; 勝つ (*over, against*); 主張が通る; 勝訴する ► I strongly believe that this

strategy will prevail in the long run. この戦略は長期的には効を奏すると固く信じている / Easy credit prevailed during the bubble days. バブルの時代には安易な信用が蔓延していた

prevail upon a person to do (人に)…するように説得する

prevailing a (ある時点で)一般的な, よく見られる

prevailing party 勝訴当事者

prevailing price 実勢価格 [⇨ カタログ上の定価に対して店頭価格の平均]

prevailing rate 実勢レート [⇨ 特に為替レートについて, 政府が定める公定レートとは別のものが一般的に通用しているときにしばしば用いられる]

prevalent /prévələnt/ a 広く行き渡った, 普及している, 一般的である ► This approach is more prevalent among smaller companies. このアプローチは中小企業の間でより一般的だ
◇**prevalence** n 普及, 流行; 優勢

prevent /privént/ vt 防ぐ; 妨げる; 予防する ► The store has installed surveillance cameras to prevent shoplifting. その店は万引き防止のための監視カメラを設置した / The company has taken steps to prevent the problem from recurring. その会社は問題の再発を防ぐための対策を講じた / We need to check if there are any regulations that might prevent us from exporting to that country. その国への輸出を禁止する法規が存在しないか調べる必要がある
◇**preventable** ad 妨げられる; 避けられる

prevention /privénʃən/ n 防止; 予防; 予防策 《*against*》 ► Prevention is better than cure. 予防は治療に勝る

preventive /privéntiv/ a 予防の, 防止の ► take preventive measures 予防措置を取る
━ n 予防薬; 予防[防止]手段

prevet /privét/ vt (-**tt**-) 事前審査する, 事前確認をする

pre-vetting n 事前審査, 事前確認

preview n プレビュー [⇨ 一般公開前に報道関係などのために行う展示会, 内覧会, 試写会]; 印刷イメージ表示
━ vt 試写[試演]を見る[見せる]

previous /príːvias/ a 以前の, 先の 《*to*》; (略式)早まった, せっかちの ► My previous job required a lot of traveling. 前の仕事は出張を必要とすることが多かった / We contacted previous employers he had mentioned in his application. われわれは彼の応募書類に記載されている元の雇い主に連絡を取った / Total sales are expected to decline two percent from the previous year. 総売上高は前年度から2%減少すると予想されている

previously ad 以前に ► five hours previously 5時間前に / Sharper drops in industrial production revealed that the recession would be deeper than previously forecast. 工業生産の今までにない急激な下落は景気後退が前に予想されていたよりもっと深刻であることを明らかにしている / The economic downturn is more severe than previously thought. 景気の低迷は以前に考えていたよりもっと厳しい

previously owned 中古の (=preowned)

prey n 犠牲, 餌食, 標的 ► fall prey to high-pressure sales tactics 強引な商法の餌食となる / This small bank may be prey to a big international bank. この小銀行は国際的な大銀行の餌食になるかもしれない

price /prais/ n 値段, 価格; 物価

コロケーション

(動詞(句)+〜) **agree on** a price 値段に同意する / **bring down** the prices 値段を下げる / **charge** a price (一定の)料金を下げる, 値下げする / **determine** the price 価格を決める / **drive down** prices 物価を押し下げる / **increase** prices 値上げする / **lower** prices 値下げする / **mark down** prices 値下げする / **mark up** prices 値上げする / **put** a price **on** に値段をつける / **quote** a price **for** の値段を見積もる / **raise** prices 値上げする / **reduce** prices 値下げする / **slash** prices 値を大幅に下げる

► a price differential 価格差 / a price revolution 価格革命 / consumer prices 消費者物価 / import prices 輸入物価 / the law of one price 一物一価の法則 / an upward pressure on prices 物価上昇圧力 / fetch a good [high] price よい値で売れる / set a reasonable price on に適正な値段をつける / offer competitive price 競争力のある価格を提示する / be reflected in prices 価格に反映される / cut prices to gain market share 市場シェアを高めるために価格を下げる / raise prices by an average of 5 percent 価格を平均5パーセント引き上げる / maintain international price competitiveness 国際価格競争力を維持する / make a reduction in price 値引きする / Prices have gone up [come down]. 物価は上がった[下がった] / **Prices** have been **marked down** for clearance. 在庫一掃セールのため値下げになっている / Burger operators have **marked up the price** to cover the rising cost of cheese. ハンバーガー店は上昇するチーズ価格をまかなうために値上げしている / We've managed to **keep our prices down**. 当社は価格を何とか低く抑えてきた / Success **comes with a price**. 成功には代償が付き物だ / Two **for the price** of one. (✦略して Two for one.) 1個の値段で2個進呈 ▣ Unless otherwise expressly agreed by the Parties to this Agreement in writing, the Prices stated in this Agreement are fixing during the term of this Agreement. 本契約当事者の書面による明示の合意がない限り, 本契約の期間, 本契約に定められた価格が継続する

===価格===

all-in price 諸経費込価格 / announced price 建値 / arm's length price 第三者間で成立する公正な価格 / asked price 売値, 売呼値 / asking price 売値 / auction price 入札価格 / bargain-basement price 大安売価格 / bargain price 廉売価格, 安売価格, 特価 / below-cost price 原価割れ価格, 採算割れ価格 / benchmark price 指標価格 / bid price 買値, 買呼値 / bottom price 底値 / buying price 購入価格 / buy-out price 買収価格 / ceiling price 上限価格, 統制価格 / closing price (取引所での)終値, 引値 / current market price 時価 / exercise price 行使価格 / fair market price 公正市場価格 / floor price 最低価格, 底値 / gross selling price 総販売額 / invoice price 請求価格 / issue price (証券の)発行価格 / land price 地価 / list price 定価 / mid price 中間価格 / minimum price 最低価格 / monopoly price 独占価格 / nominal price 名目価格 / offered price 提示価格 / opening price (取引所での)始値 / open price オープン価格 / posted price (石油の)公示価格 / producer price 生産者価格 / promotional price (販促用の)特別価格 / public offering price 公募価格 / reasonable price 適正価格 / retail price 小売価格 / sale price 販売価格 / share price 株価 / slaughter price 出血価格 / stock price 株価 / street price 小売価格, 実売価格 / suggested retail price 希望小売価格 / transfer price 移転価格, 内部計算価格 / unit price 単価 / whole sale price 卸売価格

***

above [beyond, without] price 値のつけられないほど貴重な

a (small) price to pay for に支払わねばならない(小さな)代価[代償]

at any price どんな値段[犠牲]を払っても; (否定)絶対に…しない

at a price 相当の値段で

What price ... ? 《英略式》はどんな価値があるのか; 《英略式》の見込みをどう思うか

— *vt* 値段をつける ► reasonably priced 適正価格の, 安価な / be aggressively priced 踏み込んだ価格設定である / The new camera is open priced but is expected to retail at around 15,000 yen. この新型カメラはオープン価格だが, 小売価格は15,000円前後と見込まれる

be priced at の値がついている

price ... out of the market 売れないほどの高値を…につける

price action (市場での)値動き

price adjustment 価格調整

price agreement 価格協定 (=price contract) [⊃売手と買手が一定の価格で商品の売買をすることを内容とする価格協定]

price band プライスバンド [⊃価格安定を維持するために設定された目標価格帯. 石油輸出国機構(OPEC)は原油価格が1バレル22~28ドルの目標価格帯から外れた場合に自動的に増減産するプライスバンド制を採用している]

price-book ratio =price to book value ratio

price-book value ratio =price to book value ratio

price boost 物価の上昇

price break 値下げ ► The three major automakers announced significant price breaks. 大手自動車メーカー3社が大幅な値下げを発表した

price busting 価格破壊

price cartel 価格カルテル, 価格協定 (=price agreement) [⊃市場での販売価格について協定をする違法行為]

price/cash flow ratio =price to cash flow ratio

price ceiling 価格の上限制度 [⊃ある財を販売できる法的上限価格]

price changes 物価変動 ► Adjusted for price change, real income increased 1.5% from last year. 価格変動を調整した立場で, 実質所得は昨年から1.5%増加した

price competition 価格競争 (⇔non-price competition) ► We are facing severe price competition from low-cost manufacturers. 当社は低コストメーカーからの厳しい価格競争に直面している

price contract 価格契約 ⇒price agreement

price control 価格統制

price cut 値下げ ► Further price cuts will be required to beat the competition. ライバル会社に勝つためには更なる値下げが必要となろう

price cutting 値引き; 安売り, 値下げ; 価格破壊, 価格引下げ

priced bill of quantities 値入済数量明細書

price differentiation 価格差別化 [⊃購入者に応じて(たとえば学割)異なる価格を適用する価格戦略]

price discrimination 価格差別 [⊃同一商品や製品に販売地域, 顧客, 取引規模などにより異なる価格を設定すること]

price-dividend ratio 株価配当率 (PDR) [⊃直近年度の一株当たり実績配当金額に対する現在株価の倍率]

price-earnings multiple =price-earnings ratio

price-earnings ratio 株価収益率 (P/E ratio, P/E)

> [解説] 投資価値測定方法の一つで, 株価を一株当たり年間税引後利益で除して求める. 株価収益率が高いほど投資家はその企業の将来の成長力に期待を持って高い株価を支払っていることを意味する. 米国では株価収益率が20以上の銘柄は high P/E stocks と呼ばれる. 株価収益率には現在の株価を直近の年度の公表利益を使った一株当たりの利益で割った実績株価収益率 (trailing price-earnings ratio)と現在の株価をアナリストの予想する翌年度の一株当たりの利益で割った予想株価収益率 (forward price-earnings ratio)がある. なお, PERは日本製の略語で米国では使われていない

price effect ❶価格への影響 ❷製品価格の変化による需要の変化

price elasticity 価格弾力性 [⊃価格の変化

率に対する需要の変化率の比率. 価格の変動幅より需要の変動幅が大きければ価格弾力性ありとなり,値上げとなると大きく売上が減ることを意味する]

price elasticity of demand 需要の価格弾力性 [⇨製品・サービスの価格を上げた[下げた]ときに, その変化割合以上に需要量が変化するとき, 「価格弾力性がある」と表現する]

price fixing 価格操作, 価格協定 [⇨価格を不正に操作すること. 同業者が共謀して価格を吊り上げるなど] ► be guilty of price fixing 価格操作のかどで有罪である / Under the antitrust laws price fixing is per se illegal. 反トラスト法では価格操作はそれ自体が違法である

price floor 価格の下限制度 [⇨ある財を販売できる価格の下限を設定する制度. 米国の農産物価格支持制度が典型例]

price fluctuation 物価変動

price freeze 価格凍結

price growth 物価上昇

price hike 値上げ ► A price hike by this company may lead to price increases by other producers. この会社による値上げは他の製造業者の値上げを引き起こす見込みがある

price increase 値上げ

price index 価格指数 [⇨基準年の物価を100とした指数によって物価水準を表したもの. 代表的なものに消費者物価指数 (consumer price index) と生産者物価指数 (producer price index) がある] ⇨ index

price inelastic 価格弾力性がない [⇨価格が1単位変化しても需要の変化がそれに満たないことを言う. こうした弾力性がない製品は値上げしても売上にさほど響かない] ⇨ price elasticity

price-insensitive a = price inelastic

price leader プライス・リーダー [⇨業界で価格決定に支配的な力を持つ企業など] ⇨ cost leader

price leadership プライス・リーダーシップ [⇨業界での価格決定権を有していること]

priceless a 金では買えない, 非常に貴重な; 《俗式》ばかげた

price level 価格水準, 物価水準 (= general purchasing power, retail price index) [⇨各種財貨, 用役の平均価格]

price limit (株価の変動に関する) 値幅制限

price list 価格表

price maintenance 価格維持 [⇨生産者または卸売業者が小売業者に対して製品の最低販売価格を指定すること]

price manipulation 価格操作

price mechanism 価格メカニズム, 市場メカニズム [⇨価格が変化することでモノ・サービスの需給バランスが取られるようになっている仕組み]

price per floor area ratio 容積率1%当たりの単価 (FAR) [⇨$/FARと表記されることがある]

price per square foot of allowable building area 許容延床面積1平方フィート当たりの単価

price per square foot of land 土地1平方フィート当たりの単価

price point プライスポイント, 設定売価 [⇨仕入れ価格の異なる複数の品を消費者の値頃感を考えて同一価格でそろえるという具合に, 価格帯の中で絞り込んで設定する価格] ► go with a high [low] price point 高め[低め] のプライスポイントで臨む / an appealing price point 訴求力のあるプライスポイント

price policy 価格政策, 価格決定方針 (= pricing policy) [⇨経営者が需要の喚起, 売上の増大などのために行う価格設定に関する意思決定]

price quotation 見積もり; 建値, 時価, 相場 [⇨市場における取引価格]

price range 価格帯 ► We are looking for something in the ¥50,000-¥70,000 price range. 50,000円から70,000円の価格帯のものを探しているところだ

price reduction 値下げ, 値引

price regulation 価格規制

price restraint 価格の抑制, 価格統制

price ring カルテル [⇨業者が商品の価格維持や値崩れ防止のために組む連合]

price scanner バーコード読取器

price schedule 価格表

price-sensitive a 売行きが値段に左右される; 価格に敏感な, (公表が) 株価に影響する ► price-sensitive consumers 価格に敏感な消費者 / There are those who manipulate price-sensitive information to make a profit in the stock market. 株式市場でもうけようと株価に影響する情報を操作する輩がいる

price-sensitivity n 価格感応度

price stability 物価の安定

price stabilization 価格安定(化)

price standard 価格標準

price structure 価格体系

price support 価格維持[支持], 買支え

price tag 値札; 値段

price taker 価格受容者 [⇨価格を所与とし行動する経済主体]

price to book value ratio 株価純資産倍率, PBR (P/B ratio) [⇨株価を一株当たりの純資産額(総資産額から無形資産額と負債額を差し引いた額)で割った倍率. 企業の市場価値と帳簿価値の比較で, 倍率が高いほど会社の総合力が高く評価されていると言える. 日本ではPBRと略すが, この略語は米国では使われていない] ⇨ book value

price to cash flow ratio 株価キャッシュフロー倍率 [⇨株価を一株当たりの当期キャッシュフロー(当期純利益に非現金経費である減価償却費を加えた額)で割ったもの. 時価総額をキャッシュフローで割ったものとも言える. 倍率が低い場合は割安株の可能性がある]

price-to-earnings ratio 株価収益率 (= price-earnings ratio) ► Investors use price-to-earning ratio as a way to gauge the performance of a company. 投資家は企業の業績を測定する方法として株価収益率を使用する

price trend 価格動向, 価格のトレンド

price variance 価格差異 (=price variation) [⊃標準原価計算において、標準単価と実際単価の差額に実際消費量を掛けて求めた値]

price variation 価格差異

price volatility 価格変動

price war 値引き競争; 価格競争 [⊃互いに優位に立とうと自社製品・サービスの価格を引き下げていくこと]

PricewaterhouseCoopers International (~ Ltd) プライスウォーターハウスクーパース・インターナショナル (PwC) [⊃ニューヨークを本拠地とするグローバルネットワークのプロフェッショナルサービスファーム. 世界4大監査法人 (Big 4)の一つ. 1998年、Price WaterhouseとCoopers & Lybrandの合併により発足. 日本では解体された中央青山監査法人の提携先でもあった]

price-weighted index 価格加重平均指数 [⊃構成銘柄の価格の加重平均(単純平均)で計算される株価指数. 値がさ株の動きが指数に大きく反映される欠点がある. 米国ではダウ・ジョーンズ工業株平均株価, 日本では日経225が採用] (⇔market-value weighted index) ⇨ stock index

pricey *a* 高価な (=pricy)

pricing /práisiŋ/ *n* ❶【会計】価格計算, 価格設定; 価格設定方式 ▶ cost-based pricing コストベースの価格設定方式 / market pricing 実勢ベースの価格設定方式 / value-based pricing 市場主導の価格設定方式 / The pricing is out of line. 価格設定が常識はずれである ❷（保険）料率設定 (=rate making)

pricing model 価格設定モデル [⊃新製品・サービスの価格を決めるために用いられる]

pricing policy 価格政策

pricing power 価格支配力 [⊃企業がその行動(たとえば販売量の調整)を通して市場価格に新しい影響を及ぼすことのできる力] ▶ The company has limited pricing power. 同社の価格支配力は限られている / The company has tremendous pricing power. 同社の価格支配力は圧倒的だ

pricing strategy 価格戦略

pricy *a* (値段が) 高い ▶ too pricy for the average consumer 一般消費者には高すぎる

pride /praid/ *n* うぬぼれ, 高慢; 誇り, 自尊(心); 満足, 得意; 自慢(の種); 盛り

pride of place 高位

take [have] (a) pride in を誇りにする ▶ Our company takes pride in its reputation for high quality. 品質が高いという評判を当社は誇りに思っています

— *vt* (次句で):

pride oneself on [upon] を自慢する, 誇る

prima facie /práimə féiʃii:, -ʃi:/ *ad* 一目見たところ; 明らかな; 【法律】一応の, (反証のないかぎり)推定できる; 自明の, 明白な [＜ラ]

primarily /praimérəli | práimər-/ *ad* 主として; 第一に; 元来 ▶ The economy has primarily depended on exports for growth. その国の経済は主として輸出に依存して成長してきた

primary /práimeri | -məri/ *a* 第一位の, 主要な; 最初の, 原始の; 根本的な; 初歩の; 稀薄化され始の ▶ primary commodities 一次産品 / of primary importance 最重要の, 肝要な / Our primary concern is to regain consumer confidence. 私たちの一番の関心事は消費者の信頼を取り戻すことだ

— *n* ❶ 第一のこと[もの] ❷ （米）(1) 予備選挙 [⊃大統領を指名する全国党大会代議員を各政党が各選挙区で選ぶ選挙] (2) 幹部会議 [⊃政党の有資格者たちが開く予備選挙会]

primary action 当事者による争議行為 [⊃同情ストとの対比で, 直接の当事者である労働者が行うストライキなどを言う] ⇨ secondary action

primary customers 中心顧客 [⊃来店客に限らない]

primary data プライマリー・データ, 一次データ [⊃刊行物などからの二次データとの対比で, 自分で調べて得た資料を言う]

primary dealer プライマリーディーラー [⊃米国の中央銀行であるFRBの公開市場操作(open market operations)の実施にあたって, その窓口機関であるニューヨーク連邦準備銀行と直接に債券を売買できる資格を与えられている銀行または証券会社]

primary demand 基本的需要 [⊃消費者の基本的な商品需要. この段階では会社やブランドは問われない]

primary earnings per share 一株当たり基本的利益 (=basic earnings per share) [⊃普通株の加重平均株数で, 普通株主に対応可能な利益（優先株配当金を控除した利益）を除して求める会社の業績指標]

primary election (米) 予備選挙

primary financial statements 基本財務諸表 (=basic financial statements) [⊃公表財務会計制度において作成・公開が義務づけられている財務諸表]

primary industry 第一次産業 [⊃農林・漁業・鉱業などの採取産業] ⇨ secondary industry, tertiary industry

primary insurance 元受保険, 第一次保険 (=direct insurance, original insurance)

primary insurance market =primary market

primary liability 第一次負債 [⊃約束手形の振出人や為替手形の引受人の負債]

primary market ❶ (証券の) 発行市場 [⊃新規発行の証券が売買される市場. new-issue marketとも言う. 既発行の証券が売買されるsecondary market(流通市場)に対応する] ❷ 元受保険市場

primary memory 主メモリー, メインメモリー [⊃CPUが命令を実行するに当たり一時的にデータやプログラムを読み込み, 作業をする領域]

primary mortgage market 住宅金融市場 [⊃住宅ローン資金が供給される市場. こうした住宅ローンが売買される流通市場(secondary mortgage market)との対比で使う]

primary product 一次産品

primary production 第一次産業での生産
primary residence (複数の家を持っている場合の) 本宅
primary resources 一次天然資源 [⇨地球から採取される鉱物資源およびエネルギー資源]
primary sector 第一次産業
primary share (新株に対して) 既存株, 普通株 (✤無議決権株などの制約のあるものに対立して言う)
primary supplier プライマリー・サプライヤー [⇨発注元に直接納品する関係にある第一次的な納入業者]
prime /praim/ *a* ❶ もっとも重要な, 主要な; 卓越した; 最上の; 最初の; 根本の ► The area is a prime location for setting up a branch office. その地区は支店を開くのに最高の場所だ
❷ 〔金融〕主要な, 一流の ► a letter of credit issued by a prime bank 一流銀行が発行するL/C
— *n* 最盛(期); 青春; 初期; 分 (=minute)
in the prime of life 脂ののりきった時期で
— *vt* ガソリンを入れる; 下塗りする; 事前知識を与える, 入れ知恵する; たっぷり与える (*with*)
prime the pump (景気刺激策として) 政府の支出を増大する; 経営を援助する
◇ **primed** *a* (の) 用意[準備]ができて
prime broker プライムブローカー, 主要取引証券会社 [⇨プロの投資家 (ヘッジファンドなど) が必要とする各種のサービスを提供する証券会社. サービスは資産の管理, 決済の代行, 資金の調達, 空売り株の貸与など多岐にわたる]
prime brokerage プライムブローカー業務 ⇨ prime broker
prime commercial paper 信用力の高いCP [⇨企業の短期資金調達手段であるコマーシャルペーパー (CP) のうち, 信用のある企業が発行したもの]
prime contractor 主契約者 ⇨ subcontractor
prime cost 〔会計〕主原価 (=first cost) [⇨直接材料費と直接労務費の合計]
prime land 〔不動産〕一等地
prime lending rate 最優遇貸出金利, プライムレート (=prime rate)
prime minister (しばしば P- M-) 首相 (PM)
prime paper 優良コマーシャルペーパー, 格付の優良な短期社債
prime rate プライムレート, 優良企業向け貸出金利; 最優遇貸付金利 [⇨優良で信用力のある企業に対する融資に銀行が適用する基準]
prime tenant アンカーテナント [⇨有名店, ブランド店など商業施設の中核となるもの]
prime time ゴールデンアワー; 〔放送〕Aタイム [⇨高視聴率時間帯]; プライムタイム [⇨放送時間枠の名称で, 一日のうち視聴者数が最大の時間帯. 米国のテレビでは, 月曜から土曜までの20時から23時までと日曜の19時から23時までを言う. ラジオでは, 月曜から金曜までの morning drive (6時~10時) と afternoon drive (15時~19時) を指す] ► I'll be on the TV show during prime time. ゴールデンアワーにそのテレビ番組に出る予定だ
prime-time *a* プライムタイムの
principal /prínsəpəl/ *a* 主な, 重要な; 元金の; 第一の
— *n* ❶ 元金, 元本

コロケーション
(動詞(句)+~) **guarantee** principal 元本を保証する / **invade** principal 元本に食い込む / **lose** principal 元本を失う / **protect** principal 元本を守る / **repay** principal 元本を返済する / **touch** principal 元本に手をつける

►investment principal 投資元本 / obligation's principal 債務の元本額 / a risk to principal 元本割れのリスク / without unnecessary risk to principal 元本を無用のリスクにさらさずに / repay principal and interest 元利を返済する / pay the principal and accrued interest to creditors 元本と利息を債権者に支払う / You could lose principal if you use derivatives. デリバティブを使うと元本を失うこともある / Conservative investors normally protect principal by investing in a balance of stocks and bonds. 慎重な投資家は一般に株式と債券とをバランスさせたものに投資することで元本を守るものだ

❷ (代理人に対する) 本人 ► act as principal in transactions 取引で本人として行動する, 自己勘定で取引する
❸ 共同経営者, 実質的経営者, オーナー経営者
principal amount 元本額 ► a bond's principal amount 債券の元本額
principal component 元本部分
principal collections 元本回収額 ► principal collections on loans receivable 貸付金の元本回収額
principally *ad* 主として, 主に ► The company's revenues principally come from its hotel business. 同社の収入は主としてホテル事業から来ている
principal office 本店 ⓖ ABC CO. LTD is a corporation duly organized and existing under the laws of Japan and having its principal office at 2-3-1 Hitotsubashi, Chiyoda-ku, Tokyo 101-8001 Japan. ABC株式会社は, 日本法に基づき設立され存続する法人であり, 日本国東京都千代田区一ツ橋2-3-1に本店を有する
principal owner 主要株主 [⇨議決権の10%以上の株式を保有する株主]
principal payment 元本返済 ► meet principal payments 元本の支払を履行する
principal place of business (商業登記での) 主たる事務所
principal product 主製品
principal repayment 元本返済
principal trading 自己売買 [⇨証券会社等が自己勘定で売買すること]
principal value 元本金額 ► loss of principal value 元本割れ

principle /prínsəpl/ *n* (基本)原理, 原則; 法則; 主義
against one's principles 主義に反して
in principle 原理上は[的には]; 原則として, おおむね
live up to one's principles 主義を貫く
on principle 主義として
◇**principled** *a* 主義を持った

Pringles 《商標》プリングルズ [○米国のポテトチップスのブランド. 筒状の容器に入って売られている]

print /prínt/ *vt* 印刷[出版]する; 活字体で書く ▶ Printed in the United States of America. 《本の奥付》印刷:米国
— *vi* 印刷する; 活字体で書く
print money (国が)金を増刷する ▶ The central bank fueled inflation by printing more money. 中央銀行は大量の紙幣を印刷することでインフレに油を注いでいる
print ... out / print out ... 【ミッs】(データを)打ち出す, プリントアウトする
the printed word 紙上に公表された見解
— *n* 印刷された文字[字体]; 印刷[出版]物, 新聞 ▶ print media 活字媒体 / The recession has forced companies to reduce their spending on advertising, both online and in print. 景気後退のために各社は広告(オンラインも印刷物も)についての支出を減らさざるを得なかった
in print 活字[印刷]になって; 出版されて
out of print 絶版で
small [fine] print 小さい活字;《契約書の》細字事項
◇**printable** *a* 印刷[出版]できる

print ad [advertisement] 印刷媒体広告

printer /príntər/ *n* 印刷工[業者]; 印刷機械; プリンター

printer driver 【ミッs】印刷制御ソフトウェア

printing /príntiŋ/ *n* 印刷(術・業); 印刷物; 印刷部数, 刷; 活字書体;《写真の》焼付け; 捺染(なっせん)

printout *n* プリントアウト, プリンター出力

print preview 【ミッs】プレビュー [○プリント前にあらかじめ画面上で結果を確認すること]

print run 刷り部数

print space (印刷物上の)広告スペース, 広告欄

prior /práiər/ *a* 前の, 先の (*to*); もっと重要な ▶ prior clearance 事前の許可 / prior consent 事前の同意 / prior consultation 事前協議 / prior written consent 事前の書面による同意 / prior written permission 事前の書面による許諾 / I'm afraid I have a prior commitment. 残念ですが, 先約がありますので / We're seeking someone with prior experience in a non-governmental organization. 当社は政府系でない組織で働いた経験のある人を探しています
— *ad* 《次の句で》
prior to ... …より前に, に先立って ▶ We need to conduct another product test prior to the launch. 発売する前にもう一回, 製品テストをする必要がある / Cancellation of reservations will be accepted up to 24 hours prior to departure. 予約のキャンセルは出発の24時間前までお受けいたします

prior art 【知財】先行技術 [○特許の出願日(先願主義の国の場合)または発明日(米国の場合)よりも前に当該発明の属する技術分野において開示された技術および公表された技術]

prioritize,《英》**-tise** /praió:rətàiz/ *vt* を優先させる ▶ Prioritize the things you have to do. しなければならないことを優先させなさい

priority /praió:rəti/ *n* (時間が)先であること; もっと重要であること; 優先(権); 優先順位; 優先事項 ▶ Work on things that have the highest priority first. 最優先事項に最初に取りかかりなさい / We're putting priority on cash management and cost containment. 当社は現金管理とコスト抑制を優先している
give priority to を優先する ▶ The government has given top priority to tax reforms. 政府は税制改革を最優先にしている
make A a priority / put priority on A Aを優先する
take [have] priority over より優先される
top priority 最優先事項 ▶ The government made balancing its trade deficit a top priority. 政府は貿易赤字を均衡させることを最優先課題にした / Restoring the country's fiscal health should be a top priority for the government. その国の財政の健全性を取り戻すことは政府にとって最優先課題であるべきだ

priority claim 優先弁済請求権 [○他の債権者に優先して弁済を受けられる権利] ▶ In a bankruptcy proceeding the IRS has a priority claim on unpaid taxes. 破産手続上, 内国歳入庁は未納の租税につき優先弁済請求権を有する

Priority Mail 《商標》プライオリティーメール [○米国の郵便局(USPS)が提供するサービス. 翌日配送の速達(Express Mail)に比べ, 目的地への到着まで2, 3日必要だが, 料金は手頃]

priority right 優先権 [○特許, 商標等の最初の出願に基づいて, 後続の出願に係る発明等が享有する法律上の利益. 国内優先権とパリ条約に基づく優先権(Convention priority right)がある]

prior-period adjustment 【会計】過年度損益修正 (=prior-year adjustment) [○過年度の損益計算の修正]

prison /prízn/ *n* 刑務所, 監獄; 拘置所; 監禁;(比喩的)牢獄 ▶ in prison 刑務所に入って / send to prison 投獄する

prisoner /príznər/ *n* 囚人; 捕虜; 在監者; 自由を奪われた者

prisoner's dilemma 【経済】囚人のジレンマ [○2人の当事者が非協力的に自己の利益を追求すると両者ともに経済状態が悪くなること]

Prius 《商標》プリウス [○日本のトヨタ自動車製造のハイブリッドカー. 燃費の良い車として米国でも高い人気を誇る]

privacy /práivəsi | prív-/ *n* ❶ 私生活, プライバシー; 隠退, 隠遁; 秘密, 内密 ❷ 〖法律〗プライバシー ► a privacy act プライバシー法/the right of privacy プライバシー権

private /práivət/ *a* 私的な; 私有の, 私用の, 私の; 私人の; 私営[私設, 私立]の, 民間の; 非公開の, 秘密の; 一人きりの
go private 上場を廃止する, 民有[民営]になる
◇**privately** *ad*

private accounting 個別企業会計
private act 《英》個別法律 [⇨特定個人, 特定法人, 特定地域に対してのみ適用される]
Private and Confidential 親展 [⇨封書の上書き, または書信の上部に記載する注意事項]
private assets 私財 ► offer one's private assets to the company (破綻した)会社に私財を提供する
private attorney 代理人 (=attorney-in-fact)
private bank ❶ 民間銀行 [⇨国有でない銀行] ❷ 個人銀行, プライベートバンク [⇨個人所有の銀行. たとえば, スイスのプライベートバンクは, 裕福な個人客向けに質の高い資産管理サービスを提供することで知られており, パートナーシップ組織の銀行で, パートナーが銀行の持主として個人的に無限責任を負う形で経営されている]
private banker プライベートバンカー [⇨プライベートバンクの経営者または顧客担当者. 商業銀行のプライベートバンキング部門の担当者を言う場合もある] ⇨private bank ②, private banking
private banking プライベートバンキング [⇨プライベートバンクが提供する裕福な個人客向けの資産管理サービス. または, 商業銀行の類似のサービス] ⇨private bank ②
private branch exchange 構内交換機 (PBX) [⇨企業内の多数の電話機を公衆回線につなげるための切替えをする装置]
private brand 自社ブランド, プライベート・ブランド (PB) [⇨小売・卸売業者が自社取扱商品に付するブランド] ⇨national brand, store brand
private capital 民間資本
private carrier 専属運送会社
private company ❶ 私企業, 民間会社 (⇔public company ①) [⇨民間の個人または企業が所有する会社] ❷ 非公開会社, 非上場企業 (⇔public company ②) [⇨株式が公開市場で取引されていない会社]
private consumption 個人消費 ► Private consumption rose 1% over the previous quarter. 個人消費は前四半期比1%増となった
private corporation ❶ 私企業, 私法人, 民間会社 (⇔public corporation ①) [⇨民間の個人または企業が所有する会社] ❷ 非公開会社, 非上場企業 (⇔public corporation ②) [⇨株式が公開市場で取引されていない会社]
private cover [coverage] =private insurance

private demand 民間需要 [⇨経済の主役である家計, 企業, 政府, 海外部門(海外の買手)のうち, 家計と企業の需要を合わせたもの]
private direct investment 個人直接投資, 民間直接投資
private enterprise 私企業, 未上場会社, 民間企業
private equity プライベート・エクイティ [⇨未上場会社の株式] ► In that country, pension funds are not allowed to invest in private equity. あの国では年金基金は未上場会社に投資することが認められていない
private equity firm プライベート・エクイティ・ファーム [⇨未上場株式(private equity)への投資を目的とする専門会社. 機関投資家や個人富裕層などから資金を集めて, 未公開株投資ファンドを組成し, そのgeneral partnerとしてファンド運用の主体となる] ⇨private equity fund
private equity fund プライベート・エクイティ・ファンド

> **解説** 未上場株式(private equity)への投資を目的とする私募ファンドの総称. バイアウトファンド(buyout fund)とベンチャーキャピタルファンド(venture capital fund)に分類されるが, 一般にはバイアウトファンドを指す場合が多い. バイアウトファンドは, 業績不振の公開会社を買収した上で上場を廃止し, 会社再建のプロを送り込んで, 業績を立て直した後, 株式公開(IPO)か第三者への売却によって利益を得る. ベンチャーキャピタルファンドは, 創業直後の有望ベンチャー企業に投資し, 経営を支援して, 優良企業に育成した後, 株式公開(IPO)か企業売却によって利益を実現する.
> ⇨ private equity firm

private-equity investor 未公開株投資家
private exchange プライベート・エクスチェンジ[私設市場] [⇨1社だけのe-marketplace]
Private Finance Initiative (英国の)プライベート・ファイナンス・イニシアティブ (PFI) [⇨社会資本の整備を民間資金の導入によって実施するための制度. 英国ですでに具体的な道路や港湾などの整備といったプロジェクトが進められている]
private income 個人所得
private insurance 私的保険, 民間[民営, 私営]保険
private investigator 私設探偵 (P.I.)
private investment 民間投資; 個人投資
private investor 個人投資家
private label 自家商標, 商業者商標
private land 私有地
private law 私法 [⇨公法に対して, 私人間の権利義務を調整する法]
private limited company 《英》非公開有限責任会社 [⇨有限責任会社(limited company)で, 株式が公開市場で取引されていないもの. 外国企業が英国に子会社を設立する場合は通例この形態をとる]
private limited partnership 《米》私募リミテッドパートナーシップ [⇨証券取引委員会

privately-held a 未上場の

privately held company 非公開会社, 非上場企業 (⇔publicly held company) [○株式が公開市場で取引されていない会社]

privately-owned a ❶ 未上場の ❷ 民間セクターの

private military company 民間軍事会社 (PMC) [○軍事をビジネスとして提供する民間企業. 新しい形態の軍需産業で, 正規軍の業務を代行・支援する]

private military contractor 民間軍事契約業者 (=private military company)

private mortgage insurance 民間モーゲージ保険 (PMI) [○民間の保険会社が供与する無保証貸付けに対する債務不履行保険]

private offering 私募発行 (=private placement (of security), private placing)

private ownership 民営化 ▶ come under private ownership 民営化される

private partnership プライベート・パートナーシップ, 非公開パートナーシップ [○パートナーの追加募集を行わない小規模なパートナーシップ]

private pension 私的[個人]年金

private placement (債券などの)私募, 私募発行 (⇔public offering) [○株式会社が直接, 少数の限られた投資家 (しばしば機関投資家)に証券を売り出すこと]

private placing 《英》私募発行

private possession 個人所有, 私的所有 ▶ restrict private possession of dangerous wild animals 危険な野生動物の個人所有を規制する

private property 私有財産, 特に私有地 ▶ Private property. Keep out. 私有地につき立入り禁止

private-public partnership 官民パートナーシップ (PPP) [○国・地方自治体と民間セクターの企業・団体が協力して設立する共同事業体]

private road 私道

private sale 相対(あいたい)売買 [○物件の所有者が, 第三者を介せず, 直接に買手と交渉して契約を結ぶ売買方法]

private secretary 専属秘書

private sector 民営[私的]部門, 民間部門, 民間セクター ▶ public and private sectors 政府部門と民間部門 / encourage private sector activities in developing countries 開発途上国の民間部門の活動を後押しする

private sector domestic demand 民需, 民間需要 [○国内需要から官需と呼ばれる政府支出を除外した部分を指す]

private treaty 個人契約 [○競売によらず, 当事者の交渉で決まった売買契約]

private trust 私益信託 [○慈善などの公益目的の信託に対して, 特定の私人または人のグループを受益者とする信託]

privatization, 《英》**-sation** /prὰivətizéiʃən/ n 民営化 [○国営企業や公営企業を政府保有の株式を売却することによって民間企業に変更すること. 株の売却益や民間の経営方式による効率化を目指したもの] ▶ promote privatization of quasi-governmental corporations 特殊法人の民営化を推進する

privatize, 《英》**-tise** /práivətàiz/ vt 民営化する; 株式の公開を廃止する ▶ Many of the government-owned companies were privatized and sold to investors in the 1980s. 政府所有の会社の多くは1980年代に民営化されて投資家に売られた

privatized a 民営化された, 上場廃止となった

privilege /prívəlidʒ/ n ❶ 特権, 特典 ▶ privileges for media メディアに与えられた特権 / He has the privilege of making the opening speech. 彼は開会のスピーチをする名誉を与えられている ❷ (特別な地位にあることにより付与される) 権利 ▶ Class A Common Stock shareholders have voting privileges on changes to the Articles of Incorporation and some other specified matters. クラスA普通株の株主は, 定款変更その他所定の事項につき議決権を有する ❸ (義務も伴う) 特権 ▶ attorney-client privilege 弁護士・依頼人間の秘匿特権

privileged /prívəlidʒd/ a (発言・表示・伝達について) 免責特権を有する, 免責された

privileged communication 秘匿特権付情報 (=confidential communication)

privileges and immunities 〔法律〕特権・免除 ▶ privileges and immunities clause 特権・免除条項

privity /prívəti/ n (当事者相互間の) 関係 ▶ privity of contract 契約関係 / privity of possession 共有関係

prize /praiz/ n 賞, 賞品; すてきなもの

no prize for guessing ... 《略式》を当てるのは簡単だ

— a 入賞した, 賞に値する; 賞品として与えられた; 懸賞付きの; 完全な, まったくの

prized a 高く評価されている, 珍重されている ▶ Hida beef is highly prized for its fine marbling. 飛騨牛はきめ細かな霜降りで珍重されている

pro¹ /prou/ ad, prep 賛成して

pro and con 賛否両論に ▶ There were discussions pro and con [contra]. 賛否両論が戦わされた

— n (~s) 賛成者[論, 投票] ▶ the pros and cons 賛否両論 (⇨ pros and cons)
[<ラ]

pro² /prou/ n 専門家, くろうと, プロ, 達人 (=professional)

PRO public relations officer

pro- /prou/「に賛成の[ひいきの]」

proactive a 先行[事前]的; 先取りを旨とする ▶ take proactive steps to ensure について確実を期すために積極的に手を打つ

proactively ad 先を読みながら, 先取りしつつ ▶ move proactively 先を読んで動く

proactive marketing プロアクティブ・マー

ケティング [⊃顧客満足を先取りして自社の製品・サービスを売っていこうというアプローチ]

probability /prɑ̀bəbíləti/ n あり得ること, 蓋(けが)然性, ありそうな見込み; 確率 ▶ assess probability 確率を評価する / enhance probability 確率を高くする / reduce probability 確率を低くする / There's a low probability that the merger will go through. その合併が成立する見込みは小さい

in all probability たぶん

probable /prɑ́bəbl/ a ありそうな; 信じられそうな; 確かな

語法 可能性の度合は, doubtful, possible, likely, probable, certainの順に強くなる

probably ad たぶん ▶ It's probably too late to salvage any semblance of economic growth at this point. 今となっては経済が成長しているふりをしてごまかそうとしても多分もう手遅れだ / It will probably take another week to get your insurance claim processed. 貴方の保険求償の処理が終わるまでに多分あと1週間はかかるでしょう

probate /próubeit/ vt 遺言検認をする
━ n 【法律】(遺言の) 検認 [⊃遺言書が本物あるいは有効であることを検認裁判所(probate court)が正式に認めること]

probation /proubéiʃən/ n ❶ 試用(期間) [⊃雇い入れた者の職業適性を見きわめるための期間. 一般に本採用後に比べて雇用の要件が緩い] ▶ The company has a three-month probation period. 同社は3か月の試用期間を設けている ❷ 解約・雇止め込みで様子を見ること ▶ We will place them on probation for missing the delivery date twice. 2回納期に遅れているのでこの業者は解約含みで様子を見ることにする ❸ 【法律】(1) (特に微罪・初犯の青少年の) 保護観察(状態) (2) 執行猶予 ▶ give two years' probation 執行猶予2年にする / be put on probation for two years 執行猶予2年の判決を受ける

◇**probationer** n 見習い生; 看護実習生; 執行猶予中の犯罪者

probationary a ❶ 【法律】保護観察の, 執行猶予中の ❷ 試用の

probationary period 試用期間 ▶ A probationary period of about two or three months is usual. 試用期間は2か月か3か月が普通です

probe /proub/ v 精査する《*into*》
━ n 厳密な調査, 精査《*into*》; 摘発に向けての調査 ▶ Investigators are probing into the money laundering charges. 捜査員は資金洗浄の容疑にメスを入れている

probity /próubəti/ n 誠実, 廉潔さ, 潔癖さ ▶ His financial probity is beyond question. 彼が金銭に関して潔癖であることは疑う余地がない / A company should behave with probity. 会社は誠実に行動すべきである / Probity and responsibility must be embedded in a company's culture from the top down. 誠実さと責任をとることは上から下まで会社の文化に染みついていなければならない

problem /prɑ́bləm/ n 問題, 疑問, 難問; 扱いにくい人 ▶ I've **got a problem**. 困ったことがある / **Problems in** the banking and finance industries have spread to the real economy. 銀行業界と金融業界の諸問題は実体経済にも広がった / **The real problem lies in** the company's organizational structure. 本当の問題は会社の組織構造にある / The company is working to **resolve its debt problems**. その会社は債務問題の解決に取り組んでいる / The euro fell against the dollar over the region's exposure to central and eastern Europe's **financial problems**. ユーロ地域が中欧と東欧の金融問題のリスクに曝されていることから, ユーロはドルに対して売られた / We encourage our employees to speak openly **about their problems**. 当社では従業員が自分の問題について率直に話すことを奨励しています

have problems doing …するのに骨折っている

have problems [a problem] with には問題がある, で困っている, は賛成しかねる ▶ I have no problem with that. それにはまったく異存ありません

No problem. 《略式》大丈夫; お安いご用です; どういたしまして

━ a 問題のある

problem child 【経営】問題児 [⊃価格競争では後れをとっているが, 製品の将来性は高い事業分野]

problem loan 不良[問題]貸出; 問題のあるローン ▶ Banks may have to boost reserves again to cover problem loans. 問題のあるローンに引き当てるために, 銀行は準備金を再び増額する必要があるかもしれない / The bank does not have sufficient reserves to cover its problem loans. その銀行は問題のローンをカバーできるだけの引当金を持っていない

problem-solving a 問題解決の ▶ His problem-solving skills are excellent [weak]. 彼は問題解決能力が抜群だ[低い]

pro bono /prou bóunou/ プロボノ [⊃弁護士が自分の専門技能により社会貢献すべく, 無報酬で助言・弁護等を行うこと]

on a pro bono basis プロボノで ▶ He took the case on a pro bono basis. 彼は事件をプロボノ(無報酬)で引き受けた

procedural /prəsíːdʒərəl/ a 手続上の ▶ procedural rules 手続上のルール

procedure /prəsíːdʒər/ n 手順; 手続

コロケーション

(動詞(句)+~) **establish** a procedure 手続を定める / **follow** a procedure 手続を踏む / **set up** a procedure 手続を定める / **speed up** a procedure 手続を迅速化する / **use** a procedure 手続を用いる

▶ We've been asking the local government to **speed up the procedure** for licensing new plants. 当社は地方自治体に対して新規工場建設の認可手続を迅速化するよう求めている / Much as I should like to make an exception, you will have to **go through normal hiring procedures**. 特別扱いはしたいのですが、通常の採用手続を経ていただくほかありません / The Board **adopted a procedure** for electronic voting, which permits business to be conducted between the semiannual Board meetings. 取締役会は、半期に一度の取締役会の会合を待たなくても議事が進められる電子投票のための手続を採択した

=== 手続 ===
administrative procedure 事務手続 / bankruptcy procedures 破産手続 / civil procedure 民事訴訟 / confirmation procedures 確認手続 / complaint procedures 苦情手続 / emergency procedures 緊急時の手続 / informal procedure 非公式手続 / information disclosure procedures 情報開示手続 / inspection procedures 検査手続 / legal procedures 訴訟手続 / licensing procedures 資格認定手続 / normal procedures 通常時の手続 / safety procedure 安全確保のための手続 / set procedure 所定の手続 / standard procedure 正規の手続

proceed /prəsíːd/ vi 進む, 行く《to, into》; 続ける《with, in》; 次に…する《to》; 発する, 生じる《from》 ► The construction project was proceeding with surprising speed. その建設工事は驚くべき速さで進んでいた / Please proceed with the plan. 計画通りに進めてください
— n /próusiːd/ (~s) ❶ 売上高, 収益, 売却代金 ► receive the net proceeds of the sale 売却代金の純手取額を受け取る / After the costs were deducted, the proceeds from the asset sale came to $985. 資産売却からの収益は諸経費を差し引くと985ドルになった / Proceeds from the sale of the factory will be invested in US Treasuries for the time being. 工場の売却代金は当面、米国債での運用に供します / Proceeds from the auction will go to charity. オークションの売上は慈善事業に向けられる

❷【証券】発行代わり金 ► Proceeds from the bond issue will be used for general corporate purposes and debt repayment. この債券の発行代わり金は、一般事業資金および債務の返済に充当されます

proceeding n 法的手続, 訴訟手続 ► summary proceedings 略式手続 / take [start, bring] proceedings for a divorce 離婚訴訟を起こす / institute (legal) proceedings against a person 人に対して訴訟を起こす

process /práses | próu-/ n 過程, 工程, 経過, プロセス ► Pursuing that goal will be a slow process. その目標達成の手順はゆっくりとしたものになろう

be in (the) process of (doing) の最中である

► I'm in the process of finalizing the layout. レイアウトを最終的に決めているところだ / The company is in the process of vast restructuring. その会社は大規模なリストラの過程にある

in the process その最中に; 同時に
— vt (書類・資料などを)処理[整理]する; (応募者などの)適性を調べる;【ワニヒーー》】(データを)処理する, 分析する; 起訴する; 複写する; 現像する ► process an order 注文を処理する / process the information 情報を処理する / Your application will be processed in the order it was received. 貴社の申請書は受け付けられた順番で処理されます
— a 加工[処理]した

process agent 送達代理人 [⇨裁判所からの書類を本人に代わって受け取る資格を有するもの. たとえばあらかじめ指定されている法律事務所]

process automation プロセス・オートメーション [⇨装置産業での自動的加工処理作業]
process control 工程管理
process costing 総合原価計算, 工程別原価計算
processed a 保存用に加工されている ► processed food [meat] 加工食品[肉]
processing n 処理(すること); 会計処理
processing cost [expense] 加工費 [⇨直接材料費以外の製造費用で, 労務費および製造間接費を総称したもの]
processor /prásesər | próu-/ n 加工する人;【ワニヒーー》】演算処理装置[機器]; (言語)処理プログラム ► a word processor ワープロ
process owner プロセス・オーナー [⇨ビジネス・プロセス(インプットに価値を付してアウトプットに変換する一連の作業)の設計・管理の責任者]
process patent 方法特許
process sheet 工程表
process specification プロセス仕様書
proclaim /prəkléim, prɑ-/ vt 宣言[発表]する; はっきり示す《that》
proclamation /pràkləméiʃən/ n 公布, 宣言, 公告, 声明; 宣言書, 声明書;【法律】(大統領・知事・市長などの)布告; (開廷, 休廷, 閉廷などの)告示; (国王)布令 ► become legal upon proclamation 公布により合法的になる / order (the) proclamation of a general holiday 法定休日を布告する

Procter & Gamble 《~ Co.》プロクター・アンド・ギャンブル (P&G) [⇨米国の家庭用品メーカー. 1905年設立. 洗剤をはじめ, Crest(歯磨き), Pampers(おむつ), Tide(洗剤)などのブランドを持つ. 2005年かみそりのGilletteを買収]
procurator /prákjureitər/ n 代理人; (大陸法諸国の)検事; (スコットランドの)弁護士, 代訴人
procuratory /prákjurətɔ̀ːri/ a ❶ 委任(権[状]) (procuration)の ❷ 代理人 (procurator)の
— n 代理権授与, 委任; 委任状
procure /proukjúər, prə-/ v (資材などを)調達する; 取りはからう《that》 ► We procure our

supplies from overseas manufacturers. 当社は海外のメーカーから資材を調達している / We have procured the necessary raw materials for production. 当社は生産に必要な原材料の調達を済ませました
◇**procurable** *a* 入手できる
◇**procuration** /prὰkjuréiʃən/ *n* 獲得; 代理
◇**procurer** *n* 獲得者
procurement *n* 獲得, 調達
procurement officer (政府機関などの) 調達官
prodigal /prάdigəl/ *a* 浪費する; 放蕩(とう)の; 物惜しみしない(*of, with*); 豊富な
━ *n* 浪費家; 放蕩者
◇**prodigality** /-gǽləti/ *n* 浪費; 放蕩; 大まか

produce
vt /prədjúːs/ 生じさせる; 生産する ► The last ten years of economic boom have produced a severe labor shortage. この10年間の経済発展で深刻な人手不足が生じた / This region produces good wines. この地方では各種の良質のワインができる / The factory produces audio equipment. その工場はオーディオ機器を生産している / The strike has produced nothing for them. そのストライキは彼らに何ももたらさなかった / The passenger jet was produced in Brazil. そのジェット旅客機はブラジルで製造された
━ *n* /prάdjuːs/ 農産物 (✚乳製品・鶏卵を含む), 青果, 野菜と果物 (=fruits) and vegetables) (✚集合的に不可算名詞として用いる. 可算名詞のproductsは総称的な産物と製品の用い) ► agricultural produce 農産物 / dairy produce 乳製品 / farm produce 農場生産物 / local produce 地元の農産物

produce market 八百屋, 青果店

producer
/prədjúːsər/ *n* 生産者; 製造者, メーカー ► a steel producer 鉄鋼生産者 / The country is the greatest gold producer in the world. 同国は世界最高の金産出国である / China is a leading producer of shoes. 中国は靴の主要な生産国だ

a good income producer よい収入になるもの (✚賃間など)
a top producer 売上[契約]成績がトップの人
producer goods 生産財 (=producer's goods) [⇨消費材(consumer goods)を作る過程で使用される財. 機械, 原料品など]
producer price 生産者価格
producer price index ⇨ PPI

product
/prάdʌkt/ *n* ❶生産物 ► gross domestic product 国内総生産 (GDP) / gross national product 国民総生産 (GNP) / primary products 一次産品 / agricultural products 農産物 / marine [aquatic] products 水産物 / organic farm products 有機農産物 (⇨produce)
❷製品

┌─ コロケーション ─┐
(動詞(句)+～) **design** a product 製品を設計する / **develop** a product 製品を開発する / **discontinue** a product 製品の製造を打ち切る / **distribute** a product 製品を販売する / **invent** a product 製品を発明する / **launch** a product 製品を発表する, 製品を売り出す / **manufacture** a product 製品を製造する / **market** a product 製品を販売する, 製品を売り込む / **promote** a product 製品の販促を行う / **withdraw** a product 製品を回収する

► a product image 商品イメージ / product-oriented management 商品志向の経営 / offer a good product at a good price よい品を安く提供する / Our company sells **a wide range of products**. わが社は幅広い製品を販売している / Our store **sells and ships products** to end user customers only. 私どもの店はエンドユーザー向けにのみ販売と発送を承っています / The company had to **withdraw the product** due to safety concerns. 同社は安全性に懸念があったため, その製品をリコールしなければならなかった / We always aim at **designing a product** with broad consumer appeal. 当社では常に幅広い層の消費者に訴求できる製品をデザインするように心がけている / We plan to **develop an entry-level product** with simplified features. 当社では, 機能を簡単にした初心者向け製品を開発する予定だ / To avoid the high shipping costs, we've decided to **license our product** to a local manufacturer. 高い輸送コストを避けるために, 当社は現地の製造業者に製品をライセンスすることに決めた

═══ 製品 ═══
best-selling product ベストセラー商品, 売れ筋商品 / brand-name product ブランド品 / competing product 競合製品 / consumer product 一般消費者向け製品 / copycat product 類似品, 模造品 / derivative products 派生[デリバティブ]商品 / end product 最終製品 / entry level product 初心者向け製品 / financial products 金融商品 / finished product 完成品 / high-quality product 高級製品 / hit product ヒット商品 / hot-selling product 売れ筋商品 / household product 家庭用品 / leading product 主力商品 / licensed product ライセンス製品, (特許の) 実施許諾製品 / low-priced product 低価格品 / main product 主力商品 / newest product 最新製品 / semi-finished product 半製品 / summer product 夏物商品 / tech product ハイテク製品 / top-selling product (一番の) 売れ筋商品 / upcoming product 近日発売の製品 / winter product 冬物商品

product advertising 商品広告 ⇨ comparative advertising, corporate advertising
product analysis 製品分析
product assessment 製品アセスメント [⇨製品の環境への影響を低減する必要な対策がとられているか, 製品の設計開発段階で事前に評価すること]
product awareness 製品の認知度 ► in-

product base プロダクト基盤 [⇨ 企業が提供している製品・サービスのラインアップの全体]
▶ broaden [diversify] the product base プロダクト基盤を拡大する[多様化させる]

product benefit 製品便益 [⇨ 製品が与える便益]; 製品の特長

product by process プロダクト・バイ・プロセス [⇨ 製造方法により特定された物の発明. 製造方法で物を特定したクレームは, プロダクト・バイ・プロセスクレーム(product by process claim)と呼ばれる]

product category 製品カテゴリー [⇨ 自社取扱製品の区分] ▶ expand [consolidate, redefine] its product categories 自社の製品カテゴリーを拡大する[整理する, 見直す]

product concept 商品コンセプト [⇨ 品質・利便性等, 消費者による購入の動機づけとなる商品・サービスの本質的機能]

product cost 製品原価 (=production cost) [⇨ 製品に集計された原価]

product costing 製品原価計算

product design 製品デザイン

product development 製品開発 ▶ accelerate new product development 新製品開発(NPD)を加速する

product development strategy 製品開発戦略

product differentiation 製品の差別化 ▶ The car maker has introduced advanced safety features to create product differentiation. その自動車メーカーは, 製品の差別化を図るべく最新の安全機能を導入している

product diversification 製品多角化

product diversion =diversion ②

product endorsement (製品の)エンドースメント [⇨ 有名人などによる商品の保証宣伝. 一般人によるものはtestimonialと言う]

product engineer プロダクト・エンジニア [⇨ 新製品のデザイン・技術使用等を担当するエンジニア]

product family 製品ファミリー [⇨ 一つのメーカーの製品中同種のものをひとくくりにして呼ぶときの名称] ▶ Items are categorized by product family. 各品目は製品ファミリー別に区分してある

product guarantee 品質保証

product improvement 製品改良

product innovation プロダクト・イノベーション [⇨ 新製品の開発など, 製品そのものの革新]

product integrity プロダクト・インテグリティ [⇨ 製品が持つ多様な属性の全体的な調整や一貫性の確保]

production /prədʌ́kʃən/ n 生産, 製作, 製造; 生産高; 製品

コロケーション

(動詞(句)+～) **boost** production 増産する / **cut** production 減産する / **cut back** production 減産する / **discontinue** production 生産を打ち切る / **go into [out of]** production 生産を開始[中止]する / **raise** production 増産する / **resume** production 生産を再開する / **scale back** production 減産する / **shut down** production 生産ラインを休止する / **speed up** production 生産のペースを上げる / **step up** production 増産する / **take ... out of** production を生産ラインからはずす

▶ in full production フル稼働で生産中 / domestic production 国内生産 / full-scale production 本格稼働 / limited production 限定生産 / overseas production 海外生産 / Japanese manufacturers are **shifting production** overseas. 日本のメーカーは生産拠点を海外に移している / The government is urging the industry to **reduce the production** of environmentally harmful products. 政府は産業界に対して環境に有害な製品の生産を減らすよう促している / The new microchip has **gone into production**. 新しいマイクロチップの生産が始まった / Division of labor generally **speeds up production**. 分業は一般に生産ペースを速くする / Many innovative products have **gone out of production** simply because they didn't sell well enough. 十分売れなかったという理由だけで, いくつもの画期的な製品が生産中止となっている / Our joint venture plant in Brazil will **go into full-scale production** next year. 当社のブラジルでの合弁工場は来年, 本格生産に入る予定だ / The question is not whether the company will **put it into production** but when. 問題は同社がそれを生産するか否かではなく, いつ生産するかだ / The XX2 model **is already in production** at the company's plants in Europe. XX2モデルはすでに同社のヨーロッパ内の工場で生産に入っている / We **cut production** by 7 percent in the first half. 当社は上期に7%の減産をした / We have **discontinued** production of this model. このモデルの生産は打ち切った / We plan to add one new line at our Nagoya factory to **boost production**. 増産のため, 名古屋工場に生産ラインを新設する予定だ / Exports have gone down significantly, leading to contraction in **industrial production** and employment. 輸出は著しく減少し, 工業生産と雇用の縮小をもたらした

make a (big) production [out] of (it) 騒ぎ立てる

on production of を提示すると

production basis 生産基準 (=production method of revenue recognition)

production budget 製造予算

production builder 量産型住宅建築業者

production capacity 生産能力 ▶ reach the plant's full production capacity 工場がフル稼働に達する / We will invest $400 million to increase the production capacity of this plant. この工場の年間生産能力を強化するため総

額4億ドル投資する予定だ

production center 生産中心点 [⊃生産工程における機械や作業を単位とした生産区分]

production company 制作会社

production control 生産統制, 生産コントロール [⊃生産が計画通り実行されるよう, 日程計画に対しては進度管理を行うというように, 日々の作業を統制すること]

production controller 生産コントローラー

production cost 製造原価, 製品原価 ► keep production costs down 生産コストを低く抑える

production efficiency 生産効率

production expense 製造経費

production facility 生産設備

production factor 生産要素

production function [経済]生産関数 [⊃財・サービスを生産する際の生産要素投入量と産出量の関係]

production goal 生産目標

production goods 生産財

production labor 製造労務費, 直接労務費 (=productive labor, productive wage) [⊃製品の製造のために発生する労務費]

production line 製造[生産]ライン ► alter production lines with new equipment 生産ラインの設備更新をする

production management 生産管理 [⊃生産計画を立てた上, 計画通りに生産が進むよう生産統制を行うこと]

production manager プロダクション・マネジャー, 生産マネジャー [⊃生産の各段階の責任者を監督しながら生産プロセス全体を統括する責任者]

production order 製造指図書 [⊃製造現場における製品製造の詳細を明記した製造命令書]

production planning 生産計画, 製造計画

production platform 海上プラットフォーム [⊃海底油田開発において資源の採取と輸送のため海上に設けられる構築物]

production process 生産工程 ► We have eight cameras in place to monitor the production process in real time. リアルタイムで生産プロセスを監視するため, カメラを8台設置してある

production quota 生産ノルマ

production report 製造報告書, 生産報告書

production reporting 製造報告, 生産報告 [⊃一定期間における製品の生産数量および原価に関する報告]

production right 製造権

production run 量産, 生産ロット ► a first production run 初回生産分, 初回生産ロット

production schedule 初回生産計画

production scheduling (生産)日程計画

production sharing agreement 生産分配協定

production target 生産目標 ► The company spokesperson said they had not yet set a production target. 同社の広報担当者によると同社としてはまだ生産目標を決めていないということだ

production value 生産価値 [⊃企業が新たに創出した価値]

production volume 生産高 ► Passenger car production volume dropped by 10 percent. 乗用車の生産量が10%落ちた

productive /prədʌ́ktiv/ a (土地が)肥えた; 生じさせる (*of, of doing*); 生産的な, 営利的な; 生産上の ► productive activity [purpose] 生産活動[目的] / Management expressed that talks with union leaders were very productive. 組合との話合いはきわめて生産的だったと経営陣は述べた

productive asset 生産的資産 [⊃製品の生産に使用される設備や機械などの資産]

productive capacity 生産能力 ► Our Niigata plant has a productive capacity of 1,000 units per hour. 当社の新潟工場は1時間当たり1000ユニットの生産能力がある

productive labor 生産的労務費, 直接労務費 ⇨ production labor

productively *ad* 生産的に, 収益が上がるように, 有効に ► use the company's resources productively 会社の資源を有効に使う

productiveness *n* 有用性, 生産性 ► productiveness of the soil 土地[土壌]の生産性

productive time 作業時間, 製造時間

productive wage =productive labor

productivity /próudʌktívəti/ *n* 生産性 [⊃ある生産要素1単位当たりの生産量. 一般に労働時間当たりの生産高がよく取り上げられる] ► high productivity 高生産性 / low productivity 低生産性 / decline in productivity 生産性の低下 / rise in productivity 生産性の上昇 / mend the company's sagging productivity その会社の低下一方の生産性を改善する / undermine productivity 生産性を低下させる / We have **improved productivity** by reducing paper-based reporting. 紙ベースの報告を減らすことで, 生産性を改善している / Technological innovation has **boosted labor productivity**. 技術革新が労働生産性を大幅に改善した / When **productivity falls** while wages rise, businessmen have to increase prices to cover costs. 賃金が上昇する中で生産性が落ちるとなれば, 企業経営者は原価を賄うために製品価格の引上げを余儀なくされる / Russian **productivity plummeted** 24% last year. 昨年, ロシアの生産性は24%という急低下を見た / **Productivity rose** faster in the 1980s. 1980年代は, 生産性はもっと速いペースで上昇したものだ

productivity analysis 生産性分析

productivity bonus 業績連動型賞与 [⊃賞与の支給額を個人の営業成績や企業としての業績にかかわらせる方式]

productivity gain 生産性の上昇幅 ► Unusually taut labor markets could show through to increases in labor compensation in excess of productivity gains. 労働需給の異常なひっ迫が, 生産性上昇を上回る人件費の増加となって現れてくる可能性がある

productivity growth 生産性上昇率 ► Productivity growth has stagnated. 生産性の伸びは停滞している

productivity of capital 資本生産性 [⇨投下資本とその生産高との割合]

productivity of labor 労働生産性 [⇨一般的に生産に投入した労働量1単位当たりの産出量]

productivity of land 土地生産性 [⇨生産に投入した土地面積1単位当たりの産出量]

productize, (英) **-ise** v プロダクト化する [⇨スキルやアイディアを規格化し, 「売り物」として世に出すこと]

product launch 新製品の発表, 新製品の発売 ► We are all set for the upcoming product launch. 今度の新製品発売に向け用意は万全だ

product liability 製造物責任

> [解説] 安全な製品を市場で販売する製造者の責任. 米国では, 製造者のみならず, 製品の販売者や修理者なども製造物責任を負う. 被害者は損害賠償の請求に当たって, 欠陥の存在, 損害の事実, 欠陥と損害の因果関係の3点を立証すればよい. 製造者などの不法行為としての故意・過失の存在を証明する必要はない. 米国の製造物責任訴訟は高額の損害賠償が認められる場合が多い

► She decided to pursue a product liability case against the manufacturer. 彼女はメーカーに対して製造物責任を追及する訴えを起こすことにした　　🔤 SELLER shall hold BUYER harmless from any product liability whether in BUYER's country or any other country. 「売主」は, 「買主」の国であれ, 他のいかなる国であれ, すべての製造物責任から「買主」が免れるようにしなければならない

product liability insurance 生産物[製造物]賠償責任保険 (=product liability policy)

Product Liability Law 製造物責任法, PL法

product life cycle プロダクト・ライフ・サイクル, 製品ライフサイクル (PLC) [⇨市場に導入された製品は導入期, 成長期, 成熟期, 衰退期という4つの段階を経るというもので, それぞれの時期に合った対応が求められる] ► extend product life cycles 製品ライフサイクルを延ばす / Pricing strategies are often linked to the product life cycle. 価格戦略はしばしば製品のライフサイクルと連動しているものだ

product life cycle management 製品ライフサイクル(PLC)管理 (PLM) [⇨製品の生産, 流通, 消費の過程だけでなく原材料の生産や廃棄物の処理の過程まで含めた全過程を通じて管理すること. ISO14000シリーズで定めている]

product line 取り扱う製品群; 製品系列, 製品ライン ► diversify the product line 製品ラインを多角化する / The company is noted for its diversified product lines. 同社は幅広い製品ラインを提供していることで知られている

product line manager 製品ライン管理者 [⇨一つの製品カテゴリーにつき, 研究開発, 製造, 販売, 宣伝のすべてにわたって統括する責任者]

product line stretching プロダクト・ライン・ストレッチング [⇨既存ブランドに従来とは異なるグループの消費者を引きつけるため, 廉価版または高価版を出すこと]

product management 製品管理

product manager プロダクト・マネジャー, ブランド・マネジャー [⇨一つの事業部門内で特定の製品・ブランドにつき, 研究開発, 生産, 販売といった職能間の調整をしながら全体を見渡したマーケティングをする責任者]

product mark 製品商標

product market 製品市場

product mix プロダクト・ミックス, 製品組合せ [⇨多品種企業における製品の構成割合]

product orientation 製品主導主義, 製品志向 [⇨顧客の志向より, よい製品が顧客を満足させるという発想を重視する立場]

product-oriented a プロダクト・オリエンテッド, 製品志向の [⇨自社の持つ生産技術・ノウハウに重点をおいて製品開発やマーケティング活動を行うことを言う] ⇨customer-oriented

product parity プロダクト・パリティ [⇨同一カテゴリーの商品が「どれを買っても大差がない」と同一視されてしまうこと]

product placement プロダクト・プレースメント [⇨映画やテレビドラマの場面に商品をなにげなく出してもらう広告手法]

product planning 製品計画 [⇨顧客の欲求を満たすような製品についての計画]

product portfolio management プロダクト・ポートフォリオ・マネジメント, 製品ポートフォリオ管理 (PPM) [⇨企業の最適な製品もしくは事業ミックスの構築のための分析手法] ⇨Boston matrix

product positioning 各種製品の座標的配置

product price 製品価格

product profitability 製品の採算性, 製品の収益性

product range 製品種目, 製品ライン [⇨その会社の製品のラインアップ]

product research 製品の研究開発

product return 返品 ► accept product returns 返品を受ける

product rollout 新製品発表, リリース

products liability =product liability

product specification 製品仕様

product standard 製品標準, 製品基準

product strategy 製品戦略

product substitution ❶ 仕様外の製品の納入 ❷ 代替品への移行

product warranty 製品保証

product withdrawal 製造中止

profession /prəféʃən/ n (知的)職業, 専門職; (the ~)同業者仲間; 公言

by profession 職業は ► He is an accountant by profession. 彼は職業会計士だ / What is he by profession? 彼の職業は何ですか

professional /prəféʃənl/ a 職業の, 職業的な; 知的職業に従事する, 専門職の; 根っからの, 常習的な

— n プロ, 専門家, 専門スタッフ ► I'd better leave it up to the professionals. それは専門家に任せたほうがよい / This editor is a real professional. この編集長はまさしくプロだ

◇**professionalize** vt 職業[専門]化する
◇**professionally** ad

professional accountant 専門職業会計士[◯公認会計士など]
professional association 職業団体; 〖法律〗職能法人 (=professional corporation)
professional capacity 専門家たる資格
professional corporation 〖法律〗職能法人, 知的職業法人
professional employee 専門職従業員
professional ethics (弁護士, 医師, 会計士などの)職業倫理
professional firm 会計事務所, 監査法人
professional indemnity insurance 《英》=professional liability insurance
professional investor プロの投資家, 投資のプロ, 資産運用の専門家
professionalism n 職人気質, プロ根性; 専門家気質
professional liability 職業責任, 専門職責任[◯弁護士や会計士といった専門家による業務上の過誤に由来する責任]
professional liability insurance [policy] 専門職賠償責任保険 (=malpractice insurance)
professional manager 専門経営者
professional misconduct 職業倫理に反する非行
professional qualification 専門職としての資質, 専門職としての資格
professional services 専門職サービス ► Job losses have also been seen in professional services firms like law, accounting and consulting. 法律, 会計, コンサルティングのような専門的サービスの企業でも人員整理が見られるようになってきた
professional staff 専門家チーム ► There is a need for the services of a professional staff. 専門家チームによるサービスの提供が必要だ

professor /prəfésər/ n 大学教授;《米》先生; (大げさな肩書で)教授
◇**professorial** a 教授の[らしい]
◇**professorship** n 教授の職[地位]
proficient /prəfíʃənt/ a 熟練した《*in, at*》

— n 達人《*in*》
◇**proficiency** n 上達, 熟練 ► a proficiency test 技能検定試験

profile /próufail/ n 側面; 人物素描; 人物像, あらまし, プロフィール ► an age profile 年齢プロファイル[◯ターゲット市場を研究するために作成する年齢別の分布] / a customer profile 顧客プロファイル, 顧客像[◯ターゲットを明確にするため過去の売上分布などを基に作成する典型的な客のイメージ]

keep* [*maintain*] *a low* [*high*] *profile 目立たない[目立つ]ようにする ► The CEO wants to keep a low profile after retirement. そのCEOは引退後は目立たない人生を送りたいと思っている

lower one's profile 目立たないようにする

— vt 輪郭を描く;(人種別に)性格づけをする ► These questionnaires are used to profile different kinds of consumers. これらのアンケートはさまざまな種類の消費者を性格づけるのに利用される

profiling /próufailiŋ/ n プロファイリング[◯(1)顧客プロファイル等を作成する作業 (2)犯罪者などを割り出す性格づけ]

profit /práfit/ n 利益[◯収益(売上)と費用の差額]

> **[解説]** 米国では企業の利益には基本的に3つの段階がある. 売上高から売上原価を差し引いた「粗利益」が gross profit, 粗利益から営業経費を差し引いた「営業利益」が operating profit, 営業利益からその他のすべての経費を差し引いた「純利益」が net profit である. このほかに「税引前利益」の意味で pretax profit が使われる場合がある. 「経常利益」の意味で使われている recurring profit や ordinary profit は和製英語で, 米国では通用しない. 米国には経常利益に相当する概念はない

コロケーション

(動詞(句)+~) **collect** profits 利益を手にする / **contribute** to profits 利益に寄与する / **earn** profits 利益を上げる / **hurt** one's profits 利益に響く, 利益に食い込む / **maintain** profits 利益を維持する / **make** a profit 利益を上げる / **make net** profits 純利益を計上する / **maximize** profits 最大限の利益を得るよう図る / **report steep falls in** profits 大幅な減益となる

► a sharply lower profit 大幅な減益 / make a profit of $100,000 10万ドルもうける / The company posted a record profit last year. 同社は昨年, 記録的な利益を計上した / If we fix the price at $100, we won't make any profit. 価格を100ドルに設定すると利益が出ない / We have yet to find a way to make a profit online. オンラインビジネスでもうけを出す方法となると, まだ模索中だ / The company made a profit in its overseas markets. その会社は海外市場で利益を上げた

profitability

=== 利益 ===

after-tax profit 税引後利益 / extraordinary profit 特別利益 / extra profit 超過利潤, 予定外の利益 / gross profit 粗利益 / group net profit 連結純利益 / group profit 連結利益 / interim profit 中間利益 / jump in profit 大幅増益 / lost profit 逸失利益 / net profit 純利益, 最終利益 / operating profit 営業利益 / paper profit 帳簿上の利益 / pretax profit 税引前利益 / retained profit 剰余金, 留保所得 / target profit 目標利益 / trading profit 《英》営業利益 / unrealized profit 含み益 / windfall profit 予想外の利益, たなぼた利益

at a profit 利益を上げて ► sell a bracelet at a profit of $100 腕輪を売って100ドルもうける
for profit もうけるために; ためになるように
gain profit from で益する
make one's profit of をうまく利用する
there is no profit in はもうからない
to one's (own) profit 得るところあって; 利益になるように
with profit ためになって

— *vi* 利益を得る, もうける, ためになる 《*from*, *by*》 ► The company profited from its increased sales. その会社は売上の伸びから利益を得た

— *vt* 利益をもたらす

profitability *n* 収益性, 利益率, 採算, 投資効果 [◯利益が投下資本に対する見返りとして妥当かどうかを見るため利益を資本や売上高などで除して得る諸比率] ► deliver higher levels of profitability 収益性がよくなる / a low level of profitability 採算の悪さ / raise profitability 採算を改善する / regain profitability 採算を回復する / improve profitability by reducing inventory 在庫の削減で収益性を高める / It will take several years to restore the company to profitability. その会社を黒字に戻すには数年かかるだろう / You can look at profitability in terms of earnings per share. 一株当たりの利益という観点から収益性を見ることができる

profitability analysis 収益性分析

profitable

/práfitəbl/ *a* もうかる; 有益な; 採算が取れている ► turn profitable 採算が取れるようになる / The company became profitable again after stringent downsizing and cost-cutting. 厳しい規模縮小とコスト削減の後, その会社は再び黒字になった

◇**profitableness** *n*
◇**profitably** *ad*

profit and loss account 《英》損益計算書; 損益勘定 (=profit and loss statement)
profit and loss statement 《米》損益計算書 (=income statement)
profit before tax 税引前利益
profit center プロフィット・センター [◯企業の収益獲得の原動力として, 費用を上回る利益の追求を課されている事業部門] ⇨ cost center
profit corporation 営利法人, 営利企業, 営利会社 (=profit organization)

profiteer /pràfitíər/ *n* 火事場泥棒, 弱みにつけいって荒かせぎをする者
— *vi* 暴利をむさぼる

profit forecast 利益予測
profit gain 利益増, 増益
profit goal 利益目標
profit growth 増益
Profit Impact of Market Strategy 【経営】ピムス (PIMS) [◯多くのデータを収集し, それらの重回帰分析に基づいて, 収益性と市場占有率の間の正の相関を示した科学的な市場戦略]
profit insurance 利益保険 ⇨ business interruption insurance

profitless /práfitlis/ *a* 利益のない, 無益な
◇**profitlessly** *ad*

profitless prosperity 利益なき繁栄 [◯売上が増加し工場は繁忙だが, それに見合う利益が出ない状況]
profit-maker *n* 利益が出る商品, 稼ぎ手
profit-making *a* 営利のための
profit management 利益管理 [◯利益目標達成のための利益計画と統制を行う経営管理]

profit margin

利ざや; 利幅; 利益率, 粗利益率 [◯粗利益 (gross profit) の売上高 (net sales) に対する比率である粗利益率 (gross margin) の意味で使われるのが普通. 営業利益率 (operating margin) や純利益率 (net margin) の意味で使われることはほとんどない] ► Our competitors slashed prices so ruthlessly that we were left with **bone-thin profit margins**. 競争相手があまり激しい値引きをするので, うちも薄利を強いられた / We need to **improve profit margins** by cutting cost. コストを下げて, 利益を改善する必要がある / Adding value is an easy way to **increase profit margin**. 付加価値をつけるというのは, 利益率を改善する簡単な方法の一つだ / **Electronics makers' profit margins** have been hard hit by the global recession. 電機メーカー各社の利益率は世界的な景気後退で手痛い打撃を受けた / The company operates on **a slim profit margin**. 同社は薄い利ざやで営業している

profit maximization 利潤極大化
profit motive 利潤動機
profit organization 営利企業, 営利事業体
profit orientation 利益志向 ⇨ consumer orientation
profit participation (保険の) 利益配当
profit planning 利益計画 [◯利益目標を設定し, その達成のために営業活動を導く経営計画]
profit-share *n* 利益配分
profit sharing 利益[利潤]配分 [◯通常は株主に配分される事業利益を従業員に対しても分与する制度]
profit-sharing *a* 利益[利潤]配分の
profit-sharing plan 利潤分配制度 [◯正規の給料の他に, 企業の利益の一部を一定の基準に従い従業員に分配する付加的給与制度]

profits policy 配当付き生命保険 [⇒保険会社の事業利益や資産運用益が配当金として契約者に分配されるタイプの保険]

profits squeeze 利益の圧迫, 利益が圧迫される事態 ► face a profit squeeze due to surging raw material costs 原材料高騰による利益の圧迫に直面する

profits warning 《英》減益になるとの予告 (=profit warning)

profit taking 利食い, 利益確定のための売り [⇒証券の売買で利益を確定すること] ► Profit taking in the tech sector dragged down stock prices. ハイテク部門の利食いが全体の株価を引きずり下ろした

profit warning 減益になるとの予告

pro forma /prou fɔːrmə/ ❶ 形式上; 形だけの ► a pro forma invitation 形だけの招待 ❷ 〖会計〗仮の, 見積りの ► a pro forma account 見積り勘定

pro forma balance sheet 見積貸借対照表 [⇒過去の実績と将来の予測に基づいて作成された貸借対照表]

pro forma disclosure 見積開示 [⇒仮定に基づいて作成された情報の開示]

pro forma financial statements 見積財務諸表 (=pro forma statements) [⇒過去の実績と将来の予測に基づいて作成された財務諸表]

pro forma income statement 仮損益計算書

pro forma invoice 見積送状, 仮請求書 [⇒請求額をあらかじめ知らせ, または前払いを求めるため, 納品前に発行される請求書] ► On receipt of your order, we will provide you with a pro forma invoice. ご注文を受け次第, 仮請求書をお届けします

pro forma statements 見積財務諸表

profound /prəfáund/ a 深遠な; 難解な; 深い, 心からの; (おじぎなどが) 深く下げた ► The health of the US economy has a profound impact on the rest of the world. 米国経済が健全であるか否かは世界の他の国々に甚大な影響を与える

◊**profoundly** ad

profuse /prəfjúːs/ a 豊富な; おびただしい; 物惜しみしない (*with, in, of*) ► profuse apologies 心からの謝罪

◊**profusely** ad 大量に ► thank profusely 大感謝する

◊**profusion** /-fjúːʒən/ n 豊富 ► in profusion 豊富に

prognosis /prɑgnóusis/ n (**-ses** /-siːz/) 予想 (*on, for*); 予測 ► a statistical prognosis 統計的予測

program

program /próugræm/ n ❶ 計画, 予定; プログラム ► I had a full program for the day. その日は予定がすっかり詰まっていた / All new employees are required to undergo **a security awareness program**. すべての新規採用社員は, セキュリティーに対する意識を高めるためのプログラムを受講する必要がある / **Our employee wellness programs** are customized to the needs of our employees. 当社の社員向け健康増進プログラムは社員のニーズに合わせてカスタマイズされている / **The Legal Department** is organizing **a half-day program** on intellectual property rights. 法務部が知的所有権をテーマとする半日のプログラムをまとめあげているところだ / **The pilot program was a huge success.** パイロット・プログラムは大成功だった / **To complete the program**, you need to be proficient in a language other than Japanese. この課程を修了するためには, 日本語以外の言語に習熟していることを要する / We are going to **launch an internship program** for graduate students. 大学院生を対象とするインターンシッププログラムを立ち上げる予定だ / We do not have sufficient resources to **carry out the program**. プログラムを実施するには十分なリソースがない

❷ (コンピュータの) ソフト, アプリケーション, プログラム ► download [install, uninstall] a program ソフトをダウンロード[インストール, 削除]する

— vt ❶ 計画を立てる; (プログラムに) 組み入れる; (人などを) 条件づける (*to do*); 〖ミ⁻ᢣ〗プログラムを作る (*to do*) ❷ 番組などを編成する

◊**programmer** n 〖ミ⁻ᢣ〗プログラマー; 計画作成者

programmable a 〖ミ⁻ᢣ〗プログラム可能な

programme /próugræm/ n, vt 《英》=program

programming /próugræmiŋ/ n ❶ 〖ミ⁻ᢣ〗プログラミング, プログラムの作成 ❷ 番組を編成すること ► television programming テレビ番組編成

program trading プログラム売買 [⇒コンピュータ指示による証券の売買]

progress n /prɑ́gres/ 進行; 進歩, 発達 ► The progress of the event was reported in detail. その事件の経過は詳細に報道された / The government has achieved progress in reducing inflation. 政府はインフレの抑制で成果をあげている

in progress 進行中で ► The meeting is in progress at the moment. その会議は目下, 進行中です

make progress 進む, 発展する (*in, toward*) ► We have made progress toward improving our service. 当社はサービスの改善に向けて成果をあげている / The automaker has made significant progress in developing an all-electric vehicle. その自動車メーカーは電気自動車の開発で大きく進歩している

— vi /prəgrés/ 進行[進歩, 前進]する (*to*)

progression /prəgréʃən/ n 前進, 進行 (*from, to*); 連続

progressive /prəgrésiv/ a 進歩[前進]的な; 累進的な

— n 進歩的な人, 革新主義者; 進歩党員

◊**progressively** ad

progressive tax 累進税 [⮕所得が高くなるにつれて税率が高くなる税] ▶ a progressive tax system 累進税制度

progressive taxation 累進課税

Progresso 《商標》プログレッソ [⮕米国のスープのブランド]

progress payment 出来高部分払 [⮕出来高または進捗度に応じて部分払いを行う方式]

progress report 中間報告；進捗状況報告(書) ▶ The progress report did not say how long it would take to complete the project. 中間報告書はプロジェクトがいつ完了するのかに触れていなかった

prohibit /prouhíbit, prə-/ vt 禁止する；妨げる(from) ▶ Company policy prohibits employees from accepting gifts from suppliers. 従業員が納入業者から贈り物を受け取ることは、会社の方針として禁止されている

prohibited mark 禁止された標章 [⮕商標登録できない標章]

prohibition /pròuhəbíʃən/ n 禁止；禁止令；(米)禁酒(法) ▶ Prohibition was laid on the import of watches. 時計の輸入が禁止された
◇**prohibitionist** n (酒類製造販売)禁止論者

prohibitive /prouhíbitiv/ a 禁止の，禁制の；(値段が)法外な

prohibitively ad 法外に ▶ prohibitively expensive 法外に高い[まるで手が出ない]

prohibitory /prouhíbitɔ̀:ri/ a =prohibitive

project n /prádʒekt/ プロジェクト (✚一つの事業，またはそのための計画)

コロケーション

(動詞(句)+〜) **abandon** a project プロジェクトを放棄する / **carry out** a project プロジェクトを実行に移す / **drive** a project プロジェクトを推進する / **finance** a project プロジェクトの資金手当をする / **kill** a project プロジェクトを打ち切る，プロジェクトの実施を見送る / **launch** a project プロジェクトを始める / **shelve** a project プロジェクトを棚上げする / **work on** a project プロジェクトを進める

▶ The project was shelved due to lack of budget. 予算不足のため，そのプロジェクトは棚上げされた / Developing a project from scratch is an invaluable learning experience. プロジェクトを一から組み立てていくのは，一つの学習経験として得難いものがある / The team has just started working on the project. チームはちょうどプロジェクトに着手したばかりだ / We managed to complete the project in time. 何とか期限までにプロジェクトを完成させることができた / We will have to research the project thoroughly. プロジェクトの予備調査を徹底して行う必要がある / We will launch a number of new project next year. 来年，新規のプロジェクトをいくつか立ち上げる予定だ / Management decided to abandon the project. 経営陣はそのプロジェクトを放棄すると決めた

— vt /prədʒékt/ 計画する；算出する，予想する；投げ出す(into, on, through)；予測する，見積もる(to do)；(として)見せる(as) ▶ The airline projected a consolidated net loss of $300 million. その航空会社は連結ベースで3億ドルの純損失になると予測した / The building renovation is projected to cost several millions of dollars. 建物の修復には数百万ドルかかると見積もられている / The economy is projected to grow by 6 percent this year. その国の経済は今年は6%伸びると予想されている

— vi 出っ張る

projected benefit obligation 予測給付債務 [⮕将来の昇給による給付額の増加を織り込んだ年金給付の予想額]

projected growth rate 予想成長率

projected revenue 予想収益

project engineer プロジェクト・エンジニア [⮕品質・コスト・スケジュールに目を配りながらプロジェクトをまとめるエンジニア]

Project Evaluation and Review Technique パート法，計画管理法 (PERT) [⮕作業の流れを図にしてもっとも余裕のない部分(クリティカルパス)を割り出しながら日程管理をするプロジェクトマネジメントのための計画法]

project execution プロジェクトの実施

project finance =project financing

project financing プロジェクトファイナンス [⮕特定の事業(プロジェクト)から予想される収益だけを返済原資として実行される資金調達の方法．民間会社の事業だけでなく公共事業でも活用されている]

projection /prədʒékʃən/ n 見積もり，予測，予想 ▶ growth [sales] projections 成長[売上]予測 / In December, the company sharply reduced its earnings projection to ¥20 billion. 12月に，同社は利益予想を大幅に減らして200億円にした / Our forecast presented at the beginning of the year incorporated a projection of GDP growth slowing in 2000 to 3.5%. 年初時点で示したわれわれの予測においては，2000年のGDP成長率は3.5%まで減速するという見通しを含んでいた

projection period 〖不動産〗事業期間，投資期間 ▶ A 10-year projection period is typically used in a DCF analysis in USA. 米国のDCF分析では10年間の事業期間が一般的に使用されている

project management プロジェクト管理業務 [⮕プロジェクトの目的，手がける範囲，コスト，納期などを視野に入れた全体の進捗管理]

project manager プロジェクト・マネジャー ▶ We would like to appoint a qualified project manager to work with the consultants. 当社は，コンサルタントと協力していける，しかるべき資格を持ったプロジェクト・マネジャーを任命したいと思っている

project note 《米》個別事業計画短期債券 [⮕公共住宅事業計画の資金調達のために地方政府機関が発行する短期債券]

projector /prədʒéktər/ n プロジェクター[⊃プレゼンテーションなどで資料をスクリーンに映すための機器]

project organization プロジェクト組織

project planning 〖会計〗個別計画[⊃個別的な事項に関する計画]

project site 現場;プロジェクト敷地

project team プロジェクト・チーム

prolong /prəlɔ́ːŋ/ vt 延長する ► Confectionery makers use preservatives to prolong the shelf life of their products. 製品の保管寿命を引き延ばすために,製菓会社は防腐剤を使っている / The rise in unemployment will only prolong the recession. 失業の増大は景気後退の期間を引き延ばすだけだろう

◇**prolongation** /próuloːŋɡéiʃən/ n

◇**prolonged** a

prominence /prámənəns/ n 顕著;突出(物);重要性

bring ... into prominence を有名にする

come into prominence 著名になる

give prominence to ... を特に重視する

rise to prominence 傑出する

◇**prominency** n 顕著

prominent /prámənənt/ a 突出した;目立った;卓越した,著名な ► He is prominent among businessmen. 実業家の間で傑出している

◇**prominently** ad

promise /prámis/ n 約束(したもの[こと]);有望さ,見込み ► Management upheld its promise to raise the base pay of factory workers. 工場労働者の基本給を引き上げるという約束を経営陣は守った

be as good as one's promise 必ず約束を守る

be full of promise 前途有望である

keep [break] one's promise 約束を守る[破る] ► He kept his promise that the debt would be repaid promptly. 彼はその借金をすぐに返すという約束を守った

make a promise to do …する約束をする,…すると誓う ► The company made a promise to improve working conditions. 会社は労働条件の改善を約束した

show promise as として有望である

— v 約束する《to do, that》;見込み[おそれ]がある《to do》 ► They promised the matter would be looked into. その件を調査すると彼らは約束した / We promise to reimburse you if you're not completely satisfied with the product. 製品に完全にご満足いただけない場合は,返金することをお約束いたします / Leaders from around the world promised to combat the economic crisis. 世界中から集まった指導者は経済危機と闘うことを約束した

as promised 約束通りに

I promise you 本当に,誓って;きっと,言っておくが

promise oneself never to do もう…しない決心をする

promise the moon [earth] できそうもないことを約束する

promising a 前途有望な,見込みのある ► China is a promising market for the company's products. 中国は同社の製品にとっての有望市場だ

promissory /prámesɔːri | prómisəri/ a 約束の;(保険の)(支払を)約束する,確約する

promissory note 約束手形 (P/N) ► endorse a promissory note 約束手形に裏書をする / guarantee a promissory note 約束手形の支払を保証する / issue a promissory note 約束手形を振り出す

promo /próumou/ n, a 《略式》宣伝(用)の(フィルム,録音) [< promotion(al)]

promote /prəmóut/ vt 昇進させる《to》 (⇔demote),助長[促進]する;(宣伝して)販売を促進する;《米略式》だまし取る;うまくせしめる ► It is company policy to promote employees on the basis of individual merit. 個々人の能力で従業員を昇進させるのが当社の方針だ / The government plans to increase tax incentives to promote nuclear energy. 政府は原子力エネルギーを促進する税優遇措置の増強を計画している / He was promoted to general manager. 彼は本部長に昇進した

promoter /prəmóutər/ n (会社設立の)発起人;促進者;主催者

promotion /prəmóuʃən/ n ❶ 昇進,進級;昇格;発起

コロケーション

(動詞(句)+〜) **ask for** a promotion 昇格を要請する / **be passed over for** a promotion 昇進を見送られてしまう / **deny** a promotion 昇進を却下する / **get** (a) promotion 昇進する / **give** ... a promotion **to** ... を昇進させて…のポストにつける / **make** (a) promotion 昇進する / **pick out** ... for promotion 抜擢して昇進させる / **want** a promotion 昇進を望む / **win** (a) promotion 昇進する

►promotion by seniority system 年功序列制 / promotion through seniority 年功序列による昇進 / The company has **a merit-based promotion system**. 同社では能力主義の昇進制度を採用している / She eventually **got a promotion** to a management position. 彼女は最終的には経営管理職に昇進した / He just **got promotion** as chief technology officer. 彼は最高技術責任者へと昇進したばかりだ / She **is due for a promotion** to vice president later this year. 彼女は今年中に副社長に昇進することになっている / He **was passed over for the promotion**. 彼の昇進は見送られた / He somehow always ruins his **chances of promotion**. 彼はどういうわけかいつも昇進の機会を駄目にする / Her hard work **earned her promotion** after promotion. 彼女はハードワーカーとしてどんどん出世した / I can recommend him for promotion without reserve. 彼なら何らのためらいもなく昇進適格者として推薦できる / She certainly **deserves promotion** but there is no suitable vacancy at the moment. 彼女は確かに昇進してしかるべきだが, 現在, 適当な空きポストがない / We normally fill our management positions **by promotion** from within. 当社では, 通常, 内部昇進で管理職ポストを充当している

❷【マーケティング】プロモーション, 販売促進(活動) ▶ do a promotion of を販売促進する

promotion agency 販売促進代理業
promotional /prəmóuʃənl/ a 販売促進の
promotional activity 販売促進活動
promotional price (販促用の)特別価格
promotor n 発起人
prompt /prɑmpt/ a 即座の; 敏速な《in, with, about, to do》; 即時渡しの, 直(じき)渡しの ▶ a prompt delivery 即時渡し / a prompt note 督促状 / Thank you for your prompt reply. 早急にご返事いただき, ありがとうございます / allow cash discounts for prompt payment 早期支払に対し現金割引を認める

— vt 駆り立てる; (感情を)引き起こす; 促す《to do》; 思いつかせる; 暗示を与える ▶ The upturn in the dollar prompted investors to buy technology shares. ドルの高騰に直面して投資家はハイテク株を買いに出た

— n (コンピュータ画面上の)プロンプト [◆ユーザーに入力を促すメッセージ]

◇**promptness** n 迅速さ ▶ We like their promptness in paying invoices. 請求書支払の迅速さに好感を持っている

prompt date 受渡日, 決済日 [◆金属先物取引において原資産の受渡しが行われる将来の期日]

promptly ad 速やかに (◆契約書の表現としては without delay, promptly, forthwith, 順に要求される速度が増す) ▶ He promptly submitted his report. 彼はすぐに報告書を提出した

pronounce /prənáuns/ vt 表明する, 宣言する《on, upon, to be, that》
— vi 意見を述べる, 判断を下す《on, upon》; 判決する《for, against》
pronounce oneself against [in favor of] に反対[賛成]を表明する

pronounced /prənáunst/ a 明白な; 決然たる ▶ The income gap between the rich and poor in developed countries has become more pronounced. 先進国の富裕層と貧困層の間の所得格差はますます顕著になっている

◇**pronouncedly** /-sid-, -st-/ ad

proof /pru:f/ n ❶ 証拠《of, that》; 証明, 立証; 試験 ▶ Please retain your receipt as proof of purchase. 購入の証明として, あなたの持っている領収書を保管しておいてください ❷【法律】(1) 証明, 立証, 証拠 (❖ the burden of proof 証明責任, 挙証責任 (2) 根拠, 証拠, 証言 証明書, 認定書, 確認書

be living proof of のよい見本[生き証人]である

give [show] proof of の証拠を挙げる
in [as] proof of の証拠に
in proof of を立証するために
put [bring] to the proof 試す
— a 耐えられる; に負けない《against》; 試験済みの
— vt 耐久力をつける

proof copy ゲラ刷り
proof of purchase (商品容器のふたなど)購入証拠となるもの (POP)
proof of title (土地の)権利証
prop[1] /prɑp/ vt (**-pp-**) 支える《up》; (為替相場などを)買い支える; もたせかける《on, against》 ▶ The US economy has been propped by robust consumer spending. 米国経済は旺盛な個人消費によって支えられてきた
— n 支柱《of》; 支え《to, for》

prop[2] n 《略式》 =propaganda; propeller; proposition; proprietor

propaganda /prɑpəgǽndə/ n ❶ (組織的)宣伝 ▶ make [spread] propaganda of の宣伝をする ❷【マーケティング】プロパガンダ, 広告 [<近代ラ]
◇**propagandist** n
◇**propagandize** v 宣伝する

pro-patent n プロパテント, 特許重視 [◆特許をはじめとする知的財産権の保護・強化を重視すること]

propel /prəpél/ vt (**-ll-**) 推進させる《into》 ▶ The country's abundant natural resources is propelling its economic growth. その国の豊富な天然資源は経済成長の原動力となっている
◇**propellant** n 推進燃料
◇**propellent** a, n 推進する; =propellant
◇**propeller** n 推進者; 推進器, プロペラ

propensity /prəpénsəti/ n 傾向, 性癖《for doing, to do》
propensity to consume 消費性向 [◆可処分所得の中から消費に回す割合]
propensity to save 貯蓄性向

proper /prɑ́pər/ a 適した《to》; (礼儀)正しい; 固有の, 独特の; 本当の; 《英略式》完全な ▶ The machines are in proper working order. それらの機械は正常に作動する状態にある / To avoid delay, you need to follow the proper procedures for filing your insurance claims. 遅れを避けるには, 保険求償を申請する場合の正しい手順に従うことが必要だ

it's right and proper that ... (**should**) …するのが正しい[正当だ] ▶ It is right and proper that employees (should) take Sundays off. 従業員が日曜日に休むのは正当かつ当然のことです

properly ad 適当に; 正しく; 《英略式》まったく, 本当に ▶ properly speaking 正しく言って / The telephone doesn't function properly. 電話の具合が悪い / The company failed to handle the defect properly. 同社はその欠陥を適切に処理しなかった

property /prɑ́pərti/ n ❶ 財産; 所有物; 所有地; 特性

コロケーション

(動詞(句)+〜) buy a property 物件を買う / **inherit** property 財産を相続する / **convey** one's property 財産を譲渡する / **own** a property 物件を所有する / **realize** property 資産を換金する / **recover** property 財産を取り戻す / **sell** a property 物件を売却する

▶ common property 共有財産 / community property 夫婦共有財産 / donated property 贈与財産 / industrial property 工業所有権 / intellectual property 知的財産権 / leased property リース資産 / tangible [intangible] property 有形[無形]財産 / movable property 動産 / national property 国有財産 / personal property 動産, 人的財産 / real property 不動産, 物的財産 / property law 物権法 / private property 私有地, 私有財産, 私物 / have property in land 土地の所有権を持つ / confiscate property used in illegal actions 違法行為に使用された財産を没収する / receive title to the property at the end of the lease term リース期間の終わりに(リース)物件の所有権を受け取る / The company must sell off property to pay its creditors. 債権者に返済するために, その会社は資産の切り売りをしなければならない / Home buyers snapped up hugely discounted properties. 住宅の買い手は大幅に値引きされた物件に先を争って飛びついた

❷《英》土地, 不動産, 物件 (✤英国では「不動産」を指して property と言うが, 米国では real estate と言う) ▶ commercial property 商業用不動産 / residential property 住宅用不動産, 宅地 / secured property 担保物件

a man of property 資産家

property account 土地建物勘定
property addition 固定資産増設額 [◎ 固定資産の増設のための金額]
property and equipment 有形固定資産
property and liability insurance 災害保険 [◎ 火災保険と海上保険を除く損害保険の総称. casualty insuranceとも言う]
property bond 《英》不動産投資債 [◎ 保険会社が投資家から資金を集めて不動産で運用し, 利息を払う債券]
property boom 不動産ブーム, 不動産市場の好況
property boundary 不動産境界
property-casualty insurance 《米》損害保険 (=《英》non-life insurance)
property company 《英》不動産会社 (=《米》real estate company)
property damage (保険で) 財産損害, 対物損害 (P.D.)
property damage liability insurance 対物損害賠償責任保険 (⇔personal liability insurance)
property developer 《英》不動産開発業者 (=《米》real estate developer)
property development 《英》不動産開発 (=《米》real estate development)
property income 財産所得 [◎ 利子, 配当, 地代などの所有財産からの所得]; 不動産所得
property insurance 対物保険, 財産保険 (=《米》general insurance) [◎ 建物, 家具などに対する保険]
property investment 《英》不動産投資 (=《米》real estate investment)
property line 敷地境界線 ⇨boundary
property loan 《英》住宅ローン, 不動産ローン (=《米》real estate loan)
property management プロパティマネジメント, 不動産管理運営, 不動産マネジメント
property manager 《英》不動産管理会社 (=《米》real estate manager)
property market 《英》不動産市場 (=《米》real estate market)
property, plant, and equipment 固定資産 (PPE) [◎ 1年を超えて会社の収益を生み出すのに役立てられる資産]
property purchase 不動産の購入
property register ❶ 不動産売買・賃貸情報リスト ❷《英》不動産登記簿
property rights 財産権 [◎ 財産に関する諸権利(物権, 債権, 無体財産権など)の総称. 身分権・人格権などと並ぶ私権の一つで, 個人の財産権は資本主義の基本的な前提条件である] ▶ intellectual property rights 知的財産権
property tax 財産税, 固定資産税 [◎ 所有財産に課される税. 米国では連邦税でなく地方税. 内容的には日本の固定資産税に相当する]

proponent /prəpóunənt/ n ❶ 提案者; 支持者 (*of*) ❷《法律》(1) 挙証責任者, 証明責任を負う側 (2) (遺言の) 検認請求者, 検認申立人 (3) (リコールなどの) 提案者

proportion /prəpɔ́ːrʃən/ n 割合, 比率 ▶ a significant [small] proportion 大きな[小さな]割合 / An increasing proportion of household income is going toward energy costs. 家計所得のますます大きな割合がエネルギーコストに向かうだろう

a large [small] proportion of の大[小]部分 ▶ A large proportion of the population is over 60. 人口の大部分は60歳を超えている
a [one's] sense of proportion バランス感覚
blown out of proportion 誇張された
get ... out of proportion を過大視する
have fine proportions 均整がとれている
in [out of] proportion 釣合いがとれて[不釣合いで]
in proportion to [with] に比例して, と釣合いがとれて; の割には
of large [gigantic, immense] proportions 大きな[巨大な]
out of (all) proportion to に対して大きすぎる[高すぎる, 重すぎる]
out of proportion to に対して不釣合いで
— vt 釣り合わせる, 比例させる (*to*); 割り当てる
◇**proportionable** a 釣り合った
◇**proportioned** ad 釣合いのとれた; 釣合いが

…な ► well-proportioned 均整がとれた
proportional /prəpɔ́ːrʃənl/ a 釣り合った；比例の ► directly [inversely] proportional to the price価格に正比例[反比例]している
— n 比例数
◇**proportionally** ad
proportional tax 比例税［⊃高所得者も低所得者も所得に対して同比率で課される税］
proportionate /prəpɔ́ːrʃənət/ a 比例した，釣り合った《to》
◇**proportionately** ad

proposal /prəpóuzəl/ n 申し込み；計画；提案；(株主総会の)議案

コロケーション

(形容詞(句)+〜) **advantageous** proposal メリットのある提案 / **alternative** proposal 代案 / **bold** proposal 大胆な提案 / **concrete** proposal 具体性のある提案 / **ridiculous** proposal ばかげた提案 / **risky** proposal リスクを伴う提案 / **satisfactory** proposal 満足のいく提案 / **tempting** proposal 大いに引かれる提案 / **tentative** proposal 暫定的提案 / **unacceptable** proposal 受け入れ難い提案

(動詞(句)+〜) **accept** a proposal 提案を受け入れる / **draft** a proposal 提案を起草する / **give** a proposal **to** に提案する / **make** a proposal 提案をする / **oppose** a proposal 提案に反対する / **put forward** a proposal 提案を出す / **reject** a proposal 提案を拒絶する / **study** a proposal 提案を検討する / **submit** a proposal 提案を出す / **weigh up** a proposal 提案をいろいろな角度から検討する

► The proposal was turned down. その提案は却下された / There are proposals that shareholders should have the right to vote on executive remuneration. 株主は経営幹部の報酬についての投票権を持つべきだという提案がある / The board rejected his proposal. 取締役会は彼の提案を拒否した

propose /prəpóuz/ vt 提案する《to, that》；推薦[指名]する；(…する)つもりである《to do》；申し込む ► propose a motion (会議で)動議を提出する / propose a plan 計画案を出す / propose a solution 解決策を示す / He proposed a novel idea at the meeting. 彼は会議で斬新なアイディアを出した / I propose that we adjourn the meeting for today. 今日の会議はこれで閉会にしたいと思います
— vi 結婚を申し込む《to》；計画する
◇**proposer** n 提案者；申込者 ► a proposer for a motion 動議の提出者
proposed dividend (英)予定配当［⊃株主総会の承認を条件とした配当額］
proposed transaction 予定の取引
proposition /prɑ̀pəzíʃən/ n 提案, オファー, 申入れ ► He listened to the salesman's proposition. セールスマンの言う条件をよく聞いた / It's an impossible proposition. それはできな

い相談だ / The merger seems like an attractive proposition for both airlines. その合併はどちらの航空会社にとっても魅力的な提案であるように見える

consider a proposition 提案を検討する
make a person a proposition / make a proposition to (人に)提案する ► I have a proposition to make. 提案がございます
Proposition 13 提案13号［⊃1978年6月カリフォルニア州で住民投票にかけられた固定資産税の税率制限条例改正の提案］
Proposition 209 提案209［⊃アファーマティブ・アクション(差別撤廃措置)の撤廃をめざしたカリフォルニア州の住民提案. 1996年可決］
propositus /prəpózətəs/ n (系図上の)出発点に位置する者, 祖先, 尊属［＜近代ラ］
propound /prəpáund/ vt ❶ (理論・問題などを)提出する ❷【法律】提案する, 申し込む；(確認などの)手続をとる, (遺言書などを)提示する
propounder n【法律】(検認手続において)遺言の有効性を主張する者
proprietary /prəpráiətèri | -təri/ a ❶ 所有者の；独自の［⊃その個人・法人に専属し, 財産権として保護されるという意味］ ❷【法律】(1) 所有者の, 所有権の；所有の；私有の；財産的, 所有権の ► a proprietary right 財産的権利 / a proprietary lease 所有権的賃借権 (2) 製造販売の独占権を持つ, 専売特許の (3) 領主の
— n ❶ 所有者；特許薬 ❷【法律】所有者, 所有権者；所有権；所有物, 不動産 ❸ (P-) = proprietary company
proprietary brand 自社ブランド
proprietary company (豪・NZ・南ア)有限責任会社 (Pty)
proprietary document 社外秘の文書
proprietary funds 企業基金［⊃米国公会計を構成する3つの基金カテゴリーの一つ］⇒ fiduciary funds, governmental funds
proprietary information 財産権として保護される情報 ► We spare no effort to protect proprietary information from the clutches of competitors. 当社では財産権として保護される情報がライバル企業の手に落ちぬよう, その保護には最大限の努力を払っている / The procedures in place are designed to protect our proprietary information. 現行の手続は, 当社に属する財産権として保護される情報を守ることを目的としている
proprietary product 独自技術を用いた製品
proprietary right 所有権
proprietary software 特許技術使用ソフト
proprietary technology 独自技術 ► Using our proprietary technology, we provide our customers with the best service available. 独自技術のおかげで当社はお客様に最高のサービスを提供している
proprietary trading 自己取引, 自己売買［⊃証券会社が自己の勘定とリスクで行う売買］
proprietor /prəpráiətər/ n 会社のオーナー,

オーナー経営者, (知的財産の)権利者, 個人事業主[⇒企業の出資者で, 企業の危険の負担者]

proprietorship n ❶ 所有権 ❷ 資本主, 個人企業

proprietorship register 《英》不動産取引簿[⇒不動産の所有者が誰であり, 取得の対価がいくらであったかが記録されているもの]

pro rata /próu réitə, ráː-/ 比例して, 比例した; 按分比例で ► The assets are liquidated and apportioned on a pro rata basis to creditors by the trustee appointed by the court. 裁判所の指名する管財人によって資産は売却され債権者に比例配分される[<ラ]

prorate /prouréit/ v 比例配分する; 案分する ► Rent shall be prorated on the basis of a thirty(30) day month. 賃料は1か月を30日として日割で案分すべきものとする / Fees for a partial month shall be prorated on a per diem basis. 1か月に満たない期間の料金は日割計算で案分する

pros and cons メリット・デメリット, 賛否両論 ► look at the pros and cons of renting versus buying 賃貸か購入かのメリット・デメリットを考える

prosecute /prásikjùːt/ vt 起訴する 《for》 ► The former COO was prosecuted for fraud. 前COO(最高執行責任者)は詐欺罪で起訴された

prosecution /prὰsikjúːʃən/ n ❶ 起訴 ► The investigation resulted in prosecution of 58 individuals. 捜査の結果, 58名が起訴された ❷ 告訴 ► The local government brought a prosecution against the developer for violating building regulations. 地方自治体は建築規制に違反したとして開発業者を告訴した

prosecution history estoppel 特許取得過程禁反言, 出願経過禁反言[⇒特許のクレーム解釈についての法理. 特許権者が特許を取得する過程で放棄した特許の請求範囲を, 後に訴訟において主張することは許されないという原則]

prosecutor /prásikjùːtər/ n 検察官 (=prosecuting attorney)

prospect n /práspekt/ 《~s》見込み; 見通し 《for》; 予想 ► assess the prospects for cash flows キャッシュフローの予想額を評価する / The job offers no prospects. その仕事にはなんの見込みもない / The prospect for economic recovery by the end of the year looks grim. 年末までに景気が回復する見込みは厳しいように見える / The company faces the prospect of bankruptcy if restructuring and cost-cutting measures fall through. リストラとコスト削減の施策が失敗に終われば, 同社は破産の見通しに直面する

in prospect 予期されて; もくろんで

there is no [little] prospect of ~の見込みはまったく[ほとんど]ない ► There's absolutely no prospect of a merger deal. 合併取引のめどがまったく立たない

◇**prospector** /práspektər | prəspék-/ n 探鉱者

prospective /prəspéktiv/ a 予期された; 将来の; 見込みのある; 《金融》将来の, 予想の

prospective client 見込客

prospective customer 見込客 (=prospect) ► existing and prospective customers 現在および将来の顧客

prospective profit 予想利益 ► loss of prospective profits 予想利益の目減り 🗐 In no event shall SELLER be liable for prospective profit, or indirect, incidental or consequential damages for any breach of warranty. 品質保証違反に関して, 「売主」はいかなる場合であっても, 予想利益または間接損害, 付随損害もしくは結果損害に対する責を負わないものとする

prospective tenant 借主となろうとする者
prospective transferee 予定譲受人
prospective yield 予想利回り
prospect list 見込客リスト

prospectus /prəspéktəs/ n (新事業・会社などの) 設立趣意書; 目論見書[⇒新規の証券発行の際に投資家に呈示される募集説明書. 最終目論見書(statutory prospectus)の前に仮目論見書(preliminary prospectus)が発行されることが多い. ミューチュアルファンドの募集についても目論見書が発行される] ► preliminary prospectus relating to the offering 公募に関する仮目論見書 / The prospectus outlines the investment objective of the mutual fund. 目論見書はそのミューチュアルファンドの投資目的を概説している

prosper /práspər/ vi 成功[繁栄]する ► His business prospered. 彼の商売は繁盛した / Trade between the two countries has prospered. 両国間の貿易は繁盛した

prosperity /prɑspérəti/ n 繁盛; 幸運; 繁栄 ► achieve prosperity 繁栄を達成する[確保する] / Growth in the manufacturing sector will lead to economic prosperity. 製造業部門の伸びは好景気をもたらすだろう

prosperous /práspərəs/ a 繁栄する; 裕福な; 順調な; 好都合の
◇**prosperously** ad

prosumer /prəsjúːmər/ n プロシューマー[⇒(1)大衆的な商品に満足せず, 自分のニーズに合う製品を自ら作り出そうとする人物像 (2)プロ並みの性能を備えた製品を求める消費者]

protect

/prətékt/ vt 保護する, 守る, 防ぐ 《from》 ► Protect the environment. 環境を保護しなさい / Protecting the image of any tobacco company is difficult. タバコ会社の(良い)イメージを守ることは困難である / These books are protected by copyright. これらの本は著作権の保護を受けている / Quotas protect domestic products from foreign competition. 割当制度は国内製品を国際競争から保護している / Seat belts can protect lives in an auto accident. 座席ベルトは自動車事故のときに生命を守

ることができる / In the face of a global recession, world leaders are under increasing pressure to protect domestic jobs. グローバルな景気後退に直面して、世界中の指導者に国内の雇用を守るための圧力がかかっている
protect oneself against から身を守る

protection /prətékʃən/ n ❶ 保護 《*from, against*》 ► protection of trade secret 企業秘密の保護 / We want total copyright protection for all our products. 私たちはすべての当社の製品に対する完全な著作権保護を求めます / No longer able to withstand the recession, the auto parts supplier applied for bankruptcy protection. 景気後退に耐えきれなくなって、その自動車部品供給業者は破産による保護を申請した
❷ 保護貿易策 [⇒自国の産業の保護・育成のために、輸入制限や関税引上げなどを行うこと]
❸ 保険契約 (=cover) ► Does this policy offer protection against theft? この保険は窃盗の場合も補償していますか
file for bankruptcy protection (from creditors) (債権者からの) 保護を求めて破産を申請する [⇒債権者の苛酷な取り立てを免れて裁判所の監督下で再建を進めるために破産手続を申請することを言う定型表現]
take ... under one's protection を保護する
under the protection of の保護[世話]を受けて

protectionism n 保護貿易主義[政策] [⇒輸入割当てや関税によって自国の産業を保護、育成しようとする考え方[政策]] ► Heightened fears of protectionism have spread as countries begin to set import restrictions. 国々が輸入制限を課し始めるにつれて、保護主義の恐怖の高まりが広がってきた

protectionist n, a 保護主義の(人) ► The country's protectionist policies still place restrictions on foreign ownership. その国の保護主義政策はいまだに外国人の所有権に制限を課している

protection racket (略式) ゆすり、みかじめ料の強要

protective /prətéktiv/ a 保護[防護]する; 保護貿易の

protective order [法律] 保護命令, 開示制限命令

protective tariff 保護関税 [⇒国産品の競争力を相対的に高めるために輸入品にかける関税]

pro tem [tempore] 臨時に, 臨時代理として, 代行の ► She was appointed president pro tem of the bank. 彼女は頭取代行に任命された

protest n /próutest/ ❶ 異議(の申立て); 抗議 《*against, over*》 ► The union staged a protest against the company's proposed pay cuts. 会社の賃金カット案に対して、労働組合が抗議行動を行った / Government plans for deregulating agricultural imports were met with protest from domestic farmers. 農産物の輸入規制を緩和する政府の計画は国内農家からの反対に遭った
❷ (約束手形などの) 拒絶証書 [⇒手形や小切手などの引受・支払が拒絶された事実やその理由を証明した証書]; (海事法における) 海難証明, 海難報告書 ► a protest for non-payment [nonacceptance] 支払[引受]拒絶証書
enter [make, lodge] a protest against [with] に異議を申し立てる
in protest against に抗議して, に異議を唱えて
under protest いやいやながら
without protest 異議を唱えずに
— v /prətést/ 異議を申し立てる 《*against, at, about, to, that*》; (約束手形などの) 支払[引受]を正式に拒絶する

protestant /prátəstənt/ n 抗議者
— a 異議を唱える

protestation /pràtəstéiʃən/ n 抗議 《*against*》; 断言 《*of*》

protocol /próutəkɔ̀:l/ n ❶ 外交儀礼; [コンピュータ] プロトコル, 通信規約 [⇒コンピュータ同士がやりとりをするための通信手段] ❷ [経済] プロトコル, 決まり, 作法 [⇒業務の進行上踏まえるべき規程, 慣習で定められた手順] ► understand [follow] business protocol ビジネス作法を理解する[に従う]

prototype /próutətàip/ n プロトタイプ [⇒新製品開発中に試験的に作成される試作品]; 原型; 基本型

protract /proutrǽkt/ vt 長引かせる; 伸ばす; (分度器・比例尺で) 製図する ► The company has been involved in a protracted legal battle over patent rights. 同社は特許権についての延々と続く法廷闘争に巻き込まれてきた / The deal was struck only after protracted negotiations. 長引いた交渉の後でやっと取引が成立した / The economy may be headed towards a protracted recession. その国の経済は長期間の景気後退に向かうのかもしれない

proud /praud/ a 誇りに[光栄に]思う 《*of, that*》; 自尊心のある; 高慢な; 自慢している, 得意になっている 《*of, to do*》; 誇りとすべき; 堂々たる; (英) 盛り上がった, 突き出た
do a person proud (略式) (人を) 得意にさせる; (人を) 気前よくもてなす
one's proudest possession もっとも大事な宝
poor but proud 貧しいが誇り高い
proud as a peacock 大得意で
◇**proudly** ad

prove /pru:v/ (~d; ~d, (英古・米) **proven**) vt ❶ 示す 《*to be*》 ❷ [法律] (1) 証明する, 立証する (2) 遺言の検認を受ける (3) (破産財団などに対し) 請求する
— vi となる; であると分かる 《*to be*》 ► Improving its operating performance will prove to be difficult as the company faces slumping sales. 同社が売上不振に直面するにつれて, 営業成績の改善は簡単でないことが分かるだろう
It goes to prove that の証明となる
prove oneself (to be) となってみせる ► She proved herself (to be) a very able secre-

tary. 彼女は非常に有能な秘書であることを身をもって示した
What does that prove? 《略式》それが[だから]どうしたの
◇**provable** *a* 証明できる

proven recoverable reserves (石油・天然ガスの) 確認可採埋蔵量[⊃確認埋蔵量 (proven reserves)のうち現在の石油価格と回収技術で商業的に採取可能な埋蔵量] ⇨reserve

proven reserves (石油・天然ガスの) 確認埋蔵量[⊃存在確率90パーセント以上で存在が確認されている埋蔵量] ⇨reserve ► The country has proven reserves of over 550 million barrels of oil. 同国は5億5千万バレルを超える石油の確認埋蔵量をもつ

provide /prəváid/ *vt* ❶ 供給する《with, for》 ► The manager did not provide the necessary help and resources. 管理者は必要な助力と方策を提供しなかった / The IMF pledged it would provide new loans to emerging and poor countries hit by the recession. 国際通貨基金は景気後退で打撃を受けた新興諸国と貧困諸国に新たなローンを供与すると約束した / The company provides health benefits to all full-time employees. 会社は正社員全員に医療給付を支給している / The central bank hopes to provide some relief to the credit market by increasing liquidity. 中央銀行は流動性を増やすことで信用市場に多少なりとも安心感を与えたいと思っている 📄 If under this Contract SELLER is required to provide insurance, such insurance shall be provided for an amount equivalent to one hundred and ten percent (110%) of invoice amount. 本契約に基づき「売主」が保険を手配する場合には、その付保額は送り状金額の110パーセント相当額とするものとする

❷【法律】定める, 規定する ► The clause provides that a decision be made by a majority. その条項は, 決定が過半数を以てなされるべきことを規定している (2)扶養する, あてがう

❸ 提供する ► We would appreciate it if you could provide information on the following. 以下の事項につき情報を提供していただければ幸甚です

— *vi* 備える, 準備する《for》; 規定する《for》; 扶養する《for》 ► Equal pay for women is provided for by law. 女性に対する賃金差別の禁止が法律で規定されている

provide against に備える; (法が…を) 禁じる規定をする ► provide against loss of income 収入がなくなる事態に備える

provide oneself with を自分で用意する, を自弁する

provide that ... ただし… (✢契約書のただし書き部分の書き出しで用いられる表現)

well provided for 安楽に暮らせるように扶養されて

provided /prəváidid/ *conj* (という) 条件で, もし…ならば, ただし…《that》 ► We will increase our order, provided you give us a better discount. もっとまけてくれるなら, 注文を増やしますよ

provident /prάvədənt/ *a* 将来に備えての
provident association 《英》共済組合 (=friendly society)
provident fund 積立て基金[⊃従業員と雇い主が掛金を出し合った資金を運用して退職時の給付に備える制度]
provident society =provident association
provider /prəváidər/ *n* ❶ 提供企業, 供給元 ❷ プロバイダー[⊃インターネットへの接続サービスを提供する業者]
providing /prəváidiŋ/ *conj* =provided
province /prάvins/ *n* (カナダなどの) 州, 省, 県; 《~s》地方; (学問・活動の) 分野 ► Such decisions do not lie within his province. そのような決定は彼の職務外のことだ / That is outside my province. それは職権外のことです

provision /prəvíʒən/ *n* ❶ 用意《for, against》; 備え; 《~s》食糧

❷【法律】規定, 条項 ► a contractual provision 契約条項 / a force majeure provision 不可抗力条項 / contain a provision to do (契約上) …をするよう定める条項が置かれている / make provisions for の規定を定める / A provision to the stimulus package bars the use of foreign steel and iron in domestic infrastructure projects. 景気刺激策の一条項は国内のインフラ計画に外国製の鉄鋼を使用することを禁じている 📄 The provision of this Contract shall be deemed to be severable, and any invalidity of any provision of this Contract shall not affect the validity of the remaining provisions of this Contract. 本契約の各条項は分離独立しているとみなすものとし, 本契約の条項のいずれかが無効となっても, 本契約の残りの条項の有効性に影響を与えないものとする

❸【会計】引当金, 準備金[⊃将来発生する可能性がある費用で, その原因が当期にあるため当期の費用として見積もり計上する費用]

コロケーション
《~+for+名詞(句)》 **provision for** bad debts 《英》貸倒引当金 / **provision for** depreciation 減価償却引当金 / **provision for** income taxes 納税引当金 / **provision for** loan losses 貸倒引当金 / **provision for** losses 偶発損失引当金

► increase provisions for bad debts 不良債権に備えて引当金を積み増す

make provision for の準備をする
with the provision that という但書[条件]をつけて

— *vt* (食糧を) 供給する《with》

provisional /prəvíʒənl/ *a* 仮の, 臨時の
◇**provisionally** *ad*
provisional application 《米》仮出願[⊃米国において, 出願日を確保するためになされる特

許可出願]
provisional specification (特許の) 仮明細書
provision for depletion 減耗償却累計額 [⇒天然資源などの減耗性資産の年度ごとの価値減少分を記録する勘定]
proviso /prəváizou/ n ❶ (~(e)s) (…という) 条件 ► accept the offer with the proviso that という条件付で申し出を受け入れる ❷ [法律] (制定法, 契約書などの) 但書, (付属) 条項 [<ラ]
◇**provisory** /-zəri/ a 条件付きの
provoke /prəvóuk/ vt 憤慨させる; 刺激する; 刺激して(…)させる, 挑発する 《into doing, to do》; 引き起こす ► The company's food poisoning scandal provoked outrage among the public. 同社の食中毒スキャンダルは国民の間に憤慨を引き起こした
prox. 来月の [⇒商業文や公文書で日付のあとに付して the 5th prox. (来月5日) の形で用いられる] ⇨ proximo
proximate /práksəmət/ a もっとも近い, 直前 [直後] の; 近似の
proximate cause [法律] 主原因, 近因
proximo a 来月の (prox.) [⇒商業文や公文書で日付のあとに付して the 5th proximo (来月5日) の形で用いられる. ラテン語の proximo mense (= in the next month) の略] ⇨ ultimo, instant
proxy /práksi/ n ❶ (議決権代理行使の) 代理人; (株主総会などの) 委任状 ► vote by proxy 代理で投票をする ❷ 代わりになるもの, 代替的指標 ► Generally, the S&P 500 is used as a proxy for the market portfolio. 一般にS&P500は株式市場を反映するポートフォリオの代替的指標として使われる
proxy contest (株主総会における議決権行使に関しての) 委任状合戦
proxy fight [battle] 委任状争奪戦 [⇒買収をしかける企業と抵抗する企業の経営陣とが株主からより多くの委任状を得ようと競り合うこと]
proxy solicitation 委任状の勧誘 [⇒一般に, 現経営陣が株主に対して, 株主総会に諮られる案件について自分たちに投票を一任してほしいと働きかけること]
proxy statement 委任状の説明書 [⇒株主総会召集通知の付属書類で, 議案の詳細が説明されている]
proxy vote 代理投票 ► John cast my proxy vote in my absence. ジョンは私の留守に代理投票をしてくれた
Prozac 《商標》プロザック [⇒鬱状態を治療するため米国の薬. 処方箋が必要]
PRP performance-related pay; profit-related pay《米》利益連動型給与
PRT petroleum revenue tax 石油収入税, 石油利潤税
PRTR Pollutant Release and Transfer Register 環境汚染物質排出・移動登録制度
prudent /prú:dnt/ a 分別のある, 節度ある, 慎重な ► a prudent business practice 堅実な事業運営の慣行 / an average prudent investor 平均的で慎重な投資家 / Diversifying investments is a prudent strategy. 投資を分散することは賢明な戦略だ / After the subprime crisis, lenders have become more prudent in making loans. サブプライム危機の後は, 貸手はローンの実行に今までより慎重になった
◇**prudence** n 慎重, 分別; 倹約
◇**prudently** ad
Prudential (~ plc) プルデンシャル [⇒英国の保険グループ. 1848年設立. 保険の Prudential UK and European Insurance, 投資信託のM&G, 金融のEgg plc などの他に, Jackson National Life Insurance Co. が米国で事業展開]
Prudential Financial (~ Inc.) プルデンシャル・ファイナンシャル [⇒米国の保険・投資管理・金融サービス会社. 1875年設立. 子会社に, 生命保険の The Prudential Insurance Company of America など]
prudent man rule 受託者の注意義務, プルーデントマン・ルール [⇒過失責任追及の前提である注意義務の基準を示すルールで, 年金基金の理事など, 資産を預かり運用する任にある者は, 投資適格 (BBB) 未満の金融商品での運用が事実上禁じられている]
PSA Peugeot Citroën PSAプジョー・シトロエン [⇒Peugeot や Citroën などを傘下に抱えるフランスの自動車の企業グループ]
PSL public sector loan(s)
PSV public service vehicle
psychic income 心理的所得 [⇒やりがいなどの満足感]
psychographic a サイコグラフィック分析の
psychographics n サイコグラフィック分析 [⇒学歴・職業・所得といった要因に基づき主たる購買者層のライフスタイルを分析し, どういう消費者なのかを見極めようとすること]
psychographic segmentation (消費者の) サイコグラフィック区分 ► Customers can be divided up by psychographic segmentation. 顧客はサイコグラフィック区分によって分類することができる
psychological a 心理的な
psychological test [testing] 心理テスト
psychology /saikáləʤi/ n 心理学; 心理(状態); (略式) 他人の心理を見抜く力 ► Advertising tries to capture the psychology of the consumer. 広告活動は消費者の心理を捕捉しようとする / The spike in gas prices has become part of market psychology. ガソリン価格の急騰は市場心理に不可欠の要素となった
◇**psychological** a 心理学的な
psychometrics n サイコメトリクス, 心理統計学, 計量心理学
◇**psychometric** a サイコメトリクスの
psychometrics test [testing] サイコメトリクス・テスト (❖計量心理学を用いた適性テスト)
psychotherapist n 精神療法士

psychotherapy *n* 精神療法
PT part-time; physical therapist; physical training
PT/FT part-time or full-time 非常勤または常勤
P3 public-private partnership
PTO Patent and Trademark Office; please turn over 裏へ続く
PtoP, P2P peer-to-peer
Pty proprietary company
pub /pʌb/ *n*《英略式》大衆酒場, パブ; バー; 居酒屋［＜public house］
pub. publication

public
/pʌ́blik/ *a* 公の, 公共［公衆］の; 公開の; 公立の; 公然の; 広く大衆に知られた ► a notary public 公証人 / public and private sectors 政府部門と民間部門 / obtain public understanding and support 国民の理解と協力を得る

go public 株式を公開する ► go public on the OTC market 店頭公開する / The company plans to go public next year. 同社は来年, 上場する予定だ / After the company went public, its stock price hit the roof. 上場された後になって, その会社の株価は天井に達した

in the public eye 公衆の目に触れて
make public 公表する
propel ... into the public eye を表に出す, 衆目にさらす

— *n* 公衆; 社会, 世間; …界, 仲間 ► The public was on the workers' side. 世間の人たちは労働者の味方をしていた / Some businesses offer discounts to the public. 店によっては一般人に割引を提供する

in public 人前で, 公然と

public access ❶【都市計画】パブリック・アクセス［⇨場所や施設, 情報などが広く一般人に利用可能なことや, ケーブルテレビに一般視聴者が番組を発表できたりすること］ ❷【マスメディア】パブリック・アクセス［⇨ケーブルテレビやローカル局の番組において, 市民が全面的あるいは部分的に制作に参画していく手法. あるいはその放送枠を指す］

public account 公金口座, 国庫金口座, 地方公共団体の口座

public accountant 公共会計士, 公認会計士 ► a certified public accountant 公認会計士 (CPA)

public accounting firm 監査法人

Public Accounts Committee《英》下院決算委員会［⇨会計検査院(NAO)からの報告を受理し, 審議する監査機関］

public address (system) 館内放送, 場内放送

publication /pʌ̀bləkéiʃən/ *n* ❶ 発行; 公表, 発表; 刊行物 ► government publications 政府刊行物 / The publication of the controversial book written by a former employee was a devastating blow to the company. 元従業員による問題作の出版は同社にとり痛烈な打撃となった ❷【法律】(特に新聞などによる) 公告送達(=service by publication) ❸【知財】(1) 公表［⇨著作権法において, 一定の場合, 著作権の保護期間は最初に公表された日から開始する］ (2) 刊行物［⇨先行技術を証明するために必要なもの］(3) 公表／刊行物記載［⇨発明を出願前に公表した場合, 発明者は特許を受ける権利を失う］

publication of an apology 謝罪広告
publication of patent application《米》特許出願の公開［⇨特許出願を出願後18か月経過後に公開すること. 公開された特許出願には仮保護の権利が認められる. 米国では, 出願人は, 米国のみで特許出願をする場合には, 非公開とすることを請求できる］

public auction 公開入札
public bond《米》パブリックボンド, 公共債［⇨政府後援機関(government-sponsored agency)が特定の政策目的(たとえば低利の住宅ローン供給)のために発行する債券］

Public Broadcasting Service《米》公共放送網 (PBS)

public carrier ❶ 公衆電気通信事業者 ❷ 一般運送業者

public company ❶ 公企業, 公社 (⇔private company ①)［⇨公共の利益のために政府によって設立された会社］ ❷ 公開会社, 上場企業 (⇔private company ②)［⇨株式が公開市場で取引されている会社］

Public Company Accounting Oversight Board 上場企業会計監視審議会 (PCAOB)［⇨米国の Sarbanes-Oxley Act of 2002 (SOX法) に基づいて設立された非営利団体で, 上場企業の監査人を監督する］

public corporation ❶ 公企業, 公社, 公共団体 (⇔private corporation ①)［⇨公共の利益のために政府によって設立された会社］ ❷ 公開会社, 上場会社 (⇔private corporation ②)［⇨株式が公開市場で取引されている会社］

public debt 公債［⇨国や自治体が債券を発行することにより生じた債務］

public deposits 公金預金［⇨公金口座に預け入れられている資金］

public disclosure 情報公開 ► The newly enacted legislation requires public disclosure of information about hospital infections. 新たに施行された法律は, 院内感染に関する情報公開を義務づけている

public domain ❶ 公有, パブリックドメイン［⇨特許権, 著作権等による保護を受けず, 一般公衆が自由に利用できる発明や著作物］ ► enter the public domain パブリックドメインになる / Wilde's works are now in the public domain. ワイルドの作品は現在では著作権が消滅している ❷ 公知の領域［⇨機密保持契約などで, 機密保持義務の及ばない領域］

public domain software パブリック・ドメイン・ソフトウェア［⇨著作権を主張せず, 誰でも無料で自由に使用できるように公開されたソフトウェア］

public employee 公務員
public enterprise 公営［公益］企業, 公企業

[○国や自治体が出資者となり営む企業]
public examination 《英》破産宣告手続上の公開聴聞会
public exchange パブリック・エクスチェンジ[公的市場]（✤e-marketplaceの一種）► In business-to-business e-commerce, groups of companies can set up public exchange. ビジネス対ビジネスのeコマースでは会社のグループがパブリック・エクスチェンジを設立することができる
public expenditure 公共支出
public filing （情報開示のための）届け出 ► We are required to make a public filing with the SEC setting out the terms of the deal. 当社は、今回の案件の内容を証券取引委員会への届け出で明らかにする必要がある
public finance （国家または地方公共団体の）財政 ► Increased social costs have led to a crisis in public finance. 社会コストの増大が財政の危機を招いている
public fund 公的資金[○政府財政資金の総称]
public goods [経済]公共財[○橋や図書館のように、誰もその利用から排除されない財で、かつ競合的でない財]
public hearing 公聴会, 証人喚問, 公判
public holiday 国民の祝日 (=《英》bank holiday)
public housing 公営住宅, 公的住宅供給事業
public image 世間的イメージ, 世間体 ► The company is striving to repair its tattered public image. その会社は大きく傷ついた企業イメージの回復に努めている
public information 広報[○施策に関する情報を伝達して理解と協力を求めようとするコミュニケーション活動]
public insurance 公的保険；公的部門の保険 (⇔private insurance)
public investment 公共投資
public issue 株式の新規公開[○企業が初めて自社株式を上場し、投資家が取引所で売買できるようになること]
publicist /pábləsist/ n 広報係
publicity /pʌblísəti/ n パブリシティ[○企業が報道機関などの第三者から記事として取り上げてもらう商行為] ► give ... the press publicity を新聞で宣伝する
get a lot of publicity 広く知れ渡る
publicity agent 広告代理業者
publicity campaign 広告キャンペーン ► conduct a publicity campaign 宣伝活動をする
publicize, 《英》**-cise** /pábləsàiz/ vt 公表する, 広告[宣伝]する
public key [コン]（暗号解読に使われる）公開鍵
public key infrastructure (PKI) 公開鍵基盤[○公開鍵(public key)と、これに対応する秘密鍵(secret key)をセットで使うことにより、通信の秘密と内容の改ざん防止を確保しようというネット上のインフラ]
public land 公有地, 国[州]有地；公共用地
public law 公法[○政府と国民という縦の関係を規律する法]
public liability 第三者損害賠償責任[○第三者が企業内で、またはその企業の業務上損害を被った場合に企業が負う責任]
public liability insurance 損害賠償責任保険
public liability policy 第三者損害賠償責任保険
public limited company 《英》公開有限責任会社 (PLC, plc)

> [解説] 英国の有限責任会社(limited company)にはpublicとprivateの別がある. 株式が公開市場で取引されている有限責任会社は public limited companyと呼ばれ、社名にpublic limited companyまたはPLCまたはplcを付けなければならない. PLCの制度はCompanies Act 1980で導入された

publicly ad 公然と, 世論で；公的に ► The CEO publicly acknowledged the company's involvement in price-fixing. CEOは会社が価格操作に関与していることを公に認めた
publicly-held a 上場されている
publicly held company 公開会社, 上場企業 (⇔privately held company)[○株式が公開市場で取引されている会社]
publicly held enterprise 公開会社
publicly listed company 上場企業
publicly-owned a =publicly-held
publicly-owned company 上場企業
publicly owned corporation 公開会社
publicly-traded a 上場された ► Unlike publicly-traded shares, there are no absolute criteria for the valuation of unlisted shares. 未上場株式の評価については絶対的基準がない
public monopoly 専売制度, 公的独占[○制度上許容されている事業分野の独占]
public nuisance （公序良俗に反する）迷惑行為
public offering 公募, 公募発行 (⇔private placement)[○新規発行の証券を一般投資家に売り出すこと. 引受業者(underwriter)が発行体(issuer)と合意した公募価格で売り出される. 米国では証券取引委員会(SEC)に登録する必要がある. 証券の発行には公募と私募(private placement)があるが、私募発行は少数の投資家が引き受けるので市場規模が小さく、証券の発行のほとんどは公募による]
public offering price （新規発行証券の）公募価格 (POP)
public office 官庁, 官公庁
public officer 公務員
public ownership 公[国]有(物)；公共所有
public partnership パブリック・パートナーシップ[○米国で、パートナーの新規加入が認められ

public pension 公的年金; 公的部門の退職年金

public-private a 官民共同の, 官民共同出資の

public-private cooperation 官民協力

public-private partnership 官民共同パートナーシップ (PPP) [⇨公共機関と民間組織が協力して事業などを行うこと]

public property 公有財産

public prosecutor 検察官, 公訴官, 検事

public relations /pʌ́blɪk rɪléɪʃənz/ パブリック・リレーションズ, 広報活動, PR [⇨企業が社会との良好関係を構築・維持する活動. 自社の製品・サービスの認知度を高めようというパブリシティーに対して, より上位の概念とされる]
▶ public relations ads PR広告 / **Good public relations** are vital for any successful business. 成功しているビジネスにとって, 的確な広報は不可欠だ / Jane **works in public relations**. ジェーンはPR部門で働いている / Much public relations is conducted through press releases, speeches and other media that are not bought. 広報活動のかなりの部分がプレスリリース, スピーチといった金で買わない媒体を通じて進められるものだ / The scandal plunged the company **into a public relations crisis**. そのスキャンダルは同社を広報上の危機的状況に追い込んだ / This incident led to **bad public relations**. その一件は, 広報上マイナスに作用した

public relations campaign 広報キャンペーン ▶ The local government launched a public relations campaign to attract more foreign visitors. 海外からの観光客をもっと引きつけるため, 地元自治体は広報キャンペーンを始めた / The company greatly improved its image after launching the public relations campaign. 広報キャンペーンを始めてから, その会社のイメージは大いに改善された

public relations disaster PR上の大災害 (✤oil spill「原油流出」など) ▶ It quickly became a public relations disaster for the company. それはあっという間に同社にとっての広報上の大失態となった

public relations officer 渉外[公報]官[担当者], PR担当者 (PRO)

public relations strategy PR戦略 ▶ It's about time that we rethink our public relations strategies. 当社のPR戦略を見直していい時期に来ている

public responsibility (企業の) 社会的責任

public safety net 公的セーフティーネット [⇨セーフティーネットのうち公的に提供されるもの]

public sale 公売, 競売

public sector 公共部門 [⇨民間部門 (private sector) に対立する概念で, 国連の定めたSNAでは一般政府 (中央政府, 地方政府, 社会保障基金) と公的企業 (公団や政府金融機関など) から成り立っている] ▶ slim down bloated public sector enterprises 公的部門の肥大した企業をスリム化する

public servant 公務員

public service ❶ 公共サービス ▶ spending on public services 公共サービスに対する支出 ❷ 公務員 ❸ 公共奉仕 ▶ perform a public service 公共奉仕をする

public service corporation 公益法人

public service vehicle 公共サービス車両 (PSV) [⇨ミニバス, 乗合路線タクシーなどを指す]

public spending 政府支出 ▶ increase [reduce] public spending 政府支出を増やす[減らす]

Public Storage パブリック・ストレージ [⇨個人, 企業に全米2,000か所にある倉庫スペースを提供し, 借主が自宅の物置感覚で利用できるため, 都市部を中心に人気]

public stunt 宣伝目的の派手なパフォーマンス

public subscription (新規発行証券の) 公募

public tender 公開入札

public transit 公共交通機関

public transport 《英》公共交通

public transportation 《米》公共交通

public use bar 公用による不特許事由 [⇨発明者が特許出願前に公に使用または実演した発明には特許が付与されないというもの]

public utility ❶ (電気, ガス, 水道などの) 公益事業 ❷ 電気・ガス株

public warehouse 営業倉庫 [⇨自家用倉庫と異なり, 不特定多数を相手に寄託された物品を保管することを引き受ける倉庫]

public warehousing 倉庫業

public welfare 公共の福祉

public works 公共(土木)工事; 公共施設; 公共事業

public works project 公共事業 ▶ stimulate the economy by spending more on public works projects 公共事業への支出増加で経済に刺激を与える

publish /pʌ́blɪʃ/ vt 出版[発行]する; 公布する; 発表する ▶ The business journal is published weekly. そのビジネス雑誌は週一回発行されている / The recently published guide ranks restaurants by price, food quality and service. 最近発行されたその案内書は価格, 食べ物の質, サービスによってレストランを格付けしている

get one's book published 本を出版する

Publish or perish. (研究者は成果を)発表しなければ自滅する

publisher n 出版(業)者; 出版社 (✤一つの出版社でも複数の出版人の運営によるとみて, しばしばpublishersと名のる); 《米》(新聞の) 社主; 発表者

publishing n, a 出版(の) ▶ a publishing

house 出版社
publishing right 出版権
Publix Super Markets (~ Inc.) パブリックス・スーパーマーケッツ [⊃米国南部をベースとするスーパーマーケットチェーン. 従業員持株会社が経営するチェーンとして全米最大規模]
PUD pickup and delivery 集荷と配送
Pudong Development Zone (the ~) 浦東開発区 [⊃上海旧市街の東側にある, 中国の対外開放の重点地域. 高層ビルが林立する一大産業地帯]
puff /pʌf/ n 宣伝文句, 推薦文
give [get] a puff 宣伝する[される]
— vi ぱっと吹き出す (up, out); 膨れる (up, out)
— vt ぷっと吹き出す; 膨らます (out); べた褒めする, 誇大に宣伝する
puff up 得意にさせる (with); 膨らませる; はれる
◇*puffery* n 大げさな賞賛; 誇大な宣伝
puff piece 提灯持ちの記事, 宣伝臭のする記事
Puffs (商標) パフス [⊃米国のティッシュペーパーのブランド. ローション入り, 匂いの付いていないものなど, さまざまな化粧ティッシュがある]
pull /pul/ vt 引く; 引いて動かす (toward); 遂行する; 引きつける; (支持・票などを) 得る; (略式) (悪事などを) 行う, (計略を…に) かける
— vi 引く, 引っ張る (at, on); 引っ張られる; 進む; (車が左右に) 寄る; ぐいと飲む (at) ▶ Our new TV commercial s really pulling. うちの新しいTVCMは本当に客を引きつける力がある
pull about 手荒く扱う
pull abreast 横に並ぶ
pull a fast one (米俗式) (人を) まんまとだます (on, over)
pull ahead of を追い抜く; 引き離す
pull apart 引き離す
pull away 離れる; 逃げる; 引き離す (from); 前進する
pull back (言ったことを) 引っ込める; 退却する; 出費を控える
pull down 壊す; (価値などを) 引き下げる; (病気などが人を) 弱らせる; (金を) 稼ぐ; 倒す, (米俗式) (金を) 俸給として受け取る; [パら-タ] (メニューを) プルダウンする, 表示する
pull for (略式) を助ける
pull in (金を) もうける; (人を) 引き寄せる; 節約する; 止める; 引っ込める ▶ The store pulled in lots of customers with its year-end clearance sale. その商店は年末の在庫一掃大売出しで多数の顧客を集めた
pull off うまくやってのける ▶ How did you pull off the deal? どうやってこの取引をやってのけたのですか / I'm not sure whether we'll be able to pull off the deal. その取引を成約できるかどうか, 私には分かりません
pull off feats 功績[手柄]をあげる
pull on 引っ張る
pull open 引いて開ける
pull out 引き抜く; 引き伸ばす; (困難などから) 抜け出す; 撤退する; 手を引く ▶ pull out from a profitless venture 不採算事業から撤退する / The US President mapped out a plan to pull the country out of the recession. 米国大統領は米国を景気後退から引っぱり出す計画をまとめた / Individual investors are pulling out of the stock market. 個人投資家たちは株式市場から手を引きつつある
pull over 停止させる
pull round 蘇生させる; 回復させる; 回復する
pull the other one (, it's got bells on) そいつはわな[まゆつば]だ
pull through (危機などから) 切り抜けさせる; 切り抜ける ▶ We worked hard to pull through the crisis. 私たちは危機を切り抜けるため一生懸命に働いた
pull together 協力する; まとめる ▶ pull oneself together 落ち着く, 気を取り直す[引き締める]; 自制する / I pulled together data from several sources. いくつかの情報源からデータをまとめた
pull ... to pieces をずたずたに裂く; (人・ものを) こき下ろす
pull up 引き寄せる; 引き抜く; (人を) 制止する; (略式) (仕事などを) 控える; ひどく叱る ▶ Pull up the document and make some changes. 書類を抜き出して修正を加えなさい
pull up ... short を急に止める
— n 引くこと, 引き (at, on); 引く力; (略式) 引き, 手づる, コネ; 引き手; 魅力; (略式) 影響力, 強み
give ... a pull を引っ張る
have (a lot of) pull with に顔がきく; コネがある
pullback n 反転, 反落, 反騰 [⊃上昇あるいは下降していた流れが反転することで, 増加, 減少のいずれもあり得る] ▶ A pullback in consumer spending could prolong the recession. 消費者支出の減少は景気後退を長期化させる可能性がある
pull(-by) date 回収期限 [⊃食品の販売期限]
pull-down menu (画面の) プルダウンメニュー
Pullman (~s) (商標) (プルマン社レンタルの) 特別寝台・客車 (=Pullman car)
pull strategy プル戦略 (⇔push strategy) [⊃メーカーが主として広告を用いて消費者に働きかけることによって自社製品の購買を促進させようとするもの]
pull system プル型生産システム (⇔push system) [⊃作業工程の下流から上流に対して補充の必要を通知して作業のタイミングを調整する方式] ▶ use a pull system to replenish exactly what has been consumed 費消分を正確に補充するためにプル型システムを使う
Pulsar (商標) パルサー [⊃米国のデジタル腕時計 (会社)]
pulse /pʌls/ n 脈拍; 律動; 生気; 意向, 気分
have [keep] one's finger on the pulse 動向を把握している
stir a person's pulse (人を) 興奮させる
— vi 脈打つ
— vt 律動的に動かす
pulsing /pʌlsiŋ/ n 【広告】パルシング [⊃一定

間隔で広告費投入を増やすこと]

Puma 《商標》プーマ [⇨ドイツのスポーツシューズ[ウェア](のメーカー)]

pummel /pʌ́məl/ vt 《英》-ll- こぶしで打つ; したたか殴る ▶ The company is pummeled by rising costs and a surging yen. その会社はコストの上昇と円の高騰で大打撃を受けた

pump /pʌmp/ n ポンプ; ポンプ作用; ガソリンスタンド ▶ With ever soaring gas prices, consumers are really feeling the pain at the pump. とどまることを知らないガソリン価格の高騰で, 消費者は間違いなくガソリンスタンドで痛みを感じている

━ v ポンプでくみ上げる, くみ出す 《out》; (上下に強く) 動かす [<]; 注入する; 詰め込む; (巧みに [何度も] 質問して) 聞き出す 《for, out of》

pump along こくように前進する
pump money into に金を注ぎ込む
pump up を強める ▶ The Fed hopes that the interest rate cut will pump up the economy. 連邦準備制度理事会は金利の引下げが景気に活を入れることを望んでいる / The central bank plans to pump up the money supply to ease the credit crunch. 中央銀行は信用収縮を緩和させるために通貨供給量の増加を計画している
◇**pumped (up)** a 《米略式》奮い立った, やる気満々の

pump and dump 《証券》パンプ・アンド・ダンプ [⇨偽情報で株価をつり上げた後, 株を売り逃げ, 利益を上げること]

pump price (ガソリンスタンドでの) ガソリン販売価格

pump-prime a 呼び水を注ぐ, 差す
pump primer 呼び水となるもの
pump priming 景気刺激策 ▶ The government will channel billions of dollar in pump-priming activities like infrastructure building. 政府は数十億ドルをインフラ建設のような呼び水式活動に向けるだろう

pump-priming policy 公共投資による呼び水政策; 景気刺激策

punch /pʌntʃ/ n 紙パンチ, 穿孔機, 穴あけ機 ▶ a paper hole punch 紙パンチ / a two-hole punch 二穴パンチ
beat a person to the punch (人の) 機先を制する
lack punch 迫力がない
━ vt 打ち抜く 《out》
punch in [out] タイムレコーダーで出勤 [退社] 時刻を記録する, 職場に入る [を出る] (⇨ clock in, clock out)
punch up 《略式》活気づける

punctual /pʌ́ŋktʃuəl/ a 時間を厳守する ▶ I expect you to be punctual to the next meeting. 次の会議には時間通りに来てもらいたい
◇**punctuality** /-æləti/ n
◇**punctually** ad

punctuate /pʌ́ŋktʃuèit/ vt (演説などを) 中断させる 《with》; 強調する ▶ He punctuated his approval with gestures. 賛成の意を身ぶりで強調した

punish /pʌ́niʃ/ vt 罰する 《for, with》; ひどい目に遭わせる ▶ Many taxpayers are angry that they are being punished for the excesses of financial institutions. 金融機関の不始末のために自分たちがひどい目に遭っていると多くの納税者は怒っている

punishment n 刑罰; ひどい扱い; つらい仕事 ▶ inflict a punishment upon [on] an offender 罪人に刑を科する

punitive /pjúːnətiv/ a 刑罰の; 懲罰的な
punitive damages 懲罰的損害賠償金

解説 通常の損害賠償金である compensatory damages (補償的損害賠償金) に加算して与えられる損害賠償金。被告の行為が悪質である場合に懲罰の意味であるいは一般的抑止効果を目的として与えられる。米国における損害賠償金の高額化はこの制度が原因とされる。exemplary damages, vindictive damages とも言う。⇨ damage

▶ If the court finds that the infringement was willful, then punitive damages may be assessed against the defendant. 裁判所が権利侵害が故意によるものだと認定した場合, 被告に対して懲罰的賠償が課されることがある

punitives 《総称的に》懲罰的損害賠償 ▶ Punitives are not normally covered by liability insurance. 懲罰的損害賠償は一般に賠償責任保険によって填補されない

punitive tariff 報復関税 [⇨世界貿易機関 (WTO) の規程に照らして必要なとき, または自国に対して差別的に不利益な扱いがなされているのに対抗する必要があるときに, 特定の国からの輸入品に対して適用する割増関税]

punter n 《英》客

puppy /pʌ́pi/ n 《米略式》こいつ, これ ▶ How do you pronounce this puppy? こいつぁ, 何て発音するんだ

purchase /pə́ːrtʃəs/ vt ❶ 買う, 購入する (✦動詞の purchase は buy に比べて改まった感じの強い言葉) ▶ Our dollars purchase less each year. わが国のドルの購買力は年ごとに減る ❷ 〖法律〗 (相続以外の方法で) (土地・財産などを) 取得する, 譲り受ける

━ n 購入 (品); 買入れ; 足掛かり ▶ the purchase of a futures contract 先物の買い / make a small purchase ちょっとした買い物をする / This coupon can be used toward your next purchase. このクーポン券は次回のお買物にご利用になれます / Buying a house is a major purchase for most consumers. 家の購入はたいていの消費者にとって大きな買い物だ / If you have already paid for the purchase and your order is canceled, we will immediately issue a credit to you in the amount of the charge. 購入代金をお支払いになってから注文を取り消された場合, 弊社は直ちに代金額につき返金処理をいたします / We don't normally make a purchase from an unknown company. 通

常, 当社は知らない会社からは購入しない / Thank you for your purchase, we appreciate your business. お買い上げいただきまして毎度ありがとうございます (✤メッセージ)

find purchase 買われる
gain [get] purchase 足[手]掛かりを得る
(a) gift with purchase 購入時のおまけ[景品]
make a good [bad] purchase 安く[高く]買う

purchase agreement 購入契約

purchase and leaseback [金融] 購入およびリースバック [➡ sale and leaseback を買手側から見た言い方で, 設備, 機械などを購入し, ただちにその売手にリースすること]

purchase book 仕入台帳, 買掛金台帳 [➡ 納入業者からの請求を記録し, 買掛金を把握しておく帳簿]

purchase commitment 確定購入契約, 購入契約義務 [➡ 材料, 商品などの購入契約を締結しているが, まだ履行されていない状態]

purchase contract 買入契約, 購入契約, 仕入契約, 先物買受契約

purchased cost 購入原価, 仕入原価 (=purchasing cost) [➡ 資産を購入して取得した場合の取得原価]

purchase disciplines 買付ルール [➡ 資産運用受託者がポートフォリオに組み入れる証券を買う場合に, 主観的判断を排するために, 委託者との間であらかじめ設定しておく条件]

purchase discount 仕入割引 [➡ 買掛金を約束の支払日より早く支払うことにより受ける割引]

purchased parts 買入部品 [➡ 他社からの購入部品]

purchase invoice 納品明細書, 請求書

purchase journal 仕入帳 [➡ 商品の仕入の明細を記入する帳簿]

purchase ledger 仕入先元帳, 買掛金元帳 (=bought ledger, creditor's ledger)

purchase method 買収法, パーチェス方式 [➡ 被合併会社の資産および負債を時価で合併会社に引き継ぎ, 剰余金は引き継がない会計処理方法. 買収額が資産額を上回っている分は「営業権」 (のれん) として買収側に引き継がれ, 償却の対象となる]

purchase money security interest 売買代金債権担保

purchase of development rights [都市計画] 開発権取得, 開発権取得 (PDR)

purchase order 購入指図書, 購入注文書, 発注書 🔲 Purchase Order shall mean the document prepared and submitted by BUYER to order the Goods in the form of EXHIBIT-A. 「注文書」とは,「買主」が当該商品を注文するために添付の書式 A により作成し, 提出する書類を言う

purchase price 購入価格, 仕入価格 (=acquisition cost, purchased cost)

purchaser /pə́:rtʃəsər/ n
❶ 買手, 購入者 ► Many purchasers of these securities did not fully understand the risks involved. これらの証券を購入した人の多くは付随するリスクを十分に理解していなかった ❷ (保険) 加入者, (保険) 購買者 (=payer)

purchase requisition 物品購入申請書

purchase return 仕入戻し, 戻し品 (=returned purchase) ► Purchase returns and allowances reduce the cost of gross purchases. 仕入返品と仕入値引は総仕入高を減少させる

purchase day book 仕入日記帳, 仕入仕訳帳 (PDB)

purchase tax (英) 物品税; 購買税 [➡ 財貨や役務の購入の際に課せられる税金]

purchasing n 仕入, 購入

purchasing agent 仕入部長, 購入係[主任]; 購買代理人[業者]

purchasing cost 購入原価

purchasing manager 購買責任者, 購買担当者

Purchasing Managers' Index 購買担当者景況指数 (PMI) [➡ 全米300社以上の購買担当者を対象に実施されるアンケートを基にした経済指標]

purchasing officer 購買担当者, 資材担当者 (=procurement officer, materials buyer)

purchasing party 買取側当事者

purchasing power 購買力 (=purchasing power of money) [➡ どれだけのモノ・サービスを買えるかで測った貨幣価値] ► Inflation is eroding the purchasing power of consumers. インフレは消費者の購買力を浸食しつつある

purchasing power parity (theory) 購買力平価(説) (PPP) [➡ 外国為替レートは自国通貨と外国通貨の購買力の比率によって決まるとする外国為替相場理論. スウェーデンの経済学者 G.カッセルが1921年に提唱した]

pure /pjuər/ a 純粋な; 純正の; 清潔な; 理論的な; まったくの; 単なる
pure and simple まったくの, 純然たる
◇**purely** ad まったく, 完全に ► purely and simply 完全に
◇**pureness** n

pure play ピュアプレイ, 単一製品企業 [➡ もっぱら単一の製品・サービスに依存している企業]

pure-play a もっぱらの, 専業の ► a pure-play internet bank 純然たるネット銀行 / There are pure-play online sellers like Amazon. アマゾンのような専業のオンライン販売会社がある

pure premium 純保険料 (=net premium)

Purex (商標) ピューレックス [➡ 米国の洗濯用洗剤. 液状, 固形の洗濯用洗剤の他に, 柔軟剤も出している]

purge /pə:rdʒ/ vt (不要な情報などを) 削除する

Purina (商標) ピュリナ [➡ 米国のペットフードのブランド. 犬, 猫や他のペット用のフードや玩具, 健康用品などを提供している]

purport vt /pərpɔ́:rt/ 称する, 主張する 《to be, to do》; 表明する 《that》
— n /´- -/ 意味, 主意; 意図

◇**purportedly** ad と称される
purported payment 所期の目的のために行われる支払
purport of agreement 契約の主旨
purpose /pə́:rpəs/ n 目的; 意図; 決心 ► The purpose of this meeting is to discuss hiring procedures. この会議の目的は雇用手続きを話し合うことだ / For tax purposes, the company is registered in the Cayman Islands. 税務上の目的では,その会社はケイマンアイランドに登録されている / The purpose of setting up the focus group is test our target consumers' reactions to the new product. フォーカスグループを設定する目的は,当社がターゲットとする消費者が新製品にどのように反応するかを調べることにある

for purposes of のために
for the purpose of のために《*doing*》
on purpose わざと
serve one's [the] purpose 目的にかなう, 役に立つ
to good [great] purpose 非常に効果的に
to no [little] purpose まったく[ほとんど]効果もなく
to the purpose 適切に
— vt (しようと)決意する, しようと思う《*to do, doing, that*》
◇**purposefully** ad
◇**purposeless** a 目的のない, 無益な, 無意義な
◇**purposely** ad わざと
purse /pə:rs/ n 財布, がま口;《米》ハンドバッグ; 寄付金; 賞金; 金銭; 資力 ► make (up) a purse for のために寄付金を募る / live within one's purse 収入の範囲で生活する

beyond one's purse 資力を超えて, 買えない
— v すぼめる;(額に)しわを寄せる《*up*》
purser /pə́:rsər/ n (商船・飛行機の)事務長, パーサー
purse strings 財布のひも
hold [loosen, tighten] the purse strings 財布のひもを握る[緩める, 締める]
pursuance /pərsú:əns/ n 追求, 履行, 遂行
in (the) pursuance of に従事中に; の最中に
◇**pursuant** a (に)従って《*to*》
pursue /pərsú:/ vt ❶ 追跡する; 追求し続ける; 実行する; たどる ► This company is pursuing all or most of its promising opportunities. この会社はその有望な機会のほとんどすべてを追求している ❷【法律】訴追する, 司法手続をとる
— vi 追う, 追跡する《*after*》
◇**pursuer** n 追跡者; 追求者; 遂行者; 従事者
pursuit /pərsú:t/ n 追跡; 追求; 研究; 職業, 仕事; 娯楽; 従事; 遂行
break into pursuit 追いかけ始める
in pursuit of を追求[追跡]して; を求めて, を得ようとして; に従って
in the pursuit of に従事して, を実行して
purvey /pərvéi/ vt (食料などを)調達[供給]する

— vi 食糧を調達する《*for*》► The firm purveys for the army. その会社は陸軍の御用達をしている
◇**purveyance** n (食料品の)調達
purveyor n 提供企業, 納入企業
push /puʃ/ vt 押す; 押して動かす; 推し進める; 後援する; 強いる《*to, into, to do*》; 強く売り込む; 突き出す;《be ~ing》(年齢・数に)近づく ► If we push our products on TV, we can make more money. 当社の製品をテレビで宣伝すれば, もっともうかるはずだ / Before injecting more money, the government is pushing the automaker to wring further concessions from its union. 追加の資金を注入する前に, 政府はその自動車メーカーが組合からもっと譲歩を引き出すように圧力をかけている
— vi 押す; 押し進む; 精力的に努力する《*for*》;(道路などが)伸びる
be pushed for が足りない
be pushed to do …することが困難だ
Don't push yourself too hard. 頑張りすぎるな
push about =push around
push against を押す
push ahead [forward, on] with を推進する ► The company pushed ahead with its business expansion plan. その会社は事業の拡張計画を推し進めた
push along 去る; どんどん進む
push around こき使う; いじめる
push aside わきに置く
push back 押し戻す
push by [past] を押しのけて行く
push down 押し下げる《*on*》► The oversupply of houses in the market is pushing down prices. 住宅が市場に過剰供給されていることが価格を押し下げている
push for を盛んに要求する ► push a person for payment (人に)支払を催促する
push forward 人目を引かせる; =push ahead
push in に押し入る, 割り込む
push off《略式》立ち去る; 船を出す
push on 旅を続ける;(仕事などを)再開する; 急ぐ; せき立てる; 前進する; 押し進める
push one's way through を押し分けて進む
push out 突き出す; 解雇する; どんどん出す
push out of を追い出す
push things too far 極端に[無理に]押し進める
push through を強引に通過させる[する]
push ... too far 無理にせっつく; 無理強いをする
push up を押し上げる ► The wage increase has pushed prices up. 賃金アップが物価を押し上げた / The drop in the yen should push up Japanese exports. 円安は日本の輸出を押し上げるはずだ
— n 押すこと, 一押し; 奮闘; 前進; 後援; 切迫, 危機;《略式》積極さ; 努力; 追求 ► Japan's aviation authorities have so far resisted the U.S. push for airline deregulation. 日本の航空当局は米国の航空業界の規制撤廃の圧力に抵抗してきた

a man of push and go 押しの強い精力家
at a push いざとなれば
at [with] one push 一押しで
get the push 《略式》縁を切られる；首になる
give a person the push 《略式》(人と)縁を切る；(人を)首にする
give ... a push を一押しする
if [when] it comes to the push 必要とあらば
in a push to do …しようとして
make a push for にどんどん進む
make a push to do …する努力をする
when [if] push comes to shove いざとなると
◇**pusher** *n* 押しの強い人
◇**pushing** *a* 精力的な；ずうずうしい
◇**pushy** *a* 《略式》押しの強い、厚かましい、でしゃばりの

push button 押しボタン；(コンピュータ画面上の)プッシュボタン
push-button *a* 押しボタン式の
push-button telephone 押しボタン式電話、プッシュホン
pushover *n* 朝飯前の仕事；《略式》たやすくできること ► **be a pushover for** に目がない
push strategy プッシュ戦略 (⇔pull strategy) [⊃メーカーが卸売・小売業者に対して自社製品の販売を促進するよう働きかけること]
push system プッシュ型生産システム (⇔pull system) [⊃作業工程の上流の方から下流に向け「何を」「どのくらい」「いつ」といったことを告げ、「では次にこれを加工せよ」と指示する従来型の生産方式]
push technology プッシュ型テクノロジー [⊃インターネットを使って個人向けに情報を送り出す技術]

put /pút/ *vt* (~;-tt-) 置く；(ある状態に)置く 《*at, in, into, on*》；入れる、記入する、表現する、説明する；翻訳する 《*into*》；評価する、見積もる 《*at*》；(問題を)提出する；付ける；(時間・労力・お金を)投入する；賭ける；せいにする；(税などを)課す；投げる ► **put the number at 50** 数を50と見る / **How much money are you putting into your pension plan each month?** 貴方は年金制度に毎月いくらのお金を拠出していますか
as a person put it (人が)言ったように ► **As the CEO put it: Marketing is too important to leave it to the marketing department.** 最高経営責任者が言うように、マーケティングは重要なのでマーケティング部門にまかせておくわけにはいかない
be hard put to it ひどく困っている
not know where to put oneself 《略式》身の置き所がない、やりきれない
put about [around] (船が)方向を変える；言いふらす；迷惑をかける
put ... above =put ... before
put across 分からせる；やってのける；《英略式》だます
put a person up (人を)そそのかして…させる 《*to do, to*》；(人に)知らせる
put aside 取りのけておく；片づける ► **Let's put aside our differences and work together.** 意見の違いは忘れて、一緒に仕事をしましょう
put away 片づける；捨てる；蓄える ► **put the file away** ファイルを片づける
put back 引き返す；返す；遅らせる；(人に)金を使わせる ► **That trip put me back 500 dollars.** その旅行は500ドルかかった / **The work has been put back in its progress.** 仕事の進行が遅れている / **We'll have to put back our meeting.** 会を延ばすしかない
put ... before より…を重視[優先]する
put ... behind (過去の失敗・不和などを)忘れる、影響させない
put by 蓄える
put down 着陸する[させる]；下に置く；(乗り物から)降ろす；書きつける；リストに載せる 《*for*》；つけにする；(頭金を)払う；(の)せいにする 《*to*》；《略式》非難する、けなす；判断する、考える 《*as, for*》；貯蔵する ► **Put the books down to my account.** 本代は私のつけにしてください / **We request that you put down a deposit on the order.** ご注文品の手付金をお支払いくださるようお願いします
put forth (案・問題などを)出す；提出する ► **No one has put forth a workable solution.** 実行可能な解決策を出した者は誰もいない / **He put forth a proposal to increase advertising expenditures.** 彼は広告支出を増やす案を提出した
put forward (案を)提出する；進める；指名推薦する；目立たせる ► **The meeting will be put forward to this week.** 会議は今週に繰り上げられるでしょう / **Management put forward a compromise to union leaders.** 経営陣は労働組合の幹部に妥協案を出した
put in (船が港に)入る；(人が)言葉を挟む；提出する、応募[申請]する 《*for*》；差し入れる；載せる；仕入れる；《略式》(時・金を)費やす；提出する；(打撃を)与える；(選挙で)選ぶ；備えつける
put it on 《略式》値をふっかける；大げさに表す ► **Don't buy from this shop；they put it on.** この店で買うなよ、ぼられるよ
put it to a person that (人に)…だと言う[教える]
put off 延期する；待たせる；はぐらかす；取り去る；(船を)出す；降ろす；(電灯を)消す；逃れる；(偽物を)売りつける；やめさせる ► **We put off making the decision until the next meeting.** 決定を下すのを次の会議まで延期した
put on 振りをする；催す；増す、加える；働かせる；賭ける；《米略式》からかう、だます ► **We put on special programs.** われわれ(の局)は特別番組を放送した
put oneself forward でしゃばる
put on to [onto] (有利なことを)教える；通報する
put out 出帆する；努力する；出す；混乱させる、悩ます；生産[製作]する；発行[公表]する；追い出す；(金を)貸す；(熱意を)示す ► **He put out money at 5 percent.** 彼は金を5分の利子で貸した / **Jim put a lot of his work out to them.** ジムは彼らにたくさんの仕事を発注した
put over 向こうへ渡る[渡す]；《米》成し遂げる；

pyrolysis and melting furnace

《米略式》延期する; 《略式》分からせる; 《put one [it, something] over》《人を》だます 《on》
put through (仕事を)達成する; 電話をつなぐ; 突き通す; (試験・苦しみを)受けさせる; (法案を)通過させる ▶ You are put through to the wrong extension. 違う内線につながっています / Can you put me through to extension 369, please? 内線369に回していただけますか
put through it 《略式》(白状させるために)徹底的に調べる; しごく
put to (戸を)閉める; (船を)陸づけする
put together 集める; まとめる; 組み立てる; 合計する
put up 《英》立候補する《for》; 建てる; (金を)出してやる; 泊める, 泊まる《at》; (抵抗を)示す; 《略式》たくらむ; 指名[推薦]する; 売りに出す; しまう; 上げる; (議論・案を)持ち出す; 貯蔵する ▶ He put up his library at [for] auction. 彼は蔵書を競売にかけた / The Nikkei gained more than 200 points this week, putting it up 5.6% from last week. 日経平均は今週200ポイント以上も値上がりして, 先週から5.6％の上昇となった
put upon だます; 虐待する
Put up or shut up. やる[賭ける]かだまるかだ
put up with を我慢する ▶ I can't put up with this job any longer. この仕事にはもうこれ以上我慢できない
simply put 簡単に言うと ▶ Simply put, the company is about to go bankrupt. 簡単に言えば, その会社は破産寸前だ
since you put it that way 君がそう言うのだから
to put it another way 言い換えれば
to put it mildly [concisely] 控え目[簡潔]に言うと
— n ❶ 投げ, 突き, 押し ❷ (オプションにおける)プット, 売付選択権 (=put option)[◯証券や商品などを将来の一定の期間に一定の値段で相手に売る権利, あるいは繰り上げ償還を請求する権利]

put and call option ダブルオプション, ストラドル [◯同一原資産を対象とする売る権利(プット)と買う権利(コール)を組み合わせることで, 相場がどちらに動いても利益を出せるよう仕組んだオプション]

put option プットオプション [◯オプション取引において, ある証券や通貨をある一定期間内にある一定価格で売る権利. 行使日にこの証券や通貨が行使価格より値下がりすれば行使価格で高く販売し, そうでなければ権利を行使しない] ▶ A put option allows you the right to sell the stock at a specified price. プット・オプションとは, その株を特定の価格で売る権利のことだ

puzzle /pʌzl/ n 難問, なぞ; パズル; 当惑
in a puzzle about [as to] に当惑して
— vt 当惑させる; (頭を)悩ます 《over》
— vi 当惑する; 懸命に考える 《over, about》
be puzzled (as to) かと悩む, で困る 《wh-》
puzzle oneself [one's brains] about [over] で頭を悩ます
◇**puzzlement** n
◇**puzzler** n
◇**puzzling** a

PV present value

pw per week 週につき

PwC PricewaterhouseCoopers International

pyramid /pírəmid/ n ピラミッド状組織, ピラミッド構造 ▶ people at the bottom [top] of the corporate pyramid 企業ピラミッドの底辺[頂点]にいる人々
— v 《米》(信用取引で株式を)買乗せ[売乗せ, 利乗せ]する ▶ pyramid one's gains by careful reinvestment 慎重な再投資によって着々と利益を増やしていく
◇**pyramidal** /pirǽmədl/ a ピラミッド状の ▶ a pyramidal corporate structure ピラミッド状の企業組織

pyramiding n 【証券】ピラミディング [◯値上がり益(含み益)を担保に資金を借りて建玉(未決済のポジション)を大きくしていく投資戦略]

pyramid selling [scheme] マルチ商法, ねずみ講 ▶ Many investors were swindled in the pyramid scheme. 多くの投資家はマルチ商法で金をだまし取られた

Pyrex 《商標》パイレックス [◯耐熱ガラス]

pyrolysis /paɪrɒ́ləsɪs/ n 熱分解 [◯有機質資源を加熱分解し, ガス, 油, 固形残滓(チャーやコークスなど)を得ること]

pyrolysis and melting furnace ガス化溶融炉 [◯廃棄物の有するエネルギーを利用して灰分を溶融・スラグ化し, 最終処分される量を極めて少なくできる最新式都市ごみ処理炉]

Q, q

QA quality assurance
Q&A question and answer 質疑応答
Qantas Airways /kwǽntæs/ カンタス航空 [⇨オーストラリアの国営航空. 1920年にQueensland and Northern Territory Aerial Services Ltd.として創立. 1947年に国営化]
QC quality control;《英》Queen's Counsel 勅選弁護士
QC circle QCサークル, 品質管理サークル (=quality control circle)
QFD Quality Function Deployment
QMV qualified majority voting
QOL quality of life [living]
QOS quality of service
qr quarter(s)
qt quantity; quart(s)
q. t., Q. T. quiet
  on the q.t.《略式》こっそりと
Q-tips《商標》キュー・ティップス [⇨米国の綿棒のブランド. 100%天然の素材から作られており, 大人だけでなく新生児にも使用できる]
qtr quarter 四半期
quadruple /kwɑdrúːpl | kwɔ́dru-/ a 4重の; 4部から成る; 4倍の
  ━ n, v 4倍(にする[なる]) ► The company quadrupled its profits in just five years. 会社はたった5年間で利益を4倍にした / The share price quadrupled in just six months. 株価はたった6か月の間に4倍になった
quadruplicate /kwɑdrúːpləkèit/ vt 4重[4倍]にする; 4通作成する
  ━ a, n /-plikət/ 4重の; 4通(作成した)
Quaero クエロ [⇨仏・独両政府共同のEurogoogle(欧州版グーグル). ラテン語で I seek の意]
Quai d'Orsay /kwéi dɔːséi/ ケー・ドルセー [⇨Parisの官庁所在地]; フランス外務省 [政府]
Quaker Oatmeal《商標》クエーカー・オートミール [⇨冬季の温かい朝食として米国で親しまれてきたオートミールのブランド. 温かいお湯を注ぐだけで簡単に作れる]
qualification /kwɑ̀ləfikéiʃən/ n ❶ 免許;(試験によって認められる)資格, 資格試験 ► medical [dental] qualifications 医師[歯科医]免許状 / academic qualifications 研究者として必要な資格 / educational qualifications 学歴 / professional qualifications 専門家たる資格 / have the right qualifications for the job その仕事を行うにふさわしい資格を備えている / He got a qualification in marketing. 彼はマーケティングで資格をとった / His qualifications to lead the company is impeccable. 彼が会社を率いる資格は非の打ち所がない / We look at their educational qualifications. 私たちは彼らの教育上の資格を調べる / He lacks the necessary qualifications for the job. 彼にはその仕事に必要な資格がない
❷【法律】(人が地位・職務を得たり, 権利を行使したりするための)資格, 適格性; 要件 ► property qualifications (選挙などのための)財産資格 / citizenship qualifications (市民権を得るのに必要な)市民資格 / a qualification for franchise [examination] 選挙[受験]資格 / residence qualifications for membership 会員になるための居住条件
❸(文言の)制限, 限定; 修正; 留保(条件) ► a statement with many qualifications 多くの留保(条件)の付いた声明 / We support the plan, with the qualification that it should be implemented more quickly. もっと早期に仕上げるという条件付きでその計画を支持します
❹【会計】(監査の)限定事項, 除外事項 (=exception)

qualified /kwɑ́ləfàid/ a 適任の (*for, to do*); 資格のある; 限定された, 条件付きの ► We're looking for a qualified person to fill the position. その地位を務めるのに適任の人物を探している / We think you are uniquely qualified to provide the services we seek. 私どもが求めている業務については, 御社をおいてほかに条件を満たせる会社はないとと考えております
qualified auditor report 限定意見監査報告書 (=qualified audit report, qualified report, qualified opinion report) [⇨監査人がある事項を除外した上でその他はおおむね適正だと判断している監査報告書]
qualified deferred compensation plan 適格報酬繰延制度
qualified endorsement《英》=qualified indorsement
qualified indorsement《米》限定裏書, 制限裏書 (=《英》qualified endorsement) [⇨譲渡能力を限定された裏書]
qualified majority voting 特定多数決, 加重多数決 (QMV) [⇨加盟国の人口比などを配慮して1国当たりの持ち票を考慮する投票方法. EUの機関などで採用されている]
qualified opinion 限定意見, 限定付適正意見 (=except-for opinion) ► a qualified opinion report 限定意見監査報告書
qualified pension plan 適格年金制度 [⇨従業員の年金基金拠出額を損金として控除でき, 年金基金収益を非課税とすることが認められている年金制度]
qualified retirement (pension) plan 適格退職年金制度 (=《英》approved pension plan, tax qualified pension plan)
qualified stock option 適格株式オプション, 条件付ストック・オプション [⇨従業員に対して認めたストック・オプション]
qualified stock option plan 適格株式オプション制度 [⇨従業員に対してストック・オプ

ションを認める制度]

qualify /kwάləfài/ vt ❶ 適格にする; 資格[権限]を与える (*to do*); 制限する; 和らげる, 弱める ❷ (1) (人に) 資格を与える; 適格にする (2) (文言などに) 限定[制限, 修正]する
— vi ❶ 要件を満たす; 資格を取得する ▶ High-income earners will not be able to qualify for the tax cuts. 高額所得者はその減税を受ける資格はないだろう / The automakers had to make further job cuts to qualify for the federal bailout. 自動車メーカー各社は連邦政府の救済を受ける資格を得るために追加の人員削減をしなければならなかった / He qualified as a chemist and joined a big pharmaceutical company. 薬剤師の資格を取得して, 大手の製薬会社に入社した / You must meet several requirements to qualify for unemployment benefits. 失業手当の受給資格を得るには, 幾つかの要件を満たさなければなりません ❷【法律】資格を持つ, 資格を得る, 適格性を有する

qualifying period 資格要件を満たすのに必要な期間 [⇨受給資格を得るのに必要な加入期間, 産児休暇を取得するのに必要な勤続期間など]

qualitative /kwάlətèitiv | kwɔ́liṭə-/ a 性質(上)の, 質的な ▶ qualitative factors 質的要因 / qualitative economic growth 質的経済成長 ◇**qualitatively** *ad*

qualitative analysis 定性分析 [⇨財務分析のような定量分析と異なり, 経営者の資質, 支払能力, 資本力, 担保能力, 事業環境といった数値化しにくく, 主観に頼る分析]

qualitative information 定性情報 [⇨計量化できない内容に関する情報] ▶ qualitative information gathered from interviews with clients 顧客との面接で収集した定性情報

qualitative screen 定性スクリーニング [⇨株式投資にあたり経営者の資質などの質的な審査を行なって候補銘柄を選抜すること] ⇨ screen

quality /kwάləti/ n 性質, 品質, 質 (⇔ quantity) ▶ check quality 品質を確認する / ensure quality 一定品質を確保する / raise quality 品質を高める / win on quality 品質で勝つ / match the competition on quality 品質でライバル社と伍していく / struggle to regain one's reputation for quality 品質がいいという評判を取り戻すために苦労する / Customers have recognized **the superior quality** of the product. 顧客はその製品の品質がほかより優れていることを認めている / I am told that **the quality of this manufacturer's products** tend to vary. このメーカーの製品の品質にはムラがあると承知しております / **Quality matters** more than quantity. 量より質が大切 / Investors tend to hop onto **the flight to quality** in an economic crisis. 経済危機のときには, 投資家は質への逃避に走りがちだ / **The quality of the product** has greatly been improved. 製品の質は大幅に改善されている

— *a* 良質の, 高級な, 優秀な

quality assurance 品質保証 (QA) [⇨対価に見合う顧客の期待が満たされるよう品質水準を確保すること]

quality circle 品質管理サークル, QCサークル [⇨現場の作業員が小グループを作って定期的にミーティングを行い, 作業効率の改善, コスト削減, 品質改善に役立つ提案を行い, 会社側も積極的にこれを奨励し, 取り上げていく仕組み. kaizen とほぼ同義で使われる]

quality control 品質管理 (QC)
[⇨顧客に対して品質を保証する製品をもっとも経済的に生産するための経営活動] ▶ standards of quality control 品質管理水準 / lapses in quality control 品質管理上の注意不足 / preoccupation with quality control 品質管理に対するこだわり / fail a quality control test 品質テストではねられる / All our vendors are required to **exercise rigorous quality control**. 当社の納入業者は厳格な品質管理を行うよう求められている / If any of our vendors are found to have **cut corners on quality control**, we will cease doing business with them immediately. 納入業者が品質管理の手を抜いていることを発見したら, 当社は直ちに取引を停止する / Rigorous **quality control is applied** throughout the factory. 工場全体を通じて徹底した品質管理が行われている / **Their quality control** leaves something to be desired. 彼らの品質管理はまだ不十分だ / We have no idea how this defective product could have **passed through quality control**. こんな欠陥の明らかな製品がどうやって品質管理を通ったのか見当もつかない

quality control circle QCサークル [⇨品質管理運動を自主的に行う小集団]

quality controller 品質管理者

quality cost 品質原価 [⇨品質の保証のために消費された原価]

Quality Function Deployment 品質機能展開 (QFD) [⇨赤尾洋二と水野滋によって1960年代に開発されたコンセプトである「品質機能展開」の英語訳. 新製品の開発や設計段階からの品質保証に有効な手法として世界的に認められている]

quality insurance =quality assurance

quality management =total quality management

quality of earnings ❶ 最終利益の質 [⇨企業ごとに異なりうる会計手法の違いによる影響を除去した本来の業績. 保守的会計手法により最終利益(純利益)が低めに抑えられているものは最終利益の質が高いとされる] ❷ 本業による利益 [⇨臨時収入や周辺事業からの収益などを除外して計算した, 純然たる事業活動上の利益. earnings quality とも言う]

quality of life [living] 生活の質 (QOL) ▶ They work from home to be near their family and have a better quality of life. 彼らは家族のそばにいるために在宅勤務をして生活の

質をより高めている

quality of service サービス品質 (QOS) [⇨速度,制度,信頼性で評価されるサービスの質]

quality of work life 労働生活の質 (QWL) [⇨仕事の場において人間性の回復を図るべく,労使関係や労働環境の質的な向上を目指すアプローチ]

quality paper 高級紙,一流紙 (⇔popular paper)

quality time クオリティー・タイム [⇨(1)(家族団欒のように)質の高い価値のある時間 (2)(午前中など)頭がよく働く時間]

quango /kwǽŋgou/ n (~s) 《英》クワンゴ [⇨英国の独立公共機構.特殊法人のこと] [<quasi-autonomous nongovernmental organization]

quant /kwɑnt/ n 《証券》クオンツ [⇨数学やコンピュータの専門知識を持つ数量分析の専門家] [<quantative analyst]

quantification /kwɑ̀ntəfikéiʃən/ n 数量[定量]化

quantify /kwɑ́ntəfài/ vt (~**fies**) 量を計る[表す];計量化する ▶ Quantifying the effect of the sales drive is difficult. 販促キャンペーンの効果を計量化するのは難しい
◇**quantifiable** a 数字にできる,数字化できる ▶ set quantifiable goals 数値目標を立てる

quantitative /kwɑ́ntətèitiv | kwɔ́ntitə-/ a 量の;量で計られる;量的な ▶ a quantitative model 数量化モデル / The Bank of Japan viewed quantitative easing as appropriate to revive the economy. 日本銀行は量的緩和を景気回復のために適切と見ている

quantitative analysis 定量分析;数量分析

quantitative data 量的データ [⇨数値化されたデータ]

quantitative information 定量情報 [⇨貨幣数量などの計量化された情報]

quantitative research 定量的調査 [⇨アンケート用紙など定型的な調査手法を通じて対象である現象または人の行動を数値として捉え,統計上のパターンを見出すアプローチ]

quantitative screen 定量スクリーニング [⇨株式投資にあたり財務比率などの数値的な条件に適合する候補銘柄を選抜すること] ⇨screen

quantity /kwɑ́ntəti/ n ❶ 量 (⇔quality);数量,分量;(しばしば-ties) 多量,多数 ▶ Only a limited quantity of the product is on sale. 数量限定でその製品はセールの対象になっている / We make the medicine in small quantities in the laboratory and it's not possible to make it in bigger quantities. その薬は実験室で少量ずつ作られていてそれより多量に作ることはできない ▣ The quantity stipulated on the face hereof shall be subject to a variation of plus or minus ten percent (10%) at SELLER's option. この(契約書)表紙に定められた数量は,その増減について10%の範囲で[売主]が裁量を有するものとする ❷ (存続期間による) 不動産権の性質,(不動産権の) 存続期間
a quantity of 多くの,多量の
in large [mass] quantities / in quantity 多量に,たくさん ▶ You can receive a 10% discount if you buy in quantity. まとめてお買い上げいただければ10%の割引が受けられます

quantity demanded 需要量

quantity discount 数量割引 (=volume discount) [⇨購買数量が多いときに売手が買手に対して行う売り値の引下げ] ⇨cash discount, functional discount ▶ We offer a quantity discount for orders of 100 units or more. 100個以上のご注文には数量割引をさせていただきます

quantity supplied 供給量

quantity survey 建築積算 [⇨設計図面などを基に必要な資材と数量を割り出した上,コストを集計する業務]

quantity surveyor (建築の) 積算士

quantum /kwɑ́ntəm/ n (**-ta** /-tə/) 分量,定量 ▶ a quantum jump [leap] 大躍進

quarantine /kwɔ́:rəntì:n/ n 隔離;検疫停船期間 ▶ put a person in [into, under] quarantine 人を隔離する / lift the quarantine 隔離を解く
— vt 隔離[検疫]する

quarrel /kwɔ́:rəl/ n けんか,口論,不和 《with, about, over》;けんかの原因 《with, against》
have no quarrel with ともめる種がない
— vi (《英》-**ll**-) けんかする,口論する 《with, about, over》;苦情を言う,文句をつける 《with》

quarry /kwɔ́:ri/ n 採石場,石切り場;(知識などの) 源泉
— vt 採石場から切り出す;捜し出す[求める] 《for, out of, from》 ▶ He tried to quarry some information from conversations with people. 彼は人々との会話から情報を得ようとした
◇**quarrying** n 採石

quart /kwɔ:rt/ n クォート (qt) [⇨(1)液量の単位. 1/4ガロン. 《米》では約0.95リットル,《英》では約1.14リットル (2)乾量の単位. 1/8ペック];1クォート容器
put a quart into a pint pot 無理をしようとする

quarter /kwɔ́:rtər/ n ❶ 4分の1,四半分;《米・カナダ》25セント(銀貨);15分;3カ月;(4学期制の) 学期;地域,地区,街区;その筋;方方位(東西南北)の一つ,方角;船尾側;部署 ▶ the 3rd quarter 第3四半期 / The retailer generates a quarter of its revenues outside the US. その小売業者は収入の4分の1を米国外で生み出している
❷ 《会計》 四半期

> [解説] 米国の連邦政府は,会計年度が10月1日に始まるので,四半期は,first quarter が10月から12月,second quarter が1月から3月,third quarter が4月から6月,fourth quarter が7月から9月である.米国の企業は,会計年度を暦年に合わせている場合が多いが,そうでない企業もある.その会

社の会計年度の始期(または終期)が分からないと四半期を何月から何月までと特定することはできない。したがって、米国の経済誌などでは、the third quarter ended September 30(9月30日に終わった第3四半期)のように記述して会計年度が分かるようにしている。米国の上場会社は証券取引委員会(SEC)によって四半期ごとに財務報告書を作成することを義務づけられている。報告書はquarterly reportまたはForm 10-Q reportと呼ばれる。
⇨ fiscal year

► compared with the previous quarter 前期比で / for the second[third, fourth] quarter running 2期[3期, 4期]連続で / over the previous quarter 前期比で / Consumer spending posted only a slight rise over the quarter. 個人消費は前期比でわずかな増加にとどまった / Our net profit plunged 40% quarter on quarter. 当社の純利益は前期比40%の激減となった
— vt 4(等)分する；《米》指揮[統率]する
— vi 部署に就ける，配置する
— a 4分の1の ► The central bank is expected to lower interest rates by a quarter point to 2.25 percent. 中央銀行は金利を0.25ポイント引き下げて2.25%にすると予想されている
◇**quartered** a 4分された
◇**quartering** n 4分割
quarterback v 取り仕切る
quarter day《英》四半期支払日，節季勘定日 [⇨イングランド，アイルランド，ウェールズでは，Lady Day(3月25日)，Midsummer Day(6月24日)，Michaelmas(9月29日)，Christmas(12月25日)のことで，1年の4分の1を区切る日として支払日，借用期間が始まる日[終わる日]などとされる]
quarterly a, ad, n 年4回(の)，季ごとに[の]；季刊誌 ► We believe quarterly results will meet expectations. われわれとしては四半期決算が予想のレベルに達すると見ている / Please consider granting us open account terms, with quarterly settlement. 四半期ごとの決済という条件で与信取引を認めてくださることを検討していただけないものでしょうか
quarterly dividend 四半期配当金
quarterly financial information 四半期財務情報 (=quarterly report) [⇨3か月ごとに作成される財務諸表]
quarterly financial statements 四半期決算報告書，四半期財務諸表 ► We provide our banks with quarterly financial statements. 当社は銀行に対して四半期決算報告書を提出している BORROWER shall provide LENDER with accurate quarterly financial statements by the end of the next month of the said period.「借主」は当該期間の翌月末までに正確な四半期財務諸表を「貸主」に提出するものとする
quarterly loss 四半期損失 ► posted a quarterly loss of $ 6.5 million 6.5百万ドルの四半期損失を計上した

quarterly profit 四半期利益 ► The company's quarterly profit exceeded investors' expectations. 同社の四半期利益は投資家の予想を上回った
quarterly report 四半期財務報告書 ► The company posted a loss of $35 million in its quarterly report. 同社は四半期報告で3,500万ドルの損失を計上した
quartile /kwɔ́ːrtail/ n 四分位数 [⇨データを4等分したときに3つの継ぎ目に来る数値のことで，小さい方から順に第1四分位数，第2四分位数と数える]
quash /kwɑʃ/ vt 抑える；鎮める；無効にする，廃棄する；《法律》破棄する，却下する ► The company's appeal of the anti-trust case was quashed by the court. 反トラスト訴訟事件での同社の上訴は裁判所によって却下された
quasi-「類似，準…」
quasi-money n 準通貨 (=near money) [⇨現金に近い流動性を持ち，貯蓄勘定・定期預金・政府短期証券など]
quay /kiː/ n 岸壁，埠(ふ)頭，波止場
Queen's Counsel (the ~)《英》勅選弁護士 (QC) [⇨大法官の助言により，女王が授与する優れた弁護士の栄誉の称号]

query

/kwíəri/ n 疑問，質問；疑問符；《コンピュ》クエリー，(データベースへの)問い合わせ ► If you have any queries about this product, please contact our call center. この製品についてご質問があればコールセンターにご連絡ください
— vt 尋ねる，問いただす 《about》 ► He queried whether the report was accurate (or not). 彼は報告が正確かどうか問いただした
— vi 質問する；疑問に付す
— int 《法律》(1) そこで問う；問題は (2) かどうかは問題；かどうかは未解決

quest /kwest/ n 探索，探求 《for》 ► In a quest for expansion, the convenience store operator is opening more branches in urban areas. 規模の拡大を求めて，コンビニの経営者は都市圏でさらに支店を開設している
— vi 探し求める 《for, after》

question /kwéstʃən/ n ❶ 質問；疑問，疑い 《about, over, as to》；疑問点；問題；事柄；論点，尋問 ► question and answer 質疑応答 (Q&A) / raise [settle] the question of employment 雇用問題を提起する[解決する] / move a previous question 緊急動議を提出する / put the matter to the question その問題を採決する / He raised a deft question here and there. あれこれてきぱきと質問した / There is no question that this is the worst economic crisis in the postwar era. これが戦後の時代における最悪の経済危機であることには疑いの余地はない / I have a question about the order. 注文についてお尋ねしたいことがあります ❷《法律》(1)(裁定のため裁判所・行政機関に提出された)問題，係争点，案件 (2)(情報を得るための)質問，尋問 ► a leading question 誘導尋問 ❸【政治】(世論を問う) 政策問題, 論点

beside the question 要点を外れて ▶ His remarks were always beside the question. 彼の意見はいつもピントを外れていた

beyond (all) question 疑いもなく, 確かに ▶ His loyalty to the company is beyond question. 彼の愛社精神に疑いの余地はない

bring ... into question を問題とする

call ... into question に異議を申し立てる; に疑いを挟む

come into question 問題となる ▶ His promotion has come into question. 彼の昇進の可否が問題となっている / His ability to lead the company came into question. 会社のリーダーとしての彼の能力が問題になった

in question 問題の; 論争中の ▶ The ability of the government to drive economic growth is in question. 経済成長を促進させる政府の手腕には疑問がある / The merchandise in question has not been paid in full. 問題の商品の代金は全額支払われているわけではない / Whether increased government spending will drive economic growth is in question. 政府支出の増加は経済成長の促進につながるのか, 疑問がある

make no question of [about] を疑わない

no questions asked 無条件で; 出所や理由を一切問わず

open to question 疑問の余地がある ▶ Whether the new policy is effective or not is still open to question. 新しい方針が効果的かどうかはまだ疑問の残るところだ

out of question 確かに ▶ Out of question, he ought to have the position. 当然彼はその職に就くべきだ

out of the question 問題外の, 不可能な ▶ Cutting our prices is out of the question. 値下げは問題外だ / Raising that kind of cash was out of the question. そういった現金を工面することはまったく不可能だった

put the question 採決する

raise questions about について疑問を起こす ▶ Recent recalls have raised questions about the safety of the company's products. 最近のリコールは同社の製品の安全性について疑問を投げかけている

there is no question about は疑う余地がない ▶ There is no question about the necessity of reducing costs. コスト削減の必要性については疑問の余地がない

there is no question of doing …する可能性はない

without question おとなしく; 確かに, 疑いもなく ▶ Without question, our competitive strength lies in our technology. 疑いもなく, 当社の競争力は技術にかかっている

— *vt* 質問する; 尋問する; 探求する; 疑う 《*about, wh-, if*》

◇**questionable** *a* 疑わしい; いかがわしい ▶ The company's viability is questionable. その会社が生き残れるかどうかは疑わしい / Let's clear up any questionable points about the case. その案件について疑問点があれば解決しよう

question mark ❶ 疑問符[?] ❷ クエスチョン・マーク, 問題児 [⇨PPM のセルの一つ] ⇨ product portfolio management

questionnaire /kwèstʃənéər/ *n* (特に調査・研究のための) 質問(表), 質問書, アンケート ▶ answer a questionnaire アンケート用紙に回答を記入する / complete a questionnaire 調査票に(漏れなく)記入する / fill out a questionnaire 調査票に記入する / We received a questionnaire that asked such questions as "How long is your workday commute?"「普段の日の通勤にどのぐらいの時間がかかるか」といった質問が入っている調査票を受け取った / The results of the questionnaire revealed changes in consumer preferences. アンケート調査の結果は, 消費者選好の変化を明らかにした / Consumers will be asked to fill in a questionnaire. 消費者はアンケートに記入することを求められる / His job is to analyze responses to questionnaires. 彼の仕事はアンケートへの回答を分析することだ [⇐仏]

queue /kjuː/ *n* 《英》(人・車などの) 列 《*for*》; 【ﾊﾟｿｺﾝ】待ち行列 ▶ There is a queue of people who want to buy the new mobile. その新しい携帯を買いたがる人が行列している (✚queue は英国英語. 米国では line と言う) / Messages are placed in a queue for transmission. メッセージは伝送されるため待ち行列におかれる

— *vi* 列を作る, 列に加わる 《*up*》

queuing theory 【統計】待ち行列理論 [⇨客の待ち時間を短くして効率化するにはどうするかを扱う理論]

quick /kwɪk/ *a* 速い, 素早い; 迅速な, 即座の; 短気な; 理解が早い 《*at*》 ▶ Be quick about it! 急げ! / He's always looking for ways to make a quick profit. 彼はいつも手っ取り早く利益をあげる方法を探している / He sent a quick reply to my email. 彼はすぐメールの返事をよこした

be quick to do 即…する

— *n* (the ~) 生きている人々; (爪の下の) 生身; (感情・神経などの) 痛いところ, 急所

to the quick 骨の髄まで; 徹底的に, ひどく ▶ cut to the quick すごくこたえる

— *ad* 素早く, 早く

◇**quickness** *n*

quick-and-dirty *n, a* 間に合わせの, 早分かり ▶ a quick and dirty guide to understanding wine ワイン早分かりガイド

quick asset 当座資産 [⇨現金・預金, 短期有価証券, 売掛金など, 流動性の高い資産]

quick fix 《略式》一時しのぎの解決, 応急策; 即効薬 ▶ There's no quick fix to the economic crisis. 経済危機には手っ取り早い解決策はない

quickly *ad* 速く, 急いで ▶ The product quickly became a hit. その製品はあっという間にヒット商品になった / Investors are trying to sell their shares in the company as quickly as possible. 投資家は保有する同社株をできるだけ早く売ろうとしている / Hotel bookings during the peak season fill up quickly. シーズン最盛期にはホテルの予約はすぐに満員になる

quick ratio 当座比率 [⇨流動性の測定比率で, 当座資産を流動負債で除して百分率として求める] ▶ hold a strong liquid position with a quick ratio of over 1 当座比率が1を超える強固な流動性ポジションを保持する

Quick Response クイック・レスポンス (QR) [⇨1980年代に米国のアパレル産業で考案されたシステム. メーカー・卸し・小売間で情報を共有し, リードタイムの短縮などの効率化を図ったもの] ⇨ efficient consumer response

quid n (~(s)) 〖英略式〗1ポンド
be quids in 〖英略式〗上々の首尾である

quid pro quo /kwíd prou kwóu/ ❶ お返し, 代償 (for) ❷〖法律〗対価, 対応物 ❸〖会計〗代償物, 報酬品, お返し, 代用品 [<ラ]

quiet /kwáiət/ a 静かな; 閑静な; 静止した; 落ち着いた; 地味な; 活気のない
at its quietest 静まりかえって
keep quiet about / keep ... quiet について黙っている
— n 静かさ, 静寂 ▶ live in quiet 静かに暮らす
on the quiet [q. t.] ひそかに
— vt ❶静かにさせる (*down*); なだめる, あやす; 和らげる ❷〖法律〗〖米〗(権原の瑕疵(かし)を取り除いて)(不動産権利などを)確認する
— vi 静かになる (*down*) ▶ The yen falls as trading quiets after a week of volatility. 乱高下の一週間のあと, 取引が静かになるにつれて円は下落する
— ad =quietly
◇**quieten** v 静かになる[させる]
◇**quietly** ad 静かに, そっと, 平穏に, 地味に
◇**quietness** n
◇**quietude** n 静かな状態; 平静

quiet enjoyment 〖法律〗(売買・賃貸借目的物の) 平穏な享有 [⇨他からの妨害を受けることなく自由に使用・収益できることを言う] ▶ Under the lease agreement, lessee is entitled to quiet enjoyment of the property. 賃貸借契約上, 賃借人は物件につき平穏な享有を続ける権利を有する

quiet period 〖米〗クワイエットピリオド, 沈黙期間, 情報公開停止期間

【解説】株式公開にあたって株式の発行者が情報公開を控えることを証券取引委員会 (SEC) によって義務づけられている期間. waiting periodともいう. 期間中は株価に影響を与えるような情報を流したり会社を宣伝したりしてはならない. 発行者が引受業者 (underwriter) と契約した日に始まり, 株式が上場されて取引が開始された日の25日後に終わる. これとは別に, 会社の四半期ごとの業績発表に先立つ期間についてもquiet periodがある

quintile /kwíntil, -tail/ n 〖統計〗五分位数 [⇨データを大きさの順に並べたとき, データの個数を20%ずつに区分する4つの継ぎ目に来る数値で, 小さい方から順に第1五分位数, 第2五分位数と数える]

quit /kwit/ (~(ted); -tt-) vt やめる; 放棄する, 辞める ▶ If you decide to quit the job, our work rules require that you give the company three months notice. 会社を辞めると決めた場合, 当社の就業規則上, 3か月前の予告をすることが求められる / He couldn't stand his job any longer, so he quit. 彼はそれ以上仕事に我慢できずに辞めた
— vi やめにする; 辞職する (*as*); 断念する
quit oneself 免れる (*of*); 振る舞う
— a 免除された, 自由な ▶ be quit of を免れている

quite /kwait/ ad すっかり, まったく; 本当に; 〖略式〗かなり; 〖米〗非常に ▶ quite a lot of money かなりのお金 / quite empty すっからかんで / I quite agree with you. 全面的に賛成 / The plant closed down quite recently. ごく最近, その工場は閉鎖された

quite a [*an*, *some*] なかなかの, 大した ▶ He made quite an impression during the interview. インタビューで彼はなかなか良い印象を与えた

quite a bit かなり ▶ I spent quite a bit of time working on the project. そのプロジェクトの仕事に私は相当な時間を費やした / Lately, I've been working overtime quite a bit. 最近かなり残業をしている

quite a few かなり多数の ▶ We've already received quite a few applications. もうかなりの応募者がいる
quite a little たくさん
quite so その通り
quite something 〖俗式〗大したもの[こと]
quite the (*done*) *thing* よいとされること

quitter n やめる人, すぐあきらめる人 ▶ John isn't a quitter, so he won't resign. ジョンはやっていることを放り出す人ではないから辞めないだろう

quitting time 終業時間

quiz /kwiz/ vt (-**zz**-) 〖米略式〗(簡単な)質問をする (*about*); からかう; じろじろ見る ▶ Henry applied for financial aid and was quizzed about his income and debts. ヘンリーは資金援助を申し込んだので自分の収入と借金についていろいろ質問された
— n (~**zes**) 簡単な質問[試験]; クイズ; いたずら

Quonset hut /kwánsət/ 〖米〗〖商標〗クオンセット・ハット [⇨かまぼこ形プレハブ建築]

quorate /kwɔ́:rət/ a 定足数を満たしている ▶ A quorate meeting is required to make a formal proposal. 正式の提案をするためには定足数を満たしている会議であることが要求される

Quorn 〖商標〗クォーン [⇨キノコから作る英国の植物性たんぱく白で肉の代用品]

quorum /kwɔ́:rəm/ n (会議成立の)定足数 ▶ We failed to achieve a quorum. われわれは定足数を満たせるだけの員数をそろえることができ

なかった / There was no quorum in the conference room, so no vote could be taken. 会議室内の出席者が定足数に満たなかったので, 採決ができなかった / A majority of members shall constitute a quorum to do business. 構成員の過半数をもって議事のための定足数とする / Do we have a quorum? 定足数は満たされていますか / A quorum for a general meeting of the shareholders of the Joint Venture Co. shall require the presence, in person or by proxy, of the shareholders of the Joint Venture Co. holding more than one half of the total issued and outstanding shares of the Joint Venture Co. 本合弁会社の株主総会の定足数は, 本合弁会社の発行済株式総数の過半数の持株を有する株主または代理人の出席を要するものとする

quota /kwóutə/ n 割当(額), 規定量, 割当数[量], 目標数, 定数[員]; 分け前, 分担分

(動詞(句)+〜) **abolish** a quota 割当を撤廃する / **assign** a quota 割当を決める / **exceed** one's quota 自分のノルマを上回る / **fall short of** a quota 割当量を下回る / **fulfill** a quota 割当量を達成する / **impose** a quota 割当を課す / **meet** a quota 割当量に達する / **scrap** a quota 割当制をやめる / **set** a quota 割当を決める

▶an import quota 輸入割当量 / a production quota 生産ノルマ / a sales quota 売上ノルマ / The sales quota has been raised by 10%. 販売ノルマが10%増えている

set a quota for の割当を決める [<中世ラ]

quota sample 割当サンプル [⊃ 割当サンプリング(quota sampling)で選ばれたサンプル. 市場調査などで用いられる]

quota sampling 割当サンプリング [⊃ 年齢や性別などの特性を母集団と同じ割合で持つサンプルを一定の割当て数だけ選ぶ方法]

quota system (米)割当制度 [⊃ 一定割合の少数民族・女性などの雇用・入学を義務づける]

quotation /kwoutéiʃən/ n ❶ 引用(語句, 文); 見積り (*for*); 相場づけ ▶a quotation for building a house 家屋建設見積り / ask for a quotation 見積価格を出してもらう / receive a quotation for monthly maintenance plan 月極め保守サービスの見積りを受け取る / Can you give us a quotation for translating our website into Spanish? 当社のウェブサイトをスペイン語に訳す費用の見積りをお願いできますか / We are required to obtain multiple quotations for purchases in excess of 100,000 yen. 購入額が10万円を超える場合は, 相見積りをとることが要求されている / We are writing to ask you for a quotation. 見積りをお願いしたく連絡をさしあげました / Several suppliers have submitted their quotations. 仕入先数社が見積りを提出した ❷ (株式市場や外国為替市場などにおける)相場, 気配値, 建て値; 気配 ▶a yen quotation 円相場 / a quotation board 相場掲示板

quote /kwout/ vt ❶ 引用する (*from*); 引き合いに出す ❷ 見積もる, 相場をつける (*at*) ▶quote a price 見積価格を言う / What are you quoting? どれだけの値をつけますか / The commodity was quoted at two dollars. その商品の相場は2ドルだった

— vi ❶ 引用する (*from*); 相場[時価]を見積もる; 値段[相場]を言う ▶quote for these articles これらの商品の価格を見積もる

as quoted (AQ) (メニューなどで)時価の; 見積りベースの ▶ Fees are $90/hr or as quoted per project. 料金は1時間90ドルまたは個別案件ごとの見積りベース

be quoted as saying の言葉を引用すると…と言っている

quote ... unquote いわば, かっこ付き (✚書く場合には引用符で囲まれることを示す: a, quote, pacifist, unquote いうところの「平和主義者」)

— n ❶ 引用語句[文] ▶ air quotes 両手の身振りで示す引用符 (✚話し手が禁句や問題の表現に注を付ける気持ちで用いる) ❷ (略式)相場, 歩合表, 取引価格

put ... in quotes を引用符でくくる

quoted a 上場されている

quoted company (英)上場会社

quoted price 市場相場価格 [⊃ 証券取引所における株価]

quoted share 上場株式, 上場銘柄

quoted stock 上場株式, 上場銘柄

quote driven クォートドリブン, 気配主導型, 呼び値主導型 [⊃ 証券取引所が投資家の注文を集めて売買取引を成立させる方式にはクォートドリブンとオーダードリブンがある. クォートドリブンは, マーケットメーカー (market maker)として登録されている証券会社が気配値を提示し, 投資家が自分に都合のよい価格を提示している証券会社に注文を出して, 売買取引を成立させる方式で, 気配主導型とも呼ばれる. 米国のナスダック (NASDAQ)はクォートドリブン方式を採用している] ⇨ order driven

QVC (~, Inc.) QVC [⊃ テレビショッピング専門の米国のケーブル局. Liberty Media Holding Corp の子会社]

qwerty /kwə́ːrti/ n QWERTYキーボード [⊃ キーボードの最上段にアルファベットのQ, W, E, R, T, Yが順に並んでいるタイプのもの]

QWL quality of working life

R, r

R radius; recipe; registered trademark [⇨記号:®]; right; river; road

R, ℞ recipe 処方(箋) (✚℞ともする. 薬局のマークにも使用)

r. received

RA repurchase agreement 買戻し条件付売買契約; Royal Academy

RAC (英) Royal Automobile Club 英国自動車協会

race¹ /reis/ n 競技, 競争; 《the ~s》競馬; 選挙戦; 急流; 水路 ► a race against time [the clock] 時間との競争 / run a race with と競走する / They will not be in the race to get better working conditions. 彼らにはもっとよい就労条件を得るチャンスはないだろう / Multinational companies are in a race to cash in the third world's cheap labor. 多国籍企業は第三世界の安い労働力で儲けようと競い合っている
— v 競争[競走]する 《with》; 疾走する 《off》; 急いで運ぶ 《to》; 急いで通す 《through》; さっと過ぎる 《by》 ► I shall have to race through it. それを大至急やらなくてはならないだろう / Investors were racing to buy the stocks of the new IT ventures. 投資家たちは新しいITベンチャー企業の株を買うのに先を争っていた

race² n 民族; 人種; 種族; 《the ~》人類; 家系; 子孫; 品種; 仲間

race discrimination 人種差別

race to the bottom 縮小均衡に向かう競争, 底へと落ちて行く競争 [⇨競争激化による失業等労働環境の悪化を言うたとえ]

racial /réiʃəl/ a 人種の, 民族の; 人種[民族]間の

racial equality 人種間の平等確保

racial harassment 人種差別による嫌がらせ

rack /ræk/ n …掛け, …台; 棚; 苦悶; 寝床

on the rack ひどく苦悩して, 心配して
— vt 拷問にかける, 苦しめる; 搾り取る

rack one's brains 知恵を絞る ► We racked our brains to find solutions. 私たちは解決策を見つけるために知恵を絞った

rack up (米略式) を獲得する; (利益・得点などを)上げる; 積み上げる ► rack up debt 借金を重ねる / The financial industry racked up more than $800 billion in losses and write-downs last year. 金融業界は昨年8,000億ドルを超える損失と評価減を抱え込んだ / Securities companies continue to rack up profits. 証券会社は利益を上げ続けている

racket /rǽkit/ n 騒音, 騒ぎ; 《略式》職業, 商売, 不正な商売, ペテン, ゆすり, たかり; 密輸[輸]
► His business sounds like a racket. 彼の商売は話を聞くとペテン[詐欺]のようだ

go on the racket 浮かれ騒ぐ

stand the racket 試練に耐える; (の)責任を負う; 勘定を払う
— vi 騒ぐ, 騒ぎ回る 《about, around》

racketeer /rækətíər/ n, vi 不法者, ペテン師, てき屋; ゆすり; ゆする

Racketeer Influenced and Corrupt Organization Act 暴力支配・腐敗組織取締法 [⇨ Organized Crime Control Act of 1970 の Title X にあたる] ⇨ RICO Act

racketeering n (1) 恐喝, ゆすり (2) ギャング, 密輸者, ゆする人, ペテン師

rack jobber ラックジョバー [⇨小売店舗の一角を間借りし, 自社納入製品を並べる協業型の問屋]

rack rate 宿泊料金

rack-rent n, vt 法外な地代[家賃](を取る)

radar /réida:r/ n レーダー; 自動車速度測定装置 [<radio detection and ranging]

Radburn /rǽdbə:rn/ n ラッドバーン [⇨歩行者と自動車の通行路が明確に区分された歩行者分離システムの発祥の地として有名な米国の住宅地]

radiate v /réidièit/ 放射状に広がる; (喜びで)輝く; (光・熱を)放射する, 発する 《from》 ► The severe drop in the stock market has radiated uncertainty about the economy. 株式市場の急激な落込みは景気についての不確実性を撒き散らした
— a /-ət/ 放射状の

radical /rǽdikəl/ a 徹底的な; 急進的な, 過激な; 根本的な ► The company must undergo radical restructuring in order to survive. 生き残るためには, その会社は抜本的なリストラに耐えなければならない / We've made radical changes to the existing model. 既存の機種を大きく変えた

◇**radically** ad

radio /réidióu/ n 《the ~》ラジオ(放送); 無線電信 [電話]

on the radio ラジオで
— a ラジオの; 無線の ► a radio personality ラジオ番組進行役
— v 無線連絡する; ラジオ放送する
[<radio telegraph(y)の短縮形]

radioactive a 放射能の, 放射性の

radioactive waste 放射性廃棄物

Radio City ラジオ・シティー [⇨ New York 市の中心で RCA ビルと Radio City Music Hall がある]

radius /réidiəs/ n (-dii) 半径; 行動範囲; (車輪の)輻(や); (影響の)範囲; 行動範囲 ► a radius of action 行動半径

within a radius of 半径…以内に
[<ラ]

raffle /rǽfl/ n ラッフル [⇨慈善の富くじ販売]
► Buy raffle tickets and win prizes. 富くじを買って賞を取りなさい
— v ラッフルで売る[に加わる]

raft n 《米略式》たくさん

a raft of 《略式》たくさんの ► A raft of energy-saving measures has been taken. 数多くの省エネ策が講じられている / The company has launched a whole raft of quality cosmetics. その会社は高級化粧品を勢揃いさせて売り出した / As a consultant, he suggested a whole raft of new strategies. コンサルタントとして彼は新戦略をずらりと提案した

rage /reidʒ/ n 激怒, 抑え切れない怒り; 猛威;《略式》(the ~) 大流行しているもの; 人気 (*for*) ► a desk rage 職場での感情的爆発 / a phone rage 電話口での感情的爆発 / be (all) the rage 大流行である / Environmentally friendly products are all the rage recently. 最近は環境に優しい製品が大流行だ

fly into a (towering) rage かんかんになる
in a rage 激怒して
— vi 激怒する (*at, against*); 猛威を振るう; 大流行する (*through*)

Raggedy Ann《商標》ラガディ・アン [⇨米国の玩具. 1915年に発表されたシンプルなスモックを着た赤毛の人形. 2年後には弟のアンディー (Andy) も発売された]

rags-to-riches a ぼろから巨万の富に至る, 極貧から大金持ちになった

rag trade 服飾産業 ► George is in the rag trade and knows how to hold fashion shows. ジョージはアパレル関係の仕事をしているのでファッションショーの開き方を知っている

Ragù《商標》ラグー [⇨米国のスパゲティソースのブランド. 家庭的な味を強調している]

rah-rah *int, a* フレーフレー;《略式》《軽蔑的》熱狂的な, さかんにあおる

raid /reid/ n, v 突然企業買収をしかける; 突然の企業買収

Raid《商標》レイド [⇨米国の殺虫剤. スプレー式でゴキブリや蚊を素早く退治することができる]

raider n (企業の) 乗っ取り屋

rail /reil/ n 横木; 防柵, 手すり; 鉄道; レール
by rail 鉄道で
go off the rails 脱線する; 取り乱す; 道を踏み外す
— vt 柵で囲む (*in, off*); 横木をつける

rail consignment note 国際鉄道物品運送書類 (CIM) [⇨鉄道貨物が良好な状態で引受けられたことを証する書面. 鉄道による貨物の国際輸送に関する統一規則 (CIM) に基づいて発行される]

railroad n, vt《米》鉄道 (RR); 鉄道を敷く [で輸送する]; せかして [無理に] …させる (*into doing*); さっさと追いやる (*to*); (議案を) 強引に通過させる (*through*);《米略式》無実の罪で有罪にする ► work on the railroad 鉄道で働く / We were railroaded into accepting the agreement. 私たちは急がされて無理やりその協定を受け入れさせられた

Railtrack n レールトラック [⇨英国の鉄道保守会社. 2002年破綻し, 現在はNPOのNetwork Railに引き継がれている]

railway n《米》軌道;《英》鉄道
railway builder 鉄道工事会社

rain /rein/ n, v 雨 (が降る), 降雨;《the ~s》雨季; 雨のように降る [降らす]

rain on a person's parade《略式》(人の) 気をくさらせる [⇨好機をだめにする]
(come) rain or shine / come rain or come shine 晴雨にかかわらず ► Come rain or (come) shine, he is always on the job. 明けても暮れても彼は仕事をしている
rain out《英》*off* 雨天順延 [中止] になる [する]
(as) right as rain まったく正常 [健康] な
When it rains, it pours. / It never rains but it pours.《諺》降る時は必ずしゃ降り, 災難は重なるものだ

rainbow /réinbóu/ n 虹 (にじ), 幻の目標 [希望]
at the end of the rainbow 手に入れたいが無理で; 夢のまた夢で (+虹の付け根には a pot of gold「金のつぼ」がある)
chase rainbows「虹を追う」; 手に入らないものを追い求める

rain check 雨天引換券; 招待の順延; 売り切れ商品後日優先サービス券
give [take] a rain check on (都合が悪い際に) また今度にしてもらう約束をする [に応じる] ► We'll give you a rain check on that. その品切れ商品の入荷時優先サービス分をさし上げます

rainmaker n 人工降雨専門家;《略式》(仕事で) 大金を稼ぎ出す実力者;《米》有力ロビイスト

raise /reiz/ vt ❶ (給与などを) 引き上げる, 増やす ► We plan to raise production to 100,000 units next year. 当社は来年, 生産を100,000台にまで増やす予定だ / The country has raised new trade barriers on electronics, cars, clothes, and other imports. 電子機器, 自動車, 衣服, その他の輸入品について, その国は新しい貿易障壁を築き上げた / The company intends to raise the retirement age. その会社は定年を引き上げようとしている / Your landlord may raise your rent if his taxes or operating costs increase. 家主は税金や経費が上がれば家賃を上げるかもしれない / The government will raise income taxes by three percent. 政府は所得税を3%上げる予定だ / We'll have to raise our prices by five percent. 価格を5パーセント上げなければならない

❷ (話題として) 持ち出す, 提示する, 上程する, (社内で案件を) 持ち上げる ► I would like to raise another question with this committee. この委員会に新たな問題を提起したい / Many voices were raised against the decision. その決定に多くの反対の声が上がった

❸ (資金などを) 調達する ► raise funds [money] 資金を調達する / We are going to raise $10,000 through donations. 私たちは寄付で1万ドル集めるつもりです / We need your help to raise money for needy children. 貧しい子どもたちのための資金集めにあなた方の協力が必要です

❹ (伝票などを) 起こす ► raise an invoice 伝票を起こす

raise oneself 身を起こす, 出世する (*to*)
— n 上げること, 高まり;《米》昇給; 増加 ► Man-

agement eventually agreed to a 3% raise in salary. 経営陣は最終的には3％昇給を認めた / He made quite a raise in the California mines. カリフォルニアの鉱山で一山当てた
◇**raised** *a* 高くした, 持ち上がった
◇**raiser** *n*

rake /reik/ *n* くま手, まぐわ, レーキ; 火かき棒
━ *vt* くま手でかき集める 《*in, into, up, together*》; 除く[ならす] 《*off, over*》; (灰を)かき消す; くまなく捜す 《*about, around, round, over, through*》; 暴き出す 《*out, up*》

rake a person over the coals (人を)非難する
rake around in one's memory 記憶の底を探り回る
rake in 《略式》(楽に大金を)荒稼ぎする ► The company raked in record revenues last year. 昨年その会社は記録的な収益をあげた / A lot of game programmers are raking it in. ゲームプログラマーには荒かせぎしている者が少なくない
rake off 分け前, 取り分を得る
rake over old worries [ashes] 古いことを蒸し返す
rake up [together] enough money to do …するだけの金をかき集める
rake up the past 過去を暴きたてる

rake-off *n* 《略式》不正利得; 分け前 ► Some government officials got a rake-off from taxi companies. お役人の中にはタクシー会社からリベートを貰った者がいる

rally /ræli/ *v* 上昇する [⟳特に停滞期を脱する上昇や下降からの反転を指す] ► IT stocks rallied 8.8% to lead the market's advance. IT株が8.8％反騰して相場をリードした / The stock market rallied after a heavy day of trading. 大商いの1日の後で, 市場は反騰した

rally support for / rally to the support of を支援に集まる ► They have attempted to rally support for the strike from other unions. 他の労働組合からのストライキ支援を取りつけようとした

━ *n* ラリー [⟳急激な相場の上昇] ► a rally in stock prices 株価の持ち直し / There is no sign of a rally. 株価が持ち直す気配はない / Some observers think the stock market rally is showing signs of strain. 一部の専門家は, 上げ相場に息切れの兆しがあるとしている / The stronger-than-expected Q2 GDP report caused a sharp rally in the yen against the dollar. 第2四半期 GDP が予想を上回る強さを示したおかげで, 円はドルに対して急伸した

Ralph Lauren (Polo) 《商標》ラルフローレン (ポロ) [⟳米国のデザイナーブランド. 衣料品から香水, ベッド用リネンに及ぶ]

ramp /ræmp/ *n* 傾斜路; (立体交差路の)ランプ; (航空機の)タラップ; 《英略式》法外な値をふっかけること; 新製品の立ち上げ, すべり出し ► Channel inventories are lean exiting the December quarter, which should help clear the way for a successful ramp of the new products. 10−12月期末時点での流通在庫は少なく, 新製品を立ち上げる上で有利に作用している
━ *vi* 怒って飛びかかる; 暴れ回る; (壁などが)傾斜する

ramp up [down] (生産量を)上げる[下げる] ► We need to ramp up capacity to meet demand. 需要に追いつくために生産能力を増強し始める必要がある / Some luxury-goods makers are ramping up production to meet the added demand. 一部の高級品メーカーは需要増に対応するため生産を増強している / The IMF has agreed to ramp up more loans to poor countries affected by the global recession. 国際通貨基金はグローバルな景気後退の影響を受けている貧困国に向けて融資を増やすことに同意した

rampant /ræmpənt/ *a* 猛烈な; 奔放な; (病気などが)はびこる; (植物が)生い茂る ► Rampant unemployment is likely to lead to an increase in crime. 失業の蔓延は犯罪の増加につながりそうだ

ramping *n* 株価のつり上げ工作
ramraiding *n* 《英》車による破壊強奪 [⟳車を店やショーウィンドーに突っ込んで品物を盗むこと]
◇**ramraider** *n*

RAN revenue anticipation note
R&D, R and D research and development 研究開発 ► I have been working in R&D for about 15 years. かれこれ15年, 研究開発に携わっている

R&D expenditure 研究開発費 (=research and development expenditure)

Rand McNally 《商標》ランド・マクナリー [⟳米国の地図, 地球儀などの会社. 自社製品のほかに旅行に必要な製品を販売する小売店チェーンもある]

random /rændəm/ *a, ad* 行き当たりばったりの [に], 無原則な[に], 無作為の[に] ► a random guess 当てずっぽう
at random 手当たり次第に, 無作為に
◇**randomly** *ad*

Random House 《~, Inc.》ランダムハウス [⟳米国の出版社. 創業1897年. 現在は Bertelsmann AG の一部門]

randomize, 《英》**-ise** /rændəmàiz/ *vt* 任意抽出する

random sample 無作為(抽出)標本 [⟳母集団の構成員の選択されるチャンスが等しくなるような仕方で抽出された標本]

random sampling ランダム・サンプリング, 無作為抽出法, 任意抽出法 (=random selection) [⟳一定の母集団からあらかじめ割り当てられた確率で任意の大きさの標本を選択する手続]

random walk theory ランダム・ウォーク理論 [⟳株式などの過去の値動きは将来の相場を占うのに何ら役に立たないとする見方. この立場に立つと罫線分析(テクニカル分析)は存在意義を失う]

R&R rest and relaxation [recreation] 休養, 保養

range /reindʒ/ n (変動)幅, 範囲; ラインナップ ► The yen continued to drop against a range of currencies, hitting an all-time low against the euro. 円は一連の通貨に対して下落を続け、ユーロに対して史上最安値に達した

at close [short, point-blank] range 至近距離で
a wide [whole] range of 広範囲の ► We offer a wide range of investment options to suit our clients' needs. 顧客のニーズに合わせて、投資の幅広い選択肢を提供している
beyond the range of の射程外で
in the range of というくらいの, 約…
out of one's range 手の届かない; 知識外で
outside the range of の範囲外で
top of the range 最高級(品) ► This toaster oven is top of the range. このオーブントースターはその種の最高級品だ
within range of の見える[聞こえる, 届く]ところに
— vt 並べる, 整列させる; 配置する (in); (味方に)加える (with); (対立側に)つかせる (against)
— vi 変動する; (範囲が)及ぶ, わたる ► The monitor comes in all sizes, ranging from 11 inches to 19 inches. そのモニターは、11インチから19インチまで、あらゆるサイズが揃っている
range oneself (結婚して)身を固める; 味方する
Range Rover (商標)レンジローバー [◇英国製の四輪駆動の乗用車]

rank /ræŋk/ n 階級, 順位; 身分; 高い地位; 仲間; 列; タクシー乗り場(のタクシーの列); 横列; (~s)一般社員 [◇組員, 党員]
break ranks 列を乱す; 脱落する
close ranks 列を詰める, 集合する; 結束を固める
go through the ranks たたきあげる, (組織の下端から)一段ずつ昇進していく
high [low] in rank 地位が高い[低い]
join the ranks of の仲間になる
keep rank 秩序を保つ
of all ranks あらゆる階層の
of high rank 地位の高い
of rank 身分の高い
of the first [front, top] rank 一流の
pull rank 自分の地位をかさに着て我を通す (on)
rank and fashion 上流社会
rank and file 庶民; 一般従業員, 現場担当者
swell the ranks (集団の)数を増やす
— v 位置づける; 位置する (above, below, as); 評価する; 並ぶ, 並べる; 部類に入れる (with, among); 《米》より上位にある
rank high among [as] の中で[として]高い地位を占める

rank and file 一般社員, (幹部クラスに対しての)平社員
rank-and-file a 一般社員の, 従業員の
◇**rank-and-filer** n
ranking a, n ❶ 上位の; 《米》最高位の; 卓越した; 位階 ❷ 【社会】格付, ランキング [◇個々人や集団をいろいろな次元に沿って上・中・下のように評価し位置づけること] ► Ranking is the essence of any system of social stratification. 格付は社会を階層化するどんなシステムにとっても不可欠な要素だ

rapid /ræpid/ a 早い, 迅速な; (坂が)急な ► The rapid hike in interest rates has crippled the housing market. 金利の急激な上昇で住宅市場が低迷した / We offer an additional 5% discount for rapid settlement. 早期の決済に対しては5％のディスカウントを上乗せしている
— n (通例 ~s)早瀬
shoot the rapids 急流を乗り切る; 危険なことをする
◇**rapidity** /rəpídəti/ n 敏速; 速度 ► with rapidity 迅速に
◇**rapidly** ad 急速に; 迅速に ► The economy is shrinking rapidly because of its dependence on overseas consumer demand. 海外消費者の需要に依存していたので、その国の経済は急速に縮小しつつある / He rapidly rose through the ranks in the company. 彼は社内の出世街道を驀進した

rapid amortization 加速償却 [◇減価償却に際して初期に多額の償却を行う方法]

rapport /ræpɔ́:r/ n 良好な信頼感, ラポール (with, between) ► have [develop] a good rapport with とよい関係を持つ[つくる] / Establishing rapport with customers helps increase sales. 顧客と良好な信頼関係を築けば売上を伸ばすのに役立つ [<仏]

rare /reər/ a まれな; 珍しい; 希薄な
rarely /réərli/ ad まれにしか…しない; めったに…しない; 非常に, とても ► This sounds routine, but it is very rarely done. これは決まり切った手順のように聞こえるが, 実際にはめったに行われない / The production line rarely breaks down. 生産ラインが故障することはめったにない / Our company rarely uses headhunters to help with recruiting. わが社は人材募集でヘッドハンターの助けを借りることはめったにない
rarely (if) ever めったに…しない
rare metals 希少金属 [◇産出量が少ない金属. ニッケル・コバルト・クロム・マンガン・チタンなど]
RASM revenue per available seat mile
ratable /réitəbl/ a 案分比例による; 《英》課税され得る ► ratable distribution of assets among creditors 債権者間での案分比例による資産の分配
ratable value 課税評価額, 課税標準価格
ratchet /rǽtʃit/ n 歯止め; つめ車
— v 徐々に上げる[上がる] (up); 徐々に下げる[下がる] (down) ► Interest rates have been ratcheting up. 金利は段階的に引き上げられてきた
ratcheting a じりじり上がる ► ratcheting energy prices じりじり上がるエネルギー価格

rate /reit/ n ❶ 値段, 料金; 《英》地方税 ► rates and taxes 地方税と国税 / pay a rate of 10 cents a pound 1ポンド当たり10セントの代金を支払う / cut rates on all home furnishings すべての家具の値段を下げる / What is the rate of pay for this work? この仕事をしていくらもらえるのですか

❷ レート, 率 ▶ an interest rate 利子率, 金利 / a foreign exchange rate 外国為替相場[レート] / a call rate コールレート / a prime rate プライムレート, 最優遇貸出金利 / a dividend rate 配当率 / a federal funds rate フェデラルファンドレート / an applicable tax rate 適用税率 / a base lending rate 基準貸出金利 / an official discount rate 公定割引率(日本では「公定歩合」) / an effective interest rate 実効金利 / a forward exchange rate 先物為替相場 / a rate of economic growth 経済成長率 / benefit from lower interest rates 金利低下の恩恵を受ける / expect interest rates to rise 金利の上昇を予想する / raise the discount rate 公定歩合を引き上げる / hold rates steady 金利を据え置く / hold rates unchanged 金利を据え置く / Credit unions tend to charge **lower rates** on loans and pay **higher rates** on savings account than ordinary banks. 信用組合は普通の銀行に比べてローンには低い利率を課するが, 貯金口座には高い利率をつける傾向がある / What is **the yen-dollar rate** today? 今日の円ドルの為替レートはいくらですか / Factory workers are demanding **a higher rate of** pay. 工場労働者は給料の引き上げを要求している

❸ (保険)料率 (=insurance rate, policy rate, premium rate)

at an alarming rate 恐ろしい速度で ▶ Unemployment in the country is rising at an alarming rate. その国の失業率は憂慮すべき速度で上昇している

at any rate とにかく, いずれにしても; 少なくとも ▶ At any rate, let's move on to the next topic on the agenda. ともかく, 議題の次の項目へ移ろう

at a rapid rate 急速に ▶ The population is aging at a rapid rate. 人口の高齢化は急速に進んでいる

at a [the] rate of knots とても速く
at reasonable rates 手ごろな値段で
at that [this] rate あの[この]ぶんでは
at the rate of の割合で
the going rate for の目下の現行料金

— *vt* ❶ 評価する ((as, among, above)); 等級を決める; 査定[評価]する, 税を課する ((at)) ▶ The house is rated at $100 a month. 毎月の家賃は100ドルです / The bond was rated as junk. その債券はジャンク債に格付けされた ❷ (特定の危険に対する)保険料率を定める ▶ rate up (保険料(率)を)引き上げる

— *vi* 評価される, 地位がある ▶ This book rates with [among] the most important this year. この本は今年のもっとも注目に値する本の一つだ

rateable *a* =ratable
rate card 広告料金表カード
rate-cutting *n* 出来高単価の切り下げ

rate of depreciation 減価償却率, 減価償却費率 [➪ 年間減価償却費と減価償却資産額との割合]

rate of dividend 配当率 (=dividend rate) [➪ 一株当たりの年間配当金の割合]

rate of exchange 為替相場 [➪ ある国の通貨の1単位と他の国の通貨との交換比率]

rate of interest 利子率, 利率

rate of return 利益率, 収益率, 報酬率 ▶ an expected rate of return 期待収益率

rate of return on assets =return on assets

rate of return on equity =return on equity

rate of return on investment =return on investment ▶ achieve an annual rate of return on investment of at least 10 percent 少なくとも10パーセントの年間投資収益率を達成する

rate of return on total assets =return on total assets

rate of turnover 回転率 [➪ 資本の1年間の回転率で, 売上高を資本で除して求め, 資本の運用効率を示す]

rate of unemployment 失業率

rate relief 税率軽減 [➪ 経営が苦しい企業を支援するための一時的な措置] ▶ provide rate relief 軽減税率の適用を認める

rather /rǽðər/ *ad* 多少, やや; ちょっと; かなり, 相当に; むしろ; (or ~)より適切に言えば ▶ "Did you enjoy it?" "Rather!" 「楽しめましたか」「とっても」 / I'd rather hold off from making the purchase for now. ここしばらくは, 買うのを控えようと思います

I'd rather do ... むしろ…したほうがよい(と思う)
not A but rather B AではなくむしろB
rather than …よりはむしろ; の代わりに ▶ Rather than a bad thing, filing for bankruptcy is a way for the automaker to survive. 破産申請は, 悪いことというよりは, その自動車メーカーが生き残るための方便だ

Rather you [her, etc.] than me. それはあなた[彼女, など]の勝手ですが, 私は結構です

would [had] rather A (than B) (Bよりも)むしろ[いっそ]Aしたい ▶ I would rather you hadn't come. 来てもらいたくなかった (✚通例I'd rather ... とする)

ratification /ræ̀təfikéiʃən/ *n* 承認; 【法律】(憲法修正案の)承認; (条約の)批准

ratify /rǽtəfài/ *vt* 批准する

rating /réitiŋ/ *n* ❶ 等級; 信用度; 割当; 見積額; 評価; 定格 ❷ (信用や債務などの)格付 ▶ a credit rating 信用格付 / bonds with a rating of at least AA 最低限ダブルAを付与されている債券 / have [enjoy] a high credit rating 信用格付が高い / assign a rating 格付を付与する / have a Triple-A credit rating トリプルAの信用格付を得ている / obtain a triple-A rating from Standard & Poor's スタンダード&プアー

ズ社からトリプルAの格付を得る ❸ (保険)料率設定 (=premium rating, rate making); (生命保険の)契約査定, 危険査定 (=underwriting) ❹ 【広告】(the ~s) 視聴率 ▶ go up in the ratings 視聴率が上がる ❺ レイティング, 格付 [⚫︎青少年保護を目的として, 雑誌・テレビ・映画・ビデオソフト・コンピュータゲームなどで行われる内容選別のための階層化された準拠枠]

rating agency 格付機関 [⚫︎企業および有価証券などの評価を行う機関で, アメリカではMoody's社やStandard & Poor's社などがある]

rating category 格付区分 ▶ the highest rating category 最高格付会社 / lower the rating category 格付を引き下げる / upgrade the rating category 格付を引き上げる / It is rated in the second highest rating category. それ(債券)は上から2番目の格付を取得している

rating outlook 格付アウトルック, 将来に向けての評価 ▶ Standard & Poor's gave the bond a rating outlook of "positive." スタンダード&プアーズ社はその債券の格付見通しを「ポジティブ」にした

ratings point 視聴率ポイント

ratio /réiʃou, -ʃiòu/ n ❶ (~s)比, 比率; 割合 ▶ a required reserve ratio (準備預金制度における)必要準備率 / a capital ratio requirement 自己資本比率規制 / in direct [inverse] ratio to …に正[逆]比例して / in the ratio of 3 to 2 3対2の割合で / comply with capital adequacy ratios 自己資本比率基準を満たす ❷【経済】率, 倍率, レシオ [⚫︎基本的にratio of A to B (またはA to B ratio)の形で表される. いずれの場合も, toの後にあるBは分母, Aは分子である. たとえば, 株価収益率を意味するratio of price to earningsは, 分子のprice(株価)を分母のearnings(一株当たり利益)で除したもので, 言い換えれば, 株価が一株当たり利益の何倍にあたるかを示す倍率である] ▶ price-earnings ratio 株価収益率

ratio analysis 比率分析 [⚫︎利益を売上で除して売上高利益率を求めるという具合に, 決算書の数字を収益性や支払能力の見地から組合せて分析すること]

ration /ræʃən/ n 割当量; 配給量; (~s) 食料 ― vt 支給[配給]する《to, with》; 配給制度にする
ration out 配給する《to》

rational /ræʃənl/ a 合理的な, 道理にかなった; 理性的な, 理性的な; 有理の
◇**rationally** ad

rationale /ræʃənǽl/ n 論理的根拠《for》[<ラ]

rationality /ræʃənǽləti/ n 合理性 ▶ Rationality must prevail. 合理性が優先されなければならない

rationalization, (英) **-sation** /ræʃənəlizéiʃən/ n 合理化; 正当化 [⚫︎企業がモノ・サービスの生産要素につき効率をよくするため事業を見直すこと] ▶ cost rationalization programs コスト合理化計画 / a rationalization cartel 合理化カルテル

rationalize, (英) **-ise** /ræʃənəlàiz/ vt 合理化する; 理屈づける

ratio of cost to sales 売上原価率 [⚫︎売上原価の利益発生への影響度合を測定するもので, 売上原価を売上高で除して求める. 売上原価率が低いほど収益性は高い]

ratio of gross profit to net sales 純売上高総利益率 [⚫︎売上高(sales)に対する売上総利益(gross profit)の割合で, 売上総利益を売上高で除して求める. 粗利益率(gross margin)とも言われる]

ratio of net profit to sales 売上純利益率 [⚫︎売上高に税負担を考慮しない状況での成果を示す比率で, 税引前純利益を売上高で除して求める]

ratio of operating profit to sales 売上高営業利益率 [⚫︎営業活動自体の成果を示す比率で, 営業利益を売上高で除して求める]

rat race (略式) (the ~) 出世[生存]競争

rave /reiv/ v, n たわ言(を言う); 夢中(になる), 激賞(する)《about》; 非難する《at, against》; (英略式) (一時的)流行 ▶ Users are raving about the product's new features. ユーザーはその製品の新しい機能を絶賛している

get rave reviews [notices] 絶賛を博する

raw /rɔː/ a 生(なま)の; 加工していない; 未熟な; 未処理の

touch a raw nerve / touch [catch] a person on the raw (人の)神経を逆なでするようなことを言う

raw land 未開発な土地, 自然な状態のままの土地, 開発素地 ⇒ vacant land

raw material 原料, 材料, 原材料, 未加工品; 素材 [⚫︎製品の製造のために消費される財貨] ▶ Our raw materials come from USDA approved suppliers. 当社の原材料は米農務省の認可を受けた業者が供給している / A provision to the $800 billion stimulus package bars the use of foreign raw materials in domestic infrastructure projects. 8千億ドルの刺激策に付随する条項は, 国内のインフラ関連プロジェクトで外国製の原材料を使うことを禁じている

raw material cost 原料費, 材料費, 原材料費 (=material cost)

raw materials inventory 原材料在庫

Ray-Ban (商標) レイバン [⚫︎サングラスの国際的ブランド. 現在はイタリアに本社のあるルックスオティカ(Luxottica)のグループがブランド権を持つ]

Raytheon (~ Co.) レイセオン [⚫︎米国の軍用エレクトロニクス・航空機メーカー. 1928年設立. 防空ミサイル Hawk, Patriot, 空対空ミサイル Sidewinder などのほか, 光通信や無線用品などの商用エレクトロニクスも手がける]

RCA Radio Corporation of America RCA社 [⚫︎米国の電機メーカー. 家電部門は仏 Thompson に売却され, レコードは SONY BMG Music Entertainment の一部となっている]

RCE request for continued examination

RD Reader's Digest; rural delivery 地方配達

Rd. road

R/D refer to drawer 振出人回し

RDO rostered day off

re /riː/ prep …に関して (=regarding) ▶ re your

letter dated 2nd inst. 今月2日付の貴信に関し［＜ラ］
Re reinsurance
re- /riː(ː)/「再び」
re-accelerate v 再燃する，再び加速する ► Fears abound that inflation might re-accelerate. インフレが再び加速するかもしれないという恐怖が充満している

reach /riːtʃ/ vt 着く；達する；差し出す (*out*)；手渡しする；(手を伸ばして)取る；動かす；(電話で)連絡する ► His land reaches the edge of the lake. 彼の土地は湖のところまで広がっている / I called but couldn't reach you. 君に電話をしたんだが，連絡がつかなかった / In the currency market, the euro reached a three-month low against the dollar. 通貨市場では，ユーロはドルに対して過去3か月で最低の水準に達した / He couldn't reach his monthly sales target. 彼は月々の売上目標を達成できなかった / We've definitely reached a consensus on price. 価格について私たちは確実に意見の一致を見ています / We've reached agreement on the number of copies you are willing to buy. 購入予定のコピー機の数については合意に達しています
— vi 手を伸ばす；取ろう[得よう]とする (*after, for*)；広がる，届く (*to, into, across, over*) ► The news reached to remote areas of the country. そのニュースは国の隅々まで伝わった
reach ... down from から物を取って下に降ろす
reach out for を取ろうと手を伸ばす
reach out one's hand to [*for*] に手を伸ばす
reach out to [*toward*] に接触しようとする
reach up to に達しようと背伸びする
— n (手などを)伸ばすこと；手足の伸ばせる範囲；理解[勢力]範囲；(~es)広がり，地域，直線流域，リーチ，(広告の)到達率，(◯広告に接触した人の割合)
beyond [*out of*] *one's reach* 手の届かないところに ► That house is out of our reach. あの家はわれわれには手が出ない / The sales target is completely out of reach. 売上高の目標は完全に手の届かないところにある
beyond (*the*) *reach of* の届かない所に
make a reach for を取ろうとする
the far reaches of の遠く[奥]の方
within easy reach 楽に行ける[届く]
within [*out of*] (*the*) *reach of* の手の届く[届かない]所に
◇**reachable** a
reacquaint vt 再び知らせる；再び習う
react /riˈækt/ vi (刺激などに)反応する (*to, upon*)；反作用する；反抗する (*against*)；逆行する ► Workers reacted in outrage at the announcement of the plant closing. 工場閉鎖の発表に労働者は憤慨で反応した
slow to react 反応が鈍い
reaction /riˈækʃən/ n ❶ 反応 (*to*)；反作用，反動 (*against*)；保守，(政治上の)保守的傾向 ► Investors had mixed reactions to the government's stimulus package. 投資家は政府の景気刺激策に対して賛否両論だった / Quality is most often defined by the reaction of the customer who buys and uses the product. 品質はその製品を買って使用する顧客の反応によって定められることが多い ❷【証券】(株価上昇後の相場の)反落，急落，反動
have a bad reaction to (薬)に副[過敏]作用を起こす

reactive marketing リアクティブ・マーケティング [◯先手を打っていく事前対応型のプロアクティブ・マーケティングに対して，客からの問合せなどを待つ事後対応型のマーケティング]
read¹ /riːd/ vt 読む (*that*)；読解[理解]する，解釈する (*as*)；読み取る (*from, in, into*)；見抜く；示す；【コンピュ】(データ・プログラムなどを)読み込む (*in*)；(データ・プログラムなどを)読み取る (*out*) ► We could read that interest rates would fall soon. 利率はまもなく下がることが読み取れた
— vi 読む (*about, of*)；読書する；勉強する (*for*)；(のように)読める；(と)書いてある (*thus, as follows*)；(と)解釈される；【コンピュ】データなどを読み取る ► I read about the takeover in today's paper. 乗っ取りを今日の新聞で知った
read a person like a book (人の)考えが手に取るように分かる
read a person out of から(人を)除名する
read back 読み返す
read between the lines 言外の意味を読み取る
read into 深読みする
read out 読み上げる，読み出す ► I'll read out the minutes from the last meeting. 前回の会議の議事録を読み上げます
take ... as read (英)当然の通り間違いないと見なす，当然そうなるものと考える (*that*)
— n (英)読書時間；読むこと；読み物，「読み」
have a read of をちょっと読む ► We still don't have a read on the competition yet. 競争相手の会社についてはまだよく分かっていない
◇**readable** a 読みやすい，読んでおもしろい
read² /red/ v read¹の過去・過去分詞
— a 精通している ► a well-read person 博学の人
be widely read in によく通じている
reader /ˈriːdər/ n 読者；読書家；読本；出版顧問，リーダー；校正者；朗読者；(英)(大学の)リーダー，副教授 [◯professorとsenior lecturerとの間]；(米) (professorの)助手；【コンピュ】読み取り機 [◯バーコードリーダー，スキャナーなど]
Reader's Digest (商標)『リーダーズ・ダイジェスト』 [◯健康，スポーツ，教育など幅広い記事を掲載する米国の家族向け月刊誌．ダイジェストの名が示す通り，他誌の記事を簡約したものが多い]
readership n 購読者数[層]
have a readership of (ある数の) 読者を持つ
readily /ˈrɛdəli/ ad すぐに，容易に；快く ► readily available 容易に入手できる / Credit was readily available during the economic

bubble. バブル経済の時代には信用は簡単に入手できた

reading n 読書; 学識; 読み物; 解釈; (計器の)示度 (on); (議会の) 読会

have a reading knowledge of (言語) が読める

readjust vt 再調整する (to) ▶ We'll have to readjust these figures. これらの数字は再調整する必要がある

readjustment n ❶再調整 ▶ make readjustments 再調整する ❷自主整理, 会社再建 [⇒法的な手段によらずに, 株主, 債権者などの支援により会社の整理, 更生を行うこと. 会社更生(reorganization)ほど徹底的なものではない]

re-advertise v 再広告する

re-advertisement n 再度の広告(掲載)

ready /rédi/ a 用意[準備]ができた (for, to); 喜んで…する (to do); …しがちな (to do); 今にも…せんばかりの (to do, for); 即座の; 素早い; (金が)すぐに使える; 便利な ▶ (Are you) ready to order? (レストランなどで) 注文はもうお決まりですか / Our operators are ready to take your order. いつでもオペレーターがご注文を承ります

be ready when you are (略式) あなたさえよければこっちはいつでもいいのですが

be ready with を用意している ▶ Please be ready with your order number. ご注文番号をご用意ください / The Fed must be ready with a plan to prevent inflation when the economy recovers. FRBは, 景気が回復したときに, インフレを阻止する計画を用意しておかなければならない

get (oneself) ready for の用意をする ▶ Have you gotten ready for the trade show? 展示会の準備はできましたか

get ready to do …する用意をする ▶ We're getting ready to open a new branch. 新しい支店を開設する準備が着々と進んでいる

have ... ready を用意している ▶ Could you have the estimate ready by tomorrow? 明日までに見積もりも用意していただけますか

make [get] ready for の準備をする

ready and waiting 準備が整って出番を待つばかりで

ready to hand 手もとにある

— vt 用意[準備]する ▶ A bus is readied for the party. バス1台がその一行のために用意されている / The Government is readying itself to cope with an aging society. 政府は高齢化社会に備えつつある

— n (the ~, (the) -ies) (略式) 現金 ▶ Have you got the ready? 現金を持ってるかい / Please send me $500 in readies. 現金で500ドル送ってください

at the ready (すぐに使えるように) 用意して

— ad 前もって; 準備して ▶ ready cooked [mixed] 調理[調合]済みの

ready-made ready-made a, n 出来合いの; 既製品(の); (意見などが) 受け売りの; 好都合の

ready money 現金, 即金

ready-to-wear n, a 既製服(の)

reafforestation n (英) 植林 ▶ Maintain future timber stocks through reafforestation. 植林で将来の木材資源を維持しなさい

Reaganomics /rèigənámiks/ n レーガノミックス [⇒Reagan 大統領の経済政策. 減税による経済成長, 規制撤廃, 金融引き締めを柱とした]

real /ríːəl, riːl/ a ❶真の, 本当の; 本物の, 真正の; 現実の, 実存する ▶ get real 現実的になる / Please give me your real feelings towards the proposed changes. 変更案をどう思うか, 本当のところを聞かせてください / Global warming poses a real threat to agricultural production. 地球温暖化は農業生産に現実の脅威をもたらす / It's a bookkeeping convention, not a real outlay. それは簿記の約束ごとで, 本当の出費ではない ❷ 【法律】不動産(real property)の (⇔ personal) ▶ real rights 物権 ❸ 【経済】実際の, 実質の (⇔ nominal) [⇒名目に対する語で, 物価変動分を考慮してという意味で用いる] ▶ increase by 5% in real terms 実質ベースで5パーセント増加する / Though the GDP is forecast to fall by 2%, the real performance of the economy may be much worse. GDPは2%減ると予測されているが, その国の経済の実態はもっと悪いかもしれない

the real thing 本物, 実物, 本番

— ad (米略式) 本当に, まったく ▶ real good すごくよい

— n (次の成句で):

for real (略式) 本当[実際]に; 本気の[で]; 本物の

real account 実在勘定 (=balance sheet account) [⇒実在しない価値である費用や収益の勘定(名目勘定)に対して, 財産(ストック)という実在の価値の増減を記録する勘定]

real asset 不動産, 実物資産 (=real estate, immovables, real property) [⇒土地, 建物などをはじめとする土地に定着した資産]

real cost 実質原価, 実質的コスト [⇒インフレーションなどの影響を排除した貨幣単位原価]

real economy 実体経済 (⇔financial economy) [⇒経済システム全体を生産や消費などの実体面と貨幣・金融面に分けて見た場合, 実体面に言及するときに用いる言葉. 国内総生産(GDP)は一国の実体経済の総量を示している] ▶ The turmoil in the financial market has had a deep impact on the real economy. 金融市場の混乱は実体経済に深刻な影響を与えた

real estate (米) 不動産 (=(英)property) [⇒土地およびその定着物(建物等)] ▶ real estate speculation 不動産投機 / real estate income 不動産所得 / invest substantial amounts of money in real estate 不動産にかなりの金額を投資する / Approximately 60 percent of the bank's non-performing assets are secured by **residential real estate**. その銀行の不良債権のおよそ6割は住宅用不動産が担保になっている / Developing real estate is riskier than simply purchasing real estate. 不動産開発をする方が単に不動産を買い付けるよりリスクが大きい / The company owns some **prime pieces**

of real estate in New York. 同社はニューヨークで不動産の優良物件をいくつか持っている / The run-up in **commercial real estate values** has finally run its course. 商業不動産価格の急騰もようやく一段落した / We are not in the business of **investing in real estate**. 当社は不動産投資に携わっていない / Nonperforming loans began to increase after **the real estate bust**. 不動産バブルがはじけた後, ローンの焦げ付きは増加し始めた

real estate agency 《米》不動産業者(=《英》estate agency)

real estate appraiser 不動産鑑定士, 不動産鑑定評価人

real estate broker 不動産取引仲介業者, 不動産仲介人 [⇨不動産取引において仲介業務を行う宅建業者(不動産業者)を指す]

real estate company 不動産会社

real estate investment 不動産投資

real estate investment trust 《米》不動産投資信託, リート (REIT)

> 解説　不動産投資の運用益を目的とする会社型の投資信託. 投資家から資本が集まった段階で, リートは証券取引所に上場される. 集めた資金で, アパート, オフィスビル, ショッピングセンター, ホテル, 病院, 産業施設など各種の不動産に投資し, 収益を出資者に還元する. リートには, 直接に不動産に投資するエクイティ・リート(equity REIT), 不動産担保ローンに投資するモーゲージ・リート(mortgage REIT), 混合型のハイブリッド・リート(hybrid REIT)がある. リートは課税所得の90%を出資者に分配しなければならない. また, 所定の要件を満たすことにより, リートは法人税免除の特典を受けることができる

real estate lease 不動産リース

real estate loan 不動産担保融資 [⇨不動産を担保とした貸付金] ► A commercial real estate loan is normally secured by a rental property. 商業不動産ローンは, 通常, 賃貸物件が担保となっているものだ

real estate management 不動産管理

real estate manager 不動産管理者

real estate market 《米》不動産市場(=《英》property market)

Real Estate Mortgage Investment Conduit レミック (REMIC) [⇨異なる種類の住宅ローンのプールを担保にして証券化商品を作り出せる発行体. MBSやCMOといったモーゲッジ証券が同種のローンを担保にしているのと異なり, 満期が違い, リスク度(格付)も違う商品を提供できる]

real estate mortgage loan 不動産モーゲージ・ローン, 抵当融資

real estate tax 《米》不動産税

real exchange rate 実質為替レート [⇨自国物価変化率に対する自国通貨で表示された外国物価変化率の比率]

real GDP =real gross domestic product

real GNP =real gross national product

real gross domestic product 実質国内総生産, 実質GDP (=real GDP) [⇨名目国内総生産(nominal gross domestic product)から物価変動の影響を取り除いたもの. 経済成長率は実質GDPを用いて計算される] ⇨gross domestic product

real gross national product 実質国民総生産, 実質GNP (=real GNP) [⇨名目国民総生産(nominal gross national product)から物価変動の影響を取り除いたもの] ⇨gross national product

real growth rate 実質成長率

realia /réiliə/ *n pl* 実物(教材)

real income 実質所得 (⇔nominal income) [⇨名目所得から物価の変動による影響を引いたもの] ► real income growth 実質所得の伸び

real interest rate 実質金利, 実質利子率 (⇔nominal interest rate) [⇨名目利子率からインフレ率を引いたもの]

realistic /ri:əlístik/ *a* 現実[写実]主義の 《*about*》 ► We believe that the sales goal we've set are realistic. われわれが設定した売上高の目標は現実的だと思います
◇**realistically** *ad*

reality /riǽləti/ *n* 現実(性); 実在; 迫真性; 実体, 本性 ► We have to face the reality that this year is going to be very tough for the company. 今年は会社にとってきわめて厳しい年になる, という現実を直視しなければならない

become a reality 現実になる ► Through the Internet, global communication has become a reality. インターネットを通じて全世界のコミュニケーションが現実のものとなった

in reality (ところが) 実際には; 本当に ► In reality, customers are willing to pay more for better service. 実際には, もっとサービスがよければ, 客は厭わずにそれなりの代価を払う

make ... a reality を現実にする

make reality out of a dream 夢を現実にする

The reality is that ... 実際のところ…だ

turn ... into a reality を現実にする

reality check 現実直視

realizable /ri:əláizəbl/ *a* 実現可能な
◇**realizability** 実現可能性

realizable value 実現可能価額 [⇨売価で評価した資産の評価額]

realization, 《英》**-sation** /ri:əlizéiʃən/ *n*
❶ (空想・計画などの) 実現化, 成就; 理解, 認識
❷ 〖会計〗実現 [⇨資産の市場価値の変動を資産の売却時に認識する会計処理]

realization basis 実現主義, 実現基準 (=realization criterion, realization principle) [⇨財貨および用役が販売された時に収益を認識する基準]

realization concept 実現概念

realize, 《英》-ise /ríːəlaiz/ *vt* ❶ 実現する; 悟る, 実感する; 如実に示す 《*that*》; 現金に換える; (利益を) 得る, もたらす 《*on*》; 売上が…になる ► My worst fears were realized. もっとも

恐れていたことが起こった / She realized $5,000 from the investment. 彼女はその投資によって5,000ドル儲けた / The company realized a large profit on the new product. 会社は新製品で期待通りの大きな利益を得た / The government has announced a series of policies to realize a low-carbon economy. 政府は低炭素経済を実現するための一連の政策を発表した / He realized his dream of setting up his own business. 彼は自分の会社を設立する夢を実現した / They realized this plan was unrealistic. 彼らはこの計画が非現実的だということを悟った
❷ [会計] 実現する, 換価する

realized capital gain 実現資本利得 [◇収益計上基準である実現の要件を満たした資本利得]

realized gain 実現利益 [◇実現の要件を満たした利得]

realized loss 実現損失 [◇販売された資産の損失]

realized value 実現価値

real ledger 実質固定資産元帳 [◇どういう固定資産があり, いつ, いくらで取得したかなどを記録する]

reallocate *vt* 再割当 [配分] する

really /ríːəli, ríːli/ *ad* 実際には; 本当には [に]; まったく ▶ That's a good idea, really. それはまったくいい考えだ (✚同意・強調を表す) / Not really. ところが, そうじゃないんだ / He was really excited when he got the promotion. 昇進が決まったとき, 彼はほんとうに興奮していた / You can find really cheap houses out on the market today. 今なら市場で, ほんとうに安い家が見つかりますよ / I really don't know if the plan will work. 計画がうまくいくかどうか, 本当のところ分からない

real money (手形・小切手などに対して) 現金; (略式) 自国の通貨; (略式) 大金; 実質貨幣

real price 実質価格, 真正価格

real profit 実質利益

real property 《米》不動産; 不動産所有権 [◇不動産所有に由来するすべての権に]

real property tax 固定資産税

real time [ビーム] リアルタイム, 実時間

real-time *a* 待ち時間なしの; [ビーム] 実時間の

real-time company リアルタイム企業 [◇顧客, 取引先等会社内外とのコミュニケーションがインターネットの利用等により即時に処理されている企業]

realtor /ríːəltər/ *n* 不動産業者 (real estate agent) (=《land [house, estate] agent)); 《R-》《米》公認不動産業者 [◇全米不動産業者協会 (National Association of Realtors) 公認の不動産仲介人]

real transaction 実物取引

realty /ríː(ː)əlti/ *n* 《米》物的財産, 不動産 (=real estate)

real wage 実質賃金 [◇消費者物価指数の変動に基づいて修正した賃金]

ream /riːm/ *n* (用紙の) 連 (れん) [◇=20 quires. 《米》500枚; 《英》480枚]; 《~s》大量

reap /riːp/ *vt* 刈り取る ▶ The company reaped huge profits from the sale of its subsidiary. 同社は子会社の売却で巨額の利益を手にした

reap the fruits of の成果を得る

reappear *vi* 再び現れる, 再現 [再発] する
◇**reappearance** *n*

reapply *vt* 再び適用する
— *vi* 再び申し込む

reappoint *vt* 再任する

rearrange *vt* 配列し直す; 再整理する; (約束の) 日時を取り決め直す

rearrangement *n* 再配列; 再整理; 取り決め直し

reason /ríːzn/ *n* 理由, 動機 (*for, why, to do*); 理性; 道理; 分別; 正気 ▶ What reasons do you have for objecting? どういう理由で反対するのですか

all the more reason to do [*for doing*] それだからこそ…すべきだ

as reason is 当然のことだが

bring a person to reason (人を) 自覚させる; 納得させる

by reason of のために, の理由で

for a good reason ちゃんと理由があって ▶ For a good reason, investors remain cautious as they wait for the release of bank stress test results. 投資家は銀行のストレステストの結果が発表されるのを待っているので, 当然のことながら, 慎重な態度をとり続けている / He was absent from work for a good reason. 彼が仕事を休んだのは, しかるべき理由があったからだ

for no other reason than というだけの理由で

for no (apparent) reason (はっきりした) 理由もなしに ▶ For no reason, he decided to withdraw from the deal. 訳もなく, その取引から手を引くことを決めた

for reasons best known to oneself (私には解せないが) それなりの理由があってか

for reasons of の理由で

for some reason (or other) / ***for one reason or another*** どういうわけか ▶ For some reason or other, the meeting has been canceled. どうしたわけか, 会議は取り止めになった

have every [*good*] ***reason for*** [*to do*] (する) 理由が十二分にある ▶ I have every reason to demand a refund. 私には払戻しを要求する十分な理由がある

in reason 道理上; 理にかなう

out of (all) reason 道理に合わない

stand to reason 理にかなう

the reason is because [*that*] 理由は…だからである ▶ The reason for the long delays was because the costs greatly exceeded the original estimates. 大幅な遅れは当初の見積りよりはるかにコスト高になったためであった

within reason 良識的な範囲内で; 道理にかなう

with reason もっともで

— *v* 論じる, 推論する (*about, on, upon, that*)

reason a person into [*out of*] (人に) …を説得し

てさせる[やめさせる]
reason out を推論する
reason with 道理を説いて聞かせる ► It's impossible to reason with him. あの人と理詰めに話をするのは不可能だ

reasonable *a* ❶ 理にかなった;(値段が)相応な;分別のある ► Considering it's during the peak travel season, I think you got a reasonable deal on the airfare. 旅行シーズンの最盛期であることを考えれば,貴方が買った航空券は割安だったと思います / He gave a reasonable explanation for the need to restructure the organization. 組織再編の必要性について,彼は筋の通った説明をした ❷ 【法律】合理的な,相応な,妥当な ► a reasonable man 通常人[⇨過失責任を問う時の前提である注意義務の程度を示す,一つのカテゴリー]/ reasonable time 相当な時間

reasonable assurance 合理的な保証 [⇨一般に認められた監査基準(GAAS)に従って実施される監査は,財務諸表上重大な誤りがないことにつき絶対的な保証を与えるものではないものの,高度の保証(high, but not absolute, level of assurance)を与えるものであることを指す] ► Our supplier gave us reasonable assurance that prices would not go up. 価格は上がらないでしょう,と当社のサプライヤーは理にかなった保証をしてくれた

reasonableness *n* 妥当性, 合理性
reasonable price 適正価格
reasonable royalty 合理的実施料 [⇨米国における知的財産権の侵害に対する損害賠償額の算定基準,侵害者が実施許諾を受けていれば支払うはずであった実施料]

reasonably *ad* 合理的に, 手ごろな値段で ► reasonably priced housing 手ごろな価格の住宅 / The amount of loss can be reasonably estimated. 損失額は合理的に見積もり可能である / Based on first quarter results, it's reasonably clear that the economy is on the path of recovery. 第2四半期の結果から見て,景気が回復途上にあることはまず間違いない

reassess *v* 再評価する; 査定し直す; 再び課する
reassessment *n* ❶ 再評価 ❷ 【会計】更生決定
reassign *vt* 再び割り当てる; 再譲渡する; 配置転換する
◇**reassignment** *n*
reassurance *n* ❶ 安心感; 再保証 《that》 ❷《英》(生命保険の)再保険 (=《米》reinsurance)
reassure *vt* 安心させる 《that》; 再保証[再保険]する ► The company tried to reassure consumers of the safety of its products. その会社は消費者に自社製品の安全について安心感を与えようとした
◇**reassuring** *a* 元気づける; 安心させる; 頼もしい

rebadge *n* ❶ リバッジ [⇨ある国で売られていた製品の名前・ブランドを変えて別の国で売ること]
❷ 社名変更に伴う看板のかけ替え

rebalance *v* バランスを取り戻す; 【金融】(ポートフォリオを)リバランスする [⇨値下がりした銘柄を買い増し,値上がりした銘柄を売ることによって,ポートフォリオの構成を当初に意図した姿に戻すこと. ポートフォリオを構築して時間が経過すると,組み込まれた銘柄の時価の変動によって,当初のバランスが崩れるので,一定期間ごとに rebalance が必要とされる]

rebalancing *n* バランスの再調整 ► Your investment portfolio needs rebalancing periodically. あなたの投資ポートフォリオは定期的にリバランスする必要がある

rebar /ríːbɑːr/ *n* 鉄筋

rebate /ríːbeit/ *n* ❶ (商品・サービス代金・利息・賦課金などの一部の) 割戻し, 払戻し, リベート ► a sales [purchase] rebate 売上[仕入]割戻し / a tax rebate 戻し減税, 税払戻し ❷ 【ﾏｰｹﾃｨ】 リベート [⇨取引先に対して,自社製品の販売促進を促す奨励金・報奨金] ► grant a rebate 販売奨励金を支払う ❸ (保険料・手数料の)割引, 払戻し(金), リベート
— *vt* 割戻し[払戻し]する ► The financial company will rebate unearned interest to a borrower if the loan is paid off before maturity. その金融会社は期限前に借入金を返済する者に未経過分利息を払い戻す

rebid *v* 再度入札する
— *n* (同じ人の)2回目の宣言
rebook *vt* 再申請する
reboot *v* 【ｺﾝﾋﾟｭｰﾀ】(コンピュータを)再起動する
rebound /ribáund/ *vi, n* 跳ね返る[り]《*from, to, on, upon*》; 回復(する); 反動 ► Demand for Asian exports will rebound before too long. アジア諸国の輸出に対する需要は近い将来に回復するだろう / The stock market rebounded from last week's slump. 株式市場は先週の暴落から反発した / Housing starts and building permits rebounded last month. 先月,住宅着工数と建設許可数は以前の水準を回復した
on the rebound 跳ね返りで;(失恋の)反動から;(人気が)回復して

rebrand *n* リブランド [⇨有名ホテルチェーンが買収先のホテルの名称を自社名を冠したものに変えるというように,ブランドを刷新すること]

rebranding *n* リブランディング [⇨名称,ブランドを変更し,イメージチェンジを図ること]

rebuff /ribʌ́f/ *n, vt* 拒絶(する)
meet with a rebuff ひじ鉄を食らう

rebuild *vt* (-built) 建て替える; 再建する ► The new CEO faces the challenge of rebuilding staff morale. 新任のCEOはスタッフの士気を立て直すという挑戦に直面している / How much does it cost to rebuild your house? あなたの家を建て直すのにいくらかかりますか

rebut /ribʌ́t/ *vt* (-tt-) ❶ 反駁(はく)する; はねつける ❷ 【法律】反証する, 反論する

rebuttal /ribʌ́tl/ *n* 反証, 反証提出

recall /rikɔ́ːl/ *vt* 思い出す[出させる]《*having done, doing, that*》; 呼び戻す《*from*》;(外交官を)

召還する; 《米》免職にする, リコールする; 回収する; 回復させる; 『コンピュ』(データを) 画面上に呼び出す ▶ I can't recall the brand name. ブランド名を思い出せない / The company recalled the products to cut the risk of accidents. 事故のリスクを減らすため, 会社はその製品を回収した / The company may have to recall these motorcycles. 同社はこれらのオートバイのリコールに追い込まれるかもしれない

as I [you might] recall 《慣式》確か, ほら

— *n* ❶ 呼び戻すこと, 召還; 回想; 撤回; 解任, リコール 『コンピュ』[⚪ 不良・欠陥商品の回収] ❷ The recall of laptop batteries caused the computer maker more than $350 million. ラップトップの電池のリコールはそのコンピューター製造会社に3億5千万ドルを超える損害をもたらした

beyond [past] recall 取り消すことのできない; 思い出せない

◇**recallable** *a*

recall method 想起法 [⚪ 広告の認知度を測定する方法]

recall of witness 証人の再尋問; 証人尋問の再開

recapitalization, 《英》**-sation** *n* 増資, 資本構成の是正 [⚪ 資本金や払込剰余金の金額を変更すること]

recapitalize, 《英》**-ise** *vt* 増資する, 資本構成を変える

reception *n* 〖法律〗自力取り戻し [⚪ 侵奪者からの奪還または契約による権利者の取戻し行為]

recd. received

recede /risíːd/ *vi* 退く; 手を引く 《*from*》; 引っ込む; 後退する; 落ちる ▶ Farming subsidies have receded in recent years. 近年, 農業の補助金は減少している

recede into the background 目立たなくなる

receipt /risíːt/ *n* 領収(書), 受領(書), 受取; 《~s》収入金 ▶ acknowledge receipt 受領を確認する / issue a receipt 領収書を発行する / Could I have a receipt? 領収書をいただけますか / We don't make any exchanges without a receipt. 当店では領収書がない品物の交換はいたしません

in receipt of を受け取って ▶ I am in receipt of your letter dated March 10. 《商用文》3月10日付の貴簡を拝受いたしました

make out a receipt 領収書を書く

on (the) receipt of を受け取り次第 ▶ Your product will be shipped within five business days on receipt of payment. ご注文の品は, 代金を受け取り次第, 5営業日以内に発送いたします

— *vt* (領収書に) サインをする; 領収書を出す

receivable /risíːvəbl/ *a* 受領し得る

— *n* 売掛金, 売上債権 [⚪ モノ・サービスを提供したが対価を収受していない売主の債権。買手側から見ると買掛金になる]; 受取勘定 ▶ assignment of receivables 受取債権の譲渡 / collect receivables 売掛金を回収する / liquidate receivables 売掛金を現金化する / uncollectible receivables 回収不能の売掛金, 焦げつき売掛金 / outstanding receivables 未収の売掛金 / overdue receivables 期限を超過した売掛金 / The practice of extending a customer's receivables is a norm and convenience. 顧客の受取勘定を延期する習慣は一般的な便宜である

receivables turnover 売上債権回転率, 受取債権回転率 (=turnover of receivables) [⚪ 売上債権の回収速度を示す比率で, 売上高を売上債権で除して求める]

receive /risíːv/ *v* 受け取る 《*from*》; 受け入れる 《*as*》; 容認する; 収容する; 迎え入れる 《*into*》; 出迎える, 歓迎する; 聴取[受信]する; 受容する ▶ I received a salary raise recently. 最近昇給が認められた / She received the job offer with joy. 彼女は喜んで仕事の申込に応じた / The automaker received over $15 billion in emergency loans. その自動車メーカーは150億ドルを超える緊急融資を受けた / During the sale, you can receive a discount on selected items. セール期間中, 対象商品については割引させていただきます

Received with thanks the sum of 金…領収しました ▶ Received with thanks the sum of $100. 《商用文》金100ドルありがたく受領いたしました

received *a* 受け入れられた

the received wisdom is that 一般の見解は

receiver /risíːvər/ *n* ❶ 受信機[器]; 受話器 (=telephone receiver) ❷ 管財人 [⚪ 破産手続が開始された会社のため裁判所が選任する管理人]

in the hands of the (official) receiver 破産管財人が管理して

receiver in bankruptcy 破産管財人

receivership *n* 管財人の職務

in receivership 管財人が管理中で

receiving office 検数部門 [⚪ 納品された品目・数量を納品書と照合し, 確認する部署]

receiving order 《英》(破産の際の) 財産管理命令 [⚪ bankruptcy order とほぼ同じ]

recent /ríːsnt/ *a* 近ごろの; 新しい ▶ The recent rise in oil prices has stifled consumer spending. 最近の石油価格の上昇は個人消費を抑制している

in recent memory 記憶に新しい中では

in recent years 近年は ▶ The company has received a number of government contracts for satellite construction in recent years. 最近の数年間に, 同社は人工衛星の製造について多くの政府契約を受注した

recently /ríːsntli/ *ad* 近ごろ (✤ 過去・現在完了と使用) ▶ The product was discontinued recently. その製品は最近製造中止になった

as recently as ほども最近に, ようやく ▶ As recently as three years, our company had the top market share. ほんの3年前には, 当社は市場占有率でトップだった

until (quite) recently (ごく)最近まで

reception /risépʃən/ n 受け取ること, 受理; 収容; 入会(許可); 応接, 接待, 歓迎(会); 評判; 感受; 是認; 受信(の具合); (ホテルの)受付
▶ a closing reception 打上げレセプション / an opening reception オープニング・レセプション / a welcome reception 歓迎レセプション / attend a reception レセプションに出席する / give a reception レセプションを開く / hold a reception レセプションを開く / invite to a reception レセプションに招待する / Please ask for me **at reception**. 受付で私を呼び出してください / Please sign in **at reception**. 受付でお名前をお願いします / We'll wait for you **in reception**. われわれは受付でお待ちすることにします / I left a message **with reception**. Did you get it? 受付にメッセージを残しておきました. 受け取られましたか / Management said **the reception** and bookings for the new product have been strong. 経営陣は新製品の受けが良く予約も好調だと述べた

get [meet with, be given] a favorable reception from から好評を得る

reception desk (会社などの)受付(カウンター), (ホテルの)フロント
receptionist n 応接[受付]係
recess /risés, rí:ses/ n ❶ 休み; 《米》休会, 休憩時間 ❷【法律】休廷; 閉会期間
at recess 休憩時間に
go into recess 休会する
in recess 休会[休廷]して
— v 《米》中断させる; 休む

recession /riséʃən/ n ❶ 退去; (壁などの)凹所; 返進 ❷ 景気後退, リセッション

> 解説　景気の一時的な後退. 経済学では景気循環(economic cycle)の後退局面(contraction phase)を言う. 米国では一般的に GDP が2四半期連続して下落することがリセッションとされているが, 公式には全米経済研究所(National Bureau of Economic Research)が状況を総合的に判断してリセッションを認定する. 全米経済研究所のリセッションの定義はa significant decline in economic activity spread across the economy, lasting more than a few months(経済活動の顕著な衰退が経済全体に広がり,それが数か月以上続くとき)である. 近年の例では,ハイテクバブルが崩壊した2001年3月から12か月間がリセッションと認定されている. 景気後退になると, 生産活動の低下や失業率の上昇が起こるが, 景気後退よりさらに状態が悪化すると不況(depression)と呼ばれる

▶ a stagnating recession 停滞しつつある不景気 / enter a recession phase 景気の後退局面に入る / be hard hit by the recession 景気後退の影響をもろに受ける / overcome the recession 不況を克服する / aggravate recession 不況を悪化させる / stave off recession 不況を回避する / Japan is being blamed for exporting its way **out of recession**. 日本は景気後退から脱却するための活路を輸出に求めている点で非難されている / The Japanese economy is still climbing **out of recession**. 日本経済は景気後退を脱しようといまだにもがいている状態だ / The economy is **on the brink of recession**. 経済は景気後退の瀬戸際にある / The economy is stuck **in the worst recession** ever. 景気は史上最悪の景気後退で動きがとれない

recessionary a 景気後退を招く, 景気を下押しする ▶ recessionary factors 景気後退要因 / recessionary pressures 景気の下押し圧力
recharge vt 再充電する
◇**rechargeable** a
recipe /résəpi/ n 調理法; 処方 (✚RまたはRと略す); レシピ; 秘訣 (*for*)
be a recipe for (結果)をもたらすものだ[<ラ:…を取れ(処方箋の冒頭の語)]
recipient /risípiənt/ n, a 受取人, 受領者; 受給者; 受け入れる ▶ Those in the low-income bracket will be the main recipients of the tax cuts. 低所得区分の人たちは減税の主たる受益者になるだろう
reciprocal /risíprəkəl/ a 相互の, 互恵的な; 返礼の; 逆の
— n ❶ 相対[相当]物; 逆数 ❷《米》(非営利)相互保険(組織), レシプロカル
◇**reciprocally** ad
reciprocal exchange 《米》(非営利)相互保険(組織), レシプロカル (=reciprocal)
reciprocal insurance 《米》(非営利)相互保険(組織), レシプロカル (=reciprocal)
reciprocity /rèsəprásəti/ n 互恵主義 ▶ enjoy a cooperative relationship based on reciprocity 互恵関係に基づく協力関係にある
recital /risáitl/ n (証書・その他法律文書の)書き出し部分, 説明部分; (訴答手続における)説明的陳述; 裁判管轄の基礎となる事実の言明
reckless /rékləs/ a 無謀な; 気にかけない (*of*)
▶ reckless driving 危険運転 / A cause of the housing crisis is reckless lending. 住宅危機の原因は無謀な融資だ
◇**recklessly** ad
reckon /rékən/ vt 数える, 計算[合計]する (*up*); 推定する ▶ He reckoned that he had an average of ten visitors a day. 計算してみると毎日平均10人の客があった / I reckon he was right about that. その点は彼の言い分が正しかったと思う / How much do you reckon it will cost? コストはどのくらいだと思う？ / The global coffee market is reckoned to be worth $50 billion. コーヒーの世界市場は500億ドル規模と推定されている
— vi 数える, 計算する; 当てにする (*on*)
reckon in を計算に入れる
reckon with を考慮に入れる; を処理する
reckon without を考慮に入れない
to be reckoned with 無視できない, 侮れない

◇**reckoner** n 計算者; 勘定早見表 (=ready reckoner) ► He was a ready reckoner. 勘定の速い人だった

reckoning n 計算; 清算 ► pay the reckoning 勘定を支払う
be out in [of] one's reckoning 勘定を間違える

reclaim /rikléim/ vt ❶ 取り戻す ► The company is girding up to reclaim its market share. 同社はマーケットシェアを取り戻そうと気を引き締めている ❷ 埋め立てる, 干拓する 《from》 ❸ 回収する ► reclaim metals from recycled batteries リサイクルした電池から金属を回収する
— n (次句で):
past [beyond] reclaim 教化[改善, 改心]の見込みがない

re-claim vt 返還を要求する; 再請求する ► Some vendors tried to re-claim their goods. 売主の中には納入した商品を取り戻そうとする者もいた

reclaimed land 埋立地

reclamation /rèkləméiʃən/ n ❶ 開墾; 干拓; 更生; 返還要求 ❷ [リサイクル] 再生利用; 回収

reclosable a 再び封ができる

recognition /rèkəgníʃən/ n ❶ 認識 ► Our discussion of the subject led us to a recognition that a more detailed study must be continued. その問題の議論で私たちはもっと綿密な研究を続けねばならないという認識を持った ❷ 認められること, 評価されること, 認知度 ► gain recognition for one's work 自分の仕事を認めてもらう / We won complete recognition of our rights. われわれの権利を完全に認めさせた / The company has stepped up efforts to strengthen brand recognition among Asian consumers. 同社はアジア諸国の消費者の間にブランド認知度を高める努力を強化した / Advertising is one way of building brand recognition. 広告はブランドの認知度を高める一つの方法だ ❸ (会計上の) 計上 ► recognition of a gain [loss] on sale 売却益[損]の計上
beyond [out of all] recognition 見違えるほど, 見る影もなく
in [as a] recognition of を認めて, の報酬に
receive recognition from から承認される

recognition method 再認法 [⇒手掛かりを与えて広告を想起させる方法]

recognition test 再認テスト [⇒広告効果を測定するため被験者がどれだけ広告の内容を覚えているかをテストする]

recognizance /rikágnəzəns/ n (裁判所に対する) 出廷の約束 [⇒違約罰を担保としての出廷の約束をすること] ► get out on one's own recognizance 出廷の約束と引換えに保釈される

recognize, 《英》-nise /rékəgnàiz/ vt ❶ 認識する ► The two countries need to recognize the differences that exist in economic development. 両国は経済開発に存在する相違を認識する必要がある / The company recognized the need to adopt a new business strategy. 新しいビジネス戦略を採用する必要性を会社は認識した ❷ 認める, 評価する ► She was recognized for her work with an award. 彼女の仕事は賞の授与をもって認められた ❸ (会計上) 計上する ► recognize a gain [loss] from the disposal of redundant equipment 余剰設備の処分による利益[損失]を計上する

◇**recognizable** a
◇**recognizably** ad 見た目にもはっきり

recombinant /ri:kámbənənt/ n, a (遺伝子) 組換え体, 組換え型の
◇**recombination** n (遺伝子の) 組換え

recombinant DNA 組換えDNA

recombinant genetics 遺伝子組換え工学

recommend /rèkəménd/ vt 推薦する 《to, as, for》; 勧告する 《that》; 勧める 《to do》; 魅力的にする; ゆだねる 《to》 ► I can highly recommend this restaurant. このレストランは強くお勧めできます / I recommend that we withdraw from the market while we can. わが社が, 手遅れになる前に, その市場から撤退することを勧告します / We recommend that you extend the warranty to three years. 保証期間を3年に延長されるようお勧めします
have much [little] to recommend it よい点が多い[あまりない] ► This applicant for the job has much to recommend him. この応募者はなかなかよいところを持っている
◇**recommendable** a 推薦できる, 立派な

recommendation /rèkəmendéiʃən/ n 推薦(状); 勧告; 長所 ► He had three good recommendations with him when he applied for the position. その勤め口に応募したときには立派な推薦状を3通持っていた / Such a deed is already a big recommendation. そのような行為を見ただけできわめて好ましい人物だということが分かる
at the recommendation of の推薦で
make a recommendation to に勧告する
on the recommendation of / on a person's recommendation (人の) 推薦で ► I bought it at the shop on his recommendation. 彼の勧めでそれをあの店で買った

recommended retail price 《英》=suggested retail price

recompense /rékəmpèns/ vt, n ❶ 報いる 《with》; 返報 《for》 ❷ [法律] 補償(する), 代償 [⇒損害賠償を意味する場合は compensation を用いる]
in [as a] recompense for の補償として

reconcile /rékənsàil/ vt ❶ 和解させる 《with, to》 ❷ 調整する; 照合する, 突き合わせる [⇒2つの勘定または計算書を突き合わせて一致を図る]
reconcile oneself to / be reconciled to にかんじる, あきらめる

◇**reconciliatory** /-siliətɔ:ri/ *a*
reconciliation /rèkənsiliéiʃən/ *n* ❶ 和解, 仲直り《*between*》 ❷ 調整, 調整表 [➡相互に関連した勘定間の差異を原因分析し, 両者の金額を一致させること] ► One portion of the statement of cash flows is the reconciliation of net income to net cash flows. キャッシュフローの明細書の一部分は純利益と正味キャッシュフローとの調整である

reconciliation statement 勘定調整表 [➡銀行側と企業側の帳簿を比べた上, 不一致を洗い出し, 記録に誤りがないかを確かめるために作成する]

reconfiguration *n* 再構成 [➡システムやネットワークの要素を入れ替えること]
reconfigure *vt* の型[部品]を変える
reconfirm *vt* (予約などを)再確認する
◇**reconfirmation** *n* 再確認
reconnect *vt* 再びつなぐ《*to*》
reconsider *vt* 再考する; 再審議する ► Once you have made a careful decision, don't stop to reconsider. 一度慎重に決定をした以上はもうぐずぐずするな / Each side needs to reconsider its position. 両者ともにその立場を再考する必要がある
◇**reconsideration** *n*
reconsignment *n* ❶再交付, 再委託 ❷リコンサインメント [➡正本船荷証券[積荷証券]に書かれている輸送経路, 荷渡し地, 荷受人などの変更]
reconstitute *vt* 再び構成[制定]する
reconstruct *vt* 再建[復元]する
◇**reconstructive** *a*
reconstruction *n* ❶再建(されたもの); 改造[改築]; 復元 ❷ 会社再生, 会社再建 ► The company is currently proceeding with its reconstruction. その会社は現在再建策を進めているところだ

recontamination *n* 再汚染

record *vt* /rikɔ́:rd/ 記録する, 書き留める《*that*》; 表示する; 登録[登記]する; 録音[録画]する; 計上する, (利益が) ...であった (✚決算報告上,「利益がいくらであった」と報告するのに用いる動詞は通常 post か report だが, record も用いられる)
► The company recorded a 29% drop in its operating profit for the first quarter. 同社は第1四半期に営業利益の29%減を記録した
— *n, a* /rékərd/ 記録; 成績, 経歴, 履歴, 犯罪歴; 前科 (=criminal record); 【コンピュ】記録, レコード [➡一そろいのデータ]; 記録的な; これまで最高の
► a record 500 letters 記録的な500通の手紙 / The strike went on for a record 140 days. ストライキは140日間にわたる記録破りのものだった / Our records show that our statement of your account for the month of April has not been settled. 弊社の記録によると, 御社の4月分のami計が決済されていない (✚個別の記録やファイルというのでなく, 抽象的に記録というものを総称するときは, 常に複数形で用いられる) / Please help us **update our records** by filling out the following form. 以下の書式に記入し, 当社の記録が更新されるようご協力ください / Please **keep a record of** all your travel expenses. 旅費の記録はすべて保存しておいてください

a matter of record 衆目の一致するところ
break a record 記録を破る
for the record 記録上の, 念のため; はっきり言って; 公式の[に] ► Just for the record, I say I'm against it. はっきり言って, 私はそれに反対です
go [be] on record 正式に表明する《*as*》
keep a record [records] of を記録する
off the record 非公開の, オフレコで (⇔on the record) ► The company has a lot of assets off the record. その会社はかなりの簿外資産を持っている
on record 記録されて[にある] 《*as*》 ► We don't have your invoice on record. 御社からの請求書がこちらの記録にはありません / Real estate prices dropped by the sharpest annualized rate on record in March. 不動産価格は3月に記録上もっとも急激な年率で下落した
on the record 公式に発表された; 記録された; 記録的な
put ... on record を公式に発言する
put [set, keep] the record straight 誤って流布された話を正す ► I'd like to set the record straight by saying that I was in no way connected with the bid-rigging. 私は談合にまったく無関係であることを表明して誤解を正しておきたい
set a record for の記録を立てる
recordable event 取引, 会計上の取引
record-breaking *a* 記録破りの ► Revenues for last quarter hit record-breaking levels. 前四半期の売上高は記録破りの水準に達した

record date 基準日 [➡所定の日に株主名簿に記録されている者をもって権利者である株主として一律に確保する. 一定期間名義変更をしない株主名簿の閉鎖と併用されることもあり, したがって基準日イコール名義書換停止日という関係にはない] ► Only the stockholders as of the record date are eligible for the dividend. 基準日の株主だけが配当を受け取る資格がある

recorded delivery 《英》簡易書留
record high 史上最高値
record keeping 記録の管理, 備置
record low 史上最安値
recount *vt* 数え直す
— *n* /ríː-, ˌriː-/ (投票の)数え直し, 2回目の計算 ► make [have] a recount of election votes 投票数を数え直す

recoup /rikúːp/ *vt* ❶(損失などを)取り戻す, 埋め合わせる《*from*》; 償う, 払い戻す; 差し引く ► The Nikkei recouped the 9,000 level. 日経平均は9,000 の大台を回復した ❷【法律】(1)(権利に基づいてあるものの一部を)差し引く, 控除する (2)(同一の取引からの反対債権を有するときに被告が)控除請求する, 減額請求する

recoup oneself for (損失)を取り戻す
— *vi* 損失などを取り戻す ► It took him two years to recoup. 彼が損失を取り戻すのに2年かかった

recourse /ríːkɔːrs | -́-/ *n* ❶ 頼ること; 頼りの綱 ► have no recourse but to accept the situation 事態を受け入れるほかに仕方がない ❷【法律】遡求(そきゅう)権 [⬇手形・小切手などの流通証券の振出人または裏書人に支払いを要求する権利. 第一次的な義務者である振出人(drawer)が支払を拒否したときには裏書人(indorser)などの第二次的な義務者に支払の履行を請求できるが, 裏書人は裏書に without recourse(遡求なし)と書き加えることによって請求を免れることができる] ► with recourse 遡求あり, 二次的支払義務あり / without recourse 遡求なし, 二次的支払義務なし ❸【法律】償還請求権 [⬇借手の債務不履行の場合に, 貸手は担保物件を処分して対処するが, それでも不足したときに借手から弁済を求めることのできる権利] ► a recourse loan リコースローン[償還請求権付きローン] / a non-recourse loan ノンリコースローン[償還請求権のないローン]

recourse obligations on receivables sold【会計】売却債権にかかわる償還義務

recover /rikʌ́vər/ *vt* ❶ 取り戻す, 回収する (*from*); 回復する; 償う ► With the launch of the new product, the company aims to recover its sales. 新製品の投入で, その会社は売上高の回復を狙っている ❷【法律】(1) (損害賠償などを) 獲得する ► recover damages for a wrong 不法な行為に対して損害賠償を取る (2) (土地・権利などを勝訴して) 回復する ► recover land 土地の権利を回復する ❸【会計】回収する, 償う

— *vi* 回復する (*from*) ► In some markets, sales recovered a bit last month. 一部の市場では, 売上高は先月ほんの少し回復した

recoverable *a* 回収[回復]可能な

recovery /rikʌ́vəri/ *n* ❶ 取戻し; (景気などの)回復; 再生, 回収; 【コンピュ】障害回復 ► the recovery of aluminum cans アルミ缶回収 / Even **a partial recovery** of minerals from the plant's waste will save great sums of money. 工場廃棄物から鉱物を一部再生するだけでも大変な金額の節約になる / The job market **has lagged economic recovery**. 求人市場は景気の回復より遅れて回復した / **The key to economic recovery** lies in stimulating domestic demand. 景気回復への鍵は国内需要を刺激することにある / Japan needs to spend on public works projects until **recovery takes hold**. 日本は回復が軌道に乗るまでは公共投資を続ける必要がある / Retail sales are beginning to show **signs of recovery**. 小売業界の売上高は回復の兆しを見せ始めている ❷【法律】(1) (権利の) 回復, 損害賠償額; 勝訴; 財産回復; 土地回復訴訟 🖬 No action shall be taken by BUYER against SELLER for any recovery under this Agreement after one [1] year from the shipment of the Goods. 船積から1年を経過した後は, 「買主」は「売主」に対し, 本契約に基づくいかなる救済をも提起することはできないものとする

make a quick [good, steady] recovery from から急速に[順調に]回復する

recovery cost 回収可能原価 (=recovery expenditure, recovery value)

recovery expenditure 回収可能費用

recovery of bad debt 不良債権の取立て

recovery period 投資回収期間, ペイバック期間 [⬇投資の結果として生成されるキャッシュフローで投資コストを回収するのに要する期間. 損益とんとんになるまでどのぐらいかかるかを示す]

recovery rate ❶ 回収率 [⬇デフォルト(債務不履行)に陥っている債券や融資をどれだけ回収できるかの割合] ❷ 破産配当率 [⬇破産企業に対する債権につきどれだけ回収できるかの割合]

recovery value 回収可能価値, 回収価値

re-create *vt* 改造[再現]する
◇**re-creation** *n*

recreational vehicle リクリエーション用車輌 (RV) [⬇camper, trailer, motor homeなどの車種. 大型で車内に寝泊まりもできるため, 行楽地などに専門の駐車場もあり, 自動車旅行用として人気を得る] ► recreational vehicle park RV専用駐車場

recriminate /rikrímənèit/ *vi* 非難し返す, やり返す; 反駁する (*against*)
◇**recrimination** *n*
◇**recriminatory** /-nətɔ̀ːri/ *a*

recruit /rikrúːt/ *n* 新兵 (Rct.); 新人; 新会員; 新参者 ► All new recruits undergo a six-week induction program. 新入社員は全員6週間の新人研修を受けることになっている

— *v* (人を)リクルートする; 勧誘する; 募集する (*from, to, as*) ► Our company actively recruits from the nation's top universities. 当社は全国の一流大学から積極的に人材を募集しています
[<仏]
◇**recruiter** *n*

recruitment /rikrúːtmənt/ *n* 社員の採用, 人員の雇い入れ, (役員などの) スカウト ► recruitment of new staff 社員の新規採用

recruitment agency 人材紹介会社

recruitment fair ジョブフェア [⬇会場に求人企業のブースを設け, 来場する求職者と面談する機会が提供される]

recruitment firm =recruitment agency

rectify /réktəfài/ *vt* 正す, 修正する; 整流する

recto /réktou/ *n* (~s) 右側ページ [<ラ]

recuperate /rikjúːpərèit/ *v* (病気・損失などから) 回復する[させる] (*from*)
◇**recuperation** *n*

recur /rikə́ːr/ *vi* (-rr-) 繰り返される; (考えが)再び[繰り返し]浮かぶ, 回想される (*to*); 立ち返る (*to*)

► The question has often recurred before. その問題はこれまで繰り返し持ち出された / Inflation is not likely to recur within the year. インフレは年内には再発しそうにない / We've established new guidelines to prevent such mistakes from recurring. そのようなミスの再発を防ぐため,当社は新しいガイドラインを設けました

recur to one's mind 思い出される
◇**recurrence** *n* 再発; 回帰 ► World leaders believe that tighter financial oversight will prevent a recurrence of the crisis. 金融業界の監督強化が危機の再発を防止すると世界中の指導者は考えている

recurring *a* 循環の ► High staff turnover was a recurring problem at the company. スタッフの離職率が高いことは,その会社では何度も起こっている問題だった

recurring charge 経常費, 経常的費用, ラニングコスト [● 人件費など事業活動上毎期継続的に発生する一定水準の費用. リストラ費などの非経常的な費用(non-recurring charge)と対比される]

recurring profit 《和製英語》経常利益 [● 日本では経常利益(営業利益に営業外収益を加え営業外費用を控除して算定した利益)は企業の経常的な経営活動から得られる利益の意味で重視されるが,米国には経常利益に相当する概念はない]

recusal /rikjúːzl/ *n* 《法律》忌避, 回避 [● 裁判官や陪審員に当該事件との利害関係や予断が認められる場合に, 事件の審理から外すことを求めたり,自ら進んで審理から外れること]

recuse /rikjúːz/ *vt* (〜 oneself) 《裁判官が》関与を回避する ► The judge recused himself from the case, saying there was a conflict of interest. その裁判官は, 利益相反関係があると言って,自ら関与を回避した

recyclable /riːsáikləbl/ *a* 再利用可能な ► Products should be recyclable. 製品はリサイクル可能にするべきだ

recyclable resources 再生資源 [● 使用済み品の中で,原材料として利用できる物]
recyclable waste 再生可能廃棄物
recycle /rìːsáikl/ *v* 再利用する; 循環させる; 初めに戻る
recycled *a* リサイクルされた, 再生された
recycled materials 再生資源 ► We use recycled materials as much as possible. 当社はできる限り再生資源を使っている
recycled paper 再生紙
recycled resources リサイクル資源
recycling /riːsáikliŋ/ *n* リサイクリング, 再資源化, 資源化, リサイクル [● 廃棄物を資源として有効利用するため回収, 再生し, 再利用を図ること] ► recycling of glass bottles ガラス瓶のリサイクル / Encourage recycling. 再資源化を奨励しなさい

recycling of waste 廃棄物の再資源化; 廃物利用
recycling rate [ratio] 再資源化率, リサイクル率 [● ごみや使用済みの製品が資源として再利用された割合]

red /red/ *a* (**-dd-**) 赤い; 赤毛の
— *n* 赤; 赤字
get into [fall into, go into] the red 赤字になる
in the red 赤字で ► wallow in the red 赤字に苦しむ / The country's budget is in the red for the first time in twelve years. その国の予算は12年間で初めて赤字になった / Due to poor sales, the company is in the red. 売行き不振で会社は赤字だ
out of the red 赤字を脱した
see red 《略式》怒る

redact /ridǽkt/ *vt* 編集する; 作成する
◇**redaction** *n*
Red Book ❶ レッドブック [● CDの物理的な仕様を定めた規格]; (一般に) 規格を定めた標準資料 ❷ =RICS Appraisal and Valuation Manual
Red Bull 《商標》レッド・ブル [● 米国の炭酸スポーツドリンク]
red cent 《米略式》1セント銅貨; びた一文
not give a red cent 少しも気にかけない
not one red cent 《略式》一文も…ない
not worth a red cent 無価値の
red chip レッドチップ [● 中国系香港企業の株式]
red chip company レッドチップ企業 [● 香港証券取引所に株式が上場されている中国本土系企業]
red chip share =red chip stock
red chip stock レッドチップ銘柄 [● 香港証券取引所に上場されている中国系企業の株式]
red-circle *a* レッドサークル制を適用する
⇒red-circling
red circling *n* レッドサークル制 [● ある職務等級の賃金が切下げられても,その等級に属する既存社員には新たな基準を適用せず,既得権を保護する制度]
redecorate *v* 一新[改装]する
◇**redecoration** *n*
redeem /ridíːm/ *vt* ❶ 《債務を》完済する ► redeem a mortgage 住宅ローンを完済する / redeem a promise 約束を果たす ❷ 《債券を》償還する [● 債券の発行会社が最終の利息ともども債券の額面金額を債券の保有者に返済すること] ► redeem bonds prior to maturity 満期になる前に社債を償還する ❸ 《クーポンなどを》現金[商品]に換える ► Loyalty cards allow customers to collect points that can be redeemed against future purchases. ポイントカードによって, 顧客は将来の商品購入に充てられるポイントを集めることができる / Once you accumulate 20,000 miles, you can redeem your miles for a free round-trip ticket within East Asia. 2万マイルたまったら,ためたマイルを東アジア内の無料往復切符と引き換えることができる
redeem oneself 信用を回復する
redeem one's honor 名誉を挽回する
◇**redeemer** *n* 買い戻す人, 質[劇]請け人
redeemable *a* 償還[兌換]できる; 繰り上げ

redeemable preference share =redeemable preferred stock 償還可能な

redeemable preferred stock 償還優先株 [⟹ 優先的償還条項が記載されている株式]

redeemable securities 償還可能証券, 買戻し可能証券

redeemable share [stock] 償還株式 [⟹ 会社が将来ある時点で, 株式を買い戻し, 消却する条件で発行した株式]

redemption /ridémpʃən/ n ❶ 完済, 返済 ► redemption charges 繰上返済手数料 [⟹ 利息収入を期待していた貸手の損失を填補するためのペナルティー] ❷ 償還, 買戻し [⟹ 株式や社債をあらかじめ定めた価格を支払って消却すること] ► a redemption date 償還日 / redemption at maturity 満期償還 / redemption before maturity 期限前償還 / redemption of stock 株式の償還 [⟹ 株式を事前に定められた条件で買い戻すこと]

past [beyond] redemption 手の施しようのない
◇**redemptive** a

redemption fund 償還資金, 償還基金 (=sinking fund) [⟹ 負債を返済するための資金]

redemption premium 償還時割増金, 償還割増金 [⟹ 有価証券の償還時に支払われるプレミアム]

redemption price 償還価額 [⟹ 繰上償還条項のついた有価証券の償還に対して支払われる金額]

redemption yield 償還利回り [⟹ 有価証券の償還価額から投資額を差し引いた額を投資額で除した比率]

redesign vt 設計 [デザイン] し直す ► We are going to redesign all the business processes involved. われわれは, 関連するすべてのビジネスプロセスを再設計するつもりだ

— n 再設計 This redesign should be fundamental and radical. この再設計は基本的で根本的なものでなければならない

redevelop v 再開発する

redevelopment n 再開発 ► a redevelopment site 再開発敷地

red-eye n 《米·カナダ略式》(the ~) 夜間 [早朝] 飛行 [列車] 便; 安ウィスキー

red goods レッドグッズ, 低額消費財 [⟹ 食料品など購入後すぐに消費され, 利幅も薄い商品]

red herring (新規の証券発行の際に予備的に配布される) 仮目論見書, レッドヘリング (=preliminary prospectus) [⟹ 表紙の一部が赤で印刷されていることから名付けられた]

red-hot a, n 赤熱した; 興奮した; 猛烈な; かっとなった; 最新の; 過激な

red ink 赤字, 営業損失 ► Weeks and months of red ink precede the filing of Chapter 11. 破産手続の前には何週間も何か月も赤字が続く

redirect vt 向け直す; (手紙を)転送する
— a 【法律】《米》再直接 (尋問) の

rediscounting n (手形の) 再割引 [⟹ 現金化を急ぐ客から支払期日に先立って手形を買受けた (割引をした) 金融機関がその手形を別の金融機関に持込み, 割引いてもらうこと]

redistribute vt 再配分 [配送] する

redistribution n 再分配, 再配分 [⟹ 累進課税などの施策により, 所得の不均衡を是正しようとする理論·政策·実践. Obama 大統領になってから, よく wealth-spreading と呼ばれる] ► pursue social justice through redistribution of income and wealth 所得と富の再分配を通じて社会正義を追求する

◇**redistributionist** n 再配分主義者

redistributive a 再配分の, 再配分に関する ► the redistributive effects of public spending 公共支出による(富の)再分配効果

redistributive tax (所得) 再分配税 [⟹ 累進税のように所得再分配のために課せられる税金]

red line 融資の不当拒絶

red lining レッド·ライニング, 融資の不当拒絶

redo /ri:dú:/ vt (**-did**; **-done**) 再びする; 改装 [改修] する

— n やり直し; 改装, 改修

redoubt /ridáut/ n 砦 ► A profit redoubt of the company was LCD panels used in flat-screen TV. 同社の利益の中核は薄型テレビ用の液晶パネルだった

redound /ridáund/ vi (信用·名声を)もたらす, 高める《to》

redraft vt 書き直す
— n 書き直し ► The redraft is nearly done. 書き直しはもうじきできる

redress /rí:dres | ridrés/ n, vt 是正する; 法的救済 ► seek redress for medical malpractice 医療過誤につき法的救済を求める

redress the balance 均衡を取り戻す
◇**redressable** a
◇**redresser** n

red state レッドの州 [⟹ 2000年の大統領選挙で, 開票結果を州別に示す地図が, ブッシュの獲得した州は赤色, ゴアの獲得した州は青色に塗り分けられたことから, ブッシュに投票した南部と中西部の保守的な州を red state と呼ぶようになった] ⇒ blue state

red tape 官僚的形式主義, 形式主義的手続, 繁文縟礼 (はんぶんじょくれい) ► cut the red tape お役所主義をやめる / get bogged down by red tape 官僚主義に阻まれる

◇**red-tapism** n

red tide 赤潮 [⟹ 富栄養化によるプランクトンの過剰発生]

red-top n 《英》大衆紙 [⟹ ザ·サン, ザ·デイリーミラーといった大衆紙を指す]

reduce /ridjú:s/ vt ❶ 減らす; 縮小する; (ある状態に)する, 変える《from, to》; 下げる; 弱める; 薄める; 煮詰める ► reduce a person to tears 人を泣かせる / The company is to reduce production at one of its main sites. 同社は主力工場の一つでの生産を減らす予定だ / We aim to reduce fixed costs by 10%. 当社は固

定経費を10%減らすことを目標にしている / The company drastically reduced its workforce. 同社は大幅な人員削減をした / Customer defection must be reduced as much as possible. 顧客離れはできる限り減らさなければならない
❷【リサイクル】リデュースする [⇨製品が再生・再利用される以前に, 製品そのものの発生抑制をすること. ときに, 廃棄物を減量するという意味でも使われる]
━ vi 減じる; 減量する
be reduced to に減らされる; にまとめられる; に格下げされる, に追いやら[追い込ま]れる ▶ The stocks have been reduced to a low level. 株がうんと下がった
◇**reducer** n
◇**reducible** a 減らし得る ((to))

reduced /ridjúːst/ a 縮小[減少]した; 割引した; 落ちぶれた ▶ You got reduced prices on future purchases of wine. 今後のワイン購入には値段を割引いたします

reducing balance depreciation 《英》定率法 ⇨ declining balance method

reduction
/ridʌ́kʃən/ n 減少, 縮小; 削減; 圧縮; 値引, 割引 ▶ a reduction in benefits (年金の) 給付削減 / a reduction of capital 減資 [⇨資本金の減額] / a reduction of operations 操業短縮 / give [allow] a 5% reduction in price 値段を5%だけ割引する / make a slight [significant] reduction 若干の[かなりの]削減を行う / Do you make any reduction for cash? 現金だと割引しますか / The company is in talks with lenders regarding means of debt reduction. 当社は債務を削減する方策について債権者と話し合いの最中だ

reduction to practice 発明の実施化 [⇨発明を特許要件を備えるものとして完成すること]

redundancy
/ridʌ́ndənsi/ n 《英》人員削減, 整理解雇; 余剰人員 ⇨ layoff ▶ face redundancy 整理解雇に直面する / take voluntary redundancy (人員整理のための) 希望退職募集に応ずる

redundant
/ridʌ́ndənt/ a 《英》余剰人員となった ▶ He was made redundant. 彼はリストラで解雇された
◇**redundantly** ad

Reebok 《商標》リーボック [⇨米国のスポーツ靴]
Reed Elsevier (~ plc) リード・エルセビア [⇨英国最大の出版・情報グループの持株会社. オランダのElsevier NVとReed Internationalとが合併したもの. 英米における業界誌・一般雑誌・専門誌・新聞などが中心. 旅行関係にも進出している. Reed Elsevier Group plcが事業会社]

reelect vt 再選する
◇**reelection** n
reemerge vi 再出現する
reemploy vt 再雇用する

reengineer v (組織や業務の進め方を) 作り変える, 設計し直す ▶ The entire business needs to be reengineered. 事業全体を再構築する必要がある / The existing senior managers hardly ever want to reengineer themselves out of a job. 在職中の経営幹部たちは, 事業再構築によって自分たちが失職するようなことは決して望んでいない

reengineering n リエンジニアリング [⇨企業の仕事のプロセス全体を抜本的に見直すこと] ▶ Business process reengineering is required if companies are to stay competitive. 企業各社が競争力を維持し続けようとするなら, ビジネスプロセスの再構築が必要である

reenter v ❶再び入る ❷【法律】(貸した土地などを) 取り戻す, 回復する
reentry n ❶再び入ること; 再入国 ❷【法律】不動産占有回復 [⇨賃貸人などが先の不動産譲渡で留保した権利に基づいて占有を取り戻すこと]
Reese's Pieces 《商標》リーセス・ピーシズ [⇨ピーナッツバター味のキャンディーバー. ＥＴの大好物として映画で紹介された]

reevaluate vt 再評価する, 見直す ▶ The company needs to reevaluate its business model. 同社はビジネスモデルを見直す必要がある
reevaluation n 再評価, 見直し ▶ conduct a reevaluation of the company's cost structure 会社のコスト構造の見直しを進める

reexamination n ❶再尋問 ❷【知財】再審査 [⇨特許査定を再審査するための特許庁の手続. 査定系再審査と当事者系再審査の2種類がある]
reexamine vt ❶再試験[審査]する ▶ We need to reexamine our sales strategy. われわれは販売戦略を再検討する必要がある ❷【法律】(証人を) 再尋問する

reexport vt /ˌriːikspɔ́ːrt/ 再輸出する
━ n /-ˈ--/ 再輸出(品)
◇**reexportation** n

ref /ref/ n 《略式》= referee
ref. reference
refasten vt 締め直す, つけ直す
Refco (~ Inc.) レフコ [⇨米国の金融派生商品などの取扱業者. 2005年上場公開したばかりの会社だが, CEOの高額不正会計処理疑惑などに起因して倒産. 子会社は売却され, Refco LLCとして投資家により営業継続されている]

refer /rifə́ːr/ (-rr-) vi 言及する, のことを言う; 指す ((to)); 問い合わせる; 参照する ((to)); 関する, 当てはまる ((to)) ▶ I refer to your e-mail of March 20. 3月20日付貴信につき申し述べます[ご連絡上げます] / The superscript numerals refer to footnotes. 上付きの数字は脚注参照の符号である / Can you refer me to a good lawyer? 有能な弁護士を紹介していただけますか / Please refer to the manual for details. 詳細についてはマニュアルをご参照ください
━ vt 差し向ける, 参照させる ((to)); 回付する, 転送する ▶ Your inquiry has been referred to customer service. お問合せはお客様相談窓口

に転送させていただきました / Smaller competitors may be referred to as minor players. 規模の小さい競合相手はマイナープレーヤーと呼んでいいだろう / Such questions are best referred to experts. そのような問題は専門家に任せるのがいちばんよい / Thank you for referring Ms. Dun to us. ダン様をご紹介くださり,ありがとうございます(✚顧客紹介者への礼状)

refer ... back to に差し戻す ► You should refer this matter back to head office for a decision. この問題はもう一度本社に差し戻して決断を仰ぐべきだ

referee /rèfərí:/ *n*, *vt* ❶ 仲裁人；(人物照会の)照会先,身元保証人；問合せ先 ► They check our references by writing to our referees. 彼らは私たちの身元照会先に手紙を書いて身元調査する ❷【法律】レフェリー,判定官,補助裁判官 [○裁判所によって選任され,証言を聴取し,判決に関し勧告を付して裁判所に報告する]

reference /réfərəns/ *n* ❶ 言及 (*to*)；参照；照会番号,問合せ番号；参照符号 ► Each group of rules is numbered for easy reference. 規則には各群ごとに参照しやすいように番号が打ってある / You may find some references in the footnotes. 脚注に参照事項が出ている / The magazine article contains several references to our new product. わが社の新製品がその雑誌の記事で取り上げられている

❷ 照会(先)；レファレンス,信用照会先；推薦(書)；委託,付託 ► a bank reference バンクレファレンス [○信用照会先を銀行とするもの] / a credit reference 信用照会先 / a trade reference トレードレファレンス [○信用照会先を相手の取引先とするもの] / a letter of reference 推薦状 / act as a person's reference 人物照会先となることを引受ける / get a teacher to be one's reference 先生に人物照会先になってもらう

❸【知財】引用例 [○特許法においては,特許査定をするか否かを考慮する際に特許庁が参照する刊行物(特許を含む)]

bear [have] no reference to とは関係がない ► It had no reference to him. それは彼には関係のないことだった

for future reference 後学のために
for reference 参考までに
in [with] reference to に関して ► In reference to your inquiry, we no longer carry the item in our stores. お問合せの件ですが,その商品はもう私どもの店舗で扱っておりません
make (no) reference to に言及する[しない],を述べる[ない]
without reference to に関係なく ► He acted in his own way without reference to his partner. 彼は共同出資者に相談せず勝手に行動した

reference group 準拠集団 [○評価したり,行動したりするときに基準となる集団] ► a comparative reference group 比較準拠集団 / a normative reference group 規範的準拠集団

reference index 参照指標 (=benchmark index)

referendum /rèfəréndəm/ *n* (**~s**, **-da** /-də/)《米》州民投票,《英》国民投票 ► hold a referendum on についての国民投票を行う / call for a national referendum 国民投票を呼びかける [<ラ:照会されるもの]

referral /rifə́:rəl/ *n* 紹介,(特に)推薦するという趣旨の紹介 ► Ask friends and relatives for referrals. 友人や親類に紹介状を頼みなさい

referral marketing バイラルマーケティング [○人と人とのつながりを利用して製品・サービスのよさが伝わっていくように図るマーケティング手法. buzz marketingとも言う]

refer to drawer 振出人回し (R/D)

refile *vt* 再申請する；再び提出する

refinance *v* 借り換える；度度融資する ► refinance existing debt at lower interest rates 既存の債務を低利で借り換える / You could default on the loan if you aren't able to refinance with a lower-rate loan. 低利のローンで借り換えができなければ,ローンの債務不履行に陥りかねない / Check whether you can refinance your student loans at a lower rate. 貴方の奨学ローンをより低い利率で借り換えられるかどうか,調べなさい / The hotel group needs $200 million to refinance its 1000-room Narita facility. そのホテルグループは成田にある客室数1000室のホテルのために2億ドルの借換えを必要としている

— *n* リファイナンス [○住宅ローンなどの借換え融資]

refinancing *n* リファイナンシング,(負債の)借換え ► arrange a refinancing 借換えの段どりをつける / Refinance high interest debts, if current rates are favorable and such refinancing is feasible. 現在の利率が有利で借換えが可能であるならば,高利の負債を借り換えなさい

refine /rifáin/ *v* 精製[精錬]する；純化する；洗練する ► We are refining our merchandise mix to solidify our competitive position. 競争力をより確実にするため,品揃えの高級化を進めている

refine on [upon] を改良する；を細かく区別する
◇**refined** *a* 洗練された,優雅な；精製[精錬]した；正確な
◇**refinement** *n* 洗練,優雅；精製[精錬]；微細な区別,微妙(な点)；凝ったもの；極致 ► Sound conclusions come with refinement. 緻密に考えていけばしっかりした結論に達する
◇**refiner** *n* 精製者
◇**refinery** *n* 精製[精錬]所

refining *n* 精製 ► the refining of crude oil 原油の精製,精油

refit *v* (**-tt-**) 修復[改装]する 《*as*》；改修する ► The company plans to refit its stores to lure upscale customers. 同社は高級品志向の客を呼びこめるよう自社の店舗を改修する予定だ

reflate /rifléit/ *v* 再膨張させる[する]

reflation /rifléiʃən/ *n* リフレーション [○デフレーションの後にインフレーションを起こすこと]

reflationary /rifléiʃənèri/ *a* 景気浮揚[リフ

レーション]的な ► take reflationary measures 景気浮揚策をとる

reflect /riflékt/ vt 反映する《in》; (信用・不信などを)もたらす《on, upon》; 熟考[回顧]する ► reflect reality 現実を反映する / The decline in the housing market reflects the contraction of economic growth. 住宅市場の低迷は経済成長の縮小を反映している / The product changes reflect customers' needs. 製品の変更は消費者のニーズを反映している

— vi 熟考する, 思案する; 非難する, けなす《on, upon》► In his speech, the chief executive reflected on the company's achievements. スピーチのなかで, 社長は会社が達成してきたことを回顧して所感を述べた

reflection /riflékʃən/ n 反映, 影響《of》; 沈思, 熟考; 反省; 感想《on》; 非難
on reflection よく考えてみると

reflective /rifléktiv/ a (を)反映する《of》; 反射的な; 熟考する

refocus v 再び焦点を定める
reforest vt《米》再植林する
reforestation n 再植林
reforestation project 植林事業

reform[1] /rifɔ́ːrm/ n 改良, 改善, 矯正; 住宅改修 ► carry out economic [structural] reforms 経済[構造]改革を進める / The government is grappling with the issue of health care reform. 政府は医療制度改革の問題に取り組んでいる / The property tax reform will be enacted next year. 固定資産税改革が来年法制化されるでしょう

— v 改良[改革]する; 改心させる[する] ► reform criminals 犯罪者を改心させる / Legislators pressed forward with a bill to reform the healthcare system. 議員たちは医療制度改革法案を押し進めた
◇**reformable** a

reform[2] v 再び形にする; 再編成する
reformer /rifɔ́ːrmər/ n 改良[改革]者, 改革派 ► silence [support] reformers 改革派を黙らせる[支持する]
reformulate vt 再編成[計画]する
refrain /rifréin/ vi 慎む, やめる《from》► Because of the recession, many of those who cannot find jobs are refraining from marrying. 景気後退のために, 職を見つけられない人の多くは結婚を控えている
Please refrain from smoking. タバコはご遠慮ください
refreeze v (-froze; -frozen) 再凍結する
refresh /rifréʃ/ v 生き生きさせる, (休息・飲食物などで)元気づける
refresh oneself 元気を回復する《with》
refresh one's memory [recollection] (記憶の不確かなことを)確認する; 【法律】記憶を喚起する
refresher /rifréʃər/ n, a 元気を回復させる人[もの]; 復習[練習](の); 《英》(弁護士への)追加謝礼金

refresher course = refresher training
refresher training リフレッシュ研修〔○経験者や中堅社員を対象に最新の知識やスキルを紹介し, 能力向上を図るために行われる〕► Periodic refresher training is provided so that employees can learn about the latest safety rules and regulations. 従業員が最新の安全規則を知ることができるよう, 定期的なリフレッシュ研修が行われる

refrigerant /rifrídʒərənt/ a, n ❶ 冷却[冷凍]する; 冷却剤 ❷ 冷媒〔○冷凍, 空調, ヒートポンプなどの熱エネルギーの移動を実現するための熱リサイクルにおいて, 熱移動に直接携わる作動流体〕

refrigerator /rifrídʒəreitər/ n 冷蔵庫
refuel v 燃料を補給する; (懸念・感情などを)さらに強める
refuge /réfjuːdʒ/ n 避難(所); 保護; 隠れ[逃げ]場所《from》; 援助となる人[もの]; 緊急保護施設; 逃げ口上; 《英》安全地帯
grant [give] refuge to を保護する
take refuge 避難する, 安心を求める《in》
the last refuge of の最後の手段
refugee /rèfjudʒíː/ n 避難者; 亡命者; 難民
— a (資本などが)逃避的な ► refugee capital 国外逃避資本

refund[1] vt /rifʌ́nd/ 払い戻す; 返済する ► Will my fare be refunded? 運賃は払い戻されるだろうか / We cannot refund your deposit if you cancel the reservation. 予約をキャンセルなさっても, 保証金はお返しできません / The landlord must refund your deposit if you did not cause any damage. あなたが何も汚損していないなら, 家主は保証金[敷金]をあなたに払い戻さなければならない

— n /ríːfʌnd/ 払い戻し(金) ► I returned the damaged goods for a refund. 払戻しを受けるため, 破損品を返品した
◇**refundment** n

refund[2] vt ❶ 再び積み立てる ❷ (満期になった公社債・借金などを)(特に証書を発行して)借り換える; (旧証書を)新証書と取り替える, 更新する
— n 借換え
refundable a 払戻しができる, 返金可 ► Tickets are not refundable but may be transferred to another date. 切符は払戻し不能だが, 別の日に振り替えることができます
refundable deposit 預り保証金〔○商品の販売時や賃貸時に預かる損害に対する保証金〕
refundable tax credit リファンド可の税額控除〔○税額控除の金額が納税義務額より大きい場合には超過金額が申告者に支払われるタイプの税額控除〕 ⇒ tax credit
refund annuity (保険で)死亡時払戻し金付き年金
refunding n (社債などの)借換え
refunding bond 借換社債〔○既発行社債を償還する目的で発行する社債〕
refurbish vt 改装する, リニューアルする
refurbishment n リニューアル, 改修工

事 ► The first phase of the refurbishment will be completed next month. リニューアルの第一期工事は来月完了の予定だ

refusal /rifjúːzəl/ *n* 拒絶, 拒否, 辞退 (*to do*); 優先権, 取捨選択権, 先買権 (=first refusal) ► have (the) first refusal 最初の選択権を持つ, 優先権がある / I gave him (the) first refusal of my house. 彼に家の先買権を与えた

refuse¹ /rifjúːz/ *v* 断る, 辞退[拒絶]する (*to do*) ► He refused to accept responsibility for the mistake. 彼はその誤りについて責任をとろうとしなかった / The bank refused to cash their checks. 銀行は彼らの小切手の現金化を断った
◊**refuser** *n*

refuse² /réfjuːs/ *n* ❶ 廃物, がらくた ❷ [リサイクル] ごみ [⇨家庭や事業所から排出される廃棄物のうち, 廃酸, 廃アルカリ, 動物死体など特殊な物を除いた物] ► collect refuse ごみを収集する / dump refuse ごみを投棄する / incinerate refuse ごみを焼却する
— *a* がらくたの

refuse-derived fuel ごみ燃料 (RDF)
refuse disposal ごみ処理, 廃棄物処理
refuse treatment 廃棄物処理

reg /reg/ *n* 《米略式》《通例 ~s》規則 (=regulation(s)) ► The government loosened its regs on foreign investment. 政府は外国人投資についての規制を緩和した

regain /rigéin/ *vt* 取り戻す, 回復する; 帰り着く ► It could take two or three years before exports regain their former peak. 輸出が以前のピークを取り戻すには2年から3年かかるかもしれない

regard /rigáːrd/ *v* 見なす (*as*) ► We regard spending on R & D as a necessary investment. 当社は研究開発の支出を必要な投資と見なしている / Our company regards investment in technology as the key to growth. わが社は技術投資が成長の鍵だと考えている

as regards に関しては(は) ► As regards your second proposal, I feel it is rather impractical. 君の第二の提案についてはあまり実際的でないと思う / As regards the term of payment, clients must pay within 30 days of invoice. 支払期間については, 顧客は請求書から30日以内に支払わなければならない

be highly regarded 重宝[尊敬]されている

— *n* 関係; 点; 敬意; 考慮, 注意; 関心, 心遣い (*to, for*); 注視; 《~s》あいさつ, よろしくとの伝言 ► in this [that] regard この[その]点に関しては / His hard work won him the regard of his colleagues. 彼は一生懸命仕事をして同僚から尊敬された

Give ... my regards よろしく
have (a) great regard for を重んじる; 大いに尊敬する
have [show] little [no] regard for を重んじない, を顧慮しない
hold a person in high [low] regard (人を)深く尊敬する[少しも尊敬しない]

in [with] regard to に関しては ► What do you have to say in regard to the subject? その問題に関してどんなご意見がおありですか
With best [warm(est)] regards. 敬具 (✢手紙のあいさつ)
without regard to [for] にかまわずに
◊**regardful** *a* 注意深い, 敬意を払う (*of*)
◊**regarding** *prep* …に関して ► I'd like to have some information regarding your latest product line. 御社の最新の製品ラインについて情報をいただけますか

regardless *a*, *ad* 注意しない, かまわない; (にも) かかわらず, を問わず (*of*); とにかく ► Regardless of whether we like it or not, we need to cut our costs. 好き嫌いは別にして, われわれはコストを削減する必要がある / High-end consumers will pay for brand goods, regardless of price. 高級志向の消費者は, 値段に関係なくブランド品にお金を出す / Regardless of how much you access the Internet, you'll be charged a flat monthly rate. どれだけ長時間インターネットを使っても, 定額の月間使用料が請求される

regd registered
regenerate *v* /ridʒénəreit/ 再生させる[する]; 刷新する[される]
— *a* /-rət/ 改造[革新]された
◊**regeneracy** *n*
regeneration *n* 再生; 刷新 ► regeneration planning 再生計画
regime, régime /rəʒíːm, rei-/ *n* 政体; 政権; 体制; (社会福祉などの) 仕組, 枠組 ► establish [institute] a new regime 新体制を確立する[く*ʾ*]

region /ríːdʒən/ *n* 地方, 地域; 領域
► The euro fell against the dollar over the region's exposure to central and eastern Europe's financial problems. ユーロ圏が中欧と東欧の金融問題のリスクに曝されていることから, ユーロはドルに対して下落した
in the region of の近くに, およそ ► Its estimated cost was in the region of $1,000. 見積額は1,000ドル見当だった

regional /ríːdʒənl/ *a* 地方の
◊**regionalist** *n*, *a*
regional agency 地域的機関 [⇨特定の地域内での協力を推進するために設立された機関. 米州機構などがこれにあたる]
regional aid 地域補助金
regional airport 地域ハブ空港, 地方空港 [⇨特に国際線の乗り入れていない空港を言う]
Regional Bell Operating Company 地域ベル電話運営会社 [⇨米司法省の独禁法訴訟に基づくAT&Tの1984年分割によりできた地域会社の総称]
regional development bank 地域開発銀行 [⇨先進国から発展途上国への資金移動を仲介することを目的とした, それぞれの地域の視野から

regional development grant 地域開発助成金（RDG）[⇨開発地域における工場などの生産設備投資に対する補助金]

regional fund 地域ファンド[⇨欧州や中南米など特定の地域の証券で運用されるミューチュアルファンド] ⇨mutual fund

regional integration 地域統合[⇨欧州で行われているような国家の共同体を目指す制度化を指す。国家主権の統合を目指す政治統合と、関税同盟などの地域経済統合がある]

regional international organization 地域的国際組織[⇨EU, NAFTAや米州機構のような特定の地域に限定した国際的な政治・経済機構]

regionalism n （経済的な）地域主義；地方分権主義、リージョナリズム[⇨地理的な近接性を利用しながら、その地域の経済的・政治的発展と安定を模索する事象・方法論。グローバリズムと対判に考えられる場合と、その前段階に考えられる場合がある]

regional jet リージョナルジェット[⇨近距離航空路線向けの小型ジェット旅客機（座席数100席未満）]

regional representation 地域代表(制)

regional stock exchange 地方証券取引所

regional trade agreement 地域貿易協定（RTA）[⇨地域統合の一番緩い形態である自由貿易協定に対し、自由化に関心を持つ国同士が経済連携協定を結ぼうとするもの。1990年代に急増した]

register /rédʒistər/ n 記録簿、公簿、台帳、リスト ▶ a hotel register 宿泊台帳 / keep a register of births [deaths] 出生［死亡］記録簿に記入する
— vt ❶ 書留にする ▶ I'd like to have [get] this letter registered. この手紙を書留にしてください ❷ 記録する、示す、達成する ▶ The company registered a net loss of $2.6 billion last year. 昨年、同社は26億ドルの純損失を計上した / The company registered its highest sales turnover last quarter. 直前の四半期に、会社は過去最高の売上高を達成した / The website has so far registered over 5 million hits. そのウェブサイトは今までに5百万を超える訪問者数を記録した

registered /rédʒistərd/ a ❶ 登録された；書留の；(犬など) 血統表が登録された ❷ （通例限定的）記名式の、登録された[⇨社債権者が公式に登録され、社債原簿に氏名が記入されていることについて言う]

registered bond 記名式社債、登録社債[⇨社債権者の氏名が発行会社の原簿に記録されるタイプの社債。利息は帳簿上の権利者に払われ、譲渡に際してはその者の署名を要する] ▶ authorize the issuance of registered bonds 記名式社債の発行を承認する / To transfer ownership of a registered bond, the current owner endorses the certificate and presents it to the issuer's transfer agent. 記名社債の所有権を移転するには、現行所有者が券面に裏書を付し、発行会社の名義書換え代理人に提出する

registered capital 授権資本 (=authorized capital)

registered company 登記済の法人企業[⇨会社登記所に届け出て設立された会社]

registered design 登録意匠[⇨製品の機能ではなく、審美的な側面を保護するもの]

registered mail 《米》書留郵便 (= 《英》registered post)

registered mark 登録商標[⇨正式に登録された商標。®という記号を付して表示される]

registered office 届出事務所、登記上の本店

registered post 《英》 = registered mail

registered principal office 登記上の本社 ▶ The registered principal office is located in Kuala Lumpur. 登記上の主たる事務所はクアラルンプールにある

registered proprietor 《英》登記簿上の土地所有者

registered representative 《米》証券外務員[⇨証券会社の営業担当者として顧客の売買注文の執行を引き受けるが、会社によりaccount executive, financial adviserなどと呼ばれる]

registered securities 記名証券；（当局に書類が提出されている）登録証券

registered share = registered stock

registered stock 記名株式[⇨株式の所有者名が会社の帳簿に記録される株式]

registered title 《英》登記済土地所有権

registered trademark 登録商標 ▶ If someone uses a mark that sound similar to your registered trademark, it will lessen the distinctiveness of your mark and thus dilute it. 誰かが御社の登録商標と似たような発音になるマークを使えば、御社のマークの識別力を低下させることになり、こうして商標が希薄化されてしまう / The court found that the defendant had infringed the registered trademark SuperX and was liable for passing off. 裁判所は被告が登録商標「スーパーX」を侵害し、本物であるかのように誤認させた責任を負うと認めた

register of companies 《英》法人登記簿[⇨法人の住所、代表者等の主要事項が記載されている]

register of director's interests 《英》取締役所有自己株式登録台帳[⇨取締役が自社の株式をどれだけ所有しているかにつき情報を公開するための公簿]

register of members 《英》株式名簿

register of transfers 《英》名義書換台帳[⇨株式の名義の変遷を記録する帳簿]

registrar /rédʒistrɑ:r/ n 登記［記録］係；教務係；(医)専門医見習い；登録機関

Registrar of Companies 《英》登記官[⇨法人登記の保官]

registration /rèdʒistréiʃən/ n ❶ 登録（され

た事項]；履修届出；登録人員；書留；(計器の)表示 ❷【法律】(1) 記載, 登録, 登記, 公式記録, 正式記録, 人名簿 ▶ provisional registration 仮登記 / close registration 登録を締め切る / file for registration 登記申請をする / complete registration procedures 登記手続が済む / meet registration requirements 登録のための要件を満たす (2) 登録[記載, 記録]事項；登録物件, 登録氏名 ❸ 選挙人の登録, 有権者登録 ▶ the registration of qualified voters 有権者の選挙登録

registration statement (証券の)発行届出書, 登録届出書 [◎有価証券の販売に際して, 買手に情報を提供するため届出が義務づけられている財務などの企業情報を記載した書類]

registry /rédʒistri/ n ❶ 記録 ❷【法律】登録, 登記, 登記簿, 登録簿, 登記所

Registry of Companies (英) 法人登録簿

regression /rigréʃən/ n ❶ 後退；復帰 ❷【統計】回帰 ▶ run the regression 回帰分析する

regression analysis 回帰分析 [◎ある変数の変動が, 他の変数の変動によってどの程度説明されるかを分析する手法. 証券市場分析やリスクリターン分析に用いられる]

regressive tax 逆進税 (⇔progressive tax) [◎高所得の納税者の方が低所得の納税者よりも所得に対する税の比率が小さい税]

regret /rigrét/ vt (-tt-) 後悔する；残念[遺憾]に思う (that, doing)；惜しむ ▶ I regret my inability to be present. 残念ながら出席できません / I regret that I shall not be able to meet your expectations. 残念ながらご要望にお答えできません / We regret any inconvenience and appreciate your patience. ご迷惑をおかけして申し訳ございません. いましばらくお待ち願います (✚メッセージ) / We regret that we cannot offer a discount. 残念ですが, 割引はございません
— n ❶ 後悔；残念, 遺憾, 悲しみ；哀惜の気持ち；⟨~s⟩ (招待に対する) 断り(状) ▶ Please accept my regrets. お断りすることをお許しください / He expressed regret over his decision to sell the stock. 彼は株を売ると決めたことを後悔した ❷【統計】リグレット [◎決定理論において, 損失から最適に行動した場合の最小損失を差し引いたもの]

express one's deep regret for [at, over] を深く悲しむ[悼む]

give [send] one's regrets ⟨文⟩ 断り状を出す

It is (much) to be regretted that とは(まったく)遺憾に堪えない

(much) to one's regret (大いに) 残念なことに

We [I] regret to say [inform you, tell you] that ... 残念ながら... ▶ We regret to inform you that your application has been declined. あいにくですが, 申請が認められなかったことをお知らせいたします

with (much) regret (まことに) 残念ながら

◇ **regrettable** a 残念な；悲しむべき ▶ It is regrettable that ... (should) ...は残念だ

◇ **regrettably** ad 遺憾ながら；惜しくも

regret letter 断り状 [◎不採用となったことを知らせ, また取引申込を断るために出す書状]

regroup v 再編成する

regrouping n 再編成 ▶ The company is in the process of regrouping to get back on the growth path. 同社は成長路線への復帰を目ざして再編成のさなかだ

regrow vi 再生長する

◇ **regrowth** n

regular /régjulər/ a 規則正しい；整然とした；通常の；正常な；いつもの, 一定の；定例の；正規の, 本職の, 免許のある；(ガソリンが) 普通の；⟨略式⟩ まったくの；⟨米⟩ 公認の；⟨米略式⟩ 頼りになる ▶ a regular doctor 資格のある一般医 / We will resume regular business hours on Monday. 月曜日から通常の営業時間に戻ります

on a regular basis 規則的に ▶ All equipment is inspected on a regular basis. すべての機器は定期的に点検されている

— n 常客；普通サイズ(の服)；レギュラーガソリン

◇ **regularity** n 規則正しさ ▶ with regularity 規則正しく

◇ **regularize** vt 規則正しくする；系統的にする

regular customer 常連客 ▶ We reward regular customers with a discount to show that we value their loyalty. ひいきにしてくださる顧客を大事にしていることを示すために, 見返りに常連客には値引きしている

regular dividend 普通配当

regular employee 常雇(じょうやとい), 常用労働者 ▶ The company does not plan to fire its regular employees. 同社は正規従業員を解雇する計画はない

regular employment 正規雇用

regularly ad 定期的に；いつも；整然と；徹底的に ▶ The dress is regularly $45 but is now on sale for $30. そのドレスはいつもは45ドルだが今は30ドルの特価になっている / We update the information on our website regularly. 当社のウェブサイトの情報は定期的に更新しています / Companies should be obliged to change their auditors regularly. 会社は定期的に監査役を変えるよう義務づけられるべきだ

regular premium ⟨米⟩ 通常払込み保険料 (=⟨英⟩ ordinary premium) (⇔extra premium)

regular wage 正規賃金

regulate /régjulèit/ vt 統制[規定]する；規制する；取り締まる；調節する ▶ The government is considering legislation to regulate hedge funds more closely. 政府はヘッジファンドをもっと厳しく規制する法律を検討している / Auditors should be more strictly regulated. 監査役は厳格に規制されるべきだ

regulated industry 規制業種 [◎諸種の規制があり, 自由競争が貫かれていない業界]

regulated market 統制市場

regulation /règjuléiʃən/ n 規則；規制 ▶ a financial regulation 金融規制 / a prudential regulation (金融システムの安定性・健全性を維

持するための)) プルーデンス規制 / observe regulations 規則を遵守する / be forbidden by regulations 規則で禁止されている / make regulations against carrying guns 銃砲所持取締法を設ける / make regulations for buying and selling the produce 産物の売買を規制する / Many eco-friendly companies are lobbying for stricter government regulations on global warming. 環境にやさしい会社の多くは政府が地球温暖化をもっと厳しく規制するよう運動している

against (the) regulations 規則違反で
rules and regulations 規則規制
traffic regulations 交通法規
— *a* 規則の, 規定通りの; 通例の; お決まりの; 標準的な

regulator /régjuleitər/ *n* 監督機関, 監督官庁, 規制当局, 規制者 ► The way accounts are presented is governed by regulators such as FRC. 口座の提供方法は, FRCのような規制機関によって管理されている

regulatory /régjulətɔ:ri/ *a* 規制[調節]力を持つ; 調節する ► The equity ownership by such financial institution will not exceed regulatory limitations. このような金融機関による株式所有権は, 規制限度を超えてはならない / The deal, which is subject to regulatory approval, is targeted for completion in the third quarter. 今回の案件は, 監督官庁の承認を要するものであるが, 第3四半期には完了する予定である

regulatory agency 《米》規制行政機関; 統制機関, 規制機関, 監督官庁
regulatory authority 監督官庁, 規制機関
regulatory body 監督機関, 規制機関
regulatory examinations 監督庁の検査
regulatory filing 法令上の届出 [◇監督法令により義務づけられているものを言う]
regulatory impact analysis 規制影響分析 [◇規制導入に際してその影響を評価し, 適正化を図ること]
rehab (略式) *n* =rehabilitation; 修復建物
— *vt*《米》=rehabilitate
rehabilitate /ri:həbíləteit/ *vt* 健康に復させる; 社会復帰させる; 名誉を回復させる; 復権させる ► He was rehabilitated after the payment of a fine. 彼は罰金を支払って復職した / The statesman has rehabilitated his reputation. その政治家は名誉を回復した
rehabilitation /ri:həbilətéiʃən/ *n* 回復; 社会復帰; リハビリ (=(略式)rehab); 更生, 再建, 修復 ► company rehabilitation 会社更生
REI アールイーアイ [◇米国のアウトドア関連用品を製造・販売する小売チェーン]
reign /rein/ *n* 統治(権, 期間); 治世; 支配(力)
— *vi* 君臨[支配]する(*over*); はびこる ► Order reigned in the city. 秩序は市の隅々まで保たれていた
reignite *vt* 再び火をつける; 再燃させる ► Trade sanctions would reignite political and economic friction between the two countries. 貿易制裁は両国間の政治的・経済的な摩擦に再び火を点けるだろう

reimburse /ri:imbɚ́:rs/ *vt* 払戻す, 返金する, (費用などを)精算する (*for*) ► The insurance company reimbursed him for his losses caused by the fire. 保険会社は彼に火事の損害に対する補償金を支払った / The hospital charges were reimbursed by the insurance company. 病院の費用は保険会社によって払い戻された

reimbursement *n* 払戻し, 返還, 補填 ► travel expense reimbursement 出張旅費精算 / a reimbursement claim 還付請求

reimport *vt* /ri:impɔ́:rt/ (輸出品を)再輸入[逆輸入]する (*from*)
— *n* /⌣⌣/ 再輸入(品); 逆輸入
◊**reimportation** *n*

rein /rein/ *n* 手綱; 制御手段; 《~s》統制[支配]権 ► hold the reins of government 政権を握っている
draw rein 速度を制限する; 控えめにする
give (free) rein [the reins] to の自由に任せる
keep a tight rein on 厳しく制御する[抑える]
— *vt* 抑制する(*back*)
rein in 活動を抑える ► Amid the recession, companies are reining in their advertising expenditures. 景気後退のさなか, 各社は広告支出を抑制している
reinforce /ri:infɔ́:rs/ *vt* 補強する
reinstate *vt* (制度などを)元通りにする; (元の地位などに)戻す, 復職させる ► Many European countries are reinstating subsidies on dairy products to protect domestic farmers. 欧州諸国の多くは国内農家保護のため乳製品に補助金を復活させつつある
reinstatement *n* 復元; 復職, 復帰; 回復
reinstatement order 復職命令
reinsurance *n* 《米》(生命保険の)再保険 (=《英》reassurance) [◇保険の引受け・保険金支払いに関わる危険についての保険. 保険の保険]
reinsurance ceded 出再保険 (=ceded reinsurance) (⇔reinsurance accepted)
reinsurance company 再保険会社, 受再会社, 再保険者 (=reinsurer)
reinsure *vt* (保険で)…を再保険にする [◇初めの保険者が引受け責任を他の保険者に移して契約する]
reinsurer *n* 再保険者, 再保険会社, 受再会社 (=reinsurance company, accepting company)
reintroduce *vt* 再び導入する ► reintroduce oneself as として再出発する
reintroduction *n* 再導入 (*into*)
reinvent *vt* 再出発する, イメージチェンジをする
reinvention *n* イメージチェンジ; 再生 ► The company should accelerate the reinvention of its flagship store. 同社は旗艦店のイメージチェンジを急ぐべきだ

reinvest *vt* 再投資する

reinvestment *n* 再投資 ▶ a reinvestment risk 再投資リスク

reissue *vt, n* ❶ 再発行[再版](する) ❷ 【知財】(米)(特許の)再発行 [⇨原特許の誤りが訂正され,かつ原特許が放棄された後に発行された特許]

REIT /ri:t/ real estate investment trust

reiterate /ri:ítərèit/ *vt* 繰り返す; 繰り返して言う《that》 ▶ The company reiterated its forecast for an annual loss of ¥38 million. 同社は年間損失3,800万円という前回の予測を繰り返した

◇**reiteration** *n*

reject /ridʒékt/ *vt* 拒絶する; 退ける; はねる ▶ The company rejected her request for a transfer. 会社は彼女の転任願いを却下した / Management rejected the union's demands. 経営陣は組合の要求を拒否した / They rejected a hostile bid, an unwanted one. 彼らは敵対的な申し入れ, つまり望まない申し入れを拒否した

— *n* 不良品, 傷物; 不合格者

rejection /ridʒékʃən/ *n* ❶ 拒絶, 拒否 ▶ The committee did not give clear reasons for the rejection of the proposal. 委員会はその提案を却下した明確な理由を言わなかった ❷ 【法律】(物品の)受領拒絶 ❸ 【統計】(仮説検定の)棄却 ❹ 【心理】拒否, 拒絶 [⇨対人的な拒絶, またはある意見を容認しないこと] ▶ fear of rejection 拒絶の恐怖 ❺ 【知財】拒絶 [⇨特許庁が, 出願された特許や商標の付与を拒絶すること]

rejection rate 不良品発生率 ▶ reduce the rejection rate 不良品発生率を改善する

rejig *vt* (-gg-) 《英》= rejigger

rejigger *vt* 《略式》手直しする, 作り直す; (工場に)新しい設備を入れる

rejuvenate /ridʒú:vənèit/ *v* 若返る[らせる]; 活力を取り戻す[させる]

◇**rejuvenation** *n*

rekindle *v* 再び火をつける[がつく] ▶ The sluggish housing market has rekindled fears of a recession. 住宅市場の不振は景気後退の恐怖に再び火を点けた

relapse /riláeps/ *vi, n* (悪い状態に)再び陥る《into》; 逆戻り, 退歩; 再発

relate /riléit/ *vt* 話す, 述べる; 関係させる《to, with》

— *vi* 関係がある; 関係[関連]する《to》; 合致する《to, with》; なじむ《to》; うまく適合する《to》 ▶ The result related to our national interests. その結果はわが国の利害に関連があった / How does your previous job relate to this position? あなたの前職は今の地位とどのような関係がありますか / We need to come up with a concept that clients can relate to. 顧客が共感を覚えるコンセプトを考え出す必要がある

relating to に関する[関して]

related /riléitid/ *a* 関係のある《to, with》; 同類の, 親類の ▶ Worker productivity is not always related to pay. 労働者の生産性は必ずしも給料に関係していない / The training will build skills related to the job. その訓練で仕事に関係するスキルが養われるでしょう

related company 関係会社 [⇨出資比率が20%超51%未満の associated company を指していることが多いが, これはわが国の「関連会社」に相当する]

related cost 関連原価, 共通原価 (= relevant cost) [⇨他の原価の発生に伴って生じる原価, あるいは他の原価の発生を伴う原価]

related party 利害関係者 [⇨株主, 債権者などの当該企業に特別な関係を有する者. 一般に株式の過半数を掌握し, 支配力のあるような個人, 法人を言う]

related party transaction 利害関係者間取引 [⇨当該企業に特別な関係を有する個人または企業との取引]

relation /riléiʃən/ *n* 関係, 関連《to, with, between》 ▶ customer relations 対顧客関係 / employee relations 対従業員関係 / investors relations 対投資家関係

have [bear] no relation to に関係がない ▶ The questions bear [have] no relation to the point of discussion. その問題は論点とはなんの関係もない

in [with] relation to に関して; と比較して

relationship /riléiʃənʃip/ *n* 関係, 関連 ▶ build a trusting relationship with customers 顧客との信頼関係を築く / We have built a strong relationship with our suppliers. わが社は仕入先との間に強い結びつきを築いている / A face-to-face meeting is the best way to develop a relationship with customers. 顔を合わせて話すことが顧客との関係を築き上げるために最善の方法だ / Management has chosen to enter into a strategic relationship with the company. 経営陣は, 同社との戦略的提携関係に入る道を選んだ / There's more than money in maintaining a good employee relationship. 従業員との良好な関係を維持することには金銭を超えた価値がある / Economic links have always been an important basis in the relationship of the two countries. 経済的な連繋は常に両国の関係の重要基盤だった

have a (good) relationship with と(よい)関係がある

relationship banking リレーションシップ・バンキング [⇨取引先総合管理による銀行サービス]

relationship management カスタマーリレーションシップ・マネジメント, CRM [⇨自社にとり意味のある客に絞り込んで, つきあいを大事にしていくことで売上増, 企業価値の増加を図るアプローチ]

relationship manager リレーションシップ・マネジャー, CRM マネジャー [⇨ウェイトをかけるべき顧客との長期的関係づくりを担当する責任

者]

relationship marketing リレーションシップ・マーケティング，関係性マーケティング [⇨顧客と長期的・継続的な関係を維持していこうとするマーケティング活動]

relative /rélətiv/ n 親類；同類(のもの)
— a 比較上の；比較的な，ある程度の；相対的な；関連する；適切な (*to*)
relative to に関連して；と相関して；と比較すれば ► The devaluation of the dollar relative to the yuan would erode the value of China's foreign reserves. ドルの元に対する切り下げは中国の外貨準備の価値を浸食するだろう / The value of the yen declined relative to the dollar. 円の価値がドルに対して下落した
◇**relatively** *ad* 比較的；相対的に；(の) 割に (*to*) ► Consumer prices have been relatively stable in the last few months. 過去数ヶ月間，消費者物価は比較的安定していた / Developing countries have relatively small financial markets. 発展途上国の金融市場は比較的小さい / The job sounds relatively easy. その仕事は比較的容易そうだ
◇**relativity** *n* 関連性；依存性

relative return 相対リターン [⇨市場平均(たとえば S&P 500)などのベンチマークを上回る投資収益を実現すること．プラスの収益とは限らない] (⇔ absolute return)

relative value arbitrage レラティブ・バリュー・アービトラージ [⇨ヘッジファンドの投資スタイルの一つで，債券などの価格の歪みが適正価格に収斂する過程に賭ける投資戦略] ⇨ investing style

relaunch *vt* 再出発させる

relax /rilǽks/ *v* 緩む[緩める]；緩和する；弱まる[弱める]，寛大になる[する]；くつろぐ[くつろがせる] ► relax rules 規則を緩和する / The airline relaxed restrictions on making flight changes for members of its frequent flyer program. その航空会社はマイレージサービスのメンバーが飛行便を変更する場合の制約を緩和した

relaxation /rìːlækséiʃən/ *n* くつろぎ；緩み；緩和，軽減 ► ask for a relaxation of the fine 罰金の軽減を求める

relay /ríːlei/ *n* 交替班；(燃料・食糧などの) 新たな供給；(通信の) 中継 ► work in [by] relays 交替制で働く
— *vt* 中継する (*to*)；交替をあてがう

re-lay *vt* (**-laid**) 再び置く；敷設し直す；塗り直す

relearn *vt* 再び学ぶ，学び直す ► U.S. businesses had to relearn the techniques of quality management. 米国企業は品質管理の技術を再学習しなければならなかった

release /rilíːs/ *vt* ❶ (映画・演劇を) 封切る；公表する；発売する ► You might want to release the news to the media. あなたは，そのニュースをメディアに公表したいのかもしれない / The company today released its earnings report for its April-June quarter. 同社は本日，4−6月期の決算を発表した / The film was recently released to movie theaters in the U.S. その映画は最近米国内の映画館に配給された / The company will release its financial results on Friday. その会社は金曜日に財務結果を発表する予定 ❷【法律】(権利・請求権などを) 放棄する，棄権する；(土地・財産などを) (すでに占有している者に) 譲渡する (*to*)；(土地・家屋を) 再び賃貸しする；転貸しする
— *n* ❶ 封切り；公表，新聞発表 (=press release) ► Releases were messengered to key publications. 公式発表は主要出版社に伝達された / A copy of the press release was on every employee's desk. 新聞発表のコピーが各従業員の机の上にあった / He is responsible for the release of the news to the press. マスコミにそのニュースを流した責任は彼にある / The recent release of job data show that unemployment is down to 3.7%. 最近発表された雇用データによると，失業率は3.7%に下がっている ❷【法律】権利放棄(の合意)，義務の免除，(不動産権の) 放棄 ► the release of debt 債務の免除 / the release of mortgage 譲渡抵当権の消滅
on (general) release 一般公開されて

releasee /rilìːsíː/ *n* (権利・財産などの) 譲受人

releasor /rilíːsiər/ *n* 棄権者，(権利・財産などの) 譲渡人

relegate /réləgèit/ *vt* 左遷する，追放する (*to*)；移管[委託]する；分類する (*to*)
be relegated to に降格させられる
◇**relegation** *n*

relent /rilént/ *vi* 優しい気持ちになる；同情的になる (*toward*)；弱まる
◇**relentingly** *ad*
◇**relentless** *a* 容赦のない ► Improvements were relentless. 改善は容赦なく進行した
◇**relentlessly** *ad*

relevance, relevancy /réləvəns(i)/ *n* ❶ 関連性；適切さ；今日性；(情報検索システムの) 検索能力 ► have no relevance to に関連がない ❷ 目的適合性 [⇨会計情報の利用目的に対する適合性]

relevant /réləvənt/ *a* 関係のある，適切な (*to*)；今日的な，意義のある ► You have a good point, but it isn't really relevant to the discussion at hand. 貴方の言っていることは一理あるが，現在の議論にはまったく関係がない / Please gather any relevant information on import restrictions. 輸入規制に関連する情報を，どんなものでも集めてください

reliability /rilàiəbíləti/ *n* 信頼性 ► The airline took steps to improve its service reliability. 航空会社はサービスの信頼性を改善する対策を講じた

reliable /rilάiəbl/ *a* 頼りになる，信頼できる ► We provide our users with fast and reliable Internet connection. 当社は高速で信頼性の高いインターネット接続をユーザーに提供している

reliable source 信頼できる筋，確かな情報源

reliably /rilάiəbli/ *ad* 信頼できる筋から ► I

am reliably informed that 信頼できる情報では
reliance /riláiəns/ *n* 依存 《*on*》; 信頼 ▶ increase [reduce] reliance on oil imports 輸入原油への依存度を高める［低める］

place [put] complete reliance on を全面的に信頼する

◇**reliant** *a* 依存している 《*on*》 ▶ The economy is still excessively reliant on exports. その国の経済はいまだに輸出に依存し過ぎている

Reliance Industries 《~ Ltd.》リライアンス・インダストリーズ ［⇨ インドの化学および石油製品のメーカー。チェーンの小売店を展開するほか繊維製品なども製造する。1966年設立］

relief /rilí:f/ *n* ❶ （負担の）軽減, 減免 ▶ claim tax relief 租税の軽減を申請する / receive interest relief 金利の減免を受ける / The weakening yen has offered relief for Japanese exporters. 円安は日本の輸出に安堵感を与えた / US exports received some relief from the weakening of the dollar. 米国の輸出はドルの下落から若干の息抜きを得た / Many third world countries are in need of debt relief. 第三世界の多くの国々が債務免除を必要としている ❷ 援助, （災害時などの）支援, 救援物資 ▶ send relief to the refugees 難民に救援物資を送る ❸ 交代要員 ▶ When a company faces financial distress, one way to seek relief is to find new investors. 会社が財政的な困難に直面しているときに救いを求める一つの方法は, 新しい出資者を見つけることだ

(much) to my relief / to my (great) relief （大いに）安心したことに ▶ To my relief, the presentation went smoothly. プレゼンテーションがうまくいって, ほっとした

with relief ほっとして

relief works （失業対策などによる）救済事業

relieve /rilí:v/ *vt* （苦悩を）軽減する, 安心させる 《*from*》; 救済［救援］する; （負担を）取り除く 《*of*》; （文）（職務を）解く 《*of*》; 目立たせる; 交替する ▶ I am relieved (to hear) that you are safe. ご無事でほっとしています

be relieved of （職務を）解かれる ▶ He was relieved of his duties. 彼は職務を解かれた

◇**reliever** *n* 救援者

relinquish /rilíŋkwiʃ/ *vt* 放棄する, 譲渡する 《*to*》; 断念する; 手を放す

relinquishment *n* ❶ （権利・地位の）放棄, 譲渡 ❷ 《米》（連邦裁判所の）裁判権委譲

reload *v* 再び荷を積む

relocate /ri:loukéit/ *v* 移転する; 転居する 《*from, to*》; 再配置する 《*in*》 ▶ Relocate corporate headquarters and branch offices to less-expensive commercial spaces. 本社と各支店は, 経費が安い商業用ビルに移転させなさい

◇**relocatable** *a* 転居できる; 再配置可能な

relocation *n* ❶ 移転; 再配置 ❷【法律】(1) 採鉱権の再設定 (2) （土地収用による）強制移転

reluctant /rilʌ́ktənt/ *a* 気の進まない 《*to do*》; 不承不承の ▶ Banks with weakened balanced sheets are reluctant to extend credit. 財務体質が悪化している銀行は信用を供与したがらない / The company was reluctant to disclose the information. その会社は情報を開示したがらなかった

◇**reluctance** *n* 不本意 《*to do*》 ▶ with reluctance 不承不承 / Despite its reluctance in the past, the electronics maker is now considering an alliance for its semiconductor division. 過去に気が進まなかった経緯はあるが, 電機メーカーは今となっては半導体部門の提携を考えている

◇**reluctantly** *ad*

rely /rilái/ *vi* 頼る, 当てにする 《*on, upon*》 ▶ He is relying on getting a good job. いい仕事に就けるものと信じ込んでいる / You can rely upon her coming in time. 彼女はきっと時間内にやって来ますよ / A large part of Southeast Asia's economy relies on agriculture and forestry. 東南アジアの経済はその大部分を農業と林業に依存している

(you can) rely upon it 確かに

remain /riméin/ *vi* のままである; （ある場所に）とどまる 《*in*》; 存続する, 残っている, まだ…されないでいる 《*to do*》 ▶ The plan, after all, remained a plan. それは結局, 計画倒れに終わった / The economy remains in poor condition. 景気は相変わらず低迷している

I remain yours sincerely [faithfully]. 敬具

(it) remains to be seen 今後の様子を見てみないと分からない ▶ It remains to be seen whether the business will bring a profit to us. この事業がわれわれに利益をもたらすかどうか, まだ分からない / Whether the stimulus plan will bring about the expected results remains to be seen. 刺激策が予想通りの結果をもたらすかどうかは, あとにならないと分からない

remain with の手中にある, 結局…のものとなる

The fact remains that... という事実に変わりはない

remainder /riméindər/ *n* 残り（の人, もの）; 残額; (~s) 遺跡, 遺物; 売れ残り本, ぞっき本 ▶ The remainder will be paid upon delivery. 残額は納品時に支払います / You're required to pay off the remainder of the loan in one large payment. ローンの残りは1回にまとめて大きな支払いで完済する必要がある

━ *vt* （売れ残りを）安値で処分する ▶ remaindered books ぞっき本, 特価本

remaining *a* 残りの, 残っている

remaining term （手形などの）満期までの期間; （リースの）残存期間

remaining useful life 残存耐用年数 ［⇨ 耐用年数 (useful life) から経過年数 (actual life) を差し引いたもの］

remake *vt* (**-made**) 作り直す

━ *n* /≤≥/ （映画・脚本の）改作版; 書き直し

remark /rimáːrk/ *vt* 述べる 《*that*》; 注意［注目］する

━ *vi* 感想［評言］を述べる 《*on, upon*》; 感知する ▶ He remarked on the potential for further emission reductions. さらにもっと排出量を削減する可能性について述べた

— n 批評; 意見《about, on, upon》; 注目, 観察; 摘要 ▶ I didn't catch that (last) remark. (最後に)おっしゃったことが聞き取れなかったのですが

let it pass without remark 黙認する
make a remark that と述べる
make remarks 見解を述べる
make some remarks about [on] について見解を述べる
pass a remark 意見を言う
worthy of remark 注目に値する

◇**remarkable** *a* 注目に値する, 顕著な ▶ The country has achieved remarkable economic growth. その国はめざましい経済成長を遂げている

◇**remarkably** *ad* 著しく ▶ The store sells electronic goods at remarkably low prices. その店では電子機器を破格の安値で売っている / The economy has grown remarkably in the last ten years. その国の経済は過去10年間に著しく成長した

remarket *v* ❶ 転売[再販売]する ❷ 売りさばく [⇨新規発行の株式, 債券などを投資家に売りさばく]

◇**remarketer** *n* 再販売業者
◇**remarketing** *n* 売りさばき業務

remaster *vt* (コンピュータで)原版を刷新[再製作]する

remastering *n* 録音原版再製作

remedy /rémədi/ *n* 救済策, 救済方法 [⇨法的に認められている権利回復手段] ▶ have no remedy at law 法的には救済方法がない / The government believes that spending on public works is a remedy for unemployment. 政府は公共工事への支出を失業の救済手段と考えている

— *vt* 治療[矯正]する; 救済[補償, 修復]する; 治癒される [⇨履行遅滞等の法的問題が是正されること] ▣ Either Party may request of the other Party that the breach shall be remedied within 30 days. 一方の「当事者」は他方の「当事者」に対し, 当該違反が30日以内に治癒されるべきことを要求できるものとする

◇**remediable** /rimí:diəbl/ *a* 治療[救済]できる

remember /rimémbər/ *vt* 思い出す; 記憶している《that, wh-, doing, as》; 忘れず…する《to do》; 心付けをする; よろしくと伝える ▶ Remember me to your family. ご家族によろしく / Do you remember what his phone number is? 彼の電話番号を覚えていますか / Remember to book your flights and hotels early. フライトとホテルを早めに予約することを忘れるな

— *vi* 記憶力がある; 覚えている《about》

as far as I (can) remember 私の記憶では
if I remember right(ly) 記憶が正しければ, 確か

REMIC Real Estate Mortgage Investment Conduit

remind /rimáind/ *vt* (人に…を)思い出させる; 気づかせる《of, to do, that, wh-》 ▶ The cur-

rent crisis reminds us how interconnected world economies are. 現在の危機は世界各国の経済がいかに相互に依存しているかを気づかせる / Please remind him to submit his expense report. 彼に経費報告書を提出するよう言ってください / Employees need to be reminded that their work continues as usual. 従業員たちには, 仕事が平常通り続くことを周知させておく必要がある

Let me remind you that / You are reminded that 念のため申し上げますが… ▶ Let me remind you that the deadline is tomorrow. 締切は明日ですからね

That reminds me. それで思い出した

◇**remindful** *a* (物事が)思い出させる; (人が)覚えている《of》

reminder *n* 思い出させる人[もの]; 催促(状); 暗示《that, to do》 ▶ If you have already made your payment, please disregard this reminder. すでにお支払いいただいた場合は, この督促状は無視してください

remise /rimáiz/ *v* (証書を作成して)(権利・財産などを)他人に移転[譲渡]する, 放棄する

remission /rimíʃən/ *n* ❶ 支払の免除, 猶予 ▶ tax remission 租税の免除 ❷ 小康状態

remit *v* /rimít/ ❶ (-tt-) 送金する《to》▶ remit funds 送金する / Kindly remit promptly by postal order. 至急に郵便為替で送金願います / The other taxes were remitted. 他の租税は免除された ❷ (事件を)差し戻す; 移送する; 債務を免除[減額]する, 減額する

— *n* /ríːmit/ ❶ (英)所管事項, 権限の範囲 ❷ (法律) (特に上級裁判所から下級裁判所への)事件記録の移送

remittance /rimítəns/ *n* 送金(額)《for》▶ a cable remittance 電信送金 / a mail remittance 郵便送金 / make (a) remittance for $1,000 千ドル送金する / send one's order with remittance 代金同封で注文する

remittance advice 送金通知書 (=remittance slip) [⇨送金に添付される送金内容を明示した書類]

remix *v* 録音[ミキシング]し直す
— *n* リミックス曲[録音]

remnant /rémnənt/ *n* 残り(物); 破片; 名残

remodel *vt* ((英)-ll-) 改造[改築]する; 作り変える

remold, (英) remould /rìːmóuld/ *vt* 改造[改変]する

remonstrance /rimánstrəns/ *n* 抗議; 忠告

remonstrate /rimánstreit | rémənstrèit/ *v* 抗議する; 異議を唱える《with, against》

remortgage *vt* 再抵当に入れる

remortgaging *n* 再抵当 [⇨住宅ローンなどのため既に抵当に入っている物件上に第二順位の抵当権を設定すること]

remote /rimóut/ *a* 遠い, かなたの; 自宅勤務の [⇨特に勤務先とコンピュータで連絡を取りあう業務形態] ▶ a remote chance わずかな可能性 / a remote station [రిモート] 遠隔端末 / Abject poverty is limited to ethnic minorities in the country's remote areas. 極端な貧困は同国の人里離れた地域の少数民族に限られている

not have the remotest idea [notion] さっぱり見当がつかない

◇**remotely** *ad* 離れて; かすかに ▶ remotely controlled リモコンの

remote working 遠隔勤務, 自宅勤務

remould /ri:móuld/ *vt* 《英》=remold

removal /rimú:vəl/ *n* 除去; 解任 ▶ The removal of restrictions in the financial sector is aimed to attract more foreign investment. 金融部門における制限の撤廃はさらに多くの外国人投資の誘致を狙っている

removal company 引っ越し業者

remove /rimú:v/ *vt* 移す; 免職する, 解任する; 取り除く 《*from*》 ▶ The US is pushing for Japan to further remove restrictions on agricultural imports. 米国は日本が農産物の輸入制限をさらに取り除くように圧力をかけている / Please remove my name from your mailing list. 貴社の郵送先のリストから私の名前を削除してください

— *vi* 移動する; 引っ越す 《*from, to, into*》; 立ち去る

— *n* 隔たり; 《英》進級

(***at***) ***one remove*** [***many removes***] ***from*** から少し[遠く]離れて; 近い[ほど遠い]

◇**removable** *a* 取り外せる; 解任させられる

remover /rimú:vər/ *n* 《英》引っ越し業者 (=《米》mover)

remunerate /rimjú:nərèit/ *vt* 報酬を支払う; 報いる ▶ An extra bonus remunerated our efforts. われわれの努力に特別の賞与が与えられた

◇**remunerative** /-rə-/ *a* 多額の報酬のある

remuneration /rimjù:nəréiʃən/ *n* (支払)報酬, 報償, 代償 (=emolument) ▶ make proper remuneration for a person's labor 人の労働に対して適当な謝礼をする

remuneration package 報酬総額, 待遇

rename *vt* 新しく名をつける; 改名する

render /réndər/ *vt* ❶ にする, させる; (サービスなどを)提供する ▶ render a service サービスを提供する / New technology has rendered his company completely obsolete and useless. 新技術が彼の会社を完全に時代遅れで無用なものにしてしまった ❷ (請求書などを)出す, 提出する ▶ render an invoice 請求書を出す ❸ (決定などを)下す ▶ render a decision [judgment] 決定[判決]を下す

render an account of の決算報告をする; の弁明をする

— *n* 現物納付

rendering *n* [ɛ́ンパ] レンダリング [◆コンピュータの画像の三次元化]

renege /riníg/ *vi* =revoke; (約束を)破る, 違反する; 裏切る 《*on*》

renegotiate *vt* 再交渉する ▶ The automaker is seeking to renegotiate its debts with lenders. その自動車メーカーは債務について債権者との再交渉を求めている

renew /rinjú:/ *vt* 再開する; 繰り返す; 取り替える; 更生させる; (活力を)取り戻す; (契約を)更新する ▶ We have no intention to renew the agreement. 契約を更新するつもりはない / The electronics maker declined to renew contracts of short-term laborers. その電機メーカーは短期労働者との契約更新を拒否した / You can renew your subscription online. ネット上で予約購読を更新できます / If you plan to renew your lease, contact your landlord. 賃貸契約を更新する予定なら, 家主に連絡しなさい

renewable *a* 再開できる; 更新できる; 取り返す[取り戻す]ことのできる; 再生可能な

renewable energy 再生可能エネルギー [◆太陽, バイオマス, 水力, 地熱, 風力, 海洋などを利用してつくられる, 枯渇することのないエネルギー] ▶ They are keen to do research into renewable energy sources. 彼らは再生可能エネルギー資源の研究に熱中している

renewable energy resources 再生エネルギー資源, 再生可能エネルギー資源

renewable resources 再生可能資源 [◆地球が自然に持っている営力によって再生される資源の総称]

renewal *n* (契約などの)更新; 改修 [◆劣化した部分を新しい物に取り替えること] ▶ automatic renewal of the contract 契約の自動更新 / be required to pay a renewal fee every two years 2年ごとに更新手数料を支払う必要がある / This license agreement comes up for renewal next month. このライセンス契約は来月, 更新を迎える / The contract is up for renewal. 契約の更新の時期がきています

renewal notice (保険契約などの)更新通知

renewal option (リース契約の際の)更新選択権

renewal premium 更新保険料

renewed *a* 新たな ▶ a renewed optimism about the future of the industry 業界の先行きをめぐる新たな楽観論

renounce /rináuns/ *v* ❶ 断念する; 関係を絶つ; 拒否する ❷ 【法律】(1) (権利・権限・利益などを)放棄する (2) (請求を)拒否する; (相手側の権利・主張・法的地位などを)否認する

◇**renouncement** *n*

renovate /rénəvèit/ *vt* 刷新する; 修繕する; 活気づける ▶ The restaurant is being renovated and will reopen on June 1. そのレストランは改装中で6月1日に再開予定だ / Funds were allocated to renovate the office building. オフィスビルを修復するため, 資金が割り当てられた

renovation /rènəvéiʃən/ *n* 改修, 改造 [◆建築物などを部分的に改造すること] ▶ begin renovation 改装を始める / complete renovation 改装を終える / suspend renovation 改装を中止

する/The property will need extensive renovation. その不動産物件は広範囲に改造する必要がある/This site is undergoing renovation. 本サイトはただいま更新中です

rent /rént/ n 賃借料; 家賃, 部屋代; 使用料
▶ pay high [low] rent 高い [安い] 家賃を払う/be behind in [with] one's rent 家賃が滞っている
For Rent 貸し家[間]あり
— vt ❶ 賃借する(*from*) ▶ It's often smarter to rent than to buy. 買うより借りたほうが賢明な場合が多い ❷ 賃貸する(*out, to*)
— vi 賃貸される(*at, for*) ▶ This house rents for [at] $300. この家は家賃300ドルで借りられる
rent out 賃貸する(*to*)
rental /réntl/ n, a 賃借[賃貸]料; 貸しアパート[自動車, 衣装]; 賃貸[レンタル]の ▶ In major cities around the world, you can usually find short-term serviced apartment rentals. 世界中の大都市では, 通常, 短期滞在向けのサービスアパートを借りることができる/Sales of online video rentals are booming. ビデオのオンライン・レンタルの売上高は急増している
rental expense 賃借料
rental fleet (レンタカー会社の)保有レンタカー数(=fleet rental)
rental housing 賃貸用住宅
rental income 受取賃貸料(=rental revenue)[⇨土地, 建物などの賃貸による受取賃貸料]
rental revenue 受取賃貸料
rental value (英)賃料
Rent A Van レンタ・バン[⇨米国のバン, トラックのレンタル業者]
rent control (政府による)地代・家賃統制; 家賃管理 ▶ a rent-controlled apartment 家賃統制されているアパート
rented a レンタルしている ▶ rented equipment レンタル機器
renter /réntər/ n 賃借している人; 借地 [借家, 間借り]人; レンタル利用者 ▶ The law protects renters in many ways. 法律は多くの方法で借手を保護している
rent expense 賃借料(=rental expense)[⇨土地, 建物, 機械などの使用料]
rent-free a, ad 家賃 [地代] なしの[で]
rent-free period フリーレント期間[⇨賃料を請求しない期間を言う。賃料は外見上減額されていないが, 実質的な賃料の減額であり, テナント誘致手段の一つとして用いられる]
rentier /ra:ŋtjéi/ n 年金受給者, 金利生活者[<仏]
rent roll ❶ 賃貸料勘定(明細表) ❷ レントロール, 賃貸条件明細表[⇨テナント名, 賃貸借期間, 支払賃料, 保証金などの一時金の額などが記されたもの]
rent strike 家賃不払い運動
rent subsidy 家賃補助金
reopen v 再び始める [始まる], 再開する
reopening n 再開 ▶ the reopening of negotiations 交渉の再開
reorder v 在庫の補充をする, 補充注文を出す
reordering point 再発注点(=reorder point)[⇨在庫が減少した時, 再発注をするよう定められた在庫量]
reorder point 再発注点
reorganization, (英)**-sation** n ❶ 再編成, 再建, 建て直し; 改造 ❷【経営】再建, 事業再構築, リストラ ▶ file a reorganization plan with the court 裁判所に会社再建のための更正計画を提出する
reorganize, (英)**-ise** v 再編成[組織, 整理]する; 再建する; 事業を再構築する
rep n (略式)representative; reputation
Rep. (米)Representative
repackage vt 包装 [荷造り] し直す; (販売用に自社のラベルを付けて) 再包装する; より見栄えよく作り直す [変える]; (既存金融商品を) 組替えて販売する ▶ Mortgage loans were repackaged as securities and sold to investors. 住宅ローンは証券として再パッケージされて, 投資家に売却された

repair /ripéər/ vt, n 修理 [修繕] (する) ▶ credit repair 信用履歴の修復/home repair DIY 日曜大工による修繕/make running repairs with duct tape 防水テープで応急修理をする/We will repair or replace any product under warranty. 保証期間中の製品はどれでも修理するかお取り替えします 🔲 In the event that any such claim is accepted by SELLER, SELLER shall repair or replace non-conforming Goods or non-conforming parts or components of Goods. かかるクレームを「売主」が受諾した場合,「売主」は不適合「商品」または商品の不適合部品もしくは構成品を修繕または交換するものとする
beyond repair 直しようがない ▶ The engine was damaged beyond repair. そのエンジンは修理できないほど壊れていた
complete repairs 修理を終える
in need of repair 修理が必要で ▶ The nation's highways are in need of repair. わが国の主要道路は修理が必要だ
make repairs 修理する
under repair(s) 修理中 ▶ The website is under repair. そのウェブサイトは修理中だ
◇**repairable** a
◇**repairer** n
repairing lease (英)借主が修繕義務を負う賃貸借契約
repairman n 修理工
reparation /rèpəréiʃən/ n 補償; (~s)賠償金; 修理(費) ▶ demand reparation from the company 会社に補償を要求する/The widow wants $38,400 in reparations. 未亡人は賠償として38,400ドルを要求している
make reparation to ... for を…に償う
◇**reparative** /ripǽrətiv/ a
repatriate /ri:péitrièit | -pæt-/ vt (国外にあ

る資金や利益を)本国へ送金する, (投下資本などを本国へ)引き揚げる ► The government announced that foreigners can freely repatriate profits, cash dividends and capital. 政府は, 外国人は自由に利益, 配当金および元本を本国に送金できると発表した / U.S. investors are seeking to repatriate dollars to compensate for losses on the U.S. stock markets. 米国の投資家は, 米株式の損失を穴埋めするため, 外貨建資産のドルへの還流を進めようとしている

— *vi* 帰国する

◇**repatriation** *n* 本国送金 [◯国外に置いている資金や利益を本国に送金すること]

repay

/ripéi/ *vt* (**-paid**) (金を) 返す 《*to*》; 報いる 《*for*》; の価値がある ► Please repay me the money you borrowed. 借りた金は返してください / The matter is one which will repay careful study. その問題は注意深く研究する価値があるものだ / You will be repaid in kind. 同様の仕返しをされますよ / They are unable to repay their debts. 彼らは借金を返すことができない

◇**repayable** *a*

repayment

/ripéimənt/ *n* 元本の返済, 払戻し ► demand full repayment 全額の返済を求める / The loan repayment is scheduled to terminate in 15 years. そのローン返済は15年間で終わる予定になっている / Come up with a more flexible repayment schedule. もっと柔軟な返済計画を立てなさい / The creditors suspect difficulties in repayment. 債権者は返済が困難ではないかと疑っている

repayment mortgage 通常型モーゲッジ [◯元金部分が満期時または被保険者死亡時に養老生命保険で返済される endowment mortgage との対比で言う]

repayment risk 貸倒れリスク

repayment supplement (英) 追加還付 [◯付加価値税の還付を受けられる企業に対して期日までに還付金が払われなかった場合, 企業はこの追加還付を請求できる]

repeal /ripí:l/ *vt* (法律・税などを)廃止する, 無効にする

— *n* (立法の) 廃止, (立法による) 取消し; (条文の) 削除

repeat /ripí:t/ *v* 繰り返す; 復唱する; 再放送する; (米) 不正に二重投票する; (英略式) いつまでも後味が残る ► Stricter regulations will ensure that we do not repeat the same mistakes that caused the financial crisis. 規制の強化は金融危機の原因となった同じ誤りを二度と繰り返さないようにするだろう

repeat oneself 繰り返す ► History repeats itself. 歴史は繰り返す

— *n*, *a* ❶ 反復(の); 再放送 ❷ 再供給, 再注文

repeat business 固定客(商売), リピータービジネス; 継続的取引 ► Getting repeat business is six times cheaper that finding new customers. 常連の客に来てもらうことは新しい客を見つけるより6倍も安くつく / We've got to gain their repeat business. 彼らから継続的に注文を取れるようにしなければならない

repeated *a* 繰り返された

◇**repeatedly** *ad* 繰り返して

repeat order 再注文, 補充注文 ► To place a repeat order, enter your user name and password. リピート注文の場合は, ユーザー名とパスワードを入力してください

repercussion /rì:pərkʌ́ʃən/ *n* (事件などの)影響; 反動; 反響, 反射, 反撃; 波及

have enormous repercussions on にきわめて大きな影響がある

repetition /rèpətíʃən/ *n* 繰り返し, 反復; 再発 ► No one wants to see a repetition of reckless lending. 無謀な貸し出しの再発を見たいと思っている者は一人もいない / The airline implemented stricter safety measures to avoid a repetition of the accident. 事故の再発を防ぐために, その航空会社は従来より厳格な安全施策を実行した

◇**repetitious, repetitive** *a* 繰り返しの多い, くどい

repetitive strain [stress] injury 反復過労損傷 (RSI) [◯同一部位を酷使する連続作業から生ずる手や目などの疲れ, 損傷]

replace

/ripléis/ *vt* 取って代わる 《*as*》; 代理を務める, 取り替える 《*by, with*》; 返す, 戻す; 復位 [復職] させる ► The government wants to develop renewable energy to replace its dependence on oil. 政府は石油依存に取って代わる再生可能エネルギーを開発したいと思っている / We will replace any defective parts free of charge. 欠陥部品は無料でお取り替えいたします

replacement *n* ❶ 代わり(の人, もの), 交替要員 ❷ [会計] (資産の) 取替え, 再調達, 更新 [◯旧資産を新資産に取り替えること]

replacement cost [value] 取替原価, 再調達原価, 置換原価 [◯資産の再調達に必要な原価] ► What is your home's replacement cost? あなたの家の再取得コストはいくらですか

replacement policy (保険の) 乗換え契約

replenish /riplénɪʃ/ *vt* 補充する, 再び満たす 《*with*》 ► replenish stock 在庫を補充する / Our inventories are running low and need to be replenished. 在庫が低水準だから, 補充する必要がある

◇**replenishment** *n*

replica /réplikə/ *n* 原作者による模写; 複製品 [<伊: 反応, 繰返し]

replicate /réplikèit/ *vt* 模写[複製] する; 反復する ► Private brands are trying to replicate the success of established brands. 自社ブランドは確立されたブランドの成功を再現しようとしている

reply

/riplái/ *v*, *n* ❶ 返事 (をする), 応答 (する) 《*to, that*》; 応戦 (する)

コロケーション

(動詞(句)+~) **await** a reply 返事を待つ / **fax** a reply 返事をファクスする / **give** a reply 返事を出す / **postpone** a reply 返事を延ばす / **receive** a reply 返事を受け取る / **send** a reply 返事を送る
► Your reply will be highly appreciated. お返事をいただければありがたく存じます(✚レター) / We would appreciate a reply at your earliest convenience. できるだけ早くお返事をいただければ幸甚に存じます ❷〖法律〗原告の反対訴答(を行う), (原告の)第二の訴答(をする)

in reply to ～の返事として ► I'm writing in reply to your job posting. 御社の求人広告に応募してこの手紙を書いています

make [*receive*] *a reply* 返事をする[受け取る]
reply card 返信カード
reply coupon 国際返信郵券
reply memo 返信
reply-paid *a* 受取人払いの, 返信料金付きの
reply-paid envelope 受取人払返信封筒

repo¹ /rí:pou/ *n* レポ取引[契約], 買戻し条件付き売却契約 (=repurchase agreement) [◇100で売った証券を後日110で買戻すというのは, 実質的には売手がその証券を担保に借り入れた上, 買戻しにより担保証券を受け戻すと同時に利息として10払っているに等しく, 本質は担保付きの短期融資とされている] ► overnight repo 翌日ものレポ

repo² *n* 《略式》(代金未払いのため)回収された車 [<repossessed]
repo man 《略式》(代金未払いの)車の回収屋

report /ripó:rt/ *n* 報告書

コロケーション

(動詞(句)+~) **consider** a report 報告(書)を検討する / **draw up** a report 報告書を書き上げる / **file** a report 報告書を提出する / **prepare** a report 報告書を作成する / **present** a report 報告書の内容を発表する, 報告書を出す / **produce** a report 報告書を提出する / **provide** a report 報告書を提出する / **submit** a report 報告書を提出する

► law reports 判例集 / an annual report アニュアル・レポート[年次報告書] / a credit report 信用調査報告書 / an audit report 監査報告書 / a quarterly report 四半期報告書 / I have already **written 11 reports** on this project. このプロジェクトに関しては, 報告書をすでに11通書いている / I would like you to **give me a report** on the latest sales results. 最新の販売実績につき報告してもらいたい / He **gave a full report** on the side effects of the drug. その薬の副作用について, 詳細な報告書を出した / All business unit managers **submit a weekly report** to the executive committee. 事業部の責任者は全員が経営委員会に週報を提出することになっている / We have to **provide annual** and quarterly reports to our banker. 取引銀行に年次報告書と四半期報告書を提出する必要がある / The company recalled nearly 70,000 laptops **amid reports that** their batteries caught fire. 電池の発火が報道されるなか, 同社は7万台近いラップトップをリコールした / **Quarterly reports** shall comprehensively cover the same information as monthly reports. 四半期報告書では月次報告書と同じ内容を総合的にまとめるものとする / **The report** shall include an appendix that discloses all transactions during the month. 報告書には, 月中の取引すべてを示した別紙が含まれることを要する / **The report** shall specify the total hours of service provided plus other expenses. この報告書には提供されたサービスの合計時間と諸経費が具体的に示されることを要する

— *v* ❶ 報告する 《*to*, *on*, *that*》 ► be reported to have done …したと報じられる / Investment companies are reporting a sharp increase in the number of small investors. 投資会社は小口投資家の数が急増していると報告している / The treasurer reported the balance at the bank. 財務部長はその銀行との取引残高を公表した

❷ (利益・損失などを)計上する ► report an operating profit of $3 million 3百万ドルの営業利益を計上する / report unrealized gains or losses on the income statement 未実現損益を損益計算書に計上する / The company reported a net loss of ¥250 billion for the business year ending in March. 同社は3月に終わる事業年度に2500億円の純損失を計上した

❸ 指揮命令に服する, の部下である ► Our unit reports to the vice president for marketing. われわれの部門はマーケティング担当副社長の指揮命令下にある

report back (戻って)報告する ► Please report back immediately if there are any new developments. 何か新しい進展があったら, 直ちに報告してください

report for work 出勤する ► Report for work [duty] at 8:30 A.M. tomorrow. 明朝8時30分に出勤しなさい

◇**reportedly** *ad* 伝えられるところでは (=it is reported that) ► The Prime Minister reportedly said he favors tougher regulations for hedge funds. 報道によると, 首相はヘッジファンドの規制強化に賛成すると言明した

reportable condition 報告すべき状況 [◇「適正な財務諸表を作成するという見地から財務データの処理上問題がある」という監査人の判断を示す言い方. だが, 2006年に米国公認会計士協会の監査基準委員会(ASB)が発表した SAS 第112号「監査中に発見された内部統制に関連する事項の報告(Communicating Internal Control Related Matters Identified in an Audit)」で, 「より具体的に内部統制の重要な不備(significant deficiencies)や重大な欠陥(material weaknesses)に該当する内部統制上の不備を報告せよ」と記述されたことから, reportable condition という概念自体使われなくなっている]

reportable segment 要報告セグメント [◇企業の財務報告書に部門情報(セグメント情報)が記載されるべき営業部門を言う]

reporter /ripɔ́ːrtər/ n ❶ 報告者;（報道）記者, 通信員 (for); 記録係 ❷【法律】(1)（判例集の）編纂者; 訴訟手続記録者 (2) 判例集

reporting n ❶ 報道 ❷【会計】報告

reporting currency 報告通貨 [○ 財務諸表の作成で用いられる通貨]

reporting date 報告日, 提出日, 申請日, 作成日

reporting entity 報告主体, 報告実体 [○ 財務諸表の作成者あるいは報告書提出企業]

reporting function 報告機能, 報告職能

reporting line(s) 指揮系統 ► an administrative reporting line 業務管理上の指揮命令系統 / in a reporting line to の指揮命令系統に属する / under a single reporting line 一本化された指揮命令系統の下に

reporting pay 時間外出動手当

reporting period 計算期間

reporting standard 報告基準

repos n =repurchase agreement

reposition n =repositioning

repositioning n リポジショニング [○ 製品・サービスの競争上の位置づけを是正するために, 新たな顧客層をターゲットにしたり, 新たな使い方を訴求したりすること]

repossess vt 取り戻す [○ 割賦販売などの条件付き売買で, 買主の債務不履行に対して, 売主や信用供与機関が, 留保された所有権に基いて商品の占有を取得すること] ► We couldn't meet the payments, so they repossessed the furniture. 支払期日に代金が払えなかったので, 店の人がその家具を引き取っていった

repossessed goods 取戻し品 [○ 割賦販売において代金未納などで取り戻した商品]

repossession n 所有権の回復

represent /rèprizént/ vt 表す; 代表する; の実例である; の典型[代表的なもの]を示す; 示す; 相当する ► The money spent by tourists represented one-third of our national income. 観光客の落とす金はわが国の国民所得の3分の1であった / As a project developer, I represent the company in negotiations with property owners. プロジェクト開発者として, 私は会社を代表して土地所有者と交渉している / Women in their 30s represent our target market. 30代の女性が当社の標的市場だ

be represented at に代表を送っている

be well [*strongly*] *represented* はっきり目立っている; 顕著である (*at, in, among*)

represent A as [*to be*] *B* AをBに見せかける, AをBと称する

represent oneself as [*to be*] と称する

re-present vt 再提供[贈呈]する

representation /rèprizentéiʃən/ n ❶ 表示, 表明 ► a representation of authority 権限の表示 / make false representations 不実表示する, 虚偽表示をする 📖 No representation or statement not contained in this Agreement shall be binding on either Party as a warranty or otherwise.「本契約」に含まれないいかなる表明または陳述も, 保証その他に関していずれの「当事者」も拘束しないものとする ❷〔英〕陳情, 抗議 ► make strong representations to the authorities 当局に強硬に抗議する

make representations to に陳情[抗議]する

No taxation without representation. 代表なくして課税なし

representative /rèprizéntətiv/ n 代表(者)《*from, of*》; 代理人; 販売代理人

sales representative 営業担当者, 外勤営業員, セールスレップ;（個人事業としての）販売代理店

— a 表す, 描写する《*of*》; 代理の; 代議制の; 典型的な ► representative government 民意に基づく政府, 代議制政体

representative director 代表取締役 [○ 和製英語]

representative office 出張所;（海外の）駐在員事務所 [○ 日本企業が外国に進出する場合, 日本法人の支店 (branch office) または子会社 (subsidiary company) を現地出現するのが普通だが, その前段階として連絡事務所的な拠点を設立する場合がある. それを英語で representative office と呼んでいる. 駐在員事務所は商取引の契約当事者となる法的なステータスを有しない

reprimand /réprəmænd/ n, vt 叱責(する); 懲戒(する)《*for*》 ► hand down a reprimand 譴責処分を言い渡す

reprint vt /rìːprínt/ 増刷[翻刻]する
— n /´--/ 重版; 翻刻

reprocess vt （廃棄物の）再生処理をする ► reprocess waste oils to produce a saleable product 廃油を再生処理して販売可能な製品をつくる

reprocessing n 再処理 ► reprocessing of waste materials to produce a usable raw material 利用可能な原材料をつくるための廃棄物の再生処理

reproduction n 再生産, 再現;（録音）再生; 複製品

reproduction cost 再調達原価, 再生産費用, 再生産原価 (=purchase cost) [○ 現有資産を再調達すると仮定した場合の調達価額]

Repsol 《～ YPF》レプソル [○ スペインの石油・化学会社. 中南米, 中近東, 北アフリカでも事業を展開. スペインのレプソルがアルゼンチンの国有石油会社YPFを買収してできた多国籍企業. 1987年設立]

repudiate /ripjúːdièit/ vt 否認[拒絶]する; 放棄する

repudiation /ripjùːdiéiʃən/ n 否認, 拒絶; 放棄;【法律】履行拒絶 ► repudiation of a contract 契約の履行拒絶

repurchase n 買戻し
— vt 買い戻す ► Major banks repurchased over $42 billion in shares. 主要銀行各社は420億ドルを超える株を買い戻した

repurchase agreement レポ取引, レポ契約, 買戻し条件付き売却契約 (RP) ⇨ repo¹

reputable /répjutəbl/ a 評判のよい, 立派な

reputation /rèpjutéiʃən/ n 評判; 名声
build a reputation のれんを築く
enjoy a good reputation 定評がある, 信用がある
have a reputation for [as] / have the reputation of (being) として[という]評判だ ► Our company has a reputation for cutting-edge technology. 当社は先端的な技術で定評がある
live up to one's reputation 評判通りの行動をとる
make [establish, build up] a reputation (for oneself) 名を成す

repute /ripjúːt/ n 評判; 好評, 名声
be held in high repute 高く評価される
of (some) repute 評判のよい, 信頼できる
— vt 見なす; 評価する ► The designer was reputed for her resourcefulness. そのデザイナーは創意に富むとの定評があった

reputed /ripjúːtid/ a (という)評判の《as, to be, to have done》; 評判の高い, 有名な
◇**reputedly** ad 評判の[世評]によれば; 通説では; と称される (=it is reputed that)

request /rikwést/ n 依頼, 要望, 要請
► receive a formal request 公式の要望書を受理する / come into request 需要が起こる / They made a strong request that the recommendations be carried out. それらの勧告が実行されるよう強く要望した / You need to file a request with the competent authorities. 所管の官庁に申請する必要がある / The budget request was turned down. その予算請求は却下された
by [at the] request of / at a person's request (人の)依頼によって
make a request for を要望する ► He made a request for vacation leave. 彼は休暇を申請した
much in request 引っ張りだこで
on request 請求次第 ► The pamphlet will be mailed on request. ご請求次第パンフレットを郵送いたします
— vt 願う, 求める; 懇願する《of, from》► I went there as requested. 要請されるままにそこへ赴いた / You are requested to attend the meeting. 会合にご出席くださいますようお願いします / Vendors began requesting cash on delivery. 売主は代金引き換え払いを要求し始めた / The financially troubled entity may request governmental assistance. 資金面で困っている法人が政府の援助を求めることもある / The model you requested is no longer in production. ご希望の機種は生産中止になっています
be (kindly) requested not to do …しないように願います

request for continued examination『知財』《米》継続審査請求 (RCE)［⊃最終拒絶査定に対して, 審判請求せずに審査の再開を請求するもの］

request note 《英》(通関前に税関に提出する)課税品陸揚げ[移出]許可願

require /rikwáiər/ v 要する; 要求する; 命ずる《to do, that, of, from》► All reservations require a deposit of $50. 予約にはすべて50ドルの保証金が必要です / Lenders tend to require a down payment of 3% to 20% of the price of the home. ローンの貸手は住宅の価格の3パーセントから20パーセントの頭金を要求する傾向がある / Most company retirement plans require you to work for the firm for a certain number of years before you become fully vested. 多くの会社の退職金積立制度では, 完全にその権利が生じるまでに, その会社のために一定の年数, 働くことを必要とする
be required of a person (人に)要求される
be required to do …しなければならない ► All applicants are required to attach two letters of recommendation. 志願者は全員推薦状を2通添付しなければならない / If you are denied credit, all the credit agencies are required by law to send you a free report. 与信を断られた人には, すべての信用調査機関は無料で報告書を送るよう法律で定められている / Before starting work, all new employees are required to take a medical exam. 仕事を始める前に, 新入社員は全員が健康診断を受けなければならない

required rate of return 要求利益率 (RRR)［⊃新投資の採用に伴う最低必要利益率］

requirement /rikwáiərmənt/ n 要求されること[もの]; 必要条件[物]; 資格; 必要事項, 義務 ► meet the long-term food requirements of a large portion of the world's population 世界人口の大部分の長期的な食料需要を満たす / Fluency in French is a requirement for the job. フランス語が流暢に話せることは, その仕事の必要条件です / What are the requirements of the job? その仕事の必要条件は何ですか / We offer free checking with no minimum balance requirement. 当行は, 最低残高の必要条件なしに手数料不要の当座預金サービスを提供いたします

requisite /rékwəzit/ a, n 必要な(もの); 《~s》必要条件《for》► The system combines the two requisites of efficacy and economy. この方式は効率と経済性という2つの要件を兼ね備えている

requisition /rèkwəzíʃən/ n 購入申請 ► examine purchase requisitions for office supplies オフィス用品の物品購入申請書を審査する / fill in a requisition paper 購入申請用紙に記入する
make a requisition for を要求する
— vt 要求する《from, for》► The hospital requisitioned the city for more funds. 病院は市に対して予算の増額を要請した

requital n 返礼, 報酬; 報復

resale n 再販売; 転売 ► The resale value of the house was now sixty thousand dollars. その家の転売価格は今や6万ドルになっていた

not for resale 転売禁止

resaleable, resalable *a* 再販売可能な ► All returned items must be in resaleable condition. すべての返品は再販売可能の状態でなければならない

resale price 再販価格 ► The resale prices of houses keep falling. 住宅の転売価格は下がり続けている

resale price maintenance 再販売価格維持 (RPM) [○製造業者が卸売・小売業に対して転売価格(再販価格)を指示すること. この行為は米国では違法]

reschedule /rìskédʒu:l/ *v* (貸付金などの)償還期限を延ばす; 予定[発着便]を組み直す ► I'd like to reschedule my appointment. 面会の予約を変更したいのですが / A debt can be rescheduled. 負債は返済を繰り延べることができる

rescheduling *n* リスケジューリング [○元本支払の引延しを意味し, 債務危機が発生したときにとられる対応策の一つ. 略してリスケと呼ばれる] ► Paris Club rescheduling パリクラブ(主要債権国会議)で合意したリスケジュール / negotiate a rescheduling of debt service payments 元利返済金の繰延べを交渉する

rescind /rɪsínd/ *vt* ❶ 廃止[撤回]する, 取り消す ❷ 【法律】合意解除する

rescission /rɪsíʒən/ *n* ❶ 【法律】合意解除, 取消し ► rescission of contract 契約の合意解除 ❷ 保険者による契約解除

rescue /réskju:/ *n* (破綻からの)救済 ► Some sovereign wealth funds rode to the rescue of Wall Street firms. 政府系投資ファンドのいくつかが米国の証券会社の救済にかけつけた
— *vt* (破綻から)助け出す, 救う ► The Prime Minister sees government spending as an effective means of rescuing the ailing economy. 首相は政府による支出を不振にあえぐ経済を救済する効果的な方策と見ている

come [go] to the rescue of を助けに来る[行く]

research /rɪsə́:rtʃ, rí:sə:rtʃ/ *n* 研究, 調査 《*after, for*》 ► carry out [conduct, do] research リサーチを行う / pursue research リサーチを進める / Our laboratories **have attracted research workers** of high caliber from all over the world. 当社の研究所は世界中から優秀な研究員を集めている / **Our research shows** that senior citizens will definitely be an important market. 当社の研究によれば, 高齢者は間違いなく重要な市場になるだろう / **Research proved** that this method can boost our productivity by up to 30%. 研究の結果, この方式は当社の生産性を最大で30%改善することが実証された / This unit is **engaged in collaborative research** with a number of industry partners. このチームは, 多数の同業者との共同研究に携わっている (✚どの調査というのでなく, 抽象的に言うときは不可算で, 原則として冠詞なしで用いる. 具体的な調査活動あるいはその報告書を念頭に置きながら言うときは, 可算となり, 原則として不定冠詞 a を付ける. しかし, ひとたび, 特定のものを指し, 相手にもそうと分かる場合は, the を付ける) / We will **conduct further research** into those issues brought forward during the preliminary research. 予備調査の段階で明らかになった問題点についてさらなる調査を進める予定だ
— *v* 調査[研究]する 《*into, on*》 ► We thoroughly research the market to select vendors. 当社は納入業者を選定するにあたり市場を徹底的に調査する

◇**researcher** *n* 研究者 ► Researchers in laboratories may take years to develop new drugs. ラボの研究者が新薬を開発するまでには何年もかかることがある

research and development 研究開発 (R&D) ► devote the company's revenues to research and development 会社の収益を研究開発に投じる / Our emphasis on research and development has enabled us to deliver innovative products. 研究開発を重視してきたおかげで画期的製品を具体化することに成功している / I'm in research and development at our research center in Osaka. 私は当社の大阪研究センターで研究開発に従事しています

research and development cost [expenditure, expense] 研究開発費 [○新製品の開発や既存製品の改善などの研究活動のための費用]

research grant 研究助成金

research manager 研究開発の責任者, 調査分析の責任者

research program 研究開発計画 ► We have initiated a new research program aimed at identifying new product possibilities. 新製品の可能性の追求に向け研究開発プログラムを立ち上げた

research project 研究プロジェクト ► The research project is conducted under the auspices of the Ministry of Science and Technology. この研究プロジェクトは科学技術省の後援のもとで進められている

research team 研究チーム; リサーチチーム ► Our research team has grown to include more than 50 professionals. 当社の研究チームは50人を超える専門家を擁するところまで大きくなっている / We formed a research team to gauge current consumer perception. 最新の消費者意識を探るため調査チームを結成した

resell *vt* (**-sold**) 転売する, 再販売する

reseller *n* 転売人, 再販売人

resemble /rɪzémbl/ *vt* に似ている 《*in*》 ► The car has been redesigned to resemble the original model. その車は元のモデルに似たものにするために何度も設計し直された

reservation /rèzərvéiʃən/ *n* ❶ (座席などの)予約; (~s) 予約係 ► make a reservation 予約をする / cancel a reservation 予約をキャンセル

する / confirm a reservation 予約を確認する / We recently adopted the latest in technology to expedite reservations. 当社は予約を迅速に処理するために最新のハイテクを導入した / May I speak to someone in reservations? どなたか予約担当の方とお話しさせていただけますか / Sorry, the hotel has no reservations under that name. 申し訳ありませんが，そのお名前でのご予約はありません / Has my flight reservation been confirmed? 私のフライトの予約は確認ができていますか ❷【法律】留保(の条項)，留保権；別にして[取りのけて]おくこと，除外 ▶ the reservation of rights 権利の留保 ❸【会計】留保事項 [○監査人が監査報告書で自らの意見を保留する旨記載した事項]

have (one's) reservations about を全面的に信用してはいない ▶ He had reservations about my competence. 彼は私の能力を全面的に信用していたわけではなかった

without reservation 遠慮なく；全面的に，無条件で ▶ Without reservation, I recommend that we implement the policy. 無条件で，私はその方針を実行することを推奨します

with reservation(s) 少し迷うところがあるが；【法律】留保付きで (=under reservation, under protest)

reservation of title 所有権留保 (=retention of title) [○商品の販売代金が完済されるまで商品の法律的所有権を保持する取決め]

reservation price 留保価格 [○売手にとっての「これ以下では売れない価格」，買手にとっての「これ以上では買えない価格」]

reservation wage 留保賃金 [○個人が働いてもよいと考える賃金の最低水準]

reserve /rizə́:rv/ *vt* (座席などを) 予約する；取っておく ((*for*))；保持[保有]する；差し控える ▶ reserve a block of rooms (ホテルに) 団体で予約を入れる / Please reserve a table for me. テーブルを取ってください / Have you reserved your accommodations? 宿泊先の予約はしましたか

All rights reserved. 不許複製

All seats reserved. 全席予約済み；(掲示) 指定席

reserve oneself for のために精力を蓄えておく

reserve one's judgment on について判断を下すのを控える ▶ You might better reserve final judgment on this matter. 本件について最終的な判断を下すのは差し控えたほうがいい

reserve the right to do …する権利を確保[保留]する ▶ reserve the right to change the terms of this agreement 本契約書の条件を変更する権利を保留する

― *n* ❶ 予備；蓄え；(~s) (石油・天然ガスの) 埋蔵量 [○存在確率90パーセント以上で存在が確認されている埋蔵量 (proven reserves) と言う．確認埋蔵量のうち現在の石油価格と回収技術で商業的に採取可能な埋蔵量を確認可採埋蔵量 (proven recoverable reserves) と言う．単にreservesと書かれていてもproven recoverable reservesを意味する場合がある] ▶ oil reserves 石油埋蔵量 / a strategic reserve 戦略備蓄 ❷ (外貨などの) 準備高；(法的に定められた) 留保金，準備金 ▶ the Federal Reserve System (米国の中央銀行である) 連邦準備制度 / gold and dollar reserves (国際通貨制度における) 金ドル準備 / a required reserve 必要準備 / an excess reserve 超過準備 / international reserves 外貨準備高 / China holds a huge reserve of US dollars. 中国は膨大な準備金を米ドルで保有している ❸【会計】積立金，引当金，準備金 ▶ a bad debt reserve 貸倒引当金 / voluntary reserves 任意積立金 / internal reserves 内部留保 ❹ (保険の) 責任準備金 (=policy reserve)

have [express, raise] reserves about に懸念を持つ[述べる，生じさせる]

in reserve 蓄えてある，予備の ▶ Many countries hold US dollars in reserve. 多くの国は外貨準備に米ドルを保有する

without reserve 遠慮なく；無条件で，無制限に ▶ Tell me your ideas on the subject without reserve. この問題について君の考えを遠慮なく話してください

with reserve 遠慮して

reserve currency 準備通貨 [○通貨当局によって外国為替準備 (外貨準備) として保有され，国際決済手段として使われる通貨，特に米ドル]

reserved /rizə́:rvd/ *a* 予備の；予約してある；留保された

◇**reservedly** /-id-/ *ad*

reserved stock 予備在庫

reserve for bad debt 貸倒引当金 [○売掛金，受取手形，貸付金などの評価勘定] ▶ increase reserves for bad debts 不良債権に備えて引当金を積み増す

reserve for depreciation 減価償却引当金

reserve for taxes 納税引当金 [○法人税などの納税見込額に対する引当金]

reserve fund 準備金 [○特定目的のために準備されている資金]

reserve price 最低落札価格 [○競売において売手が設定する，これ以下では売らないという価格]

reserve ratio 支払準備率 [○商業銀行の預金に対する連邦準備銀行における支払現金準備の割合]

reserve requirements ❶ 預金準備率，支払準備率 [○商業銀行が中央銀行に積み立てなければならない準備金が受け入れ預金総額に占める割合] ❷ 流動性準備比率 [○銀行の受け入れ預金総額中，手元現金として残しておくべき比率]

reset /ri:sét/ *vt* (~-, -tt-) 置き直す；セットし直す；(条件を) 再設定する；【コンピュータ】リセット[再起動]する ▶ Many homeowners cannot make their payments as adjustable-rate mortgages reset to higher rates. 変動金利型住宅ローンが高い利率にリセットされると，多くの住宅所有者は返済ができなくなる

resettable *a* 組み直せる，リセットできる

► resettable interest rate bonds リセットできる利率の債券

reshape v 造り直す ► Recent M&As have reshaped the landscape of the industry. 最近のM&Aで業界の様相が一変している

reship v 再び船に乗せる[乗る]; ほかの船に積み替える; 再発送する
◇**reshipment** n

reshuffle vt, n 刷新(する); 入れ替える ► The company reshuffled its management and strategy. 同社は経営と戦略を刷新した

reside /rizáid/ vi 住む; 駐在する《at, in》; 備わっている《in》► The power of decision resides in us. 決定権はわれわれにある

residence /rézədəns/ n 居住(地); 住宅, 邸宅; 駐在(期間) ► have permanent [temporary] residence in... …に永住する[一時的に住む]

in residence 居住して; 駐在して
take up residence 住む《in》

residence permit 在留許可 ► obtain a residence permit 在留許可を取得する

resident /rézədənt/ n ❶ (特に納税義務者としての)居住者 ❷ ホテルの滞在客, 宿泊客 ► Open to residents only. 宿泊の方のみご利用いただけます

residential /rèzədénʃəl/ a 居住の; 住居に適した ► Residential construction has declined by 4.5%. 住宅用建設は4.5%減少した

residential care 《米》在宅ケア; 《英》施設ケア

residential care home 《英》= residential home

residential home レジデンシャルホーム [◎高齢者・障害者が居住してケアを受ける施設]

residential investment 住宅投資 [◎住宅を建設すること]

residential mortgage 居住用不動産担保ローン, 住宅ローン [◎対語は商業用不動産担保ローン(commercial mortgage)]

residential mortgage-backed securities (RMBS) 住宅用モーゲージ担保証券 [◎居住用不動産への貸付債権を担保として発行される証券] (⇔commercial mortgage-backed securities)

residential nursing care = residential care

residual /rizídʒuəl | -djuə-/ a 残余(部分)の; 残留性の ► residual claims 残余財産請求権 / The amount will be joined to the residual amount. その額は残額に繰り入れる予定だ
― n 残余

residual income ❶ 手取り所得 ❷ 継続報酬 [◎継続的収入の糸口をつくった者に対して継続して支払うコミッション]

residual value 残存価額 [◎一般に, 経済的耐用年数を超えた時点での建物その他工作物の残存価値を言う] ► residual value of a leased asset リース資産の残存価値

residuary /rizídʒuèri | -djuəri/ a 残余(遺産)の

residuary legacy 残余財産遺贈 [◎個別の特定遺贈後に残った全遺産を目的物として行われる再遺贈]

residue /rézədjùː/ n 残余; 残留物 ► The residue of a processed whale becomes fertilizer. 解体処理をしたあとの鯨の残りは肥料となる / Tests of the frozen food showed residues of pesticide chemicals. 冷凍食品の検査は農薬の化学物質が残存していることを示している

resign /rizáin/ vi 辞任[辞職]する《from》

► resign as CEO CEOを辞める / resign from the office of chief executive officer CEOの職を辞する / resign for medical reasons 健康上の理由で辞職する / His manager persuaded him not to resign. 辞職しないよう, 課長は彼を説得した
― vt 辞職[辞任]する《from》; 放棄[断念]する

resign oneself / *be resigned* 甘んじて従う《to》; あきらめる ► Workers resigned themselves to the pay cut. 労働者はあきらめて給料カットに従った

resignation /rèzignéiʃən/ n 辞職; 辞表; あきらめ

コロケーション

(動詞(句)+~) **accept** one's resignation 辞表を受理する / **announce** one's resignation 辞任を発表する / **choose** resignation 辞職の道を選ぶ / **consider** resignation 辞職を考える / **hand in** one's resignation 辞表を提出する / **offer** one's resignation 進退伺いを出す / **receive** one's resignation 辞表を受け取る / **reject** one's resignation 辞表の受理を拒む / **send in** one's resignation 辞表を出す / **submit** one's resignation 辞表を提出する / **take back** one's resignation 辞表を撤回する / **tender** one's resignation 辞表を出す / **withdraw** one's resignation 辞表を撤回する

► a string of resignations by executives 役員の相次ぐ辞任 / I am considering resignation from the board. 私は取締役を辞職することを考えている / The president chose resignation over certain removal by the board. 取締役会によって解任される前に, その社長は辞職の道を選んだ / He handed in his resignation this morning. 今朝辞表を出した / I'm afraid I cannot accept your resignation. その辞表を受理するわけにはいきません

resilient /rizíljənt/ a 弾力のある; すぐ元気になる; 快活な ► The U.S. economy has been quite resilient through the first quarter of 1990. 米国経済は1990年の第1四半期を通じてかなりの力強さを示していた
◇**resilience, resiliency** n 弾性, 立ち直る力, 回復力 ► The number of people filing for unemployment benefits dropped by 23% last month, suggesting resilience in

labor markets. 失業保険給付申請者の数は先月は23%減ったが、これは労働市場に回復力があることを示している

resist /rizíst/ vt 抵抗[反抗]する；撃退する；妨げる；我慢する ▶ Companies that resist change are doomed to fail. 変化に抵抗する会社は倒産する宿命にある / Resist the temptation to simply cash in your 401(k). あなたの401(k)〔企業年金〕を簡単に換金しようとする誘惑に負けてはいけない
can't resist doing …しないではいられない
◇**resistless** a 抵抗できない；抵抗力のない

resistance /rizístəns/ n 抵抗，反抗；抵抗力《to》;《the ~》抵抗運動 ▶ meet with consumer resistance to genetically engineered foods 遺伝子組換え食品に対する消費者の抵抗に遭う / build up (a) resistance to に抵抗力をつける / make resistance to [against] に抵抗している / the line [path] of least resistance もっとも楽な方法

resistance level 上値抵抗線[⇨特定銘柄の株価の上昇が，買いを上回る大量の売りによって抑えられるようになる水準]

resold a 再販売された，転売された

resolution /rèzəlúːʃən/ n ❶ 解決(策) ▶ achieve an early resolution 早期解決を果たす / A resolution to the trade dispute between the two countries is nowhere in sight. 両国間の貿易紛争は解決の見通しがまったく立っていない ❷ 解像度；《コㇱュ-》(モニター・プリンターの)解像度 ▶ a computer screen with a high resolution 解像度の高いディスプレー ❸ 決議(案)

コロケーション
（動詞(句)+~）**adopt** a resolution 決議案を可決する / **defeat** a resolution 決議案を葬り去る / **draft** a resolution 決議案を起草する / **oppose** a resolution 決議案に反対する / **pass** a resolution 決議案を可決する / **pass** a resolution against に反対決議をする / **propose** a resolution 決議案を上程する / **put** a resolution **to the meeting** 決議案を上程する / **reject** a resolution 決議案を否決する / **second** a resolution 決議案を支持する / **support** a resolution 決議案を支持する / **vote against** a solution 決議案に反対票を投じる / **vote down** a resolution 決議案を否決する / **vote in favor of** a resolution 決議案に賛成票を投じる

▶ The company has to pass a board resolution to authorize the deal. この取引の承認のため，会社としては取締役会決議をする必要がある

Resolution Trust Corporation 整理信託公社 (RTC) [⇨米国で，1989年の貯蓄貸付組合の金融危機に際して政府が設立]

resolve /rizálv/ vt ❶ 決定する；決議する ▶ Management resolved to sell off the subsidiary. 経営陣はその子会社を売却する決定をした ❷ 解決する ▶ want the issue resolved 問題の解決を望む / Management and union leaders are working to resolve their differences through dialogue. 経営陣と組合指導者は対話を通じて意見の相違を解決すべく努力している

Resolved … 右決議する (=It was resolved that)
resolve itself 解消する；に分解する《into》
— n 決心, 決意；《米》決議 ▶ strengthen one's resolve 決意を固める / be firm in one's resolve to do …しようと堅く決心している / make a firm resolve to do …しようと堅く決心する
◇**resolvable** a 解決できる

resolved /rizálvd/ a 決心した；断固たる ▶ be firmly resolved to do …しようと堅く決心している / The government is resolved to fight inflation. 政府はインフレと闘う決意を固めている
◇**resolvedly** /-id-/ ad

resort /rizɔ́ːrt/ vi よく行く《to》；頼る，訴える《to》 ▶ In the midst of the global recession, many countries are resorting to short-term measures to stabilize their economies. グローバルな景気後退のさなかにあって，多くの国は経済を安定させるための短期的な施策に頼っている / The downward spiral may precipitate the necessity to resort to protection under the bankruptcy code. 下方スパイラルは，破産法による保護に訴える必要性を急に生じさせるかもしれない
— n ❶ リゾート，保養地 ▶ a summer resort 避暑地 ❷ 解決策，手段 ▶ have resort to arms 武力に訴える
as a [in the] last resort 最後の手段で
without resort to に訴えないで

resource /ríːsɔːrs, -zɔːrs, ⁻́⁻/ n ❶ 資源，(特に) 経済資源 ▶ human resources 人的資源 / have resources to do …する実力[能力]がある / lack the resources to do …するための実力[力量]がない / We lack the resources to hire additional employees. 当社にはこれ以上従業員を増やす財源がない / leave a person to his own resources (人の)手助けをしない，放っておく / pool one's resources 資金を結集する / We had no other resource but to wait and see. 成り行きを待つよりほか仕方がなかった / We have to allocate our limited resources efficiently. 限られた資源を有効に配分しなければならない / The company will refocus its resources on the domestic market. 同社はその資源を国内市場に集中し直すだろう

❷ (天然)資源 ▶ Some industries are directly dependent on natural resources. 天然資源に直接依存している産業もある

resource allocation 資源配分 [⇨資源をもっとも望ましい用途に配分すること．資源の最適配分を言う]

resource constraint 資源制約

resource recovery (廃棄物からの)資源回復 [⇨中長期的に再生不能資源の枯渇の可能性が高まることから，資源の回収，再生，再利用を促進す

ることによって延命が図られている]
resource recycling 資源リサイクル
resource-saving a 省資源の [❶地球に存在する資源をできるだけ消費しないようにすること]

respect /rispékt/ n 尊敬, 敬意, 尊重, 顧慮 《for》; 《~s》あいさつ; 点, 事項; 関係 ▶ have respect for を尊重[する] / pay one's respects あいさつのため訪問する / show respect for に敬意を表する / The manager's strong leadership has earned the respect of his staff. 課長は強力なリーダーシップで課員の尊敬を得ている
in no respect いかなる点でも…ない
in one [every] respect ある[あらゆる]点で
in respect of [to] / with respect to に関しては
in [with] respect that ということを考えると
in this respect この点で ▶ In this respect, we should bear in mind the potential risks. この点については, 潜在的なリスクがあることを念頭に置いておくべきだ
out of respect for に敬意を表して; を配慮して
treat ... with respect 丁寧に[注意して]扱う
with all respect to [for] に深甚な敬意を表して
without respect to にかまわずに
with (the greatest) respect / with (all) due respect 《略式》恐れながら, お言葉ですが ▶ With all due respect, I don't think the project will be feasible. お言葉を返すようですが, そのプロジェクトは実行不可能だと思います
━ vt 尊敬[尊重]する ▶ The company is respected for its high quality standards. その会社は品質基準が高いことで尊敬されている
as respects に関して
respect persons 差別待遇する, 分け隔てする
◇**respecter** n (を) 尊重する人《of》
◇**respecting** prep …に関して
respectable /rispéktəbl/ a 尊敬に値する, 立派な; 堅実な; かなりの
respectful /rispéktfəl/ a いんぎんな
respectfully /rispéktfəli/ ad うやうやしく, ていねいに ▶ Yours respectfully. 敬白, 敬具 (✤手紙の結び)
respective /rispéktiv/ a それぞれの, 各自の
◇**respectively** ad それぞれ, めいめいに ▶ The company had an operating loss and net loss of $150 million and $650 million, respectively. その会社の営業損失と純損失はそれぞれ1億5千万ドルと6億5千万ドルだった / In rural regions, commercial and residential land prices dropped by an average of 3.2 percent and 2.6 percent, respectively. 農村地帯では, 商業用地と住宅用地の価格は平均でそれぞれ3.2%と2.6%下落した
respite /réspit | -pait/ n 一時的中断《from》; 休息; (支払などの) 猶予 (期間)
respond /rispánd/ vi 返事をする, 対応する 《to》; (動作で) 答える 《by, with》; 反応する 《to》 ▶ We try to respond to all inquiries in a timely manner. すべての問合せに迅速に対応するように心掛けている / The bank declined to respond to the former CEO's accusations. その銀行は前CEOの非難に回答することを拒否した / We have to be ready to respond to changes in society. 当社は社会の変化に対応する用意ができていなければならない
respondent /rispándənt/ a, n ❶ 応答する(人)/回答者 ▶ The majority of the survey respondents were satisfied with the service. 調査回答者の大半はサービスに満足していた ❷ 被告; 被申立人
response /rispáns/ n 応答; 反応; 回答 ▶ give a response to に反応する / make no response 応答しない / There was a generous response to the appeal for relief funds. 救援資金の訴えに対して多大の寄付があった / We received positive responses to the product in our test market. その製品はテスト市場で肯定的な反応を得た / We should refine our responses to each contingency. 各種の緊急時における対処策をもっと練っておくべきだ
in response to に答えて, 対応して; に反応して ▶ In response to the its biggest financial crisis ever, the company has taken severe cost-cutting measures. 過去最大の金融危機に対応して, 同社は厳しいコスト削減措置を講じた / In response to increasing demands, the company will add another production line. 需要の高まりに応じて, 同社は生産ラインをもう一つ増設するだろう
response rate 回答率, アンケート回収率
response time 【コンピュータ】応答時間, レスポンスタイム

responsibility /rispànsəbíləti/ n
責任, 職責; 期待に応える義務, 責務 ▶ a sense of responsibility 責任感 / bear responsibility 責任を負う / discharge one's responsibility 責任を果たす / evade responsibility 責任を逃れる / undertake responsibility 責任を引き受ける / assume (full) responsibility for の(全)責任を負う / have responsibility for the scandal 不祥事の責任を取る / I take full responsibility for the mistake. その誤りの全責任は私がとります / I will take the responsibility of doing it. それは私が責任を持ってやります / With freedom comes responsibility. 自由には責任が伴う / You will all share legal responsibility in case of a problem. 何か問題が起きたときには, 全員が法的な責任を共有することになる / Companies have a fiduciary responsibility to its shareholders. 会社は株主に対して受託者責任をもつ / Companies have a responsibility to inform the public about faulty products. 各社は欠陥製品について一般大衆に情報を提供する責任がある / We are fully aware of our social responsibility. 当社は社会的責任を完全に意識している / Companies have responsibilities not only to employees and customers, but to all members of

society. 企業各社は従業員と顧客だけではなく, 社会のすべての人びとに対しても責任がある
on one's own responsibility 自分の責任で

responsible /rispάnsəbl/ *a* (人に)責任がある (*to*); 責任をとるべき (*for*); (の)原因である; 責任能力を持つ; (地位が)重大な; 信頼できる ▶ If banks had been more fiscally responsible, the crisis would never have happened. 銀行各社が財務面でもっと分別があれば, 危機は決して起こらなかっただろう / I'm responsible for quality assurance. 私が品質保証の責任者です / The company will benefit if we are seen to be socially responsible. われわれが社会的に責任を持っていると見られれば, 会社の利益になる / We promise to punish those found responsible. 責任の所在を明らかにして処分をすることをお約束します

be held responsible for に対して責任があるとされる ▶ The company was held responsible for the injuries. その傷害事故の責任は同社にあるということになった

◇**responsibly** *ad* 責任をもって

responsive /rispάnsiv/ *a* 応答của; 敏感な, 共鳴やすい (*to*)
◇**responsively** *ad*

rest¹ /rest/ *n* 休息, 休養; 睡眠; 安心; 《a ~》停止; 宿泊[休憩]所; 台, 支え
at rest 眠って, 休息して; 安心して; 静止して
come to rest 静止する
give ... a rest をしばらくやめる
lay ... to rest / put ... to rest を埋葬する; (誤った意見・風評を)終息させる ▶ Let's put this matter to rest and focus on other pressing issues. この件は終わりにして, 他の急を要する問題に集中しよう
No rest for the wicked [***weary***]. 《略式》貧乏暇なし
put [***set***] ***a person's mind to rest*** (人を)安心させる
take [***have***] ***a rest*** 一休みする
— *v* ❶ 休む, 休ませる; 横になる, 眠る; 安心している; 静止する; 停止させる; 載っている, 載せる (*on, upon*); 寄り掛かっている[掛ける] (*against*); (視線などを)向けられる, 向ける (*on, upon*); 頼る (*in, on, upon*); 存する; (決定などが…)かかっている (*with*) ▶ The country rests on nothing but commerce. その国は通商だけに依存している / The financial burden rested solely on his shoulders. 金銭的な負担はもっぱら彼の双肩にかかっていた ❷【法律】(すべての)弁論[立証]を終える

rest² *n* 《the ~》残り; 他の人たち[もの] ▶ Keep the rest for yourself. つりは取っておきたまえ (✚ チップを与える際に用いる) / The economic crisis hit South Korea harder than the rest of Asia. 経済危機は韓国にアジアの他の国々より手痛い打撃を与えた / Lending growth is expected to slow over the rest of the year. 貸し出しの伸びは年度の残り全体にわたって鈍いと予想されている / Our office will be closed for the rest of the week. 週の残りは事務所を閉めます / The economic problems of the US dragged the rest of the world into a recession. 米国の経済問題は世界の他の国々を景気後退に引きずり込んだ

and the rest / and all the rest of it その他いろいろ
(***as***) ***for the rest*** その他のことは
— *vi* のままである

rest assured [***easy***] 安心する (*of, that*)

restart *v, n* 再出発(する, させる); 【コンピュ】再起動

restate *vt* 再び述べる; 言い直す; 【会計】修正再表示する [➡すでに公表した財務諸表の数値を訂正して再提出する] ▶ The company restated second-quarter results to show a profit of $230 million. その会社は第2四半期の結果を修正再表示して, 2億3千万ドルの利益を計上した

restatement *n* ❶ 修正再表示 [➡会計原則などに変更があった時または財務データに誤りがあった時に, 過去に遡り財務諸表の数値を修正すること] ❷ (R-) = Restatement of the Law

Restatement of the Law リステイトメント [➡米国各州間で異なる判例法の法準則を, 分野別に統一的・合理的に条文形式でまとめたもの]

restaurant /réstərənt | -rànt/ *n* レストラン, 料理店 [<仏]

rest home 保養所; 療養所

restitution /rèstətjúːʃən/ *n* ❶ 賠償, 補償 (*of, to*) ▶ make restitution 賠償する (*of, for*) ❷ 【法律】原状回復, 所有・占有の回復; 不当利得の返還

restock *v* 再び仕入れる, 補充する ▶ restock shelves 棚の商品を補充する

restocking *n* (在庫または棚の)補充

restore /ristɔ́ːr/ *vt* 元へ戻す, 取り戻す, 回復[復活]させる (*to*); 修復する ▶ Unless confidence is restored in the banking system, the global economy may not fully recover. 銀行システムに信頼が戻らなければ世界経済は完全に回復しないかもしれない / The company's priority is to restore the trust of customers. 同社が最優先しているのは顧客の信頼を回復することだ
◇**restorable** *a*

restrain /ristréin/ *vt* 抑制する (*from*) ▶ Rising prices would restrain consumer spending. 価格の上昇は消費者の支出を抑制するだろう
restrain oneself 自制する (*from*)
◇**restrainedly** /-id-/ *ad* 控えめに

restraining order ❶ (一方的)緊急差止命令 [➡訴訟当事者によって差止命令 (injunction) を求める裁判が申請されたとき, 判決が出されるまでの間, 特定の行為をなすことを禁じ現状維持を命じる裁判所の命令. 一時的な性格の命令であることから temporary restraining order とも呼ばれる] ❷ (行政機関の)停止命令

restraint /ristréint/ *n* 抑制(力); 束縛, 拘束状態; 自制, 遠慮 ▶ impose [lift] restraint 制限

を加える[解除する]《*on*》/ place [put] under restraint 拘束[拘禁]する
without restraint 思う存分, 遠慮なく
with restraint 遠慮して, 控えて
restraint of trade 取引[営業]制限

restrict /rɪstríkt/ *vt* 制限[限定]する《*to, within*》▶ The fund is restricted to institutional investors. そのファンドは機関投資家だけに参加が限られている / Access to the records is restricted to authorized personnel. その記録へのアクセスは許可された職員だけに制限されている / Restrict who can speak to the media. メディアに話ができる人を制限しなさい

restricted cash 拘束預金 [◆引出しが制限された預金]

restricted securities 《米》(私募などの形式の)制限付き証券

restricted stock 譲渡制限付株式 [◆譲渡が制限された株式]

restriction /rɪstríkʃən/ *n* ❶ 制限, 限定, 制約 ▶ a restriction of calory intake カロリー制限 / lift [remove] restrictions 制限を解除する / impose restrictions on に制限を加える / Permission to use materials from this web site is subject to **the restrictions set out** below. このウェブサイト上の素材の利用許可については下記の制約が及ぶものとする / The bank has **set restrictions** on which mortgages it will fund. その銀行はどの住宅ローンに資金を供給するかについて制限を設けた

❷ (法令・合意による)規制 ▶ A law has been enacted to **place restrictions** on the use of cell phones while driving. 運転中の携帯電話の使用を規制する法律が施行された / **The restriction on smoking** applies to indoor areas only. 喫煙に対する規制は屋内においてのみ適用される / There are **statutory restrictions** on reductions of capital. 減資に関しては法律上の規制がある / We are hemmed in **by petty restrictions**. われわれは瑣末な規制でがんじがらめになっている / We **have restrictions** on pets. ここではペットに対する規制がある / Certain agricultural products are subject to **import restrictions**. ある種の農産物は輸入規制の対象になっている

without restrictions 制限なしに

◇**restrictionist** *n, a* (貿易)制限主義者(の)

restriction requirement 《米》限定要求 [◆特許出願に複数の独立して区別される発明が含まれる場合に, 特許商標庁が出願人に対して, いずれかの発明を選択するように要求すること]

restrictive /rɪstríktɪv/ *a* 限定[制限]する ▶ a restrictive practice 《英》 (競争・生産の) 制限慣行 / The recent turn to restrictive fiscal policy has dampened growth of domestic demand. 最近になっての緊縮財政への転換が内需の伸びを抑えている

restrictive covenant ❶ 《英》制限的不動産約款 ❷ 《米》制限的(不動産)約款 ❸ (雇用契約などにおける競業禁止などの) 制限的約款

restrictive injunction 制限的差止命令 [◆裁判所が一定の行為を行うことを禁止する命令]

restructure /rìstrʌ́tʃər/ *vt* 構成を変える, 整理する ▶ Filing for bankruptcy is a way for the automaker to restructure. 破産申請はその自動車メーカーにとってはリストラを実行するための手段だ / How would you restructure the services of the city? 市のサービスをいかにして改革するのですか

restructured debt 整理債務 [◆債務者に支払期日の変更などの決済条件の変更を認めた債務]

restructuring *n* ❶ 再構築, 再編 ❷ 《経営》リストラクチャリング, リストラ [◆事業や製品を見直して企業活動を再編成すること. 日本語化したリストラは「人員整理, 首切り」という別の意味になっているので注意] ▶ financial restructuring 財務の再構築 / implement a restructuring program リストラを実施する / initiate a restructuring program リストラを開始する / pull off a restructuring リストラを成し遂げる / undergo a restructuring リストラのただ中にある, リストラが進められている / approve a business restructuring plan 事業の再編計画を承認する / require radical restructuring of the company 会社の抜本的なリストラを不可欠とする / improve productivity through corporate restructuring 企業再構築により生産性を高める / unveil a radical restructuring strategy to regain profitability 収益性回復へ徹底的なリストラ戦略を明らかにする / The company expects to save $3 billion through restructuring. 同社はリストラによって30億ドル節約できると期待している / The restructuring of the troubled company will involve to a large extent the restructuring of its capital structure. 困難を抱えた会社の再編成は, その資本構造の再編成を大幅にやる必要がある / Restructuring is painful. 再編成は苦痛を伴う

restructuring charge [cost] リストラ費

restructuring provision リストラ費準備金

restructuring plan リストラ計画 ▶ lay out a restructuring plan リストラ策を打ち出す / The company announced a $1 billion restructuring plan. 会社は10億ドル規模のリストラ計画を発表した

result /rɪzʌ́lt/ *n* 結果; 業績, 経営成績 ▶ higher-than-expected results 予想を上回る業績 / lower-than-expected results 予想を下回る業績 / get results 結果を出す / All business units are projecting **below-plan results**. どの部門も, 業績が計画した水準に達しないと予想されている / Longer term, **results could benefit** from the company's expanded product and distribution capacity. 長期的に

は同社の生産・販売体制の拡充により業績も押し上げられよう / **3Q results for auto makers are always depressed by low production volume due to vacation time and product changeover.** 自動車メーカーの第3四半期業績は, 夏休みによる生産量の低下とモデルチェンジの影響で, 低く抑えられるものだ / **More favorable currency comparisons should help results.** 為替レートの好転が業績にプラスに作用しよう / We prefer to focus on the operating profit line, where **results hit $200 million** versus a year-earlier $86 million. われわれとしては, 前年の8,600万ドルに対して2億ドルに達した営業利益レベルの業績に注目したい / **Results were hurt** by the lower volume. 業績は売上数量減で足を引っ張られた / Greater overseas procurement helped it **improve results** in the first half. 海外調達の拡大が上期の業績改善の一助となった / The company **has posted record results** for the year ended March 2008. その会社は2008年3月期の業績として記録的なものを計上した / Encouraged with **the record-breaking annual results**, management is upbeat about the future. 記録的な年次決算で意気が上がっており, 経営陣は先行きにつき強気だ / The project is expected to **show results** in the next three months. このプロジェクトは向こう3か月内に結果を出すだろう / Thus far, I'm afraid I have to admit that we have failed to **achieve tangible results**. 残念ながらこれまでのところ, 目に見える結果を出せないで終わっていることを認めざるを得ない

as a result 結果として

as a result of 〜の結果(として) ► Japanese exports have been hit as a result of the yen's appreciation. 日本の輸出は円高の結果として打撃を受けてきた / What are the likely questions that will be asked by the media as a result of your announcement? あなたの発表の結果として, メディアが聞こうとする質問には, どんなものがありそうですか

for best results もっとも効果的には

without result むなしく

with the result that という結果になって

— vi ❶ (結果として) 生じる, 起こる 《*from*》; 終わる, 帰着する 《*in*》► The drought resulted in the worst wheat harvest since 1965. 干ばつのため, 小麦は1965年以来最低の収穫だった / Their negotiations resulted in failure. 彼らの交渉は失敗に終わった / The government's tax revenues dropped drastically, resulting from a sharp fall in export and tourism earnings. 輸出と観光の利益が急激に落ち込んだ結果, 政府の税収は大幅に減少した / The sales results exceeded our expectations. 販売実績はわれわれの予想を超えた ❷【法律】(…に) 復帰する 《*to*》 ► The property resulted to his children. 財産は子供たちに復帰した

◇**resultant** *a, n* 結果(として生じる); 合成的な

results-driven *a* ちゃんと結果を出せる, 即戦力になれる [◆求人広告によく用いられる表現]

results-motivated *a* =results-driven
results-oriented *a* =results-driven

resume /rizúːm | -zjúːm/ *vt* 再び始める; (権利・健康などを) 取り戻す; 要約する ► We are unable to resume negotiations if they persist in demanding outrageous terms. 先方が途方もない要求にこだわり続ける限り, こちらとしては交渉を再開できない / The two parties will resume their negotiation tomorrow. 両当事者は明日交渉を再開するだろう

— *vi* 再開する ► There's no word on when the halted construction will resume. 中断された工事がいつ再開されるか, まったく発表されていない

resume one's seat 再び席に着く

résumé /rézumèi / rézju-/ *n* 《米》履歴書 ⇨ curriculum vitae, CV ► update one's résumé 履歴書の最新版を作る [〈仏]

resumption /rizʌ́mpʃən/ *n* ❶ 回収; 回復; 再開 ❷ 正貨兌換復帰

resurface *vt* 再舗装する

— *vi* 再び浮上する; (人が) 再び社会に姿を現す ► Rumors of the CEO's resignation resurfaced. そのCEOの辞任の噂が再浮上した / The bug in the computer program resurfaces from time to time. そのコンピュータプログラムにはバグがときどき現れる

resurgent /risə́ːrdʒənt/ *a* よみがえる, 回復した, 息を吹き返した ► driven by resurgent consumer spending 個人消費の回復が原動力となって

— *n* 復活者

◇**resurgence** *n* 復活 ► A resurgence of retail sales show that the economy is improving. 小売業界の売上高の復調は景気が回復しつつあることを示している

resurvey /riːsə́rveɪ/ *vt, n* 再調査(する)

resuscitate /risʌ́sətèit/ *v* 復活する[させる]; 蘇(そ)生する[させる] ► Stories began reporting management's efforts to resuscitate the company. 会社再生に向けての経営陣の努力を報告するニュース記事が出始めた

◇**resuscitation** *n*

retail /ríːteil/ *n, a* 小売り(の); 小売商; 小売業 ► retail and wholesale trade 小売業と卸売業 / I've been working in retail for over 10 years. もう10年以上, 小売りに携わっている / Our products are not normally offered for retail. 当社製品は通常, 小売りされていない / The first floor of the new building will be dedicated to retail. 新しいビルの1階部分は, 小売り店舗に充てられる

by retail 小売りで

— *ad* 小売りで ► We don't sell retail to individual consumers. 当社では一般消費者への小売りをしていない

— *v* (の値で) 小売りする[される] 《*at, for*》; /rítéil/ (うわさを) 受け売りする 《*to*》

retail advertising 小売広告
retail audit ストア・オーディット, 小売店調査 [⇨末端小売店での個別製品の売上調査]
retail bank リテールバンク[⇨一般消費者相手の小口取引を主力業務とする銀行]
retail banking リテール・バンキング[⇨大企業向けの業務との対比で, 一般消費者向けの小口銀行業務を指す]
retail brokerage 小売証券業務, 個人客向け証券業務 [⇨個人投資家(retail investor)など小口の顧客を対象とする証券売買のブローカー業務]
retail cooperative 小売商業組合 [⇨共同仕入や共同配送によるコスト削減その他の助け合いを目的とする小売業者の組合]
retail cost 小売原価[⇨小売棚卸法を採用したときの原価]
retail deposits コア預金[⇨定期預金のような期間の定めのない預金のうち定着度が高いものを指す. core depositsとも言う]
retail district 小売商業地域[地区]

retailer /rí:teilər/ n 小売業者, 小売商[⇨消費者を直接の相手としてモノ・サービスを販売する] ⇒manufacture, wholesaler ▶ We **supply retailers** with a wide assortment of products in small quantities. 当社は, 小売業者向けに商品を幅広くそろえて少量で供給している / By law, **drug retailers** are regulated as to what they can and cannot say to consumers. 法律により, 薬品小売業は消費者に対して, 何を言ってよく, 何を言ってはいけないかが規制されている / If you wish to **locate a retailer** who carries our products, please contact us by email at info@xxx.jp. 弊社製品を扱っている小売店をお探しの方は, info@xxx.jp までEメールでお問合せください / Some retailers sell branded merchandise at a substantial discount to the recommended retail price. 一部の小売業者は, ブランド商品を希望小売価格に比べて大幅に値引して売っている / Hit by the recession, **many clothes retailers** have closed. 景気後退で打撃を受けて, 多くの衣服小売業者が廃業した

retailing n 小売り, 小売業, 小売活動
retail investment 個人投資[⇨機関投資家による大口取引との対比で個人投資家による株の売買などを指す]
retail investor 個人投資家[⇨機関投資家 (institutional investor)の対語]
retail media 店舗広告, インストアメディア[⇨小売店舗の内外を使っての広告活動]
retail merchant 小売商業者
retail outlet リテール・アウトレット[⇨アウトレット(outlet)の中でも小売業者が主に在庫処分として行うもの] ⇒factory outlet ▶ This model is currently available on the company's Internet store and it will soon be available at other retail outlets. この機種は現在, 同社のオンラインストアで入手できるが, すぐに他の小売店舗でも取扱いが始まる予定だ

retail park 《英》ショッピングセンター, 商業地区[⇨大型の小売店舗が一ヶ所に集まった形態]
retail price 小売価格 ▶ The manufacturer's suggested retail price is ¥9,900. メーカーの希望小売価格は9,900円だ
retail price index 小売物価指数 (RPI) [⇨英国の小売物価の指数. 米国の消費者物価指数 (consumer price index)に相当する]
retail sales 小売売上高 [⇨①月半ばに米商務省が前月分の小売売上を報告する経済指標. 個人消費の先行きを占う上で重視される ②小売レベルでの売上] ▶ Retail sales rose 3 percent in May. 小売り売上高は5月に3パーセント増加した / Retail sales got a boost from the holiday season. 小売業界の売上高はホリデーシーズンのおかげで急増した / Retail sales rose an unexpectedly sharp 0.9% in September. 9月の小売上高は0.9%と予想外に大幅な上昇となった
retail store 小売店, 小売店舗
retail store audit =store audit
retail support 小売サポート[⇨主として卸売業者が小売店に対して支援すること]
retail therapy リテール・セラピー[⇨必要を満たすためではなく楽しい思いをし, またはストレス解消のためにする買物]

retain /ritéin/ vt 保有する; 存続させる; 覚えている; (弁護士・召使いを)雇っておく ▶ Please retain your receipt for proof of purchase. 購入を証明するものとして, 領収書を保管しておいてください ▣ This is to inform you that the Legal Department has been instructed to retain outside counsel and to collect the balance due on your account; a copy of the unpaid invoices is enclosed. 当法務部は, 外部弁護士を起用し, 同封の未払請求書コピーの通りの貴社に対する債権取の回収を命ぜられましたことを通知いたします

retained earnings 留保利益, 利益剰余金 [⇨創業以来の利益の蓄積から配当として社外に流出した金額を引いたもの] ▶ carry forward the retained earnings 留保利益を次期に繰り越す / Young companies tend to reinvest its retained earnings instead of distributing it to its shareholders. 新興の会社は, 利益剰余金を株主に配当する代わりに, 社内に留保して再投資する傾向がある
retained profits =retained earnings
retained surplus 留保利益, 利益剰余金
retainer n 着手金, 弁護士報酬 (✚retaining fee とも言う) ▶ The retainers held in a special bank account will be applied to the client's bills for legal services. 法律顧問料は特別の銀行口座で管理され, 顧客に対して請求される法律業務提供の報酬に充当される
retaliatory /ritǽliətɔ:ri|-təri/ a 仕返しの, 報復的な
retaliatory tariff [tax] 報復関税
retard /ritá:rd/ v 遅くする[なる]; 遅らせる, 遅れる; 妨害する

━ n 遅れ；妨害；/ríta:rd/《略式》遅進児
◇**retardation** n 遅延

retention /riténʃən/ n ❶ 保有, 保持[維持] (力)；【経営】〖従業員の〗定着率 (=employee retention) ▶ improve retention 定着率の改善を図る / They say that customer retention is the key to the company's resuscitation. 顧客の維持が会社再生のカギになると言われている ❷ 保存, 保管 ▶ a document retention period 文書保存期間

retention of title (契約書中の) 所有権留保条項

rethink vt (-thought) 再考する
━ n /ˊ-ˋ/ 再考

rethinking n 再考, 見直し ▶ This calls for a total rethinking of conventional approaches. これは従来からのアプローチの全面的見直しを迫るものだ

retire /ritáiər/ vi 退職[引退]する《from》 ▶ She is retiring from the company next year. 彼女は来年, 定年退職となります / What will you do when you retire? 引退したら何をされますか
━ vt (株式の) 買入消却をする, (債券を) 償還する, (債務を) 弁済する

retire from public life / retire (in)to private life
第一線を退く

retire on a pension 年金[恩給]をもらって退職する

retired /ritáiərd/ a 引退[退職]した
retiree /ritàiərí:/ n《米》退職者
retiree health-care account 退職者医療勘定〖❏企業が退職者医療制度 (retiree health-care plan) に必要な費用を積み立てておく勘定. 積立不足になっている企業が多い〗

retiree health-care plan 退職者医療制度〖❏企業が退職者向けに提供している医療制度. 公的医療保険が高齢者と身障者を対象とするMedicareと低所得者を対象とするMedicaidしかない米国では, 年金制度 (pension plan) と並んで労働者にとって最大の関心事である〗

retirement /ritáiərmənt/ n ❶ 引退, 退職 ▶ voluntary retirement 希望退職 / an early retirement program 早期退職制度 / compulsory retirement 定年退職 / accept early retirement 勧奨退職に応じる / offer early retirement 早期退職を勧める / take early retirement 早期退職を選択する / He has been presented a silver plate with his name engraved on it to mark his retirement. 彼は, 名前が彫ってある銀の盆を定年退職の記念としてプレゼントされた / The government is offering incentives for businesses to extend retirement. 政府は企業が定年を延長するよう優遇措置を用意して働きかけている ❷ (株式の) 買入消却 [❏流通している自社株を買入れて消滅させること], (債券の) 償還 ▶ debt retirement (金銭) 債務の弁済 / retirement of shares 株式の消却, 株式の償還 [❏発行した株式を消滅させること]

come out of retirement 第一線に復帰する, 引退の身分から返り咲く

go into retirement 引退[退職]する ▶ My boss is going into retirement soon. 上司はもうじき定年だ

take early retirement 定年前に退職する ▶ An employee is eligible to take early retirement prior to age 65 provided he/she has at least 20 years of service. 従業員は勤続20年以上である限り, 65歳になるのを待たずに早期退職制度に応募する資格がある

retirement age ❶ 定年 ▶ Most Japanese companies set the retirement age at 60. ほとんどの日本企業は定年を60歳と定めている / The government is urging major companies to raise the retirement age to 65. 政府は大企業に対して定年を65まで引き上げるよう促している ❷ =pensionable age

retirement allowance 退職金；《米》退職手当, 退職給付 (=retirement benefit)；退職給与引当金 [❏退職時に支払う給与の引当額の累計]

retirement annuity 退職年金 (保険) (=《英》pension annuity) [❏企業の役員や従業員の退職給付として退職後一定期間支給される年金]

retirement benefit 退職給与 [❏従業員や役員の退職時に支給される給与]

retirement benefit plan [scheme]
退職給付制度 [❏退職金の支給を定める制度]

retirement fund (退職) 年金基金 (=pension fund)

retirement income security 退職 (後の) 所得保障

retirement pay 退職手当
retirement payment 退職金支払
retirement pension 退職年金 ▶ We can no longer offer a good retirement pension to our employees. 当社はもはや従業員に十分な退職年金を用意できない

retirement plan ❶ =retirement pension
❷ 退職金制度
retirement security =retirement income security

retiring /ritáiəriŋ/ a (定年で) 退任する予定の, 退職する予定の ▶ a retiring chairman 退任予定の会長 / the retiring age 定年

retool vt (工場の) 機械を取り替える；設備更新をする ▶ retool a plant 工場の設備更新をする
◇**retooling** n

retract /ritrǽkt/ v 引っ込ませる, 引っ込む；撤回する；取り消す ▶ They retracted the special offer. 彼らはその特別提供を撤回した
◇**retractable, retractile** /-tíl | -taíl/ a 引っ込められる
◇**retraction** n 収縮 (力)；取消し, 撤回
◇**retractive** a

retrain v 再訓練する ▶ We are retraining our staff to handle the changes. 変化に適応できるようスタッフの再訓練をしているところだ / It's important to retrain the long-term unemployed. 長期失業者を再教育することが大切だ

retraining n 再教育[訓練]

retreat /rɪtríːt/ *n* 撤退；(株価の) 下落 ► a major retreat in share prices 株価の大幅な下落 / make a retreat from the unprofitable semi-conductor business 不採算の半導体事業から撤退する / Retail sales retreated by 6% last month, the biggest drop in ten years. 小売業界の売上高は先月は6%減少したが、これは10年間で最大の落ち込みだった

retrench /rɪtréntʃ/ *v* ❶ 削減[削除]する；節約する ► Because of falling orders the company will have to retrench. 注文が減少したので、会社は縮小をしなければならないだろう / The weak economy has caused many companies to retrench. 不景気のせいで多くの会社は節約志向になっている ❷《豪》整理解雇する
◇**retrenchment** *n* 短縮、縮小；(経費の) 切り詰め、削減 ► A retrenchment in consumer spending spells trouble for retailers. 消費者支出の節減は小売業者にとってはトラブルを意味する

retrial *n* 再審 ► request for a retrial 再審を請求する

retrieval /rɪtríːvəl/ *n* 回復；修正；償い；【コンピュータ】(情報)検索
beyond [past] retrieval 回復の見込みがない

retrieval software 【コンピュータ】検索ソフト

retrieve /rɪtríːv/ *vt* 取り戻す、回収する；回復する；【コンピュータ】(情報)を (…から) 検索する (*from*) ► This tool aids users to retrieve information on the Internet. このツールは、ユーザーがネットから情報を検索するのを助けてくれる
— *n* 取り戻し
◇**retrievable** *a*

retro- /rétrou, -rə/ 「後方へ」「元へ」

retroactive *a* (法令などが) 遡及的な、遡及効を持つ (=retrospective) ► retroactive legislation 遡及効を持つ立法
retroactive to にさかのぼって ► The raise will be made retroactive to the first of the year. 昇給は1月1日にさかのぼることになろう / Congress made the tax cut retroactive to January 1, 2001. 連邦議会は減税の実施を2001年1月1日までさかのぼらせることにした
◇**retroactively** *ad* 遡及的に

retrocession /-séʃən/ *n* 再々保険 [⊃再保険の引受け・再保険金支払に関わる危険についての保険、再保険の再保険]

retrospect /rétrəspèkt/ *n*, *v* 追想[回顧](する)
in retrospect 追想[回顧] して (みると) ► In retrospect, the timing of the market entry was not good. あとから考えると、市場参入のタイミングが悪かった

retrospective /rètrəspéktɪv/ *a* 遡及する

retrospectively *ad* 遡及的に、(過去に) さかのぼって ► The new rates will be effective retrospectively from January 1st of this year. 新規の料率は本年の1月1日にさかのぼって適用されることになる

retry *vt* 再審をする；再び試みる

return /rɪtə́ːrn/ *v* ❶ 帰る、戻る 《*from*, *to*》；戻す、返す 《*to*》 ► Car exports are unlikely to return to their previous levels. 自動車の輸出は昔の水準に戻りそうにない / The automaker expects to return to profitability this fiscal year. その自動車メーカーは今事業年度に黒字に戻ることを期待している / I'll have him call you back when he returns to the office. 事務所に戻ってきたら電話させます / The bank returned their checks. 銀行は彼らの小切手を戻した
❷ (利益などを) 生む ► This investment will return a good profit. この投資はかなりの利益を生みます
❸ 返品する ► return faulty goods 不良品を返品する
❹ 折り返し連絡を入れる、(受けた電話を) 返す ► I will return your call as soon as I return. 戻り次第、折り返し連絡させていただきます (✚ボイスメールなどでの用法)
return the [a person's] visit (人に) 答礼の訪問をする
— *n* ❶ 見返り、リターン、投資収益、収益率 ⇨absolute return, relative return ► a high-risk, high-return investment ハイリスク・ハイリターン投資 / produce a highreturn 高いリターンを達成する / a rate of return 収益率 / offer an attractive return 魅力的な収益率を提供する / improve returns 収益率を改善する / get a return on one's investments 自分の運用資産についてリターンを得る / All businesses aim at **generating maximum returns** with minimum risks. すべての企業は、最小限のリスクで、最大限のリターンを得ることを目ざす / We achieved **a 200 percent return** on our investment. 投資額に対して200%のリターンを達成した / We want **a high return** on our investment. 当社の投資には高いリターンが欲しいと思っている / The Fed does not expect **a return of inflation** within the year. FRBはインフレが年内に再発するとは予想していない
❷ (納税) 申告書 ► file an income-tax return 所得税の申告をする
❸ 返品 ► Our policy is to accept returns only in brand new conditions and in original package. 弊社の基本方針として新品の状態にあり、元の包装のままであるときのみ返品を受け付けている
by return (of post) 《英》折り返し便で
file returns 税金の申告をする
in return 返事[返礼] として；代わりに 《*for*》 ► In return for additional government aid, the automaker had to revamp its survival plan. 追加の政府援助と引き換えに、その自動車メーカーは生き残り計画を修正しなければならなかった
on return of を返したときに
the point of no return 帰還不能点；後には引けない段階

returnable *a* ❶ 返却できる ❷【リサイクル】

リターナブルの [⇒一度使用した容器を洗浄し,再び中身を詰めて再利用できることについて言う]

returnable deposit 保証金,未払還預り金

return book 返品記入帳 [⇒仕入商品の返品を記入する帳簿]

returned check 戻り小切手; 不渡り小切手 ▶ a returned check due to insufficient funds 残高不足による戻り小切手

returned goods 返品

returner *n* (長いブランクを経て)復職した人,再び仕事をするようになった人

return fare (英)往復運賃 (=(米)round-trip fare)

return on assets 総資産利益率 (ROA) [⇒総資産に対する税引き後純利益の比率で,投資収益を計る一つの尺度] ▶ Major Japanese companies are said to have a return on assets of 4 to 5 percent on average. 日本の大手企業の総資産利益率は平均4から5パーセントとされる

return on capital 投資収益率 (ROC) [⇒1単位当たりの投下資本額にどれだけの利益を上げたかの割合. return on investmentとも言う]

return on capital employed 使用総資本利益率 (ROCE) [⇒企業に投下された資本の運用効率を測定する比率で,利益を資本で除して求める]

return on common equity =return on equity

return on equity 自己資本利益率, 株式資本利益率 (ROE) [⇒自己資本(株式資本)に対する税引き後純利益の比率で,投資収益を計る一つの尺度] ▶ improve return on equity for shareholders 株主のために自己資本利益率を高める / American companies have a higher return on equity (22%) than Japanese companies (16%). 米国企業のROE(株主資本利益率)は22%と日本企業の16%より高い / We invest in companies that have a return on equity of at least 15% for the past 10 years. 当社は過去10年の株主資本収益率が少なくとも15%ある会社に投資している

return on investment 投資収益率, 投資利益率 (ROI) [⇒一般的には,投下資本がもたらす収益の年率. 企業の場合は,年間の利益を株主資本に長期債務を加えたもので除して求める. 企業が資本をどれだけ有効に利用しているかを表す指標] ▶ achieve a much higher return on investment さらに高い投資収益率を達成する

return on net assets 純資産利益率 (RONA)

return on net worth 自己資本利益率 (RONW)

return on sales 売上高利益率 (ROS) [⇒税引前利益(pretax profit)を売上高で除して求める]

return on total assets 総資産利益率, 総資本利益率 (ROTA)

return ticket (米)帰りの切符; (英)往復切符

return-to-base *a* リターントゥベースの, 返送料購入者負担の (RTB) [⇒修理・交換のためには購入者の負担で売主に返送を要するという意味]

reunify *vt* 再統合する

reunion *n* 再結合; 再会; 懇親会

reuse *vt* /riːjúːz/ 再使用[利用]する ▶ The packing can be reused and recycled. その包装は再使用可能で,さらにリサイクル可能だ
━ *n* /-júːs/ 再使用, 再利用, リユース [⇒製品を同一目的で再利用すること]
◇**reusable** *a*

Reuters Group (~ plc) ロイター [⇒英国の通信情報会社. 設立1851年. 2008年米国の出版会社Thomsonに買収され,Thomson Reutersとなった]

Reuters index of commodity prices ロイター商品指数 [⇒英ロイター社の商品指数で,1931年9月を100とする]

Reuters/University of Michigan Surveys of Consumers ロイター・ミシガン大学消費者調査 ⇒Michigan Consumer Sentiment Index

reutilization, (英)**-sation** *n* 再生利用

revaluation *n* ❶【会計】再評価, 価格替え [⇒資産の評価額を変更すること] ▶ inventory revaluation 棚卸し評価替え / asset revaluation 資産再評価 ❷【金融】(平価)切上げ [⇒通貨当局が市場介入により為替相場をある一定水準に固定している場合に,為替レートが政策的に切り上げられること] ▶ currency devaluation and revaluation (固定為替相場制度での) 為替レートの切下げと切上げ

revaluation reserve 再評価積立金 [⇒資産を時価で評価替えした結果生ずる増加分を企業内で積立てておくための勘定]

revalue *vt* 再評価する; (平価を)切り上げる

revamp /riːvǽmp/ *vt* 刷新[修理]する; 修正する; (靴に)新しいつま先革をつける

reveal /rivíːl/ *vt* 明らかにする; 暴露する; 現す, 示す 《*to be, that*》 ▶ The company has not revealed specific details of the tentative buyout agreement. 同社は買収の暫定契約について具体的な内容を明らかにしなかった / The data reveal that the income gap is widening. そのデータは所得格差が拡大中であることを示している

reveal itself 現れる

reveal oneself 名を告げる; 正体を現す

◇**revealing** *a* 見える; 啓発的な, 意味のある

revelation *n* /rèvəléiʃən/ *n* 暴露(されたこと); 意外な新事実; 驚嘆すべきもの[人] 《*to; that*》 ▶ What a revelation! 何と思いがけないことか / After revelations of larger-than-expected losses at electronics makers, the stock market took a quick plunge. 電機メーカー各社が予想より大きい損失を発表すると,株式市場はすぐさま急落した

revenue /révənjùː/ *n* ❶ 収入, 売上高; (~s) 収入 [⇒顧客に製品またはサービスを提供した代価として徴収した金額を言う. 売上高を表す言葉には sales と revenue がある. 米国企業の財務諸表では,有形物の製造会社は sales を用い,金融業などサービスを提供する会社は revenue を用いて売上

revenue account

コロケーション

(動詞(句)+~) **boost** revenue 収益を押し上げる / **bring** in revenue 収益をもたらす / **dampen** revenue 売上を抑制する / **derive** revenue 売上をもたらす / **earn** revenue 売上を上げる / **expand** revenue 売上を伸ばす / **generate** revenue 収益を上げる / **grow** revenue 収益を押し上げる / **have** revenue 売上がある / **increase** revenue 収益を増加させる / **log** revenue 売上を認識・計上する / **produce** revenue 収益を生む / **provide** revenues 売上に寄与する / **reduce** revenue 売上を減少させる / **restrict** revenues 収益にひびく / **yield** revenue 収益をもたらす

▶ recognize revenue at the time of sale 販売の時点で売上を認識する / Exports to Korea account for 40 percent of **our revenue**. 韓国向け輸出が弊社の収益の40パーセントを占めている / **Sales revenues** rose by 10% in April. 売上収益は4月に10%増加した / **Revenue dropped** 23.5% to 5.2 trillion yen. 売上高は23.5%落ち込んで, 5兆2千億円になった / We expect our **revenue to double** to $600 million this year. 当社の売上高は今年は倍増して6億ドルになると期待している / **Revenues for 2009** are expected to advance strongly. 2009年の売上は大幅に伸びると見込まれる / **Revenues and profits for 2009** could be about flat. 2009年度の売上および利益はほぼ横ばいとなり得る / **Revenues in recent fiscal years** were derived as follows. ここ数年度の売上の構成比は次の通りである / The company **derives 40% of its revenue** from foreign customers. 同社の収益における海外部門の寄与度は40%だ / The company **earns 2 percent of its revenue** abroad. 同社は売上の2割を海外で上げている / The company has been **expanding its PC revenues** at over a 50% annual rate year to date. 同社はパソコン部門の売上を年初来, 年率50%を超えるペースで伸ばしてきている / **Revenue fell** 40% versus a year earlier. 売上が前年比40%落ちた / **Revenues for 2009** on the combined company should gain, and net results be profitable. 会社全体としての2009年の売上は伸びるはずで, 最終損益段階でも利益が出るだろう / The top 10% of our accounts **generate 90% of our firm's revenues**. 取引先の上位10%が当社の収益の90%をもたらしている / This business **has annual revenues** of $50 million and operating cash flow in the mid $20 million. この事業部門は5,000万ドルの年間売上高があり, 営業キャッシュフローは2,500万ドル前後だ / We expect **third-quarter revenue** to be below expectations. 当社は第3四半期の収益が予想を下回ると見込んでいる / This company takes only 135 days to **log revenue** from the time an order is taken, down from 275 days in 2000. この会社は受注時から売上が認識・計上されるまで135日しかかかっておらず, 2000年当時の275日に比べて改善されている / Foreign operations **provided 56% of revenues** in fiscal 2000. 2000年度の売上における海外部門の寄与率は56%だった / The strength of the yen **reduced the company's revenues** by more than ¥500 billion last year. 昨年の円高による同社の減収幅は5,000億円を上回るものとなった / **Revenues for 2000** will be significantly restricted by softness in overseas markets. 2000年度の収益には海外市場の弱さが大きくひびくだろう / **Revenues for the second half** should rise and profits recover. 下期の売上は伸び, 利益は回復するはずだ / **Revenues for 2001** slipped 10% from those of the preceding year. 2001年の売上は前年比で10%落ちた / With emphasis on higher growth areas, **more rapid revenue expansion** is anticipated. 高成長分野に重点を置くようになっているので, よりピッチの速い売上の拡大が予想される

❷ (国家の) 歳入 [⇨政府が税金として徴収した金額. 米国では内国歳入庁(Internal Revenue Service)が徴収する]

revenue account 収益勘定 [⇨企業の収入と支出を記録する勘定]

revenue anticipation notes 《米》RAN債, 収入引当て債券 (RAN) [⇨売上税等の期待収入を見込んで地方公共団体が発行する短期債. 一般に租税収入は非課税]

revenue bills 歳入賦課法案; 課税法律案

revenue bond 《米》特定財源債, レベニュー債 [⇨特定の財源を引当てにする地方債. たとえば空港や有料道路の建設のための地方債に, その事業から生じる収入を引当てにして起債される] ⇨ general obligation bond, municipal bond

revenue expenditure [expense] 収益的支出 (=income charges) [⇨有形固定資産のための支出で, (資本的支出として処理される) 改良費ではなく, 維持費に区分されるものの, その期の費用として処理される支出]

revenue growth 増収, 売上増, 売上高の成長 ▶ double-digit revenue growth 2けた台の増収 / high-single-digit revenue growth 1けた後半の増収 / revenue growth in the mid-teens 10%台半ばの増収率 / accelerate revenue growth 増収に弾みをつける / Revenue growth will slow in 2002 relative to actual results in 2001. 2001年の実績に比べ2002年の増収率は鈍化しよう / We anticipate 10% revenue growth for fiscal year 2001. 2001年度については10%の増収率を見込んでいる

revenue maximization 収益極大化

revenue passenger mile [航空] 有償旅客マイル (RPM) [⇨エアラインの旅客輸送実績を示す数値で, 有償旅客に各路線の区間距離を乗じて求める]

revenue per available seat mile [航空] 提供座席当たり収入 (RASM) [⇨エアラインの単位当たり収入を示す数値で, 提供座席数は各路線の販売可能座席数に区間距離を乗じて求める]

revenue reserve 利益剰余金 [⇨配当可能

として分配できる剰余金]

revenue stamp 収入印紙

revenue stream 継続的収入源 [⊃既存の契約によって長期的に継続している収入] ► a broad-based revenue stream 広い基盤の収益源 / a diversified revenue stream 多角的な収益源 / a stable revenue stream 安定した収益源

revenue tariff 財政関税, 収入関税 [⊃国内産業保護のための保護関税に対して, 国の財源調達手段になっている通常の関税]

revenue tax 収入税, 生産税 [⊃利益にではなく生産量に応じて一律に課される税]

reversal /rivə́:rsəl/ n ❶ 逆転, 反転 ► Protectionist policies would lead to a reversal of globalization. 保護主義の政策はグローバリゼーションとは逆の結果をもたらすだろう ❷ 【法律】(下級審判決などを) 覆すこと, 破棄; 逆転

reverse /rivə́:rs/ a 逆の, 反対の; 裏の, 後ろ向きの
put in reverse order 逆の順序にする
— n 逆, 反対; (鋳貨・メダルなどの) 裏面; 不運; 逆転
go into reverse 逆行する
in reverse 逆に
quite the reverse 正反対で
the (very) reverse of の正反対
— vt ❶ 逆にする; 裏返す; 完全に変える; (命令などを) 取り消す; 覆す; 逆方向に動かす ► reverse the charges on [for] a call 電話の通話料金を先方払いにする / The economy is showing no signs of reversing its downturn anytime soon. その国の経済は近い将来に下降が反転する兆候を示していない / The new CEO reversed many of the decisions made by his predecessor. 新しい CEO は前任者が下した決定の多くを覆した ❷ 【法律】(下級審判決などを) 覆す, 破棄する
— vi 逆方向に動く, 戻る, バックする

reverse auction 逆オークション, リバースオークション [⊃買手の側から, 買いたい商品と希望価格を提示して売手を募ること]

reverse billing 通話料着信人払い

reverse-charge a (英) (通話が) 受信人払いの ► make a reverse-charge call to ヘコレクトコールでかける

reverse discrimination 《米》逆差別

reverse doctrine of equivalence 《米》逆均等論 [⊃特許のクレームの限定をすべて充たしていても, 特許製品とはかけ離れている製品は特許を侵害しないという理論]

reverse engineering リバース・エンジニアリング [⊃物理的解体 (有体物) やデコンパイル (ソフトウェア) により, 製品の動作および構造を解明するプロセス]

reverse leveraged buyout リバース・レバレッジド・バイアウト (reverse LBO) [⊃過去に実施したレバレッジド・バイアウトによって上場廃止になっている会社を, 株式公開によって, 再上場させること] ⇨ leveraged buyout

reverse logistic a 返品物流の, 静脈物流の ⇨ reverse logistics

reverse logistics 返品物流, 静脈物流 [⊃返品を回収するための物流 (返品物流) または使用済みの製品を処理するための物流 (静脈物流)]

reverse merger リバース・マージャー [⊃未上場企業が通常の IPO (株式一般公開) を迂回して上場を果たすため上場企業を買収すること]

reverse mortgage リバース・モーゲージ [⊃死後または契約終了時に売却することを条件に, 高齢者などが不動産を担保に借入枠を設定し, 金融機関から定期的に資金を受領する仕組]

reverse repo = reverse repurchase agreement

reverse repurchase agreement ❶ リバースレポ取引 [⊃後日売り戻すという条件で証券を買う取引. レポ取引を資金の貸手である買主の方から見た言い方で, 貸手である買主は債券の買取り代金の名目で資金を貸し付け, 後日, 担保である債券を返還すると共に, 売却代金という名目で貸付資金に金利を上乗せした額を受け取る]
❷ 売戻し条件付き買いオペ [⊃中央銀行による金融調節のためのリバースレポ取引. 中央銀行が売戻し条件付きで国債を買い取り, 代金を民間金融システムに供給するため, 売り戻され, 資金が引き揚げられるまでの間, 金融は一時的に緩和基調となる]

reverse share split 《英》株式併合 (=reverse split)

reverse split 株式併合 [⊃減資の一つの方法で, 株式数を合わせて, 株式数を減らし減資すること]

reverse stock split 《米》株式併合 (=reverse split)

reverse takeover ❶ 逆乗っ取り, 逆買収 [⊃大企業が小企業により買収されること, 特に公的企業の私企業による買収] ❷ = reverse merger

reverse wealth effect 逆資産効果, 逆富裕効果 [⊃証券市場や不動産市場の下落で自分の所有する富が減少したという心理が個人消費活動が鈍化すること] ⇨ wealth effect ► The plunge in the stock market raised concerns of the reverse wealth effect. 株式市場の急落は逆資産効果の懸念を呼び起こした

reversion /rivə́:rʒən, -ʃən/ n 返還, 復帰 [⊃賃貸借了後に伴う目的物の所有者への復帰を指す]

reversioner /rivə́:rʒənər/ n 復帰権者 [⊃将来復帰財産を保有する権利のある人]

revert /rivə́:rt/ vi ❶ (元の状態に) 戻る, 復帰する (*to*); 再び (…) し始める (*to doing*) ► The economy may soon revert to high-speed growth. その国の経済は遠からず高度成長に戻るかもしれない
❷ 【法律】(財産が以前の所有者またはその相続人に) 復帰する (*to*) ► The land must revert to the original owner. その土地は元の所有者に復帰するものだ
revert to type 本来の姿に戻る
— n 【法律】復帰権, 復帰財産
◇ **revertible** a

revex revenue expenditure

review /rivjúː/ *n, v* ❶ 再検討(する); 再確認(する); 見直し(をする) ► We are required to review our unit's business plan on a quarterly basis. 当部門の事業計画を四半期ベースで見直すよう求められている / The contract is up for review. その契約は見直しの時期に来ている ❷ 審査(する) ► appellate review 上級審審理

be [come] under review 検討されている[され始める]

come up for review 再検討される

get favorable [good] reviews 好評を得る

keep ... under review を検討し続ける

pass ... in review を検討[検閲]する

send ... for review を検討用に送る

under review 再検討中で[の]

◇**reviewal** *n*

◇**reviewer** *n* 評論家

review report レビュー報告書 [⇨財務諸表のレビュー結果の報告書]

revise /riváiz/ *vt* 改訂[修正, 校正]する; 変更する; 《英》復習する ► The IMF revised its world growth estimate to 0.5% for this year. 国際通貨基金は世界の成長率の予測値を今年について 0.5% に改訂した / The government is working on revising the budget. 政府は予算の修正作業をしている

revise downward 下方修正する

revise upward 上方修正する

━ *n* 改訂(版), 校訂, 校正; 校正刷り

◇**reviser** *n*

revised /riváizd/ *a* 改訂された; 修正した ► I'll send you the revised quotation by next week. 来週までに, 修正した見積書をお送りいたします

revised budget 修正予算 (=amended budget)

revised edition 改訂版

revision /rivíʒən/ *n* 修正; 復習 ► make a downward revision of the company's earnings outlook 会社業績見直しを下方修正する

revitalization, 《英》**-sation** *n* 活性化 ► lead the revitalization of the company 会社の活性化を推進する

revitalize, 《英》**-ise** *vt* 新しい活力を与える

revival /riváivəl/ *n* ❶ 回復, 再生, 再燃 ► the revival of inflation インフレの再燃 ❷ 人気の復活, 再流行 ► enjoy a revival 再流行している ❸ (失効した保険契約の)復活

revive /riváiv/ *v* 生き返る[返らせる]; (失った意識を[が])回復する[させる]; 復活する[させる]; 再上演[再演]する ► Well-targeted infrastructure spending can help revive a developed economy. 目標を絞り込んだインフラ支出は先進国の経済を回復させる一助となり得る

Revlon 《商標》レブロン [⇨米国の化粧品ブランド. 著名モデルなどをレブロンガールに起用し, 知名度は高いが, 値段的には中クラスでドラッグストアでも販売されている]

revocable /révəkəbl/ *a* 撤回しうる, 撤回可能の

revocable letter of credit 取消可能信用状 [⇨取消可能である旨の記載のない限り信用状はすべて取消不能として扱われる]

revocation /rèvəkéɪʃən/ *n* ❶ 取り消すこと, 廃止 ❷ 〖法律〗(契約・遺言などの)撤回

revoke /rivóuk/ *v, n* 取り消す, 無効にする

◇**revocable** /révəkəbl/ *a* 廃止できる, 取り消し得る

revolution /rèvəlúːʃən/ *n* 革命; 大変革; 大改革 ► a technological revolution 技術的大変革 / The IT revolution changed the speed of business. ＩＴ革命はビジネスの速度を一変させた

◇**revolutionize** *vt* 革命をもたらす

revolutionary /rèvəlúːʃənèri/ *a, n* 革命的な; 革命家[党員]; (R-) (特にロシア革命やフランス革命のような)大革命の

revolve /riválv/ *v* 回転する (*around, round, on*); 思い巡らす; 繰り返す; (を中心に)展開する (*around*) ► The central problem revolves around an understanding of what "quality" is. 問題の中心は「品質」とは何かを理解することにかかっている

revolving /riválviŋ/ *a* 回転する; 回転式の

revolving chair 回転椅子; 回転椅子式人事異動

revolving credit ❶ リボルビング・クレジット [⇨クレジット・カードの延払い方式(クレジットカードの発行を申込む時にあらかじめ月々の支払金額を決めておいてその額を支払う)] ❷ 回転信用枠 [⇨所定の限度枠内で融資を受けられる上, 返済すれば融資枠がその分復活するので繰り返し利用できる]

revolving door 回転ドア; 転職者; 天下り制度

revolving fund 回転基金, リボルビング・ファンド [⇨地域の建造物保存, 相互扶助などのため基金を設けて貸付を行い, 戻ってきた元利金を再び別の案件のために使うというように, 常に回転する貸付資金のプール]

revolving line of credit =revolving credit ②

reward /riwɔ́ːrd/ *n, vt* 報酬[ほうび](を与える) (*for*); 報いる (*with*); の価値がある; 懸賞金, 礼金 ► Banks reward employees who generate big returns for the company with huge bonuses. 銀行各社は会社に大きな収益をもたらした従業員に多額のボーナスで報いる / For his achievements, he was rewarded with a promotion. 業績に対して, 彼は昇進で報われた / Recognize exceptional performance with meaningful rewards. 特別に優秀な業績には, 意味のある報酬で報いなさい

in reward for のほうびとして

◇**rewarding** *a* かいがある, 報いのある ► I find this job very rewarding. この仕事はとてもやりがいがあると思う

reward system 報酬制度

reworking n 見直し, やり直し, 再検討 ► The plan needs reworking. この計画は再検討を要する

rewrite vt /rìːráit/ (-wrote; -written) 書き改める《for, as》
— n /⌐́⌐/ 書き直し; 書き直されたもの[記事]
◇**rewriter** n

Reynolds Wrap《商標》レイノルズ・ラップ[❏米国のアルミホイルのブランド]

RFM アール・エフ・エム[❏顧客管理の指標の一つ. Rは直近の購入時期(recency), Fは一定期間購入頻度(frequency), Mは購入金額(monetary value)を表す]

Rhône-Poulenc《~ SA》ローヌ・プーランク[❏フランスの化学グループの持株会社. 19世紀半ば, 薬剤学者Etienne Poulencの化合物製造に始まる. 1999年ドイツHoechst AGと合併し, Aventis SAとなり, さらに2004年にはフランスのSanofi-Synthelaboと合併, 現在はSanof-Aventis社となっている]

rice /rais/ n 米; 米飯; 稲 (=rice plant) ► boiled rice 炊いたご飯 / brown [unpolished] rice 玄米 / dry [upland] rice 陸稲 / fried rice チャーハン / long-grain [short-grain] rice 長[短]粒米 / paddy [irrigated] rice 水稲 / polished [cleaned, white] rice 米, 精米 / rough rice もみ
◇**ricey** a 米の, 米に似た

Rice-A-Roni《商標》ライスアロニ[❏あらかじめ味付けしてある米国のインスタント食品.「サンフランシスコが産んだおいしさ」がキャッチフレーズ]

Rice Krispies《商標》ライスクリスピー[❏朝食用の米のシリアル]

Rice Millers Association《the ~》全米精米業者協会 (RMA)

rich /ritʃ/ a 金持ちの; 豊富な《in》; (土地が) 肥えた; 高価な ► The country has rich natural resources. その国は天然資源に恵まれている
— n《the ~》金持ち連中 ► The rich get richer.《諺》金持ちはますます金持ちになる
◇**riches** n pl 富, 財産; 豊かさ ► Many who joined investment banks thought it was a quick path to riches. 投資銀行に就職した人の多くは, それが金持ちになる近道だと考えていた
◇**richly** ad 豊かに; 十分に; 華美に; 濃厚に
◇**richness** n

Richard Roe /rou/〖法律〗リチャード・ロウ, 乙[❏架空の被告の名前, または当事者の氏名を伏せるときの名前]

RICO Act RICO法

> **解説** Racketeer Influenced and Corrupt Organization Actの略. 賭博, 贈賄, 売春, 麻薬取引を含む広範な犯罪活動はracketeering(ゆすり)と呼び, racketeeringを手段として合法な事業活動に浸透し利益を上げることを取り締まる. RICO法によってracketeeringの意味は大幅に広がり, securities fraud(証券詐欺)なども含まれるようになった. その結果, 組織犯罪に関係のないインサイダー取引事件などにもRICO法が使われている. RICO法には刑事と民事があるが, 民事ではtreble damages(3倍額の損害賠償)が適用される

RICS Royal Institution of Chartered Surveyors 英国不動産評価人測量人協会

RICS Appraisal and Valuation Manual RICS不動産鑑定評価・評価マニュアル[❏英国RICSの評価マニュアル. 表紙が赤いため, 通称Red Bookとも呼ばれている]

rid /rid/ vt (~(-ded); -dd-) 取り除く, 免れさせる《of》**be [get] rid of / rid oneself of** から逃れる; 捨てる; 振り払う;《英略式》売り払う ► Worries that foreign investors will likely get rid of their stakes hang over the bank. 外国人投資家が持ち株を処分しそうだという懸念が米国の銀行にのしかかっている / As part of the restructuring, the company is getting rid of several departments. リストラの一環として, その会社は数部門を廃止しようとしている

ridden /rídn/ v rideの過去分詞
— a (しばしば複合語) がんじがらめの; …だらけの; に悩まされて[苦しめられて]いる《with, by》 ► crime-ridden 犯罪多発の / fear-ridden 恐怖に取りつかれた / strike-ridden ストライキで動きが取れない

riddle vt ふるい分ける; 充満させる ► riddled with corruption 汚職だらけで / riddled with errors 間違いだらけで / scandal-riddled スキャンダルだらけの

ride /raid/ (**rode**; **ridden**) vi (馬・乗り物などに) 乗る, 乗って行く《in, on》; (水面・空中に) 浮かぶ, 停泊する; (事態などが) 進む ► The matter can be allowed to ride. その件は成り行きに任せておいてよい
— vt (馬・車などに) 乗る, 乗って行く;《米》乗せて運ぶ; (困難を) 乗り越える; 支配する;《略式》あざける, からかう;《米》困らせる, 苦しめる ► Automakers are developing electric cars to ride the wave of environmentally friendly products. 環境にやさしい製品という波に乗るべく, 自動車メーカーは電気自動車を開発中だ

let ... ride そのままにしておく
ride again 戻る; 元気を取り戻す
ride high 好調である; 成功する; 意気揚々とする
ride on …次第である; にかかっている ► His future success rides on this merger going through. 彼の将来は合併の成り行きにかかっている / The company's future is riding on the success of the merger. その会社の将来は合併の成否にかかっている

ride out 切り抜ける ► The company is trying to ride out the recession by cutting staff and costs. その会社は人員と経費を削減することで景気後退を乗り切ろうとしている
— n 乗ること; 乗車; 乗り物旅行

along for the ride《略式》一応参加して
in for a bumpy ride 難しいことになりそうで

rider /ráidər/ n 追加条項 ► have an equal-employment-opportunity rider 就職の機会均等をうたった追加条項が付いている

ridiculous /ridíkjuləs/ *a* おかしな, ばかげた
◇**ridiculously** *a*
◇**ridiculousness** *n*

rif /rif/ *vt, n* 《米略式》(人を)解雇する; 解雇, 首 [＜reduction in force]

riffed *a* 《米略式》解雇された [＜rif]

rig /rig/ *vt, n* (-**gg**-) 不正な細工をする; (市場などを)不正操作する; 市場操作; 整える(*up*); 急いで作る(*up*); 《英》計略, 詐欺; 用具; (油井の)掘削装置; 《米略式》大型トラック ▶ rig the market 市場を操作する

rigging *n* (不当な)協定行為, 談合 ▶ investigate allegations of price rigging 談合だとの声を受けて捜査する

right /rait/ *a* 正しい, 正当な; 当然の; 正気の; 健康な; 整然とした; 表の, 正面の; 最適の; 社会的に認められた, 上流[一流]の; まっすぐな; 右(側,手)の; 垂直[直角]の《平叙文の後につけて》…か ▶ He's very rich, right? 彼, とても金持ちだよね / That's right. その通り, 結構 / We haven't found the right person for the job. 適任者はまだ見つかっていない / My career is finally moving in the right direction. 私のキャリアはようやく望ましい方向へ進んでいる / The customer is always right. お客様は神様です

be right to do / be right in doing …するのは正しい

get on the right side of の気に入る

get ... right を正しく行う, 正しく理解する ▶ If I get you right, you want to shorten the delivery time. 私の理解が正しければ, 納期を早めてほしいということですね

in the right place at the right time 都合のよい時に都合のよい場所にいて

put [set] ... right を正す, 直す ▶ Put me right if I'm wrong. 間違っていたら直して

the right man in the right place 適材適所

the right way 王道, 適切なやり方; 正しく, 適切に

— *n* ❶ 権利; 公正さ; 正義; 正しい行い; 《the ~》右, 右側 (✤「行為を正当化するもの」という意味での「権利」を言うときは, a right と不定冠詞を付けて使ったりするが, 「特許権」など「…権というもの」を一般論として取り上げるときは, ふつう冠詞なしの複数形で用いる) ▶ exclusive rights 独占的権利 / intellectual property rights 知的財産権 / proprietary rights 財産的権利 / the right to strike ストライキ権 / assign a right 権利を譲渡する / enforce one's rights 履行を強制する / exercise one's rights 権利を行使する / stand on [upon] one's rights 自己の権利を主張する / We have a right to this property. われわれにはこの物件に対する権利がある / There is something of right in what he says. 彼の言い分にはもっともなところもある / You have the right to claim compensation for damage. あなたには損害補償金を請求する権利がある / Both parties have the right to terminate the agreement with a 30-day written notice. 両当事者は書面による30日の予告で契約を解除する権利を有する ▣ Neither Party shall have the right, power or authority to assume or create any obligation, express or implied, for which the other may have liable. 「両当事者」は, 明示・黙示を問わず, 相手方当事者が責任を負うことになるいかなる義務をも創出したり, 引き受けたりする権利, 権限または権能を有しないものとする

❷ 《しばしば ~s》新株引受権 [◇旧株主が増資新株または転換社債に有利な条件で応募できる権利]

❸ 《通例the R-》右翼, 右派 (✤特に欧州で議長席から向かって右側の席); (集合的に)右翼議員, 右派の議員

All rights reserved. 不許複製

by [in] right of の理由[権限]で

by rights 公正に; 正しく, 当然の権限によって; 当然のことながら

do a person right (人を)正当に評価する, 公平に扱う

get in right with 《米》の気に入る, に取り入る

have every [no] right to do …する権利が完全にある[ない]

in one's own right 自己[生得]の権利で; 自分の力で

in the right もっともである, 正しい (⇔in the wrong)

(as) of right 当然の権利で; 権利として ▶ Benefits must be granted as of right. (社会保障の)給付金は当然の権利として与えられなければならない

set [put] ... to rights を整える; 直す

the rights and wrongs of の真相, 実情

within one's rights 自分の権利内で; (…するのも)当然で《*to do*》

— *ad* 正しく, 正当に; 適当に; 右(側)に; まったく; すぐに; ちょうど; 非常に

be right up there (with...) (…に)決してひけをとらない

do right by を公平に扱う

go right うまくいく ▶ If everything goes right, I'll have the samples ready on Monday. 順調にいけば, 月曜日に見本を準備しています

right along 《米略式》絶えず, 休みなしに; 順調に

right and left 右左に; あちこちに[から]

right here ちょうどここで

right now [away, off] 《米略式》すぐに; たった今 ▶ Many people are out of work right now. 現在, 多くの人が失業している / Right off, I'd like to clarify the issue. 今すぐ, その問題をはっきりとさせたいと思います / All of our computers are down right now. 現在, 当社のコンピューターは全部ダウンしている

right on その通り; 賛成

— *vt* 直立させる, 起こす; 救済する; 整理する; 正す ▶ right a wrong 不正を正す

— *vi* まっすぐになる, 本来の位置に戻る

right oneself 常態に戻る; 弁明する

◇**rightness** *n*

right about face [turn] 回れ右をする; (行動・方針などを)180度転換する

right bank (下流を見て)右岸

right first time 初期不良率ゼロ, 最初から完璧な [⇨ 最初から不良率ゼロを目指すように, Do it right the first time (DIRFT) と言われる]

Right Guard (商標) ライトガード [⇨ 米国のデオドラント, 制汗剤. スプレーまたはロールオン式]

right-hand man もっとも信頼できる人, 右腕

right of access (一般に, 特定の物・場所・人に) アクセスする権利, 面接する権利, 立ち入る権利, (情報・証拠などを) 取得する権利, 知る権利 ► the right of access to information 情報取得権 / the right of access to evidence 証拠取得の権利

right of action 訴訟を起こす権利 ► have a right of action 訴訟を起こす権利がある

right of attribution 氏名表示権 [⇨ 著作物の著作者として適切に表示される権利. 著作者人格権の一内容]

right of first refusal 先買権, 優先買取権 [⇨ 他の買手に示されているのと同等の条件をもって自分に売り渡すようにと要求できる権利]

right of publicity パブリシティ権 [⇨ 芸能人やスポーツ選手などの著名人が自己の氏名, 肖像等の経済的利益・価値を排他的に支配できる財産的権利]

right of recovery 取戻権 [⇨ 破産法上, 破産者に帰属しない財産を破産財団に組入れた時にその財産を返還または取戻す権利]

right of reply 反論権 [⇨ メディアで批判を受けたものがそのメディアに対して反論の伝達をするように請求することができる権利]

right of return 返品権 [⇨ 商品の返品が可能な権利]

right of way 通行地役権 [⇨ 慣習または契約により発生する, 他人の所有地を通行できる権利]

rights issue 株主割当増資 (=rights offering) [⇨ 新株引受権を有する株主に, その持株に比例して新株を割当て発行すること]

rightsize v (企業などの人員を) 適正規模にする [⇨「人員整理」の婉曲語]

rightsizing n ダウンサイジング [⇨ 組織の効率化のため管理職から一般従業員まで整理解雇すること]

rights manager 著作権管理責任者, 法務担当者

rights-on a 権利付きの (=cum-rights)

right to know (the ~) 知る権利 [⇨ 政府活動などの情報の開示を要求する権利]

right to work law (米) 労働権法 [⇨ 組合員であることを雇い入れの条件とするような労使協定を規制する州法]

rigid /rídʒid/ a 堅い; 厳正な
shake a person rigid (略式) (人に) 衝撃を与える
◇**rigidity, rigidness** n 堅さ; 厳正さ
◇**rigidly** ad

rigor, (英) **rigour** /rígər/ n 厳しさ, 厳格さ; (~s) (生活の) 苦しさ, 難儀; 厳密さ; 悪寒
◇**rigorous** a 厳格な, 厳重な, 厳しい ► rigorous quality control standards 厳しい品質管理基準
◇**rigorously** ad
◇**rigorousness** n

ring¹ /riŋ/ n 徒党, 一味 ► a crime ring 犯罪一味 / a price ring 談合組織
be in the ring for の選挙戦に出ている
throw [toss] one's hat into the ring に出馬を表明する
throw ... out of the ring を競争圏外に追い出す
— vt 取り巻く

ring² (**rang**; **rung**) /riŋ/ vi (鐘などが) 鳴る, 響く; のように聞こえる; 鈴[鐘]を鳴らす; 評判が高い
— vt 鳴らす; (音を)たてる; 電話する
ring back 後で[折り返し]電話をする
ring in 電話を入れる; (米) (レジに) 金額を打ち込む; (タイムレコーダーで) 出勤時刻を記録する; 引き入れる
ring off (英) 電話を切る
ring out (米) (タイムレコーダーで) 退社時刻を記録する
ring round [around] あちこちに電話をかける
ring true 本物の音がする; 本当らしく聞こえる (✣ 本来は硬貨が本物の音を立てることから. try the ring of a coin「硬貨を鳴らして本物かどうかを確かめる」などとも言う)
ring up 電話をかける; (レジに) 金額を打ち込む; 売り上げる; (お金を) 使う ► I'll ring up [through] later. あとで電話します (✣ ring through は交換を通すなど, 直通でないことを指す) / The company rang up huge profits in the third quarter. その会社は第3四半期に莫大な利益を計上した / The retailer rang up record sales during the holiday season. その小売業者はホリデーシーズンに記録的な売上高を達成した
ring up [down] the curtain 幕を上げる[降ろす] (合図をする); の終わり[開始]を告げる (on)
— n (鐘・ベルを) 鳴らすこと; 鳴る音; 電話の呼び出し
give a person a ring (略式) (人に) 電話をかける
ring fence (英) (資金などの) 囲い込み
ring-fence vt (英) 資金を囲い込む, 資金の用途を限定する

Rio Tinto Group リオ・ティント・グループ [⇨ ロンドンに拠点を置く世界的な鉱山開発会社. 石炭, 鉄鋼, ウランなどを採掘. 2007年7月カナダのAlcanを買収することで合意. 一方, 2008年10月現在BHP Billingtonより買収提案を受けている]

ripe /raip/ a 熟(成)した; 十分発達した; 老齢の; 機が熟した (for) (✣ tree-ripe は, 果物が「木で熟した」「完熟の」)
live to a ripe old age 高齢まで生きる
the time is ripe (for ...) (…の) 機は熟した
◇**ripely** ad

ripen v (円) 熟する[させる] ► The fruit of his labor has ripened into a glorious yield. 労働の成果が実って素晴らしい収穫を上げた

rip-off n (米略式) 盗み; 詐欺; 暴利; 盗作 ► Those guided tours are a real rip-off. あのガイド付きツアーはべらぼうに高い料金だ

ripple /rípl/ v, n さざ波 (が立つ, を立てる, を立てて流れる); 波紋 (が広がる); さざめき; 縮れ (がで

きる, を作る) ► Any negative impact on oil supply could ripple through other products in the form of higher prices. 石油供給への悪い影響は, どのようなものでも, 価格高騰の形で他の製品に伝搬する可能性がある
◇**ripply** *a*

ripple effect 波及(効果) ► Soaring gas prices will have a ripple effect on the economy. 高騰するガソリン価格は景気に波及効果をおよぼすだろう / The new invention had a ripple effect through the whole stock market. その新発明は, 株式市場全体にわたって波及効果があった

Ripplewood Holdings (~ LLC) リップルウッド・ホールディングス [**◎**米国の PE 投資会社. 日本でも宮崎シーガイア, 新生銀行への投資で有名になった]

rise /raiz/ *vi* (**rose**; **risen**) 昇る; 上がる; 生長する; 発生する, 生じる; 始まる (*from*); 身を立てる; 向上[昇進]する; 活気づく; (価値が) 上がる; 高く[大きく]なる; 散会[閉会]する ► rise to fame in a big way 名人になる / A chorus of approval rose from the whole table. 席に着いている人全員から賛同の声が上がった / Sugar will rise (in its price). 砂糖は値上がりするだろう / The price of rice began to rise sharply. 米価が急に上がり始めた / The prices of everyday commodities are expected to rise. 日用品の価格は上昇が予想されている

rise from the dead [grave] 生き返る; 復興する
rise in the world 出世する
rise through the ranks 下積みからたたき上げて偉くなる
rise to the occasion 臨機応変の処置をとる

━ *n* 上昇; 増大 (*in*); 出世, 昇進 (*to*); 《米》raise); 起源; 上り坂
give rise to を生じさせる
have its rise 源を発する (*in*)
on the rise 騰貴の傾向に ► Prices are on the rise. 物価は上昇中である
the rise and fall 上下; 干満; 盛衰

rising /ráiziŋ/ *a* 上昇する, 上がる; 増大する; 昇進する; (坂が) 上りの ► The Fed staff projects rising inflation and recommends credit tightening to slow the pace of actual growth. FRB のスタッフはインフレの加速を予想しており, 景気拡大ピッチを引き下げるため金融を引き締めるべきだと進言している
━ *n* 上昇; 騰貴; 暴動, 反乱

rising star 成長株, 将来性のある人物

risk /risk/ *n* ❶ 危険; 冒険; 危険の源 ► a health risk 健康を危険にさらすもの / prepare for unexpected risks 予期せぬリスクに備える / We carefully monitor our business activities in an effort to control risk. 当社はリスクを管理するため, 事業活動を注意深く監視している
❷ リスク [**◎**広義では見込み違いとなる可能性, 狭義では損失をこうむる可能性] (**+**「リスク」を抽象的な概念として言うときは不可算名詞だが,「あのリスク」「このリスク」というように具体的なものを念頭に置いて言うときは可算名詞として使われる)

コロケーション

(動詞(句)+~) **assess** risk リスクを査定する / **assume** a risk リスクを取る / **diversify** away risk リスクを分散する / **eliminate** risk リスクを除去する / **have** risk リスクがある / **increase** a risk リスクを高める / **incur** a risk リスクを負う / **introduce** a risk リスクを導入する / **measure** risk リスクを測定する / **minimize** risk リスクを最小に抑える / **mitigate** risks リスクを軽減する / **reduce** risk リスクを引き下げる / **run** a risk リスクを負う / **take** a risk リスクを取る

► credit risk 信用リスク [**◎**会社などが倒産することにより債務が返済されないリスク] / market risk 市場リスク [**◎**価格変動などにより損失をこうむるリスク] / operational risk オペレーショナル・リスク [**◎**会社などの業務運営上の失敗により損失をこうむるリスク] / event risk イベント・リスク [**◎**天災, 火災などにより損失をこうむるリスク] / country risk カントリー・リスク [**◎**国が支払不能に陥り, あるいは政治的混乱に陥るリスク] / commercial risk 商業リスク / sovereign risk ソブリン・リスク (=country risk) / default risk 債務不履行リスク / a high-risk, high-return investment ハイリスク・ハイリターン投資 / a risk hedge リスクヘッジ / be risk averse リスク回避的である / diversify investment risks 投資リスクを分散する / hedge interest rate risk 金利リスクをヘッジする / In order to **measure risk**, we focus on value at risk. リスク測定のため, バリュー・アット・リスクに注目している / It is our policy to **minimize risk exposure**. リスク・エクスポージャーを最小限にするのが当社の基本方針だ / **Risk** often **arises** from the mismanagement of other risks. リスクは他のリスクの処理を誤る結果としてもたらされる場合が多い / We are not ready to **assume a greater risk** now. 現時点では今までより大きなリスクを取る用意がない / We have clearly defined procedures in place that will be followed in the event **a risk materializes**. 当社では, リスクが具体化した場合に従うべき明確な手続が既に用意されている / A 90-day Treasury bill **has no risk** in a 90-day period. 90日物米財務省証券は90日間は無リスクである / The overlay strategy introduces **a new risk** in addition to the portfolio's existing risks. オーバーレイ戦略は, そのポートフォリオがすでに負っているリスクに追加する形で新たなリスクをもたらす / **The risk of inflation** picking up is greater than the risk of the economy turning down. インフレ再加速のリスクのほうが景気鈍化のリスクより大きい / We seek attractive current income with **minimal risk** to principal. われわれは利回りのいい定期収入で, 元本割れとなるリスクが最小限にとどまるものを求めている ⚐ All risk of loss shall pass to Buyer upon delivery. すべて危険負担は引渡しにより「買主」に移転するものとする

❸ (1) (保険が担保する) リスク [**◎**保険では, 事故

発生の可能性, 事故発生の可能性がある具体的な状態(危険状態・危険事情), 保険の対象となっている偶然の事故(保険事故), 保険者の(保険金支払)責任, 実際に支払われた保険金(保険損害)などを意味する) (2) 危険率; 保険金(額); 被保険者[物] (3) (保険で) 保険対象物の種類 [➡生命・火災・海難・地震など] ▶ marine risks 海難 / an all risk clause オールリスク約款

a poor [bad] risk 危険度の高い被保険者[物]
at all risks どんな危険を冒しても
at one's own risk 自分の責任で, 危険を承知で
at risk 危険にさらされて; リスクにさらされて ▶ The entire company's survival is at risk. 会社全体の存亡がリスクにさらされている / A high level of debt could put the company at risk. 高水準の債務は同社を危険にさらすことになりかねない

at the risk of を賭けて ▶ He tried to balk the plan at the risk of his life. 体を張って計画を阻止しようとした

put one's life at risk 生命を危険にさらす
run the risk of (doing) …という危険な目に遭う恐れがある ▶ You run the risk of losing money by investing in stocks. 株に投資することによって, 損をする危険を冒している

take the risk of (doing) …という危険をあえて冒す

━ *vt* 危険にさらす; の危険を冒す; 大胆に[あえて]やる ▶ Companies risk losing their competitive advantage if they don't adapt to market changes. 市場の変化に適応しなければ, 会社は競争上の優位性を失うリスクがある / Deficit spending risks sparking inflation. 赤字財政支出はインフレを誘発する恐れがある

(doing) risk one's life to do 命を賭して…する

risk adjusted discount rate リスク調整後割引率 [➡金融資産の現在価値を求める際に, 割引率として用いられる, 無リスク資産(国債)の金利にその金融資産固有のリスクを加味したプレミアムを上乗せした利率]

risk analysis リスク分析 [➡どのようなリスクがあり得るかを確かめた上, それが具体化した場合の影響を軽減するための分析で, 一般にリスク評価, リスク管理, リスク情報の伝達が要素になる] ▶ We hired a consultant to conduct a risk analysis of our existing risk management plan. 当社の既存のリスク管理計画につきリスク分析を行うため, コンサルタントを雇用した

risk arbitrage リスク・アービトラージ [➡買収を見越した投機. 通例, 被買収企業の株価が高めに評価される一方, 買収企業の株価が下落することから, 一般投資家に先駆けて被買収企業の株を買い, 買収企業の株を空売りして利ざやを得ようとする]

risk assessment リスク評価 [➡考えられるリスクを特定し, そのリスクが具体化する確率, 具体化した場合の影響を評価し, 効果的なリスク低減法を考える]

risk assets リスク[危険]資産 [➡株式などのように収益率が不確実な資産]

risk-averse *a* リスク回避型の ▶ risk-averse investors 危険回避的な投資家 / pursue a risk-averse investment strategy リスク回避型の投資戦略を推し進める

risk aversion リスク回避
risk capital リスク・キャピタル [➡ベンチャー・キャピタルのようにリスクの大きい投資]
risk communication リスク・コミュニケーション, リスク情報伝達 [➡リスク分析の結果をリスクにさらされる当事者に伝えると共に, 利害関係者間で情報を共有すること]
risk distribution (保険の)危険(の)分散 (=risk spreading)
risk diversification =risk distribution
risk evaluation (保険で)危険の査定, 危険の評価 (=risk assessment)
risk-free *a* 無リスクの, 安全資産上の [➡株式などのリスク資産に対して, リスクが実際上ない国債を指して言う]
risk-free asset 安全資産 [➡米国財務省証券のように発行体の破綻といったリスクが通常考えにくい資産]
risk-free rate リスクフリー・レート [➡たとえば, 米国財務省短期証券のような, もっとも安全な投資の利率]
risk-free return 無リスク収益率 [➡リスクのない投資から得られる理論上の収益率. 具体的には3か月ものの財務省短期証券の利回りを指す]
risk index 危険指標
riskiness *n* 危険度 ▶ Investors are reassessing the riskiness of assets related to mortgages. 投資家は住宅ローン関連資産のリスク度を査定し直している
risk insurance ❶ リスク保険 (=risk-shifting insurance product, risk-type product) [➡傷害保険, 疾病保険, 就業不能保険, 定期保険などの保障型の保険] ❷ 貸倒れ危険保険
riskless *a* 無リスクの ▶ Most Japanese put their money into riskless savings accounts. ほとんどの日本人は自分の金を無リスクの貯蓄口座に入れている
riskless rate of return =risk-free return
risk management リスク・マネジメント, リスク管理 [➡リスク評価に基づいてシナリオ別の選択肢を考えてリスクにさらされる度合を調整すると共に, 万一の場合にも損害を抑えられるようにすること] ▶ The bank's financial woes were largely due to lack of risk management. その銀行の金銭上の悩みは主としてリスク管理の欠如から来ている
risk-money *n* (銀行の)不足額補償費
risk-neutral *a* 危険中立的な [➡リスクの大きさに関係なく, 期待リターンに応じたポートフォリオを選択するさま]
risk of loss ❶ [法律] 危険負担 [➡売買契約の成立後, 受渡(delivery)が完了する前に, 当事者の責に帰せられない事由で契約の目的物が滅失または毀損した場合, 売手(seller)と買手(buyer)のどちらがその損失(damage)を負担するかという法律上の問題]

❷ 損失発生のリスク ► Our aim is to reduce risk of loss of principal and therefore we accept a lower return over the long term. 当社のねらいは元本を失うリスクを軽減することにあり、したがって、長期的に低めのリターンをもってよしとしている

risk pool (保険の)リスク・プール (=insurance pool)

risk pooling (保険の)リスクの集積, リスクの共同計算 (=pooling of risk)

risk premium リスク・プレミアム [⇨ 無リスク資産(たとえば米国財務省証券)に比べてリスクが高い資産について、投資家がそれに見合うものとして求めるリターンの上乗せ分]

risk profile リスク・プロフィール [⇨ 資産価格の変動に伴う損益の変化をチャート化したもの]

risk rate 危険率

risk rating (保険で)危険査定 (=risk assessment)

risk reduction 危険の軽減 (=risk relief)

risk retention 危険の保有

risk securities 投資証券, 株式 [⇨ 投資元本も配当も保証がない証券で, 株式を指す]

risk-seeking a リスク選好型の [⇨ リスク回避型(risk-averse)ではない投資家のタイプを言う] ► Risk-seeking investors turned their attention to hedge funds. リスクを求める投資家はヘッジファンドに目を向けた

risk selection 危険選択

risk sharing 危険の分担, 危険の共同負担

risk shifting 危険の移転 (=risk transfer)

risk spreading =risk distribution

risk taker 危険負担者

risk-taking n ❶ 危険を冒すこと ► Risk-taking is necessary to succeed in business. 事業で成功するにはリスクをとることが必要だ ❷ (保険で)危険の引き受け

risk tolerance リスク寛容[許容]度

risk transfer 危険の移転 (=risk shifting)

risky /ríski/ a 危険な, きわどい ► It's risky to open a new store in a foreign market when domestic sales are slipping. 国内売上高が落ち込んでいるときに海外市場で新店舗を開設するのは危険だ / Banks are not keen on financing risky private-equity deals. 銀行各社は危険なプライベートエクイティ取引に資金を出したがらない / U.S. government agency securities are considered just a little bit riskier than U.S. Treasury bills. 米国政府機関債は米国財務省短期証券よりわずかにリスクが大きいと見なされる

◇**riskily** ad

risky assets =risk assets

Rite Aid (~ Corp.) ライト・エイド [⇨ 米国のドラッグストアチェーン. 1968年設立. 2007年カナダのドラッグストア Brooks/Eckerd を買収しカナダにも進出. 08年大幅な赤字を計上した]

ritz /ríts/ n, v (米略式) 豪華, ぜいたく(にする)

Ritz (商標)リッツ [⇨ 米国 Nabisco 社製のクラッカー]

rival /ráivəl/ n 競争相手, ライバル企業 ► With the opening of the financial sector, domestic banks fear competition from foreign rivals. 金融セクターの開放で、国内の銀行は外国のライバルからの競争を恐れている / Our company must defend our market share from foreign rivals. 海外の競争相手から当社の市場シェアを守らなければならない

have no rival 匹敵するものがいない (in)

without (a) rival 無敵[無比]で

— a 競争[対抗]している

— vt ((英)-ll-) 競う; 匹敵する

◇**rivalry** n 競争, 対抗 (in, with)

river /rívər/ n 川 ► Rivers of foreign capital flowed into the economy. 外国資本はその国の経済に滔々と流れ込んだ

RMBS residential mortgage-backed securities

ROA return on assets

road /róud/ n 道路, 街路; 方法 (to); (米)鉄道, 線路

down the road (略式)将来に ► The company faces tough competition down the road. その会社は今後厳しい競争に直面する / We plan to open more overseas branches down the road. 当社は将来もっと多くの海外支店を開設する計画がある

go down the road 道を進む; (略式)(ある)方策に従う

on the road 旅行中で; (地方)巡業中で; (車が)道を走っている; (の)途上にある, に向かって (to) ► He's on the road for weeks at a time. 一度出たら何週間も続けてセールスしてくる

royal road 王道 (to)

the end of the road 終わり, 最後

road consignment note 国際道路貨物運送書類, 国際道路貨物受取証 [⇨ 船荷証券や航空運送状に相当するもので、道路運送業者による貨物の受給と運送契約の成立を証する書類]

road haulage 道路運送業

road haulier 道路運送業者

road map 道路地図, ロードマップ; (比喩的に)詳細な段階的計画

road show ロードショー, 投資家説明会 [⇨ 株式新規公開などに際して行う投資家向けの企業説明会]

road tax (英)道路使用税 ► Some politicians want to abolish the road tax. 一部政治家は道路税を廃止したがっている

roaming n ローミング(サービス) [⇨ 契約している通信事業者のサービス提供エリア外であっても、提携業者のサービスを利用できること]

roaring a ほえる; 騒々しい; (火が)燃えさかる; (商売などが)活発な

a roaring success 大繁盛 ► The website has been a roaring success, attracting many users. そのサイトは大勢のユーザーを引きつけ、大成功している

do a roaring trade 大繁盛する (in)

— *ad* 《略式》ひどく, 極度に
rob /ráb/ *vt* (-**bb**-) から[の中身を]盗む; 奪う
***be* [*get*] *robbed of* を奪われる**
rob A of B AからBを奪う ► The scam robbed thousands of people of their life savings. その信用詐欺は数千の人たちから老後の蓄えを奪い取った
rob ... blind 《米略式》をひどくぼる
rob Peter to pay Paul 借金を返すために別のところから借金する
ROB run of book
robber baron 悪徳資本家
Robert Bosch (~ GMBH) □バート・ボッシュ [⊃ドイツの自動車部品メーカー. Blaupunkt Div. はカーオーディオメーカーとして有名]
Robert Mondavi 《商標》□バート・モンダビ [⊃1966年からワインを造っている米国のワインのブランド]
Robert's Rules of Order /rábərts/ □バートの議事手続[書] [⊃1876年に米国で刊行された会議の進め方のルールブック. 米人の名より]
Robinson-Patman Act /rábinsən pǽtmən/ (the ~) □ビンソン・パットマン法 [⊃1936年に米国で制定された反トラスト法に関する法の一つ]
robot /róubət/ *n* ❶ □ボット; 機械的に動く人 ❷ □ボット [⊃ネットワークに接続したコンピュータで, 人が介在しなくても自動的に作動するプログラム] [<チェコ:(強制)労働]
◇**robotic** /roubátik/ *a*
◇**robotics** /roubátiks/ *n* □ボット工学
robotize, 《英》**-ise** /róubətàiz/ *vt* □ボット化する ► The plant is completely robotized. 工場は完全ロボット化されている
robust /roubást/ *a* ❶ 強健な, がっしりした; 力[忍耐]を要する; 荒々しい; 力強い ❷ (会社の売上や経済が) 好調である, 力強い ► The real estate market remains robust. 不動産市場は相変わらず好調だ
ROC return on capital
ROCE return on capital employed
Rochdale principles /rátʃdèil/ (the ~) □ッチデール原則 [⊃消費者協同組合の基本原則となったもの]
Roche Holding (~ Ltd.) □ッシュ・ホールディング [⊃スイスの医薬品メーカー. 遺伝子工学のGenentech, 日本の中外製薬などを子会社に持つ]
rock¹ /rák/ *n* 岩, 岩石;《米》(小)石;《略式》ダイヤモンド; 宝石
between a rock and a hard place 《米略式》嫌な選択を迫られて
on the rocks 座礁して; 金に困って, 破産して
rock² *vi, n, a* 揺れ動く;《略式》(人・場所が) 感動させる; 揺れ ► The town really rocks. その町は本当にイカす
— *vt* 優しく揺り動かす; 揺さぶる ► The company has been rocked by one scandal after another. その会社は不祥事による大揺れが次から次へと続いた
rock the boat 《米略式》波風を立てる
rock bottom どん底; 奥底; 底値, 最低水準 ► The economy has yet to hit rock bottom. その国の経済はまだどん底に達していない
rock-bottom *a* どん底の; 底値の ► Interest rates have been pushed to their rock-bottom levels. 金利はどん底の水準まで押し下げられた
rocket /rákit/ *n, vt* □ケット(で打ち上げる); のろし, 打ち上げ花火; 叱責
— *vi* 突進する (*to*); 急上昇する (=skyrocket) ► He rocketed home after work. 仕事が終わると飛ぶように帰宅した / Commodity prices are rocketing out of sight. 国際商品の価格の上昇は天井知らずだ / The price of oil keeps rocketing higher. 石油価格はまるでロケットのように上がり続ける
rocket to fame 一躍有名になる
rocket docket 《米》□ケット・ドケット [⊃訴訟の進行が迅速になされる米国連邦地方裁判所(代表的なものはテキサス州東部地区とバージニア州東部地区) の俗称. ドケットとは, 裁判所のスケジュールまたはタイムテーブルのこと. 訴訟の進行があたかもロケットのような速さで行われるという語呂合わせ. 特許訴訟の多くがこうした裁判所に提起される]
rocket scientist *n* □ケット科学者 [⊃デリバティブの価格設定などで高度な数学モデルを運用するために証券業界に雇われている数学者や物理学者] ► You don't have to be a rocket scientist to do the job. ロケット科学者でなくても, その仕事はできる
it doesn't take a rocket scientist to do... 《略式》…はそう難しいことではない
ROE return on equity ► The company has an ROE of 18%. 同社の自己資本利益率は18%だ
rogue trader □ーグ・トレーダー, 不正トレーダー [⊃会社が定める売買限度を守らないトレーダー, 特に規則違反を重ねて巨額損失を招いた者]
rogue trading 不正取引
ROI return on investment
roil /rɔ́il/ *vt* (かき混ぜて) 濁らせる; 怒らせる ► Stock markets have been roiled by the credit crunch. 各地の株式市場は信用危機で大混乱となった
Rolaids 《商標》□ーレイズ [⊃胸焼けや胃の痛みを解消する米国の制酸剤]
role, rôle /roul/ *n* 役割; 役目 (=part) ► Japan is committed to the role of helping developing countries build their economies. 日本は発展途上国の経済建設を援助する役割に徹している / Many voters are worried about the government's increasing role in the economy. 多くの有権者は経済における政府の役割の増大を懸念している
play an important role in に重要な役割を演じる ► The financial sector plays an important role in the economy. 金融部門は経済で重要な役割を果たす
[<仏]
role play □ールプレイ [⊃研修などで各自が接客係, 客などの役割を演じ, 経験することで教育効果を上げようというアプローチ]

role-play *vt* ロールプレイを行う
role playing =role play
Rolex 《商標》ロレックス [⇨スイスの腕時計のブランド]
roll /roul/ *v* ❶ 転がる, 転がす;(機械が)作動[稼働]する; 丸くなる, 巻く ❷【証券】(借換えのため)新規発行債券に乗り換える(*over*)
be rolling in it [*money, cash*] 《略式》大金持ちだ
get rolling (計画が)動き出す
roll around 転げ回る; またやってくる
roll back (政府が物価を)元の水準に下げる; 丸めて元に戻す
roll in 転がり込む;(注文などが)どんどん入る
roll into one 合わせて一つにする
roll off 印刷する, コピーする
roll on 転がって行く, 過ぎる; 早くやって来る ► How much longer can the robust market keep rolling on? 好調な相場はあとどのくらい続くだろうか
roll out (飛行機・新製品を)初公開する, 新製品を出す; 新規に展開する ► We roll out new technologies based on profits rather than other considerations. われわれは何よりも, 利益を上げられるかどうかを目安に, 新技術を展開するようにしている
roll up 姿を現す; 多数集まる;(金などが)たまる
― *n* 巻き物; 公文書; 名簿; ロールパン; 回転;《米略式》札束 ► *call the roll* 出席をとる
a roll of fame 名士録
on a roll 《米略式》好調で; 熱中して
strike off the rolls 除名する, 資格を奪う

rollaway ramp (旅客機用の)移動式昇降階段, タラップ車
rollback *n* (値上げや増税を)元の水準に戻すこと
roller coaster 急騰急落
on a roller coaster 激しく変動して ► Stock prices have been on a roller coaster for the past week. 過去1週間株価は乱高下した
rolling /róuliŋ/ *n* rollすること
― *a* rollする;《略式》大金持ちの
rolling contract 自動継続される契約
rolling launch 新製品の段階的発売 [⇨新製品を段階を追って緩やかに新市場に参入させていくこと]
rolling price-earnings ratio ローリングPER [⇨株価を一株当たり利益で割る際に, 過去の2つの四半期の利益(実績)と将来の2つの四半期の利益(予想)の平均を用いる] ⇨ trailing price-earnings ratio, forward price-earnings ratio
rolling settlement ローリング決済 [⇨毎週1回という方式ではなく, 約定日を起点に何日以内に受渡しをするという形式の決済方法]
rolling stock (集合的)(鉄道の)車両
Rolling Stone 《商標》『ローリング・ストーン』[⇨米国のヤングアダルト向け音楽雑誌. 米国のベビーブーマー世代にとってロックンロール文化の象徴とも言える老舗雑誌]
roll-on/roll-off *a* 《英》(フェリーなどが)トラックなどをそのまま乗降させられる(ro-ro)

rollout *n* 新規展開; 新発売,(特に)段階的な発売; 披露 ► the rollout of broadband networks ブロードバンド通信網の運用開始 / We have decided to **delay the rollout** of the product. わが社は製品の発売を延期することに決めた / It's unwise to **rush a rollout** if it means losing money in the process. その過程で損を出すことになるのなら, 新規展開を急ぐのは賢明ではない / The company announced that it would **scale back the rollout** of its wireless Internet service. 同社はワイヤレス通信によるインターネット事業の新規展開にあたり, その規模を縮小すると発表した / To increase existing-store sales, management **has sped up the rollout** of a sales initiative aimed at professional customers. 既存店売上を拡大するために, 経営陣は専門家相手の販売キャンペーンの実施時期を繰り上げた
rollover *n* ❶ 借換え ❷ ロールオーバー [⇨同種の金融商品を使って資金の運用を継続すること]
rollover loan 借換え融資
Rolls-Royce ❶《商標》ロールスロイス [⇨現在BMW社傘下の Rolls-Royce 部門で生産される高級乗用車] ❷ (~ plc) ロールスロイス(社) [⇨英国の航空機エンジンメーカー. 1906年 Royce Ltd. と C.S. Rolls & Co. の合併により設立. 1971年倒産, 自動車部門を分離(98年 Volkswagen社に売却), 国営企業 Rolls-Royce Ltd. となる. 80年 Vickers Ltd. と合併, 87年再度民営化された. なお, 英語の発音は「ロールズロイス」となる]
roll-up *n* ロールアップ [⇨バイアウトファンドが複数の企業を買収・合併によりたばねて, 新たな企業価値を創造する業界再編型の投資戦略]
Rolodex 《商標》ローロデックス [⇨小型の回転式卓上カードファイル]
RON run of network
RONA return on net assets
roof /ru(:)f/ *n, vt* 屋根(をふく)(*with*); 家; 覆う(*in, over*)
go through the roof 激怒する; 急に値上がりする
raise [*lift*] *the roof* 大騒ぎする, 激怒する
shout it from the roofs 世間に吹聴する
the roof falls [*caves*] *in* 《略式》災難[大混乱]が起こる
rookie /rúki/ *n* 《略式》新米 [<recruit]
room /ru:m/ *n* 部屋; 場所; 余地, 可能性(*for*); 機会(*for, to do*)
► Rooms for Rent. 《米》(広告・掲示)貸間あり(=《英》Rooms to Let) / Southeast Asia still has room to increase rice production. 東南アジアはまだ米の生産を増やす余地がある / There is no room for compromise. 妥協の余地はない

===部屋===
conference room 会議室 / mail room 郵便室, メールルーム / meeting room 会議室 / reception room 応接室 / store room 物置き(部屋) / utility room ユーティリティールーム [⇨会社の清掃作業室. 家庭ではアイロンや洗濯のための作業部屋] / waiting room 待合室

make room 席を譲る、場所を作る《*for*》► Our store is having a clearance sale to make room for the new fall line. 秋の新作にスペースを空けるため、うちの店ではクリアランスセールをやっている

there is little room for doubt that はほとんど疑う余地がない

There is room for improvement. 改善の余地がある

— *vi* 同居する、下宿する、泊まる《*at, with*》
— *vt* 泊める；下宿させる
◇**roomer** *n* 宿泊者；下宿人
◇**roomette** *n*《米》寝台車の個室

roommate *n* 同室者、同居人

room service ルームサービス

root[1] /ru:t/ *n* 根；地下茎；根本；根底；本質；根源

be [lie] at the root of の根本にある ► Cultural misunderstanding is at the root of the problem. 文化的な誤解が問題の根底にある

get to [at] the root(s) of の根本をつきとめる
pull down roots 落ち着く
pull up ... by the root(s) を根こそぎにする
pull up one's [its] roots 定住地を引き払う
put down roots 落ち着く、根を下ろす
root and branch ことごとく
take [strike] root 根づく；定着する
the root of the matter 事の根本；本質
trace one's [its] roots to ルーツは…にさかのぼる

— *v* 根を下ろす；根づかせる；定着する[させる]《*in*》

be rooted in に根づいている、基づいている
root out 根こそぎにする、根絶させる
root up を根こそぎにする

— *a* 根本的な ► a root cause 根本原因 / The government failed to address the root cause of the financial crisis. 政府は金融危機の根本的な原因と取り組むことを怠った
◇**rooted** *a* 根づいた；定着した；くぎ付けになった
◇**rootless** *a* 根のない；根なし草の

root[2] *vi*《略式》声援[応援]する《*for*》► The whole group will be rooting for him. 全員が彼を支持するだろう
◇**rooter** *n*《略式》応援者

root of title 権利証書、権原を証する文書［◎土地を使用収益し、処分できる権利の存在を示す文書で、登記の有無を問わない］

ROP run of paper

rope /roup/ *n* 縄、綱；ザイル；《米》投げ縄；ロープ；《the ~s》やり方、秘訣《*of*》、こつ

a rope of sand 弱い結びつき
come [run] to the end of the rope 進退窮まる
know the ropes 仕事のやり方を知っている ► Because the new field was so technical, there were very few who knew the ropes. その新しい分野は非常に専門的技術を要するので、どうしたらいいのかを知っている人はほとんどいなかった

money for old rope《英略式》ぼろいもうけ
on the high ropes 大得意で
on the ropes ピンチで、敗北寸前で

ro-ro, RO/RO /róurou/ *a* =roll-on/roll-off
ROS return on sales；run of site
rose /rouz/ *n* バラ（の花）；バラ色

come out ... smelling like a rose《略式》(…でも) 悪い印象がつかない

come up roses《略式》うまくいく
There's no rose without a thorn.《諺》とげのないバラはない
under the rose 内緒で (=sub rosa) ► The conspiracy was hatched under the rose. その陰謀は秘密裏に企てられた

Ross Stores (~, Inc.) ロス・ストアーズ［◎デザイナーブランドをデパートより格安の値段で売る米国のチェーン店。Dress for less（より安くドレスしなさい）が標語］

roster /rástər/ *n* 名簿、登録簿；勤務当番表 ► on a roster 名簿に（載って）

rostered day off《豪・NZ》代休、振替休日 (RDO)

rosy /róuzi/ *a* バラ色の；血色のいい；明るい、有望な ► The sales forecast for the next quarter does not look rosy. 来四半期の売上予測はバラ色には見えない

rot /rat/ *v* (**-tt-**) 腐る[らせる]《*down*》；朽ちる《*away*》；台無しにする；やつれる、衰弱する ► It has rotted the whole plan. それで計画はまったくおじゃんになった

rot in hell [jail, prison] ひどい目にあう
rot off 朽ち落ちる
— *n* 腐敗、腐朽
start the rot まずく[おかしく]なる
stop the rot 不調[悪化]をくい止める
The rot sets in. 突然ふるわなくなる

ROTA return on total assets

rotate /róuteit/ *v* –/–/ 交替で勤務する[させる]、回り持ちにする、輪番制をとる ► The chair rotates among the heads of business units. 議長役は各事業部門長の持回りになっている / Our store managers rotate the night shifts like everyone else. 店長たちも他の従業員同様、夜のシフトを交替で勤めている

rotation /routéiʃən/ *n* 回転；交替；輪作 (=crop rotation)

by [in] rotation 交替で、順番に
on a regular rotation 輪番で

rotational *a* 交替制の ► a rotational working schedule 交替制勤務のスケジュール

rough /rʌf/ *a* 大まかな、大ざっぱな、ざっとした；《米略式》困難な、危険な ► a rough calculation ざっとした計算 / rough data 大ざっぱな数字[データ] / a rough idea 大まかな考え / give a person a rough time 人をひどい目にあわせる / Could you give me a rough estimate of the costs? 概算コストを教えていただけますか / The company you work for is facing rough financial times. 君が働いている会社は財政上の困難に直面している

feel rough《略式》気分が悪い；落ち込む
have a rough time つらい目にあう ► He's hav-

ing a rough time at his new job. 彼は新しい仕事で大変な目に遭っている
have rough edges まだ粗削りのところがある
— *n* 自然のままのもの; 草稿; 難儀
in rough 下書きで; ざっと
in the rough 未加工[未完成]のままの[で]; およそ ► In the rough, it will cost $500. ざっと計算してみて500ドルはかかるだろう
rough and ready 完全ではないが十分な
take the rough with the smooth 苦楽を共に受け入れる
— *ad* 手荒く; おおよそ
cut up rough 《略式》怒る
live rough 苦しい生活をする
— *v* 粗く[ざらざらに]する; 手荒に扱う; いらだたせる(*up*); ざっと書く[述べる](*in, out*)

roughly *ad* 大ざっぱに, ざっと見て ► He roughly estimated the cost at 5,000 dollars. 費用をおおよそ5,000ドルと見積もった / Roughly a third of the workforce will be let go. 全従業員の約3分の1は解雇されるだろう / The government has committed roughly $85 billion in loans to the insurer. 政府はその保険会社に約850億ドルの融資を確約した / The company has lost roughly 20% of its market share in just a year. その会社はたった1年で市場シェアの約20%を失った
estimated roughly 概算で
roughly speaking 大ざっぱに言えば

round /raund/ *a* 整数の; 端数のない; 切りのいい ► in round figures 概数で / a large, round sum of money 多額の金
— *n* 連続; (~s)一連のもの・こと
a round of visits [calls] 歴訪, あいさつ回り
do [make] the rounds (地区や会社を)回る; (病気が)広まる
in the round 包括的に
make [go] one's [the] rounds 巡回する; 出回る
the daily round 日課
— *ad* 回って, ぐるりと, 回りに; 近くに; 次々と, 行き渡って
ask a person round (人を)招く
bring the car round 車をこちらへ回す
come round 回って来る
go round 皆に行き渡る
go the long way round 遠回りして行く
round about 周りに輪になって; 反対側に; 迂回して
the other [opposite] way round あべこべに[で]
(all the) year round 年間を通じて
— *prep* …くらい; の周りに; の近くに; の至る所に; …を回って[回った所に]
round about の周りをぐるりと; の四方に; ほぼ…, おおよそ…; 《略式》…の近くに
round the clock 24時間通して
— *v* 完成する; 四捨五入する ► round to two decimal places 小数第3位を四捨五入する / dollar amounts rounded to the nearest thousand 千の単位に四捨五入されたドル金額
round down 端数を切り捨てる
round off (数を)概数で表す; 仕上げる
round on を非難する; 密告する
round out を膨らませる, 完成する; 詳しく補足する
round up を駆り集める; 端数を切り上げる ► Let's round up everyone for the meeting. 会議に全員を駆り集めましょう / If you round up to the next $10, $101 becomes $110. 10ドル単位で切り上げると101ドルは110ドルになる

roundabout *a, n* ❶ 遠回りの; 回り道 ❷《英》ラウンダバウト, ロータリー (=traffic circle) [● 英国に多いロータリーになった信号のない交差点]

roundabout production 迂回生産 [● 消費財を生産するにあたって, 直接その財を生産するのではなく, その財を生産するための資本財(機械や生産設備など)をまず生産してから取りかかることを言う]

rounding *n* (数字を)まるめること, 切りのいい数字にすること ► Due to rounding, figures may not add to totals shown. 四捨五入のため, 合計は必ずしも一致しない

round lot *n* 取引単位 ❶ [● 商品や有価証券を売買する際の単位数量] ❷ (規定の売買の)単位株数 [● 米国の取引所では通常の売買活動の銘柄は100株, 取引の少ないものは10株]

roundly /ráundli/ *ad* 丸く; 活発に; 率直に; 厳しく; 完全に; おおよそ ► roundly criticize 厳しく非難する

round table 協議, 話合いの場

round-the-clock *a* 24時間連続の ► round-the-clock security 24時間態勢の警備

round trip 《米》往復旅行

round-trip *a* 往復(旅行)用の

round-trip fare 往復運賃 (=《英》return fare)

round-tripping *n* 《英略式》ラウンドトリッピング [● 大企業が, 超低金利で借り入れた資金を高い金利で他に貸し付けること]

route /ru:t, raut/ *n* 道(筋); 路線; 航路; 手段, 方法; コース; 《米》行商[配達]区域 ► Route 66 《米》66号線 / There was no immediate route out. 早急な解決策は何もなかった / Cost-cutting is a painful route that the company must undertake. コスト削減は痛みを伴う方法だが, 同社はそれに耐えなければならない / The airline has eliminated unprofitable routes as part of its operations streamlining. 事業スリム化の一環として, そのエアラインは赤字路線を廃止した
a paper route 新聞配達[担当区域]
— *vt* 発送する(*to, via*); 道筋[手順]を整える, 走らせる

Route 128 《米》ルート128 [● ボストンの外側を走る環状道路. この道路沿いにハイテク企業が集中して立地していることから, 米国東部のハイテクエリアとして西海岸のシリコンバレーと対比される]

routeing *n* routing

route man 《米》配達員, 巡回係

routine /ru:tí:n/ *n* お決まりの手順; 日常の仕

事;【コンピュータ】ルーチン［○特定の処理のためのプログラムの集まり］;決まった出し物
go through a routine お決まりのことをやる
— *a* 決まりきった, 日常的な
◇**routinely** *ad* 決まって ► He is routinely late to meetings. 彼が会議に遅刻するのはいつものことだ
routine reporting 定期的報告
routing number 金融機関識別コード（=《英》sort code）［○米国ならABAコードが主流］
row /róu/ *n* 列, 並び; 通り（✤《英》では町名に用いる）;【コンピュータ】行
a hard [tough] row to hoe 困難な仕事［状況］
in a row 一列になって;連続して ► Housing sales have declined for the eighth month in a row. 住宅業界の売上高は8か月も減少が続いた/ Stock prices have dropped three days in a row. 株価は3日間続落した
row upon [after] row of 何列もの
row house 《米》連棟住宅, 長屋型住宅, テラスハウス
royal /rɔ́iəl/ *a* 国王の; 勅許の; 王者らしい, 堂々たる; 王立の; すばらしい; 《略式》ひどい, まったくの
► a royal pain in the butt まったくの悩みの種
◇**royally** *ad* 立派に, 堂々と
Royal Ahold《~ NV》ロイヤル・アホールド［○オランダを本拠とするスーパーマーケットチェーン. 1887年設立, 1973年現在の社名に変更. 77年米国のBI-LO, Inc. を, 他にGiant Food, Inc. を買収］
Royal & SunAlliance Insurance Group《~ plc》ロイヤル・アンド・サンアライアンス・インシュアランス・グループ［○英国の総合保険グループ. 1996年にRoyal InsuranceとSun Allianceの合併により設立. 子会社はカナダ, ニュージーランド, 中国などでも事業を展開する. 2008年に社名をRSAに変更］
Royal Bank of Scotland Group《The ~, plc》ロイヤル・バンク・オブ・スコットランド・グループ［○英国のスコットランドを本拠とする銀行・保険グループ. 同名の銀行やNatWest銀行, Couttsグループによる資産運用, Direct Lineグループによる損保などの事業を展開する. 2007年10月スペインのSantander銀行などと共同でABN Amro銀行を買収］
Royal Charter《英》勅許状, 政府の認可 ► a charitable organization established by Royal Charter 政府認可の慈善団体
Royal Dutch Petroleum《~ Co.》ロイヤル・ダッチ・ペトロリアム［○Royal Dutch/Shellグループの持株会社. 1890年設立. Shell Canada, Shell Oil Co. (U.S.)も傘下に有する. Shell Transport and Tradingと合併し, 現在はRoyal Dutch Shell PLCとなっている］
Royal Dutch Shell《~ PLC》ロイヤル・ダッチ・シェル ⇨Royal Dutch Petroleum
Royal Mint《英》王立造幣局
Royal Philips Electronics《~ N.V.》ロイヤル・フィリップス・エレクトロニクス［○オランダの電気機器メーカー. テレビ, DVD, LCDパネルや医療機器も製造. 最近はDRM（Digital Rights Management）分野にも進出］

royalty /rɔ́iəlti/ *n* ❶ 王族, 王家;《-ties》王権; 王らしさ ❷《知財》実施料, 使用料, 印税［○著作権の場合］, ロイヤルティ［○知的財産権の実施許諾（ライセンス）の対価］► pay royalties on his book 彼の著作に印税を払う / get [receive] a royalty on each copy sold of one's book 売れた本1冊ごとに印税をもらう 例 Licensee shall pay the company a royalty of 3% of gross revenues derived from the sale of the aforementioned products. ライセンシーは前述の製品の販売から得られた総収入の3%のライセンス使用料を同社に支払うものとする ❸ ロイヤルティ［○フランチャイザーが加盟店（フランチャイジー）から受け取る経営指導・ノウハウの対価］
royalty income 特許権使用料収益
royalty payment ロイヤルティーの支払 ► make [receive] a royalty payment ロイヤルティーの支払をする［受取る］
royalty revenue 使用料収益, 受取使用料
RPI retail price index
RPM resale price maintenance; revenue passenger mile
RRP recommended retail price
RRR required rate of return
RSI repetitive strain [stress] injury
RSVP Répondez, s'il vous plaît. (=Please reply.) ご返事願います（✤パーティーの招待状などに記す）《仏》
RTB return-to-base
RTC Resolution Trust Corporation
RTGS real time gross settlement 即時グロス決済
Rts. rights
RTS Index RTS指数［○Micex Indexと共にロシアを代表する株価指数. RTSはRussian Trading System Stock Exchangeの略］
rubber check《米略式》不渡小切手
Rubbermaid《商標》ラバーメイド［○米国のプラスチック製食品保存容器のブランド］
rubber stamp ゴム印; 安請け合いする人; 軽率な承認
rubber-stamp *vt* ゴム印を押す; よく考えずに賛成する
rudiment /rúːdəmənt/ *n*《-s》基本, 初歩
◇**rudimental, rudimentary** *a* 根本の, 基本の ► At present the country only has a rudimentary welfare system. 目下のところ, その国はまだ不十分な福祉制度しか持っていない
ruffle /rʌ́fl/ *vt* 波立たせる; かき乱す（*up*）
get ruffled up about で取り乱す
ruffle a person's [one's] feathers（人を）怒らせる［(自分が)怒る］► He ruffled the boss's feathers with his pungent statements. 辛辣なことを言って上役を怒らせた
ruffle it いばる
— *vi* 波立つ; いらだつ; いばりちらす
— *n* さざ波; 動揺, 立腹
rug /rʌ́g/ *n*（床の一部に敷く）じゅうたん; ひざ［肩］掛け

pull [jerk] the rug (out) from under ... の支持をやめる
sweep ... under the rug (問題を)隠す
ruin /rúːin/ *n* 破滅, 破綻, 行き詰まり ► **face economic [financial] ruin** 経済[資金繰り]の行き詰まりに直面する
be on the brink of ruin 破産しかけている
bring to ruin 破産[倒産]させる
go to (rack and) ruin 荒廃[零落]する
in ruins 廃墟となって; めちゃめちゃで ► **The country was in ruin for some time right after the war.** 戦争が終わってからしばらくの間その国は荒廃していた
lead ... to ruin を破産させる
lie in ruins 廃墟となっている; 大問題をかかえている
— *v* 荒廃を[させる]; 破産[破滅]する[させる]
ruin oneself 身を滅ぼす ► **He ruined himself by investing too much in a risky business.** 危ない事業に投資しすぎて破産した
◇**ruination** *n* 破滅(のもと) ((*for, of*))
◇**ruinous** *a* 破壊的な; 破滅をもたらす; 手が出ないぐらい高い
ruinously *ad* ひどく, 法外に ► **ruinously expensive** 法外に高い, 法外な費用がかかる
rule /ruːl/ *n* 規則 ► **He observed the rule about leaving his work at the office.** 彼は仕事は家に持ち帰らないことにしていた / **There's no hard and fast rule in investing.** 投資をするにあたって, 堅苦しい規則は存在しない
against the rules 規則違反で
as a (general) rule 一般に
bend [stretch] the rules 規則を曲げる
be the rule 通例である; 決まりだ ((*in*))
break the rule(s) 規則を破る
by [according to] rule 規則によって, 規則通りに
make it a rule to do …するのを常としている
Rules are rules. 規則は規則(だから曲げられない)
work to rule 違法闘争をする
— *vt* 支配[統治]する; 裁決する; 罫を引く; (線で)区切る ► **After the collapse of the banking giant, uncertainty about the financial industry ruled the market.** その巨大銀行が破綻した後, 金融業界についての不確実性が市場を支配した ❷ 【法律】 (裁判所が)決定する, 命令する, 判決を下す
— *vi* 支配[統治]する ((*over*)); 裁決する ((*on, that*)); (値段が)持ち合う ► **Beef prices ruled high.** 一般に牛肉は高くなっていた / **Higher prices ruled throughout France.** フランス中が物価高になっていた
be ruled by の言いなりになる
rule off を線を引いて区切る; 締切線を引く
rule out を除外する ((*of*)); を認めない, を許さない ► **The finance minister did not rule out the possibility of nationalizing failed banks.** 財務大臣は経営難の銀行を国有化する可能性を排除しなかった / **The government did not rule out the possibility of raising taxes.** 政府は増税の可能性を否定しなかった

◇**ruleless** *a* 統制されない; 無法な
◇**ruler** *n* 支配[統治]者; 定規
rulebook *n* 規則書[集] ► **by the rulebook** 決まり通りに
rule of flag state ((the ~)) 旗国主義 (⇨船舶は掲揚する国旗の属する国, すなわち船舶が籍を置く国の領土の一部として扱われ, 当該国の法令の適用を受けること。船舶からの海洋汚染の場合には, たとえば日本船が日本の領海外で行った油・廃棄物などの違法な排出は, 他国の排他的な管轄権が及ぶ領海や領域内の河川などを除き, 一元的に日本の法令が適用され, 処罰される)
ruling /rúːliŋ/ *n* 判定 ((*on*)), 判決, 裁定, (特に裁判所による)決定 ► **make [give] a quick ruling** 素早い裁定を下す / **revenue ruling** (税に関する)個別通達
— *a* 統治[支配]する; 優勢な; 広く行き渡った; 現下の
ruling prices 時価
rumor, ((英)) **rumour** /rúːmər/ *n, vt* うわさ(する), 流言; 風評 ((*of, that, to be [do]*)) ► **Take-over rumors drove the company's shares up by 12%.** 乗っ取りの噂は同社の株を12%押し上げた / **The company has been rumored to be the target of a takeover.** その会社は乗っ取りの目標になっていると噂されてきた
pass on rumors about についてのうわさを流す
rumor has it that / it is rumored that といううわさだ
spread rumors that といううわさを広める
rumored *a* うわさになっている ► **a rumored takeover target** うわさの買収ターゲット

run /rʌn/ (**ran; ~-nn-**) *vi* ❶ (計画などが)行われる ► **The program is running on time [early, late].** 計画は予定通りに[早く, 遅く]進行している ❷ (機械類が)動く, 作動する, 運転する, 動いている ❸ (契約などが)効力を維持する, 存続する ► **The contract runs for twenty-six weeks.** その契約は26週間有効だ ❹ (売上などが)一定水準にある[を保つ] ► **Unemployment continues to run higher than predicted.** 失業率は予測されたより高い水準が続いている ❺ 進行する, 経過する ► **A statute of limitation has run.** 出訴期限が過ぎた
— *vt* 走る; 走らせる; (機械を)動かす; (試験を)行う; (車で)送って行く; ((米))(新聞・雑誌に)載せる; 経営[運営]する; (費用が)かかる; 【コンピュ】(プログラムを)実行する ► **She owns and runs a family-controlled company.** 彼女は同族会社を所有し, 経営している / **He ran a large tab at the bar.** そのバーにかなりの勘定をためた / **He runs several businesses, including hotels and travel agencies.** 彼はホテルや旅行代理店などいくつもの事業を営んでいる / **We are currently running 15 R&D projects.** 現在15件の研究開発プロジェクトを進めている
come running 飛んで来る, 喜んでやる
run against と衝突する; に偶然出会う; の不利になる

run away with (時・金を)使わせる
run ... by a person (人に)…を説明する, …について相談する ▶ Run that by me again. もう一度説明してくれ
run ... close [hard] (競争で)人を追い詰める
run deep 深く流れる ▶ Poverty runs deep. 貧困は根深い
run down 流れ落ちる;(時計が)止まる;減る,下がる;悪い状態になる;を追い詰める;さっと目を通す;急いで行く⟨*to*⟩;けなす;起源を突きとめる ▶ She was run down from overwork. 彼女は過労のためすっかり衰弱していた
run dry 干上がる;終わる ▶ Funding for the project ran dry. そのプロジェクトのための資金は使い果たした
run in 立ち寄る;流れ込む;同意する,一致する ⟨*with*⟩; ならし運転する;を追い込みにする
run into へ流れ込む;(困難に)ぶち当たる;偶然出会う;に達する;混じり合う ▶ The company ran into financial difficulties. 会社は資金難に陥った
run off 盗み出す, 持ち逃げする⟨*with*⟩; わき道にそれる;から流れ出る, を流し出す;すらすらと書く[読む];を上映[上演]する;(コピーを)取る;追い払う
run on 話し続ける;経過する, 続く;を追い込みにする;(燃料で)動く
run out 流れ出る;漏れる;満期になる;尽きる ▶ Time is running out for the automaker to submit its revised restructuring plan to the Treasury. その自動車メーカーがリストラ計画の改訂案を財務省に提出するための時間はなくなりつつある
run out of を使い果たす;がなくなる ▶ We've run out of paper for the printer. プリンタ用紙を使い切ってしまった / The company will soon run out of money if new loans are not secured. 新しいローンを確保できなければ, その会社はすぐに資金がなくなるだろう / We're running out of time, so let's move on to the next point. 時間がなくなってきたので, 次の問題に移りましょう / The TQM fad of the 1980s had run out of steam. 1980年代の総合的品質管理の大流行は活力を失っていた
run over にさっと目を通す;繰り返す
run through を浪費する;にさっと目を通す, 通読する;急速に広まる;(文字を)線を引いて消す;(心の)中を通り抜ける
run to の資力がある;の傾向を持つ;に及ぶ;に達する ▶ The cost ran to $100. 費用は100ドルに達した
run up に達する⟨*to*⟩; (急に)大きくなる;を駆け上がる;(借金を)急にためる;を掲げる ▶ The government ran up a big budget deficit. 政府の財政赤字は莫大な額に達した
run up against にぶつかる, 出くわす ▶ The land development project ran up against opposition from the local community. 土地開発計画は現地の地域社会の反対に遭った
━ *n* ❶走ること;行程;運転(時間);方向, 成り行き; 一続き, 連続; 飛ぶような売れ行き⟨*on*⟩; 仕事量, 生産量;流出;種類;普通のもの ❷(銀行の)取付け, (価格の)急上昇 ▶ bank runs 銀行取付け[⟹銀行預金の一斉引出し] ❸【野球】ラン, 実行
at a run 駆け足で
break into a run 走り始める
by the run 突然, 急速に
have [get] a (good) run for one's money 金を遣った[骨折った]だけの見返りがある;大接戦をする
in [over] the long [longest] run 長い[もっとも長い]目で見れば, 結局は ▶ In the long run, our investment will pay off. 長期的には, 当社の投資はうまくいくだろう
in the short run 短期的には
keep the run of (米)に遅れを取らない
take a run at [to] を目がけて[へ]走る
the run of the mill [mine] 並の製品
throughout the run of の開催[興行]中
with a run 急激に, 急速に
━ *a* …経営の ▶ state-run 州立の

runaround *n* 《略式》言い逃れ, 回答の引き延ばし ▶ give the runaround 言い逃れをする

runaway *a* 手のつけられない, 天井知らずの ▶ runaway inflation 手のつけられないインフレ / runaway cost increases 天井知らずのコスト上昇 / The book is a runaway bestseller. その本は勢いの止まらぬベストセラーになっている

rundown *n* ❶要約, 略述, あらまし ❷《英》規模の縮小, 低下, 減少 ▶ a rundown in stocks 在庫の減少
get [give] a rundown on について説明を受ける[する] ▶ Let me give you a rundown on some of the things we have accomplished. 当社の業績の一部についてご説明申し上げます / I'd like you to give us a rundown on the terms of the contract. 契約条件について項目ごとに説明していただきたいのですが

run-down *a* 疲労した; 荒れ果てた; (時計が)止まった ▶ This area is por and run-down. この地域は貧しく荒廃している

rung *n* (はしごの)横木⟨さん⟩; (社会的地位の)段階, 組織内の階層 ▶ at the highest [lowest] rung of the hierarchy 社内ヒエラルキーの頂点[底辺]に[で]
at the lowest rung of the ladder 最下層で
start at [on] the bottom [lowest] rung どん底からたたきあげる

running /rʌ́nɪŋ/ *n* 走ること; 運転; 競争; 経営, 運営; 流出物[量] ▶ I'm not involved in the day-to-day running of the company. 私は日常的な会社運営には関係していません
in [out of] the running 勝算があって[なくて]
make the running 歩調を決める; 主導権を握る
take up the running 率先してやる
━ *a* 走る; 流れる; 円滑に動く; 応急の; 現行の; 連続的な
in running order (機械が)運転できる状態で
up and running 完全に[正確に]作動して, 立ち上がっている, 稼動[操業]している

— *ad* 連続して ► The stock prices are rising for three years running. 株価は3年連続して上がっている
running cost ランニング・コスト [◎導入時の初期費用に対して,以後の運用ならびに保守・管理のため継続的に生ずる費用]
running expenses 経常費
running repairs 応急修理
running royalty 【知財】経常実施料, ランニングロイヤルティ [◎ライセンスの存続期間において,売上の一定割合, 1製品当たりの固定額, あるいは一定の期間における固定額として課される実施料 (ロイヤルティ)]
running sore 困った状況
running start 助走; 有利な出だし
running stock 運転在庫, 適正在庫
running total (コスト・費用の) 現在高
running yield 直接利回り, 直利 [◎年当たり利息収入を買付価格で除して利付債券の投資効率を求めたもの]
run of book 掲載位置指定なしの印刷媒体広告
run of network 掲載位置指定なしのネット広告
run of site 掲載位置指定なしのウェブサイト広告
run-of-the-mill *a* ありきたりの
run time 【ɔ́ː-ə】実行時間, ランタイム [◎アプリケーションプログラムが動いている時間]
run-up *n* 値上がり, 上昇; 助走; (the ~) 前段階
during [in] the run-up to の前段階で
rural /rúərəl/ *a* 田舎[田園]の, 田舎風の
◇**ruralize** *v* 田舎風にする
rural industry 地方産業; 非都市産業
rurban /rə́ːrbən/ *n* ラーバン [◎郊外住宅と農地が混在した地域] [<rural + urban]
rush /rʌʃ/ *vi* 突進[急行]する ((to)); 急いで…する ((to do)); 急に現れる ► There's no need to rush into a decision. 慌てて決める必要はない
— *vt* 性急に行う ((through)); せきたてる; 急送する ► Please rush (me) details in your next letter. 次の手紙で詳細を至急お知らせください / The construction of the building was rushed. そのビルは大急ぎで建設された
rush in 慌てて行動に走る
rush ... into doing をせかして…させる
rush out を大量に早く作り出す ► Several books on the subject were rushed out within a week. この話題に関する本が1週間の間に数冊矢継ぎ早に出版された
rush through 急いで通す ► Would you rush this application through? この申込書を至急処理していただけませんか
— *n* 突進; 急ぐ必要; 多忙; 殺到 ((on, for, to do)); 需要の急増 ► People made a wild rush for the shop. 人々はその店にどっと押し寄せた /

We've had to increase production to keep up with the rush of order. 当社は注文の殺到に対処して生産を増やさなければならなかった
in a rush 急いで ► He left the office in a rush. 彼は慌しく事務所を出た
with a rush 突進して; 一挙に
— *a* 急を要する; 殺到する; 急ぎの ► a rush job やっつけ仕事 / We would have to charge extra for the rush order. お急ぎの注文には割増料金をいただきます
rush hour(s) 混雑時間
rush order 急ぎの注文
Russell 1000 Index ラッセル1000指数 (Russell 1000) [◎ラッセル3000指数の上位1000社 (米国全体の市場時価の90%を占める) で構成する株式指数. 浮動株修正後時価総額加重方式による] ⇨ Russell 3000 Index
Russell 3000 Index ラッセル3000指数 (Russell 3000) [◎フランク・ラッセル社が発表する, 米国の上位3000社 (米国全体の市場時価の98%を占める) で構成する株式指数. 浮動株修正後時価総額加重方式による] ⇨ market-value weighted index
Russell 2000 Index ラッセル2000指数 (Russell 2000) [◎ラッセル3000指数の下位2000社で構成する中小型株の株価指数. 浮動株修正後時価総額加重方式の指数] ⇨ Russell 3000 Index
Russian crisis of 1998 1998年のロシア危機, ロシア通貨危機

> [解説] Russian financial [debt] crisis とも言う. ロシア政府は, 1998年8月17日, 通貨ルーブルの大幅な切下げ, 民間銀行の対外債務返済の凍結, 短期国債の新規国債への切替えを発表した. ロシアの通貨・債券・株式に売りが殺到し, ロシア国債を購入していた金融機関は莫大な損失をこうむった. 米国のヘッジファンドLTCM社は連銀の介入で救済された

rust belt, Rust Belt (the ~) ラスト・ベルト地域 [◎米国中東部から中西部へかけての呼称. 古い工場が残るところから]
rustbowl *n* =rust belt
rut /rʌt/ *n* わだち, 車の跡; 常例
be (stuck) in a rut マンネリである ► I am stuck in a rut and I think I will look for a new job now. マンネリになったので, 新しい仕事を探そうかと思っている
— *vt* (-**tt**-) わだちをつける
RV recreational vehicle
RWE (~ AG) RWE [◎ドイツの電力・石油事業会社. 水道事業にも進出している. 電力ではE.ON AGと並ぶ大手]
Rx recipe 処方(箋) (✚ R, Rともする. 薬局のマークにも使用)
Ryder (商標) ライダー [◎米国の貸トラック]

S, s

s second(s); shilling(s)
S small; South(ern); sulfur
$ dollar(s)
SA 《仏》Société Anonyme, 《西》Sociedad Anónima, 《伊》Società Anonima 株式会社
Saab-Scania (~ AB) サーブ・スカーニア [◆ スウェーデンの自動車・航空機・ミサイルメーカー. Viking(科学衛星)なども製造. トラック, バスのメーカー Scania と飛行機乗用車メーカーの Saab と1969年に合併したが, 95年分裂, 現在は Scania AB と Saab Automobile ABになる]
SAARC Preferential Trading Arrangement (the ~) 南アジア特恵貿易協定 (SAPTA) [◆1995年に, 南アジア地域協力連合 (SAARC)に加盟するインド, パキスタン, スリランカ, バングラデシュ, ネパール, ブータン, モルディブの7か国の間で, 域内貿易の活発化を目的として発足した特恵貿易措置]
sabbatical leave サバティカル休暇 [◆大学の教員の場合, 7年に一度与えられる有給の研究休暇を言う. 企業においても一定期間ごとに有給あるいは無給の休暇を与えるところがある]
sabotage /sǽbətɑːʒ/ n, vt 生産遅滞行為[サボタージュ](をする); 妨害行為(をする), 破壊工作(をする)(♣「サボる」の語源だが, 「怠業」の意味はない) ▶ commit sabotage 妨害行為をする[<仏]
sachet /sæʃéi/ n 《英》ミニパック (=《米》packet) [◆旅行用シャンプーなどを入れる小型の袋]
sack /sæk/ n 大袋; 《英略式》解雇; 《米略式》寝床
get [have] the sack 首になる
give a person the sack (人を)首にする
hold the sack 《米略式》全責任を負わされる
— vt 袋に入れる; 《略式》解雇する, 首にする ▶ The company announced it will sack a quarter of its workforce. 会社は従業員の4分の1を解雇すると発表した / John got sacked yesterday because his work did not improve at all. ジョンは仕事が少しも進歩しなかったので昨日首になった
sacking n (袋用)粗製麻布; 《略式》首切り
sacrifice /sǽkrəfàis/ n, v 犠牲(にする); 断念する (for, to); 投売り(する) ▶ We must be careful not to sacrifice quality in the pursuit of cost savings. コスト節約を追求するあまり品質を犠牲にすることのないよう, 注意しなければならない
by [at] the sacrifice of を犠牲にして
make a sacrifice for のために…を犠牲にする
sacrifice oneself for のため犠牲になる
sell at a (great) sacrifice (大)見切りで売る
sad /sæd/ a (-dd-) 悲しい; 《略式》嘆かわしい, ひどい; 惨めな; (色が)くすんだ, 暗い ▶ make a person sad (人を)悲しませる / The magazine's circulation numbers are in sad decline. その雑誌の発行部数は残念なことに落ち込んでいる / I'm sad to say that we'll be closing down the factory next month. 残念ですが, 来月工場を閉鎖します
sadder but wiser 《略式》苦い経験を経て賢明になって
sad to say (文頭で) 残念なことには
◊**sadness** n
saddle /sǽdl/ n (馬の)鞍(くら); (自転車の)サドル
in the saddle 馬に乗って; 《略式》権力の座について
— v (馬に) 鞍を置く (up); (責任を) 負わせる (with) ▶ The company is saddled with a huge debt from the start. その会社は創業時から大きな借金を背負っている / He was saddled with the task of entertaining the foreign clients on his day off. 彼は休みの日には外国人のクライアントをもてなす仕事があり, それが重荷となっている
sadly /sǽdli/ ad 悲しんで; 不幸にも; 残念なことに; ひどく ▶ Sadly, the company slipped into the red again this year. 残念ながら, その会社は今年もまた赤字に落ち込んだ
SAE, sae self-addressed envelope
safe /seif/ a 安全な (from, against) (⇔unsafe); 無事な; 信頼できる; 確かに…する (to do) ▶ The equipment is safe and easy to operate. その装置は安全で操作しやすい / No system is 100 percent safe from virus attack. どんなシステムもウイルス攻撃に対して100%安全とは言えない / Investors are slowly pulling away from safe investments like government bonds and moving back to stocks. 投資家は国債のように安全な投資から徐々に離れて株式に戻りつつある
as safe as houses 《英略式》とても安全な
Better safe than sorry. 《諺》後で後悔しないように安全を期して
(I think) I am safe in saying [thinking, assuming] ... と言って[考えて, 思って]も差し支えない (と思う) ▶ I think I am safe in saying that the solution is economically feasible. その解決法は経済的に可能だと言っても差し支えないと思う
in safe [the safest] hands 安全に世話されて ▶ The company's future is now in safe hands. 今や会社の将来は信頼できる人たちの手に任されている
It is a safe bet that は間違いない
It is safe to say that と言っても差し支えない ▶ It's safe to say that companies are becoming more cost-conscious. 企業各社はコスト志向が強くなっていると言ってよいだろう
on the safe side 《略式》大事をとって ▶ To play it on the safe side, the central bank has decided not to raise interest rates. 慎重を期して, 中央銀行は金利引き上げを見送る決定をした

play (it) safe 《略式》危険を冒さない; 安全策をとる
safe and sound [sure, secure] 無事に ▶ Most people believe that keeping their money in a bank is safe and sound. ほとんどの人は銀行に貯金しておけば安全だと信じている
— *n* 金庫
◇**safely** *ad*

safe custody 保護預かり (=safety custody) ▶ be responsible for safe custody 責任を持って保護預かりを行う / provide safe custody 保護預かりを行う / The custodian shall maintain safe custody over the assets of the Fund. 保管機関は本件ファンドの資産につき, 保護預かりを行うことを要する

safe-deposit *a, n* 貴重品を保管する; 貸し金庫
safe-deposit box 貸し金庫

safeguard *n, vt* ❶ 保護手段; 保護(する) 《*from, against*》; 保証; 安全装置 ▶ In order to solve the climate change problem, governments around the world need to safeguard forests and coastal resources. 気候変動問題を解決するには, 世界中の政府は森林と沿岸の資源を保護する必要がある ❷ セーフガード, 緊急輸入制限, 保障措置 [◇WTO協定に基づく緊急輸入制限. 特定品目の輸入が増大して, 国内産業に重大な損害を与えたり, 与えるおそれのある場合に認められる] ▶ implement [invoke] a safeguard セーフガードを発動する

safe harbor セーフ・ハーバー, 安全港規則 [◇必ず遵守しなければならない法規ではないが, そこに規定された通りに行動していれば法令違反に問われることがないという位置づけの規則]

safe haven ❶ 安全な場所; 聖域 ❷ (宗教的・民族的少数派のための) 保護地域 [◇湾岸戦争後に, クルド民族のために設けられてから一般的になった]

safe-haven *a* 安全な, リスクが低い ▶ Government bonds are considered safe-haven investments in times of uncertainty. 不透明感が強いときは国債が安全な運用策とされる

safekeeping *n* 保管, 保護; 保護預かり ▶ rules on safekeeping of classified documents 機密書類の保管規則 / provide safekeeping services 保護預かり業務を行う / We transferred our assets to our lawyers for safekeeping. われわれは保管のため, 弁護士の管理下に資産を移した / Can I leave this in your safekeeping while I'm away? 留守の間, お手元でこれを保管しておいてもらえませんか / Detailed safekeeping requirements are defined in Section IV of this Policy. 保護預かりのための順守事項の詳細はこの投資方針の第4条で定める

safety /séifti/ *n* 安全(なところ), 無事; 事故防止装置 ▶ lead ... to safety を安全な場所に導いて行く / Food safety is a key concern of consumers. 食の安全は消費者の主要な心配事だ / The debate centered around the safety of genetically engineered foods. 討論は遺伝子工学応用食品の安全性をめぐって行われた
for safety's sake 安全のため
in safety 安全[無事]に
play for safety 大事を取る

safety culture 安全第一主義 ▶ create safety culture 安全第一主義を築き上げる
safety-deposit *a, n* =safe-deposit
safety deposit box =safe-deposit box
safety loading [margin] 安全割増 (=loading for contingencies, margin of safety) [◇保険料計算の基礎になっている諸要因. たとえば, 死亡率の変動・上昇などに備えるため保険料に一定額を加算すること]
safety measure 安全策
safety net セーフティネット, 安全網 [◇金融や雇用などの非常事態に備えて用意されている制度や政策] ▶ provide a safety net セーフティネットを提供する / There's no adequate safety net for non-regular workers under Japan's social security system. 日本の社会保障制度では, 非正規労働者には十分なセーフティネットは存在しない

safety procedure 安全確保のための措置, 安全対策 ▶ implement [tighten] safety procedures 安全確保のための措置を取る[強化する]
safety regulations 安全規則
safety representative 《英》(労働組合が任命する) 職場安全・厚生代表者
safety standard 安全基準
safety stock 安全在庫, 緩衝在庫 (=cushion stock, buffer stock); 安全在庫量 (=safety stock of inventory) [◇在庫品の不足による損失を防ぐために保有される在庫量]
safety valve 安全弁; (感情などの) はけ口
Safeway ❶ (~, Inc.) セーフウェー [◇米国のスーパーマーケットチェーン. 米国とカナダで約1,700の店舗を展開] ❷ (~ PLC) セーフウェー [◇英国のスーパーマーケットチェーン] ⇨ Wm Morrison Supermarket

sag /sæg/ *vi* (*-gg-*) たわむ, たるむ, 沈下する; 曲がる; 弱る; (価格が) 下落する ▶ The company's sales in Europe have sagged in recent years. 近年, その会社の欧州での売上高は低迷している / As British economy sags, Poland's booms. 英国経済が低迷する一方で, ポーランド経済は浮上している
— *n* たるみ, たわみ, 沈下; 下落, 下押し ▶ The sag in sales has continued for the last six months. 過去6か月間, 売上高の落込みは続いた

Saint-Gobain 《Cie de ~》サンゴバン [◇フランスのガラス・鉄鋼会社. Cie de Saint-Gobain社とCie de Pont-à-Mousson社が合併してできた]

sake /seik/ *n* 動機, ため
for convenience' sake 便宜上
for the sake of のための[に] ▶ For the sake of growth, the company is investing in research and development. 将来の成長のために, その会社は研究開発に投資している / For the sake of convenience, we've simplified the

insurance claims forms. 便宜上, 保険求償の書式を単純化した

Saks 《~ Inc.》サックス [◎米国の高級デパート. 2006年Parisian チェーンなどを売却. 現在は Saks Fifth Avenueストア(25店舗)のみを運営]

SAL surface airlifted mailサル便 [◎陸路・空路国際郵便]

salability n 商品性, 売却可能性 ▶ improve the salability of the product 製品の商品性を高める

salable /séiləbl/ a 売るに適した; すぐ売れる

salami slicing サラミスライシング [◎サラミソーセージを薄く, 少しずつ切ることになぞらえて, 一つのものを小出しにしたり, 一度に済まさず少しずつ実行したりすることを指す]

salaried /sǽlərid/ a 俸給を受ける; 有給の ▶ a salaried worker サラリーマン ⇨ salaryman

salary /sǽləri/ n, vt 給料, 俸給(を支払う)
▶ a basic salary 基本給 / a monthly salary 月給 / She draws **an annual salary** of $80,000. 彼女は8万ドルの年俸を受け取っている / We hired ten people **at a salary** of $1,500 each a month. われわれは各自1,500ドルという月給で10人雇った / The 21 executives were paid $25 million **in salary** last year. この21名の重役には昨年給与として2,500万ドルが支払われている / **The $600,000 salary** was paid for by the company at the brink of insolvency. その60万ドルの給与は支払不能一歩手前の会社によって支払われた / **His salary plunged** from $30,000 to $20,000 when his employer was acquired by a foreign company. 彼の給与は, 会社が外国企業に買収されたことで, 3万ドルから2万ドルへと急減した / Labor and management agreed to **the salary freeze** for this year. 労使は本年は賃金凍結ということで合意を見た / Some shareholders are proposing to limit executive remuneration to five times **the average salary** of the employees of the company. 一部株主は, 役員報酬の上限を会社の従業員の平均給与の5倍までとするよう提案している / I cannot support my family with **such a low salary**. こんな安月給で家族を養って行くのは無理だ / In America, after 6 plus years of college a doctor, dentist, and lawyer can **earn a salary** in excess of 100K. 米国では6年以上の大学レベルの教育を経て, 医師, 歯科医師, 弁護士は, 10万ドル以上の給与を得ることができる / In some countries, bilingual employees tend to **have a high salary**. 国によっては, バイリンガルの社員は, 高給を得る傾向がある / We may have to **freeze salaries** next year. 来年は給与を凍結する必要があるかもしれない / What is **the starting salary** for this position? このポジションの初任給はどれくらいですか / Are you **on salary** or do you get paid by the hour? あなたの給与は月給ですか, それとも時給ですか

salary cut 給与カット ▶ The top executives will each take a 40% salary cut. 経営トップは各自4割の減俸処分を受けるだろう

salary increase 昇給 ▶ demand for a salary increase 昇給を求める / grant a salary increase 昇給を認める / receive a 2% salary increase 2%の昇給を認めてもらう / In Japan, private sector employees normally get a salary increase in April. 日本では, 民間企業の従業員は通常, 4月に昇給する

salary level 給与水準

salaryman n (日本の)サラリーマン (✢ 本来の英語では salaried worker と説明するが, 日本特有のサラリーマンを指す salaryman が英語化している) ▶ A "salaryman" in Japan works in an office and is paid a salary. 日本の「サラリーマン」は会社で働き月給をもらう

salary matrix 給与表, 賃金表 [◎職務等級と号俸の組合せで決まる賃金・給与の一覧表]

salary package 給与などの待遇

salary progression 給与体系

salary raise 昇給 ▶ She has not had a salary raise in ten years. 彼女は過去10年昇給したことがない

salary reduction 減俸 ▶ The company announced one-month salary reductions for its top executives beginning October 1. その会社は, 経営トップに対して10月1日より減俸1か月の処分を行うと発表した

salary scale 給与体系 ▶ We believe our salary scale is outstanding nationwide. 当社の給与体系は全国レベルで見ても抜きん出ているはずだ

salary statement 給与明細 ▶ You can find your employee ID on your salary statement. 自分の社員番号は給与明細に載っている

sale /seil/ n ❶ 販売, 売却 (✢ 前置詞の目的語となっている場合 (たとえば on sale)など抽象的なものとして語るときは, 不可算名詞として扱われ冠詞は付かないが, 個別の売買取引について言う場合は, 可算名詞として扱われ不定冠詞を付けて用いる. さらに, 何の販売かが明確であれば, 定冠詞を付けて the sale となる) ▶ close a sale 販売契約をまとめる, 商談を成立させる / ban the sale of の販売を禁止する / block the sale of の売却を阻止する / broker the sale of の売買を仲介する / clinch a sale 売買を取りまとめる / conduct a sale 売却案件を担当する / consider the sale of の売却を検討する / limit the sale of の販売を規制する / lose a sale 注文を逃がす, 売り損なう / XYZ Inc. **announced the sale** of its aircraft subsidiary to ABC Inc. XYZ社は航空機製造の子会社をABC社に売却すると発表した / The Food and Drug Administration eventually **approved the sale** of the new diet drug. 最終的には食品医薬品局はこの新たなやせ薬の販売を承認した / The company is being eyed **for sale**. その会社は売却されるのではないかとの思惑の対象となっている / The company collected $1 billion

from the sale of its majority stake in XYZ Inc. 同社は過半数を有していたXYZ社の株を売却したことで10億ドルを手にした / The company has already **rung up one sale** perhaps worth $3 billion. 同社は、30億ドルと見られる商談を、既に1件まとめている / Things are slow today. I have made only **two sales**. 今日は低調だ。2点しか売っていない

❷ (~s) 売上高 [⇨顧客に製品またはサービスを売却した金額を言う。売上高を表す言葉には sales と revenue がある。米国企業の財務諸表では、有形物の製造会社は sales を用い、金融業などサービスを提供する会社は revenue を用いて売上高を表すのが通例である] ⇨ revenue ▶ hurt the sales of の売上を減らす / **find a good [poor] sale** 売行きがよい[悪い] / **boost sales** 売上を伸ばす / **dent sales** 売上に響く / **The sales are up [down]** today. 今日は売上が上がった[落ちた] / **Sales rose [grew] by 12%.** 売上が12%増となった / **Sales declined [eased, fell] by 5%.** 売上が5%減となった / **Our first-quarter sales** advanced 40%. 当社の第1四半期の売上は40%増となった / **Sales rebounded** in the second half. 年後半に売上が回復した / We have seen **sales boom** after launching the new product. 新製品を出してから売上が急激に伸びている / **Sales for 2009** shall still show some growth. 2009年の売上はなおも一定限度の増加を見せるはずだ / The company posted 260 billion yen **in sales** last year. 同社の昨年の売上高は2,600億円である / We bill about $6 million **in annual sales**. 年商は600万ドルぐらいになる / **Asian sales** have dwindled last year to almost nothing. 昨年のアジア地域での売上はゼロに近いところまで急激に細った / Management decided to put its resort property on **the sale block**. 経営陣は、保養所を売りに出すと決めた / **Q2 sales rose 70 percent year-on-year** to $500 million. 第2四半期売上は前年比70%増の5億ドルだった / **Sale of surplus equipment** totaled $50,000. 余剰機器の売却で得た額は合計で5万ドルだった / We're hoping that the advertising campaign would **generate sales**. 広告キャンペーンが売上を伸ばすことを願っている / **Online sales** have become a big part of our business. オンライン販売が当社の事業の大半を占めるに至った / In the face of slumping prices and **declining sales**, the company has decided to close its factories in Thailand. 価格急落と売上減少に直面して、同社はタイ工場の閉鎖を決めた / **A moderate sales** gain is projected for 2009. 2009年は小幅の売上増加が見込まれている / The company set a **sales goal** of $1 billion for 2009. 同社は2009年の販売目標を10億ドルと決めている

❸ バーゲン、セール、大売出し (✚冠詞の用法は①と同じ) ▶ **The sales starts** next week. セールは来週からだ / **The sales are on.** 大売出し中である / They are having **a sale** on household goods. そのお店では家庭用品のバーゲンをやっている / I'm afraid this is not **in the sale**. あいにく、この品物はセール対象品ではありません / Many customers would **be drawn to a sale** offering branded goods. ブランド品を売り物にしたセールであれば、大勢の客が引きつけられるものだ

═══**セール**═══
bargain sale バーゲン / clearance sale 在庫一掃セール / closing-down sale 閉店処分セール / closing-out sale 閉店処分セール / fire sale 破格の安売り / going-out-of-business sale 閉店セール / half-price sale 半額セール / jumble sale 不用品セール / leftovers sale 在庫処分セール / sale as is 現品セール
═══════════

buy at [in a] sale 特売で買う
for sale 売り物の ▶ I doubt that they would offer its securities arm for sale. 彼らが証券部門を売却対象にするとは思えない / The company has put its old warehouse for sale. その会社は自社の古い倉庫を売りに出している / Because of foreclosures, an increasing number of houses are for sale. 差押さえのため、ますます多くの家が売りに出されている
not for sale 非売品
on sale 売りに出て; (米)特価で ▶ The new computer will go on sale next week. 新しいコンピュータが来週発売される / Is this new product already on sale? この新製品はすでに販売されているのでしょうか / The store has notebook computers on sale for 30% off. その店ではノートパソコンを3割引でセールしている
on sale and [or] return 売れ残り品引取り条件販売で
put up for sale を売りに出す ▶ After years of unsuccessful debt restructuring, the company was put up for sale. 何年もかけた債務の再編がうまくいかず、会社は売りに出された
up for sale 売りに出て ▶ The portion of the company up for sale is worth $5 billion. 売却が予定されているその会社の部門は50億ドルの価値がある

saleability n = salability
saleable /séiləbl/ a = salable
sale-a-bration n 記念大売出し ▶ We're having a huge sale-a-bration. Everything is forty percent off. 当店は記念大売出し中です。全品4割引きです [< sale と celebration の混成]
sale and leaseback セール・アンド・リースバック [⇨資産(土地・建物・設備など)を売却後ただちにその資産を売主から一定期間借受ける条件が付いた売買契約]
sale and repurchase agreement = repurchase agreement
sale as soon 現況売買、現状有姿売買 [⇨売主は現状のまま引き渡せばよく、それ以上の保証はないという売買]
sale-a-thon n マラソン大売出し ▶ We're having a sale-a-thon this week. 当店は今週マラソン大売出しをしています [< sale marathon か

sale by description 説明による売買 [⇨売主の説明に基づいて品質・仕様を確認する売買]

sale by sample 見本売買

sale leaseback リースバック, 売却後借戻し

sale or return 返品条件付き売買 (SOR, SoR) (=sale and return) [⇨一定期間内であれば, 小売商品・製品の売残り品を返品できる契約] ► We have taken these items on sale or return. この品物は返品特約付売買で仕入れたものだ

sale price ❶ 特価 ❷ 取引価格

sale-priced *a* 特価の; 取引価格の

saleroom *n* 《英》=salesroom

sales /séilz/ *a* 販売(上)の

sales account ❶ 売上勘定 ❷ 取引先, 顧客企業

sales agency 販売代理店

sales agent 販売代理店; 販売代理人

sales agreement 売買契約, 売買の合意

sales aids (カタログやビデオなどの) 説明用補助物

sales and marketing 販売および営業

sales area 営業担当エリア[地域] ► Our sales area has expanded into the suburbs. われわれの販売地域は郊外へと広がった

sales assistant 《英》店員, 販売員 (=《米》sales clerk)

sales book 売上帳 [⇨売上に関する取引を詳細に記帳する帳簿]

sales budget 販売予算, 売上高予算

sales call 営業訪問, 訪問販売 ► Newly hired salespeople are required to make sales calls with veteran salespeople. 新たに採用された営業社員は, ベテラン営業員と一緒に営業に行くことが求められている

sales campaign [drive] 販売運動

sales channel 販売経路

sales charge 売買手数料

sales check =sales slip

salesclerk *n* 《米》店員 (=《英》shop assistant)

sales company 販売会社 [⇨メーカーが流通効率化のために設立するもので, 卸売機能を備える]

sales comparison approach [《英》 method] 取引事例比較法 [⇨不動産の鑑定評価手法の一つ]

sales concept 販売コンセプト [⇨いかに商品・サービスの妙味を消費者にアピールするかが集約されているキーフレーズや基本概念]

sales confirmation 注文請書 🖃 Sales Confirmation shall mean the document prepared and submitted by SELLER to confirm its acceptance of BUYER's order of the Goods in the form of EXHIBIT-A. 「注文請書」とは, 「買主」からの当該商品の注文を確認するために, 「売主」が添付の書式Aにより作成し, 提出する書類を言う

sales contest 販売コンテスト

sales credit 売上債権 [⇨売掛金や受取手形など, 信用販売により発生する債権]

sales day book =sales journal

sales discount 売上割引

sales drive 営業攻勢 ► We have stepped up our sales drive aimed at younger customers. 若者客に絞った営業を強化した / We are about to launch a sales drive targeting the senior market. シニアをターゲットにした営業攻勢をかけようとしているところだ

sales engineer セールス・エンジニア [⇨高度な専門的知識および技術を有する販売員]

sales estimate =sales forecast

sales expense 販管費 [⇨販売および管理費], 営業経費

sales fee (投資信託購入時の) 販売手数料

sales figures 売上高, 売上データ ► inflate one's sales figures 売上を (虚偽の取引で) 膨らます / Sales figures for last month were lower than projected. 先月の売上高は予想よりも少なかった

sales force 営業職員, 営業部隊 (=sales representatives)

sales force automation セールス・フォース・オートメーション (SFA) [⇨IT機器を活用することで営業・販売部門の合理化・効率化を図ろうとするもの]

sales forecast [forecasting] 販売予測

sales growth 売上成長率, 売上の伸び, 売上増加, 増収率 ► accelerating sales growth 加速の続く売上成長率 / restrict sales growth 売上の伸びを抑える / Sales growth for 2009 is expected to reach 13%. 2009年の売上成長率は13%に達すると見られる / This sector normally experiences a slowdown in sales growth during the third quarter. このセクター (業界) は第3四半期に売上成長率の鈍化を見るのが例になっている

sales history 累計販売数量

sales incentive ❶ 販促ツール [⇨見込客の購入意欲を高めるような景品・サービスなど] ❷ 販売奨励策 [⇨報奨金など営業担当者の販売意欲を高めるツール]

sales invoice 売上送状 [⇨販売商品の明細を記載した書類]

sales journal 売上仕訳帳 [⇨売上高を記帳するための仕訳帳]

sales kit セールス・キット [⇨セールスマンが使用する販売支援ツール]

sales ledger 得意先元帳, 売掛金明細書

sales literature 販売用資料, 営業用資料

salesman /séilzmən/ *n* 店員; 外交員, セールスマン (✤性別を避けるとsalespersonと複数のsalespeopleを用いる)

◇**salesmanship** *n* 販売術; 販売手腕

sales management 販売管理

sales management accounting 販売管理会計

sales manager 営業責任者
sales mix セールス・ミックス, 販売組合せ, 製品構成, 商品構成 [◆全体の利益を増加させるために, 各種の製品・商品の最適な組合せを決定すること]
sales office 営業所
sales order 販売注文
sales orientation 販売志向 [◆市場・消費者本位のマーケティングと対照的に, 生産者側の視点に立って, 強力で効果的な販売努力があれば売れるとしてマス広告などを重視するアプローチ]
sales panel セールスパネル [◆営業に関する事項を話し合うために集められた少人数のグループ]
salespeople *n* 店員; セールスマン (❖salesperson の複数形)
sales performance 販売実績 ► Our sales performance did not meet targets. 営業成績は目標に達しなかった

salesperson /séilzpə̀ːrsn/ *n* ❶ 店員; セールスマン ⇨ salesman, saleswoman, salespeople ► Only motivated salespersons with a proven track record need apply. 意欲的で実績のある営業経験者のみ応募すること ❷販売員

sales pitch 売り口上 (=sales talk)
sales promotion セールス・プロモーション, 販売促進 ► We are planning to conduct a sales promotion, offering a major discount for a limited time. 期間限定での大幅値引という形で販促キャンペーンを実施する予定だ
sales prospects 売上見込, 売上見通し ► long-term [short-term] sales prospects 長期的[短期的]売上予測 / enhance sales prospects 売上見通しを改善する
sales quota 販売割当 ► exceed the sales quota 売上ノルマを超える / fail to meet the sales quota 売上ノルマを達成できずに終わる
sales record 販売記録, 売上帳票
sales report 売上報告書
sales representative セールスマン; 営業職員; 販売代理店 ► We'll send a sales representative right away to show you the samples. サンプルをお見せするために直ちに販売員を向かわせます
sales repurchase agreement 買戻し条件付き販売 [◆一定期間後に一定の価格で買い戻す条件付きの販売]
sales resistance 顧客・見込客の反発
sales results 売上実績 ► To begin with, I'd like to hear your views on the sales results of our new products. まずは, 当社の新製品の販売実績についての皆さんのお考えをうかがいたい
sales return 売上戻り高, 売上戻り品 (=returned sales) [◆品違いなどによる売上商品の返品高]
sales return account 売上戻り勘定 [◆返品が計上される売上控除項目]

sales return book 返品台帳, 売上戻り帳
sales revenue 売上高, 売上収益 [◆商品や製品の売上から生じる収益] ► increase sales revenue by 10% each year 毎年10%ずつ売上を伸ばす
salesroom *n* 競売会場 (=《英》saleroom)
sales slip 《米》販売伝票, 売上伝票, レシート
sales strategy 販売戦略
sales subsidiary 販売子会社 ► Our company has set up a sales subsidiary in Hong Kong. わが社は香港に販売子会社を設立した
sales talk 《米》売込み口上, セールス・トーク ► A lot of sales talk is nothing but hot air. セールストークの多くはくだらない話にすぎない
sales target 売上目標 ► We failed to exceed the sales target for the current year. 本年度の売上目標を上回るところまで行けなかった / We hope to meet the sales target set for the year. 今年度の売上目標を達成できるよう願っている
sales tax 《米》売上税, セールスタックス [◆物品販売の売上高に課せられる税. 州内で, 州によって税率が異なる] ► Conservatives are fighting off a move to reduce the sales tax on food. 保守派は食品に対する売上税を引き下げようという動きに抵抗している
sales team 営業チーム ► We need to train a larger sales team. より大規模な営業チームを育成する必要がある / Your responsibility includes driving the sales team to achieve the sales targets. あなたの職責には, 売上目標の達成に向け営業担当チームを動かしていくことが含まれる
sales territory 営業担当エリア ► Each representative is assigned a sales territory. 各営業担当には営業担当区域が割り当てられる
sales ticket 売上伝票
sales to total assets 総資産回転率 [◆資本が1年間に何回転したかを示す比率で, 高いほど資本が効率的に運用されている. 売上高を総資本で除して求める]
sales trader 《英》相場維持業者の従業員 [◆担当する銘柄証券の相場維持業者(market maker)として当該証券の売買を希望する顧客を発見する実務にあたる専門家]
sales turnover 売上高, 売上総収益
sales value 売却価額, 売却価値
sales visit 営業訪問 ► She aggressively makes sales visits to her assigned accounts. 彼女は自分の担当先に対して積極的に営業訪問をしている
sales volume 売上高, 売上数量, 販売高, 販売数量 ► The company is offering aggressive promotions to boost sales volume. 同社は, 売上高を押し上げるために積極的な販促をしている
sales war 販売合戦
saleswoman *n* 女子店員
salivate /sǽləvèit/ *v* よだれを出す; 利益を期待

する ► High-risk investors are salivating at the prospect of gaining huge returns from their hedge funds. ハイリスク志向の投資家はヘッジファンドから巨額の収益を得る見込みが出てきたことに興奮している

salon /sɑlɔ́n | sǽlɔn/ n 客間(での社交会); 美術展覧会; (美容・服飾の)店 [<仏]

salt /sɔːlt/ n 塩, 食塩; (~s)塩剤; 趣[刺激]を添えるもの; 機知 ► The product is made from natural ingredients and contains no salt, sugar, or preservatives. その製品は自然成分で作られていて, 塩, 砂糖, 添加物を含んでいない

eat a person's salt (人の)世話になる

rub salt in [into] the [a person's] wound(s) (事態などを)悪化させる

take with a grain [pinch] of salt を話半分に聞く

the salt of the earth 地の塩 [◘ 社会でもっとも健全な人たち]

worth one's salt 《略式》給料だけの働きがある

━ vt 塩味をつける; 本物らしく見せかける ► salt an account 勘定がうまく合っているように見せかける / salt the books 帳簿を粉飾する

salt away [down] を塩漬けにして貯蔵する; 《略式》蓄える, 隠す

━ a 塩辛い; 塩漬けの

◇**saltness** n

salt-free a 無塩の

salt mine 岩塩坑

get [go] back to the salt mine(s) 休みのあと仕事[学業]に戻る ► Summer vacation is over and now I'm back to the salt mine. 夏休みが終わってまた仕事が始まった

salt water 塩水; 海水

salutation /sæ̀ljutéiʃən/ n あいさつ ► Make sure you use the proper title in the salutation of the letter. 手紙の挨拶文では正式の肩書きを必ず使うようにしてください

salutatory /səlúːtətɔ̀ːri/ a あいさつの

salute /səlúːt/ v あいさつ[会釈]する; (人を…で)迎える 《with, by doing》; 浴びせる 《with》; 敬意を表する, 称える 《for, as》

━ n あいさつ; 表敬, 称えること 《to》

in [as a] salute あいさつとして, 敬意を表して 《to》

salvage /sǽlvidʒ/ n 海難救助(作業, 料); 沈没船の引揚げ; 被災品; 残余財産

━ vt 救出する; (沈没船を)引き揚げる; 救う, 取り戻す 《from》 ► salvage one's reputation 評判を回復する / In a desperate bid to salvage its corporate image, the company is going to change its name. 何としても企業イメージの低下を食い止めようと, 同社は社名を変更しようとしている

salvage value 残存価額 (=residual value) [◘ 固定資産の耐用年数経過後の予定処分価額]

salvage yard 解体作業場, スクラップヤード

salvation /sælvéiʃən/ n 救済, 救出; 救済する人[もの] ► Tourism is their only economic salvation. 観光事業が彼らを経済的に救う唯一の手段だ

be the salvation of の救いとなる

salvor n (海難での)救助者, 救助船

same /seim/ a 《the ~》同じ, 同一の 《as, that》; 《this [that, these, those]~》前述の, 例の ► I'm still working in the same department. 今も同じ部署で働いています / The company's share price dropped 13% in the same period. その会社の株価は同じ期間に13%下落した / Compared with the same month last year, retail sales increased by 6%. 昨年同月と比較して, 小売業の売上高は6%増加した / Real estate prices have stayed at the same level for the last few months. 不動産価格は過去数か月, 同じ水準にとどまった

amount [come] to the same thing 結局同じことである

at the same time 同時に; にもかかわらず ► We need to build our brand and at the same time generate profits. ブランドを確立すると同時に利益を出す必要がある

one and the same 同一の

same difference 《略式》(どっちみち)結局同じこと

the same old story [mistakes] 《略式》ありきたりの言い訳[よくある間違い]

the very same まったく同じ, まさにその

━ pron 《the ~》同じ人[もの, こと]; 同上の人[もの, こと] ► The same can be said of the new management. 新しい経営陣についても同じことが言える

about [much] the same 大体同じ

just [all] the same それでも, やはり

Same [The same] here. 《略式》私も同じです; 私にも同じものをください

the same as 《略式》*same as* と同じように (=in the same way as)

◇**sameness** n 同一(性); 単調(性)

◇**samey** a 《英略式》単調な

same-day a 当日の, 即日の ► same-day cleaning service 即日仕上げのクリーニングサービス / same-day delivery 当日配達

same-day fund 同日資金 [◘ 資金振替が行われた当日に引き出せる資金] ► receive same-day funds in settlement 決済代金として当日資金を受け取る

same-day settlement 同日決済

same-sex a 同性の ► a same-sex marriage 同性婚

same-store sales 既存店売上高 [◘ 全店売上高から過去一年間に出店した店舗の売上高を差し引いた金額. comparable store sales とも言う. 米国では小売業や飲食業などの多店舗展開の企業は, 新規出店による増収効果を除いた経営実態を明確にするために, total sales (全店売上高)と same-store sales(既存店売上高)の2種類の売上高を公表する] ► Same-store sales within our region are expected to level off. 当地区内の既存店売上高は横ばいと予想されている

sample /sǽmpl/ *n, a* ❶ 見本(の), 標本(の); サンプル, 商品見本, 試供品 ► Please send us samples of the following items. 次の品目のサンプルを当社にお送りください / They gave me lots of free samples at that store. あの店では試供品をたくさんもらった ❷【統計】標本 [⇨母集団を代表するものとして, その母集団から確率的に選出された一部]
— *vt* 見本を取る; 試食する
◇ **sampler** *n* 見本(検査)係, 試食[試飲]者; (初心者による)刺しゅうの見本作品

sampling /sǽmpliŋ/ *n* ❶ 標本抽出(法), サンプリング; 試食, 試飲 ❷ 見本配布
random sampling 無作為標本

sampling error 標本誤差 [⇨統計量が母数に対して持つ誤差のこと]

sampling fraction 抽出率 [⇨サンプルが調査対象総数に占める割合]

sampling frame 標本抽出枠, 抽出フレーム [⇨サンプルを抽出する母集団の要素をリストアップしたもの. 名簿だけでなく地図なども使われる]

sampling inspection 抜取検査 [⇨ロットから標本を抜き取って試験し, 判定基準に照らしてロットの合格, 不合格を判定する検査]

sampling with replacement 復元抽出 [⇨一度抜き取った標本を戻してから次の標本を抽出すること]

Samsonite 《商標》サムソナイト [⇨スーツケースのブランド]

Samsung Electronics 《~ Co., Ltd.》サムスン(社) [⇨韓国の電機メーカー, メモリー IC, LCD パネルで急成長し, この分野の最大手. 1969年設立]

Samsung Group サムスングループ, 三星グループ [⇨韓国最大の財閥. 韓国の企業集団は, 1990年代の財閥解体政策で縮小されたが, 依然韓国最大の企業集団をなしている. Samsung Electronics は世界有数の半導体(メモリー), LCD パネル, DVD プレーヤー, 携帯電話のメーカーである. グループ内には, ほかに Samsung Corp(商社), Samsung Life Insurance などがある]

Samuelson /sǽmjuəlsn/ サミュエルソン [⇨(Paul Anthony ~:1915-) 米国の近代経済学者. 1970年ノーベル経済学賞受賞. 大学用の教科書 *Economics* (1948年初版) は改訂を重ねた名著]

samurai bond /sǽmrài/ サムライ・ボンド, 円建て外債 [⇨非居住者が日本国内で発行する円建ての債券]

sanction /sǽŋkʃən/ *n* 認可; 裁可; (慣習などによる)支持; 拘束(力); 処罰, 制裁 ► economic sanction 経済制裁 / apply [impose] sanctions on に制裁を加える / The new government has lifted economic sanctions against us. 新政府はわが国に対する経済制裁を解除した
with the sanction of の認可を得て
— *vt* 公認[是認]する; 承認する, 認可する

sanctum /sǽŋktəm/ *n* 神聖な場所, 聖所 ► The innermost sanctum of the global capitalist system suddenly collapsed. 全世界の資本主義体制の至聖所が突如として崩壊した

sand /sǽnd/ *n* 砂; 《~s》砂粒; 《the ~s》砂浜; 《~s》砂時計の砂
built on sand 砂上に築いた, 不安定な

sandbag *n* 砂袋
— *vt* (-gg-) (望ましくない株式公開買付を)妨害する; (略式) (敵対的企業乗っ取り抵抗策として)妨害手段を取る

S and H, S&H shipping and handling

S&L savings and loan association

Sandoz 《~ Ltd.》サンド [⇨スイスの大手医薬品メーカー. 1996年, Ciba-Geigy と合併し, 現在名は Novartis International]

S&P Standard & Poor's

S&P 500 Standard & Poor's 500 Composite Index

S&P 100 Standard & Poor's 100

S&W Smith & Wesson

sandwich /sǽndwitʃ | sǽnwidʒ/ *n* サンドイッチ
— *vt* 差し挟む (*in, between*) ► He managed to sandwich in an appointment for me. 彼は都合をつけて私に会う時間を取ってくれた
[語源]英国第四代 Sandwich 伯爵(1718-92)が賭博中の食事として考案したことから]

sandwich board ❶ (胸と背中に広告の入った板をつけて歩き回る)サンドイッチマンが使う広告用の板 ❷ 両面スタンド[看板], 板張り両面スタンド [⇨広告を両面に貼って路上に立ててあるタイプの広告板]

sandwich course 《英》サンドイッチ課程 [⇨フルタイムの課程に実務研修が組み込まれているもの]

Sanforized 《商標》サンフォライズ加工 [⇨綿織物などの防縮加工. 1930年代の米国の考案者 Sanford L. Cluett から]

sanguine /sǽŋgwin/ *a* 楽天的な (*of, about, that*); 血色のよい ► Investors remain sanguine about the stock market's prospects. 投資家は株式市場の見通しについて依然として楽天的だ

sanitarium /sæ̀nətɛ́əriəm/ *n* (~s, -ia /-iə/) 《米》保養所; 保養地

Sanka 《商標》サンカ [⇨米国 General Food 社のカフェイン抜きのコーヒー]

Sanofi-Aventis 《~ SA》サノフィ・アベンティス [⇨フランスのパリに本社を置く製薬・バイオテクノロジー企業. ドイツの Hoechst とフランスの Rhône Poulenc が合併してできた Aventis SA が, さらに2004年フランスの Sanofi-Synthelabo に合併にともなう]

sap /sǽp/ *n* 樹液; 元気, 精力
full of sap 元気いっぱいで
— *vt* から樹液を搾る; 徐々に弱める ► The banking industry bailout sapped the government's coffers. 銀行業界の救済で政府は財源を使い果たした
be sapped of を抜き取られる, 奪われる
sap a person's energy [strength, courage] (人の)精力[力, 勇気]を失わせる[弱める] ► These

all-nighters at work are starting to sap my energy. このところ連日の徹夜仕事で私のエネルギーは消耗し始めている

SAP 《~ AG》SAP [⇨ドイツの会社. 業務用ソフトERPのリーダーでビジネスソフトの世界的な開発企業. 1972年設立]

Sara Lee 《~ Corp.》サラ・リー [⇨米国の食品・家電用品メーカー. 1941年設立. MJBのコーヒーやBall Park, Jimmy Deanなどのブランドで知られる. また冷凍食品, 特にケーキやパイでも有名]

Saran Wrap 《商標》サランラップ [⇨米国のプラスチック製のラップのブランド]

Sarbanes-Oxley Act /sá:*r*beinz áksli/ 《the ~》サーベンス・オクスリー法 (SarbOx, SOX), 米企業改革法 [⇨エンロンの粉飾決算を受けて2002年7月に成立した米国連邦法. 罰則付きで決算書の真正を保証する最高経営責任者と最高財務責任者の署名を求めるなど企業の責任を重視する一方, 上場企業会計監査委員会(PCAOB)の設置で監督体制を強化した. 正式名は Public Company Accounting Reform and Investor Protection Act of 2002]

SarbOx Sarbanes-Oxley Act

sardine *n* イワシ ► Commuters are packed in (together) like sardines. 通勤客はすし詰めになる

SARL 株式会社 [⇨フランス語圏で小規模な株式会社の呼称として使われている. 大規模なものは S.A. を使う] [<仏 *Société A Responsabilité Limités*]

SAS¹ 《~ AB》Scandinavian Airlines System スカンジナビア航空システム

SAS² /sæs/ Statistical Analysis System 統計分析システム, サス [⇨代表的な統計パッケージ]

SASE /èseiesí/ self-addressed stamped envelope 宛名書き・切手付きの返信用封筒 [⇨発音上 a SASE ではなく, an SASE とする] ► Please send an SASE to the following address and we'll send you a catalogue right away. 下記の宛先に切手付きの返信用封筒をお送りください. すぐカタログをお送りします

satellite /sǽtəlàit/ *n* 衛星; 人工衛星; 従者; 衛星国; (米)衛星都市; サテライトオフィス

satellite broadcasting 衛星放送
satellite city 衛星都市
satellite communication 衛星通信
satellite earth station 衛星放送地上受信局

satellite office サテライト・オフィス [⇨大都市にある本社や事業所から離れた, 社員の自宅に近いところに設置されたオフィス. 情報通信機能が装備されており, 本社との情報や文書などのやりとりはそれを通じて行えるので, わざわざ通勤をしなくても一定の仕事をこなすことができる] ► Jim used to work from home, but he is working in a satellite office now. ジムは自宅勤務をしていたが, 今は衛星オフィスで働いている

satellite organization サテライト組織 [⇨情報ネットワーク時代に適合した組織形態]

satellite television 衛星テレビ(放送), 衛星放送

satellite tracking system 衛星追跡方式

satisfaction /sæ̀tisfǽkʃən/ *n* 満足, 充足(感); 満足させるもの[こと] (*to*); 納得; (借金の)返済; 完全な履行; 賠償; 謝罪 ► job satisfaction 仕事への満足感 / in full satisfaction of the obligation 債務の完全な履行として / For your satisfaction I will let you know the details of my proposal. 納得していただくために私の提案を詳細に申し上げましょう / The company is cutting costs at the expense of customer satisfaction. 顧客満足を犠牲にして, 会社はコストを削減している

demand satisfaction 賠償[謝罪]を要求する

express one's satisfaction at [with] に満足の意を表する ► They expressed their great satisfaction at [with] the results. 彼らは業績に大いに満足していると述べた

find satisfaction in doing …することで満足する

get [derive, obtain] satisfaction from に満足する; から満足のいく返事[対応]がある ► We got no satisfaction from the call center, so we wrote to the sales department. コールセンターから満足のいく返事がなかったので, 販売部へ手紙を出した

have the satisfaction of doing …して満足する
in satisfaction of の償いとして
make satisfaction for の返済をする
to the satisfaction of の満足のいくように
with satisfaction 満足して

satisfaction guaranteed 満足保証 [⇨顧客満足(customer satisfaction)のための手法の一つ. 顧客が購入した商品に不満がある場合, 無条件に交換や返品に応じること] ► Satisfaction guaranteed or money back. 満足保証(を請け合います)もし満足できなければ返金します

satisfactory /sæ̀tisfǽktəri/ *a* 申し分のない ► I hope you find the arrangements satisfactory. 手配にご満足いただければ幸いです / He gave a satisfactory presentation at the seminar, despite having had almost no time to prepare. 準備の時間がほとんどなかったのに, 彼はセミナーで申し分のないプレゼンテーションをした / We have not received a satisfactory answer to our question. 私たちの質問に対する満足な答えが得られなかった

◊**satisfactorily** *ad*

satisfied /sǽtisfàid/ *a* 満足した; 納得した; 確信している 《*that*》 ► If the price is right and you are satisfied as to the quality of the goods, make a contract with them. 値段が適当で品質に納得がいったら契約しなさい

be satisfied with [to do] に […して] 満足している

satisfy /sǽtisfài/ *vt* 満足させる; (欲望を)満たす; (人に)納得させる; (心配を)静める; (疑念などを)解く; (債務を)果たす; (債権者に)支払う; 償う; (規則に)当てはまる ► We have adapted our product to satisfy the tastes of local consumers. 地元の客の嗜好を満足させられ

るよう、製品を作り変えた / If the automaker's restructuring does not satisfy government demands, it will have to file for bankruptcy protection. リストラが政府の要求を満たさない場合、自動車メーカーは破産による保護を申請しなければならないだろう / Satisfying customer needs is most important. 顧客のニーズを満足させることがもっとも重要だ
just to satisfy my curiosity つかぬことを伺いますが
satisfy a debt 借金を返済する
satisfy oneself 納得する、得心する、確信する《*of, that*》

saturate /sǽtʃəreit/ *vt* 十分に染み込ませる《*with*》; 飽和させる《*with*》 ► The market has been saturated to the point that a price war has begun. 市場は飽和状態となり価格競争が始まった

saturation /sætʃəréiʃən/ *n* 飽和(状態) ► reach saturation 飽和点に達する、飽和状態になる

savage /sǽvidʒ/ *a* 野蛮な; どう猛な; 乱暴な, 苛酷な; 荒れ果てた ► The bankruptcy was a savage blow to the family. 破産は一家にとってひどい打撃だった

save /seiv/ *vt* ❶ 貯蓄する、貯める

❷ 節約する、節約する、それなしで済ます; 取って[確保しておく ► Save yourselves trouble by calling ahead for reservations. 後でお困りにならないよう予約は前もってお電話で / You can save some money by using this coupon. このクーポンを使えば、多少はお金を節約できるよ / Save $5 on your next purchase with this coupon. 次回の購入にはこのクーポンで5ドル値引きします / The tax deduction saved the company millions of dollars. 税控除のおかげで同社は数百万ドル節約できた / This can save you hundreds of dollars a year. これで1年に数百ドルを節約することができる

❸ 助ける、救い出す ► The government saved the company from bankruptcy. 政府はその会社を破産から救った / One of the current administration's top priorities is to save the national pension system. 現政権の最優先課題の一つは公的年金制度を守ることだ

❹ (データを)保存する ► save a file ファイルを保存する

— *vi* 蓄える; 節約する《*on*》; 救う ► I'm saving to buy a car. 車を買うために貯金をしている

can't do ... to save one's life 《略式》まったく…することができない

save a person a seat (人に) 席を取っておく ► I'll be late for the presentation, so can you save me a seat? プレゼンテーションに遅れるから、席を取っておいてください

save one's skin [neck, bacon] (危険・面倒から) 無事に逃れる

save the day 土壇場で成功する

save the situation 事態を収拾する

save up お金を貯める《*for*》 ► He saved up enough money to put a down payment on a new house. 彼は新築の家の頭金を払うのに十分な金を貯めた

— *n* 【野球】保管、保存、セーブ

save-as-you-earn *n* 《英》(給料天引きの) 定期積立貯蓄制度 (SAYE)

saver /séivər/ *n* 節約するもの; 割引券 (=saver ticket); 貯蓄家[者]; 救助者 ► time- [money-, energy-] saver 時間[金, エネルギー]を節約するもの

saving /séiviŋ/ *n* ❶ 節約; 割引 ► energy-saving 省エネの / labor-saving 省力の / This is a saving of 8% off the basic subscription. これは基本予約購読料の8%引きです ❷ 貯金、貯蓄、蓄え ► personal savings 個人貯蓄 / postal savings 郵便貯金 / deposit one's savings in a bank 銀行に預金をする / draw one's savings from a bank 銀行から預金を引き出す

— *prep* …を除いて

saving your presence 僭越ながら

— *conj* …のほかは

saving account =savings account
saving bank =savings bank
saving clause 【法律】(1) 除外規定, (適用) 免除規定 (2) 留保条項 [➡法律が廃止されるとき、その法律に定められた特権・権利の事後処理の条項]

savings account 《米》貯蓄預金口座、普通預金口座 [➡小切手は使えないが利子が付く銀行預金口座で、日本の普通預金口座に相当する。これに対して checking account は利子は付かないが小切手が使える預金口座で、日本の当座預金口座に相当する] ► I have four hundred dollars in a savings account. 普通預金に400ドル預けてある / I put half of my pay into my savings account. 私は給料の半分を普通預金に預ける

savings and credit cooperative 貯蓄貸付協同組合 [➡組合員の相互扶助を目的として組合員から預金を受け入れ、貸付を行う非営利の金融機関]

savings and loan association 《米》貯蓄貸付組合 (S&L) (=《英》building society) [➡連邦法または州法により設立される貯蓄金融機関の一種で住宅ローン業務が中心]

savings bank 《米》貯蓄銀行 [➡消費者から預金を受け入れ、住宅ローンを供与することを主たる業務をとする銀行。歴史的には、米国北東部16州の州認可の金融機関で、預金者が所有する相互会社であるが、1982年の法改正で株式組織への転換が可能になった。従来の相互会社組織の貯蓄銀行は mutual savings bank (相互貯蓄銀行), 新しい株式会社組織の貯蓄銀行は stock savings bank (株式貯蓄銀行) と呼ばれる]

savings bank life insurance 《米》貯蓄銀行生命保険 [➡相互貯蓄銀行が販売している生命保険]

savings bond 《米》貯蓄債券 (SB) [➡米国政府発行の貯蓄性の国債。U.S. savings bond とも言

う. 連邦政府の保証に裏付けられ, リスクのない投資対象とされる. 非市場性の債券で, 第三者への譲渡は禁止されている. ただし購入後6か月経てば換金は自由. 税制上の優遇措置がある]

savings deposit (要求払いで付利される) 貯蓄預金

savings product 貯蓄商品

savvy /sǽvi/ v 《略式》分かる
— n 理解力, 勘; 実際的知識
— a 《米》通じた, 心得た ▶ computer-savvy コンピュータに通じた / This company desperately needs savvy businesspersons. 当社はどうしても知識と心得のあるビジネスパーソンを必要とする
[＜西 *sabe* 'he knows']

say /sei/ vt (**said**) 言う; (意見を)述べる; (人々が)うわさする; と書いてある ▶ let us [let's] say まあ, たとえば / Albert was saying that oil prices are going up. アルバートが言っていたんだが, 石油の価格が上がっているんだってね (✚日常会話では単純過去形の代わりに過去進行形を用いて, 漠然とした未完の状態を表す) / Who shall I say, sir? (取次の者が来客に対して)どちら様でしょうか / He says that he has something urgent to discuss with you. 急いで話し合いたいことがあるとおっしゃっています / China says it wants to play a bigger role in global economic decision-making. 中国はグローバルな経済問題の決定でもっと大きな役割を果たしたいと言っている / Whatever you say will eventually get back to the boss. お前が言うことは何でも結局は上司の耳に入る

after all is said (and done) 結局
anything [whatever] you say 《略式》(何でも)おっしゃる通りに(します)
as much as to say / as who should say と言わんばかりに
be it said / let it be said 言うならば
Don't say とは…じゃないでしょうね
Enough said. 《略式》(説明は)もう十分です
have [there is] a lot to be said for には長所が多くある
have something [nothing] to say for oneself 言い分がある[ない]
having said that そうは言っても, それにもかかわらず
I'll say. そうですとも, まったくだ
I say. (繰り返して)いいですか, …なんですよ
it goes without saying that は言うまでもない ▶ It goes without saying that globalization has changed the way we do business. グローバリゼーションがビジネスのやり方を変えたのは言うまでもない
it is not for me to say 私は…と言える立場にない
it says a lot for それは…をよく表している
it says very little for それは…をほとんど表していない
I wouldn't say no to 《英略式》を喜んでいただきます
I would [should] say まあ…でしょうね

not say much for …がそんなによいとは思わない
not to say とは言えないまでも
say after の復唱をする
say fairer (than that) よりよい条件を提出する
say for oneself 言い訳をする
Say no more! 《略式》もう言うな; 君の言うことは分かった
Say on [away]. 続けてお話しください
say out 隠さずすべてを言う
say over をそらで言う
say something 簡単に演説する
say (for a person) to do (人に)…するようにと言う
say to oneself 心の中で考える, 思う
say what you like 《略式》何を言おうと
so to say いわば
that is to say つまり; 少なくとも
that said (主に文頭で) という前置きで
that's not saying much そんなのは当然だ
The less [least] said the better. 《諺》言わぬが花
this [that] is not to say... (必ずしも)…だというわけではない
though I say it / who should not (say it) 自分でそれを言うのもおかしいが, 自慢じゃないが
to say nothing of は言うまでもなく
well said その通り
what a person says, goes (人の)言うことが決定である
What did I say? それ言った通りだろ
What do you say to ...? …はどうですか ▶ What do you say to moving up the product launch date? 製品の発売日を前倒しすることをどう思いますか
when all is said and done 結局, つまるところ
Who can say? 誰にも分からない
You can say that again. 《略式》まったくその通り
You don't say (so)! (下降調で)まさか
You said it. 《略式》いかにも君の言う通りだ
— n 言いたいこと; 《略式》発言の権利 (*in*); (the (last) ~) 決定権
have one's say 言いたいこと[意見]を言う
— ad たとえば; まあ; 《米略式》ねえ, おい, ほら

SAYE 《英》save-as-you-earn

saying /séiiŋ/ n 言, 説; 諺, 格言
as the saying goes 諺にもある通り ▶ As the saying goes, success is 10% inspiration and 90% perspiration. 諺にあるように, 成功は10%が霊感のひらめきで90%が汗をかくことだ
There is no saying that [wh-] ということは分からない

say on pay セイ・オン・ペイ [○企業の役員報酬について株主が賛否の意思表明をする投票. 意思を表明するだけで, 拘束力はない. 米国で一部の企業に導入されている]

say-so /séisóu/ n 《略式》ひとりよがりの発言, 独断; 決定権; 許可 ▶ Because head office gave the say-so, we went ahead with the plan. 本社が許可をくれたので, われわれは計画を進めた
get a person's say-so (人の)許可をもらう
on a person's say-so (人の)許可を得て

without a person's say-so (人の) 許可がないと
SBA Small Business Administration
SBC Communications 《~, Inc.》SBC コミュニケーションズ 〔○米国の電話会社. 近年はBellSouth Corp. (BLS)との合弁事業でCingular Wirelessに出資し無線通信にも進出. 2005年AT&Tを買収し, 社名をAT&Tとする〕
SBU strategic business unit
scab /skǽb/ *n*《略式》スト破り ▶ I was told to work as a scab but I hate to scab during a strike. 私はスト破りとして働けと言われたがスト破りをするのはいやだ
— *vi* (**-bb-**) スト破りをする
scaffold /skǽfəld/ *n, vt* 足場(を設ける); 組立て舞台
◇**scaffolding** *n* 足場(組み) ▶ Scaffolding was erected around the office building. オフィスビルの周りには足場が組まれた / The scaffolding will remain in place until the building is completely repaired. 建物の修理が完全に終わるまで足場はそのままにする
scalability /skèiləbíləti/ *n*《ビジ→》拡張性
scalable /skéiləbl/ *a* スケーラブルな〔○利用者の増加や業務内容の変更により機器・システムに対する要求が拡大してもそれに対応できる拡張性について言う〕
scalable technology (将来のデータ処理要求の増大に応える) 拡張可能な技術
scale¹ /skéil/ *n* 天秤(びん)の皿 (=scale pan); 《~s》天秤, はかり
tip the scale(s) の重さがある (*at*); 局面を(有利に)変える
turn [tilt] the scale(s) 局面を変える
— *vt* 天秤[はかり]で量る; 目方が…ある
scale² *n* ❶ 体系, 段階, 尺度, 等級 ▶ a scale of fees 料金体系 ❷ 規模 ▶ the scale of management 経営規模 / I don't think you really understand the scale of the problem. あなたはその問題の全容を本当に分かっていないと思う ❸ (価格帯などの) ものごとの幅, 序列 ▶ at the lower [upper] end of the scale 全体の下位[上位]に ❹ 縮尺 ▶ drawn to a scale of 1:50 50分の1の縮尺で描かれている
in scale 釣り合いがとれて (*with*)
on a global scale 全世界で ▶ The company will market the product on a global scale. 会社はその製品を全世界で発売する予定だ
on a large [small] scale 大[小]規模に ▶ The central bank is buying dollars on a large scale. 中央銀行が大量のドル買いをしている
on a scale of one inch to the mile 1マイル1インチの縮尺で
on a scale of one to ten 1から10の段階に分けて示すと, 10点満点で
out of scale 基準から外れて
the decimal scale 十進法
to scale 一定の率で縮尺[拡大]した
— *vt* (よじ) 登る; 縮尺で製図する; 率に応じて決める[増減させる] (*up, down*); (基準で) 評価する ▶ Income tax was scaled up (by) ten per-cent. 所得税が1割引き上げられた
— *vi* はしごで登る; (声などが) だんだん高くなる
scale back [down] の規模を減らす ▶ The company decided to scale back on advertising. 会社は広告を減らすことにした
scale up 規模を大きくする ▶ The company is looking into ways to scale up production efficiency. その会社は生産効率を上げるための方法を研究しているところだ
scaled-down *a* 縮尺[縮小]した
scaled question 回答尺度を設定した質問項目〔○調査票の回答を量的に測定するため「あてはまる」は3点,「ややあてはまる」は2点などと配点し, 集計するようになっている質問項目〕
scale effect《会計》規模の効果
scale expansion 規模拡大
scale fee 定額料金〔○出来高制の時間報酬との対比で, 報酬規定によりサービス別に決まっている定額の弁護士報酬〕
scalp /skǽlp/ *n* (頭髪のついた) 頭皮;《略式》勝利の象徴
— *vt* こきおろす; プレミア付きで売る ▶ He was scalping tickets for the baseball game. 彼はその野球試合のだふ屋をしていた
— *vi*《米略式》(入場券などの転売で) 利ざやを稼ぐ
◇**scalper** *n* scalpする人;《米略式》だふ屋 ▶ Don't buy tickets from scalpers. だふ屋から切符を買うな
scam /skǽm/ *n, vt*《米略式》いんちき, 詐欺, ペてん(にかける)
◇**scammer** *n*《米略式》詐欺師
scam artist《略》詐欺師 ▶ Stay away from these scam artists. こういう詐欺師には近づくな
scan /skǽn/ *vt* ❶ (**-nn-**) 入念に調べる (*for, with*); ざっと見る, 走り読みする; (映像を) 走査する ❷《会計》通査する ❸《ビジ→》スキャンする
— *n* 精査; 走査
scandal /skǽndl/ *n* 醜聞, スキャンダル; 疑獄; 汚職; 不祥事; 腐敗; 中傷, 陰口 (*about*); 破廉恥なこと; 法外; 許せないこと; ひどいもの
cause (a) scandal 世間の物議をかもす
spread scandal 悪評を流す
scandalous mark 公序良俗に反する標章〔○著しく品位を欠くものとして登録を受けられない商標〕
scandal-ridden *a* スキャンダルに揺らぐ
scandal sheet《米》スキャンダル[ゴシップ]紙
scannable *a* スキャナーで読み取れる
scanner /skǽnər/ *n* スキャナー〔○コンピュータに画像を取り込む装置〕
scant /skǽnt/ *a* 乏しい (*of*) ▶ They are all scant of money. みんな金詰まりだ / The charges of embezzlement were dropped due to scant evidence. 横領の容疑は証拠不十分で取り下げられた / Migrant workers can barely support themselves on their scant wages. 季節労働者はそのわずかな賃金では自活するのが精一杯だ / The first product was introduced a

scant ten years ago. 最初の製品はわずか10年前に導入された
— vt 切り詰める; ぞんさいに扱う
◇**scantly** ad
scanty /skǽnti/ a 不足気味の; わずかな, 少ない
◇**scantily** ad
◇**scantiness** n
scapegoat /skéipgóut/ n スケープゴート[⊃置換え攻撃(displaced aggression)の対象. 他者の過ちや罪を償うためにその他者に代わって犠牲にされる存在]
be made the scapegoat 人の罪を着せられる
scarce /skɛərs/ a 乏しい, 不足している(*of*); 珍しい ▶ a scarce resource 希少資源 / Natural resources are scarce on the island. その島は天然資源が乏しい
a scarce book 稀覯(きこう)本, 珍本
scarcely /skɛ́ərsli/ ad やっと; ほとんど…ない; きっと[明らかに]…でない ▶ The rural city had scarcely any industry now. その田園都市は今ではほとんど何も産業がない
scarcely ever ほとんど…しない
scarcely ... when [before] …するかしないうちに…する
scarcity /skɛ́ərsəti/ n ❶ 不足, 欠乏; 払底(*of*); 珍しいこと ▶ We are worried about the scarcity of skilled workers. 私たちは熟練労働者の不足を心配している ❷ 希少性[⊃社会資源には限りがあるということ]
scarcity value 希少価値
scare /skɛər/ v 怖がらせる, 怖がる
be scared of [at, to do, that] を怖がっている
more scared than hurt 取越し苦労をして
scare a person into doing (人を)脅して…させる
scare away [off] を脅して追い払う ▶ The country's protectionist policies scared investors away. その国の保護主義的政策を怖がって投資家は逃げ出した
scare up 《米略式》作り出す; (資金を)かき集める
— n おびえ, 恐怖, 不安(感); 経済恐慌 ▶ I had [got] a scare when I looked at last month's statement. 先月の収支表を見てぞっとした
— a 恐怖を抱かせる
scary /skɛ́əri/ a 《略式》恐ろしい, 気味の悪い, ぞっとする ▶ It's scary that the economy hasn't hit bottom yet. 景気がまだ底を打っていないのは恐ろしいことだ
scatter /skǽtər/ vt まき散らす; 点在させる ▶ The company owns over 20 factories scattered across the country. その会社は全国に点在する20以上の工場を所有している
— vi ちりぢりになる
be scattered with をちりばめている
— n スキャター[⊃特定の番組枠を予約するアップフロントに対して, 番組開始の直前の時期に売買するCM枠]
◇**scattered** a 散在した ▶ scattered showers 所によりにわか雨

◇**scattering** a, n 散らばった(もの) ▶ a scattering of ぱらぱらと少数の
scatter diagram 【統計】散布図(表), スキャッター・グラフ[⊃2変量間の相関関係を見るためにxy平面上に観察値を打点した図]
SCC single column centimeter
SCDO synthetic collateralized debt obligation
SCEM supply chain event management
scenario /sinɛərióu/, -nάː-/ n (~s) シナリオ, 脚本; 筋書; 行動計画 ▶ The worst-case scenario would be unemployment reaching 10%. 最悪のシナリオでは, 失業率は10%に達するだろう / In his marketing scenario, he failed to take into account recent changes in consumer spending. マーケティングの筋書きに, 彼は消費者支出の最近の変化を考慮しなかった[<伊]
scene /síːn/ n (劇の)現場; 場面, シーン; 背景; 事件; 《略式》(活動)分野; 光景, 景色; 大騒ぎ, 口論; 《略式》情勢, 事情; …界; 活動の場所; 《略式》好みのもの
a change of scene 状況の変化; 転地; 転職
appear [arrive] on the scene / burst upon the scene 急に出現する
behind the scenes 舞台裏で; 陰で ▶ The two companies made a deal behind the scenes. 両社は水面下で取引をした
come on the scene 現れる
depart [disappear] from the scene 急に消える
make [create] a scene 大騒ぎする, はでにやらかす ▶ He didn't want to make a scene, so he didn't raise the objection at the meeting. 彼はことを荒立てたくなかったので, ミーティングでは異議を唱えなかった
make the scene 《略式》華々しく現れる
on [at] the scene 現に, 現場で
set the scene for への道を開く; への発端となる
steal the scene (大事なものから)目をそらさせる; 主役から人気をさらう
scenester /síːnstər/ n 流行を追う人
scenic /síːnik/ a 風景の; 景色のよい; 舞台装置の ▶ a scenic route 景色のよいルート / a scenic area 景勝地 / a scenic resort 景勝リゾート

schedule /skédʒuːl/ | ʃédjuːl/ (✛米英の発音の違いに注意: 《米》スケジュール, 《英》シェジュール) n ❶ スケジュール, 予定(表), 《略式》ではskedと短縮) ▶ a payment schedule 支払予定 / a production schedule 生産計画 / a travel schedule 出張予定, 旅行日程 / a work schedule 作業予定 / a fixed schedule 確定済みのスケジュール / a flexible schedule 入替可能なスケジュール / a full schedule 予定で満杯のスケジュール / according to schedule 予定通りに / depart from a schedule スケジュールを逸脱した行動をとる / disrupt a schedule 予定を狂わす / revise a schedule スケジュールを見直す / stick to the schedule 予定通りに進める / I'll somehow squeeze you **into her busy schedule**. 予定でぎっちりの彼女のスケジュールにどう

にかしてあなた(との約束)を入れてみましょう / We are having trouble meeting **our repayment schedule**. 返済計画通りに進まず困っているところだ / I am told everything is running **to schedule**. すべてスケジュール通りだと聞いている / I wish I were better at **planning a schedule**. スケジュールを組むのがもっとうまかったらと思う / Let's first **draw up a schedule**. まずはスケジュールを立てよう / She **keeps a tight schedule** and seems to be running from meeting to meeting all the time. 彼女はきついスケジュールで動いており、いつも会議から会議へと駆け回っているように見える / This week, I have **a relatively flexible schedule**. 今週はスケジュールに比較的余裕がある / We may need to **adjust the schedule** if there is a delay in the delivery of materials. 材料の搬入が遅れた場合は、予定を調整する必要が出てこよう / We need to **extend the schedule** by a week. 予定を1週間延ばす必要がある / What does **your schedule look like** next Friday? 次の金曜日のご予定はいかがですか

❷ 時刻表 ▶ a train schedule 電車の時刻表 / a flight schedule (航空便の)発着時刻表

❸ 別表、別紙 [◯契約書の付属書類] ▶ as per the attached price schedule 添付価格表の通り / as provided in paragraph 4 of Schedule 1 別紙1の第4項に定める通り

behind [ahead of] schedule 予定より遅れて[先立って] ▶ Last month, we were running ahead of schedule, but this month, we're falling behind schedule. 先月は予定より進んでいたが、今月は予定より遅れている / The company announced it would resume production ahead of schedule. 予定より早く生産を再開すると同社は発表した

on [up to] schedule 予定通りに ▶ Everything is on schedule. すべて予定通りだ / Everyone has been working overtime to keep the project on schedule. プロジェクトを予定通り進めるために全員が残業して働いている

— *vt* 表を作る; 予定する ((*for, to do*)) ▶ The airline scheduled extra flights to meet the holiday travel demand. 航空会社は休日の旅行需要に対処するために臨時便を時刻表に組み入れた

as scheduled 予定通り
scheduled flight 定期便
scheduled maintenance 定期保全, 定期保守, 計画保守 [◯計画に従い定期的に実施する保守]
schema /skíːmə/ *n* (**~ta** /-tə/) 図式; 図解; 概要, シェーマ, スキーマ
◇**schematize** *vt*
schematic /skimǽtik/ *a* 図式[概要, スキーマ]の
scheme /skiːm/ *n* 計画, 案 ((*for, to do*)); 組織, 構成, 体系; スキーム [◯金融取引での構想, 仕組み] ▶ a scheme of the deal's financing その案件に向けての資金調達の仕組み / keep a plant on the eight-hour scheme 工場を8時間制で運営する / We have to decide on the most effective reward scheme for our company. 当社にとってもっとも効果的な報奨体制を決めなければならない

in the scheme of things 物事の性質上, 当然
the best laid schemes of mice and men 皆で慎重に練った計画(も失敗に終わることが多い)

— *v* 計画する; 考案する ((*to do*)); たくらむ ((*for, against*))
[<ギ:形態]
◇**schemer** *n*
◇**scheming** *a*
scheme of arrangement (英)債務整理計画 (=(米))arrangement with creditors)
Schengen Agreement /ʃéŋən/ (the ~) シェンゲン協定 [◯パスポートコントロールなど、国境管理の完全撤廃を目指した欧州の国際条約]
Schengenland *n* シェンゲンランド [◯EU域内における人の移動の自由を保証したシェンゲン協定(Schengen Agreement)を1995年3月26日付で暫定的に実施したドイツ、フランス、ベルギー、オランダ、ルクセンブルク、スペイン、ポルトガルの7か国を指す]
Schering-Plough ((~ Corp.)) シェーリング・プラウ [◯米国の医薬品メーカー. 1970年設立. 抗ヒスタミン剤Claritinなどが主力. ほかに風邪薬Coricidinなどの大衆薬も手がける]
Schick ((商標)) シック [◯米国のカミソリなどのブランド、シェービングクリームやデオドラントもある]
Schilling ((商標)) シリング [◯胡椒などさまざまな香辛料АМを提供する米国のブランド]
Schlumberger ((~ Ltd.)) シュルンベルジェ [◯米国の油田サービス会社. 1924年創業. 56年にオランダで株式会社となる. 近年は公共事業やインターネットサービスにも進出している. 創業者のフランス人兄弟Conrad and Marcel Shlumbergerの名より]
scholar /skálər/ *n* 学者, 研究者
◇**scholarship** *n* 学問; 奨学金; 奨学生の資格
school /skuːl/ *n* 学校; 校舎; 教習所, 訓練所; 流派, 一派 ▶ The economist is from the old school. その経済学者は古い流派に属している
— *vt* 教える; 訓練する, 仕込む ((*in, to*))
[<ギ *scholé* 暇]
school year 学年(度)
Schultz ((商標)) シュルツ [◯米国のプラント用栄養剤. 目盛り付きで必要な分だけ使用できる]
Schweppes ((商標)) シュウェップス [◯米国のクラブソーダ, ジンジャーエールやトニックウォーターなどの炭酸水飲料のブランド]
SCI single column inch
science /sáiəns/ *n* 科学, 学問; 自然科学; 知識
have... down to a science についての知識が完璧である
scientific /sàiəntífik/ *a* 科学の; 体系的な; 科学的な, 専門的な知識を持つ
◇**scientifically** *ad*
SCM supply chain management
scoop /skuːp/ *n* ❶ ひしゃく; 小シャベル; 大さ

じ; アイスクリームすくい; 一すくいの量 (*of*); 窪んだ場所; (新聞の) 特種(とくだね), スクープ; 《略式》大もうけ ❷《略式》(一度にたくさん金が集まる) 政治献金パーティー

What's the scoop? 《略式》何か変わったことはないかい

━ *vt* すくう, くむ (*up*); えぐる (*out*); 特種で出し抜く; かき集める, 大もうけする ▶ They scooped Japanese companies by offering a lower cost of construction. 安い工事費を提示して日本の各社に競り勝った

scoop up (さっと) すくい上げる[かき集める] ▶ We scooped up huge profits during the first month of the product release. 商品の発表から1か月でわれわれはごっそりもうけた

Scoop Away 《商標》スクープ・アウェイ [○米国のペット用品のブランド. 従来型の猫用トイレ用の製品と違って, 水分の吸収力が強いので尿が堅いボール状になり, 清掃が簡単]

scope /skoup/ *n* (能力・理解などの) 範囲; (運動・活動の) 余地 ▶ a business scope 事業領域 / a scope of work 業務範囲 / be responsible for the entire scope of work 仕事の全範囲に責任を持つ / broaden [expand] the scope of の視野を広める / All this is within the scope of automation. これらはすべて自動制御の可能なものである / The company plans to expand the scope of its business. その会社は事業の範囲を広げることを計画している / Equity strategists saw scant scope for stock markets to rally. 株式戦略家は株式市場が反騰する余地がほとんどないと見ている

beyond [outside] the scope of の範囲外で ▶ That issue is beyond the scope of today's agenda. その問題は今日の議題の範囲を超えている

limited in (its) scope 範囲が限られて
seek scope for のはけ口を求める
━ *vt*《米略式》(次々で);
scope out 《略式》よく見る[調べる], 見渡す

Scope《商標》スコープ [○米国のマウスウォッシュ. 数種類の色や香りのものがある]

scope of consolidation 連結の範囲 [○連結財務諸表に含まれる関連会社の範囲]

scoping /skóupiŋ/ スコーピング, 絞り込み [○環境影響評価を行う際して, 評価対象とするべき項目をあらかじめ特定すること]

scorched-earth policy 焦土戦術 [○敵対的買収にさらされた企業が相手のねらう資産を処分し, 買収の妙味を失わせるという対抗策]

score /skɔ:r/ *n* 総得点; (試験の) 成績, 点数; 勘定; 負債; スタートライン, 出発点; 20; (~s) 多数 (*of*); 理由, 原因;《略式》真相; 幸運, 成功; (the ~)《略式》(事の) 進み具合 ▶ by the score 20個の単位で; たくさん

go [set, start] off at (full) score 威勢よく始める
know the score 真相を知っている
make a score off one's own bat 自力でする
on more scores than one 多くの理由で
on that [this] score その[この]点[理由]で; それ[これ]に関しては ▶ His opinions are correct on this score. 彼の意見はこの点では正しい

on the score of の点に関しては; の理由で

━ *vt* 評価する, 採点する; 記録を取る; (成功を) 勝ち取る;《米》叱りつける, 非難する ▶ The automaker scored a big success in the sales of its luxury cars. その自動車メーカーは高級車の販売で大成功を収めた

━ *vi* 得点する; 勝つ (*against*); 成功する; 優位に立つ

score (a point [points]) off [against, over, upon] を負かす
score out [off, through] を線で引いて消す
score under に下線を引く
◇**scorer** *n*

Scotchgard《商標》スコッチガード [○じゅうたんや布地などに撥水(はっすい)・撥油・防汚加工を施すフッ化炭素製品]

Scotch Tape《商標》スコッチテープ [○米国の接着テープのブランド. セロハンやアクリルなどのさまざまなテープがある]
━ *vt* (Scotch-tape) スコッチテープでくっつける

Scott《商標》スコット [○米国の紙製品のブランド. ペーパータオル, トイレットペーパーのほかにピクニックや(パーティー用のペーパートレイもある)]

scour /skáuər/ *v* 急いで探し回る ▶ The U.S. investment bank is scouring Wall Street for a financial lifeline. 米国の投資銀行は財政的な頼みの綱を求めてウォールストリートを探し回っている

scramble /skrǽmbl/ *vi* 敏速にはう; よじ登る (*up, down, over*); 奪い合う (*for*); 先を争って (…しようと) する (*to do*) ▶ The credit crunch sent banks scrambling for government support. 信用危機は銀行各社を政府援助の争奪戦に向かわせた

━ *vt* 寄せ集める (*up*); ごちゃまぜにする; (電波に) スクランブルをかける, 撹乱(かくらん)する [○信号を特殊変調して固有の装置以外では再生・受信不能にすること]

scramble a person's brains《略式》(人の) 頭を混乱させる
━ *n* (a ~争奪 (*for*)

scrambled merchandising スクランブルド・マーチャンダイジング [○小売業が既存の取扱い商品領域以外の品揃えをすること]

scrap /skrǽp/ *n* かけら, 少し, 断片; (印刷物の) 切り抜き; くず(鉄), がらくた, スクラップ

━ *vt* (-pp-) くずにする; 廃物にする; (計画を) 取りやめる ▶ With no funding prospects, we had to scrap the plan. 資金調達のめどが立たず, 計画をあきらめるほかなかった / The airline scrapped plans to raise its fares. その航空会社は運賃を値上げする計画を取り止めた / With support from our main investor withdrawn, we have no choice but to scrap the project. 主要投資家からの支持が撤回されたので, プロジェクトをとりやめる以外に方法はなかった

scrap and build スクラップ・アンド・ビルド [○不採算の店舗を閉鎖して新店舗を開設するこ

scrap and build system スクラップ・アンド・ビルド方式
scrapbook *n* 切抜き帳
— *v* スクラップ(ブック)を作る
scrape /skreip/ *vt* こする《*against, on*》; こすり落とす《*away, off*》; こすりつける; かき集める
— *vi* こする, かする《*against*》; かつかつで生活する《*by, along, on*》
scrape a living どうにかこうにか生計を立てる《*by*》
scrape down を滑らかにする, 地ならしする
scrape in [into] かろうじて入る
scrape (the bottom of) the barrel 《略式》最後の[最低の]手段を使う
scrape up [together] (金を)苦労してかき集める
— *n* こすること; 《略式》苦境
get into [out of] a scrape 苦境に陥る[を脱する]
scrap paper メモ用紙
scrap value = salvage value
scratch /skrætʃ/ *v* かく, ひっかく《*at*》; かき消す《*away, off*》; (名前をリストから)削除する《*out, out of*》; 《略式》(志願者の)参加を取り消す; (計画を)やめる; かき集める《*up, together*》 ► The serial number has been scratched off from the product. シリアル番号はその製品からはがされている
scratch the surface of の上っ面だけをかじる ► We've only scratched the surface of the matter. 問題の上っ面をなでたにすぎない
— *n* ひっかくこと; 《米略式》現金
come (up) to (the) scratch 《略式》出発の準備ができる; 標準に達する
from scratch 最初から, ゼロから ► We decided to cut our losses and start from scratch. 当社は損失を一掃しゼロから出発することに決めた / He started his company from scratch and amassed a fortune in no time. 彼はゼロから会社を興して, たちまち一財産を築き上げた
up to scratch 《略式》標準に達して; よい状態で
— *a* 《略式》偶然の; 《略式》あり合わせの, 寄せ集めの
◇**scratcher** *n*
◇**scratchy** *a* ひっかかる; にわか仕立ての
scratch pad 《米》メモ帳, 走り書き用便せん
scratch paper 《米》メモ用紙
screen /skri:n/ *n* ❶ (パソコン・テレビなどの)画面, パネル ► a flat screen フラットパネル / a touch screen タッチパネル / bring up the information on the screen 情報を画面に出す ❷ スクリーニング [⇨株式投資にあたり対象銘柄を一定の基準に従って審査し選抜すること. まず定量スクリーニング(quantitative screen)で財務比率など数値的な条件に適合する銘柄を候補として選び, さらに定性スクリーニング(qualitative screen)で経営者の資質などの質的な審査をして最終的に投資対象を決定する]
on screen 画面で
work for both the big and small screen 映画とテレビの仕事をする
— *vt* (求人の応募者を)審査する; (輸入品などを)検査する; 放映する ► The committee will carefully screen all applicants. 委員会は応募者全員を注意深く審査するだろう
screen off 仕切る
screen-based *a* モニター画面を使った, 端末のスクリーンによる
screen-based market 電子ブローキング市場 [⇨端末のスクリーン上で売り買いの出合いをつけていく市場. 外為市場が代表的]
screener *n* (空港などの)検査係
screening *n* ❶ 審査 ► do a screening 審査を行う / a screening of loan applications 借入申込みの審査 ❷ (生命保険の)契約査定, 危険査定 (= underwriting)
screening interview 一次選考 ► conduct a screening interview 一次選考をする
screen market = screen-based market
screen name = username
screw /skru:/ *n* ねじ(くぎ); らせん状のもの; (船の)スクリュー; 一ねじり, 一ひねり; 《英略式》けちん坊; 《英略式》給料 ► receive a good screw いい給料を取る
a turn of the screw 締めつけ
put [tighten] the screw(s) on [to] a person (人に)圧力を加える
— *vt* ねじで締める[留める]《*to, on, together*》; ねじ曲げる; (引き)締める; (売手に)無理にまけさせる; 《略式》無理に引き出す, 絞り取る《*out of*》; 《略式》だます ► He screwed me on the deal. その取引で私をだました
— *vi* 《略式》大失敗する
have one's head (well) screwed on 《略式》分別がある, 抜け目がない
screw a promise out of から無理やりに約束を取りつける
screw out 絞り出す[取る]
screw up 《略式》を台無しにする; 動揺させる; 大失敗する
scrimp /skrimp/ *v* 切り詰める; けちけちする《*on*》
scrimp and save [scrape] つましく暮らす ► He scrimped and saved to buy his first car. 初めての車を買うために, 彼はこつこつと貯金した
◇**scrimpy** *a* 乏しい; けちけちした
scrip /skrip/ *n* 端株券 ► 受け取った株主は期限内に端株を買い増して1株にするか, その端株券を処分して現金化するかを要する
scrip dividend 《英》スクリップ配当 [⇨スクリップという一種の仮証券で支払われる配当]
scrip issue 《英》無償新株発行 [⇨剰余金の資本組入れによる新株発行]
script /skript/ *n* ❶ 台本, 脚本; CMでのせりふ ► Telemarketers follow a script when they talk to potential customers. 電話でセールスをする人はターゲット客に話をする際台本にのっとって話をする ❷ [コンピュ] スクリプト [⇨あらかじめ登録された一連の作業手順] ❸【法律】(証書または文書の)原本, 原文書, 確定的文書
— *vt* 台本化する; 原稿にする

scroll /skroul/ n 〖コ→〗スクロール [⇨画面の表示範囲を上下左右に変化させること]
above the scroll (ウェブサイトの)トップ画面に [ブラウザをスクロールしなくても見える場所に]
— v 〖コ→〗スクロールする (*up, down*)
scroll bar 〖コ→〗スクロールバー
scrub[1] /skrʌb/ v, n (-bb-) ごしごしこする(こと); こすり落とす (*off*); 中止する; 取りやめる; (略式)廃止する; (不要なデータの)ファイルを削除する
scrub[2] n (略式)取るに足らぬ人[もの]
— a つまらない
scrutinize, (英) **-nise** /skrúːtənàiz/ vt 精査する; 細かく見る (*for*) ► Auditors scrutinized the company's accounting records. 監査人は同社の会計記録を精査した
scrutiny /skrúːtəni/ n 精査, 詳細にわたる調査, 綿密な審査 ► strict scrutiny 厳格な審査 / minimal scrutiny 極めて緩やかな審査 / The scrutiny is expected to grow more intense. 審査はさらに厳しくなるものと思われる
come under scrutiny / be subjected to scrutiny 綿密に調査される (*for*)
scünci (商標) スクンチ [⇨コンエア社を親会社とする米のヘアケア製品のブランド]
scuttlebutt /skʌ́tlbʌ̀t/ n (米略式)うわさ, ゴシップ ► What's the scuttlebutt about the new boss? 新しい社長についてどんなうわさがあるのかい
SDR special drawing rights
sea /siː/ n 海, 海水; 海洋; 大波; 広大, 多量, 多数
a sea of の海; 果てしない…; 多数の…
at sea 航海中で; (略式)途方に暮れて
be all [*completely*] *at sea* 途方に暮れている
beyond [*over*] *the sea(s)* 海を越えて, 海外へ
by sea 海路で, 船で
on the high seas 公海上で
on the sea 沿岸にある; 航海中で, 海上を
put (*out*) *to sea* 出帆する
seabed n 海底
sea change (a ~) 著しい変化 (*in*); 海の作用 ► Unless the economy experiences a sea change in domestic demand, it will continue to be dependent on exports. 国内の需要が様変わりしなければ, その国の経済は輸出に依存し続けるだろう
seal /siːl/ n ❶ 印影; 印章 ► a contract under seal (社判が押してある) 正式の契約書, 調印済み契約書 / a certificate bearing the company seal 社印が押してある / affix a seal 印章を押捺する / register a seal 印鑑を登録する ❷ 封, シール ► an airtight seal on the lid 蓋の密封シール
given under one's hand and seal 署名捺印した
set [*put*] *one's seal to* [*on*] を承認[保証]する
set the seal on に決着をつける
the Great Seal 国璽(こくじ)
under [*with*] *a flying seal* 開封にして
under seal 捺印により認証された; 封印された
— vt 印を押す, 調印する; 保証[確認]する; 検印を押す; 封印する; 堅く閉じる (*down, up*); 確定する ► My lips are sealed. 秘密は断じて漏らさない
seal a deal 取引をまとめる, 協定を結ぶ ► Hopefully, we'll be able to seal a deal at tomorrow's meeting. うまくいけば, 明日の会議で取引を確定できるだろう
seal a person's fate [*doom*] (人の)運命を決定的にする
seal in (逃げないように…を)封じ[閉じ]込める
seal off を封鎖する, 立入禁止にする
sea lane 航路, 海上交通路
sealed bid 封印入札 [⇨条件が封書で提出され, 最後にいっせいに開封されるまで発注者にも結果が分からない方式]
sealed bid tender 密封入札方式の競争入札
seal of approval ❶ 認可マーク [⇨一定の規格を満たしていることを示すマーク] ❷ 承認, 了承 ► get the seal of approval from FDA 食品医薬品局の承認を取りつける
sea mail 船便
sea mile 海里, 海マイル
seamless /síːmlis/ a 縫い目[継ぎ目]なしの, シームレスの
◇**seamlessly** ad
SEAQ Stock Exchange Automated Quotations System (英)証券取引所自動相場表示制度 [⇨英国版のNASDAQ。システム自体は相場情報を表示しているだけで, 売買するには別途ブローカーに注文を出すか, 電子ブローキングのCRESTを使う]
search /sɚːtʃ/ vt (場所・体・人などを)捜す, 調査する; 捜し出す (*out*); (データベースなどを)検索する ► Various search engines allow us to search information on the Internet. 各種検索エンジンのおかげで, われわれはネット上の情報を検索できる / Consumers can search the Internet for the best price for the products they want. 消費者は, 欲しい製品の最安値をインターネットで調べることができる
— vi 捜し求める (*for, after, through, around*) ► The company is searching for ways to cut costs without any layoffs. その会社はレイオフなしでコストを削減できる方法を探している
— n 捜索; 検査; 〖コ→〗検索 ► a search on the Internet インターネットでの検索 / perform [run, do] a search 検索する / How are you doing with your job search? 就職活動はどうだい / The search for alternative energy has become an business pursuit even for oil companies. 代替エネルギーの探求は石油会社でさえ事業として遂行するようになった
in search of / in the search for を捜し求めて
make a search for を捜す
◇**searcher** n
searchable a 〖コ→〗検索可能な
search engine サーチエンジン [⇨インターネット上のサイト情報の検索プログラム]
search firm 人材コンサルティング会社 [⇨一般に経営者クラスの人材を求める企業が利用する]
search report 〖知財〗サーチレポート [⇨先

行技術の調査結果の報告]

search unemployment 摩擦的失業 [○転職者が次の仕事を見つけるまでに生じる失業状態. 一般に自発的で短期と言える]

Sears, Roebuck (~ and Co.) シアーズ・ローバック(社), (通称で) シアーズ [○米国の小売店チェーン. 1906年設立. 国内に総合店型店舗800店以上を展開, 衣料・日用品から自動車部品なども扱う. 国外事業は Sears Canada が担当する. シアーズのカタログはインターネット以前のアメリカの生活に親しまれてきた. 2005年 Kmart Holdings に買収され, 現在は Sears Holdings Corporation の傘下]

season /síːzn/ n 季; 季節; 出盛り時, 旬(しゅん); 好期; 最盛期; 《英》定期券 (=season ticket) ▶ the high season シーズン中, 繁忙期 / the low season シーズンオフ, 閑散期 / the season of goodwill クリスマスの時節 / the holiday season 《米》感謝祭から新年までの期間; 《英》夏休み (の期間) / the London Season ロンドン社交期 (初夏) / the off season シーズンオフ / During the busy seasons, we use part-time workers. 繁忙期にはパートタイマーを雇う

at all seasons 四季を通じて
come into season 旬になる
in good season 折よく, 十分間に合って
in season (食物が) 出盛りの[で]; 特定の時期で; 時を得た[て] ▶ The restaurant's salad bar selection changes depending on vegetables in season. レストランのサラダバーのチョイスは旬の野菜次第で変わる
in season and out of season 時節を選ばず
out of season 季節外れの[で], 時期を失した[て]
— vt 味をつける (with); 興味を添える; 和らげる; 鍛える; (木材を) 乾燥させる; 慣らす
— vi 慣れる; (木材が) 乾燥する, 枯れる
◇**seasonable** a 季節にふさわしい, 時節柄の; 時機を得た

seasonal /síːzənl/ a 季節の ▶ seasonal products 季節商品 / a seasonal discount 季節割引 / a seasonal laborer [worker] 季節労働者 / seasonal employment 季節雇用

seasonal adjustment 季節(変動の)調整 [○クリスマスの買物で年末に需要が増加するなど, 季節に特有な変動が経済に及ぼす影響を統計データから取り除くこと]

seasonal business 季節営業
seasonal demand 季節需要 ▶ Our supplies are more than adequate to meet seasonal demand. 当社の在庫は, 季節需要に余裕をもって対応できる水準にある
seasonal fluctuation 季節変動 [○通常1年を周期とする繰り返し変動] ▶ smooth out seasonal fluctuations (統計数字の) 季節変動をならす
seasonal home 季節住宅, セカンドハウス
seasonally ad 季節的に ▶ The seasonally adjusted unemployment rate reached 5.6% in January. 季節調整済みの失業率は1月に5.6%に達した / Industrial production grew a seasonally adjusted 1.3 percent in July from the previous month. 工業生産は7月には前月と比べて季節調整後の数値で1.3%伸びた

seasonally adjusted 季節変動調整済みの ⇒seasonal adjustment
seasonal merchandise 季節商品
seasonal unemployment 季節的失業
seasonal variation =seasonal fluctuation
seasoned /síːznd/ a ❶ 慣れた; 熟練した ▶ He's a seasoned reporter, so he knows how to distinguish between reliable and unreliable sources. 彼はベテランのレポーターなので情報源が情報に足るか足らないかの見分け方を知っている ❷ (証券が) 優良な既発行の

season ticket 《英》定期乗車券; 定期入場券
seat /síːt/ n ❶ 座席, 席; 腰掛け; (いすの) 座部; 所在地; 中心地; 議席 ▶ hold a seat in the Senate 上院に議席を持つ / We will begin boarding passengers with seats in first class. ファーストクラスのお客様からご搭乗いただきます ❷ (取引所の) 会員権

a hot seat (略式) 割の合わない立場
be in the driver's [driving] seat 責任のある立場にある
by the seat of one's pants 経験で, 勘で; (人が) 自力で (✤操縦席に座って操縦するときの感じから)
Keep [Hold] your seat! 席に着いていてください; どうぞそのままで
take a [one's] seat 座る, 着席する; 《英》登院する
win [lose] a seat 議席を得る[失う] ▶ He was unable to win a seat on the board of directors. 彼は取締役会のメンバーになれなかった
— vt 着席させる; (場所が) …人分の座席を有する; 固定する ▶ Be seated, please. どうぞお掛けください

seat oneself 着席する (on)
◇**-seater** n 「…人乗りの乗り物」 ▶ a four-seater 4人乗りの乗り物
◇**seating** n 着席; 座席数 (=seat capacity); 座席の配置

seat-of-the-pants a 勘と経験に頼った ▶ It's a seat-of-the-pants operation. それは勘と経験に頼って運営している

SEATS Stock Exchange Alternative Trading Service ロンドン証券取引所低流動性銘柄売買システム [○売買が不活発でマーケットメーカーがいないか, いても1社程度の銘柄を売買するためのシステム]

seaway n 航路; 航行; 荒波 ▶ in a seaway 荒波にもまれて

sea waybill 海上運送状 [○船会社が荷主に対して発行する貨物受取証兼運送契約書. 船荷証券の場合と異なり, 運送状がなくとも貨物を受け取れるので, 書類よりも先に貨物が着いてしまうスピード輸送の時代に便利な上, 紛失の場合の処理も船荷証券のような煩雑な手続を要しない]

SEC Securities and Exchange Commission (米国) 証券取引委員会 ▶ strengthen the SEC's oversight of corporate audits 企業監

査に対する証券取引委員会の監督を強化する
sec. second; secretary; section(s)
second[1] /sékənd/ *a* 第2の, 2番目の; 2位の; 二つおきの; (に) 次いで (*to*); (a~) もう一つの, 代わりの, 別の ► a second home 別宅
 be second only to を除けばもっとも優秀[大事]だ ► Box office revenues in Japan are second only to those in the US. 日本における興行収入は米国における興行収入を除けば最大だ
 be second to none 誰にも劣らない
 every second day [year] 1日[1年]おきに
 for the second time 2度目に
 in the second place 第二に
 — *n* ❶ 賛物 ❷ 動議支持(者) ► Is there a second to the motion? 動議に賛成者はいますか
 — *vt* ❶ (提出された動議を) 支持する, 賛成する ► I second the motion. 動議に賛成します / The motion has been moved and seconded. 動議が出されて支持された ❷ 《英》出向させる
 I'll second that. (略式) まったく同感だ
 — *ad* 第二に, 2番目に ► come in [finish] second 2番になる
second[2] *n* (時間・角度の) 秒; 瞬間 ► The closing time was observed to the second. 閉店時間は厳密に守られていた
 in a second たちまち
 Just a second! (略式) ちょっと待ってください
 not for a second 全然…ない
secondary /sékəndèri /-dəri/ *a* 第二位の; 二次的な; 補助的な, 副の; 中等教育の
 — *n* ❶ 二次的な人[もの]; 補佐, 支援者 ► Advertising cost is sort of secondary. 広告のコストは言うなれば二次的なものだ ❷ =secondary offering ①
secondary action 二次的争議行為 [➡同情ストなど争議の当事者でない労働者による争議行為] ⇒primary action
secondary audience セカンダリーオーディエンス [➡コミュニケーション媒体の直接の対象でない人々. たとえば, 雑誌を買って読む人々 (プライマリーオーディエンス) に対して, 美容院に置いてあるものを読むような人々を指す]
secondary boycott (労働組合の) 第二次ボイコット
secondary considerations 二次的考慮 [➡米国において, 特許が自明であるか否かを判断する際に考慮される外部的要因. 長期間にわたる要望, 商業的成功, 業界の称賛, 予想せざる成果, 反対の教示など]
secondary data 二次データ [➡ある目的のために新たに集められた一次データに対して, それが本来の目的に供された後のものを言う]
secondary distribution ❶ 第二次配賦, 第二次取引[売出, 分売] ❷ =secondary offering ①
secondary industry 第二次産業 [➡第一次産業による生産品を加工する鉱工業, 製造業, 建設業など]
secondary liability 第二次負債 [➡手形の裏書人や保証人が負う二次的債務]

secondary market ❶ (証券の) 流通市場 [➡既発行の証券が売買される市場. 新規に発行される証券が売買される primary market (発行市場) に対応する. 新規発行直後の流通市場は特に aftermarket と呼ばれる] ❷ (商品の) 流通市場 [➡商品が再販・転売される市場] ► An active secondary market is developing on the Internet. 売買が活発な流通市場がインターネット上に形成されつつある
secondary meaning 〔知財〕二次的意味 [➡独創的でない言葉や記述的な言葉であっても, もっぱら特定の製品またはサービスと結びつけられるようになった場合は, 二次的意味を有するものとして商標登録を受けることができる. 使用に基づく識別性 (acquired secondary meaning) とも言われる]
secondary mortgage market モーゲージ流通市場 [➡住宅ローンを成立させた業者がそのローンを現金化するために売買する市場で, 証券化商品の素材の供給源]
secondary offering ❶ セカンダリーオファリング, (証券の) 売出し, 第二次分売 [➡既発行の証券が大量に取引所場外において売り出されること] ❷ (上場企業による) 増資, 増資のための新株発行
secondary picketing 二次的ピケッティング [➡争議の当事者である会社以外の場所 (納入業者の敷地など) で行われるピケッティング]
secondary production =secondary industry
secondary sector =secondary industry
secondary shares ❶ (優良銘柄に入らない) 中小型株, 地方証券取引所の上場銘柄 ❷ 劣後株
second best 2番によい人[もの], 次善のもの, セカンド・ベスト
second-best *a, ad* 第二位[次善]の[で]
second class ❶ (列車・船舶の) 二等 ► travel second class 二等で旅行する ❷ 《英》(速達でない) 普通郵便 ❸ 《米》定期刊行物のための郵便の区分. 現在は Periodicals
second-class *a, ad* 二等の[で]; 二流の[で]; 第二種の[で] ► a second-class citizen 二級市民 [➡差別を受けている人々]
second-generation *a* ❶ 第二世代携帯 (2G) の [➡アナログ携帯に対し, 電子メールやウェブに対応したデジタル携帯を言う] ❷ 第二世代の [➡初代の製品を高機能化して出す新製品について言う]
second half 下期 [➡事業年度の後半6か月. 図表では2Hと書かれることもある] ► The automaker is cutting output in the second half of the fiscal year by 120,000 vehicles. その自動車メーカーは今事業年度の下半期の生産台数を12万台減らそうとしている
second half of the fiscal year 《米》下期, 下半期 ► We are forecasting only modest sales for the second half of the fiscal year. 下期の売上はそこそこだろうと当社は見ている
secondhand *a, ad* 受売りの[で]; 中古の

second lien 後順位担保権 [⇨担保権が実行されて担保物件が売却された場合, 売却代金の中から先順位の担保権者がまず全額の弁済を受けた後に, 残額の範囲内で弁済を受ける権利]

Second Life 《商標》セカンドライフ [⇨米国のLinden Research, Inc.が開発したインターネット上の仮想社会空間。Resident と呼ばれるユーザーがアバターを使ってほかの Resident と会ったり, グループ活動をしたりする]

secondment /sikándmənt/ n 《英略式》配置転換, 出向

second mortgage 二番抵当 [⇨一番抵当の弁済後に請求権を行使できる抵当] ▶ take out a second mortgage 二番抵当を設定する

second-mover advantage 二番手メリット [⇨後から開始し実行した方が得をすることを指し, 先駆者のおかげで開発コストがあまりかからないなどのメリットがあげられる]

second quarter 第2四半期 [⇨事業年度における第2の四半期] ▶ Second quarter dividends were a pleasant surprise to stockholders. 第2四半期の配当は株主にとって思いがけない喜びだった

second-rate a 二流の; 劣った; 平凡な

second source セカンドソース [⇨ある会社の製造している製品と同一あるいは互換性のある製品を作っているメーカー]

second thought(s) 再考
have second thoughts about を考え直す ▶ My boss is having second thoughts about letting me attend the convention. 上司は私をコンベンションに出席させることについて再考している
on second thought(s) 考え直した結果

second tier 最上位の次の層, 準大手

second-tier share [stock] 中小型株, 非主要銘柄

second-tier supplier 二次サプライヤー [⇨メーカーに直接完成部品を納入する一次サプライヤーに対して, ユニット部品や単品部品を供給する納入業者]

Second World War 《the ~》第二次世界大戦 (=World War II)

secrecy /síːkrəsi/ n 秘密 ▶ sign a secrecy agreement 秘密保持契約に署名する

secret /síːkrit/ a 秘密の, 機密の; 秘密を守る《about》; ひそかな; 隠れた, 奥まった; 深遠な; 謎の ▶ enter one's secret code 自分の暗証番号を入力する
— n 秘密, 機密; 神秘; 秘訣, 極意 ▶ The secret is out. 秘密がばれた
be in [on] the secret of の秘密を知っている
in secret 秘密に
keep a secret 秘密を守る
let a person in a secret (人に)秘密を明かす
make a [no] secret of を秘密にする[しない]
open secret 公然の秘密

secretarial /sèkrətéəriəl/ a 秘書[書記]の; 大臣の

secretariat /sèkrətéəriət/ n ❶ 秘書課, 文書課 ❷ 《the S-》国連事務局

secretary /sékrətèri | -təri/ n ❶ 秘書; 秘書役, 総務担当重役 [⇨団体運営の原型は代表者である president, 経理面で補佐する treasurer, 総務面で補佐する secretary の三役構成とされる] ▶ My secretary double-booked me for ten o'clock. 私の秘書は10時に予定を二つ入れてしまった ❷ 《米》(省の)長官; 《英》(国務)大臣
◇**secretaryship** n secretaryの職[地位, 任務]

secrete vt 隠す, 秘密にする

secret information 秘密情報

secretly /síːkritli/ ad 秘密に, ひそかに ▶ He secretly stole office supplies. 彼はこっそりとオフィス用品を盗んだ

secret service 秘密情報機関, 諜(ちょう)報部; 《S- S-》(米国の)財務省検察局, シークレットサービス

section /sékʃən/ n ❶ (会社などの)部, 課 ❷ (新聞の)欄 ❸ 法令や契約書の条項
in sections 組立て式の
— vt 区分する《off, into》; 解体する; 断面図を作る

sectional /sékʃənl/ a 部門の; 部分的な; 組立て式の ▶ a sectional sofa 組立て式ソファー
— n 組合せ式家具[ソファー]
◇**sectionalism** n 派閥主義; 地域偏重

Section 401(k) (retirement savings) plan 《米》内国歳入法第401条k項に基づく(従業員対象給与天引き)確定拠出型退職貯蓄制度, 401kプラン

sector /séktər/ n ❶ セクター, 部門 [⇨個々の経済活動の内容に応じた区分] ▶ Tourism continues to be a thriving sector of the economy. 観光産業は依然として経済の中で活況を呈している部門だ / Funding the banking sector is seen as vital to invigorating the economy. 銀行部門に資金を注入することは経済の活性化に必要不可欠と見られている / Plant closings and layoffs in the manufacturing sector have further driven up unemployment. 製造業部門における工場閉鎖とレイオフは失業率をさらに押し上げた
❷ 〖経済〗部門, セクター [⇨マクロ経済学では, 一国の経済を公共部門 (public sector)と民間部門 (private sector)に分類する]
❸ 〖証券〗部門, セクター, 業種

解説 株式市場では, 各銘柄をその企業の主要活動領域によって部門別に分類する。分類は業者によって異なるが, たとえばスタンダード&プアーズ社は全銘柄を, utilities(公益事業), consumer staples(生活必需品), transportation(輸送), technology(テクノロジー), health care(ヘルスケア), financial(金融), energy(エネルギー), consumer cyclicals(一般消費財), basic materials(素材), capital goods(資本財), communications services(通信)の11部門に分類する

sectoral *a* セクター別の, 分野別の ► a sectoral breakdown of foreign direct investment 海外直接投資の分野別内訳

sector fund セクターファンド [◎特定の業種の銘柄を投資対象としたミューチュアルファンド] ⇒ sector ③

sector rotation セクターローテーション [◎下降局面では食品, 薬品株などのディフェンシブ銘柄を, 上昇局面では自動車株などの景気循環銘柄をというように景気の局面に合わせて運用先を変えていくアプローチ]

secular /sékjulər/ *a* ❶ 世俗の, 現世の ❷ 長期的な, 永続的な ► a secular trend 長期趨勢

secure /sikjúər/ *a* 安全な《*against, from*》; 安心した《*about*》; 確実な; 確信した《*of*》; 担保付きの
financially secure 経済的に安定した, 経済力のある
secure in the knowledge that ... 絶対に…だと確信して
— *vt* ❶ 安全にする《*against, from*》; 確保する, 手に入れる《*for*》; 保証する; しっかり留める ► This building has been secured against earthquake damage. この建物は地震災害に対して安全であった / He found it difficult to secure loans to start his business. 彼は起業するための融資を確保するのが難しいと悟った ❷ (担保・抵当で) 支払を保証する《*by, with*》;(権利・財産などを) 保障する, 遺贈する《*to, against*》► secure a loan with fixed assets 不動産を担保にして借金の返済を保証する
◇**securely** *ad*

secured *a* 保証された, 担保付きの
secured bond 担保付き債券
secured credit 有担保融資 [◎一般的には持ち家を担保に供するローンを言う]
secured creditor 有担保債権者 [◎請求権が先取特権や抵当により保護されている債権者]
secured debt 有担保債務 [◎担保を差し入れている分, 無担保債務より借入限度が高めで金利も低い]
secured liability 有担保負債 [◎資産を担保として差し入れている債務]
secured loan =secured credit
secured note 担保付き債券
secured transaction 担保(付き)取引 [◎債務支払を保証するため担保を差し入れている取引]

Securicor セキュリコー [◎英国の警備保障会社. 現在は合併してG4 Securicor A/Sとなる]
Securitas (~ AB) セキュリタス [◎スウェーデンの世界最大の警備保障会社. Pinkerton's および Burns Int'l Services の買収により北米最大となり欧州にも強い. 1934年設立]
Securities Act of 1933 1933年証券法 [◎連邦証券取引委員会の設置法である証券取引委員会法と並ぶ米国証券法制の柱で, 投資家が適正な判断ができるように, 証券発行企業が事前に届け出をし, かつ重要事項に関する情報を継続的に開示することを求めている]

securities analysis 証券分析
securities analyst 証券アナリスト [◎証券投資の合理的な判断を可能にするために, 証券の収益性, リスク, 換金性などの分析を行う専門家]
Securities and Exchange Commission 証券取引委員会 (SEC) [◎1934年に設置された米国政府の独立機関. 投資家保護を目的とし, 証券市場における発行・流通を規制する強い権限を持つ証券市場監督機関]
Securities and Futures Authority 《英》証券先物委員会 (SFA) [◎2001年に発足した金融サービス機構(FSA)の前身の一つ]
Securities and Investment Board 《英》証券投資委員会
securities available for sale 売買目的有価証券
securities broker 証券ブローカー ► In this state, anyone doing business as a securities broker or dealer needs to be registered. この州では, 証券のブローカーまたはディーラーとして営業する者は登録を要する
securities company 証券会社
securities exchange 証券取引所
securities firm 証券会社 ► It is said that there are more than 50 second-tier securities firms in China. 中国には準大手クラスの証券会社が50社を超えてあると言われている
securities fraud 証券詐欺 [◎連邦法規集第1348条では, 証券取引に関して人をだまし, または証券の売買を通じて他人の財産をだましとることを計画した者に対して, 罰金のみならず25年以下の禁固刑を科すとしている]
securities held to maturity 満期保有証券
securities house 証券会社
Securities Industry and Financial Markets Association 証券金融市場協会 (SIFMA) [◎2006年に証券の業界団体であるSecurities Industry Associationと債券取引業者の団体 The Bond Market Associationとが合併して発足した米証券界を代表する自主規制団体]
Securities Industry Association 《the ~》証券業者協会 (SIA) [◎米国の有力投資銀行が加盟する業界団体だったが, 2006年に債券市場の業界団体 The Bond Market Associationと合併し, Securities Industry and Financial Markets Association (証券金融市場協会)となる]
Securities Industry Automation Corporation 《the ~》証券業自動化推進会社 (SIAC) [◎ニューヨーク証券取引所(New York Stock Exchange)とアメリカン証券取引所(American Stock Exchange)が共同出資して1972年設立したコンピュータ・システム会社. 現在はNYSEとEuronext NVとの合併(2007年4月)によりNYSE Euronextの子会社]
securities interest 有価証券利息
Securities Investor Protection Corporation 《the ~》《米》証券投資家保護公社 (SIPC)

securities market 証券市場 [⊃株式や社債の売買が行われる市場]
securities offering 有価証券の募集
securities outstanding 流通証券, 証券発行高
securities price 証券価格
securities trading 有価証券取引
securiti・sation, (英) /sikjùərətizéiʃən/ n ❶ (金融の)証券化 [⊃企業の資金調達が銀行借入を主体にした調達から社債発行を中心とした調達に移行する一般的な傾向を言う] ❷ (資産の)証券化 [⊃保有する資産(債権や不動産など)が生み出す収益を裏付けに有価証券を発行して投資家から資金を調達する仕組みを言う] ► asset securitization 資産の証券化 / securitization of car loans 自動車ローンの証券化 / The company also deals in securitization of real estate assets. その会社は不動産資産の証券化も取り扱っている

securitize, (英) **-ise** /sikjúərətàiz/ v 証券化する ► securitized home mortgages 証券化された住宅ローン / Mortgage loans were securitized and sold to investors. 住宅ローンは証券化されて, 投資家に売却された

security /sikjúərəti/ n ❶ 安全; 安心感; セキュリティ (✦外部からの侵入, 侵害による業務の阻害を防ぐこと); 警備(会社) ► Social Security (米国の)社会保障, ソーシャル・セキュリティ / computer security コンピュータ・セキュリティ / The company has instituted **stricter security measures**. その会社ではより厳しい保安対策が取られた / **For security reasons**, visitors are requested to wear a visitor ID badge. セキュリティのため, 来訪者には全員, 来客者証をつけていただきます / Most businesses realize the need to **have security** in place; some don't and believe an anti-virus program is **all the security** they need. ほとんどの企業はセキュリティの必要性を認識している. ただ一部の企業はその認識を欠き, ウィルス対策ソフトがあればセキュリティはそれで十分だと思っている / Our consultant's report demonstrates **lax security** at our website. 依頼したコンサルタントの報告書では当社のウェブサイトはいい加減なセキュリティの見本だとのことだ / Public transport companies have been asked to **step up security**. 公共輸送機関に対して警備を強化するよう要請が行われた / We have **round-the-clock security** at this laboratory. この研究所は24時間態勢の警備が敷かれている / The government needs to take measures to **ensure job security**. 政府は雇用の安全を確保するための措置を講じる必要がある / The rise in the number of working poor threatens the fabric of **the country's social security**. ワーキングプアの増加はその国の社会の安定性という枠組みを脅かす

❷ (1) 担保 ► personal security 人的担保 / give a thing as (a) security 物を担保に入れる / borrow money on the security of one's house 家を担保に金を借りる / This building is being held as security. この建物は担保に入っている / We agreed to offer the plant as security for the loan. われわれは工場を融資の担保として差し入れることを了承した 🔒 SELLER shall have the right to stop or suspend the shipment, unless and until the security satisfactory to Seller is received by SELLER. 「売主」は, 「売主」の満足する担保の提供がなされないときは, 提供がなされるまで, 船積を中止または停止することができる (2) 保証人; 保証金; 敷金 ► **go [stand] security for a person** 人の保証人となる / Cancellations made more than seven business days prior to the event will forfeit the security. 催事より7営業日前より後のキャンセルの場合, 保証金は返却しません

❸《通例-ties》有価証券 [⊃株式, 社債などの財産権を示す証書]; 証券, 証書 ► In our company, employees are not allowed to **trade securities** on the restricted list. 当社では, 社員は規制対象リストに載っている証券については売買することができない / **Investing in securities** traded on the OTC securities market can involve greater risk than is customarily associated with investing in securities traded on a recognized exchange. 店頭証券市場で取引されている証券への投資は, 公認の証券取引所で売買されている証券への投資に比べてより大きなリスクを伴いうる / We do not **hold securities** for trading purposes. 当社は短期売買目的で証券を保有しない / When a company decides to **issue securities** in a public offering, it usually engages an investment bank. 会社が一般向けに証券を発行する場合は, 投資銀行に依頼をするのが普通だ

===証券===
asset-backed securities 資産担保証券 / bearer securities 無記名証券 / eligible securities 適格証券 / equity securities 株式 / fixed-income securities 確定利付証券, 確定利付債券 / government securities 国債, 政府債 / higher yielding securities 高収益銘柄 / interest bearing securities 利付き証券 / listed securities 上場銘柄 / shorter-term securities 短期証券 / Treasury Securities (米国)財務省証券 / unlisted securities 未上場証券 / voting securities 議決権付持分, 議決権付株式

as [in] security for の担保[保証]として ► We have pledged our patent rights as security for the loan. 当社は特許権をこの借入れの担保として差し入れている

security blanket 安心毛布; 安心感を与えるもの
security camera 監視[防犯]カメラ
security clearance 機密事項取扱資格, 機密保持上の資格認定 ► an assistant with top-secret security clearance 最高機密に属する事項を扱う資格が認められているアシスタント
security deposit 保証金, 敷金

security guard 警備員
security interest 約定担保権；担保権
security management 安全管理；（コンピュータシステムなどの）セキュリティ管理 ► To tighten security management, we've installed surveillance cameras on every floor. 安全管理を強化するために，われわれはすべての階に監視カメラを設置した
security of employment 雇用の保障 ► offer security of employment 雇用を保障する
security of tenure 《英》雇用の保障；貸借人の権利保障
security precaution 安全対策
security printer セキュリティ印刷業者［◎紙幣，未公開の決算報告書など高度の機密保持を要する印刷を専門にしている業者］
security rating ❶ 債券の格付，長期債務の格付［◎貸倒リスクの評価］❷ セキュリティ評価基準［◎コンピュータシステムの信頼性を測る指標．米国防総省の指標（TCSEC）は高い方のA1から無防備のDまで9段階ある］
security risk 危険人物［事物］
secy. secretary
see /síː/ (**saw**; **seen**) *vt* 見える，見る，見いだす，分かる；知る；想像する；思う；予見［予測］する；調べる；体験する，遭遇する；訪問する；会う ► Our company sees various investment opportunities in Asia. アジアには多様な投資機会があると当社は見ています／The most severe output drops were seen in steel, electronics and automobile production. 産出高のもっとも急激な落ち込みは鉄鋼，電子，自動車の生産で見られた／We're seeing signs of the economy picking up again. 景気が回復する兆しが見えてきた
— *vi* 見る，見える；分かる；気をつける
as I see it 私の見るところでは ► As I see it, we have no choice but to accept the offer. 私の見るところ，そのオファーを受けるしかないじゃないの
I don't see why not. 《略式》いいんじゃないの
I'll see what I can do. 《略式》何とかやってみましょう
I see. なるほど
Let me see. ええと，そうですね
See? 《略式》ほらね
see about 調べる；を考えておく ► I will see about it. 一応やってみましょう（✚断りの表現としても用いられる）／I'll talk to my boss and see about getting some time off from work. 上司に話して，何とか休みを取ってみるよ
see after 《米》の世話をする
see a person damned [in hell] before …するのはまっぴらだ
see a person right （人が）正当な報酬を得るように計らう
see around よく見かける
see beyond の先を見通す
see ... coming いかがわしいかが来たと思う；が起こりそうだと分かる ► They must have seen you coming. 一杯くわされたんだよ／I didn't see it coming. そんなことになるとは気づかなかった
see for oneself 自分で確かめる
see if かどうか見る ► See if you can deduct moving costs. 引越しの経費が費用を控除できるかどうか調べてみなさい／Could you see if there are any more in stock? 在庫があるかどうか調べていただけますか
see into を調べる；を見抜く
see much [a lot] of a person （人に）しばしば会う
see nothing [little] of a person （人に）全然［ほとんど］会わない
see ... off を見送る；を追い払う ► We will see our clients off at the airports. 空港でお客様をお見送りします
see out を玄関まで見送る；を終わりまで見届ける
see over [round] を視察する，検分する
see that (するように) 取り計らう；ということが分かる ► Make sure to see that the payment arrangements are made. 支払方法の取決めができているか，確かめておきなさい／We're glad to see that sales are back on track. ありがたいことに，売上が再び軌道に乗ってきた
see the point of の要領をつかむ ► I don't see the point of the government bailing out the company. 政府がその会社を救済するわけが分からない
see through を見抜く；を最後までやり抜く；《*see safely through*》を最後まで助ける
see to を注意する；の世話をする
see to it that …するように取り計らう［気を配る］ ► Please see to it that the customers are attended to. お客様に粗相のないように注意してください
See you. / (I'll) be seeing you. 《略式》さよなら
We'll see. いずれ分かるよ
You see? 《略式》ほらね
◇**seeable** *a*

seed /síːd/ *n* (~(**s**)) 種子，種；根源，原因《*of*》；子孫；創業資金 ► Continuing innovation has been the company's seed of growth. イノベーションの継続は同社の成長の根源だった
go [run] to seed 結実期に入る；盛りを過ぎる，衰える
plant [sow] the seed(s) of の種をまく，の原因となる
raise up seed （父親が）子をもうける
— *vt* 種をまく《*down, with*》；種を取り除く；創業のための資本投下をする
— *vi* 種をまく；種ができる，結実する
seed capital （ベンチャービジネスなどの）創業資金
seedcorn *n* 《英》創業資金，先行投資
seed money （新事業の）創業資金 ► The fund never took off due to lack of seed money. そのファンドは元手がなかったので離陸できずに終わった
seek /síːk/ (**sought**) *vt* 捜し求める，捜し出す《*out*》；《文》(しようと) する《*to do*》；《文》求めて行く ► A right man in that post is (yet) to seek.

seem

その部署にぴったりの人はまだ見つかっていない / A good manager seeks input from his staff. 優秀な管理職は部下の意見に耳を傾ける / Banks sought to increase their profits through stock buybacks. 銀行各社は株の買い戻しによって利益を増やそうとした / The company seeks to reduce $5 million in costs. その会社はコストを5百万ドル減らそうとしている / The marketing approach seeks to build brand loyalty to enhance repeat purchases. そのマーケティング手法はブランド忠誠心をつくり上げて反復購入を促進しようとするものだ

— *vi* 求める，捜す《*for, after*》

seek one's fortune 出世[成功]の道を捜す
seek out を捜し出す
◇**seeker** *n*

seem /síːm/ *vi* …のように見える，らしい；のような気がする，のように思われる《*to be, to do*》
▶ There seems to be a misunderstanding about the contract terms. 契約条件について誤解があるようだ

can't seem to do (略式) できそうもない ▶ The company can't seem to get out of the red. その会社は赤字から抜け出せないように見える

It seems as if するかのように思われる ▶ It seems as if I'm not getting anywhere with this project. このプロジェクトについての私のやり方はうまくいっていないようだ

It seems like らしい ▶ It seems like consumers are spending less on big-ticket items. 高額商品に対して消費者の財布の紐が固くなっているように思われる

It seems (to a person) that (人にとって) …のように思われる (✚He seems to be ill. = It seems that he is ill. 彼は病気らしい) ▶ It seems to me that the design lacks originality. そのデザインには独創性が欠けているように思われる / It seems that the recession is beginning to stabilize. 景気後退は落ち着き始めているように見える

It would seem どうやら…らしい ▶ It would seem that the costs outweigh the benefits. コストが利点を上回っているようだ

seeming /síːmɪŋ/ *a, n* うわべ(の)，見せかけ(の) ▶ Despite a seeming rise in oil prices, demand has stayed the same. 石油価格は上昇しているようだが，需要には変化がないようだ

seemingly *ad* うわべは，見たところ

seesaw /síːsɔ̀ː/ *n, vi* シーソー(遊び)；変動(する)
— *a* 上下の；変動する

segment *n* /ségmənt/ 部分，切片，分節；部門，セグメント [◯一定の基準で経済，市場，会社の業務を区分したときの細分化された単位]
▶ a high income segment of the market その市場の高所得セグメント / Typically, all firms in an industry do not serve all segments in the market. 典型的に言って，ある産業のすべての会社が市場の全部門の仕事をするわけではない

— *vt* /ségment, -́/ 分割[区分]する
— *vi* /ségment, -́/ 分裂する

segmentation /sègməntéiʃən/ *n* ❶部分に分けること，区分 [◯番組や広告の訴求対象を明確化し，対象層の嗜好に合ったメッセージの制作を行うこと] ▶ Segmentation does exist for diamonds at the retail level on price and quality. ダイヤモンドについては小売りレベルで値段と品質についてセグメンテーションが実際に存在する

segment information セグメント別情報，セグメント情報 (=segmental information) [◯産業別，地域別などのセグメントに区分して報告される情報]

segment profit セグメント別利益
segment reporting セグメント・リポーティング，セグメント別報告
segment result セグメント別業績
segment revenue セグメント別収益

segregate *vt* /ségrigèit/ 分離する，隔離する《*from*》；(人種)差別をする ▶ Hedge funds were segregated from other assets. ヘッジファンドは他の資産とは別扱いにされた
— *a* /ségrigət, -gèit/ 差別的な

segregation /sègrigéiʃən/ *n* ❶人種差別 ❷【会計】分離 [◯財産の管理責任とその記録責任の分離や，会計責任と管理責任の分離など] ⇨ segregation of duties

segregation of duties 責任義務の分離，責任の分離 [◯会計責任と管理責任の分離を言う]

seigniorage /síːnjəridʒ, séi-/ *n* シーニョレッジ [◯貨幣の発行によって得られる差益]

seize /síːz/ *vt* ❶つかむ；把握[理解]する；(力ずくで)奪う ▶ seize a chance 機会をとらえる / seize power 権力を奪う ❷【法律】押収[没収]する，差し押さえる ▶ Lenders seized the assets of the bankrupt company. 貸手は，倒産した会社の資産を差し押さえた
— *vi* つかむ，(機械が)動かなくなる

be seized of を所有している ▶ She was seized of vast estates. 広大な地所を所有していた
seize on [upon] (機会を)とらえる，利用する
seize up 故障する；行き詰まる ▶ The credit market seized up due to defaults on mortgages. 住宅ローンの債務不履行が続出して，信用市場は行き詰まった

seizure /síːʒɚ/ *n* ❶つかむこと，逮捕，抑留 ❷(強制執行における)差押え ▶ The seizure of our company's assets can still be avoided. 当社の資産の差し押さえは今でも避けることができる ❸(禁制品・密輸品などの)没収

seldom /séldəm/ *ad* めったに…しない，まれに ▶ I seldom work on weekends. 週末はめったに働かない / I seldom take a sick day off from work. 私は会社を病欠することはまずない
not seldom しばしば，往々にして
seldom, if ever まずめったに…しない
seldom or never まず…しない
very seldom めったにない

select /silékt/ *vt* えり抜く，選び出す；首にする

《out》► We need to select the right person for the job. その仕事の適任者を選ぶ必要がある / We selected the wrong marketing strategy. 当社は誤った마ーケティング戦略を選んだ
━ *a* えり抜きの, 極上の; 入会条件のうるさい; より好みをする

select committee (議会の) 特別(調査)委員会
selected financial data 主要財務資料
selection /silékʃən/ *n* 選択, 選抜, 精選; 選ばれたもの[人] ► offer an extensive selection 幅広く品をそろえている / We import a wide selection of wines from all over the world. 当店は豊富な品揃えのワインを世界中から輸入しています
artificial [natural] selection 人為[自然]淘汰
make a careful selection of を注意深く選ぶ
selection committee 選定[選考]委員会
selection panel 選定[選考]委員会
selective /siléktiv/ *a* 選択された, えり抜きの; 選択的な; 注意して選ぶ《*about*》► The company is very selective about licensing its brand name overseas. その会社は自社のブランドの海外でのライセンシー選びにとてもうるさい
◇**sélectively** *ad*
selective attention 選択的注意 [⇒ 人は広告などを見るときもすべての要素に注意を払うのではなく, 特定の要素にのみ注意していることを言う]
selective demand 選択的需要 [⇒ バッグが欲しいという商品一般に対する基本的需要に対して, 特定ブランドのバッグが欲しいという需要]
selective distribution policy 選択的流通経路政策 [⇒ 製造業者が自社製品を取り扱う流通業者を一定の基準から選別し, その業者だけに取り扱わせる方法] ⇨ exclusive distribution policy, extensive distribution policy
selectivity /silèktívəti/ *n* ❶ 選択性[能力] ❷ 選択融資 [⇒ 過去の融資実績に基づいて融資対象を選定する基準を言う]
select panel 特別委員会 [⇒ 常設ではなく, 特別の目的のため臨時に設置される委員会]
self /self/ *n* (**selves**) 自己, 自分自身; 個性, 本性; 真髄; 自我 ► make a check payable [out] to self 小切手を自己引出しにする, 自分宛の小切手を振り出す
━ *a* 一様な単色の; 同材質の
self-actualization *n* 自己実現
self-addressed *a* (封筒が) 自分名あての
self-addressed envelope 返信用封筒 (SAE)
self-addressed stamped envelope 切手貼付済返信用封筒 (SASE)
self-adhesive *a* (封筒が) 糊(の)つきの
self-administered pension 自己管理型職域年金 [⇒ 保険会社に依頼せず, 信託基金を設けて事業主が自ら管理するタイプの職域年金]
self-appraisal *n* 自己評価, 自己査定 ► conduct a self-appraisal 自己評価を行う
self-assessment =self-appraisal
self-confidence *n* 自信

self-correct *vi* 自己修正する; (市場などが) 均衡を回復する
self-correcting *a* (市場などが) 均衡を回復する ► The housing market will be self-correcting. 住宅市場は自力で均衡を回復することになろう
self-correction *n* (市場などが) 均衡回復 ► self-correction mechanism 均衡回復メカニズム
self-dealing *n* 自己取引; 私的金融取引
self-directed *a* 自分の方向を自分で決めた
self-driven *a* 自分でする気のある, 自分でやる, 自発的な; 自動の
self-employed *a* 自営の; (仕事を) フリーで行う
self-employment *n* 自営, 自家営業
self finance 自己金融, 自己資金調達
self-financing, self-financed *a* 自己金融による, 自己資金調達の
self-healing *n* 自動修復
self-help *n* ❶ 自助, 自立 ► Self-help is the best help. (諺) 自助は最上の助け ❷ 【法律】自力救済, 自救行為 [⇒ 司法手続きによることなく自ら救済を図る行為または権利]
self-imposed *a* 自ら課した
self-imposed curb [control] 自主規制, 自粛
self-improvement *n* 自己改善, 修養
self-incrimination *n* 【法律】自己負罪 ► privilege against self-incrimination 自己負罪拒否特権
self-insurance *n* 自家保険 [⇒ 企業内部で資金を積み立てるなどして, 外部の保険会社を利用せずに危険に対応すること]
self-insure *v* 自家保険を利用する
self-insured *a* 自家保険をかけた
self-liquidating *a* 自己流動性がある [⇒ 短期間に返済原資を調達できるという意味]
self-made *a* 独力でたたき上げた; 自製の
self-mailer *n* 返信葉書; 返信用フォーム
self-managed *a* 自己管理による
self-management *n* 自己管理
self-motivated *a* 自発的な, やる気のある
self-powered *a* セルフパワードの [⇒ 自前の動力源を持っている, 単体で動くという意味]
self-publicity *n* 自己宣伝
self-publish *vt* 自費出版する
self-regulating *a* 自動(調節)の
self-regulation *n* 自主規制
self-regulatory *a* 自動(調節)の
self-repairing *a* 自動修復機能を有している
self-satisfaction *n* 自己満足
self-satisfied *a* 自己満足した
self-seal *a* 圧着方式の
self-seal envelope 圧着封式封筒 [⇒ 糊(の)りの要らない封筒]
self-service *a, n* ❶ セルフサービス(の) ► Self-service gas stations have become the norm in the US. セルフサービスのガソリンスタンドはアメリカでは標準となっている ❷ 【ﾃﾞｼﾞﾀﾙ】セ

ルフサービス [⇨小売店舗内において顧客が自ら自由に商品を選択し、レジまで運び、自ら商品を包装袋などに入れて持ち帰る販売方式]

self-service banking セルフサービス銀行業 [⇨銀行ATMなどのように顧客自身が資金の出し入れや振替えを行うこと]

self-starter n (人に言われなくても)一人で仕事ができる人

self-sufficiency n 自給自足; 自信過剰

self-sufficient, self-sufficing a 自給自足できる; 自信過剰の ► The new administration plans to take the first step toward making the country self-sufficient in its energy needs. 新政権はエネルギー需要について自立可能な国をつくる方向に最初の一歩を踏み出す計画だ

self-supporting a 自活している, 自営の

self-supporting accounting 独立採算

self-sustaining a 自立した; 自動継続する

self-tender n 自己株式の取得, 自社株式の買戻し [⇨特に買収をしかけられている企業による防衛策を言う]

self-tender offer =self-tender

sell /sel/ (sold) vt 売る《to, at, for》; 売っている; 売り込む《to》; (人に…の)価値を売り込む《on》; 宣伝する; 《略式》納得させる, 受け入れさせる; 裏切る, 売り渡す; 《略式》(人を)だます ► The late owner-founder's family sold the company to management. 亡くなったオーナー創業者の家族は会社を経営陣に売却した / The salesman sold me on these shoes. セールスマンは私にこの靴を買わせた / TV ads sell new products. テレビ広告は新製品の売れ行きを伸ばす / We were sold over the transaction. 取引で一杯食わされた / The company sells a diverse line of products. その会社はさまざまな製品ラインを販売している / As a special introductory offer, we're selling two for the price of one. 新製品特別奉仕価格として、1個分の価格で2個を売っています / We sell our products through department stores. 当社は百貨店を通して製品を売っている

— vi 売れる; 販売をする ► They sell exclusively through mass merchandisers. その会社は量販店を通してのみ販売を行っている / The product is selling well in Europe. その製品は欧州でよく売れている / The new game machine is selling like hotcakes. その新しいゲーム機は飛ぶように売れている

be sold on に熱中している; を受け入れている ► I'm not exactly sold on the idea of raising taxes. 増税するという考えを無批判に受け入れているわけではない

sell by 賞味[有効]期限…まで

sell off (安く)売り払う ► The company sold off one of its subsidiaries as part of the revamping. 改革の一環として、その会社は子会社の一つを売却した

sell oneself 自分を売り込む

sell out を(金のために)裏切る《on》; 寝返る《to》; を売り切る《of》; (株を)処分する ► Sold out (掲示)売切れ / Sorry, we're sold out (of coffee). すみません, (コーヒーは)売切れです / The first printing of the dictionary was sold out within a month. その辞書の第1刷は1か月もたたないうちに売り切れた / I'm afraid we're sold out of this item. 申し訳ありませんが, この品は売切れです

sell short 空売りする; 《米略式》見くびる, 低く評価する

sell up を売る; (財産を)売り払う

— n ❶ 《略式》ぺてん; 《米略式》売込み(方) ❷ (証券の)売り物

a tough [hard] sell 売り込みにくい商品

◇**sellable** a 売れる

sell and leaseback agreement セル・アンド・リースバック契約 (=sale and leaseback)

sellathon /sélǝθàn/ n 販売競争

sell-by date 賞味期限 ⇨ best-before date

seller /sélǝr/ n 売手; 売主; 販売業者; 売れる商品 ► a good [bad] seller よく売れる[あまり売れない]商品 / Buyers and sellers alike are becoming more conservative in their habits. 買い手も売り手も習性が以前より保守的になりつつある

seller's lien 売主の留置権, 取戻権 [⇨代金を払わない買主の品を手元に留める権利. 支払を怠る買主から品を取り戻す権利]

sellers' market 売手市場 (⇔buyers' market) [⇨需要が供給を上回り, 売手にとって有利な状態の市場] ► At the moment, it is a sellers' market for technical graduates. 現時点では理科系大卒にとっての売手市場になっている

selling n 販売(活動), 売却

selling agent =sales agent

selling and administrative expense 販売費および管理費 (=selling, general and administrative expense)

selling concept =sales concept

selling cost 販売費 ► estimate selling costs associated with new product launches 新製品発売に必要な販売費を見積もる

selling expense 販売費 (=selling cost)

selling, general and administrative expense 販売費および一般管理費

selling group (証券引受における)販売団

selling order (証券の)売り注文

selling point ❶ セールスポイント ❷ 広告訴求点

selling price 売価, 売却時価, 販売価格

selling short 空売り

sell limit order 指値の売り注文 [⇨「この値段以上になったら売ってくれ」という値段の限定のある売り注文]

sell-off n セルオフ [⇨広範囲に及ぶ大量の売りから生じる証券価格・債券価格の大幅な急落] ► After yesterday's sell-off, stocks rebounded quickly. 昨日の暴落の後, 株価は急速に回復した / The Tokyo market is unlikely to suffer a heavy sell-off in the near term. 東京市場は近い時期に大量セルオフを体験することはないだろう

sell order 売り注文

sellout n 売り払うこと；入場券売切れの催し物；大入り；《略式》裏切り，背信行為

sell rating 売り推奨 [⊃証券会社が顧客へのレポートで銘柄の扱いを推奨するにあたっては buy (買い), hold (保有し続ける), sell (売り)の三つが典型的区分]

sell side セルサイド，売りの側 [⊃証券を売る側である証券会社を言う] (⇔buy side)

sell-side analyst セルサイドアナリスト [⊃証券を売る側である証券会社に雇用されているアナリスト，個々の企業や業界の業界を分析し，顧客に投資銘柄の推奨を行う] ⇒ analyst, buy-side analyst

sell signal 売りシグナル [⊃株価の動きのパターンがある基準に照らして売るべき時期に来ているという意味]

sell-through n ❶ 販売率，完売率 [⊃仕入れたもの，用意したものがどれだけ売れたかの割合] ❷ セルスルー [⊃ネット広告において，クリックされた回数のうちどれだけ契約成立(商品の販売)に結びついたかの割合]

semester /siméstər/ n (二学期制の)学期

Sem Group (~ L.P.) セムグループ [⊃米国の石油，ガス販売業者で私企業，カナダからメキシコ湾に至るパイプラインを通じ，天然ガスを46州に供給する．2008年7月原油先物取引などの失敗により破綻し，破産申請した]

semi /sémi, -mai/ n 《英略式》二軒一棟の家

semi- /sémi, -mai/「半分」

semiannual a 半年ごとの

semiannually ad 半年ごとに ► The interest on your loan will be compounded semiannually. お借りになったローンの金利は年2回複利で計算されます

semiconductor n 半導体

semi-durable n 準耐久消費財 [⊃衣料品，靴など]

semi-finished n 半製品，仕掛品 [⊃完成品の一歩手前の状態にあるもの]

semi-finished goods 半製品 (=fabricating materials) [⊃一定の製造工程を完了して，貯蔵または販売可能な中間製品]

semimonthly ad, a, n 月2回(の)，半月ごとに(の)；月2回の刊行物

seminar /sémənà:r/ n セミナー，大学の演習グループ；研究会；専門家会議

semiskilled a 半熟練の

semi-structured interview セミストラクチャード・インタビュー [⊃用意した質問を所定の順番でしつつ，相手の様子を見ながら臨機応変にしかるべき質問を挟んでいくインタビュー術]

semiweekly ad, a, n 週2回(の)；週2回の刊行物

semiyearly ad, a, n 年2回(の)；年2回の刊行物

Semtex 《商標》セムテックス [⊃プラスチック爆薬の一種；チェコ地名Semtínより]

senate /sénət/ n 《the S-》(米・仏・伊・カナダ・豪などの)上院；議会；(大学の)評議会，理事会

senator /sénətər/ n 上院議員；評議員
◇**senatorship** n

send /sénd/ (**sent**) vt 送る，届ける《to》；行かせる；投げる；(ある状態に)する《into, to》；(音・光などを)発する《out》；(電波を)送る ► send an email Eメールを送る / Please send me your latest annual report. 御社の最新のアニュアルレポートをご送付願います / We'll send the samples out to you by Friday. 金曜日までに貴社宛にサンプルを発送いたします

— vi 使者などを送る；手紙をやる

send away [**off**] を追い払う，追いやる；を取り寄せる《for》

send back を送り返す，戻す ► We'll send the product back to the manufacturer for repair. 修理のためにこの製品をメーカーへ送り返します

send down を下げる，降ろす

send for を呼びに[取りに]やる

send forth を出す，発する；を送り出す

send in を提出する；(郵便で)出す；(名前を)取り次いでもらう ► If you're interested in the position, please send in your resume. この職に興味をお持ちの方は，履歴書をお送りください

send off を発送する；を見送る；を追い払う

send on を前もって送る；を転送する

send out を送付する；(遠方へ)送り出す；(人を…しに)やる；を求める《for》 ► I've send out an email reminding everyone about the staff meeting. スタッフ会議があることを忘れないように，全員にメールを送った

send up を上げる；(意見などを)権威者へ持って行く；《英略式》をからかう，もじる

sender n ❶ 送り主 ► Return to Sender (宛名不明で)差出人に返送 ❷ (情報の)送り手 (⇔receiver)

send-off n 見送り；門出 ► His business had [got] a good send-off. 彼の商売は幸先がよかった

senior /sí:njər/ a ❶ 年上の，年長の；高齢の；先任の，先輩の；《英》上級の ► He is senior to me in the company. 会社では彼は私の先輩だ / Senior executives are responsible for the overall management of a company. 上級経営幹部は会社の経営全般に責任がある ❷ 《金融》(配当・財産・支払などの請求権について)優先の

— n 年長者；高齢者；先任者，先輩；《米》最上級生 ► He is my senior in office. 彼は私の上役である

senior accountant 上級会計士
senior bondholder 優先債の保有者
senior citizen 高齢者 (✦集合的には elderly people, the older age とも言う)
senior creditor 優先債権者
senior debenture 優先債 [⊃元利金の支

払が劣後債より優先され、したがってリスクが低い債権]

senior debt 優先弁済債務，上位債務，優先債務

seniority /siːnjɔ́ːrəti/ n ❶ 年長(であること)；先任であること；年功 ► He got promotion by seniority. 年功により昇任した / Their salaries are based on seniority. 彼らの俸給は年功に基づいている / Employees with the least seniority will be laid off first. 社員は採用の新しい順に一時解雇される ❷ 先任権 [⇨ 解雇が採用の新しい順に行われる場合のように，年功に基づく諸権利]；勤続年数

seniority wage ((しばしば ~s)) 年功賃金 [⇨ 年を取るにつれて上昇する賃金]

seniority wage system 年功序列賃金

senior management シニア・マネジメント，幹部経営陣 ► She joined senior management in 2006. 彼女は2006年には上級経営陣の一員となった

senior market 高齢者市場 ► Virtually all businesses hope to tap aging Japan's huge senior market. 実際上すべての企業が高齢化の進む日本での巨大なシニア市場開拓をねらっている / We are studying ways to capture the senior market. 当社ではシニア市場をつかむためにいろいろと研究しているところだ

senior mortgage 優先抵当

senior notes 優先中期債券 [⇨ 元利金の支払が劣後債に優先する中期債]

senior partner シニアパートナー [⇨ パートナーシップにおいて利益配分や経費分担においてジュニアパートナーより大きなシェアを持っているパートナー]

Senior Residential Appraiser 上級住宅鑑定士 [⇨ 米国不動産鑑定協会の資格] (SRA) ⇨ Appraisal Institute

senior security 優先証券

senior staff 管理職クラス ► The lack of experienced senior staff tends to lead to lax management. 経験を積んだ管理職クラスの不在は乱脈経営を招きやすい

sensation /senséiʃən/ n 感覚；感じ，気持ち；興奮(を呼ぶ人[物])；大評判

cause [create] a sensation センセーションを起こす

have the sensation that という感じがする

produce a sensation ある感じを起こす (*in*)

◇**sensational** a 世間を沸かせる；(略式)素晴らしい

◇**sensationally** ad

sense /sens/ n 感覚；感じ；勘；意識；((one's ~s)) 正気；分別；意味，意義；(集団の)意見 ► a sense of humor ユーモアのセンス / a woman of sense 分別のある女性 / take the sense of the public 世論の動向を探る / There's no sense in doing …しても無駄だ / He has no **money sense** whatsoever. 金銭観念が全然ない / She showed (**an**) **excellent business sense**. 素晴らしい経営のセンスを示した / Our company has **a clear sense** of where we're headed. 当社は会社の進むべき方向について明確な意識を持っている / Our clothes appeal to **young people's sense** of fashion. 当社の服は若者のファッションセンスに訴えるものを持っている / **My sense is that** he doesn't want to be a manager. 私の感では，彼は課長になりたがっていない / At least he **had the good sense** not to burn all of his bridges when he left the company. 会社を辞めたときに，少なくとも彼は円満に退職するだけの良識を持ち合わせていた / **There's a sense** throughout the industry that its best days are over. 業界の全盛期は終わった，という感触がその業界に行き渡っている

a sense of occasion 場にふさわしさの分別

come to one's senses 正気に戻る ► I came to my senses and realized I couldn't afford to take that much off from work. 私は迷いから覚め，そんなに長く仕事を休む余裕などないことを悟った

have more sense than to do 分別があるから…しない

have no sense of の感覚[感覚]がない

have not enough sense to do …するだけの分別がない

have the sense to do …するという判断力がある

in a sense ある意味で(は) ► In a sense, the company has become more in tune with consumer needs. ある意味で，同社は消費者のニーズにより合わせるようになった

in a very real sense 本当の意味で

in every sense (of the word) あらゆる意味で

in no sense 決して…でない

make sense 意味をなす ► His business proposal did not make any sense. 彼の事業提案は筋が通っていなかった

make sense (out) of の意味を取る，を理解する ► I'm trying to make sense of the new tax regulations. 新しくできた税法の規定を理解しようとしている

see sense ものが分かる

talk sense ものの分かったことを言う

talk [knock] some sense into に少しは道理を分からせる ► Maybe the boss can talk some sense into him. たぶん上司なら彼の不心得を諭すことができるだろう

— *vt* 感じる；気づく (*that*)；『ﾌﾟﾛｸﾞ』 を読み取る ► The company sensed the need to move into new markets. その会社は新しい市場に進出する必要性に気づいていた

◇**senseless** a 感覚のない；意識を失った；無分別な；ばかな ► fall senseless 卒倒する

◇**senselessly** ad

◇**senselessness** n

sense of proportion バランス感覚 ► We have to keep a sense of proportion when analyzing our sales. 自社の売上を分析するときには，バランス感覚を持たなければならない

sensible /sénsəbl/ a 分別がある；賢明な；(靴などが)実用的な；((文))感づいている，分かる (*of*)；

知覚できる，かなりの；感覚能力を持つ ► The company made the sensible decision to exit the market before its losses got out of hand. その会社は，損失が手に負えなくなる前に，その市場から退出する，という賢明な決定を下した
◇**sensibly** ad

sensitive /sénsətiv/ a 感度がある；敏感な；神経質な；(国家の)機密を扱う；要注意の，微妙な；高感度の ► A company must be sensitive to the cultural differences in a new market. 会社というものは，新しい市場における文化的な違いに敏感でなければならない / Japanese exports are sensitive to fluctuations in the dollar. 日本の輸出はドルの変動に敏感だ
◇**sensitively** ad
◇**sensitiveness** n

sensitive data センシティブ情報［⇨公表されると，当人の人権が侵されかねないような個人情報］

sensitivity /sènsətívəti/ n 敏感さ；感受性；感度；(フィルムの)感光度 ► His lack of sensitivity to his staff's needs was his only flaw as a leader. 部下のニーズに対する感受性の欠如は，指導者としての彼の唯一の欠点だった

sensitivity analysis 感度分析［⇨複数ある要因のうちの一つを変化させたときに，それが全体をどう変化させるかを調べること］ ► The sensitivity analysis is a method of evaluating the risk of an investment. 感度分析とは，投資リスクを査定する手法である

sensitivity training 感受性訓練［⇨グループ内での各人の意識，他からの働きかけに対するリアクションを自ら認識するようにし，対人関係処理のスキルを身につけさせる訓練］

sentence /séntəns/ n ❶ 文 ❷【法律】(1) (特に刑事事件の) 刑の宣告［言渡し］, 判決の言渡し ► a [the] death sentence 死刑の言渡し / be under sentence of の宣告を受ける, 刑に処せられる / pass [pronounce] 2 years' imprisonment with a suspended sentence 執行猶予付き拘禁刑2年の判決を下す / get [receive] a light [heavy] sentence 軽い［重い］判決を受ける (2) 刑, 刑罰 ► a misdemeanor with a maximum sentence of one year 刑が最大でも1年の軽罪 / complete one's sentence 刑期を終える / serve a life sentence 終身刑に服する (3) (主に海事裁判所での) 判決, 判決言渡し
— vt 判決を下す ► be sentenced to jail 実刑判決を受ける
◇**sentential** a

sentiment /séntəmənt/ n (~s) 意見, 感想 (on); (消費者や市場参加者の) 認識, 好意的評価, センチメント ► I share their sentiments on the matter. そのことに関しては彼らと同意見です / Negative sentiments towards the dominance of the US dollar are on the rise. 米ドルの優位に対する否定的な感情が強くなってきている
My sentiments exactly. (略式)まったく同感です

sentiment indicator 景況感指数, 消費者信頼感指数［⇨たとえば，消費者に対して「近いうちに高額商品を買う予定はあるか」といったアンケート調査で消費動向を予測しようとするもの］

separate vt /sépərèit/ 分ける (from, into, up); 分離する (out); (勤務から)引かせる; 分類する; 識別する ► I've separated the sales data according to regions. 私は地域ごとに売上データを分けている
— vi 分かれる；分離する
— a, n /sépərət/ 離れた (from); 別個の; 独立した ► We'll send you a separate invoice for the repair. 修理のインボイスを別便でお送りします
◇**separately** ad 個々に ► Camera accessories are sold separately. カメラの付属品は別売です

separate account ❶【会計】独立勘定, 分離勘定, 特別勘定 ❷ (保険会社の) 分離勘定［⇨特定の保険種目を一般勘定 (general account) と別に運用すること］

separate financial statements 個別財務諸表［⇨個別企業の基本財務諸表］

separate return 分離申告書［⇨米国の所得税申告で，既婚の夫婦が各々の所得を別々に申告する場合の申告書］

separate tax return =separate return

separation /sèpəréiʃən/ n ❶ 分離；離脱；分離点；離職 ❷【法律】別居 ► She got a separation from him, with care of the children. 子供の面倒を見ることを条件に彼と別居することになった

sequel /síːkwəl/ n 続編 (to); 後日談; 結果 (to)
in the sequel その後, 結局；後で

sequence /síːkwəns/ n ❶ 連続；順序；続発 (of); 結果；一続きの場面 ► the sequence of events 一連の出来事
in regular sequence 整然と
out of sequence 順が乱れて
— vt 順序に並べる ► Sequence the files alphabetically. ファイルをアルファベット順に並べなさい
◇**sequent** a, n 続いて起こる；連続的な；当然の成り行き

sequential /sikwénʃəl/ a ❶ 連続して起こる；続いて［結果として］起こる ❷【統計】逐次の
◇**sequentially** ad

sequential sampling 【統計】逐次標本抽出

sequester /sikwéstər/ vt 陪審団を隔離する (from)
sequester oneself 隠退する
◇**sequestered** a へんぴな；引退した

sequestrate /sikwéstreit/ vt (通例受身) (財産を)一時差し押さえる

sequestration /sìːkwestréiʃən/ n 陪審団の隔離；財産の仮差押え ► the sequestration of the property of individuals 個人財産の押収

sequestrator /síːkwestrèitər/ n ❶【法律】仮差押え人 ❷【会計】特別管財人

Sequoia Capital セコイア・キャピタル［⇨1972年創業のベンチャーキャピタル．CiscoSystem, Oracle, Apple Computerなどへの投資実績がある]

serendipity /sèrəndípəti/ *n* （偶然に）ものをうまく見つけ出す能力 ► This solution was discovered by serendipity. この解決法は偶然の思いつきで見つかった

◇**serendipitous** *a* 偶然見つけた；思いつき的な ► We owe our success to serendipitous discoveries. 当社の成功は思いつき的な発見のおかげである

serial /síəriəl/ *n* 連載物；続き物；逐次刊行物
— *a* 続き物の；連続している；【ミシ-ウ】シリアルの[◯データが1ビットずつ順次に送られる形式の]

◇**serially** *ad*

serial bond 連続償還債券[◯定期的に分割償還する債券。各債券の券面に償還日が記載されている]

serial correlation 【統計】系列相関[◯回帰モデルの誤差の自己相関のこと]

serial entrepreneur 連続起業家[◯一つのベンチャーを興しては成功したところで売却し，次のものを手がけるタイプの起業家]

serial number （札・製品などの）通し番号，製造番号 ► What is the model and serial number of the product? その製品の型とシリアル番号は何ですか

series /síəri:z/ *n* (~) 連続，一連，一組；連続試合；双書，シリーズ物（の番組）

a series of 一連の ► The company was hit by a series of strikes that halted production. 生産を停止させた一連のストで，その会社は打撃を受けた / In addition to putting ads in newspapers, we plan to air a series of TV commercials. 広告を新聞に出すことに加えて，一連のテレビコマーシャルを放送する計画だ

in series 連続して

serious /síəriəs/ *a* まじめな，厳粛な；本気の；真剣な(*about*)；重大な；《略式》(量が) かなりの；高級な ► serious money 大金 / If sales keep dropping, the company will run into serious financial trouble. 売上が落ち続けるならば，会社は深刻な経営不振に陥るだろう / The stress tests highlighted the serious vulnerabilities in the banking system. ストレステストは銀行制度の深刻な脆弱性を浮き彫りにした

Serious Fraud Office 《英》重大経済犯罪庁[◯わが国の検察における特捜部に相当]

seriously /síəriəsli/ *ad* まじめに，本気で；ひどく；(文頭で) まじめな話だが，冗談は抜きにして ► The recalls seriously affected the company's earnings. リコールが収益に深刻な影響を与えた

take ... seriously を本気にする，真剣に受け止める ► Our company takes the issue of social responsibility seriously. 当社は社会的責任について真剣に考えております

SERPS 《英》state earnings-related pension scheme

serve /sə:rv/ *vi* (サービスを) 提供する ► The cafeteria serves all afternoon. そのカフェテリアは午後はずっと営業している / The US financial crisis served as a reminder that no country's economy is impervious to recession. 米国の金融危機は景気後退に影響されない国はないことに気付かせる役割を果たした
— *vt* ❶ (客に) 応待する；供する；(飲食物を) 給仕する；供給する；扱う ► We hope to better serve our customers with these improvements. こうした改善で，お客様に今までより良いサービスを提供したいと思っております ❷ 【法律】(令状などを) 送達する，交付する(*with*) ► serve a person (with) a writ of arrest 人に逮捕状を送達する / serve a person (with) a subpoena 人に召喚状を交付する

as memory serves 思い出し次第

as (the) occasion serves 都合のよいときに

How can I serve you? (店員が客に) いらっしゃいませ

serve up (料理を) 出す；(話を) 再々持ち出す

◇**servery** *n* 配膳室，カウンター

server *n* サーバー[◯ネットワーク上で他のコンピュータに情報やサービスを提供するコンピュータ]
⇒client

service¹ /sə́:rvis/ *n*

❶ (公益の) サービス[事業] ► provide educational [postal] services 教育[郵便]事業を提供する

❷ (企業の業務として提供する) サービス ► maintenance services 保守サービス / catering services ケータリング・サービス，出前サービス / a home delivery service 宅配サービス / a parcel delivery service 宅配便 / provide a full range of health care services 医療サービス全般を提供する / financial services industry 金融サービス業 / banking services 銀行サービス / financial advisory services 金融取引に関する助言業務 / The U.S. economy is a services economy. 米国経済はサービス業を中心とした経済である / Our strategic partners offer **complementary services**. 当社の事業戦略上の提携先は補完的性質の業務を提供してくれる / I'd like to **retain your services** to verify certain claims made to us by a third-party consultant. 当社に対して外部のコンサルタントが指摘したいくつかの事項が正しいのかどうか，検証を貴社に依頼したい

❸ (対顧客) サービス ► customer service 顧客サービス / assure customers of the highest standards of quality and service 最高水準の品質とサービスを顧客に保証する / Is service included? サービス料は含まれていますか / We got **good service** at the restaurant. あのレストランはサービスがよかった / The extravagant shopping mall provides shoppers **with limousine service**. このぜいたくなショッピングモールは，買物客にリムジンの送迎サービスを提供している / We provide our customers **with a broad range of services**. 当社はお客さまに幅広いサービスを提供しております / We **offer** products or **services** at the lowest cost. 当社は最

低い値段で製品とサービスを提供します / **After-the-sale service** and the warranty are also part of the product. 販売後のサービスと保証もまた製品の一部を成している / We have **improved our services** to stay competitive. わが社は競争力を維持するためにサービスを改善した

❹ 送達 〔⇨ 訴訟書類の伝達〕▶ service by mail 郵便送達 / service by publication 公告送達

at a person's service いつでも(人に)役立つ; (人の)自由に(任せて) ▶ I'm at your service. 何なりとお申しつけください

be of service 役に立つ《to》▶ How may I be of service to you? 何かお役に立てることはありますか

come into service 使用されるようになる

do a person a service / do a service to (人の)ために尽くす

go into service 雇われる

have given good service (ものが)よく役に立った

in service 雇われて; 使用されて

need a service 点検[修理]の必要がある

need the services of a lawyer 弁護士を頼む必要がある

not in service 使用中止で ▶ The number you dialed is not in service. おかけになった電話番号は現在使われておりません

on His [Her] Majesty's service 《英》「公用」(OHMS)〔⇨ 無料配達の印〕

out of service 使用されないで ▶ The power plant was temporarily out of service. その発電所は一時的に操業を停止した

press ... into service いやおうなしに使う[利用する]

see service 使用される ▶ have seen service 使い古されている

take into one's service 雇い入れる

take service with [under] のもとで勤める

withdraw from service 廃用[廃業]にする

— *a* 役に立つ, 丈夫な; 使用人用の

— *vt* ❶ アフターサービスをする, 修理する; (仕事などを)補助する; (借金の)利息を払う; (必要なものを)供給する《with》; 保守点検する

[語法] 名詞に比べ, 動詞の service はかなりおもむきが違う上, サービスの対象も「機械」であったり, ②の語義のように無形の「元本」だったりする

▶ This machine needs to be serviced once a month. この機械は1か月に1回は保守点検をする必要がある / Our company got its start servicing ATM machines. ATMマシンのサービスをすることから当社は始まった

❷ 元利を支払う, 利払いをする ▶ service a debt [loan] 債務の元利を支払う

◇**serviceable** *a* 長持ちする; 役に立つ

service account サービス勘定

service agreement =service contract

service bureau [ビューロ] サービスビューロー〔⇨ パソコンユーザーのための印刷サービスショップ〕

service center サービスセンター〔⇨ 通常, 製品の修理を担当する部門を言う〕

service charge サービス料

service contract 雇用契約; 請負[業務委託, 役務]契約; (機器などの)保守契約

service cost サービス原価, 用役原価〔⇨ サービスの提供から発生する原価〕

service economy サービス経済〔⇨ 製造業に比べて無形の, 生産即消費されるサービスを提供する事業の方が大きなウェイトを占める経済〕

service establishment 役務提供施設〔⇨ 自動車修理工場, 美容院など小売業と同質の事務所〕

service handbook サービス・マニュアル〔⇨ 保守点検用のマニュアル〕

service industry サービス産業

service lease サービス・リース

service level agreement サービス品質保証契約 (SLA)〔⇨ 組織が必要とするITサービスの仕様と品質をまとめた合意書〕

service life 耐用年数, 有用期間〔⇨ 機械, 建物などの使用可能期間〕⇨ economic life

service manual =service handbook

service occupation サービス職〔⇨ 営業・販売業など〕

service pack サービスパック〔⇨ 製品発売後の改善点や修正点をまとめたプログラム〕

service package サービス・パッケージ〔⇨ 中核となる製品・サービスに, 付随する製品・サービスを合わせたトータルな提供物〕

service period 勤続年数 (=period of service)

service provider [プロヴァイダ] サービスプロバイダー (=Internet service provider)

servicer *n* サービサー〔⇨ 元利金の回収業者〕

service sector サービス部門〔⇨ 経済システム内でのモノ作りの部門に対して, 無形で, 生産即消費を本質とするサービスを提供する部門〕

service station (修理も行う)ガソリンスタンド (✜ 米国ではガソリンスタンドは gas stationと言う); 修理部

service trade サービス貿易〔⇨ 物品の輸出入ではなく, 情報通信・旅行・運輸・金融などのサービスの国際取引〕

service value 用役価値

service years 勤続年数

servicing *n* アフターサービス; 保守点検; サービシング〔⇨ 元利金の支払〕

session /séʃən/ *n* ❶ 開会していること; (取引所の)立会時間, 取引時間〔⇨ わが国の株式市場では午前は前場, 午後は後場と言う〕▶ After declaring bankruptcy, the value of the company's shares immediately took a nose dive in the first trading session. 破産を宣告した後, 同社の株価は最初の立会いでただちに急降下した

❷ (議会の)会期,「第…国会」; 会合, 集まり; 会議; (会議体の)活動期間 ▶ The format for the afternoon session will be very informal and everyone is invited to take part in the discussion. 午後の部は形式にこだわりませんの

で, 皆さんどうぞ討論に参加してください / We had to offer three sessions because of the popularity of the seminar. セミナーが好評で3回やりました

go into session 開会する
in [out of] session 開会[閉会]中の
◇**sessional** *a*

session high 日中の高値, ザラバの高値 [◎ザラバとは寄り付きから引けまでの間の時間]

session laws (米)会期別[制定順]法律集

set /sét/ (~;-tt-) *vt* 置く; つける; (値段を)つける; 定める; 向ける; 課す; 始める; (記録を)出す; (ある状態に)する; 整える; 準備する ► have a date set 日取りを決める / set a new record 新記録を樹立する / set a trap わなを仕掛ける / She set herself to achieving her goal. 彼女は懸命に目標を達成しようとした / The government set targets to cut greenhouse gas emissions. 政府は温室効果ガスの排出削減目標を設定した / The company's sales set a record high last year. 昨年, 会社の売上は過去最高を記録した / The store's grand opening is set for next Monday. その店のグランドオープンは来週の月曜日に設定されている
— *vi* (顔つきが)きつくなる; 固まる

set A beside B AをBと比べる
set about に取りかかる 《*doing*》 ► We set about talking [to talk] them into consent. 彼らを説得して同意させようとした
set ... against を反対[敵対]させる; 比較[対照]する; 相殺する, 差し引く
set ... apart をとっておく; 際立たせる ► set A far apart from B AをBとはまったく隔たったものにする
set aside 取って置く; わきに置く; 顧みない; 無効にする; 任務を割り当てる; (判決・命令を)撤回する, 取り消す, 解除する ► The clerk set aside the silver brooch for me. 店員はその銀のブローチを私のために取って置いてくれた / The company set aside $5 billion for expanding its beverage business overseas. その会社は飲料事業を海外に拡大するために50億ドルをとって置いた
set back を離れた所に置く; 妨げる; の時刻を遅らせる; (略式)(費用を)費させる
set by を横に置く; を取って置く; を重んじる ► I don't set much by his opinion. 彼の意見はあまり重んじない
set down を下ろす; を書き留める; を指定する; を(…と)考える《*as*》, を(…に)帰する《*to*》; を着陸させる, 着陸する; (人を乗物から)降ろす
set forth 出発する; を説明する, (意見などを)述べる 圓 This letter set forth our agreement with you, effective as of May 1, 2007, concerning... 2007年5月1日付で有効になる…に関する貴社との合意事項を記載した
set forward を促進する; 提案する ► The board set forward a bold vision for the company's future. 取締役会は会社の将来について大胆なビジョンを提示した
set in (悪いことが)始まる, 起こる; を舞台とする
set off 出発する; を始めさせる, 作動させる《*doing*》; を大笑いさせる; (対照によって)強調する, 引き立たせる; を区別[区画]する《*in, by*》; (損失を利益で)相殺する《*against*》 ► Recent drops in the stock market set off fears of a recession. 最近の株式市場の下落は景気後退の不安を引き起こした 圓 SELLER may at any time set off any debts payable to BUYER with credits receivable from BUYER. 「売主」に対するすべての債務について, いつでも「買主」に対する債権と相殺することができる
set oneself up の振りをする; (自分は…だと)主張する《*as, for, to*》
set out (旅に)出発する; 着手する, 企てる, 目指す《*to do*》; を設計[立案]する; を順序立てて説明する; (商品を)陳列する; (部屋を)整える ► set out on a career 仕事を始める
set to (仕事を)始める; 争いを始める
set up 身を立てる; を立てる, 起こす, 生じる; を組み立てる; を設立する; 立ち上げる; 用意する, セットする; に資力を供給する; を供給する《*with, for*》; (略式)をおごる; (略式)を回復させる; (人を)得意にならせる; を提案する; (略式)だます ► It's easy to set up a company in Hong Kong. 香港で会社を設立するのは簡単だ / He set up as a lawyer. 彼は弁護士を開業した / Setting up a joint venture with a foreign firm is one way to enter a new market. 外国企業と合弁事業を設立することは, 新市場に参入する一つの方法だ / We're going to set up shop next month. 私たちは来月開店します

— *n* 日没; 一組, 一そろい, 一式; 仲間, 連中; 傾向 ► a set of china 一組の磁器 / in a single set of hands ただ一人の人に全権をゆだねて / a set of three 三幅対; 三つ組 / a set of bills 組手形 / a set of ideas 一連のアイデア / a set of farm buildings 一群の農場建物 / a set of accounts 会計帳票, 会計帳簿一式
— *a* 準備[用意]ができて《*for, to do*》; 規定の; 所定の; 定められた; 決まった; 断固とした《*on, doing*》 ► set in 1932 1932年に設定された

all set (略式)用意ができて
be (dead) set against に断固反対である

SET secure electronic transactions セット [◎インターネット上で, 安全にクレジットカードによる決済を行うための仕組み]

set-aside *n* 準備金, 積立金

setback *n* ❶ 妨げ, 逆行, 後退; 敗北, 挫折; 失敗 ► The new law was a setback. その新しい法律は時代に逆行するものであった / Despite minor setbacks in the beginning, the project was a success. はじめに小さな挫折はあったが, それにもかかわらず, プロジェクトは成功だった ❷ 【法律】セットバック, 後退建築規制; 斜線制限

setback line 壁面後退線

setback regulation セットバック法規, 壁面後退制限, 壁面後退法規

setoff *n* 相殺 [◎自分が負っている債務を相手

に対して持っている債権で棒引きすること] ▶ The bank exercised a setoff against its debtor's funds on deposit with the bank. 銀行は債務者が自行に預け入れている資金と相殺した

SETS Stock Exchange (Electronic) Trading Service ロンドン証券取引所売買システム [◆マーケットメーカーの提示する気配値を元にしていた SEAQ に取って代わるものとして導入された，オーダードリブン方式(価格優先，時間優先で売り注文と買い注文が突き合わされていく競争売買)のシステム]

settle /sétl/ vt ❶ (勘定を)清算する，(請求書を)支払う [◆対価支払による債権債務関係の消滅]；決済する，受渡しをする [◆証券取引において対価を支払い，対象である金融商品を受け取ることで債権債務を消滅させること] ▶ We sent a reminder because the client has not yet settled his bills. その顧客はまだ勘定を払っていなかったので，催促状を送った / Could we settle the balance of the payment in installments? 分割払いでよろしいでしょうか / Trades are settled on the third day from the transaction. 売買は取引から3日目に受渡が行われる

❷ 和解する [◆判決を待たずに当事者の合意で訴訟を終了させること]；《形式》(財産・権限などを)(人に)継承させる《on, upon》 ▶ settle one's estate upon one's son 息子に財産を継承させる / settle a case out of court 訴訟を示談にする

❸ 確定する；決定する《to do, that》；処理する，解決する《up》

— vi 決める《on, upon》；清算する，勘定を支払う《up, with》；合意に達する《with》；住みつく《in》；定まる；落ち着く《to》 ▶ I'll settle (up) with you at the end of the week. 週末に清算いたします / Our business settled up yesterday. 私たちの仕事は昨日片がついた

settle down 落ち着く，平静になる；本気でやる，身を入れる《to》 ▶ Investors waited for the stock market to settle down. 投資家は株式市場が落ち着くのを待った

settle for で一応満足する；(不満ながら)手を打つ ▶ The union won't settle for anything less than a five percent increase in wages. 5%以下の賃上げなら，組合は受け入れないだろう

settle in 居を定める；落ち着く

settle into に慣れる ▶ He gradually settled into his new job. 彼は次第に新しい仕事に慣れた

settle oneself 住みつく；くつろぐ《in》

settled a 固定した，定着した；勘定[清算]済みの

settled property 信託不動産

settlement /sétlmənt/ n ❶ 定住，居住；確定；解決，和解；社会事業；《英》法定の居住地

コロケーション
(動詞(句)+~) **accept** a settlement 和解を受け入れる / **agree to** a settlement 和解に同意する / **balk at** a settlement 和解を受け入れない / **come to** a settlement 和解する / **enter into** a settlement 和解する / **negotiate** a settlement 和解に向け交渉する，和解に達する / **pay** a settlement 和解金を支払う / **put together** a settlement 和解を取りまとめる / **reach** a settlement 和解に達する / **receive** a settlement 和解金を受け取る / **reject** a settlement 和解を拒絶する / **win** a settlement 和解を勝ち取る

▶ dispute settlement procedures 紛争処理手続 / make settlement with と話をつける / reach an out-of-court settlement of $10,000 with との間に1万ドルの示談を成立させる / The two parties **reached an out-of-court settlement**. 両当事者は法廷外の示談に同意した / We **agreed to a settlement** in our dispute. 当社は紛争の件では和解に同意した / Last year, 50 plaintiffs **agreed to a $50 million settlement** of a suit by shareholders dissatisfied with the takeover. 昨年50名の原告が買収に不満がある株主による訴訟につき5,000万ドルで和解することに同意した ▤ AGENT shall not enter into any settlement with any third party without the prior written consent of PRINCIPAL. 「代理人」は「本人」からの事前の書面による同意がなければ，第三者といかなる和解もしてはならないものとする

❷《法律》(1)《英》継承的財産設定(証書)，継承的不動産処分(証書)；遺産の配分確定 [◆相続財産から債務支払いは，遺贈，残余の配分などの一連の遺産管理をすること] ▶ a marriage settlement 婚姻継承的不動産処分 (2)(文書内容の)確定 (3)(株式会社の)定款 ▶ a deed of settlement (会社の)設立証書

❸ 支払，弁済，決済；清算，決算 ▶ a daily settlement 日々の決済 / an early settlement 早期支払 / a quarterly settlement 四半期決済 / a rapid settlement 早期決済 / currency of settlement 決済通貨 / a settlement in cash 現金決済 / make a cash settlement in full 現金で全額支払う / agree to pay $100,000 as settlement of debts 借金の返済として10万ドルの支払に同意する / We have today wired the amount of $15,000 **in settlement** of your invoice No.1234. 請求書番号1234に対する支払のため本日15,000ドル送金いたしました / **All settlements are made** through a very reliable system. すべて決済は非常に信頼性の高いシステムを通じて実行されている / **Settlement should occur** no later than three business days from the trade date. 決済は約定日から3営業日内に実行されなければならない / Several steps need to be taken before **settlement can proceed**. 決済が進められるに先立ちいくつかの措置を取る必要がある / **Settlement has to take place** within five business days. 5営業日内に決算が実行されることを要する

settlement date [day] 決済日
settlement offer 和解の申し出，(提示された)和解金
settlement price 終値
settlement terms 和解条件

settling day 《英》決算日, 勘定日
settlor /sétlər/ n （信託）設定者, 信託財産提供者; （継承的財産）設定者
set-top a, n セットトップ（の） [○テレビの上に置いてデジタル放送や CATV などの受信やインターネット接続を可能にしたりする装置] ► a set-top box セットトップ・ボックス
setup n 機構, 組織; 組立て; 立上げ; 【ᆴーキ】（ソフトの）セットアップ, インストール ► Hedge funds are high-risk investment setups. ヘッジファンドはハイリスク投資の仕組みだ / The setup of the computer network will be finished by next week. コンピュータネットワークのセットアップは来週までには終わります
setup cost 設立費用, 創業費, 開業準備費
Seven-Eleven セブン-イレブン [○米国テキサス州ダラスを発祥の地とする世界的なコンビニチェーン。1991年にイトーヨーカドーが経営権を取得し, 2005年に子会社化]
Seven Sisters セブンシスターズ [○第二次世界大戦後から1960年代にかけて世界の石油生産をほぼ独占していた石油メジャー 7社 (Exxon, Mobil, Gulf, Texaco, Chevron, BP, Royal Dutch Shell)を言う] ⇒ New Seven Sisters
Seven-Up 《商標》セブンアップ [○清涼飲料の一種]
sever /sévər/ v ❶ 切断する; 分離する; （関係を）断つ（from）; 切り離す; 別れる ► The company severed ties with its distributor. その会社は自社の販売代理店との関係を断ち切った ❷ 【法律】分割する; （財産・制定法の条項などを）分離する
severable a ❶ 切断できる ❷ 【法律】（契約などが）分離して扱える, 可分の ▤ The provision of this Agreement shall be deemed to be severable, and the invalidity of any provision of this Agreement shall not affect the validity of the remaining provisions of this Agreement. 本契約の各条項は, 分離独立していると見なすものとし, 本契約のいかなる条項が無効になっても, 残りの他の条項の有効性に影響を与えないものとする
several /sévərəl/ a ❶ いくつかの; それぞれの, 別々の ► Several orders came in this morning. 今朝いくつか注文が入った / It takes several months before government spending spreads through the economy. 政府支出がその国の経済の隅々まで行き渡るには数か月かかる ❷ 【法律】連帯責任者それぞれの, 個別の
Several men, several minds. 《諺》十人十色
― n 数人, 数個; いくつか
severally ad ❶ 別々に ❷ 【法律】（連帯的ではなく）個別的に, 単独で
severance /sévərəns/ n 分離; 断絶; （雇用の）契約解除, 退職, 離職
severance benefit 中途脱退退給付; 解雇手当, 離職手当, 退職手当, 退職金
severance package 退職パッケージ [○退職金に加えて再就職活動のための有休といった条件をひとまとめにしたもの]
severance pay = severance benefit ► For those who elect early retirement, the company will offer a generous severance pay. 早期退職を選んだ者に対して, 同社は手厚い退職金を用意している
severance tax 《米》天然資源採取税 [○石油・天然ガス・石炭などの鉱山資源や木材など森林資源を採掘・採取する場合に課せられる州税]
severe /səvíər/ a 激しい; ひどい; 厳しい, 厳格な (on, upon, with, in); 簡素な, 渋い; 厳密な ► The country is wrestling with severe unemployment. その国は深刻な失業に取り組んでいる
◇**severely** ad 激しく, ひどく ► The fire severely damaged one of the company's largest assembly plants. その火事は同社の最大の組立工場の一つに甚大な損害を与えた
◇**severeness** n
severity /səvérəti/ n 厳格; 激烈さ; 厳しさ ► The severity of the current recession made the cost cuts necessary. 昨今のひどい不況で, コストの削減が必要になった / The latest data underscore the severity of the unemployment situation. 最新のデータは失業状況の厳しさを裏書きしている / The severity of currency fluctuations dealt a hard blow to Japanese exports. 為替相場の変動の激しさは日本の輸出に大きな打撃を与えた
Sevin Rosen Funds セビン・ローゼン・ファンド [○1981年創業で, Dallas に本拠を置くベンチャーキャピタル]
sew /sou/ (~ed; sewn, ~ed) vt 縫う
― vi 縫い物をする
sew up を縫合する; 《略式》うまくまとめる; 《略式》を独占する, 確保する ► have ... sewn up の決着をつける / The deal will be sewn up in a week. 取引は1週間でうまくまとまるだろう
sex discrimination 性差別 [○性差に基づく差別. 女性差別を意味することが多い]
sexism /séksizm/ n （職業・政治などでの）性による偏見, 女性差別 ► eliminate [oppose] sexism 女性差別をなくす[に反対する]
◇**sexist** n, a
sexual discrimination 性差別
sexual harassment セクシャル・ハラスメント, 性的嫌がらせ [○職場での地位や権力を利用して相手の嫌がる性的要求を強制すること] ► a sexual harassment complaint セクハラの申立て / a sexual harassment policy セクハラ防止ガイドライン / systematic sexual harassment 組織ぐるみのセクハラ / be subjected to sexual harassment セクハラを受ける / sue a person for sexual harassment 人をセクハラで訴える
SFA sales force automation; Securities and Futures Authority
SFAS Statements of Financial Accounting Standards
sgd signed
SGML 【ᆴーキ】standard generalized markup language エスジーエムエル [○ハイパーテキスト言語の国際規格]

shackle /ʃǽkl/ n 手かせ, 足かせ; 掛け金; (~s) 束縛, 拘束 (of) ► His debt served as financial shackles. 負債は彼にとって金銭的な足かせになった
— vt かせを掛ける; 拘束する (to, with)

shade /ʃeid/ n 陰, 日陰; 日よけ, 電灯のかさ; 《米》ブラインド; 夕やみ; 色合い; (意味の)微妙なあや(=shades of meaning); (a ~) 心もち, わずかに, ごくわずか (of); (~s) 《米略式》サングラス ► This month's sales are just a shade lower than last month's. 今月の売上高は先月よりほんの少し減少した
all shades of いろいろな
have it made in the shade 《米略式》成功確実である
light and shade 明暗
not a shade of 少しの…もない
put [throw, cast] ... in [into] the shade を顔色なからしめる; (物に)大きく差をつける
shades of を思い出させるもの
— vt 陰にする; 暗闇くする; (光線から)さえぎる (from, with); 徐々に変化させる (off, into)
— vi 徐々に変化する (off, into)
◇**shading** n (~s) 微妙な相違
◇**shadeless** a

shadow /ʃǽdou/ n 影, 影法師; 夕やみ; 映像; (a ~) 気配, 前ぶれ (of); (a ~) 少し
catch at shadows 無駄骨を折る
in [under] the shadow of の影に; の近くに; の保護[影響]の下に; におびやかされて
not a shadow of 少しの…もない
— vt (人について)仕事ぶりを見習う, 動きをなぞる ► The interns spent a month shadowing their mentors. インターンは1か月の間, 指導員について仕事ぶりを見習った
◇**shadowy** a 影のような; おぼろな; 薄暗い

shadow banking system シャドウバンキングシステム, 影の銀行システム [◯米国で, 通常の銀行システムの外側に存在する金融システム. 具体的には, ノンバンク金融機関が扱う住宅ローン, 投資銀行やヘッジファンドが保有する金融資産, 商業銀行の簿外ペーパーカンパニーによる証券投資など. これらの金融活動はFRBによる銀行監督制度の枠外で急膨張し, 2008年の金融危機の原因となった. PIMCO社Paul McCulleyの造語]

shadow cabinet 《英》影の内閣 [◯野党の政権を予想した内閣候補]

shadow director 影の取締役

shadow economy 地下経済, 裏経済 [◯非公然の経済活動で, 公になる数字として把握されていないもの]

shadow financial system =shadow banking system

shadow market ブラックマーケット, 闇市場 [◯違法な売買が行われる市場] ► a shadow market in nuclear weapons 核兵器の闇市場

shadow member 《米》影の議員 [◯将来ワシントンD.C. が州の地位を得たときに正式な議席を認められる下院議員(1名)または上院議員(2名)のいずれか]

shadow price ❶【経済】影の価格, シャドープライス [◯資源の真の社会的価値] ❷【会計】シャドープライス, 帰属価格, 潜在価格 [◯有限の資源を1単位追加するために支払う最高金額]

shadow senator 《米》影の上院議員 [◯将来ワシントンD.C. が州の地位を得たときに正式な議席を認められる上院議員(定員は2名)]

shady /ʃéidi/ a 陰になった; 《略式》怪しい ► The company has been involved in a number of shady business deals. その会社は多くの怪しげな商取引に関係していた
on the shady side of 《略式》…歳を超えた
shady dealings 違法な取引, 怪しい取引

shake /ʃeik/ (shook; shaken) vi 揺れる; 震える; 握手する; (決心などが) ぐらつく ► Our economy is shaking from the impact of inflation. インフレの影響でわが国の経済はぐらついている
— vt 振る, 振り動かす; 振り落とす (from, off); 振り回す; ぐらつかせる, 動揺させる, 弱める; (悪習を)断ち切る ► The wave of bad debts shook the banking industry. 不良債権の連鎖的波及が銀行業界を揺るぶった / Increasing unemployment is shaking consumer confidence. 失業の増大は消費者の信頼感を揺るがせている
shake a leg 《略式》
shake down を振り落とす; (環境などに)慣らす, 慣れる; 試運転する; 《米略式》金を巻き上げる, ゆすり[脅し]取る
shake hands / shake a person by the hand (人と)握手する
shake in one's shoes [boots] 《略式》びくびくする
shake it (up) 《米略式》急ぐ
shake off を払いのける; から逃れる
shake (hands) on / shake on it [the deal] 《略式》(同意して)握手する
shake oneself together 《略式》奮起する
shake one's head 首を横に振る (✚不賛成・否定の仕草)
shake out を振って出す[落とす]; 振り広げる
shake up を振り混ぜる; 興奮[動揺]させる; 揺り起こす; 《米略式》再編成する ► The whole organization needs to be shaken up and streamlined. 組織全体を大改造して合理化する必要がある / The company shook up its management team. 会社は経営陣を刷新した
What's (been) shaking? 《米略式》いったいどうしたんだ
— n 震動, 動揺, 揺れ; 地震; 震え; ショック; 《米略式》取扱い; 割れ目; 《略式》一瞬, 瞬間
give a person the (cold) shake (人を)追っ払う, 首にする
give ... a shake を揺さぶる
in two shakes (of a lamb's tail) / in a shake of a lamb's tail すぐに
no great shakes 《略式》大したものでない, 平凡な

shakedown n, a 試運転(の) ► a shakedown flight [cruise] 試験飛行 [航海]

Shake 'N Bake 《商標》シェイクン・ベイク [◯

米国 Kraft Foods 社製の即席ケーキの素]

shakeout n （過当競争などによる企業・製品の）淘汰；（業界にとっての）一大試練, 正念場
► The shakeout in the banking industry caused the loss of over 6,000 jobs. 銀行業界の再編成は6千を超える職の削減をもたらした / A shakeout of competitors in the personal computer market is already occurring. パソコン市場で競合各社の淘汰がすでに起きている

shake-up n 《略式》(人事・組織の)大整理[改造] ► The shake-up in management caused a drop in the company's shares. 経営陣の刷新は同社の株価の下落をもたらした

shaky /ʃéiki/ a 震える；よろめく；不安定な；怪しい ► on shaky ground あやふやな立場に / Tech stocks are a shaky investment right now, but I'm willing to take the risk. ハイテク株は現時点ではあぶなっかしい投資対象だが, 私はあえてリスクをとるつもりだ
◇**shakiness** n

shall /ʃəl/ 《強》/ʃǽl/ aux v (**should**) （単純未来）（一人称平叙文）…します (=will)；（単純未来）（二人称疑問文）…する予定ですか (=will)；（意志未来）（一人称平叙文）どうしても…する（つもりだ）；（文）（意志未来）（二・三人称平叙文）（話者の意志・命令・拒絶）…させる, （会則など）…すべし, とする；（予言・運命）必ず…となるであろう；（相手の意志を尋ねて）（一人称疑問文）…しましょうか；（三人称疑問文）…させましょうか
► I **shall** return. なんとしても帰ってくるぞ / He **shall** not go. 彼には行かせない / **Shall** we get down to business? 商売の話に取りかかりましょうか / **Shall** we reschedule the appointment? 約束の日時を変更しましょうか

shallow /ʃǽlou/ a 浅い；浅薄な；（呼吸量が）少ない ► What seems like a shallow recession may get even worse. 浅い景気後退のように見えるものが, もっと悪化するかもしれない / This recession will be shallow. 今回の景気後退はあまり深刻なものではないだろう
— n (~s) 浅瀬
— v 浅くする[なる]
◇**shallowness** n

shambles /ʃǽmbəlz/ n （通例a~）破壊の場面；壊滅[混乱]状態

in (a) shambles めちゃくちゃで[に散らかって] ► The economy is in shambles. 経済はめちゃめちゃだ

make a shambles of をめちゃくちゃにする

shame /ʃeim/ n 羞(しゅう)恥心；恥辱, 不面目(な人[もの])；《略式》ひどいこと ► What a shame! あんまりだ / It's a shame that you missed the meeting. 君が会議を欠席したのは残念だ
— vt 恥じさせる；の面目をつぶす

shame ... into [out of] doing 恥ずかしめて…させる[をやめさせる]
◇**shameful** a 恥ずべき；けしからぬ
◇**shamefully** ad
◇**shamefulness** n

Shanghai Pudong development zone /púːdúŋ/ 上海浦東開発区 [◯ 上海を流れる黄浦江の東側, 揚子江と川楊河に囲まれた地域. 1990年4月, この地区を21世紀に向けての国際的な金融・貿易センターにするという計画が決定され, 経済特区以上の外資優遇政策が発表された]

shape /ʃeip/ n 形(状), 形態；体型, スタイル；装った姿, 見せかけ；《米略式》状態, 調子；型
► The shape of the telecommunications industry has changed tremendously. 電気通信業界の姿は大きく様変わりした

get [put] ... into shape をまとめる；具体化させる；格好をつける

give shape to をまとめる；に格好をつける

in [of] all shapes and sizes さまざまな種類で[の]

in good shape 《略式》好調で[に] ► The economy is still in good shape. 経済はまだ好調だ / Discount retailers are in good shape despite, or perhaps because of, this recession. この景気後退にもかかわらず, というか, 多分この景気後退のゆえに, ディスカウント小売店は好調だ / As long as we keep our costs down, we'll be in good shape. コストを下げ続けるかぎり, 当社は好調を維持できるだろう

in no shape / not in any shape [form] 少しも…ない ► With a cold like that, you're not in any shape to work. そんな風邪では, とても働ける状態じゃないね

in poor [bad] shape 不調で

in the shape of として, の形で, という

out of shape 《略式》体の調子が悪くて；形が崩れて
► It's easy to get out of shape with a desk job. デスクワークをしているとすぐに体がなまる

take shape 格好がつく；具体化する ► A plan began to take shape in his mind. 頭の中である計画がまとまりかけていた / The hotel project is beginning to take shape. そのホテルの計画は具体化し始めている / Plans for the new office building are taking shape. 新しいオフィスビルの計画は具体化し始めている

the shape of things to come 未来像

— vt 形を与える；形造る《**from, into**》；適応させる《**to**》；（将来を）決定する

— vi 《略式》望ましい結果になる；形をとる；ものとなる

shape up 具体化する；うまくいく, 展開する；行動[態度]をよくする ► Plans for the new shopping center are shaping up well. 新しいショッピングセンターの計画は順調に具体化しつつある / The economy should shape up by the end of the year. 年末までには景気はよくなるはずだ

shape up into やがて…になる

share /ʃeər/ n ❶ 分け前；負担；シェア；（市場などの）占有率 ► a fair share 公平な取り分 / take a share in the fund 資金を負担する / have 30% share in the audio market オーディオ市場で30パーセントの占有率を持つ / **Our market share has increased this year.** わが社のマーケットシェアは今年拡大した / I'll contribute my share toward the cost. 私もその費用の一部を負担しよう / **The company's market share** has shifted downward in recent years. 同社の市場占有率が近年落ち込んでいる / The two companies are neck and neck in **competing for market share**. 両社は市場シェアの争いでは互角だ / The company has already grabbed **a large share** of the small recreational generator business. その会社はレクリエーション用小型発電機事業の分野ですでに大きなシェアを確保している

❷ 出資；株式，株，持分（✚類語 stock との使い分けについては stock②を参照）

コロケーション

(動詞(句)+〜) **boost** shares 株価を押し上げる / **buy back** shares 自社株買いを行う / **delist** shares 上場を廃止する / **drive** shares **higher** 株を押し上げる / **drive** shares **lower** 株を押し下げる / **issue** shares 株式を発行する / **list** shares 株式を上場する / **split** the shares 株式を分割する / **trade** shares 株式を売買する / **transfer** shares 株式を譲渡する

▶ share repurchase 株式買戻し / earnings per share 一株当たり利益 (EPS) / be reflected in the current share price 現在の株価に織り込み済みである / purchase 600 shares of the company at $100 per share 同社の株式を一株当たり100ドルで600株購入する / own 500 shares of [in] the company その会社の株を500株所有する / hold shares in the corporation その会社に出資している / buy a controlling number of the company's shares その会社の経営権を握れるだけの株式を買い付ける / offer shares to the public in an initial public offering 株式を新規公開する / **Bank shares** were particularly hard hit by corporate selling. 法人投資家の売りで銀行株が特に大きな痛手を被った / A swirl of speculative activity during the past month has **boosted shares** of bio-technology companies. この1か月間の投機熱でバイオ株が押し上げられた / **Some 620 million shares** changed hands in the busiest session for two-and-a-half months. 2か月半ぶりの大商いの中で6億2,000万株が取引された / **Shares closed** at their high. 株は高値で引けた / **Bank shares** ended substantially lower across the board. 銀行株は全面安のまま引けた / **Bank shares** have further to fall. 銀行株は一段と下げる余地がある / **Steel shares** fell back from Monday's advances. 月曜には上昇した鉄鋼株が反落した / **Shares opened** at their low. 株は安値で寄りついた / **Retail shares** rebounded from yesterday's sharp declines. 昨日急落した小売株が反発した / Yesterday, **bank shares** recovered sharply. 昨日銀行株が急反発した / **Financial shares** ran into selling by companies ahead of the March book-closing. 3月決算を控えて金融株が売られた / The company plans to **issue new shares** to boost capital. 同社は資本増強のために新株の発行を計画している

━━━━株━━━━
authorized shares 授権株式数, 株式発行枠 / existing shares held in private 売出株 / fully paid shares 全額払込済株式 / newly issued shares 公募株 / Nikkei component shares 日経平均構成銘柄 / ordinary shares 普通株式 / outstanding shares 発行済株式 / preference shares 優先株 / preferred shares 優先株 / qualification shares 資格株 / quoted shares 上場銘柄 / unregistered shares 登録未了株式, 届出未了株式

get a share in [of] の分け前がもらえる
go shares 山分けする；分担する (*with*) ▶ I went shares with him in the undertaking. 彼と共同事業をやった
have a share in [of] に同じようにあずかる；に貢献する ▶ We had our share of fun. 私たちも大いに楽しんだ
on [upon] shares 共同責任で
━ *v* 分かち合う, 共有する, 分担する ▶ share the vision ビジョンを共有する / share one's opinion その人の意見に同調する / share the responsibilities 責任を分かち合う / Publishers and authors share a common interest in the protection of copyright. 出版社と著者は著作権保護に共通の利益を有する / We shared with him in that job. その仕事を彼と共同でした / The profits are shared (out) among us all. 利益はわれわれ全員に分配される / Strategic alliances allow firms to share the costs of developing new products. 戦略的提携によって, 企業は新製品開発のコストを分かち合うことができる / This information is confidential, so don't share it with anyone else. この情報は極秘だから, ほかの誰にも話してはいけない / Managers should share their knowledge and expertise with their staff. 管理職はその知識と専門的技術を部下に分け与えるべきだ / Please share your ideas about this project. この計画についてあなたの考えを聞かせてください
share and share alike 《略式》みんなで等分にする [分け合う]
share application 株式申込書
share bonus 《英》株式分割 [⇨払込資本の額を変化させないで現在の株主に新株を発行する方法]
sharebroker *n* 《英》株式仲買人
share buyback 自社株買い [⇨企業が自社株を株式市場で買うこと。買い入れた自己株式は発行株式数から引くので, 一株当たり利益が増え, 株主への利益配分と同様の結果を得られる]
share capital 株式資本金 ▶ authorized share capital 授権株式資本
share certificate 株券
share consolidation 株式併合
shared-appreciation mortgage 抵当物件増価分共有条件貸付, SAM 方式抵当貸付 [⇨住宅抵当などの抵当貸付方式の一種]
share dividend 配当金 [⇨株主に対して払っ

share exchange offer 株式交換の申し出 [⇒買収しようとしている企業の株主に対して, 現金ではなく自社株と引換えに株式を譲り受けたいと申し出ること]

shared ownership 共同所有, 共有権

shared revenue 地方交付税交付金, 分与歳入

shareholder /ʃέərhòuldər/ n 株主; 出資者

解説 コーポレーション(corporation)の所有者. コーポレーションの債務について有限責任(limited liability)を負う. 自分が出資した金額の範囲内で責任を持ち, それを超えて責任を負うことはない. 収益については持ち分に応じて配当(dividend)を受け取る

► an individual shareholder 個人株主 / a major shareholder 大株主 / a stable shareholder 安定株主 / a general meeting of shareholders 株主総会 / an annual meeting of shareholders 年次株主総会 / The government, which owns 32% of the company, remains the biggest shareholder. 同社の32%を所有する政府は依然として最大の株主だ

shareholder of record 《英》株主, 登録株主

shareholder rebellion 株主の反乱 [⇒株主が経営陣の意向に真っ向から反対すること. 2002年に製薬会社グラクソ・スミスクラインの株主総会で役員報酬が否決された例が有名]

shareholders' derivative action 株主代表訴訟

shareholders' derivative suit 株主代表訴訟 ► As management failed to correct the problem, a group of shareholders filed a shareholders' derivative suit on behalf of the corporation. 経営陣が問題の是正を怠ったので, 株主の一部が会社を代理しての株主代表訴訟を提起した

shareholders' equity ❶ 株主持分 ❷ 株式資本, 自己資本 ► It is the board's duty to protect shareholders' equity. 株主資本を守るのは取締役会の責務だ

shareholder(s') funds 《英》株主資本, 純資産 (= 《米》stockholders equity)

shareholders' meeting 株主総会 ► the annual shareholders' meeting 年次株主総会 / a special shareholders' meeting 臨時株主総会 / The shareholders' meeting is scheduled for next week. 株主総会は来週に開催が予定されている

shareholders' register 《英》株主名簿

shareholders' right 株主権

shareholder value 《英》株主価値 [⇒出資者である株主のために, 企業がどれだけの価値を生み出したかを指す. 具体的には, 経営者が自社株の値上がりにどれだけ貢献しているかが判断基準となる]

コロケーション

(動詞(句)+～) **create** shareholder value 株主価値をつくり出す / **enhance** shareholder value 株主価値を拡充する / **focus on** shareholder value 株主価値を重視する / **maximize** shareholder value 株主価値の最大化を追求する / **measure** shareholder value 株主価値を算出する

► We believe the best way to create shareholder value is to deliver consistent growth. 株主価値を創造する最善の策は安定的な成長を果たすことだと当社は考えている / The board believes that this merger will create shareholder value. 取締役会は, この合併により株主価値が創出されると確信している

shareholding n 《英》= stockholding ► cross [interlocking, mutual] shareholdings 持合株 / New accounting rules this year will force banks for the first time to book their shareholdings at market value. 今年から導入される新たな会計基準により, 銀行は初めて保有株を時価で評価することを余儀なくされる

share incentive plan 《英》社員持株制度 (= 《米》stock incentive plan, employee stock ownership plan (ESOP))

share index 《英》株価指数

share issue 《英》新株発行 (= 《米》stock issue)

share manipulation 株価操縦, 相場操縦 [⇒風説の流布などにより, 投資家の判断を誤らせ, 自分に有利な方向に相場を誘導すること]

share offer 《英》❶ 新株発行 ❷ = share exchange offer

share of voice シェア・オブ・ボイス, 広告量シェア (SOV) [⇒全体の広告量に占める特定企業・ブランド・商品の広告量]

share of wallet 財布占有率 [⇒顧客の可処分所得から自社の製品やサービスを購入してもらえる割合] ► increase share of wallet with existing customers 既存の顧客について財布占有率を高める

share option 《英》自社株購入選択権, ストック・オプション

shareout n 《英》分配

have a shareout of を分配する

shareowner n 株主 (= stockowner)

share premium 《英》額面超過金

share price 《英》株価 (= 《米》stock price)

share register 株式名簿 (= stock register)

share right 新株引受権, 株式買受権

shares outstanding 発行済み株式総数 [⇒厳密には既発行株式(shares issued)のうち, 自己株式を除いた, 社外に存在する部分]

share split 《英》株式分割 [⇒高くなりすぎて買いにくくなった株式の単価を下げるため, 1株を2株にするというふうに分割すること]

share transfer 株式の譲渡

shareware n シェアウェア [⇒試してみて気に入れば代金を払って使うソフトウェア]

share warrant 新株引受権証書 [⇒証書発行

会社の新株を購入できる権利の証書]
sharing of risk リスクの分担
shark¹ /ʃɑːrk/ n サメ, フカ
shark² n (略式)高利貸(=loan shark); 乗っ取り屋, 乗っ取り企業; (米式)いかさま師 ► Tom is a real shark. トムは本物のいかさま師だ
shark repellent 会社乗っ取り対抗策
shark watcher シャークウォッチャー[◇敵対的買収の動きを察知することを業務としている企業等]
sharp /ʃɑːrp/ a 鋭い, よく切れる; 急激な; 輪郭のはっきりした ► a sharp rise [drop] 急激な増加[減少] / A sharp decline in the yen bolstered Japanese exports. 急激な円安が日本の輸出を後押しした / Sharp declines in retail prices contributed to the deterioration of imports. 小売価格の急落は輸入の減少に寄与した / The economy has shrunk at its sharpest pace in the last 20 years. その国の経済は過去20年間でもっとも急激なペースで縮小した
keep a sharp eye on を警戒する
keep a sharp eye out for に目をこらす[注意する]
(as) sharp as a needle とても頭の切れる
— ad 鋭く; 突然に; 時間きっちりに; 抜け目なく; 敏速に ► at 6 o'clock sharp 6時きっかりに
look sharp かっこいい, さっそうとしている; しゃきっとする; (略式)急ぐ
stop sharp 急に止まる
— n 《米略式》専門家; (略式)詐欺師
sharply ad 急激に; くっきり, 鋭く ► fall sharply 急落する / Prices are rising sharply. 物価が急激に上がっている / The company sharply lowered earnings projections for the rest of the year. 同社は年末までの収益予測を大幅に引き下げた / The cost of living rose sharply. 生計費は急激に上がった / Europe's leading stock markets went up sharply Monday. 欧州の主要株式市場は月曜日には急騰した
sharp practice 違法すれすれの行為, 脱法行為
shave /ʃeiv/ (~d; ~d, shaven) vi ひげをそる; すれすれ通る
— vt ❶ ひげ[毛]をそる; 削り落とす(off); かすめる ► The company shaved its earnings in the revised projections. 同社は収益見通しの改訂で利益を減らした ❷ (略式)出血サービスをする, 値下げ[値引き]する; (米略式)(手形などを)高歩で割引きする ► shave the price of winter suits in the spring 春になって冬物のスーツを値引きする
— n ひげをそること; 削り道具; 削りくず; (略式)間一髪 ► have a shave ひげをそる / I had a narrow shave of death. 危うく死を逃れた
◇**shaver** n そる人[道具], (米)電気かみそり; (略式)小僧, 若者
she /ʃiː; (弱)ʃi/ pron 彼女は[が] (✤国や船や自動車にも用いる)
— n, a 女性(の); 雌の(動物)
shebang /ʃəbǽŋ/ n 《米略式》骨組, 仕組み; 出来事; こと, もの ► Henry is in charge of the whole shebang. He originated this project. ヘンリーは全体を取り仕切っている. 彼がこの計画を立ち上げたんだ
the whole shebang 何もかも, 全体
shed¹ /ʃed/ n 小屋; 格納庫, 倉庫
shed² (~; -dd-) vt (人員などを)削減する; (古いイメージなどを)捨てる, 手放す ► Companies are shedding assets or acquiring new businesses at fire-sale prices. 各社は資産を処分しているか, あるいは, 新規事業を安値で買い取っている / The eurozone economy has shed 5.2 million jobs since the recession began. 景気後退が始まって以来, ユーロ圏の経済は520万の職を減らした / The company plans to shed money-losing businesses. 同社は赤字の事業を切り捨てる計画だ
shed light on を照らす; (問題を)解明する
sheer /ʃiər/ a まったくの, 完全な; 純然たる; 険しい; 垂直の; ごく薄手の ► sheer luck まったくの幸運 / Bill didn't succeed by sheer luck. He succeeded by sheer hard work. ビルはまったくの幸運で成功したのではない. 彼は精一杯の努力で成功したのだ / The sheer volume of work overwhelmed us. 仕事の量があまりにも大きくて圧倒された
— ad 完全に; 垂直に
◇**sheerly** ad
sheet /ʃiːt/ n 敷布, シーツ; (紙などの)1枚; 板, 表, 図面 ► A sheet of paper jammed the copier. 紙が一枚コピー機に詰まってしまった
— vt 敷布で包む; 薄片で被覆する
sheet feed フィーダー[◇プリンターやコピー機などの紙送り機構]
Sheetrock (商標)シートロック[◇紙の間に石膏を入れた建築用石膏ボード]
shelf /ʃelf/ n (shelves) 棚, (商品の)陳列棚 ► stack shelves 陳列棚の商品補充をする
be left on the shelf 放っておかれる
fly off the shelves 飛ぶように売れる
off the shelf (在庫品があって)すぐに手に入る
on the shelf (計画が)棚上げされた; 解雇されて ► The question has long been on the shelf. その問題は長い間棚上げになっている
put ... on the shelf を棚に載せる
shelf company シェルフ・カンパニー[◇設立手続が済んでおり, 代表者や株主の名義などを変更することですぐに使える法人企業]
shelf display シェルフ・ディスプレイ[◇陳列棚のPOP広告]
shelf extender シェルフ・エクステンダー[◇陳列棚から突き出しているPOP広告]
shelf-filler n =shelf stacker
shelf life ❶ 賞味期限, 品質保証期限[◇食品の場合, その日を過ぎたら食用に供しないの意] ❷ 流通寿命[◇商品として通用する期間] ► Computer books have a shelf life. コンピュータ関連の本は流通寿命が短い
shelf offering 一括登録済み証券の公募[◇登録しておけば2年以内には改めて届出を要することなく機動的に証券を発行できる制度に基づいて行わ

shelf registration 一括登録制度;(新発行証券に関する)包括的事前登録[⇨事前に登録した金額の範囲内ならば何回でも証券発行ができる制度]

shelf space 陳列スペース ▶ get shelf space 陳列スペースを確保する

shelf stacker 売り場担当者[⇨特にスーパーでの陳列棚の管理責任者を指す]

shelf talker〘広告〙シェルフ・トーカー[⇨陳列棚に置かれたメッセージ]

shell /ʃel/ n (貝・実などの)殻, 外殻
— vt 殻[さや]から取り出す, の殻[さや]を取る
— vi 殻[さや]が取れる[落ちる]; はがれる, むける

shell out〘略式〙を(しぶしぶ)払う, 金を出す《for》▶ I don't see the point of shelling out over $1000 a night for a hotel suite. ホテルのスイートで一晩に千ドル以上も支払うなんて私には理解できない

Shell シェル[⇨世界に展開する石油会社. 正式名称は Royal Dutch/Shell Group] ⇨ Royal Dutch Shell

Shell Canada (~ Ltd.) シェル・カナダ[⇨カナダの大手総合石油会社. Royal Dutch/Shell グループ中の一社. 1925年設立] ⇨ Royal Dutch Shell

shell company シェル・カンパニー[⇨資産もほとんどなく, 事業活動もしない名義のみのペーパーカンパニー, トンネル会社を指すが, 資金調達に際して便宜上設けられるものもあり, すべてが違法活動に用いられるわけでもない]

shell game 豆隠し手品; いんちき, ぺてん

Shell Oil (~ Co.) シェルオイル[⇨米国の総合石油会社. Royal Dutch/Shell グループ中の一社] ⇨ Royal Dutch Shell

Shell Transport And Trading《The ~ Co., plc》シェル・トランスポート・アンド・トレーディング(社)[⇨Royal Dutch/Shell グループの持株会社. 本社London]

shelter /ʃéltər/ n ❶ 隠れ場, 避難所《from》; 避難; すみか, 家; (ホームレスなどの)収容施設, 保護施設 ▶ food, clothing, and shelter 衣食住 ❷ 税金回避手段 ▶ He started the company as a tax shelter. 彼は節税の手段としてその会社を始めた

take shelter 避難する, よける《in》
— v ❶ 保護する《from》; 避難する ❷ 税金回避手段(tax shelter)を利用して投資する
◇**shelterless** a

shelve /ʃelv/ vt 棚上げする; 後回しにする, 延期する; 握りつぶす ▶ We decided to shelve the plan until next year. 来年まで計画を棚上げすることにした / The plan to build a new factory was shelved. 新しい工場を建てる計画が棚上げされた

shelving n ❶ (複数の)棚, 陳列棚 ▶ a chance of wooden or metal shelving 木製の棚か金属の棚かという選択 ❷ 棚上げ ▶ The company announced shelving of the privatization. 同社は上場廃止案の棚上げを発表した

Sheraton《商標》シェラトン[⇨英米のホテルチェーン]

Sherman Act (the ~) シャーマン法 (=Sherman Antitrust Act)[⇨米国独占禁止法の基本法]

Shields《商標》シールズ[⇨米国のパンティーストッキングのブランド]

shift /ʃift/ vi 移動する, 移す《away, from, onto》; 場所[向き]を変える; 変化する; なんとかやっていく; ごまかす;《米》ギアを入れ替える ▶ The dominance of the currency market is shifting away from the dollar. 通貨市場の支配はドルから離れつつある / The country needs to shift from reliance on foreign demand to development of domestic demand. その国は海外需要への依存から国内需要の開発に移行する必要がある

— vt 移す; 変える; 取り去る, 除く ▶ The company shifted its call center overseas. その会社はコールセンターを海外に移した

shift for oneself《略式》自力でやっていく
shift one's ground 議論で立場を変える
shift the blame [responsibility] onto に責任を転嫁する

— n 移動, 転換, 変化, 変更; 交替(組);(交替の)勤務時間; 一時しのぎの手段; ごまかし ▶ a twelve-hour shift 12時間の交替制 / a day shift 昼間の勤務, 昼番 / a double shift 二交代制勤務 / a morning shift 朝番 / a night shift 夜間勤務, 夜番 / the three-shift system 三交代制勤務 / work the day [night] shift 昼間[夜間]の勤務に就く / I work a regular night shift. 私はいつも夜勤だ / The night [day] shift arrived. 夜勤[昼番]の連中が来た / The shift in the company's merchandise mix towards brand names should drive store traffic. ブランド品のウェイトを増やすという同社の商品構成におけるシフトは集客効果を高めるはずだ / Companies need to **adapt to shifts** in customer demand. 各社は顧客の需要の変化に適応する必要がある / Companies **are making a shift** to greener technology. 各社は環境にやさしい技術にシフトしつつある / I work **in shifts**. I may be **on the day shift** one week and **on the night shift** the next week. 私はシフトで働く. ある週は昼番で, 次の週は夜番ということもある / We have to **change shifts** from time to time. 時に交替勤務を入れ替えなければならない
make shift なんとかやりくりする《with》

shifting a 常に変化する, 変化し続ける ▶ violently shifting gas prices 極端な変化を続けるガソリン価格

shift key〘コンピュータ〙(キーボードの)シフトキー

shiftwork n シフト勤務, 交替制勤務

shill /ʃil/ n《米略式》(競売・取込み詐欺などの)さくら; 客引き
— vi さくらをやる

shine /ʃain/ (**shone**) vi 光る, 輝く《out》; 秀でる, 異彩を放つ《in, at, through》
— vt 光らせる, 輝かせる, 光を向ける;(過去・過

分詞 ~d》《略式》光沢をつける; 磨く《up》
shine up to 《米略式》(人に)取り入ろうとする
— n 光, 輝き; 日光; 晴れ; 《~s》《略式》いたずら;《略式》騒ぎ
(***come***) ***rain or shine*** / (***in***) ***rain or shine*** 晴雨にかかわらず
take a shine to 《略式》が気に入る, に好意を抱く
◇***shiner*** n 光るもの; 際立つ人;《~s》《英略式》金(かね)

shingle /ʃíŋgl/ n 《医師や介護士の》看板, 表札
hang out one's shingle 《医者・弁護士が》看板を出す; 開業する

ship /ʃíp/ n 船, 艦; 乗組員;《米略式》飛行機[機]; ヘリコプター; 宇宙船 ▶ load ... onto a ship 船に…の荷を積む / unload ... from a ship 船から…の荷を降ろす
abandon [***jump***] ***ship*** 船を棄てる; 見限る [◇失敗を見込み, 組織などを突然辞める] ▶ After hearing about the new management's major cost cutting plans, the employees abandoned ship. 新経営陣の大規模なコスト削減プランを聞いた後, 従業員は会社を辞めていった
aboard [***on board***] (***a***) ***ship*** 船内に[で], 乗船して
by ship 船で, 海路で
when [***if***] ***one's ship comes in*** [***home***] 金が入ったら
— vt (-pp-) 船に載せる[積む]; 出荷する, 発送する《to, from》; (人を)移す ▶ We have shipped the following items. 以下の品目を出荷いたしました / Many finished goods were shipped back to the US or sold to other markets. 多くの完成品は米国に返送するか, または, 他の市場に売却された
— vi 船に乗る, 乗船する
ship off 送り出す《to》; を追い払う, お払い箱にする
ship out 船で国を出る;《略式》辞職する ▶ Much sugar is shipped out from the port. その港から多量の砂糖が船積みされる

ship broker 《船舶売買仲立ちや用船手配をする》シップ・ブローカー
shipbuilder n 造船業者, 造船会社; 造船技師
ship date 出荷日, 発送日
shipload n 船1隻分の積み荷量; 荷; 大量, 多数

shipment /ʃípmənt/ n 船積み; 発送, 出荷(品); 積み荷 ▶ the delivery of shipment 注文品の配達 / collect a shipment 荷を引取る / make a shipment 出荷する, (注文品を)発送する / receive shipment 荷の引渡しを受ける / the classification of vegetables for statistical survey on production and shipment 生産出荷統計調査のための野菜の区分 / The shipment arrived on schedule. 積み荷は予定通りに到着した / The airline is suffering from a decline in cargo shipments and air travel. そのエアラインは貨物出荷と航空旅行の減少で苦しんでいる

shipowner n 船主
shipper /ʃípər/ n 荷主, 荷送り人
shipping /ʃípiŋ/ n 船積み, 積込み, 積出し, 出荷, 発送; 海運業; 船舶 ▶ All shipping charges will be borne by the customer. 送料は全額お客様の負担になります 　 At least thirty (30) days prior to the first day of requested shipping month, BUYER shall submit to SELLER a Purchase Order for the Goods. 要求する船積月の初日の少なくとも30日前までに,「買主」は「商品」の「注文書」を「売主」に提出するものとする

shipping agent 船会社, 船荷取扱店, 船舶旅行業者
shipping and forwarding agent 運送代理店 [◇海上・航空・陸上輸送の手配ならびに保険契約などを引き受ける業者]
shipping and handling 送料
shipping-bill n 積荷送り状
shipping conference 運賃同盟, 海運同盟 [◇同じ航路で定期船を運航している会社同士で料金その他の運送条件について協定している国際カルテル. 一般に独禁法の適用除外とされている]
shipping cost 発送費
shipping document 船積書類
shipping instructions 船積指図書
shipping note 送り状
shipping particular 船積明細 　 If BUYER is required to provide insurance, SELLER shall timely and accurately advise BUYER of shipping particulars so as to enable BUYER to provide necessary insurance.「買主」が保険を手配する場合には,「売主」は「買主」が必要な保険を付保できるように船積明細を適時かつ正確に「買主」に通知するものとする

ship's papers 船舶書類
ship-to-shore a 船から陸上への
ship to target 期限内納品率 [◇顧客の指定した期限までに納品できた割合]
shipyard n 造船所
shirk /ʃə́ːrk/ v, n (責任などを)逃れる《away, out, off》; (故意に)怠る《from》; 怠け者 ▶ The salesperson was fired for shirking. その販売員は怠けていたので, 首になった
◇***shirker*** /ʃə́ːrkər/ n 怠け者
shirt /ʃə́ːrt/ n ワイシャツ;《米》シャツ, 下着 ▶ Wrinkle-free business shirts sell very well. しわ防止加工をしたビジネスシャツがとてもよく売れている
give the shirt off one's back 《略式》なんでもくれてやる
lose one's shirt 《略式》無一物になる, 大損をする
without a shirt to one's back 無一物で
shock /ʃák/ n ❶ 衝撃, 激突, 激しい震動; 精神的打撃, ショック ▶ Nothing is worse than the shock of losing your job. 失業することよりもひどいものはない ❷ (経済的な)ショック [◇ニクソン・ショックやオイル・ショックのように外部から経済へ加えられた急激な衝撃を指す] ▶ The

shock of the recession is being felt around the world. 景気後退の衝撃は世界中で実感されている

be in [go into] (a state of) shock ショックを起こしている[起こす]

come as a shock to / give ... a shock にショックを与える ▶ News of the bank's collapse came as a shock. その銀行がつぶれたニュースは衝撃だった

— *v* 衝撃を与える；ショックを受ける

be shocked by [at, that] で衝撃を受ける ▶ Employees were shocked by the huge bonuses that their top executives received. 経営トップの受け取った巨額のボーナスに従業員は衝撃を受けた / Employees were shocked by news of the massive job cuts. 従業員は大量の雇用調整のニュースに衝撃を受けた

◇**shocker** *n* ぞっとさせるもの[人]

shocking *a, ad* 衝撃[ショック]を与える；鮮やかな；《略式》ひどい；ひどく ▶ The plant closing dealt a shocking blow to the local community. 工場閉鎖は地域社会に衝撃を与えた

◇**shockingly** *ad*

shock wave 衝撃波 ▶ The plunge in tech stocks sent shock waves through the market. ハイテク株の急落が市場の全体に衝撃を与えた

shoddily *ad* 粗雑に, ずさんに ▶ The employees were treated very shoddily by the company. あの会社で従業員はひどい待遇を受けていた / These umbrellas are very shoddily made. これらの傘はひどくずさんに作られている

shoddy /ʃádi/ *n, a* 再生毛糸[毛織物]；《軽蔑的》まがい物, 安物(の) ▶ They sell shoddy furniture at that shop. あの店では安物の家具を売っている

shoe /ʃu:/ *n* (~s, 《方言》shoon) 靴, 短靴

another pair of shoes まったく別の問題

die with one's shoes on 職務中に死ぬ

fill a person's shoes / fill the shoes of a person / step into a person's shoes (人に)代わる, (人の)責任を引き継ぐ ▶ It'll be difficult to find someone to fill your shoes. あなたの代わりを見つけるのは難しいでしょう

in a person's shoes (人の)立場に身を置いて ▶ What would you do if you were in my shoes? 私の立場だったらどうされますか

put oneself in a person's shoes (人の)立場になる

where the shoe pinches 悩み[苦しみ]の真の原因

shoe-leather cost 靴底コスト[**◯** 貨幣保有量を減らすと何回も銀行に行かなければはらなくなるため靴底が磨り減ってしまうという比喩から, 銀行に通うコストをこう呼ぶ]；(一般に)用事で出歩くのにかかる費用

shoestring *n, a* 《米》靴ひも；《略式》わずかの資金(で営む)；細長い ▶ a shoestring business ちょっとした商売

shoo-in /ʃú:ìn/ *n* 《米略式》勝利確実の候補者[競争者], 本命；確定的な事柄 ▶ Jim is a shoo-in for the job. ジムがそのポストを手に入れることは確実だ

shook /ʃuk/ *v* shakeの過去

— *a* 《略式》強く影響された, ひどく動転した (=shook up)

shoot /ʃu:t/ (shot) *vt* 撃つ, 射る (*off, at, to*)；(言葉などを)矢継ぎ早に浴びせる；素早く速る[渡る]；さっと通過する；撮影する ▶ shoot a look [glance] at に急に視線を向ける / We'll shoot the commercial next week. 来週そのコマーシャルを撮るつもりだ

— *vi* ねらって撃つ (*at, from*)；発射する；素早く動く (*ahead, past, into*)；急に成長する (*up*)

shoot back すぐやり返す「応酬する」

shoot down 論破する；拒否する, 退ける ▶ The company's patent appeal was shot down. 同社の特許審判請求は却下された

shoot for [at] 《米略式》を得ようとする

shoot from the hip 《略式》衝動的な言動をとる

shoot off one's mouth 《略式》軽率にしゃべる

shoot out 飛び出す, 突き出る

shoot the bull [breeze] 《米略式》おしゃべりをする

shoot the works 《米略式》全力を尽くす；全財産を賭ける

shoot up 急騰する；急成長する ▶ The Nikkei average shot up 180.23 points to 9823.38 on Wednesday. 日経平均は水曜日に180.23 ポイント急騰し 9823.38 で引けた / Unemployment rates across the country shot up in December. 全国の失業率は12月に急上昇した

shop /ʃɑp/ *n* 《英》小売店, 商店；《米》専門店；売り場；仕事場；工場；修理店[所]；《略式》職場；仕事の話[こと]

コロケーション

(動詞(句)+~) **close up** shop 店をたたむ / **have** a shop 店を持つ / **keep** shop 店番をする / **own** a shop 店を持つ / **run** a shop 店を経営する / **set up** shop 店を開く, 事業を始める / **shut up** shop 店をたたむ / **talk** shop 仕事[商売]の話ばかりする

▶ They're going to set up shop in Shanghai next month. その会社は来月上海に開店する

— *v* (-pp-) 買物に行く, 買物をする (*for, at*)；《英略式》密告する ▶ We're currently shopping for a new advertising agency. 当社は現在, 新しい広告代理店を物色中だ

go (out) shopping 買物に行く

shop around 商品[商店, 仕事口, 科目など]を見て回る[物色する] ▶ Shop around for a bank that offers you free checking. 小切手を無料で扱ってくれる銀行を探しなさい / Shop around before you buy. 買う前にあちこち見て回りなさい / With the economy in its current state, consumers are shopping around for bargains. 景気が今のような状況だから, 消費者は安い買い物を探しまわっている

shopaholic *a, n* 買物好きの(人) ▶ She is a shopaholic and buys lots of things she doesn't need. 彼女は買物好きで不要なものをた

くさん買う

shop assistant 《英》店員(=《米》salesclerk)
shop-bought *a* 《英》店で買った, 既製の(=《米》store-bought) ▶ We generally like shop-bought goods. 私たちは普通, 既製品を好む
shopfitter *n* ショップフィッター, 什器・備品業者, 店舗施行業者; 店舗設計[装飾]者
shopfitting *n* 店舗設計[装飾]; 店舗施工
shop floor 作業現場; 現業員 ▶ Negotiations between the shop floor and management took weeks. 現業と経営陣との交渉は何週間もかかった
shop-floor *a* ❶生産フロアの ❷作業員の
shop front 《英》店先, 店頭
shopkeeper *n* 小売店主
shopkeeping *n* 小売商業
shoplift *v* 万引きする
shoplifter *n* 万引きする人
shoplifting *n* 万引き
shopper /ʃɑpər/ *n* 買物客

コロケーション

(動詞(句)+〜) **attract** shoppers 買物客を呼び込む, 買物客を引きつける / **cater for** shoppers 買物客のニーズに応える / **entice** shoppers **back** 買物客を呼び戻す / **inspire** shoppers **to buy** 買物客に買う気を起こさせる / **target** shoppers 買物客に狙いを定める / **turn off** shoppers 買物客を遠ざける / **win back** shoppers 買物客を呼び戻す

▶ She is **a regular shopper** at this department store. 彼女はこのデパートの常連客だ / We stay open to midnight to cater for **late-night shoppers**. 深夜の買物客のニーズに応えるために, われわれは深夜まで店を開けている / Marked-down merchandise does not necessarily inspire shoppers to buy. 値下げしてある商品だからといって買物客が買う気になるというものでもない / All attempts to **entice shoppers** back to the struggling mall failed. 苦境にあるショッピングセンターに買物客を呼び戻す試みはいずれも失敗に終わった / Discount chains saw higher sales as they continued to **attract low-income shoppers** whose pay has risen with the economy. ディスカウントチェーンは, 景気とともに所得が増大している低所得の買物客を引き寄せる状況が続いたので, 売上高が伸びている / **Shoppers** generally favor discount merchandisers. 買物客は一般に安売り量販店を好む / **Shoppers fill** this mall on weekends. 週末になるとこのショッピングセンターは買物客でいっぱいになる / **Hundreds of curious shoppers** strolled around the newly opened discount mall. 何百という見物がてらの買物客が新たにオープンしたディスカウント専門のショッピングセンターを見て回った / We **target shoppers** who want to decorate their homes with cheap yet chic merchandise. われわれは安いけれどもシックな品で自宅を飾りたい買物客に狙いを定めている / The mall needs to address the issue of **low shopper inter-**

est. そのショッピングセンターは買物客の関心の低さという問題に取り組む必要がある / These retail stores primarily cater to **wealthy shoppers** with discriminating taste. これらの小売店舗は, 主として目の肥えた金持ち客を相手にしている / There's no dividing line between **an ordinary shopper** and **a compulsive shopper**. 普通の買物客と衝動買いをする客との間で線引きはできない

shopping /ʃɑpɪŋ/ *n* 買物 ▶ The popularity of online shopping will continue to grow. オンライン販売はますます人気が出るだろう

do one's [the, some] shopping 買物をする

shopping agent =shopping bot
shopping arcade ショッピングアーケード
shopping bag 買い物袋
shopping basket 買物かご; 《経》ショッピングバスケット[⇨インターネットショッピングで, 利用者が購入品を入れる仮想の買物かご]
shopping bot ショッピングエージェント[⇨ネット上の販売店を探し, または価格の情報を収集・比較するサービス]
shopping cart 《米》ショッピングカート(=《英》shopping trolley)
shopping center ショッピングセンター[⇨総合的な買物地域としてディベロッパー(developer)などによって計画・開発・運営されている商業集積施設]
shopping district =shopping street
shopping goods 買回り品[⇨消費者が商品を選択するにあたって, 品質・価格・スタイル・デザインなどについて比較検討を行うような商品(婦人服, 紳士服, 靴, かばんなど)] ⇨ convenience goods, specialty goods
shopping list 買物のリスト
shopping mall ショッピングモール
shopping precinct 《英》(車の乗入れができない)商店中心街
shopping products =shopping goods
shopping season 《米》ショッピングシーズン[⇨11月第4木曜日のThanksgiving Dayから1月1日のNew Year's Dayまでの買物シーズン. 米国の小売業界にとって年間売上を左右する重要な期間, holiday shopping seasonまたはholiday seasonとも言う] ▶ In America, the Christmas shopping season begins the day after Thanksgiving. 米国では, クリスマスの買い物シーズンは感謝祭の翌日に始まる
shopping spree 盛んな物の買込み
shopping street 商店街
shopping trolley 《英》ショッピングカート
shop right 《米》ショップライト, 職務発明[著作]の実施権[⇨従業員が職務に関して作成した知的財産において使用者が有する権利]
shopsoiled *a* 《英》=shopworn ▶ We're going to sell shopsoiled goods very cheap. 当店では店頭展示品を大安売りします
shop steward 《英》ショップスチュワード, 職場委員[⇨労働組合における職場委員. 各職場の組合委員の代表であるが, 産業別・職業別組合におい

てはその自律的権限が日本よりもはるかに大きい]

shop system ショップ制 [⇨組合委員資格と従業員資格の間に一定の関係を持たせているもの. 通常は労使間の協定で定められ, ユニオン・ショップやクローズド・ショップなどがある]

shoptalk n 専門用語; 仕事の話; (他人には退屈な)仕事の話

shop trolley 《英》=shopping cart

shopwindow n 店の陳列窓, ショーウィンドー ▶ put all one's goods in the shopwindow ありったけの品物をショーウィンドーに陳列する

shopworn a 《米》棚ざらしの; 陳腐な

shore¹ /ʃɔːr/ n 海岸, 湖岸, 河岸; 陸, 陸地
bring ... to shore を岸に引き揚げる
in shore 岸近くに[で]
off shore 沖合いに
on shore 上陸して; 岸で(=ashore)

shore² n, vt 支柱(で支える)
shore up 支える, 強化する ▶ The company has raised billions of dollars to shore up its finances. 資金面を強化するために, その会社は数十億ドルを調達した / The stimulus plan aims to shore up the banking sector. 景気刺激策は銀行セクターを支援することが狙いだ / The government will step in to shore up property prices if they begin to fall too hard and too quickly. 不動産価格があまりにも激しくあまりに急に下落し始めるなら, 不動産価格を支えるところまでは政府が介入するだろう
◇**shoring** n 支柱

short /ʃɔːrt/ a (~er; ~est) ❶ 短い; 背の低い; (気が)短い; 簡潔な; 不足した, 不十分な 《of, on》 ▶ I am five dollars short. 5ドル足りない / He is short of money. 彼はお金に困っている / Make your comment short [brief]. コメントは簡単に[簡潔に]願います / I just came back from a short business trip. ちょうど短期の出張から戻ったところです / We're short on time, so let's keep this meeting rolling. 時間が足りないので, 会議をどんどん進行させましょう / Our company is short of qualified engineers. 当社には資格のある技術者が不足している
❷ (1) 空売りの (2) 現物不足の, 在庫薄の, 空(から)相場の, 品ずれの [⇨売るときに手持ち商品または手持ち証券がない]
be short for の短縮形である
do everything short of 以外はなんでもする
little [nothing] short of ほとんど[まったく]…にほかならない
long on A, short on B Aに強いがBに弱い
make short work of を手早く片づける
short and sweet (話などが)手際よい; 簡潔な
short of に達しない; まではしないで; に近い; を除いて ▶ five miles short of home 家から5マイル離れて
to be short 要するに
━ ad 急に; ぶっきらぼうに
be taken [caught] short 不意打ちを食う

bring [pull] up ... short を急に止める
come [fall] (far) short of (標準・期待に)(はるかに)達しない ▶ We fell short of reaching our sales target. 当社は販売目標を達成できなかった / Last month's sales fell far short of projections. 先月の売上高は予測した数字にはるかに及ばなかった
come up short 期待外れに終わる
cut ... short 急に[途中で]終わらせる ▶ I'm sorry to cut the meeting short, but I have an appointment with a client. 申し訳ありませんがお客様と約束がありますので, 会議は途中で失礼させていただきます
go short of に不自由する; が不十分のところを我慢してやっていく
run short 不足する 《of》 ▶ The company is running short of cash to make its debt payments. その会社は, 借金を返すための現金が不足している
sell short 空売りする ▶ sell short 500 shares of the company at $30 per share 同社株500株を一株当たり30ドルで空売りする / Over two million shares were sold short. 200万株を超える株が空売りされた
stop short of (doing) の手前で止まる, …するまでには至らない ▶ Though the government further liberalized its financial sector, it stopped short of raising the cap on foreign ownership in existing commercial banks. 政府は金融セクターをさらに自由化したが, 既存の商業銀行に対する外国人所有権の上限を引き上げるところまでは行わなかった
take a person up short (人の)言葉をさえぎる
━ n ❶ 短いもの; 不足, 大意, 要点; 《the ~s》《米略式》金がないこと, 資金難 ❷ 空売りする人; 《~s》空売り
for short 略して
in short 要約すれば ▶ In short, the company is in good financial health. 一口で言えば, その会社は財務状況が良好だ / In short, clean up your act or you're fired. 要するに, 行いを改めなければ, お前はくびだ
━ v 空売りする; 少なめに与える ▶ He realized that he was shorted a dollar when he counted his change. 彼は釣り銭を勘定したときに, 1ドル少ないことに気がついた

short account ❶ 空売り勘定; 短期見越売り勘定 [⇨商品や有価証券の空売りに使用される勘定] ❷ =short interest

shortage /ʃɔːrtɪdʒ/ n 不足, 欠乏; 不足高[額] ▶ food shortage 食糧不足 / There is no shortage of fund. 資金の不足はない / The country suffers from a shortage of skilled laborers. その国は熟練労働者の不足に苦しんでいる / Our cash shortage amounts to $1,000. 現金の不足は1,000ドルに達した / Labor shortage drove wage rates up. 労働力の不足が時間当たりの賃金を押し上げた / A shortage of demand is adding to the country's economic

plight. 需要不足は同国の経済的な窮状をますます悪化させている

shortchange vt 釣り銭を少なく渡す; 《略式》ごまかす

short covering ショートカバー [○空売りをした者が取引の決済のために商品や株式を買い戻すこと]

short-dated a 短期ものの [○一般に満期が1年以内に到来する債券について言う]

shorten /ʃɔ́ːrtn/ v 短くする[なる] ► Shorten this report to 2,000 words. この報告書を2,000語に縮めなさい / We need to shorten the time needed to get the prototype into mass production. 試作品を量産化するまでにかかる時間を短縮する必要がある
◇**shortening** n 短縮

shortfall n 不足(高, 額), 赤字 ► The bank will sell 125 million shares to meet its $1.5 billion equity shortfall. その銀行は自己資本の不足額15億ドルに対処するために1億2,500万株を売り出すだろう

shorthand n, a 速記(法)(の); 略(記)(の) (for)

short-handed a 人手不足の (=short-staffed) ► We are short-handed and need to hire some part-time workers. 当社は人手不足なので, パート従業員を雇わなければならない

shorthand typist 速記者
short-haul a 短距離輸送の
shorting n 空売り
short interest 空売り総額, 信用売り合計
short list 最終的選抜候補者名簿 ► She is on the short list for the job. 彼女はそのポストの本命になっている

short-list vt 最終的選抜候補者名簿(=short list)に載せる ► After we receive all applications, we will short-list the candidates. すべての願書を受け取った後, 絞り込んで採用候補の名簿を作成する予定だ / She is short-listed for the job. 彼女はそのポストの本命になっている

short-lived a 短命の; つかの間の ► The recession was relatively short-lived. 景気後退は比較的短期間だった

shortly /ʃɔ́ːrtli/ ad まもなく, すぐ; 手短に; そっけなく; 近くに ► Our manager will be with you shortly. すぐに課長がまいります
shortly after [before] の直後[直前]に ► Shortly after he dropped out of college, he started his first company. 大学を中退してまもなく, 彼は最初の会社を立ち上げた

short message service SMS [○携帯電話同士で100-200文字程度の短いメールを送受信できるサービス]

short-period rate 短期保険料 [○保険期間が1年に満たないものに適用される]

short position ❶ =short interest ❷ 売持ち, ショート・ポジション [○正味で売持ちの状態] ► cover short positions ショートポジションを手仕舞う

short-range a (距離・時間が)限られた範囲の; 短期的な

short rate (保険で)短期料率 [○1年未満の短期保険料率. 年掛け料率よりも割高になる]

short run 短期 (⇔long run) ► There is a risk of faster inflation in the short run. 短期的にはインフレの進行が早まる危険性がある

short-run a 短期的な (=short-term)

short sale 空売り [○株価下落を見越して, 現実には所有していない証券を借りて売却し, 後日もっと安い価格で買い戻し, 値ざやを稼ぐ行為]

short seller 空売りする人
short selling 空売り
short squeeze ショートスクイーズ, ショートカバーによる上昇 [○思惑と異なり, 相場が上昇し始めたため, 空売りしていた向きが, 損失拡大を防ぐため決済に必要な証券を買うことから引き起こされる]

short-staffed a 人手[人員]不足の
short-term a (比較的)短期間の; 短期的 ► focus on short-term results at the expense of long-term strategy 長期戦略を犠牲にして短期的な業績に焦点を合わせる

short-term bond 短期債 [○満期が数年以内の債券]

short-term capital 短期資本
short-term contract 短期契約 ► They are on short-term contracts. 彼らは短期契約で雇われている

short-term credit 短期信用
short-term debt 短期借入金, 短期債務 ► use the proceeds from the sale to repay short-term debt 売却手取額を使って短期負債を返済する

short-term finance 短期金融
short-term financing 短期資金調達, 短期金融

short-term funds 短期借入金, 短期運用資金

short-term gain 短期キャピタルゲイン [○通常, 保有期間が1年に満たない資産の売買益を言い, 税制上長期のものより税率が高い]

short-term insurance 短期保険
short-term interest rate 短期金利
short-term investment 短期投資
short-termism n 短期志向 ► Are there any plans to combat short-termism among investors? 投資家たちの間にある短期収益主義と戦う方法がありますか

short-term lease 短期リース
short-term liability 短期負債
short-term loan 短期貸付金
short-term monetary asset 短期貨幣性資産

short-term money market 短期金融市場 [○短期間に資金を融通し合う金融市場]

short-term policy =short-term insurance

short-term securities 短期証券
short time 操業短縮, 操短 ► The workers were put on short time. 従業員は操業時間を

短縮させられた

short-time working 操短(=操業時間短縮), 操短労働

short ton 小トン[○常衡2,000ポンド(907kg)]

shot /ʃɑt/ n 発射; 試み, 企て; 当て推量; 見込み, 勝ち目 ► a 10-to-1 shot 10対1の賭け率

a big shot 《略式》大物, 有力者 ► He acted like a big shot after he got his promotion. 昇進後, 彼は大物のように振る舞った

a long shot 《略式》起こりそうもないこと ► It's a long shot to think that we can increase our market share by 30% in just a year. たった1年で当社の市場シェアを30%増やせると考えるのは無理な話だ

a shot in the arm 《略式》元気を回復させるもの, 刺激するもの ► The new business will give the local economy a shot in the arm. その新事業は地元産業を生き返らせるだろう

call the shots 《略式》支配する, 監督する ► It's the CEO who ultimately calls the shots. 最終的に決定を下すのはCEOだ

give it a shot やってみる ► I think you'd be great for the job, so why don't you give it a shot? 君はその仕事にぴったりだと思う. だから, やってみたらどうか

like a shot ただちに

Not by a long shot. とんでもない

take [have] a shot at をやってみる

shotgun n 散弾銃; (車の)助手席[○米国で西部開拓時代に駅馬車の助手席に散弾銃を持った護衛係が乗っていたことから] ► ride shotgun 助手席に乗る/Shotgun. 助手席は私が乗ります

should /ʃəd/, 《強》/ʃʊd/ aux v shallの過去;(義務・当然) …しなくてはならない, すべきである, したほうがいい; (一人称主語で仮定条件に対する帰結)…だろう(に), するであろう(に); (一人称主語で遠慮・婉曲)…だろう, 私としては…するが; (条件節で強い仮定)万一にも…; (it ... thatで形容詞の後に)…とは

► I **should** say 言ってみれば/What **should** I do? どうしたらいいか/It is strange that he **should** say so. 彼がそう言うとは妙だ/We **should** discuss the issue of outsourcing. アウトソーシングの件を話し合うべきだ/**Should** you have any questions, please feel free to contact us. 質問があれば, 遠慮なくご連絡ください/The candidate **should** have a post-graduate qualification in economics or finance with a minimum of five years of work experience. 応募者は経済学または金融論で大学院課程の資格を持ち, 少なくとも5年の実務経験を持っていなければならない/You **should** make your reservation early. 予約は早めにしておきなさい/As a rule of thumb, you **should** keep your résumé to one page. 実際的な目安として, 履歴書は1ページに収めなさい/You **should** change your money when the exchange rate is more favorable. 為替レートがもっと有利なときに両替しなさい/Provided you have a good credit rating, you **shouldn't** have any problems getting a credit card. 良好な信用格付を持っていれば, クレジットカードを取得するには何の問題もないはずだ/Banks **should** build up more capital to buffer against economic downturns. 銀行各社は景気の下降による衝撃を緩和するために資本を増強すべきだ

〖成句〗***I should like to do*** …したい **should have been** であった[されていた]はず[だろう] **should have done** するべき[はず]であった; していただろう; したとは[のは]

shoulder /ʃóʊldər/ n 肩; (瓶・山などの)肩 ► The responsibility rests on his shoulders. 責任は彼の双肩にかかっている

give [turn] the cold shoulder to a person 《略式》(人を)冷たくあしらう

have broad shoulders 大いに頼りになる

put [set] one's shoulder to the wheel 目的に向かって努力する

shoulder to shoulder 肩を並べて; 協力して; 密集して

— vt 肩で押す; 担ぐ, 背負う; 引き受ける ► Taxpayers will shoulder the burden of increased government spending. 納税者は政府支出の増大という重荷を負担することになるだろう

shout /ʃaʊt/ v 大声でしゃべる(*that*); 叫ぶ(*out*); どなる; 大声で呼び掛ける(*for, to*); 《豪略式》酒をおごる; (Eメールで)すべて大文字で書く ► The boss lost his temper and shouted at his staff for no reason. 上司はかんしゃくを起こして, 理由もなく部下を怒鳴りつけた/He kept offering suggestions during the meeting, but got shouted down every time. 彼は会議の間ずっと提案を出し続けたが, そのたびに大声で反対された

All is over but [bar] the shouting. 勝負の山は見えた

shout ... from the rooftop を世間に吹聴する

— n 叫び, 大声;《英・豪略式》ただ酒, おごり

give a person a shout 《略式》(人に)知らせる

Shout 《商標》シャウト[○米国の染み取り剤. スプレー式や洗濯の前にすりこむものがある]

Shout Color Catcher 《商標》シャウト・カラー・キャッチャー[○米国の洗濯用品. 色物を洗うときに一緒に洗濯機に入れると色を吸い取ってくれるシート]

shouting n (Eメールで)すべて大文字で書くこと ► Shouting is hard to read. 全部大文字だと読みにくい

show /ʃoʊ/ (~**ed**; **shown**, ~**ed**) vt 見せる, 示す(*to*); 現れる; 出品する, 展示する; 上映する, 上演する; 教える; 案内する(*around*); (感情を)表に出す; (事が)示す; (計器が)指す ► The new condominiums are being shown to the public. 新しいマンションは公開分譲中だ/The sales figures show a positive trend. 売上高の数字は好ましい傾向を示している

— vi 見える, 現れる; 目立つ; 興行する;《略式》(人が)現れる, 出席する

... and it shows 《略式》…であることが一目瞭然だ

have nothing to show for it それ[努力の跡]を示すものが何もない

have ... to show for (時間・労力に対する)成果と

して…を得ている
it (just) goes to show (you) (that) / it just shows (that) だということがよく分かる ► It just goes to show you that customers will choose design over function. 消費者は機能よりデザインを選ぶことが，これでよく分かる
show off 見せびらかす；引き立たせる
show oneself 現れる；顔を見せる；自分が…であることを示してみせる 《*to be*》 ► He showed himself equal to the task. 彼は自分がその仕事を十分こなせることを証明してみせた
show over [(a)round] くまなく[ぐるりと]案内する ► I'd like to show you around our factory. 当社の工場をご覧いただきたいのですが
show up 目立つ；《本性が》現れる；《略式》姿を現す；暴く 《*as, for, to be*》；《英》《人に》恥をかかせる ► He didn't show up for work yesterday. 彼は昨日仕事に来なかった / The effects of consumer spending are showing up. 消費者支出の影響は現れ始めている
━ *n* 表すこと；誇示；展示会；映画；テレビ[ラジオ]番組，ショー，見せ物，興業；目立つ人[もの]；外観，見せかけ；徴候，兆し，《略式》機会
a show of hands 挙手による票決 ► by a show of hands （採択で）挙手で（✚The motion was passed on the show of hands.（動議は挙手で可決された）のようにも用いられる）/ Let me see a show of hands. 賛成なら挙手をしてください / Let's have a show of hands. それでは挙手で決めましょう
be on show 展示中である
get the [this] show on the road 《略式》計画[事業，仕事]を開始する ► Get this show on the road. 《略式》さあ，《仕事などを》始めよう
give the (whole) show away 《略式》内幕を暴露する
put up a good [poor] show よい[悪い]出来栄えである
run [boss] the show 事を取り仕切る ► The boss is running the whole show. 社長が全部取り仕切っている
steal [walk off with] the show 人気をさらう
show biz 《略式》＝show business
show business ショービジネス
show-card *n* （陳列商品の横に置く）説明カード
showcase *n, vt* 陳列用ガラス箱；ひな型展示，一覧；映える[目立つ]ように見せる
showing /ʃóuiŋ/ *n* ❶展示；外観；出来栄え；《事実などの》説明；《業績などの》成績 ► make a good [bad] showing 出来がいい[悪い] / The company made a strong showing in overseas sales last quarter. その会社は前四半期に海外の売上高について好成績を残した / The economy contracted by 3% last year, its worst showing over the last five years. その国の経済は昨年3%縮小したが，これは過去5年間で最悪の成績だ ❷【法律】弁明，立証 ❸ショーイング[⇨屋外広告の取引指標．居住者すべてに到達する100ショーイングから75, 50, 25ショーイングまである]

showpiece *n* 展示物[品]；優れた見本
showroom *n* 陳列室 ► Visitors to car showrooms are dwindling as consumers are watching their spending. 消費者が財布の紐を締めているので，車のショールームに行く人は次第に減っている
show window ショーウインドー
shred /ʃred/ *n* 切れ端，断片；《a～》《通例否定文で》わずか
not a shred of のかけらもない
━ *v* （**-ded**）**;-dd-**）ずたずたに裂く[なる]，《書類を》シュレッダーで寸断する
shredder /ʃrédər/ *n* 書類寸断機，シュレッダー ► feed into [put through] a shredder シュレッダーにかける
shrewd /ʃru:d/ *a* 抜け目のない，敏腕の，鋭い ► White is a shrewd businessman and has a shrewd idea of what will sell at this time. ホワイトは敏腕のビジネスマンで，目下何が売れるかを抜け目なく知っている
◇**shrewdly** *ad*
◇**shrewdness** *n*
shrink /ʃriŋk/ *v* （**shrank, shrunk; shrunk(en)**）縮む，縮ませる；尻込みする 《*away, back, from*》 ► The company's market share shrunk to 30%. 会社のマーケットシェアは30%に落ちた / The country's GDP shrank by 3.2%. その国の国内総生産は 3.2% 縮小した / The economy shrank at an annual 13.5% pace last quarter. その国の経済は前四半期に13.5%の年率で縮小した
━ *n* 尻込み；収縮；《略式》精神科医
shrinkage *n* ❶収縮；減少量[度]；低迷，冷込み ► continuing shrinkage of the domestic market 冷込みの続く国内市場 ❷《抜き荷・万引きなどによる》商品逸失
shrink-wrap *vt, n* 収縮包装（する）
shrink-wrap license シュリンク・ラップ・ライセンス[⇨主としてソフトウェアに使用されるライセンス．購入者がソフトウェアの入ったパッケージのシュリンクラップ（包装フィルム）を開封したときには，ライセンスの条項に同意したことになる旨を定める]
⇨end-user license agreement
shrink-wrapping *n* シュリンク包装[⇨包装したい物を薄いフィルムで覆った上に加熱圧縮させて固定する]
shrug /ʃrʌɡ/ *v, n* （**-gg-**）（肩を）すくめる（こと）
shrug away 受け流す ► I couldn't shrug the thought away. その考えを無視できなかった
shrug off 振り[脱ぎ]捨てる；《侮辱・質問を》受け流す ► As investors shrugged off gloomy economic signs, stocks across Asian markets rebounded yesterday. 投資家は景気の悲観的な兆候を無視したので，アジア市場の株は昨日反騰した
shuffle /ʃʌfl/ *v* 足をひきずって歩く 《*along*》；あちこち動かす 《*around*》；ごまかし逃れる ► The company shuffled its top management. その会社は経営の最高責任者を入れ替えた
shuffle off 無視する；《責任を》回避して転嫁する

(onto)
shuffle out of から逃げる
— *n* 足をひきずること; 言い逃れ; 内閣改造
shut /ʃʌt/ (~;-**tt**-) *vt* 閉じる, 閉める; 閉じ込める (*in*, *into*); (指・服を戸などに) 挟む (*in*)
— *vi* 閉まる, 閉じる
shut away 閉じ込める; 見えない所に保管する
shut down 閉める; 休業する; 閉鎖する ► We have to shut down the production line for retooling. 機械設備の再整備のために生産ラインを止めなければならない / Unprofitable business units have been shut down or sold to other firms. 赤字の事業部門を閉鎖するか, または, 他社に売却された
shut off (水道・電気を) 止める; 遮断する (*from*) ► Due to network problems, mobile phone service was shut off. ネットワーク上の問題で, 携帯電話サービスが中断した
shut oneself in 閉じ込もる; さえぎる
shut out 締め出す
shut up shop 閉店する
— *a* 閉じた
be [get] shut of を免れる, と縁が切れる
— *n* 閉じること; 閉店時間
shutdown *n* 休業, 閉鎖; 操業休止 ► The plant shutdown will mean loss of jobs for many in the local community. 工場の閉鎖はその地域の多くの人が失職することを意味する
shutout *n* 締出し; 工場閉鎖
shutter /ʃʌtər/ *n* よろい戸, 雨戸; (カメラの) シャッター
put up the shutters 閉店する; 店をたたむ
take down the shutters 店をあける
— *vt* よろい戸を閉める[付ける] ► The company shuttered five of its factories. 同社は製造工場のうちの5つを閉鎖した
shuttle /ʃʌtl/ *n* (米) (定期) 往復交通機関; 宇宙往復船 (=space shuttle)
— *v* 往復させる[する]
— *a* 近距離往復の
shuttlecock *n*, *v* (バドミントンの) 羽根; やり取りする
shuttle flight 近距離往復飛行(便)
shuttle service シャトルサービス, 往復輸送
shy /ʃai/ *a* (~**er**, **shier**; ~**est**, **shiest**) はにかみ屋の; 内気な; 臆病な (*about*); 用心深い (*of*); 嫌がる (*of doing*); (米略式) 不足している (*of*, *on*) ► nuclear-shy 核アレルギーの / publicity-shy 世間に知られたがらない / The company's reported earnings fell shy of forecasts. 同社が報告した収益は予測に達しなかった / He isn't shy about voicing his opinions at meetings. 彼は会議で意見を言うのを躊躇するような人ではない
fight shy of を避ける
look shy on [at] を疑いの目で見る
— *vi* 尻込みする
shy (away) from 尻込みする ► He's not one to shy away from a potential business opportunity. ビジネスチャンスがありそうなときに尻込みする男じゃない

shylock /ʃáilɑk/ *n* 高利貸し [⇒ 'The Merchant of Venice'の高利貸しの名から]
shyster /ʃáistər/ *n* (米略式) 悪徳弁護士
SI Système International (d'Unités)国際単位 [⇒ メートル, キログラム, 秒, アンペアなど] [<仏 (=International System of Units)]
SIA Securities Industry Association
SIAC Securities Industry Automation Corporation
SIBOR Singapore Inter-Bank Offered Rate
SIC Standard Industrial Classification (by U.S. Department of Commerce)
sick /sik/ *a* ❶ 病気の; (顔色が) 青白い; 嫌になって (*of*); 待ちこがれて (*for*); 病人の; (略式) 不健全な ❷ (市場が) 不活発状態で, (経済の) 動きが鈍い ► Without government intervention, sick financial companies are doomed. 政府の介入がなければ, 経営難の金融会社は破綻する運命にある
be worried sick [sick with worry] (略式) ひどく心配している
call in sick 病欠の電話をする ► He called in sick to work this morning. 彼は今朝病気で休むと電話をしてきた
fall [take, be taken] sick 病に倒れる
get sick 病気になる
off sick (英) 病気[けが]で休んで ► Two employees were off [(米)out] sick with the flu. 2人の従業員が流感で病欠した
sick and tired of にうんざりして ► I'm sick and tired of this job. この仕事には飽き飽きだ / I'm sick and tired of coming into work on weekends. 週末に出勤なんて, うんざりだ
sick building syndrome シックハウス症候群 [⇒ 頭痛やめまいなどの症状で, ビル内で過ごした時間と関連がありそうなものを指す。原因を特定できない点でビル関連病(BRD)と区別される]
sick day 病気欠勤 (❖ 通例, 有給) ► I'm going to take a sick day today. 今日は病欠するつもりだ
sickie *n* (英略式) 病気欠勤 [⇒ sick dayのインフォーマルな言い方]
sick leave 病気休暇
sickness /síknis/ *n* 病気; 吐き気, むかつき; 疾病
sickness benefit (英) 疾病給付 (=sick pay)
sickness insurance 疾病保険 [⇒ 病気による休業中の所得を補償する保険]
sick note (英) (病気休暇のための) 診断書
sickout *n* 病欠スト ► They won't give us any raises and we're planning a sickout. 会社は賃上げをしてくれないので, われわれは病欠ストを計画している
sick pay 病気休暇手当; 疾病給付
side /said/ *n* ❶ 側面; 斜面; 舷側; (物体の) 面; 横腹, わき腹; そば, わき; (対立する2者の) 一方の側; (血統の) 系, …方(かた); ページ, 枚数 ► He handles the administrative side of the business. その事業の管理面を取り仕切っている

❷ [会計] (貸方・借方の) 方, 側
by the side of のそばに[へ]; と比較すると
criticize a person up one side and down the other (人を) ひどく批判する
from all sides あらゆる方向[人々]から ► The company faces competition from all sides. その会社は各方面からの競争に直面している
get on a person's good [bad] side (人の) 気に入る[(人に) 嫌われる]
leaving ... to one side を別にすれば
on all sides / on every side 四方八方で, あらゆる所
on a person's side (人に) 味方して ► I'm on your side in this issue. この問題では君の味方だ
on the ... side 多少…の, …気味の
on the side 内職として; 余分に, 別に ► He works on the side as waiter to earn some extra money. 余分の収入を得るために, 副業でウェイターとして働いている
on the side of を支持して; の側に ► In accounting, it's better to err on the side of caution. 会計については, 慎重過ぎるほうが不注意よりもよい
put [set] ... on [to] one side を横へどける
put on side 《英略式》金持ち[上品]ぶる
side by side 並んで; 並存して; 協力して ► University and company researchers worked side by side to develop the new drug. 大学と企業の研究者は協力して新薬の開発に取り組んだ
take sides 一方を支持する
this side of のこちら側で; の以前に; の一歩手前, ほとんど…で
— *a* 側部[側面]の, わきの; 片方への; 副次的な, 付け足しの ► a side issue 副次的な問題
— *vt* に側面を付ける
— *vi* (に) 味方[支持]する《*with*》; (に) 反対する《*against*》

sidebar *n, a* 補足(記事)の, 関連記事; 判事と弁護士の協議

sideline *n* 側線; 副業, 内職; (商店の) 専門外取扱品
on the sidelines 傍観するだけで[の] ► While buyers are sitting on the sideline, the number of unsold homes keeps rising. 買手が手控えている間に, 売残りの住宅の数は増え続ける / The Fed can no longer afford to sit on the sidelines in interest rate policies. FRBは金利政策でもはや傍観者の立場をとることはできない
wait on the sidelines 出番を待ち構える

sideshow *n* 付け足しの出し物; 二次的な事件

sidestep *v* (-pp-) 横へ1歩寄る; (問題を) 避ける

sidetrack *v, n* 側線[待避線](に入れる); (主題から) そらす[それる] ► I think we're getting sidetracked here. 横道にそれていると思うよ

sidewalk *n* 《米》歩道 (=《英》pavement)

sidewalk café オープン・カフェ, 歩道上カフェ, 屋外カフェ

sideway *a, ad* =sideways

sideways *a, ad* 横から; 横へ[に]; 横への; (相場が) 横ばいで ► The stock has been drifting sideways for the last two quarters. 株式相場は過去2四半期にわたって横ばいで漂流してきた

knock [throw] ... sideways 《略式》を呆然とさせる

Siemens 《~ AG》シーメンス [➡ドイツの総合電機メーカー. 情報通信機器, オートメーション制御システム, 発電機器, 医療機器などを取り扱う. 1847年創立. 日本の富士通とFujitsu Siemensにてコンピュータを製造]

Sierra Club 《the ~》シエラ・クラブ [➡米国の環境保護団体. ハイキング・ツアーなどで野生, 自然について教育するとともに環境保護のための政治活動も行っている]

SIFMA Securities Industry and Financial Markets Association

sig file [ˈsɪɡ-] 署名ファイル, シグネチャ [➡自分のメールの末尾に貼り込む定型文をファイルとして登録し, 自動的に付加されるようにしたもの]

sight /sait/ *n* ❶ 一見; 見ること; 視界; 見解; 景色, 光景; 見もの; 《a ~》《略式》たくさん, (副詞的に) ずっと ► tourist sights 観光名所 ❷ (手形・小切手の) 一覧, 債務者[振出人]への提示 ► a draft payable at two months after sight 一覧後2か月払いの手形 ❸ 商品展示会 [➡宝石など卸売業者のために定期的に開催されるもの]

at first sight 一目で, 一見したところ
at sight 見てすぐに; 一覧(払い)で, 提示しだい
catch [get] sight of を見つける
come into sight 姿を見せる, 見えてくる
have [get] ... (lined up) in one's sights にねらいをつけている
in my sight 私の見るところでは
in [within] sight 見えて; 近づいて ► The economy is getting even weaker, with no improvements in sight. 景気はさらに低迷し, 改善の兆しは見えない / The bottom may be in sight for the worst economic recession in decades. ここ数十年で最悪の景気後退も底が見えてきたかもしれない
keep ... in sight を見失わない ► We need to keep our long-term goals in sight. 長期的目標を見失わないようにすることが必要だ
keep one's sights firmly fixed on にしっかりねらいをつけておく
know ... by sight を見知っている
lose sight of を見失う ► Our company cannot lose sight of our commitment to quality. わが社は品質へのこだわりを見失ってはならない
on sight =at sight
out of sight 見えない所に《*of*》; 《米略式》素晴らしい (=outasite) ► Out of sight, out of mind. 《諺》去る者日々に疎し
set one's sights on を手に入れようとする
sight unseen 現物を見ずに, 相手任せで
take a sight ねらう
— *vt* ❶ 見つける, 認める; 観測する; ねらいを定め

sight bill

る ❷（手形などを振出人に）呈示する，（支払のため）一覧払手形を呈示する

sight bill 一覧払(為替)手形［⇨呈示があればただちに満期が到来し，支払を要する為替手形］

sight deposit 要求払預金

sight draft =sight bill

sightseeing n, a 見物，観光(の) ► We went sightseeing in Shanghai. 私たちは上海観光に出かけた

◇**sightseer** n 観光客

sigma n シグマ(Σ)［⇨品質の単位］ ⇨Six Sigma

sign /sain/ n 符号；記号；身ぶり，手まね，合図；標示，標識；看板；しるし，徴候《that》 ► I saw a "Help wanted" sign in the shop. その店で求人の広告を見た / The economy is beginning to show signs of recovery. 景気回復の兆しが見え始めている / Credit markets are showing no signs of thawing. 信用市場は雪解けの兆候を見せていない

a sign of life （経済の）活気

a sign of the times 時勢の表れ[反映]

There are signs that という兆し[形跡]がある ► There are signs that the economic slowdown will worsen. 景気の減速はさらに悪化する兆候がある

There is no sign of の兆し[形跡]がない ► There is no sign of inflationary pressures. インフレ圧力の兆しはない

— vt 署名する；身ぶり[手まね]で知らせる，合図する；サインして契約する[雇う] ► Don't forget to sign the check. 小切手にサインするのを忘れないように / Sign on the dotted line. 点線の上に署名しなさい / All the documents will be signed, sealed, and delivered by Wednesday. すべての書類は署名，封入して水曜日までに届けられるでしょう / Provided that they don't take back their offer, we'll sign the agreement next week. 先方がオファーを取り消さなければ，契約書には来週サインする 📄 This Contract shall become binding and enforceable against BUYER when signed or accepted by BUYER or its agent. 本契約は「買主」またはその代理人が署名または承諾したとき，「買主」に対する拘束力および強制力が生じるものとする

— vi 署名する；契約する，契約書に署名して雇われる《with》；合図する《to a person to do》

sign away [*over*] 文書に署名して処分する［譲り渡す］

signed and sealed 署名捺(なつ)印した

sign for に受領［同意］の署名をする

sign in 到着の署名をする；署名して(非会員で)入場させる

sign into law 署名して法律を発効させる

sign off 破棄する，関係を絶つ；（署名して手紙を）終える；放送を終了する；認可する《on》

sign on （契約書などに従い）雇われる［雇う］；放送開始を告げる；《英》失業者として名前を登録する

sign out 外出の署名をする；署名して借りる

sign over 署名して売却［譲渡］する ► The artist agreed to sign over distribution rights to his music. アーティストは自分の演奏した音楽の販売権を譲渡する契約を結ぶことに同意した

sign up （組織などに署名して）加わる，参加する；申し込む；（の）購入契約の署名をとる《for》；契約を結ぶ ► Eligible employees can sign up for health insurance coverage. 資格のある従業員は健康保険プランに加入することができる / During the holiday season, almost half a million customers signed up for store credit cards. ホリデーシーズンの間に，50万人近くの顧客がストア用クレジットカードを申し込んだ

signage /sáinidʒ/ n 看板，表示 ► signage with the company logo 会社のロゴの入った看板

signal /sígnəl/ n 信号；合図；きっかけ《for》 ► an alarm signal 警報 / The recent surge in stock prices was viewed as a signal of economic recovery. 最近の株価の急上昇は，景気回復の兆しと見なされた / Our main client is sending conflicting signals as to whether he will retain our services. われわれのサービスを契約してくれるのかどうかについて，当社の主要取引先は曖昧な態度をとっている

— a 信号(用)の；顕著な；素晴らしい ► a signal success 大成功

— v 《英》-ll-) 信号[合図]で伝える《to a person to do》；のしるしである《that》 ► Japan's decline in industrial output signals that the economy is slipping faster than expected. 日本の工業生産高が減少していることは景気が予想より速いペースで落ち込んでいることを告げている / Increased consumer spending seems to be signaling a recovery in the economy. 消費者支出の増加は景気の回復を告げているように見える

◇**signalize,** 《英》**-ise** vt 目立たせる；信号で伝える

◇**signally** ad 著しく

signatory /sígnətɔ:ri | -təri/ a 署名[調印]した

— n 署名人，（転じて）当事者，当事国；条約調印国；加盟国

signature /sígnətʃər/ n ❶ 署名；標識；固有の特徴 ► affix one's signature 自分の署名を付する / put one's signature to にサインする / Here's the letter for your signature. これが署名をお願いしたいレターです / Apparently, the signature is forged. どうやら，その署名は偽造らしい ❷ 調印［⇨条約や協定などの公文書に，それに関係する当事国の代表者が署名すること］ ❸ シグ［⇨印刷広告要素の一つでマークやロゴタイプの部分］

— a 特徴的な，目玉的な，代表的な

signature brand 旗艦ブランド［⇨その会社の各製品カテゴリーを代表する主力ブランド．flagship brandに同じ］

signature file （Eメールの）署名用ファイル

signature loan 無担保ローン［⇨署名しさえすれば融資が決まることから］

signboard n 看板; 掲示板
significance /sigiífikəns/ n 重大性; 意味(深さ) ▶ of great significance 重大な
significance level 〔統計〕有意水準 (=level of significance)
significance test 〔統計〕有意性検定 (=testing statistical hypothesis)
significant /sigiífikənt/ ad 重大な; 意味深い; 重要な, 意義のある; 著しい ▶ There was a significant reduction in the number of staff turnover last year. 昨年中に退職した社員の数は大幅に減少した / Productivity has shown a significant improvement recently. 最近になって,生産性は目に見えて改善された
◇**significantly** ad 意味ありげに; 著しく; 意味深いことに ▶ The unemployment rate rose significantly in January. 1月の失業率は大幅に上昇した / Growth in home appliance sales is expected to decline significantly this year. 家電製品の売上高の伸びは今年は大幅に落ち込むと予想されている
signify /sígnəfài/ v 示す; 前兆となる; 重要である ▶ The market's shutdown signifies anxiety among investors. マーケットの活動停止は投資家たちの心配の現れだ
sign-in n 署名運動
signing /sáiniŋ/ n 署名, 調印 ▶ The formal signing took place on December 1. 正式調印は12月1日に行われた
sign-up n 申込み ▶ Go to our sign-up page and complete the form. 申込みページに行き,申込書にご記入ください
silence /sáiləns/ n 静けさ; 無言, 沈黙; 黙殺, 秘密
in silence 黙って, 音をたてずに ▶ He passed over the matter in silence. その問題には何も触れずにおいた
— vt 沈黙させる ▶ They attempted to silence the rumors. 彼らはそのうわさを鎮めようとした
◇**silencer** n 沈黙させる物[人]
silent /sáilənt/ a 静かな; 音をたてない; 無言の; 無口な; 活動していない
◇**silently** ad
silent majority (the ~) 声なき大多数, 声なき声, サイレント・マジョリティー 〔⇨公の場で自分の意見表示をしない大衆の多数派〕
silent partner 〔米〕サイレント・パートナー 〔⇨利益分配のみに関わり,事業経営には関わらず,したがって対外的に名の出ない共同出資者〕
Silex 〔商標〕サイレックス 〔⇨耐熱ガラス製コーヒー沸かし〕
silicon /sílikən/ n シリコン, ケイ素
silicon chip 〔コンピュ〕シリコンチップ
silicone /sílikóun/ n シリコーン 〔⇨有機ケイ素化合物の重合体の総称〕
Silicon Fen シリコン・フェン 〔⇨英国ケンブリッジ周辺のハイテクエリア〕
Silicon Glen シリコン・グレン 〔⇨ハイテクエリアとしての英国スコットランド〕

Silicon Valley シリコン・バレー 〔⇨San Francisco 近郊のコンピュータ産業密集地〕
silk /silk/ n ❶ 絹糸; 絹布; (~s) 絹製の衣服, 〔英〕(勅選弁護士の)絹製のガウン ▶ raw silk 生糸 / You cannot make a silk purse out of a sow's ear. 〔諺〕豚の耳で絹の財布は作れない; 粗悪な材料で立派なものは作れない ❷ 〔英〕勅選弁護士(Queen's Counsel)の俗称
take silk 〔英〕勅選弁護士になる
◇**silken** a 〔文〕絹の(ような); 光沢のある; ぜいたくな
Silk 〔商標〕シルク 〔⇨米国の豆乳および豆乳製品のブランド〕
silly /síli/ a ばかげた; ばかな; 〔米略式〕気が遠くなって ▶ The boss has made a lot of silly mistakes. 上役はばかげた間違いをたくさんやっている
◇**silliness** n
Silly Putty 〔商標〕シリーパティー 〔⇨伸縮・変形などが自由自在にできる粘土様のもの. おもちゃ用〕
silver /sílvər/ n 銀; 銀貨; 銀器
— a 銀の; 銀製の; 銀色の; 雄弁な
— v 銀をかぶせる, 銀めっきする; 銀色にする[なる]
silver bullet 〔米略式〕万全の解決策, 特効薬 (*for*) ▶ There is no silver bullet for this problem. この問題にうまい解決策はない
silver market シニア市場 〔⇨シニア世代の消費者層〕
silver surfer シルバーサーファー 〔⇨50代以上のネット利用者〕
SIM card SIMカード 〔⇨契約者情報の記録された携帯端末用ICカード. ユーザーは海外で携帯をレンタルしてこのカードを入れると,いつもと同じ番号で受発信やメールのやりとりができる〕
SimCity 〔商標〕シムシティ 〔⇨マクシス社の開発したコンピュータゲーム〕
similar /símələr/ a 類似した; 相似(形)の (*to*) ▶ Similar efforts have been successful for other agricultural projects. 他の農産品については同様の努力がうまい成果を収めてきた / Countries with similar economic goals form trade agreements. 同じような経済目標を掲げる国々が貿易協定を締結する / Other manufactures have stepped in with similar products. 他のメーカーも類似の製品で割り込んできた
◇**similarly** ad 同様に ▶ The cost of food has gone up. Similarly, fuel prices have risen considerably. 食費が上昇した. 同様に燃料費もかなり上昇している
similarity /sìməlǽrəti/ n 類似, 相似; 類似[相似]点 ▶ The two products bear little similarity to each other. その2つの製品は互いにほとんど似ていない / There are striking similarities between the two models. その2つの機種の間には顕著な類似点がある
simple /símpl/ a ❶ 単純な, 簡単な; つつましい, 素朴な; 無学の; お人よしの; 純然たる, まったくの; 誠実な; (身分が) 低い; 取るに足らない ▶ a simple life (田舎の) 質素な生活 / The appeal

of the product is its simple design. その製品の魅力は簡潔なデザインだ ❷【金融】単純な, 単一の ▶ a simple average yield 単純平均利回り ❸【法律】(1) 単純な [○口頭のまたは捺印, 記録によらない契約などに用いる] (2) 絶対的な, 無条件の
as simple as that まったく簡単な[で]
pure and simple まったく
— *n* 単純なもの, 単一体, 単体; ばか者

simple interest 単利 [➡複利のように利息に利息がつかず, 元金だけに利息がつく計算方法]

simple random sample 【統計】単純無作為標本

simple random sampling 【統計】単純無作為抽出

simplicity /simplísəti/ *n* 平易; 単純; 簡素
be simplicity itself 極めて簡単だ

simplification /sìmpləfikéiʃən/ *n* 単純化; 簡素化

simplify /símpləfài/ *vt* 単純にする; 簡単[平易]にする ▶ We're looking into ways to simplify the manufacturing process. 製造工程を単純化する方法を調べている

simply /símpli/ *ad* 簡単に; 素朴[質素]に; 単に; まったく, 断然 ▶ We simply cannot afford to hire any more workers. とてもじゃないが, これ以上人を雇う余裕はない / He simply refused to compromise during the negotiations. 交渉の間, 彼は頑として妥協しなかった
simply because …というだけの理由で
to put it simply / ***simply put*** 簡単に言うと

simulate /símjuleit/ *vt* 振りをする, 装う; まねる; シミュレーションを作る ▶ The training includes role-plays that simulate actual negotiations. トレーニングには実際の交渉をシミュレーションしたロールプレーイングが含まれます
◇**simulant** /-lənt/ *a* まねる
◇**simulative** *a*
◇**simulator** *n* 模擬[実験]装置

simulation /sìmjuléiʃən/ *n* 振りをすること; 擬態; 模擬実験, シミュレーション ▶ simulation games 人間被験者を用いたシミュレーション

simultaneous /sàiməltéiniəs | sìm-/ *a* 同時の, 同時に存在する[起こる] (*with*)
◇**simultaneity** /-təní:əti/ *n*
◇**simultaneously** *ad* 同時に ▶ We plan to launch the product simultaneously in Asia and Europe. その製品をアジアとヨーロッパで同時に発売する計画だ / Addressing the dual threats of the climate change and financial crisis could simultaneously boost the economy and lower carbon emissions. 気候変動と金融危機の二つの脅威に対処することで景気の回復と炭素排出量の削減を同時に達成できるかもしれない
◇**simultaneousness** *n*

simultaneous interpreter 同時通訳者 ▶ We've hired a simultaneous interpreter for the meeting with our Chinese clients. われわれは中国人のクライアントとのミーティングのために同時通訳者を雇った

sin /sin/ *n* (道徳上・宗教上の) 罪; 違反 《*against*》
It's a sin to do …するのはばちが当たる ▶ It would be a sin to waste taxpayers' money. 納税者の金を無駄にするのは罰当たりだ
It's no sin to do …するのはかまわない
— *v* (-nn-) 罪を犯す 《*against*》

since /sins/ *ad* それ以来ずっと; その後
▶ He has **since** landed a new job. その後, 彼は新しい職に就いた / The company has **since** shaved a third of its workforce. その後, 同社は従業員の3分の1を削減した
成句 ***ever since*** 以来ずっと ***long since*** ずっと前に ***not long since*** つい最近
— *prep* …以来ずっと
▶ The US economy has contracted at its most rapid pace **since** WWII. 米国の経済は第2次世界大戦以来もっとも速いペースで縮小した / Wall Street had its best three-day run **since** April. ウォール街は4月以降で最高の業績を3日続けて経験した
成句 ***since then*** それ以来
— *conj* …して以来ずっと; …の故に, なので (*as*)
▶ **Since** it was established, the company has grown quickly. 設立以来, その会社は急速に成長している

sincere /sinsíər/ *a* 誠実な 《*in*》; 真実の
▶ Please accept my sincere sympathy with you in your sorrow. ご愁傷のほど, 心からご同情申し上げます / Please accept our sincere apologies for the delay. 遅れましたことにつき, 心からお詫び申し上げます

sincerely /sinsíərli/ *ad* 心から ▶ I sincerely hope our business relationship will flourish. 両社の取引関係が繁栄することを心から願っています
Sincerely (yours) / ***Yours sincerely*** 敬具 (✤ 私信の結句. ビジネスレターの結句としては米国では Sincerely または Kind regards がもっとも普通で無難とされる)

sinecure /sáinikjùər/ *n* 閑職, 名誉職

sine die /sáini dáii/ 無期限に [<ラ 'without day']

sine qua non /sáini kwei nán/ 不可欠のもの(条件), 必須条件[要件] [<ラ 'without which not']

Singapore Inter-Bank Offered Rate シンガポール銀行間取引金利 (SIBOR) [○シンガポール銀行間市場における出し手金利]
⇨ LIBOR, London Inter-Bank Offered Rate

single /síŋgl/ *a* ただ一つの; 1人用の; 独りの; 独身の; 誠実な; ひたむきな; (英) 片道の; 比類のない
▶ a single room 1人部屋 / the single most important issue 唯一のいちばん重要な問題 / We hope inflation will drop to single figures next year. インフレ率が来年1桁まで下がってくれればよいのだが / He did not say a single word during the meeting. 会議の間中, 彼は一言も口をきかなかった / Tariffs are the single most impeding factor in free trade. 自由貿易でもっとも邪魔になる要素を一つ挙げるとすれば, それは関税だ

every single day 毎日 ► We receive hundreds of inquiries from customers every single day. 毎日必ず顧客から何百という問合せを受けている

in single figures [***digits***]（数字ガ）1桁台で
— *v* 選び出す（*out*）
— *n* 1個;（ホテルの）シングルルーム;（英）片道切符;（略式）1ドル[1ポンド]紙幣;（~s）独身者
◇**singleness** *n* 単一性, 単独性; 独身; ひたむきさ

single column centimeter SCC [◉広告スペースの単位（センチ）]

single column inch SCI [◉広告スペースの単位（インチ）]

single currency 単一通貨 [◉特定の経済領域で流通する共通の通貨] ► Europe moved toward a single currency. ヨーロッパは単一通貨に向かった

single-digit *a*（米）1桁の（=《英》single-figure）

single digits（米）1桁（=《英》single figures）

single-entry bookkeeping 単式簿記（⇔double-entry bookkeeping）

Single European Act（the ~）単一欧州議定書（SEA）[◉欧州経済共同体設立条約を大幅改正した条約. 1986年調印, 1987年発効]

single fare 片道料金

single-figure *a*（英）=single-digit

single figures（英）=single digits

single-handed *a, ad* たった1人の[で]

single-handedly *ad* たった1人で

single life annuity 単生年金（=single life pension）（⇔joint life annuity, multiple life annuity）

single life insurance 単生生命保険（=one-policy-per-person life insurance, single life policy）（⇔joint life insurance, multiple life insurance）

single market 単一市場 [◉加盟国間のヒト・モノ・カネの動きが基本的に自由である経済圏]

single-minded *a* ひたむきな; 誠実な ► The factory manager worked with single-minded determination. 工場長はひたむきな決意で仕事をした

single premium 一時払保険料, 保険料一時払（=one premium, single-pay(ment) plan）

single-source *v* 単一調達を行う [◉調達先を1社に限定して資材・商品を仕入れること]

single sourcing 単一調達先（からの仕入）

single tax 単税, 単一（物件）税 [◉国庫財源として一種類の物件に課する租税だけで構成されている租税体系]

single ticket（英）片道切符

single-use *a* 使い切りの ► a single-use digital camera 使い切りのデジタルカメラ

sink /síŋk/（sank,《時に》sunk; sunk,《まれ》sunken）*vi* ❶ 没する, 沈む（*to, below*）; 落ち込む（*into*）; 下がる, 落ちぶれる; 弱まる（*down*）; 衰弱する; 減る; 低くなる; しみ込む（*in, into*）; 傾斜する（*to, toward*）► My heart sank. がっくり気落ちした / The level of service at the hotel had sunk. そのホテルのサービスの水準はすっかり落ちていた / The economy is unlikely to sink into a recession. 経済が景気後退に落ち込むことはなさそうだ ❷【金融】減債する
— *vt* 落とす, 沈める; 埋め込む（*down, into*）; 掘る; 彫る, 刻む; 減らす; 低く[弱く]する; 隠す; 無視する; 投資する ► sink a well 井戸を掘る / The greater part of his property had been sunk in speculation. 彼は財産の大半を投機で失ってしまっていた

a [*that*] *sinking feeling* 嫌な感じ[予感]

be sunk（略式）大変なことになる

sink in 理解[実感]され始める, 浸透する

sink like a stone [*rock*] 底に沈む;（人気ガ）すぐになくなる

sink oneself in [*into*] に没頭する

sink or swim いちかばちか ► In this job, it's sink or swim. この仕事はいちかばちかだ
— *n*（台所の）流し; 下水溝; 汚水だめ; 炭酸ガスを吸収する森林（=forest sink）

sinking fund 減債基金 [◉債務などの償還に備えて発行会社が定期的に積み立てる基金. 満期前に流通している債券をこの資金で買入消却すれば, 満期時の返済負担を軽減できる]

Sinopec Shanghai Petrochemical（~ Co., Ltd.）シノペック・シャンハイ・ペトロケミカル, 中国石化上海石油化工 [◉石油精製, 石油中間製品の製造のほか合成繊維, プラスチックの製造を行う]

sin tax 罪悪税 [◉たばこ・酒など一般に罪悪と見られるものに課す税]

Sinuiju Special Administrative Region /ʃinwiːdʒúː/（the ~）新義州特別行政区 [◉2002年朝鮮民主主義人民共和国（北朝鮮）が中朝国境における新義州に設置した経済特区]

SIPC Securities Investor Protection Corporation

siphon, syphon /sáifən/ *n, v* サイフォン（で吸い上げる, を通る）

siphon off (***from***)（利益などを）吸い上げる, 他に流用する ► Ask your bank to siphon off a set amount from your checking account at the same time each month and deposit that money in your savings account. あなたの当座預金口座から毎月同じ時に一定額を差し引いて, それを普通預金口座に預金するよう銀行に依頼しなさい

[くぎ: パイプ, 管]

sir /sər,（強）sə́ːr/ *n*（敬称・呼びかけ）先生; あなた, だんな, もし;《S-》卿（きょう）[◉knight またはbaronetの名（姓でなく）に付ける尊称]; 拝啓, 各位

Dear Sir 拝啓

Dear Sirs 拝啓, 各位, 御中

SIS strategic information system

sister company 姉妹会社 ► All of our sister companies are in the red. 当社の姉妹会社はどれも赤字だ

sit /sít/（sat; sat;-tt-）*vi* 座る, 着席する（*down, in, on*）; ポーズをとる（*for, to*）;（議員・判事の）職に就

いている; 位置[存在]する; 開会[開廷]する ► I sat at my desk all day answering phone calls. 一日中机に向かって電話の応対をしていた / Currently, the company's share price sits at $15. 現時点では、同社の株価は15ドルにとどまっている / In this country no goods sit on shelves to be touched or inspected. この国では、棚に並んでいる商品は触れたり手にとって調べたりしてはいけない / You have all your money sitting in a low-paying savings account. あなたのお金はすべて利子の安い普通預金口座に縛り付けられている
— *vt* 着席させる; 座らせる
not sit right with 腑(ふ)に落ちない
sit by 傍観する、無関心な態度をとる
sit down to (仕事を)熱心に始める
sit down under (冷遇などを)甘受する
sit in 参加する; (人の)代理をする(*for*)
sit loose [*loosely*] 冷淡である
sit on [*upon*] (委員会など)の一員である; (事件を委員の資格で)調べる; 《略式》を叱り飛ばす; を黙らせる; (提案などを)押さえる, の処置を遅らす ► He's sitting on his investments until the market goes back up. 相場が戻ってくるまで、彼は投資を塩漬けにしている
sit out 終わりまでいる; 加わらない; 結果をじっと待つ
sit still for をじっと我慢している
sit through 終わりまで我慢して見る ► I sat through a long and boring presentation. 長くて退屈なプレゼンテーションの最後までいた
sitting pretty 《略式》有利な立場の; ぬくぬくとして
sit up 寝ずに起きている; 《略式》興味を抱く (=sit up and take notice); びっくりする ► sit up late at night 夜ふかしする
sit well [*right*], *with* の腑に落ちる
sit with 《略式》に受け入れられる; の世話をする
sit-down *n*, *a* 座り込み(ストライキ)(の) (=sit-down strike) ► They're planning a sit-down strike. 彼らは座り込みストを計画中だ
site /sáit/ *n* ❶ 現場, 現地; 用地, 敷地, 立地 ► on site 現場に / a brownfield site 既存用地 / a building site 建築現場 / a greenfield site 新規造成地 / an industrial site 工業用地, 工業地区 / develop a site 用地を整備する / select a site 用地を選定する / We haven't decided on a site for the new factory. 当社は新工場の用地については何も決めていません ❷ ウェブサイト ► browse [set up] a site ウェブサイトを見る[作る]
— *vt* 位置させる
site license【ラ˗ˑ】サイトライセンス [⊃事業所に適用される割引料金のソフトウェア使用契約]
site planning 敷地計画, 配置計画
sit-in *n* (抗議などの)座り込み ► stage [hold] a sit-in 座り込みを行う
siting /sáitiŋ/ *n* 敷地割り, 敷地計画, 建物配置
sitting tenant 《英》居住中の借家人 [⊃賃貸物権譲渡の場合も退去を求めることのできない入居者を指す]
situate /sítʃuèit/ *vt* 置く, 位置させる
◊**situated** *a* 位置している, ある(*in*)
situation /sìtʃuéiʃən/ *n* 場所, 位置; 立場, 境遇; 形勢, 情勢, (困った)状況; 勤め口, 職; 決定的場面 ► hold [be in] a situation 勤めている / apply for a situation 求職する / leave one's situation 退職する / throw up a situation 勤めを辞める / If there's any change in the situation, I'll let you know. 状況に何か変化があれば、お知らせします / The employment situation is worsening. 雇用情勢はますます悪化している / With higher labor and fixed costs than their Asian competitors, the situation for Japanese chipmakers is grave. 競争相手のアジア諸国より労働力と固定経費が高いので、日本の半導体メーカーにとって情勢は深刻だ
situational /sìtʃuéiʃənl/ *a* 状況の
situational interview 状況設定インタビュー [⊃経験が浅くスキルもない人を主たる対象に、人物を見きわめるための状況を設定し、どう対処するかを尋ねる形式の面接]
situation analysis 状況分析 [⊃マーケティングの第一歩としてマーケットの三大要素である顧客, 競争相手と自社の状況を分析すること. situation auditとも言う] ⇨ SWOT analysis
situations vacant 人を求む [⊃新聞等の求人欄]
situations wanted 職を求む [⊃新聞等の求職欄]
SI units SI基本単位 [⊃国際単位系を構成する七つの基本単位. 時間の秒(S), 長さのメートル(m), 質量のキログラム(kg), 電流のアンペア(A), 熱力学温度(K), 物質量のモル(mol), そして光度のカンデラ(cd)を指す]
SIV structured investment vehicle
six-figure *a* 6桁の; 年収10万ドル[ポンド](以上)の
six-pack *n* (缶や瓶などの)6本入りパック
sixpence *n* 6ペンス; (英国の)6ペンス白銅貨 [⊃1971年廃止]
sixpenny *a* 6ペンスの; 安物の
Six Sigma, six sigma シックスシグマ [⊃不良品やエラーの発生率を非常に低くすることを目指した組織一体の業務改善運動] ► implement a Six Sigma program シックスシグマを導入する / Our company aims for Six Sigma. 当社はシックスシグマを目標にしている / In manufacturing, six sigma quality is when there are fewer than 3.4 defects per million components. 製造部門では、6シグマの品質とは、100万個のコンポーネントで、欠陥品が3.4件以下の場合である
60 Minutes 《商標》シックスティ・ミニッツ [⊃米国のCBS製作報道番組. 数人のアナウンサーがインタビュー、現地レポートで時の人、話題を掘り下げて紹介する]
sizable /sáizəbl/ *a* 相当な大きさの ► Companies are making sizable job cuts as the recession deepens. 景気後退が深刻になるにつれて、各社はかなりの人員を削減している / The com-

pany made a sizable gain in market share last year. 昨年,その会社は市場シェアをかなり大幅に増やした

size /saiz/ *n* 大きさ,規模;寸法;サイズ;型,判
► If you could reduce the price, I would consider increasing the size of the order. 値下げしていただけるなら,注文を増やすことを考えてもいいのですが / The size of the workforce is shrinking steadily. 全労働人口のサイズは着実に縮小しつつある / The size of the company has doubled since it was founded. その会社のサイズは,創業以来,2倍になった / Public debt is about 1.8 times the size of GDP. 公的負債はGDPの約1.8倍ある

cut a person down to size (人を)実力相応に評価する,身のほどを思い知らせる

(all) of a size (皆)同じ大きさの

That's about the size of it. まあそんなところです

━ *vt* 大きさで分ける

size up (基準に)達する,匹敵する《*to, with*》;(略式)を評価する;を判断する,品定めする ► Our company conducts several interviews to size up potential new hires. 当社では,新規採用の候補者を評価するために,何回か面接を実施します

sizzling *a* 猛烈な(✤「シューシュー音を立てながら」の意から) ► Housing sales were increasing at a sizzling pace. 住宅の売上高は猛烈な勢いで増加していた

skate /skeit/ *n, vi* スケート靴(で滑る)
skate on thin ice (略式)きわどい問題を扱う
skate over [around] (問題などを)避けて通る
◇**skater** *n*

skeleton /skélətn/ *n* 骨組み;必要最小限のもの,骨子
━ *a* 概要の;最小限の ► a skeleton crew [staff] 最小限の乗組員[スタッフ]
◇**skeletonize** *vt* 概要だけにする

skeleton account スケルトン勘定[⇨T勘定を言う]

skeleton key マスターキー;合いかぎ

skeptic /sképtik/ *n* 懐疑論者,疑い深い人
► The stock market crash turned a lot of investors into skeptics. 株式市場の崩壊は多くの投資家を懐疑的な人間に変えた
━ *a* =skeptical
◇**skeptical** *a* 懐疑的な《*of, about*》 ► Investors remain skeptical of the stock market. 投資家は依然として株式市場について懐疑的だ / I'm skeptical about the extent of your sales projections. あなたの売上高予測の大きさについては,私は懐疑的だ
◇**skepticism** *n*

sketch /sketʃ/ *n* スケッチ;見取図;概要
━ *v* スケッチする;概要を述べる《*out*》
sketch in (細かな点を)さらに付け加えて説明する ► Can you sketch in a few details of the problem for me? その問題についてもう少し詳しくお話ししてもらえますか

sketchy /skétʃi/ *a* スケッチ風の;概略だけの;不完全な ► Details about the proposed merger remained sketchy. 合併提案の細かい点は依然として煮詰まっていなかった
have only a sketchy knowledge of をざっとしか知らない

skewness *n* 〖統計〗歪度[⇨分布が正規分布から逸脱している程度を表す指標の一つ]

SK Group (~ Corp.) SKグループ[⇨韓国最大の石油精製会社. 1962年設立で韓国の五大財閥グループの一つ. ほかにSK Telecom(電話・通信事業)など12の公開会社を傘下に持つ. 1950年代初めに繊維会社より出発]

skid /skid/ *n* (重い物を滑らせる)滑り材;滑り止め
grease the skids (うまくいくように)下準備する
hit the skids 急に落ち目になる
on the skids (米)衰えかけて,落ち目で;解雇されそうで ► The company put him on the skids. 会社は彼を解雇リストに載せた
put the skids under [on] (略式)を失脚させる;を破滅させる;(人を)急がせる
━ *v* 横滑りする[させる];急激に落ち込む ► The stock skidded 41.8 % to $4.22 during the regular session in New York. ニューヨークでの通常立合いの間に株価は41.8%下がって,4ドル22セントになった / Oil prices skidded below $85 a barrel. 石油価格は1バレル85ドルを割って急落した

skill /skil/ *n* 手腕,技量;うまさ,技術《*at, in*》;技能;熟練 ► He has the leadership skills to pull the company together. 彼には会社をまとめて引っ張っていく統率力がある

skilled /skild/ *a* 熟練した;腕のいい《*in, at*》
► The company has a skilled workforce. その会社は熟練度の高い従業員が揃っている / They are highly skilled people. 彼らは高度熟練者である / He is skilled at customer care. 彼は客の扱いが上手である / She is skilled in using PCs. 彼女はパソコンの使用に慣れている

skilled labor 熟練労働(者)
skilled worker 熟練労働者,熟練工
skillful /skilfəl/ *a* 熟練した;巧みな《*at*》
skill-intensive *a* スキル集約的な[⇨高度の専門技能を要するという意味] ► skill-intensive goods like scientific instruments 科学機器のようなスキル集約商品

skill sets スキルセット[⇨ビジネスで必要な一連の能力]

skim /skim/ (*-mm-*) *vt* すくい取る《*off, from*》;かすめて過ぎる[滑っていく];ざっと読む[扱う]《*through, over*》;(金を)ちょろまかす;上前をはねる《*off*》
━ *vi* かすめて過ぎる《*along, over*》;上皮[被膜]を生じる
skim the cream from [off] milk 最上の部分を取る
◇**skimmer** *n* 上澄みをすくう人[道具]

skimming price policy 上澄み吸収価格政策(⇔penetration pricing)[⇨新製品を市場

skimp /skimp/ v けちけちする; 倹約する; いい加減にやる
skimp on を倹約する ► As part of its cost cutting measures, the company is now skimping on entertainment budgets. コスト削減対策の一環として,同社はいま交際費を節約している

skin /skin/ n 皮膚; (動物・果物の)皮; なめし革; 薄い膜; 《略式》1ドル(紙幣), 金(カネ)
by the skin of one's teeth 《略式》間一髪で
get under a person's skin (人を)怒らせる;困らせる;感動でぞくぞくさせる
have a thick [thin] skin 鈍感[敏感]である
jump [leap] out of one's skin 心臓が飛び出るほど驚く
save [protect] one's skin 《略式》無事に逃れる
There is more than one way to skin a cat. (物事の達成には)方法はいくらでもある
under the skin 一皮むけば
— vt (-nn-) 擦りむく; (外皮などで)覆う;《米略式》(人と)握手する

skinflint n ひどいけちんぼう

skin game 《米略式》いんちき商法[勝負]; 詐欺

skinner /skínər/ n 皮革商;《米略式》詐欺師

skinny /skíni/ a 骨と皮ばかりの
— n《米略式》(確実な)情報

skint /skint/ a《英略式》文無しの

skin trade ポルノ商売; いんちき商法

skip /skip/ v (-pp-) vt 軽く跳び越える; 抜かす;サボる ► If you skip a payment, you have to pay a late charge. 返済が遅れた場合には,延滞違約金を頂戴いたします
— n《英》大型ゴミ用の容器 (=《米》Dumpster)

Skippy 《商標》スキッピー [⇨米国のピーナッツバターのブランド. ジャムとピーナッツバターのサンドイッチは米国の子供たちのおやつや弁当として長く親しまれてきた]

skirt /skə:rt/ n スカート; すそ; ペチコート; 覆い;《~s》へり, 端; 郊外 (=outskirts)
— vt へりを通る[にある]; 縁どる; 回避する ► The boss has just kept skirting the issue. 社長は問題を回避し続けてきた
— vi 周りにある; へり沿いに進む《along》; 回避する《(a)round》

skittish /skítiʃ/ a もの怖じする; 元気のよい; 移り気の; はにかみ屋の ► Companies are feeling skittish about hiring new employees. 各社は新しい従業員の雇用については二の足を踏んでいる / Customers of Lehman Brothers were becoming more and more skittish in their dealings. リーマン・ブラザーズの顧客は,その取引でますます怖じ気づき始めていた

skive /skaiv/ vi《英略式》怠る,怠ける《off》,サボる
◇**skiver** n

SKU stock keeping unit 在庫管理単位 [⇨在庫管理では商品名はアイテム(item)と呼ばれるが,同一商品であっても,サイズや色など有効期限など,アイテムよりさらに小さな単位による管理が必要な場合がある. この最小の管理単位をSKUと呼ぶ]

skulduggery /skʌldʌ́gəri/ n《略式》いんちき,詐欺; ぺてん

skunk /skʌŋk/ n《略式》鼻持ちならぬやつ
— vt《米略式》(勘定を)支払わない

skunk works 《略式》(新製品の)研究開発部門, スカンクワークス [⇨画期的製品の開発のために設けられる既存の組織とは別の独立部隊. iPodは2人だけのスカンクワークスから始まったことで知られている] [< Al Cappの漫画, Li'l Abnerの中で密造酒が造られる工場の名前から]

sky /skai/ n (しばしば skies) 空, 天空; 空模様
out of a clear sky 不意に
praise [extoll] a person to the skies (人を)褒めちぎる
take to the skies 空を飛ぶ ► In just a few months, sales of the new model took to the skies. ほんの数か月間で, 新しい機種の売上高は急上昇した
The sky's the limit. 《略式》制限はない, 青天井だ
under the open sky 戸外で
— vt《米略式》飛行機で行く

sky-high ad, a 空高く; 非常に; 粉々に; 法外に高い ► Oil price hit sky-high last week. 原油の価格は先週高騰した

SkyMiles 《商標》スカイマイルズ [⇨米国のデルタ航空のマイレージ・プログラム. 空港内の会員用待合室クラウンルーム・クラブや国際線のビジネスクラス利用者のためのビジネスクラス・エリートなどの特典プログラムがある]

Skype スカイプ [⇨2005年に米国のeBay社に買収されたルクセンブルグのソフトウェア会社. コンピュータを使用して他のスカイプユーザーと無料で会話できる]

skyrocket v 急上昇する ► Our sales skyrocketed after the TV commercial. テレビCMの後で当社の売上は急上昇した

skyscraper n 超高層ビル, 摩天楼

skywalk n 空中歩廊, スカイウェイ [⇨二つの建物を空中でつなぐ連絡通路]

skyway n 航空路; 高架道路; 空中歩廊, スカイウェイ

skywriting n 空中文字(広告)

slack /slæk/ a 緩い; だらけている; のろい;不景気な ► slack periods 閑散期
— n ❶ (the ~) 緩み, たるみ, 不振, 不況 ► As a demanding manager, he cuts his employees very little slack. うるさ型の管理職だから,彼は従業員の行動を大目に見ることはめったにない ❷ スラック, 余剰経営資源
cut [give] a person some slack (人に)わりと自由を与える; 大目に見る
haul in the slack / take [pick] up the slack ぴんと張る; 引き締める; 不足分を受け持つ ► If we don't pick up the slack, we won't meet our production deadline. 少し活を入れなければ, 生産期限に間に合わないだろう

— v 怠る; 緩める, 緩む; 弱める, 弱まる

slack off 緩める; 怠ける; 遅くなる ► Workers slacked off when the supervisor wasn't around. 監督者が近くにいないときは, 労働者は手を抜いた / They've been slacking off. 彼らは仕事を怠けてきた

slack up 遅くなる; 緩める

◇**slacker** n 怠け者

◇**slackly** ad

slacken /slǽkən/ v 弱める, 弱まる; 緩める, 緩む (*off, up*)

slackening n （需要などの）緩和 ► a slackening of aggregate demand 総需要の緩和

slackness n 需給の緩和, 中だるみ ► a sign of slackness in the U.S. market 米国市場における需給緩和の兆し

slander /slǽndər/ n 中傷;〖法律〗口頭による名誉毀損

— v 中傷する, 名誉を毀損する

◇**slanderer** n

◇**slanderous** a 中傷的な, 口の悪い

◇**slanderously** ad

slant /slænt/ v 傾く, 傾ける (*to*); 傾向がある; 歪曲する; (…向きに) 書く [編集する]

— n 傾斜, 坂; 傾向;《米》偏った見方, 観点, 見解;《米略式》一目, 横目 ► Find a good slant for our commercial. うちの会社のCMのうまい切り口を見つけてくれ

on a [the] slant 傾いて

◇**slanting** a

slap /slæp/ n 平手打ち; 非難; 侮辱

a slap in the face 横っ面を張られる思い; 侮辱

a slap on the back 賞賛

— vt (-pp-) 平手打ちを食らわす (*on, with*); （ぶつけるように）置く (*down, on, onto*)

be slapped with 〜を突きつけられる, 課される ► The company was slapped with a lawsuit for patent infringement. その会社は特許侵害で訴えられるという罰を受けた

slap down 黙らせる; はねつける; 叱りつける

slap on 急に行う;（税を）課す; はりつける

slap ... on the back（おめでとうと）…の背中をたたく

— ad ぴしゃりと,《略式》まともに ► run slap into にまともにぶつかる

SLAPP /slæp/ Strategic Lawsuit Against Public Participation 対抗戦略的訴訟 [○ 環境問題など公共的問題で訴訟を起こしてくる相手に対し, 対抗的に訴訟を起こすこと]

slash /slæʃ/ v 大幅に削減する ► The company will slash the number of employees by 20%. 会社は従業員を20%削減する予定だ / Many businesses have slashed prices to draw more customers. もっと顧客を引き寄せるために, 多くの会社は価格を引き下げた / The Japanese automaker is slashing output in North America by 230,000 vehicles. 日本の自動車メーカーは北米における生産を23万台減らしている

slash one's way through [past] を切り開きながら進む

— n スラッシュ [○「/」の記号]

slather /slǽðər/ vt《米式》浪費する

— n （しばしば 〜s）大量

slave /sleiv/ v 奴隷;《口》奴隷のように働く（人）► a slave economy 奴隷経済 / a slave laborer 奴隷労働者

slave away 奴隷のように働く（*at*）
[<Slav: スラブ人は奴隷にされた]

slave driver 奴隷監督; 人使いの荒い人, 厳しい主人 ► Our boss is a typical slave driver. うちの社長はまったく人使いが荒い

sleaze /sli:z/ n 下品な [嫌な] 人; 劣等, 低劣; 安っぽさ

sleazy /slí:zi/ a 薄っぺらな, 安っぽい ► There are all kinds of sleazy firms that promise to fix credit reports. 信用調査をうまく修正してあげると請け合うインチキ会社がいろいろある

sleep /sli:p/ (**slept**) vi 眠る; 泊まる; 静まっている;〖ぉ〗省電力モードに移る

— vt 泊まらせる;（場所が）…人宿泊できる ► The hotel sleeps 500 guests. そのホテルには500人の宿泊設備がある

sleep in（雇われ先に）住み込む; 朝寝坊する

sleep on を一晩寝て考える, の決定を翌日に延ばす

sleep out（雇い人が）通勤する; 屋外で寝る; 外泊する

— n 睡眠; 活動休止 ► can do ... in one's sleep …はお手のものだ

◇**sleepless** a

sleeper n スリーパー [○ 当初はさえなかったのに急にヒットした映画]; 潜伏者

sleeper stock 出遅れ銘柄 [○ 今は割安だが, 条件が整えば急上昇し得る株式]

sleeping n, a 睡眠[休止] （中の）

sleeping account 休止勘定, 静止勘定

sleeping beauty スリーピング・ビューティー, 眠れる森の美女 [○ 潤沢なキャッシュなど企業価値が大であるのに株価が割安なままであることから企業買収のターゲットとなりそうな企業]

sleeping partner = silent partner

sleepy /slí:pi/ a 眠い; 眠たそうな; 活気のない ► I get sleepy at my desk right after lunch. ランチの直後にデスクにすわっていると眠たくなる

◇**sleepily** ad

◇**sleepiness** n

slender /sléndər/ a 細長い; すらりとした; 乏しい ► His business only has a slender hope of survival. 彼の会社が生き残れる見込みは乏しい

◇**slenderize** v 《米式》ほっそりさせる

slice /slais/ n 薄片, 一切れ; 部分; 分け前; 歩合, シェア ► get a 10% slice of a sale 売買金額の10%という歩合を得る / have a 5% slice of the beverage market 飲料市場の5%というシェアを押さえる / Everybody wants a slice of the profitable business. みんながその儲かる商売に一口乗りたがっている

— vt 薄く切る (*off, from, into, through*); 薄片に

slice of life

切り分ける《*up*》; 削り取る
any way you slice it 《米略式》どうみても
the best [greatest] thing since sliced bread 《略式》最高の人[もの], 逸品
slice of life ❶ 人生の一断面 ❷ (CM表現形式で) 生活断面型

slick /slík/ *a* 《略式》滑らかな; ずるい; 口先のうまい; 《略式》巧妙な; 《略式》一流の; 素晴らしい ▶ Beware of any slick, smooth-talking salesmen. 巧妙な口のうまいセールスマンに注意しなさい
— *n* 油膜;《米略式》(光沢紙の) 雑誌
— *ad* 滑らかに; 巧みに; まともに
— *vt* 滑らかにする
◇**slickly** *ad* うまく, 巧みに(✤時に否定的なニュアンスがある) ▶ a slickly designed brochure うまく仕上げてあるパンフレット
◇**slickness** *n*

slide /sláid/ *v* (slid; slid, slidden) 滑らかに滑る[滑らせる]《*on, over, down*》; 滑るように進む[動く]《*in, out, away, into, out of*》; 知らずと陥る《*into*》; (価値が)下がる; 滑り込む ▶ The company's share price continued to slide. 会社の株価は下がり続けた / Business spending slid 0.5%. 企業支出は0.5%下落した / The country's exports slid by a stunning 30% in January. その国の輸出は1月には驚くべきことに30%落ち込んだ
let things [it] slide 《略式》ほうっておく; かまわない
slide over を軽く片づける
— *n* 滑ること, 滑走; 滑走路; 滑り台; 地滑り; なだれ; 滑り込み ▶ The sharp slide in the stock market caused concern among investors. 株式市場の急激な落込みは投資家の間に懸念をもたらした

sliding peg = crawling peg
sliding scale (物価による賃金の) スライド制, 料金連動性 ▶ Fees are calculated on a sliding scale. 手数料は収入スライド制で計算される

slight /sláit/ *a* わずかの, 少しの; 取るに足らない; ほっそりした; 弱い ▶ He found a slight miscalculation in the sales figures. 彼は売上高の細かい計算ミスに気づいた
not have the slightest idea まったく分からない
not in the slightest 少しも…でない
— *vt* 軽視する ▶ He felt slighted when he was passed over for the promotion. 昇進が見送られたとき, 彼は侮辱されたように感じた
— *n* 軽視
◇**slightly** *ad* わずかに, 少し; もろく ▶ Shares on European markets closed slightly higher. 欧州市場の株式は少し値上がりして引けた / We're slightly behind schedule in sending out the orders. 受注分の発送は予定より少々遅れている

slim /slím/ *a* (-mm-) ほっそりした, やせた; 薄い; わずかな; ぜい肉が落ちた, より効率的な ▶ The company posted a slim gain of one percent in earnings last quarter. その会社は前四半期に1%というわずかな増益を計上した / We have a slim chance of clinching the deal. 商談をまとめることができる可能性はきわめて小さい
— *v* (-ped) やせさせる, やせる《*down*》
slim down 縮小する; スリム化する ▶ The company slimmed down its product lines. その会社は生産ラインをスリム化した

Slim-Fast《商標》スリム・ファースト[◯ 米国のダイエットフードのブランド. 粉末あるいは缶入り飲料の形で売られている]

Slinky《商標》スリンキー[◯ 階段を上り下りする米国のばねのおもちゃ]

slip¹ /slíp/ *v* (~ped,《古》slipt; ~ped; -pp-) *vi* 滑る《*on*》; そっと行く[出る, 入る]《*out, into*》; 滑り落ちる; 衰える; 悪化する ▶ The market has slipped this year. 今年は景気が悪くなった / Japanese exports to North America slipped two percent. 日本から北米への輸出は2%落ち込んだ / Auto sales around the world continue to slip. 自動車の売上は世界中で下落し続けている
— *vt* 滑らかに動かす; 素早く置く; そっと渡す[入れる]《*into*》; 外す; 放してやる《*from*》; うっかり見過ごす; (記憶から) 抜ける
let slip うっかり口外する《*out*》; (好機を) 逃す ▶ He let slip that the contract would not be renewed. その契約は更新されないだろうと彼は口を滑らせた
slip away [off] こっそり去る ▶ We can't let such a good business chance slip away. こんな絶好のビジネスチャンスを逃すわけにはいかない
slip one [it] over on a person 《略式》(人を) だます, ぺてんにかける
slip one's memory [mind] 失念する
slip through one's fingers 指の間から滑り落ちる; みすみす逃がす
slip through the cracks 抜け落ちる, 落ちこぼれる
slip up 《略式》誤る, 失敗する
— *n* 滑ること; 誤り; しくじり; 小断層
a slip of the pen 筆が滑ること; 書き間違い
a slip of the tongue 口が滑ること; 言い間違い
give a person the slip (人を) まく
make a slip 間違いをする

slip² *n* (木材・紙などの) 細長い一片; 紙片, 伝票

slippage /slípidʒ/ *n* 減少, 落ち込み, 後退 ▶ slippage in profits 利益の減少

slip-up *n, v*《略式》誤り, 失策(をする) ▶ To avoid any slip-ups, make your electronic payments at least six business days before your bills are done. 何かミスがおきるのを避けるために, 電子支払は請求書の期限より少なくとも営業日で6日前に完了するようにしなさい

SLM (~ Corp) SLM [◯ Sallie Mae で知られる全米最大の学生ローン専門企業. 政府系金融機関として発足したが, 2004年に完全民営化. 貸付金総額は1,000億ドルを超え, 借手は1,000万以上]

slog /slág/ *v* (-gg-) *vt* 強打する
— *vi* 強打する《*at*》; 重い足取りで歩く《*down, up, along*》; に精を出す《*on*》
slog away at に精を出す ▶ He has been slog-

ging away at this work for ten years. 10年このかたこの仕事に精を出してきた
slog one's guts out 懸命に働く
slog through を精力的に終わらせる
— *n* 強打;《英略式》骨折り仕事; 苦闘 ▶ We finished the job after months of hard slog. 何か月も奮闘してその仕事を終えた

slogan /slóugən/ *n* （広告の）コピー; スローガン, 標語 ▶ We need a new advertising slogan. 当社には新しい広告スローガンが必要だ

sloppy /slápi/ *a*《略式》そんざいな; だらしない ▶ You did a sloppy job on the report. 君の報告書はいいかげんな書き方だね

slot /slat/ *n*（時間などの）空き枠、（役職などの）空きポスト, 空席 ▶ a slot in senior management シニアマネジメントの空きポスト / I doubt we can find a slot in his busy schedule. 彼の多忙なスケジュールに空きがあるか疑問だ / He filled the vacant slot on the board of directors. 彼は取締役会の空席を埋めた
find a slot for を割り込ませる

slot machine《英》自動販売機;《米》スロットマシン (=vending machine)

slow /slou/ *a* 遅い, のろい; 遅鈍な; 容易に…しない《*to do, in doing, about doing*》; 活気のない; 退屈な ▶ Business has been slow lately. 商売は最近ずっと低調が続いている
be slow on the uptake《略式》反応[のみ込み]が遅い
— *ad* 遅く, のろく, ゆっくり
go slow 徐行する; のんびりやる; 怠業する
— *v* 遅くなる《*up*》; 速度が落ちる《*up, down*》;（勢いが）弱まる, 活気がなくなる《*down, up*》 ▶ We may have to slow down production because demand is low. 需要が低迷しているので, 生産ピッチを落とす必要があるかもしれない / Economists anticipate that inflation will slow down in the next quarter. エコノミストの予測では, インフレは次の第四半期には減速する / China's economic growth will slow to 8% this year. 中国の経済成長は今年は8%に減速するだろう

slowdown /slóudàun/ *n* 減速; 減益;《米》怠業, 操短罷業 ▶ The economy's slowdown has reduced the nation's consumption tax revenues. 景気の減速はわが国の消費税の収入を減少させた / Fears of economic slowdown caused stock prices to plunge. 景気減速への不安が株価を急落させた / The economic slowdown has forced companies everywhere to cut back. 景気の低迷はいたるところで企業を削減へと駆り立てた

slow food スローフード (⇔fast food) [○有機栽培した農産物を使い, 伝統的食生活を大事にしようという運動. 1980年代にイタリアで始まった]

slow lane（高速道路の）低速車線
on the slow lane（人が）あまり出世をしないで

slowly /slóuli/ *ad* のろく, ゆっくり ▶ Sales slowly rebounded during the holidays. 売上は連休の間にゆっくりと回復した

slowly but surely ゆっくりだが確実に

slow-moving inventory 回転の遅い棚卸資産

slow-moving products 動きの悪い商品 ▶ Most companies have to maintain slow-moving products in inventory. たいていの会社は動きの悪い商品を在庫として持っている必要がある

slowness *n* 落込み, 低迷 ▶ seasonal slowness in the construction market 建設市場における季節要因による落込み

slow seller 売行きの悪い商品 ▶ We try to stay competitive by eliminating slow sellers. 当社では売行きの悪い商品を廃止することで競争に勝ち残るようにしている

slow-selling item 死に筋商品 (⇔fast-selling item)

sludge /slʌdʒ/ *n* 泥; 軟泥, へどろ ❷【リサイクル】スラッジ, 汚泥 [○有機性および無機性の工場廃水等の処理後に残る泥状の物質]

sluggish /slʌ́gɪʃ/ *a* のろい; 活気のない, さえない ▶ The economy has experienced sluggish growth in the past decade. 過去10年間, 経済は伸び悩みを経験した / The sluggish domestic and world-wide economy has whipsawed its earnings over the past three years. 国内と全世界の経済不振は, 過去3年にわたって利益を大幅に削減した / The economy will remain sluggish for the time being. 経済は当面伸び悩んだままだろう / The company has secured $250 million in loans from banks to keep it afloat amid the sluggish economy. 景気の低迷で資金不足に陥らないように, 同社は銀行から2億5千万ドルの融資を確保した
◇**sluggishly** *ad*
◇**sluggishness** *n*

slump /slʌmp/ *vi*（物価・市場などが）急落する, 大幅に下落する ▶ Business slumped suddenly. 景気が急に落ち込んだ / Prices slumped in June. 6月に物価が急落した / Retail sales slumped 12.3% in the first quarter. 小売業界の売上高は第1四半期に12.3%落ち込んだ
— *n* ❶《米》不調, スランプ ❷（経済・特定産業での短期的）不景気, 不況,（株価の）暴落;《the S-》大恐慌 (=the Great Depression) ▶ an economic slump 不景気 / a world-wide slump 世界的な不況 / A slowdown in the housing market sent the economy into a slump. 住宅市場の低迷で, 景気が悪化した / The automaker has been battered by the worst slump in industrial output in decades. その自動車メーカーは過去数十年間で最悪の工業生産の不振から打撃を受けてきた / The company has reported that group net profits for 2008 advanced by 160% to ¥10bn. from ¥26bn. a year earlier, despite a 40% slump in revenue. 同社は40%の減収にかかわらず, 2008年度連結純利益が前年の100億円から160%増えて, 260億円になったと発

表した
Slurpee 《商標》スラーピー［⇒砕いた氷にジュース，コーラなどを混ぜた飲み物］
slush fund 《米》贈賄資金；不正政治資金
smacker /smǽkər/ n 《米略式》1ドル；《英略式》1ポンド
s-mail /ésmèil/ n 普通の郵便［＜snail mail］
small /smɔːl/ a 小さい，狭い，少ない；小規模の；くだらない；けちな ► Bonuses should play a smaller role in executive compensation. 経営幹部の報酬のなかでボーナスの占める比重をもっと小さくすべきだ / The company revealed a net loss of $520 million, smaller than it had predicted previously. 同社は5億2千万ドルの純損失を発表したが，前に予告していた数字より少なかった / The small task of replying to emails eats up more time than it should. メールに返事を出すというような小さな仕事は意外と時間を食う
in a small way 控えめに；小規模に
in its small way 規模は小さくても
in no small measure 主に，かなり
no small かなりの
(and) small wonder 驚くに当たらない
― *ad* 小さく；細かく；(音などが)低く，細く，弱く
― *n* (the ～)小さい物[部分]

small ad 《英》小さな案内広告
small business 小企業，中小企業
Small Business Administration 《米》中小企業庁（SBA）［⇒中小企業の振興を目的とする政府機関で，低利融資も手がけている］
small business investment company 《米》中小企業投資会社［⇒中小企業庁の免許を受けて設立される中小企業，特にベンチャー向け融資を専門とする金融機関．公的資金を低コストで調達できる］
small cap 小型株 ⇨ large cap, mid cap
small-cap fund 小型株ファンド［⇒小型株（small-cap stock）で運用されるミューチュアルファンド］⇨ mutual fund
small-cap share ＝small-cap stock
small-cap stock 小型株［⇒発行企業の時価総額によって株式を分類する場合のカテゴリー．業者によって定義は異なるが，時価総額が3億ドルから20億ドルまでの会社の株とする例がある］⇨ cap³
small change 小銭；くだらない人[もの]
small claim 〔法律〕小額請求［⇒カリフォルニア州の場合，個人による請求であれば7,500ドル以下］
small claims court 小額裁判所［⇒5,000ドル前後の小額の事件につき，基本的に本人自らが出廷し(一般に弁護士を訴訟代理人にできない)，簡略な手続で解決を図る］
small company 小企業［⇒米国の産業分類では従業員500名未満の企業］► Flexibility and responsiveness are strengths of a small company. 柔軟性と反応のよさが小さな会社の強みだ
smallholding n 《英》小規模農地
small investor 個人投資家；小口投資家

small office, home office SOHO（ソーホー）［⇒主として自宅を拠点とする小規模な事業で，パソコンやインターネットを活用しているもの］
Small Order Execution System (the ～) 小口注文執行システム（SOES）［⇒ナスダック市場（NASDAQ）の取引システムの一つで，1,000株未満の小口注文が処理される］
small print ＝fine print
small-scale a 小規模の
small self-administered scheme 小規模自家年金（SSAS）［⇒保険会社などに依頼せず，企業が自社内で独自に運営する年金制度］
small shopkeeper 小規模商店主
small-sized a 小規模の，小さな
small stock 小型株 （＝small cap）
small talk スモールトーク［⇒ビジネスの場での当たり障りのない雑談］
small-time a つまらない，三流の ► He is a small-time operator. 彼は小物だ / John has a small-time business. ジョンはしがない商売をしている
smart /smɑːrt/ vi 痛む，うずく(*from*)；感情を害する；(の報いで)苦しむ(*for*)
― *a* 利口な；才気のある；抜け目のない；活発な；コンピュータが組み込まれた ► He is admired for his smart business sense. あの人はビジネスセンスのよさで高い評価を得ている
― *n* (傷などの)痛み；心の痛み，苦悩；しゃれ者；(～s)《米略式》知性
Use your smarts. 頭を使え
◇**smarten** v きれいにする[なる](*up*)
◇**smartly** *ad*
SMART Specific, Measurable, Achievable, Realistic and Timed SMART基準［⇒プロジェクトの目標の妥当性を判定するための5条件で，具体的か(specific)，測定可能か(measurable)，達成可能か(achievable)，現実的か(realistic)，期限が適当か(timed)が問われる．achievableに代えてagreed（合意が成立しているか）やambitious（意欲的か）が使われることもある］
smart building (電子化・コンピュータ化された)スマートビル，インテリジェント・ビル
smart car スマートカー
smart card スマートカード［⇒チップ内蔵カード］
smart house スマートハウス，IT住宅［⇒情報通信システムの完備した住宅］
smart money 目利きの投資家たち，くろうと筋 ► The smart money predicted the show would be a hit. 目利きの投資家たちはショーが大当たりするだろうと予言した
smartphone n スマートフォン［⇒通話機能に加えてカメラやネット接続機能のある携帯電話
smash /smæʃ/ v 壊す，粉砕する(*up*)；砕ける，破産[倒産]させる[する] ► Many a business smashed up during the inflation. インフレの間に多くの会社がつぶれた
smash one's way 突入する(*into*)
― *n* 粉砕；砕ける音；大衝突；破産；《略式》大成功，大ヒット（＝smash hit） ► The musical was an

absolute smash. そのミュージカルは大当たりだった
go to smash 駄目になる；破産する
◇**smasher** *n* 強打；《略式》すてきな人[もの]；粉砕工[機] ► The new car is a smasher. その新車はしびれるほどいかす
◇**smashing** *a* 《略式》素晴らしい；猛烈な
smash hit 《略式》大成功；大ヒット
smash-up *n* 大衝突；崩壊；破産；大失敗
smear /smiər/ *vt* (名声などを)傷つける；中傷する
— *vi* よごれとなる
— *n* 誹謗(ひぼう)，中傷，悪口
smell /smel/ (~**ed**, 《英》**smelt**) *vt* かぐ；かぎ出す，探り出す ► smell danger 危険だと感じる
— *vi* 《略式》(物・事が)怪しい，疑わしい；気味がある ► This doesn't smell right. これは怪しい / The plan smells of a plot. その計画には謀略の気配がある / When he took the blame for losing the account, it smelled like he was covering up for his boss. 顧客を失った責任を彼がとったとき，上司をかばったような感じがした
smell a rat 《略式》変だと感づく
smell out かぎ出す
— *n* 嗅覚，におい；気味，様子；雰囲気；かぐこと
smile /smail/ *vi* 微笑する，ほほえむ ► Fortune smiled on us. 幸運に恵まれた / The committee did not smile on our plan. 委員会は当社の計画にいい顔をしなかった
smile one's approval 笑って賛成する
smile one's thanks 微笑で感謝の意を表す
— *n* 微笑，ほほえみ；好意；《米略式》酒(の一杯)
be all smiles 喜色満面である
give a smile 微笑する
◇**smilingly** *ad* にこにこして(=with a smile)
smiley /smáili/ *n* スマイルマーク；スマイリー [⇨Eメールで使われる笑顔の符号]
Smith and Hawken スミス・アンド・ホーケン [⇨ガーデニング用のツールや種々のものを作る会社．屋外家具(パティオなど)も作る]
Smith & Wesson Holding (~ Corp.) スミス・アンド・ウェッソン (S&W) [⇨拳銃で有名な米国の銃器メーカー．1852年設立]
SmithKline Beckman (~ Corp.) スミスクライン・ベックマン [⇨米国の医薬品メーカー．設立1929年．84年，英国Beecham Groupと合併してSmithKline Beecham plcに，2000年にはGlaxo Wellcome plcと合併し，現在名はGlaxoSmithKline]
Smithsonian Agreement /smiθsóunian/ (the ~) スミソニアン合意 [⇨1971年12月18日にワシントンのスミソニアン博物館で開催された10か国蔵相会議で，金に対するドルの交換率を切り下げる一方，為替変動幅の拡大を決めた合意．2年後の1973年に主要先進国はスミソニアン体制を放棄し，変動相場制に移行した]
smoke /smouk/ *n* 煙，喫煙，一服，《略式》タバコ；葉巻；《略式》うそ，ごまかし ⇨ smoke and mirrors
from smoke into smother 《古》一難去ってまた一難
go up [end] in smoke 燃えてなくなる；水泡に帰する
have a smoke 一服する
like smoke たやすく，すぐさま
(There's) no smoke without fire. / Where there's smoke there's fire. 《諺》火のない所に煙立たぬは
— *vi* 煙を出す；喫煙する；失踪する ► He smoked with the money. 金を持ってどろんした / The factory smokes heavily from its chimney. あの工場は煙突からひどい煙を出す
— *vt* (たばこなどを)吸う；いぶらす
smoke out いぶし出す；(真相を)あぶり出す
smoke and mirrors (問題などから)人の目をそらさせるもの，ごまかしの手段 [⇨マジックショーの仕掛けから]
◇**smoke-and-mirrors** *a*
◇**smoke-free** *a* 無煙の；禁煙の
smokescreen *n* 煙幕，目をそらす細工 ► put a smokescreen 煙幕を張る
smokestack industry 重工業
smoke test (企画や新製品開発における)初期評価
Smokey /smóuki/ *n* 《米》熊のスモーキー (=Smokey the Bear) [⇨森林警備隊員の服を着て山火事防止を呼びかける熊のシンボルマーク]；《米略式》ハイウェーパトロール隊員；パトカー
smoking /smóukiŋ/ *n* 喫煙 ► a smoking room 喫煙室
No Smoking 《掲示》禁煙
smooth /smuːð/ *a* 滑らかな，すべすべした；穏やかな；むらのない；人当たりのよい；流暢(ちょう)な；愛想のよい；耳に快い；《略式》すてきな，魅力ある
► smooth things お世辞 / We're upgrading our computer system to ensure a smooth flow of operations. 業務の円滑な流れを確保するために，当社はコンピュータシステムのバージョンアップを実施している
in smooth water 順調に
— *vt* 平らにする；滑らかにする；(感情を)なだめる (*down*)；(不都合を)和らげる，(問題を)扱いやすくする (*over*)；(心配を)取り除く (*away*, *out*)；言い繕う，ごまかす (*over*) ► We need to smooth out price fluctuation. 価格の変動を平均化する必要がある
— *vi* 滑らかになる；平静になる
smooth the path [way] 道を均す，進展を容易にする (*to*)
◇**smoothie, smoothy** *n* 《略式》洗練された人；口のうまい人
◇**smoothly** *ad* 順調に，円滑に ► Everything is going smoothly with the project. そのプロジェクトについてはすべてうまくいっている / The WTO tries to ensure that global commerce flows smoothly. 世界貿易機関はグローバルな商取引の円滑な流れを確保しようとしている
smorgasbord /smɔ́ːrgəsbɔ̀ːrd/ *n* バイキング料理；(a ~) 寄せ集め (*of*) ► The company has a smorgasbord of employee benefits. そ

の会社では種々の従業員給付を支給している [<スウェーデン]

smother /smʌ́ðər/ vt 窒息させる (with); 覆う (with); (火を…で)覆い消す; 抑圧する; 握りつぶす (up) ► The proposal was smothered in the committee. その提案は委員会で握りつぶされた

SMP Statutory Maternity Pay

smuggle /smʌ́gl/ v 密輸入[輸出]する[させる], こっそり持ち込む (in, out, into, out of); 密入国[出国]する[させる] ► Guns and drugs are smuggled across the border. 銃と麻薬が国境を越えて密輸入されている
◇**smuggler** n 密輸業者; 密輸船

smuggling n 密輸 ► prevent the smuggling of nuclear materials 核物質の密輸を防止する

smurf /smɜ́ːrf/ n, v 《米略式》不正な金を銀行を転々とさせて出所を隠す(人) [◆漫画のキャラクターの名より]

snag /snǽg/ n 《略式》(思わぬ)障害
hit [come across, run into] a snag 暗礁に乗り上げる ► The agreement had run into a snag. 協定は暗礁に乗り上げてしまっていた
— vt (-gg-) (通例受身)《米》素早くつかまえる

snail /snéil/ n カタツムリ
at a snail's pace のろのろと (◆形容詞は snail-paced)

snail mail スネールメール, かたつむりメール, 普通郵便 (s-mail) [◆E メールに比べて遅いことから]

Snake /snéik/ n (the ~) スネーク制度 [◆1972年4月バーゼルの EC6 か国中央銀行会議でその発足が決定された, EC 各国の通貨が最大2.35%の帯を構成しながら域外通貨に対し変動する制度]

snap /snǽp/ vi ぱくっとかみつく; 飛びつく (at); パチンと閉まる; プツンと切れる (off); きびきび行動する; スナップ写真を撮る
— vt ひったくる; 先を争って買う (up); スナップ写真を撮る; 局面を転じる, 反転する ► The dollar snapped a three-week losing streak. ドルは3週続いた下降局面から反転した / Investors snapped up some of the financial sector's stronger players. 投資家たちは金融部門の強力な主要会社のいくつかを争って買いまくった
snap back ぱっと言い返す (at); すばやく回復する ► Consumer spending on travel snapped back last month. 旅行関連の個人消費は先月急速に回復した
snap into it 《米略式》さっさとやり出す
snap one's fingers at を軽蔑する
snap out of からぱっと立ち直る
— n ピシッ; ポキッ; パチン; 留め金; 《略式》活気; 《略式》スナップ写真; 《米略式》楽な仕事[科目]
in a snap すぐに ► Tickets for the concert were sold out in a snap. そのコンサートのチケットはすぐに売り切れた
not a snap 少しも…でない
— a 急の, 即座の; 《米》楽な

snapback n 反騰, 反発 ► a sudden snap-back in bank stocks 銀行株の急反発

Snapple (商標) スナップル [◆米国のフルーツジュースのブランド]

snap purse がまぐち

snare /snéər/ n, vt わな(にかける), 誘惑(して…させる) ► The stockbroker snared her into dabbling in stocks. その証券マンは彼女をそそのかして株に手を出させた
be caught in a snare わなにかかる
fall into a snare わなにはまる

snarl /snɑ́ːrl/ n, v もつれ(る); 混乱(させる, する) (up)
run into snarls 混乱[紛糾]に巻き込まれる

snatch /snǽtʃ/ n 素早くつかもうとする (at); 飛びつく (at)
— vt 急いで取る, やっと手に入れる (up); さらう ► Resort developers snatched up prime real estate along the beach. リゾート開発業者は先を争って海浜沿いの優良不動産を買い上げた

sneakernet n 【ビュータ】(おどけて) スニーカーネット [◆フロッピーディスクなどを持ち運びすることで情報を共有するネットワーク]

sneeze /sníːz/ vi, n くしゃみ(をする)
let out a sneeze くしゃみをする
nothing to sneeze at / not to be sneezed at 軽んずべきでない ► The $700 billion stimulus package is nothing to sneeze at. 7千億ドルの景気刺激策は無視できるようなものではない

SNG synthetic natural gas

Snickers (商標) スニッカーズ [◆米国のチョコレート菓子. 中心部はマシュマロで, ミルクチョコレートやピーナッツに包まれている]

snip /sníp/ n 《英略式》お買い得品

Sno-Cat (商標) スノーキャット [◆キャタピラ式のスノーモビル]

snow /snóu/ n 雪; 積雪; 降雪; スノーノイズ [◆画面の白いちらつき]; 《米略式》まことしやかな話
— vi (it を主語にして) 雪が降る; 《米・カナダ略式》言葉巧みに言う, うまいことを言う
— vt 雪で覆う, 雪で閉じ込める (in, over, up); 《米略式》信じ込ませて[だまして](…)させる (into); 白くする
be snowed under 《略式》(大量の仕事などに) 圧倒される; 《米》大票差で選挙に敗れる ► Upon returning from the vacation he found himself completely snowed under. 休暇から帰ってみると処理できないほど大量の仕事がたまっていた

snowball n, v 雪玉, 雪つぶて; 加速度的[雪だるま式]に増大する (into) ► His business just snowballed and he opened two more offices last year. 彼の商売は雪だるま式に大きくなって, 昨年はさらに支店を二つ設けた
not have a snowball's chance in hell 《略式》万に一つの見込みもない

snowballing a 雪だるま式に増大する ► snowballing debt 雪だるま式に増える借財
snowballing effect 雪だるま現象[効果]
snowball sample スノーボール・サンプリングにより抽出されたサンプル

snowball sampling スノーボール・サンプリング [⇒調査における初回対象者に基準を示して，それに適う人を次回の対象者として紹介してもらうという方式で順次対象者を増やす方法]

Snr Senior

so /sou/ (弱)sə/ *ad* その[この]ように；《動詞句の代用》そう，そのように；《so+助動詞[be動詞]+主語》同様に，…もまた；（程度）《形容詞・副詞を修飾して》これだけの；それほど，それだけ；（強意）《略式》とても，実に；《so+助動詞[be動詞]》確かに，おっしゃる通り
► If we do **so**, how long will it take to see the results? もしそうすれば，結果が出るまでにどのくらい時間がかかりますか / If consumer confidence declines, **so** will spending. 消費者の信頼感が下がれば，それに応じて支出も下がるだろう / Why do you think it's **not so** easy **as** you may think. 君が思っているほどその仕事はやさしくない / Financial trends change **so** fast **that** it's hard to keep up with them. 金融業界の動向は急速に変化するので，ついていくのが大変だ / The country is trying to prevent its currency from rising against the dollar, **so as to** maintain its export competitiveness. 輸出競争力を維持するため，その国は自国通貨ドルに対して上昇するのを防ごうとしている / **So far** we have been concerned with a single product. これまで私たちはだ一つの製品を扱ってきた / In this city, six companies have failed **so far** this year. この市では，今年はこれまでに六つの会社が倒産した / Airlines **so far** have reported only a few cancellations. エアライン業界では今までのところキャンセルの報告は少数にとどまっている / Our discussion **so far** has focused on ways to improve our sales. これまでの議論はもっぱら，売上を改善する方法について行われた / **So long as** you maintain the minimum balance, there's no transaction fee for cash withdrawals. 最低限の残高が保たれている限り，現金引出しの際に取引手数料はかかりません / We've devoted **so much** energy to developing this product. この製品の開発に多大なエネルギーを注ぎ込んだ
(成句) *and so* それから；それで　*and so forth* [*on*] …など，その他　*It so happened that* たまたま…　*not so ... as* ほど…ではない　*not so much as* …さえしない[しない]　*oh so* たいへん，非常に　*or so* （数量の後で）…かそのくらい　*so as to do* (目的)…するよう[ために]に　*so ... as to do* (程度・結果)…するほどに　*so far* 今までのところ；そこまで　*so far as* …する限りで(は)　*so far, so good* これまでのところは順調だ　*so it is with* も同様だ　*so [as] long as* である間は；である以上　*so much [many]* ある程度(の)，これこれの；(同量[同数]の，単なる　*so much for* はこれまでにする　*so much so that* …するほどまで(に)　*so so* (略式)まあまあ ⇒so-so　*so that* (目的)…するために；(結果)それで，それゆえ，だから；(古)(条件)もし…ならば　*so ... (that)* (程度・結果・様態)非常に…なので；(目的)…するように　*so to speak* [*say*] いわば，つまり
— *conj* (米)…するように；それで，だから；《しばしば just ~》(米・英古)…さえすれば；それでは
► **So**, are you for or against the proposal? それで，その提案にあなたは賛成ですか，反対ですか
(成句) *so (that) ... can* [*may*] できるように
— *int* そうかい，本当か；それでよし，そのまま

soak /souk/ *vi* つかる，浸る
— *vt* 浸す，つける；(液体などを)吸い込む (*up*)；(知識を)吸収する，理解する (*up*)；(略式)法外な代金[税金]をふっかける ► I was soaked by Customs. 税関でとてつもない高い税金を取られた / It will take at least six months for the surplus to be soaked up. 余剰分が使い果たされるまでに，少なくとも6か月はかかるだろう

soak the rich 金持ちに金を出させる

soar /sɔːr/ *vi* 急騰する，急上昇する ► The nation's inflation soared to a record high. その国のインフレは過去最高に上昇した
◇**soaring** *a* 急騰する ► a soaring cost 急騰するコスト

SoBe (商標)ソービ [⇒ハーブ，ビタミン入りの米国のナチュラル・ドリンク]

Soc. Society

so-called *a* いわゆる(…なるもの) ► The so-called cost-cutting program did not work out in the end. いわゆる経費節減プログラムは結局はうまく機能しなかった

social /sóuʃəl/ *a* 社会の；社会的な；社会上の；社会福祉の；社交的な；社交界の；社会主義の ► Consumer purchasing behavior varies with social class. 消費者の購買行動は社会階級によって違う
— *n* ❶ 懇親会 ❷ (the ~) 社会保障(social security) ► be on the social 社会保障を受けている
◇**socially** *ad* 社会的に ► Drunk driving is not socially acceptable. 酔っぱらい運転は社会的に認められない

social accounting 社会会計 [⇒国民経済全体の経済活動の状態と成果を簿記システムを用いて把握する会計]

social advertising ソーシャル広告 [⇒社会的信頼をテーマとした広告]

social audit 社会監査 [⇒従業員の待遇，環境への配慮といった角度から企業の社会的責任を評価する] ► A social audit of this company is needed. この会社は社会監査が必要だ

social capital 社会資本 [⇒公共投資によって整備されるべき共同社会的条件，具体的には，道路・鉄道・電気通信・上下水道・病院など]

social conscience 社会的良心

social cost 社会的費用 [⇒経済活動の結果として第三者または社会一般がこうむる損失または負担を強いられるコスト]

social democracy 社会民主主義 [⇒社会主義を実現する際，革命などの急進的な方法論ではなく，穏健な民主主義的方法を取る考え方]

social engineering ❶ 社会工学 [⇒社会の仕組みやそこでの人の社会行動を研究し，社会問題の解決法を探る研究分野] ❷ ソーシャル・エンジニアリング [⇒技術的にではなく，人の社会行動を利用して(たとえば詐欺的な話術で)IDやパスワードなど

social entrepreneur ソーシャルアントレプレナー, 社会起業家 [⇨ビジネスの手法を使って医療や福祉など社会的課題を解決するための事業を起こす人]

social housing 《英》福祉住宅 [⇨基本的には低所得者向け住宅. 賃料は相場の10分の1程度で, 所有者が地方公共団体のケースと民間事業者のケースがある]

social insurance 社会保険 [⇨勤労所得のある者が就業している間, 掛金を国に納める一方, 働けなくなった場合に国から給付を受ける社会保障制度]

socialism /sóuʃəlìzm/ n (時に S-) 社会主義 [⇨生産手段の社会的所有, 国家による計画, 平等な分配を特徴とする社会体制]

socialist n, a 社会主義者(の)

socialize, -ise /sóuʃəlàɪz/ vt 社会主義化する; 国有[国営]化する ► The land and industry are being socialized. 土地や産業は国有化されつつある

socially responsible investment 社会的責任投資 (SRI) [⇨社会的に有益な事業や活動をしている企業に対しての投資. また, この種の企業のみを投資先とした投資信託などの金融商品]

social market 社会的市場 [⇨市場原理を基本としつつも社会的弱者保護に必要な限度で自由競争を規制するアプローチ]

social marketing ソーシャル・マーケティング [⇨企業の社会的配慮や社会に貢献することを考えたマーケティング]

social responsibility (企業の) 社会的責任 (✛形容詞では, We want our company to be socially responsible. (当社が社会的責任を持つことを望む)のように用いられる]

social safety net 社会的安全網, 社会的セーフティネット [⇨基本的な生活の安定・安全を維持するための社会的制度. 単に safety net とも言う] ► build a social safety net for the poor and unemployed 貧困者と失業者のための社会的セーフティネットを構築する

social security ❶ 《米》 (通例 S- S-) 社会保障, ソーシャルセキュリティ

解説　米国の連邦政府が運営する社会保障制度. 1935年のSocial Security Act(社会保障法)によって導入された. 正式名は Old-Age, Survivors, and Disability Insurance(老齢・遺族・障害保険)だが, 一般に Social Security(ソーシャルセキュリティ)と呼ばれている. 労働者の毎月の給料から給与税が源泉徴収され, 65歳以上の退職者に老齢年金が支給される. 遺族や一部の身体障害者にも給付金が支給される

► They are on social security. 彼らは社会保障を受けている

❷ 《英》生活保護 (= 《米》welfare)

social security benefit 社会保障給付 (= 《英》state benefit)

social security compensation 《米》社会保障掛金・給付金

social security expenditure 社会保障支出

social security income 《米》= social security benefit

social security number 《米》社会保障番号 (SSN)

social security payment 《英》社会保障掛金 [⇨給付金は social security benefits]

social security payroll tax 《米》社会保障(給与)税; 社会保障拠出金

social security pension 社会保障年金, 公的年金, 老齢基礎年金

social security spending = social security expenditure

social security system 社会保障制度

social security tax 社会保障税 (= social security payroll tax) [⇨社会保障給付の財源を調達するため所得に課せられる目的税]

social welfare 社会福祉

social well-being 社会的安寧[幸福]

social work ❶ 社会事業 ❷ ソーシャル・ワーク [⇨社会福祉を実際に提供するためのシステムの総称. 在宅老人へのデイサービス, ショートステイ事業から, 施設での実際の社会福祉サービス提供技術までを含む]

societal /səsáɪətl/ a 社会の

society /səsáɪəti/ n 社会; 世間; 国家社会; (協)会, 組合; 交際, 同席; 交友; 上流社会(の人々) (=high society); 社交界 ► In a capitalist society, the market rules. 資本主義社会では市場がカギを握っている

Society for Worldwide Interbank Financial Telecommunication SWIFT [⇨銀行間の資金移動取引のためのネットワークを運営している団体. ほぼ全世界の8,000を超える金融機関がサービスを利用している]

socio- /sóusiou, -siə/「社会の」

socioeconomic a 社会経済上の
◇**socioeconomically** ad 社会経済的に

sociologic /sòusiəládʒɪk, -ʃi-/ a 社会学的な

sociological /sòusiəládʒɪkəl/ a = sociologic

sociopolitical a 社会政治的な

sock /sak/ n (~s) (短い) 靴下; 喜劇
— vt 靴下を履かせる

sock away (略式) (金を) 蓄える ► He has got enough money socked away. 金をたんまりためこんでいる

Sod's law 《英》 = Murphy's law

SOES Small Order Execution System

soever ad たとえ…でも, でも; 全然

soft /sɔːft/ a ❶ 柔らかい; 柔軟な; 寛大な, 甘い (with, on) ❷ (1) (通貨ガ) 軟貨の [⇨金や他の通貨と交換できない通貨について言う] (2) (硬貨と区別して) 紙幣の (3) 貸出条件の緩やかな; (ローンガ) 低利長期の ❸ 《米》(市況ガ) 弱気の, 軟調の; (商売ガ) さえない; (価格・景気ガ) 下がり気味の ► Sluggish wage growth implies a soft job

market. 賃金の伸びが鈍いことは雇用市場が軟調であることを意味している / Despite the holiday season, soft sales kept retailers' earnings flat. ホリデーシーズンにもかかわらず,売上が伸びなかったので,小売業者の利益は不振だった
— *n* ❶ 柔らかいもの[部分] ❷ (~s) =soft commodities
— *ad* 柔らかく; 静かに; 優しく
◇**softness** *n*

soft benefit 福利厚生, 非現金給付
soft commodities ソフト商品[⇨先物取引で売買される穀物,砂糖などの非金属商品]
soft copy ソフトコピー[⇨コンピュータの画面に表示された情報] ⇨hard copy
soft costs ソフトコスト(⇔hard costs)[⇨設計,資金調達コストのような無形の間接コストを指す]
soft currency ソフトカレンシー[⇨金や他の通貨に交換困難で,国際流動性のない通貨] ⇨hard currency
soft data 定性データ, 定性情報(⇔hard data)[⇨数値化できる定量データとの対比で,画像,音声あるいは顧客満足度といった直接数値として測定できないデータ]
soft dollars ソフト・ダラー(⇔hard dollars)[⇨証券会社から情報端末の提供などのサービスを受け,その費用を現金ではなく,株式売買手数料の形で支払う慣行]
soften /sɔ́ːfən/ *v* 柔らかくする[なる]; (心・態度を)和らげる, 優しくなる ► The bank softened its stance on trimming down the automaker's debts. 自動車メーカーの債務を削減すること について,その銀行は立場を軟化させた / The central bank may reduce interest rates to soften the blow of a recession. 中央銀行は,景気後退の打撃を緩和するため,金利を引き下げる可能性がある
softening *n* 軟化 ► a softening in the domestic market 国内市場の軟化
soft goods =soft line
soft HRM ソフトHRM[⇨人材を単なる駒扱いするハードHRMに対して,人間関係を重視し人材を育成する姿勢で臨むHRMを言う]
soft landing (米)ソフトランディング, 軟着陸[⇨景気後退,失業増加などを引き起こさないように少しずつ経済成長率を下げること] ► achieve a soft landing for the economy 景気の軟着陸を実現する
soft line ソフトライン, 非耐久消費財, 繊維関連商品(⇔hard line)
soft loan ソフトローン[⇨長期・低利といった緩やかな条件の貸付]
soft market 軟調な市場[⇨売りが優勢である市場]
soft money ❶ 紙幣; (寄付などの)お金 ❷ ソフトマネー[⇨規制を受けない政治資金]
soft price 軟調な価格[⇨価格が下がっていく傾向の強いことを言う]
Soft Scrub (商標)ソフトスクラブ[⇨米国の洗剤, 鍋などの頑固な汚れを落とす時や, 流し・バスタブの清掃に使用する]
soft sell ❶ 間接的でソフトなアプローチによる売込み; 穏やかな売込み ► We have adopted a soft-sell approach. 当社は穏やかな売込み方式を取っている ❷ 売りやすい商品(⇔hard sell)
soft selling =soft sell
soft-selling *a* 穏やかな売込み(soft sell)の
soft skill ソフトスキル, 柔らかな技術, 柔軟な技能

software /sɔ́ːftwèər/ *n* ソフトウェア[⇨コンピュータのシステム運用のためのプログラム・手順・規則の総称](⇔hardware)(✚不可算名詞扱いで,原則的に冠詞は付けずに使う) ► a software package ソフトウェアパッケージ / a piece of software 1本のソフト / bootleg software 違法コピーソフト, 海賊版ソフト / financial accounting software 財務会計ソフト / video-game software ゲームソフト / develop software ソフトを開発する / disable software ソフトを外す / load software ソフトをインストールする / operate software ソフトを動かす / remove software ソフトを削除する / update software ソフトをアップデートする / use software ソフトを使う / The two companies agreed to produce a PC that would operate the software of either company. 両社はいずれの社のソフトも使えるパソコンを製造することで合意した / Our software runs on any kind of computer. 当社のソフトはどの種のパソコンでも走らせることができます / This is the only software I know how to use. このソフトしか使い方を知りません

software engineer ソフトウェア技術者
software engineering ソフトウェア・エンジニアリング, ソフトウェア工学[⇨ソフトウェアの開発・制作業務]
SOHO /sóuhou/ small office, home office ソーホー[⇨小オフィスや在宅で勤務すること,またはその場所]
soil /sɔil/ *n* 土壌, 土; (悪事の)温床 《*for*》 ► soil improvement 土壌改良
solace /sáləs/ *n* 慰め ► A report about a public buyout of the beleaguered investment bank provided some solace and lifted Wall Street overnight. その行き詰まった投資銀行を政府が接収する見込みについての報告がいくらか慰めになって,一夜にしてウォール街を明るくした
solar cell [battery] 太陽電池
solar energy 太陽エネルギー
solar house [home] ソーラーハウス
solar panel ソーラーパネル[⇨太陽光を電気エネルギーに変換する発電に使用。パネル基板にシリコン結晶やアモルファスを貼り付けたもの]
Solar Shield (商標)ソーラーシールド[⇨眼鏡の上に装着する米国のサングラス]
sold /sould/ *v* sellの過去・過去分詞 ► sold out 売切れた
sold as seen 現状有姿取引[⇨現状のまま引き渡せば売主の責任は果たされ,それ以上の保証はないという取引]

sold note 《英》約定通知 (=《米》confirmation slip) [⇒ブローカーから株式の売買注文が執行されたことを知らせる書面]

sole /soul/ *a* (the ~) 唯一の; 独占的な; 単独の
► the sole distributor 総代理店 / sole distribution rights 独占販売権 / We are very interested in becoming the sole distributor of your company's product. 当社は貴社の製品の独占販売店になることに強い関心を持っています

Solectron (~ Corp.) ソレクトロン [⇒通信・医療・航空宇宙などの業界や政府向けに電子機器の受注生産(EMS)を行う米国の企業. 1977年設立. 2007年6月競合相手のFlextronicsに買収される]

solely /sóulli/ *ad* 単独で; まったく; 単に; もっぱら ► Decisions regarding promotions are based solely on job performance. 昇進に関する決定は仕事の業績だけに基づいている

simply and solely ただ単に

sole practitioner 個人開業者; 開業医; 個人開業会計士; 個人開業弁護士

sole proprietor 《米》個人事業主 (=《英》sole trader)

sole proprietorship 《米》個人事業 [⇒企業の正味財産が一個人の所有である企業. 日本で言う「個人経営」にあたる. 個人企業の所有者である個人企業主(sole proprietor)は事業上の債務について無限責任(unlimited liability)を負う] ⇨ business organization ● be taxed as a sole proprietorship 個人企業として課税される

sole trader 《英》=sole proprietor

solicit /səlísit/ *vt* 懇請する 《for, from》; 勧誘する; そそのかす ► I'll try to solicit as many opinions as possible at the staff meeting. スタッフ会議では、できるだけ多くの意見を求めるようにします / We are soliciting fund from overseas investors. 当社は海外の投資家からの資金を勧誘している 🔲 CONSULTANT shall not injure ABC Co.'s rights and interests by manufacturing, selling and soliciting orders for any products similar to or competing with the Products. コンサルタントは、本製品に類似するまたは競合するすべての製品について、製造、販売および注文取りをすることによってABC社の権利と利益を損なってはならないものとする

solicitor /səlísətər/ *n* 《英》ソリシタ, 事務弁護士 ⇨ barrister

Solicitor General ❶《米》(司法省の) 訟務長官 [⇒合衆国が当事者となる訴訟において合衆国の代理人として訴訟の遂行にあたる] ❷《英》法務次官

solicitous /səlísətəs/ *a* 案じる, 心配する 《about, of, that》; 強く願う, 熱心に求める 《for》; しきりに…しようとする 《to do》 ► The French restaurant is famous for its solicitous service. そのフランス料理店は、心配りのある熱心なサービスで知られている

◇**solicitously** *ad*

solicitude /səlísətjùːd/ *n* 心配, 憂慮 《about》; 切望 《for》; (通例 ~s) 心配の種

solid /sálid/ *a* (財政上) 堅実な; しっかりした; (物質が) 固体の; (略式) (時間が) まるまる…
► for three hours solid まるまる3時間 / Tokyo stocks got off to a solid start on the heels of an overnight surge in US equities. 前夜の米国株式市場の急騰を受けて、東京株式市場は堅調なスタートをきった / Gold is the most solid asset possessed by the IMF. 金はIMFが所有しているもっとも手堅い資産だ / We've organized a solid plan to boost our revenues. 当社は売上高を増やすための手堅い計画をまとめ上げた

solid fuel 固体燃料

Solow growth model /sóulou/ ソローの成長モデル [⇒資本と労働の代替性, 生産要素の限界生産力逓減などを仮定した成長モデル]

solution /səlúːʃən/ *n* 解決策, (業務上の) 問題解決策, ソリューション ► We need to come up with a solution to the high staff turnover. 社員の高い離職率に対する解決策を考える必要がある / As a solution, the airport authority announced it will build another runway to accommodate more international airlines. 解決策として、空港当局は、国際航空会社の増加に配慮して、滑走路をもう一本建設すると発表した

work out a solution 解答を出す, 解決する

solve /salv/ *vt* 解く, 解明[解answer, 解決]する ► The financial crisis may worsen unless problems in the banking system are solved. 銀行システムの諸問題が解決されなければ、金融危機は悪化するかもしれない / We hope this information solves your problem. この情報で問題が解決するといいのですが

◇**solvable** *a* 解決できる

solvency /sálvənsi/ *n* (債務などに対しての) 支払能力(のある状態) ► The solvency of the company was put into question. その会社の支払能力が疑問視された

solvency margin ❶ 支払余力 ❷ ソルベンシー・マージン [⇒生命保険会社の支払能力を示す指標]

solvency ratio 支払能力比率 [⇒総資本に占める負債の比率] ► XYZ Life's solvency ratio came to 221% at the end of September, substantially down from nearly 400% a year earlier. XYZ生命のソルベンシーマージン比率は9月末で221%と、前年同期に400%近くあったものが大幅に低下している

solvent /sálvənt/ *a* 支払能力がある ► I cannot explain how they managed to remain solvent. 彼がどうやって支払能力を維持しているのか、私には説明できない / The company will have problems remaining solvent. その会社は支払能力を持ち続けても問題が残る

━ *n* 溶剤, 溶媒《of》; 解決策

solvent extraction 溶媒抽出 [⇒分析化学や湿式製錬などの分野で、有機相と水溶液相の間の金属イオンなどの2相分配平衡を利用して、元素の濃縮あるいは分離を行う操作]

some /sʌm/ a ある, どこかの; 何かの; いくらかの; 約[およそ]…の;《略式》相当な;《略式》なかなかの, すごい;《皮肉》とんでもない, 大した

▶ **Some** journalists lavishly entertain politicians to get a scoop. 特ダネを取るために, 一部のジャーナリストは政治家を気前よく接待する / Can you provide **some** figures for the advertising costs? 広告経費として何か数字を提示できますか / Because of the recession, management had to make **some** tough choices. 景気後退のために, 経営陣はいくつかの難しい選択を迫られた / We have to regain the trust of our customers **in some way or other**. なんとかして顧客の信頼を取り戻さなければならない / **Some day**, I'm going to set up my own company. いつの日か, 自分自身の会社を立ち上げるつもりだ / Perhaps we can reschedule the appointment for **some other time**. 多分, 約束を別の日時に変更できるだろう / We should spend **some time** looking over the terms of the contract. 契約条件を検討するために若干の時間をかけるべきだ / We've been dealing with this distributor for **some time**. かなり長い間, 当社はこの卸売業者と取引をしている

【成句】 *in some way or other* [*another*] なんとかして *some day* (未来の)いつか, そのうち *some few* [*little*] いくらか; かなりの *some one* どれか一つ(の); ある人, 誰か *some ... or other* どこか[誰か, 何か]の *some other time* いつかほかの時に *some time* しばらく(の間); (未来の)いつか

— *pron* 多少, いくらか; ある人々[もの], 一部

【成句】*and then some* それ以上にもっとたくさん

— *ad* ほぼ, 約…;《米略式》いくぶん, 大いに

▶ **Some** good publicity should generate interest in the product. 適切な広報活動をすれば, その製品についての興味は引き出せるはずだ

somebody /sʌ́mbədi/ *pron* ある人, 誰か

▶ It's a tough job, but **somebody** has to do it. 困難な仕事だが, 誰かがやらなければならない / The board decided it was time to let **somebody else** run the company. ほかの誰かに会社を経営させる時期だと取締役会は判断した

【成句】*somebody else* 誰かほかの人

— *n* ひとかどの人, 大した人; 何とかいう人

somehow *ad* なんとかして, ともかくも; どういうわけか, どうしたものか ▶ The company **somehow** managed to stay in the black. その会社はやりくりしてなんとか黒字を維持した

somehow or other なんとかして, なんとしても

someone /sʌ́mwʌ̀n/ *pron*, *n* = somebody

▶ We need to find **someone** to fill the vacancy. 欠員を補充するために, 代わりの人を見つける必要がある

someplace *ad* = somewhere

something /sʌ́mθiŋ/ *pron* あるもの[こと], 何か; いくらか, 多少, …なんとか;《略式》重要なもの[人, こと], 相当なもの[人, こと]

▶ **something of** a celebrity ちょっとした名士 / He's forty **something**. 彼は40歳かそこらだろう / That's **something** money can't buy. それは金では買えないものだ / If we come out with **something** cheap, customers might question its quality. 何か安いものを売り出せば, 顧客は品質に疑いの目を向けるかもしれない / **Something** has come up, so I need to reschedule the appointment. 別の用件が発生したので, 約束の日時を変更する必要がある / The government should **do something about** unemployment. 政府は失業についてなんらかの手を打つべきだ / The increase in sales **has something to do with** the release of the new product. 売上の増加は新製品の発売と関係がある / He wanted to **do something** with his career. 何か別の仕事をしたいと思っていた / Borrowing is one thing, but stealing is **something else again**. 借りるのと盗むのとは大違いだ / **Something like** this was bound to happen. このようなことが起こって当然だった

【成句】*a little something*《略式》ちょっとした贈物 *do something (about it)* なんとかする *have got something there* の言うことはちょっと面白い[大切だ] *have something about* 人を引きつけるものを持っている *have something for everybody* 誰も何かしら楽しめる *have something to do with* と関係[取引]がある *make something of* を活用[利用]する; を重要視する;《米略式》を問題にする *make something out of nothing* 言いがかりをつける *or something* …か何か *see something of a person* (人と)時々会う *something else* 何かほかのもの;《米略式》大した人[もの] *something else again* 別の問題, 話が違う *something like* のようなもの; およそ, 約 *something of a* ちょっとした… *That's really something.* 大したものだ *That's something like it.* それでよろしい *there's something ... about* には…な様子がある *there's something in* にはいくぶんかの真実がある; は考えてみる価値がある

— *ad* いくぶん, いくらか, 多少; 大体, 約;《略式》(形容詞を伴って)大いに

sometime *ad* かつて, 以前; (未来の)いつか, そのうちに ▶ I'd like to meet you sometime next week. 来週いつかお会いしたいのですが

— *a* かつての, 前…

sometimes *ad* 時々 ▶ I sometimes commute to work by car. 私は時々車で通勤する / Managers must sometimes make the difficult decision to dismiss employees. 管理職時には従業員を解雇するという困難な決定をしなければならない

somewhat *ad* いくらか, 少々 ▶ The dollar dropped in value somewhat later in the day due to selling by Japanese exporters. 日本の輸出業者の売りで, ドルはその日の後半いくらか価値が下落した / The economy has recovered somewhat in recent years. この数年間, 景気はやや持ち直している

— *n* 多少, いくぶん

somewhere *ad* どこかに[へ]; およそ, ほぼ; ある時, いつか ▶ You can get it cheaper somewhere else. よそでもっと安く手に入るよ

get somewhere《略式》うまくいく

somewhere around [*between*]*...* ほぼ…[ほぼ…

の間] ► The retailer projects sales may fall somewhere between 10% to 15%. その小売業者は売上高が10%と15%の間で減少するかもしれないと予測している

Sominex 《商標》ソミネックス[○米国の睡眠薬]
song /sɔ́:ŋ/ n 歌; 鳴き声
for a song 《略式》二束三文[捨値, 格安]で ► Jim bought the old house for a song last year. ジムは昨年その古い家を格安で買った
on song 《英》快調で
song and dance 説明, 言い訳;《英略式》無用な騒ぎたて; 販売実演会
Sonicare 《商標》ソニッケアー[○米国の電動歯ブラシのブランド]
soon /suːn/ ad もうすぐ, まもなく; 早く ► Demand from US consumers won't rebound anytime soon. 米国の消費者からの需要はそう簡単には回復しないだろう / How soon can you deliver the product? いつまでにその製品を納入できますか / I'm sorry I didn't respond sooner. もっと早くお返事せずに申し訳ありません
as soon as …するとすぐに ► As soon as he returns to the office, I'll have him call you back. オフィスに戻ってきたらすぐに電話させます
as soon as possible [one can] できるだけ早く ► We ask that you pay the overdue account as soon as possible. 支払期限が過ぎている分につきましては, できるだけ速やかにお支払いください
It is too soon to tell if かどうか言うのは早すぎる ► It is too soon to tell if the stock market will rebound. 株式市場が回復するかどうか判断するには早すぎる
none too soon / not a moment too soon 遅すぎて; ほぼ手遅れで
no sooner A than B AするやいなやB ► No sooner said than done. すぐにやります
soon enough すぐさま ► The company did not react soon enough to changes in the market. 市場の変化に対して, その会社は十分に早く反応しなかった
sooner or later 早かれ遅かれ ► Sooner or later, our competitor will release a similar product. 早かれ遅かれ, 競合他社は同じような製品を発売するだろう / With the jobless rate up, there will be a drop in disposable incomes sooner or later. 失業率の上昇で, 可処分所得が早かれ遅かれ減少する
sooner rather than later 早いうちに; すぐにでも ► Many people are choosing to retire sooner rather than later. どちらかといえば早期の引退を選ぶ人が多くなっている
the sooner the better 早いにこしたことはない
would (just) as soon どちらかと言えば…したい ► The company would just as soon put the scandal behind it and move on. 同社としてはむしろ, 不祥事は済んだことにして先へ進みたい
would [had] sooner A (than B) (Bするよりも)むしろAしたい
SOP standard operating [operational] procedure; statement of principles
sophisticate n /səfístəkət, -kèit/ 世慣れた人
— vt /-kèit/ 世慣れさせる;(機械を)精巧[複雑]にする ► The communication system has been remarkably sophisticated. 通信方式は著しく複雑化してきた
◇**sophistication** n 洗練; 精巧
sophisticated /səfístəkèitid/ a 洗練された; 学のある;(消費者の)目が肥えている;(機械などが)複雑[精巧]な, 程度の高い ► sophisticated investor 事情に精通した投資家 / The car is equipped with a sophisticated navigation system. その車には高性能のカーナビが搭載されている
sore /sɔ́:r/ a 痛い, ひりひりする; 怒った 《at》; 腹立たしい ► He was sore at his boss for not recognizing his contributions to the project. 彼は上司が彼のプロジェクトへの貢献を認識しなかったので怒った
a sore point [spot] 人に触れられたくない所
in sore need of をひどく必要として ► We are in sore need of funds. 私たちは資金をひどく必要としている
stick [stand] out like a sore thumb 《略式》(周囲と不調和で)ひどく目立つ
— n 傷, ただれ; 痛い所
◇**sorely** ad 痛んで; ひどく, 非常に ► sorely in need of をひどく必要として
Soros Fund Management ソロス・ファンド・マネジメント[○著名な投資家 George Soros が創設. 金融サービス, 投資顧問などを行う. 有名なヘッジファンド Quantum Group of Funds もコントロールする]
sorry /sɔ́ri/ a 気の毒に思って 《for, that, to do》; 残念に思って; 後悔して 《about, that》; 悲しい; 惨めな; 情けない; ひどい ► I'm sorry for causing so much trouble. ご迷惑をおかけして申し訳ございません / I'll be sorry to see you go. あなたがいなくなるのを残念に思います
feel sorry for に同情する ► I feel sorry for the innocent workers who lost their jobs. 何の責任もないのに解雇された従業員が気の毒です
I'm sorry to hear that. それはお気の毒です
I'm sorry to say 残念ながら 《that》 ► I'm sorry to say that I don't share your view on this. 恐縮ですが, この問題についての私の意見は違います
in a sorry state ひどい状態で
sort /sɔ́:rt/ n 種類; ある種のもの;《略式》性格, 性質, ある部類の人[もの]; 《コンピュ》(データの)ソート, 並べ替え ► do a sort ソートをかける / No sort of reconciliation would be possible between them. 彼らの間にはいかなる和解もあり得ない(✚ 全然ないことを強調する表現) / What sort of workman is he? 何の(種類の)職人ですか (✚ workman の冠詞の有無で意味が異なる: What sort of a workman is he? どんな(腕前の)職人ですか) / What sort of projects do you work on? どういうプロジェクトに取り組んでいるのですか

after* [*in*] *a sort ある意味では
all sorts of あらゆる種類の ▶ I deal with all sorts of customer complaints on a daily basis. 来る日も来る日も, お客様から寄せられるあらゆる種類の苦情を処理しています
a* [*some*] *sort of 一種の
in some sort ある程度
***of sorts* [*a sort*]** 《略式》お粗末な; ある種［程度］の ▶ Capitalism of a sort existed in this country in the past. 過去にはこの国に資本主義のようなものが存在した
of the sort そのような
sort of 《略式》いくぶん; ちょっと; まあ; かなり
sort of like 《略式》なんていうか…
— *vt* 区分けする, 分類する 《*out, over, through*》; 〖コンピュ〗ソートする ▶ sort the documents into chronological order ファイルを時系列で並べ替える
sort out 解決する; 選び出す 《*from*》; 整理する ▶ The company is in the midst of sorting out its financial mess. その会社は財務の混乱を解決している最中だ / It takes time to sort it out. それを解決するには時間がかかる / In an effort to reduce waste and recycle resources, local governments across the country require residents to sort their trash. 廃棄物を減らし資源をリサイクルする努力の一環として, 全国の地方自治体は住民がごみを選別することを義務づけている

sort code《英》金融機関識別コード (=《米》routing number, ABA code)

sorting office /sɔ́ːrtɪŋ/ 集中局 [◯郵便物の区分事務を行う郵便局]

so-so *a* 《略式》よくも悪くもない, まあまあの ▶ The salesman's performance is so-so. そのセールスマンの成績はまあまあだ
— *ad* まあまあ

Sotheby's サザビーズ [◯Christie'sと並ぶ世界の競売会社]

souk /suːk/ *n* (特にアラブ諸国で) 市場, スーク

soul /soʊl/ *n* 魂; 精神; 気迫, 情熱; 指導者; 人 ▶ Not a soul was to be seen. 人っ子一人いなかった / I began to think that the very soul of the world is economic. この世を動かすものは経済だと思うようになった / May God rest his [her] soul. ご冥福をお祈りします
keep body and soul together 暮らしを立てていく
upon* [*on*] *my soul《古風》誓って, 確かに; 驚いた
◇**soulful** *a* 感情［魂］のこもった, 情熱的な

sound¹ /saʊnd/ *n* 音; 音響; 騒音; 音声; 声, 調子, 様子
from the sound of it その様子からすると
not like the sound of の調子［様子］が気に入らない
too fond of the sound of one's own voice 人の話を聞かずにしゃべる一方で
within* (*the*) *sound of の聞こえる所に
— *vi* ❶ 音をたてる, 鳴る; のように聞こえる［思える］《*as if* [*though*], *like*》 ▶ It sounds like a good idea to me. 私には, よい考えのように思えますが / Investing is a lot easier than it sounds. 投資は話に聞くよりはるかに容易である
❷〖法律〗(…を) 根拠として持つ, (…に) 根ざす《*in*》
— *vt* 鳴らす; (鐘などが…を) 知らせる
sound off 《略式》意見をまくしたてる《*about, on*》

sound² *a* 健全な, しっかりした ▶ sound banking 健全な銀行経営 / We've devised a sound plan to streamline our operations. 業務を合理化するためのしっかりした計画を考え出した / The company is financially sound. その会社は財務的に健全だ
— *ad* ぐっすりと
◇**soundly** *ad*
◇**soundness** *n*

sound³ *vt* 水深を測る; (人の考えなどを) 調べる, 探る, 打診する《*out*》 ▶ We sounded out his receptiveness to the plan. その計画を彼が受け入れるかどうか打診してみた
— *vi* 水深を測る
— *n* ゾンデ, 探り針

sound-multiplex *a* 音声多重の
sound-multiplex broadcasting 音声多重放送

soup /suːp/ *n* スープ
from soup to nuts《米略式》初めから終わりまで, 何から何まで
in the soup《略式》困って
— *vt* (次の成句で):
soup up《略式》性能を上げる;《略式》面白く［刺激的に］する

souped-up *a* 馬力を上げた; 性能をアップした ▶ The souped-up microprocessor chip increases the speed and performance of computers. 能力向上型のマイクロプロセッサー集積回路はコンピューターの速度と性能を高める

soup kitchen (不況時の) 無料食堂

sour /saʊər/ *a* よくない, まずい; (原油)〖硫黄分が多い, 高硫黄の (⇔ sour crude)
go* [*turn*] *sour おかしくなる; (に) 敵対している, (を) 嫌っている《*on*》
— *n*《the ~》嫌なこと, 苦しいこと
— *v* だめになる, ボツになる, 頓挫する ▶ Several real estate investments soured and had to be written down. 数件の不動産投資は失敗に終わって, 評価損を計上しなければならなかった
sour on《米略式》を嫌うようになる ▶ He became soured on his job because of the hard work and bad salary. きつい上に給料が安いので仕事が嫌になった

source³ /sɔːrs/ *n* ❶ 仕入先, 調達先;《~s》出所, 出典; 情報源 ▶ a supply source 供給源 / alternative energy sources 代替エネルギー源 / a reliable source of information 信頼できる情報源 / according to industry sources 業界筋によれば / look for cheaper sources もっと安い仕入先を探す / Human capital is a source of a company's competitive advantage. 人的資本が会社の競争力の源だ

❷ (所得・収益の) 源泉, 出所 ► revenue sources 収入源 / a steady source of income 確実な収益源 / What is your main source of income? あなたの所得の主たる源泉は何ですか / Commissions from equity trading are the main source of revenue for the brokers. 株式売買の委託手数料がブローカー (=証券会社) の主たる収益源である

at source 元で; 源泉で ► deduction at source (税の) 源泉徴収, 天引き

— *v* 仕入れる; 情報源を明らかにする ► We source our supplies from approximately ten countries. 当社はおよそ10か国から資材を調達している

source and application of fund statement 資金運用表, 財政状態変動表 [⊃ある年度の貸借対照表 (バランスシート) と翌年度のそれとの違いを資金の調達・運用の変化として記録した計算書. statement of source and application [use] of funds, statement of changes in financial position, funds flow statement とも呼ばれる]

source credibility ソースクレディビリティー [⊃発言者や広告などに人が寄せる信頼の度合]

source document 原始書類, 原始伝票, 原始資料 [⊃会計記録の基礎資料となる書類] ► determine the accuracy of information on source documents before entering into computer コンピュータに入力する前に原始資料の情報の正確度を吟味する

source material 基礎資料

source of financing 資金調達の源泉 (=source of funds) [⊃資金運用表の資金の調達源泉を表す区分]

sourcing /sɔ́:rsiŋ/ *n* (外部・海外からの) 部品調達

sour crude サワー原油, 高硫黄原油 (⇔sweet crude) [⊃硫黄分が多い原油] ⇨ crude oil

sourdough *n* サワードウ [⊃発酵パン種の酸味のあるパン]; 開拓者, 探鉱者

south /sauθ/ *n* (the ~) 南, 南方; 《the S-》南部 (地方)

— *a* 南の [にある]; 南向きの; 《S-》南部の

— *ad* 南 [南方] へ [に]

go [head] south 南へ行く [向かう]; (景気・株価などが) 下向く; 《米略式》姿を消す ► After a short rally early in the week, stocks are heading south again. その週の初めに短期間の反騰があった後, 株はまた下がり始めている

— *vi* 南進する

South Beach Diet 《商標》サウス・ビーチ・ダイエット [⊃マイアミの医者が考案した米国のダイエット法. Kraft Foodsがライセンスを取得してパッケージ製品として販売している]

South China Economic Zone (the ~) 華南経済圏 [⊃香港と中国の広東省, 海南省などこれに福建省と台湾を加えた地域における局地経済圏]

southern /sʌ́ðərn/ *a* 南 [南部] にある; 南から来る [への]; 《S-》米国南部の ► the southern hemisphere 南半球

Southern Comfort 《商標》サザンコンフォート [⊃バーボンをベースにした桃と柑橘類の風味の米国製リキュール]

Southwest Airlines (~ Co.) サウスウエスト航空 [⊃米国の航空会社. 1971年に安価な航空券を提供する会社としてサービスを開始]

sovereign /sάvərən/ *a* (中央) 政府による, 政府が発行する

sovereign debt ソブリン債務 [⊃一国の中央政府が発行する債券 (ソブリン債), 借入金または保証債務]

Sovereign Debt Restructuring Mechanism 国家債務再編制度 (SDRM) [⊃IMFが提案している破綻国家に倒産制度を適用しようというもの]

sovereign loan ソブリン・ローン [⊃国家向け貸付]

sovereign rating ソブリン格付 [⊃国自体に対する格付]

sovereign risk ソブリン・リスク, カントリー・リスク [⊃外国政府, 政府機関, 中央銀行など国家機関が発行した証券や借入債務を回収できないリスク]

sovereign wealth fund 政府系ファンド (SWF)

[解説] 政府が運営する投資ファンド. アブダビ投資庁 (ADIA) やノルウェーの政府年金基金のように, 石油などの資源輸出による収入を原資とするものと, シンガポールの政府投資公司 (GIC) や中国投資有限責任公司 (CIC) のように, 外貨準備や財政余剰の一部を原資とするものに大別される. ヘッジファンドを上回る運用資産規模を持つと言われ, 大規模な資金源として期待されているが, 一方で情報非開示の姿勢と政治的意図を持った投資が懸念されている

SOX Sarbanes-Oxley Act

spa /spɑ:/ *n* 鉱泉 (地), 温泉 (地) (✥総称は hot springs) [⊃ベルギーの地名より]

SpA 《伊》法人企業 (✥わが国の株式会社に相当)

space /speis/ *n* ❶ 空間; 空き; 容量, スペース ► a short space of time 短時間 / the open and competitive international space 開放的で競争的な国際的空間 / Crowded work space is a cause of work-related stress. 作業場が混雑していると仕事のストレスの原因になる / Space in the lecture hall is limited. Please register well in advance. 講演会場の収容能力が限られています. 早めに登録をお願いします ❷ スペース [⊃新聞雑誌広告の場所と大きさ]

an open space 空き地

in [during] the space of の間に

make space for のために場所を空ける ► The store is having a sale to make space for new models. 新しいモデルを置く場所を作るため, その店はセールをしている

— *v* 一定の間隔を置く (*out*)

― *a* 空間の；宇宙の
◇**spacer** *n*
Spaceship Earth 宇宙船地球号［◎米国の経済学者 K.E.ボールディングが地球の有限性を訴えるために地球を宇宙船にたとえたもの］
space shuttle スペースシャトル，有人往復宇宙船
space station 宇宙ステーション
spacious /spéiʃəs/ *a* 広々とした ► The hotel has spacious conference rooms. そのホテルは広い会議室をいくつか持っている
Spackle (商標)スパックル［◎補修に用いる速乾性のしっくいの一種］
spam /spæm/ *n, v* スパム(する)［◎広告や嫌がらせのために送られる大量の E メール．またそれを送ること］
Spam (商標)スパム［◎米国の缶詰肉のブランド．牛肉，豚肉，鶏肉などを使ってハムより安い食品として米国の食卓に並んできた製品］[＜spiced ham]
spammer *n* スパマー［◎スパム(spam)を送る者・会社］
spamming *n* スパム(spam)を流すこと，スパム攻撃
span /spæn/ *n* 親指と小指とを広げた長さ［◎約9インチ］；期間；短い時間；全長；わずかな距離 ► The product had a short life span. その製品の寿命は短かった / The time span between introduction of a new product and maturity varies among products. 新製品の導入からの成熟までのタイムスパンは製品によって異なる
over a span of にわたって
― *vt* (**-nn-**) 親指と小指を張って測る；(橋が)架かる；架ける((*with*))；及ぶ，わたる
― *vi* (米) 伸びる，わたる
spandex /spǽndeks/ *n* スパンデックス［◎ゴム風合成繊維；expandsの転綴語］⇒Lycra
spang /spǽŋ/ *ad* (米略式)じかに；正確に
spangle *n* スパンコール［◎ぴかぴか輝く飾り］
― *vt* スパンコールを付ける ► spangled tights ぴかぴか飾りを付けたタイツ
spank *vi* 速く走る((*along*))
― *vt* の尻をたたく
◇**spanker** *n* (帆の)スパンカー；(略式)駿馬；(略式)素晴らしい人［もの］
spanking *a, ad* 敏速な，活発な；(風が)勢いよく吹く，(略式)とてもすてきな，(略式)極めて，素晴らしく ► spanking new 真新しい / at a spanking pace 速いペースで
― *n* 尻たたき
spanner /spǽnər/ *n* 指寸法[指尺]で測る人；スパナ
throw a spanner into the works (英略式)(人の)計画を台無しにする[妨害する]
span of control 統制の範囲［◎一人の管理者が管理できる部下の人数，管理の幅で，人数的には5〜7名だが，業務の内容，権限委譲の可否，訓練などの要因により幅がある］
spar *vi* (**-rr-**) 口論する((*with*))
― *n* 口論

spare /speər/ *vt* 容赦する；(人に苦労などを)かけさせない((*from*))；なしで済ます；(物・時間を)さく，分けてやる((*for*))；倹約する；控える ► I can't spare the time to see him. 彼と会う時間がさけない / Could you spare a few moments to go over the contract? 契約書を検討するために少々お時間をいただけますか
― *vi* 倹約する；情を示す
enough and to spare あり余るほど(の)
not spare oneself 骨惜しみをしない
spare a person the trouble of doing (人に)…する手間を省く
spare no expense 費用を惜しまない
to spare 余分の；余って，残って；割愛する ► have no time to spare さく時間がない
― *a* 予備の；余分の；乏しい，やせた；(英略式)取り乱した，腹を立てた ► spare change (人にあげられる)小銭 / spare time 暇な時間
drive a person spare (英略式)(人を)怒らせる
― *n* 予備の物；予備タイヤ；(英)予備部品
spare capacity 生産余力，供給余力
spare part 予備の部品
spare parts inventory 予備部品の在庫［◎生産・販売活動を円滑化するための予備部品の在庫］
sparing /spéəriŋ/ *a* 倹約する((*of, with, in*))；つましい，控えめの ► As a manager, he was very sparing in the praise of his staff. マネージャーとしては彼は部下をあまりほめない
◇**sparingly** *ad* 倹約して
spark /spɑːrk/ *n* 火花，火の粉；活気；ひらめき；わずか，ほんの少し(の)((*of*))
(the) sparks fly 白熱した議論が始まる
strike sparks off [with] each other 互いに刺激する
― *v* 火花を出す；(略式)活気づける，刺激する；(英)刺激して(…を)起こさせる((*off*)) ► Wall Street's rally yesterday sparked a surge in Asia's stock market. 昨日のウォール街の反騰はアジアの株式市場での急騰を誘発した / The spending of public funds to shore up banks has sparked criticism from taxpayers. 銀行を支援するために公的資金を支出したことは納税者の批判に火を点けた / The financial crisis sparked demand for haven assets. 金融危機は避難資産に対する要求を誘発した / The economic downturn sparked speculative investors to sell their stocks. 景気の低迷は投機目当ての投資家が手持ち株を売却する事態を誘発した
sparking plug (英) = spark plug
spark plug (米略式)中心的な人物，指導者
sparring match 啓発し合う議論
spate /speit/ *n* (言葉の)ほとばしり；大量，多数；(英)洪水；豪雨
a spate of 多数の，多発する
in full spate 氾濫(はんらん)して；あふれて
spatial /spéiʃəl/ *a* 空間の[に関する]；空間に存在する[で起こる]［＜space］
◇**spatially** *ad*
spatial behavior 空間行動［◎他者とどの程

度の距離をとって着席するかなど，空間的側面から見た人間の行動]

spawn /spɔːn/ v 次々に生み出す，送り出す ► spawn innovative products 画期的な製品を次々に生み出す / New technology has spawned new business. 新技術が新ビジネスを生み出してきた

SPC special purpose company; statistical process control

SPE special purpose entity

speak /spiːk/ (**spoke; spoken**) vi 話す，ものを言う；話をする (*to, with, about, of*); うわさをする (*of, about*); 演説をする (*to, on, about*); 述べる ► "Who's speaking?" "(This is) Brown speaking."《電話で》「どなたですか」「(こちらは)ブラウンです」/ They spoke together about the future of the company. 会社の将来について話し合った / Would anyone care to speak to the question? この問題についてご意見のある方はございませんか
— vt 話す，言う；表す

generally [*strictly*] *speaking* 一般的に[厳密に]言って ► Generally speaking, consumers are price sensitive. 一般的に言って，消費者は価格に敏感だ

not to speak of は言うまでもなく

so to speak いわば

speak for の代弁をする；弁護をする；申し込む；示す，多す ► This seat is spoken for. 本席は予約済み

speak for itself [*oneself*] 自明のことである；雄弁に物語っている ► The quality of our product speaks for itself. 当社製品の品質は自明のことだ / Last month's sales results speak for themselves. 先月の売上の結果は説明するまでもない

speak highly [*very well*] *of* を激賞する

speak ill [*well*] *of a person* (人を) 悪く[よく]言う

speak one's mind 心を打ち明ける

speak out 腹蔵なく意見を述べる (*against*); 大声で話す

speak to に話をする，に言及する，を叱る，《略式》(人・心に) 訴える；興味を引く；確証する ► "I'd like to speak to Mr. Brubaker, please. / Could I speak to Mr. Brubaker, please?" "To whom am I speaking, please?"《電話で》「ブルーベーカーさんをお願いしたいのですが」「どちら様でしょうか」

speak up 大声で話す；腹蔵なく[率直に]話す ► Please speak up a bit. もう少し大きな声で話してください

speak up for を弁護する

speak with と相談する；と話す

— n 専門語；専用語；言葉

-speak …(業界)用語 ► bureaucrat-speak 官僚用語

speaker /spíːkər/ n 話す人；演説家；《the S-》(米国・英国の下院の)議長；拡声器
◇**speakership** n 議長の職[任期]

speakerphone n スピーカーフォン，会議電話

spearhead vt 《略式》の先頭に立つ，リードする ► spearhead the company's expansion in Europe 同社のヨーロッパでの事業拡大の先頭に立つ

spec¹ /spek/ n《英略式》投機；見込み
on spec《英略式》投機で，思惑で；賭けで，やまを賭けて ► He wrote to the manager on spec and got a job. 彼は支店長に一方的な見込みで手紙を書いて職を得た [<speculation]

spec² n 《略式》仕様(書) (=specifications, specs) ► We will manufacture the machine to your specs [《英》spec]. 当社はその機械を貴社の仕様に合わせて製造します
— vt《英》仕様を決める ► The product is modestly speced and priced. その製品は仕様も価格もほどほどというところだ

special /spéʃəl/ a 特殊な；特別な；特定[一定]の；独特[特有]の；専門の；例外的な ► a special offer 特価 / a special commission to study productivity 生産性研究のための特別委員会 / We pay special attention to detail in our products. 当社では製品の細部に特別の注意を払っています
— n 特別の人[もの]; 号外 ► today's special 今日の特別料理
on special 特売で
◇**specially** ad

special bank 特殊銀行 [⇒普通銀行以外の，特別な目的のために設立された銀行]

special buyer《英》スペシャルバイヤー [⇒財務省証券や政府短期証券を手がけるイングランド銀行(中央銀行)の指定業者]

special damage 特別損害 [⇒債務不履行の結果として通常予見し得る範囲を超える損害]
圖 In no event shall SELLER be liable for special, indirect or consequential damages. 「売主」はいかなる場合においても，特別損害，間接損害または結果損害を負わない

special delivery (郵便の)特別[時間外]配達

special deposit 別途預金，別段預金 (=specified deposit)

special dividend 特別配当金 [⇒好業績などにより通常の配当金に上乗せして支払われる配当金] ► The company issued a special dividend of 80 cents per share. その会社は一株当たり80セントの特別配当を支給した

special drawing right 特別引出権 (SDR) [⇒国際流動性の不足を補うため1970年にIMFが導入した一種の貨幣単位で，ユーロ，ドル，円，ポンドのバスケットから成る．各国は配分された SDR によって必要な通貨を引き出すことができる]

special economic zone 経済特区 [⇒特別な政策を実施する地区のこと．たとえば，輸入関税を免除する輸出加工区など]

special interest group 利益団体，圧力団体 [⇒自分たちの特殊利益を追求して政治に働きかける団体]

specialist /spéʃəlist/ *n, a* ❶ 専門家；専門医 (*in*)；専門の ► We need to consult with a tax specialist on this matter. この件は税金の専門家に相談する必要がある ❷ スペシャリスト [⇨米国の証券取引所で銘柄ごとに指定され，流動性の確保を義務づけられる特殊な証券業者]
◇**specialism** *n* 専門

speciality /spèʃiǽləti/ *n* 《英》= specialty

speciality contract 《英》捺印契約，捺印証書による契約

specialization, 《英》**-sation** /spèʃəlizéiʃən/ *n* ❶ 専門化，特殊化 ❷ 特化 [⇨比較的効率的に生産できる財のみの生産を行うこと]

specialize, 《英》**-ise** /spéʃəlàiz/ *v* 専門的に研究[専攻]する (*in*)；特殊[特別，専門]化する；限定する ► We specialize in commercial law. 私たちは商法を専門にしています / Our company specializes in making precision instruments. わが社は精密機器の製造に特化している

specialized *a* 特殊目的の，専門化している

Special K ❶ 《商標》スペシャル K [⇨米国 Kellogg 社製のシリアル食品] ❷ スペシャル K [⇨鎮痛麻酔剤ケタミン (ketamine) の通称．幻覚剤として使われる]

special leave 特別休暇 [⇨個人的事情で取得する休暇を指し，有給か否かは会社による]

special legislation (特定の個人または団体のための) 特別立法；個別法律

Special Message (米国の) 特別教書

> **解説** 米国大統領が必要に応じてそのつど議会に出す政策勧告案．大統領には法案提出の権利 (the right to introduce a bill) がないが，国内政策や外交政策については連邦議会に報告する義務があるために，通常は，年頭の一般教書 (State of the Union message)，政府予算案や長期財政運営の指針を示す予算教書 (Budget Message)，経済の基本方針を示す経済報告 (Economic Report) を憲法上の義務に基づいて議会に提出しなければならない．これら三大教書に含まれない政策勧告案を指す

special offer 特別提供品，特別サービス，特別価格での提供 ► We shopped around for special offers. 私たちは特価提供品を探してあちこちの店を回った / This week, Italian wines are on special offer. 今週はイタリアン・ワインが特別提供品となっています

special position 特別スペース [⇨通常のスペースに比べ広告掲載料金が高い雑誌・新聞上のスペース (広告枠)]

special purpose company (証券化などのための) 特定目的会社 (SPC) ⇨ special purpose entity

special purpose entity 特別目的事業体 (SPE) [⇨特定の目的を達成するために設立される事業組織．どういう形態かは目的で決まり，資産運用が目的なら会社型投資信託が設立され，節税目的なら LLC やパートナーシップという形を取る．special purpose vehicle という呼び方もする]

special resolution 《英》特別決議 [⇨重要事項に関する決議で，過半数で足りる通常決議よりも要件が厳しい]

special risk (保険で) 条件体，高料率適用危険 (=impaired risk, rated risk, under-average risk)

special shareholders' meeting 臨時株主総会 [⇨合併など，定例の年次株主総会まで待てない重要事項を審議し，議決する必要のある時に開かれる] ► A special shareholders' meeting must be convened if requested by shareholders representing 20% or more of shares outstanding. 発行済株式の20%以上を保有する株主たちの請求があった場合は，臨時株主総会を招集することを要する

special situation 注目銘柄，スペシャル銘柄 [⇨会社の合併などで株価の大幅値上がりが予想される会社の株式]

specialty /spéʃəlti/ *n* 専門，専攻；特製(品)；特質 ► Our specialty is tax law. 私たちの専門は税法です

specialty goods 専門品 [⇨比較的単価が高く購買頻度の低い商品で，消費者が購入にあたって特別な努力をしようとする商品 (貴金属，自動車など)] ⇨ convenience goods, shopping goods

specialty store [shop] 専門店 (=special-line retailer)

specie /spí:ʃi/ *n* (紙幣に対して) 貨幣

species /spí:ʃi:z/ *n* (~) 種類；種(しゅ)；《the [our] ~》人類 [<ラ：外観，形，種類]

specific /spisífik/ *a* ❶ 特定の；独特の，特有[固有]の (*to*)；明確な，正確に[具体的に]述べた (*about*) ► Specific details of the project have yet to be determined. プロジェクトの具体的な細部はまだ決まっていない / Can you be a little more specific on that problem? その問題についてもう少し具体的に話せませんか / Could you be more specific, please? もっと具体的に話していただけますか ❷ (課税が) 従量の [⇨価格ではなく，数量を課税標準としていること]

to be more specific もっと正確に[具体的に]言うと

━ *n* 《~s》詳細 (*on*)；特効薬 (*for*)

get down to specifics / *go into specifics* 細部を論じる

◇**specifically** *ad* 特に；明確[具体的]に(は)；すなわち ► The product was specifically designed for the European market. その製品は欧州市場向けに特別に設計されている

specification /spèsəfikéiʃən/ *n* ❶ スペック，仕様(書) [⇨特定製品の製造に使用される材料，設備，作業手順などの明細を示した書類，または一般的に性能のあらまし] (❶ 前置詞の目的語として up to などの形 (仕様通り) などと抽象的に使うときは不可算名詞で複数形はないが，具体的な仕様を念頭に言うときは specifications と複数

形で使われる. また, 特定品目の仕様を取り上げるときは定冠詞theをつけて使う)

コロケーション

(動詞(句)+～) **alter** the specification 仕様を変更する / **check** the specification 仕様を確認する / **detail** the specifications 仕様を詳細に指定する / **follow** the specification 仕様に従う / **meet** specifications 仕様を満たす / **perform to** specification 仕様通りに稼動する / **set** specifications 仕様を定める / **work to** specification 仕様に従って作業をする / **write** the specification 仕様を決める

► contract specifications 契約上の仕様 / design specifications 設計仕様 / job specifications 職務記述書 / safety specifications 安全仕様 / technical specifications 技術仕様 / up to specification 仕様通りに / We want to have this done **according to our specifications**. これについては当方の仕様に従ってやっていただきたい / Any claim that goods fail to **conform with specifications** should be made in writing. 品物が仕様に合致していないとするクレームはすべて書面によるものとする / These products are designed and built to **the highest specification**. これらの製品は, 最高水準の仕様を満たすように設計されて製造されている / When a company **sets out specifications**, it naturally expects an output that exactly conforms with those specifications. 仕様を決める場合, 企業は, 当然のことながら製品がこうした仕様に合致することを期待する / We work closely with our suppliers to ensure that they **meet our specifications**. 納入業者と密接に協力して, 納入品が当社の仕様と確実に合致するようにしている

❷【知財】明細書 [◯ 特許において, 発明の内容を開示する技術説明書であり, 権利の範囲を確定する権利書でもある]

specific duty 従量税 (=specific tax)
specific identification method 個別原価法, 個別法
specific performance 【法律】特定履行 [◯ 契約違反の場合, 金銭賠償によらず, 約束通り債務の履行を強制させること]
specific risk 個別リスク (⇔market risk) [◯ 株式を例にとれば, 個別の銘柄に固有のリスク. 市場リスクと異なり, 分散投資によってリスクを軽減することができる. unsystematic riskとも言う]
specific tax 従量税 [◯ 酒税のように課税にあたり課税標準を数量に基づかせる方式. 価格の変化の影響を受けにくいが, 税収の伸張性が期待できないという問題もある]

specify /spésəfài/ vt 特定する; 明確[具体的]に述べる, 明記する ► The company has not specified the amount of dividend it will pay out. その会社は支払う予定の配当の金額を明言していない

specimen /spésəmən/ n 見本, 実例; 標本, 試料; (略式) やつ [<ラ: しるし, 例]

specimen signature 署名鑑 [◯ 銀行に提出する自分の署名のサンプル. 銀行はこれを署名の真否を確認する際のよりどころとする]

specious /spíːʃəs/ a 見かけのいい, もっともらしい ► a specious argument もっともらしい議論

◇ **speciously** ad

specs /speks/ n pl (略式) スペック, 仕様, 明細書 (=specifications) ► work out the specs 細かい点を詰める / We filled the order based on the customer's specs. 顧客の仕様に基づいてわれわれは注文をした

spectacular /spektǽkjulər/ a, n 壮大な, 豪華な; 劇的な; 特別豪華 (番組) ► The spectacular rally in recent weeks lifted the stock market by double-digit percentage points. 最近数週間の劇的な反騰は株式市場を10%以上も底上げした / The company had spectacular earnings growth last quarter. その会社は前四半期にめざましく利益を伸ばした

specter, (英) **spectre** /spéktər/ n 幽霊; (the ~) 恐ろしいもの (of) ► The specter hanging over airlines is the flu epidemic, which may scare off people from traveling. エアライン業界を脅かしている妖怪は, 人々に恐怖心を植え付け旅行を取りやめさせる, インフルエンザの流行だ / The recession will surely raise the specter of unemployment. 不況は必ず失業という亡霊を呼び起こすだろう

speculate /spékjulèit/ vi ❶ (と) 推測[憶測]する (about, over, on, that) ► He declined to speculate on the cause of the accident. 事故の原因について推測することを拒んだ ❷ 投機する, 投機売買をする ► They like to speculate on the stock market. 彼らは株式市場で投機をすることを好む / During the boom, many investors speculated on real estate. ブームの時代には, 多くの投資家は不動産を思惑買いした

speculation /spèkjuléiʃən/ n ❶ 思索; 推論, 推測, 憶測 (about, that) ► There was speculation that the dollar may hit the 85 yen mark. ドルは85円台に達するかもしれないという憶測があった / The CEO declined to comment on the speculation of a merger. そのCEOは合併の推測についてコメントすることを拒否した

❷ 投機, 投機的取引 [◯ 一般的には短期売買を指す. リスクを評価して測定する点でそれをしないギャンブルと異なる一方, より高いリスクを織り込む点で通常の投資と区別される] ► excessive speculation 過度投機 / land speculation 土地投機 / real estate speculation 不動産投機 / restrain speculation in the stock market 株式市場での投機を規制する / buy a thing on [as] a speculation 思惑で物を買う / Speculation can lead to fluctuations in exchange rates. 投機は為替レートの不安定な動きをもたらす可能性がある

speculative /spékjulèitiv, -lə-/ a 思惑による; 投機的な ► a speculative application 求

人広告によらない求職活動, 飛び込みでの職探し / a speculative builder 投機的不動産開発業者 / a speculative investment 投機 / The recent low trading volume makes the stock market vulnerable to speculative investors. 最近は取引量が少ないので, 株式市場は投機的な投資家に攻撃されやすくなっている

speculative bond 投機的債券 [⇨ジャンクボンドの別称] (⇔junk bond)

speculator /spékjulèɪtər/ n 投機家 [⇨通常よりもリスクを取って利益を得ようとする人] ▶ foreign and domestic speculators 海外と国内の投機筋 / Speculators are betting on the rise of the dollar. 投機業者はドルの上昇に賭けている

speech /spiːtʃ/ n ❶ 話す能力 [こと]; 話し方; スピーチ; 談話; 話し言葉; せりふ; 言葉 (遣い); 話法 ❷ 【法律】《英》(1) 口頭弁論 ▶ the closing speech 最終弁論 (2) (貴族院裁判官の) 判決意見
give [make, deliver] a speech 演説をする《*on, about, to*》
◇**speechify** vi 《略式》熱弁を振るう

speech recognition [弓ニ9] 音声認識

speed /spiːd/ n 速度; 速いこと, 迅速; 速力; 変速装置 ▶ The speed of the country's economic growth has attracted many foreign investors. その国の経済成長のスピードが多くの外国人投資家を引きつけた
at full [top] speed 全速力で ▶ The assembly line is running at full speed. その組立ラインは全速力で稼動している
at (a) high speed 高速で
at speed 速く, スピードを出して
gather [pick up] speed 速力を上げる ▶ The economic recovery is beginning to pick up speed. 景気の回復はその速度を上げ始めている
up to speed 最高速で; 精通して ▶ bring [get]... up to speed に精通させる; 必要な情報を与える《*on*》/ Please bring me up to speed on the changes in the plan. その計画の変更について最新の状況を教えてください
wish good speed の成功を祈る ▶ I wish you good speed. ご成功を祈ります
━ vt (sped, ~ed) 促進させる; 急がせる; 速度を速める《*up*》 ▶ God speed you! ご成功を祈ります
━ vi 速く動く [進む], 疾走する《*along, on, away, off, by*》; 速度を増す《*up*》; スピードを出し過ぎる; うまくいく ▶ The company is scrambling to speed up production to meet demand. 同社は需要に応えようと懸命に生産ピッチを上げている

speed dialing 短縮ダイヤル

speedy /spiːdi/ a 速い, 迅速な; たちまちの; 即時の ▶ The accounting firm prides itself on providing speedy and accurate tax reports. その会計事務所は迅速で正確な税務報告書を作成することを誇っている
◇**speedily** ad

spell[1] /spel/ (~ed, spelt) vt (語を) つづる; 意味する, の結果をもたらす ▶ How do you spell your name? お名前はどうつづるのでしょうか / Deregulation of the financial market could spell trouble for domestic banks. 金融市場の規制緩和は国内の銀行に問題をもたらす可能性がある / The latest financial crisis spells bad news for the economy. 最近の金融危機は景気にとっては悪いニュースだ
━ vi 語をつづる
spell out (略式) はっきり [詳細に] 説明する; 文字を略さずに書く; 判読する

spell[2] n 一続きの仕事; 交替; しばらく (の期間); 続く期間;《米》発作 ▶ a cold spell 寒さ続き
have a spell as しばらく...として働く
━ vt しばらくの間交替する

spellcheck n, v スペルチェック (をかける)
▶ do a spellcheck スペルチェックをかける

spell checker [弓ニ9] スペルチェッカー

spend /spend/ (spent) vt (金を) 使う《*on, for*》; (時間を...して) 過ごす《*in, doing*》; (労力などを) 費す《*on*》;《be spent / ~ oneself》浪費する, 使い果たす ▶ We'll have to spend a lot on advertising to promote our products. 製品の販売を促進する広告に多額の資金を投入する必要があるだろう / The company consistently spends about 20% of annual sales on advertising. 同社は年間売上の20%を一貫して広告にかけている
━ vi 金を使う; 浪費する
━ n 支出額 ▶ Our spending on advertising exceeded ＄80,000. 当社の広告関連の支出は8万ドルを越えた
◇**spender** n

spending /spéndɪŋ/ n 支出, 出費, 経費; 消費 (✚不可算名詞. 原則的に無冠詞で用いる)

コロケーション
（動詞(句)+～) **curtail** spending 支出を削減する / **cut** spending 支出を削減する / **cut back** spending **on** の支出を削減する / **hold down** spending 支出の増加を抑える / **increase** spending 支出を増やす / **slow** spending 支出のペースを落とす

▶ advertising spending 広告支出 / capital spending 設備投資 / equipment spending 設備投資 / government spending 政府支出 / ramp up spending on Internet technology インターネット関連のハイテク投資を強化する / Consumers have **slowed their spending**. 消費者が支出のペースを落としている / Job losses have the potential to depress **consumer spending**. 失業は消費者の支出を抑制する可能性がある / Rein in **your spending habits**. お金を使う習慣を抑えなさい / Economists predict **weak household spending** in the coming year. 来年は家計の支出は冷え込むとエコノミストは予測する

spending money 小遣い(銭); 手持ちの現金

spending power =purchasing power

spendthrift n, a 浪費する(人)

spent /spent/ *v* spendの過去・過去分詞
— *a* 使い尽くした ► spent nuclear fuel 使用済核燃料

Sperry Top-sider スペリー・トップサイダー [◯米国のシューズメーカー. 水際用の靴で有名. The Stride Rite Corp(他に Keds, Grasshoppersなどのブランドを持つ)の子会社]

Spic And Span 《商標》スピック・アンド・スパン [◯米国の清掃用洗剤. 温水を加えて用いる洗剤で, 床や壁などの清掃に使用する]

Spider-Man 《商標》スパイダーマン [◯米国のコミックのヒーロー. 1962年にコミック誌に初登場. 1977年からは新聞連載も始まり, アニメや実写でテレビ化, 映画化もされている]

spiff /spif/ *n* 売上奨励金
◇**spiffy** *a* こぎれいな; しゃれた

spike /spaik/ *n* 急上昇, 急増, 急騰 ► A shortage of rice caused a spike in prices. 米の不足は価格の急上昇をもたらした / The biofuel industry has caused the spike in grain prices. バイオ燃料産業が原因となって穀物価格の急騰が起こっている
— *v* 急上昇する; 急騰する ► The unemployment rate will probably spike to 9.5%. 失業率は多分9.5%まで急上昇するだろう
spike a person's guns (人の)計画の裏をかく, 計画を妨げる

spill /spil/ *v* (**~ed, spilt**) こぼす, こぼれる 《*out, from, out of, on, over*》; 続々と出てくる 《*out*》 ► The credit crunch will spill well into next year. 信用危機は間違いなく来年にも余波が及ぶだろう
spill over あふれ出る 《*from*》; (問題が)広がる 《*into*》 ► The real estate boom spilled over into the financial industry. 不動産ブームが金融業界に広がった / The US financial crisis spilled over to the rest of the world's economies. 米国の金融危機は世界中の他の国々にも影響を及ぼした
spill the beans [works] 《略式》うっかり秘密を漏らす
— *n* こぼれること; 流出; 油漏れ (=oil spill); こぼれ, しみ ► The oil spill caused serious damage to local fisheries. 石油の流出は地元の漁業に深刻な打撃を与えた

spillage *n* こぼれ; 油の流出

spillover *n* ❶ あふれたもの; 過剰 ❷ 《財政》スピルオーバー効果, 漏出効果, 波及効果 ► The spillover from the housing turmoil severely crippled the economy. 住宅業界の混乱の余波は, その国の経済をひどく麻痺させた

spin /spin/ *v* (**spun, 《古》span; spun; -nn-**) *vt* 回転させる; 長引かせる, 引き延ばす 《*out*》
— *vi* くるくる回る 《*round, out*》; 速く進む [行く, 走る] 《*along*》; きりもみ降下する ► The stock market spun out of control, triggering a recession. 株式市場は制御不能の状態で急降下し, 景気後退の引き金を引いた
spin off (会社を)分離新設する; を(副産物として)生み出す ► The company announced it would spin off its fast food business. ファーストフード事業を切り離して独立させると同社は発表した / The company plans to spin off its own wireless properties in an IPO. 同社は株式新規公開を通じてワイヤレス通信部門のスピンオフを図ろうとしている
— *n* 回転; 下落, 急落; (情報の)扱い方, 見せ方, 操作 ► They created an ad with a new spin. 彼らは新しい趣向の広告を作り出した
put a spin on に見解を加える

spinach /spínitʃ∥-idʒ/ *n* 《米略式》ドル札

spin doctor 《略式》(政治家の)対メディアスポークスマン

spin-in *n, a* (産学連携で)スピンイン(の) [◯企業が大学の研究設備を利用すること]

spinning /spíniŋ/ *n* 紡績

spin-off *n* ❶ 副産物; 分離再編 ❷ 《経営》スピンオフ《会社の一部門または子会社を分離し, 独立の法人企業とすること》► carry out a spin-off スピンオフを実施する / XYZ shareholders have voted to approve the spin-off of its wholly-owned subsidiary XYZ-1. XYZ社の株主は全額出資子会社であるXYZ-1のスピンオフを承認する決議案を可決した

spin-out *n, a* (産学連携で)スピンアウト(の) (=spin-off) [◯研究者が大学と協力して起業すること]

spiral /spáiərəl/ *n, a* スパイラル, 循環, 連鎖的変動, 拡大再生産, 縮小再生産 [◯原価, 賃金, 価格などの中の一つの上昇によって他が連鎖的に上昇すること, または, 通貨収縮などによって連鎖的に低下することを言う] ► a wage-price spiral 賃金・物価の悪循環 / a deflationary spiral デフレ・スパイラル / an inflationary spiral インフレ・スパイラル
— *v* (物価が)ますます上昇する, 急速に悪化する ► Inflation has spiraled upward by 20 percent. インフレは20%上昇した / The credit market spiraled down, leading the economy into a financial swoon. 信用市場は下方スパイラルに陥って, その国の経済を金融的に気絶状態に追い込んだ / The cost of health care is spiraling out of control. 医療保健のコストは制御不能の状態で急上昇している
◇**spirally** *ad*

spirit /spírit/ *n* 精神; (**~s**)感情, 気分; 元気; 気迫, …精神; (の性質の)人; (時代の)主潮 ► The success of the joint venture is in large part due to the spirit of cooperation. その合弁事業の成功は協力の精神によるところが大きい
in high [great] spirits 意気揚々で, 上機嫌で ► He appeared to be in high spirits when he walked out of the meeting. 会議の席を蹴って退場したときは, 意気揚々として見えた
— *vt* 元気づける 《*up*》; こっそり持ち出す 《*out*》 [<ラ *spiritus* 息]

spit /spit/ *v* (**~, 《英》spat; -tt-**) *vi* 軽蔑する; 吐き出すように言う
— *vt* 吐き出す 《*up*》; 吐き出すように言う 《*out*》

► Investors are feverishly spitting out their shares in the company. 投資家は慌てふためいて同社の株を投げ売りしている

spite /spaɪt/ n 悪意; 恨み
in spite of にもかかわらず, をものともせず (=despite) ► In spite of the economic slump, the company reported an increase in sales. 景気低迷にもかかわらず, その会社は売上の伸びを記録した
in spite of the fact that ということにもかかわらず (**語法**) もってまわった表現なので, although や though に書き換えるほうがよいとされる)

splash /splæʃ/ vt （略式）目立つように書きたてる ((across)); （英）散財する ((about, out, on))
— vi 跳ねる; （英）奮発[散財]する ((out)) ► They splashed out more than 70 million yen to buy a new condo. 彼らは新しいマンションを買うのに7,000万円以上をポンと出した
— n 跳ね, しみ, 斑(はん)点; でかでかと書かれること
make [cut] a splash （略式）あっと言わせる; 大評判をとる
◇**splashy** a 跳ね[しみ, 斑点]のついた; （米略式）目立つ

splendid /spléndɪd/ a 立派な, 輝かしい; 素晴らしい; （略式）すてきな ► He has a splendid track record as a fund manager. 彼はファンドマネージャーとして素晴らしい実績を持っている / I think setting up a new product line is a splendid idea. 新しい製品ラインを立ち上げるのは素晴らしい考えだと思う
◇**splendidly** ad

split /splɪt/ v (~;-tt-) ❶ 割る[割れる]; 分割[分離]する, 分裂させる[する]; 分け合う ((up, into))
► The union was split into two factions. 組合は2派に分裂した / The company is to split into two. その会社は二分割されることになっている / The investment division was split off from the bank into a subsidiary. 投資事業部門は銀行から分離されて子会社になった / Profits will be split between the three investors. 利益は3人の出資者に分配される / We'll have to split the cost. 私たちは費用を分担しなければならない
❷ （米）（株式を）分割する; （株が）分割される ► The stock has lately split 2 for 1. 株は最近1対2の割合で分割された / The company plans to split its stock two shares for one. 同社は1株を2株にする株式分割を計画している
split hairs つまらぬことをとやかく論じる; 必要以上に細かく区別する
split straws つまらぬことで争う
split the bill 割り勘にする ► The client insisted that we split the bill. そのお客さんは割り勘にしようといって譲らなかった
split the difference 折れ合う, 歩み寄る ► OK, let's split the difference. We'll give you $500. よし, 中をとろう。500ドルあげる
split up （人が）別れる, 仲たがいする; 分裂する ((into))

— n ❶ 割ること; 分裂, 分離; 割れ目 ► a three-way split 3等分の分け前 ❷ [証券] 株式分割（を行うこと） ► Before the split, the stock price was as high as $68. 株式分割の前には, 株価は68ドルもしていた
— a 割れた, 裂けた; 分裂した ► The board was split over the merger proposal. その合併提案については取締役会で意見が分かれた

split-adjusted price 株式分割後価格 [⇨株式分割 (stock split) を実施した後の一株当たりの価格]

split-off n スプリット・オフ, 会社分割 [⇨会社分割の一方法. 設立される子会社の全株式を, 親会社の株式の一部との交換で親会社の株主へ分配するという方法]

split run スプリット・ラン [⇨新聞のA地域版とB地域版とで同一広告の異なるバージョンを掲載するなどして媒体を分割 (split) すること]

split screen 分割スクリーン; 分割表示
split share =split stock
split shift 分割勤務, 二部勤務 [⇨間に休みを設けて1日のうち2つの時間帯で勤務する形態]
split stock 株式分割が行われた株
split-up n 会社分割 [⇨設立される複数の子会社の全株式を, 親会社の株主に持株比率に応じて分配し, 親会社の方は解散するやり方]

splurge /splɜːrdʒ/ v 散財する ((on)); 見せびらかす ► In a robust economy, consumers splurge on vacations and luxury goods. 好景気のときは, 消費者はバケーションと贅沢品に大金を惜しげもなく使う
— n 見せびらかし; 豪遊

spoil /spɔɪl/ v (**~ed, spoilt**) vt 駄目にする, 腐らせる ► (ホテルなどが客に) 非常にサービスする ► This hotel advertises that it spoils guests. このホテルは客に大出血サービスするという広告を出している
— vi 悪くなる, 腐る
be spoiling for （略式）したくてうずうずしている
be spoilt for choice 選ぶのに迷ってしまう
spoil oneself ぜいたくをする
Too many cooks spoil the broth. （諺）船頭多くして船山に登る
— n (**~s**) （米）官職の役得; 掘出し物

spoilage /spɔɪlɪdʒ/ n ❶ 損傷, 破壊; 損傷物 [高] ► Land spoilage is not restricted to the urban developers. 土地を損傷するのは都市開発業者だけとは限らない ❷ 仕損, 仕損じ; 仕損品; 仕損費 [⇨加工の失敗などにより完成品とならない不合格品]

spokesman /spóʊksmən/ n スポークスマン ⇨spokesperson

spokesperson n （✚複数形はspokespersons, または spokespeople）スポークスマン [⇨会社などを代表して対外的な説明をする者]

spokeswoman n スポークスウーマン ⇨spokesperson

spoliation /spòʊliéɪʃən/ n ❶ 略奪 ❷ [法律] 文書毀棄(きき) [⇨他人の為替手形, 遺言書などを破棄または実質的に改竄(かいざん)すること]

sponge /spʌndʒ/ n 海綿, スポンジ
— vt 海綿[スポンジ]で洗う《down, over, away》;（スポンジで）消し取る《out》;（略式）（人に）たかる, うまい汁を吸う《off》;（人から）奪う《from》
► This sentence should be sponged out. この文は削除したほうがよい
— vi 吸収する;（略式）たかる《on, off, off of》

sponsor /spɑ́nsər/ n スポンサー; 番組提供者; 紹介者; 後援者 ► The company was a sponsor of the local soccer team. その会社は地元のサッカーチームのスポンサーだった
— vt スポンサーになる ► We can advertise our product by sponsoring some big events, like a tennis match. テニスの試合のような大きなイベントを後援することで, わが社は製品を宣伝することができる

sponsorship n 後援; スポンサーシップ, 後援者であること ► We appreciate the sponsorship and support of our donors. われわれは篤志家の後援とサポートに感謝しています

spontaneous /spɑnte͡ɪniəs/ a 自然発生的な; 自発的な
◇**spontaneity** /spɑ̀ntənı́əti/ n 自発性, 自然発生
◇**spontaneously** ad

spoof /spu:f/ n （略式）ちゃかし; 人をかつぐことば ► They did a spoof on our commercial. 彼らは私たちのCMのもじりをやった
— v ちゃかす; だます

sport /spɔ:rt/ n スポーツ, 運動競技; 気晴らし; 娯楽; 冗談, 戯れ; 気性のよい人, さっぱりした人; 派手好みの人 ► He's a great sport. とても気さくでいい人だ
be a (good) sport 話が分かる, 面白いやつだ
in [for] a sport 冗談に, ふざけて
make sport of をからかう
— a スポーツの; 運動用の
— vi （気晴らしをして）楽しむ; ふざける, 戯れる《with》
— vt （略式）見せびらかす; 飾る ► The new company sported a market valuation of $8 billion. その新会社は80億ドルの時価総額を誇示した
[<disport]
◇**sportive** a ふざけた; スポーツ好きの

sporting goods スポーツ用品 ► a sporting goods shop スポーツ用品店

sport-utility vehicle スポーツ汎用車, RV車 (SUV)

spot /spɑt/ n ❶ 場所, 箇所; 地点; スポット (=spotlight) ► a bright spot （悪い中で）良い部分[所] ❷ スポット［⇨番組と番組の間の広告枠］► It costs a lot to get a commercial spot during prime time. プライムタイムにコマーシャルのスポットを手に入れるのは高くつく ❸ 直物, 現物; スポット(買い), 当用買い; 現物渡し;《~s》（穀物・羊毛・大豆のような）当用買いの現物 (=spot goods)［⇨決済が将来の期日に行われる先物に対して, 当日または2, 3日以内に目的物と対価の授受が行われるものを言う］

hit the spot 《米略式》（物が）申し分ない, 満足させる
in a (bad, tight) spot 《略式》困って
on the spot 現場にいて;（すぐ）その場で, ただちに;《米略式》困って; 現金で ► They hired her right on the spot. 彼女をその場ですぐに採用した
put a person on the spot （人を）困らせる ► The manager put him on the spot by picking holes in his argument. 課長は彼の主張に難癖をつけて窮地に追い込んだ
— vt (-tt-) よごす;《略式》見つける; 見抜く, 見分ける; 散在させる;《米略式》（貸しとして）やる, おごる ► By spotting new trends, we can understand shifts in consumer tastes. 新しいトレンドを見出すことで, 消費者の嗜好の変化を理解することができる / It's sometimes hard to spot the differences between a genuine and an imitation product. 本物とにせ物の違いを見分けるのは難しい場合がある
— vi しみになる
— a ❶ 即座の, 現地の, 地方放送局から送られた ❷ 現物の, 現金の; 即座になされる, 即時払の, 即金の, 即時引渡しの ► spot delivery 現物渡し / a spot economy 現物経済 / a spot transaction 現物取引
— ad 《英略式》ちょうど, かっきりと

spot advertising スポット広告

spot announcement スポットCM［⇨番組と番組の間の時間に流されるCM. 番組内に流されるtime CMとは区別される］

spot cash 即金 ► pay spot cash 即金で払う

spot check 無作為抽出検査, 抜取り検査 ► carry out a spot check 抜打ち検査を行う

spot-check v 抜取り検査をする

spot delivery （先物取引に対しての）現物取引［⇨金融先物での現物は cash または actuals と言う］

spot exchange rate 直物為替相場 (=spot quotation)［⇨為替取引で, 交換された通貨をただちに引渡す場合の通貨交換比率］

spotlight n, vt スポットライト（で照らす）; 世間の注目 ► in the spotlight 注目を浴びて / shine [turn] a spotlight on にスポットライトを当てる / thrust ... into the spotlight 世間の注目を浴びさせる, に注意を向けさせる

spot market 直物市場, スポット市場［⇨契約後ただちに（たとえば2日以内）商品の受渡しと現金による支払が行われる市場. 金融先物では cash market］⇨forward market, futures market

spot month =front month

spot news ニュース速報, スポットニュース

spot oil スポット原油

spot price スポットプライス, 現物価格［⇨商品や証券などの現物取引の値段］

spot quotation =spot exchange rate

spot rate =spot exchange rate

spot sale 即時渡し販売［⇨現金取引のような

spouse /spáus/ *n* 配偶者 ▶ a stay-at-home spouse 専業主婦, 専業主夫

spouse exemption 配偶者控除 [➡ 米国の所得税の用語で, 配偶者についての控除. 類語の marital deduction (配偶者控除) は遺産税の用語] ⇨ exemption

SPR Strategic Petroleum Reserve ▶ The government tapped into the SPR and shipped out 9 million barrels of oil. 政府は戦略的石油備蓄制度に手をつけて9百万バレルの石油を積み出した

sprawl /sprɔːl/ *v* (体・手足を) 大の字に広げる; 四方に広がる (*out, across, in, on, into*) ▶ Wenzhou is a sprawling industrial city. 温州は大きく広がった工業都市である
— *n* (都市の) スプロール現象 (=urban sprawl)

spread /spred/ (~) *vt* 広げる, 伸ばす (*out, on, over, with*); 広める, 普及 [流布] させる; (ある期間にわたって) 引き延ばす (*out, over*) ▶ He spread his payment over five years. 彼は5年間支払をした / The Nikkei hit a new low as fears about the economic gloom spread among investors. 景気低迷の恐怖が投資家の間に行きわたったので, 日経平均は新安値をつけた / The venture capitalists spread word about their business through online social networking sites. ベンチャーキャピタルの経営者はインターネットのソーシャルネットワーキングサイトを通じて事業を宣伝した
— *vi* 広がる (*out*); 伸びる; (広範囲・長期に) 広がる, 及ぶ (*to, over*); 広まる ▶ He spread out into a new business. 彼は新しい商売に手を広げた / Payments spread out for ten years. 支払いは10年がかりになった / The financial crisis spread to other parts of the economy. 金融危機は経済の他の部門にも波及した

spread oneself 《略式》よく見せる, 見えを張る; 《略式》自慢する; 多方面に手を広げる ▶ He often spreads himself on his achievement. 彼はよく自分の業績を自慢する

spread oneself too thin 手を広げすぎる

— *n* ❶ 普及; 見開きページ [広告, 記事] ❷ スプレッド, 利ざや, 値幅 [➡ 売値と買値の差, 借入金利と貸出金利の差など] ▶ a spot-forward spread (外国為替市場における) 直物価格と先物価格の差 / the widening spread between lending and borrowing rates 貸出金利と借入金利のスプレッドの拡大 / The narrowing spread between US and foreign interest rates is turning away investors from dollar-dominated assets. 米国金利と国外金利の利鞘の縮小は投資家をドル建て資産から遠ざけている ❸ 信用スプレッド, 利回り格差 [➡ 無リスク資産の代表格である米国財務省証券と社債との利回りの格差. 信用リスクが高まれば拡大する]
◇**spreadable** *a*

spread effect 波及効果

spread loan スプレッド貸付 [➡ 資金調達コストに一定の利ざやを乗せた貸付]

spreadsheet *n* [ˈ─] スプレッドシート [➡ 表計算ソフト, 特に財務計算ソフト] ▶ update [use] a spreadsheet 表計算ソフトを更新する [使う]

spreadsheet software 表計算ソフト

spree *n* (特に短期での) 散財, 消費, 浪費 ▶ go on a spending spree 散財する

spring /spriŋ/ (sprang, sprung; sprung) *vi* 跳ねる, 跳び上がる (*up, out of, from*); 急に (…に) なる (*to, into*); (原因・根拠などから) 起こる, 生じる (*from*); 《豪・米略式》おごる (*for*) ▶ The concept for the new product sprang from customers' suggestions. その新製品のコンセプトはお客様の提案から生まれた
— *vt* 飛び立たせる; 曲げる; 裂く, 割る; 急に持ち出す

spring ... on に…を突然言う [持ち出す]

spring to life [*action*] 急に活気づく

spring to mind 急に思い出す

spring up 跳び上がる; 現れる ▶ Hundreds of new convenience stores have sprung up across the country. 何百という新しいコンビニ店が全国で誕生した

— *n* 跳ぶ [跳ねる] こと; 弾力; 泉; 源泉; 発祥, 根源; 原動力; ばね, ぜんまい

springboard *n* 飛躍のきっかけ ▶ serve as a springboard to a new career 新たなキャリアへの飛躍のきっかけとなる

Sprint (~ Corp.) スプリント [➡ 米国の長距離電話・データ通信会社. 1938年設立. 98年に無線通信サービス部門をSprint Corp. PCS Groupとして分社化した. その後Nextel Communicationsと合併, Sprint Nextel CorpとしてVerison, AT&Tに次ぐ大手無線通信会社となる]

Sprite (商標) スプライト [➡ 米国の The Coca-Cola 社の清涼飲料]

spruike *v* 《豪略式》売り込む

spruiker *n* 《豪略式》売込み

spur /spɔːr/ *n* 拍車; 刺激, 激励 (*to*)

act as a spur to を促すものとなる

on [*upon*] *the spur of the moment* [*the occasion*] 突然, 衝動的に, 一時の思いつきで ▶ I bought the jacket on the spur of the moment. ジャケットを衝動買いした

win one's [*the*] *spurs* 偉功を立てる; 名をあげる

— *v* (-rr-) 拍車をかける; 刺激する; 鼓舞 [激励] する (*on, to, into, to do*) ▶ Government spending and interest rate cuts are aimed to spur economic recovery. 政府支出と金利引下げは景気回復に拍車をかけることを目的としている / Environmental concerns have spurred automakers to develop more fuel-efficient vehicles. 環境面での懸念がさらに燃費のよい車の開発へと自動車メーカーを駆り立てている / The country's growth has been spurred on by an increase in foreign direct investment. 外国からの直接投資が増加して, その国の成長に拍車がかかった

spurious /spjúəriəs/ *a* 偽物の, 見せかけの;

誤った，正しくない

spurt /spəːrt/ v 急騰する ► Their revenues are expected to spurt 18 percent this year. 総収入は今年は一気に18%増になると考えられている

— n 急騰

spy /spai/ n 探偵，スパイ

— vi ひそかに見張る[探る]《on, upon》; 綿密に[注意深く]調べる《for, into》► He spied on his own colleagues. 彼は自分の同僚のことをこそこそと調べた

— vt ひそかに調査する[探る]; 見つけ出す《out》

spy out the land 慎重に状況を調べる

sq. square

squander /skwάndər/ v, n 浪費(する)《on》, 無駄に使う ► He squandered all of his paycheck in no time. 彼はあっという間に給料のすべてを浪費した

◇**squanderer** n

square /skweər/ n 正方形; 四角いもの;（市街地の四角い）広場;《米》街区; 平方

back to square one ⇒square one

out of square ゆがんで;《略式》不正確で, 不規則で

— vt 2乗する;（肩・ひじを）張る; まっすぐ[平ら]にする; 合わせる, 一致させる《with》; 清算する;（借金を人に）返済する;《略式》買収する ► 2 squared equals 4. 2の2乗は4

— vi 直角になる; 一致する《with》

square accounts with に勘定の清算をする

square away《米略式》用意をする; 片づける ► I squared away the work before going on vacation. 休暇で出かける前にその仕事を片づけた

square oneself 償いをする; 責任を負う《for》

square up 決済[清算]する《with》

square up to に真剣に取り組む

— a ❶ 正方形の, 四角の; 平方の; 2乗の; 四方の; 角張った, がっしりした; 平らな; 貸借のない, 互角の; 正直な, 公平な;（食事などが）たっぷりした ► a mile square 1マイル四方 / a square meal 十分な食事 ❷ スクエア[⇒自己勘定での金融商品の売買で, 売持ち（ショート）でも買持ち（ロング）でもなく, 相場変動リスクを負っていない状態。フラットとも言う] ► a square position スクエア・ポジション[⇒ネットで売り買いゼロの状態]

all square 準備万端整った; 支払を済ませた

get square with と対等となる; と貸借なしになる; 仕返しをする

— ad 四角に; 直角に; まっすぐに; まともに;《略式》正直に, 公平に ► look a person square in the eye 人の目をまっすぐに見る

◇**squarely** ad 正直[公平, 公正]に; まともに; 真向かいに; きっぱりと; 直角に

◇**squareness** n

square deal 公平な扱い ► We felt we got a square deal. 私たちは公平な扱いを受けたと感じた

Square Mile (the ~) スクエアマイル[⇒ロンドン金融街「シティー (the City)」の別称]

square one 出発点, 振出し ► The client did not like our proposal, so we're back to square one. 当社の提案は顧客の気に入らなかったので, 振出しに戻ってやり直した

squat /skwɑt/ vi (~(ted); -tt-) しゃがむ, うずくまる《down》;《米》公有地[空きビルなど]に無断で居住する

— n しゃがむこと; 不法に居ついた建物[土地];《米略式》ゼロ, 無 (+「何も…ない」の意) ► I don't give a squat about this job. 私はこの仕事に何の興味もない

squatter /skwάtər/ n ❶《米》公有地の無断居住者 ❷ 不法占拠者[⇒他人の土地に不法に立ち入り占拠する者] ❸【経済】スクワッター[⇒サイトやドメインの名称を先取り登録して売りつける者]

squeaky /skwíːki/ a キーキーときしむ音を出す

squeaky wheel《略式》うるさく文句を付ける人, ごね得の人 ► The squeaky wheel gets the grease. キーキーときしむ車輪は油を差してもらえる; 黙っていると損をする,「言ったもん勝ち」

squeeze /skwiːz/ v 圧搾する, 締めつける; 搾取する;《略式》(人に) 圧力[脅し] をかける; 脅し取る《from, out of》; 経済的に圧迫する; 押し[詰め]込む《in, into》; 押し分けて進む, 割り込む ► The yen's surge squeezed exporters' profits. 円の急騰は輸出業者の利益を圧迫した / Consumers are being squeezed by falling wages. 賃金の低下で, 消費者は圧迫されている

squeeze in (スケジュールに) …を割り込ませる

squeeze one's way through を押し分けて進む

squeeze out (から) 締め出す《of》► The rise in oil and raw material costs squeezed the company out of business. 石油や原材料コストの高騰で, その会社は廃業に追い込まれた

— n 圧搾, 絞ること; 一搾り(の分量); 強く握ること; 経済的圧迫[締付け]; 金融引締め;《略式》脅迫, 強要 (して得た金);《略式》窮地 ► a squeeze of lemon レモン一搾り / Retail sales have plummeted as a result of the credit squeeze. 小売業界の売上高は信用収縮の結果として激減した

be in a tight squeeze 窮地に陥る

put the squeeze on《略式》に圧力[脅し]をかける

squirrel /skwə́ːrəl/ n リス

— vt やたらにしまい込む, リスのように貯め込む ► They squirreled small sums of money away in deposit accounts. 彼らは預金口座に少額ずつ貯め込んだ

squishy /skwíʃi/ a ぐちゃっとした, ぐちゃくちゃの ► The sales results were suspected of being based on squishy numbers. その売上高の業績は水増しした数字を基礎にしているのではないかと疑われた

S/R sale or return

SRDS Standard Rate and Data Service

SRI socially responsible investment

SRO《米》single-room occupancy [occupant] (ホテル・アパート・施設などの) 一室居住[居住者]

SRP suggested retail price

SS social security; special security 特殊警備
SSAS small self-administered scheme
SSN 《米》social security number
SSP statutory sick pay
st. short ton
St. State; Strait; Street
sta. station

stability /stəbíləti/ n 安定(性); 安定度
► economic stability 景気の安定 / maintain [provide] stability 安定を維持する[確保する] / The new regulation aims to ensure stability in the financial system. 新しい規則は金融システムの安定性を確保することを目的としている / International trade depends on political stability. 国際貿易は政治的安定に依存している

Stability and Growth Pact 安定成長協定 [➡欧州連合(EU)でユーロ価値安定のため各国に財政規律を義務づけている協定. 経済通貨同盟の加盟各国は毎年の財政赤字を GDP 比3%以内に収めることを義務づけられ, 遵守できない場合は制裁金を課される]

stability pact (the ~) 安定協定 (=Stability and Growth Pact)

stabilization, 《英》**-sation** /stèibəlizéiʃən/ n ❶ 安定化 ❷ (為替相場や証券相場の) 安定操作 [➡違法な相場操縦(manipulation)とは異なる]

stabilization bid 安定操作取引のための買付け [➡売出期間中に新規発行株が大きく値下がりして公開価格を下回ることがないように, 引受幹事証券会社が行う買付け. 相場操縦の禁止に対する例外として認められている]

stabilize, 《英》**-lise** /stéibəlàiz/ v 安定させる[する]; 変動しないようにする[なる] [➡一般に落ちているものに歯止めをかけることを表す] ► The financial stimulus package is aimed at stabilizing the flagging economy. 財政刺激包括案は沈滞気味の経済を安定させることに狙いがある / The labor market is stabilizing after a wave of layoffs last year. 昨年レイオフの波が襲った後, 労働市場は安定に向かっている / This bold step is aimed at stabilizing markets and keeping credit flowing. この大胆な処置は市場を安定させ, 金融を円滑にしておくことを狙っている / The U.S. government plans to implement a $700 billion bailout package to stabilize the U.S. banking system. 米国政府は自国の金融を安定させるため, 7,000億ドルの緊急援助法案の実施を計画している

stabilized bond 物価連動債 [➡物価上昇に合わせて元本が増え, 利払いも連動して増えるようになっている債券]

stabilizer n [経済] スタビライザー, 安定化装置 [➡生産, 物価, 雇用などの変動を正常化するための経済政策手段]

stable /stéibl/ a しっかりした; 安定した, 変わらない; 永続する ► Prices are expected to remain stable. 価格は安定的に推移すると予想されている

stack /stæk/ n 積み重ね; (~s) 《略式》多量(の) (*of*); (~s) 書庫; 【コンピュータ】スタック [➡最後に入れたデータを最初に取り出せるようにしたデータ構造]
► I have a stack of paperwork sitting on my desk. 机の上には仕事の書類がどっさりある
— vt 積み重ねる; 《米式》もうける

stack the cards [deck, odds] against 不正工作をする, いんちきする

stack up 総計…になる; 《米略式》(…と) 比べられる, 比較になる (*against*) ► How does our product stack up against the competition? 当社の製品と競合他社の製品と比べてどちらがよいだろう

staff /stæf/ n (**staves** /steivz/, **~s**) (集合的) 職員, 部員, 社員, 従業員, スタッフ (✚個々の職員は staff member と言う) ► the editorial staff 編集部員 / the clerical staff 事務職員 / the counter staff 窓口業務担当者, 販売員 / the office staff 事務職員 / the secretarial staff 秘書業務担当者 / the senior staff 幹部クラス / be on the staff スタッフの一員である / join the staff スタッフの一員に加わる / head a staff of more than 50 persons 50名以上の職員の長である / He is in charge of about twenty staff. 彼は約20人の職員を抱えている / Every member of our staff is a qualified professional. 当社のスタッフはみんな資格を持った専門家だ / Having achieved its goals, **the staff was disbanded**. 目標を達成したので, スタッフは解散した / Most businesses expect **staff size** to remain stable for the time being. たいていの企業は当面, 従業員数は横ばいと見ている / The company announced plans to **reduce the staff** at its North American operations. 同社は北米部門のスタッフを縮小する計画を発表した / The director is supported by **an administrative staff of four**. ディレクターは, 事務部門のスタッフ4名によるサポートを受けている / We currently employ 50 **fulltime staff** and 120 **part-time staff**. 当社は現在フルタイムの社員を50名, パートの社員を120名雇っている / We have **a staff of 20 professionals** dedicated to research. 調査分析に携わっている専門家スタッフが20名いる / There could be **some staff cutbacks** in the short term. 短期的には若干の人員削減があるかもしれない / They may have to **lay off staff** this year. 彼らは今年社員を一時解雇しなければならないかもしれない / **Our staff has been cut** by 20% over the past year. 過去1年でスタッフは20%削られている / We need to **increase staff** by 20%. スタッフを20%増やす必要がある / He obviously does not have the ability to **supervise a staff** of five or more. 彼はどう見ても5人以上の部下を持つ器ではない
— vt (職員を) 配置する(*with*)
◇**staffer** n 職員; 《米》編集部員

staff agency 人材紹介会社
staff association 社員会 [➡社員間のコ

staff auditor 監査スタッフ [◇ 会計事務所所属の外部監査担当者, 企業内の内部監査担当者]

staff department スタッフ部門 ⇒ staff function

staff function スタッフ機能 [◇ 事業目的に直結する製造・販売などのラインと異なり, 経理などの専門領域からの支援機能を言う]

staff reduction 人員削減 ► a staff reduction program 人員削減計画

staff training 社員研修 ► Effective staff training is critical to countering online threats in business. ビジネスがさらされるネット上の脅威に対抗していく上で, 効果的な社員研修は不可欠だ

staff turnover 社員の労働移動(率) ► We have high staff turnover. 当社の労働移動率は高い

stag /stæg/ n, vt 《英》株の短期売買をする(者), 短期で売り抜ける(者), 売抜け屋 [◇ 短期利食いで新株買いをする]

stagcession /stægséʃən/ n 景気低迷 [< stagnation + recession]

stage /steidʒ/ n (発達などの)段階;舞台;演壇;場面;足場 ► It is still in the experimental stage. それはまだ実験段階にある / The product is in the final stage of development. その製品は開発の最終段階だ / The technology is still in the early stages, but it could set a trend one day. その技術はまだ初期の段階だが, いつかはトレンドを創る可能性を秘めている

set the stage for の準備をする

take center stage 中心的な位置を占める

— v 上演[演出]する[できる];もくろむ;立派にやってのける;行う ► stage a demonstration デモをする / stage a comeback 復帰を果たす / The US is staging an economic recovery based on investment in renewable energy. 米国は再生可能エネルギーへの投資を基盤にして景気回復を実現しつつある / The union staged a strike, causing production to stop yesterday. 組合はストを決行し, そのために昨日は生産が停止した

stage-gate n ステージゲート法 [◇ 製品開発などのプロジェクトでのある局面から次へと移る節目(ゲート)で, 続けるか, 中断するか, 差し戻すか, あるいは打ち切るかといった, 意思決定をすること]

stage of completion 進捗度, 加工進捗度, 加工度, 完成度合 [◇ 製品の製造における仕上がり程度]

stagflation /stægfléiʃən/ n スタグフレーション [◇ インフレーション(inflation)と不況(stagnation)が同時に起こっている状態] ► The oil shock of the 1970s was a cause of stagflation. 1970年代の石油ショックはスタグフレーションの一つの原因だった [< stagnation + inflation]

stagger /stǽgər/ vi よろめく《across, along, around, about, to》; 動揺する, ためらう ► The bookshop was staggering toward the bankruptcy. その書店は破産への道をたどっていた

— vt よろめかせる; ぼう然とさせる; 動揺させる; (時間を)ずらす ► Vacations were staggered so that only one person was away at a time. 一度に1人だけが休暇を取るように調整された / We plan to stagger the release of this year's new products. 今年の新製品の発売時期が重ならないよう, ずらしていく計画だ

— n よろめき; 食い違い; 《the ~s》めまい

◇ **staggering** a よろめく; たじろがせる ► The company suffered staggering losses from its overseas operations. その会社は海外事業で膨大な損失をこうむった / The losses from the real estate investment were staggering. 不動産投資からの損失は莫大だった

staggered office hours 時差出勤

staggered schedule スタガード・スケジュール [◇ 複数の雑誌に交互に広告を投入する方法]

stagnant /stǽgnənt/ a 低調な; 不活発な ► Stagnant wages forced consumers to crimp spending. 賃金の低迷は有無を言わさず消費者の支出を減少させた

◇ **stagnancy** n

stagnate /stǽgneit/ v よどむ; 低迷する; 沈滞させる ► If property prices do not fall, they could stagnate for the next few years. 仮に物件の価格が下落しないとしても, 今後の数年間は停滞する可能性がある / Economic growth may stagnate longer as private consumption continues to drop. 個人消費が減少し続けているので, 経済成長は長期にわたって低迷するかもしれない

stagnation /stægnéiʃən/ n 沈滞; 不況, 不景気 ► face stagnation 不景気に直面する / fall into stagnation 不振に陥る / The bank is confident that it can come out of the economic stagnation intact. 景気の低迷から無傷で抜け出せるとその銀行は確信している

stain /stein/ n しみ; 汚点, 傷《on, upon》► a stain on one's character 不名誉

— vt しみをつける, よごす《with》; (名声などを)汚す, 傷つける ► The bribery scandal stained the company's reputation. 贈収賄スキャンダルはその会社の評判を汚した

— vi よごれる, しみがつく

stair /stεər/ n (階段の)段; 《~s》(一続きの)階段

StairMaster 《商標》ステアマスター [◇ 米国の健康機器。階段昇りと類似したステップ運動でエネルギーを多く消費させる]

stake¹ /steik/ n くい; くいにつなぐ

— vt くいで支える; くいにつなぐ

stake (out) a [one's] claim 所有権を主張する《to, on》

stake out 《米略式》を見張る; の分け前[権利, 場所]を確保[要求]する ► I'm staking out ten percent of the profit for myself. 自分の取り分として利益の10%を要求するつもりだ

stake² /steik/ n 出資持分; 出資金; 株券, 所有権; 利害関係 ► have a stake in …に関係がある / raise one's stake 出資比率を引き上げる / take a 10% stake in XYZ Inc. XYZ 社に10%出資する / acquire a majority stake in the company 会社の株式の過半数を取得する / The Japanese paper mill plans to buy stakes in foreign companies to expand its operations. その日本の製紙会社は事業を拡大するために外国企業への出資を計画している / The two partners will each hold a 50 percent stake in the new company. 2人のパートナーは新会社の所有権を50%ずつ保有する予定だ / The company was in talks to sell its remaining stake in Chrysler to a private equity firm. その会社は, 所有するクライスラーの残りの株をプライベート・エクイティ会社に売るための話合いに入っていた
at stake 賭けられて; 危機にひんして
own a stake in …に出資している
play for high stakes 大きな賭けに出る, 大勝負する
— vt 賭ける (on); 《米略式》(人に金・物を) 融通する (to) ► The company staked its future growth on emerging markets. その会社は自社の将来の成長を新興市場諸国に賭けた

stakeholder n ステークホルダー [⊃企業の活動に利害関係を有する人々および関心を有する人々. 会社の株主, 債権者, 経営者, 従業員など] ► Social reporting provides important information for all of a company's stakeholders. 社会的報告は会社の利害関係者のすべてに重要な情報を提供している

stakeholder pension (scheme) 《英》従業員天引き個人年金 (制度), ステークホルダー年金 (制度) [⊃企業年金への加入が困難な人々を対象に2001年から実施されている, 企業年金的な性格を有する個人年金制度]

stakeholder society ステークホルダー社会 [⊃社会の構成員は各自が社会に対する持分を有しており, それによる見返りだけでなく責任をも互いに負っているという考え方]

stale /steil/ a ❶ 新鮮でない, 気の抜けた; 生気がない, 使古した ❷ 『法律』(請求権などが)(長い間行使されなかったために)時期に後れて失効した
— v 古くする [なる]; 陳腐にする [なる]

stale check 期限切れ小切手

stalemate /stéilmèit/ n, v 動きの取れない状態; 行き詰まり (にさせる, になる) ► We've been at a stalemate. 私たちの交渉は行き詰まり状態を続けてきた

stalk /stɔːk/ v (病気などが) (…に) 広がる, まん延する (through) ► Fear stalks the banks. Up to 40,000 jobs stand to be lost. 懸念が各銀行に取り憑いている. 最大4万の職が失われる見込みだ

stall /stɔːl/ n 売店, 商品陳列台; ワゴン
— v エンストを起こさせる; (エンジンが) 止まる; (車などを) 立ち往生させる [する] ► Negotiations are stalling over the issue of payment terms. 支払条件をめぐって交渉が難航している / A slew of bad debts threatens to stall economic growth. 巨額の不良債権は経済成長を失速させる恐れがある

stallholder n 《英》売店の持主 [借手]

stamp /stæmp/ vt 踏みつける; 踏み消す (out); (印を) 押す; 切手 [印紙] を貼る; 特徴づける (as)
— vi 踏みつける (on); じだんだを踏む
stamp oneself on / stamp one's presence on …に影響を与える; …に足跡を残す
— n 踏みつけ; 郵便切手; 収入印紙; (納付) 証紙; 《英略式》国民保険料; 《米》景品スタンプ [券]; 公印, 検印, 刻印; スタンプ; しるし; 特徴, 性質; 種類; タイプ ► bear the stamp of …の特徴がある / one's stamp of approval 公式の認可印 / The boss gave his stamp of approval. 上司は彼に承認を与えた
leave [put] one's stamp on …に足跡を残す

stamp duty 印紙税

stamped addressed envelope /stæmpt/ 切手貼付済み返信用封筒 (SAE)

stampede /stæmpíːd/ n, v ❶ 総くずれ (になる); 急いで…させる (こと) (for, into doing) ► There has been a stampede away from large cars. このところ, なだれを打つように大型車離れが起こっている / We were stampeded into making a serious mistake. 急がされて大きな誤りを犯した ❷ 集中的過熱報道

stamp tax 印紙税 [⊃取引に対して課される税金]

stance /stæns/ n 立場, 態度 ► The new stance is drawing approval from customers. その新しい姿勢は, 顧客から賛意を得ている / The Fed moved away from its accommodative stance in monetary policy. FRBは通貨政策で緩和的なスタンスをとるのをやめた / He reaffirmed his stance on the issue. その問題について自分の取るべき姿勢を再確認した

stanch /stɔːntʃ/ a 堅実な, 忠実な; しっかりした, 頑丈な; 水 [空気] を通さない

stanchion /stænʃən/ n 支柱

stand /stænd/ (stood) vi ❶ (数字などが) …である; (ある状態で) ある ► The price stood higher than last year. 価格は去年より高かった / Unemployment now stands at 13.6%. 失業率は現在13.6%である / The dollar stood at ¥98.05-06 at 5 pm. ドルは午後5時に98円05銭から06銭だった / Last year, profits stood at $5 million. 昨年度の利益は500万ドルだった ❷ …する公算が大きい ► stand to make a profit 利益を手にする公算が大きい ❸ 今なお効力を有している ► Our offer stands. 当社の申し出は今なお有効だ
— vt …を立たせる; がまんする; …に立ち向かう
as things [matters] stand 現状で (は)
from where I stand [I'm standing] 私の見る所では
If you can't stand the heat, get out of the kitchen. 仕事の苦しさに耐えられないなら, 仕事を変えよ [⊃H.S Trumanの言葉]
know where [how] one stands with 人の…につ

いて立場[見解, 考え]を知っている

let stand そのままにしておく; 放置する

stand a chance [hope] (成功の)見込みがある ► He didn't stand a chance of getting the job because he was too inexperienced. あまりにも経験不足で, その職を獲得できる見込みはなかった

stand against に反対[抵抗]する

stand alone 孤立している; 並ぶものがない

stand aside わきへ寄る; 傍観する

stand back 後ろへ下がる; 身を引く

stand behind を支援する ► We completely stand behind the quality of our products. 当社の製品の品質に全幅の信頼を置いています

stand by そばに立つ; 傍観する; 待機する; 用意する; 支持する, 支援する; に固守する

stand clear from [of] から離れている

stand corrected (他人からの)訂正を受け入れる, 前言を訂正する

stand down 〘法律〙証言台から降りる; (競争・公職から)身を引く《as》; 《英》(候補者が)辞退する

stand for を表す; に味方をする; を支持する; を代表する; 《略式》を我慢する; に立候補する ► What does LLC stand for? LLCは何の略ですか

stand in 参加する; (の)代役を務める《for》

standing on one's head いとも簡単に

stand in the way of の邪魔をする

stand in with 《略式》と組む, 共謀する; と(負担を)分かち合う; 《米略式》と仲がいい

stand off 離れている; 《英》を一時解雇する

stand on に依存する[基づく]; を断固として要求する

stand or fall by [on] (成功が)…にかかっている

stand out 突き[浮き]出ている; 目立つ《from, among》; 明白である; 屈しない《against》; 粘る《for》 ► stand out a mile ひどく目立つ / We need to come up with ways to make our product stand out in the market. 当社の製品を市場で抜きん出た存在にする方法を考え出す必要がある

stand over を厳しく監督する; 延期される[する]

stand to (主張に)固執する, (約束を)守る; …しそうな勢いがある ► We stand to lose a lot more money if we don't exit the market. その市場から退出しなければ, さらに大きな損失をこうむることになる

stand up 立ち上がる; 依然として有効だ; 耐久力を失わない; (真実として)信じられる

stand up and be counted 意見をはっきりと述べる

stand up for (人・主義・主張を)擁護する, 支持する

stand up to に恐れずに立ち向う ► It takes a lot of courage to stand up to your boss. 上司に真正面から立ち向かうのは大変な勇気がいる

stand with を支持する, に賛成する

where one stands on についての(人の)意見[立場]

▬ *n* 立つこと; 停止; 防御; 最後の抵抗; 位置; 立場, 態度; (the ~)《米》証人席 (=《英》witness box); 売店; 台, …立て ► take the stand (法廷で)証人台に立つ

come [be brought] to a stand 立ち止まる

make a stand against に抵抗する

take a stern stand on に厳しい立場を取る

stand-alone *a* ❶ スタンドアローンの[⮕コンピュータがネットワークに接続しないで単独で使用されている利用法を言う] ❷ 独立している, 系列下にない, 他との関係がない ► operate on a stand-alone basis 単独で事業をしている

stand-alone brand スタンドアローン・ブランド[⮕一つの製品種別にだけ使われるブランド]

standard /stǽndərd/ *n* ❶ 品質基準, レベル ► The sample submitted failed to **meet the prescribed standards**. 提供されたサンプルは所定の水準に合格するものではなかった / We are committed to **delivering a higher standard** of service. われわれはより高い水準のサービスの提供を約束している / We have **extremely high standards** for product durability. われわれは製品の耐久性について当社はきわめて厳しい基準を設けている / If the quality **meets our standard**, we're thinking of placing a large order. 品質が当社の基準に合格すれば, 大量に発注することを考えている

❷ (守られるべき)基準, ルール ► a global standard (税制・会計制度などの)国際標準 / safety standards 安全基準 / the Standards of Ethical Conduct (米国公務員の)倫理行動基準 / use different accounting standards 異なる会計基準を用いる / meet the environmental standard 環境基準に適合する / comply with emission standards 排出基準を遵守する / become an industry standard 業界標準になる / The government enacted new fuel-efficiency standards for cars and trucks. 政府は乗用車とトラックについて新しい燃料効率基準を立法化した

❸ (比較・判定のための)基準, 目安 ► be high by international standards 国際的に見て水準が高い / The rewards, by their standards, were immense. その報酬は彼らの基準からすれば莫大<ばくだい>なものだった

below [up to] standard 標準以下で[標準に達して] ► One-third of machines tested were below standard. テストした機械の3分の1が水準を満たしていなかった / Our manufacturing process is up to ISO 9000 quality standards. 当社の製造工程はISO 9000の品質基準を満たしています

by any standard どう[誰が]見ても

by today's standards 今日の基準で見れば

▬ *a* 標準の, 基準になる; 正規の; 定評のある, 一流の ► deviate from standard procedure 正規の手続から逸脱する / Employees are to follow standard procedures for dealing with customer claims. 顧客の苦情処理にあたっては, 従業員は標準手続に従うものとする

standard activity 標準操業度

Standard & Poor's 500 スタンダード＆プアーズ500 (=Standard & Poor's 500 Composite Index)

Standard & Poor's 500 Composite Index スタンダード＆プアーズ500総合指数 (S&P 500)

> **解説** 大型および中型の優良企業500銘柄で構成され, 時価総額加重平均方式で計算された株価指数. 米国の株式市場全体の動きを追える指標として定評があり, 米国株式の運用成績評価のためのベンチマークとは通常これによっている. Standard & Poor's 500 または S&P 500 の略称で呼ばれることが多い

Standard & Poor's 100 スタンダード＆プアーズ100 (S&P 100) [⇨スタンダード＆プアーズ500の構成銘柄のうち時価総額の大きい企業100社を構成銘柄として採用した株価指数] ⇨Standard & Poor's 500

Standard & Poor's Index S&P株価指数 [⇨スタンダード＆プアーズ社が集計している株価指数]

Standard & Poor's rating スタンダード＆プアーズ格付

> **解説** 信用度のもっとも高いAAAからもっとも低いDまでの評価で債務発行会社の信用リスクを格付けしたもの. S&P はムーディーズ, フィッチと並ぶ三大格付会社の一つ

standard bank confirmation 標準銀行確認書 [⇨特定企業の債務保証を行う場合に銀行から発行される確認書]

standard-bearer *n* 旗手; (政党・運動の) 主唱者

standard coinage 本位貨幣制 [⇨貨幣が金や銀で裏づけられており, 表示されている額面と実質的な価値が等しくなっている制度]

standard cost 標準原価 [⇨どの程度達成可能か, 機器の故障の確率はどうかと一定の条件を想定して算出する原価. これと実際原価を比較して改善が図られる]

standard costing 標準原価計算 [⇨標準原価を基準とすることで実際原価との差異を分析し, 改善につなげるアプローチ]

standard deduction 標準控除 [⇨米国の所得税の用語. 納税者が所得の申告にあたり, 特別の証拠書類によらないで所得控除ができる金額] ⇨deduction

standard deviation 〖統計〗標準偏差 [⇨平均値からのばらつきの平均. 値が大きいほど, 平均に対するプラスマイナスの幅が大きいことになる]

standard error 〖統計〗標準誤差 [⇨誤差の標準偏差] ► a standard error of beta ベータの標準誤差 / a standard error of estimate 推定標準誤差

standard fire policy 標準火災保険証券 [⇨米国では, 各州の標準約款はニューヨーク州の約款にならっている]

standard-form contract 標準約款 [⇨鉄道運送約款のように条件が一律化されている契約]

standard hour allowed 許容標準時間

Standard Industrial Classification (米国の) 標準産業分類 (SIC) [⇨企業の経済活動の類型による産業の分類]

standard insurance ((英)) 標準(的)保険, 標準体保険

standard issue 会社の支給品, 標準的使用の備品等

standardization, ((英))**-sation** /stændədizéiʃən/ *n* 〖ビジネス〗標準化, 規格化 [⇨一定の標準・規格を設定することで合理性・経済性を高めること]

standardize, ((英))**-ise** /stændədàiz/ *vt* 規格化する; 標準に合わせる ► We standardized the operation process on our production lines. われわれは生産ラインの作業工程を統一した

Standard Life Assurance 《The ~ Co.》 スタンダード・ライフ・アシュアランス [⇨英国の保険金融グループの持株会社. 傘下の各社は Standard Life の名で生保・年金・健保・資産運用事業などを手がける. 1825年設立]

standard material 標準材料

standard normal distribution 〖統計〗標準正規分布 [⇨平均が0, 分散が1の正規分布]

standard of comparison 比較基準 [⇨資料を比較して評価する基準]

standard of living 生活水準 (=living standard) ► increase one's standard of living 生活水準を向上させる / Japan has a very high standard of living. 日本の生活水準はとても高い / Economic development has raised the country's standard of living. 経済開発はその国の生活水準を向上させた

standard of performance 業績の標準 (=standard operating [operational] procedure, standard performance) [⇨営業活動を達成可能な目標と比較して評価するための標準]

standard operating [operational] procedure 標準業務手順書, 標準作業手順書 (=standing operating [operational] procedure) [⇨内容が同じ業務なのに人によって差が出るのを避けるため手順を詳細に記述したマニュアル]

standard performance 標準業績水準

standard policy =standard insurance

standard practice 慣行, 一般的なやり方 ► depart from standard practice 慣行を破る / In Japan, it is standard practice to pay a deposit to the landlord under the lease. 日本では不動産賃貸借契約に基づき貸主に敷金を差し入れるのが普通だ

standard premium (rate) 標準(保険)料率

standard price 〖会計〗標準価格, 標準単価 [⇨標準原価を設定するときに, 科学的に決定された仕入額]

standard rate =standard premium (rate)

Standard Rate and Data Service

standard-rated a 《英》通常課税の [⇨非課税の zero-rated に対して通常の税率で付加価値税が課されることを言う]

standard risk (保険で)標準体, 健康体 (=average risk)

standards institute 標準規格協会

standards organization 標準化機構 [⇨製品・サービスの国際交流を促進するため, それらの標準化を推進する機関]

standard spending assessment 《英》標準支出査定 [⇨国から地方政府に交付される歳入援助交付金の額を決めるために行われる行政需要の査定]

standard time 標準時

standby n 予備の機器; 代替要員; 代役
on standby 待機して (for) ► We can put you on standby. あなたをキャンセル待ちのリストに入れておきます
— a 控えの; 待機(中)の
— ad スタンバイで, キャンセル待ちで ► We are flying standby. 私たちはキャンセル待ちで飛行機に乗るつもりです

standby agreement 残額引受契約

standby cost 固定費, 準備費 (=standing cost, standing charge, standing expense, constant cost, fixed cost, fixed expense) [⇨操業度に関係なく発生する費用]

standby letter of credit スタンドバイL/C [⇨銀行が取引先企業の義務履行を保証する信用状. 契約や入札の履行保証や海外子会社の現地借入についての返済保証などに使われる. 信用補完 (credit enhancement)の目的で使用される保証状で, 代金の決済に使われる信用状ではない]

standby passenger スタンバイ[キャンセル待ち]の乗客

stand-in n 代人, 代役; 《米略式》有力な立場; ひいき

standing /stændiŋ/ n ❶ 評価 ► We check all loan applicants' credit standing. 融資を申し込まれた方全員の信用状態をチェックいたします ❷ 〖法律〗当事者適格 ► standing to sue [to be sued] 原告[被告](としての当事者)適格
in good standing 信用履歴などに問題がない ► If your account is in good standing, the credit limit on your card will be raised. お客様の口座の信用状態が良好であれば, カードの利用限度は増額できます / The company is in good standing as a corporation in the State of Delaware. その会社はデラウェア州における法人として立派な地位を保持している
of standing 高名な ► You are working for a company of such high standing. あなたはこのように名声のある会社に勤めているのです
— a 現行の; 常任の, 常設の ► a standing joke いつもの冗談 / a standing arrangement 了解事項, 取決め (✚特に期限を定めていないものを指す)

standing order 《英》(銀行への)自動振替の依頼 ► Payment is made by standing order. 支払は自動引落しで行われている / We pay our regular bills by standing order. 定期的な支払は自動引落しで行っている

standing room only 品薄商法 [⇨原義は「立見席のみ」だが,「残りわずか」などと品薄感をあおって購買意欲を刺激するアプローチ]

standing vote 起立投票[採決] ► Voting at meetings shall normally be by a show of hands or, if requested by the chairperson, by a standing vote. 会議での票決は, 通常, 挙手によるか, 議長から求めがあれば, 起立による投票によるものとする

standoff n, a 離れている; 乖離(かいり), 孤立, 不和; 離隔; 打ち解けない(こと); 同点, 引分け; 《米》行詰まり ► The standoff between management and the union continued endlessly. 経営側と組合のにらみ合いは果てしなく続いた / We've been at a standoff. われわれの交渉は行き詰まっている
◇**standoffish** a よそよそしい, 冷淡な ► The standoffish clerk wouldn't help me. そのよそよそしい店員は私の役には立ってくれなかった

standout n 《略式》傑出しているもの[人]; 同調しない人
— a 際立った, 異彩を放つ

standpoint n 観点, 視点, 見方 ► From an economic standpoint it's not a good idea. 経済上の観点からはそれはうまい考えではない / From a borrower's standpoint high interest rates are a bad thing. 借手の立場からは高利率は不都合なことである

standstill n, a 停止; 行詰まり; 行き詰まった; 据置きの ► a standstill agreement (賃金・債務返済などの)据置き協定
at a standstill 止まって, 行き詰まって ► We've been at a standstill. 私たちの交渉は行き詰まっている / Production was at a standstill during the prolonged strike. 長期ストライキの間, 生産は完全に止まっていた
bring to a standstill 止まらせる
come to a standstill 止まる, 行き詰まる

stand-up a 立っている[する]; 《米略式》勇敢な ► a stand-up presentation 皆の前で立ってするプレゼンテーション

staple¹ /stéipl/ n ホッチキスの針 ⇨ stapler
— vt ステープル[ホッチキス]で留める (to, on) ► staple the papers together ホッチキスで書類を留める

staple² n 主要産物[商品]; 基本[必需]食品; 中心的な要素; 原料; 繊維 ► The rise in wheat prices has affected staples like bread, flour and noodles. 小麦価格の上昇はパン, 小麦粉, 麺類のような主要食品に影響を与えた
— a 主要な; いつも使われる ► our staple diet [food, meals] 主食

staple article of commerce 一般的用途に使用可能な製品, 汎用品 [⇨米国特許法における寄与侵害に対する抗弁. 日本では「物の生産[または発明の実施]にのみ使用する物」(特許法101条)ではないものを言う]

staple gun ステープルガン [⇒壁紙などを留めるのに用いる大型のホッチキスのような道具]

stapler /stéɪplər/ n ステープラ, ホッチキス, 針金とじ機 (✚日本語の「ホッチキス」は商標名)

Staples (~, Inc.) ステープルズ [⇒米国の事務用品, 機器の小売店. 筆記用具, コンピュータ, ファックス, 事務用家具などさまざまな製品を販売している]

star /stɑːr/ n ❶星, 星形, 星印 (=asterisk); 大家 ► a five-star restaurant 五つ星レストラン / The hotel was awarded three stars. そのホテルは三つ星が与えられた ❷ スター, 花形 [⇒PPMのセルの一つ] ⇨ product portfolio management

one's star has set / *one's star is on the wane*
忘れられ始めている

— a 際立った; 花形の; 星(形)の ► a star attraction 呼びもの

— vt (-rr-) (星で)飾る; 星印をつける

— vi 際立つ

Star Alliance (商標)スターアライアンス [⇒米国のユナイテッド航空のグローバル・アライアンス・プログラム. 全日空, ルフトハンザなど提携先の路線を利用してもユナイテッド航空のマイレージが加算される]

Starbucks (~ Corp.) スターバックス [⇒シアトルで設立された米国のコーヒー・チェーン]

StarKist (商標)スターキスト [⇒米国の缶詰のツナのブランド]

start /stɑːrt/ vi 出発する, 出る (*from*); 動き出す (*for*); 始める; 着手する (*on*); 生じる, 起こる; 思わず跳び上がる (*at*)

— vt 始める; (*~ to do*) …し始める, しかける; (*~ doing*) することを始める; 始動させる, 始業させる; 使い始める ► Amid sharp declines in advertising revenues, the newspaper company will start another round of cost-cutting. 広告収入が激減するなかで, その新聞社はまた経費削減を始めるだろう / He started his business 10 years ago. 彼は10年前に自分の事業を始めた

get started 始める ► Let's get started with today's meeting. 今日の会議を始めよう

start again (略式)また(迷惑なことを)持ち出す

start all over [(英) *over again*] 最初からやり直す ► Our marketing strategy didn't work, so we have to start all over again. 当社のマーケティング戦略は成功しなかったので, もう一度始めからやり直さなければならない

start a person doing (人に)…させ始める

start in (米略式)取りかかる; …し始める (*on, (on) doing, to do*); 初めて就職する, 採用される (*as*)

start off 始める (*with, on, by doing*); 動き出す ► I'll start off with a demonstration of the product features. 製品の持っている機能のデモから始めます

start on に取りかかる

start out 取りかかる, 乗り出す (*to do*) ► The company started out as a small family business. その会社は小さな家族経営の事業として始まった

start over =start all over

start up 始動させる; 開始[開業]する, 始める; 起きる; 勤めを始める (*as*) ► The bank has languished in the red ever since it started up. その銀行は, 開業以来ずっと赤字で, 不振が続いている

to start with まず第一に; 初めは (=to begin with)

— n 出発; 開始; (事の)始め, 最初, 出発点; リード; はっとすること, 驚くこと; (~s)着工数 ► The prices may have been inflated from the start. 価格は最初から水増しされていたかもしれない / Since the start of our online business, we've seen a steady increase in sales. オンライン事業の開始以来, 当社は売上高の着実な増加を経験した

at the start 初めは

at the start of の(出)初めに

for a start (略式)まず第一に

from start to finish 最初から最後まで

get off to a bad [*good, strong*] *start* 出だしが悪い[よい, 力強い] ► The negotiation got off to a good start. 交渉は幸先のよいスタートを切った / Stocks got off to a strong start when the market opened. 市場が開いたときに, 株は好調なスタートを切った

give the start on [(英) *of*) の機先を制する

make a start on を始める

starter /stɑːrtər/ n 始める人[物]; 皮切り; (米)発車係

for starters (米)まず最初に ► For starters, the cell phone has a sleek, new look. まず第一に, その携帯電話は格好のいい, 新しい外観を持っている

starter home 手始めに買う家 [⇒米国では手ごろな物件から始めて, 家族が増えるに従い大きな家へと住み替えるのが一般的]

starter kit (工作や趣味の)手始め用品[材料]のセット (=(英)starter pack)

starting job 初任の仕事

starting price 競売の最初の付け値; (競馬で)スタート時の最終賭け率

starting salary 初任給 ► A graduate's starting salary is around ¥200,000 a month. 大卒初任給は月20万円程度です

start-up

n, a 開始(の); スタートアップの [⇒創業間もない状態を言う]; 創業費用(の); ベンチャー企業 ► He has founded a series of start-ups. 彼は一連のベンチャー企業を立ち上げた

start-up company 新興企業 ► We specialize in investing in start-up companies. 当社は新興企業への投資を専門にしています

start-up cost 始動費, 運転開始費 [⇒作業の開始のために必要な費用]

-starved 「不足の」「欠乏している」 ► Some cash-starved companies are being forced into merger. キャッシュの欠乏している一部の企業は合併を余儀なくされている

stash /stæʃ/ *vt* 《略式》(保管や備えのため)しまっておく, 隠しておく《*away, in, under*》 ► Since the financial debacle, many people are literally stashing money under their mattresses. 金融破綻以降, 多くの人々が文字通り布団の下にお金をしまっておくようになった
— *n* 隠したもの; 《米・カナダ略式》隠し場所

stat /stæt/ *n* 《通例-s》《略式》=statistics

state /steɪt/ *n* ❶ 状態, 事態; 地位; 《S-》《米国・豪州などの》州; 《the S-s》《略式》米国 (✦ 米国人が国外で自国を呼ぶのに用いる); 《S-》《米略式》国務省 (=the Department of State) ► The auto industry is in a precarious financial state. 自動車産業は不安定な財務状況にある / With rampant inflation and unemployment, the economy is in a chaotic state. 途方もないインフレと失業のため, 経済は混沌とした状態だ ❷ (しばしばS-) 国家 ► important matters of state 国家の重要問題

a state of affairs 状況, 事態, 事情 ► the present state of affairs 現状
a state of emergency 緊急事態
a state of mind 精神状態; 気分; 心の中にあるもの[印象]; 考え方次第のもの; 心の持ち方
a visit of state 公式訪問
get into [be in] a state いらだって[いらいらしている]
in state 正式に, 堂々と, 盛装して
out of state 州外に
the state of play 現段階の状況 ► The boss wants us to keep him informed of the state of play. 上司は仕事の進行状況を逐一報告することを望んでいる

— *a* 国家の; 《米》州の; 公式[儀式](用)の ► a state law 州法 / a state monopoly (政府の)専売 / disclose state secrets 国家機密を漏らす
— *vt* はっきり[正式に]述べる《*that*》; 明言する; 決める, 指定する ► as stated above [before] 上述[既述]の通り / state the obvious 言わずもがなのことを言う

◇**stateism** *n* =statism

state bank ❶ 国立銀行, 国有銀行 ❷ (米国の)州法銀行, 州免許銀行 (⇔national bank) [◉ 州政府の認可を受けて設立された銀行]

state benefit 《英》社会保障給付 (=social security benefit)

state capitalism 国家資本主義

state court 《米》州裁判所 (⇔federal court) [◉ 州によって機構や名称は異なるが, 中間上訴裁判所を含む3段階の州裁判所を持つ州が多い]

stated *a* 定まった; はっきり述べられた ► pay a stated amount at a stated date 記載価額を記載された日付に払う ▣ If payment is not received prior to the time stated above, suit will be filed against you without further notice. 上記の期日までにお支払いいただけなかったときは, 改めて通知することなく訴訟を提起いたします

stated capital 表示資本金 [◉ 拠出資本のうち法定資本として表示する資本部分]

stated case 【法律】❶ 合意事件 [◉ 当事者が事実関係について合意した上, 法的争点のみについて裁判所の判断を仰ぐ事件] ❷ 判例, 先例 [◉ のちのちの同種の事件を判断する際の参考にされるもの]

stated rate 券面利率

stated value 表記金額, 表示価額, 表示金額, 記載価額 [◉ 一株当たりの表示資本] ► assign a stated value to common stock sold with no par value 無額面で発行された普通株式に記載金額を指定する

state earnings-related pension scheme 《英》国家所得比例年金制度 (SERPS) [◉ 現在のState Second Pension (国家第二年金)の前身]

state enterprise 国営[国有]企業

state expenditure (中央政府または州政府の)歳出

State Farm Insurance 《~ Cos.》ステート・ファーム・インシュアランス [◉ 米国の損害保険会社. 自動車損害保険会社として1922年に創業. 現在は銀行業務・投資信託業務なども行う. 全米最大の自動車保険会社]

State Farm Mutual Automobile Insurance 《~ Co.》ステート・ファーム・ミューチュアル・オートモービル・インシュアランス [◉ State Farm Insuranceの子会社の一つ. 1922年設立] ⇨State Farm Insurance

state funding 《米》州政府の支出, 資金援助

state funds (中央政府または州政府の)資金, 公的資金

state government 州政府 ► require coordinated action by federal, state, and local governments 連邦政府, 州政府, 地方自治体による協調行動を必要とする

Statehouse *n* 《米》州議会議事堂

state income tax 州所得税

state insurance 公的保険, 国営保険, 国家保険; 《米》州営保険

state medicine 公営医療制度

statement /stéɪtmənt/ *n* ❶ 声明(書); 陳述, 供述書; 申立て ► a public statement 公式声明 / a statement of intent 趣意書 / a sworn statement 宣誓供述書 / make [issue] an official [a joint] statement 公式[共同]声明を発表する / **In a statement**, the company said it plans to set up a new plant in India. 声明で, 同社はインドに新工場設立を計画していると述べた / In **his press statement**, he denied all charges of professional misconduct. 報道機関に向けた声明で, 彼は職業上の違法行為についての嫌疑を全面的に否定した
❷ 計算書; (取引)報告書, 一覧表, 明細書 ► financial statements (企業の)財務諸表, 決算書 / a profit and loss statement 損益計算書 / Double entry bookkeeping is a must for any business that has to **produce a statement** of its assets and liabilities. 貸借対照

表を作成する必要のある企業にとり複式簿記は必須のものだ / It is advisable to **check your credit card statement** against receipts. カードの利用明細を領収書と比べて確認することを勧めたい / We have a contractual obligation to prepare and **submit a statement** to the lender. 計算書を作成し, 資金の貸手に提出する契約上の義務がある / We are required by law to **file our annual financial statement** with the regulatory body. 当社は法律により監督官庁に年次決算報告書を提出することが義務づけられている / We are **sending you a statement for** May invoices totalling $12,230. 合計が12,230ドルとなる5月分請求書の明細をお届けします

statement analysis 財務諸表分析 [⇨財務諸表を分析して, 企業の活動状況を理解すること]

statement of account 取引明細書 [⇨売掛金の勘定明細書] ► Attached is our statement of account for all transactions up to and including March 20. 3月20日までのお取引を対象とする明細を添付いたしました

statement of affairs 資産負債表 [⇨会社の清算時に作成される資産, 負債および純財産を示す計算書]

statement of assets and liabilities 資産負債計算書 [⇨資産と負債の状況を示す一覧表]

statement of cash flows キャッシュフロー計算書 [⇨企業の現金収支を計算した報告書. 営業, 投資, 財務の3部門に分けて報告することが財務会計基準審議会 (FASB) によって要求されている] ► require a statement of cash flows as part of financial statements 財務諸表の一部としてキャッシュフロー計算書を義務づける

statement of changes in financial position 財政状態変動表 [⇨営業活動, 投資活動および財務活動が財政状態に与える影響を示した計算書]

statement of claim (英) 訴状; (訴状に記載された) 請求の趣旨

statement of earnings 損益計算書 [⇨earnings report, profit and loss statement とも言う]

statement of financial position 財政状態表, 貸借対照表 (=statement of resources and liabilities) [⇨企業の財政状態を表示する財務表]

statement of funds 資金計算書 [⇨資金の運用状況を表示する計算書]

statement of income 損益計算書 (=statement of operations, statement of profit and loss) [⇨企業の経営成績を表示する財務表]

statement of net assets 正味財産増減表 [⇨年金会計における正味財産の増減を示した計算書]

Statement of Objections (ECによる競争法違反企業に対する) 違反通告書

statement of operations 損益計算書; (英) 事業報告書

statement of principles ミッションステートメント [⇨会社の存在理由ならびに行動指針を明記したもの]

statement of purpose =mission statement

statement of retained earnings 利益剰余金計算書, 留保利益計算書 [⇨一会計期間における利益剰余金の変動を明示する計算書] ► prepare a statement of retained earnings for the current fiscal year 現会計年度の利益剰余金計算書を作成する

statement of transactions 取引報告書

Statement on Auditing Standards 監査基準書

Statements of Financial Accounting Standards 財務会計基準書 (SFAS) [⇨FASBが公表する会計基準書]

state monopoly 専売事業 [⇨政府が独占的に経営する事業]

state-of-the-art a (略式) 最新式の, 最新技術の ► This printer is state-of-the-art. このプリンターは最新式だ

State of the Union address [message] (米国の) 一般教書 [⇨米国大統領が毎年1月下旬に議会に対して内政・外交全般にわたる国家の状況を要約し, 政府の基本政策を説き, あわせて具体的な勧告を試みるメッセージ. 年頭教書とも言う]

state-owned a 国有の ► a state-owned bank 国有銀行

state pension 公的年金, 国営年金, 国民年金 (=government pension)

state project 国営事業

state property 国家財産, 国有財産

state-run a 国営の, 国立の

State Second Pension (英) 国家第2年金 (S2P) [⇨英国の公的年金は全国民を対象とする定額給付型の基礎年金と企業の従業員を対象とする所得比例の付加年金とで構成されるが, S2Pは後者を担っている. 2002年4月に従来の国家所得比例年金制度 (SERPS) に取って代わった]

Stateside a, ad (米略式) 米国内の [で]

statesman /stéitsman/ n 政治家
◇**statesmanlike** a
◇**statesmanly** a
◇**statesmanship** n 政治家の能力

states' rights (米) 州権 [⇨連邦を構成する州が連邦政府に対抗して持つ憲法上の権利. 合衆国憲法第10修正が拠り所となっている. 米国では建国から現在に至るまで州権尊重派と連邦主義者の抗争が繰り返されている]

state tax (米) 州税 (⇔federal tax) [⇨州が課する税. 所得税 (income tax), 財産税 (property tax), 売上税 (sales tax), 相続税 (inheritance tax) などがある]

statewide a, ad (米) 州全体の [に]

static /stǽtik/ a 静的な, 静止の; 変化しない; (ウェブサイトなどが) 更新されない

station /stéiʃən/ *n* 駅, 停留所; 署, 局; 放送局; 郵便局; 場所, 位置, 部署; ステーション [◇製造ラインの作業が行われる場所] ► an assembly station 組立ステーション / a packing station 梱包ステーション / a test station 検査ステーション / a welding station 溶接ステーション
— *vt* 配置する, 駐在させる《at》

station advertising 放送局が行う広告; 駅広告

stationary state 定常状態 [◇長期にわたって全体の産出量水準に変化がなく, 生産・交換・消費などが常に同一規模で反復循環する経済状態]

station break ステブレ [◇番組と番組の間の空き時間]

stationer *n* 文房具店

stationery /stéiʃənèri/ *n* 文房具; 書翰紙, 便箋 (✤社名入りレターヘッド付き用箋で, 封筒も含む) (注意) stationary (静止した, 定常の, 定着した) との混同に注意

Stationery Office Ltd. (英) 政府刊行物販売会社 [◇Her Majesty's Stationery Office が1996年に民営化されたもの]

statism *n* 国家統制主義

statist *a* 統制主義的な ► a statist economic policy 統制主義経済政策

statistic /stətístik/ *n* 統計量 [◇標本から得られた平均や分散などの特性値の総称]

statistical /stətístikəl/ *a* 統計の, 統計(学)上の ► We have statistical evidence that prove otherwise. われわれには, 反証できる統計データがある

◇**statistically** *ad* 統計的に ► Auto insurance premiums are lower for women because statistically they have fewer accidents. 統計的に女性の方が事故を起こさないので自動車保険の保険料が安くなっている

Statistical Analysis System ⇨ SAS²
statistical discrepancy 統計上の不突合
statistical distribution 統計的分布
statistical estimation 統計的推定
statistical office 統計局
statistical probability 統計的確率 (=empirical probability)
statistical process control 統計的工程管理 (SPC) [◇統計分析により品質のばらつきを捉えて改善する仕組]
statistical quality control 統計的品質管理 (SQC) [◇統計的手法を用いて, 製品の品質を管理する方法]
statistical sampling 統計的サンプリング, 統計的標本抽出
statistical test 統計的検定
statistician /stætistíʃən/ *n* 統計学者
statistics /stətístiks/ *n* 統計学; データ ► be based on statistics 統計に基づいている / collect [gather] statistics データを集める / Recent statistics show a rise in unemployment. 最近のデータは失業の増加を示している / Statistics is a branch of mathematics. 統計学は数学の一分野だ / Would you please pull together the statistics for me to respond to the Board's inquiry? 取締役会からの問合せに答えられるよう, データをそろえてくれませんか
[語法]「データ」という意味で使うときは, 複数形の名詞として扱われ, 動詞もそれに合わせるが, 「統計学」という意味で使うときは単数扱いで, 動詞も単数形で受ける

Statoil (~ ASA) スタトオイル [◇ノルウェーの国営石油会社. 主に北海油田の採掘を行う. 株式の一部は NY 株式市場で公開されている. 1972年設立. 2007年同じく石油・ガス事業の Norsk Hydro と合併し StatoilHydro となった]

stats /stæts/ *n* (略式) 統計 (学) (=statistics)

status /stéitəs, stæt-/ *n* ❶ 地位, 身分; 《the ~》状態《of》► Please let me know the status of my order. 私の注文は今どうなっているのか, お知らせください ❷ (人の法律上の) 地位[身分] (=standing) ► the status of a minor [legitimate child] 未成年者[嫡出子]の身分[<ラ]

status divide 格差, 社内格差 ► the status divide between permanent and non-permanent employers 正社員と非正社員との格差

status inquiry (取引銀行に対しての) 信用照会

status quo /kwou/ *n* 体制; 現状, 現状維持; 【法律】原状, 現状 ► The Fed will probably stick with its status quo on interest rates. FRB は金利についてはたぶん現状維持を続けるだろう [<ラ]

status quo ante /ænti/ 旧態; 【法律】原状 [<ラ]

status symbol 地位[身分]の象徴, 地位シンボル; ステータス・シンボル [◇富や名声の象徴となるような商品]

statute /stætʃuːt/ *n* 制定法, 法律 [◇立法府 [議会]が制定した成文化された法] ► private [public, general] statute 私[公, 一般]法

statute-barred *a* (英) 出訴期限の切れた, 時効にかかった

statute law 制定法; 成文法

statute of limitations 出訴期限法 [◇訴訟の提起ができる期間を定めた法律]; 出訴期限, (コモン・ロー上の) 消滅時効 ► subject to the statute of limitations 時効にかかる / There is no statute of limitations on tax evasion. 脱税は時効にかからない

statutorily *ad* 制定法上, 法律上 ► statutorily proscribed employment discrimination 法律上禁止されている雇用差別

statutory /stætʃutɔ̀ːri/ *a* 制定法(上)の, 法定の; 法律上罰せられる

statutory accounting principles 法定会計原則 [◇法律や規則などにより準拠しなければならない会計原則]

statutory audit 法定監査 [◇証券取引法や商法などの法令に基づく強制的な監査]

statutory bar 法定の不特許事由 [◇特許法に定められた特許の拒絶の理由]

statutory books 法定帳簿 [◇法律により備

付けが強制されている帳簿]
statutory company 《英》特殊法人 [⊃ガス・水道などの公共サービスのために特別法により設立された法人]
statutory consolidation 法的連結 [⊃法律に基づいて行われる連結]
statutory instruments 《英》(行政機関の定める)命令, 規則
Statutory Maternity Pay 《英》法定出産給付金 (SMP) [⊃雇用されている女性に対して26週間支給される出産給付金. 自営などの要件を満たさないときは Maternity Allowance という制度がある]
statutory meeting 《英》法定株主総会 [⊃会社設立後1～3か月以内に開くことが法律上義務づけられている株主総会]
Statutory Paternity Pay 《英》法定父親給付金 [⊃新生児の父親に認められる2週間の休暇中支給される給付金]
statutory regulation 法的監督 [⊃自主規制団体などに対して, 法令に基づき監督官庁が行うものを言う]
statutory report 法定報告書 [⊃決算書をはじめ作成と公表が法律上義務づけられている企業の報告書]
statutory sick pay 《英》法定病気休暇手当 (SSP)
statutory tenant 法令上の借主 [⊃契約が終了し, 契約上の借主(contractual tenant)でなくなっても, 法令の定めにより保護されている借主]
staunch *a* =stanch
stave /steiv/ *n* おけ板, たる板; 棒, さお; (はしごの)段
— *vt* (**~d, stove**) (酒を)たる[おけ]を壊して流し出す; (船体に)穴をあける《*in*》
— *vi* 《米》壊れる
stave off 食い止める ► The company is in talks with lenders to stave off bankruptcy. 同社は破産を避けるために債権者と話合いをしている
stay /stei/ *vi* とどまる; 滞在する; 泊まる《*at, in*》; …のままでいる[ある]; 持ちこたえる, 耐える ► We can't stay competitive if our production costs go up. もし生産コストが上昇すれば, 当社は競争力を維持することができない
— *vt* 止まらせる; 引き止める; 《文》(渇き・食欲を)一時的にいやす; 延期する; 終わるまで持続する; 滞在する ► stay a ruling 判決を延期する / stay the night 一晩泊まる / The company is determined to stay the course on restructuring. 同社はリストラについては現方針を貫く決心だ
be here to stay / come to stay 《略式》長続き[定着]する, 普及する ► The high gasoline prices are here to stay. ガソリンの高値はすっかり定着した / I don't think high unemployment is here to stay. 高失業率が長く続くとは思わない
stay around そばにいる
stay away [off] 離れている ► Don't stay away so long. 《略式》近々また来てください (✚客が帰るときなどに言う) / I prefer to stay away from risky investments. リスクの大きい投資には手を出したくない
stay behind (その場所に)残る
stay on 居続ける
stay out 外泊する; 《英》ストを続行する
stay out of 《略式》から離れる, に関わらない ► The company struggled to stay out of bankruptcy. その会社は悪戦苦闘して何とか倒産を免れている
stay put 《略式》動かずにいる
stay together 一緒にいる[しておく]
stay up (until all hours) 寝ずに起きている
Stay with us. (放送で)そのままお待ちください
— *n* ❶ 滞在; 滞在期間; 抑止, 抑制, 阻止; 《略式》耐久力 ❷ 《法律》(手続の)停止
stay-at-home *n* 専業主婦[主夫]
staying power 持久力
stay of execution 強制執行の停止; 刑の執行停止 ► The governor granted a stay of execution. 知事は執行停止を認めた
stay of proceedings 訴訟手続の停止
STB Surface Transportation Board
std standard
STD subscriber trunk dialling
stead /sted/ *n* 代わり; 利益; 場所
in a person's stead (人の)代わりに ► In my stead, my assistant will brief you on the project development. 私のかわりに私のアシスタントがプロジェクト開発について説明いたします
in stead of の代わりに (=instead of)
stand [put, hold] a person in (good) stead 大いに(人の)役に立つ
steady /stédi/ *a* 安定した; ぐらつかない; むらのない, 規則的な, 決まった; 絶え間のない; 落ち着いた; まじめな ► a steady relationship まじめな関係 / a steady job 定職 / It's difficult to find steady work here. ここで定職を探すのは難しい / Exports continue to grow at a steady pace of 12% per year. 輸出は年に12%という一定のペースで伸び続けている / The economy has seen a year of steady growth. この1年間, その国の経済は着実な成長した
— *v* 固定[安定]させる; 落ち着かせる; 安定する; 落ち着く
— *ad* しっかりと
◊**steadily** *ad* 着実に ► The country has been growing steadily due to increases in exports. その国は輸出の増加によって着実に成長してきた / Due to increased competition, profits have been steadily declining. 競争の激化によって, 利益は着実に減ってきている
◊**steadiness** *n*
steal /stíːl/ (**stole; stolen**) *vt* 盗む; こっそり取る[する] 《*from*》 ► By engaging in comparative advertising, we can steal some of our competitor's market share. 比較広告を使うことによって, 競合他社の市場シェアの一部を奪うことができる / The company stole market share from its rival by introducing a new product. 新製品の導入によって, 同社は競争相手から市

stealth marketing

場シェアを奪った
— *vi* 盗みをする; こっそり動く[行く, 来る] (*in, out, away, up, by, across*)
— *n*《米略式》盗み; 盗品; (a ~)《米略式》格安品, 掘出し物 ► At that price, this bag is a steal. その値段なら, このバッグは掘出し物だ

stealth marketing ステルスマーケティング[⇨そうとは気づかれぬように宣伝や広告を行うこと. 手法によっては不公正取引として取締まりの対象とする国もある]

steam /stí:m/ *n* 水蒸気; 蒸気;《略式》力, 元気 ► After weeks on the project, team members were losing steam. プロジェクトがスタートして何週間もたつと, チームのメンバーたちは勢いを失った

at full steam 全速力で
full steam ahead 全速力で前進して
gather steam 力を蓄える
get up [pick, build] steam 元気を出す ► The protest movement was getting up steam. 抗議運動が盛んになりつつあった
let [blow] off steam エネルギー[怒りなど]を発散させる
run out of steam 活気を失う ► This quality movement has run out of steam. この品質運動は活気を失っている
take the steam out of の活力を奪う
under one's [its] own steam 独力で
— *vi*《略式》怒る, かっとなる (*over*)
— *vt*《略式》かっとさせる
steam ahead [away]《略式》精力的に働く; どんどんはかどる
steam up《略式》激怒させる ► My boss was (all) steamed up about this proposal. 上司はこの提案にとても怒っていた

steamroller /n, vt 強引な圧力; (反対を)押し切る, (議案を)押し出す

steel /stí:l/ *n* 鋼鉄, 鋼(はがね); 鋼鉄製品; (鋼鉄のような)堅さ, 強い能力 ► worthy of our steel われわれの好敵手で
— *a* 鋼鉄製の; 鋼のような ► The steel industry was badly hit by the surge in raw material costs. 鉄鋼業界は原材料の価格の高騰でいたい打撃を受けた
— *vt* に鋼の先[刃]を付ける; 心を堅固[無情, 頑固]にする
steel oneself for [to do] 気を引き締めて…を迎える[…する]
steel can スチール缶
steelmaker *n* 製鋼[製鉄]業者[会社]
steelmaking *n* 製鋼
steel mill 製鋼工場, 製鋼所
steelworker *n* 製鋼工, 鉄鋼労働者
steelworks *n* 製鋼工場

steep /stí:p/ *a* 険しい, 急な;《略式》法外な ► The company blames its loss on steep declines in world auto sales. 同社は損失の原因を世界の自動車販売の急激な減少のせいにしている / Car exports had the steepest drop on record last year. 昨年, 自動車の輸出額は記録破りに急激に落ち込んだ / The automaker warned that it could suffer steeper losses as a result of the recession. その自動車メーカーは, 景気後退の結果として, 膨大な損失をこうむるかもしれないと警告した
— *n* 急な坂; 傾斜地
◇**steeply** *ad*
◇**steepness** *n*

steer /stíər/ *v* 舵(かじ)を取る, 操縦する; (ある方向へ)向ける[向かう], 導く, 進む (*into, toward*) ► He steered the conference successfully. 彼は会議をうまく運営した
steer a middle course 中道を進む
steer (well) clear of に近づかない, 避ける
— *n*《米略式》助言, 忠告, 口添え

steering committee《米》運営委員会
stellar /stélər/ *a* 星の(ような);《米》主要な
stem¹ /stém/ *n* 茎, 幹; (葉・花・果実の)柄; (グラスなどの)脚; (パイプなどの)柄
from stem to stern 船首から船尾まで; 徹底的に
— *vt* (-mm-) (葉・果実の)軸[柄]を取り去る
— *vi* 起こる, 生じる (*from*) ► The investment firm logged a net loss of $7 billion last fiscal year, stemming from trading losses and asset write-offs. トレーディングの損失と資産の償却で, その投資会社は前事業年度に70億ドルの純損失を記録した / Many of the company's problems stem from financial mismanagement. その会社の抱えている問題の多くは財務の不始末から生じている

stem² *vt* (-mm-) 食い止める, 抑える; せき止める
stem the tide [growth] of の流れ[成長]を食い止める ► The government urged lenders to stem the tide of nonperforming loans. 政府は貸金業者に対して債務不履行ローンの氾濫に歯止めをかけるように促した

steno /sténou/ *n*《略式》= stenographer, stenography
stenographer /stənágrəfər/ *n*《米》速記者 (=《英》shorthand typist)
stenography /stənágrəfi/ *n* 速記(術), ステノ
stenotype /sténətàip/ *n* 速記用タイプライター; ステノタイプ用速記文字

step /stép/ *n* ❶ 足取り, 歩, 一歩, 歩程; 足跡; 歩調; (~s) 道程, 行程; (目標への)一歩, 一段階 [手段] (*toward*); 階級; 昇級; 段; (~s) 階段, 踏み段; (~s)《英》はしご, 脚立; 目盛り ► a flight of steps 一続きの階段 / three steps and a stumble スリーステップス・アンド・スタンブル[⇨連邦準備制度理事会が3回連続して金利を上げると株式相場が下落するというジンクス] / Stabilizing the banking system is a vital step in the recovery of the economy. 銀行システムを安定させることは景気の回復にとって不可欠の一歩だ / We help our clients every step of the way. あらゆる段階でお客様のお手伝いをいたします

❷【犯ラ】ステップ[⇨プログラムの最小処理単位. 1ステップはプログラム1行]

a step in the right direction (ある目的に)役立つ方策
break step 歩調をくずす
direct one's steps toward への道筋をとる
in a person's steps (人を)見習って, 例に倣って
in step 歩調を合わせて《*with*》► The company's products have moved in step with consumer demands. その会社の製品は消費者の需要と歩調を合わせて売れた
keep step 歩調を合わせる
one step ahead of より一歩先んじて
out of step 歩調[足並み]を乱して《*with*》
step by step 一歩一歩; 着実に ► I explained to him step by step how to operate the machine. あの人に機械の操作法を順を追って説明した
take a major step toward へ向かって大きく踏み出す
take steps 処置を取る, 方策を講ずる《*to do*》► Steps must be taken to curb excessive competition. 過当競争を抑制する措置を取る必要がある
watch one's step 足元に気をつける; 《略式》慎重に振る舞う
— *vi* (**-pp-**) 歩を進める; 歩いて行く《*along*》; 歩く; 《略式》急ぐ; 苦もなく手に入れる《*into*》; (アクセルを)踏む《*on*》
— *vt* 歩測する《*off, out*》
step aside 身を引く, 退く
step back 少し退く ► Let's step back and take a look at our sales strategy. 一歩後ろに下がって, わが社の販売戦略を見直してみよう
step down 降りる; 辞任[辞職, 引退]する《*from, as*》► He announced that he would step down as chairman of the board. 取締役会の会長の地位を退くと発表した
step forward 進み出る
step in 《略式》立ち寄る; 介入する, 首を突っこむ
step into に関わり合う; を引き受ける
step on 踏みつける
step on it [the gas] 《略式》アクセルを踏む; 急ぐ
step out 外に出る; 《略式》歩調を速める; パーティーに出かける ► I'm stepping out now to have lunch. 昼食を食べにちょっと外出します
step out of line 方針に反した行動を取る
step out on を裏切る
step up 《略式》近寄る《*to*》; 増大させる[する] ► We are stepping up the production of biofuels. バイオ燃料の増産をしている / We have to step up to the challenge of being a nimble and strategic company. 機動性に富んだ戦略的な会社になるという努力目標に近づかなければならない
step up efforts to do …するのにいっそう努力する ► Due to rising costs, the company has stepped up efforts to curb its expenditures. コストが高騰したので, その会社は支出を抑制する努力を強めた
STEP analysis STEP分析 [○社会(Society), 技術(Technology), 経済(Economy), 政治(Politics)の四つの側面からマクロ環境を分析しつつ企業の経営戦略を考える. PEST分析とも言う]
step change 格段の変化, 飛躍的変化
step cost 段階原価, 段階費, 階段(かいだん)費 (=stepped cost, step function cost) [○操業度の増加に伴い段階的に増加する費用]
stepping-stone *n* 踏み石, 飛び石; 足がかり, 手段《*to*》► This job is just a stepping-stone to something bigger. この仕事はもっと大きな仕事への踏み台にすぎない
step-up *n* 増加, 上昇 ► We saw a step-up in productivity growth from 1.5 to 2.5 percent. 生産性伸び率が1.5から2.5%へと上昇した
stepwise regression 《統計》段階的回帰 [○回帰分析の一手法で, 各変数を次々とその有意度で評価し, モデルに変数を逐次追加したり削除したりしたモデルを積み上げる方法]
stereotype /stériətàip/ *n* 紋切り型; 決まり文句; 陳腐な表現; 固定観念[概念], ステレオタイプ ► Be careful of stereotypes. 陳腐な決まり文句にご用心
— *vt* 型にはめる
◇**stereotyped** *a* 型にはまった, お決まりの
sterile /stéril/ -ail/ *a* ❶ 不毛の; 効果のない, 無益な《*of*》; つまらない, 無菌の ► The product was tested in a sterile environment. その製品は無菌環境でテストされた ❷ 《金融》金不胎化(政策)の [○外国から流入した金が国内通貨の増加を生み出さないようにする制度や政策について言う]

sterling /stə́ːrliŋ/ *a* 英貨の, ポンドの; (銀・金が)法定純度の; (法定)純銀製の; 信頼できる; 正真正銘の ► a sterling character 立派な人格
— *n* 英ポンド ► sterling advances ポンド建て貸付
sterling bond ポンド建て債券 [○英国以外の国の会社が発行するものを言う]
sterling silver スターリング銀, 純銀
Sterlite 《商標》ステアライト [○プラスチック製の米国の収納用製品. いろいろな形やサイズがあり, キャスター付き, 抽斗形式などがある]
Sterno 《商標》スターノー [○缶入り固形燃料]
stet /stet/ *v* (**-tt-**) 生きる, 生かす, 「イキ」 [○校正刷りで消した部分を復活させる指示] ► This sentence is stet. この文はイキ[ヘラ]
Stetson 《商標》ステットソン帽 [○つば広で山の高いフェルト製の帽子. 特にカウボーイがかぶる. 米製帽業者の名より]
stevedore /stíːvədɔ̀ːr/ *n* 港湾作業員
— *v* 荷役作業をする
stevedoring *n* 荷役作業
steward /stjúːərd/ *n* 客室乗務員; 職場委員 ► a shop steward 職場委員
— *vi* stewardを務める
◇**stewardess** *n* 女性給仕; 女性客室乗務員
stg. sterling
stick[1] /stik/ *n* 木の枝; 棒切れ; ステッキ; (チョコレートの)棒《*of*》

get on the stick 《略式》活動を始める
get [take] stick from からひどくやっつけられる
give a person (the) stick 《略式》(人を)叱りつける, 非難する
have got hold of the wrong end of the stick 誤解する
have the wrong end of the stick 不利な立場に立つ
more ... than one can shake a stick at 《略式》非常に多い… ► He's got more loans than you can shake a stick at. 彼はたくさんのローンを抱えている
wield a [the] big stick 実力行使に訴える
— *vt* 棒で支える
— *a* 《米略式》(車が)マニュアルシフトの

stick² /stík/ (stuck) *vt* 貼り付ける(*on, down, to*); 動けなくさせる; 《英略式》我慢する; 困らせる; 《略式》押しつける ► I can't stick the job. その仕事は我慢できない / The committee persistently stuck him with fund collection. 委員会は資金集めの仕事を終始彼に押しつけた
— *vi* くっつく, まつわりつく (*on, to, against*); ずっといる; その状態で動かなくなる; 動きを止める ► The question is whether the current stock market rally will stick. 問題は現在の株式市場の反騰が定着するかどうかということだ
be stuck for に困っている
be [get] stuck in で動けなくなる, 引っ掛かる ► I couldn't call you because I was stuck in a meeting. 会議に入っていたので, お電話できませんでした / The company is stuck in the middle. 会社はどっちつかずで動きが取れなくなっている
be stuck with を押しつけられて(いる)
get stuck in [into] 《英略式》を本気で始める
make ... stick 《略式》定着させる, 動かないものにする; (罪を)証明する
stick a fork in 《略式》はもう終わりだ; はできあがった
stick at 根気よくやる; ためらう
stick by に忠実[誠実]である
stick in one's throat (提案が)受け入れにくい
stick it (out) 《略式》我慢する; 最後まで続ける[頑張る]
stick one's neck out 《略式》困難を自ら招く
stick out 突き出す[出る]; 目立つ; あくまでも要求を最後までやり抜く(*for*)
stick to にくっつく; (決意)捨てない; に忠実である ► Stick to the rules. 規則に従いなさい / We should stick to the original game plan. 当初の作戦計画を守り通すべきだ / The central bank intends to stick to its tight fiscal policies. 中央銀行は緊縮財政政策を堅持するつもりだ
stick together 互いに協力する
stick to it 頑張る
stick to [stand by] one's guns (反対・反撃に屈せず)自分の立場を守る, 自分の意見を曲げない, 一歩も譲らない ► We have to stick to our guns. We cannot offer any more discounts. 私たちの方針を変えるわけにはいきません. これ以上の割引はできません

stick up 突き出る[立つ]; (手を)上げる ► Stick 'em up! 手を上げろ
stick up for 弁護[支持]する, 弁解する
stick with (人に)忠実である; の思い出に残る; から離れないでいる ► Management decided to stick with its current strategy. 経営陣は現在の戦略を継続すると決定した
stick with it (あきらめないで)続ける
— *n* 一突き; 粘着性[力]
◇**sticker** *n* ステッカー ► a sticker price 表示価格, 定価 / a sticker shock 高い値段で驚くこと
stickie *n* 付箋紙 ⇨ Post-it
sticking point 障害, 支障 ► Identify the exact sticking points that are causing negotiations to become difficult. 交渉を困難にしている問題点をはっきりさせてください

sticky /stíki/ *a* ❶ねばねばする; 厄介な; 感傷的な ► At $50 per share, this could be a sticky deal. 一株50ドルでは, この引受証券の市場消化はとても難しいだろう / He got into a sticky situation with his boss. 彼は上司と厄介なことになった ❷《ｺﾝﾋﾟｭｰﾀ》サイトでの停留率が高い ❸動きが鈍い, 足が遅い
come to [meet] a sticky end 厄介なことになる
◇**stickily** *ad*
◇**stickiness** *n*
sticky wicket 《英略式》困った状況
be on a sticky wicket 困った立場に立つ

stiff /stíf/ *a* 厳しい; 《略式》法外な値段の ► There's stiff competition in the mobile phone market. 携帯電話の市場は競争が激しい / Stiff competition has put increased pressure on companies to improve efficiency. 競争の激化で, 効率を向上させる圧力が各社に強くかかっている
keep [carry, have] a stiff upper lip (苦境でも)へこたれない, 平静を装う
stiff with 《略式》がいっぱいある
— *ad* ひどく ► be bored stiff うんざりする
◇**stiffly** *ad*

stifle /stáifl/ *vt* 窒息(死)させる; 抑える; 鎮圧する; (火を)消す; もみ消す ► stifle a yawn あくびをかみ殺す / The weakening economy has stifled demand for oil. 景気の悪化は石油に対する需要を低迷させた / Shrinking economies in Europe and Japan might stifle export growth in coming months. ヨーロッパと日本で経済が縮小しているので, これから数か月間の輸出の成長は阻害されるかもしれない
— *vi* 窒息(死)する
◇**stifling** *a* 息苦しい

still /stíl/ *a* 静止した, 動かない; 静まりかえった; 波立たない, 穏やかな; (声が)低い
keep [hold] still じっとしておく
keep still about について黙っている
stand [hold] still for のためにじっと動かないでいる; を我慢する
Still waters run deep. 《諺》よどんだ流れは水が深い; 沈黙の人は思慮が深い; 黙っている人は油断ならない

— *ad* 今までのところまだ, 今もなお; 依然として;（比較級を強めて）いっそう, さらに;（接続詞的）それにもかかわらず, それでも; 静かに ► The country's science and technology development is still weak and fragmented. その国の科学技術の発達はまだまだ弱くて断片的だ / It's still premature to say that the stock market has hit bottom. 株式市場が底を打ったと言うにはまだ時期が早すぎる / I still have a lot of work left. まだ仕事がどっさり残っている

still less（否定文を受けて）いわんや…ではない
still more（肯定文を受けて）まして, なおさら…つ
— *v* 静める, 静まる; 和らげる, 和らぐ

stimulate /stímjulèit/ *v* 刺激する; 興奮させる; 奨励する; 元気づける ► The President said he would take all necessary measures to stimulate the economy. 大統領は景気を刺激するために必要なすべての手段をとると言明した / An increase in national income stimulates demand for imports. 国民所得の増加が輸入需要を刺激する

◇ **stimulation** *n*
◇ **stimulative** *a, n* 刺激的な; 刺激物 ► Stimulative measures to increase demand are needed. 需要を増加させるための刺激策が必要とされている

stimulating *a* 刺激的な ► The work was stimulating. その仕事はやる気が出るものだった
stimulus /stímjuləs/ *n* (-li /-lài/) 刺激(物) (*to*); 興奮剤 ► The stimulus package includes tax cuts and infrastructure spending. 景気刺激包括案には減税とインフラ支出が含まれている [＜ラ: 突き棒]

give a stimulus toに励みとなる

stimulus package 景気刺激策 [◯一般に刺激策は歳出の拡大や減税など複数の施策が盛り込まれるので,「パッケージ」という言い方をする] ► put together a stimulus package 景気刺激策を取りまとめる / The GDP statistics should increase the pressure on the government for an additional fiscal stimulus package. GDPの数字によって政府に追加の景気刺激策の出動を求める圧力が高まるはずだ / The government unveiled plans to boost the economy with a stimulus package of 4,000 billion yen. 政府は景気てこ入れのため総額4兆円規模の景気刺激策を実施する計画を明らかにした

sting /stíŋ/ (stung) *vt* 刺激して…させる (*into, to*);（略式）だまし取る, ぼる (*for*);（英略式）(金を)借りる, おとり捜査で引っかける ► I got stung for $50. 50ドル払わされた / Can I sting you for a fiver? 5ポンド貸してくれますか

— *n* 苦痛; 皮肉; 強烈な刺激;（略式）おとり捜査 (=sting operation);（米略式）手の込んだ信用詐欺
have a sting in its [the] tail 皮肉を含んでいる
take the sting out of のつらさを和らげる

stingy /stíndʒi/ *a* けちな (*with*); 乏しい ► The new boss is so stingy that he would not spend any money on research and development. 新しい社長はけちだから, 研究開発に金を出そうとしない

stink /stíŋk/ (stank, stunk; stunk) *vi*（略式）評判が悪い; まったく駄目である,《米略式》たんまり持っている《*with, of*》
— *n*（略式）不愉快な騒ぎ, 騒動
raise [kick up, create] a stink 騒ぎを起こす, 物議をかもす (*about*)

stint /stínt/ *v* 切り詰める (*of*); 節約する (*on*)
stint oneself of [in]を切り詰める
— *n* 制限; 出し惜しみ; 定量; 割り当てられた仕事 ► He did a two-year stint as a cook. 彼はコックとして2年間勤めた
without stint 惜しみなく

stipend /stáipend/ *n*（定額の）手当, 日当
stipendiary /staipéndièri/ *a, n* 有給の; 有給者;《英》有給下級判事
stipendiary magistrate 有給治安判事
stipulate /stípjulèit/ *v* ❶（契約の）条件として要求する［取り決める］(*for*) ❷【法律】(1) 約定する;（条件として）明記する; 合意する ► stipulate that an expert witness is qualified ある鑑定証人の証言資格を認める / The agreement stipulates that all shipping costs will be borne by your company. 契約書には, 輸送コストは全額貴社の負担になると明記されています ⬛ Shipment within the time stipulated shall be subject to shipping space available. 定められた期間内の船積みは, 船腹の手配が可能であることを条件とする (2)（契約・約定の不可欠条件として）強く要求する

stipulation /stìpjuléiʃən/ *n* ❶ 規定, 明記; 約定; 条項; 条件 (*that*) ❷【法律】訴訟上の合意; 出頭保証契約

stir /stə:r/ *v* (-rr-)（揺り）動かす［動く］;（感情を）かき立てる;（人を）扇動する (*to, into*);（騒動を）引き起こす (*up*); 活動している; 流布している ► New optimism was stirring after the recession. 不景気の後で新しい楽観主義がうごめき出していた

— *n* 動き, 活動; 大騒ぎ; 興奮
cause [raise] a stir 騒ぎを起こす (*among*)
make a great stir 大騒ぎ［大評判］になる

stitch /stítʃ/ *n* 一針［縫い, 編み, とじ］; ステッチ;（略式）わずか ► A stitch in time saves nine.（諺）早く一針縫っておけば, 後で針の手間が省ける; 手遅れにならないうちに手を打つことが大切だ
not do a stitch of work 少しも仕事をしない
— *v*（略式）完全に仕上げる (*up*);（取引を）まとめる (*together*)

St. Joseph Aspirin《商標》セント・ジョゼフ・アスピリン [◯子供用に開発された米国のアスピリン. 成人向けの服用量を抑えたアスピリンとしても用いられる]

stk., STK stock
ST Microelectronics（〜 N.V.）STマイクロエレクトロニクス [◯スイスに本社を置くヨーロッパ最大の半導体メーカー. アナログ半導体に強みを持つ. フランス, イタリア政府が株式を保有する]
stochastic /stəkǽstik/ *a* 確率的の, 推測的な
stochastic model 確率モデル [◯計量経済

分析で構造方程式に誤差項を考慮に入れたモデル]
stochastic process 確率過程 [◆時間の経過とともに変化する偶然現象の数学的モデル]
stochastic simulation 確率シミュレーション

stock /stɑk | stɔk/ n

❶ 在庫, 棚卸資産（✦内容は同じだが, 経済指標で企業在庫を指すときや企業会計では inventory を用いる.「在庫」の意味では, 通常 stock は単数形で用いられる）► a buffer stock 緩衝在庫 / closing stock 期末在庫高 / dead stock デッドストック / opening stock 期首在庫高 / deliver from stock 在庫から出して発送する / maintain optimum stock levels 最適在庫水準を維持する / dispose of stock 在庫を処分する / renew one's stocks 仕入れ替えをする / clear excess stock 過剰在庫を一掃する / **Stock of this item is low.** この製品の在庫は少ない / Japan constantly keeps **a seventy-five day stock** of crude oil. 日本は常時75日分の原油を備蓄している / This model is to be phased out, so we will not **replenish stock** when current supplies run out. この機種はフェーズアウトとなっているので, 在庫がなくなったときに補充するつもりはない / This software enables you to automatically place orders to restock merchandise as sales **deplete the stock**. このソフトにより, 売上で在庫が消費されていくに従い, 自動的に発注し, 商品を補充できる / This system alerts store managers via computer when **stock is running low**. このシステムは, 在庫水準が低くなるとコンピュータを通じて店の責任者に通知するようになっている / The company slashed production to **avoid a pile-up of stock**. その会社は在庫が積み上がるのを避けるために生産を減らした / We plan to hold a sale to **reduce some of our stock**. 在庫をいくらか減らすために, 当社はセールを実施する計画だ / **We have an extensive stock** of A4 paper. A4判用紙の在庫が充実している / We'd better physically **inspect the warehouse stock**. 倉庫の在庫品の実地棚卸をしたほうがよさそうだ / We can supply your order **from stock**. ご注文の品は在庫がありますので, そこから出せます

❷ 株式, 株, 銘柄, 《英》債券, 国債
[語法] 類語 share との使い分けは複雑だが, (1)会社に対する持分としての株を意味する場合は, 米国では stock を用いることが多く, 英国では share を用いることが多い. (2)株数をいう場合は share を用いる. たとえば, 10 shares は「10株」, $10 a share は「一株当たり10ドル」である. (3)銘柄という見地から株をいう場合は stock を用いる. たとえば, 10 stocks は「10銘柄」, tech stocks は「ハイテク銘柄」である. (4)米国では stock は「株式」の総称として使われる. たとえば, stocks and bonds は「株式と債券」である. これに対して, 英国では stocks and shares は「債券と株式」で, この場合の stocks は「債券」を意味する
► acquire more than half of the stock of the company 同社の株式の過半数を取得する / hold stock in other companies 他社の株式を保有する / manipulate stocks 株式を操作する / Our company always **hold stocks** for the long-term. 当社は, 株式は長期保有することにしている / We are planning to **issue stock** in a public offering to finance capital expenditure. 設備投資の資金を調達するため, 公募増資を行う予定だ / **The company's stock is currently trading** at around 10 dollars. 同社株は現在, 10ドル前後だ / **The company's stock opened** at 40 dollars. 同社株の始値は40ドルだった / **The company's stock was up** 2 cents to close at 5 dollars. 同社の株価は2セント高の5ドルで引けた / The government will own nearly **all of the company's stocks**, leaving current shareholders with only 1 percent. 政府は同社の株式のほとんど全部を所有し, 現在の株主にはたった1％しか残らないだろう / If the stimulus plan fails to jump-start growth, **stocks could drop** even more severely. 刺激策が成長を活性化できなかった場合, 株はさらに厳しく落ち込むかもしれない / **Stocks on the Nikkei** staged a strong rally. 日経銘柄は力強い反騰を演じた / Signs that the economy may be in a recession **sent stocks lower**. 景気後退の可能性を示す兆候は株価を下落させた / ABC Inc. agreed to buy XYZ Inc. for **$2 billion in stock**. ABC社はXYZ社を株式交換取引により20億ドルで買収する契約を締結した / **Tokyo stocks** mounted a rally Wednesday and finished sharply higher. 水曜日の東京市場の株価は上昇し大幅高で引けた / **Stocks staged** an impressive comeback Friday. 株式相場は金曜日に大きく反発した

===== 株式 =====

active stock 大商株 / authorized stock 授権株式 / bearer stock 無記名株式 / blue chip stock 優良銘柄 / bonus stock 無償交付株式 / capital stock 《米》資本金 / common stock 普通株式 / convertible stock 転換株式 / cumulative preferred stock 累積式優先株式 / cyclical stock 景気循環株 / defensive stock ディフェンシブ銘柄 / growth stock 成長株 / large-cap stock 大型株 / mid-cap stock 中型株 / nonvoting stock 無議決権株 / over the counter stock (=OTC stock) 店頭株 / outstanding stock 発行済株式 / preference stock 優先株式 / preferred stock 優先株式 / quoted stock 上場銘柄 / redeemable stock 償還株式 / registered stock 記名株式 / small-cap stock 小型株 / subordinated stock 劣後株 / unlisted stock 非上場株 / value stock 割安株 / voting stock 議決権付株式

in [out of] stock 在庫して[在庫切れで] ► All of the items you've ordered are currently in stock. ご注文の品は現在, いずれも在庫があります / We always have this item in stock. この品は常に在庫がある / I'm afraid we've run out of stock on that model. 申し訳ありませんが, そのモデルは在庫切れです / Unfortunately, this item is out of stock at the moment. この品は

あいにく現在, 在庫がありません
on the stocks (船が)建造中の[で]; 計画中の[で]
optimize stock 在庫を最適化する, 在庫を適正化する
put stock in を信用する
stock in trade ⇨ stock-in-trade
take stock 在庫調査をする; 現況を点検する
take stock in (略式)を信用する; を重んじる
take stock of を見積もる, 評価する
― *a* 手持ちの, 在庫の; 普通の, 月並みな; 株(式)の
― *v* 仕入れる, 蓄える《*up*》
stock up on [*with*] を仕入れる; 十分にそろえる

stock appreciation right 株式評価益請求権 [⇨自社株の市場価額があらかじめ定められた価額を超える額を, 従業員が報酬として受け取ることのできる権利]

stockbroker *n* 株式ブローカー [⇨証券の売買を仲介する業者]; 証券会社

stockbrokerage *n* (株式の)ブローキング業務 [⇨自社の勘定で株を売買するディーリング業務に対して, 顧客の売買注文を執行することで手数料を得るビジネス]

stockbroking *n* =stockbrokerage

stock buyback (上場企業による)自己株式取得, 自社株買い ► The company announced a stock buyback program to repurchase up to $5 million of common stock over the next year. その会社は向こう1年かけて, 普通株式500万ドル相当を買い戻す自社株買いの計画を発表した

stock certificate 株券 [⇨イギリス英語では share certificateの方が一般的]

stock company 株式会社 [⇨株式の所有者である株主で組織された法人]

stock control 在庫管理

stock controller 在庫管理責任者

stock control management =stock control

stock conversion 株式の転換

stock corporation 株式会社

stock count 棚卸

stock discount 株式割引発行差額 [⇨額面株式を額面未満で発行したときの額面価額と発行価額との差額]

stock dividend 株式配当 [⇨(1)利益の配当を株式で支払うこと (2)配当として支払われた株式]

stock exchange (the ~: 通例 S-E-) 証券取引所 ► the New York Stock Exchange ニューヨーク証券取引所 / We are listed on the London Stock Exchange. 当社はロンドン証券取引所に上場している

Stock Exchange Alternative Trading Service ⇨ SEATS

Stock Exchange Automated Quotation System ⇨ SEAQ

Stock Exchange (Electronic) Trading Service ⇨ SETS

stock exchange listing 証券取引所への上場

stock-for-stock *a* 株式交換(取引)の [⇨企業買収において, 相手企業の株式を現金と引換えにではなく, 自社株と引換えに取得すること. 現金の支出という負担がない上, 自社の株価が高ければ, 有利な条件で株価の低い企業を買収できる] ► XYZ acquired ABC in a stock-for-stock merger. XYZ社は株式交換による合併でABCを買収した

stock fund 株式ファンド

> **解説** 株式で運用するミューチュアルファンド. equity fundとも言う. 投資対象である株式の発行企業の時価総額によって, 小型株ファンド(small-cap fund), 中型株ファンド(mid-cap fund), 大型株ファンド(large-cap fund)などに分類される. また, 投資スタイルによって成長株ファンド(growth fund), 割安株ファンド(value stock)に分類される. さらに投資対象の地域によって米国株ファンド(U.S. fund), 外国株ファンド(international fund)などに分類される. ⇨ mutual fund

stock future 株の先物

stock grant 自社株オプションの付与

stockholder *n* 株主 [⇨株式の所有者] ► an institutional stockholder 法人株主 / an individual stockholder 個人株主 / The company intends to pay quarterly dividends to its stockholders. その会社は株主に四半期の配当金を支払う予定だ

stockholder equity 株主資本 [⇨株主が投下した資本と, その資本を使って得た収益中配当金として分配しなかったもの(留保所得)から成る]

stockholder of record 登録株主 [⇨株主名簿に記載されている株主]

stockholders' equity ⇨ stockholder equity

stockholders' meeting 株主総会

stockholder value 株主価値

stockholding *n* 《米》持株(数) (=《英》shareholding)

stock incentive plan 従業員持株制度

stock index 株価指数 ⇨ index

> **解説** 特定の複数の銘柄を選んで, その市場価格の平均値を計算した指数. 米国の代表的な株価指数にダウ工業株平均, スタンダード＆プアーズ500, ナスダック総合指数, ラッセル2000がある. 株価指数の計算法には価格の加重平均を計算する price-weighted index(例: ダウ工業株平均)と時価総額の加重平均を計算する market-value weighted index(例: スタンダード＆プアーズ500)がある. 株価指数は市場の動向を示すバロメーターとしての役割を果たす. 企業の業績を評価するベンチマークとしても使用される

stock index futures =index futures

stock index option =index option

stock in hand 在庫品

stock in process 仕掛品

stock-in-trade *n* ❶ 営業用品; 商売道具;

特殊技能, 常用手段 ❷ 在庫品, 棚卸商品, 棚卸製品

stock issue 新株発行
stockist /stákist/ n 商品の仕入れ業者
stockjobber n 株屋; 株式仲買人
stock-keeping n 在庫管理
stock ledger ❶ 株式台帳, 株式元帳 (=stock register, stock record) [⇨株式の明細を記録した帳簿] ❷ 商品有高帳, 在庫品台帳
stock level 在庫水準 ► When stock levels are low, an order is automatically placed with the supplier to replenish the stock. ある品目の在庫水準が低くなると, 在庫を補充するため自動的に業者に発注される
stocklist n 在庫リスト, 在庫表
stock loan 貸株 [⇨証券業者間の株の貸し借り]
stock management 在庫管理
stock manager 在庫管理責任者
stock manipulation 株式操作, 株価操作

stock market
株式市場 [⇨企業が株式を発行して長期資金を調達する市場. equity market とも言う. 対語は bond market (債券市場)] ⇨ capital market ► a rising stock market 株式市場の上昇 / a sliding stock market 軟化を続ける株式市場 / a strong stock market 強含みの株式市場 / a weaker stock market 株式の軟化 / **The stock market remained firm.** 株式市場は引き続き堅調だった / **Stock market volatility should continue.** 株式の乱高下はまだ続くはずだ / **Our stock is listed on the stock market.** 当社の株は株式市場に上場されている / Smalltime investors who have been burnt are staying **out of the stock market.** 損失をこうむった小口投資家たちは株式市場に戻って来ていない / Fears of a recession sent **the stock market tumbling.** 景気後退の懸念は株式市場を暴落させた

stock merger 株式交換による買収 [⇨買収される会社の株主が現金の代わりに買収しようとしている会社の株主を受け取る]
stock offer 新株発行
stock of record 基準日現在の株主
stock on hand 在庫品 (=stock in hand) [⇨棚卸資産の在庫]
stock option ❶【経営】ストック・オプション, 株式買受権 [⇨あらかじめ定められた価格で自社株を買い受けることのできる権利. しばしば経営者や従業員に報酬の一部として与えられる] ► provide stock option incentives to employees 報奨金としてストック・オプションを従業員に支給する / A business giving a stock option at $1 books no charge against profits if its stock price is $1 or more. 企業が行使価格を1ドルとするストックオプションを付与する場合, 株価が1ドル以上である限り利益に対するマイナス要因となる費用として計上されることはない ❷【証券】株式オプション [⇨オプション取引の株式売買選択権]
stock option plan ストック・オプション制度 [⇨会社の役員や従業員に, 会社の株式を一定数だけ, 特定の日に特定の価額で購入する権利を与える制度] ► propose to create a new stock option plan 新たなストック・オプションプランの創出を提案する
stock order (英) 在庫補充のための製造指図書
stock out 品切れ
stock parking ストックパーキング [⇨株式の実質的所有者を隠すため, 他人名義の口座に置いておくこと]
stock picker ストックピッカー, 個別銘柄投資家
stock picking 銘柄の選定
stockpile n 補給材料の山; 在庫; (大量の) 備蓄, 備蓄量 ► The bank collapsed due to its huge stockpile of subprime loans. その銀行はサブプライムローンの巨額の蓄積によって破綻した / Japan has one of the world's largest stockpiles of foreign currency. 日本は外貨を世界最大級に蓄積している国の一つだ
— v 貯蔵する; 備蓄する
stockpiler n (石油, 金などの) 備蓄のある業者[国家]
stockpiling n 備蓄
stock point ストック・ポイント, 小規模の物流拠点
stock power 株式譲渡委任状
stock premium 株式プレミアム, 額面超過金, 株式発行差金 [⇨株式発行の時に生じた額面超過額]
stock price 株価 (=stock quotation) ► depressed stock prices 低迷する株価
stock price index =stock index
stock purchase plan 株式購入権制度, 株式購入選択権制度
stock purchase warrant 株式購入権証書 [⇨株式の所有者に与える株式購入権利書]
stock quotation =stock price
stock rating 株価格付
stock record 株式台帳, 株式元帳
stock redemption 株式償還 [⇨定款に基づき発行済株式を定められた価格で買戻し消却すること]
stock repurchase 株式買戻し [⇨会社が発行済株式を買い戻すこと]
stock right (英)(既存株主の) 新株引受権 (=《米》subscription right)
stock-rights issue 株主割当増資 ► The company aims to raise $3 billion through a stock-rights issue. 同社は, 株主割当増資により30億ドル調達したいと思っている
stockroom n 貯蔵室
stock savings bank (米) 株式貯蓄銀行 [⇨株式会社組織の貯蓄銀行] ⇨ savings bank
stock slide 株安 ► The stock slide may be slowing. 株安に歯止めがかかりつつあるようだ
stock split 株式分割 (=stock split-up) [⇨資本金を変更せずに, 発行済株式数を新株に分割すること] ► implement a 2-for-1 stock split 1対2の株式分割を実施する

stock symbol 《米》銘柄表示記号; (個別銘柄の)シンボル[⇨日本の銘柄コードに相当する]
stocktake n 実地棚卸[⇨在庫の有り高を確認するため実地に検査すること]
stocktaker n 実地棚卸担当者
stocktaking n ❶ 現状調査, 実績調査 ❷【会計】在庫調査, 棚卸
stock ticker 株価表示機, 株価表示装置
stock transfer 株式名義書換
stock transfer agent 株式名義書換代理人[⇨会社に代わって株式名義書換を代行する者]
stock turn 《英》在庫回転率, 棚卸資産回転率[⇨売上原価(または売上高)を在庫(棚卸資産)の平均有高で除して, 在庫が効率よくさばけているかどうかを見る指標]
stock turnover 《英》棚卸資産回転率, 商品回転率(=stock turn; 《米》inventory turnover)
stock valuation 株式の評価
stock warrant 株式ワラント
stock watering 過大増資, 株式水増し, 株式水割り
Stolichnaya 《商標》ストリチナヤ[⇨ロシア産のウオッカ]
stone /stoun/ n 石; 石材; 宝石; (時計の)石; 《英》ストーン[⇨重量の単位, 14ポンド]
a stone's throw [cast] away のすぐ近くに
cast stones [a stone] at を非難する
cast the first stone まっ先に非難する
leave no stone unturned (…しようと)あらゆる手段を尽くす(*to do*)
not be carved [etched] in stone 完全に決まったわけではない
throw stones [a stone] at を非難する
stonewall v 《米略式》意図的に阻止する; 抵抗する; 《英略式》(議事を)妨害する ► The boss stonewalled our decision. 社長はわれわれの決定に対して返答を避けた
stoop /stu:p/ v 身をかがめる; (恥ずべきことを)する(*to, to do*) ► Henry stooped to bribery to get the contract. ヘンリーはその契約を取るため賄賂を使うまで身を落とした
stop /stɑp | stɔp/ (-pp-) vt やめる; 止める; 妨げる, やめさせる; 停止する; 閉鎖する; 防ぐ ► The company stopped producing printers. その会社はプリンターの製造を止めた / If your card is lost or stolen, you should call the issuer immediately to stop your credit card. クレジットカードを落とすか盗まれるかした場合, すぐ発行者に電話してカードを停止してもらう必要がある
► vi 止まる; やむ; (略式)泊まる, 滞在する ► stop dead 急に止まる / Stop a moment! ちょっと待って(✦相手の話をさえぎるときの言葉)
cannot stop doing …しないではいられない ► Reporters couldn't stop asking questions about allegations of the company's bid rigging. 同社の不正入札の疑惑について, 報道陣の質問は延々と続いた
stop around 《略式》ちょっと立ち寄る
stop at nothing (…するためには)どんなことでもやりかねない(*to do*)

stop back あとでまた立ち寄る
stop by [*in*] 立ち寄る ► The manager stopped by your desk to pick up the report. 部長が君の席に来て報告書を持っていったよ
stop ... from doing …を…しないようにする ► Deteriorating sales stopped the company from going ahead with the project. 売上が減少してきたので, その会社はプロジェクトの実行を取りやめた
stop in 中にいる; 居残る; 《米》立ち寄る(*at*)
stop off 立ち寄る; 途中下車する
stop over (旅行中に)しばらく滞在する(*with, in*); 寄港する, 途中下車する(*at, in*)
stop short (…する)までには至らない(*of doing, at*)
stop to do …するために止まる[手を休める](✦*stop doing*は「…することをやめる」) ► Have you stopped to calculate how much this would cost the company? どれだけのコストが会社にかかるか, じっくり計算してみたことがあるのか
stop to think じっくり考える
━ n ❶ 止める[止まる]こと; 中止, 休止; 終わり; 滞在 ► come to a stop 終了する / Business is at a stop. 業務は停止している ❷ 小切手の支払停止通知
bring ... to a stop を終わらせる
pull all the stops out 最大の努力をする ► The store cut prices and pulled all the stops out to promote its summer sale. その店は値下げをし, 夏のセールを促進するため全力を尽くした
put a stop to [*on*] をやめる
stopgap n, a 間に合わせ(の); 埋め草; 臨時雇い ► Some public institutions and companies are offering internship opportunities as a stopgap measure to alleviate youth unemployment. 一部の公的機関と企業は, 若者の失業を軽減する一時しのぎの策として, インターンシップの機会を提供している
stop-go policy 《英》ストップ・ゴー政策[⇨景気の動向に対応して拡大政策と引締政策を繰り返して実施すること]
stop-loss a 損切りの, ストップ・ロスの[⇨損失の継続を断ち切るための] ► stop-loss selling 嫌気投売り / stop-loss transaction ストップ・ロス取引
stop order 逆指し値注文[⇨株価が特定水準以上に上昇したら買い, 逆に特定水準以下に下落したら売るように顧客が証券業者に出す注文]
stopover n (旅行中の)立寄り; 寄港; 途中下車; (飛行機の)途中降機
stoppage /stάpɪdʒ/ n 中止, 停止; 機能障害; ストライキ; 《英》(給料からの)天引き ► a work stoppage by government employees 公務員によるストライキ / after all stoppages いろいろの天引き後に
stoppage in transitu 運送差止め[⇨買手に支払能力のないことが判明したときに, 売手が引渡しを中止すること]
stop payment (小切手の)支払停止指図
stop-work meeting 職場集会[⇨争議行

為の一つとして勤務中に仕事を中断して集会を開くこと)

storage /stɔ́:ridʒ/ n ❶ 貯蔵, 保管 (in); 貯蔵所, 倉庫; 保管料 ❷ 〘ｺﾝﾋﾟｭｰﾀ〙記憶装置
in storage 保管されて ► The old records are kept in storage. 古い記録は倉庫に保存してある

storage capacity 〘ｺﾝﾋﾟｭｰﾀ〙記憶容量

storage unit 〘ｺﾝﾋﾟｭｰﾀ〙記憶装置[単位]

store /stɔ́:r/ n 《米》商店, 店, (~s)《英》百貨店; 蓄え, (~s) 必需品; 倉庫, 貯蔵所; たくさん (*of*) ► a chain store チェーン店 / a network of stores 店舗網 / a new store opening 新規出店 / She works at [in] the store. 彼女はその店で働いている / The fashion retailer has 1,568 stores worldwide. そのファッション小売業者は世界中に1,568の店舗を持っている / The store is having a sale. その店はセールをしている
have a good store of を十分に蓄えている
have a surprise in store for を驚かせることがある
in store 蓄えて, 用意して, 備えて (*for*); (物事が)待ち構えて (*for*) ► More layoffs are in store for the manufacturing sector. さらなるレイオフが製造業セクターに差し迫っている
make a store of を蓄える
what is [lies] in store for に起ころうとしていること, の運命
— v 蓄える; 取っておく (*up, away*); 供給する (*with*); 倉庫に保管する; 収容する; 〘ｺﾝﾋﾟｭｰﾀ〙(データを)記憶装置に格納する ► Store at room temperature, in a dry place. 湿気のない場所に, 室温で保存してください

store audit ストア・オーディット, 店舗監査 [⇨末端小売店での販売動向などの実態を把握するための調査]

store-bought a 店で買った; 既製の (=《英》shop-bought)

store brand ストア・ブランド [⇨小売店の独自の商標. ナショナル・ブランド(national brand)にその店独自のブランドネームやロゴを加え, 店の独自性を出そうとするもの] ⇨ national brand, private brand

store card (小売店の)ストアカード [⇨特定の店だけで使えるクレジットカード]

store detective 店内防犯員, 売場監視員

store display ストア・ディスプレイ [⇨店頭店内の陳列や広告]

storefront n, a《米》店頭(の), 店先(の)

store hours 店の営業時間 ► Our store hours are from 11 a.m. to 7 p.m. 当店の営業時間は午前11時から午後7時までです

storehouse n 倉庫; (知識の)宝庫 (*of*)

storekeeper n《米》商店経営者 (=《英》shopkeeper); 倉庫管理人

store label =store brand

store lease 店舗リース [⇨たとえば, フランチャイズの本部が所有する倉庫を加盟店にリースすること]

storeman n 倉庫係

storeroom n 貯蔵室, 物置

stores order 継続製造指図書, 在庫補充のための製造指図書 [⇨市場での見込生産における製造命令書]

store traffic 客足 ► boost store traffic 客足を伸ばす

storewide a, ad 全店の[に]

storm /stɔ́:rm/ n 嵐; 強襲; (拍手・非難の)嵐; (感情の)激発; 激動 ► a storm of protest 非難の嵐 / The weakened US economy pulled the rest of the world into a storm of recessions. 米国経済の悪化は世界の残りの国々を景気後退の嵐に引きずり込んだ / Investment in research and development activities by the private sector is important in braving the current economic storm. 民間部門による研究開発活動への投資は現在の経済的な嵐に立ち向かうには重要だ
a storm in a teacup コップの中の嵐, 空騒ぎ
touch off a storm 大騒ぎを起こす
up a storm《略式》とことんまで

storm cloud (~s) 騒乱の前兆 ► Storm clouds are gathering over the new economic regulations. 新しい経済規制について騒動が起きそうだ

story¹ /stɔ́:ri/ n 物語, 話; 小説; (小説の)筋; 記事;《略式》うそ, 作り話 ► Prices are rising in the U.S., and it is the same story in Japan. 物価は米国で上がっているが, 日本でも同じだ / The magazine's sales increased by 20% this month because of its exclusive cover story with the Oscar winning actress. オスカー受賞女優の独占カバー記事のために, その雑誌の売上は今月20%増えた
one's side of the story (人の)言い分
or so the story goes うわさでは…という話だ
(but) that's another story それはまったく話が違う
the (same) old story 例のよくあること[話]
to make [cut] a long story short 早い話が

story² n 階
the upper story 上の階;《略式》頭脳

storyboard n 絵コンテ [⇨テレビCMのコマ割り台本]

Stouffer's《商標》ストーファーズ [⇨米国の冷凍食品のブランド. 温めるだけで手軽にできる一人分の食事を多種提供している]

stow /stóu/ vt (ぎっしり)詰め込む, しまい込む (*with*) ► Please stow your bags in the overhead compartment. お荷物は頭上のロッカーにしまってください
◇**stowage** /-idʒ/ n 積込み(場所); 積荷; 積み料

Stoxx 600 Dow Jones STOXX 600 Index

straddle /strǽdl/ n ストラドル, 複合[両建て]オプション [⇨証券・商品・通貨などのオプション取引において, 満期日および権利行使価格(strike price)が同一の買付け選択権(call option)と売却選択権(put option)を同額組み合わせたもの]
— v (売り・買いを)両建てする [⇨同一商品・証券

などを一方で買うと同時に他方で売る]

straight /streit/ *a* ❶ まっすぐな；率直な《*with*》；誠実な；《略式》確かな；正しい；連続した；徹底した；正常な；清算した ▶ The economy has contracted for three straight quarters. その国の経済は3四半期連続で縮小した / Sales have increased for six straight years. 売上高は6年間続いて増加した ❷【証券】満期日に払戻しできる

put [***set***] ***a person straight about*** [***on***] について(人の)考えを正す

— *ad* まっすぐに；直接に；はっきりと；率直に；続けて ▶ The order came straight from the head office. その命令は本社から直接に来た / The break room is straight down the hall, on the right. 休憩室は廊下をまっすぐ行って，右側です / Please come straight to the point. 要点をきちんと話してください

get ... straight を整理する，きちんとする，確認する ▶ Let me get it straight. つまりそれはこういうことですか / Let's get the facts straight. 事実をはっきりさせよう

straight away [***off***] すぐに ▶ I'll look into the problem straight away. すぐに問題を調べます

straight up《略式》本当に(そうです)

tell [***ask***] ***a person straight out***（人に）単刀直入に話す[尋ねる]

— *n*《米略式》真相，真実

straight bond 普通社債 (SB)

straighten /stréitn/ *v* まっすぐにする[なる]《*up*》；整理する

straighten out (困難を)取り除く；正す，直す ▶ The company needs to straighten out its financial mess. その会社は財務の混乱を正す必要がある

straightforward *a, ad* まっすぐに(向かう)；正直な[に]；容易な[に]；直接の[に] ▶ We have a straightforward cancellation policy. キャンセルについての当社の方針は簡単明瞭です

straight-line *a* 直線法の，定額法の [➪減価償却資産の償却総額を耐用年数で除して，毎年度の均等償却額を計上する方法について言う]

straight-line depreciation 定額償却法，直線償却法 (=straight-line method) [➪固定資産の減価償却方法の一つで，取得原価を利用期間に均等に配分する方法]

straight-line method 定額法，直線法 ▶ use the straight-line method of depreciation 減価償却に定額法を使用する

straight rebuy ストレート・リバイ [➪同じ商品を同じ納入業者から再調達すること]

strain /strein/ *vt* 緊張させる；(真実を)曲げる；乱用する，に過大な要求をする，(限度を)超える

— *vi* (…しようと) 懸命になる《*to do*》；(を得ようと) 努力する《*after*》

strain against に強い圧力をかける

strain a point 譲歩する

strain every nerve 全力を尽くす《*to do*》

straining at the leash (…したいと) うずうずして《*to do*》

strain oneself (***to do***) (…するために) 無理をする

— *n* 緊張；労苦；重い負担；骨の折れる仕事 ▶ the stresses and strains ストレスと過労 / The government imposes strains on the influx of foreign products. 政府は外国製品の流入に制限を加えている / The additional government loan would remove the strain on the company's struggling balance sheets. 追加の政府融資は同社の不調にあえぐ財務諸表から重圧を取り除いてくれるだろう

at (***full***) ***strain*** / ***on the strain*** 緊張して

put a strain on に負担をかける

under the strain 重い負担を受けて；過労のため

◇**strained** *a* 緊張した；不自然な；無理な

strait /streit/ *n* (また ~s) 海峡；(~s) 困窮，窮境 ▶ the Strait of Dover ドーバー海峡

in dire [***desperate***] ***straits*** / ***in serious financial straits*** ひどく困窮して ▶ With huge bad debts, the bank was in dire straits. 巨額の債務をかかえて，その銀行は非常に厳しい状況にあった

◇**straiten** *vt* 困らせる《*for, in*》；制限する ▶ in very straitened circumstances 非常に窮乏して

Straits Times Index ストレーツタイムズ指数 (STI) [➪シンガポール証券取引所の代表的な上場企業30銘柄の株価を時価総額加重平均した株価指数]

strange /streindʒ/ *a* 奇妙な；異様な；未知の《*to*》；慣れていない；経験のない《*to*》；(古)外国の

feel strange 調子がおかしい

strange as it may seem 奇妙に思われるが

strange to say [***tell***] 不思議な話だが

◇**strangely** *ad* 妙に；妙なことに ▶ Strangely enough, most respondents said they were not happier even though they had more money. 不思議なことに，ほとんどの回答者は，前よりお金はあるけれども，前より幸せではないと言った

◇**strangeness** *n*

stranger /stréindʒər/ *n* ❶ 知らない人；新来の人；客；門外漢；外国人 ▶ I am a stranger in [to] London. ロンドンは初めてだ ❷【法律】第三者，非当事者

be no stranger to をよく知っている

strangle /stræŋgl/ *vt* 【証券】ストラングルする [➪オプションの投資戦略の一つで，行使価格がアウト・オブ・ザ・マネーとなっているプットとコールを売買する手法をとることを言う] ⇨straddle

stranglehold *n*【ビジネス】掌握 [➪市場を事実上押さえており，つけ入る隙のないことを指す] ▶ have a complete stranglehold on the beer market ビール市場を完全に掌握している

strap /stræp/ *n* (**-pp-**) ❶ (新聞の) 小見出し ❷【金融】ストラップ (⇔strip²) [➪証券・財貨のオプション取引で，同一の銘柄・満期日・行使価格を有する2単位の買付選択権(call options)と1単位の売付選択権(put option)の組合せ]

◇**strapped** *a*《略式》金に困った，窮している《*for*》 ▶ I'm a bit strapped (for cash) at the moment. 目下手持ちの金がない / The company is rather strapped for funds. その会社は少し資金が不足している

strapline *n* 小見出し

strata title /stréitə | strɑ́:tə/《豪・カナダ》区分所有権 [○共同住宅内の区分の所有権と共用部分の利用権から成る]

strategic /strətí:dʒik/ *a* 戦略(上)の; (戦略上)重要な ► By carefully examining the competition, we can make a better strategic decision. 競合他社を注意深く調べることによって, よりよい戦略的な決定を下すことができる / It certainly makes strategic sense. 確かに, 戦略的には筋が通っている / The company's international operations lack strategic coherence. その会社の海外事業には戦略的な一貫性が欠けている

strategical /strətí:dʒikəl/ *a* = strategic

strategic alliance 戦略的提携 ► form a strategic alliance with the company to integrate technologies and services 技術とサービスを統合するためその会社と戦略的に提携する

strategically *ad* 戦略的に(は); 効果的に ► The company is known for its strategically focused corporate culture. その会社は戦略重視の企業風土で知られている / Strategically, we should focus on building up our core competencies. 戦略的には, コアコンピテンスの構築に重点的に取り組むべきだ

strategic analysis 戦略分析 [○事業戦略の策定に向けて自社のマクロ環境と自社の力を分析すること]

strategic business unit 戦略事業単位 (SBU)

strategic fit 戦略的適合 [○競争優位の確保という見地から, 事業部門同士または合併や提携をした場合の企業同士の相性のよさ]

strategic human resource management 戦略的人材マネジメント [○企業戦略上の目標に即した人的資本の育成・配置により競争上の優位を高めようというアプローチ]

strategic industry 戦略産業 [○経済発展のために大きな意味合いのある産業]

strategic inflection point 戦略的転換点, 戦略的分岐点 [○競争力の低下を免れるため企業戦略を修正し, 新たな方向を打ち出すべき節目]

strategic information system 戦略的情報システム (SIS)

strategic investment 戦略的投資 [○企業の長期的維持・拡大のための投資]

strategic management 戦略的経営

strategic marketing 戦略的マーケティング

strategic partner 戦略パートナー [○相乗効果を期して事業戦略上組む相手]

strategic partnering 戦略的パートナリング [○単体では期待できない相乗効果を期しての事業戦略上の提携]

Strategic Petroleum Reserve《米》戦略的石油備蓄 (SPR) [○戦争やオイルショックなどの非常事態に備えて米国政府が貯蔵する原油の備蓄. 計画量は7億2700万バレルで, エネルギー省が管理する. ルイジアナ州とテキサス州にある4つの岩塩ドーム(salt dome)に貯蔵されている]

strategic planning 戦略計画策定, 戦略計画設定 [○戦略を策定する代替案の立案, 評価および選択決定の過程]

strategic value 戦略的価値

strategist /strǽtədʒist/ *n* ❶ 戦略家 ❷【証券】ストラテジスト [○株式市場を分析し, 動向を予測する人]

strategize,《英》**-ise** /strǽtədʒaiz/ *vi* 戦略を練る, 入念に計画する ► Let's strategize the best way to meet the competition. ライバルに打ち勝つ最善の戦略を立てよう

strategy /strǽtədʒi/ *n* 戦略, 事業戦略, 経営戦略

コロケーション

(動詞(句)+～) **accomplish** a strategy 戦略を目標通り達成する / **carry out** a strategy 戦略を実行に移す / **conduct** a strategy 戦略を推し進める / **develop** a strategy 戦略を立案する / **draw up** a strategy 戦略を策定する / **embark on** a strategy 戦略を打ち出す / **follow** a strategy 戦略に即して動く / **plan** a strategy 戦略を立てる / **work out** a strategy 戦略を練り上げる

► Our strategy **calls** for controlling supply to increase demand. 当社の戦略は需要の拡大をもたらすために供給を絞るということだ / Let us stick **with the strategy** that has made our company a success. われわれの会社の成功をもたらした戦略を堅持しようじゃないか / There's **no proven investment strategy** that will always beat the others. いつでも他の人を出し抜ける証明付きの投資戦略はない / In for**mulating strategy** we should look at the strength of competitors. 戦略を立てるには, 競合他社の力を見るべきだ / Companies can pur**sue different strategies** when competing internationally. 国際的に競争するときには, 各社は異なった戦略を追求することができる / Price competition can be **a risky strategy**. 価格競争は危険な戦略になりかねない

戦略

brand strategy ブランド戦略 / business strategy 事業戦略 / competitive strategy 競争戦略 / corporate strategy 企業戦略 / expansion strategy 拡大戦略 / financial strategy 財務戦略 / growth strategy 成長戦略 / investment strategy 投資戦略 / long-range strategy 長期戦略 / marketing strategy 市場戦略 / pricing strategy 価格戦略 / survival strategy 生残り戦略

stratified sample【統計】層化抽出法によるサンプル

stratified sampling【統計】層化抽出法 [○母集団をあらかじめいくつかのグループに分けておき, それぞれのグループから標本を無作為抽出する方法]

stratify /strǽtəfài/ v 層にする[を成す]; 階層化する

stratosphere /strǽtəsfìər/ n 成層圏; 最高段階, トップクラス ► go into the stratosphere 最高値に達する / Oil prices are in the stratosphere. 石油は最高値にある
◇**stratospheric** a

straw /strɔː/ n わら, 麦わら; つまらないもの; ごくわずか, 少し

a straw in the wind 風向き[世論の動向]を示すもの

catch [clutch, grasp] at a straw [straws] どんなわずかなチャンスでもつかまえる

do not care [give] a straw [two straws] 少しも構わない

the last [final] straw (on the camel's back) / the straw that breaks the camel's back (我慢などの)限界を超えさせるもの [◆ラクダの骨を折るのは(負担の限界を超えた)最後のワラ1本だ、という諺より] ► This is the last straw. If my boss insults me again, I'll quit. これが我慢の限界だ. もしも上司がまた私を侮辱するようなら, 辞めてやる

— *a* 価値のない; 偽りの

straw man ❶なんでもない敵[問題] ❷【法律】無資力者, わら人形 [◇名目だけの当事者]

straw vote [poll] (非公式)世論投票, 紙上投票

stray /strei/ vi さまよう 《off, on, away, into》; わきへそれる 《away, from》 ► The company strayed from its traditional business of making furniture. その会社は家具製造という伝統的な商売から路線を変えた / The company strayed away from its core business of shipbuilding. その会社は造船という本業から逸脱した / I'm straying off the topic here, but there's something I'd like to share with you. 議題からそれますが, あなたに話しておきたいことがあります

streak /striːk/ n 筋, しま; 鉱脈; 気味 《of》; 一続き, ひとしきり ► a hitting streak 連続ヒット / Stocks plunged yesterday, breaking a two-week winning streak on Wall Street. ウォール街の2週間連続の上昇に終止符を打って, 株価は昨日急落した

like a streak (of lightning) 電光石火のごとく

— vi 素早く走る 《across》

stream /striːm/ n 流れ; 時流 ► We will closely monitor both expenses and revenue streams. 経費と収入の流れの両方を注意深く監視するだろう

go [swim] against [with] the stream 時流に逆らう[従う]

on stream 生産して ► This plant is scheduled to come on stream early next year. この工場は来年早々稼働する予定です

— vi 流れる 《down, in, out, across, onto, with》; 流れるように続く[通る] 《past》; 翻る

— vt 流す, 流れ出させる 《with》; 翻らせる

streamline n, a, vt 流線; 流線形(の, にす る); 合理化[簡素化]する; 現代的[新式]にする ► The company is trying to streamline its product lines. 同社は製品ラインの簡素化を図っている / We have to find ways to streamline our distribution system. 当社の流通システムを合理化する方法を見つけなければならない
◇**streamlined** a 流線形の; 能率的な; 近代的な

streamline management 減量経営

steam of revenue 収益源, 収益フロー

street /striːt/ n 街路, 通り; …街, …通り (St.); 車道; 町内の人々; (the S-)(略式)商業・金融などの中心地区 [◇(米)ではWall Street(金融), (英)ではFleet Street(新聞), Lombard Street(金融)を指す] ► You can't just walk in off the street and expect to get a job. いきなり店に入っていって職にありつくことを期待するわけにはいかない

in the street 失業して; (株式取引所で)時間後に売買されて

on the streets 失業して

streets ahead (of) (より)はるかに勝(まさ)って[進んで]

(right) up one's street の能力[好み]に合って

street furniture ストリートファニチャー, 街具 [◇街路空間に置かれる各種の設備. 街灯, ポスト, ごみ箱など]

street name (米)証券会社名義 [◇証券会社が保護預かりしている株券. 名義が実際の保有者ではなく証券会社の名義となっている]

street price 実売価格 [◇実際の小売価格. カタログや価格表に記載されている価格より安く常時変動する] ► The average street price for this model is about $90. このモデルの平均実売価格は90ドルだ

street railway 路面電車[バス](会社)

strength /streŋkθ/ n

❶ 力, 強さ; 抵抗力; 効力; 強み; 頼りとなるもの ► Consumer spending is slowly **gaining strength**. 消費者支出は徐々に力強さを取り戻しつつある / **The strength of the economy** has been propped up by exports. その国の経済力は輸出によって支えられてきた / **The strength of the company** lies in its software development. その会社の強みはソフトウェア開発にある / A company should **look at its strength** and weakness in relation to its competitors. 会社はその競争相手に関して自社の長所と短所を調べてみるべきだ

❷ (相場の)強調, 強気, 強含み [◇買いが支配的である状況] ► Stocks continued to **show strength**. 株価は強含みの推移を続けた / We are seeing **renewed strength** in the stock market. 株式市場が再度活況を呈している

at full strength 全員そろって

be below strength 欠員がある

from strength to strength ますますうまくいって ► That company is going from strength to strength. あの会社はますます伸びてきている

in (great) strength 大勢で

on the strength 組織に所属して
on the strength of を頼みにして；のおかげで

strengthen /stréŋkθən/ v 強化する；強くなる；力づける；元気づく ► The yen has strengthened against other currencies. 円はほかの通貨よりも強くなっている / The supermarket chain plans to strengthen sales of private brand products. そのスーパーマーケットチェーンはプライベートブランド製品の販売を強化する計画だ / We can strengthen our competitiveness by improving quality. 品質を改善することで，当社の競争力を強化することができる / The company is also strengthening its relations with the 25,000 dealers who sell and service its engines. 同社はまたそのエンジンを販売してサービスする2万5千人のディーラーとの関係を強化している

strengthen a person's hand （人の）立場を強化する

◇**strengthener** n

strenuous /strénjuəs/ a 精力的な，たゆまず努力する ► All our products undergo strenuous laboratory testing. 当社の全製品は試験所の厳しいテストに合格しています

stress /stres/ n 圧迫，圧力；緊張；ストレス；強調 ► Under financial stress, the company had to dispose of its assets. 財務的に重圧がかかっていたので，同社は資産を処分しなければならなかった / Stresses in the financial market will likely prolong the economic downturn. 金融市場の重圧は景気の下降を長引かせることになりそうだ / Dealing with customer complaints can cause tremendous stress. 顧客の苦情に対処することは，とてつもないストレスの原因となりうる

lay [put, place] stress upon に重きを置く ► We put stress upon quality as well as price when selecting a vendor. 納入業者を選ぶときは，価格だけでなく品質も重視する

under stress of に迫られて ► This job requires that you be able to work well under stress of deadlines. この仕事では，締切のストレスを受けながらうまく働けることが要求される

— vt 強調する (*that*)；圧迫する；《米略式》悩ませる，いらいらさせる ► The politician stressed the need for further deregulation. さらなる規制緩和の必要性を政治家が強調した

— vi 《米略式》悩む，いらいらする

stressed out ストレスでまいって ► He is stressed out from his job. 彼は仕事のストレスでまいっている

stressed a ストレスがたまっている；緊迫している，逼迫している ► **financially stressed** 資金繰りが逼迫している

stressful a ストレスの多い，ストレスがいっぱいの，大きなストレスがかかる ► It has been an awfully stressful week at work. 仕事でものすごくストレスがたまった一週間だった / A stockbroker's job can be very stressful. 株式仲買人の仕事は大変なストレスがかかることがある

stress-induced a ストレスで起きる ► I'm sure this illness is stress-induced. この病気はストレスによるものだと確信している

stressor n ストレスを引き起こすもの

stress puppy 《米略式》ストレス・パピー［● 忙しい，ストレスが多いと言いながら，それに満足している人である人］

stress test ❶［医学］ストレステスト，負荷テスト［● 体を動かして負荷がかかっているときの心血管の状態を調べるテスト］ ❷ ストレステスト［● FRB が2009年に実施した大手金融機関19社の健全性査定．将来の景気の悪化という負荷に耐え得るかという観点から資産内容を審査した］

stretch /stretʃ/ vt (be ~ed / ~ oneself) 能力［限度］いっぱいに働く；拡大する；乱用する；もたせる ► I'm stretched to the limit. 私はめいっぱいで余裕がない / I felt stretched. 私はいっぱいいっぱいの感じだった

— vi 広がる；及ぶ (*away, out, for, across, along, over, into*)；（事が）続く；伸びる

be stretched too thin 忙殺される

stretch a [the] point 譲歩する；通例を曲げる

stretch it 《略式》誇張する

stretch one's dollars 金をめいっぱい有効に使う

stretch one's wings 能力を十分に発揮する

stretch the rule(s) 規則を拡大解釈する

stretch the truth [facts] 真実［事実］を誇張する；うそをつく

— n 伸張；伸び；こじつけ；乱用；困難なこと；広がり；範囲；一続きの期間 ► The economy has finally emerged from a long stretch of negative growth. その国の経済は長期間続いたマイナス成長からようやく浮上した

at a stretch 一息に；特に努力して，無理をして ► This hall normally seats 500 people, but we could manage 600 at a stretch. このホールはふつう収容人員500人であるが，無理をすれば600人はなんとか入るでしょう

at full stretch 全速力で；全力で

on the stretch 緊張して

— a 伸縮性のある

strict /strikt/ a 厳しい (*with*)；厳密な，厳格な；正確な；絶対の；完全な ► We assure you that the matter will be treated in strict confidence. この件は必ず極秘扱いにいたします

in the strict secrecy / in the strictest confidence 極秘に

in the strict sense of the word 厳密に言うと

◇**strictness** n

strict liability 厳格責任，無過失責任［● 通常の損害賠償責任と異なり，過失がなくとも責任を負う］

strictly /stríktli/ ad 厳密に；厳重に；まったく ► Smoking strictly prohibited. 喫煙厳禁 / The budget allocation is strictly based on last year's spending. 予算の配分は厳密に昨年の支出額をベースにしている / Our company strictly monitors the production process to ensure quality. 品質を確保するため，わが社は

生産工程を厳しく監視している
strictly speaking 厳密に言えば

stricture /stríktʃər/ n ((~s)) 非難, 酷評 ((*against, on, upon*)); 制限

stride /straid/ v (*strode*; *stridden* /strídn/) 大またで歩く; またぐ ((*across, over, up to, out of*)); またがる
— n 大また; ((~s)) 進歩, 発展
break (one's) stride 立ち止まる
get into one's stride 仕事の調子が出る
hit one's stride 本調子になる
knock [throw, keep] a person off stride (人の)調子を狂わせる
make great [rapid] strides in に長足の進歩をする ► The company has made great strides in improving its service in the past few years. この数年で, 同社はサービスの改善の面で長足の進歩を遂げた
match a person stride for stride (人と)歩調を合わせる
take ... in (one's) stride を楽々と[冷静に]やり遂げる[切り抜ける] ► Investors took the market decline in stride. 投資家は相場の下落に難なく対処した

strife /straif/ n 不和 ((*between*)); 争い; 闘争, 争議

strike /straik/ (*struck*; *struck, stricken*) vt ❶ (打撃を)加える; 出くわす; ふと見つける; (金・石油を)掘り当てる; 取り決める; 突然(ある状態に)する; (ある態度を)取る; (平均を)取る; 決算する; ストライキを行う ► Stock prices struck a record high this week. 株価は今週過去最高を記録した / The automaker struck a deal with the union on the issue of labor cuts. その自動車メーカーは労働力削減の問題について合意に達した ❷ [[証券]] (オプションを)行使する
— vi 急に思いつく, 不意に出会う ((*on, upon*)); 向かう; ストライキを行う
be struck by (考えが)浮かぶ; に感心する, びっくりする ► I was struck by the high cost of maintenance. 維持管理のコストが高いことに, びっくりしました
be struck on ((略式))に夢中である
be struck with に圧倒される; 取りつかれる
strike a chord (心の)琴線に触れる, 共感を呼ぶ
strike against に反対のストをする; にぶつかる
strike a person as という印象を(人に)与える ► The sales target strikes me as unrealistic. その売上目標は非現実的だと思う
strike back 打ち返す; 反撃する
strike down 打ちのめす
strike for を要求してストをする ► They're striking for higher wages. 賃上げを要求してストを行っている
strike in 突然口を挟む; 邪魔をする
strike into を急に始める; 突き刺す
strike it rich 豊富な鉱脈[油田]を掘り当てる; 思いがけなくもうける
strike off を削除[除名]する; を切り取る; を印刷する
strike on =strike upon
strike out 敢然と進む; 新しい人生[仕事]を始める; 進出する; 独立する; 生活[活動]を始める; 案出する; ((略式))失敗する
strike out at を攻撃する
strike through 線を引いて消す
strike up (親交・会話を)始める ((*with*))
strike upon を思いつく
Strike while the iron is hot. ((諺))鉄は熱いうちに打て
— n ❶ 打つこと, 打撃; ストライキ; 不利な点, ハンデ ((*against*)); (鉱脈・油田の)掘り当て; 思わぬ成功 ► a sit down strike 座込みスト / a sympathy strike 同情スト / The strike shut down the plant. ストライキで工場が閉鎖された / Government officials urged management and union leaders to resume talks to forestall a railway strike. 鉄道ストを未然に防ぐために, 政府高官は経営陣と組合指導者に話合いの再開を促した ❷ [[証券]] (オプションの)行使
be (out) on strike スト中である
call a strike ストを指令する
go [come] (out) on strike ストに入る ► If you don't raise our salaries, we're going on strike. 私たちの給料を上げてくれないのなら, 私たちはストライキをする
have [get] two strikes against [on] one ((米式))不利な立場にある

strike action 争議行為, ストライキ
strike ballot スト権投票 ► call a strike ballot スト権投票の実施を決める
strikebound a ストで閉鎖された
strikebreaker n スト破り(人)
strikebreaking n スト破り(行為)
strike pay (労組の)スト手当
strike price オプション行使価格 [◊特定の対象物を一定期日にあるいは一期間内に売買するために事前に定められた価格]
striker n 打つ人[もの]; スト参加者
striking a 人目を引く; 著しい; スト中の ► A most striking difference is price strategy. 非常に顕著な相違は価格戦略である / The bank posted a striking 23% increase in earnings for the last quarter. その銀行は前四半期に特筆すべき23%の増益を計上した
◇**strikingly** ad
striking price =strike price
string /strin/ n (太めの)ひも, 糸; 一続き, 一列; ((~s)) ((略式)) 付帯条件 ► A string of reports recently suggest that the economy has finally turned around. 最近, 一連のレポートは景気がようやく好転したことを示唆している
have a person on a string (人を)意のままに操る
have two strings [a second string, another string] to one's bow 第二の策を用意している, 別の手がある
play second string 二番手に甘んじる
pull (the) strings 陰で糸を引く

with no strings attached 付帯条件無しで
— *vt* (strung) ひもで縛る; 一列に並べる《*out*》; (人を) 緊張させる《*up*》; 《米略式》だます
— *vi* 一続きになって進む

string along ついていく《*with*》; 同調する《*with*》; 《略式》だます, あざむく

string out を伸ばす, 一列に並べる

stringent /stríndʒənt/ *a* (規則が) 厳しい; (金融情勢が) 逼(ひっ)迫した; (議論が) 説得力のある ► All suppliers are required to meet our stringent standards. すべての納入業者に対して当社の厳格な基準を満たすことが求められている / More stringent requirements were added to the loan application process. さらに厳しい要件が融資申請の手続に追加された

◇**stringency** *n*
◇**stringently** *ad*

stringer *n* (フリーの) レポーター

string-pulling *n* 《略式》裏面工作

strip¹ /strip/ (-pp-) *vt* ❶ はぐ《*of, off, away, from*》, 剥奪する; (から装備を) 取り除く《*out of*》; 分解する《*down*》 ► The chief executive stripped authority over purchases from the IT manager. 社長はIT部門の責任者から購入権限を剥奪した ❷ (証券会社が債券を) 元本部分と利札部分に分ける

be stripped of を剥奪される ► He was stripped of his license to practice law. 彼は弁護士の免許を剥奪された

strip A of B AからBを奪う

strip² *n, vt* ❶ (-pp-) 細長い切れ(に切る); 続き漫画 (=strip cartoon); 《米》(両側に店が並ぶ)街路; 大通り; 《the S-》Las Vegasのカジノ街; 滑走路 ❷ 【金融】ストリップ (⇨strap) [⇨証券・財貨のオプション取引で, 同一の銘柄・同一の満期日・同一の行使価格を有する2単位の売付選択権 (put options) と1単位の買付選択権 (call option) の組合せ]

stripe /straip/ *n* 縞(しま), 筋; 型, 《略式》種類 ► politicians of all stripes あらゆる種類の政治家

earn one's stripes 地位に相当することを行う ► She earned her stripes as a traveling sales representative. 訪問販売員として業績を上げた

strip mall (小規模の) ショッピングセンター [⇨通常, 多数の路面店が軒を連ねており, 専用の駐車場を持つ, 車で10分ぐらいの地域を商圏としている]

strip mining 《米》露天採鉱

STRIPS *n* ストリップス [⇨米国財務省証券の元本部分と利札部分が切り離されて別々に取引される方式] [<Separate Trading of Registered Interest and Principal of Securities]

strive /straiv/ *vi* (strove; striven /strívən/) 努力する《*to do*》; 骨折る《*for, after*》; 争う《*with*》; 戦う《*against*》 ► We strive to achieve the highest possible productivity. 可能な限り高い生産性を達成しようと努力している

◇**striver** *n*

Stroh's 《商標》ストローズ [⇨米国のビール]

strong /strɔːŋ/ *a* ❶ 強い; 丈夫な; 力強い; 強固な; 得意な; (議論が) 説得力のある; (可能性が) 高い; 熱心な; 著しい; 《英略式》受け入れられない ► be strong in English 英語に強い / The country is experiencing strong demand for its agricultural products. その国は自国の農産物に対する需要が強いことを身にしみて感じている / Our objective is to concentrate on business areas in which we are strong. われわれの目標は当社が得意とする事業分野に集中することだ / The product lacks a strong brand image. その製品には強力なブランドイメージが足りない / The company is experiencing particularly strong results in semiconductors. 同社は特に半導体部門が好業績を上げている

❷ (市場・相場などが) 強気の, 上向く, 騰貴する, 景気上昇の ► The market resumed its strong pace. 相場は上昇ペースを回復した / The yen is getting stronger. しだいに円高になってきている / A strong yen has sapped growth repeatedly this decade. ここ10年円高はたびたび経済成長の足を引っ張ってきた

— *ad* (力) 強く, 激しく

be (still) going strong 盛んに続いている; (まだ) 元気である

strongbox *n* 金庫

strongly *ad* 強く ► They strongly opposed the formation of cartels. カルテルの結成に強く反対した / Car sales rose strongly in the last quarter. 自動車の売上高は前四半期に強勢増加した

strongroom *n* 貴重品保管室, 金庫室

strong sellers 売れ筋商品 ► Fuel-efficient cars continue to be strong sellers. 低燃費車が引き続き売れ筋だ

structural /stráktʃərəl/ *a* 構造(上)の, 構造的な; 構造物の ► Many of the economy's structural problems are still unresolved. その国の経済の構造的問題の多くは, まだ解決されていない / Structural changes in the labor market include the increase of temporary and part-time workers. 労働市場の構造的変化には, 派遣労働者やパートタイマーの増加も含まれる

◇**structuralist** *n, a*

structural analysis 建築構造解析

structural deficit 構造赤字 ► approve a three-year plan to eliminate the structural deficit 構造的赤字解消の3年計画を承認する

structural engineer 構造エンジニア [⇨建築物などの強度を計算し, そのほか強度が関わる技術問題の解決を図る専門家]

structural engineering 構造工学 [⇨構造物として必要な強度を計算し, それに応じた設計を考える研究分野]

structural equation 【経済】構造方程式 [⇨経済の各主体の行動や生産における技術関係を表現した基礎的な方程式]

structural inflation 構造的インフレ [⇨経

済構造の変化に生産が追いつかないことから生じる物価上昇]

structural reform 構造改革 [→ 一般に, 市場の対外開放, 規制緩和, 国有企業の民営化, 年金制度改革, 税制改革などを指す]

コロケーション

(動詞(句)+~) **block** structural reform 構造改革を阻む / **bring about** structural reform 構造改革を実現させる / **delay** structural reform 構造改革を遅らせる / **follow through on** structural reform 構造改革の遂行を見守る / **implement** structural reform 構造改革を実行する / **instigate** structural reform 構造改革に乗り出す / **intensify** structural reform 構造改革のピッチを上げる / **proceed with** structural reform 構造改革を進める / **speed up** structural reform 構造改革を前倒しで進める / **undergo** structural reform 構造改革の最中にある

▶ approach to structural reform 構造改革に取り組むアプローチ / broad range of structural reform 多くの分野にわたる構造改革 / an element of the structural reform 構造改革の柱 / make an advance towards structural reform 構造改革の進展を図る

structural surplus 構造的財政黒字 [→ 現行税制と財政政策の下で持続性のある完全雇用が実現している状況における財政黒字]

structural unemployment (産業構造の変動による)構造的失業

structure /strʌ́ktʃər/ n

❶ 構造; 構成; 組織; 組立て ► the term structure 期間構造 [→ 債券などの利回りと残存期間との関係] / the capital structure 資本構成 / a distribution structure 流通機構 / the bureaucratic structure 官僚機構 / an industry [industrial] structure 産業構造 / the amortization structure 償還の仕組 / the current tariff structure 現行の料金体系 / disclose the structure 仕組みを明らかにする / Without changing its economic structure, the country probably won't be able to overcome the recession. その国の構造を変えなければ、その国はたぶん景気後退を克服できないだろう / The company will flatten its organizational structure. その会社は組織構造をフラット化する予定

❷ [会計] 構築物, 建造物 [→ 土地に付着している施設や構築物]

— vt に構造を与える; 組織化する ► a structured transaction 仕組案件 / No decisions had been reached on how any deal would be structured. 取引がどのように仕組まれるかについては, いかなる決定もなされていなかった / Loan payments were structured over a period of 20 years. ローンの返済は20年の期間にわたって設定された

structured finance ストラクチャードファイナンス, 仕組金融 [→ 独自の金融ニーズを持つ顧客に対して投資銀行などの金融機関が提供するサービス。ローンのような通常の金融商品では対応できないので, 証券化などの複雑な技法を駆使した金融取引で対処する]

structured interview 構造化面接 [→ 調査票などによってあらかじめ定められた形式に従って行う面接法。指示的面接とも呼ばれる]

structured investment vehicle ストラクチャード・インベストメント・ビークル (SIV) [→ 銀行などの金融機関が証券投資などに利用する特別目的会社。連結決算の対象外として設立する]

structured settlement (長期)弁済計画付き和解

struggle /strʌ́gl/ vi もがく (to do); 一生懸命努力する, 奮闘する (to do, for); 苦労して進む (on, along, forward, up); やっとのことで…する (along, in, through) ► Banks are still struggling with bad debts. 銀行各社はいまだに不良債権と格闘している / The company has been struggling in the midst of a faltering economy. 低迷する経済のただ中でその会社は苦闘している

— n もがき; 努力(を要すること), 苦闘 (for, with); 戦い (=armed struggle); 闘争 ► a power struggle 権力闘争 / It was a struggle for her to make ends meet. 収支を合わせるのに彼女はさんざん苦労した

the struggle for existence [life] 生存競争

stub /stʌb/ n (小切手帳の)控え; (切符の)半券

stub stock スタッブ株, スタッブ・エクイティ [→ 買収された上場企業が上場廃止となった後の株式。通常, 上場が廃止されると株主は株株を売りにくくなるが, 買収後乗り込んでくる投資家の力量次第では, そのまま持ち続けると, 再上場による巨額の値上がり益を手にすることができる]

stuck¹ /stʌk/ v stick²の過去・過去分詞
— a (略式) はまった; はめられた; 夢中[真剣]になった ⇒ stick² ► I was stuck at my desk all day. 私は一日中デスクに釘付けでした

stuck² /stʌk/ n (次の成句で)
in [out of] stuck (略式) 苦境に陥って[を逃れて]

student /stjúːdnt/ n 学生 (at); 研究家, 学者 (of)

study /stʌ́di/ n 研究; (-ies)研究分野; 調査 ► a feasibility study 企業化調査 / a market study 市場調査 / a time-and-motion study 作業動作研究 / conduct [undertake] a study 研究を行う[進める] / The study found that consumers prefer the convenience of online shopping. その研究によれば, 消費者はむしろオンライン・ショッピングの便利さを好んでいるということだった

be a study in の格好の見本だ

make a study of を研究する

— vt 勉強[研究]する; 厳密に調べる; 考慮する
— vi 勉強[研究]する (at, for); 努力する (to do) ► The salesman studied to please his customers. 販売員は客に気に入ってもらおうと苦心した

stuff /stʌf/ n 材料, 原料; (ばく然と)もの; 食料品; 飲み物; 薬; (one's ~) 持ち物; (the ~) 本性; 本質 ► I still have some stuff to do at the office. 事務所でやる仕事がまだ少し残っている

do [show] one's stuff 自分の得意なことをする[してみせる]

know one's stuff 《略式》万事を心得ている

— *vt* 詰める (*with*); 詰め込む (*in*, *into*); (穴などを)ふさぐ (*up*); 《米》不正票を投じる

stuffed shirt 《略式》頭の堅い人

stuffer /stÁfər/ *n* チラシ ► Put a stuffer into each package. 一つひとつのパッケージにチラシを入れなさい

stuffing *n* 詰めること; 詰め物; (トレーラー・コンテナへの)貨物詰め作業

stuffy /stÁfi/ *a* 風通しの悪い; 退屈な; 堅苦しい;《略式》不機嫌な ► The client had a very stuffy air about him. クライアントはとても堅苦しい雰囲気だった

◇**stuffily** *ad*
◇**stuffiness** *n*

stumble /stÁmbl/ *vi* 過ちを犯す, しくじる; 出くわす (*across*) ► Domestic automakers' sales stumbled due to intense competition. 国内の自動車メーカーの売上は競争の激化で挫折した

— *vt* つまずかせる; 困らせる

stumble on [across, upon] 偶然見つける[出くわす]

stumer /stjúːmər/ *n* 《英略式》いんちき; 偽金, 偽造小切手; 失敗作

stun /stÁn/ *vt* (**-nn-**) 気絶させる; ぼう然とさせる ► The company stunned the market with its heavy loss. その会社は巨額の損失で市場を驚かせた / The Coca-Cola Co. stunned the soda-sipping world by announcing it would reintroduce the original Coca-Cola. コカコーラ社は創業当初のコカコーラを再び売り出すと発表してソーダ水業界を驚かせた

be stunned by [to do, that] でぼう然自失する ► Everyone was stunned by his decision to resign. 辞任するという彼の決断に誰もがぼう然とした

stunning /stÁniŋ/ *a* 気絶させる, ぼう然とさせる;《略式》驚くほど美しい[素晴らしい] ► The country has undergone stunning economic growth. その国は驚異的な経済成長を経験している / Stocks made a stunning comeback Thursday. 株式は木曜日に驚くべき回復をした / December's sales plunge dealt a stunning blow to the company. 12月の売上高の激減は同社に大打撃を与えた

◇**stunningly** *ad*

stunt /stÁnt/ *vt* 発育を妨げる ► The slowing economy stunted the growth of tax revenues. 景気の減速で税収の伸びが止まった

stupendous /stjuːpéndəs/ *a* 驚くべき; 実にすばらしい; 巨大な ► He won the client over with his stupendous presentation. 彼はすばらしいプレゼンテーションでクライアントを説得した

sturdy /stə́ːrdi/ *a* がっしりした; 不屈の ► The sturdy job market has sustained economic growth. 求人市場が健全だったので,経済成長を持続させることができた

S2P State Second Pension

style /stáil/ *n* 方法;《one's ~》タイプ ► The current Fed chairman's style of policy making clearly differs from his predecessor's. 現FRB議長は政策決定のスタイルが前任者とは明らかに異なる / He received harsh criticism for his authoritarian management style. 彼の権威主義的な管理スタイルは厳しい批判を受けた

out of style 流行遅れで

— *vt* 呼ぶ; (服を)流行に合わせてデザインする ► He styled himself a lawyer. 彼は弁護士という触れ込みだった

stylus /stáiləs/ *n* 尖(せん)筆, 鉄筆; 針; スタイラス;[⊃(コンピュータの)ペン型入力機器][<ラ]

Styrofoam 《商標》スタイロフォーム[⊃発泡スチロールの商品名. 主に,建材,断熱材,緩衝材,中間加工用資材などに用いる]

Suave 《商標》スエーブ[⊃米国のヘアケア製品のブランド. シャンプー, リンスなどがある]

sub /sÁb/ *n* 編集補佐 (=subeditor); 従属者, 部下 (=subordinate); 代理人, 代用品 (=substitute);《英略式》給料の前払

— *vi* (**-bb-**) 代理を務める (*for*); 補佐をする; 給料の前借をする

subagency *n* 副代理店(業務)[⊃代理店をさらに代理する業者]

subagent *n* 副代理人[⊃代理人の代理人]

subcommittee *n* 小[分科]委員会

subcompact *n*, *a*《米》サブコンパクト(の)[⊃compact car より小さく日本の小型車に近い車]

subcontract *n* /sÁbkɑ́ntrækt/下請け
— *v* /sÀbkəntrǽkt/下請契約をする, 下請け契約に出す ► The company is doing more subcontracting now. 会社は今では以前より多くの仕事を下請けに出している

subcontract factory 下請工場

subcontractor *n* 下請業者 ► use subcontractors to keep installation costs to a minimum 据付けコストを最低限に抑えるために下請業者を使う

subculture *n* 下位文化, サブカルチャー

subdivider *n* 区画分譲業者 ⇒developer

subdivision *n* ❶(下位の)区分, 部門 ❷《米》分譲住宅地 ❸《米》宅地分割, 宅地割り

subedit *vt* 編集補佐を務める
◇**subeditor** *n* 編集補佐

subhead *n* 小見出し, 副題,《米》副学長, 副校長; (予算の)目

subject *n* /sÁbdʒikt/ 主題; 問題, 話題; 原因; …の性質の人 ► Raising the consumption tax remains a subject of intense debate. 消費税の引上げは依然として激しい論争のテーマだ

change the subject 話題を変える, 話をそらす

on the subject of に関して(話をして)

— *a* 支配下にある; 従属する (*to*); 受けやすい, こうむりやすい (*to*); (同意・批准などを)必要とする, 条件とする (*to*); …しがちの (*to*) ► Any transaction in excess of $1 million is subject to board approval. 100万ドルを超える取引については取締役会の承認が必要だ / The dividends paid by these funds are not subject to federal tax. これらのファンドが支払う配当には連邦税はかからない ▣ In case Seller is required to arrange the shipping, the shipment of the Goods shall be subject to shipping space being available. 「売主」が船積み手配をする場合, 商品の船積みは船腹手配が可能であることを条件とする

subject to change without notice 予告なしに変更することがある ► All listed prices are subject to change without notice. 予告なしで定価を変更させていただく場合があります

— *ad* を条件として; 仮定して《*to*》► Subject to your consent, I propose that we try again. ご承諾が得られればもう一度やってみようと思っています

subject-heading *n* 事項索引の見出し
subjective probability 〖統計〗主観確率 [⇨ある特定の人が, 特定の事象が生起することに対して持っている確信の度合の定量的表現]
subject line 〈メールなどの〉件名
subject matter ❶ 内容; 主題, 題材 ❷〖法律〗訴訟物, 係争物, 〈信託などの〉目的物 ► the subject matter of insurance 保険の目的(物)
subject property 対象不動産 [⇨不動産鑑定評価において鑑定評価の対象]
sub judice /sʌb dʒúːdisi/ 係属中で (✚属中の事件に立ち入っての報道を法定侮辱罪に問う国もある) ► The media cannot report the case because it is still sub judice. 今なお係属中の事件なのでメディアは報道ができない [〈ラ "under a judge"]
sublease *n* ❶ 又貸し; 又借り ❷ 転貸し ► a one-bedroom apartment available for sublease ワンベッドルームの転貸しアパート(あり)

— *vt* 又貸しする; 又借りする《*to*》
sublessee /sʌbləsíː/ *n* 又借り人
sublessor /sʌblésɔːr/ *n* 又貸し人
sublet *vt* (~-; *-tt-*) 又貸しする《*to*》; 下請けさせる

— *n* 又貸し
sub-license, sublicense *n* 〖知財〗サブライセンス, 再実施許諾 [⇨ライセンシー(実施権者)がライセンサー(実施許諾者)から許諾された権利の全部または一部を第三者に許諾すること. ライセンシーから再許諾を受けた第三者を sublicensee (サブライセンシー)と言う]
subliminal /sʌblímənl/ *a* サブリミナルの [⇨TVなどを通して通常では気づかないような信号を入れることで, 意識下に働きかけること]
subliminal advertising サブリミナル広告 [⇨コマ送りをしないと分からないような図や文字の入っている広告]
submarine patent サブマリン特許 [⇨特許出願後に長期間にわたって審査が行われ, その出願にかかる技術が普及した後に成立する特許. 米国で特に問題となった]
submarine pipeline 海底パイプライン [⇨海底に敷設されたパイプライン. 石油や天然ガスなどの輸送に使われる]
subminiature *n* 超小型の
submission /səbmíʃən/ *n* 提出; 提出書類 ► regulatory submissions 監督官庁への提出書類
submissive *a* 服従する, 従順な《*to*》

submit
/səbmít/ (*-tt-*) *vt* 服従させる《*to*》; 提出[付託]する, 持ち出す《*to*》; 具申する, 提案する《*that*》; 付議する ► Applications must be submitted not later than September 30. 申請書は9月30日までに提出しなければならない

— *vi* 服従する《*to*》; 甘受する, 受ける《*to*》
submit oneself to を甘んじて受ける
suboptimal *a* 基準未満の ► suboptimal products 基準未満の製品
suboptimization, (英) -sation *n* サブオプティマイゼーション [⇨企業内の個々の部門が自分たちの部分的利益を会社全体にとっての利益に優先させること]

subordinate
a /səbɔ́ːrdənət/ 下位の; 付随する, 従属した

— *n* 従属者, 部下; 付属物 ► Her subordinates are basically lazy and need constant supervision. 彼女の部下は根本的に怠け者で, 常に監督しなければならない / A manager must treat his subordinates with fairness. マネージャーは部下を公平に扱わなければならない

— *vt* /-nèit/ 下位に置く; 軽視する《*to*》; 従属させる《*to*》

◇**subordination** *n*
subordinated *a* ❶ 下位に置かれた; 軽視された; 従属させられた ❷〖金融〗劣後した, 後順位の [⇨担保債権者および一般債権者より優先順位で劣後する債権者の保有する債権について言う]
subordinated debenture 劣後債券
subordinated debt 劣後弁済債務 [⇨一般債務の中で下位にある債務]
subordinated loan 劣後貸付金 [⇨一般貸付金の中で下位にある貸付金]
subordinated note 劣後証券 [⇨他の優先証券に対する元利返済を待って初めて元利返済を受けられる証券]
suborn /səbɔ́ːrn/ *vt* ❶ 買収する; 教唆する ❷〖法律〗(1)〈特に証人に〉偽証させる (2)〈偽証を〉証人から得る

◇**subornation** *n*
◇**suborner** *n*
subpar /sʌ́bpɑːr/ *a* 標準以下の
sub-participation *n* サブパーティシペーション [⇨すでに創出された貸出債権を分割して, 第三者に譲渡すること]
subpena /səbpíːnə/ *n, vt* =subpoena
subpoena /səbpíːnə/ *n* 召喚状, 〈応じない場合の〉罰則付き召喚令状 [⇨summons(呼出状)に従わないと欠席判決で敗訴する可能性が生じるに留まるが, subpoena に従わないと裁判所侮辱罪に問われ, 罰金を科される] ► serve a subpoena on に召喚状を送達する

— vt 召喚する ► Our tax consultant was subpoenaed by the prosecution. 当社の税務コンサルタントが検察側により召喚された［＜ラ *sub poena* 違反すれば罰するという条件で］

subprime *a* サブプライムの

> [解説] クレジットカードの支払を滞納するなどの信用事故歴によって信用状況が悪化して、通常の条件で住宅ローンを借りることが難しくなった借手について言う。米国では住宅ローン借入申請者はその信用状況によって、Prime（プライム）、Alt-A（中間層）、Subprime（サブプライム）に分類される

► We know now that the subprime securitized mortgage market was little more than a giant pyramid selling scheme. サブプライム証券化住宅ローンの市場は巨大なマルチ商法とほとんど変わりがないことが今では分かっている

subprime crisis サブプライム危機

> [解説] サブプライム住宅ローン(subprime mortgage)の濫発に端を発する金融危機。米国で2007年に表面化した。ローン債権の証券化の行過ぎと住宅バブルの崩壊により、大手金融機関などが大きな損失を出し、行き詰まった投資銀行 Lehman Brothersが倒産する事態となった

subprime lending サブプライム貸付
subprime loan サブプライムローン［◎信用力の低い個人向けのローン。住宅ローンについて言う場合が多い。その場合は subprime mortgage とも言う］ ⇒subprime
subprime mortgage サブプライム住宅ローン［◎信用力の低い個人向けの住宅ローン。subprime loanとも言う］ ⇒subprime ► So many subprime mortgage were virtually worthless. サブプライム住宅ローンの多くはほとんど無価値になっていた
subrogate *vt* 代位する（✚この語は受動態で用いることが多い） ► An insurance company that pays its policyholder for damage to a car is subrogated to the rights of the policyholder against the person who hit the car. 車両への損害を保険契約者に対して保障した保険会社は、その保険契約者が自己の車両を損壊した者に対して有する請求権を代位する
subrogation /sÀbrəɡéiʃən/ *n* ❶ 代位［◎債権や他の権利を有する人の地位に代わってつくこと］ ❷ 保険代位、保険者の代位［◎一定の状況下で保険者が被保険者の求償権を取得すること］
subsampling *n* 【統計】副次抽出法、二段抽出法

subscribe /səbskráib/ *v* (株式を) 申し込む、応募する、引き受ける［◎投資家が発行株式の購入を申し込むことを言う。証券会社が発行株式を引き受けること(underwrite)と混同しないよう注意を要する］；予約購読する；【ｺﾝﾋﾟｭｰﾀ】購読する［◎メーリングリストなどに加入する］ ► fully subscribed 全株が引き受けられている（✚oversubscribed「超過引受けとなる」は「募集を上回る申込があった」という意）/ Our company subscribes to several online databases. わが社は数種類のオンラインデータベースと契約している
subscribed capital 未払込株式

subscriber /səbskráibər/ *n* ❶ (株式の) 応募者、申込者、引受人（✚発行株式の引受業者(underwriter)と混同しないよう注意を要する） ❷ 購読[予約]者；加入者；契約者 ► As the mobile phone market is mature in Japan, the competition for new subscribers is intense. 携帯電話市場は日本では成熟しているので、新規加入者をめぐる競争が熾烈だ / The company expects a drop in the number of subscribers to its mobile phone service. その会社の予測によれば、同社の携帯電話サービスの利用者の数は減少する
subscriber trunk dialling 《英》ダイヤル即時通話 (STD)

subscription /səbskrípʃən/ *n* ❶ (株式の) 申込、応募、引受（✚証券会社による発行株式の引受(underwriting)と混同しないよう注意を要する） ❷ 予約購読（期間、料）；加入(者数)；応募 ► pay an annual subscription fee of $30 年間購読料として30ドルを支払う / I've canceled my subscription to the newspaper. その新聞の購読を中止した / XYZ Communication saw its subscription to its cellular phone service grow by 604,000 in May. XYZコミュニケーションの携帯電話加入者数は5月に60万4000人増えた ❸ 【ｺﾝﾋﾟｭｰﾀ】購読［◎メーリングリストなどに加入すること］
subscription policy 共同引受保険証券
subscription price 引受価格［◎新株を引き受けた者が株式と引換えに発行会社に払い込む価格］
subscription revenue 購読料収益
subsequent /sÁbsikwənt/ *a* 続いて起こる、次[後]の (*to*) ► The plant closing and subsequent layoffs drew protests from the union. 工場の閉鎖とそれに伴う解雇のせいで組合からは反対の声が上がった
◇**subsequence** *n*
◇**subsequently** *ad* その後に、その次に；(…に) 続いて (*to*) ► The company subsequently reorganized under bankruptcy protection. その後、同社は破産による保護のもとで再建された
subsequent event 後発事象 (=post balance sheet event)［◎決算日から監査報告書作成日までの期間に生じた事象中、会計上重要なもの］
subserve /səbsə́ːrv/ *vt* 助長[促進]する；に役立つ
subside /səbsáid/ *vi* (嵐・騒ぎなどが) 鎮まる；(土地・建物が) 沈下する ► The wave of layoffs seems to have subsided. レイオフの波は収まったように思われる

subsidiary

subsidiary /səbsídièri | -diəri/ *a* 補助の; 従属する; 助成金の[を受けた]; (会社が)親会社の支配下にある
— *n* 子会社 ⇨subsidiary company ▶ establish a wholly owned subsidiary in London 全額出資の子会社をロンドンに設立する / The company **is putting some subsidiaries** on the selling block in the near future. 同社は近々, 子会社数社を売りに出すつもりだ / We are going to close down some of **our unprofitable subsidiaries**. 不採算の子会社をいくつか整理する予定だ / We decided to **dissolve our UK subsidiary**. 英国にある子会社を解散することに決めた / We plan to increase our stake in **a 50-50 subsidiary with the company**. わが社は同社との折半出資である子会社の持ち株比率を高めることを予定している / **The subsidiary posted weaker** than expected earnings last fiscal year. 前事業年度に, その子会社は予想されたより悪い収益を計上した / As part of our strategy to enter the local market, we plan to **set up a subsidiary**. 地場市場に参入する戦略の一環として, 子会社の設立を計画している

subsidiary company 子会社 [⊃他の会社によって議決権株の50%超が所有されている会社. 単にsubsidiaryとも言う] ▶ Generally, it takes about two days to set up a subsidiary company in Australia. 一般に, オーストラリアで子会社を設立するのには大体2日かかる / Earnings at the subsidiary company were affected by the yen's surge and weak demand. その子会社の収益は円の急騰と需要の減少によって影響を受けた

subsidiary corporation =subsidiary company

subsidiary ledger 補助元帳 [⊃総勘定元帳に記載されている金額の明細を記録する帳簿]

subsidized *a* 補助金が出ている ▶ a company-subsidized cafeteria 会社からの補助が出ている社員食堂

subsidy /sʌ́bsədi/ *n* (政府からの)補助金, 助成金, (一般に)交付金; 寄付金 (✛subvention は通例科学・芸術の復興のための補助[助成]金) ▶ subsidies for newspaper 新聞作成のための補助金 / a subsidy for construction 建設助成金 / give a subsidy 補助金を出す / lose a subsidy 補助金を打ち切られる / shave subsidies 補助金を削減する / be eligible to receive a subsidy of $35.00 a month for parking fees 駐車料金の補助として月35ドルもらえる / Tariffs and subsidies are barriers to trade. 関税と補助金は貿易障壁になっている

◇**subsidize** *vt* 助成金を支給する; 補助金を交付する ▶ The government plans to subsidize the project, but has not specified an amount. 政府はそのプロジェクトに補助金を出す計画だが, 具体的な金額は決まっていない

subsist /səbsíst/ *vi* 存在する; 生存する, (なんとか)生きていく 《*on, by*》 ▶ They subsist on very low incomes. 彼らはごく低い収入で生活している / The town subsists on the tourist industry. その町は観光産業で成り立っている
— *vt* 養う

subsistence /səbsístəns/ *n* 存在, 生存; 暮らし; (最低限の)生活の糧 ▶ a subsistence wage 最低生活賃金

subsistence allowance 《英》食費補助 [⊃出張中の従業員に支給される日当の一部]

subsistence farming [agriculture] 自耕自給農業

subsistence level 生存水準 [⊃生命を維持することがぎりぎり可能な最低限の生活水準]

substance /sʌ́bstəns/ *n* ❶物質; 物体; 薬物; (織物などの)地; 内容; 趣旨; 実質; 財産 ▶ matters [issues] of substance 中身の問題 / He needs to put more substance into the report by adding concrete data. 彼は具体的なデータを加えることで報告書にもっと実態を持たせなければいけない ❷ 【法律】 実体 [⊃form(方式)に対する語]

in substance 実質的には; 実際に
of substance 《英文》資産のある

subsistence over form ❶ 形式よりも経済的実質 [⊃法形式を満たしているのに債務超過で倒産ということのないよう, 形式を超えて企業の経済的実質に即した公正な表示で投資家の保護を与えるべきだとする国際会計基準の考え方] ❷ 実質主義 [⊃取引の法形式と経済的実質とが一致しない場合, 税法はもっぱら経済的実質に即して適用されるべきだとする税務当局のアプローチ]

substandard *a* ❶標準以下の ❷ (1) (保険で) 標準下体[弱体]の [⊃健康状態が悪く, 普通保険料率では生命保険の加入を拒否される被保険者について言う] ▶ a substandard life 標準下体, 弱体 (2) 標準下体[弱体]保険契約の [⊃(1)の者に, それぞれのリスクに応じた特別条件を付けて保険加入を認める契約について言う]

substandard insurance 特別条件付き保険 (⇔standard insurance)

substantial /səbstǽnʃəl/ *a* 実在[実際]の; 堅固な; かなりの; 重要な; 実質的な; 裕福な; 本質的な ▶ We have made a substantial investment in the company but it is time to get out. 当社はその会社に相当な投資をしてきたが, 引き揚げする時期が来た / The government has made a substantial reduction in the deficit. 政府は赤字を大幅に減らした / Tourism makes up a substantial part of the country's revenues. 観光業は同国の収入のかなりの部分を占めている / Tariffs have a substantial effect on consumer prices. 関税は消費者物価にかなりの影響を及ぼす

◇**substantiality** *n*

substantial damages 実質的損害賠償(金)

substantial doubt 重大な懸念 [⊃監査基準書(SAS)により監査人が求められている, 継続企業の存続能力に関する評価の一つ] ▶ The bank's massive bad loans raise substantial doubt about its financial viability. その銀行が抱える巨額の不良債権は財務的な生存能力に疑念を抱かせる

substantially *ad* 大体は、実質上；たっぷり；かなり ► The company substantially lowered its sales projection for this year. 同社は今年の売上予想を大幅に引き下げた / Though still behind direct mailing, online advertising has been growing substantially. まだダイレクトメールには及ばないが、オンライン広告はかなり成長してきた

substantive /sʌ́bstəntiv/ *a* ❶ 実質的な；本当の ❷【法律】(手続き法規とは区別された) 実体法の、実体上の (⇔adjective)

substantive evidence 実体に関する証拠、実質証拠

substantive law 実体法

substantive testing 実証性テスト [○記載漏れ、誤記載、裏付けのない取引などをチェックし、勘定残高が正確かを確認する手続]

substation *n* 支署；支局；変電所

substitutability /sʌ̀bstətjùːtəbíləti/ *n* 代替可能性

substitute /sʌ́bstətjùːt/ *n* ❶ 代理人、代用品 ❷【法律】代位物、代わりの物、代わりの者、代行者
— *v* 代用する；代理になる (*for*) ► substitute A for B AをBの代用にする
— *a* 代用の ► a substitute teacher 代替教員

substitute goods 代替財 [○コーヒーと紅茶、バターとマーガリンのように同種のニーズを満たすため、他に取って代わり得るもの]

substitution /sʌ̀bstətjúːʃən/ *n* ❶ 代用(品) ► be no substitution for の代わりにはならない ❷【法律】(1) 代位；(相続法などでの) 代替 (2) 交替 [*the substitution of parties* 当事者交替] ❸【経済】(1) (経済性尺度・経済理論などに基づく) 代替 (2) (商品などの) 代用、補完的代替；すり換え

substitution effect 代替効果 [○ある財の価格上昇によってその財1単位を追加需要するためには、他の財をより多くあきらめなければならないため、価格上昇した財の需要量が減少すること]

substratum *n* (-strata /-tə/, ~s) 基礎；下層 ► the substrata of society 社会のいくつかの基層 [<近代ラ]

subsurface *a* 表面下の

subsystem *n* 下部[副、従]組織

subtenant *n* (家・土地の) 転借人

subterfuge /sʌ́btərfjùːdʒ/ *n* 策略；口実、責任逃れ

subtitle *n* 副題；(~s) 字幕

subtle /sʌ́tl/ *a* 微妙な；繊細な；鋭敏な；巧妙な ► We've made subtle changes to the company logo. 当社のロゴに微妙な変更を加えた

subtotal *n* 小計

subtract /səbtrǽkt/ *v* 減じる、引く ► Subtract 4 from 10 and you have 6. 10引く4は6 / The plunge in exports subtracted a few percentage points from GDP growth. 輸出の急激な減少によって国内総生産の成長率は数パーセントポイント下落した

◇**subtractive** *a*

subtraction /səbtrǽkʃən/ *n* 引き算

suburb /sʌ́bərb/ *n* 郊外(の一地区)；((the ~s)) (大都市の) 郊外(全体)、近郊

◇**suburban** /səbə́ːrbən/ *a* 郊外の

subvention /səbvénʃən/ *n* 補助金、助成金、寄付金

subway *n* 《米》地下鉄；《英》地下道 ► by subway 地下鉄で

Subway サブウェイ [○自家製の「サブマリン」スタイルのパンを使用する米国のファーストフードチェーン]

succeed /səksíːd/ *vi* 成功する (*in*)；うまくいく (*in*)；立身出世する；継ぐ、相続[継承]する (*to*, *as*)；続く、続いて起こる ► The product succeeded in meeting customers' needs. その製品は顧客のニーズを満たすことに成功した / As the new president, he succeeded in turning the company around. 新しい社長として、彼は会社経営を立て直すことに成功した
— *vt* に続く；の後任となる ► He succeeded his father in his practice. 彼は父の跡を継いで開業した

A is succeeded by B. Aの後はBが継ぐ[続く]

If at first you don't succeed, try, try, and try again. 《諺》初めに成功しなくとも、何度も挑戦してみよ

Nothing succeeds like success. 《諺》成功はさらなる成功を生むもの、一事成れば万事成る

success /səksés/ *n* 成功；成功者 (*as*)；大当たり ► a success story 成功物語 / I wish you success. ご成功を祈ります / It will be a long while before we can gauge the success or failure of the bailout plan. 救済計画が成功か失敗かを判断するには、もっと時間がかかるだろう / I wish you continued success in your business. 貴社のますますのご発展を願っています

achieve [have] success in で成功する ► The brand has achieved success around the globe. そのブランドは世界中で成功した

come very close to success ほとんどうまくいく

make a success of it 成功する

prove a success (不安があったが) 大当たりとなる

without (much) success 不首尾で

successful *a* 成功した (*in*) ► Consumers are loyal to successful brands. 消費者は成功しているブランドを使い続ける / We should stick with the same agency, because it has run many successful advertising campaigns for us. 当社のために多くの広告キャンペーンで成功してきたのだから、同じ代理店を使い続けるべきだ

successfully *ad* 首尾よく、成功のうちに；うまく ► We have successfully implemented the first phase of our marketing campaign. 当社はマーケティングキャンペーンの第一段階を成功裡に実施した / We successfully negotiated an agreement with our client. 顧客との契約交渉がうまくいった / In a short time, the

succession /səkséʃən/ n ❶ 連続(したもの) ❷ 継承(者) ▶ The issue of succession will come up at the next board meeting. 後継者の問題は次回の取締役会に出てくるだろう / The company has not revealed its plan for the succession of its top executives. その会社は、最高幹部の後継プランを明らかにしていない

a succession of …の連続 ▶ The company was involved in a succession of scandals, which eventually caused its collapse. その会社は一連の不祥事に関与し、そのために結局崩壊した

in (quick, rapid, swift) succession 続けざまに
in succession to …を継承して ▶ She became CEO in succession to John Smith. 彼女はジョン・スミスの後を継承してCEOとなった

succession plan 後継者育成計画
succession planning 後継者の育成, 事業の承継

successive /səksésiv/ a 連続する, 次に続く ▶ Successive governments have taken measures to deregulate the market. 歴代の政府は市場の規制を緩和する措置をとってきた
◊ **successively** ad

successor /səksésər/ n ❶ 後継[後任]者, 相続人(*to*) ❷【法律】承継人, 承継者

succumb /səkám/ vi (に)屈する(*to*) ▶ succumb to a corporate raider 会社の乗っ取り屋に屈する

such /sətʃ; (強)sʌtʃ/ a その[この]ような; (~ … as, ~ as) …のような…, と同じような…; 大変な; 素晴らしい, ひどい; 先に述べたような; 上記の ▶ The global financial structure needs to be changed in such a way as to avoid another crisis. 危機を二度と繰り返さないような方法で, 世界の金融構造を変えることが必要だ / We have taken corrective measures to prevent such errors. 当社はそのような誤りを予防する是正措置をとっている

or some such … そんな風な…
such and such これこれの
such as it is [they are] お粗末ながら
there is no such thing [person] as というようなもの[人]はない ▶ There's no such thing as a free lunch. ただのランチというものはない
— pron そういう人[もの]; 上述のもの
… and such …など
… as such …はそれ[そういうもの]として; …それ自体

suck /sʌk/ vt (利益を)得る(*from, out of*)
— vi 《米略式》(物事が)ひどい ▶ This sucks! これは最低だ

suck a person into (人を)…に巻き込む
suck dry 吸い尽くす
suck in 吸い上げる[込む]; 吸収する; 巻き込む;《略式》ぺてんにかける
suck it up 《略式》辛さを受け入れる
suck up 吸い込む;《略式》おべっかを使う(*to*)

Sucrets《商標》スクレッツ[⇒米国製ののどあめ, 咳止め用ドロップ]

Sudafed《商標》スダフェド[⇒米国の風邪, 花粉, アレルギー用の薬. プソイドエフェドリン・ヒドロクロリドの製品名]

sudden /sʌ́dn/ a 突然の, 不意の ▶ We've had a sudden jump in traffic on our website in the last few weeks. 過去数週間に当社のウェブサイトは訪問者数の突然の増加を経験した / A sudden shift in consumer trends can pose a big threat to the fashion industry. 消費者動向の突然の変化は, ファッション業界にとって大きな脅威となり得る
— n (次の句で):
(all) of a sudden / *on a sudden* 突然に
◊ **suddenness** n

suddenly ad 突然に, 不意に ▶ Many workers suddenly lost their jobs. 多くの労働者は突然, 職を失った / The company suddenly went belly up. その会社は突然倒産した

Sudoku《商標》ストク, 数独 [⇒日本のニコリ社が紹介した1から9までの数字を使用したパズル. 2005年頃から英国を発端に世界中で人気が出た]

sue /su:/ v 訴える(*for*); 訴訟を起こす(*for*); 請願する(*to, for*) ▶ sue … for damages を損害賠償を求めて訴える / sue … for negligence を相手取って過失を追及する訴訟を起こす / The company was sued for copyright infringement. その会社は著作権の侵害で訴えられた

sue a person's pants off (人に)巨額の賠償金を請求する

suffer /sʌ́fər/ vi ❶ 苦しむ, 悩む (*from, for, under*); 病む, かかる (*from*); 損害を受ける ▶ His financial situation suffered through his unwise investments. 彼の経済状態は愚かな投資によって悪化した / The company suffers from high costs and low staff morale. その会社はコストの高騰と社員の士気の低下に苦しんでいる / Asian economies have suffered from capital outflows at various times. アジア諸国の経済はさまざまな時期に資本流出で苦しんできた
❷【法律】黙認する, 認容する
— vt (苦難・損害を)経験する, こうむる; 耐える;《古》(人に)…を許す(*to do*) ▶ Asian banks have not suffered problems on the same scale as their counterparts in the US and Europe. アジアの銀行は米国や欧州の銀行と同じ規模で問題に苦しむことはなかった / The company suffered a heavy blow to its brand image. 同社はそのブランドイメージに大打撃をこうむった
◊ **sufferer** n 苦しんでいる人; 被害者

suffice /səfáis/ v 十分である; 満足させる ▶ The store of oil won't suffice the present need. 石油の蓄えは現在の必要量を満たすに足りない / Without coordinated fiscal policy, monetary policy simply won't suffice to bolster the economy. 財政政策との協調なしで

は，通貨政策は率直に言って景気を支えるには十分でない

Suffice (it) to say that / Suffice it that / It suffices to say that / Let it suffice to say that だと言えば十分だ，と言うにとどめよう

sufficient /səfíʃənt/ *a* 十分な《*for, to do*》
► The company does not have sufficient cash to meet its debt obligations. その会社は債務の返済に十分な現金を持っていない / Does the company have sufficient financial resources to carry out the project? 同社はそのプロジェクトを実行できるだけの十分な財源を持っているのか

◇**sufficiently** *ad* 十分に ► Workers complained that they were not sufficiently compensated for their overtime. 残業について十分に報酬をもらっていないと労働者は苦情を言った

sufficient condition 十分条件

sufficient statistic 〖統計〗十分統計量 [⊃ 標本全体の代わりに採用しても推測を行う上で十分役立つような統計量]

suffocate /sʌ́fəkèit/ *v* 呼吸困難にする; 窒息死させる[する]; 絶やす; 息がつまる ► The tightening of the credit market could suffocate the economy. 信用市場を引き締めると景気を窒息させるかもしれない

◇**suffocation** *n*

sugar /ʃúgər/ *n* 砂糖; 《米略式》金 (=money)

suggest /səgdʒést | sədʒést/ *vt* 提案する《*to, that, doing*》; 暗示する，ほのめかす; 思いつかせる ► I suggest that he (should) go. 彼が行くことを提案する / I can only suggest which to buy. どちらを買ったらいいかということぐらいなら言えますが(買うのはあなたですよ) / The firm's slim earnings forecast suggests that the flat screen TV market is highly competitive. 同社の貧弱な利益予測は薄型テレビ市場の競争が激烈であることを示唆している / He suggested several ways to improve the company's productivity. 会社の生産性を改善するいくつかの方法を提案した / The IMF has suggested total losses globally could hit $1 trillion. IMFはグローバルな全損失が1兆ドルに達するだろうと示唆している

I'm not suggesting that 《略式》というわけではない《が》

May we suggest …してはどうか

suggested retail price 《米》希望小売価格 (SRP) (= 《英》recommended retail price)
► This carries a suggested retail price of $30 but the average street price is about $20. この品の希望小売価格は30ドルになっているが，実売価格の平均はおよそ20ドルだ

suggestion /səgdʒéstʃən | sədʒés-/ *n* 提案《*that*》;《a ~ of》気味，様子;連想;示唆;暗示 ► at a person's suggestion 人の提案によって / put forward a suggestion 提案する / open to suggestion 提案を受け入れて / We appreciate your suggestion. 《メッセージ》ご提案に感謝いたします / The board rejected his suggestion. 取締役会は彼の提案を却下した / We encourage the workers to make suggestions for improvements. われわれは全従業員に改善のための提案をすることを奨励している

make the suggestion that と提案する

suggestion scheme 社員提案制度 [⊃ 社員参加経営を目指して，社員が提案を通じて経営に参加することを促す仕組]

suicide /súːəsàid/ *n* 自殺; 自滅; 自殺者
► commit suicide 自殺する

suit /suːt/ *n* ❶ (洋服の)一そろい; スーツ; (特定目的の)服，…着〖服〗; 請願; 《略式》ビジネスマン
► make suit (to) (…に)請願[嘆願]する / have a suit to に嘆願したいことがある

❷〖法律〗訴訟

> [解説] 個々の訴訟を言う. 英国ではコモンローによる訴訟が action, エクイティによる訴訟は suit と呼ばれたが, 両法の区別がなくなった米国では suit は action と同じ意味で使われている.「訴訟」の意味を明確にするには lawsuit を使う. ⇨ action, litigation

► a civil [criminal] suit 民事[刑事]訴訟 / a class-action suit 集団訴訟 / a malpractice suit 医療過誤等専門家過失責任追及訴訟 / a pending suit 係属中の訴訟 / contest a suit 提起された訴訟で争う / dismiss a suit 訴えを棄却[却下]する / go to suit 起訴する / be at suit 裁判中である / win [lose] a damages suit 損害賠償の訴訟に勝訴[敗訴]する / bring [file, start, enter, institute] (a) suit against を相手どって訴訟を起こす

follow suit 先例[先人]にならう ► With US stocks down, European stocks are expected to follow suit. 米国の株式は下落し, 欧州の株式も同じ道をたどると予想される

— *vt* 似合う; 気に入る; 合わせる, ふさわしくする《*to, for*》; 衣服を着せる[整える] ► That suits me fine. (私の方は)結構です / I haven't found a job that suits me. 自分に適した仕事がまだ見つかっていない

— *vi* 合う, 適する; 都合がよい ► The proposal does not suit. その提案は不適当だ

suit ... down to the ground (仕事などが)…にお あつらえ向きである

suitability /sùːtəbíləti/ *n* 適していること, 適合性

suitable /súːtəbl/ *a* 適している, ふさわしい《*for*》; 似合う; 都合がよい ► This product is suitable for customers of all ages. この製品はどの年齢のお客様にも適しています

◇**suitably** *ad*

suite /swiːt/ *n* (物の)一組, 一そろい; スイートルーム [⊃ 居間と寝室が一続きになった豪華な部屋]; 随員の一行; 〖音〗組曲; 組になったソフト ► a three-piece suite ソファー3点セット [<仏]

suitor /súːtər/ *n* ❶ 請願者 ❷〖法律〗(主に衡平法事件の)原告 (=plaintiff); 訴訟当事者

sum /sʌm/ n 合計, 総計；金額；《略式》計算問題；要点；概要 ▶ raise a good [round, considerable] sum (of money) 相当な金額を調達する / lend small sums (of money) 小金を貸す / spend [make] large sums 大金を費やす[もうける] / The insurance company has received substantial sums from the government. その保険会社は政府から相当な金額を受け取った / The company spent huge sums of money on acquisitions. その会社は巨額の資金を企業買収に使った

do one's sums 《英略式》お金が足りるか計算する
in sum 要するに
(the) sum and substance 要旨
— vt (-mm-) 合計する(up)；集約する, 要点を述べる(up)
That (about) sums it up. 《略式》要点はだいたいそんなところです
— vi 合計して(…に)なる(to)；要約する(up) ▶ Let me sum up. 要点をまとめます
to sum up 要約すると ▶ To sum up, we need to change our sales strategy. 要するに, 販売戦略を変える必要がある

sum assured 《英・豪》=sum insured
sum certain 確定額 ▶ pay a sum certain in money 金銭で確定額を支払う
sum insured 保険金額 (=《英・豪》sum assured)
summarize, 《英》**-rise** /sʌ́məràiz/ vt 要約する ▶ Let me summarize what we've agreed so far. これまでの合意内容をまとめさせてください

summarized financial information 要約財務情報［⇨正規の財務諸表に記載されている情報を要約した財務情報］

summary /sʌ́məri/ n 要約, 摘要 ▶ Could you give me a summary of the market research results? 市場調査の結果の要約をいただけますか

in summary 要約すると
make a summary of を要約する
— a 概略の；手短な；（法的手続などが）即決の, 略式の ▶ summary justice 略式裁判
◇**summarily** /səmérəli/ ad 即座に

summary account 集合勘定 (=summarizing account)［⇨損益勘定や残高勘定のような特定の計算目的や表示目的のために多くの勘定を一つに集めた勘定］
summary budget 総括予算 (=master budget)
summary judgment 正式事実審理[陪審審理]なしの判決［⇨重要な事実について争点がなく法律判断だけで判決できる場合に, 事実審理なしで出される判決］
summary proceeding 略式手続［⇨通常の訴訟手続に必要な審理をせずに略式に行う裁判形式］
summation /səméiʃən/ n ❶ 加法, 合計；総

数[額]；総括 ❷【法律】(1) 最終弁論［⇨訴訟事件が陪審の評議に回る前に, 当事者双方の弁護士が行う最終弁論］(2)（当事者による）証拠の要約；（裁判官による）事件概要の説示

summer /sʌ́mər/ n 夏, 夏季 ▶ Many American college students do internships in the summer. 米国の大学生は夏休みにインターン実習をするものが多い
— a 夏の

summertime n 《英》夏時間, サマータイム (=《米》daylight-saving time)
summing up ❶ 要約, 摘要 ❷【法律】(1)（当事者による）証拠の要約 (2)（裁判官による）事件概要の説示

summit /sʌ́mit/ n ❶ 頂上；(the ~) 絶頂 (of)；首脳レベル ❷ (the S-) 先進国首脳会議, サミット (=Summit meeting)［⇨1975年以降毎年1回開催されている首脳会議。参加国は英・米・日・仏・独・伊・カナダ・ロシア（カナダは1976年以降, ロシアは1991年以降）。他の首脳会談と区別するために「先進8か国首脳会談」(G8 Summit)とも言う］

at summit level 首脳レベルで
— v 頂上に達する；サミットに参加する
◇**summitry** n 首脳会談方式
summiteer /sʌ̀mitíər/ n サミット出席者
summon /sʌ́mən/ vt 呼び出す, 召喚する (to, into)；（議会を）召集する (together)；（勇気を）奮い起こす (up)；呼び起こす ▶ summon (up) one's courage for [to do] 勇を鼓して…する / summon up support for に対する支援を求める / The manager summoned a meeting at the last minute. ぎりぎりになって, 部長は会議を招集した

summons /sʌ́mənz/ n (~es)（議会などの）召集；【法律】呼出状［⇨被告を裁判所へ出頭させる令状, または訴訟の開始・被告の出廷および答弁を求める令状］ ▶ serve [issue] a summons 呼出状を発する, 出頭を命じる / receive a summons to appear in court 裁判所に出頭するよう命じる呼出状を受け取る
— vt 呼出状を送達する

summons for directions 《英》正式事実審理準備指図のための召喚(状)
sum-of-the-years'-digits method 年数合計法, 級数法［⇨加速減価償却法の一つで初期の償却額が大きく, 後年度になるに従い額が小さくなる］ ▶ use the sum-of-the-years'-digits method to depreciate the equipment 機器の償却に級数法を使用する

sum total (the ~) 総計, 総額
sun /sʌn/ n 太陽；日光, 太陽熱 ▶ There is no new idea under the sun. 新しいアイディアなどない

a place in the sun 日の当たる場所；有利な地位
everything under the sun ありとあらゆるもの[こと]
nothing under the sun なんにもない
Sun (the ~)『サン』［⇨英国のタブロイド大衆紙］
Sunbelt n (the ~) サンベルト［⇨米国の, VirginiaからCalifornia 南部に至る気候のよい地帯］

SunChips 《商標》サンチップス [⇨ 通常のポテトチップスより脂肪分が少ない米国のスナック菓子]

Sunday Times (the ~)『サンデータイムズ』[⇨ 英国の日曜紙]

Sunday Trading Act (the ~)《英》日曜開店法, 日曜営業法 [⇨ 商店の日曜営業を禁止していた Shops Act(商店法)(1950)を廃止した法律(1994)]

sundries /sándriz/ *n pl* 雑掛かり, 諸経費; 雑品, 雑貨, (特に)小間物; 雑件

sundries account 【会計】諸口勘定 [⇨ 固有の顧客コードがないような「その他」扱いの取引先をひとまとめにして処理するための勘定]

sundry /sándri/ *a* ❶いろいろな, 種々の ❷〔会計〕諸掛かり[諸経費]の

sundry debtor 〔会計〕その他の売掛金 [⇨ 主要取引先に対する売掛金に入らないような細々としたものをまとめるための勘定]

Sun Hung Kai Properties (~ Ltd) サンフンカイ・プロパティーズ, 新鴻基地産 [⇨ 香港の不動産などのインフラ開発会社. その他ホテル, 金融サービス事業などを手がける]

sunk cost 〔経済〕埋没原価, サンクコスト [⇨ すでに支出した費用で, 回収不可能な費用]

Sunkist 《商標》サンキスト [⇨ 米国のSunkist Growers 社製の柑橘類果実とそのジュース. sun-kissed(太陽にキスされた)から]

Sun-Maid 《商標》サンメイド [⇨ 米国のSun-Maid Growers of California社製のレーズン]

Sun Microsystems (~, Inc.) サン・マイクロシステムズ [⇨ 米国のワークステーション・ソフトウェア開発メーカー. Unix OS Solaris 8やプログラミング言語 Javaの開発が有. 1982年設立. 2009年4月 Oracle Corporationに74億ドルで買収されることで合意に達した]

Sunoco (~, Inc.) サノコ [⇨ 米国の石油精製・販売会社. 1901年設立. 旧称 Sun Co., Inc. が98年に改称. 2001年, Aristech Chemical Corporationを買収して化学製品にも進出]

sunrise *a* 新興の, 成長中の

sunrise industry 新興成長産業

sunset *n* 日没(時); 夕焼

sunset clause サンセット条項, 期限条項

sunset industry 斜陽産業

sunset law 《米》サンセット法 [⇨ 行政機関・事業を定期的にチェックし, その存廃の検討を求める法律]

sunset provision 時限立法条項

sunshine *n* 会議公開, 情報公開

sunshine laws 《米》サンシャイン法, 会議公開法 [⇨ 行政の透明性を高めるため会議の公開や情報公開制度を定めた法律]

super /súːpər/ *n* 《略式》エキストラ, 重要でない人; 《略式》指導監督者; 管理人; 上質[特等]品, 特大品; スーパー (=supermarket) (✦主に店名で Sutro Superなどと用いる)
— *a* 《略式》極上の, 一流の; すばらしい ► He did a super job cutting costs without laying anyone off. 彼は誰も解雇することなしにコスト削減をするという偉業を成し遂げた

super- /súːpər/「超」

superannuate /sùːpərǽnjueit/ *vt* 老齢のため恩給を与えて退職させる
◇ **superannuated** *a* 老齢で退職した

superannuation /sùːpərænjuéiʃən/ *n* 《英・豪》退職給付, 退職年金, 恩給; 年金掛金; 老齢掛金, 定年退職 ► a superannuation scheme 《英》雇用者の払う年金制度

superblock *n* スーパー・ブロック [⇨ 面積の大きな街区]

supercenter *n* 大ショッピングセンター

supercomputer *n* スーパーコンピュータ [⇨ 超高速の大型コンピュータ]

superette /sùːpərét/ *n* 《米》小型スーパー

superexpress *n* 超特急

superfine *a* 極上の; 極めて細かい

Superfund *n* 《米》有害物質除去基金 [⇨ Comprehensive Environmental Response, Compensation and Liability Act (1980)に基づいて創設された基金]

Super Glue 《商標》スーパーグルー [⇨ 強力な瞬間接着剤]

superhighway *n* 《米》高速道路

superintend *vt* 指揮監督する; 指導管理する
◇ **superintendence, superintendency** *n*

superintendent *n, a* 指導監督者, 管理者; 管理人; 校長; 《米》警視監, 《英》警視; 監督[管理]する

superior /səpíəriər/ *a* 上級の, 上位の; 上質の; 優れた; 勝(まさ)った, 優勢な (to); 高慢な; 動じない, 超然としている (to); (文字・数字が)上付きの ► Our product is far superior to that of our competitors. わが社の製品は競合他社の製品よりもはるかに優れている

superior persons 《皮肉》お偉方
— *n* 目上の人; 優れた人
◇ **superiorly** *ad*

superior court 上級裁判所 [⇨ 米国の多くの州にある一般的管轄権を持つ裁判所の名称. 州により第一審のこともあれば第二審のこともある]

super majors [⇨ 国有会社を除いた世界の巨大石油会社6社(ExxonMobil, Chevron, BP, Royal Dutch Shell, ConocoPhillips, Total)を言う] ⇨ oil majors, Seven Sisters, New Seven Sisters

supermarket *n* スーパーマーケット [⇨ 食品を中心に日用雑貨や衣類品なども取り扱うセルフ・サービス方式で比較的大規模の小売店. 米国ではgrocery storeと呼ぶ人もいる. なお, superと短縮するのは主に店名]

supernormal *a* 水準以上の ► supernormal investment returns 水準以上の投資収益率

super regional bank スーパー・リージョナル・バンク, 広域地方銀行

supersede /sùːpərsíːd/ *vt* 破棄する; 取って代わる; 取り替える; に代わって就任する ► He superseded me as manager. 彼が私に代わって支配人となった

A is superseded by B AがBに取って代わられる

supersession *n* 更迭; 交替
SuperShuttle 《商標》スーパーシャトル [○空港送迎バン]
super sinker bond スーパーシンカー債 [○表面利率は長期債並みだが,実際には短期債並みに3~5年で償還される債券]
supersmart card [ﾋﾞｼﾞｪｽ] スーパースマート・カード [○キーボードとディスプレーパネルの付いたスマートカード]
supersonic transport 超音速旅客機 (SST)
superstore *n* スーパーストア [○セルフ・サービス方式で主な取扱商品が衣料品雑貨などの小売店]
supertanker *n* 超大型タンカー
supertax *n* 累進付加税
Supervalu (~ Inc.) スーパーバリュー [○米国のグローサリーストアチェーン. 2006年 Albertsons Inc.を買収(店舗の一部はCVSが買い取る)]
super value 超過価値

supervise

/súːpərvàiz/ *vt* 監督[管理,指図]する ► A floorwalker is a man who supervises salespeople and directs customers in a store. 売り場監督とは, 店員を指図し, 店内で顧客の案内をする人のことである / I supervise a staff of twelve technicians. 私は12人の技術職の社員を管理しています

◇**supervisory** *a* 監督[管理](上)の
supervised *a* 監督下での ► court-supervised reorganization 裁判所の監督下での会社再建
supervision /sùːpərvíʒən/ *n* 監督 ► These part-time workers need constant supervision. これらのパートタイマーは絶えず監督しなければならない

under the supervision of の監督下に

supervisor /súːpərvàizər/ *n* ❶ 監督(者), 管理者 ► You must notify the supervisor of any irregularities on the production line. 生産ラインに異変があったらどんなことでも上司に報告しなければいけません ❷ [ﾋﾞｼﾞｪｽ] スーパーバイザー, 監督者, 販売指導員
supervisory *a* 監督的な, 管理者的な
supervisory board 監査委員会, 管理委員会 [○ドイツなど一部の国で見られる, 取締役会の上位に立って監督する機関]
supervisory management 末端管理職(層)
supervisory voting rights 複数議決権 [○1株に複数の議決権を付与し, 一定種類の株式(たとえばオーナーの保有株)の発言力を強めることがある. わが国では認められていない]
supplant /səplǽnt/ *vt* (策略で人に)取って代わる, (地位などを)奪い取る

A is supplanted by B. AがBに取って代わられる

supplement *n* /sʌ́pləmənt/ ❶ 補足, 補充; 栄養補助剤, サプリメント, サプリ; 補遺, 付録(*to*) ► a vitamin supplement ビタミン剤 ❷ 新聞の付録版

— *vt* /-mènt/ 補遺[付録]を付ける; 不足を満たす [補う] (*with*) ► He supplements his income with a part-time job. 彼はアルバイトをして収入を補っている
supplemental /sʌ̀pləmént̬l/ *a* 補足[追加]の
supplemental retirement plan 追加退職年金制度 [○正規の退職年金制度を補充する制度]
supplementary /sʌ̀pləméntəri/ *a* 補足[追加]の
supplementary information 補足情報 ► report supplementary information on foreign exchange transactions 外国為替取引について補足情報を報告する
supplier /səpláiər/ *n* ベンダー, 納入業者; 部品製造業者; 供給者, 原料供給国[地]; 仕入先 ► We haven't been able to secure all the raw materials from our supplier. 納入業者からすべての原材料を確保できない状態が続いてきた / They're notorious for squeezing suppliers. 彼らは(納入価格引下げを求めての)納入業者への締付けで悪名が高い
supplier list 仕入先リスト, 購入先リスト
supplier rating 仕入先の社内格付 [○納入業者(ベンダー)の契約履行状況, 商品・サービスの質などを総合的に評価し, 格付をすること]

supply

/səplái/ *vt* 供給する (*for, to, with*); (不足・損害などを)埋め合わせる; (必要を)満たす; (地位・席を)代わって占める ► Insurance supplied the loss. 保険で損失を埋め合わせた / The market is well supplied. 市場は品が豊富だ / I am happy to supply you with the information you need. 必要としておられる情報を提供できて幸いです

be well [poorly] supplied with が大いに揃っている[わずかしかない]

— *n* ❶ 供給, 補給; 供給[補給]量[物]; (供給品の)在庫; ((-plies)) 必需品, 糧食

語法 抽象的に言うときは, 不可算として冠詞なしで用い, 具体的な物品を念頭に置きながら話をするときは, 可算名詞として単数ならば不定冠詞 a を付けて使い, 複数ならば冠詞なしで用いる.

► allocate supplies 供給量を割り当てる / find supplies of の調達先を見つける / get supplies of の供給を受ける / increase the supply of の供給を増やす / maintain a supply of が不足しないように管理する / outstrip supply 供給を上回る / receive a supply of を受け取る / reduce the supply of の供給を減らす / Propane burns more cleanly the gasoline but **is limited in supply**. プロパンはガソリンに比べ燃焼時に空気を汚す度合いが低いが, 供給が限られている / We need to achieve **an adequate supply** of affordable energy. 手頃な価格で買えるエネルギーの適正な供給量を確保しなければならない / With this continued dry weather, **supplies of grains** are becoming tighter. こうした干天続きを受け, 穀類の供給量が細っている

A large portion of the defense budget is spent on **protecting US oil supplies**. 防衛予算の大きな部分は米国の石油供給を守るために費やされる / Our purchasing department arranges **supplies of materials** we need for our operation. 業務に必要な資材の在庫について段取りをつけるのは当社の購買部だ / We normally **have a 30-day supply of merchandise** in our warehouse. 通常は30日分の商品を在庫として当社の倉庫に置いてある / We normally **keep a two-week supply** of inventory. 通常は在庫の手持ちとして2週間分は持つようにしている
❷ 【経済】 (需要に対する) 供給 (⇔demand)
▶ Gold price is going up because demand **has exceeded supply** by a wide margin. 需要が大幅に供給を上回り続けているのを受け, 金価格が上昇している / It is essential that companies **successfully match supply** with **demand**. 供給をうまく需要に合わせることは企業各社にとっての基本だ / **The supply of oil is rising at a faster pace** than **demand**. 原油の供給が需要増のペースを上回る勢いで増えている / The spike in domestic demand is now **being satisfied by supply** from abroad. 国内需要の急増は今のところ海外からの供給でまかなわれている
❸ 【会計】供給品, 補給品, 消耗品, 貯蔵品
in short supply 不足して, 品薄で ▶ Vegetables are in short supply now. 野菜は目下品薄です
supply and demand 需要と供給, 需給 ▶ the law of supply and demand 需要供給の法則 / balance supply and demand 需要と供給を均衡させる
supply base 供給元 ▶ We are always on the look out for a reliable, constant supply base. 当社はいつも信頼できて継続性を確保できる供給元はないかと探している
supply chain サプライ・チェーン, 供給連鎖 [◎原材料の調達から商品が顧客に届くまでの一連の流れ]
supply chain management サプライチェーン・マネジメント (SCM) [◎原材料の調達から商品が顧客に届くまでの一連の流れにおいて, 主に情報技術を活用することでさまざまな効率化を図ろうとするもの]
supply crunch 供給の逼迫, 品薄状態 ▶ A number of factors have contributed to the chip supply crunch. 半導体の供給不足を招いた要因は, いくつかある
supply curve 供給曲線 [◎ある財の価格と供給量の関係を示した曲線]
supply-demand balance 需給均衡
supply-demand imbalance 需給不均衡
supply-driven *a* 供給ドライブ[主導]型の [◎資本・商品などの供給圧力に促進される]
supply price 供給価格
supply schedule 供給表 [◎ある財の供給量と価格の関係を示す表]

supply shock 供給ショック [◎供給サイドのショック. たとえば, 石油価格の上昇による供給曲線の左へのシフトなど]
supply-side *a* 供給側重視の, サプライサイドの [◎経済の安定を回復しインフレを抑制するには, 減税や規制緩和を促進し, 財・サービスの供給を増加させる必要があるとする理論について言う]
◇**supply-sider** *n*
supply-side economics サプライサイド経済学 (SSE) [◎減税, 規制緩和などにより(需要ではなく)供給を拡大し, 経済全体の効率を上げようとするもの. 1980年代にレーガン政権が採用した]

support /səpɔ́ːrt/ *vt* 支える; 扶養する; 維持する; 励ます; 耐える; 支持[支援, 後援]する; 援助を与える; 証拠だてる; 価格を維持する; 〖컴〗サポートする [◎コンピュータのハードやソフトの機能をアフターサービスする] ▶ Incomes are supported by strong job markets. 所得は好調な求人市場によって支えられている / The organization is mainly supported by donations. その組織は主として寄付で支えられている / Do you have any concrete figures to support your argument? あなたの議論を立証する具体的な数字をお持ちですか
― *n* 支持[支援]する[される]こと (*for*); 支持物, 支柱; 扶養; 生活費; 援助者, 助けとなるもの ▶ enlist one's subordinates' support 部下の支持を得る / drum up support 支持を仰ぐ / have no means of support 生計を維持する手段を持たない / The rail strike has failed to secure support from commuters. その鉄道ストライキに通勤者の支持は得られなかった / We appreciate your support. 《メッセージ》ご支持に感謝いたします / Institutional investors provided financial support for the start-up. 開業したばかりのその会社に機関投資家は金銭的な支援を与えた / The company tried to drum up government support for its revitalization plan. その会社は再生計画への政府の支援をとりつけようとした
give support to [*for*] を支持[支援]する ▶ I gave him full support for his project. 彼の企画を全面的に支持した
in support 予備の, 支援の
in support of を支持[支援]して ▶ The board of directors voted in support of the takeover. 乗っ取りに賛成することを取締役会は投票で決めた
◇**supportable** *a* 支えられる; 扶養できる; 耐えられる
◇**supporter** *n* 支持物; 後援者; ファン, サポーター
support price 支持価格 [◎産品の価格が一定の水準を割って下落したときに政府が市場から産品を買い上げることによって維持する価格水準]
support staff サポート要員, サポートスタッフ [◎製造・販売との対比で会社の本業に直結しない人事・経理などの間接部門に属する人々] ▶ We service our client's needs with a support

suppose /səpóuz/ vt 仮定する; 《命令形で》仮に(…と)すれば; (と) したらどうか; 思う, 推定する; 《命題・学説を》仮定[想定]する; (be ~d to do) …することを予期[要求]されている, …することになっている ► The situation was even worse than was supposed. 事態は考えていた以上に悪かった / I suppose you want me to take over the project. そのプロジェクトを私が引き継ぐことを望んでおられるのですね / The meeting was supposed to last only an hour. その会議は1時間だけのはずだった / The new model is supposed to come out in June. その新機種は6月に発売される予定だ
— vi 仮定[推定]する
I suppose でしょう, ですね
Let us suppose (that) としよう
What's that supposed to mean? いったいそれはどういう意味だ
◇**supposing** conj もし…ならば

supposedly /səpóuzidli/ ad たぶん, おそらく; 《文修飾》仮に, もしも ► The product supposedly reduces facial wrinkles. その製品は顔の皺を減らすということになっている

supposition /sÀpəzíʃən/ n 仮定, 想定
on the supposition that と想定して ► Based on the supposition that workload would increase during the holiday season, the department store hired part-time clerks. ホリデーシーズン中は仕事量が増えるという想定のもとに, 百貨店はパートの販売員を雇った

suppress /səprés/ vt (需要などを) 抑制する, 冷え込ませる; (裁判所の力で記事などを) 差し止める ► The recession suppressed consumer spending on big-ticket items. 景気後退によって消費者は高額商品への支出を取りやめた / The central bank raised interest rates in an effort to suppress inflation. 中央銀行はインフレを抑制しようとして金利を引き上げた

supranational a 超国家的な

Supreme Court /suprí:m/ n (the ~) ❶ (米国の) 最高裁判所 ⇨ Supreme Court of the United States ❷ (米国の多くの州の) 州最高裁判所 [◯ニューヨーク州など少数の州では Court of Appeals と呼ばれる] ❸ (ニューヨーク州の) 高位裁判所 [◯一審の一般管轄裁判所] ❹ (英国の) 最高法院 [◯High Court (高等法院), Court of Appeal (控訴院), Crown Court (刑事法院) の総称]

Supreme Court of the United States 合衆国[連邦] 最高裁判所 (SCOTUS, USSC) [◯米国における最上級の裁判所. 所在はワシントン DC. 連邦の下級裁判所と州の最高裁判所からの上訴事件を扱う上訴裁判所であるが, 州と州の争いなどの限られた事件については第一審としての管轄権を有する]

surcharge
n /sə́:rtʃà:rdʒ/ 追加料金; 割増運賃 ► You have to pay a surcharge on excess luggage. 重量超過手荷物の追加料金を支払わなければなりません / Fuel surcharges are adjusted according to jet fuel prices. 燃油サーチャージは航空燃料の価格に応じて調整される
— vt /-ˊ-, ˋ-ˊ-/ 《追加》の費用を払わせる; に荷を積み足す[すぎる]; 負担をかけすぎる

sure /ʃuər/ a 確信して, 自信があって 《of, that》; きっと…する, …するのは確実だ 《to do》; 確かな, 確実な; 確固とした; 信頼できる; 避けられない ► I'm sure we're going to have a long and profitable relationship. 長期の有益な関係を結べるものと確信しています / How sure are you about the sales projections? その売上予測について, どれくらいの確信をお持ちですか / The product is sure to be popular with housewives. その製品は間違いなく家庭の主婦に人気が出るだろう
be sure and do 必ず…する
Be sure to do 《命令形で》《略式》必ず…せよ ► Be sure to look over these figures to see if they are correct. これらの数字が正しいかどうか, 必ず目を通しなさい
for sure 確かに ► One thing is for sure. このことだけは確かだ / The growing role of government in business will for sure slow economic growth. ビジネスにおける政府の役割の増大は間違いなく経済成長を減速させるだろう
make sure 確かめる; 確保する; 確実にする; 確信する 《of, that》 ► Please make sure that the shipment arrives by May 1. 積荷は5月1日までに必ず届くようにしてください
(as) sure as hell 《略式》絶対に, 間違いなく
sure thing 《略式》確実なこと; (間投詞的に) もちろん, いいとも
to be sure 確かに, もちろん; なるほど; これは驚いた, おやおや
— ad 《米略式》確かに, まったく; 必ず, きっと; もちろん
sure enough 《略式》はたして, 案の定, 事実

surely /ʃúərli/ ad 確かに; 間違いなく; まさか, よもや; 《米》(返事で肯定を表して) はい, 確かに ► You surely don't think that our client will go for it, do you? まさかクライアントがこの件に賛成だと思ってはいないでしょうね

surety /ʃúərəti/ n ❶ 保証 ► a surety company 保証会社 ❷ 保証人 ► act as surety 保証人となることを引き受ける
for [of] a surety 確かに
stand surety for の債務保証人を引き受ける ► stand surety for a business associate 取引先の保証人となる

surety bond 支払保証, 保証証券 [◯所定の債務の履行を保証するという内容の契約で, 典型的には請負業者がこれを購入し, 施主に差し入れる. 万一, 業者が工事を完成させない場合, 保証会社が工事を完成させるか, 所定のペナルティーを払う]

surf /sə:rf/ n 打ち寄せる波; 砕ける波; 磯波
— v 波乗りをする; (チャンネルを) あちこちと切り換えて見たい番組を探す; 【ネット】 サーフィンする [◯あちこちのサイトを見て回る] ⇨ site ► John

is surfing the Net for information about aquaculture. ジョンは水産養殖についての情報を探してネットを見て回っている / You can surf to any site on the Web. インターネットのどのサイトにもサーフィンしてたどり着くことができる

surface /sə́ːrfis/ n, a 表面(の), 外面の; (the ~) 外見, うわべ(だけの) ► We've only scratched the surface of customers' grievances. われわれは顧客の苦情の上っ面を撫でていたに過ぎない

come to the surface 浮上する
on the surface 外見上は, 表面は
rise [raise] to the surface 浮上する[させる], 表面化する[させる]

— vt (道路などを)滑らか[平ら]にする; に表[表面]をつける

— vi 浮上する; (米) 明るみに出る; (人が) 姿を見せる ► Customer complaints about the safety of the product began to surface last week. その製品の安全性に関する顧客の苦情が先週に表面化し始めた / As balance sheet problems surfaced, financial institutions tightened their lending. 財務諸表の問題が表面化したので, 金融機関は貸出しを引き締めた

surface mail (airmail に対し) 海陸送郵便, 普通郵便

surface transport 陸上運送, (電車, 自動車など)その手段

Surface Transportation Bond (米)陸上交通委員会 (STB) [⇨1995年に州際通商委員会 (Interstate Commerce Commission)の廃止に伴い創設された. 鉄道輸送, トラック輸送, バス輸送などの経済活動を規制する独立機関で, 行政的には運輸省と連携する]

surfer n ネット利用者

surfing /sə́ːrfiŋ/ n サーフィン [⇨あちこちのサイトを見て回ること] ⇨site ► Net surfing ネットサーフィン

surge /sə́ːrdʒ/ n 海のうねり, 大波; 急増 (*in*) ► Foreign direct investment saw a surge of 35% in the last quarter. 対外直接投資は前四半期に35%の急増を見た / The surge in exports outweighed the effects of falling domestic sales. 輸出の急増は国内販売の減少の影響を十二分に補った

— vi 波となって打ち寄せる (*into*) ► Last month, the unemployment rate surged to 7.3%. 先月, 失業率は7.3%に急騰した / Demand temporarily surged beyond the company's capacity. 需要はその会社の生産能力を超えて一時的に急増した

surge to power 支持急増によって政権の座につく

surmise v /sərmáiz/ 推量[推測]する (*that*) ► Based on last year's sales, we surmise that demand will drop. 昨年の売上に基づけば, 需要は下がるものと推測されます

— n /-´-, sə́ːrmàiz/ 推量, 推測

surpass /sərpǽs/ vt より勝る; 超える ► Internet gaming surpassed movies as the most popular form of entertainment. インターネットゲームは, 映画を追い越して, もっとも人気の高い娯楽形式になった / Wheat surpassed soybean as the country's largest agricultural export. 小麦は, その国の最大の輸出農産物として, 大豆を上回った

surpass oneself 前よりもうまくやり遂げる

◇ **surpassing** a 並み並みならぬ; ずば抜けた

surplus /sə́ːrplʌs/ n, a ❶ 余剰, 超過分, 黒字; 余分の ► a surplus of crude oil 原油の余剰 / a surplus to needs [requirements] 無用の長物 / an agricultural surplus (政府が買い上げる) 余剰農産物 / a trade surplus 貿易黒字 / You can invest your surplus cash. 余剰の現金は投資できる / The store will hold a sale to get rid of its surplus stock. その店は余剰在庫を一掃するためにセールをする予定だ / China boasts a trade surplus with the US and Japan. 中国は米国および日本との貿易収支が黒字になっている ❷ 【会計】(企業会計の) 剰余金 [⇨繰越利益または資本金額を超えて払い込まれている資本剰余金]

in surplus 余分に

surplus labor 余剰労働 [⇨失業している労働者, あるいは失業している労働者が多くいる状態]

surplus material 余剰物資

surplus to requirements 余剰人員 [⇨解雇対象者を指す婉曲表現]

surplus value 剰余価値 [⇨マルクス経済学の用語. 生産過程の初めに投下した価値が, 労働の結果, 当初の価値を超過する価値を生み出したとき, その超過分を言う]

surprise /sərpráiz/ vt 驚かす; の現場を捕らえる[見つける]; の虚を突く; の虚を突いて…させる (*into*) ► be (very) surprised at [by, that, to do] に(とても)驚く / It's nothing to be surprised about. 驚くにあたらない / I wouldn't be surprised if…しても驚かない

— n ❶ 驚き; 予期しないこと, 驚くべき事件; 不意打ち; 思いがけない贈り物 ► come as no surprise to にとって驚くにあたらない / in for a (big) surprise (大いに) びっくりするはずで / in surprise 驚いて / It's no surprise consumers clamp down on spending in an economic downturn. 消費者が景気の下降期に支出を引き締めるのは驚くに当たらない / The stock market plunge came as a surprise to investors. 株式市場の急落は投資家にとって驚きだった ❷ 【法律】(訴訟手続上の) 不意打ち

take [catch] ... by surprise に不意打ちをかける; びっくりさせる ► His sudden resignation caught everyone by surprise. 彼の突然の辞任は全員を驚かせた / The strike took the union leaders themselves totally by surprise. そのストライキでは労働組合幹部でさえもまったく不意を突かれた

to one's surprise 驚いたことには ► To my surprise, my manager recommended me for the promotion. 驚いたことに, 課長は私の昇格を推薦してくれた

— *a* 突然の ► a surprise ending どんでん返し

surprising /sərpráiziŋ/ *a* 驚くべき; 不意の
◇**surprisingly** *ad* 驚くほど, 驚いたことに ► not surprisingly 驚くにあたらないが / Interest rates have remained surprisingly low. 金利は驚くほど低い水準に維持されてきた

surrender /səréndər/ *vt* ❶ 引き渡す (*to*); 放棄する ► The company surrendered its books to investigators. その会社は帳簿を捜査当局にゆだねた ❷ (保険を)(積立金の一部払戻しを受けて)解約する ❸【法律】(賃借権などを)期限切れ以前に放棄する

— *n* ❶ 明渡し, 譲渡 ❷【法律】(権利)放棄;(特許状などの)返還; 財産の引渡し;(不動産権の)放棄 ❸【保険】(積立金ガー部返戻される)保険解約(=termination); 解約払戻金, 解約返戻金; 解約済み契約

surrender charge =surrender penalty
surrender penalty (終身型生命保険の)解約手数料, 解約控除
surrender value 解約返戻金 [○ 保険契約者が途中解約したときに払い戻される金額]

surtax /sə́:rtæks/ *n* 付加税, 所得特別付加税, 累進付加税 [○ 個人あるいは法人の所得が一定金額を超えたときに, 付加税率を適用して算定された追加税]
— *vt* (累進)付加税を課する

surveillance /sərvéiləns/ *n* 監視; 監督 ► Security guards do surveillance of the premises on an hourly basis. 監視員が毎時間敷地内の監視を行う
put ... under surveillance を監視[監督]のもとに置く

surveillance camera 監視[防犯]カメラ

survey
vt /sərvéi/ 見渡す; 概観する; 調査[検分]する; 測量する ► The building has been surveyed. その建物は査定評価が済んでいる / We regularly survey all of our plants to review the handling of toxic chemicals. 有毒化学物質の処理を再検討するため, 定期的に全工場を検査している
— *vi* 測量する
— *n* /sə́:rvei/ 概観, 検分, 調査 (*on*); 世論調査; 調査書[表]; 測量; 測量図 ► an aerial survey 空中測量 / The building is under survey. その建物は査定中だ / Our surveys shows that customer satisfaction is up. 当社の調査によれば, 顧客の満足度は上昇している

surveyor *n* ❶ 測量技師[士];(英)(度量衡の)検査官, 鑑定人 ❷【会計】鑑定人, 評価人

survival /sərváivəl/ *n* 生き残る[生き延びる]こと, 残存; 生存者, 残存物; 遺物, 遺風 (*from*) ► These small companies have to fight for survival. これらの中小企業は生き残りを賭けて戦わなければならない
the survival of the fittest 適者生存

survive /sərváiv/ *vt* …よりも[の後も]生き延びる; …の後も存続する; 耐える, 乗りきる ► survive the energy crisis エネルギー危機を乗りきる ⑤ Neither Party hereto shall disclose any of the information acquired from the other Party to any third Party without the prior written permission of the other Party, and such obligations shall survive any expiration or termination of this Agreement. 本契約の両当事者は他方の当事者から取得した本件の情報について, 他方の当事者の事前の書面による承諾なしに, 第三者に開示してはならず, かつこの義務は本契約の期間満了後または終了後も存続する
— *vi* 生き残る; 残存する (*from*) ► In the competitive business environment, only the best and fittest will survive. 競争の激しいビジネスの環境では, 最も最適な者だけが生き残るだろう / In order for the company to survive, we have to cut the workforce. 同社が生き残るためには, 従業員を削減しなければならない

surviving company 存続会社 [○ 既存会社を取得あるいは合併し, その会社の純資産と営業活動を引き継ぐ会社]
surviving entity =surviving company
survivor /sərváivər/ *n* 生存者; 遺族
◇**survivorship** *n* 生存者権; 生存率
survivorship contract (米)遺族保障保険 [○ 複数の被保険者全員が死亡したときに死亡給付金が受取人に支払われる生命保険]
survivorship policy =survivorship contract

susceptible /səséptəbl/ *a* 影響[作用]を受けやすい, 動かされやすい (*to*); 受け入れる余地がある, (を)許す (*of*) ► Solar power generation is susceptible to weather change. 太陽光発電は天候の変化に影響されやすい

sushi bond スシ・ボンド [○ 日本企業が海外で発行する外貨建て債券] [(米)]

suspect *vt* /səspékt/ 感づく; の真実性を疑う, 怪しむ; ではないかと思う (*that*) ► We suspect that the damage occurred during shipping. その損害は輸送中に発生したのではないかと思っている
be suspected of と疑われている
suspect a person of (人に)…の疑いをかける
— *n*, *a* /sʌ́spekt/ 容疑者, 注意人物; 疑わしい ► Another potential suspect appeared in the bank fraud scandal. 銀行詐欺の不祥事で, 容疑者かもしれない人物がもう一人現れた

suspend /səspénd/ *vt* (決定を)保留する; 延期する; 一時停止[中止]する;(米)停学[停職]にする (*from*) / suspend judgment 判断を保留する / suspend a sentence 判決を延ばす / We had to suspend the plan due to unforeseen factors. 予想外の要因で計画を中止しなければならなかった / Service will be suspended if payment is not made by July 15. 7月15日までにお支払がなければ, サービスは停止されます / Its shares have been suspended from trading since June. その株は6月以来,取引中止になっている
— *vi* 支払を停止する;【コンピュータ】プログラムの実行状

態を保ちながら電源を切る

suspended trading ❶【証券】取引停止 ❷【会計】未決済取引

suspense account 仮勘定, 未決算勘定 [⇨内容が未確定な取引を一時的に記録する勘定]

suspension /səspénʃən/ n 一時的中止[停止, 取消し]; 停職 ► His sentence included the suspension of his license to practice law. 彼の量刑には弁護士免許の停止が含まれていた

suspension file ハンギングフォルダー[⇨上部の横棒をキャビネット内のレールに引っかけてつり下げる形式のフォルダー]

suspension of payment 支払停止

suspicion /səspíʃən/ n 疑い; 嫌疑 (that); (a ~) ほんの少し, 気味 (of) ► I have a suspicion that he is involved in insider trading. 彼がインサイダー取引に関与しているのではないかと疑っている

above [beyond] suspicion 疑いがない
on suspicion of の容疑で ► He was arrested on suspicion of tax evasion. 彼は脱税の容疑で逮捕された
under suspicion 疑いを受けて (as)
with deep suspicion 深く疑って
— vt (略式) =suspect

suspicious /səspíʃəs/ a 疑いを起こさせる; 疑い深い; 疑いを示す (of) ► Do not open any suspicious e-mail attachments. 不審なメール添付ファイルを開いてはいけない / The SEC investigates any suspicious trading activity. 証券取引委員会は疑わしい取引活動があれば取り調べる

sustain /səstéin/ vt ❶ 維持する; 持続する ► a sustained effort たゆまぬ努力 / We're focusing on our core products to sustain our sales. 当社は売上高を維持するために中核製品に集中している / The economy may not be able to sustain this rate of growth next year. その国の経済は来年はこの成長率を維持できないかもしれない ❷ (損失などを)こうむる ❸ (主張などを)裏づける

sustainability n 【環境】持続可能性 [⇨将来世代の犠牲なしに現代世代の効用を高めること. たとえば, 森林の乱開発をして現代世代が効用を高めても将来世代は不利益をこうむるので, 持続可能性はない]

sustainability index サステナビリティ指数 [⇨社会的責任投資(socially responsible investment)の見地から, 経済・社会・環境に対する負担を将来に回すような経営をしていない企業を構成銘柄にしている株価指数]

sustainable /səstéinəbl/ a ❶ 維持 [継続, 支持]できる ► Science and technology are seen as key to the country's sustainable economic growth. 科学と技術は同国の持続可能な経済成長の鍵と見られている / The company's rapid growth may not be sustainable. その会社の急成長は持続できないかもしれない ❷【環境】(資源の利用が)環境破壊をせずに継続できる; (資源が)枯渇することなく利用できる; (開発などが)野生動物を絶滅させない ► The sustainable use of natural resources is important. 天然資源の持続可能な使用は重要である

sustainable city 持続可能な都市, サステイナブル・シティ [⇨環境と経済活動が調和した安定的な都市]

sustainable community 持続可能なコミュニティ, サステイナブル・コミュニティ [⇨環境と経済活動が調和した安定的な地域社会]

sustainable development 持続可能な発展 [⇨地球環境を維持しながら, 開発や発展と両立させていく手法としての地球環境保全の基本哲学]

sustainable growth 持続性のある成長 [⇨ ①インフレなどの支障のない状態で維持できる経済成長 ②再生不能資源の枯渇や公害の悪化を招くことなく維持できる経済成長]

sustainable livelihood 維持できる暮らし (SL) [⇨途上国貧困層の生活の質の向上に向けたアプローチを指す概念]

sustained a 持続性のある

sustaining a 支える, 維持する; 持続する ► The sustaining success of the franchise reflects the company's unique business approach. フランチャイズが成功し続けたのはその会社のユニークなビジネスアプローチの反映だ

sustaining technology 持続的技術

swallow /swάlou/ v (値上げなどを)のむ, (手間ひまが)かかる, (時間や費用が)吸い込まれる, (他企業を)飲み込む, 買収する ► swallow one's pride プライドを捨てる / He is swallowed up in his work. 彼は仕事に夢中になっている / The conglomerate swallowed up several smaller firms. その複合企業はいくつかの比較的小さな会社を吸収した
— n 飲み込むこと; 一度に飲み込む量

swamp /swɑmp/ n 沼地
— vt (何かが殺到し, 処理に追われる (with) ► be swamped with orders 注文の処理に追われる / Financial institutions worldwide may be swamped by subprime turmoil-related losses worth a total of $1.3 trillion. 世界中の金融機関が総計1.3兆ドル相当のサブプライム騒動関連損失によって窮地に陥る可能性がある

Swanson 《商標》スワンソン [⇨肉, 野菜料理からデザートまで提供する米国の冷凍食品のブランド. Hungry Manシリーズは他より量が多め]

swap /swɑp/ v (-pp-) (略式) 交換する (with, for, over, round) ► swap ideas 意見を交換する / swap desks 席を交換する
— n ❶ 交換; 交換品 ► do a swap 交換する ❷【金融】スワップ(取引) [⇨互いに保有する金融資産から生じるキャッシュフローを相手のものと交換する契約. これにより変動金利建て債務を実質上, 固定金利に変えるようなことができる] ► a currency swap 通貨スワップ [⇨円とドルなど異なる通貨建ての債務を交換する取引] / an interest

rate swap 金利スワップ [⇨ 変動金利と固定金利の債務を交換する取引]

swap agreement スワップ協定 [⇨ 外国為替市場への介入に要する外貨資金を一時的に融通し合うために、主要国の中央銀行間で結ばれる相互協力協定]

swap meet 《米》(中古品)交換市

swap parity 交換比率 [⇨ 同種の金融資産を等価で交換するために設定される比率]

swapping n ❶ 交換(すること) ❷ 《会計》スワッピング, スワップ取引

swaps market スワップ市場 [⇨ スワップ契約を望む企業同士が投資銀行などの仲介業者を通じて契約を締結する市場。取引条件は国際スワップデリバティブ協会(ISDA)が定めるマスターアグリーメントによるのが一般的]

swaption /swɑ́pʃən/ n スワップション [⇨ 金利・通貨スワップ取引オプション(swap option), および金利スワップ・オプション契約(固定金利債務と変動金利債務を交換する選択権)]

swatch /swɑtʃ/ n 見本, 材料見本

Swatch 《商標》スウォッチ [⇨ スイス製腕時計]

sway /swei/ v 前後[左右]に揺れる[動かす]; 傾く[傾かす], に影響を与える; (意見などが)ぐらつく ▶ The central bank indicated it was not swayed by short-term market fluctuations. 短期的な相場の変動には左右されないことを中央銀行はほのめかした
— n 動揺; 支配(力), 影響力
hold sway over を支配する

swear /sweər/ (**swore**; **sworn**) vi 誓う, 厳粛に宣言する 《to》; (事が)本当だと誓う 《to》
— vt 誓う, 宣誓する (to); 断言する (to do); (誓って)約束する; (人に)誓わせる ▶ swear a person to secrecy [silence] 人が秘密を守るように誓わせる / I swear to tell the truth, the whole truth, and nothing but the truth. 私は真実を、すべての真実を、そして真実のみを語ることを誓います
be sworn in 宣誓就任する 《as》
I could have sworn (that) 《略式》はほぼ確かだ
swear by にかけて誓う; 《略式》に信頼を置いている
swear in 宣誓就任させる
swear off 《略式》誓って断つ
◇**swearer** n

sweat /swet/ (~ed) vi 《略式》汗水を流して働く; 《略式》苦労する, 不安になる
— vt 酷使する
sweat blood 《略式》懸命に働く
sweat one's guts out 《略式》身を粉にして働く
sweat out 《米略式》の成り行きを気にして待つ
sweat over を一生懸命にやる
— n 《略式》骨折り, 労力; (old ~)《英略式》経験豊かな人
no sweat 《略式》わけなく; 《間投詞的》平気だ, 簡単だ
◇**sweated** a 低賃金労働で作られた; 低賃金で過重労働の ▶ sweated labor 搾取労働

sweat equity (俗板で)労働出資 [⇨ 会社設立に際して金銭の出資に代えて、肉体的な労務または知的な労務に服すると約束すること]

sweater /swétər/ n (低賃金で過重労働をさせる)搾取者

sweat of the brow doctrine 額に汗の理論 [⇨ ある作品が著作権の保護を受けるためには、その作成において単に努力を費やしただけでは足りず、一定の創作性を備えることを要するという著作権法の理論]

sweatshop n 労働搾取工場 ▶ Some companies in the clothing industry are often criticized for sweatshop labor. 衣料産業の会社の中には、搾取労働のかどでしばしば非難されるものもある

sweep /swi:p/ (**swept**) vt 払う 《away》; 一掃する, 取り除く; 見渡す
— vi (感情が)襲う 《over》; 広がる; 伸びる 《round, away, down》

sweep across (火などが…を)越えて広がる ▶ A wave of debt defaults is sweeping across the country. 債務不履行の波が国中に押し寄せている

sweep a person off his feet (人を)たちまち夢中にさせる
sweep aside (批判を)一蹴(しゅう)する
sweep away 一掃する
sweep away to まで広々[長々]と続く
sweep down on を急襲する
sweep (back) into office 勝って政権に返り咲く
sweep through の全体に広がる
— n 一掃; (文明などの)進歩, 発展; 一振り; 範囲; 広がり; 圧倒的な勝利
make a clean sweep 一掃する 《of》 ▶ The firm made a clean sweep of its management. 会社は経営陣を総入替えした

sweeping a 広く及ぶ; 抜本的な ▶ The prime minister promised sweeping reforms in the financial sector. 首相は金融セクターの抜本的改革を約束した
— n 一掃
◇**sweepingly** ad

sweeps n 《米》視聴率調査月間 [⇨ 年4回設けられ、この間の視聴率がネットワーク側の広告料金に大きく影響する]

sweet /swi:t/ a 甘い; おいしい; 愉快な; (原油が)硫黄分が少ない, 低硫黄の (⇨ sweet crude) ▶ a sweet deal うまい取引
at one's own sweet will 好き勝手に
go one's own sweet way / please one's own sweet self 自分でしたいようにする
in one's own sweet way [time] 自分の好きなように

sweet crude スウィート原油, 低硫黄原油 (⇔ sour crude) [⇨ 硫黄分が少ない原油] ⇨ **crude oil**

sweeten /swí:tn/ vt ❶ 《略式》買収する ❷ 《米》(高額の有価証券などを加えて担保物件の)価値を高める, 値を上げる ❸ 《略式》(取引条件や所有物件の提案などの)価値[魅力]を高める ▶ sweeten one's proposition 提案に色をつける / We can sweeten the deal. その取引に色をつけることがで

きる
sweeten the pot 取引にさらに色をつける
sweetener n ❶《略式》わいろ ❷スウィートナー, 甘味剤［◘買手にとっての魅力を高めるために証券発行時に付される条件］► such sweetener as tax breaks and low-cost loans 租税特別優遇措置や低利貸付のようなスウィートナー
sweetheart a 馴合いでの
sweetheart deal 馴合い取引［◘互いをよく知る者同士による不正取引］
Sweet'N Low《商標》スウィートンロウ［◘米国のダイエット用の甘味料］
swell /swel/ (~ed; ~ed, swollen) vi 《数量が》増える (*into*) ► China's trade surplus continues to swell. 中国の貿易黒字は膨張し続けている / The country's trade deficit has swollen to record levels. その国の貿易赤字は記録的な水準に膨れ上がった / The budget deficit is projected to swell to $360 billion. 財政赤字は3千6百億ドルに膨れ上がると予測されている
— vt 数量を増す; 膨らませる ► swell the numbers 数を増やす
swell the ranks of に加わる
— n 膨らむ[増える]こと; 増大; うねり, 大波 (=heavy swell)
— a いきな, 素晴らしい
◇**swelling** n, a 膨らませる[膨らむ]こと; 膨張; 膨らんだ
SWF sovereign wealth fund
swift /swift/ a, ad 速い; 突然の, 即座の; …しやすい, すぐ…する (*to do*); 素早く;《略式》頭の切れる ► not too swift あまり頭はよくない
◇**swiftly** ad 即座に, 素早く ► He swiftly rose through the ranks in the company. 彼は急速に同社の出世階段を昇りつめた
SWIFT Society for Worldwide Interbank Financial Telecommunication
swim /swim/ (swam; swum; -mm-) v 泳ぐ
swim with [against] the stream [the tide] 時勢に従う[逆らう]
— n 水泳;《the ~》時勢
be [keep] in the swim (of things) 時勢に遅れない
out of the swim 時勢に遅れて
swindle /swindl/ v 詐取する (*out of*); だます ► Fraudsters swindled money from unsuspecting retirees. 詐欺師たちは疑うことを知らない退職者たちから金をだまし取った
— n 詐欺行為, いんちき; まやかし物
◇**swindler** n 詐欺師
swing /swiŋ/ (swung) vt うまく処理する
— vi 方向転換する;《米略式》流行の先端を行く ► The company swung to a loss of $18 million in the third quarter. その会社は第3四半期に1,800万ドルの損失に転じた / Prices are expected to swing back to normal. 価格は再び揺れて正常に戻ると予想されている
swing into action 活動を開始する
swing it うまくやる;《英略式》ごまかす (*on*)

— n （景気の）規則的変動; 活発な動き; 進行 ► The daily swing of the stock market can be wrenching. 株式市場の日々の変動には苦痛を感じる場合がある / Small companies are far more susceptible to swings in the economy. 小さな会社は景気の変動にはるかに影響されやすい
go with a swing 調子よく運ぶ
in full swing《略式》どんどん進んで; まっ最中で ► The country's economic recovery is in full swing. その国の景気回復は本格的だ
What you lose on the swings you gain on the roundabouts.《英略式》一方で損をして他方でもうける, 一長一短（の状況）だ (✣ swings and roundaboutsと短縮しても用いる)
swing shift《米略式》（工場の）午後交代［◘午後4時から真夜中まで］
swipe /swaip/ n《略式》磁気カードを通すこと
— v《略式》磁気カードを読取り機にかける[通す] ► Just swipe the card and enter your PIN. カードを読取り機に通して暗証番号を入れるだけです
swipe card 磁気（読取り）カード
Swire Pacific (~ Ltd.) スワイヤー・パシフィック［◘香港を本拠地とするコングロマリット。設立1871年。不動産, 航空 (Cathay Pacific), 飲料 (Swire Coca-Cola)などを扱う。公開会社だが, 創業会社John Swire & Sonsがコントロールする］
Swiss Miss《商標》スイス・ミス［◘米国のココアミックス］
switch /switʃ/ n スイッチ
make the switch 交換する
— vt 交換する, 取り替える (*with*); スイッチを入れる (*on*); スイッチを切る (*off*) ► The telephone was switched through to the library. 電話は書斎に切り換えられた
— vi 転じる, 変更する, 切り換える (*to*) ► He keeps switching from one job to another. 彼は仕事を転々としている / We switched to another supplier that had lower costs. 当社はコストの安い別の供給業者に切り換えた
switch over [around, round] 切り[入れ]替える[替える], 交替する
switch places 交替する
switchboard n 代表番号, 電話交換機
switched-on a《略式》流行の先端を行く
switching n （投信のファンド間の）スイッチング, 入替え商い
switchover n 転換, 切替え
swoon /swu:n/ vi《文》気絶する (*away*); だんだん弱くなる[消えていく]; 下落[暴落]していく ► Tight credit caused the stock prices to swoon. 信用の引き締めは株価の暴落をもたらした
— n 気絶, 卒倒; 下落, （株価などの）暴落 ► Japanese exporters are bearing the burden of the dollar's swoon. 日本の輸出業者はドル暴落の重荷を負っている / The stock market has fallen into a swoon. 株式市場は暴落した
swoon stock《略式》極端に敏感な株
swop /swɑp/ v, n = swap

sworn /swɔːrn/ v swearの過去分詞
— a 誓いを立てた, 宣誓した ▶ a sworn duty 果たすと誓った義務

SWOT analysis SWOT分析 [⇨自社の強み(strengths)と弱み(weaknesses), 環境の機会(opportunities)と脅威(threats)を分析し, 事業戦略の立案・構築に役立てようとするもの] ▶ Present a SWOT analysis of your company. あなたの会社のSWOT分析を出してください

SYD sum-of-the-year's-digits

syllabus /síləbəs/ n (~es, -bi /-bài/) (講義・講演などの) 概要, シラバス; 『法律』判決要旨 [＜近代ラ]

symbiotic marketing /sìmbiátik, -bai-/ 共生マーケティング [⇨地球環境問題を考慮して, 循環型の商品開発・チャネルの構築などを行おうとする概念] ⇨ green marketing

symbol /símbəl/ n 象徴, 表象; 記号 (of, for)

symbolic, symbolical /simbálik(əl)/ a 象徴的な(of); 象徴の; 象徴的な ▶ The Fed made the symbolic move of lowering its discount rate by half a percentage point. FRBは公定歩合を0.5パーセントポイント引き下げるという象徴的な措置をとった
◇**symbolically** ad

symbol manipulation シンボル操作

symmetric, symmetrical /simétrik(əl)/ a (左右)相称的な(⇔asymmetric)
◇**symmetrically** ad

symmetric distribution 『統計』対称分布

sympathetic /sìmpəθétik/ a 共感を誘う; 好意的な (to, toward, with); 気の合う

sympathetic strike 同情スト [⇨争議行為の当事者以外の者が連帯を示すために行うストライキ]

sympathize, (英) **-thise** /símpəθàiz/ vi 同情する (with); 同意する; 同感[共鳴]する (with); 一致する ▶ I sympathize with your grief. ご愁傷さまです / It is a point of view I do not sympathize with. その考え方には同意できません
◇**sympathizer** n 同情者, 同調者

sympathy /símpəθi/ n 同情, 哀れみ; 共感, 同感 ▶ have no [some] sympathy with に共鳴しな[いくらか共鳴する] / offer [give] one's sympathies to にお悔やみを言う / Our sympathy goes out to you. お悔やみ申し上げます

in [*out of*] *sympathy with* に賛成[反対]して
▶ come out in sympathy with (英) に共感[同情]してストをする

out of sympathy for に同情して

You have my deepest sympathies on をお悔やみ申し上げます

sympathy strike =sympathetic strike
▶ go on a sympathy strike 同情ストを打つ

symposium /simpóuziəm/ n (~s, -sia /-ziə/) シンポジウム, シンポ [⇨専門家が集まって行う会議] [＜ラ＜ギ *symposion*]

symptom /símptəm/ n 徴候, しるし ▶ The drop in consumer spending is a symptom of the country's weakening economy. 消費者支出が落ちたことはその国の経済の弱まりの現れである

synallagmatic /sìnəlægmǽtik/ a (契約などが) 双務的な, 双方的な (=bilateral)

sync n 同期, 同調 ▶ Wages have not risen in sync with inflation. 賃金はインフレに連動して上昇しなかった

synchronize, (英) **-nise** /síŋkrənàiz/ vi 同時に起こる (with); (映像と音声が) 同期する
— vt (二つの時計などを) 同一時刻にする; 同調させる; 同期化させる ▶ European leaders are calling for synchronized efforts in global financial regulations. 欧州の指導者はグローバルな金融規制で同一歩調の努力を求めている

synchronous /síŋkrənəs/ a 同時に起こる; (コンピュータが) 同期式[的]の ▶ Synchronous recessions shook up economies around the world. 同時不況は世界中の国々の経済を動揺させた
◇**synchronously** ad

syndicalism /síndikəlìzm/ n サンディカリズム [⇨労働者による生産・分配手段の所有を目指す組合主義] [＜仏]

syndicate

n /síndikət/ シンジケート; (証券発行における) シンジケート団, 協調融資団 ▶ form a syndicate to underwrite a security issue 証券発行を引き受けるための協調融資団を組成する / be invited to join the syndicate 協調融資団への参加を求められる
— v /-kèit/ シンジケート(団)を組織する; (記事を)通信社などを通じて配給する ▶ Lenders jointly syndicate loans to mitigate risk. リスクを緩和するために, 貸し手は共同でシンジケートローンを組む

syndicated a シンジケート団による

syndicated loan シンジケート・ローン [⇨銀行団による協調融資]

syndicated newspaper シンジケート新聞 [⇨(米国で) 新聞雑誌連盟を通じて記事・漫画などの配信を受けている新聞]

syndication /sìndikéiʃən/ n ❶ (番組の) 同時配給 ❷ シンジケーション [⇨米国で, 非ネットワーク系独立テレビ局に対し番組を販売・提供すること. あるいは新聞雑誌連盟を通じて記事・漫画などを新聞社に供給すること]

syndrome /síndroum/ n 症候群, シンドローム; (特別な社会状態・行動の) 型

synergism /sínərdʒìzm, sinə́ːrdʒìzm/ n ❶ 相乗作用, 相互強化作用; 協力, 共力 ❷ 『会計』合同効果, シナジー効果 [⇨全体が部分の総和以上の効果を及ぼす相乗効果]

synergistic /sìnərdʒístik/ a 相乗作用の; 相乗効果のある

synergy

/sínərdʒi/ n 相乗効果 [⇨全体が部分の総和以上になること] ▶ a synergy system 相乗効果のあるシステム / When it comes to M&As, creating synergy is every-

synergy effect 相乗効果

synopsis /sinápsis/ n (**-ses** /-si:z/) 概要, 大意 [くらベぎ]

syntax n 【ヨュ-9】 シンタックス [→コンピュータ・プログラムを記述するための構文ルール]

synthesize, 《英》**-sise** /sínθəsàiz/ v 総合 [統合]する

synthesized a 合成された ▶ synthesized voice 合成音声

synthetic, synthetical /sinθétik(əl)/ a 統合的な, 総合の; 人工の; 模造の; 本物でない ▶ a synthetic detergent 合成洗剤 / synthetic fibers 合成繊維 / a synthetic fuel 合成燃料 / a synthetic gene 合成遺伝子 / a synthetic resin 合成樹脂
— n 合成品
◇ **synthetically** ad

synthetic collateralized debt obligation 合成債務担保証券 (SCDO) [→債務担保証券(collateralized debt obligation)が抱える信用リスクをクレジットデリバティブ(credit derivatives)を組み込むことによって消去した金融商品]

synthetic instrument 合成金融商品, 複合金融商品 [→デリバティブなどを組み合わせて金融資産とそのキャッシュフローが同じになる資産を合成する]

synthetic natural gas 合成天然ガス (SNG)

syphon /sáifən/ v ❶ 吸い上げる, 吸い出す ❷ (不正に) 資金を引き出す, 横領する, 横流しする

SYSCO 《~Corp》 シスコ [→北米最大のフードサービス提供会社]

sysop /sísàp/ n 【ヨュ-9】 (通信などの) システムオペレーター (=system operator), シスオペ

system /sístəm/ n 系統; 組織(体系); 《the ~》制度; 機構; システム [→一般に異なる要素が一定の目的のために統合的に運用されていることを言う] ▶ a financial system 金融制度[システム] / an international monetary system 国際通貨[金融]制度 / a tax system 租税体系 / a mass transit system 大量輸送システム / a distribution system 流通機構 / a credit rating system 信用格付システム / a two-way system 双方向システム / be integral to the system システムと一体化している / use a different accounting system 異なる会計システムを用いる / develop an online order entry system オンライン受注処理システムを開発する / The stimulus package aims to stem turmoil in the banking system. 景気刺激包括案は銀行システムの混乱を阻止することを目指している

all systems (are) go 準備完了 (✤宇宙用語から)

cannot beat the system 体制には従わざるを得ない, 長いものには巻かれろ

game the system (策略として) 法の網をくぐり抜ける

have a (special) system for の(特別な)やり方[方策]を持っている

systematic, systematical /sìstəmǽtik(əl)/ a 系統だった; 体系的な; 規律正しい; 分類法の[に基づく]
◇ **systematically** ad

systematic error 【統計】系統誤差 [→測定したときの条件に対応する誤差のこと]

systematic risk システマティック・リスク [→分散投資によって消すことのできない市場全体としてのリスク]

systematic sampling 【統計】系統抽出法 [→一定の間隔を置いて母集団から標本抽出を行う方法]

system audit システム監査 [→システム自体の適否に関する監査で, 一般的にはEDPシステムおよび内部統制システムが正常に機能しているかどうかを確かめる監査]

systemic /sistémik/ a 体系[系統, 組織]の ▶ The financial crisis exposed the systemic instability of global capital markets. 金融危機は世界資本市場のシステム的な不安定性を暴露した

systemically ad 体系[系統, 組織]的に ▶ a systemically weak trading system 体系的に弱点のある取引システム

systemic risk システミックリスク, 連鎖破綻リスク [→システム全体の崩壊をもたらすリスク, 金融を例にとれば, ある金融機関の倒産による決済不能が連鎖的に波及して金融システム全体が麻痺してしまうようなリスクを言う] ▶ Government regulations have been put in place to protect the banking sector from systemic risks. 政府規則は銀行セクターを連鎖破綻リスクから守るために用意されたものだ

system integration システムインテグレーション [→ユーザーに必要な情報システムの企画・構築・運用までを一貫して行うサービス]

system integrator (SI) システムインテグレーター [→システムの企画から運用までを一括して提供する人]

systems analysis システム分析
◇ **systems analyst** システムアナリスト

systems audit =system audit

systems design システム設計
◇ **systems designer** システム設計者

systems engineer システムエンジニア (SE)

systems engineering システムエンジニアリング; 組織工学, システム工学

systems programmer システムプログラマー [→社内システムを設計する専門家]

T, t

t. ton(s), tonne(s)
t/a 《英》trading as
TA Transit Authority 公共交通機関管理所
tab /tǽb/ *n* つまみ、つけ札；《米》(缶の)引き手；《米》勘定[請求]書；【ﾊﾟｿ】タブ(キー) (=tab key, tabulator) ► Put it on my tab. (レストランなどで)私のつけにしておいてください
keep a tab [tabs] on 《略式》の勘定をつける；を監視する
pick up the tab 《米略式》(の)勘定を払う《*for*》
— *vt* を選び出す；【ﾊﾟｿ】タブキーを押す
Tabasco 《商標》タバスコ(ソース) (=Tabasco sauce) [◆メキシコの地名より]

table
/téibl/ *n* テーブル；食卓；食べ物、料理；平らな面；高台、高地 (=tableland)；表、一覧表
► the table of contents 目次
lay ... on the table を討議に付す；《米》を延期[棚上げ]にする ► May I lay a rather delicate matter on the table? ちょっと微妙な問題なのですが、議題として採り上げてよいでしょうか / I move that we lay the motion on the table. その動議を見送るよう提案します
on the table 検討[討議]中の
turn the tables 形勢を一変する、主客転倒させる《*on*》
under the table わいろとして；こっそりと ► A negotiation went on under the table without our knowledge. 知らないうちに交渉が持たれた
— *vt* テーブルの上に置く；表にまとめる；《米》棚上げする；《英》提出[上程]する ► table a bill 法案を棚上げする
tabular /tǽbjulər/ *a* 表形式の、表になっている ► in tabular form 表形式で
tabulate /tǽbjuléit/ *vt* (一覧)表にする
tabulation /tǽbjuléiʃən/ *n* 【統計】製表、集計、表
T-account *n* T字型勘定 (=T form, skeleton form) [◆勘定の左側を借方、右側を貸方とした略式の勘定口座] ► use a T-account analysis to show the movement of funds 資金の移動を表示するためにT勘定分析を使用する
tachograph /tǽkəgræf/ *n* タコグラフ [◆営業車に取りつけ走行時間・速度・距離を記録するための装置]
tacit /tǽsit/ *a* ❶ 無言の；暗黙の ► Lifetime employment used to be a tacit agreement when a person joined a company. 終身雇用はかつて入社時の暗黙の了解だった ❷【法律】黙示の、暗黙の ► tacit law 黙秘法 [<ラ]
◇**tacitly** *ad*

tacit knowledge 暗黙知 [◆ハンガリーの哲学者マイケル・ポランニーが1966年に提唱した概念、明文化でき、したがって他に伝えたり共有できる形式知との対比で、直観的に認識されていて明文化しにくい知識を言う]
tack /tǽk/ *n* 方針；やり方；ジグザグ進行
change tack / try a different tack 方針[やり方]を変える
— *v* 付加する《*to, on, onto*》；方針を急変させる
tackle /tǽkl/ *n* 道具一式
— *v* (問題に)取り組む《*about, over, on*》 ► Manufacturers must tackle the problem of greenhouse gas emission. メーカーは温室効果ガス排出問題に取り組まなければならない
tact /tǽkt/ *n* 如才なさ、臨機応変の才、機転 ► The manager handled the employee's dismissal with tact. 課長は如才なく従業員の解雇に対処した
◇**tactful** *a* 機転のきく、如才ない ► Managers need to manage people in tactful ways. 管理者は気配りのある仕方で部下を管理しなければならない
◇**tactfully** *ad* 如才なく ► The boss tactfully told him that he was taken off the project. 上司は、彼がプロジェクトから外されたことを如才なく告げた / The chair should deal tactfully with disagreements. 議長は意見の相違を如才なく処理しなければならない
◇**tactfulness** *n*
tactical /tǽktikəl/ *a* 戦術(上)の；駆引き上手な；計画的な ► tactical voting 戦術的投票
◇**tactically** *ad*
◇**tactician** *n* 戦術家；策士

tactical asset allocation 戦術的資産配分 [◆戦略的資産配分より短期的な視点で動くことで、たとえば資産クラス別の配分で株式は55-60%と決まっていても、その中で業種別配分を短期的に変えたりする]
tactics /tǽktiks/ *n pl* 戦術、戦略；策略、駆引き ► delaying tactics 先延ばし戦術 / diversionary tactics 陽動作戦 / selling tactics 販売戦術 / strong arm tactics ごり押し戦術 / adopt tactics 戦術を取る / employ [use] tactics 戦術を用いる / The company used deceptive sales tactics to attract customers. 顧客をひきつけるため、その会社は人を惑わすような販売戦術をとった
Tae Bo 《商標》タエボー [◆ボクシング、テコンドー、エアロビクスなどを融合したフィットネス運動]
Taft-Hartley Act /tǽfthɑ́ːrtli/ (the ~) タフト・ハートレー法 [◆米国の労使関係法]
tag /tǽg/ *n* 荷札、名札、値札；(万引き防止用の)ICタグ；【ﾊﾟｿ】(情報の始めや終わりの)符号、タグ [◆HTMLで使われるプログラミング記号] ► When I looked at the price tag, I was surprised by how expensive the bag was. 値札を見たとき、そのバッグの高価なのに驚いた
— *vt* (**-gg-**) 札[標識]を付ける；レッテルを張る《*as*》；ICタグを付ける；(データに)タグを付ける ► The firm tagged him with the loss of

the account. 会社は経理に穴のあいた責任は彼にあるとした / The factory has been tagged for closing next month. その工場は来月閉鎖の烙印を押された

tag line キャッチフレーズ

tail /teil/ n 尾; 尾部; 終わり; (~s) 貨幣の裏面 (⇔ heads); (人々の) 列

get one's tail down [*up*] しょげる[元気づく]

turn tail 逃げ出す ► Many investors have turned tail from technology stocks. 多くの投資家はハイテク株に背を向けて逃げ出した
— vt 末端につなぐ《*on, to, onto*》
— vi 後にぴったりついて行く《*after*》; 次第に消えていく, 小さくなっていく《*away, off*》

tail end 末端; 終わりの部分 ► The company is nearing the tail end of its restructuring. その会社はリストラの最終段階に近づきつつある

tailor /téilər/ vt カスタマイズする; を(…に)合わせる《*for*》 ► The company tailored the job for him. その会社は仕事を彼にやりやすくした / We tailor our products to local market demands. 地場市場の需要に合わせて製品を調整いたします

tailor-made a カスタマイズされた ► This product can be tailor-made to suit your requirements. 御社のニーズに合わせてこの製品をカスタマイズすることができます

tailspin n きりもみ降下; 意気消沈; 《略式》(経済的)混乱, 沈滞 ► The global economy is in its worst tailspin in decades. 世界経済は数十年間で最悪の混乱状態にある

tailwind n 追い風 ► The strong dollar is providing a tailwind to Japanese exporters. ドル高は日本の輸出業者に追い風を提供している

take /teik/ (took; taken) vt ❶ 取る; 持ち去る; 引き去る《*from*》;(写真を)撮る; 選ぶ;(新聞などを)取る, 買う; 手に取る; 受け取る; 受け入れる, 引き受ける; 経験する; 持って[連れて]行く;(行動を)とる;(効力が)出る; 理解[解釈]する《*as*》;(場所を)占める; 必要とする; 夢中にさせる;《米俗式》(人を)だます ► be taken with [by] …に夢中になる / The specimens to be analyzed were taken at random. 分析の資料は無作為に選ばれた / The central bank took an aggressive step by cutting its interest rate by one percent. 中央銀行は, 金利を1パーセント引き下げて積極策をとった / I have taken the liberty of sending you our catalog. 勝手ながら, 弊社のカタログをお送りさせていただきました / Many countries have taken measures to shield their domestic industries from the global recession. 多くの国は国内産業をグローバルな景気後退から保護する措置をとった / It takes years to develop this kind of product. この種の製品の開発には何年もかかる / An audit can take several days. 監査は数日を要することがある

❷《法律》(財産を)取得する, 占拠する; 接収する (=confiscate) ► take property compulsorily 不動産を強制的に接収する / They take a fortune under the will. 彼らは遺言により財産を取得する

— vi 人気を博す;(病気に)なる

do whatever it takes to do 必要なことは何でもやる ► The government declared it would do whatever it takes to keep the inflation down. インフレを抑制するために必要なあらゆる手を打つと政府は宣言した

have [*have got*] *what it takes* 成功に必要なものを持っている《*to do*》 ► The new CEO has what it takes to lead the company and turn it around. 新任のCEOは同社を指導し立て直すために必要な資質を備えている

It takes one to know one. 類は類を知る

take aback ひどく驚かす ► I was taken aback by his sudden objection to the proposal. その提案に対するあの人の突然の反対に不意を突かれた

take A for B AをBと誤って思い込む ► What do you take me for? 私を誰だと思っているんだ

take after に似る; を手本にする; を追跡する

take apart を分解する; 《略式》をひどく叱る ► Take the product apart to see how it is made. その製品を分解して作り方を調べてみなさい

take a person up on について(人に)質問をする; (人の)申し出に応じる ► I took him up on his job offer and joined the company's legal department. 彼の求人の意向に応じて, 私は同社の法務部に入った

take away を持ち去る; (数を)引く《*from*》; 効果[価値]を減ずる《*from*》 ► This job takes away a lot of my free time. この仕事をすると多くの自由時間がなくなってしまう

take back を取り戻す, 戻す, 返す; 返品に応じる; 取り消す ► They took it back and refunded my money. 店では返品を受け取り, 金を返してくれた / We will take back any product within 30 days of purchase. お買い上げ後30日以内でしたら, どのような製品でもお引き取りいたします

take down を降ろす, 下げる; を取り壊す, 解体する; を書き留める ► The secretary took down the minutes of the meeting. 秘書はその会議の議事録を作成した

take hold 確かなものになる, 定着する ► As the recession takes hold, companies are keeping the lid on wages. 景気後退が定着するにつれて, 各社は賃上げの抑制に懸命になっている

take in を取り入れる, 受け入れる; 考慮に入れる; 理解する;(間違いを)信じ込む; だます;(仕事を)自宅でやる; (金・作物を)集める ► Our company took in many new employees this year. 当社は今年, 新しい従業員を多数採用した

take it 受け入れる;(…だと)信じる《*from; that*》

take it on one [*oneself*] *to do* …する責任を引き受ける, 思い切って…する

Take it or leave it. (申し出について)どうするかは君次第だ

take off 立ち去る; を取り除く; 割り引く; コピーを作る;(休暇を)取る;《略式》(計画が)うまくいき

始める ► take a day off from work 1日休みを取る / He had 200 impressions taken off. コピーを200部刷らせた / Sales of hybrid cars are starting to take off. ハイブリッド車の売上は急上昇し始めている / I'd like to take some time off next week, if possible. できましたら、来週お休みをいただきたいのですが

take on 人気を博す，雇う；(様相を)呈する；(乗客を)乗せる，(荷物を)積み込む；引き受ける；挑戦する ► He was taken on as a partner in the law firm. 彼は法律事務所の共同経営者として勤めることになった / He took on too many responsibilities that he couldn't handle. 彼は自分の手に負えないほど、あまりにも多くの責任を背負い込んだ

take or leave 嫌ならやめる (⇨ Take it or leave it.);…の増減を含んでいる

take out を取り出す (of)；獲得する；(免許を)取る；連れ出す；金を引き出す；無力化する ► He takes it out in goods instead of cash. 彼はそれを現金ではなく品物で受け取る / The lower interest rate should make it cheaper for borrowers to take out mortgage loans. 金利が下がったので、借り手はもっと低利の住宅ローンを受けられるようになった

take out ... on a person を(人の)せいにする，を(人に)ぶちまける

take over 引き継ぐ《*from*》；接収する，乗っ取る；交配する，優勢になる ► He will take over as the company's new CEO. 彼はその会社の新しいCEOの地位に就くだろう / He will take over responsibility for the project. 彼が引き継いでプロジェクトの責任者になります / Your work has taken over your life. 君は仕事にかかりきりで自分の生活というものがない

take part in …に参加する ► Have you ever taken part in market research as a consumer? あなたは消費者として市場調査をしたことがありますか

take place 起こる，催される ► The announcement could take place as early as next Monday. 発表は早ければ今度の月曜日に行われる見込みだ

take to に専念する，(…するのが)習慣になる 《*doing*》► take to one's bed 寝る

take up を取り上げる，買い取る，(時間・場所を)とる；(言葉を)さえぎる，(注意を)引く；(仕事に)取りかかる；(問題を)取り上げる；(立場を)とる ► The sale was taken up in a matter of days. 数日のうちに売り切れた / The meeting won't take up much of your time. 会議にはあまりお時間をとらないつもりです

take ... upon [on] oneself (責任を)負う；をし始める

take ... up with a person (問題を)(人に)持ち出す ► I'll take the issue up with the client at our next meeting. 次の会議で、この件をお客様と検討しましょう

━ *n* 獲得，収穫；利益；漁獲[収穫]高；取り分，分け前；《略式》試み；《*one's ~*》《略式》(についての)考え方；意見，見方《*on*》；《米略式》売上高，上がり
on the take 《略式》わいろを受け取って

take-home (pay) *n* 手取り(給料) ► Workers who stayed with the company had to take nearly a 50% cut in their take-home pay. 会社にとどまった従業員は手取り給料のほとんど50%をカットされるはめになった

takeoff *n* ❶ 離陸，《略式》おどけた(特に有名人の)物まね ❷ テイクオフ [⇨(1)景気持ち直しの初期段階 (2)経済成長の離陸期]
do a takeoff of の物まねをする

take-or-pay contract テイク・オア・ペイ契約 [⇨長期にわたる売買契約で、買主が製品やサービスを引き取れないときでも、一定金額を売主に支払う義務を買主に課す契約]

takeout *n, a* 持ち出すこと；《米》持ち帰りの(料理を売るレストラン) (=《英》takeaway)；とじ込み記事

takeout financing 長期融資 [⇨短期の建設融資が終了した後を受けて組まれる、より長期の融資]

takeover /téikòuvər/ *n* ❶ (支配権の)奪取 ❷ 《経営》企業買収，企業取得，乗っ取り [⇨会社の経営権を取得すること] ► a hostile [friendly] takeover 敵対的[友好的]買収 / attempt a takeover テイクオーバーを企てる / The takeover of our largest competitor drove our share price up. 最大の競争相手を買収したことで、わが社の株は値上がりした

takeover bid 《英》株式公開買付 (TOB) (=《米》tender offer) [⇨会社の支配権を獲得する目的で株式の買取りを申し込むこと] ► launch a takeover bid 買収をしかける / reject a takeover bid 買収の申込みを拒絶する / They announced a takeover bid of the company. 彼らはその会社の買収案を発表した

takeover code テイクオーバー・コード [⇨企業買収監督委員会(Panel on Takeovers and Mergers)が定める公開買付等による企業買収のルール集]

takeover defense 乗っ取り防衛策 [⇨敵対的(hostile)買収に対する防衛策。white knight, poison pill, Pac-Man defense, crown jewels などの対策が考案されているが、法的に問題含みのものが多い]

takeover offer 株式公開買付の申し出

takeover panel 《英》企業買収監督委員会 [⇨法に基づいて設置されている自主規制機関で、企業買収のルールを定め、個々の案件でのルールの遵守を監督する]

takeover target 企業買収の対象企業

taker /téikər/ *n* 取る人，挑戦[申し出]に応じる人；買う客 ► There are no takers for the products. それらの製品の引き取り手はいない

take-up *n* 申込み；(社会保障の)受給率

taking /téikiŋ/ *n* 《~s》売上高，上がり ► box-office takings 興業の売上 / day's takings 一日の稼ぎ / week's takings 一週間の稼ぎ / She counted the night's takings. 彼女はその

晩の稼ぎを計算した

tale /teil/ n 話, 物語; うそ; うわさ; 告げ口, 陰口; 《文》総数 ► As part of their orientation, new employees hear tales of the founder's achievements. オリエンテーションの一環として新入社員は創立者の功績について話を聞く
have a tale to tell 語る話がある
tell one's own tale おのずと分かる
tell tales 告げ口をする; うそをつく
tell tales out of school 秘密を漏らす

talebearer n 告げ口屋

talent /tǽlənt/ n 才能, 天分 (*for*); 力量; 《集合的》特殊な才能を持つ人々, タレント ► We need to prevent the flight of talent. 当社は才能ある人たちの流出を防がなければならない
◇**talented** a 才能のある
◇**talentless** a 無能な

talent scout タレントスカウト, 人材発掘係 (=talent spotter)

talent-spotting n 人材発掘, タレントスカウトの仕事
◇**talent spotter** n

talk /tɔːk/ vi しゃべる, ものを言う; 話す, 語る《*to*, *with*》; 話す《*about*, *of*》; 相談する; うわさ話をする《*of*》; 秘密を漏らす ► We can talk about the exact figures later. 正確な数字については, もう少し時間をください
— vt 話す, 論じる
Talk about .... …とはこのことだ;《反語》…だなんてとんでもない ► Talk about expense! 金がかかったのなんの
talk around 回りくどく言う;《米》説得する
talking of と言えば, の話のついでだが
talk into doing 説得して…するようにする
talk of (する) つもりだと言う; うわさ話をする ► He is being talked of as our next president. 彼は次の社長だとうわさされている
talk out 徹底的に話し合う; 対話して解決する;《英》(会期内に討論を引き延ばして) (法案・議案などの) 通過を妨げる
talk out of (doing) を説得して(…することを)やめさせる
talk over 長々と論じる; 説得する
talk round =talk around
talk the talk 《米俗式》(人々が) 言ってほしいことを言う
talk through のすべてを話し合う;(…させて)(人に) 指示を与える
talk to に話しかける, 話す;《略式》非難する, 叱る ► I'll talk to you soon.《略式》(電話を切る時に) それでは, また / Who do you want [wish] to talk to? (電話で) どなたとお話になりたいのですか / It's been good talking [talk] to you. あなたとお話できて楽しく過ごせました (✚ 別れる時の決まり文句)
talk tough 強い言葉で主張する
talk up 大声ではっきり話す; 褒めそやす
— n 話すこと; 談話, (軽い) 演説[講演]; うわさ (の種);《~s》協議, 会議; 空約束; 特殊用語 ► advanced [exploratory] talks 予備折衝 / contract talks 契約交渉 / informal talks 非公式折衝 / break off talks 話合いを中断する / conduct [hold] talks 交渉を行う / He's all talk. 彼は口先だけだ / Talks to settle the trade dispute failed to make headway. 貿易紛争を解決する話合いは前進しなかった
in secret talks with と秘密会談して
◇**talker** n 話す人; 話だけで実行しない人

talking point (おもしろい) 話題; (商品の) セールスポイント, 取り柄

talking shop トーキング・ショップ [♦ もっぱら机上の空論に終わっているような議論の場. 実行の伴わない人々のたとえ]

tall /tɔːl/ a 背の高い; の高さのある;《略式》(値段などが) 法外な; 大げさな ► a tall tale [story]《略式》ほら話 / Analyzing all the data in one week is a tall order. データすべてを一週間で分析するなんて無理な相談だ
◇**tallish** a やや高い, かなり背の高い
◇**tallness** n

tally /tǽli/ n ❶ 勘定; 貸借りの記録; 対の片方, 半券; 一致, 符合
❷ (物品受渡しの) 計算単位, 束 [♦ 1ダース, 1組, 1束など] ► buy goods by the tally 商品を(1個いくらでなく)束で買う
keep a tally 記録する
— vt 照合する, 突き合わせる
— vi 符合する《*with*》, 一致する

talon /tǽlən/ n ❶ (猛禽の) かぎづめ; 爪のような指 ❷ (無記名式債券の最終利札に付く) 追加利札セット引換券

tame /teim/ a 飼いならされた; おとなしい, 臆病な;《略式》退屈な ► Inflation has been fairly tame over the last year. インフレは昨年の一年間はかなりおだやかだった
— vt 飼いならす; 服従させる, 無気力にする; 和らげる
— vi なれる

Tamiflu /tǽmiflu:/ n タミフル [♦ 抗インフルエンザ薬. リン酸オセルタミビル]

tamper /tǽmpər/ vi みだりに変更する《*with*》; (を) 不正開封する

tamper-evident a 《英》不正開封検知式の [♦ 販売前に開封された場合, 即座にそれとわかるようになっていることを言う]

tamper-proof a (包装が) 不正に開封できない

tamper-resistant a (包装が) 不正に開封すれば分かる

TAN tax anticipation note (米国) 納税地方債

Tan Book タン・ブック, 地区連銀経済報告 [♦ 連邦準備理事会の下で金融政策を決める連邦公開市場委員会 (年8回開催) に先立ち, 討議の資料として各地区連銀が輪番制で取りまとめているもの. ベージュ・ブック(beige book)とも言う]

tangible /tǽndʒəbl/ a ❶ 触知できる; 実体のある; 明確な ► a tangible proof 明らかな証拠 / We've made some tangible achievements through our restructuring. 組織の再編成を通じて, 目に見える成果をいくつか上げた ❷ 《法律》有

tangible asset 有形資産 ⇨ intangible asset, fixed asset ► Equipment, machinery, buildings, and land are tangible assets. 設備, 機械, 建物, 土地は有形資産である

tangible fixed asset 有形固定資産

tangible net worth 有形純資産, 自己資本 [○総資産からのれんなどの無形資産と負債を引いたもの. net tangible assets とも言う]

tangle /tǽŋgl/ v もつれる[させる], 絡む[ませる] (up); 陥れる; やり合う, けんかする (with)
— n もつれた状態, (a ~) 紛糾, 混乱; (略式) 争い ► His financial affairs are in a tangle. 彼の経済状態は火の車だ

◇**tangled, tangly** a もつれた; 入り組んだ

tank /tæŋk/ n (水・油などの)タンク, タンク一杯(の量); 貯水池, ため池 ► Please fill up the gas tank when you return the car. 車を返却する際にはガソリンを満タンにしておいてください
— vt タンクに入れる[蓄える], (ガソリンを)満タンにする (up)
— vi 《米略式》うまくいかない; 急に低下する ► When the joint venture tanked, both companies lost huge sums of money. ジョイントベンチャーが失敗に終ったとき, 両社は多額の損失をこうむった

tanker /tǽŋkər/ n タンカー, 油輸送船; タンクローリー

Tannoy 《商標》タンノイ [○英国の高級スピーカーメーカー. また, そのスピーカーシステム]

Tanqueray 《商標》タンカレー [○英国製のジン]

tap /tæp/ n 栓; 蛇口; 《略式》盗聴(器), 隠しマイク
on tap 《略式》すぐに利用できる ► The company has several ad campaigns on tap to promote its new product. その会社は, 新製品の販売を促進するために, いくつかの広告キャンペーンを予定している
— vt 開発する, 利用する (into) ► A new store was built to tap the local market. 地元の市場を開拓するため新しい店ができた / We need to tap new markets. 新規市場を開拓する必要がある / Our company is looking to tap into the country's huge market. わが社はその国の巨大な市場に参入しようとしている

tap out 《米略式》(キーボードを打って)書く; 有り金を使い果たす

tape /teip/ n 接着[絶縁]テープ; 録音[ビデオ]テープ ► a blank tape 空のテープ

tape machine 株価表示装置 [○特に文字が横に流れる方式のもの]

taper /téipər/ v 先細になる (off, away); 次第に減る[減らす] (off) ► Sales have begun to taper off. 売上は徐々に減っていった
— n 先細のもの
— a 先細の

taper relief 《英》長期保有優遇税制 [○長期投資を促す一方で長期保有によるインフレの影響を考え, 一定額を値上がり益から控除できるようになっていたが, 2008年に廃止された]

tare n 風袋(ふうたい), 車体重量, 自重

target /táːrgit/ n ❶ 的, 標的; 対象, 種 (of); 目標(額) ► hit the target 的[目標]に当たる, 命中する, 的中する / exceed the target 目標額を超える / abandon a target 目標達成をあきらめる / overshoot a target 目標を超えてしまう / work to-wards a target 目標に向け努力する / Management set a revenue growth target of 12%. 経営陣は増収率の目標を12%に設定した / The company missed the earnings target set by Wall Street. 同社は証券業界が設定した利益目標を達成できなかった / We have achieved our target of increasing sales by 10% in 2008. 当社は2008年に売上高を10%増やすという目標を達成した / Our department has met its annual sales target. 当部門は年間の売上目標を達成した

❷〖金融〗目標 ► an intermediate target (金融政策の)中間目標 / an operating target (金融政策の)操作目標 / a money supply target マネーサプライの目標値 / 5.5% may be a more likely target for interest rates. 5.5%が金利ターゲットになる可能性のほうが高い

(*right*) *on target* 正しい軌道に乗って; 的中して
— vt 的[目標, 対象]とする (at, on) ► We can use the data to target particular types of customers. 特定のタイプの顧客に狙いを定めるためにデータを利用することができる

Target (~ Corp.) ターゲット [○米国のディスカウントストアチェーンで, Wal-Mart に次ぐ規模を持つ. 1962年に1号店が開店. 2004年 Mervyn's と Marshall Field's を売却]

target audience ターゲット・オーディエンス, 標的オーディエンス [○標的市場(target market)を広告活動の対象として見た場合の言葉]

target buyers ターゲット市場, ターゲット・セグメント [○自社製品・サービスの売込み先として狙いを定めた消費者層]

target corporation [company] 株式公開買付対象会社; 株式公開買付で狙われた会社

target costing ターゲット・コスティング [○企画段階からライフサイクルを見渡しながら原価を想定しておくアプローチ]

target customer (獲得)目標顧客

target earnings 業績給
on target earnings 業績給で (❖所定の売上高等を達成した場合の支給額. 求人広告では OTE と表示される)

Target Group Index TGI調査 [○消費者の購買パターン, 生活意識などをカバーしているメディア・プランニングの業界の標準的基礎資料. 米国の National Consumer Study に相当する]

target market ターゲット・マーケット, 標的市場 [○ある商品やサービスの潜在的顧客層としてマーケティング活動の対象となる特定の市場区分 (market segment)] ⇨ target audience

target marketing ターゲット・マーケティング [◇ある商品やサービスの潜在的顧客層としての標的市場(target market)に集中的にマーケティング活動を行うこと]

target price 目標価格 [◇会社を買収するときの目標買収価格]

target zone 【金融】ターゲット・ゾーン [◇固定相場制と比べて変動幅がより広く設定される為替レートのより頻繁な調整が許容される,為替レートをある一定の範囲内に抑える為替制度]

tariff /tǽrif/ n ❶ (ホテルなどの) 料金[運賃]表 ❷【財政】関税 [◇輸出入される物品に課される租税を指すが,わが国をはじめ多くの国で輸入税にのみ関税を課しているので,輸入税と同義になる場合が多い] ▶ raise [lower] tariffs on の関税を引き上げる[下げる] / eliminate tariffs 関税を撤廃する / Tariffs and quotas hinder world trade. 関税と数量割当は世界の貿易を阻害している / They have asked their government to impose tariffs on imported steel. 彼らは輸入鋼材に関税をかけるように政府に要求した 📄 Any increase or additional tariffs, surcharges, duties or other import fees which become applicable after any Goods are ordered, shall be payable by BUYER. 「商品」の発注後は,関税,追徴税,公租公課そのほかの輸入手数料について,いかなる増額であれ追加であれ,「買主」が負担するものとする

tariff duties 関税

tariff escalation 傾斜関税 [◇加工度の高い製品ほど関税が高くなるという制度]

tariff rate 関税率

tariff wall 関税障壁 (=tariff barrier)

tarnish /tάːrniʃ/ v 曇らせる[曇る], 変色させる[する]; (名声など) 傷つける[傷つく] (*with*) ▶ It would likely tarnish the company's credit rating. それは同社の信用格付を汚すことになりそうだ / The product recall tarnished the company's reputation. 製品のリコールはその会社の名声を傷つけた
— n 曇り, 変色; 汚名

TARP Troubled Asset Relief Program

task /tæsk, tɑːsk/ n ❶ 職務, 務め; 仕事 ▶ be at one's task 仕事をしている / assign a task to a person 人に仕事を課す / take a task upon oneself 仕事を引き受ける / I have a lot of tasks to do this afternoon. 今日の午後は仕事がたくさんある ❷【経営】課業 [◇職務分析において,個々の従業員が分担している目的を持ったひとまとまりの仕事(コピーを取る,伝票を起こすなど)を言う. テイラー・システムによる工場管理の基礎となる]

take a person to task (略式) (人を) とがめる, きつく叱る (*for* (*doing*), *about*, *over*)
— vt 酷使する; の仕事を課す (*with*)

task force プロジェクト・チーム ▶ We'll put together a task force to deal with this crisis. この危機に対処するために当社はプロジェクト・チームを結成する予定だ

task-oriented a ❶ タスク志向の [◇与えられた仕事を期限内にこなせるかという結果重視のアプローチを言う. 人間関係や批判的思考を重視するアプローチと対比される] ❷ タスク志向の [◇「何々したい」というユーザーの行動を先取りして双方向型のインターフェースなどに織り込むアプローチを言う]

TASS /tæs/ n (ロシアの) タス通信社 [◇ロシアの国営通信社. ソ連の崩壊に伴い, 1992年 ITAR-TASS (ITARはInformation Telegraph Agency of Russia)と改称]

taste /teist/ vt 味わってみる; 経験する
— vi 味わってみる; (の) 味がする (*of, like*)
— n ❶ 味, 風味 (*of*); 好み (*in, for*); 眼識 (*for*); 態度, 趣味; 趣; 少しの経験 ▶ We're targeting young consumers with a taste for electronic goods. 電子グッズの好きな若年層の消費者をターゲットにしている
❷【マスメディア】趣向, 雰囲気
be to a person's taste (人の) 好みに合う
in good [*bad, poor*] *taste* 上品[悪趣味]で ▶ The pictures used in the ad were in poor taste. 広告で使われた写真は趣味が悪かった
to taste 好みに応じて

Taster's Choice (商標) テイスターズチョイス [◇米国製の, カフェインを97％除いたインスタントコーヒー]

taste-test challenge 試飲チャレンジ [◇同種の飲料をブランド名を隠して試飲させ, どちらが美味かを言わせるもの. 1980年代の Pepsi Challenge から始まった] ▶ The company conducted taste-test challenges of its fruit juices in supermarkets across the country. 同社は全国のスーパーでフルーツジュースの試飲チャレンジを実施した

Tata Group タタ・グループ [◇インドのソフトウェア開発ならびにコンサルティング会社財閥グループ. 100近いグループ企業が情報, 通信, エンジニアリング, 化学, エネルギーなどの産業にかかわっている. 19世紀中ごろに Jamsetji Tata により創業. 自動車会社 Tata Motors は Ford より Jaguar, Rover 部門を買収した]

tax /tæks/ n 税, 租税, 税金, 公租公課

コロケーション

(動詞(句)+〜) **abolish** tax 税を廃止する / **avoid** tax (合法的に) 節税する / **collect** tax 税金を徴収する / **cut** tax 税金を下げる, 減税する / **defer** tax 税を繰り延べる / **evade** tax 税金を逃れる / **impose** tax 税金を課す / **increase** tax 増税する / **levy** tax 税金を課する / **lower** tax 減税する / **pay** tax 税金を納める / **raise** tax 増税する / **repeal** a tax 税金を廃止する

▶ an after-tax interest rate 税引後金利 / withholding tax 源泉徴収税 / consumption tax 消費税 / progressive tax 累進税 / be free of tax 無税である / The government has delayed **raising the consumption tax** until the economy recovers. 政府は景気が回復するまで消費税の引上げを遅らせた / He paid 50 dollars **in taxes**. 税金に50ドルを支払った / Diplomats are exempt from **the host country's taxes**. 外交官は赴任先の国の税金を免除される / The government is planning to **introduce a new tax** on capital gains. 政府は資産売買益に対する新たな税金を導入することを考えている / **Low taxes** are one of the financial incentives for foreign mining companies willing to invest in the country. 低率の税はその国に投資を考えている外国の鉱業会社に対する財政的優遇措置の一つだ

■=税■

capital gains tax キャピタルゲイン税 / carbon tax 炭素税 / consumption tax 消費税 / corporate income tax 法人税 / corporation tax 法人税 / enterprise tax 事業税 / excise tax 物品税 / income tax 所得税 / income tax cut 所得減税 / individual income tax (個人の) 所得税 / land value tax 地価税 / local inhabitant's tax 住民税 / local tax 地方税 / luxury tax 奢侈税 / marginal tax rate 限界税率 / national tax 国税 / property tax 固定資産税 / sales tax 売上税 / securities transaction tax 有価証券取引税 / social security tax 社会保障税 / stamp tax 印紙税 / state tax 州税 / turnover tax 取引税 / unemployment tax 失業保険税 / unitary tax 合算課税 / value added tax 付加価値税 / withholding tax 源泉徴収税

after tax 課税後の, (所得などが) 税引きで ► The interest is not very much, especially after tax. 利子は大したものではない. 特に税引き後はそうだ
before tax 課税後の, (所得などが) 税込みで;【会計】税引前の ► income before taxes 税引前所得
impose [lay, levy, put] a tax on に課税する ► impose a tax on an unearned income 不労所得に課税する / The government plans to impose a higher tax on gasoline. 政府はさらに高いガソリン税を課す計画だ
plus tax 税別
— *vt* ❶ 課税する; 重い負担をかける; 酷使する; 非難する 《*with* (*doing*)》► be taxed at source 源泉課税される / Profits you get from selling your stock are taxed as capital gains. 株を売って得た利益はキャピタルゲインとして課税される ❷【法律】(訴訟費用などを) 査定する ► tax the costs of an action in court 訴訟費用を査定する

tax abatement 租税軽減措置
taxability *n* 課税可能性
taxable /tǽksəbl/ *a* 課税の対象となる
taxable earnings =taxable income
taxable income 課税所得 [➔ 米国の所得税額の計算の基礎となる所得額] ► deduct medical expenses from one's taxable income 課税所得から医療費を控除する / Capital losses are deductible from taxable income. キャピタルロスは課税所得から控除できる
taxable profit 課税利益

taxable temporary differences [会計] 将来加算一時的差異 (TTD)
taxable value 課税価値
taxable year 課税年度
tax accountant 税理士
tax accounting 税務会計
tax agreement 租税条約 ► sign a tax agreement to avoid double taxation 二重課税を回避する租税条約に署名する
tax allocation 税の期間配分, 税金配分 [➔ 企業会計と税法上の収益や費用の認識基準の相違から生ずる差額の調整手続]
tax allowance 《英》非課税項目 (=《米》tax exemption)
tax amount 税額
tax-and-spend *a* 高負担・高福祉の [➔ 税負担を重くし, それを原資に福祉を中心とした歳出拡大を図る「大きい政府」的発想をいう]
tax-and-spender *n* 高負担・高福祉主義者 ► Democrats are voracious tax-and-spenders. 民主党はあくまでも高負担・高福祉政策をとっている
tax anticipation note (米国の) 納税地方債 (TAN) [➔ 州や地方自治体が将来の税収を見越して出す公債]
tax assessment 租税の査定
tax assessor 課税担当官

taxation /tækséiʃən/ *n* 徴税, 課税; 税制; 税収 ► corporate taxation 法人税制 / double taxation 二重課税 / be exempt from taxation 免税される / be subject to taxation 課税される / reduce taxation 減税をする / change the taxation system 税制を変更する / taxation without representation 代表なき課税

taxation at the source 源泉課税
taxation base =tax base
tax audit 税務調査
tax authority 税務当局
tax avoidance 租税回避, 節税 [➔ 合法的手段によって租税負担の軽減を図ること] ⇨ tax evasion
tax band 《英》=tax bracket
tax base 課税ベース, 課税標準, 税基盤 [➔ 一国 (または一地域) で課税所得を計算するための基礎となる金額] ► broaden the tax base 税基盤を拡げる
tax bearing capacity 担税力 [➔ 税を負担する能力. 通常, 所得が多いものは担税力が大きいと言う]
tax benefit 税務上の特典 [➔ 税制上の優遇措置による税の軽減]
tax bill 納税通知書
tax bite 《略式》課税 (額), 税金として引かれる分 [➔ 所得に対比しての税額の大きさを言う場合が多い] ► The government plans to increase the tax bite on middle and high income earners. 政府は中所得者と高所得者への課税を増やす計画だ
tax bracket 《米》税率区分 (=《英》tax band)

▶ recommend tax-exempt money-market funds for clients in high tax brackets 高税率区分の顧客に非課税のマネーマーケットファンドを勧める

tax break 税制上の優遇措置, 減税措置 ▶ The state offers many tax breaks to companies seeking to relocate. その州は移転しようとする会社に多くの税優遇措置を提供している

tax burden 租税負担 ▶ ease the tax burden of lower-income taxpayers 低所得納税者の税負担を軽減する

tax code 税制, 税法

tax collector 収税吏

tax convention 租税条約, 国際租税協定 (=tax treaty) [⇨国際的二重課税回避などのために国家間で結ばれる租税に関する協定および条約]

tax court 《米》租税裁判所 [⇨租税についての訴訟(具体的には納税者と内国歳入庁(IRS)の間の係争など)を扱う特別連邦裁判所. 正式には United States Tax Court(合衆国租税裁判所)と言う]

tax credit 税額控除

> [解説] 政策上の特別な目的で設定される課税軽減制度で, 所得税や法人税で, 算出された税額から特別に控除が認められる項目. たとえば investment tax credit(投資税額控除). 税額からの控除である点で, 所得額からの控除である exemption や deduction とは異なる

▶ tax credit for the elderly or disabled 高齢就業不能者税額控除 / job tax credit 雇用(促進)税額控除 / a foreign tax credit 外国税額控除

tax cut 減税 ▶ implement a tax cut over ten years that amounts to about $1 trillion 10年間に約1兆ドルに達する減税を実施する

Tax Day タックスデー [⇨米国で個人所得税(personal income tax)の申告期限日である4月15日を言う俗語]

tax declaration 《英》税務申告書, 納税申告書

tax deductible 損金算入項目 [⇨課税所得の計算において, 課税所得から控除が認められている経費項目]

tax-deductible a (経費が) 税控除が可能の ▶ Donations to charities are tax-deductible. 慈善事業への寄付は課税控除できる

tax deduction 所得控除, 課税控除 [⇨所得税で, 税額算出の基礎となる課税所得額から控除できること]

tax deferral 租税の繰延べ [⇨課税所得の認識を次期に繰延べて, 税金の支払いを繰延べること]

tax-deferred a 課税猶予の

tax depreciation 税法上の減価償却額

tax dodge 脱税(手段)
 ◇**tax-dodger** n 脱税者
 ◇**tax dodging** n 脱税

tax effect 【会計】税効果 [⇨会計の処理法の変更が所得税や法人税に与える影響]

tax effect accounting 税効果会計 [⇨企業会計上の利益と税法上の課税所得の差異を調整する会計] ▶ Tax effect accounting was adopted beginning this fiscal year. 本年度より税効果会計を導入した

tax-efficiency n 節税効果の高さ
tax-efficient a 節税効果が高い
tax-evader n =tax-dodger

tax evasion 租税回避, 脱税 [⇨虚偽申告などの, 非合法な手段により税の支払を回避すること. tax fraud も同じ意味で使われる] ⇨ tax avoidance ▶ be under investigation for alleged tax evasion 脱税疑惑で捜査を受けている / be indicted for tax evasion 脱税で起訴される / She committed tax evasion by understating her taxable income. 彼女は課税所得を過少申告して脱税の罪を犯した

tax-exempt a 免税の, 非課税の; 《米》非課税収入の, 利子が課税されない ▶ Yields on tax-exempt money market funds fell for the first time in three weeks. 非課税のマネーマーケットファンドの利回りはこの3週間で初めて下落した

tax-exempt bond 免税債 [⇨債券の利息が非課税とされる債券] ▶ invest in tax-exempt municipal bonds 地方債に投資する

tax-exempt income 非課税所得
tax exemption 税の免除, 非課税措置
tax-exempt organization 非課税法人
tax exile (重税の国を逃れる) 税金亡命者
tax expenditure (税制上の優遇措置の結果の) 歳入欠損
tax expense 租税計上額
tax-favored a 税制上有利な
tax form 納税申告書
tax fraud 脱税, 通脱(ほだつ) ⇨ tax evasion
tax-free a 免税の, 無税の
tax-free exchange 非課税交換 [⇨合併の場合のように, 二者間の資産交換で税金が支払われないような交換]
tax-free zone 免税品売場, 免税地区 (= 《米》duty-free zone)
tax haven タックスヘイブン, 軽課税国, 租税避難国[地], 租税回避国[地]

> [解説] 非課税や低率税など, 非居住者に都合のよい税制を提供する国や地域の総称. haven の本来の意味は「港」で, リスクを避けて逃げ込む避難場所の意味で使われている. タックスヘイブンに子会社(subsidiary)を設立し, 親会社がその資産や所得を子会社に移すことによってタックスヘイブンの利点を享受するのが一般的であるが, 個人や企業がタックスヘイブンに法的住所(legal domicile)を移す方法もある. このようなタックスヘイブンの利用が合法の節税(tax avoidance)であるのか非合法の脱税(tax evasion)であるのかは必ずしも明確でなく, 関係国の法制度や関係者の持つ特殊事情から個々のケースを判断する必要があるとされる. OECD の報告書(2000年)はバーミューダ諸島, バハマ, 英領バージン諸島, オランダ領アンティル, リヒテンシュタイン公国など35地域をタックス

ヘイブンとしている

tax hike 増税 ▶ enact a tax hike 増税を実施する / vote against a sales-tax hike 売上税の増税に反対の票を投じる

tax holiday 免税期間 [○景気対策などの理由で税の適用が一時的に免除される期間] ▶ enjoy a two-year income tax holiday 2年間の所得税免除の恩恵を受ける / The government offered XYZ Inc. a 5-year tax holiday. 政府はXYZ社に対して5年間の免税措置を与えた

taxi /tǽksi/, v タクシー(で行く、送る) ▶ Taxis have raised their starting fare because of the rise in gas prices. ガソリン価額の高騰のせいでタクシーの基本料金が上がった

tax incentive 租税優遇措置 ▶ eliminate the tax incentive 税制上の優遇措置を撤廃する / The government is offering tax incentives to purchasers of cars equipped with catalytic converters. 政府は触媒コンバーター(=排気ガス浄化装置)付きの車の購入者に税制上の優遇措置を認めている

tax increase 増税
tax increment financing 税収増引当てファイナンス(TIF)
taxing authority 税務当局
tax inspector 課税査定官
tax invoice 課税通知書、納税通知書
tax law 租税法、税法
tax liability 租税債務、納税義務
tax lien 財産差押え権 [○税金の滞納者に対して財産を差し押さえる権利]
tax loophole 税の抜け穴
tax loss 税務上の欠損金
taxman n (略式)徴税員
tax obligation 租税債務
tax payable 未払税金 [○当期の税金で未払いのもの]

taxpayer /tǽkspèiər/ n 納税者 ▶ a delinquent taxpayer 税金滞納者 / use taxpayer money to bail out the banks 銀行救済に納税者の金を使う / The government will pump more of taxpayers' money to recapitalize nonfinancial companies. 非金融会社の資本構成を是正するために政府はもっと税金をつぎ込むだろう

taxpayer exemption 納税者控除 [○米国の所得税の用語で、納税者自身に与えられる控除. 日本の所得税の基礎控除にあたる] ⇒ exemption
tax planning 租税計画、税計画 [○税額の最小化や納税時期の繰延べを目的とした計画]
tax practitioner 税理士、税務代行会計士
tax preference 租税優遇 [○国家の政策遂行のために特定の事項に対して税負担を軽減すること]
tax provision (納付すべき)法人税額
tax-qualified pension 税制適格年金; 適格退職年金
tax-qualified pension plan 適格退職年金制度 (=qualified retirement (pension) plan)

tax raise (米)増税(=(英)tax rise)
tax rate 税率 [○課税所得の計算において、課税所得に乗じる比率] ▶ an applicable tax rate 適用税率 / keep the tax rate at its current level 税率を現行の水準に維持する
tax rebate 戻し税、税額還付 ▶ get a tax rebate 租税の還付を受ける / Visitors to Canada may be eligible to receive up to 15% tax rebate on taxes paid for accommodations. カナダを訪問する者は滞在宿泊費に関して支払った税金の15パーセントまでの税額還付を受ける資格がある
tax reduction 減税
tax refund 税額還付 ▶ get a tax refund from the Internal Revenue Service 国税庁から税額の還付を受ける
tax relief 減税; 免税, 税額免除
tax return 納税申告書 [○納税申告内容を記載した書類. 日本では企業が従業員に代わって納税申告を行うが、米国では企業に勤めている場合も各個人が tax return を作成し納税申告を行う. 連邦の個人所得税の申告期限は4月15日である] ▶ prepare tax returns 納税申告書を作成する / For 2006, individuals younger than age 65 must file a tax return if their gross income is $8,450 or more. 2006年の場合、65歳未満の人は、総所得が8,450ドル以上なら、申告書を提出しなければならない
tax rise (英)増税(=(米)tax raise)
tax sale 滞納処分 [○税金を取立てるため、滞納している者の財産を処分し、その代金から滞納額を徴収する手続]
tax saving 節税, タックス・セービング, 租税の軽減額
tax sharing 租税分担
tax shelter (米)タックスシェルター

> **解説** 経済的実質(economic substance)のない行為を組み合わせて課税所得を著しく減少させる手法、またはそれを目的とした商品. 事業の損失をパートナーの個人所得と相殺できるリミテッドパートナーシップ(limited partnership)への投資が一般的である. タックスシェルターは高税率区分の納税者が投資から得られる損失で課税所得を減らすことを目的に行われるが、近年その規制は厳しくなっている. 税効果を得る以外に経済的実質のない取引に基づいて損失を控除する取引は米国ではabusive tax shelter(脱法的タックスシェルター)と呼ばれ違法とされる

tax-sheltered a タックス・シェルターとして機能する
tax subsidy 政策減税
tax system 税体系、税制度 ▶ propose a new tax system to attract and keep businesses 企業を誘致し維持するための新しい税体系を提案する
tax take (米)税収, 税金

tax threshold 《英》課税最低限度額
tax treatment 税制
tax treaty 租税条約
taxwise *ad* 税金の面で
tax year 《米》課税年度

> 解説　法人所得税についてはその企業の定める事業年度と同じ期間．個人所得税については暦年．英国では課税年度はfiscal yearと言う

Taylorism /téiləɾizm/ *n* テイラーリズム [◆テイラー・システム(Taylor System)に一貫する管理哲学]

Taylor rule /téiləɾ/ (the ~) テイラー・ルール [◆政策金利(FFレート)の適正利率をGDPとインフレの現状と目標から導き出す法則．米国の経済学者John B. Taylorが1993年に提唱]

Taylor System テイラー・システム [◆テイラーが考案した，課業をベースにした工場の管理制度]

Tazo Teas 《商標》タゾ・ティー [◆米国のお茶のブランド．ハーブやスパイスを利かせたティーバッグやびん入りドリンクがある]

TB treasury bill
t.b. trial balance
TBA, tba to be announced 後でお知らせします
T-bill *n* 《米》財務省短期証券 [<Treasury bill]
T-bond *n* 《米》財務省長期証券 [<Treasury bond]
TBS Turner Broadcasting Service [◆米国のケーブルテレビ会社CNN News, TNTなどのネットワーク．Time Warnerの子会社]
TBTF Too big to fail. 大き過ぎてつぶせない [◆Too big to let fail.の意味．大銀行や大企業が倒産すると経済全体に取り返しのつかない影響を与えるので，政府は倒産を防ぐために救済すべきであるという考え方．TBTF政策による米国政府の救済の実行例としては，1979年のChrysler Corporation, 1984年のContinental Illinois, 1998年のLong-Term Capital Management, 2008年のAIGがある]
TC traveler's check
TCL Multimedia Technology Holdings (~ Ltd.) TCLマルチメディア・テクノロジー, TCL多媒体科技 [◆中国の家電製品のメーカー．テレビを主力製品としてTCL, Thomson, RCAのブランドで販売されている]
TCN third-country national
TCO total cost of ownership
t-commerce *n* テレビ通販
tea /tí:/ *n* 茶(の木・葉), 紅茶(の1杯) ▶ make tea お茶を入れる / We import most of our tea from India. われわれはその紅茶のほとんどをインドから輸入している
not for all the tea in China どんな報酬をもらっても(…しない)
teach /tí:tʃ/ (**taught**) *vt* 教える (*to*, (*how*) *to do*); 教授する; 訓練をする, 仕込む; 悟らせる ▶ The financial crisis taught us a hard lesson about interest rate risk. われわれは金融危機から金利リスクについての厳しい教訓を学んだ / I taught him everything he needs to know about the job. 仕事で知っておく必要のあることは全部彼に教えた
— *vi* 教える, 教師をする
I will teach you to do 《略式》(…しないように)思い知らせる ▶ I will teach you to disobey me. 言うことを聞かないと承知しないぞ
teach-away *n* 反対の教示 [◆先行技術の引用例が，特許クレームの発明の態様を実施しないことを教示していること]
teacher /tí:tʃəɾ/ *n* 教える人; 教師, 先生
Teaching-Suggestion-Motivation Test 【知財】教示-示唆-動機付けテスト [◆米国において，発明の自明性を判断するために使用される基準]

team /tí:m/ *n* (仕事・研究などの)チーム ▶ The research departments of the two companies have been working together **as a team** over the past year. 2社の研究部門は，ここ1年，チームとして一体となって働いてきた / **The team disbanded** when the project was cancelled. プロジェクトが取り止めになった時, そのチームは解散した / **Their design team is out of touch** with consumer needs. 彼らの設計チームは消費者のニーズをまるでつかんでいない / We're still **building a team of experts**. 今なお専門家チームを編成している途上だ / In our company, **cross-functional teams** handle product development. わが社では，部門を超えたチームで製品開発を手がけている / The company **empowers teams** to make decisions. その会社は各チームに意思決定の権限を与えている
— *v* チームにまとめる[まとまる] (*up*)
team up with と協力する
team-based *a* チームを基準にした, チーム中心の ▶ a team-based approach to problem-solving 問題解決をするためのチーム中心の対処法 / The company takes a team-based approach to serving clients. 同社は顧客へのサービス提供にあたりチーム単位のアプローチを取ることにしている
team briefing チーム・ブリーフィング ⇒ briefing ▶ We have a team briefing every morning. 毎朝, チーム単位で状況説明が行われている
team building チーム作り ▶ Her team-building skills are an unknown quantity. 彼女のチーム作りの手腕は未知数だ
teaming *n* チーム単位の作業, チームワーク
teammate *n* チームの一員
team meeting チームの会議 ▶ Team meetings are held weekly. チームの会議は毎週開かれている
team player チームプレーができる人 ▶ He is not a team player nor a team leader. 彼はチームの一員となって働くタイプでもなければ, チームを率いるタイプでもない

teamster n 《米》輸送トラックの運転手
teamwork n チームワーク ► Without everyone's cooperation and teamwork, this project couldn't have been realized. 社員の協力とチームワークがなければ, このプロジェクトは実現しなかっただろう
teamworker n チームワークの一員 ► It's important to develop teamwork through team building. チーム作りによってチームワークを充実させることが大切だ
teamworking n チームワークによる作業
tear /teər/ (**tore**; **torn**) vt 引き裂く, 引きちぎる (from); ひどく悲しませる
— vi 裂ける; 突進する (across)
be torn between の板挟みで悩む
tear apart 取り壊す; 引き裂く; (人を)こきおろす
tear away もぎ取る, 引き離す
tear down 取り壊す;《米略式》けなす ► Because it was structurally unsafe, the old building was torn down. 構造的に安全ではなかったので, 古い建物は取り壊された
tear into を攻撃する; をがむしゃらに始める; 非難する
tear off を急いで書く[する]; 急いで立ち去る
tear to bits [**pieces, shreds**] =tear apart
tear up 引き裂く; 根こそぎにする; ずたずたにする;(人を)動揺させる
— n 裂け目; 突進; 浮かれ騒ぎ ► The stock has been on a tear, rising more than 30% since April. 株式は絶好調で推移し, 4月以降で30%以上も上昇した
tear and wear 擦り切れ, 消耗
◇**tearing** a 猛烈な; 苦しい; すてきな ► in a tearing hurry [**rush**] 大急ぎで
tear sheet (広告主に送る掲載広告の)はぎ取りページ
tease /ti:z/ v うるさくせがむ, ねだる (for, to do)
tease out ほぐす;(情報などを)何とかして引き出す
teaser /tí:zər/ n ❶ ティーザー広告 ❷ 賞金などで購買者を釣る広告 ❸ (印刷物の)注意を引くための見出しの上の短い行
teaser ad ティーザー広告 [○情報を小出しにして消費者をじらす(tease)ことで, 関心を高める手法]
teaser advertising ティーザー広告
teaser rate 初期優遇金利 [○クレジットカードやローンの利用者を増やすため当初の一定期間適用される破格の低金利]
TEC /tek/ 《英》Training and Enterprise Council 職業訓練企業委員会
tech /tek/ n《略式》=technology
tech boom ハイテクブーム [○1990年代の米国のハイテク株ブーム]
tech crash ハイテク暴落 [○米国で2000年に起こったハイテク株ブームの崩壊]
tech-heavy a IT銘柄が多い [○IT関連株の多いNasdaq composite indexについて言う] ► The tech-heavy Nasdaq composite index slipped 56.45 points to 1,688.92. ハイテク株の比重の高いナスダック総合指数は56.45安の1,688.92に落ち込んだ

techMARK テックマーク [○ロンドン証券取引所のハイテク企業向け市場]
technical /téknikəl/ a ❶ 技術上の; 専門的な; 工業[工芸]上の; 厳密な法[用語]解釈に従う; 技術的に高い ► technical assistance [**cooperation**] 技術援助[協力] / a technical tie-up 技術的提携 / The new product has had many technical problems. その新製品は多くの技術的な問題を抱えていた ❷ 《証券》テクニカルな, 技術的要因による, 市場内部要因による [○株価を決定する主要因として株式市場の需給など内部要因を評価規準とすることについて言う]
◇**technicality** n 専門的事項; 手続き上の問題 ► on a technicality 手続き上
technical analysis テクニカル分析, チャート分析 (⇔fundamental analysis) [○過去の株価の動きや売買高などの指標をもとにチャートなどを使って将来の株価の動きを予測する手法]
technical analyst テクニカル・アナリスト [○テクニカル分析の専門家]
technical assistance 技術援助 [○先進国が途上国に対し, 経済開発に必要な知識や技術を提供すること] ► We provide continued technical assistance to our customers. 顧客には継続的な技術支援をしている
technical cooperation 技術提携; 技術協力 ► promote technical cooperation 技術協力を促進する / provide technical cooperation 技術協力を行う
technical correction テクニカルな調整場面 [○実体経済などのファンダメンタルズで下落する理由はないが, 投資が一時的に手控え, 様子を見極めようとして上昇が止まる場合, こういった言い方で説明される]
technical efficiency 技術的効率性 [○一定の投入資源から可能な最大生産量に対して, 実際の生産量がどの程度であるかの割合]
technical indicator テクニカル要因 [○テクニカル分析の観点から相場を説明するために用いられる指標]
technical inefficiency 技術的非効率性 [○一定の投入資源から可能な最大生産量を達成できないがゆえに生じている余剰人員などの非効率性]
technically ad 専門的に; 技術的に; 厳密に言えば (=technically speaking) ► An increase in exports will technically keep GDP numbers in the positive zone. 輸出の増加はGDPの数字を表面的にはプラスの領域に維持するだろう / Negative growth in GDP for two or more consecutive quarters is technically defined as a recession. GDPの成長率が2四半期またはそれ以上連続してマイナスの場合, 理論的には景気後退と定義される
technical specifications 技術仕様 ► Technical specifications are subject to change without notice. 技術仕様は予告なく変更することがある
technical staff 技術スタッフ ► We need

to expand the technical staff. 技術スタッフを増員する必要がある

technical support (コンピュータなどの購入者に対する)技術支援, テクニカルサポート

technical term 専門用語; 術語

technician /tekníʃən/ n 専門家, 技術者; 技巧派 ► Stock market technicians use various indicators to analyze changes in share prices. 株式市場のテクニカル分析の専門家は各種の指標を用いて株価の変動を分析する

technique /tekníːk/ n (専門)技術, (芸術の)技法, 手法; 技量, 技巧, 手腕 ► Advertising uses a variety of persuasive techniques to shape people's buying habits. 広告は各種の説得力のある手法を用いて人々の購買習性を形成する / We had to relearn the techniques of quality management. 私たちは品質管理の技術を再学習しなければならなかった

technobabble n テクノバブル [⇒技術者が用いる素人には意味の分からない専門用語]

technocracy /teknákrəsi/ n テクノクラシー [⇒科学技術の専門家が大きな権力を持っている社会]
◇**technocrat** /-kræt/ n テクノクラート [⇒科学技術の専門知識を持っている官僚]

technological /tèknəládʒikəl/ a
技術の; 技術的な ► Technological developments can reduce production costs. 技術の発達は生産コストを削減することができる
◇**technologically** ad

technological innovation 技術革新

technology /teknálədʒi/ n 科学
[工業]技術, テクノロジー; 専門用語; 応用科学 ► install productivity-enhancing new technology 生産性上昇をもたらすハイテクを導入する / The company was relatively late in deploying the new technology. 同社はその新技術を活用するのが比較的遅かった / Automakers are developing vehicles using more environmentally friendly technology. もっと環境にやさしい技術を用いた車を自動車メーカーは開発中だ

==技術==
advanced technology 高度技術 / chip technology チップ技術 / cutting-edge technology 最先端技術 / efficiency-enhancing technology 省力化技術 / innovative technology 革新的技術 / leading-edge technology 先端技術 / proprietary technology 独自技術 / wearable technology ウェアラブル技術

◇**technologist** n

technology assessment テクノロジーアセスメント, 技術評価 [⇒新しい技術開発をする際に, その社会的影響や波及効果をあらかじめ検討し, それをもとに技術開発の方向や優先順位を決定する方法]

technology-heavy a =tech-heavy

technology transfer ❶ 技術移転 [⇒高い水準にある技術を, 他の企業や国家等に譲り渡すこと] ► Developed countries generally have programs aimed at facilitating technology transfer to developing countries. 先進国は, 一般に途上国への技術移転を促すプログラムを持っているものだ ❷ 《法律》技術移転; (特にEU法で)知的財産権の許諾

technophile n 科学技術愛好家

technophobe n 科学技術を嫌う人

technopolis /teknápəlis/ n 技術(支配)社会

technopreneur n ハイテク起業家

techno support テクニカル・サポート (=technical support)

techspeak n 技術用語, 専門語

techy /tétʃi/ n ITの専門家, ITオタク

Teenage Mutant Ninja Turtles 《商標》ティーンエージ・ミュータント・ニンジャ・タートルズ [⇒米国のコミックのヒーロー. 1984年自家出版のコミックとしてスタート. ルネサンス時代の芸術家の名を持つ4人のカメが忍術を使って活躍する. テレビや映画にもなっている]

teenie /tí:ni/ n 《米略式》(株価の)16分の1ポイント

teeny /tí:ni/ a, n ❶ 《略式》ちっちゃな (=teeny-tiny, teeny-weeny) ❷ =teenie

teeter /tí:tər/ vi ぐらつく; よろめき進む (*along, about*); シーソーに乗る ► The Fed warned that the economy might teeter into recession. 経済は迷走しながら景気後退期に入っていくかもしれないとFRBは警告した

teeter on the brink of の危機に瀕する ► The company is teetering on the brink of bankruptcy. その会社は破産の瀬戸際を迷走している
— n シーソー

Teflon 《商標》テフロン [⇒ポリテトラフルオルエチレン(polytetrafluorethylene)の商品名. こげつき防止の表面加工被膜]

tel telephone

telco n 電話会社 [⇒telephone companyの略. 複数形はtelcos] ⇨ wireless telco

tele- /téla/「遠い, 遠距離の」「テレビの」

tele-ad n 《英》(新聞社への)電話申し込み広告

telecast v, n (-**cast(ed)**) テレビ放送(する)

telecaster n テレビ局, テレビ放送会社

telecenter n テレセンター [⇒勤務先の会社にまで出向く手間をまたは在宅勤務の場合の技術的な制約に煩わされないで済む, 情報インフラの整備されたレンタルオフィスまたは企業のサテライトオフィス]

telecom /télikàm/ n =telecommunications

telecomms n =telecommunications

telecommunications
/tèləkəmju:nəkéiʃənz/ n pl (単数扱い)(電話・テレビ・ラジオ・ケーブル回線・衛星などを用いた)遠距離通信; 電気通信(学) [⇒この語は形容詞的に用いても-sを省かない] ► a telecommunications satellite 通信衛星 / a telecommunications company 電気通信会社 / telecommunica-

tions equipment 電気通信装置 / Two-thirds of the company's portfolio is in the financial and telecommunications sectors. 同社のポートフォリオの3分の2は金融と電気通信の分野のものだった

Telecommunications Act of 1996 《the ~》(米国の)1996年電気通信法 [◎1988年の電気通信法を改正したもの. メディア産業の所有規制, 通信品位法, Vチップ導入などの条項を含む]

telecommute *vi* (情報通信機器を利用して)在宅勤務する ► The Internet has made it possible for people to telecommute. インターネットのおかげで人々は在宅勤務が可能になった
◇**telecommuter** *n* 在宅勤務者

telecommuting *n* 在宅勤務, テレコミューティング [◎通勤の代わりに, 在宅などで情報通信技術によって業務を行うこと] ► She shortened her maternity leave by telecommuting. 彼女は在宅勤務をすることによって産休を短くした

telecoms *n* 《略式》情報通信 (=telecommunications)

teleconference *n* 電子会議 [◎テレビ電話などを用いる遠隔地間会議] ► arrange a teleconference with との電子会議の手配をする / We have a teleconference with our overseas subcontractor scheduled for tomorrow at 10:00. 明日の10時に海外の下請け会社とテレビ(電話)会議を予定している
— *vi* 電子会議を行う

tele-consultation *n* 遠隔(医療)相談

telecottage *n* (パソコン・ファックスなどをそろえた)地域のためのITセンター

telecottaging *n* テレコテージング [◎地域共同体のためのITセンター運営業務]

telefacsimile *n* 電話ファクシミリ (=fax)

Telefonaktiebolaget LM Ericsson LM エリクソン・テレホン(社) [◎スウェーデンの通信機器メーカー. モバイル通信機器およびシステムの取扱いでは世界的シェアを持つ. 1876年設立. 携帯電話の販売ではソニーと合弁で Sony Ericsson を運営]

telefax *n* telefacsimile

telegram /téligræm/ *n* 電報

telegraph /téligræf/ *n* 電信; 電信機 ► by telegraph 電信で

telegraphic transfer 電信送金 (TT) ► We'll send the payment by telegraphic transfer tomorrow morning. 支払は電信送金で明朝送ります

telemarketer *n* テレビ販売業者

telemarketing *n* テレマーケティング

telematic *a* テレマティクスの

telematics *n* テレマティクス [◎自動車向けの双方向無線システム. GM 社の OnStar はすでに24時間体制で故障または事故のときの支援を行っている]

telephone /téləfòun/ *n* 電話(機) (=《略式》phone) ► May I use your telephone? 電話を拝借してよろしいですか / After news of the recall, our company's telephones have been ringing off the hook. リコールが報道されてからは, 当社の電話は鳴りっぱなしだ
by telephone 電話で ► I placed the order by telephone.
on the telephone 電話口に; 電話で; 《英》電話を引いて ► You are wanted on the telephone. あなたに電話がかかっています
over the telephone 電話で[をかけて] ► The survey was conducted over the telephone. その調査は電話で行われた
— *v* 電話をかける ► He telephoned out for coffee. 店に電話してコーヒーを注文した
◇**telephonic** /-fán/ *a*
◇**telephonist** *n* 電話交換手
◇**telephony** *n* (コンピュータによる)電話通信技術

telephone banking テレフォン・バンキング [◎電話を利用した銀行サービス]

telephone book [directory] 電話帳

telephone exchange 電話交換局

telephone interviewing 電話インタビュー調査, 電話調査 [◎電話によるマーケティング調査]

telephone number 電話番号

Teleport /téləpɔ̀ːrt/ *n* テレポート [◎情報通信基地の機能を備えた都市]

Teleprompter 《商標》テレプロンプター [◎テレビの出演者に台本を拡大して見せる, 画面には映らない装置の商品名]

Telerate テレレート [◎金融情報の配信会社. 米国のダウ・ジョーンズ社の子会社]

telesales *n pl* 電話セールス

teletext *n* テレテクスト [◎文字・図形などをテレビに映し出す方式]

Teletubby (-bies) 《商標》テレタビー [◎宇宙人風の人形4人組の一つ]

television /téləvìʒən/ *n* テレビ放送, テレビ受像機 (TV) ► on television テレビ(番組)で / in television テレビ業界で

television advertising テレビ広告

television rating points 視聴率

television station テレビ局

telework *vi* テレワークする, (情報通信機器を利用して)在宅勤務する; サテライトオフィスで勤務する (=telecommute)
— *n* テレワーク [◎情報通信手段を使った業務] ► Telework comes with its advantages and disadvantages. 在宅勤務にはいい点と悪い点とがある
◇**teleworker** *n*

teleworking *n* テレワーキング [◎ネットワークを利用して勤務先のオフィス以外の場所(自宅やサテライトオフィス)で働くこと]

tell /tel/ *v* (**told**) 語る《about, that, how, what》; 告げる; 言う; 話す; 《略式》告げ口する《on》; 見分ける《A from B》; 分かる, 見定める; 命じる《to do》; 数える; 効果がある, 影響する《on》 ► Could you tell me what the job involves? 仕事の内容を教えていただけますか

all told 総計 ► All told, over 120,000 jobs have been lost in the auto industry in the last three years. 何もかも含めると, 自動車産業で過去3年間に12万を超える職が失われた
Don't tell me! まさか
I'll tell you something. 《略式》いいかい, あのね
I'll tell you what. じゃあこうしよう
I'm telling you. 本当だよ; よく聞いて
I (can) tell you. 本当ですよ
I told you (so). だから言わぬことじゃない
tell against に不利に働く
tell it like it is ありのままを話す
tell its own tale 分かりきったことだ
Tell me. 《略式》教えてくれ
Tell me about it. 《略式》そんなこと言わなくても分かっている; まったくだ
Tell me another. 《略式》そんなこと信じられないよ
tell of 《文》を説明する
tell off を数え分ける; (仕事を)割り当てる; 《略式》を叱る ► He told off a few men for odd jobs. 彼は数人を臨時の仕事に割り当てた
tell on 言いつける; 影響する, ひびく
tell oneself 自分に言い聞かせる
tell the world 公言する
there is no telling とは分かったものじゃない ► There is no telling how long this recession will last. この景気後退がどのくらい続くか, 予測がつかない
You never can tell. (どうなるか) 分からないものですよ
You're telling me! その通りだ; 百も承知だ
teller *n* ❶ 語り手; 投票集計係 ❷ 金銭出納係, テラー, 窓口係 ► **automated teller machines** 自動現金預入払出機 (ATM)
Telnet /télnèt/ *n*【コンピュ】テルネット [◯遠隔地のコンピュータのターミナルとしてパソコンを使う方式]
Telstra (~ Corp., Ltd.) テルストラ [◯オーストラリアの情報通信グループ. 同国最大の通信会社]
temp /témp/ *n, vi* 《略式》臨時雇い (として働く); 臨時職員, テンプスタッフ; (臨時)契約社員, 契約派遣社員 ► I'm working as a temp. 私は臨時雇いで働いている
― *ad* 臨時(雇い)で ► I'm working temp. 私は臨時雇いで働いている
[<temporary]

temp agency 人材派遣会社
temper /témpər/ *n* 気分, 機嫌; 気性; かんしゃく; 平静, 落ち着き
be in a good [bad, foul] temper 機嫌がいい[悪い]
get [fly] into a temper かんしゃくを起こす
have a temper / have got quite a temper 怒りっぽい ► He's generally a good manager, but has a temper. あの人は普段はいいマネジャーなんだが, 怒りっぽくってね
keep one's temper 平静を保つ
lose one's temper 腹を立てる ► He kept losing his temper during the negotiation. 交渉の間中, 彼はずっとかっかとしていた
out of temper 怒って
show temper いらだつ
― *vt* 和らげる, 緩める, 静める 《*with*》
◇**tempered** *a*

template /témplət/ *n* (鋳物などの) 型板, テンプレート;【コンピュ】テンプレート [◯アプリケーションソフトを活用するためのサンプルフォーム集]

temporarily /tèmpərérəli | témpərər-/ *ad* 一時的に, 少しの間; 仮に, 暫定的に ► Half of our employees will be temporarily transferred to subsidiary sales companies. 従業員の半分が販売子会社に出向となる予定だ / He's working temporarily as a legal assistant. 彼は弁護士の助手として臨時に仕事をしている / The item you ordered is temporarily out of stock. ご注文品は一時的に在庫切れです

temporary /témpəreri | -rəri/ *a* 一時の; 仮の, 臨時の, 暫定の ► About one third of our staff here is on temporary assignment from head office. スタッフの約3分の1が本社からの出向で占められている
― *n* =temp

temporary contract 臨時契約 ► They are on temporary contract with the company. 彼らは会社とは臨時契約を結んでいる
temporary employment 一時雇用
temporary help agency 人材派遣会社
temporary housing 仮住宅, 一時滞在用住宅
temporary injunction 仮差止命令, 暫定的差止命令
temporary job 臨時仕事
temporary restraining order (一方的) 緊急差止命令 (TRO) ⇨ restraining order ①
temporary staff 派遣社員, 臨時社員 ► Many companies hire temporary staff to cut costs. コスト削減のため, 多くの会社が派遣社員を雇っている / By hiring more temporary staff, we are trying to free up permanent staff for work on core activities. 派遣社員の雇い入れを増やすことで, 当社としては, 正社員の負担を減らして, その分を中核業務に振り向けることを期している / Some experts have expressed concern about the extensive use of temporary staff. 一部の専門家は臨時社員の利用が広範囲になっていることにつき懸念を表明している
temporary staffing 人材派遣
temporary worker 臨時雇いで働く人, 契約社員 ► The company is shedding about 2,200 temporary workers. その会社は約2,200人の臨時従業員を減らしつつある

temporize, 《英》**-rise** *vi* 時間稼ぎをする; 時勢に迎合する; 妥協する 《*with, between*》 ► Management temporized with labor to gain time. 経営者側は時間稼ぎのために労働者側にのらりくらりと対応した

tempt /tempt/ *vt* (…する) 気にさせる, 気をひいて…させる 《*to do, into doing*》; あえて試す, 怒らせる; 危険を冒す
be [feel] tempted to do …したくなる ► Many colleges graduates are tempted to pursue

jobs in banking and finance because of the high salary. 多くの大学卒業生は, 高給のゆえに, 銀行業や金融業に職を求める気持ちにさせられる

tempt fate [providence] 運任せで無茶をする; 自信をもって請け合う

temptation /temptéiʃən/ n 誘惑(するもの)
resist [overcome] the temptation to do …したい気持ちに駆られるのを抑える ► He couldn't resist the temptation to accept the rival firm's job offer because of the high compensation. 彼は高い給与を提示されたため, ライバル会社の採用の申し出を断りきれなかった

ten /tén/ n, a 10(の); 10人[個, 歳](の), 10時; 10ドル[ポンド]札
a ten 満点, 完全なもの ► give a ten on a scale of 1 to 10 10段階で10点をつける
be ten a penny 《略式》とても安い[ありふれた]
take ten 10分休む
ten to one 《略式》十中八九まで

tenable /ténəbl/ a 防御しうる; 維持できる; (学説などが)支持できる
◇**tenably** ad

tenacious /tənéiʃəs/ a 固執する, 粘り強い, 頑強な; (記憶力が)強い
◇**tenaciously** ad
◇**tenaciousness** n
◇**tenacity** /tənǽsəti/ n 固執, 頑強, 粘り; 記憶力の強さ

tenancy /ténənsi/ n 不動産権; 借地(期間), 借家(期間); 土地保有

tenancy at sufferance 容認不動産賃借権[⇨賃貸借契約終了後も, 賃貸人が占有の明渡しを求めるまで, 賃借人の占有を容認する権利]

tenancy at will 任意(終了)不動産権[⇨賃貸借期間の定めがなく, 賃貸人はその意思により, いつでも当該不動産占有を終了させることができる]

tenancy by estoppel 禁反言による(不動産)賃借権[⇨無権限者による賃貸の場合に生じる賃貸借関係]

tenancy in common 共有不動産権, 共有財産権(TIC)[⇨同一物(特に不動産)に対して, 複数の者が同時に平等に使用・占有することができる独立の権利]

tenant /ténənt/ n ❶ 借地[借家]人, 居住者 ❷ 〖法律〗(1)(不動産)賃借人 (2)(不動産権の)権利者, (財産的権利の)権利者, (土地の)保有者 ❸ 〖ﾋﾞｼﾞﾈｽ〗テナント, 出店者
— vt に居住する
◇**tenantry** n (集合的) 借地[家]人; 小作人

tenant at sufferance 不退去による占有者[⇨期間終了後も事実上占有を続けている賃借人]

tenant at will 任意不動産権による占有者[⇨借主はいつでも自分の方から賃貸借関係を打ち切れる一方, 貸主も同様の権利を持つ]

tenant farmer 小作農
tenant for years 定期貸借権による占有者
tenant in common 共有財産権者
tenant right 借地権, 借用権[⇨土地, 建物などの借用権]

tend /ténd/ vi …しがちである, 傾向がある 《to do》; 向かう 《to, toward》 ► Imports tend to decline in bad economic times. 輸入は不景気のときには減少しがちだ / In small companies, decision-making tends to be decentralized. 小さな会社では, 意思決定が分権化される傾向がある

tendency /téndənsi/ n 傾向, 風潮 《to, toward, to do》; 性癖, 素質; 才能; 特殊な意図 ► Amid the recession, the tendency to shy away from fresh investment is common among many firms. 景気後退のさなか, 新規の投資を控える傾向は多くの企業に共通だ
have a tendency to do …する傾向がある ► Our manager has a tendency to let meetings drag on. うちの課長は, 会議をだらだら長引かせる癖がある

tender /téndər/ v ❶ 提出する, 差し出す; (わび・礼などを)申し出る 《to》; 入札する 《for》 ► I'll tender my resignation tomorrow. 明日辞表を提出します ❷ 〖法律〗履行の提供を行う, 弁済の提供を行う
— n ❶ 提供(物); 申し出; 入札; 履行の提供, 弁済の提供 ► competitive tender 競争入札 / be sold through a public tender 公開入札により売却される ❷ 公開買付け (=tender offer)
put ... out to tender の入札を募る

tenderer n 入札者, 申込人
tendering n 入札 ► **collusive tendering** 入札談合[⇨入札者どうし示しあわせて特定の者が落札するように図る不正行為]

tender issue 入札発行[⇨証券の購入希望者に条件を提示させ, もっとも有利な条件を示した者と契約すること]

tender offer (株式)公開買付け (=takeover bid) ► We are planning to make a tender offer for up to 25% of the company at 1,000 yen per share. 当社は, その会社の株式の25%を対象に一株1,000円で株式公開買付けを行う予定だ / The drug maker was acquired through a tender offer. その製薬会社は株式公開買付けを通じて買収された

tender offeror 公開買付申込者
tenement /ténəmənt/ n 土地・建物, 建築物, 共同住宅[⇨特に古いもの]

10-K ❶ 10-K [⇨企業が証券取引委員会(SEC)へ年次報告書を提出するときに使用する書式 (form)の名称] ❷ =10-K report

10-K report 10-Kレポート[⇨企業が証券取引委員会(SEC)に提出を義務付けられている年次報告書. 所定の書式 Form 10-K を使うことから]
⇨annual report

tenner /ténər/ n 《米略式》10ドル紙幣; 《英略式》10ポンド紙幣

tenor /ténər/ n 趣旨, 大意, 傾向 《of》; 手形期間; 写し, 謄本[<ラ:進路, 音色]

10-Q ❶ 10-Q [⇨企業が証券取引委員会(SEC)へ四半期報告書を提出するときに使用する書式 (form)の名称] ❷ =10-Q report

10-Q report 四半期報告書, 10-Qレポート[⇨

年次報告書10-Kの提出を義務づけられている企業が四半期ごとに証券取引委員会(SEC)に提出する報告書. 所定の書式Form 10-Qを使うことから]

tense /tens/ *a* ぴんと張った; 緊張した[させる] ▶ He was tense after dealing with customer complaints all day. 顧客のクレームの対応を一日中したので彼はピリピリしていた
— *v* 緊張させる[する] (*up*) ▶ I tensed up during the job interview. 就職面接では緊張した
◇**tensely** *ad*
◇**tenseness** *n*

tension /ténʃən/ *n* 張り; 緊張, 不安; 緊張[切迫]状態 (*over*) ▶ lessen [reduce, ease] the international tension 国際的な緊張を緩和する / Tension grew in the financial markets Wednesday, sending U.S. stocks mostly lower. 水曜日は金融市場での緊張が高まって米国の株式の大部分が値を下げた
in tension 緊張状態で
snap under the tension 張りつめて切れる
— *vt* ぴんと張る

tentacle /téntəkl/ *n* 触手; (~s) 悪影響

tentative /téntətiv/ *a* 暫定的な, 一時的な, 仮の ▶ The automaker reached a tentative deal on concessions from its unions. その自動車メーカーは組合からの譲歩について暫定的な合意に達した / Management and union leaders have reached a tentative agreement. 経営陣と組合指導者は暫定的な合意に達している
◇**tentatively** *ad*
◇**tentativeness** *n*

tenure /ténjər, -njuər/ *n* 任期, 在任期間[資格]; 《米》(大学教授などの) 終身在職権 ▶ Once he gets tenure as a professor, his job is secure. いったん教授としての終身在職権を得たら, もう職の心配はない
one's tenure of life 寿命

ten-year summary テン・イヤー・サマリー, 10年間の業績推移

tepid *a* 気のない, 冴えない, 鈍い ▶ a tepid response from consumers 消費者の鈍い反応

terabyte /térəbàit/ *n* 【コン】テラバイト [◯情報量の単位で, 1,024ギガバイト. 記号:TB]

term /tə:rm/ *n* ❶ 存続期間, 有効期間, 任期, 期間 (✚期間を意味する場合は常に単数形で用いる) ▶ long-term bonds 長期債 / a lease term リース期間 / hold a security to term 証券を満期まで保有する / His term has ended. 彼の任期は終わった ⬚ Unless earlier terminated as provided herein, this Agreement shall have an initial term of three years from the effective date hereof. 本契約の規定により早期に終了しない限り, 本契約の効力発生の日から3年間を当初の期間とするものとする

❷ 条件 (✚条件を意味する場合は常に複数形で用いる) ⇨ **terms and conditions** ▶ in real [nominal] terms 実質[名目]ベースで / in terms of value [volume] 金額[数量]ベースで / on favorable terms 有利な条件で / perform the terms of sale 販売条件を順守する / unless these terms are excluded or varied by a specific agreement 特約によりこの条件が排除または変更されない限り / We reserve the right to cancel this project if you fail to **meet the terms**. 条件の順守を怠った場合はプロジェクトをキャンセルする権利を留保する / What are the **normal payment terms** in your company? 貴社の通常の支払条件はどうなっていますか / We cannot **agree to the terms** of payment. 私たちはその支払条件には同意できません / We'd like to **amend the terms** of payment. 支払条件を修正したいのですが / The court ruled that the defendant had not **breached the terms** of the license agreement. 裁判所は, 被告はライセンス契約の条件に違反していないと判示した / The defendant held that the plaintiff had no standing to sue to **enforce the terms** of the agreement. 被告は, 原告は契約を条件通りに実行させることにつき訴えを起こす適格がないと主張した / **Under the terms** of the proposed license, we are required to pay an upfront license payment in addition to regular royalty payments. 提案されているライセンスの条件によると, 当社は定期的なロイヤルティーの支払に加えて, 前払の契約金をも支払わねばならない ⬚ The agreement provides that either party may terminate upon 30 days notice if the other party fails to **adhere to the terms** thereof. 契約は, いずれの当事者も相手方当事者が契約条件を遵守しない場合, 30日前の予告をもって解除できると定めている

bring to terms 承服[服従]させる
in no uncertain terms はっきりと
in terms of の言葉で; の点から(見ると); に換算して ▶ Which is the biggest cash cow, in terms of overall profit? 全体的な利益という見方では, どれがいちばん儲かるか / The law firm ranked third last year in terms of the number of M & A deals it facilitated. その法律事務所は取りまとめたM&A案件の数では昨年は第3位だった / In terms of cost, online customers can save money by ordering directly from the manufacturer. コストの点から見ると, インターネット利用の顧客はメーカーに直接注文でお金を節約することができる
in [over] the long [mid-to-long, medium, short] term 長[中長, 中, 短]期的に ▶ We are confident that the company will continue to grow in the long term. 長期的に会社が成長し続けるだろうと私たちは確信している
make [come to] terms with と折り合いがつく; 協定を結ぶ
not on any terms 決して…しない
on a person's own terms (人の) 言いなりに
on good [bad] terms 仲のよい[悪い] (*with*) ▶ Our company is on good terms with our suppliers. 当社は納入業者と良好な関係にある
on one's own terms 自分の決めた通りに

terms of reference 考慮事項; 権限
— *vt* 名づける, 呼ぶ (*as*)
be termed out of office (政治家が) 任期を終える
term assurance 《英》定期保険 (=《米》term insurance) [○所定の保険期間中の保険事故に対してのみ有効な保険]
term bill 確定日払の手形 [○period billとも言う]
term bond 一括償還債券, 単一満期社債
term deposit 《英》定期預金 (=time deposit)
terminable /tə́ːrmənəbl/ *a* 有期の; 終わらせることができる ► This agreement is terminable by either party. この契約は両当事者のいずれの側からも破棄できる
terminal /tə́ːrmənl/ *a* 末端にある; 終わりの; 定期の; 終点の; 末期的な
— *n* 末端, 終点, 終着駅 (=《英》terminus); エアターミナル, (市内の) リムジン発着所; 端子; 〖コンピュ〗端末 (装置) ► A number of potential sites for LNG terminals in the US are waiting for federal and state approvals. 米国のLNGターミナルの候補地の多くは連邦政府と州政府の承認を待っている
terminal bonus 《英》消滅時配当 [○配当付生命保険の, 被保険者死亡時または満期時に運用益 (もしあれば) から払われる最終配当金]
terminal disclaimer 《米》ターミナル・ディスクレイマー [○二重特許の問題を解決するために特許の存続期間の一部を放棄すること. 後に成立した特許の存続期間を一部放棄して先に成立した特許の存続期間に合わせる]
terminal dividend 《米》消滅時配当 (=《英》terminal bonus)
terminal market ❶ 商品取引所 ❷ 中央卸売市場
terminal value ❶ 〖会計〗終価, 最終価値 [○一定利子率による投資期間の最終における投資価値] ❷ 〖不動産〗復帰価値, 残余価値 [○5年あるいは10年の投資期間終了時に残っている価値]

terminate /tə́ːrməneit/ *vt* 終わらせる; 限る; 廃止する, (契約などを) 打切る; 《米》解雇する ► Due to downsizing, the plant had to terminate 500 employees. 事業の整理縮小のためその工場は従業員500名の解雇を余儀なくされた / We terminated the agreement on the grounds of material breach. 重大な契約違反を理由に契約を解除した / We'll be obliged to terminate the contract if the shipments do not arrive on time. 積荷が約束の日に到着しなければ, 当社は契約を解除せざるをえない / Either side can terminate the contract at 30 days' notice. 30日前の予告によって, いずれの側も本契約を解除することができる

termination /tə̀ːrmənéiʃən/ *n* ❶ 終結; (会社・基金・制度などの) 解散, 消滅; 責任の終期; 離職, 中途退職 ► notice of termination 解雇予告 / wrongful termination 不当解雇 / Failure to make your payment will result in termination of your phone service. お支払のない場合は, あなたの電話サービスは打ち切らせていただきます ❷ 〖法律〗(期間の) 満了, (契約の) 終了; (権利の) 消滅

termination charge 着信料金, 着信接続料金

term insurance 《米》定期保険 (=《英》term assurance) [○明記された期間に事故が起こったときにのみ有効な保険]

termite /tə́ːrmait/ *n* シロアリ (=white ant)
term lease 長期リース
term life insurance 定期生命保険, 定期死亡保険 [○一定の保険期間内に被保険者が死亡したときにのみ保険金が支払われる]
term loan ターム・ローン [○あらかじめ元利金返済のスケジュールが確定している長期融資で, 期間は1年以上]
termly *a* 《英》学期ごとの ► You can pay tuition fees in termly installments. 授業料は学期ごとの分割で支払うことができる
term of art 専門用語
term of insurance [policy] 保険期間
term of payment 支払期間
term of years 定期不動産 (賃借) 権, 期間不動産権; 定期財産権 [受益権]
termor /tə́ːrmər/ *n* 定期不動産権者 [○一定期間または一生の間不動産を保有する者]
term policy 定期保険, 長期保険 [○ふつう1年以上の契約の保険]
terms and conditions 契約条件 ► The terms and conditions of the government financing have not been worked out. 政府融資の詳細な条件はまだ確定していなかった / In our company, the compensation committee determines the terms and conditions of stock options granted to officers. 当社では, 報酬委員会が執行役員に付与されるストックオプションの諸条件を決めている ▤ The terms and conditions given below including all those printed on the reverse side of this Agreement are expressly agreed to, understood and made a part of this Contract. 本契約の裏面に印刷されたすべての条項を含む下記契約条件は, 明示的に合意され, 了解され, かつ本契約の一部を構成する

terms of employment 雇用条件
terms of engagement 契約 (特に監査契約) の条件, 依頼事項・範囲
terms of reference (委員会の) 所管事項
terms of trade 〖経済〗交易条件 [○輸入品1単位を買うために輸出品を何単位売らねばならないかを示す比率]
terrible /térəbl/ *a* 恐ろしい; 厳しい, 嫌な, 耐え難い; 《略式》ひどく悪い, ひどく下手な (*at*) ► The country is in the midst of a terrible recession. その国はひどい景気後退のただ中にある
— *ad* 《略式》ひどく, すごく
◇ **terribly** *ad* ものすごく, ひどく (下手に); とても
terrific /tərífik/ *a* 《略式》すごくよい, 素晴らしい; 猛烈な, ものすごい ► I think he's been doing a pretty terrific job. あの人はほんとうによ

くやってきたと思います／He did a terrific job in brokering the deal. その案件の取りまとめにあたって彼は素晴らしい手腕を発揮した／Many people used to think real estate was a terrific investment. 不動産は素晴らしい投資対象だと多くの人は思っていた

◇**terrifically** *ad* (略式)とても

territorial court (米)準州裁判所, 連邦統治領裁判所

territorialization, (英) **-sation** /tèrətɔ̀:riəlizéiʃən/ *n* 地域化 ► the territorialization of employment policies 雇用政策の地域化

territorial sea 領海

territorial waters 領水 [⇨領土に接する水域. 領海(territorial seas)と内水(internal waters)がある]; (広義の)領海

territory /térətò:ri | -təri/ *n* ❶ 営業地域; (ライセンス契約などの)契約の適用地域 ► My sales territory is Seattle. 私の販売担当地域はシアトルです／The Dow Jones industrial average fluctuated in negative territory throughout the day. ダウジョーンズ工業株平均は, その日はずっと, 前日比安値の領域で推移した ❷ [法律] (米)準州, 連邦領, 連合領, 連邦統治地域; (連邦)直轄地 ❸ 専門分野, 得意分野

come [go] with the territory (特定の職業・状況に)つきものである ► Entertaining clients comes with the territory. その仕事には顧客の接待がつきものだ

out of one's territory 専門外で

terror /térər/ *n* 恐怖 (*of*); 恐怖の的[種] (*to*); テロ; (略式)(a holy ~で)ひどく厄介な人[もの]

terror attack テロ攻撃

terrorism /térərìzm/ *n* テロ行為

tertiary /tə́:rʃièri, -ʃəri/ *a* 第三(次, 位, 期)の

tertiary education (英)大学教育

tertiary industry 第三次産業 [⇨金融, 流通などのサービス産業]

tertiary sector ⇨ tertiary industry

Tesco (~ plc.)テスコ [⇨英国のスーパーマーケットチェーン. 国内に約2,000店舗, ヨーロッパとアジアにも約700店舗を展開する. Royal Bank of Scotlandと提携して金融・保険サービスも手掛ける. 創業1924年. 政府が過半の株式保有]

TESSA /tésə/ (英) tax exempt special savings account 税控除特別貯蓄預金口座 [⇨1991年導入. 現在は individual savings account (ISA)が取って代わっている]

test /test/ *n* 試験, 検査, テスト; 試練

do [conduct] a test on のテストをする
give ... a test in の試験をする
put ... to the test を試す
run tests いろいろ検査する
stand the test of time 時の試練に耐える ► The product has stood the test of time. その製品は時の試練に耐えた残った

— *v* 試験[検査]する[を受ける] (*on, for*); 試す ► We test the products in our laboratory. 当社では製品検査は自社の研究所で行います／None of the cosmetics has been tested on animals. それらの化粧品はどれも(動物虐待になる)動物実験をしていません

test out 実地に試みる

testable *a* 試験できる, 検査できる ► Is this economic theory testable? この経済理論は実証できるか

testament /téstəmənt/ *n* 遺言(書) (✚通例, his last will and testament の連語で用いる)

◇**testamentary** *a* 遺言(書)の; 遺言による

testate /tésteit, -tət/ *a, n* 有効な遺言を残した(人)

◇**testacy** *n* 遺言のあること

testator /tésteitər/ *n* 有効な遺言を残して死んだ人

test case 先例となるような事件[事案] [⇨同種の法律上の争点を提起する複数の事件に対して先例となり得る訴訟]

test-drive *vt* (-drove;-driven) 試運転する

tester /téstər/ *n* 試験官, 検査員; 検査のための計測器, テスター

testify /téstəfài/ *v* 立証[証明]する (*to, that*); 公然と宣言する; 証拠となる (*to*); (通例, 法廷で) 証言する ► testify against [for] a person (人に)不利[有利]な証言をする／The closed stores on Main Street testify to the depth of the recession. 本町通りの廃業したいくつもの店が不況の深さを物語っている

testify one's regret 遺憾の意を表明する

testimonial /tèstəmóuniəl/ *n* 証明書; 推薦状 (*from*); (有名人, 使用経験者による)推薦の辞

testimonial advertising テスティモニアル・アド, 証言広告 [⇨その分野の権威者が推奨する広告]

testimony /téstəmòuni/ *n* 証言, 証明; 証拠 (*to, of*) ► call in testimony (人を) 証言に立たせる／produce [provide] testimony to [of] …の証拠を提出する／bear testimony to [against, for] …に対して[に不利に, に有利な]証言をする

give testimony that と証言する

testing /téstiŋ/ *a* 自分の力が試される, 至難な ► a testing ground 試験[実験, 試練]の場

— *n* [会計] 試査 (=test, test check, test checking) [⇨資料の一部を検査し, その結果で全体の正否を判断する監査技術]

testing statistical hypothesis [統計] 統計的仮説検定

test market テスト市場

test-market *v* 市場テストをする ► The new product has been test-marketed. その新製品は市場テストを受けている

test marketing (地域限定などで行われる) テスト・マーケティング ► undergo test marketing テスト・マーケティングにかける

test run (テスト, 検査のための)試験運用, テスト運用 ► give the prototype a test run 試作品に試験運用を実施する

TetraFin (商標) テトラフィン [⇨米国のフィッ

シュ・フードのブランド]

tetrapod 《商標》テトラポッド [⇨4本の脚からなる護岸用コンクリートブロック]

TEU twenty feet equivalent unit 20フィートコンテナ換算単位

Texaco (~ Inc.) テキサコ [⇨米国の石油会社. Seven Sistersの一つ. 1926年設立. 2001年にChevronと合併. 現在名はChevron Texaco]

Texaco Canada (~ Inc.) テキサコ・カナダ [⇨カナダの大手石油精製会社. Chevron Texacoの子会社]

Texas Instruments (~, Inc.) テキサス・インスツルメンツ (TI) [⇨米国の半導体電子機器メーカー. 1938年設立. DSP (デジタルシグナルプロセッサー) の開発・製造で, 世界の携帯電話の50%以上に搭載されていると言われる]

Texas Pacific Group ⇨TPG

text /tekst/ n 本文; 原文; 題目; 教科書; 《~s》テキスト
— v メールを送る ▶ I texted him a message that I would be late for the meeting. ミーティングに遅くなると彼にメールを打った

text file 《~s》テキスト[文字データ]ファイル

textile /tékstail/ n 織物(材料); 布地; 《~s》繊維産業
— a 織られた; 織物の ▶ Many companies in the textile industry have moved their operations overseas in search of cheaper labor. より安い労働力を求めて繊維業界の多くの企業が業務を海外に移している

texting n 携帯メールの送受信
text message 携帯メール
text-message v 携帯メールを送る
text messaging 携帯でのメール(送受信)
text-to-speech n 音声の読み上げ(ソフト)

Textron /tékstrɑn/ n (~, Inc.) テキストロン(社) [⇨米国のコングロマリット. 1928年設立. ヘリコプターのBell, 小型機のCessnaなどが有名. 工業製品製造に加え, 金融サービスも行う]

textured vegetable protein 大豆タンパク製代用肉, 植物性タンパク質(TVP)

TGI Target Group Index

T-group n ティーグループ, トレーニンググループ (=training group) [⇨人間関係ワークショップでグループトレーニングを受けている人たち]

than /ðən; 《強》ðæn/ conj …より(も, は); 《else, other, differentなどの後で》…よりほかの, ほかには; 《rather, soonerなどの後で》…よりむしろ; 《scarcely, hardlyなどの後で》…したとたんに (=when)
▶ Economic growth was lower **than** expected for last year. 昨年の経済成長率は予想より低かった / The need to foster positive economic and political ties between the two countries is greater **than** ever. 両国間に前向きな経済的・政治的関係を育成する必要はいつにも増して大きい
— prep 《目的格の関係代名詞whom, whichの前で》…よりも

thang /θæŋ/ n 《略式》=thing
thank /θæŋk/ vt 感謝する 《for (doing)》
▶ Thank you for calling. お電話ありがとう / Thank you just (all) the same. それでも(やはり)ありがとう (✚相手の好意が役に立たなかったときの感謝の言葉) / Thank you for taking time out of your busy schedule. お忙しい中からお時間を頂き, ありがとうございます

have a person to thank for (人の)おかげだ[せいだ]
▶ You've got him to thank for that blunder. その大失敗は彼のせいなんだから

have oneself to thank for [that] は自分の責任だ
▶ He's only got himself to thank that he failed. 彼が失敗したのは自業自得だ

I can never thank you enough. お礼の申しようもありません

I'll thank you not to do …しないでもらいたい

I will thank you for [to do] を取って[…して]もらいたい

No, thank you. いいえ結構です

— n 《~s》感謝; 《~s》(間投詞的) ありがとう
▶ give thanks 神に感謝する

I can't say thanks enough. お礼のしようもない

offer (profuse) thanks to に(心から)感謝する

Thanks a bunch. 《略式》本当にありがとう

Thanks anyway [just the same]. (だめだったけど)とにかくありがとう

Thanks for nothing. 《略式》大きなお世話だ

thanks to のおかげで (✚ありがたくない場合にも用いる) ▶ Thanks to the heavy snow falls, food prices rose sharply. 大雪のため食料品の値段が高騰した / Thanks to discounts, food sales at supermarkets rose 0.8% last month. 値引きのおかげで, スーパーの食料品の売上は先月0.8%増加した / Thanks to everyone's efforts, the product launch was a success. 皆さんのご尽力のおかげで, 製品の発売は成功しました

that /ðæt, ðət/ pron (**those**) それ, あれ, その[あの]人; (thisと対で用いて) 前者
▶ Hello. Is **that** Peter? Mary here. (電話で) 《英》もしもし, ピーターですか こちらメアリーです (✚thatのよそよそしさを避けてthisを用いる傾向がある: Is this Peter?/Who is this, please? (ピーターですか/(そちらは)どなたでしょうか)

成句 *and all that* …など *and that* しかも; …など *at that* その点では, それにしても; しかも, おまけに; そのままで *for all that* それにもかかわらず *like that* そんな風に *That does [kills, tears] it.* 《略式》これで終わりだ *that is (to say)* すなわち *That's all.* それで全部, 以上 *That's it.* それだ, それそれ *that said* それはそれとして *That's that.* それでおしまい; 事は決まった *that there* 《略式》あの *That will [That'll] do.* それでいい *with that* そう言って, そうして

— rel pron …ところの(人・物・事)
▶ There are many things **that** could go wrong with the merger. その合併は多くの点で問題が起こる可能性がある / We need to focus on activities **that** add value to the finished product. 完成品に付加価値をつける活動に集中する必要がある / Accept **that** which you cannot change. 変えられな

いことは受け入れよ
[成句] *that which* =what(すること[もの])
— *a* その, あの
[成句] *at that time* 当時(=then)
— *ad* そんなに, とても; …するほど
► I was **that** hungry I could eat shoe leather. 靴の革でも食いかねないほど空腹だった / Employees couldn't believe that their salaries had been cut back **that much**. 従業員は給料がそこまでカットされるとは信じられない思いだった
[成句] *that much* そのくらい
— *conj* …ということ; (目的) …するように; (理由) …だから, …だなんて; (結果) …なので
► I think **that** bonuses should be paid only when the company hits the profit numbers. 会社が儲かったときだけボーナスを支給すべきだと私は思う
[成句] *It was not that A, (but) it was that B.* AというわけではなくBというわけだった *not all that* それほど…でない *Not that I know of.* 私の知る限りではそうではない

Thatcherism /θǽtʃərìzəm/ *n* サッチャーリズム[1979年から1990年のサッチャー英首相在任中に行われた政策の手法. 競争と市場メカニズムの導入, ECへの強硬路線などがその特徴]
◇**Thatcherite** /-àit/ *n, a* サッチャーリズムの(支持者) ► Thatcherite revolution サッチャー革命

that's-not-all technique ザッツノットオール法[➡ 承諾技法(compliance techniques)の一つ. 販売者がその場でおまけを付け加えることで客に購入を承諾させる]

the /ðə, ð, ði; (強)ðí:/ (定冠詞) その, あの
[成句] *the Bill Gates* /ðí:/ あの有名なビル・ゲイツ
— *ad* それだけ, ますます
[成句] *The sooner, the better.* 早ければ早いほどよい

theater, (英) **theatre** /θí:ətər/ *n* 劇場, 《米・豪》映画館(✚(米)でも劇場名は-tre)

theft /θeft/ *n* 盗み, 窃盗 ► commit a theft 窃盗を働く / identity theft 個人情報窃盗, なりすまし / The theft of trade secrets is federal offense. 企業秘密の窃取は連邦刑法上の犯罪を構成する

theme /θí:m/ *n* 題目, テーマ; 課題作文 ► The creative department has come up with a great theme for this ad. クリエーター部門はこの広告について素晴らしいテーマを考え出した[<ラ *thema* <ギ *thema* 提議]
◇**themed** *a* テーマを持つ

theme park テーマパーク[➡ 特定のテーマに沿って施設が造られている娯楽施設]

then /ðen/ *ad* その時[ころ], 当時; それからすぐ; その次に; その上; それなら, それゆえ ► Once we establish our brand identity, then our sales will increase. いったんブランドの独自性を確立すれば, 当社の売上高は増加するだろう / Sales surged when camera cell phones hit the market, but have slowed since then. カメラ付き携帯電話が市場に出たときに売上高は急騰したが, その後は低迷している / Then, I'll see you when you come back from your business trip. それでは, ご出張から戻られたらお会いしましょう
now and then 時折 ► Everyone makes a mistake at work now and then. 誰でもときどき仕事で間違いをしでかすことはある
Now ..., then ... 時には…し, またある時には…する
now then ねえ, まあまあ ► Now then, what seems to be holding you back from signing the agreement? おいおい, どうして契約書にサインするのをためらうのかい
(but) then again しかし一方では[同時に]
then and there / there and then その時その場で, すぐさま
— *a* 《the ~》当時の ► the then president 当時の社長

theoretical /θì:ərétikəl/ *a* 理論(上)の; 仮定的な ► Many experts in his field do not accept the theoretical basis of his views. 彼の専門分野の多くの専門家たちは彼の見解の理論的基礎を認めていない
◇**theoretically** *ad*

theoretical capacity 【統計】理論的生産能力[➡ 理論的に達成可能な最大操業度]

theorist *n* 理論家 ► Krugman is a leading economic theorist. クルーグマンは一流の経済理論家である

theory /θí:əri/ *n* 理論, (学)説 《*on, that*》; 理屈 ► What you say is mere theory. 君が言うことは空論にすぎない / In theory, the cutbacks would make the company leaner and more efficient. 理論上は, 経費削減は会社の贅肉を減らし会社を効率的にするだろう
in theory but in practice 理屈ではそうだが実際には ► The design is good in theory but will not work in practice. その設計は理論的には最適だが, 実際にはうまくいかない

theory of comparative advantage 【経済】比較生産費説, 比較優位の理論

theory of constraints 制約条件の理論, 制約理論 (TOC) [➡ 全体の生産性を制約するボトルネックに注目し, 改善していくアプローチ]

theory of human capital 人的資本理論[➡ 人間を投資の対象としての資本に見立て, 教育訓練投資を人間に行うことによって, 将来発生する生産性上昇の対価が労働者や企業の間で分配されると考える理論]

theory of the firm 企業論

theory W 【経営】W理論[➡ Wは whiplash の略. 奴隷のように鞭で使役されるとする動機付け説]

theory X 【経営】X理論[➡ 人間性悪説を前提にした動機付け理論. 米国の Douglas McGregor の説]

theory Y 【経営】Y理論[➡ 人間性善説を前提にした動機付け理論]

theory Z 【経営】Z理論[➡ 従業員を大事にし, 本人たちにも大事にしてもらっていると認識してもらうことが企業の生産性を押し上げると説く]

therblig /θə́:rblig/ *n* 【経営】サーブリッグ[➡ ギルブレスが開発した動作研究のための分析手法]

there /ðɛər; (弱)ðər/ *ad* そこに[で, へ]; あそ

こで[へ]; その点で; (注意を引いて)ほら, それ; (there is ...の構文で)(が)ある
► **There** resulted a depression of the market. その結果市場が不況になった / We are sending you out **there** to develop a new market. 君を現地に派遣するのは新しい市場を開拓するためだ / The subprime loan problem spread to Europe, tightening the credit market **there**. サブプライムローン問題は欧州に広がって, 欧州の信用市場を逼迫させた / I see your point **there**. その点では, おっしゃりたいことは分かります

成句 *Are you there?* (電話で)もしもし(ちゃんと聞いていますか) *get there* 《略式》成功する *have a person there* 《略式》(人を)返事に困らせる; 参らせる *(have) been there(, done that)* 経験ずみで *Hi [Hello, Hey] there.* やあ, こんにちは *there and back* 往復で *There he [she] goes again.* また始まった *There is [are] A and A.* よいAもあれば悪いAもある *there is no doing* …することはとてもできない *There's ... for you.* それこそ…というものだ; 《皮肉》あれで…と言えるのかね *There you are.* もい[さあ]どうぞ; ほらごらん *There you go (again)!* 《略式》また始まった
― *n* そこ, あそこ
► from **there** on それから後は

thereabout(s) *ad* その辺に; そのころ; (数・量について)…くらい ► He has been with the company for 15 years, or thereabout. 彼は今の会社に勤めて15年かそれくらいだ

thereafter *ad* 《文》それ以来 ► From the first of next month and thereafter, employees must wear company IDs at all times while on the job. 来月の1日以降, 社員は職務中は常に社のIDを身に付けなければならない / This agreement will continue in effect for an initial two-year term and thereafter for successive annual periods. 本契約の存続期間は当初2年とし, その後は期間を1年として更新されるものとする

thereby *ad* それによって; それに関して ► Thereby hangs a tale. それには訳がある

therefor *ad* 《古》その[この]ために, それ[これ]に対して, その[この]代わりに ► a refund therefor それに対する払戻し / He was ill, and I substituted therefor. 彼が病気だったので私が代理をした

therefore /ðέərfɔːr/ *ad* その結果, それゆえに ► It is therefore remarkable that the company has changed its position on global warming. それゆえ, 同社が地球温暖化について見解を変えたことは特筆に値する / I therefore recommend you to consider other investment options. そういうわけで, 他の投資の選択肢を考えられるようお勧めします

therefrom *ad* そこ[それ]から
therein *ad* その中に; その点で ► Therein lies the danger of a project of this kind. この種のプロジェクトの危険性は, そこにあるのだ

thereinafter *ad* 後文に, 以下に ► Members on the board of trustees, thereinafter referred to as "trustees", are selected in accordance to the following procedure. 評議員会のメンバー, 以後「評議員」と呼ぶ, は以下の手続きによって選ばれる

thereof *ad* それについて; そのもの[こと]から ► The company's security system or lack thereof has been called into question. 会社のセキュリティーシステムあるいはそのシステムの欠落が問題となった

thereon *ad* その上に; それについて; そのすぐ後に
thereto *ad* そこへ, それに; それに加えて
theretofore *ad* その前に
thereunder *ad* その下に; 以下に[のことに従って]
thereupon *ad* その後すぐに; その結果; その上
therewith *ad* それとともに
therewithal *ad* その上に; それに引き続き
therm /θəːrm/ *n* サーム [➡英国でガスの使用量を測るために使われている単位]

ThermaCare Heat Wraps 《商標》サーマケア・ヒート・ラップス [➡捻挫, 筋肉痛, 関節炎などの痛みを一時的に抑える米国のサポーター。袋から出して空気に触れさせると発熱し患部を温める]

thermal pollution 【環境】熱汚染; 温排水による公害
thermal power station [plant] 火力発電所
Thermopane 《商標》サーモペイン, 複層ガラス [➡二重はめ込みガラス板]
Thermos 《商標》テルモス, 魔法瓶 (=Thermos bottle [flask])

these /ðiːz/ *pron, a* (thisの複数形) これらの(の) ► Many companies are not hiring **these** days. 最近は求人募集をしていない会社が多い

thick /θik/ *a* 厚い; 太い; 密集した 《with》; いっぱいの 《with》; 《略式》親密な 《with》; 愚鈍な; 《英略式》我慢のならない ► We have a thick stack of documents to go through. 目を通さなければならない書類が山ほどある
a bit (too) thick 《英略式》ひどすぎる, やりきれない
thick on the ground 《英略式》たくさんある
― *ad* 厚く; 濃く; 密集して; ひっきりなしに
thick and fast しきりに, どんどん
― *n* 太い[厚い]部分; まったど中
in the thick of のまっ最中で ► He is in the thick of preparing next year's budget. 来年度の予算を作成している最中だ
through thick and thin 万難を排して; 状況のよい時も悪い時も
◇**thickly** *ad*
◇**thickness** *n*

thin /θin/ *a* (-**nn**-) 薄い; 貧弱な; (売買などが)・低調な, 薄商いの ► The market is thin. 市場は薄商いだ / Trading was thin ahead of the long weekend. 長い週末を控えて取引は閑散としていた / Further price discounts would eat into the company's already thin profit margins. これ以上値引きすると, ただでさえ薄い・利

鞘に食い込むだろう

thing /θiŋ/ *n* ❶ 物; (~s) 事物, 事柄; 考え, 意見; 行為; (~s) 事情, 事態, 風物; (軽蔑や愛情をこめて) 人, 生き物, 動物; 点, 事項; (~s) 衣服 (➡主にコート・帽子); (~s) 道具, 用具; (one's ~s) 所持品; (the ~) 正しいもの, 大事なこと, 流行; (音楽・文芸などの) 作品; 《米略式》変わった態度 [特別な感情], 気まぐれ ► **as things stand** 今の状況では / **The main thing we're concerned about is customers' reaction to the price changes.** われわれが懸念している肝心なことは価格変更に対する顧客の反応だ / **The important thing is to differentiate our product from our competitors'.** 重要なことは当社の製品を競合他社の製品から差別化することだ / **How are things at work?** 仕事はどうですか / **Things always take longer than planned.** 物事は常に計画より長くかかるものだ

❷【法律】(権利の客体となるすべての) 物, 有体物; 客体; 財産 ► **things personal [real]** 動産 [不動産]

all things considered すべてを考慮すると ► **All things considered, we've made great strides in improving customer service.** あれこれ考え合わせると, 顧客サービスの改善では当社は長足の進歩を遂げている

a thing or two 《略式》かなりのもの, 相当の知識

be all things to all men [people] 皆に気に入られるようにふるまう

be onto a good thing 《略式》とてもよい調子 [気分, 景気] だ

do one's (own) thing 《略式》自分のやりたいことをする

for one thing 一つには, 第一には

in all things どんな場合でも

It's a good thing (that) 幸運なことに…だ ► **It's a good thing that you showed up in time for the meeting.** 会議に間に合うようにおいでくださってよかった

make a big thing out of に重きを置きすぎる, で大騒ぎをする ► **The media made a big thing out of the company's involvement in the bid-rigging case.** マスコミはその会社の入札談合事件への関与を大きく取り上げた

make a good thing of 《略式》でもうける

of all things こともあろうに ► **Of all things, we need to focus on making our products more competitive.** 何よりも, わが社の製品がもっと競争力をつけることに集中する必要がある

what with one thing and another 《略式》あれこれ事情があって

thing in action ❶【法律】債権 (的財産) (=chose in action); 請求権 (➡訴訟により実現する財産的権利) ❷【会計】無体動産, 債権

think /θiŋk/ (**thought**) *vt* 考える, 想像する; 思う, 信じる (*that*); 見なす (*to be*); 予想 [予期] する, 期待する; 熟考する; …するつもりである (*to do*); 頭がいっぱいである ► **I think your presentation went well.** 君のプレゼンテーションはうまくいったと思うよ / **Less exposed to mortgage-backed securities, European banks initially thought they could ride out the economic crisis.** 住宅ローン担保証券の保有リスクが少なかったので, 欧州の銀行は経済危機を乗り切れると当初は考えていた

— *vi* 思う, 考える; 熟考 [思案] する (*of, about, over*); 思い出す (*of*); (…しようと) 考えている (*of doing*); 予期する ► **Let's think about ways to generate more sales.** もっと売上を伸ばす方法を考えよう / **What do you think about [of] this?** これをどう思いますか / **In managing a venture business you need to think outside the box.** ベンチャー企業を運営するには並み大抵ではない考え方をする必要がある / **You have to think positive if you're going to succeed in business.** 事業で成功しようとするならプラス思考をしなければならない

I don't think 《略式》《皮肉》いやはやまったく

I thought as much. 《略式》そうだろうと思ったよ

think again =think twice

think aloud 思っていることをそのまま口に出す, 独り言を言う

think back to を思い起こす

think better of を考え直す; 見直す

think big 《略式》大きなことを考える

Think different. シンク・ディファレント [➡米国のアップルコンピュータ社の企業広告で使われたスローガン. 世界を変革した天才 (アインシュタイン, ピカソ, ガンディーなど) を称える **Here's to the Crazy Ones** (クレイジーな人たちに乾杯) を使用して, クリエイティブな仕事をする人のツールとしてのマッキントッシュ・パソコンのイメージ向上に成功した]

think little [nothing] of を何とも思わない ► **Our boss thinks little of his work.** 社長は彼の仕事をほとんど買っていない / **He thinks nothing of spending money on cars.** 彼は車にお金を使うことを何とも思っていない

think much [highly, a lot] of を尊重する ► **I know you don't think much of him.** あなたは彼をあまり評価していないようだ (✢**think much of** は通例, 否定文で用いる)

think of のことを [について] 考える; …しようかなと思う (*doing*); (can [could] not, will [would] not などを伴って) …などとても考えられない; を思い起こす; 思いつく; を (…と) 考える [見なす] (*as*) ► **I'm thinking of going into business for myself.** 自分で商売を始めることを考えている

think out を考え抜く; をよく考えて解決する ► **I'm sure you'll think out a way to solve the problem.** きっと問題の解決法を考え出されることでしょう

think over を熟考する ► **Will you give me some time to think over your offer?** お申し出を検討する時間をいただけますか

think the best [worst] of a person (人の) よい [悪い] ところばかり見る

think through を考え抜く ► **Have you thought through the legal implications of such a move?** そのような動きの法律的な意味合

いを考えてみたことがありますか
think twice よく考える; ためらう
think up を考案する ► We have to think up a strategy to increase our sales. 当社の売上を増やす戦略を考え出さなければならない
think well [ill] of をよく[悪く]思う
What do you think of [about] ... ? をどう思いますか ► What do you think of this weather? この天気をどう思いますか(✚話のきっかけとして用いる) / What do you think of the prospects for the economy in the coming year? 来年の経済見通しについてどうお考えですか
━ *n* 《略式》考えること; 意見
have a think 一考する
have got another think coming 《略式》考え直してみる
◇**thinkable** *a*《可能と》考えられる
◇**thinking** *a*, *n* 思慮深い; 思考; 判断, 考え ► to my way of thinking 私の考えでは / put on one's thinking cap《略式》問題を熟考する
think tank シンクタンク, 研究所 ► The expert from the think tank shared his views on the financial debacle in the TV interview. シンクタンクの専門家はテレビのインタビューで金融破綻に関する意見を同じくした
thin market 閑散とした市況, 薄商いの市場
thinning waste 間伐材 (=forest thinning waste)
Thinsulate 《商標》シンスレート[⇒米国製の防寒用合成繊維]
third /θəːrd/ *a* 3番目の; 3分の1の
━ *n* ❶ 第3; 3分の1; 3位[着]; (月の)3日 ► The Australian dollar has lost a third of its value against the yen. オーストラリアドルは円に対する価値の3分の1を失った / Manufacturers have cut production by more than a third compared to last year. 製造業者は昨年に比べて3分の1以上も生産を減らした ❷《通例 ~s》三等品, 三級品
third-country national 第三国出身の要員[⇒国際機関や多国籍企業の社員中, 本部・本社の所在国または派遣先の国籍を持たない中立的な立場にある者を言う]
third generation mobile phone 第三世代携帯[⇒テレビ電話も可能な高速データ通信規格に準拠しているデジタル携帯]
third line forcing 抱き合わせ販売
third market (the ~)《米》第三市場[⇒取引所上場株式を取引所外で取引するマーケット・メーカー]
third party 第三者; 第三政党; 《コンピュータ》サードパーティー[⇒ソフトウェアや周辺機器などを作るメーカーの総称] ► provide defense against third parties 第三者への対抗力を備える
third-party action (第三当事者)引き込み訴訟 (=action over, third-party proceedings, third-party practice) [⇒訴訟と関係のない第三者をその訴訟に引き込むため新たに提起される訴訟手続]
third-party beneficiary 受益者である第三者, 契約上の第三受益者
third party check 記名小切手[⇒受取人名が記載されている小切手]
third party, fire and theft insurance 対人・対物・火災・盗難保険[⇒英国の強制保険]
third-party intervention (労働争議の)第三者による調整
third-party liability 第三者に対する責任
third-party (liability) insurance 第三者(賠償責任)保険
third-party logistics サードパーティー・ロジスティクス (3PL)[⇒荷主企業と運輸会社が一体となり, 業務の効率化をめざす物流改革]
third-party security 担保付き証券
third quarter 第3四半期
third sector (the ~) サード・セクター[⇒公共部門, 民間部門に対して民間非営利部門を指す. 地方公共団体と民間企業の共同出資を指す「第三セクター」は, わが国独自の言い方で, これとは異なる]
Third World (the ~) 第三世界途上国[⇒アジア・アフリカ・ラテンアメリカなどの発展途上国]
Third World debt 途上国債務
thirst /θəːrst/ *n* 渇き; 渇望《for, to do, after》► Managers were impressed by the new employee's thirst for knowledge and eagerness towards his job. マネージャーたちは新入社員の知識欲と仕事に対するまじめさに感心した
━ *vi* のどが渇く; 渇望する《for, after》► The housing market is thirsting for new investment. 住宅市場は新規の投資を渇望している
thirsty /θəːrsti/ *a* のどが渇いた; 渇望する《for》
Thirty-Share index FTSE30種株価指数
thirtysomething *a*, *n*《略式》30代の(人)
this /ðis/ *pron*《these》これ, ここ; この人; 今, 今日; (thatの対語として) 後者; このこと, 次のこと ► Hello, this is Brown. (電話で)もしもし, こちらはブラウンです /Is this [《英》that] Mrs. Hoffman speaking? ホフマンさんの奥様ですか—はい, そうです /Who is this (speaking)?《米》(電話で)どちら様でしょうか(✚《英》ではしばしば that を用いる)

成句 ***at this*** これを聞いて[見て, 知って] ***like this*** こんな風に ***this and that / this, that and the other*** あれやこれや ***This is it!*** これだ; やっと見つけたぞ; いよいよ来るべき時が来た; 確かにそうだ ***with this*** こう言って
━ *a* この; 今の; ある (*a certain*)
► Market research shows there's a big demand for **this** type of service. この種のサービスに大きな需要があることを市場調査は示している / **This** area is off limits to visitors. (掲示)部外者立入禁止区域

成句 ***for this once*** 今度だけは ***this day week***《英》来週[先週]の今日 ***this much*** これだけのこと
━ *ad* これだけ, これほど
► this big [many]... こんなに大きな[多くの]...
Thomson ❶《The ~ Corp.》トムソン(社)[⇒英国の大手出版社・新聞社グループ. 1934年, Roy

Thomson First Call

Thomsonがカナダの新聞社を取得したのが始まり。1954年にScotlandへ移り、テレビ局、出版社、新聞社を次々と買収し、系列会社を設立。1989年、系列のThomson NewspapersとInternational Thomson Organisationが合併して現社名となる。Thomson Financial, West Publishing (法律), Thomson Scientificなどをグループ運営。2008年英国の通信社Reutersを買収、Thomson-Reutersとして運営している】❷ トムソン 《⇨ フランスの電気製品メーカー。デジタルビデオ製品のソリューションプロバイダー。日本のビデオ機器開発会社カノープスを買収》

Thomson First Call トムソン・ファーストコール ⇨ First Call

thorn /θɔːrn/ n (植物の)とげ、針;とげのある植物;苦痛の種

a thorn in the [one's] flesh [side] 苦痛[悩み]の種 ► The pay raise demanded by the union was a thorn in the company's side. 組合が要求した給与アップは会社の悩みの種だ

◇**thornless** a
◇**thorny** a とげの多い;苦しい;厄介な ► Raising taxes is always a thorny issue for the government. 増税はいつでも政府にとって厄介な問題だ

thorough /θə́ːrou, θʌ́r-, -rə/θʌ́rə/ a 徹底的な、綿密な;まったくの ► Total quality entails a thorough and integrated approach to management. 総合的品質には、綿密で一体化された経営アプローチが欠かせない

◇**thoroughly** ad 徹底的に、綿密に ► All our products are thoroughly tested before we put them on the market. わが社の製品はすべて、市場に出す前に入念に検査している
◇**thoroughness** n

those /ðouz/ pron (thatの複数形) それら;人々 ► Those developing the marketing plan must make sure it is thorough and pertinent. マーケティング計画を開発する者は計画が間違いなく完璧で適切であるようにしなければならない / Those 55 or older are eligible for early retirement. 55歳またはそれより年長の者は早期退職の資格がある / Those in the high-income bracket will be most affected by the new tax rules. 高額所得区分の人たちは、新しい税規則の影響をもっとも大きく受けるだろう

(成句) *(in) those days* 当時、あの頃は *those which [that]* する(ところの)こと *those who [that]* …する人々

though /ðou/ conj …にもかかわらず、…だけれども;もっとも…だけれども;(しばしばeven ~) たとえ…でも (=even if)
► Though TV advertising costs the most, it has a wider reach. テレビ広告はもっとも高くつくが、広告の届く範囲が広い / Though it is expensive, the product is hugely popular. その製品は、値段は高いが、ものすごく人気がある

(成句) *as though* あたかも…のように (=as if)
— ad 《文尾または挿入的に用いて》でも
► By late afternoon, **though**, the dollar was trading at 105.68 yen. だが、午後も遅くになると、ドルは105円68銭で取引されていた

thought /θɔːt/ n 考え;思考[推理、想像]力;思案、熟考;意向;予期 (*of doing*);配慮 (*for*);見解 (*on*); (a ~) ちょっと ► Even a simple task requires thought. どんな簡単な仕事にも工夫がいる / Do you have any thoughts on this matter? この件に関して何かご意見はありますか

act without thought 思慮なしに行動する
Don't give it another thought. そのことについては心配しなくていいよ
give ... plenty of thought をよく考える
give some thought to / give ... some thought を一考する
had no thought to do …する考えはなかった
have thoughts about について意見がある
(It's) just a thought. 《略式》一つの考えとして言ってみたんだけど
let me have your thoughts on について意見を聞かせてください
never give a moment's thought 一瞬も考えない
not give ... a thought を少しも考えない
on second thought(s) 考え直して ► On second thought, I'd rather stick with the original design. 考え直したが、元のデザインを続けた方がよいと思う
put more thought to (doing) もっと(…すること)を考える
quick as thought / upon [with] a thought ただちに
take thought 心配する (*for*)
turn one's thoughts to を考え始める

thoughtful /θɔ́ːtfəl/ a 物思いに沈んだ;思慮[注意]深い;思いやりのある (*of, about*) ► Thank you for your thoughtful arrangements during my visit. 訪問中の行き届いたご手配、ありがとうございました

◇**thoughtfully** ad
◇**thoughtfulness** n

thoughtless /θɔ́ːtlis/ a 思慮のない;軽率な (*of, for*);思いやりのない (*of, for*)
◇**thoughtlessly** ad
◇**thoughtlessness** n

thousand /θáuzənd/ n, a (~s, 《数詞の後で》~) 1,000(の);多数《無数》(の)

a thousand and one 《略式》無数の
a thousand points of light 千にも及ぶ光の点 [⇨ ボランティアやコミュニティ活動を賞賛すべきものとして表現する際の比喩。1988年の米大統領選でジョージ・ブッシュが用いた]
A thousand thanks [apologies]. 本当にありがとう[いくらおわびしても足りません]
a thousand to one ほぼ確実な[に]
Not [Never] in a thousand years! 《略式》絶対にいね
one in a thousand (千に一つの)非常に珍しい[立派な]もの[人]
thousands of 何千もの
◇**thousandth** a, n 1,000番目(の);1,000分の1(の)

thrash /θræʃ/ vt 強く打つ;完敗させる

— *vi* 手足をばたつかせる; のたうち回る《*about, around*》

thrash out 徹底的に議論する, 練り上げる ► The issue has not been thrashed out yet. その問題はまだ十分に議論がされていない
— *n* 打つこと

thread /θred/ *n* 糸, より[縫い]糸; 細線; (話などの)筋道; 考え方, 特徴 ► the common thread 共通点

lose the thread of an argument 議論の筋道が分からなくなる

pick [take, gather] up the threads of（中断の後…を）また続ける

threat /θret/ *n* 脅し, 脅威; 脅迫《*against, to do*》; 脅かす人[もの]《*to*》; (悪いことの)兆し《*of*》 ► Well-established companies face the threat of new entrants into the market. 老舗の会社は, 市場に新たに参入してくる会社の脅威に直面する / The threat of global warming is nothing to scoff at. 地球温暖化の脅威は, 小ばかにして済むようなことではない

come under threat from に脅かされる ► Domestic agricultural products have come under threat from cheap imports. 国内の農産物は安価な輸入品の脅威にさらされている

make threats [a threat] 脅す

pose a threat 脅威を与える ► The yen's appreciation poses a threat to Japanese exports. 円の高騰は日本の輸出に脅威を与える / China's rapidly growing capacity in steel production poses a threat to western steel makers. 中国における鉄鋼生産能力の急速な伸びは西側の鉄鋼メーカーに脅威をもたらしている

threaten /θrétn/ *vt* 脅す《*with, to do*》; の前兆を示す ► The client threatened to cancel the contract. 顧客は契約を取り消すと脅した / Climate change may threaten rice production in Southeast Asia. 気候変動は東南アジアにおける米の生産の脅威となるかもしれない / They are threatening a strike if they don't get a pay raise. 彼らは賃上げが得られなければストライキをすると言って脅しをかけている

— *vi* 脅す; 差し迫っている, …しそうである《*to do*》 ► The strike spread and threatened to engulf the nation. ストライキは広がり, 国中を巻き込む恐れがあった / America's addiction to foreign oil threatens to impede its economic interests. 米国の外国石油への依存症は自国の経済的利益の妨げになりかねない

three /θriː/ *n, a* 3(の), 3人[個](の); 3時, 3歳

3i Group (~ Plc.) スリーアイ・グループ [◯ 英国を本拠とするオルタナティブ投資(デリバティブ, 未公開株, 不動産などへの投資)専門の投資会社]

3M (~ Company) スリーエム(社) [◯ 米国の総合メーカー. 1902年設立. 旧社名はMinnesota Mining & Manufacturingで, Scotchブランドの接着剤などの工業製品, ヘルスケア製品, 電子部品などを製造]

three-way *a* 三方向の, 三者間の

threshold /θréʃhould/ *n* ❶ 敷居; 入り口, 門口; 始め, 出発点; (相場の)節目 ► cross the threshold 敷居をまたぐ, 家に入る / I have a low threshold for taking risks. 私はリスクをとることについては許容限界点が低い; 私はリスクをとりたがらないタイプの人間だ ❷【統計】閾値(しきいち)

at the threshold of の出発点に

on the threshold of まさに…しようとして

threshold effect スレショルド効果 [◯ 消費者の行動を変え, 売上増に結びつけるのに必要な最低限の広告露出]

threshold price 境界価格 [◯ 安い輸入品から国産品を守るための支持価格. EUの場合, 輸入価格が境界価格を下回ると, 差額が輸入課徴金として徴収される]

thrift /θrift/ *n* ❶ 倹約, 節倹 ❷ 貯蓄; (米国の)貯蓄金融機関 [◯ 相互貯蓄銀行(mutual savings bank), 貯蓄貸付組合(savings and loan association), 信用組合(credit union)などを言う] ► the thrift industry bailout in the 1980s (米国の) 80年代の貯蓄金融機関[S&L]救済

◇**thriftless** *a* 金遣いの荒い

thrift institutions (米国の)貯蓄金融諸機関 [◯ savings bank (貯蓄銀行)とsavings and loan association (貯蓄貸付組合)の総称]

thrift shop (慈善)中古品[衣料]店 ⇨ Goodwill

thrifty /θrífti/ *a* 節約する ► Our employees are hard-working, thrifty people. 当社の従業員は皆よく働き倹約家である

◇**thriftily** *ad*

◇**thriftiness** *n*

thrill /θril/ *v* (恐怖や興奮で)ぞくぞくする[させる], 震える[させる]《*with, at, to do*》; (強い感情が)走る《*along, in, over, through*》

be thrilled to bits 《略式》とても喜ぶ

not too thrilled about にはあまりぞくぞく[興奮]しない ► I'm not too thrilled about being transferred out of the head office. 本社から異動になるのは, あまりうれしくない

thrill to にわくわくする

— *n* ぞくぞくすること, ぞくぞく[わくわく]させるもの; 身震い, 戦慄, スリル ► Nothing beats the thrill of clinching a big deal. 大口取引をまとめることほどスリルのあることはない

get one's thrills from / get a thrill out of でスリル[ぞくぞくする快感]を味わう

thrills and spills [chills] わくわく[ぞくぞく]する感じ

◇**thrilling** *a*

◇**thrillingly** *ad*

thrive /θraiv/ *vi* (**throve**, **~d**; **~d, thriven**) 繁栄する, 成功する, 金持ちになる; 力強く成長する ► After he moved to New York, he began to thrive in (his) trade. ニューヨークに移ってから商売がうまくいくようになった / In the recession, business has been thriving for discount retailers. 景気後退の時期には, ディスカウント小売業者の商売は繁盛してきた

thrive on で栄える; をうまく利用する ► The town thrives primarily on tourism. その町

は主に観光で栄えている / Investors thrive on taking risks. 投資家はリスクを負うことを生きがいにしている

◇**thriving** *a* 繁栄している ► a thriving economy 繁栄する経済

throat /θrout/ *n* のど [○気管を含む]; のど首; (器物の) 首; 狭い通路

at each other's throats 互いに激しく争って
cut one another's [each other's] throats 共倒れになる
cut one's own throat 《略式》自滅を招く
cut throats 社員の首を切る
jump down a person's throat 《略式》(人を) 激しく叱りつける
lie in one's throat 白々しいうそをつく
ram [force, thrust] ... down a person's throat (人に)(意見・考えなどを)押しつける
stick in one's throat (人の態度・言葉などが) 気に入らない

throe /θrou/ *n* 激痛; (~s) 苦闘, 死の苦しみ, 断末魔 (=death throes); 陣痛

in the throes of (doing) に必死になって, と悪戦苦闘して ► In the throes of a recession, our stockholders need to be reassured. 不況のまっただ中にあって, わが社の株主を安心させてやらなければならない

through /θru:/ *prep* …を通り抜けて; …を通して; …じゅうを[に], の至る所を[に]; …の初めから終わりまで; 《米》…まで; …によって, を通じて, のおかげで; …を終えて; …のために

► (from) Friday **through** Sunday 金曜から日曜まで / The country has done little to improve its competitiveness **through** investment in research and development. その国は研究開発投資によって競争力を改善する努力をほとんどしてこなかった / The bailout money will help automakers **through** the economic crisis. 救済資金は自動車業界が経済危機を乗り切るのに役立つだろう / The company will cut 500 jobs **through** an early retirement program. 早期退職制度を通じて, 同社は500人の従業員を削減する予定だ

― *ad* 貫いて; ずっと; …じゅう; (初めから) 終わりまで; すっかり; 《米》電話が終わって, 《俗》つながって ►We're finally **through** with the market research. その市場調査はやっと終了した / Can you check my baggage straight **through**? この手荷物を目的地まで通しで預かっていただけるか / The company continued to be profitable right **through** the recession. 景気後退の間ずっとその会社は利益を出し続けた

[成句] *be through with* を終える; と手[縁]を切る, やめる *right [straight] through* 直行で; 最後まで *through and through* すっかり

― *a* 通しの, 直通の ►no **through** road 行き止まり

throughout *prep, ad* の至る所に; の間じゅう; すっかり; 初めから終わりまで ► The recession caused a drop in housing demand throughout the country. 景気後退は全国的に住宅需要の減退をもたらした / We have ten factories throughout the country. 当社は全国に10の工場を持っている

throughput *n* スループット [○一定期間に処理される仕事量]

throw /θrou/ (threw; thrown) *vt* 投げる; 投げつける (at); (疑惑を) 向ける (on); (の状態に) する (into); 《略式》(パーティーを) 催す ► Investors are throwing their money into safe investments like bonds. 投資家は債券のような安全投資に資金を投入している / The housing crisis threw the economy into a recession. 住宅危機はその国の経済を景気後退に陥れた

― *vi* 投げる

be thrown back on に頼らざるを得なくなる
throw away 捨てる; (金などを) 無駄にする (on); せりふを何気なく言う ► I mistakenly threw away the receipt. その領収書を間違って廃棄してしまった
throw back 投げ返す; 反射する; 阻止する; 《略式》を食べる[飲む]
throw down 投げ降ろす; 倒す; 《米略式》拒絶する
throw in 投げ込む; おまけにつける; (言葉を) 差し挟む; (ギアなどを) かみ合わせる ► If you buy this CD player, we'll throw in two CDs. このCDプレーヤーをお買い上げいただければ, CD2枚をおまけにお付けします
throw off 振り捨てる; と関係を絶つ; たやすく作る
throw oneself into に身を入れる
throw oneself on にすがる
throw open ぱっと開く; 開放[公開]する (to)
throw out 捨てる; まごつかせる; うかつに言う; (案を) 追い出す, 辞めさせる; 否決する; 却下する ► Many people have been thrown out of work because of the recession. 景気後退のために多くの人が職を失う羽目になっている
throw over 見捨てる; 放棄する
throw together 大急ぎで作る; (人を) 会わせる, 仲間にさせる
throw up 挙げる, 投げ上げる; 《略式》放棄する, (職を) 辞める; 大急ぎで建てる; 吐く; 生み出す, 輩出する; (誤りを) 指摘する, (画面に) 示す (to)

― *n* 投げること; 《略式》冒険, 運; 《略式》1個, 1回 ► at $2 a throw 1個2ドルで

◇**thrower** *n* 投げる人[もの]

throwaway *n, a* ちらし広告, びら; 使い捨ての ► a throwaway lighter 使い捨てライター

throwback *n* 投げ返し; 後戻り (to)

thumb /θʌm/ *n* (人の手の) 親指

a rule of thumb 経験に基づく方法, 大ざっぱな指針
give ... the thumbs up [down] 《略式》…を正式に承認[却下]する
turn thumbs up [down] (に) 賛成[反対]する
twiddle one's thumbs のらくらしている ► Business was slack, and the salespeople were twiddling their thumbs. 仕事は不景気で店員は手持ちぶさたにしていた
under a person's thumb / under the thumb of a person 《略式》(人の) 言いなりになって

― *v* (ページを) 親指でぱらぱらとめくる (through)

めくって汚す
thumb one's nose 軽蔑[無視]する《*at*》
thumbnail *n, a* ❶ 親指の爪(のように小さい), 簡潔な ❷ [コンピュ] サムネイル [◎プレビュー用縮小画像]
thumbprint *n* 親指の指紋
thumps-down *n, a* 拒否; 不賛成(の)
thumps-up *n, a* 賛成; 同意(の)
thunder /θʌ́ndər/ *n* 雷, 雷鳴; 非難, 怒号 ▶ thunders of applause 嵐のような拍手
steal a person's thunder (人の)考え[方法]を横取りする, お株を奪う ▶ They stole the company president's thunder by leaking the information before it could be announced. 彼らは発表される前に情報を漏らして社長の鼻を明かした
— *vi* 《it ~s》雷が鳴る; 激しく非難する《*against*》; どなる《*at*》 ▶ He thundered at the men to get to work. 仕事を始めるように部下に怒鳴った
— *vt* どなって言う
Thunderbird ❶《商標》サンダーバード [◎米国 Ford 社製の乗用車. 1950-60年代の若者文化の象徴] ❷ サンダーバード [◎米国のテレビの人形宇宙劇]
thunderbolt *n* 雷電, 落雷; 驚くべきもの[こと], 青天の霹靂(へきれき)
thunderclap *n* 雷鳴; 青天の霹靂
thundercloud(s) *n* 雷雲; 不穏な様相
thus /ðʌs/ *ad* このように, こう[そう]して; かくして, したがって; この程度まで; たとえば ▶ The government injected money into the financial industry, thus saving many banks from collapse. 政府は金融業界に資金を注入することで, 多くの銀行を破綻から救った
thus and thus かくかくに
thus far ここまで(は); 今までのところは ▶ The CEO said it was time for us to reflect on our company's progress thus far. CEOは今までのわが社の歩みにそろそろ思いを馳せるべきだと言った
thwart /θwɔːrt/ *vt* 妨げる, 邪魔する; 裏をかく ▶ The company is doing everything it can to thwart the takeover bid. 株式公開買付を阻止するために, 同社はあらゆる手を打っている
ThyssenKrupp 《~ AG》ティッセンクルップ [◎ドイツの大手エンジニアリングおよび鉄鋼メーカー. エレベーター, 工作機械なども製造. 1977年, ティッセン社とクルップ社が合併して現社名に変更]
TI Texas Instruments
TIAA-CREF Teachers Insurance and Annuity Association - College Retirement Equities Fund 米教職員保険年金協会退職株式基金 [◎米国最大の年金基金. 主に教職員と家族向けに生命保険・年金・投資信託などを提供する]
TIBOR Tokyo Interbank Offered Rate タイボー [◎東京インターバンク市場出し手レート]
TIC tenancy in common
tick /tík/ *n* 証券の値きざみ [◎米国では株式は1セント, 債券は1/32ポイント] ▶ The price went up a few more ticks. 値段は多少上がった

— *vi* 微増[微減]となる ▶ Housing starts ticked up 3.5% in January. 住宅着工は1月に3.5%の微増となった
— *vt* チェックする《*off*》; チェック(✓)のマークを付ける(=《米》check off)
tickbox *n*《英》チェックボックス (=《米》check box) [◎必要に応じてチェック(✓)を入れる空欄]
ticker /tíkər/ *n* ❶ (株価情報を流す)ティッカー, 相場表示板 ❷ ティッカーシンボル, (株式の)銘柄コード (=ticker symbol)
ticker symbol ティッカーシンボル, (株式の)銘柄コード [◎証券取引所に上場されている企業を特定する記号. 米国では4文字までのアルファベットで示される. たとえば, Coca-Cola Company は KO, Exxon Corporation は XON, Microsoft Corporation は MSFT]
ticker tape (株価情報を流す)ティッカー・テープ
ticker-tape machine 株価表示装置
ticket /tíkit/ *n* 切符, 入場[乗車]券, (交通違反の)違反切符; 札, ラベル ▶ a parking ticket 駐車違反切符 / a ticket to success 成功への切符 / 20% off the price on the ticket 値札の表示価格から20%引き / Tickets for tonight's opera are all sold out. 今夜のオペラの入場券はすべて売切れだ / The airline plans to increase the prices of its round-trip tickets. その航空会社は往復料金の値上げを計画している
be (just) the ticket まさしく必要なものだ ▶ That's (just) the ticket. それその通り
the hottest ticket (in town) 最高の呼び物
— *vt* 札[正札]を付ける; に切符を発売する; (ある目的に)向ける《*for*》 ▶ ticket electronically 電子切符を発行する / The television sets are ticketed for sale abroad [exportation]. そのテレビ受像機は国外販売[輸出]用です
ticketing *n* 発券業務 ▶ ticketing systems 発券システム
ticket insurance 《米》(空港などで発売される)切符式旅行傷害保険
Ticketmaster 《商標》チケットマスター [◎映画や芝居・コンサートの切符を扱う米国の会社. 電話やインターネットで切符の予約ができる]
Ticketron 《商標》チケットロン [◎米国の催し物チケット販売会社. Ticketron UK という英国の会社もある]
ticket tout 《英》ダフ屋 (=《米》scalper)
tickle /tíkl/ *vt* 面白がらせる, 満足させる ▶ He was tickled at the prospect of finally returning to the head office. 彼はやっと本社に戻れるという可能性に大喜びした
tickler *n* ❶《英खड》問題 ❷《米》(銀行・保険会社などの)単式計算書
tick mark チェック・マーク
ticktock /tíktɑ̀k/ *n* (大時計の)カチカチ(いう音); (足音の)コツコツ(いう音) ▶ Don't get short-sighted by the ticktock of the markets. 相場の短期的な動きによって近視眼的になってはいけない
ticky-tacky /tíkitæ̀ki/ *a, n*《米略式》安っぽい

(材料), 安普請の(建物)
Tic Tac 《商標》ティックタック[⇨透明なプラスチック容器入りの米国のミントキャンディー. 1粒ずつ出てくるようになっている]
tidal /táidl/ a 潮の(影響を受ける), 干満のある; 消長のある
tidal wave 潮(汐)波; 高波, 《俗に》高潮; 《俗に》津波; 《世論などの》大きな高まり(of)
tide /taid/ n 潮(の干満); 潮流, 流れ; 奔流(of); 栄枯盛衰, 消長; 傾向, 風潮
stem the tide 流れ[傾向]を食い止める ▶ The government has put in place a number of public works in an effort to stem the tide of unemployment. 失業の高まりを阻止する努力の一環として, 政府は多くの公共事業を導入した
swim with [against] the tide 時勢に順応する[逆らう]
turn the tide 形勢を一変させる
— vi 潮のように流れる
— vt 流れに乗せて運ぶ; (人に)困難などを乗り切らせる(over) ▶ Please lend us $500 to tide us over until next week. 来週まで切り抜けるため私たちに500ドルお貸しください
Tide 《商標》タイド[⇨米国の洗濯用洗剤. コインランドリーなどでも1回分のパッケージが売れている]
tidy /táidi/ a きれい好きな; 《米略式》なかなかよい; 《略式》(金などが)かなりの ▶ a tidy profit 相当な利益
— v 片づける(away, up) ▶ Tidy up the office. オフィスを片付けなさい
◇**tidily** ad
◇**tidiness** n
tie /tai/ (tying) vt 縛る(together); (ひも類を)結ぶ; (結び目を)結んで作る; 結び付ける, 関連させる(to); 結合[結束]する(with) ▶ The bank suffered over $30 billion in losses tied to credit card loans. その銀行はクレジットカードローンに関連して300億ドルを超える損失をこうむった / The rates are tied to the rate of inflation. 料金はインフレ率と連動しています
— vi 結べる; 同点になる(with)
My hands are tied. 手一杯です
tie down 束縛する[拘束する](to) ▶ John doesn't want to be tied down by a full-time job. ジョンはフルタイムの仕事で縛られるのを好まない
tie in 結び付く[付ける](with); 一致する(with)
tie into に組み込む
tie up しっかりとくくる[縛る]; 連合[タイアップ]する[させる](with); 包装する; まとめる; 従事[専心]させる, 忙しくさせる; (財産などに)制限を設ける, (資本を)投資して流用できぬようにする ▶ All my money is tied up in real estate. 財産はすべて不動産に投資してある / I'm afraid I'm tied up all afternoon. あいにく午後いっぱい忙しいのですが / I'm tied up at the moment. 今のところ忙しくて動きがとれません
— n 縄, 綱; 結びつき(to); (~s) きずな, 縁, 義理; 足手まとい ▶ Japan has a strong economic tie with the United States. 日本は米国との経済的結びつきが強い

fasten the ties that bind (A to B) (AとBの)結びつきを強める
tied agent タイド・エージェント, 保険会社系ブローカー[⇨独立系の保険ブローカー(IFA)に対して, 特定保険会社の商品を扱う専属仲介業者]
tied house 《英》特約酒場, (特定会社のビールだけ売る)提携パブ (⇔free house)
tied loan 《政治》タイドローン[⇨運用を監督するため使途を限定した外貨建ての借款. 俗に「ひもつき援助」と呼ばれる]
tie-in n 抱き合わせ販売(の品); タイアップ(商品)(between, with) ▶ do a tie-in with と提携する, 共同主催する / The book is a movie tie-in. その本は映画とのタイアップ商品である
tie-in advertising タイ・イン広告[⇨メーカーに同調して小売店が出す広告]
tie-in arrangement タイアップ契約
Tier 1 capital ティア1資本, 自己資本の基礎的項目[⇨BIS規制(金融機関向けの自己資本比率規制)に準拠した自己資本の定義における要素で, 資本金, 法定準備金, 剰余金を指す]
Tier 2 capital ティア2資本, 自己資本の補完的項目[⇨BIS規制(金融機関向けの自己資本比率規制)に準拠した自己資本の定義における要素で, 保有有価証券の含み益(ただし45%まで)など] ⇨ Tier 1 capital
Tier 3 capital ティア3資本, 自己資本の準補完的項目[⇨短期劣後債務など] ⇨ Tier 1 capital
tie-up n (スト・事故などによる)休業, 業務停止, 不通, 交通渋滞; 関係; 提携, タイアップ(with, between) ▶ The tie-up will help the company widen its sales network. 提携はその会社の販売拡大に役立つだろう / The two companies have agreed to form a business tie-up and a joint company by next spring. その2社は来春までに事業提携をして合弁会社をつくることに同意している
TIFFE Tokyo International Financial Futures Exchange 東京金融先物取引所
tiger /táigər/ n (~s) トラ[⇨アジアの経済的成功国. 香港, シンガポール, 台湾]; 急成長経済
put a tiger in your tank (ガソリンの標語から)精力を出す
◇**tigerish** a トラのような; 猛烈な
Tiger Balm 《商標》タイガーバーム, 万金丹, 虎標萬金油(Hubiao wanjinyou)[⇨シンガポールのはっか油入り万能軟膏]
tight /tait/ a ❶ 堅く結んだ, 堅い; 水[空気]を通さない; (文体が)簡潔な; ぴんと張った; ぎっしり詰まった, びっしり組まれた; 厳しい; 厄介な; 《略式》けちな, 金に細かい ▶ under tight security 厳戒態勢で / live on a tight budget 苦しい予算で生活する / We're working under a tight budget. ぎりぎりの予算で仕事をしている / Tight credit and global economic downturn are keeping customers away from luxury brand shops. 信用の逼迫と世界的な景気低迷は顧客を贅沢なブランド品の店から遠ざけている
❷ (1) (市場が)供給不足の; (商品が)入手しにく

い，品不足の (2) (金が需要増大などのため) 借りにくい；(金融が) 逼迫(ひっぱく)した ► a tight fiscal policy 緊縮財政政策 / a tight labor market 需給が逼迫している市場 / tight cost control 厳格なコスト管理 / be in tight supply 供給不足である / Tight money is delaying construction. 金詰まりで建設が遅れている / The drop in consumption is mainly due to the shift to tighter fiscal policy. 消費の落込みの主因は緊縮財政への転換にある

a tight squeeze 窮地 ► A pile of nonperforming loans put the bank in a tight squeeze. 不稼動ローンの山はその銀行を窮地に陥れた

be in a tight place [spot, corner] 窮地に陥っている

run a tight slip 厳格に組織[会社]を運営する
— *ad* 堅く，しっかりと；ぐっすりと ► sleep tight 熟睡する

sit tight しっかり腰を据える；自説を曲げない
— *n* (~s) タイツ；《英》パンティーストッキング

◇**tightly** *ad*

◇**tightness** *n* 引締め ► The government injected money into banks to offset the tightness in the credit markets. 信用市場の逼迫と相殺するために政府は銀行各社に資金を注入した / Fear about bad debt on the books of financial companies has led to tightness in credit markets. 多くの金融会社の帳簿にある不良債権についての懸念が信用市場の逼迫につながった

tighten *v* 堅くする[なる]；しっかり締める[締まる]；厳重にする[なる] (*up*) ► Money tightens after the war. 戦後は金融が逼迫する / Consumers are tightening their belts in the face of uncertain economic times. 不確実な景気の時代に直面して，消費者は財布の紐を締めている / The government has decided to tighten restrictions on greenhouse gas emissions. 政府は温室効果ガス排出制限の強化を決めた

tight-money policy 金融引締め政策
tightrope *n* 綱渡り

walk [tread] a tightrope 危ない橋を渡る ► walk a tightrope between cost cutting and customer satisfaction コスト削減と顧客満足の狭間で綱渡りをする

TIL time in lieu (残業手当に代わる) 振替休日
till[1] /til/ *prep, conj* (…する)まで(=until) ► We'll leave the decision till the next meeting. 次の会議まで決定を持ち越そう

till[2] *n* 現金[貴重品]入れ引出し
have one's fingers [hand] in the till / raid the till 《略式》店の金に手をつける，横領する

tilt /tilt/ *vt* 傾ける；(傾向として)向ける(*toward*)；〖証券〗傾ける [⊃ ポートフォリオの中身を既定の資産配分方針から別の方向にずらすこと] ► tilt the balance 均衡を崩す / He recommends tilting their portfolio toward value stocks. 割安株の方向に同社のポートフォリオを傾けるように彼は勧めている / Investors tilted their portfolios towards technology stocks. 投資家は自分たちのポートフォリオをハイテク株の方向へ傾けた
— *vi* 傾く；突く，突きかかる (*at, against*)；論争をしかける(*at, with*)

tilt at windmills (ドンキホーテのように)仮空の敵に立ち向かう，無駄な努力をする
— *n* 傾ける[傾く]こと；傾斜；偏向
(at) full tilt 《略式》全力をあげて；全速力で
on a tilt 傾いて

timber /tímbər/ *n* 《英》材木 (= 《米》lumber) ► the timber industry 林材業 / exports of timber 材木の輸出 / be under timber (土地が)木材用の樹木が植えてある

time

time /taim/ *n* 時，時間；時刻；(~s) 時代，時期；(the ~s) 現代；(~s) 景気，時勢；生涯；機会(*to do*)；(a ~) ひととき；期間；勤務時間；時給額；…度，回；…倍；タイムアウト (=time-out)；〖広告〗タイム [⊃ 番組 CM の挿入時間と長さ] ► serve one's time 見習いをする / three times six 6の3倍 / nine time out of ten 10回中9回など / **Time is money.** 《諺》時は金なり / **The time for the meeting** is two-thirty. 会は2時30分に始まります / **Time is moving on**, so let's turn to another issue. 時間がどんどん経っているので，別の問題に移ろう / How about **paying double time** for night work? 夜勤には2倍の賃金を払おうじゃないか / **Times are good [bad]**. 好[不]景気だ / The wine will be delivered **in about ten months' time**. そのぶどう酒は約10か月以内に配達されます / The central bank has trimmed interest rates **for the fifth time** this year. 中央銀行は今年になって5回目の金利引下げを実施した / In his view, **it's time to** buy. 彼の見解では，今が買い時だ / Costcutting is a necessity in **hard economic times**. 経費節減は不景気のときには欠かせないものだ / Developing countries **need time to** open their markets to foreign imports. 開発途上国が自国の市場を外国からの輸入に開放するには時間が必要だ / The stock is now going for $130, **nearly six times** its book value. その株は今130ドルで売られているが，これは簿価のほぼ6倍だ / Consumer confidence is **at an all-time low**. 消費者の信頼感は過去最低の水準にある

about time 《略式》そろそろ…してもいいとき(✦副文の動詞は過去形を用いる) ► It's about time we got started. もう着手するときだ

against time 期限までに仕上げようと努力して ► We're working against time to meet the project deadline. プロジェクトの期限に間に合わせるため，時間と競争で仕事をしている

ahead of one's time 時代に先駆けて

ahead of time 予定より早く ► He paid off his mortgage loan ahead of time. 住宅ローンを予定より早く完済した

all the time その間ずっと；いつも ► We receive inquiries about the product from custom-

ers all the time. お客様からいつもその製品についてお問い合わせをいただいています
as time goes by 時が経つにつれて
all times いつでも
at any time / any old time いつでも ► You can place your order online at any time. いつでもお好きなときにインターネットで発注できます
at a time 同時に; 一回に
at a time when …する時に
at the same time 同時に; にもかかわらず, それでも ► The product will be released at the same time in the US and Europe. その製品は米国と欧州で同時に発売されるだろう
at the time その当時 ► At the time, it looked like a sound investment. そのときには, それは堅実な投資のように見えた
at times ときどき
behind the times 時代に遅れた
behind time 遅れて ► Because of mechanical problems, the production line is running behind time. 機械上の問題で, その生産ラインは予定より遅れて稼動している
by the time (when, that) …の時(まで)には ► I hope to have a well-paying job by the time I finish grad school. 大学院を出るまでに, 給料のいい仕事につきたい
for a time 一時は; 当分
for the first time 初めて ► Japan suffered a trade deficit for the first time in 28 years. 日本は28年間で初めて貿易収支が赤字になった / The trade surplus grew for the first time this year. 今年になって初めてのことだが, 貿易黒字が増加した
for the time being 当分 ► For the time being, I'm working as a temp until I can find something permanent. 定職が見つかるまで当分の間, 臨時雇いとして働いている
from time to time ときどき ► The store holds a sale from time to time. その店はときどきセールをやる
half the time 《略式》しばしば; 頻繁に
have a good [hard, rough] time (of it) 楽しく過ごす[つらい目にあう] ► Even as world leaders call for the prevention of protectionism, they are having a hard time actually doing it in their home country. 世界の指導者は保護主義の阻止を呼びかけているが, まさにそのときに, 同じ指導者が自国においてその実行に苦労している
have all the time in the world 時間はたっぷりある
have a time (of it) 苦労する
have no time for にかまっている暇はない ► I'm so busy at work that I have no time for a vacation. 仕事が大変忙しいので, 休暇を取る暇はありません
in good time 時間通りに; 時が経てば
in (less than) no time ただちに ► Tickets for the concert were sold out in no time. コンサートのチケットはすぐに売り切れた

in one's own good time (人の)都合のよい時に ► Call me in your own good time. 都合のよいときに電話をしてください
in time 間に合って (*for, to do*); そのうちには, 調子を合わせて (*with*) ► I got to the meeting in time to hear his presentation. 彼のプレゼンテーションを聞くために, 会議に遅れずに出た
just in time かんばん方式で ► What are the advantages of asking for components 'just in time'? 部品をかんばん方式で注文する利点は何ですか
keep time (時計が)時間が正確である
kill time 時間[暇]をつぶす ► During my commute, I usually kill time by reading the paper. 通勤の間, たいてい新聞を読んで時間をつぶします
lose [waste] no time in doing すぐに…する ► I lost no time in applying for a position in the company. すぐにその社に応募した / The company wasted no time in laying off its workers. その会社は即刻従業員を解雇した
make good [bad] time 思ったより時間がかからない[かかる]
make [find] time 時間の都合をつける (*for*)
of all time 空前の
on time 時間通りに; 《米》分割払で ► Did you get to work on time? 定刻に出社しましたか / Start on time. Finish on time. 定時に始め, 定時に終了せよ / Getting paid on time is very important. 遅滞なく賃金が支払われることが大切である
out of time 調子が狂って; 遅すぎて; 時間切れの ► As we are out of time, let's end the meeting here and resume tomorrow. 時間がなくなったので, 会議はここまでにして, 明日また続きをやりましょう
over time 長い年月をかけて ► The job market will get better over time. 求人市場は時間をかけて少しずつ良くなるだろう
put a lot of time into にたくさん時間をかける ► Our company puts a lot of time into training new employees. わが社は新入社員の研修に多くの時間を費やしている
take one's time ゆっくりする (*over*)
take (the) time (off [out]) to do …するのに時間を割く ► I'm taking some time off to renovate my house. 休みをとって家を修繕している
the greatest [most] ... of our time 現代[当代]最大[最高]の…
There are times when …する時がある
there's no time like the present 今ほど好機はない
time after time 何度も何度も, 年じゅう ► The product has proven to be popular with consumers time after time. その製品が消費者に人気があることは何度も繰り返し立証されている
time and (time) again 繰り返し
time and a half (時間外の)5割増し支給の
times without number 何度も何度も
Time was when 以前…ということがあった

to time 時間通りに
with time 時が経つにつれて
— *vt* 時間を計る[決める] (*to do*); …する時を選ぶ, タイミングをとる; 時間切れにする (*out*)
— *vi* 拍子が合う

Time (~, Inc.) タイム [⊃ 米国の大手出版社. 1922年設立. *Time, Sports Illustrated, Fortune, Money* などを発行. 89年 Warner Communicationsと合併し Time Warner, Inc. となる. その後, AOLと合併して社名を AOL Time Warner に変更したが, 2003年に再び Time Warner, Inc. に戻した]

Time 《商標》『タイム』[⊃ 米国の週刊ニュース誌. 国際情勢, 教育関係, 環境問題まで幅広くカバーする. 米国のニュース誌としてはもっとも早くオンライン版を出した] (**語法**) 全部大文字の TIME はデザインとしてのロゴである. 特にそれを強調して文中で TIME または *TIME* とする人がいるが, 文献上の出典や一般の文章中では他誌と同列に *Time* とするのが統一的で正しい用法]

time account 定期預金, 通知預金 [⊃ 満期まで引き出せないことが原則で, 満期前は予告が必要とされるが, 個人向けの預金では通常いつでも引き出せるようになっている]

time-and-motion study 時間および動作研究 [⊃ 従業員の基本的な動作・時間研究による効率的な作業方法の研究]

time bargain 定期売買, 定期取引 [⊃ 将来における品物の受渡しを契約してある先物取引]

time bill 定期払い為替手形, 定期払い約束手形 (=time draft)

timecard *n* 《米》タイムカード (=《英》clock card)

time charter 定期傭船(契約), 期間契約 [⊃ 期間を決めて船舶・船員をチャーターする契約]

time clock タイムレコーダー [⊃ タイムカードで出退勤を記録する機械]

time consuming 多大の時間を要すること
time cost ❶《会計》期間原価 ❷時間コスト
time deposit 定期預金 (=term deposit) [⊃ 一定期間引出しができない預金]

time difference 時間差異, 時差
time discount (手形の)期限割引
time draft 一覧後定期払い為替手形, 定期払い手形, 日付後定期払い手形 [⊃ 引受後の一定期間内に支払われる為替手形]

time frame 時間枠, 所要時間 ► The restructuring process will be completed within a time frame of two months. 再編成プロセスは2か月の予定期間内に完了するだろう

time horizon 時間的視野, タイムフレーム [⊃ 投資などの決定を下す場合に検討の視野に入っている時間的な範囲]

time in lieu (残業手当に代えての) 振替休日
timekeeper *n* 計時係; 時間通りに来る人; 時計 ► a good [bad] timekeeper 《英》時間に正確な[だらしのない]人; よく合う[不正確な]時計

timekeeping *n* 時間を守ること, 時間に正確であること ► He was demoted for poor timekeeping. 彼は常習的な遅刻のために降格された

time-lag *n* 時間的ずれ[遅れ]
Time-Life (~, Inc.) タイムライフ [⊃ Time社の書籍出版・音楽・ビデオ部門]
time limit 制限時間, 期限 (*for, on*)
timeline *n* 予定表; 年表
timeliness /táimlinəs/ *n* 時宜を得ていること; 適時性 ► Our accounting firm guarantees accuracy and timeliness in tax reporting. わが会計事務所は正確さと適時性を保証いたします

timely /táimli/ *a* 時宜を得た ► Please hand in your monthly reports in a timely manner. 月例報告書は締切り通りに提出してください

time management 時間マネジメント, 時間管理 [⊃ 作業内容を分析し, 優先順を考えて, 時間を効率的に使うこと, またはそのためのスキル]

time-off *n* 休み; 休息時間 ► I was busy and couldn't afford to take the time-off. 忙しくて休みを取れなかった

time off in lieu (残業手当の支給に代わる) 振替休日

time-out *n* 中休み; タイムアウト ► take a time-out 中休み[作戦タイム]を取る

time period =time frame
time policy (契約期間を設定する)期間保険
time rate ❶時間給; 時間賃率 ❷《広告》放送料金

time record 時間記録, タイム・レコード [⊃ 生産現場での作業時間などの記録]

time recorder タイムレコーダー
timesaving *a* 時間節約の
timescale *n* 想定所要時間[期間], 時間枠 (=time frame) ► The timescale for the project is estimated to be 30 weeks. プロジェクトの所要期間は30週を予定している

time series 《統計》時系列 [⊃ 時間的に配列された統計数字]

time server 時間つぶし型の従業員 [⊃ 退職時刻または転職の機会をただ待っているだけの人を言う]

timeserving *a, n* 時勢に便乗する, 日和見(的な)

time-share *v, a* 時分割する; 共同利用の
timesharing *n* ❶《会計》時間分割分譲方式, タイムシェアリング ► Timesharing has cut into the hotel industry. タイムシェアリングがホテル業界に入り込んできた ❷《不動産》期間割所有権 [⊃ 複数の購入者が, ホテル, リゾートマンションなどを期間利用するような所有形態] ❸ 《コンピュータ》タイムシェアリング, 時分割 [⊃ 1台のコンピュータを同時に何人もが異なった目的に使用すること]

time sheet =timecard; 作業時間予定表
time-shift *n, vt* 時間の移動; 録画して別の時間に移す ► time-shift viewing 録画して時間をずらした視聴

time span 時間帯, 期間, タイム・スパン
timetable *n, vt* 時間割り; 予定表; 《英》の予定表を作る ► The conference is timetabled for [to begin at] 3 o'clock. 会議は3時に予定さ

timetabled *a* 時刻表通りの, 時間割に従った
timetabling *n* 時間割作り
time-tested *a* 長い年月をかけて有効性が証明された
time ticket 作業時間票, 作業時間報告書 (=time sheet)[⇒作業時間に関する報告書]
time to market TTM, リードタイム[⇒企画から市場投入までに要する時間]
time value of money (貨幣の)時間価値[⇒(1) キャッシュフローの将来価値と現在価値の差 (2) オプションの買手がオプション価格の上昇を期待して本源的価値(今, 権利行使して得られる利益)に上乗せして支払う部分]
time wage 時間賃金
Time Warner (~ Inc.) タイム・ウォーナー[⇒TV, ケーブルTV, 出版, 映像などのメディアの巨大企業] ⇒Time; TBS; CNN; AOL; Warner Brothers Pictures; TNT
timework *n* 時間給労働
time worker 時間給労働者
Timex 《商標》タイメックス[⇒米国製の大衆向け腕時計]
time zone 時間帯
timing /táimiŋ/ *n* 時間[適時]の取り方, タイミング ► The economy is expected to rebound next year, but much hinges on the timing and strength of the global recovery. 景気は来年には回復すると予想されているが, 世界全体の回復の時期と強さによって大きく変わる
timing difference 〔会計〕時間的差異, 年度間差額, 期間帰属差異 [⇒税法上の所得計算と企業会計上の利益との期間的ずれから生ずる差異]
tin /tín/ *n* スズ製容器; 《英》缶詰(の缶); 《英略式》銭, 銀貨
Tinkertoy 《商標》ティンカートイ [⇒米国製の組立て遊び用のおもちゃ]
tinpot *a* 安物の
tiny /táini/ *a* とても小さい, ちっぽけな ► The company generated a tiny profit in the second quarter. その会社は第2四半期にごくわずかな利益を捻出した
tip¹ /típ/ *n* 先, 先端 (*of*); 頂上; 先端に付ける物, 先端部
the tip of the iceberg 氷山の一角 ► The falsified tax returns were just the tip of the iceberg. 所得税申告の偽造は氷山の一角にすぎなかった
to the tips of one's fingers 骨の髄まで, 生粋の
— *vt* (-pp-) 先を付ける; 先を覆う (*with*)
tip² (-pp-) *vt* 傾ける (*up*); ひっくり返す (*over*); (中身を)空ける
— *vi* 傾く (*up*); 覆る (*over*) ► Our main target is tipping towards younger consumers. われわれの主たるターゲットは若い消費者に傾いている
tip one's hand(s) [*mitt*] 《米略式》手の内を見せる
tip the balance [*scales*] *in favor of* [*against*] (事が人にとって)有利[不利]に働く
— *n* 傾けること, 傾斜;《英》ごみ捨て場, 《略式》汚い場所

tip³ *n* チップ, 心付け; 助言, 内報, 予想 (*that*); ヒント (*on, for, from*) ► acting on a tip 内部通報に基づいて / The bank's website offers investment tips for beginners. その銀行のホームページは初心者向けの投資情報を提供している / I got a tip from a former employee that the company was losing a lot of money. 同社が多大な損失を出しているという情報を元従業員から入手した / Did you leave a tip? チップを置いたかい / He gave the porter a big [generous] tip. 彼はポーターにたっぷりチップをあげた
— *vt* (-pp-) チップをやる; 助言[内報]を与える (*as, to do, that*); (候補者として)あげる (*as, to do*)
tip a person the wink 《略式》(人に)目くばせする
tip off 《略式》内報[警告]する (*about, to, that*)
tip-in *n* チップ・イン[⇒雑誌に挿入する広告物]
tip-off *n* 《略式》内報, 秘密情報; 助言, 警告
tip-on *n* チップ・オン[⇒雑誌広告に糊付けされたはがきやクーポン]
tippee /tipí/ *n* (インサイダー取引規制における)情報受領者
tippee trading インサイダー情報による(違法)取引
tipper /típər/ *n* 相場を動かすような情報を流す人
tipping point 転換点, 限界点, 臨界点 [⇒微少な変化が長期間にわたって蓄積した結果として一挙に劇的な変化を引き起こす転換点. Malcom Gladwellの著書(2000)のタイトルから] ► As online sales continue to rise, traditional retail sales may be near a tipping point. インターネット経由の売上高は増え続けているが, 従来の小売業の売上高は転換点に近づいているかもしれない / Signs show that the economy is nearing a tipping point toward recovery. いくつかの兆候は景気が回復への転換点に近づいていることを示している
TIPS Treasury Inflation-Protected Securities
tip sheets 相場情報誌, (特に)株式新聞的なもの
tiptop *n* 頂点;《略式》極上
— *a* 《略式》最高級の, 一流の ► in tiptop shape 最高の状態で
TIR (仏) transport international routier 国際道路輸送
tire¹ /táiər/ *n, vt* タイヤ[輪金](を付ける)
a tire burst パンク
tire² *vt* 疲れさせる; (~ oneself) 疲れる (*out*); うんざりさせる (*of doing*)
— *vi* 疲れる; 飽きる (*of doing*)
tired *a* 疲れた (*from, with*); うんざりした, 飽きた (*of doing*); 使い古された ► a tired subject 陳腐な話題 / He was tired (out) from [by, with] overwork. 働き過ぎで疲れていた (✦with はやや古い用法) / After a long day at work, I get really tired. 今日は長時間働いたので, ほんとうに疲れた
tirekicker *n* 《米略式》説明を聞くだけで結局買わない客,「ひやかし客」

tiresome *a* 退屈させる, うんざりさせる; 厄介な
◇**tiresomely** *ad*

tiring /táiəriŋ/ *a* 疲れさせる, くたびれる ► The work is difficult and tiring. その仕事は難しくてへとへとになる

tissue /tíʃuː/ *n* 組織; 薄い織物; ティッシュペーパー (うそなどの) 織り交ぜ, 連続 (*of*) ► It's a common advertising practice in Japan to hand out pocket tissues. ポケットティッシュを配るのは日本ではポピュラーな広告方法だ

title /táitl/ *n* ❶ 題名, 表題, 見出し; (書物の) 扉, 本, 出版物; 字幕; 肩書; 権利書 (*to, to do*) ► Japanese attach more importance to job titles than Americans. 日本人はアメリカ人よりも肩書きを重視する

❷ 【法律】 権原 [○ 財産権の享有を正当化する根拠, 原因, 立証手段など]; (財産上の) 権利, 物権; 所有権 ► legal title 法的所有権 / transfer of title 所有権の移転[譲渡] / obtain title to the land [property] 土地[不動産]の所有権を取得する / hold title to the equipment 機器に対する所有権を保持する / retain title to the goods delivered 受渡済商品の所有権を留保する / receive title to the property at the end of the lease term リース期間の終わりに(リース)物件の所有権を受け取る 📖 Risk of and title to the Products shall pass from the SELLER to the PURCHASER at the time when the Products or any part of the Products passes the ship's rail of the vessel at the port of shipment. 当該製品の危険と所有権は, 船積港で本船の欄干を通過した時に, 「売主」から「買主」に移転するものとする (2) 権原証書 (3) (法令・訴訟の) 名称, 名義 (法令・法的文書の) 表題; 編, 章
― *vt* 表題を付ける; 肩書を与える
◇**titled** *a* 肩書のある

title deed 権原証書; 不動産権利証書 [○ 権利移転の経過が記されており, 新たな譲受人に引継がれる]

title-holder *n* (不動産の) 所有権者

title inflation 肩書の肥大化, 肩書インフレ [○ 仕事の内容は変わらないのに肩書だけどんどん大げさになること]

title insurance 《米》権原保険; 不動産権利証保険 [○ 不動産の権原の瑕疵 (かし) によってこうむる損害についての保険]

TiVo (商標) ティーボ [○ 80時間まで自動録音できる米国のDVR (デジタルビデオレコーダー) サービス. 有料]

T. L. total loss 全損

TLA three-letter acronym 三文字略称 [○ CIA, FBI など]

TLO total loss only 全損のみ担保 [○ 保険が, 全損のときにのみ填補することを言う]

TM trademark

tn ton(s), tonne(s)

TN 《米》 Treasury note

TNA training needs analysis

T-note *n* 《米》 財務省中期証券 [<Treasury note]

TNT Turner Network Television ターナー・ネットワーク・テレビジョン [○ ターナー・ブロードキャスティング・システム社が運営するCATV]

to *prep* /(母音の前)tu, 《子音の前)tə, (強) tuː/ (到着点) …へ, に, まで; (方向) …へ, の方に; (変化の方向) …へ, に, まで; (接触) …に; (時間の終点) …まで; (何時何分) 前; (目的) …のために; (結果) …したことには; (対象) …のために; (範囲・程度) …まで; (付属) …に属する; (比較・対比) …と比べて, に対比して; (適合) …に合って; (関係) …に対して, について; (割合) …につき; 《不定詞を導く》《名詞的用法》…すること; 《形容詞的用法》…する, するための; 《副詞的用法・独立用法》…するために, すると; (結果) …ということになる
► turn to the left 左へ曲がる / rise to fame 有名になる / nail a notice to the door ドアに掲示を打ちつける / It is five minutes to seven. 7時5分前です / come to a person's aid (人を) 助けに来る / to one's surprise 驚いたことには / drink to a person's health 健康を祝して乾杯する / to the best of one's knowledge 知る限りでは / be true to the original 原作に忠実である / a consultant to a company 会社の顧問 / 10 apples to a basket 1かごにつき10個のりんご / something to drink 飲み物 / to tell the truth 本当のことを言うと / I went there to buy some bread. パンを買うためにそこへ行った / I've sent the samples to the client. その顧客に見本をいくつか送った / He worked hard only to fail. 頑張ったが失敗した / The motion was defeated by 78 votes to 23. 動議は78票対23票で否決された / The finance minister outlined plans to deal with the economic crisis. 財務大臣は経済危機に対処する計画の概要を述べた / The city's municipal bonds have been downgraded to junk status. その市が発行した地方債はジャンクの地位に格下げされた

成句 *be to do* …することになっている; …するはず; …すべきだ; …できる *for...to do* …が～する (こと, ために) *if...be to do* …したいのなら
― *ad* /tuː/ 閉まって; 活動を始めて
► push the door to ドアを押して閉める / come to 正気に返る
成句 *to and fro* 前後に, 行ったり来たり

toady /tóudi/ *n* おべっか使い
― *v* へつらう (*to*) [○ 薬効を示すため toad (ヒキガエル) を食べた薬売りの助手にちなむ] ► Jim is always toadying to the boss. ジムはいつもボスにおべっかを使っている
◇**toadyism** *n* おべっか

toast¹ /toust/ *n* トースト
have a person on toast 《略式》 (人を) 思い通りに動かす

toast² *n* 祝杯, 乾杯; (the ~) 祝杯[賞賛] の対象となる人, 人気者 ► I'd like to make a toast to our company's future success. わが社の今後の成功に乾杯したいと思います
propose [drink] a toast to に乾杯する
― *v* 乾杯する

TOB takeover bid

to-be /təbí/ *a* 未来の ► This magazine is intended for young moms-to-be. この雑誌はママになる若い女性[プレママ]を対象にしている
— *n* 《the ~》将来

TOC theory of constraints

TOCOM Tokyo Commodities Exchange 東京工業品取引所

today /tədéi/ *n, ad* 今日; 現代[現在, 現今](では)(✚to-dayは古い綴り) ► Consumers today are much more careful about their spending habits. 今日の消費者は支出性向については今までよりはるかに慎重だ / How much is the dollar going for today? 今日はドルはいくらになっていますか

today week 《英》来週[先週]の今日(✚《米》ではa week from todayで来週, a week ago todayで先週を表す)

Today トゥデイ[⇒NBC製作の米国のモーニングショー. 1952年にスタート. 朝7時から10時までの3時間で内外のトップニュース, 天気, 政治, ビジネス, スポーツ, 娯楽を幅広く報道する]

to-do list 行動予定リスト

toe /tou/ *n* 足指; つま先
— *vt* (靴下などに)つま先を付ける; つま先で触れる
— *vi* (つま先を向けて)歩く

toe the line [《米》*mark*] 命令を厳守する ► If you don't toe the line, you're going to get fired. 言われた通りにしないと首になるぞ

toehold *n* 足がかり, (ちょっとした)足場 ► establish [get] a toehold in the booming Indian market 上り調子のインド市場での足がかり

Tofutti 《商標》トーフッティ[⇒米国 Tofutti Brands, Inc. 製の, 豆腐を原料としたアイスクリーム風デザート][<日:豆腐]

together /təgéðər/ *ad* 共に; 合わせて, 合わさって, 一か所に; 相互に; 同時に, 一斉に; 休まずに; 共同して ► This one cost more than all the others together. 他のもの全部を合わせた値段よりこのほうが高かった / Countries need to work together to tackle the economic crisis. 各国は経済危機に取り組むために協力する必要がある / Let's put our heads together to come up with ways to promote the product. その製品の販売を促進する方法を考え出すために皆で相談しよう

go together 両立する

together with と共に, に加えて ► I'm looking forward to working together with all of you. 皆さん全員と仕事ができるのを楽しみにしています

— *a* 《米略式》まとまった, 安定した, 冷静な, 落ち着いた

◇**togetherness** *n*

TOIL time off in lieu

token /tóukən/ *n* しるし, 証拠, あかし (*of*); 象徴的に示すもの; 特質; 記念品; (地下鉄などの)代用貨幣, トークン; 《英》商品引換券 ► a book token 図書券

as a token of のしるしとして ► As a token of our appreciation, please accept this small gift. われわれの感謝のしるしとして, このささやかな贈り物をお受け取りください

by the same [*this*] *token* 同様に; その上; その証拠には

in token of のしるしに; の証拠に ► He nodded in token of agreement. 賛成を示すうなずいた
— *a* しるしとなる; 名[形]ばかりの

token coinage =token money

tokenism *n* 形式的な要件充足主義[⇒雇用機会均等法などで義務づけられている枠を形式的に満たして済ませようとする不誠実な姿勢・取組みを指す]

token money 名目貨幣[⇒金, 銀などの実体貨幣に対して, 紙幣など実質的価値がほとんどない貨幣]

token strike 《英》(短時間の)時限スト

tolerance /tάlərəns/ *n* 寛容, 寛大 (*for*); 忍耐(力), 度量 (*of, to*); 耐性; (硬貨など規格値との)公差, 許容誤差

tolerate /tάləreit/ *vt* 許容する, 大目に見る(*to do*); 耐える; 耐性がある ► Smoking will not be tolerated in this room. この部屋は禁煙です / Our company does not tolerate discrimination at the workplace. わが社では, 職場での差別を容認しない

toll *n* 使用料[税][⇒通行料など]; 運賃; 《米》長距離電話料; 犠牲, 損害; 死傷者数 (=death toll) ► The toll on unemployment is bound to go up. 失業者数はまだまだ増えるはずだ

take its [*a heavy*] *toll* (に)大きな被害[打撃]を与える (*on, of*) ► The global recession has taken its toll on nearly all industries. 世界的な景気後退はほとんど全業界に損失をもたらした / China's economic growth slowed to 9 percent in the third quarter as global financial woes started taking a toll. 世界的な金融不況が影響し始めて中国の経済成長は第3四半期には9パーセントに減速した

toll call 《米》長距離電話

toll-free *a* 《米》無料長距離電話の[⇒1-800で始まる] ► Dial this toll-free number for more detailed information. さらに詳しいことを知りたい方はフリーダイヤルのこの番号にお電話ください

tolling agreement 《英》生産委託契約[⇒工場を指定した上で, 合意した量の原材料を製品化するのが典型例]

tombstone ad 墓石広告; 証券発行広告, トゥームストーン[⇒関与した幹事証券会社や投資銀行の名前が並ぶ, 新規証券発行の案内. 体裁が墓石を連想させることからこの名がある]

Tommy Hilfiger 《商標》トミーヒルフィガー[⇒米国のデザイナーブランド. 都会的な若いスピリットで1990年代から人気が高まった]

tomorrow /təmɔ́:rou, -már-/ *n, ad* あす, 明日; 将来 ► Discussions are expected to continue tomorrow. 話合いは明日も続くと予想される / The press conference will take place tomorrow. 記者会見は明日行われる予定だ

like** [**as if**] **there's no tomorrow 《略式》明日というのがないかのように, 前後の見境なしに ▶ He's spending his money like there's no tomorrow. 将来のことなど考えずに金を遣いまくっている
the day after tomorrow 明後日
Tomorrow never comes. 《諺》明日は来ない(今日してあけ)

Tom's of Maine 《商標》トムズ・オブ・メイン[⇨環境に優しい材料を用いアルコールを使わない歯磨き, マウスウォッシュなどを製造]

ton /tʌn/ *n* (~(**s**)) (重量単位)トン (t.) [⇨《米》では小トン(short ton)で2,000ポンド, 《英》では大トン(long ton)で2,240ポンド. メートルトン(metric ton)は1,000kgで2,204ポンドに相当]; (船の大きさ・積載能力の単位)トン[⇨100立方フィート]; 積載トン[⇨40立方フィート];《略式》相当な重さ; (~s) 多数, 多量 (*of*); とても, うんと ▶ weigh a ton とても重い / Around 100 million tons of steel are produced each year. 毎年約1億トンの鉄鋼が生産される
like a ton of bricks 《略式》手厳しく, 猛烈に

tone /toʊn/ *n* 音; 音声, 口調, 語調, 語気; (電話の)発信音; (絵・写真などの)明暗, 色調; 風格, 品格; (全体の)調子, 感じ ▶ lower [bring down] the tone 品格を落とす / Please leave a message after the tone or call back during business hours. 信号音の後にメッセージをお残しくださるか, 営業時間中におかけ直しください
— *v* 調子[色調]をつける[帯びる], 調子を合わせる (*to*)
tone down 和らぐ, 和らげる; 後退させる, 下方修正する ▶ The company toned down its earnings forecast because sales in the first quarter fell short of estimates. 第1四半期の売上が予測に届かなかったため, その会社は収益予測を下方修正した
tone in 調子が合う, 調和する (*with*)
tone up 強さが増す; 高める, 強める

T1 *n* [ティーワン] T1回線[⇨1.5Mbpsのデータを送る高速電話回線] ⇨T3

tongue /tʌŋ/ *n* 舌; 言葉, 言語; 話し方; 舌状のもの ▶ have a sharp [an eloquent] tongue 口が悪い[弁舌さわやかである] / one's mother tongue 母語
bite one's tongue 《略式》失言を後悔する
hold one's tongue 沈黙を守る; 口を慎む
keep a civil tongue in one's head 丁寧な口をきく
(one's) tongue in (one's) cheek からかい, 皮肉, 不まじめ ▶ have one's tongue in one's cheek からかう; 皮肉を言う

tonight /tənáɪt/ *n*, *ad* 今夜(は)

Tonight Show トゥナイト・ショー[⇨NBC製作の米国の深夜(23:30スタート)テレビ番組. 多彩なゲストを迎えてのトークショー]

ton-mile *n* トンマイル[⇨荷物の重量と運送距離の積で示される運送量]

tonnage /tʌ́nɪdʒ/ *n* (商船の)積量, 容積トン; 船舶総トン数; (船舶の)トン税

tonne /tʌn/ *n* (~(**s**)) メートルトン (t.) [<仏]

tontine /tɑ́ntiːn/ *n* トンチン年金 (=tontine annuity) [⇨長生きするほど多くの給付を受けることができる生存者年金. 出資者が死亡するごとにその年金が残りの出資者に振り替っていく][<仏; この方式の創始者で, イタリア生まれのフランスの銀行家 L. Tonti の名より]

too /tuː/ *ad* その上, …もまた; あまりに, …すぎる; 非常に; 《米略式》実際, …だとも (✚強い肯定) ▶ The market is flooded with **too** many similar products. 市場はあまりにも多くの類似製品で溢れている / People get annoyed if pop-up ads appear **too** often on websites. ウェブサイトでポップアップ広告の現れる回数が多すぎると, だれでも嫌になる / **too** good to be true 本当であるには良すぎる, 話がうますぎて本当のはずがない / At one time, many people thought the bank was **too** big to fail. かつては, 銀行は大きすぎてつぶれないと多くの人は考えていた / The pay is **too** low to support a family of four. その給料は4人家族を養うにはあまりにも少ない / The company's decision-making process is **too** slow. その会社の意思決定プロセスは遅すぎる
成句 ***all too*** まったく…すぎる ***only too*** はなはだ, 残念ながら…な ***Too big to fail.*** ⇨TBTF ***too ... for [to do]*** (…する)にはあまりに… ***too little, too late*** (問題に対する取組みが)少なすぎるし, 遅すぎる

tool /tuːl/ *n* 道具, 工具; 工作機械(の刃先); 手段; 道具に使われる人, 手先 ▶ the tools of the trade 商売道具 / TV commercials are our main advertising tool. テレビコマーシャルはわれわれの主要な広告ツールだ
down tools 《英》ストに入る
— *vt* 道具で造る; 型押しする; 《略式》走らせる (*along*); 乗り回す (*about, around*)
— *vi* 道具を使う
tool up (工場などに)機械を備え付ける

tooling *n* 工作機器(製造)

toolmaker *n* 工作機器メーカー

tool shop 機械加工ショップ[⇨工作機器を使った加工をする工場内の一画]

tooth /tuːθ/ *n* (**teeth**) 歯; のこぎりの目; 威力; 好み (*for*) ▶ The teeth of the new legislation is dubious. 新しい法律の規制力は疑わしい
cast [throw] in a person's teeth (人を)責める
cut one's (political) teeth on で(政治的)経験を得る
get [sink] one's tooth into 《略式》に身を入れる
have no teeth (法律が)強制力がない
in the teeth of に面と向かって, 逆らって ▶ fly in the teeth of に公然と反抗する
put teeth into …の効力を強める ▶ The proposed amendment will put teeth into the law. 提出されたその修正案は法の力を強化することになるだろう
tooth and claw [nail] 必死になって
to the teeth 完全に

Tootsie Roll 《商標》トゥッツィーロール[⇨米国のチョコレートキャンデー]

top /tap/ n 頂上；表面；上端

come out on top (やっと)成功[勝利]を収める ► The car came out on top in consumer surveys as the most reliable vehicle. もっとも信頼できる乗物として，その車は消費者調査で一番になった

from the top 《略式》初めから ► Please start from the top and tell me what happened in the negotiation. 最初から始めて，交渉で何が起こったか話してください

from the top down 上意下達の，上から下へ ► The company makes most of its decision from the top down. その会社はトップダウン方式でたいていの意思決定をしている

from top to bottom すっかり

get on top of 手に余る；を征服する ► The government is trying to get on top of the budget deficit. 政府はなんとかして財政赤字を抑え込もうとしている

go over the top 目標[ノルマ]を越える；やりすぎる

off the top もっとも利益率の高い分野から

off the top of one's head 思いつきで，即座に ► Off the top of my head, I expect our sales to double by next year. 勘に過ぎないが，当社の売上は来年までに2倍になると予想する

on top 上(部)に；優位に立って，支配して；成功して；健康で

on (the) top of の上に(=atop)；に加えて；に接近して；を支配して ► On top of selling assets to raise capital, the bank must raise an additional $12.5 million. その銀行は，資本を調達するための資産売却に加えて，追加の1,250万ドルを調達しなければならない / I put the files on top of the cabinet. そのファイルはキャビネットの上に置きました / We need to stay on top of market trends. いつも市場の動向を熟知しておく必要がある

on top of the world 《略式》最高の気分で

over the top 行き過ぎで

the top of the line [《英》range] 最高級品 (✦形容詞はtop-of-the-line[《英》-range])

— a 首位の；最高[最上]の，最大の ► The company is shooting for the top market share in laptop computers in three years. 同社は3年間でラップトップパソコンの市場占有率トップを狙っている / Top companies spend a great deal to hire and train their employees. 一流企業は従業員の雇用と研修に多大な資金を費やしている

— vt (-pp-) 屋根[覆いなど]を付ける(*with, by*)；覆う(*with*)；首位を占める；勝る，超える；先端を切り取る ► He tops the list. 彼が筆頭である / The Dow Jones topped the 12,000 line briefly for the first time in six months. ここ6か月で初めてダウ平均は短期間ながら1万2千の大台を超えた

— vi 高くそびえる

top off 仕上げをする(*with*)；落成を祝う

top out 上り詰める；完成する；落成を祝う ► When the company went public, its share price topped out at $36. 同社が株式を公開したとき，その株価は最高で36ドルまで行った

top up いっぱいにする；つぎ足す；仕上げになる

to top it all (off) 《略式》その上さらに

top billing 大々的な宣伝
top brass 《略式》お偉方
top copy (コピーの)元原稿
top dog (the ~)《略式》ボス，大立者，長
top dollar 《略式》最高額
top-down *a* 上意下達の，上から下への，全般から細部に至る
top-down approach 天下り方式，トップ・ダウン方式 [⊃予算編成方法の一つで，トップで予算を編成・決定して，各部門に示達する方式] ► Do not impose your decisions from above in a top-down approach. 上意下達方式で自分の決定を上から押しつけるな
top echelon 最高幹部，上層部
top-end *a* 《略式》高級な，高級品志向の(=high-end) ► We specialize in top-end products. 当店は高級顧客向け製品を専門にしている
top-end model 最高級機種
top executive 最高幹部 ► Top executives are too highly paid in the United States. 米国では経営幹部はあまりにも高額の報酬をもらっている
topflight *a* 《略式》一流の，最高(位)の
top grosser 稼ぎ頭の商品
top grossing いちばん売れている，いちばん稼ぐ
top-hat pension 役員年金[⊃通常の企業年金に上乗せされる経営幹部向けの付加年金]
top-heavy *a* ❶頭でっかちの ❷資本過大[過剰]の，過大資本化の ❸売り圧迫状態の[⊃売り物が待機していて価格上昇が抑えられている市況の]
topic /tápik/ *n* 話題，論題，テーマ ► We'll hold further discussion on this topic at the next meeting. 次の会議でこの課題についてもっと話し合いましょう
◇**topical** *a* 時事問題の，話題の；題目の
◇**topicality** *n* 話題になること，話題性；時事問題
◇**topically** *ad*
TOPIC Teletext Output of Price Information by Computer トピック [⊃株価その他の企業情報が提供されるロンドン証券取引所のシステム]
topic sentence 主題文
TOPIX /tápiks/ Tokyo Stock Exchange Price Index 東証株価指数，トピックス
top job 社長の座 ► She is likely to get the top job in a couple of years. 数年内に彼女が社長の座につく公算が高い
top-level *a* 《略式》首脳の[による]；最高級の
top line 売上高，総収入 [⊃損益計算書のいちばん上の行には sales や revenue が記載されることから。⇨ bottom line (純利益)]
top-line *a* 売上高の [⊃いちばん下に来る最終損益(bottom line)と対比される]

top management トップ・マネジメント [⇒全社的な経営方針を設定し、計画と統制を行う経営管理者]

topnotch a （略式）超一流の、最高の ▶ John got a job with a topnotch company. ジョンは一流会社に就職した

top-of-the-line a 最高級品の ▶ We carry top-of-the-line merchandise from major brand manufacturers. 当店は、主なブランドの最高級品をとりそろえています

top-of-the-range a 《英》=top-of-the-line

top 1 percent トップ・ワン・パーセント [⇒所得額の大きい順に上から1パーセントを占める最富裕者層。学校では最優秀者層の意味で使われる]

topper /tápər/ n いちばん上の人［もの］；優れた人、傑作

topping /tápiŋ/ n, a （ケーキ・料理などの上を飾る）トッピング；第一級の、最上の

topple /tápl/ vi （銅像・塔など細高いものが）ぐらりと［もんどり打って］倒れる、（不安定なものが）崩れ落ちる；よろける（over, down）
— vt 倒す、ぐらつかせる；（権力の座などから）引き降ろす ▶ We toppled our main rival in market share. われわれはマーケットシェアでライバルを打ち負かした

top-ranked a ランキング最上位の
top ranking ランキング最上位
top-ranking a トップクラスの
top-rating a =top-ranking

tops /taps/ a, ad （略式）最高の[で]；最高のもの

top-secret a 最高機密の

top-selling a トップセラーである、いちばん売れている

topsider n （組織の）上層［首脳］部

topsy-turvy /tápsitə́:rvi/ ad, a, n （略式）逆さま（に、の）；めちゃくちゃ（に、の）▶ Everything was topsy-turvy when the new boss took over. 新社長が引き継いだときには、あらゆることがガタガタだった

◇**topsy-turvydom** n あべこべ、大混乱

top-tier /-tíər/ a 最有力の、最大手の、トップの ▶ a top-tier company in its industry 業界のトップ企業

top-up n 《英》追加 ▶ We provide top-up loans for students. 私たちは学生に追加ローンを提供します / To keep using a pay-as-you-go mobile phone you need to buy a top-up card. 元払い式の携帯電話を使い続けるためには追加カードを買わなければならない

top-up pension 《英》付加年金 [⇒通常の年金に上乗せして支給される年金]

torch /tɔ:rtʃ/ n たいまつ；《英》懐中電灯（= 《米》flashlight）

pass the torch to... 地位［仕事］を…に譲り渡す

torrent /tɔ́:rənt/ n 奔流；土砂降り；（悪口・質問などの）連発（of）▶ The company was inundated by a torrent of phone calls after the recall. リコール後その会社にはものすごい件数の電話がかかってきた

in torrents どっと

torrid /tɔ́:rid/ a 炎暑の；熱烈な；《英》困難な ▶ After years of torrid growth, auto sales have dropped in recent months. 数年間の猛烈な成長のあと、自動車の売上高は最近の数か月は減少した

tort /tɔ:rt/ n 不法行為 [⇒故意または一定の注意義務に反する過失により他人の身体または財産に対して損害を及ぼし、権利を侵害する行為。契約または信託の違反以外のものを指す] ▶ The ex-wife brought an action in tort for injuries allegedly suffered during her marriage. 元の妻は、彼女の婚姻中の負傷とされるものを理由に不法行為責任を問う訴えを起こした / Unreasonable discrimination may constitute tort under the Civil Code. 不当差別は民法上の不法行為を構成することがある / The company was found liable in tort for injuries arising from its product. その会社は、自社製品に起因する傷害につき不法責任ありと認定された

tortfeasor /tɔ́:rtfì:zər/ n 不法行為者［＜アングロ仏］

tortious /tɔ́:rʃəs/ a 不法な、不法行為(tort)の；不法行為となる

tort liability 不法行為責任 ▶ This insurance policy covers the contractor for its tort liability. この保険契約は請負業者の不法行為責任を補償の対象にしている

toss /tɔ:s/ (〜ed, 《古》tost) vt 無造作に投げる、ほうる（to, away, aside, out）▶ Stock forecasts are often no better than tossing a coin. 株の予測はコインを投げるのと変わらないことが多い
— vi 揺れる；のたうち回る；トスアップ［銭投げ］をする（for）

tossup n トスアップ；五分五分の見込み ▶ It is a tossup which company will get the deal. どちらの会社がその契約を取るかは五分五分だ

Tostitos 《商標》トスティートス [⇒メキシコスタイルの米国のコーンチップ。さまざまな風味が袋入りで売られており、サルサソースなどにつけて食べる]

tot 《英略式》合計
— v (-tt-) 合計する、しめる（up）；合計して…になる（up to）▶ He quickly totted up the bill. 彼は勘定を素早く計算した / That tots up to 200 euros. それは締めて200ユーロだった

total /tóutl/ a 総計の；全体的な；完全な、まったくの ▶ His total income is $50,000 a year. 彼の総所得は年5万ドルだ
— n 総計、合計、総額

語法 総計は the sum total と言う。すべての小計（subtotal）を加算した総計は the final total（最終合計）で、その総額のひとまとめを a grand total（総合計）と言う: Tom earned a grand total of $800. （トムは総合計で800ドル稼いだ）

▶ a total of 合計…の / in total 合計[全部]で / The total of the bank's net profit amounted to $7 billion as of December 31. その銀行の純利益の総額は12月31日現在で70億ドルだった /

The total of the company's losses was $1.7 billion, including $600 million for restructuring costs. 同社の損失の総額は, リストラ費用の6億ドルを含めて, 17億ドルだった
— v 合計する; 合計…となる (up); 全損させる (✢ (英)では totalling, totalled と変化形は l を重ねる) ► His debts total to $5,000. 彼の借金は合計5,000ドルになる / His debts had totaled $40,000. 彼の借金は総計4万ドルにもなっていた / The bankruptcy put the company in default on outstanding bonds totaling $350 million. 破産の結果, 同社は総額3億5千万ドルの発行済み債券について債務不履行に陥った

Total (~ SA) トータル [⟹ 世界最大級のフランスの石油会社. 設立1924年. フランスの Total がベルギーの Petrofina と合併して Totalfina となり, さらにフランスの Elf Aquitaine と合併して TotalFinaElf となったが, 91年に Total と現社名に変更した. 石油製品は TOTAL と ELF のブランドで販売, ケミカル製品も扱う. Sanofi-Aventis の大株主でもある]

total account 統制勘定
total allowable catch 漁獲可能量, 許容漁獲量 (TAC) [⟹ 特定の水産資源について, 資源動向や社会的経済的要因を勘案して, 漁獲が許される上限量]
total amount 総額
total assets 総資産
total assets turnover 総資産回転率, 総資本回転率 [⟹ 総資産が1年間に何回転したかを示すもので, 売上高を総資産で除して求める. この回転率が高いほど資産が効率的に運用されている]
total capital 総資本 [⟹ 他人資本(負債)と自己資本(資本)で構成される]
total cost 総原価; 総費用 ► The total cost of the initial investment is expected to be $2 million. 初期投資のコストは総額200万ドルと予想されている
total cost of ownership 総所有コスト (TCO) [⟹ システム所有に関わる必要コストの総額. 米国の調査会社 Gartner Group が提唱した概念で, システム投資にあたっては, 初期の導入費用だけでなく, 将来のアップグレードの費用, システム部門の人件費, システムダウンによる損失などの隠れたコストも考慮に入れる必要があるという考え方]
total equity 自己資本, 純資本
total estimated cost 見積総工事原価
total factor productivity 全要素生産性 [⟹ 成長会計によって求められる技術水準を言う]
total income 総所得
totality /toutǽləti/ n 全体; 総計
in totality 全体として
total liabilities 負債総額
total loss 全損 (T. L.) [⟹ 火災・海上の損害保険で被保険利益の全部が失われること]
totally /tóutəli/ ad まったく; 全体として ► The two companies that will merge have totally different corporate cultures. 合併を予定している2社はまったく異なった企業風土を持っている / The market today is totally different from what it was ten years ago. 今日の市場は10年前とはまったく異なっている / The firms who buy our components are totally satisfied. 当社の部品を購入する会社は完全に満足している
total productive maintenance 全員参加型の生産保全 (TPM) [⟹ 全員参加の設備保全により, 効率を低下させるロスの発生を防ごうというアプローチ]
total quality control 全社的品質管理 (TQC)
total quality management 総合的品質管理 (TQM) [⟹ 生産指向での効率化を追求する, 現場レベルでの品質改善活動である TQC と対照的に, 消費者志向での効率化を期して, 売れる商品をどう開発するかを追求すること]
total return 総利回り, トータルリターン [⟹ 投資の総利回りの年率. 株式の場合は価格上昇分と配当金を加えたものを投資額で割って求める. 債券の場合は価格上昇分と受取利息を加えたものを投資額で割って求める. return だけで total return を意味する場合がある]
total return swap トータルリターン・スワップ (TRORS) [⟹ クレジットデリバティブの一種. 相場が悪くて債券を売却できないが発行会社が倒産するリスクを避けたい A は, 債券の利払い金のような固定金利が欲しい B と契約した場合, A は B に固定金利を払い渡す代わりに B から変動金利を受取る一方, 契約開始時と終了時の間に債券の値上がり益が生じたらそれを B に払い渡す. この間, 発行会社が破綻して債券に評価損が発生したら B がそれを負担する. 対象資産(参照資産)の所有権に変わりはないが, A は信用リスクのある債券を安全な債券に買い替えたのと同様の経済効果を享受でき, B は債券の信用リスクを引き受ける代わりに債券を買って資産がふくらむのを避けながら, 債券を買ったも同然の安定した収入を得られる]
total revenue 総収入, 総収益
total sales 総売上高; 全店売上高 ⇨ same-store sales
total shareholder return 株主収益率 (TSR) [⟹ 株式投資の総合利回り (total return). 一定期間(通常1年)の受取配当金と値上がり益や値下がり損を含めた全収益を投資額で割って求める]
total utility 総[全部]効用
tote /tout/ 《米略式》 vt 運ぶ 《around》
— n 運搬; 荷物; 大型手提げ袋 (=tote bag)
◇**toter** n
toto /tóutou/ (次の成句で):
in toto 全体的に, 全面的に, すべて [<ラ 'on the whole']
touch /tʌtʃ/ vt 触れる, 軽くたたく, 手を触れる; 隣接する; 立ち寄る, 寄港する (at); 達する, 届く; (通例否定文で) 匹敵する; 影響する; 害する, 怒らせる, 傷つける, 感動させる (with); 手を出す, 関係する; 言及する; 加筆[修正]する ► Nothing can touch.... …に勝るものはない / touch a nerve いらいらさせる / They said they would never touch a deal like that. 彼らはそのような取引には手を出さないと言った / Please do not touch the electrical components. 電気部品に触るな

いでください
— *vi* 触る, 接触する; 接する; 触れると(…の)感じがする; 接近する《*at, to, on, upon*》; 寄港する《*at*》
touch off 的確に表現する; (爆発物に)点火する; 誘発する
touch on [***upon***] に軽く言及する; 扱う ▶ During the meeting, the directors hardly touched on the company's financial situation. 会議の間, 取締役たちは同社の財務状況にほとんど触れなかった
touch the spot うってつけである; 人の痛い所に触れる
touch up 修正する
— *n* 触れること, 接触; (医師の)触診; 手触り, 触感; 一筆, 加筆; 出来栄え, 手際, 才能; 《a ~》少量 《*of*》; (副詞的) ちょっぴり; 軽い一撃; 共通の性質 ▶ a finishing touch 最後の仕上げ / be a touch cold 少し寒い
at a touch ちょっと触れただけで
get in touch with と連絡を取る ▶ I'll get in touch with you when I find out the details. 詳細が分かりましたら, ご連絡いたします
Keep in touch. 《略式》(また)連絡してください; 手紙をください
keep [***stay***] ***in touch with*** と接触を保つ ▶ I keep in touch with my clients regularly through email. メールで定期的に顧客と連絡をとっている
lose touch with と接触を失う
out of touch with に接触しないで; から遅れて, を知らないで ▶ The company has become completely out of touch with its customers. その会社は顧客の気持ちがまったく分からなくなっている / Management was criticized for being out of touch with employees' concerns. 経営陣は従業員の懸念に無関心であると批判された
put [***bring***] ***to the touch*** 物を試す
touch and go 《略式》きわどい[不安定な]状況; 着地再上昇
touchscreen *n* [ﾀｯﾁ-ｽ] タッチスクリーン [⇔指で触れて入力する表示画面]
Touch-Tone 《商標》タッチトーン [⇔プッシュホンのブランド名]
touch-type *vi* (キーボードを見ずに)タイプを打つ
tough /tʌf/ *a* 折れない, 丈夫な; 不屈な; 粘り気のある; 強硬な, 厳しい《*on*》; 困難な, つらい; 《米》無法な; 《略式》ひどい, 不運な《*on*》 ▶ He's a tough negotiator. 彼は交渉相手として手ごわい / As price competition intensifies, doing business has become tougher. 価格競争が激化しているのでますます難しくなった / Tough times lie ahead for electronics manufacturers. 電子機器メーカーの前途は厳しい時代が待ち受けている / The government has enacted tougher environmental regulations. 政府は, さらに厳格な環境規制法を制定した / Letting an employee go can be a tough decision. 従業員の解雇というのは時に難しい決断だ
be [***get***] ***tough with*** に厳しい態度で臨む
have a tough time doing するのにひどく骨を折る ▶ He had a tough time finding a job. 彼は職を見つけるのに苦労した
— *vt* 《米略式》忍ぶ, 耐える《*out*》 ▶ The boss decided to tough it out until things become better. 社長は事態好転までがんばることにした
— *n* 乱暴者, 悪党
◇**toughen** *v* tough にする[なる] ▶ Banks are toughening up their lending policies. 銀行各社は貸出方針を引き締めつつある / The bank toughened its standards on screening loan applications. その銀行がローンの申請書を審査する基準を厳しくした

tough love ❶ 厳しい選択 [⇔ 会社のためであっても従業員にはつらい選択] ❷ (従業員や部下に対する) 耳が痛い助言, 注意, 「愛のムチ」
tough-minded *a* 毅然たる, 断固たる
tour /tʊər/ *n* 周遊, ツアー, 巡り歩き, 見学, 視察; 巡業 ▶ a tour of inspection 現場の視察 / We have scheduled a tour of the local factory as part of the itinerary. 日程の一部として, 地元の工場を見学するツアーを予定している
make a tour of を周遊する
on tour 巡業[遠征]中
— *v* (周遊)旅行をする《*around, through*》; 巡業[遠征]する
tour company ツアー会社, 旅行会社
tourism /tʊ́ərɪzm/ *n* 旅行, 観光(旅行, 事業) ▶ Tourism remains a vital component of economic growth for the country. その国にとっては, 観光業は依然として経済成長の重要な要素だ
tourist /tʊ́ərɪst/ *n* 旅行者, 観光客[旅行者]
tourist attraction 観光名所
tourist information office 観光案内所
tourist office 観光案内所
tourist spot 観光名所
tourist trap 《略式》観光客を食い物にする所[店]
touristy *a* 観光客が多い; 観光客目当ての; 観光客向きの
tour operator 周遊旅行を主催する旅行代理店
tout /taʊt/ *v* 大げさに宣伝する《*as*》; しつこく勧誘する《*for*》; 《英》(切符などを)高く売りつける
— *n* (取引などを)うるさく求める人; 客引き; だふ屋 (=ticket tout)
◇**touter** *n*
touting *n* だふ屋行為; (チケット販売・タクシー乗客などのための)無許可客引き行為
toward /tɔ́ːrd, təwɔ́ːrd/ *prep* …の方へ, に向けて; …のために; …近く, ごろ; …に対して, に関して[関する]

▶ **toward** midnight 真夜中ごろ / Japan's policy **toward** America 日本の対米政策 / The company seems to be heading **toward** bankruptcy. その会社は破産に向かって進んでいるように見える / The economy is heading **toward** a recession. その国の経済は景気後退に向かって進んでいる

towards /tɔ́:rdz, təwɔ́:rdz/ *prep* 《英》=toward

towboat *n* タグボート (=tugboat)

towel /táuəl/ *n* タオル
throw [chuck] in the towel 《略式》敗北を認める; 降参する ► Due to severe competition, the company decided to throw in the towel on its notebook PC business. 激烈な競争のために, 同社はノートブックパソコンの商売で敗北を認めることに決めた

tower /táuər/ *n* 塔, やぐら, 高層ビル; とりで; 《弦→》タワー [◇縦長のケース]
a tower of strength (困った時に)頼りになる人
— *vi* 高くそびえる《*above, up*》; ぬきんでる《*over, above*》
◇**towering** *a* 非常に高い, そびえ立つ; ぬきんでる; 非常に激しい ► Consumers are struggling to pay off their towering credit card bills. 消費者は膨大なクレジットカード残高の返済に苦闘している

Tower Records 《商標》タワー・レコード [◇CD, DVDなどを販売する米国の大手オンラインサイト]

town /taun/ *n* 町, 都市; (the ~) (田舎に対して)都会(生活); (the ~) (集合的)町[都市]の住民; (都市の)商業区, 繁華街, 都心; (しばしばT-)《英》ロンドン ► go down town 下町へ行く, 繁華街へ行く; 買物に行く
go to town 《略式》成功する; うまく[てきぱき]やる; 大きな金[精力]を使う《*on, over*》

town center タウン・センター, 町の中心街

town gas 都市ガス

town house [home] (田舎に別邸を持つ人の)町屋敷; (都心の)タウンハウス [◇通常2戸で構成される住宅棟]

town planner 都市計画家

town planning 都市計画

townscape *n* タウンスケープ, 町並み, 都市景観

toxic /táksik/ *a* 中毒性の; 有毒の ► The bank invested in risky derivatives and other toxic assets that put it deep in the red. その銀行は危険な派生商品や他の有毒資産に投資した結果, 膨大な赤字を抱え込むことになった
◇**toxicity** *n* (有)毒性

toxic asset 有毒資産, 不良資産 [◇処分すれば莫大な損失が発生するので売るに売れない資産, 特に, 2008年の金融危機の関連で米国の銀行が大量に抱え込んだ住宅ローン担保証券などの不良資産を言う]

toxic chemicals 有毒化学物質

toxic tort 有害物質不法行為 [◇被害者に損害賠償請求権がある環境汚染]

toxic waste 有毒廃棄物 ► The government is using public money to purge banks of their financial toxic waste. 政府は公的資金を使って銀行各社から金融版の有毒廃棄物を一掃しようとしている

toxic waste dump 有毒廃棄物投棄場; 《略式》ごみため, 議論すべき問題を処理せずにためておく場所

toy /toi/ *n* おもちゃ, 玩具; 慰さとなるもの, くだらないもの; 小型の犬[動物] ► Toys for children must have safety warning labels. 子供用のおもちゃには安全警告のラベルが付いていなければならない
make a toy of をもてあそぶ
— *vi* 遊ぶ, おもちゃにする《*with*》; (考えなどを)いい加減に扱う《*with*》 ► He toyed with the idea of leaving the company at the end of the year. 彼は今年の末に会社を辞めるということを漠然と考えた

toymaker *n* 玩具メーカー

Toyota Center トヨタ・センター [◇ヒューストンにある競技場. 2003年にオープン. バスケットボールのヒューストン・ロケッツが本拠を置く. トヨタ自動車が30年間の命名契約を結んだ]

Toyota Production System トヨタ生産方式 [◇「必要なものを, 必要なときに, 必要なだけ」というジャストインタイム(カンバン)に代表される, トヨタ独自の効率的生産方式. 「7つのムダ」「現地で, 現物を見て現実を知る」といった標語も有名]

Toys"R"Us (~, Inc.) トイザラス [◇米国の玩具小売チェーン. 1928年設立. 子供服のKids"R"Us, ベビー用品のBabies"R"Usも展開. Rはareを表し, ロゴでは子供風の裏返し文字にする. 2005年投資会社により買収され私企業になった]

TPG (~ LLP) Texas Pacific Group テキサス・パシフィック・グループ [◇1992年創立のTexasに本拠を置く投資会社. 公開株式にも投資をし, 投資残高は300億ドルを超える. 現在名はTPG Capital, L.P.]

T+3 《米》Tプラススリー [◇証券取引は約定日(売買日)から3日目に受渡しを完了しなければならないとするルールを指す. 主要国は早期決済を目指して, T+1を目標としている]

TPM total productive maintenance

TPS Toyota Production System

TQC total quality control

TQM total quality management

trace /treis/ *n* ❶痕跡; 跡; 微量《*of*》; 線, 図形, 見取図
❷[会計]追跡調査 [◇監査においてある事項が規定通りに処理されたかを確認すること]
kick over the traces 《英》規則を無視して勝手な行動をする
— *vt* 跡をつける; 突き止める; さかのぼって調べる; たどる《*back, to*》; (線などを)描く; 敷き写しする, トレースする; 丁寧に書く ► Our company's origins can be traced back to the nineteenth century. 当社の起源は19世紀まで遡ることができる
— *vi* さかのぼる; 跡をたどる《*along, through, to*》
trace out なぞるように書く; 画策する

traceability *n* トレーサビリティ [◇農産物その他の製品の履歴を大もとまでたどれること]

traceable /tréisəbl/ *a* (起源・跡を)たどることができる, 見つけられる; (…まで論理的に)跡をたどれる, (…に)起因する ► He didn't think the embezzled money would be traceable to him. 彼は金の横領の件で自分は疑われることはないと考えていたようだ

track /træk/ *n* (踏みならされた) 小道; (通った) 跡; 鉄道線路, 軌道; 進路, コース ▶ **a single [double] track** 単[複]線 / He's on a career track that will eventually lead him to management. 彼は, いずれ経営幹部になる出世コースにのっている

back on track もとの軌道に戻って

cover (up) one's tracks 自分の意図[行動]の証拠を隠す

(stop) in one's tracks 《米略式》ただちに(止まる)

in the track of の例にならって; の途中で

keep ... on track を予定通りに進める ▶ We're doing everything we can to keep the project on track. プロジェクトを予定通りに進めるためにできるだけのことをしている

keep track of を見失わないようにする ▶ The software helps retailers keep track of inventory. そのソフトは小売業者が在庫を管理するのに役に立つ

lose track of を見失う ▶ We received so many orders that I've lost track of how many have come in. 非常に多くの注文を受けたため, 受注した数がわからなくなった

off the track 主題から離れて, 間違って; 脱線して ▶ I think the discussion is getting off the track. その議論は本筋から脱線しかけていると思う

on the right [wrong] track (考えなどが) 妥当で [間違って] ▶ The company is back on the right track. その会社は正しい軌道に戻った

on the track of / on a person's track (人を)追跡して; (人の)手がかりを得て

on track 軌道に乗って; 順調に進んで *(for)* ▶ We have regular staff meetings to make sure everyone is on track. 全員が計画通り進んでいることを確認するため, 定期的にスタッフ会議を開いている

on track to do (順調に)…しようとして

stay on track 進路を保つ

— *vt* 跡を追う, たどる *(to)*; 足跡をつける; 線路を敷く ▶ The movement of housing prices tend to track inflation. 住宅価格の動きはインフレの跡を追うことになりがちだ / I'll continue to track the results of the marketing strategy. 私はマーケティング戦略の成果を追跡し続けます / The yen is the best performer among 16 major currencies tracked by Bloomberg. ブルームバーグが追跡している16の主要通貨の中で円はもっとも成績がよい

— *vi* 追跡する, 跡をつける

track down 追い詰める; 突き止める ▶ We're working to track down the cause of the problem. その問題の原因を突き止めようと努力している

tracker fund 《英》= index fund

tracking error トラッキングエラー [◯ポートフォリオのリターンと, ベンチマークとの差を標準偏差で表したもの. この値が小さいほど目標とされるベンチマークに即した動きになることを意味する]

▶ a high [low] tracking error 高めの[低めの]トラッキングエラー / establish a target tracking error トラッキングエラー目標値を設定する / run checks on tracking error トラッキングエラーがどの程度となるかをチェックする / We target a tracking error of 4-6%. われわれのトラッキングエラー目標値は4%から6%である / Our portfolio is currently running close to tracking error limitations. われわれのポートフォリオのトラッキングエラーは今現在, 目標値ぎりぎりのところにある

tracking poll【広告】トラッキング調査, 追跡調査 [◯調査時期をずらしながら, 同一内容の質問をし, 回答傾向を連続的に測定する調査手法. 新商品浸透調査などに使われる]

tracking stock トラッキング・ストック, 部門収益連動株式 [◯種類株の一種で, 特定の部門の収益に配当が連動する]

tracking study 追跡調査

track record 成績; 業績 ▶ The company has an impressive track record in the European market. 同社は欧州市場で素晴らしい実績を有している

tractable *a* 扱いやすい ▶ The issue is not as tractable as expected. その問題は予想ほど扱いやすくない

tradable /tréidəbl/ *a*, *n* 取引[貿易]できる(もの); 貿易財 (=traded goods)

trade /treid/ *n* ❶ 売買, 取引

コロケーション

(動詞(句)+〜) **carry on** trade 取引を行う / **conduct** trade 取引を行う / **engage in** trade に従事する / **promote** trade 貿易を促進する / **restrict** trade 取引を規制する / **reverse** a trade 反対売買する

▶ fair trade 公正取引 / unfair trade practices 不公正な貿易慣行 / carry on one's trade 商売を営む / give a person a good trade 人に有利な買物をさせる / The latest data on export decline underline the vulnerability of **Japan's dependence on global trade** for its growth. 輸出減少についての最新のデータは, 日本が成長を世界貿易に依存していることの脆弱性をはっきりと示している / **His bad trades** sent the company down the tubes. 彼のお粗末な取引のおかげで, その会社はつぶされた / With exports up, **the balance of trade** is looking much healthier. 輸出が増加し, 貿易収支はずっと健全になっているようだ / **The terms of trade** are improving. 交易条件は良くなっている

❷ 売買高, 客足, 商売[売上] ▶ The barber shop has a lot of trade on Saturdays. その理髪店は土曜日にお客さんが多い / They do a good trade in glassware. 彼らのガラス製品の商売は繁盛している

❸ 業種, 業界, セクター, 業者仲間 ▶ the publishing trade 出版業界 / send sample ads to the trade 見本広告を得意先に送る / He had a job in the construction trade. 建設関係の仕

事に従事していた
❹ 職業 ► by trade 職業は / follow the trade of his father 父の仕事を継ぐ
be good for trade 買う気を起こさせる
make a trade 交換する
— *v* 売買[取引, 商売]をする《*in, with*》;《米》(特定の店で)いつも買物をする《*at, with*》; 交換する《◘A for B》► trade above par 額面を上回って取引される / be traded over the counter 店頭で売買される / Cheap trading services allow investors to trade shares several times a day. 手数料の安いブローカーのおかげで投資家は日に何度も株式を売買することができる / Since goods are traded in dollars, the US does not have to worry about exchange rate fluctuations. 商品はドルで取引されるので, 米国は為替相場の変動について心配する必要がない / These commodities are traded directly between dealers by phone and computer. They are also traded in a commodity exchange. これらの商品は電話とコンピュータでディーラー間の直接取引が行われる. それらはまた商品取引所で取引される
trade away [off] 売り払う
trade down (下取りに出して)安い物に買い替える
trade in (…を安く買うため)下取りに出す[手放す]《*for*》► trade in an old machine for a new one 新しい機械を購入するために古い機械を下取りに出す
trade off (見返りで)交換する《*against*》
trade on つけ込む, (不当に)利用する
trade up (下取りに出して)高いものに買い替える

tradeable *a, n* =tradable
trade acceptance 引受商業手形 [◘商取引の債権者が債務者宛に振り出した自己指図為替手形]
trade account 貿易勘定 [◘開放経済における実体的な取引のうちで, 農産物や工業製品などの財取引の受取と支払を指す]
trade accounts payable 買掛金 (=trade creditor, trade payable)
trade accounts receivable 売掛金 (=trade debtor, trade receivable)
trade act 通商法
trade advertising 流通広告
trade agreement 通商条約, 貿易協定
trade association 業界団体
trade balance (国際収支統計における)貿易収支 [◘モノの輸出入における収支尻] ► have a favorable [an unfavorable] trade balance 貿易収支が黒字だ[赤字だ]
trade barrier 貿易障壁 ► eliminate trade barriers 貿易障壁を取り除く
trade bill 貿易手形, 荷為替手形 [◘輸出入に伴って振り出され, 授受される為替手形]
trade counter 《英》アウトレット [◘工場の一角やウェブサイト上でメーカーの直売品を安く買える所]
trade credit 商業信用, 貿易信用, 与信取引, 企業間信用 [◘仕入先が代金を後日に支払うことを認める短期信用] ► give trade credit 与信取引を認める / increase trade credit 与信取引を拡大する / manage trade credit 与信取引を管理する / use trade credit 与信取引で商売をする / Our business customers are given trade credit. 当社のビジネス顧客は企業間信用で後払いできる
trade creditor ❶ 営業債権者 [◘納入業者など通常の取引による債権を有している者で, 金融債権者と区別して扱われることがある] ❷《英》買掛金; 仕入先
trade currency 貿易通貨
trade cycle 《英》景気循環 (=business cycle)
trade debt 買入債務
trade deficit 貿易赤字 ► country with trade deficit 貿易赤字国 / downward [upward] revision in the trade deficit 貿易赤字の下方[上方]修正 / improvement of American trade deficit with Japan 米国の対日貿易赤字の改善 / The U.S. trade deficit is estimated to have narrowed to $16.1 billion in September from $16.8 billion in August. 米貿易赤字幅は8月の168億ドルから9月には161億ドルまで縮小したと見込まれる / The trade deficit with Japan widened in March. 3月に対日貿易赤字が拡大した
trade delegation 貿易ミッション [◘貿易の促進・拡大を期して他国を訪れる業界の使節団]
trade description 商品表示
Trade Descriptions Act 《英》商品表示法
traded goods 貿易財 [◘国際的に統合されている財市場で取引されている財]
trade discount 営業割引, 商業割引, 業者割引, 仲間割引 [◘製造業者から卸売業者, 小売業者に至る販売経路の各取引段階ごとに定められた, 小売定価からの割引率] ► give a trade discount 売上の割引しを適用する / take a trade discount 仕入の割戻しを受ける
trade dispute 労働争議; 貿易紛争
trade diversion 貿易転換
trade dollar 貿易ドル
traded option 上場オプション [◘オプション取引所(options exchange)で売買されるオプション]
trade-dress *n* 《米》トレードドレス [◘コカコーラのボトルのように, 見る人にその商品を連想させるような特徴的な形状を備えた包装, 容器, 色彩等を言う. 商標法で保護される]
trade edition 市販版, 普及版
trade exhibition 展示会, トレードショー [◘出展企業が会場で来場者と商談をする場]
trade fair 見本市
trade figures 貿易収支, 輸出入統計
trade finance 貿易金融
trade friction 貿易摩擦 ► aggravate trade friction 貿易摩擦を悪化させる / ease trade friction 貿易摩擦を緩和する / reduce trade frictions 貿易摩擦を減らす
trade gap 輸入超過, 貿易赤字
trade halt (市場での)売買停止, 取引停止 [◘

一日当たりの変動幅(値幅制限)に達したときや破綻が報じられたときなどに,その銘柄の売買を中止すること]

trade imbalance 貿易不均衡

trade-in n, a 《米》下取り商品[取引]; 下取りの
► give ... as a trade-in を下取りしてもらう

trade interests 貿易業界, 貿易権益
► threaten US security and trade interests 米国の安全保障と貿易権益に脅威を与える

trade-in value 下取価格 ► have an estimated trade-in value of $500 after five years 5年経った時点の推定下取価格は500ドルである

trade investment 営業関係投資, 関連会社投資 [⇨自社の営業活動の維持・拡大や企業間の関係保持のための投資]

trade issue 通商問題

trade journal 業界誌[紙]

trade liberalization 貿易自由化

trade magazine 業界誌, 業界専門誌

trademark /tréidmà:rk/ n トレードマーク; 【知財】商標 (TM) [⇨営業主体が自己の製品または役務を他から区別するために使用する標章] ► a registered trademark 登録商標 / a similar trademark 類似商標 / trademark infringement 商標権侵害 / trademark registration 商標登録 / assign a trademark 商標を譲渡する / infringe a person's trademark の商標を侵害する / license a trademark 商標使用権を他に許諾する / register a trademark for a pharmaceutical product 医薬品の商標を登録する / If you do not register a trademark, it is easier for competitors to use a brand name or logo similar to your own. 商標を登録しておかないと,競争相手は容易に御社の商品名やロゴに似たものを使いうることにもなる / We have licensed our trademark to a line of footwear. 当社は自社の商標を靴に付すライセンスを許諾している

trademark class 商標の分類 [⇨商標が使用される商品または役務(サービス)の区分]

trade mission =trade delegation

trade name 社名; 商号 [⇨商人や企業の正式な名称] ► confusingly similar trade name 類似商号 / infringement of a trade name 商号権の侵害 / temporary registration of a trade name 商号の仮登記 / register a trade name 商号を登記する

trade note payable 支払手形 [⇨買掛金決済のために振り出した手形]

trade note receivable 受取手形 [⇨商品の販売対価として受取る手形]

trade-off n (妥協のための)取引; 交換条件, 見返り ► make trade-offs 取引をする / If you make a trade-off, you get something in return. 交換取引をするなら,何か見返りがある ❷ トレードオフ, 兼ね合い [⇨複数の要素が関連を持ち,一つの要素を改善すると,他の要素が悪化するような状態] ► a trade-off between risk and expected return リスクと期待収益のトレードオフ

trade paper 業界紙, 業界新聞

trade press 業界情報誌[紙], 業界専門誌[紙] [⇨業界専門の雑誌・新聞の総称]

trade price 卸値, 業者間価格

trade promotion 貿易振興

trade protection 貿易保護

trade protectionism 保護貿易主義 [⇨輸入制限や輸出補助金などの政策によって自国の産業を国際競争から保護しようという考え方]

trader /tréidər/ n ❶ 商社, 業者 [⇨商品の売買に従事している会社]
❷ 《米》トレーダー [⇨顧客のためではなくて自己の勘定で商品や証券を売買する会社またはこの業務の担当者]

trade reference 信用照会

trade representative 営業担当員; 貿易代表部 [⇨二国間貿易の振興のため一方の国が相手国内に置く連絡機関]

Trader Joe's トレーダー・ジョーズ [⇨有機野菜, 世界の食べ物, ワインなどを手ごろな価格で売る店. 環境に優しい製品を売るとの定評がある]

trade route 通商路

trade sale(s) 業者間取引, 法人向け取引

trade sanctions 貿易制裁 ► lifting of the UN trade sanctions against Iraq 国連の対イラク貿易制裁の解除

trade school 職業学校

trade secret トレードシークレット, 企業秘密 ► law of trade secrets 企業秘密保護法 / owner of a trade secret 企業秘密の権利主体 / protection of trade secret 企業秘密の保護 / theft of a trade secret 企業秘密の窃取 / trade secret information 企業秘密情報 / trade secret misappropriation 企業秘密の不正利用 / trade secret rights 企業秘密にかかる権利 / constitute a trade secret 企業秘密を構成する / contain a trade secret 企業秘密を含む / misappropriate a trade secret 企業秘密を不正に利用する / protect a trade secret 企業秘密を保護する / use a trade secret 企業秘密を使う

trade show 見本市, 展示会, トレードショー

tradesman n 職人, (小売)商人 (✚複数形は tradesmen) ► a tradesmen's entrance 勝手口

tradespeople n pl 職人, 商人; 小売商

tradesperson n 職人; 商人; 小売商 (語法) 複数形は tradespeople, あるいは《フォーマル》で tradespersons を用いる)

trades union =trade union

Trades Union Congress 《英国》労働組合会議 (TUC)

trades unionism =trade unionism

trades unionist =trade unionist

trade surplus 貿易黒字 [⇨モノの輸出入の収支尻が輸出超過であること] ► country with trade surplus 貿易黒字国 / build up a trade surplus 貿易黒字を増やす / post [run] a trade

surplus 貿易黒字を計上する
tradeswoman (女性の)職人;(女性の)商人[小売商][✚複数形はtradeswomen]
trade terms 業者間割引

trade union /tréid júːnjən/ 《英》= labor union

trade unionism (労働)組合主義;(集合的)労働組合
trade unionist 労働組合員[主義者]
trade union law 労働組合法
trade war 貿易戦争
trade-weighted a (為替レートを)取引の国と内容によって加重算出した ► The trade-weighted value of the U.S. dollar is significantly below its peak level. ドルの実効レートはピーク時を大幅に下回っている
trade-weighted exchange rate 実効為替レート[⇨自国通貨と主要貿易相手国通貨とのレートを貿易額が全体に占めるウェイトに応じて加重平均したもの.特定の2通貨間のレートだけからは分からない対外競争力での実力を単一指標で示すのがねらい]
trade-weighted index 貿易加重指数[⇨ある国の通貨と貿易相手国通貨との為替レートを貿易ウェイトに応じて加重平均した上,基準時点を決めて指数化したもの]

trading /tréidiŋ/ a 商業[貿易,取引]に関する ► a trading volume 売買高,出来高 / a trading floor 立会場 / The two countries still have much potential as trading partners. 両国は貿易の相手国としてまだまだ大きな可能性をもっている

— n トレーディング[⇨証券や商品の売買取引] / insider trading インサイダー取引 / margin trading 信用取引 / day trading 日計り商い / The dollar tumbled below ¥90 **in trading yesterday**. ドルは昨日の取引で90円を割り込んだ / The Dow soared 15 percent in yesterday's trading. ダウ平均は昨日の取引で15%急騰した / **Trading has been heavy** on the New York Stock Exchange. ニューヨーク証券取引所での取引はこれまで極めて活発だった / Trading in shares of XXX and ZZZ was halted in the afternoon, after reports of a merger between the two companies. 両社の合併のニュースを受けて,XXX社株とZZZ社株の取引が停止された

trading area 商圏,営業地域(=trade area)
trading company [corporation] 商事会社,貿易会社,商社
trading desk トレーディング・デスク,市場部[⇨証券会社などの売買注文を執行する部門]
trading estate 《英》工業団地
trading firm =trading company
trading floor 立会場[⇨取引所で会員が集まって売買をする場所.コンピュータによるシステム売買の普及に伴い廃れつつある]
trading loss 《英》売上総損失[⇨売上高から売上原価を差し引いた粗利益が赤字であること.gross lossとも言う]
trading manager トレーディング責任者,市場部長[⇨証券会社などでの売買注文の執行責任者]
trading partner 貿易相手国
trading period 《英》事業年度,営業年度,計算期間
trading post 交易所;Eコマースサイト
trading profit 《英》売上総利益(=《米》operating profit)[⇨売上から売上原価を差し引いた粗利益が黒字であること.gross profitに同じ] ⇨ trading loss
trading securities 売買目的有価証券[⇨短期所有かつ売買目的で購入し,保有される証券]
trading session (取引所での)取引時間
trading stamp トレーディング・スタンプ,割引スタンプ[⇨販売促進のため購入額に応じてクーポンを交付し,後日集まったクーポンの数量に応じて商品等と交換できる仕組み]
Trading Standards 《英》取引基準監督制度[⇨知的財産を含め各種消費者保護法令が遵守されるよう図る制度] ► a Trading Standards officer 取引基準監督官
trading stock 在庫品
trading unit 取引単位
trading up トレーディング・アップ[⇨企業が顧客に提供する製品およびサービスの水準を引き上げること]

tradition /trədíʃən/ n ❶ 言い伝え,伝承;伝統,しきたり,慣習,因襲 ► We have a tradition of providing our customers with quality service. わが社には,顧客に良質のサービスを提供する伝統がある ❷【法律】(法の要求する方式による財産の)引渡し,移転

traditional /trədíʃənl/ a 従来の;伝統[因襲]的な ► Lifetime employment is a traditional practice that still exists in major Japanese companies. 生涯雇用は伝統的な慣行で,今でも日本の主要企業に存在している

◇**traditionally** ad 従来のように;伝統的に ► Even advertising revenues from the company's traditionally best-selling magazines declined sharply. 同社の伝統的にベストセラーの雑誌からの広告収入さえ急激に減少した

traditionary /trədíʃənèri/ a =traditional

traffic /træfik/ n ❶ 交通,往来;運輸;交通[運輸]量;不正取引(in);貿易(in);交渉(with);来店者数,(店の)客足,集客 ► There's heavy traffic on all major highways. 主な幹線道路は全部渋滞している / The store has a high traffic of customers during the Christmas season. クリスマスシーズン中はその店は客の出入りが多い ❷【広ぽっ】トラフィック[⇨データの流通量,または,特定のウェブサイトへの訪問者数] ❸【広告】(CM制作の)運行計画

— v (-ck-) 売買[貿易]をする(in);不正取引をする(in);(道)を通る

◇**trafficker** n (悪徳)商人,密売人

traffic accident 交通事故
traffic builder トラフィック・ビルダー [⇒陳列棚前の通行量を増やす販売促進策]
traffic circulation トラフィック・サーキュレーション [⇒屋外広告物前の通行量]
trafficking /trǽfikiŋ/ n トラフィッキング [⇒禁制品などの不正取引売買]
tragedy /trǽdʒədi/ n 悲劇; 悲劇的事件, 惨事 ► This financial **tragedy** could have been avoided if stricter banking regulations had been in place. もっと厳しい銀行規制が行われていれば, この金融悲劇は避けられただろう
trail /treil/ vt 追跡する《to》; 後ろを走る; 後に続く, 劣る, 遅れをとる ► The company has **trailed** its main rival in market share. その会社は主要なライバル会社に市場占有率で遅れをとっている
— vi 遅れて行く《along, behind》; 負けている《in》 ► Our sales are **trailing** the competition. 当社の売上はライバル企業に負けている
— n 小道; (足)跡; 余波, 名残; 手がかり ► while the **trail** is still hot 手がかりがあるうちに
blaze a [the] trail 草分け [先駆者] となる《of, in》
trailblazer n 草分け, 先駆者
trailblazing a 先駆的な
trailer /tréilər/ n (映画・テレビの) 予告編; トレーラー
trailer house 移動住宅, トレーラーハウス
trailer truck 貨物トレーラー
trailing earnings 実績利益 (⇔forward earnings) [⇒直近の年度の公表利益を使った一株当たりの利益額. 通常, 直近の四半期を起点とする過去4つの四半期データを加算して使う]
trailing p-e, trailing P/E trailing price-earnings ratio
trailing price-earnings multiple = trailing price-earnings ratio
trailing price-earnings ratio 実績株価収益率 (trailing P/E) [⇒現在の株価を直近の年度の公表利益を使った一株当たりの利益で割ったもの. 通常, 直近の四半期を起点とする過去4つの四半期のデータを加算して使う] ⇨ price-earnings ratio, forward price-earnings ratio
trailing spouse 付き従う配偶者 [⇒夫婦の一方が新たな仕事による転勤のため, 自分の仕事をあきらめる例を指す]
trailing twelve months 過去12か月の, 直近12か月の (TTM) [⇒直近の四半期末または年度末を起点とする過去12か月 (= 4つの四半期) を意味する. last twelve months (LTM) とも言う]

train /trein/ n 列車, 電車; 汽車; 地下鉄; 列, 行列, 群れ; (思考などの) 連続; 結果; 従者 [随員] の一団; 順序, 手順 ► A **train** (New York地下鉄A lineの) A列車 / a **train** of events 一連の出来事 / lose one's **train** of thought 考えの脈絡を失う / I take the **train** to work. 電車で通勤している
bring... in its train (事が)…をもたらす [ひき起こす]
in the train of のお供をして
in train 手はずが整って
— vt しつける, 訓練する, 教え込む《as, in, to do》; (火器・カメラ・眼鏡などを) 目標に向ける, 照準する《on, upon》 ► Our employees are broadly **trained** so that they can handle multiple tasks. 複数の仕事をこなせるよう, わが社の従業員は幅広い訓練を受けている
— vi 訓練する, 訓練を受ける; 練習する, 体を鍛える《for》; (略式) 列車で行く ► He decided to **train** as an accountant at evening classes. 彼は夜学で会計士の教育を受けることにした
◊**trainable** a
trainee /treiní:/ n 訓練を受ける人
traineeship n 研修プログラム, 研修生としての地位
trainee solicitor (英) 修習生 [⇒事務弁護士 (solicitor) の資格を取るために修習中の者]
trainer /tréinər/ n 訓練する人

training /tréiniŋ/ n 訓練, 研修, 養成; 調教; コンディション ► All new hires are given **training** in business ethics. すべての新規採用社員に対して企業倫理の研修を実施している / Last year, we sent 200 employees to the United States for **training**. 昨年, 当社は従業員200名を訓練のために米国に送り込んだ / New hires are required to participate in a five-day intensive **training**. 新規採用社員は, 5日間の集中訓練に参加することを要する / She has not received any **training** in this area. 彼女はこの分野の仕事につき何の研修も受けていない / This program **provides thorough training** in secretarial skills. このコースは, 秘書業務に必要なスキルを徹底的に訓練するものだ / We **provide training** to new hires and offer continuing education programs. 新規採用社員に対しては研修を実施した, また継続研修の用意もしてある / We **require training** and testing before someone is allowed to operate this machine. この機械を操作するためには, それに先立ち, 訓練とテストを受けることを義務づけている / We **offer language training** to companies. 当校は企業各社に語学研修を提供します
in training for 研修を受けて
training course 講習, 研修 ► in-house **training courses** 社内研修 / We sent all employees on a six-day quality **training course**. わが社はすべての社員に6日間の品質管理講習を受けさせた
training expense 研修費
training group = T-group
training manual 研修マニュアル, 手引書
training needs analysis 研修ニーズ分析 [⇒研修計画の策定に先立って, その企業で必要とされているスキルや知識が何かを確かめる作業]
training officer 研修担当者 ► Trainees will be evaluated on a daily basis by their training officer. 研修生は日々, 研修担当者によ

training products 研修パッケージ ► The company's training unit, sells its own training products. 同社の研修部門は独自に研修パッケージを商品化している

training program 研修プログラム ► It takes approximately eight weeks to complete the New Manager Training Program. 新任マネージャー研修プログラムを修了するためにはおよそ8週間かかる / Newly hired operators are required to undergo a training program on workplace safety. 新規採用のオペレーターは,労働安全のための研修プログラムを受講しなければならない

training seminar 研修セミナー ► We are planning a training seminar on compliance with regulatory requirements. 監督法令上の義務の遵守に向け研修セミナーを企画しているところだ

training school 職業学校[訓練所]

trainload n 一列車分の旅客[貨物]

trait /treit | trei/ n 特徴, 特色; 一筆 ► Overconfidence was a trait of bankers that led to the downfall of the banking system. 自信過剰は銀行システムの崩壊をもたらしたバンカー特有の習性だった [<中仏:引かれるもの]

tramp element トランプエレメント, 循環性元素 [⇨金属スクラップのリサイクルを行うとき, 金属の特性を悪化させる元素]

tranche /tra:nʃ/ n トランシュ [⇨証券化商品などでリスクや満期ごとに分けて組成される各部分を指す] [<仏]

tranchette n トランシェット [⇨英国国債の発行に際して同一回号の銘柄が追加発行された場合の追加発行分]

transact /trænsǽkt, trænz-/ vt 行う, 処理する ► transact business online ネットで取引をする
— vi 業務[取引, 交渉]を行う《with》
◇ **transactor** n

transaction /trænsǽkʃən, trænz-/ n
売買, 取引(案件), 取引の実行 ► a lease transaction リース案件 / a structured transaction 仕組み案件 / conduct transactions 取引を行う / enter into a transaction 取引に入る, 取引をする / engage in financial transactions with foreign banks 外国銀行との金融取引に携わる / I'm afraid we do not handle that type of transaction. あいにく,そのような取引は扱っておりません

transactional costs 取引コスト
transactional data 取引データ
transactional leadership 交換型リーダーシップ [⇨心理的充足感を説く変革型リーダーシップとの対比で, 昇給・昇格といった即物的対価を与える方が効果的リーダーシップに結びつくとするもの]

transaction card トランザクションカード [⇨金融機関のコンピュータを通じての資金取引に使用するカード]

transaction cost ❶ 取引費用, 取引コスト [⇨一般的に, 取引・交渉などに要する費用] ❷ 〖金融〗取引費用 [⇨市場に流動性を与え取引を円滑化するために必要とされる費用で, 外国為替取引においてディーラーが要求する売値・買値のスプレッドもその一種と考えられる] ❸ 〖不動産〗取引費用 (=closing cost) [⇨仲介手数料, 物件調査費用, 不動産鑑定評価費用, 弁護士費用など]

transaction cycle 取引循環 (=operating cycle) [⇨商品の仕入, 売上, 売上債権の回収のような営業取引活動の循環]

transaction date 取引日

transaction processing トランザクション処理 [⇨コンピュータ上, 何件かまとめてから処理するのではなく, 1件ごとに処理する方式] ► on-line transaction processing オンライントランザクション処理 [⇨ATMやスーパーのレジ(POS)のような端末からホストのデーターベースにアクセスしてトランザクション(たとえば引出しと預金残高の減少というひとまとまりの作業)を処理できる仕組み]

transactions demand for money 貨幣の取引需要 [⇨財やサービスを購入するために手元に貨幣を持っていたいという需要]

transaction tax 取引税

transceiver /trænsíːvər/ n トランシーバー

transcontinental a 大陸横断の; 大陸の向こう側の

transcribe /trænskráib/ vt ❶ 書き写す, 文字で表す《into》; 転写する; 放送用に録音する ► The secretary transcribed the teleconference call. 秘書は電話会議の内容を文字に起こした ❷ 〖会計〗書き換える, 書き写す [⇨証憑書類から仕訳帳への記帳, 仕訳帳から元帳への転記をすること]

transcript /trænskript/ n ❶ 写し, 謄本; (講演などの)筆記録;《米》成績証明書 ❷ (速記等から起こした)訴訟記録;(その)謄本

transcription /trænskrípʃən/ n 転写, 筆写; 録音, 録画 ► Here's a transcription of today's court proceeding. こちらが今日の公判を筆記したものだ

transfer v /trænsfə́ːr/ (-rr-)
❶ 移す; 送金する;(業務などを)移管する; 移記する; 転記する; 異動[出向]する, 転任する ► I'd like to transfer $1,000 to my checking account. 当座預金口座に1,000ドル移したいのですが / Many Japanese men live apart from their wives and children when they are transferred. 多くの日本の男性は転勤になると妻子から離れて暮らす / I will be transferred to the Tokyo head office. 東京本社に異動になるだろう / Many large companies have transferred manufacturing jobs to developing countries. 多くの大企業は製造の仕事を発展途上諸国に移転させている

❷ (財産・権利を)移転させる, 譲渡する ► transfer property to one's son 息子に財産を譲る / transfer a title to land 土地の権利を譲渡する

— n /-/ ❶ 移動, 移転; 転勤(者);《米》乗換え;【コンピュータ】(ファイルの)転送 ► a transfer passenger 乗換え客 / technology transfer 技術移転 / receive a lateral transfer (人事異動で)横すべりの異動になる / Most Japanese employees find it very difficult to refuse a transfer. 大部分の日本人従業員は転勤を断ることができない / Money transfers from overseas workers account for about 8.6% of the country's GDP. 海外労働者からの送金は同国のGDPの約8.6%を占める / The country introduced tax incentives to attract foreign investment and technology transfer. その国は外国人投資と技術移転を誘致するために税優遇措置を導入した

❷【法律】(1) 移転, 譲渡, 引渡し ► the transfer of ownership 所有権移転 (2) 移送 ► the transfer of a case 事件の移送

❸ (1)(勘定間の)振替, 転送 ► mail transfer 郵便振替 / electronic fund transfer 電子資金振替 / Please send your payment by bank transfer. 送金は銀行振替でお願いします (2)(株式・債券などの)名義書換え

transferable a 移転できる
transferable skill 応用可能なスキル [⇒証券分析で身につける金融計算のスキルは不動産投資でも通じる. このような職場を越えて応用可能なスキルを言う]
transfer agent 名義書換代理人
transfer book 株主名簿
transfer cost 振替原価 [⇒企業内部の独立部門間での原材料や半製品などを振り替えるときの原価]
transfer deed 譲渡証書
transferee /trænsfərí:/ n ❶(財産・権利などの)譲受人 ❷手形譲受人
transference /trænsfə́:rəns, trænsfər-/ n 移動;譲渡, 委譲
transfer fee 送金手数料;(株式の)名義書換手数料;譲渡手数料
transfer income 移転所得 [⇒年金や雇用保険のように租税を原資とする政府からの無償の給付]
transfer of development rights《米》開発権移転 (TDR)
transferor /trænsfə́:rər/ n (財産・権利などの)譲渡人
transfer payment 移転支出 [⇒社会保障給付や外国援助の贈与などの無償の支払い]
transfer price 移転価格, 内部振替価格 [⇒事業部制のような独立採算制をとる企業で, 他の部門への販売あるいは他部門からの仕入に使用される価格]
transfer pricing 【会計】移転価格の決定 [⇒特殊な関係にある会社間で価格を操作し, 利益圧縮による節税をしようという動きを封じるため, 税務当局は独立した市場において適用される価格をもって移転価格と見なし, 課税する]
transfer register =transfer book
transfer risk (外貨建て取引の)決済リスク

transfer tax 譲渡税, 財産移転税 [⇒有価証券あるいは有形固定資産の譲渡に関連する税金]
transfer value《英》(転職に伴う)年金の個人移管金額
transfix /trænsfíks/ vt 突き通す《with》;立ちすくませる《with》 ► Wall Street was transfixed by the collapse of the investment bank. 米の金融業界はその投資銀行の崩壊を見て立ちすくんだ

transform /trænsfɔ́:rm/ vt 変形[変容, 変質, 変態]させる《from, into》 ► The city is taking measures to transform itself into a role model for fighting global warming. その市は地球温暖化との闘いのお手本に変身するための施策を実施しつつある / The beach area was transformed into a luxury resort. その海浜地域は最高級リゾートへと変身した / We need to transform the way we do business around here. 当社で行われている商売のやり方を変える必要がある / The company has transformed itself into a world-class automaker. その会社は世界的な自動車メーカーへと変貌を遂げた

transformation /trænsfərméiʃən/ n 変形, 変質《into》;変貌;転換 ► the structural transformation of agriculture 農業の構造転換 / The company underwent great transformation under new management. その会社は新しい経営陣のもとで偉大な変身を成し遂げた
transformational a =transformative
transformational leadership 変革的リーダーシップ [⇒昇給等の即物的対価より, 企業理念の実現に向けて動く心理的充足感や士気といったものの方が効果的リーダーシップには重要だと説く]
transformative a 変革をもたらす ► transformative potential 変革の可能性
transgenic /trænsdʒénik/ a 遺伝子を組み換えた
tranship /trænʃíp/ vt =transship
transhipment n =transshipment
transient /trǽnʃənt | -ziənt/ a 一時的な, はかない;滞在の短い
— n 短期滞在客;渡り労働者
◇**transience** n
◇**transiently** ad
transient worker 移動労働者 [⇒仕事を求めて各地を渡り歩く労働者. 一般に未熟練労働者で占められる]
transit /trǽnsit, -zit/ n 通過, 通行;運送, 輸送(機関);《米》公共交通, 公共旅客輸送機関 (=public transit);推移 📄 SELLER shall not be liable for any damage or deterioration in quality or loss in weight during transit or due to natural causes. 「売主」は, 輸送中もしくは自然現象に起因する損害または品質の劣化または重量の減損について責任を負わないものとする
in transit 移動[輸送]中
— vt 通過[横断]する
transit advertising 交通広告 [⇒公共交

通機関の車内の広告, 車体を広告媒体として使った広告, 交通ターミナル(駅や空港)の広告を含む]
▶ We use a lot of transit advertising. 当社は交通にずいぶんと活用している

transit insurance 運送保険

transition /trænzíʃən/ n 移行 (*from, to*); 過渡期 ▶ The country has made a rapid transition from a market-driven economy. その国は市場主導の経済への急速な移行を成し遂げた
in transition 過渡期にある
— vi 移行する, 推移する(*into*)

transition economy 移行経済 [➡1980年代末から始まった社会主義国家の崩壊によって計画経済から市場経済への移行過程にある, 中東欧・旧ソ連邦各国の経済]

transitory /trǽnsətɔːri/ a 一時的な ▶ transitory income 一時所得 [➡継続的でない所得を言う] / transitory price movements 一時的な価格変化

transit passenger トランジット客 [➡国際航空路線相互の乗継ぎ客]

translate /trænsléit/ vt ❶ 訳す, 翻訳する (*into*); 変える; (ある結果に) 至らせる (*into*); 解釈する (*as*); 移す (*to*) ▶ translate ideas into action 考えを行動に移す ❷ (外貨を) 換算する
— vi (ある結果に) なる; (ある結果を) もたらす (*into*); 到来する ▶ Negative economic growth translates into negative cash flows. 経済成長がマイナスということは, キャッシュフローがマイナスということになる / The company's buying power translates into reduced cost for goods. その会社の購買力は商品原価の削減につながる

translation /trænsléiʃən/ n ❶ 翻訳(文, 物); 転換 (*into*) ❷ 為替換算 ▶ translation of foreign currency 外貨の換算 [➡外国通貨の自国通貨への換算]

translation gains or losses 為替差損益 [➡為替相場の変動に基づく外国通貨の自国通貨への換算時に生じる損益]

translator n 翻訳家, 訳者, 通訳

transmission /trænsmíʃən/ n 伝達, 伝送; 送信, 放送, 放映 ▶ data transmission データ送信 / money transmission 送金 / This fax transmission consists of ten pages. このファクス通信(メッセージ)は10ページから成っています / I'm afraid the fax transmission did not go through. 残念ながらファクス通信がうまくいかなかった / I keep getting error reports telling me that the transmission failed. 通信がうまくいかなかったというエラーレポートをさっきから何度も受け取っている

transmit /trænsmít/ vt (**-tt-**) 送る; 移す; 送信する, 放送する; 伝える ▶ Once an item is scanned at checkout, the information is transmitted automatically to the store's warehouse. いったん品物がレジでスキャンされると, その情報が自動的に店舗の倉庫へ送られる

transnational a, n 国境[民族]を越えた(人, 企業) ▶ transnational companies 多国籍企業

transparency /trænspéərənsi, -péər-/ n 透明(度); 透明性, オープン度; スライド ▶ The lack of transparency is a problem that still lingers. 透明性の欠如はいまだになくならない問題だ / To increase its management transparency, the company plans to bring on more directors from outside organizations. 同社は, 経営の透明性を高めるために, さらに多くの取締役を外部の組織から招聘することを計画している / We have been preaching to other countries about financial transparency. わが国は金融の透明性について他の諸国に押しつけがましく説教してきた

transparent /trænspéərənt/ a 透き通る, 透明な; 率直な, 疑うべくもない; (うそなど) 見え透いた; (文体など) 平明な ▶ The US has a transparent capital market. 米国は透明性の高い資本市場を持っている

transport vt /trænspɔ́ːrt/ 運ぶ, 輸送する
— n /-́-/ 輸送(機関, 船, 列車, 機) ▶ air transport 航空輸送 / public transport 公共輸送 / rail transport 鉄道輸送 / road transport 道路輸送

◇**transportable** a

◇**transporter** n 運送業者; 大型トラック ▶ a car transporter 自動車運搬車 / the world's second largest container transporter 世界2位のコンテナ輸送業者

transportation /trænspərtéiʃən/ n 輸送; (米) 輸送機関, 足の便, 「車」; 運送, 運送料

====輸送====
air transportation 航空輸送 / freight transportation 貨物運送 / marine transportation 海上輸送 / passenger transportation 旅客輸送 / public transportation 公共輸送機関, 公共交通 / rail transportation 鉄道輸送 / road transportation 道路輸送 / surface transportation 陸上輸送

transship vt (**-pp-**) 積み替える, 移す
◇**transshipment** n 積替え 🔲 Transshipment of the Products shall not be permitted. 当該製品の積替えは認められないものとする

trap¹ /trǽp/ n わな, 落とし穴 (❖比喩的にも); 【ゴルフ】トラップ, 割り込み
fall into the trap わなに陥る
shut one's trap / keep one's trap shut 黙る
— v (**-pp-**) わなを仕掛ける (❖比喩的にも); 追い込む (*into*); 閉じ込める (*in*) ▶ Over 50 million people in Asia are trapped in absolute poverty. アジアでは5千万を超える人たちが絶対的貧困に閉じ込められている / He felt trapped in his job. 彼は自分の仕事からどうしても抜け出せないと感じた

trap² n (**~s**) (略式) 携帯品, 手荷物

trash /trǽʃ/ n つまらないもの, 無駄話, 駄作; (米) くず, ごみ; 【ゴルフ】ごみ箱 ▶ He shredded the old documents and threw them in the trash. 彼は古い書類をシュレッダーにかけてゴミ箱

に捨てた
One man's trash is another man's treasure. 人の好み[考え]は人それぞれ
— *vt* 捨てる, 廃棄する; 手当たり次第に壊す

travel /trǽvəl/ (《英》-ll-) *vi* 旅行する(*to, across, around*); 通う; (光・音などが) 伝わる, 進む; 移る (*over*); (販売員として) 売って回る; (食べ物が) 輸送に耐える (*well*) ▶ travel to work 通勤する / He often travels abroad on business. あの人は仕事でよく海外へ出張する / Members have traveled from all over the country to attend the meeting in London. ロンドンでの会議に出席するために会員が国じゅうからやって来た
— *vt* 旅行する; 通る ▶ He travels this district for a soft drink firm. 彼は清涼飲料水のセールスにこの地区を回る / The project has traveled a rough road. その計画は多難な道をたどってきた
Have ..., will travel. …があれば活躍できる
travel light 身軽に旅行する; 面倒を避ける
— *n* 旅行; (~s) (外国) 旅行, 旅行記
◇**traveled**, 《英》**travelled** *a* 旅慣れた; 旅行者によく利用される

travel accident insurance [policy] = travel insurance

travel agency [bureau] 旅行案内所[代理店]

travel agent 旅行案内[代理]業者

traveler, 《英》**traveller** /trǽvələr/ *n* 旅行者; 巡回販売員 ▶ The decrease in the number of air travelers will hurt airlines' profits. 航空旅客の数の減少はエアライン業界の利益に悪影響を与えるだろう

traveler(')s check, 《英》**traveller's cheque** トラベラーズ・チェック, 旅行者用小切手 (TC) (✚米国では traveler's check, travelers check, travelers' check と綴られる. 英国では traveler は traveller と綴られる. また, check の代わりに cheque が使われることが多い)

travel expenses 旅費, 交通費

traveling, 《英》**travelling** /trǽvəlɪŋ/ *a* 旅行(用)の; 巡業する, 各地を回る
— *n* 旅行 ▶ My work involves a lot of traveling. 私の仕事では旅行をたくさんしなければなりません

traveling expense 旅費; 交通費 ▶ reimburse the employee for traveling expenses 従業員に出張旅費を払い戻す

traveling salesman 巡回販売員, 外交員

travel insurance 旅行傷害保険 (= travel accident insurance [policy]) ▶ Travel insurance does not cover pre-existing medical conditions. 旅行保険による保障は, 既往症には及ばない

tray /treɪ/ *n* 盆, 盛り皿, トレー; (書類用の) 整理箱

treadmill *n* 退屈な仕事; (トレーニング用) ランニングマシン ▶ Many people want to get away from the treadmill. 多くの人が退屈な仕事から逃げ出したがっている

treasurer /tréʒərər/ *n* ❶ 会計[出納]係; 収入役 ❷ トレジャラー [➪ 団体, 企業での財務担当役員]

Treasury /tréʒəri/ *n* ❶ (the ~) 《米》財務省, 《英》大蔵省
❷ (-ies) 財務省債券 [➪ 米国の国債の総称. 財務省債券は財務省短期証券 (Treasury bill), 財務省中期証券 (Treasury note), 財務省長期証券 (Treasury bond) の3種類であったが, 1997年に財務省インフレ連動長期証券 (Treasury Inflation Protected Security) が導入された. いずれも連邦政府の信用に裏付けられ, リスクのない投資対象とされる. 税制上の優遇がある] ▶ flight to Treasuries 財務省債券への逃避 (⇨ flight to quality)

Treasury bill 《また T- B-》《米》財務省短期証券 (T-bill, TB) [➪ 満期が1年以内の国債. 割引価格で購入し満期に額面で償還を受ける. 短期金融市場の最大構成要素で, 連邦準備制度の公開市場操作の対象となる]

Treasury bond 《また T- B-》《米》財務省長期証券 (T-bond) [➪ 満期が10年から30年までの確定利付き国債. 額面で購入し, 半年ごとに利子が支払われる]

Treasury fund 国債ファンド [➪ 財務省証券 (Treasuries) で運用するミューチュアルファンド] ⇨ mutual fund

Treasury Inflation-Protected Securities 財務省インフレ連動証券, TIPS 債 (TIPS) [➪ 1997年に導入された新しいタイプの確定利付き国債. 満期は5年から20年. 額面で購入し, 半年ごとに利子が支払われる. 元本は消費者物価指数に連動する]

Treasury lord 《英》大蔵委員会委員

treasury management 財務管理, 資金管理

Treasury note 《また T- N-》《米》財務省中期証券 (T-note, TN) [➪ 満期が2年から10年までの確定利付き国債. 額面で購入し, 半年ごとに利子が支払われる]

Treasury Secretary 《米》財務長官

Treasury securities 財務省債券 (Treasuries) ⇨ Treasury ②

treasury stock 自己株式, 金庫株, 自社株 (TS) [➪ 発行会社が発行済株式を流通市場で買い入れ, 保有するもの. 発行済株式 (issued stock) のうち, 社外に存するものを outstanding stock と呼ぶ] ▶ hold the reacquired shares as treasury stock 再取得した株式を自己株式として保有する

treat /triːt/ *v* 扱う, 遇する (*as, like*); みなす, 思う (*as*); 治療する; もてなす, おごる (*to*); 論じる (*of*); 交渉する, 折衝する (*with*) ▶ treat a person like dirt ひどい扱いをする / We treat our customers with respect. 当社では尊敬の念を込めてお客様に接しています / While donations are heavily taxed, corporate monetary sponsorship of the arts is treated as an expense. 寄付金は高率で課税されるが, 芸術に対する企業の金銭的支援は経費として処理される
treat oneself to 奮発して…を楽しむ [➪ 自分用に買う]

— *n* もてなし、おごり、おごる番；楽しみを与えるもの[人] ► This is my treat. これは私のおごりだ
stand treat (略式)おごる(*for*)

treatment *n* 取扱い(方)、待遇；治療(法) ► receive treatment for の治療を受ける / under treatment 治療中

treatment and processing facility 中間処理施設 [➡ 最終処分場に埋め立て後も環境に悪影響を与えないように、収集した可燃ごみを燃やし、不燃ごみを破砕・選別などをするための処理施設、清掃工場設備]

treaty /tríːti/ *n* 条約 [➡ 国家間、または国家と国際機関との間で結ばれる、国際上の権利・義務に関する成文化された法的合意] ► conclude [make] a treaty with と条約を結ぶ / tear up the treaty with との条約を破棄する / draw up [draft] a treaty 条約を作成する / The two countries signed a treaty of friendship and commerce. 両国は友好通商条約に調印した

treble /trébl/ *a, n* 3倍[重]の(もの)
— *v* 3倍[重]にする[なる] ► Sales trebled to $1 billion. 売上は3倍増の10億ドルになった
◇**trebly** *ad*

treble damages 三倍賠償 [➡ 実損害額の3倍の額の損害賠償金。悪質な犯罪者を処罰するために、反トラスト法や RICO 法など特定の制定法で認められている]

tree /triː/ *n* 木、樹木；家系図、系統図 ► Think of how many trees we'll save when our office goes paperless. われわれのオフィスがペーパーレスになったらどれだけの木が救われるか考えてみなさい
grow on trees いくらでも手に入る
the top of the tree 最高の地位；第一人者
up a (gum) tree (略式)困難な[苦しい、不利な]立場で
— *vt* 木に追い上げる；窮地に陥れる

tremendous /triméndəs/ *a* 恐ろしい；とても大きな、ものすごい；(略式)素晴らしい、すてきな ► have a tremendous time すてきな時を過ごす / This job entails a tremendous amount of stress. この仕事には大変なストレスがつきものだ
◇**tremendously** *ad* とても大きく、ものすごく ► The market has grown tremendously in the last few years. ここ数年で、市場はものすごく大きくなっている

trend /trend/ *n* ❶ 傾向《*toward*》；方向、向き；流行、ファッション ► Do you think this trend will continue? この傾向は続くと思いますか / Based on our analysis of consumer trends, we think our product will sell well. 消費者動向分析に基づいて、わが社の製品はよく売れるだろうと考えている / The ability to spot market trends allows a company to make products consumers want. 市場の趨勢を見抜く能力は、消費者の欲しがる製品を会社が作ることを可能にする
❷ [統計] 趨勢、トレンド、傾向変動 [➡ 時系列の長期間にわたる基本的な変動方向] ► The number of corporate bankruptcies is on an upward trend. 企業倒産件数が増加傾向にある
set a [the] trend 流行を創り出す
— *vi* 向く、傾向をとる《*to, toward*》 ► The cost of living has trended upward. 生計費は上昇しつつある / Stock prices have trended higher, indicating that confidence in the market is making a comeback. 株価の趨勢は上方を向いてきたが、このことは市場に対する信任が戻りつつあることを示している

trend analysis [統計] 趨勢分析 [➡ 数期間の変化の傾向を分析する方法] ► perform a trend analysis to assess future needs 将来のニーズを見極めるために趨勢分析を実施する

trend line 傾向線、トレンドライン [➡ 株式などの相場商品の値動きの流れをつかむためチャート上に引く線]

trend report 趨勢報告書 [➡ 数期間の変化の傾向を示した報告書]

trend reversal トレンドの反転 [➡ 上昇の流れが変わって下落し、下落の流れが変わって反発することを言う]

trepidation /trèpədéiʃən/ *n* 戦慄(りつ)、恐怖、動揺 ► Retailers are entering the holiday season with trepidation. 小売業界は恐怖におののきながらホリデーシーズンに入りつつある

trespass /tréspəs/ *vi* 不法侵害[侵入]する、許可なく立ち入る《*on*》 ► trespass on private property 私有地に許可なく立ち入る / Get out of here. You're trespassing. ここから出ていけ。不法侵入だぞ
No Trespassing 立入禁止 (✜ 立て札などの表示)
trespass on a person's privacy (人の)プライバシーを侵害する
— *n* [法律] (他人の土地・財産・身体などに対する)侵害；(不法)侵害訴訟、トレスパス

trespasser *n* 不法侵入者；[法律] 侵害者、侵入者

trial /tráiəl/ *n* ❶ 試すこと、試験；テスト ► an acceptance trial 検収試験 [➡ 発注時の仕様を満たしているかを確かめる製品テスト] / a clinical trial 臨床試験 / a field trial 実地テスト / give a person [a thing] a trial 人[もの]を使ってみる
❷ 公判、裁判 ► commit a case for trial 事件を公判に付する / stand (one's) trial on a charge of fraud 詐欺の容疑で裁判を受ける / bring a person to trial 人を裁判にかける / I testified **at the trial**. 私は公判で証言した / My former boss **stands trial** for forgery. 昔の上司が文書偽造で裁判にかけられている / Can we get a fair trial at the local court? 現地の裁判所で公正な裁判を受けられるだろうか
make trial of をテストする
on trial 試験中で、試験の結果(で)；裁判にかけられて《*for*》 ► He is set to go on trial for securities fraud next Tuesday. 彼は来週火曜日に証券詐欺の容疑で裁判にかけられることになっている / Didn't you know that he's on trial for embezzlement? 彼が横領で裁判にかけられてい

るのをご存じじゃなかったのですか
settle ... at trial を裁判で解決する
— *v* 試す ▶ They trial new drugs repeatedly. 彼らは新薬を繰り返し試験する
— *a* 試験的な

trial balance 試算表 (T/B) [⇨総勘定元帳の記帳の正否を検証するために，各勘定の借方と貸方の合計あるいは残高を集計した一覧表] ▶ prepare a trial balance to check for posting errors 転記の誤りをチェックするために試算表を作成する

trial court 事実審[第一審]裁判所
trial offer 試供品, お試し品, お試しサービス
trial run 試運転, 試乗; 試行, 実験
tribunal /traibjúːnl/ *n* 裁判所; 審判機関 [⇨通常の司法裁判所をも指すが, 労働裁判所などの特別裁判所を指すことが多い]

trick /trik/ *n* 策略, ごまかし; 悪ふざけ, 悪さ; こつ, 秘訣; 癖 (*of doing*); (仕事の)一交代勤務量 [時間] ▶ a dirty trick きたないやり方 / work in four tricks 4交代で働く / do one's daily trick 毎日の割当仕事をする / return from a long trick in Paris パリでの長い任期を終えて帰る

can teach [show] a person a trick or two 《略式》(人より)経験豊かである
do [turn] the trick 《略式》目的を達する
every trick in the book あらゆる方策
have a trick up one's sleeve 奥の手を持っている
miss a trick 《否定文で》《略式》どんな小さなチャンスも逃さない
the tricks of the trade 商売のこつ
— *a* (質問が)ひねった
— *vt* だます, だまして…させる《*into doing*》

trickle /tríkl/ *v* 滴り落ちる[落とす]《*down*》; 少しずつ漏れる《*out*》; 少しずつ移動する《*in, out*》 ▶ Subscriptions trickled into the office. 申し込みがぽつぽつ事務所へ届いた
— *n* 極端に少ない量, 微々たる量 ▶ The global financial crisis has slowed lending to a trickle. 世界金融危機により融資が極端に細っている

trickle-down *a, n* トリクルダウン(の) [⇨大企業や富裕層を税制上優遇すれば設備投資の拡大, 生産性の上昇, そして雇用の拡大につながり, 最終的には中流層以下も潤うとする考え方] ▶ the trickle-down theory トリクルダウン理論

trickster /trǽkstər/ *n* 詐欺師, ぺてん師
tricky /tríki/ *a* 狡猾な, 人を欺く; 慎重を要する, 扱いにくい, 手の込んだ ▶ Dealing with compliance issues can be tricky. 法令遵守の問題の扱いは慎重を要する

Trident 《商標》トライデント [⇨米国のシュガーレスのチューインガム]

tried /traid/ *v* try の過去・過去分詞
— *a* 試験済みの; 頼りになる ▶ a tried and tested remedy 試験済みの安心な治療法

tried-and-true *a* 立証済みの ▶ Aspirin is a tried-and-true medicine for relieving pain. アスピリンは実証済みの鎮痛薬だ

trifle /tráifl/ *n* つまらないもの; ささいなこと; 少量; はした金; 《a ~》(副詞的)少し ▶ a trifle tired 少し疲れた / I want you to accept this trifle. この粗品をお受けください
— *vi* もてあそぶ, いじくる《*with*》; いい加減な扱いをする, ばかにする《*with*》
— *vt* 無駄にする《*away*》

trigger /trígər/ *n* きっかけ, 誘因《*for*》
be quick on the trigger 素早い; 抜け目ない
— *vt* (引き金を)引く; 誘発する《*off*》 ▶ the U.S.-triggered financial crisis 米国が引き金となった金融危機 / Subprime loans triggered the global financial meltdown. サブプライムローンは世界的な金融崩壊の引き金を引いた

trigger point 引き金, 端緒 ▶ The Arab-Israeli War of 1973 was the trigger point for the first oil shock. 1973年のアラブ・イスラエル戦争は第一次石油ショックの引き金となった

trigger price トリガー価格, 輸入最低基準価格 [⇨ダンピングによる大量流入を防止するために定めた価格]

trillion /tríljən/ *n* (~s, 《数詞の後で》~)《米》1兆 [⇨10の12乗] ▶ The company's sales fell more than ¥2 trillion in value in just one year. 同社の売上高はたった1年間で2兆円以上も落ち込んだ
— *a* trillionの

trim /trim/ (-mm-) *vt* 削減する, 切り詰める《*off, away*》 ▶ They planned to trim the staff. 職員の数を減らす計画を立てた / The company trimmed its sales forecast to $60 billion from $65 billion. その会社は売上高の予測を650億ドルから600億ドルに削減した / The government trimmed its outlook for GDP growth, due to the slowing economy. 景気の減速で, 政府はGDPの成長率の見通しを引き下げた
trim the fat ぜい肉を落とす ▶ We need to trim the fat. 当社はぜい肉を落とさなければならない

trimmed mean 【統計】調整平均 [⇨順序統計量に基づく平均]

trip /trip/ *n* 旅行, 出張, 移動 ▶ When will you be back from your business trip? いつ出張からお戻りになりますか

triple /trípl/ *a* 3倍[重]の, 3部から成る
— *n* 3倍の数[量]
— *v* 3倍[重]にする[なる] ▶ Declining demand and a strong yen forced the company to triple its operating loss estimate for this fiscal year. 需要の減少と円高の結果, 同社は今事業年度の営業損失の予測を3倍にせざるをえなかった / The company's operating profits nearly tripled in the second quarter, compared to the same period last year. 同社の営業利益は第2四半期に前年同期に比べて約3倍になった

triple A ❶ American Automobile Association (AAA) ❷ トリプルA [⇨格付会社が付与する格付のうち最高位のもの. 信用(貸倒れ)リスクがほとんどないことを意味する]

triple play トリプルプレイ [⇒単一事業者がインターネット, 電話, テレビの3種のサービスを一つの回線で統合して提供すること]

triple-play a トリプルプレイの

triple witching day 《米》トリプル・ウィッチング・デー [⇒オプションや先物の期日が集中する日(3月, 6月, 9月, 12月の各第3金曜日)で, 相場が乱高下しやすい]

triple witching hour 《米》トリプル・ウィッチング・アワー [⇒オプション取引, 先物取引の決済期限が同時にくる日の大引け前の時間] ⇨triple witching day

triplicate vt /tríplǝkèit/ 3倍[重]にする; 3通作成する
— a, n /-likǝt/ 三つ組[3通書類](の一つ); 三つ組(の) ► in triplicate 3通に

TRIPS Agreement on Trade-Related Aspects of Intellectual Property Rights 知的所有権の貿易関連の側面に関する協定 [⇒世界貿易機関の加盟国が定めるべき知的財産権保護の最低基準を定める]

Triumph 《商標》トライアンフ,（日本向け）トリンプ [⇒ドイツに本拠を置く女性用下着メーカー. また, そのブランド]

trivia /tríviǝ/ n pl ささいなこと, 小事; 雑学(知識)

trivial /tríviǝl/ a ささいな, 取るに足らない, つまらない; ありふれた, 平凡な ► We receive trivial complaints daily from our customers. 毎日顧客からのとるに足らないクレームはあります
◇**triviality** /-ǽlǝti/ n
◇**trivially** ad

Trivial Pursuit 《商標》トリビアル・パスート [⇒盤上ゲームの一種. 雑学的知識を試す質問に答えながら駒を動かして上がりを競う. 1985年に米国で大流行した]

TRO temporary restraining order

Trojan 《商標》トロージャン [⇒米国のコンドームのブランド. 米国のバーなどではトイレ内に自動販売機があり, 生理用タンポンとコンドームが売られていることも多い]

Trojan horse トロイの木馬 [⇒内部から崩壊をもたらす人[もの]]; 【鉱ュ-タ】トロイの木馬 [⇒コンピュータに障害を与えるよう仕組まれたプログラム]

troll v 《略式》❶ (底引き網漁船のように) インターネットの世界を流す ❷ 飛込み営業をする
— n (北欧神話のトロルという巨人やこびとのように) インターネットに潜んでいる厄介者

troop /tru:p/ n (移動中の) 団, 一群; 大勢; 党員, 運動員
— vi ぞろぞろ集まる[群がる] (up, together); ぞろぞろ行く[来る] (along, past, in, out, to); ぞろぞろと去る (off, away)
— vt 編成する

trophy wife トロフィーワイフ [⇒人に見せびらかす「自慢の女房」という意味で, もとは成功した年配の実業家が2度目, 3度目の妻として迎える, 若くて教養もある美人を指した]

Tropicana 《商標》トロピカーナ [⇒米国のフルーツジュースのブランド]

trouble /trʌ́bl/ vt 悩ます; 困らせる, わざわざ…させる (to do); かき乱す
— vi 骨を折る; 心配する (over, about, with)

be troubled about [with, by] で困っている
► The company has been troubled by falling sales. 売上の減少で, その会社はずっと苦境に立たされている

don't trouble to do わざわざ…するには及びません ► Don't trouble to come to work tomorrow if you are still sick. 明日になっても具合が悪かったら, 無理して出社しなくていいよ

(I'm) sorry to trouble you, but すみませんが ► I'm sorry to trouble you, but could you resend the information? お手数をおかけして恐縮ですが, その情報をもう一度お送りいただけますか
— n 困難, 難儀, 苦労; 内紛, 紛争, 騒ぎ; 心配(事), 悩み; 手数, 面倒; 厄介者 (to); 欠点; 病気, 故障 ► It's no trouble (at all). 問題ありません / The trouble with graduates is that they have no work experience. 大学新卒業者の難点は仕事の経験がないことだ / The company is in financial trouble. その会社は財務上の困難に見舞われている / We apologize for any trouble this might have caused. ご迷惑をおかけしたことをお詫び申し上げます

get a person into trouble (人を) ごたごたに巻き込む

get a person out of trouble (人が) 困っているのを助ける

get into [in] trouble 悶着を起こす; 困ったことになる ► Banks got into trouble as a result of their reckless lending. 銀行各社は無謀な貸付の結果として苦境に陥った / The company got into trouble for not complying with safety regulations. 安全法規を守らなかったことで, その会社は苦境に陥った

have trouble (in) doing …するのに骨が折れる

have trouble with で困っている, が故障している ► The company has trouble with cash flow. その会社はキャッシュフローに問題がある / I'm having trouble with my email. メールの具合がどうもおかしい

in trouble 困って; ごたごたを起こして (with)
► Automakers are in trouble due to sagging demand around the world. 自動車メーカーは世界中の需要の低迷のために苦境にある / The huge pile of bad debts landed the bank in trouble. 不良債権の巨額の累積は, その銀行を窮地に陥れた / The government will extend lending to banks in trouble. 政府は苦境にある銀行に貸付を実施するだろう

more trouble than it is worth くたびれもうけで

run into trouble 困難に陥る

take the trouble to do 労をいとわず…する ► He took the trouble to learn all the names of his employees. 彼は労を惜しまず全従業員の名前を覚えた

take trouble 手間をかける

(The) trouble with ... is (that) …の困った点は

troubled /trʌ́bld/ a 当惑した, 心配そうな; 荒

れた; 騒然とした ► The troubled bank asked the government for additional capital injection. 苦境に陥ったその銀行は, 資本の追加注入を政府に要請した / The financially troubled company has in effect put itself up for sale. 経営危機のその会社は事実上会社自体を売りに出している

fish in troubled waters どさくさ紛れにうまいことをする

pour oil on troubled waters 騒ぎを鎮める

Troubled Asset Relief Program 不良資産救済プログラム (TARP) [⇨2008年の金融危機にあたって, 米国政府が金融機関から不良資産を買い取って金融セクターを強化することを目的としたプログラム. 最大7,000億ドルの不良資産の買取り権限が議会により財務省に与えられたが, 買取り価格の設定で難航し, 後に大手銀行への資本注入に転用され, さらに自動車産業への緊急融資にも使用された]

troubled insurer 《米》経営難の保険会社[保険者] (=impaired insurer, stressed insurer)

troublemaker n 問題を起こす人

troubleshoot v 問題解決をする, 調停する

troubleshooter n トラブルシューター [⇨企業内の難問を解決する人] ► We'll call a troubleshooter fast. 私たちはすぐ調停の専門家を呼びます

troubleshooting n 問題解決

troublesome a 面倒な; いらいらさせる

trough /trɔːf/ n 底, 大底 (⇔peak) [⇨景気の動きや売上の推移を示すグラフにおいて, 天井(ピーク)に対する谷底の部分] ► The stock market is now coming out of its trough. 株式市場は今どん底から脱出しつつある

— v 底入れする ► There is no sign of troughing. 底入れしてはいる

trounce /traʊns/ vt 《略式》(試合で)やっつける, 大差で破る ► Returns on mutual funds in emerging markets have trounced those of developed markets. 新興国に特化したミューチュアルファンドの収益率は先進国に特化した場合の収益率を圧倒した

TRP television rating points

truant /trúːənt/ n, a 仕事を怠ける(人)

— vi 仕事を怠ける

◇**truancy** n

truce /truːs/ n ❶ 中止;(苦痛などの)一時的軽減 ► The two parties in the lawsuit came to a truce. 裁判で両者は休止状態となった ❷ 〖政治〗停戦 [⇨当事者間の合意により, 一時的に戦闘行為を中止すること]

truck¹ /trʌk/ n 《米》貨物自動車, トラック (✚《英》では主にlorryだがtruckも使用); トロッコ; 手押し荷物運搬車; 《英》貨車 ► Sales of pickup trucks are down. ピックアップトラックの売上は落ちている

— vt truckで[で運ぶ]

keep on trucking 《略式》がんばる

◇**truckage** n 運送(料)

truck² n 物々交換; 《米》市場向け野菜; 雑品, がらくた; 取引, 交際; 現物支給

have no truck with と関係したくない; と取引しない

— v 物々交換する, 取引する

truck farm 《米》市場向け菜園 (=truck garden, 《英》market garden)

trucking n 《米》トラック運送(業)

truckload n トラック一杯

truck system 現物支給[給与]制

true /truː/ a 真実の, 本当の; 本物の, 正真正銘の; 正確な, 寸分違わない; 誠実[忠実]な, 信頼できる ► Your aim is true. / It's true that the brand is well-known for its quality. そのブランドが品質で有名であることは本当だ / Many investors view the S & P 500 as the true indicator of the stock market's overall performance. 多くの投資家はS&P500を株式市場全体の動きを反映する真の指標と見ている / Rumors of the company's financial problems turned out to be true. その会社の財務問題の噂は本当であることが分かった

be true of [for] について当てはまる[本当である]

come true 実現する ► His dream has come true. 彼の夢は実現した / If we can make profits in this business of solar power generation, it will be a dream come true. われわれがこの太陽光発電の事業で利益を上げることができれば, まさに夢を実現したことになる

hold true 有効である, 当てはまる

it (just) isn't true 信じられないくらいだ

(as) true as steel 非常に忠実な

(it is) true (that) …, but 確かに…だが

true or false 真偽判定; 真偽にかかわらず

true to life 本物そっくりの

true to nature 真に迫った

true to one's word [promise] 約束通りに

true to type [form] 典型的な, 例によって

— n (the ~)真実であること; 正確な状態

out of true 不正確である, きちんと合っていない

— ad 真実に; 正確に

— vt 正しく調整する (up)

true and correct view 《英》真実かつ正確な概観

true and fair view 《英》真実かつ公正な概観 [⇨財務諸表が経営成績および財政状態につき真実かつ公正な概観を示しているという意味. 決算書が適正であることを指す. 2005年, 国際会計基準との整合性を確保するため fair presentation(適正な表示)という言い方に改められた] ► Auditors check a company's accounts to see if they give a true and fair view. 監査人は会社が真実かつ公正な概観を提供しているかどうかについて, その会社の会計を点検する

true interest cost 実質金利コスト (TIC) [⇨借入れの実質的な金利負担を計算するにあたり, 調達された資金の時間価値を織り込む方式で算出した最終的な支払利息. カナダ方式による金利コストとも言う]

true lease 真正リース [⇨リース資産の所有に伴うリスクと報酬が貸主に留保されているリース契

truly /trúːli/ *ad* 本当に; 忠実[誠実]に; 正確に; 実は[のところ] ► We truly appreciate your patronage. ご支援いただき,本当にありがとうございます
really (and) truly 《略式》心底から本当に
Yours truly 敬具

trump /trʌmp/ *n* 切り札; 奥の手; 《略式》頼もしい人
play a trump 切り札を出す
turn [come] up trumps 《英略式》予想以上に成功する,ついている; ことのほか助けになる
— *v* 切り札で切る; (切り札・奥の手を)出す; (競争相手の製品・サービスを上回るものを出して)打ち負かす

trump card 切り札; 奥の手
play one's trump card 奥の手を出す

trunk /trʌŋk/ *n* 幹; 胴体; (物の)本体,主要部; 大型旅行かばん,トランク; (自動車の)トランク (=《米》boot); (鉄道・道路の)幹線
— *a* 主要な,幹線の

trust

trust /trʌst/ *n* ❶ 信託 [○自己の財産を他人に渡して,自己または第三者のためにその財産の管理や処分を委託すること] ► a charitable trust 公益信託 / a testamentary trust 遺言信託 / a living trust 生前信託 (=inter vivos trust) / an investment trust (英国の)会社型投資信託 / create [set up] a trust 信託を設定する / manage a trust 信託を運営する

❷ 企業合同,トラスト [○商品またはサービスの生産,供給を独占的または半独占的に支配する大規模な生産会社,商事会社,または企業集団]

❸ 信頼,信用《*in*》► In sales, it's important to build trust with your customers. 販売の仕事では,顧客との信頼関係を築くことが大切だ
be held in trust for のため信託されている
have [place, put] trust in 信頼[信任,信用]する,を信じる ► Consumers generally have trust in brand name products. 一般的に言って,消費者はブランド商品に信頼感を持っている
in trust 委託して; 信託にして
on trust 掛けで; 頭から信用して ► sell [buy] merchandise on trust 商品を掛け売りする[掛けで買う]
— *a* 信託の
— *vi* 信頼する,信じる《*in*》; 当て[頼み]にする《*to*》; 期待する《*for*》; 掛け売りする
— *vt* 信頼[信用]する《*to do*》; 頼りにする; 固く信じる,きっと…だと思う《*that*》; 任せる; 信じて委託する; 掛け売り[信用貸し]する ► She trusted him entirely with the management of her money. 彼女はお金の管理をもっぱら彼に任せた / I trust that you have a contingency plan in case things fall through. うまく行かないときのための非常事態対応策をお持ちだと思いますが
trust a person with (人に)…を預ける[任せる]
◇**trustable** *a* 信頼[信用]できる

trust account 信託勘定,信託財産
trust bank 信託銀行
trustbuster *n* 《米略式》独禁法当局 [○米国の司法省反トラスト局や英国の競争委員会を指す]
trust-busting *n* 《米略式》独禁法違反の取締まり
trust certificate 信託受益証券,トラスト証券
trust company 信託会社
trust deed 信託証書 [○信託財産の所有権を信託者から譲渡することを示した書類]
trustee /trʌstíː/ *n* (信託の)受託者 (⇔trustor) ► a bankruptcy trustee 破産管財人
trustee bank 受託銀行
trustee for sale 《英》不動産売却目的の信託 (trust for sale)の受託者
trustee in bankruptcy 破産管財人 [○破産者の財産の原状維持および管財行為を行う人]
trusteeship *n* 信託業務
trust estate 信託財産 [○信託に供された財産]
trust for sale 《英》不動産売却目的の信託 [○適当な時期に不動産を処分し,その売却代金上受益権を設定することを求める信託。不動産相続人による使用・収益・処分を著しく制限する法律の適用を免れるために利用される制度で,実際には不動産は処分されない]
trustful /trʌ́stfəl/ *a* 信用[信頼]する
◇**trustfully** *ad*
◇**trustfulness** *n*
trust fund 信託基金,信託財産 [○受託者が自己および第三者のために保有している資産]
trust indenture 信託証書 [○信託契約締結に際し,信託契約書の代わりに委託者への交付が認められている書類]
trusting *a* =trustful ► We believe that companies that build a trusting relationship with customers will gain a long-term competitive advantage. 顧客との信頼関係を築く会社は,長期的に競争上の優位に立てると当社は考えている
trust instrument =trust deed
trust inter vivos =living trust
trustor /trʌ́stər/ *n* (財産の)委託者,信託設定者 (⇔trustee)
trust receipt 輸入担保貨物保管証,貨物保管預り証 [○輸入手形決済に先立って輸入業者が荷物を引き取りたい場合に,引取りに必要な船積み書類を銀行から借り受けるに際して差し入れる一種の念書]
trustworthy *a* 信頼[信用]できる
◇**trustworthiness** *n*
truth /truːθ/ *n* (~**s** /-ðz/) 真相,事実; 真理; 正直,誠実 ► The truth is that US automakers' performance pales compared to their Japanese competitors'. 実は,米国の自動車メーカーの業績は日本の競争相手と比べると見劣りします / Do you think the people involved should tell the complete truth when negotiating? 交渉の際に当事者は完全な真実を語るべきだと思いますか
in (all) truth 実のところ,実際

Nothing could be further from the truth. それはまったくの見当違いだ
to tell (you) the truth / truth be told / truth to tell 実を言えば
truthful /trúːθfəl/ *a* 正直な; 真実の, 事実に基づいた
◇**truthfully** *ad*
◇**truthfulness** *n*
truth-in-advertising *a* 真正な広告内容の ▶ truth-in-advertising legislation 真正広告規定
truth-in-lending *a* 公正貸付の ▶ truth-in-lending legislation 貸付条件表示規定
Truth in Lending Act (米国)貸付真実法 [〇 署名後3営業日のクーリングオフや実質金利の開示などを義務づける消費者保護法]
TRW *n* (~, Inc.) TRW [〇 米国の情報通信機器メーカー. 航空宇宙, 防衛, 情報システムおよび自動車部品などを扱う. 設立1916年. 防衛関連部門はNorthrop, Grummanに買収され, 自動車部門(TRW Automobile)は投資会社Blackstoneが買収]
try /trai/ *vt* ❶ やってみる, 試みる (*to do*); 努力する, 試験する; 試す; 試練に遭わせる; 悩ます ▶ The government is trying to encourage foreign investment. 政府は外国人投資を促進しようとしている / Let's try to get 10% off the proposed price. 提示された価格から10%の値引きをさせてみよう ❷ [法律] (正式)審理する, 裁判を行う; 弁論する ▶ The new judge will try this case. 新しい判事がこの事件を審理します
— *vi* 試みる; 努力する
try and do (略式)…しようとする (=try to do)
try as I might いくらやってみても
try for (物, 地位などを)得ようとしている
try it on with a person (英略式)(人を)だまそうとする, 悪いことを試しにやってみる
try on (悪いことを人に)試してみる (*with*)
try out 試用する (*on*); 試験[競争]に加わる (*for*) ▶ You can try out the product before buying it. ご購入前に製品をお試しになることができます
— *n* 試み
give ... a try を試しにやって[使って]みる
have [take] a try at [for, to do] をやってみる
make a desperate try to do …しようと必死に試みる
◇**trying** *a* 苦しい; 忍耐しきりの
tryout *n* (米略式)適性試験, 試み ▶ give a person a tryout on the job 試験的にその仕事を(人に)やらせてみる
TS treasury stock 自己株式, 金庫株
TSE Tokyo Stock Exchange 東京証券取引所
Tsingtao Brewery (~ Co., Ltd.) チンタオ(青島)ビール [〇 中国のビール最大手. 米国 Anheuser-Busch と資本提携するほか, アサヒビールとも合弁を営む. 1903年ドイツ人により設立され, 現在600を超える醸造所を中国国内に持つ]
T-shirt *n* ティーシャツ (=tee shirt)
TSMC Taiwan Semiconductor Manufacturing Co., Ltd. 台湾積体電路製造股份有限公司 [〇 台湾の世界的な半導体受託生産会社. 1987年設立で, 台湾政府も出資する. Freescale, Broadcomなど一流の半導体会社が委託生産を行う]
TSM Test ⇨ Teaching-Suggestion-Motivation Test
TSR total shareholder return
TTD taxable temporary differences
T3 *n* [ティースリー] T3回線 [〇 45 Mbpsのデータを送る高速電話回線] ⇨T1
TTM time to market
TTS text-to-speech
tube /tjuːb/ *n* 管, 筒; チューブ; 地下鉄のトンネル; (英略式)(Londonの)地下鉄; (米略式)テレビ ▶ by tube on the tube (英)地下鉄で / Many people in London take the tube to work. ロンドンに住む多くの人々は地下鉄で職場に行く
go down the tube(s) (米略式)駄目[無効]になる, 見捨てられる
[< ラ *tubus*]
TUC Trades Union Congress
Tucks (商標)タックス [〇 pHバランスを良くして痔(じ)などの痛みを和らげる米国のパッド]
tug /tʌɡ/ *v* 強く引っ張る; 引きずる
— *n* 引くこと; 引き綱; タグボート (=tugboat)
tug of war 綱引き (*between*); (互角の)勢力争い ▶ The tug-of-war over water rights between city dwellers and rural farmers is getting more intense. 都市の住民と田舎の農民の水利権をめぐる主導権争いはますます熾烈になっている
tuition /tjuːíʃən/ *n* (小グループでの)研修[指導, 訓練], トレーニング; 授業料 (=tuition fee) ▶ undergo tuition トレーニングを受ける
tumble /tʌmbl/ *vi* (株価が)暴落する, 急落する ▶ The stock market tumbled as worries about inflation intensified. インフレへの懸念が強まったので, 株式市場は急落した / Toyota saw domestic production tumble by 14.7 percent to 320,446 units. トヨタは国内生産が14.7パーセント低下して32万446台に急落するのを経験した / U.S.stocks tumbled on recession fears. 米国の株式は景気後退の不安によって急落した
— *n* 下落; 急落 ▶ The tumble in retail sales forced many stores to close. 小売業の売上高の落込みは多くの店舗を閉鎖に追い込んだ
have [take] a tumble 転ぶ; 転落する; 暴落する
Tumi (商標)トゥミ [〇 米国ニュージャージー州に本社のある鞄, スーツケースなどのブランド]
Tums (商標)タムズ [〇 米国の胃薬. なめて服用する]
tumult /tjúːmʌlt/ *n* 騒動, 大騒ぎ; 動乱; 興奮, (感情の)激発 (*of*) ▶ The political tumult triggered a flight of foreign investment. 政治的混乱が一連の海外投資を引き起こした
in tumult 大騒ぎをして; 大混乱で
tumultuous /tjuːmʌltʃuəs/ *a* 騒然とした; 非常に高ぶった; 荒れ狂う, 動乱の ▶ The strike turned into a tumultuous upheaval. ストライ

キは騒々しい大混乱になった
◇**tumultuously** *ad*
◇**tumultuousness** *n*

tune /tjuːn/ *n* 曲, 歌曲; 和合, 調和 ▶ You can simply download tunes online to your music player. インターネットから音楽プレーヤーに曲をダウンロードするだけです

call the tune 方針を決定する, 指図する

change one's tune 言葉遣い[意見, 態度]を変える

dance to a person's tune (人の)思いのままに振る舞う

in [out of] tune 調子が合って[狂って]; 調和して[仲たがいして]

sing another [a different] tune = change one's tune

to the tune of 《略式》という(高)額で[の]; 大枚…も

— *v* 旋律する, 調整する(*up*); 調和させる[する]

stay tuned 成り行きを見守る

tune in に通じる(*to, on*)

tune out 注意を払わない

tunnel /tʌnl/ *n, v* (《英》**-ll-**) トンネル[地下道, 穴](を掘る) ▶ Many people who are out of work see little light at the end of the tunnel. 失業している多くの人たちは将来に明るい兆しがほとんど見えない

tunnel one's way トンネルを掘って進む(*into, through, under*)

tunnel vision 極端な視野の狭さ, 偏狭

TUPE 《英》 Transfer of Undertakings (Protection of Employment) Regulations 1981 事業譲渡に伴う雇用者の保護に関する規則

Tupperware 《商標》タッパーウェア[◆米国のプラスチック容器のブランド. 家庭でタッパーウェアパーティーを開き, 蓋付きの容器を販売してきたのが特徴]

TurboTax 《商標》ターボタックス[◆個人所得税申告用のコンピュータソフト. 米国で電子申告(E-Filing)が普及したのはこの市販ソフトによるところが大きい]

turbulence /tɜːrbjuləns/ *n* 大荒れ ▶ Banks have taken a heavy beating from the turbulence in the credit market. 銀行各社は信用市場の混乱から深刻な打撃を受けた / The company's profits were affected by the turbulence on the financial market. その会社の利益は, 金融市場の混乱の影響を受けた

turf /tɜːrf/ *n* (**~s**, 《英》**turves**) 芝生, 芝地; 泥炭; 《米俗式》縄張り; 《米俗式》専門領域 ▶ The company launched an aggressive marketing campaign to protect its turf. その会社は自社の勢力範囲を守るために積極的なマーケティング攻勢を展開した

on a person's turf 人の縄張りで

— *vt* 芝生を植える; 《英俗式》追い出す, 処分する(*out*)

◇**turfy** *a*

turkey /tɜːrki/ *n* 《米俗式》七面鳥; (映画の)失敗作, だめな人[物]

talk turkey 《米俗式》率直に話す

turmoil /tɜːrmɔil/ *n* 騒動, 混乱 ▶ The current market turmoil is a good opportunity to buy undervalued companies. 過小評価されている企業を買うには現在の市場の混乱は絶好の機会だ / The financial turmoil has largely affected the housing market. 金融の混乱が住宅市場に大きく影響している

in (a) turmoil 混乱して

throw ... into turmoil を混乱させる

turn /tɜːrn/ *vt* ❶ 回す; ひっくり返す; (ページを)めくる; (角を)曲がる; 向きを変える, 向ける; (注意を)傾ける(*to*); 変化させる(*from, into, to*); (利益を)出す ❷ 【経済】(1) (商品を)売買する, 回転させる ▶ turn over many kinds of goods 多くの品物を売買する (2) (ある額の)売買をする, 取引[売上]がある; (資本・資金を)運用する, 運転する

— *vi* 変わる(*from, into, to*); になる

it turned out that 結局は…であることが分かった

not know where [which way] to turn どうしていいか分からない

turn around 回転する[させる], 振り向く[向かせる]; 意見を変える[変えさせる]; (経営状態・経済など) 好転する[させる]; 積荷・乗客を降ろして再出航の準備をする ▶ The company has been working to turn its business around, but has hit several stumbling blocks. その会社は事業を立て直すべく努力してきたが, いくつかの障害にぶつかった / With its heavy losses, prospects of turning the business around seem dismal. 巨額の損失が出ているので, 事業を立て直せる見込みは暗そうだ

turn aside それる, そらす; 外れる; 人に場所を譲る

turn away 目をそらす(*from*); はねつける, 解雇する, 拒否する

turn back 元に戻る; 引き返す[させる]

turn down 伏せて置く; (提案などを)退ける, (人を)断る ▶ I turned the job down because the commute would have been too long. 通勤時間が長すぎるので, その職を断った

turn in 立ち寄る; 達成する; 提出する; 返す ▶ He turned in his resignation yesterday. 彼は昨日辞表を提出した

turn ... inside out 裏表反対にする; 徹底的に探す

turn ... into に変える, に訳す ▶ We need to turn our technological know-how into a competitive advantage. 技術的ノウハウを競争上の優位性に変える必要がある

turn into に変える ▶ Months turned into years. 年月がただ流れていた

turn off うんざりする[させる]; そらす; 解雇する ▶ He was turned off the job. 彼はクビになった

turn on (人に)食ってかかる, 襲いかかる; …次第で決まる

turn out 生産する; 追い出す, 解雇する; 《通例受身で》装う; 裏返す (=turn ... inside out); 結局…になる[と分かる]; 出席する, 集まる ▶ as it [things] turned out 結局のところ / Technology turned out to the best performing sector on the stock market this week. ハイテク部門は今週の株式市場でもっとも成績のよい部門となった / The acquisitions made by the company turned out to be unprofitable. その会社が実行した買収案件は, どれも利益が出ていないことが分かった

turn over 始動する[させる]; 熟考する; 譲渡する《to》; 委任する《to》; の額の商売をする; (資金を)運用する ► turn a thing over in one's mind あることをよく考える / He turns over about $10,000 every month. 毎月約10,000ドルの商売をする / If payment is not received by June 30, your account will be turned over to a collection agency. 6月30日までにお支払いを受領しなかった場合は, あなたの口座は取立代行業者に引き渡されます / He turned over the reins of the company to his son. 彼は会社の経営権を息子に譲った

turn round =turn around ► She is an expert in turning round companies. 彼女は会社立て直しの専門家だ

turn to の方に曲がる[向かう]; に変わる; に援助[忠告]を求める《for》; 調べる; (仕事に)本気で取りかかる ► As I'm new to the company, I hope I can turn to you for help. 入社したばかりですので, お力添えをいただきたくお願いいたします / South Korea turned more and more to light industries at that time. 韓国は当時ますます軽工業に切り換えていた

turn up 上に曲がる[曲げる]; 上向きになる; 突然起こる[現れる], (物が)出てくる; 掘り起こす, 発見する ► Retail sales began to turn up in the second quarter. 小売業界の売上高は第2四半期に好転し始めた / He did not turn up for his appointment. 彼は約束した面会に現れなかった / Too many customers turned up and everything sold out. あまりに多くの客がやって来て, すべて売切れになった

turn up one's nose at 《略式》を軽視する

— *n* ❶ 回転; 方向転換; 順番; 転換(点), 転換局面 ► at the turn of the century 世紀の初頭に / a [the] turn of events 事態[状況]の変化 / It's your turn. 君の番だ / a turn in the economy 景気の転換局面

❷ 利ザヤ[◇買値と売値の差] ► make a quick turn 素早く利ザヤを取る

at every turn 至る所に; いつも
by turns 交替に, 順に
give a person a real turn (人に)大きな衝撃を与える
have a turn for の才能がある
in one's turn 自分の番になって
in turn 交替で; 今度は, さらに, 逆に
on the turn 《英》(状況などが)変わり始めて
serve one's turn 要求を満たす
take a turn at をひとしきりやる
take a turn for the better [worse] よい[悪い]ほうへ向かう ► The company's domestic sales are taking a turn for the better. その会社の国内売上高は良い方向に向かっている
take a turn to へ曲がる
take turns (at [in]) doing [to do] / take it in turn(s) to do を交替でする
talk [speak] out of turn 軽率な口をきく
turn and turn about 代わる代わる

turnaround *n* 方向転換; (業界や企業の)業績回復, 黒字への転換; 企業 [会社] 再建, 経営の立直し, 事業再生 ► complete a turnaround 再建を果たす / drive a turnaround 経営再建を進める / predict a turnaround in the semiconductor industry 半導体産業の業績回復を予想する / No one expected the company to make such **a quick turnaround** in sales. 同社の売上高がそんなに早く立ち直りを見せるとは, 誰一人として予想しなかった / The new management team successfully engineered **a turnaround of the company**. 新経営陣はその会社の再建に成功した / The company expects to **post a profit in a turnaround** from last year's loss. 会社は, 昨年の損失から一転して, 利益の計上を予想している / There may **be a turnaround** and the company may recover. 再建ができて会社は生き返る可能性もある

turnaround artist 会社再建のプロ, 会社再建の名人 ► The banks that provided the bailout package brought in a turnaround artist to get the company back on track. 救済策をまとめた銀行団は, 会社を軌道に戻すため企業再建の専門家を導入した

turnaround specialist 会社再建の専門家
turndown *n* (経済などの)下降; 拒絶, 却下
turned /tə́ːrnd/ *a* 逆さまの; 旋盤で仕上げた; 転向[転身]した ► Charles Sims is a US science journalist-turned-consultant. チャールズ・シムズはもと米国の科学ジャーナリストでコンサルタントに転身した人である
turning /tə́ːrniŋ/ *n* 回転; 曲がり角, 分岐点
turning point 転換期, 変わり目; 転機; 分岐点 ► He reached a turning point in his career when he joined the ranks of upper management. 上層部の人間となった時, 彼のキャリアにはひとつの転換点が訪れた

turnkey *n* 《古》看守
— *a* 完成品受渡し方式の

turnkey contract ターンキー契約[◇引渡後すぐに操業できる状態でプラント等を完成させる契約. 企画から設計, 調達, 施工, さらに最後の保証運転まで含まれるので, package deal contractとも言う]

turnkey solution (ドアのかぎをひねるだけのような)簡単な問題解決方法

turnout *n* 人出, 出席(者数), 投票(者)数; 生産高[量, 額]; 召集; 出勤; 身じたく; 《英》ストライキ(参加者) ► There was a large turnout of paper this month. 今月は紙の生産量が多かった / Turnout at the annual stockholders' meeting was lower than expected. 年次株主総会の出席数は予想よりも少なかった

turnover /tɜ́ːrnòuvər/ *n, a* ❶ 回転, 転覆, 転倒;（企業の）労働移動（率）;折り返された ► a high [low] turnover 速い[遅い]人の回転率;悪い[良い]従業員の定着率

❷《英》売上高 (=《米》net sales); 出来高, 売買高 ► monthly turnover 月間売上高 / spot market turnover 現物市場取引高 / increase turnover 売上を伸ばす / The company has an annual turnover of 50 million dollars. その会社は5000万ドルの年間売上高を持つ / We're confident we can double our turnover in three years. 当社は売上高を3年間で2倍にできると確信している

❸（資産や商品の）回転率 ► assets turnover 総資産回転率 / receivables turnover 売上債権回転率 / capital turnover 資本回転率 / raw material turnover 材料回転率 / inventory turnover 棚卸資産回転率 / merchandise turnover 商品回転率

turnover of assets 資産回転率 (=asset turnover)［〇資産の運用効率の良否を示すもので, 売上高を資産で除して求める］

turnover of capital 資本回転率 (=capital turnover)［〇資本の運用効率の良否を示すもので, 売上高を資本で除して求める］

turnover of inventories 棚卸資産回転率 (=inventory turnover)［〇棚卸資産平均在高が1年間に何回転したかを示すもので, 売上高を棚卸資産平均在高で除して求める］

turnover rate 回転率［〇資本の運用効率, 債権の回収率, 債券の返済率などを示す］ ► turnover rate of capital 資本回転率

turnover ratio ❶ 売買回転率［〇ある期間につき, 売買高を上場株式数で除して求める指標で, 市場の活況度が示される］ ❷ ポートフォリオ回転率［〇ある期間につき売買した株式の金額を, ポートフォリオの組入銘柄の時価総額平均で除して求める指標. 組入銘柄の売買頻度が示される. 回転率が低いほど長期運用型で, 売買手数料も抑えられるなど運用コストがかかっていないと言える］

turnover tax 取引高税, 取引高税［〇小売価格に一定割合を乗じて計算する税金］

turnround *n* 折返し点;＝turnaround

turnround management 事業再生, 企業再建 (=《米》turnaround management)

TV television (set) ► Advertising on TV can reach a wider audience of consumers. テレビの広告では視聴者である消費者にもっと広範囲に影響を与えることができる

Twentieth Century Fox Film (~ Corp.) 20世紀フォックス映画［〇米国の映画製作・配給会社. Fox Film社とTwentieth Century Pictures社が1935年に合併して設立. 現在はFox Filmed Entertainment Group, Inc. の一部. News Corpの子会社. 最高の配給実績を誇る作品の一つであるTitanic, Star Warsを作る］

twentysomething *n*《略式》20代の人

twice /twais/ *ad* 2回, 2度; 2倍に ► The central bank has cut its interest rate twice this year. 中央銀行は今年は2回金利を引き下げた / I've gone over the figures twice and everything looks in order. 数字を2回検算したが, 間違いはないようだ

twin /twin/ *n* 双子（の片方）; よく似た人[物]の片方

— *a* 双子の; 対をなす ► twin problems 同時に起きた問題 / The country has been faced with the twin pillars of budget and trade deficit. その国は予算と貿易赤字という二つの重大問題に直面している

— *vt* (**-nn-**) 対にする;《英》（都市などを）姉妹関係にする《*with*》

— *vi* 双子を産む

twin deficit hypothesis 双子の赤字論［〇減税などによる財政赤字は貯蓄率の低下を招き, それが外国からの借入増による経常赤字に結びつくと説くもの］

Twinkie《商標》トウィンキー［〇米国の箱入り個別包装小型ケーキ. 1930年に製造開始. カウボーイ姿のTwinkie the Kidが宣伝している］

Twin Towers《the ~》（米国の世界貿易センターにあった）ツインタワー［〇2001年9月11日の同時多発テロによって崩壊した］

twist /twist/ *v* ❶ よる, よれる; 曲解する, 歪めて曲する; 曲がりくねらせる[くねる]; 縫うように進む ► The road twists and turns. 道は曲がりくねっている ❷《米略式》（生命保険契約の）乗換え契約を勧誘する

twist a person around one's little finger《略式》（人を）意のままに操る

twist a person's arm《略式》無理強いをする

— *n* ひねり, よじること; 曲がり; 偏り; 歪曲, こじつけ; 意外な急変;《米》考案, 別の方式 ► The CEO's departure is the latest twist of events rocking the company. CEOの辞任は同社を揺るがす一連の出来事の最新の意外な展開だ

twists and turns / every twist and turn 有為転変, 紆余曲折; あの手この手 ► The company has ridden out many twists and turns in the market. その会社はマーケットにおけるさまざまな紆余曲折を切り抜けた

◊ **twisty** *a* 曲がりくねった;（筋が）予想外の

twisting *n*（保険の）契約乗換え (=《米》piggybacking)

two /tuː/ *a* 2の; 2人[個]の

— *n* 2; 2人[個]; 2時, 2歳

by [in] twos and threes 三々五々

in two twos たちまち

put two and two together《略式》結論を引き出す, 推論する

That makes two of us.《略式》そのことは私も同じ意見だ

two a penny ありふれた

Two can play at that game. その手で来ればこちらにも手がある, このままでは済まさぬぞ

two for one 一つの値段で二つ買えます, 二つ買うと一つはただ

two-bit *a*《米略式》25セントの; 安っぽい

► Sam worked for a two-bit importer. サムはちっぽけな輸入商社に勤めていた
two bits 《米略式》25セント
two-in-one a 2種[台]を一体にした
twopence /tápəns/ n 《英》2ペンス(銀貨); 《古風》《否定語とともに用いて》少し, わずか
not care [give] twopence 《英略式》少しもかまわない
twopenny /tápəni/ a 《英》2ペンスの; 安っぽい
— n 《英》2ペンス貨
twopenny-halfpenny /-héipni/ a 《英》2ペンス半の; つまらない
two-speed Europe 2つのスピードの欧州 [❖EUの全加盟国が同じスケジュールで統合を進めるのでなく, 独仏などの中核諸国が先に統合を進め, 他の諸国は条件が整ってから統合に加わる方式]
two-tier a 2重の; 2層の
two-tier stock structure 2層の株式構造 [❖普通株と特別株の2種類の株式が存在し, 普通株の過半数を獲得しただけでは会社を支配できない構造. 米国には創業者ファミリーが特別株を所有する新聞社がある. たとえばNew York Timesの株式にはClass A StockとClass B Stockがある. 特別株であるクラスB株の所有者は同社の価値の1%以下しか保有しないが, 取締役会のメンバー13名のうち9名を選出する権利を持つ]
two-way a 両面[二方向]交通の; 送受信両用の; 相互的な; 《話し合》双方向の ► The conclusion of a treaty is a two-way process. 条約の締結は双方の同意を必要とする
Tyco International (~ Ltd.)タイコ・インターナショナル [❖米国の多角企業グループ. 防火システム, エレクトロニクス, 医療器具, プラスチック製品, 工業用粘着テープなどの事業を展開する. 1960年設立]
tycoon /taikú:n/ n 《略式》(実業界・政界の)巨頭, 大立て者, 大物 ► Mr. Trump is a property tycoon. トランプ氏は不動産王だ [<日:大君]
Tylenol 《商標》タイラノール [❖米国の非アスピリン系鎮痛剤. 子供用の風邪薬, 痛み止めに使用されることも多い]
type /taip/ n 型, 類型, 様式, タイプ; 《略式》…タイプの人 (*of*); 典型, 模範, 見本 (*of*); しるし, 記号, 象徴; 活字, 印字, 字体 ► bold type ボールド体, 太字 / italic type イタリック体, 斜体 / large [small] type 大[小]文字 / What's your type? 君の好きなタイプの人は / What type of job are you looking for? どのような仕事をお探しですか
true to type 典型的な, お決まりの
— v タイプライター[ワープロ, パソコン]で打つ (*up, out, in*); 典型となる, 象徴する; 分類[類別]する
typeface n (活字)書体 ⇨font
typescript n タイプ原稿[文書]
typeset v 組版にする, 組版に落とす
typesetter n 組版オペレーター
typesetting n 組版(作業)
typewriter n タイプライター; =typist
typical /típikəl/ a 典型的な, 代表的な; 特色をよく示す (*of*); 象徴的な (*of*) ► a typical investor 典型的な投資家 / a typical tenant 典型的なテナント
Typical! 《略式》(悪いことが)よくあることだ!
◇**typically** ad 典型的に; 例によって; よくあることだが; 概して ► Large organizations are typically more bureaucratic. 大きな組織は概して官僚的な色彩が強い / Typically, it takes two to three years to develop a new drug. 通例, 新薬を開発するには2年から3年かかる
typist /táipist/ n タイピスト, タイプを打つ人 ► a good [bad] typist タイプが上手[下手]な人
typo /táipou/ n 《略式》誤植, ミスプリ, タイプミス
typography /taipágrəfi/ n ❶ 活版印刷(術); 印刷の体裁 ❷《広告》活字造形
◇**typographer** n 活版植字[印刷]工
◇**typographic, typographical** a 印刷上の ► a typographic(al) error 誤植
◇**typographically** ad
tyrekicker n 《略式》=tirekicker
Tyson 《商標》タイソン [❖1回分ごとに使いやすいように包装された冷凍肉を提供する米国 Tyson Foods 社のブランド. すでに味付けがしてあったりするので素早く料理できるのが特徴]
Tyson Foods (~, Inc.)タイソン・フーズ [❖米国の精肉加工食品メーカー. もとは鳥肉のメーカーだったが, 2001年にIBPを買収して, 牛肉・豚肉にも進出. Tyson Holly Farms, Weaverなどのブランドで販売する]

U, u

U /juː/ *pron* =you ▶ while U wait お待ちの間に
UA United Airlines ユナイテッド航空〔◯米国の航空会社のコード名〕
UAL (~ Corp.) UAL〔◯米国の航空会社 United Airlinesの持株会社. 国内西部ではUnited Shuttleを通じて短距離便の運行もする. 1934年設立〕
UAW United Automobile Workers 全米自動車労働組合
UB 40 《英》unemployment benefit 40 失業給付カード;《略式》失業者
ubiquitous /juːbíkwətəs/ *a* ユビキタス,（同時に）遍在する
◇**ubiquitously** *ad*「いつでも・どこでも・だれでも」
◇**ubiquity** *n* 遍在
UBR uniform business rate
UBS *n* (~ AG) UBS〔◯スイス本拠の国際金融グループ. 投資銀行業務を行う UBS Warburgなどを傘下に持つ. 1998年設立. 同年Union Bank of SwitzerlandとSwiss Bankが合併, UBS AG.となる. 投資銀行, 証券業務で世界展開する. 2000年Paine Webber(証券会社 NY)を買収, 現在に至る〕
UCC Uniform Commercial Code; Universal Copyright Convention
UCITS Undertakings for Collective Investments in Transferable Securities (EU内の)証券投資信託事業
UFW United Farm Workers 全米農場労働者組合
ugly /ʌ́gli/ *a* 醜い, 不格好な; 嫌な, 不愉快な; 物騒な, 険悪な;《米俗式》不機嫌な, 意地の悪い ▶ Gathering all the receipts for the tax return was an ugly mess. 所得申告のためにレシートを全部集めるのはたいそう面倒くさかった
U-Haul《商標》ユーホール〔◯米国の引越用トラックのレンタル会社. 学生などが多く利用する. 語源は You haulから〕
UIT unit investment trust
ult. *a* 先月の〔◯商業文や公文書で日付の後に付して the 5th ult.(先月5日)の形で用いられる〕⇒ultimo
ultimate /ʌ́ltəmət/ *a* もっとも遠い; 最大の; 最後[最終]の; 究極の; 根本的な ▶ Our ultimate goal is to better serve our customers. 当社の究極の目標は, さらに充実したサービスをお客様に提供することです
— *n* (the ~) 最終段階[結果, 目的], 結論; 究極 (*in*)
in the ultimate 最後に, ついに
◇**ultimately** *ad* 最後に, 結局 ▶ Ultimately, you just have to decide whether you're willing to take the risk. 最終的には, リスクをとるかどうか, あなたが決めなければなりません / At this pace, unemployment will ultimately hit double digits. このペースで行けば, 失業率は最終的には2桁に達するだろう / Ultimately, his takeover bid did not go through. 結局, 彼が仕掛けた株式公開買付は成立しなかった
ultimate bottom line (the ~) 最終帳尻〔◯社会・環境を含めた総決算〕
ultimate consumer 最終消費者 (=final consumer)
ultimate customer 最終顧客, 最終需要者〔◯小売店またはネットショップで購入する客.「製品の終着点」という意味〕
ultimate recoverable reserves 究極可採埋蔵量〔◯石油の場合は, 累積生産量+すでに発見されておりまだ採掘していない埋蔵量+将来発見されると予想される油田からの回収量+将来利用可能とされる技術での回収量〕
ultimatum /ʌ̀ltəméitəm/ *n* (~s, -ta /-tə/) 最後通牒, 最後通告
give ... an ultimatum / issue [deliver] an ultimatum to に最後通牒を出す ▶ He gave his boss an ultimatum that he would leave unless he got a pay raise. 彼は昇給がなければ辞めるという最後通牒を社長に突きつけた
〔<近代ラ〕
ultimo /ʌ́ltəmóu/ *a* 先月の (ult.)〔◯商業文や公文書で日付の後に付して用いる. ラテン語の ultimo mense (=in the previous month)の略〕⇒proximo, instant ▶ in reference to your letter of the 5th ultimo 先月5日付の貴信に関して
ultra-safe *a* 超安全な ▶ Investors are taking refuge in ultra-safe government bonds. 投資家は超安全な政府債に逃げ場を求めている
Ultrasuede《商標》ウルトラスエード〔◯水洗いが可能な, スエードに似た人工皮革〕
ultraviolet *a* 紫外（線）の ▶ ultraviolet rays 紫外線 / ultraviolet light 紫外光
ultra vires /ʌ́ltrə váiəriːz/ (法人や法人役員が定款などで与えられた)権限を越えた, 権限逸脱をして, 権能外の (⇔intra vires)〔<ラ〕
u/m undermentioned
umbrella /ʌmbrélə/ *n* こうもり傘; 保護(物); 包括するもの〔◯持株会社のように傘下に複数の組織がぶら下がるものを指す〕
under the umbrella of の傘下に ▶ Under the umbrella of the new tax laws, we can claim a deduction on this loss. 新しい税法の保護のもとではこういった支出については控除を請求できる
〔<ラ〕
umbrella fund《英》アンブレラ・ファンド〔◯複数のサブ・ファンドを擁するファンド〕
umbrella policy (保険の)包括的契約
umpire /ʌ́mpaiər/ *n* ❶ 仲裁者 ❷ [法律] 審判人, 裁定者〔◯仲裁人の間で意見が一致しない場合, 最後の決定をする第三者〕

— *v* 審判をする; 仲裁する 《*for*, *in*》

unable *a* …できない《*to do*》 ► As the model is out of stock, we are unable to fill your order at this time. そのモデルは在庫切れのため, 現時点ではご注文をお受けできません / Unfortunately, we're unable to interview every single applicant. 残念ですが, 応募者の全員を面接することは不可能です

unabridged *a* 省略していない, 完全な

unabridged dictionary（省略のない）大辞典

unacceptable *a* 受け入れられない, 容認できない《*to*》► I'm afraid your terms of payment are unacceptable. 残念ですが, 御社の支払条件を受け入れることはできません / The terms of the proposal were unacceptable. 提案の条件は受け入れがたいものだった
◊ **unacceptably** *ad*

unacceptable risk 保険引受け不能危険, 保険引受け不可能体（=uninsurability, uninsurable risk）

unaccompanied *a* 連れのない; 別送の ► unaccompanied luggage [bags] 持主とは別に送られる手荷物

unaccompanied goods 別送品

unaccountable *a* 責任がない《*for*, *to*》; 説明できない, 訳の分からない ► for some unaccountable reason 訳は分からないが
◊ **unaccountably** *ad* 説明不能だが

unaccounted *a* 不明の[で]《*for*》

unaccustomed *a* 普通でない, 珍しい; 不慣れの《*to*》► Unaccustomed as I am to public speaking... (略式) 人前での話はなれていませんが…

unachievable *a* 達成不可能な ► set unachievable targets 達成不可能な目標を立てる

unacknowledged *a* 認められていない; 返答[通知]されていない

unadjusted *a* 未調整の ► unadjusted for seasonal fluctuation 季節未調整の[⊃ データからクリスマス商戦による一時的増加といった季節要因をまだ取り除いていないことを指す]

unadulterated *a* 混ぜ物のない, 純粋な; まったくの

unaffected *a* 気取らない, 飾らない; 影響を受けない, 心を動かされない, 変わらない

unaffiliated *a* つながりのない《*to*》

unafraid *a* 恐れない《*of*》

unaided *a* 助力のない

unanimous /juːnǽnəməs/ *a* 全会一致の, 満場一致の ► The plan to sell off the hotel got unanimous consent from the board. ホテルを売却する計画は取締役会から全会一致で承認を得た / In a unanimous decision, the central bank cut interest rate by half a percentage point. 満場一致の決定で, 中央銀行は金利を0.5ポイント下げた

unanimously *ad* 全会一致で, 満場一致で, 異議なく ► The committee voted unanimously to remove the company from the S&P 500 Index. その会社をS&P500指数からはずすことを委員会は全員一致で決定した / The Board of Directors unanimously approved the merger proposal. 取締役会は満場一致でその合併案を承認した / The proposal was unanimously approved. その提案は全会一致で承認された

unanimous vote 全会一致の議決 ► by unanimous vote 満場一致の決議で

unannounced *a* 発表されていない; 前触れがない

unanswerable *a* 答えられない; 論駁(ばく)できない

unanswered *a* 答えのない; 反駁(ばく)できない; 報いられない

No calls unanswered. すべての電話にお答えします

unanticipated *a* 予期しない ► Many travel agencies were hit by an unanticipated fall in demand this summer. 多くの旅行代理店は今夏は予期しない需要の減少で打撃を受けた

unapologetic *a* 弁解[言い訳]しない

unappealing *a* 訴えない, 魅力のない

unappreciated *a* 真価を認められない; 感謝されない

unapproachable *a* 近づきにくい; 比類ない

unappropriated *a* 未処分利益留保の[⊃ 特定の使途目的が明確にされずに企業内に留保されている]

unapt *a* 不適当な《*for*》; …し慣れていない《*to do*》; 鈍い; 下手な《*at*, *to do*》

unarguable *a* 議論の余地のない, 疑いようのない

unasked *a* 頼まれない, 求められない（✤叙述用法ではしばしばforを伴う）

unassailable *a* 論破できない; 議論の余地のない

unassisted *a* 援助なしの

unattached *a* くっついていない《*to*》; 無所属の, 中立の

unattainable *a* 達し難い

unattended *a* 供を連れていない, 付き添いのない; 手当てされていない

leave unattended ほうっておく ► Please do not leave your personal belongings unattended. 身の回り品から目を離さないでください

unaudited *a* 未監査の

unaudited financial statements 未監査財務諸表[⊃ 監査を受けていない財務諸表] ► If audited financial statements are unavailable, the applicant company may submit unaudited financial statements for each of the three years preceding the filing. 監査済み決算報告書を提出できない場合は, 申請会社は申請前の3年間の未監査決算報告書を提出することができる

unauthentic *a* 不確かな; 本物でない

unauthorized *a* 権限のない, 許可[認可]さ

れていない、独断の ► unauthorized access 不正アクセス / unauthorized trading 無権限取引 / unauthorized use 無断使用 / This area is off limits to unauthorized personnel. このエリアは許可のある者以外立ち入り禁止である

unavailability n 利用[入手]できないこと ► Production was temporarily stopped due to unavailability of parts. 部品が入手できなかったので、生産は一時的に停止された

unavailable a 手に入らない; 利用できない; 会えない《for》

unavailing a 効果のない, 無益な

unavoidable a 避けられない ► The company said the layoffs were unavoidable because it had to reduce overhead costs. 間接費の削減が必要だったので、レイオフは避けられなかった、と同社は言った
◇**unavoidably** ad

unaware a 気づかない, 知らない《of, that》 ► He claimed he was unaware of any wrongdoing. 違法行為にはまったく気がつかなかったと彼は主張した / Many consumers were unaware of the product recall. 多くの消費者はその製品がリコールされたことを知らなかった
― ad unawares
◇**unawares** ad 知らずに; うっかり; 不意に, 思いがけなく ► catch [take] a person unawares 人の不意をつく

unbalance n, vt アンバランス, 不均衡 (=imbalance); 均衡を失わせる

unbalanced a 不均衡な, 不公平な ► unbalanced budget 不均衡予算

unbearable a 耐えられない ► The country's mounting debt problem became an unbearable burden. その国の累積債務の問題は、耐え難い負担となった
◇**unbearably** ad

unbeatable a 負かすことができない; 素晴らしい, 秀逸な ► The price is unbeatable. その値段はどこにも負けない / The restaurant is unbeatable for its service. そのレストランのサービスはどこにもひけを取らない

unbeknown /ʌnbinóun/, **unbeknownst** /-nóunst/ a (人に)知られない, 未知の《to》

unbelievable a 信じられない, 信じ難い
◇**unbelievably** ad 信じられないほどに ► Many retailers are offering unbelievably low prices to attract customers. 顧客を引きつけるために、多くの小売業者は信じられないほど安い価格を提供している

unbias(s)ed a 偏見がない, 公平な

unbounded a 限界のない; 無限の

unbranded a (メーカーの)ブランド名がついていない, ノーブランドの

unbundle vt 解体する, アンバンドルする[⬥一つだった商品・サービスを細分化して提供する]

unbundling アンバンドリング; (製品の)分離販売; (企業などの)子会社[組織]への機能分化

unburden vt 荷を降ろす《of》

uncalculated a 計算[計画]されていない

uncalled capital 払込未了資本金[⬥払込がなくとも株式を発行することが認められている国で、発行はされているが払込がまだない株式で構成されている資本金]

uncalled-for a (略式)不必要な; 差し出がましい; 場違いの

uncashed a まだ現金化されていない

unceasing a 絶え間のない
◇**unceasingly** ad

uncertain a 不確実な; 確信がない; 疑念を抱いた《of, about, wh》; 変わりやすい; 当てにならない ► In the face of an uncertain economy, companies are reluctant to increase hiring. 不安定な景気に直面して、各社は雇用を増やしたがらない
◇**uncertainly** ad
◇**uncertainness** n

uncertainty n ❶ 確信のないこと; 変わりやすいこと; 不明確; 不明, 不安定; 不確実(性) ► With uncertainty in the stock market, many investors feel more comfortable with safe Treasury bonds. 株式市場には不確実性が存在するので、多くの投資家は安全な財務省証券に居心地のよさを感じている / We are confident that our company will be able to weather the current uncertainty facing the global economy. 世界経済が直面する現在の不確実な状況を乗り切ることができると当社は確信している / Uncertainty is a part of today's business environment. 不確実性は今日のビジネス環境の一部だ

❷〔会計〕未確定事項[⬥将来事象の不確実な事項]

unchallenged a 疑問を呈されない, 反対されない; 確固たる

go unchallenged すんなり通る ► For years, the company's dominance in the industry went unchallenged. 何年もの間, 業界でのその会社の優位は揺るがなかった

unchangeable a 不変の
◇**unchangeably** ad

unchanged a 不変の ► The unemployment rate was 3.5% in March, unchanged from the previous month. 3月の失業率は3.5%で、前月から変わらなかった

unchanging a 変わらない, 不変の

uncharted a (文)未踏査の, 未知の ► in uncharted waters 未知の水域で / The automaker ventured into the uncharted field of producing electric vehicles. その自動車メーカーは電気自動車の生産という未知の領域に進出した / During the 1990s, the stock market grew at an uncharted pace. 1990年代は、株式市場は前人未踏のペースで成長した

unchecked a 抑制されない; 検査[調査]されない ► This economic trend must not go unchecked. この経済動向は食い止められなければならない

be left unchecked 阻止されないままでいる

unclaimed *a* 請求されていない ► remain unclaimed 請求されない[持主不明の]ままでいる

uncle /ʌ́ŋkl/ *n* おじ; 《略式》おじさん(✚年輩の男性への親しい呼び掛け); 《略式》質屋 ► leave one's watch with (one's) uncle's 時計を質に入れる

unclear *a* はっきりしない, 不明瞭な《*to*》; 不確かな《*about*》 ► The exact amount of subsidies that farmers will receive is unclear. 農家が受け取ることになる補助金の正確な金額は不明だ

it is unclear wh- かどうか不確かだ ► It is unclear when the economy will recover. いつ景気が回復するか分からない

uncleared effects 未入金小切手[◎銀行口座に入金したものの取立が完了しておらず, 入金待ちとなっているもの]

uncollected *a* 未取立ての

uncollectible accounts receivables 回収不能債権, 不良債権[◎回収不能となると予想される売掛債権]

uncollectible loan 破綻先貸付債権

uncomfortable *a* 不愉快な; 落ち着かない《*with, about*》 ► Inflation has reached an uncomfortable level for consumers around the country. インフレは全国の消費者にとって居心地の悪い水準に達した

◇**uncomfortably** *ad*

uncommon *a* まれな; 異常な; 非凡な

it is not uncommon to do …するのはまれではない

— *ad* 《英》=uncommonly

◇**uncommonly** *ad* 異様に ► Gas prices have risen at an uncommonly fast pace. ガソリン価格は並外れた速いペースで高騰した

uncompetitive *a* 競争力がない ► uncompetitive prices 競争力がない価格

uncomplicated *a* 複雑でない

uncomprehending *a* 理解していない

uncompromising *a* 妥協しない, 譲歩しない, 頑固な, 断固とした ► The management has taken an uncompromising stand against the merger proposal. 経営陣はその合併提案に対して妥協しない立場を取った

◇**uncompromisingly** *ad*

unconcern *n* 無関心, 平気, 冷然

◇**unconcerned** *a* 関係していない《*in*》; 無頓着な《*at, with*》; 気をもまない, 平気な《*about, with*》

◇**unconcernedly** *ad*

unconditional *a* 無条件の; 絶対的な ► unconditional surrender 無条件降伏 / unconditional guarantee of customer satisfaction 顧客満足の無条件保証(無条件解約返金の保証)

◇**unconditionally** *ad*

unconfirmed *a* 確認されていない ► an unconfirmed report 未確認の報告

unconnected *a* 関係[関連]のない《*with*》; 筋の通らない, つじつまの合わない

unconscious *a* 意識[承知]していない《*of*》; 無意識の, 知らず知らずの

— *n* (the ~) 無意識

◇**unconsciously** *ad*

◇**unconsciousness** *n*

unconsolidated *a* (連結決算ベースに対して) 単体ベースの

unconsolidated basis 単体ベース[◎グループの決算につき親会社のみの数字を取り上げるときの言い方]

unconsolidated subsidiary 非連結子会社[◎連結の範囲に含められない子会社]

uncontested *a* 無競争での, 争う者のない ► The company's lead in market share has been uncontested. その会社のマーケットシェアにおけるトップの座はゆるぎないものとなっている

uncontested cheque 《英》❶ 通常の小切手[◎線引小切手のように受取方法が限定される小切手との対比で言う] ❷ 白地(しらじ)小切手[◎金額欄が白地のものを言う]

uncontrolled *a* 抑制[規制]されない; 野放し状態の

unconventional fossil fuels 非在来型化石燃料[◎通常の石油, 天然ガス, 石炭以外の化石燃料. 資源量があるものの経済性が低く利用されていないが, 今後, 化石燃料の価格が高騰すれば, 開発される可能性がある化石燃料を言う]

unconventional oil resources 非在来型石油資源[◎ヘビーオイル(heavy oil), オイルサンド(oil sand), オイルシェール(oil shale)など超重質で硫黄分が高い石油系資源]

unconvinced *a* 納得していない《*about, by*》 ► Investors were unconvinced that the company had taken a turn for the better. 投資家はその会社の状況が好転したことに確信を持てなかった

unconvincing *a* 説得力のない

uncooperative *a* 協力的でない

uncoordinated *a* 調整されていない

uncountable *a* 無数の; 数えられない

uncounted *a* 無数の, 多数の

uncouple *vt* 連結を解く; 離す《*from*》 ► Stocks and bonds have become uncoupled in the past few weeks. 過去数週間, 株式と債券は連動しないようになった

uncover *vt* 覆いを取る; 打ち明ける; 暴露する

— *vi* 《文》(敬意を示して) 帽子を脱ぐ

uncovered *a* 〖金融〗無担保の, カバーなしの

uncovered option =naked option

UNCTAD /ʌ́ŋktæd/ United Nations Conference on Trade and Development

undamaged *a* 損害[損傷]を受けていない; 無傷の

undated *a* 日付のない; 期日を定めていない

undated gilts 《英》永久国債, 無期限国債[◎満期の定めがなく利息のみを払い続ける国債. 一般に満期の定めがあるものよりも利率が高い]

undated security 無期限債 (=undated gilts)

undecided *a* 未決定の;(について)決していない
◇**undecidedly** *ad*

undeclared *a* 税関に申告されない

under /ʌ́ndər/ *prep* (位置・場所)…の下に,…の内側に;(負担・圧迫・苦痛・治療)…を受けて;(分類・所属)…の中に,…に属する;(名前・肩書・口実)…のもとに,…に隠れて,…にかこつけて;(程度・数量・年齢・価格)…より少なく,未満の;(地位・階級)…より下で;(保護・支配・監督・教示・影響)…のもとに;(事情・条件)…のもとで,…のゆえに;(権紋・保証・契約)…のもとに;(行動・判断などの基準)…に従って;(状態・過程)…中
▶ matters that come **under** this heading この項目に属する事柄 / **under** these circumstances こういう事情のもとで / **under** one's signature 署名のもとに / **under** the law 法に従って / **under** discussion 審議中 / The unemployment rate for those **under** 25 is at 18 percent. 25歳以下の人の失業率は18%だ / The company is working to bring its huge expenses **under** control. その会社は巨額の経費を完全に掌握するために作業中だ / Merger talks between the two banks are **under** way. 2つの銀行の間で合併の話合いが進行中だ / The government has kept the budget deficit **under** control. 政府は財政赤字を制御できる範囲に抑えてきた / One option **under** consideration is to open up a new branch. 検討中の一つの選択肢は新しい支店を開設することだ / **Under** the restructuring plan, 12 of the company's 60 plants will be closed by the end of the year. リストラ計画では,同社の60工場のうち12工場は年末までに閉鎖される予定だ / We have to stop the increased use of coal if we want to bring climate change **under** control. 気候変動を制御したいのであれば,石炭を現在以上に使用するのはやめなければならない / **Under** the business alliance, the two companies will share development know-how. 業務提携で,両社は開発のノウハウを共有する予定だ
— *ad* 下に;(服従・抑圧などの)状態に
— *a* (位置・場所について)下の,下位の;(叙述的)(人が)支配されて

underbid *vt* (~;-dd-)(人より)安く値を付ける;(競争入札で)他よりも安い札を入れる ▶ We will underbid our competitors. 当社はどの競争相手よりも安い値を付けます

undercapitalization, (英) **-sation** *n* 過小資本 [⇨ 本来必要な水準に比べ資本が少な過ぎる状態] ▶ His business is suffering from undercapitalization. 彼の事業は過小資本で苦しんでいる

undercapitalized, (英) **-ised** *a* 十分な資本金のない,過小資本の

undercharge *vt* (人に)料金以下の金額を請求する (*for*);(誤って)過小請求する ▶ The customer was undercharged (by) two dollars. 客は2ドル少なく請求された

undercount *vt* 実際より少なく数える

undercover *a* 秘密に行う ▶ an undercover agent 秘密[おとり]捜査員;産業スパイ

go undercover 秘密捜査員になる

undercut *v* (~;-tt-) 下を切り落とす;下部を削り落とす;(競争者よりも)安く売る,安い賃金で働く;の効力[地位,衝撃など]を弱める,勢力をそぐ ▶ The company undercut its competitors' prices. その会社は競合他社よりも価格を下げた / If they go on undercutting us, we can't stay in business. 彼らが当社より安い値を付け続ければ,当社は商売を続けていけない
— *n* 下を削り落とすこと

under-deck cargo 船倉内貨物

underdeveloped *a* 低開発の

underemployed *a* 不完全就業の [⇨ 十分な仕事がない,または能力を十分に発揮できない仕事に就いている]

underemployment *n* 不完全就業

underestimate *vt* 安く見積もり過ぎる,過小評価する ▶ Bank managers underestimated the risk of mortgage debts. 銀行の幹部は住宅ローン債務のリスクを過小評価した / Analysts underestimated the severity of the financial crisis. アナリストは金融危機の深刻さを過小評価した
— *n* /-mət/ 安すぎる見積もり,過小評価

underestimation *n* 過小評価

underfinanced *a* 財源[融資]不足の

underfunded *a* 財源不足の,積立不足の [⇨ 年金債務に関してよく使われる言い方]

under-funding *n* (年金の)過少積立て(額),積立て不足(額) (⇔overfunding)

undergo *vt* (-went;-gone) 経験する,受ける,経る;耐える ▶ The food processing plant will undergo inspection by the FDA. その食品加工工場は食品医薬局の検査を受けるだろう / The hotel will undergo extensive renovations. そのホテルは大規模な改装をするだろう

underground *ad* 地下に[で];ひそかに
go underground 潜行する
— *a* /-ˊ-/ 地下の;秘密の,潜行的な ❷ 【経済】(通例限定的)地下の [⇨ 政府が把握できない経済活動分野について言う] ▶ an underground market 闇市場 / underground money アングラ・マネー

underground economy 地下経済 [⇨ 非合法な経済活動や合法であっても税務申告が行われていない経済活動。各448所得統計と申告所得の差あるいは高額紙幣流通量の増加から推計されている]

underhand *a* 公明正大でない,陰険な,秘密の ▶ He accused his competitors of underhand dealings. 彼はライバルの不正取引を訴えた
— *ad* 秘密に

under-insurance *n* (1) 一部保険 [⇨ 保険金額が保険価額を下回る保険] (2) 過少保険

underinsured *a* 過少保険の [⇨ 約定保険金額が必要な水準を下回っていることを言う]

underinvest *vi* (1)(将来のための)十分な資金投入をしない,過少投資する (2)(将来の必要性に対応して)十分な参画[開発努力]をしない

under-invested *a* 過少投資になっている

[○投資額が本来必要な水準を下回っていることを言う]

underinvestment *n* 過少投資 ► underinvestment in the energy sector エネルギー分野における投資不足

underlease *n, vt* 転貸し、また貸し(する)

underlet *v* 転貸しする(=sublet)

underlier *n* (先物・オプション取引における)原資産(=underlying asset)

underline *vt* /╌╌|╌╌/ (語などの)下に線を引く; 強調する
━ *n* /╌╌/ 図版の下の説明; 下線

underlying /ˌʌndərláiiŋ/ *a* ❶ 下にある; 基礎をなす, 基本的な; 内在する ► an underlying reason 隠れた理由 / the underlying tone of the report 報告書の基調 / the underlying inflation rate 基礎インフレ率 ❷ (証券)基礎をなす、原となる ► underlying securities 原証券

underlying asset 原資産 [○オプション先物取引において原となる資産]

underlying company 子会社, 下位会社

underlying inflation 基調インフレ

underlying loan 原債権 [○資産担保証券(ABS)における元利金支払原資となるキャッシュフローの源である貸付債権]

underlying mortgage 一番抵当

underlying property 担保物件 ► The first claim on the underlying property goes to the mortgage lender. 原資産に対する第一請求権は住宅ローンの貸手に移る

underlying security (先物やオプションの)原証券 ► Dealers guess how the price of the underlying security will change in the future. ディーラーは原証券の値段が将来どのように変わるかを推測する

underlying share 原資産である株式 [○先物・オプション取引での対象となっている(現物市場での)銘柄]

underlying stock =underlying share

undermanned *a* 人手不足の ► The store was undermanned and couldn't keep up with the flow of customers. その店は人手不足で顧客の流れについていけなかった

undermanning *n* 要員不足, マンパワーの不足

undermentioned *a* 《英》下記の, 以下で述べる

undermine *vt* 土台を崩す[弱める]; 徐々に衰えさせる; 損害を与える ► The collapse of the auto industry could undermine the government's stimulus plan. 自動車業の崩壊は政府の景気刺激計画を台なしにする可能性がある / The recession has undermined corporate profits and consumer spending. 景気後退は企業利益と個人消費をむしばんでいる

undermost *a, ad* 最下位の[に]

underneath /ˌʌndərníːθ/ *prep, a, ad* (の)下に[の, を]
━ *n* 底; 下側; 最下部

undernourished *a* 栄養不足の ► Over 800 million people in the developing world alone are still undernourished. 開発途上国だけで8億以上の人々が今なお栄養不足の状態にある

underpaid *a* 不当に安い賃金の ► Many part-time workers complain that they are underpaid for doing the same job as full-time workers. 多くのパート従業員は正社員と同じ仕事をしても報酬が少ないともらしている

underpay *vt* (-paid) (賃金[給料]を)十分に払わない ► The company underpays its employees. 会社は社員に十分な給与を支払っていない

underpayment *n* 支払不足, 過少支払 ► the underpayment of insurance claims 保険金の支払不足

underperform *v* (投資などが)期待ほど成果が出ない、アンダーパフォームする [○基準とされている一定の指数などを下回ること] ► The sales department has underperformed over the last year. 営業部は過去一年にわたって業績が例年よりも悪くなっていた

underperformance *n* アンダーパフォーマンス [○期待以下の成績. 資産の運用成績が目標を下回ること]

underperformer *n* アンダーパフォーマ [○期待以下で終わった人やもの]

underpin *vt* (-nn-) (支柱・けたなどで)下から支える; (事実などを)確認[実証]する

underpinning *n* (ビル・壁などを)下から支える建造物; (比喩的)支持, 基盤 ► A key underpinning for the bright outlook comes from the recent series of encouraging economic data. 明るい見通しについて鍵となる根拠は最近の一連の好調な経済データから来ている

underprice *n* 過小評価

underpriced *a* 過小評価された, 割安の

underproduce *v* 過少生産になる, 所期の水準を下回る生産に留める

underproducer *n* 過少生産者[国]

underproduction *n* 過少生産

underrate *vt* 安く見積もりすぎる, 過小評価する, 見くびる

underreport *vt* 過少申告[報告]する ► The report was charged with under-reporting its earnings. その会社は収益を実際よりも少なく申告したかどで告発された

underreported *a* 過少申告の ► under-reported income 所得の過少申告

underrun *n* アンダーラン, 予定を下回る部分 [○「計画に対していくらいくらのアンダーランになった」という言い方をする] ► Be sure to account for spoilage so that you will not have an underrun. 品数不足にならないよう、傷物の分を計算に入れておけ

under secretary 《しばしば U-》次官
a parliamentary [*permanent*] *under secretary* 《英》政務[事務]次官

Under Secretary of State 《米》国務次官
Under Secretary of the Treasury 《米》財務次官
undersell *vt* (**-sold**) (競争相手よりも)安く売る、より低い価格で出し抜く ► We will undersell our competitors. 当社は競争相手より安い値で売ります

underselling *n* 乱売

undershoot *vt* (**-shot**) (的に)達しない; 到達できない; 未達で終わる [◇所期の水準の手前で終わってしまうこと]

undershooting *n* 達成[到達]できないこと ► An undershooting of economic growth might lead to a rate cut. 経済成長の未達成は金利の引下げをもたらすかもしれない

undersign *vt* 末尾に署名する
◇**undersigned** *a, n* その署名を末尾に付した, 下名の; (the ~)署名者

underspend *v* 十分な支出を怠る, 必要な水準を下回る支出しかしない, 不十分な支出となる ► The company underspent on advertising, which may have been a cause for its sales decline. 同社は広告費を予算通りに支出しなかったが、そのことが売上減少の原因だったかもしれない / The company underspent by 300,000 euros. その会社は予定支出の30万ユーロも節約した

underspending *n* 過少支出, 必要額を下回る支出

understaffed *a* 人員[人手]不足の, 所定の員数を満たしていない ► We are transferring some employees from the home office to understaffed branches. 一部の従業員を本店から人手不足の支店に転勤させているところだ

understaffing *n* 人員不足, 人手不足

understand *vt* (**-stood**) の意味を理解する; 熟知している, 会得する; (言葉・記号などに)精通している; 聞いて知っている; 同意[決定, 確実に伝達]されたものとみなす; 推測する; (であると)解する, 受け取る; (be understood) (語が)略される ► I didn't understand how serious the situation was becoming. 事態がこんなに悪化しているとは聞いていなかった / I find it impossible to understand the way they do business. あの人たちの仕事のやり方は私には理解できません / He understands that his company has to change. 自分の会社が変わらなければならないことを彼は承知している / Companies have to clearly understand customer needs and expectations. 各社は顧客のニーズと期待をはっきりと理解しなければならない
— *vi* 言おうとすることを理解する; 背景的なことを知っている (*about*)

give a person to understand (人に)分からせる
I understand. 分かりました; ということですね (*that*)

make oneself understood 自分の考え[言葉]を人に分からせる

understand each other 了解している, 分かり合っている

◇**understandable** *a* 理解できる; 当然の ► His confusion is understandable. 彼が困惑するのも、もっともなことだ
◇**understandably** *ad* (通例文全体を修飾して)理解できるように; 無理からぬことだが, 当然

understanding *n* 理解, 了解, 知識, 会得, 知力, 理解力; (an ~) (私的・暗黙の)一致; 疎通, 合意 (*between*) ► one's understanding of (人の)…の解釈[判断] / reach [come to] an understanding 合意に達する / have a good understanding about に関する十分な申合わせをする / have a secret understanding with と密約を交わしている / We appreciate your patience and understanding. 《メッセージ》お客様のご辛抱とご理解に感謝いたします

have an understanding of を理解している ► I hope you'll have a better understanding of our company after my presentation. 私のプレゼンテーションをお聴きになって、弊社をよりよくご理解いただけることを願っています

on [with] the understanding that という条件付きで; ということを承知[了解]したうえで

on [with] this understanding この条件で
— *a* 理解のある, 物分かりのよい

understate *vt* ❶(数などを)少なく[小さく, 弱く]言う; 控えめに述べる ❷【会計】過小計上する, 過小評価する ► As a result of improper accounting practices, the company understated its debts. 不適切な会計慣行の結果として、同社は債務を過小計上した

understatement *n* ❶控えめに言うこと; わざと控えめな言葉 ► That's the understatement of the year. とても控えめな表現だ ❷【会計】過小表示, 過小評価, 控えめの表示

undersubscribed *a* 引受不足の [◇証券の発行に際してそれを取得しようという引受け手が予定を下回ることを言う。日本国債の場合、「未達」という言い方をする]

undersupply *n* 供給不足

undertake *vt* (**-took; -taken**) 引き受ける; 約束する (*to do*); 企てる, 着手する; 保証する ► The company undertook a hostile takeover of its main competitor. その会社は主要な競争相手の敵対的買収に乗り出した

undertaking *n* 引き受けた仕事; 事業; 約束, 保証 ► It's quite an undertaking. なかなかの大事業だ / This is a business undertaking, not a charity. これはビジネスであって慈善事業ではない

under-the-counter *a* 密売される; 不法の ► under-the-counter payments 裏取引の支払

under-the-table *a* 密売される

underused *a* 十分に利用[活用]されていない

underutilized *a* =underused

undervaluation *n* 過小評価, 安値

undervalue *vt* 過小評価する, 実際の価値よりも低く評価する; 軽視する ► The country has been criticized for undervaluing its currency. その国は自国通貨を過小に評価していると批判されてきた / Stocks are 30% underval-

underwater *a* 《略式》(損益分岐水準以下の)損失状態にある

underway *a* 進行中の (✚副詞句では under way)

underweight *n* 量目不足, アンダーウェイト [◎(ポートフォリオで)本来の配分比を下回っていること]
— *a* /ʌ́-ʌ̀/ 重量[量目]不足の, 標準の重量より軽い ▶ Many foreign investors have chosen to underweight US stocks. 多くの外国人投資家は米国株の比重を減らすことを選んだ

underwrite *vt* (-wrote;-written) ❶ への支払を承知する ❷ 引き受ける [◎証券引受業者が証券を転売目的で買い受けること. 投資家が発行証券の購入を申し込むことを意味する subscribe も「引き受ける」と訳されることがあるので注意を要する] ▶ underwrite government bond issues 国債発行を引き受ける ❸ 保険を引き受ける (=insure)
— *n* (証券などの)引受け

underwriter *n* ❶ 出資者, 支援者; 保証人 ❷ 保険引受人[者], 保険者; (生命保険)契約査定者 (=examiner, 《米》home office underwriter, 《英》risk assessor) ❸ アンダーライター, 発行引受業者, 引受人; 引受証券会社, 証券引受業者 [◎会社が発行する証券の全部または一部を一定の条件で購入し, 一般投資家に販売する証券業者]

underwriting *n* ❶ 証券引受け, アンダーライティング [◎証券の発行に際して, 一般投資家または特定の機関投資家に売りさばくために, それを発行会社から買い受けること] ▶ an underwriting spread 引受けスプレッド / an underwriting fee of 1% of the loan amount 融資額の1パーセントにあたる引受手数料 ❷ 保険(の)引受け (=acceptance of risk)

underwriting agreement 証券引受契約 [◎証券発行会社と証券引受業者との証券引受契約]

underwriting loss 保険引受損失 [◎保険の販売高から経費と保険料を払った結果, 保険会社の損益が赤字であること]

underwriting power 引受業務(を認可されていること) ▶ The proposed bill may limit banks' underwriting power. この法案は銀行の引受業務を制限することになるかもしれない

underwriting risk 保険引受けリスク [◎保険事故発生リスクなどが予測と異なり, 保険会社が損失を被るリスク]

underwriting syndicate (新規発行有価証券の))引受シンジケート団

undeserved *a* 不相応な, 過当な
undetermined *a* 決定されていない
undeveloped *a* 未[低]開発の; 未発達の
undeveloped land 未整備地, 未造成地
undifferentiated *a* 差別化がない ▶ undifferentiated products 横並び商品, 差別化のない商品 [◎消費者に「どれでも同じ」と思われている商品]

undischarged *a* ❶ 陸揚げされていない; 支払われない ❷〖法律〗(支払不能者などが)免責されていない

undischarged bankrupt 《英》免責を経ていない破産者 [◎返済義務をまだ免れておらず, 事業に携わることもできない]

undisclosed *a* 公表されていない
undisputed *a* 議論の余地のない, 明白な

undistributable reserve 《英》資本準備金 [◎株式プレミアム勘定の総額で, 配当などは認められない]

undistributed earnings 内部留保, 留保所得 [◎配当として社外に流出せず, 事業に再投資されている剰余金] ▶ The company's equity in undistributed earnings of these foreign subsidiaries is not significant. 同社が海外子会社の未処分利益上有している持ち分は大した金額ではない

undistributed profit =undistributed earnings

undiversifiable risk 分散不能リスク [◎リスク回避のために分散投資しても回避できないリスク. たとえば, 株式投資である以上, (個別銘柄レベルのリスクは分散できても)株式市場に由来するリスクは回避できない]

undivided *a* 分割されない, 連続した; わき目もふらない ▶ give it one's undivided attention そのことに集中する

undo *vt* (-did;-done) 元通りにする; 取り消す; 《文》名声[名誉]などを台無しにする; 破滅させる; 〖おュー〗アンドゥーする [◎直前の操作を取り消して元に戻す] ▶ It will take a long time to undo the damage caused by the scandal. スキャンダルによってこうむった傷を元通りにするには長い時間がかかるだろ

What's done cannot be undone. 覆水盆に返らず

◇**undoing** *n* 元通りにすること;《one's ~》破滅の原因 ▶ be the undoing of の破滅のもとである

undoubted *a* 疑問の余地がない; 確かな
◇**undoubtedly** *ad* 疑いもなく, 確かに ▶ The competition will undoubtedly come out with a new model once we launch ours. われわれが新しい機種を売り出したら, 競合他社もすぐに新機種を発売するに違いない

UNDP United Nations Development Programme

undreamed-of /-drémt-, -drí:md-/ *a* 思いもかけない

undue *a* 過度の, むちゃな, はなはだしい; 道理に合わない; 支払期限がきていない

undue influence 不当威圧 [◎密接な信頼関係などを利用し, 多大な影響力を行使して, 弱い立場にある者の意志や判断を圧倒し, その影響がなかったならばしなかったであろう選択をさせること. 契約・遺言などを取り消すことができる]

unduly *ad* 過度に; 不当に

unearned *a* 労せずして得た
unearned income 不労所得(⇔earned income); 投資所得
unearned premium 未経過保険料(=unexpired premium) [◯保険会社の危険負担責任が残存している期間に対応する保険料]
unearned revenue 前受収益 [◯次期以降に属する受取収益] ▶ reduce the balance of unearned revenue to $3 million 前受収益の残高を300万ドルに減らす
unease *n* 《文》=uneasiness
uneasy *a* 不安な, 確信がない《about》; 楽でない; 窮屈な; ぎこちない
◇**uneasily** *ad* 不安そうに, 心配で; 窮屈そうに; 落ち着きなく
◇**uneasiness** *n* 不安, 心配; 窮屈
uneconomic, uneconomical *a* 不経済な ▶ An unprofitable activity is uneconomic. もうからない活動は不経済だ / It's not cheap to buy. It is uneconomical. それは安い買い物ではない. それは経済的ではない
uneconomically *ad* 不経済に ▶ uneconomically small production lots 経済的に見合わない小さな生産ロット
unemployable *a* 雇用できない
unemployed *a* 仕事がない, 失業した; 利用[使用]されていない; 暇な ▶ Jim is unemployed for the time being. ジムは目下失業している
― *n* (the ~)失業者; 完全失業 ▶ The government plans to increase public spending to create jobs for the unemployed. 失業者向けの雇用を創出するため, 政府は公共支出を増やす計画だ

unemployment /ʌnɪmplɔ́ɪmənt/
n 失業(者数); 完全失業; 失業率

【コロケーション】
(動詞(句)+~) **cause** unemployment 失業を引き起こす / **drive up** unemployment 失業率の上昇に拍車をかける / **face** unemployment 失業に直面する / **live on** unemployment 失業給付で食いつなぐ / **reduce** unemployment 失業を減らす
▶ low [high] unemployment 少ない[多い]失業者数 / chronic unemployment 慢性的失業 / mass unemployment 大量失業 / rising unemployment 増加傾向の失業 / structural unemployment 構造的失業 / disguised unemployment 偽装失業 / youth unemployment 若年失業者 / increase in unemployment 失業の増加 / rate of unemployment 失業率 / involuntary unemployment 非自発的失業 / keep unemployment low 失業者数を低く抑える / create more unemployment in steel 鉄鋼関係の失業者を増加させる / The June jobs report put **unemployment at 4.0%.** 6月の雇用統計では, 失業率は4.0%だった / **Unemployment fell below 5%.** 失業率が5%を下回った / **Unemployment is rising** into the double digits. 失業率が2けた台にまで上昇している / Unemployment **surged** to 6.7% in February. 2月の失業率は6.7%まで急上昇した / Households are losing confidence from a worsening economy and **rising unemployment**. 景気の悪化と失業の増大で家計は自信を失っている / The economy is plagued by **poverty and unemployment**. その国の経済は貧困と失業に悩まされている

unemployment benefits 失業手当, 失業給付; 失業保険金 ▶ collect unemployment benefits 失業給付を受ける / cut unemployment benefits 失業給付の水準を引き下げる / raise unemployment benefits 失業給付の水準を引き上げる
unemployment compensation 《米》失業手当, 失業給付, 失業保険金
unemployment insurance 失業保険, 雇用保険 ▶ be eligible to receive unemployment insurance benefits for up to 26 weeks 失業保険給付金を26週まで受け取る資格がある / The number of **claims for unemployment insurance** rose 15 percent last month. 失業保険の申請件数は先月15%増加した / The government provides **payment of unemployment insurance benefits** to workers who become unemployed through no fault of their own. 政府は本人の責めによらないで失業した労働者に対して失業保険給付を提供する / All employees are **covered by unemployment insurance**. 従業員は全員が雇用保険に入っています / She is not qualified for **unemployment insurance benefits**. 彼女は雇用保険による給付を受ける資格がない
unemployment insurance claim 雇用保険給付申請
unemployment line 《米》失業者の列(=《英》dole queue) ▶ join the unemployment line 失業する
unemployment rate 完全失業率; 失業率 [◯労働力人口に占める失業者の比率. 米国では約6万世帯を対象に, 「仕事がない」「求職している」と回答した者を失業者で数える. 事業所調査による非農業部門就業者数, 平均労働時間とともに重視される雇用統計指標] ▶ the high unemployment rate 高い失業率 / the low employment rate 低い失業率 / make a cut in the unemployment rate 失業率を引き下げる / send the unemployment rate to 6% 失業率を6%まで押し上げる / The unemployment rate rose to 5.4 percent, the highest level in ten years. 失業率はこの10年で最高の5.4パーセントに達した / The unemployment rate will average 4.7% in the fourth quarter. 失業率は第4四半期で平均4.7%になるだろう
unemployment relief 失業救済
unemployment tax 失業保険税 [◯失業保険の財源に充当するために雇用主が支払わねばならない税金]
unencumbered *a* 抵当に入っていない
unenforceable contract 法的強制力の

ない契約 [○約因を欠くなど成立要件を満たしておらず, 法の力を借りて相手の履行を求めることのできない契約]

unequal *a* 等しくない (*in*); 不公平な; (能力などが) 不十分な, 堪えない, 無理な (*to*); 均一的でない

unethical *a* 非倫理的な, 企業[職業]倫理に反する, 商道徳に反する

unethical conduct 職業倫理違反行為

unethically *ad* 非倫理的に; 企業[職業]倫理に反して ▶ be accused of having acted unethically 企業[職業]倫理に反して行為したと非難される / The CEO behaved unethically in this dealing. CEOはこの取引で倫理違反の行動をした

unexampled *a* 前例のない; 無比の

unexceptionable *a* 非の打ち所がない; 申し分のない

unexceptional *a* 例外でない, 普通の; 例外を認めない

unexciting *a* つまらない; ありきたりの

unexcused *a* 許されていない

unexpected *a* 思いもよらない; 不意の ▶ In an unexpected move, the Fed raised the discount rate by half a percentage point. 予期しなかった動きだったが, FRBは公定歩合を0.5パーセントポイント引き上げた / Due to unexpected problems, the shipment was delayed. 予期しない問題のために, 船積みが遅れた / The company wasn't prepared to deal with the unexpected demand for its service. その会社には自社のサービスに対する予想外の需要に対応するだけの準備がなかった

unexpected gain 偶発的利得

unexpected loss 偶発的損失

unexpectedly *ad* 突然に, 不意に ▶ Despite forecasts of remaining flat, retail sales fell unexpectedly by 0.6% last month. 現状維持の予測にもかかわらず, 小売業界の売上高は先月は思いがけなく0.6%減少した / The stock market unexpectedly retracted from its upward movement. 株式市場は予想に反して上昇の動きから反転した / As retail sales unexpectedly dropped, recession fears picked up pace. 小売業の売上が予想外に落ち込むにつれて, 景気後退の懸念がテンポを速めた / The unexpectedly high demand sent prices soaring. その予想しない需要の高まりが価格を高騰させた

unexpired *a* 有効期間が残っている, なおも有効な

unfailing *a* 信頼できる, 確かな; 誤りのない; 尽きない, 無限の
◇**unfailingly** *ad*

unfair *a* 不公平な, 公明正大でない (*to*); 不正な; 不当な ▶ The law prohibits unfair trading practices in securities transactions. 法律は証券取引における不公正な取引慣行を禁じている
◇**unfairly** *ad*
◇**unfairness** *n*

unfair competition 不正競争[競業] ▶ be charged with unfair competition 不正競争の疑いで責任を追及される / engage in unfair competition 不正競争をする

unfair dismissal =wrongful termination

unfair labor practice 不当労働行為 [○米国では公正な労使関係秩序に対する侵害行為を言う. 使用者による不当労働行為と労働組合による不当労働行為がある] ▶ constitute an unfair labor practice 不当労働行為を構成する / engage in an unfair labor practice 不当労働行為をする / file an unfair labor practice charge against the company 不当労働行為で会社を告訴する

unfair trade practices 不公正貿易慣行 [○米国は1980年代に外国の政府・産業による不公正貿易慣行の是正を前面に打ち出した通商政策を展開した. 1988年に成立した, いわゆるスーパー301条は不公正貿易慣行を有すると疑われる国に対し報復措置をとることを明記した] ▶ engage in unfair trade practices 不公正貿易行為をする

unfaithful *a* 忠実でない, 不正直な; 不正確な
◇**unfaithfully** *ad*
◇**unfaithfulness** *n*

unfamiliar *a* よく知らない (*with*); 熟知していない (*to*); 不慣れな
◇**unfamiliarity** *n*
◇**unfamiliarly** *ad*

unfashionable *a* はやらない

unfavorable, (英) **unfavourable** *a* 好意的でない, 反対する, 逆の (*for*, *to*); 不適当な, 不向きな ▶ He's worried about getting an unfavorable evaluation from his boss. 彼は上司から悪い評価を下されることを心配している

unfavorable balance 赤字 ▶ an unfavorable balance of payments 国際収支赤字 / an unfavorable trade balance 貿易赤字
◇**unfavo(u)rably** *ad*

UNFCCC United Nations Framework Convention on Climate Change

unfetter *vt* 足かせを取る; (通例受身) 束縛を解く, 自由にする

unfettered *a* (形式) 束縛されない, 自由な ▶ The economic crisis has stirred up worries about unfettered markets. 経済危機は束縛のない自由な市場についての懸念をかき立てた

unfilled *a* (注文が) 応じられていない; (欠員が) 補充されていない

unfit *a* 適さない; 能力のない; 不適当な (*for*, *to do*)
ー *vt* (-tt-) 不適当[無資格]にする (*for*) ▶ His age unfits him for hard work. 彼の年齢では重労働は無理だ

unfocused *a* 焦点が合っていない; 対象が絞られていない ▶ The marketing campaign was unfocused and failed to generate new sales. マーケティング攻勢は焦点が合っていなかったし, 新しい売上を創出することができなかった

unfold *v* (折りたたんだものを) 開く, 広げる; 説明する; 明らかになる; 展開する; 進展する ▶ The

unforeseeable a 予測できない

unforeseen a 予期しない

unfortunate a, n 不運な; 不幸な; 残念な, あいにくの, まずい, 遺憾な; 《~s》不運[不幸]な人たち ► Our company had an unfortunate experience with the joint venture. 当社はその合弁事業については不運な経験をした
◇**unfortunately** ad 不幸[不運]にも《for》; 残念ながら ► Unfortunately, the item you requested has been discontinued. あいにく, ご希望の品は製造中止となっております / Unfortunately, the position has already been filled. 残念ですが, そのポジションはすでに埋まっています

unfounded a 根拠のない ► unfounded rumors 根も葉もない噂 / The rumor of a possible takeover is totally unfounded. 企業買収の見込みがあるという噂はまったく根拠がない
prove unfounded 根拠がないことが判明する

unfreeze vt (-froze;-frozen)(資金などの)凍結を解除する

unfriendly a 友好的でない; 思いやりがない; 敵意のある《to》;《文》都合の悪い;(環境などに)害がある ► unfriendly circumstances 逆境
◇**unfriendliness** n

unfriendly takeover 敵対的買収 [⇒ 買収されようとしている企業の意に反して進められる企業買収]

unfulfilled a 実現[成就]されていない; (人が)自己実現していない

unfulfilled order (証券取引での)未執行の売買注文, 未約定の売買注文, 未発送の注文品, (サービス業での)未処理の注文

unfunded a ❶ 資金[財源]のない ❷ (公債が)短期の, 一時借入れの

unfunded pension obligation 積立不足の年金債務 [⇒ 年金給付に必要なだけの年金資金の額に対して不足があること]

ungeared a 無借金の, 自己資金だけによる ► have a largely ungeared balance sheet 実質無借金の財務内容となっている

ungenerous a 金を出し惜しむ, けちな; 狭量な
◇**ungenerously** ad

unhappy a 不幸な; 悲しい《at, at doing》; 惨めな《to do》; 哀れな, 不運な; 不満を持った《about, with》; 都合の悪い; 不適切な ► He was unhappy with his salary after ten years on the job. 彼は10年間この仕事をしてきて, 給与に不満を感じている
◇**unhappily** ad 不幸に(も); 折あしく; 遺憾ながら
◇**unhappiness** n

unhappy camper 満足していない客, 従業員; 文句を言う人

unhealthful a 健康に悪い

unhealthy a 病身の; 不健康な; 健康によくない; 有害な, 不健全な;《略式》危険な
◇**unhealthily** ad
◇**unhealthiness** n

unheard-of a 前代未聞の, 前例のない; 無名の

unhedged a ヘッジなしの [⇒ 投資リスクの軽減策を取っていない状態を言う] ► unhedged exposures to subprime mortgages ヘッジのないままサブプライム・ローンのリスクにさらされている状態

unhoped-for a 予期しない, 思いがけない

unhorse vt 失脚させる

unidentified a 身元不明の; 確認できない ► An unidentified employee leaked information to the press about the company's money laundering activities. 氏名不詳の従業員が同社の資金洗浄活動についての情報を報道関係者に漏らした

UNIDO /juːníːdou/ United Nations Industrial Development Organization

uniform /júːnəfɔːrm/ a 同じ形[型]の, そろいの; 一定の方式[規則]に従う; 一定の, 一様な; 均一の ► Small businesses demanded uniform treatment from the banks. 中小企業は銀行業界から同一原則に従った扱いを受けることを要求した
— n 制服, ユニホーム
in uniform 制服を着て
— vt 均一にする; 制服を着せる
◇**uniformed** a 制服を着た

uniform business rate 《英》統一事業用不動産税 (UBR) [⇒ 全国一律の税率で事業用の土地および建物に課される地方税]

Uniform Commercial Code 《米》統一商事法典 (UCC) [⇒ 商事法に関する州ごとの違いを是正するためのモデル法案で, 1962年までにフランス法系のルイジアナ州を除き全米各州が採択. 採択時に修正が加えられることが多く, 採択後も州独自の改正があるため完全な統一法ではない]

uniformity /jùːnəfɔ́ːrməti/ n 一様, 画一性; 統一性, 均一性

uniformly ad 一律に, 一様に ► Wages were uniformly cut by 10%. 賃金は一律に10%カットされた / Asian banks were not uniformly affected by the financial crisis. アジアの銀行各社は金融危機による影響を均等に受けたわけではなかった

uniform price 画一価格, 均一価格

uniform price auction 均一価格オークション, ダッチオークション [⇒ 入札者に買値と数量を提示させ, 売手は高い札から見ていき, すべてを売りさばけるものをもって落札価格とする. 新規株式など複数のものを売り出す場合に使われる]

uniform product 画一製品

Uniform Resource Locator ⇒ URL

Uniform Standards of Professional Appraisal Practice 〖不動産〗専門職業的鑑定評価実務統一基準 (USPAP) [⇒ 鑑定財団(the Appraisal Foundation)が公表している基

準．1980年代後半の米国における金融機関の不動産担保融資の不良化に伴い，その際の不動産評価の不統一性・過大評価が問題とされたことを背景に作成された評価基準]

unify /júːnəfài/ *vt* 統一する

unilateral *a* ❶ 一方だけの；一方的な ❷【法律】一方的な，片務の [⇨一方当事者の約束に応じて他方当事者のなした(行為など)約束以外のことがらによって成立する(懸賞広告などの)契約や，一方当事者だけが義務を負担する(贈与の約束などの)契約に関することについて言う]
◇**unilaterally** *ad*

unilateral contract 片務契約 (⇔bilateral contract) [⇨贈与のように，当事者の片方だけが債務を負う契約]

unilateralism *n* ユニラテラリズム，単独行動主義 (⇔multilateralism) [⇨他の力を借りたり，協調を図ったりすることなく，目標の実現を図ること]
▶ management unilateralism 経営の専横
◇**unilateralist** *n*

Unilever ユニリーバ [⇨(1) (~ N.V.)オランダの食品会社．1927年設立．84年 Brooke Bond Group PLC を買収 (2) (~ PLC)Unilever N.V. の英国法人．旧称Unilever Ltd. オランダ，英国の両会社が Unilever を保有する]

unimpeachable *a* 申し分のない
◇**unimpeachably** *ad*

unimpeded *a* 妨げられない

unimportant *a* 重要でない，ささいな

unincorporated *a* 法人化されていない；法人格がない

unincorporated association 法人格なき社団，権利能力なき社団

unincorporated body =unincorporated association

uninitiated *a* 十分な知識[経験]のない
━ *n* (the ~)未経験者，初心者

uninstall *v* 【コンピュータ】(プログラムを) アンインストールする [⇨ハードディスクから取り除く]

uninstalled *a*《米略式》首にした

uninsurable *a* (危険が大きくて) 保険が付けられない; (the ~) 保険に加入できない人

uninsurable risk 不保不可能リスク，保険不能リスク [⇨保険料算定の基礎となるデータのないリスク] (=unacceptable risk)

uninsured *a* 保険を付けていない; (the ~) 保険未加入者，無保険者 ▶ We are not responsible for uninsured goods once dispatched. 付保されていない品物については発送以後の責任を負いかねます

unintentional *a* 故意でない，何気ない
◇**unintentionally** *ad*

uninterested *a* 無関心の ((in)); 利害関係のない

uninterrupted *a* 絶え間ない
◇**uninterruptedly** *ad*

union /júːnjən/ *n* 結合，連合；一致団結，融合；連邦；同盟，労働組合 (=《米》labor union, 《英》trade union); 結婚; 合体 ▶ a union label (製品につける) 組合ラベル / an enterprise union 産業別組合 / form a union 組合を結成する / represent a union 組合を代表する / **Almost all unions** in Japan are company unions. 日本ではほとんど全部の組合が企業別組合だ / **Union membership** is on the decline. 労働組合の加入者数は減る一方だ / In return for government funding, automakers are required to submit concrete restructuring plans and secure concessions **from unions**. 政府融資の見返りに，自動車メーカーは具体的なリストラ計画を提出し組合から譲歩を取り付けることを義務づけられている / **The union and management** failed to reach an agreement. 組合と経営陣は合意に達することができなかった

union-bashing *n*《略式》(言論などによる) 組合批判，組合攻撃

union busting 《米》(労働)組合つぶし

Union Carbide (~ Corp.) ユニオン・カーバイド [⇨米国の大手総合化学会社．設立1917年．2001年 Dow Chemical が買収した]

union contract 労働協約

unionist *n* 連合主義者；労働組合主義者；労働組合員

unionization,《英》**-sation** *n* 労働者の組織化，組合結成

unionize,《英》**-ise** *v* 労働組合を結成する，非組合員を組合に取り込む
◇**unionized** *a* 組合化された ▶ Automakers are asking unionized workers to make substantial cuts in health and pension benefits. 自動車メーカーは医療と年金の給付金を大幅に削減することを組合労働者に要求している

union leader (労働)組合指導者

union member (労働)組合員

union representative 組合側代表者

union shop ユニオンショップ [⇨労働者が採用後の一定期間内に労働組合に加入しなければならない制度] ⇨ open shop

unique /juːníːk/ *a* 唯一の；素晴らしい，無比の；極めてまれな ((in)); 独特の，特有の ((to)) ▶ Many customers like the unique taste of the beer. 多くの顧客はそのビールの独特の味が気に入っている / We've added several unique features to the new model. 新機種に他社にない機能をいくつか追加した
◇**uniquely** *ad* 独自に，比類なく ▶ The uniquely distinctive packaging will definitely attract customers' attention. 独特の一風変わった包装は間違いなく顧客の注意を引くだろう
◇**uniqueness** *n*

unique cost 単一原価

unique risk 個別リスク，固有リスク [⇨特定の金融商品に固有のリスクで，分散投資によって回避可能な種類のもの]

unique selling point, unique selling proposition ユニークセリングポイント (USP) [⇨「独自の売り」「他にはないセールスポイン

unique visitor ユニークビジター [⇒IPアドレスを基準に数えるウェブサイトへの来訪者]

unison /júːnisn, -zn/ n 一致, 調和
in unison 一致して《*with*》; 一斉に ► Small businesses must act in unison if they want to get fair treatment from the banks. 中小企業が銀行業界から公正な扱いを受けたいのなら一致した行動を取らなければならない

unissued a 《証券・株式などが》未発行の
unissued capital 未発行株式, 授権資本 [⇒会社の株式発行枠中, まだ発行されていない部分]

unit /júːnit/ n ❶ 設備一式, ユニット ► The hybrid car market is projected to expand to 9.6 million units in 10 years. ハイブリッド車の市場は10年間で960万台に拡大すると予測されている / We'd like to order 120 units of model AZ-200. モデルAZ-200を120個, 注文したいのですが ❷《取引面における》取引単位 ❸ 単位, 単一 ► a monetary unit 貨幣単位 ❹《マンションなどの》専有部分;《アパートの》部屋 [⇒個々の専有部分のことは individual unit と表示する] ► The apartment building has 45 dwelling units. そのアパートには45の住戸がある ❺ 事業部 [⇒企業の operating unit (事業単位) としての division (事業部) を言う]

unitary tax 《米》ユニタリー・タックス, 合算課税 [⇒州外での全利益を合算して州税を算出する税制] ► adopt the unitary tax system to minimize loss of tax revenue 税収の損失を最小限に抑えるために合算課税制度を採用する

unit cost 単位当たり原価, 単位原価 [⇒製品1単位当たりの製造原価]
unit costing 単位原価計算
unit depreciation 個別償却 [⇒個々の資産単位ごとに償却計算と記帳を行う方法]

unite /juːnáit/ *vt* 一体にする; 合併させる; 接合する, くっつける《*with*》;《性質などを》兼ね備える
— *vi* 一体になる; 一致する《*in, in doing*》 ► Workers and students united in opposing the project. 労働者と学生は団結してこの計画に反対した

united /juːnáitid/ a 結合 [連合] した; 協力 [団結] した, 一致した《*in*》 ► United we stand, divided we fall. 団結すれば立ち, 分裂すれば倒れる (✚南北戦争の標語から合衆国の標語)
◇**unitedly** *ad*

UnitedHealth Group ユナイテッドヘルス・グループ [⇒米国の管理医療サービス会社. メディケアやメディケイドによる医療保障プラン, 各種団体や政府機関向けの医療管理・給付管理なども手掛ける. 1977年設立]

United Nations Conference on Trade and Development 《the ~》国連貿易開発会議, アンクタッド (UNCTAD) [⇒1964年に途上国側の要求により設立された, 国連総会の常設機関. 先進国と発展途上国との経済格差を是正するために, 途上国に対する援助の増大や貿易の拡大などについて話し合う]

United Nations Convention on Contracts for the International Sale of Goods 《the ~》ウィーン売買条約, 国際物品売買契約に関する国連条約 (CISG) [⇒国際的売買に関する統一準則を定めた条約. 1980年に採択, 1988年に発効]

United Nations Development Programme 《the ~》国連開発計画 (UNDP) [⇒貧困問題や農村都市開発問題など, 開発問題に携わる国連機関. 毎年, 「人間開発報告書」を発行している]

United Nations Food and Agriculture Organization 《the ~》国連食糧農業機関 (FAO) [⇒栄養・生活水準の向上, 貧困撲滅, 農産物の生産効率改善などを目指して, 1945年に設立された国連機関]

United Nations Framework Convention on Climate Change 《the ~》気候変動に関する国連枠組条約 (UNFCCC) [⇒温室効果ガス増大に伴う気候変動を防止するために制定した条約. 1990年12月国際連合の中に「気候変動枠組み条約交渉会議 (INC)」が設けられ, 1992年採択, 1994年発効. 毎年, 締約国会議を開催し, 気候変動防止のための政策を討議する]

United Nations Industrial Development Organization 《the ~》国連工業開発機関 (UNIDO)

United Parcel Service 《~, Inc.》ユナイテッド・パーセル・サービス (UPS) [⇒世界最大級の米国の速達・小包配送会社. UPS Logistic Group と UPS Capital Corp. を通じて流通支援・金融サービスも行う]

United Press International 《the ~》UPI 通信社 [⇒2000年, 経営難から News Communications, Inc. の子会社となった]

United States Code 『合衆国法律集』(U.S.C.) [⇒米国で現在在効の連邦法を系統的に配列したもの. 全体が50の編 (title) に分類されている. たとえば第11編 (Title 11) は, Bankruptcy と題され, 破産法を収録している. U.S.C. はインターネット (コーネル大学ロースクールのサイトなど) で見ることができる]

United States Congress 《the ~》米国連邦議会 [⇒上・下両院からなり, 権限は両院対等であるが, 上院は条約批准同意権と官職任命同意権の2つの特権をもち, 下院は歳入法案先議権を持つ. 上院議員は各州2名ずつで計100名, 3分の1ずつ2年ごとに改選され, 任期は6年. 下院議員は各州人口比例で配分され, 計435名, 2年ごとに全部改選される]

United States Court of Appeals 合衆国 [連邦] 控訴裁判所 [⇒連邦の中間上訴裁判所. 全米を12の Circuit (巡回区) に分けて Court of Appeals が置かれている. たとえば, カリフォルニア州を含む Ninth Circuit (第9巡回区) を管轄する控訴裁判所は United States Court of Appeals for the Ninth Circuit と呼ばれる]

United States District Court 合衆国

[連邦] 地方裁判所 [⇒連邦の第一審裁判所. 全米に94の District Court がある. その管轄区は Judiciary District (裁判区) と呼ばれる. 各州に少なくとも一つの裁判区があるが, 複数の裁判区を持つ州もある. たとえば, ニューヨーク市を管轄する連邦地方裁判所は United States District Court for the Southern District of New York と呼ばれる]

United States dollar 米ドル (=US dollar) ⦿ Unless otherwise specifically agreed in Individual Contract, all payment shall be made in United States Dollars.「個別契約」に別段の定めのなき限り, すべての支払は米ドルでなされるものとする

United States Patent and Trademark Office ⇨USPTO

United States Patents Quarterly ⇨USPQ

United States Postal Service 米国郵政公社 (USPS) [⇒1971年郵政再編法により郵政省を引き継ぐ形で設立された]

United States Steel (~ Corp.) USスチール [⇒米国の鉄鋼メーカー USX Corp. が, 2001年12月に石油部門 Marathon Oil を分割し, かつての名前に戻った. 次々に破綻したり, 買収されたりしている鉄鋼業界にあって生産量国内第2位の鉄鋼メーカー]

United States Trade Representative 米国通商代表 (USTR) [⇒米国通商代表部の責任者] ⇨Office of the United States Trade Representative

United Technologies (~ Corp.) ユナイテッド・テクノロジーズ (UTC) [⇒米国の重機会社. 1934年設立. 傘下の Pratt & Whitney によるジェットエンジン, Sikorsky によるヘリコプター, Carrier による空調設備, Otis によるエレベータの生産などを手掛ける]

United Way (the ~) (米国の) 慈善福祉団体

unitholder *n* ユニット型信託受益者

unit investment trust ユニット型投資信託 (UIT)

unitization, 《英》**-sation** *n* ユニットトラスト化

unitize, 《英》**-ise** *v* ユニットトラスト化する

unit labor cost 単位労働コスト [⇒時間当たり賃金を労働生産性 (生産高÷労働投入量) で割って求める指標]

unit-linked *a* 《英》ユニットトラスト運用型の

unit-linked insurance 《英》ユニット・リンク (投資) 保険 (=unit-linked investment insurance, unit-linked (life) assurance)

unit-linked pension 《英》ユニット・リンク年金

unit of account ❶ 計算単位 ❷ 会計単位 [⇒会計報告上用いる単位, 会計通貨]

unit of currency 通貨単位

unit operation 単位操作 [⇒化学工業の中で, 中心となる化学的プロセスの前後に加わる, 原料の調整, 反応生成物の分離・精製などの個々の物理化学的操作を言う]

unit price 単価 ► Supermarkets are required to display unit prices for products so shoppers can compare. スーパーマーケットは顧客が比較できるように単価を表示する義務がある

unit pricing 単位価格表示, 単位表記, 単位価格決定法 [⇒商品や製品の価格表示において, 単位当たりの価格を表示すること]

unit sales 売上台数

unit share 台数シェア [⇒同種の商品の売上台数の中で占めているシェア]

unit trust 《英》ユニットトラスト [⇒契約型オープンエンド投資信託. 一口当たりの純資産額を基準に持分の新規発行や買戻しが常時行われ, 運用は委託者 (投資委託会社) と受託者 (受託銀行) との信託契約に基づく. 米国の mutual fund に相当する]

unit trust company 《英》ユニットトラストの運用会社

universal /jùːnəvɚ́ːrsəl/ *a* ❶ 普遍的な; すべてに及ぶ; 全般的な; 万能の ► universal coverage for health care 医療の皆保険制度 ❷【法律】(個人の権利・利益・義務の) 全体に関する[を含む], 包括的な, 総体的な ► a universal succession 包括承継 [相続]

universal bank ユニバーサルバンク [⇒銀行, 証券, 信託, 保険など金融の全業務を提供する金融機関]

universal banking (ドイツ, フランス, スイスなどにおける証券業務などを兼営した) 総合銀行, ユニバーサル・バンキング

Universal Copyright Convention (the ~) 万国著作権条約 (UCC) [⇒1952年に, ユネスコが中心になってジュネーブで調印された著作権の国際的保護に関する条約. 著作権保護の異なる方式の統一をはかる. 日本は1956年に批准. 締約国は, この条約に基づいて, 著作権者およびその他の著作権者の文学, 科学および芸術の著作物における権利を保護しなければならない]

universal design ユニバーサル・デザイン [⇒万人に使いやすいデザイン]

universal health care 普遍的医療制度 [⇒国が一元的に運営する国民皆保険制度. 米国では, 政府の医療保険である Medicare は65歳以上の高齢者と障害者が対象で, Medicaid は低所得者が対象であることから, 一般人は, 民間の医療保険に加入するか, 自費で受診することになる]

universal life insurance ユニバーサル生命保険 (=flexible premium adjustable life insurance) [⇒インフレーション対応・金利感応型の生命保険の一種]

Universal Pictures (~ Co.) ユニバーサル映画社 [⇒1912年創立の Hollywood の映画会社. 62年MCA傘下となり, 続いてテレビ映画にも進出. その後, Vivendi Universal となり, 2003年10月に合併され, 現在は NBC Universal の子会社. General Electric の子会社]

Universal Postal Union (the ~) 万国郵便連合 (UPU) [⇒国連の専門機関の一つ. 1874年に設立. 本部はベルン]

Universal Product Code 《米》統一商品

コード (UPC) [⇨バーコードのこと]

Universal Studios ユニバーサル・スタジオ [⇨テーマパークの一つ. 米国では Hollywood, Florida などにある. 日本とスペインにも進出]

universe /jú:nəvə:rs/ n (人の活動の)分野, 世界, 領域 ▶ the center of one's universe (人の) もっとも大切な人[物] / US banks will maintain their dominance in the global financial universe. 米国の銀行はグローバルな金融の世界で支配的な地位を維持するだろう

university /jù:nəvə́:rsəti/ n (総合)大学 (U, Univ) ▶ I joined the company upon graduation from university. 大学を卒業してすぐ, その会社に入社した

UNIX, Unix 《商標》ユニックス [⇨米国のベル研究所開発のオペレーティングシステム] [< Uniplexed Information and Computing System]

unjust a 不正な, 不公平な; 理にかなっていない
◇**unjustly** ad

unjust enrichment 不当利得

unjustifiable a 筋の通らない, 不当な

unjustified a 正当でない

unknowing a 知らない, 気づかない 《to, of, in》
◇**unknowingly** ad

unknown a 知られていない《to》; 未知の, 不明な; 無名の

an unknown quantity 未知のもの[こと]

unknown to の知らないうちに
— n 無名の人; 《the ~》未知のもの[こと] ▶ The unknown is how long consumers can endure the high prices. 未知の要素は, 消費者がその高い価格をどれだけ長く辛抱できるかということだ / Whether the economy has bottomed out remains the biggest unknown. 景気が底を打ったかどうかは, 最大の未知の要素として残っている

unladen a 空車の ▶ unladen weight 空車重量 [⇨一般に走れる状態にある空車の重量]

unlawful a 合法的でない, 不法の
◇**unlawfully** ad
◇**unlawfulness** n

unleaded /-lédid/ a 無鉛の ▶ unleaded gasoline 無鉛ガソリン

unless /ənlés/ conj …でない限り, のほかは
▶ Union workers say that **unless** they get a pay raise, they will go on strike. 賃上げを獲得できなければストをする, と組合の労働者は言う 📄 **Unless** any provision to the contrary is stipulated on the face of this Agreement, the general terms and conditions on the reverse side hereof shall apply. 本契約の表頁に相反する条項が規定されていない限り, 裏面約款が適用されるものとする 📄 All disputes that may arise between SELLER and BUYER shall be settled by arbitration in Tokyo, **unless** otherwise agreed by both Parties. 「売主」と「買主」との間で生ずることあるべきすべての紛争は, 両当事者の別段の合意なき限り東京における仲裁で解決されるものとする

成句 *unless otherwise agreed* 別段の合意なき限り
— prep …を除いては

unlicensed a 認可のない; 無免許の ▶ Unlicensed products are flooding the black market. ライセンスを受けていない製品が闇市場にあふれている

unlike a 違った, 等しくない
— prep …に似ていない; …とは異なった; …と違って; …らしくない ▶ Unlike Japanese PC makers, foreign competitors can cut costs through mass production. 日本のパソコンメーカーと違って, 外国の競争相手は大量生産によってコストを下げることができる / Unlike several months ago, most of the government spending programs are now in place. 数か月前と違って, ほとんどの政府支出プログラムは現在は実施されている / Unlike many competitors who have shifted their manufacturing abroad, most of our products are made domestically. 海外へ生産を移転した多くの競合他社と違い, わが社の製品の大半は国内製だ

unlikely a ありそうもない《to do, that》; 見込みがない; 考えられない ▶ Despite restructuring efforts, the company is unlikely to achieve its earnings forecast for this fiscal year. リストラの努力にもかかわらず, 同社は今事業年度の利益予測を達成しそうにない / The economy is unlikely to sustain its current growth rate. その国の経済は現在の成長率を維持できそうにない

unlimited a 制限のない; 無限の, 果てしない ▶ Government policies virtually gave unlimited protection to banks, which encouraged irresponsible lending. 政府の政策は銀行に事実上無制限の保護を与えたので, そのことが無謀な貸付けを奨励した / For a low flat rate, you can make unlimited local and long distance calls. 定額の低料金で, 無制限に市内と長距離の通話ができる
◇**unlimitedly** ad

unlimited company 《英》無限責任会社 [⇨社員が無限責任を有する会社]

unlimited liability 無限責任

> 解説　企業債務について, 自己の出資額を超えて, 限度なしに責任を負うこと. 米国で言えば, 個人企業の個人企業主(sole proprietor)やパートナーシップのジェネラルパートナー(general partner)は無限責任を負う. 事業の債務について, 最悪の場合, 個人資産で返済する法的義務がある

unliquidated a 未清算の; 未確定の, 未決定の ▶ unliquidated damages 未確定額[不確定額]損害賠償(額)

unlisted a ❶ 電話帳に掲載していない (=ex-directory) ❷ (証券取引所に)未上場の, 非上場の ▶ The liquidity of unlisted shares is generally lower than that of listed shares. 未上場株式の流動性は一般に上場株式のそれに比べて低くなる

unlisted company 未上場会社, 非上場会

社
unlisted security 非上場有価証券 (=unlisted stock); 店頭取引証券
unlisted share =unlisted stock
unlisted stock 未上場株, 非上場株(式) (✦店頭株は未上場株にあたる), 場外株式
unload *vt* 荷を降ろす; (積み荷を) 降ろす (*from*); (厄介なものを) 除去する (*on*); (持ち株などを) 処分する ► The ships were being unloaded. 船の積み荷が降ろされていた / Retailers are discounting products to unload their inventory. 小売業者は在庫を減らすために製品を値引きしている / I'll unload some of your responsibilities to the new employee when he joins your department. 新入社員が当部に配属されたら, 君の責任の一部は新入社員に移すつもりだ
— *vi* 積み荷を降ろす
unloading *n* コンテナ出し
unlock *vt* 錠をあける; (しっかり閉じたものを) 開く; (秘密などを) 打ち明ける ► We need to unlock the vault to put away today's deposits. 金庫室を開けて本日の預入れをしまっておかなければならない
— *vi* 錠があく
unlooked-for *a* 予期しない, 意外な
unman *vt* (*-nn-*) 男らしさを失わせる; 勇気をくじく; (船を) 無人にする
unmanageable *a* 扱いにくい, 手に余る ► The workload has become unmanageable. 仕事量は手に負えないほどに多くなった
unmanned *a* 無人の, 人が乗り組んでいない, 無人操縦[運転]の, 係員のいない
unmarked *a* 印のない; 無標の; 表示のない ► an unmarked police car 覆面パトカー
unmarketable *a* 市場性がない, 売ることができない
unmatchable *a* 匹敵し難い, 対抗できない, 比類のない
unmatched *a* 無比の, 比べるものがない (*by*); 不調和の
unmeasured *a* 測定されない, 果てしない; 過度の
unmerited *a* 値しない; 不相応の, 不当な
unmet *a* (要求が) 満たされていない
unmetered *a* 一律料金制の, 定額制の
unmitigated *a* 和らげられない, 軽減されていない; まったくの; 純然たる; 掛け値なしの
unmoved *a* 心を動かされない, 冷静な; 不動の, 確固とした ► He was unmoved by his boss's praise of his work. 彼は上司に仕事をほめられても冷静だった
unnamed inventor 記載されていない発明者 [✦米国では, 特許の発明者を故意に記載しないと, 特許が無効かつ権利行使不能とされることがある]
unnecessary *a, n* 不必要な(もの), 無用(もの) ► The company wasted a lot of money on unnecessary equipment. その会社は不必要な機器類に多額の資金を浪費した

◇**unnecessarily** *ad*
unneeded *a* 不必要な
unnerve *vt* 勇気を失わせる; うろたえさせる
◇**unnerving** *a* (気力をなくすほど) ひどい ► The number of foreclosures have accelerated at an unnerving pace. 差押えの数は不気味なペースで加速した
unnoticed *a* 人目につかない, 目立たない, 注目されない
go unnoticed 気づかれないでいる
pass unnoticed 見過ごされる
unobtainable *a* 入手できない
unobviousness *n* 非自明性 [◯新規性 (novelty) と産業利用可能性 (utility または usefulness) と並ぶ, 特許を受けるための要件の一つ]
unoccupied *a* 人の住んでいない; ぶらぶらしている, 忙しくない ► Much of the office space in the new building remains unoccupied. 新しい建物の事務所スペースの大部分はテナントが決まらないままだ
unofficial *a* 非認認[非公式]の ► It's unofficial, but we've decided to bring in an outside consultant to conduct an audit. 正式決定ではないが, わが社は外部のコンサルタントを呼んで監査を行ってもらうことにした
◇**unofficially** *ad* 非公式に; 非公認で ► Unemployment in this area is unofficially estimated at 50 percent. この地区の失業は非公式に5割と推定されている
unofficial exchange rate (為替の) 非公式レート, 実勢レート
unofficial strike 山猫ストライキ, 未公認ストライキ [◯労働組合の正規の手続に従っていない一部組合員によるストライキ]
unorganized *a* 組織的でない; (米) 労働組合に加入していない
unpacking *n* コンテナ出し
unpaid *a* (借金・手形などが) 未払いの; 不渡りの; 名誉職の, 無報酬の ► Several employees filed a suit to claim unpaid overtime wages. 数名の従業員が, 未払いの残業手当を要求して訴訟を起こした
unpaid balance 未払残高
unpaid bill 未払請求書; 不渡り小切手
unpaid dividend 未払配当 [◯取締役会で支払が決まったものの支払日が到来していない配当金. このように配当が未払いとなっている期間中にこの銘柄を取得しても配当金を受け取る権利はない]
unpaid interest 未払い利息
unpaid leave 無給休暇
unpaid leave of absence 無給休暇
unpaid wages 未払賃金
unpaid work 無報酬労働
unpolluted *a* 汚染されていない
unpopular *a* 人気[人望]がない, はやらない (*with, among*)
unpracticed, (英) **unpractised** *a* 練習を積んでいない, 未熟な (*in*); 実行されない, 実用に供されない
unprecedented *a* 前例のない, 空前の; 新

奇な ► The magnitude of what's going on is unprecedented. 現在進行中の事態の規模は過去に例がない / This company has enjoyed unprecedented growth in recent years. この会社は近年、過去に例のない成長を享受している / Exports to the US fell to an unprecedented 53% in January from a year earlier. 米国への輸出は1月には前例のない前年比53%減となった / The country's pubic debt has ballooned to an unprecedented level of 1.6 times its GDP. その国の公的債務はGDPの1.6倍という前例のない水準に膨れ上がっている

unpredictability n 予測不可能性
unpredictable a 予測できない, 何をするか[どうなるか]分からない ► Public utility stocks are an option for investors wary of unpredictable returns. あてにならない収益に悩む投資家にとって公益事業株は一つの選択肢だ
unpredictably ad 予測可能性を否定して, 予測できない形で ► The market is behaving unpredictably. 市場は予測できない動きを見せている
unproductive a 生産的でない, 建設的でない, 不毛の ► an unproductive discussion 不毛の議論
unprofessional a プロとしてのあり方に背く, 職業倫理に背く, プロの道に反する
◇**unprofessionally** ad
unprofitable a 採算が取れない, 赤字である ► The company managed to sell its unprofitable frozen foods business. 同社は不採算の冷凍食品ビジネスをなんとか売却することができた / The company plans to close over 30 unprofitable stores across the country. その会社は全国で30を超える不採算店舗を閉鎖する計画だ / Pig farming is at present unprofitable. 養豚は現在のところ利益が得られない
unprofitably ad 不採算で, 赤字で ► The company has been operating unprofitably for the past three years. 同社はここ3年、赤字経営を続けている
unpromising a よくなる見込みのない
unprotected a 保護されていない; 無防備の
unqualified a 資格のない; 不適任の《for, to do》; 制限のない, 無条件の; まったくの ► an unqualified success 大成功 / unqualified support 全面的支援 / Many unqualified candidates applied for the position. 資格を満たしていない志望者が多数その職に応募した
◇**unqualifiedly** ad
unqualified opinion 無限定適正意見〔◆除外事項が付けられておらず, 財務諸表が企業の財務状況と経営成績を適正に表示していると判断する監査報告意見〕
unquestionable a 疑いのない, 明白な
◇**unquestionably** ad 疑いなく, 確かに
unquestioned a 疑いのない
unquestioning a 疑問を持たない; 躊躇しない
unquiet a 動揺した; 不穏な; いらいらした, 不安[心配]な
◇**unquietly** ad
unquoted a (証券取引所で) 株式を公開していない
unquoted company 非上場会社
unquoted investment 非上場有価証券
unquoted share 未上場株, 非上場株
unrealistic a 非現実的な ► These sales targets seem to be unrealistic. これらの売上目標は非現実的だと思われる
◇**unrealistically** ad 非現実的なほどに, 信じられないほど ► The manager had unrealistically high expectations of his staff. あの課長は部下に対して非現実的な大きな期待を抱いていた
unrealized a 未実現の, まだ具体化していない ► unrealized potential as a distribution channel 流通経路としての未実現の可能性
unrealized gain 含み益; 未実現利益(=unrealized profit) ► unrealized gain on securities 有価証券の未実現利益 / The company has significant unrealized gains on its equity portfolio. 同社は株式ポートフォリオにかなりの含み益がある
unrealized loss 含み損; 未実現損失〔◇資産が売却されるまで損失額が確定していないものを言う〕 ► recognize $5 million in unrealized losses on derivatives デリバティブ取引の含み損5百万ドルを計上する / The company's unrealized losses on its equity portfolio amounts to about $1 million. 同社の保有株式の含み損はおよそ100万ドルに達する
unrealized profit 含み益; 未実現利益〔◇資産が売却されるまで利益額が確定しないものを言う〕
unrealized profits or losses 含み損益
unreasonable a 不合理な; (値段などが) 法外な, 不当な ► The manager made unreasonable demands on his staff. 課長は部下に無理難題をふっかけた
unrecoverable a (債権などが) 回収不能の, (データなどが) 修復不能の ► take write-offs on unrecoverable loans 回復不能債権を償却する
unrecoverable error 〔会計〕回復不能な誤り
unregistered a 無登録の, 無記名の ► unregistered land 未登記の土地
unregistered securities (米国のSECの) 未登録証券
unregistered shares 登録未了株式, 届出未了株式
unregulated a 規制のない, 規制対象外の ► use unregulated markets to speculate 規制のない市場を使って投機をする
unrelated a 無関係の, 関連のない《to》
unreliable a 当てにならない, 信頼できない ► Banks extended loans even to unreliable borrowers. 銀行各社は信頼できない借手さえローンを提供した / Customers complained of the company's costly and unreliable

service. 高い上に信頼できないその会社のサービスに顧客は不平を言った

unremarkable *a* とりたてて言うほどのことはない, つまらない

unremarked *a* 気づかれていない
go unremarked 見過ごされる
remain unremarked 気づかれないままでいる

unreported *a* 報告されていない
go unreported 報告されないままでいる

unresolved *a* 未解決の ► The labor dispute remains unresolved. 労働紛争は未解決のままだ

unrest *n* 不安; (社会的・政治的) 動揺 ► More unemployment will cause social unrest in that country. それ以上失業が増えるとその国に社会不安が起きる

unrestricted *a* 規制[制限]されていない

unsafe *a* ❶ 危険な, 安全でない ► Unsafe levels of lead paint were found in the company's children's toys. 危険な水準の鉛塗料が同社の子供用玩具に発見された ❷【法律】(有罪判決・評決などが) くつがえされる可能性がある (✦unsafe and unsatisfactory の成句で用いる)

unsaleable *a* 販売できない, 売り物にならない

unsatisfactory *a* 不満足な

unsatisfied *a* 満足していない, 不満の[で]

unsatisfying *a* 満足のいかない

unscathed *a* 無傷の ► The company emerged relatively unscathed from the recession. その会社は景気後退から比較的無傷で抜け出した

unscheduled *a* 計画に入っていない, 予定外の

unscrupulous *a* 非良心的な, 無節操な, 悪徳の, たちが悪い ► unscrupulous lenders 悪徳貸金業者
◇**unscrupulously** *ad* 無節操に ► unscrupulously market questionable products 問題のある商品を無節操に販売する
◇**unscrupulousness** *n* 無節操, 節操のなさ ► The founder's unscrupulousness brought about his company's downfall. 創業者の節操のなさが自分の会社の破綻を招いた

unseasonable *a* 季節外れの; 時機の悪い
◇**unseasonableness** *n*
◇**unseasonably** *ad*

unsecured *a* 無担保の

unsecured bond 無担保社債券

unsecured credit 無担保貸付

unsecured creditor 無担保債権者

unsecured loan 無担保ローン, 無担保貸付

unsettle *vt* 動揺[混乱]させる; 調子を悪くする; 気を転倒させる ► The sudden rise in crude oil prices has had an unsettling effect on the market. 原油価格の突然の上昇は市場に落ち着かない影響を与えてきた / This rumor will unsettle the market. この噂で市場は落ち着かなくなるだろう / This news has unsettled shareholders. このニュースは株主を動揺させている
— *vi* 取り乱す

unsettled *a* 落ち着かない; 動揺している; 住民のいない; (問題点が) 未解決の; 清算されていない

unship *vt* (-pp-)(船客・船荷を) 船から降ろす

unskilled *a* 特別の訓練を要しない; 未熟な

unskilled labor 不熟練労働(者)

unskilled worker 単純労働者, 手に職がない労働者

unsocial *a* 非社会的な

unsold *a* 売れていない, 売れ残っている ► The number of unsold homes on the market has increased. 市場の売れ残り住宅の数は増加している

unsold balance 売残り証券 [⇨新たに発行される証券を全部売りさばけなかった場合の残った部分. 株式については売れ残と解すが一致しないの取引残とも言う]

unsolicited *a* 要求されないのになされた; 一方的に送られた ► He didn't appreciate his colleague's unsolicited criticism. 彼は同僚のおせっかいな批評をよく思わなかった

unsolicited mail 広告郵便物 (=junk mail) ⇨spam

unsolicited offer 一方的申込[申し出] [⇨特に依頼なき買収提案を指すことが多い]

unsolved *a* 未解決の ► Many of the bank's bad debt problems remain unresolved. 銀行の不良債権問題の多くは未解決のままだ

unsound *a* 健全[健康]でない; 堅固でない; 論拠の薄弱な; (会社・商品が) 信用できない

unspecified *a* 明示していない

unspecified damages 未確定損害の賠償 [⇨損害賠償請求において損害額をあらかじめ示さず, 裁判所の判断に委ねるという言い方]

unstable *a* ❶ 不安定な; 変わりやすい ► Unstable raw materials prices have made cost projections difficult. 不安定な原材料価格はコストの予測を難しくしている / We withdrew from the market because of the country's unstable political situation. 同国の不安定な政治状況のゆえに, 当社はその市場から撤退した ❷【経済】不安定な [⇨価格が均衡価格から離れたとき, 均衡に戻る傾向がないこと]
◇**unstableness** *n*
◇**unstably** *ad*

unstated *a* 述べられていない

unstressful *a* ストレスを起こさない ► His lifestyle is unstressful. 彼の暮らし方はストレスとは無縁だ

unstuffing *n* コンテナ出し

unsubordinated *a* 劣後しない, (ほかの債権者との関係で) 非劣後的 [⇨弁済を受ける順位が, ほかの債権者と同等であること] 🗐 The senior notes are unsecured general obligations of the company that rank on parity with all other unsecured, unsubordinated indebtedness of the company. 本優先社債券は, 当社にとり, 担保の供されていない一般的な債務を構

成するものであり，当社の他の非劣後的無担保債務と弁済順位を同じくするものである

unsubscribe vt 【認】(メーリングリストの)会員登録をやめる ⇨subscribe

unsuccessful a 不成功の，失敗した；できの悪い
◇**unsuccessfully** ad

unsure a 自信のない；不確かな《*of, about, if*》► Investors are unsure about the financial stability of the company. その会社の財務的な安定性について投資家は確信を持っていない
be unsure of oneself 自信がない

unsustainable a 持続性がない，サステナブルでない ► unsustainable growth 持続性のない成長 / These countries have built up unsustainable levels of debt. これらの諸国は持ちこたえられないほどの債務を蓄積している

unsystematic risk アンシステマティック・リスク，分散可能リスク(⇔systematic risk)〔⇨分散投資により打消し可能なリスク(systematic riskに対比される概念)〕

untapped a 飲み口をあけられていない；未開発の，利用されていない

until /əntíl/ conj (動作・状態の継続)(…する時)まで；(結果的に)そして[ついに]；(程度) …するまで
► He thought he was in a secure, well-paying job **until** he was fired because of the recession. 景気後退の理由で解雇されるまで，彼は安定した高給の仕事をしていると思っていた
— prep (動作・状態の継続) …まで(ずっと) (=till)
► **Until** six months ago, the company's sales growth and record profits seemed unstoppable. 6か月前までは，その会社の売上の伸びと記録的な利益は破竹の勢いのようだった / The Tokyo stock market will be closed **until** Monday. 東京株式市場は月曜日まで閉鎖される予定だ / The bank has **until** May 1 to complete its reorganization plan. その銀行は5月1日までに再建計画を完成することになっている

[成句] *it was not until ... that* になって初めて *until after* の後まで *until at last* そしてついに *up until* までずっと *(up) until now* 今まで

untimely a 時を誤った，折の悪い，季節外れの ► The untimely resignation of the CEO left the company in chaos. CEOの早期辞職は同社を混乱におとしいれた
— ad 時候外れに；折あしく
◇**untimeliness** n

untouchable a 触知できない；手を触れてはいけない；手が届かない；非難[告発，買収]ができない ► The company is no longer quite so untouchable as before. その会社はもはや昔ほど手が届かない存在ではない

untrustworthy a 信頼[信用]できない

untruth n (~s /-ðz, -θs/) 真実でないこと，虚偽；うそ
◇**untruthful** a 本当でない；うそを言う
◇**untruthfully** ad

unusable a 使えない

unused /-júːzd/ a 使わない，未使用の；未消化の[⇨休暇などに使う]; /-júːst/ 慣れていない《*to*》

unused energy 未利用エネルギー[⇨今まで利用されていなかったエネルギー．生活排水や中下水の熱，超高圧地中送電線からの排熱，変電所の排熱，河川水や海水の熱，地下鉄や地下街の冷暖房排熱，雪氷熱など]

unusual a 異常な；並外れた；珍しい ► Please contact us immediately if you detect any unusual charges on your billing. 請求書のなかに異常な請求を発見されたら，直ちに当社にご連絡ください

unusually ad 異常に，めったにないほど，いつになく，著しく；《略式》非常に ► The ratio of liquid assets to liabilities was unusually high. 流動資産の負債に対する比率は異常に高かった

unveil vt ベールを外す；発表する ► The computer maker unveiled plans to enter the mobile phone market. そのコンピューターメーカーは携帯電話市場に参入する計画を発表した / Last week, the company unveiled its plans to offer a new health care service. 先週，その会社は新しい医療サービスを提供する計画を発表した
— vi ベールを取る；正体を現す

unwieldy a 扱いにくい；不格好な ► Such an unwieldy conglomerate is not easy to manage profitably. こうした扱いにくい巨大企業はもうかるように運営することが容易ではない

unwilling a 気が進まない，不本意の；欲しない《*to do*》► European governments are unwilling to take on more debt through public spending. 欧州諸国の政府は公共支出によって債務を増やすことを好まない / Workers were unwilling to take another pay cut. 労働者は給料をもう一度カットされたくなかった
◇**unwillingly** ad
◇**unwillingness** n

unwind /-wáind/ v (**-wound**) (巻いたものを[が])解く[解ける]，ほどく；《略式》緊張をほぐす；くつろぐ ► unwind a trade 手仕舞う[⇨反対取引をしてポジションを解消すること]

unwinding n 手仕舞い，解消，巻戻し ► The unwinding of the housing boom caused massive job losses in the construction industry. 住宅ブームの巻き戻しは建設業界に大規模な人員整理をもたらした

unwinding of cross shareholdings 株式持合の解消 ► The unwinding of cross shareholdings has been a major factor in the recent weakness in the stock market. 株式持合の解消が最近の株式市場の軟調の背後にある大きな要因だ

unzip vt (圧縮ファイルを)解凍する

up /ʌp/ ad 上方へ[に]；北方へ；向かって，近づいて，前[先]の方へ；高い方へ[に]；上流へ；現れて；起こって；終わって；完全に，すっかり
► lay **up** food 食料品を貯蔵する / One's term is **up**. 任期は終了 / He was $50 **up** after an hour. 彼

は1時間で50ドル稼いだ / Something **is up**. 困ったことが起きている / Sales revenues were **up** 18% last year. 売上収入は昨年18%増加した / In January, 1,236 firms failed with debts of ¥10 million or more, **up** 13.6% from a year ago. 1月には、1,236社が1千万円またはそれ以上の負債を抱えて倒産したが、これは前年比13.6%の増加だった / Imports grew by 12%, **up** for the third consecutive year. 輸入が12%伸び、3年連続の増加となった / The company **is up against** stiff competition in the domestic market. その会社は、国内市場での厳しい競争に直面している / The two plants should **be up and running** in two months. この二つの工場は向こう2か月内には立ち上がっているはずだ / It's not **up to** much. 大したことはない / It's **up to** you. それは君次第だ / What **is** he **up to**? 彼は何をたくらんでいるのか / The stock market has been **up and down** for the last two years. ここ2年間、株式市場は上がったり下がったりしている / The company is in talks with the union over eliminating **up** to 8,000 jobs. その会社は8千人の人員整理について組合と協議している / I agree with you **up to** a point. ある程度まで同意いている / **Up to now**, we've managed to keep our costs under control. これまでのところ、当社は何とかコストを抑制してきた

[成句] *all up (with)* (は)すっかり駄目で、おしまいで *be up* 上昇している; 激しくなる; 終わって; 起きて *be up against* 《困難などに》直面している *be up against it* 困っている *be up and doing* 《略式》大いに活躍している *be up and running*（機械が）正常に稼働している *be up to* 基準に達して、に耐える; に適して、匹敵して;《略式》の義務[責任]で; 次第で;《略式》に従事して、しようとして; する用意[準備]ができて;《略式》…についてよく知って *be (well) up on [in]* 《略式》精通している *up and down* 上下に、上がったり下がったり; 行ったり来たり、あちらこちらへ[に] *up for* の資格を持って; で訴えられて; に立候補して;（売りに）出されて *up from* から上昇[立身出世]して *up to* （に至る)まで;⇨*be up to* *up to now / up until now* 今まで

— *prep* …の上方へ; …の上へ[に]; …沿いに; …の上流へ; …に逆らって

— *a* （乗り物などが）上りの; 上方への; 起きて;（道路が）補修[工事]中の;（建物が）建っている

[成句] *up and up* 《米略式》真っ正直な、信用できる、公正な

— *n* 上昇; 《通例 ~s》繁栄、出世; 上り坂

► The stock market went through countless bouts of **ups and downs** last year. 株式市場は昨年は上がったり下がったり無数の発作的な動きを経験した

[成句] *be on the up (and up)*《米略式》正直である;《英略式》うまくいっている、向上している *ups and downs* （人生などの）浮き沈み

— *vt* (**-pp-**)《略式》（持ち）上げる、増す

► You are going to be **upped** to manager. 君は支配人に格上げになる / Based on brisk sales in the first quarter, the company **upped** its earnings projection for the year. 第1四半期の好調な売上高に基づいて、同社はその年の利益予測を上方修正した

— *vi* 立ち上がる、起きる; 上昇する

[成句] *up and do* 《略式》急に…する

up-and-comer *n*《略式》(将来)有望な人

up-and-coming *a*《略式》有望な; 精力的な; 新進の、やり手の

up-and-down *a* 上下する; 起伏のある; 浮沈の多い;《米》垂直の

upbeat *n*, *a* 景気のよい; 強気の; 上り調子、強含みの ► The market opened on an upbeat note. 相場は強含みで寄り付いた

UPC Universal Product Code

upclose /ʌ́pklóus/ *a* 近寄った ► get an up-close look at を近寄って見る

upcoming *a*《米》近づく、すぐに起こる ► an upcoming product 近日発売の製品

update /ʌ̀pdéit/ *vt* アップデートする、更新する ► update the information 情報を最新のものにする / When was the last time the mailing list was updated? 郵送宛先リストを更新したのは、いつが最後でしたか / I'm updating the information on the company website. その会社のホームページ上の情報を更新している

— *n* /´-ˋ/ 最新情報[データ]《*on*》; 最新版; 更新; 通帳記入; 更新

updating *n*（設備などの）更新 ► We plan to continue the updating of our plants. 引き続き当社工場の設備更新を進める予定だ

up day（市場の全般的な）値上がりの日 ► The company's stock fell 3% on an up day for the market. その会社の株は市場が値上がりした日に3%も下落した / The company's stock fell 5% on an up day for the market. その会社の株は市場全体が値上りした日に5%も値下りした

updraft *n*（景気の）上昇

upend *v* 逆さまにする[なる]; 逆転させる ► The recent energy crisis upended that company. 最近のエネルギー危機がその会社に大きな打撃を与えた

up-front *a* 前払いの ► an up-front fee of five percent and an additional five percent when the job is done 5%の前払手数料と仕事完了時に5%の追加手数料

— *ad* 《略式》先払いとして、前金で ► They'll need a half-million dollars up-front before opening the business. 事業発足前に前金として約50万ドルの投資が必要になろう / We ask them to pay up-front. 私たちは彼らに前払いを求める

upfront fee 前金、前払手数料

upgrade /ʌ́pgrèid/ *n* 格付の上方修正; 格上げ［⇨**格付機関**が証券の格付を上げること。アナリストが企業の評価を上げる場合にも用いられる］(⇔*downgrade*); 設備改良

on the upgrade 上がっている

— *vt* /´-ˋ/ 等級を上げる、(価値を)高める; 高級化する、高性能にする; 《ｺﾝﾋﾟｭｰﾀ》（ソフト[ハード]ウェアを）グレード[バージョン]アップする、上級のものに

変更する ► upgrade one's skill 技術を磨く / The bank upgraded its branch network and information systems. その銀行は支店ネットワークと情報システムの性能を向上させた
— *vi* 【階→】(…に)グレード[バージョン]アップする 《*to*》

UPI United Press International

U-Pick *n* もぎとり果樹園

upkeep *n* 維持(費) ► Owners spend a fortune for the upkeep of their cars. マイカーの所有者は自分の車の維持に多額の費用をかけている

uplift *vt* (輸送のため)人や荷を乗せる ► uplift cargo 荷を乗せる
— *n* /́--/ 上昇, 増加 ► The company saw a 40 percent uplift in sales. 同社は40%の売上増を記録した

upload /ʌ́plòud/ *vt* アップロードする[○情報をネットワークにのせる] ⇨ download ► We need to upload our financial information to our accountant. 私たちは会社の会計士に財務情報をアップロードする必要がある

upmarket *a* 高級品(市場向け)の, 高級路線の, 高所得者向けの ► go upmarket 高級路線に移行する / move upmarket 高級路線に移行する / shift upmarket 高級路線に移行する / take ... upmarket (品ぞろえ, 内装など)を高所得者向けに変える

upmarket goods 高級品

upon /əpán, əpɔ́:n; (弱)əpən/ *prep* =on
► All eyes were **upon** him. すべての目が彼に注がれた

[成句] *be (almost) upon us* 迫って[近づいて]いる
mile upon mile of 何マイルもの *upon doing* …するとすぐに

UPP user pays principle

upper /ʌ́pər/ *a* さらに上[上部]の; 上流の; (地位・階級などが)上位[上流]の
have [gain] the upper hand 優位に立つ ► The company has gained the upper hand in the takeover battle. その会社は買収合戦で優位に立っている

upper house [chamber] 《しばしばU-H-》(二院制の)上院

upper management 上層部, 経営上層部

uprate /ʌpréit/ *vt* 増額する; 格上げする

uprise *vi* (-*rose*;-*risen*) 上る; 上り坂になる; 高まる, 大きくなる
— *n* /́--/ 上り坂

UPS uninterruptible power supply(停電時にコンピュータの内蔵電源に切り替える)無停電電源装置; United Parcel Service

upscale *a* (所得・教育・地位が)平均より上の; 金持ち用の ► go upscale 高級路線に移行する / move upscale 高級路線に移行する / shift upscale 高級路線に移行する / take ... upscale …を高所得者向けに変える (✤ 使い方はupmarketと共通)

upscale car 高級車

upscale chain 高級チェーン店

upselling *n* アップセリング[○顧客が当初予定していたものより価格が高めの商品・サービスを買うよう仕向けること]

upset (~;-**tt**-) *vt* ひっくり返す; (計画などを)駄目にする; (秩序を)乱す; うろたえさせる ► Investors are upset by the sudden crash of the stock market. 投資家たちは株式市場の突然の暴落にショックを受けている
— *vi* ひっくり返る
— *n* /́--/ 転覆; 混乱; 意見の食い違い, 争い
— *a* /́--/ ひっくり返った, 混乱した; 動転した《*about, over, with, that*》

upset price 《米》最低販売価格, 最低競売価格; 競売開始値段, 売り唱え値 (=《英》reserve price)

upshot *n* 《the ~》終局, 結果 ► The upshot of the yen's depreciation is that exports will rise. 円安の結果, 輸出が増えるだろう
the upshot (of it all) was that 結局…となった

upside *n* (株価などの)上げ余地, 上昇の可能性 ► The upside is that consumer prices have come down. 明るいニュースは消費者物価が下がったことだ
have its upsides and downsides 利点も欠点もある
on the upside 《米》よい面では ► On the upside, sales of the new model have gotten off to a good start. 明るい話題としては, 新機種の発売は好調なスタートを切った

upside down 逆さまに; 乱雑な状態に
turn upside down 転覆する, (仰向けに)ひっくり返る

upside potential (株価などの)上げ余地, 上昇の可能性 ⇨ downside risk

upsize *v* アップサイズする[○システムや事業の規模を拡大すること]

upskill *v* スキルアップする ► We provide online courses to upskill existing employees. 当社では既存従業員がスキルアップするのを支援するためオンライン講座を提供している

upstairs *ad* 上階[2階]へ[で]; 《米式》頭(の中)は ► all vacant upstairs 頭が空っぽ / not have much upstairs 頭がよくない
kick a person upstairs 《米略式》(人を)(追い出すために)名目上の高位に就かせる ► The overly critical office manager was kicked upstairs to become the tenth vice-president of the firm. ひどくロうるさい部長は会社の10人目の副社長に祭り上げられた
— *a* 2階の
— *n* (~) 2階; 上階; 《米略式》頭

upstart *n* 新興企業

upstream *ad, a* 生産部門で[の]; (石油・ガス産業で)産出段階で[の]; (石油の)川上部門(の)

upsurge *vi* 《文》わき立つ; 急増する
— *n* /́--/ わき上がり; 急増《*of, in*》

upswing *n* 著しい増加[上昇, 発展] 《*in*》; (景気循環における)回復期; 上げ相場, 上昇局面[○価格が上昇傾向にある相場] ► The economy is

on an upswing. 景気は拡大局面に入っている / The analysts predicated an upswing in the economy. アナリストたちは経済の上昇を予告した
on the upswing (商売が)順調で ► The activity is on the upswing. その事業は上向いている
take an upswing 上向きになる

uptick *n* ❶《米》(需要・供給の)増大, 上向き ► The uptick in sales in the first quarter helped clear inventories. 第1四半期に売上が増加したことは在庫の一掃に寄与した ❷ アップティック (⇔downtick) [○直前の取引価格よりも高い値段で取引が執行されたときを言う. 空売りはその銘柄の直近の売買がアップティックのときのみ許される. plustick (プラスティック) とも言う]

uptight *a*《米格式》張りつめた; いらいらした, 怒った; 型にはまった, 堅苦しい ► My boss is uptight and obstinate. 私の上司は神経質で頑固だ

uptime *n* アップタイム, 稼働時間 (⇔downtime) [○停止中の時間を指すダウンタイムに対し, システムが稼動状態にある時間を言う]

up-to-date, up to date *a* 最新の情報を含んでいる; 最新の, 現代的な, 最新式の ► up-to-date information 最新情報 / up-to-date software 最新ソフト
bring a person up-to-date (人に)最新情報を伝える (*with, on*) ► Could you bring me up-to-date on the product development? その製品の開発について最新の状況を教えていただけませんか

up to par 水準に達している

up-to-the-minute *a* 最新の, 分刻みで更新される

uptown *n, ad, a*《米》山の手[へ, で, の]; 住宅地区[へ, で, の]

uptrend *n* 上昇トレンド, 上昇局面, 上げ足[○相場が上向いていること. またその足取り]

upturn *vt* ひっくり[掘り]返す; 上に向ける
― *n* /ニーニ/(価格・需要の)上向き, 上昇, 好転, 改善, 反転, 反発 [○それまで低迷ないし下降していたものが一転して上昇する状況] ► an upturn in the economy 景気上昇, 景気回復 / The business cycle, at long last, took an upturn. 景気サイクルがようやく上昇に転じた / The change in policy triggered an economic upturn. 政策の変更が景気上昇のきっかけとなった

UPU Universal Postal Union

upvalue *vt* 平価を切り上げる

upward *ad* 上の方へ, 上向きに; …からずっと; より以上に[高く]
― *a* 上方へ向かう; 上昇する ► upward pressure on prices 物価上昇圧力 / The robust GDP growth is likely to put additional upward pressure on the yen. GDPが力強い伸びとなったことで, 円高圧力が一段と強まる公算が大きい / Stocks on the Nikkei accelerated their upward swing in early morning trading. 日経指数の銘柄は早朝の取引で値上がりの動きを加速した
... and [or] upward(s) …またはそれ以上

upward(s) of を上回る, 以上の ► The cost-cutting program could save the company upward of $35 million yearly. 経費節減計画は同社にとって年間3,500万ドル以上の節約になる可能性がある

upwardly mobile 上昇志向の, 上昇志向が強い

upward mobility (経済的・社会的な)地位向上の傾向[可能性], 上方階層への移動傾向[志向] ► The upward mobility of African Americans helped push the local economy. アフリカ系アメリカ人の上向きの社会移動が地元経済を押し上げる助けになった

upward risk 上方リスク, (インフレなどの)上ぶれ ► Upward risks of inflation have not disappeared. インフレが悪化するリスクは消えていない

upward spiral 上向きのスパイラル ► The upward spiral of oil prices was broken by the onset of the recession. 石油価格の上方への悪循環は景気後退の開始によって断ち切られた

urban /ˈə:rbən/ *a* 都会の; 都会に住む ► Most of the bank's branches are located in urban areas. その銀行の支店は, ほとんどが都市圏に位置している

urban development 都市開発

urbane /əːrˈbéin/ *a* 都会風の, 洗練された, あか抜けした

urbanity /əːrˈbǽniti/ *n* 都会風, 洗練

urbanization,《英》**-sation** /ˌəːrbənizéiʃən/ *n* 都市化 ► promote urbanization 都市化を進める

urbanize,《英》**-ise** /ˈəːrbənàiz/ *vt* 都市化する

urban redevelopment 都市再開発
urban renewal 都市再開発, 市街地再開発

urge /əːrdʒ/ *vt* 駆り立てる; 急がせる 《*on, onward, forward*》; 強制する; 切に頼む; 促す 《*to, into, on to do*》; 強く主張する 《*on, upon*》; 強力に推し進める ► Industry lobbyists urged lawmakers to support the tax relief bill. 減税法案を支持するように, 業界のロビイストは議員に圧力をかけた
― *n* 人を駆り立てること; 刺激; 衝動

urgency /ˈəːrdʒənsi/ *n* 緊急; (要求などの)しつこさ

urgent /ˈəːrdʒənt/ *a* 緊急の; しつこく要求する ► call an urgent meeting 緊急会議を招集する / Your urgent attention to the matter would be appreciated. 早急に本件をご検討願えれば幸いです
◇**urgently** *ad*

URL [ユ者] Uniform Resource Locator ユーアールエル[○情報サイトの場所を示す表記]

usability /ˌjuːzəˈbíləti/ *n* ユーザビリティー, 使いやすさ

usable /ˈjúːzəbl/ *a* 使用に適した; 使用できる ► Your idea is usable in the final product. あなたの着想は最終製品に活かせます

usage /ˈjúːsidʒ, -zidʒ/ *n* ❶慣習; 扱い方; 使用,

使用法, 使用量 ▶ Providers have reduced charges for Internet usage on mobile phones. プロバイダー各社は携帯電話のインターネット使用料を値下げした / These boots are designed to withstand hard usage. このブーツは酷使に耐えるように作られている ❷【法律】慣習法

usance /júːzns/ *n* ユーザンス [◆外国為替手形上の支払猶予期間]

USA Today『ユーエスエー・トゥデイ』[◆米国の日刊紙. カラーを多用した親しみやすい新聞. 大手ホテルでは他紙を指定しない限りこの新聞が届けられることが多い]

U.S. Bankruptcy Code 連邦破産法 [◆破産は連邦議会の専属的立法権に属すると米国憲法は定めている. 連邦破産法は第1章から第13章までの章(chapter)に分かれている. 企業の破産には第7章「清算」または第11章「更生」が適用される. 個人の破産には連邦破産法第7章「清算」または第13章「定収入がある個人の債務調整」が適用される]
⇨ bankruptcy

U.S. Bankruptcy Court 連邦破産裁判所 [◆破産手続を管轄する連邦裁判所. 破産の申請を受け付け, 破産裁判官(bankruptcy judge)が破産手続に関する裁判と破産手続の監督を行う. 連邦地方裁判所(U.S. District Court)の下部機構である. 破産は連邦の裁判所のみが扱う]

U.S.C. *United States Code*

U.S. Court of Appeals ⇨ United States Court of Appeals

U.S.C. Supp. *United States Code Supplement*『合衆国法典補遺』

USDA United States Department of Agriculture 米国農務省

U.S. District Court ⇨ United States District Court

U.S. Dollar Index 米ドル指数 (USDX) [◆米ドルの外国通貨に対する価値を数値化した指数. ユーロ, 日本円, 英ポンド, カナダドル, スエーデンクローナ, スイスフランに対する為替レートを貿易量で加重して相乗平均した数値で, この指数の使用が開始された1973年3月を100として計算している] ▶ The US Dollar Index has rallied since the end of March. 米ドル指数は3月末から反騰している / The U.S. Dollar Index surged Friday on speculation the European central banks will cut interest rates. 欧州の中央銀行が金利を切り下げるだろうとの思惑で, 米ドル指数は金曜日に急騰した

USDX US Dollar Index

use *vt* /juːz/ 用いる, 使う; 働かせる; 利用する; 取り扱う; 消費する ▶ He did not use his employees with much consideration. 彼は使用人の扱いにはあまり思いやりがなかった / Use by May 5. (食品包装などの表示) 使用期限5月5日 (✤目的語を省略) / We use only natural ingredients in our products. 当社の製品は天然の原料のみ使用しています / We kept costs down by using imported materials. 当社は輸入原料を使ってコストを低く維持してきた / Approximately 70% of oil is used for transportation. 石油の約70%は輸送に使われている

could [***can***] (***really***) ***use*** が得られたらいい[ありがたい], が必要だ

use up 使い尽くす ▶ I have not used up my annual leave yet. 年次有給休暇を使い切っていない

— *n* /juːs/ ❶ 使用[利用]すること; 使用法, 用い方; 用途; 使用する能力 (*of*); 効用; 利益, 必要 (*for*); 習慣 ▶ In the past year its use has risen sharply. 過去1年で使用量は急激に伸びた ❷【法律】ユース, (不動産などの信託財産からの) 受益(権), 信託(の設定)

be (***of***) ***no use*** 役に立たない ▶ The information on the website was outdated and of no use. そのホームページの情報は古くて役に立たなかった

bring ... into use を使い始める

come into use 用いられるようになる

for the use of が使用[使用]するために[の]

for use as として使うために

have no use for の必要がない; を相手にしない ▶ Our company has no use for your services at this time. 今のところ, わが社は御社のサービスを必要としておりません

have one's uses 時には役に立つ

in [***out of***] ***use*** 使われて[ないで] ▶ All the meeting rooms are in use at the moment. 会議室は今全部使用中です / The escalator is out of use. エスカレーターは運転停止中です

it is no use doing / ***there is no use*** (***in***) ***doing*** …しても無駄だ ▶ There is no use in discussing the matter any further. その件をこれ以上議論しても仕方がない

lose the use of がきかなくなる

make use of を利用[使用]する ▶ Managers must make efficient use of scarce resources. 管理職は稀少な資源を効率的に使わなければならない

put ... to (***good***) ***use*** を用いる ▶ He put this information to good use. 彼はこの情報を大いに活用した

through use of を使って

with use 用いているうちに

◇**useable** *a* =useable

use-by date 使用[賞味, 有効]期限

used[1] /juːst, (*to*の前)juːst/ (*to do*)▶ He used to work for a big company. 彼は大会社で働いていたことがある

used not to do もとは…しなかったものだ (=did not use to do)

used[2] /juːst, (*to*の前)juːst/ *a* に慣れて ((*to* (*doing*)); /juːzd/ 使用された; 使い古された ▶ a used car 中古車 / We are used to dealing with overseas suppliers. 当社は海外のサプライヤーとの取引には慣れている

get [***become***, ***grow***] ***used to*** に慣れる

useful /júːsfəl/ *a* 有用な, 役に立つ ((*to*, *for*, *to do*)) ▶ come in useful 役に立つ / If we ask open-ended questions in the customer sur-

vey, we'll get more useful information. 顧客調査に自由回答の質問を採用すれば,もっと役に立つ情報を入手できるだろう
◇**usefully** ad

useful life 耐用年数 (=life time, durable years, durable time) [◇減価償却費算定の基準となる資産の使用年数] ► have a useful life of at least five years 少なくとも5年の耐用年数を持つ

usefulness n 有用性;(特許における産業上の)利用可能性

useless /júːslɪs/ a 無益な;役に立たない ► The time and money on the product development ended up being useless. 製品開発に費やした時間と資金は結局無駄になった
◇**uselessly** ad

U.S. equity fund 米国株ファンド [◇米国企業の株式で運用されるミューチュアルファンド。米国人にとっては国内株ファンド] ⇨mutual fund

user /júːzər/ n 使用者,利用者,ユーザー ► The number of users accessing our website has doubled in the last year. われわれのサイトにアクセスした人の数は去年2倍に増えた

user fee (あるサービスの)利用者[ユーザー]料金

user-friendly a (コンピュータなどが)使いやすい,ユーザーフレンドリーな ► This fax machine is very user-friendly. このファックスはとても使いやすい

userid /júːzərɑ̀ɪdiː/ n [ｺﾞｰ･] =user ID

user ID [identification] ユーザー ID [◇ネットワークにアクセスするときに本人を確認するための符号]

user interface ユーザーインターフェース [◇人間とコンピュータの間のやり取りの仕組み(たとえばキーボード)で,情報機器の設計に織り込まれているもの] ⇨interface

username n ユーザー名

user-oriented accounting 利用者志向会計 [◇企業内部・外部の利害関係者の多様な情報要求に適合する情報の測定と伝達に関する会計]

user pays principle ユーザー支払原理,受益者負担原則 (UPP) [◇道路などの社会資本の整備に当たりその費用を社会資本の利用者に負担してもらうという原則]

user registration ユーザー登録

user support ユーザーサポート

user [user's] manual 使用者マニュアル,取扱説明書

uses and gratification study 「利用と満足」研究 [◇メディアの情報接触行動を,受け手側の日常生活における欲求や充足から説明しようとする研究方法]

use upon use (コモン・ロー上の不動産権の譲渡に関する)二重ユース

use value (米)使用価値 (=value-in-use) [◇不動産の現在の利用状況を前提とした所有者にとっての収益価値。都市部の農場などでは使用価値より市場価値の方が大きいのが普通である]

USG (~ Corp.) USG [◇United States Gypsum Co. の持株会社。石膏などをベースとした建築資材のメーカー。2001年 Chapter XI を申請し,06年 Chapter XI 手続きを完了]

U-shaped economic recovery U字型の景気回復 [◇景気減速後,長期の低迷が続き,そこからの回復ぶりも非常に緩やかなパターンを指す]

usher /ʌ́ʃər/ n (教会・劇場などの)案内係
— vt 案内する

usher in を案内する;の到来を知らせる;のさきがけとなる ► Technological advances ushered in a new era of global competition. 技術の進歩はグローバルな競争という新時代の到来を告げた

U.S. light sweet crude 米国産ライトスウィート原油 [◇ニューヨーク・マーカンタイル取引所の先物取引の代表的な石油商品である West Texas Intermediate (WTI)の別名] ⇨crude oil ► US light sweet crude dropped to $65 a barrel yesterday. 米国ライトスウィート原油は昨日65ドルに下落した

USP unique selling point; unique selling proposition

USPAP Uniform Standards of Professional Appraisal Practice

USPQ United States Patents Quarterly 米国知的財産権判例集

USPS United States Postal Service

USPTO United States Patent and Trademark Office 米国特許商標庁

U.S. savings bond =savings bond

US-source income (米)米国内源泉所得

U.S. stocks 米国株,(米国人にとっての)国内株

U.S. Supreme Court ⇨Supreme Court of the United States

USTR United States Trade Representative

usual /júːʒuəl/ a いつもの;普通の (usu) ► The hotel group reported higher than usual vacancies for this time of year. そのホテルグループは今の季節としては珍しく高い空室率を公表した / We will cut five percent off of our usual rate. 当社の通常料金から5%引きにさせていただきます
— n いつものもの ► the usual いつもの酒[料理]
as usual いつもの通りに

usually /júːʒuəli/ ad いつもは,通例 (usu) ► Regulators usually step in when a recession kicks in. 景気後退が始まると,得てして取締当局の役人が介入してくる / The annual report usually gives a good picture of a company's financial situation. アニュアルレポートは,通常,会社の財務状況を十分に反映している
more than usually いつもにも増して

usufruct /júːzjufrʌ̀kt/ -sju-/ n 使用権 [◇変更を加えたり,費消しない限り他人の物を使用できるという権利]

usurer /júːʒərər/ n 高利貸し

usurious /juːʒúəriəs/ a 高利(貸し)の ► usurious interest rates 高利貸し並みの高利

usury /júːʒəri/ n 高利貸し;悪徳金融 ► a usury ceiling 利息制限 / the usury law 高利制限法 / be accused of usury 高利貸しで起訴される / practice usury 高利貸しをする

usury loan 高利貸付

USX 《~ Corp.》USX ［●米国の鉄鋼メーカー. 1901年設立. 旧社名 United States Steel. 82年 Marathon Oil Co.を買収するが, 2001年に Marathon Oil を分離して, 現在は旧名の United States Steelに戻っている］

UTC United Technologies

utility /juːtíləti/ n ❶ 効用, 利便性, 有用性 ▶ the law of diminishing marginal utilities 限界効用逓減の法則 ❷ 《-ties》公共事業 (✤ 電力, ガス, 水道などの事業); 光熱費 ▶ public utilities (電力, ガス, 水道などの)公益事業(サービス) / electric power utilities 電力会社 / the cost of utilities 光熱費 / The cost of these utilities is included in the rent. これらの設備の使用料は家賃に含まれている / Utilities are paid. (アパートなどの広告) 電気・ガス・水道料は家賃に込み ❸ ユーティリティ［●コンピュータの使い勝手を向上させるソフトウェアの総称］

utility bill (電気, ガス, 水道などの)光熱費
utility consumption 公共エネルギー消費量
utility maximization 効用極大化
utility model 実用新案［●日本, ドイツなど一部の国において(米国には存在しない), 物品に関する形状・構造または組合せの考案を保護する形態. オーストラリアではpetty patentと言う］▶ utility model registration 実用新案登録
utility rate 公共料金［●水道, 電気, ガスなどの料金］
utility requirement 有用性の要件［●米国特許法の定める特許要件の一つ. 日本の産業上の利用可能性(industrial availabitily)とほぼ同じ］
utility tax 公共施設税

utility vehicle 実用車
utilization, 《英》**-sation** n 利用 ▶ The rate of plant capacity utilization fell to 50%. 工場の生産能力利用率は50%まで下落した
utilize, 《英》**-lise** /júːtəlàiz/ vt 利用する ▶ We need to utilize our resources more efficiently. われわれは資源をもっと有効に使わなければならない
◇**utilizable** ad

utmost /ʌ́tmoust/ a 最大の; もっとも遠い, 極限の ▶ Customer satisfaction is a goal of utmost importance for our company. お客様の満足は当社にとって最大限に重要な目標です
― n 最大限度; 極限
at the utmost せいぜい
do [try] one's utmost 最善を尽くす ▶ We did [tried] our utmost to finish the project in time. 当社はその計画を期限内に完成させるのに最善を尽くした
to the utmost 極度に, 極力
utmost good faith 究極の誠実さ［●保険契約をしようという者に告知義務を課す根拠となっている保険制度上の大原則］

utopia /juːtóupiə/ n 理想郷 ▶ You must be out of your mind if you think we live in an economic utopia. われわれが経済的ユートピアに住んでいるとお考えなら, あなたは正気ではないに違いありません［<ラ:どこにもない<*u-* 無い, *topos* 場所;Thomas Moreの著書の理想郷］

utter¹ /ʌ́tər/ vt ❶ (叫び・ため息などを)発する; 述べる; 言葉で表現する ❷ 《法律》(貨幣, 特に偽造貨幣・偽造小切手を)行使する, 流す, 流通させる

utter² a 完全な, 徹底的な; 絶対的な ▶ an utter failure 大失敗 / The sales meeting was an utter waste of time. その販売会議はまったく時間の無駄だった

utterly /ʌ́tərli/ ad まったく, 完全に
uw underwriter

V, v

v. verb; verse; versus; vide; volt; volume
VA, Va. Virginia

vacancy /véikənsi/ n ❶ (組織内での) 空席, 欠員, 空きポスト ► a vacancy in the office of vice president 欠員となっている副社長職 / His retirement made a vacancy in the company. 彼の退職で社内に欠員が生じた / A vacancy has arisen in the marketing department for an assistant. マーケティング部門でアシスタントの欠員が出た / We don't have any vacancies at the moment. 今のところ,欠員がありません / If the vacancy still exists, I'd like to apply for the position. まだ空席でしたら,その仕事に応募したいと思います ❷ 空室 [❖ 特にオフィス物件やホテルでの空室] ► No vacancy. 満室

vacancy rate 空室率 ► the commercial vacancy rate 商業物件の空室率 / the office vacancy rate オフィス物件の空室率 / The vacancy rate for office space in the financial district was down to 11.6%. 金融街では事務所用スペースの空室率は11.6%に下がった

vacant /véikənt/ a ❶ 欠員が補充されていない, (ポストが) 空いたままの ► The position of business analyst is still vacant. ビジネスアナリストのポストはまだ空いたままだ ❷ (部屋が) 空いている ► a vacant house 住む人のない家 / farms vacant for a long time (住む人がいなくて) 長い間放置されている農場 / The building has been vacant since its main tenant moved its headquarters elsewhere. 主要なテナントがよそに本社を移してからというもの,その建物は空いたままだ
◇**vacantly** ad

vacant land 更地, 現在利用されていない土地
⇨raw land

vacant lot 空き用地, 空き物件

vacant possession (広告で) 即入居可

vacate /véikeit | vəkéit/ vt ❶ (職・地位を) 退く ► She will vacate the post at the end of the month. 彼女は月末にこのポストから退く / Jack fills the post vacated by the resignation of John Smith. ジャックはジョン・スミスの辞任に伴って空席となっていたポストに就く ❷ 立ち退く ► A tenant vacates an apartment by terminating occupancy. 賃借人は期間満了によりアパートを立ち退く ❸ (他の機関や裁判所の判断を) 覆す, 否定する, 取り消す ► vacate a judgment 判決を覆す
— vi 家 [部屋など] を立ち退く; 辞任する, 辞める; 《米略式》休暇を取る

vacation /veikéiʃən | və-/ n 《米》休暇, 休み, バカンス; (大学の学期末の) 休暇; (法廷・議会の) 休廷 [休会] 期 ► an extended vacation 長期休暇 / be away on vacation 休暇で不在である / take a vacation 休暇を取る / He took [had] ten days' vacation last summer. 昨年の夏10日間の休暇を取った

vacation and holiday pay 休暇手当 (=vacation pay) [◎ 休暇中に支払われる賃金]

vacationland n 行楽地

vacation leave 休暇

vacation pay 休暇手当

vaccine /væksí:n | -́-/ n, a ワクチン(の); 【コンピュータ】ワクチンプログラム (=vaccine program)

vacillate /vǽsəleit/ vi 揺れる; (心・考えが…の間で) ぐらつく, 二の足を踏む 《between A and B》 ► He vacillated between accepting and declining the job. 彼はその仕事を受けるか否かで揺れた
◇**vacillation** n

vagrancy n ホームレス ► The worsening economic situation has caused increased unemployment and vagrancy. 経済情勢の悪化で失業者とホームレスが増加している

vague /veig/ a あいまいな, はっきりしない; 上の空の ► have a vague idea [feeling] 漠然と思う [考える] / He offered only a vague explanation for his resignation. 彼は,自分の辞任についてあいまいな説明しかしなかった
◇**vaguely** ad

vain /vein/ a 虚栄な; うぬぼれの強い 《of, about》; 無駄な; くだらない ► in a vain attempt [effort] 試みた [努力した] が無駄になって

in vain 効果なく, 無駄に, むなしく; 軽々しく ► The company struggled in vain to get out of the red. その会社は懸命に赤字から抜け出そうとしたが,無駄だった
◇**vainly** ad
◇**vainness** n

Valdez Principles /vældí:z/ バルディーズ原則 [◎ 1989年アラスカでのExxon Valdez号原油流出で設定された環境汚染への企業対応原則]

Valero Energy (~ Corp.) バレーロー・エナジー [◎ 米国の石油精製・販売会社. カナダのUltramar社も傘下. 1980年設立. 重質油, 残渣油などを精製. ガスの販売業も運営]

valet parking バレー [バレット]・パーキング, (ホテルなどの) 専属駐車係に預ける駐車場

valet service バレー [バレット]・パーキング・サービス [◎ 入り口で駐車係に車を渡し, 帰りは持って来てもらうサービス]

valid /vǽlid/ a 有効な ► The work visa is valid for three years. 就労ビザは3年間有効です / This document is not valid without a signature. この文書は署名がないと無効だ

valid through 有効期限…末まで
◇**validly** ad 有効に, 適法に ► A valid offer was made and lawfully accepted. 有効な申込みがなされ, 適法に受理された
◇**validness** n

validate /vǽlədèit/ vt ❶ 承認する, 承認を受け

る ► This certificate must be verified and validated by the regulatory agency. この証明書は監督機関によって確認され、その承認を受けることを要する ❷ 効力を付与する, 発効させる

validation /vædədéiʃən/ n 妥当性, 妥当性の確認 ► a validation experiment (妥当性を確認するための) 実証試験 / Visitors may park for two hours with validation from businesses in the shopping center. 訪問者はショッピングセンター内の店からの証明によって2時間駐車できます

validation test 確認, 妥当性確認 (=validity test, validity check) [⇨ 会計帳簿の正確性, 信頼性, 妥当性などを確認するためのテスト]

validity /vəlídəti/ n ❶ 正当性, 妥当性, 有効性 ► The court upheld the validity of the patent filed by the company. 裁判所はその会社が出願した特許の合法性を認めた ❷ [統計] 妥当性 [⇨ テストなどによる測定が, 測定対象をどれだけ正しく測定しているかを評価する概念]

validity check 妥当性検査
validity period (信用状などの) 有効期限
validity test 確認, 妥当性確認
Valium (商標) ベイリウム [⇨ 精神安定剤ジアゼパム(diazepam)の商品名]

valuable /væljuəbl/ a 高価な; 貴重な, 価値のある, 有益な (for, to) ► The company will sell its stake in the subsidiary, one of its most valuable assets. その会社は, もっとも貴重な資産の一つである子会社の株を売却するだろう
— n (~s) 貴重品

valuation /væljuéiʃən/ n ❶ 評価

> 解説 資産の価値を査定すること. 不動産の場合は鑑定士など第三者の専門家の評価に依存することが多い. 株式の評価は株価収益率(price-to-earnings ratio)で表わされることが多いので, 株価収益率の意味で valuation が使われる場合がある. M&Aでは目標企業の買取価格を算出するための評価の意味で用いられる

► put [set] a high [low] valuation on を高く [低く]見積もる / put 10% on the valuation of the jewel その宝石の査定額を10%割増しする ❷ [金融] バリュエーション, 投資価値評価 ► a stock valuation 株式のバリュエーション / be reflected in the valuation of the stock 株式の投資価値の評価に織り込まれている / The company's stock valuation has become significantly cheaper in the last year. その会社の株式評価額は昨年の一年間に著しく低下した ❸ (保険で) 生命保険証券の現価評価; 責任準備金の積立総額

valuation adjustment 評価修正 ► be affected by an inventory valuation adjustment for rising oil prices 原油価格上昇による在庫の評価修正で影響を受ける

valuation allowance 評価(性)引当金 (=valuation reserve) [⇨ 資産価値の減少を示すために当該勘定から控除される評価勘定] ► impaired loans with valuation allowance 評価引当金計上減損貸出金

valuation reserve 評価性引当金; 責任準備金

value /vælju:/ n ❶ 価値, 真価; 価格, 値段; 対価, 見返り (for); お値打ち, お徳用; 評価; 注目度; 数値 ► be of great [no] value 大変な価値がある[無価値である] / novelty value 注目すべき斬新さ / be good [great] value for money お買得である / share the core value 基本的価値観を共有する / gain value 価値が上がる / lose value 価値が下がる / put a value on の評価額を決める / collateral value of real estate 不動産の担保価値 / residual value at the end of the lease リース終了時の残余価値 / a growth of 5% in terms of value 金額ベースで5パーセントの伸び / One dollar has **a present value** of 150 yen. 1ドル(の交換価値)は現在150円である / This store always has **the best values**. この店はきわめてお買得な商品を扱っている / Our sales decreased in volume but **increased in value**. 当社の売上は数量ベースでは減少したが, 金額ベースでは増加した / Our success has been based on offering customers **good value** for their money. 価格の割に値打ちのある品を顧客に提供することで, わが社は成功を収めてきた / In times of economic downturn, **the value of gold** tends to rise. 景気の下降期には, 金の価値は上昇しがちだ / We look for ways to **create value** for our customers. われわれは顧客のために価値を創出する方法を探している

=====【価値】=====
agreement value 契約価値 / appraisal value 鑑定評価額 / book value 簿価 / current value 現行価値, 時価 / economic value 経済的価値 / face value 額面, 券面額 / fair market value 理論上の適正価額, 公正価額 / fair value 理論上の適正価額, 公正価値 / intrinsic value 理論上の価値, 内在的価値 / market value 市場価値, 市場価格 / net asset value 正味資産価値(NAV) / net present value 正味現在価値 / nominal value 名目上の価額, (証券の) 券面額 / par value 券面額 / subjective value 主観的価値

❷ [不動産] 価値 [⇨ 実務においては, ある時点で客観的に成立する「取引における価値」という意味で用いる. ただし, 多様な価値概念が存在するため, value を単独で用いるのは好ましくないとされている] ► investment value 投資価値 / use value 使用価値 / sell a villa above [below] (its) value 別荘を評価額以上[以下]で売る / The condo dropped in value due to slow occupancy. 部屋がなかなか埋まらず, マンションの価値が下がった
at value 通り相場で, 市場時価相応の値段で [⇨ 出荷時または受渡し後のある時点で値段を決めることを条件として商品が販売される場合の用語]
of lasting value 永続的価値のある
set [put] a high value on を高く評価する
— vt 評価[査定]する (at); 尊重する (as) ► The

collection is valued by its owner at $7 million. そのコレクションは所有者によれば700万ドルの値がつけられている / Customers value products that meet their needs. 顧客は自分のニーズを満たしてくれる製品を高く評価する / Trade in goods between the two countries is valued at more than $60 billion per year. 両国間の商品の貿易は年に600億ドルを超えると見積もられている / We value you as a customer and look forward to serving you again. お客様のまたのご利用をお待ち申し上げております

value A over B BよりAを重んじる

― *a* 割安の, お徳用の, バリュー型の(⇔growth) ⇨value stock

◇**valueless** *a* 無価値な, つまらない

value accounting 価値会計〔⇨資産を原価でなく価値で評価する会計〕

value added 付加価値〔⇨生産物の価値から原料, 中間財の価値を引いたもの〕

value-added *a* 付加価値の ► low value-added products 低付加価値製品〔⇨労働集約型製品など〕/ move up to higher value-added production より高い付加価値の生産に移行する

value-added manufacturing 付加価値型製造業〔⇨加工前よりも顧客が喜ぶ価値が増大し, その分高い価格を設定できるようになる製造業〕

value-added network 付加価値通信網 (VAN)

value-added product 高付加価値製品〔⇨他よりも価格の高いことを納得させるだけの価値を持つ製品〕

value-added reseller 付加価値再販業者 (VAR)〔⇨他社製の汎用的な製品に自社で新たな機能を加えてエンドユーザーに販売する業者〕

value-added tax 付加価値税 (VAT)〔⇨売上から製造原価または仕入原価を引いた付加価値額に対して課す税. 欧州連合 (EU) の主要な歳入減となっているが, 米国では採用されていない〕► introduce a value-added tax to replace the current turnover tax 現在の取引高税に代えて付加価値税を導入する

value analysis バリューアナリシス, 価値分析〔⇨機能を落とすことなくコストを下げるにはどうしたらいいかという問題意識に立ってコスト削減を追求するアプローチ〕

value at risk バリュー・アット・リスク (VAR)〔⇨一定の期間と確率を前提とした上で示される, 最大損失可能額. 主として外国為替とデリバティブのリスク管理に用いる〕

value-based management 価値創造経営 (VBM)〔⇨株主価値の主要作用因に意思決定を集中させて, 株主価値を最大化するための経営〕

value chain 価値連鎖〔⇨企業が製品の設計, 製造, 販売などの活動の相互作用を調べ, 支援するために実施する価値創造活動〕

value chain analysis 価値連鎖分析〔⇨企業が最終顧客までの価値創造活動の連鎖全体を取り上げ原価作用因を分析すること〕

value chain management バリュー・チェーン・マネジメント, 価値連鎖経営 (VCM)〔⇨業務の流れを価値の連鎖としてとらえ, その最適化を図ることで業務効率の改善を目指す経営手法〕

value company 株価が割安の会社 (⇔ growth company)〔⇨会社の本当の価値よりも大幅に株価が低い会社〕⇨value stock

valued /vǽlju:d/ *a* 高く評価される, 尊重される; (複合語) ある価値を持つ ► We appreciate our valued customers' comments and suggestions. 大切なお客様のコメントとご意見に感謝いたします

value date 受渡日〔⇨為替取引における決済日. 受渡日の曜日の頭に value を付けて value Wednesday と言ったりする〕

valued insurance 評価済保険契約〔⇨保険による補償金額が損害の程度によって決まるのではなく, 当初より確定しているもの. 生命保険はこのタイプに属する. agreed-value insuranceとも言う〕

value engineering 価値工学 (VE)〔⇨物や仕事の価値を機能とコストの関係で捉え, 機能コスト分析により製品の価値を高め, コストを低減する活動〕

value for money 費用対効果, 費用に見合った価値 (VFM) ► These products give value for money. これらの製品は値段に見合った値打ちがある

value for money audit VFM監査 (VFM audit)〔⇨非営利法人の監査において, 支出に見合った価値が提供されているかどうかを評価すること〕

value fund 割安株ファンド, バリュー株ファンド (⇔growth fund)〔⇨割安株 (value stock) で運用されるミューチュアルファンド〕⇨mutual fund

value in exchange 交換価値〔⇨概念上, 資産の所有権取引が行われることを想定した市場において, 認識されるであろう資産価値を言う〕

value in use 《英》使用価値 (=《米》use value) (⇔recoverable amount, net selling price)〔⇨企業の一部を形成している特定の不動産が特定の用途に対して持つ価値, すなわち, 特定の利用者にとっての特定の使用方法による特定の不動産が持つ価値概念〕

value investing バリュー株投資〔⇨株式投資において, 業績予想などより財務内容を評価して銘柄を選定するアプローチ〕

value investor バリュー株投資家〔⇨業績予想よりも発行会社の資産価値を重視し, それとの対比で株価が割安であるものに投資する人〕

value judgment 主観的判断 (⇔factual judgment)

value menu バリューメニュー〔⇨ファーストフード・レストランで提供されるお得用のメニュー. 低価格 (通例2ドル以下) に設定されている. マクドナルドが創始して業界に広まった〕

value of a policy 保険価額 (=insurance value, policy value)〔⇨生命保険では, 死亡保険金と解約返戻金を指す〕

value of information 情報の価値

value of money 貨幣価値 (=purchasing power of money)〔⇨貨幣の有する購買力〕

value proposition バリュープロポジション [⇒マーケティング上の訴求ポイント, 即ち他社製品にない自社製品の特長, 機能, メリットなどのアピール]

valuer /vǽljuər/ n 資産評価の専門家, 不動産鑑定士 (=appraiser, asset valuer) [⇒欧米では国家資格としての不動産の鑑定評価人はいないが, 日本では「不動産鑑定士」という国家資格が該当する.「不動産鑑定士」の正式英語名称は, licensed real estate appraiser]

value share =value stock

value stock 割安株, バリュー株 (⇔growth stock)

> 【解説】 業績や保有資産の価値と比較して株価が割安と判断される銘柄. 割安株か成長株かの判断には株価収益率 (P/E) や株価純資産倍率 (PBR) が使われる. 数値が小さいと割安株, 数値が大きいと成長株とされる

▶ Mutual funds focusing on value stocks outperformed other funds in the third period. 第3四半期は, 割安株中心のミューチュアルファンドが他種ファンドの運用成績を上回った

value theory 価値理論 [⇒企業の資産を取得原価ではなく, その資産の価値で評価する会計理論で, 具体的には, 現在価値会計, 売却時価会計などの会計理論]

van n 有蓋(がい)トラック; ライトバン; (英)有蓋貨車, 手荷物車, 車掌乗務車
— vt (-nn-) バンで運ぶ
[<caravan]

VAN /væn/ value-added network

vanguard /vǽngɑːrd/ n 先駆, さきがけ, 前衛 ▶ The IRS is the vanguard of America's tax system. IRSはアメリカの税制の先駆けてきな存在だ

in the vanguard of の先頭に立って ▶ Our laboratory has been in the vanguard of research on cancer-causing substances. 当社の研究所は発ガン物質研究の先頭に立ってきた

vanish /vǽniʃ/ v (急に)見えなくなる; 消滅する ▶ At least 800 jobs vanished in tourism last month. 先月は観光業で少なくとも800の就職口が失われた / Cheap housing is vanishing in this city. この市では安い住宅は見当たらなくなっている / They're worried about the vanishing work force on the island. 彼らはその島で労働力が消滅しつつあることを心配している / Factory workers saw their pay diminished, as production slowed and overtime vanished. 生産が遅滞し残業が消滅するにつれて, 工場労働者は自分たちの給料が減っていくのを経験した

vanish into thin air / vanish without a trace 跡形もなく消える

vanning /vǽniŋ/ n 貨物のコンテナ詰め作業

vaporware n [ヴェーパ] ペーパーウェア, 幻のソフトウェア [⇒予告ばかりでいつまでも完成しないソフトウェア]

VAR value-added reseller; value at risk

1138

variable /vέəriəbl/ a 変動する; 変額の

variable annuity 変額年金 (=equity annuity) [⇒定期的給付を約束する年金のうち, 給付が定額でなく, 契約者が選んだ運用局の成績しだいで給付額が変わるもの]

variable budget 変動予算, 可変予算 [⇒当初の予算を動かさないという考え方に対して, 操業度の変化に応じて予算許容額を再計算する予算を言う]

variable cost 変動費 [⇒固定費に対して, 生産要素の投入量の増減によって変化する費用]
▶ fixed and variable costs 固定費と変動費

variable costing 直接原価計算 [⇒固定費・変動費とも製造原価とする全部原価計算法 (absorption costing) と異なり, 変動費だけを個々の製品に割り当てて製造原価とする. 固定費は発生した期間の原価として処理される]

variable insurance (米)変額生命保険 (=(英)unit-linked assurance) (⇔(米)fixed insurance product, (英)fixed sum policy) [⇒保険契約者が払い込んだ保険料を証券投資などで積極的に運用し, その運用成果に応じて最低保証額を超える保険金が支払われる生命保険]

variable interest rate 変動金利 [⇒プライムレートによる一定の指標と連動しており, 当初の約定金利が指標の変化に応じて定期的にリセットされるものを言う. adjustable interest rateに同じ]

variable life insurance (米)=variable insurance

variable pay 業績連動給 ▶ An increasing number of employers are offering variable pay. 業績連動給を導入している事業主が増えている

variable rate =variable interest rate ▶ I took out a variable rate on my mortgage because it was much lower than the fixed rate. 私は住宅ローンを借りるのに変動金利を選んだが, 理由は固定金利よりずっと安かったからだ

variable rate gilts (英)変動利付国債

variable rate mortgage 変動金利型不動産担保ローン (VRM) [⇒adjustable rate mortgage の別称]

variance /vέəriəns/ n ❶ (品質などの)ばらつき, むら ▶ eliminate the variance in quality 品質むらをなくす

❷ (予想や目標と実績値の)差異, 食い違い [⇒予想を上回るプラスの差異は favorable [positive] variance. 逆に予想を下回るマイナスの差異は adverse [negative] variance と言う] ▶ address the variance between the target and the actual value 目標値と実績値の食い違いに対処する

❸ 分散 [⇒比較のための基準, たとえば平均値に対してサンプルがどの程度散らばっているかを示す. 分散が小さければ, どのサンプルも平均に近いということ]

❹ 【法律】 (1) 主張と証拠との齟齬 (2) (個別的事情の考慮による規制の)適用除外 ▶ They requested a zoning variance to build a shopping mall in the border area. 国境地域にショッピン

グセンターを建てるため地区制の適用除外を申請した

at variance with と相違[矛盾]して; 不和で

variate /vέəriət/ *n* 〖統計〗変数, 変量

variation /vèəriéiʃən/ *n* 変化, 変動; ばらつき, むら, バリエーション ▶ There is considerable variation in the quality of fabrics in this shipment. この積み荷の織物は品質にかなりのばらつきが認められる

variation margin 追加証拠金 [● 先物・オプション取引の開始に際して差し入れる証拠金が, 相場変動の結果, 取引所が認める最低水準(維持証拠金)の額を下回るとき, 所定の水準を満たすために追加して入れる証拠金]

varied /vέərid/ *a* 変化に富む, 多様な, 種々の; 絶えず変化する ▶ We need to be aware of the extremely varied needs of customers. 私たちは消費者のきわめて変化に富むニーズを意識する必要がある / Our customers' backgrounds are varied in age and gender. わが社の顧客のバックグラウンドは年齢, 性別において多岐にわたっている

◇**variedly** *ad*

variety /vəráiəti/ *n* 変化, 多様(性); 寄せ集め (*of*); 種類 ▶ Further investment in irrigation and better seed varieties would boost production of rice and other crops. 灌漑と種子の品種改良に対する投資を増やすことは, 米と他の作物の生産を増加させるだろう

add variety to に変化をもたせる

a variety of いろいろの ▶ Job rotation gives employees experience in a variety of departments. ジョブローテーションは従業員にいろいろな部門の経験を与える / Developing a company's core competence can open up a variety of opportunities. 会社の中核能力を発展させれば, 様々な可能性が開ける

variety store バラエティ・ストア [● 幅広い取扱商品が特徴のセルフ・サービス型小売店]

various /vέəriəs/ *a* それぞれ異なる, 種々の; 変化に富んだ, 多方面の; 多数の; それぞれの ▶ various and sundry ありとあらゆる / The company imports various food products. その会社はさまざまな食品を輸入している / Segmentation can be done in various ways. セグメント化にはさまざまなやり方がある

◇**variously** *ad*

◇**variousness** *n*

vary /vέəri/ *vt* 変える, 修正する, 改める; 多様にする

━ *vi* さまざまである, 異なる (*in*); 変わる (*with*, *from A to B*) ▶ The rent of the rooms varied between $100 and $130 a week. 部屋代は週100ドルから130ドルまでの間でまちまちだった / Interest rates on deposits vary from bank to bank. 預金の金利は個々の銀行によって異なる / Consumer needs vary from country to country. 消費者のニーズは国によって変わる

Vaseline 《商標》ワセリン [● **petrolatum** の商品名]

vast /væst | vɑːst/ *a* 広大な, 巨大な; (数・量・額が)ばく大な; 《略式》(程度・強度が)非常な ▶ The vast majority of those laid off are support staff. 解雇された人たちの圧倒的多数は補助スタッフだ

◇**vastly** *ad* 非常に ▶ The number of males in engineering vastly outnumber that of females. 工学の分野では男性の数は女性の数より圧倒的に多い / The company vastly outpaced its competitors in sales last quarter. 直前の四半期で, その会社の売上は競合他社を遥かにしのいだ

◇**vastness** *n* 広大さ

VAT /vìːeitíː, væt/ value-added tax

VATman *n* 《英》バットマン [● 付加価値税を担当する役所の俗称]

vault /vɔːlt/ *n* (銀行などの)貴重品保管室, 金庫室 ▶ a heavily-guarded vault 厳重な警備の金庫室 / a cash vault 現金保管庫

vault cash (銀行などの)手持ち現金

VC variable cost; vice chairman; vice chancellor

VCM value chain management

VCR videocassette recorder ビデオデッキ

Veblen effect 〖経済〗ベブレン効果 [● 人々が見栄で消費するため, 値上がりが需要増大を, 値下がりが減少を招くこと]

vector /véktər/ *n* ベクトル, 方向量; (飛行機・ミサイルなどの)進路; 影響力, 衝動

━ *vt* 特定の地点[コース]に向ける

[< ラ: 運ぶ人]

veep /víːp/ *n* 《米略式》副社長, 副総裁; 《V-》副大統領 [< vice president; (略)VP]

veer /víər/ *vi* (車が)向きを変える (*across*, *off*); (話・立場・傾向が)変わる (*round to*, *away from*) ▶ The company is veering away from using celebrities to endorse its products on TV ads. 同社はテレビ広告で有名人の推奨に有名人を起用するというやり方から, 路線を転換しつつある / The company veered toward overly trendy fashion and alienated long-time customers. 同社はトレンディなファッションに傾き過ぎ, 古くからの客に敬遠された

━ *vt* 方向を変える (*away*, *off*)

━ *n* 方向[立場, 傾向]の転換

Vegemite 《商標》ベジマイト [● オーストラリアのサンドイッチ・スプレッドの商品名. イーストから作り, 塩味の黒いペースト]

vehicle /víːikl/ *n* 車, 乗り物; 媒介物; 伝達[表現]手段 (*for*); ビークル, 事業体 ▶ To realize scale economies, automakers build vehicles using a common platform. スケールメリットを実現するために, 自動車メーカーは共通の車台を用いて車両を製造している / The carmaker sold 1.5 million vehicles in the third quarter. その自動車メーカーは第3四半期に150万台の車を販売した / Clean and small vehicles will be the pillar of the auto industry. 環境にやさしい小型の車は自動車産業の大黒柱になるだろう

◇**vehicular** /vi:híkjulər/ *a* 車の ► This small store has no vehicular access. この小さな店は車を横付けすることができない

veil /veil/ *n* ベール; 覆い(隠すもの), 垂れ幕; 口実 ► a veil of secrecy 秘密のベール
draw a veil over を覆い隠す
under the veil of に隠れて
— *vt* ベールで覆う, ベールをかける; 隠す《*in*》

vein /vein/ *n* 静脈; 血管; 《in ~》気分, 気持ち, 調子, 気味; 《a ~》性格, 傾向, 特質, 手法《*of*》
in a serious vein 真剣に
in the same vein 同様な調子の[で]
in this vein この調子で
— *vt* 脈[筋]をつける

Velcro 《商標》《時に v-》ベルクロ, マジックテープ[⇨目の粗い輪奈(ﾜﾅ)で互いに付着するナイロン製接着布。一般名は「面ファスナー」で、「マジックテープ」は日本での商標名]

velocity /vəlásəti/ *n* 速さ, 速力; 速度 ► The stock market's upturn is expected to pick up velocity after the government announces the bailout plan. 政府が救済策を発表すれば株式市場の好転も加速するだろうと見られている

velocity of circulation =velocity of money

velocity of money 貨幣の流通速度 [⇨GDPをマネー・サプライで割った値。1年のうちに貨幣1単位がモノ・サービスを買うために何度使われたかを示す]

velvet /vélvit/ *n* ビロード; 《米俗式》丸もうけ, 純益
be on velvet 《略式》(投機などで)ぼろもうけしている; うまくいっている, 裕福である
— *a* ビロード製の[のような], 柔らかい

vend /vend/ *vt* 《文》売る《✚もっぱらvendingという形で使われる》► sidewalk vending 露天売り

◇**vender** *n* =vendor

vendee /vendí:/ *n* 買主《⇔vendor》[⇨通常は不動産の買主を言い, 動産の買主はbuyerを用いる]

vending machine 自動販売機

vendor /véndər/ *n* ❶ 販売会社, 販売商 ► a mobile vendor 携帯電話販売会社; 移動販売店 / a software vendor ソフト販売会社 / a street vendor 露天商 / In a crunch, departments stores are asking vendors to lower their prices. 危機に追い込まれて, デパート各社は納入業者に値下げを要求している
❷ 納入業者, 部品供給業者, 指定業者(=preferred [designated] vendor)
❸ 不動産の売主《⇔vendee》《✚動産の売主は通常seller》

vendor placing 《英》ベンダープレーシング [⇨他企業の事業, 資産を取得する対価として発行された買収側企業の株式を機関投資家などに売り出す方式の買収資金調達手段]

vendor rating 業者格付 [⇨納入業者の品やサービスを良し悪しに応じて序列を付けること]

vendue /vendjú:/ *n* 《米》公売, 競売

vengeance /véndʒəns/ *n* 復讐, 仕返し
with a vengeance 《略式》激しく; 極端に; ひどく; 本格的に ► We are working with a vengeance to make up for lost time. 遅れを取り戻すために猛烈に働いている

ventilate /véntəlèit/ *vt* 換気する, 空気を通す; 通気設備を付ける;(問題などを)公開論議に付す, 自由に議論させる
◇**ventilation** *n* 通気, 換気(装置); 通風[換気]状態; 自由な討議; 公表
◇**ventilator** *n* 換気装置, 通風孔; 人工呼吸器; 問題を世に訴える人, 風通し役

venture /véntʃər/ *n* 事業《✚特にリスクの高いものを言う》, ベンチャー ► a joint venture ジョイントベンチャー, 合弁事業, 共同事業体 / The company's investment in solar energy turned out to be a profitable venture. 同社の太陽エネルギーへの投資は儲かる事業であることが分かった / I think this venture is going to be a great success for both companies. このベンチャーは両社にとって大成功になると思います
at a venture 運任せに; 行き当たりばったりに
— *vt* 危険にさらす;(生命・財産など)賭ける; 大胆にもやって[言って]みる《*to do*》; 敢行する ► venture an opposite opinion 反対意見を思い切って言う / He ventured his whole fortune on the speculation. その投機に全財産を賭けた
— *vi* 危険を冒して行く[する]《*into, far from, over, near, out*》; 思い切って乗り出す《*on, upon*》► venture into a high-risk business リスクの高い事業に乗り出す
Nothing ventured, nothing gained [won]. 《諺》 虎穴に入らずんば虎児を得ず
◇**venturer** *n* 冒険者; 投機師

venture business ベンチャービジネス [⇨リスクは伴うが将来性・利益性のある小企業]

venture capital ベンチャーキャピタル [⇨創業間もないベンチャー企業など株式を公開していない企業に投資し, 株式公開による利益を享受しようとする投資会社. また, そのような投資会社が投下する資金]

venture capital financing ベンチャーキャピタルを通じての資金調達 ► raise $5 million in venture capital financing ベンチャーキャピタルからの調達で5百万ドルの資金を得る

venture capital fund ベンチャーキャピタル・ファンド [⇨プライベートエクイティファンドの一形態。有望な新会社の株式を創業の段階で取得し, 資金的・経営的に支援して, 優良会社に育て上げ, 株式公開(IPO)や企業売却によって利益を得る]
⇒private equity fund ► The venture capital fund was launched to invest in Internet companies. そのベンチャーキャピタルファンドはインターネット関連の会社に投資するために発足した

venture capitalist ベンチャーキャピタリスト [⇨ベンチャーキャピタルに出資する投資家] ► He is hoping to find venture capitalists who are willing to finance his new busi-

ness. 自分の新しい事業に融資してくれるベンチャー投資家を見つけたいと思っている

venturesome *a* 冒険的な ► The company has become more and more venturesome during the recession. その会社は不況の間にますます冒険的になっている

venue /vénju:/ *n* ❶ 開催地, 会場 (*for*) ► This open-air restaurant is a popular venue for wedding receptions. この屋外レストランは結婚披露宴の会場として人気がある ❷ 裁判地 ◉ Venue shall lie in the county and state of the non-filing Party. 裁判地は, 訴えを受けた「当事者」の(所在する)州および郡とするものとする

VER voluntary export restraint

verbal /və́:rbəl/ *a* ❶ 口頭の ► a verbal promise 口約束 ❷ 言語コミュニケーションに関する ► good verbal skills 高い言語コミュニケーション能力

verdict /və́:rdikt/ *n* ❶ 答申; 判断; 意見; 判定《*on*》 ► give one's verdict on に答申[判定]を出す / The Board is to give its verdict tomorrow. 取締役会は明日, 判断を下すことになっている ❷【法律】(陪審の)評決 ► accept a guilty verdict 有罪の評決を受ける / return [deliver, render] a verdict of guilty 有罪の評決を下す / bring in a verdict of not guilty 無罪の評決を下す / The verdict was in. 評決が下された

verge¹ /və́:rdʒ/ *n* 端, 縁; (the ~)限界, 境界
on the verge of の間際[寸前]で, まさに起ころう[…しよう]として《*doing*》 ► The company is on the verge of defaulting on its massive loans. その会社は巨額のローンについて債務不履行の瀬戸際にある / The company is on the verge of bankruptcy. その会社は倒産寸前だ
— *vi* 近接[隣接, 類似]している《*on, upon*》

verge² *vi* 傾く, 向かう《*to, toward*》

verifiability /vèrəfàiəbíləti/ *n* (帳簿の)検証可能性

verifiable /vérəfàiəbl/ *a* 検証可能な

verification /vèrəfikéiʃən/ *n* ❶ 検証 ❷【法律】(訴答書面や申立書の末尾に付される, 陳述内容の)真実性の宣言

verification of assets 資産の棚卸し, 目録作り [◎所有している資産を検証し, 評価額を確認する作業]

verify /vérəfài/ *vt* ❶ 真実であることを証明[立証]する, 実証する; 確かめる《*that, wh*》;【会計】検証する ► The deed verified that the estate belonged to him. 証書はその不動産が彼のものであることを証明した / Regulators will verify whether the company is complying with antitrust laws. その会社が独占禁止法に従っているかどうか, 取締官が検証するだろう ❷【法律】(1)(主張を)証拠立てる, 立証する (2)(正式にまたは宣誓して陳述の)真実性を証する
◇**verifier** *n*

veritable /vérətəbl/ *a* 本当の, まったくの; 紛れもない

Verizon Communications《~, Inc.》ベライゾン・コミュニケーションズ [◎米国の電話会社. 2000年に Bell Atlantic Corp.と GTE Corp.の合併により発足. 06年 MCI を買収し, Verizon Business(大手クライアントや政府機関向けサービス)を設立]

Verizon Wireless《~ Inc.》ベライゾン・ワイヤレス [◎ Vodafone と Verizon Communications の合弁で設立された米国の携帯電話サービス会社]

versatile /və́:rsətl | -tàil/ *a* 万能の, 多用途の ► He is a versatile worker who is capable of handling diverse assignments. 彼はさまざまな任務をこなせる多才な人だ

version /və́:rʒən | -ʃən/ *n* 翻訳, 訳書;【ｺﾝﾋﾟｭｰﾀ】バージョン, (ソフトウェアの)版;(個人の立場からの)説明, 意見《*of*》► a most recent version 最新バージョン / The latest version of the software is now on sale. そのソフトウェアの最新版が今発売中である
a cheaper version of を安くしたもの, の廉価版
give ... one's version of を自分なりに説明する

verso *n* 本の左ページ [◎欧文印刷では常に偶数ページとなる. 右ページは recto と言う]

versus /və́:rsəs/ *prep* …対 (vs, v.) ► We're in the midst of discussing the advantages of advertising in print vs. on television. 印刷物の広告とテレビの広告の優劣を議論している最中だ / The dollar gained versus the yen, but fell against the euro. ドルは円に対しては上昇したが, ユーロに対しては下落した / The dollar remained flat versus the euro. ドルはユーロに対しては動きがなかった / Industrial output was up 3.5% in January, versus a year ago. 工業生産高は1月に前年に比べて3.5%増加した / Domestic sales are up 3.2% versus an increase of 6.3% in overseas sales. 海外売上高の6.3%増に対して, 国内売上高は3.2%増えた [くら]

vertical /və́:rtikəl/ *a* 垂直の, 直立した (⇔horizontal), (商品の製造・販売形態) 縦につながった; (組織の)縦の命令系統の ► The vertical axis represents the stock's price. 縦軸は株価を表します
— *n*《the ~》垂直線[面]; 垂直な位置

vertical agreement 垂直的契約[協定]

vertical amalgamation = vertical integration

vertical analysis 垂直的分析 [◎特定年度の貸借対照表の借方, 貸方の総額を100とし, または損益計算書の売上高を100とし, 各項目をそれに対する百分率で示し比較分析を行う方法]

vertical banner【広告】懸垂幕

vertical combination = vertical integration

vertical common size analysis 構成比率分析 [◎ある特定の項目の構成要素の割合を分析すること. たとえば総資本に占める自己資本の割合(自己資本比率)]

vertical disintegration 垂直的分散

vertical equity 垂直的公平性 [◎貧富の差を縮小する所得の再配分を言う]

vertical equity of taxes 税の垂直的公平 [⇨課税の公平の原則に基づき所得水準の格差を反映するような課税方式. 所得の多い者からはより多くの税を徴収する累進税率などがその例]

vertical expansion =vertical integration

vertical form 報告式 (=report form) [⇨財務諸表の様式]

vertical integration 垂直統合 [⇨自社の仕入サイド(川上)や販売サイド(川下)の企業を買収ま たはこれと提携し, 事業分野を拡大すること]

vertically /ad/ 垂直に ▶ vertically integrated 垂直的に統合された;一貫生産の

vertical loading バーティカル・ローディング [⇨権限の付与を伴う職責の拡大. 権限の付与を伴わないホリゾンタルローディングとの対比で言う]

vertical merger =vertical integration

vertical segregation 垂直的職務分離 [⇨上位レベルの仕事とそうでない仕事という区分をした場合, 女性の就業が後者に偏っていることを言う]

very /véri/ ad 大いに, 非常に; (the ~) (強意) まさに, まったく ▶ The product is very light and easy to use. その製品はとても軽くて使いやすい / I'm not very familiar with the new regulations. 新しい規則のことはあまりよく知りません

can't very well do (略式)…するのは適切でない[不可能だ]

not very さして[まったく]…ない

one's very own 自分自身の

the very best 最上の

the very same まったく同じ

Very good. よしよし, 承知

very much so (略式)まさにその通り

— a (適応性などを強調して) ぴったりの; (同一性を強調して) まったく同じ; …でさえ; まったくの; 現実の ▶ the very thing for her 彼女にうってつけのもの / this very day まさに今日 / The very nature of our business revolves around customer service. わが社の事業の本質は顧客サービスを中心に展開している / She is the very person we need for the job. 彼女はまさに当社がその仕事のために必要とする人だ

very important person 要人, 重要人物 (VIP)

vest /vest/ n (米・カナダ) ベスト, チョッキ (✚ (英)では通例 waistcoat); 婦人服のV型) 前飾り; (英) 肌着 (= (米) undershirt); (米略式) 幹部, お偉方

— vt (…に) (財産・権利を) 与える ▶ vest a person with authority (人に) 権限を与える

— vi 帰属する (in) ▶ The whole property vested in his son. 全財産は彼の息子に帰属した

be [become] vested in 人に帰属している[する]

be vested with (権限を) 与えられている

vested /véstid/ a (権利などが) 既得の; 確立した, 既定の; 衣服[特に法衣]を着けた

vested benefit 既得年金受給権, 受給権付給付 [⇨すでに取得した年金基金または年金保険から支払いを受ける権利]

vested interest ❶ 固有の利害関係 ▶ The company has a vested interest in interactive services. 同社は双方向型のサービスにおいて固有の利害関係を有している ❷ 既得権[益], 既得権益の擁護グループ ▶ have a vested interest in に既得権を持っている

vested right 既得権 (=vested interest); 受給権 [⇨従業員が年金の給付を受ける権利]

vesting n 年金受給資格(の取得) ▶ vesting requirements 年金受給資格の取得要件

vet /vet/ n (略式) 獣医

— vt (-tt-) (人・ものを) 検査する, 精査する, 調査する (for) ▶ The bank vets everyone who wants to open an account. その銀行は口座開設を望む客は誰でも身元を念入りに調べる

[<veterinarian]

veto /víːtou/ n (~es) 拒否権 (on, over, to do); 拒否権の行使; (一般に) 禁止(権) (on, upon) ▶ exercise a veto 拒否権を行使する / put [set] a veto on [upon] に拒否を禁じる

— vt 拒否する, 禁止する

[<ラ:私は禁じる]

vex /veks/ vt いらいらさせる, 怒らせる, 悩ませる; 困らせる

vexatious /vekséiʃəs/ a 濫訴にあたる

vexed /vekst/ a いらいらした, 立腹した (at); 盛んに論じられる ▶ a vexed question [issue] 議論を呼ぶ問題

via /váiə, víːə/ prep …を通って; …経由で (by way of, through); …により (by) ▶ We also accept orders via the Internet. 当社ではインターネット経由でも注文をお受けします [<ラ]

viability /vàiəbíləti/ n ❶ 実行可能性 ▶ access the viability of a project プロジェクトの実行可能性を査定する ❷ 存続可能性 ▶ The long-term viability of the company is questioned. 同社の長期的存続可能性は疑問視されている

viable /váiəbl/ a (計画などが) 実行可能な; 生きて[成長して]いける ▶ a viable alternative 実行可能な選択肢 / Some startup businesses become viable and able to develop by themselves. 新進企業の中には生き残って自力で伸びていけるものもある

Viacom (~, Inc.) バイアコム [⇨米国の娯楽・放送事業グループ. 1986年設立. ケーブルネットワークの Music Television, TV Land, テレビ放送の CBS と UNP, ラジオの Infinity, 映画の Paramount Pictures, ビデオの Blockbuster, テーマパークの Paramount Parks などから成る]

Viagra (商標) バイアグラ [⇨sildenafil citrate クエン酸シルデナフィル製剤. 男性の性的不能治療用]

Vibram (商標) ビブラム [⇨イタリア製のゴムに似た軽い靴底材]

vibrant /váibrənt/ a 振動する; 活気に満ちた, 躍動する ▶ In vibrant economic times, bonuses in the financial industry were ridiculously high. 好景気の時代には, 金融業界のボーナスは途方もなく高額だった

vibrate /váibreit/ vi (規則的に) 揺れ動く, 振動する; 震える, 震動する; 躍動する

— vt 揺り動かす, 震わせる

vicarious liability 使用者責任 [⇨ 上位者をして責めを負わしめよ(respondeat superior)という法原則に基づき, 使用者は被用者が業務の執行中に不法行為によって第三者に与えた損害を賠償しなければならない] ▶ The company was held liable for the negligence of its employee under vicarious liability. 同社は従業員の過失につき, 使用者責任を問われて責任ありとされた

vicarious responsibility =vicarious liability

vice- /vais/「副」「代理」「次」

vice chairman 副会長

vice president 副社長, バイスプレジデント [⇨ わが国の副社長に相当する役職は通常 executive vice president. 特に米系金融機関でのバイスプレジデントはわが国での部長クラスに相当するのが一般的]

vice versa /váisə vəˊːrsə/ ad 逆に; 逆の場合も同じ ▶ In last week's volatile market, surges in stock prices were followed by sharp drops, and vice versa. 先週の乱高下の市場では, 株価は高騰した後に急落に見舞われたし, その逆もあった [<ラ]

Vichy (water) /víʃi | viː-/ ヴィシー鉱水 [⇨ フランス中部の温泉地 Vichy 産]

vicinity /visínəti/ n 近所, 周辺 (of); 近接 (to, of)

in the vicinity of の付近に; (数字的に)…に近い, 約… ▶ Ethel's income is estimated to be in the vicinity of $500,000 a year. エセルの年間所得は年間ほぼ50万ドルと推定される / The GDP is expected to grow somewhere in the vicinity of five percent. GDPは5パーセント程度の成長が見込まれている

vicious /víʃəs/ a 悪意のある; 《米》激しい, ひどい; 欠陥のある; (略式)すごい, 素晴らしい ▶ a vicious attack [rumor] 悪意に満ちた攻撃[うわさ]

◇**viciously** ad

◇**viciousness** n

vicious circle 悪循環 (⇔virtuous circle)

コロケーション

(動詞句)+〜 **be** [**get**] **caught in** a vicious circle 悪循環から抜けられなくなる / **be stuck in** a vicious circle 悪循環から抜けられずにいる / **be tapped in** a vicious circle 悪循環にはまり込む / **break** a vicious circle 悪循環を断つ / **close** a vicious circle 悪循環に終止符を打つ / **create** a vicious circle 悪循環を生じさせる

Vicks (商標) ヴィックス [⇨ 米国製のせき止めドロップ]

victim /víktim/ n 犠牲(者), 被害[被災]者 (of, to); えじき, かも (of) ▶ Japan has become one of the biggest victims of the global recession. 日本はグローバルな景気後退の最大の犠牲者になった一つだ / The victims in the accident filed a class-action lawsuit against the mining company. 事故の犠牲者は, 炭鉱会社に対して集団代表訴訟を起こした / The bank, a victim of excessive debt, was forced to declare bankruptcy. その銀行は過大な債務の犠牲になり, 破産を宣言せざるを得なかった

be a victim of one's own success 成功がかえって災いする

fall victim to [*of*] のとりこ [犠牲] になる ▶ Brand goods often fall victim to counterfeiting. ブランド品はしばしば偽造の被害に遭う

◇**victimization** n 被害者にする[される]こと; だます[だまされる]こと

◇**victimize** vt 犠牲とする ▶ Many innocent investors were victimized by the pyramid scam. 罪のない多くの投資家がマルチ商法的な詐欺の犠牲になった

Victoria's Secret (商標)ビクトリアズシークレット [⇨ 明るい開放的な店舗で下着ショップのイメージを変えた米国のブランド. 香水やボディケア製品も販売]

victory /víktəri/ n 勝利, 戦勝, 優勝 (over); 克服 (over) ▶ The government's crackdown on piracy is a victory for the music industry. 著作権侵害に対する政府の断固たる措置は音楽業界の勝利を意味する

a victory for common sense (解決策が)中立で立派なものである こと

Victrola (商標)ビクトローラ [⇨ Victor Talking Machine Company (後の RCA Victor) が開発・製造した蓄音機の一種]

Vidal Sassoon (商標) ヴィダルサスーン [⇨ 米国のヘアケア製品(メーカー)]

video /vídiòu/ a 映像の; 《米》テレビの; ビデオ録画の
— n (~s) 《米》テレビ; ビデオソフト ▶ The shoplifters were caught on video. 万引き犯はビデオに映っていた
— vt ビデオテープに撮る

videoconference n (通信回線で結んだ)テレビ会議 ▶ We hold weekly videoconferences with our US technical team. 当社では週1回の電話会議で米国駐在の技術チームと打ち合わせる

videoconferencing n =videoconference

video-on-demand n ビデオオンデマンド(VOD) [⇨ 見たいときに見たいビデオ映像を配信する]

videophone n テレビ電話

video sharing site ビデオ共有サイト [⇨ ユーザーが投稿したビデオを一般の視聴者が共有するサイト. 大手は YouTube]

videotape n, vt ビデオテープ(に撮る); ビデオ録画(する)

vie /vai/ (*vying*) vi 競う, 争う (*with, for, to do*) ▶ These are so many vying for unskilled jobs that there will not be a decent wage. あまりに多くの人が未熟練労働の仕事を手に入れようと張り合っているのでまずまずの賃金などは見つからないことになる

view /vjuː/ n ❶ 見る[見て調べる]こと; 風景, 眺め; 展望, 見晴らし; 視界, 視野; 考察, 調査; 検

分, 視察; 目的, 意図; 見通し, 見込み《*of, for*》;《a ~》概論, 概説, (ある)見方;《通例 ~s》考え, 意見, 感じ, 印象《*on, about*》▶ The entry of foreign competition has changed domestic companies' view of business. 外国からの競争の参入は国内会社のビジネスに対する考え方を変えた / Please give us your views on this issue. この問題について貴社の見解をお聞かせください / Henry has conservative views. ヘンリーは保守的な見解を持っている

❷『法律』(1)(裁判所または陪審による)検証, 実地検証 (2)証拠物検査, 証拠物の取調べ (3)眺望(権) (4)(船舶の)臨検

a point of view 見地, 観点 ▶ The investment seems very sound from a financial point of view. 財務的な観点からは, その投資は極めて堅実に見えます / We have made the decisions from the cost-cutting point of view. 当社は経費削減の観点からそれらの決定をした
come into view 見えてくる
have ... in view を心に留めて[もくろんで]いる
in full view of がすっかり見える
in one's view の意見では ▶ In my view, we need to conduct further market research. 私の考えでは, もっと市場調査を行う必要があります
in view 視界に入る, 見えて; 考察中の; の目的で, を目当てに
in view of が見える所に; を考慮して; のゆえに ▶ In view of our large order, we believe that a 10% discount would be appropriate. 当社の注文は大口ですから, 10%の割引が当然だと思います / In view of falling demand, the airline has decided to cut 5% in total flights. 需要の落込みを考慮して, そのエアラインは全便数の5%を削減することに決めた
in view of the fact that ということを考えて[ると]
keep ... in view から目を離さない
on view 公衆の見える所に, 公開[展示]されて
out of view 見えない所で[に] ▶ Changing to an exciting job, he left the salary out of view. 胸の躍るような仕事に職を変えるに際して, 給料のことは度外視した
take a dim [a poor] view of を批判的に見る, に不賛成である
take a serious view of を重大視する ▶ Our company takes a serious view of sexual harassment in any form. わが社は, いかなる種類のものであれ, セクシャル・ハラスメントを重大視している
take the long view 長期的に考える
take the view that という見方をする
with a view to doing [《略式》*to do*] …する目的で ▶ The central bank plans to raise interest rates with a view to stabilize inflation. 中央銀行はインフレ抑制の目的で金利引上げを計画している
with ... in view を心がけて, 考えて
within view 見える所に
━ *a* 眺めのよい
━ *vt* 見る, 眺める; 注意して見る, 検分[調査]す

る《*from, through*》; 考察する; 特定の視点から見る, 見なす《*as*》;《略式》テレビで見る ▶ view ... with suspicion …を疑わしいと見る / The subject must be viewed from a new angle. その問題は新しい角度から考察されなければならない / Investors viewed the country's political upheaval as a threat to economic growth. 投資家はその国の政治的混乱を経済成長にとっての脅威と見なした / We view our customers as an important source of information. お客様は大切な情報源だと考えている
━ *vi* テレビを見る

◇**viewer** *n* 視聴者 ▶ bring in more viewers 視聴者を増やす, より多くの視聴者を獲得する
viewership *n* (テレビ)視聴者(数)
viewpoint *n* 見地, 観点 ▶ from the viewpoint of の見地から
vigor, 《英》**vigour** /vígər/ *n* 活力, 元気, 活気, 精力; 力強さ; 成長力;《米》(法的)効力
full of vigor 元気いっぱいで
in full vigor 活気にあふれて
with great [renewed] vigor 熱心に; 元気を取り戻して
◇**vigorous** *a* 活気にあふれた, 元気いっぱいの; 精力的な; 力強い
◇**vigorously** *ad* 力強く, 精力的に; 強く ▶ He vigorously denied any connection to the insider trading charges. インサイダー取引の容疑には一切関係がないと彼は強硬に否定した
villa /vílə/ *n* 大別荘, 別邸; (海辺・田園の)別荘;《英》(一戸建て, または二戸続きの中流の)郊外住宅[<ラ>]
village /vílidʒ/ *n* 村 [◉ hamlet より大きく town より小さい];《the ~》村民(全体)
◇**villager** *n* 村人
vindictive /vindíktiv/ *a* ❶ 報復的な ❷『法律』《英》懲罰的な, 制裁的な
vindictive damages = punitive damages
vinedresser *n* ブドウ栽培者
vinegar /vínigər/ *n* 食用[果実]酢; 不機嫌;《米略式》活気
vinery /váinəri/ *n* つる植物栽培園(温室);《米》ぶどう園
vineyard /vínjərd/ *n* ぶどう園
vintage /víntidʒ/ *n* 特定の一時期のブドウの収穫期[高], ワイン生産高; 当たり年のワイン, 極上ワイン; (ある年度の)型, 年式
of recent vintage 最近始まった[起こった]
━ *a* (ワインが)特定の年度[銘柄]の; 古くて価値のある, 由緒ある;《略式》(作品が)最高の出来の
vintner /víntnər/ *n* ワイン醸造業者;《英》ワイン卸し商
vinyl chloride pipe 塩ビパイプ[◉ ポリ塩化ビニルを材料にして作られたパイプ]
violate /váiəlèit/ *vt* (法律・協定などに)違反する; (約束を)破る; (権利を)侵害する ▶ violate a person's privacy (人の)プライバシーを侵害する / When you illegally copy books or CDs, you're violating intellectual proper-

ty rights. 本やCDを不正にコピーすると，知的財産権の侵害になる / The company was heavily fined for violating antitrust laws. その会社は，反トラスト法に違反したため，重い罰金を科された

violation /vàiəléiʃən/ n 違反 ► in violation of the terms of the agreement 契約の条件に違反して / The government is cracking down on intellectual property violations. 政府は，知的財産の侵害に対して断固たる処置を取っている

violence /váiələns/ n 激しさ，猛威；(感情などの) 荒々しさ，狂暴；(事実・意味などの) 曲解 ► The union's strike erupted into violence. 組合のストライキは暴力沙汰へと至った
do violence to に違反する；を害する；破壊する；曲解する，の事実に反する

violent /váiələnt/ a 激しい，猛烈な；(自然現象・痛み・変化などが) 強い，ひどい，激しい，激甚な；荒々しい，激情的な，興奮した
◇**violently** ad

Vioxx 《商標》バイオックス [⇒米国の医薬品大手メルク社の鎮痛剤. 世界中で販売されたが，心臓病の副作用が明らかになり，2004年に自主回収に追い込まれた]

VIP /ví:àipí:/ n (~s) 《略式》重要人物，要人 ► give ... a VIP reception VIP待遇で…をもてなす [<very important person]

viral marketing バイラル・マーケティング [⇒ユーザーの口コミ，特にインターネットでの情報交換によって，商品やサービスを広める手法]

Virgin Atlantic Airways (~ Ltd.) ヴァージン・アトランティック航空 [⇒英国第2位の国際線航空会社. 私企業]

Virgin Megastore バージン・メガストア [⇒米国内の主要都市に店舗を構えるレコード店]

virgin resources バージン資源 [⇒地球から最初に採取される鉱物資源やエネルギー資源]

virtual /vá:rtʃuəl/ a ❶ 実質上の，事実上の ► Negotiations slowed to a virtual standstill. 交渉は停滞して事実上の停止状態に至った ❷ 仮想の [⇒物理的には存在しないが，あたかもそこにあるようにふるまう]
❸ ネット上の ► a virtual bank (店舗を持たないネット) 銀行 / a virtual landscape バーチャル風景 [⇒コンピュータの中で作り上げたバーチャルリアリティのつくり出す仮想の景色]

virtual community バーチャルコミュニティ [⇒ネットワーク上の共同体]

virtual corporation バーチャル・コーポレーション [⇒コア・コンピタンスだけは自社で持つが，その他はネットワーキングで賄う21世紀型の伸縮自在型企業]

virtuality /và:rtʃuǽləti/ n 仮想現実性 [⇒実際には存在せず，コンピュータの中で作り上げた世界]

Virtual Library バーチャルライブラリー [⇒インターネットの情報検索サービスの一つ]

virtually ad ほとんど (=nearly)；事実上，実質的に；仮想的に，仮想空間で ► The company has virtually cornered the cell phone market. その会社は携帯電話市場を事実上独占している / Virtually all of the major banks are grappling with bad debts. ほとんどすべての大手銀行は不良債権の処理に取り組んでいる / Virtually every product has an environmental toll. 事実上あらゆる製品は環境面で代価を払っている

virtual memory 【コンピュータ】バーチャルメモリ，仮想記憶 [⇒物理的なメモリが足らないときに補完的にメモリ領域として使われるハードディスクの一部. 処理速度は遅くなる]

virtual office バーチャル・オフィス [⇒インターネットや携帯電話などにより，会社にいなくても仕事ができること]

virtual organization バーチャル組織 [⇒ネットワークによる共同作業を進め，物理的なオフィスを持たない組織]

virtual reality バーチャルリアリティ (VR) [⇒仮想現実. 実際には存在しなくても，仮想的に構成される世界]

virtual shopping (インターネット上での) バーチャル・ショッピング

virtue /vá:rtʃu:/ n 美点，長所，価値；効力，効能
by [in] virtue of 《文》のおかげで，の理由で

virtuous circle 好循環 (⇔vicious circle) ► create a virtuous circle 好循環を生じさせる / enter a virtuous circle 好循環が始まる

virtuous cycle =virtuous circle

virus /váiərəs/ n ウイルス；コンピュータ・ウイルス (=computer virus) [<ラ:ヘドロ，毒]

visa /ví:zə/ n (~s) 査証，ビザ；旅券 [⇒パスポート上に表示されるビザ. 国によっては入国査証に加えて出国査証が必要] ► an entry [exit, work] visa 入国[出国，就業]ビザ / put a visa on a passport 旅券に査証をする / be granted a visa to a country ある国に入国を認められる
— vt (旅券の) 査証をする
[<ラ:見られた]

Visa ❶ (~ Inc.) ビザ [⇒米国のクレジットカード会社. 2008年3月NYSEに株式を公開. 歴史上もっとも大きな公開のひとつとして約2兆円集めた] ❷《商標》ビザ [⇒①が発行するクレジットカード]

vis-à-vis /ví:zəví:, -zɑ:-/ ad 《文》顔と顔を突き合わせて，向かい合って (to, with)
— prep に関して；と比較して；と向かい合って ► The client will only discuss last-minute changes vis-à-vis the manager. あのクライアントは間際になってからの変更はマネージャーとしか相談しない
[<仏'face to face']

visa waiver ビザなし入国(許可)；観光ビザ

visibility /vìzəbíləti/ n 目に見えること，目立つこと；知名度；認知

visible /vízəbl/ a 目に見える (to)；明白な；あからさまな；よく人前[マスコミ]に出る ► The rise in gasoline prices has the most visible impact on consumer spending. ガソリン価格の上昇は，個人消費にもっとも目に見えて影響する

visible balance 貿易収支 [⇒無形のサービス収支との対比で言う]

visible exports 製品輸出
visible imports 製品輸入
visible supply 有形供給高 [○在庫中・出荷中の穀物のような実際に市場に出回ることが見込める商品供給高]
visible trade 製品貿易, 商品貿易
visible trade balance 貿易収支
Visine 《商標》バイシン [○疲れ目, 充血, 乾燥時の米国の目薬]
vision /víʒən/ n ビジョン, 将来像, 洞察力
► The company's vision for the future included expansion of its sales network in Asia. 同社の将来ビジョンはアジアの販売ネットワークの拡大を含んでいた / The CEO had a clear vision of where he wanted to take the company. そのCEOは会社の進むべき方向について明確なビジョンを持っていた / The president had drive, energy and vision. 社長はやる気と精力と理念を持っていた
flash into vision 視野に飛び込む
have visions of を想像する, を心に描く
within [outside] one's (field of) vision 視野の中に[外に]

vision statement ビジョン・ステートメント, 望ましい将来像 [○達成すべき姿を記述した文書]

visit /vízit/ vt 訪問する; 見物[見学]に行く; 《米》しばらく滞在する; 視察に行く; に相談に行く; (考えなどが)胸に浮かぶ ► I'd like to visit your company sometime next week. 来週いつか御社をお訪ねしたいのですが / The software tracks the number of hits and collects information on users who visit the website. そのソフトウェアはヒット数を記録し, ウェブサイトを訪問するユーザーについての情報を収集する
— vi 訪問する《at》; 見物に行く《at, in, with》; 《米》滞在する《at, in, with》; 《米略式》おしゃべりする ► visit on the phone 電話をする
be visited upon に加えられる, に起きる
visit with 《米略式》…方に滞在する; ちょっと雑談する
— n 訪問; 見物, 見学; 滞在; 視察; 《米略式》おしゃべり, 雑談
make a state visit to を公式訪問する
on a visit to を訪問[見学]中で
on a visit with …方に滞在中で
pay [make, give] a visit to / pay ... a visit を訪ねる

visitation /vìzətéiʃən/ n ❶ 訪問《of, by》; 長期滞在; (職務上の)視察, 巡視 ❷ 【法律】業務検査, 監査 ❸ 臨検 [○国際法上, 船舶を拿捕するか決めるために, 立ち入って船舶の書類を検査すること]

visiting card 《英》名刺 (=《米》calling card)
visitor /vízitər/ n 訪問者, 来客; 観光客; 滞在客; 巡視員 ► Please show the visitor to the conference room. お客様を会議室にご案内してください

visitor parking space (来客用)駐車スペース
visitors' book 来客名簿, 宿帳

visitors' register 来客名簿
vista /vístə/ n (両側に並木などのある)見通し, 見通した景色; 見通しの利く街路; 回想, 追憶; 予想, 展望《of》
open (up) a new vista [vistas] of のさまざまな新分野を開く
[〈伊; 風景]

Vista 《商標》ヴィスタ [○米国マイクロソフト社が2007年に一般消費者への販売を全世界で開始したPC向けオペレーションシステム]

Visteon (~ Corp.) ビステオン [○Delphiに次ぐ米国の自動車部品メーカー. 2000年にFord Motor Co.から分離して設立]

visual /víʒuəl/ a 視覚の[による], 見るための; 目に見える ► the visual arts 視覚芸術
visual aid ビジュアル機材 [○プロジェクターなどの視覚資料を使うための機材]
visual display terminal =visual display unit
visual display unit ディスプレー装置, データ表示装置 (VDU)
visually ad 視覚的に; 見たところ(では) ► visually impaired [handicapped] 視覚障害の
visual merchandising ❶ 〖ﾏｰｹﾃｨﾝｸﾞ〗ビジュアル・マーチャンダイジング [○視覚に訴える商品のレイアウトや展示の演出を展開する商品政策] ❷ 〖広告〗店頭店内装飾陳列
visual telephone テレビ電話
vital /váitl/ a 生命の[に関する]; 生命の維持に必要な; 活気[生気]のある; 不可欠な; きわめて重要な; 必須の《for, to》; 致命的な ► The government stresses that building a new electric auto industry is vital for future economic growth. 新しい電気自動車産業を育てることは将来の経済成長にとってきわめて重要だと政府は強調する / The ability to adapt to change is vital in business. 変化への適応力がビジネスではきわめて重要だ
— n 《~s》生命維持に不可欠な器官 [○脳・心臓・肝臓・肺など]; 《~s》重要部分, 核心
◇**vitality** n 活力, 生命力; 活気, 元気, 生気; 持続力[性]
◇**vitalize** vt 生命[活力, 生気]を与える, 生気を吹き込む
◇**vitally** ad きわめて, 極度に

Vitalis 《商標》バイタリス [○米国の男性整髪料]
Vitasoy 《商標》ビタソイ [○大豆から作られた米国の飲料. プレーン, バニラなどの味がある]
vitiate /víʃièit/ vt ❶ 《文》質を損なう, 駄目にする, 汚染する, 腐敗させる ❷ 【法律】(契約を)無効にする, 取り消す

Vivendi (~, SA) ヴィヴェンディ [○フランスの環境関連事業, メディア関連事業の会社. 特に音楽事業は世界のシェアを大きく握る大手. 旧社名Vivendi Universal. Universal Music Group, Canal (PAY-TV), SFR (モバイル通信)およびオンラインゲームなどを運営]

vivid /vívid/ a 鮮やかな; 鮮明な; 生き生きした ► Vivid colors were used on the package design. 鮮やかな色がパッケージのデザインに使わ

◇**vividly** *ad*
◇**vividness** *n*
vivos ⇨inter vivos
VIX Index ヴィックス指数［⮕シカゴ・オプション取引所のVolatility Index(ボラティリティ指数)の略称. S&P 500のオプション取引をベースにして算出される指数で, 相場の先行きに懸念が生じた場合に大きく上昇する特性がある. 俗にfear index(恐怖指数)と呼ばれる］
vocabulary /voukæbjulèri/ *n* 《通例the [one's]～》語彙(い); 単語[用語]集
vocal /vóukəl/ *a* 声の, 音声の; 口頭の;《略式》やかましく主張する, 自由に意見を述べる《*about*》
▶ Consumers have been quite vocal in their concerns over recent incidents involving food poisoning. 食中毒に関する最近の事件についての懸念を, 消費者はかなり声高に主張してきた
vocation /voukéiʃən/ *n* 天職, 職業, やりがいを感じる仕事 (✚job と比べて待遇は二の次で, 人の役に立っているといった社会的使命感が伴っている)
▶ She found her vocation in nursing. 彼女は看護の仕事にやりがいを感じた / He is a banker by vocation. 彼の職業は銀行家である / What vocation are you planning to enter? どんな職業に就くつもりですか
vocational /voukéiʃənl/ *a* 職業(上)の; 職業指導の ▶ vocational guidance 職業指導
◇**vocationally** *ad*
vocational training 職業訓練 ▶ This training center offers vocational training in trades such as sewing, carpentry, and metalworking. こちらの訓練センターでは, 裁縫, 木工, 板金といった職に就くための職業訓練を行っている
vociferate /vousífərèit/ *v* 大声を出す, わめく
◇**vociferous** *a* 大声で叫ぶ, 騒々しい; 言い張る
◇**vociferously** *a* 大声で, 声高に ▶ The US vociferously keeps complaining of China's undervalued currency. 米国は中国の通貨が過小評価されていると声高に訴え続けている
VOD video-on-demand
Vodafone Group /vóudəfòun/ (～ plc) ボーダフォン・グループ［⮕英国の携帯電話事業社. 1984年設立. China Mobileに次ぐ契約者数を持つ. 米国はJ/VであるVerison Wireless, ドイツではD2を運営, 日本では2006年オペレーションをSoftBankに売却］
VO5《商標》ブイ・オー・ファイブ［⮕米国のヘアケア用製品のブランド. シャンプー, 男性用, 女性用のスタイリングジェル, ヘアスプレーなどがある］
vogue /voug/ *n* 流行; 人気《*for*》
be in vogue / be all the vogue 流行している
▶ Business casual is in vogue at many companies now. 今, 多くの会社で, カジュアルなビジネスウェアがはやっている
bring into vogue 流行させる
come into vogue 流行し始める
out of vogue 廃れて

voice /vɔis/ *n* 声, 音声; 電話; ものを言う[話す]能力; 表現;《the ～》意見, 希望; 発言[投票]権 (*in*); 代弁者 ▶ the voice of one's conscience 良心の声 / It's good to hear your voice.（電話で）君の声が聞けてうれしいよ / Giving each employee a voice can only benefit us, as we increase our pool of ideas and creativity. 従業員の一人一人に発言権を与えると, アイディアや創造性のプールが大きくなるから, 当社にとってはよいことずくめだ
a [the] still(,) small voice 良心の声
at the top of one's voice 声を限りに
give [lend] voice to を言葉に表す
raise one's voice 声を大きくする; 不満を述べる, 声を荒らげる《*to, against*》
with one voice《文》声をそろえて, 一斉に, 満場一致で
― *vt* 声に出す, 表明する ▶ voice opinions 主張を表明する
◇**voiced** *a* 声に出した;（複合語）…の声の ▶ husky-voiced しゃがれ声の
◇**voiceless** *a* 声のない, 口がきけない; 無言の, 沈黙した; 選挙権がない
◇**voicelessly** *ad*
voicemail, voice mail *n* ボイスメール［⮕コンピュータを使った音声によるメール］ ▶ Do you use voicemail? ボイスメールを使っていますか / Did you get my voicemail message? 私のボイスメールを受け取りましたか
Voice of America (the ～) VOA［⮕米国の対外放送］
voice-over *n* ナレーション［⮕特にCMなどでの映像にかぶせてある音声を言う］
voice recognition【コ―】音声認識［⮕音声で操作を指示したり, 文字入力をしたりできること］
void /vɔid/ *a* 無効な ▶ be void for vagueness あいまい性ゆえに無効である / be void on its face 文面上無効である / This contract is null and void. この契約は完全に無効である
― *v* 無効にする
voidable *a* 無効にできる, 取り消し得る
voidable contract 無効原因のある契約, 取り消し得る契約
void contract 無効な契約
voir(e) dire /vwá:r díər/（陪審員・証人資格に関する）予備尋問［＜アングロ仏］
vol volume
volatile /válətl | vɔ́lətàil/ *a* ❶ 不安定な, 突然変わりがちな ▶ As a manager, his volatile temperament is his only weakness. 管理職として見た場合, 移り気な気質は彼の唯一の欠点だ / Volatile energy and food prices are excluded from core inflation. エネルギーと食料品の価格は変動が激しいので, コアインフレ率の計算から除外されている

❷ 乱高下する ▶ a volatile market 乱高下する相場 / a volatile stock 乱高下する銘柄, 価格変動リスクの大きい銘柄 / The financial sector will remain volatile until the results of the stress tests come out. ストレステストの結果が発表されるまで, 金融セクターは乱高下の相場が続くだろう

❸ 〖ぷっ-ター〗（メモリーガ）揮発性の [○電源が切れるとデータが消えてしまう]

volatility /vɑ̀lətíləti/ n 移り変わりやすさ; ボラティリティ, 変動性; 価格変動率

コロケーション

（動詞(句)+~）**decrease** volatility ボラティリティを低下させる / **have** volatility ボラティリティを備える / **have higher** volatility ボラティリティがより大きい / **have lower** volatility ボラティリティが低い / **reduce** volatility ボラティリティを軽減する

▶ market volatility 市場変動性 [○株価, 利回りなどの変動の大きさ] / implied volatility インプライド・ボラティリティ [○オプション・プレミアムから示唆される原資産価格変動率] / stock market volatility 株式相場の乱高下 / cope with increased volatility in the economy 激しさを増す景気変動に対処する / Money market instruments have lower volatility. 短期金融商品のボラティリティは低い / The volatility of the market has caused stocks to rise and fall sharply this quarter. 市場のボラティリティは今四半期に株価の乱高下をもたらした

Volatility Index =VIX Index

Volkswagen (~ AG) フォルクスワーゲン [○ドイツの自動車メーカー, その車. 高級車 AUDI, Lamborghini, Bentleyなど]

volume /vɑ́ljuːm/ n

❶ 本;（著作集・全集などの）一冊, 巻 (=vol) ▶ a two-volume novel 2巻本の小説 / Further volumes will be issued at monthly intervals. 以下毎月1冊ずつ刊行される予定

❷ 体積, 容積;（通例 ~s）多量, たくさん（of）; 量, かさ; 総計 ▶ huge volumes of products available on supermarkets' storefronts スーパーの店頭に並んでいる膨大な量の製品 / import huge volumes of oil 膨大な量の石油を輸入する / The airline has been hard hit by the fall in cargo volume. そのエアラインは貨物量の減少で大きな打撃を受けた

❸ 売買高, 取引高,（株式市場の）出来高 ▶ market volume 市場売買高 / sales volume 販売数量 / an increase of 5% in terms of volume 数量ベースで5パーセントの増加 / The company's European volume rose 8 percent for the first half of the year. 同社の欧州売上高は, 上期に8％増となった / After updating our website, our business volume went up by 15%. ウェブサイトを更新した後, 当社の取引量は15％増えた / In 2004, the NASDAQ surpassed the average trading volume of the NYSE for the first time. 2004年にNASDAQは初めてニューヨーク証券取引所の平均出来高を上回った

speak volumes 大いに意味がある, 意味深長である;（物・事が）十分に証明している (for)

volume business 量販ビジネス, 大口取引 ▶ Ours is a volume business with low margins. 当社は利益率の低い量販型のビジネスです

volume cost 大量生産原価 [○大量生産によって引き下げられた原価]

volume discount =quantity discount ▶ Do you offer a volume discount on that model? あの機種には数量割引はありますか

volume level 操業度 (=activity level, operation level) [○生産設備能力の利用度ないしは稼働率を言う]

volume of trade 貿易量, 取引高 (=trade volume) ▶ The volume of world trade has grown tremendously since the 1990s. 1990年代以降, 世界の貿易量は大幅に伸びている

volume-oriented a 量産式の; 量産志向の

voluntary /vɑ́ləntèri | vɔ́ləntəri/ a ❶ 自発的に[自由意志で]する, ボランティアの, 無償でする; 任意による ▶ voluntary work [service] ボランティア活動 / The company's downsizing includes implementing a voluntary early retirement program. その会社の人員削減には, 任意早期退職プログラムの実行が含まれている / We depend upon voluntary contributions from the public for our income. 私たちは収入を一般人からの無償の寄付に依存しています

❷ 〖法律〗故意の, 意図的の [○偶然でなく意図的に行う[なされる]] ▶ voluntary waste 故意による毀損 / a voluntary misstatement 意図的なうその申立て

◇**voluntarily** /vɑ̀ləntéərəli, válənter-/ ad 自発的に

voluntary arrangement 《英》任意の債務整理 [○苦境にある会社が債権者と協議して債務を整理し, 再建を図る手続]

voluntary bankruptcy 自己破産, 任意破産

解説 米国では, 破産手続きは債権者 (creditor) が申し立てる場合と債務者 (debtor) が申し立てる場合がある. 債務者が破産手続きを申し立てる場合を voluntary bankruptcy という.「自発的に申請した破産」の意味である. これに対して債権者が破産を申し立てる場合は involuntary bankruptcy（強制破産）という

▶ file a voluntary bankruptcy petition 自己破産を申請する

voluntary benefit 任意給付

voluntary chain ボランタリー・チェーン, 任意連鎖店 [○それぞれ独立した商業者が集まって, 規模・分業の利益を達成しようと組織化を行い, チェーン展開すること. これは主に卸売業・小売業での用語であるが業種によって呼ばれ方が異なる]

voluntary export restraint [restriction] 輸出自主規制 (VER) [○輸入国側の輸入制限を避けるために, 輸出国側の政府や団体が自主的に数量や価格などを規制すること]

voluntary insurance 任意(加入)保険 (⇔ involuntary insurance);《米》給与天引職域団体扱い保険 (=voluntary product)

voluntary liquidation （法人の）任意清算

（手続）[⊃ 定款または全社員の同意による会社の清算] ► go into voluntary liquidation 任意清算手続に入る

voluntary membership 《英》任意加入 (=《米》voluntary participation)

voluntary organisation 《英》ボランタリー組織, 民間非営利団体 (=《米》nonprofit organization)

voluntary participation 《米》任意加入 (=《英》voluntary membership)

voluntary petition 自己申立て, 債務者による申立て ► The company filed a voluntary petition of bankruptcy under Chapter 11. その会社は破産法第11章による破産を自発的に申請した

voluntary product =voluntary insurance

voluntary resignation 依願退職

voluntary restraint agreement = voluntary restraint arrangement

voluntary restraint arrangement 輸出自主規制 (VRA) [⊃ 貿易摩擦を回避するため二国間の政府協定により輸出国が輸出量を制限すること]

voluntary retirement 希望退職

voluntary separation 自己都合退職

voluntary unemployment 自発的失業, 自己都合退職による失業 [⊃ 解雇や倒産などでなく, 転職などを目的として自分の意志で離職して現在失業中であること]

voluntary winding-up 《英》任意清算手続 (=voluntary liquidation)

volunteer /vὰləntíər/ n ボランティア [⊃ 法律上の義務なく, またそれに対する対価を得る約束なく, 他人の債務の支払などの行為をなす者] ► We rely heavily on volunteers. 私たちはボランティアに大きく依存しています

◇**volunteerism** n ボランティア活動

Volvo (AB ~) ボルボ [⊃ スウェーデンのトラック, バス, 建設機械および舶用機器のメーカー. 飛行機, 産業用エンジンも生産している. 自動車生産は Ford Motorに売却された] [<ラ 'I roll']

voracious /vɔːréiʃəs/ a 大食の, がつがつしている; 飽くことを知らない, 熱心な ► The US wants to wean away from its voracious demand for foreign oil. 米国は自国の外国石油に対する旺盛な需要を断ち切りたいと思っている

◇**voraciously** ad

vostro account (外国為替決済のための) 先方勘定 [⊃ 外国為替決済のため国内の金融機関が国外の金融機関と為替業務代行契約を締結し, 相互に専用の口座を設けた場合の, 受入側から見た言い方. 相手銀行のある国の通貨で資金が管理される]

vote /vout/ n ❶ 賛成票, (投じられる) 票 ► a casting vote キャスティング・ボート / abstain from a vote 棄権する / poll a large [light] vote 大量[少数]票を獲得する / A two-thirds majority vote is required to amend the bylaws. 付属定款を修正するには3分の2の多数による賛成が必要だ / Close to 1 million shares **cast a vote** in favor of the proposal, and about 95,000 shares voted against. 100万近い株が提案を支持する方に投じられ, およそ95,000株が反対に投じられた / The amendment was adopted **by unanimous vote**. 修正は満場一致の決議で採択された / There were only **two votes for** the proposal, compared to **120 votes against**. 反対票が120票だったのに対して, 賛成票はたったの2票だった / Under most rules of order, decisions are made by **a majority vote** of members present. たいていの議事手続では, 決定は出席者の過半数の票で行われる / Recent developments undoubtedly swung the vote in favor of us. 最近の動きが投票をこちらの有利に導いたのは疑いない

❷ 票決, 投票 ► a standing vote 起立による投票 / an oral vote 発声による投票 / conduct a vote 投票を実施する / come [go, proceed] to the [a] vote 投票に持ち込まれる / be elected by (the) vote of the committee 委員会の票決により選出される / pass (the) vote on [upon] a motion 動議を票決する / Let's **take a vote** on the proposal. この提案につき決をとろう / The chairperson **put the motion to a vote**. 議長は動議を票決にかけた / **The result of the vote** will be announced immediately. 投票結果はただちに発表される予定

❸ 議決権 ► have the vote 投票[選挙]権を持つ / lose one's vote 選挙権を失う / deprive a person of the vote (人から) 選挙権を剥奪する / give women the vote 女性に選挙権を与える

by popular vote 一般投票で

cast one's vote for [against] に賛成[反対]票を投じる

get my vote 《略式》(事に) 私は賛成だ

land votes for に対する票を取り込む[獲得する]

— vi (賛成・反対の) 投票をする (*for, against*) ► The boards of both companies voted in favor of the merger. 両社の取締役会は投票で合併に賛成を決めた / The Board of Directors voted in favor of setting up a regional office in Hong Kong. 取締役会は香港に支社を設立することについて賛成の票決をした

— vt 投票によって決める[支持する]; 一致して認める; (金) を交付することを決める; 《略式》提案する

be voted on to a committee 投票で委員として選任される

vote against に反対票を投ずる

vote down (投票で) 否決する

vote for に賛成票を投ずる

vote in 投票して選出する

vote off 投票によって (委員を) 辞めさせる

vote out (of) 投票して (…から) 追い出す

vote through (法案を) 投票で通過させる

vote to do 投票で…をすることを決める ► Members of the board voted 10-5 to abandon the project. 取締役会は投票の結果, 10対5でプロジェクトの中止を決めた

vote with one's feet 退場[離脱]して不賛成の意志表示をする

vote of confidence 信任投票 ► The government's efforts to stimulate the economy have won a vote of confidence among investors. 景気を刺激する政府の努力は投資家の信任を得た

vote of nonconfidence [censure] 不信任決議 ► deliver a vote of nonconfidence in に対する不信任票を投ずる

voter /vóutər/ n 投票者, 有権者; 選挙人

voting right （株式の）議決権［⇨株主総会の決議に参加し, 賛否の意思を表明できる権利］► Subscribed shares which have not been paid will not carry voting rights. 引受済みの株式で払込が行われていないものについては, 議決権が認められない

voting share 議決権付株式, 議決権株

voting stock 議決権付株式, 議決権株［⇨その所有者に議決権を付与する株式］⇨ nonvoting stock ► Foreign ownership of American airlines is limited to a 49% stock and 25% of voting stock. 外国人による米国の航空会社の所有には制限があり, 株式の49%まで, 議決権株式については25%までとされる / Since we hold 70% of the voting stock of the company, we have majority control. その会社の議決権株の70%を保有しているので, われわれは過半数を押さえていることになる

voting trust 議決権信託［⇨株主が議決権だけを議決権受託者(voting trustee)に託し, 行使を委ねる制度］

voting trust certificate 議決権信託証書［⇨議決権信託上の受益権を証する書面で, 譲渡性がある. 議決権を除く株主権を証明する株券に相当する］

vouch /vautʃ/ v ❶ 真実性の証拠となる (for); 保証する; （人の）保証人となる (for) ❷【法律】(1)（裁判所に）呼び出す, 召喚する, 訴訟参加を求める (2)証拠を出す, 証言する ❸【会計】証明する, 証憑突合せする ► All expenses must be strictly vouched. すべての支出は厳重に確認されなければならない

voucher n ❶ (英)商品券, クーポン, 割引券; 引換券 ► cash vouchers 現金引換えクーポン / a luncheon voucher （企業が従業員に発行する）昼食券 / a gift voucher 商品券, ギフト券 / The voucher is valid for two months – May and June. その引換券は2か月間(5月, 6月)有効である ❷ 証憑, バウチャー, 伝票［⇨内部管理のために請求書に添付される伝票］► raise a voucher 伝票を起こす / The manager refused to sign the voucher authorizing payment. その課長は支払を承認する伝票にサインすることを拒んだ

voucher system バウチャー・システム, 証憑式記入帳制度

vouching n バウチング, 証憑突合せ［⇨監査において証憑書類と関係帳簿との突合せで, 記録の正否を確かめること］

vow /vau/ n 誓約 (of, to do); 誓い, 願 (がん)
— v 誓う, 誓約する (to, to do, that); 断言する (that) ► The company vows to increase its revenues twofold in five years. その会社は5年間で売上高を倍増させると言明している

voyage charter （一輸送ないし一航海ごとの）航海用船; 航海契約

VP vice president

VR vendor rating; virtual reality

VRA voluntary restraint agreement; voluntary restraint arrangement

VRM variable rate mortgage

vs. versus ► Steel export is expected to reach 18.6 million tons this year vs. 17.8 million tons last year. 鉄鋼の輸出は, 昨年の1,780万トンに対して, 今年は1,860万トンに達すると予想されている

V-shaped economic recovery V字型の景気回復［⇨急減速した後, 急激に盛り返すパターンの景気回復］

VSO very superior old［⇨ブランデーの12-17年もの］; (英) Voluntary Service Overseas 海外協力隊

VSOP very superior old pale［⇨ブランデーの18-25年もの］

VTC voting trust certificate

vulnerable /vʌ́lnərəbl/ a 傷つきやすい; 攻撃[非難]を受けやすい, 脆 (ぜい) 弱い (to) ► The country's reliance on exports for growth has made it vulnerable to the global recession. その国の成長が輸出に依存していることは, グローバルな景気後退に対して脆弱な国をつくる結果になった / Because of its poor financial state, the company is extremely vulnerable to a takeover. その会社は財務体質がお粗末だから, 乗っ取りに対して極端に弱い / Successful brand goods are often vulnerable to counterfeiting. 成功しているブランド品はしばしば偽造されやすい
— n (the ~) 虚弱者, 傷つきやすい人, 弱者
◇**vulnerability** n 傷つきやすさ, 脆 (ぜい) 弱性
◇**vulnerably** ad

vulture /vʌ́ltʃər/ n ハゲタカ;（人を食い物にする）強欲な人 ► News of the bankruptcy set the vultures circling. 破産の知らせが伝わるとハゲタカの一群が頭上を舞い始めた

vulture fund 企業再生ファンド, ハゲタカファンド［⇨一時的に不振に陥っているものの再生を見込める企業に投資し, 再建後の上場などにより高いリターンをねらう投資ファンド］

vulture investor 企業再生ファンド［ハゲタカファンド］の出資者

VW Volkswagen

Vycor (商標) バイコール［⇨堅牢な耐熱ガラス. 約96%のケイ酸を含み, 主にビーカー, るつぼ, フラスコなど実験用器具の製造用］

W, w

WACC weighted average cost of capital
Wachovia /(〜 Corp.) ワコビア [○米国の銀行持株会社. 子会社に, 銀行の Wachovia Bank, 証券ブローカーの Wachovia Securities など. 1967年設立の旧社が, 2001年に First Union Corp. と合併して発足, 2008年10月, Wells Fargo に買収された]
wad /wɑd/ n （紙・綿・毛などの）小塊; 詰め物 [綿]; 束; 《米略式》札束; 《略式》大量, 大金
shoot one's wad 有り金をはたく
— vt (-dd-) 丸める(up); 詰める

wage /weidʒ/ n 賃金, 給料 [○一般に定額を定期的に事務職, 専門職などの俸給被用者に支給するものを salary と言うのに対して, 短期の肉体労働, 単純労働に対して不定額を日払い, 週払いなどで支給するものを wage と言う]

コロケーション

(動詞(句)+〜) **cut** wages 賃金をカットする / **determine** wages 賃金を決める / **earn** wages 賃金を稼ぐ / **freeze** wages 賃金を凍結する / **keep down** wages 賃金を抑制する / **raise one's** wages 賃金を引き上げる / **withhold** wages 賃金の支給を保留する

▶ a living wage 生活給, 生活賃金 / get high wages for 〜で高給を取る / **Wages have not risen** in the public sector. 賃金は公共部門では上がっていない / Companies are adding jobs and **real wages** are rising. 各社は雇用を増やしているし, 実質賃金も上がっている / As the economy worsened, employers **slashed workers' wages**. 景気が悪化したので, 雇用主は労働者の賃金を削った / **Overall wages** have not kept up with inflation. 全体として見ると賃金はインフレに追随して上がらなかった / Consumer confidence has dropped due to **falling wages** and rising prices. 賃金の低下と物価の上昇で, 消費者の信頼感は落ち込んでいる

═══**賃金**═══
average wage 平均賃金 / back wages 未払賃金 / base [basic] wage 基本給 / minimum wage 最低賃金 / overdue wages 未払賃金 / real wage 実質賃金 / starting wage 初任給 / unpaid wages 未払賃金

wage assignment （給与からの）天引き
wage bargaining 賃金交渉
wage bill 人件費
waged a 賃金を得る, 有給の
waged bill =wage bill
wage differential 賃金格差
wage drift 賃金ドリフト [○中央労使交渉で決まった賃上げ率と個別企業の賃上げ率との差]
wage earner （一家を支える）稼ぎ手, 賃金労働者
wage gap 賃金格差 ▶ close the wage gap for women 女性に不利な賃金格差を是正する
wage inflation 賃金インフレーション
wage level 賃金水準
wage negotiations 賃上交渉
wage packet ❶《英》給料袋 ❷手取り賃金
wage payment 賃金の支払 ▶ (a) default on wage payments 賃金不払
wage-price spiral 賃金物価(インフレ)スパイラル [○物価上昇を受けての賃上げが物価上昇の要因になるという悪循環]
wage-push inflation （賃金上昇に起因する）賃金インフレーション
wage restraint 賃金抑制
wage scale 賃金体系
wages clerk 給与担当者, 給与事務担当職員
wage slave 賃金奴隷 [○金のためにだけあくせくと働く人]
wage system 賃金体系
wagon /wǽgən/ n 四輪車;《英》無蓋(がい)貨車;《略式》=station wagon
— v《米》wagon で輸送する

wait /weit/ vi 待つ(for); 給仕をする; ほうっておける; 延ばされる ▶ Investors are waiting for the results of the bank stress tests. 投資家は銀行のストレステストの結果を待っている / I'm still waiting for some market data. まだ市場のデータを待っています
— v 待ち受ける;《略式》遅らせる;《米》給仕をする
can't [can hardly] wait to do …するのが待ちきれない[待ち遠しい] ▶ I can hardly wait to tell my boss that we got the contract. 契約を取ったことを早く上司に報告したくてたまらない
can [can't] wait 延ばせる[ない] ▶ We have to take some kind of action now, because we can't wait any longer for the head office to make a decision. 本社の意思決定をもうこれ以上待てないので, 今何らかの行動をとらなければならない
wait and see 成行きを見守る, 静観する ▶ The regional manager hasn't responded to our request yet, so we'll just have to wait and see. 地域担当のマネージャーがまだこちらのリクエストに応えていないので, 様子を見守るしかないだろう
wait for A to do Aが…するのを待つ
wait on [upon] に仕える;《文》を訪問する; に結果として伴う;《方・略式》を待つ ▶ Have you been waited on? （店員が客に）誰かご用を伺いましたでしょうか / Our manager is waiting on a customer at the moment. 部長は今接客中です
wait on a person hand and foot （人の）世話を焼く
wait one's turn 自分の番を待つ
wait out 終わるのをじっと待つ

wait till [until] / wait'll まで待つ; 今に…するぞ
wait up 《略式》寝ずに待つ;《米・カナダ略式》(人が)追いつくまで止まって待つ
— *n* 待つこと; 待ち時間 ► Customers complained of the long wait on the telephone to speak to a representative. 係員と話すのに電話で長時間待たされることに顧客は苦情を言った

wait-and-see *a* 静観した, 傍観した ► a wait-and-see attitude 日和見的な態度

waiting /wéitiŋ/ *n* 待つこと; 待ち時間; 待ち停車 ► The company's lack of liquidity can be viewed as a disaster in waiting. 同社の流動性不足は倒産の予備軍と見ることができる

waiting list ウェイティング・リスト ► be on the waiting list 空きが出るのを待っている, 空席待ちをしている / There are 100 people on the waiting list. 順番待ちの人が100人いる

waiting period 待機期間 [⇨①新規株式公開手続上, 連邦証券取引委員会に届出をしてから実際に売出しが始まるまでの期間 ②労災保険・失業保険などで, 最初の請求日から保険金が支払われる日までの必要期間]

waitress /wéitris/ *n* ウエートレス

waitress mom ウエートレス・ママ [⇨低賃金の労働に就く, 子持ちの主婦]

waive /weiv/ *vt* ❶ (相手が履行すべき義務を)免除する; 差し控える; 延期する ► waive a payment 相手の支払義務を免除する / waive interest charges 利息を免除する / waive tuition fees 学費を免除する ❷《法律》(権利等を)放棄する ► waive one's claim to に対する請求権を放棄する / waive the statute of limitations 時効の利益を放棄する

waiver /wéivər/ *n* 権利放棄 [⇨ある種の権利または法的利益の自由意志による放棄]; 権利放棄証書 ► an implied waiver 黙示の権利放棄 / a waiver by conduct 行為による権利放棄 / a waiver of sovereign immunity 主権免除の放棄 / sign a waiver 権利放棄同意書に署名する / request for debt waivers 債務免除の要請
🖺 The waiver by Buyer of any breach of any provision of this Contract shall not be construed as a waiver of any succeeding breach of such provision or waiver of the provision itself. 本契約のいずれかの条項の違反に対し,「買主」が権利放棄しても, 当該条項に関しその後に生ずる違反に対しても権利放棄したもの, または当該条項そのものへの権利放棄をしたものと解釈してはならない

waiver of premium 保険料払い込み免除 (=free of premium) [⇨特殊条件を設ける保険証券の一規定. その条件下では契約者がそれ以降の保険料の払い込みを要求されなくても, 保険証券が効力を持ち続ける]

wake¹ /weik/ (**woke**,《まれ》~d; ~d,《英》**woke**, **woken**) *vi* 目が覚める, 起きる(*up, from*); 気づく, 悟る(*to*); 活気づく; 生き返る
— *vt* 目を覚まさせる, 起こす(*up*); 気づかせる(*to*); よみがえらせる; 奮起させる(*up*); 引き起こす

wake (up) to... 目を覚ますと…に気付く; を実感し始める ► Many manufacturers have woken up to the fact that they can no longer ignore environmental problems. 環境問題はもはや無視できないという事実に多くの製造業者が気づいている / The company has woken up to the changes in the financial market. その会社は金融市場の変化に気づいた

wake up and smell the coffee《略式》目を覚まして現実を見る

waking or sleeping 寝ても覚めても

wake² *n* 航跡; (物が)通った跡

in the wake of の結果(として); の跡を追って; にならって; に引き続いて ► In the wake of the recession, companies have cut down on corporate travel. 景気後退の結果として, 各社は社用の旅行を減らした / In the wake of the scandal, the president was forced to resign. スキャンダルの結果, その社長は辞任に追い込まれた

leave... in one's wake 後に…を残す

wake-up call (ホテルの)モーニングコール

Walgreens (~ Co.) ウォルグリーンズ [⇨米国のドラッグストアチェーン. 1909年設立. 米国とプエルトリコに店舗を展開]

walk /wɔ:k/ *vi* 歩く, 歩いて行く; 散歩する;《略式》辞める;《略式》ストライキをする;《古・文》振る舞う(*in*) ► The labor union decided to walk after their demands continued to go unheard. 労働組合は, 要求を聞いてもらえないまま, ストに入る決断をした / I'm going to walk if I don't get a raise. 給料が上がらなければ辞めます
— *vt* (道・場所などを)歩く; 歩いて測る; 押して行く; 歩かせる, 歩かせて…にする

walk all over《略式》= walk over

walk away from から手を引く; (事故を)無傷で切り抜ける; よりずっと速く進む ► He walked away from a promising career as an investment banker. 彼は投資銀行家としての前途有望なキャリアを捨て去った

walk before one can run 難しい仕事に立ち向かう前に基本を習得する

walk free (裁判で)自由の身になる

walk in 入り込む

walk in on に出くわす ► He walked in on an argument between his colleagues. 同僚が議論をしているところへ彼は突然入ってきた

walk into (不快な状況などに)出くわす; (わななどにまんまと)陥る; (仕事などを)楽々と手に入れる; を攻める ► On his first day of work, he walked into an office full of unfamiliar faces. 最初の出勤日, 彼は知らない顔だらけのオフィスに入っていった

walk it《略式》歩いて行く

walk off 歩いて立ち去る

walk off with を持ち去る; 勝ち取る

walk out 歩いて出る(*of*);《略式》ストライキをする; 抗議して立ち去る ► The company's top sales executive threatened to walk out unless he got a raise. 同社の営業でトップの地位にある経営幹部は, 給料が上がらなければ会社を辞めると脅した

walk out on 《略式》(を見)捨てる
walk over 《略式》人をいいように利用する[あしらう]
walk tall 《略式》たいへん自信を持つ, うぬぼれている
walk through 細かく指導する ▶ Would you mind walking me through the application process? 申請の手順について詳しく説明していただけませんか

━ *n* 歩くこと, 散歩, 歩行(距離); 並足; 歩き方; 歩道; 遊歩道;《米式》歩道

all walks [every walk] of life あらゆる階層[職業]
walk the walk 《略式》期待していることをする
◇**walkable** *a* 歩いて行ける

walker /wɔ́ːkər/ *n* 歩行器; 歩行者, 散歩する人
walkie-talkie /wɔ́ːkitɔ́ːki/ *n* 携帯用無線電話器
walking papers 《米式》解雇通知 ▶ He has been handed his walking papers. 彼は解雇通知を手渡された / He was given walking papers on Nov. 19. 彼は11月19日に解雇通知を渡された
Walkman (~s, -men) 《商標》ウォークマン[⇨ソニーのポータブルオーディオプレーヤー. 一般名 personal stereo]
walkout *n* ストライキ;《米式》(抗議のための) 退席 ▶ Angry members staged a walkout in protest. 怒った組合員は抗議のため退席した
wall /wɔːl/ *n* 壁, 塀; 内壁; (~s) 城壁; 障壁 ▶ a fire wall ファイア・ウォール[⇨利益相反を防ぐために設定された親会社・子会社間の情報隔壁] / a Chinese wall チャイニーズ・ウォール[⇨証券会社の利益相反を防ぐために引受部門と営業部門の間に設定された情報隔壁]

bang [run] one's head against a (brick) wall 無駄なことをする
give a person the wall (人に)道を譲る; (人に)有利な立場を与える
go to the wall 負ける; 事業に失敗する ▶ His business went to the wall. 彼の事業は失敗した
off the wall 《米式》とっぴな; 普通でない
on the wall 壁に掛け[掲げ]られて
take the wall of に道を譲らない; よりも有利な立場に立つ
Walls have ears. (諺) 壁に耳あり
with one's back to the wall 進退窮まって

━ *vt* 壁[塀]で囲む[仕切る] (*in, off, from*); 壁でふさぐ (*up*); 閉じ込める (*up*)

wallchart *n* 壁に張り出したチャート[表]
wall display ウォール・ディスプレー[⇨店内壁面広告]
walled garden 塀で囲まれた庭[⇨基本的に開かれた環境であるインターネットで, コンテンツやサービスを囲い込む形で管理された環境を言う. ユーザーを囲い込む目的で, あるいは, 年少者を有害な情報から保護する目的で使用される]
wallet /wάlit/ *n* 札入れ; 書類入れ ▶ a mobile wallet おさいふケータイ / Rising gas prices are draining consumers' wallets. ガソリン価格の高騰は消費者の財布を空にしつつある
wallflower *n* 不人気銘柄[⇨特に有力証券会社のアナリストによる分析の対象外のものを言う]
wallpaper *n, vt* 新株の乱発(をする)[⇨特に買収資金を調達するためのものを指す]
wall planner 壁に貼る予定表
wall shelving 壁際の陳列棚
Wall Street 《米》(ニューヨーク市の) ウォール街; 証券業界, 金融界 (✚単に the Street とも言う) ▶ come into Wall Street 米国の金融業界に入る / The credit crunch affects everyone from Wall Street to Main Street. 信用縮小は金融業界から一般市民まであらゆる人に影響を及ぼす
Wall Street Crash 株価大暴落[⇨一般的に, 大恐慌当時のブラックフライデーまたは1987年のブラックマンデーを指す]
Wall Street Journal (The ~)『ウォールストリート・ジャーナル』[⇨米国の経済専門紙]
Wal-Mart Stores (~, Inc.) ウォルマート・ストアーズ [⇨米国最大のスーパーマーケットチェーン店. 世界中に7,000近い店舗を持つ. 1962年にディスカウントストアとして創業. 西友の株式の過半数を保有]
Walt Disney (The ~ Co.) ウォルト・ディズニー [⇨米国の娯楽映画・テーマパーク会社. 1938年設立. 世界各地のディズニーランドを経営し, 劇場用映画制作, ABCネットワークなどのテレビ局経営, ビデオ販売, キャラクター商品のライセンス供与なども行う]
wampum /wάmpəm/ *n* (北米先住民の) 貝殻貨幣;《略式》お金, ぜに
WaMu 《略式》Washington Mutual (✚米国の銀行)
WAN /wǽn/ wide area network ワン, 広域ネットワーク ⇨LAN
wand /wάnd/ *n* 魔法の杖 (=magic wand); 棒; 指揮棒 ▶ The Fed does not have a magic wand to solve the nation's economic problems. FRBは米国の経済問題を解決する魔法の杖を持っているわけではない
wander /wάndər/ *vi* 歩き回る, さまよう (*in, out, off, up and down, around, over*); 曲がりくねる (*along, through*); とりとめがなくなる, それる, 迷う (*off, away, from*) ▶ You're wandering off the topic. 本題から脱線していますよ
◇**wanderer** *n*
wane /wéin/ *vi* 衰える; 小さく[少なく]なる ▶ Some economists say the waning consumer confidence is exaggerated. 消費者信頼感の低下は大げさに報道されていると言うエコノミストもいる
━ *n* 衰退

on the wane 衰えかけて

want /wɑnt, wɔːnt/ *vt* 欲する; 用がある; …したい, …することを望む《*to do*》;《英》必要とする《*doing*》;《略式》…すべきである《*to do*》; に欠けている; 不足である《*of*》 ▶ Did you want to see me? 私にご用ですか（✚現在形を用いた Do you want to see me? よりも丁寧な言い方）/ People want more value for their money. 人々は支払った金に対してもっと値打ちのあるものが欲しいと思っている / Faced with a flat market at home, the company wants to increase its sales abroad. 活気のない国内市場に直面して, 同社は海外で売上を伸ばしたいと思っている / Both sides want negotiations to progress as quickly as possible. 両当事者とも, 交渉ができるだけ速やかに進展することを望んでいる / The three big automakers want the federal government to bail them out. 三大自動車メーカーは連邦政府に救済してもらいたいと思っている / The company wants to settle the licensing agreement as soon as possible. 同社はできるだけ早くそのライセンス契約を確定したいと思っている

— *vi* 困窮する; 不足する, 欠ける《*for*》

I don't want to sound [be] rude, but...《略式》こう言っては失礼かもしれませんが…

want ... done …がなされることを望む

want for nothing / never want for anything 何一つ不自由しない

want in [out]《略式》に入りたがって［から出たがって］いる ▶ If you want in on the deal, just say the word. 取引に加わりたいのなら, そう言ってください

want off 出かけ［離れ, 別れ］たがる

want ... over を終わりにしたがる

want some doing《略式》大変な努力を要する

— *n* 欠乏, 不足《*of*》; 困窮《*~s*》必要物 ▶ He lives with few wants on his old-age pension. 彼は老齢年金でつましく生活している

for want of の不足のせいで ▶ **for want of a better phrase** ほかにもっといい表現がないので

in want of が必要で

◇**wanted** *a* 求む; 必要とされる ▶ Wanted a cook. 料理人募集中 / Help wanted. 求人, 従業員募集

want ad《米》求職［求人］広告 ▶ answer a want ad 求人広告に応募する

war /wɔːr/ *n*（激しい）企業間競争 ▶ a price war 価格戦争 / a war of attrition 消耗戦 / a war of nerves 神経戦 / a war of words 言論戦, 宣伝戦 / go to war 戦いを始める《*against, with*》/ make [wage] (a) war と戦う《*on, against*》

war chest 軍資金

ware /weər/ *n*《通例 one's ~s》商品, 製品; 陶器［⇨delft ware など］▶ Sellers displayed their wares at the flea market. 売手はフリーマーケットで商品を並べた

warehouse *n* /wéərhàus/ 倉庫; （税関の）上屋 (うわや)（✚warehouse の音を借用）▶ an air-conditioned warehouse 空調倉庫 / a bonded warehouse 保税倉庫 / a distribution warehouse 流通倉庫 / The warehouse is piled up with unsold inventory. 倉庫の中では, 売れ残った在庫が山積みになっている

— *vt* /-hàuz, -hàus/ 倉庫に入れる［保管する］

warehouse club 会員制大型ディスカウントショップ

warehouseman *n* 倉庫業者［従業員］

warehouse receipt《米》倉庫証券 (=《英》warehouse warrant)［⇨米国の倉庫営業者が発行する預り証. 物品の現物に代えてこれを引き渡せば売主は引渡義務を果たしたことになる］

warehouse store（大型の）ディスカウントストア; ウェアハウスストア［⇨倉庫型の店舗で販売経費を極力抑え, ディスカウント販売を行う小売店］⇨ big box store, wholesale club

warehouse warrant《英》倉庫証券 (=《米》warehouse receipt)

warehousing *n* 倉庫保管 ▶ warehousing cost 倉庫保管費

warm /wɔːrm/ *a* 暖かい; 興奮した; 激しい; 熱烈な;《略式》危険な; つらい;《英略式》裕福な ▶ warm as toast とても暖かい / grow warm 興奮する / You're getting warm. いい線いってるよ / warm work 厄介な仕事

keep a seat [place] warm for のために一時的に席［地位］に就く

— *v* 暖める, 暖まる; 興奮させる; 熱心になる; 心を引かれる《*to, toward*》;《略式》(むち) 打つ

warm up 準備運動をする; 暖かくする［なる］; 活気づける

warming pan ベッド暖め器; 臨時の代理人; 本人就任までの代役

warn /wɔːrn/ *vt* 警告する《*of, about, against, that*》;（…しないように）注意する《*against*》; 通告する《*of, about*》; 近寄らないように注意をする《*away, off*》 ▶ The company has warned of operating loss in the current quarter. 現在の四半期は営業段階で損失になると同社は警告を発した / Analysts warn that the economy faces a rough road ahead. アナリストたちは, 景気の行く先は険しいと警告する

Warner Books《商標》ワーナー・ブックス［⇨米国の出版社. ベストセラー, ミステリーを主に出版. 2007年にフランスの Hachette Livre 社に買収されたことにより Grand Central Publishing と名称変更］

Warner Brothers Pictures《~, Inc.》ワーナー・ブラザーズ・ピクチャーズ［⇨米国の映画会社. 1923年設立. 『カサブランカ』, 『バットマン』, 『ハリー・ポッター』など多くの作品を製作. 現在, Time Warner グループの Warner Bros. Entertainment の一部］

warning /wɔ́ːrniŋ/ *n* 警告《*about, against*》; 戒め（となるもの）, 通告, 予告 (=advance warning); 前兆《*of*》 ▶ He gave us no warning of his intention to resign. 彼は辞職の意志を私たちにはまったく漏らさなかった / I'll let you off

with a warning this time. 今回は注意するだけで許してやろう
give fair warning 余裕をもって予告する
without warning 予告なしに
warrant /wɔ́:rənt, wάr-/ n ❶ 正当な理由[根拠] ► He resigned with the warrant of a good conscience. 彼は良心に恥じることなく辞職した
❷【法律】(1) 令状 ► a warrant of attachment 差押令状 / an arrest warrant 逮捕状 / a search warrant 捜査令状 (2) 権限証書, 権限証券
❸【証券】ワラント, 新株引受権(証書)[⇨発行会社の株式を所定の価格(行使価格)で買える権利を表す証券] ► bonds with warrant ワラント債 / a warrant exercise price ワラント行使価格 / cum warrant ワラント付き / ex warrant ワラント落ち / exercise the warrant ワラントを行使する
put out a warrant 令状を出す((for, on))
— vt ❶ 正当化する; 確言する ► The storekeeper warranted the quality of the coffee. 店主はそのコーヒーの品質を請け合った ❷【法律】請け合う, 保証する
I('ll) warrant (you). (挿入的) 約束するよ, 請け合うさ
◇**warrantable** a 保証できる; 正当と認められる
◇**warrantee** n 保証状の名宛人
◇**warranter, warrantor** n 保証人
warrant agent ワラント代理人
warrant bond ワラント債, 新株引受権付き社債
warrant money 証拠金
warranty /wɔ́:rənti, wάr-/ n ❶ 保証, 品質保証 [⇨売買目的物が正常に作動することなどを売主が文書で保証したもの] ► be in breach of a warranty 保証責任に基づく義務に違反している / invalidate a warranty (乱暴な取扱いなどを理由に) 製品保証を無効にする / under warranty 保証期間中で / This warranty does not cover normal wear and tear. この保証は通常の減耗には及ばない / We offer a two-year warranty on most products. 当社はほとんどの製品について2年保証を付けている / This one comes with a ten-year warranty. これには10年の保証が付いている / We provide a 10-year warranty on our products. 当社では製品に10年の保証を付けている
❷【法律】担保責任, 瑕疵(かし)担保 [⇨売買契約の目的物に瑕疵がないことの保証, または, 売主が目的物の正当な権原を有することの保証] ► express warranty 明示の担保責任 / implied warranty 黙示の担保責任
[<guarantee, guarantyと同源]
warranty coverage 製品保証の適用範囲 [⇨たとえば保証期間などを指す] ► The warranty coverage is very limited. その製品保証の適用範囲は非常に限定的なものになっている
warranty deed 権原担保捺印(なついん)証書 [⇨譲渡人が譲渡する物的財産の権原について完全で瑕疵(かし)がないことを保証して, 署名し, 印章を押して交付した文書]
warranty expense (製品)保証費用
warranty information 製品保証の内容
warranty liability (製品)保証債務
warranty obligation 保証債務
warranty of habitability 《米》居住性の保証, 建売住宅の瑕疵(かし)担保責任
warranty of merchantability 商品性の担保責任 ▣ All warranties expressed, implied or statutory, including implied warranties of merchantability and fitness for particular purpose or use, are hereby excluded and disclaimed. 商品の市場性および特定の目的もしくは使用のための適合性に関する黙示の保証を含め, 明示的であれ, 黙示的であれ, もしくは法令によるものであるか否かを問わず, すべての品質保証は, ここに排除され, これにつき責を負わないものとする
warranty of title 権原の担保責任
warranty protection 製品保証 ► When does the warranty protection on this product expire? 製品保証の期限はいつまでですか
wary /wéəri/ a (疑い深い) 《of》 ► Markets across Asia were mixed as investors were wary of the economic summit. 投資家は経済サミットについて慎重な見方をとったので, アジア諸国の市場はまちまちの値動きだった / The company's domestic shareholders are wary of takeover proposals by foreign funds. 同社の国内株主は外国のファンドによる乗っ取り提案を警戒している
wash /wɑʃ, wɔːʃ/ vt ❶ 洗う; 洗濯する ► All employees must wash their hands before handling food. 全従業員が, 食品を取り扱う前に手を洗わなければならない ❷【証券】(株などの)仮装[馴合い]売買をする
— vi 洗濯する; 洗う; (否定・疑問)《略式》(人に)受け入れられる, 認められる《with》
wash one's hands of と手を切る ► He washed his hands of the failed merger and moved on to other projects. 彼は失敗に終わった合併から手を引き, ほかのプロジェクトに移った
wash out of 《米略式》に落第[失格]する
wash up 手[顔]を洗う; 岸に打ち上げる《on》; (通例受身) (人・事を)だめにする ► After the scandal, he was washed up as a politician and public figure. そのスキャンダルの後, 彼は政治家としても公人としても生命を失った
— n 洗うこと; 航跡; 失敗; 《略式》駄作; 《米略式》プラスマイナスゼロ ► The company's financial position is a wash compared with last year. その会社の経済状況は昨年と比べて変わらずだ
come out in the wash 《略式》上首尾に終わる ► The situation may look hopeless now, but it will all come out in the wash. 今は状況は思わしくないようだが, 万事首尾よくいくだ

Washington Consensus ワシントン・コンセンサス [⇒米国主導の国際金融体制. ワシントンDCに本拠を置く米財務省・IMF・世界銀行の合意に基づくとされる. 米国の経済学者 John Williamsonによる1990年の造語]

Washington Convention 《the ~》ワシントン条約 ⇒ Convention on International Trade in Endangered Species of Wild Fauna and Flora

Washington Post 《The ~》『ワシントン・ポスト』[⇒ワシントンDCで発行される米国の日刊紙. 1973年のウォーターゲート事件報道によるピューリッツァー賞など各種の賞を受賞]

Wash 'n Dri 《商標》ウォッシュ・ン・ドライ [⇒米国のウェットタオルのブランド. 殺菌効果のあるウェットタオル. 石鹸や水が手近にない時やドライブの時などに便利]

wash sale 〖証券〗❶ 仮装売買, なれ合い売買 [⇒投資家が単独で, または仲間と組んで, 同一銘柄を対象にブローカーに買い注文を, 他のブローカーに売り注文を出し, 売買が活発であるかのように見せること]
❷ 入替え売買 [⇒利益の出ている株式取引から差し引ける損失を作り出すため, 含み損のある銘柄を売って損失額を確定した上, 30日以内に同一銘柄を買い戻す行為. 米国の税法上は認められない]

wash trade =wash sale

wastage /wéistidʒ/ n 消耗; 損失高

waste /weist/ vt 浪費[消耗]する 《on, over》
— vi 無駄にする; 消耗する
be wasted in に実力を発揮していない
be wasted on [over] にとって無駄である
— n ❶ 無駄遣い, 浪費, 消耗

コロケーション
(動詞(句)+~) **cause** waste 無駄を生む / **cut down on** waste 無駄を減らす / **cut out** waste 無駄をなくす / **detect** waste 無駄を見つける / **eliminate** waste 無駄をなくす / **go to** waste ゴミ箱行きとなる, 無駄になる / **reduce** waste 無駄を減らす

▶ a waste of time [money] 時間[金]の無駄 / The project was a waste of material, money, time and energy. その企画は資材, 費用, 時間, エネルギーの無駄遣いだった / We need to eliminate waste throughout all operations. すべての作業の隅から隅まで無駄をなくす必要がある / Making this business proposal is a waste of time because they won't even hear us out. 話を最後まで聞こうとしないのだから, こんなビジネスの提案をしても時間の無駄だ

❷ ごみ, 廃棄物 ▶ hazardous waste 有害廃棄物 / industrial waste 産業廃棄物 / radioactive waste 放射性廃棄物 / solid waste 固形廃棄物 / toxic waste 有毒廃棄物
go [run] to waste 無駄になる, 浪費される
— a 未開墾の, 不毛の; 不用の, 廃物の

wasted /wéistid/ a 浪費された; 無駄に終わった
▶ have a wasted trip 無駄足を踏む

waste disposal 〖環境〗廃棄物処理

wasteful /wéistfəl/ a 不経済な; 浪費する
▶ Wasteful spending got us into this hole. 浪費のせいで私たちはこのような苦境に陥ってしまった
◇ **wastefully** ad
◇ **wastefulness** n

waste heat recovery 廃熱回収 [⇒製鉄, 窯業, 石油化学などさまざまなプロセスから発生する熱を回収して利用すること]

waste incineration plant 清掃工場, ゴミ焼却プラント

wastepaper n ❶ 紙くず ▶ a wastepaper basket くずかご ❷ 〖リサイクル〗古紙

waste product (工場)廃棄物

waste treatment 廃棄物処理

waste water 排水, 廃水

waste wood 廃木材, 廃材

wasting asset 〖会計〗❶ 減耗性資産, 涸渇性資産 [⇒鉱山や油田のように, 採掘により埋蔵量が減少する資産]
❷ 消耗資産 [⇒オプションのように, 一定期間しか権利として存在しない金融資産]

watch /wɑtʃ/ vi 見守る; 注意[用心, 警戒]する 《out, for》; 監視する 《over》; 待ち受ける, 待ち構える 《for》; 不寝番をする ▶ The boss asked me to watch over things while he's out of the office. 上司は, 自分がいない間事務所を監督するように私に頼んだ
— vt (動いているものを) じっと見つめる, 見守る; (機会などを) うかがう; 注意する; 世話する, 看護する
watch oneself 気をつける; (習慣を) 自制する
watch one's step 用心深く行動する
watch out for を見張る, 警戒する, に用心する ▶ We need to be more careful this time and watch out for loopholes in the contract. 今回はもっと注意深くして, 契約書に抜け穴がないか気をつける必要がある
— n 腕[懐中]時計; 見張り, 警戒, 注意; 寝ずの番; 当直員 (=night watch); 見張り人, 警備員
on watch 当直で / The company's credit rating was put on watch for a possible downgrade. 同社の信用格付は格下げの前提で見直しリストに載せられた
be on the watch for を見張っている ▶ Be on the watch for signs of panic once the news breaks. そのニュースが流れたら, パニックの前兆に警戒しなさい
keep a close [careful] watch on を厳重に監視する ▶ Stockholders keep a close watch on the company's earnings. 同社の収益の動向を株主は注意深く監視している
keep watch (out) for を見張る
keep watch over を寝ずに見守る
on a person's watch (人が) 当番[職務]に就いている間に ▶ Regulators failed to stop the credit bubble from bursting on their watch. 規制当局は自分たちの監視下で信用バブル

watch and ward 昼夜連続の見張り, 不断の警戒

watchdog n 監視役 [◇証券取引などの不正に目を光らす機関の俗称] ► media's watchdog function メディアの持つ監視役としての機能

watcher /wátʃər/ n 見張り人; 観測者; 専門家, 研究家 ► Market watchers cautioned that the rally is only temporary. 反騰は一時的に過ぎないと市場ウォッチャーは警告した

watchful /wátʃfəl/ a 油断のない, 用心深い (*about, against, for, of*) ► We need to keep a watchful eye on the situation. 状況に目を光らせておく必要がある

◇**watchfulness** n

watchout n 警戒

watchword n 合い言葉; 標語 ► Conservation has been our watchword. 当社は天然資源の保護をスローガンとしてきた

water /wɔ́ːtər, wát-/ n ❶ 水; (~s) 領海 ❷ (架空資産または資産の過大評価による株式会社の) 株式の水増し評価額; 水増し株(の発行)

above water ((略式)) (財政上の) 苦境を免れて

by water 船で, 海路で

hold water 筋道が通る

in [into] deep water(s) ((略式)) 苦境に陥って

in hot water ((略式)) 苦境に陥って

in low water ((英略式)) 金に困って

in smooth water ((英略式)) 順調に, すらすらと

like water 湯水のように, ふんだんに

of the first water 最高級の, 一流の

take (the) water 水に入る; (船が) 進水する

test the water 成行きを見る, 様子を見る

— vt ❶ 水をやる[かける, まく]; 給水する; 灌漑する; 水で薄める
❷ (資産の裏付けなしに株・資本などを) 水増し[水割り]する ► water (down) one's capital 資本を水増しする

— vi 水を飲む; (船舶などが) 給水を受ける

water down を手加減する ► The workers decided to water down their demands for higher wages. 従業員は賃上げ要求を少し下げることにした

waterage n 水上輸送(料金)

water cooler 冷水器

water cooler gossip 会社の水飲み場でのうわさ話

watercourse n 水路; 運河; 水流 ► right of watercourse 流水権, 水路権

watercraft n 船; 船舶

watered /wɔ́ːtərd/ a 灌漑された; 水増しされた

watered-down a 内容を薄めた

watered stock 水増し株 [◇払込価額が発行価額を下回っている株式]

waterfront n 海岸[川岸]の土地; 海岸通り; 波止場地区; ウォーターフロント, 水際地域 ► waterfront development ウォーターフロント開発

water hole 水たまり; 水飲み場; ((略式)) 酒場 (=watering hole)

watering hole ((略式)) バー, ナイトクラブ, ラウンジ (=water hole)

watermark n ❶ 透かし模様 [◇偽造防止のため紙幣などに刷り込んである模様] ❷ ウォーターマーク [◇著作権を表示するためデジタルコンテンツに埋め込まれている識別用情報]

water pollution 水質汚染, 水質汚濁

watershed n 分岐[転換]点 ► The entry into the mobile phone market was a major watershed in the company's strategy. 携帯電話市場への参入は同社の戦略上も大きな分岐点となった

WATS /wɑts/ n ワッツ [◇米国で一定地域内の定額電話料金制度] [<Wide Area Telecommunications Service]

wave /weiv/ n 波; うねり; (感情などの) 高まり; (大勢の人々の) 押し寄せ (*of*) ► The automaker plans to roll out its next wave of new models in June. その自動車メーカーは新車種の次の波を6月に発売しようと計画している / The recession caused a wave of layoffs in the manufacturing industry. 景気後退は製造業界にレイオフの波を引き起こした / A wave of debt defaults is sweeping across the country. 債務不履行の波が国中に押し寄せている

in waves 波状的に; 断続的に(押し寄せて) ► Investor conservatism tends to fluctuate in waves. 投資家の保守性は, 波のように変動する傾向がある

make waves 平穏を乱す, 面倒を起こす

— vi 波打つ, 揺れる, 翻る; 起伏する, うねる; 振って合図する (*at, to*)

— vt 翻させる; 振る; (…するよう) 手で合図する (*to do*)

wave aside を軽く一蹴する

wave of future (古いものに代わる) 未来の動向

waver /wéivər/ vi 揺れる; ぐらつく, よろめく ► Prices wavered. 物価が変動し続けた

— n 揺れ

way¹ /wei/ n 道, 道路; 通り道; 距離; 方向; 付近; 進行, 前進; 進路; 方法, 手段; 仕方, やり方; …風 (*of*); (~s) 習慣, 風習; 癖; 点, 事項; 意向; ((略式)) 状態; 範囲; ((略式)) 商売 ► the ways of the world 世の習わし / pave the way for に道をつける / He is in the retail way. 小売業をやっている / There is no way to predict where the market will go. 相場がどこに行くのかを予見する方法はない / A way to learn about the company is to attend its annual meeting. その会社について知る一つの方法は, 年次株主総会に出席することだ / The two companies are looking into ways to propel their alliance forward. 両社は提携を前向きに推進する方法を検討している

all the way ずっと, 道すがら; はるばる; ((米)) さまざまに; 完全に ► Flood damage was estimated all the way from 5 to 50 million dollars. 洪水の被害の見積もりは5百万ドルから5千万ドルで実にさまざまだった / He decided to go all the way with the company and put his entire savings into its stock. 彼はその会社にとこと

ん賭けてみることにし, 貯金を全額その株につぎこんだ

be on the way to (doing) ... …(すること)に向かっている

by the way 途中で; ついでながら, ところで

by way of …経由で; として; …するために[つもりで]《*doing*》;《英》いつも…して《*doing*》

change one's ways 生き方[習慣]を変える

clear the way for の道を開く

come a person's way (人に)起こる; (人の)手に入る; (事が)うまく運ぶ

either way どのみち ► Either way you look at it, we have to hire somebody to fill his position. どちらにしても, 彼のポジションを埋める人を雇わなければならない

every which way 《米略式》四方八方に

find a way out 出口[抜け出す方法]を見つける

find one's way たどり着く

get in the way 邪魔をする ► Although a certain level of civility and politeness is necessary for all working relationships, being overly sensitive to one another often gets in the way of truly effective communication. 仕事の関係すべてに一定水準の礼儀と丁寧さは必要だが, お互いに気を使い過ぎると真に有効な意思伝達の妨げになることが多い

get one's own way やりたいことをやり通す

get out of the way 邪魔をしない ► If you can't come up with any constructive alternatives, stop criticizing and get out of the way. 建設的な代替案を提示できないのなら, 批判をやめて邪魔しろ

get under way 進む

give way 崩れる; 壊れる; 負ける; 譲る; 自制力を失って…になる《*to*》 ► The early morning rally gave way to a tumble of the major indexes by late afternoon. 早朝の反騰は午後遅くまでに主要指数の下落に取って代わられた

go a long [great, good] way 大いに役に立つ《*to, toward*》; 成功する, 出世する ► This goes a good way toward solving the problem. これはその問題の解決に大いに助けになる

go a person's way (人と)同じ方向へ行く; (事が)うまく運ぶ

go [take] one's own way 思い通りに振る舞う

go out of the [one's] way 回り道をする; わざわざ…する《*to*》

have a long way to go 先が長い, まだまだである

have a way of doing …する癖[傾向]がある; …するこつを知っている

have a way with を扱うのがうまい

have a way with one 魅力がある

(can't) have it both ways 二またをかける(ことはできない)

have [get] one's own way 勝手に振る舞う

have one's way with 思い通りにする; 簡単に打ち破る

in a bad way 病気で; 経済的に苦しくて

in a big way 大いに

in a way ある程度まで, ある意味においては ► In a way, the weakening of the dollar hurts our presence in the American market. ある意味では, ドル安は米国市場における当社の存在感を傷つける

in every way あらゆる点で

in its [one's] own way それなりに

in more ways than one さまざまに

in no way 決して…ない

in one's way それなりに; お手のもので, 専門で

in some way ある点で

in the [a person's] way (人の)邪魔になって

in the way of にかけては; という点で

just the way it is 今のままで

lead the way 先導する; もっとも卓越する

lose one's way 道に迷う

make one's way 進む《*to, into*》; 成功する

make way 道をあける《*for*》

mend one's ways 行いを改める

no two ways about it 《略式》まったくその通りだ

no way 《米略式》嫌だ, だめ; 決して…ない (✚ No way, José. /houséi/「だめったらだめ」などと言う)

(in) one way or another [the other] なんとかして; いずれにしても ► One way or another, we've got to meet this deadline. なんとかして, この締切に間に合わせなければならない

on the [one's] way (行く)途中で; 帰ろうとして《*from, home*》; 進行中で; 近づいて ► The Fed indicated that more rate cuts could be on the way. 近く追加利下げがありうることをFRBはほのめかした / The company is on the way to becoming a pioneer in green technology. 同社は環境保護技術の先駆者になろうとしている / I'm running a little late, but I'm on my way to the meeting. 少し遅刻していますが, 会議へ向かっている途中です

on the way out 廃れて

open [pave] the way for への道を開く

out of the [one's] way 邪魔にならないように, 片づいて; 不適当な; 異常な

pay one's [its] way 自活する; (物が)もうかる

put a person in the way of の機会を(人に)与える

see one's way (clear) できるように思う《*to*》

send a person on one's way (人を)送り出す

set in one's ways 自分のやり方に固執する

stand in the way of の邪魔になっている ► Only budget restraints stand in the way of getting this project off the ground. 予算の制約だけが, このプロジェクトを軌道に乗せる妨げになっている / Government regulations stand in the way of offshore drilling. 政府の規制は海底油田掘削の邪魔になっている

stay out of the way 邪魔にならないようにしている

take one's way 行く

that's (always) the way it is with は(いつも)そういう風だ

the way (節を伴って)…ように (=as); …する仕方; …するところでは ► the way I told you 私が

言ったように / **the way I see it** 私の見るところでは / **the way things are** 現在の状況では
to my way of thinking 私の考えでは
under way 航行[進行]中で ▶ Discussions on a free trade agreement between the two countries are under way. 両国間の自由貿易協定に関する議論が進んでいる
ways and means 《米》財源; 方法, 手段 (*to do, of doing*)
way² *ad* 《米略式》ずっと, はるかに ▶ The earnings projections are way too optimistic. その収益予測はあまりにも楽観的に過ぎる
waybill *n* ウェイビル, 貨物運送状 [⇨輸送中の貨物の所有権を表す. その貨物の受取証と運送契約書を兼ねている点で船荷証券(bill of lading)と似ているが, 船荷証券と異なり引渡請求権を表す有価証券ではない. ただし, これがあると船荷証券より先に荷が到着したようなとき荷を受け取れて便利なので利用されている]
wayport *n* ウェイポート [⇨定期航路の途中にある寄港地] ▶ wayport service 寄港地での積取り
Ways and Means Committee 《the ~》(米国下院)歳入委員会
WB waybill
W. C. without charge
WD-40 《商標》ダブリューディー・フォーティー [⇨米国の錆止め剤. 鍵, ドアノブなどが錆付いて軋み音を出すのを避けるために用いられる]
WDV written-down value
we /wi; (強)wi:/ *pron* われわれ(は, が); (新聞・論説で)筆者(は, が) ▶ We are writing to notify you that your payment is overdue. 支払期限が過ぎておりますことを, 書面にてお知らせいたします

weak /wi:k/ *a* 弱い; 権力の弱い; 劣った; (貨幣価値などが)弱い; (株式・市場が)弱含みの, 弱気の, 下向きの, 値下がり傾向の ▶ The market was weak in the morning but rallied in the afternoon. 市場は午前は弱含みであったが午後には持ち直した / Weak consumer spending drove companies to lower prices. 消費者の低調な支出は各社を値下げに走らせている / The dollar is getting rather weak these days. 最近はドルは弱くなっている / Weaker financial institutions have to raise capital on their own or face an increase in government ownership. 比較的弱い金融機関は自力で資本を調達しなければならないが, もしできなければ, 政府の所有権の増大に直面することになる
weak at the knees 腰砕けである, 参っている
weak side [**point**] 弱点
weak currency (自国)通貨安 [⇨通常, 基軸通貨であるドルに対して言う]
weaken *vt* 弱める; 薄める ▶ The drop in household incomes has weakened consumer spending. 家計所得の減少は消費者支出を弱めている / The financial crisis weakened many banks. 金融危機は多くの銀行を弱体化した / Dependency on foreign oil weakens the America's national security. 外国石油への依存は米国の安全保障を弱めている / Weakening the dollar could boost inflation. ドルを弱くすることはインフレを助長するかもしれない
━ *vi* 弱くなる; 不決断になる ▶ Along with exports and production, private consumption is weakening. 輸出と生産に加えて, 個人消費が弱くなりつつある / Economists expect the dollar to weaken further before the economy improves. 景気が良くなる前にドル安はもっと進むとエコノミストは予想している

weaker-than-expected *a* (業績)予想を下回る, 予想より弱い ▶ The company's first quarter net profit dropped 30% due to weaker than expected oil demand. 石油需要が予想より弱いために, 同社の第1四半期の純利益は30%減少した

weakness /wi:knis/ *n* 弱点; 下げ含みであること, 下げ基調 ▶ The current weakness in the equity market represents an opportunity to buy on the dip. 今続いている株式相場の低迷は押し目買いの好機だ / The internal audit identified several weaknesses in our financial controls. 内部監査は当社の財務管理の持ついくつかの弱点を突き止めた

wealth /welθ/ *n* 富 [⇨一般に保有財産(換金できる資産や収益を生む資産)の評価額の合計から負債を引いたもの], 財; 豊富 (*of*) ▶ national wealth 国富 [⇨実質資産と対外純資産から成る国全体の正味資産. 期首の国富に国民所得を加え, 消費を引くと期末の国富となる] / income and wealth 所得と資産 / inequality in the distribution of wealth 富の配分における不平等 / American household wealth has taken a heavy beating from the recession. 米国の家計が保有する資産は景気後退によって大きな打撃を受けた / The wealth has been spread less evenly than ever. 富はこれまでになく不平等に配分されている

wealth effect 資産効果 [⇨証券市場や不動産市場の上昇で自分の所有する資産の価値が増大したという心理が働いて消費活動が活発化すること] ⇨ reverse wealth effect ▶ The wealth effect from rising housing prices encouraged consumer spending. 住宅価格の上昇による資産効果は個人消費を促進した / The wealth effect has been a factor in higher consumption and lower savings. 資産効果は消費増加と貯蓄減少を招いた一つの要素だった

Wealth of Nations 《The ~》『国富論』(1776) [⇨Adam Smith (1723-90)の著書. 原題は *An Inquiry into the Nature and Causes of the Wealth of Nations*. 個人の利潤追求に基づく労働が「見えざる手」(the invisible hand)に導かれて秩序を生み国の富を増大させるという自由放任的な古典派経済理論を唱えた]

wealth spreader 富を分配する人 (=redistributionist)

wealth spreading 富の分配 (✚Obamaの経済政策に含まれる)

wealth tax 富裕税 ► levy a wealth tax on individuals as a means of taxing unearned income 不労所得に課税する手段として個人に富裕税を賦課する

wealthy /wélθi/ a 富んだ; 富裕な, 金持ちの; 豊富に持っている《in》► Trust banks cater to wealthy clients. 信託銀行は富裕顧客を相手にしている
◇**wealthily** ad
◇**wealthiness** n

wealthy individuals 個人富裕層 [◘個人の適格投資家を意味する場合もある] ⇨accredited investor

weapon /wépən/ n 武器, 兵器; 対抗手段 ► Lowering interest rate is the Fed's weapon against inflation. 金利引下げが連邦政府のインフレ対策だ

wear /wεər/ (wore; worn) vt (着物などを) 身に着けている; 擦り減らす, 使い古す《away, down, out》; (通例否定)《英式式》認める ► Helmets must be worn at all times on the construction site. ヘルメットは建設現場では常時着用しなければならない
— vi 長持ちする, 持つ; 擦り切れる《away, down, out, off》; (時が) ゆっくり過ぎる《away, on》

wear away 擦り減らす[切れる]; (時間を) 過ごす
wear down 擦り減らす; 疲れさせる; 徐々に減少[消滅]する; に頑張って勝つ
wear off 徐々に減少する ► The novelty of the promotional gift quickly wore off. 販売促進ギフトの目新しさは急速に消えていった / Consumer anxiety from this recall should wear off by next year. 今回のリコールで生じた消費者の不安は, きっと来年までに消えるだろう
wear out を擦り減らす, 使い古す; を疲労させる; (忍耐を) 尽きさせる
wear thin (話が) 面白くない; (忍耐が) 尽きる
wear well 持ちがいい; 長く支持される
— n 着用; 衣類; 擦り切れ; 持ち ► casual wear 普段着
wear and tear 擦り切れ, 傷み; (通常の) 減耗, 損耗 ► ordinary wear and tear 通常の損耗
◇**wearer** n

wearable computer ウェアラブルコンピュータ [◘身に着けることのできる小型コンピュータ]

wearout n ❶ (設備などの) 消耗 ❷ ウェアアウト [◘何度も同じ広告を使うことで飽きられ, 広告効果が落ちること]

weather /wéðər/ n 天気, 天候; 荒天; 風雨 ► Agriculture and forestry may be severely affected by changes in weather patterns. 農業と林業は天候パターンの変動によって深刻な影響を受けるかもしれない
in all weather(s) / in all kinds [sorts] of weather / in any weather どんな天気のときにも; どんなときでも
keep one's [a] weather eye open 絶えず注意している《for》
make heavy weather 四苦八苦する《of》
— vt 切り抜ける; 風雨[外気]に当てる; 乾かす; 風化させる
weather the storm あらし[難局]を乗り切る
— vi 外気で変色[風化]する
— a 風上の[(に向かう)]

weather derivatives 天候デリバティブ [◘気温や降雨日数など特定の気象現象の変動に応じて補償金を支払う契約。天候によって業績に影響を受ける企業が収益減少を補うリスク管理商品として利用している。米国で1990年代に開発されエネルギー業界を中心に発達した]

weather temperature futures 気温先物 [◘天候デリバティブの一種。気温の変化を見越して売買される先物。暖冬で損失を受け得る業者は先物を買い, 冷夏で困る業者は先物を売ることで損失を補填できる。オプション版 (weather options) もある]

weather vane 風見, 風向計 ► Housing starts can be a weather vane for the economy. 住宅着工数は景気の風向きを示す風見鶏の役割も果たせる

weather-wise a 世論の動向に敏感な

weather working day 好天荷役日 (WWD) [◘好天の日のみ荷役を行うという条件。用船契約上, 所定の停泊期間内に荷役を完了する必要があるが, この条件が入っていれば, 悪天候で作業ができない日はカウントされない]

web /web/ n 織物; クモの巣 (状のもの); 陰謀; [ｺﾝﾋﾟｭｰﾀ] (the W-) =World Wide Web

web address URL [◘ウェブページの場所を特定するネット上のアドレス]

web-based seminar ウェブセミナー [◘ネットを利用して受講できるセミナー]

web browser ウェブブラウザー [◘ワールドワイドウェブの閲覧ソフト]

webcast n, vt ウェブキャスト [◘音声再生ソフトを利用してネット経由で, セミナーや公演を直接配信すること]

webcasting n ウェブキャスティング [◘ワールドワイドウェブを利用した情報発信]

web design ウェブデザイン [◘個々のウェブページやそれをまとめたウェブサイト上の情報の見せ方をデザインすること]

web designer ウェブデザインの専門家

web development ウェブ開発 [◘ウェブサイトのデザイン, プログラミング, さらにはサーバー管理といった技術面からコンテンツやマーケティングといった営業面までを含む業務]

web-enabled a ウェブ対応の ► a web-enabled cell phone ウェブ対応の携帯 [◘ブラウザでウェブにアクセスできる携帯電話]

web file ログファイル [◘ウェブサイト上の利用状況, 処理状況が記録されているファイル]

web hosting ウェブホスティング [◘共有ウェブサーバー上のスペースをレンタルし, 顧客

webinar n ウェブセミナー，オンラインセミナー，ウェビナー [➪ウェブサイトを利用して行うセミナー]

weblog ブログ (blog) [➪ウェブページに書き綴る日誌，ウェブ日記]

web log file =web file

webmaster n ウェブマスター [➪ワールドワイドウェブの情報サイトの管理責任者]

web page ウェブページ

webring n ウェブリング [➪似た興味を持つウェブサイトの表] ▶ a music webring 音楽のウェブリング

web shopfront 商用ウェブサイト

website /wébsàit/ n [発音] ウェブサイト [➪文字，音声，画像，映像から成るウェブページ（文書）をひとまとめにしたもの] (✚ Website, Web site, web siteともつづる) ▶ It is **a fee-based website** that helps users conduct foreign legal research. それは有料サイトだが，ユーザーが外国の法律を調べるのに役に立つ / Please **visit our website** for more samples and details. もっとサンプルその他詳細をご覧になりたい方は弊社のサイトにお越しください / **The company website** gets about 3,000 hits a day. 当社のウェブサイトのヒット数は一日当たりおよそ3,000だ / We are currently **updating our website**. 《メッセージ》当社のホームページは現在更新中です

web storefront =web shopfront

websurf v ウェブサーフィンをする

web 2.0 ウェブ2.0 [➪ブログなどのように双方向性が強調される新たなウェブ利用法]

webzine /wébziːn/ n ウェブジン [➪ワールドワイドウェブ上の雑誌]

Wedgwood 《商標》ウェッジウッド [➪英国の陶器．薄青の地に白い浮き彫りが特徴]

week /wíːk/ n 週；就業日 ▶ We have a five-and-a-half-day week here. ここでは1週間の労働は5日半です / We are on a five-day week. うちの会社は週休二日制です / The company posted its highest profit last week. 先週，その会社は過去最高の利益を記録した

all week along 1週間ずっと ▶ I'll be away on a business trip all week along. 1週間ずっと出張で留守にいたします

the week after next 再々週
the week before last 先々週
today week 《英》来週の今日
week in, week out / *week after week* 毎週毎週

weekday n, a 平日(の) ▶ Our weekday business hours are 9 am to 6 pm. 平日は営業時間は午前9時から午後6時までです

◇ **weekdays** ad 《米》平日には

weekend n, a, vi 週末(の，を過ごす) ▶ Can you work overtime this weekend? 今週末に休日出勤できますか

on [*at*] *the weekend(s)* / *over the weekend* 週末に ▶ I must work on the weekend. 私は週末に働かなくてはならない

◇ **weekender** n 週末旅行者

weekly /wíːkli/ a, ad 週に1度(の)，毎週の；1週間の ▶ Oil demand around the world fell 3.5% last week, the tenth weekly drop in a row. 世界の石油需要は先週3.5％減少し，10週間連続の下落となった / Factory workers' average weekly hours have been cut to 36.5. 工場労働者の平均週勤務時間は36.5時間に削減された

— n 週刊誌；週刊紙

WEF World Economic Forum

weigh /wei/ vt 重量を量る；比較検討する；圧する，押し下げる《*down, with*》

— vi の重さがある；目方を量る；重荷となる，圧迫する《*on, upon*》；重要性を持つ《*with*》；慎重に考慮する ▶ This parcel weighs more than two kilograms. この小包は目方が2キロ以上あります / The yen's surge also weighed on the company's earnings. 円の高騰は同社の収益をも圧迫する / The downturn of the stock market will weigh heavily on the financial industry. 株式市場の下落は金融業界に重くのしかかってくるだろう

weigh … against を…とよく比べる，比較検討する ▶ Weighing various factors against one another is his way of reaching decisions. さまざまな要素を互いに比較検討するのが，彼の意思決定のやり方だ

weigh against に不利に働く
weigh down を圧倒する；を圧迫する；を打ちひしぐ
weigh in 議論に加わる《*with*》
weigh one's words 慎重に言葉を選んで発言する
weigh out 目方を量る
weigh up を慎重に判断する

weighbridge n (車両・積み荷の)計量台

weight /weit/ n 重さ，重量；重力；目方；重いもの；分銅，おもり；重荷，負担，圧迫；影響力；重要性；衡法，重量単位系 ▶ excess weight 超過重量 / net weight 正味重量 / The package is two kilos **in weight**. 包みの重さは2キロだ / **The weight of inflation** is taking toll on consumers. インフレの重圧は消費者のなかから犠牲者を出しつつある / Taxpayers will have to **carry the weight** of the government's spending program. 納税者は政府の支出計画の重荷を負担しなければならないだろう / The company collapsed under **a weight of bad debts**. その会社は不良債権の重圧で倒産した / Knowing that his staff could carry on in his absence was **a great weight** off his mind. 自分が不在でも部下が十分やっていけることを知って，肩の荷が下りた

attach weight to を重要と考える ▶ A lot of rumors reach our boss, but I don't think he attaches weight to any of them. たくさんの噂が上司の耳に入っているだろうが，彼はどれも真面目にとっていないと思う

be under [*over*] *weight* 重量不足[超過]である
by weight 目方によって

carry weight 重要である; 影響力がある ► Even though he's fairly new, he carries a lot of weight in the company. 社歴は浅いが, 彼は社内で大きな影響力を持っている
pull one's weight 自分の役割を十分に果たす
throw one's weight around [《英》***about***] 《略式》権力を乱用する; いばり散らす
throw one's weight behind を全力を挙げて支援する
weight of numbers 数の多さ
worth one's weight (in gold) 非常に有用で, 千金の値がある
― *vt* 重みを加える《*down*》; (重荷を)負わせる, 苦しめる《*with*》; 加重《計量》する

weight certificate 重量証明書 [❍ 積地または揚地で検量機関が発行する貨物全体の重量を証する書面. 重量欠減クレームに際して決め手となる]

weighted average 〖統計〗加重平均 [❍ たとえば株価の場合には, 時価総額の大小を無視すると小型株でも大型株と同じ影響を及ぼすので, 時価総額に応じた重みをつけて株価の平均を求める]

weighted average cost of capital 加重平均資本コスト (WACC) [❍ 株式, 社債, 借入など各種の資本源泉のコストを加重平均したもの]

weighted average method 平均法, 加重平均原価法 ► report the cost of goods sold under the weighted average method 加重平均法で売上原価を計上する

weighted average price 加重平均価格 [❍ 棚卸資産や株式について加重平均を用いて算定した単価]

weighted index 加重平均ベースの指数

weighting *n* 組入比率, ウエートづけ [❍ 複数の金融資産を組み合わせたポートフォリオにおいて, 特定の金融資産が占める割合] ► add weighting ウエートを引き上げる / reduce weighting ウエートを引き下げる

weighting factor 加重係数

weight note 重量明細書, 重量表 [❍ 個々の荷の重さを証する包装明細書の一種]

Weight Watchers 《商標》ウェイトウォッチャーズ [❍ 米国のダイエット産業. ダイエット食品を提供するだけでなく, ダイエットの方法, 心得などを教えるプログラムも提供]

weighty /wéiti/ *a* 重い; 《文》重要な; 影響力のある, 有力な; 重苦しい ► We will discuss some weighty issues. いくつかの重大な問題を討論する予定だ

weird /wiərd/ *a* 異様な, 気味の悪い; 《略式》奇妙な ► At first, it sounded like a weird business idea. 最初は, それは商売のアイデアとしては奇妙な感じがした
― *vt* 運命づける
◇**weirdly** *ad*
◇**weirdness** *n*

welch /weltʃ/ *vi* =welsh

Welch's 《商標》ウェルチ [❍ 米国製のジャム・ゼリーなど]

welcome /wélkəm/ *int* ようこそ ► Welcome home! お帰りなさい / Welcome aboard. (乗務員のあいさつ)ご乗車[乗船, 搭乗]ありがとうございます
― *n* 歓迎, 歓待
give a person a warm welcome (人を)温かく迎える; 《反語》(人に)激しく抵抗する
― *vt* 歓迎する ► welcome... with open arms を大歓迎する / We welcome all suggestions and feedback from our valued customers. 大切なお客様からのご提案やご意見をお待ちしております
― *a* 喜んで迎えられる; 自由に…してよい《*to, to do*》; ありがたい ► make ... welcome を歓待する / The policy changes were more than welcome by most of the staff. 方針の変更はスタッフの大半に大いに歓迎された

and welcome 《皮肉》それならそれで結構
You are welcome. どういたしまして (✚Thank you. に対して)

welcome reception 歓迎レセプション

welfare /wélfeər/ *n* 幸福; 福利, 厚生, 福祉; 福祉事業 ► economic welfare 経済的厚生 / social welfare 社会福祉 / child welfare 児童福祉

on welfare 《米》生活保護を受けて

welfare benefit 福祉手当; 福祉給付

welfare economics 厚生経済学 [❍ 資源配分が国民全体の経済的福祉に与える影響を研究する分野]

welfare payment 社会保障給付

welfare pension 福祉年金

welfare state 福祉国家 [❍ 社会保障制度を定着させ, 国民の福祉に責任を持つ国家]

Welfare to Work 福祉から就労へ [❍ 公的扶助に依存している人々の就労を支援しようという標語. 英国ブレア政権下の福祉政策の基本]

well¹ /wel/ *ad* (**better; best**) 申し分なく, 上手に; 十分に; 完全に; 相当に; かなり; 適切に ► well after midnight 真夜中をかなり過ぎて / How well do you get on with your boss? 上司とはうまくいっていますか / The company is well on its way to making a profit this year. 同社は今年は利益を出すことができそうだ / The launch of the new model went off well. 新機種の発売はうまくいった / Inflation ran well above 5% in October. インフレは10月には5%をかなり上回った

as well その上に; …もまた; 同様に
as well a person may [might] do 《文》もっともなことだ(が)
as well as と同様に, だけでなく; と同じくらい上手に[成績よく] ► The company expects to reduce costs by $2 billion through plant closures, as well as a reduction in personnel, advertising, and other expenses. 工場の閉鎖に加えて人件費, 広告費, その他の経費を削ることによって, 同社は20億ドルのコスト削減を見込んでいる / The company's sales fell by 16% due

to its struggling business in semiconductors as well as home electronics. 半導体だけでなく家電の販売で苦戦した結果, その会社の売上高は16%減少した

be well off 暮らし向きがいい ► Although not exactly rich, his family is fairly well off. 必ずしも金持というわけではないが, 彼の家族はかなり裕福だ

come off well うまくいく

do oneself well ぜいたくな暮らしをする

do well 成功する; よい成績をとる; 健康になる; もうける《*out of*》► Right now the economy is not doing well. 現時点では経済はうまくいっていない / The bank is doing so well that it will be able to pay back the government sooner than expected. その銀行は非常に好調だから, 予想より早く政府に金を返せるだろう

do well by 《略式》を厚遇する

(would) do well to do …するのは賢明である

go well うまくいく ► if all goes well 万事うまくいけば / I hope everything goes well with the project. プロジェクトがすべてうまくいくように願っています

it would be well to do …するのがよかろう

may as well do …したほうがよい

may well do …するのももっともだ; たぶん…だろう ► This product may well be the next big hit. この製品は次の大型ヒット商品になりそうだ

might as well do …するようなものだ

pretty well ほとんど; かなりよく

well and truly 《略式》完全に, 決定的に

well away 順調に進んでいる《*on*》

Well done [played]! よくできた, でかした

well into にかなり入って; (夜)がふけて ► We expect sales to increase well into next year. 売上はずっと来年まで増加すると当社では予想している / Our company will continue to grow well into the next ten years. わが社は次の10年間もずっと成長し続けるでしょう

well out of を幸運にも免れて

well up in [on] をよく知っている

— *a* 健康な; 満足すべき, 好都合な; いい; 適当な

all is well 万事好調

All's well that ends well. 《略式》終わりよければすべてよし

be (just) as well …ほうがよい ► It is just as well that... とは運のよい

(all) very well 《反語》いかにも結構だ, 申し分ない

(all) well and good 《略式》よろしい, 仕方がない

well in with (人から)信頼されて; ひいきにされて

— *int* へえ, まあ; それで; やれやれ, なるほど; さて, ところで

— *n* よいこと

Leave [Let] well alone. よいことはそのままにしておけ, やぶ蛇になることはするな

well² *n* 井戸 ► The company will drill new wells to keep up with the oil demand. 同社は石油需要の増加に合わせて新しい油田を掘削するだろう

— *vi* わき出る《*up, out, forth*》

well-advised *a* 分別のある; 思慮ある, 賢明な ► You would be well-advised to decline the offer. その申し出は断った方が賢明だろう

well-established *a* 基礎の強固な; 確立した; 定評のある

well-founded *a* 基礎のしっかりした; 根拠の十分な

well-heeled *a* 《略式》裕福な, 金のある ► well-heeled businessmen 裕福な実業家たち

well-informed *a* 博識の; 情報通の

wellness program 健康支援プログラム〔⇨ 従業員の心身の健康づくりを支援する企業内の制度〕

well-off *a* 順調な; 裕福な ► Pensioners are less well-off than they used to be. 年金生活者は以前ほど暮らし向きがよくない

well-paid *a* 給料のよい ► well-paid executives 高給とりの経営幹部 / The last I heard was that he landed a well-paid job with a blue chip company. 最後に聞いた話では, 彼は大手優良企業でのいい待遇の仕事に就いたそうだ

well placed *a* (何かをする)態勢が整っている ► The company is well placed to weather the current global credit crisis. 同社は現下の世界的な信用危機を乗り切れるだけの態勢を整えている

WellPoint 《~, Inc.》ウェルポイント〔⇨米国最大の医療保険会社. 子会社のBlueCross & BlueShieldが保険を運営〕

Wells Fargo 《~ & Co.》ウェルズ・ファーゴ〔⇨ 米国の銀行持株会社. 1929年設立. 2008年10月, 世界金融恐慌で破綻したWachovia銀行を買収した〕

well-stocked *a* 品物の豊富な ► The company maintains well-stocked warehouses. 同社は十分に品をそろえた倉庫を持っている

well-to-do *a* 裕福な ► well-to-do families 裕福な家庭 / the well-to-do 裕福層, 金持階級

welsh /welʃ/ *vi* (支払などを)回避する; (約束を)守らない《*on*》► They tend to welsh on their promises. 彼らは約束を破る傾向がある

◇**welsher** *n*

Wendy's 《商標》ウェンディーズ〔⇨ハンバーガー, チキンなどの米国のファーストフードのチェーン. サラダバーもあり, その場で新鮮な材料を使って調理する〕

Wesson 《商標》ウェッソン〔⇨米国の調理, ドレッシング用の野菜油の大手ブランド〕

west /west/ *n* 西; (the W-)西部(地方); (the W-)西洋

in [to] the west of の西部に[西方にあたる]

— *a* 西に向いた[から来る]

— *ad* 西へ[に, から]

Go west young man. 若者よ, 西部へ行け; 新規まき直しを図れ

western

out West (米国の)西部に[で]
◇**westerly** *a, ad, n* 西の[に]; 西から吹く; 西風
western /wéstərn/ *a* 西向きの; 西から吹く; 《W-》(特に米国の)西部の; 《W-》西洋の
◇**westerner** *n* 西方に住む人; 西洋人; 《W-》《米》西部の人; 《W-》西欧[欧米]人
◇**westernization** *n* 西洋[西欧]化
◇**westernize** *vt* 西洋化する, 西欧風にする
Western Union (the ~) ウェスタン・ユニオン [➡米国の電気通信企業で1857年設立. 電信会社からスタートし, 現在は全世界に電信送金を行う. 電信サービスは2006年で中止した. また Financial Service部門を分離した]
West Texas Intermediate ウェストテキサス・インターミーディエイト (WTI) [➡テキサス州ミッドランドを中心とした油田地帯で産出される原油で, ニューヨーク・マーカンタイル取引所の先物取引の代表的な石油銘柄. 米国で原油取引の価格指標として用いられる. U.S. light sweet crudeとも言う] ⇨ crude oil
wet /wet/ *a* (**-tt-**) 濡れた, 湿った; 雨の(多い); 《英略式》弱々しい; 《米略式》酒類の製造販売を認めている
all wet 《略式》完全に間違って
be wet behind the ears 《略式》未熟(者)だ
► His boss considers him to be wet behind the ears. 彼の上司は彼が未熟だと思っている
— *n* ❶ 湿気, 湿り, 水分; 雨天, 雨; 《米略式》酒類禁止反対論者
❷ 《英》ウェット [➡失業者や低所得者などを弱者としてとらえ, 彼らへの福祉充実を国家の必要な仕事と考える政治家. サッチャー元首相の創り出した表現]
wet goods (樽[瓶]詰めの)液体商品; 湿貨, 水もの
wet lease ウェットリース [➡航空会社が他社から機材をリースするにあたり, 機体に加えて乗務員や整備士を含めて一括して契約する方法. 機体のみのリースはdry leaseと言う]
wetware *n* 《ぱ-ヒ-》ウェットウェア [➡人の頭脳, 人間]
Weyerhaeuser (~ Co.) ウェアーハウザー [➡米国の林産大手の会社. 木材, 紙パルプで世界トップクラスの規模を持つ. 設立1900年]
W-4 被雇用者源泉課税控除票 [➡米国の税務様式で, 適正に源泉徴収されるように被雇用者が雇用主に控除を申告するフォーム. 正式名は Form W-4 Employee's Withholding Allowance Certificate]
whack /hwæk/ *v* ピシッと打つ; (金銭を)カットする ► Local businesses were whacked by the decline in tourism. 地元の商売は観光客の減少で大打撃を受けた
— *n* 《略式》強打; 《米略式》試み; 《米略式》分け前; 機会
have a whack at 《略式》を試みる, やってみる
in one whack 一度に
out of whack 《略式》故障して
take a whack at ひっぱたく; 試みる
wharf /hwɔːrf/ *n* (**wharves, ~s**) 波止場

1164

wharfage *n* 波止場の使用(料); 波止場
wharfinger /hwɔ́ːrfindʒər/ *n* 波止場管理人
what /hwʌt, hwɑt; 《弱》hwət/ *pron* 《疑問》どんなもの[こと, 人]; どの[どれ]くらい; 《関係》(…する)もの[こと](はなんでも)
► Say what you please. 言いたいことを言うがいい / What we do know is that our country needs to shake off its dependence on foreign oil. はっきりと分かっていることは, わが国は外国石油への依存を断ち切る必要があるということだ / We have to stay on top of what's happening in the market. われわれは市場で何が起こっているか熟知していなければならない / Each year, directors must decide what to do with the company's earnings. 毎年, 取締役会は会社の収益をどう処分するか決定しなければならない / What this means is that many more companies will go out of business. これが意味するところは, もっと多くの会社が倒産するだろうということだ / Investigators are trying to find out what caused the factory fire. 調査官は工場の火事の原因を究明しようとしている / What if he misses the deadline? 彼が締切に遅れたら, たいへんだ / What's more, consumers are becoming more watchful of their spending. その上, 消費者は金の使い方が以前より慎重になっている / What can I do for you? (店員が客に)いらっしゃいませ; 何にいたしましょうか / What you see is what you get. 掛け値なし, ご覧の通り

成句 *and what not* その他いろいろ, など *(don't know) what to do* どうしたらいいか(分からない) *give a person what for* 《略式》(人を)叱る[罰する] *have (got) what it takes* 《米略式》(成功するのに)必要なものがある [➡能力・財力・美貌(ぼう)など] *I know what.* 《略式》いい考えがある *Now what?* 《略式》だからどうすればいい *So what?* 《略式》それがどうしたというのか *What about ... ?* …はどうですか *What for?* なぜ, どういう理由で *what have you* その他そういったもの *What if ... ?* …としたらどうなるだろうか; たとえ…でも構わない *what is called* いわゆる *what is more* その上に *what it's (all) about* どういうものか; 実体, 肝心なこと *What next?* こんなばかなことがあるものか *What of it?* =So what? *What's up?* 《略式》(あいさつで) やあ元気; 何が起こったんですか *(with)* (+さらに気くずしてSup?と言う) *what's what* 《略式》事の真相, 本当のこと *What's with... ?* 《略式》…はどうかしたの *what the hell [devil, blazes] ... ?* 《略式》一体全体何を[が] *What though ... ?* 《文》たとえ…でも構わない

— *a* 《疑問》何の, どんな; 《感嘆》なんて; 《関係》(…する)どんな

► What time do you usually get up? ふつう何時に起きますか

成句 *what time* いつ *what way* 《英》どのように (=how); 《スコット》なぜ (=why)

— *ad* どれほど

成句 *what with ... and (what with) ...* …やら(…やら)で

— *conj* 《方》…だけ, …ほど

成句 *but what* …でない (=that ... not)

whatever /-évər/ pron (…する)もの[こと]はなんでも；どんなこと[もの]が[を]…しても；《略式》いったい何が
▶ Our company will go with **whatever** the lawyer recommends. わが社は弁護士が勧めることならなんでも同意する

[成句] *or whatever*《略式》その他なんでも　*whatever you do*《略式》どんなことがあろうと　*whatever you say* [*think, want*]《略式》なんでも君の言う通り(にするよ)
— *a* どんな…でも；たとえどんな…が[を]…しても；（否定・疑問）少しの…も
— *ad* ともかく；なんでも、どちらでも(いい)

what-if *a, n*（状況）▶ Too many what-ifs bog down decision-making. 仮定の話が多過ぎて意思決定は難航した

wheat /hwiːt/ *n* 小麦　▶ The surge in wheat prices has affected consumer spending on daily goods. 小麦の価格の高騰は日用品に対する個人消費に影響を及ぼした

separate the wheat from the chaff 小麦を脱穀する；よい人［もの］を選び分ける

Wheaties（商標）ウィーティーズ［○米国製のシリアル食品］

wheedle /hwíːdl/ *vt* 甘言で欺く；だまし取る (*out of, from*)；だまして…させる (*into doing*)
▶ They wheedled their clients to buy the useless gadget. 彼らはその役に立たない道具を客にまんまと買わせた

wheel /hwiːl/ *n* 車輪、輪；《略式》自転車；(~s) 中枢機構、原動力；回転；《略式》大物 (=a big wheel)；(~s)《略式》自動車、車　▶ Assembly workers mount the wheels onto the vehicle. 組立て作業員は車にハンドルを取りつける

at [*behind*] *the wheel* 支配して
go on the wheel すらすら進む
oil [*grease*] *the wheels* (わいろなどで) 事を円滑に進める
on oiled wheels すみやかに、波瀾(らん)もなく
on wheels 車で；円滑に；車輪つきの；車で(行く)；《米略式》断然　▶ hell on wheels 手に負えないやつ[もの]
put one's shoulder to the wheel 熱心に事にあたる、ひと肌脱ぐ
spin one's wheels《略式》むだな努力をする
take the wheel 運転する
The wheel has [*is*] *come full circle.* また元の状態になってしまった
wheels within wheels 込み入った事情；複雑な機構

— *vt* 旋回させる；（車を）動かす；車で運ぶ；《米略式》（車を）高速で走らせる、運転する；《略式》（話を）持ち出す、公表するという (*out*)
— *vi* 旋回する；向きを変える (*about, around, round*)

wheel and deal《米略式》勝手に事を運ぶ；うまく立ち回る；交渉する　▶ He was always wheeling and dealing on the stock exchange. 彼は株取引所でいつも抜け目なく立ち回っていた／He made his money wheeling and dealing on the international arms market. 彼は国際的な武器市場ですご腕を発揮して一財産を作った

wheelchair *n* 車いす
wheelchair access バリアフリー対応
▶ Two rooms have wheelchair access. 2室がバリアフリー対応となっている

wheelchair-accessible *a* 車いすで入ることができる

wheeler-dealer *n, vi*《米略式》敏腕な事業家；やり手；策士；敏腕を発揮する

wheeling and dealing《略式》(政治・商売などで) 勝手に事を運ぶこと；駆け引き (手段を選ばずに) 欲しいものを手に入れること　▶ He wrote about all the wheeling and dealing that occurs on Wall Street. 彼はウォールストリートでのあらゆる巧妙な駆引きについて本を書いた／Wheeling and dealing is part of business. 策を練ることはビジネスの一部だ

Wheeling-Pittsburgh Steel (~ Corp.) ウィーリング・ピッツバーグ・スチール［○米国の鋼板製造会社。設立1920年。日本の新日鐵との合弁会社 Wheeling-Nisshin, Inc.を運営する。過去2回（1985年、2000年11月）にわたり破産法の適用を受け、現在も2003年に申請した Chapter XI における更正計画実行中］

wheel of retailing 小売の輪［○マクネア (M.P. McNair) が提唱した理論で、小売業の業態は低マージン・低サービスから高マージン・高サービスへ向かうと、より低マージン・低サービスの業態が現れ、これを繰り返すというもの］

when /hwen/ *ad* いつ；…する(とき)；…するとそのとき；…するときの
▶ **When** are you transferring to the New York office? いつニューヨークの事務所に異動になるのですか
[成句] *when doing* …しているときに
— *conj* …のときに；…するときはいつも；…であるのに反して
▶ **When** returning the merchandise, be sure to bring your receipt. 品物を返却されるときは領収書をお忘れなく／No one knows what the economy will be like **when** we come out of this recession. この不況から抜け出たときに景気はどのようになっているか、だれにも分からない
[成句] *when it comes to* の段になると
— *pron* いつ；そのとき
▶ Since [Till] **when** ...? いつから[まで]…
— *n* (the ~) 時
▶ fix the where and **when** 場所と時を決める

whenever *conj* …するときはいつも；いつ…しようとも
▶ **Whenever** a recession occurs, banks tend to tighten their lending policies. 景気後退が起こるたびに、銀行は貸出方針を引き締める傾向がある／**Whenever** customers have a problem, they can call the help desk. お客様にお困りの点があれば、いつでもサポートセンターにお電話ください
— *ad*《略式》いったいいつ

when issued 発行日取引, 発行条件付取引 (WI) [⇨when, as, and if issuedの省略形. 発行予定の証券に関して, 発行日に受渡(決済)をするという条件で行う取引のこと] ▶ **be traded on a when-issued basis** 発行日取引により売買されている

when-issued stock 発行日取引銘柄

where /hwɛər/ ad どこに[で, へ, から]; どういう点で; どの場所[点]に; …する(場所); そしてそこで
▶ Let's pick up the meeting from **where** we left off yesterday. 昨日やめたところから会議を始めよう / We have to clarify **where** responsibilities lie. どこに責任があるのか, はっきりさせなければならない / We haven't been able to pinpoint **where** the trouble occurred. どこで故障が起こったのか, いまだに正確な場所がつかめていない / We're still considering **where** to transfer him next year. 来年彼をどこへ異動させるか, まだ思案しているところだ
— *conj* …する所に[で]
— *pron* どこ
成句 *Where are you from?* ご出身は? *where it's at* (米略式)面白い, 進んだ
— *n* (the ~)場所

whereabouts *ad*, *n* どの辺に; 所在, 行方 (*of*); 居所 ▶ His whereabouts are [is] unknown. 彼の所在は知られていない

whereas *conj* …であるのに反して[対して]; ところが; …という次第だから, という事実から見れば, という事実に照らして; それゆえに; であるがゆえに [⇨契約書の前文でWhereas..., and Whereas..., Now, Therefore...の定型で用いられる. whereasの後には契約に至った経緯を記すが, この部分はwhereas clauseと呼ばれる] ⇨ witness
🗎 **Whereas**, the Buyer desires to purchase the Goods from the Seller, ..., the parties agree as follows: 「買主」が「売主」から当該商品の購入を希望すること, …(すること)に鑑み, 両当事者は以下の通り合意する

whereof *ad* (疑問)何について, 誰の; (関係)(それについて)…するところの; それについて, 上記について [⇨契約書でin witness whereofの形で用いる] ⇨ witness (成句)

wherever /hwɛərévər/ *conj*, *ad* (譲歩の副詞節を導く) どこへ[に, で]…しても; (関係)…するどんな所で[へ]でも, どんな場合でも
▶ **Wherever** the company's headed, it's bound to succeed. その会社が目指すところが何であれ, 必ず成功した
成句 *wherever possible* 可能ならいつでも

whether /hwéðər/ *conj* …かどうか, …かそれとも…か; …であろうとなかろうが
▶ **whether** by accident or design 偶然かわざとか / **Whether** the economy can veer away from its dependence on imports remains in question. その国の経済が輸入への依存から脱却できるかどうかは依然として疑わしい / Please let me know **whether** you can attend or not by Friday. ご出席の有無を金曜日までにお知らせください / The board has to decide **whether** to accept or reject the merger proposal. 取締役会はその合併案を承諾するか拒否するかを決めなければならない / The question is **whether** small and medium-size businesses will be able to weather this recession. 問題は中小企業がこの景気後退を乗り越えることができるかだ

成句 *whether it be ... or ...* …であれ, …であれ *whether or no [not]* いずれにしても; 必ず *whether (or not) to do* …するべきかどうか

which /hwítʃ/ *pron* (疑問)どちら, どれ; (関係)…するところの; どちらでも…なのを
▶ Intellectual property rights is an area in **which** our law firm has considerable experience and expertise. 知的財産権は当法律事務所がかなりの経験とノウハウを有する分野だ / Global capital flows, **which** now exceed $11 trillion, have been growing tremendously in the last 20 years. グローバルな資本の流れは, 現在では11兆ドルを超えるが, 過去20年間に猛烈な勢いで増加してきた / Of the various media, we have to decide **which** will be most effective for our ad. いろいろなメディアのなかで, どれが当社の広告にもっとも効果的か決めなければならない

成句 *which is which* どれがどれやら *which to choose* どちらを選ぶか
— *a* (疑問)どちらの, どの; (関係)…するどれ[どちら]でも, そして[だが]その
▶..., in **which** case... その場合では… / **Which** wholesaler offers the best price? どの卸売業者の値段が一番安いですか / It doesn't matter to me **which** brand I use, as long as the quality is there. 品質がよければ, どのブランドを使ってもかまいません

whichever *pron*, *a* …するどちらでも; どちら(の…)が…するとしても; いったいどちらが[を, の]
▶ **Whichever** plan the company goes with, workers' jobs will be on the line. 会社がどのプランを選ぼうとも, 従業員の仕事が危険にさらされることになる

while /hwail/ *n* (少しの)時間, 期間
▶ There was a **while** when he wished to give up his job. 仕事をやめてしまいたい時があった / **All the while** he knew the results of the meeting, and yet he said nothing. その間ずっと会議の結果を知っていたのに, 彼は何も言わなかった / **A while back**, there was a real estate bubble in this country. しばらく前に, この国で不動産バブルがあった / **Every once in a while**, we update our website. 折に触れて, 当社のホームページを更新いたします / He was out of action **for a while**, but now he's back to work. しばらく鳴りをひそめていたが, 今は大活躍だ / I'm not making any new investments **for a while**. 私は今のところ新しい投資をしていません / **In a little while**, could you arrange for a taxi to pick up our clients? もう少ししたら, お客様をお迎えするタクシーを呼んでもらえますか / I haven't seen such a promising group of recruits in **quite a while**. こんなに有望な新人のグループを随分長い間見たことがなかった / It'd be **worth your while** to sign up

for the seminar. そのセミナーには参加する価値があるでしょう

成句 *all the while* / *the whole while* その間ずっと *a while back* しばらく前に *between whiles* ときどき *(every) once in a while* 時たま *for a while* しばらく *in a (little) while* まもなく *quite a while* かなり長い間 *the while* 夜の間;(接続詞的)…する間 *worth (a person's) while* (人に)時間[手間]をかける価値がある

— *conj* …するうちに;…の間ずっと,する限りは;…なのに対して,だけれど

▶ Managers see workers as unmotivated, **while** workers see management as overpaid. 管理職は社員をやる気がないと見ているが、一方では、社員は経営陣を高給の取り過ぎと見ている / **While** domestic travel is losing popularity, overseas travel is on the rise. 国内旅行は人気を失っているが、海外旅行は増加している / Some brands succeed globally, **while** others fail. 世界的な成功を収めるブランドがある一方で、失敗するブランドもある / The company is trying to improve productivity **while** reducing costs. 同社はコストを削減しながら生産性の改善に努力している

成句 *while doing* している間に

whine /hwaín/ *v* 哀れな鼻声を出す;くんくん鳴く;愚痴を言う ▶ He kept whining about his dead-end job. 彼は将来性のない自分の仕事について愚痴をこぼし続けた
◇**whiner** *n*

whip /hwíp/ (-pp-) *vt* むち打つ;激しく非難する;急に動かす 《*in, off, out*》;《略式》打ちのめす[負かす] ▶ We must whip inflation right now. ただちにインフレを打破しなくてはならない
— *vi* 素早く動く
whip away を払いのける
whip back 跳ね返る
whip ... into shape 《略式》を鍛えて仕上げる;をなんとかまとめあげる
whip off 急に出かける
whip on を励ます, 刺激する
whip out of から引き[抜き]出す
whip round 急に振り向く;集めて回る 《*for*》
whip up 素早く用意する[集める, こしらえる];興奮させる;誘発する;素早く計画する ▶ Car dealers are trying to whip up demand by offering discounts and incentives. 車のディーラーは値引きや払戻金を提示することで需要を喚起しようとしている

whippersnapper *n* 《略式》生意気なやつ[若造] ▶ These whippersnappers cannot run this company. こういう若造にこの会社の経営はできない

whipsaw *n* 高値づかみの安売り,往復びんた[⇨反落直前の高値で買い,反発直前の安値で売ってしまうこと. 株で損して,債券でも損するといった二重の痛手に関しても言う]
— *v* ダブルパンチを与える;投資家を両損させる

Whirlpool (~ Corp) ワールプール [⇨米国の最大手の家庭用電化製品メーカー. MagicChef, KitchenAid のブランドで製造するほか Sears の OEM で Kenmore 製品も製造する. 2006年 Maytag を買収した]

whisker /hwískər/ *n* 《~s》ほおひげ;《略式》間一髪 ▶ The company came within a whisker of bankruptcy. 会社は倒産の危機に瀕した
by a whisker 《略式》間一髪のところで

whisk(e)y /hwíski/ *n* ウイスキー (✚《米》《アイル》では whiskey, それ以外では whisky を主に使用)[<ゲール *usquebaugh* /ʌskwibò:/命の水]

whistle /hwísl/ *vi* 口笛を吹く
— *vt* (口)笛を吹いて呼ぶ[合図する]
whistle in the dark 《略式》自信ありげに装う ▶ He says his business will improve next year, but he's probably just whistling in the dark. 来年は事業はよくなるだろうと彼は言っているが、たぶん虚勢を張っているだけだろう
— *n* 口笛;呼び子;警笛
blow the whistle (不正行為を)やめさせる 《*on*》;《略式》(悪事を内部から)暴露[告発]する 《*on*》 ▶ Congress has blown the whistle on all unnecessary expenditures for the program. 議会はその計画のための不必要な出費をいっさい中止させた

whistle-blower *n* 《米略式》内部告発者;たれ込み屋

whistle-blowing *n* 《略式》内部告発

white /hwaít/ *a* 白い;白人の;蒼(そう)白の;透明な;白紙の,空白の;潔白な;《略式》正直な,立派な;極度に保守的な,反動的な
bleed white (財産などを)搾り取られる
— *n* 白(色);白人;白布
— *vt* (~ *out*) 修正液で消す;空白にする

whiteacre *n* 乙地 [⇨法律文書,弁論などで説明のために用いられる仮定の土地を示す名. 関与する土地が増えれば redacre, greenacre などを使う] ⇨ **blackacre**

whiteboard *n* ホワイトボード

white coal (動力源としての)水

white-coat rule 白衣禁止ルール [⇨連邦取引委員会の示すガイドラインでは、白衣を着ており、いかにも医師のように見える俳優が健康食品の広告などに登場するのは虚偽広告だとされる]

white-collar *a* 事務職の,ホワイトカラーの ⇨ **blue-collar**
— *n* ホワイトカラー [⇨管理的職業,専門的・技術的職業,事務的職業,販売的職業の従事者]

white-collar crime ホワイトカラー犯罪 [⇨名望があり社会的地位の高い,ビジネスと専門的職業に従事している人々の犯罪行為. 特に,脱税・横領・収賄などの犯罪]

white elephant 白い象;費用のかかるお荷物,無用の長物 ▶ The futuristic building is regarded as a white elephant. その未来型建造物は費用ばかりかかるお荷物と見なされている

white goods 白物家電 [⇨冷蔵庫,ストーブ,洗濯機など] ▶ White goods have seen a sharp drop in sales. 大型家電の売上は急激に

落ち込んだ

Whitehall *n* Londonの官庁街; 英国政府; その政策

White House (the ~) 《米》ホワイトハウス; 連邦政府の行政部 ► White House chief of staff 大統領主席補佐官

white knight ホワイトナイト, 白馬の騎士 [○(1)買収の危機にある会社の救済に介入する第三の企業 (2)乗っ取り防衛策の一つで, 買収の標的となった会社が第三の会社に買収を依頼して不本意な買収から逃れる方法]

White Pages 《米》個人名別電話帳 ⇒ yellow pages

white sale シーツ・タオル類セール ► Typically, department stores have white sales in January. 通例, デパートは1月にシーツ・タオル類のセールをするものだ

white spirit 《英》揮発油

Whitestrips 《商標》ホワイトストリップス [○米国のデンタルケア製品. 薄いストリップを歯に貼り付け, ホワイトニングをする]

Whitman's Sampler 《商標》ホイットマン・サンプラー [○一口大のいろいろな味のチョコレートが入った米国の箱入り菓子]

whittle /hwítl/ *v* 少しずつ削る; 削って作る; 削減する 《*down, away, off*》; 刻む ► The government is working to whittle down its huge budget deficit. 政府はその膨大な財政赤字を減らそうと努力している

◇**whittler** *n*

whiz(z) /hwiz/ *vi, n* 《略式》ヒューヒュー[シュッシュッ]と鳴る(音); 素早く動く; さっとやる; 《略式》達人, 切れ者; (の) 名手 (*at*); 《略式》すてきな[魅力的な]もの[人]

whiz(z) kid 《略式》ずばぬけて頭のよい若手実力者

who /hu:/ *pron* 誰; どんな人; …する(ところの)(人); そしてその人は
► The question is **who** will be the next to go as downsizing continues. 人員の削減が続くなかで, 次に解雇されるのは誰か, が問題です / **Who**'s on the phone [line]? 誰からの電話ですか (← 電話を受けた人に尋ねる表現; Who was it? とも言う)
感嘆 *Who are you to do?* 何の権利があって…するのか

whoever *pron* …する人は誰でも; 誰が…でも
► **Whoever** takes over this job will have a hard time. 誰がこの仕事を引き継いでも苦労するだろう

whole /houl/ *a* 全部の, 全…; 完全な; 無傷の (=whole and sound); 丸ごとの ► The whole auto industry is in shambles. 自動車産業は全体が混乱状態になっている / The whole commercial only lasts 30 seconds. コマーシャルは全体で30秒しか続かない

a whole lot of 《米略式》たくさんの

out of whole cloth 《略式》事実無根で, うその

the whole nine yards 《略式》できることすべて

— *n* 《the ~》全部, 全体 (*of*); 完全体; 統一体

(*taken*) *as a whole* 全体として ► Unemployment as a whole is now just under 7%. 失業は全体として今ちょうど7%を切ったところだ / The economy as a whole has slowed recently as a result of high energy and material prices. エネルギーや原材料が高価になった結果, 景気は最近, 全体として減速している

on [*upon*] *the whole* 全体から見て; 概して ► On the whole, I agree with you. おおむね, あなたと同じ意見です

◇**wholeness** *n*

Whole Foods ホール・フーズ [○米国の有機野菜, 環境にやさしい化粧品・洗剤などを売る高級スーパー]

whole-life *a* 終身(生命)保険の

whole life insurance [**policy**] 終身(生命)保険 [○死亡保障だけの定期終身保険と異なり, 貯蓄勘定としての要素を併せ持つ]

wholemeal *a* 《英》全粒小麦(粉)の[で作った], 全麦の

whole reinsurance 全額再保険 (⇔part reinsurance)

wholesale /hóulsèil/ *n, v* 卸売り(する), 卸し

— *a, ad* 卸(売り)の[で]; 大規模[大量]の[に]; 大ざっぱな[に] ► retail and wholesale trade 小売業と卸売業 / Normally, an ordinary customer cannot buy wholesale. 通常, 普通の消費者は卸値で売ってもらえない

wholesale bank ホールセールバンク (⇔retail bank) [○大企業相手の貸付や社債発行の受託などを専門とする銀行]

wholesale banking ホールセール・バンキング, ホールセール金融 [○融資枠を設定しての大口貸付や資金管理業務の提供といった, 大企業相手の業務を指す]

wholesale club ホールセール・クラブ [○会員制の倉庫型ディスカウント店] ⇒ warehouse store

wholesale cooperative 協同組合連合会 [○メンバーである協同組合のために共同仕入れなどを行う協同組合の連合会]

wholesale insurance 《米》集団扱い保険 (=franchise insurance [coverage])

wholesale inventory 卸売在庫, 流通在庫

wholesale market 卸売市場

wholesale price 卸売価格, 卸値; 《~s》卸売物価 ► Wholesale prices have dropped substantially. 卸売物価が大幅に低下している / In August, wholesale prices dropped 0.2%. 8月の卸売物価は0.2%下落した / Wholesale prices rose a higher-than-expected 0.9% in September, posting the sharpest increase in seven months. 9月の卸売物価は0.9%と予想を上回る上昇となり, 過去7か月で最大の上げ幅を記録した

wholesale price index 卸売物価指数 (WPI) [○一般物価水準の変動を卸売物価を対象に測定した指数. 1978年に生産者価格指数 (producer price index) と改名されたが, 今でも旧名が使われる場合がある]

wholesaler
/hóulsèilər/ n 卸売商; 卸売業者 [◇生産者や輸入業者から大量に買い付けた商品を, 小分けして小売業者に売る業者] ⇒retailer, manufacturer ► a primary wholesaler 一次卸, 大卸 / a secondary wholesaler 二次問屋 / cut out a wholesaler 卸売業者を飛ばす / deal through a wholesaler 卸を通す / skip a wholesaler 卸を抜かす / cutting out of the wholesalers 卸売業者の中抜き

wholesale trade 卸売業
wholesaling n 卸売業務

wholly
/hóuli/ ad 完全に, まったく; もっぱら ► I cannot wholly agree with him. 彼に完全には同意しかねる (✚否定文では部分否定となる) / The project was wholly financed by foreign investors. そのプロジェクトは所要資金の全額が外国人投資家から調達された

wholly-owned a 全額出資の, 100％所有の (✚子会社などについて言う)
wholly-owned subsidiary 全額出資子会社 (=totally-held subsidiary)

whom
/hu:m/ pron 《whoの目的格》《疑問》誰を[に]; 《関係》…するところの人; (誰でも)…する人 ► With whom do you wish to speak? (電話で) どなたにおかけでしょうか (✚丁寧な表現)

Whopper
《商標》ワッパー [◇米国のハンバーガーチェーン店 Burger King の看板商品の大型ハンバーガー]

why
/hwai/ ad 《疑問》なぜ, どうして; 《関係》…するところの, なぜ…であるか
► **Why** ever ... ? いったいどうして… / We have to take a look at **why** our market share has dropped. なぜ当社の市場シェアが落ち込んだのか調べる必要がある / **Why** did you come to work so early? なぜそんなに早く出社したのですか / **Why don't you** outsource it to a different company? どこか別の会社に外部委託してはどうですか
[成句] Why don't you ... ? …しませんか Why is it that ... ? …はなぜか Why not? どうしていけないか, いいじゃないか; そうしたら
— n 理由, わけ
[成句] the why(s) and (the) wherefore(s) 理由と説明 (of)
— int さあ, まあ; もちろん

wide
/waid/ a 幅の広い; 幅が…ある; 広々とした; ゆったりした; 広範囲にわたる; (的を) 外れた; 《英株式》抜け目のない ► The company decided to redesign the product to attract a wider market. もっと幅広い市場を引きつけるために, 同社はその製品を設計し直すことにした / Our company sells a wide range of products. わが社は幅広い製品を販売している

wide of the mark 的を外れて; 見当違いで
— ad 広く(開いて); 外れて; かなり遠く
have one's eyes wide open 油断をしない
wide open 広々とした; 多くの機会のある (to); (攻撃に) さらされて (to)
— n 広い所

-wide /waid/「…にわたる」「全…の」「…じゅうに」
wide area network [ﾈｯﾄﾜｰｸ] 広域ネットワーク (WAN) [◇離隔した LAN を連接した広域通信ネットワーク]
wide area telephone service 広域電話サービス [◇広域・大量の通話に対する割引サービスで, このサービスの一部である「フリーダイヤル」は電話によるダイレクトマーケティングに弾みをつけた]

widely
/wáidli/ ad (幅が) 広く; 大きく開いて; 広範囲に; (差異などが) 大きく ► The central bank is widely expected to revise downward its GDP forecast. 中央銀行はその GDP 予測を下方修正すると広く予想されている / The pain of the economic crisis has spread widely among all economic classes. 経済危機の痛みはあらゆる経済的階級の間に広範囲に広がった / Moody's credit ratings are widely accepted. ムーディーズの信用格付は広く受け入れられている

widen
/wáidn/ v 広くする[なる] ► Online sales have helped the company widen its customer base. オンライン販売は同社の顧客基盤の拡大に寄与している

wide opening ワイド・オープニング [◇寄付き (証券市場の取引開始時刻の直後) での売り呼び値と買い呼び値の差が異常に大きいこと]
wide price (付け値と売り値の) 開いた値段 (⇔close price)

widespread
a 大きく広げた[広がった], 広々とした; 普及した ► The social networking website has gained widespread popularity. そのソーシャルネットワーキングサイトは幅広い人気を獲得した / Despite widespread discounting, retailers had weak sales. 値引きが広く行われたにもかかわらず, 小売業者の売上は伸びなかった

widget
/wídʒit/ n ❶ ウィジット [◇名称が分からないか, あるいは思い出せないものについて言う] ► Once they get going they'll flood the market with widgets. 軌道に乗れば市場はあの社の何とかという製品で溢れますよ
❷ 《米》ウィジット [◇商品の製造や販売に関する概念を説明するために設例として使われる架空の商品] ► Suppose the company purchases 100 widgets at a unit price of $10. あの会社が単価10ドルでウィジットを100個仕入れたとする

widow-and-orphan stock 低リスク・高配当銘柄 [◇景気による影響を受けにくい業種で, 配当が高めという意味で安心できる銘柄. 一般に電力株がこれにあたる]

wife
/waif/ n (wives) 妻; 《方》女

Wi-Fi
/wáifaí/ n ワイファイ [◇無線LAN製品の互換性を保証する規格] [＜wireless fidelity の略語から]

wiggle room /wigl/ (臨機応変に対応するのに必要な) 余裕, 余地

Wii
《商標》ウィイ [◇任天堂が製造・発売するゲーム機器. 従来のマウス, ジョイスティックなどを使用するのではなく, 体に装着してユーザー自身の動きで

遊べることで人気を呼んだ]
Wikipedia /wikipíːdiə/《商標》ウィキペディア [⬥ネットの無料百科事典][<ハワイ語 wiki wiki(早く)]

wild /waild/ a 野生の; 的外れの; 乱れた;《略式》夢中の《about》;《略式》抜群の, 並外れた, いかす
► beyond my wildest dream 夢にも思わなかったほどすばらしい/make a wild guess 当てずっぽうの推測をする

wild card (トランプの)ワイルドカード; 万能策; まったく予測がつかない出来事《存在》;【ｺﾝﾋﾟｭｰﾀ】ワイルドカード [⬥検索のときにすべての文字の代用として使える記号] ► The holiday season is always a wild card for retailers. ホリデーシーズンは小売業者にとっては常に予測不可能だ

wildcat n ❶《米》(石油の)試掘井 ❷ インチキ会社, 信頼のおけない無謀な企画
— a 無謀な; 非合法の
— v (-tt-)《米》試掘する

wildcat strike《米》山猫スト [⬥労働組合の一部の組合員が中央指導部の承認を得ずに独自に行うストライキ]

wilderness area 自然保護区 [⬥建物や道路の建設が規制されている地域]

wildly ad 野性的に; 乱暴に; ものすごく
► Housing prices remain wildly inflated. 住宅価格は今でもべらぼうに水増しされている

wile /wail/ n (~s)策略; ごまかし
— vt だまして…させる《into》► The salesman wiled his customers into buying with his charm. そのセールスマンは自分の魅力を武器にして客に品物を買わせた
wile away (時間を)紛らす

will¹ /wəl, əl, l;《強》wil/ aux v (would)(単純未来)…だろう, (意志未来)…するつもりだ;(丁寧な依頼・命令)…してください, しませんか;(現在の事柄の推定)…だろう, (主語の強い意志)どうしても…しようとする;(習慣)決まって[しばしば]…する;(必然)…するものである;(可能)…できる
► This will be right. これでよいでしょう/He will have his own way. 彼は我を張ってきかない/Boys will be boys. 男の子はやっぱり男の子, いたずらはしかたない/The back seat will hold three passengers. 後ろの座席には3人乗れる
成句 **do what one will**《文》やりたいことは何でもやる

will² /wil/ n ❶ 意志(力); 願望, 意図; 堅い決意; (他人に対する)気持ち ► good will 善意/Through sheer will and determination, he expanded his one-store shop into one of the nation's biggest retail chains. 意志の強さと決断力だけで, 彼は一店舗だけの店を同国で有数の小売チェーンに育て上げた
❷【法律】(1) (遺産処理などについての)遺言, 不動産遺言 (✤正式には, "This is the last will and testament of me, John Edward Allen, …" のような文言で始まる書類を作成して, 作成者が署名し, 立会人が認証することを必要とする) ► by will 遺言によって (2) 遺言書, 遺書 ► make [draw up] one's will as a precaution 用心のために遺言書を作っておく/put a person in one's will (人に)遺産を与える
against one's will 心ならずも
at will 好きなように;【法律】任意に, 自由に
do the will of の意志に従う
have an iron [a strong] will / have a will of iron 意志が堅い
have one's will 思い通りにする
of one's own free will 自由意志で
Where there's a will, there's a way.《諺》精神一到何事か成らざらん
with a will 熱心に, 真剣に
with the best will in the world いくらその気でやっても
— v 望む, 欲する; 意志の力でする《to do》; 遺贈する; 決意する

willful /wílfəl/ a 故意の ► willful default 故意による債務不履行/willful misconduct 故意に基づく違法行為/willful neglect 故意の義務懈怠, 意図的な義務違反 (✤willful neglect of duty(意図的な義務違反)を縮めた言い方)/willful negligence 故意の注意義務違反
◇**willfully** ad
◇**willfulness** n

Williams 《The ~ Cos., Inc.》ウィリアムズ [⬥天然ガス開発などを行う米国の大手エネルギー会社グループ]

Williams-Sonoma《商標》ウィリアムズ・ソノマ [⬥米国の料理用品の小売チェーン。包丁, 鍋などの調理用具だけでなく, テーブルナプキン, 箱入り, 瓶入りの食べ物も扱っている]

willing /wíliŋ/ a ❶ (be willing to do) (するの)をいとわない, (しても)かまわない, (する)用意がある [⬥積極的にしたいという気持ちを含まない。消極的な同意を表す] ► I am willing to follow you. ご一緒してもかまいませんよ/Workers are willing to take a pay cut if it means not losing their jobs. 労働者は, 職を失わずに済むのなら, 給料カットを受け入れてもよいと思っている/I am willing to do whatever is required. 必要な事は何でもやる用意があります
❷《限定用法》進んでやる, 喜んでする [⬥積極的な自発性を表す] ► coalition of the willing nations 有志連合 (✤米国主導のイラク戦争に協力する諸国にブッシュ政権が与えた呼称)/There were many willing helpers. 進んで手を貸す人がたくさんいた
◇**willingly** ad
◇**willingness** n いとわずに[進んで]すること; 意欲 ► It's difficult to assess a consumer's willingness to buy an unfamiliar product. なじみのない製品に対する消費者の購買意欲を評価するのは難しい

willing buyer【不動産】(購入する)意欲のある買主 [⬥市場価値(market value)の成立要件の一つ。そこでは「(売却する)意欲のある売主と(購入する)意欲のある買主との間で成立する」ことが要求される]

willingness to accept【環境】受け入れ意

志額 (WTA) [⇒公害や環境汚染の被害者の効用を低下させないようにするために行われる最小の補償金の額]

willingness to pay 〖環境〗支払い意志額 (WTP) [⇒市場で評価されないような公共財・サービスを得るために利用者が支払ってもよいと考える額]

willing seller 〖不動産〗(売却する)意欲のある売主 [⇒適切なマーケティングを経た後, 公開市場において達し得る最高価格で売却する動機を持つ者を言う. 市場価値(market value)の成立要件の一つで, そこでは「(売却する)意欲のある売主と(購入する)意欲のある買主との間で成立する」ことが要求される]

Wilshire 5000 Equity Index ウィルシャー5000株式指数 (Wilshire 5000) [⇒1974年にウィルシャー・アソシエイツ社が開発した株価指数で, NYSEとAMEXの全上場銘柄を含む7,000社を超える銘柄で構成される. 現在入手できるもっとも包括的な株価指数. 市場価値加重平均方式による. 2004年4月にダウジョーンズ社との提携によりDow Jones Wilshire 5000と改名された]

win /wín/ (**won**;-**nn**-) *vt* 勝つ; 獲得する; (努力して)達する; (名声を)博する; 説き伏せる ▶ Her good nature quickly won her the friendship of her colleagues. 気立てのよさのおかげで彼女は同僚とすぐに仲よくなった / The workers won an agreement with the employer on paying conditions. 従業員は雇い主と給与条件について折り合いがついた / He was all smiles when he found out that he had won the contract. その契約が取れたと分かったとき, 彼は満面に笑みを浮かべた / The company won the bid for the railway construction project. その会社は鉄道建設プロジェクトの入札で勝利を収めた

━ *vi* 勝つ; 成功する; (努力して)なる; たどりつく ▶ We will win by cutting back other expenses. 他の諸経費を切り詰めればうまくいくだろう

Everybody wins. 八方丸く収まる
win a person's heart (人の)支持を勝ち取る
win back 取り戻す
win free 自由になる
win on [***upon***] (心を)引きつける
win out [***through***] うまくいく
win out over に勝つ
win over [***round***] 口説いて(味方に)引き入れる ▶ We were able to win over new customers by providing the best service at the lowest rates in the region. その地域で最安いレートでサービスを一番安いレートで提供することによって, 新しい顧客を取り込むことができた
Win some [***a few***], ***lose some*** [***a few***]. 〖略式〗うまくいかないことだってあるさ
win the day 勝利を収める
You can't win. 〖略式〗何をしても駄目だ
You can't win them all. 〖略式〗うまくいかないこともあるさ

You win. 〖略式〗君の言い分を認めよう
━ *n* 勝利; 勝ち取ったお金, もうけ

wind[1] /wínd/ *n* 風; 大風; 息, 呼吸; うわさ; 気配; 空疎な話 ▶ lose one's wind 息が切れる / a wind of change 変化の兆し
before the wind (船が)追い風を受けて
cast [***throw, fling***] ... ***to the winds*** を吹き飛ばす; をあっかる
gain [***take***] ***the wind of*** より有利な地位を占める
get [***catch***] ***wind of*** 〖略式〗をかぎつける ▶ catch wind of a stock split 株式分割の気配を察し取る
have the wind at one's back 背に風を受けている; 成功しそうである
how [***which way***] ***the wind blows*** [***lies***] 風向き[動向]はどうか
in the teeth [***eye***] ***of the wind*** 風に逆らって
in the wind 差し迫っている; 発達中で
It's an ill wind that blows nobody good. 《諺》誰にも利益をもたらさないような風は吹かないもの; 甲の損は乙の得
raise the wind 金を工面する
sail close to the wind 礼儀に反する[法に触れる]ようなことをする; 危険を冒す
the (four) winds 四方八方
━ *vt* 風にさらす[当てる]; においをかぎつける; 息切れさせる

wind[2] /wáind/ (**wound** /wáund/, 《まれ》**~ed**) *vi* 曲がりくねる, うねる; 巻きつく 《about, around, round》; 遠回しに示す
━ *vt* 巻きつける[上げる]; (テープを)巻き戻す[早送りする]《back [forward]》; 曲がりくねって進む
wind a person round one's little finger (人を)意のままに操る
wind down (撤退に向け)縮小する ▶ The company has started winding down its overseas operations. 同社は海外事業の縮小に着手している
wind up を緊張[興奮]させる; を(…で)終わる《with》; (会社などを)たたむ; を清算し解散する ▶ The company wound up a number of its unprofitable subsidiaries. その会社は不採算の子会社の多くを解散した / I'm gonna wind it up early today. 今日は早じまいしよう / I was [got] wound up in my work. 私は仕事に熱中していた / I wound up collecting a lot of irrelevant data. 関係のないデータを山ほど集めるだけの結果に終わった

Windbreaker 《米》《商標》ウインドブレーカー [⇒風を通さないスポーツ用防寒ジャンパー[ジャケット]]

Windex 《商標》ウィンデックス [⇒米国の清掃用スプレー. ガラスの表面を清掃するためのスプレー]

windfall *n* 思わぬ臨時収入, 棚ぼた ▶ Bonuses were raised as a result of the windfall in profits. 偶発利益のおかげでボーナスの額が上がった / The company reaped a windfall with the release of its new product. その会社は新製品の発売で予想外に大きい利益を得た / The company will plow some of its windfall back into research and development. その会社は思いがけない利益の一部を研究開発に投資するだろう

windfall profit 偶発利得 [⇒事業活動によらずに突如転がり込んだ予想外の利益]

windfall profits tax 《米》棚ぼた利益税, 超過利潤税, 不労所得税 [⇒ある業界の利潤が正常なレベルを大きく上回る場合に課される例外的な税. 米国では1980年に石油業界に課税されたことがある]

Windfall Tax (the ~) 棚ぼた税 [⇒英国のブレア政権下での, 電気・水道・ガス・鉄道など保守党政権下で民営化された公益企業への1回限りの課税]

wind farm 風力発電所

winding up (会社の) 清算, 解散 [⇒債務弁済・債権回収等の清算を経て, 会社を消滅させること. 正式にはdissolutionと言う] ▶ compulsory winding up 強制的清算 / voluntary winding up 任意清算 / winding up by the court 裁判所による清算 (=compulsory winding up) / winding up order (裁判所による) 清算命令

winding-up arrangements 解散手続

winding-up petition (裁判所に対しての) 会社清算の申し立て

window /wíndou/ n 窓 (to, on); 窓口; 窓ガラス; 【コンピュータ】(ディスプレー画面上の) ウインドー [⇒ディスプレー画面をいくつかに区切った場所]; 範囲; 実行可能時間枠 ▶ a very tight window of time 非常に厳しい時間の制限枠 / a discount window (中央銀行の) 貸出窓口 / Prudent lending was thrown out the window. 賢明な貸出しという考え方は, もはや問題にされなくなった

a window of opportunity 好機 ▶ I see a window of opportunity for us to break into the Japanese market, provided that we move quickly. すばやく動きさえすれば, 当社が日本市場に進出する絶好の機会だこと

go out the window 《略式》完全に消えてなくなる

have all one's goods in the front window 見かけ倒しだ

[<古ノルド:風の目]

window display ウインドー・ディスプレー [⇒店頭ウインドーの装飾]

window-dress vt (決算を) 粉飾する ▶ The company window-dressed its financial statements. その会社は財務諸表を粉飾した

window dressing ❶ 陳列窓装飾; 体裁を繕うこと ❷ 【会計】粉飾決算 [⇒資産や利益を過大に計上したり, 負債や費用を過小に計上したりすること] ❸ お化粧買い, ウィンドウドレッシング [⇒資産運用機関が期末を控えて保有銘柄のパフォーマンスを良くするために買い注文を入れたり, パフォーマンスの悪い株を良いものと入れ替えて見栄えを良くすること]

window-shop vi (-pp-) ショーウインドー [ショーケース]の中を見て歩く
◇**window-shopper** n

window-shopping n ウインドー・ショッピング [⇒ショーウインドーやショーケースを見て楽しむこと]

wing /wíŋ/ n 翼; 羽; 《略式》(人の) 腕; (政党などの左右の) 翼

clip a person's wings (人の) 活動を抑える

in the wings (姿を見せずに) 待ち構えて; 待機している, 出番を待つ

lend [add, give] wings to を促進する

on the wing 活動して; 立ち去りかけて

spread [stretch] one's wings 《略式》能力を試す, 全能力を発揮する

take ... under a person's wing を (人の) 保護のもとにおく

— vt 翼 [羽] を付ける; 飛ばす; 飛ぶ; 翼 [腕] を傷つける

— vi 飛んで行く, 飛ぶ

wing it 《略式》即席でやる ▶ He hadn't prepared his presentation, so he tried to wing it. 彼はプレゼンテーションの準備をしていなかったので, 即興でやろうとした

winkey /wíŋki/ n 【コンピュータ】ウインキー [⇒ウインクしているスマイリー] ⇒ smiley

Winnebago 《商標》ウィネベーゴ [⇒米国の代表的な移動住宅(motor home)およびそのメーカー]

winner /wínər/ n 勝利者; 受賞者; 《略式》成功した [しそうな] もの [人]

winner's curse 勝者の呪い [⇒入札の勝利者である落札者が, 落札した喜ぶ反面, 他の入札者の評価が低いのを見て, 自分が過大に評価したのではないかと感じる苦々しい気持ち. 入札では, 最高価格で応札した者が落札するが, 見方によっては, 誤って過大に評価した者が落札するとも考えられる. 石油業界で石油採掘権の入札について使われて広まった言葉]

winning a 勝てる, 成功が約束されている

winning trade 利益の出ている取引

Winston 《商標》ウィンストン [⇒米国の紙巻タバコ]

winter /wíntər/ n 冬, 冬季; 《形容詞的》冬 [冬期] の

winter heating bill 暖房費

winter product 冬物商品

win-win a 《米》双方とも満足な, ウィンウィン ▶ The deal ended up to be a win-win situation for everyone. その取引は最後には全員にとって満足のいく状況になった / It's a win-win situation for both companies. どちらの会社にとっても得るところの多い状況だ

WIP work in progress; work in process

wipe /wáip/ vt ふく, ぬぐう; ふき取る (*away, off*); こすりつける ▶ Yesterday's market downturn wiped $500 billion from the values of stocks on the NASDAQ. 昨日の相場下落はナスダックに上場している株式の価値から5千億ドルをぬぐい去った

wipe a person's eye (人を) 出し抜く

wipe away 取り去る, なくす

wipe off (負債を) 償却する, 精算する

wipe ... off the map / wipe ... off the face of

the earth (国・町などを) 全滅させる; を一掃する
wipe out (比喩的)(汚名を)ぬぐい去る;《略式》疲れさせる; を完全に破壊する[打ち負かす]; をきれいに持って行く, 消し去る ► If the company files for bankruptcy, shareholders will be wiped out. もしその会社が破産を申請すれば, 株主は一掃されるだろう / When the company closed the factory, the local economy was completely wiped out. その会社が工場を閉鎖したとき, 地元経済は完全に壊滅した / The sudden surge in the yen has wiped out profits for many Japanese exporters. 急激な円高は日本の多くの輸出業者から利益を一掃した / The auto plant's closing wiped out 1,200 jobs. その自動車工場の閉鎖で1,200の職が消滅した

wiped-out *a*《略式》破壊された; 一掃された; 疲労困憊(はいはい)した

wipeout *n*《略式》完敗, 惨敗; 壊滅, 全滅; 転倒 ► suffer a wipeout in the stock market 株で大失敗する / The mortgage wipeout rocked the stock market. 住宅ローンの崩壊は株式市場を揺るがせた

WIPO /wáipou/ World Intellectual Property Organization

wiponet *n* WIPOネット [⇒WIPO(世界知的所有権機関)加盟国の知財所管官庁を結ぶネットワーク, 内外国の知財情報にアクセスできる]

Wipro Technologies (~Ltd.) ウィプロ・テクノロジーズ [⇒インドのソフトウェア開発ならびにコンサルティング会社. R&D分野のアウトソーシング, コンサルも特徴. 1946年設立]

wire /waiər/ *n, a* 電線;《米略式》電報, 電信; 通信社(の); 盗聴装置; 送金 ► Please be advised that your wire arrived today. 本日, ご送金が当方の口座に振り込まれましたのでお知らせします

a live wire《略式》精力家
be on wires いらいらしている
down to the wire《米》最後の瞬間まで
get one's wires crossed《略式》混乱して誤解する
pull (the) wires《米》陰で糸を引く
under the wire やっと間に合って
━ *v* 送金する; ネット接続環境を整える
wire in《英略式》全力を傾ける
wire up (建物などに) 配線する

wire house《米》ワイヤーハウス [⇒全米で業務を展開する大手証券会社]

wireless *a* 無線の; (ノートが) リング綴じでない ► wireless Internet devices 無線インターネット装置
━ *n* 無線電信[電話, 電報]; 携帯電話;《the ~》ラジオ受信機
over [on] the wireless ラジオで
━ *v* 無線で伝える

wireless communications 無線通信
wireless Internet ワイヤレス・インターネット [⇒ケーブルなしで接続できるインターネット]
wireless telco 無線電話会社, 携帯電話会社 ⇒telco

wireless transfer =telegraphic transfer
wireless web =wireless Internet
wireline *n, a* 電話回線(を使った)
wirepuller *n*《米》黒幕
wirepulling *n*《米》黒幕の策動
wire service《米》通信社; (通信社の) ニュース配信サービス ► the Associated Press wire service AP通信社の配信

wire transfer 電信送金 (=telegraphic transfer) [⇒送金依頼を受けた銀行が支払人となる銀行宛の指図を電信で行う]

wiring *n* 配線, ケーブル類 ► Most of the computer wiring runs under floor. コンピュータ関係のケーブルの大部分は床下を走っている

wisdom /wízdəm/ *n* 知恵, 分別, 賢明, 英知, 見識; 学問, 知識; (集合的) 金言, 賢明な教え ► Conventional wisdom says investors should build a diversified portfolio. 世間一般の通念から言うと, 投資家は分散ポートフォリオを構築すべきだ

in one's (infinite) wisdom《おどけて》最善と考えて

the received [conventional] wisdom 広く受け入れられている考え方

wise[1] /waiz/ *a* 賢い, 知恵がある, 分別のある; 賢者ぶった;《米略式》(秘密を) 知っている;《米》狡猾な ► My mentor was a wise and effective manager of people. 私が師事した方は賢明にかつ効果的に人を使うことのできる人でした

A word is enough to the wise.《諺》賢人には一言で十分

get [be] wise (to)《米略式》(を) 知る[知っている], かぎつける[かぎつけている]

get wise 出すぎる, 生意気である (*with*)

no [none the] wiser 相変わらず分からずに

put a person wise to《略式》(秘密を) (人に) 知らせる, 漏らす

Wise after the event.《諺》げすの後知恵

(as) wise as an owl とても賢い

wiser but poorer 利口にはなったがお金を損して

without anyone's being wiser 誰にも気づかれずに

━ *v* 賢くする, に気づかせる[づく]
wise up《米・カナダ略式》を知る, 気づく; 知らせる
◇**wisely** *ad*

wise[2] *n* 方法, …風, …様
in any wise どうしても
in no wise 決して…でない
in some wise どうにかして

wish /wiʃ/ *vt* …したい, 望む, 願う (*to do, that*); 祈る; (…であればよいと) 思う; (あいさつの言葉を) 言う;《略式》(義務などを) 押しつける (*on, upon*) ► I don't wish to interrupt you but … お話し中のところ失礼ですが… / I wish you a happy New Year [Merry Christmas]. 新年[クリスマス]おめでとう / I wish you would give me a more detailed description of your plan. (依

頼を表して）ご計画についてもっと詳しく説明していただきたい / I wish you all the best in your new position. 新しいお仕事でのご成功をお祈りいたします

— *vi* 願う, 望む, 欲する (*for*) ► There is nothing left to be wished for. 申し分ない
As you wish. お望み通りに
wish ... away (願うだけで)…をなくす; (見たくないことを)ないことにする
wish ... off on を人に押しつける, で人を苦しめる
wish well to / wish ... well によかれと願う[祈る]
— *n* 願い; 望みのもの; (~es) 希望 (祝福)の言葉
► Your wish is my command. (略式)お望みのままにいたします
against one's wishes / against the wishes of の希望に反して
send one's best wishes to によろしくと言う

Wish-Bone "Lite" (商標) ウィッシュボーン「ライト」[⇒米国ウィッシュボーン社の脂肪分を抑えた低カロリードレッシング]

wishful thinking 希望的観測 ► It's wishful thinking to expect the economy to rebound by next quarter. 来四半期までに景気の回復を期待するのは希望的観測だ

wish list 希望事項, 希望事項を列挙したもの

wit /wít/ *n* 知力, 英知; 理性; (~s) 才知; 分別; 機知(に富む人); 才人
at one's wit's [*wits'*] *end* 途方に暮れて ► He was at his wit's end trying to get the computer network running but nothing worked. コンピュータネットワークを動かそうとして思案の限りを尽くしたが, 何をやってもうまくいかなかった
frighten [*scare*] *a person out of his wits* (略式) (人を)びっくり仰天させる
have a quick [*dull*] *wit* 機転が利く[利かない]
have [*keep*] *one's wits about one* 抜け目なく気を配る

with /wið, wiθ/ *prep* …と(共に); …と同時に; …を持っている, がある; …にもかかわらず; (付帯状況)…した状態で; …を示して; …に関して; …のもとに預けて; …で, を使って; …のため(に), のせいで; …から離れて
► What's the matter *with* you? どうしたの / *With* the tip the meal cost $45 for three. チップを入れて3人の食事代は45ドルだった / The company has been slammed *with* losses from its high-profile investments. 脚光を浴びた投資からの損失で同社は打撃を受けた / I have every intention of filing a complaint *with* my manager. 何かあろうと課長に苦情を訴えるつもりです / *With* the new developments in our research department, we expect to make tremendous progress next year. 研究部門の新しい開発のおかげで, 来年わが社は著しく発展するだろうと思う / The new plant opening will increase car production capacity, and *with* it, bring many new jobs to the area. 新工場の開設は自動車の生産能力を増強し, それとともに, その地域に多くの新しい雇用をもたらすだろう

[感圏] *be* (*very much*) *with it* (略式) (人が) 流行[時代]に(とても)通じている　*be with a person* (略式) (人の) 言っていることが分かる; 味方である, ついている　*with all* …がありながら; …があるので　*with that* そこで, そう言って

withdraw /wiðdrɔ́ː, wiθ-/ (-**drew**; -**drawn**) *vt* 引き出す (*from*); 回収する (*from*) ► withdraw from sale 店頭から回収する
— *vi* 引き下がる, 引っ込む (*from, into, to*); 撤退する; (会などから)脱退する; 撤回する ► The company withdrew from the frozen food business. その会社は冷凍食品事業から撤退した

withdrawal /wiðdrɔ́ːəl, wiθ-/ *n* ❶ 引っ込めること; 退出, 脱退; 撤退 ► The withdrawal of foreign investors has put a big dent in the local economy. 外国人投資家の撤退は地元の経済に大きな影響を与えた

❷ (契約などの) 撤回, 取消し

❸ 引出し, 払戻し ► deposit withdrawals 預金引出し / make a withdrawal (銀行で) 預金を引き出す

withdrawal slip (預金の)払戻請求書

withhold /wiðhóuld, wiθ-/ *vt* (-**held**) ❶ 保留する, 差し控える (*from*) ❷ 【税制】保留する, 源泉徴収する, 天引きする ► withhold tax at source 税を源泉で徴収する
not be unreasonably withheld 合理的な理由なく拒まれない 📰 Whenever the approval or consent of BUYER is required under this Agreement, such approval or consent shall not be unreasonably withheld. 本契約により「買主」の承諾または同意が要求されるときは, いつにても合理的な理由なく拒まれないものとする

withholding *n* 源泉徴収, 天引き

> [解説] 所得(income)の源泉(source)において支払者が税務当局に代わって税を徴収する行為. withhold は(税を)天引きするjの意味である. 米国では連邦所得税(income tax)と給与税(payroll tax)について withholding の制度を採用している. 従業員に給料を支払うときに雇用主が所得税と給与税の相当額を税務当局に代わって徴収する. 納税者は後日, 確定申告で税額を確定し, 過払いがあれば取り戻すことになる. 税務当局に都合のよい仕組みで, 過払いの場合は納税者は連邦政府に無利子で金を貸していることに等しい. 非居住者が受け取る金利(interest)や配当金(dividend)についても withholding の制度がある. 源泉徴収した国と受取人の居住国との間に二重課税協定(double-taxation agreement)があれば受取人は居住国で返還を請求できる

► The amount of withholding tax depends on variables such as wages and marital status. 源泉徴収税の額は賃金や婚姻関係などの変数によって異なる

withholding tax (米) 源泉課税, 源泉徴収税
► impose a 10 percent withholding tax on interest income 利息収入に10%の源泉徴収税を

かける / Foreigners receiving rental income from US real estate are subject to a withholding tax. 米国の不動産から家賃収入を得ている外国人は源泉徴収税の対象になる　🔍 BORROWER shall promptly forward to LENDER copies of all receipts and other relevant documents evidencing payment of applicable withholding taxes.「借主」は「貸主」に対し,ただちに源泉徴収税の支払を証明するすべての領収書およびその他関連書類の写しを送付しなければならない

within /wiðín, wiθ-/ ad 内部に[へ]; 屋内に; 心の中に[で]

— prep …の内側[内部]に[で]; …以内で[に], の範囲内で[に]

▶ **Within** days of the takeover announcement, a transition team was formed to deal with combining the two companies. 買収の発表から数日のうちに,両社の統合に対処するための移行チームが結成された / I'll have the report on your desk **within** the hour. その報告書を1時間以内に机の上に置いておきます

成句 *within oneself* 心の中に[で], 内心; 全力を尽くさずに, 余裕を残して

— n 《the ~》内部, 内側

成句 *from within* 内部[奥]から

without /wiðáut, wiθ-/ prep …を持たないで, …なしに; …の外側に

▶ **Without** providing the exact figures, the travel agency announced a 26% jump in sales of overseas tours for the winter holiday. 正確な数字を提供することなしに, その旅行代理店は冬休みの海外旅行の売上が26%増えたと発表した / 350,000 more people were **without** jobs in March. 3月中に35万人の失業者が増えた / **Without** a doubt, the economy is in the worst recession in the postwar period. 疑いなく,その国の経済は戦後の時期で最悪の景気後退のただ中にある / **Without** collateral, he won't be able to borrow such a large amount of money. 担保なしでは, 彼はそんなに巨額のお金を借りられないだろう / The two sides ended another round of talks yesterday, **without** reaching any agreement. 双方は昨日, 再度の協議を終えたが, 合意に達しなかった

— ad 《古・文》外部[屋外]に[で]; (目的語を省略して) なしに; 《文》外見で[は]

成句 *do* [*manage*] *without* なしで済ます *without* (*ever*) *doing* (まったく)…しないで *without so much as...* さえなしに

— n (ときに the ~) 外部, 外側

成句 *from without* 外部から

without-profit(s) a 《英》無配当保険の[⇨配当金を言う]

without-profit(s) insurance [policy] 《英》無配当保険 (=nonparticipating insurance)

with-profit(s) a 《英》有配当保険(=with-profit(s) insurance [policy])の[⇨配当金の分配がある代わりに保険料が高めの保険]

with-profit(s) insurance [policy] 《英》有配当保険 (=《米》participating insurance)

witness /wítnis/ vt 経験する, 見る; (時間, 場所に) …が起こる (✣witnesseth(証する)は動詞witnessを三人称単数現在形の古形, 契約書に用いられる定型表現で, 契約書の前文の冒頭に「以下を証する」の意味で置かれ, whereas clause を導く. Witnesseth: Whereas..., Now, therefore...の形で用いられる. whereas(…であるがゆえに)の後に, この契約に至った経緯を記し, now, therefore(いま, そのゆえに)の後に合意に至った内容を記す. これらの定型語は契約書面では大文字にすることがある) ⇨whereas ▶ In his 35 years with the company, he has never witnessed such a plunge in sales. 入社以来35年間, 彼は売上がこれほど急落したのを見たことがなかった

— vi 証言[立証]する《to》

as witness by... / *witness...* 《文》たとえば…を見ても分かるように

witness for [*against*] に有利[不利]な証言をする

— n ❶目撃者; 証人 ▶ expert witness 鑑定証人 / stand [be] witness 証人になる / call a person as a witness 人を証人として喚問する / attend a court of law as a defense witness 被告人弁護の証人として法廷に出る / He may be subpoenaed to give witness against his former manager. 彼は, 前の課長に不利な証言をするために, 出頭を命じられるかもしれない

❷ (証書作成などの) 証人, 立会人

bear witness to [*of, that*] の立証である; を如実に物語っている

be a witness to の目撃者である; の証拠となる

call [*take*] *... to witness* 人を証人とする, に証明してもらう

in witness whereof 以上の証として [⇨契約書の末尾で, 契約書が正式に成立したことを示す文章の冒頭に用いられる定型表現] 🔍 IN WITNESS whereof, the Parties hereto have executed this agreement as of the date first above written. 以上の証として本契約当事者は頭書の日付をもって本契約書に調印した

witness-box, witness stand n 《米》証人席

witnessing part (証書などの文書の) 本文

witness summons 《英》(治安判事の) 呼出状

wizard /wízərd/ n 《略式》名人, 天才《at》; (コンピュータ技術の) 達人; 〖コンピュータ〗ウィザード [⇨ソフトウェアの作業手順を段階的に説明するユーティリティ] ▶ a financial [computer] wizard 金もうけ[コンピュータ]の名人

wk week; work

Wm Morrison Supermarket (~ PLC) Wm モリソン・スーパーマーケット [⇨英国のスーパーマーケットチェーン. 同じ英国のSafeway PLCを買収し, Tesco などに次ぐスーパーマーケットチェーン(食品が主)となる]

w/o without

woe /wou/ n 苦悩, 悲哀; 《通例 ~s》災難, 難儀

▶ Slow sales and a strong yen add to the

company's woes. 売上の不振と円高が同社の苦悩を大きくしている / The company blames its woes on the decline in global demand and a stronger yen. 同社はその悩みを世界的な需要減少と円高のせいにしている / Subprime woes have moved far beyond the mortgage industry. サブプライムの災難は住宅ローン業界を超えて広がっている / The CEO blamed former executives for the company's financial woes. CEOは、その会社の経営難の責任は以前の役員たちにあると非難した

woman /wúmən/ *n* (**women** /wímin/) (成人した) 女, 婦人; (無冠詞) 女性; (the ~) 女らしさ
► The number of women in top executive positions remains low. 最高経営責任者の地位にある女性の数は依然として少ない
be one's own woman (女性が) 自立している

womenswear *n* 婦人衣料品, レディース物

wonder /wʌ́ndər/ *v* 不思議に思う (*about*); …かしら, 知りたいと思う (*wh-, if*); 驚く (*at*)
I shouldn't wonder if …でも不思議ではない, ありそうだ
I wonder if [*wh-*] / ***I'm wondering if*** [*wh-*] / ***I was wondering if*** [*wh-*] / ***I've been wondering if*** [*wh-*] かしらと思う, でしょうか ► I wonder whether he'll apply for the job. 彼はその仕事に応募するだろうか / I was wondering if it is too late to make revisions to the instructions manual. 取扱説明書を修正したいのですが, 今からでも遅すぎるでしょうか
— *n* 不思議な [驚くべき] もの [人]; 驚異
and no wonder 驚くにはあたらない
a nine days' wonder 一時騒がれてすぐ忘れられるもの
do [***work, perform***] ***wonders*** 奇跡的なことをする, 驚くべき上首尾を収める
for a wonder (皮肉) 不思議にも
in wonder 驚嘆して
It is a wonder (***that***) は驚くべきことだ
It is no wonder [***No wonder***] (***that***) は少しも不思議ではない ► No wonder the company discontinued the product after the scandal. 不祥事の後に同社がその製品の製造を中止したのは無理もない / With the rising costs of early childhood schooling, it's no wonder that more mothers are choosing to continue work after giving birth. 幼児教育のコストが上がるにつれて, ますます多くの母親が出産後も働き続けることを選んでいるのは驚くにあたらない
— *a* 驚くべき; 素晴らしい; (薬などが) 特効の

Wonder Bread (商標) ワンダーブレッド [◎米国の食パン. 白くてソフトな歯ざわりを wonder (驚異) としたもの]

wonderful /wʌ́ndərfəl/ *a* 不思議な, 驚くべき; 素晴らしい ► Working overseas for three years was a wonderful experience. 海外で3年間働いたことがすばらしい経験となった
◇**wonderfully** *ad*
◇**wonderfulness** *n*

won't /wount/ =will not ⇒will¹ ► The company forecast that it won't be profitable for a few years. 同社は今後数年間は黒字にならないだろうと予測した / Banks won't be easing up credit any time soon. 銀行各社は当分の間は信用を緩和しないだろう / The blueprints won't be ready until Monday. その青写真は月曜日まで用意できないだろう

woo /wu:/ *vt* (名誉などを) 得ようと努める; (…するよう) せがむ (*to do*) ► Having been wooed for months, he finally decided to join the company. 何か月かの長きにわたって請われ, 彼はとうとうその会社に行くことにした

wood /wud/ *n* 木質(部); 木, 木材, たきぎ; 木版; (しばしば ~s) 森, 森林; (the ~) たる ► from the wood たる出しの
cannot see the wood for the trees 小事にとらわれて大局を見失う
out of the woods [《英》**wood**] 危険を脱して ► Though the company has come out of bankruptcy, it's not out of the woods yet. 同社は破産手続は終わったが, まだ危機を切り抜けたわけではない
— *v* まき [木材] を供給する [の供給を受ける]; 植林する
— *a* 木製の

Wood Miles ウッド・マイルズ [◎木材輸入にしめるエネルギー消費を測定し, その消費効率に見る無駄を考える方法]

Woolite (商標) ウーライト [◎米国のウール用の洗濯用洗剤. 手洗いが必要なデリケートな素材の衣料を洗うための洗剤]

Woolworths, Woolworth('s) ウールワース [◎① (~ Group plc) 一時期世界最大の小売チェーンだったが1990年代にスポーツ用品店に転じ, 今は Foot Locker と名称を変えている ② (~ Ltd.) オーストラリア, ニュージーランドに展開する雑貨・食料品系スーパーマーケットチェーン]

word /wə:rd/ *n* 語, 単語; (~s) 口論; (the ~) 合い言葉; 便り, 知らせ, うわさ; (しばしば ~s) 言葉; 命令; (one's ~) 請け合い, 約束; [コンピュ] ワード, 機械語 (=machine word) ► a man of few words 口数の少ない人 / give the word to start 出発せよという命令を下す
a word in the [***a person's***] ***ear*** 内緒話
be as good as one's word 約束を守る
be the word for にぴったりの言葉だ
big words 大言壮語
break one's word 約束を破る ► He broke his word the minute he rescinded the offer. 申し出を撤回した瞬間, 彼は約束を破った
by word of mouth 口コミで
eat one's words 前言を取り消す
exchange words 口論する
from the word go (略式) 初めから
give ... one's word (***of honor***) に約束する; 保証する (*for, that*)
have a word with と少し話す, ちょっと話し合う ► If you're free now, I'd like to have a word with you about your new secretary.

もし今お時間がありましたら，新しい秘書のことで話をしたいのですが

have no words for を表す言葉がない

have [get] the final [last] word 最終決定権を持っている

have words with 《略式》と言い争う ► After the meeting, the disagreement between the two escalated into an argument and they had more than a few words with each other. 会議の後で，両者の意見の不一致が言い争いにエスカレートし，彼らは互いに激しく口論した

in a [one] word 要するに

in other words 換言すれば ► In other words, we need to reach a decision before the boss gets back from his trip. つまり，上司が出張から戻って来る前に決定を下す必要がある

in so many words まさにそういう言葉で；はっきり ► Not in so many words, but he hinted at the possibility of filing for bankruptcy. はっきりとは言わなかったが，彼は破産申請の可能性を示唆した

in the words of の言葉を借りれば

in words of one syllable 簡単に言うと

keep one's word 約束を守る ► In business and in life, keeping one's word is tantamount to being a person of integrity. 仕事でも人生でも，約束を守ることは誠実な人間ということとほとんど等しい

never have a good word to say about を決して褒めない ► He brings down the mood of the entire office, as he never has a good word to say about anyone. 彼は誰のことも決して褒めないので，オフィス全体の雰囲気を暗くしている

put in [say] a (good) word for を褒める，口添えする ► I don't have any official hiring power, but I'll put in a good word for you. 私には人を雇う正式な権限はないが，口添えをしてあげましょう

put ... into words を言葉で表す

send word 伝言する

take a person at his word / take a person's word for it （人の）言うことを真に受ける

take the words out of a person's mouth （人が）言おうとしていることを先に言う

the last [final] word 最後の言葉；最終決定；最新 [最良] のもの

upon [on] one's word 《古》誓って，必ず

waste one's word 言葉を無駄に費やす

weigh one's words 慎重に言葉を吟味して言う

Word came that という知らせが来た ► By Friday, word came that he would resign. 金曜日までに，彼が辞めるという噂が聞こえてきた

Word has it that / Word is that うわさでは…

word of mouth 口づて，口コミ ► Word of mouth is a powerful source of information for consumers. 口コミは，消費者にとって強力な情報源だ

Words fail me. 《略式》（驚き・悲しみで）言葉もない

— *vt* 言葉に表す

wording *n* 文言

コロケーション

【形容詞(句)+～】 conveniently vague wording 都合よく解釈できるあいまいさのある文言 / **current** wording 現行の文言 / **final** wording 最終的な文言 / **precise** wording 正確な文言

【動詞(句)+～】 change the wording 文言を変える / **employ** wording 文言を用いる / **fuss over** the wording 文言でもめる / **negotiate** the wording 文言の確定に向け交渉をする / **object to** the wording 文言に反対する / **okay** the wording 文言にOKを出す / **reject** the wording 文言を退ける / **wrangle over** wording 文言をめぐってもめる

► The wording is ambiguous. 文言があいまいだ / The wording is loose and subject to dispute. あいまいな文言で，後で争いを招きかねない / We request to change the current wording to incorporate the idea that we are partners on an equal footing. 私どもが互いに対等なパートナーであることが盛り込まれるように，現行の文言を変更してくださるようお願いします / The precise wording of the agreement is still being hashed out. 契約書の正確な文言は今なお詰めが行われている / The wording of the agreement executed varied slightly from the initial draft. 調印された契約書の文言は当初の契約書案とは若干違っている

word of mouth =word-of-mouth communication

word-of-mouth *a, n* 口づての（情報），口コミ ► I heard about it through word-of-mouth. 口コミで聞いた

word-of-mouth advertising 口コミ宣伝

word-of-mouth communication 口コミ

word processor 【ピュータ】 ワープロ，ワードプロセッサー；ワープロソフト

words and figures differ 金額欄不備，金額二重記載 [小切手の金額欄にアルファベットで記入されている金額と算用数字で記入されている金額とが食い違っていること．この場合，銀行は支払を拒絶し，振出人に差し戻すことになっている．amounts differ あるいは words and figures do not agree とも言う]

words per minute 1分当たり単語数 (wpm) [1分当たり何単語打てるかという，人のタイピング能力を測定する単位]

work /wəːrk/ *n* ❶ （業務としての）仕事，労働，作業

語法 原則として不可算名詞である．可算名詞には a job と a task を用いる

コロケーション

【動詞(句)+～】 arrive late to work 遅刻する / **begin** work **with the company on** その会社での勤務を開始する / **be late for** work 仕事に遅れる，遅刻する / **come home from** work 仕事から

帰ってくる / **come to** work 勤務に就く / **devote oneself to** work 仕事に打ち込む / **find [get] work** 仕事口を見つける / **leave (one's) work** 退社する, 仕事を切り上げる / **organize** work 仕事の段取りをする / **set to** work 仕事を始める / **take** work **home** 仕事を家に持ち帰る

▶ **factory work** 生産現場の仕事, 製造社員の業務 / **office work** 一般事務, 事務部門の業務, ペーパーワーク / **the work of a moment** 手間のかからない仕事 / **the whole work** 《略式》全部, 一切 / **work conditions** 労働条件 / **work done for no salary** 無給の仕事 / **manual work** 手作業 / Please describe your work. ご自分の仕事を説明してください

❷（生計を立てるための）仕事 ▶ **be without work** 失業している / **have [be in] regular work** 定職を持っている / **full-time [part-time] work** フルタイム[パート]の仕事 / To meet the deadline, we have our work cut out for us. 締切に間に合わすために, われわれは手一杯の仕事を抱えている

❸ 仕事場, 勤務先, オフィス ▶ **absence from work** 欠勤 / **day off work**（特に平日に休みを取っている場合の）休日 / **go to work by train** 電車で通勤する / She left work two hours early. 彼女は2時間早く早退した

❹【知財】著作物〔○書物, 音楽, 演劇等, 著作権の対象となるもの〕(✚ この意味では可算名詞)

All work and no play makes Jack a dull boy. 《諺》よく学びよく遊べ

at work 働いている; 作用中の; 仕事場で

get [go, fall] to work 仕事に取りかかる, 働き始める ▶ She usually gets to work at about 9 a.m. 彼女はいつも朝9時頃に会社に着きます / You've got a full day ahead, so you'd better get to work. たっぷり一日分の仕事があるから, 仕事に取りかかった方がよい

give a person the works（人を）ひどい目にあわせる

Good [Nice] work! 《略式》よくできた

have one's work cut out (for one) 《略式》手一杯の仕事をあてがわれる

(all) in a [the] day's work 《略式》いつもながらのことで; まったく当然のことで

in the works 《略式》進行[準備]中で (*for*) ▶ I've got a few ideas in the works for next year's collection, but I'm not ready to present them yet. 来年のコレクションのために進行中のアイディアが2,3ありますが, まだお見せするほどには準備できていません

in work 定職に就いて

make hard work of にひどく苦労する

make short work of を手早く片づける

off work 離職して (*for*)

out of work 失業して ▶ Being out of work is a terrifying prospect for most people. 失職は, ほとんどの人にとって, ぞっとするような将来の可能性にもなる

set [put] ... to work 仕事を始めさせる, 働かせる, 使用する

shoot the works 《米略式》一か八かの勝負に出る

— *vi* (〜ed, 《古》wrought) ❶（生計を立てるために）働く, 勤務する ▶ Ann works at a publishing house. アンは出版社に勤務している

❷ 操業する, 作業をする ▶ All our factories are working at full capacity. 当社の全工場はフル稼働で操業している / He kept on working even though his coworkers had left the office. 同僚は帰ってしまったけれども, 彼は働き続けた

❸ うまくいく ▶ The sales strategy doesn't seem to be working. その販売戦略はうまくいっているようには見えない / So far, this merger seems to be working. 今までのところ, この合併はうまくいっているようだ

— *vt*（機械を）操作する ▶ **work a car wash** 洗車機を操作する

get worked up 《略式》興奮する, 怒る ▶ He gets worked up every time you mention the new tax laws, so you might want to steer clear of that subject. 新しい税法のことを言うたびに彼は腹を立てるから, その話は避けた方がいいでしょう

work around to になんとか手が回る

work away せっせと働き続ける

work down 値段を下げさせる ▶ Try to work him down. 彼のつける値段を下げさせるようにしなさい

work for のために働く[努力する]; に勤める; 《略式》にとってはかまわない ▶ I work for a temp agency. 人材派遣会社に勤めています

work in を差し込む ▶ I'll try to work in the appointment into my schedule. そのアポを何とか都合をつけて私の予定に入れるようにしましょう

work ... into を…に差し込む

work in with 《略式》と協調する

work it 《略式》工面する, なんとかする

work off（運動などをして…を）取り除く; を消化する;（借金を）働いて支払う; を片付ける

work on [upon] に作用する; に働きかける; に取り組む, を研究する ▶ I've been working on the project for months. 何か月もそのプロジェクトに取り組んでいます

work one's tails [ass, buns, butt, head] off 《略式》一生懸命働く

work one's way 苦労[努力]して進む

work one's way through（大学などを）働きながら出る

work out を成し遂げる;（問題を）解く; を算出する;（合計…に）なる (*at*);（金を）労働によって払う;（鉱山を）掘り尽くす; を使い切る;（計画を）練る, 案出する; うまくいく (=work well); の結果となる ▶ We are working out a plan to address this problem. 当社はこの問題に対処するための計画を練っているところだ / It didn't work out that way. そうは問屋はおろさない / We still have to work out the details of the job cuts. まだ人員整理の詳細を取り決めなければならない / We need to work out the problems re-

garding next year's budget. 来年の予算に関する問題を解決する必要がある
work out of を根拠地にして仕事をする
work over を徹底的に研究する；《米略式》を計画的に襲う；をやり直す
work through を終える；を抜ける；に食い込む；になんとかけりをつける
work to rule 順法闘争をする
work up を刺激する，あおる；を興奮させる；を準備する，入念に作る；の能力を向上させる；（徐々に）作り上げる；（計画を）練り上げる，発展させる
work up to 徐々に準備する
work with と仕事［研究］をする；を扱う
— *a* 仕事の［に関する］
◇**workable** *a* 使用［実行］可能な ► Management and union leaders will meet to see if a workable deal is possible. 経営陣と組合指導者は実行可能な取決めの可能性を探るために会談するだろう

work accident 業務災害，労働災害（=accident at work）

workaholic /wə́:rkəhɔ́:lik/ *n*《略式》仕事中毒の人，ワーカホリック

workaholism /wə́:rkəhɔ̀:lizm/ *n* 働き中毒，仕事中毒［◆仕事にしか生きがいがないほど仕事に深く関わること］

work-around *n* 迂回手段，次善策［◆予定した通りにいかなかった場合の予備的な対応策］

work assignment 担当業務 ► Work assignments are given every Monday morning. 作業割当は毎週月曜の朝に渡される

workday *n*《米》勤務日，就業日，平日；1日の労働時間 ► Towards the end of the project, he was putting in twelve-hour workdays. プロジェクトの終わりにさしかかると，彼は1日12時間働いた

worker /wə́:rkər/ *n* 働く人；労働者，職人；勤労者；働きアリ［バチ］；(the ~s) 労働者(階級) ► a clerical worker 事務職員 / a hi-tech worker IT 技術者 / a manual worker 単純労働者，肉体労働者 / a skilled worker 熟練労働者 / an unskilled worker 未熟練労働者 / Many workers were let go because of internal reorganization. 社内再編成のために多くの労働者が解雇された / With its aging society, the country will need to depend on foreign workers in various sectors of the economy. 社会の高齢化に伴い，その国は経済のさまざまな部門で外国人労働者に依存する必要があるだろう

worker director《英》従業員兼務取締役［◆一般従業員の代表として取締役を務めている従業員］

worker participation 従業員の経営参加

workers' compensation [comp] 労災補償

workers' compensation coverage 労働者災害補償

workers' compensation insurance 労働者災害補償保険（=workmen's compensation insurance）

workers' cooperative 労働者協同組合［◆労働者が共同出資して設立し経営する協同組合］

work experience 職業経験

work-family balance 仕事と家庭のバランス（=work-life balance）► Obama said, "Restore work-family balance." オバマは「仕事と家庭のバランスを取り戻せ」と言った

workfare *n* 勤労福祉制度［◆社会福祉給付金受給者に，社会奉仕事業への従事や職業訓練を義務づける］

workflow *n* ❶ ワークフロー，仕事の流れ ► Something is **slowing down the workflow**. 何かが仕事の流れを妨げている / This is a new process that significantly streamlines **the production workflow**. これは，生産現場の流れを大幅に合理化する新プロセスだ / We have reorganized the administrative **workflow** by extensively using document management solutions. 文書管理ソリューションを幅広く取り入れることで事務手続の流れを再編した / We need to **simplify the workflow** between designers and developers. 設計者とデベロッパーの間の仕事の流れを簡素化する必要がある

❷【コンピュータ】ワークフロー［◆起案から承認までを電子処理するグループウェア］

workforce /wə́:rkfɔ̀:rs/ *n* ❶（企業の）会社員，全従業員，人員 ► add to one's workforce 増員する / cut one's workforce 人員を削減する / slash the workforce 大幅な人員整理を行う / A recent acquisition has **increased the workforce** by 30 percent. 最近行われた企業買収のため，従業員数が3割増えている / Five hundred jobs are to go, a cut representing 5 percent of the company's **worldwide workforce**. 500名が解雇される予定だが，これは同社の国内外の全従業員の5%にあたる / Management wants to **cut the workforce** by 20 percent. 経営陣は従業員数を2割削減したいという意向だ / The company **downsized its workforce**. その会社は従業員数を縮小した

❷ 労働力人口（=labor force）［◆米国では就業しているか求職中の16歳以上の人口を言う。労働者の統計では2005年末で約1億5千万人］► Almost 5 percent of the workforce is unemployed. 労働力人口のほぼ5%が失業している

work-for-hire *n* 職務著作［◆従業員が職務上作成した著作物．その著作権は雇用者に帰属する］

work history 職歴

work-home balance 仕事と家庭のバランス（=work-life balance）► Keep the work-home balance healthy and productive. 仕事と家庭のバランスを健全で生産的に保っておきなさい

workhorse n (米)馬車馬のように働く人 ▶ You can ask Joe to do the job. He's a workhorse. ジョーにその仕事は頼める。彼は馬車馬だから

work hours 勤務時間 ▶ Irregular work hours are more common among part-time employees than full-time employees. 変則的な勤務時間は、フルタイムよりもパートタイムの従業員の間でより一般的だ

working /wə́ːrkiŋ/ a ❶ 働いている、仕事を持っている ▶ working families 勤労者世帯 / a working mother 仕事を持っている母親
❷ 労働や勤務に関わる、労働上の ▶ working clothes 仕事着 / working conditions 労働条件 / working practices 労働慣行
❸ 作業をする、仕事のための、業務上の ▶ We have a close working relationship with our suppliers. 当社は納入業者とは密接な業務関係を有している
❹ とりあえず用が足りる、たたき台としての ▶ a working knowledge of Spanish 必要最小限のスペイン語 / a working hypothesis 出発点としての仮説 / This paper should serve as a working document. この書面はたたき台として用意されたものだ
❺ 実際に動く、稼働する ▶ It took an hour to restore the machine to full working order. その機械が完全に動くようになるまで1時間かかった

working age 生産年齢 ▶ working age population 生産年齢人口

working assets 運用資産

working capital 〔会計〕運転資本 〔⇨営業活動を維持するのに必要な運転資金で、一般的には流動資産から流動負債を控除した差額で求める〕▶ maintain a positive working capital balance 正の運転資本残高を維持する / A company that has **negative working capital** lacks the ability to invest with the same aggressive nature as a positive peer. 運転資金がマイナスの会社は、それがプラスである同業他社のような積極的な投資を進める能力を欠くことになる / One research shows that businesses are not turning their inventories as fast as last year and thus more money **is tied up in working capital**. ある調査によると、企業の在庫回転率は昨年の水準を下回っており、より多くの資金が運転資本に釘付けにされている / The company has **positive working capital**, meaning it has **enough working capital** to pay its bills, and it is consistently adding more cash to the pile. 同社の運転資本はプラスであり、支払をまかなうに十分な運転資金がある上、なおも現金を積み増している

working conditions 労働環境、労働条件 ▶ Working conditions deteriorated at the factory. 工場の労働環境は悪化した

working day =workday

working environment 作業環境

working generation 勤労世代、現役世代

working girl 働く女性

working group 作業部会 ▶ set up a working group to review the project プロジェクトの見直しのため作業部会を設ける

working hours 就業時間、勤務時間、労働時間 ▶ My working hours are from 9:30 am to 6:00 pm. 私の勤務時間は9時半から6時までです

working interest ワーキング・インタレスト、作業権益 〔⇨油田開発区域における所有者の取り分に対しての開発者の取り分。開発者間の取り分の割合を指すこともある〕

working knowledge 仕事に使える知識 〔⇨実際に仕事をするのに支障のない程度の知識〕 ▶ A working knowledge of French or Arabic is essential. 仕事で使える程度のフランス語またはアラビア語は必須だ

working language 現場での共通語、社内の公用語

working life ❶ 社会人としての人生 ❷(機械類の)稼動年数、設備年数

working lunch [breakfast, dinner] 仕事[商談]をしながらの昼食[朝食、夕食]

working paper たたき台用の報告書、共同作業用の未定稿、ワーキングペーパー

working partner 経営パートナー、業務執行社員 〔⇨パートナーシップの構成員中、出資はするが経営に関与しないサイレント・パートナーに対して、出資し意思決定ならびに業務執行に携わるパートナー〕

working party (英)労資共同委員会;(議会などの)専門委員会

working poor 就労貧困層

working relationship 取引関係;協力関係 ▶ I am yet to establish a good working relationship with my new boss. 新しい上司との協力関係がまだうまく行っていない / We have maintained a good working relationship with the company over the past 15 years. 同社とは過去15年もの間、良好な協力関係を維持している

working stiff (略式)一般の労働者 ▶ I'm just a working stiff. 私は下働きの一般労働者にすぎない

working week ウイークデー、週当たり労働時間

working year 営業年度

work injury 業務上の傷害[負傷] (=industrial injury, occupational injury)

work in process (米)仕掛品 (WIP) 〔⇨製造工程において未完成の状態にあるもの〕

work in progress (英)仕掛品 (WIP) (=(米)work in process)

work-life balance 仕事と生活の調和、ワーク・ライフ・バランス 〔⇨仕事と私生活を両立させること。work-family balance, work-home balanceとも言う〕 ▶ Achieve a better work-life balance in the workplace. 職場でよりよい仕事と生活のバランスを達成しなさい

workload /wə́ːrkloùd/ *n* 仕事の量, 業務負担 ▶ I'm unable to take on anything new. I'm under **a huge workload**. 新しい仕事を引き受けられる状態ではない。ものすごい量の仕事を抱えているので / It's about time that we added new members to the team to **spread the workload**. 仕事量の負担を減らすためにチームに新メンバーを加えてもいい時期だ / I have **a heavier workload** than usual because two of my colleagues have called in sick. 同僚が2人病欠のため, 普段より多くの仕事量を抱えている / The new regulations are likely to **increase the workload**. 新たな規則は仕事を増やすことになりそうだ / We are looking at ways to **reduce the administrative workload** and paperwork. 事務負担と書類作りを減らす方法を種々検討しているところだ / We sometimes have to assume **a heavier workload** in our co-worker's absence. 同僚が不在の場合, ときには普段より多めの仕事を引き受けなければならないこともある

workman *n* 作業員
◇**workmanlike** *a* 職人らしい; 腕のよい ▶ a workmanlike job 職人技芸

workmanship *n* （職人, 製作者の）腕のよさ, できばえ ▶ This article shows excellent [poor] workmanship. この品は製作者の腕の素晴らしさ[まずさ]を物語っている

work measurement 作業測定 [⇨その仕事のための訓練を受けた平均的の労働者を想定した上で, その仕事を遂行するための標準的な所要時間を設定すること]

work order 製造指図書 (=production order)
work overload 過大な労働負荷
work permit 労働許可証 ▶ The work permit was denied. 就労許可は下りなかった

workplace /wə́ːrkplèis/ *n* 職場, 勤務場所, ビジネス現場 ▶ Our company does not tolerate sexual harassment at the workplace. わが社は職場でのセクシュアルハラスメントを許しません

workplace bargaining 職場交渉
workplace democracy 社内民主主義
workplace learning ❶ 就労研修, インターンシップ ❷ 職場内訓練, OJT
work psychology 労働心理学
work rage 職場での憤激[感情的暴発]
work record 職歴
work-related *a* （負傷などが）業務上の
work-related injury 業務上の傷病
workroom *n* 仕事部屋
work rules 服務規定, 就業規則
work sampling ❶ ワークサンプリング, 稼働分析 [⇨人や機械の動きを一定時間, 所定の観測時刻ごとにチェックし分析することにより, 作業ごとの所要時間を割り出し, 作業の効率化を図る手法. activity samplingとも言う]
❷ 実地試験 [⇨採用試験の一環として行う実際の作業条件下での技能テスト]

work schedule 勤務表, 作業予定 ▶ post a work schedule for the week 一週間の作業予定を貼り出す / Employees working on shifts are provided with days off according to the work schedule. 交替制勤務の従業員に対しては作業予定に従って休日が提供されている

work scope 作業の範囲
works council 《英》労使協議会 [⇨従業員の利益を代表する組織で, 経営陣と労働条件の改善に向け交渉をする]

work sharing ワークシェアリング [⇨常勤1人の仕事を2人以上の部分勤務者に分けてすること] ▶ Our study has found that work sharing improves efficiency of workplace. われわれの研究はワークシェアリングが職場の効率を向上させることを発見した

work sheet 作業進行表
workshop *n* 仕事場, 作業場; 研究集会, ワークショップ [⇨共同参加で何かを学び, または問題の解決策を考えるための集会]

work-shy *a* 仕事嫌いの
work simplification 作業簡素化, 作業単純化 [⇨現場に必要な作業の内容をできるだけ単純化することで効率を上げ, かつコストを引き下げること]

worksite *n* 仕事場所
works manager 工場長, 製造所長
workspace *n* ❶ 仕事用のスペース ❷ 《コンピュータ》ワークスペース [⇨計算処理中データを一時格納しておくメモリー内の領域]

work structuring 業務[作業]体制の構築 [⇨効率よく業務または製造現場での作業が流れるように段取りを分析し決定すること]

work study 《英》作業研究, ワークスタディ ▶ conduct a work study to identify bottlenecks 効率を落としているのがどこかを見つけるために作業研究をする

work-to-rule *n, vi, a* 《英・カナダ》順法闘争（をする）; 順法闘争の
work visa 就労ビザ
workwear *n* 作業着
workweek *n* 週労働日数[時間] ▶ during the workweek ウイークデーの間 / reduce the workweek 週当たりの労働時間を減らす

world /wəːrld/ *n* （通例 the~）地球; （特定の地域・時代の）世界; 人類; この世; 世間; 世事; 社会, …界; 宇宙; 万物; 多数, 多量, 大きな広がり《*of*》 ▶ a man of the world 世故人 / a world of difference 大変な違い / the whole world 世間の人々 / Everything in the world you'd like to buy is here. ここには世間の人々が何から何までそろっているよ / The drop in air travel has hurt airlines around the world. 航空旅行の減少は世界中のエアラインに打撃を与えた

all over the world / (*all*) *the world over* 世界中で ▶ We have branches all over the world. 世界中に支店があります

as the world goes 世間並みに言えば
be all the world to にとってかけがえのないものだ
bring ... into the world を世に出す
dead to the world すっかり眠り込んで；《略式》泥酔して；疲れきって
do a [the] world of good 大変役に立つ
end up with the worst of both worlds あぶはち取らずになる
for (all) the world like [as if]... まったく…に似て
from around [all over] the world 世界中から(の)
How is the world with you? いかがお過ごしですか
in the world (疑問を強めて)いったい
make [have] the best [worst] of both worlds 両方のよい[悪い]ところを備える
mean the world to にとって非常に大切だ
not ... for the world 決して…ない
on top of the world 成功して；有頂天になって
out of this [the] world 《米略式》とびきりの，普通でない
set the world on fire 《略式》大成功を収める；たいへん出世する ► The project set the world on fire. その企画は大成功を収めた
think the world of を大いに賞賛する
worlds apart ひどくかけ離れて
world without end 永久に

World Bank 《the ~》世界銀行, 世銀 [➔国際復興開発銀行(International Bank for Reconstruction and Development)の通称. 1945年に, ブレトン・ウッズ協定のもとに設立された国際開発金融機関. 国際連合の専門機関の一つ. 現在は, 途上国に対する経済開発, 貧困削減を目的とした貸付, 技術協力を行う. 本部はワシントン]

World Bank Group 《the ~》世界銀行グループ [➔国際復興開発銀行(IBRD), 国際開発協会(IDA), 国際金融公社(IFC), 多国間投資保証機関(MIGA), 国際投資紛争解決センター(ICSID)の五つの国際機関の総称]

world-class *a* 世界的な, 世界有数の ► world-class company 世界的企業 / world-class product 世界に通用する製品

world depression 世界恐慌, 世界不況

world economic crisis 世界恐慌 [➔世界的規模の経済恐慌. 1857年の恐慌がその最初. 特に, 1929年から1933年まで続いた大恐慌を言う]

World Economic Forum 世界経済フォーラム [➔1971年に設立されたNGO. 毎年スイスのダボスで総会を開き, 経済成長と社会発展のあり方を話し合っている]

World Health Organization 《the ~》世界保健機関(WHO) [➔世界の保健衛生分野に関わる問題を担当する国連専門機関. 1948年に設立]

World Intellectual Property Organization 《the ~》世界知的所有権機関(WIPO) [➔知的所有権の保護の促進を目的に, 1970年に設立された組織. 特許協力条約などの知的財産に関する多数の国際条約を所管する]

World Trade Center 《the ~》世界貿易センター(WTC) [➔ニューヨーク市の金融街にあった超高層ツインタワー. 2001年9月11日の同時多発テロによって崩壊した]

World Trade Organization 《the ~》世界貿易機関(WTO) [➔1995年に設立された貿易分野の普遍的な国際機構で, GATTの後身. 貿易紛争解決のための紛争解決手続きも持つ] ► admission to the WTO 世界貿易機関への加盟承認 / enter the WTO 世界貿易機関に新たに加盟する

worldwide /wə́:rldwáid/ *a, ad* 世界中に(及ぶ), 世界的な[に] ► The company is terminating 15,000 jobs worldwide. 同社は世界中で1万5千人を解雇しつつある / Air travel worldwide dropped due to the rise in fuel prices. 燃料価格の高騰のために世界中の航空旅行は減少した / Our products are known worldwide for their quality. わが社の製品はその品質の良さで世界中に知られています

World Wide Fund for Nature 世界自然保護基金(WWF) [➔1961年にスイスで設立され, 自然保護活動に取り組む国際的なNGO. 1988年までは世界野生生物基金という名称だった]

World Wide Web ワールドワイドウェブ(WWW, W3, Web) [➔インターネット上に構築されている情報共有のための仕組み. 画像ファイル, 音声ファイル, 他の文書へのリンクを設けることのできるハイパーテキストという文書システムを通じて利用者が相互に情報を共有できるようになっている]

worrisome *a* 面倒な；苦労性の ► The high unemployment rate is a worrisome issue for the government. 失業率が高いことは政府にとって憂慮すべき問題だ

worry /wə́:ri/ (**worried**) *vi* 心配する, 悩む《*about, over*》► Don't worry about it. そのことは気にするな
━ *vt* 心配させる, 苦しめる《*with*》；気をもませる, いらいらさせる《*about, to do, that*》；せがむ《*for*》
have a person worried (人を)心配させる
have enough to worry about 《略式》心配事が山ほどある
I should worry. 《米略式》《反語》全然気にしない
not to worry 《英略式》問題ない
worry along [through] 《略式》努力して進む
worry at (問題が解けるまで)挑戦する
worry oneself about [over] / be worried about [over] で気をもむ
━ *n* 心配, 気苦労；《しばしば-ries》心配事, 苦労の種 ► financial worry 金銭面の[金銭上の]心配事 / inflation worries インフレ懸念 / worries over job security 雇用不安 / Worries of the company's need for more government capital drove its stocks down. 同社が政府資本の増強を必要としていることへの懸念は, その株価を押し下げた / Rising fuel prices are becoming more of a worry in an already struggling industry. すでに苦しい業界で, 燃料価格の上昇が

さらに心配の種になっている / Worries about the takeover were unfounded. その買収についての懸念は何の根拠もなかった

◇**worried** *a* 心配そうな, 心配して《*that*》 ▶ Investors are worried that the economy may slip into a recession. 投資家は, 景気後退に落ち込むことを心配している / Investors are worried about poor corporate earnings and dismal economic figures. 投資家は貧弱な企業収益と惨憺たる統計数字を懸念している

worry-free *a* 心配のない

worse /wə:rs/ *a* (bad, ill の比較級) より悪い ▶ The economy may get even worse before it improves. 景気は, 回復する前に, もっと悪くなるかもしれない / With more plant closures, the company's situation could be worse in the short term. さらに多くの工場が閉鎖されると, その会社の状況は短期間で悪化するかもしれない

be worse off (経済的に) いっそう苦しい ▶ Considering the debt he incurred, he's worse off now owning the properties. 背負い込んだ債務を考えると, 資産をもっていても彼の生活は前より苦しい

can [could] do worse than do …するのも悪くない

cannot do any worse もっとひどい出来だ

could be worse まあまあだ

even [still] worse / worse still もっと悪いことに ▶ Even worse than his self-centeredness is his malicious attitude. あの人の自己中心主義もひどいが, それよりもっと悪いのは意地悪な態度だ

making [to make] matters worse / what is worse その上悪いことに ▶ To make matters worse, the unemployment rate climbed to 11%. さらに悪いことには, 失業率は11%まで上昇した / To make matters worse, senior staff tried to cover up their mistake. さらに悪いことに, 幹部社員がミスを隠そうとした

none the worse for にもかかわらず (同じ状態で)

━ *n* いっそう悪いこと [状態]

for the worse 悪い方向に ▶ The stock market took a turn for the worse today. 今日は, 株式市場は悪い方向に進路を変えた

go from bad to worse いっそうひどくなる ▶ Tensions between the union and management seem to be going from bad to worse. 組合と経営陣の間の緊張は一段と悪化しているようだ

if (the) worse comes to (the) worst 最悪の場合には

━ *ad* (badly, ill の比較級) より悪く; もっと悪いことに ▶ Worse, his car insurance had expired before the accident. さらに悪いことには彼の自動車保険は事故の前に期限が切れていた

◇**worsen** *v* より悪くする [なる] ▶ A prolonged contraction of prices would worsen the economy. 価格の低下が長引けば, 景気を悪化させるだろう / As developing economies grow, environmental problems are expected to worsen. 発展途上国の経済が成長するにつれて, 環境問題はさらに悪化が予想されている

worst /wə:rst/ *a* (bad, ill の最上級) もっとも悪い ▶ Consumer spending was down 26% last month, the worst drop in 30 years. 個人消費は先月26%減少したが, 過去30年で最悪の下落だった

(in) the worst way 《米略式》 ひどく, とても

━ *n* 最悪のこと [人] ▶ The country's trade figure for January was the worst in decades. 同国の1月の貿易統計はここ数十年間で最悪だった / The worst that can happen is that they decline our proposal. 起こりうる最悪の事態は, 彼らが当社の提案を断ることだ / Many economists believe that worst has yet to come. 多くのエコノミストは最悪の事態はまだこれから到来すると考えている

at (the [one's]) worst 最悪の場合には [でも]; 最悪の状態で

do one's worst 最悪のことをする

make the worst of を極めて悲観的に考える

━ *ad* (badly, ill の最上級) もっとも悪く ▶ This survey shows a widening gap between the best and worst performing stores. この調査からは売上最上位の店舗と売上最下位の店舗との格差が拡大していることが分かる

worst off この上なく困って

worth /wə:rθ/ *a* の値打ちがある; 財産のある, 財産が…の ▶ worth billions 大金持ちの / He is worth millions. 彼には何百万ドルという財産がある / The game is not worth the candle. (仕事・企てなどが) 割に合わない; 骨折り損のくたびれ儲け (✤「賭け金がろうそく代にもならない」がもとの意) / It would be well worth your time to follow up on the interview. 面接のフォローアップには十分時間をかける価値があるでしょう / Retirement accounts are worth half of what they were two years ago. 退職勘定は2年前の半分の価値しかない / The stock is worth next to nothing now. その株は今ではほとんど無価値だ

be worth a try ひとつやってみる値打ちがある ▶ The plan might not work, but it's worth a try. その計画はうまくいかないかもしれないが, やってみる価値はある / The board may not approve the proposal, but it's worth a try. 取締役会は提案を承認しないかもしれないが, 試してみる価値はある

be (well) worth doing は…する値打ちが (十分) ある ▶ It's worth investing the time and money in employee training. 従業員の教育には時間と金を投資するだけの値打ちがある / Before going into the interview, it would be well worth familiarizing yourself with the company's history. 面接を受ける前に, その会社の歴史に精通しておくことは十分値打ちのあることだ

for all one is worth 《略式》全力で

for what it's worth （真偽のほどは分からないが）それはそれとして ► For what it's worth, I would have tried to resolve the matter privately before going to HR. これは私の個人的な意見ですが、私だったら人事部に行く前にその件を内密に解決する努力をしたでしょう

it isn't worth doing …する値打ちはない ► In business, it isn't worth doing something you believe to be unethical, no matter what anyone else says. 他人が何を言おうと、ビジネスでは倫理に反すると自分が考えることをやる価値がない

make it worth a person's while (人に)お礼をする ► If you agree to this one condition, I think he'll make it worth your while when you negotiate your next deal together. この一つの条件に同意していただけるなら、次回の取引交渉の際に、彼はあなたに応分のお返しをすると思います

not worth a damn [darn] 《略式》まったく…ない；何の値打ちもない

not worth the paper it is written on (証文・作品などが)無価値で

worth it 《略式》それ相応の価値がある ► They're expensive, but they're worth it. それは値段がはるが買う[金を出すだけ]の価値はある / Is it worth it to attend the seminar if it isn't paid for by the company? もし自費で払うとしても、そのセミナーは出席する価値がありますか

worth (one's, a person's) while 時間を費やすだけの価値がある ► It would be worth your while to learn the intricacies of protocol in doing business in that country. その国における複雑なビジネスの慣例を知っておくのは価値ちのあることだ

— *n* ❶ 価値, 真価；(ある金額相当の)量, …分(の…)《of》；財産 ► a week's worth of work 1週間分の仕事 / She got her money's worth (out of that coat). 彼女は(あのコートでは)元を取った / The bank sold $3 billion worth of shares in the securities firm. 銀行はその証券会社の株を30億ドル売った

❷ 価値, 資産 [⇨net worthという形で純資産を指す] ► have a negative net worth 債務超過である / As a result of the financial crisis, bankers and traders who received part of their compensation in company shares saw their net worths collapse. 金融危機の結果、報酬の一部を会社の株で受け取ったバンカーやトレーダーは自分たちの純資産が崩壊するのを経験した

◇**worthless** *a* 価値のない, 役立たずの
◇**worthlessness** *n* 無価値, 紙くず同然の

worthwhile *a* やりがいのある ► I want to do a worthwhile job. 私はやりがいのある仕事をしたい

worthy /wə́ːrði/ *a* 立派な；(を受ける)価値ある《of》；(…するのに)値する《to do》 ► He's determined to prove himself worthy of promotion. 自分が昇進に値することを証明しようと決意している

would /wəd, əd, d; (強)wud/ *aux v* willの過去（過去における未来）…だろう；(過去に対する推定)《would have done》…ただろう；(過去における主語の強い意志)どうあっても…しようとした；(過去における習慣)よく…した；(仮定を含んだ帰結)…であろう；(仮定の条件節で主語の意志を表す)…する気がある；(丁寧な依頼)…していただけませんか

► **Would** you wait a moment? 少々お待ちいただけますか (✤Will you... ? より丁寧な表現) / I would hate to miss out on such a good investment opportunity. 私はこんな素晴しい投資機会を絶対に逃したくない / **Would** you mind covering for me for five minutes while I make a few copies of the agenda? 議事日程のコピーを2,3部とる間、5分ほど代わっていただけますか / He **would rather** remain at his present position **than** move to a new department. 彼は新しい部に異動するよりも、むしろ今のポジションにとどまりたがっている

感句 **would rather ... (than)** (より)むしろ…したい

wound /wúːnd/ *n* 傷, けが；苦痛；(名誉に対する)損害, 侮辱 ► It will take years for the frozen food company to heal from the wounds of the falsified expiration date scandal. その冷凍食品会社が賞味期限偽造という不祥事の打撃から立ち直るには何年もかかるだろう

— *vt* 傷つける, (感情などを)害する

wow factor ワウファクター [⇨新しい製品やサービスを使って「へぇー、これはいい!」と感心するような要素. 差別化, 競争優位を確保する上で大きな意味がある]

WPI wholesale price index

wpm words per minute

WPP Group (~ plc) WPPグループ [⇨英国の世界的なメディア, コミュニケーションサービス企業. 傘下にGrey Worldwide, JWT, Ogilvy & Matherなどの広告代理店を持つ]

Wrangler (商標) ラングラー [⇨米国のVF Corporation販売のジーンズのブランド]

wrap /ræp/ (~**ped, wrapt**; -**pp**-) *vt* 包む, 覆い隠す；〖コンピュータ〗(テキストを)ワードラップする (=word-wrap) [⇨ワープロなどで単語の途中で改行しないよう自動的に次行に送ることを言う]

— *vi* くるまる《up, in》；すっぽり包む

be wrapped up in に没頭して[夢中になって]いる ► He was so wrapped up in his managerial responsibilities that he lost sight of his mission. 彼は管理職としての責任に夢中になって、自分の使命を見失った

wrap up 《略式》(活動・仕事を)終える；要約する；隠す, 包み込む；(協定・契約などを)うまく成立させる[結ぶ] ► Now that we've wrapped up that project, we can go on to another. もうあの事業は一段落したから次の事業に移れる / We managed to wrap up negotiations before the current agreement expires. 現行契約が期間満了となる前に何とか交渉をまとめることができた / At this point, I'd like to wrap up today's meeting. ここで，今日の会議を終わりにしたいと思います

━ n 肩[ひざ]掛け; 包むもの; 《~s》秘密; 完了

take the wraps off 秘密を暴く，現す

under wraps 秘密にされて ► Let's keep his resignation under wraps until he's comfortably announcing it himself. 自分で公表する気になるまで，あの人の辞職を秘密にしておきましょう

◇**wrapper** n 包装(紙); 本のカバー ► It was in a brown paper wrapper. それは茶色の包装紙に入っていた

◇**wrapping** n 《しばしば ~s》包装材料

wrap (fee) account （証券会社の）ラップ口座，ラップ・アカウント [⇒一定の手数料と引換えに投資助言サービス，投資分析，口座管理などのサービスをまとめて受けられる証券口座]

wrapping paper 包装紙

wreck /rék/ n 残骸(がい); 《略式》健康[精神]を損なった人 ► a nervous wreck 神経衰弱に陥っている人 / The shore is strewn with wrecks. 海岸には難破船の漂流物が散らばっている

go to wreck めちゃめちゃになる ► His whole business went to wreck. 彼の事業はすっかりめちゃめちゃになった

━ vt 台なしにする; 損ねる ► His error almost wrecked the company. 彼の失敗で会社はほとんど駄目になった

◇**wreckage** n 難破; 《集合的》残骸

wrestle /résl/ vi （誘惑・困難などと）戦う; （問題などに）取り組む 《with, against》► The company is wrestling with the high rate of staff turnover. その会社は社員の高離職率と闘っている / In my first year as manager, I had to wrestle with the challenge of being more assertive. 課長としての最初の年に，もっと自己主張をするという難題に取り組まなければならなかった

━ vt と格闘をする

Wrigley's 《商標》リグレー [⇒米国のチューインガム]

wring /ríŋ/ vt 《wrung，《まれ》~ed》ぐいとひねる; 絞る; 無理に引き出す，絞り取る 《from, out of》; 握り締める; 締めつける 《down, up》; 苦しめる

wring out を絞り出す[取る]; をもぎ取る ► The Fed tried to wring out inflation by raising interest rates. FRBは金利の引上げでインフレをねじ伏せようと試みた

━ n 絞ること

writ /rít/ n 令状 [⇒裁判所が名宛人に対して明記された（不作為を含む）行為の実行を指示する命令書] ► issue a writ 令状を発布する / serve a writ on に対して令状を執行する / a writ of attachment 差押令状 [⇒債務者による財産の処分を封じる令状] / a writ of execution 強制執行令状 [⇒判決に基づいて執行官に対して債務者の財産を差し押さえて競売に付するよう命じる令状. わが国で言えば執行正本に相当する]

write /ráit/ (**wrote**, 《古》**writ; written**, 《古》**writ**) vt ❶ （文字・語を）書く; 手紙で知らせる; 書き表す; （文書・作品を）書く; 明白に示す; 【コンピュ】（データを）書き込む[出す] ❷ 【会計】書く，書面にする

━ vi 書く; 著述する; 手紙を書く 《to》► I write to inform you that ... ここに書状を差し上げますのは… (✚改まった公文書的表現) / Please feel free to write or call if you have any questions. ご質問がありましたら，ご遠慮なくお手紙かお電話をください

nothing to write home about 特に取り立てて言うほどのことではない

That's all [what] she wrote. 《略式》それでおしまい(=That's all.)

write away for を手紙で遠隔地の販売元へ注文する

write back 返事を書く 《to》► If you could write back and let me know your flight information, I'll have someone from the office pick you up at the airport. 折り返し到着便をお教えいただければ，事務所の誰かに空港へ迎えに行かせます

write down を書き留める; 《しばしば ~ oneself》を（…であると）書く 《as》; の地位[価格]を下げる; 【会計】評価額を下げる, （資産の帳簿価額を）引き下げ, 償却する [⇒資産勘定の残高の一部を損失勘定に振り替える] ► write down the investment to market value 投資を市場価値で再評価する / The bank wrote down $3.5 billion in loans, nearly 3% of its loan portfolio. その銀行は35億ドルのローンを償却したが，これはローン保有総額の約3％に相当する

write in を書き込む; （要望などを）書面で送る; 《米》（名簿にない候補者を）記名投票する ► If interested, please write in for details. 興味がおありでしたらお手紙をください. 詳細をお知らせします

write off （貸金などを）帳消しにする; を無価値と見なす 《as》, 注文を書き送る, 問い合わせる 《for》; 【会計】償却する [⇒資産勘定を消去して損益勘定に振り替える] ► be written off as bad debts 不良債権として償却される / write off goodwill over 20 years from the date of acquisition のれん代を取得日から20年間で償却する / The bank had to write off more bad debts as a result of the worsening economy. 景気が悪化した結果，その銀行はさらに多額の不良債権を償却しなければならなかった

write out を清書する; を詳しく書き上げる; （役を台本から）削る 《of》

write up を詳しく書く; （紙上で）…の評を書く

written [rít] **large** 特筆大書されて，拡大されて

write-back n 戻入れ [⇒引当金の戻入れ [⇒必要のなくなった引当金を取り消し，その分を収益に戻すこと]] ► a write-back of provision for doubtful debts 貸倒引当金の戻入

write-down n 【会計】評価損, （簿価の部分的な）償却 [⇒市場価格の下落や在庫の陳腐化などを理由に，資産勘定の残高の一部を損失勘定に振

り替えること. 残高の全部を償却する場合は write-offを用いる］► Write-downs on equity holdings were about 300 billion yen. 保有株式についての償却は約3千億円だった / The firm posted a net loss of $1.5 billion last quarter, stemming from write-downs of bad debts. 不良債権の償却のために, 同社は前四半期に15億ドルの純損失を計上した

write-off n ❶【会計】評価損, (簿価の全額の)償却 [◎ 貸付金や売掛金の回収不能などを理由に, 資産勘定の残高の全額を損失勘定に振り替えること. 残高の一部を償却する場合は write-down を用いる］► a write-off of receivables 売上債権の償却 / The government is considering tax write-offs for companies investing in renewable energy. 政府は再生可能エネルギーに投資する会社に対して税の控除を検討している
❷【会計】(固定資産の) 除却 [◎ 滅失・廃業により消失した資産を帳簿上抹消すること]

write-protect vt [ぷろてくと] (ディスクやファイルを) 書き込み禁止にする ► It is standard for record labels to write-protect DVDs. レコード会社がDVDの書込み保護をするのは常識だ

writer /ráitər/ n ❶ (オプションの) 売手 [◎ 対象である株式を行使価格にて売り渡し, または, 買い受ける義務を負う] ❷ (保険の) 引受け手

writer of option オプションの売手

write-up n ❶ 記事; 褒めたてた記事 ❷【会計】評価増 [◎ 資産の帳簿価額を引き上げること]

writing /ráitiŋ/ n ❶ 書くこと, 著述(業); 手紙; 書類, 文書 ❷【法律】書面, 文書
in writing 文字に書き留めて ► If I could have that in writing, I'd be able to take it to my boss. 書面でいただければ, 上司に見せることができるのですが
put ... in writing を書く, 書面にする
the writing on the wall (災いの) 前兆

writing company 元受(保険)会社 (=ceding company, direct writer, original company)

writ of summons 呼出し [◎ 民事訴訟の開始に当たり, 原告の要請に基づいて被告に請求を通知し出廷を求める令状]

written /rítn/ v writeの過分
— a ❶ 書かれた ► written language 書き言葉 / a written examination 筆記試験 / a written apology わび状 ⬚ If any discrepancy should occur between the printed part and the written or typewritten part of any Contract, the written or typewritten part shall prevail. 契約書の印刷部分と手書きもしくはタイプの部分とに齟齬がある場合は, 手書きもしくはタイプの部分が優先するものとする
❷【法律】文書[書面]の; 成文の ► a written agreement [report] 契約[報告]書 / written evidence 証拠書類

written authority 委任状
written contract 書面契約
written-down value 簿価, 帳簿上の価額
written instructions 指示書, 指図書 ⬚ Unless written instructions are provided by buyer, seller may select the manner of shipment. 買主からの書面による指図のない限り, 売主はその裁量により発送の方法を決めることができるものとする

written notice 書面による通知
written permission 書面による許可

wrong /rɔːŋ/ a 悪い, 正しくない; 間違った; 不適当な; 調子の狂った; 裏の, 逆の ► the wrong side of the cloth 布の裏側 / You've got the wrong number. (電話で) 番号違いです / You delivered the wrong quantity. 配達した数が違ったよ / His forecast of wild swings in the stock market turned out to be wrong. 株式相場は激しく上下するだろうという彼の予測は間違いだったことが分かった / Correct me if I'm wrong. もし違っていたら訂正してください
get on the wrong side of から疎まれる; の不興をかう
It is wrong of a person to do …するのは(人が)間違っている
Something is wrong with がどこか悪い[故障している] ► I'm sorry to report that something is wrong with one of our main drills, but we're bringing in someone to repair it first thing tomorrow morning. 残念ながら主要なドリルの一つが故障していますが, 明日の朝一番に修理する者を連れてきます
There's nothing wrong with はどこも悪くない ► There's nothing wrong with retiring early. 早期の退職は何も悪いことではない / There's nothing wrong with flextime, as long as we get our work done and meet all our deadlines. 仕事をこなして締切に全部間に合ってさえいれば, フレックスタイムには何も問題はない
the wrong way 間違った仕方で; 逆方向に
What's wrong with it? どこか故障か; それがどうした(気に入らないのか)
wrong way round 逆に, 反対に
— n ❶ 不正(行為); 不当な待遇; 悪事 ❷【法律】権利侵害; 不法行為; 犯罪
do a person wrong / do wrong to a person (人を) 不当に遇する
in the wrong 間違って
suffer a wrong 不当な目に遭う
Two wrongs don't make a right. (諺) ほかに例があっても不正は不正 (✚ 非を責められて他人も同じことをしていると言い訳する人を諭す言葉)
— ad 不正に; 間違えて; 逆に
can never go wrong (…すれば) 間違いっこない
get it [a person] wrong 誤解する
go wrong うまくいかない; 身を持ちくずす, 道を誤る; 調子が狂う (*with*) ► Any number of things could go wrong by the end of the quarter, but I still feel optimistic. 四半期の期末までに何が起こるか分からないが, 私は今でも楽観的だ
— vt 不当に扱う; 害を与える; 誤解する
◇**wrongly** ad 誤って, 間違って ► wrongly convicted 誤って有罪とされた

wrongdoing *n* 不正行為, 犯罪

コロケーション

(動詞(句)+~) **admit no** wrongdoing 不正を否定する / **be cleared of** wrongdoing 不正の疑いが晴れる / **correct** wrongdoing 不正を正す / **deny any** wrongdoing 何の不正もないと否定する / **expose** wrongdoing 不正を暴く / **find** wrongdoing 不正を見つける

▶allegation of wrongdoing 不正行為の申し立て / criminal wrongdoing 刑事責任を問われる不正行為 / financial wrongdoing 会計絡みの不正 / guilty of wrongdoing 不正行為の責めを負う / investigate accusations of wrongdoing 不正があるとの告発を調べる / There is no wrongdoing on our part. 当方に不正はない

wrongful *a* 不当な ▶ a wrongful arrest 不当逮捕

wrongful discharge 《米》= wrongful termination

wrongful dismissal 《米》= wrongful termination ▶ sue for wrongful dismissal 不当解雇だとして訴えを起こす

wrongfully *ad* 不当に

wrongful termination 《米》不当解雇 [◯ 雇用者が正当な理由なく雇用契約の期間満了前に被雇用者を解雇すること. 解雇された被雇用者は得られるはずだった賃金について損害賠償を請求できる. wrongful dismissal あるいは wrongful discharge とも言う] ▶ He sued the company for wrongful termination. 彼は会社を不当解雇で訴えた

wrongheaded *a* 判断を誤った; 頑固な ▶ Selling off its most profitable subsidiary was a wrongheaded move for the company. もっとも儲かっている子会社を売却したのは同社にとって間違った措置だった

wt. weight
WTA willingness to accept
WTC World Trade Center
W3 World Wide Web
WTI West Texas Intermediate
WTO World Trade Organization
WTP willingness to pay
W-2 《米》源泉徴収票 [◯ 税務様式 Form W-2]
WWD weather working day
WWW World Wide Web
WYSIWYG /wíziwig/《米略式》【コﾋ°ｭｰﾀ】ウィジウィグ [◯ コンピュータ画面に表示されているものをそのままの形で印刷できること] [<What you see is what you get.]

X, x

x¹ excess; ex dividend
x² v ×印をつけて消す(*out*)
x³ (第一)未知数; チェック印; 知らない人[もの]
X marks the spot. Xが目標点
xa ex all 権利落ち [⊃増資新株や配当を受け取る権利を伴っていないこと]
X-acto (商標) エクザクト [⊃米国製のナイフ, のこぎりなど]
Xanax (商標) ザナックス [⊃向精神[抗鬱]薬アルプラゾラム(alprazolam)]
xc ex capitalization; ex coupon
xd, xdiv. ex dividend
X-11 n 【統計】センサス局法 X-11 [⊃米国の国勢調査局が開発した, 季節調整を行うためのコンピュータプログラム]
xenocurrency /zénou-/ n 国外流通通貨 [⊃その発行国外の金融市場で流通または取引されている通貨]
xerography /zirάgrəfi/ n 乾式複写(法)
xerox /zíərɑks/ v 複写する, コピーする ► Please xerox enough copies of the agenda for today's meeting. 今日のミーティングのアジェンダを十分な部数コピーしてください
Xerox ❶ (~ Corp) ゼロックス [⊃米国の複写機メーカー. プリンター, ファックスなどの事務機やドキュメント管理ソフトを扱う. 富士フィルムとの合弁で富士ゼロックスがある] ❷ (商標) ゼロックスコピー [⊃❶のコピー方法・コピー機など]
Xerox subsidy (略式) コピー補助 [⊃会社のコピー機を従業員が私用で使うこと]
Xi ex interest 利子落ち
x in ex interest
Xinhua /ʃínhwά:/ n 新華社 [⊃中国の通信社. 正式な名称は新華通訊社. 日本の総代理店は中国通信社]
XL excess of loss; extra large
Xmas /krísməs, éksməs/ n (略式) =Christmas
XML extensible markup language [⊃データ記述言語HTMLに取って代わるとされている]
X out 削除せよ [⊃弁護士が好んで使う書面上の指示]
x-post vt 【ネット】 クロスポストする [⊃同一内容のEメールを複数のメーリングリストに投稿する]
xr ex rights
xtn extension
xw ex warrants
xylitol /záilətɔ:l/ n キシリトール [⊃白樺や樫などの成分から作られる甘味料] [<独 *Xylit*]
XYZ analysis XYZ分析 (=ABC analysis) [⊃在庫管理の技法で, 在庫をX在庫, Y在庫そしてZ在庫に分けて, 各在庫を選別し重点管理を行う方法]

Y, y

Y yen¹; economy class
ya /jə/ pron (略式) =you
YA young adult
Yahoo! /jά:hu:/ n (~ Inc.) ヤフー [⊃世界的インターネットポータル. 4億人を超える訪問者を背景に広告, インターネット販売などを手がける. 1995年設立]
Yankee bond ヤンキー債 [⊃米国内で非居住者が発行するドル建て債券]
Yankee CD ヤンキー CD [⊃米国内で外国銀行が発行する譲渡性預金]
yankee dollar certificate of deposit ⇨ Yankee CD
YAP young aspiring professional ヤッピー [⊃自分の専門を持っている都会派の若者の別の言い方]
yard¹ /jɑ:rd/ n ヤード [⊃記号:yd;長さの単位;3 feet, 0.9144mに相当]; (~s) (略式) 大量(の…), 長大(な…) (*of*); (米略式) 100ドル(札)
the whole nine yards (略式) すべて, 一切合財
yard² n 敷地, 仕事場 ► a timber yard 木材置き場 / a scrap yard 部品解体業の作業場 / Don't park in the yard. 敷地内に駐車しないでください
yardstick n ものさし, 判断基準, 指標 ► use the S&P 500 as a yardstick to measure the performance of fund managers ファンドマネジャーの運用成績を測る指標としてS&P500を用いる
yd yard(s)
yea /jei/ ad (古) =yes
— n 賛成 ► There were more yeas than nays. 賛成者は反対者より多かった / The yeas have it. 賛成多数により可決します
yea or nay 賛否
yeah /jeə/ ad (略式) =yes
Oh, yeah! まったくだ
Oh, yeah? 本当, そうかい?
year¹ /jiər/ n ❶ 年, 1年(間); (~s) 時代 ► my school years 学校時代 / on the day and year first above written 頭書の日付をもって / in the year through August 年初来8月までに / rent a farm by the year 年いくらで農場を賃借する / We expect a modest pick-up in economic growth **next year**. 来年には経済成長率は多少上向いてくると予想している / **This year's bonuses** have been halved. 今年のボーナスは半分になった / Industrial output fell by 25% in January, a massive figure compared to **last year**. 工業産出高は1月に25%落ち込んだが, 昨年に比べると大きな数字だ / The company has posted record turnover **for three con-

secutive years. 3年連続で、その会社は過去最高の売上を記録した

❷(年度としての)年 ⇨fiscal year ▶ the beginning of year (財務諸表での) 期首 / the end of year (財務諸表での) 期末 / compared with a year earlier 前年同期比で / early next year 来年の早い時期に / from a year earlier 前年比 / later in the year 年度末に近い時期に / over year-earlier levels 前年比で / inventory at the beginning of year 期首棚卸資産 / Analysts expect a further contraction of the economy in the first half of the year. 年度の前半に経済の収縮はさらに進むとアナリストは予想している

===年・年度===
base year (統計上の) 基準年 / beginning of year (BOY) 年度初日, 年初, 期初 / calendar year 暦年 / fiscal year 《米》事業年度, 営業年度 / financial year 《英》事業年度, 営業年度 / first half of the year 上期, 上半期 / half year 半年 / out years 後年度 / second half of the year 下期, 下半期 / tax year 課税年度

all (the) year round [*around*] 1年中 ▶ Sales associates can sign up for additional training all year round. セールス担当社員は1年中いつでも追加の研修に参加することができます
a year and a day 満1年; 1年と1日 [⇨権利・義務の有効期間などとして法的に定められた期間]
a year (from) today 来年[去年]の今日
for years 長いこと ▶ Management has been promising better health benefits for years. 経営陣は何年もの間, 医療給付の改善を約束している
from year to year 年々 ▶ My contract with the company is renewed from year to year. その会社と私の間の契約は年々更新される
in the years ahead 将来[今後]何年も
of the year その年最良の(ものとして選ばれた)
over [*through*] *the years* 長年にわたって ▶ Through the years, he's been a steadfast and loyal employee. 長年にわたって, 信念を曲げない忠誠心の強い従業員だった
with the years 年が経つにつれて
year after year 毎年毎年 ▶ Year after year, the chain has been suffering losses in urban locations. 毎年のように, そのチェーン店は都市部で赤字を出している
year by year 年を経るごとに
year in, year out 毎年決まって, しょっちゅう
years of 長年の
year to date 年初来の累計で [⇨現在年の1月1日から現在までの累計を言う副詞句. 略: YTD]
▶ Exports have gone up 12.5% for the year to date. 輸出額は年初来の累計で12.5%増加した

year-ago (period) 《the ~》前年の(同時期) ▶ Net sales for the first quarter hit $3.5 billion, up 6.2% from the year-ago period. 第1四半期の売上高は35億ドルに達し, 前年同期比で6.2%の増加となった

yearbook *n* 年鑑, 年次報告書
year-by-year *a* 年々の, 毎年の ▶ She'll provide a year-by-year analysis of our expansion efforts in foreign markets. 彼女は外国市場における拡大努力について年度ごとの分析を提供してくれるだろう
year end 年末, 年度末 ▶ ahead of the year end 年末を控えて / The unemployment rate may hit double digits by year end. 失業率は年末までに2桁に達するかもしれない
year-end *a* 年末の, 年度末の
year-end dividend 期末配当 [⇨年度末の決算により利益が確定した後に行われる配当]
year-end inventory 棚卸資産の期末残高
yearling bond 《英》1年物地方債
yearlong *a* 1年続く, 1年間の ▶ a yearlong course in welding (修業年限が) 1年の溶接コース

yearly *a, ad* 1年間の, 年に1回(の), 毎年(の) ▶ We pay the fee yearly. 私たちは手数料を毎年払う / The automaker projected its first yearly loss since its establishment. その自動車メーカーは創業以来初めてとなる年間損失を予測した / Benefits of the job include a yearly bonus and two weeks of paid vacation. その仕事の付加給付には年1回のボーナスと2週間の有給休暇が含まれている
yearly earnings 年間利益
yearly income 年間所得
year of assessment 《英》税額査定年度, (国の)会計年度
year of service 勤続年数 ▶ He retired after 30 years of service with the company. 彼はその会社を勤続30年をもって退職した
year-over-year *a, ad* 前年同期比で[の] ▶ The brewer is shooting for a year-over-year increase of 8% in beer shipment. そのビール醸造会社は前年比8%増のビール出荷を目標にしている / The magazine's ad revenues are down 18% year-over-year. その雑誌の広告収入は前年比で18%落ち込んでいる
year planner 年間予定表
year purchased 購入年
year's end 《米》=year end
year to date (YTD) 年initial来 [⇨暦年の初日から現在までの実績を取り上げる際に使われる言い方]
year-to-date *a* 年初来の, 年初来累計の [⇨現在の年の1月1日から現在までの累計を言う. 略: YTD]
year-to-date sales 年初来累計売上高 ▶ Year-to-date sales rose 3%, to $2.5 billion. 年初来の売上高は3%増加して25億ドルに達した
year-to-year *n, a* 前年比(の)
year-to-year comparisons 前年比業績変化率
Yellow Book ❶ 公会計監査基準書 [⇨米会計検査院の監査基準書 Government Accounting Standards の俗称] ❷《英》イエロー・ブック [⇨ロ

ンドン証券取引所の『上場規則』(Admission of Securities for Listing)の俗称〕

yellow pages 《しばしば the Yellow Pages》《米・カナダ》(電話帳の)職業別欄, 職業別案内帳 ⇨ White Pages

yellow sheet 《米》イエローシート〔⇨店頭債券市場の相場表. 黄色い用紙だったことからこの名があるが, 今はオンラインで提供される〕

yen /jen/ n (~) 円〔⇨記号: ¥; 日本の通貨単位. 単位表記としては JPY が普通. 100万円なら JPY 1,000,000となる〕 ▶ benefit from the weaker yen 円安のメリットを受ける / be suffering from the stronger yen 円高の悪影響を受けている / lift the yen against the dollar 対ドルで円を押し上げる / stem the yen's appreciation 円高に歯止めをかける / **The yen advanced** against the dollar. 円が対ドルで上昇した / **The yen appreciated** to about 109 yen to the dollar close to its strongest levels in three years. 円は1ドル109円前後と, ここ3年来の高値圏に近づいた / **The yen broke through** the psychological barrier of ¥110 to the dollar. 円が1ドル110円の大台を超えた / **The yen has plunged** over the week. 円がここ1週間, 急落している / **The yen rose** to the 100-yen level. 円が100円台まで上げた / **The yen has shot up** over the week. 円がここ1週間急騰している / **The yen has soared** against the dollar over the week. 円がここ1週間, 対ドルで急騰している / **The yen has surged** over the week. 円がここ1週間, 急騰している / **The yen weakened** to the 150-yen level. 円が150円台まで下げた

==円==
cheaper yen 円安 / dollar-yen rate 円ドル相場 / rally in the yen 円の伸び / stronger yen 円高 / strong yen 円高 / upward pressure on the yen 円高圧力 / weaker yen 円安 / weak yen 円安

yen carry trade 円キャリートレード, 円キャリー取引〔⇨円を借りて, 米ドルなどの高金利通貨に転換し, 財務省証券などの高利回りの証券で運用した後, 証券を売って得る資金を円に再転換して借入債務を返済する取引. 両国間に十分な金利差があること, 購入した証券の価格が下落しないこと, 為替相場が円高にならないこと, などが利益を出すための条件となる. 為替相場が円高に変動すると, 再転換時には為替差損が生じ, 金利差で得た利益が失われる〕⇨ carry trade

yen exchange rate 円為替相場

yes /jes/ ad はい, そうです; (否定の質問に)いや; (疑い・相づち)へえ, まさか, なるほど; (強意)《しばしば ~, and ...の形で》その上に ▶ Yes, it's definitely worthwhile to run infomercials to promote the product. そうです, その製品の販売促進にインフォマーシャルを流すのは確かにやってみる価値があります / Yes, we should target young professionals who have plenty of disposable income. 確かに, たくさんの可処分所得をもっている若いサラリーマンを目標にすべきです

yes and no さてどちらとも言えないね

yes, but そうですね, でも (✚丁寧に反論する表現)
— n 肯定[承諾]の言葉; (~es) 賛成投票(者)
▶ Get a clear-cut yes or no out of him. 彼からイエスかノーかをはっきりした返事をもらいなさい

yesterday /jéstərdèi, -di/ ad, n きのう, 昨日; 《文》近ごろ ▶ I had no idea the deadline was yesterday. 締切が昨日だったとは全然知らなかった / The company issued its biggest recall yesterday. その会社は昨日, 過去最大のリコールを発表した

the day before yesterday 一昨日, おととい
yesterday week 先週の昨日

yet /jet/ ad (否定)まだ, 今(のところ)は, 今までにまだ; (疑問)もう; まだ(…ない)《to do》; いつか, 今に; さらに, その上; (やや古)(norを強めて)その上[ましてや](…ない); (比較級を強めて)なおいっそう; 《通例 and ~, but ~の形で》それにもかかわらず, けれども
▶ You may **yet** get the chance. いつの日かチャンスがあるでしょう / Our company strives to achieve high productivity **yet** maintain quality. わが社は, 高い生産性を達成しつつも品質を維持するよう努めている / **As yet**, it remains uncertain whether or not he'll agree to the transfer. 今までのところ, 彼が異動に同意するかどうか, はっきりしないままだ / The worst part of the recession **has yet to** come. 景気後退の最悪の部分はまだこれから到来する / Going over tomorrow's itinerary is the only thing that I **have yet to do** before calling it a night. 明日の旅行日程の検討だけは, 今夜の仕事を終える前に, どうしてもやっておかなければならない / It's **not yet** clear as to how long the computer network will be down. コンピュータネットワークがいつまでダウンしているのか, まだはっきりしない / The economy has **not** hit bottom **yet**. 景気はまだ底打ちしていない / The date of the meeting has **not yet** been set. 会議の日取りはまだ決まっていません / The yen is down **yet again**, but it'll bounce back. 円はまたしても下がっているが, すぐ持ち直すだろう

成句 **as yet** 今までのところ(では) **have yet to do** まだ…していない **not yet** まだ…ない **yet again** もう一度

— conj けれども, それにもかかわらず

yield /ji:ld/ vt 産出する, 生じる; (報酬・利益を)もたらす; 放棄する, 譲り渡す《to》; 屈伏する, 譲る, 与える《up to》 ▶ yield an effective rate of 8% 実効利子率8パーセントを生み出す
— vi (土地から)作物ができる; 屈伏する《to》; 《米》先を譲る《to》; 譲渡する《to》
— n ❶ 産出(物, 高), 収穫(高) ▶ increases in yields per hectare of 3% or more per year 年間1ヘクタール当たり3%もしくはそれ以上の収量増加 / Due to climate change, rice yields in Southeast Asia may decrease by as much as 30%. 気候変動のために, 東南アジアの米の収穫量は30%も減るかもしれない
❷ 利回り (=yield rate)〔⇨実際の投資利益率〕 ▶ the current yield 直接利回り〔⇨クーポン

を債券価格で割って計算される利回り] / a dividend yield 配当利回り [⇨ 配当金を株価で割った利回り] / a nominal [real] yield 名目 [実質] 利回り / maximize yield 利回りを最大にする / **The yield on** 10-year Treasury bonds closed higher on Monday at 5.5%. 10年物財務省証券の利回りは月曜日に上昇して5.5%で引けた / **The current yield** on a one-year government bond is 1.2%. 1年物政府債の現在の利回りは1.2%だ / **Dividend yield** is frequently used to appraise a company's stock. 配当利回りは会社の株を評価するのに使われることが多い
❸ [会計] 歩留り [⇨ 完成品数量の原材料投入量に対する比率]

yield curve イールドカーブ, 利回り曲線 [⇨ 縦軸に金利, 横軸に債券の満期をとったグラフの, 同じ信用度で異なる償還までの残存年数を持つ債券の利回りをプロットして結んだ曲線. 代表的なものは米財務省証券の3か月物, 2年物, 5年物, 30年物を使った利回り曲線で, 住宅ローンや銀行融資など他の債務の利回りを決定する尺度として利用される. また, 利回りの形状を調べることにより, 債券市場が金利水準の先行きをどのように予想しているかを知ることができる. 通常は債券の満期が長いほど利回りは高いので, 右上がりの曲線になる. これは normal [positive] yield curve (順イールドカーブ) と呼ばれる. 短期の債券と長期の債券の利回りが同じ水準であれば曲線は水平になる. これは flat [even] yield curve (水平イールドカーブ) と呼ばれ, 景気の変わり目を意味するとされる. 満期の短い債券のほうが利回りが高いという稀な状況では右下がりの曲線になる. これは inverted [negative] yield curve (逆イールドカーブ) と呼ばれ, 景気後退の前兆とされる]

yield equivalence 換算利回り [⇨ 地方債のような非課税債券の利回りを通常の債券で得ようとする場合に求められる利回りの水準で, 非課税債券の利回りを「1－税率」で除して求める. equivalent taxable yieldとも言う]

yield gap 《英》 イールドギャップ [⇨ 株式の配当利回りと英国国債 (gilts) の利回りの差で, 安全資産のリターンに上乗せされるリスクプレミアムを示している]

yield spread イールドスプレッド, 利回りスプレッド, 利回り格差 [⇨ 満期が同じで信用度が異なる債券の間の利回りの差. たとえば, 安全資産である財務省証券とハイリスクのジャンク債の間の利回りの差. 株式の配当利回りと債券の利回りの格差を言うこともある]

yield to call 繰上償還利回り [⇨ 取得時から債券が繰上償還されて額面で支払を受けるまでの総利回り. 利息の再投資収益ならびに償還差損益 (取得価額と額面の差) も算入する]

yield to maturity 最終利回り (YTM) [⇨ 満期償還までで債券を保有した場合の利息収入と償還差損益 (取得価額と額面の差) を合わせた収益総額の投資額 (コスト) に対する年当たり利益率]

yield to redemption =yield to maturity

York Antwerp Rules ヨーク・アントワープ, 共同海損規則 [⇨ 共同海損の成立要件や処理基準を定めた国際統一規則. 1864年にヨーク, アントワープで起案・審議され, その後1970年, 1994年, そして2004年に改定されている]

you /juː, jə; (強)juː/ *pron* (✚ 主格 you, 所有格 your, 所有代名詞 yours, 目的格 you) あなた (がた) は [が], あなた (がた) を [に]; (総称的に) 人は [が], 人は誰でも ▶ Are you the accounting section? ここは会計課ですか

young /jʌŋ/ *a* (**~er** /jʌ́ŋgər/, **~est** /jʌ́ŋɡɪst/) 若い, 幼い (⇔old); 未熟な (*in*); 年下のほうの (=junior); 初期の ▶ As seniority systems provide employment benefits based on length of service, many young entries into the workforce have been opting for companies with merit-based pay scales. 年功序列制は勤続年数によって雇用給付を支給するので, 労働人口入りしたばかりの若者の多くは能力給制の会社を選んできた

◇**younger** *a, n* 若いほうの; 年下の人 ▶ the younger generation 若い世代, 青年層 / younger employees 若手社員

young adult ヤングアダルト (YA) [⇨ 10代後半の若者]

yours /juərz, jɔːrz/ *pron* (youの所有代名詞) あなたのもの; あなたの家族 [手紙, 書類など]
be yours for the asking 簡単に手に入る
of yours あなたの
Sincerely yours 敬具 (=Yours sincerely) (✚ 手紙の結句. 副詞を前に置いて Sincerely yours とするのは米国式, 副詞を後に置いて Yours sincerely とするのは英国式)

youth /juːθ/ *n* (**~s** /juːθs, juːðz/; 《集合的に》 **~**) 年の若いこと, 若さ; (the **~**) 《文》 若い人たち; 青年, 若者 ▶ in one's youth 青春時代に / The cosmetic company released a new cream which it claims will restore the skins's youth and vitality. その化粧品会社は肌の若さと活力を蘇らせるというクリームを発表した

youth market (25歳以下を対象とした) 若者顧客層 ▶ This product is aimed at the youth market. この商品は若者市場をねらったものだ

YouTube 《商標》 ユーチューブ [⇨ ユーザーが自作ビデオなどを公開するウェブサイト. 2006年に米国のグーグルが買収]

yr. year; your
yrs years; yours
YTM yield to maturity
Y2K 紀元2000年 (=year 2000)
Yuban 《商標》 ユーバン [⇨ 米国のインスタントコーヒーのブランド. クラフト・フーズの製品]
yuppie /jʌ́pi/ *n, a* (時に Y-) ヤッピー (の) [⇨ 米国で戦後ベビーブームの後半に生まれた世代で, 大都市郊外に住む裕福なホワイトカラー] [<young urban professionals]

Z, z

zag /zæg/ *vi, n* (-gg-)《米》(ジグザグな動き中の)一方向(へ動く)
zig and zag ジグザグに動く

Zagat《商標》ザガット [⊃米国のレストランガイド] ▶ Zagat-rated ザガットで評価された

Zamboni《商標》ザンボニー [⊃スケートリンクの表面をならすトラクター型整氷機]

Zantac《商標》ザンタック [⊃胃酸を抑える処方箋が必要な米国の薬. 胃潰瘍, 十二指腸潰瘍などの治療に使用される. 薬の成分であるラニチジンという名で呼ばれることもある]

zap /zæp/ *vt* (-pp-)《略式》(早送りなどで)コマーシャルを飛ばす; リモコンでチャンネルを変える; 大急ぎで行く[済ませる]; (コンピュータが)情報をさっと伝える
— *n*《略式》活気, 活力, 元気 ▶ John has a lot of zap for this job. ジョンはこの仕事に対して大いに熱意がある

ZBB zero-based budgeting

Z-bond *n* (モーゲージ担保証券における)Z債券 [⊃償還の優先度は劣後するが, 優先証券へのクーポン支払後のキャッシュフローをすべて受け取れる劣後債券]

ZD zero defects

zero /zíərou/ *n* (~(-e)s) ❶ 零, ゼロ (✤日常語では《米》で zero を,《英》では nought, no, nil を用いる) ▶ I started from below zero. まったくの無一文から始めた / My fortune dwindled to zero. 財産はじりじりと減ってすっかんぴんになった / Economic growth is forecast to be near zero for this year. 経済成長は今年はゼロに近いと予測されている / The central bank held down interest rates near zero. 中央銀行は金利をゼロ近くに据え置いた
❷ [金融] =zero-coupon bond
— *v* ゼロの目盛りに合わせる
zero in on にぴったりねらいをつける, を直撃する; に注意[神経]を集中する ▶ During the Q & A session, the board zeroed in on a flaw in his market entry strategy. 質疑応答セッションの間, 役員会は彼の市場参入戦略の持つ一つの欠点に質問を集中した
zero out 税金をただでずませる
— *a* ゼロの, 零の状態にある

zero degrees 0度 (語法)「0度」は zero degree としない. zero の後に可算名詞がくると複数形にする: 例 zero persons 0人)

zero down《略式》頭金なし

zero-based budgeting ゼロベース予算 (ZBB) [⊃前年度の基準にするという増分主義とは異なり, 基準をゼロとし本年度の必要性や優先度に応じて予算を積み上げる方式]

zero-cost option ゼロコストオプション [⊃オプション売りと買いを組み合わせることによりプレミアム(オプション料)の受払いを同額にし, 結果としてコストをゼロにするもの]

zero-coupon bond ゼロ・クーポン債 (=pure discount bond) [⊃無利息[利払しなし]の代わりに, 額面より大幅な割引価格で売り出される債券]

zero defects ゼロ・ディフェクト, ZD(運動), 欠陥ゼロ化, 不良品ゼロ [⊃生産現場での欠陥品・不良品ゼロを目指す全員参加型の改善努力]

zero emission ゼロエミッション [⊃生産・流通・消費の過程から排出される廃棄物をゼロに近づけ, 循環型産業システムを目指し, 資源と環境問題の克服を目指すこと]

zero growth (経済・人口などの)ゼロ成長 ▶ We will be in a state of zero growth next year. 来年はゼロ成長が見込まれる

zero inflation ゼロ・インフレ [⊃物価上昇率がゼロという状況]

zero minus tick ゼロ・マイナス・ティック [⊃金融商品の売買において約定価格が直近の取引と同じだが, その一つ前の取引と比べると下がっていること. 2007年まで連邦証券取引委員会の空売り規制によりマイナス・ティック(約定価格が直近の取引よりも下がっていること)やゼロ・マイナス・ティックの場合は株式市場で空売りができなかった]

zero plus tick ゼロ・プラス・ティック [⊃金融商品の売買において約定価格が直近の取引と同じだが, その一つ前の取引と比べると高くなっていること. 2007年まで連邦証券取引委員会の空売り規制によりプラス・ティック(約定価格より上昇)かゼロ・プラス・ティックでない限り, 株式の空売りはできないとされていた]

zero-rated *a*《英》(商品などが)付加価値税(VAT)免税の [⊃食品・書籍などがこの区分に属する]
◇**zero rating** *n*

zero-sum game ゼロサムゲーム [⊃勝者がいれば必ず対応する敗者がいることを意味する. 全員が勝者になれるものをウィンウィンゲーム(win-win game)と言う]

Zicam《商標》ザイカム [⊃米国のホメオパチー(同毒療法)系風邪薬]

zilch /ziltʃ/ *n*《略式》ゼロ ▶ "How much money do you have?" "Zilch."「いくら持ってるんだ」「ゼロだ」

zinc /ziŋk/ *n* 亜鉛

zip /zip/ *n*《略式》元気, 精力, 活気;《米》郵便番号 (=zip code);《英》ジッパー, ファスナー
— *vi* (-pp-)《略式》元気よく進む (*along, through, into*)
— *vt* ジッパーを開ける[閉める]; (データなどを)圧縮する

zip one's lips《略式》黙る, 口を閉じる ▶ His boss told him to zip his lips at the meeting. 彼の上司は彼にミーティングでは黙っていろと言った

Zipcar《商標》ジップカー [⊃米国の会員制レンタカーサービス. 大学と協力して学生にディスカウント料金を設定している. 従来のレンタカー会社に比べて短時間, 短距離の使用に便利なビジネスモデルを採

zip code 《米》郵便番号 (=《英》《豪》post code, 《カナダ》postal code)(✤ 単にzipとも言う)[＜zone improvement program [plan]]

zip file (コンピュータの)圧縮ファイル

Zipf's law 【統計】ジップの法則 [➲ 一国の中で最大の都市は2番目の都市の2倍の規模を持ち, 3番目の都市に対しては3倍の規模を有するという不思議な法則. もともとは, 一つのテキスト中で使われる単語の回数とその単語が英語の中で使われる頻出度順位との間に独特の関係があるという法則]

Ziploc 《商標》ジップロック [➲ 米国の食べ物貯蔵用袋のブランド. チャックのような留め金で食べ物の新鮮さを保ち, 水分が漏れたりしない]

Zippo 《商標》ジッポー [➲ 米国Zippo社製のオイルライター]

zombie bank ゾンビ銀行, 死に体銀行 [➲ 経営的には破綻しているが, 政府の支援が継続しているために倒産しない銀行]

zone /zoun/ n 地区, 区域; 地域, 圏;《米》同一料金区域;《米》郵便区 ► a no-parking zone 駐車禁止地域 / a residential zone 住宅地区 / a commercial zone 商業地区 / an enterprise [a development] zone 事業地域 / a duty-free [a tax-free] zone 免税区域 / a free (trade) zone 自由貿易地域 / a special economic zone 経済特別区, 経済特区 / the euro zone ユーロ圏 / the target zone (国際金融での) 目標相場圏 / the European time zone ヨーロッパ標準時間帯 / Many foreign companies have set up factories in the industrial zone. 多くの外国企業はその工業地域に工場を設立した / Investing in risky stocks is outside my comfort zone. リスクの高い株式への投資は私にとって気安く実行できることではない / The country set up economic zones, which offer various benefits to foreign companies, such as tax holidays. その国は経済特区を設立したが, そこでは税の一時的な減免措置などさまざまな便益が外国企業に提供されている
― vt《米》地区[地帯]に分ける[指定する] (for, as)
◇**zonal** a 帯(状)の; 地域に分けられた

zoning /zóuniŋ/ n ゾーニング, 土地利用用途地域制 [➲ ゾーンごとに建築・用途規制を施す土地利用制度]

zoom /zu:m/ vi《略式》急騰する《up》; ズームレンズで画像を拡大[縮小]する《in [out]》► The Dow zoomed up 928 points. ダウ平均は928ポイント急騰した

zoom in on に焦点を合わせる, 集中する, にクローズアップする ► The board zoomed in on new sexual harassment laws. 役員会での議論は, 新しいセクシュアル・ハラスメント法に集中した

プログレッシブ ビジネス英語辞典

2009年10月6日　初版第1刷発行

編著者	渋　谷　彰　久
	堀　内　克　明
	日　向　清　人
	Cuong　Huynh
発行者	大　澤　　　昇
発行所	〔郵便番号　101-8001〕
	東京都千代田区一ツ橋2−3−1
	株式会社小学館
	電話 編集 東京 (03) 3230-5169
	販売 東京 (03) 5281-3555
印刷所	共同印刷株式会社
製本所	株式会社　若林製本工場

© SHOGAKUKAN 2009

R〈日本複写権センター委託出版物〉
本書を無断で複写（コピー）することは、著作権法上の例外を除き、禁じられています。本書をコピーされる場合は、事前に日本複写権センター (JRRC) の許諾を受けてください。
JRRC〈http://www.jrrc.or.jp ☎03-3401-2382〉

造本には十分注意しておりますが、印刷・製本など製造上の不備がございましたら「制作局コールセンター」（フリーダイヤル 0120-336-340）にご連絡ください。（電話受付は土・日・祝日を除く 9:30-17:30 です）

★小学館外国語辞典のホームページ
「小学館ランゲージワールド」
http://www.l-world.shogakukan.co.jp/

Printed in Japan　　ISBN978-4-09-506722-3